The ICS Ancient Chinese Text Concordance Series

先秦兩漢古籍逐字索引叢刊

淮南子逐字索引

A CONCORDANCE TO THE HUAINANZI

香港中文大學中國文化研究所先秦兩漢古籍逐字索引叢刊
淮南子逐字索引

叢刊主編：劉殿爵　陳方正
本書編者：劉殿爵
計劃主任：何志華
顧　　問：張雙慶　黃坤堯　朱國藩
版本顧問：沈　津
校　　對：巢立仁　陳建樑　姚道生　林　安
　　　　　黃婉冰　陳秀芳　趙國基
程式統籌：何玉成
程式設計：何國杰
程式顧問：梁光漢
程式助理：吳作基

本《逐字索引》乃據「先秦兩漢一切傳世文獻電腦化資料庫」編纂而成，而資料庫之建立，有賴　香港大學及理工撥款委員會資助，謹此致謝。

CUHK. ICS.
The Ancient Chinese Text Concordance Series
A Concordance to the Huainanzi

SERIES EDITORS	D.C. Lau	Chen Fong Ching	
EDITOR	D.C. Lau		
PROJECT OFFICER	Ho Che Wah		
CONSULTANTS	Chang Song Hing	Wong Kuan Io	Chu Kwok Fan
TEXT CONSULTANT	Shum Chun		
PROOF-READERS	Chao Lip Yan	Chan Kin Leung	Yiu To Sang　Lam On
	Wong Yuen Bing	Chan Sau Fong	Chiu Kwok Kei
COMPUTER PROJECT MANAGER	Ho Yuk Shing		
PROGRAMMER	Ho Kwok Kit		
PROGRAMMING CONSULTANT	Leung Kwong Han		
PROGRAMMING ASSISTANT	Ng Chok Ki		

THIS CONCORDANCE IS COMPILED FROM THE ANCIENT CHINESE TEXTS DATABASE, WHICH IS ESTABLISHED WITH A RESEARCH AWARD FROM THE UNIVERSITY AND POLYTECHNIC GRANTS COMMITTEE OF HONG KONG, FOR WHICH WE WISH TO ACKNOWLEDGE OUR GRATITUDE.

香港中文大學中國文化研究所
The Chinese University of Hong Kong
Institute of Chinese Studies

The ICS Ancient Chinese Text Concordance Series

先秦兩漢古籍逐字索引叢刊

淮南子逐字索引

A CONCORDANCE TO THE HUAINANZI

叢刊主編：劉殿爵　陳方正

本書編者：劉殿爵

臺灣商務印書館發行
The Commercial Press, Ltd.

淮南子逐字索引＝A concordance to the Huainanzi／劉殿爵編. --初版. --臺北市
：臺灣商務，民81
面； 公分. --(香港中文大學中國文化研究所先秦兩漢古籍逐字索引叢刊)
ISBN 957-05-0592-3(精裝)

1. 淮南子 - 索引

122.2021 82004906

香港中文大學中國文化研究所
先秦兩漢古籍逐字索引叢刊

淮南子逐字索引

A Concordance to the Huainanzi

定價新臺幣 2400 元

叢刊主編 劉殿爵 陳方正
本書編者 劉殿爵
發行人 張連生
出版者 印刷所 臺灣商務印書館股份有限公司
臺北市重慶南路 1 段 37 號
電話：(02)3116118・3115538
傳眞：(02)3710274
郵政劃撥：0000165－1 號
出版事業登記證：局版臺業字第 0836 號

• 1992 年 10 月初版第一次印刷
• 1995 年 12 月初版第三次印刷
本書經商務印書館(香港)有限公司授權出版

ISBN 957−05−0592−3 (精裝) b 34133002

目　次

出版說明

一九八八年，香港中文大學中國文化研究所獲香港「大學及理工撥款委員會」撥款資助，並得香港中文大學電算機服務中心提供技術支援，建立「漢及以前全部傳世文獻電腦化資料庫」，決定以三年時間，將漢及以前全部傳世文獻共約八百萬字輸入電腦。資料庫建立後， 將陸續編印 《香港中文大學中國文化研究所先秦兩漢古籍逐字索引叢刊》，以便利語言學、文學，及古史學之研究。

《香港中文大學先秦兩漢古籍逐字索引叢刊》之編輯工作，將分兩階段進行，首階段先行處理未有「逐字索引」之古籍，至於已有「逐字索引」者，將於次一階段重新編輯出版，以求達致更高之準確度，與及提供更為詳審之異文校勘紀錄。

「逐字索引」作為學術研究工具書，對治學幫助極大。西方出版界、學術界均極重視索引之編輯工作，早於十三世紀，聖丘休（Hugh of St. Cher）已編成《拉丁文聖經通檢》。

我國蔡耀堂（ 廷幹 ）於民國十一年(1922)編刊《老解老》一書，以武英殿聚珍版《道德經》全文為底本，先正文，後逐字索引，以原書之每字為目，下列所有出現該字之句子，並標出句子所出現之章次，此種表示原句位置之方法，雖未詳細至表示原句之頁次 、行次，然已具備逐字索引之功能。《老解老》 一書為非賣品，今日坊間已不常見，然而蔡氏草創引得之編纂，其功實不可泯滅。 我國大規模編輯引得， 須至一九三零年，美國資助之哈佛燕京學社引得編纂處之成立然後開始。此引得編纂處，由洪業先生主持，費時多年，為中國六十多種傳統文獻，編輯引得，功績斐然。然而漢學資料卷帙浩繁，未編成引得之古籍仍遠較已編成者為多。本計劃希望能利用今日科技之先進產品 —— 電腦，重新整理古代傳世文獻；利用電腦程式，將先秦兩漢近八百萬字傳世文獻，悉數編為「逐字索引」。俾使學者能據以掌握文獻資料，進行更高層次及更具創意之研究工作。

一九三二年，洪業先生著《引得說》，以「引得」對譯 Index，音義兼顧，巧妙工整。Index 原意謂「指點」，引伸而為一種學術工具，日本人譯為「索引」。而洪先生又將西方另一種逐字索引之學術工具 Concordance 譯為「堪靠燈」。Index 與 Concordance 截然不同；前者所重視者乃原書之意義名物，只收重要之字、詞，不收虛字及連繫詞等，故用處有限；後者則就文獻中所見之字，全部收納，大小不遺，故有助於文辭訓詁，語法句式之研究及字書之編纂。洪先生將選索性之 Index 譯作「引得」，將字字可索的 Concordance 譯作「堪靠燈」，足見卓識，然其後於一九三零年間，主持哈佛燕京學社編纂工作，所編成之大部分《引得》，反屬全索之「堪靠燈」，以致名實混淆，實為可惜。今為別於選索之引得(Index)，本計劃將全索之 Concordance 稱為「逐字索引」。

利用電腦編纂古籍逐字索引，本計劃經驗尚淺，是書倘有失誤之處，尚望學者方家不吝指正。

PREFACE

In 1988, the Institute of Chinese Studies of The Chinese University of Hong Kong put forward a proposal for the establishment of a computerized database of the entire body of extant Han and pre-Han traditional Chinese texts. This project received a grant from the UPGC and was given technical support by the Computer Services Centre of The Chinese University of Hong Kong. The project was to be completed in three years.

From such a database, a series of concordances to individual ancient Chinese texts will be compiled and published in printed form. Scholars whether they are interested in Chinese literature, history, philosophy, linguistics, or lexicography, will find in this series of concordances a valuable tool for their research.

The Ancient Chinese Texts Concordance Series is planned in two stages. In the first stage, texts without existing concordances will be dealt with. In the second stage, texts with existing concordances will be redone with a view to greater accuracy and more adequate textual notes.

In the Western tradition, the concordance was looked upon as one of the most useful tools for research. As early as c. 1230, appeared the concordance to the Vulgate, compiled by Hugh of St. Cher.

In China, the first concordance to appear was Laozi Laojielao in the early nineteen twenties. Cai Yaotang who produced it was in all probability unaware of the Western tradition of concordances.

As the Laojielao was not for sale, it had probably a very limited circulation. However, Cai Yaotang's contribution to the compilation of concordances to Chinese texts should not go unmentioned.

The Harvard-Yenching Sinological Concordance Series was begun in the 1930s under the direction of Dr. William Hung. Unfortunately, work on this series was cut short by the Second World War. Although some sixty concordances were published, a far greater number of texts remains to be done. However, with the advent of the computer the establishment of a database of all extant ancient works become a distinct possibility. Once such a database is established, a series of concordances can be compiled to cover the entire field of ancient Chinese studies.

Back in 1932, William Hung in his "What is Index ?" used the term 引得 for "Index" in preference to the Japanese 索引, and the term 堪靠燈 for concordance. However, when he came to compile the Harvard Yenching Sinological Concordance Series, he abandoned the term 堪靠燈 and used the term 引得 for both index and concordance. This was unfortunate as this blurs the difference between a concordance and an index. The former, because of its exhaustive listing of the occurrence of every word, is a far more powerful tool for research than the latter. To underline this difference we decided to use 逐字索引 for concordance.

The Ancient Chinese Texts Concordance Series is compiled from the computerized database. As we intend to extend our work to cover subsequent ages, any ideas and suggestions which may be of help to us in our future work are welcome.

凡　例

一.《淮南子》正文：

1．本《逐字索引》所附正文據藝文印書館影劉泖生影鈔宋本。由於傳世刊本，均甚殘闕，今除別本外，並據其他文獻所見之重文，加以校改。校改只供讀者參考，故不論在「正文」及「逐字索引」中，均加上校改符號，以便恢復底本原來面貌。

2．（　）表示刪字；〔　〕表示增字。除用以表示增刪字外，凡誤字之改正，例如a改正為b字亦以（a）〔b〕方式表示。

例如：執道（要）之柄　　1/2/11

表示影鈔宋本衍「要」字。讀者翻檢《增字、刪字改正說明表》，即知刪字之依據為俞樾《諸子平議》（頁580）。

例如：居前而眾弗害〔也〕　　1/2/18

表示影鈔宋本脫「也」字。讀者翻檢《增字、刪字改正說明表》，即知增字之依據為《群書治要》（頁713）。

例如：旋（縣）〔緜〕而不可究　　1/1/21

表示影鈔宋本作「縣」，乃誤字，今改正為「緜」。讀者翻檢《誤字改正說明表》，即知改字之依據為王念孫《讀書雜志・淮南子》（頁760）。

3．本《逐字索引》據別本，及其他文獻對校原底本，或改正底本原文，或只標注異文。有關此等文獻之版本名稱，以及本《逐字索引》標注其出處之方法，均列《徵引書目》中。

4．本《逐字索引》所收之字一律劃一用正體，以昭和四十九年大修館書店發行之

《大漢和辭典》，及一九八六至一九九零年湖北辭書出版社、四川辭書出版社出版之《漢語大字典》所收之正體為準，遇有異體或譌體，一律代以正體。

例如：（ i ）渾然而往　　7/57/15

影鈔宋本原作「渾然而徃」，據《大漢和辭典》，「往」、「徃」乃異體字，音義無別，今代以正體「往」字。為便讀者了解底本原貌，凡異體之改正，均列《通用字表一》中。至於俗體字本屬異體字，但由於原底本俗體字特多，本《逐字索引》俗體字部分逕代以正體，不再一一標明出處。凡此等字體均列《通用字表二》中。

（ ii ）（埳）〔坞〕井之無黿鼉　　9/70/6

「埳」為譌體，今改作正體「坞」字。凡譌體之改正，均列《譌體改正說明表》中，並申明改字依據。

5．異文校勘以王叔岷及于大成之校勘記為根據。據王文者，後附 Ⓦ 號；據于文者，後附 Ⓨ 號。有關王、于校勘記之出版資料均列《徵引書目》中。

5.1.異文紀錄欄

a．凡正文文字右上方標有數碼者，表示當頁下端有注文

例如：潤于[4]草木　　1/1/15

當頁注 4 注出「于」字有異文「乎」。

b．數碼前加 ‣ ◂，表示範圍。

例如：或不免於‣癡狂◂[3]者　　2/16/8

當頁注 3 注出「狂癡」為「癡狂」二字之異文。

c．異文多於一種者：加 A. B. C. 以區別之。

例如：燠[8]有餘於身也　　　　　　　　　2/16/18

當頁注 8 下注出異文：

A.煖　B.暖

表示兩種不同異文分見不同別本。

d．異文後所加按語，外括〈 〉號。

例如：莫不如志[7]　　　　　　　　　9/76/13

當頁注 7 注出異文後，再加按語：

意〈編者按：作「意」者蓋避漢諱改。〉

5.2. 讀者欲知異文詳細情況，可參看王叔岷及于大成各篇校勘記。凡據別本，及其他文獻所紀錄之異文，於標注異文後，均列明出處，包括書名、篇名、頁次，有關所據文獻之版本名稱，及標注其出處之方法，請參《徵引書目》。

5.3. 校勘除選錄不同版本所見異文之外，亦選錄其他文獻、類書等引錄所見異文。

二．逐字索引編排：

1．以單字為綱，旁列該字在全文出現之頻數（書末另附《全書用字頻數表》〔附錄一〕，按頻數列出全書單字），下按原文先後列明該字出現之全部例句，句中遇該字則代以「〇」號。

2．全部《逐字索引》按漢語拼音排列；一字多音者，於最常用讀音下列出全部例句。（最常用讀音一般指《辭源》、《漢語大字典》所記首音。）

3．每一例句後加上編號 a/b/c 表明於原文中位置，例如 1/2/3，「1」表示原文的章次、「2」表示頁次、「3」表示行次。

三．檢字表：

備有《漢語拼音檢字表》、《筆畫檢字表》兩種：

1．漢語拼音據《辭源》修訂本（一九七九年至一九八三年北京商務印書館）及《漢語大字典》。一字多音者，按不同讀音在音序中分別列出；例如「說」字有 shuō，shuì，yuè，tuō 四讀，分列四處。聲母、韻母相同之字，按陰平、陽平、上、去四聲先後排列。讀音未詳者，一律置於表末。

2．某字在《逐字索引》所出現之頁數，在《漢語拼音檢字表》中該字任一讀音下皆可檢得。

3．筆畫數目、部首歸類均據《大漢和辭典》、《康熙字典》。畫數相同之字，其先後次序依部首排列。

4．另附《威妥碼 — 漢語拼音對照表》，以方便使用威妥碼拼音之讀者。

Guide to the use of the Concordance

1. TEXT

1.1 The text printed with the concordance is based on the Yiwenyinshuguan edition of the Liu Maosheng's Ying Song Chao Ben (YSCB). As all extant editions are marred by serious corruptions, besides other editions, parallel texts in other works have been used for collation purposes. As emendations of the text have been incorporated for the reference of the reader, care has been taken to have them clearly marked as such, both in the case of the full text as well as in the concordance, so that the original text can be recovered by ignoring the emendations.

1.2 Round brackets signify deletions while square brackets signify additions. This device is also used for emendations. An emendation of character a to character b is indicated by (a)〔 b 〕. e.g.,

執道(要)之柄 1/2/11

The character 要 in the YSCB edition, being an interpolation, is deleted on the authority of Yu Yue's comment in his Zhuzi pingyi(p.580)

居前而眾弗害〔也〕 1/2/18

The character 也, missing in the YSCB edition, is added on the authority of the Qunshu zhiyao(p.713).

A list of all deletions and additions is appended on p.106, where the authority for each emendation is given.

旋(縣)〔緜〕而不可究 1/1/21

The character 縣 in the YSCB edition has been emended to 緜 on the authority of Wang Nian-sun's comment in the Huainanzi section of his

Dushu Zazhi (p.760). A list of all emendations is appended on p.67 where the authority for each is given.

1.3 Where the text has been emended on the authority of other editions or the parallel text found in other works, such emendations are either incorporated into the text or entered as footnotes. For explanations, the reader is referred to the Bibliography, which is appended on p.63.

1.4 For all concordanced characters only the standard form is used. Variant or incorrect forms have been replaced by the standard forms as given in Morohashi Tetsuji's Dai Kan-Wa jiten, (Tokyo : Taishūkan shōten, 1974), and the Hanyu da zidian (Hubei cishu chubanshe and Sichuan cishu chubanshe 1986-1990) e.g.,

(i) 渾然而往 7/57/15

The YSCB edition has 徃 which, being a variant form, has been replaced by the standard form 往 as given in the Dai Kan-Wa jiten. A list of all variant forms that have been replaced in this way is appended on p.52. As to vulgar forms, they, too, are can be considered variant forms, but, because of the large number of such forms appearing in the YSCB edition, they have been replaced without indication to the reader. A list, however, of all such forms is appended on p.62.

(ii) (塪) [埳] 井之無鼃鼈 9/70/6

The YSCB edition has 塪 which, being an incorrect form, has been replaced by the standard form 埳. A list of all emendations of incorrect forms is appended on p.105.

1.5 The textual notes are based on the articles by Wang Shumin and Yu Dacheng. Ⓦ refers to Wang's work, while Ⓨ refers to Yu's work. For information, the reader is referred to the Bibliography on p.63.

1.5.1.a A figure on the upper right hand corner of a character indicates that a variant reading is given in the note to be found at the bottom of the page, e.g.,

潤于[4]草木 1/1/15

The superscript [4] refers to note 4 at the bottom of the page.

1.5.1.b A range marker ▸ ◂ is added to the figure superscribed to indicate the total number of characters affected, e.g.,

或不免於▸疑狂◂[3]者 2/16/8

This indicates that note 3 concerns the two characters 疑狂.

1.5.1.c Where there are more than one variant reading, these are indicated by A, B, C, e.g.,

煗[8]有餘於身也 2/16/18

Note 8 reads A. 煖 B. 暖, showing that for 煗 one version reads 煖, while another version reads 暖.

1.5.1.d A comment on a collation note is marked off by the sign 〈 〉, e.g.,

莫不如志[7] 9/76/13

Note 7 reads: 意〈編者按：作「意」者蓋避漢諱改。〉.

1.5.2 For information on variant readings given in the collation notes the reader is referred to the articles by Wong Shumin and Yu Dacheng, and for further information to Bibliography on p.63.

1.5.3 Besides readings from other editions, readings from quotations found in encyclopaedias and other works are also included.

2. CONCORDANCE

2.1 In the entries the concordanced character is replaced by the ○ sign.

The entries are arranged according to the order of appearance in the text. The frequency of appearance of the character concerned in the whole text will be shown, and a list of all the concordanced characters in frequency order is appended. (Appendix One)

2.2 The entries are listed according to Hanyupinyin. In the body of the concordance all occurrences of a character with more than one pronunciation are located under its most common pronunciation, that is, the first pronunciation given under the character in the Ciyuan and the Hanyu da zidian.

2.3 Figures in three columns show the location of a character in the text, e.g., 1/2/3,

1 denotes the chapter.
2 denotes the page.
3 denotes the line.

3. INDEX

A Stroke Index and an Index arranged according to Hanyupinyin are included.

3.1 The pronunciation given in the Ciyuan (The Commercial Press , Beijing, 1979 - 1983) and the Hanyu da zidian is used. Where a character has two or more pronunciations, it can be found under any of these in the index. For example : 說 which has four pronunciations : shuō, shuì, yuè, tuō is to be found under any one of these four entries. Characters with the same pronunciation but different tones are also to be found under the different tones. Characters of which the pronunciation is unknown are relegated to the end of the index.

3.2 In the body of the Concordance all occurrences of a character with more than one pronunciation will be located under its most common pronunciation. A reference to this will be found whichever pronunciation a reader may use to look up the character in the index.

3.3 In the stroke index, characters appear in the same order as in the Dai Kan-Wa jiten and the Kangxi zidian.

3.4 A correspondence table between the Hanyupinyin and the Wade-Giles systems is also provided.

主編者簡介

劉殿爵教授（Prof. D. C. Lau）早歲肄業於香港大學中文系，嗣赴蘇格蘭格拉斯哥大學攻讀西洋哲學，畢業後執教於倫敦大學達二十八年之久，一九七八年應邀回港出任香港中文大學中文系講座教授。劉教授興趣在哲學及語言學，以準確嚴謹的態度翻譯古代典籍，其中《論語》、《孟子》、《老子》三書之英譯，已成海外研究中國哲學必讀之書。

陳方正博士（Dr. Chen Fong Ching），一九六二年哈佛（Harvard）大學物理學學士，一九六四年拔蘭（Brandeis）大學理學碩士，一九六六年獲理學博士，隨後執教於香港中文大學物理系，一九八六年任中國文化研究所所長至今。陳博士一九九零年創辦學術文化雙月刊《二十一世紀》，致力探討中國文化之建設。

漢語拼音檢字表

nüè
瘧 690

ōu
區(qū) 741
嘔 690
歐(ǒu) 690
甌 690
謳 690

óu
齵 690

ǒu
禺(yù) 1166
偶 690
嘔(ōu) 690
歐 690
耦 690

òu
嘔(ōu) 690

pá
把(bǎ) 233

pái
俳 690
排 690
箄(bēi) 241

pān
判(pàn) 690
拚(biàn) 252
番(fān) 419
潘 690
攀 690

pán
弁(biàn) 252
般(bān) 237
番(fān) 419
槃 690
樊(fán) 420
盤 690
潘(pān) 690
繁(fán) 420
蟠(fán) 420

pàn
反(fǎn) 420
半(bàn) 237
判 690
泮 690
叛 691
畔 691

pāng
滂 691

páng
方(fāng) 422
仿(fǎng) 425
房(fáng) 425
旁 691
逄(féng) 435
彭(péng) 692
傍 691
龐 691

páo
包(bāo) 238
庖 691
咆 691
炮 691
袍 691

pào
炮(páo) 691
皰 691

pēi
坏 691
杯(bēi) 240
培(péi) 691

péi
培 691
陪 691
棓(bàng) 237

pèi
妃(fēi) 425
沛 691
肺(fèi) 430
佩 691
朏(fěi) 430
珮 691
配 691
轡 691

pēn
濆(fén) 432

pén
盆 692

pēng
亨(hēng) 507
怦 692
苹(píng) 696
烹 692
彭(péng) 692

péng
朋 692
逄(féng) 435
彭 692
蓬 692
韄 692

pěng
奉(fèng) 435
捧 692

pī
皮(pí) 692
批 692
坯(pēi) 691
披 692
邳 692
被(bèi) 242
鈹 692

pí
比(bǐ) 245
皮 692
仳(pǐ) 693
陂(bēi) 240
庳(bēi) 240
脾 692
辟(pì) 693
裨 693
罷(bà) 233
蕃(fán) 420
羆 693
鼙 693

pǐ
匹 693
仳 693
否(fǒu) 436
嚭 693

pì
匹(pǐ) 693
副(fù) 448
睥 693
辟 693
僻 693
擘(bò) 262
譬 693
闢 694

piān
扁(biǎn) 252
偏 694
徧(biàn) 253
篇 694

pián
平(píng) 695
便(biàn) 252
胼 694
徧(biàn) 253
跰(bèng) 245
楩 694
駢 694
骿 694
辯(biàn) 253

piàn
辨(biàn) 253

piāo
漂 694
摽 694
縹(piǎo) 694
飄 694

piáo
剽(piāo) 694
瓢 694

piǎo
縹 694

piào
剽 694
漂(piāo) 694

piē
蔽(bì) 251
瞥 694

pīn
拚(biàn) 252

pín
貧 694
瀕(bīn) 255
蘋 695

pǐn
品 695

pìn
牝 695
聘 695

píng
平 695
屏 696
苹 696
瓶 696
萍 696
馮 696
憑 696

pō
朴(pò) 696
抪 696
陂(bēi) 240
碑(bēi) 241
頗 696

qiào
削(xuē) 1038
峭 728
殼 728
竅 728
譙(qiáo) 728

qiē
切 729

qiě
且 729

qiè
切(qiē) 729
妾 729
怯 729
契(qì) 720
挈 729
捷(jié) 560
慊(qiǎn) 726
嗛(xián) 1003
鍥 729
竊 730

qīn
侵 730
浸(jìn) 568
衾 730
菫 730
欽 730
親 730

qín
秦 731
蚙 731
琴 731
勤 731
禽 732
慬(jìn) 570
擒 732

qǐn
侵(qīn) 730
寑 732
寢 732

qìn
親(qīn) 730

qīng
青 732
頃(qǐng) 735
卿 733
清 733
傾 734
輕 734
慶(qìng) 736

qíng
情 734
請(qǐng) 735
擏 735
檠 735
鯨 735

qǐng
頃 735
請 735
謦 736

qìng
清 736
慶 736
請(qǐng) 735
磬 736

qióng
蛩 736
窮 736
嬛(xuān) 1036
藭 737

qiū
丘 737
邱 738
秋 738
區(qū) 741
湫(jiǎo) 556
龜(guī) 486

qiú
仇 738
囚 738
艽 738
虬 740
求 739
酋 740
球 740
蛷 740
裘 740
鼽 740

qiǔ
糗 740

qū
去(qù) 744
曲 740
伹 741
呿 741
屈 741
取(qǔ) 742
祛 741
蛆 741
區 741
詘 741
趍 741
歐(ǒu) 690
趣 741
誳 742
趨 742
軀 742
麴 742
騶(zōu) 1335
驅 742

qú
句(gōu) 465
劬 742
渠 742
鉤(gōu) 465
鴝 742
璩 742
懼(jù) 582
擢(jū) 579
蘧 742
臞 742
欋 742
籧 742
衢 742

qǔ
曲(qū) 740
取 742
竘 743
娶 744
齲 744

qù
去 744
趣(qū) 741
趨(qū) 742
闃 744

quān
圈(juàn) 582

quán
全 745
卷(juàn) 582
泉 745
純(chún) 324
惓(juàn) 583
捲(juǎn) 582
啳 745
詮 745
銓 745
踡 745
蠸 745
權 745

quǎn
犬 746
綣 746

quàn
券 746
勸 746

quē
屈(qū) 741
缺 746
闕(què) 747

què
却 747
卻 747
埆 747
雀 747
确 747
愨 747
爵(jué) 585
闋 747
攉(huò) 529
鵲 747

qūn
囷 747
遁(dùn) 374
踆(cūn) 334

qún
群 747

rán
柟(nán) 674
然 748
髯 751
燃 751
蘸 751

rǎn
冉 751
染 751
熯(hàn) 498
橪 751

ráng
攘 751
壤(rǎng) 751

rǎng
攘(ráng) 751
壤 751
孀(shuāng) 859
讓(ràng) 751

ràng
攘(ráng) 751
讓 751

ráo
挐(rú) 773
嬈(niǎo) 685
橈(náo) 675

tòng
痛 910

tōu
偷 910
愉(yū) 1157

tóu
投 910
頭 910

tǒu
黈 910

tū
吐(tǔ) 912
禿 910
突 910

tú
涂 911
悇 911
徒 910
菟(tù) 912
屠 911
荼 911
塗 911
圖 911
駼 911

tǔ
土 911
吐 912

tù
吐(tǔ) 912
兔 912
菟 912

tuān
湍 912

tuán
剬(duān) 372
專(zhuān) 1321
揣(chuǎi) 321
敦(dūn) 373

剸 912
摶 912
槫 913
鶉(chún) 324

tuàn
稅(shuì) 861
緣(yuán) 1174

tuī
推 913
魋 913

tuí
弟(dì) 361
隤 913
蹪 913

tuì
侻(tuò) 914
退 913
脫(tuō) 914
稅(shuì) 861
蛻 913

tūn
吞 913
涒 913

tún
屯(zhūn) 1323
純(chún) 324
豚 913
敦(dūn) 373

tuō
他(tā) 889
佗 913
拖 914
挩 914
託 914
脫 914
梲(zhuó) 1324
稅(shuì) 861
說(shuō) 862

tuó
池(chí) 311
阤(zhì) 1296
佗(tuō) 913
陁(zhì) 1300
橐 914
鱓(shàn) 790
鼉 914

tuǒ
隋 914
綏(suí) 875
橢 914

tuò
侻 914
柝 914
魄(pò) 697

wā
汙(wū) 954
污(wū) 954
洼 914
唲(ér) 412
瓺 914
媧 914

wǎ
瓦 914

wà
瓦(wǎ) 914
絑 914

wāi
咼 914

wài
外 914

wān
貫(guàn) 484
關(guān) 483
彎 916

wán
丸 916
芄 916
完 916
玩 916
紈 916
狠 916
捖 916
蚖(yuán) 1174

wǎn
宛 916
挽 916
婉 916
晚 916
琬 916
輓 916
綰 916

wàn
掔(qiān) 724
擥 919
萬 916

wāng
匡(kuāng) 602
汪 919
尪 919

wáng
亡 919
王 920
芸 923

wǎng
方(fāng) 422
王(wáng) 920
枉 923
罔 923
往 923
網 924
瀇 924
魍 924

wàng
王(wáng) 920
妄 924
忘 924
盲(máng) 644

往(wǎng) 923
望 925

wēi
危 925
委(wěi) 941
畏(wèi) 945
威 926
猗(yī) 1086
隈 926
逶 926
微 926

wéi
為 927
韋 940
桅 940
偽(wěi) 942
唯 940
惟 940
帷 940
圍 941
嵬 941
違 941
維 941
蓶 941
魏(wèi) 949
巍 941

wěi
尾 941
委 941
唯(wéi) 940
偉 942
偽 942
葦 942
瑋 942
緯 942
鮪 942

wèi
未 942
位 944
味 945
胃 945
畏 945
尉 946

威妥碼-漢語拼音 對照表

A	
a	a
ai	ai
an	an
ang	ang
ao	ao
C	
cha	zha
ch‘a	cha
chai	zhai
ch‘ai	chai
chan	zhan
ch‘an	chan
chang	zhang
ch‘ang	chang
chao	zhao
ch‘ao	chao
che	zhe
ch‘e	che
chei	zhei
chen	zhen
ch‘en	chen
cheng	zheng
ch‘eng	cheng
chi	ji
ch‘i	qi
chia	jia
ch‘ia	qia
chiang	jiang
ch‘iang	qiang
chiao	jiao
ch‘iao	qiao
chieh	jie
ch‘ieh	qie
chien	jian
ch‘ien	qian
chih	zhi
ch‘ih	chi
chin	jin
ch‘in	qin
ching	jing
ch‘ing	qing
chiu	jiu
ch‘iu	qiu
chiung	jiong
ch‘iung	qiong
cho	zhuo
ch‘o	chuo
chou	zhou
ch‘ou	chou
chu	zhu
ch‘u	chu
chua	zhua
ch‘ua	chua
chuai	zhuai
ch‘uai	chuai
chuan	zhuan
ch‘uan	chuan
chuang	zhuang
ch‘uang	chuang
chui	zhui
ch‘ui	chui
chun	zhun
ch‘un	chun
chung	zhong
ch‘ung	chong
chü	ju
ch‘ü	qu
chüan	juan
ch‘üan	quan
chüeh	jue
ch‘üeh	que
chün	jun
ch‘ün	qun
E	
e	e
eh	ê
ei	ei
en	en
eng	eng
erh	er
F	
fa	fa
fan	fan
fang	fang
fei	fei
fen	fen
feng	feng
fo	fo
fou	fou
fu	fu
H	
ha	ha
hai	hai
han	han
hang	hang
hao	hao
he	he
hei	hei
hen	hen
heng	heng
ho	he
hou	hou
hsi	xi
hsia	xia
hsiang	xiang
hsiao	xiao
hsieh	xie
hsien	xian
hsin	xin
hsing	xing
hsiu	xiu
hsiung	xiong
hsü	xu
hsüan	xuan
hsüeh	xue
hsün	xun
hu	hu
hua	hua
huai	huai
huan	huan
huang	huang
hui	hui
hun	hun
hung	hong
huo	huo
J	
jan	ran
jang	rang
jao	rao
je	re
jen	ren
jeng	reng
jih	ri
jo	ruo
jou	rou
ju	ru
juan	ruan
jui	rui
jun	run
jung	rong
K	
ka	ga
k‘a	ka
kai	gai
k‘ai	kai
kan	gan
k‘an	kan
kang	gang
k‘ang	kang
kao	gao
k‘ao	kao
ke	ge
k‘e	ke
kei	gei
ken	gen
k‘en	ken
keng	geng
k‘eng	keng
ko	ge
k‘o	ke
kou	gou
k‘ou	kou
ku	gu
k‘u	ku
kua	gua
k‘ua	kua
kuai	guai
k‘uai	kuai
kuan	guan
k‘uan	kuan
kuang	guang
k‘uang	kuang
kuei	gui
k‘uei	kui
kun	gun
k‘un	kun
kung	gong
k‘ung	kong
kuo	guo
k‘uo	kuo
L	
la	la
lai	lai
lan	lan
lang	lang
lao	lao
le	le
lei	lei
leng	leng
li	li
lia	lia
liang	liang
liao	liao
lieh	lie
lien	lian
lin	lin
ling	ling
liu	liu
lo	le
lou	lou
lu	lu
luan	luan

lun	lun	nu	nu	sai	sai	t‘e	te	tsung	zong
lung	long	nuan	nuan	san	san	teng	deng	ts‘ung	cong
luo	luo	nung	nong	sang	sang	t‘eng	teng	tu	du
lü	lü	nü	nü	sao	sao	ti	di	t‘u	tu
lüeh	lüe	nüeh	nüe	se	se	t‘i	ti	tuan	duan
				sen	sen	tiao	diao	t‘uan	tuan
M		O		seng	seng	t‘iao	tiao	tui	dui
ma	ma	o	o	sha	sha	tieh	die	t‘ui	tui
mai	mai	ou	ou	shai	shai	t‘ieh	tie	tun	dun
man	man			shan	shan	tien	dian	t‘un	tun
mang	mang	P		shang	shang	t‘ien	tian	tung	dong
mao	mao	pa	ba	shao	shao	ting	ding	t‘ung	tong
me	me	p‘a	pa	she	she	t‘ing	ting	tzu	zi
mei	mei	pai	bai	shei	shei	tiu	diu	tz‘u	ci
men	men	p‘ai	pai	shen	shen	to	duo		
meng	meng	pan	ban	sheng	sheng	t‘o	tuo	W	
mi	mi	p‘an	pan	shih	shi	tou	dou	wa	wa
miao	miao	pang	bang	shou	shou	t‘ou	tou	wai	wai
mieh	mie	p‘ang	pang	shu	shu	tsa	za	wan	wan
mien	mian	pao	bao	shua	shua	ts‘a	ca	wang	wang
min	min	p‘ao	pao	shuai	shuai	tsai	zai	wei	wei
ming	ming	pei	bei	shuan	shuan	ts‘ai	cai	wen	wen
miu	miu	p‘ei	pei	shuang	shuang	tsan	zan	weng	weng
mo	mo	pen	ben	shui	shui	ts‘an	can	wo	wo
mou	mou	p‘en	pen	shun	shun	tsang	zang	wu	wu
mu	mu	peng	beng	shuo	shuo	ts‘ang	cang		
		p‘eng	peng	so	suo	tsao	zao	Y	
N		pi	bi	sou	sou	ts‘ao	cao	ya	ya
na	na	p‘i	pi	ssu	si	tse	ze	yang	yang
nai	nai	piao	biao	su	su	ts‘e	ce	yao	yao
nan	nan	p‘iao	piao	suan	suan	tsei	zei	yeh	ye
nang	nang	pieh	bie	sui	sui	tsen	zen	yen	yan
nao	nao	p‘ieh	pie	sun	sun	ts‘en	cen	yi	yi
ne	ne	pien	bian	sung	song	tseng	zeng	yin	yin
nei	nei	p‘ien	pian			ts‘eng	ceng	ying	ying
nen	nen	pin	bin	T		tso	zuo	yo	yo
neng	neng	p‘in	pin	ta	da	ts‘o	cuo	yu	you
ni	ni	ping	bing	t‘a	ta	tsou	zou	yung	yong
niang	niang	p‘ing	ping	tai	dai	ts‘ou	cou	yü	yu
niao	niao	po	bo	t‘ai	tai	tsu	zu	yüan	yuan
nieh	nie	p‘o	po	tan	dan	ts‘u	cu	yüeh	yue
nien	nian	p‘ou	pou	t‘an	tan	tsuan	zuan	yün	yun
nin	nin	pu	bu	tang	dang	ts‘uan	cuan		
ning	ning	p‘u	pu	t‘ang	tang	tsui	zui		
niu	niu			tao	dao	ts‘ui	cui		
no	nuo	S		t‘ao	tao	tsun	zun		
nou	nou	sa	sa	te	de	ts‘un	cun		

筆畫檢字表

一畫		
一	一	1080
乙	乙	1089
二畫		
一	丁	364
	七	698
丿	乃	670
	乂	1116
乙	九	574
二	二	414
人	人	752
入	入	774
八	八	231
几	几	529
刀	刀	345
力	力	615
十	十	819
卜	卜	262
又	又	1152
三畫		
一	三	780
	上	792
	下	994
	丈	1208
丨	个	457
丶	丸	916
丿	久	576
乙	乞	719
	也	1054
二	于	1153
亠	亡	919
几	凡	419
刀	刃	765
勹	勺	795
十	千	723
口	口	599
土	土	911
士	士	831
夕	夕	987
大	大	335
女	女	689
子	子	559
	孓	583
	孑	1325
寸	寸	334
小	小	1011
尸	尸	815
山	山	786
巛	川	322
工	工	459
己	己	537
	已	867
	巳	1089
干	干	451
弋	弋	1116
弓	弓	460
手	才	292
四畫		
一	丑	315
	不	262
	冇	645
丨	中	1304
丶	丹	342
丿	之	1239
亅	予	1159
二	井	571
	五	979
	云	1187
亠	亢	454
人	从	331
	今	563
	介	563
	仁	764
	仍	766
	仇	738
	什	822
儿	元	1173
入	內	675
八	公	460
	六	632
	兮	987
凵	凶	1030
刀	分	431
	切	729
	刈	1116
勹	勾	465
	勿	983
匕	化	517
匚	匹	693
十	升	805
	午	981
卜	卞	252
卩	卬	231
又	反	420
	及	533
	友	1141
士	壬	765
大	夫	436
	夬	601
	天	896
	太	889
	夭	1052
子	孔	599
小	少	795
尢	尤	1138
尸	尺	312
	尹	1130
屮	屯	1323
己	巴	232
巾	巿	440
	帀	1188
弓	弔	363
	引	1129
心	心	1016
戈	戈	456
戶	戶	516
手	手	847
	扎	1205
支	支	1239
文	文	949
斗	斗	369
斤	斤	565
方	方	422
无	无	967
日	日	766
曰	曰	1177
月	月	1181
木	木	667
止	止	1291
殳	殳	851
毋	毋	967
比	比	245
毛	毛	644
氏	氏	832
水	水	859
火	火	526
爪	爪	1210
父	父	447
爻	爻	1052
牙	牙	1041
牛	牛	686
犬	犬	746
玉	王	920
五畫		
一	丙	257
	且	729
	世	832
	丘	737
丶	主	1318
丿	乏	416
	乎	511
	乍	1205
人	代	340
	令	627
	仕	834
	仍	766
	他	889
	以	1090
	仗	1208
儿	充	313
	兄	1030
冂	冊	296
	冉	751
冫	冬	365
凵	出	315
力	加	542
	功	462
勹	包	238
匕	北	241
匚	匜	1188
十	半	237
卜	占	1206
卩	卯	645
	卮	1283
厶	去	744
口	叱	313
	古	467
	句	465
	叫	556
	叩	600
	可	591
	司	863
	史	827
	右	1152
	台	1086
	叫	1342
	召	1210
囗	四	868
	囚	738
夕	外	914
大	失	815
	央	1048
女	奴	688
子	孕	1187
宀	宄	487
	宂	771
尸	尼	683
	尻	591
工	巨	580
	巧	728
	左	1341
巾	布	291
	市	834
干	平	695
幺	幼	1153
廾	弁	252
弓	弗	440
	弘	507
心	必	246
戈	戊	666
	戉	1183
斤	斥	313
日	旦	343
木	本	244
	末	662
	未	942
	札	1205
	朮	1317
止	正	1236
毋	母	666
氏	氐	358
	民	653
水	氾	422
	永	1134
犬	犯	422
玄	玄	1036
玉	玉	1166
瓜	瓜	481
瓦	瓦	914
甘	甘	452
生	生	805
用	用	1135
田	甲	544
	申	798
	田	902
	由	1138
白	白	233
皮	皮	692
目	目	668
矛	矛	645
矢	矢	827
石	石	822
示	示	834
禾	禾	500
穴	穴	1038
立	立	616
六畫		
亠	交	555
	亥	494
	亦	1116
人	伔	304
	仿	425
	伐	416
	伏	442
	伎	538
	伉	591
	仳	693
	企	719
	任	766
	伊	1086
	仰	1051
	休	1031
	伍	981
	伇	1117
	仲	1309
儿	光	485
	先	1000
	兆	1210
入	全	745
八	共	465
冂	再	1191
冫	冰	256
刀	列	623
	刎	952
	刑	1025
勹	匈	1031
匚	匠	554
	匡	602
卩	危	925
	印	1131
口	吉	538
	后	509
	各	457
	合	500
	名	656
	吏	617
	吐	912
	同	908

九畫

十七畫

通用字表一

編號	本索引用字	原底本用字	章/頁/行	內文
1	總	緫	1/1/14	而大與宇宙之總
			1/6/26	萬物之總
			5/39/13	飄風暴雨總至
			5/40/4	寒氣總至
			5/43/3	朝于總章左个
			5/43/20	朝于總章大廟
			5/44/17	朝于總章右个
			5/44/20	寒氣總至
			8/63/4	故德之所總
			8/64/1	德之所總要
			8/64/15	精與鬼神總
			9/75/8	莫不欲總海內之智
			18/185/23	總一筦
2	喪	䘮	1/1/16	父無喪子之憂
			1/8/2	而心忽然若有所喪
3	微	㣲	1/1/21	纖微而不可勤
			3/20/12	熒惑常以十月入太微受制而出行列宿
			3/21/7	太微者主朱鳥
			10/85/8	微彼
4	聰	聦	1/2/10	聰明不損
			1/3/10	師曠之聰
			1/6/29	掩其聰明
			1/7/9	耳目聰明
			2/12/8	偃其聰明而抱其太素
			2/15/14	聰明誘於外
			6/54/10	絀聰明
			7/56/6	使耳不聰
			7/59/22	棄聰明而反太素
			8/64/13	聰明燿於日月
			8/64/24	思慮聰明喜怒也
			8/64/25	耳聰而不以聽
			8/64/27	在於耳則其聽聰
			9/67/8	所以掩聰〔也〕
			9/71/4	不如掩聰明而反修其道也
			9/75/3	聰明（先）〔光〕而不弊
			9/75/14	其離聰明則亦遠矣

編號	本索引用字	原底本用字	章/頁/行	內文
4	聰	聦	9/81/28	聰明審察
			10/89/4	君下臣而聰明
			10/92/6	聽而精之莫聰於耳
			11/98/15	所謂聰者
			11/98/17	以聽則聰
			12/115/15	黜聰明
			12/119/17	是故聰明叡知
			14/142/17	聰明雖用
			17.91/174/26	精於聰也
			19/202/23	以致聰明
			19/203/3	為一人聰明而不足以徧燭海內
			21/225/5	所以使人黜耳目之聰明
5	網	罔	1/2/22	猶不能與網罟爭得也
			2/18/13	網罟張而在下
6	蟹	蠏	1/3/1	無以異於使蟹（蜅）〔捕〕鼠
7	胸	胷	1/3/4	故機械之心藏於胸中
			20/222/10	巧詐藏於胸中
8	況	况	1/3/6	何況狗馬之類乎
9	鱉	鼈	1/3/19	魚鱉湊淵
			8/65/5	以食鱉魚
			10/85/1	魚鱉沈
			12/118/22	魚鱉龍蛇莫（肯之）〔之肯〕歸也
			15/149/20	為魚鱉者則可以罔罟取也
			16.74/160/30	援兩鱉而失靈龜
			16.124/165/22	膏之殺鱉
			17.80/174/1	不能搏龜鱉
			17.91/174/25	鱉無耳而目不可以（瞥）〔弊〕
			20/211/14	縈水不能生魚鱉者
10	弛	弛	1/3/26	人不弛弓
			10/90/21	召公以桑蠶耕種之時弛獄出拘
			12/117/19	弛弓絕絃
			17.104/175/21	有時而弛
			18/197/14	三年不解甲弛弩
11	瀨	瀨	1/4/19	而漁者爭處湍瀨
12	弊	獘	1/5/6	齒堅於舌而先之弊
			2/16/13	弊其玄光而求知之于耳目

編號	本索引用字	原底本用字	章/頁/行	內文
12	弊	獘	5/48/30 14/136/4	久而不弊 （不）足以弊身
13	蹶	蹷	1/5/12 12/108/7 12/108/8 19/207/17	則後者（蹶）〔踞〕之 其名曰蹶 蹶有患害 蹶沙石
14	翱	翶	1/6/5 1/9/11 2/13/26	而翱翔忽區之上 與化翱翔 而蟲蝱適足以（翱）〔翾〕（翔）
15	沖	冲	1/6/26	沖而徐盈
16	稟	禀	1/8/4	稟授於外而以自飾也
17	器	噐	1/8/14 10/88/23	故天下神器 如飢渴者不可欺以虛器也
18	蔥	葱	2/10/21 16.26/156/25	青蔥苓蘢 見青蔥則拔之
19	夢	㝱	2/11/5 2/11/5 2/11/5 2/11/6 2/11/6 2/11/6 2/11/16 10/82/17	譬若夢 夢為魚而没於淵 方其夢也 不知其夢也 覺而後知其夢也 然後知今此之為大夢也 是故其寐不夢 其寢無夢
20	柏	栢	2/12/1 4/37/17 11/98/7 14/135/9 15/146/2	然後知松柏之茂也 淮出桐柏山 葬樹柏 楚勝乎諸夏而敗乎柏莒 眾破於柏舉
21	概	槩	2/12/12 5/40/1 7/58/28 14/140/27 16.48/158/25 20/214/13	无所概於（忠）〔志〕也 端權概 勢位爵祿何足以概志也 不足以易其一概 此有一概而未得主名也 而取一概焉爾

編號	本索引用字	原底本用字	章/頁/行	內文
22	樂	楽	2/12/20	使王公簡其貴富而樂卑賤
23	棄	弃	2/13/8 12/118/5 18/193/16 20/215/2	必有波溢而播棄者 棄劍（而）〔以〕〔全〕己 蓋聞君子不棄義以取利 取一物而棄其餘
24	龐	庞	2/13/24	通於无（整）〔整〕而復反於敦龐〔矣〕
25	解	鮮	2/14/13	華藻鎛（解）〔鮮〕
26	搴	捲	2/15/23	擢德搴性
27	胸	匈	2/16/3 4/36/27 6/52/13 7/55/20 7/55/21 8/66/16 9/67/17 9/76/1 13/127/3	神無虧缺於胸臆之中矣 〔有〕結胸民、羽民、讙頭國民、（裸）〔裸〕國民、三苗民、交股民、不死民、穿胸民、反舌民、豕喙民、鑿齒民、三頭民、脩臂民 嗜欲形於胸中 則胸腹充而嗜慾省矣 胸腹充而嗜慾省 怨（左）〔尤〕充胸 神不馳於胸中 正度于胸臆之中 造桓公之胸
28	脈	脉	2/17/9 4/36/1 20/211/20 21/226/5	血脈無鬱滯 血脈屬焉 百脈九竅莫不順比 鑽脈得失之跡
29	蛘	蝆	2/17/13	手足之攢疾蛘、辟寒暑
30	蚊	蚉	2/17/14 2/17/14	蚊虻噆膚而（知）〔性〕不能平 非直蜂蠆之螫毒而蚊虻之慘怛也
31	鬬	鬪	3/19/10	麒麟鬬而日月食
32	皞	皡	3/20/1 5/47/14	其帝太皞 太皞、句芒之所司者
33	蟁	蚉	3/22/2 13/120/7 17.163/180/1	蟁虻不食駒犢 夏日則不勝暑熱蟁虻 （孑孑）〔孑孓〕為蟁

編號	本索引用字	原底本用字	章/頁/行	內文
34	昏	昬	3/24/21	（禹）〔離〕以為朝、晝、昏、夜
			5/39/3	昏參中
			5/40/9	昏七星中
			5/41/1	昏翼中
			5/41/17	昏亢中
			5/42/6	昏心中
			5/42/23	昏斗中
			5/43/17	昏牽牛中
			5/44/13	昏虛中
			5/45/9	昏危中
			5/46/1	昏〔東〕（壁）〔壁〕中
			5/46/20	昏婁中
			9/68/28	而民多昏亂
			9/79/19	昏張中則務種穀
35	參	叅	3/25/19	以三參物
			5/39/3	昏參中
			6/53/13	邪人參耦比周而陰謀
36	卻	却	3/31/10	操一表卻去前表十步
			6/50/24	故卻走馬以糞
			9/74/6	猶卻行而脫（蹤）〔蹝〕也
			10/87/5	耕者日以卻
			12/115/4	兵三卻
			13/125/16	賓秦師而卻之
			15/148/3	（卻）〔簦〕笠居
			18/200/1	知進而不知卻
			19/203/27	九攻而墨子九卻之
			20/219/24	卻吳兵
37	渤	激	4/33/11	貫渤海
38	癃	[illegible]	4/34/20	林氣多癃
			6/49/27	平公癃病
39	奰	[illegible]	4/35/1	食木者多力而奰
40	眥	眦	4/36/1	大口決眥
			17.8/168/27	不能自見其眥
			20/221/27	聞者莫不瞋目裂眥
41	鹹	醎	4/36/22	鍊苦生鹹
			4/36/22	鍊鹹反甘
			11/100/23	為刻削者曰致其鹹酸而已矣

編號	本索引用字	原底本用字	章/頁/行	內文
42	壟	壠	4/37/13	后稷壟在建木西
43	涼	凉	4/37/26 5/48/16	涼（也）〔風〕之所生也 七月涼風不至
44	皋	臯	4/37/26 11/95/8 11/102/16 13/120/11 14/134/17 19/205/12 20/213/18	皋稽 澤皋織（罔）〔罔〕 雖皋陶為之理 桔皋而汲 皋陶也 皋陶馬喙 堯之舉禹、契、后稷、皋陶
45	辜	辠	4/38/10	醴泉生皇辜
46	獺	獺	5/39/5 9/79/13 15/143/10	獺祭魚 獺未祭魚 夫畜池魚者必去猵獺
47	寇	宼	5/40/4	寇戎來征
48	贊	賛	5/41/8 5/44/23	贊傑俊 北嚮以贊之
49	候	倸	5/43/18 14/140/12	候鴈來 中則以為候
50	關	関	5/48/7	閉（關）〔門〕閭
51	搜	挖	5/45/13	大搜客
52	熹	熺	5/46/7	湛熹必潔
53	廟	庿	5/46/24 10/84/18	先薦寢廟 錦繡登廟
54	祅	祆	5/47/6	介蟲為祅
55	冥	宜	5/48/6	顓頊、玄冥之所司者
56	愨	慤	5/49/19	堅愨以固
57	乃	廼	6/50/4	若乃未始出其宗者

編號	本索引用字	原底本用字	章/頁/行	內文
58	辭	辤	6/50/9 9/68/17	已而陳辭通意 而兩家之難無所關其辭
59	騎	驗	6/50/19	此傅說之所以騎辰尾也
60	邇	迩	6/51/14	遠之則邇
61	畝	畒	6/51/24 8/61/18 9/78/26	步不出頃畝之區 聚埒畝 而耕不過十畝
62	契	挈	6/53/5 20/210/29 20/213/18	下契黃壚 豈此契契哉 堯之舉禹、契、后稷、皋陶
63	腳	脚	6/53/16	走獸廢腳
64	往	徃	7/57/15 7/57/16 7/58/28 7/60/4 13/126/5 13/131/1 15/147/8 16.121/165/13	渾然而往 不得已而往 輕舉獨往 何往而不遂 猩猩知往而不知來 夫戶牖者、風氣之所從往來 與飄飄往 或（橾）〔操〕火往益之
65	鳧	凫	7/58/3	鳧浴蝯躩
66	髀	髀	7/58/20	兩髀在上
67	慚	慙	7/59/9 10/85/10 10/90/10 13/128/4 19/204/3	而訟間田者慚矣 周公慚乎景 不慚乎善 內不慚於國家 吾日悠悠慚于影
68	髯	頿	7/60/25	越人得髯蛇
69	聯	聨	8/61/20	（縣）〔緜〕聯房植
70	床	牀	8/63/17 9/78/14 13/128/12 14/140/23	〔桀〕為琁室、瑤臺、象廊、玉床 匡床蒻席 蚰床之與蘪蕪也 （筐）〔匡〕床（在）〔衽〕席弗能安也

編號	本索引用字	原底本用字	章/頁/行	內文
70	床	牀	17.46/171/17 17.190/181/26	蛇床似蘪蕪而不能芳 而居者夢於床
71	壓	壓	8/64/6	彈壓山川
72	鄒	邹	9/69/4	鄒忌一徽
73	鉤	鈎	9/70/4 12/114/5 12/114/5 12/114/6 12/114/6	（別）〔制〕輅（仲）〔伸〕鉤 大司馬捶鉤者年八十矣 而不失鉤芒 臣年二十好捶鉤 非鉤無察也
74	腰	要	9/72/22	故靈王好細腰
75	畝	畞	9/73/8 9/78/26 11/97/24 11/98/3 18/197/17	不（隨）〔脩〕南畝 不過畝四石 農不易其畝 葬成畝 男子不得脩農畝
76	楫	檝	9/73/19 9/75/6 15/146/4	舟楫所通 乘舟楫〔者〕 舟楫所通
77	怪	恠	9/74/8	玩好珍怪
78	豎	竪	9/74/21 17.145/178/22 18/187/20 18/187/24	牧豎能追之 欺於豎牛 豎陽穀奉酒而進之 故豎陽穀之進酒也
79	鵔	鵕	9/77/25 9/77/26	趙武靈王貝帶鵔鸃而朝 鵔鸃而朝
80	蟆	蟇	9/79/18 11/94/6	蝦蟆鳴、燕降而達路除道 夫蝦蟆為鶉
81	榦	幹	9/81/29	而無仁智以為表榦
82	斟	斟	10/90/2	羊羹不斟而宋國危
83	鄰	隣	11/104/18 19/208/15	故身安則恩及鄰國 楚人有烹猴而召其鄰人

編號	本索引用字	原底本用字	章/頁/行	內文
84	卮	巵	12/119/14 13/130/6 18/196/12 18/199/6	謂之宥卮 而江、河不能實漏卮 （投）〔援〕卮漿而沃之 盲者得鏡則以蓋卮
85	矩	榘	13/120/26	而以知矩（彠）〔蒦〕之所周者也
86	橛	橜	13/122/2	是猶无鏑銜（橛）策錣而御馯馬也
87	陷	陥	13/123/16 13/129/16 15/148/19 15/149/3 15/153/2 17.179/181/4 18/186/11 18/199/20 19/207/26	遇小人則陷溝壑 而陷於刑戮之患者 陷其右陂 不入陷阱 所當者陷 雖蟹蟲而不自陷 陷溺於難者 故萬舉而不陷 破敵陷陳
88	尪	尫	13/125/18	潘尪、養由基、黃衰微、公孫丙相與篡之
89	蹴	蹵	13/125/19	黃衰微舉足蹴其體
90	嫂	㛮	13/127/13	孟卯妻其嫂
91	槀	藳	13/128/12	〔若〕芎藭之與槀本也
92	帚	箒	13/131/6	今世之祭井竈、門戶、箕帚、（臼）〔白〕杵者
93	賴	頼	13/131/17	果賴而免身
94	饜	饜	14/136/28	則貨殫而欲不饜
95	冰	氷	14/141/16 16.15/155/20	（冰）〔水〕出於山而入於海 冰之泮
96	蓺	藝	15/143/13	毋蓺五穀
97	簵	簬	15/150/3	夫栝淇衛箘簵
98	射	躲	15/150/4 16.11/155/10 16.28/156/30 16.28/156/30	然猶不能獨（射）〔穿〕也 譬猶越人之射也 善射者發不失的 善於射矣

編號	本索引用字	原底本用字	章/頁/行	內文
98	射	䠶	16.28/156/30 16.66/160/12	而不善所射 不給射
99	曠	𣌭	15/150/18	曠曠如夏
100	貴	𧴪	15/153/11	故虛實之氣、兵之貴者也
101	狗	猗	16.37/157/23 16.64/160/7 17.90/174/23 19/208/15	保者不敢畜噬狗 殺豚烹狗 盜賊之〔輩〕醜吠狗 〔鄰人〕以為狗羹也而甘之
102	躧	屣	16.135/166/21 17.4/168/18 17.4/168/18 17.36/170/27 17.150/179/1 19/205/15	足躧地而為迹 足（以）〔所〕躧者淺矣 然待所不躧而後行 緤則躧履之 若躧薄冰、蛟在其下 是（謂）猶釋船而欲躧水也
103	蠹	蠧	17.103/175/19 17.224/184/5 18/195/29	蠹眾則木折 木生蠹 故蠹啄剖梁柱
104	騂	駵	17.141/178/13	騂駁不入牲
105	醫	醼	17.154/179/10 19/209/16	醫酺、在頰則好 醫酺搖
106	蓄	稸	18/192/11	臣故蓄積於民
107	罽	罽	18/194/15	冬日被裘罽
108	脅	脇	18/196/2	曹君欲見其骿脅
109	兜	兠	19/202/20 20/223/14	放讙兜於崇山 何憂讙兜
110	湎	䤄	19/204/21	沉湎耽荒
111	倏	倐	19/206/22	倏忽變化
112	糧	粮	19/207/16	於是乃贏糧跣走
113	懈	𢥞	19/207/28	侯王懈惰

編號	本索引用字	原底本用字	章/頁/行	內文
114	恥	耻	20/218/5 20/218/13	故蒙恥辱而不死 行无廉恥
115	捃	攟	21/227/7	而捃逐萬物之祖也
116	臿	㮝	21/228/5	禹身執虆臿

通用字表二

編號	本索引用字	原底本用字	編號	本索引用字	原底本用字	編號	本索引用字	原底本用字	編號	本索引用字	原底本用字
1	萬	万	11	憺	憺	21	齊	斉	31	禮	礼
2	變	変	12	處	処	22	齋	斎	32	譽	誉
3	遷	迁	13	腳	脚	23	決	决	33	號	号
4	與	与	14	國	国	24	惡	悪	34	雖	虽
5	興	㒷	15	雄	碓	25	繼	継	35	竊	窃
6	舉	举	16	聲	声	26	效	効	36	義	义
7	盡	尽	17	嘗	甞	27	劍	劒	37	學	斈
8	亂	乱	18	斷	断	28	寶	宝	38	群	羣
9	體	躰	19	蓋	盖	29	覺	覚			
10	澹	澹	20	璽	玺	30	濟	済			

徵 引 書 目

編號	書名	標注出處方法	版本
1	淮南子	頁數	臺北藝文印書館 1974 年影鈔北宋本
2	道藏本淮南子	頁數、欄數	道藏要籍選刊第五冊　上海古籍出版社 1989 年版
3	劉績本淮南子	卷/頁（a、b為頁之上下面）	明弘治王溥刻本
4	莊逵吉本淮南子	頁數	二十二子本　先知出版社影光緒二年浙江書局校刊本
5	錢塘淮南天文訓補注	頁數	劉文典淮南鴻烈集解附錄三 p.766 至 925
6	王念孫讀書雜志	頁數	江蘇古籍出版社 1985 年版
7	王引之經義述聞	頁數	江蘇古籍出版社 1985 年版
8	孫詒讓札迻	頁數	北京中華書局 1989 年版
9	劉台拱劉氏遺書	卷/頁（a、b為頁之上下面）	臺北藝文印書館影光緒十五廣雅書局刊本
10	劉文典淮南鴻烈集解	頁數	北京中華書局 1989 年版
11	楊樹達淮南子證聞	頁數	上海古籍出版社 1985 年版
12	俞樾諸子平議	頁數	上海商務印書館 1935 年版　國學基本叢書
13	鄭良樹淮南子斠理	頁數	嘉新水泥公司文化基金叢書 1969 年版
14	周易	頁數	臺北藝文印書館 1985 年影十三經注疏本
15	尚書	頁數	臺北藝文印書館 1985 年影十三經注疏本
16	毛詩	頁數	臺北藝文印書館 1985 年影十三經注疏本
17	禮記	頁數	臺北藝文印書館 1985 年影十三經注疏本
18	公羊傳	頁數	臺北藝文印書館 1985 年影十三經注疏本
19	左傳	頁數	臺北藝文印書館 1985 年影十三經注疏本
20	論語	頁數	臺北藝文印書館 1985 年影十三經注疏本
21	孟子	頁數	臺北藝文印書館 1985 年影十三經注疏本
22	國語	頁數	臺北世界書局 1975 年影上禮居叢書重雕天聖明道本
23	呂氏春秋	頁數	臺北藝文印書館 1974 年影明刻本

編號	書名	標注出處方法	版本
24	王弼注本老子	頁數	二十二子本　上海古籍出版社 1986 年版
25	莊子	頁數	臺北藝文印書館 1983 年影續古逸叢書本
26	晏子春秋	頁數	北京中華書局 1962 年版吳則虞晏子春秋集釋本
27	王利器鹽鐵論校注	頁數	天津古籍出版社 1983 年版
28	新書	卷/頁（a、b為頁之上下面）	四部叢刊影江南圖書館藏明正德乙亥吉藩刊本
29	墨子	卷/頁（a、b為頁之上下面）	四部叢刊影明嘉靖三十二年唐堯臣本
30	荀子	卷/頁（a、b為頁之上下面）	四部叢刊影上海涵芬樓藏黎氏影宋刊本
31	韓非子	卷/頁（a、b為頁之上下面）	四部叢刊影上海涵芬樓藏影宋鈔校本
32	孫子兵法	卷/頁（a、b為頁之上下面）	四部叢刊影明嘉靖三十四年談愷本
33	通玄真經	卷/頁（a、b為頁之上下面）	四部叢刊影宋本
34	文子纘義	卷/頁（a、b為頁之上下面）	道藏本通玄真經纘義朱弁注本
35	文子纘義	卷/頁（a、b為頁之上下面）	通玄真經纘義本(正統道藏本）
36	萬有文庫本文子纘義	頁數	上海商務印書館 1937 年　國學基本叢書本
37	大戴禮記	卷/頁（a、b為頁之上下面）	四部叢刊影無錫孫氏小綠天藏明袁氏嘉趣堂本
38	春秋繁露	卷/頁（a、b為頁之上下面）	四部叢刊影武英殿聚珍版本
39	列子	卷/頁（a、b為頁之上下面）	四部叢刊影常熟瞿氏鐵琴銅劍樓藏北宋刊本
40	韓詩外傳	卷/頁（a、b為頁之上下面）	四部叢刊影上海涵芬樓藏明沈氏野竹齋刊本
41	說苑	卷/頁（a、b為頁之上下面）	四部叢刊影平湖葛氏傳樸堂藏明鈔本
42	新序	卷/頁（a、b為頁之上下面）	四部叢刊影江南圖書館藏明覆宋刊本
43	論衡	卷/頁（a、b為頁之上下面）	四部叢刊影上海涵芬樓藏明通津草堂本
44	孔子家語	卷/頁（a、b為頁之上下面）	臺灣中華書局 1968 年影宋蜀本
45	山海經	卷/頁（a、b為頁之上下面）	四部叢刊影明成化本
46	六韜	卷/頁（a、b為頁之上下面）	四部叢刊影宋鈔本
47	史記	頁數	北京中華書局 1982 年版
48	三國志	頁數	北京中華書局 1982 年版
49	六臣注文選	頁數	北京中華書局 1987 年版
50	嚴可均全上古三代秦漢三國六朝文	頁數	北京中華書局 1987 年版
51	北堂書鈔	卷頁	北京中國書店 1989 年版
52	藝文類聚	卷頁	上海古籍出版社 1965 年版
53	初學記	頁數	北京中華書局 1962 年版

編號	書名	標注出處方法	版本
54	意林	頁數	四部叢刊初編縮本臺灣商務印書館
55	群書治要	卷頁	臺灣商務印書館重印 1937 年版 國學基本叢書本
56	太平御覽	卷頁	北京中華書局 1985 年版
57	白孔六帖	頁數	臺北新興書局 1969 年影明嘉靖年間覆宋刻本
58	王叔岷淮南子斠證（上）	頁數	文史哲學報第 5 期 1953 年 12 月 p.15 至 90
59	王叔岷淮南子斠證（下）	頁數	文史哲學報第 6 期 1954 年 12 月 p.1 至 60
60	王叔岷淮南子斠證補遺	頁數	文史哲學報第 7 期 1956 年 4 月 p.9 至 22
61	王叔岷淮南子斠證續補	頁數	文史哲學報第 8 期 1958 年 7 月 p.11 至 20
62	于大成淮南鴻烈原道校閱	頁數	中山學術文化集刊第 7 集 1971 年 3 月 p.1 至 41
63	于大成淮南鴻烈俶真校釋	頁數	中山學術文化集刊 9 集 1972 年 3 月 p.77 至 115
64	于大成淮南鴻烈天文校釋	頁數	中華學術文化集刊 10 期 1972 年 11月 p.1至 50
65	于大成淮南鴻烈地形校釋	頁數	中華學院 8 期 1971 年 9 月 p.41 至 97
66	于大成淮南鴻烈覽冥校釋	頁數	文史季刊 2 卷 2 期 1972 年 1 月
67	于大成淮南鴻烈精神校釋	頁數	實踐家專學報 4 期 1973 年 3 月 p.55 至 76
68	于大成淮南鴻烈本經校釋	頁數	淡江學報 11 期 1973 年 3 月 p.99至114
69	于大成淮南鴻烈主術校釋	頁數	淡江學報 14 期 p.199 至 229
70	于大成淮南鴻烈齊俗校釋	頁數	中華學院 10 期 1972 年 9 月 p.41 至 78
71	于大成淮南鴻烈氾論校釋	頁數	淡江學報 13 期 1975 年 2 月 p.9 至 33
72	于大成淮南鴻烈詮言校釋	頁數	國立中央圖書館館刊新 7 卷 2 期 1974 年 4 月 p.75 至 80
73	于大成淮南鴻烈兵略校釋	頁數	文史哲學報 23 期 1974 年 10 月 p.95 至 116
74	于大成淮南鴻烈說山校釋	頁數	淡江學報 12 期 1974 年 3 月 p.21 至 38
75	于大成淮南鴻烈說林校釋	頁數	國立政治大學學報 29 期 1974 年 5 月 p.319 至 357
76	于大成淮南鴻烈人間校釋	頁數	中華學苑 14 期 1974 年 9 月 p.121 至 149

編號	書名	標注出處方法	版本
77	于大成淮南鴻烈脩務校釋	頁數	國立政治大學學報 30 期 1974 年 12 月 p.1 至 24
78	于大成淮南鴻烈要略校釋	頁數	漢學論文集 1970 年 11 月
79	于大成淮南子校釋	頁數	國立臺灣師範大學國文研究所 1969 年 高級研究生畢業論文
80	劉殿爵三國吳諱鉤沉	頁數	香港中文大學中國文化研究所學報 1991 年卷 22

誤字改正說明表

編號	原句 / 位置（章/頁/行）	改正說明
1	源流泉（滂）〔浡〕 1/1/4	道藏本p.4.1
2	（紘）〔紭〕宇宙而章三光 1/1/6	道藏本p.4.1
3	鬼出（電）〔神〕入 1/1/11	文選・新刻漏銘注引p.1042
4	恬愉無（矜）〔矜〕而得于和 1/1/13	道藏本p.4.2
5	神託于秋毫之（未）〔末〕 1/1/13	道藏本p.4.2
6	旋（縣）〔緜〕而不可究 1/1/21	王念孫說，見讀書雜志p.760
7	乘（雲）〔雷〕車 1/1/26	王念孫說，見讀書雜志p.760
8	（入）〔六〕雲蜺 1/1/26	王念孫說，見讀書雜志p.760
9	騖（怳忽）〔忽怳〕 1/1/26	王念孫說，見讀書雜志p.761
10	勁策利（鍛）〔錣〕 1/2/2	王念孫說，見讀書雜志p.762
11	（今）〔令〕雨師灑道 1/2/5	道藏本p.5.1
12	劉覽（偏）〔徧〕照 1/2/6	楊樹達說，見淮南子證聞p.6
13	四支不（動）〔勤〕 1/2/10	文子・自然8/13b
14	秉其要〔趣而〕歸之（趣） 1/2/12	王念孫說，見讀書雜志p.763
15	（叫）〔叫〕呼仿佛 1/2/14	莊逵吉本p.27
16	故莫（敢）〔能〕與之爭 1/2/18	王念孫說，見讀書雜志p.764
17	因江海以為（罟）〔罛〕 1/2/23	王念孫說，見讀書雜志p.764
18	故（夫）〔矢〕不若繳 1/2/24	道藏本p.5.3
19	無以異於使蟹（蛹）〔捕〕鼠 1/3/1	道藏本p.5.3
20	昔者夏鯀作（三）〔九〕仞之城 1/3/2	王念孫說，見讀書雜志p.765
21	非致遠之（術）〔御〕也 1/3/9	王念孫說，見讀書雜志p.765
22	（脩）〔循〕道理之數 1/3/11	王念孫說，見讀書雜志p.765
23	夫（萍）〔蘋〕樹根於水 1/3/15	王念孫說，見讀書雜志p.766
24	禽獸有（芃）〔艽〕 1/3/19	王念孫說，見讀書雜志p.767
25	於是民人（被）〔劗〕髮文身 1/3/24	王引之說，見讀書雜志p.767
26	故禹之（祼）〔裸〕國 1/3/26	于大成說 ，見淮南鴻烈原道校閱。中山學術文化集刊，第7集p.18（1991年3月）
27	故橘、樹之江北則化而為（枳）〔橙〕 1/4/1	王念孫說，見讀書雜志p.768
28	鴝（鵒）〔鵒〕不過濟 1/4/2	道藏本p.6.3
29	（維）〔繼〕嗣絕祀 1/4/14	道藏本p.7.1
30	以封（壤）〔畔〕肥饒相讓 1/4/18	王念孫說，見讀書雜志p.768
31	（從）〔徙〕裸國 1/4/21	莊逵吉本p.38
32	日以（自）〔月〕悔也 1/5/10	道藏本p.8.1
33	先者（諭）〔踰〕下 1/5/12	莊逵吉本p.41
34	則後者（蹶）〔蹍〕之 1/5/12	王念孫說，見讀書雜志p.769
35	則後者（逢）〔違〕之 1/5/13	莊逵吉本p.41
36	遠（渝）〔淪〕於無崖 1/5/24	莊逵吉本p.43
37	大包群生而無（好憎）〔私好〕 1/6/2	王引之說，見讀書雜志p.769
38	行（而）不可得〔而〕窮極也 1/6/3	文子・道原 1/11b

編號	原句 / 位置（章/頁/行）	改正說明
39	微（而）不可得〔而〕把握也 1/6/3	文子・道原 1/11b
40	與萬物（始終）〔終始〕 1/6/7	王念孫說，見讀書雜志p.761
41	虛（而）〔無〕恬愉者 1/6/15	莊逵吉本p.46
42	（損）〔捐〕其思慮 1/6/30	王念孫說，見讀書雜志p.770
43	放準（修）〔循〕繩 1/7/2	莊逵吉本p.49
44	不與物（散）〔殽〕 1/7/7	王引之說，見讀書雜志p.770
45	則外能（收）〔牧〕之 1/7/8	王念孫說，見讀書雜志p.770
46	（迫）〔感〕則能應 1/7/13	王念孫說，見讀書雜志p.770
47	（感）〔迫〕則能動 1/7/13	王念孫說，見讀書雜志p.770
48	是故其為（擢）〔樂〕不忻忻 1/7/23	淮南子・俶真p.51，參正文注文
49	無不樂則至（極樂）〔樂極〕矣 1/7/26	王念孫說，見讀書雜志p.771
50	強弩（于）〔干〕高鳥 1/8/1	道藏本p.10.2
51	走犬（遂）〔逐〕狡兔 1/8/1	道藏本p.10.2
52	雖愚者（和）〔知〕說之 1/8/6	道藏本p.10.2
53	不（任）〔在〕於彼而在於我 1/8/15	莊逵吉本p.56
54	則嗜欲好憎外（失）〔矣〕 1/8/16	道藏本p.10.3
55	而仿洋于山（峽）〔岬〕之旁 1/9/1	王念孫說，見讀書雜志p.772
56	此齊民之所為形植（藜）〔黎〕（累）〔黑〕 1/9/1	莊逵吉本p.59、王引之說，見讀書雜志p.772
57	不為愁悴怨（懟）〔慰〕而（不）失其所以自樂也 1/9/2	王引之說，見讀書雜志p.772
58	誘慕於（召）〔名〕位 1/10/4	道藏本p.12.1
59	冀以過人之智植（于高）〔高于〕世 1/10/4	王念孫說，見讀書雜志p.773
60	靜而（日）充者〔日〕以壯 1/10/8	據文意改
61	躁而（日）耗者〔日〕以老 1/10/8	據文意改
62	未有形（呼）〔埒〕（垠堮） 2/10/15	道藏本p.12.3、王念孫說，見讀書雜志p.773
63	氣遂而大通（宜宜）〔冥冥〕者也 2/10/18	道藏本p.12.3
64	（藿蘆）〔蓶扈〕炫煌 2/10/21	王念孫說，見讀書雜志p.773
65	儲與扈（治）〔冶〕 2/10/23	淮南子・要略p.653
66	若光燿之（閒）〔問〕於无有 2/10/26	陳觀樓說，見讀書雜志p.774
67	冰迎春則（洋）〔泮〕而為水 2/11/12	道藏本p.13.2
68	冰（故）〔水〕移易于前後 2/11/12	道藏本p.13.2
69	攙搶（衡）〔衝〕杓之氣莫不彌靡 2/11/18	王引之說，見讀書雜志p.774
70	茫茫（沈沈）〔沆沆〕 2/11/20	王念孫說，見讀書雜志p.774
71	而萬物（雜）〔炊〕累焉 2/11/26	孫詒讓說，見札迻p.223
72	夫（梜）〔挾〕依於跂躍之術 2/12/4	莊逵吉本p.75
73	以死生為（盡）〔晝〕夜 2/12/8	道藏本p.14.2
74	无所概於（忠）〔志〕也 2/12/12	道藏本p.14.2
75	夫秉皓白而不（里）〔黑〕 2/12/14	道藏本p.14.2
76	大行石澗、飛狐、句（望）〔注〕之險不能難也 2/12/16	王念孫說，見讀書雜志p.775
77	（執）〔孰〕能至於此哉 2/12/18	道藏本p.14.3
78	設於无垓坫之（字）〔宇〕 2/12/24	道藏本p.14.3
79	若夫墨、（揚）〔楊〕、申、商之於治道 2/13/4	道藏本p.15.1
80	百事之莖葉條（梓）〔枿〕 2/13/12	王念孫說，見讀書雜志p.821
81	通於无（塹）〔埑〕而復反於敦龐〔矣〕 2/13/24	劉文典說，見淮南鴻烈集解

編號	原句 / 位置（章/頁/行）	改正說明
		p.57、王叔岷說，見淮南子斠證補遺。文史哲學報第7期 p.10（1956年4月）
82	墮者（析）〔折〕脊碎腦 2/13/26	道藏本p.15.3
83	而蟲蚉適足以（翱）〔翺〕（翔） 2/13/26	王念孫說，見讀書雜志p.776
84	華藻鎛（解）〔鮮〕 2/14/13	道藏本p.16.1
85	（於）〔而〕外淫於世俗之風 2/14/17	莊逵吉本p.87
86	所（斷）差跌者〔已〕〔斷〕 2/14/17	據文意改，參正文注文
87	不知耳目之（宣）〔宜〕 2/14/20	劉績本 3/13b
88	馳於（方外）〔外方〕 2/14/22	王念孫說，見讀書雜志p.761
89	休乎（宇內）〔內宇〕 2/14/22	王念孫說，見讀書雜志p.761
90	夫栲木（色）〔已〕青翳 2/14/27	王引之說，見讀書雜志p.776
91	而蠃〔蠡〕瘉（蝸）〔燭〕睆 2/14/28	王引之說，見讀書雜志p.776
92	無（文）〔丈〕之材 2/15/2	道藏本p.16.3
93	必其（有命）〔命有〕在於外也 2/15/4	王念孫說，見讀書雜志p.777
94	（吟）〔含〕德懷和 2/15/10	王念孫說，見讀書雜志p.777
95	而知乃始昧昧（晽晽）〔楙楙〕 2/15/10	王念孫說，見讀書雜志p.777
96	（乃）〔及〕至神農、黃帝 2/15/11	王念孫說，見讀書雜志p.778
97	重九（㲹）〔埶〕 2/15/12	王念孫說，見讀書雜志p.778
98	（雜）〔離〕道以偽 2/15/15	王念孫說，見讀書雜志p.778
99	以求鑿（柄）〔枘〕於世而錯擇名利 2/15/18	道藏本p.17.2
100	（淵）〔神〕清則智明矣 2/16/8	王念孫說，見讀書雜志p.779
101	人莫鑑於（流沫）〔流潦〕 2/16/9	俞樾說，見諸子平議p.587
102	精神（以）〔已〕越於外 2/16/12	莊逵吉本p.95
103	（清）〔清〕有餘於適也 2/16/18	楊樹達說，見淮南子證聞p.30
104	此真人之（道）〔遊〕也 2/17/1	王念孫說，見讀書雜志p.780
105	處小隘而不（寒）〔塞〕 2/17/3	道藏本p.18.2
106	橫（扃）〔扃〕天地之閒而不窕 2/17/3	莊逵吉本p.98
107	智（終）〔絡〕天地 2/17/5	劉文典說，見淮南子鴻烈集解 p.72
108	（澤）〔辭〕潤玉石 2/17/5	王念孫說，見讀書雜志p.780
109	蚊蚉噆膚而（知）〔性〕不能平 2/17/14	王念孫說，見讀書雜志p.780
110	目不見太山之（高）〔形〕 2/17/16	文子·九守 3/10a
111	小有所志而大有所（志）〔忘〕也 2/17/16	道藏本p.18.3
112	擢拔吾（悟）〔性〕 2/17/17	莊逵吉本p.100
113	（一）〔十〕人養之 2/17/20	王念孫說，見讀書雜志p.781
114	（十）〔一〕人拔之 2/17/20	王念孫說，見讀書雜志p.781
115	而處士（脩）〔循〕其道 2/17/25	王念孫說，見讀書雜志p.765
116	為炮（烙）〔格〕 2/17/29	王念孫說，見讀書雜志p.698
117	走獸（擠）〔廢〕腳 2/18/2	據淮南子·覽冥改。 參楊樹達說，見淮南子證聞p.56
118	當此之（間）〔時〕 2/18/2	莊逵吉本p.103
119	身（蹈）〔陷〕于濁世之中 2/18/8	王叔岷說，見淮南子斠證補遺。文史哲學報第7期p.11（1956年4月）

編號	原句 / 位置（章/頁/行）	改正說明
120	故曰（大昭）〔太始〕 3/18/18	王引之說，見讀書雜志p.782
121	（道始于）〔太始生〕虛霩 3/18/18	王引之說，見讀書雜志p.782
122	〔元〕氣有（漢）〔涯〕垠 3/18/19	王念孫說，見讀書雜志p.782
123	日月之淫（為）〔氣〕、精者為星辰 3/18/22	王引之說，見讀書雜志p.782
124	是故火（曰）〔日〕外景 3/18/28	洪頤煊說，見劉文典淮南鴻烈集解p.80
125	是故水（曰）〔月〕內景 3/18/29	洪頤煊說，見劉文典淮南鴻烈集解p.80
126	天地之（含）〔合〕氣 3/19/1	王念孫說，見讀書雜志p.782
127	日至而（麋）〔麋〕鹿解 3/19/5	道藏本p.20.2
128	是以月（虛）〔虧〕而魚腦減 3/19/5	王念孫說，見讀書雜志p.783
129	月死而（羸）〔蠃〕硥膲 3/19/6	道藏本p.20.2
130	故鳥（飛）〔動〕而高 3/19/6	王念孫說，見讀書雜志p.783
131	去地（五億）〔億五〕萬里 3/19/19	王念孫說，見讀書雜志p.783
132	天（阿）〔河〕 3/19/20	王引之說，見讀書雜志p.784
133	太白元始以（正月甲寅）〔甲寅正月〕 3/20/15	王引之說，見讀書雜志p.785
134	與（熒惑）〔營室〕晨出東方 3/20/16	王引之說，見讀書雜志p.785
135	以十一月（久）〔冬〕至效斗、牽牛 3/20/21	道藏本p.21.2
136	天下大（飢）〔饑〕 3/20/22	莊逵吉說，見莊逵吉本p.116
137	祀四（郊）〔鄉〕 3/20/29	王念孫說，見讀書雜志p.786
138	決（刑罰）〔罰刑〕 3/20/30	王念孫說，見讀書雜志p.786
139	水（魚）〔衡〕之囿也 3/21/6	劉文典說，見淮南鴻烈集解p.94
140	天（阿）〔河〕者 3/21/6	王引之說，見讀書雜志p.784
141	四（宮）〔守〕者 3/21/6	王引之說，見讀書雜志p.784
142	（天）〔太〕一元始 3/21/9	錢塘淮南天文訓補注p.804
143	故（曰）〔四〕歲而積千四百六十一日而復合 3/21/12	道藏本p.22.1
144	故舍八十歲而復故（曰）〔日〕 3/21/12	黃楨說，見劉文典淮南鴻烈集解p.96
145	日冬至則（水）〔火〕從之 3/21/23	俞樾說，見諸子平議p.591
146	日夏至則（火）〔水〕從之 3/21/23	俞樾說，見諸子平議p.591
147	十一月水正而（陰）〔火〕勝 3/21/24	俞樾說，見諸子平議p.591
148	十（二）〔一〕月德居室三十日 3/22/6	王念孫說，見讀書雜志p.787
149	而（升）〔斗〕日行一度 3/22/11	王念孫說，見讀書雜志p.787
150	音比（黃鍾）〔應鍾〕 3/22/12	王引之說，見讀書雜志p.788
151	音比（應鍾）〔無射〕 3/22/13	王引之說，見讀書雜志p.788
152	音比（無射）〔南呂〕 3/22/13	王引之說，見讀書雜志p.788
153	音比（南呂）〔夷則〕 3/22/14	王引之說，見讀書雜志p.788
154	加十五日指寅則（雨水）〔驚蟄〕 3/22/15	王引之說，見讀書雜志p.788
155	音比（夷則）〔林鍾〕 3/22/15	王引之說，見讀書雜志p.788
156	〔加〕十五日指甲則雷（驚蟄）〔雨水〕 3/22/15	道藏本p.22.3、王引之說，見讀書雜志p.788
157	音比（林鍾）〔蕤賓〕 3/22/16	王引之說，見讀書雜志p.788
158	音比（蕤賓）〔仲呂〕 3/22/17	王引之說，見讀書雜志p.788
159	加十五日指乙則（清明風至）〔穀雨〕 3/22/17	王引之說，見讀書雜志p.788
160	音比（仲呂）〔姑洗〕 3/22/17	王引之說，見讀書雜志p.788

編號	原句 / 位置（章/頁/行）	改正說明
161	加十五日指辰則（穀雨）〔清明風至〕 3/22/18	王引之說，見讀書雜志p.788
162	音比（姑洗）〔夾鍾〕 3/22/18	王引之說，見讀書雜志p.788
163	音比（夾鍾）〔太蔟〕 3/22/19	王引之說，見讀書雜志p.788
164	音比（太蔟）〔大呂〕 3/22/20	王引之說，見讀書雜志p.788
165	音比（大呂）〔黃鍾〕 3/22/20	王引之說，見讀書雜志p.788
166	音比（大）〔太〕蔟 3/22/22	道藏本p.23.1
167	故曰秋分雷（戒）〔臧〕 3/22/24	王念孫說，見讀書雜志p.789
168	咸池為（太）〔大〕歲 3/23/1	錢曉徵說，見王念孫讀書雜志p.789
169	（太）〔大〕歲 3/23/2	錢曉徵說，見王念孫讀書雜志p.789
170	（太）〔天〕一在丙子 3/23/9	王引之說，見讀書雜志p.790
171	（二）〔一〕陰一陽成氣二 3/23/11	王引之說，見讀書雜志p.790
172	月日行十三度七十六分度之二十（六）〔八〕 3/23/12	黃楨說，見劉文典淮南鴻烈集解p.105
173	庚（子）〔午〕受制 3/23/19	王引之說，見讀書雜志p.791
174	（大剛）〔則〕魚不為 3/24/2	王引之說，見讀書雜志p.791
175	以長百穀禽（鳥）〔獸〕草木 3/24/9	王念孫說，見讀書雜志p.791
176	日出于（暘）〔湯〕谷 3/24/14	王引之說，見讀書雜志p.982
177	是謂小（還）〔遷〕 3/24/16	王念孫說，見讀書雜志p.792
178	是謂大（還）〔遷〕 3/24/17	王念孫說，見讀書雜志p.792
179	至于淵（虞）〔隅〕 3/24/17	王念孫說，見讀書雜志p.792
180	（至）〔淪〕于蒙谷 3/24/19	王念孫說，見讀書雜志p.792
181	〔入〕（于）虞（淵）〔泉〕之（汜）〔池〕 3/24/20	初學記卷1p.5
182	（禹）〔離〕以為朝、晝、昏、夜 3/24/21	王念孫說，見讀書雜志p.792
183	十（二）〔一〕月指子 3/25/4	王引之說，見讀書雜志p.792
184	（昧）〔味〕也 3/25/9	王念孫說，見讀書雜志p.793
185	兵（重）〔革〕三（罕）〔軍〕以為制 3/25/19	王念孫說，見讀書雜志p.794
186	三之為積分（七十）〔十七〕萬七千一百四十七 3/25/22	莊逵吉本p.137，參正文注文
187	故（卯）〔卵〕生者八竅 3/25/24	道藏本p.25.2
188	（元）〔无〕射之數四十五 3/26/6	道藏本p.25.2作「無」，此處上文作「无」，今據改
189	（徵）〔宮〕生（宮）〔徵〕 3/26/7	劉績說，見王念孫讀書雜志p.794
190	（宮）〔徵〕生商 3/26/7	劉績說，見王念孫讀書雜志p.794
191	角（生）〔主〕姑洗 3/26/7	王引之說，見讀書雜志p.794
192	音比（林鍾）〔應鍾〕 3/26/9	王引之說，見讀書雜志p.788
193	故人〔臂〕脩（八）〔四〕尺 3/26/14	王引之說，見讀書雜志p.795
194	其以為（量）〔重〕 3/26/19	王念孫說，見讀書雜志p.796
195	朱（烏）〔鳥〕在卯 3/27/1	道藏本p.26.1
196	亥為（牧）〔收〕 3/27/3	道藏本p.26.1
197	主（太）〔大〕歲 3/27/4	王引之說，見讀書雜志p.796
198	以（十一）〔正〕月與之晨出東方 3/27/5	王引之說，見讀書雜志p.797
199	歲星（含）〔舍〕營室、東壁 3/27/7	道藏本p.26.1

編號	原句 / 位置（章/頁/行）	改正說明
200	以（正）〔三〕月與之晨出東方 3/27/7	王引之說，見讀書雜志p.797
201	以（二）〔四〕月與之晨出東方 3/27/8	王引之說，見讀書雜志p.797
202	以（三）〔五〕月與之晨出東方 3/27/10	王引之說，見讀書雜志p.797
203	以（四）〔六〕月與之晨出東方 3/27/11	王引之說，見讀書雜志p.797
204	以（五）〔七〕月與之晨出東方 3/27/12	王引之說，見讀書雜志p.797
205	以（六）〔八〕月與之晨出東方 3/27/13	王引之說，見讀書雜志p.797
206	太陰在（戊）〔戌〕 3/27/14	道藏本p.26.2
207	以（七）〔九〕月與之晨出東方 3/27/14	王引之說，見讀書雜志p.797
208	以（八）〔十〕月與之晨出東方、奎、婁為對 3/27/15	王引之說，見讀書雜志p.797
209	以（九）〔十一〕月與之晨出東方 3/27/16	王引之說，見讀書雜志p.797
210	（曰）〔日為〕德 3/27/20	王引之說，見讀書雜志p.798
211	（綱曰）〔剛日〕自倍 3/27/20	王引之說，見讀書雜志p.798
212	因柔（曰）〔日〕徙所不勝 3/27/20	王引之說，見讀書雜志p.798
213	死於（戌）〔戊〕 3/27/25	道藏本p.26.3
214	壯於（戌）〔戊〕 3/27/25	道藏本p.26.3
215	（左前）〔右背〕刑，（右背）〔左前〕德 3/27/28	王引之說，見讀書雜志p.798
216	（星）〔日〕 3/28/1	劉文典說，見淮南鴻烈集解p.121
217	斗、牽牛（越）、須女吳〔越〕 3/28/11	王引之說，見讀書雜志p.799
218	大陰治春則欲行柔惠溫（涼）〔良〕 3/28/18	俞樾說，見諸子平議p.592
219	癸（越）〔趙〕 3/28/22	王念孫說，見讀書雜志p.800
220	以（勝）〔制〕擊殺 3/28/28	王引之說，見讀書雜志p.800
221	月（從）〔徙〕一辰 3/29/1	王念孫說，見讀書雜志p.800
222	甲（戌）〔戌〕 3/29/8	道藏本p.27.2
223	庚（申）〔辰〕 3/29/8	錢曉徵說，見王念孫讀書雜志p.800
224	天（地）〔有〕九重 3/29/18	莊逵吉本p.149
225	日減一（十）〔升〕 3/29/22	王念孫說，見讀書雜志p.801
226	歲小（飢）〔饑〕 3/31/4	據文意改
227	大（飢）〔饑〕 3/31/5	據文意改
228	（子）〔亥〕在癸曰昭陽 3/31/7	錢塘淮南天文訓補注p.895，參正文注文
229	九州八（極）〔柱〕 4/32/11	王念孫說，見讀書雜志p.802
230	東（玄）〔方〕曰條風 4/32/25	莊逵吉本p.161
231	南方曰（巨）〔豈〕風 4/32/25	俞樾說，見諸子平議p.593
232	通谷（其）〔六〕 4/32/30	陳觀樓說，見讀書雜志p.802
233	是謂（丹）〔白〕水 4/33/9	王念孫說，見讀書雜志p.802
234	日之所（曊）〔嘖〕 4/33/19	莊逵吉本p.165
235	呼而無（嚮）〔響〕 4/33/20	莊逵吉本p.165
236	自（北東）〔東北〕方曰（大澤）〔無通〕，曰（無通）〔大澤〕 4/33/22	俞樾說，見諸子平議p.593
237	曰（元）〔亢〕澤 4/33/23	王念孫說，見讀書雜志p.803
238	有醫毋閭之珣（玕）〔玗〕琪焉 4/34/12	道藏本p.31.1
239	岸下氣多（腫）〔尰〕 4/34/21	王念孫說，見讀書雜志p.804
240	丘氣多（狂）〔尪〕 4/34/22	王念孫說，見讀書雜志p.804

編號	原句 / 位置（章/頁/行）	改正說明
241	蛤（蟹）〔姚〕珠龜 4/34/26	太平御覽卷942p.4183
242	弱土人（肥）〔脆〕 4/34/29	俞樾說，見諸子平議p.594
243	食（葉）〔桑〕者有絲而蛾 4/35/2	王念孫說，見讀書雜志p.805
244	（十）〔七〕九六十三 4/35/10	道藏本p.32.1
245	蟲故八（月）〔日〕而化 4/35/13	王念孫說，見經義述聞p.312
246	（陰）〔而〕屬於陽 4/35/14	大戴禮記·易本命 13/7b
247	有角者（指）〔脂〕而無後〔齒〕 4/35/19	大戴禮記·易本命 13/8a
248	河水中（濁）〔調〕而宜菽 4/35/23	王念孫說，見讀書雜志p.805
249	平（大）〔土〕之人 4/35/24	道藏本p.32.2
250	脩頸（印）〔卬〕行 4/36/4	道藏本p.32.3
251	〔有〕結胸民、羽民、讙頭國民、（祼）〔裸〕國民、三苗民、交股民、不死民、穿胸民、反舌民、豕喙民、鑿齒民、三頭民、脩臂民 4/36/27	楊樹達說，見淮南子證聞p.39、莊逵吉本p.180
252	有神二（人）〔八〕連臂為帝候夜 4/37/5	山海經·海外南經 6/36b
253	崑崙、（華）〔芊〕丘在其東南方 4/37/6	王念孫說，見讀書雜志p.806
254	夸父、（耽）〔耴〕耳在其北方 4/37/8	王念孫說，見讀書雜志p.806
255	流黃、（淚）〔沃〕民在其北方三百里 4/37/13	道藏本p.34.1
256	（睢）〔雎〕出荊山 4/37/17	王念孫說，見讀書雜志p.807
257	丹水出高（褚）〔都〕 4/37/20	劉績說，見王念孫讀書雜志p.808
258	（股）〔般〕出嶕山 4/37/20	王引之說，見讀書雜志p.808
259	晉出（龍山）結（紿）〔紲〕 4/37/21	王引之說，見讀書雜志p.808
260	（歧）〔岐〕出石橋 4/37/22	道藏本p.34.2
261	（條）〔融〕風之所生也 4/37/25	楊樹達說，見淮南子證聞p.40
262	涼（也）〔風〕之所生也 4/37/26	道藏本p.34.2
263	（突）〔肷〕生海人 4/38/1	俞樾說，見諸子平議p.595
264	凡（容）〔肷〕者生於庶人 4/38/1	俞樾說，見諸子平議p.595
265	凡介者生（庶於）〔於庶〕龜 4/38/5	莊逵吉本p.189
266	（宵）〔肖〕形而蕃 4/38/7	道藏本p.34.3
267	（曰）〔日〕馮生陽閼 4/38/9	莊逵吉本p.189
268	（根拔）〔招搖〕生程若 4/38/10	王念孫說，見讀書雜志p.809
269	埃天五百歲生（缺）〔玦〕 4/38/14	鄭良樹說，見淮南子斠理p.74
270	（缺）〔玦〕五百歲（生黃埃黃埃五百歲）生黃澒 4/38/14	鄭良樹說，見淮南子斠理p.74、王念孫說，見讀書雜志p.809
271	激（楊）〔揚〕為電 4/38/16	道藏本p.35.1
272	偏土之氣御乎（清）〔青〕天 4/38/17	王念孫說，見讀書雜志p.809
273	（清）〔青〕天八百歲生青曾 4/38/17	王念孫說，見讀書雜志p.809
274	青金（八百）〔千〕歲生青龍 4/38/18	王念孫說，見讀書雜志p.810
275	青龍入藏生（清）〔青〕泉 4/38/18	王念孫說，見讀書雜志p.809
276	（清）〔青〕泉之埃上為青雲 4/38/19	王念孫說，見讀書雜志p.809
277	爨（其）〔萁〕燧火 5/39/20	道藏本p.36.2
278	（鈞）〔鈞〕衡石 5/39/26	道藏本p.36.2
279	角斗（稱）〔桶〕 5/40/1	王念孫說，見讀書雜志p.810
280	（拔）〔振〕乏絶 5/40/16	道藏本p.37.1
281	（餒）〔餧〕（毒）〔獸〕之藥 5/40/18	呂氏春秋·季春紀p.69、

誤字改正說明表

編號	原句 / 位置（章/頁/行）	改正說明
		禮記・月令p.303
282	具（樸）〔栚〕曲筥筐 5/40/19	王念孫說，見讀書雜志p.811
283	丘（螁）〔蚓〕出 5/41/2	道藏本p.37.3
284	（載）〔建〕赤旗 5/41/19	準上下文改，參正文注文
285	天子以（雉）〔雛〕嘗黍 5/41/22	王念孫說，見讀書雜志p.811
286	日（短）〔長〕至 5/41/26	莊逵吉本p.212
287	〔處必〕（慎）〔揜〕身 5/41/26	呂氏春秋・仲夏紀p.116
288	其日（戉）〔戊〕己 5/42/6	道藏本p.38.3
289	（令）〔合〕百縣之秩芻 5/42/11	呂氏春秋・季夏紀p.134、 禮記・月令p.319
290	其兵（戈）〔戉〕 5/43/2	王念孫說，見讀書雜志p.811
291	天子親率三公九卿大夫以迎（秋）〔歲〕于西郊 5/43/5	王念孫說，見讀書雜志p.812
292	繕（囚）〔囹〕圄 5/43/7	道藏本p.40.1
293	其（朱）〔味〕辛 5/43/18	道藏本p.40.2
294	其兵（戈）〔戉〕 5/43/20	王念孫說，見讀書雜志p.811
295	授（凡）〔几〕杖 5/43/23	道藏本p.40.2
296	（若）〔無〕或失時 5/44/2	呂氏春秋・仲秋紀p.180、 禮記・月令p.326作「毋」
297	蟄（虫）〔蟲〕陪戶 5/44/3	道藏本p.40.2
298	角斗（稱）〔桶〕 5/44/4	王念孫說，見讀書雜志p.810
299	蟄（虫）〔蟲〕不藏 5/44/8	道藏本p.40.3
300	招搖指（戌）〔戌〕 5/44/13	莊逵吉本p.223
301	其（虫）〔蟲〕毛 5/44/13	道藏本p.40.3
302	其兵（戈）〔戉〕 5/44/16	王念孫說，見讀書雜志p.811
303	以習（立）〔五〕戎 5/44/22	道藏本p.41.1
304	咸駕戴（荏）〔旌〕 5/44/23	劉績說，見王念孫讀書雜志p.81
305	民多（鼽）〔鼽〕窒 5/45/4	莊逵吉本p.226
306	（律）〔肆〕射御 5/45/22	莊逵吉本p.230
307	昏〔東〕（壁）〔壁〕中 5/46/1	呂氏春秋・仲冬紀p.241、 禮記・月令p.344
308	无發室（居）〔屋〕 5/46/5	禮記・月令p.344
309	麴（櫱）〔櫱〕必時 5/46/7	呂氏春秋・仲冬紀p.243、 禮記・月令p.345
310	則（其）〔天〕時雨水 5/46/15	呂氏春秋・仲冬紀p.245、 禮記・月令p.346
311	食（麥）〔黍〕與彘 5/46/22	呂氏春秋・季冬紀p.264、 禮記・月令p.347
312	東至日出之次、（扶）（榑）〔榑〕木之地 5/47/13	莊逵吉本p.237
313	青（土）〔丘〕樹木之野 5/47/14	王引之說，見讀書雜志p.812
314	閉（關）〔門〕閭 5/48/7	王念孫說，見讀書雜志p.813
315	（雚）〔權〕之為度也 5/49/18	道藏本p.44.3
316	庶女（叫）〔叫〕天 6/49/28	道藏本p.45.1
317	右（秉）〔執〕白旄 6/50/2	王念孫說，見讀書雜志p.814
318	余（任）〔在〕 6/50/2	王念孫說，見讀書雜志p.814
319	天下誰敢害吾（意）〔志〕者 6/50/2	孟子・梁惠王下p.32，參正文注

編號	原句 / 位置（章/頁/行）	改正說明
		文
320	又況夫（宮）〔官〕天墜 6/50/6	莊子・德充符p.112
321	精（神）〔誠〕形於內 6/50/10	鄭良樹說，見淮南子斠理p.97
322	此皆得清（盡）〔淨〕之道、太浩之和也 6/50/12	道藏本p.45.3
323	（晝）〔畫〕隨灰而月運闕 6/50/15	道藏本p.45.3
324	親近者（使）〔言〕无事焉 6/50/23	王念孫說，見讀書雜志p.815
325	近之則（遠）〔疏〕 6/51/14	王念孫說，見讀書雜志p.816
326	嚼味（合）〔含〕甘 6/51/24	道藏本p.47.1
327	雜（凍）〔涷〕兩 6/51/25	王念孫說，見讀書雜志p.816
328	（蛇）〔蚖〕鱓著泥百仞之中 6/51/26	王念孫說，見讀書雜志p.816
329	丘山（暫）〔之〕巖 6/51/26	王引之說，見讀書雜志p.817
330	（羽翼）〔濯羽〕弱水 6/52/3	王念孫說，見讀書雜志p.817
331	（縱）〔蹤〕矢躡風 6/52/11	據高注改
332	（日入）〔入日〕落棠 6/52/12	王念孫說，見讀書雜志p.817
333	而精神（踰）〔喻〕於六馬 6/52/13	陳觀樓說，見讀書雜志p.818
334	火爁（炎）〔焱〕而不滅 6/52/24	王念孫說，見讀書雜志p.818
335	水浩（洋）〔溔〕而不息 6/52/24	王念孫說，見讀書雜志p.818
336	（枕）〔杌〕方寢繩 6/52/27	莊逵吉本p.264
337	（竅）〔竅〕理之 6/53/1	莊逵吉本p.265
338	興（眄眄）〔盱盱〕 6/53/2	王念孫說，見讀書雜志p.818
339	其視（瞑瞑）〔瞋瞋〕 6/53/3	王叔岷說，見淮南子斠證續補。文史哲學報第8期p.14（1958年7月）
340	禽獸（蝮）〔蟲〕蛇無不匿其爪牙 6/53/4	王念孫說，見讀書雜志p.819
341	不（楊）〔揚〕其聲 6/53/7	道藏本p.48.2
342	（仁）〔人〕君處位而不安 6/53/12	文子・上禮12/10a
343	植社槁而（墝）〔墟〕裂 6/53/14	王念孫說，見讀書雜志p.819
344	路無（莎蘋）〔薠莎〕 6/53/17	王引之說，見讀書雜志p.819
345	壁襲無（理）〔羸〕 6/53/17	王引之說，見讀書雜志p.820
346	攻城（檻）〔濫〕殺 6/53/20	莊逵吉本p.269
347	（楊）〔揚〕人骸 6/53/21	莊逵吉本p.269
348	高重（京）〔壘〕 6/53/21	王念孫說，見讀書雜志p.820
349	是故質壯輕足者為（申）〔甲〕卒千里之外 6/53/22	道藏本p.49.1
350	身（枕）〔枕〕格而死 6/53/24	道藏本p.49.1
351	除（削刻）〔刻削〕之法 6/54/8	道藏本p.49.2
352	鑿竇而（出）〔止〕水 6/54/16	王念孫說，見讀書雜志p.821
353	夫井植生（梓）〔梓〕而不容甕 6/54/17	王念孫說，見讀書雜志p.821
354	受（翼）〔瀷〕而無源（者）〔也〕 6/54/19	道藏本p.49.3、俞樾說，見諸子平議p.602
355	（失）〔得〕之於外 7/55/5	王叔岷說，淮南子斠證補遺。文史哲學報第7期p.13（1956年4月）
356	十月而（坐）〔生〕 7/55/9	道藏本p.50.1
357	（肝）〔脾〕為風 7/55/13	王念孫說，見讀書雜志p.822
358	（脾）〔肝〕為雷 7/55/13	王念孫說，見讀書雜志p.822

編號	原句 / 位置（章/頁/行）	改正說明
359	日中有（蹲）〔踆〕烏 7/55/15	莊逵吉本p.278
360	（變）〔愛〕其神明 7/55/18	道藏本p.51.1
361	精神何能久馳騁而不既（守）〔乎〕 7/55/19	道藏本p.51.1
362	是故（面）〔血〕氣者 7/55/19	莊逵吉本p.279
363	夫（面）〔血〕氣能專于五藏 7/55/20	莊逵吉本p.279
364	而（氣志）〔血氣〕者 7/55/27	王念孫說，見讀書雜志p.823
365	使口（爽傷）〔厲爽〕 7/56/6	王念孫說，見讀書雜志p.823
366	使（行）〔性〕飛揚 7/56/7	莊子・天地p.260
367	吾安知夫刺（炙）〔灸〕而欲生者之非或也 7/56/15	莊逵吉本p.283
368	吾死也有一棺之（上）〔土〕 7/56/18	道藏本p.51.3
369	吾〔生〕之（於比）〔比於〕有形之類 7/56/18	莊逵吉本p.284
370	心之（暴）〔累〕也 7/56/28	王念孫說，見讀書雜志p.823
371	靜則與陰（俱閉）〔合德〕 7/57/1	王念孫說，見讀書雜志p.823
372	動則與陽（俱開）〔同波〕 7/57/1	王念孫說，見讀書雜志p.823
373	不與物（散）〔殽〕 7/57/2	王引之說，見讀書雜志p.770
374	而不與物（糅）〔殽〕 7/57/13	王引之說，見讀書雜志p.770
375	（正）〔亡〕肝膽 7/57/14	王念孫說，見讀書雜志p.824
376	（損）〔捐〕其形骸 7/57/15	王念孫說，見讀書雜志p.770
377	是故視珍寶珠玉猶（石礫）〔礫石〕也 7/57/19	王引之說，見讀書雜志p.824
378	視毛（牆）〔嬙〕、西施猶（顛醜）〔倛魄〕也 7/57/20	莊逵吉本p.288
379	有神而不（行）〔用〕 7/57/22	劉績本2/10a
380	（君）〔居〕而無容 7/57/24	道藏本p.53.1
381	而堯（樸）〔樣〕桷不斲 7/58/13	王念孫說，見讀書雜志p.825
382	而堯糲（粢）〔粢〕之飯 7/58/13	王紹蘭說，見劉文典淮南鴻烈集解p.232
383	乃知（天下）〔萬物〕之細也 7/58/22	王念孫說，見讀書雜志p.825
384	無（至）〔之〕而不通 7/58/25	文子・道德 5/10a
385	屈（神）〔伸〕俛仰 7/58/26	道藏本p.54.1
386	公子（扎）〔札〕不以有國為尊 7/59/4	莊逵吉本p.297
387	乃（性）〔始〕仍仍然 7/59/11	王念孫說，見讀書雜志p.826
388	生（尊）〔貴〕于天下也 7/59/16	王念孫說，見讀書雜志p.826
389	覺而若（昧）〔眯〕 7/59/22	王引之說，見讀書雜志p.827
390	終則反本（末）〔未〕生之時 7/59/23	道藏本p.55.1
391	死之（輿）〔與〕生 7/59/23	道藏本p.55.1
392	（魚）〔負〕籠土 7/59/25	莊逵吉本p.302
393	詘節（畀）〔卑〕拜 7/60/7	莊逵吉本p.304
394	內（愡）〔愁〕其德 7/60/8	王念孫說，見讀書雜志p.827
395	（而）〔不〕便於性者不以滑〔和〕 7/60/10	劉績本12/20a
396	夫（收）〔牧〕民者 7/60/14	道藏本p.55.3
397	（損）〔捐〕棄其社稷 7/60/26	王念孫說，見讀書雜志p.770
398	學射者不治（天）〔矢〕也 7/60/30	道藏本p.56.2
399	和順以寂（漢）〔漠〕 8/61/6	道藏本p.57.1
400	其心（愉）〔和〕而不偽 8/61/8	文子・下德 9/8b
401	竹實（滿）〔盈〕 8/61/12	太平御覽卷962p.4270，參正文注文

編號	原句 / 位置(章/頁/行)	改正說明
402	(樀)〔擿〕蚌蜃 8/61/13	莊逵吉本p.313
403	覆巢毀(卯)〔卵〕8/61/14	道藏本p.57.2
404	而萬物(不)〔之〕繁兆萌牙(卯)〔卵〕胎而不成者 8/61/15	顧千里說，見讀書雜志p.978、道藏本p.57.2
405	(列)〔則〕陰陽繆戾 8/61/17	道藏本p.57.2
406	(電)〔雹〕霰降虐 8/61/17	王念孫說，見讀書雜志p.828
407	(氣)〔氛〕霧雪霜不霽 8/61/18	莊逵吉本p.314
408	芟野(菼)〔莽〕8/61/18	王引之說，見讀書雜志p.828
409	乃至夏屋宮(駕)〔架〕8/61/19	孫詒讓說，見札迻p.226
410	(縣)〔緜〕聯房植 8/61/20	王念孫說，見讀書雜志p.828
411	橑(擔)〔檐〕榱題 8/61/20	道藏本p.57.2
412	萬物皆乘(人)〔一〕氣者也 8/62/1	莊逵吉說，見莊逵吉本p.316
413	(也)〔地〕懷氣而未(楊)〔揚〕8/62/2	莊逵吉本p.317、道藏本p.58.1
414	一人之(制)〔刑〕也 8/62/5	王念孫說，見讀書雜志p.829
415	天地不能(賀)〔脅〕也 8/62/5	莊逵吉本p.317
416	無慶(賀)〔賞〕之利、刑罰之威 8/62/7	陳觀樓說，見讀書雜志p.829
417	(可)〔所〕以救敗 8/62/12	文子・下德 9/7b
418	財足而人(瞻)〔贍〕矣 8/62/14	道藏本p.58.2
419	雷(震)〔霆〕之聲 8/62/22	王念孫說，見讀書雜志p.829
420	猰貐、(鑿齒)、九嬰、大風、封豨、〔鑿齒〕、修蛇 8/63/11	王念孫說，見讀書雜志p.830
421	堯乃使羿誅鑿齒於疇華之(野)〔澤〕8/63/12	王念孫說，見讀書雜志p.830
422	繳大風於青丘之(澤)〔野〕8/63/12	王念孫說，見讀書雜志p.830
423	(拘)〔抱〕无窮之智 8/63/23	劉績本3/10b
424	(羸)〔贏〕縮卷舒 8/64/8	道藏本p.60.1
425	出入有(時)〔量〕8/64/9	王念孫說，見讀書雜志p.831
426	(實)〔賞〕之與罰也 8/64/10	道藏本p.60.1
427	其德(舍)〔含〕愚而容不肖 8/64/17	道藏本p.60.2
428	無所私(受)〔愛〕8/64/17	道藏本p.60.2
429	精(神)〔氣〕反於至真 8/64/25	王念孫說，見讀書雜志p.831
430	大構(駕)〔架〕8/65/1	文選・鮑明遠蕪城賦注引p.214
431	欐(抹)〔林〕欂(攎)〔櫨〕8/65/2	道藏本p.60.3
432	而無(蹪蹈)〔蹪陷〕(之患)8/65/8	王念孫說，見讀書雜志p.832，編者按:準上下文韻例，「之患」二字衍文，參正文注文
433	鍛錫文(鏡)〔鐃〕8/65/11	道藏本p.61.2
434	(水)〔林〕無柘(梓)〔栓〕8/65/13	道藏本p.61.2、王念孫說，見讀書雜志p.821
435	有〔所〕(浸)〔侵〕犯則怒 8/66/2	群書治要p.713、道藏本p.61.3
436	天下和(治)〔洽〕8/66/7	道藏本p.62.1
437	(未)〔末〕世之政 8/66/8	道藏本p.62.1
438	怨(左)〔尤〕充胸 8/66/16	道藏本p.62.2
439	(今)〔令〕之不行 8/66/20	道藏本p.62.2
440	(血流)〔流血〕千里 8/66/23	王念孫說，見讀書雜志p.833
441	非兵之所為(生)〔主〕也 8/66/24	群書治要p.714，參正文注文

編號	原句 / 位置（章/頁/行）	改正說明
442	用兵（行）〔有〕術矣 8/66/28	道藏本p.62.3
443	是故心知規而師傅諭（導）〔道〕 9/67/4	群書治要p.714
444	（謀）〔舉〕无過事 9/67/5	王念孫說，見讀書雜志p.833
445	不為賞罰（喜怒）〔怒喜〕 9/67/6	楊樹達說，見淮南子證聞p.75
446	冕而前（旅）〔旒〕 9/67/7	道藏本p.63.1
447	黈（續）〔纊〕塞耳 9/67/8	道藏本p.63.1
448	所治者大則所守者（少）〔小〕 9/67/9	王念孫說，見讀書雜志p.833
449	夫目（安）〔妄〕視則淫 9/67/9	道藏本p.63.1
450	耳（安）〔妄〕聽則惑 9/67/10	道藏本p.63.1
451	口（安）〔妄〕言則亂 9/67/10	道藏本p.63.1
452	是故威厲而不（殺）〔試〕 9/67/21	王念孫說，見讀書雜志p.834
453	而事修其（未）〔末〕 9/68/2	道藏本p.63.3
454	（拼）〔揮〕棁而狎犬也 9/68/4	陳觀樓說，見讀書雜志p.834
455	（達）〔達〕其怒恚 9/68/5	王叔岷說，見淮南子斠證（上）。文史哲學報第5期p.58（1953年12月）
456	而事之於（未）〔末〕 9/68/7	道藏本p.63.3
457	譬猶揚（堁）〔堁〕而弭塵 9/68/7	道藏本p.63.3
458	（踰）〔喻〕于千里 9/68/14	楊樹達說，見淮南子證聞p.77
459	而郢人无所（害）〔容〕其鋒 9/68/16	俞樾說，見諸子平議p.609
460	（鞅）〔韇〕軩鐵鎧 9/68/17	孫詒讓說，見札迻p.227
461	瞋目扼（掔）〔掔〕 9/68/17	莊逵吉本p.351
462	其於以御兵刃（縣）〔縣〕矣 9/68/18	王念孫說，見讀書雜志p.760
463	使（是）史黯往（覿）〔覘〕焉 9/68/22	王念孫說，見讀書雜志p.834
464	師曠瞽而為（大）〔太〕宰 9/68/23	道藏本p.64.1
465	（傾）〔頃〕襄好色 9/68/27	莊逵吉本p.353
466	（植）〔桓〕公嗢然而寤矣 9/69/6	道藏本p.64.2
467	見微以知明（矣）〔也〕 9/69/7	準下文「論近以識遠也」改
468	抱質（放）〔效〕誠 9/69/11	道藏本p.64.3
469	出言以（嗣）〔副〕情 9/69/13	莊逵吉本p.354
470	（業）〔葉〕貫萬世而不壅 9/69/13	王念孫說，見讀書雜志p.834
471	橫（局）〔扃〕四方而不窮 9/69/14	莊逵吉本p.354
472	木擊折（轊）〔軸〕 9/69/22	文子・下德 9/13a
473	（水）〔石〕戾破舟 9/69/22	俞樾說，見諸子平議p.609
474	而不能與越人乘（幹）〔軨〕舟而浮於江湖 9/70/1	王念孫說，見讀書雜志p.835
475	則其窮不（達）〔遠〕矣 9/70/4	王念孫說，見讀書雜志p.835
476	（別）〔制〕觡（仲）〔伸〕鉤 9/70/4	莊逵吉本p.357
477	（因）〔困〕之鳴條 9/70/6	道藏本p.65.2
478	不如（豺狼）〔狼契〕 9/70/13	王引之說，見讀書雜志p.836
479	（顛越）〔瞋目〕不能見丘山 9/70/14	王引之說，見讀書雜志p.836
480	夫騰蛇游霧而（動）〔騰〕 9/70/15	王念孫說，見讀書雜志p.836
481	任輕者易（權）〔勸〕 9/70/17	俞樾說，見諸子平議p.609
482	是故得道者不（為）〔偽〕醜飾 9/70/20	王念孫說，見讀書雜志p.836
483	是故朝（延無）〔廷蕪〕而無迹 9/71/1	道藏本p.65.3
484	今夫橋（直植）〔植直〕立而不動 9/71/1	楊樹達說，見淮南子證聞p.80

編號	原句 / 位置（章/頁/行）	改正說明
485	百官得（修）〔循〕焉 9/71/2	王念孫說，見讀書雜志p.765
486	則聖人（之為）〔為之〕謀 9/71/5	莊逵吉本p.362
487	（閏）〔闉〕門重襲以（避）〔備〕姦賊 9/71/9	道藏本p.66.1、王念孫說，見讀書雜志p.837
488	（惟）〔帷〕幕之外 9/71/10	莊逵吉本p.362
489	夫舉踵〔而〕天下（而）得所利 9/71/15	楊樹達說，見淮南子證聞p.81
490	則无不（仕）〔任〕也 9/71/24	道藏本p.66.2
491	而不（修）〔循〕道理之數 9/72/2	王念孫說，見讀書雜志p.837
492	夫載重而馬（羸）〔羸〕 9/72/3	莊逵吉本p.365
493	聾者可令（嗺）〔嚼〕筋 9/72/6	王紹蘭說，見劉文典淮南鴻烈集解 285
494	而不可使（言）〔通語〕也 9/72/7	王念孫說，見讀書雜志p.837
495	執正（營）〔管〕事 9/72/12	王引之說，見讀書雜志p.837
496	夫鳥獸之不（可）同（詳）〔群〕者 9/72/13	王念孫說，見讀書雜志p.838、道藏本p.66.3
497	夫人之所以莫（抓）〔振〕玉石而（抓）〔振〕瓜瓠者 9/72/21	王念孫說，見讀書雜志p.838
498	是以中立而（偏）〔徧〕 9/73/2	道藏本p.67.2
499	古（人之）〔之人〕（日）〔曰〕亡矣 9/73/7	道藏本p.67.2
500	（而）〔不〕被甲兵 9/73/8	王念孫說，見讀書雜志p.838
501	不（隨）〔脩〕南畝 9/73/8	王念孫說，見讀書雜志p.838
502	非所以（都）〔教〕於國也 9/73/8	王念孫說，見讀書雜志p.838
503	豈周（氏）〔民〕死節 9/73/20	道藏本p.67.3
504	夫（疾風）〔風疾〕而波興 9/73/21	王念孫說，見讀書雜志p.839
505	如鞭（蹏）〔蹏〕馬矣 9/73/24	道藏本p.68.1
506	猶卻行而脫（蹤）〔蹝〕也 9/74/6	莊逵吉本p.374
507	一日而有天下之（當）〔富〕 9/74/6	莊逵吉本p.374
508	小者以為（揖楔）〔楔楢〕 9/74/16	王念孫說，見讀書雜志p.839
509	莫凶於（雞）〔奚〕毒 9/74/18	王念孫說，見讀書雜志p.839
510	今夫朝（延）〔廷〕之所不舉 9/74/20	道藏本p.68.3
511	必遭天（下）〔地〕之大數 9/74/24	群書治要p.716
512	（并）〔從〕方外 9/74/25	王引之說，見讀書雜志p.840
513	（謟）〔諂〕進愉說 9/74/27	莊逵吉本p.377
514	以刀（抵）〔伐〕木也 9/74/28	王念孫說，見讀書雜志p.840
515	以天下之力（爭）〔動〕 9/75/1	王念孫說，見讀書雜志p.840
516	聰明（先）〔光〕而不弊 9/75/3	王念孫說，見讀書雜志p.840
517	然而群臣（志達）〔達志〕效忠者 9/75/8	王念孫說，見讀書雜志p.840
518	（榆）〔揄〕策于廟堂之上 9/75/10	道藏本p.69.2
519	（鈌）〔缺〕繩者誅 9/75/17	道藏本p.69.2
520	以（其言）〔言其〕莫從己出也 9/75/21	王念孫說，見讀書雜志p.841
521	夫寸生於（稞）〔槱〕 9/75/23	王引之說，見讀書雜志p.841
522	（稞）〔槱〕（生於日日）生於形 9/75/23	俞樾說，見諸子平議p.611
523	故通於本者不亂於（未）〔末〕 9/75/25	道藏本p.69.3
524	先（自）〔以身〕為檢式儀表 9/75/29	王念孫說，見讀書雜志p.841
525	內得於（心中）〔中心〕 9/76/2	王念孫說，見讀書雜志p.842

編號	原句 / 位置(章/頁/行)	改正說明
526	(土)〔王〕良不能以取道 9/76/5	道藏本p.70.1
527	物至而觀其(象)〔變〕 9/76/9	王念孫說，見讀書雜志p.842
528	〔即〕遠者治(也)〔矣〕 9/76/10	王念孫說，見讀書雜志p.842
529	(美)〔羨〕者(正)〔止〕於度 9/76/16	王念孫說，見讀書雜志p.842
530	則奇材佻長而(于)〔干〕次 9/76/19	道藏本p.70.2
531	(者)〔耆〕欲見於外 9/76/28	王念孫說，見讀書雜志p.842
532	而有過則無以(貴)〔責〕之 9/77/1	道藏本p.70.3
533	則馬(死)〔服〕于衡下 9/77/4	陳觀樓說，見讀書雜志p.843
534	有(為)〔立〕而無好也 9/77/7	王念孫說，見讀書雜志p.843
535	故中欲不出謂之(扃)〔扃〕 9/77/11	莊逵吉本p.387
536	外邪不入謂之(塞)〔閉〕 9/77/11	王念孫說，見讀書雜志p.843
537	中(扃)〔扃〕外閉 9/77/11	莊逵吉本p.387
538	外閉中(扃)〔扃〕 9/77/12	莊逵吉本p.387
539	不(伐)〔代〕之言 9/77/13	王念孫說，見讀書雜志p.843
540	(則)〔言〕輕重小大有以相制也 9/77/18	王念孫說，見讀書雜志p.844
541	(其存)〔所任〕甚大 9/77/20	王念孫說，見讀書雜志p.844
542	奮袂而(越)〔起〕 9/77/24	莊逵吉本p.389
543	(離)〔雖〕北宮子、司馬蒯蕢不〔可〕使應敵 9/78/1	王念孫說，見讀書雜志p.844
544	然〔而〕民無(掘穴)〔堀室〕狹廬所以託身者 9/78/12	王念孫說，見讀書雜志p.845、王叔岷淮南子斠證(上)，文史哲學報第5期p.63(1953年12月)
545	所以效(善)〔喜〕也 9/78/20	王念孫說，見讀書雜志p.845
546	衰経(管)〔菅〕屨 9/78/20	莊逵吉本p.393
547	而成像於外〔者也〕 9/78/21	群書治要p.717
548	是猶貫甲(冑)〔冑〕而入宗廟 9/78/23	道藏本p.72.1
549	(橈)〔撓〕於其下 9/79/6	莊逵吉本p.395
550	是故(人君)〔君人〕者 9/79/8	王念孫說，見讀書雜志p.846
551	是故草木之發若(烝)〔蒸〕氣 9/79/15	道藏本p.72.3
552	禽獸歸之若流(原)〔泉〕 9/79/15	莊逵吉本p.397
553	昴中則(牧)〔收〕斂畜積 9/79/19	道藏本p.72.3
554	桀為非而眾非來(也)〔矣〕 9/79/24	群書治要p.717
555	而既已備之(也)〔矣〕 9/80/11	群書治要p.717
556	(王)皆坦然(天下)〔南面〕而(南面)〔王天下〕焉 9/80/12	王念孫說，見讀書雜志p.846
557	鬼神弗敢(崇)〔祟〕 9/80/14	道藏本p.73.2
558	武王(伐紂)〔克殷〕 9/80/16	王念孫說，見讀書雜志p.846
559	文王周觀得(夫)〔失〕 9/80/19	道藏本p.73.3
560	(偏)〔徧〕知萬物而不知人道 9/81/6	莊逵吉本p.404
561	(偏)〔徧〕愛群生而不愛人類 9/81/6	莊逵吉本p.404
562	府(吏)〔史〕守法 9/81/13	孫詒讓說，見札迻p.228
563	亦府(吏)〔史〕也 9/81/13	孫詒讓說，見札迻p.228
564	愚人之所(見)〔備〕者寡 9/81/16	俞樾說，見諸子平議p.612
565	(且)〔旦〕日何為而義乎 9/81/20	道藏本p.74.2
566	(且)〔旦〕日何為而榮 9/81/20	道藏本p.74.2

編號	原句 / 位置（章/頁/行）	改正說明
567	此（知難）〔難知〕也 9/81/21	劉績本15/21b
568	巧敏（遲）〔犀〕利 9/81/28	王念孫說，見讀書雜志p.847
569	不智而辯慧（懷）〔懁〕給 9/81/30	王念孫說，見讀書雜志p.847
570	則〔猶〕（棄）〔乘〕驥而（不式）〔或〕 9/81/30	王念孫說，見讀書雜志p.847、「猶」字據高注補
571	（句）〔包〕裹宇宙而無表裏 10/82/15	道藏本p.75.2
572	（不怒不喜）〔不喜不怒〕 10/82/16	道藏本p.75.2
573	從天之（道）〔威〕 10/82/20	王念孫說，見讀書雜志p.848
574	（關）〔開〕道之於善 10/82/21	莊逵吉本p.412
575	比於人心而（含）〔合〕於眾適者也 10/82/24	莊逵吉本p.412
576	（未）〔末〕世繩繩乎（准）〔唯〕恐失仁義 10/82/26	道藏本p.75.2
577	猶中衢而（致）〔設〕尊邪 10/83/2	王念孫說，見讀書雜志p.849
578	誰弗（載）〔戴〕 10/83/3	莊逵吉本p.413
579	如寢（開）〔關〕、曝纊 10/83/19	道藏本p.76.1
580	其出之（也誠）〔誠也〕 10/83/26	王念孫說，見讀書雜志p.849
581	故舜不降席而（王）〔匡〕天下者 10/84/1	王念孫說，見讀書雜志p.849
582	而不可以照（誌）〔認〕 10/84/5	莊逵吉本p.416
583	故君子行（斯）〔期〕乎其所結 10/84/19	王念孫說，見讀書雜志p.850
584	蓋情甚乎（叫）〔叫〕呼也 10/84/23	道藏本p.76.3
585	故禹執（于）〔干〕戚舞於兩階之閒而三苗服 10/84/28	道藏本p.76.3
586	必遠（害）〔實〕也 10/85/1	王念孫說，見讀書雜志p.850
587	釋近（斯）〔期〕遠 10/85/10	王念孫說，見讀書雜志p.850
588	同（間）〔聞〕而殊事 10/85/17	道藏本p.77.1
589	僖負羈以壺（殙）〔飧〕表其閭 10/85/17	參左傳・僖公23年注文p.252
590	（抱）〔枹〕鼓為小 10/85/20	莊逵吉本p.422
591	非為（蹠）〔蹠〕，（蹠）〔蹠〕焉往生也 10/85/22	據上文「非正為蹠也，而蹠焉往。」
592	被褐懷（王）〔玉〕者 10/86/9	道藏本p.77.3
593	（美）〔美〕而不芳 10/86/12	道藏本p.77.3
594	（无）〔死〕所歸也 10/86/13	道藏本p.77.3
595	以（責）〔貴〕為聖乎 10/86/20	道藏本p.78.1
596	則（聖）〔貴〕者眾矣 10/86/21	楊樹達說，見淮南子證聞p.97
597	不（身）〔自〕遁 10/86/22	王念孫說，見讀書雜志p.851
598	桀、紂非正（賦）〔賊〕之也 10/87/1	道藏本p.78.1
599	（惟）〔情〕繫於中而欲發外者也 10/87/9	道藏本p.78.2
600	（矜怚）〔矜怚〕生於不足 10/87/16	道藏本p.78.2、王念孫說，見讀書雜志p.851
601	（理）詘（伭）〔伸〕倨（佝）〔句〕 10/87/20	劉績說，見劉績本16/12a
602	耒耜餘糧宿諸（晦）〔畮〕首 10/87/27	道藏本p.78.3
603	斯（顏）〔嬰〕害儀 10/88/1	道藏本p.78.3
604	獄（繫）〔煩〕而無邪 10/88/1	據高注改
605	（土）〔士〕無隱行 10/88/4	道藏本p.78.3
606	引其（網）〔綱〕而萬目開矣 10/88/5	道藏本p.78.3
607	（刑）〔施〕於寡妻 10/88/5	王念孫說，見讀書雜志p.851
608	禪於家（國）〔邦〕 10/88/6	準下文韻例改，參正文注文

誤字改正說明表

編號	原句 / 位置（章/頁/行）	改正說明
609	故（戒）〔戎〕兵以大知小 10/88/6	道藏本p.78.3
610	（大）〔久〕而章 10/88/9	王念孫說，見讀書雜志p.852
611	故哀樂之襲人（清）〔情〕也深矣 10/88/14	道藏本p.79.1
612	鑿地（漂）〔湮〕池 10/88/17	王念孫說，見讀書雜志p.852
613	非（止）〔正〕以勞苦民也 10/88/17	王念孫說，見讀書雜志p.852
614	而未能（必免其禍）〔必其免禍〕 10/89/16	準上句「必其得福」改
615	故同味而嗜厚（膊）〔膞〕者 10/89/25	王念孫說，見讀書雜志p.852
616	禍之生也（分分）〔介介〕 10/90/1	王念孫說，見讀書雜志p.852
617	（通）〔適〕於己而無功於國者 10/90/4	莊逵吉本p.436
618	而請去炮（烙）〔格〕之刑 10/90/21	王念孫說，見讀書雜志p.698
619	若夏就絺（紘）〔綌〕 10/90/22	莊逵吉本p.438
620	上車授（綏）〔綏〕之謂也 10/90/22	莊逵吉本p.438
621	（矣）〔吳〕鐸以聲自毀 10/90/31	梁處素說，見王念孫讀書雜志 p.853
622	猨狖之（棲）〔捷〕來措 10/90/31	道藏本p.80.2
623	而明有不（害）〔容〕 10/91/2	俞樾說，見諸子平議p.615
624	桓公舉以〔為〕大（政）〔田〕 10/91/8	王念孫說，見讀書雜志p.853
625	簡公以（濡）〔懦〕殺 10/91/12	莊逵吉本p.440
626	大絃（組）〔絚〕 10/91/21	王念孫說，見讀書雜志p.853
627	積恨而成（怨）〔惡〕 10/92/3	王念孫說，見讀書雜志p.853
628	桀、紂之（謗）〔惡〕 10/92/4	王念孫說，見讀書雜志p.853
629	（駿）〔駮〕者霸 10/92/11	道藏本p.81.1
630	昔二（鳳皇）〔皇鳳〕至於庭 10/92/13	王念孫說，見讀書雜志p.854
631	君子誠仁（於）〔乎〕 10/92/16	據文義改，參正文注文
632	勿撓勿（櫻）〔攖〕 10/92/20	莊逵吉本p.444
633	亭歷愈（脹）〔張〕 10/93/6	道藏本p.81.3
634	（蒹）〔兼〕覆（蓋）而并有之、（度）伎能而裁使之者 10/93/15	道藏本p.81.3、王念孫說，見讀書雜志p.854
635	是非形則百姓（眩）〔眩〕矣 11/93/21	道藏本p.82.1
636	土積則生自（穴）〔宎〕之獸 11/93/26	王念孫說，見讀書雜志p.855
637	禮義飾則生偽匿之（本）〔士〕 11/93/27	王念孫說，見讀書雜志p.855
638	民童蒙不知（東西）〔西東〕 11/93/28	王念孫說，見讀書雜志p.761
639	則必有穿窬拊（揵）〔楗〕、（抽箕）〔扣墓〕踰備之姦 11/94/2	莊逵吉本p.449、王引之說，見讀書雜志p.855
640	水蠆為（蟌）〔蟌〕（莣） 11/94/6	王念孫說，見讀書雜志p.855
641	聖人之見終始微（言）〔矣〕 11/94/14	孫詒讓說，見札迻p.228
642	炮（烙）〔格〕生乎熱（升）〔斗〕 11/94/14	王念孫說，見讀書雜志p.698、莊逵吉本p.450
643	柱不可以（樀）〔摘〕齒 11/94/25	莊逵吉本p.452
644	（筐）〔筵〕不可以持屋 11/94/26	王念孫說，見讀書雜志p.856
645	其於以（函）〔承〕食不如〔竹〕（簞）〔箅〕 11/94/2	王念孫說，見讀書雜志p.856
646	所急（則均）〔均則〕其用一也 11/95/1	據文意改
647	此代為（常）〔帝〕者也 11/95/2	陳觀樓說，見讀書雜志p.857
648	譬若舟、車、楯、（肆）〔銇〕、窮廬 11/95/3	王念孫說，見讀書雜志p.857
649	言不致魚於（水）〔木〕 11/95/4	道藏本p.83.1

編號	原句 / 位置（章/頁/行）	改正說明
650	故堯之治（夫）〔天〕下也 11/95/6	道藏本p.83.1
651	山處者（木）〔采〕 11/95/7	俞樾說，見諸子平議p.616
652	澤皋織（岡）〔罔〕 11/95/8	太平御覽卷80p.374
653	皆徼於（未）〔末〕也 11/95/16	道藏本p.83.2
654	以（睦）〔和〕；治（睦）〔和〕者不以（睦）〔和〕 11/95/20	文子・下德 9/6a，參正文注文
655	勢有所（枝）〔支〕也 11/95/27	莊逵吉本p.457
656	（以有）〔有以〕自見也 11/96/2	莊逵吉本p.457
657	動未嘗正（物）〔也〕 11/96/4	道藏本p.83.3
658	故水（擊）〔激〕則波興 11/96/14	王念孫說，見讀書雜志p.857
659	（智昏）〔昏智〕不可以為政 11/96/14	王念孫說，見讀書雜志p.857
660	萬物之情（既）〔測〕矣 11/96/15	王念孫說，見讀書雜志p.858
661	聖人（記）〔託〕於無適 11/96/16	朱東光本
662	為義者必以取（子）〔予〕明之 11/96/18	道藏本p.84.1
663	夫有（熟）〔孰〕推之者 11/96/21	道藏本p.84.1
664	故鼈負羈之壺（餮）〔飧〕 11/96/22	參左傳・僖公23年注文p.252
665	樂（優）〔擾〕以淫 11/97/25	王念孫說，見讀書雜志p.858
666	有虞氏之（祀）〔禮〕 11/98/3	王念孫說，見讀書雜志p.858
667	（祝）〔祀〕戶 11/98/4	劉績本17/12a
668	其社用（粟）〔栗〕 11/98/6	道藏本p.85.1
669	譬由膠柱而調（琴）〔瑟〕也 11/98/8	莊逵吉本p.466
670	帶足以結（細）〔紐〕收衽 11/98/12	道藏本p.85.2
671	猶工匠之斲削鑿（芮）〔枘〕也 11/98/18	莊逵吉本p.467
672	（遂）〔還〕反於樸 11/98/20	王念孫說，見讀書雜志p.858
673	其轉入玄（宜）〔冥〕 11/98/21	道藏本p.85.2
674	（綃）〔絹〕以綺繡 11/98/25	道藏本p.85.3
675	則壤土草（薊）〔蓟〕而已 11/98/26	王念孫說，見讀書雜志p.858
676	天下大（雨）〔水〕 11/99/2	王念孫說，見讀書雜志p.859
677	禹（遭）〔有〕鴻水之患 11/99/3	王念孫說，見讀書雜志p.859
678	以（鎮）〔鏡〕萬物之情 11/99/16	莊逵吉本p.471
679	（鉗且）〔欽負〕得道 11/99/22	莊逵吉說，見莊逵吉本p.472
680	齊（味）〔呠〕萬方 11/99/25	王念孫說，見讀書雜志p.860
681	披斷撥（檖）〔遂〕 11/99/26	王念孫說，見讀書雜志p.860
682	屠牛（吐）〔坦〕一朝解九牛 11/100/4	楊樹達說，見淮南子證聞p.112
683	而（刀）〔刃〕如新剖硎 11/100/5	王念孫說，見讀書雜志p.861
684	入於冥冥之眇、神（調）〔和〕之極 11/100/8	文子・自然 8/2b，參正文注文
685	（之非至非）〔至非之非〕無是 11/100/18	劉績本17/18a
686	（然忽）〔忽然〕不得 11/101/12	王念孫說，見讀書雜志p.861
687	辟若（倪）〔綄〕之見風也 11/101/13	莊逵吉說，見莊逵吉本p.478
688	治世之（體）〔職〕易守也 11/101/16	王念孫說，見讀書雜志p.862
689	修脛者使之跖（钁）〔鏵〕 11/101/19	王念孫說，見讀書雜志p.862
690	不可（以）〔與〕眾同道也 11/101/26	莊逵吉本p.480
691	北人无擇非舜而自投清（泠）〔冷〕之淵 11/102/1	莊逵吉本p.481、莊子・讓王 p.516
692	夫（契）〔挈〕輕重不失銖兩 11/102/5	莊逵吉本p.481

編號	原句 / 位置（章/頁/行）	改正說明
693	待西施、（毛嬙）〔絡慕〕而為配 11/102/7	王念孫說，見讀書雜志p.862
694	然（非）〔不〕待古之英俊 11/102/8	群書治要p.720
695	因〔其〕所有而（並）〔遂〕用之〔也〕 11/102/8	群書治要p.720、王念孫說，見讀書雜志p.863
696	危為（禁）〔難〕而誅不敢 11/102/11	王念孫說，見讀書雜志p.863
697	馳騖千里不能（易）〔改〕其處 11/102/15	王念孫說，見讀書雜志p.863
698	王子比干非不（智）〔知〕（箕子）被髮佯狂以免其身也 11/103/4	莊逵吉本p.485、王念孫說，見讀書雜志p.864
699	則（箫）〔兼〕覆而并〔有〕之 11/103/14	道藏本p.89.1、王念孫說，見讀書雜志p.854
700	車（與）〔輿〕極於雕琢 11/103/20	道藏本p.89.1
701	安樂無事而天下（均）〔和〕平 11/103/25	文子・上義 11/12a
702	性命飛（楊）〔揚〕 11/103/29	道藏本p.89.2
703	貧人（則夏）〔夏則〕被褐帶索 11/104/7	劉文典說，見淮南鴻烈集解p.375
704	夫乘奇技、（偽）〔為〕邪施者 11/104/9	群書治要p.721
705	守正（脩）〔循〕理、不〔為〕苟得者 11/104/9	王念孫說，見讀書雜志p.765、群書治要p.721
706	而欲民之去（未）〔末〕反本 11/104/10	道藏本p.89.3
707	錦繡纂（俎）〔組〕 11/104/11	道藏本p.89.3
708	故（仕）〔仁〕鄙在時不在行 11/104/15	陳觀樓說，見讀書雜志p.864
709	故江河決（沉）〔流〕 11/104/16	王念孫說，見讀書雜志p.864
710	（事）〔爭〕升陵阪 11/104/17	道藏本p.89.3
711	世樂志（乎）〔平〕 11/104/17	道藏本p.89.3
712	身危則（忠）〔忘〕其親戚 11/104/19	莊逵吉本p.491
713	求（瞻）〔贍〕則爭止 11/104/22	道藏本p.89.3
714	吾弗知（之）〔也〕 12/105/9	準上文改
715	人（可以）〔可與〕微言〔乎〕 12/105/20	呂氏春秋・精諭p.497
716	（誰）〔唯〕知言之謂者乎 12/105/23	王念孫說，見讀書雜志p.865
717	故死於（洛）〔浴〕室 12/105/25	道藏本p.90.3
718	已成而示諸（先生）〔民人〕 12/106/1	王念孫說，見讀書雜志p.865
719	（先生）〔民人〕皆善之 12/106/1	王念孫說，見讀書雜志p.865
720	〔夫〕治國（有）〔在〕禮 12/106/5	呂氏春秋・淫辭p.509、王念孫說，見讀書雜志p.865
721	因而（致）〔攻〕之 12/106/17	道藏本p.91.1
722	可謂至貪（也）〔矣〕 12/106/18	呂氏春秋・分職p.717
723	（乂）〔又〕無以自為 12/106/18	道藏本p.91.2
724	不（知）〔如〕其已 12/106/20	道藏本p.91.2
725	德將（來附）〔為〕若美 12/107/1	王念孫說，見讀書雜志p.866
726	（惷）〔憃〕乎若新生之犢 12/107/1	王念孫說，見讀書雜志p.806
727	（直）〔真〕〔其〕實知 12/107/3	王念孫說，見讀書雜志p.866
728	〔取〕（尤）〔左〕人、終人 12/107/6	莊逵吉本p.500、王念孫說，見讀書雜志p.866
729	孔子〔之〕勁（杓）〔杓〕國門之關 12/107/12	呂氏春秋・愼大p.368、王念孫說，見讀書雜志p.867

編號	原句 / 位置（章/頁/行）	改正說明
730	勇有（功）〔力〕也 12/107/16	王念孫說，見讀書雜志p.867
731	使天下丈夫女子莫不歡然皆（欲）〔有〕愛利之心 12/107/21	據上文「未有愛利之心也」改
732	鼠前而（菟）〔兔〕後 12/108/7	莊逵吉本p.503
733	願以（愛）〔受〕教 12/108/11	莊逵吉本p.504
734	孔子亦可謂知（禮）〔化〕矣 12/108/21	王念孫說，見讀書雜志p.868
735	夜（問）〔開〕門 12/109/2	莊逵吉本p.506
736	桓公（及）〔反〕至 12/109/4	王念孫說，見讀書雜志p.868
737	問之而（故）〔固〕賢者也 12/109/6	呂氏春秋・舉難p.566、新序・雜事五 5/4a
738	且人固難（合）〔全〕也 12/109/8	王念孫說，見讀書雜志p.868
739	與人之父處而殺其（予）〔子〕 12/109/13	莊子・讓王p.505、呂氏春秋・審為p.622
740	不以其所〔以〕養害（其）〔所〕養 12/109/15	呂氏春秋・審為p.622
741	遂成國於（歧）〔岐〕山之下 12/109/16	道藏本p.93.1
742	寡人得（立）〔奉〕宗廟社稷 12/109/28	列子・說符 8/5a
743	故本（任）〔在〕於身 12/109/29	王念孫說，見讀書雜志p.868
744	不敢對以（未）〔末〕 12/109/29	道藏本p.93.2
745	輪（人）〔扁〕斲輪於堂下 12/110/1	王念孫說，見讀書雜志p.869
746	其人（在焉）〔焉在〕 12/110/2	陳觀樓說，見讀書雜志p.869
747	臣（誠）〔試〕以臣之斲輪語之 12/110/4	莊逵吉本p.511
748	子罕遂（却）〔劫〕宋君而專其政 12/110/14	王念孫說，見讀書雜志p.869
749	〔子佩具於京臺〕，〔莊王不往〕。〔明日〕 12/110/21	王念孫說，見讀書雜志p.869
750	子佩（疏）〔跣〕揖 12/110/22	王念孫說，見讀書雜志p.869
751	（以）〔北〕臨方皇 12/110/23	文選・應休璉與滿公琰書注引p.796
752	為吳（兵）〔王〕先馬（走） 12/111/5	王念孫說，見讀書雜志p.869
753	襄子起兵攻（圍之）〔之〕 12/111/9	王念孫說，見讀書雜志p.870
754	〔圍〕未合 12/111/9	王念孫說，見讀書雜志p.870
755	而城自（壞）〔壞〕者十丈 12/111/10	道藏本p.94.1
756	秦穆公（請）〔謂〕伯樂曰 12/111/15	列子・說符 8/4b
757	絕塵弭（徹）〔轍〕 12/111/16	莊逵吉本p.515
758	臣有所與（供）〔共〕儋（纏）〔纆〕采薪者九方堙 12/111/17	王念孫說，見讀書雜志p.870
759	（牡）〔牝〕而黃 12/111/20	列子・說符 8/5a
760	毛物、（牡）〔牝〕牡〔尚〕弗能知 12/111/21	道藏本p.94.2、列子・說符 8/5a
761	伯樂喟然（木）〔大〕息曰 12/111/22	道藏本p.94.2
762	問屈宜（若）〔咎〕曰 12/112/1	王念孫說，見讀書雜志p.871
763	先生試觀起之為（人）〔之〕也 12/112/2	王念孫說，見讀書雜志p.871
764	爭者、人之所（本）〔去〕也 12/112/6	俞樾說，見諸子平議p.621
765	（始）〔治〕人之所（本）〔去〕 12/112/7	俞樾說，見諸子平議p.621
766	（今）〔及〕臣之身而晉伐楚 12/112/14	新序・雜事四 4/5b
767	（臣）〔民〕死 12/112/22	莊逵吉本p.519
768	舍行七（里）〔星〕 12/112/27	王念孫說，見讀書雜志p.871

編號	原句 / 位置（章/頁/行）	改正說明
769	〔臣〕故〔曰〕君（移）〔延〕年二十一歲 12/113/1	呂氏春秋・制樂p.149、新序・雜事四 4/13b
770	（救）〔故〕老子曰 12/113/2	道藏本p.95.1
771	其弟子（諫）〔問〕曰 12/113/22	據文意改，參正文注文
772	（是以）〔以是〕免三怨 12/114/2	王念孫說，見讀書雜志p.872
773	（夫）〔太〕子發勇敢而不疑 12/114/12	道藏本p.95.3
774	乃為炮（烙）〔格〕 12/114/17	王念孫說，見讀書雜志p.698
775	奚適其（無）〔有〕道也 12/114/26	王念孫說，見讀書雜志p.872
776	何為（之禮）〔禮之〕 12/115/3	王念孫說，見讀書雜志p.873
777	明（又）〔夕〕復往取其枕 12/115/7	王念孫說，見讀書雜志p.873
778	明（日）（又）〔夕〕復往取其簪 12/115/7	王念孫說，見讀書雜志p.873
779	故（曰）〔伎〕無細而能〔無〕薄 12/115/9	王念孫說，見讀書雜志p.873
780	（淚注）〔渠頸〕而鳶肩 12/116/6	王念孫說，見讀書雜志p.874
781	唯北陰之未（闚）〔闚〕 12/116/9	道藏本p.97.2
782	猶（突）〔窔〕奧也 12/116/11	莊逵吉本p.532
783	若我南游乎（岡）〔罔〕㝗之野 12/116/11	王念孫說，見讀書雜志p.874
784	西窮〔乎〕（冥）〔窅〕冥之黨 12/116/12	論衡・道虛 7/5b、劉績本 18/26a
785	東（開）〔關〕〔乎〕鴻濛之光 12/116/12	王念孫說，見讀書雜志p.874、「乎」字準上句補
786	視焉（無）〔則〕眴 12/116/13	王念孫說，見讀書雜志p.874
787	吾猶（夫）〔未〕能之在 12/116/14	道藏本p.97.2
788	吾與汗漫期于九垓之（外）〔上〕 12/116/15	王念孫說，見讀書雜志p.875
789	（止）〔心〕柸治 12/116/16	王念孫說，見讀書雜志p.876
790	小（人）〔年〕不及大（人）〔年〕 12/116/18	莊子・逍遙遊p.14，參正文注文
791	朝（菌）〔秀〕不知晦朔 12/116/19	王念孫說，見讀書雜志p.876
792	（季）〔宓〕子治亶父三年 12/116/21	群書治要p.722
793	見夜（魚）〔漁〕〔者〕，〔得魚則〕釋之 12/116/21	王念孫說，見讀書雜志p.876
794	凡子所為（魚）〔漁〕者 12/116/22	呂氏春秋・具備p.523
795	（季）〔宓〕子不欲人〔之〕取小魚也 12/116/23	群書治要p.722
796	（季）〔宓〕子之德至矣 12/116/24	群書治要p.722
797	（季）〔宓〕子何以至於此 12/116/25	群書治要p.722
798	（誠）〔誡〕於此者刑於彼 12/116/26	王念孫說，見讀書雜志p.876
799	（季）〔宓〕子必行此術也 12/116/26	群書治要p.722
800	其果無有（子）〔乎〕 12/117/6	道藏本p.97.3
801	而（就）〔孰〕視其狀貌 12/117/7	王念孫說，見讀書雜志p.876
802	破鼓折（抱）〔枹〕 12/117/19	莊逵吉本p.537
803	望（之）〔而〕謂之曰 12/117/24	王念孫說，見讀書雜志p.877
804	吾非（受）〔愛〕道於子也 12/117/24	莊逵吉本p.538
805	臣有（夭）〔天〕幸 12/117/25	道藏本p.98.2
806	於是佽非（瞋目敦然）〔敦然瞋目〕攘臂拔劍 12/118/4	王念孫說，見讀書雜志p.877
807	武（王）〔士〕可以仁義之禮說也 12/118/4	道藏本p.98.2
808	棄劍（而）〔以〕〔全〕己 12/118/5	呂氏春秋・知分p.578
809	夫善（載）〔哉〕 12/118/7	呂氏春秋・知分p.578
810	（人）〔又〕以為從未足也 12/118/10	孫詒讓說，見札迻p.230

編號	原句 / 位置（章/頁/行）	改正說明
811	失從（心）〔之〕志 12/118/11	王念孫說，見讀書雜志p.877
812	（周）〔三〕年不得見 12/118/17	呂氏春秋・首時p.329
813	此〔《筦子》〕所謂（《筦子》） 12/118/20	陳觀樓說，見讀書雜志p.877
814	（梟）〔鳥〕飛而（維）〔準〕繩 12/118/21	陳觀樓說，見讀書雜志p.877
815	（於）〔投〕金鐵（鍼）焉 12/118/22	道藏本p.99.1、王念孫說，見讀書雜志p.878
816	魚鱉龍蛇莫（肯之）〔之肯〕歸也 12/118/22	莊逵吉本p.541
817	何（乎）〔故〕 12/118/27	新序・雜事一 1/10a
818	昔吾見句星在（房）〔駟〕心之閒 12/119/3	王念孫說，見讀書雜志p.878
819	吾獨無豫讓以為臣（子）〔乎〕 12/119/8	莊逵吉本p.543
820	有命之父母不知孝（于）〔子〕 12/119/9	道藏本p.99.2
821	（供）〔佚〕其情 12/119/25	王念孫說，見讀書雜志p.879
822	於是乃去其瞀而載之（木）〔朮〕 12/119/25	王引之說，見讀書雜志p.879
823	其德生而不（辱）〔殺〕 13/120/3	王念孫說，見讀書雜志p.880
824	以為（宮室）〔室屋〕 13/120/8	王念孫說，見讀書雜志p.880
825	緂（麻）〔麻〕索縷 13/120/9	道藏本p.100.1
826	故（也）〔地〕勢有无 13/120/12	道藏本p.100.2
827	（乃）為（靻）〔靶〕蹻而超千里 13/120/13	王念孫說，見讀書雜志p.880
828	而作為之鑄金（鍛）〔鍛〕鐵 13/120/14	莊逵吉本p.549
829	故（居）〔民〕迫其難則求其便 13/120/15	道藏本p.100.2
830	湯《大（護）〔濩〕》 13/120/23	道藏本p.100.3
831	（音）〔言〕有本主於中 13/120/26	王念孫說，見讀書雜志p.881
832	而以知矩（彠）〔矱〕之所周者也 13/120/26	據文意改
833	百家殊業而皆務（治於）〔於治〕 13/121/8	道藏本p.101.1
834	（失）〔夫〕道（之）〔其〕缺也 13/121/11	莊逵吉本p.554
835	周公繼文、（王）〔武〕之業 13/121/16	韓詩外傳 7/3a
836	無所顧（間）〔問〕 13/121/18	道藏本p.101.2
837	无伐（矜）〔矜〕之色 13/121/19	道藏本p.101.3
838	所以應時（矣）〔也〕 13/121/20	韓詩外傳 7/3b
839	商（撲）〔樸〕女（重）〔童〕 13/122/1	莊逵吉本p.557、俞樾說，見諸子平議p.626
840	欲以（撲）〔樸〕（重）〔童〕之法 13/122/2	莊逵吉本p.558、俞樾說，見諸子平議p.626
841	神農无制（今）〔令〕而民從 13/122/3	道藏本p.102.1
842	天下高（而）〔之〕 13/122/5	道藏本p.102.1
843	脩戟无（別）〔刺〕 13/122/6	莊逵吉本p.559
844	連弩以（躲）〔射〕 13/122/7	道藏本p.102.1
845	舜執（千）〔干〕戚而服有苗 13/122/11	道藏本p.102.2
846	然而征伐者不能釋甲兵而制（疆）〔彊〕暴 13/122/12	莊逵吉本p.560
847	不可與（達辱）〔遠舉〕 13/122/15	道藏本p.102.2
848	不可（今）〔令〕調（意）〔音〕 13/122/16	道藏本p.102.2
849	必有獨聞之（耳）〔聽〕 13/122/17	群書治要p.723
850	然後能擅道而行（矣）〔也〕 13/122/18	群書治要p.723
851	今世之法（藉）〔籍〕與時變 13/122/21	道藏本p.102.2
852	（道而）〔而道〕先稱古 13/122/26	王念孫說，見讀書雜志p.882

編號	原句 / 位置（章/頁/行）	改正說明
853	可卷而（伸）〔懷〕也 13/123/4	王念孫說，見讀書雜志p.882
854	可直而（晞）〔睎〕〔也〕 13/123/4	莊逵吉本p.562、「也」字準上句補
855	久而不（志）〔忘〕者 13/123/5	道藏本p.102.3
856	攝威（檀）〔擅〕勢 13/123/7	道藏本p.102.3
857	此（本无）〔无本〕主於中 13/123/11	陳觀樓說，見讀書雜志p.883
858	濁（一）〔之〕則鬱而无轉 13/123/12	道藏本p.103.1
859	清之則（燋）〔憔〕而不（謳）〔調〕 13/123/13	陳觀樓說，見讀書雜志p.884
860	（自）〔有〕以相使也 13/123/24	道藏本p.103.2
861	以決一（且）〔旦〕之命 13/124/7	道藏本p.104.1
862	（則）〔為〕無所不通 13/124/13	依句式改
863	文王處（歧）〔岐〕周之間也 13/124/16	道藏本p.104.2
864	今謂（疆）〔彊〕者勝則度地計眾 13/124/21	莊逵吉本p.572
865	則（千）〔萬〕乘之君無不霸王者 13/124/22	據上文改
866	而（萬）〔千〕乘之國無不破亡者矣 13/124/23	據上文改
867	愚（夬）〔夫〕（惷）〔惷〕婦皆能論之 13/124/23	道藏本p.104.2、王念孫說，見讀書雜志p.806
868	（有）〔存〕在得道而不在於大也 13/124/26	道藏本p.104.3
869	何謀之敢（當）〔慮〕〔乎〕 13/125/2	王念孫說，見讀書雜志p.884、群書治要p.723
870	鄭賈人弦高將西（敗）〔販〕牛 13/125/15	道藏本p.105.2
871	恭王懼而失（體）〔禮〕 13/125/19	準下文「怒其失禮」改
872	非（本）〔夸〕矜也 13/125/22	王念孫說，見讀書雜志p.884
873	（車）〔鈹〕裂而死 13/126/6	王念孫說，見讀書雜志p.885
874	（粗）〔粗〕蹻贏蓋 13/126/7	王念孫說，見讀書雜志p.880
875	（姜）〔彊〕弱相乘 13/126/15	道藏本p.106.2
876	能弱能（姜）〔彊〕 13/126/18	道藏本p.106.3
877	（名）〔治〕也 13/126/24	群書治要p.724
878	齊（植）〔桓〕有爭國之名 13/126/25	道藏本p.106.3
879	（楡）〔揄〕三尺之刃 13/127/2	道藏本p.107.1
880	束（縛）〔縛〕桎梏 13/127/4	道藏本p.107.1
881	無（問）〔閒〕其小節 13/127/9	王念孫說，見讀書雜志p.885
882	夫顏（喙）〔啄〕聚、梁父之大盜也 13/127/11	王念孫說，見讀書雜志p.885
883	季（襄）〔哀〕、（陣）〔陳〕仲子立節抗行 13/127/14	王念孫說，見讀書雜志p.885、道藏本p.107.2
884	故（很）〔狠〕者類知而非知〔也〕 13/128/9	道藏本p.108.1、群書治要p.724
885	（美）〔葵〕之與（惡）〔莧〕 13/128/11	王念孫說，見讀書雜志p.886
886	玉工眩（王）〔玉〕之似碧盧者 13/128/13	道藏本p.108.1
887	以論其（人）〔仁〕 13/128/20	莊逵吉本p.593
888	而天下〔之〕為（忠之）臣者 13/128/26	王念孫說，見讀書雜志p.886、參正文注文
889	此賞少而勸（善）（者眾）〔眾者〕也 13/128/27	王念孫說，見讀書雜志p.886
890	而數无蠶（今）〔令〕曰 13/128/27	道藏本p.108.3
891	盜管（金）〔璽〕 13/129/15	王念孫說，見讀書雜志p.887
892	（勤）〔勒〕率隨其蹤跡 13/129/18	莊逵吉本p.597

編號	原句 / 位置（章/頁/行）	改正說明
893	无愚夫（惷）〔惷〕婦 13/129/18	王念孫說，見讀書雜志p.806
894	（不）〔而〕死市之人血流於路 13/129/20	道藏本p.109.2
895	（夫今）〔今夫〕陳卒設兵 13/129/21	王念孫說，見讀書雜志p.887
896	然而隊（階）〔伯〕之卒皆不能前遂斬首之功 13/129/22	王念孫說，見讀書雜志p.887
897	則患弗（過）〔遇〕也 13/130/1	王念孫說，見讀書雜志p.887
898	不（讓）〔攘〕福 13/130/3	俞樾說，見諸子平議p.628
899	衣（御）〔禦〕寒 13/130/7	群書治要p.725
900	（法）〔怯〕者 13/130/13	道藏本p.109.3
901	又況（无）〔乎〕天地之怪物乎 13/130/13	「无」乃「乎」之形誤
902	山出（嘷）〔梟〕陽 13/130/16	莊逵吉本p.600
903	夫饗大高而彘為上（性）〔牲〕者 13/130/22	道藏本p.110.1
904	家人所（當）〔常〕畜而易得之物也 13/130/23	道藏本p.110.1
905	鬼神（履）〔蹠〕其首者 13/130/27	于大成說 ，見淮南鴻烈氾論校釋。淡江學報第13期p.26（1975年1月）
906	則不待戶牖（之）〔而〕行 13/130/28	王念孫說，見讀書雜志p.888
907	而風氣者、陰陽粗（捔）〔牿〕者也 13/131/1	劉台拱說，見劉氏遺書 5/5b
908	而（很）〔狠〕者以為非 13/131/4	道藏本p.110.2
909	今世之祭井竈、門戶、箕帚、（臼）〔臼〕杵者 13/131/6	道藏本p.110.2
910	煩（若）〔苦〕之无已也 13/131/7	道藏本p.110.2
911	觸（右）〔石〕而出 13/131/7	道藏本p.110.2
912	故炎帝（於）〔作〕火 13/131/11	王念孫說，見讀書雜志p.888
913	（后稷）〔周棄〕作稼穡 13/131/12	王念孫說，見讀書雜志p.888
914	（而死）〔死而〕為稷 13/131/12	王念孫說，見讀書雜志p.888
915	有（如）〔加〕轅軸其上以為造 13/131/24	楊樹達說，見淮南子證聞p.140
916	楚王（之）佩玦而逐（菟）〔兔〕 13/131/27	太平御覽卷907p.4022
917	夫鴟目大而（睡）〔眎〕不若鼠 13/131/30	莊逵吉本p.606
918	（在）〔存〕之亡也 13/132/1	道藏本p.111.1
919	分而為萬（物）〔殊〕 14/132/11	王念孫說，見讀書雜志p.889
920	莫能（及）〔反〕宗 14/132/12	王念孫說，見讀書雜志p.889
921	聖人不（以）〔為〕名尸 14/132/18	莊逵吉本p.610
922	動有章則（詞）〔訶〕 14/132/21	王引之說，見讀書雜志p.889
923	蘇（奉）〔秦〕死於（日）〔口〕 14/132/24	道藏本p.111.3
924	人莫不貴其所（有）〔脩〕 14/132/26	王念孫說，見讀書雜志p.889
925	物莫（不）足〔以〕滑其（調）〔和〕 14/133/2	王念孫說，見讀書雜志p.889、「以」字據《俶真》、《精神》補，參正文注文
926	治心術則不（忘）〔妄〕喜怒 14/133/8	道藏本p.111.3
927	乃謝耆老而（徒）〔徙〕岐周 14/134/12	道藏本p.112.2
928	則幾於道（也）〔矣〕 14/134/27	群書治要p.725
929	求其所（無）〔未得〕 14/135/3	王念孫說，見讀書雜志p.890
930	文王脩之（歧）〔岐〕周而天下移風 14/135/5	道藏本p.112.3
931	獨不離其壇（城）〔域〕 14/135/11	莊逵吉本p.619
932	故不為（善）〔好〕 14/135/12	王念孫說，見讀書雜志p.891

編號	原句 / 位置（章/頁/行）	改正說明
933	不棄（特）〔時〕 14/135/13	道藏本p.113.1
934	內無（旁）〔奇〕禍 14/135/14	王念孫說，見讀書雜志p.891
935	外無（旁）〔奇〕福 14/135/14	王念孫說，見讀書雜志p.891
936	觀則生（貴）〔責〕 14/135/16	王引之說，見讀書雜志p.891
937	法（脩）〔循〕自然 14/135/17	王念孫說，見讀書雜志p.765
938	人（受）〔愛〕名則道不用 14/135/26	王念孫說，見讀書雜志p.891
939	（則）〔息〕道者也 14/135/27	道藏本p.113.2
940	則道（如）〔諛〕日至矣 14/135/27	據文意改
941	（貨）〔背〕數而任己 14/136/1	王引之說，見讀書雜志p.891
942	而立名於為（質）〔賢〕 14/136/2	王念孫說，見讀書雜志p.891
943	則治不（脩）〔循〕故 14/136/2	王念孫說，見讀書雜志p.765
944	而事不（須）〔順〕時 14/136/2	王念孫說，見讀書雜志p.765
945	蘇秦善說而亡（國）〔身〕 14/136/13	王念孫說，見讀書雜志p.892
946	（脩）〔循〕其理則（功）〔巧〕無名 14/136/14	王念孫說，見讀書雜志p.765、道藏本p.113.3
947	若誠（外釋）〔釋外〕交之策 14/136/29	陳觀樓說，見讀書雜志p.892
948	厲其民死以（牢）〔堅〕其城 14/137/1	韓非子・五蠹 19/6b、文子・符言 4/7b
949	仁者不以位為（患）〔惠〕 14/137/7	王念孫說，見讀書雜志p.892
950	一（身）〔人〕之身既數（既）變矣 14/137/9	俞樾說，見諸子平議p.629、莊逵吉本p.625
951	則倍時而（住）〔任〕己 14/137/13	道藏本p.114.2
952	以（圍）〔圉〕強敵 14/137/15	王念孫說，見讀書雜志p.892
953	而道術之可（脩）〔循〕明矣 14/137/18	王念孫說，見讀書雜志p.765
954	不知利害（嗜）〔者〕 14/137/23	顧千里說，見讀書雜志p.979
955	三（宮）〔關〕交爭 14/137/24	王念孫說，見讀書雜志p.893
956	而邪氣（因）〔自〕（而）不生 14/137/28	王念孫說，見讀書雜志p.893
957	豈若憂瘕疵之（與）〔興〕、痤疽之發而豫備之哉 14/137/28	王念孫說，見讀書雜志p.893
958	夫函牛（也）〔之〕鼎沸而蠅蚋弗敢入 14/137/29	莊逵吉本p.628
959	（在）〔任〕智則人與之訟 14/138/9	王念孫說，見讀書雜志p.893
960	（在）〔任〕力則人與之爭 14/138/10	王念孫說，見讀書雜志p.893
961	鼓不（滅）〔臧〕於聲 14/138/16	王念孫說，見讀書雜志p.894
962	鏡不（没）〔設〕於形 14/138/16	王念孫說，見讀書雜志p.894
963	弗吹（無）〔弗〕聲 14/138/17	王念孫說，見讀書雜志p.894
964	無須臾忘〔其〕為（質）〔賢〕者 14/138/18	王念孫說，見讀書雜志p.891
965	枝葉美者害根（莖）〔荄〕 14/138/20	孫詒讓說，見札迻p.232
966	（唯）〔為〕能勝理而（為受）〔無愛〕名 14/138/25	王念孫說，見讀書雜志p.891
967	善見則（怨）〔惡〕從之 14/138/27	王念孫說，見讀書雜志p.894
968	（為）〔焉〕可以託天下也 14/138/31	王念孫說，見讀書雜志p.894
969	故合而（舍）〔和〕之者、君也 14/139/6	文子・道德 5/14a
970	（怨）無所〔怨〕（滅）〔憾〕 14/139/7	王念孫說，見讀書雜志p.894
971	趨翔周（遊）〔旋〕 14/139/13	楊樹達說，見淮南子證聞p.145
972	（捉）〔投〕得其齊 14/139/17	王念孫說，見讀書雜志p.895
973	雖鑽之不（通）〔達〕 14/139/23	王念孫說，見讀書雜志p.895

編號	原句 / 位置（章/頁/行）	改正說明
974	周公（散膞）〔殽腝〕不收於前 14/139/26	王引之說，見讀書雜志p.896
975	（宮）〔官〕愈大而事愈少 14/140/4	王叔岷說，見淮南子斠證（下）。文史哲學報第6期p.12（1954年12月）
976	小絃雖（急）〔絙〕 14/140/4	王念孫說，見讀書雜志p.853
977	今與人（弁民之譬）〔卞氏之璧〕 14/140/7	莊逵吉本p.636
978	（內）〔由〕是觀之 14/140/10	道藏本p.116.2
979	以知要（庶）〔遮〕 14/140/11	莊逵吉本p.637
980	（遇）〔過〕則自非 14/140/12	莊逵吉本p.637
981	有（滑）〔禍〕則詘 14/140/12	太平御覽卷739p.3278、莊逵吉本p.637
982	有福則（羸）〔盈〕 14/140/13	太平御覽卷739p.3278
983	量粟而（春）〔舂〕 14/140/17	道藏本p.116.2
984	（筐）〔匡〕床（在）〔衽〕席弗能安也 14/140/23	顧千里說，見讀書雜志p.978、道藏本p.116.2
985	故始於都者常（大）〔卒〕於鄙 14/141/3	王念孫說，見讀書雜志p.896
986	始於樂者常（大）〔卒〕於悲 14/141/4	王念孫說，見讀書雜志p.896
987	其終（本）〔卒〕必調 14/141/4	王念孫說，見讀書雜志p.896
988	（冰）〔水〕出於山而入於海 14/141/16	道藏本p.117.1
989	席之〔上〕、先（雚蕈）〔雚簟〕 14/141/19	王念孫說，見讀書雜志p.896
990	樽之上、〔先〕玄（樽）〔酒〕 14/141/19	王念孫說，見讀書雜志p.896
991	火弗為（襄）〔衰〕其（暑）〔熱〕 14/141/23	道藏本p.117.1、王引之說，見讀書雜志p.896
992	大（熱）〔暑〕鑠石流金 14/141/24	王引之說，見讀書雜志p.896
993	質有（之）〔定〕也 14/141/25	王引之說，見讀書雜志p.896
994	〔時〕之（去）〔至〕不可迎而反也 14/142/1	莊逵吉本p.642
995	（爾）〔亦〕遠矣 14/142/7	王念孫說，見讀書雜志p.897
996	（爾）〔亦〕滔矣 14/142/7	王念孫說，見讀書雜志p.897
997	而樂其身之治（也）〔者〕 14/142/9	莊逵吉本p.643
998	君子為善不能使（富）〔福〕必來 14/142/11	于大成說 ，見淮南鴻烈詮言校釋，國立中央圖書館館刊第7卷2期p.80（1974年9月）
999	含牙（帶）〔戴〕角 15/142/22	古鈔卷子本兵略閒詁
1000	萬（人）〔民〕慅動 15/142/25	古鈔卷子本兵略閒詁，參正文注文
1001	聖人（敕）〔勃〕然而起 15/142/26	道藏本p.118.1
1002	故（不）〔人〕得不中絶 15/142/27	俞樾說，見諸子平議p.631
1003	不至於為炮（烙）〔格〕 15/143/5	王念孫說，見讀書雜志p.698
1004	此（大）〔天〕論之所不取也 15/143/7	王念孫說，見讀書雜志p.897
1005	（養）〔養〕禽獸者也必去豺狼 15/143/10	道藏本p.118.2
1006	乃（令）〔命〕軍師曰 15/143/12	古鈔卷子本兵略閒詁
1007	毋（扣）〔抇〕墳墓 15/143/13	王引之說，見讀書雜志p.855
1008	（其）〔某〕國之君 15/143/14	王念孫說，見讀書雜志p.897
1009	傲天（海）〔侮〕鬼 15/143/14	道藏本p.118.3
1010	〔而〕恤其貧（窾）〔窮〕 15/143/18	古鈔卷子本兵略閒詁、 道藏本

編號	原句 / 位置（章/頁/行）	改正說明
		p.118.3
1011	地（出）〔生〕長而無計量 15/144/4	莊逵吉本p.651
1012	渾渾（沉沉）〔沆沆〕 15/144/5	王念孫說，見讀書雜志p.774
1013	（叫）〔叫〕呼而比雷霆 15/144/14	莊逵吉本p.652
1014	條（脩）〔循〕葉貫 15/144/15	王念孫說，見讀書雜志p.765
1015	由本至（未）〔末〕 15/144/16	道藏本p.119.2
1016	塞邪（隧）〔道〕 15/145/1	文子・上義11/13b
1017	未至（兵交）〔交兵〕接刃而敵人奔亡 15/145/4	王念孫說，見讀書雜志p.898
1018	明奇（政）〔正〕之變 15/145/5	莊逵吉本p.665
1019	（維）（抱綰）〔綰枹〕而鼓之 15/145/6	王念孫說，見讀書雜志p.898
1020	涉血（屬）〔履〕腸 15/145/6	參古鈔卷子本兵略間詁、據文意改，參正文注文
1021	今夫天下皆知事治其（未）〔末〕 15/145/7	道藏本p.119.3
1022	難（以）〔與〕衆同也 15/145/12	古鈔卷子本兵略間詁
1023	謀慮足以知強弱之（勢）〔權〕 15/145/21	古鈔卷子本兵略間詁，參正文注文
1024	高城深（地）〔池〕 15/145/23	道藏本p.120.1
1025	東裹郯、（淮）〔邳〕 15/145/25	王念孫說，見讀書雜志p.899
1026	疾如（錐）〔鍭〕矢 15/146/1	王引之說，見讀書雜志p.899
1027	（大）〔度〕地計衆 15/146/3	淮南子・氾論p.384
1028	興萬乘之駕而作阿房之（官）〔宮〕 15/146/5	道藏本p.120.2
1029	（壞）〔攘〕臂袒右 15/146/8	道藏本p.120.2
1030	非有（牢）〔堅〕甲利兵 15/146/8	古鈔卷子本兵略間詁
1031	伐（棘）〔樕〕棗而為（矜）〔矜〕 15/146/9	王念孫說，見讀書雜志p.899、莊逵吉本p.660
1032	然一人唱而天下（應）〔和〕之者 15/146/11	古鈔卷子本兵略間詁、 參正文注文
1033	白刃不畢拔而天下（傳）〔傅〕矣 15/146/15	古鈔卷子本兵略間詁
1034	則（勢）〔權〕之所（勝）〔服〕者小 15/146/20	古鈔卷子本兵略間詁、文子・下德9/15b並作「權」，參正文注文，「服」 字據王今孫說改，見讀書雜志p.900
1035	（者）〔智〕侔、則有數者禽無數 15/146/24	王念孫說，見讀書雜志p.900
1036	不可（度量）〔量度〕也 15/147/2	古鈔卷子本兵略間詁
1037	不可巧（計）〔詐〕也 15/147/3	道藏本p.121.1
1038	星耀而玄（遂）〔運〕 15/147/5	王念孫說，見讀書雜志p.900
1039	不見朕（整）〔埑〕 15/147/5	莊逵吉本p.663
1040	發如（秋）〔猋〕風 15/147/6	王念孫說，見讀書雜志p.900
1041	疾如駭（龍）（當）〔電〕 15/147/6	王念孫說，見讀書雜志p.900
1042	以生（繫）〔擊〕死 15/147/6	莊逵吉本p.663
1043	疾如（鏃）〔鍭〕矢 15/147/10	王引之說，見讀書雜志p.899
1044	敵（之）〔人〕靜不知其所守 15/147/15	古鈔卷子本兵略間詁
1045	（已）〔口〕無虛言 15/147/22	道藏本p.121.3
1046	應敵必（敵）〔敏〕 15/147/22	道藏本p.121.3
1047	心誠則肢體親（刃）〔刎〕 15/147/23	王念孫說，見讀書雜志p.901

編號	原句 / 位置（章/頁/行）	改正說明
1048	（卻）〔簦〕笠居 15/148/3	王念孫說，見讀書雜志p.901
1049	（發）〔魚〕笱門 15/148/3	王念孫說，見讀書雜志p.901
1050	推其（揄揄）〔搖搖〕 15/148/4	王念孫說，見讀書雜志p.902
1051	設（蔚施）〔施蔚〕伏 15/148/5	王念孫說，見讀書雜志p.902
1052	舉錯得（失）〔時〕 15/148/8	王念孫說，見讀書雜志p.902
1053	明於必勝之（攻）〔數〕也 15/148/9	王念孫說，見讀書雜志p.902
1054	治以（持）〔待〕亂 15/148/14	王念孫說，見讀書雜志p.902
1055	獨盡其（調）〔和〕 15/148/18	王念孫說，見讀書雜志p.902、參正文注文
1056	欲疾以（遬）〔遫〕 15/148/20	莊逵吉本p.669
1057	人不及步（鋗）〔趨〕 15/148/20	王引之說，見讀書雜志p.902
1058	而寒暑不可（開）〔闢〕閉 15/148/23	王念孫說，見讀書雜志p.903
1059	夫能（滑）〔滒〕淖精微 15/148/23	淮南子・原道p.7
1060	（下）〔不〕擊填填之旗 15/149/1	劉績本22/16a
1061	虎豹（之）〔不〕動 15/149/3	劉績本22/16a
1062	不擇（啄）〔喙〕 15/149/4	道藏本122.2
1063	以（升）〔斗〕勺沃而救之 15/149/11	王念孫說，見讀書雜志p.787
1064	唯無形者無可（佘）〔柰〕也 15/149/20	道藏本p.123.1
1065	上窮至高之（未）〔末〕 15/149/23	道藏本p.123.1
1066	所圖（盡）〔畫〕者地形也 15/149/26	莊逵吉本p.674
1067	而无人（刃）〔力〕之奉 15/150/2	莊逵吉本p.675
1068	故水激則（浫）〔悍〕 15/150/3	道藏本p.123.2
1069	廁荷之（矰）〔櫓〕 15/150/4	王念孫說，見讀書雜志p.903
1070	然猶不能獨（射）〔穿〕也 15/150/4	王念孫說，見讀書雜志p.903
1071	（名）〔各〕以其勝應之 15/150/21	道藏本p.123.3
1072	虎豹不（水）〔外〕其（爪）〔牙〕 15/150/24	王念孫說，見讀書雜志p.903
1073	威（儀）〔義〕並行 15/151/2	劉文典說，見淮南鴻烈集解p.513
1074	（土）〔上〕視下如弟 15/151/6	道藏本p.124.1
1075	故將必與卒同甘苦、（俟）〔侔〕飢寒 15/151/11	王叔岷說，見淮南子斠證（下）。文史哲學報第6期p.29（1954年12月）
1076	合戰必立矢（射）〔石〕之所及 15/151/13	王念孫說，見讀書雜志p.904
1077	民以償其二（積）〔責〕 15/151/18	王念孫說，見讀書雜志p.904
1078	若（若）〔苦〕者必得其樂 15/151/19	道藏本p.124.2
1079	便國不（負）〔員〕兵 15/151/25	王念孫說，見讀書雜志p.904
1080	是謂至（於）〔旍〕 15/151/28	王念孫說，見讀書雜志p.905
1081	一龍一（地）〔蛇〕 15/152/1	道藏本p.124.3
1082	蓋（間）〔聞〕善用兵者 15/152/4	道藏本p.124.3
1083	林叢險（怚）〔阻〕 15/152/13	道藏本p.125.1
1084	明於（音）〔奇〕（正）賌、陰陽、刑德、五行、望氣、候星 15/152/18	道藏本p.125.1、陳觀樓說，見讀書雜志p.905
1085	龜策、（機）〔禨〕祥 15/152/19	莊逵吉本p.685
1086	此善為詐（祥）〔佯〕者也 15/152/20	莊逵吉本p.685
1087	帶甲（士）〔七〕十萬 15/153/6	道藏本p.125.2

編號	原句 / 位置（章/頁/行）	改正說明
1088	距諫喜（訷）〔訑〕 15/153/8	道藏本p.125.3
1089	擒之（于）〔干〕隧 15/153/9	莊逵吉本p.688
1090	社稷之命在將軍（耳）〔身〕 15/153/13	王念孫說，見讀書雜志p.905
1091	顧君亦（以）〔無〕垂一言之命於臣也 15/153/19	王念孫說，見讀書雜志p.905
1092	國之（實）〔寶〕也 15/153/22	王念孫說，見讀書雜志p.905
1093	割地而為（調）〔和〕 15/153/24	作「調」者蓋許注本避吳太子諱改，今改正。參正文注文
1094	退（齊）〔齋〕服 15/153/26	莊逵吉本p.690
1095	人不小（學）〔覺〕 16.2/154/10	王念孫說，見讀書雜志p.906
1096	人莫鑑於（沫兩）〔流潦〕 16.3/154/12	俞樾說，見諸子平議p.587
1097	杯水見（牟）〔眸〕子 16.5/154/19	莊逵吉本p.696
1098	聽雷者（聾）〔聵〕 16.6/154/21	王念孫說，見讀書雜志p.907
1099	則至德（約）〔純〕矣 16.7/154/26	道藏本p.127.1
1100	魏文侯（見之）〔之見〕反披裘而負芻也 16.20/156/6	王念孫說，見讀書雜志p.908
1101	當（死市）〔市死〕者以日為短 16.22/156/12	王念孫說，見讀書雜志p.908
1102	夫至巧不用（劍）〔鉤〕〔繩〕 16.25/156/21	王引之說，見讀書雜志p.908
1103	物固有近不若遠、（逮）〔遠〕不如近者 16.29/157/1	道藏本p.128.2
1104	揲（挺）〔埏〕其土而不益厚 16.31/157/7	道藏本p.128.2
1105	揮（捝）〔棁〕而呼狗 16.34/157/14	道藏本p.128.2
1106	（求不）〔不求〕醜則有醜矣 16.42/158/7	準上句改
1107	下有（茯）〔伏〕苓 16.47/158/21	王念孫說，見讀書雜志p.908
1108	上求（揖）〔楫〕 16.51/159/4	道藏本p.129.2
1109	而愛己之（鉤）〔釣〕 16.63/160/5	王念孫說，見讀書雜志p.910
1110	我實不與我（謏）〔嫂〕亂 16.67/160/14	據文意改
1111	殺戎馬而求（弧理）〔狐狸〕 16.74/160/30	道藏本p.130.2
1112	折鏌邪而爭錐（力）〔刀〕 16.74/160/30	道藏本p.130.2
1113	愈於一人之（隧）〔墜〕 16.75/161/2	楊樹達說，見淮南子證聞p.162
1114	（舂）〔春〕至旦 16.76/161/4	道藏本p.130.2
1115	（橾）〔操〕鉤上山 16.88/162/8	道藏本p.131.1
1116	未發而蝯擁（柱）〔樹〕號矣 16.89/162/11	王念孫說，見讀書雜志p.910
1117	咼氏之（壁）〔璧〕 16.90/162/14	道藏本p.131.1
1118	一里〔能〕撓（推）〔椎〕 16.98/163/6	莊逵吉本p.721、道藏本p.131.2
1119	故（食草）〔草食〕之獸不疾易藪 16.99/163/8	王念孫說，見讀書雜志p.920
1120	信有非、（禮而）〔而禮〕〔有〕失（禮） 16.100/163/11	王念孫說，見讀書雜志p.910
1121	尾生死其梁（拄）〔柱〕之下 16.100/163/11	道藏本p.131.3
1122	既（斛）〔科〕以（牖）〔櫥〕 16.104/163/23	王念孫說，見讀書雜志p.911
1123	（泱）〔決〕鼻而羈 16.104/163/23	道藏本p.131.3
1124	非以（遂）〔逐〕狐（狸）〔貉〕 16.106/163/29	道藏本p.132.1
1125	好魚者先具罟與（罘）〔罛〕 16.113/164/20	莊逵吉本p.727
1126	弊（箄）〔箅〕甑（瓾）〔瓺〕 16.116/164/28	王念孫說，見讀書雜志p.856、911
1127	在（袀）〔旃〕茵之上 16.116/165/1	王念孫說，見讀書雜志p.911
1128	（猶）〔然〕良馬猶在相之中 16.120/165/11	道藏本p.133.1

編號	原句 / 位置（章/頁/行）	改正說明
1129	或（櫟）〔摻〕火往益之 16.121/165/13	道藏本p.133.1
1130	爛灰生（繩）〔蠅〕 16.124/165/23	莊逵吉本p.730
1131	物固有以（寇）〔剋〕適成不逮者 16.126/165/29	莊逵吉本p.731
1132	見麋而（不）〔子〕四目 16.128/166/1	莊逵吉本p.731
1133	小馬〔之〕（大目）〔目大〕 16.129/166/3	墨子・小取11/10b
1134	（所）〔可〕謂之眇馬 16.129/166/3	莊逵吉本p.731
1135	馬（氂）〔氂〕截玉 16.130/166/8	莊逵吉本p.732
1136	非學謾（他）〔也〕 16.131/166/10	莊逵吉本p.732
1137	故使（止）〔之〕見者 16.132/166/14	莊逵吉本p.732
1138	以小（朋）〔明〕大 16.133/166/16	道藏本p.133.2
1139	（一）〔二〕人相隨 16.134/166/19	王念孫說，見讀書雜志p.912
1140	故（桑）〔木〕葉（洛）〔落〕而長年悲也 16.136/166/23	道藏本p.133.3、王念孫說，見讀書雜志p.913
1141	（鼎錯）〔錯鼎〕日用而不足貴 16.137/166/26	王引之說，見讀書雜志p.913
1142	置酒之日而言上（冢）〔冢〕 16.139/167/1	莊逵吉本p.734
1143	或曰知（其）〔天〕且赦也而多殺人 16.140/167/4	王念孫說，見讀書雜志p.913
1144	或曰知（其）〔天〕且赦也而多活人 16.140/167/4	王念孫說，見讀書雜志p.913
1145	故凡問（字）〔事〕 16.143/167/12	道藏本p.134.1
1146	兩人（得）〔皆〕活 16.144/167/14	道藏本p.134.1
1147	故使（盲）〔瘖〕者語 16.144/167/14	太平御覽卷740p.3287
1148	（邢）〔郢〕人有鬻其母 16.145/167/17	道藏本p.134.1
1149	（邀）〔遨〕為上 16.150/168/1	劉文典說，見淮南鴻烈集解p.553
1150	則（感）〔惑〕 16.151/168/4	道藏本p.134.2
1151	以一（出）〔世〕之度制治天下 17.1/168/9	道藏本p.134.3
1152	遽契其舟（桅）〔桅〕 17.1/168/9	王念孫說，見讀書雜志p.914
1153	足（以）〔所〕蹍者淺矣 17.4/168/18	王念孫說，見讀書雜志p.914
1154	各（哀）〔依〕其所生〔也〕 17.6/168/23	文子・上德6/5a
1155	不能自（椓）〔椓〕 17.8/168/27	莊逵吉本p.741
1156	而服於雖（禮）〔札〕 17.10/169/1	王引之說，見讀書雜志p.914
1157	（短綆）〔綆短〕不可以汲深 17.12/169/6	王叔岷說，見淮南子斠證（下）。文史哲學報第6期p.36（1954年12月）
1158	至音不（叫）〔叫〕 17.15/169/12	莊逵吉本p.742
1159	（大）〔太〕簇之比商 17.15/169/13	道藏本p.135.2
1160	以玉（跓）〔鉒〕者發 17.16/169/16	道藏本p.135.2
1161	聽無音之音者（聽）〔聰〕 17.18/169/21	道藏本p.135.2
1162	不聾不（聽）〔聰〕 17.18/169/21	道藏本p.135.2
1163	入于虞（淵）〔淵〕 17.21/169/28	道藏本p.135.2
1164	昌羊去蚤蝨而來（蛉）〔蛉〕窮 17.26/170/7	道藏本p.135.3
1165	鬻棺者欲民之疾（病）〔疫〕也 17.32/170/19	劉文典說，見淮南鴻烈集解p.559
1166	冠則戴（致）〔攱〕之 17.36/170/27	王念孫說，見讀書雜志p.914
1167	明於死生者不可（却）〔劫〕以危 17.37/170/30	王念孫說，見讀書雜志p.869
1168	蓋非橑不能蔽（曰）〔日〕 17.41/171/7	道藏本p.136.1

編號	原句 / 位置（章/頁/行）	改正說明
1169	非以一（璞）〔墣〕塞江也 17.42/171/9	道藏本p.136.1
1170	則逮（曰）〔日〕歸風 17.48/171/21	莊逵吉本p.747
1171	牛（虒）〔蹏〕彘顱亦骨也 17.52/172/4	道藏本p.136.1
1172	（其）〔期〕滿腹而已 17.53/172/6	莊逵吉本p.748
1173	蘭（芝）〔芷〕以芳 17.54/172/8	王念孫說，見讀書雜志p.915
1174	孰先（隴）〔礲〕也 17.55/172/10	莊逵吉本p.748
1175	孰先（直）〔折〕也 17.55/172/10	文子・上德6/6b
1176	則（推）〔椎〕車至今無蟬匷 17.60/172/21	王利器鹽鐵論校注p.98注31
1177	使（但）〔俱〕吹竽 17.61/172/23	王念孫說，見讀書雜志p.914
1178	使（氏）〔工〕厭竅 17.61/172/23	王念孫說，見讀書雜志p.914
1179	伏雞之（捕）〔搏〕狸〔也〕 17.64/172/30	道藏本p.136.2、莊逵吉本p.749
1180	而皆調於（已）〔口〕 17.67/173/3	道藏本p.136.3
1181	（蔏苗）〔藡苗〕類絮而不可〔以〕為絮 17.69/173/8	王念孫說，見讀書雜志p.916
1182	若珠之有（纇）〔纇〕 17.78/173/28	道藏本p.137.1
1183	崔杼弑其君而被大（譊）〔謗〕 17.81/174/3	道藏本p.137.1
1184	（木）〔采〕者走山 17.88/174/18	俞樾說，見諸子平議p.616
1185	〔夕〕（遇）〔過〕市則步 17.88/174/18	莊逵吉本p.753
1186	（豹）〔貂〕裘而雜 17.89/174/21	劉文典說，見淮南鴻烈集解p.567
1187	鼈無耳而目不可以（瞥）〔蔽〕 17.91/174/25	王引之說，見讀書雜志p.917
1188	瞽無目而耳不可以（察）〔塞〕 17.91/174/26	王引之說，見讀書雜志p.917
1189	（二）〔三〕十二日而化 17.108/175/31	王念孫說，見讀書雜志p.918
1190	蜉（游）〔蝣〕不食不飲 17.108/175/31	道藏本p.137.3
1191	（楊）〔揚〕堁而欲弭塵 17.111/176/5	莊逵吉本p.757
1192	弗掘（無泉）〔不出〕 17.112/176/7	王念孫說，見讀書雜志p.918
1193	一膊炭（熯）〔熯〕 17.117/176/18	道藏本p.138.1
1194	萬石俱（熯）〔熯〕 17.117/176/18	道藏本p.138.1
1195	今有六尺之（廣）〔席〕 17.118/176/21	莊逵吉本p.758
1196	下（林）〔材〕弗難 17.118/176/21	道藏本p.138.1
1197	有以（飯）〔噎〕死者而禁天下之食 17.120/176/26	王念孫說，見讀書雜志p.918
1198	（罶）〔罧〕者扣舟 17.121/176/29	王念孫說，見讀書雜志p.918
1199	或謂（家）〔冢〕 17.125/177/7	道藏本p.138.2
1200	蘭（芝）〔芷〕欲脩而秋風敗之 17.126/177/10	王念孫說，見讀書雜志p.915
1201	土（壞）〔壤〕布在田 17.128/177/14	莊逵吉本p.760
1202	為其不出戶而（理）〔堁〕之 17.130/177/19	道藏本p.138.2
1203	屠者（羹藿）〔藿羹〕 17.131/177/21	王念孫說，見讀書雜志p.919
1204	陶（者）〔人〕用缺盆 17.131/177/21	王念孫說，見讀書雜志p.919
1205	蘇秦步曰何（故）〔步〕 17.136/178/1	俞樾說，見諸子平議p.640
1206	欲觀九（用）〔州〕之土 17.138/178/6	道藏本p.138.3
1207	（的的）〔旳旳〕者獲 17.139/178/9	莊逵吉本p.761
1208	至（陵）〔陸〕而不知下 17.142/178/15	王念孫說，見讀書雜志p.919
1209	人性便（絲衣）〔衣絲〕帛 17.147/178/27	陳觀樓說，見讀書雜志p.920
1210	以為冠則（譏）〔議〕 17.154/179/10	王念孫說，見讀書雜志p.920
1211	少（自）〔有〕其質 17.156/179/14	王念孫說，見讀書雜志p.920
1212	（故）〔得〕之與（先）〔失〕 17.157/179/16	俞樾說，見諸子平議p.640

編號	原句 / 位置（章/頁/行）	改正說明
1213	（汗）〔汙〕準而粉其顙 17.158/179/19	莊逵吉本p.765
1214	華大（旱）〔早〕者不胥時〔而〕落 17.159/179/22	文子・上德6/9b
1215	（孑孑）〔孑孓〕為蝱 17.163/180/1	劉績本 24/17a
1216	救（嘔）〔暍〕而飲之寒 17.168/180/12	道藏本p.139.2
1217	文王與諸侯（僃）〔構〕之 17.179/181/3	道藏本p.139.3
1218	（任）〔狂〕馬不觸木 17.179/181/3	道藏本p.139.3
1219	林木茂而斧斤（大）〔入〕 17.183/181/12	道藏本p.139.3
1220	慈母吟於（巷）〔燕〕 17.190/181/26	王念孫說，見讀書雜志p.920
1221	（亦）〔赤〕肉縣則烏鵲集 17.191/181/29	道藏本p.140.1
1222	鷹（集）〔隼〕鷙則衆鳥散 17.191/181/29	道藏本p.140.1
1223	背其（木）〔本〕者枯 17.192/182/1	道藏本p.140.1
1224	其解之（不以）〔以不〕解 17.193/182/4	楊樹達說，見淮南子證聞p.173
1225	（傳）〔傅〕以和堇則愈 17.211/183/11	道藏本p.140.2
1226	而（鍜）〔鍛〕者拾之 17.220/183/29	楊樹達說，見淮南子證聞p.174
1227	秋毫之（未）〔末〕 17.223/184/3	道藏本p.140.3
1228	巧（治）〔冶〕不能鑄木 17.225/184/7	道藏本p.140.3
1229	（毀）〔鑿〕瀆而止水 17.233/184/25	王念孫說，見讀書雜志p.821
1230	（於）〔拎〕和切適 17.237/185/3	道藏本p.141.2
1231	故解（椊）〔捽〕者不在於捌格 17.239/185/7	莊逵吉本p.776
1232	在於批（伉）〔抗〕 17.239/185/7	王引之說，見讀書雜志p.921
1233	木大者根（欋）〔擢〕 17.240/185/10	道藏本p.141.2
1234	蹠巨者（志）〔走〕遠 17.240/185/10	王念孫說，見讀書雜志p.921
1235	賊心亡（止）〔也〕 17.241/185/12	陳觀樓說，見讀書雜志p.921
1236	（比）〔此〕愚智之所以異也 18/186/9	道藏本p.142.1
1237	曉（自然）〔然自〕以為智（知）存亡之樞機、禍福之門戶 18/186/10	王念孫說，見讀書雜志p.922
1238	〔孫叔敖〕（而辭）〔辭而〕不受 18/186/18	北堂書鈔卷48p.138
1239	病（疽）〔且〕（將）死 18/186/19	王念孫說，見讀書雜志p.922
1240	〔此〕其地确（石）（之）〔而〕名醜 18/186/20	呂氏春秋・異寶p.234、王引之說，見讀書雜志p.923
1241	（謂）〔請〕有寢之丘 18/186/22	道藏本p.142.1
1242	未嘗不（憒）〔喟〕然而歎曰 18/187/7	王念孫說，見讀書雜志p.924
1243	圍（二市）〔三匝〕 18/187/11	道藏本p.142.3
1244	我非故與子（反）〔友〕也 18/187/14	王念孫說，見讀書雜志p.924
1245	子反辭以心（痛）〔疾〕 18/187/21	王念孫說，見讀書雜志p.925
1246	是（三）〔亡〕楚國之社稷 18/187/22	道藏本p.142.3
1247	而不（率）〔恤〕吾衆也 18/187/23	王念孫說，見讀書雜志p.925
1248	夫病溫而強之（食）〔餐〕 18/187/27	王念孫說，見讀書雜志p.925
1249	有功者、（又）〔人〕臣之所務也 18/188/4	道藏本p.143.1
1250	為魏文侯（夫）〔大〕開地 18/188/10	道藏本p.143.1
1251	遺虞垂棘之（壁）〔璧〕與屈産之乘 18/189/1	道藏本p.143.3
1252	虞公或於（壁）〔璧〕與馬 18/189/2	道藏本p.143.3
1253	若車之有（輪）〔輔〕〔也〕 18/189/2	王念孫說，見讀書雜志p.925、呂氏春秋・權勳p.371
1254	（輪）〔輔〕依於車 18/189/3	王念孫說，見讀書雜志p.925

編號	原句 / 位置（章/頁/行）	改正說明
1255	車亦依（輪）〔輔〕 18/189/3	王念孫說，見讀書雜志p.925
1256	相恃（而）〔之〕勢也 18/189/4	韓非子・十過3/2a、呂氏春秋・權勲p.371
1257	有（陰）〔隱〕行者必有昭名 18/189/12	王念孫說，見讀書雜志p.926
1258	古（有）〔者〕溝防不脩 18/189/12	莊逵吉本p.791
1259	夫妻之（辯）〔辨〕 18/189/14	莊逵吉本p.791
1260	秦王趙政兼吞天下而（已）〔亡〕 18/189/16	莊逵吉本p.792
1261	（季）〔李〕斯車裂 18/189/17	道藏本p.143.3
1262	（牢）〔堅〕守而不下 18/189/26	「牢」本作「堅」，作「牢」蓋許注本避吳諱改
1263	丁壯者〔皆〕（引）〔控〕絃而戰 18/190/4	王念孫說，見讀書雜志p.926、王叔岷說 ，見淮南子斠證（下）。文史哲學報第6期p.43（1954年12月）
1264	或直於辭而不（害）〔周〕於事者 18/190/8	王念孫說，見讀書雜志p.927
1265	必將（橈）〔撓〕 18/190/9	莊逵吉本p.794
1266	此所謂直於辭而不（可）（用）〔周〕〔於事〕者也 18/190/12	王念孫說，見讀書雜志p.927
1267	國危（而不）〔不而〕安 18/190/25	王念孫說，見讀書雜志p.927
1268	患結（而不）〔不而〕解 18/190/25	王念孫說，見讀書雜志p.927
1269	括子（曰）〔日〕以疏 18/191/2	道藏本p.144.3
1270	然而心（調）〔和〕於君 18/191/3	「調」字蓋許注本避吳太子諱改，參正文注文
1271	故義者、天下之所（賞）〔貴〕也 18/191/10	王念孫說，見讀書雜志p.928
1272	君其（許）〔詐〕之而已矣 18/191/12	莊逵吉本p.798
1273	先（維）〔雍〕季而後咎犯 18/191/15	道藏本p.145.1
1274	而（後）〔先〕萬世之利也哉 18/191/17	王念孫說，見讀書雜志p.928
1275	城（下）〔中〕緣木而處 18/191/20	王念孫說，見讀書雜志p.928
1276	智伯（人）〔之〕為人也 18/191/25	道藏本p.145.2
1277	至（其）〔期〕日之夜 18/191/27	俞樾說，見諸子平議p.645
1278	不如行義之（陸）〔隆〕 18/192/5	道藏本p.145.2
1279	故（君）〔老〕子曰 18/192/6	王念孫說，見讀書雜志p.929
1280	（負）〔服〕輦〔載〕粟而至 18/192/13	王念孫說，見讀書雜志p.929
1281	復地而後（皮）〔反〕 18/192/15	道藏本p.145.3
1282	（暑）〔夏〕以強耘 18/192/18	王念孫說，見讀書雜志p.930
1283	（以）〔又〕伐林而積之 18/192/18	王念孫說，見讀書雜志p.930
1284	餽聞（論）〔倫〕曰 18/192/22	道藏本p.146.1
1285	（謟）〔諂〕臣者務廣君之地 18/193/10	道藏本p.146.2
1286	〔人有〕牽牛〔而〕（蹊）〔徑〕〔於〕人之田〔中〕 18/193/13	王念孫說，見讀書雜志p.930
1287	興兵而（攻）〔政〕〔之〕 18/193/14	王念孫說，見讀書雜志p.930
1288	圍之晉陽（二）〔三〕年 18/193/19	道藏本p.146.2
1289	（積）〔量〕力而受官 18/193/26	王念孫說，見讀書雜志p.931
1290	辭（而）〔所〕能則匿 18/193/27	莊逵吉本p.808
1291	費無忌（從）〔復〕於荊平王曰 18/194/5	道藏本p.146.3

編號	原句 / 位置（章/頁/行）	改正說明
1292	而（豢）〔養〕以芻豢黍粱五味之膳 18/194/14	莊逵吉本p.810
1293	（天）〔夫〕子生於齊 18/194/15	道藏本p.147.1
1294	飯黍（粢）〔粱〕 18/194/19	王念孫說，見讀書雜志p.931
1295	使（被）〔彼〕衣不暇帶 18/194/25	楊樹達說，見淮南子證聞p.183
1296	必不能自免於（千）〔十〕步之中矣 18/194/26	楊樹達說，見淮南子證聞p.183
1297	徐（徐）〔行〕而出門 18/194/27	莊逵吉本p.811
1298	今（反乃）〔乃反〕以人之所〔以〕為遲者、（反）為疾 18/195/1	王念孫說，見讀書雜志p.931
1299	一（撲）〔墣〕之所能塞也 18/195/8	莊逵吉本p.812
1300	及至火之燔孟諸而炎雲（臺）〔夢〕 18/195/9	楊樹達說，見淮南子證聞p.184
1301	（禱）〔禘〕於襄公之廟 18/195/19	劉文典說，見淮南鴻烈集解 p.613
1302	始於雞（定）〔足〕 18/195/23	王念孫說，見讀書雜志p.932
1303	及其（太）〔大〕也 18/195/24	莊逵吉本p.814
1304	陳氏（伐）〔代〕之 18/195/26	莊逵吉本p.815
1305	夫（得）〔使〕患無生 18/196/1	劉績本25/23a
1306	使之（祖）〔袒〕而（補）〔捕〕魚 18/196/2	道藏本148.1
1307	禍生於（祖）〔袒〕而捕魚 18/196/5	道藏本p.148.1
1308	塞（有十）〔其一〕 18/196/10	劉績本25/23b
1309	盜何遽無從（人）〔入〕 18/196/10	道藏本p.148.2
1310	（大）〔太〕宰（予）〔子〕朱侍飯於令尹子國 18/196/12	道藏本p.148.2
1311	（投）〔援〕卮漿而沃之 18/196/12	王念孫說，見讀書雜志p.932
1312	而羽翮之（所）〔既〕成也 18/196/18	莊逵吉本p.817
1313	蒲沮（之子）〔子之〕巧 18/196/20	劉績本 25/24b
1314	（辨）〔辯〕且訥 18/196/28	道藏本p.148.3
1315	（施）〔拖〕其衣被 18/197/1	莊逵吉本p.819
1316	嬰兒過之則（恍）〔挑〕其卵 18/197/21	道藏本p.149.2
1317	或明禮義、推道（禮）〔體〕而不行 18/198/8	莊逵吉本p.823
1318	孔子行（遊）〔於〕〔東野〕 18/198/8	王念孫說，見讀書雜志p.933
1319	（卑）〔畢〕辭而不能得也 18/198/10	王念孫說，見讀書雜志p.933
1320	不若（此）《延（路）〔露〕》（陽局）〔以和〕 18/198/14	王念孫說，見讀書雜志p.933
1321	不（同）〔周〕於時也 18/198/18	王念孫說，見讀書雜志p.927
1322	猶石之投（卯）〔卵〕 18/198/21	道藏本p.150.1
1323	及（慚）〔漸〕之於滫 18/198/23	道藏本p.150.1
1324	三（五）〔王〕用義 18/198/24	道藏本p.150.1
1325	是由乘驥（遂）〔逐〕人於榛薄 18/198/25	道藏本p.150.1
1326	哀公好儒（則）〔而〕削 18/199/2	劉績本 25/29b
1327	逆順在（君）〔時〕 18/199/7	文子・微明 7/9b
1328	則有以（任）〔徑〕於世矣 18/199/13	王念孫說，見讀書雜志p.933
1329	（斯）〔厮〕徒馬圉 18/199/16	莊逵吉本p.828
1330	此皆載務而（戲）〔虧〕乎其（調）〔和〕者也 18/199/18	楊樹達說　，見淮南子證聞 p.184、「和」字據下文叶韻韻例改，參正文注文

編號	原句 / 位置（章/頁/行）	改正說明
1331	而外能詘伸、（赢）〔贏〕縮、卷舒 18/199/19	莊逵吉本p.829
1332	荊佽非犯（河）〔江〕中之難 18/199/24	王念孫說，見讀書雜志p.934
1333	（比）〔此〕何馬也 18/199/26	莊逵吉本p.829
1334	故田子方隱一老馬而魏國（載）〔戴〕之 18/200/3	據下文叶韻韻例改，參正文注文
1335	〔感於恩也〕 18/200/6	王念孫說，見讀書雜志p.934
1336	欲流之於海（者） 18/200/15	莊逵吉本p.832
1337	授之將軍之（卯）〔印〕 18/200/19	道藏本p.151.1
1338	衛國之半（日）〔曰〕 18/200/22	道藏本p.151.2
1339	王報出（今）〔令〕於百官曰 18/200/26	道藏本p.151.2
1340	魯哀公為室而（太）〔大〕 18/201/1	莊逵吉本p.834
1341	夫臨河而（鈞）〔釣〕 18/201/6	道藏本p.151.2
1342	或不（若）然而〔若〕然者 18/201/12	準下文改，參正文注文
1343	（如此）〔此而〕不報 18/201/16	列子·說符p.8/6a
1344	无以立（務）〔矜〕於天下 18/201/16	王引之說，見讀書雜志p.934
1345	子發（視）〔親〕決吾罪而被吾刑 18/201/27	王念孫說，見讀書雜志p.935
1346	居（隱為）〔為隱〕蔽 18/202/2	王念孫說，見讀書雜志p.935
1347	夫狐之（捕）〔搏〕雉也 18/202/5	王念孫說，見讀書雜志p.935
1348	必先卑體弭（耳）〔毛〕 18/202/6	王念孫說，見讀書雜志p.935
1349	時多（疾）〔疹〕病毒傷之害 19/202/16	王念孫說，見讀書雜志p.936
1350	於是神農乃（如）〔始〕教民播種五穀 19/202/17	道藏本p.152.3
1351	以身解於陽（眄）〔盱〕之（河）〔阿〕 19/202/28	莊逵吉本p.845、楊樹達說，見淮南子證聞p.187
1352	孔子無（黙突）〔黔突〕 19/203/6	莊逵吉本p.847
1353	蒙恥辱以（千）〔干〕世主〔者〕 19/203/7	道藏本p.153.3、王念孫說，見讀書雜志p.937
1354	四胑不（動）〔勤〕 19/203/10	王念孫說，見讀書雜志p.763
1355	（耆）〔嗜〕欲不得枉正術 19/203/14	道藏本p.153.3
1356	（權）〔推〕自然之勢 19/203/15	王念孫說，見讀書雜志p.937
1357	（政）〔故〕事〔成〕而身弗伐 19/203/15	王念孫說，見讀書雜志p.938
1358	（攻）〔攺〕而不動者 19/203/16	王引之說，見讀書雜志p.938
1359	沙之用（肆）〔隸〕 19/203/17	王念孫說，見讀書雜志p.857
1360	因高為（田）〔山〕 19/203/18	王念孫說，見讀書雜志p.938
1361	〔請〕（今）〔令〕公輸〔般〕設攻 19/203/26	呂氏春秋·愛類p.627
1362	夫墨子（跌）〔趹〕蹏而趨千里 19/204/5	王引之說，見讀書雜志p.939
1363	（帽）〔憪〕憑而為義 19/204/20	王念孫說，見讀書雜志p.939
1364	下不（及）〔若〕商均 19/204/24	王念孫說，見讀書雜志p.939
1365	此教訓之所（俞）〔喻〕〔也〕 19/204/24	道藏本p.155.1、劉績本p.26/9b
1366	則是以一（飽）〔餢〕之故 19/204/27	王念孫說，見讀書雜志p.939
1367	駑馬雖（兩）〔冊〕錣之不能進 19/205/1	劉績本 26/10a
1368	刺則不能（人）〔入〕 19/205/2	道藏本p.155.2
1369	是兩（末）〔末〕之端（義）〔議〕 19/205/4	莊逵吉本p.856、道藏本p.155.2
1370	夫（橘柚）〔亭歷〕冬生 19/205/7	王念孫說，見讀書雜志p.940
1371	而人（日）〔曰〕冬死 19/205/7	道藏本p.155.2
1372	生者衆〔也〕（多） 19/205/8	「也」字據文意補，「多」字疑為注文誤入正文，今刪

編號	原句 / 位置(章/頁/行)	改正說明
1373	(禹)〔啓〕生於石 19/205/13	王引之說，見讀書雜志p.940
1374	及其(粉)〔扢〕以玄錫 19/205/18	王念孫說，見讀書雜志p.941
1375	(楊)〔揚〕赤文 19/205/24	道藏本p.156.1
1376	(天)〔夫〕天之所覆 19/205/26	道藏本p.156.1
1377	以(備)〔避〕熖弋 19/206/4	王叔岷說，見淮南子斠證(下)。文史哲學報第6期p.51 (1954年12月)
1378	(景)〔晏〕以蔽日 19/206/5	王引之說，見讀書雜志p.942
1379	使未嘗鼓(瑟)〔琴〕者 19/206/17	俞樾說，見諸子平議p.648
1380	故弓待(撒)〔檠〕而後能調 19/206/18	莊逵吉本p.863
1381	(楺)〔揉〕以為輪 19/206/19	莊逵吉本p.863
1382	且夫精神(滑)〔淈〕淖纖微 19/206/22	淮南子・原道p.7、兵略p.440，參正文注文
1383	此聖人之所以(詩)〔游〕心〔也〕 19/206/24	道藏本p.156.3、說苑・建本 3/7a
1384	(及)〔友〕賢大夫 19/206/26	說苑・建本 3/7a
1385	(北)〔死〕有遺業 19/207/2	道藏本p.156.3
1386	夫瘠地之(吳)〔民〕多有心者 19/207/3	道藏本p.157.1
1387	昔(於)〔者〕 19/207/9	道藏本p.157.1
1388	百舍重(跰)〔趼〕 19/207/10	王念孫說，見讀書雜志p.943
1389	鈍(聞)〔閔〕條達 19/207/10	王引之說，見讀書雜志p.943
1390	欣若七日不食、如饗(大)〔太〕牢 19/207/11	道藏本p.157.1
1391	稱譽(葉)〔華〕語 19/207/12	王念孫說，見讀書雜志p.943
1392	此所謂名可(彊)〔務〕立者 19/207/12	俞樾說，見諸子平議p.648
1393	(休)〔伏〕尸流血 19/207/15	道藏本p.157.2
1394	不如約身(早)〔卑〕辭 19/207/15	道藏本p.157.2
1395	(獵)〔躐〕蒙籠 19/207/17	莊逵吉本p.868
1396	涕液(來)〔交〕集 19/207/18	道藏本p.157.2
1397	果(不)〔大〕破之 19/207/21	莊逵吉本p.869
1398	後(出)〔世〕无名 19/207/28	道藏本p.157.3
1399	六(國)〔轡〕如絲 19/208/1	道藏本p.157.3
1400	而伯牙絶絃(被)〔破〕琴 19/208/8	道藏本p.158.1
1401	固(權)〔奮〕說以取少主 19/208/13	王引之說，見讀書雜志p.944
1402	則貴(之)〔人〕爭帶之 19/208/21	劉績本 26/21b
1403	苗山之(鋋)〔鋌〕 19/208/22	王念孫說，見讀書雜志p.944
1404	而不期於(華)〔驊〕騮、綠耳 19/208/25	道藏本p.158.3
1405	故作書以喻(意)〔事〕 19/209/3	王念孫說，見讀書雜志p.945
1406	(櫖)〔攄〕書明指以示之 19/209/5	道藏本p.159.1
1407	昔晉平公(今)〔令〕官為鐘 19/209/7	道藏本p.159.1
1408	我曾无有閭里(氣)〔之〕聞、窮巷之知者何 19/209/10	劉績本 26/23b
1409	若使(人)〔之〕銜腐鼠 19/209/13	于大成說，見淮南鴻烈脩務校釋。國立政治大學學報第30期p.20(1974年12月)
1410	(楡)〔揄〕步 19/209/15	莊逵吉本p.878
1411	雜(芝)〔芷〕若 19/209/15	王念孫說，見讀書雜志p.915

編號	原句 / 位置（章/頁/行）	改正說明
1412	焉得无有睥（面）〔睨〕掩鼻之容哉 19/209/18	準上文「莫不左右睥睨而掩鼻」改
1413	便（媚）〔娟〕擬神 19/209/20	王念孫說，見讀書雜志p.945
1414	騁馳若（鶩）〔鶩〕 19/209/21	王念孫說，見讀書雜志p.945
1415	（且）〔則〕夫觀者莫不為之損心酸足 19/209/23	王念孫說，見讀書雜志p.946
1416	砥礪礛（監）〔堅〕 19/209/25	莊逵吉本p.880
1417	藜（藋）〔藋〕之生 19/209/25	王念孫說，見讀書雜志p.946
1418	不可以為（櫨）〔廬〕棟 19/209/26	俞樾說，見諸子平議p.649
1419	楩（柵）〔柟〕豫章之生也 19/209/26	道藏本p.159.3
1420	（延）〔近〕之則踈 20/210/6	王念孫說，見讀書雜志p.816
1421	四時（千）〔干〕（乘）〔乖〕 20/210/20	劉績本 27/2b、道藏本p.160.2
1422	以生萬（物）〔殊〕 20/210/24	王念孫說，見讀書雜志p.947
1423	翡翠（玳）〔瑇〕瑁 20/210/24	王念孫說，見讀書雜志p.947
1424	亂之楮（華）〔葉〕之中而不可知也 20/210/27	莊逵吉本p.886
1425	不下廟堂而（衍）〔行〕〔於〕四海 20/211/3	王念孫說，見讀書雜志p.947
1426	（流源）〔源流〕千里 20/211/12	王念孫說，見讀書雜志p.948
1427	（淵深）〔深淵〕百仞 20/211/12	王念孫說，見讀書雜志p.948
1428	（冰）〔水〕潛陸行 20/211/13	莊逵吉本p.888
1429	靜漠（活）〔恬〕淡 20/211/19	道藏本p.161.1
1430	（訟）〔說〕繆（匈）〔胸〕中 20/211/19	王引之說，見讀書雜志p.949、道藏本p.161.1
1431	豈節（柎）〔拊〕而毛（脩）〔循〕之哉 20/211/20	王念孫說，見讀書雜志p.765、莊逵吉本p.889
1432	而國乎（歧）〔岐〕周 20/211/26	莊逵吉本p.889
1433	非（券）〔劵〕之所〔能〕責也 20/211/28	莊逵吉本p.889、王念孫說，見讀書雜志p.949
1434	而（班）〔斑〕白不戴負 20/212/2	道藏本p.161.1
1435	夫矢之所以射遠貫（牢）〔堅〕者 20/212/2	群書治要p.727，參正文注文
1436	（正）〔人〕心也 20/212/3	王念孫說，見讀書雜志p.949
1437	（柎）〔拊〕循其所有而滌蕩之 20/212/8	莊逵吉本p.890
1438	（化）〔作〕則細矣 20/212/8	王念孫說，見讀書雜志p.949
1439	鑠鐵而為（刀）〔刃〕 20/212/12	道藏本p.161.2
1440	（饗）〔鄉〕飲習射以明長幼 20/212/18	王念孫說，見讀書雜志p.950
1441	以辟疾（病）〔疹〕之菑 20/212/28	王念孫說，見讀書雜志p.936
1442	乃澄列金（木水）〔水木〕火土之性 20/213/2	俞樾說，見諸子平議p.651
1443	（故）〔以〕立父子之親而成家 20/213/3	王念孫說，見讀書雜志p.950
1444	別（清濁）五音〔清濁〕六律相生之數 20/213/3	王念孫說，見讀書雜志p.950
1445	領（聖）〔理〕萬事 20/213/15	道藏本p.162.2
1446	智者得以志（遠）〔事〕 20/213/16	王念孫說，見讀書雜志p.950
1447	〔及〕至其衰也 20/213/16	準下文文例補
1448	茂木（豊）〔豐〕草 20/213/23	道藏本p.162.2
1449	物有（降）〔隆〕殺 20/213/23	莊逵吉本p.897
1450	陰陽（調）〔和〕 20/214/1	文子・精誠，參正文注文
1451	五行異氣而皆（適）（調）〔和〕 20/214/3	王念孫說，見讀書雜志p.889、參正文注文

編號	原句 / 位置（章/頁/行）	改正說明
1452	六藝異科而皆（同）（道）〔通〕 20/214/3	王念孫說，見讀書雜志p.889
1453	其美在（調）〔和〕 20/214/7	王念孫說，見讀書雜志p.889
1454	為其雌雄之不（乖）〔乘〕居也 20/214/10	王念孫說，見讀書雜志p.951
1455	（及）〔吸〕陰陽之和 20/214/15	道藏本p.163.1
1456	（喋）〔蹀〕虛輕舉 20/214/16	道藏本p.163.1
1457	可謂忠臣（也）〔矣〕 20/214/17	王念孫說，見讀書雜志p.951
1458	而未可謂忠臣（矣）〔也〕 20/214/18	準上句改
1459	故勇者可（貪）〔令〕進鬬 20/214/24	莊逵吉本p.900
1460	而不可令持（牢）〔堅〕 20/214/24	文子・自然8/4b，參正文注文
1461	（五）〔四〕者相反 20/214/26	俞樾說，見諸子平議p.652
1462	民眾者教不可以（苟）〔苛〕 20/215/4	劉績本 27/12b
1463	曲辯難為（惠）〔慧〕 20/215/7	道藏本 163.2
1464	〔道〕小（見）〔則〕不達 20/215/10	俞樾說，見諸子平議p.652
1465	審於一（投）〔技〕 20/215/13	劉績本 27/13a
1466	故張瑟者、小絃（急）〔絙〕而大絃緩 20/215/18	王念孫說，見讀書雜志p.853
1467	（而）〔亦〕猶弓矢、中之具〔也〕 20/215/22	王念孫說，見讀書雜志p.952、「也」字準上句補
1468	此治之（上）〔本〕也 20/216/7	王念孫說，見讀書雜志p.952
1469	此治之（未）〔末〕也 20/216/8	莊逵吉本p.905
1470	乘（衰）〔衺〕而流 20/216/13	王引之說，見讀書雜志p.952
1471	雖有腐髊流（漸）〔澌〕 20/216/13	楊樹達說，見淮南子證聞p.197
1472	繩之（法）〔以〕法 20/216/19	王念孫說，見讀書雜志p.952
1473	桀以夏（止）〔亡〕 20/216/20	道藏本p.164.2
1474	（而）〔不〕向禮義 20/217/5	劉績本 27/16b
1475	明好（惡）〔憎〕以示（之）〔人〕 20/217/9	群書治要p.728
1476	經誹譽以（尊）〔導〕之 20/217/10	劉績本 27/17a
1477	知足以知（變）〔權〕者 20/217/16	太平御覽卷432 .1991
1478	由本流（未）〔末〕 20/217/20	道藏本p.165.1
1479	背貪鄙而向（義理）〔仁義〕 20/217/21	王念孫說，見讀書雜志p.953
1480	（便）〔使〕不肖臨賢 20/217/24	道藏本p.165.1
1481	民弗從（也）〔者〕 20/217/24	群書治要p.728
1482	文王舉（大）〔太〕公望、召公奭而王 20/217/25	道藏本p.165.1
1483	將欲以（直）〔興〕大道 20/218/1	王念孫說，見讀書雜志p.953
1484	（極）〔拯〕溺之人不得不濡足也 20/218/2	道藏本p.165.2
1485	（乎）〔平〕夷狄之亂也 20/218/6	道藏本p.165.2
1486	邪必蒙正以自為（辟）〔辭〕 20/218/11	王念孫說，見讀書雜志p.953
1487	（欲）〔能〕成霸王之業者 20/219/1	王念孫說，見讀書雜志p.953
1488	在於節（用）〔欲〕 20/219/5	王念孫說，見讀書雜志p.954
1489	節（用）〔欲〕之本 20/219/5	王念孫說，見讀書雜志p.954
1490	（令自）〔今目〕悅五色 20/219/9	莊逵吉本p.917
1491	日引邪欲而澆其（身）（夫調）〔天和〕 20/219/10	王念孫說，見讀書雜志p.889
1492	受傳（藉）〔籍〕 20/219/13	道藏本p.166.1
1493	師起容（関）〔關〕 20/219/14	道藏本p.166.2
1494	武（左）〔王〕左操黃鉞 20/219/15	莊逵吉本p.917
1495	而无一人之（德）〔譽〕 20/219/16	王念孫說，見讀書雜志p.954

編號	原句 / 位置（章/頁/行）	改正說明
1496	乃折（抱）〔枹〕毀鼓 20/219/19	莊逵吉本p.918
1497	（挺）〔捷〕曶而朝天下 20/219/19	王念孫說，見讀書雜志p.954
1498	乃相率（而為致勇）〔為勇而致〕之寇 20/219/23	俞樾說，見諸子平議p.653
1499	无將（卒）〔率〕以行列之 20/219/24	王念孫說，見讀書雜志p.955
1500	文王處（禮）〔酆〕百里 20/220/1	道藏本p.166.3
1501	无益於（恃）〔持〕天下矣 20/220/3	莊逵吉本p.920
1502	則怏然而（嘆）〔笑〕（之） 20/220/6	王念孫說，見讀書雜志p.955
1503	天地之閒无所（繫）〔擊〕戾 20/220/16	俞樾說，見諸子平議p.654
1504	其（於）〔所〕以監觀 20/220/16	道藏本p.167.1
1505	夫以一（出）〔世〕之壽 20/220/19	道藏本p.167.1
1506	其為君亦（患）〔惠〕矣 20/220/25	劉績本 27/25b
1507	嬉戲害（人）〔之〕也 20/220/28	王念孫說，見讀書雜志p.955
1508	凡學者能明於天（下）〔人〕之分 20/221/4	于大成說，見淮南鴻烈泰族校釋。中華學苑第16期p.76（1975年9月）
1509	（所在）〔在所〕先後而已矣 20/221/8	王念孫說，見讀書雜志p.956
1510	（令）〔今〕不知事脩其本 20/221/11	道藏本p.167.3
1511	根深即（本）〔木〕固 20/221/17	王念孫說，見讀書雜志p.956
1512	作為《山（水）〔木〕》之嘔 20/221/25	王念孫說，見讀書雜志p.956
1513	（吠）〔呋〕聲清於耳 20/221/29	王念孫說，見讀書雜志p.956
1514	大息（而）撫〔而止〕之 20/222/8	史記・樂書p.1235
1515	（琴）〔瑟〕不鳴 20/222/12	王念孫說，見讀書雜志p.956
1516	（苟）〔苛〕削傷德 20/222/15	劉績本 27/29b
1517	勝晉黃（地）〔池〕 20/222/21	道藏本p.168.3
1518	句踐（捷）〔棲〕於會稽 20/222/23	道藏本p.168.3
1519	螈蚕一歲再（收）〔登〕 20/222/28	王念孫說，見讀書雜志p.957
1520	（初）〔袀〕絻而親迎 20/223/3	孫詒讓說，見札迻p.234
1521	故事有鑿一孔而（生）〔開〕百隙 20/223/5	俞樾說，見諸子平議p.655
1522	而人弗（庠）〔席〕者 20/223/7	王念孫說，見讀書雜志p.958
1523	或（子）〔予〕踦而取勝 20/223/9	道藏本p.169.1
1524	愛人則（天）〔无〕虐刑矣 20/223/12	道藏本p.169.1
1525	不免於亂（也）〔矣〕 20/223/17	群書治要p.730
1526	雖未能抽引玄妙之中（才）〔哉〕 21/223/21	王引之說，見經義述聞p.84注文
1527	有《（冥覽）〔覽冥〕》 21/223/25	莊逵吉本p.936
1528	瀸（濇）〔漬〕肌膚 21/224/4	王念孫說，見讀書雜志p.959
1529	通（迴）〔週〕造化之母也 21/224/8	王念孫說，見讀書雜志p.959
1530	所以窮南北之（脩）〔長〕 21/224/14	準下文叶韻韻例改，參正文注文
1531	以時教（期）〔朞〕 21/224/20	俞樾說，見諸子平議p.655
1532	覽取（橋）〔撟〕掇 21/224/23	道藏本p.170.2
1533	比類其喜怒（與）〔於〕晝宵寒暑 21/224/28	據文意改
1534	（名）〔各〕務其業 21/225/10	莊逵吉本p.940
1535	同九夷之風（氣）〔采〕 21/225/16	王念孫說，見讀書雜志p.960
1536	而兆見得失之變、利病之（文）〔反〕 21/225/22	莊逵吉本p.941
1537	解墮結（細）〔紐〕 21/226/2	王念孫說，見讀書雜志p.960
1538	說（捍）〔擇〕摶囷 21/226/2	王念孫說，見讀書雜志p.960

編號	原句 / 位置（章/頁/行）	改正說明
1539	恬（惔）〔淡〕為本 21/226/9	莊逵吉本p.943
1540	則懈（隨）〔墮〕分學 21/226/10	道藏本p.171.1
1541	其无為則（通）〔同〕 21/226/12	莊逵吉本p.943
1542	（以）〔言〕稱喻而不言俗變 21/226/27	劉績本 28/8a
1543	故多為之辭以（杼）〔抒〕其情 21/227/13	道藏本p.172.1
1544	絞紛遠（援）〔緩〕 21/227/14	莊逵吉本p.948
1545	一杯酒（白）〔甘〕 21/227/15	王念孫說，見讀書雜志p.961
1546	處（歧）〔岐〕周之間 21/227/21	道藏本p.172.2
1547	以為天下去殘（余）〔除〕賊而成王道 21/227/22	道藏本p.172.2
1548	敗鼓折（抱）〔枹〕 21/227/30	莊逵吉本p.950
1549	以為其禮煩擾而不（悅）〔侻〕 21/228/4	王念孫說，見讀書雜志p.961
1550	後君之（今）〔令〕又下 21/228/21	道藏本p.173.1
1551	（市）〔布〕之天下而不窕 21/228/31	道藏本p.173.1

譌體改正說明表

編號	原句 / 位置（章/頁/行）	改正說明
1	（埳）〔埳〕井之無黿鼉 9/70/9	漢語大字典
2	無（䘏）〔卹〕賤 12/106/22	大漢和辭典

增字、删字改正說明表

編號	原句／位置（章/頁/行）	改正說明
1	下出于無垠〔鄂〕之門 1/2/6	王念孫說，見讀書雜志p.763
2	執道（要）之柄 1/2/11	俞樾說，見諸子平議p.580
3	而游於無窮之地〔也〕 1/2/11	俞樾說，見諸子平議p.580
4	秉其要〔趣而〕歸之（趣） 1/2/12	王念孫說，見讀書雜志p.763
5	是以處上而民弗重〔也〕 1/2/17	群書治要p.713
6	居前而眾弗害〔也〕 1/2/18	群書治要p.713
7	重之〔以〕羿、逢蒙子之巧 1/2/22	鄭良樹說，見淮南子斠理p.4
8	繳不若〔網〕 1/2/24	王念孫說，見讀書雜志p.765
9	〔網不若〕無形之像 1/2/25	王念孫說，見讀書雜志p.765
10	〔而〕不能見淵中之魚 1/3/10	群書治要p.713
11	所以俛仰於世人而與俗交者〔也〕 1/4/6	莊逵吉本p.35
12	澹然無治（也）而無不治也 1/4/23	劉績本1/13a
13	所謂〔無〕不為者 1/4/24	莊逵吉本p.38
14	因物之所為〔也〕 1/4/24	準上文補
15	所謂（其）事強者 1/5/3	準上文删
16	（而）堅強者、死之徒也 1/5/7	準上下文删
17	〔有所屏蔽〕也 1/5/14	王念孫說，見讀書雜志p.769。編者按：王據高注補「有所屏蔽」四字於下文「弗能避」下，然「有所屏蔽」與上文「託於後位」文意相接，今移於此
18	皆生於〔無〕形乎 1/6/11	莊逵吉本p.45
19	（得）道〔勝〕而肥 1/7/22	王念孫說，見讀書雜志p.771
20	是故有以自得〔也〕 1/7/24	道藏本p.10.1
21	（不）入於耳而不著於心 1/8/8	俞樾說，見諸子平議p.583
22	不在於人而在於（我）身 1/8/16	王念孫說，見讀書雜志p.771
23	萬物玄同（也） 1/8/17	王念孫說，見讀書雜志p.771
24	不為愁悴怨（懟）〔懟〕而（不）失其所以自樂也 1/9/2	王引之說，見讀書雜志p.772
25	是何（也）則 1/9/3	準文例删
26	一失〔其〕位 1/9/15	準下文補
27	是故聖人使（人）各處其位 1/9/16	據文意删
28	氣不當其所充〔也〕而用之則泄 1/9/17	準上文補
29	神非其所宜〔也〕而行之則昧 1/9/17	準上文補
30	凡人（之）志（各）有所在而神有所繫者 1/9/23	楊樹達說，見淮南子證聞p.18、「之」字準下文删
31	耳目〔非〕去之也 1/9/24	莊逵吉本p.63
32	夫精〔神〕氣志者 1/10/7	莊逵吉本p.65
33	〔有〕有始者 2/10/14	據下文「有有始者」補
34	未有形（呼）〔埒〕（垠堮） 2/10/15	道藏本p.12.3、王念孫說，見讀

編號	原句 / 位置（章/頁/行）	改正說明
		書雜志p.773
35	〔藏小大有宜〕 2/11/2	劉文典說，見淮南鴻烈集解p.46
36	〔夢〕為鳥而飛於天 2/11/5	太平御覽 卷397p.1835
37	方其為人〔也〕 2/11/9	準上文補
38	毀譽之於己〔也〕 2/12/14	準上文補
39	孟門、終隆之山不能禁〔也〕 2/12/15	準下文「不能留也」補
40	〔非〕道之所施也 2/12/25	準上句補
41	六合〔之〕所包 2/12/27	文子・微明 7/10b
42	陰陽〔之〕所呴 2/12/27	文子・微明 7/10b
43	雨露〔之〕所濡 2/12/27	文子・微明 7/10b
44	道德〔之〕所扶 2/12/27	文子・微明 7/10b
45	有苗與三危通〔而〕為一家 2/13/1	準上句補
46	肝膽胡越〔也〕 2/13/3	王叔岷說，見淮南子斠證（上）。文史哲學報第5期p.23（1953年12月）
47	猶蓋之（無）一橑 2/13/5	王念孫說，見讀書雜志p.775
48	而輪之（無）一輻 2/13/5	王念孫說，見讀書雜志p.775
49	此皆〔有〕所得以至於妙 2/13/16	陳觀樓說，見讀書雜志p.776
50	通於无（整）〔埶〕而復反於敦龐〔矣〕 2/13/24	劉文典說，見淮南鴻烈集解p.57、王叔岷說，見淮南子斠證補遺。文史哲學報第7期p.10（1956年4月）
51	而蟲蛍適足以（翱）〔翺〕（翔） 2/13/26	王念孫說，見讀書雜志p.776
52	（天）受形於一圈 2/13/27	王念孫說，見讀書雜志p.776
53	其知〔之〕也乃不知 2/14/2	文子・微明 7/11a
54	庸（愚）詎知吾所謂知之非不知歟 2/14/4	莊逵吉本p.85
55	使（知）之訢訢然 2/14/7	王念孫說，見讀書雜志p.776
56	然其〔一〕斷在溝中 2/14/14	劉文典說，見淮南鴻烈集解p.60
57	（一）比犧尊〔於〕溝中之斷 2/14/14	劉文典說 ，見淮南鴻烈集解p.60、莊子・天地p.259
58	所（斷）差跌者〔已〕〔斷〕 2/14/17	據文意改。參正文注文
59	而蠃〔蠡〕瘉（蝸）〔燭〕睆 2/14/28	王引之說，見讀書雜志p.776
60	施及周室（之衰） 2/15/14	王引之說，見讀書雜志p.778
61	不若尚羊物之終（也）始 2/16/1	據文意刪
62	而條達有無之際〔也〕 2/16/1	據上文補
63	口鼻之於（芳）臭〔味〕也 2/16/7	王念孫說，見讀書雜志p.779
64	而窺〔形〕於明鏡者 2/16/10	太平御覽卷717p.3178
65	以（覩）其易也 2/16/10	王念孫說，見讀書雜志p.779
66	〔故能〕形物之性〔情〕也 2/16/10	王念孫說，見讀書雜志p.779
67	用也〔者〕必假之於弗用〔者〕也 2/16/11	莊子・知北遊p.417、文子・九守 3/8b
68	必無以天下為〔者〕也 2/16/20	王叔岷說，見淮南子斠證續補。文史哲學報第8期p.14（1958年7月）
69	辯者不能說〔也〕 2/16/28	準上下句例補

編號	原句 / 位置（章/頁/行）	改正說明
70	夫目察秋毫之末〔者〕 2/17/15	文子・九守 3/10a
71	耳調玉石之聲〔者〕 2/17/16	文子・九守 3/10a
72	草木不夭〔死〕 2/17/26	王念孫說，見讀書雜志p.781
73	九鼎重（味） 2/17/26	王念孫說，見讀書雜志p.781
74	宇宙生〔元〕氣 3/18/19	王念孫說，見讀書雜志p.782
75	〔元〕氣有（漢）〔涯〕垠 3/18/19	王念孫說，見讀書雜志p.782
76	積陽之熱氣〔久者〕生火 3/18/21	王引之說，見讀書雜志p.782
77	積陰之寒氣〔久〕者為水 3/18/22	王引之說，見讀書雜志p.782
78	天〔地〕之偏氣 3/19/1	王念孫說，見讀書雜志p.782
79	（二十八宿） 3/19/19	王引之說，見讀書雜志p.783
80	其星房、心、（尾） 3/19/22	據高注刪
81	東北〔方〕曰變天 3/19/22	王叔岷說，見淮南子斠證（上），文史哲學報第5期p.28（1953年12月）
82	其星〔尾〕、箕、斗、牽牛 3/19/23	據高注補，參正文注文
83	日（月）行十二分度之一 3/20/9	史記・天官書p.1313
84	十二歲而周〔天〕 3/20/9	史記・天官書p.1313
85	歲鎮（行）一宿 3/20/13	王念孫說，見讀書雜志p.785
86	二十八歲而周〔天〕 3/20/15	史記・天官書p.1320
87	〔未〕當出而（不）出 3/20/17	王念孫說，見讀書雜志p.785
88	所以（為）司賞罰 3/21/6	王引之說，見讀書雜志p.784
89	日冬至〔入〕峻狼之山 3/21/7	劉文典說，見淮南鴻烈集解p.94
90	〔三終〕 3/21/11	王引之說，見讀書雜志p.786
91	日行〔危〕一度 3/21/11	王引之說，見讀書雜志p.786
92	東北為報德之維（也） 3/21/15	準下文刪
93	故五月火正（火正）而水漏 3/21/23	道藏本p.22.2
94	〔則〕井水盛 3/22/1	太平御覽卷758p.3363
95	九十一度（也）十六分度之五 3/22/11	王念孫說，見讀書雜志p.787
96	陽（氣）凍解 3/22/14	王引之說，見讀書雜志p.789
97	〔加〕十五日指甲則雷（驚蟄）〔雨水〕 3/22/15	道藏本p.22.3、王引之說，見讀書雜志p.788
98	十二歲而（大）周天 3/23/7	王引之說，見讀書雜志p.789
99	（七）十歲而復至甲子 3/23/20	王引之說，見讀書雜志p.791
100	戊子受制則養〔長〕老 3/23/21	王念孫說，見讀書雜志p.791
101	〔存〕鰥寡 3/23/21	王念孫說，見讀書雜志p.791
102	（大剛）〔則〕魚不為 3/24/2	王引之說，見讀書雜志p.791
103	〔則〕草木再死再生 3/24/3	春秋繁露・治亂五行 14/1a
104	〔則〕草木復榮 3/24/3	春秋繁露・治亂五行 14/1a
105	乃〔布〕收其藏而閉其寒 3/24/8	王念孫說，見讀書雜志p.791
106	日入〔崦嵫〕，〔經於細柳〕 3/24/19	初學記卷1p.5
107	〔日西垂〕，〔景在樹端〕，〔謂之桑榆〕 3/24/20	初學記卷1p.5
108	〔其加卯酉〕，〔則陰陽分〕，〔日夜平矣〕 3/25/1	王引之說，見讀書雜志p.793，參正文注文
109	〔寅〕 3/25/5	王念孫說，見讀書雜志p.793
110	則萬物螾〔螾然也〕 3/25/5	王念孫說，見讀書雜志p.793

編號	原句 / 位置(章/頁/行)	改正說明
111	安而服之〔也〕 3/25/8	準上下文例補
112	未〔者〕 3/25/8	王念孫說，見讀書雜志p.793
113	引而止〔之〕也 3/25/9	王念孫說，見讀書雜志p.793
114	〔申〕者 3/25/9	道藏本p.25.1
115	呻(之)也 3/25/10	王念孫說，見讀書雜志p.793
116	无射〔者〕 3/25/11	太平御覽卷16p.80
117	(其加卯酉)，(則陰陽分)，(日夜平矣) 3/25/13	王引之說，見讀書雜志p.793，參正文注文
118	道(曰規)始於一 3/25/17	王念孫說，見讀書雜志p.793
119	〔不〕比於正音 3/26/8	王引之說，見讀書雜志p.794
120	不比〔於〕正音 3/26/8	據上文補
121	〔三三九〕 3/26/13	王引之說，見讀書雜志p.795
122	〔古之制也〕。〔有形則有聲〕 3/26/14	王引之說，見讀書雜志p.795，參正文注文
123	故人〔臂〕脩(八)〔四〕尺 3/26/14	王引之說，見讀書雜志p.795
124	〔尋者〕，〔中人之度也〕 3/26/15	王引之說，見讀書雜志p.795，參正文注文
125	(有形則有聲) 3/26/15	王引之說，見讀書雜志p.795，參正文注文
126	(匹者)，(中人之度也) 3/26/16	王引之說，見讀書雜志p.795，參正文注文
127	秋分〔而禾〕㮚定 3/26/17	王念孫說，見讀書雜志p.796
128	故十二㮚而當一(粟)〔分〕 3/26/17	王引之說，見讀書雜志p.796
129	(十二粟而當一寸) 3/26/18	王引之說，見讀書雜志p.796
130	故〔十分而為寸〕 3/26/18	王引之說，見讀書雜志p.796
131	(蒼龍在辰) 3/27/2	王引之說，見讀書雜志p.796
132	以(十)二月與之晨出東方 3/27/6	王引之說，見讀書雜志p.797
133	歲名〔曰〕困敦 3/27/16	莊逵吉本p.143
134	以十〔二〕月與之晨出東方 3/27/18	王引之說，見讀書雜志p.797
135	(曰)〔日為〕德 3/27/20	王引之說，見讀書雜志p.798
136	以至於〔壬〕癸 3/27/24	王引之說，見讀書雜志p.798
137	正月建營室〔東壁〕 3/28/1	王引之說，見讀書雜志p.798
138	三月建胃、〔昴〕 3/28/1	王引之說，見讀書雜志p.798
139	四月建畢、〔觜巂、參〕 3/28/1	王引之說，見讀書雜志p.798
140	五月建東井、〔輿鬼〕 3/28/2	王引之說，見讀書雜志p.798
141	六月建〔柳、七星〕、張 3/28/2	王引之說，見讀書雜志p.798
142	七月建翼、〔軫〕 3/28/2	王引之說，見讀書雜志p.798
143	八月建〔角〕、亢、〔氐〕 3/28/3	王引之說，見讀書雜志p.798
144	九月建房、〔心〕 3/28/3	王引之說，見讀書雜志p.798
145	十月建尾、〔箕〕 3/28/3	王引之說，見讀書雜志p.798
146	十一月建〔斗〕、牽牛 3/28/3	王引之說，見讀書雜志p.798
147	十二月建〔須女〕、虛、〔危〕 3/28/4	王引之說，見讀書雜志p.798
148	東井三十〔三〕 3/28/8	莊逵吉本p.146
149	七星〔七〕 3/28/8	王引之說，見讀書雜志p.783
150	(凡二十八宿也) 3/28/9	王引之說，見讀書雜志p.783

編號	原句 / 位置（章/頁/行）	改正說明
151	十二歲〔而〕一康 3/28/20	準上句補
152	（太陰）〔雌〕所居辰為猒（日） 3/29/2	王引之說，見讀書雜志p.800
153	〔戊辰〕、戊戌 3/29/9	錢曉徵說，見王念孫讀書雜志 p.800
154	〔己〕巳、〔己〕亥 3/29/9	錢曉徵說，見王念孫讀書雜志 p.800
155	或死或〔生〕 3/29/17	道藏本p.27.2
156	以日冬至數〔至〕來歲正月朔日 3/29/22	王念孫說，見讀書雜志p.801
157	〔滿〕五十日者 3/29/22	王念孫說，見讀書雜志p.801
158	（有）其〔為〕歲司也 3/29/23	王引之說，見讀書雜志p.801
159	蠶〔登〕 3/31/6	王念孫說，見讀書雜志p.801
160	稻〔疾〕 3/31/6	王念孫說，見讀書雜志p.801
161	墜（形）之所載 4/32/8	王念孫說，見讀書雜志p.802
162	〔曰〕會稽、泰山、王屋、首山、太華、岐山、太行、羊腸、孟門 4/32/18	準文例補
163	自三（百）仞以上 4/33/3	王念孫說，見讀書雜志p.802
164	二億三萬三千五百五十（里）有九（淵） 4/33/3	王念孫說，見讀書雜志p.802
165	上有木禾〔焉〕 4/33/5	文選・張平子思玄賦注引p.279
166	〔出崑崙之原〕 4/33/9	太平御覽卷58p.282
167	（赤水之東） 4/33/12	王引之說，見讀書雜志p.803
168	〔弱水出其西南陬〕 4/33/12	王引之說，見讀書雜志p.803
169	（弱水出自窮石），（至于合黎），（餘波入于流沙） 4/33/12	王引之說，見讀書雜志p.803，參正文注文
170	是謂懸圃〔之山〕 4/33/16	王念孫說，見讀書雜志p.803
171	有崑崙〔虛〕之球琳、琅玕焉 4/34/14	鄭良樹說，見淮南子斠理p.63
172	土地各以（其）類生〔人〕 4/34/19	王念孫說，見讀書雜志p.804
173	食水者善游〔而〕能寒 4/35/1	準下文補
174	無角者膏而無前〔齒〕 4/35/18	大戴禮記・易本命 13/8a
175	有角者（指）〔脂〕而無後〔齒〕 4/35/19	大戴禮記・易本命 13/8a
176	其人〔方〕面末僂 4/36/4	太平御覽卷363p.1672
177	（其人）惷愚（禽獸）而壽 4/36/8	王念孫說，見讀書雜志p.806
178	薺冬生（中）夏死 4/36/15	準上文刪，參正文注文
179	〔有〕結胸民、羽民、讙頭國民、（裸）〔裸〕國民、三苗民、交股民、不死民、穿胸民、反舌民、豕喙民、鑿齒民、三頭民、脩臂民 4/36/27	楊樹達說，見淮南子證聞p.39、莊逵吉本p.180
180	〔西〕流合於濟 4/37/18	王念孫說，見讀書雜志p.807
181	〔薄〕出鮮于 4/37/21	王引之說，見讀書雜志p.808
182	晉出（龍山）結（給）〔紿〕 4/37/21	王引之說，見讀書雜志p.808
183	廣莫〔風〕之所生也 4/37/27	道藏本p.34.3
184	凡（根拔）木者生於庶木 4/38/9	王念孫說，見讀書雜志p.809
185	蘋生（萍）藻 4/38/11	王念孫說，見讀書雜志p.809
186	（萍）藻生浮草 4/38/12	王念孫說，見讀書雜志p.809
187	凡浮生不根茇者生於（萍）藻 4/38/12	王念孫說，見讀書雜志p.809
188	正土之氣（也）御乎埃天 4/38/14	王念孫說，見讀書雜志p.809
189	（缺）〔玦〕五百歲（生黃埃黃埃五百歲）生黃澒	鄭良樹說，見淮南子斠理p.74、

編號	原句 / 位置（章/頁/行）	改正說明
	4/38/14	王念孫說，見讀書雜志p.809
190	〔黃龍〕入藏生黃泉 4/38/15	莊逵吉本p.190
191	青金（八百）〔千〕歲生青龍 4/38/18	王念孫說，見讀書雜志p.810
192	陰陽相薄為（雲）雷 4/38/19	莊逵吉本p.192
193	〔毋〕殺胎夭 5/39/10	禮記・月令p.289
194	〔毋〕置城郭 5/39/10	禮記・月令p.289
195	〔命〕舟牧覆舟 5/40/12	呂氏春秋・季春紀p.68、禮記・月令p.302
196	乃〔行〕賞賜 5/41/7	呂氏春秋・孟夏紀p.93、禮記・月令p.307
197	〔處必〕（慎）〔掩〕身 5/41/26	呂氏春秋・仲夏紀p.116
198	〔其〕樹榆 5/42/4	莊逵吉本p.213
199	〔是月也〕 5/42/10	呂氏春秋・季夏紀p.134
200	是月〔也〕 5/43/8	呂氏春秋・孟秋紀p.158、禮記・月令p.324
201	〔巡〕行犧牲 5/43/23	呂氏春秋・仲秋紀p.179
202	是月〔也〕 5/44/1	呂氏春秋・仲秋紀p.179、禮記・月令p.326
203	〔務〕畜采 5/44/2	呂氏春秋・仲秋紀p.180、禮記・月令p.326
204	〔其有失時〕 5/44/3	禮記・月令p.326
205	是月〔也〕 5/44/24	呂氏春秋・季秋紀p.200、禮記・月令 p340
206	蟄蟲咸俛〔在穴〕 5/45/1	呂氏春秋・季秋紀p.201
207	至國而（后）已 5/45/2	王念孫說，見讀書雜志p.812
208	是月〔也〕 5/45/2	呂氏春秋・季秋紀p.201
209	是月〔也〕 5/45/16	呂氏春秋・孟冬紀p.221、禮記・月令p.341
210	則〔國〕多暴風 5/45/25	呂氏春秋・孟冬紀p.224、禮記・月令p.344
211	昏〔東〕（壁）〔壁〕中 5/46/1	呂氏春秋・仲冬紀p.241、禮記・月令p.344
212	其有相侵奪〔者〕 5/46/11	呂氏春秋・仲冬紀p.243、禮記・月令p.346
213	〔日短至〕 5/46/13	呂氏春秋・仲冬紀p.244、禮記・月令p.346
214	罷官之无事〔者〕 5/46/13	呂氏春秋・仲冬紀p.244
215	〔去〕器之无用者 5/46/14	呂氏春秋・仲冬紀p.244、禮記・月令p.346
216	〔此〕所以助天墬之閉〔藏也〕 5/46/14	呂氏春秋・仲冬紀p.244、禮記・月令p.346
217	以供皇天上帝社稷之（芻）享 5/47/2	呂氏春秋・季冬紀p.266、禮記・月令p.348
218	則胎夭〔多〕傷 5/47/6	呂氏春秋・季冬紀p.267、禮記・月令p.349

編號	原句 / 位置（章/頁/行）	改正說明
219	自碣石（山）過朝鮮 5/47/13	莊逵吉說，見莊逵吉本p.237
220	東至日出之次、（扶）（榑）〔榑〕木之地 5/47/13	莊逵吉本p.237
221	以送萬物之〔所〕歸 5/47/25	王叔岷說，見淮南子斠證（上）。文史哲學報第5期p.42（1953年12月）
222	〔姦人〕已德 5/48/8	王念孫說，見讀書雜志p.813
223	權正（而）不失 5/49/20	于大成說，見淮南子校釋p.193
224	〔一〕知之所不知 6/50/7	莊子・德充符p.112
225	此不傳之道〔也〕 6/50/10	據高注補
226	夫（陽）燧取火於日 6/50/17	王念孫說，見讀書雜志p.815
227	夫〔天〕道者 6/51/1	文子・精誠 2/4a
228	是猶王孫綽之欲倍偏枯之藥而（欲）以生殊死之人 6/51/4	王念孫說，見讀書雜志p.816
229	夫燧之取火（於日） 6/51/8	王念孫說，見讀書雜志p.816
230	故聖〔人〕若鏡 6/51/15	王念孫說，見讀書雜志p.816
231	若乃至於玄雲（之）素朝 6/51/24	王念孫說，見讀書雜志p.816
232	若夫鉗且、大丙之御〔也〕 6/52/9	劉文典說，見淮南鴻烈集解p.204
233	律（治）陰陽之氣 6/52/16	陳觀樓說，見讀書雜志p.818
234	陰陽（之）所壅、沈〔滯〕不通者 6/53/1	王念孫說，見讀書雜志p.818
235	莫知〔其〕所由生 6/53/3	文子・精誠2/6a
236	服（駕）應龍 6/53/5	王念孫說，見讀書雜志p.819
237	（天）而不夭於人虐也 6/54/1	王念孫說，見讀書雜志p.820
238	天下〔不〕合而為一家 6/54/2	王念孫說，見讀書雜志p.820
239	是故精神〔者〕 7/54/27	王叔岷說，見淮南子斠證（上）。文史哲學報第5期p.49（1953年12月）
240	〔天〕有四時、五行、九解、三百六十（六）日 7/55/11	莊逵吉本p.278、王念孫說，見讀書雜志p.822
241	人亦有四支、五藏、九竅、三百六十（六）節 7/55/12	王念孫說，見讀書雜志p.822
242	人之耳目曷能久熏〔勤〕勞而不息乎 7/55/18	孫詒讓說，見札迻p.225
243	敦志勝而行（之）不僻 7/55/22	楊樹達說，見淮南子證聞p.60
244	神則以視無不見〔也〕 7/55/23	據下句補
245	是故憂患不能入（也） 7/55/24	據文例刪
246	而邪氣不能襲〔也〕 7/55/24	據文例補
247	吾〔生〕之（於比）〔比於〕有形之類 7/56/18	莊逵吉本p.284
248	甘暝〔于〕大宵之宅 7/57/23	劉文典說，見淮南鴻烈集解p.229
249	是故真人之（所）游〔也〕 7/58/3	俞樾說，見諸子平議p.604
250	則是合而生時于心〔者〕也 7/58/4	莊子・德充符p.123
251	且人有戒形而無損（於）心 7/58/5	王念孫說，見讀書雜志p.825
252	而以與佗人（也） 7/59/6	莊逵吉本p.298
253	夫〔無〕以天下為者 7/59/15	王念孫說，見讀書雜志p.826
254	使之左〔手〕據天下圖而右手刎其喉 7/59/15	呂氏春秋・不侵篇高注引p.277
255	愚夫不為〔也〕 7/59/16	呂氏春秋・不侵篇高注引p.277

編號	原句 / 位置（章/頁/行）	改正說明
256	（以）生而若死 7/59/22	王引之說，見讀書雜志p.827
257	無益〔於〕情者不以累德 7/60/10	劉績本12/20a
258	（而）〔不〕便於性者不以滑〔和〕 7/60/10	劉績本12/20a
259	志非能〔不〕貪富貴之位 7/60/18	王念孫說，見讀書雜志p.827
260	直（宜）迫性閉欲 7/60/19	王念孫說，見讀書雜志p.827
261	中國得而棄之無〔所〕用 7/60/25	據下句補
262	〔不〕隨物而動 7/60/29	道藏本p.56.2
263	故射〔者〕 7/60/30	道藏本p.56.2
264	〔非〕矢不中也 7/60/30	道藏本p.56.2
265	御者〔非轡不〕行 7/60/30	道藏本p.56.2
266	〔則龜龍不往〕 8/61/15	呂氏春秋・名類p.293
267	不可勝數〔矣〕 8/61/19	準上文補
268	是以松柏菌露〔宛而〕夏槁 8/61/22	王念孫說，見讀書雜志p.828
269	差賢不（肖） 8/61/26	王念孫說，見讀書雜志p.829
270	〔距〕日冬至四十六日 8/62/2	原底本空一字，據道藏本p.58.1補
271	而萬殊為〔一〕 8/62/6	道藏本p.58.1
272	今背其本而求〔之〕于末 8/62/19	準下文補
273	〔未〕有能治之者也 8/62/27	王念孫說，見讀書雜志p.829
274	〔智〕能愈多而德愈薄矣 8/62/28	王念孫說，見讀書雜志p.829
275	〔桀〕為琁室、瑤臺、象廊、玉床 8/63/17	王念孫說，見讀書雜志p.830
276	取成〔事〕之迹 8/64/1	陳觀樓說，見讀書雜志p.831
277	（秉）太一者 8/64/5	王念孫說，見讀書雜志p.831
278	外（能）得人〔心〕 8/64/15	王念孫說，見讀書雜志p.831
279	〔口當而不以言〕 8/64/25	王叔岷說，見淮南子斠證（上）。文史哲學報第5期p.54（1953年12月）
280	故閉四關則〔終〕身無患 8/64/27	王念孫說，見讀書雜志p.832
281	而無（蹪蹈）〔蹪陷〕（之患） 8/65/8	王念孫說，見讀書雜志p.832，編者按:準上下文韻例，「之患」二字衍文，參正文注文
282	歌舞〔無〕節 8/65/23	王念孫說，見讀書雜志p.832
283	〔無節〕 8/65/23	卷子本群書治要
284	有〔所〕（浸）〔侵〕犯則怒 8/66/2	群書治要p.713、道藏本p.61.3
285	故聖人為之作〔禮〕樂以和節之 8/66/8	群書治要p.713
286	財〔用〕殫於會賦 8/66/9	群書治要p.713
287	乃（使）始為之撞大鍾 8/66/11	王念孫說，見讀書雜志p.826
288	〔則〕失樂之本矣 8/66/12	群書治要p.714
289	非強〔引〕而致之〔也〕 8/66/15	王念孫說，見讀書雜志p.832、群書治要p.714
290	父子〔相〕疑 8/66/16	莊逵吉本p.341
291	舉不義之兵〔而〕伐無罪之國 8/66/22	群書治要p.714
292	殺不辜之民〔而〕絶先聖之後 8/66/22	群書治要p.714
293	所以討暴〔也〕 8/66/26	群書治要p.714
294	所以致和〔也〕 8/66/26	群書治要p.714

編號	原句 / 位置（章/頁/行）	改正說明
295	所以盡哀〔也〕 8/66/27	群書治要p.714
296	本傷而道廢〔矣〕 8/66/29	群書治要p.714
297	〔而〕行為儀表於天下 9/67/6	群書治要p.715
298	所以掩聰〔也〕 9/67/8	于大成說，見淮南鴻烈主術校釋。淡江學報第14期p.199（1976年4月）
299	所以自障〔也〕 9/67/8	群書治要p.715
300	通〔合〕於天（道） 9/67/13	王念孫說，見讀書雜志p.833
301	使（是）史黯往（觀）〔靚〕焉 9/68/22	王念孫說，見讀書雜志p.834
302	有貴于見者〔也〕 9/68/24	「也」字誤入注文，今補正
303	故民之化〔上〕也 9/68/25	王念孫說，見讀書雜志p.834
304	其積至〔于〕昭奇之難 9/68/28	準上文補
305	故為治者〔智〕不與焉 9/69/20	王念孫說，見讀書雜志p.835
306	兵莫憯於〔意〕志而莫邪為下 9/69/24	王叔岷說，見淮南子斠證（上）。文史哲學報第5期p.59（1953年12月）
307	而不能與胡人騎騵〔馬〕而服騊駼 9/70/1	道藏本p.65.1
308	而不能與山居者入榛薄、〔出〕險阻也 9/70/2	王念孫說，見讀書雜志p.835
309	不因道〔理〕之數 9/70/3	王念孫說，見讀書雜志p.835
310	勇（力）不足以持天下矣 9/70/6	王念孫說，見讀書雜志p.835
311	鴟夜撮蚤（蚊） 9/70/14	王引之說，見讀書雜志p.836
312	不（為）偽善〔極〕 9/70/21	王念孫說，見讀書雜志p.836
313	（若）重為暴 9/70/22	王念孫說，見讀書雜志p.837
314	行直〔者〕而被刑 9/70/23	準上下文例補
315	〔然〕天下之物无〔所〕不通者 9/71/11	群書治要p.715
316	則天下（之）不足有也 9/71/12	群書治要p.715
317	故〔處〕百姓之上〔而〕弗重也 9/71/16	據文意改，參正文注文
318	錯〔百姓〕之前而弗害也 9/71/16	據文意改，參正文注文
319	推之而弗厭〔也〕 9/71/17	準上句補
320	常後而不先〔者〕也 9/71/17	群書治要p.716
321	臣道（員者運轉而无）方者 9/71/18	王念孫說，見讀書雜志p.837
322	以立成功〔者〕也 9/71/18	群書治要p.716
323	處〔得〕其當 9/71/19	群書治要p.716
324	夫推（而）不可為之勢 9/72/2	王念孫說，見讀書雜志p.837
325	車輕〔而〕馬良 9/72/4	群書治要p.716
326	是故聖人〔之〕舉事也 9/72/4	群書治要p.716
327	〔則〕无不勝也 9/72/6	群書治要p.716
328	〔則〕无不成也 9/72/6	群書治要p.716
329	而不可使（言）〔通語〕也 9/72/7	王念孫說，見讀書雜志p.837
330	夫鳥獸之不（可）同（詳）〔群〕者 9/72/13	王念孫說，見讀書雜志p.838、道藏本p.66.3
331	是故人主之（一）舉也 9/72/15	王念孫說，見讀書雜志p.838
332	其以移風易（俗）矣 9/72/23	于大成說，見淮南鴻烈主術校釋。淡江學報第4期p.212（1976年4月）

編號	原句 / 位置（章/頁/行）	改正說明
333	〔是〕故君不能賞無功之臣 9/73/23	道藏本p.68.1
334	（舉天下而）以為社稷 9/74/5	俞樾說，見諸子平議p.610
335	〔而〕百姓黎民顱領於天下 9/74/9	準上文補
336	〔殊形異材〕，〔莫不可得而用也〕 9/74/18	王念孫說，見讀書雜志p.839
337	而〔又〕況人乎 9/74/19	群書治要p.716
338	〔而〕鄉曲之所不譽 9/74/20	群書治要p.716
339	鹿之上山〔也〕 9/74/21	群書治要p.716
340	〔大〕獐不能跂也 9/74/21	群書治要p.716
341	及其下〔也〕 9/74/21	群書治要p.716
342	是故審〔於〕毫釐之〔小〕計者 9/74/23	群書治要p.716、王叔岷淮南子斠證（上）。文史哲學報第5期p.61（1953年12月）
343	乘舟楫〔者〕 9/75/6	莊逵吉本p.378
344	未必可用〔也〕 9/75/10	于大成說，淮南鴻烈主術校釋。淡江學報第14期p.216（1976年4月）
345	其計乃可用〔也〕 9/75/11	群書治要p.715
346	其（主）言〔而〕可行〔也〕 9/75/11	王念孫說，見讀書雜志p.840、群書治要p.715
347	疏遠（則）卑賤者 9/75/12	群書治要p.715
348	〔雖〕竭力盡忠 9/75/13	群書治要p.715
349	使无專行〔也〕 9/75/19	鄭良樹說，見淮南子斠理p.150
350	（標）〔標〕（生於日日）生於形 9/75/23	俞樾說，見諸子平議p.611
351	〔景生於日〕 9/75/23	俞樾說，見諸子平議p.611
352	所謂亡國〔者〕 9/75/27	王念孫說，見讀書雜志p.841
353	有法（者）而不（與）用 9/75/28	王念孫說，見讀書雜志p.841、莊逵吉本p.381
354	〔與〕無法等 9/75/28	莊逵吉本p.381
355	先（自）〔以身〕為檢式儀表 9/75/29	王念孫說，見讀書雜志p.841
356	其猶造父之御〔也〕 9/76/1	王叔岷說，見淮南子斠證（上）。文史哲學報第5期p.62（1953年12）
357	〔即〕遠者治（也）〔矣〕 9/76/10	王念孫說，見讀書雜志p.842
358	君人者釋所守而與臣下爭〔事〕 9/76/22	王念孫說，見讀書雜志p.842
359	則無以與（天）下交也 9/76/28	王念孫說，見讀書雜志p.842
360	〔而〕智弗能解也 9/77/2	于大成說，見淮南鴻烈主術校釋。淡江學報第14期p.220（1976年4月）
361	〔言建之无形也〕 9/77/9	王念孫說，見讀書雜志p.843
362	〔官〕使自司 9/77/14	王念孫說，見讀書雜志p.843
363	景、桓（公）臣管、晏 9/77/17	王念孫說，見讀書雜志p.843
364	〔能〕持千鈞之屋 9/77/21	意林p.37
365	〔而〕制開闔 9/77/21	王念孫說，見讀書雜志p.844
366	豈其材之巨小足〔任〕哉 9/77/21	說苑・談叢 16/2a
367	（離）〔雖〕北宮子、司馬蒯蕢不〔可〕使應敵 9/78/1	王念孫說，見讀書雜志p.844

編號	原句 / 位置（章/頁/行）	改正說明
368	威〔之〕行也 9/78/6	楊樹達說，見淮南子證聞p.88
369	三舉〔而〕百姓說 9/78/7	莊逵吉本p.391
370	非能徧利天下之民〔也〕 9/78/8	莊逵吉本p.392
371	非〔能〕盡害海內之眾也 9/78/9	王叔岷說，見淮南子斠證（上）。文史哲學報第5期p.63（1953年12月）
372	人主〔之〕租斂於民也 9/78/10	群書治要p.716
373	然〔而〕民無（掘穴）〔堀室〕狹廬所以託身者 9/78/12	王念孫說，見讀書雜志p.845、王叔岷淮南子斠證（上），文史哲學報第5期p.63（1953年12月）
374	〔則〕明主弗樂〔也〕 9/78/13	王念孫說，見讀書雜志p.845、「也」字準下文補
375	非不寧〔也〕 9/78/14	莊逵吉本p.392
376	然〔而〕民有處邊城 9/78/14	群書治要p.717
377	〔則〕明主弗安也 9/78/15	群書治要p.717
378	不得以火（燒）田 9/79/14	王念孫說，見讀書雜志p.846
379	〔使〕公卿正諫 9/80/9	國語・周語上p.13
380	堯、舜、（禹）、湯、武 9/80/12	王引之說，見讀書雜志p.982
381	（王）皆坦然（天下）〔南面〕而（南面）〔王天下〕焉 9/80/12	王念孫說，見讀書雜志p.846
382	〔伐〕鼛（鼓）而食 9/80/13	王念孫說，見讀書雜志p.846
383	其所事者〔又〕多 9/80/27	群書治要p.718
384	捨其易〔而必〕成者 9/81/3	王念孫說，見讀書雜志p.847
385	心之所〔不〕欲 9/81/8	楊樹達說，見淮南子證聞p.90
386	故仁智〔有時〕錯 9/81/10	王念孫說，見讀書雜志p.847
387	〔物之可備者〕眾 9/81/16	俞樾說，見諸子平議p.612
388	事〔之〕可權者多 9/81/16	王念孫說，見讀書雜志p.847
389	愚〔人〕之所權者少 9/81/16	王念孫說，見讀書雜志p.847
390	此愚者之所〔以〕多患也 9/81/17	王念孫說，見讀書雜志p.847
391	則〔猶〕狂而操利劍 9/81/29	準下句補
392	則〔猶〕（棄）〔乘〕驥而（不式）〔或〕 9/81/30	王念孫說，見讀書雜志p.847、「猶」字據高注補
393	〔信〕於友有道 9/82/9	劉績本15/23a
394	不能（專）誠〔身〕 9/82/10	王念孫說，見讀書雜志p.848
395	國之心〔也〕 10/82/19	群書治要p.718
396	君子非（仁）義無以生 10/82/26	王念孫說，見讀書雜志p.848
397	失（仁）義 10/82/27	王念孫說，見讀書雜志p.848
398	非自遁〔也〕 10/83/13	群書治要p.718
399	己未必（得）賢 10/83/14	王念孫說，見讀書雜志p.849
400	非〔直〕未嘗見狐者 10/83/15	太平御覽卷912p.4040引子思子
401	物莫（無）所不用 10/83/23	王念孫說，見讀書雜志p.849
402	非正（為）偽形也 10/85/3	王叔岷說，見淮南子斠證（上）。文史哲學報第5期p.69（1953年12月）

編號	原句 / 位置（章/頁/行）	改正說明
403	不能使為苟（簡）易 10/85/5	王念孫說，見讀書雜志p.850
404	〔閔子騫三年之喪畢〕，〔援琴而彈〕 10/87/8	王引之說，見讀書雜志p.851
405	（理）詘（伸）〔伸〕倨（佝）〔句〕 10/87/20	劉績說，見劉績本16/12a
406	而得之〔乎〕本朝 10/89/2	準上文補
407	逆於己〔而〕便於國者 10/90/5	文子・微明 7/8b
408	行政〔未必〕善 10/90/9	王念孫說，見讀書雜志p.853
409	善〔政〕未必至也 10/90/9	王念孫說，見讀書雜志p.853
410	通智得（勞）而不勞 10/90/16	文子・微明 7/9a
411	今人貪而弗味〔也〕 10/90/17	文子・微明 7/9a
412	桓公舉以〔為〕大（政）〔田〕 10/91/8	王念孫說，見讀書雜志p.853
413	〔而〕入於海 10/91/16	于大成說，見淮南子校釋p.316
414	治國〔者〕辟若張瑟 10/91/21	意林p.37
415	〔周〕室至乎澤 10/92/13	呂氏春秋・開春高注引p.611
416	小人誠不仁〔乎〕 10/92/16	準上句文例補
417	（蒹）〔兼〕覆（蓋）而并有之、（度）伎能而裁使之者 10/93/15	道藏本p.81.3、王念孫說，見讀書雜志p.854
418	其衣（致）煖而無文 11/93/28	王念孫說，見讀書雜志p.855
419	其兵（戈）銖而無刃 11/93/29	王念孫說，見讀書雜志p.855
420	水蠆為（蟌）〔蟌〕（薏） 11/94/6	王念孫說，見讀書雜志p.855
421	魯國必好救人於患〔矣〕 11/94/15	群書治要p.718
422	聖人不以為民俗〔也〕 11/94/20	群書治要p.719
423	其於以（函）〔承〕食不如〔竹〕（簞）〔箅〕 11/94/28	王念孫說，見讀書雜志p.856
424	后稷為大田（師） 11/95/6	王念孫說，見讀書雜志p.853
425	奚仲為工〔師〕 11/95/7	王念孫說，見讀書雜志p.853
426	欲節〔而〕事寡也 11/95/16	王叔岷說，見淮南子斠證（上）。文史哲學報第5期p.74（1953年12月）
427	凡（以物）治物者不以物 11/95/20	王念孫說，見讀書雜志p.857
428	無以自見〔也〕 11/96/2	準上句補
429	哀可樂（者）、笑可哀者 11/96/11	王念孫說，見讀書雜志p.857
430	不絕人之所〔不〕能已 11/97/18	陳觀樓說，見讀書雜志p.858
431	故制禮足以佐實喻意而已（矣） 11/97/20	準下大刪
432	奮羽旄〔也〕 11/97/21	準上下文補
433	〔故〕制樂足以合歡宣意而已 11/97/21	準上下文補
434	義者、循理而行宜〔者〕也 11/98/1	王引之說，見讀書雜志p.858
435	禮者、體情〔而〕制文者也 11/98/1	王引之說，見讀書雜志p.858
436	（義者、宜也）、（禮者、體也） 11/98/1	王引之說，見讀書雜志p.858，參正文注文
437	夏后氏〔之禮〕 11/98/4	王念孫說，見讀書雜志p.858
438	衣足〔以〕覆形 11/98/11	莊逵吉本p.466
439	非謂〔其〕聞彼也 11/98/15	準上文補
440	非謂〔其〕知彼也 11/98/16	準上文補
441	故聖人〔之〕財制物也 11/98/17	準下文補
442	故（不）為三年之喪 11/99/3	王念孫說，見讀書雜志p.859

編號	原句 / 位置(章/頁/行)	改正說明
443	夫能與化推移(為人)者 11/99/11	王念孫說,見讀書雜志p.859
444	辯士〔之〕言可聽也 11/99/12	楊樹達說,見淮南子證聞p.112
445	淳均之劍(不)可愛也 11/99/13	楊樹達說,見淮南子證聞p.112
446	而歐冶之巧〔不〕可貴也 11/99/13	楊樹達說,見淮南子證聞p.112
447	或以(為)酸,或以(為)甘 11/99/24	王念孫說,見讀書雜志p.860
448	其合道一(體)也 11/99/27	王念孫說,見讀書雜志p.860
449	〔其〕樂同也 11/99/27	準下句補
450	而刀〔可〕以剃毛 11/100/5	王念孫說,見讀書雜志p.860
451	而非所以〔為〕巧也 11/100/6	王念孫說,見讀書雜志p.861
452	游乎心手(眾虛)之閒 11/100/8	王念孫說,見讀書雜志p.861
453	〔而〕可以平直者 11/100/11	準下文補
454	所謂是與〔所謂〕非各異 11/100/15	群書治要p.719
455	非批邪施〔也〕 11/100/17	莊逵吉本p.475
456	(不知)孰是孰非 11/100/21	陳觀樓說,見讀書雜志p.861
457	子之〔所見〕賓猶有三過 11/101/1	群書治要p.719
458	故趣(舍)合即言忠而益親 11/101/4	王念孫說,見讀書雜志p.861
459	於杯〔水〕則隨 11/101/6	群書治要p.720
460	此所慕而〔無〕不(能)致也 11/101/9	王念孫說,見讀書雜志p.861
461	不可以為世儀〔也〕 11/102/1	于大成說,見淮南鴻烈齊俗校釋、中華學苑第10期p.71(1972年9月)
462	因〔其〕所有而(並)〔遂〕用之〔也〕 11/102/8	群書治要p.720、王念孫說,見讀書雜志p.863
463	何〔者〕 11/102/12	莊逵吉本p.482
464	昔武王執戈秉鉞以(伐紂)勝殷 11/102/19	王念孫說,見讀書雜志p.846
465	王子比干非不(智)〔知〕(箕子)被髮佯狂以免其身也 11/103/4	莊逵吉本p.485、王念孫說,見讀書雜志p.864
466	林類、榮啓期衣若縣衰〔而〕意不慊 11/103/12	莊逵吉本p.486
467	則(箝)〔兼〕覆而并〔有〕之 11/103/14	道藏本p.89.1、王念孫說,見讀書雜志p.854
468	守正(脩)〔循〕理、不〔為〕苟得者 11/104/9	王念孫說,見讀書雜志p.765、群書治要p.721
469	〔且〕夫雕琢刻鏤 11/104/11	群書治要p.721
470	輕足〔者〕先(升) 11/104/17	王念孫說,見讀書雜志p.864
471	扣門求水〔火〕 11/104/20	王念孫說,見讀書雜志p.864
472	〔曰〕 12/105/4	王叔岷淮南子斠證(上)。文史哲學報第5期p.81(1953年12月)
473	〔此〕吾所以知道之數也 12/105/13	王叔岷淮南子斠證(上)。文史哲學報第5期p.81(1953年12月)
474	則無為〔之〕知與無窮之弗知 12/105/13	王念孫說,見讀書雜志p.865
475	弗知(之)深 12/105/14	王念孫說,見讀書雜志p.865
476	太清仰〔天〕而歎曰 12/105/14	據莊子補,參正文注文
477	孰知形〔形〕之不形者乎 12/105/17	王念孫說,見讀書雜志p.865

編號	原句 / 位置（章/頁/行）	改正說明
478	人（可以）〔可與〕微言〔乎〕 12/105/20	呂氏春秋・精諭p.497
479	若以石投水（中） 12/105/21	呂氏春秋・精諭p.497
480	〔白公〕曰 12/105/21	呂氏春秋・精諭p.497
481	〔翟煎〕曰 12/106/2	王念孫說，見讀書雜志p.865
482	〔夫〕治國（有）〔在〕禮 12/106/5	呂氏春秋・淫辭p.509、王念孫說，見讀書雜志p.865
483	〔齊〕王應之曰 12/106/8	呂氏春秋・執一p.482
484	寡人所有〔者〕 12/106/8	呂氏春秋・執一p.482
485	願聞〔齊〕國之政 12/106/9	呂氏春秋・執一p.482
486	田駢〔之〕所稱者、材也 12/106/12	準上句補
487	不能以〔其〕府庫分人 12/106/15	呂氏春秋・分職p.716
488	毋令人〔以〕害我 12/106/16	呂氏春秋・分職p.716
489	白公弗聽（也） 12/106/16	呂氏春秋・分職p.716
490	是〔其〕為人也 12/106/23	說苑・建本 3/16b，參正文注文
491	（其）為天下谿 12/106/26	王叔岷說，見淮南子斠證（上）。文史哲學報第5期p.82（1953年12月）
492	德將（來附）〔為〕若美 12/107/1	王念孫說，見讀書雜志p.866
493	齧缺〔睡寐〕 12/107/2	莊子・知北遊p.406
494	（直）〔真〕〔其〕實知 12/107/3	王念孫說，見讀書雜志p.866
495	趙襄子〔使〕攻翟而勝之 12/107/6	王念孫說，見讀書雜志p.866
496	〔取〕（尤）〔左〕人、終人 12/107/6	莊逵吉本p.500、王念孫說，見讀書雜志p.866
497	此人之所〔以〕喜也 12/107/7	呂氏春秋・愼大p.367
498	（今）一朝〔而〕兩城下 12/107/9	王念孫說，見讀書雜志p.866
499	〔持之、其難者也〕 12/107/10	王念孫說，見讀書雜志p.866
500	唯有道之主〔為〕能持勝 12/107/11	列子・說符 8/4a
501	孔子〔之〕勁（杓）〔杓〕國門之關 12/107/12	呂氏春秋・愼大p.368、王念孫說，見讀書雜志p.867
502	〔康王〕蹀足謦欬 12/107/16	王念孫說，見讀書雜志p.867
503	〔使〕人雖勇 12/107/17	王念孫說，見讀書雜志p.867
504	雖（巧）有力 12/107/18	王念孫說，見讀書雜志p.867
505	〔勇於敢則殺〕 12/108/2	王念孫說，見讀書雜志p.867
506	此以其〔所〕能 12/108/8	呂氏春秋・不廣p.390
507	〔昭〕文君謂杜赫曰 12/108/12	王念孫說，見讀書雜志p.868
508	〔杜〕赫對曰 12/108/13	呂氏春秋・務大p.734
509	臣之所言〔者〕不可 12/108/13	呂氏春秋・務大p.734
510	臣之所言〔者〕可 12/108/14	呂氏春秋・務大p.734
511	魯人為人〔臣〕妾於諸侯 12/108/17	王念孫說，見讀書雜志p.868
512	孔子〔聞之〕曰 12/108/18	說苑・政理 7/23b
513	而（受）教順可施後世 12/108/19	王念孫說，見讀書雜志p.868
514	今〔魯〕國之富者寡而貧者眾 12/108/19	說苑・政理 7/23b
515	贖〔人〕而受金 12/108/19	孔子家語・觀思 2/10a
516	數戰〔而〕數勝 12/108/24	呂氏春秋・適威p.551
517	國家之福〔也〕 12/108/24	呂氏春秋・適威p.551

編號	原句 / 位置（章/頁/行）	改正說明
518	〔李克〕對曰 12/108/24	新序・雜事五 5/8b
519	恣則極〔物〕；〔罷則怨〕，〔怨則極〕慮 12/108/25	莊逵吉本p.506
520	桓公贛之衣冠而見〔之〕，〔甯戚見〕 12/109/4	呂氏春秋・舉難p.566、新序・雜事五 5/4a
521	用之未晚〔也〕 12/109/6	呂氏春秋・舉難p.566、新序・雜事五 5/4a
522	〔吾〕弗〔忍〕為〔也〕 12/109/14	莊子・讓王p.505、呂氏春秋・審為p.622
523	與〔為〕翟人〔臣〕奚以異 12/109/14	莊子・讓王p.505、呂氏春秋・審為p.622
524	不以其所〔以〕養害（其）〔所〕養 12/109/15	呂氏春秋・審為p.622
525	杖策而去〔之〕 12/109/15	莊子・讓王p.505
526	〔生之〕所自來者久矣 12/109/17	王念孫說，見讀書雜志p.868
527	〔詹子曰〕：〔不能自勝〕則從之 12/109/22	呂氏春秋・審為p.624
528	〔重傷〕之人 12/109/23	呂氏春秋・審為p.624
529	〔詹何〕對曰 12/109/27	列子・說符 8/5a
530	桓公讀書於堂〔上〕 12/110/1	莊子・天道p.278
531	在君〔之〕行賞罰 12/110/10	韓詩外傳 7/7b
532	〔於是宋君行賞賜而與子罕刑罰〕 12/110/12	說苑・君道 1/25a
533	言出於知（者） 12/110/18	鄭良樹說，見淮南子斠理p.197
534	知者〔不〕藏書 12/110/18	王念孫說，見讀書雜志p.869
535	於是王壽乃焚〔其〕書而舞之 12/110/18	王念孫說，見讀書雜志p.869
536	〔曹君〕無禮焉 12/110/27	王叔岷說，見淮南子斠證續補。文史哲學報第8期p.17（1958年7月）
537	為吳（兵）〔王〕先馬（走） 12/111/5	王念孫說，見讀書雜志p.869
538	越王親〔行〕之 12/111/6	準上句補
539	是天助我〔也〕 12/111/11	韓詩外傳 6/15b
540	子之所使求〔馬〕者 12/111/21	王念孫說，見讀書雜志p.871
541	毛物、（牡）〔牝〕牡〔尚〕弗能知 12/111/21	道藏本p.94.2、列子・說符 8/5a
542	乃有貴乎馬者〔也〕 12/111/24	列子・說符 8/5a
543	馬至而果千里之馬〔也〕 12/111/24	列子・說符 8/5a
544	〔子〕將奈何 12/112/2	說苑・指武 15/2b
545	〔以〕時爭利於天下 12/112/3	王念孫說，見讀書雜志p.871
546	〔大夫〕曰 12/112/14	王叔岷說，見淮南子斠證（上）。文史哲學報第5期p.85（1953年12月）
547	〔莊〕王俛而泣涕沾襟 12/112/15	新序・雜事四 4/5b
548	且〔君〕輕下其臣 12/112/16	于大成說，見淮南子校釋p.358
549	〔故〕老子曰 12/112/17	于大成說，見淮南子校釋p.358
550	熒惑〔者〕、天罰也；心〔者〕，宋〔之〕分野〔也〕 12/112/20	呂氏春秋・制樂p.148
551	禍且當〔於〕君 12/112/20	呂氏春秋・制樂p.148
552	〔寡人請自當也〕 12/112/21	新序・雜事四 4/13a

編號	原句 / 位置(章/頁/行)	改正說明
553	歲、民之命〔也〕 12/112/23	據文意補
554	子(韋)无復言矣 12/112/24	王念孫說，見讀書雜志p.871
555	天必(有)三賞君 12/112/25	王念孫說，見讀書雜志p.871
556	〔星一徙當一年〕 12/112/27	呂氏春秋・制樂p.149
557	〔臣〕故〔曰〕君(移)〔延〕年二十一歲 12/113/1	呂氏春秋・制樂p.149、新序・雜事四 4/13b
558	使善〔呼者〕呼之 12/113/7	莊逵吉本p.521
559	故(曰)聖人之處世 12/113/8	王念孫說，見讀書雜志p.872
560	夫乘民之功勞而取其爵祿〔者〕 12/113/13	道藏本p.95.2
561	淄人聞〔之〕 12/113/18	新序・雜事四 4/4a
562	非以〔其〕無私〔邪〕 12/113/25	道藏本p.95.3
563	周伯昌(行)仁義而善謀 12/114/11	俞樾說，見諸子平議p.621
564	及〔其〕未成 12/114/13	嚴可均全上古三代文p.46引六韜・武韜
565	使之〔以〕時 12/114/20	王念孫說，見讀書雜志p.872
566	尹佚〔對〕曰 12/114/22	說苑・政理 7/9a
567	跖之徒問〔於〕跖曰 12/114/26	呂氏春秋・當務p.254
568	臣、〔楚市〕偷也 12/115/1	王念孫說，見讀書雜志p.872
569	偷則夜〔出〕解齊將軍之幬帳而獻之 12/115/6	王念孫說，見讀書雜志p.873
570	明(日)(又)〔夕〕復往取其簪 12/115/7	王念孫說，見讀書雜志p.873
571	故(曰)〔伎〕無細而能〔無〕薄 12/115/9	王念孫說，見讀書雜志p.873
572	丘〔也〕請從之後 12/115/16	莊子・大宗師p.162
573	遂(尊)重薛公 12/116/2	王念孫說，見讀書雜志p.873
574	遯逃乎碑〔下〕 12/116/7	王念孫說，見讀書雜志p.874
575	至長不渝〔解〕 12/116/8	王念孫說，見讀書雜志p.874
576	西窮〔乎〕(冥)〔窅〕冥之黨 12/116/12	論衡・道虛 7/5b、劉績本 18/26a
577	東(開)〔關〕〔乎〕鴻濛之光 12/116/12	王念孫說，見讀書雜志p.874、「乎」字準上句補
578	今子游始〔至〕於此 12/116/14	論衡・道虛 7/5b
579	吾不可以久(駐) 12/116/15	王念孫說，見讀書雜志p.875
580	見夜(魚)〔漁〕〔者〕，〔得魚則〕釋之 12/116/21	王念孫說，見讀書雜志p.876
581	(季)〔宓〕子不欲人〔之〕取小魚也 12/116/23	群書治要p.722
582	〔其〕孰能至于此乎 12/117/8	莊子・知北遊p.416
583	〔而〕未能無無也 12/117/9	莊子・知北遊p.416
584	及其為無無〔矣〕 12/117/9	莊子・知北遊p.416
585	往朝〔其〕師 12/117/23	呂氏春秋・博志p.698
586	荊有佽非〔者〕 12/118/2	呂氏春秋・知分p.578
587	嘗〔見〕有如此而得活者乎 12/118/3	俞樾說，見諸子平議p.623
588	棄劍(而)〔以〕〔全〕己 12/118/5	呂氏春秋・知分p.578
589	舩中〔之〕人盡活 12/118/6	呂氏春秋・知分p.578
590	荊〔王〕爵為執圭 12/118/6	呂氏春秋・知分p.578
591	〔不以〕腐肉朽骨棄劍者 12/118/7	呂氏春秋・知分p.578
592	將使〔之〕荊 12/118/10	呂氏春秋・離謂p.505
593	復以衡說〔魏王〕 12/118/11	呂氏春秋・知分p.505

編號	原句 / 位置(章/頁/行)	改正說明
594	是其所以〔為〕固也 12/118/12	據文意補
595	先王〔有〕以見大巧之不可〔為〕也 12/118/13	呂氏春秋・知分p.505、王念孫說，見讀書雜志p.877
596	因見(予之將軍之節)惠王 12/118/18	陳觀樓說，見讀書雜志p.877
597	(於)〔投〕金鐵(鍼)焉 12/118/22	道藏本p.99.1、王念孫說，見讀書雜志p.878
598	無所陰蔽(隱)也 12/118/23	王念孫說，見讀書雜志p.878
599	〔其〕孰先亡乎 12/118/26	原底本空一字，據道藏本p.99.1補
600	〔其〕中行、知氏〔乎〕 12/118/26	新序・雜事一 1/10a
601	不欲太卜之死〔也〕 12/119/5	晏子春秋・外篇7.21章p.480
602	文侯受觴而飲〔之〕 12/119/10	說苑・尊賢 8/25b
603	(頗)顧曰 12/119/15	道藏本p.99.2
604	人各以其(所)知 13/120/15	王念孫說，見讀書雜志p.881
605	此皆因時變而制禮樂者〔也〕 13/120/25	準上下文例補
606	誦先王之(詩)《書》 13/121/11	王念孫說，見讀書雜志p.881
607	不若聞(得)其言，聞(得)其言 13/121/12	王念孫說，見讀書雜志p.881
608	周公〔之〕事文王也 13/121/15	依句式補
609	以其威勢供〔其〕嗜欲 13/121/21	王念孫說，見讀書雜志p.882
610	治(人)之具也 13/121/25	王念孫說，見讀書雜志p.882
611	若乃人考其(身)才 13/121/26	莊逵吉本p.557
612	是猶无鏑銜(橛)策錣而御馯馬也 13/122/2	王念孫說，見讀書雜志p.882
613	因時變而制宜適〔也〕 13/122/13	莊逵吉本p.560
614	〔心〕不知治亂之源者 13/122/17	群書治要p.723
615	不可令制法〔度〕 13/122/17	群書治要p.723
616	據籍守舊(教) 13/122/22	楊樹達說，見淮南子證聞p.131
617	今儒墨者稱三代、文武而弗行〔也〕 13/122/23	群書治要p.723
618	聖王不聽〔也〕 13/122/27	群書治要p.723
619	可直而(睎)〔睎〕〔也〕 13/123/4	莊逵吉本p.562、「也」字準上句補
620	故使陳成(田)常、鴟夷子皮得成其難 13/123/8	王引之說，見讀書雜志p.883
621	履天子之(圖)籍 13/124/8	王念孫說，見讀書雜志p.881
622	造劉氏之(貌)冠 13/124/9	王念孫說，見讀書雜志p.881
623	富者利則量粟〔而〕稱金 13/124/22	卷子本群書治要
624	而悔〔其〕不誅文王於羑里 13/125/1	群書治要p.723
625	二君處彊大〔之〕勢(位) 13/125/1	王念孫說，見讀書雜志p.884
626	〔而〕脩仁義之道 13/125/2	群書治要p.723
627	何謀之敢(當)〔慮〕〔乎〕 13/125/2	王念孫說，見讀書雜志p.884、群書治要p.723
628	桀、紂之所以處彊大而〔終〕見奪者 13/125/5	群書治要p.724
629	今不行人之所以王(者) 13/125/6	群書治要p.724
630	而反益己之所以奪〔者〕 13/125/6	群書治要p.724
631	信而(溺)死〔女〕 13/125/14	王念孫說，見讀書雜志p.884
632	昔楚恭王〔與晉厲〕戰於陰陵，〔呂錡射恭王〕，〔中厥目而擒之〕 13/125/17	據高注補，參正文注文

編號	原句 / 位置（章/頁/行）	改正說明
633	是故聖人論事之（局）曲直 13/125/21	王念孫說，見讀書雜志p.884
634	（卑）弱柔如蒲葦 13/125/21	王念孫說，見讀書雜志p.884
635	然〔而〕不能自免於車裂之患 13/126/8	準上下文例補
636	猶之為平〔也〕 13/126/28	準上文文例補
637	今人君〔之〕論其臣也 13/127/8	依句式補
638	而求〔其〕小善 13/127/8	莊逵吉本p.585
639	〔然而〕威服諸侯 13/127/14	準上文文例補
640	求於（一）人則任以人力 13/127/24	王念孫說，見讀書雜志p.885
641	其小惡不足〔以〕妨大美也 13/127/26	藝文類聚卷83p.1421
642	而求得（其）賢乎天下 13/127/27	王念孫說，見讀書雜志p.886
643	〔唯〕堯之知舜〔也〕 13/128/5	群書治要p.724
644	眾人之所眩耀〔也〕 13/128/9	群書治要p.724
645	故（很）〔狠〕者類知而非知〔也〕 13/128/9	道藏本p.108.1、群書治要p.724
646	愚者類仁而非仁〔也〕 13/128/10	群書治要p.724
647	〔若〕芎藭之與稾本也 13/128/12	王念孫說，見讀書雜志p.886
648	（此皆相似者） 13/128/12	王念孫說，見讀書雜志p.886
649	而天下〔之〕為（忠之）臣者 13/128/26	王念孫說，見讀書雜志p.886、參正文注文
650	此賞少而勸（善）（者眾）〔眾者〕也 13/128/27	王念孫說，見讀書雜志p.886
651	此刑省〔而〕姦禁者也 13/129/1	王叔岷說，見淮南子斠證（下）。文史哲學報第6期p.8（1954年12月）
652	右服失（馬） 13/129/2	王念孫說，見讀書雜志p.886
653	〔見〕野人方屠而食之 13/129/2	呂氏春秋・愛士p.193
654	〔將〕獲之 13/129/4	王念孫說，見讀書雜志p.886
655	〔反〕虜惠公以歸 13/129/5	呂氏春秋・愛士p.193
656	此之謂〔也〕 13/129/11	莊逵吉本p.596
657	而莫難於為不善（也） 13/129/13	群書治要p.724
658	適情辭〔餘〕 13/129/14	群書治要p.724
659	故曰為善易〔也〕 13/129/14	群書治要p.724
660	故曰為不善難〔也〕 13/129/15	群書治要p.724
661	今人〔之〕所以犯囹圄之罪 13/129/16	群書治要p.724
662	夫法令（者）罔其姦邪 13/129/18	王念孫說，見讀書雜志p.887
663	（然而）立秋之後 13/129/20	王念孫說，見讀書雜志p.887
664	斬首〔者〕拜爵 13/129/22	王念孫說，見讀書雜志p.887
665	波至而〔恐〕 13/129/25	王念孫說，見讀書雜志p.887
666	〔而〕和喜怒之節 13/130/1	于大成說，見淮南鴻烈氾論校釋。淡江學報第13期p.24（1975年1月）
667	〔葬死人〕裘不可以藏者 13/130/24	于大成說，見淮南鴻烈氾論校釋。淡江學報第13期p.26（1975年1月）
668	不崇朝而〔徧〕雨天下者 13/131/8	公羊傳・僖公31年p.158
669	〔以帷為衾〕 13/131/9	王念孫說，見讀書雜志p.888
670	牛〔有德於人者〕 13/131/10	王念孫說，見讀書雜志p.888

編號	原句 / 位置（章/頁/行）	改正說明
671	其死也葬〔之〕 13/131/10	王念孫說，見讀書雜志p.888
672	以大車〔之箱〕為薦 13/131/10	王念孫說，見讀書雜志p.888
673	禹勞〔力〕天下 13/131/11	王念孫說，見讀書雜志p.888
674	死〔而〕為社 13/131/12	王念孫說，見讀書雜志p.888
675	而〔不〕知所以无難 13/131/17	道藏本p.110.3
676	楚王（之）佩玦而逐（菟）〔兔〕 13/131/27	太平御覽卷907p.4022
677	不貪无用則不以欲（用）害性 14/133/10	王念孫說，見讀書雜志p.890
678	必得人心〔者〕也 14/134/7	文子・符言 4/16b
679	必柔弱〔者〕也 14/134/7	文子・符言 4/16b
680	猶〔之〕尊君也 14/134/16	準上文文例補
681	〔然而〕有聖名者 14/134/17	韓詩外傳 2/6b
682	求其所（無）〔未得〕 14/135/3	王念孫說，見讀書雜志p.890
683	脩其所〔已〕有 14/135/3	王念孫說，見讀書雜志p.890
684	何尺地之有〔乎〕 14/135/6	群書治要p.725
685	故道不可以勸（而）就利者 14/135/9	王念孫說，見讀書雜志p.890
686	〔其能也〕 14/135/22	俞樾說，見諸子平議p.628
687	不足〔以〕更責 14/136/4	莊逵吉本p.621
688	（不）足以弊身 14/136/4	王念孫說，見讀書雜志p.892
689	不若無心者〔也〕 14/136/7	莊逵吉本p.621
690	邪巧則正塞（之）也 14/136/16	楊樹達說，見淮南子證聞p.143
691	非所以〔有〕為也 14/137/6	文子・道德 5/8a
692	一（身）〔人〕之身既數（既）變矣 14/137/9	俞樾說，見諸子平議p.629、莊逵吉本p.625
693	故聖人損欲而從（事於）性 14/137/22	王念孫說，見讀書雜志p.893
694	而邪氣（因）〔自〕（而）不生 14/137/28	王念孫說，見讀書雜志p.893
695	唯弗求者〔為〕能有之 14/138/1	依句式補
696	不稱〔智〕也 14/138/5	道藏本p.114.3
697	不為物（先）倡 14/138/17	俞樾說，見諸子平議p.630
698	無須臾忘〔其〕為（質）〔賢〕者 14/138/18	王念孫說，見讀書雜志p.891
699	百步之中不忘其〔為〕容者 14/138/19	王念孫說，見讀書雜志p.891
700	唯滅迹於無為而隨天地〔之〕自然者 14/138/25	文子・符言 4/9b
701	名興則道〔不〕行 14/138/26	王念孫說，見讀書雜志p.891
702	〔而〕不在於欲〔也〕 14/139/18	準下文文例補
703	日有餘而治不足〔者〕 14/139/28	荀子・王霸 7/11a
704	尸（雖能）剝狗燒彘 14/140/1	準下文移，參正文注文
705	〔雖能〕弗為也 14/140/1	準下文移，參正文注文
706	弗能無虧〔也〕 14/140/1	準下文文例補
707	不〔可〕以為僕 14/140/3	莊逵吉本p.636
708	非以智〔也〕 14/140/9	莊逵吉說，見莊逵吉本p.636
709	〔以〕不爭也 14/140/9	莊逵吉說，見莊逵吉本p.636
710	此〔之〕謂狂（人） 14/140/13	劉文典說，見淮南鴻烈集解p.483
711	今有美酒嘉肴以相〔賓〕饗 14/141/4	王念孫說，見讀書雜志p.896
712	〔乃〕反生鬬 14/141/5	王念孫說，見讀書雜志p.896
713	〔聖人〕見所始則知〔所〕終矣 14/141/16	據繆稱p.287、泰族p.633、

編號	原句 / 位置（章/頁/行）	改正說明
		說苑・談叢 16/2a
714	席之〔上〕、先（萑蕈）〔萑簟〕 14/141/19	王念孫說，見讀書雜志p.896
715	樽之上、〔先〕玄（樽）〔酒〕 14/141/19	王念孫說，見讀書雜志p.896
716	俎之〔上〕、先生魚 14/141/19	王念孫說，見讀書雜志p.896
717	豆之〔上〕、先泰羹 14/141/20	王念孫說，見讀書雜志p.896
718	聖〔人〕常後而不先 14/141/27	莊逵吉本p.641
719	〔時〕之（去）〔至〕不可迎而反也 14/142/1	莊逵吉本p.642
720	〔不〕足以概志 14/142/6	莊逵吉本p.642
721	〔不〕絫（積）其德 14/142/13	王引之說，見讀書雜志p.897
722	臨之〔以〕威武而不從 15/143/2	古鈔卷子本兵略閒詁
723	是為虎傅翼〔也〕 15/143/8	古鈔卷子本兵略閒詁
724	故聞敵國之君有加虐於〔其〕民者 15/143/11	文子・上義11/12b
725	乃發號施令〔曰〕 15/143/14	王念孫說，見讀書雜志p.897
726	此天之所（以）誅也 15/143/15	古鈔卷子本兵略閒詁
727	民之所（以）仇也 15/143/15	古鈔卷子本兵略閒詁
728	〔而〕恤其貧（窾）〔窮〕 15/143/18	古鈔卷子本兵略閒詁、道藏本p.118.3
729	故不（可）得（而）觀〔其形〕 15/144/3	王念孫說，見讀書雜志p.897
730	可謂極之〔極〕矣 15/144/10	王念孫說，見讀書雜志p.898
731	非鼓之〔之〕日也 15/144/20	古鈔卷子本兵略閒詁
732	同欲〔相趨〕，〔同惡〕相助 15/144/23	王念孫說，見讀書雜志p.898
733	〔則其〕所得者鮮矣 15/144/29	古鈔卷子本兵略閒詁
734	（維）（抱綰）〔綰枹〕而鼓之 15/145/6	王念孫說，見讀書雜志p.898
735	此〔大〕尉之官〔也〕 15/145/13	古鈔卷子本兵略閒詁
736	〔營軍辨〕，〔賦地極〕，〔錯軍處〕，〔此司馬之官也〕 15/145/14	古鈔卷子本兵略閒詁
737	技（能）其才 15/145/17	王念孫說，見讀書雜志p.854
738	莫〔得〕不為用 15/145/18	古鈔卷子本兵略閒詁
739	故文之所（以）加者淺 15/146/19	王念孫說，見讀書雜志p.900
740	故全兵先勝而後〔求〕戰 15/146/23	孫子兵法・形篇4/11a
741	德均、則眾者〔勝〕寡 15/146/24	莊逵吉本p.662
742	（世） 15/147/1	莊逵吉本p.662
743	則不可制迫〔也〕 15/147/2	莊逵吉本p.662
744	疾如駭（龍）（當）〔電〕 15/147/6	王念孫說，見讀書雜志p.900
745	何之而不（用）達 15/147/8	劉績本22/12a
746	善用兵〔者〕 15/147/13	古鈔卷子本兵略閒詁
747	〔而有百萬〕之心 15/147/19	古鈔卷子本兵略閒詁
748	（人）皆專而〔為〕一 15/147/20	古鈔卷子本兵略閒詁
749	故千人同心則得千人〔之〕力 15/147/20	古鈔卷子本兵略閒詁
750	故民誠從（其）令 15/147/26	古鈔卷子本兵略閒詁
751	〔使〕敵人之兵 15/148/6	王念孫說，見讀書雜志p.902
752	此言（之）所將 15/149/13	劉績本22/17a
753	〔若〕假之筋角之力、弓弩之勢 15/150/5	王念孫說，見讀書雜志p.903
754	而噬〔犬〕不見〔其〕齒 15/150/24	王念孫說，見讀書雜志p.903
755	兵之所以強者、（民）〔必死〕也 15/151/1	王念孫說，見讀書雜志p.904

編號	原句 / 位置（章/頁/行）	改正說明
756	〔所〕以共安危也 15/151/14	王念孫說，見讀書雜志p.904
757	明於（音）〔奇〕（正）賌、陰陽、刑德、五行、望氣、候星 15/152/18	道藏本p.125.1、陳觀樓說，見讀書雜志p.905
758	〔神〕明者、先勝者也 15/152/29	莊逵吉本p.686
759	君自宮召將〔而〕詔之曰 15/153/13	六韜・龍韜・立將3/18a
760	願（請）子將而應之 15/153/14	王念孫說，見讀書雜志p.905
761	〔專〕鼓旗斧鉞之威 15/153/18	王叔岷說，見淮南子斠證（下）。文史哲學報第6期p.31（1954年12月）
762	〔魄曰〕：〔無有〕、何得而聞也 16.1/154/4	王念孫說，見讀書雜志p.906
763	吾（聞）得之矣 16.1/154/5	王念孫說，見讀書雜志p.906
764	〔得〕千歲之鯉（不能避） 16.4/154/14	王念孫說，見讀書雜志p.906
765	引輴者為之止（也） 16.4/154/14	王念孫說，見讀書雜志p.906
766	用〔心〕一也 16.4/154/17	原底本空一字，據道126.3補
767	而不可使長〔言〕 16.8/155/1	王念孫說，見讀書雜志p.907
768	越人學遠射〔者〕 16.11/155/9	說苑・雜言17/8a
769	不易〔其〕儀 16.11/155/9	說苑・雜言17/8a
770	〔一棲不兩雄〕，〔一則定〕，〔兩則爭〕 16.12/155/13	王念孫說，見讀書雜志p.908
771	大不可〔以〕為外矣 16.17/155/24	道藏本p.127.3
772	陳成（子）恒之劫子淵捷也 16.20/156/4	王念孫說，見讀書雜志p.883
773	衛姬之請罪於桓公〔也〕 16.20/156/5	準上下句補
774	〔曾〕子見子夏曰 16.20/156/5	王念孫說，見讀書雜志p.908
775	嫁女於病消〔渴〕者 16.23/156/15	劉文典說，見淮南鴻烈集解p.527
776	夫死則〔言女妨〕 16.23/156/15	劉文典說，見淮南鴻烈集解p.527
777	夫至巧不用（劍）〔鉤〕〔繩〕 16.25/156/21	王引之說，見讀書雜志p.908
778	猶采薪者見一介〔則〕掇之 16.26/156/24	于大成說，見淮南鴻烈說山校釋。淡江學報第12期p.23（1974年3月）
779	不若走於澤〔也〕 16.35/157/18	準上句補
780	則莫不利〔失〕也 16.36/157/20	莊逵吉本p.705
781	〔故國有賢臣、折衝千里〕 16.39/157/27	王念孫說，見讀書雜志p.909、參正文注文
782	不求美則〔有〕美矣 16.42/158/7	準下句補
783	誕（者）不可以為常 16.43/158/10	王念孫說，見讀書雜志p.908
784	猶百舌之聲〔也〕 16.44/158/13	王叔岷說，見淮南子斠證（下）。文史哲學報第6期p.33（1954年12月）
785	（千年之松） 16.47/158/21	王念孫說，見讀書雜志p.908
786	萇弘知周之所〔以〕存 16.52/159/7	王念孫說，見讀書雜志p.909
787	而不知身〔之〕所以亡 16.52/159/7	王念孫說，見讀書雜志p.909
788	范氏之敗〔也〕 16.55/159/14	呂氏春秋、自知p.690
789	（故國有賢君、折衝萬里） 16.59/159/26	王念孫說，見讀書雜志p.909、

編號	原句 / 位置（章/頁/行）	改正說明
		參正文注文
790	（而）不因媒而成 16.60/159/28	王叔岷說，見淮南子斠證（下）。文史哲學報第6期p.34（1954年12月）
791	小馬（非）大馬之類也 16.70/160/21	呂氏春秋、別類p.707
792	〔然而〕天下無千金之鹿 16.81/161/18	韓非子、外儲說右上13/4b
793	射者使〔人〕端 16.93/162/21	莊逵吉本p.720
794	欲為邪者必（相）明正 16.97/163/3	準下句刪
795	一里〔能〕撓（推）〔椎〕 16.98/163/6	莊逵吉本p.721、道藏本p.131.2
796	信有非、（禮而）〔而禮〕〔有〕失（禮） 16.100/163/11	王念孫說，見讀書雜志p.910
797	物或不可〔豫〕慮 16.103/163/20	王念孫說，見讀書雜志p.910
798	不怨人〔之〕取之 16.107/164/1	準上句補
799	所以東走〔者〕則異 16.108/164/4	準下句補
800	（必先）始於《陽阿》、《采菱》 16.112/164/15	王念孫說，見讀書雜志p.911
801	此皆學其所不〔欲〕學 16.112/164/16	據文意移正，參正文注文
802	而（欲）至其所欲學者 16.112/164/16	據文意移正，參正文注文
803	縱之其所〔利〕而已 16.118/165/6	王念孫說，見讀書雜志p.912
804	而人予〔之〕車轂 16.122/165/16	王念孫說，見讀書雜志p.912
805	乃知其（大）相去之遠 16.127/165/31	王念孫說，見讀書雜志p.912
806	小馬〔之〕（大目）〔目大〕 16.129/166/3	墨子・小取11/10b
807	不可謂〔之〕大馬 16.129/166/3	準下文補
808	非學鬬爭〔也〕 16.131/166/10	莊逵吉本p.732
809	〔乃〕不鳴〔者〕也 16.132/166/14	莊逵吉本p.732
810	〔而〕知一鑊之味 16.133/166/16	王叔岷說，見淮南子斠證（下）。文史哲學報第6期p.36（1954年12月）
811	而知天下之寒〔暑〕 16.133/166/17	俞樾說，見諸子平議p.636
812	〔其〕所利害異 16.140/167/5	王念孫說，見讀書雜志p.913
813	故或吹火而〔然〕，〔或吹火而〕滅 16.140/167/5	道藏本p.134.1
814	德不報而〔身〕見殆 16.141/167/7	道藏本p.134.1
815	侏儒問（徑）天高于脩人 16.143/167/11	王念孫說，見讀書雜志p.913
816	失其所〔能〕也 16.144/167/15	準上句文例補
817	是〔時〕為帝者也 17.1/168/11	莊逵吉本p.739
818	各（哀）〔依〕其所生〔也〕 17.6/168/23	文子・上德6/5a
819	〔而〕蝕於詹諸 17.10/169/1	太平御覽卷949p.4211
820	〔則〕得其所見矣 17.14/169/10	莊逵吉本p.742
821	大〔庖不〕豆（不具） 17.15/169/12	俞樾說，見諸子平議p.638
822	則明〔有〕所蔽矣 17.17/169/19	據文意補
823	故小快〔而〕害大利 17.26/170/7	道藏本p.135.3
824	失火則不幸〔也〕 17.31/170/17	準下句補
825	淵（泉）不能竭 17.40/171/5	萬有文庫本文子纘義p.57，參正文注文
826	非勇〔也〕 17.43/171/11	據文意補
827	為客治飯而自〔食〕藜藿 17.63/172/28	王念孫說，見讀書雜志p.915

編號	原句 / 位置（章/頁/行）	改正說明
828	伏雞之（捕）〔搏〕狸〔也〕 17.64/172/30	道藏本p.136.2、莊逵吉本p.749
829	（蔄苗）〔邋苗〕類絮而不可〔以〕為絮 17.69/173/8	王念孫說，見讀書雜志p.916
830	醯（酸）不慕蚋 17.73/173/16	王念孫說，見讀書雜志p.916
831	〔醯〕、酸〔也〕 17.73/173/16	王念孫說，見讀書雜志p.916
832	懸羽與炭〔而〕知燥溼之氣 17.74/173/19	莊逵吉本p.751
833	而一頃之陂〔不〕可以灌四頃 17.75/173/21	王念孫說，見讀書雜志p.916
834	而不可以（遠）望尋常之外 17.76/173/23	王念孫說，見讀書雜志p.916
835	榛巢者處林茂〔者〕 17.79/173/31	準下句補
836	（所以）為之則同 17.81/174/3	據文意改
837	〔夕〕（遇）〔過〕市則步 17.88/174/18	莊逵吉本p.753
838	（戰）兵死之鬼憎神巫 17.90/174/23	王念孫說，見讀書雜志p.917
839	盜賊之〔輩〕醜吠狗 17.90/174/23	莊逵吉本p.754
840	不亡〔其〕適 17.105/175/23	莊逵吉本p.756
841	未嘗〔不〕適 17.105/175/23	王引之說，見讀書雜志p.917
842	而用之異〔也〕 17.107/175/28	據文意補
843	去之十步而〔不〕死 17.117/176/18	莊逵吉本p.758
844	同氣異積〔也〕 17.117/176/19	莊逵吉本p.758
845	有以車為敗者〔而〕禁天下之乘 17.120/176/26	莊逵吉本p.758
846	〔名異實同也〕 17.125/177/7	王念孫說，見讀書雜志p.918
847	予（拯）溺者金玉 17.128/177/14	王念孫說，見讀書雜志p.870
848	不若尋常之纆（索） 17.128/177/15	王念孫說，見讀書雜志p.870
849	〔非其道〕也 17.130/177/19	王引之說，見讀書雜志p.919
850	（為）車者步行 17.131/177/21	王念孫說，見讀書雜志p.919
851	馳〔曰何馳〕 17.136/178/1	俞樾說，見諸子平議p.640
852	〔則難〕 17.138/178/7	道藏本p.138.3
853	（之與矣） 17.157/179/16	俞樾說，見諸子平議p.640
854	華大（旱）〔早〕者不胥時〔而〕落 17.159/179/22	文子・上德6/9b
855	粟得水（溼）而熱 17.173/180/23	太平御卷840p.3756
856	〔自然之勢〕 17.174/180/25	王念孫說，見讀書雜志p.920
857	〔而〕盡其樂 17.178/181/1	道藏本p.139.3
858	亦必（以）利溺人矣 17.184/181/14	俞樾說，見諸子平議p.641
859	〔精相往來也〕 17.190/181/26	王念孫說，見讀書雜志p.920
860	矢〔之〕疾 17.198/182/14	鄭良樹說，見淮南子斠理p.270
861	〔無迹也〕 17.199/182/16	王念孫說，見讀書雜志p.921
862	〔有迹也〕 17.199/182/16	王念孫說，見讀書雜志p.921
863	（人）莫蹪於山 18/186/2	群書治要p.726
864	曉（自然）〔然自〕以為智（知）存亡之樞機、禍福之門戶 18/186/10	王念孫說，見讀書雜志p.922
865	〔孫叔敖〕（而辭）〔辭而〕不受 18/186/18	北堂書鈔卷48p.138
866	病（疽）〔且〕（將）死 18/186/19	王念孫說，見讀書雜志p.922
867	而受沙石〔之地〕 18/186/20	王引之說，見讀書雜志p.923
868	〔楚越〕之閒有〔有〕寢〔之〕丘者 18/186/20	王引之說，見讀書雜志p.923
869	〔此〕其地确（石）（之）〔而〕名醜 18/186/20	呂氏春秋・異寶p.234、王引之說，見讀書雜志p.923
870	功臣二世而〔收〕爵祿 18/186/22	韓非子・和氏4/7a

編號	原句 / 位置（章/頁/行）	改正說明
871	兵（橫）行天下而无所綣 18/186/24	王念孫說，見讀書雜志p.923
872	事或欲（以）利之 18/187/8	王念孫說，見讀書雜志p.924
873	禍福之門（戶） 18/187/9	王念孫說，見讀書雜志p.924
874	（天下探之不窮） 18/187/12	王念孫說，見讀書雜志p.924
875	以為〔傷者、戰鬬者也〕，〔不傷者、為縱之者〕 18/187/15	王念孫說，見讀書雜志p.924
876	此所謂害之而反利〔之〕者也 18/187/16	王念孫說，見讀書雜志p.924
877	斬司馬子反〔以〕為僇 18/187/24	王念孫說，見讀書雜志p.925
878	〔此〕愚者之所利也 18/188/1	準上文文例補
879	此〔所〕謂有罪而益信者也 18/188/16	準下文文例補
880	此所謂奪人而反為人所奪者〔也〕 18/188/27	莊逵吉本p.790
881	若車之有（輪）〔輔〕〔也〕 18/189/2	王念孫說，見讀書雜志p.925、呂氏春秋・權勲p.371
882	虞之與虢〔也〕 18/189/3	呂氏春秋・權勲p.371
883	〔則〕虢朝亡而虞夕從之矣 18/189/4	韓非子・十過3/2a、呂氏春秋・權勲p.371
884	此所謂與之而反取〔之〕者也 18/189/5	王念孫說，見讀書雜志p.924
885	山致其高而雲〔雨〕起焉 18/189/10	王念孫說，見讀書雜志p.926
886	宋人〔有〕好善者 18/189/20	王念孫說，見讀書雜志p.926
887	此吉祥〔也〕 18/189/21	列子・說符8/4a
888	〔其〕牛又復生白犢 18/189/21	列子・說符8/4a
889	復〔教〕以饗鬼神 18/189/24	列子・說符8/4a
890	易子而食〔之〕 18/189/25	列子・說符8/4b、論衡・福虛6/3b
891	此何遽不〔能〕為福乎 18/190/1	王念孫說，見讀書雜志p.926
892	此何遽不〔能〕為福乎 18/190/3	王念孫說，見讀書雜志p.926
893	丁壯者〔皆〕（引）〔控〕絃而戰 18/190/4	王念孫說，見讀書雜志p.926、王叔岷說，見淮南子斠證（下）。文史哲學報第6期p.43（1954年12月）
894	其始成〔也〕 18/190/11	呂氏春秋・別類p.710
895	此所謂直於辭而不（可）（用）〔周〕〔於事〕者也 18/190/12	王念孫說，見讀書雜志p.927
896	〔靖〕郭君聞而見之 18/190/14	莊逵吉本p.795
897	〔願〕為寡人稱之 18/190/16	韓非子・說林下8/5a
898	臣聞（之有）裂壤土以安社稷者 18/190/26	王念孫說，見讀書雜志p.928
899	昔晉文公將與楚〔人〕戰〔於〕城濮 18/191/11	呂氏春秋・義賞p.334、韓非子・難一15/1a
900	（君子）不猒忠信 18/191/12	劉文典說，見淮南鴻烈集解p.602
901	〔文公〕辭咎犯 18/191/13	韓非子・難一15/1a
902	城濮之戰、〔咎犯之謀〕也 18/191/16	劉績本 25/13a
903	吾豈可以（先）一時之權 18/191/17	王念孫說，見讀書雜志p.928
904	襄子謂（於）張孟談曰 18/191/21	劉績本 25/13b
905	糧食匱（乏） 18/191/21	王念孫說，見讀書雜志p.928

編號	原句 / 位置（章/頁/行）	改正說明
906	〔武〕大夫病 18/191/21	王念孫說，見讀書雜志p.928
907	乃見韓、〔魏〕之君 18/191/23	莊逵吉本p.799
908	則〔二〕君為之次矣 18/191/24	王念孫說，見讀書雜志p.929
909	言出〔二〕君之口 18/191/26	王念孫說，見讀書雜志p.929
910	決水灌智伯〔軍〕 18/192/1	王念孫說，見讀書雜志p.929
911	（敗）殺其身而三分其國 18/192/2	劉績本 25/14a
912	襄子〔罷圍〕乃賞有功者 18/192/2	淮南子・氾論p.398
913	西〔門〕豹治鄴 18/192/8	道藏本p.145.2
914	子能〔變〕道則可 18/192/10	王念孫說，見讀書雜志p.929
915	（一鼓） 18/192/12	莊逵吉本p.802
916	（負）〔服〕輦〔載〕粟而至 18/192/13	王念孫說，見讀書雜志p.929
917	（日）師行數千里 18/192/29	道藏本p.146.1
918	賞一人〔而〕敗國俗 18/193/5	莊逵吉本p.805
919	〔仁〕者弗為也 18/193/5	莊逵吉本p.805
920	〔人有〕牽牛〔而〕（蹊）〔徑〕〔於〕人之田〔中〕 18/193/13	王念孫說，見讀書雜志p.930
921	興兵而（攻）〔政〕〔之〕 18/193/14	王念孫說，見讀書雜志p.930
922	（因）以誅罪人 18/193/15	王念孫說，見讀書雜志p.930
923	此務為君廣地者〔也〕 18/193/20	莊逵吉本p.807
924	（無故有顯名者勿處也） 18/193/23	王引之說，見讀書雜志p.931
925	是故忠臣〔之〕事君也 18/193/26	王念孫說，見讀書雜志p.931
926	（楚）王若欲從諸侯 18/194/7	王念孫說，見讀書雜志p.931
927	此〔所〕謂毀人而反利之者也 18/194/19	準文例補
928	今（反乃）〔乃反〕以人之所〔以〕為遲者、（反）為疾 18/195/1	王念孫說，見讀書雜志p.931
929	使離珠、〔攫〕劙索之 18/195/2	王念孫說，見讀書雜志p.931
930	（而）水決九江而漸荊州 18/195/9	莊逵吉本p.813
931	公〔怒〕 18/195/20	呂氏春秋・察微p.436
932	〔則吾族也〕 18/195/22	呂氏春秋・察微p.436
933	齊師（大）侵楚 18/195/26	王念孫說，見讀書雜志p.932
934	魯昭（公）出走 18/195/27	王念孫說，見讀書雜志p.844
935	公子、非常〔人〕也 18/196/3	王念孫說，見讀書雜志p.932
936	夫〔上〕仕者先避〔患而後就利〕，〔先遠辱而後求名〕，〔太宰子朱〕之見終始微矣 18/196/15	王念孫說，見讀書雜志p.932
937	人或問〔於〕孔子曰 18/196/25	論衡・定賢 27/11a
938	能勇於敢〔矣〕 18/197/5	于大成說，見淮南鴻烈人閒校釋。中華學苑第14期p.140（1974年9月）
939	應卒而〔不〕乏 18/197/6	莊逵吉本p.819
940	使監祿（無以）轉餉 18/197/14	王念孫說，見讀書雜志p.932
941	〔知〕發適戍以備越 18/197/20	準上句文例補
942	夫〔烏〕鵲先識歲之多風也 18/197/21	王念孫說，見讀書雜志p.933
943	天下有三不祥〔而〕西益宅不與焉 18/198/1	新序・雜事五 5/7a
944	至乎以弗解〔解〕之者 18/198/5	劉績本 25/27b
945	孔子行（遊）〔於〕〔東野〕 18/198/8	王念孫說，見讀書雜志p.933

編號	原句 / 位置（章/頁/行）	改正說明
946	〔使〕子貢往說之 18/198/9	王念孫說，見讀書雜志p.933
947	不若（此）《延（路）〔露〕》（陽局）〔以和〕 18/198/14	王念孫說，見讀書雜志p.933
948	不可伐〔也〕 18/198/20	說苑·指武 15/1b
949	故善鄙（不）同 18/199/7	王念孫說，見讀書雜志p.933
950	趨舍（不）同 18/199/7	王念孫說，見讀書雜志p.933
951	〔然〕不終其壽 18/199/16	莊逵吉本p.828
952	〔則〕堅強賊之 18/199/17	莊逵吉本p.828
953	內不化、所以全（其）身也 18/199/19	據上文刪
954	田子方〔出〕 18/199/25	韓詩外傳 8/18a
955	其御〔對〕曰 18/199/26	王叔岷說，見淮南子斠證（下）。文史哲學報第6期p.46（1954年12月）
956	〔故〕出而鬻之〔也〕 18/199/27	韓詩外傳 8/18b
957	此〔所〕謂螳蜋者也 18/200/1	據文意補
958	〔於是〕迴車而避之 18/200/2	韓詩外傳 8/18b
959	而九夷歸（之） 18/200/4	王念孫說，見讀書雜志p.934
960	而天下懷（其德） 18/200/5	王念孫說，見讀書雜志p.934
961	而戰武（士）必（其）死 18/200/6	陳觀樓說，見讀書雜志p.934
962	今衛君朝於吳（王） 18/200/17	王念孫說，見讀書雜志p.934
963	孰〔意〕衛君之仁義而遭此難也 18/200/18	莊逵吉本p.832
964	為〔之〕奈何 18/200/18	據文意補
965	子不能行（能行）說於王 18/200/21	劉績本 25/33a
966	而罰言朝於吳〔者〕也 18/200/24	于大成說，見淮南鴻烈人閒校釋。中華學苑第14期p.147（1974年9月）
967	公宣子諫〔曰〕 18/201/1	劉績本25/34a
968	願公之適〔之也〕 18/201/2	于大成說，見淮南鴻烈人閒校釋。中華學苑第14期p.147（1974年9月）
969	得无害於〔為〕子乎 18/201/4	據文意補
970	吾不敢侵犯〔之〕 18/201/15	列子·說符8/6a
971	而必（以）滅其家 18/201/17	列子·說符8/6a
972	〔其夜乃攻虞氏〕，〔大滅其家〕 18/201/17	王念孫說，見讀書雜志p.935
973	決於令（尹）前 18/201/25	王念孫說，見讀書雜志p.935
974	〔追者至〕 18/201/27	劉績本25/36a
975	相土地〔之〕宜 19/202/17	王念孫說，見讀書雜志p.936
976	一日而（遇）七十毒 19/202/18	王念孫說，見讀書雜志p.936
977	〔此其始也〕 19/202/21	劉文典說，見淮南鴻烈集解p.631
978	禹沐（浴）霪雨 19/202/21	王念孫說，見讀書雜志p.937
979	而〔任〕海內之事者乎 19/202/26	王念孫說，見讀書雜志p.937
980	是故禹（之）為水 19/202/28	王念孫說，見讀書雜志p.937
981	湯〔苦〕旱 19/202/28	王念孫說，見讀書雜志p.937
982	以身禱於桑（山之）林〔之際〕 19/202/29	王念孫說，見讀書雜志p.937

編號	原句 / 位置（章/頁/行）	改正說明
983	故立天子以齊〔一〕之 19/203/2	莊逵吉本p.846
984	〔為〕絶國殊俗 19/203/3	王叔岷說，見淮南子斠證（下）。文史哲學報第6期p.49（1954年12月）
985	蒙恥辱以（千）〔干〕世主〔者〕 19/203/7	道藏本p.153.3、王念孫說，見讀書雜志p.937
986	欲事起天下〔之〕利而除萬民之害〔也〕 19/203/8	王念孫說，見讀書雜志p.937、文子・自然8/13b
987	則聖人之憂勞百姓〔亦〕甚矣 19/203/9	王叔岷說，見淮南子斠證（下）。文史哲學報第6期p.49（1954年12月）
988	〔而〕事治求贍者 19/203/10	王叔岷說，見淮南子斠證（下）。文史哲學報第6期p.49（1954年12月）
989	因資而立〔功〕 19/203/14	王念孫說，見讀書雜志p.937
990	（政）〔故〕事〔成〕而身弗伐 19/203/15	王念孫說，見讀書雜志p.938
991	自魯趨而〔往〕 19/203/21	王念孫說，見讀書雜志p.938
992	裂（衣）裳裹足 19/203/22	王念孫說，見讀書雜志p.938
993	〔則〕曷為攻之 19/203/24	呂氏春秋・愛類p.627
994	〔甚善〕 19/203/24	呂氏春秋・愛類p.627
995	公輸〔般〕、天下之巧士〔也〕 19/203/25	呂氏春秋・愛類p.627
996	〔請〕（今）〔令〕公輸〔般〕設攻 19/203/26	呂氏春秋・愛類p.627
997	〔段〕干木雖以己易寡人 19/204/3	據上下文文例補
998	不為〔也〕 19/204/3	據文意補
999	故在所以感〔之矣〕 19/204/10	俞樾說，見諸子平議p.648
1000	猶人〔之為人〕 19/204/14	劉文典說，見淮南鴻烈集解p.638
1001	堯、舜、文王〔也〕 19/204/21	莊逵吉本p.854
1002	賢師不能化〔者〕 19/204/21	莊逵吉本p.854
1003	此教訓之所（俞）〔喻〕〔也〕 19/204/24	道藏本p.155.1、劉績本26/9b
1004	而芳澤之〔所〕施 19/204/25	劉績本 26/9b
1005	死者眾〔也〕 19/205/7	據文意補
1006	〔而〕人曰夏生 19/205/8	準文例補
1007	〔契生於卵〕 19/205/13	王引之說，見讀書雜志p.940
1008	（契生於卵） 19/205/13	王引之說，見讀書雜志p.940
1009	是（謂）猶釋船而欲蹍水也 19/205/15	據文意刪
1010	夫純鈞、魚腸（劍）之始下型 19/205/17	莊逵吉本p.859
1011	〔則〕鬢眉微毫可得而察 19/205/19	王念孫說，見讀書雜志p.941
1012	不若眾人之〔所〕有餘 19/205/22	王念孫說，見讀書雜志p.942
1013	夫鴈順風〔而飛〕 19/206/4	王念孫說，見讀書雜志p.942
1014	獨守專室而不出門〔戶〕 19/206/7	王念孫說，見讀書雜志p.942
1015	而知（其）六賢之道者何 19/206/13	王念孫說，見讀書雜志p.942
1016	學不可〔以〕已 19/206/14	荀子・勸學 1/7a
1017	（揉）以成器用 19/206/20	楊樹達說，見淮南子證聞p.190
1018	以逍遙〔乎無方之內〕 19/206/24	說苑・建本 3/7a

編號	原句 / 位置(章/頁/行)	改正說明
1019	此聖人之所以(詩)〔游〕心〔也〕 19/206/24	道藏本p.156.3、說苑・建本3/7a
1020	(若此)〔然〕而〔晚世之人〕不能閑居靜思 19/206/25	說苑・建本 3/7a
1021	分〔別〕白黑(利害) 19/206/26	王念孫說,見讀書雜志p.942
1022	人才之所能逮〔也〕 19/207/2	說苑・建本 3/7a
1023	多(不)暇日之故 19/207/3	俞樾說,見諸子平議p.648
1024	敕蹻趹〔步〕 19/207/9	王念孫說,見讀書雜志p.943
1025	卒勝民(治)全 19/207/14	俞樾說,見諸子平議p.649
1026	申包胥〔曰〕:〔吾〕竭筋力以赴嚴敵 19/207/15	俞樾說,見諸子平議p.649
1027	通於物者不可驚〔以〕怪 19/208/4	劉績本 26/19a
1028	夫項託(年)七歲為孔子師 19/208/11	道藏本p.158.1
1029	逆而弗聽〔也〕 19/208/13	道藏本p.158.1
1030	所以聽者易〔也〕 19/208/14	說苑・雜言 17/3b
1031	〔鄰人〕以為狗羹也而甘之 19/208/15	王念孫說,見讀書雜志p.944
1032	盡寫其〔所〕食 19/208/16	王念孫說,見讀書雜志p.944
1033	雖嗚廉(隅)脩營 19/208/23	莊逵吉本p.874
1034	〔莫之鼓也〕 19/208/24	劉績本 26/22a
1035	以為知者〔施〕也 19/209/4	王念孫說,見讀書雜志p.945
1036	必知鐘之不調〔也〕 19/209/9	據文意補
1037	以為後之(有)知音者也 19/209/9	王念孫說,見讀書雜志p.945
1038	籠蒙目(視) 19/209/15	王念孫說,見讀書雜志p.945
1039	夫鼓〔舞〕者非柔縱 19/209/23	劉績本 26/25b
1040	淹浸(漬)漸靡使然也 19/209/24	王念孫說,見讀書雜志p.946
1041	不見其移〔也〕 20/210/9	于大成說 ,見淮南鴻烈泰族校釋。中華學苑第16期p.58(1975年9月)
1042	而日在其前〔矣〕 20/210/9	于大成說 ,見淮南鴻烈泰族校釋。中華學苑第16期p.58(1975年9月)
1043	(瑤碧玉珠) 20/210/24	王念孫說,見讀書雜志p.947
1044	〔瑤碧玉珠〕 20/210/24	王念孫說,見讀書雜志p.947
1045	列子〔聞之〕曰 20/210/28	列子・說符 8/2a、韓非子・喻老 7/3b
1046	〔與〕日月合明 20/211/2	王念孫說,見讀書雜志p.947
1047	不下廟堂而(衍)〔行〕〔於〕四海 20/211/3	王念孫說,見讀書雜志p.947
1048	〔列星朗〕 20/211/9	王念孫說,見讀書雜志p.948
1049	(列星期) 20/211/9	王念孫說,見讀書雜志p.948
1050	非有〔為焉〕,〔正其〕道而物自然 20/211/10	王念孫說,見讀書雜志p.948
1051	今夫〔有〕道者 20/211/18	據文意補
1052	非(劵)〔券〕之所〔能〕責也 20/211/28	莊逵吉本p.889、王念孫說,見讀書雜志p.949
1053	市(買)不豫賈 20/212/1	王念孫說,見讀書雜志p.949
1054	非〔得〕慈雌嘔煖覆伏 20/212/22	韓詩外傳 5/10b
1055	則不能〔成〕為雛 20/212/22	韓詩外傳 5/11a
1056	非〔得〕聖王為之法度而教導之 20/212/23	韓詩外傳 5/11a

編號	原句 / 位置（章/頁/行）	改正說明
1057	以歸神〔杜淫〕 20/213/13	王念孫說，見讀書雜志p.950
1058	（及其淫也） 20/213/13	王念孫說，見讀書雜志p.950
1059	〔及其衰也〕，〔流而不反〕，〔淫而好色〕，〔至於亡國〕 20/213/14	王念孫說，見讀書雜志p.950
1060	及〔至〕其衰也 20/213/14	準下文文例補
1061	〔以〕罷民（之）力 20/213/18	王念孫說，見讀書雜志p.951
1062	外內相（推）舉 20/213/20	王念孫說，見讀書雜志p.951
1063	（故《易》之失也卦），（《書》之失也敷），（樂之失也淫），（《詩》之失也辟），（禮之失也責），（《春秋》之失也刺） 20/213/21	王念孫說，見讀書雜志p.951、參正文注文
1064	五行異氣而皆（適）（調）〔和〕 20/214/3	王念孫說，見讀書雜志p.889、參正文注文
1065	六藝異科而皆（同）（道）〔通〕 20/214/3	王念孫說，見讀書雜志p.889
1066	〔而〕君子大之 20/214/11	準上句補
1067	〔而〕《春秋》大之 20/214/12	準上句補
1068	而未可謂弟〔弟〕也 20/214/17	王念孫說，見讀書雜志p.951
1069	可謂惠君〔矣〕 20/214/18	準上句補
1070	可謂良將〔矣〕 20/214/19	準文句補
1071	〔道〕小（見）〔則〕不達 20/215/10	俞樾說，見諸子平議p.652
1072	〔達〕必簡 20/215/10	俞樾說，見諸子平議p.652
1073	（陰陽无為、故能和） 20/215/12	王念孫說，見讀書雜志p.952
1074	而未可〔以〕廣應也 20/215/13	王叔岷說，見淮南子斠證（下）。文史哲學報第6期p.56（1954年12月）
1075	而不可以陳軍〔也〕 20/215/15	準上文補
1076	而不可以饗眾〔也〕 20/215/16	準上文補
1077	（而）〔亦〕猶弓矢、中之具〔也〕 20/215/22	王念孫說，見讀書雜志p.952、「也」字準上句補
1078	以〔不〕萬一求不世出 20/216/9	王念孫說，見讀書雜志p.952
1079	非貴其隨病而調藥〔也〕 20/216/17	準下文補
1080	非貴〔其〕隨罪而鑒刑也 20/216/18	王叔岷說，見淮南子斠證（下）。文史哲學報第6期p.57（1954年12月）
1081	紀綱不張〔而〕風俗壞也 20/216/20	劉文典說，見淮南鴻烈集解p.681
1082	其所〔以〕亡者 20/216/25	劉績本 27/16a
1083	〔言〕而不用 20/216/27	原底本空一字，今據道藏本p.164.2補
1084	抱寶牽馬而〔至〕 20/216/27	原底本空一字，今據王今孫讀書雜志p.952補
1085	〔故〕守不待渠壍而固 20/216/27	原底本空一字，今據道藏本p.164.2補
1086	得賢之與失〔賢也〕 20/216/28	原底本空二字，今據道藏本p.164.2補
1087	〔故〕臧武仲以其智存魯 20/216/28	原底本空一字，今據道藏本

編號	原句 / 位置（章/頁/行）	改正說明
		p.164.2補
1088	不知禮義不可以行法〔也〕 20/217/5	準上句補
1089	教之所（以）成也 20/217/7	群書治要p.727
1090	墨子服役〔者〕百八十人 20/217/7	道藏本p.164.3
1091	然越〔人〕為之 20/217/9	王念孫說，見讀書雜志p.953
1092	其於〔以〕化民也 20/217/22	群書治要p.728
1093	猶日月之蝕〔也〕 20/218/20	群書治要p.728
1094	鴟之夜見〔也〕 20/218/20	準上文補
1095	夫知者不妄〔為〕，〔勇者不妄〕發 20/218/23	王念孫說，見讀書雜志p.953
1096	能得勝〔者〕 20/219/1	莊逵吉本p.916
1097	日引邪欲而澆其（身）（夫調）〔天和〕 20/219/10	王念孫說，見讀書雜志p.889
1098	而得天下之心〔也〕 20/219/13	于大成說 ，見淮南鴻烈泰族校釋。中華學苑第16期p.73（1975年9月）
1099	（之）地方不過百里 20/219/17	王念孫說，見讀書雜志p.954
1100	鞭荊平（王）之墓 20/219/22	王念孫說，見讀書雜志p.843
1101	則快然而（嘆）〔笑〕（之） 20/220/6	王念孫說，見讀書雜志p.955
1102	從冥冥〔見炤炤〕 20/220/7	莊逵吉本p.920
1103	（又況）萬物在其閒者乎 20/220/9	王念孫說，見讀書雜志p.955
1104	予之〔以〕權衡則喜 20/220/22	莊逵吉本p.922
1105	教之以金目則（射）快 20/220/23	陳觀樓說，見讀書雜志p.955
1106	其為親〔也〕亦戚矣 20/220/24	文子・符言 4/11b
1107	〔則〕聞識必博矣 20/221/2	群書治要p.729
1108	其兩愛之、（一）性也 20/221/7	王念孫說，見讀書雜志p.956
1109	天地之性（也天地之生）物也有本末 20/221/10	王念孫說，見讀書雜志p.956
1110	今重法而棄〔仁〕義 20/221/14	王念孫說，見讀書雜志p.956
1111	（其）《國語》曰 20/221/16	王念孫說，見讀書雜志p.956
1112	其縣法立儀〔也〕 20/222/4	準上文補
1113	大息（而）撫〔而止〕之 20/222/8	史記・樂書p.1235
1114	絃有緩急小大然后〔能〕成曲 20/222/12	王念孫說，見讀書雜志p.957
1115	故下不（相）賊 20/222/16	王念孫說，見讀書雜志p.957
1116	故民无匿（情） 20/222/16	王念孫說，見讀書雜志p.957
1117	而百姓怨（矣） 20/222/18	于大成說 ，見淮南鴻烈泰族校釋。中華學苑第16期p.81（1975年9月）
1118	吳起為楚〔張〕減爵（祿）之令 20/222/18	王引之說，見讀書雜志p.957
1119	聖人見（禍）福於重閉之內 20/222/25	王念孫說，見讀書雜志p.957
1120	然而〔不可行者〕，〔為其〕傷和睦之心 20/223/4	王念孫說，見讀書雜志p.958
1121	而構仇讎之怨〔也〕 20/223/4	王念孫說，見讀書雜志p.958
1122	〔不可以為法也〕 20/223/7	群書治要p.729
1123	為〔其〕摶雜也 20/223/8	準上文補
1124	此三代之所〔以〕昌〔也〕 20/223/14	王念孫說，見讀書雜志p.958
1125	（時）則尊天而保真 21/224/3	劉績本 28/2a
1126	乃始攬物（物）引類 21/224/23	莊逵吉本p.938
1127	（並明） 21/224/28	王念孫說，見讀書雜志p.959

增字、刪字改正說明表

編號	原句 / 位置（章/頁/行）	改正說明
1128	所以因（作）任督責 21/225/8	王念孫說，見讀書雜志p.959
1129	而以明事埒（事）者也 21/226/2	王念孫說，見讀書雜志p.960
1130	與塞而无為也（同） 21/226/12	王念孫說，見讀書雜志p.960
1131	序四時（之） 21/226/18	莊逵吉本p.944
1132	〔專〕用制度 21/226/20	劉績本 28/7b
1133	〔久〕服傷生而害事 21/228/5	王念孫說，見讀書雜志p.961
1134	恃連與（國） 21/228/17	王念孫說，見讀書雜志p.962
1135	原道〔德〕之心 21/228/28	顧千里說，見讀書雜志p.979

正　　　文

1 原道訓

夫道者，覆天載地，廓四方，柝八極，高不可際，深不可測，包裹天地，稟授無形。源流泉（滂）〔浡〕，沖而徐盈；混混汩汩，濁而徐清。故植之而塞于天地，橫之而彌于四海，施之無窮而無所朝夕。舒之幎於六合，卷之不盈於一握。約而能張，幽而能明，弱而能強，柔而能剛。橫四維而含陰陽，（紘）〔紭〕宇宙而章三光。甚淖而滒，甚纖而微。山以之高，淵以之深，獸以之走，鳥以之飛，▸日月以之明，星歷以之行，麟以之游，鳳以之翔◂[1]。

泰古二皇，得道之柄，立於中央，神與化游，以撫四方。是故能天運地滯，輪轉而無廢，水流而不止，與萬物終始。風興雲蒸，事無不應；雷聲雨降，並應無窮。鬼出（電）〔神〕入，龍興鸞集；鈞旋轂轉，周而復匝。已彫已琢，還反於樸。無為為之而合于道，無為言之而通乎德，恬愉無（矜）〔矜〕而得于和，有萬不同而便于性，神託于秋毫之（未）〔末〕，而▸大與◂[2]宇宙之總。其德優天地而和陰陽，節四時而調五行。呴諭[3]覆育，萬物群生，潤于[4]草木，浸于[5]金石，禽獸碩大，毫毛潤澤，羽翼奮也，角觡生也，獸胎▸不贕，鳥卵不毈◂[6]，父無喪子之憂，兄無哭弟之哀，童子不孤，婦人不孀，虹蜺不出，賊星不行，含德之▸所致◂[7]。

夫太上之道，生萬物而不有，成化像[8]而弗宰。跂行喙息，蠉飛蝡動，待而後生，莫之知德；待之後死，莫之能怨。得以利者不能譽，用而敗者不能非。收聚畜積而不加富，布施稟授而不益貧。旋（縣）〔緜〕而不可究，纖微而不可勤。累之而不高，墮之而不下，益之而不衆，損之而不寡，斲之而不薄，殺之而不殘，鑿之而不深，填之而不淺。忽兮怳兮，不可為象兮；怳兮忽兮，用不屈兮；幽兮冥兮，應無形兮；遂[9]兮洞兮，不虛動兮。與剛柔卷舒兮，與陰陽俛仰兮。

昔者▸馮夷、大丙◂[10]之御也，乘（雲）〔雷〕車，（入）〔六〕雲蜺，游微霧，鶩

1. A.日月以之明，星辰以之行，麟以之游，鳳以之翔ⓦ B.麟以之游，鳳以之翔，星曆以之行《文子・道原》1/1b
2. 大《莊逵吉本》p.22〈俞樾云：「大」下疑脫「於」字。〉
3. 嫗ⓦ
4. 乎Ⓨ
5. 乎Ⓨ
6. 不殰，鳥卵不殈ⓦ
7. 所致也Ⓨ
8. 象Ⓨ
9. 俞樾云：「遂」讀為「遂」。編者按：《說郛》卷54引《文子》作「遂」。
10. 馮遲、太白Ⓨ

（恍忽）〔忽恍〕，歷遠彌高以極往，經霜雪而無迹，照日光而無景，▸扶搖抮抱羊角而上◂[1]，經紀山川，蹈[2]騰崑崙，排閶闔，淪天門。末世之御，雖有輕車良馬，勁策利（鍛）〔錣〕，不能與之爭先。是故大丈夫恬然無思[3]，澹然無慮；以天為蓋，以地為輿；四時為馬，陰陽為御；乘雲陵霄，與造化▸者俱◂[4]。縱志舒節，以馳大區。可以步而步，可以驟而驟。（今）〔令〕雨師灑道，使風伯掃塵。電以為鞭策，雷以為車輪。上游于霄雿之野，下出于無垠〔鄂〕之門。劉覽（偏）〔徧〕照，復守以全。經營四隅，還反於樞。

故以天為蓋，則無不覆也；以地為輿，則无不載也；四時為馬，則無不使也；陰陽為御，則無不備也。是故疾而不搖，遠而不勞，四支不（動）〔勤〕[5]，聰明不損，而知八紘九野之形埒者，何也？執道（要）之柄，而游於無窮之地〔也〕。是故天下之事，不可為也，因其自然而推之。萬物之變，不可究也，秉其要〔趣而〕歸之（趣）。夫鏡水之與形接也，不設智故，而方圓曲直弗能逃也。是故響不肆應，而景不一設，（叫）〔叫〕呼仿佛，默然自得。人生而靜，天之性也。▸感而後動◂[6]，性之害[7]也。物至而神應，知之動也。知與物接，而好憎生焉。好憎成形，而知誘於外，不能反己，而天理滅矣。故達於道者，不以人易天，外與物化，而內不失其情。至無而供其求，時騁而要其宿。小大脩短，各有其具，萬物之至，騰踊[8]肴亂而不失其數。是以處上而民弗重〔也〕，居前而眾弗害〔也〕，天下歸之，姦邪畏之。以其無爭於萬物也，故莫（敢）〔能〕與之爭。

夫臨江而釣，曠日而不能盈羅，雖有鉤箴芒距，微綸芳餌，加之以詹何、娟嬛之數，猶不能與網罟爭得也。射者扞烏號之弓，彎棊衛之箭，重之〔以〕羿、逢蒙子之巧，以要飛鳥，猶不能與羅者競多。何則？以所持之[9]小也。張天下以為之籠，因江海以為（罟）〔罛〕，又何亡魚失鳥之有乎？故（夫）〔矢〕不若繳，繳不若〔網〕，〔網不若〕無形之像。

1. 王叔岷云：此本作抮抱扶搖羊角而上。
2. 楊樹達云：「蹈」當讀為「踔」。 3. 為ⓦ
4. A.逍遙ⓦ B.俱ⓨ
5. 編者按：《修務》p.577「四胑不動，思慮不用」，「動」亦誤「動」。唯《文子．自然》作「四體不勤」。 6. A.感於物而動ⓦ B.感物而動ⓦ
7. 欲《禮記．樂記》p.666〈俞樾云：「害」乃「容」字之誤。〉 8. 湧ⓨ
9. 編者按：「之」字疑當作「者」。

夫釋大道而任小數[1]，▸無以◂[2]異於使蟹（蛸）〔捕〕鼠，蟾蠩捕蚤，不足以禁姦塞邪，亂乃逾滋。昔者夏鯀作（三）〔九〕仞之城，諸侯背之，海外有狡心。禹知天下之叛也，乃壞城平池，散財物，焚甲兵，施之以德，海外賓服[3]，四夷納職，合諸侯於塗山，執玉帛者萬國。故機械之心藏於胸中，則純白不粹，神德不全，在身者不知，何遠之所能懷！是故革堅則兵利，城成則衝生，若以湯沃沸，亂乃逾甚。▸是故◂[4]鞭噬狗，策蹏[5]馬，而欲教之，雖▸伊尹◂[6]、造父弗能化。欲寅之心亡於中，則飢虎可尾，何況狗馬之類乎！故體道者逸而不窮，任數者勞而無功。

夫峭法刻誅者，非霸王之業也；箠策繁用者，非致遠之（術）〔御〕也。離朱之明，察箴[7]末於百步之外，〔而〕不能見淵中之魚。師曠之聰，合八風之調，而不能聽十里之外。故任一人之能，不足以治三畝之▸宅也◂[8]。（脩）〔循〕道理之數，因天地之自然，則六合不足均也。是故禹之決瀆也，因水以為師；神農之播穀也，因苗以為教。

夫（萍）〔蘋〕樹根於水，木樹根於土，鳥排虛[9]而飛，獸蹠實而走，蛟龍水居，虎豹山處，天地之性也。兩木相摩而然，金火相守而流，員者常轉，窾者主浮，自然之勢也。是故春風[10]至則甘雨降，生育萬物，羽者嫗伏，毛者孕育，草木榮華，鳥獸卵胎，莫見其為者，而功既成矣。秋風下霜，到生挫傷，鷹鵰搏鷙，昆蟲蟄藏，草木注根，魚鱉湊淵，莫見其為者，滅而[11]▸無形◂[12]。木處榛巢，水居窟穴，禽獸有（芃）〔艽〕，人民有室，陸處宜牛馬，舟行宜多水，匈奴出穢裘，干、越生葛絺，各生所急以備[13]燥溼，各因所處以御寒暑，並得其宜，物便其所。由此觀之，萬物固以自然，聖人又何事焉！

九疑[14]之南，陸事寡而水事眾[15]，於是民人（被）〔劗〕髮文身，以像鱗蟲，短綣不絝，以便涉游，短袂攘卷，以便刺舟，因之也。鴈門之北，狄不穀食，賤長貴壯，俗[16]上[17]氣力，人不弛弓，馬不解勒，便之也。故禹之（祼）〔裸〕國，解衣而入，衣

1. 技ⓨ　2. 無ⓨ　3. 伏《莊逵吉本》p.30　4. 猶ⓨ
5. 蹏ⓨ〈楊樹達云：「蹏馬」連文無義，「蹏」蓋假為「踶」。〉
6. 俞樾云：「伊尹」疑當作「尹儒」。王叔岷云：「伊尹」疑原作「尹需」。
7. 毫ⓨ　8. 宅ⓨ　9. 空ⓨ　10. 分ⓨ
11. 編者按：「滅而」疑當作「而滅」。　12. 無形矣ⓨ
13. 王叔岷云：「備」、疑本作「避」。　14. 疑ⓨ　15. 多Ⓛ
16. 王念孫云：「俗」本作「各」。楊樹達云：「俗」字不誤。　17. 尚ⓦ

帶而出，因之也。今夫徙樹者，失其陰陽之性，則莫不枯槁。故橘、樹之江北則化而為（枳）〔橙〕，鴝（鵒）〔鴿〕不過濟，貈[1]度[2]汶而死，形性不可易，勢居不可移也。是故達於道者，反於清靜；究於物者，終於無為。以恬養性，以漠處神，則入于天門。

所謂天者，純粹樸素，質直皓白，未始有與雜糅者也。所謂人者，偶䁲智故，曲巧僞詐，所以俛仰於世人[3]而與俗交者〔也〕。故牛歧蹏而戴角，馬被髦而全足者，天也。絡馬之口，穿牛之鼻者，人也。循天者，與道游者也。隨人者，與俗交者也。夫井魚不可與語大，拘於隘也；夏蟲不可與語寒，篤於時也；曲士不可與語至道，拘於俗，束於教也。故聖人不以人滑天，不以欲亂情，不謀而當，不言而信，不慮而得，不為而成，精通于靈府，與造化者為人。

夫善游者溺，善騎者墮，各以▸其所好◂[4]，反自為禍。是故好事者未嘗不中，爭利者未嘗不窮也。昔共工之力，▸觸◂[5]不周之山，使地東南傾。與高辛爭為[6]帝，遂潛于淵，宗族殘滅，（維）〔繼〕嗣絕祀。越王翳逃山穴，越人熏而出之，遂不得已。由此觀之，得在時，不在爭；治在道，不在聖。土處下，不爭高，故安而不危；水▸下流◂[7]，不爭先，故疾而不遲。

昔舜耕於歷山，朞年，而田者爭處▸墝埆◂[8]，以封（壤）〔畔〕肥饒相讓；釣於河濱，朞年，而漁者爭處湍瀨，以曲隈▸深潭相予◂[9]。當此之時，口不設言，手不指麾，執玄德於心，而化馳若神。使舜無其志，雖口辯而戶說之，不能化一人。是故不道之道，莽乎大哉！夫能理三苗，朝羽民，（從）〔徙〕裸國，納肅慎，未發號施令而移風易俗者，其唯心行者乎！法度刑罰，何足以致之也？是故聖人內修其本，而不外飾其末，保其精神，偃其智故，漠然無為而無不為也，澹然無治（也）而無不治也。所謂無為者，不先物為也；所謂〔無〕不為者，因物之所為〔也〕[10]。所謂無治者，不易自然也；所謂無不治者，因物之相然也。萬物有所生，而獨知守其根；百事有所出，而獨知守其門。▸故窮◂[11]無窮，極無極，照物而不眩，響應而不乏，此之謂天解。

故得道者志弱而事強，心虛而應當。所謂志弱者，柔毳安靜，藏於不敢[12]，行於不

1. A.貉 Ⓨ B.洛 Ⓨ C.貉 Ⓨ　2. 渡《莊逵吉本》p.34
3. 編者按：「人」字疑衍。　4. 所好 Ⓨ　5. 怒觸 Ⓦ　6. 而 Ⓨ
7. 流下 Ⓦ　8. 磽确 Ⓨ　9. A.深潤相與 Ⓨ B.深潤相予 Ⓨ
10. 編者按：「也」字原誤在上文「無治」下。　11. 故能窮 Ⓨ
12. 《文子》本或作「取」。

能[1]，恬然無慮，動不失時，與萬物回周旋轉，不為先唱，感而應之。是故貴者必以賤為號，而高者必以下為基。託小以包大，在中以制外，行柔而剛，用弱而強，轉化推移，得一之道，而以少正多。所謂（其）[2]事強者，遭變應卒，排患扞難，力無不勝，敵無不凌，應化揆時，莫能害之。是故欲剛者必以柔守之，欲強者必以弱保之。積於柔則剛，積於弱則強，觀其所積，以知禍福之鄉。強勝不若己者，至於若己者而同；柔勝出於己者，其力不可量。故兵強則滅，木強則折，革堅則裂，齒堅於舌而先之弊。是故柔弱者、生之榦也，（而）[3]堅強者、死之徒也。▸先唱者、窮之路也，後動者、達之原也◂[4]。

何以知其然也？凡人、中壽七十歲，然而趨舍指湊，日以（自）〔月〕悔也，以至於死，故蘧伯玉年五十而有[5]四十九年非。何者？先者難為知，而後者易為攻[6]也。先者上高，則後者攀之；先者（諭）〔踰〕下，則後者（蹶）〔蹍〕之；先者隤陷，則後者以謀；先者敗績，則後者（逢）〔違〕之。由此觀之，先者，則後者之弓矢質的也。猶錞之與刃，刃犯難而錞無患者，何也？以其託於後位，〔有所屏蔽〕[7]也。此俗世庸民之所公見也，而賢知者弗能避也。所謂後者，非謂其底滯而不發，凝竭[8]而不流，貴其周於數而合於時也。夫執道理以耦變，先亦制後，後亦制先。是何則？不失其所以制人，人不能制也。

時之反側，閒不容息，先之則大過，後之則不逮。夫日回而月周，時不與人游，故聖人不貴尺之璧，而重寸之陰，時難得而易失也。禹之趨時也，▸履遺而弗取，冠挂而弗顧◂[9]，非爭其先也，而爭其得時也。是故聖人守清道而抱雌節，▸因循◂[10]應變，常後而不先。柔弱以靜，舒安以定，攻大磏堅，莫能與▸之爭◂[11]。

天下之物，莫柔弱於水，然而大不可極，深不可測，脩[12]極於無窮，遠（淪）

1. 楊樹達云：「能」讀與「耐」同。
2. 編者按：據上文刪。
3. 編者按：準下二句文例，「而」字蓋衍文。
4. 編者按：以上四句隔句韻，最後二句疑誤倒。
5. 知ⓦ
6. 楊樹達云：「攻」與「功」同。
7. 編者按：王念孫據高注補「有所屏蔽」四字於下文「弗能避」下，然「有所屏蔽」與此文「託於後位」文意相接，今移於此。
8. 王念孫云：「竭」之言「遏」也。
9. A.履遺而不納，冠挂而不顧ⓦ B.冠挂而不顧，履遺而不取ⓨ
10. 因循而ⓨ
11. 之爭也ⓨ
12. 編者按：「脩極」《文子》作「長極」。此文作「脩」者蓋避淮南王諱改。

〔淪〕於無崖，息耗減益，通於不訾，上天則為雨露，下地則為潤澤，萬物弗得不生，百事不得不成，大包群生而無（好憎）〔私好〕，澤及蚑蟯而不求報，富贍天下而不既，德施百姓而不費，行（而）不可得〔而〕窮極也，微（而）不可得〔而〕把握也，擊之無創，刺之不傷，斬之不斷，焚之不然，淖溺流遁，錯繆相紛而不可靡散，利貫金石，強濟天下，動溶無形之域，而翱翔忽區[1]之上，邅回川谷之閒，而滔騰大荒之野，有餘不足，▸與天地◂[2]取與，▸授萬物◂[3]而無所前後，是故無所私而無所公，靡濫振蕩，與天地鴻洞，無所左而無所右，蟠委錯紾，與萬物（始終）〔終始〕，是謂至德。

夫水所以能成其至德於天下者，以其淖溺潤滑也。故老聃之言曰：「天下至柔，馳騁於天下之至堅。出於無有，入於無閒。吾是以知無為之有益。」夫無形者，物之大祖也；無音者，聲之大宗也。其子為光，其孫為水，皆生於〔無〕形乎！夫光可見而不可握，水可循[4]而不可毀，故有像之類，莫尊於水。出生入死，自無蹠有，自有蹠無，而以衰賤矣。

是故清靜者，德之至也；▸而柔◂[5]弱者，道之要也；虛（而）〔無〕恬愉者，萬物之用也。肅然應感，殷[6]然反本，則淪於無形矣。所謂無形者，一之謂也。所謂一者，無匹合於天下者也。卓然獨立，塊然獨[7]處，上通九天，下貫九野，員不中規，方不中矩，大渾而為一，葉累而無根，懷囊天地，為道關門，穆忞隱閔，純德獨存，布施而不既，用之而不勤。是故視之不見其形，聽之不聞其聲，循之不得其身，無形而有形生焉，無聲而五音鳴焉，無味而五味形焉，無色而五色成焉。是故有生於無，實出於虛，天下為之圈，則名實同居。音之數不過五，而五音之變不可勝聽也。味之和不過五，而五味之化不可勝嘗也。色之數不過五，而五色之變不可勝觀也。故音者，宮立而五音形矣；味者，甘立而五味亭矣；色者，白立而五色成矣；道者，一立而萬物生矣。

是故一之理，施四海；一之解，際天地。其全也，純兮若樸；其散也，混兮若濁。濁而徐清，沖而徐盈，澹兮其若深淵，汎兮其若浮雲，若無而有，若亡而存。萬物之總，皆閱一孔；百事之根，皆出一門。其動無形，變化若神；其行無迹，常後而先。

是故至人之治也，掩其聰明，滅其文章，依道廢智，與民同出于公。▸去其誘慕◂[8]，除其嗜欲，（損）〔捐〕其思慮。約其所守則察[9]，寡其所求則得。夫任耳目以

1. 王引之云：「區」、當作「芒」。 2. 任天下Ⓦ 3. 稟授萬物Ⓦ
4. 編者按：「循」讀為「揗」。 5. 柔Ⓨ 6. 殺Ⓛ 7. 幽Ⓨ
8. 約其所守，寡其所求，去其誘慕Ⓦ
9. 編者按：《說林訓》「耳不可以察」，《讀書雜志》以「察」為「塞」之誤，此文則只在《淮南韻譜》中改「塞」，以「塞」、「得」為韻。

聽視者，勞形而不明；以知慮為治者，苦心而無功。是故聖人一度循軌，不變其宜，不易其常，放準（修）〔循〕繩，曲因其當。

夫喜怒者，道之邪也；憂悲者，德之失也；好憎者，心之過也；嗜欲者，性之累也。人大怒破陰，大喜墜陽；薄氣發瘖，驚怖為狂；憂悲多恚，病乃成積；好憎繁多，禍乃相隨。故心不憂樂，德之至也；通[1]而不變，靜之至也；嗜欲不載，虛之至也；無所好[2]憎，平之至也；不與物（散）〔殽〕，粹之至也。能此五者，則通於神明。通於神明者，得其內者也。是故以中制外，百事不廢；中能得之，則外能（收）〔牧〕之。中之得，則五藏寧，思慮平，筋力勁強，耳目聰明，疏達而不悖，堅強而不鞼，無所大過而無所不逮，處小而不逼，處大而不窕，其魂不躁，其神不嬈，湫漻寂漠，為天下梟。

（迫）〔感〕則能應，（感）〔迫〕則能動；物穆無窮，變無形像。優游委縱，如響之與景；登高臨下，無失所秉；履危行險，無忘玄仗。▸大道坦坦，去身不遠，求之近者，往而復反◂[3]，能存之此，其德不虧，萬物紛糅，與之轉化，以聽天下，若背風而馳，是謂至德。至德則樂矣。古之人有居巖穴而神不遺者，末世有勢為萬乘而日憂悲者。由此觀之，聖亡乎治人，而在于得道；樂亡于富貴，而在于德和。知大己而小天下，則幾於道矣。

所謂樂者，豈必處京臺、章華，游雲夢、▸沙丘◂[4]，耳聽《九韶》、《六瑩》。口味煎熬芬芳，馳騁夷道，▸釣射鸕鷞◂[5]之謂樂乎？吾所謂樂者，人得其▸得者◂[6]。夫得其得者，不以奢為樂，不以廉[7]為悲，與陰俱閉，與陽俱開。故子夏心戰而臞，（得）道〔勝〕而肥。聖人不以身役物，不以欲滑和，是故其為（臞）〔樂〕[8]不忻忻，其為悲不惙惙，萬方百變，消搖而無所定，吾獨忼慨，遺物而與道同出。是故有以自得〔也〕，喬木之下，空穴之中，足以適情。無以自得也，雖以天下為家，萬民為臣妾，不足以養生也。能至于無樂者，則無不樂；無不樂則至（極樂）〔樂極〕矣。

夫建鍾鼓，列管弦，席旃茵，傅旄象，耳聽朝歌北鄙靡靡之樂，齊靡曼之色，陳酒

---

1. 一㋡　　2. 愛㋡　　3. 此四句《莊逵吉本》在「為天下梟」下。
4. A.陟高丘㋡ B.陟沙丘㋡　　5. A.躬釣瀟湘㋡ B.弋釣瀟湘㋡　　6. 得者也㋡
7. 編者按：下文「不以康為樂，不以慊為悲」，則此文「廉」讀為「慊」。
8. 編者按：《俶真訓》「訢訢然人樂其性」，亦以「訢訢然」形容「樂」，足見此文本作「樂」，作「曜」乃聲近而誤。影鈔宋本作「臞」，又「曜」之形誤。

行鶻，夜以繼日，強弩（于）〔干〕高鳥，走犬（遂）〔逐〕狡兔，此其為樂也，炎炎赫赫，怵然若有所誘慕。解車休馬，罷酒徹樂，而心忽然若有所喪，悵然若有所亡也。是何則？不以內樂外，而以外樂內，樂作而喜，曲終而悲，悲喜轉而相生，精神亂營，不得須臾平。察其所以，不得其形，而日以傷生，失其得者也。是故內不得於中，稟授於外而以自飾也，不浸于肌膚，不浹于骨髓，不留于心志，不滯于五藏。故從外入者，無主於中，不止。從中出者，無應於外，不行。故聽善言便計，雖愚者（和）〔知〕說之；稱至德高行，雖不肖者知慕之。說之者眾而用之者鮮，慕之者多而行之者寡。所以然者，何也？不能反諸性也。夫內不開於中而強學問者，（不）入於耳而不著於心。此何以異於聾者之歌也？效人為之而無以自樂也，聲出於口則越而散矣。夫心者，五藏之主也，所以制使四支，流行▸血氣◂[1]，馳騁于是非之境，而出入于百事之門戶者也。是故不得於心而有經天下之氣[2]，是猶無耳而欲調鍾鼓，無目而欲喜文章也，亦必不勝其任矣。

故天下神器，▸不可為也◂[3]，為者敗之，執者失之。夫許由小天下而不以己易堯者，志遺于天下。所以然者，何也？因天下而為天下也。天下之要，不（任）〔在〕於彼而在於我，不在於人而在於（我）身，身得則萬物備矣。徹於心術之論，則嗜欲好憎外（失）〔矣〕。是故無所喜而無所怒，無所樂而無所苦，萬物玄同（也），無非無是，化育玄燿，生而如死。夫天下者亦吾有也，吾亦天下之有也，天下之與我，豈有間哉！

夫有天下者，豈必攝權持勢，操殺生之柄而以行其號令邪？吾所謂有天下者，非謂此也，自得而已。自得，則天下亦得我矣。吾與天下相得，則常相有已，又焉有不得容其閒者乎！

所謂自得者，全其身者也。全其身，則與道為一矣。故雖游於江潯海裔，馳要褭，建翠蓋，目觀《掉[4]羽》、《武象》之樂，耳聽滔朗奇麗激抮之音，揚鄭、衛之浩樂，結激楚之遺風，射沼濱之高鳥，逐苑囿之走獸，此齊民之所以淫泆▸流湎◂[5]，聖人處之，不足以營其精神，亂其氣志，使心怵然失其情性。處窮僻之鄉，側谿谷之間，隱于榛薄之中，環堵之室，茨之以生茅，蓬戶甕牖，揉桑以為樞，上漏下溼，潤浸北房，雪

1. 氣血Ⓨ
2. 編者按：「氣」疑本作「志」。
3. 不可執也，不可為也Ⓦ
4. 楊樹達云：「掉」當讀為「翟」。
5. 流湎也Ⓨ

霜滾[1]灖，浸潭苽蔣，逍遙于廣澤之中，而仿洋于山（峽）〔岬〕之旁，此齊民之所為形植（藜）〔黎〕（累）〔黑〕，憂悲而不得志也，聖人處之，不為愁悴怨（懟）〔懟〕而（不）失其所以自樂也。是何（也）則？內有以通于天機，而不以貴賤貧富勞逸失其志[2]德者也。故夫烏之啞啞，鵲之唶唶，豈嘗為寒暑燥溼變其聲哉！

是故夫得道已定，而不待萬物之推移也，非以一時之變化而定吾所以自得也。吾所謂得者，▸性命◂[3]之情，處其所安也。夫性命者，與形俱出其宗，形備而性命成，性命成而好憎生矣。故士有一定之論，女有不易之行，規矩不能方圓，鉤繩不能曲直。天地之永，登丘▸不可◂[4]為脩，居卑▸不可◂[5]為短。是故得道者，窮而不懾，達而不榮，處高而不機，持盈而不傾，新而不朗，久而不渝，入火不焦，入水不濡。是故不待勢而尊，不待財而富，不待力而強，平虛下流，與化翱翔。若然者，藏金於山，藏珠於淵，不利貨財，不貪勢名。是故不以康為樂，不以慊為悲，不以貴為安，不以賤為危，形神氣志，各居其宜，以隨天地之所為。

夫形者，生之舍也；氣者，生之充[6]也；神者，生之制也。一失〔其〕[7]位，則二者傷矣。是故聖人使（人）各處其位，守其職，而不得相干也。故夫形者非其所安也而處之則廢，氣不當其所充〔也〕[8]而用之則泄，神非其所宜〔也〕[9]而行之則昧。此三者，不可不慎守也。

夫舉天下萬物，蚑蟯貞蟲，蝡動蚑作，皆知其所喜憎利害者，何也？以其性之在焉而不離也，忽去之，則骨肉無倫矣。今人之所以眭然能視，瞀然能聽，形體能抗，而百節可屈伸，察能分白黑、視醜美，而知能別同異、明是非者，何也？氣為之充，而神為之使也。何以知其然也？凡人（之）志（各）[10]有所在而神有所繫者，其行也，足蹪趎埳、頭抵植木而不自知也，招之而不能見也，呼之而不能聞也。耳目〔非〕去之也，然而不能應者，何也？神失其守也。故在於小則忘於大，在於中則忘於外，在於上則忘於下，在於左則忘於右。無所不充，則無所不在。是故貴虛者以毫末為宅也。

今夫狂者之不能避水火之難而越溝瀆之嶮者，豈無形神氣志哉？然而用之異也。失

1. 瀼Ⓨ　2. 楊樹達云：「志」當為「自」，「自德」即「自得」也。
3. 編者按：「性命」上疑當有「得」字。　4. 不可以Ⓨ　5. 不可以Ⓨ
6. 元Ⓦ　7. 編者按：「其」字準下文「各處其位」補。
8. 編者按：準上句文例補。　9. 編者按：準上句文例補。
10. 編者按：「志有所在」與「神有所繫」對文，「之」字當衍。「各」字據楊樹達說刪。

其所守之位，而離其外內之舍，是故舉錯不能當，動靜不能中，終身運枯形于連嶁列埒之門，而蹪蹈[1]于污壑穽陷之中，雖生俱與人鈞，然而不免為人戮笑者，何也？形神相失也。故以神為主者，形從而利；以形為制者，神從而害。貪饕多欲之人，漠惛於勢利，誘慕於（召）〔名〕位，冀以過人之智植（于高）〔高于〕世，則精神▸日以耗◂[2]而彌遠，久淫而不還，形閉中距，則神無由入矣。

是以天下時有盲妄自失之患。此膏燭之類也，火逾然而消逾亟。夫精〔神〕氣志者，靜而（日）充者〔日〕以壯，躁而（日）耗者〔日〕以老。是故聖人將養其神，和弱其氣，平夷其形，而與道沉浮俛仰，恬然則[3]縱之，迫則用之。其縱之也若委衣，其用之也若發機。如是則萬物之化無不遇[4]，▸而百事◂[5]之變無不應。

2 俶真訓

〔有〕[6]有始者，有未始有有始者，有未始有夫未始有有始者，有有者，有无者，有未始有有無者，有未始有夫未始有有无者。所謂有始者，繁憤未發，萌兆牙蘖，未有形（呼）〔埒〕（垠堮），无无蠕蠕，將欲生興而未成物類。有未始有有始者，天氣始下，地氣始上，陰陽錯合，相與優游競暢于宇宙之間，被德含和，繽紛蘢蓯，欲與物接而未成兆朕。有未始有夫未始者有有始者，天含和而未降，地懷氣而未揚，虛无寂寞，蕭條霄霓，无有仿佛，氣遂而大通（宜宜）〔冥冥〕者也[7]。

有有者，言萬物摻落，根莖枝葉，青蔥苓蘢，（萑蔰）〔萑扈〕炫煌，蠉飛蠕動，蚑行噲息，可切循把握而有數量。有无者，視之不見其形，聽之不聞其聲，捫之不可得也，望之不可極也，儲與扈（治）〔冶〕，浩浩瀚瀚，不可隱儀揆度而通光燿者。有未始有有无者，包裹天地，陶冶萬物，大通混冥，深閎廣大，不可為外，析毫剖芒，不可為內，无環堵之宇而生有无之根。有未始有夫未始有有无者，天地未剖，陰陽未判，四時未分，萬物未生，汪然平靜，寂然清澄，莫見其形，若光燿之（間）〔問〕於无有，退而自失也，曰：「予能有無，而未能无无也。及其為无无，至妙何從及此哉！」

夫大塊載我以形，勞我以生，逸我以老，休我以死。善我[8]生者，乃所以善吾死

1. 王紹蘭云：「蹈」當為「焰」。 2. 日耗Ⓨ 3. 王叔岷以為「則」字衍文。
4. A.耦Ⓦ B.偶Ⓨ 5. 百事Ⓨ 6. 據下文「有有始者」補。
7. 編者按：「冥冥者也」四字疑衍。 8. 吾Ⓦ

也。夫藏舟於壑，藏山[1]於澤，人謂之固矣。雖然，夜半有力者負而趨，寐者不知，〔藏小大有宜〕，猶有所遁。若藏天下於天下，則无所遁其形矣。

物豈可謂无大揚攉[2]乎？一範人之形而猶喜。若人者，千變萬化而未始有極也。弊而復[3]新，其為樂也，可勝計邪！譬若夢，〔夢〕為鳥而飛於天，夢為魚而沒於淵，方其夢也，不知其夢也，覺而後知其夢也。今將有大覺，然後知今此之為大夢也。始吾未生之時，焉知生之樂也？今吾未死，又焉知死之不樂也？昔公牛哀▶轉病也◀[4]，七日化為虎。其兄掩[5]戶而入覘之，則虎搏而殺之。是故文章成獸，爪牙移易，志與心變，神與形化。方其為虎也，不知其嘗為人也；方其為人〔也〕[6]，不知其且為虎也。二者代謝舛馳，各樂其成形。狡猾鈍惛，是非无端，孰知其所萌！

夫水嚮[7]冬則凝而為冰，冰迎[8]春則（洋）〔泮〕而為水，冰（故）〔水〕移[9]易于前後，若周員而趨，孰暇知其所苦樂乎！是故形傷于寒暑燥溼之虐者，形苑而神壯；神傷乎喜怒思慮之患者，神盡而形有餘。故罷馬之死也，剝之若槁[10]；狡狗之死也，割之猶濡[11]。是故傷死者其鬼嬈[12]，時既者其神漠。是皆不得形神俱沒也。夫聖人用心，杖性依神，相扶而得終始，是故其寐[13]不夢，其覺不[14]憂。

古之人有處混冥之中，神氣不蕩于[15]外，萬物恬漠以愉靜，攙搶（衡）〔衡〕杓之氣莫不彌靡，而不能為害。當此之時，萬民倡狂，不知東西，含哺而游，鼓腹而熙，交被天和，食于地德，不以曲故是非相尤，茫茫（沈沈）〔沆沆〕，是謂大治。於是在上位者，左右而使之，毋淫其性；鎮撫而有之，毋遷其德。是故仁義不布而萬物蕃殖，賞罰不施而天下賓服。其道可以大美[16]興，而難以筭計舉也。是故日計之不足，而歲計之有餘。

夫魚相忘於江湖，人相忘於道術。古之真人，立於天地之本，中至[17]優游，抱德煬和，而萬物（雜）〔炊〕累焉，孰肯解構人間之事，以物煩其性命乎！

夫道有經紀條貫，得一之道，連千枝萬葉。是故貴有以行令，賤有以忘卑，貧有以

1. 車Ⓦ　2. A.摧Ⓨ B.榷Ⓨ　3. 後Ⓦ　4. 轉病Ⓨ
5. 啟Ⓨ　6. 編者按：準上文補。　7. 向Ⓨ　8. 向Ⓨ
9. A.施Ⓨ B.弛Ⓨ　10. 槀Ⓨ　11. 蠕Ⓨ　12. 魑Ⓨ
13. 寢Ⓨ　14. 無Ⓨ　15. 乎Ⓨ
16. 俞樾云：「美」當作「筴」。 17. 于大成云：「至」當作「正」。

樂業，困有以處危。夫大寒至，霜雪降，然後知松柏之茂也。據難履危，利害陳于前，然後知聖人之不失道也。是故能戴大員者履大方，鏡太清者視大明，立太平者處大堂，能游冥冥者與日月同光。是故以道為竿，以德為綸，禮樂為鉤，仁義為餌，投之於江，浮之於海，萬物紛紛，孰非其有！夫（梜）〔挾〕依於跂躍之術，提挈人間之際，撢掞挺挏世之風俗，以摸蘇牽連物之微妙，猶得肆其志，充其欲，何況懷瓌瑋之道，忘肝膽，遺耳目，獨浮游无方之外，不與物相弊摋，中徙倚无形之域而和以天地[1]者乎！

若然者，偃其聰明而抱其太素，以利害為塵垢，以死生為（盡）〔晝〕夜，是故目觀玉輅琬象之狀，耳聽《白雪》、《清角》之聲，不能以亂其神。登千仞之谿，臨蝯眩之岸，不足以滑其和。譬若鍾山之玉，炊[2]以鑪炭，三日三夜而色澤不變。▸則至德天地之精也◂[3]。是故生不足以使之，利何足以動之；死不足以禁之，害何足以恐之。明於死生之分，達於利害之變[4]，雖以天下之大，易骭之一毛，无所概於（忠）〔志〕也。

夫貴賤之於身也，猶條風之時麗[5]也；毀譽之於己〔也〕[6]，猶蚊虻之一過也。夫秉皓白而不（里）〔黑〕，行純粹而不糅，處玄冥而不闇，休于天鈞而不偽[7]，孟門、終隆之山不能禁〔也〕[8]，▸唯體道能不敗◂[9]，湍瀨旋淵、呂梁之深不能留也，大行石澗、飛狐、句（望）〔注〕之險不能難也。是故身處江海之上，而神游魏[10]闕之下。非得一原，（執）〔孰〕能至於此哉！

是故與至人居，▸使家◂[11]忘貧，使王公簡其貴富而樂卑賤，勇者衰其氣，貪者消其欲。坐而不教，立而不議，虛而往者實而歸，故不言而能飲人以和。是故至道无為，一龍一蛇，盈縮卷舒，與時變化。外從其風，內守其性，耳目不燿，思慮不營。其所居神者，臺簡以游太清，引楯萬物，群美萌生。是故事其神者神去之，休其神者神居之。道出一原，通九門，散六衢，設於无垓坫之（字）〔宇〕，寂漠以虛無。非有為於物也，物以有為於己也。是故舉事而順于道者，非道之所為也，〔非〕[12]道之所施也。

夫天之所覆，地之所載，六合〔之〕所包，陰陽〔之〕所呴，雨露〔之〕所濡，道

1. 俞樾疑「地」為「倪」字之誤。王叔岷疑為「均」字之誤。
2. A.灼Ⓨ B.燔Ⓨ
3. 得天地之精也Ⓨ
4. 編者按：「變」讀為「辨」。
5. 灑Ⓛ
6. 編者按：準上文補。
7. 碼Ⓨ
8. 編者按：準下文「不能留也」補。
9. 王念孫以為此乃注文，誤入正文。
10. 魏Ⓨ
11. 使家人Ⓨ
12. 編者按：準上句補。

德〔之〕所扶，此皆生一父母而閱一和也。是故槐榆與橘柚▸合而◂[1]為兄弟，有苗與三危通〔而〕[2]為一家。夫目視鴻鵠之飛，耳聽琴瑟之聲，而心在鴈門之間，一身之中，神之分離剖判，六合之內，一舉而千萬里。是故自其異者視之，肝膽胡越〔也〕；自其同者視之，▸萬物一圈也◂[3]。百家異說，各有所出，若夫墨、（揚）〔楊〕、申、商之於治道，猶蓋之（無）一橑，而輪之（無）一輻，有之可以備數，無之未有害於用也。己自以為獨擅之，不通之[4]于天地之情也。

今夫冶工之鑄器，金踊躍于鑪中，必有波溢而播棄者，其中地而凝滯，亦有以象於物者矣。其形雖有所小周[5]哉？然未可以保[6]於周室之九鼎也，有況比於規形者乎？其與道相去亦遠矣！

今夫萬物之疏躍枝舉，百事之莖葉條（梓）〔栓〕，皆本於一根，而條循千萬也。若此則有所受之矣，而非所授者。所▸受者无授◂[7]也而无不受[8]也。无不受[9]也者，譬若周雲之蘢蓯，遼巢彭濞[10]而為雨，沉溺萬物而不與為溼焉。

今夫善射者有儀表之度，如[11]工匠有規矩之數，此皆〔有〕所得以至於妙。然而奚仲不能為逢蒙，造父不能為伯樂者，是皆諭於一曲，而不通于萬方之際也。

今以涅染緇則黑於涅，以藍染青則青於藍。涅非緇也，▸青非藍也◂[12]，茲雖遇其母而无能復化已。是何則？以諭其轉而益薄也。何況夫未始有涅藍造化之者乎，其為化也，雖鏤金石，書竹帛，何足以舉其數！

由此觀之，物莫不生於有也，小大優游矣。夫秋毫之末，淪於无間而復歸於大矣；蘆符之厚，通於无（埶）〔垠〕而復反於敦龐〔矣〕。若夫无秋毫之微，蘆符之厚，四達無境，通于无圻，而莫之要御夭遏者，其襲微重妙，挺挏萬物，揣丸變化，天地之閒何足以論之！夫疾風教木，而不能拔毛髮；雲臺之高，墮者（析）〔折〕脊碎腦，而蟲虻適足以（翱）〔翶〕（翔）。夫與蚑蟯同乘天機，（天）受形於一圈，飛輕微細者，猶足以脫其命，又況未有類也？由此觀之，無形而生有形，亦明矣。

---

1. 合Ⓨ　2. 編者按：準上句補。
3. 萬物皆一也《莊子・德充符》p.110　4. 編者按：「之」字疑衍。
5. 用Ⓨ　6. 楊樹達云：「保」讀為「寶」。　7. 授者無受Ⓦ
8. 編者按：「受」疑當作「授」。　9. 編者按：「受」疑當作「授」。
10. 王念孫以為「薄」之誤字。　11. 王念孫云：「如」、讀為「而」。
12. 楊樹達云：當作「藍非青也」。

是故聖人託其神於靈府，而歸於萬物之初，視於冥冥，聽於无聲，冥冥之中獨見曉焉，寂漠之中獨有照焉。其用之也以不用，其不用也而後能用之；其知〔之〕也乃不知，其不知也而後能知之也。夫天不定，日月無所載；地不定，草木無所植；所立於身者不寧，是非無所形。是故有真人然後有真知。其所持者不明，庸（愚）詎知吾所謂知之非不知歟？

今夫積惠重厚，累愛襲恩，以聲華嘔符嫗掩萬民百姓，使（知）之訢訢然，人樂其性者，仁也。舉大功，立顯名，體君臣，正上下，明親疏，等貴賤，存危國，繼絕世，決挐治煩，興毀宗，立無後者，義也。閉九竅，藏心志，棄聰明，反無識，芒然仿佯于塵埃之外，而消搖于無事之業，含陰吐陽，而萬物和同者，德也。是故道散而為德，德溢而為仁義，仁義立而道德廢矣。

百圍之木，斬而為犧尊，鏤之以剞劂，雜之以青黃，華藻鎛（解）〔鮮〕，龍蛇虎豹，曲成文章，然其〔一〕斷在溝中，（一）比犧尊〔於〕溝中之斷，則醜美有間矣，然而失木性，鈞也。是故神越者其言華，德蕩者其行僞。至精亡於中，而言行觀於外，此不免以身役物矣。夫趍舍行僞者，為[1]精求于外也，精有湫盡，而行無窮極，則滑心濁神，而惑亂其本矣。其所守者不定，（於）〔而〕外淫於世俗之風，所（斷）差跌者〔已〕〔斷〕[2]，而內以濁其清明，是故躊躇以終，而不得須臾恬淡矣。

是故聖人內修道術，而不外飾仁義，不知耳目之（宣）〔宜〕，而游于[3]精神之和。若然者，下揆三泉，上尋九天，橫廓六合，揲貫萬物，此聖人之游也。若夫真人，則動溶于至虛，而游于滅亡之野，騎蜚廉而從敦圄，馳於（方外）〔外方〕，休乎（宇內）〔內宇〕[4]，燭十日而使風雨，臣雷公，役夸父，妾宓妃，妻織女，天地之間，何足以留其志！是故虛無者、道之舍，平易者、道之素。

夫人之事其神而嬈其精，營慧然而有求於外，此皆失其神明而離其宅也。是故凍者假兼衣于春，而暍者望冷風于秋，夫有病於內者必有色於外矣。夫梣木（色）〔已〕青翳，而蠃〔蠡〕瘉（蝸）〔燭〕睆，此皆治目之藥也。人無故求此物者，必有蔽其明

1. 編者按：「為」字疑衍。
2. 編者按：今本「斷」字誤在「差跌」上，又脫「已」字，今改正。　3. 乎ⓦ
4. 王念孫以為「方外」當作「外方」，「宇內」當作「內宇」，「宇」與「野」、「圄」、「雨」、「父」、「女」為韻。

者[1]。聖人之所以駭天下者，真人未嘗過焉；賢人之所以矯世俗者，聖人未嘗觀焉。夫牛蹏之涔，無尺之鯉；塊阜之山，無（文）〔丈〕之材。所以然者何也？皆其營宇狹小，而不能容巨大也。又況乎以無裹之者邪！此其為山淵之勢亦遠矣。夫人之拘於世也，必形繫而神泄，故不免於虛。使我可係羈者，必其（有命）〔命有〕在於外[2]也。

至德之世，甘瞑于溷澖之域，而徙倚于汗漫之宇，提挈天地而委[3]萬物，以鴻濛為景柱，而浮楊乎無畛崖之際。是故聖人呼吸陰陽之氣，而群生莫不▸顒顒◂[4]然，仰其德以▸和順◂[5]。當此之時，莫之領理，決離隱密而自成，渾渾蒼蒼，純樸未散，旁薄為一，而萬物大優，是故雖有羿之知而[6]無所用之。及世之衰也，至伏羲氏，其道昧昧芒芒然，（吟）〔含〕德懷和，被施頗烈，而知乃始昧昧（晽晽）〔楙楙〕，皆欲離其童蒙之心，而覺視於天地之閒，是故其德煩而不能一。（乃）〔及〕至神農、黃帝，剖判大宗，竅領天地，襲九窾，重九（埶）〔墊〕，提挈陰陽，嫥捖剛柔，枝解葉貫，萬物百族，使各有經紀條貫，於此萬民睢睢盱盱然，莫不竦身而載聽視，是故治而不能和。下棲遲至于昆吾、夏后之世，嗜欲連於物，聰明誘於外，而性命失其得。施及周室（之衰），澆淳[7]散樸，（雜）〔離〕道以偽，儉[8]德以行，而巧故萌生。周室衰而王道廢，儒墨乃始列道而議，分徒而訟。於是博學以疑[9]聖，華誣以脅眾，弦歌鼓舞，緣飾《詩》、《書》，以買名譽於天下。繁登降之禮，飾紱冕之服，聚眾不足以極其變，積財不足以贍其費，於是萬民乃始惏[10]觟離跂，各欲行其知偽，以求鑿（柄）〔枘〕於世而錯擇名利，是故百姓曼衍於淫荒之陂，而失其大宗之本。夫世之所以喪性命，有衰漸以然，所由來者久矣。

是故聖人之學也，欲以反性於初，而游心於虛也。達人之學也，欲以通性於遼廓，而▸覺於寂漠也◂[11]。若夫俗世之學也則不然，擢德搴性，內愁五藏，外勞耳目，乃始招蟯振繾物之豪芒，搖消掉捎仁義禮樂，暴行越智於天下，以招號名聲於世。此我所羞而不為也。

---

1. 編者按：「者」下疑當有「也」字。
2. 編者按：依句法「外」下當有「者」字。
3. 編者按：「委萬物」與「提挈天地」對文，「委」下疑脫一字。
4. 喁喁Ⓨ
5. 和順也Ⓨ
6. 王叔岷據高注以為「而」當作「其」。
7. 醇Ⓨ
8. 王念孫云：「儉」讀為「險」，「儉」、「險」古字通。
9. 擬Ⓨ
10. 王叔岷云：「惏」疑「惛」之誤。
11. 編者按：「覺於寂漠」與「通性於遼廓」對文，「覺」下疑脫一字。

是故與其有天下也，不若有說也；與其有說也，不若尚羊物之終（也）始，而條達有無之際〔也〕。是故舉世而譽之不加勸，舉世而非之不加沮，定于死生之境，而通于榮辱之理，雖有炎火洪水彌靡於天下，神無虧缺於胸臆之中矣。若然者，視天下之閒，猶飛羽浮芥也，孰肯分分然以物為事也。

▸水之性真清而土汨之，人性安靜◂[1]而嗜欲亂之。夫人之所受於天者，耳目之於聲色也，口鼻之於（芳）臭〔味〕也，肌膚之於▸寒燠◂[2]，其情一也，或通於神明，或不免於▸癡狂◂[3]者，何也？▸其所◂[4]為制者異也。是故神者智之淵也，（淵）〔神〕清則智明矣；智者、心之府也，智公則心平矣。人莫鑑於（流沫）〔流潦〕，而鑒於止水者，以其靜也；莫窺形於生鐵，而窺〔形〕於明鏡者，以（覩）其易也。夫唯易且靜，〔故能〕形物之性〔情〕也。由此觀之，用也〔者〕必假之於弗用〔者〕也，是故虛室生白，吉祥止也[5]。夫鑑明者塵垢弗能薶，神清者嗜欲弗能亂。精神（以）〔已〕越於外，而事復返之，是失之於本，而求之於末也。外內无符而欲與物接，弊其玄光而求知之于耳目，是釋其炤炤，而道其冥冥也，是之謂失道。心有所至而神▸喟然◂[6]在之，反之於虛則消鑠▸滅息◂[7]，此聖人之游也。

故古之治天下也，必達乎性命之情。其舉錯未必同也，其合於道一也。夫夏日之不被裘者，非愛之也，燠[8]有餘於身也。冬日之不用翣[9]者，非簡之也，（清）〔清〕有餘於適也。夫聖人量腹而食，度形而衣，節於己而已，貪污之心奚由生哉！故能有天下者，必無以天下為〔者〕也；能有名譽者，必無以趨[10]行求者也。聖人有所于達，達則嗜慾之心外矣。

孔、墨之弟子，皆以仁義之術教導於世，然而不免於傴。▸身◂[11]猶不能行也，又況所教乎？是何則？其道外也。夫以末求返于本，許由不能行也，又況齊民乎！誠達于性命之情，而仁義固[12]附矣，趨捨何足以滑心！

若夫神無所掩，心無所載，通洞條達，恬漠無事，無所凝滯，虛寂以待，勢利不能誘也，辯者不能說〔也〕[13]，聲色不能淫也[14]，美者不能濫也，知者不能動也，勇者不

1. 夫水之性清而沙土汨之，人之性安Ⓨ　2. 寒煖也Ⓦ　3. 狂癡Ⓨ
4. 其所以Ⓦ　5. 焉Ⓦ　6. 溷然《文子・九守》3/8b　7. 滅息矣Ⓨ
8. A.煖Ⓦ B.暖Ⓦ　9. 箑Ⓨ　10. 越Ⓦ
11. 教者《呂氏春秋・有度》p.712　12. 因Ⓨ　13. 編者按：準上下句例補。
14. 俞樾以為「聲色不能淫也」當在「辯者不能說〔也〕」上。

能恐也，此真人之（道）〔遊〕也。若然者，陶冶萬物，與造化者為人，天地之閒，宇宙之內，莫能夭遏。夫▸化生者不死◂[1]，而化物[2]者不化，神經於驪山、太行而不能難，入於四海九江而不能濡，處小隘而不（寒）〔塞〕，橫（扃）〔扃〕天地之閒而不窕。不通此者，雖目數千羊之群，耳分八風之調，足蹀《陽阿》之舞，▸而手◂[3]會《綠水》之趨，智（終）〔絡〕天地，明照日月，辯解連環，（澤）〔辭〕潤玉石，猶無益於治天下也。

靜漠恬澹，所以養性也；和愉虛無，所以養德也。外不滑內，則性得其宜；性不動和，則德安其位。養生以經世，抱德以終年，可謂能體道矣。若然者，血脈無鬱滯，五藏無蔚氣，禍福弗能撓滑，非譽弗能塵垢，故能致其極。非有其世，孰能濟焉？有其人不遇其時，身猶不能脫，又況無道乎？

且人之情，耳目應感動，心志知憂樂，手足之攢疾蛘、辟寒暑，所以與物接也。蜂蠆螫指而神不能憺，蚊虻噆膚而（知）〔性〕不能平，夫憂患之來，攖人心也，非直蜂蠆之螫毒而蚊虻之慘怛也，而欲靜漠虛无，奈之何哉！夫目察秋毫之末〔者〕，▸耳不聞◂[4]雷霆之音；耳調玉[5]石之聲〔者〕，▸目不見◂[6]太山之（高）〔形〕。何則？小有所志而大有所（志）〔忘〕也。今萬物之來，擢拔吾（悟）〔性〕，攓[7]取吾情[8]，有若泉源，雖欲勿稟，▸其可得耶◂[9]！

今夫樹木者，灌以潔[10]水，疇以肥壤，（一）〔十〕人養之，（十）〔一〕人拔之，則必無餘栓，有況與一國同伐之哉？雖欲久生，豈可得乎！今盆水在庭，清之終日，未[11]能見眉睫；濁之不過一撓，而不能察方員。人神易濁而難清，猶盆水之類也，況一世而撓滑之，曷得須臾平乎！

古者至德之世，賈便其肆，農樂其業，大夫安其職，而處士（脩）〔循〕其道。當此之時，風雨不毀折，草木不夭〔死〕，九鼎重（味），珠玉潤澤，洛出《丹書》，河出《綠圖》，故許由、方回、善卷、披衣得達其道。何則？世之主有欲利天下之心，是以人得自樂其閒。四子之才，非能盡善，蓋今之世也，然莫能與之同光者，遇唐、虞▸之時◂[12]。逮至夏桀、殷紂，燔生人，辜[13]諫者，為炮（烙）〔格〕，▸鑄金柱◂[14]，剖

1. 生生者不生《文子・九守》3/9b 2. 化《文子・九守》3/9b 3. 手Ⓨ
4. 而耳不聞Ⓨ 5. 金Ⓨ 6. 而目不見Ⓨ 7. 撦Ⓦ 8. 精Ⓦ
9. 庸可得乎Ⓦ 10. 潦Ⓦ 11. 乃Ⓨ 12. 之時也Ⓨ 13. 辠Ⓦ
14. 銅金為柱Ⓨ

賢人之心，析才士之脛，醢鬼侯之女，葅梅伯之骸。當此之時，嶢山崩，三川涸，飛鳥鎩翼，走獸（擠）〔廢〕腳。當此之（間）〔時〕，豈獨無聖人哉？然而不能通其道者，不遇其世。天鳥飛千仞之上，獸走叢薄之中，禍猶及之，又況編戶齊民乎？由此觀之，體道者不專在於我，亦有繫於世者矣。

夫歷陽之都，一夕▸反而為湖◂[1]，勇力聖知與罷怯不肖者同命。巫山之上，順[2]風縱火，膏夏紫芝與蕭艾俱死。故河魚不得明目，稺稼不得育時，其所生者然也。故世治則愚者不得獨亂，世亂則智者不能獨治。身（蹈）〔陷〕于濁世之中，而責道之不行也，是猶兩絆騏驥，而求其致千里也。置猨檻中，則與豚同，非不巧捷也，無所肆其能也。舜之耕陶也，不能利其里；南面王，則德施乎四海，仁非能益也，處便而勢利也。古之聖人，其和愉寧靜，性也；其志得道行，命也。是故性遭命而後能行，命得性而後能明。烏號之弓，谿子之弩，不能無弦而射。越舲蜀艇，不能無水而浮。今矰繳機而在上，網罟張而在下，雖欲翱翔，其勢焉得？故《詩》云：「采采卷耳，不盈傾筐。嗟我懷人，寘彼周行。」以言慕遠世也。

3 天文訓

天墜未形，馮馮翼翼，洞洞灟灟，故曰（大昭）〔太始〕。（道始于）〔太始生〕虛霩，虛霩生宇宙，宇宙生〔元〕氣。〔元〕氣有（漢）〔涯〕垠，清陽[3]者薄靡而為天，重濁者▸滯凝◂[4]而為地。清妙之合專易，重濁之凝竭[5]難，故天先成而地後定。天地之襲精為陰陽，陰陽之專精為四時，四時之散精為萬物。積陽之熱氣〔久者〕生火，火氣之精者為日；積陰之寒氣〔久〕者為水，水氣之精者為月。日月之淫（為）〔氣〕、精者為星辰。天受日月星辰，地受水潦塵埃。

昔者共工與顓頊爭▸為帝◂[6]，怒而觸不周之山，▸天柱折，地維絕◂[7]。天傾西北，故日月星辰移焉；地不滿東南，故水潦塵埃歸焉。

天道曰員，地道曰方。方者主幽，員者主明。明者，吐氣者也，是故火（曰）〔日〕外景；幽者，含氣者也，是故水（曰）〔月〕內景。吐氣者施，含氣者化，是故陽施陰化。

---

1. 化而為湖Ⓦ　2. 從Ⓨ　3. 揚Ⓨ　4. 凝滯Ⓦ
5. 王念孫云：「竭」猶「遏」也。　6. A.為帝不得Ⓦ B.為帝不勝Ⓦ
7. 天維絕，地柱折Ⓨ

天〔地〕之偏氣，怒者為風；天地之（含）〔合〕氣，和者為雨。陰陽相薄，感而為雷，激而為霆，亂而為霧。陽氣勝則散而為雨露，陰氣勝則凝而為霜雪。

毛羽者，飛行之類也，故屬於陽。介鱗者，蟄伏之類也，故屬於陰。日者，陽之主也，是故[1]春夏則群獸除，日至而（麋）〔麋〕鹿解。月者陰之宗也，是以月（虛）〔虧〕而魚腦減，月死而（羸）〔蠃〕硥[2]膲。火上蕁[3]，水下流，故鳥（飛）〔動〕而高，魚動而下。

物類相動，本標相應，故陽燧見日則燃[4]而為火，方諸見月則津而為水，虎嘯而谷風至[5]，龍舉而景雲屬，▸麒麟鬬而日月食◂[6]，鯨魚死而彗星出，蠶珥[7]絲而商弦絕，賁星墜而勃海決。

人主之情，上通于天，故誅暴[8]則多飄風，枉法令則多蟲螟，殺不辜則國赤地，令不收則多淫雨。

四時者，天之吏也；日月者，天之使也；星辰者，天之期也；▸虹蜺彗星◂[9]者，天之忌也。

天有九野，九千九百九十九隅，去地（五億）〔億五〕萬里，五星，八風，（二十八宿），五官，六府，紫宮，太微，軒轅，咸池，四守，天（阿）〔河〕。

何謂九野？中央曰鈞天，其星角、亢、氐。東方曰蒼天，其星房、心、（尾）。東北〔方〕曰變天，其星▸〔尾〕、箕◂[10]、斗、牽牛。北方曰玄天，其星須女、虛、危、營室。西北方曰幽天，其星東壁、奎、婁。西方曰昊[11]天，其星胃、昴、畢。西南方曰朱天，其星觜巂、參、東井。南方曰炎天，其星輿鬼、柳、七星。東南方曰陽天，其星張、翼、軫。

---

1. 以Ⓨ　2. A.蛖Ⓨ B.蚌Ⓨ C.蠬Ⓨ
3. 尋Ⓨ〈錢塘云：「蕁」當為「㸂」。〉　4. A.熯Ⓨ B.然Ⓨ
5. A.生Ⓨ B.榛Ⓦ〈編者按：「榛」通「臻」。〉
6. A.騏驎鬬則日月蝕Ⓨ B.麒麟鬬則日月蝕Ⓦ　7. 餌Ⓨ
8. 編者按：準下三句文例，「暴」下疑脫一字。　9. A.虹蜺Ⓨ B.彗星Ⓨ
10. 編者按：高注：「尾箕、一名析木」，則高所見本「尾箕」連文，今本「尾」誤在上文「心」下。今改正。　11. A.皓Ⓨ B.浩Ⓨ

何謂五星？東方，木也。其帝太皞[1]，其佐句芒，執規而治春。其神為歲星，其獸▸蒼龍◂[2]，其音角，其日甲乙。南方，火也，其帝▸炎帝◂[3]，其佐朱明，執衡而治夏。其神為熒惑，其獸▸朱鳥◂[4]，其音徵，其日丙丁。中央，土也，其帝黃帝，其佐后土，執繩而制四方。其神為鎮星，其獸黃龍，其音宮，其日戊己。西方，金也，其帝少昊[5]，其佐蓐收，執矩而治秋。其神為太白，其獸白虎，其音商，其日庚辛。北方，水也，其帝顓頊，其佐玄冥，執權而治冬。其神為辰星，其獸玄武，其音羽，其日壬癸。

太陰在四仲，則歲星行三宿；太陰在四鉤，則歲星行二宿。二八十六，三四十二，故十二歲而行二十八宿。日（月）行十二分度之一，歲行三十度十六分度之七，十二歲而周〔天〕。

熒惑常以十月入太微受制而出行列宿，司无道之國，為亂為賊，為疾為喪，為饑為兵，出入無常，辨[6]變其色，時見時匿。鎮星以甲寅元始建斗，歲鎮（行）一宿，當居而弗居，其國亡土；未當居而居之，其國益地，歲熟[7]。日行二十八分度之一，歲行十三度百一十二分度之五，二十八歲而周〔天〕。太白元始以（正月甲寅）〔甲寅正月〕，與（熒惑）〔營室〕晨出東方，二百四十日而入，入百二十日而夕出西方，二百四十日而入，入三十五日而復出東方。出以辰戌，入以丑未。〔未〕當出而（不）出，未當入而入，天下偃兵；當入而不入，當出而不出，天下興兵。

辰星正四時，常以二月春分效奎、婁，以五月夏至效東井、輿鬼，以八月秋分效角、亢，以十一月（久）〔冬〕至效斗、牽牛。出以辰戌，入以丑未，出二旬▸而入◂[8]。晨候之東方，夕候之西方。一時不出，其時不和；四時不出，天下大（飢）〔饑〕。

何謂八風？距日冬至四十五日條風至，條風至四十五日明庶風至，明庶風至四十五日清明風至，清明風至四十五日景風至，景風至四十五日涼風至，涼風至四十五日閶闔風至，閶闔風至四十五日不周風至，不周風至四十五日廣莫風至。條風至則出輕繫，去[9]稽留。明庶風至則正封疆，修田疇。清明風至則出幣帛，使諸侯。景風至▸則爵有位◂[10]，賞[11]有功。涼風至則報地德，祀四（郊）〔鄉〕。閶闔風至則收縣垂，琴瑟不張。不周風至則脩宮室，繕邊城。廣莫風至則閉關梁，決（刑罰）〔罰刑〕。

1. 昊㊙ 2. 為青龍㊙ 3. 祝融㊙ 4. 為朱鳥㊙ 5. 皞㊙
6. 辯《道藏本》p.21.2 7. 宿。錢塘《淮南天文訓補注》p.792
8. 而復入㊙ 9. 出㊙ 10. A.則爵有德㊙ B.施爵祿㊙ C.則施爵位㊙
11. 封Ⓛ

何謂五官？東方為田，南方為司馬，西方▸為理◂[1]，北方為司空，中央為都[2]。

何謂六府？子午、丑未、寅申、卯酉、辰戌、巳亥是也。

太微者，▸太一◂[3]之庭也。紫宮者，太一之居也。軒轅者，帝妃之舍也。咸池者，水（魚）〔銜〕之囿也。天（阿）〔河〕者，群神之闕也。四（宮）〔守〕者，所以（為）司賞罰。太微者主朱鳥[4]，紫宮執斗而左旋，日行一度，以周於天。日冬至〔入〕峻狼之山，日移一度，月[5]行百八十二度八分度之五，而夏至[6]牛首之山。反覆三百六十五度四分度之一而成一歲，（天）〔太〕一元始，正月建寅，日月俱入營室五度。天一以始建七十六歲，日月復以正月入營室五度無餘分，名曰一紀。凡二十紀，▸一千◂[7]五百二十歲大終，〔三終〕，日月星辰復始▸甲寅元◂[8]。日行〔危〕一度，而歲有奇四分度之一，故（曰）〔四〕歲而積[9]千四百六十一日而復合，故舍八十歲而復故（曰）〔日〕。

子午、卯酉為二繩，丑寅、辰巳、未申、戌亥為四鉤。東北為報德之維（也），西南為背陽之維，東南為常羊之維，西北為蹏[10]通之維。

日冬至則斗北中繩，陰氣極，陽氣萌，故曰冬至為德。日夏至則斗南中繩，陽氣極，陰氣萌，故曰夏至為刑。陰氣極，則▸下至黃泉，北至北極◂[11]，故不可以鑿地[12]穿井。萬物閉藏，蟄虫首穴，故曰德在室。陽氣極則南至南極，上至朱天，故不可以夷丘上屋。萬物蕃息，五穀兆長，故曰德在野。

日冬至則（水）〔火〕從之，日夏至則（火）〔水〕從之，故五月火正（火正）而水漏，十一月水正而（陰）〔火〕勝[13]。陽氣為火，陰氣為水。水勝故夏至溼，火勝故冬至燥。燥故炭輕，溼故炭重。

---

1. 為大理Ⓨ　2. 俞樾云：「都」上疑脫「官」字。
3. 俞樾以為「太一」當作「天子」。王引之以為當作「五帝」。
4. 雀《莊逵吉本》p.118
5. 錢塘《淮南天文訓補注》云：「月」上疑脫「六」字。《莊逵吉本》「月」作「凡」。
6. 編者按：此句與上「峻狼之山」同，「至」下疑亦脫一字。　7. 千Ⓨ
8. 甲寅之元Ⓨ　9. 編者按：「積」下疑脫「一度」二字。
10. A.號Ⓨ B.遞Ⓨ　11. 北至北極，下至黃泉Ⓦ　12. 池Ⓨ
13. 俞樾云：「勝」字當讀為「升」。

日冬至，〔則〕井水盛，盆水溢，羊脫毛，麋角解，鵲始巢；▸八尺之脩，日中而景丈三尺◂[1]。日夏至而流黃澤，石精出，蟬始鳴，半夏生，蟁蝱不食駒犢，鷙鳥不搏黃口；八尺之景，脩徑尺五寸。景脩則陰氣勝，景短則陽氣勝。陰氣勝則為水，陽氣勝則為旱。

陰陽刑德有七舍。何謂七舍？室、堂、庭、門、巷、術、野。十（二）〔一〕月德居室三十日，先日至十五日，後日至十五日而徙，所居各三十日。德在室則刑在野，德在堂則刑在術，德在庭則刑在巷，陰陽相德則刑德合門。八月、二月，陰陽氣均，日夜分平，故曰刑德合門。德南則生，刑南則殺，故曰二月會而萬物生，八月會而草木死。

兩維之閒，九十一度（也）十六分度之五，而（升）〔斗〕日行一度，十五日為一節，以生二十四時之變。斗指子則冬至，音比（黃鍾）〔應鍾〕；加十五日指癸則小寒，音比（應鍾）〔無射〕；加十五日指丑則大寒，音比（無射）〔南呂〕；加十五日指報德之維，則越陰在地，故曰距日冬至四十六日而立春，陽（氣）凍解，音比（南呂）〔夷則〕；加十五日指寅則（雨水）〔驚蟄〕，音比（夷則）〔林鍾〕；〔加〕十五日指甲則雷（驚蟄）〔雨水〕，音比（林鍾）〔蕤賓〕；加十五日指卯中繩，故曰春分則雷行，音比（蕤賓）〔仲呂〕；加十五日指乙則（清明風至）〔穀雨〕，音比（仲呂）〔姑洗〕；加十五日指辰則（穀雨）〔清明風至〕，音比（姑洗）〔夾鍾〕；加十五日指常羊之維則春分盡，故曰有四十六日而立夏，大風濟，音比（夾鍾）〔太蔟〕；加十五日指巳則小滿，音比（太蔟）〔大呂〕；加十五日指丙則芒種，音比（大呂）〔黃鍾〕；加十五日指午則陽氣極，故曰有四十六日而夏至，音比黃鍾；加十五日指丁則小暑，音比大呂；加十五日指未則大暑，音比（大）〔太〕蔟；加十五日指背陽之維則夏分盡，故曰有四十六日而立秋，涼風至，音比夾鍾；加十五日指申則處暑，音比姑洗；加十五日指庚則白露降，音比仲呂；加十五日指酉中繩，故曰秋分雷（戒）〔臧〕，蟄蟲北鄉，音比蕤賓；加十五日指辛則寒露，音比林鍾；加十五日指戌則霜降，音比夷則；加十五日指蹏通之維則秋分盡，故曰有四十六日而立冬，草木畢死，音比南呂；加十五日指亥則小雪，音比無射；加十五日指壬則大雪，音比應鍾；加十五日指子。故曰：陽生於子，陰生於午。陽生於子，故十一月日冬至，▸鵲始加巢◂[2]，人氣鍾首。陰生於午，故五月為小刑，薺麥亭歷枯，冬生草木必[3]死。

1. 編者按：下文「八尺之景，脩徑尺五寸」《藝文類聚》卷3p.47引作「八尺之表，景修尺五寸。」準此，則此文「八尺之脩，日中而景丈三尺」亦當作「八尺之表，日中而景脩丈三尺。」

2. 編者按：本篇又云：「鵲始巢」，《時則訓》則作「鵲加巢」。

3. 畢 ⓦ

斗杓為小歲，正月建寅，月從左行，十二辰。咸池為（太）〔大〕歲，二月建卯，月從右行，四仲，終而復始。（太）〔大〕歲，迎者辱，背[1]者強，左者衰[2]，右者昌。小歲，東南則生，西北則殺，不可迎也，而可背[3]也，不可左也，而可右也，其此之謂也。

大時者，咸池也；小時者，月建也。天維建元，常以寅始，起[4]，右徙一歲而移，十二歲而（大）周天，終而復始。

淮南元年冬，（太）〔天〕一在丙子，冬至甲午，立春丙子。

（二）〔一〕陰一陽成氣二，二陽一陰成氣三，合氣而為音，合陰而為陽，合陽而為律，故曰五音六律。音自倍而為日，律自倍而為辰，故日十而辰十二。月日行十三度七十六分度之二十（六）〔八〕，二十九日九百四十分日之四百九十九而為月，而以十二月為歲。歲有餘十日九百四十分日之八百二十七，故十九歲而七閏。

日冬至子午，夏至卯酉，冬至加三日，則夏至之日也。歲遷六日，終而復始。壬午冬至，甲子受制，木用事，火煙青。七十二日丙子受制，火用事，火煙赤。七十二日戊子受制，土用事，火煙黃。七十二日庚子受制，金用事，火煙白。七十二日壬子受制，水用事，火煙黑。七十二日而歲終，庚（子）〔午〕受制。歲遷六日，以數推之，（七）十歲而復至甲子。甲子受制則行柔惠，挺群禁，開闔扇，通障塞，毋伐木。丙子受制則舉賢良，賞有功，立封侯，出貨財。戊子受制則養〔長〕老，〔存〕鰥寡，行粰鬻，施恩澤。庚子受制則繕牆垣，脩城郭，審群禁，飾兵甲，儆百官，誅不法。壬子受制則閉門閭，大搜客，斷罰刑，殺當罪，息關梁，禁外徙。

甲子氣燥濁，丙子氣燥陽，戊子氣溼濁，庚子氣燥寒，壬子氣清寒。丙子干甲子，蟄蟲早出，故雷[5]早行。戊子干甲子，胎夭卵毈，鳥蟲多傷。庚子干甲子，有兵。壬子干甲子，春有[6]霜。戊子干丙子，‣霆‹[7]。庚子干丙子，‣夷‹[8]。壬子干丙子，‣雹‹[9]。甲

1. 順ⓨ　　2. 喪ⓨ　　3. 順ⓨ
4. 王引之云：「起」字上當有脫文。
5. 《春秋繁露・治亂五行》14/1a舊校引他本作「蛟雷」。
6. 下《春秋繁露・治亂五行》14/1a
7. 多雷《春秋繁露・治亂五行》14/1a
8. 草木夷《春秋繁露・治亂五行》14/1a
9. 夏雹《春秋繁露・治亂五行》14/1a

子干丙子，地動。庚子干戊子，五穀▸有殃◂[1]。壬子干戊子，夏寒雨霜。甲子干戊子，介[2]蟲不為。丙子干戊子，大旱，苽封熯。壬子干庚子，（大剛）〔則〕魚不為。甲子干庚子，〔則〕草木再死再生。丙子干庚子，〔則〕草木復[3]榮。戊子干庚子，▸歲或存或亡◂[4]。甲子干壬子，冬乃[5]不藏。丙子干壬子，星墜。戊子干壬子，蟄蟲冬出其鄉。庚子干壬子，冬▸雷其鄉◂[6]。

季春三月，豐隆乃出，以將其雨。至秋三月，地氣不藏，乃收其殺，百蟲蟄伏，靜居閉戶，青女乃出，以降▸霜雪◂[7]。行十二時之氣，以至于仲春二月之夕，乃〔布〕收其藏而閉其寒，女夷鼓歌，以司天和，以長[8]百穀禽（鳥）〔獸〕草木。孟夏之月，以熟穀禾，雄鳩長鳴，為帝候歲。是故天不發其陰，則萬物不生；地不發其陽，則萬物不成。天員地方，道在中央。日為德，月為刑。月歸而萬物死，日至而萬物生。遠山則山氣藏，遠水則水蟲蟄，遠木則木葉槁。日五日不見，失其位也，聖人不與也。

日出于（暘）〔湯〕谷，浴于咸池，拂于扶[9]桑，是謂晨明。登于扶桑，爰始將行，是謂朏明。至于曲阿，是謂旦[10]明，至[11]于曾泉，是謂蚤食。至[12]于桑野，是謂晏食。至[13]于衡陽，是謂隅[14]中。至[15]于昆吾，是謂正中。至[16]于鳥次，是謂小（還）〔遷〕。至于悲谷，是謂餔[17]時。至[18]于女紀，是謂大（還）〔遷〕。至[19]于淵（虞）〔隅〕，是謂高舂。至[20]于連石，是謂下舂。至于悲泉，▸爰止其女，爰息其馬◂[21]，是謂縣車。至[22]于虞淵，是謂黃昏。（至）〔淪〕于蒙谷，是謂定昏。日入〔崦嵫〕，〔經於細柳〕，〔入〕（于）虞（淵）〔泉〕之（汜）〔池〕，曙於蒙谷之浦，〔日西垂〕，〔景在樹端〕，〔謂之桑榆〕。行九州七舍，有五億萬七千三百九里，（禹）〔離〕以為朝、晝、昏、夜。

夏日至則陰乘陽，是以萬物就而死；冬日至則陽乘陰，是以萬物仰而生。晝者陽之

---

1. 傷有殃《春秋繁露・治亂五行》14/1a
2. 倮《春秋繁露・治亂五行》14/1a
3. 秋《春秋繁露・治亂五行》14/1a
4. 五穀不成《春秋繁露・治亂五行》14/1b
5. 蟄《春秋繁露・治亂五行》14/1b
6. 大寒《春秋繁露・治亂五行》14/1b
7. 霜Ⓨ
8. 養Ⓨ
9. 榑Ⓨ
10. 朝Ⓨ
11. 臨Ⓨ
12. 次Ⓨ
13. 臻Ⓨ
14. 禺Ⓨ
15. 對Ⓨ
16. 隮Ⓨ
17. 晡Ⓦ
18. 迴Ⓨ
19. 經Ⓨ
20. 頓Ⓦ
21. 爰止羲和，爰息六螭Ⓦ
22. A.入Ⓦ B.薄Ⓦ

分，夜者陰之分，是以陽氣勝則日脩而夜短，陰氣勝則日短而夜脩。〔其加卯酉〕，〔則陰陽分〕，〔日夜平矣〕[1]。

帝張四維，運之以斗，月徙一辰，復反其所。正月指寅，十（二）〔一〕月指子，一歲而帀，終而復始。指寅，〔寅〕，則萬物螾〔螾然也〕，律受太蔟。太蔟者，蔟[2]而未出也。指卯，卯則茂茂然，律受夾鍾。夾鍾者，種始莢也。指辰，辰則振之也，律受姑洗。姑洗者，陳去而新來也。指巳，巳則生已定也，律受仲呂。仲呂者，中▸充大也。指午，午者，忤也，律受蕤賓。蕤賓者，安而服之〔也〕[4]。指未，未〔者〕，（昧）〔味〕也，律受林鍾。林鍾者，引而止〔之〕[5]也。指申，〔申〕者，呻（之）[6]也，律受夷則。夷則者，易其則也，德以去矣。指酉，酉者，飽也，律受南呂。南呂者，任包[7]大也。指戌，戌者，滅也，律受无射。无射〔者〕，▸入无厭也◂[8]。指亥，亥者，閡也，律受應鍾。應鍾者，應其鍾也。指子，子者，茲也，律受黃鍾。黃鍾者，鍾已黃也。指丑，丑者，紐也，律受大呂。大呂者，旅旅而去也。（其加卯酉），（則陰陽分），（日夜平矣）[9]。故曰：規生矩殺，衡長權藏，繩居中央，為四時根。

道（曰規）始於一，一而▸不生◂[10]，故分而為陰陽，陰陽合和而萬物生，故曰「一生二，二生三，三生萬物」。天地三月而為一時，故祭祀三飯以為禮，喪紀三踊以為節，兵（重）〔革〕三（罕）〔軍〕以為制。以三參物，三三如九，故黃鍾之律九寸而宮音調。因而九之，九九八十一，故黃鍾之數立焉。黃者，土德之色；鍾者，氣之所種也。日冬至德氣為土，土色黃，故曰黃鍾。律之數六，分為雌雄，故曰十二鍾，以副十二月。十二各以三成，故置一而十一，三之為積分（七十）〔十七〕萬七千一百四十七[11]，黃鍾大數立焉。凡十二律，黃鍾為宮，太蔟為商，姑洗為角，林鍾為徵，南呂為羽。物以三成，音以五立，三與五如八，故（卯）〔卵〕生者八竅。律之初生也，寫鳳之音，故音以八生。

---

1. 「其加卯酉」三句舊誤在下文「旅旅而去也」下，今據王引之說移正。
2. 湊Ⓨ　　3. 宛Ⓨ
4. 編者按：準上下文例，句末當有「也」字，今據補。
5. 「之」、舊誤在下文「呻」字下，今據王念孫說移正。
6. 據王念孫說，「之」字當在上文「引而止」下，今移正。　　7. 苞Ⓨ
8. 人之無厭也Ⓨ
9. 據王引之說，「其加卯酉」三句當在上文「陰氣勝則日短而夜脩」句下。今移正。
10. 不能生Ⓨ　　11. 編者按：177,147等於3之11次方。

黃鍾為宮，宮者，音之君也，故黃鍾位子，其數八十一，主十一月，下生林鍾。林鍾之數五十四，主六月，上生太蔟。太蔟之數七十二，主正月，下生南呂。南呂之數四十八，主八月，上生姑洗。姑洗之數六十四，主三月，下生應鍾。應鍾之數四十二，主十月，上生蕤賓。蕤賓之數五十七，主五月，上生大呂。大呂之數七十六，主十二月，下生夷則。夷則之數五十一，主七月，上生夾鍾。夾鍾之數六十八，主二月，下生无射。（元）〔无〕射之數四十五，主九月，上生仲呂。仲呂之數六十，主四月，極不生。（徵）〔宮〕生（宮）〔徵〕，（宮）〔徵〕生商，商生羽，羽生角，角（生）〔主〕姑洗，姑洗生應鍾，〔不〕比於正音，故為和。應鍾生蕤賓，不比〔於〕[1]正音，故為繆。日冬至，音比（林鍾）〔應鍾〕，浸以濁。日夏至，音比黃鍾，浸以清。以十二律應二十四時之變，甲子，仲呂之徵也；丙子，夾鍾之羽也；戊子，黃鍾之宮也；庚子，无射之商也；壬子，夷則之角也。

古之為度量：輕重生乎天道。黃鍾之律脩九寸，物以三生，〔三三九〕，三九二十七，故幅廣二尺七寸，〔古之制也〕。〔有形則有聲〕[2]，音以八相生，故人〔臂〕脩（八）〔四〕尺，尋自倍，故八尺而為尋，〔尋者〕，〔中人之度也〕[3]。（有形則有聲）[4]。音之數五，以五乘八，五八四十，故四丈而為匹。（匹者），（中人之度也）[5]。一匹而為制。秋分〔而禾〕蔈定，蔈定而禾熟。律之數十二，故十二蔈而當一（粟）〔分〕，（十二粟而當一寸）。律以當辰，音以當日，日之數十，故〔十分而為寸〕，十寸而為尺，十尺而為丈。其以為（量）〔重〕，十二粟而當一分，十二分而當一銖，十二銖而當半兩。衡有左右，因倍之，故二十四銖為一兩。天有四時，以成一歲，因而四之，四四十六，故十六兩而為一斤。三月而為一時，三十日為一月，故三十斤為一鈞。四時而為一歲，故四鈞為一石。其以為音也，一律而生五音，十二律而為六十音，因而六之，六六三十六，故三百六十音以當一歲之日。故律歷之數，天地之道也。下生者倍，以三除之；上生者四，以三除之。

太陰元始建于甲寅，一終而建甲戌，二終而建甲午，三終而復得甲寅之元。歲徙一辰，立春之後，得其辰而遷其所，順前三後五，百事可舉。

1. 編者按：準上文補。
2. 「有形則有聲」舊誤在下文「故八尺而為尋」句下，今據王引之說移正。
3. 「尋者」二句舊誤在下文「故四丈而為匹」句下，「尋」又誤作「匹」，今據王引之說移正。
4. 據王引之說，「有形則有聲」五字當在上文「音以八相生」前，今移正。
5. 據王引之說，「匹者」二句當在上文「故八尺而為尋」句下，又「匹」當作「尋」，今移正。

太陰所建，蟄蟲首穴而處，鵲巢鄉而為戶。太陰在寅，朱（烏）〔鳥〕在卯，勾陳在子，玄武在戌，白虎在酉，（蒼龍在辰）。寅為建，卯為除，辰為滿，巳為平，主生；午為定，未為執，主陷；申為破。主衡；酉為危，主杓；戌為成，主少德；亥為（牧）〔收〕，主大德；子為開，主（太）〔大〕歲；丑為閉，主[1]。太陰在寅，歲名曰攝提格，其雄為歲星，舍斗、牽牛，以（十一）〔正〕月與之晨出東方，東井、輿鬼為對。太陰在卯，歲名曰單閼，歲星舍須女、虛、危，以（十）二月與之晨出東方，柳、七星、張為對。太陰在辰，歲名曰執除，歲星（含）〔舍〕營室、東壁，以（正）〔三〕月與之晨出東方，翼、軫為對。太陰在巳，歲名曰大荒落，歲星舍奎、婁，以（二）〔四〕月與之晨出東方，角、亢為對。太陰在午，歲名曰敦牂，歲星舍胃、昴、畢，以（三）〔五〕月與之晨出東方，氐、房、心為對。太陰在未，歲名曰協洽，歲星舍觜傿[2]、參，以（四）〔六〕月與之晨出東方，尾、箕為對。太陰在申，歲名曰涒灘，歲星舍東井、輿鬼，以（五）〔七〕月與之晨出東方，斗、牽牛為對。太陰在酉，歲名曰作鄂[3]，歲星舍柳、七星、張，以（六）〔八〕月與之晨出東方，須女、虛、危為對。太陰在（戊）〔戌〕，歲名曰閹茂，歲星舍翼、軫，以（七）〔九〕月與之晨出東方，營室、東壁為對。太陰在亥，歲名曰大淵獻，歲星舍角、亢，以（八）〔十〕月與之晨出東方、奎、婁為對。太陰在子，歲名〔曰〕困敦，歲星舍氐、房、心，以（九）〔十一〕月與之晨出東方，胃、昴、畢為對。太陰在丑，歲名曰赤奮若，歲星舍尾、箕，以十〔二〕月與之晨出東方，觜嶲[4]、參為對。太陰在甲子，刑德合東方宮，常徙所不勝，合四歲而離，離十六歲而復合。所以離者，刑不得入中宮，而徙於木。太陰所居，（曰）〔日為〕德，辰為刑。德，（綱曰）〔剛日〕自倍，因柔（曰）〔日〕徙所不勝。刑，水辰之木，木辰之水，金、火立其處。凡徙諸神，朱鳥在太陰前一，鉤陳在後三，玄武在前五，白虎在後六，虛星乘鉤陳而天地襲矣。

凡日，甲剛乙柔，丙剛丁柔，以至於〔壬〕癸。木生於亥，壯於卯，死於未，三辰皆木也。火生於寅，壯於午，死於（成）〔戌〕，三辰皆火也。土生於午，壯於（成）〔戌〕，死於寅，三辰皆土也。金生於巳，壯於酉，死於丑，三辰皆金也。水生於申，壯於子，死於辰，三辰皆水也。故五勝生一，壯五，終九；五九四十五，故神四十五日而一徙；以三應五，故八徙而歲終。凡用太陰，（左前）〔右背〕刑，（右背）〔左前〕德，擊鉤陳之衝辰，以戰必勝，以攻必剋。欲知天道，以日為主，六月當心，左周而行，分而為十二月，與日相當，天地重襲，後必无殃。

1. 王引之云：「主」下當別有所主之事，而今脫去。 2. 觿Ⓨ　3. 噩Ⓦ
4. 觿

（星）〔日〕，正月建營室〔東壁〕，二月建奎、婁，三月建胃、〔昴〕，四月建畢、〔觜巂、參〕，五月建東井、〔輿鬼〕，六月建〔柳、七星〕、張，七月建翼、〔軫〕，八月建〔角〕、亢、〔氐〕，九月建房、〔心〕，十月建尾、〔箕〕，十一月建〔斗〕、牽牛，十二月建〔須女〕、虛、〔危〕。

星分度：角十二，亢九，氐十五，房五，心五，尾十八，箕十一四分一，斗二十六，牽牛八，須女十二，虛十，危十七，營室十六，東壁九，奎十六，婁十二，胃十四，卯十一，畢十六，觜巂二，參九，東井三十〔三〕，輿鬼四，柳十五，七星〔七〕，張、翼各十八，軫十七，（凡二十八宿也）。

星部地名：角、亢鄭，氐、房、心宋，尾、箕燕，斗、牽牛（越）、須女吳〔越〕，虛、危齊，營室、東壁衛，奎、婁魯，胃、昴、畢魏，觜巂、參趙，東井、輿鬼秦，柳、七星、張周，翼、軫楚。

歲星之所居，五穀豐昌；其對為衝，歲乃有殃。當居而不居，越而之他處，主死國亡。

大陰治春則欲行柔惠溫（涼）〔良〕，太陰治夏則欲布施宣明，太陰治秋則欲脩備繕兵，太陰治冬則欲猛毅剛[1]彊。三歲而改節，六歲而易常，故三歲而一饑，六歲而一衰，十二歲〔而〕[2]一康。

甲齊，乙東夷，丙楚，丁南夷，戊魏，己韓，庚秦，辛西夷，▸壬衛◂[3]，癸（越）〔趙〕。子周，丑翟，▸寅楚◂[4]，卯鄭，▸辰晉◂[5]，巳衛，午秦，▸未宋◂[6]，申齊，酉魯，戌趙，▸亥燕◂[7]。

甲乙寅卯，木也。丙丁巳午，火也。戊己四季，土也。庚辛申酉，金也。壬癸亥子，水也。水生木，木生火，火生土，土生金，金生水。子生母曰義，母生子曰保，子母相得曰專，母勝子曰制，子勝母曰困。以（勝）〔制〕擊殺，勝而无報。以專從事，而[8]有功。以義行理，名立而不墮。以保畜養，萬物蕃昌。以困舉事，破滅死亡。

1. 堅Ⓨ　2. 編者按：準上句補。　3. A.壬燕Ⓨ B.壬燕、趙Ⓨ
4. 寅趙Ⓨ　5. 辰邯鄲Ⓨ　6. 未中山Ⓨ　7. 亥燕、代Ⓨ
8. 編者按：「而」上疑脫一字。

北斗之神有雌雄，十一月始建於子，月（從）〔徙〕一辰，雄左行，雌右行，五月合午，謀刑；十一月合子，謀德。（太陰）〔雌〕所居辰為猒（日），猒日不可以舉百事。堪輿徐行，雄以音知雌，故為奇辰。

數從甲子始，子母相求，所合之處為合。十日十二辰，周六十日，凡八合，合於歲前則死亡，合於歲後則无殃。

甲（戌）〔戌〕，燕也；乙酉，齊也；丙午，越也；丁巳，楚也；庚（申）〔辰〕，秦也；辛卯，戎也；壬子，代[1]也；癸亥，胡也；〔戊辰〕、戊戌；〔己〕巳、〔己〕亥，韓也；己酉、己卯，魏也；戊午、戊子[2]；八合天下也。

太陰、小歲、星、日、辰、五神皆合，其日有雲氣風雨，國君當之。

天神之貴者，莫貴於青龍，或曰天一，或曰太陰。太陰所居，不可背而可鄉。北斗所擊，不可與敵。

天地以設，分而為陰陽。陽生於陰，陰生於陽。陰陽相錯，四維乃通。或死或〔生〕，萬物乃成。蚑行喙息，莫貴於人。孔竅肢體，皆通於天。天（地）〔有〕九重，人亦有九竅。天有四時，以制十二月，人亦有四肢，以使十二節。天有十二月，以制三百六十日，人亦有十二肢，以使三百六十節。故舉事而不順天者，逆其生者也。

以日冬至數〔至〕來歲正月朔日，〔滿〕五十日者，民食足；不滿五十日，日減一（十）〔升〕；有餘日，日益一升。（有）其〔為〕歲司也。

攝提格之歲：歲早水晚旱，稻疾蠶不登，菽麥昌，民食四升。寅在甲曰閼蓬。單閼之歲：歲和，稻菽麥蠶昌，民食五升。卯在乙曰旃蒙。執徐之歲：歲早旱晚水，小饑，蠶閉，麥熟，民食三升。辰在丙曰柔兆。大荒落之歲：歲有小兵，▸蠶小登◂[3]，麥昌，菽疾，民食二升。巳在丁曰強圉。▸敦牂◂[4]之歲：歲大旱，蠶登，稻疾，菽麥昌，禾不

1. 趙Ⓦ
2. 王念孫云：「戊辰、戊戌」及「戊午、戊子」下，皆當有所主之國，而今脫之。地在天下之中者，韓、魏而外，更有趙、宋、衛、中山及周，未知以何國當之也。
3. 蠶登Ⓨ　　4. A.纔揄Ⓨ B.纔槍Ⓨ

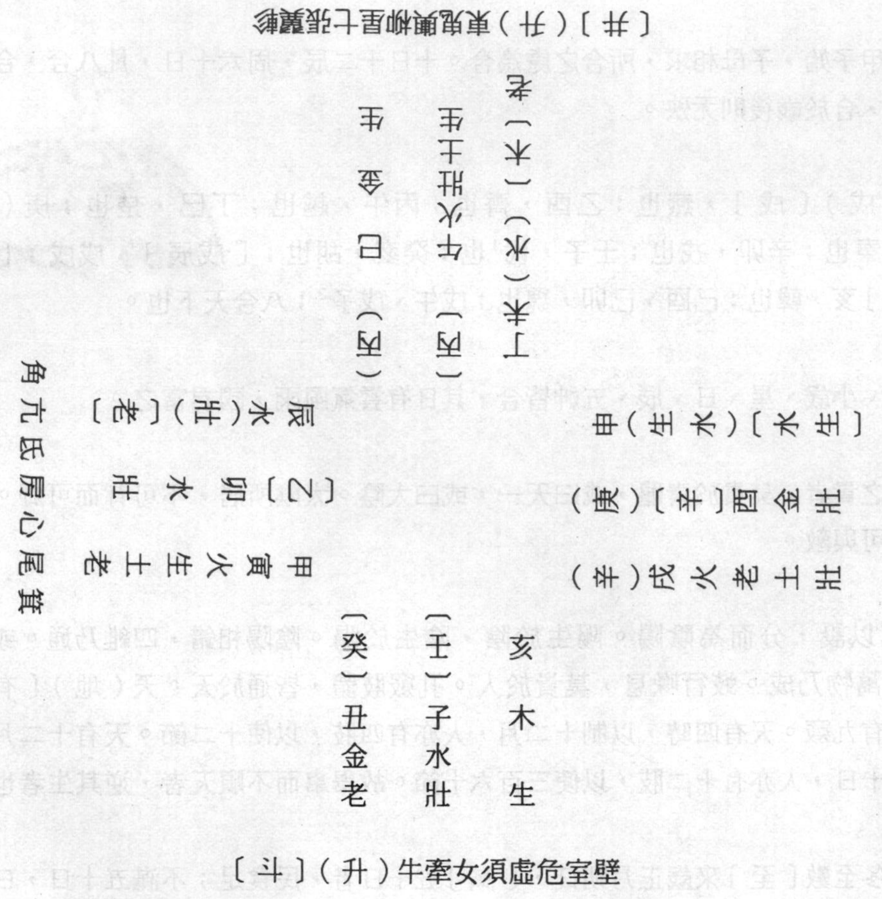

編者按：此圖《影鈔宋本》錯亂，今據錢塘《淮南天文訓補注》改正。

為，民食二升。午在戊曰著雝。協洽之歲：歲有小兵，蠶登，稻昌，菽麥不為，民食三升。未在己曰屠維。涒灘之歲：歲和，小雨行，蠶登，菽麥昌，民食三升。申在庚曰上章。作鄂之歲：歲有大兵，民疾，蠶不登，菽麥不為，禾蟲，民食五升。酉在辛曰重光。掩茂之歲：歲小（飢）〔饑〕[1]，有兵，蠶不登，麥不為，菽昌，民食七升。戌在壬曰玄黓。大淵獻之歲：歲有大兵，大（飢）〔饑〕[2]，蠶開，菽麥不為，禾蟲，民食三升。困敦之歲：歲大霧起，大水出，蠶〔登〕，稻〔疾〕，菽麥昌，民食三斗。（子）〔亥〕[3]在癸曰昭陽。赤奮若之歲：歲有小兵，早水，蠶不出，▸稻疾◂[4]，菽不為，麥昌，民食一[5]升。

正朝夕，先樹一表東方，操一表卻去前表十步，以參望日始出北廉。日直入，又樹一表於東方，因西方之表以參望日方入北廉，則定[6]東方兩表之中，與西方之表，則東西之正也。日冬至，日出東南維，入西南維。至。春、秋分，日出東中，入西中。夏至，出東北維，入西北維。至。則正南。

欲知東西、南北廣袤之數者，立四表以為方一里岠[7]，先春分若秋分十餘日，從岠[8]北表參望日始出及旦，以候相應，相應則此與日直也。輒以南表參望之，以入前表數為法，除舉[9]廣，除立表袤，以知從此東西之數也。▸假使視日出，入前表中一寸，是寸得一里也。一里積萬八千寸，得從此東萬八千里。視日方入，入前表半寸，則半寸得一里。半寸而除一里，積寸得三萬六千里，除則從此西里數也◂[10]。并之，東西里數也，則極徑也。未春分而直，已秋分而不直，此處南也。未秋分而直，已春分而不直，此處北也。分、至而直，此處南北中也。從中處欲知中南也，未秋分而不直，此處南北中也。從中處欲知南北極遠近，從西南表參望日，日夏至始出與北表參，則是東與東北表等也，正東萬八千里，則從中北亦萬八千里也。倍之，南北之里數也。其不從中之數也，以出入前表之數益損之，表入一寸，寸減日近一里，表出一寸，寸益遠一里。

1. 編者按：據文意改。　2. 編者按：據文意改。
3. 錢塘云：當云亥在癸。編者按：如錢說，此句當在大淵獻之歲「民食三升」之下。
4. 稻小疾Ⓨ　5. 三Ⓨ　6. 編者按：「定」下疑有脫文。
7. 編者按：「岠」疑當作「矩」。　8. 編者按：「岠」疑當作「矩」。
9. 編者按：「舉」疑當作「矩」。
10. 編者按：此文錯亂，今試訂正如下：假使視日出，入前表中一寸，是寸得一里也。〔寸而除〕一里，積萬八千寸，得〔萬八千里〕，〔則〕從此東（萬八千里）〔里數也〕。視日方入，入前表半寸，則半寸得一里〔也〕。半寸而除一里，積〔三萬六千〕寸，得三萬六千里，（除）則從此西里數也。

欲知天之高，樹表高一丈，正南北相去千里，同日度其陰，北表二[1]尺，南表尺九寸，是南千里陰短寸，南二萬里則无景，是直日下也。陰二尺而得高一丈者，南一而高五也，則置從此南至日下里數，因而五之，為十萬里，則天高也。若使景與表等，則高與遠等也。

4 墬形訓

墬（形）之所載，六合之閒，四極之內，昭[2]之以日月，經之以星辰，紀之以四時，要之以太歲。

天地之閒，九州八（極）〔柱〕，土有九山，山有九塞，澤有九藪，風有八等，水有六品。

何謂九州？東南神州曰農土，正南次州曰沃土，西南戎州曰滔土，正西弇州曰并土，正中冀州曰中土，西北台州曰肥土，正北濟州曰成土，東北薄州曰隱土，正東陽州曰申土。

何謂九山？〔曰〕[3]會稽、泰山、王屋、首山、太華、岐山、太行、羊腸、孟門。

何謂九塞？曰大汾、▸澠阨◂[4]、荊阮、方城、殽阪、井陘、令疵、句注、居庸。

何謂九藪？曰越之具區，楚之雲夢，秦之陽紆，晉之大陸，鄭之圃田，宋之孟諸，齊之海隅，趙之鉅鹿，燕之昭余。

何謂八風？東北曰炎風，東（玄）〔方〕曰條[5]風，東南曰景風，南方曰（巨）〔豈〕風，西南曰涼風，西方曰飂風，西北曰麗風，北方曰寒風。

何謂六水？曰河水、赤水、遼水、黑水、江水、淮水。

闔[6]四海之內，東西二萬八千里，南北二萬六千里，水道八千里，通谷（其）

1. 一《莊逵吉本》p.156
2. 照Ⓨ
3. 編者按：依文例補。
4. A.冥阨Ⓨ B.黽阸Ⓨ
5. 滔Ⓨ
6. 合Ⓦ

〔六〕，名川六百，陸徑三千里。禹乃使太章步自東極，至于西極，二億三萬三千五百里七十五步；使豎[1]亥步自北極，至于南極，二億三萬三千五百里七十五步。凡鴻水淵藪，自三（百）仞以上，二億三萬三千五百五十（里）有九（淵）。禹乃以息土填洪水以為名山，掘崑崙虛▸以下◂[2]地，中有[3]增[4]城九重，其高萬一千里百一十四步二尺六寸，上有木禾〔焉〕，其脩五尋，珠樹、玉樹、琁[5]樹、不死樹在其西，沙棠、琅玕在其東，絳樹在其南，碧樹、瑤樹在其北。旁有四百四十門，門閒四里，▸里閒九純◂[6]，純丈五尺，旁有九井玉橫，維其西北之隅，北門開以內不周之風。傾宮、旋[7]室、縣圃、涼[8]風、▸樊桐◂[9]在崑崙閶闔之中，是其疏圃。疏圃之池，浸[10]之黃[11]水，黃水三周復其原，是謂（丹）〔白〕水，〔出崑崙之原〕，飲之不死。

河水出崑崙東北陬，貫渤海，入禹所導積石山。赤水出其東南陬，西南注南海丹澤之東。（赤水之東），〔弱水出其西南陬〕，（弱水出自窮石），（至于合黎），（餘波入于流沙）[12]，絕流沙，南至南海。洋水出其西北陬，入于南海羽民之南。凡四水者，帝之神泉，以和百藥，以潤萬物。

崑崙之丘，或上倍之，是謂涼風之山，登之而不死。或上倍之，是謂懸圃〔之山〕，登之乃靈，能使風雨。或上倍之，乃維上天，登之乃神，是謂太帝之居。

扶木在陽州，日之所（曊）〔曊〕。建木在▸都廣◂[13]，眾帝所自上下，日中無景，呼而無（嚮）〔響〕，蓋天地之中也。若木在建木西，末有十日，其華照下地。

九州之大，純方千里。九州之外，乃有八殥[14]，亦方千里：自（北東）〔東北〕方曰（大澤）〔無通〕，曰（無通）〔大澤〕；東方曰大渚，曰少海；東南方曰具區，曰（元）〔亢〕澤；南方曰大夢，曰浩澤；西南方曰渚[15]資，曰丹澤；西方曰九區[16]，曰泉澤；西北方曰大夏，曰海澤；北方曰大冥，曰寒澤。凡八殥。八澤之雲，是雨九州。

1. 孺Ⓦ　2. 以為下Ⓨ　3. 立Ⓨ　4. A.曾Ⓦ B.層Ⓨ
5. A.璇Ⓨ B.瓊Ⓨ　6. 俞樾云：疑本作「門九純」。
7. A.璿Ⓨ B.琁Ⓨ　8. 閬Ⓦ　9. 板桐Ⓦ　10. 滿Ⓨ
11. 潢Ⓨ
12. 據王引之說，「弱水出窮石，入于流沙」當在下文「江出岷山」諸條間。「赤水之東」、「自」及「餘波」七字皆後人妄加，「至于合黎」四字為後人取《禹貢》之文附入。
13. 廣都Ⓨ　14. A.埏Ⓨ B.貪Ⓨ C.寅Ⓨ　15. 注Ⓨ　16. 甌Ⓨ

八殥之外，而[1]有八紘，亦方千里：自東北方曰和丘，曰荒土；東方曰棘林，曰桑野；東南方曰大窮，曰衆女；南方曰都廣，曰反戶；西南方曰焦僥，曰炎土；西方曰金丘，曰沃野；西北方曰一目，曰沙[2]所；北方曰積冰，曰委羽。凡八紘之氣是出寒暑，以合八正，必以風雨。

八紘之外，乃有八極：自東北方曰方土之山，曰蒼門；東方曰東極之山，曰開明之門；東南方曰波母之山，曰陽門；南方曰南極之山，曰暑門；西南方曰編[3]駒之山，曰白門；西方曰西極之山，曰閶闔之門；西北方曰不周之山，曰幽都之門；北方曰北極之山，曰寒門。凡八極之雲，是雨天下；八門之風，是節寒暑；八紘、八殥、八澤之雲，以雨九州而和中土。

東方之美者，有醫毋閭之珣（玕）〔玗〕琪焉。東南方之美者，有會稽之竹箭焉。南方之美者，有梁山之犀象焉。西南方之美者，有華山之金石焉。西方之美者，有霍山之珠玉焉。西北方之美者，有崑崙〔虛〕之球[4]琳、琅玕焉。北方之美者，有幽都之筋角焉。東北方之美者，有斥山之文皮焉。中央之美者，有岱岳，以生五穀桑麻，魚鹽出焉。

凡地形：東西為緯，南北為經；山為積德，川為積刑；高者為生，下者為死；丘陵為牡，谿谷為牝；水員折者有珠，方折者有玉；清水有黃金，龍淵有玉英。土地各以（其）類生〔人〕，是故山氣多男，澤氣多女，▸障氣◂[5]多喑[6]，風氣多聾，林氣多癃，木[7]氣多傴，岸下氣多（腫）〔尰〕，石氣多力，險阻氣多癭，暑氣多夭[8]，寒[9]氣多壽，谷氣多痺，丘氣多（狂）〔尪〕，衍[10]氣多仁，陵氣多貪，輕土多利，重土多遲，清水音小，濁水音大，湍水人輕，遲水人重，中土多聖人。皆象其氣，皆應其類。

故南方有不死之草，北方有不釋之冰，東方有君子之國，西方有刑殘之尸。寢居直夢，人死為鬼，磁石上飛，雲母來水，土龍致雨，鷰鴈代飛，蛤（蟹）〔蛖〕珠龜[11]，與月盛衰。

是故堅土人剛，弱土人（肥）〔脃〕；壚土人大，沙土人細；息土人美，秏土人

1. 乃Ⓨ　2. 少Ⓨ　3. 偏Ⓨ　4. 璆Ⓨ
5. 王念孫云：「障氣」本作「水氣」。　6. 瘖Ⓨ　7. 水Ⓨ
8. A.妖Ⓨ B.殘Ⓨ　9. 雲Ⓨ　10. 廣Ⓨ　11. 鱉Ⓨ

醜。食水者善游〔而〕能[1]寒，食土者無心▸而慧◂[2]，食木者多力▸而㚇◂[3]，食草者善走而愚，食（葉）〔桑〕者有絲而蛾，食肉者勇敢而悍[4]，食氣者神明而壽，食穀者知慧而夭，不食者不死而神。

凡人民禽獸萬物貞蟲，各有以生，或奇或偶，或飛或走，莫知其情。唯▸知通道◂[5]者，能原本之。

天一地二人三，三三而九。九九八十一，一主日，日數十，日主人，人故十月而生。八九七十二，二主偶，偶以承奇，奇主辰，辰主月，月主馬，馬故十二月而生。（十）〔七〕九六十三，三主斗，斗主▸犬，犬◂[6]故三月而生。六九五十四，四主時，時主▸彘，彘◂[7]故四月而生。五九四十五，五主音，音主猨，猨故五月而生。四九三十六，六主律，律主▸麋鹿，麋鹿◂[8]故六月而生。三九二十七，七主星，星主虎，虎故七月而生。二九十八，八主風，風主蟲，蟲故八（月）〔日〕而化。鳥魚皆生於陰，（陰）〔而〕屬於陽，故鳥魚皆卵生。魚游於水，鳥飛於雲，故立冬燕雀入海，化為蛤。

萬物之▸生而◂[9]各異類：▸蠶食◂[10]而不飲，蟬飲而不食，蜉蝣不飲不食，介鱗者夏食而冬蟄。齕吞者八竅而卵生，嚼咽者九竅而胎生。四足者無羽翼，戴角者無上齒；無角者膏而無前〔齒〕，有角者（指）〔脂〕而無後〔齒〕。晝生者類父，夜[11]生者似母。至陰生牝，至陽生牡。夫熊羆蟄藏，飛鳥時移。

是故白水宜玉，黑水宜砥，青水宜碧，赤水宜丹，黃水宜金，清水宜龜；汾水濛濁而宜麻，濟水通和而宜麥，河水中（濁）〔調〕而宜菽，雒水輕利而宜禾，渭水多力而宜黍，漢水重安而宜竹，江水肥仁而宜稻。平（大）〔土〕之人，慧而宜五穀。

東方川谷之所注，日月之所出，其人兌形小頭，隆鼻大口，鳶肩企行，竅通於目，筋氣屬焉，蒼色主肝，長大早知而不壽；其地宜麥，多虎豹。

1. 耐《孔子家語・執轡》6/8b　2. A.而不息Ⓨ B.不息Ⓨ　3. 而不治Ⓦ
4. 捍Ⓨ　5. 通道Ⓨ　6. 狗，狗《大戴禮記・易本命》13/7a
7. 豕，豕《大戴禮記・易本命》13/7a　8. 鹿，鹿Ⓨ　9. 性Ⓨ
10. 故蠶食Ⓨ　11. 莫Ⓦ

南方陽氣之所積，暑溼居之，其人修形兌上，大口決眥，竅通於耳，血脈屬焉，赤色主心，早壯而夭；其地宜稻，多兕象。

西方高土，川谷出焉，日月入焉，其人〔方〕面末僂，脩頸（印）〔卬〕行，竅通於鼻，皮革屬焉，白色主肺，勇敢不仁；其地宜黍，多旄犀。

北方幽晦不明，天之所閉也，寒冰之所積也，蟄蟲之所伏也，其人翕形短頸，大肩下尻，竅通於陰，骨幹屬焉，黑色主腎，（其人）惷愚（禽獸）而壽；其地宜菽，多犬馬。

中央四達，風氣之所通，雨露之所會也，其人大面短頸[1]，美鬚惡肥，竅通於口，膚肉屬焉，黃色主胃，慧聖而好治；其地宜禾，多牛羊及六畜。

木勝土，土勝水，水勝火，火勝金，金勝木，故禾春生秋死，菽夏生冬死，麥秋生夏死，‣薺冬生（中）夏死◂[2]。

木壯水老火生金囚土死，火壯木老土生水囚金死，土壯火老金生木囚水死，金壯土老水生火囚木死，水壯金老木生土囚火死。

音有五聲，宮其主也。色有五章，黃其主也。味有五變，甘其主也。位有五材，土其主也。是故鍊土生木，鍊木生火，鍊火生雲，鍊雲生水，‣鍊水反土◂[3]。鍊甘生酸，鍊酸生辛，鍊辛生苦，鍊苦生鹹，鍊鹹反[4]甘。變宮生徵，變徵生商，變商生羽，變羽生角，變角生宮，是故以水和土，以土和火，以火化金，以金治木，木復反土。五行相治，所以成器用。

凡海外三十六[5]國：自西北至西南方，有修股民、天民、肅慎民、白民、沃民、女子民、丈夫民、奇股民、一臂民、三身民。自西南至東南方，〔有〕結胸民、羽民、讙頭國民、（裸）〔裸〕國民、三苗民、交股民、不死民、穿胸民、反舌民、豕喙民、鑿

1. 頤《道藏本》p.33.1
2. 王念孫云：此本作「薺冬生而夏死」。編者按：前三句均無「而」字，則此句亦不當有。又王說據《藝文類聚》卷82p.1417、《御覽》卷837p.3740及《御覽》卷980p.4341。《御覽》卷837作「薺冬生仲夏死」亦無「而」字，今只刪「中」字不補「而」字。
3. 練水生土㊙　4. 生㊙　5. 五㊙

齒民、三頭民、脩臂民。自東南至東北方，有大人國、君子國、黑齒民、玄股民、毛民、勞民。自東北至西北方，有跂踵民、句嬰民、深目民、無腸民、柔利民、一目民、‣無繼民◂[1]。

雒棠、武人在西北陬，硥魚在其南。有神二（人）〔八〕連臂為帝候夜，在其西南方。三珠樹在其東北方，有玉樹在赤水之上。崑崙、（華）〔芉〕丘在其東南方，爰有遺玉、青馬、視肉，楊桃、甘樝、甘華、百果所生。和丘在其東北陬，三桑、無枝在其西，夸父、（耽）〔耴〕耳在其北方。夸父棄其策，是為鄧林。昆吾丘在南方；軒轅丘在西方；巫咸在其[2]北方，立登保之山；暘谷、榑桑在東方。有娀在不周之北，長女簡翟，少女建疵。西王母在流沙之瀕。樂民、拏閭在崑崙弱水之洲。三危在樂民西。宵明、燭光在河洲，所照方千里。龍門在河淵。湍池在崑崙。玄燿、不周、申池在海隅。孟諸在沛。少室、太室在冀州。燭龍在鴈門北，蔽[3]于委羽之山，不見日，其神、人面龍身而無足。后稷壟在建木西，其人死復蘇，其半魚[4]，在其間。流黃、（涙）〔沃〕民在其北方三百里，狗國在其東。雷澤有神，龍身人頭，鼓其腹而熙。

江出岷山，東流絕漢入海，左還北流，至于開母之北，右還東流，至于東極。河出積石。（睢）〔睢〕出荊山。淮出桐柏山。睢出羽山。清漳出楬[5]戾。濁漳出發包[6]。濟出王屋。時、泗、沂出臺、台、術。洛出獵山。汶出弗其，〔西〕流合於濟。漢出嶓冢。涇出薄落之山。渭出鳥鼠同穴。伊出上魏。雒出熊耳。浚出華竅。維[7]出覆舟。汾出燕京。衽出濆熊。淄出目飴。丹水出高（褚）〔都〕。（股）〔般〕出嶕山。鎬[8]，〔薄〕出鮮于。涼出茅盧、石梁。汝出猛山。淇出大號。晉出（龍山）結（給）〔紿〕，合出封羊。遼出砥石。釜出景。（歧）〔岐〕出石橋。呼池出魯平。泥塗淵出樠山。維濕北流出於燕。

諸稽、攝提，（條）〔融〕風之所生也；通視，明庶風之所生也；赤奮若，清明風之所生也；共工，景風之所生也；諸比，涼（也）〔風〕之所生也；皋稽，閶闔風之所生也；隅強，不周風之所生也；窮奇，廣莫〔風〕之所生也。

---

1. 無啓民《山海經・海外北經》8/43a
2. 編者按：準上下文例，「其」字疑衍。　3. 箣⑦
4. 編者按：高注云：「或化為魚」，則此文當作「其半化為魚」。　5. 諹⑦
6. 苞⑦　7. 潍⑦
8. 王引之云：「鎬」字下有出某山之文而今脫之。

（突）〔朕〕生海人，海人生若菌，若菌生聖人，聖人生庶人，凡（容）〔朕〕者生於庶人。羽嘉生飛龍，飛龍生鳳皇，鳳皇生鸞鳥，鸞鳥生庶鳥，凡羽者生於庶鳥。毛犢生應龍，應龍生建馬，建馬生麒麟，麒麟生庶獸，凡毛者生於庶獸。介鱗生蛟龍，蛟龍生鯤鯁，鯤鯁生建邪，建邪生庶魚，凡鱗者生於庶魚。介潭生先龍，先龍生玄黿，玄黿生靈龜，靈龜生庶龜，凡介者生（庶於）〔於庶〕龜。煖溼生容，煖溼生於毛風，毛風生於溼玄，溼玄生羽風，羽風生煗介，煗介生鱗薄，鱗薄生煖介。五類雜種興乎外，（宵）〔肖〕形而蕃。

（曰）〔日〕馮生‣陽閼◂[1]，陽閼生‣喬如◂[2]，喬如生幹木，幹木生庶木，凡（根拔）木者生於庶木。（根拔）〔招搖〕生程若，程若生玄玉，玄玉生醴泉，醴泉生皇辜，皇辜生庶草，凡根茇草者生於庶草。‣海閭◂[3]生屈龍，屈龍生容華，容華生蔈，蔈生（萍）藻，（萍）藻生浮草，凡浮生不根茇者生於（萍）藻。

正土之氣（也）御乎埃天，埃天五百歲生（缺）〔玦〕，（缺）〔玦〕五百歲（生黃埃黃埃五百歲）生黃澒，黃澒五百歲生黃金，黃金千歲生黃龍，〔黃龍〕入藏生黃泉，黃泉之埃上為黃雲，陰陽相薄為雷，激（楊）〔揚〕為電，上者就下，流水就通，而合于黃海。偏土之氣御乎（清）〔青〕天，（清）〔青〕天八百歲生青曾，青曾八百歲生青澒，青澒八百歲生青金，青金（八百）〔千〕歲生青龍，青龍入藏生（清）〔青〕泉，（清）〔青〕泉之埃上為青雲，陰陽相薄為（雲）雷，激揚為電，上者就下，流水就通，而合于青海。牡土之氣御于[4]赤天，赤天七百歲生赤丹，赤丹七百歲生赤澒，赤澒七百歲生赤金，赤金千歲生赤龍，赤龍入藏生赤泉，赤泉之埃上為赤雲，陰陽相薄為雷，激揚為電，上者就下，流水就通，而合于赤海。弱土之氣御于白天，白天九百歲生白礜，白礜九百歲生白澒，白澒九百歲生白金，白金千歲生白龍，白龍入藏生白泉，白泉之埃上為白雲，陰陽相薄為雷，激揚為電，上者就下，流水就通，而合于白海。牝土之氣御于玄天，玄天六百歲生玄砥，玄砥六百歲生玄澒，玄澒六百歲生玄金，玄金千歲生玄龍，玄龍入藏生玄泉，玄泉之埃上為玄雲，陰陽相薄為雷，激揚為電，上者就下，流水就通，而合于玄海。

---

1. 陽閈㊇　2. A.鱗胎㊇ B.鱗鮐㊇　3. 海間㊇　4. 平㊇

5 時則訓

孟春之月，招搖指寅，昏參中，旦尾中。其位東方，其日甲乙，盛德在木，其蟲鱗，其音角，律中太蔟，其數八，其味酸，其臭羶，其祀戶，祭先脾。東風解凍，蟄蟲始▸振穌◂[1]，魚上▸負冰◂[2]，獺祭魚，候鴈北[3]。天子衣青衣，乘蒼龍，服蒼玉，建青旗，食麥與羊，服八風水，爨萁燧火，東宮御女青色，衣青采，鼓琴瑟，其兵矛，其畜羊，朝于青陽左个，以出春令。布德施惠，行慶賞，省傜賦。

立春之日，天子親率三公九卿大夫以迎歲于東郊，修除祠位，幣禱鬼神，犧牲用牡。禁伐木，毋覆巢，〔毋〕殺胎夭，毋麛，毋卵，毋聚眾，〔毋〕置城郭，掩骼薶骴。

孟春行夏令，則▸風雨不時◂[4]，草木▸早落◂[5]，國乃有恐。行秋令，則其民大疫，飄風暴雨總至，黎[6]莠蓬蒿並興。行冬令，則水潦為敗，雨霜大雹，首稼不入。

正月官司空，其樹楊。

仲春之月，招搖指卯，昏弧中，旦建星中。其位東方，其日甲乙，其蟲鱗，其音角，律中夾鍾，其數八，其味酸，其臭羶，其祀戶，祭先脾。始雨水，桃李始[7]華，蒼庚鳴，鷹化為鳩。天子衣青衣，乘蒼龍，服蒼玉，建青旗，食麥與羊，服八風水，爨（其）〔萁〕燧火，東宮御女青色，衣青采，鼓琴瑟，其兵矛，其畜羊，朝于青陽太廟。命有司，省囹圄，去桎梏，毋笞掠，止獄訟，養幼小，存孤獨，以通句萌。擇元日，令民社。

是月也，日夜分，雷始發聲，蟄蟲咸▸動穌◂[8]。先雷三日，振鐸以令於兆民曰：「雷且發聲，有不戒其容止者，生子不備，必有凶災。」令官市，同度量，（鈞）

1. 振《呂氏春秋・孟春紀》p.18、《禮記・月令》p.284
2. 冰《呂氏春秋・孟春紀》p.18、《禮記・月令》p.284
3. 來《禮記・月令》p.284
4. 雨水不時《禮記・月令》p.289（《呂氏春秋》同作「風雨不時」。俞樾以為當從《禮記》。）
5. 早槁《呂氏春秋・孟春紀》p.22
6. 藜《呂氏春秋・孟春紀》p.23、《禮記・月令》p.289
7. 「始」字《禮記・月令》有，《呂氏春秋・仲春紀》無，王引之以為當據《呂氏春秋》刪。
8. 動《呂氏春秋・仲春紀》p.45、《禮記・月令》p.300

〔鈞〕衡石，角斗（稱）〔桶〕，端[1]權概。毋竭川澤，毋漉陂池，毋焚山林，毋作大事，以妨農功。祭不用犧牲，用圭璧，更皮幣。

仲春行秋令，則其國大水，寒氣總至，寇戎來征。行冬令，則陽氣不勝，麥乃不熟，民多相殘。行夏令，則其國大旱，煗氣早來，蟲螟為害。

二月官倉，其樹杏。

季春之月，招搖指辰，昏七星中，旦牽牛中。其位東方，其日甲乙，其蟲鱗，其音角，律中姑洗，其數八，其味酸，其臭羶，其祀戶，祭先脾。桐始華，田鼠化為鴽，虹始見，萍始生。天子衣青衣，乘蒼龍，服蒼玉，建青旗，食麥與羊，服八風水，爨萁燧火，東宮御女青色，衣青采，鼓琴瑟，其兵矛，其畜羊，朝于青陽右个。〔命〕舟牧覆舟，五覆五反，乃言具于天子。天子烏[2]始乘舟，薦鮪於寢廟，乃為麥祈實。

是月也，生氣方盛，陽氣發泄，句者畢出，萌者盡達，不可以內。天子命有司，發囷倉，助貧窮，（拔）〔振〕乏絕，開府庫，出幣帛，使[3]諸侯，聘名士，禮賢者。命▸司空◂[4]，時雨將降，下水上騰，循行國邑，周視原野，修利隄防，導通溝瀆，達路除道，從國始，至境止。田獵罼弋，罝罘羅罔，（餒）〔餧〕（毒）〔獸〕之藥，毋出九門。乃禁野虞，毋伐桑柘。鳴鳩奮其羽，戴鵀降于桑，具（樸）〔栚〕曲筥筐，后妃齋戒，東鄉親桑，省婦使，勸蠶事。命五庫，令百工審金鐵皮革、筋角箭榦、脂膠丹漆，無有不良。擇下旬吉日，大合樂，致歡欣。乃合犦牛騰馬，游牝于牧。令國儺，九門磔攘，以畢春氣。行是月令，甘雨至三旬。

季春行冬令，則寒氣時發，草木皆肅，國有大恐。行夏令，則民多疾疫，時雨不降，▸山陵◂[5]不登。行秋令，則天多沈陰，淫雨早降，兵革並起。

三月官鄉，其樹李。

1. 編者按：「端」、《呂氏春秋・仲春紀》、《禮記・月令》並作「正」，此文作「端」蓋避秦諱改。 2. 焉《呂氏春秋・季春紀》p.68
3. 勉《呂氏春秋・季秋紀》p.69、《禮記・月令》p.303
4. 司空曰《呂氏春秋・季春紀》p.69、《禮記・月令》p.303
5. 編者按：《禮記・月令》「山陵」作「山林」。高誘注云：「故草木不登成也」，則高誘所見《淮南子》文似亦當作「山林不登」。

孟夏之月，招搖指巳，昏翼中，旦婺女中。其位南方，其日丙丁，盛德在火，其蟲羽，其音徵，律中仲呂，其數七，其味苦，其臭焦，其祀竈，祭先肺。螻蟈鳴，丘（蝸）〔螾〕出，王瓜生，苦菜秀。天子衣赤衣，乘赤騮，服赤玉，建赤旗，食菽與雞，服八風水，爨柘燧火，南宮御女赤色，衣赤采，吹竽笙，其兵戟，其畜雞，朝于明堂左个，以出夏令。

立夏之日，天子親率三公九卿大夫以迎歲於南郊。還，乃〔行〕賞賜，封諸侯，修禮樂，饗左右。命太尉，贊傑俊，選賢良，舉孝悌，行爵出祿，佐天長養。繼修[1]增高，無有隳壞，毋興土功，毋伐大樹。令野虞，行田原，勸農事，驅獸畜，勿令害穀。天子以彘嘗麥，先薦寢廟。聚畜百藥，靡草死，麥秋至，決小罪，斷薄刑。

孟夏行秋令，則苦雨數來，五穀不滋，四鄙[2]入保。行冬令，則草木早枯，後乃大水，敗壞城郭。行春令，則螽蝗為敗，暴風來格，秀草不實。

四月官田，其樹桃。

仲夏之月，招搖指午，昏亢中，旦危中。其位南方，其日丙丁，其蟲羽，其音徵，律中蕤賓，其數七，其味苦，其臭焦，其祀竈，祭先肺。小暑至，螳蜋生，鵙[3]始鳴，反舌無聲。天子衣赤衣，乘赤騮，服赤玉，（載）〔建〕[4]赤旗，食菽與雞，服八風水，爨柘燧火，南宮御女赤色，衣赤采，吹竽笙，其兵戟，其畜雞，朝于明堂太廟。命樂師，修鞀鞞琴瑟管簫，調竽篪，飾鍾磬，執干戚戈羽。命有司，為民祈祀山川百原，大雩帝，用盛樂。天子以（雉）〔雛〕嘗黍，羞以含桃，先薦寢廟。禁民無刈藍以染，毋燒灰[5]，毋暴布，門閭無閉，關市無索，挺重囚，益其食，存鰥寡，振死事，游牝別其群，執騰駒，班馬政。

日（短）〔長〕至，陰陽爭，死生分，▸君子齋戒，〔處必〕（慎）〔揜〕身，無躁◂[6]，節聲色，薄滋味，百官靜，事無徑，以定晏陰之所成。鹿角解，蟬始鳴，半夏生，木堇榮。禁民無發火，可以居高明，遠眺望，登丘陵，處臺榭。

1. 編者按：《呂氏春秋》作「長」，則《淮南子》作「修」蓋避淮南王諱改。
2. 鄙《呂氏春秋・孟夏紀》p.95、《禮記・月令》p.308〈編者按：本書此篇「季夏之月」亦有「四鄙入保」之文。〉　3. 鶪Ⓨ
4. 編者按：本篇各月均作「建旗」，無作「載旗」者，今改正。
5. 《呂氏春秋・仲夏紀》作「炭」，《禮記・月令》則仍作「灰」。
6. 編者按：本篇「仲冬之月」亦有「君子齋戒，處必揜身，欲靜，去聲色，禁嗜欲」。今據補。

仲夏行冬令，則雹霰傷穀，道路不通，暴兵來至。行春令，則五穀不[1]熟，百螣時起，其國乃飢。行秋令，則草木零落，果實蚤成，民殃於疫。

五月官相，〔其〕樹榆。

季夏之月，招搖指未，昏心中，旦奎中。其位中央，其日（戉）〔戊〕己，盛德在土，其蟲蠃，其音宮，律中百鍾，其數五，其味甘，其臭香，其祀中霤，祭先心。涼風始至，蟋蟀居奧[2]，鷹乃學習，腐草化為‣蚈◂[3]。天子‣衣苑黃◂[4]，乘黃騮，服黃玉，建黃旗，食稷與牛，服八風水，爨柘燧火，中宮御女黃色，衣黃采，其兵劍，其畜牛，朝于中宮。〔是月也〕，乃命漁人，伐蛟取鼉，登龜取黿。令滂[5]人，入材葦。命‣四監大夫◂[6]，（令）〔合〕百縣之秩芻，以養犧牲，以共皇天上帝、名山大川、四方之神、宗廟社稷，為民祈福行惠。令弔死問疾，存視長老，行稃鬻，厚席蓐，以送萬物歸也。命婦官染采，黼黻文章，青黃白黑，莫不質良，以給宗廟之服，必宣以明。

是月也，樹木方盛，勿敢斬伐；不可以合諸侯，起土功，動眾興兵，必有天殃。土潤溽暑，大雨時行，利以殺草‣糞田疇，以肥土疆◂[7]。

季夏行春令，則穀實解落，‣多風欬◂[8]，民乃遷徙。行秋令，則丘隰水潦，稼稽不熟，乃多女災。行冬令，則風寒不時，鷹隼蚤摯[9]，四鄙入保。

六月官少內，其樹梓。

孟秋之月，招搖指申，昏斗中，旦畢中。其位西方，其日庚辛，盛德在金，其蟲毛，其音商，律中夷則，其數九，其味辛，其臭腥，其祀門，祭先肝。涼風至，白露

1. 晚《呂氏春秋・仲夏紀》p.117、《禮記・月令》p.318
2. A.壁ⓨ B.野ⓨ C.宇《呂氏春秋・季夏紀》p.133
3. A.螢蚈《呂氏春秋・季夏紀》p.134 B.螢《禮記・月令》p.318
4. 編者按：《呂氏春秋》、《禮記・月令》並作「衣朱衣」，《淮南子》文雖作「黃」，與二書作「朱」不同，「衣苑黃」疑亦應作「衣黃衣」，與上下文例相合。
5. A.虞《呂氏春秋・季夏紀》p.134 B.澤《禮記・月令》p.319〈俞樾云：「滂人」當作「榜人」。〉 6. 四監ⓨ
7. 編者按：此二句《呂氏春秋・季夏紀》、《禮記・月令》並作「可以糞田疇，可以美土疆」，則此文「糞田疇」上亦當有「以」字，與下句一律。
8. 國多風欬《呂氏春秋・季夏紀》p.136
9. 鷙《呂氏春秋・季夏紀》p.137、《禮記・月令》p.321

降，寒蟬鳴，鷹乃祭鳥，‣用始◂[1]行戮。天子衣白衣，乘白駱，服白玉，建白旗，食麻與犬，服八風水，爨柘燧火，西宮御女白色，衣白采，撞白鐘[2]，其兵（戈）〔戉〕，其畜狗[3]，朝于總章左个，以出秋令。求不孝不悌、戮暴傲悍而罰之，以助損氣。

立秋之日，天子親率三公九卿大夫以迎（秋）〔歲〕于西郊。還，乃賞軍率武人於朝。命將率，選卒[4]厲兵，簡練桀俊，專任有功，以征不義，詰誅暴慢，順[5]彼四方。命有司，修法制，繕（囚）〔囹〕圄，禁姦塞邪，審決獄，平詞訟。天墜始肅，不可以贏。是月〔也〕，農始升穀，天子嘗新，先薦寢廟。命百官，始收斂，完隄防，謹障[6]塞，以備水潦，修城郭，繕宮室，毋以封侯，立大官，行重幣，出大使。行是月令，涼[7]風至三旬。

孟秋行冬令，則陰氣大勝，介蟲敗穀，戎兵乃來。行春令，則其國乃旱，陽氣復還，五穀无實。行夏令，則冬多火災，寒暑不節，民多瘧疾。

七月官庫，其樹楝。

仲秋之月，招搖指酉，昏牽牛中，旦觜巂中。其位西方，其日庚辛，其蟲毛，其音商，律中南呂，其數九，其（朱）〔味〕辛，其臭腥，其祀門，祭先肝。涼風至，候[8]鴈來，玄鳥歸，群鳥翔。天子衣白衣，乘白駱，服白玉，建白旗，食麻與犬，服八風水，爨柘燧火，西宮御女白色，衣白采，撞白鍾，其兵（戈）〔戉〕，其畜犬，朝于總章大廟。命有司，申嚴百刑，斬殺必當，無或枉撓[9]。決獄不當，反受其殃。

是月也，養長老，授（凡）〔几〕杖，行稃鬻飲食。乃命宰祝，〔巡〕行犧牲，案芻豢，視肥臞全粹[10]，察物色，課比類，量小大，視少長，‣莫不中度◂[11]。天子乃儺，

1. 始用《呂氏春秋・孟秋紀》p.156
2. 王念孫云：「白鐘」之「白」，因上文而衍。
3. 編者按：本篇「仲秋」、「季秋」皆作「其畜犬」。「孟秋」似不宜獨作「狗」，疑亦當作「犬」。 4. 士《禮記・月令》p.323
5. 巡《呂氏春秋・孟秋紀》p.157
6. 壅《呂氏春秋・孟秋紀》p.158、《禮記・月令》p.324 7. 盲Ⓨ
8. 鴻Ⓨ 9. 橈Ⓨ
10. 編者按：此節三字為句，「全粹」上疑脫一字。
11. 皆中度《呂氏春秋・仲秋紀》p.179、《禮記・月令》p.325〈編者按：「皆中度」乃三字句，與上文一律。〉

以御秋氣。以犬嘗麻，先薦寢廟。是月〔也〕，可以築城郭，建都邑，穿竇窖，修囷倉。乃命有司，趣民收斂，〔務〕畜采[1]，多積聚，勸種宿麥，（若）〔無〕或失時，〔其有失時〕，行罪无疑。是月也，‣雷乃始收◂[2]，蟄（虫）〔蟲〕‣陪戶◂[3]，殺氣浸盛，陽氣日衰，水始涸，日夜分。壹度量，平權衡，正鈞石，角斗（稱）〔桶〕，理關市，來商旅，入貨財，以便民事。四方來集，遠鄉皆至，財物不匱，上无乏用，百事乃遂。

仲秋行春令，則秋雨不降，草木生榮，國有大恐。行夏令，則其國乃旱，蟄（虫）〔蟲〕不藏，五穀皆復生。行冬令，則風災數起，收雷先行，草木早死。

八月官尉，其樹柘。

季秋之月，招搖指（戍）〔戌〕，昏虛中，旦柳中。其位西方，其日庚辛，其（虫）〔蟲〕毛，其音商，律中无射，其數九，其味辛，其臭腥，其祀門，祭先肝。候鴈來賓，雀[4]入大水為蛤，菊有黃華，豺乃祭獸，戮禽。天子衣白衣，乘白駱，服白玉，建白旗，食麻與犬，服八風水，爨柘燧火，西宮御女白色，衣白采，撞白鍾，其兵（戈）〔戉〕，其畜犬，朝于總章右个。命有司，申嚴號令，百官貴賤，无不務入，以會天墜之藏，无有宣出。乃命冢宰，農事備收，舉五穀之要，藏帝籍之收於神倉。

是月也，霜始降，百工休。乃命有司曰：寒氣總至，民力不堪，其皆入室。上丁入學習吹，大饗帝，嘗犧牲，合諸侯，制百縣，為來歲受朔日與諸侯所稅於民輕重之法，貢歲[5]之數，以遠近土墜所宜為度。乃教於田獵，以習（立）〔五〕戎。命‣太僕◂[6]及七騶，咸駕戴（荏）〔旍〕，授[7]車以級，皆正[8]設于屏外。司徒搢朴，北嚮以贊之。天子乃厲服廣[9]飾，執弓操矢以獵[10]。命主祠，祭禽四方。是月〔也〕，草木黃落，乃伐薪

1. 菜《呂氏春秋・仲秋紀》p.180、《禮記・月令》p.326
2. 雷乃始收聲《呂氏春秋・仲秋紀》p.180
3. 編者按：《呂氏春秋・季秋紀》有「蟄蟲咸俯在穴，皆墐其戶」文，此處《呂氏春秋》文作「蟄蟲俯戶」，「俯」、「戶」之間，蓋有脫文。《禮記・月令》作「蟄蟲坏戶」，蓋因「俯戶」不成文義，以意改「坏戶」，《淮南子》此文蓋從《禮記・月令》，而「坏戶」又誤作「陪戶」。 4. 爵Ⓨ 5. 職Ⓨ 6. 僕Ⓨ
7. 受Ⓨ 8. 整Ⓨ
9. 厲《呂氏春秋・季秋紀》p.200、《禮記・月令》p.339
10. 顧千里云：「獵」疑當作「射」，《呂氏春秋》作「射」，《禮記・月令》作「獵」，鄭注云：今《月令》「獵」作「射」。

為炭，蟄蟲咸俛〔在穴〕[1]，乃趨獄刑，無留有罪，收祿秩之不當，供養之不宜者。通路除道，從境始，至國而（后）已。是月〔也〕，天子乃以犬嘗麻，先薦寢廟。

季秋行夏令，則其國大水，冬藏殃敗，民多（鼽）〔鼽〕窒。行冬令，則國多盜賊，邊境不寧，土墜分裂。行春令，則煖風來至，民氣解隋，師旅並興。

九月官候，其樹槐。

孟冬之月，招搖指亥，昏危中，旦七星中。其位北方，其日壬癸，盛德在水，其蟲介，其音羽，律中應鍾，其數六，其味鹹，其臭腐，其祀井[2]，祭先腎。水始冰，墜始凍，雉入大水為蜃，虹藏不見。天子衣黑衣，乘玄驪[3]，服玄玉，建玄旗，食黍與彘，服八風水，爨松燧火，北宮御女黑色，衣黑采，擊磬石，其兵鎩，其畜彘，朝于玄堂左个，以出冬令。命有司，修群禁，禁外徙，閉門閭，大搜客，斷罰刑，殺當罪，阿上亂法者誅。

立冬之日，天子親率三公九卿大夫以迎歲于北郊。還，乃賞死事，存孤寡。是月〔也〕，命太祝禱祀‣神位，占◂[4]龜策，審卦兆，以察吉凶。於是天子始裘，命百官謹蓋藏，命司徒行積聚，修城郭，警門閭，修楗閉，慎管籥，固封璽，修[5]邊境，完要塞，絕蹊徑，飭喪紀，審棺椁衣衾之薄厚，營丘壟之小大高庳，使貴賤卑尊各有等級。是月也，工師效功，陳祭器，案度呈[6]，堅[7]致為上。工事苦慢，作為淫巧，必行其罪。是月也，大飲蒸，天子祈來年於天宗，大禱祭于公社，畢，饗先祖。勞農夫，以休息之。命將率講武，（律）〔肄〕射御，角力勁。乃命水虞漁師，收水泉池澤之賦，毋或侵牟。

孟冬行春令，則凍閉不密，墜氣發泄，民多流亡。行夏令，則〔國〕多暴風，方冬不寒，蟄蟲復出。行秋令，則雪霜不時，小兵時起，土墜侵削。

十月官司馬，其樹檀。

---

1. 《呂氏春秋》下有「皆墐其戶」句。 2. 行㉖ 3. 駱㉔
4. 顧千里云：「神位占」三字疑衍。《呂氏春秋》無「神位占」三字。 5. 備㉖
6. 程㉖ 7. 功㉖

仲冬之月，招搖指子，昏〔東〕（璧）〔壁〕中，旦軫中。其位北方，其日壬癸，其蟲介，其音羽，律中黃鍾，其數六，其味鹹，其臭腐，其祀井，祭先腎。冰益壯，墜始坼，鴇鳴不鳴，虎始交。天子衣黑衣，乘鐵驪，服玄玉，建玄旗，食黍與彘，服八風水，爨松燧火，北宮御女黑色，衣黑采，擊磬石，其兵鎩，其畜彘，朝于玄堂太廟。命有司曰：土事无作，无發室（居）〔屋〕，及起大眾，是謂發天墜之藏，諸蟄則死，民必疾疫，有[1]隨以喪。急捕盜賊，誅淫泆詐偽之人，命曰暢月。命奄尹，申宮令，審門閭[2]，謹房室，必重閉，省婦事。乃命大酋，秫稻必齊，麴（櫱）〔糱〕必時，湛熹必潔，水泉必香，陶器必良，火齊必得，无有差忒。天子乃命有司，祀四海大川名澤。

是月也，農有不收藏積聚、牛馬畜獸有放失[3]者，取之不詰。山林藪澤，有能取疏食、田獵禽獸者，野虞教導之。其有相侵奪〔者〕，罪之不赦。是月也，日短至，陰陽爭，君子齋戒，處必掩身，欲靜，去聲色，禁嗜欲，寧身體，安形性。是月也，荔挺出，芸始生，丘螾結，麋角解，水泉動。〔日短至〕，則伐樹木，取竹箭，罷官之无事〔者〕，〔去〕器之无用者，涂闕庭，門閭[4]，築囹圄，〔此〕所以助天墜之閉〔藏也〕。仲冬行夏令，則其國乃旱，氛霧冥冥，雷乃發聲。行秋令，則（其）〔天〕時雨水[5]，瓜瓠不成，國有大兵。行春令，則蟲螟為敗，水泉咸竭，民多疾癘。

十一月官都尉，其樹棗。

季冬之月，招搖指丑，昏婁中，旦氐中。其位北方，其日壬癸，其蟲介，其音羽，律中大呂，其數六，其味鹹，其臭腐，其祀井，祭先腎。鴈北鄉，‣鵲加巢◂[6]，‣雉雊◂[7]，雞呼卵。天子衣黑衣，乘鐵驪，服玄玉，建玄旗，食（麥）〔黍〕與彘，服八風水，爨松燧火，北宮御女黑色，衣黑采，擊磬石，其兵鎩，其畜彘，朝于玄堂右个。命有司大儺，旁磔，出土牛。命漁師始漁，天子親往射漁，先薦寢廟。令民出五種，令農計耦耕事，修耒耜，具田器。命樂師大合吹而罷。乃命四監，收秩薪，以供寢廟及百祀之薪燎。

1. 又Ⓦ　　2. 闈Ⓨ
3. 佚《呂氏春秋・仲冬紀》p.243、《禮記・月令》p.345
4. 編者按：「門」上疑脫一字。
5. 汁《呂氏春秋・仲冬紀》p.245、《禮記・月令》p.346
6. 編者按：《天文訓》云：「鵲始巢」，又云：「鵲始加巢」。
7. 乳雉雊《呂氏春秋・季冬紀》p.264

是月也，日窮于次，月窮于紀，星周于天，歲將更始，令靜農民，無有所使。天子乃與公卿大夫飾國典，論時令，以待嗣歲之宜。乃命太史，次諸侯之列，賦之犧牲，以供皇天上帝社稷之（芻）享。乃命同姓女[1]國，供寢廟之芻豢；卿士大夫至于庶民，供山林名川之祀。

季冬行秋令，則白露早降，介蟲為祅，四鄙入保。行春令，則胎夭〔多〕傷，國多固疾，命之曰逆。行夏令，則水潦敗國，時雪不降，冰凍消釋。

十二月官獄，其樹櫟。

五位：

東方之極，自碣[2]石（山）過朝鮮，貫大人之國，東至日出之次、（扶）（榑）〔榑〕木之地，青（土）〔丘〕樹木之野，太皞、句芒之所司者，萬二千里。其令曰：挻群禁，開閉闔，通窮窒，達障塞，行優游，棄怨惡，解役罪，免憂患，休罰刑，開關梁，宣出[3]財，和外怨，撫四方，行柔惠，止剛強。

南方之極，自▸北戶孫◂[4]之外[5]，貫顓頊之國，南至委火炎風之野，赤帝、祝融之所司者，萬二千里。其令曰：爵有德，賞有功，惠賢良，救飢渴，舉力農，振貧窮，惠孤寡，▸憂罷◂[6]疾，出大祿，行大賞，起毀宗，立無後，封建侯，立賢輔。

中央之極，自崑崙東絕▸兩恒山◂[7]，日月之所道，江漢之所出，眾[8]民之野，五穀之▸所宜◂[9]，龍門、河、濟相貫，以息壤堙洪水之州，東至於碣石，黃帝、后土之所司者，萬二千里。其令曰：平而不阿，明而不苛，包裹覆露，無不囊懷，溥氾無私，正靜以和[10]，▸行稃鬻，養老衰◂[11]，弔死問疾，以送萬物之〔所〕歸。

西方之極，自崑崙絕流沙、沈羽，西至三危之國，石城金室，飲氣之民，不死之

1. 之Ⓨ　2. 竭Ⓨ　3. 楊樹達據《尚書大傳》改「出」為「庫」。
4. A.北戶Ⓨ B.北戶烏孫Ⓨ　5. 界Ⓨ　6. 養老Ⓦ　7. 恒山Ⓨ
8. 人Ⓨ　9. 宜Ⓨ
10. 楊樹達云：「溥氾無私，正靜以和」二句文倒。此文首二句以「阿」、「苛」為韻，下八句以「懷」、「私」、「衰」、「歸」為韻，今本失其韻。
11. 行糜粥，養衰老Ⓦ

野，少皓、蓐收之所司者，萬二千里。其令曰：審用法，誅必辜，備盜賊，禁姦邪，‣飾群牧，謹著聚◂[1]，修城郭，補決竇，塞蹊徑，遏[2]溝瀆，止流水，雝谿谷，守門閭，陳兵甲，選[3]百官，誅不法。

北方之極，自九澤窮夏晦之極，北至‣令正◂[4]之谷，有凍寒積冰、雪雹霜霰、漂潤群水之野，顓頊、玄冥之所司者，萬二千里。其令曰：申群禁，固閉藏，修障塞，繕關梁，禁外徙，斷罰刑，殺當罪，閉（關）〔門〕閭，大搜客，止交游，禁夜樂，蚤閉晏開，以索姦人，〔姦人〕已德[5]，執之必固。天節已幾，刑殺無赦，雖有盛尊之親，斷以法度。毋行水，毋發藏，毋釋罪。

六合：

孟春與孟秋為合，仲春與仲秋為合，季春與季秋為合，孟夏與孟冬為合，仲夏與仲冬為合，季夏與季冬為合，孟春始贏，孟秋始縮；仲春始出，仲秋始內；季春大出，季秋大內；孟夏始緩，孟冬始急；仲夏至修，仲冬至短；季夏德畢，季冬刑畢。故正月失政，七月涼風不至；二月失政，八月雷不藏；三月失政，九月不下霜；四月失政，十月不凍；五月失政，十一月蟄蟲冬出其鄉；六月失政，十二月草木不脫；七月失政，正月大寒不解；八月失政，二月雷不發；九月失政，三月春風不濟；十月失政，四月草木不實；十一月失政，五月下雹霜；十二月失政，六月五穀疾狂。

春行夏令泄，行秋令水，行冬令肅。夏行春令風，行秋令蕪，行冬令格。秋行夏令華，行春令榮，行冬令秏。冬行春令泄，行夏令旱，行秋令霧。

製度：

陰陽，大制有六度：天為繩，墜為準，春為規，夏為衡，秋為矩，冬為權。繩者，所以繩萬物也。準者，所以準萬物也。規者，所以員萬物也。衡者，所以平萬物也。矩者，所以方萬物也。權者，所以權萬物也。

繩之為度也，直而不爭，修而不窮，久而不弊，遠而不忘，與天合德，與神合明，

1. 飭群牧，謹貯聚Ⓦ
2. 隄Ⓦ
3. 戒Ⓨ
4. A.令止Ⓨ B.丁令Ⓨ
5. 王念孫云：「德」讀為「得」。

所欲則得，所惡則亡，自古及今，不可移匡，厥德孔密，廣大▸以容眾◂[1]，是故上帝以為物宗。

準之為度也，平而不險，均而不阿，廣大以容，寬裕以和，柔而不剛，銳而不挫，流而不滯，易而不穢，發通而有紀，周密而不泄，準平而不失，萬物皆平，民無險謀，怨惡不生，是故上帝以為物平。

規之為度也，轉而不復，員而不垸，優而不縱，廣大以寬，感動有理，發通有紀，優優簡簡，百怨不起，規度不失，生氣乃理。

衡之為度也，緩而不後，平而不怨，施而不德，弔而不責，常[2]平民祿，以繼不足，敦敦陽陽，唯德是行，養長化育，萬物蕃昌，以成五穀，以實封疆，其政不失，天墬乃明。

矩之為度也，肅而不悖，剛而不憒[3]，取而無怨，內而無害，威厲而不懾，令行而不廢，殺伐既得，仇敵乃克，矩正不失，百誅乃服。

（僊）〔權〕之為度也，急而不贏，殺而不割，充滿以實，周密而不泄，敗物而弗取，罪殺而不赦，誠信以必，堅慤以固，糞[4]除苛慝，不可以曲，故冬正將行，必弱以強，必柔以剛，權正（而）不失，萬物乃藏。

明堂之制，靜而法準，動而法繩，春治以規，秋治以矩，冬治以權，夏治以衡，是故燥溼寒暑以節至，甘雨膏露以時降。

6 覽冥訓

昔者，師曠奏《白雪》之音，而神物[5]為之下降，風雨暴至，平公癃病，晉國赤墬。庶女（叫）〔叫〕[6]天，雷電下擊，景公臺隕，支體傷折，海水大出。夫瞽師、庶女，位賤尚葈，權輕飛羽，然而專精厲意，委務積神，上通九天，激厲至精。由此觀之，上天之誅也，雖在壙虛幽閒，遼遠隱匿，重襲石室，界障險阻，其無所逃之亦明矣。

1. 以容Ⓦ　2. 當Ⓛ　3. 于大成云：「憒」當作「鞼」。　4. 冀Ⓨ
5. 禽Ⓦ　6. 告Ⓨ

武王伐紂，渡于孟津，陽侯之波，逆流▸而擊◂[1]，疾風晦冥，人馬不相見。於是武王左操黃鉞，右（秉）〔執〕白旄，瞋目而撝之，曰：「余（任）〔在〕，天下誰敢害吾（意）〔志〕者[2]！」於是風濟而波罷。魯陽公▸與韓構難◂[3]，戰酣日暮，援戈而撝之，日為之反三舍。夫[4]全性保真，不虧其身，遭急迫難，精通于天。若乃未始出其宗者，何為而不成！夫死生同域，不可脅凌，勇武一人，為三軍雄。彼直求名耳，而能自要者尚猶若此，又況夫（宮）〔官〕天墬，懷萬物，而友造化，含至和，直偶于人形，觀九鑽一，〔一〕知之所不知，而心未嘗死者乎！

昔雍門子以哭見於孟嘗君，已而陳辭通意，撫心發聲，孟嘗君為之增欷歍唈，▸流涕◂[5]狼戾不可止。精（神）〔誠〕形於內，而外諭哀於人心，此不傳之道〔也〕。使俗人不得其君形者而效其容，必為人笑。故蒲且子之連鳥於百仞之上，而詹何之鶩魚於大淵之中，此皆得清（盡）〔淨〕之道、太浩之和也。

夫物類之相應，玄妙深微，知不能論，辯不能解。故東風至而酒湛溢，蠶咡絲而商弦絕，或感之也。（畫）〔畫〕隨灰而月運[6]闕，鯨魚死而彗星出，或動之也。故聖人在位，懷道而不言，澤及萬民。君臣乖心，則背譎見於天。神氣相應，徵矣。故山雲草莽，水雲魚鱗，旱雲煙[7]火，涔雲波水，各像其形，類所以感之。夫（陽）燧取火於日，方諸取露於月，天墬之閒，巧歷不能舉其數，手徵忽怳，不能覽[8]其光。然以掌握之中，引類於太極之上，而水火可立致者，陰陽同氣相動也。此傳說之所以騎▸辰尾◂[9]也。

故至陰飂飂，至陽赫赫，兩者交接成和，而萬物生焉。眾雄而無雌，又何化之所能造乎！所謂不言之辯、不道之道也。故召遠者使无為焉，親近者（使）〔言〕无事焉，惟夜行者為能有之。故卻走馬以糞，而車軌不接於遠方之外，是謂坐馳陸沈，晝冥宵明，以冬鑠膠，以夏造冰。

---

1. 而擊之ⓦ
2. 編者按：《孟子・梁惠王下》p.32引《書》曰：「四方有罪無罪惟我在，天下曷敢有越厥志。」此文之「余任」即《孟子》之「我在」，「任」乃「在」之譌，「誰」即《孟子》之「曷」，而「害」與「越」上古音同相通，「吾意」即《孟子》之「厥志」，至於「志」作「意」蓋避漢諱改。 3. A.與韓構ⓨ B.與韓戰ⓨ
4. 「夫」下《文子・精誠》2/3b有「人道者」三字。參下文「夫天道者」注文。
5. 流涕𩃰纓ⓦ　6. 暈ⓦ　7. 王引之云：「煙」當為「熛」字之誤也。
8. 擥ⓦ　9. 箕尾《莊子・大宗師》p.142

夫〔天〕道者[1]，无私就也，无私去也，能者有餘，拙者不足，順之者利，逆之者凶。譬如隋[2]侯之珠，和氏之璧，▸得之者富，失之者貧◂[3]。得失之度，深微窈冥，難以知論，不可以辯說也。何以知其然？今夫墬黃主屬骨，而甘草主生肉之藥也，以其屬骨，▸責其◂[4]生肉，以其生肉，▸論其◂[5]屬骨，是猶王孫綽之欲倍偏枯之藥而（欲）以生殊死之人，亦可謂失論矣。若夫以火能焦木也，因使銷金，則道行矣；若以磁石之能連鐵也，而求其引瓦，則難矣，物固不可以輕重論也。

夫燧之取火（於日）[6]，磁石之引鐵，解之敗漆，葵之鄉日，雖有明智[7]，弗能然也。故耳目之察，不足以分物理；心意之論，不足以定是非。故以智為治者，難以持國，唯通于太和而持自然之應者為能有之。故嶢山崩，而薄落之水涸；區冶生，而淳鈞之劍成；紂為无道，左強在側；太公並世，故武王之功立。由是觀之，利害之路，禍福之門，不可求而得也。

夫道之與德，若韋之與革，遠之則邇，近之則（遠）〔疏〕，不得其道，若觀鯈魚。故聖〔人〕若鏡，不將不迎，應而不藏，故萬化而无傷。其得之乃失之，其失之非乃得之也[8]？

今夫調弦[9]者，叩宮宮應，彈角角動，此同聲[10]相和者也。夫有[11]改調一弦，其於五音無所比，鼓之而二十五弦皆應，此未始異於聲，而音之君已形也。故通於太和者，惛若純醉，而甘臥以游其中，而不知其所由至也。純溫以淪，鈍悶以終，若未始出其宗，是謂大通。

今夫赤螭、青虬之游冀州也，天清墬定，毒獸不作，飛鳥不駭，入榛薄，食薦梅，嚼味（合）〔含〕甘，步不出頃畝之區，而蛇鱓輕之，以為不能與之爭於江海之中。若乃至於玄雲（之）素朝，陰陽交争，降扶風，雜（凍）〔涷〕雨，扶搖而登之，威動天墬，聲震海內，（蛇）〔蚖〕鱓著泥百仞之中，熊羆匍匐，丘山（磛）〔之〕巖，虎豹襲穴而不敢咆，猨狖顛蹶而失木枝，又況直蛇鱓之類乎！鳳皇之翔至德也，雷霆不作，

1. 編者按：《文子・精誠》2/4a作「〔夫〕天道〔者〕」與上文「夫人道者」正相對成文。 2. 隨ⓦ 3. 得之而富，失之而貧ⓨ 4. 而責其ⓨ
5. 而責其ⓨ
6. 王念孫《讀淮南子雜志》p.816以為「於日」二字衍文，然《淮南子韻譜》收此文「日」字為韻。 7. 知ⓦ 8. 編者按：「也」讀為「邪」。 9. 瑟ⓦ
10. 王叔岷據高注以為「同聲」本作「同音」。 11. 或ⓦ

風雨不興，川谷不澹，草木不搖，而燕雀佼之，以為不能與之爭於宇宙[1]之間。還[2]至其曾逝萬仞之上，翱翔四海之外，過崑崙之疏圃，飲砥柱之湍瀨，邅回蒙汜之渚，尚佯冀州之際，徑躡都廣，入日抑節，（羽翼）〔濯羽〕弱水，暮宿風穴，當此之時，鴻鵠▸鶬鶴◂[3]莫不憚驚伏竄，注喙江裔，又況直燕雀之類乎！此明於小動之迹，而不知大節之所由者也。

昔者，王良、造父之御也，上車攝轡，馬為整齊而斂諧，投足調均，勞逸若一，心怡氣和，體便輕畢，安勞樂進，馳鶩若滅，左右若鞭，周旋若環，世皆以為巧，然未見其貴者也。若夫鉗且、大丙之御〔也〕，除轡銜，▸去鞭棄策◂[4]，車莫動而自舉，馬莫使而自走也。日行月動，星燿而玄運，電[5]奔而鬼騰[6]，進退屈伸，不見朕垠，故不招指，不咄叱，過歸鴈於碣石，軼鶤[7]雞於姑餘，騁若飛，鶩若絕，（縱）〔蹤〕矢躡風，追猋歸忽，朝發榑桑，（日入）〔入日〕落棠。此假弗用而能以成其用者也，非慮思之察，手爪之巧也；嗜欲形於胸中，而精神（踰）〔喻〕於六馬，此以弗御御之者也。

昔者，黃帝治天下，而力牧、太山稽輔之，以治日月之行，律（治）陰陽之氣，節四時之度，正律歷之數，別男女，異雌雄，明上下，等貴賤，使強▸不◂[8]掩弱，眾▸不◂[9]暴寡，人民保命而不夭，歲時熟而不凶，百官正而無私，上下調而無尤，法令明而不闇，輔佐公而不阿，田者不侵畔，漁者不爭隈[10]，道不拾遺，市不豫賈，城郭不關，邑無盜賊，鄙旅之人相讓以財，狗彘吐菽粟▸於路◂[11]而無忿爭之心，於是日月精明，星辰不失其行，風雨時節，五穀登熟，虎狼[12]不妄噬，鷙鳥不妄搏，鳳皇翔於庭，麒麟游於郊，青龍進駕，飛黃伏皁，諸北、儋耳之國莫不獻其貢職。然猶未及虙戲氏之道也。

往古之時，四極廢，九州裂，天不兼覆，墜不周載，火爁（炎）〔焱〕而不滅，水浩（洋）〔溔〕而不息，猛獸食顓[13]民，鷙鳥攫老弱。於是▸女媧◂[14]鍊五色石以補蒼天，斷鼇足以立四極，殺黑龍以濟冀州，積蘆灰以止淫[15]水。蒼天補，四極正，淫水涸，冀州平，狡蟲死，顓民生。背方州，抱員天，和春陽夏，殺秋約冬，（枕）〔枕〕

1. 王叔岷據高注以為「宇宙」當作「宇棟」。　2. 逮Ⓦ　3. 蒼鵠Ⓨ
4. A.去轠鞅Ⓦ B.棄鞭策Ⓦ C.棄箠策Ⓦ〈王叔岷云：此本作「去鞭策」。〉
5. 編者按：《兵略訓》云「神出而鬼行」，則此文「電奔而鬼騰」與《原道訓》「鬼出電入」之「電」字疑並當讀為「神」。　6. 駭Ⓦ
7. A.鶡Ⓨ B.昆Ⓨ　8. 不得Ⓨ　9. 不得Ⓨ　10. 坻Ⓨ
11. 於道路Ⓦ　12. 豹Ⓦ　13. 精Ⓨ　14. 女媧氏Ⓦ　15. 滔Ⓨ

方寢繩，陰陽（之）所壅、沈〔滯〕不通者，（竅）〔竅〕理之；逆氣戾物、傷民厚積者，絶止之。當此之時，臥倨倨，興（眄眄）〔盱盱〕，一自以為馬，一自以為牛，其行蹎蹎，其視（瞑瞑）〔瞋瞋〕，侗然皆得其和，莫知〔其〕所由生，浮游不知所求，魍魎不知所往。當此之時，禽獸（蝮）〔蟲〕蛇無不匿其爪牙，藏其螫毒，無有攫噬之心。考其功烈，上際九天，下契黃壚，名聲被後世，光暉重萬物。乘雷車，服（駕）應龍，驂青虬，援絶瑞，席蘿圖，黃雲絡，前白螭，後奔蛇，浮游消搖，道鬼神，登九天，朝帝於靈門，宓穆▸休于◂[1]太祖之下。然而不彰其功，不（楊）〔揚〕其聲，隱真人之道，以從天墬之固然。何則？道德上通，而智故消滅也。

逮至夏桀之時，主闇晦而不明，道瀾漫而不修，▸棄捐◂[2]五帝之恩刑，▸推蹶◂[3]三王之法籍，是以至德滅而不揚，帝道揜而不興，舉事戾蒼天，發號逆四時，春秋縮其和，天地除其德，（仁）〔人〕君處位而不安，大夫隱道而不言，群臣準上意而懷當，疏骨肉而自容，邪人參耦比周而陰謀，居君臣父子之間而競載，驕主而像其意，亂人以成其事，是故君臣乖而不親，骨肉疏而不附，植社槁而（墸）〔墉〕裂，容[4]臺振而掩覆，犬群嗥而入淵，豕[5]銜蓐而席澳，美人挐[6]首墨面而不容，曼聲呑炭內閉而不歌，喪不盡其哀，獵不聽其樂，西老[7]折勝，黃神嘯吟，飛鳥鎩翼，走獸廢腳[8]，山無峻榦，澤無洼[9]水，狐狸首穴，馬牛放失，田無立禾，路無（莎薠）〔薠莎〕，金積[10]折廉，璧襲無（理）〔羸〕，磬龜無腹，蓍策日施。

晚世之時，七國異族，諸侯制法，各殊習俗，從橫間之，舉兵而相角，攻城（檻）〔濫〕殺，覆高危安，掘墳墓，（楊）〔揚〕人骸，大衝車，高重（京）〔壘〕，除戰道，便死路，犯嚴敵，殘不義，百往一反，名聲苟盛也。是故質壯輕足者為（申）〔甲〕卒千里之外，家老羸弱悽愴於內，廝徒馬圉，輣車奉饟，道路遼遠，霜雪亟集，短褐不完，人羸車獘，泥塗至膝，相攜於道，奮首於路，身（枕）〔枕〕格而死。所謂兼國有墬者，伏尸數十萬，破車以千百數，傷弓弩矛戟矢石之創者扶舉[11]於路，故世至於枕人頭，食人肉，菹人肝，飲人血，甘之於芻豢。

---

1. 于Ⓨ　2. 棄Ⓨ　3. A.壞Ⓨ B.蹶Ⓨ
4. 客《御覽》卷82p.386引《尸子》、《新書・耳痺》7/22a　5. 彘Ⓦ
6. 婢Ⓦ　7. 孫詒讓云：「老」、當作「姥」。
8. 楊樹達云：「廢」讀為「癶」。 9. 佳Ⓦ
10. 孫詒讓云：「積」為礦樸之名。
11. 王叔岷云：「舉」當為「轝」，字之誤也。

故自三代以後者，天下未嘗得安其情性，而樂其習俗，保其脩命，（天）而不夭於人虐也。所以然者何也？諸侯力征，天下〔不〕合而為一家。

逮至當今之時，天子在上位，持以道德，輔以仁義，近者獻其智，遠者懷其德，拱揖指麾而四海賓服，春秋冬夏皆獻其貢職，天下混而為一，子孫相代，此五帝之所以迎天德也。

夫聖人者，不能生時，時至而弗失也。輔佐有能，黜讒佞之端，息巧辯之說，除（削刻）〔刻削〕之法，去煩苛之事，屏流言之迹，塞朋黨之門，消知能，脩[1]太常，隳枝體，絀聰明，大通混冥，解意釋神，漠然若無魂魄，使萬物各復歸其根，則是所脩伏犧氏之迹，而反五帝之道也。夫鉗且、大丙不施轡銜而以善御聞於天下，伏戲、女媧不設法度而以至德遺於後世，何則？至[2]虛無純一，而不嘐喋▸苛事◂[3]也。

《周書》曰：「掩雉不得，更順其風。」今若夫申、韓、商鞅之為治也，捽拔其根，蕪棄其本，而不窮究其所由生。何以至此也？鑿五刑，為刻削，乃背道德之本，而爭於錐刀之末，斬艾百姓，殫盡太半，而忻忻然常自以為治，是猶抱薪而救火，鑿竇而（出）〔止〕水。夫井植生（梓）〔梓〕而不容甕，溝植生條而不容舟，不過三月必死。所以然者何也？皆狂生而無其本者也。▸河九折◂[4]注於海而流不絕者，▸崑崙◂[5]之輸也。潦水不泄，瀇瀁極望，旬月不雨則涸而枯澤，受（翼）〔瀷〕而無源（者）〔也〕。譬若羿請[6]不死之藥於西王母，▸恒娥竊以奔月◂[7]，悵然有喪，無以續之。何則？不知不死之藥所由生也。是故乞火不若取燧，寄汲不若鑿井。

7 精神訓

古未有天地之時，惟像無形，▸窈窈冥冥，芒芠漠閔◂[8]，▸澒濛鴻洞◂[9]，莫知其門。有二神混生，經天營地，孔乎莫知其所終極，滔乎莫知其所止息，於是乃別為陰陽，離為八極，剛柔相成，萬物乃形，煩氣為蟲，精氣為人。是故精神〔者〕，天之有也；而骨骸者，地之有也。精神入其門，而骨骸反其根，我尚何存？是故聖人法天順情[10]，不

1. 王叔岷云：「脩」當為「循」，字之誤也。 2. 惟Ⓨ 3. 於荷事Ⓨ
4. 河水九折Ⓨ 5. 有崑崙Ⓨ 6. 得Ⓦ
7. A.恒娥竊以奔月，託身於月，是謂蟾蜍。而為月精Ⓦ B.其妻嫦娥竊之奔月。遂托身月中仙Ⓦ 8. 幽幽冥冥，茫茫昧昧，幕幕閔閔Ⓨ 9. 鴻濛澒洞Ⓨ
10. 地《文子・九守》3/1a

拘於俗，不誘於人，以天為父，以地為母，陰陽為綱，四時為紀。天靜以清，地定以寧，萬物失之者死，法之者生。

夫靜漠者，神明之宅也；虛無者，道之所居也。是故或求之於外者，失之於內；有守之於內者，（失）〔得〕之於外。譬猶本與末也，從本引之，千枝萬葉莫得不隨也。

夫精神者，所受於天也；而形體者，所稟於地也。故曰：‣「一生二，二生三，三生萬物。萬物背陰而抱陽，沖氣以為和◂[1]。」故曰一月而膏，二月而肤[2]，三月而胎，四月而肌，五月而筋，六月而骨，七月而成，八月而動，九月而躁，十月而（坐）〔生〕。形體以成，五藏乃形，是故‣肺主目，腎主鼻，膽主口，肝主耳◂[3]。外為表而內為裏，開閉張歙，各有經紀。故頭之圓也象天，足之方也象地。〔天〕有四時、五行、九解、三百六十（六）日，人亦有四支、五藏、九竅、三百六十（六）節。天有風雨寒暑，人亦有取與喜怒。故膽為雲，肺為氣，（肝）〔脾〕為風，腎為雨[4]，（脾）〔肝〕為雷，以與天地相參也，而心為之主。是故耳目者、日月也，血氣者、風雨也。日中有（蹲）〔踆〕烏，而月中有蟾蜍。日月失其行，薄蝕無光；風雨非其時，毀折生災；五星失其行，州國受殃。

夫天地之道，至紘以大，尚猶節其章光，（變）〔愛〕其神明，人之耳目曷能久熏〔勤〕勞而不息乎？精神何能久馳騁而不既（守）〔乎〕？是故（面）〔血〕氣者，人之華也；而五藏者，人之精也。夫（面）〔血〕氣能專于五藏。而不外越，則胸腹充而嗜慾省矣。胸腹充而嗜慾省，則耳目清、聽視達矣。耳目清、聽視達，謂之明。五藏能屬於心而無乖，則教志勝而行不僻矣。教志勝而行（之）不僻，則精神盛而氣不散矣。精神盛而氣不散則理，理則均，均則通，通則神，神則以視無不見〔也〕[5]，以聽無不聞也，以為無不成也。是故憂患不能入（也），而邪氣不能襲〔也〕[6]。

故事有求之於四海之外而不能遇，或守之於形骸之內而‣不見◂[7]也。故所求多者所得少，所見大者所知小。夫孔竅者，精神之戶牖也；而（氣志）〔血氣〕者，五藏之使

1. 此文見《老子》42章。「背」各本均作「負」。　2. 血Ⓛ
3. A.肝主目，腎主耳，脾主舌，肺主鼻，膽主口Ⓨ B.肺主目，腎主鼻，膽主口，肝主耳，脾主舌Ⓨ　4. 雹Ⓨ　5. 編者按：據下句補。
6. 編者按：準文例補。
7. 編者按：文疑本作「無不得」，乃承上「無不見」、「無不聞」、「無不成」而言，今本「得」譌為「見」，而「不」上又脫「無」字，文義遂與上文不相貫矣。

候也。耳目淫於聲色之樂，則五藏搖動而不定矣。五藏搖動而不定，則血氣滔蕩而不休矣。血氣滔蕩而不休，則精神馳騁於外而不守矣。精神馳騁於外而不守，則禍福之至，雖如丘山，无由識之矣。使耳目精明玄達而無誘慕，氣志虛靜恬愉而省嗜慾，五藏定寧充盈而不泄，精神內守形骸而不外越，則望於往世之前，而視於來事[1]之後，猶未足為也，豈直禍福之間哉！故曰：「▸其出彌遠者，其知彌少◂[2]。」以言夫精神之不可使外淫也。是故五色亂目，使目不明；五聲譁耳，使耳不聰；五味亂口，使口（爽傷）〔厲爽〕；趣舍滑心，使（行）〔性〕飛揚。此四者，天下之所養性也，然皆人累也。故曰：嗜慾者使人之▸氣越，而好憎者使人之心勞，弗疾去◂[3]，則志氣日耗。

夫人之所以不能終其壽命而中道夭於刑戮者，何也？以其生生▸之厚◂[4]。夫惟能無以生為者，則所以脩得生也。夫天地運而相通，萬物揔而為一。能知一，則無一之不知也；不能知一，則无一之能知也。譬吾處於天下也，亦為一物矣。不識天下之以我備其物與？且惟無我而物無不備者乎？然則我亦物也，物亦物也。物之與物也，有何以相物也？雖然，其生我也，將以何益？其殺我也，將以何損？夫造化者既以我為坯矣，將無所違之矣。吾安知夫刺（炙）〔灸〕而欲生者之非或也？又安知夫絞經而求死者之非福也？或者生乃徭役也，而死乃休息也？天下茫茫，孰知[5]？其生我也不彊求已，其殺我也不彊求止。欲生而不事，憎死而不辭，賤之而弗憎，貴之而弗喜，隨其天資而安之不極。吾生▸也有◂[6]七尺之形，▸吾死也◂[7]有一棺之（上）〔土〕。吾〔生〕之（於比）〔比於〕有形之類，猶吾死之淪於無形之中也。然則吾生也物不以益衆，吾死也土不以加厚，吾又安知所喜憎利害其間者乎！

夫造化者之攫援物也，譬猶陶人之埏埴也；其取之地而已為盆盎也，與其未離於地也無以異；其已成器而破碎漫瀾而復歸其故也，與其為盆盎亦無以異矣。夫臨江之鄉，居[8]人汲水以浸[9]其園，江水弗憎[10]也；苦洿之家，決洿而注之江，洿水弗樂也。是故其在江也，無以異其浸園也；其在洿也，亦無以異其在江也。是故聖人因時以安其位，當世而樂其業。

夫悲樂者，德之邪也；而喜怒者，道之過也；好憎者，心之（暴）〔累〕也。故

1. 楊樹達云：「事」疑亦當作「世」。
2. 此文見《老子》47章，「遠」下各本無「者」字，《馬王堆帛書乙本》及《呂氏春秋・君守》引並有「者」字。
3. 氣淫，而好憎者，使人之精勞。不疾去之Ⓦ
4. 之厚也Ⓨ
5. 王念孫云：「孰知」下有脫文。
6. 有Ⓨ
7. 死Ⓨ
8. 其Ⓨ
9. 溉Ⓨ
10. 減Ⓨ

曰：「其生也天行，其死也物化，靜則與陰（俱閉）〔合德〕，動則與陽（俱開）〔同波〕。」精神澹然無極，不與物（散）〔殽〕，而天下自服。故心者，形之主也；而神者，心之寶也。形勞而不休則蹶，精用而不已則竭，是故聖人貴而尊之，不敢越也。

夫有夏后氏之璜者，匣匱而藏之，寶之至也。夫精神之可寶也，非直夏后氏之璜也。是故聖人以無應有，必究其理；以虛受實，必窮其節；恬愉虛靜，以終其命。是故無所甚疏，▸而無所◂[1]甚親，抱德煬[2]和，以順于天。與道為際，與德為鄰；不為福始，不為禍先。魂魄處其宅，而精神守其根，死生無變於己，故曰至神。

所謂真人者，性合于道也。故有而若無，實而若虛，處其一不知其二，治其內▸不識◂[3]其外，明白太[4]素，無為復樸，體本抱神，以游于天地之樊，芒然仿佯于塵垢之外，而消搖于無事之業。浩浩蕩蕩乎[5]，機械知巧弗載於心。是故死生亦大矣，而不為變；雖天地覆育[6]，亦不與之抮抱矣。審乎無瑕[7]，而不與物（糅）〔殽〕；見事之亂，而能守其宗。若然者，（正）〔亡〕肝膽，遺耳目，心志專于內，通達耦于一。居不知所為，行不知所之，渾然而往，逯然而來。形若槁木，心若死灰。忘其五藏，（損）〔捐〕其形骸。不學而知，不視而見，不為而成，不治而辯。感而應，迫而動，不得已而往，如光之燿，如景之放[8]，以道為紃[9]，有待而然。抱其太清之本而無所[10]，容與[11]，而物無能營，▸廓惝◂[12]而虛，清靖而無思慮，大澤焚而不能熱，河、漢涸[13]而不能寒也，大雷毀山而不能驚也，大風晦日而不能傷也。是故視珍寶珠玉猶（石礫）〔礫石〕也，視至尊窮寵猶行客也，視毛（牆）〔嬙〕、西施猶（頬醜）〔倛魄〕也。以死[14]生為一化，以萬物為一方，同精於太清之本，而游於忽區[15]之旁。有精而不▸使者◂[16]，有神而不（行）〔用〕，契大渾之樸，而立至清之中。是故▸其寢不夢，其智不萌◂[17]，其魄不抑，其魂不騰。反覆終始，不[18]知其端緒，甘瞑〔于〕大宵之宅，而覺視于昭昭之宇，休息于無委曲之隅，而游敖于無形埒之野。（君）〔居〕而無容，處而

1. 無所Ⓨ　2. 養Ⓦ　3. 而不識Ⓨ　4. 入Ⓦ
5. 編者按：「乎」下疑有脫文。　6. 墜Ⓨ　7. 假Ⓦ
8. 王念孫云：「劉績依《文子・九守篇》改『放』為『效』。案劉改是也。『效』與『燿』為韻，若作『放』，則失其韻矣。」楊樹達云：「『放』字不誤。『放』與上『往』字為韻，不與『燿』為韻。王念孫云：作『放』失韻，尤非是。」　9. 循Ⓦ
10. 編者按：此句文意未完，「所」下當有脫文。
11. 編者按：「容與」上亦當有脫文。　12. 廓然《文子・九守》3/15b
13. 楊樹達云：「涸」、蓋假為「沍」，凍也。　14. 千Ⓦ
15. 參《原道訓》「而鞠翔忽區之上」注文。　16. 使Ⓛ
17. 楊樹達云：二句誤倒，當乙。本文上下皆韻，此四句以「夢」、「騰」為韻，誤倒則失其韻矣。　18. 莫Ⓨ

無所，其動無形，其靜無體，存而若亡，生而若死，出入無間，役使鬼神，淪於不測，入於▸無間◂[1]，以不同形相嬗也，終始若環，莫得其倫。此精神之所以能登假于道也，是故真人之（所）游〔也〕，若吹呴呼吸，吐故內新，熊經鳥伸，鳧浴蝯躩，鴟視虎[2]顧，是養形之人也，不[3]以滑心。使神滔蕩而不失其充，日夜無傷而與物為春，則是合而生時于心〔者〕也。且人有戒形而無損（於）心，有綴[4]宅而無耗精。夫癩者趨不變，狂者形不虧，神將有所遠徙，孰暇知其所為！故形有摩而神未嘗化者，以不化應化，千變萬抮而未始有極。化者，復歸於無形也；不化者，與天地俱生也。夫木之死也，青青去之也。夫使木生者豈木也？猶充形者之非形也。故生生者未嘗死也，其所生則死矣；化物者未嘗化也，其所化則化矣。輕天下，則神無累矣；細萬物，則心不惑矣；齊死生，則志不懾矣；同變化，則明不眩矣。眾人以為虛言，吾將舉類而實之。

人之所以樂為▸人主◂[5]者，以其窮耳目之欲，而適躬體之便也。今高臺層榭，人之所麗也，而堯（樸）〔樣〕桷不斲，素題不枅。珍怪奇味[6]，人之所美也，而堯糲（粢）〔楶〕之飯，藜藿之羹。文繡[7]狐白，人之所好也，而堯布衣揜形，鹿裘御寒。養性[8]之具不加厚，而增之▸以任重之憂◂[9]，故舉天下而傳之▸于舜◂[10]，若解重負然。非直辭讓，誠无以為也。此輕天下之具也。禹南省方，濟于江，黃龍負舟，舟中之人五色無主，禹乃熙笑而稱曰：「我受命於天，竭力而勞萬民。生寄也，死歸也，何足以滑和！」視龍猶蝘蜓，顏色不變，龍乃弭耳掉尾而逃。禹之視物亦細矣。鄭之神巫相壺子林，見其徵，告列子。列子行泣報壺子。壺子持以天壤，名實不入，機發於踵。壺子之視死生亦齊。子求行年五十有四而病傴僂，脊管高于頂，䐁下迫頤，兩脾在上，燭營指天，匍匐自闚於井曰：「偉哉造化者！其以我為此拘拘邪？」此其視變化亦同矣。故覩堯之道，乃知天下之輕也；觀禹之志，乃知（天下）〔萬物〕之細也；原壺子之論，乃知死生之齊也；見子求之行，乃知變化之同也。

夫至人倚不拔之柱，行不關之塗，稟不竭之府，學不死之師，無往而不遂，無（至）〔之〕而不通。生不足以挂志，死不足以幽神，屈（神）〔伸〕俛仰，▸抱命◂[11]而婉轉，禍福利害，千變萬紾，孰足以患心！若此人者，抱素守精，蟬蛻蛇解，游於太清，輕舉獨往，忽然入冥。鳳皇不能與之儷，而況斥鷃乎！勢位爵祿何足以概志也！

1. 王叔岷云：「無間」疑本作「無有」。 2. 狼Ⓨ
3. 王叔岷云：「不」下當有「足」字。
4. 楊樹達云：「綴」讀為「輟」。 5. 天子Ⓨ 6. 異《道藏本》p.53.3
7. 錦Ⓨ 8. 生Ⓨ 9. A.以大任，重之以憂Ⓨ B.以大任重之憂Ⓨ
10. 舜Ⓨ 11. 「命」下《文子・九守》有「不惑」二字。

晏子與崔杼盟，臨死地而不易其義。殖、華將戰而死，莒君厚賂而止之，不改其行。故晏子可迫以仁，▸不可◂[1]劫以兵；殖、華可止以義，而不可縣[2]以利。君子義死，而不可以富貴留也；義為，而不可以死亡恐也。彼則直為義耳，而尚猶不拘於物，又況無為者矣！堯不以有天下為貴，故授舜；公子（扎）〔札〕不以有國為尊，故讓位。子罕不以玉為富，故不受寶；務光不以生害義，故自投於淵。由此觀之，至貴不待爵，至富不待財。天下至大矣，而以與佗人（也）；身至親矣，而棄之淵。外此，其餘無足利矣。此之謂無累之人。無累之人，不以天下為貴矣。上觀至人之論，深原道德之意，以下考世俗之行，乃足羞也。故通許由之意[3]，《金縢》、《豹韜》廢矣；延陵季子不受吳國，而訟閒田者慚矣；子罕不利寶玉，而爭券契者媿矣；務光不汚於世，而貪利偷生者悶矣。故不觀大義者，不知生之不足貪也；不聞大言者，不知天下之不足利也。今夫窮鄙[4]之社也，▸叩盆拊瓴◂[5]，相和而歌，自以為樂矣[6]。嘗試為之擊建鼓，撞巨鐘，乃（性）〔始〕仍仍然，知▸其盆瓴◂[7]之足羞也。藏《詩》、《書》，脩文學，而不知至論之旨，則▸拊盆叩◂[8]瓴之徒也。

夫〔無〕以天下為者，▸學之建鼓矣◂[9]。尊勢厚利，人之所貪也。使之左〔手〕據天下圖而右手刎其喉，愚夫不為〔也〕。由此觀之，生（尊）〔貴〕于天下也。聖人食足以接氣，衣足以蓋形，適情不求餘，無天下不虧其性，有天下不羨其和。有天下，無天下，一實也。今贑人敖倉，予人河水，飢而飡之，渴而飲之，其入腹者不過簞食瓢漿，則身飽而敖倉不為之減也，腹滿而河水不為之竭也。有之不加飽，無之不為之飢，與守其篅笔、有其井，▸一實◂[10]。人大怒破陰，大喜墜陽，大憂內崩，大怖生狂。除穢去累，漠若未始出其宗，乃為大通。清目而不以視，靜耳而不以聽，鉗口而不以言，委心而不以慮，棄聰明而反太素，休精神而棄知故，覺而若（昧）〔眛〕，（以）生而若死，終則反本（末）〔未〕生之時，而與化為一體。死之（興）〔與〕生，一體也。

今夫繇者，揭钁[11]臿，（魚）〔負〕籠土，鹽汗交流，喘息薄喉。當此之時，▸得茠◂[12]越下，則脫然而喜矣。巖穴之間，非直越下之休[13]也。病▸疵瘕◂[14]者，捧心抑腹，膝上叩頭，踡跼而諦，通夕不寐。當此之時，嚕然得臥，則親戚兄弟歡然而喜。夫脩夜之寧，非直一噲[15]之樂也。故知宇宙之大，則不可劫以死生；知養生之和，則不可

1. 而不可Ⓨ　2. 楊樹達云：「縣」讀為「眩」。　3. 論Ⓨ　4. 鄉Ⓦ
5. A.扣瓫拊缾Ⓨ B.叩甕拊缾Ⓨ　6. 也Ⓨ　7. 夫瓫缾Ⓨ　8. 叩盆拊Ⓨ
9. 亦學者之建鼓也Ⓦ　10. 一實也Ⓨ　11. 鏟Ⓨ　12. 得休Ⓨ
13. 茠Ⓨ
14. 孫詒讓云：「疵」疑是「疝」之誤，《急就篇》云：「疝瘕，顛疾，狂失響。」
15. 編者按：「噲」與「快」通。

縣[1]以天下；知未生之樂，則不可畏以死；知許由之貴于舜，則不貪物。牆之立，不若其偃也，又況不為牆乎！冰之凝，不若其釋也，又況不為冰乎！自無蹠有，自有蹠無，終始無端，莫知其所萌。非通于外內，孰能無好憎？無外之外，至大也；無內之內，至貴也；能知大貴，何往而不遂！

衰世湊學，不知原心反本，直雕琢其性，矯拂其情，以與世交，故目雖欲之，禁之以度，心雖樂之，節之以禮，趨翔周旋，詘節（畀）〔卑〕拜，肉凝而不食，酒澄而不飲，外束其形，內（愡）〔愁〕其德，錯[2]陰陽之和，而迫性命之情，故終身為悲人。達至道者則不然，理情性，治心術，養以和，持以適，樂道而忘賤，安德而忘貧，性有不欲，無欲而不得，心有不樂，無樂而弗為，無益〔於〕情者不以累德，（而）〔不〕便於性者不以滑〔和〕，故縱體肆意，而度制可以為天下儀。

今夫儒者，不本其所以欲而禁其所欲，不原其所以樂而閉其所樂，是猶決江河之源而障之以手也。夫（收）〔牧〕民者，猶畜禽獸也，不塞其囿垣，使有野心，系絆其足，以禁其動，而欲脩生壽終，豈可得乎！夫顏回、季路、子夏、冉伯牛，孔子之通學也。然顏淵夭死，季路菹於衛，子夏失明，冉伯牛為厲。此皆迫性拂情而不得其和也。故子夏見曾子，一臞一肥，曾子問其故，曰：「出見富貴之樂而欲之，入見先王之道又說之，兩者心戰，故臞。先王之道勝，故肥。」推此，志非能〔不〕貪富貴之位，不便侈靡之樂，直（宜）迫性閉欲，以義自防也。雖情心鬱殪，形性屈竭，猶不得已自強也，故莫能終其天年。若夫至人，量腹而食，度形而衣，容身而游，適情而行，餘天下而不貪，委萬物而不利；處大廓之宇，游無極之野，登太皇，馮太一，玩天地于掌握之中，夫豈為貧富肥臞哉！故儒者非能使人弗欲也，欲而能止之；非能使人勿樂也，樂而能禁之。夫使天下畏刑而不敢盜，豈若能使無有盜心哉！

越人得髯蛇，以為上肴，中國得而棄之無〔所〕[3]用。故知其無所用，貪者能辭之；不知其無所用，廉者不能讓也。夫人主之所以殘亡其國家，（損）〔捐〕棄其社稷，身死於人手，為天下笑，未嘗非為[4]非欲也。夫仇由貪大鍾之賂而亡其國，虞君利垂棘之璧而擒其身，獻公豔驪姬之美而亂四世，桓公甘易牙之和而不以時葬，胡王淫女樂之娛而亡上地。使此五君者，適情辭餘，以己為度，〔不〕隨物而動，豈有此大患哉？故射〔者〕，〔非〕矢不中也，學射者不治（天）〔矢〕也；御者〔非轡不〕▸

1. 楊樹達云：「縣」讀為「眩」。 2. 鉗ⓦ 3. 編者按：據下句補。
4. 樂ⓦ

行◂[1]，學御者不為轡也。知冬日之箑[2]、夏日之裘無用於己，則萬物之變為塵埃矣。故以湯止沸，沸乃不止；誠知其本，則去火而已矣。

8 本經訓

太清之治也，和順以寂（漢）〔漠〕，質真而素樸，閑靜而不躁，推移而无故，在內而合乎道，出外而調于義，發動而成于文，行快而便于物，其言略而循理，其行侻而順情，其心（愉）〔和〕而不偽，其事素而不飾，是以不擇時日，不占卦兆，不謀所始，不議所終，安則止，激則行，通體于天地，同精于陰陽，一和于四時，明照于日月，與造化者相雌雄。是以天覆以德，地載以樂，四時不失其敘，風雨不降其虐，日月淑清而揚光，五星循軌而不失其行。當此之時，玄元至碭而運照，鳳麟至[3]，蓍龜兆，甘露下，竹實（滿）〔盈〕[4]，流黃出，▸而朱◂[5]草生，機械詐偽，莫藏于心。逮至衰世，鐫山石，鍥金玉，（樀）〔擿〕蚌蜃，消銅鐵，而萬物不滋。刳胎殺夭，麒麟不游，覆巢毀（卯）〔卵〕，鳳皇不翔，鑽燧取火，構木為臺，焚林而田，竭澤而漁，〔則龜龍不往〕，人械不足，畜藏有餘，而萬物（不）〔之〕繁兆萌牙（卯）〔卵〕胎而不成者，處之太半矣。積壤而丘處，糞田而種穀，掘地而井飲，疏川而為利，築城而為固，拘獸以為畜，（列）〔則〕陰陽繆戾，四時失敘；雷霆毀折，（電）〔雹〕霰降虐，（氣）〔氛〕霧▸雪霜不霽◂[6]，而萬物燋夭，菑榛穢，聚埒畝，芟野（菼）〔莽〕，長苗秀，草木之句萌、銜華、戴[7]實而死者，不可勝數〔矣〕[8]。乃至夏屋宮（駕）〔架〕，（縣）〔緜〕聯房植，橑（擔）〔檐〕榱題，雕琢刻鏤，喬枝菱阿，芙蓉芰荷，五采爭勝，流漫陸離，脩掞曲校，夭矯曾橈，芒繁紛挐，以相交持，公輸、王爾無所錯其剞劂削鋸，然猶未能贍人主之欲也。是以松柏▸箘露◂[9]〔宛而〕夏槁，江、河、三川絕而不流，夷羊在牧，飛蛩[10]滿野，天旱地坼，鳳皇不下，句爪、居牙、戴角、出距之獸於是鷙矣。民之專室蓬廬，無所歸宿，凍餓飢寒死者相枕席也。及至分山川谿谷使有壤界，計人多少眾寡使有分數，築城掘池，設機械險阻以為備，飾職事，制服等，異貴賤，差賢不（肖）[11]，經誹譽，行賞罰，則兵革興而分[12]爭生，民之滅抑夭隱，虐殺不辜而刑誅無罪，於是生矣。

---

1. 行也Ⓨ　2. 箑Ⓨ　3. 降Ⓨ
4. 編者按：「盈」、與下「生」字為韻，作「滿」蓋避漢諱改。　5. 朱Ⓨ
6. 《莊逵吉本》作「霜雪不霽」。編者按：「不霽」二字疑衍，此文以「戾」、「折」、「雪」、「穢」為韻。　7. 佩Ⓨ　8. 編者按：準上文補。
9. 箘簬Ⓨ　10. A.蟲Ⓨ B.鴻Ⓨ C.虹Ⓨ D.拾Ⓨ E.蛩Ⓨ
11. 王念孫云：「不」下本無「肖」字，「不」與「否」同。　12. 忿Ⓦ

天地之合和，陰陽之陶化，萬物皆乘（人）〔一〕氣者也。是故上下離心，氣乃上蒸，君臣不和，五穀不為。〔距〕日冬至四十六日，天含和而未降，（也）〔地〕懷氣而未（楊）〔揚〕，陰陽儲與，呼吸浸潭，包裹風俗，斟酌萬殊，旁薄眾宜，以相嘔咐醞釀，而成育群生。是故春肅秋榮，冬雷夏霜，皆賊氣之所生。由此觀之，天地宇宙，一人之身也；六合之內，一人之（制）〔刑〕也。是故明於性者，天地不能（脋）〔脅〕也；審於符者，怪物不能惑也。故聖人者，由近知遠，而萬殊為〔一〕。古之人，同氣于天地，與一世而優游。當此之時，無慶（賀）〔賞〕之利、刑罰之威，禮義廉恥不設，誹[1]譽仁鄙不立，而萬民莫相侵欺暴虐，猶在于混冥▸之中◂[2]。逮至衰世，人眾而財寡，事力勞而養不足，於是忿爭生，是以貴仁。仁鄙不齊，比周朋黨，設詐諝，懷機械巧故之心，而性失矣，是以貴義。陰陽之情，莫不有血氣之感，男女群居雜處而無別，是以貴禮。性命之情，淫而相脅，以不得已，則不和，是以貴樂。是故仁義禮樂者，（可）〔所〕以救敗，而非通治之至也。夫仁者、所以救爭也，義者、所以救失也，禮者、所以救淫也，樂者、所以救憂也。神明定於天下而心反其初，心反其初而民性善，民性善而天地陰陽從而包之，則財足，財足而人（瞻）〔贍〕矣，貪鄙忿爭不得生焉。由此觀之，則仁義不用矣。道德定於天下而民純樸，則目不營於色，耳不淫於聲，坐俳而歌謠，被髮而浮游，雖有毛嬙、西施之色，不知悅也，《掉羽》、《武象》不知樂也，淫泆無別，不得生焉。由此觀之，禮樂不用也。是故德衰然後仁生，行沮然後義立，和失然後聲調，禮淫然後容飾。是故知神明然後知道德之不足為也，知道德然後知仁義之不足行也，知仁義然後知禮樂之不足脩也。今背其本而求〔之〕[3]于末，釋其要而索之于詳，未可與言至也。

▸天地之大，可以矩表識也；星月之行，可以歷推得也◂[4]；雷（震）〔霆〕之聲，可以▸鼓鐘◂[5]寫也；風雨之變，可以音律知[6]也。是故大可覩者，可得而量也；明可見者，可得而蔽[7]也；聲可聞者，可得而調也；色可察者，可得而別也。夫至大、天地弗能含也，至微、神明弗能領也。及至建律歷，別五色，異清濁，味[8]甘苦，則樸散而為器矣。立仁義，脩禮樂，則德遷而為偽矣。及偽之生也，飾智以驚愚，設詐以巧上，天下有能持之者，〔未〕有能治之者也。昔者蒼[9]頡作書而天雨粟，鬼夜哭；伯益作井，而龍登玄雲，神棲崑崙；〔智〕能愈多而德愈薄矣。故周鼎著倕，使銜其指，以明大巧之不可為也。

1. 毀《道藏本》p.58.1　2. 之中也Ⓨ　3. 編者按：準下文補。
4. 天地雖大，可以矩表知之。星月之行，可以律歷知之Ⓨ　5. 鐘鼓Ⓨ
6. 和《御覽》卷13p.65〈編者按：作「和」是也。此文以「識」、「得」為韻，「寫」、「和」為韻。〉　7. 高誘注云：「蔽」、或作「察」。
8. 楊樹達云：「味」蓋「殊」字形近之誤。　9. 倉Ⓨ

故至人之治也，心與神處，形與性調，靜而體德，動而理通，隨自然之性而緣不得已之化，▸洞然無為而天下自和，憺然無欲而民自樸◂[1]，無禨祥而民不夭，不忿爭而養足，兼苞海內，澤及後世，不知為之者誰何。是故生無號，死無諡，實不聚而名不立，施者不德，受者不讓，德交歸焉而莫之充忍[2]也。故德之所總，道弗能害也；智之所不知，辯弗能解也。不言之辯，不道之道，若或通焉，謂之天府。取焉而不損，酌焉而不竭，莫知其所由出，是謂瑤[3]光。瑤光者，資糧萬物者也。

振困窮，補不足，則名生；興利除害，伐亂禁暴，則功成。世無災害，雖神[4]无所施其德；上下和輯，雖賢無所立其功。昔容成氏之時，道路鴈行列處，託嬰兒於巢上，置餘糧於晦首，虎豹可尾，虺蛇可蹍，而不知其所由然。逮至堯之時，十日並出，▸焦禾稼，殺草木◂[5]，而民无所食。猰貐、（鑿齒）、九嬰、大風、封豨、〔鑿齒〕、修蛇。皆為民害。堯乃使羿誅鑿齒於疇華之（野）〔澤〕，殺[6]九嬰於凶水之上，繳大風於青丘之（澤）〔野〕，▸上射十日◂[7]而下殺▸猰貐◂[8]，斷[9]脩蛇於洞庭，禽封豨於桑林。萬民皆喜，置堯以為天子。於是天下廣陜險易遠近始有道里。舜之時，共工振滔洪水，以薄空桑，龍門未開，呂梁未發，江、淮通流，四海溟涬，民皆上丘陵，赴樹木。舜乃使禹疏三江五湖，闢伊闕，導瀍、澗，▸平通溝陸，流注東海◂[10]。鴻水漏，九州乾，萬民皆寧其性。是以稱堯、舜以為聖。晚世之時，帝有桀、紂，〔桀〕為琁室、瑤臺、象廊、玉床，紂為肉圃、酒池，▸燎焚◂[11]天下之財，罷苦萬民之力。刳諫者，剔孕婦，攘天下，虐百姓。於是湯乃以革車三百乘伐桀于南巢，▸放之夏臺◂[12]，武王甲卒三千破紂牧野，殺之于宣室，天下寧定，百姓和集[13]，是以稱湯、武之賢。由此觀之，有賢聖之名者，必遭亂世之患也。

今至人生亂世之中，含德懷道，（拘）〔抱〕无窮之智，鉗口寢說，遂不言而死者眾矣，然天下莫知貴其不言也。故道可道，非常道；名可名，非常名。著於竹帛，鏤於金石，可傳於人者，其粗也。五帝三王，殊事而同指，異路而同歸。晚世學者，不知道

1. 參《老子》57章：「我無為而民自化……我無欲而民自樸」。此文用《老子》文，「和」疑「化」之聲誤。　2. 王念孫云：「忍」讀為「牣」。
3. 徐《莊子・齊物論》p.55
4. 聖ⓨ〈編者按：此文疑本作「神聖人」。「神聖人」屢見本書。〉
5. A.草木焦枯ⓨ B.草木焦枯ⓨ C.萬物焦枯ⓨ　6. A.斬ⓦ B.殄ⓦ
7. A.仰射十日，中其九日，日中九烏皆死，墮其羽翼ⓦ B.上射十日，遂落其九ⓦ C.堯乃命羿射十日，中其九日，日中烏盡死ⓨ D.堯時十日並出，堯使羿射九日而落之ⓨ
8. A.窫窳ⓦ B.窫窳ⓨ　9. 斬ⓨ　10. 通溝洫，注之東海ⓨ
11. 俞樾云：當作「撩聚」。　12. 收之夏宮ⓦ　13. 輯ⓨ

之所一體，德之所總要，取成〔事〕之迹，相與危坐而說之，▸鼓歌而舞之◂[1]，故博學多聞，而不免於惑。《詩》云：「不敢暴虎，不敢馮河。人知其一，莫知其他。」此之謂也。

帝者體太一，王者法陰陽，霸者則四時，君者用六律。（秉）太一者，牢籠天地，彈壓山川，含吐陰陽，伸曳四時，紀綱八極，經緯六合，覆露▸照導◂[2]，▸普氾◂[3]無私，蠉[4]飛蝡動，莫不仰德而生。陰陽者，承天地之和，形萬殊之體，含氣化物，以成埒類，（嬴）〔贏〕縮卷舒，淪於不測，終始虛滿，轉於無原。四時者，春生夏長，秋收冬藏，取予有節，出入有（時）〔量〕，開闔張歙，不失其敘，喜怒剛柔，不離其理。六律者，生之與殺也，（實）〔賞〕之與罰也，予之與奪也，非此無道也，故謹於權衡準繩，審乎輕重，足以治其境內矣。

是故體太一者，明於天地之情，通於道德之倫，聰明燿於日月，精神通於萬物，動靜調於陰陽，喜怒和于四時，德澤施于方外，名聲傳于後世。法陰陽者，德與天地參，明與日月並，精與鬼神總，戴員履方，抱表懷繩，內能治身，外（能）得人〔心〕，發號施令，天下莫不從風。則四時者，柔而不脆，剛而不鞼，寬而不肆，肅而不悖，優柔委從[5]，以養群類，其德（舍）〔含〕愚而容不肖，無所私（受）〔愛〕。用六律者，伐亂禁暴，進賢而廢[6]不肖，扶撥以為正，壞[7]險以為平，矯枉以為直，明於禁舍開閉之道，乘時因勢以服役人心也。帝者體陰陽則侵，王者法四時則削，霸者節六律則辱，君者失準繩則廢。故小而行大，則滔窕而不親；大而行小，則陿隘而不容。貴賤不失其體，而天下治矣。

天愛其精，墬愛其平，人愛其情。天之精，日月星辰雷電風雨也；地之平，水火金木土也；人之情，思慮聰明喜怒也。故閉四關，止五遁，則與道淪。是故神明藏於無形，精（神）〔氣〕反於至真，則目明而不以視，耳聰而不以聽，〔口當而不以言〕，心條達而不以思慮，委而弗為，和而弗矜，真[8]性命之情，而智故不得雜焉。精泄[9]於目則其視明，在於耳則其聽聰，留於口則其言當，集於心則其慮通。故閉四關則〔終〕身無患，百節莫苑，莫死莫生，莫虛莫盈，是謂真人。

1. 楊樹達云：當作「鼓舞而歌之」。 2. 昭道Ⓨ
3. A.普氾而Ⓦ B.溥洽而Ⓦ 4. A.翾Ⓨ B.蜎Ⓨ
5. 楊樹達云：「從」讀為「縱」。 6. 退Ⓛ 7. 壞Ⓛ 8. 冥Ⓦ
9. 編者按：「泄」疑借為「滯」。

凡亂之所由生者，皆在流遁。流遁之所生者五：大構（駕）〔架〕，興宮室，延樓[1]棧道，雞棲井幹，檦（抹）〔林〕欂（櫨）〔櫨〕，以相支持，木巧之飾，盤紆刻儼，贏鏤雕琢，詭文回波，淌游瀷淢，菱杼紾抱，芒繁亂澤，巧偽紛挐，以相摧錯，此遁於木也。鑿汙池之深，肆畛崖之遠，來谿谷之流，飾曲岸之際，‣積牒旋石◂[2]，以純脩碕，抑淢怒瀨，以揚激波，曲拂遭迴，以像湡、浯，益樹蓮菱，以食‣鱉魚◂[3]，鴻鵠鶬鶊，稻粱饒餘，龍舟鷁首，浮吹以娛[4]，此遁於水也。高築城郭，設樹險阻，崇臺榭之隆，侈苑囿之大，以窮要妙之望，魏闕之高，上際青雲，大廈曾加[5]，擬於崑崙，脩為牆垣，甬道相連，殘高增下，積土為山，‣接徑歷遠，直道夷險◂[6]，終日馳騖，而無[7]（蹟蹈）〔蹟陷〕（之患），此遁於土也。大鍾鼎，美重器，華蟲疏鏤，以相繆紾[8]，寢兕伏虎，蟠龍連組，焜昱錯眩，照耀煇煌，偃蹇蓼糾，曲成文章，雕琢之飾，鍛錫文（鏡）〔鐃〕，乍晦乍明，抑微[9]滅瑕，霜文沈居，若簟籧篨，纏錦[10]經冗，似數而疏，此遁於金也。煎熬焚炙，調齊和之適，以窮荊、吳甘酸之變，焚林而獵，燒燎大木，鼓橐吹埵，以銷銅鐵，靡流堅鍛，無厭足日，山無峻幹，（水）〔林〕無柘[11]（梓）〔梓〕，‣燎木◂[12]以為炭，燔草而為灰，野莽白素，不得其時，上掩天光，下殄地財，此遁於火也。此五者、一足以亡天下矣。

是故古者明堂之制，下之潤溼弗‣能及◂[13]，上之霧露弗‣能入◂[14]，四方之風弗‣能襲◂[15]，土事不文，木工不斲，金器不鏤，衣無隅差之削，冠無觚贏之理，堂大足以周旋理文，靜潔足以饗上帝，禮鬼神，以示‣民知儉節◂[16]。

夫聲色五味，遠國珍怪，環異奇物，足以變易心志，搖蕩精神，感動血氣者，不可勝計也。夫天地之生財也，本不過五。聖人節五行，則治不荒。凡人之性，心和[17]欲得則樂，樂斯動，動斯蹈，蹈斯蕩，蕩斯歌，歌斯舞，歌舞〔無〕節，〔無節〕，則禽獸

1. 闍ⓨ　2. 積疊琁玉ⓨ　3. 魚鱉ⓨ　4. 虡ⓨ
5. 王念孫云：「加」讀為「架」。
6. 王念孫云：「接徑歷遠」當在「直道夷險」之下，此以「垣」、「連」、「山」、「遠」、「患」為韻。若移「直道夷險」於下，則失其韻矣。編者按：此文以「垣」、「連」、「山」為韻，並元部平聲。以「陷」、「險」為韻，並談部上聲。「之患」蓋後人所加。「遠」字不入韻，「接徑歷遠，直道夷險」二句不必互易。
7. 楊樹達云：「無」當作「亡」，「亡」與「忘」同。
8. 據王念孫《韻譜》，「紾」讀為「沴」，與上文「器」字為韻。
9. 孫詒讓云：疑「微」當讀為「黴」。
10. 楊樹達云：「錦」疑當作「綿」。
11. 孫詒讓云：「柘」疑當為「碩」之叚字。　12. 伐薪ⓨ　13. 能及也ⓨ
14. 能入也ⓨ　15. 能襲也ⓨ　16. 人知節也ⓨ　17. 平《治要》p.713

跳矣。人之性，心有憂喪則悲，悲則[1]哀，哀斯憤，憤斯怒，怒斯動，動則手足▸不靜◂[2]。人之性，有〔所〕(浸)〔侵〕犯則怒，怒則血充，血充則氣激，氣激則發怒，發怒則有所釋憾矣。故鐘鼓管簫，干鏚羽旄，所以飾喜也。衰絰苴杖，哭踊有節，所以飾哀也。兵革▸羽旄，金鼓斧鉞◂[3]，所以飾怒也。必有其質，乃為之文。

古者聖王在上，政教平，仁愛洽，上下同心，君臣輯睦，衣食有餘，▸家給人足◂[4]，父慈子孝，兄良弟順，生者不怨，死者不恨，天下和(治)〔洽〕，人得其願。夫人相樂，無所發貺，故聖人為之作〔禮〕樂以和節之。(未)〔末〕世之政，田漁重稅，關市急征，澤梁畢禁，網罟無所布，耒耨無所設，民力竭於徭役，財〔用〕殫於會賦，居者無食，行者無糧，老者不養，死者不葬，贅妻鬻子，以給上求，猶▸弗能贍◂[5]，愚夫惷婦皆有流連之心，悽愴之志，乃(使)始為之撞大鍾，擊鳴鼓，吹竽笙，彈琴瑟，〔則〕失樂之本矣。

古者上求薄而民用給，君施其德，臣盡其忠[6]，父行其慈，子竭其孝，各致其愛而無憾恨▸其間◂[7]。夫三年之喪，非強〔引〕而致之〔也〕，聽樂不樂，食旨不甘，思慕之心未能絕[8]也。晚世風流俗敗，嗜慾多，▸禮義◂[9]廢，君臣相欺，父子〔相〕疑，怨(左)〔尤〕充胸，思心盡亡，被衰戴絰，戲笑其中，雖致之三年，失喪之本也[10]。

古者天子一畿，諸侯一同，各守▸其分◂[11]，不得相侵。有不行▸王道者◂[12]，暴虐萬民，爭地侵壤，亂政▸犯禁◂[13]，召之不至，(今)〔令〕之不行，禁之不止，誨之不變，乃舉兵而伐之，戮其君，易其黨，封其墓，類其社，卜其子孫以代之。晚世務廣地侵壤，并兼無已，舉不義之兵〔而〕伐無罪之國，殺不辜之民〔而〕絕先聖之後，大國出攻，小國城守，驅人之牛馬，傒[14]人之子女，毀人之宗廟，遷[15]人之重寶，(血流)〔流血〕千里，暴骸滿野，以贍貪主之欲，非兵之所為(生)〔主〕[16]也。

故兵者，所以討暴〔也〕，非所以為暴也。樂者，所以致和〔也〕，非所以為淫也。喪者，所以盡哀〔也〕，非所以為偽也。故事親有道矣，而愛為務；朝廷有容矣，而敬為上；處喪有禮矣，而哀為主；用兵(冇)〔有〕術矣，而義為本。本立而道行，本傷而道廢〔矣〕。

---

1. 斯Ⓨ　2. 不靜矣Ⓨ　3. 錞摩，金鼓鈇鉞Ⓨ
4. 家足人給《治要》p.713　5. 不能贍其用《群書治要》卷41p.714
6. 力Ⓦ　7. 其間矣Ⓦ　8. 弛《治要》p.714　9. 而禮義Ⓦ
10. 矣Ⓦ　11. 其分地Ⓦ　12. 王道Ⓨ　13. 犯禁者Ⓨ　14. 繫Ⓨ
15. 徙Ⓦ　16. 編者按：「主」與「野」為韻。

9 主術訓

人主之術，處无為之事，而行不言之教，清靜而不動，一度[1]而不搖，因循而任下，責成而不勞。是故心知規而師傅諭（導）〔道〕，口能言而行人稱辭，足能行而相者先[2]導，耳能聽而▸執正◂[3]進諫[4]。是故慮无失策，（謀）〔舉〕无過事，言為[5]文章，〔而〕行為儀表於天下[6]，進退應時，動靜循理，不為醜美好憎，不為賞罰（喜怒）〔怒喜〕[7]，名各自名，類各自類，事猶[8]自然，莫出於己。故古之王者，冕而前（旅）〔旒〕，所以蔽明也；黈（纊）〔纊〕塞[9]耳，所以掩聰〔也〕；天子外屏，所以自障〔也〕。故所理者遠則所在者邇，所治者大則所守者（少）〔小〕。夫目（安）〔妄〕視則淫，耳（安）〔妄〕聽則惑，口（安）〔妄〕言則亂。▸夫三◂[10]關者，不可不慎守也。若欲規之，乃是離之；若欲飾之，乃是賊之。

天氣為魂，地氣為魄，反之玄房，各處其宅。守而勿失，上通太一。太一之精，通〔合〕於天（道）。天道玄默，无容无則，天不可極，深不可測，▸尚與人化◂[11]，知不能得。

昔者▸神農◂[12]之治天下也，神不馳於胸中，智不出於四域，懷其仁成[13]之心，甘雨▸時降◂[14]，五穀蕃植[15]，春生夏長，秋收冬藏。月省時考，歲終獻功，以時嘗穀，祀于明堂，明堂之制，有蓋而無四方，風雨不能襲，▸寒暑◂[16]不能傷。遷延而入之，養民以公[17]。其民樸重端愨，不忿爭而財足，不勞形而▸功成◂[18]。因天地之資，而與之和同，是故威厲而不（殺）〔試〕，刑錯而不用，法省而不煩，故▸其化如神◂[19]。其地南至交阯[20]，北至幽都，東至湯[21]谷，西至三危，莫不聽從。當此之時，法寬刑緩，囹圄空虛，而天下一俗，莫懷姦心。

1. 動ⓦ　2. 前ⓦ　3. 執政者《治要》p.714
4. 高注云：「諫」或作「謀」。楊樹達云：作「謀」者是也，此文以「道」、「導」為韻，「辭」、「謀」為韻。　5. 成《治要》p.715
6. 俞樾云：「於天下」三字衍文也。
7. 楊樹達云：「喜怒」當為「怒喜」，「喜」與上文「理」字及下文「己」字為韻。
8. 由ⓦ　9. 充ⓨ　10. 三ⓨ
11. 編者按：此句疑本作「尚與化為人」。　12. 神農氏ⓨ　13. 誠ⓛ
14. 以時ⓦ　15. 殖ⓨ　16. 燥濕ⓨ
17. 編者按：此文以「功」、「公」為韻，中間「以時嘗穀」至「遷延而入之」一節疑是錯簡。《文子・精誠》2/8b「終歲獻貢」與「養民以公」正相連接，是其證也。
18. 成功ⓨ　19. A.教化若神ⓨ B.教化如神ⓨ　20. 趾ⓨ　21. 暘ⓨ

末世之政則不然，上好取而无量，下貪狼[1]而无讓，民貧苦而忿爭，事力勞而无功，智詐萌興，盜賊滋彰，上下相怨，號令不行。執政有司，不務反道矯拂其本，而事修其（未）〔末〕，削薄其德，曾累其刑，而欲以為治，无以異於執彈▸而來鳥◂[2]，（撰）〔揮〕[3]梲▸而狎犬也◂[4]，亂乃逾甚。夫水濁則魚噞，政苛則民亂。故夫養虎豹犀象者，為之圈檻，供其嗜欲，適其飢飽，（違）〔違〕其怒恚，然而不能終其天年者，刑有所劫也。是以上多故則下多詐，上多事則下多能，上煩擾則下不定，上多求則下交爭。不直[5]之於本，而事之於（未）〔末〕，譬猶揚（探）〔堁〕而弭塵，抱薪以救火也。

故聖人事省而易治，求寡而易贍，不施而仁，不言而信，不求而得，不為而成，塊然保真，抱德推誠，天下從之，如響之應聲，景之像形，其所修者本也。刑罰不足以移風，殺戮不足以禁姦，唯神化為貴。至精為神。

夫疾呼不過聞百步，志之所在，（踰）〔喻〕于千里，冬日之陽，夏日之陰，萬物歸之，▸而莫使之然◂[6]。故至精之像，弗招而自來，不麾而自往，窈窈冥冥，不知為之者誰，而功自成。智者弗能誦，辯者弗能形。昔孫叔敖恬臥，而郢人无所（害）〔容〕其鋒；市南宜遼弄丸，而兩家▸之難◂[7]無所關其辭。（鞅）〔鞼〕鞈鐵鎧，瞋目扼（掔）〔擊〕，其於以御兵刃（縣）〔縣〕矣！券契束帛，刑罰斧鉞，其於以解難，薄矣！待目而照見，待言而使令，其於為治，難矣！

蘧伯玉為相，子貢往觀之，曰：「何以治國？」曰：「以弗治治之。」簡子欲伐衛，使（是）史黯[8]往（覿）〔覘〕焉。還反報曰：「蘧伯玉為相，未可以加兵。」固塞險阻，何足以致之！故皋陶瘖而為大理，天下無虐刑，有貴于言者也。師曠瞽而為（大）〔太〕宰[9]，晉无亂政，有貴于見者〔也〕[10]。故不言之令，不視之見，此伏犧、神農之所以為師也。故民之化〔上〕也，不從其所言，而從其所行。

故齊莊公好勇，不使鬬爭，而國家多難，其漸至于崔杼之亂。（傾）〔頃〕襄好色，不使風議，而民[11]多昏亂，其積至〔于〕[12]昭奇之難。故至精之所動，若春氣之

1. 很Ⓨ 2. 而欲來鳥Ⓦ 3. 袖Ⓨ 4. 而欲狎犬也Ⓦ 5. 治Ⓨ
6. 編者按：此文疑本作「莫之使而然」。 7. 編者按：「之難」二字疑衍。
8. 默Ⓨ〈于大成云：應作「史墨」。〉 9. 師Ⓨ
10. 編者按：「也」字誤入注文，今補正。 11. 國Ⓨ
12. 編者按：準上文補。

生，秋氣之殺也，雖馳傳騖置，不若此其亟。故君人者，其猶射者乎！於此豪末，於彼尋常矣。故慎所以感之也。

夫榮啓期一彈，而孔子三日樂，感于和。鄒忌▸一徽◂[1]，而威王終夕悲，感于憂。動諸琴瑟，形諸音聲，而能使人為之哀樂。縣法設賞，而不能移風易俗者，其誠心弗施也。甯戚商歌車下，（植）〔桓〕公喟[2]然而寤矣，至精入人深矣！故曰：▸樂，聽其音則知其俗◂[3]，見其俗則知其化。孔子學鼓琴於師襄，而諭文王之志，見微以知明（矣）〔也〕[4]。延陵季子聽魯樂而知殷、夏之風，論近以識遠也。作之上古，施及千歲而文不滅，況於並世化民乎！

湯之時，七[5]年旱，以身禱於桑林之際，而四海之雲湊，千里之雨至。抱質（放）〔效〕誠，感動天地，神諭方外，令行禁止，豈足為哉！古聖王至精形於內，而好憎忘於外，出言以（嗣）〔副〕情，發號以明旨，陳之以禮樂，風之以歌謠，（業）〔葉〕貫萬世而不壅，横（局）〔扃〕四方而不窮，禽獸▸昆蟲◂[6]與之陶化，又況於執法施令乎！

故太上神化，其次使不得為非，其次賞賢而罰暴。衡之於左右，無私輕重，故可以為平。繩之於內外，無私曲直，故可以為正。人主之於用法，無私好憎，故可以為命[7]。▸夫權◂[8]輕重不差蟁首，扶撥枉橈不失鍼[9]鋒，直施矯邪不私辟險，姦不能枉，讒不能亂，德無所立，怨無所藏，是任術而釋人心者也，故為治者〔智〕不與焉。

夫舟浮於水，車轉▸於陸◂[10]，此勢之自然也。木擊折（轊）〔軸〕，（水）〔石〕戾破舟，不怨木石而罪巧拙者，▸知故不載焉◂[11]。是故道有智則惑，德有心則險，心有目則眩。兵莫憯於〔意〕志而莫邪為下，寇莫大於陰陽而枹鼓為小。今夫權衡規矩，一定而不易，不為秦、楚變節，不為胡、越改容，常一而不邪，方行而不流，一日刑[12]之，萬世傳之，而以無為為之。故國有亡主，而世無廢道；人有困窮，而理無不通。由此觀之，無為者，道之宗。故得道之宗，應物無窮；任人之才，難以至治。

1. A.一徽琴ⓨ B.徽ⓨ　　2. 慨ⓨ
3. 聽其音則知其風，觀其樂則知其俗ⓨ
4. 編者按：準下文「論近以識遠也」改。　　5. A.九ⓨ B.五ⓨ
6. 鬼神ⓦ　　7. 令《文子・下德》9/13a〈編者按：作「令」者是也。〉
8. 夫權衡ⓨ　　9. 針《道藏本》p.64.3　　10. 於陸者ⓨ
11. A.智有不周ⓨ B.智不載也ⓨ C.故不載焉ⓨ　　12. 形ⓨ

湯、武、聖主也，而不能與越人乘（幹）〔舲〕舟而浮於江湖；伊尹、賢相也，而不能與胡人騎騵〔馬〕而服騊駼；孔、墨博通，而不能與山居者入榛薄、〔出〕險阻也。由此觀之，則人知之於物也，淺矣。而欲以偏照海內，存萬方，不因道〔理〕之數，而專己之能，則其窮不（達）〔遠〕矣。故智不足以治天下也。桀之力，（別）〔制〕[1]觡（仲）〔伸〕鉤，索鐵歙[2]金，椎[3]移大犧[4]，水殺黿鼉，陸捕[5]熊羆，然湯革車三百乘，（因）〔困〕之鳴條，擒之焦門。由此觀之，勇（力）不足以持天下矣。智不足以為治，勇不足以為強，則人材▸不足任◂[6]，明也。▸而君人◂[7]者不下廟堂之上，而知四海之外者，因物以識物，因人以知人也。故積力之所舉，則無不勝也；衆智之所為，則無不成也。（埳）〔埳〕井之無黿鼉，隘也；園中之無脩木，小也。夫舉重鼎者，▸少力◂[8]而不能勝也，及至其移徙之，不待其多力者。故千人之群無絶梁，萬人之聚無廢功。

夫▸華騮、綠耳◂[9]，一日而至千里，然其使之搏兔，不如（豺狼）〔狼契〕，伎能殊也。鴟夜撮蚤（蚊），察分▸秋豪◂[10]，晝日[11]，（顛越）〔瞋目〕不能見丘山，形性詭也。夫螣蛇游霧而（動）〔騰〕，應龍乘雲而舉，猨得木而捷，魚得水而鶩。故古之為車也，漆者不畫，鑿者不斲，工無二伎，士不兼官，各守其職，不得相姦[12]，人得其宜，物得其安，是以器械不苦，而職事不嫚。夫責[13]少者易償，職寡者易守，任輕者易（權）〔勸〕。上操約省之分，下效易為之功，是以君臣彌久而▸不相厭◂[14]。

君人之道，其猶零[15]星之尸也，儼然玄默，而吉祥受福。是故得道者不（為）〔偽〕醜飾，不（為）偽善〔極〕，一人被之而不褒，萬人蒙之而不褊。是故重為惠，（若）重為暴，則治道通矣。為惠者，尚布施也。無功而厚賞，無勞而高爵，則守職者懈於官，而游居者亟於進矣。為暴者，妄誅也。無罪者而死亡，行直〔者〕[16]而被刑，則修身者不勸善，而為邪者輕犯上矣。故為惠者生姦，而為暴者生亂。姦亂之俗，亡國▸之風◂[17]。

是故明主之治，國有誅者而主無怒焉，朝有賞者而君無與焉。誅者不怨君，罪之所當也；賞者不德上，功之所致也。民知誅賞之來，皆在於身也，故務功修業，不受贛於

1. 楊樹達云：「制」當讀為「折」。　2. 揉Ⓦ　3. 推Ⓨ
4. A.麾Ⓦ B.戯Ⓨ　5. 搏Ⓨ　6. 不足以任Ⓨ　7. 然而君人Ⓦ
8. 力少Ⓛ　9. 騂騮騄耳Ⓨ　10. A.豪末Ⓨ B.毫末Ⓨ　11. 出Ⓨ
12. 楊樹達云：「姦」當讀為「干」。　13. 債Ⓨ　14. 不猒Ⓨ
15. 靈Ⓨ　16. 編者按：準上句文例補。　17. 之風也Ⓨ

君。是故朝（延無）〔廷蕪〕而無迹，田野辟而無草，故太上下知有之。今夫橋（直植）〔植直〕立而不動，俛仰取制焉；人主靜漠而不躁，百官得（修）〔循〕焉。譬而[1]軍之持▸麾者◂[2]，妄指則亂矣。慧不足以大寧，智不足以安危，與其譽堯而毀桀也，不如掩聰明而反修[3]其道也。清靜無為，則天與之時；廉儉守節，則地生之財；處愚稱德，則聖人（之為）〔為之〕謀。是故下者萬物歸之，虛者天下遺之。

夫人主之聽治也，清明而不闇，虛心而弱志，是故群臣輻湊並進，無愚智賢不肖，莫不盡其能。於是乃始陳其禮，建以為基。是乘眾勢以為車，御眾智以為馬，雖幽野險塗，則无由惑矣。人主深居隱處以避燥濕，（閨）〔閨〕門重襲以（避）〔備〕姦賊，內不知閭里之情，外不知山澤之形。（惟）〔帷〕幕之外，目不能見。十里之前，▸耳不能聞百步之外◂[4]。〔然〕天下之物无〔所〕不通者，其灌輸之者大，而斟酌之者眾也。是故不出戶而知天下，不窺牖而知天道。乘眾人之智，則天下（之）不足有也。專用其心，則獨身不能保也。

是故人主覆之以德，不行其智，而因萬人之所利。夫舉踵〔而〕天下（而）得所利，▸故〔處〕百姓之上〔而〕弗重也；錯〔百姓〕之前而弗害也◂[5]；舉之而弗高也，推之而弗猒〔也〕[6]。主道員者，運轉而无端，化育如神，虛无因循，常後而不先〔者〕也。臣道（員者運轉而无）方者，論是而處當，為事先倡，守職分明，以立成功〔者〕也。是故君臣異道則治，同道則亂。各得其宜，處〔得〕其當，則上下有以相使也。

夫人主之聽治也，虛心而弱意[7]，清明而不闇，是故群臣輻湊並進，无愚智賢不肖莫不盡其能者，則君得所以制臣，臣得所以事君，治國之道明矣。文王智而好問[8]，故聖。武王勇而好問[9]，故勝。夫乘眾人之智，則无不（仕）〔任〕也；用眾人之力，則无不勝也。千鈞之重，烏獲不能舉也；眾人相一，則百人有餘力矣。是故▸任一人之力者，則烏獲不足恃◂[10]；乘眾人之制[11]者，則天下不足有也。

---

1. A.如ⓨ B.若ⓨ　　2. 麾者也ⓨ
3. 顧千里云：「修」疑當作「循」。　　4. 耳不能聞ⓨ
5. 編者按：此文本《老子》66章。《老子》文作「是以聖人處上而民不重，處前而民不害。」《老子》文前後兩句相對，則此文前後兩句亦當相對。今訂補為「〔處〕百姓之上〔而〕弗重也，錯〔百姓〕之前而弗害也。」　　6. 編者按：準上句補。
7. 編者按：《文子・自然》8/11a作「志」，今本《淮南子》作「意」蓋避漢諱改。
8. 同ⓨ　　9. 同ⓨ　　10. 用眾人之力者，烏獲不足恃也ⓨ
11. 編者按：此句承上文「夫乘眾人之智」而言，則「制」為「智」之誤。

禹決江疏河，以為天下興利，而不能使水西流。稷辟土墾草，以為百姓力農，然不能使▸禾冬生◂[1]。豈其人事不至哉？其勢不可也。夫推（而）不可為之勢，而不（修）〔循〕道理之數，雖神聖人不能以成其功，而況當世之主乎！夫載重而馬（羸）〔羸〕，雖造父不能以致遠。車輕〔而〕馬良，雖中工可使追速。是故聖人〔之〕舉事也，豈能拂[2]道理之數，詭自然之性，以曲為直，以屈為伸哉？未嘗不因其資而用之也。是以積力之所舉，〔則〕无不勝也；▸而眾智◂[3]之所為，〔則〕无不成也。聾者可令（嗺）〔嚼〕筋，而不可使有聞也；瘖者可使守圉，而不可使（言）〔通語〕也。形有所不周，而能有所不容也。是故有一形[4]者處一位，有一能者服一事。力勝其任，則舉之者不重也；▸能稱◂[5]其事，則為之者不難也。毋小大脩短，各得其宜，則天下一齊，无以相過也。聖人兼而用之，故无棄才。

人主貴正而尚忠，忠正在上位，執正（營）〔管〕事，則讒佞姦邪无由進矣。譬猶方員之不相蓋，而曲直之不相入。夫鳥獸之不（可）同（詳）〔群〕者，其類異也；虎鹿之不同游者，力不敵也。是故聖人得志而在上位，讒佞姦邪而欲犯主者，譬猶雀之見鸇而鼠之遇狸也，亦必无餘命矣。是故人主之（一）舉也，不可不慎也。所任者得其人，則國家治，上下和，群臣親，百姓附。所任非其人，則國家危，上下乖，群臣怨，百姓亂。故一舉而不當，終身傷。得失之道，權要在主。是故繩正於上，木直於下，非有事焉，所緣以修者然也。

故人主誠正，則直士任事，而姦人伏匿矣。人主不正，則邪人得志，忠者隱蔽矣。夫人之所以莫（抓）〔振〕玉石而（抓）〔振〕瓜瓠者，何也？无得於玉石，弗犯也。使人主執正持平，如從繩準高下，則群臣以邪來者，猶以卵投石，以火投水也。故靈王好細腰，而民有殺食自飢也；越王好勇，而民皆處危爭死。由此觀之，權勢之柄，其以移風易（俗）矣。堯為匹夫，不能仁化一里；桀在上位，令行禁止。由此觀之，賢不足以為治，而勢可以易俗，明矣。《書》曰：「一人有慶，萬民賴之[6]。」此之謂也。

天下多眩於名聲，而寡察其實，是故處人以譽尊，而游者以辯顯。察其所尊顯無他故焉，人主不明分數利害之地，而賢眾口之辯也。治國則不然，言事者必究於法，而為行者必治於官。上操其名以責其實，臣守其業以效其功，言不得過其實，行不得踰其

1. 冬生禾Ⓨ　2. 咈Ⓦ　3. 眾智Ⓦ　4. 功《文子・自然》8/11b
5. 智能《意林》p.37
6. 引文見《尚書・呂刑》今本《書》「萬」作「兆」。《繆稱訓》引仍作「兆」。

法，群臣輻湊，莫敢專君。事不在法律中，而可以便國佐治，‣必參五行之陰考◂[1]，以觀其歸，並用周聽以察其化，不偏一曲，不黨一事，是以中立而（偏）〔徧〕，運照海內，群臣公正，莫敢為邪，百官述職，務致其‣公迹◂[2]也。主精明於上，官勸力於下，姦邪滅迹，庶功日進，是以勇者盡於軍。亂國則不然，有眾咸譽者無功而賞，守職者無罪而誅。主上闇而不明，群臣黨而不忠，說談者游於辯，脩行者競於往[3]。主上出令，則非之以與；法令所禁，則犯之邪。為智者務為巧詐，為勇者務於鬬爭，大臣專權，下吏持勢，朋黨周比，以弄其上，國雖若存，古（人之）〔之人〕（日）〔曰〕亡矣。且夫不治官職，（而）〔不〕被甲兵，不（隨）〔脩〕南畝，而有賢聖之聲者，非所以（都）〔教〕於國也。騏驥騄駬，天下之疾馬也，驅之不前，引之不止，雖愚者不加體焉。今治亂之機，轍迹可見也，而世主莫之能察，此治道之所以塞。

權勢者，人主之車輿；爵祿者，人臣之‣轡銜◂[4]也。是故人主處權勢之要，而持爵祿之柄，審緩急之度，而適取予之節，是以天下盡力而不倦。夫臣主之相與也，非有父子之厚，骨肉之親也，而竭力殊死，不辭其軀者，何也？勢有使之然也。

昔者豫讓，中行文子之臣。智伯伐中行氏，并吞其地，豫讓背其主而臣智伯。智伯與趙襄子戰於晉陽之下，身死為戮，國分為三。豫讓欲報趙襄子，漆身為厲，吞炭變音，擿齒易貌。夫以一人之心而事兩主，或背而去，或欲身徇之，豈其趨捨厚薄之勢異哉？人之恩澤使之然也。紂兼天下，朝諸侯，人迹所及，舟楫所通，莫不賓服。然而武王甲卒三千人，擒之於牧野。豈周（氏）〔民〕死節，而殷民背叛哉？其主之德義厚而號令行也。夫（疾風）〔風疾〕而波興，木茂而鳥集，相生之氣也。是故臣不得其所欲於君者，君亦不能得其所求於臣也。君臣之施者，相報之勢也。是故臣盡力死節以與君，計君垂爵以與臣市。〔是〕故君不能賞無功之臣，臣亦不能死無德之君。君德不下流於民，而欲用之，如鞭（蹏）〔蹏〕馬矣。是猶不待雨而求熟稼，必不可之數也。

君人之道，處靜以修身，儉約以率下。靜則下不擾矣，儉則民不怨矣。下擾則政亂，民怨則德薄。政亂則賢者[5]不為謀，德薄則勇者不為死。是故人主好鷙鳥猛獸，珍怪奇物，狡躁康荒，不愛民力，馳騁田獵，出入不時，如此則百官務亂，事勤財匱，萬

1. 編者按：此文疑本作「必行參五以陰考之」，今脫「以」字，而文字次序又錯亂，遂不成文義。　2. 功迹Ⓨ〈楊樹達云：「公迹」疑當作「功績」。〉
3. 孫詒讓云：當作「任」。　4. 銜轡Ⓨ
5. 于大成云：「賢者」疑當作「智者」。

民愁苦，生業不修矣。人主好高臺深池，雕琢刻鏤，黼黻文章，絺綌綺繡，寶玩珠玉，則賦斂無度，而萬民力竭矣。堯之有天下也，非貪萬民之富而安[1]人主之位也，以為百姓力征，強凌弱，眾暴寡，於是堯乃身服節儉之行，而明相愛之仁，以和輯之。是故茅茨▸不翦◂[2]，采椽▸不斲◂[3]，大路不畫，越席不緣，大羹不和，粢食不毇，巡狩行教，勤勞天下，周流五嶽。豈其奉養不足樂哉？（舉天下而）以為社稷，非有利焉。年衰志憫，舉天下而傳之舜，猶卻行而脫（蹤）〔蹝〕也。衰世則不然，一日而有天下之（當）〔富〕，處人主之勢，則竭百姓之力，以奉耳目之欲，志專在于宮室臺榭，陂池苑囿，猛獸熊羆，玩好珍怪。是故貧民糟糠不接於口，而虎狼熊羆猒芻豢；百姓短褐不完，而宮室衣錦繡。人主急茲无用之功，〔而〕[4]百姓黎民顦顇於天下，是故使天下不安其性。

人主之居也，如日月之明也，天下之所同側目而視，側[5]耳而聽，延頸舉踵而望也。是故非澹漠無以明德，非寧靜無以致遠，非寬大無以兼覆，非慈厚無以懷眾，非平正無以制斷。

是故賢主之用人也，猶巧工[6]之制木也，大者以為舟航柱梁，小者以為（揖楔）〔楫楔〕，脩者以為櫚榱，短者以為朱儒枅櫨。无大小修短，皆得▸其所◂[7]宜；規矩方員，各有[8]所施。〔殊形異材〕，〔莫不可得而用也〕。天下之物，莫凶於（雞）〔奚〕毒，然而良醫橐而藏[9]之，有所用也。是故▸林莽◂[10]之材，▸猶无可棄者◂[11]，而〔又〕況人乎！今夫朝（延）〔廷〕之所不舉，〔而〕鄉曲之所不譽，非其人不肖也，其所以官之者非其職也。鹿[12]之上山〔也〕，〔大〕獐不能跂也，及其下〔也〕，牧豎能追之，才▸有所◂[13]脩短也。是故有大略者不可責以捷巧，有小智者不可任以大功。人有其才，物有其形，有任一而太重，或[14]任百而尚輕。是故審〔於〕毫釐之〔小〕計者，必遺天（下）〔地〕之大數；不失小物之選[15]者，或[16]於大事之舉。譬猶狸之不可使搏牛，虎之不可使搏[17]鼠也。今人之才，或[18]欲平九州，（并）〔從〕方外，存危國，繼絕世，志在直道正邪，決煩理挐，而乃責之以閨閤之禮，陬窔之閒，或佞巧小具，（謟）〔諂〕進愉說，隨[19]鄉曲之俗，卑下眾人之耳目，而乃任之以天下之權，治亂之機；是猶以斧劗[20]毛，以刀（抵）〔伐〕木也，皆失其宜矣。

---

1. 寧Ⓨ　2. 而不剗Ⓨ　3. 而不斲Ⓨ　4. 編者按：準上文補。
5. 傾Ⓨ　6. 匠《治要》p.716　7. 所Ⓨ　8. 隨Ⓦ
9. 藏Ⓛ　10. A.竹木草莽Ⓨ B.草莽Ⓨ　11. 猶有不棄者《治要》p.716
12. 麋《治要》p.716　13. 有Ⓨ　14. 有Ⓨ
15. 楊樹達云：「選」假為「算」。　16. 惑《治要》p.716
17. 捕Ⓦ　18. 有Ⓨ
19. 脩《群書治要》p.716〈王叔岷云：「脩」當為「循」，「隨」亦「循」也。〉
20. 鬋Ⓦ

人主者，以天下之目視，以天下之耳聽，以天下之智慮，以天下之力（爭）〔動〕，是故號令能下究，而臣情得上聞，‣百官修通，群臣輻湊◂[1]，喜不以賞賜，怒不以罪誅。是故威立而不廢，聰明（先）〔光〕[2]而不弊，法令察而不苛，耳目達而不闇，善否之情，日陳於前而无所逆。是故賢者盡其智，不肖者竭其力，德澤兼覆而不偏，群臣勸務而不怠，近者安其性，遠者懷其德。所以然者，何也？得用人之道，而不任己之才者也。故假輿馬者，足不勞而致千里；乘舟楫〔者〕，‣不能游◂[3]而絕江海。

夫人主之情，莫不欲總海內之智，盡眾人之力，然而群臣（志達）〔達志〕效忠者，希不困其身。使言之而是也，雖在褐夫芻蕘，猶不可棄也。使言之而非也，雖在卿相人君，（楡）〔揄〕策于廟堂之上，未必可用〔也〕。是非之所在，不可以貴賤尊卑論也。是[4]明主之聽於群臣，其計乃可用〔也〕，不羞其位；其（主）言〔而〕可行〔也〕，不責其辯。闇主則不然，‣所愛◂[5]習親近者，雖邪枉不正，不能見也；疏遠（則）卑賤者，〔雖〕竭力盡忠，不能知也。有言者窮之以辭，有諫者誅之以罪，如此而欲照海內，存萬方，是猶塞耳而聽清濁，掩目而視青黃也，其離聰明則亦遠矣。

法者，天下之度量，而人主之準繩也。縣法者，法不法也；‣設賞者，賞當賞也◂[6]。法定之後，中程者賞，（鈌）〔缺〕繩者誅，尊貴者不輕其罰，而卑賤者不重其刑，犯法者雖賢必誅，中度者雖不肖必無罪，是故公道通而私道塞矣。古之置有司也，所以禁民，使不得自恣也。其立君也，所以剬有司，使无專行〔也〕。法籍禮義者，所以禁君，使無擅斷也。人莫得自恣，則道勝，道勝而理達矣，故反於無為。無為者，非謂其凝滯而不動也，以（其言）〔言其〕莫從己出也。

夫寸生於（穛）〔標〕，（穛）〔標〕（生於日日）生於形，形生於景，〔景生於日〕。此度之本也。樂生於音，音生於律，律生於風，此聲之宗也。法生於義，義生於眾適，眾適合於人心，此治之要也。故通於本者不亂於（未）〔末〕，覩於要者不惑於詳。法者，非天墮，非地生，發於人間而反以自正，是故有諸己不非諸人，無諸己不求諸人，所立於下者不廢於上，所禁於民者不行於身。所謂亡國〔者〕，非無君也，無法也；變法者，非無法也，有法（者）而不（與）用，〔與〕無法等。是故人主之立法，先（自）〔以身〕為檢式儀表，故令行於天下。孔子曰：「其身正，不令而行。其身不正，雖令不從。」故禁勝於身，則令行於民矣。

1. 百官條通而輻湊《淮南子・要略》p.643
2. 楊樹達云：「光」讀為「廣」。 3. 不假游ⓦ 4. 夫《治要》p.715
5. 信所愛ⓦ 6. 俞樾云：七字疑衍。

聖主之治也，其猶造父之御〔也〕，齊輯之于轡銜之際，而急緩之于脣吻之和，正度于胸臆之中，而執節于掌握之閒，內得於（心中）〔中心〕，外合於馬志，是故▸能進退◂[1]履繩，而旋曲中規，取道致遠，而氣力有餘，誠得其術也。是故權勢者，人主之車輿也；大臣者，人主之駟馬也。體離車輿之安，而手失駟馬之心，而能不危者，古今未有也。是故輿馬不調，（土）〔王〕良[2]不能以取道；君臣不和，唐、虞不能以為治。執術而御之，則管、晏之智盡矣；明分以示之，則跖[3]、蹻[4]之姦止矣。

夫據榦而窺井底，雖達視猶不能見其睛；借明於鑑以照之，則寸▸之分◂[5]可得而察也。是故明主之耳目不勞，精神不竭，物至而觀其（象）〔變〕，事來而應其化，近者不亂，〔即〕遠者治（也）〔矣〕。是故不用適然之數，而行必然之道，故萬舉而無遺策矣。

今夫御者，馬體調于車，御心和于馬，▸則歷險◂[6]致遠，進退周游，莫不如志[7]。雖有騏驥、騄駬之良，而臧獲御之，則馬反自恣，而人弗能制矣。故治者不貴其自是，而貴其不得為非也。故曰：「勿使可欲，毋曰弗求。勿使可奪，毋曰不爭。」如此，則人材釋而公道行矣。（美）〔羨〕者（正）〔止〕於度，而不足者逮於用，故海內可一也。

夫釋職事而聽非譽，棄公[8]勞而用朋黨，則奇材佻長而（于）〔干〕次，守官者雍遏而不進。如此，則民俗亂於國，而功臣爭於朝。故法律度量者，人主之所以執下，釋之而不用，是猶無轡銜而馳也，群臣百姓反弄其上，是故有術則制人，無術則制於人。吞舟之魚，蕩而失水，則制於螻蟻，離其居也。猨狖失木，而擒於狐貍，非其處也。君人者釋所守而與臣下爭〔事〕，則有司以無為持位，守職者以從君取容，是以人臣藏智而弗用，反以事轉任其上矣。

夫貴富者之於勞也，達事者之於察也，驕恣者之於恭也，勢不及君。君人者不任能，而好自為之，則智日困而自負其責也。數窮於下則不能伸理，▸行墮於國◂[9]則不能專制，智不足以為治，威不足以行誅，則無以與（天）下交也。喜怒形於心，（者）〔耆〕欲見於外，則守職者離正而阿上，有司枉法而從風，賞不當功，誅不應罪，上下

1. 進退Ⓨ　2. 梁Ⓨ　3. 蹠Ⓨ　4. 蹻Ⓨ　5. 分Ⓨ
6. 則雖歷險Ⓨ　7. 意Ⓨ〈編者按：作「意」者蓋避漢諱改〉　8. 功Ⓨ
9. A.行墮於位Ⓨ　B.行隨於國Ⓨ

離心，而君臣相怨也。是以執政阿主，‣而有過◂[1]則無以（貴）〔責〕之。有罪而不誅，則百官煩亂，〔而〕智弗能解也；毀譽萌生，而明不能照也。不正本而反自脩[2]，則人主逾勞，人臣逾逸。是猶代庖宰剝牲，而為大匠斲也。與馬競走，筋絕而弗能及；上車執轡，則馬（死）〔服〕于衡下。故伯樂相之，王良御之，明主乘之，無御相之勞而致千里者，乘於人資以為羽翼也。

是故君人者，無為而有守也，有（為）〔立〕而無好也。有為則讒生，有好則諛起。昔者齊桓公好味而易牙烹其首子而餌之，虞君好寶而晉獻以璧馬釣之，胡王好音而秦穆公以女樂誘之，是皆以利見制於人也。故善建者不拔，〔言建之无形也〕[3]。夫‣火熱而水滅之，金剛而火銷之◂[4]，木強而斧伐之，水流而土遏之，唯造化者，物莫能勝也。故中欲不出謂之（扃）〔扃〕，外邪不入謂之（塞）〔閉〕。中（扃）〔扃〕外閉，何事之不節！外閉中（扃）〔扃〕，何事之不成！弗用而後能用之，弗為而後能為之。精神勞則越，耳目淫則竭，故有道之主，滅想去意，清虛以待，不（伐）〔代〕之言，不奪之事，循名責實，〔官〕使自司，任而弗詔，責而弗教，以不知為道，以奈何為寶。如此，則百官之事各有所守矣。

攝權勢之柄，其於化民易矣。衛君役子路，權重也；景、桓（公）臣管、晏，位尊也。怯服勇而愚制智，其所託勢者勝也。故枝不得大於幹，末不得強於本，（則）〔言〕輕重小大有以相制也。若五指之屬於臂也，搏援攫捷，莫不如志，言以小屬於大也。是故得勢之利者，所持甚小，（其存）〔所任〕甚大；所守甚約，所制甚廣。是故十圍之木，〔能〕持千鈞之屋；五寸之鍵，〔而〕制開闔。豈其材之巨小足〔任〕哉？所居要也。孔丘、墨翟脩先聖之術，通六藝之論，口道其言，身行其志，慕義從風而為之服役者不過數十人。使居天子之位，則天下徧為儒墨矣。楚莊王傷文無畏之死於宋也，奮袂而（越）〔起〕，衣冠相連於道，遂成軍宋城之下，權柄重也。楚文[5]王好服解[6]冠，楚國效之；趙武靈王貝帶鵔鸃[7]而朝，趙國化之。使在匹夫布衣，雖冠解冠，帶貝帶，鵔鸃[8]而朝，則不免為人笑也。

夫民之好善樂正，不待禁誅而自中法度者，萬無一也。下必行之令，從之者利，逆

1. 于大成云：「而有過」上疑奪「阿主」二字。
2. 然《莊逵吉本》p.386
3. 「言建之无形也」六字誤入注文，據王念孫說補。
4. 火熯則水滅之，金堅則火消之Ⓨ
5. 莊Ⓨ
6. A.觟Ⓨ B.獬Ⓨ
7. 鶵Ⓛ
8. 鶵Ⓛ

之者凶，日陰未移，而海內莫不被繩矣。故握劍鋒以[1]，（離）〔雖〕北宮子、司馬蒯蕢不〔可〕使應敵；操其觚，招其末，則庸人能以制勝。今使烏獲、藉蕃從後牽牛尾，尾絶而不從者，逆也；若指之桑條以貫其鼻，則五尺童子牽而周四海者，順也。夫七尺之橈而制船之左右者，以水為資；天子發號，令行禁止，以衆為勢[2]也。

夫防民之所害，開民之所利，威〔之〕行也，若發堿決塘。故循流而下易以至，背風而馳易以遠。桓公立[3]政，去食肉之獸，食粟之鳥，係罝之罔，三舉〔而〕百姓說。紂殺王子比干而骨肉怨，斮朝涉者之脛而萬民叛，再舉而天下失矣。故義者，非能徧利天下之民〔也〕，利一人而天下從風；暴者，非〔能〕盡害海內之衆也，害一人而天下離叛。故桓公三舉而九合諸侯，紂再舉而不得為匹夫。故舉錯不可不審。人主〔之〕▸租斂◂[4]於民也，必先▸計歲收◂[5]，量民積聚，知饒饉有餘不足之數，然後取車輿衣食供養其欲。高臺層榭，接屋連閣，非不麗也，然〔而〕民無（掘穴）〔堀室〕[6]狹廬所以託身者，〔則〕明主弗樂〔也〕[7]。肥醲甘脆，非▸不美◂[8]也，然民有糟糠菽粟不接於口者，則明主弗甘也。匡床蒻[9]席，非不寧〔也〕，然〔而〕民有處邊城，犯危難，澤死暴骸者，〔則〕明主弗安也。故古之君人者，其[10]慘怛於民也，國有飢者，食不重味；民有寒者，而冬不被裘。歲登民豐，乃始縣鍾鼓，陳干戚，君臣上下同心而樂之，國無哀人。

故古之為金石管絃者，所以宣樂也；兵革斧鉞者，所以飾怒也；觴酌俎豆，酬酢之禮，所以效（善）〔喜〕也；衰絰（管）〔菅〕屨，辟踊哭泣，所以諭哀也。此皆有充於內，而成像於外〔者也〕。及至亂主，取民則不裁其力，▸求於下◂[11]則不量其積，男女不得事耕織之業以供上之求，力勤財匱，君臣相疾也。故民至於焦脣沸肝，有今無儲，而乃始撞大鍾，擊鳴鼓，吹竽笙，彈琴瑟，是▸猶貫甲（冑）〔冑〕而入宗廟，被羅紈而從軍旅◂[12]，失樂之所由生矣。

夫民之為生也，一人跖耒，而耕不過十畝，中田之獲，卒歲之收，不過畝四石，妻

1. 王念孫云：「以」下脫一字。編者按：「握劍鋒以」與「操其觚，招其末」相對，則當脫二字。
2. 資Ⓨ
3. 楊樹達云：「立」讀為「莅」。
4. 賦斂《治要》p.716
5. 計歲而收Ⓦ
6. 《治要》p.716作「窟室」。
7. 編者按：準下文補。
8. A.不香Ⓦ B.不香美Ⓦ
9. A.弱Ⓨ B.袥Ⓨ
10. 甚《治要》p.717
11. 求下Ⓦ
12. 由貫介冑而入廟，被綺羅而從軍也Ⓦ

子老弱仰而食之。時有涔旱災害之患，有[1]以給上之徵賦車馬兵革之費。由此觀之，則人之生，閔矣！夫天地之大，計三年耕而餘一年之食，率九年而有三年之畜，十八年而有六年之積，二十七年而有九年之儲，雖▸涔旱◂[2]災害之殃，民莫▸困窮◂[3]流亡也。故國無九年之畜[4]，謂之不足；無六年之積，謂之閔急；無三年之畜，謂之窮乏。故有仁君明主，其取下有節，自養有度，則得▸承受◂[5]於天地，而不離飢寒之患矣。若得貪主暴君，（橈）〔撓〕於其下，侵漁其民，以適無窮之欲，則百姓無以被天和而履地德矣。

食者，民之本也。民者，國之本也。國者，君之本也。是故（人君）〔君人〕者，上因天時，下盡地財[6]，中用人力，是以群生遂長，五穀蕃植。教民養育六畜，以時種樹，務脩田疇，滋植桑麻，肥墝高下，各因其宜。丘陵阪險不生五穀者，以樹竹木，春伐枯槁，夏取果蓏，秋畜疏食，冬伐薪蒸，以為民資。是故生無乏用，死無轉尸[7]。故先王之法，畋不掩群，不取麛夭，不涸澤而漁，不焚林而獵。豺未祭獸，罝罦不得布於野；獺未祭魚，罔罟不得入於水；鷹隼未摯，▸羅網◂[8]不得張於谿谷，草木未落，斤斧不得入山林；昆蟲未蟄，不得以火（燒）田。孕育不得殺，㲉卵不得探，魚不長尺不得取，彘不朞年不得食。是故草木之發若（烝）〔蒸〕氣，禽獸歸之若流（原）〔泉〕，飛鳥歸之若煙雲，有所以致之也。

故先王之政，四海之雲至[10]而脩封疆，蝦蟆鳴、燕降而達[11]路除道，陰降百泉則脩橋梁，昏張[12]中則務種[13]穀，大火中則種黍菽，虛中則種宿麥，昴中則（牧）〔收〕斂▸畜積◂[14]，伐薪木。上告于天，下布之民，先王之所以應時脩備，富▸國利◂[15]民，實曠來遠者，其道備矣。非能目見而足行之也，欲利之也。欲利之也不忘於心，則官自備矣。心之於九竅四肢也，不能一事焉，然而動靜聽視皆以為主者，不忘于[16]欲利之也。

故堯為善而眾善至矣，桀為非而眾非來（也）〔矣〕。善積即[17]功成，非積則禍極。

凡人之論，心欲小而志欲大，智欲員而行欲方，能欲多而事欲鮮。所謂心欲小者，

1. 王念孫云：「有」讀為「又」。 2. 有涔旱ⓨ 3. 窮困ⓨ 4. 儲ⓨ
5. 承所受ⓨ 6. A.利ⓦ B.理ⓨ 7. 屍ⓨ 8. 網羅ⓨ
9. 期ⓛ 10. 溱ⓨ〈編者按：「溱」疑「臻」之誤。〉 11. 通ⓦ
12. 弧ⓨ 13. 樹ⓦ
14. 編者按：「畜積」當作「積畜」，「畜」與「菽」為韻。 15. 利國ⓨ
16. 乎《治要》p.717 17. 則ⓛ

慮患未生，備禍未發，戒過慎微，不敢縱其欲也。志欲大者，兼包萬國，壹齊殊俗，并覆百姓，若合一族，是非輻湊而為▸之轂◂[1]。智欲員者，環復▸轉運◂[2]，終始無端，旁流四達，淵泉而不竭，萬物並興，莫不響應也。行欲方者，直立而不橈[3]，素白而不污，窮不易操，通不▸肆志◂[4]。能欲多者，文武備具，動靜中儀，舉動[5]廢置，曲得其宜，無所擊戾，莫不畢宜也。事欲鮮者，執柄持術，得要以應眾，執約以治廣，處靜持中，運於琁樞，以一合萬，若合符者也。故心小者禁於微也，志大者無不懷也，知員者無不知也，行方者有不為也，能多者無不治也，事鮮者約所持也。

古者天子聽朝，〔使〕公卿正諫，博士誦詩，瞽箴師誦，庶人傳語，史書其過，宰徹其膳。猶以為未足也，故堯置敢[6]諫之▸鼓也◂[7]，舜立[8]誹謗之木，湯有司直之人，武王▸立戒慎之鞀◂[9]，過若豪氂，而既已備之（也）〔矣〕。夫聖人之於善也，無小而不舉；其於過也，無微而不改。堯、舜、（禹）、湯、武，（王）皆坦然（天下）〔南面〕而（南面）〔王天下〕焉。當此之時，〔伐〕鼛（鼓）而食，奏《雍》而徹，已飯而祭竈，行不用巫祝，鬼神弗敢（崇）〔祟〕，山川弗敢禍，可謂至貴矣，▸然而◂[10]戰戰慄慄，日慎一日。由此觀之，則聖人之心小矣。《詩》云：「惟此文王，小心翼翼，昭事上帝，聿懷多福。」其斯之謂歟！武王（伐紂）〔克殷〕，發鉅橋之粟，散鹿臺之錢，封比干之墓，表商容之閭，朝成湯之廟，解箕子之囚，使各處其宅，田其田，無故無新，唯賢是親，用非其有，使非其人，晏然▸若故◂[11]有之。由此觀之，則聖人之志大也。文王周觀得（夫）〔失〕，徧覽是非，堯舜所以昌、桀紂所以亡者，皆▸著於◂[12]明堂，於是略智博聞，以應無方。由此觀之，則聖人之智員矣。成、康繼文、武之業，守明堂之制，觀存亡之迹，見成敗之變，非道不言，非義不行，言不苟出，行不苟為，擇善而後從事焉。由此觀之，則聖人之行方矣。孔子之通，智過於萇弘，勇服於孟賁，足躡郊[13]菟，力招城關，能亦多矣。然而勇力不聞，伎巧不知，專行▸孝道◂[14]，以成素王，事亦鮮矣。春秋二百四十二年，亡國五十二，弒君三十六，采善鉏醜，以成王道，論亦博矣。然而圍於匡，顏色不變，絃歌不輟，臨死亡之地，犯患難之危，據義行理而志不懾，分亦明矣。然為魯司寇，聽獄必為斷，作為《春秋》，不道鬼神，不敢專己。夫聖人之智，固已多矣，其所守者有[15]約，故舉而必榮。愚人之智，固已少矣，其所事

1. 之轂也ⓨ 2. 楊樹達云：「轉運」疑當作「運轉」，與「端」為韻。
3. 撓ⓦ 4. 肆志也ⓨ 5. 措ⓦ 6. 欲ⓨ 7. 鼓ⓨ
8. 造ⓦ 9. 有戒慎之銘ⓦ 10. 然ⓨ 11. 若其故ⓦ
12. 著之於ⓦ 13. 楊樹達云：「郊」讀為「狡」。
14. 王叔岷云：「孝道」當為「斈道」，與「教道」同，「道」讀為「導」。
15. 編者按：「有」讀為「又」。

者〔又〕多，故動而必窮矣。吳起、‣張儀◂[1]智不若孔、墨，而爭萬乘之君，此其所以車裂支解也。夫以正教化者，易而必成；以邪巧世者，難而必敗。凡將設行立趣於天下，捨其易〔而必〕成者，而從事難而必敗者，愚惑之所致也。凡此六反者，不可不察也。

（偏）〔徧〕知萬物而不知人道，不可謂智。（偏）〔徧〕愛群生而不愛人類，不可謂仁。仁者、愛其類也，智者、不可或也。仁者，雖在斷割之中，其所[2]不忍之色可見也。智者，‣雖煩難◂[3]之事，其不闇之效可見也。內恕反情，心之所〔不〕欲，其不加諸人，由近知遠，由己知人，此人[4]智之所合而行也。小有教而大有存也，小有誅而大有寧也，唯惻隱推而行之，此智者之所獨斷也。故仁智〔有時〕錯，有時合，合者為正，錯者為權，其義一也。

府（吏）〔史〕守法，君子制義。法而無義，亦府（吏）〔史〕也，不足以為政。耕之為事也勞，織之為事也擾。擾勞之事，而民不舍者，知其可以衣食也。人之情不能無衣食，衣食之道必始於耕織，萬民之所容見也。物之若耕織者，始初甚勞，終必利也。〔物之可備者〕眾，愚人之所（見）〔備〕者寡；事〔之〕可權者多，愚〔人〕之所權者少；此愚者之所〔以〕多患也。物之可備者，智者盡備之，可權者，盡權之；此智者所以寡患也。故智者先忤而後合，愚者始於樂而終於哀。

今日何為而榮乎，（且）〔旦〕日何為而義乎，此易言也。今日何為而義，（且）〔旦〕日何為而榮，此（知難）〔難知〕也。問瞽師曰：「白素何如？」曰：「縞然。」曰：「黑何若？」曰：「黮然。」援白黑而示之，則不處焉。人之視白黑以目，言白黑以口，瞽師有以言白黑，無以知白黑，故言白黑與人同，其別白黑與人異。入孝於親，出忠於君，無愚智賢不肖皆知其為義也，使陳忠孝行而知所出者鮮矣。凡人思慮，莫不先以為可而後行之，其是或非，此愚知之所以異。

凡人之性，莫貴於仁，莫急於智。仁以為質，知以行之。兩者為本，而加之以勇力辯慧，捷疾劬錄，巧敏（遲）〔犀〕利，聰明審察，盡眾益也。身材未脩，伎藝曲備，而無仁智以為表幹，而加之以眾美，則益其損。故不仁而有勇力果敢，則〔猶〕[5]狂而操利劍；不智而辯慧（懷）〔懁〕給，則〔猶〕[6]（棄）〔乘〕驥而（不式）〔或〕。

1. 王叔岷云：「張儀」疑本作「商鞅」。
2. 楊樹達云：「所」字疑衍。
3. 雖遇煩難 ⓨ
4. 仁《莊逵吉本》p.404
5. 編者按：準下句補。
6. 編者按：高注云：「猶棄而或不知所詣也」，則高所見本「棄」上有「猶」字。今據補。

雖有材能，其施之不當，其處之不宜，適足以輔僞飾非。伎藝之衆，不如其寡也。故有野心者不可借便勢，有愚質者不可與利器。

魚得水而游焉則樂，塘決水涸，則為螻蟻所食。有掌脩其隄防，補其缺漏，則魚得而利之。國有以存，人有以生。國之所以存者，仁義是也；人之所以生者，行善是也。國無義，雖大必亡；人無善志，雖勇必傷。治國上使不得與焉；孝於父母，弟於兄嫂，信於朋友，不得上令而可得為也。釋己之所得為，而責于其所不得制，悖矣！士處卑隱，欲上達，必先反諸己。上達有道：名譽不起，而不能上達矣。取譽有道：不信於友，不能得譽。〔信〕於友有道：事親不說，不信於友。說親有道：脩身不誠，不能事[1]親矣。誠身有道：心不專一，不能（專）誠〔身〕。道在易而求之難，驗在近而求之遠，故弗得也。

10 繆稱訓

道至高無上，至深無下，平乎準，直乎繩，員乎規，方乎矩，（句）〔包〕裹宇宙而無表裏，洞同覆載而無所礙。是故體道者，不哀不樂，（不怒不喜）〔不喜不怒〕，其坐無慮，其寢無夢，物來而名，事來而應。

主者，國之心〔也〕。心治則百節皆安，心擾則百節皆亂。故其心治者，支體相遺也；其國治者，君臣相忘也。黃帝曰：「芒芒昧昧，從天之（道）〔威〕，與元同氣。」故至德者，言同略，事同指，上下壹心，無歧道旁見者，遏障之於邪，（闢）〔開〕道之於善，而民鄉方矣。故《易》曰：「同人于野，利涉大川。」

道者，物之所導也；德者，性之所扶也；仁者，積恩之見證也；義者，比於人心而（含）〔合〕於衆適者也。故道滅而德用，德衰而仁義生。故尚世體道而不德，中世守德而▸弗壞也◂[2]，（未）〔末〕世繩繩乎（准）〔唯〕恐失仁義。君子非（仁）義無以生，失（仁）義，則失其所以生，小人非嗜欲無以活，失嗜欲，則失其所以活；故君子懼失義，小人懼失利。觀其所懼，知各[3]殊矣。

《易》曰：「即鹿無虞，惟入于林中，君子幾不如舍，往吝。」其施厚者其報美，

1. 說Ⓦ　2. A.弗壞Ⓨ B.不懷《文子・微明》7/11b
3. 居《治要》p.718

其怨大者其禍深。薄施而厚望、畜怨而無患者，古今未之有也。是故聖人察其所以往，則知其所以來者。▸聖人之道，猶中衢而（致）〔設〕尊邪◂[1]？過者斟酌，▸多少不同，各得其所宜◂[2]。是故得一人，所以得百人也。人以其所願於上▸以與其下交◂[3]，誰弗（載）〔戴〕？以其所欲於下以事其上，誰弗喜？《詩》云：「媚茲一人，應侯慎德[4]。」慎德大矣，一人小矣，能善小，斯能善大矣。

君子見過忘罰，故能諫；見賢忘賤，故能讓；見不足忘貧，故能施。情繫於中，行形於外。凡行戴情，雖過無怨；不戴其情，雖忠來惡[5]。

后稷廣利天下，猶不自矜。禹無廢功，無蔽[6]財，自視猶觖如也。滿如陷，實如虛，盡之者也。

凡人各賢其所說，而說其所快。世莫不舉賢，或以治，或以亂，非自遁〔也〕，求同乎己者也。己未必（得）賢，而求與己同者，而欲得賢，亦不幾矣！使堯度舜，則可；使桀度堯，是猶以升量石也。今謂狐貍，則必不知狐，又不知貍。非〔直〕未嘗見狐者，必未嘗見貍也，狐、貍非異，同類也，而謂狐貍，則不知狐、貍。是故謂不肖者賢，則必不知賢；謂賢者不肖，則必不知不肖者矣。

聖人在上，則民樂其治；在下，則民慕其意。小人在上位，如寢（開）〔關〕、曝纊，不得須臾寧。故《易》曰：「乘馬班如，泣血連如[7]。」言小人處非其位，不可長也。

物莫（無）所不用。天雄烏喙，藥之凶毒[8]也，良醫以活人。侏儒瞽師，人之困慰[9]者也，人主以備樂。是故▸聖人制其剟材◂[10]，无所不用矣。

勇士[11]一呼，三軍皆辟，其出之（也誠）〔誠也〕。故倡而不和，意而不戴，中心

1. 編者按：此句法與《老子》77章「天之道，其猶張弓與」相同，「猶」字上疑亦當有「其」字。　2. 雖多少不同，而各得其宜也Ⓦ　3. 以交其下Ⓦ
4. 引《詩》見《下武》。今本《詩》「慎德」作「順德」。
5. 于大成云：「惡」當作「患」。　6. 廢Ⓨ
7. 引文見《易・屯卦上六爻辭》。今本《易》「連」作「漣」。
8. 于大成云：「凶毒」下當有「者」字。
9. A.懟Ⓦ B.懟Ⓦ〈王念孫云：「慰」讀為「蔚」，病也。〉
10. 編者按：此文疑本作「聖人材制其剟」，「財制」一詞見《齊俗訓》。
11. 王叔岷云：「勇士」本作「勇武」。編者按：《文子》、《外傳》、《新序》均作「勇士」，王說未必然。

必有不合者也。故舜不降席而（王）〔匡〕天下者，求諸己也。故上多故，則民多詐矣。身曲而景直者，未之聞也。

說之所不至者，容貌至焉。容貌之所不至者，感忽至焉。感乎心，明乎智，發而成形，精之至者，可以形勢接，而不可以照（誋）〔誋〕。

戎、翟之馬，皆可以馳驅，或近或遠，唯造父能盡其力；三苗之民，皆可使忠信，或賢或不肖，唯唐、虞能齊其美，必有不傳者。中行繆伯手搏虎，而不能生[1]也，蓋力優而‣克不能及也◂[2]。用百人之所能，則得百人之力；舉千人之所愛，則得千人之心；辟若伐樹而引其本，千枝萬葉則莫得弗從也。

慈父之愛子，非為報也，不可內解於心；聖王[3]之養民，非求用也，性不能已；若火之自熱，冰之自寒，夫有何脩焉！及恃其力，賴其功者，若失火舟中。故君子見始，斯知終矣。媒妁譽人，而莫之德也；取庸而強飯之，莫之愛也。雖親父慈母，不加於此，有以為，則恩不接矣。故送往者，非所以迎來也；施死者，非專為生也。誠出於己，則所動者遠矣。

錦繡登廟，貴文也；圭璋在前，尚質也。文不勝質之謂君子。故終年為車，‣無三寸之鎋，不可以驅馳；匠人斲戶，無一尺之楗，不可以閉藏◂[4]。故君子行（斯）〔期〕乎其所結。

心之精者，可以神化，而不可以導人；目之精者，可以消澤[5]，而不可以昭誋。在混冥之中，不可諭於人。故舜不降席而天下治，桀不下陛而天下亂，蓋情甚乎（叫）〔叫〕呼也。無諸己，求諸人，古今未之聞也。同言而民信，信在言前也。同令而民化，誠在令外也。聖人在上，民遷而化，情以先之也。動於上，不應於下者，情與令殊也。故《易》曰：「亢龍有悔。」三月嬰兒，未知利害也，而慈母之愛諭焉者，情也。故言之用者，昭昭乎小哉！不言之用者，曠曠乎大哉！身君子之言，信也。中君子之意，忠也。忠信形於內，感動應於外。故禹執（于）〔干〕戚舞於兩階之閒而三苗服。

1. 編者按：「生」下疑當有「得」字。
2. 編者按：此文疑本作「不克及也」，「克」亦「能」也。
3. A.主ⓦ B.人ⓦ
4. 無三寸之轄，則不可以驅馳。匠人斲戶，無五寸之楗，則不可以閉藏ⓦ
5. 楊樹達云：「澤」、當讀為「釋」。

鳶翔川，魚鱉沈，飛鳥揚，必遠（害）〔實〕也。子之死父也，臣之死君也，世有行之者矣，非出死以要名也，恩心之藏於中，而不能違其難也。故人之甘甘，非正為蹠也，而蹠焉往。君子之慘[1]怛，非正（為）偽形也，諭[2]乎人心。非從外入，自中出者也。

義尊[3]乎君，仁親乎父，故君之於臣也，能死生之，不能使為苟（簡）易；父之於子也，能發起之，不能使無憂尋。故義勝君，仁勝父，則君尊而臣忠，父慈而子孝。

聖人在上，化育如神。太上曰：「我其性與！」其次曰：「微彼，其如此乎！」故《詩》曰：「執轡如組」，《易》曰：「含章可貞」，動於近，成文於遠。夫察所夜行，周公[4]慚乎景，故君子慎其獨也。釋近（斯）〔期〕遠，塞矣。

聞善易，以正身難。夫子見禾之三變也，‣滔滔然◂[5]曰：「狐鄉丘而死，我其首禾乎！」故君子見善則痛其身焉。身苟正，懷遠易矣。故《詩》曰：「弗躬弗親，庶民弗信。」

小人之從事也，曰苟得；君子曰苟義。所求者同，所期者異乎！擊舟水中，魚沈而鳥揚，同（間）〔聞〕而殊事，其情一也。僖負羈以壺（飱）〔飧〕表其閭，趙宣孟以束脯免其軀，禮不隆而德有餘，仁心之感恩接而憯怛生，故其入人深。俱[6]之叫呼也，在家老則為恩厚，其在債人則生爭鬭。故曰：「兵莫憯於意志，莫邪為下；寇莫大於陰陽，（抱）〔枹〕鼓為小。」

聖人為善，非以求名而名從之，名不與利期而利歸之。故人之憂喜，非為（蹠）〔蹠〕，（蹠）〔蹠〕焉往生也。故至至不容。故若眯而撫，若跌而據，聖人之為治，漠然不見賢焉，終而後知其可大也。若日之行，騏驥不能與之爭遠。今夫夜有求，與瞽師併；東方開，斯照矣。動而有益，則損隨之，故《易》曰：「‣剝之不可遂盡也◂[7]，‣故受之以復◂[8]。」

---

1. 憯Ⓨ　2. 于大成以為「諭」上當有「而」字。　3. 正Ⓨ
4. 王念孫云：「慚」上當有「不」字，方與下意相屬。《文子・精誠篇》作「聖人不慚於景。」編者按：《文子・精誠》2/14b上句作「亦察其所行」，與《淮南子》文不同，王說未必然。《淮南》文謂察所夜行，即周公亦慚乎景，是以君子慎其獨也。上下意義一貫，加「不」字反而上下相牴觸。　5. 乃歎Ⓨ　6. 甚Ⓨ
7. 編者按：今本《易》無此文。　8. 引文見《易・序卦》。

積薄為厚，積卑為高，故君子日孳孳以成煇，小人日怏怏以至辱。其消息也，離珠弗能見也。文王聞善如不及，宿不善如不祥，非為日不足也，其憂尋推之也，故《詩》曰：「周雖舊邦，其命惟新[1]。」懷情抱質，天弗能殺，地弗能薶也，聲揚天地之閒，配[2]日月之光，甘樂之者也。苟鄉善，雖過無怨；苟不鄉善，雖忠來患。故怨人不如自怨，求諸人不如求諸己得[3]也。

聲自召也，貌自示也，名自命也，文[4]自官也，無非己者。操銳以刺，操刃以擊，▸自召也貌，何自怨乎人◂[5]？故筦子[6]文錦也，雖醜登廟；子產▸練染◂[7]也，美而不尊。虛而能滿，淡而有味，被褐懷（王）〔玉〕者。故兩心不可以得一人，一心可以得百人。

男子樹蘭，（美）〔美〕而不芳，繼子得食，肥而不澤，情不相與往來也。▸生所假也，（无）〔死〕所歸也◂[8]，故弘演直仁而立死，王子閭張掖而受刃，不以所託害所歸也。故世治則以義衛身，世亂則以身衛義。死之日，行之終也，故君子慎一用之。

無勇者，非先懾也，難至而失其守也；貪婪者，非先欲也，見利而忘其害也。虞公見垂棘之璧，而不知虢禍之及己也。故至至之人，不可遏奪也。

人之欲榮也，以為己也，於彼何益？聖人之行義也，其憂尋出乎中也，於己何以利！故帝王者多矣，而三王獨稱；貧賤者多矣，而伯夷獨舉。以（責）〔貴〕為聖乎，則（聖）〔貴〕者衆矣；以賤為仁乎，則賤者多矣，何聖仁之寡也！獨專之意樂哉，忽乎日滔滔以自新，忘老之及己也。始乎叔季，歸乎伯孟，必此積也。不（身）〔自〕遁，斯亦不遁人，故若行獨梁，不為無人不兢其容。故使人信己者易，而蒙衣自信者難。情先動，動無不得；无不得，則無莙[9]；發莙而後快。故唐、虞之舉錯也，非以

1. 引《詩》見《文王》。今本《詩》「惟」作「維」。
2. 編者按：「配」上疑當有「明」字，與上句相對。
3. 編者按：「得」疑本作「之為得」。
4. 楊樹達云：《中論・貴驗》引子思語，文略同，彼文云：「人自官也」。本文「文自官也」，「文」字當從彼作「人」。編者按：《文子・上德》6/15b亦作「人」。
5. 何怨於人Ⓨ　6. 仲Ⓨ　7. A.絹染Ⓨ B.練帛Ⓨ
8. 編者按：《莊子》逸文：「生，寄也；死，歸也。」疑此文「假」字為「寄」字之聲誤。下文「不以所託害所歸」，正承「生所寄也；死所歸也」而言，「寄」可以言「托」，作「假」則與「托」不相屬矣。
9. 楊樹達云：「莙」讀為「蘊」。

偕[1]情也，快己而天下治；桀、紂非正（賦）〔賊〕之也，快己而百事廢；喜憎議而治亂分矣。

聖人之行，無所合，無所離。譬若鼓，無所與調，無所不比。絲筦金石，小大脩短有敘，異聲而和。君臣上下，官職有差，殊事而調。夫織者日以進，耕者日以郤，事相反，成功一也。申喜聞乞人之歌而悲，出而視之，其母也。艾陵之戰也，夫差曰：「夷聲陽，句吳其庶乎！」同是聲，而取信焉異，有諸情也。故心哀而歌不樂，心樂而哭不哀。〔閔子騫三年之喪畢〕，〔援琴而彈〕[2]，夫子曰：「絃則是也，其聲非也。」文者，所以接物也；（惟）〔情〕繫於中而欲▸發外◂[3]者也。

以文滅情則失情，以情滅文則失文。文情理通，則鳳麟極矣，言至德之懷遠也。輪子陽謂其子曰：「良工漸乎矩鑿之中。」矩鑿之中，固無物而不周，聖王以治民，造父以治馬，醫駱以治病，同材自取焉。

上意而民載，誠中者也。未言而信，弗召而至，或先之也。悈於不己知者，不自知也。（矜怚）〔矜怚〕生於不足，華誣生於矜。誠中之人，樂而不悈，如鴞好聲，熊之好經，夫有誰為矜！

▸春女思，秋士悲◂[4]，而知物化矣。號而哭，嘰而哀，知聲動矣。容貌顏色，（理）詘（伸）〔伸〕倨（佝）〔句〕，知情偽矣。故聖人栗栗乎其內，而至乎至極矣。

功名遂成，天也；循理受順，人也。太公望、周公旦，天非為武王造之也；崇侯、惡來，天非為紂生之也；有其世，有其人也。

教本乎君子，小人被其澤；利本乎小人，君子享其功。昔東戶季子之世，道路不拾遺，耒耜餘糧宿諸（晦）〔畮〕首，使君子小人各得其宜也。故一人有慶，兆民賴之。

凡高者貴其左，故下之於上曰左之，臣辭也。下者貴其右，故上之於下曰右之，君讓也。故上左遷則失其所尊也，臣右還則失其所貴矣。

---

1. 顧千里云：疑當作「儕」。　2. 此十二字誤入注文，今據王引之說補。
3. 于大成云：「發」下疑當有「於」字。
4. A.春女悲，秋士哀 Ⓨ B.春女怨，秋士悲 Ⓨ

小快害道，斯（顏）〔翌〕害儀。子産騰辭，獄（繫）〔煩〕而無邪，失諸情者，則塞於辭矣。

成國之道，工無偽事，農無遺力，（土）〔士〕無隱行，官無失法。譬若設網者，引其（網）〔綱〕而萬目開矣。舜、禹不再受命，堯、舜傳大焉，先形乎小也。（刑）〔施〕於寡妻，至于兄弟，禪於家（國）〔邦〕[1]，而天下從風。故（戒）〔戎〕兵以大知小，人以小知大。

君子之道，近而不可以至，卑而不可以登，無載焉而不勝，（大）〔久〕而章，遠而隆。知此▸之道◂[2]，不可求於人，斯得諸己也。釋己而求諸人，去之遠矣。

君子者、樂有餘而名不足，小人樂不足而名有餘。觀於有餘不足之相去，昭然遠矣。含而弗吐，在情而不萌者，未之聞也。君子思義而不慮利，小人貪利而不顧義。子曰：「鈞之哭也，曰：『子予奈何兮乘我何！』其哀則同，其所以哀則異。」故哀樂之襲人（清）〔情〕也深矣。

鑿地（漂）〔湮〕池，非（止）〔正〕以勞苦民也，各從其蹠而亂生焉。其載情一也，施人則異矣。故唐、虞日孳孳以致於王，桀、紂日快快以致於死，不知後世之譏己也。

凡人情，說[3]其所苦即樂，失其所樂則哀，故知生之樂，必知死之哀。

有義者不可欺以利，有勇者不可劫以懼，如飢渴者不可欺以虛器也。人多欲虧義，多憂害智，多懼害勇。

嫚生乎小人，蠻夷皆能之；善生乎君子，誘然與日月爭光，天下弗能遏奪。故治國樂其所以存，亡國亦樂其所以亡也。

金錫不消釋則不流刑[4]，上憂尋不誠則不法[5]民。憂尋不在民，則是絶民之繫也；君反本，而民繫固也。

1. 編者按：「國」本作「邦」，與「風」字為韻。今本作「國」者，蓋避漢諱改。
2. 編者按：「知此之道」本作「知此道之」與下「不可求於人」作一句讀。
3. 楊樹達云：「說」假為「挩」。
4. 楊樹達云：注訓「刑」為「法」，讀「刑」為「型」也。
5. 編者按：據下句，「法」疑當作「在」。

至德小節備，大節舉。齊桓舉而不密，晉文密而不舉。晉文得之乎閨內，失之乎境外；齊桓失之乎閨內，而得之〔乎〕[1]本朝。

水下流而廣大，君下臣而聰明。君不與臣爭功，而治道通矣。筦夷吾、百里奚經而成之，齊桓、秦穆受而聽之。

照[2]惑者以東為西，惑也，見日而寤矣。

衛武侯謂其臣曰：「小子無謂我老而羸我，有過必謁之。」是武侯如弗羸之必得羸，故老而弗舍，通乎存亡之論者也。

人無能作也，有能為也；有能為也，而無能成也。▸人之為◂[3]，天成之。終身為善，非天不行；終身為不善，非天不亡。故善否，我也；禍福，非我也。故君子順其在己者而已矣。性者，所受於天也；命者，所遭於時也。有其材，不遇其世，天也。太公何力，比干何罪，循性而行指[4]，或害或利。求之有道，得之在命，故君子能為善，而不能必其得福；不忍為非，而未能（必免其禍）〔必其免禍〕[5]。

君、根本也，臣、枝葉也。根本不美、▸枝葉◂[6]茂者，未之聞也。

有道之世，以人與國；無道之世，以國與人。堯王天下而憂不解，授舜而憂釋。憂而守之，而樂與賢，終不私其利矣。

凡萬物有所施之，無小不可；為無所用之，碧瑜糞土也。

人之情，於害之中爭取小焉，於利之中爭取大焉。故同味而嗜厚（膞）〔膊〕者，必其甘之者也；同師而超群者，必其樂之者也。弗甘弗樂，而能為表者，未之聞也。

君子時則進，得之以義，何幸之有！不時則退，讓之以義，何不幸之有！故伯夷餓死首山之下，猶不自悔，棄其所賤，得其所貴也。

---

1. 編者按：準上文補。　　2. 編者按：「照」字疑衍。
3. 楊樹達云：「人之為」疑當作「人為之」。
4. 王念孫云：《呂氏春秋・行論》高注云：「指，猶志也」。謂率其性而行其志也。
5. 編者按：準上句「必其得福」改。　　6. 而枝葉 Ⓨ

福之萌也緜緜，禍之生也（分分）〔介介〕。福禍之始萌微，故民嫚之，唯聖人見其始而知其終，故傳曰：「魯酒薄而邯鄲圍，羊羹不斟而宋國危。」

明主之賞罰，非以為己也，以為國也。（通）〔適〕於己而無功於國者，不施賞焉；逆於己〔而〕便於國者，不加罰焉。故楚莊謂共雍曰：「有德者受吾爵祿，有功者受吾田宅。是二者，女無一焉，吾無以與女。」可謂不踰於理乎！其謝之也，猶未之莫與。

周政至，殷政善，夏政行。行政〔未必〕善，善〔政〕未必至也。至至之人，不慕乎行，不慚乎善，含德履道，而上下相樂也，不知其所由然。

有國者多矣，而齊桓、晉文獨名；泰山之上有七十壇焉，而三王獨道。君不求諸臣，臣不假之君，脩近彌遠，而後世稱其大。不越鄰而成章，而莫能至焉。故孝己之禮可為也，而莫能奪之名也，必不得其所懷也。

義載乎宜之謂君子，宜遺乎義之謂小人。通智得（勞）而不勞，其次勞而不病，其下病而不勞。古人味而弗貪也，今人貪而弗味〔也〕。歌之脩其音也，音之不足於其美者也。金石絲竹，助而奏之，猶未足以至於極也。人能尊[1]道行義，喜怒取予，欲如草之從風。

召公以桑蠶耕種之時弛獄出拘，使百姓皆得反業脩職；文王辭千里之地，而請去炮（烙）〔格〕之刑。故聖人之舉事也，進退不失時，若夏就絺（紘）〔綌〕，上車授（綏）〔綏〕之謂也。

老子學商容，見舌而知守柔矣；列子學壺子，觀景柱而知持後矣。故聖人不為物先，而常制之，其類若積薪樵，後者在上。

人以義愛，以黨群，以群強。是故德之所施者博，則威之所行者遠；義之所加者淺，則武之所制者小。

（矣）〔吳〕鐸以聲自毀，膏燭以明自鑠，虎豹之文來射，猨狖之（楗）〔捷〕來

1. 遵Ⓨ

措[1]，故子路以勇死，萇弘以智困。能以智智，而未能以智不智也。故行險者不得履繩，出林者不得直道，夜行瞑目而前其手，事有所至[2]，而明有不（害）〔容〕[3]。人能貫冥冥入於昭昭，可與言至矣。

鵲巢知風之所起，獺穴知水之高下，‣暉日◂[4]知晏，‣陰諧知雨◂[5]。為是謂人智不如鳥獸，則不然。故通於一伎，察於一辭，可與曲說，未可與廣應也。

甯戚擊牛角而歌，桓公舉以〔為〕大（政）〔田〕；雍門子以哭見孟嘗君[6]，涕流沾纓。歌哭，眾人之所能為也；一發聲，入人耳，感人心，精之至者也。故唐、虞之法可效也，其諭人心不可及也。

簡公以（濡）〔懦〕殺，子陽以猛劫，皆不得其道者也。故歌而不比於律者，其清濁一也；繩之外與繩之內，皆失直者也。

紂為象箸而箕子嘰，魯以偶人葬而孔子歎，‣見所始則知所終◂[7]。故水出於山，〔而〕入於海；稼生乎野，而藏乎倉；聖人見其所生則知其所歸矣。

水濁者魚噞[8]，令苛者民亂，城峭者必崩，岸嶠[9]者必阤，故商鞅立法而支解，吳起刻削而車裂。

治國〔者〕辟若張瑟，大絃（組）〔絚〕，則小絃絕矣。故‣急轡數策者，非千里之御也◂[10]。有聲之聲，不過百里；無聲之聲，施於四海。是故祿過其功者損，名過其實者蔽[11]。情行合而名副之，禍福不虛至矣。身有醜夢，不勝正行；國有妖祥，不勝善政。是故前有軒冕之賞，不可以無功取也；後有斧鉞之禁，不可以無罪蒙也。素脩正者，弗離道也。

1. 楊樹達云：「措」假為「笮」。參本書《詮言》p.132及《說林》p.174。
2. 俞樾云：「至」當作「宜」。 3. 俞樾云：「容」、用也。 4. 運日Ⓨ
5. 蜡知將雨Ⓨ
6. 編者按：「孟嘗君」三字當重。《覽冥訓》：「昔雍門子以哭見於孟嘗君，已而陳辭通意，撫心發聲，孟嘗君為之增欷歍唈，流涕狼戾不可止。」可見此文「孟嘗君」下有脫文。
7. 編者按：準下文，此文亦當作「見其所始則知其所終矣。」今本脫二「其」字，又脫句末「矣」字。 8. 喁Ⓨ 9. 陏Ⓓ
10. 王叔岷云：《呂氏春秋・功名篇注》引此作「急轡利錣，非千里之御也。嚴刑峻法，非百王之治也。」今本「非千里之御也」下有脫文。 11. 削Ⓨ

君子不謂小善不足為也而舍之，小善積而為大善；不為[1]小不善為無傷也而為之，小不善積而為大不善。是故積羽沉舟，群輕折軸，故君子禁於微。壹快不足以成善，積快而為德；壹恨不足以成非，積恨而成（怨）〔惡〕。故三代之善，千歲之積譽也；桀、紂之（謗）〔惡〕，千歲之積毀也。

天有四時，人有四用。何謂四用？視而形之莫明於目，聽而精之莫聰於耳，重而閉之莫固於口，含而藏之莫深於心。目見其形，耳聽其聲，口言其誠，而心致之精，則萬物之化咸有極矣。

地以德廣，君以德尊，上也；地以義廣，君以義尊，次也；地以強廣，君以強尊，▸之下◂[2]也。故粹者王，（駿）〔駮〕者霸，無一焉者亡。

昔二（鳳皇）〔皇鳳〕至於庭，三代至乎門，〔周〕室至乎澤。德彌麤[3]，所至彌遠；德彌精，所至彌近。

君子誠仁（於）〔乎〕[4]，施亦仁，不施亦仁。小人誠不仁〔乎〕[5]，施亦不仁，不施亦不仁。善之由我，與其由人，若仁德之盛者也。故情勝欲者昌，欲勝情者亡。

欲知天道，察其數；欲知地道，物其樹；欲知人道，從其欲。勿驚勿駭，萬物將自理；勿撓勿（櫻）〔攖〕，萬物將自清。察一曲者，不可與言化；審一時者，不可與言大。日不知夜，月不知晝，日月為明而弗能兼也，唯天地能函之。能包天地，曰唯無形者也。

驕溢之君无忠臣，口慧之人無必信。交拱之木無把[6]之枝，尋常之溝無吞舟之魚。根淺則末短，本傷則枝枯。福生於无為，患生於多欲。害生於弗備，穢生於弗耨。聖人為善若恐不及，備禍若恐不免。

蒙塵而欲毋眯，涉水而欲毋濡，不可得也。是故知己者不怨人，知命者不怨天。福由己發，禍由己生。

1. 謂Ⓦ　　2. 下Ⓛ　　3. A.确Ⓨ B.溓Ⓨ
4. 編者按：「於」乃「乎」之誤。作「於」不成文義，今改正。
5. 編者按：準上句文例補。
6. 編者按：「把」上疑脫一字，《韓詩外傳》5/12a作「盈把之木，無合拱之枝」，「把」上即有「盈」字。

聖人不求譽，不辟誹，正身‣而直行◂[1]，眾邪自息。今釋正而追曲，倍是而從眾，是與俗儷走，而內行無繩，故聖人反己而弗由也。

道之有篇章形埒者，非至者也；嘗之而無味，視之而無形，不可傳於人。

大戟去水，亭歷愈（脹）〔張〕，用之不節，乃反為病。物多類之而非，唯聖人知其微。

善御者不忘其馬，善射者不忘其弩，善為人上者不忘其下。誠能愛而利之，天下可從也。弗愛弗利，親子叛父。

天下有至貴而非勢位也，有至富而非金玉也，有至壽而非千歲也，原心反性則貴矣，適情知足則富矣，明死生之分則壽矣。

言無常是、行無常宜者，小人也。察於一事、通於一伎者，中人也。（兼）〔兼〕覆（蓋）而并有之、（度）伎能而裁使之者，聖人也。

11 齊俗訓

率性而行謂之道，得其天性謂之德。性失然後貴仁，道[2]失然後貴義。是故仁義立而道德遷矣，禮樂飾則純樸散矣，是非形則百姓（昡）〔眩〕矣，珠玉尊[3]則天下爭矣。凡此四者，衰世之造也，末世之用也。

夫禮者，所以別尊卑、異貴賤；義者，所以合君臣、父子、兄弟、夫妻、‣友朋◂[4]之際也。今世之為禮者，恭敬而忮；為義者，布施而德；君臣以相非，骨肉以生怨，則失禮義之本也，故構而多責。夫水積則生相食之魚，土積則生自（穴）〔宍〕之獸，禮義飾則生偽匿之（本）〔士〕。夫吹灰而欲無眯，涉水而欲無濡，不可得也。古者，民童蒙不知（東西）〔西東〕，貌不羨乎情，而言不溢乎行。其衣（致）煖而無文，其兵（戈）銖而無刃，其歌樂而无轉，其哭哀而無聲。鑿井而飲，耕田而食。無所施其美，亦不求得。親戚不相毀譽，朋友不相怨德。及至禮義之生，貨財之貴，而詐偽

1. 直行Ⓦ　2. 王叔岷云：「道」、疑本作「行」。　3. 貴Ⓨ
4. 朋友Ⓛ

萌興，非譽相紛，怨德並行，於是乃有曾參、孝己之美，而生盜跖、莊蹻之邪。故有大路龍旂，羽蓋垂緌，結駟連騎，則必有穿窬拊（揵）〔楗〕、（抽箕）〔扣墓〕踰備之姦；有詭文繁繡，弱緆羅紈，必有菅屩跐蹻，短[1]褐不完者。故高下之相傾也，短脩之相形也，亦明矣。

夫蝦蟆為鶉，水蠆為（蟌）〔蟌〕（蒠），▸皆生◂[2]非其類，唯▸聖人◂[3]知其化。夫胡人見黂[4]，不知其可以為布也；越人見毳，不知其可以為旃[5]也。故不通於物者，難與言化。

昔太公望、周公旦受封而相見，▸太公望◂[6]問周公曰：「何以治魯？」周公曰：「尊尊▸親親◂[7]。」太公曰：「魯從此弱矣！」周公問太公曰：「何以治齊？」太公曰：「舉賢而上功。」周公曰：「後世必有劫殺之君！」其後，齊日以大，至於霸，二十四世而田氏代之；魯日以削，至三十二[8]世而亡。故《易》曰：「履霜，堅冰至。」聖人之見終始微（言）〔矣〕！故糟丘生乎象櫡[9]，炮（烙）〔格〕生乎熱（升）〔斗〕。子路撜溺而受牛謝，孔子曰：「魯國必好救人於患〔矣〕。」子贛贖人而不受金於府，孔子曰：「魯國不復贖人矣。」子路受而勸德，子贛讓而止善。孔子之明，以小知大，以近知遠，通於論者也。

由此觀之，廉有所在，而不可公行也。故行齊於俗，可隨也；事周於能，易為也。矜偽以惑世，伉行以違眾，聖人不以為民俗〔也〕。廣廈闊屋，連闥通房，人之所安也，鳥入之而憂。高山險阻，深林叢[10]薄，虎豹之所樂也，人入之而畏。川谷通原，積水重泉，黿鼉之所便也，人入之而死。《咸池》、《承雲》、《九韶》、《六英》，人之所樂也，鳥獸聞之而驚。深谿峭岸，峻木尋枝，蝯狖之所樂也，人上之而慄。形殊性詭，所以為樂者乃所以為哀，所以為安者乃所以為危也。乃至天地之所覆載，日月之照認，使各便其性，安其居，處其宜，為其能。故愚者有所脩，智者有所不足；柱不可以（橢）〔摘〕[11]齒，（筐）〔筳〕不可以持屋；馬不可以服重，牛不可以追速，鉛不可以為刀，銅不可以為弩，鐵不可以為舟，木不可以為釜。各用之於其所適，施之於其所宜，即萬物一齊，而無由相過。夫明鏡便於照形，其於以（函）〔承〕食不如〔竹〕（簞）〔箅〕；犧牛粹[12]毛，宜於廟牲，其於以致雨，不若黑蜧。由此觀之，物無貴賤。因其所貴而貴之，物無不貴也；因其所賤而賤之，物無不賤也。

1. 裋Ⓦ　2. 皆生於Ⓨ　3. 聖人能Ⓨ　4. A.麻Ⓨ B.黂Ⓨ
5. 氈Ⓨ　6. 太公Ⓨ　7. 而親親Ⓨ　8. 四Ⓛ　9. 箸Ⓨ
10. 榛Ⓨ　11. 王念孫云：「摘」讀若「剔」。　12. 騂Ⓦ

夫玉璞不厭厚，角觿不厭薄；漆不厭黑，粉不厭白。此四者相反也，所急（則均）〔均則〕[1]其用一也。今之裘與蓑，孰急？見雨則裘不用，升[2]堂則蓑不御，此代為（常）〔帝〕者也。譬若舟、車、楯、（肆）〔𨽻〕、窮廬，固有所宜也。故老子曰「不上賢」者，言不致魚於（水）〔木〕，沉鳥於淵。

故堯之治（夫）〔天〕下也，舜為司徒，契為司馬，禹為司空，后稷為大田（師），奚仲為工〔師〕。其導萬民也，水處者漁，山處者（木）〔采〕，谷處者牧，陸處者農。地宜其事，事宜其械，械宜其用，用宜其人。澤皋織（岡）〔罔〕，陵阪耕田，得以所有易所無，以所工易所拙，是故離叛者寡，而聽從者衆。譬若播棊丸於地，員者走澤，方者處高，各從其所安，夫有何上下焉！若風之過簫也，忽然感之，各以清濁應矣。

夫猨狖得茂木，不舍而穴；狟狢得埵防，弗去而緣；物莫避其所利而就其所害。是故鄰國相望，鷄狗之音相聞，而足迹不接諸侯之境，車軌不結千里之外者，皆各得其所安。故亂國若盛，治國若虛，亡國若不足，存國若有餘。虛者非無人也，皆守其職也；盛者非多人也，皆徼於（未）〔末〕也；有餘者非多財也，欲節〔而〕事寡也；不足者非無貨也，民躁而費多也。故先王之法籍，非所作也，其所因也。其禁誅，非所為也，其所守也。

凡（以物）治物者不以物，以（睦）〔和〕；治（睦）〔和〕者不以（睦）〔和〕[3]，以人；治人者不以人，以君；治君者不於[4]君，以欲；治欲者不於[5]欲，以性；治性者不於[6]性，以德；治德者不以德，以道。

原人之性，蕪濊而不得清明者，物或堁之也。羌、氐、僰、翟，嬰兒生皆同聲，及其長也，雖重象狄騠，不能通其言，教俗殊也。今令三月嬰兒，生而徙國，則不能知其故俗。由此觀之，衣服禮俗者，非人之性也，所受於外也。夫竹之性浮，殘以為牒，束而投之水，則沉，失其體也。金之性沉，託之於舟上則浮，勢有所（枝）〔支〕也。夫素之質白，染之以涅則黑；縑之性黃，染之以丹則赤。人之性無邪，久湛於俗則易。易而忘其本，▸合於若性◂[7]。故日月欲明，浮雲蓋之；河水欲清，沙石濊之；人性欲平，

1. 編者按：據文意改。　　2. 上Ⓨ
3. 編者按：三「睦」字《文子・下德》9/6a並作「和」，《淮南子》作「睦」蓋許注本避吳太子諱改。 4. 以Ⓦ　　5. 以Ⓦ　　6. 以Ⓦ
7. 編者按：此句疑當作「若合於性」。

嗜欲害之。唯聖人能遺物而反己。夫乘舟而惑者，不知東西，見斗極則寤矣。夫性、亦人之斗極也。（以有）〔有以〕自見也，則不失物之情；無以自見〔也〕[1]，則動而惑營。譬若隴西之遊，愈躁愈沉。孔子謂顏回曰：「▸吾服汝也忘，而汝服於我也亦忘◂[2]。雖然，汝雖忘乎吾，猶有不忘者存。」孔子知其本也。夫縱欲而失性，動未嘗正（物）〔也〕，以治身則危[3]，以治國則亂[4]，以入軍則破。是故不聞道者，無以反性。

故古之聖王，能得諸己，故令行禁止，名傳後世，德施四海。是故凡將舉事，必先▸平意◂[5]。神清意平，物乃可正。若璽之抑埴，正與之正，傾與之傾。故堯之舉舜也，決之於目；桓公之取甯戚也，斷之於耳而已矣。為是釋術數而任耳目，其亂必甚矣。夫耳目之可以斷也，反情性也；聽失於誹譽，而目淫於采色，而欲得事正，則難矣。夫載哀者聞歌聲而泣，載樂者見[6]哭者而笑。哀可樂（者）、笑可哀者，載[7]使然也，是故貴虛。

故水（擊）〔激〕則波興，氣亂則智昏。（智昏）〔昏智〕不可以為政，波水不可以為平。故聖王執一而勿失，萬物之情（既）〔測〕矣，四夷九州服矣。夫一者至貴，無適於天下。聖人（記）〔託〕於無適，故民命繫矣。

為仁者必以哀樂論[8]之，為義者必以取（子）〔予〕明之。人目所見不過十里，而欲徧照海內之民，哀樂弗能給也。無天下之委財，而欲徧贍萬民，利不能足也。且喜怒哀樂，有感而自然者也。故哭之發於口，涕之出於目，此皆憤於中而形於外者也。譬若水之下流，煙[9]之上尋也，夫有[10]（熟）〔孰〕推之者！故強哭者雖病[11]不哀，強親者雖笑不和。情發於中而聲應於外，故釐負羈之壺（餐）〔飧〕，愈於晉獻公之垂棘；趙宣孟之束脯，賢於智伯之大鍾。故禮豐不足以效愛，而誠心可以懷遠。

1. 編者按：準上句補。
2. 編者按：《論衡・自然》18/6b作「吾服汝忘也。汝之服於我亦忘也。」疑此文本作「吾之服於汝也，忘；而汝之服於我也，亦忘。」 3. 失Ⓛ 4. 敗Ⓛ
5. 平意清神Ⓨ 6. 聞Ⓛ
7. 編者按：《治要》「載」上有「何者」二字。疑此二字原接「笑可哀者」，因節錄致接「哭者而笑」，此文疑本作「哀可樂、笑可哀者何？」《治要》「何」下衍「者」字。
8. 楊樹達云：「論」疑「諭」字之誤。
9. 王引之云：「煙」當為「熛」。 10. 又Ⓨ
11. 編者按：「病」疑「痛」之誤。《莊子・漁父》p.550作「悲」。「悲」與「痛」義相近。

故公西華之養親也，若與朋友處；曾參之養親也，若事▸嚴主烈君◂[1]；其於養，一也。故胡人彈骨，越人契臂，中國歃血也，所由各異，其於信，一也。三苗髽首，羌人括領，中國冠笄，越人劗髮，其於服，一也。帝顓頊之法，婦人不辟男子於路者，拂[2]之於四達之衢。今之國都，男女切踦，肩摩於道，其於俗，一也。故四夷之禮不同，皆尊其主而愛其親，敬其兄[3]；獫狁之俗相反，皆慈其子而嚴其上。夫鳥飛成行，獸處成群，有孰教之！

故魯國服儒者之禮，行孔子之術，地削名卑，不能親近來遠。越王句踐劗髮文身，無皮弁搢笏之服，▸拘罷拒折◂[4]之容，然而勝夫差於五湖，南面而霸天下，泗上十二諸侯皆率九夷以朝。胡、貉、匈奴之國，縱體施[5]髮，箕倨反言，而國不亡者，未必无禮也。楚莊王裾衣博袍，令行乎天下，遂霸諸侯。晉文君大布之衣，牂[6]羊之裘，韋以帶劍，威立于海內。豈必鄒、魯之禮之謂禮乎！是故入其國者從其俗，入其家者避其諱，不犯禁而入，不迕逆而進，雖之夷狄徒倮之國，結軌乎遠方之外，而無所困矣。

禮者、實之文也；仁者、恩之效也。故禮因人情而為之節文，而仁發恲以見容。禮不過實，仁不溢恩也，治世之道也。夫三年之喪，是強人所不及也，而以偽輔情也。三月之服，是絕哀而迫切之性也。夫儒、墨不原人情之終始，而務以行相反之制，五縗之服。悲哀抱於情，葬薶稱於養，不強人之所不能為，不絕人之所〔不〕能已，度量不失於適，誹譽無所由生。古者，非不知繁升降槃還之禮也，蹀《采齊》、《肆夏》之容也，以為曠日煩民而無所用，故制禮足以佐實喻意而已（矣）[7]。古者，非不能陳鍾鼓，盛竽簫，揚干戚，奮羽旄〔也〕[8]，以為費財亂政，〔故〕制樂足以合歡宣意而已，喜不羨於音。非不能竭國麋民，虛府殫財，含珠鱗施，綸組節束，追送死也，以為窮民絕業而無益於槁骨腐肉也，故葬薶足以收斂蓋藏而已。昔舜葬蒼梧，市不變其肆；禹葬會稽之山，農不易其畝；明乎死生之分，通乎侈儉之適者也。亂國則不然，言與行相悖，情與貌相反，禮節[9]以煩，樂（優）〔擾〕以淫，崇死以害生，久喪以招行，是以風俗濁於世，而誹譽萌於朝，是故聖人廢而弗用也。

---

1. 烈君嚴主㋳　2. 祓㋳
3. 編者按：此文與「尊其主而愛其親」相對，「兄」下疑脫「而□□□」四字。
4. 編者按：此文疑本作「規還矩折」，「規還」與「矩折」相對成文，作「規還」故高注云「圜也」。 5. 拖㋡　6. 牂《莊逵吉本》p.462
7. 編者按：準下文刪。　8. 編者按：準上下文補。
9. 飾《莊逵吉本》p.464

義者、循理而行宜〔者〕也，禮者、體情〔而〕制文者也。（義者、宜也），（禮者、體也）[1]。昔有扈氏為義而亡，知義而不知宜也；魯治禮而削，知禮而不知體也。有虞氏之（祀）〔禮〕，其社用土，祀中霤，葬成畝，其樂《咸池》、《承雲》、《九韶》，其服尚黃。夏后氏〔之禮〕，其社用松，（祝）〔祀〕戶，葬牆置翣，其樂《夏籥》、《九成》、《六佾》、《六列》、《六英》，其服尚青。殷人之禮，其社用石，祀門，葬樹松，其樂《大護[2]》、《晨露》，其服尚白。周人之禮，其社用（粟）〔栗〕，祀竈，葬樹柏，其樂《大武》、《三象》、《棘下》，其服尚赤。禮樂相詭，服制相反，然而皆不失親疎之恩，上下之倫。今握一君之法籍，以非傳代之俗[3]，譬由膠柱而調（琴）〔瑟〕也。

故明主制禮義而為衣，分節行而為帶。衣足〔以〕覆形，從典墳，虛循撓，便身體，適行步，不務於奇麗之容，隅眥之削。帶足以結（細）〔紐〕收衽，束牢連固，不亟於為文句疏短[4]之鞻。故制禮義，行至德，而不拘於儒墨。

所謂明者，非謂其見彼也，自見而已。所謂聰者，非謂〔其〕[5]聞彼也，自聞而已。所謂達者，非謂〔其〕[6]知彼也，自知而已。是故身者，道之所託，身德[7]則道得矣。道之得也，以視則明，以聽則聰，以言則公，以行則從。故聖人〔之〕[8]財[9]制物也，猶工匠之斲削鑿（芮）〔枘〕也，宰庖之切割分別也，曲得其宜而不折傷，拙工則不然，大則塞而不入，小則窕而不周，動於心，枝於手，而愈醜。夫聖人之斲削物也，剖之判之，離之散之；已淫已失，復揆以一；既出其根，復歸其門；已雕已琢，（遂）〔還〕反於樸。合而為道德，離而為儀表。其轉入玄（宜）〔冥〕，其散應无形。禮義節行，又何以窮至治之本哉！

世之明事者，多離道德之本，曰禮義足以治天下，此未可與言術也。所謂禮義者，五帝三王之法籍風俗，一世之迹也。譬若芻狗土龍之始成，文以青黃，（綃）〔絹〕[10]以綺繡，纏以朱絲，尸祝袀袨，大夫端冕以送迎之。及其已用之後，則壤土草（蒯）

1. 王引之云：以上二句疑後人取《中庸》、《禮器》之文記於旁，而寫者因誤入正文也。
2. 濩㊤
3. 編者按：下文「法籍風俗」承此二句而言，可見此文本作「風俗」，今本脫「風」字，遂與下文不相應。
4. 孫詒讓云：「短」疑當為「矩」。
5. 編者按：準上文補。
6. 編者按：準上文補。
7. 編者按：「德」讀為「得」。
8. 編者按：準下文補。
9. 裁㊤
10. 楊樹達云：「絹」當讀為「緣」。

〔薊〕[1]而已，夫有孰貴之！故當舜之時，有苗不服，於是舜脩政偃兵，執干戚而舞之。禹之時，天下大（雨）〔水〕，禹令民聚土積薪，擇丘陵而處之。武王伐紂，載尸而行，海內未定，故（不）為三年之喪。禹（遭）〔有〕鴻水之患，陂塘之事，故朝死而暮葬。此皆聖人之所以應時‣耦變◂[2]，見形而施宜者也。今知脩干戚而笑钁插，知三年而非一日，是從牛非馬，以徵笑羽也。以此應化，無以異於彈一絃而會《棘下》。

夫以一世之變，欲以耦化應時，譬猶冬被葛而夏被裘。夫一儀不可以百發，一衣不可以‣出歲◂[3]。儀必應乎高下，衣必適乎寒暑。是故世異即事變，時移即俗易。故聖人論世而立法，隨時而舉事。尚古之王，封於泰山，禪於梁父，七十餘聖，法度不同，非務相反也，時世異也。是故不法其以[4]成之法，而法其所以為法。所以為法者，與化推移者也。夫能與化推移（為人）者，至貴在焉爾。故狐[5]梁之歌可隨也，其所以歌者不可為也；聖人之法可觀也，其所以作法不可原也；辯士〔之〕言可聽也，其所以言不可形也。淳均之劍（不）可愛也，而歐冶之巧〔不〕可貴[6]也。今夫王喬、赤誦子，吹嘔呼吸，吐故納新，遺形去智，抱素反真，以遊玄眇，上通雲天。今欲學其道，不得其養氣處神，而放其一吐一吸，時詘時伸，其不能乘雲升假亦明矣。五帝三王，輕天下，細萬物，齊死生，同變化，抱大聖之心，以（鎮）〔鏡〕萬物之情，上與神明為友，下與造化為人。今欲學其道，不得其清明玄聖，而守其法籍憲令，不能為治亦明矣。故曰：「得十利劍，不若得歐冶之巧；得百走馬，不若得伯樂之數。」

樸至大者無形狀，道至眇者無度量，故天之員也不中規，地之方也不中矩。往古來今謂之宙，四方上下謂之宇，道在其間，而莫知其所。故其見不遠者，不可與語大；其智不閎者，不可與論至。昔者馮夷得道，以潛大川；（鉗且）〔欽負〕得道，以處崑崙。扁鵲以治病，造父以御馬，羿以之射，倕以之斲，所為者各異，而所道者一也。夫稟道以通物者，無以相非也。譬若同陂而溉田，其受水鈞也。今屠牛而烹其肉，或以（為）酸，或以（為）甘，煎熬燎炙，齊（味）〔咊〕萬方，其本一牛之體。伐楩柟豫樟而剖梨之，或為棺槨，或為柱梁，披斷撥（檖）〔遂〕，所用萬方，然一木之樸也。故百家之言，指奏相反，其合道一（體）也。譬若絲竹金石之會，〔其〕[7]樂同也，其曲家異而不失於體。伯樂、韓風、秦牙、筦青，所相各異，其知馬一也。故三皇五帝，

1. 王念孫云：「𪉊」者、「薊」之壞字，「芥」、「薊」古字通。 2. 設教㊤
3. 編者按：「出歲」一詞，古書未見，疑本作「卒歲」，今本「出」字乃「卒」之聲誤。
4. 已《朱東光本》 5. 瓠㊦
6. 楊樹達云：「貴」字為誤文。 7. 編者按：準下句補。

法籍殊方，其得民心鈞也。故湯入夏而用其法，武王入殷而行其禮，桀、紂之所以亡，而湯、武▸之所◂[1]以為治。

故剞劂銷鋸陳，非良工不能以制木；鑪橐埵坊設，非巧冶不能以治金。屠牛（吐）〔坦〕一朝解九牛，而刀〔可〕以剃毛；庖丁用刀十九年，而（刀）〔刃〕如新剖硎。何則？游乎眾虛之閒。若夫規矩鉤繩者，此[2]巧之具也，而非所以〔為〕巧也。故瑟無絃，雖師文不能以成曲；徒絃、則不能悲。故絃、悲之具也，而非所以為悲也。若夫工匠之為連鐖、運開、陰閉、眩錯，入於冥冥之眇、神（調）〔和〕[3]之極，游乎心手（眾虛）之閒，而莫與物為際者，父不能以教子。瞽師之放意相物，寫神愈[4]舞，而形乎絃者，兄不能以喻弟。今夫為平者準也，為直者繩也。若夫不在於繩準之中，〔而〕[5]可以平直者，此不共之術也。故叩宮而宮應，彈角而角動，此同音之相應者也。▸其於五音無所比，而二十五絃皆應◂[6]，此不傳之道也。故蕭條者，形之君；而寂漠者，音之主也。

天下是非無所定，世各是其所是而非其所非，所謂是與〔所謂〕非各異，皆自是而非人。由此觀之，事有合於己者，而未始有是也；有忤於心者，而未始有非也。故求是者，非求道理也，求合於己者也；去非者，非批邪施〔也〕，去忤於心者也。忤於我，未必不合於人也；合於我，未必不非於俗也。至是之是無非，（之非至非）〔至非之非〕無是，此真是非也。若夫是於此而非於彼，非於此而是於彼者，此之謂一是一非也。此一是非，隅曲也；夫一是非，宇宙也。今吾欲擇是而居之，擇非而去之，不知世之所謂是非者，（不知）孰是孰非。

老子曰：「治大國若烹小鮮。」為寬裕者曰勿數橈，為刻削者曰致其鹹酸而已矣。晉平公出言而不當，師曠舉琴而撞之，跌衽宮壁。左右欲塗之，平公曰：「舍之！以此為寡人失。」孔子聞之曰：「平公非不痛其體也，欲來諫者也。」韓子聞之曰：「群臣失禮而弗誅，是縱過也。有以也夫，平公之不霸也！」故賓[7]有見人於▸密子◂[8]者，賓

1. 編者按：「之所」二字疑衍。　2. 乃⑦
3. 編者按：「調」、《文子・自然》8/2b作「和」，今本《淮南子》作「調」者，蓋許注本避吳太子諱改。　4. 王叔岷云：「愈」借為「喻」。
5. 編者按：準下文補。
6. 王叔岷以為此文當作：「夫有改調一絃，其於五音無所比，鼓之而二十五絃皆應。」
7. 編者按：此節各「賓」字，《治要》均作「客」。
8. 編者按：此節「密子」，《治要》引作「季子」，而《道應訓》「季子治單父」節，《治要》引則作「宓子」。

出，密子曰：「子之〔所見〕賓猶[1]有三過；望我而笑，是攐[2]也。談語而不稱師，是返[3]也。交淺而言深，是亂也。」賓曰：「望君而笑，是公[4]也。談語而不稱師，是通也。交淺而言深，是忠也。」故賓之容一體也，或以為君子，或以為小人，所自視[5]之異也。故趣（舍）合即言忠而益親；身疏即謀當而見疑。親母為其子治扢禿，‣而血流◂[6]至耳，見者以為其愛之至也；使在於繼母，則過者以為嫉也。事之情一也，所從觀者異也。從城上視牛如羊，‣視羊如豕◂[7]，所居高也。闚面於盤水則員，於杯〔水〕則隨[8]。面形不變其故，有所員、有所隨[9]者，‣所自◂[10]闚之異也。今吾雖欲正身而待物，‣庸遽知世之所自窺◂[11]我者乎！若轉化而與世競走，譬猶逃雨也，無之而不濡。常欲在於虛，則有不能為虛矣；若夫不為虛而自虛者，此所慕而〔無〕不（能）致也。

故通於道者，如車軸，不運於己，而與轂致千里，轉無窮之原也。不通於道者，若迷惑，告以東西南北，所居聆聆，壹曲而辟，（然忽）〔忽然〕不得，復迷惑也。故終身隸於人，辟若（俔）〔綄〕之見風也，無須臾之間定矣。故聖人體道反性，不化以待化，則幾於免矣。

治世之（體）〔職〕易守也，其事易為也，其禮易行也，其責易償也。是以人不兼官，官不兼事，士農工商，鄉別州異。是故農與農言力，士與士言行，工與工言巧，商與商言數。是以士無遺行，農無廢功，工無苦事，商無折貨，各安其性，不得相干。故伊尹之興土功也，修脛者使之跖[12]（钁）〔鏵〕，強脊者使之負土，眇者使之準，傴者使之塗，各有所宜，而人性齊矣。胡人便於馬，越人便於舟，異形殊類，易事而悖，失處而賤，得勢而貴。聖人揔而用之，其數一也。

夫先知遠見，達視千里，人才之隆也，而治世不以責於民。博聞強志，口辯辭給，人智之美也，而明主不以求於下。敖世輕物，不污於俗，士之伉行也，而治世不以為民化。神機陰閉，剞劂無迹，人巧之妙也，而治世不以為民業。故萇弘、師曠，先知禍福，言無遺策，而不可與眾同職也；公孫龍折辯抗辭，別同異，離堅白，不可（以）

1. 獨《治要》p.719　　2. 僂《治要》p.719
3. A.反Ⓛ B.叛Ⓛ C.倍Ⓨ
4. 楊樹達云：「公」蓋假為「頌」，「頌」猶今言「有禮貌」。
5. 見《治要》p.719　　6. A.血流Ⓨ B.出血Ⓨ
7. A.如豕Ⓛ B.視羊如豚Ⓦ　　8. 橢《治要》p.720
9. 橢《治要》p.720　　10. 皆所自Ⓦ　　11. 庸詎知世之所自窺于Ⓦ
12. A.踏Ⓦ B.蹋Ⓦ C.蹠Ⓨ

〔與〕衆同道也；北人无擇非舜而自投清（泠）〔冷〕之淵，不可以為世儀〔也〕；魯般、墨子以木為鳶而飛之，三日不集，而不可使為工也。故高不可及者，不可以為人量；行不可逮者，不可以為國俗。

夫（契）〔挈〕[1]輕重不失銖兩，聖人弗用，而縣之乎銓[2]衡；視高下不差尺寸，明主弗任，而求之乎▸浣準◂[3]。何則？人才不可專用，而度量可世傳也。故國治可與愚守也，而軍制可與權用也。夫待騕褭飛兔[4]而駕之，則世莫▸乘車◂[5]；待西施、（毛嬙）〔絡慕〕而為配[6]，則終身不家矣。然（非）〔不〕待古之英俊，而人自足者，因〔其〕所有而（並）〔遂〕用之〔也〕。夫騏驥千里，一日而通；駑馬▸十舍◂[7]，旬亦至之。由是觀之，人材不足專恃，而道術可公行也。亂世之法，高為量而罪不及，重為任而罰不勝，危為（禁）〔難〕而誅不敢。民困於三責，則飾智而詐上，犯邪而干免。故雖峭法嚴刑，不能禁其姦。何〔者〕？力不足也。故諺曰：「鳥窮則噣[8]，獸窮則觕[9]，人窮則詐。」此之謂也。

道德之論，譬猶[10]日月也，江南河北不能易其指，馳騖千里不能（易）〔改〕其處。趨舍禮俗，猶室宅之居也，東家謂之西家，西家謂之東家，雖皋陶為之理，不能定其處。故趨舍同，誹譽在俗；意行鈞，窮達在時。湯、武之累行積善，可及也；其遭桀、紂之世，天授也。今有湯、武之意，而[11]無桀、紂之時，而欲成霸王之業，亦不幾矣。昔武王執戈秉鉞以（伐紂）勝殷，搢笏杖殳以臨朝。武王既歿，殷民叛之，周公踐東宮，履乘石，攝天子之位，負扆而朝諸侯，放蔡叔，誅管叔，克殷殘商，祀文王于明堂，七年而致政成王。夫武王先武而後文，非意變也，以應時也；周公放兄誅弟，非不仁也，以匡亂也。故事周於世則功成，務合於時則名立。

昔齊桓公合諸侯以乘車，退誅於國以斧鉞；晉文公合諸侯以革車，退行於國以禮義。桓公前柔而後剛，文公前剛而後柔，然而令行乎天下，權制諸侯鈞者，審於勢之變也。顏闔，魯君欲相之，而不肯，使人以幣先焉，鑿培而遁之，為天下顯武。使遇商鞅、申不害，刑及三族，又況身乎！世多稱古之人而高其行，並世有與同者而弗知貴也，非才下也，時弗宜也。故六騏驥、駟[12]駃騠，以濟江河，不若窾木便者，處勢然

1. 擊ⓦ　2. 編者按：「銓」、本作「權」，許注本作「銓」蓋避吳諱改。
3. 孫詒讓云：《泰族》「教之以管準則說」，「管」、「浣」音近叚借字。
4. 莬ⓨ　5. 乘車矣ⓛ　6. 妃ⓦ　7. A.十駕ⓦ B.不舍ⓨ
8. 啄ⓨ　9. 攫ⓨ　10. 如ⓨ
11. 編者按：「而」讀為「如」。　12. 四ⓛ

也。是故立功之人，簡於行而謹於時。今世俗之人，以功成為賢，以勝患為智，以遭難為愚，以死節為戇，吾以為各致其所極而已。

王子比干非不（智）〔知〕（箕子）被髮佯狂以免其身也，然而樂直行盡忠以死節，故不為也。伯夷、叔齊非不能受祿任官以致其功也，然而樂離世伉行以絕眾，故不務也。許由、善卷非不能撫天下、寧海內以德民也，然而羞以物滑和，故弗受也。豫讓、要離非不知樂家室、安妻子以偷生也，然而樂推誠行必，以死主，故不留也。今從箕子視比干，則愚矣；從比干視箕子，則卑矣；從管、晏視伯夷，則戇矣；從伯夷視管、晏，則貪矣。趨舍相非，嗜欲相反，而各樂其務，將誰使正之？曾子曰：「擊舟水中，鳥聞之而高翔，魚聞之而▸淵藏◂[1]。」故所趨各異，而皆得所便。故惠子從車百乘以過孟諸，莊子見之，▸棄其◂[2]餘魚。鵜胡飲水數斗而不足，鱓鮪入口若露而死，智伯有三晉而欲不贍，林類、榮啓期衣若縣衰〔而〕意不慊。由此觀之，則趣行各異，何以相非也！夫重生者不以利害己，立節者見難不苟免，貪祿者見利不顧身，而好名者非義不苟得。此相為論，譬猶冰炭鉤繩也，何時而合！若以聖人為之中，則（箫）〔兼〕覆而并〔有〕之，未有可是非者也。夫飛鳥主巢，狐狸主穴，巢者巢成而得棲焉，穴者穴成而得宿焉。趣[3]舍行義，亦人之所棲宿也，各樂其所安，致其所蹠，謂之成人。故以道論者，摠而齊之。

治國之道，上無苛[4]令，官無煩治，士無偽行，工無淫巧，其事經[5]而不擾，其器完而不飾。亂世則不然。為行者相揭以高，為禮者相矜以偽，車（與）〔輿〕極於雕琢，器用遽於刻鏤，求貨者爭難得以為寶，▸詆文者處煩撓◂[6]以為慧，爭為佹[7]辯，久積[8]而不決，無益於治。工為奇器，歷歲而後成，不周於用。故神農之法曰：「丈夫丁壯而不耕，天下有受其飢者。婦人當年而不織，天下有受其寒者。」故身自耕，妻親織，以為天下先。其導民也，不貴難得之貨，不器無用之物。是故其耕不強者，無以養生；其織不力者，無以揜形；有餘不足，各歸其身。衣食饒溢[9]，姦邪不生，安樂無事而天下（均）〔和〕平，故孔丘、曾參無所施其善，孟賁、成荊無所行其威。

衰世之俗，以其知巧詐偽，飾眾無用，貴遠方之貨，珍難得之財，不積於養生之具。澆天下之淳，析天下之樸，牿服馬牛以為牢。▸滑萬民◂[10]，以清為濁，性命飛

1. 沉淵ⓦ　2. 而棄ⓨ　3. 趨ⓦ　4. 苟《治要》p.720
5. 任ⓦ　6. 調文者遽於煩繞ⓛ　7. 詭《治要》p.720
8. 稽ⓦ　9. 裕ⓦ　10. 滑亂萬民ⓨ

（楊）〔揚〕，皆亂以營。貞信▸漫瀾◂[1]，人失其▸情性◂[2]。於是乃有翡翠犀象、黼黻文章以亂其目，芻豢黍粱、荊吳芬馨以嚂其口，鍾鼓筦簫、絲竹金石以淫其耳，趨舍行義、禮節謗議以營其心。於是，百姓糜沸豪亂，暮[3]行逐利，煩挐澆淺，法與義相非，行與利相反。雖十管仲，弗能治也。

且富人則車輿衣纂錦，馬飾傅旄象，帷幕茵席，綺繡絛組，青黃相錯，不可為象；貧人（則夏）〔夏則〕被裼帶索，唅菽飲水以充腸，以支[4]暑熱，冬則羊裘解札，短褐不掩形，而煬竈口；故其為編戶齊民無以異，然貧富之相去也，猶人君與僕虜，不足以論[5]之。夫乘奇技、（偽）〔為〕邪施者，自足乎一世之閒；守正（脩）〔循〕理、不〔為〕苟得者，不免乎飢寒之患；而欲民之去（未）〔末〕反本，是由[6]發其原而壅其流也。〔且〕夫雕琢[7]刻鏤，傷農事者也；錦繡纂（俎）〔組〕，害女工[8]者也。農事廢，女工[9]傷，則飢之本而寒之原也。夫飢寒並至，▸能不犯法◂[10]干誅者，古今▸未之聞也◂[11]。

故（仕）〔仁〕鄙在時不在行，利害在命不在智。夫敗軍之卒，勇武遁逃，將不能止也；勝軍之陳，怯者死行，懼不能走也。故江河決（沉）〔流〕，一鄉父子兄弟相遺而走，（事）〔爭〕升陵阪，上高丘，輕足〔者〕先（升），不能相顧也；世樂志（乎）〔平〕，見鄰國之人溺，尚猶哀之，又況親戚乎！故身安則恩及鄰國，志為之滅；身危則（忠）〔忘〕其親戚，而仁[12]不能解也。游者不能拯溺，手足有所急也；灼者不能救火，身體有所痛也。夫民有餘即讓，不足則爭。讓則禮義生，爭則暴亂起。扣門求水〔火〕，莫弗與者，所饒足也；林中不▸賣薪，湖上不鬻魚◂[13]，所有餘也。故物豐則欲省，求（瞻）〔贍〕則爭止。秦王之時，或人葅子，利不足也；劉氏持政，獨夫收孤，財有餘也。故世治則小人守正，而利不能誘也；世亂則君子為姦，而▸法弗◂[14]能禁也。

1. 于大成以為「漫瀾」當作「瀾漫」。
2. A.情ⓨ B.性ⓨ
3. 編者按：「暮」疑當作「慕」，形近而誤。
4. 止ⓛ
5. 倫《治要》p.721〈王念孫云：「論」當為「諭」，字之誤也。〉
6. 猶《治要》p.721
7. 文ⓦ
8. A.功ⓦ B.紅ⓦ
9. A.功ⓦ B.紅ⓦ
10. 而能無犯令ⓦ
11. 未之有也ⓨ
12. 人《莊逵吉本》p.491
13. 貨薪，湖上不鬻魚者ⓦ
14. A.刑不ⓦ B.刑弗ⓨ

12 道應訓

太清問於無窮曰：「子知道乎？」无窮曰：「吾弗知也。」又問於無為曰：「子知道乎？」无為曰：「吾知道。」〔曰〕：「子之知道亦有數乎？」無為曰：「吾知道有數。」曰：「其數奈何？」無為曰：「吾知道之可以弱，可以強；可以柔，可以剛；可以陰，可以陽；可以窈，可以明；可以包裹天地，可以應待無方。此吾所以知道之數也。」

太清又問於無始曰：「鄉者，吾問道於無窮，無窮曰：『吾弗知（之）〔也〕[1]。』又問於無為，無為曰：『吾知道。』曰：『子之知道。亦有數乎？』無為曰：『吾知道有數。』曰：『其數奈何？』無為曰：『吾知道之可以弱，可以強；可以柔，可以剛；可以陰，可以陽；可以窈，可以明；可以包裹天地，可以應待無方。〔此〕吾所以知道之數也。』若是，則無為〔之〕知與無窮之弗知，孰是孰非？」無始曰：「弗知（之）深，而知之淺。弗知內，而知之外。弗知精，而知之粗。」太清仰〔天〕[2]而歎曰：「然則不知乃知邪？知乃不知邪？孰知知之為弗知？弗知之為知邪？」無始曰：「道不可聞，聞而非也。道不可見，見而非也。道不可言，言而非也。孰知形〔形〕之不形者乎！」故老子曰：「天下皆知善之為善，斯不善也。」故「知者不言，言者不知」也。

白公問於孔子曰：「人（可以）〔可與〕[3]微言〔乎〕？」孔子不應。白公曰：「若以石投水（中），何如？」曰：「吳、越之善没者能取之矣。」〔白公〕曰：「若以水投水，何如？」孔子曰：「菑、澠之水合，易[4]牙嘗而知之。」白公曰：「然則人固不可與微言乎？」孔子曰：「何謂[5]不可！（誰）〔唯〕知言之謂者乎！夫知言之謂者，不以言言也。爭魚者濡，逐獸者趨，非樂之也。故至言去言，至為無為。夫淺知之所爭者，末矣！」白公不得也，故死於（洛）〔浴〕室。故老子曰：「言有宗，事有君。夫唯無知，是以不吾知也。」白公之謂也。

1. 編者按：準上文改。
2. 編者按：今本《莊子・知北遊》作「太清中而歎曰」，「中」蓋「卬」之譌（說見王叔岷《莊子校釋》第三冊頁六四上），但「仰天而歎」見《莊子・達生》、《寓言》及《盜跖》，則今本《莊子・知北遊》及《淮南子・道應訓》同脫「天」字。今補正。
3. 編者按：下文作「可與微言乎」，則此處不應作「可以」，《呂氏春秋・精論》正作「可與」，今據正。
4. 狄㊀
5. 為《呂氏春秋・精諭》p.498

惠子為惠王為國法，已成而示諸（先生）〔民人〕，（先生）〔民人〕皆善之。奏之惠王，惠王甚說之，以示翟煎，〔翟煎〕曰：「善！」惠王曰：「▸善，可行乎◂[1]？」翟煎曰：「不可。」惠王曰：「善而不可行，何也？」翟煎對曰：「今夫舉大木者，前呼邪許，後亦應之，此舉重勸力之歌也。豈無鄭、衛激楚之音哉？然而不用者，不若此其宜也。〔夫〕治國（有）〔在〕禮，不在文辯。」故老子曰：「法令滋彰，盜賊多有。」此之謂也。

田駢以道術▸說齊王，〔齊〕◂[2]王應之曰：「寡人所有〔者〕，齊國也。道術難以除患，願聞〔齊〕國之政。」田駢對曰：「臣之言無政，而可以為政。譬之若林木無材，而可以為材。願王察其所謂，而自取齊國之政焉。己雖無除其患，天地之間，六合之內，可陶冶而變化也。齊國之政，何足問哉！此老聃之所謂『無狀之狀，無物之象』者也。若王之所問者、齊也，田駢〔之〕[3]所稱者、材也。材不及林，林不及雨，雨不及陰陽，陰陽不及和，和不及道。」

白公勝得荊國，不能以〔其〕府庫分人。七日，石乞入曰：「不義得之，又不能布施，患必至矣。不能予人，不若焚之，毋令人〔以〕害我。」白公弗聽（也）。九日，葉公入，乃發太府之貨以予眾，出高庫之兵以賦民，因而（致）〔攻〕之，十有九日而擒白公。夫國非其有也，而欲有之，可謂至貪（也）〔矣〕。不能為人，（乂）〔又〕無以自為，可謂至愚矣。譬白公之嗇也，何以異於梟之愛其子也？故老子曰：「持而盈之，不（知）〔如〕其已。揣而銳之，不可長保也。」

趙簡子以襄子為後，▸董閼于◂[4]曰：「無（卹）〔卹〕賤，今以為後，何也？」簡子曰：「是〔其〕[5]為人也，能為社稷忍羞。」異日，知伯與襄子飲而批襄子之首，大夫請殺之，襄子曰：「先君之立我也，曰能為社稷忍羞，豈曰能刺人哉！」處十月，知伯圍襄子於晉陽，襄子疏隊而擊之，大敗知伯，破[6]其首以為飲器。故老子曰：「知其雄，守其雌，（其）為天下谿。」

齧缺問道於被衣，被衣曰：「正女形，壹女視，天和將至。攝女知，正女度，神將

1. 可行邪ⓦ
2. 編者按：《呂氏春秋・執一》作「說齊，齊王應之」脫「王」字，此文脫「齊」字，兩書各脫一字。 3. 編者按：準上句補。 4. A.董安于ⓨ B.董安於ⓨ
5. 編者按：《說苑・建本》3/16b作「是其人」，兩書各脫一字。
6. 漆《說苑・建本》3/16b

來舍。德將（來附）〔為〕若美，而道將為女居。（惷）〔惷〕乎若新生之犢，而無求其故。」言未卒，齧缺〔睡寐〕，繼以讎夷。被衣行歌而去曰：「形若槁骸，心如死灰。（直）〔真〕〔其〕實知，不以故自持。墨墨恢恢，無心可與謀。彼何人哉！」故老子曰：「明白四達，能無以知乎！」

趙襄子〔使〕攻翟而勝之，〔取〕（尤）〔左〕人、終[1]人。使者來謁之，襄子方將食而有憂色。左右曰：「一朝而兩城下，此人之所〔以〕喜也。今君有憂色，何也？」襄子曰：「江、河之大也，不過三日。飄風暴雨，日中不須臾。今趙氏之德行無所‣積◂[2]，（今）一朝〔而〕兩城下，亡其及我乎！」孔子聞之曰：「趙氏其昌乎！」夫憂、所以為昌也，而喜、所以為亡也。勝非其難者也，〔持之、其難者也〕。賢主以此持勝，故其福及後世。齊、楚、吳、越皆嘗勝矣，然而卒取亡焉，不通乎持勝也。唯有道之主〔為〕能持勝。孔子〔之〕勁（杓）〔拘〕國門之關，而不肯以力聞。墨子為守攻，公輸般服，而不肯以兵知。善持勝者，以強為弱。故老子曰：「道沖，而用之又弗盈也。」

惠孟[3]見宋康王，〔康王〕蹀足謦欬，疾言曰：「寡人所說者，勇有（功）〔力〕也，不說為仁義者也。客將何以教寡人？」惠孟對曰：「臣有道於此，〔使〕人雖勇，刺之不入；雖（巧）有力，擊之不[4]中。大王獨無意邪？」宋王曰：「善！此寡人之所欲聞也。」惠孟曰：「夫刺之而不入，擊之而不中，此猶辱也。臣有道於此，使人雖有勇弗敢刺，雖有力不[5]敢擊。夫不敢刺、不敢擊，非無其意[6]也。臣有道於此，使人本無其意[7]也。夫無其意[8]，未有愛利之心也。臣有道於此，使天下丈夫女子莫不驩然皆（欲）〔有〕[9]愛利之心。此其賢於勇有力也，四累之上也。大王獨無意邪？」宋王曰：「此寡人所欲得也。」惠孟對曰：「孔、墨是已。孔丘、墨翟，無地而為君，無官而為長，天下丈夫女子莫不延頸舉踵而願安利‣之者◂[10]。今大王、萬乘之主也。誠有其

1. 中《呂氏春秋・愼大》p.367、《國語・晉語・昭公》p.359
2. A.施於積《列子・說符》8/4a B.於積《呂氏春秋・愼大》p.367　3. 盎Ⓦ
4. 編者按：《呂氏春秋・順說》p.386、《列子・黃帝》2/10b作「弗」，此文作「不」蓋避漢諱改。
5. 編者按：《列子・黃帝》2/10b作「弗」，《呂氏春秋》與此文並作「不」蓋避漢諱改。
6. 編者按：《呂氏春秋・順說》p.386作「志」，此文作「意」者蓋避漢諱改。
7. 編者按：《呂氏春秋・順說》p.386作「志」，此文作「意」者蓋避漢諱改。
8. 編者按：《呂氏春秋・順說》p.386作「志」，此文作「意」者蓋避漢諱改。
9. 編者按：上文「未有愛利之心也」，此文正承此而言，故當作「皆有愛利之心」，今本「有」字誤「欲」，遂與上文不合。　10. 之Ⓨ

志，則四境之內皆得其利矣。此賢於孔、墨也遠矣！」宋王無以應。惠孟出，宋王謂左右曰：「辯矣，客之以說勝寡人也！」故老子曰：「〔勇於敢則殺〕，勇於不敢則活。」由此觀之，大勇反為不勇耳。

昔堯之佐九人，舜之佐七人，武王之佐五人。堯、舜、武王於九、七、五者，不能一事焉，然而垂拱受成功焉[1]，善乘人之資也。故人與驥逐走則不勝驥，託於車上則驥不能勝人。北方有獸，其名曰蹶，鼠前而（菟）〔兔〕後，趨則頓，走則顛，常為蛩蛩駏驉取甘草以與之。蹶有患害，蛩蛩駏驉必負而走。此以其〔所〕能，託其所不能。故老子曰：「夫代大匠斲者，希不傷其手。」

薄疑說衛嗣君以王術，嗣君應之曰：「予所有者，千乘也，願以（愛）〔受〕教。」薄疑對曰：「烏獲舉千鈞，又況一斤乎！」杜赫以安天下說周昭文君，〔昭〕文君謂杜赫曰：「願學所以安周。」〔杜〕赫對曰：「臣之所言〔者〕不可，則不能安周。臣之所言〔者〕可，則周自安矣。此所謂弗安而安者也。」故老子曰：「大制無割[2]。故致數輿無輿也。」

魯國之法，魯人為人〔臣〕妾於諸侯，有能贖之者，取金於府。子贛贖魯人於諸侯，來而辭不受金。孔子〔聞之〕曰：「賜失之矣！夫聖人之舉事也，可以移風易俗，而（受）教順[3]可施後世，非獨以適身之行也。今〔魯〕國之富者寡而貧者眾。贖〔人〕而受金，則為不廉；不受金，則不復贖人。自今以來，魯人不復贖人於諸侯矣。」孔子亦可謂知（禮）〔化〕矣。故老子曰：「見小曰明。」

魏武[4]侯問於李克曰：「吳之所以亡者，何也？」李克對曰：「數戰而數勝。」武侯曰：「數戰〔而〕數勝，國家之福〔也〕。其獨以亡，▸何故也◂[5]？」〔李克〕對曰：「數戰則民罷，數勝則主憍。以憍主使罷民，而國不亡者，天下鮮矣。憍則恣，恣則極〔物〕；〔罷則怨〕，〔怨則極〕慮。上下俱極，吳之亡猶晚[6]！此夫差之所以自剄於干遂也。」故老子曰：「功成名遂，身退，天之道也。」

1. 者《莊逵吉本》p.503
2. 編者按：通行本《老子》作「不割」，此文引作「無割」，與《馬王堆帛書本》合。
3. 編者按：「順」讀為「訓」。 4. 文ⓦ
5. 編者按：《呂氏春秋・適威》作「何故」，《外傳》、《新序》作「何也」，此文「故也」二字必衍其一。
6. 編者按：「晚」下《外傳》有「矣」字，依語氣所脫應是「也」字。

甯越[1]欲干齊桓公，▸困窮◂[2]無以自達[3]，於是為商旅，將任車，以▸商於齊◂[4]，暮宿於郭門之外。桓公郊迎客，夜（問）〔開〕門，辟任車，爝火甚盛，從者甚眾。甯越飯牛車下，望見桓公而悲，擊牛角而疾商歌。桓公聞之，撫其僕之手曰：「異哉，歌者非常人也！」命後車載之。桓公（及）〔反〕至，從者以請，桓公贛之衣冠而見〔之〕，〔甯戚見〕，說以為天下。桓公大說，將任之，群臣爭之曰：「客、衛人也。衛之去齊不遠，君不若使人問之。問之而（故）〔固〕賢者也，用之未晚〔也〕。」桓公曰：「不然。問之，患其有小惡也。以人之小惡而忘人之大美，此人主之所以失天下之士也。」凡聽必有驗，一聽而弗復問，合其所以也。且人固難（合）〔全〕也，權而用其長者而已矣。當是舉也，桓公得之矣。故老子曰：「天大，地大，道大，王亦大。域中有四大，而王處其一焉。」以言其能包裹之也。

大王亶父居邠，翟人攻之。事之以皮帛珠玉而弗受，曰：「翟人之所求者、地，無以財物為也。」大王亶父曰：「與人之兄居而殺其弟，與人之父處而殺其（予）〔子〕。〔吾〕弗〔忍〕為〔也〕。皆勉處矣！為吾臣，與〔為〕翟人〔臣〕奚以異？且吾聞之也，不以其所〔以〕養害（其）〔所〕養。」杖策而去〔之〕，民相連而從之，遂成國於（歧）〔岐〕山之下。大王亶父可謂能保生矣[5]。雖富貴，不以養傷身；雖貧賤，不以利累形。今受其先人之爵祿，則必重失之。〔生之〕所自來者久矣，而輕失之，豈不惑哉！故老子曰：「貴以身為天下，焉可以託天下。愛以身為天下，焉可以寄天下矣。」

中山公子牟謂詹子曰：「身處江海之上，心在魏闕之下。為之奈何？」詹子曰：「重生。重生則輕利。」中山公子牟曰：「雖知之，猶不能自勝。」〔詹子曰〕：「〔不能自勝〕則從之。從之，神無怨乎！不能自勝而強弗從者，此之謂重傷。〔重傷〕之人，無壽類[6]矣！」故老子曰：「知和曰常，知常曰明，益生曰祥，心使氣曰強。」是故「用其光，復歸其明也」。

楚莊王問詹何曰：「治國奈何？」〔詹何〕對曰：「何明於治身，而不明於治國？」楚王曰：「寡人得（立）〔奉〕宗廟社稷，願學所以守之。」詹何對曰：「臣未嘗聞身治而國亂者也，未嘗聞身亂而國治者也。故本（任）〔在〕於身，不敢對以（未）〔末〕。」楚王曰：「善。」故老子曰：「修之身，其德乃真也。」

1. 戚Ⓦ　2. 窮困Ⓨ　3. 進《呂氏春秋・舉難》p.565
4. 適齊《新序・雜事五》5/3b　5. 王叔岷云：「矣」下當更有「能保生」三字。
6. 「壽類」疑與「噍類」同（章炳麟說）。

桓公讀書於堂〔上〕，輪（人）〔扁〕斲輪於堂下，釋其椎鑿而問桓公曰：「君之所讀書者，何書也？」桓公曰：「聖人之書。」輪扁曰：「其人（在焉）〔焉在〕？」桓公曰：「已死矣。」輪扁曰：「是[1]直聖人之糟粕耳！」桓公悖[2]然作色而怒曰：「寡人讀書，工[3]人焉得而譏之哉！有說則可，無說則死。」輪扁曰：「然，有說。臣（誠）〔試〕以臣之斲輪語之：大疾，則苦而不入；大徐，則甘而不固。不甘不苦，應於手，猒于心，而可以至妙者，臣不能以教臣之子，而臣之子亦不能得之於臣。是以行年六[4]十，老而為輪。今聖人之所言者，亦以[5]懷其實[6]，窮而死，獨其糟粕在耳！」故老子曰：「道可道，非常道。名可名，非常名。」

昔者司城子罕相宋，謂宋君曰：「夫國家之危安，百姓之治亂，在君〔之〕行賞罰。夫爵賞賜予，民之所好也，君自行之。殺戮刑罰，民之所怨[7]也，臣請當之。」宋君曰：「善！寡人當其美，子受其怨，寡人自知不為諸侯笑矣。」〔於是宋君行賞賜而與子罕刑罰〕。國人皆知殺戮之制，專在子罕也，大臣親之，百姓畏之。居不至朞年，子罕遂（却）〔劫〕宋君而專其政。故老子曰：「魚不可脫于淵，國之利器不可以示人。」

王壽負書而行，見徐馮於周。徐馮曰：「事者、應變而動，變生於時，故知時者無常行。書者、言之所出也，言出於知（者），知者〔不〕藏書。」於是王壽乃焚〔其〕書而舞之。故老子曰：「多言數窮，不如守中。」

令尹子佩[8]請飲莊王，莊王許諾。〔子佩具於京臺〕，〔莊王不往〕。〔明日〕，子佩（疏）〔跣〕揖，北面立於殿下，曰：「昔者君王許之，今不果往。意者，臣有罪乎？」莊王曰：「吾聞子具於強臺。強臺者，南望料[9]山，（以）〔北〕臨方皇，左江而右淮，其樂忘死[10]。若吾薄德之人，不可以當此樂也。恐留[11]而▸不能反◂[12]。」故老子曰：「不見可欲，使心不亂。」

晉公子重耳出亡，過曹，〔曹君〕無禮焉。釐負羈之妻謂釐負羈曰：「君無禮於晉公子。吾觀其從者，皆賢人也，若以相夫子反晉國，必伐曹。子何不先加德焉！」釐負

1. 編者按：此下《莊子・天道》p.278有「則君之所讀者」一句。 2. 勃ⓦ
3. 輪《莊子・天道》p.278 4. 七《莊子・天道》p.279
5. 編者按：「以」讀「已」。 6. 編者按：「實」疑當作「寶」。 7. 惡ⓨ
8. 瑕ⓨ 9. 獵ⓦ 10. 歸ⓨ 11. 流ⓨ 12. 不能自反ⓨ

羈遺之壺餕[1]而加璧焉。重耳受其餕[2]而反其璧。及其反國，起師伐曹，剋之，令三軍無入釐負羈之里。故老子曰：「曲則全，枉則正[3]。」

越王勾踐與吳戰而不勝，國破身亡，困於會稽。忿心張膽，氣如涌泉，選練甲卒，赴火若滅，然而請身為臣、妻為妾，親執戈，為吳（兵）〔王〕先馬（走），果擒之於干遂。故老子曰：「柔之勝剛也，弱之勝強也，天下莫不知，而莫之能行。」越王親〔行〕[4]之，故霸中國。

趙簡子死，未葬，中牟入齊。已葬五日，襄子起兵攻（圍之）〔之〕，〔圍〕未合，而城自（壞）〔壞〕者十丈，襄子擊金而退之。軍吏諫曰：「君誅中牟之罪，而城自壞，是天助我〔也〕，何故去之？」襄子曰：「吾聞之叔向曰：『君子▸不乘人於利，不迫人於險◂[5]。』使之治城，城治[6]而後攻之。」中牟聞其義，乃請降。故老子曰：「夫唯不爭，故莫能與之爭[7]。」

秦穆公（請）〔謂〕伯樂曰：「子之年長矣。子姓有可使求馬者乎？」對曰：「良馬者，可以形容筋骨相也。相天下之馬者，若滅若失[8]，若亡其一。若此馬者，絶塵弭（徹）〔轍〕。臣之子，皆下材也，可告以良馬，而不可告以天下之馬。臣有所與（供）〔共〕儋（纏）〔纆〕采薪者九方堙[9]，此其於馬，非臣之下也。請見之。」穆公見之，使之求馬。三月而反，報曰：「已得馬矣。在於沙丘。」穆公曰：「何馬也？」對曰：「（牡）〔牝〕而黃。」使人往取之，牡而驪。穆公不說，召伯樂而問之曰：「敗矣！子之所使求〔馬〕者，毛物[10]、（牡）〔牝〕牡〔尚〕弗能知，又何馬之能知！」伯樂喟然（木）〔大〕息曰：「一至此乎！是乃其所以千萬臣而无數者也。若堙之所觀者，天機也。得其精而忘其粗，在其內而忘其外，見其所見而不見其所不見，視其所視而遺其所不視。若彼之所相者，乃有貴乎馬者〔也〕。」馬至而果千里之馬〔也〕。故老子曰：「大直若屈，大巧若拙。」

---

1. 楊樹達云：「餕」讀為「飧」。 2. 同上注。
3. 《老子》22章通行本作「枉則直」，此文作「正」與《馬王堆帛書乙本》合。
4. 編者按：準上句補。
5. 編者按：《外傳》作「不乘人於利，不厄人於險。」疑文本作「不乘人於厄，不迫人於險。」 6. 成Ⓨ
7. 編者按：影宋本兩引《老子》22章均與《馬王堆帛書本》合，今本《淮南子》作「故天下莫能與之爭」，則後人據通行本《老子》改，失其舊矣。 8. 沒Ⓦ
9. A.歎Ⓦ B.皋Ⓦ 10. 色Ⓦ

吳起為楚令尹，適魏，問屈宜（若）〔咎〕曰：「王不知起之不肖，而以為令尹。先生試觀起之為（人）〔之〕也。」屈子曰：「〔子〕將奈何？」吳起曰：「將衰楚國之爵而平其制祿，損其有餘而綏其不足，砥礪甲兵，〔以〕時爭利於天下。」屈子曰：「宜若聞之，昔善治國家者，不變其故，不易其常。今子將衰楚國之爵而平其制祿，損其有餘而綏其不足，是變其故、易其常也。行之者不利！宜若聞之曰：『怒者、逆德也，兵者、凶器也，爭者、人之所（本）〔去〕也。』今子陰謀逆德，好用凶器，（始）〔治〕人之所（本）〔去〕，逆之至也。且子用魯兵，不宜得志於齊，而得志焉。子用魏兵，不宜得志於秦，而得志焉。宜若聞之，非禍人，不能成禍。吾固惑吾王之數逆天道，戾人理，至今无禍，差[1]須夫子也。」吳起惕然曰：「尚可更乎？」屈子曰：「成刑之徒，不可更也。子不若敦愛而篤行之。」老子曰：「挫其銳，解其紛，和其光，同其塵。」

晉伐楚，三舍不止。大夫請擊之，莊王曰：「先君之時，晉不伐楚。及孤之身而晉伐楚，是孤之過也。若何其辱群大夫？」〔大夫〕曰：「先臣之時，晉不伐楚。（今）〔及〕臣之身而晉伐楚，此臣之罪也。請王擊之。」〔莊〕王俛而泣涕沾襟，起而拜君[2]大夫。晉人聞之曰：「君臣爭以過為在己，且〔君〕輕下其臣，不可伐也。」夜還師而歸。〔故〕老子曰：「能受國之垢，是謂▸社稷主◂[3]。」

宋景公之時，熒惑在心，公懼，召子韋而問焉，曰：「熒惑在心，何也？」子韋曰：「熒惑〔者〕、天罰也；心〔者〕，宋〔之〕分野〔也〕，禍且當〔於〕君。雖然，可移於宰相。」公曰：「宰相、所使治國家也，而移死焉，不祥。〔寡人請自當也〕。」子韋曰：「可移於民。」公曰：「（臣）〔民〕死，寡人▸誰為◂[4]君乎？寧獨死耳！」子韋曰：「可移於歲。」公曰：「歲、民之命〔也〕[5]。歲饑，民必死矣。為人君而欲殺其民以自活也，其誰以我為君者乎？是寡人之命固已盡矣，子（韋）无復言矣！」子韋還走，北面再拜曰：「敢賀君！天之處高而聽卑。君有君人之言三，天必（有）三賞君。今夕星必徙三舍，君延年二十一歲。」公曰：「子奚以知之？」對曰：「君有君人之言三，故有三賞。星必三徙舍，舍行七（里）〔星〕，〔星一徙當一

1. 俞樾云：此本作「嗟，須夫子也。」《說苑・指武篇》作「噫，且待夫子也。」是其證也。編者按：「差」或為「且」之聲誤，亦未可知。
2. A.群 ⓨ B.諸 ⓨ
3. 編者按：下節引《老子》同章「天下之王」，則此文亦當作「社稷之主」，作「社稷主」乃後人據通行本《老子》改，作「社稷之主」、「天下之王」與《馬王堆帛書甲乙本》合。
4. 將誰為 ⓦ
5. 編者按：據文意補。

年〕，三七二十一，〔臣〕故〔曰〕君（移）〔延〕年二十一歲。臣請伏於陛下以司[1]之。星不徙，臣請死之。」公曰：「可。」是夕也，星果三徙舍。（救）〔故〕老子曰：「能受國之不祥，是謂天下之王[2]。」

昔者，公孫龍在趙之時，謂弟子曰：「人而無能者，龍不能與遊。」有客衣褐帶索而見曰：「臣能呼。」公孫龍顧謂弟子曰：「門下故有能呼者乎？」對曰：「無有。」公孫龍曰：「與之弟子之籍。」後數日，往說燕王，至於河上，而航在▸一汜◂[3]，使善〔呼者〕呼之，一呼而航來。故（曰）聖人之處世，不逆有伎能之士。故老子曰：「人無棄人，物無棄物，是謂襲明。」

子發攻蔡，踰之。宣王郊迎，列田百頃而封之執圭。子發辭不受，曰：「治國立政，諸侯入賓，此君之德也。發號施令，師未合而敵遁，此將軍之威也。兵陳戰而勝敵者，此庶民之力也。夫乘民之功勞而取其爵祿〔者〕，非仁義之道也。」故辭而弗受。故老子曰：「功成而不居。夫唯不居，是以不去。」

晉文公伐原，與大夫期三[4]日。三[5]日而原不降，文公令去之。軍吏曰：「原不過一二日將降矣。」君曰：「吾不知原三日而不可得下也，以與大夫期。盡而不罷，失信得原，吾弗為也。」原人聞之曰：「有君若此，可弗降也？」遂降。溫人聞〔之〕，亦請降。故老子曰：「窈兮冥兮，其中有精。其精甚真，其中有信。」故「美言可以市尊，美行可以加人。」

公儀休相魯，而嗜魚。一國獻魚，公儀子不受。其弟子（諫）〔問〕[6]曰：「夫子嗜魚，弗受，何也？」荅曰：「夫唯嗜魚，故弗受。夫受魚而免於相，雖嗜魚，不能自給魚。毋受魚而不免於相，則能長自給魚。」此明於為人為己者也。故老子曰：「後其身而身先，外其身而身存。非以〔其〕無私〔邪〕？故能成其私。」一曰：「知足不辱。」

狐丘丈人謂孫叔敖曰：「人有三怨，子知之乎？」孫叔敖曰：「何謂也？」對曰：

1. 伺ⓦ　　2. 「天下之王」，有「之」字與《馬王堆帛書》合。
3. A.北《御覽》卷770p.3415 B.水汜《藝文類聚》卷71p.1231
4. A.十ⓦ B.七ⓦ C.五ⓦ　　5. A.十ⓦ B.七ⓦ C.五ⓦ
6. 編者按：審弟子之言純為問辭，疑本是「問」字，「問」誤為「間」，不成文義，後人因改為「諫」耳。

「爵高者、士[1]妬之，官大者、主惡之，祿厚者、怨處之。」孫叔敖曰：「吾爵益高，吾志益下；吾官益大，吾心益小；吾祿益厚，吾施益博。（是以）〔以是〕免三怨，可乎？」故老子曰：「故貴必以賤為本，高必以下為基。」

大司馬捶鉤者年八十矣，而不失鉤芒。大司馬曰：「子巧邪？有道邪？」曰：「臣有守也。臣年二十好捶鉤，於物無視也，非鉤無察也。」是以用之者，必假於弗用也，而以長得其用。而況▸持不用◂[2]者乎？物孰不濟焉！故老子曰：「從事於道者，同於道。」

文王砥德脩政，三年而天下二垂歸之。紂聞而患之曰：「余夙興夜寐，與之競行，則苦心勞形。縱而置之，恐伐余一人。」崇侯虎曰：「周伯昌（行）仁義而善謀，（夫）〔太〕子發勇敢而不疑，中子旦恭儉而知時。若與之從，則不堪其殃。縱而赦之，身必危亡。冠雖弊，必加於頭[3]。及〔其〕未成，請圖之！」屈商乃拘文王於羑里。於是散宜生乃以千金求天下之珍怪，得騶虞、雞斯之乘，玄玉百工，大貝百朋，玄豹、黃羆、青犴，白虎文皮千合，以獻於紂，因費仲而通。紂見而說之，乃免其身，殺牛而賜之。文王歸，乃為玉門，築靈臺，相女童，擊鍾鼓，以待紂之失也。紂聞之，曰：「周伯昌改道易行，吾無憂矣！」乃為炮（烙）〔格〕，剖比干，剔孕婦，殺諫者。文王乃遂其謀。故老子曰：「知其榮，守其辱，為天下谷。」

成王問政於尹佚曰：「吾何德之行，而民親其上？」對曰：「使之〔以〕時，而敬順之。」王曰：「其度安至？」曰：「如臨深淵，如履薄冰。」王曰：「懼哉？王人乎！」尹佚〔對〕曰：「天地之間，四海之內，善之則吾畜也，不善則吾讎也。昔夏、商之臣反讎桀、紂而臣湯、武，宿沙之民皆自攻其君而歸神農，此世之所明知也。如何其無懼也？」故老子曰：「人之所畏，不可不畏也。」

跖之徒問〔於〕跖曰：「盜亦有道乎？」跖曰：「奚適其（無）〔有〕道也！夫意而中藏者，聖也；入先者，勇也；出後者，義也；分均者，仁也；知可否者，智也。五者不備，而能成大盜者，天下無之。」由此觀之，盜賊之心必託聖人之道而後可行。故老子曰：「絕聖棄智，民利百倍。」

1. 人Ⓨ　　2. A.乎无不用《莊子・知北遊》p.417 B.持無不用《莊逵吉本》p.524
3. 王叔岷云：「頭」下疑脫「履雖新，必踐於地」七字。

楚將子發好求技道之士，楚有善為偷者往見曰：「聞君求技道之士。臣、〔楚市〕偷也，願以技齎[1]一卒。」子發聞之，衣不給帶，冠不暇正，出見而禮之。左右諫曰：「偷者、天下之盜也。何為（之禮）〔禮之〕！」君曰：「此非左右之所得與。」後無幾何，齊興兵伐楚。子發將師以當之，兵三卻。楚賢良大夫皆盡其計而悉其誠，齊師愈強。於是市偷進請曰：「臣有薄技，願為君行之。」子發曰：「諾。」不問其辭而遣之。偷則夜〔出〕解齊將軍之幬帳而獻之。子發因使人歸之，曰：「卒有出薪者，得將軍之帷，使歸之於執事。」明（又）〔夕〕復往取其枕，子發又使人歸之。明（日）（又）〔夕〕復往取其簪，子發又使歸之。齊師聞之，大駭，將軍與軍吏謀曰：「今日不去，楚軍恐取吾頭。」則還師而去。故（曰）〔伎〕無細而能〔無〕薄，在人君用之耳。故老子曰：「不善人，善人之資也。」

顏回謂仲尼曰：「回益矣。」仲尼曰：「何謂也？」曰：「回忘禮樂矣。」仲尼曰：「可矣，猶未也。」異日復見，曰：「回益矣。」仲尼曰：「何謂也？」曰：「回忘仁義矣。」仲尼曰：「可矣，猶未也。」異日復見，曰：「回坐忘矣。」仲尼造[2]然曰：「何謂坐忘？」顏回曰：「隳支體，黜聰明，離形去知，洞於化[3]通，是謂坐忘。」仲尼曰：「洞則無善也，化則無常矣。而夫子薦賢，丘〔也〕請從之後。」故老子曰：「載營魄抱一，能毋離乎！專氣至柔，能如嬰兒乎！」

秦穆公興師，將以襲鄭。蹇叔曰：「不可。臣聞襲國者，以車不過百里，以人不過三十里，為其謀未及發泄也，甲兵未及銳弊也，糧食未及乏絕也，人民未及罷病也。皆以其氣之高與其力之盛至，是以犯敵能威。今行數千里，又數絕諸侯之地，以襲國，臣不知其可也。君重圖之！」穆公不聽。蹇叔送師，衰絰而哭之。師遂行，過周而東，鄭賈人弦高矯鄭伯之命，以十二牛勞秦師而賓之。三帥乃懼而謀曰：「吾行數千里以襲人，未至而人已知之，其備必先成，不可襲也。」還師而去。當此之時，晉文公適薨，未葬，先軫言於襄公曰：「昔吾先君與穆公交，天下莫不聞，諸侯莫不知。今吾君薨未葬，而不弔吾喪，而不假道，是死吾君而弱吾孤也。請擊之！」襄公許諾。先軫舉兵而與秦師遇於殽，大破之，擒其三軍[4]以歸。穆公聞之，素服廟臨，以說於眾。故老子曰：「知而不知，尚矣。不知而知，病也[5]。」

1. 該Ⓨ　　2. A.遽Ⓦ B.蹴Ⓦ　　3. 大Ⓦ
4. 帥《莊逵吉本》p.530
5. 通行本作「知不知上，不知知病。」《馬王堆帛書》兩句句末並有「矣」字。

齊王后死，王欲置后而未定，使群臣議。薛公欲中王之意，因獻十珥而美其一。旦日，因問美珥之所在，因勸立以為王后。齊王大說，遂（尊）重薛公。故人主之意欲見於外，則為人臣之所制。故老子曰：「塞其兌，閉其門，終身不勤。」

盧敖游乎北海，經乎太陰，入乎玄闕，至於蒙穀[1]之上。見一士焉，深目而玄鬢[2]，（淚注）〔渠頸〕而鳶肩，豐上而殺下，軒軒然方迎風而舞。顧見盧敖，▸慢然◂[3]下其臂，遯逃乎碑〔下〕。盧敖就而視之，方倦龜殼而食蛤梨。盧敖▸與之◂[4]語曰：「唯敖為背群離黨，窮觀於六合之外者，非敖而已乎？敖幼[5]而好遊，至長不渝〔解〕。周行四極，唯北陰之未（闚）〔闚〕。今卒睹天子於是，子殆可與敖為友乎？」若士者，𪓐然而笑曰：「嘻！子中州之民，▸寧肯而遠至此◂[6]。此猶光[7]乎日月▸而載◂[8]列星，陰陽之所行，四時之所生。▸其比◂[9]夫不名之地，猶（突）〔窔〕奧也。若我南游乎（岡）〔罔〕㝗[10]之野，北息乎沉墨之鄉，西窮〔乎〕（冥）〔窅〕冥之黨，東（開）〔關〕〔乎〕[11]鴻濛之光。此其下無地而上無天，聽焉無聞，視焉（無）〔則〕眴。此其外，猶有汰沃之汜。其餘一舉而千萬里，吾猶（夫）〔未〕能之在。今子游始〔至〕於此，乃語窮觀，豈不亦遠哉？然子處矣！吾與汗漫期于九垓之（外）〔上〕，吾不可以久（駐）。」若士舉臂而竦身，遂入雲中。盧敖仰而視之，弗見，乃止駕，（止）〔心〕柸治[12]，悖若有喪也。曰：「吾比夫子，猶黃鵠與壤蟲也。終日行，不離咫尺，而自以為遠，豈不悲哉！」故莊子曰：「小（人）〔年〕不及大（人）〔年〕[13]，小知不及大知，朝（菌）〔秀〕不知晦朔，蟪蛄不知春秋。」此言明之有所不見也。

（季）〔宓〕子治亶[14]父三年，而巫馬期絻衣短褐，易容貌，往觀化焉。見夜（魚）〔漁〕〔者〕，〔得魚則〕釋之，巫馬期問焉曰：「凡子所為（魚）〔漁〕者，欲得也。今得而釋之，何也？」漁者對曰：「（季）〔宓〕子不欲人〔之〕取小魚也。所得者小魚，是以釋之。」巫馬期歸以報孔子曰：「（季）〔宓〕子之德至矣！使人[15]闇行，若有嚴刑在其側者。（季）〔宓〕子何以至於此？」孔子曰：「丘嘗問之以治，言曰：『（誠）〔誠〕於此者刑[16]於彼。』（季）〔宓〕子必行此術也。」故老子曰：「去彼取此。」

---

1. A.谷ⓦ B.轂ⓦ　2. 準ⓦ　3. A.翻然ⓦ B.慢然而ⓦ
4. A.仍與之ⓨ B.乃與之ⓨ　5. 少ⓦ　6. 不宜遠至此《論衡・道虛》7/5a
7. 《論衡・道虛》「光」上空一字。　8. 而載乎ⓦ
9. 此其比ⓨ　10. A.䆠《太平御覽》卷37p.174 B.㝗《劉績本》18/26a
11. 編者按：準上句補。　12. 俞樾云：「柸治」即「不怡」。
13. 編者按：武后新造字「人」作「𤯔」，「年」誤作「𤯔」，因讀作「人」。
14. 單《治要》p.722
15. 編者按：《呂氏春秋・具備》作「民」，此文作「人」者蓋避唐諱改。
16. 形ⓦ

罔兩問於景曰：「照照者，神明也？」景曰：「非也。」罔兩曰：「子何以知之？」景曰：「扶桑受謝，日炤宇宙，炤炤之光，輝燭四海。闔戶塞牖，則無由入矣。若神明，四通並流，無所不極，上際於天，下蟠於地，化育萬物而不可為象，俛仰之間而撫四海之外。照照何足以名之！」故老子曰：「天下之至柔，馳騁於天下之至堅。」

光耀問於無有曰：「子果有乎？其果無有（子）〔乎〕？」無有弗應也。光耀不得問，而（就）〔孰〕視其狀貌，冥[1]然忽然，視之不見其形，聽之不聞其聲，搏之不可得，望之不可極也。光耀曰：「貴矣哉，〔其〕孰能至于此乎！予能▸有無◂[2]矣，〔而〕未能無無也。及其為無無〔矣〕，又何從至於此哉！」故老子曰：「無有入于無間，吾是以知無為之有益也。」

白公勝慮亂，罷朝而立，到[3]杖策，錣[4]上貫頤，血流至地[5]而弗知也。鄭人聞之曰：「頤之忘，將何不忘哉！」此言精神之越於外，智慮之蕩於內，則不能漏理[6]其形也。是故神之所用者遠，則所遺者近也。故老子曰：「不出戶以知天下，不窺牖以見天道。其出彌遠，其知彌少。」此之謂也。

秦皇帝得天下，恐不能守，發邊戍，築長城，脩關梁，設障塞，具傳車，置邊吏。然劉氏奪之，若轉閉錘。昔武王伐紂，破之牧野，乃封比干之墓，表商容之閭，柴箕子之門，朝成湯之廟，發鉅橋之粟，散鹿臺之錢，破鼓折（抱）〔枹〕，弛弓絕絃，去舍露宿以示平易，解劍帶笏以示无仇。於此天下歌謠而樂之，諸侯執幣相朝，三十四世不奪。故老子曰：「善閉者，无關鍵而不可開也。善結者，無繩約而不可解也。」

尹需[7]學御，三年而無得焉，私自苦痛，常寢想之。中夜夢受秋駕於師。明日，往朝〔其〕師。望（之）〔而〕謂之曰：「吾非（受）〔愛〕道於子也，恐子不可予也。今日將教子以秋駕。」尹需[8]反走，北面再拜曰：「臣有（夭）〔天〕幸，今夕固夢受之。」故老子曰：「致虛極，守靜篤，萬物並作，吾以觀其復也。」

昔孫叔敖三得令尹，無喜志；三去令尹，无憂色；延陵季子，吳人願一以為王而不

1. 盲《莊子・知北遊》p.416　　2. 編者按：「有無」疑當作「無有」。
3. 倒Ⓛ　　4. 銳《韓非子・喻老》7/4a　　5. 履Ⓦ
6. 編者按：「理」、《文子・精誠》2/9b作「治」，此文作「理」者蓋避唐諱改。
7. 儒Ⓦ　　8. 儒Ⓦ

肯；許由，讓天下而弗受；晏子與崔杼盟，臨死地不變其儀；此皆有所遠通也。精神通於死生，則物孰能惑之！荊有佽非〔者〕，得寶劍於▸干隊◂[1]。還反度江，至於中流，陽侯之波，兩蛟挾繞其船。佽非謂枻舡者曰：「嘗〔見〕有如此而得活者乎？」對曰：「未嘗見也。」於是佽非（瞋目敎然）〔敎然瞋目〕攘臂拔劍，曰：「武（王）〔士〕可以仁義之禮說也，不可劫而奪也。此江中之腐肉朽骨，棄劍（而）〔以〕〔全〕己，余有奚愛焉！」赴江刺蛟，遂斷其頭，船中〔之〕人盡活，風波畢除，荊〔王〕爵為執圭。孔子聞之曰：「夫善（載）〔哉〕！〔不以〕腐肉朽骨棄劍者，佽非之謂乎！」故老子曰：「夫唯無以生為者，是賢於貴生焉。」

齊人淳于髡以從說魏王，魏王辯之。約車十乘，將使〔之〕荊，辭而行。（人）〔又〕以為從未足也，復以衡說〔魏王〕，其辭若然。魏王乃止其行而疏其身。失從（心）〔之〕志，而有不能成衡之事，是其所以〔為〕固也。夫言有宗，事有本。失其宗本，技能雖多，不若其寡也。故周鼎著倕，而使齕其指，先王〔有〕以見大巧之不可〔為〕也。故慎子曰：「▸匠人知為門，能以門◂[2]，所以不知門也，故必[3]杜然後能門。」

墨者有田鳩者，欲見秦惠王，約車申轅，留於秦，（周）〔三〕年不[4]得見。客有言之楚王者，往見楚王。楚王甚悅之，予以節，使於秦。至，因見（予之將軍之節）惠王，而說之。出舍，喟然而歎，告從者曰：「吾留秦三年不得見，不識道之可以從楚也。」物固有近之而遠，遠之而近者。故大人之行，不掩以繩，至所極而已矣。此〔《筦子》〕所謂（《筦子》）「（梟）〔鳥〕飛而（維）〔準〕繩」者。豐水之深千[5]仞，而不受塵垢，（於）〔投〕金鐵（鍼）焉，則形見於外。非不深且清也，魚鱉龍蛇莫（肯之）〔之肯〕歸也。是故石上不生五穀，禿山不游麋鹿，無所陰蔽（隱）也。

昔趙文子問於叔向曰：「晉六將軍，〔其〕孰先亡乎？」對曰：「〔其〕中行、知氏〔乎〕。」文子曰：「何（乎）〔故〕？」對曰：「其為政也，以苛為察，以切為明，以刻下為忠，以計多為功。譬之猶廓革者也，廓之，大則大矣，裂之道也。」故老子曰：「其政▸惛惛◂[6]，其民純純。其政察察，其民缺缺。」

1. 干遂《呂氏春秋・知分》p.578
2. 編者按：此文疑本作「匠人知為門以開」，今衍「能」字而「開」又譌為「門」，遂不成文義。　3. 編者按：「必」下當有「知」字。
4. 編者按：「不」、《呂氏春秋・首時》作「弗」，此文作「不」者蓋避漢諱改。
5. 十Ⓨ　6. 悶悶Ⓦ

景公謂太卜曰：「子之道何能？」對曰：「能動地。」晏子往見公，公曰：「寡人問太卜曰：『子之道何能？』對曰：『能動地。』地可動乎？」晏子默然不對。出，見太卜曰：「昔吾見句星在（房）〔駟〕心之閒，地其動乎？」太卜曰：「然。」晏子出，太卜走往見公曰：「臣非能動地，地固將動也。」田子陽聞之曰：「晏子默而不對者，不欲太卜之死〔也〕。往見太卜者，恐公之欺也。晏子可謂忠於上而惠於下矣。」故老子曰：「方而不割，廉而不劌。」

魏文侯觴諸大夫於曲陽。飲酒酣，文侯喟然歎曰：「吾獨無豫讓以為臣（子）〔乎〕！」蹇重舉白而進之，曰：「請浮君！」君曰：「何也？」對曰：「臣聞之，有命之父母不知孝（于）〔子〕，有道之君不知忠臣。夫豫讓之君，亦何如哉？」文侯受觴而飲〔之〕，釂而不獻，曰：「無管仲、鮑叔以為臣，故有豫讓之功。」故老子曰：「國家昏亂，有忠臣。」

孔子觀桓公之廟，有器焉，謂之宥卮。孔子曰：「▸善哉乎！得見此器◂[1]。」（頗）顧曰：「弟子取水！」水至，灌之，其中則正，其盈則覆。孔子造然革容曰：「善哉，持盈者乎！」子貢在側曰：「請問持盈。」曰：「揖而損之。」曰：「何謂揖而損之？」曰：「夫物盛而衰，樂極則[2]悲，日中而移，月盈而虧。是故聰明叡知，守之以愚；多聞博辯，▸守之以儉；武力毅勇，守之以畏；富貴廣大，守之以陋◂[3]；德施天下，守之以讓。此五者，先王所以守天下而弗失也。反此五者，未嘗不危也。」故老子曰：「服此道者不欲盈。夫唯不盈，是以能弊而不新成。」

武王問太公曰：「寡人伐紂天下，是臣殺其主而下伐其上也。吾恐後世之用兵不休，鬬爭無已，為之奈何？」太公曰：「甚善，王之問也！夫未得獸者，惟恐其創之小也；已得之，唯恐傷肉之多也。王若欲久持之，則塞民於兌，道全為無用之事，煩擾之教。彼皆樂其業，（供）〔佚〕其情，昭昭而道冥冥，於是乃去其督而載之（木）〔朮〕，解其劍而帶之笏。為三年之喪，令類不蕃。高辭卑讓，使民不爭。酒肉以通之，竽瑟以娛之，鬼神以畏之。繁文滋禮，以弇其質。厚葬久喪，以亶其家。含珠、鱗施、綸組，以貧其財。深鑿高壟，以盡其力。家貧族少，慮患者寡[4]。以此移風，可以持天下弗失。」故老子曰：「化而欲作，吾將鎮之以無名之樸也。」

1. 善哉！予得見此器《莊逵吉本》p.544　2. 而Ⓨ
3. 守以儉。富貴廣大，守以狹Ⓦ　4. 貧《道藏本》p.99.3

13 氾論訓

古者有鍪而綣領以王天下者矣，其德生而不（辱）〔殺〕，予而不奪，天下不非其服，同懷其德。當此之時，‣陰陽和平，風雨時節◂[1]，萬物蕃息，烏鵲之巢可俯而探也，禽獸可羈而從也，豈必褒衣博帶，句襟委章甫哉！

古者民澤處復穴，‣冬日則不勝霜雪霧露，夏日則不勝暑熱蟁虻◂[2]。聖人乃作為之築土構木，以為（宮室）〔室屋〕，上棟下宇，以蔽風雨，以避寒暑，而百姓安之。伯余之初作衣也，緂（麻）〔麻〕索縷，手經指挂，其成猶網羅。後世為之機杼勝複以便其用，而民得以揜形御寒。古者剡耜而耕，摩蜃而耨，木鉤而樵，抱甀而汲，民勞而利薄。後世為之耒耜耰鋤，斧柯而樵，桔皋而汲，民逸而利多焉。古者大川名谷，‣衝絕◂[3]道路，不通往來也，乃為窬木方板，以為舟航，故（也）〔地〕勢有无，得相委輸。（乃）為（靻）〔鞄〕蹻而超千里，肩負儋之勤也，而作為之楺輪建輿，駕馬服牛，民以致遠而不勞。為鷙禽猛獸之害傷人而无以禁御也，而作為之鑄金（鍜）〔鍛〕鐵，以為兵刃，猛獸不能為害。故（居）〔民〕迫其難則求其便，困其患則造其備，人各以其（所）知，去其所害，就其所利。常故不可循，器械不可因也，則先王之法度有移易者矣。

古之制，婚禮不稱主人，舜不告而娶，非禮也。立子以長，文王舍伯邑考而用武王，非制也。禮三十而娶，文王十五而生武王，非法也。夏后氏殯於阼階之上，殷人殯於兩楹之間，周人殯於西階之上，此禮之不同者也。有虞氏用瓦棺，夏后氏堲周，殷人用槨，周人牆置翣，此葬之不同者也。夏后氏祭於闇，殷人祭於陽，周人祭於日出以朝，此祭之不同者也。堯《大章》，舜《九韶》，禹《大夏》，湯《大（護）〔濩〕》，周《武象》，此樂之不同者也。故五帝異道而德覆天下，三王殊事而名施後世，此皆因時變而制禮樂者〔也〕[4]。譬猶師曠之施瑟柱也，所推移上下者无寸尺之度，而靡不中音。故通於禮樂之情者能作，（音）〔言〕有本主於中，而以知矩（彠）〔矱〕之所周者也。

---

1. 陰陽和平ⓦ
2. 編者按：《道藏本》無「霧露」二字。疑此文本作「冬日則不勝霜雪，夏日則不勝暑熱」，以「雪」、「熱」與上句「穴」字為韻，但《御覽》卷174p.851、卷945p.4196兩引已同今本，則如有誤衍，由來已久，無確證可稽。
3. 楊樹達云：疑為「衡絕」之誤。 4. 編者按：準上下文例補。

魯昭公有慈母而愛之，死為之練冠，故有慈母之服。陽侯殺蓼侯而竊其夫人，故大饗廢夫人之禮。先王之制，不宜則廢之；末世之事，善則著之；是故禮樂未始有常也。故聖人制禮樂，而不制於禮樂。治國有常，而利民為本。政教有經，而令行為上。苟利於民，不必法古。苟周於事，不必循舊。夫夏、商之衰也，不變法而亡。三代之起也，不相襲而王。故聖人法與時變，禮與俗化，衣服器械各便其用，法度制令各因其宜。故變古未可非，而循俗未足多也。

百川異源而皆歸於海，百家殊業而皆務（治於）〔於治〕。王道缺而《詩》作，周室廢、禮義壞而《春秋》作。《詩》、《春秋》、學之美者也，皆衰世之造也，儒者循之以教導於世，豈若三代之盛哉！以《詩》、《春秋》為古之道而貴之，又有未作《詩》、《春秋》之時。（失）〔夫〕道（之）〔其〕缺也，不若道其全也。誦先王之（詩）《書》，不若聞（得）其言；聞（得）其言，不若得其所以言。得其所以言者，言弗能言也。故道可道者，非常道也。

周公〔之〕[1]事文王也，行无專制，事无由己，身若不勝衣，言若不出口，▸有奉持於文王◂[2]，洞洞屬屬，如將不能，恐[3]失之，可謂能子矣。武王崩，成王幼少，周公繼文、（王）〔武〕之業，履天子之籍，聽天下之政，平夷狄之亂，誅管、蔡之罪，負扆而朝諸侯，誅賞制斷，無所顧（間）〔問〕，威動天地，聲懾海內，可謂能武矣。成王既壯，周公屬籍致政，北面委質而臣事之，請而後為，復而後行，无擅恣之志，无伐（矜）〔矜〕之色，可謂能臣矣。故一人之身而三變者，所以應時（矣）〔也〕。何況乎君數易世[4]，國數易君，人以其位，達其好憎，以其威勢供〔其〕嗜欲，而欲以一行之禮，一定之法，應時偶變，其不能中權，亦明矣。

故聖人所由曰道，所為曰事。道猶金石，一調不更；事猶琴瑟，每終改調。故法制禮義者，治（人）之具也，而非所以為治也。故仁以為經，義以為紀，此萬世不更者也。若乃人考其（身）才，而時省其用，雖日變可也。天下豈有常法哉！當於世事，得於人理，順於天地，祥於鬼神，則可以正治矣。

---

1. 編者按：依句式當有「之」字。今補。
2. A.有所奉持於前 ⓨ B.有奉持於前 ⓨ
3. 編者按：「恐」上脫一字，《禮記・祭義》p.810作「如將失之」，《外傳》7/3a作「若將失之」。 4. 楊樹達據《詮言篇》重文，以為「世」當作「法」。

古者民醇工厖，商（撲）〔樸〕女（重）〔童〕，是以政教易化，風俗易移也。今世德益衰，民俗益薄，欲以（撲）〔樸〕（重）〔童〕之法，治既弊之民，是猶无鏑銜（橛）策錣而御馯馬也。昔者，神農无制（今）〔令〕而民從，唐、虞有制令而无刑罰，夏后氏不負言，殷人誓，周人盟。逮至當今之世，忍訽而輕辱，貪得而寡羞，欲以神農之道治之，則其亂必矣。伯成子高辭為諸侯而耕，天下高（而）〔之〕。今時之人，辭官而隱處，為鄉邑之下，豈可同哉！古之兵，弓劍而已矣，槽柔无擊，脩戟无（別）〔刺〕。晚世之兵，隆衝以攻，渠幨以守，連弩以（躰）〔射〕，銷車以鬬。古之伐國，不殺黃口，不獲二毛。於古為義，於今為笑。古之所以為榮者，今之所以為辱也。古之所以為治者，今之所以為亂也。

夫神農、伏犧不施賞罰而民不為非，然而立政者不能廢法而治民。舜執（千）〔干〕戚而服有苗，然而征伐者不能釋甲兵而制（疆）〔彊〕暴。由此觀之，法度者，所以論民俗而節緩急也；器械者，因時變而制宜適〔也〕。

夫聖人作法而‣萬物‣[1]制焉，賢者立禮而不肖者拘焉。制法之民，不可與（達辱）〔遠舉〕；拘禮之人，不可使[2]應變。耳不知清濁之分者，不可（今）〔令〕調（意）〔音〕；〔心〕不知治亂之源者，不可令制法〔度〕。必有獨聞之（耳）〔聽〕，獨見之明，然後能擅道而行（矣）〔也〕。

夫殷變夏，周變殷，春秋變周，三代之禮不同，何古之從！大人作而弟子循。知法治所由生，則應時而變；不知法治之源，雖循古，終亂。今世之法（藉）〔籍〕與時變，‣禮義‣[3]與俗易，為學者循先襲業，據籍守舊（教），以為非此不治，是猶持方枘而周員鑿也，欲得宜適致固焉，則難矣。今儒墨者稱三代、文武而弗行〔也〕，是言其所不行也；非今時之世而弗改，是行其所非也。稱其所是，行其所非，是以盡日極慮而无益於治，勞形竭智而无補於主也。今夫圖工好畫鬼魅，而憎圖狗馬者，何也？鬼魅不世出，而狗馬可日見也。夫存危治亂，非智不能；（道而）〔而道〕先稱古，雖愚有餘。故不用之法，聖王弗行；不驗之言，‣聖王‣[4]不聽〔也〕。

天地之氣，莫大於和，和者，陰陽調，日夜分，而生物。春分而生，秋分而成，生之與成，必得和之精。故聖人之道，寬而栗，嚴而溫，柔而直，猛而仁。太剛則折，太

1. A.萬民㊉ B.愚民㊉　2. 以《治要》p.723
3. 楊樹達云：「禮義」即「禮儀」。　4. 明主《治要》p.723

柔則卷，聖人正在剛柔之閒，乃得道之本。積陰則沉，積陽則飛，陰陽相接，乃能成和。

夫繩之為度也，可卷而（伸）〔懷〕也，引而伸之，可[1]直而（晞）〔睎〕〔也〕[2]，故聖人以身體之。夫脩[3]而不橫，短而不窮，直而不剛，久而不（志）〔忘〕者，其唯繩乎！故恩推則懦，懦則不威；嚴推則猛，猛則不和；愛推則縱，縱則不令；刑推則虐，虐則无親。昔者，齊簡公釋其國家之柄，而專任其大臣將相，攝威（檀）〔擅〕勢，私門成黨，而公道不行，故使陳成（田）常、鴟夷子皮得成其難。使呂氏絶祀而陳氏有國者，此柔懦所生也。鄭子陽剛毅而好罰，其於罰也，執而无赦。舍人有折弓者，畏罪而恐誅，則因猘狗之驚以殺子陽，此剛猛之所致也。今不知道者，見柔懦者侵，則矜於為剛毅；見剛毅者亡，則矜於為柔懦。此（本无）〔无本〕主於中，而聞見舛馳於外者也，故終身而无所定趨。譬猶不知音者之歌也，濁（一）〔之〕則鬱而无轉，清之則（燋）〔憔〕而不（謳）〔調〕。及至韓娥、秦青、薛談之謳。侯同、曼聲之歌，憤於志，積於內，盈而發音，則莫不比於律而和於人心。何則？中有本主以定清濁，不受於外而自為儀表也。今夫盲者行於道，人謂之左則左，謂之右則右，遇君子則易道，遇小人則▶陷溝壑◀[4]。何則？目無以接物也。故魏兩用樓翟、吳起而亡西河，湣王專用淖齒而死于東廟，無術以御之也。文王兩用呂望、召公奭而王，楚莊王專任孫叔敖而霸，有術以御之也。

夫弦歌鼓舞以為樂，盤旋揖讓以脩禮，厚葬久喪以送死，孔子之所立也，而墨子非之。兼愛上賢，右鬼非命，墨子之所立也，而楊子非之。全性保真，不以物累形，楊子之所立也，而孟子非之。趨捨人異，各有曉心。故是非有處，得其處則無非，失其處則無是。丹穴、太蒙、反踵、空同、大夏、北戶、奇肱、脩股之民，是非各異，習俗相反，君臣上下，夫婦父子，（自）〔有〕以相使也。此之是，非彼之是也；此之非，非彼之非也；譬若斤斧椎鑿之各有所施也。

禹之時，以五音▶聽治◀[5]，懸鍾鼓磬鐸，置鞀，以待四方之士，為號曰：「教寡人以道者擊鼓，諭寡人以義者擊鍾，告寡人以事者振鐸，語寡人以憂者擊磬，▶有獄訟者

1. 編者按：「可」上疑脫「口而口口」四字，與下句「引而伸之」成對文。
2. 編者按：準上句補。
3. 編者按：「脩」字本作「長」，蓋避淮南王諱改。 4. 陷於溝壑Ⓦ
5. 聽政Ⓨ〈鄭良樹云：「聽治」作「聽政」蓋承唐人避高宗諱改。〉

搖鞀◂[1]。」當此之時，一饋而十[2]起，一沐而三捉髮，以勞天下之民，此而不能達善效忠者，則才不足也。秦之時，高為臺榭，大為苑囿，▸遠為馳道◂[3]，鑄金人，發適戍，入芻稾，頭會箕賦[4]，輸於少府。丁壯丈夫，西至臨洮、狄道，東至會稽、浮石，南至豫章、桂林，北至飛狐、陽原，道路死人以溝量。當此之時，忠諫者謂之不祥，而道仁義者謂之狂。逮至高皇帝，存亡繼絶，舉天下之大義，身自奮袂執銳，以為百姓請命于皇天。當此之時，天下雄儁豪英暴露于野澤，前蒙矢石，而後墮谿壑，出百死而紿一生，以爭天下之權，奮武厲誠，以決一（且）〔旦〕之命。當此之時，豐衣博帶而道儒墨者，以為不肖。逮至暴亂已勝，海內大定，繼文之業，立武之功，履天子之（圖）籍，造劉氏之（貌）冠，揔[5]鄒、魯之儒墨，通先聖之遺教，戴天子之旗，乘大路，建九斿，撞大鍾，擊鳴鼓，奏《咸池》，揚干戚。當此之時，有立武者見疑。一世之間，而文武代為雌雄，有時而用也。今世之為武者則非文也，為文者則非武也，文武更相非，而不知時世之用也。此見隅曲之一指，而不知八極之廣大也。故東面而望，不見西牆；南面而視，不覩北方；唯無所嚮者，（則）〔為〕[6]無所不通。

國之所以存者，道德也；家之所以亡者，理塞也。堯無百戶之郭，舜無植[7]錐之地，以有天下。禹無十人之眾，湯無七里之分，以王諸侯。文王處（歧）〔岐〕周之間也，地方不過百里，而立為天子者，有王道也。夏桀、殷紂之盛也，人跡所至，舟車所通，莫不為郡縣，然而身死人手，▸為天下◂[8]笑者，有亡形也。故聖人見化以觀其徵。德有昌[9]衰，風先萌焉。故得王道者，雖小必大；有亡形者，雖成必敗。夫夏之將亡，太史令終古先奔於商，三年而桀乃亡。殷之將敗也，太史令向藝[10]先歸文王，朞年而紂乃亡。故聖人之見存亡之迹，成敗之際也，非乃[11]鳴條之野，甲子之日也。今謂（疆）〔彊〕者勝則度地計眾，富者利則量粟〔而〕稱金，若此，則（千）〔萬〕乘之君無不霸王者，而（萬）〔千〕乘之國無不破亡者矣。存亡之迹，若此其易知也，愚（夫）〔夫〕（惷）〔惷〕婦皆能論之。趙襄子以晉陽之城霸，智伯以三晉之地擒；湣王以大齊亡，田單以即墨有功。故國之亡也，雖大不足恃；道之行也，雖小不可輕。由此觀之，（有）〔存〕在得道而不在於大也，亡在失道而不在於小也。《詩》云：「乃眷西顧，此惟與宅。」言去殷而遷于周也。故亂國之君，務廣其地而不務仁義，務高其位而不務道德，是釋其所以存，而造其所以亡也。故桀囚於焦門，而不能自非其所行，而悔

1. 編者按：《鬻子・上禹政篇》作「語寡人以訟獄者揮鞀。」則此文似亦當作「語寡人以獄訟者搖鞀。」
2. 七Ⓦ
3. 造馳道數千里Ⓨ
4. 歛Ⓨ
5. 總Ⓛ
6. 編者按：依句式改。
7. 置《道藏本》p.104.1
8. 而為天下Ⓨ
9. 盛Ⓦ
10. 摯Ⓨ
11. 待Ⓦ

不殺湯於夏臺；紂拘於宣室，而不反其過，而悔〔其〕不誅文王於羑里。二君處彊大〔之〕勢（位），〔而〕[1]脩仁義之道，湯、武救罪之不給，何謀之敢（當）〔慮〕〔乎〕！若上亂三光之明，下失萬民之心，誰[2]微湯、武，孰弗能奪也？今不審其在己者，而反備▸之于◂[3]人，天下非一湯、武也，殺一人，則必有繼之者也。且湯、武之所以處小弱而能以王者，以其有道也；桀、紂之所以處彊大而〔終〕見奪者，以其无道也。今不行人之所以王（者），而反益己之所以奪〔者〕，是趨亡之道也。

武王剋殷，欲築宮於五行之山。周公曰：「不可！夫五行之山，固塞險阻之地也。使我德能覆之，則天下納其貢職者迴也。使我有暴亂之行，則天下之伐我難矣。」此所以三十六世而不奪也。周公可謂能持滿矣。

昔者，《周書》有言曰：「上言者，下用也；下言者，上用也。上言者，常也；下言者，權也。」此存亡之術也。唯聖人為能知權。言而必信，期而必當，天下之高行也。直躬其父攘羊而子證之，尾生與婦人期而死之。直而證父，信而（溺）死〔女〕，雖有直信，孰能貴之！夫三軍矯命，過之大者也。秦穆公興兵襲鄭，過周而東。鄭賈人弦高將西（敗）〔販〕牛，道遇秦師於周、鄭之閒，乃矯鄭伯之命，犒以十二牛，賓秦師而卻之，以存鄭國。故事有所至，信反為過，誕反為功。何謂失禮而有大功？昔楚恭王〔與晉厲〕戰於陰陵，〔呂錡射恭王〕，〔中厥目而擒之〕[4]，潘尪、養由基、黃衰微、公孫丙相與篡之。恭王懼而失（體）〔禮〕[5]，黃衰微舉足蹴其體，恭王乃覺。怒其失禮，奮體而起，四大夫載而行。昔蒼吾繞娶妻而美，以讓兄，此所謂忠愛而不可行者也。是故聖人論事之（局）曲直，與之屈伸偃仰，無常儀表，時屈時伸。（卑）弱柔如蒲韋[6]，非攝奪也；剛彊猛毅，志厲青雲，非（本）〔夸〕矜也；以乘時應變也。

夫君臣之接，屈膝卑拜，以相尊禮也；至其迫於患也，則舉足蹴其體，天下莫能非也。是故忠之所在，禮不足以難之也。孝子之事親，和顏卑體，奉帶運履；至其溺也，則▸捽其髮而拯◂[7]，非敢驕侮，以救其死也。故溺則捽父，祝則名君，勢不得不然也。此權之所設也。故孔子曰：「可以共學矣，而未可與適道也。可與適道，未可以立也[8]。可以立，未可與權。」權者、聖人之所獨見也。故忤而後合者，謂之知權；合而

1. 編者按：「而」讀為「如」。　2. 雖《道藏本》p.104.3
3. 諸乎《治要》p.723〈編者按：「諸乎」疑本作「之乎」。〉
4. 編者按：據高注補。《影鈔宋本》高注「射」下衍「於」字，「目」譌作「因」。
5. 編者按：據下文「怒其失禮」改。　6. 葦ⓨ
7. 攬其髮而拯之ⓦ
8. 引文見《論語・子罕》p.81。今本《論語》作「可與共學，未可與適道；可與適道，未可與立；可與立，未可與權。」

後舛者，謂之不知權。不知權者，善反醜矣。故禮者、實之華而偽之文也，方於卒迫窮遽之中也，則无所用矣。是故聖人以文交於世，而以實從事於宜，不結於一迹之塗，凝滯而不化，是故敗事少而成事多，號令行于天下而莫之能非矣。

猩猩知往而不知來，乾鵠知來而不知往，此脩短之分也。昔者萇弘、周室之執數者也，天地之氣，日月之行，風雨之變，律曆之數，无所不通，然而不能自知，（車）〔鈹〕裂而死。蘇秦、匹夫徒步之人也，（靼）〔鞀〕蹻嬴蓋，經營萬乘之主，服諾諸侯，然〔而〕[1]不能自免於車裂之患。徐偃王被服慈惠，身行仁義，陸地之朝者三十二國，然而身死國亡，子孫無類。大夫種輔翼越王句踐，而為之報怨雪恥，禽[2]夫差之身，開地數千里，然而身伏屬鏤而死。此皆達於治亂之機，而未知全性之具者。故萇弘知天道而不知人事，蘇秦知權謀而不知禍福，徐偃王知仁義而不知時，大夫種知忠而不知謀。

聖人則不然，論世而為之事，權事而為之謀，是故[3]舒之天下而不窕，內之尋常而不塞。使天下荒亂，禮義絶，綱紀廢，（姜）〔彊〕弱相乘，力征相攘，臣主无差，貴賤无序，甲冑生蟣虱，燕雀處帷幄，而兵不休息，而乃始服屬臾之貌、恭儉之禮，則必滅抑而不能興矣。天下安寧，政教和平，百姓肅睦，上下相親，而乃始立氣矜，奮勇力，則必不免於有司之法矣。是故聖人者，能陰能陽，能弱能（姜）〔彊〕，隨時而動靜，因資而立功，物動而知其反，事萌而察其變，化則為之象，運則為之應，是以終身行而无所困。

故事有可行而不可言者，有可言而不可行者，有[4]易為而難成者，有[5]難成而易敗者。所謂可行而不可言者，趨舍也；可言而不可行者，偽詐也；易為而難成者，事也；難成而易敗者，（名）〔治〕也。此四策者，聖人之所獨見[6]而留意[7]也。詘寸而伸尺，聖人為之；小枉而大直，君子行之。周公有殺弟之累，齊（植）〔桓〕有爭國之名，然而周公以義補缺，桓公以功滅醜，而皆為賢。今以人之小過揜其大美，則天下无聖王賢相矣。故目中有疵，不害於視，不可灼也；喉中有病，无害於息，不可鑿也。河上之丘冢，不可勝數，猶之為易也。水激興波，高下相臨，差以尋常，猶之為平〔也〕[8]。昔

1. 編者按：依上下文例補。　2. 擒Ⓦ　3. 以Ⓨ　4. 或Ⓦ
5. 或Ⓦ　6. 視《治要》p.724
7. 編者按：《治要》p.724作「志」，此文作「意」者蓋避漢諱改。
8. 編者按：準上文補。

者曹子為魯將兵，三戰不勝，亡地千里。使曹子計不顧後，足不旋踵，刎頸於陳中，則終身為破軍擒將矣。然而曹子不羞其敗，恥死而无功。柯之盟，（楡）〔揄〕三尺之刃，造桓公之胸，三戰所亡，一朝而反之，勇聞于天下，功立於魯國。管仲輔公子糾而不能遂，不可謂智；遁逃奔走，不死其難，不可謂勇；束（縛）〔縳〕桎梏，不諱其恥，不可謂貞。當此三行者，布衣弗友，人君弗臣。然而管仲免於‣束縛◂[1]之中，立齊國之政，九合諸侯，一匡天下。使管仲出死捐軀，不顧後圖，豈有此霸功哉！

今人君〔之〕[2]論其臣也，不計其大功，揔其略行，而求〔其〕小善，則失賢之數也。故人有厚德，無（問）〔閒〕其小節；而[3]有大譽，无疵其小故。夫牛蹏之涔[4]不能生鱣鮪，而蜂房‣不容◂[5]鵠卵，小形不足以包大體也。夫人之情，莫不有所短。誠其大略是也，雖有小過，不足以為累。若其大略非也，雖有閭里之行，未足大舉。夫顏（喙）〔啄〕聚、梁父之大盜也，而為齊忠臣。段干木、晉國之大駔也，而為文侯師。孟卯妻其嫂，有五子焉，然而相魏，寧其危，解其患。景陽淫酒，被髮而御於婦人，〔然而〕[6]威服諸侯。此四人者，皆有所短，然而功名不滅者，其略得也。季（襄）〔哀〕、（陣）〔陳〕仲子立節抗行，不入洿君之朝，不食亂世之食，遂餓而死。不能存亡接絶者何？小節伸而大略屈。故小謹者无成功，訾行者不容於眾，體大者節疏，蹠距者舉遠。

自古及今，五帝三王，未有能全其行者也。故《易》曰：「小過亨，利貞。」言人莫不有過，而不欲其大也。

夫堯、舜、湯、武，世主之隆也；齊桓、晉文，五霸之豪英也。然堯有不慈之名，舜有卑父之謗，湯、武有放弒之事，伍伯有暴亂之謀。是故君子不責備於一人，方正而不以割，廉直而不以切，博通而不以訾，文武而不以責。求於（一）人則任以人力，自脩則以道德。責人以人力，易償也；自脩以道德，難為也。難為則行高矣，易償則求贍矣。夫夏后氏之璜不能无考，明月之珠不能无纇，然而天下寶之者，何也？其小惡不足〔以〕妨大美也。今志人之所短，而忘人之所脩[7]，而求得（其）賢乎天下，則難矣。

1. 累紲㊉　2. 編者按：依句式補。
3. 編者按：「而」讀為「如」。　4. 窪㊉　5. 不能容㊉
6. 編者按：依上文文例補。
7. 編者按：《文子・上義》11/8b作「長」此文作「脩」者蓋避淮南王諱改。

夫百里奚之飯牛，伊尹之負鼎，太公之鼓刀，甯戚之商歌，其美有存焉者矣。眾人見其位之卑賤，事之洿辱，而不知其大略，以為不肖。及其為天子三公，而立為諸侯賢相，▸乃始信於異眾也◂[1]。夫發于鼎俎之閒，出于屠酤之肆，解于累紲之中，興于牛頷之下，洗之以湯沐，祓之以爟火，立之于本朝之上，倚之于三公之位，內不慚於國家，外不愧於諸侯，符勢有以內合。故未有功而知其賢者，〔唯〕堯之知舜〔也〕；功成事立而知其賢者，市人之知舜也。為是釋度數而求之於朝肆草莽之中，其失人也必多矣。何則？能效其求，而不知其所以取人也。

夫物之相類者，世主[2]之所亂惑也；嫌疑肖象者，眾人之所眩耀〔也〕。故（很）〔狠〕者類知而非知〔也〕，愚者類▸仁◂[3]而非▸仁◂[4]〔也〕，戇者類勇而非勇也。使人之相去也，若玉之與石，（美）〔葵〕之與（惡）〔莧〕，則論人易矣。夫亂人者，〔若〕芎藭之與槀本也，蛇床之與麋蕪也，（此皆相似者）。故劍工或劍之似莫邪者，唯歐冶能名其種；玉工眩（王）〔玉〕之似碧盧者，唯猗頓不失其情；闇主亂于姦臣小人之疑君子者，唯聖人能見微以知明。故蛇舉首尺，而脩短可知也；象見其牙，而大小可論也。薛燭庸子見若▸狐甲◂[5]於劍而利鈍識矣；臾兒、易牙，淄、澠之水合者，嘗一哈水如[6]甘苦知矣。故聖人之論賢也，見其一行而賢不肖分也。孔子辭廩丘，終不盜刀鉤；許由讓天子[7]，終不利封侯。故未嘗灼而不敢握火者，見其有所燒也；未嘗傷而不敢握刃[8]者，見其有所害也。由此觀之，見者可以論未發也，而觀小節足以知大體矣。故論人之道，貴則觀其所舉，富則觀其所施，窮則觀其所不受，賤則觀其所不為，貧則觀其所不取。視其更難，以知其勇；動以喜樂，以觀其守；委以貨財，以論其（人）〔仁〕；振以恐懼，以知其節；則人情備矣。

古之善賞者，費少而勸眾；善罰者，刑省而姦禁；善予者，用約而為德；善取者，入多而无怨。趙襄子圍於晉陽，罷圍而賞有功者五人，高赫為賞首。左右曰：「晉陽之難，赫无大功，今為賞首，何也？」襄子曰：「晉陽之圍，寡人社稷危，國家殆，群臣无不有驕侮之心，唯赫不失君臣之禮。」故賞一人，而天下〔之〕為（忠之）臣[9]者，莫不終忠於其君。此賞少而勸（善）（者眾）〔眾者〕也。齊威王設大鼎於庭中，而數无鹽（今）〔令〕曰：「子之譽，日聞吾耳。察子之事，田野蕪，倉廩虛，囹圄實。子

1. 編者按：此句疑本作「乃始信其異於眾也」，今「信」下脫「其」字，「於」字又誤在「異」字上，文義遂不可通。 2. 人Ⓨ 3. 君子《治要》p.724
4. 君子《治要》p.724 5. 俞樾云：疑當作「爪甲」。
6. 編者按：「如」讀為「而」。 7. 下Ⓨ 8. 刃《道藏本》p.108.2
9. 編者按：「臣」本作「悳」，而「忠」即「悳」之形近而衍。

以姦事我者也。」乃烹之。齊以此三十二歲道路不拾遺。此刑省〔而〕姦禁者也。秦穆公出遊而車敗，右服失（馬），野人得之。穆公追而及之岐山之陽，〔見〕野人方屠而食之。穆公曰：「夫食駿馬之肉，而不還飲酒者，傷人。吾恐其傷汝等。」徧飲而去之。處一年，與晉惠公為韓之戰，晉師圍穆公之車，梁由靡扣穆公之驂，〔將〕獲之。食馬肉者三百餘人，皆出死為穆公戰於車下，遂克晉，〔反〕虜惠公以歸。此用約而為得[1]者也。齊桓公將欲征伐，甲兵不足，▸令有重罪者出犀甲一戟，有輕罪者贖以金分◂[2]，訟而不勝者出一束箭。百姓皆說，乃矯箭為矢，鑄金而為刃，以伐不義而征无道，遂霸天下。此入多而无怨者也。故聖人因民之所喜而勸善，因民之所惡[3]以[4]禁姦，故賞一人而天下譽之，罰一人而天下畏之。故至賞不費，至刑不濫。孔子誅少正卯而魯國之邪塞，子産誅鄧析而鄭國之姦禁，以近論遠，以小知大也。故聖人守約而治廣者，此之謂〔也〕。

天下莫易於為善，而莫難於為不善（也）。所謂為善者，靜而无為也；所謂為不善者，躁而多欲也。適情辭〔餘〕，无所誘或[5]，循性保真，无變於己，故曰為善易〔也〕。越城郭，踰險塞，姦符節，盜管（金）〔璽〕，篡弒矯誣，非人之性也，故曰為不善難〔也〕。今人〔之〕所以犯囹圄之罪，而陷於刑戮之患者，由嗜慾无厭，不循度量之故也。何以知其然？天下縣官法曰：「發墓者誅，竊盜者刑。」此執政之所司也。夫法令（者）罔其姦邪，（勤）〔勒〕率隨其蹤跡，无愚夫（惷）〔惷〕婦，皆知為姦之无脫也，犯禁之不得免也。然而不材子不勝其欲，蒙死亡之罪，而被刑戮之羞。（然而）立秋之後，司寇之徒繼踵於門，（不）〔而〕死市之人血流於路。何則？惑於財利之得，而蔽於死亡之患也。（夫今）〔今夫〕陳卒設兵，兩軍相當，將施令曰：「斬首〔者〕拜爵，而屈撓者要斬。」然而隊（階）〔伯〕之卒皆不能前遂斬首之功，而後被要斬之罪，是去恐死而就必死也。故利害之反，禍福之接，不可不審也。

事或欲之，適足以失之；或避之，適足以就之。楚人有乘船而遇大風者，波至而〔恐〕，自投▸於水◂[6]。非不貪生而畏死也，或於恐死而反忘生也。故人之嗜慾，亦猶此也。齊人有盜金者，當市繁之時，至掇而走。勒問其故曰：「而盜金於市中，何也？」對曰：「吾不見人，徒見金耳！」▸志所欲，則忘其為矣◂[7]。是故聖人審動靜之

1. 德《莊逵吉本》p.595
2. A.制重罪贖以犀甲一戟，輕罪者贖以鞼盾一戟，小罪讁以金分ⓨ B.死罪以犀甲一戟，刑罰以脅盾一戟，過罰以金ⓨ　3. 憎ⓦ　4. 而ⓦ
5. 惑《治要》p.724　6. 水中《治要》p.724
7. 志有所欲，即忘其所為ⓦ

變，而適受與之度，理好憎之情，〔而〕和喜怒之節。夫動靜得，則患弗（過）〔遇〕也；受與適，則罪弗累也；好憎理，則憂弗近也；喜怒節，則怨弗犯也。故達道之人，不苟得，不（讓）〔攘〕福；其有弗棄，非其有▸弗索◂[1]，▸常滿◂[2]而不溢，▸恒虛◂[3]而易足。

今夫霤水足以溢壺榼，而江、河不能實漏巵，故人心猶是也。自當以道術度量，食充虛，衣（御）〔禦〕寒，則足以養七尺之形矣。若无道術度量而以自儉約，則萬乘之勢不足以為尊，天下之富不足以為樂矣。孫叔敖三去令尹而无憂色，爵祿不能累也；荊佽非兩蛟夾繞其船而志不動，怪物不能驚也。聖人心平志易，精神內守，物莫足以惑之。

夫醉者，俛入城門，以為七尺之閨也；超江、淮，以為尋常之溝也；酒濁其神也。（法）〔怯〕者，夜見立表，以為鬼也；見寢石，以為虎也；懼揜其氣也。又況（无）〔乎〕[4]天地之怪物乎！夫雌雄相接，陰陽相薄，羽者為雛鷇，毛者為駒犢，柔者為皮肉，堅者為齒角，人弗怪也；水生蠬蜃，山生金玉，人弗怪也；老槐生火，久血為燐，人弗怪也。山出（嘄）〔梟〕陽，水生罔象，木生畢方，井生墳[5]羊，人怪之，聞見鮮而識物淺也。天下之怪物，聖人之所獨見；利害之反覆，知者之所獨明達也。

同異嫌疑者，世俗之所眩惑也。夫見不可布於海內，聞不可明於百姓，是故因鬼神禨祥而為之立禁，總形推類而為之變象。何以知其然也？世俗言曰：「饗大高者而彘為上牲，葬死人者裘不可以藏，相戲以刃者太祖軵其肘，枕戶橉而臥者鬼神蹠其首。」此皆不著於法令，而聖人之所不口傳也。夫饗大高而彘為上（性）〔牲〕者，非彘能賢於野獸麋鹿也，而神明獨饗之，何也？以為彘者，家人所（當）〔常〕畜而易得之物也，故因其便以尊之。〔葬死人〕裘不可以藏者，非▸能具◂[6]綈綿[7]曼帛溫煖於身也，世以為裘者，難得貴賈之物也，而可傳於後世，无益於死者，而足以養生，故因其資以讋之。相戲以刃太祖軵其肘者，夫以刃相戲，必為過失，過失相傷，其患必大，无涉血之仇爭忿鬬，而以小事自內於刑戮，愚者所不知忌也，故因太祖以累其心。枕戶橉而臥，鬼神（履）〔蹠〕其首者，使鬼神能玄化，則不待戶牖（之）〔而〕行，若循虛而出入，則

1. 弗索也ⓦ　2. 編者按：《治要》作「恒盈」此文作「滿」者蓋避漢諱改。
3. 編者按：《治要》作「常虛」，兩「恒」字《治要》及本書均一作「恒」，一作「常」，蓋後人避重複改耳。　4. 編者按：「无」乃「乎」之形誤。
5. 羵ⓨ　6. 能勝於ⓨ　7. 錦ⓨ

亦无能履也，夫戶牖者、風氣之所從往來，而風氣者、陰陽粗（捔）〔觕〕者也，離者必病，故託鬼神以申誡之也。凡此之屬，皆不可勝著於書策竹帛而藏於宮府者也，故以禨祥明之。為愚者之不知其害，乃借鬼神之威以聲其教，所由來者遠矣。而愚者以為禨祥，而（很）〔狠〕者以為非，唯有道者能通其志。

今世之祭井竈、門戶、箕帚、（曰）〔臼〕杵者，非以其神為能饗之也，恃賴其德，煩（若）〔苦〕之无已也。是故以時見其德，所以不忘其功也。觸（右）〔石〕而出，膚寸而合，不崇朝而〔徧〕雨天下者，唯太山；赤地三年而不絕流，澤及百里而潤草木者，唯江、河也；是以天子祑[1]而祭之。故馬免人於難者，其死也葬之，〔以帷為衾〕；牛〔有德於人者〕，其死也葬〔之〕，以大車〔之箱〕為薦。牛馬有功，猶不可忘，又況人乎！此聖人所以重仁襲恩。故炎帝（於）〔作〕火，死而為竈；禹勞〔力〕天下，死〔而〕為社；（后稷）〔周棄〕作稼穡，（而死）〔死而〕為稷；羿除天下之害，死而為宗布。此鬼神之所以立。

北楚有任俠者，其子孫數諫而止之，不聽也。縣有賊，大搜其廬，事果發覺，夜驚而走，追，道及之，其所施德者皆為之戰，得免而遂反；語其子曰：「汝數止吾為俠。今有難，▸果賴而免身。而諫我◂[2]，不可用也。」知所以免於難，而〔不〕知所以无難，論事如此，豈不惑哉！

宋[3]人有嫁子者，告其子曰：「嫁未必成也。有如出，不可不私藏。私藏而富，其於以復嫁易。」其子聽父之計，竊而藏之。君[4]公知其盜也，逐而去之。其父不自非也，而反得其計。知為出藏財，而不知藏財所以出也，為論如此，豈不勃哉！

今夫僦載者，救一車之任，極一牛之力，為軸之折也，有（如）〔加〕▸轅軸◂[5]其上以為造，不知▸軸轅◂[6]之趣軸折也。

楚王（之）佩玦而逐（菟）〔兔〕，為走而破其玦也，因佩兩玦以為之豫，兩玦相觸，破乃逾疾。亂國之治，有似於此。

夫鴟目大而（睡）〔眎〕不若鼠，蚈足眾而走不若蚰，物固有大不若小，眾不若少

1. 秩《道藏本》p.110.2
2. 皆賴而身免，汝諫Ⓨ
3. 衛Ⓦ
4. 若Ⓨ
5. 輴Ⓨ
6. 輴Ⓨ

者。及至夫彊之弱，弱之彊，危之安，（在）〔存〕之亡也，非聖人，孰能觀之！大小尊卑，未足以論也，唯道之在者為貴。何以明之？天子處於郊亭，則九卿趨，大夫走，坐者伏，倚者齊。當此之時，明堂太廟，懸冠解劍，緩帶而寢。非郊亭大而廟堂狹小也，至尊居之也。天道之貴也，非特天子之為尊也，所在而眾仰之。夫蟄蟲鵲巢，皆嚮‣天一◂[1]者，至和在焉爾。帝者誠能包稟道，合至和，則禽獸草木莫不被其澤矣，而況兆民乎！

14 詮言訓

洞同天地，渾沌為樸，未造而成物，謂之太一。同出於一，所為各異，有鳥有魚有獸，謂之分物。方以類別，物以群分，性命不同，皆形於有。隔而不通，分而為萬（物）〔殊〕，莫能（及）〔反〕宗，故動而為[2]之生，死而為[3]之窮。皆為物矣，非不物而物物者也，物物者亡乎萬物之中。

稽古太初，人生於无，‣形於有◂[4]，有形而制於物。能反其所生，若未有形，謂之真人。真人者，未始分於太一者也。

聖人不（以）〔為〕名尸，不為謀府，不為事任，不為智主。藏無形，行無迹，遊无朕。不為福先，不為禍始。保於虛無，動於不得已，欲福者或為禍，欲利者或離害。故无為而寧者，失其所以寧則危；无事而治者，失其所以治則亂。星列於天而明，故人指之；義列於德而見，故人視之。人之所指，動則有章；人之所視，行則有迹。動有章則（詞）〔訶〕，行有迹則議，故聖人掩明於不形，藏迹於無為。

王子慶忌死於劍，羿死於桃棓，子路菹於衛，蘇（奉）〔秦〕死於（日）〔口〕。

人莫不貴其所（有）〔脩〕，而賤其所短，然而皆溺其所貴，而極其所賤，所貴者有形，所賤者无朕也。故虎豹之彊來射，蝯狖之捷來措[5]。人能貴其所賤，賤其所貴，可與言至論矣。

---

1. 楊樹達云：疑當作「太一」。　2. 編者按：「為」讀為「謂」。
3. 編者按：「為」讀為「謂」。　4. 成形於有 Ⓨ
5. 楊樹達云：「措」借為「籍」。參《繆稱》、《說林》。

自信者不可以誹譽遷也，知足者不可以勢利誘也，故通性之情者，不務性之所無以為；通命之情者，不憂命之所無奈何；通於道者，物莫（不）足〔以〕[1]滑其（調）〔和〕[2]。

詹何曰：「未嘗聞身治而國亂者也。未嘗聞身亂而國治者也。」矩不正，不可以為方；規不正，不可以為員；身者，事之規矩也。未聞枉己而能正人者也。

原天命，治心術，理好憎，適情性，則治道通矣。原天命則不惑禍福，治心術則不（忘）〔妄〕喜怒，理好憎則不貪無用，適情性則欲不過節。不惑禍福則動靜循理，不妄喜怒則賞罰不阿，不貪无用則不以欲（用）害性，欲不過節則養性知足。凡此四者，弗求於外，弗假於人，反己而得矣。

天下不可以智為也，不可以慧識也，不可以事治也，不可以仁附也，不可以強勝也。五者、皆人才也，德不盛，不能成一焉。德立則五无殆，五見則德无位矣。故得道則愚者有餘，失道則智者不足。

度水而无游數，雖強必沉；有游數，雖羸必遂；又況託於舟航之上乎！

為治之本，務[3]在於安民。安民之本，在於足用。足用之本，在於勿奪時。勿奪時之本，在於省事。省事之本，在於節欲。節欲之本，在於反性。反性之本，在於去載。去載則虛，虛則平。平者，道之素也；虛者，道之舍也。

---

1. 編者按：《俶真》「不足以滑其和」，《精神》「何足以滑和」，並有「以」字，足證此文「足」下脫「以」字。
2. 王念孫《讀書雜志》p.889列舉今本《淮南》作「調」而實當作「和」者五例，除此文外更有《兵略》一例，及《泰族》三例，並云：「『和』、『調』二字形聲皆不相近，無因致誤，而以上五段，『和』字皆誤作『調』，殊不可解。」編者按：傳世《淮南子》由許《注》本與高《注》本拼合而成，其《繆稱》、《齊俗》、《道應》、《詮言》、《兵略》、《人間》、《泰族》、《要略》八篇為許《注》本。許《注》本部分出現避孫吳諱之例，「堅」字作「牢」，「權」字作「銓」、作「勢」。（參劉殿爵《吳諱鉤沉》）《三國志》卷四十七《孫權傳》載孫權赤烏五年立子和為太子，大赦，改禾興為嘉興（頁1145），「禾」字是嫌名尚且須避，則本字更無論矣。王氏所舉「和」字改「調」五例，一見《詮言》，一見《兵略》，三見《泰族》，均屬許《注》本部分，則其為避太子和諱，改字為調，可無疑矣，王氏誤以「調」為「和」之譌字，求之形、聲，是以不得其解。
3. 編者按：準下文文例，「務」字疑衍。

能有天下者必不失其國，能有其國者必不喪其家，能治其家者必不遺其身，能脩其身者必不忘其心，能原其心者必不虧其性，能全其性者必不惑於道。故廣成子曰：「慎守而內，周閉而外。多知為敗，毋視毋聽。抱神以靜，形將自正。不得之己而能知彼者，未之有也。」故《易》曰：「括囊，无咎无譽。」

能成霸王者，必得勝者也；能勝敵者，必強者也；能強者，必用人力者也；能用人力者，必得人心〔者〕也；能得人心者，必自得者也；能自得者，必柔弱〔者〕也。強勝不若己者，至於與同則格；柔勝出於己者，其力不可度。故能以眾不勝成大勝者，唯聖人能之。

善游者，不學刺舟而便用之；勁筋者；不學騎馬而便居之。輕天下者，身不累於物，故能處之。泰王亶父處邠，狄人攻之，事之以皮幣珠玉而不聽，乃謝耆老而（徒）〔徙〕岐周，百姓攜幼扶老而從之，遂成國焉。推此意，四世而有天下，不亦宜乎！

無以天下為者，必能治天下者。霜雪雨露，生殺萬物，天無為焉，猶之貴天也。厭文搔法，治官理民者，有司也，君無事焉，猶〔之〕[1]尊君也。辟地墾草者，后稷也；決河濬江者，禹也；聽獄▸制中◂[2]者，皋陶也；〔然而〕有聖名者，堯也。故得道以御者，身雖無能，必使能者為己用。不得其道，伎藝雖多，未有益也。

方船濟乎江，有虛船從一方來，觸而覆之，雖有忮心，必無怨色。有一人在其中，一謂張之，一謂歙之，再三呼而不應，必以醜聲隨其後。嚮不怒而今怒，嚮虛而今實也。人能虛己以遊於世，孰能訾之！

釋道而任智者必危，棄數而用才者必困。有以欲多而亡者，未有以無欲而危者也；有以欲治而亂者，未有以守常而失者也。故智不足免患，愚不足以至於失寧。守其分，循其理，失之不憂，得之不喜，故成者非所為也，得者非所求也。入者有受而無取，出者有授而無予，因春而生，因秋而殺，所生者弗德，所殺者非怨，則幾於道（也）〔矣〕。

聖人不為可非之行，不憎人之非己也；脩足譽之德，不求人之譽己也。不能使禍不

1. 編者按：準上文文例補。

2. A.折衷《尸子・仁意》卷上/18b B.執中《韓詩外傳》2/6b

至，信己之不迎也；不能使福必來，信己之不攘也。禍之至也，非其求所生，故窮而不憂；福之至，非其求所成，故通而弗矜。知禍福之制，不在於己也，故閑居而樂，無為而治。聖人守其所以[1]有，不求其所未得。求其所（無）〔未得〕，則所有者亡矣；脩其所〔已〕有，則所欲者至。故用兵者，先為不可勝，以待敵之可勝也；治國者，先為不可奪，以待敵之可奪也。舜脩之歷山而海內從化，文王脩之（歧）〔岐〕周而天下移風。使舜趨天下之利，而忘脩己之道，身猶弗能保，何尺地之有〔乎〕！故治未固於不亂，而事為治者，必危；行未固於無非，而急求名者，必剉也。福莫大無禍，利莫美不喪。動之為物，‣不損則益◂[2]，不成則毀，不利則病，皆險也，道之者危。故秦勝乎戎而敗乎殽，楚勝乎諸夏而敗乎柏莒。故道不可以勸（而）就利者，而可以寧避害者。故常無禍，不常有福；常無罪，不常有功。聖人無思慮，無設儲，來者弗迎，去者弗將。人雖東西南北，獨[3]立中央。故處衆枉之中，不失其直；天下皆流，獨不離其壇（城）〔域〕。故不為（善）〔好〕，不避醜，遵天之道；不為始，不專己，循天之理。不豫謀，不棄（特）〔時〕，與天為期；不求得，不辭福，從天之則。不求所無，不失所得，內無（旁）〔奇〕禍，外無（旁）〔奇〕福。禍福不生，安有人賊！

為善則觀，為不善則議；觀則生（貴）〔責〕，議則生患。故道術不可以進而求名，而可以退而脩身；不可以得利，而可以離害。故聖人不以行求名，不以智見譽。法（脩）〔循〕自然，己無所與。

慮不勝數，行不勝德，事不勝道。為者有不成，求者有不得。人有窮，而道無不通，與道爭則凶。故《詩》曰：「弗識弗知，順帝之則。」有智而無為，與無智者同道；有能而無事，與無能者同德。其智也，告之者至，然後覺其動也；〔其能也〕，使之者至，然後覺其為也。有智若無智，有能若無能，道理為正也。故功蓋天下，不施其美；澤及後世，不有其名；道理通而人為[4]滅也。

名與道不兩明，人（受）〔愛〕名則道不用，道勝人則名息矣。道與人競長。章人者，（則）〔息〕道者也。人章道息，則危不遠矣。故世有聖[5]名，則道（如）〔訑〕[6]日至矣。

1. 王念孫云：「以」與「已」同。
2. 編者按：準下二句，當作「不益則損」，《治要》引已作「不損則益」，則其誤已久。
3. 編者按：此句與上句對文，「獨」上疑當有「己」字。
4. 偽Ⓦ
5. 盛Ⓨ
6. 編者按：據文意改。

欲尸名者必為善，欲為善者必生事，事生則釋公而就私，（貨）〔背〕數而任己。欲見譽於為善，而立名於為（質）〔賢〕，則治不（脩）〔循〕故，而事不（須）〔順〕時。治不脩故，則多責；事不須時，則無功。責多功鮮，無以塞之，則妄發而邀當，妄為而要中。功之成也，不足〔以〕更[1]責；事之敗也，（不）足以弊身。故重為善若重為非，而幾於道矣。

天下非無信士也，臨貨分財必探籌而定分，以為有心者之於平，不若無心者〔也〕。天下非無廉士也，然而守重寶者必關戶而全[2]封，以為有欲者之於廉，不若無欲者也。

人舉其疵則怨人，鑑見其醜則善鑑。人能接物而不與己焉，則免於累矣。

公孫龍粲於辭而貿名，鄧析巧辯而亂法，蘇秦善說而亡（國）〔身〕。由其道則善無章，（脩）〔循〕其理則（功）〔巧〕無名。故以巧鬬力者，始於陽，常卒於陰；以慧治國者，始於治，常卒於亂。使水流下，孰弗能治；激而上之，非巧不能。故文勝則質掩，邪巧則正塞（之）也。

德可以自脩，而不可以使人暴；道可以自治，而不可以使人亂。雖有賢聖之寶[3]，不遇暴亂之世，可以全身，而未可以霸王也。湯、武之王也，遇桀、紂之暴也。桀、紂非以湯、武之賢暴也，湯、武遭桀、紂之暴而王也。故雖賢王，必待遇。遇者、能[4]遭於時而得之也，非知能所求而成也。

君子脩行而使善无名，布施而使仁無章，故士行善而不知善之所由來，民贍利而不知利之所由出，故無為而自治。善有章則士爭名，利有本則民爭功，二爭者生，雖有賢者，弗能治。故聖人揜跡於為善，而息名於為仁也。

外交而為援，事大而為安，不若內治而待時。凡事人者，非以寶幣，必以卑辭。事以玉帛，則貨殫而欲不饜；卑體婉辭，則諭說而交不結；約束誓盟，則約定而反無日；雖割國之錙錘以事人，而無自恃之道，不足以為全。若誠（外釋）〔釋外〕交之策，而

1. 塞《文子・符言》4/1b　2. 俞樾云：「全」乃「璽」字之誤。
3. 俞樾云：「寶」疑當作「資」。王叔岷云：「寶」當為「實」，字之誤也。
4. 楊樹達云：「能」讀為「乃」。

愼脩其境內之事，盡其地力以多其積，厲其民死以（牢）〔堅〕[1]其城，上下一心，君臣同志，與之守社稷，斅死而民弗離，則為名者不伐無罪，而為利者不攻難勝，此必全之道也。

民有道所同道，有法所同守，為義之不能相固，威之不能相必也，故立君以壹民。君執一則治，无常則亂。君道者，非所以〔有〕為也，所以無為也。何謂無為？智者不以位為事，勇者不以位為暴，仁者不以位為（患）〔惠〕，可謂無為矣。夫無為則得於一也。一也者，萬物之本也，无敵之道也。凡人之性，少則昌狂，壯則暴強，老則好利。一（身）〔人〕之身既數（既）變矣，又況君數易法，國數易君！人以其位通其好憎，下之徑衢不可勝理，故君失一則亂，甚於無君之時。故《詩》曰：「不愆不忘，率由舊章。」此之謂也。

君好智，則倍時而（住）〔任〕己，棄數而用慮。天下之物博而智淺，以淺贍博，未有能者也。獨任其智，失必多矣。故好智、窮術也；好勇，則輕敵而簡備，自偩而辭助。一人之力，以（圍）〔圉〕強敵，不杖衆多而專用身才，必不堪也。故好勇、危術也。好與，則無定分。上之分不定，則下之望无止。若多賦斂，實府庫，則與民為讎。少取多與，數未之有也。故好與、來怨之道也。仁智勇力，人之美才也，而莫足以治天下。由此觀之，賢能之不足任也，而道術之可（脩）〔循〕明矣。

聖人勝心，衆人勝欲。君子行正氣，小人行邪氣。內便於性，外合於義，循理而動，不繫於物者，正氣也。推[2]於滋味，淫於聲色，發於喜怒，不顧後患者，邪氣也。邪與正相傷，欲與性相害，不可兩立。一植一廢，故聖人損欲而從（事於）性。目好色，耳好聲，口好味，接[3]而說之。不知利害（嗜）〔者〕，慾也，食之不寧於體，聽之不合於道，視之不便於性。三（宮）〔關〕交爭，以義為制者，心也。割痤疽非不痛也，飲毒藥非不苦也，然而為之者，便於身也。渴而飲水非不快也，飢而大飡非不贍也，然而弗為者，害於性也。此四者，耳目鼻口不知所取去，心為之制，各得其所。由是觀之，欲之不可勝，明矣。凡治身養性，節寢處，適飲食，和喜怒，便動靜，使[4]在己者得，而邪氣（因）〔自〕（而）不生，豈若憂瘕疵之（與）〔興〕、痤疽之發而豫備之哉！夫函牛（也）〔之〕鼎沸▸而蠅蚋弗敢入◂[5]，崑山之玉瑱而塵垢弗能污也。聖

1. 編者按：《韓非子・五蠹》19/6b、《文子・符言》4/7b並作「堅」，今許《注》本作「牢」蓋避吳諱改。　2. 重㊤　3. 合《文子・符言》4/8a

4. 內《道藏本》p.114.3　5. 則蛾不得置一足焉㊙

人無去之心而心無醜，無取之美而美不失。故祭祀思親不求福，饗賓修敬不思德，唯弗求者〔為〕[1]能有之。

處尊位者，以有公道而無私說，故稱尊焉，不稱賢也；有大地者，以有常術而無鈐謀，故稱平焉，不稱〔智〕也。內無暴事以離怨於百姓，外無賢行以見忌於諸侯，上下之禮，襲而不離，而為論者莫然不見所觀焉，此所謂藏無形者。非藏無形，孰能形！

三代之所道者，因也。故禹決江河，因水也；后稷播種樹穀，因地也；湯、武平暴亂，因時也。故天下可得而不可取也，霸王可受而不可求也。（在）〔任〕智則人與之訟，（在）〔任〕力則人與之爭。未有使人無智者，有使人不能用其智於己者也；未有使人無力者，有使人不能施其力於己者也。此兩者常在久見。故君賢不見，諸侯不備；不肖不見，則百姓不怨。百姓不怨則民用可得，諸侯弗備；則天下之時可承[2]。事所與眾同也，功所與時成也，聖人無焉。故老子曰：「虎無所措其爪，兕無所措其角。」蓋謂此也。

鼓不（滅）〔臧〕於聲，故能有聲；鏡不（没）〔設〕於形，故能有形。金石有聲，弗叩弗鳴；管簫有音，弗吹（無）〔弗〕聲。聖人內藏，不為物（先）倡，事來而制，物至而應。飾其外者傷其內，扶其情者害其神，見其文者蔽其質。無須臾忘〔其〕為（質）〔賢〕者，必困於性；百步之中不忘其〔為〕容者，必累其形。故羽翼美者傷骨骸，枝葉美者害根（莖）〔荄〕，能兩美者，天下無之也。

天有明，不憂民之晦也，百姓穿戶鑿牖，自取照焉。地有財，不憂民之貧也，百姓伐木芟草，自取富焉。至德道者若邱山，嵬[3]然不動，行者以為期也。直己而足物，不為人贛，用之者亦不受其德，故寧而能久。天地無予也，故無奪也；日月無德也，故無怨也。喜得者必多怨，喜予者必善奪。唯滅迹於無為而隨天地〔之〕自然者，（唯）〔為〕能勝理而（為受）〔無愛〕名。名興則道〔不〕行，道行則人無位矣。故譽生則毀隨之，善見則（怨）〔惡〕從之。

利則為害始，福則為禍先。唯不求利者為無害，唯不求福者為無禍。侯而求霸者必失其侯，霸而求王者必喪其霸。故國以全為常，霸王其寄也；身以生為常，富貴其寄也。能不以天下傷其國、而不以國害其身者，（為）〔焉〕可以託天下也。

1. 編者按：依句式補。
2. 楊樹達云：「承」讀為「乘」。
3. 塊《道藏本》p.115.2

不知道者，釋其所已有，而求其所未得也。苦心愁慮，以行曲故，福至則喜，禍至則怖，神勞於謀，智遽於事，禍福萌生，終身不悔，己之所生，乃反愁人。不喜則憂，中未嘗平，持[1]無所監，謂之狂生。

人主好仁，則無功者賞，有罪者釋；好刑，則有功者廢，無罪者誅。及無好者，誅而無怨，施而不德，放準循繩，身無與事，若天若地，何不覆載。故合而（舍）〔和〕之者、君也，制而誅之者、法也，民已受誅，（怨）無所〔怨〕（減）〔憾〕，謂之道。道勝，則人無事矣。

聖人無屈奇之服，無瑰異之行，服不視，行不觀，言不議，通而不華，窮而不懾，榮而不顯，隱而不窮，異而不見怪，容而與眾同，無以名之，此之謂大通。

升降揖讓，趨翔周（遊）〔旋〕，不得已而為也，非性所有於身，情無符檢，行所不得已之事，而不解構耳，豈加故為哉！故不得已而歌者，不事為悲；不得已而舞者，不矜為麗。歌舞而不事為悲麗者，皆無有根心者。

善博者不欲牟，不恐不勝，平心定意，（捉）〔投〕得其齊，行由其理，雖不必勝，得籌必多。何則？勝在於數，〔而〕[2]不在於欲〔也〕[3]。馳者不貪最先，不恐獨後，緩急調乎手，御心調乎馬，雖不能必先哉，馬力必盡矣。何則？先在於數，而不在於欲也。是故滅欲則數勝，棄智則道立矣。

賈多端則貧，工多技則窮，心不一也。故木之大者害其條[4]，水之大者害其深。有智而無術，雖鑽之不（通）〔達〕；有百技而無一道，雖得之弗能守。故《詩》曰：「淑人君子，其儀一也。其儀一也，心如結也[5]。」君子其結於一乎！

舜彈五絃之琴，而歌《南風》之詩，以治天下。周公（散膈）〔殽膞〕不收於前，鍾鼓不解於縣，以輔成王而海內平。匹夫百晦一守，不遑啓處，無所移之也。以一人兼聽天下，日有餘而治不足〔者〕，使人為之也。

1. 編者按：「持」讀為「臺」，故《文選・任彥昇出郡傳舍哭范僕射詩注》p.435引作「臺無所監」，《俶真》p.47「臺簡以游太清」高《注》「臺猶持也」。
2. 編者按：準下文文例補。 3. 編者按：準下文文例補。
4. 楊樹達云：「條」當讀為「修」。
5. 引《詩》見《鳲鳩》152.1章。今本《詩》「也」字並作「兮」。

處尊位者如尸，守官者如祝宰。尸（雖能）剝狗燒彘，〔雖能〕[1]弗為也，弗能無虧〔也〕[2]；俎豆之列次，黍稷之先後，雖知、弗教也，弗能、无害也。不能祝者，不可以為祝，无害於為尸；不能御者，不〔可〕以為僕，無害於為佐[3]。故位愈尊而身愈佚，（宮）〔官〕愈大而事愈少。譬如張琴，小絃雖（急）〔絚〕，大絃必緩。

無為者，道之體也；執後者，道之容也。無為制有為，術也；執後之制先，數也。放於術則強，審於數則寧。今與人（弁民之譬）〔卞氏之璧〕，未受者，先也；求而致之，雖怨不逆者，後也。三人同舍，二人相爭，爭者各自以為直，不能相聽，一人雖愚，必從旁而決之，非以智〔也〕，〔以〕不爭也。兩人相鬬，一羸在側，助一人則勝，救一人則免，鬬者雖彊，必制一羸，非以勇也，以不鬬也。（內）〔由〕是[4]觀之，後之制先，靜之勝躁，數也。倍道棄數，以求苟遇，變常易故，以知要（庶）〔遮〕，（遇）〔過〕則自非，中則以為候，闇行繆改，終身不寤，此之謂狂。有（滑）〔禍〕則詘，有福則（羸）〔盈〕，有過則悔，有功則矜，遂不知反，此〔之〕謂狂（人）。

員之中規，方之中矩，行成獸，止成文，可以將少，而不可以將眾。蓼菜成行，瓶甌有堤[5]，量粟而（舂）〔舂〕，數米而炊，可以治家，而不可以治國。滌杯而食，洗爵而飲，浣而後饋，可以養家老，而不可以饗三軍。

非易不可以治大，非簡不可以合眾。大樂必易，大禮必簡。易故能天，簡故能地。大樂无怨，大禮不責，四海之內，莫不繫統，故能帝也。

心有憂者，（筐）〔匡〕床（在）〔衽〕席弗能安也，菰飯犓牛弗能甘也，琴瑟鳴竽弗能樂也。患解憂除，然後食甘寢寧，居安遊樂。由是觀之，性有以樂也，死[6]有以哀也。今務益性之所不能樂，而以害性之所以樂，故雖富有天下，貴為天子，而不免為哀之人。凡人之性，樂恬而憎憫，樂佚而憎勞。心常无欲，可謂恬矣；形常無事，可謂佚矣。遊心於恬，舍形放[7]佚，以俟天命，自樂於內，無急於外，雖天下[8]之大，不足以易其一概，日月廋而無溉於志，故雖賤如貴，雖貧如富。

1. 編者按：準下文，「雖能」自上句「尸」字下移此。
2. 編者按：依下文文例補。 3. 俞樾云：「佐」當作「左」。 4. 此㊙
5. 楊樹達云：「堤」當讀為「提」。 6. 編者按：「死」字疑衍。
7. 於Ⓨ 8. 地㊙

大道無形，大仁無親，大辯無聲，大廉不嗛。大勇不矜，五者無棄，而幾鄉方矣。

軍多令則亂，酒多約則辯。亂則降北，辯則相賊。故始於都者常（大）〔卒〕於鄙，始於樂者常（大）〔卒〕於悲，其作始簡者，其終（本）〔卒〕必調。今有美酒嘉肴以相〔賓〕饗，卑體婉辭以接之，欲以合懽，爭盈爵之間，〔乃〕反生鬬，鬬而相傷，三族結怨，反其所憎，此酒之敗也。

《詩》之失僻，樂之失刺，禮之失責。

徵音非无羽聲也，羽音非无徵聲也，五音莫不有聲，而以徵羽定名者，以勝者也。故仁義智勇，聖人之所備有也，然而皆立一名者，言其大者也。

陽氣起於東北，盡於西南；陰氣起於西南，盡於東北。陰陽之始，皆調適相似，日長其類，以侵相遠，或熱焦沙，或寒凝水，故聖人謹慎其所積。

（冰）〔水〕出於山而入於海，稼生於野而藏於廩，〔聖人〕見所始則知〔所〕終矣。

席之〔上〕、先（雚蕈）〔萑簟〕，樽之上、〔先〕玄（樽）〔酒〕，俎之〔上〕、先生魚，豆之〔上〕、先泰羹，此皆不快於耳目，不適於口腹，而先王貴之，先本而‣後末◂[1]。

聖人之接物，千變萬軫，必有不化而應化者。夫寒之與煖相反，大寒地坼水凝，火弗為（褻）〔衰〕其（暑）〔熱〕；大（熱）〔暑〕鑠石流金，火弗為益其烈。寒暑之變，无損益於己，質有（之）〔定〕也。

聖〔人〕常後而不先，常應而不唱；不進而求，不退而讓；隨時三年，時去我走[2]；去時三年，時在我後；无去无就，中立其所。天道无親，唯德是與。有道者，不

1. 後末也Ⓨ
2. 「走」、《莊逵吉本》p.641作「先」。編者按：「隨時三年」以下八句以「走」、「後」、「所」、「與」為韻。王念孫《韻譜》只收「後」、「所」、「與」三字入韻，不收「走」字，則似以《莊本》為據。

失時與人；無道者，失於時而取人。直己而待命，〔時〕之（去）〔至〕不可迎而反也；要遮而求合，時之去不可追而援也。故不曰我無以為而天下遠，不曰我不欲而天下不至。

古之存己者，樂德而忘賤，故名不動志；樂道而忘貧，故利不動心。名利充天下，〔不〕足以概志，故兼[1]而能樂，靜而能澹。故其身治者，可與言道矣。自身以上至於荒芒，（爾）〔亦〕遠矣；自死而天地无窮，（爾）〔亦〕滔矣，以數雜[2]之壽，憂天下之亂，猶憂河水之少，泣而益之也。龜三千歲，浮游不過三日，以浮游而為龜憂養生之具，人必笑之矣。故不憂天下之亂，而樂其身之治（也）〔者〕，可與言道矣。

君子為善不能使（富）〔福〕必來，不為非而不能使禍无至。福之至也，非其所求，故不伐其功；禍之來也，非其所生，故不悔其行。內脩極而橫禍至者，皆天也，非人也，故中心常恬漠，〔不〕累（積）其德；狗吠而不驚，自信其情。故知道者不惑，知命者不憂。

萬乘之主卒，葬其骸於曠野之中，祀其鬼[3]神於明堂之上，神貴於形也。故神制則形從，形勝則神窮。聰明雖用，必反諸神，謂之太沖。

15 兵略訓

古之用兵，非利‣土壤◂[4]之廣而貪金玉‣之略◂[5]，將以存亡繼絕，平天下之亂，而除萬民之害也。凡有血氣之蟲，含牙（帶）〔戴〕角，前爪後距，有角者觸，有齒者噬，有毒者螫[6]，有蹏者趹，喜而相戲，怒而相害，天之性也。人有衣食之情，而物弗能足也，故群居雜處，分不均，求不贍，則爭。爭，則強脅弱‣而勇◂[7]侵怯。人無筋骨之強，爪牙之利，故割革而為甲，鑠鐵而為刃。貪昧饕餮之人，殘賊天下，萬（人）〔民〕[8]慅[9]動，莫寧其所有。聖人（敕）〔勃〕然而起，乃討強暴，平亂世，夷險除穢，以濁為清，以危為寧，故（不）〔人〕得不中絕。兵之所由來者遠矣！黃帝嘗與炎帝戰矣，顓頊嘗與共工爭矣。故黃帝戰於涿[10]鹿之野，堯戰於丹水之浦，舜伐有苗，啓攻有扈。自五帝而弗[11]能偃也，又[12]況衰世乎！

1. A.廉《莊逵吉本》p.642 B.謙《文子・符言》4/11a 2. 匝Ⓨ
3. 王叔岷云：「鬼」字疑衍。 4. 壤土Ⓦ 5. A.之略也Ⓦ B.之賂也Ⓦ
6. 蠚Ⓦ 7. 勇Ⓦ
8. 編者按：《古鈔卷子本》作「民」，今本作「人」者蓋避唐諱改。
9. A.搔Ⓦ B.騷Ⓨ 10. 蜀Ⓦ 11. 不Ⓦ 12. 有Ⓦ

夫兵者，所以禁暴討亂也。炎帝為火災，故黃帝擒[1]之；共工為水害，故顓頊誅之。教之以道，導之以德而不聽，則臨[2]之以威武。臨[3]之〔以〕威武而不從，則制之以兵革。故聖人之用兵也，若櫛髮耨苗，所去者少，而所利者多。殺無罪之民，而養無[4]義之君，害莫大焉；殫天下之財，而贍一人之欲，禍莫深焉。使夏桀、殷紂有害於民而立被其患，不至於為炮（烙）〔格〕；晉厲、宋康行一不義而身死國亡，不至於侵奪為暴。此四君者，皆有小過而莫之討也，故至於攘天下，害[5]百姓，肆一人之邪，而長海內之禍，此（大）〔天〕論之所不取也。所為立君者，以禁暴討亂也。今乘萬民之力，而反為殘賊，是為虎傅翼〔也〕，曷為弗除！

夫畜池魚者必去猵獺，（養）〔養〕禽獸者也必去▸豺狼◂[6]，又況▸治人◂[7]乎！故霸王之兵，以論慮之，以策圖之，以義扶之，非以▸亡存◂[8]也，將以存亡也。故聞敵國之君有加虐於〔其〕民者，則舉兵而臨其境，責之以不義，刺之以過行。兵至其郊，乃（令）〔命〕軍師[9]曰：「無伐樹木！毋[10]（扣）〔抇〕墳墓！毋[11]爇五穀！毋[12]焚積聚！毋[13]捕民虜！毋[14]收六畜！」乃發號施令〔曰〕：「（其）〔某〕國之君，傲[15]天（海）〔侮〕鬼，決獄不辜，殺戮無罪，此天之所（以）誅也，民之所（以）仇也。兵之來也，以廢不義而復[16]有德也。有逆天之道，帥民之賊者，身死族滅！以家聽者，祿以家。以里聽者，賞以里。以鄉聽者，封以鄉。以縣聽者，侯以縣。」剋[17]國不及其民，廢其君而易其政，尊其秀士而顯其賢良，振其孤寡，〔而〕恤其貧（竆）〔窮〕，出其囹圄，賞其有功。百姓開門而待之，淅米而儲之，唯恐其不來也。此湯、武之所以致王，而齊桓、晉文之所以成霸也。故君為無道，民之思兵也，若旱而望雨，渴而求飲，夫有誰與交兵接刃乎！故義兵之至也，至於不戰而止。

晚世之兵，君雖无道，莫不設▸渠壍◂[18]，傅堞而守，攻者非以禁暴除害也，欲以侵地廣壤也。是故至於伏尸流血，相支以日，而霸王之功不世出者，自為之故也。夫為地戰者不能成其王，為身戰[19]者不能立其功。舉事以為人者眾助之，舉事以自為者眾去之。眾之所助，雖弱必強；眾之所去，雖大必亡。

1. 禽ⓦ　2. 編者按：《古鈔卷子本》作「堪」，疑「堪」蓋讀為「戡」。
3. 編者按：參上注。　4. 不ⓦ　5. 虐ⓦ　6. 狼契ⓨ
7. 編者按：《文子・上義》11/11a作「牧民」，此文作「人」者蓋避唐諱改。
8. 圖存《文子・上義》11/12b　9. 帥《古鈔卷子本》　10. 無ⓨ
11. 無ⓨ　12. 無ⓨ　13. 無ⓨ　14. 無ⓨ　15. 敖ⓦ
16. 授ⓦ　17. 克ⓦ　18. 深塹ⓦ　19. 求ⓦ

兵失道而弱，得道而強；將失道而拙，得道而工；國得道而存，失道而亡。所謂道者，體員而法方，背陰而抱陽，左柔而右剛，履幽而戴明，變化无常，得一之原，以應無方，是謂神明。夫員者、天也，方者、地也。天員而無端，故不（可）得（而）觀〔其形〕；地方而無垠，故莫能窺其門。天化育而無形[1]象，地（出）〔生〕長而無計量，渾渾（沉沉）〔沆沆〕，孰知其藏[2]！凡物有朕[3]，唯道無朕[4]。所以無朕者，以其無常形勢也。輪轉而無窮，象日月之行，若春秋有代謝，若日月有晝夜，終而復始，明而復晦，莫能得其紀。

制[5]刑而無刑，故功可成；物物而不物，故勝而不屈。刑[6]、兵之極也，至於無刑[7]，可謂極之〔極〕矣。是故大兵無創，與鬼神通，五兵不厲，天下莫之敢當。建鼓不出庫，諸侯莫不慴悽沮膽其處。故廟戰者帝，神化者王。所謂廟戰者、法天道也，神化者、法[8]四時也。脩政於境內而遠方[9]慕其德，制勝於未戰而諸侯服其威，內政治也。

古得道者，靜而法天地，動而順日月，喜怒而合四時，（叫）〔叫〕呼而比雷霆，音氣不戾八風，詘伸不獲五度。下至介鱗，上及毛羽，條（脩）〔循〕葉貫，萬物百族，由本至（未）〔末〕，莫不有序。是故入小而不偪[10]，處大而不窕，浸乎金石，潤乎草木，宇中六合，振豪之末，莫不順比。道之浸洽，滒淖纖微，無所不在，是以勝權多也。

夫射，儀度不得，則格的不中；驥，一節不用，而千里不至。夫戰而不勝者，非鼓之〔之〕日也，素行無刑久矣。故得道之兵，車不發軔，騎不被鞍，鼓不振塵，旗不解卷，甲不離矢，刃不嘗血，朝不易位，賈不去肆，農不離野，招義而責之，大國必朝，小城必下。因民之欲、乘民之力而為之，去殘除賊也，故同利相死，同情相成，同欲〔相趨〕，〔同惡〕相助。順道而動，天下為嚮；因民而慮，天下為鬬。獵者逐禽，車馳人趨，各盡其力，無刑罰之威，而相為斥闉要遮者，同所利也。同舟而濟於江，卒而遇風波，百族之子，捷捽招[11]杼舡，若左右手，不以相得[12]，其憂同也。故明王之用兵也，為天下除害，而與萬民共享其利，民之為用，猶子之為父，弟之為兄，威之所加，若崩山決塘，敵孰敢當！故善用兵者，用其自為用也；不能用兵者，用其為己用也。用其自為用，則天下莫不可用也；用其為己用，〔則其〕所得者鮮矣。

1. 刑ⓦ　2. 臧ⓦ　3. 勝ⓦ　4. 勝ⓦ　5. 刑ⓨ
6. 形《孫子兵法・虛實》6/29b　7. 形《孫子兵法・虛實》6/29b　8. 則ⓦ
9. 近ⓦ　10. 逼ⓦ　11. 楊樹達云：「招」乃「櫂」之假字。
12. 德ⓦ

兵有三詆：治國家，理境內，行仁義，布德惠，立正法，塞邪（隧）〔道〕，群臣親附，百姓和輯，上下一心，君臣同力，諸侯服其威而四方懷其德，▸脩政◂[1]廟堂之上而折衝千里之外，拱揖指撝而天下響應，此用兵之上也。地廣民眾，主賢將忠，國富兵強，約束信，號令明，兩軍相當，鼓錞相望，未至（兵交）〔交兵〕接刃而敵人奔亡，此用兵之次也。知土地之宜，習險隘之利，明奇（政）〔正〕之變，察行陳解贖之數，（維）（抱綰）〔綰枹〕而鼓之，白刃合，流矢接，涉血（屬）〔履〕[2]腸，輿死扶傷，流血千里，暴骸盈場，乃以決勝，此用兵之下也。今夫天下皆知事治其（未）〔末〕，而莫知務脩其本，▸釋其◂[3]根而樹其枝也。

夫兵之所以佐勝者眾，而所以必勝者寡。甲堅兵利，車固馬良，畜積給足，士卒殷軫，此軍之大資也，而勝亡焉。明於星辰日月之運，刑德奇賌之數，背鄉左右之便，此戰之助也，而全亡焉。良將之所以必勝者，恒有不原之智、不道之道，難（以）〔與〕眾同也。夫論除謹，動靜時，吏卒辨，兵甲治，正行五，連行伯，明鼓旗，此〔大〕尉之官〔也〕。〔營軍辨〕，〔賦地極〕，〔錯軍處〕，〔此司馬之官也〕。前後知險易，見敵知難易，發斥不忘遺，此候之官也。隧路亟，行輜治，賦丈均，處軍輯，井竈通，此司空之官也。收藏於後，遷舍不離，無淫輿，無遺輜，此輿之官也。凡此五官之於將也，猶身之有股肱手足也，必擇其人，技（能）其才，使官勝其任，人能其事。告之以政，申之以令，使之若虎豹之有爪牙，飛鳥之有六翮，莫〔得〕不為用。然皆佐勝之具也，非所以必勝也。兵之勝敗，本在於政。政勝其民，下附其上，則兵強矣。民勝其政，下畔[4]其上，則兵弱矣。故德義足以懷天下之民，事業足以當天下之急，選舉足以得賢士之心，謀慮足以知強弱之（勢）〔權〕[5]，此必勝之本也。

地廣人眾，不足以為強；堅甲利兵，不足以為勝；高城深（地）〔池〕，不足以為固；嚴令繁刑，不足以為威。為存政者，雖小必存；為亡政者，雖大必亡。▸昔者楚人地◂[6]，南卷沅、湘，北繞潁、泗，西包巴、蜀，東裹郯、（淮）〔邳〕，潁[7]、汝以為洫，江漢以為池，垣之以鄧林，緜之以方城，▸山高尋雲，谿肆無景◂[8]，地利形便，卒

1. 脩政於Ⓦ
2. 編者按：「屬腸」當作「履腸」，《古鈔卷子本》作「屨腸」，「屨」乃「履」之譌。
3. 是釋其Ⓦ　4. 叛Ⓦ
5. 編者按：「勢」、《古鈔卷子本》作「權」，今本作「勢」者蓋許注本避吳諱改。
6. 昔楚之地Ⓦ　7. 淮Ⓨ
8. A.山高尋雲霓，深谿肆無景《御覽》卷167p.813 B.山高尋景雲，深谿肆无景《古鈔卷子本》

民勇敢，蛟[1]革犀兕，以為甲冑，脩鎩短鏦，齊為前行，積弩陪後，錯車衛旁，疾如（錐）〔鏃〕矢，合如雷電，解如[2]風雨，然而兵殆於垂沙，衆破於柏舉。楚國之強，▸（大）〔度〕地計衆◂[3]，中分天下，然懷王北畏孟嘗君，背社稷之守而委身強秦，兵挫地削，身死不還。二世皇帝勢為天子，富有天下，人迹所至，舟楫所通，莫不為郡縣。然縱耳目之欲，窮侈靡之變，不顧百姓之飢寒窮匱也，興萬乘之駕[4]而作阿房之（官）〔宮〕，發閭左之戍，收太[5]半之賦，百姓之隨逮肆刑，▸挽輅首路死者，一旦◂[6]不知千萬之數，天下敖[7]然若焦熱，傾然若苦烈，上下不相寧，吏民不相憀。戍卒陳勝興於大澤，（壤）〔攘〕臂袒右，稱為大楚，而天下響應。當此之時，非有（牢）〔堅〕[8]甲利兵，勁弩強衝也，伐（棘）〔櫎〕棗而為（矜）〔矜〕，周錐[9]鑿而為刃，剡摲筡，奮儋钁，以當脩戟強弩，攻城略地，莫不降下。天下為之糜沸螘動，雲徹席卷，方數千里。勢位至賤，而器械甚不利，然一人唱[10]而天下（應）〔和〕[11]之者，積怨▸在於民◂[12]也。

武王伐紂，東面而迎歲，至汜而水，至共頭▸而墜◂[13]，彗星出而授殷人其柄。當戰之時，十日亂於上，風雨擊於中[14]，然而前無蹈難之賞，而後無遁北之刑，白刃不畢拔而天下（傳）〔傅〕矣。是故善守者無與御[15]，而善戰者無與鬬，明於禁舍開塞之道，乘時勢、因民欲而取天下。

故善為政者積其德，善用兵者畜其怒。德積而民▸可用◂[16]，怒畜[17]而威可立也。故文之所（以）加者淺，則（勢）〔權〕[18]之所（勝）〔服〕者小；德之所施者博，則威之所制者廣。威之所制者廣，則我強而敵弱矣。故善用兵者，先弱敵而後戰者也，故費不半而功自倍也。湯之地方七十里而王者，脩德也；智伯有千里之地而亡者，窮武也。故千乘之國行文德者王，萬乘之國好用兵者亡。故全兵先勝而後〔求〕戰，敗兵先戰而後求勝。德均[19]、則衆者〔勝〕寡，力敵、則智者勝愚，（者）〔智〕侔、則有數者禽無數。凡用兵者，必先自廟戰：主孰賢？將孰能？民孰附？國孰治？蓄積孰多？士卒孰精？甲兵孰利？器備孰便？故運籌於廟堂之上，而決勝乎千里之外矣。

---

1. 鮫Ⓨ　2. 似Ⓦ　3. 編者按：「度地計衆」見《氾論訓》p.384。
4. 騎Ⓦ　5. 大Ⓦ　6. 枕輅首路而死者，一日Ⓦ　7. 熬Ⓦ
8. 編者按：《古鈔卷子本》作「堅」，今本作「牢」者蓋許注本避吳諱改。
9. 鑽Ⓦ　10. 倡《古鈔卷子本》
11. 編者按：「應」、《古鈔卷子本》作「和」，與「唱」字相應，今本作「應」者蓋許注本避吳太子諱改。　12. 在民Ⓨ　13. 而山隊Ⓦ　14. 下Ⓦ
15. 禦Ⓦ　16. 可用也Ⓦ　17. 蓄Ⓦ
18. 編者按：「勢」《古鈔卷子本》、《文子・下德》9/15b並作「權」，今本作「勢」者蓋許注本避吳諱改。　19. 鈞Ⓦ

夫有形埒者，天下訟見之；有篇籍者，世人傳學之；（世），此皆以形相勝者也，‣善形◂[1]者弗法也。所貴道者，貴其无形也。無形，則不可制迫〔也〕，不可（度量）〔量度〕也，不可巧（計）〔詐〕也，不可規慮也。智見者人為之謀，形見者人為之功，眾見者人為之伏，器見者人為之備。動作周還，倨句詘[2]伸，可巧詐者，皆非善者也。善者之動也，神出而鬼行，星耀而玄（遂）〔運〕；進退詘[3]伸，不見朕（整）〔埑〕；鸞舉麟振，鳳飛龍騰；發如（秋）〔猋〕風，疾如駭（龍）（當）〔電〕。以生（繫）〔擊〕死，以盛乘衰，以疾掩遲，以飽制飢。若以水滅火，若以湯沃雪，何往而不遂？何之而不（用）達？在中虛神，在外漠志，運於無形，出於不意。‣與飄飄往，與忽忽來◂[4]，莫知其所之。與倏[5]出，與間[6]入，莫知其所集。卒如雷霆，疾如風雨，若從地出，若從天下，獨出獨入，莫能應[7]圉。疾如（鏃）〔鍭〕矢，何可勝偶[8]？一晦一明，孰知其端緒？未見其發，固已至矣。故善用兵者，見敵之虛，乘而勿假也，追而勿舍也，迫而勿去也。擊其‣猶猶◂[9]，陵其與與，疾雷不及塞耳，疾霆[10]不暇揜目。善用兵〔者〕，若聲之與響，若鏜之與鞈，眯不給撫，呼不給吸。當此之時，仰不見天，俯不見地，手不麾戈，兵不盡拔，擊之若雷，薄之若風，炎之若火，陵之若波。敵（之）〔人〕靜不知其所守，動不知其所為。故鼓鳴旗麾，當者莫不廢滯崩阤，天下孰敢厲威抗節而當其前者！故淩人者勝，待人者敗，為人杓[11]者死。

兵靜則固，專一則威，分決則勇，心疑則北，力分則弱。故能分人之兵，疑人之心，則錙銖有餘；不能分人之兵，疑人之心，則數倍不足。故紂之卒百萬，〔而有百萬〕之心；武王之卒三千，（人）皆專而〔為〕一。故千人同心則得千人〔之〕力，萬人異心則無一人之用。將卒吏民，動靜如身，乃可以應敵合戰。故計定而發，分決而動，將無疑謀，卒無二心，動無墮[12]容，（已）〔口〕無虛言，事‣無嘗試◂[13]，應敵必（敵）〔敏〕，發動必亟。故將以民為體，而民以將為心。心誠則肢體親（刃）〔刎〕[14]，心疑則肢體撓北。心不專一，則體不節動；將不誠必，則卒不勇敢。故良將之卒，若虎之牙，若兕之角，若鳥之羽，若蚈之足，可以行，可以舉，可以噬，可以觸，強而不相敗，眾而不相害，一心以使之也。故民誠從（其）令，雖少無畏；民不從令，雖眾為寡[15]。故下不親上，其心不用；卒不畏將，其刑不戰。守有必固，而攻有必勝，不待交兵接刃，而存亡之機固以形矣。

---

1. 善Ⓦ　2. 屈Ⓦ　3. 屈Ⓦ　4. 與飄往，與忽來Ⓦ
5. 倏Ⓨ　6. 闇Ⓨ　7. 𡐓Ⓦ　8. 耦Ⓦ　9. 搖搖Ⓦ
10. 電Ⓦ　11. 的Ⓦ　12. 惰Ⓦ　13. 无試嘗Ⓦ
14. 王念孫云：「刎」亦「暱」字。　15. 累Ⓦ

兵有三勢，有二權[1]。有氣勢，有地勢，有因勢。將充勇而輕敵，卒果敢而樂戰，三軍之眾，百萬之師，志厲青雲，氣如飄風，聲如雷霆，誠▸積踰◂[2]而威加敵人，此謂氣勢。硤[3]路津關，大山名塞，龍蛇蟠，（卻）〔簦〕笠居，羊腸道，（發）〔魚〕[4]笱門，一人守隘[5]，而千人弗敢過也，此謂地勢。因其勞倦怠亂，飢渴凍暍，推其（捻捻）〔擠擠〕，擠其揭揭，此謂因勢。善用間諜，審錯規慮，設（蔚施）〔施蔚〕伏，隱匿其形，出於不意，〔使〕敵人之兵，無所適備，此謂知權[6]。陳卒正，前行選，進退俱，什伍摶[7]，前後不相撚，左右不相干，受刃者少，傷敵者眾，此謂事權[8]。權[9]勢必形，吏卒專精，選良用才，官得其人，計定謀決，明於死生，舉錯得（失）〔時〕，莫不振驚。故攻不待衝隆雲梯而城拔，戰不至交兵接刃而敵破，明於必勝之（攻）〔數〕也。故兵不必勝，不苟接刃；攻不必取，不為苟發。故勝定而後戰，鈐[10]縣而後動。故眾聚而不虛散，兵出而不徒歸。唯無一動，動則淩天振地，抗泰山，蕩四海，鬼神移徙，鳥獸驚駭。如此，則野无校兵，國無守城矣。

靜以合躁，治以（持）〔待〕亂，無形而制有形，無為而應變，雖未能得勝於敵，敵不可得勝之道也。敵先我動，則是見其形也；彼躁我靜，則是罷其力也。形見則勝可制也，力罷則威可立也。視其所為，因與之化；觀其邪正，以制其命；餌之以所欲，以罷其足。彼若有間，急填其隙，極其變而束之，盡其節而朴[11]之。敵若反靜，為之出奇，彼不吾應，獨盡其（調）〔和〕[12]。若動而應，有見所為，彼持後節，與之推移。彼有所積，必有所虧，精若轉左，陷其右陂。敵潰而走，後必可移。敵迫而不動，名之曰奄遲，擊之如雷霆，斬之若草木，燿之若火電，欲疾以（遬）〔遫〕，人不及步（鍋）〔趨〕，車不及轉轂，兵如植木，弩如羊角，人雖眾多，勢莫敢格。諸有象者，莫不可勝也；諸有形者，莫不可應也；是以聖人藏形於无，而遊心於虛。風雨可障蔽，而寒暑不可（開）〔關〕閉，以其无形故也。夫能（滑）〔淈〕淖精微[13]，貫金石，窮至遠，放乎九天之上，蟠乎▸黃盧◂[14]之下，唯无形者也。

---

1. 《御覽》卷271p.1268引「權」作「鈐」。編者按：所引蓋許注本避吳諱改「權」作「鈐」，今本亦許注本，作「權」蓋經後人回改。 2. 積精踰ⓦ 3. 陜ⓦ
4. 菆ⓦ 5. 險ⓦ
6. 《御覽》卷271p.1268引亦作「鈐」。說見上「有二權」下注文。 7. 専ⓨ
8. 同上句「有二權」下注文。 9. 同上注。
10. 《古鈔卷子本》作「權」，說見上「有二權」下注文。 11. 仆ⓛ
12. 編者按：參上文《詮言訓》「物莫足以滑其和」下注文。
13. 編者按：《原道訓》p.7云「甚淖而淈，甚纖而微」，《兵略訓》p.440云：「淈淖纖微」，《脩務訓》p.588作「滑淖纖微」與此文同，疑「滑淖」為「淈淖」之譌。
14. 楊樹達云：「盧」讀為「壚」。編者按：「黃壚」一詞又見《覽冥訓》p.169。

善用兵者，當擊其亂，不攻其治，不襲堂堂之寇，（下）〔不〕擊▸填填◂[1]之旗。容未可見，以數相持。彼有死形，因而制之。敵人執數，動則就陰。以虛應實，必為之禽。虎豹（之）〔不〕動，不入陷阱；麋鹿不動，不離罝罘；飛鳥不動，不絓罔羅；魚鱉不動，不擐脣（啄）〔喙〕。物未有不以動而制者也。是故聖人貴靜，靜則能應躁，後則能應先，數則能勝疏，博[2]則能禽缺。

故良將之用卒也，同其心，一其力，勇者不得獨進，怯者不得獨退，止如丘山，發如風雨，所淩必破，靡不毀沮，動如一體，莫之應[3]圉，是故傷敵者眾，而手戰者寡矣。夫五指之更彈，不若捲手之一挃；萬人之更進，不如百人之俱至也。今夫虎豹便捷，熊羆多力，然而人食其肉而席其革者，不能通其知而壹其力也。夫水勢勝火，章華之臺燒，以（升）〔斗〕勺沃而救之，雖涸井而竭池，無奈之何也；舉壺榼盆盎而以灌之，其滅可立而待也。今人之與人，非有水火之勝也，而欲以少耦眾，不能成其功，亦明矣。兵家或言曰：「少可以耦眾。」此言（之）所將，非言所戰也。或將眾而用寡者，勢不齊也；將寡而用眾者，用力諧也。若乃人盡其才、悉用其力、以少勝眾者，自古及今，未嘗聞也。神莫貴於天，勢莫便於地，動莫急於時，用莫利於人。凡此四者，兵之幹植也，然必待道而後行，可一用也。夫地利勝天時，巧舉勝地利，勢勝人，故任天者可迷也，任地者可束也，任時者可迫也，任人者可惑也。夫仁勇信廉、人之美才也，然勇者可誘也，仁者可奪也，信者易欺也，廉者易謀也。將眾者，有一見焉，則為人禽矣。由此觀之，則兵以道理制勝，而不以人才之賢，亦自明矣。是故為麋鹿者則可以罝罘設也，為魚鱉者則可以罔罟取也，為鴻鵠者則可以矰繳加也，唯無形者無可（佘）〔奈〕也。是故聖人藏於無原，故其情不可得而觀；運於無形，故其陳不可得而經。无法無儀，來而為之宜；無名無狀，變而為之象。深哉睭睭，遠哉悠悠，且冬且夏，且春且秋，上窮至高之（未）〔末〕，下測至深之底，變化消息，无所疑滯，建心乎窈冥之野，而藏志乎九旋之淵，雖有明目，孰能窺其情！

兵之所隱議者天道也，所圖（盡）〔畫〕者地形也，所明言者人事也，所以決勝者▸鈐勢◂[4]也。故上將之用兵也，上得天道，下得地利，中得人心，乃行之以機，發之以勢，是以無破軍敗兵。及至中將，上不知天道，下不知地利，專用人與勢，雖未必能萬全，▸勝鈐◂[5]必多矣。下將之用兵也，博聞而自亂，多知而自疑，居則恐懼，發則猶豫，是以動為人禽矣。

---

1. 正正Ⓨ　　2. 俞樾云：「博」當作「摶」，字之誤也。
3. 編者按：本書此篇上文p.147「莫能應圉」，「應」字《古鈔卷子本》作「壅」。
4. 編者按：本篇乃許注本，避吳諱改「權」為「鈐」，此文「鈐勢」本亦當作「權勢」。
5. 編者按：「勝鈐」本當作「勝權」。參上注。

今使兩人接刃，巧拙不異，而▸勇士◂[1]必勝者，何也？其行之誠也。夫以巨斧擊桐薪，不待利時良日而後破之。加巨斧▸於桐薪◂[2]之上，而无人（刃）〔力〕之奉，雖順招搖，挾刑德，而弗能破者，以其无勢也。故水激則（浮）〔悍〕，矢激則遠。夫栝淇衛箘簬，載[3]以銀錫，雖有薄縞之幨，腐荷之（矰）〔櫓〕，然猶不能獨（射）〔穿〕也。〔若〕假之筋角之力、弓弩之勢，則貫兕甲而徑[4]於革盾矣。夫風之疾，至於飛屋折木；▸虛舉之下大遾◂[5]，自上高丘，人之有所推也。是故善用兵者，勢如決積水於千仞之隄，若轉員石於萬丈之谿，天下見吾兵之必用也，則孰敢與我戰者！故百人之必死也，賢於萬人之必北也，況以三軍之衆，赴水火而不還踵乎！雖誂合刃於天下，誰敢在於上者！

所謂天數者，左青龍，右白虎，前朱鳥，後玄武。所謂地利者，後生而前死，左牡而右牝。所謂人事者，慶賞信而刑罰必，動靜時，舉錯疾。此世傳之所以為儀表者，因[6]也，然而非所以生。儀表者，因時而變化者也。是故▸處於◂[7]堂上之陰而知日月之次序，見瓶中之冰而知天下之寒暑。

夫物之所以相形者微，唯聖人達其至。故鼓不與於五音而為五音主，水不與於五味而為五味調，將軍不與於五官之事而為五官督。故能調五音者，不與五音者也；能調五味者，不與五味者也；能治五官之事者，不可揆度者也。是故將軍之心，滔滔如春，曠曠如夏，湫漻如秋，典凝如冬，因形而與之化，隨時而與之移。

夫景不為曲物直，響不為清音濁。觀彼之所以來，（名）〔各〕以其勝應之。是故扶義而動，推理而行，掩節而斷割，因資而成功，使彼知吾所出而不知吾所入，知吾所舉而不知吾所集。始如狐狸，彼故輕來；合如兕虎，敵故奔走。夫飛鳥之摯[8]也俛其首，猛獸之攫也匿其爪，虎豹不（水）〔外〕其（爪）〔牙〕，而噬〔犬〕不見〔其〕齒。故用兵之道，示之以柔而迎之以剛，示之以弱而乘之以強，為之以歙而應之以張，將欲西而示之以東，先忤而後合，前冥而後明[9]，若鬼之無迹，若水之無創。故所鄉非所之也，所見非所謀也，舉措動靜，莫能識也，若雷之擊，不可為備。所用不復，故勝可百全。與玄明通，莫知其門，是謂至神。

1. 王叔岷云：「勇士」本作「勇武」。編者按：王說未必然。參上文《繆稱訓》「勇士一呼」句下注文。
2. 桐薪Ⓨ
3. 飾Ⓨ
4. 經Ⓨ
5. 孫詒讓云：疑當作「虛輿之下大遾」。
6. 固Ⓛ
7. 處Ⓦ
8. 鷙Ⓛ
9. 朗Ⓨ

兵之所以強者、（民）〔必死〕也，民之所以必死者、義也，義之所以能行者、威也。是故合[1]之以文，齊之以武，是謂必取；威（儀）〔義〕並行，是謂至強。夫人之所樂者、生也，而所憎者、死也；然而高城深池，矢石若雨，平原廣澤，白刃交接，▸而卒◂[2]爭先合者，彼非輕死而樂傷也，為其賞信而罰明也。

是故上視下如子，則下視[3]上如父；（土）〔上〕視下如弟，則下視[4]上如兄。上視下如子，則必王四海；下視[5]上如父，則必正天下。上親[6]下如弟，則不難為之死；下事[7]上如兄，則不難為之亡。是故父子兄弟之寇，不可與鬬者，積恩先施也。故四馬不調，造父不能以致遠；弓矢不調，羿不能以必中；君臣乖心，則孫子不能以應敵。是故內脩其政以積其德，外塞其醜以服其威，察其勞佚以知其飽飢，故戰日有期，視死若歸。故將必與卒同甘苦、（俟）〔侔〕飢寒，故其死可得而盡也。故古之善將者，必以其身先之，暑不張蓋，寒不被裘，所以程[8]寒暑也；險隘不乘，士[9]陵必下，所以齊勞佚也；軍食熟然後敢食，軍井通而[10]後敢飲，所以同飢渴也；合戰必立矢（射）〔石〕之所及，〔所〕以共安危也。故良將之用兵也，常以積德擊積怨，以積愛擊積憎，何故而不勝！

主之所求於民者二：求民為之勞也，欲民為之死也。民之所望於主者三：飢者能食之，勞者能息之，有功者能德之。民以償其二（積）〔責〕，而上失其三望，國雖大，人雖眾，兵猶且弱也。若（若）〔苦〕者必得其樂，勞者必得其利，斬首之功必全，死事之後必賞，四者既信於民矣，主雖射雲中之鳥，而釣深淵之魚，彈琴瑟，聲鍾竽，敦六博，投高壺，兵猶且強，令猶且行也。是故上足仰，則下可用也；德足慕，則威可立也。

將者必有三隧、四義、五行、十守。所謂三隧者，上知天道，下習地形，中察人情。所謂四義者，便國不（負）〔員〕兵，為主不顧身，見難不畏死，決疑不辟罪。所謂五行者，柔而不可卷也，剛而不可折也，仁而不可犯也，信而不可欺也，勇而不可陵也。所謂十守者，神清而不可濁也，謀遠而不可慕也，操固而不可遷也，知明而不可蔽也，不食於貨，不淫於物，不嚂於辯，不推於方，不可喜也，不可怒也。是謂至（於）〔旍〕[11]，窈窈冥冥，孰知其情！▸發必中詮◂[12]，言必合數，動必順時，解必中揍；通

1. 令Ⓨ　2. A.而士卒Ⓦ B.而士Ⓦ　3. 事Ⓦ　4. 事Ⓦ
5. 事Ⓦ　6. 視Ⓦ　7. 視Ⓦ　8. 均Ⓨ
9. A.上Ⓦ B.丘Ⓦ　10. 然Ⓨ
11. 王念孫云：古書「旌」字或作「旍」，「旌」與「精」同。
12. 編者按：「發必中詮」蓋用《論語・微子》文「廢中權」，《釋文》云：鄭作「發」。此文「權」作「詮」蓋許注本避吳諱改。

動静之機，明開塞之節，審舉措之利害，若合符節；疾如彍弩，勢如發矢，一龍一（地）〔蛇〕，動无常體，莫見其所中，莫知其所窮，攻則不可守，守則不可攻。

蓋（間）〔聞〕善用兵者，必先脩諸己，而後求諸人；先為不可勝，而後求勝。脩己於人，求勝於敵，己未能治也，而攻人之亂，是猶以火救火，以水應水也，何所能制！今使陶人化而為埴，則不能成盆盎；工女化而為絲，則不能織文錦。同莫足以相治也，故以異為奇，兩爵相與鬬，未有死者也；鸇鷹至，則為之解，以其異類也。故静為躁奇，治為亂奇，飽為飢奇，佚為勞奇。奇正之相應，若水火金木之代為雌雄也。善用兵者，持五殺以應，故能全其勝。拙者處五死以貪，故動而為人擒。

兵貴謀之不測也，形之隱匿也，出於不意，不可以設備也。謀見則窮，形見則制。故善用兵者，上隱之天，下隱之地，中隱之人。隱之天者，无不制也。何謂隱之天？大寒甚暑，疾風暴雨，大霧冥晦，因此而為變者也。何謂隱之地？山陵丘阜，林叢險（怚）〔阻〕，可以伏匿而不見形者也。何謂隱之人？蔽之於前，望之於後，出奇行陳之間，發如雷霆，疾如風雨，擣巨旗，止鳴鼓，而出入无形，莫知其端緒者也。

故前後正齊，四方如繩，出入解贖[1]，不相越淩，翼輕邊利，或前或後，離合散聚，不失行伍，此善脩行陳者也。明於（音）〔奇〕（正）賌、陰陽、刑德、五行、望氣、候星，龜策、（機）〔禨〕祥，此善為天道者也。設規慮，施蔚伏，見[2]用水火，出珍怪，鼓譟軍，所以營其耳也；曳梢肆柴，揚塵起堨，所以營其目者，此善為詐（祥）〔佯〕者也。錞鉞▸牢重，固植◂[3]而難恐，勢利不能誘，死亡不能動，此善為充榦者也。剽疾輕悍，勇敢輕敵，疾若滅沒，此善用輕出奇者也。相地形，處次舍，治壁壘，審煙[4]斥，居高陵，舍出處，此善為地形者也。因其飢渴凍暍，勞倦怠亂，恐懼窘步，乘之以選卒，擊之以宵夜，此善因時應變者也。易則用車，險則用騎，涉水多弓，隘則用弩，晝則多旌，夜則多火，晦冥多鼓，此善為設施者也。凡此八者，不可一无也，然而非兵之貴者也。

夫將者、必獨見獨知。獨見者、見人所不見也，獨知者、知人所不知也。見人所不見，謂之明；知人所不知，謂之神。〔神〕明者、先勝者也。先勝者、守不可攻，戰不

1. 續《莊逵吉本》p.685　　　2. 編者按：「見」字疑衍。
3. 參《三國吳諱鉤沉》（《中國文化研究所學報》1991卷22p.124）
4. 孫詒讓云：「煙」、「闉」同聲叚借字。

可勝者[1]，攻不可守，虛實是也。上下有隙，將吏不相得，所持不直，卒心積不服，所謂虛也。主明將良，上下同心，氣意俱起，所謂實也。若以水投火，所當者陷，所薄者移，‣牢柔◂[2]不相通而勝[3]相奇者，虛實之謂也。故善戰者不在少，善守者不在小，勝在得威，敗在失氣。

夫實則鬬，虛則走，盛則強，衰則北。吳王夫差地方二千里，帶甲（士）〔七〕十萬，南與越戰，棲之會稽。北與齊戰，破之艾陵。西遇晉公，擒之黃池。此用民氣之實也。其後驕溢縱欲，距諫喜（諛）〔諛〕，憢悍遂過，不可正喻，大臣怨懟，百姓不附，越王選卒三千人，擒之（于）〔干〕隧，因制其虛也。夫氣之有虛實也，若明之必晦也，故勝兵者非常實也，敗兵者非常虛也。善者，能實其民氣，以待人之虛也；不能者，虛其民氣，以待人之實也。故虛實之氣、兵之貴者也。

凡國有難，君自宮召將〔而〕詔之曰：「社稷之命在將軍（耳）〔身〕，今國有難，願（請）子將而應之。」將軍受命，乃令祝史太卜齊‣宿三日◂[4]，之太廟，鑽靈龜，卜吉日，以受鼓旗。君入廟門，西面而立；將入廟門，趨至堂下，北面而立。主親操鉞，持頭，授將軍其柄，曰：「從此上至天者，將軍制之。」復操斧，持頭，授將軍其柄，曰：「從此下至淵者，將軍制之。」將已受斧鉞，荅曰：「國不可從外治也，軍不可從中御也。二心不可以事君，疑志不可以應敵。臣既以受制於前矣，〔專〕鼓旗斧鉞之威，臣无還請，願君亦（以）〔無〕垂一言之命於臣也。君若不許，臣不敢將。君若許之，臣辭而行。」乃‣爪鬋，設明衣也，鑿凶門◂[5]而出。乘將軍車，‣載旌旗斧鉞◂[6]，累若不勝。其臨敵決[7]戰，不顧必死，无有二心。是故无天於上，无地於下，无敵於前，无主於後，進不求名，退不避罪，唯民是保，利合於主，國之（實）〔寶〕也，上將之道也。如此，則智者為之慮，勇者為之鬬，氣厲青雲，疾如馳騖，是故兵未交接而敵人恐懼。若戰勝敵奔，畢受功賞，吏遷官，益爵祿，割地而為（調）〔和〕[8]，決於封外，卒論斷於軍中。顧反於國，放旗以入斧鉞，報畢於君曰：「軍无後治。」乃縞素辟舍，請罪於君。君曰：「赦之！」退（齊）〔齋〕服。大勝三年反舍，中勝二年，下勝期年。兵之所加者，必无道之國也，故能戰勝而不報，取地而不反，民不疾疫，將不夭死，五穀豐昌，風雨時節，戰勝於外，福生於內，是故名必成而後无餘害矣！

1. 編者按：「者」上疑有脫文。
2. 編者按：「牢柔」古書不見，「堅柔」則為習用語。此文作「牢柔」蓋許注本避吳諱改。
3. 楊樹達云：「勝」下當有「敗」字。
4. 三日㊀
5. 鑿凶門，設明衣，翦指爪㊀
6. 建鼓旗，載斧鉞㊀
7. 攻㊀
8. 編者按：此文本作「割地而為和」，今本作「調」者，蓋許注本避吳太子諱改。

16 說山訓

16.1 魄問於魂曰：「道何以為體？」曰：「以無有為體。」魄曰：「無有有形乎？」魂曰：「無有。」〔魄曰〕：「〔無有〕、何得而聞也？」魂曰：「吾直有所遇之耳！視之無形，聽之無聲，謂之幽冥。幽冥者，所以喻道，而非道也。」魄曰：「吾（聞）得之矣！乃內視而自反也。」魂曰：「凡得道者，形不可得而見，名不可得而揚。今汝已有形名矣，何道之所能乎！」魄曰：「言者，獨何為者？吾將反吾宗矣。」魄反顧，魂忽然不見，反而自存，亦以淪於無形矣。

16.2 人不小（學）〔覺〕，不大迷；不小慧，不大愚。

16.3 人莫鑑於（沫雨）〔流潦〕，而鑑於澄水者，以其休止不蕩也。

16.4 詹公之釣，〔得〕千歲之鯉（不能避）；曾子攀柩車，引輴者為之止（也）；老母行歌而動申喜，精之至也。瓠巴鼓瑟，而淫[1]魚出聽；百牙鼓琴，▸而駟◂[2]馬仰秣；介子歌龍蛇，而文君垂泣。故玉在山而草木潤，淵生珠而岸不枯。螾無筋骨之強、爪牙之利，上食晞堁，下飲黃泉，用〔心〕一也。

16.5 清之為明，▸杯水見◂[3]（牟）〔眸〕子；濁之為闇，河水不見太山。

16.6 視日者眩，聽雷者（聾）〔聵〕，▸人無為則治，有為則傷。無為而治者載無也。為者，不能有也；不能無為者，不能有為也。人無言而神，有言者則傷。無言而神者載無，有言則傷其神◂[4]。之神者，鼻之所以息，耳之所以聽，終以其無用[5]者為用矣。物莫不因其所有而用其所無，以為不信，視籟與竽。

16.7 念慮者不得臥，止念慮，則有為其所止矣。兩者俱亡，則至德（約）〔純〕矣。

16.8 聖人終身言治，所用者非其言也。用所以言也。歌者有詩，然使人善之者，非其

1. A.鱏Ⓦ B.流Ⓦ C.沈Ⓨ D.潛Ⓨ E.游Ⓨ F.淵Ⓨ　2. 六Ⓨ　3. 杯水而見Ⓨ

4. 編者按：此文錯亂不可讀，疑本作「人無為而治，有為則傷。無為而治者，載無也。有為則傷者，傷其治也，人無言而神，有言則傷。無言而神者，載無也。有言則傷者，傷其神者也。為者不能無為也，不能無為者，不能有也。」

5. 編者按：「用」字疑衍。「其無者」與下句「其所無」成對文。

詩也。鸚鵡能言，而不可使長〔言〕。是何則？得其所言，而不得其所以言。故循迹者，非能生迹者也。

16.9 神蛇能斷而復續，而不能使人勿斷也。神龜能見夢元王，而不能自出漁者之籠。

16.10 四方皆道之門戶牖嚮也，在所從闚之。故釣可以教騎，騎可以教御，御可以教刺舟。

16.11 越人學遠射〔者〕，參天而發，適在五步之內[1]，不易〔其〕儀。世已變矣，而守其故，譬猶越人之射也。

16.12 月望，日奪其光，陰不可以乘陽也。日出星不見，不能與之爭光也。故末不可以強於本，指不可以大於臂。下輕上重，其覆必易。一淵不兩鮫，〔一棲不兩雄〕，〔一則定〕，〔兩則爭〕。水定則清正，動則失平。故惟不動，則所以無不動也。

16.13 江、河所以能長百谷者，能下之也。夫惟能下之，是以能上之。

16.14 天下莫相憎於膠漆，而莫相愛於冰炭。膠漆相賊，冰炭相息也。

16.15 牆之壞，愈其立也，冰之泮，愈其凝也，以其反宗。

16.16 泰山之容，巍巍然高，去之千里，不見埵堁，遠之故也。

16.17 秋豪之末，淪於不測。是故小不可以為內者，大不可〔以〕為外矣。

16.18 蘭生幽宮[2]，不為莫服而不芳。舟在江海，不為莫乘而不浮。君子行義，不為莫知而止休。

16.19 夫玉潤澤而有光，其聲舒揚，渙乎其有似也。無內無外，不匿瑕穢，近之而

1. 編者按：「內」下有脫文。《說苑・雜言》17/8a「五步之內」下有「又復參天而發，世以易矣，不更其儀。」多「又復參天而發」句，而「世以易矣」又在「不更其儀」前，文意較完整。

2. 谷ⓦ

濡，望之而隧。夫照鏡見眸子，微察秋毫，明照晦冥。故和氏之璧、隨侯之珠，出於山淵之精，君子服之，順祥以安寧，侯王寶之，為天下正。

16.20 陳成（子）恒之劫子淵捷也，子罕之辭其所不欲，而得其所欲，孔子之見黏蟬者，白公勝之倒杖策也，衛姬之請罪於桓公〔也〕[1]，〔曾〕子見子夏曰：「何肥也？」魏文侯（見之）〔之見〕反披裘而負芻也，兒說之為宋王解閉結也，此皆微眇可以觀論者。

16.21 人有嫁其子而教之曰：「爾行矣，慎無為善！」曰：「不為善，將為不善邪？」應之曰：「善▸且由◂[2]弗為，況不善乎！」此全其天器者。

16.22 拘囹圄者以日為脩，當（死市）〔市死〕者以日為短。日之脩短有度也，有所在而短，有所在而脩也，則中不平也。故以不平為平者，其平不平也。

16.23 嫁女於病消〔渴〕者，夫死則〔言女妨〕，後難復處也。故沮舍之下不可以坐，倚牆之傍不可以立。

16.24 執獄牢者無病，罪當死者肥澤，刑者多壽，心無累也。良醫者，常治無病之病，故無病。聖人者，常治無患之患，故無患也。

16.25 夫至巧不用（劍）〔鉤〕〔繩〕，善閉者不用關楗。淳于髡之告失火者，此其類。

16.26 以清入濁必困辱，以濁入清必覆傾。君子之於善也，猶采薪者見一介〔則〕掇之，見青蔥則拔之。

16.27 天二氣則成虹，地二氣則泄藏，人二氣則成病。陰陽不能且冬且夏；月不知晝，日不知夜。

16.28 善射者發不失的，善於射矣，而不善所射。善釣者無所失，善於釣矣，而不善所釣。故有所善，則有不善矣。

1. 編者按：準上下句補。
2. 編者按：「且由」疑當作「由且」，「由且」猶「猶且」也。

16.29 鍾之與磬也，近之則鍾音充，遠之則磬音章，物固有近不若遠、（逮）〔遠〕不如近者。

16.30 今曰稻生於水，而不能生於湍瀨之流；紫芝生於山，而不能生於盤石之上；慈石能引鐵，及其於銅，則不行也。

16.31 水廣者魚大，山高者木脩。廣其地而薄其德，譬猶陶人為器也，揲（挺）〔埏〕其土而不益厚，破乃愈疾。

16.32 聖人不先風吹，不先雷毀，不得已而動，故無累。

16.33 月盛衰於上，則蠃蛖應於下，同氣相動，不可以為遠。

16.34 執彈而招鳥，揮（挩）〔梲〕而呼狗，欲致之，顧反走。故魚不可以無餌釣也，獸不可以虛器召也。

16.35 剝牛皮，鞹以為鼓，正三軍之眾，然為牛計者，不若服於軛也。狐白之裘，天子被之而坐廟堂，然為狐計者，不若走於澤〔也〕[1]。

16.36 亡羊而得牛，則莫不利〔失〕也；斷指而免頭，則莫不利為也。故人之情，於利之中則爭取大焉，於害之中則爭取小焉。

16.37 將軍不敢騎白馬，亡者不敢夜揭炬，保者不敢畜噬狗。

16.38 雞知將旦，鶴知夜半，而不免於鼎俎。

16.39 山有猛獸，林木為之不斬；園有螫蟲，藜[2]藿為之不采；〔故國有賢臣、折衝千里〕[3]。

1. 編者按：準上句補。 2. 葵ⓨ
3. 此句舊誤在下文「形勞則神亂」下，「賢臣」誤為「賢君」，「千里」又誤為「萬里」，今並據王念孫說移正。

16.40 為儒而踞里閭，為墨而朝吹竽，欲滅迹而走雪中，拯溺者而欲無濡，是非所行而行所非。

16.41 今夫闇飲者，非嘗不遺飲也。使之自以平，則雖愚無失矣。是故不同于和而可以成事者，天下無之矣。

16.42 求美則不得，不求美則〔有〕[1]美矣；求醜則不得醜，（求不）〔不求〕[2]醜則有醜矣；不求美又不求醜，則無美無醜矣，是謂玄同。

16.43 申徒狄負石自沉於淵，而溺者不可以為抗；弦高誕而存鄭，誕（者）不可以為常。事有一應，而不可‣循行◂[3]。

16.44 人有多言者，猶百舌之聲〔也〕。人有少言者，猶不脂之戶也。

16.45 六畜生多耳目者不詳[4]，讖書著之。

16.46 百人抗浮，不若一人挈而趨。物固有眾而不若少者，引車者二六而後之[5]。事固有相待而成者，兩人俱溺，不能相拯，一人處陸則可矣。故同不可相治，必待異而後成。

16.47 （千年之松），下有（茯）〔伏〕苓，上有兔絲；上有叢蓍，下有伏龜；聖人從外知內，以見知隱也。

16.48 喜武非俠也，喜文非儒也，好方非醫也，好馬非騶也，知音非瞽也，知味非庖也，此有一概而未得主名也。

16.49 被甲者，非為十步之內也，百步之外則爭深淺，深則達五藏，淺則至膚而止矣。死生相去，不可為道里。

1. 編者按：準下句補。 2. 編者按：準上句改。
3. 編者按：「循行」疑當作「復行」。 4. 祥㊙
5. 楊樹達云：疑當作「引車者二而六後之」。

16.50　▸楚王亡其猨，而林木為之殘；宋君亡其珠，池中魚為之殫◂[1]；故澤▸失火而林憂◂[2]。

16.51　上求材，臣殘木；上求魚，臣乾谷。上求（揖）〔楫〕，而下致船；上言若絲，下言若綸。上有一善，下有二譽；上有三衰，下有九殺。

16.52　大夫種知所以強越，而不知所以存身；萇弘知周之所〔以〕存，而不知身〔之〕所以亡；知遠而不知近。

16.53　畏馬之辟也不敢騎，懼車之覆也不敢乘，是以虛禍距公利也。

16.54　不孝弟者或詈父母，生子者所[3]不能任其必孝也，然猶養而長之。

16.55　范氏之敗〔也〕，有竊其鍾負而走者，鎗然有聲，懼人聞之，遽掩其耳。憎人聞之，可也；自掩其耳，悖矣。

16.56　升之不能大於石也，升在石之中；夜之不能脩於歲也，夜在歲之中；仁義之不能大於道德也，仁義在道德之包。

16.57　先針而後縷，可以成帷；先縷而後針，不可以成衣。針成幕，蔂[4]成城。事之成敗，必由小生，言有漸也。

16.58　染者先青而後黑則可，先黑而後青則不可。工人下漆而上丹則可，下丹而上漆則不可。萬事猶此，所先後上下，不可不審。

16.59　水濁而魚噞，形勞則神亂。（故國有賢君、折衝萬里）[5]。

16.60　因媒而嫁，（而）不因媒而成；因人而交，不因人而親。

---

1. 楚王亡其猨於林，木為之殘。宋王亡其珠於池中，魚為之殫Ⓨ　2. 火而林木憂Ⓨ
3. 編者按：「所」字疑衍。　4. 簣Ⓨ
5. 據王念孫說，此句當在上文「蔾藋為之不采」句下，又「賢君」當作「賢臣」，「萬里」當作「千里」。今移正。

16.61 行合趨同，千里相從；▸趣不合，行不同◂[1]，對門不通。

16.62 海水雖大，不受胔芥。日月不應非其氣，君子不容非其類也。

16.63 人不愛倕之手，而愛己之指；不愛江、漢之珠，而愛己之（鉤）〔鈎〕。

16.64 以束薪為鬼，以火煙為氣。以束薪為鬼，朅而走；以火煙為氣，殺豚烹狗。先事如此，不如其後。

16.65 巧者善度，知者善豫。

16.66 羿死桃部，不給射；慶忌死劍鋒，不給搏。

16.67 滅非者戶告之曰：「我實不與我（諛）〔嫂〕[2]亂。」謗乃愈起。止言以言，止事以事，譬猶揚堁而弭塵，抱薪而救火。流言雪汙，譬猶以涅拭素也。

16.68 矢之於十步貫兕甲，於三百步不能入魯縞；騏驥一日千里，其出[3]致釋駕而僵。

16.69 大家攻小家則為暴，大國并小國則為賢。

16.70 小馬（非）大馬之類也，小知非大知之類也。

16.71 被羊裘而賃，固其事也；貂裘而負籠，甚可怪也。

16.72 以絜白為污辱，譬猶沐浴而抒溷，薰燧而負彘。

16.73 治疽不擇善惡醜肉而并割之，農夫不察苗莠而并耘之，豈不虛哉！

16.74 壞塘以取龜，發屋而求狸，掘室而求鼠，▸割脣◂[4]而治齲，桀、跖之徒，君子不與。殺戎馬而求（弧理）〔狐狸〕，援兩鱉而失靈龜，斷右臂而爭一毛，折鏌邪而爭錐（力）〔刀〕，用智如此，豈足高乎！

1. 行不合，趨不同Ⓦ　2. 編者按：據文意改。　3. 勢Ⓨ
4. 決吻Ⓨ

16.75 寧百刺以針，无一刺以刀；寧一引重，无久持輕；寧一月飢，无一旬餓。萬人之蹪，愈於一人之（隧）〔墜〕。

16.76 有譽人之力儉者，（春）〔舂〕至旦，不中員呈，猶謪之。察之，乃其母也。故小人之譽人，反為損。

16.77 東家母死，其子哭之不哀。西家子見之，歸謂其母曰：「社何愛速死，吾必悲哭社。」夫欲其母之死者，雖死亦不能悲哭矣。謂‣學不暇◂[1]者，雖暇亦不能學矣。

16.78 ‣見窾木◂[2]浮而知為舟，見飛蓬轉而知為車，見鳥迹而知著書，以類取之。

16.79 以非義為義，以非禮為禮，譬猶倮走而追狂人，盜財而予乞者，竊簡而寫法律，蹲踞而誦《詩》、《書》。

16.80 割而舍之，鏌邪不斷肉；執而不釋，馬氂截玉。聖人無止無以[3]，歲賢昔，日愈昨也。

16.81 馬之似鹿者千金，〔然而〕天下無千金之鹿；玉待礛諸而成器，有千金之璧而無錙錘之礛諸。

16.82 受光於隙照一隅，受光於牖照北壁，受光於戶照室中無遺物，況受光於宇宙乎？天下莫不藉明於其前矣！由此觀之，所受者小則所見者淺，所受者大則所照者博。

16.83 江出岷山，河出崑崙，濟出王屋，潁出少室，漢出嶓冢，分流舛馳，注於東海，所行則異，所歸者一。

16.84 通於學者若車軸，轉轂之中，不運於己，與之致千里，終而復始，轉无窮之源。不通於學者若迷惑，告之以東西南北，所居聆聆，背而不得，不知凡要。

16.85 寒不能生寒，熱不能生熱，不寒不熱能生寒熱。故有形出於無形，未有天地能生天地者也，至深微廣大矣！

1. 編者按：疑當作「不暇學」。　2. 古人見窾木ⓦ
3. 楊樹達云：「以」與「已」同。

16.86 雨之集無能霑，待其止而能有濡；矢之發無能貫，待其止而能有穿；唯止能止眾止。因高而為臺，就下而為池，各就其勢，不敢更為。

16.87 聖人用物，若用朱絲約芻狗，若為土龍以求雨。芻狗待之而求福，土龍待之而得食。

16.88 魯人▸身善制冠，妻善織履◂[1]，往徙於越而大困窮。以其所脩[2]而遊不用之鄉，譬若樹荷山上，而畜火井中。（橾）〔操〕鉤上山，揭斧入淵，欲得所求，難也。方車而蹠越，乘桴而入胡，欲无窮，不可得也。

16.89 楚王有白蝯，王自射之，則搏矢而熙；使▸養由其◂[3]射之，始調弓矯矢，未發而蝯擁（柱）〔樹〕號矣，有先中中者也。

16.90 咼氏之（壁）〔璧〕，夏后之璜，揖讓而進之以合歡；夜以投人，則為怨；時與▸不時◂[4]。

16.91 畫西施之面，美而不可說；規孟賁之目，大而不可畏；君形者亡焉。

16.92 人有昆弟相分者，无量，而眾稱義焉。夫唯無量，故不可得而量也。

16.93 登高使人欲望，臨深使人欲闚，處使然也。射者使〔人〕端，釣者使人恭，事使然也。

16.94 曰殺罷牛可以贖良馬之死，莫之為也。殺牛、必亡之數[5]，以必亡贖不必死，未能行之者矣。

16.95 季孫氏劫公家，孔子說之，先順其所為而後與之入政，曰：「與枉與直，如何而不得？與直與枉，勿與遂往。」此所謂同污而異塗者。

1. 身善織屨，妻善織縞Ⓦ
2. 編者按：「脩」、《韓非子・說林上》7/9a作「長」，此文作「脩」蓋避淮南王諱改。
3. 養由基《莊逵吉本》p.719　　4. 不時也Ⓨ
5. 編者按：「數」下疑脫一句。

16.96 衆曲不容直，衆枉不容正，故人衆則食狼，狼衆則食人。

16.97 欲為邪者必（相）[1]明正，欲為曲者必達直。公道不立，私欲得容者，自古及今，未嘗聞也。此以善託其醜。

16.98 衆議成林。無翼而飛，三人成市虎，一里〔能〕撓（推）〔椎〕。

16.99 夫游没者，不求沐浴，已自足其中矣。故（食草）〔草食〕之獸不疾易藪，水居之蟲不疾易水，行小變而不▸失常◂[2]。

16.100 信有非、（禮而）〔而禮〕〔有〕失（禮）：尾生死其梁（拄）〔柱〕之下，此信之非者；孔氏不喪出母，此禮之失者。

16.101 曾子立[3]孝，不過勝母之閭[4]；墨子非樂，不入朝歌之邑；曾[5]子立廉，不飲盜泉；所謂養志者也。

16.102 紂為象箸而箕子唏，魯以偶人葬而孔子歎，故聖人見霜而知冰。

16.103 有鳥將來，張羅而待之，得鳥者，羅之一目也；今為一目之羅，則無時得鳥矣。今被甲者，以備矢之至；若使人必知所集，則懸一札而已矣。事或不可前規，物或不可〔豫〕慮，卒然不戒而至，故聖人畜道以待時。

16.104 髡屯犂牛，既（㪂）〔科〕以（犗）〔犐〕，（泱）〔決〕鼻而羈，生子而犧，尸祝齋戒以沈諸河，河伯豈羞其所從出，辭而不享哉！

16.105 得萬人之兵，不如[6]聞一言之當。得隋侯之珠，不若得事之所由。得咼氏之璧，不若得事之所適。

16.106 撰良馬者，非以（遂）〔逐〕狐（狸）〔狢〕，將以射麋鹿。砥利劍者，非以斬縞衣，將以斷兕犀。故「高山仰止，景行行止」，鄉者其人。見彈而求鴞炙，見卵而求晨夜，見黂而求成布，雖其理哉，亦不病暮。

---

1. 編者按：「相」字衍文。 2. 失其大常也《莊子・田子方》p.393
3. 至Ⓦ 4. 里Ⓦ 5. 孔Ⓨ 6. 若Ⓨ

16.107 象解其牙，不憎人之利之也；死而棄其招簀，不怨人〔之〕[1]取之。人能以所不利利人，則可。

16.108 狂者東走，逐者亦東走，東走則同，所以東走〔者〕[2]則異。溺者入水，拯之者亦入水，入水則同，所以入水者則異。故聖人同死生，愚人亦同死生，聖人之同死生通於▸分理◂[3]，愚人之同死生不知利害▸所在◂[4]。

16.109 徐偃王以仁義亡國，國亡者非必仁義；比干以忠靡其體，被誅者非必忠也。故寒者顫，懼者亦顫，此同名而異實。

16.110 明月之珠出於蛖蜄，▸周之簡圭生於垢石◂[5]，大蔡神龜出於溝壑。

16.111 萬乘之主，冠錙錘之冠，履百金之車。牛皮為鼓[6]，正三軍之眾。

16.112 欲學歌謳者，必先徵羽樂風；▸欲美和者◂[7]，（必先）始於《陽阿》、《采菱》；此皆學其所不〔欲〕[8]學，而（欲）至其所欲學者。

16.113 燿蟬者務在明其火，釣魚者務在芳其餌。明其火者、所以燿而致之也；芳其餌者、所以誘而利之也。欲致魚者先通水，欲致鳥者先樹木。水積而魚聚，木茂而鳥集。好弋者先具繳與矰，好魚者先具罟與（罘）〔罛〕，未有无其具而得其利。

16.114 遺人馬而解其羈，遺人車而稅其轙，所愛者少而所亡者多，故里人諺曰：「烹牛而不鹽，敗所為也。」

16.115 桀有得事，堯有遺道，嫫母有所美，西施有所醜。故亡國之法有可隨者，治國之俗有可非者。

16.116 琬琰之玉，在洿泥之中，雖廉者▸弗釋◂[9]；弊（箄）〔箅〕甑（瓾）〔瓾〕，

1. 編者按：準上句補。 2. 編者按：準下句補。 3. 分理也Ⓨ
4. 之所在也Ⓨ 5. A.周人簡珪，產於古石Ⓨ B.周之簡圭，產於垢土Ⓨ
6. 賤《道藏本》p.132.2 7. 奏雅樂者Ⓨ
8. 編者按：今本「欲」字誤在下句「至」字上，今移正。 9. 不釋也Ⓨ

在（袝）〔旃〕茵之上，雖貪者▸不摶◂[1]。美之所在，雖汙辱、世不能賤；惡之所在，雖高隆、世不能貴。

16.117 春貸秋賦民皆欣，春賦秋貸眾皆怨；得失同，喜怒為別，其時異也。

16.118 為魚德者，非挈而▸入淵◂[2]，為蝯賜者，非負而▸緣木◂[3]，縱之其所〔利〕而已。

16.119 貂裘而雜，不若狐裘而粹，故人莫惡於無常行。

16.120 有相馬而失馬者，（猶）〔然〕良馬猶在相之中。

16.121 今人放燒，或（橾）〔操〕火往益之，或接水往救之，兩者皆未有功，而怨德相去亦遠矣。

16.122 郢人有買屋棟者，求大三圍之木，而人予〔之〕車轂，跪而度之，巨雖可，而長▸不足◂[4]。

16.123 蘧伯玉以德化，公孫鞅以刑罪，所極一也。病者寢席，醫之用針石，巫之用糈藉，所救鈞也。

16.124 狸頭愈鼠，雞頭已瘻，蝱散積血，▸斲木◂[5]愈齲，此類之推者也。膏之殺鱉，鵲矢中蝟，爛灰生（繩）〔蠅〕，漆見蟹而不乾，此類之不推者也。推與不推，若非而是，若是而非，孰能通其微！

16.125 天下無粹白狐，而有粹白之裘，掇之眾白也。善學者，若齊王之食雞，必食其蹠數十[6]而後足。

16.126 刀便剃毛，至伐大木，非斧不剋，物固有以（寇）〔剋〕適成不逮者。

16.127 視方寸於牛，不知其大於羊；總視其體，乃知其（大）相去之遠。

1. 不摶也Ⓨ　2. 入淵也Ⓨ　3. 緣木也Ⓨ　4. 不足也Ⓨ　5. 啄木Ⓨ
6. 千Ⓨ

16.128 孕婦見兔而子缺脣，見麋而（不）〔子〕四目。

16.129 小馬〔之〕（大目）〔目大〕，不可謂〔之〕[1]大馬；大馬之目眇，（所）〔可〕謂之眇馬；物固有似然而似不然者。故決指而身死，或斷臂而顧活，類不可必推。

16.130 厲利劍者必以柔砥，擊鍾磬者必以濡木，轂強必以弱輻，兩堅不能相和，兩強不能相服。故梧桐斷角，馬（氂）〔氂〕截玉。

16.131 媒但者，非學謾（他）〔也〕，但成而生不信。立慬者，非學鬭爭〔也〕，慬立而生不讓。故君子不入獄，為其傷恩也；不入市，為其侳廉；積不可不慎者也。

16.132 走不以手，縛手▸走不能◂[2]疾；飛不以尾，屈尾▸飛不能◂[3]遠；物之用者必待不用者。故使（止）〔之〕見者，乃不見者也；使鼓鳴者，〔乃〕不鳴〔者〕也。

16.133 嘗一臠肉，〔而〕知一鑊之味；懸羽與炭，而知燥溼之氣；以小（朋）〔明〕大。見一▸葉落◂[4]，而知歲之將暮；睹瓶中之冰，而知天下之寒〔暑〕；以近論遠。

16.134 三人比肩，不能外[5]出戶；（一）〔二〕人相隨，可以通天下。

16.135 足蹍地而為迹，暴行而為影，此易而難。

16.136 莊王誅▸里史◂[6]，孫叔敖制冠浣衣；文公棄荏席，後黴黑，咎犯辭歸，故（桑）〔木〕葉（洛）〔落〕而長年悲也。

16.137 （鼎錯）〔錯鼎〕日用而不足貴，周鼎不爨而不可賤，物固有以不用而為有用者。地平則水不流，重鈞則衡不傾，物之尤必有所感，物固有以不用為大用者。

16.138 先倮而浴則可，以浴而倮則不可；先祭而後饗則可，先饗而後祭則不可；物之先後各有所宜也。

---

1. 編者按：準下文補。 2. 則走不能Ⓨ 3. 則飛不能Ⓨ 4. 葉之落Ⓨ
5. 編者按：「外」字疑衍。 6. 史里Ⓨ

16.139　祭之日而言狗生，取婦夕而言衰麻，置酒之日而言上（冢）〔冢〕，渡江河而言陽侯之波。

16.140　或曰知（其）〔天〕且赦也而多殺人，或曰知（其）〔天〕且赦也而多活人，其望赦同，〔其〕所利害異。故或吹火而〔然〕，〔或吹火而〕滅，所以吹者異也。

16.141　烹牛以饗其里，而罵其東家母，德不報而〔身〕見殆。

16.142　文王汙膺，鮑[1]申傴背，以成楚國之治。裨諶出郭而知，以成子產之事。

16.143　侏儒問（徑）天高于脩[2]人，▸脩人曰：「不知。」◂[3]曰：「子雖不知，猶近之▸於我◂[4]。」故凡問（字）〔事〕，必於▸近者◂[5]。

16.144　寇難至，躄者告盲者，盲者負而走，兩人（得）〔皆〕活，得其所能也。故使（盲）〔瘖〕者語，使躄者走，失其所〔能〕[6]也。

16.145　（邢）〔郢〕人有鬻▸其母◂[7]，為[8]請于買者曰：「此母老矣！幸善食之而勿苦。」此行大不義而欲為小義者。

16.146　介蟲之動以固，貞蟲之動以毒螫，熊羆之動以攫搏，兕牛之動以觝觸，物莫措其所脩而用其所短也。

16.147　治國者若鎒田，去害苗者而已。今沐者墮髮，而猶為之不止[9]，以▸所去者◂[10]少，所利者多。

16.148　砥石不利而可以利金，擏不正而可以正弓，物固有不正而可以正，不利而可以利。

16.149　力貴齊，知貴捷。

1. A.褓Ⓨ B.保Ⓨ
2. 編者按：此條「脩」字《意林》p.40引並作「長」，本書作「脩」者蓋避淮南王諱改。
3. A.長人曰：「吾不知也。」Ⓨ B.脩人曰：「吾不知。」Ⓨ　4. 於我也Ⓨ
5. 近之者Ⓨ　6. 編者按：準上句文例補。　7. 其母者Ⓨ　8. 而Ⓦ
9. 已Ⓨ　10. 其所去者Ⓨ

16.150　得之同，（遨）〔遬〕為上；勝之同，遲為下。所以貴鏌邪者，以其應物而斷割也。劙靡勿釋，牛車絶轔。

16.151　為孔子之窮於陳、蔡而廢六藝，則（感）〔惑〕；為醫之不能自治其病，病而不就藥，則勃矣。

17 說林訓

17.1　以一（出）〔世〕之度制治天下，譬猶客之乘舟，中流遺其劍，遽契其舟（桅）〔椛〕，暮薄而求之，其不知物類亦甚矣！夫隨一隅之迹，而不知因天地以游，惑莫大焉。雖時有所合，然而不足貴也。譬若旱歲之土龍，疾疫之芻靈[1]，是〔時〕為帝者也。

17.2　曹氏之裂布，蛷者貴之，然非夏后氏之璜。

17.3　無古無今，無始無終，未有天地而生天地，至深微廣大矣。

17.4　足（以）〔所〕蹍者淺矣，然待所不蹍而後行；智所知者褊矣，然待所不知而後明。

17.5　游者以足蹶，以手抗，不得其數，愈蹶愈敗；及其能游者，非手足者矣。

17.6　鳥飛反鄉，兔走歸窟，狐死首丘，寒將翔水，各（哀）〔依〕其所生〔也〕。

17.7　毋貽盲者鏡，毋▸予躄者履◂[2]，毋賞越人章甫，非其用也。

17.8　椎固▸百柄◂[3]，不能自（椓）〔椓〕；目見百步之外，不能自見其眥。

17.9　狗彘不擇甂甌而食，偷肥其體而顧近其死；鳳皇高翔千仞之上，故莫之能致。

1. 狗Ⓛ　　2. 遺躄者履Ⓨ
3. A.百內《四部叢刊》本《通玄真經・上德》6/3b B.百柄《朱弁注》本《文子纘義・上德》6/6b C.於柄《道藏》本《文子纘義・上德》6/5b

17.10 月照天下，〔而〕蝕於▸詹諸◂[1]；騰蛇游霧，而殆於蝍蛆；烏力勝日，而服於鵻(禮)〔札〕；能有脩短也。

17.11 莫壽於殤子，而彭祖為夭矣。

17.12 (短綆)〔綆短〕不可以汲深，器小不可以盛大，非其任也。

17.13 怒出於不怒，為出於不為。

17.14 視於無形，〔則〕得其所見矣；聽於無聲，則得其所聞矣。

17.15 至味不慊，至言不文，至樂不笑，至音不(叫)〔叫〕，大匠不斲，大〔庖不〕豆(不具)，大勇不鬬，得道而德從之矣。譬若黃鍾之比宮，(大)〔太〕簇之比商，無更調焉。

17.16 以瓦鉒者全，以金鉒者跋，以玉(跓)〔鉒〕者發，是故所重者在外，則內為之掘[2]。

17.17 逐獸者目不見太山，嗜慾在外，則明〔有〕[3]所蔽矣。

17.18 聽有音之音者聾，聽無音之音者(聽)〔聰〕；不聾不(聽)〔聰〕，與神明通。

17.19 卜者操龜，筮者端策，以問於數，安所問之哉！

17.20 舞者舉節，坐者不期而拚皆如一，所極同也。

17.21 日出湯[4]谷，入于虞(淵)〔淵〕，莫知其動，須臾之間，俛人之頸。

17.22 人莫欲學御龍，而皆欲學御馬，莫欲學治鬼，而皆欲學治人，急所用也。

1. A.蟾蜍Ⓨ B.蟾諸Ⓨ
2. 陳觀樓曰：「掘」、即「拙」字也。
3. 編者按：據文意補。
4. 暘Ⓛ

17.23 解門以為薪，塞井以為臼，▸人之從事，或時相似◂[1]。

17.24 水火相憎，鬵在其間，五味以和。骨肉相愛，讒賊間之，而父子相危。

17.25 夫所以養而害所養，譬猶削足而適履，殺頭而便冠。

17.26 昌羊去蚤蝨而來（蚙）〔蛉〕窮，除小害而致大賊，故小快〔而〕害大利。

17.27 牆之壞也，不若無也，然逾屋之覆。

17.28 璧瑗成器，礛諸之功；鏌邪斷割，砥礪之力。

17.29 狡兔得而獵犬烹，高鳥盡而強弩藏。

17.30 蝱與驥，致千里而不飛，無糗糧之資而不飢。

17.31 失火而遇雨，失火則不幸〔也〕[2]，遇雨則幸也，故禍中有福也。

17.32 鬻棺者欲民之疾（病）〔疫〕也，畜粟者欲歲之荒飢也。

17.33 水靜則平，平則清，清則見物之形，弗能匿也，故可以為正。

17.34 川竭而谷虛，丘夷而淵塞[3]，脣竭而齒寒。

17.35 河水之深，其壤在山。

17.36 ▸鈞之◂[4]縞也，一端以為冠，一端以為絑，冠則戴（致）〔攱〕之，絑則蹍履之。

17.37 知己者不可誘以物，明於死生者不可（却）〔劫〕以危，故善游者不可懼以涉。

1. A.雖用小，而所喪大矣Ⓨ B.雖有小利，而所喪大矣Ⓨ
2. 編者按：準下句補。 3. 實Ⓨ 4. 羇之為Ⓨ

17.38 親莫親於骨肉，節族之屬連也，心失其制，乃反自害，況疏遠乎！

17.39 聖人之於道，猶葵之與日也，雖不能與終始哉，其鄉之誠也。

17.40 ▸官池◂[1]涔則溢，旱則涸；江水之原，▸淵（泉）◂[2]不能竭。

17.41 蓋非橑不能蔽（曰）〔日〕，輪非輻不能追疾，然而橑輻未足恃也。

17.42 金勝木者，非以一刀[3]殘林也；土勝水者，非以一（璞）〔墣〕塞江也。

17.43 躄者見虎而不走，非勇〔也〕[4]，勢不便也。

17.44 傾者易覆也，倚者易軵也。幾易助也，溼易雨也。

17.45 設[5]鼠者機動，釣魚者泛[6]杭，任動者車鳴也。

17.46 芻狗能立而不能行，蛇床似麋蕪而不能芳。

17.47 謂許由無德，烏獲無力，莫不醜於色，人莫不奮于其所不足。

17.48 以兔之走，使大如馬，則逮（曰）〔日〕▸歸風◂[7]；及其為馬，則又不能走矣。

17.49 冬有雷電，夏有霜雪，然而寒暑之勢不易，小變不足以防大節。

17.50 黃帝生陰陽，上駢生耳目，桑林生臂手，此女媧所以七十化也。

1. 宮池《道藏本》p.136.1
2. 《萬有文庫》本《文子纘義》作「淵」，注云：一本作「深」。編者按：「淵」為唐高祖名，唐人諱「淵」為「泉」為「深」，故《文子》一本作「深」，一本作「淵深」。《淮南》作「淵泉」，並是後人在「深」字「泉」字上注「淵」字，後遂誤入正文成「淵泉」、「淵深」。《萬有文庫》本《文子纘義》作「淵」是也。
3. 刃《莊逵吉本》p.746
4. 編者按：據文意補。
5. 投ⓨ
6. 浮ⓨ
7. 楊樹達云：「歸風」與「追風」同。

17.51 終日言必有聖之事，百發之中必有羿、逢蒙之巧，然而世不與也，其守節非也。

17.52 牛（蹏）〔蹏〕彘顱亦骨也，而世弗灼，必問吉凶於龜者，以其歷歲久矣。

17.53 近敖倉者不為之多飯，臨江、河者不為之多飲，（其）〔期〕滿腹而已。

17.54 蘭（芝）〔芷〕以芳，未嘗見霜；鼓造辟兵，壽盡五月之望。

17.55 舌之與齒，孰先（隴）〔礱〕也？錞之與刃，孰先弊也？繩之與矢，孰先（直）〔折〕[1]也？

17.56 今鱓之與蛇，蠶之與蠋，狀相類而愛憎異。

17.57 晉以垂棘之璧得虞、虢，驪戎以美女亡晉國。

17.58 聾者不歌，無以自樂；盲者不觀，無以接物。

17.59 觀射者遺其藝，觀書者忘其愛，意有所在，則忘其所守。

17.60 古之所為不可更，則（推）〔椎〕車至今無蟬匷。

17.61 使（但）〔伹〕吹竽，使（氐）〔工〕厭竅，雖中節而不可聽，無其君形者也。

17.62 與死者同病，難為良醫；與亡國同道，難與為謀。

17.63 為客治飯而自〔食〕藜藿，名尊於實。

17.64 乳狗之噬虎也，伏雞之（捕）〔搏〕狸〔也〕，恩之所加，不量其力。

17.65 使景曲者、形也，使響濁者、聲也。情泄者，中易測。華不時者，不可食也。

1. 編者按：《文子・上德》6/6b作「折」。此文「折」與「弊」為韻，作「折」是也。

17.66　蹠越者，或以舟，或以車，雖異路，所極一也。

17.67　佳人不同體，美人不同面，而皆說於目；梨橘棗栗不同味，而皆調於（已）〔口〕。

17.68　人有盜而富者，富者未必盜；有廉而貧者，貧者未必廉。

17.69　（蔐苗）〔藡苗〕類絮而不可〔以〕為絮，黂不類布而可以為布。

17.70　出[1]林者不得直道，行險者不得履繩。

17.71　羿之所以射遠中微者，非弓矢也；造父之所以追速致遠者，非轡銜也。

17.72　海內其所出，故能大；輪復其所過，故能遠。

17.73　羊肉不慕蟻，蟻慕於羊肉，羊肉羶也；醯（酸）不慕蚋，蚋慕於醯，〔醯〕、酸〔也〕。

17.74　嘗一臠肉而知一鑊之味，懸羽與炭〔而〕知燥溼之氣，以小見大，以近喻遠。

17.75　十頃之陂可以灌四十頃，而一頃之陂〔不〕可以灌四頃，大小之衰然。

17.76　明月之光可以遠望，而不可以細書；甚霧之朝可以細書，而不可以（遠）望尋常之外。

17.77　畫者謹毛而失貌，射者儀小而遺大。

17.78　治鼠穴而壞里閭，潰小皰而發痤疽，若珠之有（纇）〔纇〕，玉之有瑕，置之而全，去之而虧。

17.79　榛巢者處林茂[2]〔者〕[3]，安也；窟穴者託埵防者，便也。

1. 步㊇　　2. 孫詒讓云：「茂」疑當作「莽」。
3. 編者按：準下句補。

17.80 王子慶忌足躡麋鹿、手搏兕虎，置之冥室之中，不能搏龜鱉，勢不便也。

17.81 湯放其主而有榮名，崔杼弒其君而被大（讟）〔謗〕，（所以）[1]為之則同，其所以為之則異。

17.82 呂望使老者奮，項託使嬰兒矜，以類相慕。

17.83 使葉落者風搖之，使水濁者魚撓之。

17.84 虎豹之文來射，蝯狖[2]之捷來乍[3]。

17.85 行一棊不足以見智，彈一弦不足以見悲。

17.86 三寸之管而無當，天下弗能滿；十石而有塞，百斗而足矣。

17.87 以篙測江，篙終而以水為測，惑矣。

17.88 漁者走淵，（木）〔采〕者走山，所急者存也。朝之市則走，〔夕〕（遇）〔過〕市則步，所求者亡也。

17.89 （豹）〔貂〕裘而雜，不若狐裘之粹；白璧有考，不得為寶；言至純之難也。

17.90 （戰）兵死之鬼憎神巫，盜賊之〔輩〕醜吠狗。

17.91 無[4]鄉之社易為黍肉，無[5]國之稷易為求福。鱉無耳而目不可以（瞥）〔弊〕，精於明也。瞽無目而耳不可以（察）〔塞〕，精於聽也。

17.92 遺腹子不思其父，無貌於心也；不夢見像，無形於目也。

17.93 蝮蛇不可為足，‣虎豹◂[6]不可使緣木。

1. 編者按：據文意刪。 2. A.狖Ⓨ B.狖Ⓨ
3. 參《詮言訓》「蝯狖之捷來措」句下注文。 4. 蕪Ⓨ 5. 蕪Ⓨ
6. 虎Ⓦ

17.94 馬不食脂，桑扈不啄粟，非廉也。秦通崤塞，而魏築城也。

17.95 飢馬在廄，寂然無聲；投芻其傍，爭心乃生。

17.96 引弓而射，非弦不能發矢，弦之為射，百分之一也。

17.97 道德可常，權不可常，故遁關不可復，亡犴不可再。

17.98 環可以喻員，不必以輪；絛可以為繶，不必以紃。

17.99 日月不並出，狐不二雄，神龍不匹，猛獸不群，鷙鳥不雙。

17.100 循繩而斵則不過，懸衡而量則不差，植表而望則不惑。

17.101 損年則嫌於弟，益年則疑於兄，不如循其理，若其當。

17.102 人不見龍之飛，舉而能高者，▸風雨奉之◂[1]。

17.103 蠹眾則木折，隙大則牆壞。

17.104 懸垂之類，有時而隧；枝格之屬，有時而弛。

17.105 當凍而不死者，不失其適；當暑而不暍者，不亡〔其〕適；未嘗〔不〕適，亡適。

17.106 湯沐具而蟣蝨相弔，大廈成而燕雀相賀，憂樂別也。

17.107 柳下惠見飴[2]，曰可以養老；盜跖見飴，曰可以黏牡；見物同，而用之異〔也〕[3]。

17.108 蠶食而不飲，（二）〔三〕十二日而化；蟬▸飲而不食◂[4]，三十日而蛻；蜉（游）〔蝣〕不食不飲，三日而死[5]；

1. 風雨奉之也ⓨ 2. 餳ⓨ 3. 編者按：據文意補。 4. 無口而鳴ⓨ
5. 終ⓦ

17.109 人食礜石而死，蠶食之而不飢；魚食巴菽而死，鼠食之而肥；類不可必推。

17.110 瓦以火成，不可以得火；竹以水生，不可以得水。

17.111 （𤑕）〔揚〕堁而欲弭塵，披裘而以翣翼，豈若適衣而已哉！

17.112 槁竹有火，弗鑽不難；土中有水，弗掘（無泉）〔不出〕[1]。

17.113 蚺象之病，人之寶也；人之病，將有誰寶之者乎？

17.114 為酒人之利而不酤，則竭；為車人之利而不僦，則不達。握火提人，反先之熱。

17.115 鄰之母死，往哭之，妻死而不泣，有所劫以然也。

17.116 西方之倮國，鳥獸弗辟，與為一也。

17.117 一膊炭（爅）〔熯〕，掇之則爛指，萬石俱（爅）〔熯〕，去之十步而〔不〕死；同氣異積〔也〕。大勇小勇，有似於此。

17.118 今有六尺之（廣）〔席〕，臥而越之，下（林）〔材〕弗難；植而踰之，上材弗易；勢施異也。

17.119 ▸百梅足以為百人酸，一梅不足以為一人和◂[2]。

17.120 有以（飯）〔噎〕死者而禁天下之食，有以車為敗者〔而〕禁天下之乘，則悖矣。

17.121 釣者靜之，（罛）〔罧〕者扣舟；罩者抑之，罾者舉之；為之異，得魚一也。

---

1. 王念孫《淮南子韻譜》收「泉」字入韻，《讀書雜志》則云：「弗掘無泉」本作「弗掘不出」……後人改「不出」為「無泉」者，取其與「難」字為韻耳。編者按：王氏蓋以《韻譜》說為非。今從《雜志》說。
2. 編者按：《俶真訓》p.44高注云：「百梅足以為百人酸，一梅不足為百人酸」，則高所見本作「酸」不作「和」，疑「和」乃「酸」之聲誤。

17.122 見象牙乃知其大於牛，見虎尾而知其大於貍，一節見而百節知也。

17.123 小國不鬪於大國之間，兩鹿不鬪於伏兕之旁。

17.124 佐祭者得嘗，救鬪者得傷。蔭不祥之木，為雷電[1]所撲。

17.125 或謂（家）〔冢〕，或謂隴；或謂笠，或謂簦，〔名異實同也〕。頭蝨[2]與空木之瑟，名同實異也。

17.126 日月欲明而浮雲蓋之，蘭（芝）〔芷〕欲脩[3]而秋風敗之。

17.127 虎有子，不能搏攫者，輒殺之，為墮武也。

17.128 龜紐之璽，賢者以為佩；土（壞）〔壤〕布在田，能者以為富。予（拯）溺者金玉，不若尋常之纆（索）。

17.129 視書，上有酒者，下必有肉，上有年者，下必有月，以類而取之。

17.130 蒙塵而眯，固其理也；為其不出戶而（理）〔堁〕之，〔非其道〕也。

17.131 屠者（羹藿）〔藿羹〕，（為）車者步行，陶（者）〔人〕用缺盆，匠人處狹廬[4]，為者不得用，用者弗肯為。

17.132 轂立，三十輻各盡其力，不得相害。使一輻獨入，眾輻皆棄，豈能致千里哉？

17.133 夜行者掩目而前其手，涉水者解其馬載之舟，事有所宜，而有所不施。

17.134 ▸橘柚有鄉，藿葦有叢◂[5]。獸同足者相從遊，鳥同翼者相從翔。

17.135 田中之潦，流入於海；附耳之言，聞於千里。

1. 霆㊙
2. 虱㊉
3. 編者按：「脩」本作「長」。此文「明」、「長」為韻，「蓋」、「敗」為韻。作「脩」者蓋避淮南王諱改。
4. 盧㊙
5. 藿葦有叢，橘柚有鄉㊉

17.136 蘇秦步曰何（故）〔步〕，趨，曰何趨，馳〔曰何馳〕。有為則議，多事固苛。

17.137 皮將[1]弗覩，毛將何顧！畏首畏尾，身凡有幾！

17.138 欲觀九（用）〔州〕之土，足無千里之行；心無政教之原，而欲為萬民之上也，〔則難〕。

17.139 （的的）〔旳旳〕者獲，提提者射，故大白若辱，大德若不足。

17.140 未嘗稼穡粟滿倉，未嘗桑蠶絲滿囊，得之不以道，用之必橫。

17.141 海不受流胔，太山不上小人，旁光不升俎，騁駮不入牲。

17.142 中夏用箑，快之，至冬而不知去；褰衣涉水，至（陵）〔陸〕而不知下；未可以應變。

17.143 有山無林，有谷無風，有石無金。

17.144 滿堂之坐，視鉤各異，於環帶一也。

17.145 獻公之賢，欺於驪姬；叔孫之知，欺於豎牛。故鄭詹入魯，《春秋》曰：「佞人來，佞人來」。

17.146 君子有酒，鄙人鼓缶，雖不可[2]好，亦不見醜。

17.147 人性便（絲衣）〔衣絲〕帛，或射之則被鎧甲，為其所不便以得所便。

17.148 輻之入轂，各值其鑿，不得相通，猶人臣各守其職，不得相干。

17.149 嘗被甲而免射者，被而入水；嘗抱壺而度水者，抱而蒙火；可謂不知類矣。

---

1. 于大成云：「將」字疑當從《左傳・僖公十四年》作「之」。　　2. 見㉆

17.150　君子之居‣民上◂[1]，若以腐索御奔馬，若蹍薄冰、蛟在其下，若入林而遇乳虎。

17.151　善用人者，若蚈[2]之足，眾而不相害；若脣之與齒，堅柔相摩而不相敗。

17.152　清醠之美，始於耒耜；黼黻之美，在於杼柚。

17.153　布之新不如紵，紵之弊不如布，或善為新，或善為故。

17.154　靨酺、在頰則好，在顙則醜。繡、以為裳[3]則宜，以為冠則（譏）〔議〕。

17.155　馬齒非牛蹏，檀根非椅枝，故見其一本而萬物知。

17.156　石生而堅，蘭生而芳，少（自）〔有〕其質，長而愈明。

17.157　扶之與提，謝之與讓，（故）〔得〕之與（先）〔失〕，諾之與已也，（之與矣），相去千里。

17.158　（汙）〔汙〕準而粉其顙；腐鼠在壇，燒薰於宮；入水而憎濡，懷臭而求芳；雖善者弗能為工。

17.159　再生者不穫，‣華大（旱）〔早〕者不胥時〔而〕落◂[4]。

17.160　毋曰不幸，甂終不墮井。抽簪招燐，有何為驚！

17.161　使人無度河，可；中河使無度[5]，不可。

17.162　見虎一文，不知其武；見驥一毛，不知善走。

---

1. 民上也Ⓨ　　2. 蚿Ⓦ　　3. 被Ⓨ

4. 編者按：《文子・上德》6/9b作「華太早者不須霜而落」，今據改「旱」為「早」，並補「而」字。

5. 「度」、《文子・上德》6/11a作「波」。王念孫《淮南子韻譜》從《文子》改「度」為「波」，以與「河」為韻。《讀書雜志》則無說。

17.163 水蠆為蟌，（孑孑）〔孑孓〕為蟁，兔齧為蟨，物之所為，出於不意，弗知者驚，知者不怪。

17.164 銅英青，金英黃，玉英白，䵂燭捔，膏燭澤也，以微知明，以外知內。

17.165 象肉之味不知於口，鬼神之貌不著於目，捕景之說不形於心。

17.166 冬冰可折，夏木可結，時難得而易失。

17.167 木方茂盛，終日采而不知；秋風下霜，一夕而殫。

17.168 病熱而強▸之餐◂[1]，救（暍）〔暍〕而飲▸之寒◂[2]，救經而引其索，拯溺而授之石，欲救之，反為惡。

17.169 雖欲謹亡馬，不發戶轔；雖欲豫就酒，不懷蓐。

17.170 孟賁探鼠穴，鼠無時死，必噬其指，失其勢。

17.171 山雲蒸，柱礎潤；茯苓掘，兔絲死。

17.172 一家失熛，百家皆燒；讒夫陰謀，百姓暴骸。

17.173 ▸粟得水（溼）而熱，甑得火而液◂[3]，水中有火，火中有水。

17.174 疾雷破石，陰陽相薄，〔自然之勢〕[4]。

17.175 湯沐之於河，有益不多。流潦注海，雖不能益，猶愈於已。

17.176 一目之羅，不可以得鳥；無餌之釣，不可以得魚；遇士無禮，不可以得賢。

17.177 兔絲無根而生，蛇無[5]足而行，魚無耳而聽，蟬無口而鳴，有然之者也。

---

1. 之以餐ⓦ　2. 之以寒ⓦ　3. 粟得濕而熯，甑得火而液ⓨ
4. 此四字舊誤入注文，今據王念孫說補正。　5. 不ⓦ

17.178 鶴壽千歲，以極其游；蜉蝣朝生而暮死，〔而〕盡其樂。

17.179 紂醢梅伯，文王與諸侯（備）〔構〕之；桀辜諫者，湯使人哭之。（任）〔狂〕馬不觸木，猘狗不自投於河，雖聾蟲而不自陷，又況人乎！

17.180 愛熊而食之鹽，愛獺而飲之酒，雖欲養之，非其道。

17.181 心所說，毀舟為杕；心所欲，毀鍾為鐸。

17.182 管子以小辱成大榮，蘇秦以百誕成一誠。

17.183 質的張而弓矢集，林木茂而斧斤（大）〔入〕，非或召之，形勢所致者也。

17.184 待利而後拯溺人，亦必（以）利溺人矣。

17.185 舟能沉能浮，愚者不加足。

17.186 騏驥驅之不進，引之不止，人君不以取道里。

17.187 刺我行者，欲與我交[1]；訾我貨者，欲與我市。

17.188 以水和水不可食，一絃之瑟不可聽。

17.189 駿馬以抑死，直士以正窮；賢者擯於朝，美女擯於宮。

17.190 行者思於道，而居者夢於床；慈母吟於（巷）〔燕〕，適子懷於荊，〔精相往來也〕[2]。

17.191 （亦）〔赤〕肉縣則烏鵲集，鷹（集）〔隼〕鷙則眾鳥散，物之散聚，交感以然。

---

1. 「交」、王念孫《淮南子韻譜》改「交」為「友」，以與「市」為韻。《讀書雜志》無說。
2. 此五字舊誤入注文，今據王念孫說補正。又影鈔宋本脫「也」字，莊本有。

17.192 食其食者不毀其器，食其實者不折其枝。塞其源者竭，背其（木）〔本〕者枯。

17.193 交畫不暢，連環不解，其解之（不以）〔以不〕解。

17.194 臨河▸而羡魚◂[1]，不若▸歸家織網◂[2]。

17.195 明月之珠，蛖之病而我之利；虎爪象牙，禽獸之利而我之害。

17.196 易道良馬，使人欲馳；飲酒而樂，使人欲歌。

17.197 是而行之，固[3]謂之斷；非而行之，必謂之亂。

17.198 矢〔之〕疾，不過二里也；步之遲，百舍不休，千里可致。

17.199 聖人處於陰，衆人處於陽。聖人行於水，〔無迹也〕；衆人行於霜，〔有迹也〕。

17.200 異音者不可聽以一律，異形者不可合於一體。

17.201 農夫勞而君子養焉，愚者言而知者擇焉。

17.202 捨茂木[4]而集於枯，不弋鵠而弋烏，難與有圖。

17.203 夤[5]丘無壑，泉源不溥；尋常之谿，灌十[6]頃之澤。

17.204 見之明白，處之如玉石；見之闇晦，必留其謀。

17.205 以天下之大，託於一人之才，譬若懸千鈞之重於木之一枝。

1. 美魚Ⓨ
2. 編者按：《白孔六帖》卷98p.1392引作「退而結網」，疑此文「家」亦本作「而」。
3. 故Ⓨ　4. 林Ⓨ　5. 寅Ⓨ　6. 千Ⓨ

17.206 負子而登牆，謂之不祥，為其一人隕而兩人殤[1]。

17.207 善舉事者，若乘舟而悲歌，一人唱而千人和。

17.208 不能耕而欲黍粱，不能織而‣喜采裳◂[2]，無事而求其功，難矣。

17.209 有榮華者必有憔悴，有羅紈者必有麻蒯。

17.210 鳥有沸波者，河伯為之不潮，畏其誠也；故一夫出死，千乘不輕。

17.211 蝮蛇螫人，（傳）〔傅〕以和堇則愈，物固有‣重而害◂[3]反為利者。

17.212 聖人之處亂世，若夏暴而待暮，桑榆之間，逾易忍也。

17.213 水雖平，必有波；衡雖正，必有差；尺寸雖齊，必有詭。

17.214 非規矩不能定方圓，非準繩不能正曲直；用規矩準繩者，亦有規矩準繩焉。

17.215 舟覆乃見善游，馬奔乃見良御。

17.216 嚼而無味者弗能內於喉，視而无形者不能思於心。

17.217 兕虎在於後，隨侯之珠在於前，弗及掇者，先避患而後就利。

17.218 逐鹿者不顧兔，決千金之貨者不爭銖兩之價。

17.219 弓先調而後求勁，馬先馴而後求良，人先信而後求能。

17.220 陶人棄索，車人掇之；屠者棄銷，而（鍛）〔鍛〕者拾之；所緩急異也。

17.221 百星之明不如一月之光，十牖畢開不若一戶之明。

1. 傷Ⓛ　2. 憙衣裳Ⓨ　3. 編者按：「重而害」疑本作「重害而」。

17.222 矢之於十步貫兕甲，及其極，不能入魯縞。

17.223 太山之高，背而弗見；秋毫之（未）〔末〕，視之可察。

17.224 山生金，反自刻；木生蠹，反自食；人生事，反自賊。

17.225 巧（治）〔冶〕不能鑄木，工[1]匠不能斲金者，形性然也。

17.226 白玉不雕[2]，美珠不文，質有餘也。故跬步不休，跛鱉千里；累積[3]不輟，可成丘阜。城成於土，木直於下，非有事焉，所緣使然。

17.227 凡用人之道，若以燧取火，疏之則弗得，數之則弗中，正在疏數之間。

17.228 從朝視夕者移，從枉準直者虧；聖人之偶物也，若以鏡視形，曲得其情。

17.229 ▸楊子見逵路◂[4]而哭之，為其可以南可以北；墨子見練絲而泣之，為其可以黃可以黑。

17.230 趍舍之相合，猶金石之一調，相去千歲，合一音也。

17.231 鳥不干防者，雖近弗射；▸其當道◂[5]，雖遠弗釋。

17.232 酤酒而酸，買肉而臭，然酤酒買肉不離屠沽之家，故求物必於近之者。

17.233 以詐應詐，以譎應譎，若被蓑而救火，（毀）〔鑿〕瀆而止水，乃愈益多。

17.234 西施、毛嬙，狀貌▸不可同◂[6]，世稱其好，美鈞也。堯、舜、禹、湯，法籍殊類，得民心一也。

17.235 聖人者、隨時而舉事，因資而立功，涔則具擢對，旱則修土龍。

---

1. 孫詒讓以為「工」疑當作「巧」，《書鈔》卷99p.379引《公孫尼子》云「良匠不能斲冰，良冶不能鑄木。」即兩句並作「良」。
2. 琢Ⓨ
3. 凷Ⓨ
4. A.楊朱見岐路Ⓦ B.楊子見岐路Ⓦ
5. 其當道者Ⓨ
6. 不同Ⓨ

17.236 臨菑[1]之女，織紈而思行者，為之悖戾。室有美容[2]，繒為之纂繹。

17.237 徵羽之操，不入鄙人之耳；（於）〔抮〕和切適，舉坐而善。

17.238 過府而負手者，希不有盜心；故侮人之鬼者，過社而搖其枝。

17.239 晉陽處父伐楚以救江，故解（梓）〔捽〕者不在於捌格，在於批（伉）〔抌〕。

17.240 木大者根（欋）〔擢〕，山高者基扶，蹠巨者（志）〔走〕遠，體大者節疏。

17.241 狂者傷人，莫之怨也；嬰兒詈老，莫之疾也；賊心亡（止）〔也〕。

17.242 尾生之信，不如‣隨牛◂[3]之誕，而又況一不信者乎！

17.243 憂父之疾者子，治之者醫；進獻者祝，治祭者庖。

18 人間訓

清淨恬愉，人之性也；儀表規矩，事之制也。知人之性，其自養不勃；知事之制，其舉錯不或[4]。

發一端，散无竟，周八極，總一筦，謂之心。見本而知末，觀指而睹歸，執一而應萬，握要而治詳，謂之術。

居智所為，行智所之，事智所秉，動智[5]所由，謂之道。道者，置之前而不摯，錯之後而不軒，內之尋常而不塞，布之天下而不窕。是故使人高賢稱譽己者，心之力也；使人卑下誹謗己者，心之罪也。

夫言出於口者不可止於人，行發於邇者不可禁於遠。事者、難成而易敗也，名者、

1. 淄㊤ 2. 貌《莊逵吉本》p.775 3. 犒牛㊦
4. 惑《道藏本》p.141.3 5. 王念孫云：四「智」字並讀為「知」。

難立而易廢也。千里之隄，以螻螘之穴漏；百尋之屋，以突隙之煙[1]焚。《堯戒》曰：「戰戰慄慄，日慎一日。（人）莫蹪於山，而蹪於垤。」是故人者[2]輕小害，易微事，▸以多悔◂[3]。患至而後憂之，是由[4]病者已惓而索良醫也，雖有扁鵲、▸俞跗◂[5]之巧，猶不能生也。

夫禍之來也，人自生之；福之來也，人自成之。禍與福同門，利與害為鄰，非神聖人，莫之能分。

凡人之舉事，莫不先以其知規慮揣度，而後敢以定謀。其或利或害，（比）〔此〕愚智之所以異也。曉（自然）〔然自〕以為智（知）存亡之樞機、禍福之門戶，舉而用之，陷溺於難者，不可勝計也。使知▸所以◂[6]為是者，事必可行，則天下无不達之塗矣。是故知慮者、禍福之門戶也，動靜者、利害之樞機也。百事之變化，國家之治亂，待而後成。▸是故不溺於難者成◂[7]，是故不可不慎也。

天下有三危：少德而多寵，一危也；才下而位高，二危也；身无大功而有厚祿，三危也。故物或損之而益，或益之而損。

何以知其然也？昔者楚莊王既勝晉於河、雍之間，歸而封孫叔敖，〔孫叔敖〕（而辭）〔辭而〕不受，病（疽）〔且〕（將）死，謂其子曰：「吾則死矣，王必封女。女必讓肥饒之地，而受沙石〔之地〕。〔楚越〕之閒有〔有〕寢〔之〕丘者，〔此〕其地确（石）（之）〔而〕名醜。荊[8]人鬼，越人禨[9]，人莫之利也。」孫叔敖死，王果封其子以肥饒之地，其子辭而不受，（謂）〔請〕有寢之丘。楚國之俗[10]，功臣二世而〔收〕爵祿，唯孫叔敖獨存。此所謂損之而益也。何謂益之而損？昔晉厲公南伐楚，東伐齊，西伐秦，北伐燕，兵（橫）行天下而无所綣，威服四方而无所詘，遂合諸侯於▸嘉陵◂[11]。氣充志驕，淫侈无度，暴虐萬民。內无輔拂之臣，外无諸侯之助。戮殺大臣，親近導諛。明年出遊匠驪氏，欒書、中行偃劫而幽之，諸侯莫之救，百姓莫之哀，

1. 參《覽冥訓》「旱雲煙火」句下注文。
2. 皆Ⓨ
3. A.是以多悔Ⓨ B.以至於多悔Ⓨ
4. 猶《治要》p.726
5. 俞夫《治要》p.726
6. 所《莊逵吉本》p.781
7. 楊樹達云：此八字與上文不貫，疑因下文「是故」句而衍。
8. 吳Ⓨ
9. 譏Ⓨ
10. 編者按：王引之據《韓非子・喻老》文以為「俗」當為「法」，但《韓非子・和氏》4/7a仍作「楚國之俗。」王說未必然。
11. A.柯陵Ⓨ B.加陵Ⓨ

三月而死。夫戰勝攻取，地廣而名尊，此天下之所願也，然而終於身死國亡。此所謂益之而損者也。夫孫叔敖之請有寢之丘，沙石之地，所以累世不奪也。晉厲公之合諸侯於嘉陵，所以身死於匠驪氏也。

眾人皆知利利而病病也，唯聖人知病之為利，‣知利◂[1]之為病也。夫再實之木根必傷，掘藏之家必有殃，以言大利而反為害也。張武教智伯奪韓、魏之地而擒於晉陽，申叔時教莊王封陳氏之後而霸天下。孔子讀《易》‣至《損》、《益》◂[2]，未嘗不（憤）〔噴〕然而歎曰：「益損者，其王者之事與！事或欲（以）利之，適足以害之；或欲害之，乃反以利之。利害之反，禍福之門（戶），不可不察也。」

陽虎為亂於魯，魯君令人閉城門而捕之，得者有重賞，失者有重罪。圍（二市）〔三匝〕，而陽虎將舉劍而伯頤。門者止之曰：「（天下探之不窮），我將出子。」陽虎因赴圍而逐，揚劍提戈而走。‣門者出之◂[3]，顧反取其出之者，以戈椎[4]之，攘袪薄腋。出之者怨之曰：「我非故與子（反）〔友〕也？為之蒙死被罪，而乃反傷我。宜矣其有此難也！」魯君聞陽虎失，大怒，問所出之門，使有司拘之，以為〔傷者、戰鬬者也〕，〔不傷者、為縱之者〕，傷者受重賞，而不傷者被重罪。此所謂害之而反利〔之〕者也。

何謂欲利之而反害之？楚恭王與晉人戰於鄢陵，戰酣，恭王傷而休。司馬子反渴而求飲，豎‣陽穀◂[5]奉酒而進之[6]。子反之為人也，嗜酒而甘之，不能絕於口，遂醉而臥。恭王欲復戰，使人召司馬子反，子反辭以心（痛）〔疾〕。王駕而往視之，入幄中而聞酒臭。恭王大怒曰：「今日之戰，不穀親傷，所恃者、司馬也，而司馬又若此，是（三）〔亡〕[7]楚國之社稷，而不（率）〔恤〕吾眾也。不穀无與復戰矣！」於是罷師而去之，斬司馬子反〔以〕為僇。故豎陽穀之進酒也，非欲禍子反也，誠愛而欲快之也，而適足以殺之。此所謂欲利之而反害之者也。

夫病溫而強之（食）〔餐〕，病暍而飲之寒，此眾人之所以為養也，而良醫之所以

1. 利㊈　2. 至於《損》、《益》㊈　3. 門者出之，陽虎既出㊈
4. 推《道藏本》p.142.3　5. 穀陽㊙
6. 編者按：「之」下有脫文。《淮南》文本《呂氏春秋・權勳》p.369，彼文下有「子反叱曰：訾，退！酒也。豎陽穀對曰：非酒也。子反曰：亟退，（却）〔酒〕也。豎陽穀又曰：非酒也。子反受而飲之」三十七字。
7. 王念孫云：「亡」同「忘」。

為病也。悅於目，悅於心，〔此〕[1]愚者之所利也，然而有論者之所辟也。故聖人先忤而後合，眾人先合而後忤。

有功者、（又）〔人〕臣之所務也，有罪者、人臣之所辟也。或有功而見疑，或有罪而益信，何也？則有功者離恩義，有罪者不敢失仁心也。

魏將樂羊攻中山，其子執在城中，城中縣其子以示樂羊。樂羊曰：「君臣之義，不得以子為私。」攻之愈急。中山因烹其子，而遺之鼎羹與其首，樂羊循而泣之，曰：「是吾子已。」為使者跪而啜三[2]杯。使者歸報，中山曰：「是伏約死節者也，不可忍也。」遂降之。為魏文侯（夫）〔大〕開地，有功。自此之後，日以不信。此所謂有功而見疑者也。

何謂有罪而益信？孟孫獵而得麑，使秦西巴持歸烹之，麑母▸隨之◂[3]而噓。秦西巴弗忍，縱而予之。孟孫歸，求麑▸安在◂[4]，秦西巴對曰：「其母隨而噓，臣誠弗忍，竊縱而予之。」孟孫怒，逐秦西巴。居▸一年◂[5]，取以為子傅。左右曰：「秦西巴有罪於君，今以為子傅，何也？」孟孫曰：「夫一麑而弗忍，又何況於人乎！」此〔所〕[6]謂有罪而益信者也。

故趨舍不可不審也。此公孫鞅之所以抵罪於秦，而不得入魏也。功非不大也，然而累足无所踐者，不義之故也。

事或奪之而反與之，或與之而反取之。智伯求地於魏宣[7]子，宣子▸弗欲與之◂[8]。任登[9]曰：「智伯之強，威行於天下，求地而弗與，是為諸侯先受禍也。不若與之。」宣子曰：「求地不已，為之奈何？」任登曰：「與之，使喜，必將復求地於諸侯，諸侯必植耳。與天下同心而圖之，▸一心◂[10]所得者，非直吾所亡也。」魏宣子裂地而授之。又求地於韓康子，韓康子不敢不予。諸侯皆恐。又求地於趙襄子，襄子弗與。於是智伯乃從韓、魏圍襄子於晉陽。三國通謀，擒智伯而三分其國。此所謂奪人而反為人所奪者〔也〕。

1. 編者按：準上文文例補。 2. 一ⓦ 3. 隨ⓨ
4. 編者按：「安在」當作「所在」，方與「求」字相合。 5. 三月ⓦ
6. 編者按：準上下文例補。 7. 桓ⓨ 8. A.欲弗與之ⓦ B.欲勿與ⓦ
9. A.章ⓨ B.增ⓨ 10. 楊樹達云：「一心」二字衍文。

何謂與之而反取之？晉獻公欲假道於虞以伐虢，遺虞垂棘之（壁）〔璧〕與屈產之乘。虞公或於（壁）〔璧〕與馬，而欲與之道。宮之奇諫曰：「不可！夫虞之與虢，若車之有（輪）〔輔〕〔也〕，（輪）〔輔〕依於車，車亦依（輪）〔輔〕。虞之與虢〔也〕，相恃（而）〔之〕勢也。若假之道，〔則〕虢朝亡而虞夕從之矣。」虞公弗聽，遂假之道。荀息伐虢，遂克之。還反伐虞，又拔之。此所謂與之而反取〔之〕者也。

聖王布德施惠，非求其報於百姓也；郊望禘嘗，非求福於鬼神也。

山致其高而雲〔雨〕起焉，水致其深而蛟龍生焉，君子致其道而福祿歸焉。

夫有陰德者必有陽報，有（陰）〔隱〕行者必有昭名。古（有）〔者〕溝防不脩，水為民害，禹鑿龍門，辟伊闕，平治水土，使民得陸處。百姓不親，五品不慎[1]，契教以君臣之義，父子之親，夫妻之（辯）〔辨〕，長幼之序[2]，田野不脩，民食不足，后稷乃教之辟地墾草，糞土種穀，令百姓家給人足。故三后之後，無不王者，有陰德也。周室衰，禮義廢，孔子以三代之道教導於世，其後繼嗣至今不絕者，有隱行也。秦王趙政兼吞天下而（已）〔亡〕，智伯侵地而滅，商鞅支解，（季）〔李〕斯車裂，三代種德而王，齊桓繼絕而霸。故樹黍者不穫稷，樹怨者無報德。

昔者，宋人〔有〕好善者，三世不解。家無故而黑牛生白犢，以問先生，先生曰：「此吉祥〔也〕，以饗鬼神。」居一年，其父無故而盲，〔其〕牛又復生白犢，其父又復使其子以問先生。其子曰：「前聽先生言而失明，今又復問之，奈何？」其父曰：「聖人之言，先忤而後合。其事未究，固[3]試往復問之。」其子又復問先生，先生曰：「此吉祥也，復〔教〕以饗鬼神。」歸致命其父，其父曰：「行先生之言也。」居一年，其子又無故而盲。其後楚攻宋，圍其城。當此之時，易子而食〔之〕，析骸而炊之，丁壯者死，老病童兒皆上城，（牢）〔堅〕[4]守而不下。楚王大怒，城已破，諸城守者皆屠之。此獨以父子盲之故，得無乘城。軍罷圍解，則父子俱視。夫禍福之轉而相生，其變難見也。

1. 今本《書・舜典》p.44作「遜」。
2. 王叔岷云：「長幼之序」下當有「朋友之信」四字。
3. 姑《列子・說符》8/4a
4. 編者按：「牢」本作「堅」。作「牢」蓋許注本避吳諱改。

▸近塞上之人◂[1]有善術者，▸馬無故亡而入胡◂[2]，人皆弔之。其父曰：「此▸何遽◂[3]不〔能〕為福乎！」居數月，其馬將胡駿馬而歸，人皆賀之。其父曰：「此何遽不能為禍乎！」家富良馬，其子好騎，墮而折其髀[4]，人皆弔之。其父曰：「此何遽不〔能〕為福乎！」居一年，胡人大▸入塞◂[5]，丁壯者〔皆〕(引)〔控〕絃而戰，▸近塞◂[6]之人，死者十九，此獨以跛之[7]故，▸父子◂[8]相保。故福之為禍，禍之為福，化不可極，深不可測也。

或直於辭而不(害)〔周〕於事者，或虧於耳以忤於心而合於實者。高陽魋將為室，問匠人。匠人對曰：「未可也。木尚生，加塗其上，必將(橈)〔撓〕。以生材任重塗，今雖成[9]、後必敗。」高陽魋曰：「不然。夫木枯則益勁，塗乾則益輕。以勁材任輕塗，今雖惡、後必善。」匠人窮於辭，無以對，受令而為室。其始成〔也〕，竘然善也，而後果敗。此所謂直於辭而不(可)(用)〔周〕〔於事〕者也。何謂虧於耳、忤於心而合於實？靖郭君將城薛，賓客多止之，弗聽。靖郭君謂謁者曰：「無為賓通言。」齊人有請見者曰：「臣請道三言而已。過三言，請烹。」〔靖〕郭君聞而見之，賓趨而進，再拜而興，因稱曰：「海大魚。」則反走。靖郭君止之曰：「願聞其說。」賓曰：「臣不敢以死為熙。」靖郭君曰：「先生不遠道而至此，〔願〕為寡人稱之！」賓曰：「海大魚，網弗能止也，釣弗能牽也。蕩而失水，則螻螘皆得志焉。今夫齊、君之淵[10]也。君失齊，則薛能自存乎？」靖郭君曰：「善。」乃止不城薛。此所謂虧於耳、忤於心而得事實者也。

夫以「無城薛」止城薛，其於以行說，乃不若「海大魚」。故物或遠之而近，或近之而遠；或說聽計當而身疏，或言不用、計不行而益親。何以明之？三國伐齊，圍平陸。括子以報於牛子曰：「三國之地不接於我，踰鄰國而圍平陸，利不足貪也。然則求名於我也。請以齊侯往。」牛子以為善。括子出，無害子入，牛子以括子言告無害子。無害子曰：「異乎臣之所聞。」牛子曰：「國危(而不)〔不而〕[11]安，患結(而不)〔不而〕解，何謂[12]貴智！」無害子曰：「臣聞(之有)裂壤土以安社稷者，聞殺身破

1. 編者按：下文「近塞之人」《御覽》卷561p.2536引作「塞上之人」，則此文或一本作「近塞之人」，一本作「塞上之人」，因誤合而為「近塞上之人」。
2. A.其馬無故亡入胡中ⓦ B.其馬亡入胡中ⓦ
3. A.何詎知ⓦ B.何詎ⓦ
4. 髀ⓦ
5. 出ⓨ
6. 塞上ⓦ
7. 足ⓦ
8. A.得父子ⓦ B.子父ⓨ
9. 善ⓛ
10. 楊樹達云：「淵」當為「海」。編者按：「淵」與「存」為韻，疑非誤字。
11. 王念孫云：「不而」者、「不能」也。下句同。
12. 王念孫云：「謂」與「為」同。

家以存其國者，不聞出其君以為封疆者。」牛子不聽無害子之言，而用括子之計，三國之兵罷，而平陸之地存。自此之後，括子（曰）〔日〕以疏，無害子日以進。故謀患而患解，圖國而國存，括子之智得矣。無害子之慮無中於策，謀無益於國，然而心（調）〔和〕[1]於君，有義行也。

今人待冠而飾首，待履而行地。冠履之於人也，寒不能煖，風不能障，暴不能蔽也，然而戴[2]冠履履者，其所自託者然也。

夫咎犯戰勝城濮，而雍季無尺寸之功，然而雍季先賞而咎犯後存者，其言有貴者也。故義者、天下之所（賞）〔貴〕也。百言百當，不若擇趨而審行也。或無功而先舉，或有功而後賞。何以明之？昔晉文公將與楚〔人〕戰〔於〕城濮，問於咎犯曰：「為[3]奈何？」咎犯曰：「仁義之事，（君子）不猒忠信；戰陳之事，不猒詐偽。君其（許）〔詐〕之而已矣。」〔文公〕辭咎犯，問雍季，雍季對曰：「焚林而獵，▸愈多得獸◂[4]，後必無獸。以詐偽遇[5]人，▸雖愈利，後亦無復◂[6]。君其正之而已矣。」於是不聽雍季之計，而用咎犯之謀，與楚人戰，大破之。還歸賞有功者，先（維）〔雍〕季而後咎犯。左右曰：「城濮之戰、〔咎犯之謀〕也，君行賞先雍季，何也？」文公曰：「咎犯之言，一時之權也。雍季之言，萬世之利也。吾豈可以（先）一時之權，而（後）〔先〕萬世之利也哉！」

智伯率韓、魏二國伐趙，圍晉陽，決晉水而灌之。城（下）〔中〕緣木而處，縣釜而炊。襄子謂（於）張孟談曰：「城中力已盡，糧食匱（乏）[7]，〔武〕大夫病，為之奈何？」張孟談曰：「亡不能存，危弗能安，無為貴智。臣請試潛行，見韓、魏之君而約之。」乃見韓、〔魏〕之君，說之曰：「臣聞之，脣亡而齒寒。今智伯率二君而伐趙，趙將亡矣。趙亡，則〔二〕君為之次矣。不及今而圖之，禍將及二君。」二君曰：「智伯（人）〔之〕為人也，粗中而少親。我謀而泄，事必敗。為之奈何？」張孟談曰：「言出〔二〕君之口，入臣之耳，人孰知之者乎？且同情相成，同利相死，君其圖之！」二君乃與張孟談陰謀，與之期。張孟談乃報襄子，至（其）〔期〕日之夜，趙氏

1. 編者按：「調」本作「和」，作「調」蓋許注本避吳太子諱改，「心和於君」與「御心和于馬」（《主術訓》p.249）句式正相同。　2. 冠Ⓦ
3. 編者按：「為」上《韓非子・難一》15/1a有「吾將與楚人戰，彼眾我寡」。有此十字文意方足。　4. A.雖偷多得獸Ⓦ B.偷取多獸Ⓦ　5. 愚Ⓦ
6. 雖今偷可，後將無復
7. 王念孫以為「乏」字蓋高注之誤入正文者，今據刪。

殺其守隄之吏，決水灌智伯〔軍〕。智伯軍救水而亂，韓、魏翼而擊之，襄子將卒犯其前，大敗智伯軍，（敗）殺其身而三分其國。襄子〔罷圍〕乃賞有功者，而高赫為賞首。群臣請曰：「晉陽之存、張孟談之功也。而赫為賞首，何也？」襄子曰：「晉陽之圍也，寡人國家危，社稷殆，群臣無不有驕侮之心者，唯赫不失君臣之禮，吾是以先之。」由此觀之，義者、人之大本也。雖有戰勝存亡之功，不如行義之（陸）〔隆〕。故（君）〔老〕子曰：「美言可以市尊，美行可以加人。」

或有罪而▸可賞也◂[1]，或有功而可罪也。西〔門〕豹治鄴，廩無積粟，府無儲錢，庫無甲兵，官無計會，人數言其過於文侯。文侯身行其縣，果若人言。文侯曰：「翟璜任子治鄴，而大亂。子能〔變〕道則可，不能，將加誅於子。」西門豹曰：「臣聞，王主富民，霸主富武，亡國▸富庫◂[2]。今君欲為霸王者也，臣故蓄積於民。君以為不然，臣請升[3]城鼓之，（一鼓），甲兵粟米可立具也。」於是乃升城而鼓之。一鼓，民被甲括矢，操兵弩而出。再鼓，（負）〔服〕輦〔載〕粟而至。文侯曰：「罷之！」西門豹曰：「與民約信，非一日之積也。一舉而欺之，後不可復用也。燕常[4]侵魏八城，臣請北擊之，以復侵地。」遂舉兵擊燕，復地而後（皮）〔反〕。此有罪而▸可賞者◂[5]。解扁為東封，上計而入三倍，有司請賞之。文侯曰：「吾土地非益廣也，人民非益眾也，入何以三倍？」對曰：「以冬伐木而積之，於春浮之河而鬻之。」文侯曰：「民春以力耕，（暑）〔夏〕以強耘，秋以收斂。冬間無事，（以）〔又〕伐林而積之，負軛而浮之河，是用民不得休息也。民以[6]弊矣，雖有三倍之入，將焉用之？」此有功▸可罪者◂[7]。

賢主不苟得，忠臣不苟利。何以明之？中行穆伯攻鼓，弗能下。餽聞（論）〔倫〕曰：「鼓之嗇夫，聞倫知之。請無罷武▸大夫◂[8]，而鼓可得也。」穆伯弗應。左右曰：「不折一戟，不傷一卒，而鼓可得也，君奚為弗使[9]？」穆伯曰：「聞倫為人，佞而不仁。若使聞倫下之，吾可以勿賞乎？若賞之，是賞佞人。佞人得志，是使晉國之武舍仁而為佞，雖得鼓，將何所用之！」攻城者、欲以廣地也。得地而不取者，見其本而知其末也。

秦穆公使孟盟舉兵襲鄭，過周以東。▸鄭之◂[10]賈人弦高、蹇他相與謀曰：「（日）

1. 可賞Ⓨ　2. 富府庫Ⓨ　3. 登Ⓨ
4. 編者按：「常」讀為「嘗」。　5. 可賞者也Ⓨ　6. 已Ⓨ　7. 而可罪者也Ⓨ
8. 丈夫《治要》p.726　9. 取《治要》p.726　10. 鄭Ⓨ

師行數千里，數絶諸侯之地，其勢必襲鄭。凡襲國者、以為無備也。今示以知其情，必不敢進。」乃矯鄭伯之命，以十二牛勞之。三率相與謀曰：「凡襲人者、以為弗知。今已知之矣，守備必固，進必無功。」乃還師而反。晉先軫舉兵擊之，大破之殽。鄭伯乃以存國之功賞弦高，弦高辭之曰：「誕而得賞，則鄭國之信廢矣。為國而無信，是▸俗敗◂[1]也。賞一人〔而〕敗國俗，〔仁〕者弗為也。以不信得厚賞，義者弗為也。」遂以其屬徙東夷，終身不反。故仁者不以欲傷生，知者不以利害義。

聖人之思脩，愚人之思叕。

忠臣者務崇君之德，（諂）〔諂〕臣者務廣君之地。何以明之？陳夏徵舒弒其君，楚莊王伐之，陳人聽令[2]。莊王已討有罪，遣卒戍陳，大夫畢賀。申叔時使於齊，▸反還◂[3]而不賀。莊王曰：「陳為無道，寡人起九軍以討之，征暴亂，誅罪人，群臣皆賀，而子獨不賀，何也？」申叔時曰：「〔人有〕牽牛〔而〕（蹊）〔徑〕〔於〕人之田〔中〕，田主殺其人而奪之牛。罪則有之，罰亦重矣。今君王以陳為無道，興兵而（攻）〔政〕〔之〕，（因）以誅罪人，遣人戍陳。諸侯聞之，以王為非誅罪人也，貪陳國也。蓋聞君子不棄義以取利。」王曰：「善！」乃罷陳之戍，立陳之後。諸侯聞之，皆朝於楚。此務崇君之德者也。張武為智伯謀曰：「晉六將軍，中行文子最弱，而上下離心，可伐以廣地。」於是伐范、中行。滅之矣，又教智伯求地於韓、魏、趙。韓、魏裂地而授之，趙氏不與，乃率韓、魏而伐趙，圍之晉陽（二）〔三〕年。三國陰謀同計，以擊智氏，遂滅之。此務為君廣地者〔也〕。夫為君崇德者霸，為君廣地者滅。故千乘之國，行文德者王，湯、武是也；萬乘之國，好廣地者亡，智伯是也。

非其事者勿仞也，非其名者勿就也，（無故有顯名者勿處也）[4]，無功而富貴者勿居也。夫就人之名者廢，仞人之事者敗，無功而大利者後將為害。譬猶緣高木而望四方也，雖偷[5]樂哉，然而疾風至，未嘗不恐也。患及身，然後憂之，六驥追之，弗能及也。是故忠臣〔之〕事君也，計功而受賞，不為苟得；（積）〔量〕力而受官，不貪爵祿。其所能者，受之勿辭也；其所不能者，與之勿喜也。辭（而）〔所〕能則匿，欲所不能則惑。辭所不能而受所能，則得無▸損墮◂[6]之勢，而无不勝之任矣。

1. 王叔岷云：「俗敗」乃「敗俗」之誤倒。 2. 命Ⓨ
3. 王念孫云：諸書有言「還反」者，無言「反還」者，「反」當為「及」。《御覽》兵部三十六引此正作「及還而不賀」。編者按：此文疑本作「還反」，今本二字誤倒。
4. 王引之云：此句當即是上句之注，而今本誤入正文也。今據刪。 5. 愉Ⓦ
6. 于大成云：「損墮」疑當作「殞墜」。

昔者智伯驕，伐范中行而克之，又劫韓、魏之君而割其地。尚以為未足，遂興兵伐趙。韓、魏反之，軍敗晉陽之下，身死高梁之東，頭為飲器，國分為三，為天下笑。此不知足之禍也。老子曰：「知足不辱，知止不殆，可以修[1]久。」此之謂也。

或譽人而適足以敗之，或毀人而乃反以成之。何以知其然也？費無忌（從）〔復〕於荊平王曰：「晉之所以霸者，近諸夏也。而荊之所以不能與之爭者，以其僻遠也。（楚）王若欲從諸侯，不若大城城父，而令太子建守焉，以來[2]北方，王自收其南。是得天下也。」楚王悅之，因命太子建守城父，命伍子奢傅之。居一年，伍子奢遊人於王側，言太子甚仁且勇，能得民心。王以告費無忌，無忌曰：「臣固聞之，太子內撫百姓，外約諸侯，齊、晉又輔之，將以害楚，其事已構矣。」王曰：「為我太子，又尚何求？」曰：「以秦女之事怨王。」王因殺太子建而誅伍子奢。此所謂見譽而為禍者也。

何謂毀人而反利之？唐子短陳駢子於齊威王。威王欲殺之，陳駢子與其屬出亡，奔薛。孟嘗君聞之，使人以車迎之。至，而（豢）〔養〕以芻豢黍粱五味之膳，日三至。冬日被裘罽，夏日服絺紵，出則乘▸牢車◂[3]、駕良馬。孟嘗君問之曰：「（天）〔夫〕子生於齊，長於齊，夫子亦何思於齊？」對曰：「臣思夫唐子者。」孟嘗君曰：「唐子者、非短子者耶？」曰：「是也。」孟嘗君曰：「子何為思之？」對曰：「臣之處於齊也，糲粢之飯，藜藿之羹，冬日則寒凍，夏日則暑傷。自唐子之短臣也，以身歸君，食芻豢，飯黍（粢）〔粱〕，服輕煖，乘▸牢良◂[4]，臣故思之。」此〔所〕[5]謂毀人而反利之者也。是故毀譽之言，不可不審也。

或貪生而反死，或輕死而得生，或徐行而反疾。何以知其然也？魯人有為父報讎於齊者，刳其腹而見其心，坐而正冠，起而更衣，徐行而出門，上車而步馬，顏色不變。其御欲驅，撫而止之曰：「今日為父報讎以出死，非為生也。今事已成矣，又何去之！」追者曰：「此有節行之人[6]，不可殺也。」解圍而去之。使（被）〔彼〕衣不暇帶，冠不及正，蒲伏而走，上車而馳，必不能自免於（千）〔十〕步之中矣。今坐而正冠，起而更衣，徐（徐）〔行〕而出門，上車而步馬，顏色不變，此眾人所以為死也，而乃反以得活。此所謂徐[7]而馳，遲於步也。夫走者、人之所以為疾也，步者、人之所

1. 編者按：《老子》44章作「長」，此文作「修」蓋避淮南王諱改。
2. A.求Ⓨ B.通Ⓨ
3. 編者按：「牢車」本作「堅車」，此文作「牢」者蓋許注本避吳諱改。
4. 編者按：「牢良」即上文之「牢車」、「良馬」。本亦作「堅良」，作「牢」者蓋亦避吳諱改。　5. 編者按：依文例補。　6. 士Ⓦ
7. 編者按：「徐」疑當作「走」。

以為遲也。今（反乃）〔乃反〕以人之所〔以〕為遲者、（反）為疾，明於分也。有知徐之為疾、遲之為速者，則幾於道矣。故黃帝亡其玄珠，使離珠、〔攫〕剟索之，而弗能得之也，於是使忽怳，而後能得之。

聖人敬小慎微，動不失時，百射重戒，禍乃不滋。計福勿及，慮禍過之；同日被霜，蔽者不傷；愚者有備，與知者同功。

夫爝火在縹烟之中也，一指之所能息也；塘漏若鼷穴，一（撲）〔墣〕之所能塞也。及至火之燔孟諸而炎雲（臺）〔夢〕，（而）水決九江而漸荊州，雖起三軍之眾，弗能救也。

夫積愛成福，積怨成禍。若癰疽之必潰也，所浼者多矣。

諸御鞅復於簡公曰：「陳成常、宰予二子者，甚相憎也。臣恐其構難而危國也。君不如去一人。」簡公不聽。居無幾何，陳成常果攻[1]宰予於庭中，而弑簡公於朝。此不知敬小之所生也。

魯季氏與郈氏鬬雞，郈氏介其雞，而季氏為之金距。季氏之雞不勝，季平子怒，因侵郈氏之宮而築之。郈昭伯怒，傷之魯昭公曰：「（禱）〔禘〕於襄公之廟，舞者二人而已，其餘盡舞於季氏。季氏之無道無上，久矣。弗誅，必危社稷。」公〔怒〕，以告子家駒，子家駒曰：「季氏之得眾，三家為一。其德厚，其威強，君胡得[2]之！」昭公弗聽，使郈昭伯將卒以攻之。仲孫氏、叔孫氏相與謀曰：「無季氏，〔則吾族也〕，死亡無日矣。」遂興兵以救之。郈昭伯不勝而死，魯昭公出奔齊。故禍之所從生者，始於雞（定）〔足〕；及其（太）〔大〕也，至於亡社稷。

故蔡女蕩舟，齊師（大）侵楚。兩人構怨，廷殺宰予，簡公遇殺，身死無後，陳氏（伐）〔代〕之，齊乃無呂。兩家鬬雞，季氏金距，郈氏作難，魯昭（公）出走。故師之所處，生以棘楚。禍生而不蚤滅，若火之得燥，水之得濕，浸而益大。癰疽發於指，其痛徧於體。故蠹啄▸剖梁柱◂[3]，蝨蝱走牛羊，此之謂也。

1. 俞樾云：「攻」乃「殺」字之誤。
2. 編者按：「得」下疑脫「而誅」二字。
3. 劉台拱云：《說苑・談叢篇》作「蠹蝝仆柱梁」，作「仆柱梁」為是也。「梁」與「羊」為韻。

人皆務於救患之備，而莫能知使患無生。夫（得）〔使〕患無生，易於救患，而莫能加務焉，則未可與言術也。晉公子重耳過曹，曹君欲見其骿脅，使之（袓）〔袒〕而（補）〔捕〕魚。釐負羈止之曰：「公子、非常〔人〕也。從者三人，皆霸王之佐也。遇之無禮，必為國憂。」君弗聽。重耳反國，起師而伐曹，遂滅之。身死人手，社稷為墟，禍生於（袓）〔袒〕而捕魚。齊、楚欲救曹，不能存也。聽釐負羈之言，則無亡患矣。今不務使患無生，患生而救之，雖有聖知，弗能為謀。

且患禍之所由來者，萬端無方。是故聖人深居以避辱，靜安以待時。小人不知禍福之門戶，妄動而絓羅網，雖曲為之備，何足以全其身！譬猶失火而鑿池，被裘而用箑也。且塘有萬穴，塞（有十）〔其一〕，魚何遽無由出？室有百戶，閉其一，盜何遽無從（人）〔入〕？‣夫牆之壞也於隙，劍之折必有齧◂[1]，聖人見之蚤，故萬物莫能傷也。（大）〔太〕宰（予）〔子〕朱侍飯於令尹子國，令尹子國啜羹而熱，（投）〔援〕卮漿而沃之。明日，太宰子朱辭官而歸。其僕曰：「楚太宰、未易得也　辭官去之，何也？」子朱曰：「令尹輕行而簡禮，其辱人不難。」明年，伏郎尹而笞之三百。夫〔上〕仕者先避〔患而後就利〕，〔先遠辱而後求名〕，〔太宰子朱〕之見終始微矣。

夫鴻鵠之未孚於卵也，一指篾[2]之，則靡而無形矣；及至其筋骨之已就，而羽翮之（所）〔既〕成也，則奮翼揮䎗，淩乎浮雲，背負青天，膺摩赤霄，翱翔乎忽荒之上，析惕乎虹蜺之間，雖有‣勁弩◂[3]、利矰微繳，蒲沮（之子）〔子之〕巧，亦弗能加也。江水之始出於岷山也，可攓衣而越也；及至其下洞庭，鶩石城，經丹徒，起波濤，舟杭一日不能濟也。是故聖人者、常從事於無形之外，而不留思盡慮於成事之內，是故患禍弗能傷也。

人或問〔於〕孔子曰：「顏回何如人也？」曰：「仁人也。丘弗如也。」「子貢何如人也？」曰：「辨人也。丘弗如也。」「子路何如人也？」曰：「勇人也。丘弗如也。」賓曰：「三人皆‣賢夫子◂[4]，而為夫子役，何也？」孔子曰：「丘能仁且忍，（辨）〔辯〕且訥，勇且怯。以三子之能，易丘一道，丘弗為也。」孔子知所施之也。

1. 編者按：疑本作「夫牆之壞也，必於隙；劍之折也，必有齧。」今本上句脫「必」字，下句脫「也」字。　2. 蔑㉤　3. 編者按：「勁弩」上疑脫二字。
4. 賢於夫子《論衡・定賢》27/11a

秦牛缺徑於山中而遇盜，奪之車馬，解其槖笥，（施）〔拖〕其衣被。盜還反顧之，無懼色憂志，驩然有以自得也。盜遂問之曰：「吾奪子財貨，劫子以刀[1]，而志不動，何也？」秦牛缺曰：「車馬所以載身也，衣被所以揜形也。聖人不以所養害其養。」盜相視而笑曰：「夫不以欲傷生，不以利累形者，世之聖人也。以此而見王者，必且以我為事也。」還反殺之。此能以知知矣，而未能以知不知也；能勇於敢〔矣〕，而未能勇於不敢也。凡有道者，應卒而〔不〕乏，遭難而能免，故天下貴之。今知所以自行也，而未知所以為人行也，其所論未之究者也。人能由昭昭於冥冥，則幾於道矣。《詩》曰：「‣人亦有言，无哲不愚◂[2]。」此之謂也。

事或為之，適足以敗之；或備之，適足以致之。何以知其然也？秦皇挾錄圖，見其傳曰：「亡秦者、胡也。」因發卒五十萬，使蒙公、楊翁子將，築‣脩城◂[3]，西屬流沙，北擊[4]遼水，東結朝鮮，中國內郡輓[5]車而餉之。又利越之犀角、象齒、翡翠、珠璣，乃使尉屠睢發卒五十萬，為五軍，一軍塞鐔城之嶺，一軍守九疑之塞，一軍處番禺之都，一軍守南野之界，一軍結餘干之水，三年不解甲弛弩，使監祿（無以）轉餉，又以卒鑿渠而通糧道，以與越人戰，殺西嘔君譯吁宋。而越人皆入叢薄中，與禽獸處，莫肯為秦虜。相置桀駿以為將，而夜攻秦人，大破之，殺尉屠睢，伏尸流血數十萬。乃發適戍以備之。當此之時，男子不得脩農畝，婦人不得‣剡麻◂[6]考縷，羸弱服格[7]於道，大夫箕會於衢，病者不得養，死者不得葬。於是陳勝起於大澤，奮臂大[8]呼，天下席卷，而至於戲。劉、項興義兵隨，而定若折槁振落，遂失天下。禍在備胡而利越也。欲知築‣脩城◂[9]以備亡，而不知築‣脩城◂[10]之所以亡也；〔知〕[11]發適戍以備越，而不知難之從中發也。夫〔烏〕鵲先識歲之多風也，去高[12]木而巢扶枝，大人過之則‣探鷇◂[13]，嬰兒過之則（恌）〔挑〕其卵，知備遠難而忘近患。故秦之設備也，烏鵲之智也。

或爭利而反強之，或聽從而反止之。何以知其然也？魯哀公欲西益宅，史爭之，以為西益宅不祥。哀公作色而怒，左右數諫不聽，乃以問其傅‣宰折睢◂[14]曰：「吾欲益

1. 編者按：「刀」疑當作「刃」。
2. 引《詩》見《抑》。今本《詩》「无」作「靡」。
3. 編者按：「脩城」本作「長城」，作「脩」蓋避淮南王諱改。　4. 繫Ⓦ
5. 軵Ⓨ
6. 編者按：「剡麻」《氾論訓》p.368作「緂麻」。王念孫云：「緂」者，績也，緝而績之也。　7. 王念孫云：「格」與「輅」同。謂輓車橫木也。　8. 一Ⓦ
9. 編者按：參上「築脩城」句下注。　10. 編者按：同上注。
11. 編者按：準上句文例補。　12. 喬Ⓦ　13. 探其鷇Ⓨ
14. A.曼折睢Ⓨ B.宰質睢Ⓨ

宅，而史以為不祥。子以為何如？」宰折睢曰：「天下有三不祥〔而〕西益宅不與焉。」哀公▸大悅而喜◂[1]。頃，復問曰：「何謂三不祥？」對曰：「不行禮義，一不祥也；嗜慾无止，二不祥也；不聽強諫，三不祥也。」哀公默然深念，憤[2]然自反，遂不西益宅。夫史以爭為可以止之，而不知不爭而反取之也。知者離路而得道，愚者守道而失路。夫兒說之巧，於閉結无不解。非能閉結而盡解之也，不解不可解也。至乎以弗解〔解〕之者，▸可與及言論矣◂[3]。

或明禮義、推道（禮）〔體〕而不行，或解構妄言而反當。何以明之，孔子行（遊）〔於〕〔東野〕，馬失[4]，食農夫之稼，野人怒取馬而繫之。〔使〕子貢往說之，（卑）〔畢〕辭而不能得也。孔子曰：「夫以人之所不能聽說人，譬猶以大牢享野獸，以《九韶》樂飛鳥也。予之罪也，非彼人之過也。」乃使馬圉往說之。至，見野人曰：「子耕於東海，至於西海。吾馬之失，安得不食子之苗？」野人大喜，解馬而與之。說若此其无方也，而反行。事有所至，而巧不若拙，故聖人量鑿而正枘。夫歌《采菱》，發《陽阿》，鄙人聽之，不若（此）《延（路）〔露〕》（陽局）〔以和〕，非歌者拙也，聽者異也。故交畫不暢，連環不解，物之不通者，聖人不爭也。

仁者、百姓之所慕也，義者、眾庶之所高也。為人之所慕，行人之所高，此嚴父之所以教子，而忠臣之所以事君也。然世或用之而身死國亡者，不（同）〔周〕於時也。昔徐偃王好行仁義，陸地之朝者▸三十二◂[5]國。王孫厲謂楚莊王曰：「王不伐徐，必反朝徐。」王曰：「偃王、有道之君也，好行仁義，不可伐〔也〕。」王孫厲曰：「臣聞之，大之與小，強之與弱也，猶石之投（卯）〔卵〕，虎之啗豚，又何疑焉！且也[6]為文而不能達其德，為武而不能任其力，亂莫大焉。」楚王曰：「善！」乃舉兵而伐徐，遂滅之。此知仁義而不知世變者也。申菽、杜茝，美人之所懷服也，及（慚）〔漸〕之於滫，則不能保其芳矣。古者，五帝貴德，三（五）〔王〕用義，五霸任力。今取帝王之道，而施之五霸之世，是由乘驥（遂）〔逐〕人於榛薄，而蓑笠盤旋也。

今霜降而樹穀，冰泮而求穫，欲其[7]食則難矣。故《易》曰：「潛龍勿用」者，言時之不可以行也。故「君子終日乾乾，夕惕若厲，无咎」。終日乾乾，以陽動也；夕惕

1. 大悅Ⓨ　2. A.喟Ⓦ B.嘳Ⓦ
3. 編者按：《詮全訓》云：「可與言至論矣」，則此文疑本作「可與及至論矣」，今本「至」誤「言」，遂不成文義。　4. 王念孫云：「失」與「佚」同。　5. 三十有六Ⓦ
6. 夫Ⓛ　7. 得Ⓨ

若厲，以陰息也。因日以動，因夜以息，唯有道者能行之，夫徐偃王為義[1]而滅，燕子噲行仁而亡，哀公好儒（則）〔而〕削，代君為墨而殘。滅亡削殘，暴亂之所致也，而四君獨以為仁義儒墨而亡者，遭[2]之時務異也。非仁義儒墨不行，非其世而用之，則為之擒矣。

夫戟者、所以攻城也，鏡者、所以照形也。▸宮人◂[3]得戟則以刈葵，盲者得鏡則以蓋卮，不知所施之也。故善鄙（不）同，誹譽在俗；趨舍（不）同，逆順在（君）〔時〕。

狂譎不受祿而誅，段干木辭相而顯，所行同也，而利害異者，時使然也。故聖人雖有其志，不遇其世，僅足以容身，何功名之可致也！

知天之所為，知人之所行，則有以（任）〔徑〕於世矣。知天而不知人，則无以與俗交；知人而不知天，則无以與道遊。單豹倍世離俗，巖居谷飲，不衣絲麻，不食五穀，行年七十，猶有童子之色，卒而遇飢虎，殺而食之。張毅好恭，過宮室廊廟必趨，見門閭聚眾必下，（斯）〔厮〕徒馬圉，皆與伉禮，〔然〕不終其壽，內熱而死。豹養其內而虎食其外，毅脩其外而疾攻其內。故直意[4]適情，〔則〕堅強賊之；以身役物，則陰陽食之。此皆載務而（戲）〔虧〕乎其（調）〔和〕[5]者也。得道之士，外化而內不化。外化、所以入人也，內不化、所以全（其）[6]身也。故內有一定之操，而外能詘伸、（嬴）〔贏〕縮、卷舒，與物推移，故萬舉而不陷。所以貴聖人者，以其能龍變也。今捲捲然守一節，推一行，雖以毀碎滅沉，猶且弗易者，此察於小好，而塞於大道也。

趙宣孟活飢人於委桑之下，而天下稱仁焉；荊佽非犯（河）〔江〕中之難，不失其守，而天下稱勇焉；是故見小行則可以論大體矣。田子方〔出〕，見老馬於通[7]，喟然有志焉，以問其御曰：「（比）〔此〕何馬也？」其御〔對〕曰：「此故公家畜也。老罷而不為用，〔故〕出而鬻之〔也〕。」田子方曰：「少而貪其力，老而棄其身，仁者弗為也。」束帛以贖之。罷武聞之，知所歸心矣。齊莊公出獵，有▸一蟲◂[8]舉足將搏其

1. 顧千里以為「義」字與下句「仁」字疑當互易。
2. 編者按：「遭」上疑脫「所」字。　　3. 然宮人Ⓨ
4. 編者按：《文子・微明》7/9b作「志」，此文作「意」蓋避漢諱改。
5. 編者按：此文本作「和」，與下句「化」字為韻。今本作「調」者蓋許注本避吳太子諱改。　　6. 編者按：「全身」與「入人」對文，「其」字衍。　7. 道Ⓨ
8. 螳螂Ⓦ

輪，問其御曰：「此何蟲也？」▸對曰◂[1]：「此〔所〕[2]謂螳蜋者也。其為蟲也，知進而不知卻[3]，不量力而▸輕敵◂[4]。」莊公曰：「此為人，必為天下勇武矣！」〔於是〕迴車而避之。勇武聞之，知所盡死矣。故田子方隱一老馬而魏國（載）〔戴〕[5]之，齊莊公避一螳蜋而勇武歸之。湯教祝網者，而四十國朝；文王葬死人之骸，而九夷歸（之）；武王蔭暍人於樾下，左擁而右扇之，而天下懷（其德）；越王句踐▸一決◂[6]獄不辜，援龍淵而切其股，血流至足，以自罰也，而戰武（士）必（其）死，〔感於恩也〕。故聖人行之於小，則可以覆大矣；審之於近，則可以懷遠矣。

孫叔敖決期思之水而灌雩婁之野，莊王知其可以為令尹也。子發辨擊劇而勞佚齊，楚國知其可以為兵主也。此皆形於小微，而通於大理者也。

聖人之舉事，不加憂焉，察其所以而已矣。今萬人調鍾，不能比之律；誠得知者，一人而足矣。說者之論，亦猶此也。誠得其數，則无所用多矣。夫車之所以能轉千里者，以其要在三寸之轄。夫勸人而弗能使也，禁人而弗能止也，其所由者非理也。昔者，衛君朝於吳，吳王囚之，欲流之於海（者）。說者冠蓋相望，而弗能止。魯君聞之，撤鍾鼓之縣，縞素而朝。仲尼入見曰：「君胡為有憂色？」魯君曰：「諸侯无親，以諸侯為親。大夫无黨，以大夫為黨。今衛君朝於吳（王），吳王囚之而欲流之於海。孰〔意〕衛君之仁義而遭此難也！吾欲免之而不能，為〔之〕[7]奈何？」仲尼曰：「若欲免之，則請子貢行。」魯君召子貢，授之將軍之（卯）〔印〕，子貢辭曰：「貴无益於解患，在所由之道。」斂躬而行，至於吳，見太宰嚭。太宰嚭甚悅之，欲薦之於王。子貢曰：「子不能行（能行）說於王，奈何吾因子也！」太宰嚭曰：「子焉知嚭之不能也？」子貢曰：「衛君之來也，衛國之半（日）〔曰〕，不若朝於晉；其半曰，不若朝於吳。然衛君以為吳可以歸骸骨也，故束身以受命。今子受衛君而囚之，又欲流之於海，是賞言朝於晉者，而罰言朝於吳〔者〕也。且衛君之來也，諸侯皆以為蓍龜兆。今朝於吳而不利，則皆移心於晉矣。子之欲成霸王之業，不亦難乎！」太宰嚭入，復之於王。王報出（今）〔令〕於百官曰：「比十日，而衛君之禮不具者死！」子貢可謂知所以說矣。

1. 編者按：《外傳》作「御曰」，依文例當作「其御對曰」。
2. 編者按：據文意補。　3. 退ⓦ　4. 輕就敵ⓦ
5. 編者按：「載」本作「戴」，此文以「戴」、「歸」為韻，作「載」則失其韻矣。
6. 決一ⓨ　7. 編者按：據文意補。

魯哀公為室而（太）〔大〕，公宣[1]子諫〔曰〕：「室大，衆與人處則譁，少與人處則悲。願公之適〔之也〕。」公曰：「寡人聞命矣。」築室不輟。公宣子復見曰：「國小而室大，百姓聞之必怨吾君，諸侯聞之必輕吾國。」魯君曰：「聞命矣。」築室不輟。公宣子復見曰：「左昭而右穆，為大室以臨二先君之廟，得无害於〔為〕[2]子乎？」公乃令罷役除版而去之。魯君之欲為室誠矣，公宣子止之必矣，然三說而一聽者，其二者非其道也。夫臨河而（鈞）〔釣〕，日入而不能得一鯈魚者，非江河魚不食也，所以餌之者非其欲也。及至良工執竿，投而擐脣吻者，能以其所欲而釣者也。夫物无不可奈何，有人无奈何。鉉[3]之與丹，異類殊色，而可以為丹者，得其數也。故繁稱文辭，无益於說，審其所由而已矣。

物類之相摩，近而異門戶者，衆而難識也。故或類之而非，或不類之而是；或若然而不然者，▸或不（若）然而〔若〕然者◂[4]。諺曰：「鳶墮腐鼠，而虞氏以亡。」何謂也？曰：虞氏、梁之大富人也。家充盈殷富，金錢无量，財貨无貲。升高樓，臨大路，設樂陳酒，積[5]博其上。游俠相隨而行樓下，▸博上者◂[6]射朋張，中反兩而笑，飛鳶適墮其腐鼠而中游俠。游俠相與言曰：「虞氏富樂之日久矣，而常有輕易人之志。吾不敢侵犯〔之〕，而乃辱我以腐鼠。（如此）〔此而〕不報，无以立（務）〔矜〕於天下。請與公僇力一志，悉率徒屬，而必（以）滅其家。」〔其夜乃攻虞氏〕，〔大滅其家〕。此所謂類之而非者也。

何謂▸非類◂[7]而是？屈建告石乞曰：「白公勝將為亂。」石乞曰：「不然。白公勝卑身下士，不敢驕賢。其家无筦籥之信、關楗之固。大斗斛以出，輕斤兩以內。而乃論之，以不宜也。」屈建曰：「此乃所以反也。」居三年，白公勝果為亂，殺令尹子椒、司馬子期。此所謂弗類而是者也。

何謂若然而不然？子發為上蔡令，民有罪當刑，獄斷論定，決於令（尹）前，子發喟然有▸悽愴◂[8]之心。罪人已刑而不忘其恩。此其後，子發盤罪威王而出奔。刑者遂襲恩者，恩者逃之於城下之廬。〔追者至〕，踹足而怒曰：「子發（視）〔親〕決吾罪而被吾刑，吾怨之憯於骨髓。使我得其肉而食之，其知猒乎！」追者皆以為然而不索其內，果活子發。此所謂若然而不若然者。

1. 儀Ⓦ　2. 編者按：據文意補。　3. 鉛《道藏本》p.151.3
4. 編者按：下文「何謂不然而若然者」與此文相應，則此文亦應作「或不然而若然者」。
5. 擊Ⓦ　6. 王叔岷云：「博上者」當作「樓上博者」。
7. 編者按：審下文「非類」當作「弗類」。　8. A.慘悽Ⓨ B.慘怛Ⓨ

何謂不然而若然者？昔越王句踐卑下吳王夫差，請身為臣、妻為妾，奉四時之祭祀，而入春秋之貢職，委社稷，效民力，居（隱為）〔為隱〕蔽，而戰為鋒行，禮甚卑，辭甚服，其離叛之心遠矣，然而甲卒三千人以擒夫差於姑胥。此四策者，不可不審也。夫事之所以難知者，以其竄端匿跡，立私於公，倚邪於正，而以勝惑人之心者也。若使人之所懷於內者，與所見於外者，若合符節，則天下无亡國破家矣。夫狐之（捕）〔搏〕雉也，必先卑體弭（耳）〔毛〕，以待其來也。雉見而信之，故可得而擒也。使狐瞋目植睹，見必殺之勢，雉亦知驚憚遠飛，以避其怒矣。夫人偽之相欺也，非直禽獸之詐計也，物類相似若然，而不可從外論者，眾而難識矣，是故不可不察也。

19 脩務訓

或曰：「無為者，寂然無聲，漠然不動，引之不來，推之不往。如此者，乃得道之像。」吾以為不然。

嘗試問之矣：「若夫神農、堯、舜、禹、湯，可謂聖人乎？」有論者必不能廢。以五聖觀之，則莫得無為，明矣。古者，民茹草飲水，采樹木之實，食蠃蜿[1]之肉，時多（疾）〔疹〕[2]病毒傷之害[3]。於是神農乃（如）〔始〕教民播種[4]五穀，相土地〔之〕宜，燥濕肥墝高下，嘗百草之滋味、水泉之甘苦，令民知所避就。當此之時，一日而（遇）七十毒。堯立孝慈仁愛，使民如子弟。西教沃民，東至黑齒，北撫幽都，南道交趾。放讙兜於崇山，竄三苗於三危，流共工於幽州，殛鯀於羽山。舜作室，築牆茨屋，辟地樹穀，令民皆知去巖穴，各有▸家室◂[5]。〔此其始也〕，南征三苗，道死蒼梧。禹沐（浴）霪雨，櫛扶[6]風，決江疏河，鑿龍門，闢伊闕，脩彭蠡之防，乘四載，隨山栞木，平治水土，定千八[7]百國。湯夙興夜寐，以致聰明；輕賦薄斂，以寬民氓；布德施惠，以振困窮；弔死問疾，以養孤孀。百姓親附，政令流行，乃整兵鳴條，困夏南巢，譙以其過，放之歷山。此五聖者、天下之盛主，勞形盡慮，為民興利除害而不懈。▸奉一爵酒◂[8]，不知於色，挈一石之尊則白汗交流，又況贏天下之憂，而〔任〕海內之事者乎？其重於尊亦遠矣！且夫聖人者，不恥身之賤，而愧道之不行；不憂命之短，而憂百姓之窮。是故禹（之）為水，以身解於陽（眄）〔盱〕之（河）〔阿〕；湯〔苦〕旱，以身禱於桑（山之）林〔之際〕。聖人▸憂民◂[9]，如此其明也，而稱以「無為」，豈不悖哉！

1. 蚌Ⓨ　2. 王念孫云：「疹」與「疢」同。　3. 患Ⓨ
4. 植《道藏本》p.152.3　5. 室家Ⓨ　6. 疾Ⓨ　7. 七Ⓨ
8. 夫奉一爵酒Ⓨ　9. 之憂民Ⓦ

且古之立帝王者，非以奉養其欲也；聖人▸踐位◂[1]者，非以逸樂其身也。為天下強掩弱，眾暴寡，詐欺愚，勇侵怯，懷知而不以相教，積財而不以相分，故立天子以齊〔一〕之。為一人聰[2]明而不足以徧燭[3]海內，故立三公九卿以輔翼之。〔為〕絕國殊俗，僻遠幽間之處，不能被德承澤，故立諸侯以教誨之。是以地無不任，時無不應，官無隱事，國無遺利。所以衣寒食飢，養老弱而息勞倦也。若以布衣徒步之人觀之，則伊尹負鼎而干湯，呂望鼓刀而入周，伯里奚轉鬻，管仲束縛，孔子無（黙突）〔黔突〕，墨子無煖席。是以聖人不高山、不廣河，蒙恥辱以（千）〔干〕世主〔者〕，非以貪祿慕位，欲事起天下〔之〕利而除萬民之害〔也〕。蓋聞傳書曰：神農憔悴，堯瘦臞，舜黴[4]黑，禹胼胝。由此觀之，則聖人之憂勞百姓〔亦〕甚矣！故自天子以下，至于庶人，四胑不（動）〔勤〕，思慮不用，〔而〕事治求贍者，未之聞也。

夫地勢、水東流，人必事焉，然後水潦得谷行。禾稼春生，人必加功焉，故五穀得遂長。聽其自流，待其自生，則▸鯀、禹◂[5]之功不立，而后稷之智不用。若吾所謂「無為」者，私志不得入公道，（耆）〔嗜〕欲不得枉正術，循理而舉事，因資而立〔功〕，（權）〔推〕自然之勢，而曲故不得容者，（政）〔故〕事〔成〕而身弗伐，功立而名弗有，非謂其感而不應，（攻）〔故〕而不動者[6]。若夫以火熯井，以淮灌山，此用己而背自然，故謂之有為。若夫水之用舟，沙之用（肆）〔鳺〕，泥之用輴，山之用蔂，夏瀆而冬陂，因高為（田）〔山〕，因下為池，此非吾所謂為之。

聖人之從事也，殊體而合于理，其所由異路而同歸，其存危定傾若一，志不忘于欲利人。何以明之？昔者，楚欲攻宋，墨子聞而悼之，自魯趨而〔往〕，十日十夜，足重繭而不休息，裂（衣）裳裹足，至於郢，見楚王，曰：「臣聞大王舉兵將攻宋，計必得宋而後攻之乎？忘[7]其苦眾勞民，頓兵剉銳，負天下以[8]不義之名，而不得咫尺之地，猶且攻之乎？」王曰：「必不得宋，又且為不義，〔則〕曷為攻之！」墨子曰：「〔甚善〕，臣見大王之必傷義而不得宋。」王曰：「公輸〔般〕、天下之巧士[9]〔也〕，作為雲梯之械設以攻宋，曷為弗取！」墨子曰：「〔請〕（今）〔令〕公輸〔般〕設攻，臣請守之。」於是公輸般設攻宋之械，墨子設守宋之備，▸九攻◂[10]而墨子九卻之，弗能入。於是乃偃兵，輟不攻宋。段干木辭祿而處家，魏文侯過其閭而軾之。其僕曰：「君何為軾？」文侯曰：「段干木在，是以軾。」其僕曰：「段干木、布衣之士，君軾其

1. 之踐位Ⓨ　2. 之Ⓨ　3. 照Ⓨ　4. A.黎Ⓨ B.黧Ⓨ
5. 大禹Ⓦ　6. 編者按：「者」下疑脫「也」字。　7. 亡Ⓦ
8. 編者按：「以」字疑衍。　9. 工Ⓨ　10. 公輸九攻Ⓨ

閭，不已甚乎？」文侯曰：「段干木不趨勢利，懷君子之道，隱處窮巷，聲施千里，寡人敢勿軾乎！段干木光于德，寡人光于勢；段干木富于義，寡人富于財。勢不若德尊，財不若義高。〔段〕[1]干木雖以己易寡人，不為〔也〕[2]，吾日悠悠慚于影，子何以輕之哉！」其後秦將起兵伐魏，‣司馬庾◂[3]諫曰：「段干木、賢者，其君禮之，天下莫不知，諸侯莫不聞。舉兵伐之，無乃妨於義乎！」於是秦乃偃兵，輟不攻魏。夫墨子(跌)〔趹〕蹏而趨千里，以存楚、宋；段干木闔門不出，以安秦、魏；夫行與止也，其勢相反，而皆可以存國，此所謂異路而同歸者也。今夫救火者，汲水而趣之，或以甕瓴，或以盆盂，其方員銳橢不同，盛水各異，其於滅火，鈞也。故秦、楚、燕、魏之歌也，異轉而皆樂，九夷八狄之哭也，殊聲而皆悲，一也。夫歌者、樂之徵也，哭者、悲之效也。憤於中則應於外，故在所以感〔之矣〕。夫聖人之心，日夜不忘于欲利人，其澤之所及者，效亦大矣。

世俗廢衰，而‣非學者多◂[4]：「人性各有所脩短，若魚之躍，若鵲之駮，此自然者，不可損益。」吾以為不然。夫魚者躍，鵲者駮也，猶人〔之為人〕，馬之為馬，筋骨形體，所受於天，不可變。以此論之，則不類矣。夫馬之為草駒之時，跳躍揚蹏，翹尾而走，人不能制，齕咋足以噆肌碎骨，蹶蹏足以破盧陷匈。及至圉人擾之，良御教之，掩以衡扼，連以轡銜，則雖歷險超壍，弗‣敢辭◂[5]。故其形之為馬，馬不可化；其可駕御，教之所為也。馬、聾蟲也，而可以通氣志，猶待教而成，又況人乎！

且夫身正性善，發憤而成[6]，(帽)〔慣〕憑而為義，性命可說，不待學問而合於道者，堯、舜、文王〔也〕；沉湎耽荒，不可教以道，不可喻以德，嚴父弗能正，賢師不能化〔者〕，丹朱、商均也。曼頰[7]皓齒，形夸[8]骨佳，不待脂粉芳澤而‣性可說◂[9]者，西施、陽文也；啳睽哆噅，籧蒢戚施，雖粉白黛黑弗能為美者，嫫母、仳倠也。夫上不及堯、舜，下不(及)〔若〕商均，美不及西施，惡不若嫫母，此教訓之所(俞)〔喻〕〔也〕，而芳澤之〔所〕施[10]。且子有弑父者，然而天下莫疏其子，何也？愛父者眾也。儒有邪辟者，而先王之道不廢，何也？其行之者多也。今以為學者之有過而非學者，則是以一(飽)〔餲〕之故，絕穀不食；以一蹪之難，輟足不行，惑也。

---

1. 編者按：據上下文例補。　2. 編者按：據文意補。
3. A.司馬唐ⓦ B.司馬唐且ⓦ
4. 俞樾云：「非學者多」下有闕文，或是「言」字，或是「曰」字，未敢臆補。
5. 敢辭也ⓨ
6. 王念孫云：「成」下脫一字，劉本補「仁」字而諸本從之，未知是否。
7. A.容ⓨ B.顏ⓨ　8. 姱ⓨ　9. 美ⓨ
10. 編者按：「施」下疑脫「也」字。

今日[1]良馬，不待冊錣而行；駑馬雖（兩）〔冊〕錣之不能進；為此不用冊錣而御，則愚矣。夫怯夫操利劍，擊則不能斷，刺則不能（人）〔入〕；及至勇武，攘捲[2]一擣，則摺脅傷幹；為此棄干將、鏌邪而以手戰，則悖矣。所為[3]言者，齊於眾而同於俗。今不稱九天之頂，則言黃泉之底，是兩（未）〔末〕之端（義）〔議〕，何可以公論乎！

夫（橘柚）〔亭歷〕冬生，而人（日）〔曰〕冬死，死者眾〔也〕[4]；薺麥夏死，〔而〕[5]人曰夏生，生者眾〔也〕[6]（多）[7]。江河之回曲，亦時有南北者，而人謂江、河東流；攝提鎮星日月東行，而人謂星辰日月西移者；以大氐為本。胡人有知利[8]者，而人謂之駤；越人有重遲者，而人謂之訬；以多者名之，若夫堯眉八彩，九竅通洞，而公正無私，一言而萬民齊；舜二瞳子，是謂重明，作事成法，出言成章；禹耳參漏，是謂大通，興利除害，疏河決江；文王四乳，是謂大仁，天下所歸，百姓所親；皋陶馬喙，是謂至信，決獄明白，察於人情；〔契生於卵〕，（禹）〔啓〕生於石；（契生於卵）；史皇產而能書；羿左[9]臂脩而善射。若此九賢者，千歲而一出，猶繼踵而生。今無五聖之天奉，四俊之才難[10]，欲棄學而循性，是（謂）[11]猶釋船而欲蹍水也。

夫純鈞、魚腸（劍）[12]之始下型，擊則不能斷，刺則不能入；及加之砥礪，摩其鋒剽，則水斷龍舟，陸剸犀甲。明鏡之始下型，矇然未見形容；及其（粉）〔扢〕以玄錫，摩以白旃，〔則〕鬢眉微毫[13]可得而察。夫學、亦人之砥錫也，而謂學無益者，所以論之過。

知者之所短，不若愚者之所脩；賢者之所不足，不若眾人之〔所〕有餘。何以知其然？夫宋畫吳冶，刻刑[14]鏤法，亂脩曲出，其為微妙，堯、舜之聖不能及。蔡之幼女，衛之稚質，梱纂組，雜奇彩，抑黑[15]質，（楊）〔揚〕赤文，禹、湯之智不能逮。

（天）〔夫〕天之所覆，地之所載，包於六合之內，託於宇宙之間，陰陽之所生，

1. 編者按：「日」疑「曰」之譌。 2. 楊樹達云：「捲」與「拳」同。
3. 謂《莊逵吉本》p.856 4. 編者按：據文意補。
5. 編者按：依文例補。 6. 編者按：據文意補。
7. 編者按：「多」字疑為注文誤入正文。 8. 理Ⓨ 9. 右Ⓨ
10. 編者按：「難」字疑誤。 11. 編者按：據文意刪。
12. 王叔岷云：「劍」字蓋涉注文而衍。 13. 毛Ⓨ
14. 楊樹達云：「刑」讀為「型」。 15. 墨Ⓛ

血氣之精，含牙戴角，前爪後距，奮翼攫肆，蚑行蟯動之蟲，喜而合，怒而鬭，見利而就，避害而去，其情一也。雖所好惡，其與人無以異。然其爪牙雖利，筋骨雖彊，不免制於人者，知不能相通，才力不能相一也。各有其自然之勢，無稟受於外，故力竭功沮。夫鴈順風〔而飛〕，以愛氣力，銜蘆而翔，以（備）〔避〕矰弋，螘知為垤，貛貉為曲穴，虎豹有茂草，野彘有艽莦、槎櫛，堀虛連比，以像宮室，陰以防雨，（景）〔晏〕以蔽日，此亦鳥獸之所以知求合於其所利。今使人生於辟陋之國，長於窮櫚漏室之下，長無兄弟，少無父母，目未嘗見禮節，耳未嘗聞先古，獨守專室而不出門〔戶〕，使其性雖不愚，然其知者必寡矣。

昔者，倉頡作書，容成造曆，胡曹為衣，后稷耕稼，儀狄作酒，奚仲為車。此六人者，皆有神明之道，聖智之迹，故人作一事而遺後世，非能一人而獨兼有之。各悉其知，貴其所欲達，遂為天下備。今使六子者易事，而明弗能見者何？萬物至眾，而知不足以奄之。周室以後，無六子之賢，而皆脩其業；當世之人，無一人之才，而知（其）六賢之道者何？教順[1]施[2]續，而知能流通。由此觀之，▸學不可〔以〕已◂[3]，明矣！

今夫盲者，目不能別晝夜、分白黑，然而搏琴撫弦，參彈復徽，攫援摽拂，手若蔑蒙，不失一弦。使未嘗鼓（瑟）〔琴〕者，雖有離朱之明，攫掇之捷，猶不能屈伸其指。何則？服習積貫之所致。故弓待（撽）〔檠〕而後能調，劍待砥而後能利。玉堅無敵，鏤以為獸，首尾成形，礛諸之功。▸木直中繩，（楺）〔揉〕以為輪，其曲中規◂[4]，隱栝[5]之力。▸唐碧堅忍◂[6]之類，猶可刻鏤，（揉）以成器用，又況心意乎！

且夫精神（滑）〔滒〕淖纖微[7]，倏忽變化，與物推移，雲蒸風行，在所設施。君子有能精搖摩監，砥礪其才，自試[8]神明，覽物之博，通物之壅，觀始卒之端，見無外之境，以逍遙〔乎無方之內〕，仿佯於[9]塵埃之外，超[10]然獨立，卓[11]然離世，此聖人之所以（詩）〔游〕心〔也〕。（若此）〔然〕而〔晚世之人〕不能閑居靜思，鼓琴讀書，追觀上古，（及）〔友〕賢大夫，學問講辯，日以自娛，蘇援世事，分〔別〕白黑

1. 楊樹達云：「順」讀為「訓」。 2. 楊樹達云：「施」者，延也。
3. 編者按：《荀子・勸學》云：「學不可以已」，為此文所本，則此文「可」下亦當有「以」字，今據補。 4. 此文見《荀子・勸學》 5. 括ⓦ
6. 楊樹達云：疑文當作「唐碧硻力」，「硻力」即「玪塾」。
7. 編者按：《原道訓》p.7云：「甚淖而滒，甚纖而微」，《兵略訓》p.440云：「滒淖纖微」、p.452又有「滑淖精微」，與此文同，疑「滑淖」為「滒淖」之譌。
8. 楊樹達云：「試」當作「誠」，形近誤也。 9. 乎《說苑・建本》3/7a
10. 卓《說苑・建本》3/7a 11. 超《說苑・建本》3/7a

（利害），籌策得失，以觀禍福，設儀立度，▸可以◂[1]為▸法則◂[2]，窮道本末，究事之情，立是廢非，明示後人，（北）〔死〕有遺業，生有榮名。如此者，人才之所能逮〔也〕。然而莫能至焉者，偷慢懈惰，多（不）暇日之故。夫瘠地之（吳）〔民〕多有心者，勞也；沃地之民多不才者，饒也。由此觀之，知人[3]無務，不若愚而好學。自人君公卿至于庶人，不自彊而功成者，天下未之有也。《詩》云：「日就月將，學有緝熙于光明。」此之謂也。

名可務立，功可彊成，故君子積志委正，以趣明師；勵節亢高，以絕世俗。何以明之？昔（於）〔者〕，南榮疇[4]恥聖道之獨亡於己，身淬霜露，敕蹻趹〔步〕，跋涉山川，冒蒙荊棘，百舍重（跰）〔趼〕，不敢休息，南見老聃，受教一言，精神曉泠，鈍（聞）〔閔〕條達，欣若七日不食、如饗（大）〔太〕牢，是以明照四海，名施後世，達略天地，察分秋毫，稱譽（葉）〔華〕語，至今不休。此所謂名可（彊）〔務〕立者，吳與楚戰，莫囂大心撫其御之手曰：「今日距彊敵，犯白刃，蒙矢石，戰而身死，卒勝民（治）全，我社稷可以庶幾乎！」遂入不返，決腹斷頭[5]，不旋踵運軌而死。申包胥〔曰〕：「〔吾〕竭筋力以赴嚴敵，（休）〔伏〕尸流血，不過一卒之才，不如約身（早）〔卑〕辭，求救於諸侯。」於是乃贏糧跣走，跋涉谷行，上峭山，赴深谿，游川水，犯津關，（獵）〔躐〕蒙籠，蹶沙石，蹠達膝[6]，曾繭重胝，七日七夜，至於秦庭。鶴跱而不食[7]，晝吟宵哭，面若死灰，顏色黴黑，涕液（來）〔交〕集，以見秦王，曰：「吳為封豨脩蛇，蠶食上國，虐始於楚。寡君失社稷，越在草茅。百姓離散，夫婦男女不遑啓處。使下臣告急。」秦王乃發車千乘，步卒七萬，屬之子虎，踰塞而東，擊吳濁水之上，果（不）〔大〕破之，以存楚國，烈藏廟堂，著於憲法。此功之可彊成者也。

夫七尺之形，心致[8]憂愁勞苦，膚之知痛疾寒暑，人情一也。聖人知時之難得，務之可趣也，苦身勞形，焦心怖肝，不避煩難，不違危殆。蓋聞子發之戰，進如激矢，合如雷電，解如風雨，員之中規，方之中矩，破敵陷陳，莫能壅御，澤戰必克，攻城必下。彼非輕身而樂死，務在於前，遺利於後，故名立而不墮。此自強而成功者也。是故田者不強，囷倉不盈；官御不厲，心意不精；將相不強，功烈不成；侯王懈惰，後[9]

1. 以Ⓨ　2. 法式《說苑・建本》3/7a
3. 王叔岷云：「人」當作「而」。　4. A.趎Ⓦ　B.幬Ⓦ　C.跦Ⓦ　5. 脰Ⓨ
6. 王叔岷云：《楚策》作「蹠穿膝暴」，此文「膝」下蓋脫「暴」字。
7. 于大成云：疑此文當作「鶴跱而立」。　8. 知Ⓛ　9. 沒Ⓨ

（出）〔世〕无名。《詩》云：「我馬唯騏，六（國）〔轡〕如絲。載馳載驅，周爰諮謨。」以言人之有所務也。

通於物者不可驚〔以〕怪，喻於道者不可動以奇，察於辭者不可燿以名，審於形者不可遯以狀。世俗之人，多尊古而賤今，故為道者必託之于神農、黃帝而後能入說。亂世闇主，高遠其所從來，因而貴之。為學者，蔽於論而尊其所聞，相與危坐而稱之，正領而誦之。此見是非之分不明。夫无規矩，雖奚仲不能以定方圓；无準繩，雖魯班不能以定曲直。是故鍾子期死，而伯牙絕絃（被）〔破〕琴，知世莫賞也；惠施死，而莊子▸寑說言◂[1]，見世莫可為[2]語▸者也◂[3]。

夫項託（年）七歲為孔子師，孔子有以聽其言也。以年之少，為閭丈人說，救敲不給，何道之能明也！昔者，▸謝子◂[4]見於秦惠王，惠王說之。以問唐姑梁，唐姑梁曰：「謝子、山東辨士，固（權）〔奮〕說以取少主。」惠王因藏怒而待之，後日復見，逆而弗聽〔也〕。非其說異也，所以聽者易〔也〕。夫以徵為羽，非絃之罪；以甘為苦，非味之過。楚人有▸烹猴◂[5]而召[6]其鄰人，〔鄰人〕以為狗羹也而甘之。後聞其猴也，據地而吐之，盡寫其〔所〕食。此未始知味者也。邯鄲師有出新曲者，託之[7]李奇，諸人皆爭學之。後知其非也，而皆棄其曲。此未始知音者也。鄙人有得玉璞者，喜其狀，以為寶而藏之。以示人，人以為石也，因而棄之。此未始知玉者也。故有符於中，則貴是而同今古；无以聽其說，則所從來者遠而貴之耳。此和氏之所以泣血於荊山之下。

今劍或絕側羸文，齧缺卷鋌，而稱以頃襄之劍，則貴（之）〔人〕爭帶之。琴或撥剌枉橈，闊解漏越，而稱以楚莊之琴，▸側室◂[8]爭鼓之。苗山之（鋋）〔鋌〕，羊頭之銷，雖水斷龍舟，陸剸兕甲，莫之服[9]帶。山桐之琴，澗梓之腹，雖鳴廉（隅）[10]脩營，唐牙，〔莫之鼓也〕。通人則不然。服[11]劍者期於銛利，而不期於墨陽、莫邪；乘馬者期於千里，而不期於（華）〔驊〕騮、綠耳；鼓琴者期於鳴廉脩營，而不期於濫脅、號鍾；誦《詩》、《書》者期於通道略物，而不期於《洪範》、《商頌》。聖人見是非，若白黑之▸於目辨；清濁之於耳聽◂[12]。眾人則不然，中无主以受之。譬若遺腹子之上隴，以禮哭泣之，而无所歸心。

1. 寑說不言Ⓦ　2. 與Ⓦ　3. 也Ⓨ　4. 祁射子《說苑・雜言》17/3b
5. 烹猴者Ⓨ　6. 紿Ⓨ　7. 名Ⓦ
8. 編者按：「側室」與上「則貴人」對文，「側」當作「則」，「室」上又脫一字。
9. 楊樹達云：「服」讀為「佩」。
10. 于大成云：「鳴廉」下涉注文衍「隅」字。今據刪。
11. 楊樹達云：「服」讀為「佩」。　12. 別於目，清濁之形於耳Ⓨ

故夫攣子之相似者，唯其母能知之；玉石之相類者，唯良工能識之；書傳之微者，唯聖人能論之。今取新聖人書，名之孔、墨，則弟子句指而受者必眾矣。故美人者，非必西施之種；通士者，不必孔、墨之類。曉然意有所通於物，故作書以喻（意）〔事〕，以為知者〔施〕也。誠得清明之士，執玄鑑於心，照物明白，不為古今易意，（櫖）〔攄〕書明指以示之，雖闔棺亦不恨矣。

昔晉平公（今）〔令〕官為鐘，鐘成而示師曠，師曠曰：「鐘音不調。」平公曰：「寡人以示工，工皆以為調。而以為不調，何也？」師曠曰：「使後世無知音者則已，若有知音者，必知鐘之不調〔也〕[1]。」故師曠之欲善調鍾也，以為後之（有）知音者也。三代與我同行，五伯與我齊智，彼獨有聖知之實，我曾无有閭里（氣）〔之〕聞、窮巷之知者何？彼并身而立節，我誕謾而悠忽。

今夫毛牆、西施，天下之美人，若使（人）〔之〕銜腐鼠，蒙蝟皮，衣豹裘，帶死蛇，則布衣韋帶之人，過者莫不左右睥睨[2]而掩鼻。嘗試使之施芳澤，正娥眉，設笄珥，衣阿錫，曳齊紈，粉白黛黑，佩玉環，（楡）〔揄〕步[3]，雜（芝）〔芷〕若，籠蒙目（視），冶由笑，目流眺，口曾撓，奇牙出，靨酺搖，則雖王公大人，有嚴志頡頏之行者，无不憚悇癢心而悅其色矣。今以中人之才，蒙愚惑之智，被污辱之行，无本業所修、方術所務，焉得无有睥（面）〔睨〕[4]掩鼻之容哉！

今鼓舞者，繞身若環，曾撓摩地，扶於猗那，動容轉曲，便（媚）〔娟〕擬神，身若秋葯被風，髮若結旌，騁馳若（騖）〔驚〕；木熙者，舉梧檟，據句枉，蝯自縱，好茂葉。龍夭矯，燕枝拘[5]，援豐條，舞扶疏，龍從鳥集，搏援攫肆，蔑蒙踊躍；（且）〔則〕夫觀者莫不為之損心酸足[6]，彼乃始徐行微笑，被衣修擢。夫鼓〔舞〕者非柔縱，而木熙者非眇勁，淹浸（漬）漸靡使然也。是故生木之長，莫見其益，有時而修；砥礪磏（監）〔堅〕，莫見其損，有時而薄。藜（藋）〔藿〕之生，蟆蟆然日加數寸，不可以為（櫨）〔廬〕棟；楩（柵）〔柟〕豫章之生也，七年而後知，故可以為棺舟。夫事有易成者名小，難成者功大。君子修美，雖未有利，福將在後至。故《詩》云：「日就月將，學有緝熙于光明。」此之謂也。

1. 編者按：據文意補。
2. 左顊右倪㊒
3. 王念孫云：「揄」、「步」之間，脫去一字，《新書・勸學》作「揄鋏陂」。
4. 編者按：準上文「莫不左右睥睨而掩鼻」改。
5. 楊樹達云：「枝拘」當作「積枸」。
6. 悁心疲足㊒

20 泰族訓

天設日月，列星辰，調陰陽，張四時，日以暴之，夜以息之，風以乾之，雨露以濡之。其生物也，莫見其所養而物長；其殺物也，莫見其所喪而物亡，此之謂神明。聖人象之，故其起福也，不見其所由而福起；其除禍也，不見其所以而禍除。遠之則邇，（延）〔近〕之則踈；稽之弗得，察之不虛；日計‣无筭◂[1]，歲計有餘。

夫濕之至也，莫見其形，而炭已重矣。風之至也，莫見其象，而木已動矣。日之行也，不見其移〔也〕，騏驥倍日而馳，草木為之靡，‣縣熢未轉◂[2]，而日在其前〔矣〕。故天之且風，草木未動而鳥已翔矣，其且雨也，陰噎未集而魚已噞矣，以陰陽之氣相動也。故寒暑燥濕，以類相從；聲響疾徐，以音相應也。故《易》曰：「鳴鶴在陰，其子和之。」

高宗‣諒闇◂[3]，三年不言；四海之內，寂然无聲；一言聲然，大動天下。是以天心呿唫者也，故一動其本而百枝皆應，若春雨之灌萬物也，渾然而流，沛然而施，无地而不澍，无物而不生。

故聖人者懷天心，聲然能動化天下者也。故精誠感於內，形氣動於天，則景星見，黃龍下，祥鳳至，醴泉出，嘉穀生，河不滿溢，海不溶[4]波。故《詩》云：「懷柔百神，及河嶠岳。」逆天暴物，則日月薄蝕，五星失行，四時（千）〔干〕（乘）〔乖〕，晝冥宵光，山崩川涸，冬雷夏霜。《詩》曰：「正月繁霜，我心憂傷。」天之與人有以相通也。故國危亡而天文變，世惑亂而虹蜺見，萬物有以相連，精祲有以相蕩也。故神明之事，不可以智巧為也，不可以筋力致也。天地所包，陰陽所嘔[5]，雨露所濡，以生萬（物）〔殊〕，（瑤碧玉珠），翡翠（玳）〔瑇〕瑁，〔瑤碧玉珠〕，文彩明朗，潤澤若濡，摩而不玩，久而不渝，奚仲不能旅，魯般不能造，此之謂大巧。

宋人有以象為其君為楮葉者，三年而成；莖柯豪芒，鋒[6]殺顏澤，亂之楮（華）〔葉〕之中而不可知[7]也。列子〔聞之〕曰：「使天地三年而成一葉，則萬物之有葉者寡矣。夫天地之施化也，嘔[8]之而生，吹之而落，豈此契契哉！」故凡可度者、小也，

1. 不足Ⓦ　2. 懸峰未薄Ⓨ　3. A.諒陰Ⓨ B.梁闇Ⓨ C.亮闇Ⓨ　4. 涌Ⓨ
5. 編者按：「嘔」讀為「呴」。　6. 楊樹達云：「鋒」假為「豐」。
7. 別《韓非子・喻老》7/3b、《列子・說符》8/2a
8. 編者按：「嘔」讀為「呴」。

可數者、少也。至大、非度之所能及也，至眾、非數之所能領也。故九州不可頃畝也，八極不可道里也，太山不可丈尺也，江海不可斗斛也。故大人者，與天地合德，〔與〕日月合明，與鬼神合靈，與四時合信。故聖人懷天氣，抱天心，執中含和，不下廟堂而（衍）〔行〕〔於〕四海，變習易俗，民化而遷善，若性諸己，能以神化也。《詩》云：「神之聽之，終和且平。」夫鬼神視之无形，聽之无聲，然而郊天、望山川，禱祠而求福，雩兌而請雨，卜筮而決事。《詩》曰：「神之格思，不可度思，矧可射思！」此之謂也。

天致其高，地致其厚，月照其夜，日照其晝，〔列星朗〕，陰陽化，（列星期），非有〔為焉〕，〔正其〕道而物自然，故陰陽四時，非生萬物也；雨露時降，非養草木也；神明接，陰陽和，而萬物生矣。故高山深林，非為虎豹也；大木茂枝，非為飛鳥也；（流源）〔源流〕千里，（淵深）〔深淵〕百仞，非為▸蛟龍◂[1]也；致其高崇，成其廣大，山居木棲，巢枝穴藏，（冰）〔水〕潛陸行，各得其所寧焉。夫大生小，多生少，天之道也。故丘阜不能生雲雨，滎水不能生魚鱉者，小也。牛馬之氣蒸[2]生蟣虱，蟣虱之氣蒸[3]不能生牛馬。故化生於外，非生於內也。

夫蛟龍▸伏寢於淵◂[4]，而卵剖於陵；螣[5]蛇▸雄鳴◂[6]於上風，▸雌鳴◂[7]於下風而化成形；精之至也。故聖人養心，莫善於誠，至誠而能動化矣。今夫〔有〕[8]道者，藏精於內，棲神於心，靜漠（活）〔恬〕淡，（訟）〔說〕繆（匈）〔胸〕中，邪氣无所留滯，四枝節族，毛蒸理泄，則機樞調利，百脈九竅莫不順比，其所居神者得其位也，豈節（柎）〔拊〕而毛（脩）〔循〕之哉！

聖主[9]在上位，廓然无形，寂然无聲，官府若无事，朝廷若无人，无隱士，无軼[10]民，无勞役，无冤刑，四海之內莫不仰上之德，象主之指，夷狄之國重譯而至，非戶辨而家說之也，推其誠心，施之天下而已矣。《詩》曰：「惠此中國，以綏四方。」內順而外寧矣。大王亶父處邠，狄人攻之，杖策而去，百姓攜幼扶老，負釜甑，踰梁山，而國乎（歧）〔岐〕周，非令之所能召也。秦穆公為野人食駿馬肉之傷也，飲之美酒，韓之戰，以其死力報，非（券）〔券〕之所〔能〕責也。密[11]子治亶[12]父，巫馬期往觀化

1. 楊樹達云：「蛟龍」疑當作「龍蛟」。此文以「豹」、「鳥」、「蛟」為韻，作「蛟龍」則失其韻矣。 2. 烝Ⓨ 3. 烝Ⓨ
4. A.伏潛於川Ⓦ B.伏潛於淵Ⓦ 5. 騰Ⓦ 6. 其雄鳴Ⓦ 7. 其雌鳴Ⓦ
8. 編者按：據文意補。 9. 王Ⓦ 10. 逸Ⓦ
11. A.孚Ⓦ B.季《治要》p.727〈參《齊俗訓》：「故賓有見人於密子者」句下注文。〉
12. 單Ⓦ

焉，見夜漁者得小即釋之，非刑之所能禁也。孔子為魯司寇，道不拾遺，市（買）不豫賈，田漁皆讓長，而（班）〔斑〕白不▸戴負◂[1]，非法之所能致也。夫矢之所以射遠貫（牢）〔堅〕[2]者，弩力也；其所以中的剖微者，（正）〔人〕心也。賞善罰暴者，政令也；其所以能行者，精誠也。故弩雖強不能獨中，令雖明不能獨行，必自精氣所以與之施道。故攄[3]道以被民，而民弗從者，誠心弗施也。

天地四時，非生萬物也，神明接，陰陽和，而萬物生之。聖人之治天下，非易民性也，（柎）〔拊〕循其所有而滌蕩之，故因則大，（化）〔作〕則細矣。禹鑿龍門，闢伊闕，決江濬河，東注之海，因水之流也。后稷墾草發菑，糞土樹穀，使五種各得其宜，因地之勢也。湯、武革車三百乘，甲卒三千人，討暴亂，制夏、商，因民之欲也。故能因，則无敵於天下矣。夫物有以自然，而後人事有治也。故良匠不能斲金，巧冶不能鑠木，金之勢不可斲，而木之性不可鑠也。埏埴而為器，窬木而為舟，鑠鐵而為（刀）〔刃〕，鑄金而為鍾，因其可也。駕馬服牛，令雞司夜，令狗守門，因其然也。民有好色之性，故有大婚之禮；有飲食之性，故有大饗之誼；有喜樂之性，故有鍾鼓筦絃之音；有悲哀之性，故有衰絰哭踊之節。故先王之制法也，因民之所好，而為之節文者也。因其好色而制婚姻之禮，故男女有別[4]；因其喜音而正《雅》、《頌》之聲，故風俗不流；因其寧▸家室◂[5]、樂妻子，教之以順[6]，故父子有親；因其喜朋友而教之以悌，故長幼有序。然後脩朝聘以明貴賤，（饗）〔鄉〕飲習射以明長幼，時搜[7]振旅以習用兵也，入學庠序以脩人倫。此皆人之所有於性，而聖人之所匠成也。

故无其性，不可教訓；有其性，无其養，不能遵道。繭之性為絲，然非得工女煮以熱湯而抽其統紀，則不能成絲。卵之化為雛，非〔得〕慈雌嘔煖覆伏，累日積久，則不能〔成〕為雛。人之性有仁義之資，非〔得〕聖王為之法度而教導之，則不可使鄉方。故先王之教也，因其所喜以勸善，因其所惡以禁奸，故刑罰不用而威行如流，政令約省而化燿如神。故因其性，則天下聽从；拂其性，則法縣而不用。

昔者，五帝三王之莅政施教，必用參五。何謂參五？仰取象於天，俯取度於地，中取法於人，乃立明堂之朝，行明堂之令，以調陰陽之氣，而和四時之節，以辟疾（病）

1. A.負載ⓦ B.負戴ⓦ
2. 編者按：《治要》p.727作「堅」。今本《淮南》作「牢」，蓋許注本避吳諱改。
3. 總ⓦ　4. 班《治要》p.727　5. 室家ⓦ
6. 孝《治要》p.727　7. 蒐《治要》p.727

〔疹〕[1]之菑。俯視地理，以制度量，察陵陸水澤肥墽高下之宜，立事生財，以除飢寒之患。中考乎人德，以制禮樂，行仁義之道，以治人倫而除暴亂之禍。乃澄列金（木水）〔水木〕火土之性，（故）〔以〕立父子之親而成家；別（清濁）五音〔清濁〕六律相生之數，以立君臣之義而成國；察四時季孟之序，以立長幼之禮而成官；此之謂參。制君臣之義，父子之親，夫婦之辨，長幼之序，朋友之際，此之謂五。乃裂地而州之，分職而治之，築城而居之，割[2]宅而異之，分財而衣食之，立大學而教誨之，夙興夜寐而勞力之。此治之▸紀綱◂[3]已。然得其人則舉，失其人則廢。堯治天下，政教平，德潤洽。在位七十載，乃求所屬天下之統，令四岳揚側陋。四岳舉舜而薦之堯，堯乃妻以二女，以觀其內；任以百官，以觀其外；既入大麓，烈風雷雨▸而不迷◂[4]，乃屬以九子，贈以昭華之玉，而傳天下焉。以為雖有法度，而朱弗能統也。

夫物未嘗有張而不弛、成而不毀者也，唯聖人能盛而不衰，盈而不虧。神農之初作琴也，以歸神〔杜淫〕；（及其淫也），反其天心。〔及[5]其衰也〕，〔流而不反〕，〔淫而好色〕，〔至於亡國〕。夔之初作樂也，皆合六律而調五音，以通八風；及〔至〕[6]其衰也，以沉湎淫康，不顧政治，至於滅亡。蒼頡之初作書，以辯治百官，領（聖）〔理〕萬事，愚者得以不忘，智者得以志（遠）〔事〕；〔及〕[7]至其衰也，為奸刻偽書，以解有罪，以殺不辜。湯之初作囿也，以奉宗廟鮮犞之具，簡士卒，習射御，以戒不虞；▸及至其衰也◂[8]，馳騁獵射，以奪民時，〔以〕罷民（之）力。堯之舉禹、契、后稷、皋陶，政教平，奸宄息，獄訟止而衣食足，賢者勸善而不肖者懷其德；及至其末，朋黨比周，各推其與，廢公趨私，外內相（推）舉，奸人在朝而賢者隱處。（故《易》之失也卦），（《書》之失也敷），（樂之失也淫），（《詩》之失也辟），（禮之失也責），（《春秋》之失也刺）[9]。天地之道，極則反，盈則損。五色雖朗，有時而渝；茂木（豊）〔豐〕草，有時而落；物有（降）〔隆〕殺，不得自若。故聖人事窮而更為，法弊而改制，非樂變古易常也，將以救敗扶衰，黜淫濟非，以調天地之氣，順萬物之宜也。

1. 王念孫云：「疹」與「疢」同。 2. 隔 ⓨ　3. 綱紀 ⓦ　4. 不迷 ⓨ
5. 編者按：「及」下當有「至」字。　6. 編者按：依下文文例補。
7. 編者按：依下文文例補。
8. 編者按：此句作「及至其衰也」，則上文各句亦當相同，今據補。
9. 王念孫云：此六句非《淮南》原文，乃後人取《詮言》篇文附入，而加以增改者也。今據刪。編者按：王氏謂六句非《淮南》原文，是也，但謂《御覽》引文無此六句則非，《御覽》引文由下文「五行異氣」起，與此六句無涉，何得以此六句不在引文中證其為後人所增。

聖人天覆地載，日月照，陰陽（調）〔和〕[1]，四時化，萬物不同，无故无新，无疏无親，故能法天。天不一時，地不一利，人不一事，是以緒業不得不多端，趨行不得不殊方。五行異氣而皆（適）（調）〔和〕[2]，六藝異科而皆（同）（道）〔通〕。溫惠柔良者，《詩》之風也，淳厖敦厚者，《書》之教也；清明條達者，《易》之義也；恭儉尊讓者，禮之為也；寬裕簡易者，樂之化也；刺幾辯義者，《春秋》之靡也。故《易》之失鬼，《樂》之失淫，《詩》之失愚，《書》之失拘，禮之失忮，《春秋》之失訾。六者，聖人兼用而財制之。失本則亂，得本則治。其美在（調）〔和〕[3]，其失在權。水火金木土穀，異物而皆任，規矩權衡準繩，異形而皆施，丹青膠漆，不同而皆用，各有所適，物各有宜。輪員輿方，轅从衡橫，勢施便也。驂欲馳，服欲步，帶不猒新，鉤不猒故，處地宜也。《關雎》興於鳥，而君子美之，為其雌雄之不（乖）〔乘〕居也；《鹿鳴》興於獸，〔而〕[4]君子大之，取其見食而相呼也。泓之戰，軍敗君獲，而《春秋》大之，取其不鼓不成列也；宋伯姬坐燒而死，〔而〕[5]《春秋》大之，取其不踰禮而行也。成功立事，豈足多哉，方指所言，而取一概焉爾。

王喬、赤松去塵埃之間，離群慝之紛，（及）〔吸〕陰陽之和，食天地之精，呼而出故，吸而入新，（喋）〔蹀〕虛輕舉，乘雲遊霧，可謂養性矣，而未可謂孝子也。周公誅管叔、蔡叔，以平國弭亂，可謂忠臣（也）〔矣〕，而未可謂弟〔弟〕也。湯放桀，武王誅紂，以為天下去殘除賊，可謂惠君〔矣〕[6]，而未可謂忠臣（矣）〔也〕[7]。樂羊攻中山，未能下，中山烹其子，而食之以示威，可謂良將〔矣〕[8]，而未可謂慈父也。故可乎可，而不可乎不可；不可乎不可，而可乎可。

舜、許由異行而皆聖，伊尹、伯夷異道而皆仁，箕子、比干異趨而皆賢。故用兵者，或輕或重，或貪或廉，此四者相反而不可一无也。輕者欲發，重者欲止，貪者欲取，廉者不利非其有。故勇者可（貪）〔令〕進鬬，而不可令持（牢）〔堅〕[9]；重者可令埴固，而不可令淩敵；貪者可令進取，而不可令守職；廉者可令守分，而不可令進取；信者可令持約，而不可令應變。（五）〔四〕者相反，聖人兼用而財使之。夫天地

1. 編者按：「調」、《文子・精誠》作「和」，今本《淮南》作「調」，蓋許注本避吳太子諱改。
2. 同上注。參《詮言訓》「物莫足以滑其和。」下注文。
3. 參上注。
4. 編者按：準上句補。
5. 編者按：準上句補。
6. 編者按：準上句補。
7. 編者按：準上句改。
8. 編者按：準上文補。
9. 編者按：「牢」、《文子・自然》8/4b作「堅」，今本《淮南子》作「牢」，蓋許注本避吳諱改。

不包一物，陰陽不生一類。海不讓水潦以成其大，山不讓土石以成其高。夫守一隅而遺萬方，取一物而棄其餘，則其所得者鮮，而所治者淺矣。

治大者道不可以小，地廣者制不可以狹，位高者事不可以煩，民眾者教不可以（苟）〔苛〕。夫事碎、難治也，法煩、難行也，求多、難贍也。寸而度之，至丈必差；銖而稱之，至石必過。石秤[1]丈量，徑而寡失；簡絲數米，煩而不察。故大較易為智，曲辯難為（惠）〔慧〕。故无益於治而有益於煩者，聖人不為；无益於用而有益於費者，智者弗行也。故功不厭約，事不厭省，求不厭寡。功約、易成也，事省、易治也，求寡、易贍也。眾易之，於以任人，易矣！孔子曰：「小辯破言，小利破義，小義[2]破道，〔道〕小（見）〔則〕不達，〔達〕必簡。」

河以逶[3]蛇、故能遠，山以陵遲、故能高，（陰陽无為、故能和），道以優游、故能化，夫徹於一事，察於一辭，審於一（投）〔技〕，可以曲說，而未可〔以〕廣應也。蓼菜成行，甂甌有堤[4]，稱[5]薪而爨，數米而炊，可以治小，而未可以治大也。員中規，方中矩，動成獸，止成文，可以愉舞，而不可以陳軍〔也〕[6]。滌盃而食，洗爵而飲，盥而後饋，可以養少，而不可以饗眾〔也〕[7]。今夫祭者，屠割烹殺，剝狗燒豕，調平五味者，庖也；陳簠簋，列樽俎，設籩豆者，祝也；齊明盛服，淵默而不言，神之所依者，尸也。宰、祝雖不能，尸不越樽俎而代之。故張瑟者、小絃（急）〔緪〕而大絃緩，立[8]事者、賤者勞而貴者逸。舜為天子，彈五絃之琴，歌《南風》之詩，而天下治。周公肴臑不收於前，鍾鼓不解於懸，而四夷服。趙政晝決獄、夜理書，御史冠蓋接於郡縣，覆稽趨留，戍五嶺以備越，築▸脩城◂[9]以守胡，然奸邪萌生，盜賊群居，事愈煩而亂愈生。故法者、治之具也，而非所以為治也。（而）〔亦〕猶弓矢、中之具〔也〕[10]，而非所以中也。

黃帝曰：「芒芒昧昧，因天之威，與元同氣。」故同氣者帝，同義者王，同力者霸，无一焉者亡。故人主有伐國之志，邑犬群嗥，雄雞夜鳴，庫兵動而戎馬驚；今日解怨偃兵，家老甘臥，巷无聚人，妖菑不生。非法之應也，精氣之動也。故不言而信，不

1. 稱Ⓨ　2. 藝《莊逵吉本》p.902　3. 委Ⓨ
4. 楊樹達云：「堤」當讀為「提」。　5. 秤Ⓦ
6. 編者按：準上文補。　7. 編者按：準上文補。
8. 楊樹達云：「立」當讀為「涖」。
9. 編者按：「脩城」本作「長城」，作「脩」者蓋避淮南王諱改。
10. 編者按：準上句補。

施而仁，不怒而威，是以天心動化者也；施而仁，言而信，怒而威，是以精誠感之者也；施而不仁，言而不信，怒而不威，是以外皃為之者也。故有道以統之，法雖少、足以化矣；无道以行之，法雖眾、足以亂矣。

治身，太上養神，其次養形；治國，太上養化，其次正法。神清志平，百節皆寧，養性[1]之本也；肥肌膚，充腸腹，供嗜欲，養生之末也。民交讓爭處卑，委利爭受寡，力事爭就勞，日化上遷善而不知其所以然，此治之（上）〔本〕也。利賞而勸善，畏刑而不為非，法令正於上而百姓服於下，此治之（未）〔末〕也。上世養本而下世事末，此太平之所以不起也。夫欲治之主不世出，而可與興治之臣不萬一，以〔不〕萬一求不世出，此所以千歲不一會也。

水之性，淖以清，窮谷之污，生以青[2]苔，不治其性也。掘其所流而深之，茨其所決而高之，使得循勢而行，乘（衰）〔豕〕而流，雖有腐髊流（漸）〔漸〕，弗能污也。其性非異也，通之與不通也。風俗猶此也。誠決其善志，防其邪心，啓其善道，塞其姦路，與同出一道，則民性可善，而風俗可美[3]也。

所以貴扁鵲者，非貴其隨病而▸調藥◂[4]〔也〕[5]，貴其壓息脈血，知疾[6]之所從生也。所以貴聖人者，非貴〔其〕隨罪而鑒刑也，貴其知亂之所由起也。若不脩其風俗，而縱之淫辟，乃隨之以刑，繩之（法）〔以〕法，雖殘賊天下，弗能禁也。禹以夏王，桀以夏（止）〔亡〕；湯以殷王，紂以殷亡；非法度不存也，紀綱不張〔而〕風俗壞也。

三代之法不亡、而世不治者，无三代之智也。六律具存，而莫能聽者，无師曠之耳也。故法雖在、必待聖而後治，律雖具、必待耳而後聽。故國之所以存者，非以有法也，以有賢人也；其所〔以〕亡者，非以无法也，以无聖[7]人也。晉獻公欲伐虞，宮之奇存焉，為之寢不安席，食不甘味，而不敢加兵焉。賂以寶玉駿馬，宮之奇諫而不聽。〔言〕而不用，越疆而去，荀息伐之，兵不血刃，抱寶牽馬而〔至〕。〔故〕守不待渠壍而固，攻不待▸衝降◂[8]而拔，得賢之與失〔賢也〕。〔故〕臧武仲以其智存魯，而天

1. 生Ⓨ　2. 蒼Ⓨ　3. 還《御覽》卷58p.281
4. 編者按：「調藥」未見秦漢古書，疑本作「和藥」，（《公羊傳・莊公三十二年》p.111云：「季子和藥而飲之」。）今本《淮南》作「調」，蓋許注本避吳太子諱改。
5. 編者按：準下文補。　6. 病Ⓦ　7. 賢Ⓦ
8. 楊樹達云：「衝降」即「衝隆」。

下莫能亡也；璩伯玉以其仁寧衛，而天下莫能危也。《易》曰：「豐其屋，蔀其家，窺其戶，闃其无人。」无人者、非无眾庶也，言无聖人以統理之也。

民无廉恥，不可治也；非修禮義，廉恥不立。民不知禮義，法弗能正也；非崇善廢醜，（而）〔不〕向禮義。无法不可以為治也，不知禮義不可以行法〔也〕[1]。法能殺不孝者，而不能使人為孔、曾[2]之行；法能刑竊盜者，而不能使人為伯夷之廉。孔子弟子七十，養徒三千人，皆入孝出悌，言為文章，行為儀表，教之所（以）成也。墨子服役〔者〕百八十人，皆可使赴火蹈刃，死不還踵，化之所致也。夫刻肌膚，鑱皮革，被創流血，至難也，然越〔人〕為之，以求榮也。聖王在上[3]，明好（惡）〔憎〕以示（之）〔人〕，經誹譽以（尊）〔導〕之，親賢而進之，賤不肖而退之，无被創流血之苦[4]，而有高世尊顯之名，民孰不从？

古者法設而不犯，刑錯而不用，非可刑而不刑也，百工維時，庶績咸熙，禮義脩而任賢得也。故舉天下之高以為三公，一國之高以為九卿，一縣之高以為二十七大夫，一鄉之高以為八十一元士。故知過萬人者謂之英，千人者謂之俊，百人者謂之豪，十人者謂之傑。明於天道，察於地理，通於人情，大足以容眾，德足以懷遠，信足以一異，知足以知（變）〔權〕[5]者，人之英也。德足以教化，行足以隱義，仁足以得眾，明足以照下者，人之俊也。行足以為儀表，知足以決嫌疑，廉可以分財，信可使[6]守約，作事可法，出言可道者，人之豪也。守職而不廢，處義而不比，見難不苟免，見利不苟得者，人之傑也。英俊豪傑，各以小大之材處其位，得其宜，由本流（未）〔末〕，以重制輕，上唱而民和，上動而下隨，四海之內，一心同歸，背貪鄙而向（義理）〔仁義〕，其於〔以〕化民也，若風之搖草木，无之而不靡。

今使愚教知[7]，（便）〔使〕不肖臨賢，雖嚴刑罰，民弗從（也）〔者〕。小不能制大，弱不能使強也。故聖主者舉賢以立功，不肖主舉其所與同。文王舉（大）〔太〕公望、召公奭而王，桓公任管仲、隰朋而霸，此舉賢以立功也。夫差用太宰嚭而滅，秦任李斯、趙高而亡，此舉所與同。故觀其所舉，而治亂可見也；察其黨與，而賢不肖可論也。

1. 編者按：準上句補。 2. 墨Ⓦ 3. 位《治要》p.728
4. 患《治要》p.728
5. 編者按：「變」、《御覽》卷432p.1991作「權」，今本《淮南》作「變」，蓋許注本避吳諱改。 6. 以Ⓦ 7. 智Ⓨ

夫聖人之屈者，以求伸[1]也；枉者，以求直也；故雖出邪辟之道，行幽昧之塗，將欲以（直）〔興〕大道，成大功。猶出林之中不得直道，（極）〔拯〕溺之人不得不濡足也。伊尹憂天下之不治，調和五味，負鼎俎而行，五就桀，五就湯，將欲以濁為清，以危為寧也。周公股肱周室，輔翼成王，管叔、蔡叔奉公子祿父而欲為亂，周公誅之以定天下，緣不得已也。管子憂周室之卑，諸侯之力征，夷狄伐中國，民不得寧處，故蒙恥辱而不死，將欲以憂夷狄之患，（乎）〔平〕夷狄之亂也。孔子欲行王道，東西南北七十說而无所偶，故因衛夫人、彌子瑕而欲通其道。此皆欲平險除穢，由冥冥至炤炤，動於權而統於善者也。

夫觀逐者於其反也，而觀行者於其終也。故舜放弟，周公殺兄，猶之為仁也；文公樹[2]米，曾子架羊，猶之為知也。當今之世，醜必託善以自為解，邪必蒙正以自為（辟）〔辭〕。游不論國，仕不擇官，行不辟污，曰「伊尹之道也」。分別爭財，親戚兄弟構怨，骨肉相賊，曰「周公之義也」。行无廉恥，辱而不死，曰「管子之趨也」。行貨賂，趣勢門，立私廢公，比周而取容，曰「孔子之術也」。此使君子小人紛然殽亂，莫知其是非者也。故百川並流，不注海者不為川谷；趨行踳馳，不歸善者不為君子。故善言歸乎可行，善行歸乎仁義。田子方、段干木輕爵祿而重其身，不以欲傷生，不以利累形，李克竭股肱之力，領理百官，輯穆萬民，使其君生无廢事，死无遺憂，此異行而歸於善者。張儀、蘇秦家无常居，身无定君，約从衡之事，為傾覆之謀，濁亂天下，撓滑諸侯，使百姓不遑啓居，或从或横，或合眾弱，或輔富強，此異行而歸於醜者也。故君子之過也，猶日月之蝕〔也〕，何害於明！小人之可也，猶狗之晝吠，鴟之夜見〔也〕[3]，何益於善！

夫知者不妄〔為〕，〔勇者不妄〕發，擇善而為之，計義而行之，故事成而功足賴也，身死而名足稱也。雖有知能，必以仁義為之本，然[4]后可立也。知能踳馳，百事並行[5]，聖人▸一以◂[6]仁義為之準繩，中之者謂之君子，弗中者謂之小人。君子雖死亡，其名不滅；小人雖得勢，其罪不除。使人▸左據天下之圖而右刎喉，愚者不為也◂[7]，身[8]貴於天下也。▸死君親之難，視死若歸，義重於身也◂[9]。天下、大利也，比之身則小；身所重也，比之義則輕；義、所全也。《詩》曰：「愷悌君子，求福不回。」言以信[10]義為準繩也。

---

1. 申Ⓦ　2. 種Ⓦ　3. 編者按：準上文補。　4. 而Ⓦ
5. 作《治要》p.729　6. 以Ⓦ
7. 左手據天下之圖，右手刎其喉，愚夫弗為Ⓦ　8. 生Ⓦ
9. 死君親之難者，則當視死如歸，蓋義重於身也Ⓦ　10. 仁Ⓦ

（欲）〔能〕成霸王之業者，必得勝者也。能得勝〔者〕，必強者也。能強者，必用人力者也。能用人力者，必得人心者也。能得人心者，必自得者也。故心者、身之本也，身者、國之本也。未有得己而失人者也，未有失己而得人者也。故為治之本，務在寧[1]民；寧[2]民之本，在於足用；足用之本，在於勿奪時；勿奪時之本，在於省事；省事之本，在於節（用）〔欲〕；節（用）〔欲〕之本，在於反性。未有能搖其本而靜[3]其末，濁其源而清其流者也。

故知性之情者，不務性之所无以為；知命之情者，不憂命之所无奈何。故不高宮室者，非愛木也；不大鍾鼎者，非愛金也。直行性命之情，而制度可以為萬民儀。（令自）〔今目〕悅五色，口嚼滋味，耳淫五聲，七竅交爭，以害其性，日引邪欲而澆其（身）（夫調）〔天和〕[4]，身弗能治，奈天下何！故自養得其節，則養民得其心矣。

所謂有天下者，非謂其履勢位，受傳（藉）〔籍〕，稱尊號也；言運天下之力，而得天下之心〔也〕。紂之地，左東海，右流沙，前交阯，後幽都。師起容（関）〔關〕[5]，至浦水，士億有餘萬，然皆倒矢而射，‣傍戟◂[6]而戰。武（左）〔王〕左操黃鉞，右執白旄以[7]麾之，則瓦解而走，遂土崩而下。紂有南面之名，而无一人之（德）〔譽〕，此失天下也。故桀、紂不為王，湯、武不為放。周處酆、鎬，（之）地方不過百里，而誓紂牧之野，入據殷國，朝成湯之廟，表商容之閭，封比干之墓，解箕子之囚，乃折（抱）〔枹〕毀鼓，偃五兵，縱牛馬，（挺）〔捷〕笏而朝天下，百姓歌謳而樂之，諸侯執禽而朝之，得民心也。

闔閭伐楚，五戰入郢，燒高府之粟，破九龍之鍾[8]，鞭荊平（王）之墓，舍昭王之宮。昭王奔隨，百姓父兄攜幼扶老而隨之，乃相率（而為致勇）〔為勇而致〕之寇，皆方面[9]奮臂而為之鬬。當此之時，无將（卒）〔率〕以行列之，各致其死，卻吳兵，復楚地。靈王作章華之臺，發乾谿之役，外內搔動，百姓罷弊，棄疾乘民之怨而立公子比，百姓放臂而去之，餓於乾谿，食莽飲水，枕塊而死。楚國山川不變，土地不易，民性不殊，昭王則相率而殉之，靈王則倍畔而去之，得民之與失民也。故天子得道，守在四夷；天子失道，守在諸侯。諸侯得道，守在四鄰；諸侯失道，守在四境。故湯處亳七

1. 安ⓦ　2. 安ⓦ　3. 靖ⓦ
4. 編者按：「調」本作「和」，今本《淮南》作「調」，蓋許注本避吳太子諱改。
5. 閭ⓨ　6. 倒戈ⓨ　7. 而ⓨ　8. 鼎ⓨ
9. 命《莊逵吉本》p.919

十里，文王處（禮）〔酆〕百里，皆令行禁止於天下。周之衰也，戎伐凡伯于楚丘以歸。故得道則以百里之地令於諸侯，失道則以天下之大畏於冀州。故曰：无恃其不吾奪也，恃吾不可奪。行可奪之道，而非篡弒之行，无益於（恃）〔持〕天下矣。

凡人之所以生者，衣與食也。今囚之冥室之中，雖養之以芻豢、衣之以綺繡，不能樂也，以目之无見，耳之无聞。穿隙穴，見雨零，則快然而（嘆）〔笑〕（之），況開戶發牖，从冥冥見炤炤乎！從冥冥〔見炤炤〕，猶尚肆然而喜，又況出室坐堂，見‣日月光◂[1]！見日月光，曠然而樂，又況登太山，履石封，以望八荒，視天都若蓋，江、河若帶，（又況）萬物在其閒者乎！其為樂豈不大哉！

且聾者、耳形具而无能聞也，盲者、目形存而无能見也。夫言者、所以通己於人也，聞者、所以通人於己也。瘖者不言，聾者不聞，既瘖且聾，人道不通，故有瘖聾之病者，雖破家求醫，不顧其費。豈獨形骸有瘖聾哉？心志亦有之。夫指之拘[2]也，莫不事申也，心之塞也，莫知務通也，不明於類也。夫觀六藝之廣崇，窮道德之淵深，達乎无上，至乎无下，運乎无極，翔乎无形，廣於四海，崇於太山，富於江、河，曠然而通，昭然而明，天地之閒无所（繫）〔擊〕戾，其（於）〔所〕以監觀，豈不大哉！

人之所知者淺，而物變无窮，曩不知而今知之，非知益多也，問學之所加也。夫物常見則識之，嘗為則能之，故因[3]其患則造其備，犯其難則得其便。夫以一（出）〔世〕之壽，而觀千歲之知，今古之論，雖未嘗更也，其道理素具，可不謂有術乎！

人欲知高下而不能，教之用管準則說；欲知輕重而无以，予之〔以〕權衡則喜；欲知遠近而不能，教之以金目則（射）快；又況知應无方而不窮哉！犯大難而不懾，見煩繆而不惑，晏然自得，其為樂也，豈直一說之快哉！夫道，有形者皆生焉，其為親〔也〕亦戚矣！享穀食氣者皆受焉，其為君亦（患）〔惠〕矣；諸有智者皆學焉，其為師亦博矣。‣射者數發不中，人教之以儀則喜矣，又況生儀者乎◂[4]！

人莫不知學之有益於己也，然而不能者，嬉戲害（人）〔之〕也。人皆多以无用害有用，故知不博而日不足。以鑿觀池之力耕，則田野必辟矣。以積土山之高脩隄防，則

1. 日月光乎㉑　2. 楊樹達云：「拘」當讀為「句」，曲也。
3. 俞樾云：「因」乃「困」字之誤。
4. 編者按：此文當在上「又況知應无方而不窮哉」句上，今本失次，遂使上下文意不接。

水用必足矣。以食狗馬鴻鴈之費養士，則名譽必榮矣。以弋獵博弈之日誦《詩》讀《書》，〔則〕聞識必博矣。故不學之與學也，猶瘖聾之比於人也。

凡學者能明於天（下）〔人〕之分，通於治亂之本，澄心清意以存之，見其終始，可謂知略矣。天之所為，禽獸草木；人之所為，禮節制度，構而為宮室，制而為舟輿是也。治之所以為本者、仁義也，所以為末者、法度也。凡人之所以事生者、本也，其所以事死者、末也。本末、一體也，其兩愛之、（一）性也。先本後末謂之君子，以末害本謂之小人。君子與小人之性非異也，（所在）〔在所〕先後而已矣。草木，洪者為本，而殺者為末。禽獸之性，大者為首，而小者為尾。末大於本則折，尾大於要則不掉矣。故食其口而百節肥，灌其本而枝葉美，天地之性（也天地之生）物也有本末，其養物也有先後，人之於治也，豈得无終始哉！故仁義者、治之本也，（令）〔今〕不知事脩其本，而務治其末，是釋其根而灌其枝也。

且法之生也，以輔仁義，今重法而棄〔仁〕義，是貴其冠履而忘其頭足也。故仁義者、為厚基者也，不益其厚而張其廣者毀，不廣其基而增其高者覆。趙政不增其德而累其高，故滅；知伯不行仁義而務廣地，故亡。（其）《國語》曰：「不大其棟，不能任重。重莫若國，棟莫若德。」國[1]主之有民也，猶城之有基，木之有根。根深即（本）〔木〕固，基美則上寧。

五帝三王之道，天下之綱紀，治之儀表也。今商鞅之啓塞，申子之三符，韓非之孤憤，張儀、蘇秦之從衡，皆掇取之權，一切之術也，非治之大本，事之恒常，可博內[2]而世傳者也。子囊北而全楚，北不可以為庸；弦高誕而存鄭，誕不可以為常。今夫《雅》、《頌》之聲，皆發於詞，本於情，故君臣以睦，父子以親。故《韶》、《夏》之樂也，聲浸乎金石，潤乎草木。今取怨思之聲，施之於絃管，聞其音者，不淫則悲，淫則亂男女之辯，悲則感怨思之氣，豈所謂樂哉！趙王遷流於房陵，思故鄉，作為《山（水）〔木〕》之嘔，聞者莫不殞涕。荊軻西刺秦王，高漸離、宋意為擊筑，而歌於易水之上，聞者莫不瞋目裂眥，髮植穿冠。因以此聲為樂而入宗廟，豈古之所謂樂哉！故弁冕輅輿，可服而不可好也；大羹之和，可食而不可嗜也；朱絃漏越，一唱而三歎，可聽而不可快也。故无聲者、正其可聽者也，▸其无味者◂[3]、正其足味者也。（吠）〔吷〕聲清於耳，兼味快於口，非其貴也。

1. 人㊆
2. 「內」《莊逵吉本》作「聞」。編者按：作「內」作「聞」於義均未洽，疑本作「施」，「博施而世傳」正所謂「事之恒常」者也。
3. 于大成云：「其」字依《淮南》文例當刪。

故事不本於道德者，不可以為儀；言不合乎先王者，不可以為道；音不調乎《雅》、《頌》者，不可以為樂。故五子之言，所以便說掇取也，非天下之通義也。

聖王之設政施教也，必察其終始，其縣法立儀〔也〕[1]，必原其本末，不苟以一事備一物而已矣。見其造而思其功，觀其源而知其流，故博施而不竭，彌久而不垢。夫水出於山而入於海，稼生於田而藏於倉，聖人見其所生，則知其所歸矣。故舜深藏黃金於嶄嵒[2]之山，所以塞貪鄙之心也。儀狄為酒，禹飲而甘之，遂疏儀狄而絕嗜[3]酒，所以遏流湎之行也。師延[4]為平公鼓朝歌北鄙之音，師曠曰：「此亡國之樂也。」大息（而）撫〔而止〕之，所以防淫辟之風也。故民知書而德衰，知數而厚衰，知券契而信衰，知▸械機◂[5]而空[6]衰也。巧詐藏於胸中，則純白不備，而神德不全矣。

（琴）〔瑟〕不鳴，而二十五絃各以其聲應；軸不運，而三十輻各以其力疾[7]。絃有緩急小大然后〔能〕成曲，車有勞軼動靜而后能致遠。使有聲者，乃无聲者也；能致千里者，乃不動者也。故上下異道則治，同道則亂。位高而道大者從，事大而道小者凶。故小快害義，小慧害道，小辯害治，（苟）〔苛〕削[8]傷德。大政不險，故民易道；至治寬裕，故下不（相）賊；▸至中◂[9]復素，故民无匿（情）。

商鞅為秦立相坐之法，而百姓怨（矣）；吳起為楚〔張〕減爵（祿）之令，而功臣畔。商鞅之立法也，吳起之用兵也，天下之善者也。然商鞅以[10]法亡秦，察於刀筆之跡，而不知治亂之本也。吳起以兵弱楚，習於行陳之事，而不知廟戰之權也。晉獻公之伐驪，得其女，非不善也，然而史蘇嘆之，見其四世之被禍也。吳王夫差破齊艾陵，勝晉黃（地）〔池〕，非不捷也，而子胥憂之，見其必擒於越也。小白奔莒，重耳奔曹，非不困也，而鮑叔、咎犯隨而輔之，知其可與至於霸也。句踐（捷）〔棲〕於會稽，脩政不殆，謨慮不休，知禍之為福也。襄子再勝而有憂色，畏福之為禍也。故齊桓公亡汶陽之田而霸，知伯兼三晉之地而亡。聖人見（禍）福於重閉之內，而慮患於九拂之外者也。

▸螈蚕◂[11]一歲再（收）〔登〕，非不利也，▸然而◂[12]王法禁之者，為其殘桑也。

1. 編者按：準上文補。　2. 巖《道藏本》p.168.2　3. 旨Ⓦ
4. 涓Ⓨ　5. 機械Ⓨ　6. 實Ⓨ　7. 旋Ⓨ
8. 峭《治要》p.729　9. 至德《治要》p.729　10. 之Ⓛ
11. A.螈蠶Ⓦ B.原蠶Ⓦ　12. 然Ⓨ

▸離先稻熟，而農夫耨之，不以小利傷大穫也◂[1]。家老▸異飯而食，殊器而享◂[2]，子婦跣而上堂，跪而斟[3]羹，非不費也，然而不可省者，為其害義也。得[4]媒而結言，聘納而取婦，（初）〔袀〕絻而親迎，非不煩也，然而不可易者，所以防淫也。使民居處相司，有罪相覺，於以舉奸，非不掇也，然而〔不可行者〕，〔為其〕傷和睦之心，而構仇讎之怨〔也〕。故事有鑿一孔而（生）〔開〕百隙，樹一物而生萬葉者。所鑿不足以為便，而所開足以為敗；所樹不足以為利，而所生足以為濊。愚者惑於小利，而忘其大害，〔不可以為法也〕。昌羊去蚤蝨，而人弗（庠）〔席〕者，為其來蛉窮也。貍執鼠，而不可脫於庭者，為〔其〕[5]搏雞也。故事有利於小而害於大，得於此而亡於彼者。故行棊者，或食兩而路窮，或（子）〔予〕踦而取勝。

偷利不可以為行，而知術[6]可以為法。故仁知[7]、人材之美者也。所謂仁者、愛人也，所謂知[8]者、知人也。愛人則（天）〔无〕虐刑矣，知人則无亂政矣。治由文理，則无悖謬之事矣；刑不侵濫，則无暴虐之行矣。上无煩亂之治，下无怨望之心，則百殘除而中和作矣，此三代之所〔以〕昌〔也〕。故《書》曰：「能哲且惠，黎民懷之。何憂讙兜，何遷有苗[9]。」知伯有五過人之材，而不免於身死人手者，不愛人也。齊王建有三過人之巧，而身虜於秦者，不知賢也。故仁莫大於愛人，知[10]莫大於知人。二者不立，雖察慧捷巧，劬祿疾力，不免於亂（也）〔矣〕。

21 要略

夫作為書論者，所以紀綱道德，經緯人事，上考之天，下揆之地，中通諸理。雖未能抽引玄妙之中（才）〔哉〕，繁然足以觀終始矣。揔要舉凡，而語不剖判純樸，靡散大宗，則為人之惽惽然弗能知也；故多為之辭，博為之說，又恐人之離本就末也。故言道而不言事，則無以與世浮沉；言事而不言道，則無以與化游息。故著二十篇，有《原道》，有《俶真》，有《天文》，有《地形》，有《時則》，有《（冥覽）〔覽冥〕》，有《精神》，有《本經》，有《主術》，有《繆稱》，有《齊俗》，有《道應》，有《氾論》，有《詮言》，有《兵略》，有《說山》，有《說林》，有《人閒》，有《脩務》，有《泰族》也。

1. 蘺先稻熟，而農夫薅之者，不以小利害大穫也Ⓦ　2. 異糧而食之，殊器而烹之Ⓦ
3. 酌《治要》p.729　4. 待《道藏本》p.169.1
5. 編者按：準上文補。　6. 「術」下《莊逵吉本》補「不」字。
7. 智《治要》p.729　8. 智《治要》p.729
9. 引文見《書・皋陶謨》p.60，今本《書》首二句互易，「且」作「而」，「憂」字及「遷」字下並有「乎」字。　10. 智《治要》p.729

《原道》者，盧牟六合，混沌萬物，象太一之容，測窈冥之深，以翔虛无之軫。託小以苞大，守約以治廣，使人知先後之禍福，動靜之利害。誠通其志，浩然可以大觀矣。欲一言而寤，（時）則尊天而保真；欲再言而通，則賤物而貴身；欲參言而究，則外欲[1]而反情。執其大指，以內洽五藏，瀸（濇）〔漬〕肌膚，被服法則，而與之終身，所以應待萬方，覽耦百變也，若轉丸掌中，足以自樂也。

《俶真》者，窮逐終始之化，贏垺有無之精，離別萬物之變，合同死生之形，使人知遺物反己，審仁義之閒，通同異之理，觀至德之統，知變化之紀，說符玄妙之中，通（迴）〔迵〕造化之母也。

《天文》者，所以和陰陽之氣，理日月之光，節開塞之時，列星辰之行，知逆順之變，避忌諱之殃，順時運之應，法五神之常，使人有以仰天承順，而不亂其常者也。

《地形》者，所以窮南北之（脩）〔長〕[2]，極東西之廣，經山陵之形，區川谷之居，明萬物之主，知生類之眾，列山淵之數，規遠近之路，使人通迵周備，不可動以物，不可驚以怪者也。

《時則》者，所以上因天時，下盡地力，據度行當，合諸人則，刑[3]十二節，以為法式，終而復始，轉於無極，因循倣依，以知禍福，操舍開塞，各有龍忌，發號施令，以時教（期）〔朞〕，使君人者知所以從事。

《覽冥》者，所以言至精之通九天也，至微之淪無形也，純粹之入至清也，昭昭之通冥冥也。乃始攬物（物）引類，覽取（橋）〔撟〕掇，浸想宵[4]類，物之可以喻意象形者，乃以穿通窘[5]滯，決瀆壅塞，引人之意，繫之無極，乃以明物類之感，同氣之應，陰陽之合，形埒之朕，所以令人遠觀博見者也。

《精神》者，所以原本人之所由生，而曉寤其形骸九竅，取象於天，合同其血氣，與雷霆風雨，比類其喜怒（與）〔於〕[6]晝宵寒暑。（並明），審死生之分，別同異之

1. 物㊤
2. 編者按：「脩」本作「長」，「長」與「廣」為韻，今本作「脩」蓋避淮南王諱改。
3. 形㊦　　4. 楊樹達云：「宵」假為「肖」。
5. 編者按：《繆稱訓》「發箬而後快」莊逵吉云：「箬」本或作「窘」。楊樹達云：「箬」當讀為「薀」，積也。　　6. 編者按：據文意改。

跡，節動靜之機，以反其性命之宗。所以使人愛養其精神，撫靜其魂魄，不以物易己，而堅守虛无之宅者也。

《本經》者，所以明大聖之德，通維初之道，埒略衰世古今之變，以褒先聖[1]之隆盛，而貶末世之曲政也。所以使人黜耳目之聰明，靜精神之感動，樽流遁之觀，節養性之和，分帝王之操，列小大之差者也。

《主術》者，君人之事也，所以因（作）任督責，使群臣各盡其能也。明攝權操柄，以制群下，提名責實，考之參伍，所以使人主秉數持要，不妄喜怒也。其數直施而正邪，外私而立公，使百官條通而輻湊，（名）〔各〕務其業，人致其功，此主術之明也。

《繆稱》者，破碎道德之論，差次仁義之分，略雜人間之事，摠同乎神明之德，假象取耦，以相譬喻，斷短為節，以應小具，所以曲說攻論，應感而不匱者也。

《齊俗》者，所以一群生之短脩，同九夷之風（氣）〔采〕，通古今之論，貫萬物之理，財制禮義之宜，擘畫人事之終始者也。

《道應》者，攬掇遂事之蹤，追觀往古之跡，察禍福利害之反，考驗乎老、莊之術，而以合得失之勢者也。

《氾論》者，所以箴縷縩繺之間，攕楔唲齵之郄也。接徑直施，以推本樸，而兆見得失之變、利病之（文）〔反〕，所以使人不妄没於勢利，不誘惑於事態，有符曮晲，兼稽時世[2]之變，而與化推移者也。

《詮言》者，所以譬類人事之指，解喻治亂之體也。差擇微言之眇，詮以至理之文，而補縫過失之闕者也。

《兵略》者，所以明戰勝攻取之數，形機之勢，詐譎之變，體因循之道，操持後之論也。所以知戰陣分爭之非道不行也，知攻取堅守之非德不強也。誠明其意，進退左右无所擊危，乘勢以為資，清靜以為常，避實就虛，若驅群羊，此所以言兵也。

---

1. 世㊤　　2. 勢㊤

《說山》、《說林》者，所以竅窕穿鑿百事之壅遏，而通行貫扃萬物之窒塞者也。假譬取象，異類殊形，以領理人之意，解墮結（細）〔紐〕，說（捍）〔擇〕摶囷，而以明事埒（事）者也。

《人間》者，所以觀禍福之變，察利害之反，鑽脈得失之跡，標舉終始之壇也。分別百事之微，敷陳存亡之機，使人知禍之為福，亡之為得，成之為敗，利之為害也。誠喻至意，則有以傾側偃仰世俗之間，而无傷乎讒賊螫毒者也。

《脩務》者，所以為人之於道未淹，味論未深，見其文辭，反之以清淨為常，恬（惔）〔淡〕為本，則懈（隨）〔墮〕分學，縱欲適情，欲以偷自佚，而塞於大道也。今夫狂者无憂，聖人亦无憂。聖人无憂，和以德也；狂者无憂，不知禍福也。故通而无為也，與塞而无為也（同），其无為則（通）〔同〕，其所以无為則異。故為之浮稱流說其所以能聽，所以使學者孳孳以自幾也。

《泰族》者，橫八極，致高崇，上明三光，下和水土，經古今之道，治倫理之序，總萬方之指，而歸之一本，以經緯治道，紀綱王事。乃原心術，理情性，以館清平之靈，澄澈神明之精，以與天和相嬰薄。所以覽五帝三王，懷天氣，抱天心，執中含和，德形於內，以著凝天地，發起陰陽，序四時（之），正流方，綏之斯寧，推之斯行，乃以陶冶萬物，游化群生，唱而和，動而隨，四海之內，一心同歸。故景星見，祥風至，黃龍下，鳳巢列樹，麟止郊野。德不內形，而行其法藉，〔專〕用制度，神祇弗應，福祥不歸，四海弗賓，兆民弗化。故德形於內，治之大本。此《鴻烈》之《泰族》也。

凡屬書者，所以窺道開塞，庶後世使知舉錯取捨之宜適，外與物接而不眩，內有以處神養氣，宴煬至和，而己自樂所受乎天地者也。故言道而不明終始，則不知所倣依；言終始而不明天地四時，則不知所避諱；言天地四時而不引譬援類，則不識精微；言至精而不原人之神氣，則不知養生之機；原人情而不言大聖之德，則不知五行之差；言帝道而不言君事，則不知小大之衰；言君事而不為稱喻，則不知動靜之宜；（以）〔言〕稱喻而不言俗變，則不知合同大指；已言俗變而不言往事，則不知道德之應；知道德而不知世曲，則无以耦萬方；知氾論而不知詮言，則无以從容；通書文而不知兵指，則无以應卒；已知大略而不知譬諭，則无以推明事；知公道而不知人間，則无以應禍福；知人間而不知脩務，則无以使學者勸力。欲強省其辭，覽總其要，弗曲行區入，則不足以窮道德之意。故著書二十篇，則天地之理究矣，人間之事接[1]矣，帝王之道備矣。其言有小有巨，有微有粗，指奏卷異，各有為語。今專言道，則无不在焉，然而能得本知末者，其唯聖人也。今學者无聖人之才，而不為詳說，則終身顛頓乎混溟之中，而不知覺寤乎昭明之術矣。

今《易》之《乾》、《坤》足以窮道通意也，八卦可以識吉凶、知禍福矣，然而伏戲[2]為之六十四變，周室增以六爻，所以原測淑清之道，而捃逐萬物之祖也。夫五音之數，不過宮、商、角、徵、羽，然而五絃之琴不可鼓也，必有細大駕和，而後可以成曲。今畫龍首，觀者不知其何獸也，具其形，則不疑矣。今謂之道則多，謂之物則少，謂之術則博，謂之事則淺，推之以論，則无可言者，所以為學者，固欲致之不言而已也。

夫道論至深，故多為之辭以（杼）〔抒〕其情；萬物至眾，故博為之說以通其意。辭雖壇卷連漫，絞紛遠（援）〔緩〕，所以洮汰滌蕩至意，使之无凝竭底滯，捲握而不散也。夫江、河之腐胔不可‣勝數◂[3]，然祭者汲焉，大也。一杯酒（白）〔甘〕，蠅漬其中，匹夫弗嘗者，小也。誠通乎二十篇之論，睹凡得要，以通九野，徑十門，外天地，捭山川，其於逍遙一世之間，宰匠萬物之形，亦優游矣。若然者，挾[4]日月而不烑，潤萬物而不耗。曼兮洮兮，足以覽矣！藐兮浩浩，曠曠兮，可以游矣！

文王之時，紂為天子，賦斂无度，戮殺无止，康梁沉湎，宮中成市，作為炮格之刑，刳諫者，剔孕婦，天下同心而苦之。文王四世纍善，脩德行義，處（歧）〔岐〕周之間，地方不過百里，天下二垂歸之。文王欲以卑弱制強暴，以為天下去殘（余）〔除〕賊而成王道，故太公之謀生焉。

文王業之而不卒，武王繼文王之業，用太公之謀，悉索薄賦，躬擐甲冑，以伐无道而討不義，誓師牧野，以踐天子之位。天下未定，海內未輯，武王欲昭文王之令德，使夷狄各以其賄來貢，遼遠未能至，故治三年之喪，殯文王於兩楹之間，以俟遠方。武王立三年而崩，成王‣在褓繈◂[5]之中，未能用事，蔡叔、管叔輔公子祿父而欲為亂。周公繼文王之業，持天子之政，以股肱周室，輔翼成王。懼爭道之不塞，臣下之危上也，故縱馬華山，放牛桃林，敗鼓折（抱）〔枹〕，搢笏而朝，以寧靜王室，鎮撫諸侯。成王

1. 編者按：「接」讀為「浹」。 2. 羲Ⓦ 3. 勝數也Ⓨ
4. 孫詒讓云：「挾」當為「周挾」之義。 5. 幼在襁褓Ⓨ

既壯，能從政事，周公受封於魯，以此移風易俗。孔子脩成康之道，述周公之訓，以教七十子，使服其衣冠，脩其篇籍，故儒者之學生焉。

墨子學儒者之業，受孔子之術，以為其禮煩擾而不（悅）〔侻〕，厚葬靡財而貧民，〔久〕服傷生而害事，故背周道而用夏政。禹之時，天下大水，禹身執虆臿，以為民先，剔河而[1]道九歧，鑿江而[2]通九路，辟五湖而定東海。當此之時，燒不暇撌，濡不給扢，▸死陵者葬陵，死澤者葬澤◂[3]，故節財、薄葬、閒服生焉。

齊桓公之時，天子卑弱，諸侯力征，南夷北狄，交伐中國，中國之不絕如綫。齊國之地，東負海而北鄣河，地狹田少，而民多智巧。桓公憂中國之患，苦夷狄之亂，欲以存亡繼絕，崇天子之位，廣文、武之業，故《管子》之書生焉。

齊景公內好聲色，外好狗馬，獵射忘歸，好色无辨，作為路寢之臺，族鑄大鍾，撞之庭下，郊雉皆呴，一朝用三千鍾贛，梁丘據、子家噲導於左右，故晏子之諫生焉。

晚世之時，六國諸侯，谿異谷別，水絕山隔，各自治其境內，守其分地，握其權柄，擅其政令，下无方伯，上无天子，力征爭權，勝者為右，恃連與（國），約重致，剖信符，結遠援，以守其國家，持其社稷，故縱橫脩短生焉。

申子者、韓昭釐之佐，韓、晉別國也，地墽民險，而介於大國之間，晉國之故禮未滅，韓國之新法重出，先君之令未收，後君之（今）〔令〕又下，新故相反，前後相繆，百官背亂，不知所用，故刑名之書生焉。

秦國之俗，貪狼強力，寡義而趨利，可威以刑，而不可化以善，可勸以賞，而不可厲以名，被險而帶河，四塞以為固，地利形便，畜積殷富，孝公欲以虎狼之勢而吞諸侯，故商鞅之法生焉。

若劉氏之書，觀天地之象，通古今之論，權事而立制，度形而施宜，原道〔德〕之心，合三王之風，以儲與扈冶，玄眇之中，精搖靡覽，棄其畛挈[4]，斟其淑靜，以統天下，理萬物，應變化，通殊類，非循一跡之路，守一隅之指，拘繫牽連於物，而不與世推移也，故置之尋常而不塞，（市）〔布〕之天下而不窕。

1. 以Ⓦ　2. 以Ⓦ　3. 死陵者葬于陵，死澤者葬于澤Ⓦ
4. 楊樹達云：疑「挈」當讀為「界」。

逐字索引

哀 āi 47

兄無哭弟之〇 1/1/16
昔公牛〇轉病也 2/11/7
而外諭〇於人心 6/50/10
喪不盡其〇 6/53/15
悲則〇 8/66/1
〇斯憤 8/66/1
所以飾〇也 8/66/3
所以盡〇〔也〕 8/66/27
而〇為主 8/66/28
而能使人為之〇樂 9/69/5
國無〇人 9/78/16
所以諭〇也 9/78/20
愚者始於樂而終於〇 9/81/18
不〇不樂 10/82/16
故心〇而歌不樂 10/87/7
心樂而哭不〇 10/87/7
嘰而〇 10/87/19
其〇則同 10/88/14
其所以〇則異 10/88/14
故〇樂之襲人（清）〔情〕也深矣 10/88/14
失其所樂則〇 10/88/21
必知死之〇 10/88/21
其哭〇而無聲 11/93/29
所以為樂者乃所以為〇 11/94/24
夫載〇者聞歌聲而泣 11/96/10
〇可樂（者）、笑可〇者 11/96/11
為仁者必以〇樂論之 11/96/18
〇樂弗能給也 11/96/19
且喜怒〇樂 11/96/19
故強哭者雖病不〇 11/96/21
是絶〇而迫切之性也 11/97/17
悲〇抱於情 11/97/18
尚猶〇之 11/104/18
季（襄）〔〇〕、（陣）〔陳〕仲子立節抗行 13/127/14
死有以〇也 14/140/24
而不免為〇之人 14/140/25
其子哭之不〇 16.77/161/7
各（〇）〔依〕其所生〔也〕 17.6/168/23
百姓莫之〇 18/186/26
魯〇公欲西益宅 18/197/24
〇公作色而怒 18/197/25
〇公大悅而喜 18/198/2
〇公默然深念 18/198/3
〇公好儒（則）〔而〕削 18/199/2
魯〇公為室而（太）〔大〕 18/201/1
有悲〇之性 20/212/15

埃 āi 15

芒然仿佯于塵〇之外 2/14/9
地受水潦塵〇 3/18/23
故水潦塵〇歸焉 3/18/26
正土之氣（也）御乎〇天 4/38/14
〇天五百歲生（缺）〔玦〕 4/38/14
（缺）〔玦〕五百歲（生黃〇黃〇五百歲）生黃澒 4/38/14
黃泉之〇上為黃雲 4/38/16
（清）〔青〕泉之〇上為青雲 4/38/19
赤泉之〇上為赤雲 4/38/21
白泉之〇上為白雲 4/38/24
玄泉之〇上為玄雲 4/38/26
則萬物之變為塵〇矣 7/61/1
仿佯於塵〇之外 19/206/24
王喬、赤松去塵〇之間 20/214/15

艾 ài 5

育夏紫芝與蕭〇俱死 2/18/7
斬〇百姓 6/54/16
〇陵之戰也 10/87/6
破之〇陵 15/153/7
吳王夫差破齊〇陵 20/222/21

隘 ài 8

拘於〇也 1/4/8
處小〇而不（寒）〔塞〕 2/17/3
則陋〇而不容 8/64/20
〇也 9/70/9
習險〇之利 15/145/5
一人守〇 15/148/4
險〇不乘 15/151/12
〇則用弩 15/152/25

愛 ài 67

累〇襲恩 2/14/7
非〇之也 2/16/18
（變）〔〇〕其神明 7/55/18
無所私（受）〔〇〕 8/64/17
天〇其精 8/64/23
墜〇其平 8/64/23
人〇其情 8/64/23
仁〇洽 8/66/6
各致其〇而無憾恨其間 8/66/14
而〇為務 8/66/27
不〇民力 9/73/28
而明相〇之仁 9/74/3
所〇習親近者 9/75/12
（偏）〔徧〕〇群生而不〇人類 9/81/6
仁者、〇其類也 9/81/7
舉千人之所〇 10/84/9
慈父之〇子 10/84/12
莫之〇也 10/84/14
而慈母之〇諭焉者 10/84/26
人以義〇 10/90/28
誠能〇而利之 10/93/9
弗〇弗利 10/93/10
故禮豐不足以效〇 11/96/23
皆尊其主而〇其親 11/97/4
淳均之劍（不）可〇也 11/99/13
見者以為其〇之至也 11/101/5
何以異於梟之〇其子也 12/106/19
未有〇利之心也 12/107/21
使天下丈夫女子莫不歡然皆（欲）〔有〕〇利之心 12/107/21
願以（〇）〔受〕教 12/108/11
〇以身為天下 12/109/18
子不若敦〇而篤行之 12/112/10
吾非（受）〔〇〕道於子也 12/117/24
余有奚〇焉 12/118/6
魯昭公有慈母而〇之 13/121/1
〇推則縱 13/123/6
兼〇上賢 13/123/21
此所謂忠〇而不可行者也 13/125/20
人（受）〔〇〕名則道不用 14/135/26

（唯）〔為〕能勝理而
　（為受）〔無○〕名　14/138/25
以積○擊積憎　15/151/14
而莫相○於冰炭　16.14/155/18
人不○倕之手　16.63/160/5
而○己之指　16.63/160/5
不○江、漢之珠　16.63/160/5
而○己之（鉤）〔釣〕
　16.63/160/5
社何○速死　16.77/161/7
所○者少而所亡者多
　16.114/164/22
骨肉相○　17.24/170/3
狀相類而○憎異　17.56/172/13
觀書者忘其○　17.59/172/19
○熊而食之鹽　17.180/181/6
○獺而飲之酒　17.180/181/6
誠○而欲快之也　18/187/24
夫積○成福　18/195/12
堯立孝慈仁○　19/202/19
○父者衆也　19/204/25
以○氣力　19/206/4
非○木也　20/219/9
非○金也　20/219/9
其兩○之、（一）性也　20/221/7
所謂仁者、○人也　20/223/11
○人則（天）〔无〕虐
　刑矣　20/223/12
不○人也　20/223/15
故仁莫大於○人　20/223/16
所以使人○養其精神　21/225/1

礙 ài　1

洞同覆載而無所○　10/82/16

安 ān　74

故○而不危　1/4/15
柔毳○靜　1/4/28
舒○以定　1/5/22
處其所○也　1/9/7
不以貴為○　1/9/12
故夫形者非其所○也而
　處之則廢　1/9/16
人性○靜而嗜欲亂之　2/16/6
則德○其位　2/17/9
大夫○其職　2/17/25
○而服之〔也〕　3/25/8
漢水重○而宜竹　4/35/24
○形性　5/46/12
○勞樂進　6/52/8
（仁）〔人〕君處位而
　不○　6/53/12
覆高危○　6/53/21
天下未嘗得○其情性　6/54/1
吾○知夫刺（炙）〔灸〕
　而欲生者之非或也　7/56/15
又○知夫絞經而求死者
　之非福也　7/56/15
隨其天資而○之不極　7/56/17
吾又○知所喜憎利害其
　間者乎　7/56/20
是故聖人因時以○其位　7/56/25
○德而忘貧　7/60/9
○則止　8/61/9
夫目（○）〔妄〕視則淫　9/67/9
耳（○）〔妄〕聽則惑　9/67/10
口（○）〔妄〕言則亂　9/67/10
物得其○　9/70/17
智不足以○危　9/71/3
非貪萬民之富而○人主
　之位也　9/74/2
是故使天下不○其性　9/74/9
近者○其性　9/75/5
體離車輿之○　9/76/4
〔則〕明主弗○也　9/78/15
心治則百節皆○　10/82/19
人之所○也　11/94/20
所以為○者乃所以為危
　也　11/94/24
○其居　11/94/25
各從其所○　11/95/10
皆各得其所○　11/95/14
各○其性　11/101/18
豫讓、要離非不知樂家
　室、○妻子以偷生也　11/103/6
各樂其所○　11/103/16
○樂無事而天下（均）
　〔和〕平　11/103/25
故身○則恩及鄰國　11/104/18
天下丈夫女子莫不延頸
　舉踵而願○利之者　12/107/24
杜赫以○天下說周昭文
　君　12/108/12
願學所以○周　12/108/13
則不能○周　12/108/13
則周自○矣　12/108/14
此所謂弗○而○者也　12/108/14
夫國家之危○　12/110/10
其度○至　12/114/21
而百姓○之　13/120/8
天下○寧　13/126/17
危之○　13/132/1
務在於○民　14/133/19
○民之本　14/133/19
○有人賊　14/135/14
事大而為○　14/136/27
（筐）〔匡〕床（在）
　〔衽〕席弗能○也　14/140/23
居○遊樂　14/140/24
〔所〕以共○危也　15/151/14
順祥以○寧　16.19/156/2
○所問之哉　17.19/169/24
○也　17.79/173/31
求魘○在　18/188/14
國危（而不）〔不而〕
　○　18/190/25
臣聞（之有）裂壤土以
　○社稷者　18/190/26
危弗能○　18/191/22
靜○以待時　18/196/8
○得不食子之苗　18/198/12
以○秦、魏　19/204/6
為之寢不○席　20/216/26

鞍 ān　1

騎不被○　15/144/21

犴 ān　2

玄豹、黃羆、青○　12/114/14
亡○不可再　17.97/175/7

岸 àn　6

臨蝯眩之○　2/12/9
○下氣多（腫）〔尰〕　4/34/21
飾曲○之際　8/65/4
○峭者必陁　10/91/18

深谿峭〇　11/94/23
淵生珠而〇不枯　16.4/154/16

案 àn　2

〇芻豢　5/43/23
〇度呈　5/45/20

闇 àn　18

處玄冥而不〇　2/12/15
法令明而不〇　6/52/18
主〇晦而不明　6/53/10
清明而不〇　9/71/7,9/71/22
主上〇而不明　9/73/5
耳目達而不〇　9/75/3
〇主則不然　9/75/12
其不〇之效可見也　9/81/8
使人〇行　12/116/24
夏后氏祭於〇　13/120/22
〇主亂于姦臣小人之疑君子者　13/128/13
〇行繆改　14/140/12
濁之為〇　16.5/154/19
今夫〇飲者　16.41/158/4
見之〇晦　17.204/182/27
亂世〇主　19/208/5
高宗諒〇　20/210/14

黯 àn　1

使（是）史〇往（覿）〔靚〕焉　9/68/22

卬 áng　1

俯頸（卬）〔〇〕行　4/36/4

盎 àng　4

其取之地而已為盆〇也　7/56/22
與其為盆〇亦無以異矣　7/56/23
舉壺榼盆〇而以灌之　15/149/11
則不能成盆〇　15/152/6

醠 àng　1

清〇之美　17.152/179/6

呹 āo　1

（呹）〔〇〕聲清於耳　20/221/29

敖 áo　29

而游〇于無形埒之野　7/57/24
今贛人〇倉　7/59/18
則身飽而〇倉不為之減也　7/59/19
昔孫叔〇恬臥　9/68/16
〇世輕物　11/101/24
狐丘丈人謂孫叔〇曰　12/113/28
孫叔〇曰　12/113/28,12/114/1
盧〇游乎北海　12/116/5
顧見盧〇　12/116/6
盧〇就而視之　12/116/7
盧〇與之語曰　12/116/7
唯〇為背群離黨　12/116/7
非〇而已乎　12/116/8
〇幼而好遊　12/116/8
子殆可與〇為友乎　12/116/9
盧〇仰而視之　12/116/16
昔孫叔〇三得令尹　12/117/28
楚莊王專任孫叔〇而霸　13/123/17
孫叔〇三去令尹而无憂色　13/130/8
天下〇然若焦熱　15/146/7
孫叔〇制冠浣衣　16.136/166/23
近〇倉者不為之多飯　17.53/172/6
歸而封孫叔〇　18/186/18
〔孫叔〇〕（而辭）〔辭而〕不受　18/186/18
孫叔〇死　18/186/21
唯孫叔〇獨存　18/186/23
夫孫叔〇之請有寢之丘　18/187/2
孫叔〇決期思之水而灌雩婁之野　18/200/9

熬 áo　3

口味煎〇芬芳　1/7/20
煎〇焚炙　8/65/12
煎〇燎炙　11/99/25

翱 áo　6

而〇翔忽區之上　1/6/5
與化〇翔　1/9/11
而蟲蚉適足以（〇）〔翺〕（翔）　2/13/26
雖欲〇翔　2/18/13
〇翔四海之外　6/52/2
〇翔乎忽荒之上　18/196/19

鼇 áo　1

斷〇足以立四極　6/52/26

傲 ào　2

求不孝不悌、戮暴〇悍而罰之　5/43/3
〇天（海）〔侮〕鬼　15/143/14

奧 ào　2

蟋蟀居〇　5/42/8
猶（突）〔窔〕〇也　12/116/11

八 bā　116

析〇極　1/1/3
而知〇紘九野之形埒者　1/2/10
合〇風之調　1/3/10
耳分〇風之調　2/17/4
〇風　3/19/19
（二十〇宿）　3/19/19
二〇十六　3/20/8
故十二歲而行二十〇宿　3/20/9
日行二十〇分度之一　3/20/14
二十〇歲而周〔天〕　3/20/15
以〇月秋分效角、亢　3/20/20
何謂〇風　3/20/25,4/32/25
月行百〇十二度〇分度之五　3/21/8
故舍〇十歲而復故（曰）〔日〕　3/21/12
〇尺之脩　3/22/1
〇尺之景　3/22/3
〇月、二月　3/22/8
〇月會而草木死　3/22/9

月日行十三度七十六分度之二十（六）〔〇〕 3/23/12
歲有餘十日九百四十分日之〇百二十七 3/23/14
九九〇十一 3/25/20,4/35/8
三與五如〇 3/25/24
故（卯）〔卵〕生者〇竅 3/25/24
故音以〇生 3/25/25
其數〇十一 3/26/1
南呂之數四十〇 3/26/2
主〇月 3/26/3
夾鍾之數六十〇 3/26/5
音以〇相生 3/26/14
故人〔臂〕脩（〇）〔四〕尺 3/26/14
故〇尺而為尋 3/26/15
以五乘〇 3/26/16
五〇四十 3/26/16
以（六）〔〇〕月與之晨出東方 3/27/13
以（〇）〔十〕月與之晨出東方、奎、婁為對 3/27/15
故〇徙而歲終 3/27/28
〇月建〔角〕、亢、〔氐〕 3/28/3
尾十〇 3/28/6
牽牛〇 3/28/7
張、翼各十〇 3/28/9
（凡二十〇宿也） 3/28/9
凡〇合 3/29/5
〇合天下也 3/29/10
一里積萬〇千寸 3/31/18
得從此東萬〇千里 3/31/18
正東萬〇千里 3/31/23
則從中北亦萬〇千里也 3/31/23
九州〇（極）〔柱〕 4/32/11
風有〇等 4/32/11
東西二萬〇千里 4/32/30
水道〇千里 4/32/30
乃有〇殥 4/33/22
凡〇殥 4/33/25
〇澤之雲 4/33/25
〇殥之外 4/34/1
而有〇紘 4/34/1
凡〇紘之氣是出寒暑 4/34/3
以合〇正 4/34/4
〇紘之外 4/34/6
乃有〇極 4/34/6
凡〇極之雲 4/34/9
〇門之風 4/34/9
〇紘、〇夤、〇澤之雲 4/34/9
〇九七十二 4/35/9
二九十〇 4/35/13
〇主風 4/35/13
蟲故〇（月）〔日〕而化 4/35/13
齕吞者〇竅而卵生 4/35/18
有神二（人）〔〇〕連臂為帝候夜 4/37/5
（清）〔青〕天〇百歲生青曾 4/38/17
青曾〇百歲生青澒 4/38/17
青澒〇百歲生青金 4/38/18
青金（〇百）〔千〕歲生青龍 4/38/18
其數〇 5/39/4,5/39/19,5/40/10
服〇風水 5/39/6
5/39/20,5/40/11,5/41/4
5/41/19,5/42/9,5/43/2
5/43/19,5/44/16,5/45/12
5/46/3,5/46/22
〇月官尉 5/44/11
〇月雷不藏 5/48/16
〇月失政 5/48/18
離為〇極 7/54/26
〇月而動 7/55/9
紀綱〇極 8/64/6
十〇年而有六年之積 9/79/2
大司馬捶鉤者年〇十矣 12/114/5
而不知〇極之廣大也 13/124/12
音氣不戾〇風 15/144/15
凡此〇者 15/152/25
周〇極 18/185/23
燕常侵魏〇城 18/192/14
定千〇百國 19/202/23
九夷〇狄之哭也 19/204/9
若夫堯眉〇彩 19/205/10
〇極不可道里也 20/211/2
以通〇風 20/213/14
墨子服役〔者〕百〇十人 20/217/7
一鄉之高以為〇十一元士 20/217/14
以望〇荒 20/220/8
橫〇極 21/226/15
〇卦可以識吉凶、知禍福矣 21/227/6

巴 bā 8

西包〇、蜀 15/145/25
瓠〇鼓瑟 16.4/154/15
魚食〇菽而死 17.109/176/1
使秦西〇持歸烹之 18/188/13
秦西〇弗忍 18/188/13
秦西〇對曰 18/188/14
逐秦西〇 18/188/15
秦西〇有罪於君 18/188/15

捌 bā 1

故解（梓）〔捽〕者不在於〇格 17.239/185/7

拔 bá 16

而不能〇毛髮 2/13/26
擢〇吾（悟）〔性〕 2/17/17
（十）〔一〕人〇之 2/17/20
凡（根〇）木者生於庶木 4/38/9
（根〇）〔招搖〕生程若 4/38/10
（〇）〔振〕乏絕 5/40/16
捽〇其根 6/54/14
夫至人倚不〇之柱 7/58/25
故善建者不〇 9/77/9
於是佽非（瞋目敦然）〔敦然瞋目〕攘臂〇劍 12/118/4
白刃不畢〇而天下（傳）〔傳〕矣 15/146/15
兵不盡〇 15/147/14
故攻不待衝隆雲梯而城〇 15/148/9
見青蔥則〇之 16.26/156/25
又〇之 18/189/5
攻不待衝降而〇 20/216/28

茇 bá 2

凡根〇草者生於庶草 4/38/11

凡浮生不根〇者生於（萍）藻 4/38/12

胈 bá 2

（突）〔〇〕生海人 4/38/1
凡（容）〔〇〕者生於庶人 4/38/1

跋 bá 3

以金鉒者〇 17.16/169/16
〇涉山川 19/207/9
〇涉谷行 19/207/16

把 bǎ 3

微（而）不可得〔而〕〇握也 1/6/3
可切循〇握而有數量 2/10/22
交拱之木無〇之枝 10/92/24

罷 bà 32

〇酒徹樂 1/8/2
故〇馬之死也 2/11/14
勇力聖知與〇怯不肖者同命 2/18/6
〇官之无事〔者〕 5/46/13
命樂師大合吹而〇 5/46/25
憂〇疾 5/47/20
於是風濟而波〇 6/50/3
〇苦萬民之力 8/63/18
拘〇拒折之容 11/97/9
數戰則民〇 12/108/25
以憍主使〇民 12/108/25
〔〇則怨〕 12/108/26
盡而不〇 12/113/17
人民未及〇病也 12/115/20
〇朝而立 12/117/12
〇圍而賞有功者五人 13/128/24
則是〇其力也 15/148/15
力〇則威可立也 15/148/16
以〇其足 15/148/16
曰殺〇牛可以贖良馬之死 16.94/162/24
於是〇師而去之 18/187/23
軍〇圍解 18/189/27
三國之兵〇 18/191/1
襄子〔〇圍〕乃賞有功者 18/192/2
〇之 18/192/13
請無〇武大夫 18/192/23
乃〇陳之戍 18/193/16
老〇而不為用 18/199/26
〇武聞之 18/199/28
公乃令〇役除版而去之 18/201/5
〔以〕〇民（之）力 20/213/18
百姓〇弊 20/219/25

霸 bà 41

非〇王之業也 1/3/9
〇者則四時 8/64/5
〇者節六律則辱 8/64/19
（駿）〔駮〕者〇 10/92/11
至於〇 11/94/12
南面而〇天下 11/97/9
遂〇諸侯 11/97/11
平公之不〇也 11/100/26
而欲成〇王之業 11/102/18
故〇中國 12/111/7
楚莊王專任孫叔敖而〇 13/123/17
則（千）〔萬〕乘之君無不〇王者 13/124/22
趙襄子以晉陽之城〇 13/124/24
豈有此〇功哉 13/127/6
五〇之豪英也 13/127/22
遂〇天下 13/129/8
能成〇王者 14/134/6
而未可以〇王也 14/136/19
〇王可受而不可求也 14/138/9
侯而求〇者必失其侯 14/138/29
〇而求王者必喪其〇 14/138/30
〇王其寄也 14/138/30
故〇王之兵 15/143/10
而齊桓、晉文之所以成〇也 15/143/20
而〇王之功不世出者 15/143/24
申叔時教莊王封陳氏之後而〇天下 18/187/6
齊桓繼絕而〇 18/189/18
〇主富武 18/192/11
今君欲為〇王者也 18/192/11
夫為君崇德者〇 18/193/20
晉之所以〇者 18/194/6
皆〇王之佐也 18/196/3
五〇任力 18/198/24
而施之五〇之世 18/198/25
子之欲成〇王之業 18/200/25
同力者〇 20/215/25
桓公任管仲、隰朋而〇 20/217/26
（欲）〔能〕成〇王之業者 20/219/1
知其可與至於〇也 20/222/23
故齊桓公亡汶陽之田而〇 20/222/24

捭 bāi 2

夫人之所以莫（抓）〔〇〕玉石而（抓）〔〇〕瓜瓠者 9/72/21

白 bái 127

則純〇不粹 1/3/4
質直皓〇 1/4/5
〇立而五色成矣 1/6/23
察能分〇黑、視醜美 1/9/22
耳聽《〇雪》、《清角》之聲 2/12/9
夫秉皓〇而不（里）〔黑〕 2/12/14
是故虛室生〇 2/16/11
其神為太〇 3/20/5
其獸〇虎 3/20/5
太〇元始以（正月甲寅）〔甲寅正月〕 3/20/15
加十五日指庚則〇露降 3/22/24
火煙〇 3/23/18
〇虎在西 3/27/2
〇虎在後六 3/27/22
是謂（丹）〔〇〕水 4/33/9
曰〇門 4/34/7
是故〇水宜玉 4/35/22
〇色主肺 4/36/5
有修股民、天民、肅慎民、〇民、沃民、女子民、丈夫民、奇股民、一臂民、三身民 4/36/26

弱土之氣御于〇天 4/38/22
〇天九百歲生〇礜 4/38/22
〇礜九百歲生〇澒 4/38/23
〇澒九百歲生〇金 4/38/23
〇金千歲生〇龍 4/38/23
〇龍入藏生〇泉 4/38/23
〇泉之埃上為〇雲 4/38/24
而合于〇海 4/38/24
青黃〇黑 5/42/13
〇露降 5/42/24
天子衣〇衣 5/43/1
5/43/19,5/44/15
乘〇駱 5/43/1,5/43/19,5/44/15
服〇玉 5/43/1,5/43/19,5/44/15
建〇旗 5/43/1,5/43/19,5/44/16
西宮御女〇色 5/43/2
5/43/20,5/44/16
衣〇采 5/43/2,5/43/20,5/44/16
撞〇鐘 5/43/2
撞〇鍾 5/43/20,5/44/16
則〇露早降 5/47/6
師曠奏《〇雪》之音 6/49/27
右（秉）〔執〕〇旄 6/50/2
前〇螭 6/53/6
明〇太素 7/57/11
文繡狐〇 7/58/14
野莽〇素 8/65/14
素〇而不污 9/80/3
〇素何如 9/81/21
援〇黑而示之 9/81/22
人之視〇黑以目 9/81/22
言〇黑以口 9/81/23
瞽師有以言〇黑 9/81/23
無以知〇黑 9/81/23
故言〇黑與人同 9/81/23
其別〇黑與人異 9/81/23
粉不貤〇 11/95/1
夫素之質〇 11/95/27
其服尚〇 11/98/6
離堅〇 11/101/26
〇公問於孔子曰 12/105/20
〇公曰 12/105/20,12/105/22
〔〇公〕曰 12/105/21
〇公不得也 12/105/25
〇公之謂也 12/105/26
〇公勝得荊國 12/106/15
〇公弗聽（也） 12/106/16

十有九日而擒〇公 12/106/17
嚮〇公之嗇也 12/106/19
明〇四達 12/107/4
〇虎文皮千合 12/114/15
〇公勝慮亂 12/117/12
蹇重舉〇而進之 12/119/9
〇刃合 15/145/6
〇刃不畢拔而天下（傳）
〔傅〕矣 15/146/15
右〇虎 15/150/11
〇刃交接 15/151/3
〇公勝之倒杖策也 16.20/156/5
狐〇之裘 16.35/157/17
將軍不敢騎〇馬 16.37/157/23
以絜〇為污辱 16.72/160/25
楚王有〇蝯 16.89/162/11
天下無粹〇狐 16.125/165/26
而有粹〇之裘 16.125/165/26
掇之眾〇也 16.125/165/26
〇璧有考 17.89/174/21
故大〇若辱 17.139/178/9
玉英〇 17.164/180/4
見之明〇 17.204/182/27
〇玉不雕 17.226/184/9
家無故而黑牛生〇犢 18/189/20
〔其〕牛又復生〇犢 18/189/21
〇公勝將為亂 18/201/20
〇公勝卑身下士 18/201/20
〇公勝果為亂 18/201/22
挈一石之尊則〇汗交流 19/202/26
雖粉〇黛黑弗能為美者 19/204/23
決獄明〇 19/205/13
摩以〇旃 19/205/19
目不能別晝夜、分〇黑 19/206/16
分〔別〕〇黑（利害） 19/206/26
犯〇刃 19/207/13
若〇黑之於目辨 19/208/27
照物明〇 19/209/4
粉〇黛黑 19/209/15
而（班）〔斑〕〇不戴
負 20/212/2
右執〇旄以麾之 20/219/16
則純〇不備 20/222/10
小〇奔莒 20/222/22
一杯酒（〇）〔甘〕 21/227/15

百 bǎi 259

察箴末於〇步之外 1/3/10
〇事有所出 1/4/25
〇事不得不成 1/6/2
德施〇姓而不費 1/6/3
〇事之根 1/6/27
〇事不廢 1/7/8
萬方〇變 1/7/24
而出入于〇事之門戶者也 1/8/10
而〇節可屈伸 1/9/21
而〇事之變無不應 1/10/10
〇家異說 2/13/4
〇事之莖葉條（梓）
〔榟〕 2/13/12
以聲華嘔符嫗掩萬民〇姓 2/14/7
〇圍之木 2/14/13
萬物〇族 2/15/12,15/144/15
是故〇姓曼衍於淫荒之陂 2/15/19
九千九〇九十九隅 3/19/19
歲行十三度〇一十二分
度之五 3/20/14
二〇四十日而入 3/20/16,3/20/16
入〇二十日而夕出西方 3/20/16
月行〇八十二度八分度
之五 3/21/8
反覆三〇六十五度四分
度之一而成一歲 3/21/8
一千五〇二十歲大終 3/21/11
故（曰）〔四〕歲而積
千四〇六十一日而復
合 3/21/12
二十九日九〇四十分日
之四〇九十九而為月 3/23/13
歲有餘十日九〇四十分
日之八〇二十七 3/23/14
儆〇官 3/23/22
〇蟲蟄伏 3/24/7
以長〇穀禽（鳥）〔獸〕
草木 3/24/9
有五億萬七千三〇九里 3/24/21
三之為積分（七十）
〔十七〕萬七千一〇
四十七 3/25/22
故三〇六十音以當一歲
之日 3/26/23
〇事可舉 3/26/27

食馬肉者三○餘人 13/129/5
○姓皆說 13/129/7
聞不可明於○姓 13/130/19
澤及○里而潤草木者 13/131/8
○姓攜幼扶老而從之 14/134/13
內無暴事以離怨於○姓 14/138/5
則○姓不怨 14/138/12
○姓不怨則民用可得 14/138/12
○步之中不忘其〔為〕容者 14/138/19
○姓穿戶鑿牖 14/138/22
○姓伐木芟草 14/138/22
有○技而無一道 14/139/23
匹夫○晦一守 14/139/27
害○姓 15/143/6
○姓開門而待之 15/143/19
○族之子 15/144/26
○姓和輯 15/145/2
不顧○姓之飢寒窮匱也 15/146/5
○姓之隨逮肆刑 15/146/6
故紂之卒○萬 15/147/19
〔而有○萬〕之心 15/147/19
○萬之師 15/148/2
不如○人之俱至也 15/149/9
故○人之必死也 15/150/7
故勝可○全 15/150/27
○姓不附 15/153/8
○牙鼓琴 16.4/154/15
江、河所以能長○谷者 16.13/155/16
猶○舌之聲〔也〕 16.44/158/13
○人抗浮 16.46/158/17
○步之外則爭深淺 16.49/158/27
於三○步不能入魯縞 16.68/160/17
寧○刺以針 16.75/161/1
履○金之車 16.111/164/13
椎固○柄 17.8/168/27
目見○步之外 17.8/168/27
○發之中必有羿、逢蒙之巧 17.51/172/1
○斗而足矣 17.86/174/14
○分之一也 17.96/175/5
○梅足以為○人酸 17.119/176/24
一節見而○節知也 17.122/177/1
○家皆燒 17.172/180/21
○姓暴骸 17.172/180/21
蘇秦以○誕成一誠 17.182/181/10
○舍不休 17.198/182/14
○星之明不如一月之光 17.221/183/31
○尋之屋 18/186/1
○事之變化 18/186/12
○姓莫之哀 18/186/26
非求其報於○姓也 18/189/8
○姓不親 18/189/13
令○姓家給人足 18/189/15
○言○當 18/191/10
太子內撫○姓 18/194/9
○射重戒 18/195/5
室有○戶 18/196/10
伏郎尹而笞之三○ 18/196/14
仁者、○姓之所慕也 18/198/17
王報出（今）〔令〕於○官曰 18/200/26
○姓聞之必怨吾君 18/201/3
嘗○草之滋味、水泉之甘苦 19/202/18
定千八○國 19/202/23
○姓親附 19/202/24
而憂○姓之窮 19/202/27
則聖人之憂勞○姓〔亦〕甚矣 19/203/9
○姓所親 19/205/12
○舍重（趼）〔趼〕 19/207/10
○姓離散 19/207/19
故一動其本而○枝皆應 20/210/15
懷柔○神 20/210/19
（淵深）〔深淵〕○仞 20/211/12
○脈九竅莫不順比 20/211/20
○姓攜幼扶老 20/211/26
湯、武革車三○乘 20/212/10
任以○官 20/213/9
以辯治○官 20/213/15
○節皆寧 20/216/5
法令正於上而○姓服於下 20/216/8
墨子服役〔者〕○八十人 20/217/7
○工維時 20/217/13
○人者謂之豪 20/217/15
故○川並流 20/218/15
領理○官 20/218/17
使○姓不遑啓居 20/218/19
○事並行 20/218/24
（之）地方不過○里 20/219/17
○姓歌謳而樂之 20/219/19
○姓父兄攜幼扶老而隨之 20/219/23
○姓罷弊 20/219/25
○姓放臂而去之 20/219/26
文王處（禮）〔酆〕○里 20/220/1
故得道則以○里之地令於諸侯 20/220/2
故食其口而○節肥 20/221/10
而○姓怨（矣） 20/222/18
故事有鑿一孔而（生）〔開〕○隙 20/223/5
則○殘除而中和作矣 20/223/13
覽耦○變也 21/224/5
使○官條通而輻湊 21/225/10
所以竅窕穿鑿○事之壅遏 21/226/1
分別○事之微 21/226/5
○官背亂 21/228/22

捭 bǎi 1

○山川 21/227/17

拜 bài 7

詘節（畀）〔卑〕○ 7/60/7
起而○君大夫 12/112/15
北面再○曰 12/112/25, 12/117/25
屈膝卑○ 13/125/24
斬首〔者〕○爵 13/129/22
再○而興 18/190/15

敗 bài 66

用而○者不能非 1/1/20
先者○績 1/5/13
為者○之 1/8/14
唯體道能不○ 2/12/16
則水潦為○ 5/39/14
○壞城郭 5/41/13
則螽蝗為○ 5/41/13
介蟲○穀 5/43/12
冬藏殃○ 5/45/4

則蟲螟為○ 5/46/16
則水潦○國 5/47/7
○物而弗取 5/49/18
解之○漆 6/51/8
（可）〔所〕以救○ 8/62/12
晚世風流俗○ 8/66/16
見成○之變 9/80/21
難而必○ 9/81/2
而從事難而必○者 9/81/3
夫○軍之卒 11/104/15
大○知伯 12/106/25
○矣 12/111/21
雖成必○ 13/124/19
殷之將○也 13/124/20
成○之際也 13/124/21
鄭賈人弦高將西（○）〔販〕牛 13/125/15
是故○事少而成事多 13/126/3
有難成而易○者 13/126/22
難成而易○者 13/126/24
然而曹子不羞其○ 13/127/2
秦穆公出遊而車○ 13/129/1
多知為○ 14/134/3
故秦勝乎戎而○乎殽 14/135/8
楚勝乎諸夏而○乎柏莒 14/135/9
事之○也 14/136/4
此酒之○也 14/141/6
兵之勝○ 15/145/19
○兵先戰而後求勝 15/146/23
待人者○ 15/147/16
強而不相○ 15/147/26
是以無破軍○兵 15/149/28
○在失氣 15/153/4
○兵者非常虛也 15/153/10
范氏之○〔也〕 16.55/159/14
事之成○ 16.57/159/20
○所為也 16.114/164/23
愈蹶愈○ 17.5/168/21
有以車為○者〔而〕禁天下之乘 17.120/176/26
蘭（芝）〔芷〕欲脩而秋風○之 17.126/177/10
堅柔相摩而不相○ 17.151/179/4
事者、難成而易○也 18/185/30
今雖成、後必○ 18/190/10
而後果○ 18/190/12
事必○ 18/191/25
大○智伯軍 18/192/2
（○）殺其身而三分其國 18/192/2
是俗○也 18/193/4
賞一人〔而〕○國俗 18/193/5
仍人之事者○ 18/193/24
軍○晉陽之下 18/194/2
或譽人而適足以○之 18/194/5
適足以○之 18/197/10
將以救○扶衰 20/213/24
軍○君獲 20/214/11
而所開足以為○ 20/223/6
成之為○ 21/226/6
○鼓折（抱）〔枹〕 21/227/30

般 bān 7

（股）〔○〕出嶕山 4/37/20
魯○、墨子以木為鳶而飛之 11/102/1
公輸○服 12/107/13
公輸〔○〕、天下之巧士〔也〕 19/203/25
〔請〕（今）〔令〕公輸〔○〕設攻 19/203/26
於是公輸○設攻宋之械 19/203/27
魯○不能造 20/210/25

班 bān 4

○馬政 5/41/24
乘馬○如 10/83/20
雖魯○不能以定曲直 19/208/7
而（○）〔斑〕白不戴負 20/212/2

斑 bān 1

而（班）〔○〕白不戴負 20/212/2

阪 bǎn 4

曰大汾、澠阨、荊阮、方城、殽○、井陘、令疵、句注、居庸 4/32/20
丘陵○險不生五穀者 9/79/10
陵○耕田 11/95/8
（事）〔爭〕升陵○ 11/104/17

版 bǎn 1

公乃令罷役除○而去之 18/201/5

板 bǎn 1

乃為窬木方○ 13/120/12

半 bàn 15

夜○有力者負而趨 2/11/1
○夏生 3/22/2,5/41/27
十二銖而當○兩 3/26/20
入前表○寸 3/31/18
則○寸得一里 3/31/18
○寸而除一里 3/31/19
其○魚 4/37/13
殫盡太○ 6/54/16
處之太○矣 8/61/16
收太○之賦 15/146/6
故費不○而功自倍也 15/146/21
鶴知夜○ 16.38/157/25
衛國之○（日）〔曰〕 18/200/22
其○曰 18/200/22

絆 bàn 2

是猶兩○騏驥 2/18/9
系○其足 7/60/14

邦 bāng 2

周雖舊○ 10/86/3
禪於家（國）〔○〕 10/88/6

蚌 bàng 1

（樀）〔擿〕○蜃 8/61/13

棓 bàng 1

羿死於桃○ 14/132/24

謗 bàng 7

舜立誹○之木 9/80/10
桀、紂之（○）〔惡〕 10/92/4
趨舍行義、禮節○議以營其心 11/104/2
舜有卑父之○ 13/127/23
○乃愈起 16.67/160/14
崔杼弒其君而被大（讀）〔○〕 17.81/174/3
使人卑下誹○己者 18/185/28

包 bāo 24

○裹天地 1/1/3,2/10/24
託小以○大 1/5/2
大○群生而無（好憎）〔私好〕 1/6/2
六合〔之〕所○ 2/12/27
任○大也 3/25/11
濁漳出發○ 4/37/17
○裹覆露 5/47/24
○裹風俗 8/62/3
民性善而天地陰陽從而○之 8/62/14
兼○萬國 9/80/1
（句）〔○〕裹宇宙而無表裏 10/82/15
能○天地 10/92/21
可以○裹天地 12/105/6
12/105/12
以言其能○裹之也 12/109/10
小形不足以○大體也 13/127/10
帝者誠能○稟道 13/132/5
西○巴、蜀 15/145/25
仁義在道德之○ 16.56/159/18
○於六合之內 19/205/26
申○胥〔曰〕 19/207/14
天地所○ 20/210/23
夫天地不○一物 20/214/26

苞 bāo 2

兼○海內 8/63/3
託小以○大 21/224/1

褒 bāo 3

一人被之而不○ 9/70/21
豈必○衣博帶 13/120/5
以○先聖之隆盛 21/225/4

雹 báo 6

○ 3/23/27
雨霜大○ 5/39/14
則○霰傷穀 5/42/1
有凍寒積冰、雪○霜霰、漂潤群水之野 5/48/5
五月下○霜 5/48/19
（電）〔○〕霰降虐 8/61/17

保 bǎo 25

○其精神 1/4/23
欲強者必以弱○之 1/5/4
然未可以○於周室之九鼎也 2/13/9
母生子曰○ 3/28/27
以○畜養 3/28/29
立登○之山 4/37/9
四鄰入○ 5/41/12
四鄙入○ 5/42/19,5/47/6
夫全性○真 6/50/4
人民○命而不夭 6/52/18
○其脩命 6/54/1
塊然○真 9/68/10
則獨身不能○也 9/71/13
不可長○也 12/106/20
大王亶父可謂能○生矣 12/109/16
全性○真 13/123/21
循性○真 13/129/14
○於虛無 14/132/19
身猶弗能○ 14/135/6
唯民是○ 15/153/22
○者不敢畜噬狗 16.37/157/23
父子相○ 18/190/5
則不能○其芳矣 18/198/24
（時）則尊天而○真 21/224/3

飽 bǎo 8

○也 3/25/10
則身○而敖倉不為之減也 7/59/19
有之不加○ 7/59/19
適其飢○ 9/68/5
以○制飢 15/147/7
察其勞佚以知其○飢 15/151/10
○為飢奇 15/152/8
則是以一（○）〔餉〕之故 19/204/27

褓 bǎo 1

成王在○繈之中 21/227/28

寶 bǎo 24

心之○也 7/57/3
○之至也 7/57/5
夫精神之可○也 7/57/5
是故視珍○珠玉猶（石礫）〔礫石〕也 7/57/19
故不受○ 7/59/5
子罕不利○玉 7/59/9
遷人之重○ 8/66/23
○玩珠玉 9/74/1
虞君好○而晉獻以璧馬釣之 9/77/8
以奈何為○ 9/77/14
求貨者爭難得以為○ 11/103/21
得○劍於干隊 12/118/2
然而天下○之者 13/127/26
然而守重○者必關戶而全封 14/136/8
雖有賢聖之○ 14/136/18
非以○幣 14/136/27
國之（實）〔○〕也 15/153/22
侯王○之 16.19/156/2
不得為○ 17.89/174/21
人之○也 17.113/176/9
將有誰○之者乎 17.113/176/9
以為○而藏之 19/208/17
賂以○玉駿馬 20/216/26
抱○牽馬而〔至〕 20/216/27

抱 bào 39

扶搖抮○羊角而上 1/2/1
是故聖人守清道而○雌節 1/5/21

〇德煬和 2/11/25,7/57/7
偃其聰明而〇其太素 2/12/8
〇德以終年 2/17/9
〇員天 6/52/27
是猶〇薪而救火 6/54/16
萬物背陰而〇陽 7/55/8
體本〇神 7/57/11
亦不與之抮〇矣 7/57/13
〇其太清之本而無所 7/57/17
〇命而婉轉 7/58/26
〇素守精 7/58/27
（拘）〔〇〕无窮之智 8/63/23
〇表懷繩 8/64/15
菱杼紾〇 8/65/3
〇薪以救火也 9/68/7
〇德推誠 9/68/11
〇質（放）〔效〕誠 9/69/11
（〇）〔枹〕鼓為小 10/85/20
懷情〇質 10/86/3
悲哀〇於情 11/97/18
〇素反真 11/99/14
〇大聖之心 11/99/16
載營魄〇一 12/115/17
破鼓折（〇）〔枹〕 12/117/19
〇甀而汲 13/120/10
〇神以靜 14/134/3
背陰而〇陽 15/144/2
（維）（〇綰）〔綰枹〕而鼓之 15/145/6
〇薪而救火 16.67/160/15
嘗〇壺而度水者 17.149/178/31
〇而蒙火 17.149/178/31
〇天心 20/211/3,21/226/17
〇寶牽馬而〔至〕 20/216/27
乃折（〇）〔枹〕毀鼓 20/219/19
敗鼓折（〇）〔枹〕 21/227/30

豹 bào 26

虎〇山處 1/3/16
龍蛇虎〇 2/14/13
多虎〇 4/35/27
虎〇襲穴而不敢咆 6/51/26
《金縢》、《〇韜》廢矣 7/59/8
虎〇可尾 8/63/10
故夫養虎〇犀象者 9/68/4
虎〇之文來射 10/90/31
17.84/174/10
虎〇之所樂也 11/94/21
玄〇、黃羆、青犴 12/114/14
故虎〇之彊來射 14/132/27
使之若虎〇之有爪牙 15/145/18
虎〇（之）〔不〕動 15/149/3
今夫虎〇便捷 15/149/9
虎〇不（水）〔外〕其（爪）〔牙〕 15/150/24
（〇）〔貂〕裘而雜 17.89/174/21
虎〇不可使緣木 17.93/174/30
西〔門〕〇治鄴 18/192/8
西門〇曰 18/192/10,18/192/13
單〇倍世離俗 18/199/14
〇養其內而虎食其外 18/199/16
虎〇有茂草 19/206/5
衣〇裘 19/209/13
非為虎〇也 20/211/11

報 bào 28

澤及蚑蟯而不求〇 1/6/2
涼風至則〇地德 3/20/29
東北為〇德之維（也） 3/21/15
加十五日指〇德之維 3/22/13
勝而无〇 3/28/28
列子行泣〇壺子 7/58/19
還反〇曰 9/68/22
豫讓欲〇趙襄子 9/73/17
相〇之勢也 9/73/22
其施厚者其〇美 10/82/30
非為〇也 10/84/12
〇曰 12/111/19
巫馬期歸以〇孔子曰 12/116/24
而為之〇怨雪恥 13/126/9
〇畢於君曰 15/153/25
故能戰勝而不〇 15/153/27
德不〇而〔身〕見殆 16.141/167/7
使者歸〇 18/188/9
非求其〇於百姓也 18/189/8
夫有陰德者必有陽〇 18/189/12
樹怨者無〇德 18/189/18
括子以〇於牛子曰 18/190/23
張孟談乃〇襄子 18/191/27
魯人有為父〇讎於齊者 18/194/22
今日為父〇讎以出死 18/194/24
王〇出（今）〔令〕於百官曰 18/200/26
（如此）〔此而〕不〇 18/201/16
以其死力〇 20/211/28

暴 bào 67

〇行越智於天下 2/15/24
故誅〇則多飄風 3/19/13
飄風〇雨總至 5/39/13
〇風來格 5/41/13
毋〇布 5/41/23
〇兵來至 5/42/1
求不孝不悌、戮〇傲悍而罰之 5/43/3
詰誅〇慢 5/43/6
則〔國〕多〇風 5/45/25
風雨〇至 6/49/27
衆不〇寡 6/52/17
心之（〇）〔累〕也 7/56/28
而萬民莫相侵欺〇虐 8/62/8
伐亂禁〇 8/63/8,8/64/18
不敢〇虎 8/64/2
〇虐萬民 8/66/19,18/186/25
〇骸滿野 8/66/24
所以討〇〔也〕 8/66/26
非所以為〇也 8/66/26
其次賞賢而罰〇 9/69/17
（若）重為〇 9/70/22
為〇者 9/70/23
而為〇者生亂 9/70/24
衆〇寡 9/74/3,19/203/2
〇者 9/78/9
澤死〇骸者 9/78/14
若得貪主〇君 9/79/5
爭則〇亂起 11/104/20
飄風〇雨 12/107/8
然而征伐者不能釋甲兵而制（疆）〔彊〕〇 13/122/12
天下雄儁豪英〇露于野澤 13/124/6
逮至〇亂已勝 13/124/8
使我有〇亂之行 13/125/9
伍伯有〇亂之謀 13/127/23
而不可以使人〇 14/136/18
不遇〇亂之世 14/136/19

遇桀、紂之○也 14/136/19
桀、紂非以湯、武之賢○也 14/136/19
湯、武遭桀、紂之○而王也 14/136/20
勇者不以位為○ 14/137/7
壯則○強 14/137/8
內無○事以離怨於百姓 14/138/5
湯、武平○亂 14/138/8
乃討強○ 15/142/26
所以禁○討亂也 15/143/1
不至於侵奪為○ 15/143/5
以禁○討亂也 15/143/7
攻者非以禁○除害也 15/143/23
○骸盈場 15/145/7
疾風○雨 15/152/13
大家攻小家則為○ 16.69/160/19
○行而為影 16.135/166/21
百姓○骸 17.172/180/21
若夏○而待暮 17.212/183/13
○不能蔽也 18/191/6
征○亂 18/193/12
○亂之所致也 18/199/2
日以○之 20/210/3
逆天○物 20/210/20
賞善罰○者 20/212/3
討○亂 20/212/10
以治人倫而除○亂之禍 20/213/2
則无○虐之行矣 20/223/13
文王欲以卑弱制強○ 21/227/22

鮑 bào 3

無管仲、○叔以為臣 12/119/11
○申傴背 16.142/167/9
而○叔、咎犯隨而輔之 20/222/23

卑 bēi 37

居○不可為短 1/9/9
賤有以忘○ 2/11/28
使王公簡其貴富而樂○賤 2/12/20
使貴賤○尊各有等級 5/45/19
詘節(畀)〔○〕拜 7/60/7
○下眾人之耳目 9/74/27
不可以貴賤尊○論也 9/75/10
疏遠(則)○賤者 9/75/12
而○賤者不重其刑 9/75/17
士處○隱 9/82/7
積○為高 10/86/1
○而不可以登 10/88/9
所以別尊○、異貴賤 11/93/24
地削名○ 11/97/8
則○矣 11/103/8
天之處高而聽○ 12/112/25
高辭○讓 12/119/26
(○)弱柔如蒲葦 13/125/21
屈膝○拜 13/125/24
和顏○體 13/125/25
舜有○父之謗 13/127/23
眾人見其位之○賤 13/128/1
大小尊○ 13/132/1
必以○辭 14/136/27
○體婉辭 14/136/28
○體婉辭以接之 14/141/5
使人○下誹謗己者 18/185/28
(○)〔畢〕辭而不能得也 18/198/10
白公勝○身下士 18/201/20
昔越王句踐○下吳王夫差 18/202/1
禮甚○ 18/202/2
必先○體弭(耳)〔毛〕 18/202/6
不如約身(早)〔○〕辭 19/207/15
民交讓爭處○ 20/216/6
管子憂周室之○ 20/218/5
文王欲以○弱制強暴 21/227/22
天子○弱 21/228/9

杯 bēi 5

於○〔水〕則隨 11/101/6
滌○而食 14/140/17
○水見(牟)〔眸〕子 16.5/154/19
為使者跪而啜三○ 18/188/9
一○酒(白)〔甘〕 21/227/15

陂 bēi 9

是故百姓曼衍於淫荒之○ 2/15/19
毋漉○池 5/40/1
○池苑囿 9/74/7
○塘之事 11/99/3
譬若同○而溉田 11/99/24
陷其右○ 15/148/19
十頃之○可以灌四十頃 17.75/173/21
而一頃之○〔不〕可以灌四頃 17.75/173/21
夏瀆而冬○ 19/203/18

盃 bēi 1

滌○而食 20/215/15

桮 bēi 1

(止)〔心〕○治 12/116/16

庳 bēi 1

譬丘壟之小大高○ 5/45/19

悲 bēi 39

憂○者 1/7/4
憂○多恚 1/7/5
末世有勢為萬乘而日憂○者 1/7/16
不以廉為○ 1/7/22
其為○不惙惙 1/7/23
曲終而○ 1/8/3
○喜轉而相生 1/8/3
憂○而不得志也 1/9/2
不以慊為○ 1/9/12
至于○谷 3/24/17
至于○泉 3/24/18
夫○樂者 7/56/28
故終身為○人 7/60/8
心有憂喪則○ 8/66/1
○則哀 8/66/1
而威王終夕○ 9/69/4
申喜聞乞人之歌而○ 10/87/6
秋士○ 10/87/19
○哀抱於情 11/97/18
徒絃、則不能○ 11/100/7
故絃、○之具也 11/100/7
而非所以為○也 11/100/7

望見桓公而○ 12/109/3
豈不○哉 12/116/18
樂極則○ 12/119/17
不事為○ 14/139/14
歌舞而不事為○麗者 14/139/15
始於樂者常（大）〔卒〕於○ 14/141/4
吾必○哭社 16.77/161/7
雖死亦不能○哭矣 16.77/161/8
故（桑）〔木〕葉（洛）〔落〕而長年○也 16.136/166/23
彈一弦不足以見○ 17.85/174/12
若乘舟而○歌 17.207/183/3
少與人處則○ 18/201/1
殊聲而皆○ 19/204/9
哭者、○之效也 19/204/9
有○哀之性 20/212/15
不淫則○ 20/221/24
○則感怨思之氣 20/221/25

碑 bēi 1

避逃乎○〔下〕 12/116/7

痺 bēi 1

谷氣多○ 4/34/22

箄 bēi 1

弊（○）〔箄〕甑（瓾）〔瓺〕 16.116/164/28

北 běi 142

鴈門之○ 1/3/25
故橘、樹之江○則化而為（枳）〔橙〕 1/4/1
耳聽朝歌○鄙靡靡之樂 1/7/28
潤浸○房 1/8/29
天傾西○ 3/18/25
東○〔方〕曰變天 3/19/22
○方曰玄天 3/19/23
西○方曰幽天 3/19/24
○方 3/20/5
○方為司空 3/21/1
東○為報德之維（也） 3/21/15
西○為蹏通之維 3/21/16
日冬至則斗○中繩 3/21/18
○至○極 3/21/19
蟄蟲○鄉 3/22/25
西○則殺 3/23/3
○斗之神有雌雄 3/29/1
○斗所擊 3/29/14
以參望日始出○廉 3/31/10
因西方之表以參望日方入○廉 3/31/11
出東○維 3/31/13
入西○維 3/31/13
欲知東西、南○廣袤之數者 3/31/15
從岠○表參望日始出及旦 3/31/15
此處○也 3/31/21
此處南○中也 3/31/21,3/31/21
從中處欲知南○極遠近 3/31/22
日夏至始出與○表參 3/31/22
則是東與東○表等也 3/31/22
則從中○亦萬八千里也 3/31/23
南○之里數也 3/31/23
正南○相去千里 3/32/1
○表二尺 3/32/1
西○台州曰肥土 4/32/15
正○濟州曰成土 4/32/15
東○薄州曰隱土 4/32/15
東○曰炎風 4/32/25
西○曰麗風 4/32/26
○方曰寒風 4/32/26
南○二萬六千里 4/32/30
使豎亥步自○極 4/33/2
碧樹、瑤樹在其○ 4/33/6
維其西○之隅 4/33/7
○門開以內不周之風 4/33/7
河水出崑崙東○陬 4/33/11
洋水出其西○陬 4/33/13
自（○東）〔東○〕方曰（大澤）〔無通〕 4/33/22
西○方曰大夏 4/33/25
○方曰大冥 4/33/25
自東○方曰和丘 4/34/1
西○方曰一目 4/34/3
○方曰積冰 4/34/3
自東○方曰方土之山 4/34/6
西○方曰不周之山 4/34/8
○方曰○極之山 4/34/8
西○方之美者 4/34/14
○方之美者 4/34/14
東○方之美者 4/34/15
南○為經 4/34/18
○方有不釋之冰 4/34/25
○方幽晦不明 4/36/7
自西○至西南方 4/36/26
自東南至東○方 4/37/1
自東○至西○方 4/37/2
雒棠、武人在西○陬 4/37/5
三珠樹在其東○方 4/37/6
和丘在其東○陬 4/37/7
夸父、（耽）〔耼〕耳在其○方 4/37/8
巫咸在其○方 4/37/9
有娀在不周之○ 4/37/9
燭龍在鴈門○ 4/37/12
流黃、（涙）〔沃〕民在其○方三百里 4/37/13
左還○流 4/37/16
至于開母之○ 4/37/16
維濕○流出於燕 4/37/23
候鴈○ 5/39/5
○嚮以贊之 5/44/23
其位○方 5/45/9,5/46/1,5/46/20
○宮御女黑色 5/45/12
5/46/4,5/46/23
天子親率三公九卿大夫以迎歲于○郊 5/45/16
鴈○鄉 5/46/21
自○戶孫之外 5/47/18
○方之極 5/48/5
○至令正之谷 5/48/5
諸○、儋耳之國莫不獻其貢職 6/52/22
○至幽都 9/67/22
（離）〔雖〕○宮子、司馬蒯蕢不〔可〕使應敵 9/78/1
告以東西南○ 11/101/12
○人无擇非舜而自投清（泠）〔泠〕之淵 11/102/1
江南河○不能易其指 11/102/15
○方有獸 12/108/7
○面立於殿下 12/110/22
（以）〔○〕臨方皇 12/110/23

○面再拜曰 12/112/25,12/117/25
盧敖游乎○海 12/116/5
唯○陰之未（闢）〔闚〕 12/116/9
○息乎沉墨之鄉 12/116/12
○面委質而臣事之 13/121/19
丹穴、太蒙、反踵、空同、大夏、○戶、奇肱、脩股之民 13/123/23
○至飛狐、陽原 13/124/4
不覩○方 13/124/13
○楚有任俠者 13/131/15
人雖東西南○ 14/135/11
亂則降○ 14/141/3
陽氣起於東○ 14/141/13
盡於東○ 14/141/13
○繞潁、泗 15/145/25
然懷王○畏孟嘗君 15/146/3
而後無遁○之刑 15/146/15
心疑則○ 15/147/18
心疑則肢體撓○ 15/147/24
賢於萬人之必○也 15/150/8
衰則○ 15/153/6
○與齊戰 15/153/7
○面而立 15/153/15
受光於牖照○壁 16.82/161/21
告之以東西南○ 16.84/161/28
為其可以南可以○ 17.229/184/16
○伐燕 18/186/24
臣請○擊之 18/192/14
以來○方 18/194/7
○擊遼水 18/197/12
○撫幽都 19/202/19
亦時有南○者 19/205/8
（○）〔死〕有遺業 19/207/2
東西南○七十說而无所偶 20/218/6
子囊○而全楚 20/221/22
○不可以為庸 20/221/22
師延為平公鼓朝歌○鄙之音 20/222/8
所以窮南○之（脩）〔長〕 21/224/14
南夷○狄 21/228/9
東負海而○鄣河 21/228/10

貝 bèi 3

趙武靈王○帶鵔鸏而朝 9/77/25
帶○帶 9/77/25
大○百朋 12/114/14

背 bèi 32

諸侯○之 1/3/2
若○風而馳 1/7/15
西南為○陽之維 3/21/15
加十五日指○陽之維則夏分盡 3/22/22
○者強 3/23/2
而可○也 3/23/3
（左前）〔右○〕刑 3/27/28
（右○）〔左前〕德 3/27/28
不可○而可鄉 3/29/14
則○譎見於天 6/50/16
○方州 6/52/27
乃○道德之本 6/54/15
萬物○陰而抱陽 7/55/8
今○其本而求〔之〕于末 8/62/19
豫讓○其主而臣智伯 9/73/16
或○而去 9/73/18
而殷民○叛哉 9/73/20
○風而馳易以遠 9/78/6
唯敖為○群離黨 12/116/7
（貨）〔○〕數而任己 14/136/1
○陰而抱陽 15/144/2
○鄉左右之便 15/145/11
○社稷之守而委身強秦 15/146/3
○而不得 16.84/161/28
鮑申傴○ 16.142/167/9
○其（木）〔本〕者枯 17.192/182/1
○而弗見 17.223/184/3
○負青天 18/196/19
此用己而○自然 19/203/17
○貪鄙而向（義理）〔仁義〕 20/217/21
故○周道而用夏政 21/228/5
百官○亂 21/228/22

倍 bèi 23

音自○而為日 3/23/12
律自○而為辰 3/23/12
尋自○ 3/26/15
因○之 3/26/20
下生者○ 3/26/24
（綱曰）〔剛日〕自○ 3/27/20
○之 3/31/23
或上○之 4/33/16
4/33/16,4/33/17
是猶王孫綽之欲○偏枯之藥而（欲）以生殊死之人 6/51/4
○是而從眾 10/93/1
民利百○ 12/114/29
則○時而（住）〔任〕己 14/137/13
○道棄數 14/140/11
故費不半而功自○也 15/146/21
則數○不足 15/147/19
上計而入三○ 18/192/16
入何以三○ 18/192/17
雖有三○之入 18/192/19
單豹○世離俗 18/199/14
騏驥○日而馳 20/210/9
靈王則○畔而去之 20/219/27

悖 bèi 14

疏達而不○ 1/7/9
肅而不○ 5/49/15,8/64/16
○矣 9/82/7,16.55/159/15
言與行相○ 11/97/24
易事而○ 11/101/20
桓公○然作色而怒曰 12/110/3
○若有喪也 12/116/17
則○矣 17.120/176/26,19/205/3
為之○戾 17.236/185/1
豈不○哉 19/202/29
則无○謬之事矣 20/223/13

被 bèi 64

於是民人（○）〔劗〕髮文身 1/3/24
馬○髦而全足者 1/4/6
○德含和 2/10/17
交○天和 2/11/19
○施頗烈 2/15/10

夫夏日之不○裘者 2/16/17
名聲○後世 6/53/5
○髮而浮游 8/62/16
○衰戴絰 8/66/17
一人○之而不褒 9/70/21
行直〔者〕而○刑 9/70/23
（而）〔不〕○甲兵 9/73/8
而海內莫不○繩矣 9/78/1
而冬不○裘 9/78/16
○羅紈而從軍旅 9/78/23
則百姓無以○天和而履地德矣 9/79/6
○褐懷（王）〔玉〕者 10/86/9
小人○其澤 10/87/26
譬猶冬○葛而夏○裘 11/99/7
王子比干非不（智）〔知〕（箕子）○髮佯狂以免其身也 11/103/4
貧人（則夏）〔夏則〕○褐帶索 11/104/7
齧缺問道於○衣 12/106/28
○衣曰 12/106/28
○衣行歌而去曰 12/107/2
徐偃王○服慈惠 13/126/8
○髮而御於婦人 13/127/13
而○刑戮之羞 13/129/19
而後○要斬之罪 13/129/23
則禽獸草木莫不○其澤矣 13/132/5
使夏桀、殷紂有害於民而立○其患 15/143/4
騎不○鞍 15/144/21
寒不○裘 15/151/12
天子○之而坐廟堂 16.35/157/17
○甲者 16.49/158/27
○羊裘而賃 16.71/160/23
今○甲者 16.103/163/20
○誅者非必忠也 16.109/164/8
崔杼弒其君而○大（譭）〔謗〕 17.81/174/3
或射之則○鎧甲 17.147/178/27
嘗○甲而免射者 17.149/178/31
○而入水 17.149/178/31
若○蓑而救火 17.233/184/25
為之蒙死○罪 18/187/14
而不傷者○重罪 18/187/16
民○甲括矢 18/192/12
冬日○裘罽 18/194/15
使（○）〔彼〕衣不暇帶 18/194/25
同日○霜 18/195/5
○裘而用箑也 18/196/9
（施）〔拖〕其衣○ 18/197/1
衣○所以揜形也 18/197/3
子發（視）〔親〕決吾罪而○吾刑 18/201/27
不能○德承澤 19/203/4
而伯牙絕絃（○）〔破〕琴 19/208/8
○污辱之行 19/209/17
身若秋葯○風 19/209/20
○衣修擢 19/209/23
故攄道以○民 20/212/5
○創流血 20/217/8
无○創流血之苦 20/217/10
見其四世之○禍也 20/222/21
○服法則 21/224/4
○險而帶河 21/228/25

備 bèi 68

則無不○也 1/2/10
各生所急以○燥溼 1/3/20
身得則萬物○矣 1/8/16
形○而性命成 1/9/7
有之可以○數 2/13/5
太陰治秋則欲脩○繕兵 3/28/18
生子不○ 5/39/26
以○水潦 5/43/9
農事○收 5/44/18
○盜賊 5/48/1
不識天下之以我○其物與 7/56/12
且惟無我而物無不○者乎 7/56/13
設機械險阻以為○ 8/61/25
（閏）〔閨〕門重襲以（避）〔○〕姦賊 9/71/9
先王之所以應時脩○ 9/79/20
其道○矣 9/79/21
則官自○矣 9/79/21
○禍未發 9/80/1
文武○具 9/80/4
而既已○之（也）〔矣〕 9/80/11
〔物之可○者〕眾 9/81/16
愚人之所（見）〔○〕者寡 9/81/16
物之可○者 9/81/17
智者盡○之 9/81/17
伎藝曲○ 9/81/28
人主以○樂 10/83/24
至德小節○ 10/89/1
害生於弗○ 10/92/25
○禍若恐不免 10/92/26
則必有穿窬拊（揵）〔楗〕、（抽箕）〔扫墓〕踰○之姦 11/94/2
五者不○ 12/114/27
其○必先成 12/115/24
困其患則造其○ 13/120/15
而反○之于人 13/125/4
是故君子不責○於一人 13/127/23
則人情○矣 13/128/21
則輕敵而簡○ 14/137/14
豈若憂瘕疵之（與）〔興〕、痤疽之發而豫○之哉 14/137/28
諸侯不○ 14/138/11
諸侯弗○ 14/138/12
聖人之所○有也 14/141/11
器○孰便 15/146/26
器見者人為之○ 15/147/4
無所適○ 15/148/6
不可為○ 15/150/27
不可以設○也 15/152/11
以○矢之至 16.103/163/20
凡襲國者、以為無○也 18/193/1
守○必固 18/193/3
患者有○ 18/195/6
人皆務於救患之○ 18/196/1
雖曲為之○ 18/196/9
或○之 18/197/10
乃發適戍以○之 18/197/16
禍在○胡而利越也 18/197/19
欲知築脩城以○亡 18/197/19
〔知〕發適戍以○越 18/197/20
知○遠難而忘近患 18/197/22
故秦之設○也 18/197/22
墨子設守宋之○ 19/203/27
以（○）〔避〕矰弋 19/206/4
遂為天下○ 19/206/12
戍五嶺以○越 20/215/21
故因其患則造其○ 20/220/19

不苟以一事○一物而已矣 20/222/4
則純白不○ 20/222/10
使人通迵周○ 21/224/15
帝王之道○矣 21/227/1

輩 bèi 1

盜賊之〔○〕醜吠狗 17.90/174/23

奰 bèi 1

食木者多力而○ 4/35/1

奔 bēn 16

電○而鬼騰 6/52/10
後○蛇 6/53/6
恒娥竊以○月 6/54/20
太史令終古先○於商 13/124/20
遁逃○走 13/127/4
未至（兵交）〔交兵〕接刃而敵人○亡 15/145/4
敵故○走 15/150/23
若戰勝敵○ 15/153/24
若以腐索御○馬 17.150/179/1
馬○乃見良御 17.215/183/19
○薛 18/194/13
魯昭公出○齊 18/195/23
子發盤罪威王而出○ 18/201/26
昭王○隨 20/219/23
小白○莒 20/222/22
重耳○曹 20/222/22

本 běn 141

是故聖人內修其○ 1/4/22
殷然反○ 1/6/16
立於天地之○ 2/11/25
皆○於一根 2/13/12
而惑亂其○矣 2/14/17
而失其大宗之○ 2/15/19
是失之於○ 2/16/13
夫以末求返于○ 2/16/24
○標相應 3/19/9
能原○之 4/35/6
蕪棄其○ 6/54/15
乃背道德之○ 6/54/15
皆狂生而無其○者也 6/54/18
譬猶○與末也 7/55/5
從○引之 7/55/5
體○抱神 7/57/11
抱其太清之○而無所 7/57/17
同精於太清之○ 7/57/21
終則反○（末）〔未〕生之時 7/59/23
不知原心反○ 7/60/6
不○其所以欲而禁其所欲 7/60/13
誠知其○ 7/61/2
今背其○而求〔之〕于末 8/62/19
○不過五 8/65/22
〔則〕失樂之○矣 8/66/12
失喪之○也 8/66/17
而義為○ 8/66/28
○立而道行 8/66/28
○傷而道廢〔矣〕 8/66/29
不務反道矯拂其○ 9/68/2
不直之於○ 9/68/7
其所修者○也 9/68/11
此度之○也 9/75/24
故通於○者不亂於（未）〔末〕 9/75/25
不正○而反自脩 9/77/2
末不得強於○ 9/77/18
民之○也 9/79/8
國之○也 9/79/8
君之○也 9/79/8
兩者為○ 9/81/27
辟若伐樹而引其○ 10/84/10
教○乎君子 10/87/26
利○乎小人 10/87/26
君反○ 10/88/29
而得之〔乎〕○朝 10/89/2
君、根○也 10/89/18
根○不美、枝葉茂者 10/89/18
○傷則枝枯 10/92/25
則失禮義之○也 11/93/26
禮義飾則生偽匿之（○）〔士〕 11/93/27
易而忘其○ 11/95/28
孔子知其○也 11/96/4
又何以窮至治之○哉 11/98/22
多離道德之○ 11/98/24
其○一牛之體 11/99/25
而欲民之去（未）〔末〕反○ 11/104/10
則飢之○而寒之原也 11/104/12
使人○無其意也 12/107/20
故○（任）〔在〕於身 12/109/29
爭者、人之所（○）〔去〕也 12/112/6
（始）〔治〕人之所（○）〔去〕 12/112/7
故貴必以賤為○ 12/114/3
事有○ 12/118/12
失其宗○ 12/118/12
（音）〔言〕有○主於中 13/120/26
而利民為○ 13/121/3
乃得道之○ 13/123/1
此（○无）〔无○〕主於中 13/123/11
中有○主以定清濁 13/123/14
非（○）〔夸〕矜也 13/125/22
立之于○朝之上 13/128/4
〔若〕芎藭之與槀○也 13/128/12
為治之○ 14/133/19
安民之○ 14/133/19
足用之○ 14/133/19,20/219/4
勿奪時之○ 14/133/19,20/219/4
省事之○ 14/133/20,20/219/4
節欲之○ 14/133/20
反性之○ 14/133/20
利有○則民爭功 14/136/24
萬物之○也 14/137/8
其終（○）〔卒〕必調 14/141/4
先○而後末 14/141/21
由○至（未）〔末〕 15/144/16
而莫知務脩其○ 15/145/8
○在於政 15/145/19
此必勝之○也 15/145/21
故末不可以強於○ 16.12/155/12
故見其一○而萬物知 17.155/179/12
背其（木）〔○〕者枯 17.192/182/1
見○而知末 18/185/23
義者、人之大○也 18/192/5
見其○而知其末也 18/192/26
以大氐為○ 19/205/9

窮道〇末 19/207/1
无〇業所修、方術所務 19/209/17
故一動其〇而百枝皆應 20/210/15
失〇則亂 20/214/7
得〇則治 20/214/7
養性之〇也 20/216/6
此治之（上）〔〇〕也 20/216/7
上世養〇而下世事末 20/216/8
由〇流（未）〔末〕 20/217/20
必以仁義為之〇 20/218/24
故心者、身之〇也 20/219/2
身者、國之〇也 20/219/3
故為治之〇 20/219/3
寧民之〇 20/219/4
節（用）〔欲〕之〇 20/219/5
未有能搖其〇而靜其末 20/219/5
通於治亂之〇 20/221/4
治之所以為〇者、仁義也 20/221/6
凡人之所以事生者、〇也 20/221/6
〇末、一體也 20/221/7
先〇後末謂之君子 20/221/7
以末害〇謂之小人 20/221/7
洪者為〇 20/221/8
末大於〇則折 20/221/9
灌其〇而枝葉美 20/221/10
天地之性（也天地之生）物也有〇末 20/221/10
故仁義者、治之〇也 20/221/11
（令）〔今〕不知事脩其〇 20/221/11
根深即（〇）〔木〕固 20/221/17
非治之大〇 20/221/21
〇於情 20/221/23
故事不〇於道德者 20/222/1
必原其〇末 20/222/4
而不知治亂之〇也 20/222/20
又恐人之離〇就末也 21/223/23
有《〇經》 21/223/26
所以原〇人之所由生 21/224/27
《〇經》者 21/225/4
以推〇樸 21/225/22
恬（惔）〔淡〕為〇 21/226/9
而歸之一〇 21/226/16
治之大〇 21/226/21
然而能得〇知末者 21/227/2

崩 bēng 10

嶢山〇 2/18/1
故嶢山〇 6/51/10
大憂內〇 7/59/20
城峭者必〇 10/91/18
武王〇 13/121/16
若〇山決塘 15/144/28
當者莫不廢滯〇阤 15/147/15
山〇川涸 20/210/21
遂土〇而下 20/219/16
武王立三年而〇 21/227/27

跰 bèng 1

百舍重（〇）〔跰〕 19/207/10

偪 bī 1

是故入小而不〇 15/144/16

逼 bī 1

處小而不〇 1/7/10

鼻 bí 11

穿牛之〇者 1/4/7
口〇之於（芳）臭〔味〕也 2/16/7
隆〇大口 4/35/26
竅通於〇 4/36/4
腎主〇 7/55/10
若指之桑條以貫其〇 9/78/3
耳目〇口不知所取去 14/137/26
〇之所以息 16.6/154/23
（泱）〔決〕〇而羈 16.104/163/23
過者莫不左右睥睨而掩〇 19/209/14
焉得无有睥（面）〔睨〕掩〇之容哉 19/209/18

比 bǐ 75

有況〇於規形者乎 2/13/9
（一）〇犧尊〔於〕溝中之斷 2/14/14
音〇（黃鍾）〔應鍾〕 3/22/12
音〇（應鍾）〔無射〕 3/22/13
音〇（無射）〔南呂〕 3/22/13
音〇（南呂）〔夷則〕 3/22/14
音〇（夷則）〔林鍾〕 3/22/15
音〇（林鍾）〔蕤賓〕 3/22/16
音〇（蕤賓）〔仲呂〕 3/22/17
音〇（仲呂）〔姑洗〕 3/22/17
音〇（姑洗）〔夾鍾〕 3/22/18
音〇（夾鍾）〔太蔟〕 3/22/19
音〇（太蔟）〔大呂〕 3/22/20
音〇（大呂）〔黃鍾〕 3/22/20
音〇黃鍾 3/22/21,3/26/9
音〇大呂 3/22/22
音〇（大）〔太〕蔟 3/22/22
音〇夾鍾 3/22/23
音〇姑洗 3/22/23
音〇仲呂 3/22/24
音〇蕤賓 3/22/25
音〇林鍾 3/22/25
音〇夷則 3/22/26
音〇南呂 3/22/26
音〇無射 3/22/27
音〇應鍾 3/22/27
〔不〕〇於正音 3/26/8
不〇〔於〕正音 3/26/8
音〇（林鍾）〔應鍾〕 3/26/9
諸〇 4/37/26
課〇類 5/43/24
其於五音無所〇 6/51/18
11/100/12
邪人參耦〇周而陰謀 6/53/13
吾〔生〕之（於〇）〔〇於〕有形之類 7/56/18
〇周朋黨 8/62/9
朋黨周〇 9/73/7
紂殺王子〇干而骨肉怨 9/78/8
封〇干之墓 9/80/17,20/219/18
〇於人心而（含）〔合〕於眾適者也 10/82/24
無所不〇 10/87/4
〇干何罪 10/89/15
故歌而不〇於律者 10/91/12
王子〇干非不（智）〔知〕（箕子）被髮佯狂以免其身也 11/103/4

今從箕子視○干 11/103/7
從○干視箕子 11/103/8
剖○干 12/114/17
其○夫不名之地 12/116/11
吾○夫子 12/116/17
乃封○干之墓 12/117/18
則莫不○於律而和於人心 13/123/14
（叫）〔叫〕呼而○雷霆 15/144/14
莫不順○ 15/144/17
○干以忠靡其體 16.109/164/8
三人○肩 16.134/166/19
譬若黃鍾之○宮 17.15/169/13
（大）〔太〕簇之○商 17.15/169/13
（○）〔此〕愚智之所以異也 18/186/9
（○）〔此〕何馬也 18/199/26
不能○之律 18/200/12
○十日 18/200/26
堀虛連○ 19/206/5
百脈九竅莫不順○ 20/211/20
朋黨○周 20/213/20
箕子、○干異趨而皆賢 20/214/22
處義而不○ 20/217/19
○周而取容 20/218/14
○之身則小 20/218/27
○之義則輕 20/218/28
棄疾乘民之怨而立公子○ 20/219/25
猶瘠聾之○於人也 20/221/2
○類其喜怒（與）〔於〕晝宵寒暑 21/224/28

彼 bǐ 38

不（任）〔在〕於○而在於我 1/8/15
真○周行 2/18/14
順○四方 5/43/6
○直求名耳 6/50/5
○則直為義耳 7/59/3
於○尋常矣 9/69/1
徵○ 10/85/8
於○何益 10/86/19
非謂其見○也 11/98/15
非謂〔其〕聞○也 11/98/15
非謂〔其〕知○也 11/98/16
若夫是於此而非於○ 11/100/19
非於此而是於○者 11/100/19
○何人哉 12/107/3
若○之所相者 12/111/24
（誠）〔誠〕於此者刑於○ 12/116/26
去○取此 12/116/27
○皆樂其業 12/119/25
非○之是也 13/123/24
非○之非也 13/123/24
不得之己而能知○者 14/134/3
○躁我靜 15/148/15
○若有間 15/148/17
○不吾應 15/148/18
○持後節 15/148/18
○有所積 15/148/19
○有死形 15/149/2
觀○之所以來 15/150/21
使○知吾所出而不知吾所入 15/150/22
○故輕來 15/150/23
○非輕死而樂傷也 15/151/4
使（被）〔○〕衣不暇帶 18/194/25
非○人之過也 18/198/11
○非輕身而樂死 19/207/27
○獨有聖知之實 19/209/10
○并身而立節 19/209/11
○乃始徐行微笑 19/209/23
得於此而亡於○者 20/223/8

筆 bǐ 1

察於刀○之跡 20/222/19

鄙 bǐ 18

耳聽朝歌北○靡靡之樂 1/7/28
四○入保 5/42/19,5/47/6
○旅之人相讓以財 6/52/20
今夫窮○之社也 7/59/10
誹譽仁○不立 8/62/8
仁○不齊 8/62/9
貪○忿爭不得生焉 8/62/14
故（仕）〔仁〕○在時不在行 11/104/15
故始於都者常（大）〔卒〕於○ 14/141/3
○人鼓缶 17.146/178/25
不入○人之耳 17.237/185/3
○人聽之 18/198/14
故善○（不）同 18/199/7
○人有得玉璞者 19/208/17
背貪○而向（義理）〔仁義〕 20/217/21
所以塞貪○之心也 20/222/7
師延為平公鼓朝歌北○之音 20/222/8

必 bì 379

是故貴者○以賤為號 1/5/1
而高者○以下為基 1/5/2
是故欲剛者○以柔守之 1/5/4
欲強者○以弱保之 1/5/4
豈○處京臺、章華 1/7/20
亦○不勝其任矣 1/8/11
豈○攝權持勢 1/8/21
○有波溢而播棄者 2/13/8
夫有病於內者○有色於外矣 2/14/27
○有蔽其明者 2/14/28
○形繫而神泄 2/15/4
○其（有命）〔命有〕在於外也 2/15/4
用也〔者〕○假之於弗用〔者〕也 2/16/11
○達乎性命之情 2/16/17
其舉錯未○同也 2/16/17
○無以天下為〔者〕也 2/16/20
○無以趨行求者也 2/16/20
則○無餘梓 2/17/21
冬生草木○死 3/22/29
以戰○勝 3/27/29
以攻○剋 3/27/29
後○无殃 3/27/30
○以風雨 4/34/4
○有凶災 5/39/26
〔處○〕（慎）〔揜〕身 5/41/26
○宜以明 5/42/13
○有天殃 5/42/15
斬殺○當 5/43/21

○行其罪 5/45/20
民○疾疫 5/46/5
○重閉 5/46/7
秫稻○齊 5/46/7
麴（糱）〔糵〕○時 5/46/7
湛熺○潔 5/46/7
水泉○香 5/46/8
陶器○良 5/46/8
火齊○得 5/46/8
處○掩身 5/46/12
誅○辜 5/48/1
執之○固 5/48/8
誠信以○ 5/49/19
○弱以強 5/49/19
○柔以剛 5/49/20
○為人笑 6/50/11
不過三月○死 6/54/17
○究其理 7/57/6
○窮其節 7/57/6
○遭亂世之患也 8/63/21
○有其質 8/66/4
亦○无餘命矣 9/72/15
言事者○究於法 9/72/28
而為行者○治於官 9/72/28
○參五行之陰考 9/73/1
○不可之數也 9/73/24
○遺天（下）〔地〕之大數 9/74/24
未○可用〔也〕 9/75/10
犯法者雖賢○誅 9/75/18
中度者雖不肖○無罪 9/75/18
而行○然之道 9/76/10
下○行之令 9/77/28
○先計歲收 9/78/11
聽獄○為斷 9/80/26
故舉而○榮 9/80/27
故動而○窮矣 9/81/1
易而○成 9/81/2
難而○敗 9/81/2
捨其易〔而○〕成者 9/81/3
而從事難而○敗者 9/81/3
衣食之道○始於耕織 9/81/15
終○利也 9/81/15
雖大○亡 9/82/6, 15/143/26, 15/145/24
雖勇○傷 9/82/6
○先反諸己 9/82/8
己未○（得）賢 10/83/14
則○不知狐 10/83/15
○未嘗見貍也 10/83/16
則○不知賢 10/83/17
則○不知不肖者矣 10/83/17
中心○有不合者也 10/83/26
○有不傳者 10/84/8
○遠（害）〔實〕也 10/85/1
○此積也 10/86/22
○知死之哀 10/88/21
有過○謁之 10/89/9
是武侯如弗贏之○得贏 10/89/9
而不能○其得福 10/89/15
而未能（○免其禍）〔○其免禍〕 10/89/16
○其甘之者也 10/89/26
○其樂之者也 10/89/26
行政〔未○〕善 10/90/9
善〔政〕未○至也 10/90/9
○不得其所懷也 10/90/14
城峭者○崩 10/91/18
岸崝者○陁 10/91/18
口慧之人無○信 10/92/24
則○有穿窬拊（揵）〔楗〕、（抽箕）〔扣基〕踰備之姦 11/94/2
○有菅屩跐踦 11/94/3
後世○有劫殺之君 11/94/12
魯國○好救人於患〔矣〕 11/94/15
○先平意 11/96/7
其亂○甚矣 11/96/9
為仁者○以哀樂論之 11/96/18
為義者○以取（子）〔予〕明之 11/96/18
未○无禮也 11/97/10
豈○鄒、魯之禮之謂禮乎 11/97/12
儀○應乎高下 11/99/8
衣○適乎寒暑 11/99/8
未○不合於人也 11/100/18
未○不非於俗也 11/100/18
然而樂推誠行○ 11/103/7
患○至矣 12/106/16
蛩蛩駏驉○負而走 12/108/8
凡聽○有驗 12/109/8
則○重失之 12/109/17
○伐曹 12/110/28
民○死矣 12/112/23
天○（有）三賞君 12/112/25
今夕星○徙三舍 12/112/26
星○三徙舍 12/112/27
故貴○以賤為本 12/114/3
高○以下為基 12/114/3
○假於弗用也 12/114/6
身○危亡 12/114/13
○加於頭 12/114/13
盜賊之心○託聖人之道而後可行 12/114/28
其備○先成 12/115/24
（季）〔宓〕子○行此術也 12/116/26
故○杜然後能門 12/118/14
豈○褒衣博帶 13/120/5
不○法古 13/121/4
不○循舊 13/121/4
則其亂○矣 13/122/5
○有獨聞之（耳）〔聽〕 13/122/17
○得和之精 13/122/30
雖小○大 13/124/19
雖成○敗 13/124/19
則○有繼之者也 13/125/4
言而○信 13/125/13
期而○當 13/125/13
則○滅抑而不能興矣 13/126/16
則○不免於有司之法矣 13/126/18
其失人也○多矣 13/128/6
是去恐死而就○死也 13/129/23
○為過失 13/130/26
其患○大 13/130/26
離者○病 13/131/1
嫁未○成也 13/131/20
雖強○沉 14/133/17
雖羸○遂 14/133/17
能有天下者○不失其國 14/134/1
能有其國者○不喪其家 14/134/1
能治其家者○不遺其身 14/134/1
能脩其身者○不忘其心 14/134/1
能原其心者○不虧其性 14/134/2
能全其性者○不惑於道 14/134/2
○得勝者也 14/134/6, 20/219/1
○強者也 14/134/6, 20/219/1
○用人力者也 14/134/6, 20/219/1

○得人心〔者〕也 14/134/7
○自得者也 14/134/7,20/219/2
○柔弱〔者〕也 14/134/7
○能治天下者 14/134/15
○使能者為己用 14/134/18
○無怨色 14/134/20
○以醜聲隨其後 14/134/21
釋道而任智者○危 14/134/24
棄數而用才者○困 14/134/24
不能使福○來 14/135/1
○危 14/135/7
○蚪也 14/135/7
欲尸名者○為善 14/136/1
欲為善者○生事 14/136/1
臨貨分財○探籌而定分 14/136/7
然而守重寶者○關戶而全封 14/136/8
○待遇 14/136/20
○以卑辭 14/136/27
此○全之道也 14/137/2
威之不能相○也 14/137/5
失○多矣 14/137/14
○不堪也 14/137/15
○困於性 14/138/19
○累其形 14/138/19
喜得者○多怨 14/138/25
喜予者○善奪 14/138/25
侯而求霸者○失其侯 14/138/29
霸而求王者○喪其霸 14/138/30
雖不○勝 14/139/17
得籌○多 14/139/18
雖不能○先哉 14/139/19
馬力○盡矣 14/139/19
大絃○緩 14/140/4
○從旁而決之 14/140/9
○制一羸 14/140/10
大樂○易 14/140/20
大禮○簡 14/140/20
其終（本）〔卒〕○調 14/141/4
○有不化而應化者 14/141/23
人○笑之矣 14/142/9
君子為善不能使（富）〔福〕○來 14/142/11
○反諸神 14/142/17
夫畜池魚者○去猵獺 15/143/10
（養）〔養〕禽獸者也○去豺狼 15/143/10
雖弱○強 15/143/26
大國○朝 15/144/22
小城○下 15/144/23
而所以○勝者寡 15/145/10
良將之所以○勝者 15/145/12
○擇其人 15/145/17
非所以○勝也 15/145/19
此○勝之本也 15/145/21
雖小○存 15/145/24
○先自廟戰 15/146/25
應敵○（敵）〔敏〕 15/147/22
發動○亟 15/147/23
將不誠○ 15/147/24
守有○固 15/147/27
而攻有○勝 15/147/27
權勢○形 15/148/7
明於○勝之（攻）〔數〕也 15/148/9
故兵不○勝 15/148/10
攻不○取 15/148/10
○有所虧 15/148/19
後○可移 15/148/19
○為之禽 15/149/2
所淩○破 15/149/8
然○待道而後行 15/149/16
雖未○能萬全 15/149/28
勝鈐○多矣 15/149/29
而勇士○勝者 15/150/1
天下見吾兵之○用也 15/150/7
故百人之○死也 15/150/7
賢於萬人之○北也 15/150/8
慶賞信而刑罰○ 15/150/12
兵之所以強者、（民）〔○死〕也 15/151/1
民之所以○死者、義也 15/151/1
是謂○取 15/151/2
則○王四海 15/151/7
則○正天下 15/151/7
羿不能以○中 15/151/9
故將○與卒同甘苦、（俟）〔侔〕飢寒 15/151/11
○以其身先之 15/151/11
士陵○下 15/151/12
合戰○立矢（射）〔石〕之所及 15/151/13
若（若）〔苦〕者○得其樂 15/151/19
勞者○得其利 15/151/19
斬首之功○全 15/151/19
死事之後○賞 15/151/19
將者○有三隧、四義、五行、十守 15/151/24
發○中詮 15/151/29
言○合數 15/151/29
動○順時 15/151/29
解○中揍 15/151/29
○先脩諸己 15/152/4
夫將者、○獨見獨知 15/152/28
若明之○晦也 15/153/9
不顧○死 15/153/21
○无道之國也 15/153/27
是故名○成而後无餘害矣 15/153/28
其覆○易 16.12/155/13
以清入濁○困辱 16.26/156/24
以濁入清○覆傾 16.26/156/24
○待異而後成 16.46/158/18
生子者所不能任其○孝也 16.54/159/12
○由小生 16.57/159/21
吾○悲哭社 16.77/161/7
殺牛、○亡之數 16.94/162/24
以○亡贖不○死 16.94/162/24
欲為邪者○（相）明正 16.97/163/3
欲為曲者○達直 16.97/163/3
若使人○知所集 16.103/163/20
國亡者非○仁義 16.109/164/8
被誅者非○忠也 16.109/164/8
○先徵羽樂風 16.112/164/15
（○先）始於《陽阿》、《采菱》 16.112/164/15
○食其蹠數十而後足 16.125/165/26
類不可○推 16.129/166/4, 17.109/176/1
厲利劍者○以柔砥 16.130/166/7
擊鍾磬者○以濡木 16.130/166/7
轂強○以弱輻 16.130/166/7
物之用者○待不用者 16.132/166/13
物之尤○有所感 16.137/166/27
○於近者 16.143/167/12
終日言○有聖之事 17.51/172/1

百發之中○有羿、逢蒙之巧 17.51/172/1
○問吉凶於龜者 17.52/172/4
富者未○盜 17.68/173/6
貧者未○廉 17.68/173/6
不○以輪 17.98/175/9
不○以紃 17.98/175/9
下○有肉 17.129/177/17
下○有月 17.129/177/17
用之○横 17.140/178/11
○噬其指 17.170/180/17
亦○（以）利溺人矣 17.184/181/14
○謂之亂 17.197/182/12
○留其謀 17.204/182/27
有榮華者○有憔悴 17.209/183/7
有羅紈者○有麻蒯 17.209/183/7
○有波 17.213/183/15
○有差 17.213/183/15
○有詭 17.213/183/15
故求物○於近之者 17.232/184/23
事○可行 18/186/11
王○封女 18/186/19
女○讓肥饒之地 18/186/19
夫再實之木根○傷 18/187/5
掘藏之家○有殃 18/187/6
○將復求地於諸侯 18/188/24
諸侯○植耳 18/188/24
夫有陰德者○有陽報 18/189/12
有（陰）〔隱〕行者○有昭名 18/189/12
○將（橈）〔撓〕 18/190/9
今雖成、後○敗 18/190/10
今雖惡、後○善 18/190/11
後○無獸 18/191/14
事○敗 18/191/25
其勢○襲鄭 18/193/1
○不敢進 18/193/1
守備○固 18/193/3
進○無功 18/193/3
○不能自免於（千）〔十〕步之中矣 18/194/26
若癰疽之○潰也 18/195/12
○危社稷 18/195/20
○為國憂 18/196/4
劍之折○有齧 18/196/11
○且以我為事也 18/197/5

○反朝徐 18/198/19
過宮室廊廟○趨 18/199/15
見門閭聚衆○下 18/199/16
○為天下勇武矣 18/200/2
而戰武（士）○（其）死 18/200/6
百姓聞之○怨吾君 18/201/3
諸侯聞之○輕吾國 18/201/3
公宣子止之○矣 18/201/5
而○（以）滅其家 18/201/17
○先卑體弭（耳）〔毛〕 18/202/6
見○殺之勢 18/202/7
有論者○不能廢 19/202/15
人○事焉 19/203/12
人○加功焉 19/203/12
計○得宋而後攻之乎 19/203/22
○不得宋 19/203/24
臣見大王之○傷義而不得宋 19/203/25
然其知者○寡矣 19/206/8
澤戰○克 19/207/26
攻城○下 19/207/26
故為道者○託之于神農、黃帝而後能入說 19/208/5
則弟子句指而受者○衆矣 19/209/2
非○西施之種 19/209/2
不○孔、墨之類 19/209/3
○知鐘之不調〔也〕 19/209/9
○自精氣所以與之施道 20/212/4
○用參五 20/212/27
至丈○差 20/215/5
至石○過 20/215/6
〔達〕○簡 20/215/10
故法雖在、○待聖而後治 20/216/24
律雖具、○待耳而後聽 20/216/24
醜○託善以自為解 20/218/11
邪○蒙正以自為（辟）〔辭〕 20/218/11
○以仁義為之本 20/218/24
○得人心者也 20/219/2
則田野○辟矣 20/220/29
則水用○足矣 20/220/29
則名譽○榮矣 20/221/1
〔則〕聞識○博矣 20/221/2

○察其終始 20/222/4
○原其本末 20/222/4
見其○擒於越也 20/222/22
○有細大駕和 21/227/8

畀 bì 1

詘節（○）〔卑〕拜 7/60/7

陛 bì 2

桀不下○而天下亂 10/84/23
臣請伏於○下以司之 12/113/1

畢 bì 25

其星胃、昴、○ 3/19/24
草木○死 3/22/26
歲星舍胃、昴、○ 3/27/9
胃、昴、○為對 3/27/17
四月建○、〔觜巂、參〕 3/28/1
○十六 3/28/8
胃、昴、○魏 3/28/12
句者○出 5/40/15
以○春氣 5/40/22
旦○中 5/42/23
○ 5/45/21
季夏德○ 5/48/15
季冬刑○ 5/48/15
體便輕○ 6/52/8
澤梁○禁 8/66/9
莫不○宜也 9/80/5
〔閔子騫三年之喪○〕 10/87/8
風波○除 12/118/6
木生○方 13/130/16
白刃不○拔而天下（傳）〔傅〕矣 15/146/15
○受功賞 15/153/24
報○於君曰 15/153/25
十牖○開不若一戶之明 17.221/183/31
大夫○賀 18/193/11
（卑）〔○〕辭而不能得也 18/198/10

閉 bì 48
與陰俱○ 1/7/22
形○中距 1/10/5
○九竅 2/14/9
廣莫風至則○關梁 3/20/30
萬物○藏 3/21/20
壬子受制則○門閭 3/23/22
靜居○戶 3/24/7
乃〔布〕收其藏而○其寒 3/24/8
丑為○ 3/27/4
蠶○ 3/29/27
天之所○也 4/36/7
門閭無○ 5/41/23
○門閭 5/45/13
修楗○ 5/45/18
則湅○不密 5/45/25
必重○ 5/46/7
〔此〕所以助天墜之○〔藏也〕 5/46/14
開○闔 5/47/15
固○藏 5/48/6
○（關）〔門〕閭 5/48/7
蚤○晏開 5/48/7
曼聲吞炭內○而不歌 6/53/15
開○張歙 7/55/11
靜則與陰（俱○）〔合德〕 7/57/1
不原其所以樂而○其所樂 7/60/13
直（宜）迫性○欲 7/60/19
明於禁舍開○之道 8/64/18
故○四關 8/64/24
故○四關則〔終〕身無患 8/64/27
外邪不入謂之（塞）〔○〕 9/77/11
中（扃）〔扃〕外○ 9/77/11
外○中（扃）〔扃〕 9/77/12
不可以○藏 10/84/19
重而○之莫固於口 10/92/6
若夫工匠之為連鐖、運開、陰○、眩錯 11/100/7
神機陰○ 11/101/25
○其門 12/116/3
若轉○錘 12/117/18
善○者 12/117/21
周○而外 14/134/3
而寒暑不可（開）〔關〕○ 15/148/23
兒說之為宋王解○結也 16.20/156/6
善○者不用關楗 16.25/156/21
魯君令人○城門而捕之 18/187/11
○其一 18/196/10
於○結无不解 18/198/5
非能○結而盡解之也 18/198/5
聖人見（禍）福於重○之內 20/222/25

拼 bì 1
（○）〔揮〕梲而狎犬也 9/68/4

賁 bì 5
○星墜而勃海決 3/19/11
勇服於孟○ 9/80/22
孟○、成荊無所行其威 11/103/26
規孟○之目 16.91/162/17
孟○探鼠穴 17.170/180/17

碧 bì 7
○樹、瑤樹在其北 4/33/6
青水宜○ 4/35/22
○瑜冀土也 10/89/23
玉工眩（王）〔玉〕之似○盧者 13/128/13
唐○堅忍之類 19/206/20
（瑤○玉珠） 20/210/24
〔瑤○玉珠〕 20/210/24

箅 bì 2
其於以（函）〔承〕食不如〔竹〕（簞）〔○〕 11/94/28
弊（箄）〔○〕甑（甈）〔瓾〕 16.116/164/28

幣 bì 9
清明風至則出○帛 3/20/28
○禱鬼神 5/39/9
更皮○ 5/40/2
出○帛 5/40/16
行重○ 5/43/9
使人以○先焉 11/102/26
諸侯執○相朝 12/117/20
事之以皮○珠玉而不聽 14/134/12
非以寶○ 14/136/27

弊 bì 19
齒堅於舌而先之○ 1/5/6
○而復新 2/11/4
不與物相○摋 2/12/6
○其玄光而求知之于耳目 2/16/13
久而不○ 5/48/30
人羸車○ 6/53/24
聰明（先）〔光〕而不○ 9/75/3
冠雖○ 12/114/13
甲兵未及銳○也 12/115/20
是以能○而不新成 12/119/20
治既○之民 13/122/2
（不）足以○身 14/136/4
○（箄）〔箅〕甑（甈）〔瓾〕 16.116/164/28
孰先○也 17.55/172/10
鱉無耳而目不可以（瞥）〔○〕 17.91/174/25
紵之○不如布 17.153/179/8
民以○矣 18/192/19
法○而改制 20/213/24
百姓罷○ 20/219/25

壁 bì 13
其星東○、奎、婁 3/19/24
歲星（含）〔舍〕營室、東○ 3/27/7
營室、東○為對 3/27/15
正月建營室〔東○〕 3/28/1
東○九 3/28/7
營室、東○衛 3/28/12
昏〔東〕（壁）〔○〕中 5/46/1
跌衽宮○ 11/100/24
治○壘 15/152/22
受光於牖照北○ 16.82/161/21
咼氏之（○）〔璧〕 16.90/162/14
遺虞垂棘之（○）〔璧〕

與屈產之乘 18/189/1
虞公或於（〇）〔璧〕
與馬 18/189/2

蔽 bì 22

〔有所屏〇〕也 1/5/14
必有〇其明者 2/14/28
〇于委羽之山 4/37/12
可得而〇也 8/62/24
所以〇明也 9/67/8
忠者隱〇矣 9/72/20
無〇財 10/83/10
名過其實者〇 10/91/22
無所陰〇（隱）也 12/118/23
以〇風雨 13/120/8
而〇於死亡之患也 13/129/21
見其文者〇其質 14/138/18
風雨可障〇 15/148/22
知明而不可〇也 15/151/27
〇之於前 15/152/14
則明〔有〕所〇矣 17.17/169/19
蓋非橑不能〇（曰）
〔日〕 17.41/171/7
暴不能〇也 18/191/6
〇者不傷 18/195/6
居（隱為）〔為隱〕〇 18/202/2
（景）〔晏〕以〇日 19/206/5
〇於論而尊其所聞 19/208/6

畢 bì 1

田獵〇弋 5/40/18

避 bì 25

而賢知者弗能〇也 1/5/15
今夫狂者之不能〇水火
之難而越溝瀆之嶮者 1/9/28
人主深居隱處以〇燥濕 9/71/9
（閏）〔閨〕門重襲以
（〇）〔備〕姦賊 9/71/9
物莫〇其所利而就其所
害 11/95/13
入其家者〇其諱 11/97/12
以〇寒暑 13/120/8
或〇之 13/129/25
而可以寧〇害者 14/135/9
不〇醜 14/135/12
退不〇罪 15/153/22
〔得〕千歲之鯉（不能
〇） 16.4/154/14
先〇患而後就利 17.217/183/23
是故聖人深居以〇辱 18/196/8
夫〔上〕仕者先〇〔患
而後就利〕 18/196/15
〔於是〕迴車而〇之 18/200/2
齊莊公〇一螳蜋而勇武
歸之 18/200/3
以〇其怒矣 18/202/7
令民知所〇就 19/202/18
〇害而去 19/206/2
以（備）〔〇〕矰弋 19/206/4
不〇煩難 19/207/25
〇忌諱之殃 21/224/12
〇實就虛 21/225/31
則不知所〇諱 21/226/25

臂 bì 18

故人〔〇〕脩（八）
〔四〕尺 3/26/14
有修股民、天民、肅慎
民、白民、沃民、女
子民、丈夫民、奇股
民、一〇民、三身民 4/36/26
〔有〕結胸民、羽民、
讙頭國民、（裸）
〔裸〕國民、三苗民
、交股民、不死民、
穿胸民、反舌民、豕
喙民、鑿齒民、三頭
民、脩〇民 4/36/27
有神二（人）〔八〕連
〇為帝候夜 4/37/5
若五指之屬於〇也 9/77/19
越人契〇 11/97/2
慢然下其〇 12/116/6
若士舉〇而竦身 12/116/16
於是佽非（瞋目敎然）
〔敎然瞋目〕攘〇拔
劍 12/118/4
（壤）〔攘〕〇袒右 15/146/8
指不可以大於〇 16.12/155/13
斷右〇而爭一毛 16.74/160/30
或斷〇而顧活 16.129/166/4
桑林生〇手 17.50/171/25
奮〇大呼 18/197/18
羿左〇脩而善射 19/205/14
皆方面奮〇而為之鬬 20/219/23
百姓放〇而去之 20/219/26

璧 bì 20

故聖人不貴尺之〇 1/5/19
用圭〇 5/40/2
昏〔東〕（〇）〔壁〕中 5/46/1
和氏之〇 6/51/2
〇襲無（理）〔羸〕 6/53/17
虞君利垂棘之〇而擒其身 7/60/27
虞君好寶而晉獻以〇馬
釣之 9/77/8
虞公見垂棘之〇 10/86/16
釐負羈遺之壺餕而加〇
焉 12/110/28
重耳受其餕而反其〇 12/111/1
今與人（弁民之礜）
〔卞氏之〇〕 14/140/7
故和氏之〇、隨侯之珠
16.19/156/1
有千金之〇而無鑞錘之
礛諸 16.81/161/18
咼氏之（璧）〔〇〕
16.90/162/14
得咼氏之〇 16.105/163/26
〇瑗成器 17.28/170/11
晉以垂棘之〇得虞、虢
17.57/172/15
白〇有考 17.89/174/21
遺虞垂棘之（壁）〔〇〕
與屈產之乘 18/189/1
虞公或於（壁）〔〇〕
與馬 18/189/2

髀 bì 2

兩〇在上 7/58/20
墮而折其〇 18/190/3

躄 bì 4

○者告盲者 16.144/167/14
使○者走 16.144/167/15
毋予○者履 17.7/168/25
○者見虎而不走 17.43/171/11

猵 biān 1

夫畜池魚者必去○獺 15/143/10

甂 biān 2

狗彘不擇○甌而食 17.9/168/29
○甌有甚 20/215/14

編 biān 3

又況○戶齊民乎 2/18/3
西南方曰○駒之山 4/34/7
故其為○戶齊民無以異 11/104/8

鞭 biān 6

電以為○策 1/2/5
是故○噬狗 1/3/5
左右若○ 6/52/8
去○棄策 6/52/9
如○(跳)〔蹏〕馬矣 9/73/24
○荊平(王)之墓 20/219/22

邊 biān 7

繕○城 3/20/30
○境不寧 5/45/5
修○境 5/45/18
然〔而〕民有處○城 9/78/14
發○戍 12/117/17
置○吏 12/117/17
翼輕○利 15/152/17

籩 biān 1

設○豆者 20/215/17

扁 biǎn 8

○鵲以治病 11/99/23
輪(人)〔○〕斲輪於堂下 12/110/1
輪○曰 12/110/2
12/110/3,12/110/4
雖有○鵲、俞跗之巧 18/186/3
解○為東封 18/192/15
所以貴○鵲者 20/216/17

貶 biǎn 1

而○末世之曲政也 21/225/5

褊 biǎn 2

萬人蒙之而不○ 9/70/21
智所知者○矣 17.4/168/18

卞 biàn 1

今與人(弁民之譽)〔○氏之璧〕 14/140/7

弁 biàn 3

無皮○搢笏之服 11/97/9
今與人(○民之譽)〔卞氏之璧〕 14/140/7
故○冕輅輿 20/221/27

拚 biàn 1

坐者不期而○皆如一 17.20/169/26

便 biàn 57

有萬不同而○于性 1/1/13
物○其所 1/3/21
以○涉游 1/3/25
以○刺舟 1/3/25
○之也 1/3/26
故聽善言○計 1/8/6
買○其肆 2/17/25
處○而勢利也 2/18/10
以○民事 5/44/5
體○輕畢 6/52/8
○死路 6/53/22
而適躬體之○也 7/58/12
(而)〔不〕○於性者不以滑〔和〕 7/60/10
不○侈靡之樂 7/60/18
行快而○于物 8/61/7
而可以○國佐治 9/73/1
故有野心者不可借○勢 9/82/1
逆於己〔而〕○於國者 10/90/5
黿鼉之所○也 11/94/22
使各○其性 11/94/25
夫明鏡○於照形 11/94/28
○身體 11/98/11
胡人○於馬 11/101/20
越人○於舟 11/101/20
不若窾木○者 11/102/28
而皆得所○ 11/103/10
後世為之機杼勝複以○其用 13/120/9
故(居)〔民〕迫其難則求其○ 13/120/15
衣服器械各○其用 13/121/5
故因其○以尊之 13/130/24
不學刺舟而○用之 14/134/11
不學騎馬而○居之 14/134/11
內○於性 14/137/20
視之不○於性 14/137/24
○於身也 14/137/25
○動靜 14/137/27
背鄉左右之○ 15/145/11
地利形○ 15/145/26,21/228/25
器備孰○ 15/146/26
今夫虎豹○捷 15/149/9
勢莫○於地 15/149/15
○國不(負)〔員〕兵 15/151/25
刀○剃毛 16.126/165/29
殺頭而○冠 17.25/170/5
勢不○也 17.43/171/11
17.80/174/1
○也 17.79/173/31
人性○(絲衣)〔衣絲〕帛 17.147/178/27
為其所不○以得所○ 17.147/178/27
○(媢)〔娟〕擬神 19/209/20

不為秦、楚○節 9/69/25
呑炭○音 9/73/17
○法者 9/75/28
物至而觀其（象）〔○〕 9/76/9
見成敗之○ 9/80/21
夫子見禾之三○也 10/85/12
市不○其肆 11/97/23
此皆聖人之所以應時耦○ 11/99/4
夫以一世之○ 11/99/7
是故世異即事○ 11/99/8
面形不○其故 11/101/7
非意○也 11/102/21
審於勢之○也 11/102/25
可陶冶而○化也 12/106/11
事者、應○而動 12/110/17
○生於時 12/110/17
不○其故 12/112/4
是○其故、易其常也 12/112/5
臨死地不○其儀 12/118/1
此皆因時○而制禮樂者〔也〕 13/120/25
不○法而亡 13/121/4
故聖人法與時○ 13/121/5
故○古未可非 13/121/5
故一人之身而三○者 13/121/20
應時偶○ 13/121/22
雖日○可也 13/121/26
因時○而制宜適〔也〕 13/122/13
不可使應○ 13/122/16
夫殷○夏 13/122/20
周○殷 13/122/20
春秋○周 13/122/20
則應時而○ 13/122/21
今世之法（藉）〔籍〕與時○ 13/122/21
以乘時應○也 13/125/22
事萌而察其○ 13/126/19
无○於己 13/129/14
是故聖人審動靜之○ 13/129/28
揔形推類而為之○象 13/130/20
一（身）〔人〕之身既數（既）○矣 14/137/9
○常易故 14/140/11
千○萬軫 14/141/23
寒暑之○ 14/141/24
○化无常 15/144/2
明奇（政）〔正〕之○ 15/145/5
窮侈靡之○ 15/146/5
無為而應○ 15/148/14
極其○而束之 15/148/17
○而為之象 15/149/22
○化消息 15/149/23
因時而○化者也 15/150/13
因此而為○者也 15/152/13
此善因時應○者也 15/152/24
世已○矣 16.11/155/9
行小○而不失常 16.99/163/9
小○不足以防大節 17.49/171/23
未可以應○ 17.142/178/15
百事之○化 18/186/12
其○難見也 18/189/28
子能〔○〕道則可 18/192/10
此知仁義而不知世○者也 18/198/23
以其能龍○也 18/199/20
不可○ 19/204/15
倏忽○化 19/206/22
故國危亡而天文○ 20/210/22
○習易俗 20/211/4
非樂○古易常也 20/213/24
而不可令應○ 20/214/26
知足以知（○）〔權〕者 20/217/16
楚國山川不○ 20/219/26
而物○无窮 20/220/18
覽耦百○也 21/224/5
離別萬物之○ 21/224/7
知○化之紀 21/224/8
知逆順之○ 21/224/11
埒略衰世古今之○ 21/225/4
而兆見得失之○、利病之（文）〔反〕 21/225/22
兼稽時世之○ 21/225/24
詐譎之○ 21/225/29
所以觀禍福之○ 21/226/5
（以）〔言〕稱喻而不言俗○ 21/226/27
已言俗○而不言往事 21/226/28
然而伏戲為之六十四○ 21/227/6
應○化 21/228/30

猋 biāo 2

追○歸忽 6/52/12
發如（秋）〔○〕風 15/147/6

標 biāo 2

本○相應 3/19/9
○舉終始之壇也 21/226/5

熛 biāo 1

一家失○ 17.172/180/21

蔈 biāo 5

秋分〔而禾〕○定 3/26/17
○定而禾熟 3/26/17
故十二○而當一（粟）〔分〕 3/26/17
容華生○ 4/38/11
○生（萍）藻 4/38/11

⿰禾票 biāo 2

夫寸生於（○）〔標〕 9/75/23
（○）〔標〕（生於日日）生於形 9/75/23

表 biǎo 48

今夫善射者有儀○之度 2/13/16
先樹一○東方 3/31/10
操一○卻去前○十步 3/31/10
又樹一○於東方 3/31/10
因西方之○以參望日方入北廉 3/31/11
則定東方兩○之中 3/31/11
與西方之○ 3/31/11
立四○以為方一里岠 3/31/15
從岠北○參望日始出及旦 3/31/15
輒以南○參望之 3/31/16
以入前○數為法 3/31/16
除立○袤 3/31/17
入前○中一寸 3/31/17
入前○半寸 3/31/18
從西南○參望日 3/31/22
日夏至始出與北○參 3/31/22
則是東與東北○等也 3/31/22
以出入前○之數益損之 3/31/24

○入一寸 3/31/24
○出一寸 3/31/24
樹○高一丈 3/32/1
北○二尺 3/32/1
南○尺九寸 3/32/1
若使景與○等 3/32/3
外為○而內為裏 7/55/10
可以矩○識也 8/62/22
抱○懷繩 8/64/15
〔而〕行為儀○於天下 9/67/6
先（自）〔以身〕為檢
式儀○ 9/75/29
○商容之閭 9/80/17
12/117/18,20/219/18
而無仁智以為○幹 9/81/29
（句）〔包〕裹宇宙而
無○裏 10/82/15
僖負羈以壺（飱）〔飧〕
○其閭 10/85/17
而能為○者 10/89/26
離而為儀○ 11/98/21
不受於外而自為儀○也 13/123/15
無常儀○ 13/125/21
夜見立○ 13/130/13
此世傳之所以為儀○者 15/150/12
儀○者 15/150/13
植○而望則不惑 17.100/175/13
儀○規矩 18/185/20
行為儀○ 20/217/7
行足以為儀○ 20/217/18
治之儀○也 20/221/20

檦 biǎo 1

○（抹）〔株〕樽（攎）
〔櫨〕 8/65/2

鱉 biē 12

魚○湊淵 1/3/19
以食○魚 8/65/5
魚○沈 10/85/1
魚○龍蛇莫（肯之）
〔之肯〕歸也 12/118/22
魚○不動 15/149/3
為魚○者則可以罔罟取
也 15/149/20
援兩○而失靈龜 16.74/160/30
膏之殺○ 16.124/165/22
不能搏龜○ 17.80/174/1
○無耳而目不可以（瞥）
〔弊〕 17.91/174/25
跛○千里 17.226/184/9
滎水不能生魚○者 20/211/14

別 biē 28

而知能○同異、明是非者 1/9/22
游牝○其群 5/41/23
○男女 6/52/17
於是乃○為陰陽 7/54/26
男女群居雜處而無○ 8/62/10
淫泆無○ 8/62/17
可得而○也 8/62/24
○五色 8/62/25
（○）〔制〕觡（仲）
〔伸〕鉤 9/70/4
其○白黑與人異 9/81/23
所以○尊卑、異貴賤 11/93/24
宰庖之切割分○也 11/98/18
鄉○州異 11/101/17
○同異 11/101/26
脩戟无（○）〔刺〕 13/122/6
方以類○ 14/132/11
喜怒為○ 16.117/165/4
憂樂○也 17.106/175/26
目不能○晝夜、分白黑 19/206/16
分〔○〕白黑（利害） 19/206/26
故男女有○ 20/212/16
○（清濁）五音〔清濁〕
六律相生之數 20/213/3
分○爭財 20/218/12
離○萬物之變 21/224/7
○同異之跡 21/224/28
分○百事之微 21/226/5
谿異谷○ 21/228/16
韓、晉○國也 21/228/20

邠 bīn 3

大王亶父居○ 12/109/12
泰王亶父處○ 14/134/12
大王亶父處○ 20/211/26

賓 bīn 31

海外○服 1/3/3
賞罰不施而天下○服 2/11/21
音比（林鍾）〔蕤○〕 3/22/16
音比（蕤○）〔仲呂〕 3/22/17
音比蕤○ 3/22/25
律受蕤○ 3/25/8
蕤○者 3/25/8
上生蕤○ 3/26/4
蕤○之數五十七 3/26/4
應鍾生蕤○ 3/26/8
律中蕤○ 5/41/18
候鴈來○ 5/44/14
拱揖指麾而四海○服 6/54/4
莫不○服 9/73/19
故○有見人於密子者 11/100/26
○出 11/100/26
子之〔所見〕○猶有三
過 11/101/1
○曰 11/101/2,18/190/16
18/190/17,18/196/27
故○之容一體也 11/101/3
諸侯入○ 12/113/12
以十二牛勞秦師而○之 12/115/23
○秦師而卻之 13/125/16
饗○修敬不思德 14/138/1
今有美酒嘉肴以相〔○〕
饗 14/141/4
○客多止之 18/190/13
無為○通言 18/190/13
○趨而進 18/190/15
四海弗○ 21/226/21

濱 bīn 2

釣於河○ 1/4/18
射沼○之高鳥 1/8/27

瀕 bīn 1

西王母在流沙之○ 4/37/10

繽 bīn 1

○紛龍從 2/10/17

夫○者 15/143/1
則制之以○革 15/143/2
故聖人之用○也 15/143/3
故霸王之○ 15/143/10
則舉○而臨其境 15/143/12
○至其郊 15/143/12
○之來也 15/143/15
民之思○也 15/143/20
夫有誰與交○接刃乎 15/143/21
故義○之至也 15/143/21
○失道而弱 15/144/1
刑、○之極也 15/144/9
是故大○無創 15/144/10
五○不厲 15/144/10
故得道之○ 15/144/21
故明王之用○也 15/144/26
故善用○者 15/144/28,15/146/21
15/147/11,15/152/12
不能用○者 15/144/28
○有三詆 15/145/1
此用○之上也 15/145/3
國富○強 15/145/3
未至（○交）〔交○〕
接刃而敵人奔亡 15/145/4
此用○之次也 15/145/5
此用○之下也 15/145/7
夫○之所以佐勝者眾 15/145/10
甲堅○利 15/145/10
○甲治 15/145/13
○之勝敗 15/145/19
則○強矣 15/145/19
則○弱矣 15/145/20
堅甲利○ 15/145/23
然而○殆於垂沙 15/146/2
○挫地削 15/146/3
非有（牢）〔堅〕甲利
○ 15/146/8
善用○者畜其怒 15/146/19
萬乘之國好用○者亡 15/146/23
故全○先勝而後〔求〕
戰 15/146/23
敗○先戰而後求勝 15/146/23
凡用○者 15/146/25
甲○孰利 15/146/26
善用○〔者〕 15/147/13
○不盡拔 15/147/14
○靜則固 15/147/18

故能分人之○ 15/147/18
不能分人之○ 15/147/19
不待交○接刃 15/147/28
○有三勢 15/148/1
〔使〕敵人之○ 15/148/6
戰不至交○接刃而敵破 15/148/9
故○不必勝 15/148/10
○出而不徒歸 15/148/11
則野无校○ 15/148/12
○如植木 15/148/21
善用○者 15/149/1,15/152/8
○家或言曰 15/149/13
○之幹植也 15/149/16
則○以道理制勝 15/149/19
○之所隱議者天道也 15/149/26
故上將之用○也 15/149/27
是以無破軍敗○ 15/149/28
下將之用○也 15/149/29
是故善用○者 15/150/6
天下見吾○之必用也 15/150/7
故用○之道 15/150/25
○之所以強者、（民）
〔必死〕也 15/151/1
故良將之用○也 15/151/14
○猶且弱也 15/151/19
○猶且強 15/151/21
便國不（負）〔員〕○ 15/151/25
蓋（間）〔聞〕善用○
者 15/152/4
○貴謀之不測也 15/152/11
然而非○之貴者也 15/152/26
故勝○者非常實也 15/153/10
敗○者非常虛也 15/153/10
故虛實之氣、○之貴者
也 15/153/11
是故○未交接而敵人恐
懼 15/153/23
○之所加者 15/153/27
得萬人之○ 16.105/163/26
鼓造辟○ 17.54/172/8
（戰）○死之鬼憎神巫
17.90/174/23
○（橫）行天下而无所
綣 18/186/24
三國之○罷 18/191/1
庫無甲○ 18/192/9
甲○粟米可立具也 18/192/12

操○弩而出 18/192/13
遂舉○擊燕 18/192/15
秦穆公使孟盟舉○襲鄭 18/192/29
晉先軫舉○擊之 18/193/3
興○而（攻）〔政〕
〔之〕 18/193/14
遂興○伐趙 18/194/1
遂興○以救之 18/195/23
劉、項興義○隨 18/197/19
乃舉○而伐徐 18/198/22
楚國知其可以為○主也 18/200/10
乃整○鳴條 19/202/24
臣聞大王舉○將攻宋 19/203/22
頓○剉銳 19/203/23
於是乃偃○ 19/203/28
其後秦將起○伐魏 19/204/4
舉○伐之 19/204/5
於是秦乃偃○ 19/204/5
時搜振旅以習用○也 20/212/18
庫○動而戎馬驚 20/215/26
今日解怨偃○ 20/215/26
而不敢加○焉 20/216/26
○不血刃 20/216/27
偃五○ 20/219/19
卻吳○ 20/219/24
吳起之用○也 20/222/19
吳起以○弱楚 20/222/20
有《○略》 21/223/27
《○略》者 21/225/29
此所以言○也 21/225/31
通書文而不知○指 21/226/29

丙 bǐng 27

昔者馮夷、大○之御也 1/1/26
其日○丁 3/20/3,5/41/1,5/41/17
加十五日指○則芒種 3/22/20
（太）〔天〕一在○子 3/23/9
立春○子 3/23/9
七十二日○子受制 3/23/17
○子受制則舉賢良 3/23/20
○子氣燥陽 3/23/25
○子干甲子 3/23/25
戊子干○子 3/23/27
庚子干○子 3/23/27
壬子干○子 3/23/27
甲子干○子 3/23/27

〇子干戊子 3/24/2
〇子干庚子 3/24/3
〇子干壬子 3/24/4
〇子 3/26/10
〇剛丁柔 3/27/24
〇楚 3/28/22
〇丁巳午 3/28/26
〇午 3/29/8
辰在〇曰柔兆 3/29/27
若夫鉗且、大〇之御
　〔也〕 6/52/9
夫鉗且、大〇不施轡銜
　而以善御聞於天下 6/54/11
潘尪、養由基、黃衰微
　、公孫〇相與篡之 13/125/18

秉 bǐng 8

〇其要〔趣而〕歸之
　（趣） 1/2/12
無失所〇 1/7/14
夫〇皓白而不（里）
　〔黑〕 2/12/14
右（〇）〔執〕白旄 6/50/2
（〇）太一者 8/64/5
昔武王執戈〇鉞以（伐
　紂）勝殷 11/102/19
事智所〇 18/185/26
所以使人主〇數持要 21/225/9

柄 bǐng 17

得道之〇 1/1/10
執道（要）之〇 1/2/11
操殺生之〇而以行其號
　令邪 1/8/21
以求鑿（〇）〔枘〕於
　世而錯擇名利 2/15/18
權勢之〇 9/72/23
而持爵祿之〇 9/73/12
攝權勢之〇 9/77/17
權〇重也 9/77/24
執〇持術 9/80/5
是猶持方〇而周員鑿也 13/122/22
齊簡公釋其國家之〇 13/123/7
彗星出而授殷人其〇 15/146/14
授將軍其〇 15/153/16, 15/153/16
椎固百〇 17.8/168/27
明攝權操〇 21/225/8
握其權〇 21/228/16

稟 bǐng 9

〇授無形 1/1/3
布施〇授而不益貧 1/1/21
〇授於外而以自飾也 1/8/4
雖欲勿〇 2/17/18
所〇於地也 7/55/7
〇不竭之府 7/58/25
夫〇道以通物者 11/99/23
帝者誠能包〇道 13/132/5
無〇受於外 19/206/3

并 bìng 12

〇之 3/31/19
正西弇州曰〇土 4/32/14
〇兼無已 8/66/22
〇呑其地 9/73/16
（〇）〔從〕方外 9/74/25
〇覆百姓 9/80/1
（兼）〔兼〕覆（蓋）
　而〇有之、（度）伎
　能而裁使之者 10/93/15
則（兼）〔兼〕覆而〇
　〔有〕之 11/103/14
大國〇小國則為賢 16.69/160/19
治疽不擇善惡醜肉而〇
　割之 16.73/160/27
農夫不察苗莠而〇耘之 16.73/160/27
彼〇身而立節 19/209/11

併 bìng 1

與瞽師〇 10/85/24

並 bìng 24

〇應無窮 1/1/11
〇得其宜 1/3/21
黎莠蓬蒿〇興 5/39/14
兵革〇起 5/40/25
師旅〇興 5/45/5
太公〇世 6/51/11
十日〇出 8/63/10
明與日月〇 8/64/15
況於〇世化民乎 9/69/9
是故群臣輻湊〇進 9/71/7
 9/71/22
〇用周聽以察其化 9/73/2
萬物〇興 9/80/3
怨德〇行 11/94/1
因〔其〕所有而（〇）
　〔遂〕用之〔也〕 11/102/8
〇世有與同者而弗知貴
　也 11/102/27
夫飢寒〇至 11/104/12
四通〇流 12/117/3
萬物〇作 12/117/26
威（儀）〔義〕〇行 15/151/2
日月不〇出 17.99/175/11
故百川〇流 20/218/15
百事〇行 20/218/24
（〇明） 21/224/28

病 bìng 50

〇乃成積 1/7/5
昔公牛哀轉〇也 2/11/7
夫有〇於內者必有色於
　外矣 2/14/27
平公癃〇 6/49/27
子求行年五十有四而〇
　傴僂 7/58/20
〇疵瘕者 7/59/26
醫駱以治〇 10/87/13
其次勞而不〇 10/90/16
其下〇而不勞 10/90/16
乃反為〇 10/93/6
故強哭者雖〇不哀 11/96/21
扁鵲以治〇 11/99/23
人民未及罷〇也 12/115/20
〇也 12/115/28
喉中有〇 13/126/27
離者必〇 13/131/1
不利則〇 14/135/8
嫁女於〇消〔渴〕者
　16.23/156/15
執獄牢者無〇 16.24/156/18
常治無〇之〇 16.24/156/18

故無〇 16.24/156/19
人二氣則成〇 16.27/156/27
亦不〇暮 16.106/163/31
〇者寢席 16.123/165/19
為醫之不能自治其〇 16.151/168/4
〇而不就藥 16.151/168/4
羃棺者欲民之疾（〇）〔疫〕也 17.32/170/19
與死者同〇 17.62/172/26
蛖象之〇 17.113/176/9
人之〇 17.113/176/9
〇熱而強之餐 17.168/180/12
蛖之〇而我之利 17.195/182/8
是由〇者已惓而索良醫也 18/186/3
〇（疽）〔且〕（將）死 18/186/19
眾人皆知利利而〇〇也 18/187/5
唯聖人知〇之為利 18/187/5
知利之為〇也 18/187/5
夫〇溫而強之（食）〔餐〕 18/187/27
〇暍而飲之寒 18/187/27
而良醫之所以為〇也 18/187/27
老〇童兒皆上城 18/189/26
〔武〕大夫〇 18/191/21
〇者不得養 18/197/18
時多（疾）〔疹〕〇毒傷之害 19/202/16
以辟疾（〇）〔疹〕之菑 20/212/28
非貴其隨〇而調藥〔也〕 20/216/17
故有瘖聾之〇者 20/220/12
而兆見得失之變、利〇之（文）〔反〕 21/225/22

波 bō 23

必有〇溢而播棄者 2/13/8
（餘〇入于流沙） 4/33/12
東南方曰〇母之山 4/34/7
陽侯之〇 6/50/1,12/118/3
於是風濟而〇罷 6/50/3
涔雲〇水 6/50/17
動則與陽（俱開）〔同〇〕 7/57/1
詭文回〇 8/65/3
以揚激〇 8/65/5
夫（疾風）〔風疾〕而〇興 9/73/21
故水（擊）〔激〕則〇興 11/96/14
〇水不可以為平 11/96/14
風〇畢除 12/118/6
水激興〇 13/126/28
〇至而〔恐〕 13/129/25
卒而遇風〇 15/144/25
陵之若〇 15/147/14
渡江河而言陽侯之〇 16.139/167/1
鳥有沸〇者 17.210/183/9
必有〇 17.213/183/15
起〇濤 18/196/21
海不溶〇 20/210/19

剝 bō 6

〇之若槁 2/11/14
是猶代庖宰〇牲 9/77/3
〇之不可遂盡也 10/85/25
尸（雖能）〇狗燒彘 14/140/1
〇牛皮 16.35/157/17
〇狗燒豕 20/215/16

播 bō 5

神農之〇穀也 1/3/12
必有波溢而〇棄者 2/13/8
譬若〇棊丸於地 11/95/9
后稷〇種樹穀 14/138/8
於是神農乃（如）〔始〕教民〇種五穀 19/202/17

撥 bō 4

扶〇以為正 8/64/18
扶〇枉橈不失箴鋒 9/69/19
披斷〇（檖）〔遂〕 11/99/26
琴或〇刺枉橈 19/208/21

嶓 bō 2

漢出〇冢 4/37/18,16.83/161/24

伯 bō 83

使風〇掃塵 1/2/5
故蘧〇玉年五十而有四十九年非 1/5/11
造父不能為〇樂者 2/13/17
菹梅〇之骸 2/18/1
夫顏回、季路、子夏、冉〇牛 7/60/15
冉〇牛為厲 7/60/16
〇益作井 8/62/27
蘧〇玉為相 9/68/21,9/68/22
智〇伐中行氏 9/73/16
豫讓背其主而臣智〇 9/73/16
智〇與趙襄子戰於晉陽之下 9/73/16
故〇樂相之 9/77/4
中行繆〇手搏虎 10/84/8
而〇夷獨舉 10/86/20
歸乎〇孟 10/86/22
故〇夷餓死首山之下 10/89/28
賢於智〇之大鍾 11/96/23
不若得〇樂之數 11/99/18
〇樂、韓風、秦牙、筦青 11/99/28
〇夷、叔齊非不能受祿任官以致其功也 11/103/5
從管、晏視〇夷 11/103/8
從〇夷視管、晏 11/103/8
智〇有三晉而欲不贍 11/103/11
知〇與襄子飲而批襄子之首 12/106/23
知〇圍襄子於晉陽 12/106/24
大敗知〇 12/106/25
秦穆公（請）〔謂〕〇樂曰 12/111/15
召〇樂而問之曰 12/111/20
〇樂喟然（木）〔大〕息曰 12/111/22
周〇昌（行）仁義而善謀 12/114/11
周〇昌改道易行 12/114/17
鄭賈人弦高矯鄭〇之命 12/115/22

○余之初作衣也 13/120/9
文王舍○邑考而用武王 13/120/19
○成子高辭為諸侯而耕 13/122/5
智○以三晉之地擒 13/124/24
乃矯鄭○之命 13/125/16
18/193/2
伍○有暴亂之謀 13/127/23
然而隊（階）〔○〕之卒皆不能前遂斬首之功 13/129/22
連行○ 15/145/13
智○有千里之地而亡者 15/146/22
河○豈羞其所從出 16.104/163/24
蘧○玉以德化 16.123/165/19
紂醢梅○ 17.179/181/3
河○為之不潮 17.210/183/9
張武教智○奪韓、魏之地而擒於晉陽 18/187/6
而陽虎將舉劍而○頤 18/187/12
智○求地於魏宣子 18/188/22
智○之強 18/188/23
於是智○乃從韓、魏圍襄子於晉陽 18/188/26
擒智○而三分其國 18/188/27
智○侵地而滅 18/189/17
智○率韓、魏二國伐趙 18/191/20
今智○率二君而伐趙 18/191/23
智○（人）〔之〕為人也 18/191/25
決水灌智○〔軍〕 18/192/1
智○軍救水而亂 18/192/1
大敗智○軍 18/192/2
中行穆○攻鼓 18/192/22
穆○弗應 18/192/23
穆○曰 18/192/24
鄭○乃以存國之功賞弦高 18/193/3
張武為智○謀曰 18/193/17
又教智○求地於韓、魏、趙 18/193/18
智○是也 18/193/21
昔者智○驕 18/194/1
郈昭○怒 18/195/19
使郈昭○將卒以攻之 18/195/22
郈昭○不勝而死 18/195/23
○里奚轉鬻 19/203/6
而○牙絕絃（被）〔破〕琴 19/208/8
五○與我齊智 19/209/10
宋○姬坐燒而死 20/214/12
伊尹、○夷異道而皆仁 20/214/22
璩○玉以其仁寧衛 20/217/1
而不能使人為○夷之廉 20/217/6
戎伐凡○于楚丘以歸 20/220/1
知○不行仁義而務廣地 20/221/16
知○兼三晉之地而亡 20/222/25
知○有五過人之材 20/223/15
下无方○ 21/228/17

帛 bó 12

執玉○者萬國 1/3/4
書竹○ 2/13/21
清明風至則出幣○ 3/20/28
出幣○ 5/40/16
著於竹○ 8/63/24
券契束○ 9/68/18
事之以皮○珠玉而弗受 12/109/12
非能具綈綿曼○溫煖於身也 13/130/24
皆不可勝著於書策竹○而藏於宮府者也 13/131/2
事以玉○ 14/136/27
人性便（絲衣）〔衣絲〕○ 17.147/178/27
束○以贖之 18/199/28

勃 bó 5

賁星墜而○海決 3/19/11
豈不○哉 13/131/22
聖人（敕）〔○〕然而起 15/142/26
則○矣 16.151/168/5
其自養不○ 18/185/20

柏 bó 6

然後知松○之茂也 2/12/1
淮出桐○山 4/37/17
是以松○菌露〔宛而〕夏槁 8/61/22
莽樹○ 11/98/7
楚勝乎諸夏而敗乎○莒 14/135/9
眾破於○舉 15/146/2

亳 bó 1

故湯處○七十里 20/219/28

浡 bó 1

源流泉（滂）〔○〕 1/1/4

挬 bó 1

○拔其根 6/54/14

敦 bó 7

夫疾風○木 2/13/26
○○陽陽 5/49/12
則○志勝而行不僻矣 7/55/22
○志勝而行（之）不僻 7/55/22
於是佽非（瞋目○然）〔○然瞋目〕攘臂拔劍 12/118/4

渤 bó 1

貫○海 4/33/11

博 bó 35

於是○學以疑聖 2/15/16
故○學多聞 8/64/1
孔、墨○通 9/70/2
○士誦詩 9/80/9
於是略智○聞 9/80/20
論亦○矣 9/80/25
是故德之所施者○ 10/90/28
楚莊王裾衣○袍 11/97/11
○聞強志 11/101/23
吾施益○ 12/114/2
多聞○辯 12/119/18
豈必褒衣○帶 13/120/5
豐衣○帶而道儒墨者 13/124/7
○通而不以訾 13/127/24
天下之物○而智淺 14/137/13
以淺贍○ 14/137/13
善○者不欲牟 14/139/17

鎛 bó 1

華藻○（解）〔鮮〕 2/14/13

欂 bó 1

檦（抹）〔株〕○（攎）〔櫨〕 8/65/2

跛 bǒ 2

○鱉千里 17.226/184/9
此獨以○之故 18/190/5

擘 bò 1

○畫人事之終始者也 21/225/17

餔 bū 1

是謂○時 3/24/17

卜 bǔ 12

○其子孫以代之 8/66/21
景公謂太○曰 12/119/1
寡人問太○曰 12/119/1
見太○曰 12/119/2
太○曰 12/119/3
太○走往見公曰 12/119/4
不欲太○之死〔也〕 12/119/5
往見太○者 12/119/5
乃令祝史太○齊宿三日 15/153/14
○吉日 15/153/15
○者操龜 17.19/169/24
○筮而決事 20/211/6

捕 bǔ 10

無以異於使蟹（蜅）〔○〕鼠 1/3/1
蟾蠩○蚤 1/3/1
急○盜賊 5/46/6
陸○熊羆 9/70/5
毋○民虜 15/143/14
○景之說不形於心 17.165/180/6
魯君令人閉城門而○之 18/187/11
使之（祖）〔袒〕而（補）〔○〕魚 18/196/2
禍生於（祖）〔袒〕而○魚 18/196/5
夫狐之（○）〔搏〕雉也 18/202/5

哺 bǔ 1

含○而游 2/11/19

補 bǔ 9

○決竇 5/48/2
於是女媧鍊五色石以○蒼天 6/52/25
蒼天○ 6/52/26
○不足 8/63/8
○其缺漏 9/82/4
勞形竭智而无○於主也 13/122/25
然而周公以義○缺 13/126/25
使之（祖）〔袒〕而（○）〔捕〕魚 18/196/2
而○縫過失之闕者也 21/225/27

不 bù 3875

高○可際 1/1/3
深○可測 1/1/3,1/5/24,9/67/14
卷之○盈於一握 1/1/5
水流而○止 1/1/11
事無○應 1/1/11
有萬○同而便于性 1/1/13
獸胎○贕 1/1/16
鳥卵○毈 1/1/16
童子○孤 1/1/16
婦人○孀 1/1/17
虹蜺○出 1/1/17
賊星○行 1/1/17
生萬物而○有 1/1/19
得以利者○能譽 1/1/20
用而敗者○能非 1/1/20
收聚畜積而○加富 1/1/20
布施稟授而○益貧 1/1/21
旋（縣）〔繇〕而○可究 1/1/21
纖微而○可勤 1/1/21
累之而○高 1/1/21
墮之而○下 1/1/21
益之而○衆 1/1/22
損之而○寡 1/1/22
斲之而○薄 1/1/22
殺之而○殘 1/1/22
鑿之而○深 1/1/22
填之而○淺 1/1/22
○可為象兮 1/1/23
用○屈兮 1/1/23
○虛動兮 1/1/24
○能與之爭先 1/2/3
則無○覆也 1/2/9
則无○載也 1/2/9
則無○使也 1/2/9
則無○備也 1/2/10
是故疾而○搖 1/2/10
遠而○勞 1/2/10
四支○（動）〔勤〕 1/2/10
聰明○損 1/2/10
○可為也 1/2/12,1/8/14
○可究也 1/2/12
○設智故 1/2/13
是故響○肆應 1/2/13
而景○一設 1/2/13
○能反己 1/2/15
○以人易天 1/2/16
而內○失其情 1/2/16
騰踴肴亂而○失其數 1/2/17
曠日而○能盈羅 1/2/21
猶○能與網罟爭得也 1/2/22
猶○能與羅者競多 1/2/23
故（夫）〔矢〕○若繳 1/2/24
繳○若〔網〕 1/2/24
〔網○若〕無形之像 1/2/25
○足以禁姦塞邪 1/3/1
則純白○粹 1/3/4
神德○全 1/3/4
在身者○知 1/3/4
故體道者逸而○窮 1/3/7
〔而〕○能見淵中之魚 1/3/10
而○能聽十里之外 1/3/10
○足以治三畝之宅也 1/3/11
則六合○足均也 1/3/12
短綣○絝 1/3/24
狄○穀食 1/3/25
人○弛弓 1/3/26
馬○解勒 1/3/26

則莫〇枯槁 1/4/1
鴝（鴿）〔鵒〕〇過濟 1/4/2
形性〇可易 1/4/2
勢居〇可移也 1/4/2
夫井魚〇可與語大 1/4/7
夏蟲〇可與語寒 1/4/8
曲士〇可與語至道 1/4/8
故聖人〇以人滑天 1/4/9
〇以欲亂情 1/4/9
〇謀而當 1/4/9
〇言而信 1/4/9,9/68/10
〇慮而得 1/4/9
〇為而成 1/4/9,7/57/16,9/68/10
是故好事者未嘗〇中 1/4/12
爭利者未嘗〇窮也 1/4/12
觸〇周之山 1/4/13
遂〇得已 1/4/14
〇在爭 1/4/15
〇在聖 1/4/15
〇爭高 1/4/15
故安而〇危 1/4/15
〇爭先 1/4/16
故疾而〇遲 1/4/16
口〇設言 1/4/19
手〇指麾 1/4/19
〇能化一人 1/4/20
是故〇道之道 1/4/20
而〇外飾其末 1/4/22
漠然無為而無〇為也 1/4/23
澹然無治（也）而無〇治也 1/4/23
〇先物為也 1/4/24
所謂〔無〕〇為者 1/4/24
〇易自然也 1/4/24
所謂無〇治者 1/4/25
照物而〇眩 1/4/26
響應而〇乏 1/4/26
藏於〇敢 1/4/28
行於〇能 1/4/28
動〇失時 1/5/1,18/195/5
〇為先唱 1/5/1
力無〇勝 1/5/3
敵無〇凌 1/5/4
強勝〇若己者 1/5/5,14/134/7
其力〇可量 1/5/6
非謂其底滯而〇發 1/5/15
凝竭而〇流 1/5/15

〇失其所以制人 1/5/16
人〇能制也 1/5/17
閒〇容息 1/5/19
後之則〇逮 1/5/19
時〇與人游 1/5/19
故聖人〇貴尺之璧 1/5/19
常後而〇先 1/5/21
然而大〇可極 1/5/24
通於〇訾 1/6/1
萬物弗得〇生 1/6/1
百事〇得〇成 1/6/2
澤及蚑蟯而〇求報 1/6/2
富贍天下而〇既 1/6/2
德施百姓而〇費 1/6/3
行（而）〇可得〔而〕窮極也 1/6/3
微（而）〇可得〔而〕把握也 1/6/3
刺之〇傷 1/6/4
斬之〇斷 1/6/4
焚之〇然 1/6/4
錯繆相紛而〇可靡散 1/6/4
有餘〇足 1/6/6,11/103/25
夫光可見而〇可握 1/6/11
水可循而〇可毀 1/6/12
員〇中規 1/6/17
方〇中矩 1/6/17
布施而〇既 1/6/18
用之而〇勤 1/6/19
是故視之〇見其形 1/6/19
聽之〇聞其聲 1/6/19,2/10/22,12/117/7
循之〇得其身 1/6/19
音之數〇過五 1/6/21
而五音之變〇可勝聽也 1/6/21
味之和〇過五 1/6/21
而五味之化〇可勝嘗也 1/6/21
色之數〇過五 1/6/22
而五色之變〇可勝觀也 1/6/22
勞形而〇明 1/7/1
〇變其宜 1/7/1
〇易其常 1/7/1,12/112/4
故心〇憂樂 1/7/6
通而〇變 1/7/6
嗜欲〇載 1/7/6
〇與物（散）〔殽〕 1/7/7,7/57/2

百事〇廢 1/7/8
疏達而〇悖 1/7/9
堅強而〇鞼 1/7/9
無所大過而無所〇逮 1/7/9
處小而〇逼 1/7/10
處大而〇窕 1/7/10,15/144/16
其魂〇躁 1/7/10
其神〇嬈 1/7/10
去身〇遠 1/7/14
其德〇虧 1/7/15
古之人有居巖穴而神〇遺者 1/7/16
〇以奢為樂 1/7/22
〇以廉為悲 1/7/22
聖人〇以身役物 1/7/23
〇以欲滑和 1/7/23
是故其為（懼）〔樂〕〇忻忻 1/7/23
其為悲〇惙惙 1/7/23
〇足以養生也 1/7/26
則無〇樂 1/7/26
無〇樂則至（極樂）〔樂極〕矣 1/7/26
〇以內樂外 1/8/3
〇得須臾平 1/8/4
〇得其形 1/8/4
是故內〇得於中 1/8/4
〇浸于肌膚 1/8/5
〇浹于骨髓 1/8/5
〇留于心志 1/8/5
〇滯于五藏 1/8/5
〇止 1/8/6
〇行 1/8/6
雖〇肖者知慕之 1/8/7
〇能反諸性也 1/8/8
夫內〇開於中而強學問者 1/8/8
（〇）入於耳而〇著於心 1/8/8
是故〇得於心而有經天下之氣 1/8/10
亦必〇勝其任矣 1/8/11
夫許由小天下而〇以己易堯者 1/8/14
〇（任）〔在〕於彼而在於我 1/8/15
〇在於人而在於（我）身 1/8/16
又焉有〇得容其間者乎 1/8/22
〇足以營其精神 1/8/28

憂悲而〇得志也	1/9/2
〇為愁悴怨（懟）〔懟〕	
而（〇）失其所以自	
樂也	1/9/2
而〇以貴賤貧富勞逸失	
其志德者也	1/9/3
而〇待萬物之推移也	1/9/6
女有〇易之行	1/9/8
規矩〇能方圓	1/9/8
鉤繩〇能曲直	1/9/8
登丘〇可為脩	1/9/9
居卑〇可為短	1/9/9
窮而〇懾	1/9/9, 14/139/10
達而〇榮	1/9/9
處高而〇機	1/9/9
持盈而〇傾	1/9/10
新而〇朗	1/9/10
久而〇渝	1/9/10, 20/210/25
入火〇焦	1/9/10
入水〇濡	1/9/10
是故〇待勢而尊	1/9/10
〇待財而富	1/9/11
〇待力而強	1/9/11
〇利貨財	1/9/11
〇貪勢名	1/9/12
是故〇以康為樂	1/9/12
〇以慊為悲	1/9/12
〇以貴為安	1/9/12
〇以賤為危	1/9/12
而〇得相干也	1/9/16
氣〇當其所充〔也〕而	
用之則泄	1/9/17
〇可〇慎守也	1/9/18, 9/67/10
以其性之在焉而〇離也	1/9/20
足蹪趎埳、頭抵植木而	
〇自知也	1/9/23
招之而〇能見也	1/9/24
呼之而〇能聞也	1/9/24
然而〇能應者	1/9/24
無所〇充	1/9/26
則無所〇在	1/9/26
今夫狂者之〇能避水火	
之難而越溝瀆之嶮者	1/9/28
是故舉錯〇能當	1/10/1
動靜〇能中	1/10/1
然而〇免為人戮笑者	1/10/2
久淫而〇還	1/10/5

如是則萬物之化無〇遇	1/10/10
而百事之變無〇應	1/10/10
視之〇見其形	2/10/22, 12/117/7
捫之〇可得也	2/10/22
望之〇可極也	2/10/23, 12/117/8
〇可隱儀揆度而通光燿者	2/10/23
〇可為外	2/10/24
〇可為內	2/10/24
寐者〇知	2/11/1
〇知其夢也	2/11/6
又焉知死之〇樂也	2/11/7
〇知其嘗為人也	2/11/9
〇知其且為虎也	2/11/9
是皆〇得形神俱沒也	2/11/15
是故其寐〇夢	2/11/16
其覺〇憂	2/11/16
神氣〇蕩于外	2/11/18
攙搶（衡）〔衡〕杓之	
氣莫〇彌靡	2/11/18
而〇能為害	2/11/19
〇知東西	2/11/19, 11/96/1
〇以曲故是非相尤	2/11/20
是故仁義〇布而萬物蕃殖	2/11/21
賞罰〇施而天下賓服	2/11/21
是故日計之〇足	2/11/22
然後知聖人之〇失道也	2/12/2
〇與物相弊摋	2/12/6
〇能以亂其神	2/12/9
〇足以滑其和	2/12/10
三日三夜而色澤〇變	2/12/10
是故生〇足以使之	2/12/11
死〇足以禁之	2/12/11
夫秉皓白而〇（里）	
〔黑〕	2/12/14
行純粹而〇糅	2/12/15
處玄冥而〇闇	2/12/15
休于天鈞而〇偽	2/12/15
孟門、終隆之山〇能禁	
〔也〕	2/12/15
唯體道能〇敗	2/12/16
湍瀨旋淵、呂梁之深〇	
能留也	2/12/16
大行石澗、飛狐、句	
（望）〔注〕之險〇	
能難也	2/12/16
坐而〇教	2/12/21
立而〇議	2/12/21

故〇言而能飲人以和	2/12/21
耳目〇燿	2/12/22
思慮〇營	2/12/22
〇通之于天地之情也	2/13/6
所受者无授也而无〇受也	2/13/13
无〇受也者	2/13/13
沉溺萬物而〇與為溼焉	2/13/14
然而奚仲〇能為逢蒙	2/13/16
造父〇能為伯樂者	2/13/17
而〇通于萬方之際也	2/13/17
物莫〇生於有也	2/13/23
而〇能拔毛髮	2/13/26
其用之也以〇用	2/14/2
其〇用也而後能用之	2/14/2
其知〔之〕也乃〇知	2/14/2
其〇知也而後能知之也	2/14/3
夫天〇定	2/14/3
地〇定	2/14/3
所立於身者〇寧	2/14/3
其所持者〇明	2/14/4
庸（愚）詎知吾所謂知	
之非〇知歟	2/14/4
此〇免以身役物矣	2/14/16
其所守者〇定	2/14/17
而〇得須臾恬淡矣	2/14/18
而〇外飾仁義	2/14/20
〇知耳目之（宣）〔宜〕	2/14/20
而〇能容巨大也	2/15/3
故〇免於虛	2/15/4
而群生莫〇顒顒然	2/15/7
是故其德煩而〇能一	2/15/11
莫〇竦身而載聽視	2/15/13
是故治而〇能和	2/15/13
聚眾〇足以極其變	2/15/17
積財〇足以贍其費	2/15/17
若夫俗世之學也則〇然	2/15/23
此我所羞而〇為也	2/15/24
〇若有說也	2/16/1
〇若尚羊物之終（也）始	2/16/1
是故舉世而譽之〇加勸	2/16/2
舉世而非之〇加沮	2/16/2
或〇免於癡狂者	2/16/7
夫夏日之〇被裘者	2/16/17
冬日之〇用翣者	2/16/18
然而〇免於傴	2/16/23
身猶〇能行也	2/16/23
許由〇能行也	2/16/24

勢利〇能誘也 2/16/27
辯者〇能說〔也〕 2/16/28
聲色〇能淫也 2/16/28
美者〇能濫也 2/16/28
知者〇能動也 2/16/28
勇者〇能恐也 2/16/28
夫化生者〇死 2/17/2
而化物者〇化 2/17/2
神經於驪山、太行而〇能難 2/17/2
入於四海九江而〇能濡 2/17/3
處小隘而〇（寒）〔塞〕 2/17/3
橫（扃）〔扃〕天地之閒而〇窕 2/17/3
〇通此者 2/17/4
外〇滑內 2/17/8
性〇動和 2/17/8
有其人〇遇其時 2/17/10
身猶〇能脫 2/17/11
蜂蠆螫指而神〇能憺 2/17/13
蚊虻噆膚而（知）〔性〕〇能平 2/17/14
耳〇聞雷霆之音 2/17/15
目〇見太山之（高）〔形〕 2/17/16
濁之〇過一撓 2/17/22
而〇能察方員 2/17/22
風雨〇毀折 2/17/26
草木〇夭〔死〕 2/17/26
然而〇能通其道者 2/18/2
〇遇其世 2/18/3, 10/89/14, 18/199/11
體道者〇專在於我 2/18/4
勇力聖知與罷怯〇肖者同命 2/18/6
故河魚〇得明目 2/18/7
稺稼〇得育時 2/18/7
故世治則愚者〇得獨亂 2/18/7
世亂則智者〇能獨治 2/18/8
而責道之〇行也 2/18/8
非〇巧捷也 2/18/9
〇能利其里 2/18/10
〇能無弦而射 2/18/12
〇能無水而浮 2/18/12
〇盈傾筐 2/18/13
怒而觸〇周之山 3/18/25
地〇滿東南 3/18/26
殺〇辜則國赤地 3/19/13
令〇收則多淫雨 3/19/13
〔未〕當出而（〇）出 3/20/17
當入而〇入 3/20/18
當出而〇出 3/20/18
一時〇出 3/20/22
其時〇和 3/20/22
四時〇出 3/20/22
閶闔風至四十五日〇周風至 3/20/27
〇周風至四十五日廣莫風至 3/20/27
琴瑟〇張 3/20/29
〇周風至則脩宮室 3/20/30
故〇可以鑿地穿井 3/21/19
故〇可以夷丘上屋 3/21/20
蟲蝱〇食駒犢 3/22/2
鷙鳥〇搏黃口 3/22/2
〇可迎也 3/23/3
〇可左也 3/23/3
誅〇法 3/23/22, 5/48/3
介蟲〇為 3/24/2
（大剛）〔則〕魚〇為 3/24/2
冬乃〇藏 3/24/4
地氣〇藏 3/24/7
是故天〇發其陰 3/24/10
則萬物〇生 3/24/10
地〇發其陽 3/24/10
則萬物〇成 3/24/10
日五日〇見 3/24/12
聖人〇與也 3/24/12
一而〇生 3/25/17
極〇生 3/26/6
〔〇〕比於正音 3/26/8
〇比〔於〕正音 3/26/8
常徙所〇勝 3/27/19
刑〇得入中宮 3/27/19
因柔（曰）〔日〕徙所〇勝 3/27/20
當居而〇居 3/28/15
名立而〇墮 3/28/29
眛日〇可以舉百事 3/29/2
〇可背而可鄉 3/29/14
〇可與敵 3/29/15
故舉事而〇順天者 3/29/20
〇滿五十日 3/29/22
稻疾蠶〇登 3/29/25
禾〇為 3/29/28
菽麥〇為 3/31/1, 3/31/3, 3/31/5
蠶〇登 3/31/3, 3/31/4
麥〇為 3/31/4
蠶〇出 3/31/7
菽〇為 3/31/7
已秋分而〇直 3/31/20
已春分而〇直 3/31/20
未秋分而〇直 3/31/21
其〇從中之數也 3/31/23
珠樹、玉樹、琁樹、〇死樹在其西 4/33/5
北門開以內〇周之風 4/33/7
飲之〇死 4/33/9
登之而〇死 4/33/16
西北方曰〇周之山 4/34/8
故南方有〇死之草 4/34/25
北方有〇釋之冰 4/34/25
〇食者〇死而神 4/35/3
蠶食而〇飲 4/35/17, 17.108/175/31
蟬飲而〇食 4/35/17, 17.108/175/31
蜉蝣〇飲〇食 4/35/17
長大早知而〇壽 4/35/27
勇敢〇仁 4/36/5
北方幽晦〇明 4/36/7
〔有〕結胸民、羽民、讙頭國民、（裸）〔裸〕國民、三苗民、交股民、〇死民、穿胸民、反舌民、豕喙民、鑿齒民、三頭民、脩臂民 4/36/27
有娀在〇周之北 4/37/9
玄燿、〇周、申池在海隅 4/37/11
〇見日 4/37/12
〇周風之所生也 4/37/27
凡浮生〇根茇者生於（萍）藻 4/38/12
則風雨〇時 5/39/13
首稼〇入 5/39/14
有〇戒其容止者 5/39/26
生子〇備 5/39/26
祭〇用犧牲 5/40/2
則陽氣〇勝 5/40/4
麥乃〇熟 5/40/4

星辰〇失其行 6/52/20
虎狼〇妄噬 6/52/21
鷙鳥〇妄搏 6/52/21
諸北、儋耳之國莫〇獻其貢職 6/52/22
天〇兼覆 6/52/24
墜〇周載 6/52/24
火爁(炎)〔焱〕而〇滅 6/52/24
水浩(洋)〔漾〕而〇息 6/52/24
陰陽(之)所壅、沈〔滯〕〇通者 6/53/1
浮游〇知所求 6/53/3
魍魎〇知所往 6/53/4
禽獸(蝮)〔蟲〕蛇無〇匿其爪牙 6/53/4
然而〇彰其功 6/53/7
〇(楊)〔揚〕其聲 6/53/7
主闇晦而〇明 6/53/10
道瀾漫而〇修 6/53/10
是以至德滅而〇揚 6/53/11
帝道揜而〇興 6/53/11
(仁)〔人〕君處位而〇安 6/53/12
大夫隱道而〇言 6/53/12
是故君臣乖而〇親 6/53/14
骨肉疏而〇附 6/53/14
美人挐首墨面而〇容 6/53/15
曼聲吞炭內閉而〇歌 6/53/15
喪〇盡其哀 6/53/15
獵〇聽其樂 6/53/16
殘〇義 6/53/22
短褐〇完 6/53/24
(天)而〇夭於人虐也 6/54/1
天下〔〇〕合而為一家 6/54/2
〇能生時 6/54/8
夫鉗且、大丙〇施轡銜而以善御聞於天下 6/54/11
伏戲、女媧〇設法度而以至德遺於後世 6/54/11
而〇嘐喋苛事也 6/54/12
掩雉〇得 6/54/14
而〇窮究其所由生 6/54/15
夫井植生(梓)〔栓〕而〇容甕 6/54/17
溝植生條而〇容舟 6/54/17
〇過三月必死 6/54/17
河九折注於海而流〇絕者 6/54/18
潦水〇泄 6/54/19
旬月〇雨則涸而枯澤 6/54/19
譬若羿請〇死之藥於西王母 6/54/20
〇知〇死之藥所由生也 6/54/21
是故乞火〇若取燧 6/54/21
寄汲〇若鑿井 6/54/21
〇拘於俗 7/54/28
〇誘於人 7/55/1
千枝萬葉莫得〇隨也 7/55/5
人之耳目曷能久熏〔勤〕勞而〇息乎 7/55/18
精神何能久馳騁而〇既(守)〔乎〕 7/55/19
而〇外越 7/55/20
則敦志勝而行〇僻矣 7/55/22
敦志勝而行(之)〇僻 7/55/22
則精神盛而氣〇散矣 7/55/22
精神盛而氣〇散則理 7/55/23
神則以視無〇見〔也〕 7/55/23
以聽無〇聞也 7/55/23
以為無〇成也 7/55/24
是故憂患〇能入(也) 7/55/24
而邪氣〇能襲〔也〕 7/55/24
故事有求之於四海之外而〇能遇 7/55/26
或守之於形骸之內而〇見也 7/55/26
則五藏搖動而〇定矣 7/56/1
五藏搖動而〇定 7/56/1
則血氣滔蕩而〇休矣 7/56/1
血氣滔蕩而〇休 7/56/2
則精神馳騁於外而〇守矣 7/56/2
精神馳騁於外而〇守 7/56/2
五藏定寧充盈而〇泄 7/56/3
精神內守形骸而〇外越 7/56/4
以言夫精神之〇可使外淫也 7/56/5
使目〇明 7/56/6
使耳〇聰 7/56/6
夫人之所以〇能終其壽命而中道夭於刑戮者 7/56/10
則無一之〇知也 7/56/11
〇能知一 7/56/12
〇識天下之以我備其物與 7/56/12
且惟無我而物無〇備者乎 7/56/13
其生我也〇彊求已 7/56/16
其殺我也〇彊求止 7/56/16
欲生而〇事 7/56/17
憎死而〇辭 7/56/17
隨其天資而安之〇極 7/56/17
然則吾生也物〇以益衆 7/56/19
吾死也土〇以加厚 7/56/19
形勞而〇休則蹶 7/57/3
精用而〇已則竭 7/57/3
〇敢越也 7/57/3
〇為福始 7/57/7
〇為禍先 7/57/8
處其一〇知其二 7/57/10
治其內〇識其外 7/57/10
而〇為變 7/57/12
亦〇與之抮抱矣 7/57/13
而〇與物(糅)〔殽〕 7/57/13
居〇知所為 7/57/14
行〇知所之 7/57/15
〇學而知 7/57/16
〇視而見 7/57/16
〇治而辯 7/57/16
〇得已而往 7/57/16
大澤焚而〇能熱 7/57/18
河、漢涸而〇能寒也 7/57/18
大雷毀山而〇能驚也 7/57/19
大風晦日而〇能傷也 7/57/19
有精而〇使者 7/57/21
有神而〇(行)〔用〕 7/57/22
是故其寢〇夢 7/57/22
其智〇萌 7/57/22
其魄〇抑 7/57/23
其魂〇騰 7/57/23
〇知其端緒 7/57/23
淪於〇測 7/58/1
8/64/8,16.17/155/24
以〇同形相嬗也 7/58/2
〇以滑心 7/58/4
使神滔蕩而〇失其充 7/58/4
夫癩者趨〇變 7/58/5
狂者形〇虧 7/58/6
以〇化應化 7/58/6
〇化者 7/58/7
則心〇惑矣 7/58/9
則志〇懾矣 7/58/10
則明〇眩矣 7/58/10
而堯(樸)〔樣〕桷〇斲 7/58/13
素題〇枅 7/58/13

養性之具○加厚 7/58/15
顏色○變 7/58/18,9/80/25,18/194/23,18/194/27
名實○入 7/58/19
夫至人倚○拔之柱 7/58/25
行○關之塗 7/58/25
稟○竭之府 7/58/25
學○死之師 7/58/25
無往而○遂 7/58/25
無（至）〔之〕而○通 7/58/25
生○足以挂志 7/58/26
死○足以幽神 7/58/26
鳳皇○能與之儷 7/58/28
臨死地而○易其義 7/59/1
○改其行 7/59/1
○可劫以兵 7/59/2
而○可縣以利 7/59/2
而○可以富貴留也 7/59/3
而○可以死亡恐也 7/59/3
而尚猶○拘於物 7/59/3
堯○以有天下為貴 7/59/4
公子（扎）〔札〕○以有國為尊 7/59/4
子罕○以玉為富 7/59/4
故○受寶 7/59/5
務光○以生害義 7/59/5
至貴○待爵 7/59/5
至富○待財 7/59/5
○以天下為貴矣 7/59/7
延陵季子○受吳國 7/59/8
子罕○利寶玉 7/59/9
務光○污於世 7/59/9
故○觀大義者 7/59/10
○知生之○足貪也 7/59/10
○聞大言者 7/59/10
○知天下之○足利也 7/59/10
而○知至論之旨 7/59/12
愚夫○為〔也〕 7/59/16
適情○求餘 7/59/17
無天下○虧其性 7/59/17
有天下○羨其和 7/59/17
其入腹者○過簞食瓢漿 7/59/18
則身飽而敖倉○為之減也 7/59/19
腹滿而河水○為之竭也 7/59/19
有之○加飽 7/59/19
無之○為之飢 7/59/19
清目而○以視 7/59/21
靜耳而○以聽 7/59/21
鉗口而○以言 7/59/21
委心而○以慮 7/59/21
通夕○寐 7/59/27
則○可劫以死生 7/59/28
則○可縣以天下 7/59/28
則○可畏以死 7/60/1
則○貪物 7/60/1
○若其偃也 7/60/1
又況○為牆乎 7/60/2
○若其釋也 7/60/2
又況○為冰乎 7/60/2
何往而○遂 7/60/4,15/147/7
○知原心反本 7/60/6
肉凝而○食 7/60/7
酒澄而○飲 7/60/7
達至道者則○然 7/60/9
性有○欲 7/60/9
無欲而○得 7/60/10
心有○樂 7/60/10
無益〔於〕情者○以累德 7/60/10
（而）〔○〕便於性者○以滑〔和〕 7/60/10
○本其所以欲而禁其所欲 7/60/13
○原其所以樂而閉其所樂 7/60/13
○塞其囿垣 7/60/14
此皆迫性拂情而○得其和也 7/60/16
志非能〔○〕貪富貴之位 7/60/18
○便侈靡之樂 7/60/18
猶○得已自強也 7/60/19
餘天下而○貪 7/60/20
委萬物而○利 7/60/21
夫使天下畏刑而○敢盜 7/60/23
○知其無所用 7/60/26
廉者○能讓也 7/60/26
桓公甘易牙之和而○以時葬 7/60/28
〔○〕隨物而動 7/60/29
〔非〕矢○中也 7/60/30
學射者○治（天）〔矢〕也 7/60/30
御者〔非轡○〕行 7/60/30
學御者○為轡也 7/61/1
沸乃○止 7/61/2
閑靜而○躁 8/61/6
其心（愉）〔和〕而○偽 8/61/8
其事素而○飾 8/61/8
是以○擇時日 8/61/8
○占卦兆 8/61/8
○謀所始 8/61/8
○議所終 8/61/9
四時○失其敘 8/61/10
風雨○降其虐 8/61/10
五星循軌而○失其行 8/61/11
而萬物○滋 8/61/13
麒麟○游 8/61/13
鳳皇○翔 8/61/14
〔則龜龍○往〕 8/61/15
人械○足 8/61/15
而萬物（○）〔之〕繁兆萌牙（卯）〔卵〕胎而○成者 8/61/15
（氣）〔氛〕霧雪霜○霽 8/61/18
○可勝數〔矣〕 8/61/19
江、河、三川絕而○流 8/61/22
鳳皇○下 8/61/23
差賢○（肖） 8/61/26
虐殺○辜而刑誅無罪 8/61/27
君臣○和 8/62/2,9/76/5
五穀○為 8/62/2
天地○能（賫）〔脅〕也 8/62/5
怪物○能惑也 8/62/6
禮義廉恥○設 8/62/7
誹譽仁鄙○立 8/62/8
事力勞而養○足 8/62/9
仁鄙○齊 8/62/9
莫○有血氣之感 8/62/10
以○得已 8/62/11
則○和 8/62/11
貪鄙忿爭○得生焉 8/62/14
則仁義○用矣 8/62/15
則目○營於色 8/62/15
耳○淫於聲 8/62/15
○知悅也 8/62/16
《掉羽》、《武象》○知樂也 8/62/16
○得生焉 8/62/17
禮樂○用也 8/62/17
是故知神明然後知道德之○足為也 8/62/18
知道德然後知仁義之○足行也 8/62/18
知仁義然後知禮樂之○

足脩也 8/62/19
以明大巧之〇可為也 8/62/28
隨自然之性而緣〇得已之化 8/63/1
無禨祥而民〇夭 8/63/2
〇忿爭而養足 8/63/2
〇知為之者誰何 8/63/3
實〇聚而名〇立 8/63/3
施者〇德 8/63/4
受者〇讓 8/63/4
智之所〇知 8/63/4
〇言之辯 8/63/5
〇道之道 8/63/5
取焉而〇損 8/63/5
酌焉而〇竭 8/63/5
補〇足 8/63/8
而〇知其所由然 8/63/10
遂〇言而死者眾矣 8/63/23
然天下莫知貴其〇言也 8/63/24
〇知道之所一體 8/63/25
而〇免於惑 8/64/2
〇敢暴虎 ε/64/2
〇敢馮河 8/64/2
莫〇仰德而生 8/64/7
〇失其敘 8/64/9
〇離其理 8/64/9
天下莫〇從風 8/64/16
柔而〇脆 8/64/16
剛而〇鞼 8/64/16
寬而〇肆 8/64/16
其德（舍）〔含〕愚而容〇肖 8/64/17
進賢而廢〇肖 8/64/18
則滔窕而〇親 8/64/20
則陝隘而〇容 8/64/20
貴賤〇失其體 8/64/20
則目明而〇以視 8/64/25
耳聰而〇以聽 8/64/25
〔口當而〇以言〕 8/64/25
心條達而〇以思慮 8/64/26
而智故〇得雜焉 8/64/26
〇得其時 8/65/14
土事〇文 8/65/18
木工〇斲 8/65/18
金器〇鏤 8/65/18
〇可勝計也 8/65/21,18/186/11
本〇過五 8/65/22
則治〇荒 8/65/22
動則手足〇靜 8/66/1
生者〇怨 8/66/7
死者〇恨 8/66/7
老者〇養 8/66/10
死者〇葬 8/66/10
聽樂〇樂 8/66/15
食旨〇甘 8/66/15
〇得相侵 8/66/19
有〇行王道者 8/66/19
召之〇至 8/66/20
（今）〔令〕之〇行 8/66/20
禁之〇止 8/66/20
誨之〇變 8/66/20
舉〇義之兵〔而〕伐無罪之國 8/66/22
殺〇辜之民〔而〕絕先聖之後 8/66/22
而行〇言之教 9/67/3
清靜而〇動 9/67/3
一度而〇搖 9/67/3
責成而〇勞 9/67/4
〇為醜美好憎 9/67/6
〇為賞罰（喜怒）〔怒喜〕 9/67/6
天〇可極 9/67/14
知〇能得 9/67/14
神〇馳於胸中 9/67/17
智〇出於四域 9/67/17
風雨〇能襲 9/67/19
寒暑〇能傷 9/67/19
〇忿爭而財足 9/67/20
〇勞形而功成 9/67/20
是故威厲而〇（殺）〔試〕 9/67/21
刑錯而〇用 9/67/21,20/217/13
法省而〇煩 9/67/21
莫〇聽從 9/67/22
末世之政則〇然 9/68/1
號令〇行 9/68/2
〇務反道矯拂其本 9/68/2
然而〇能終其天年者 9/68/5
上煩擾則下〇定 9/68/6
〇直之於本 9/68/7
〇施而仁 9/68/10,20/215/27
〇求而得 9/68/10
刑罰〇足以移風 9/68/11
殺戮〇足以禁姦 9/68/12
夫疾呼〇過聞百步 9/68/14
〇麾而自往 9/68/15
〇知為之者誰 9/68/15
故〇言之令 9/68/24
〇視之見 9/68/24
〇從其所言 9/68/25
〇使鬬爭 9/68/27
〇使風議 9/68/28
〇若此其亟 9/69/1
而〇能移風易俗者 9/69/5
施及千歲而文〇滅 9/69/8
（業）〔葉〕貫萬世而〇壅 9/69/13
橫（局）〔扃〕四方而〇窮 9/69/14
其次使〇得為非 9/69/17
夫權輕重〇差蟸首 9/69/19
扶撥枉橈〇失箴鋒 9/69/19
直施矯邪〇私辟險 9/69/19
姦〇能枉 9/69/19
讒〇能亂 9/69/19
故為治者〔智〕〇與焉 9/69/20
〇怨木石而罪巧拙者 9/69/23
知故〇載焉 9/69/23
一定而〇易 9/69/24
〇為秦、楚變節 9/69/25
〇為胡、越改容 9/69/25
常一而〇邪 9/69/25
方行而〇流 9/69/25
而理無〇通 9/69/26
而〇能與越人乘（幹）〔輪〕舟而浮於江湖 9/70/1
而〇能與胡人騎驃〔馬〕而服騊駼 9/70/1
而〇能與山居者入榛薄、〔出〕險阻也 9/70/2
〇因道〔理〕之數 9/70/3
則其窮〇（達）〔遠〕矣 9/70/4
故智〇足以治天下也 9/70/4
勇（力）〇足以持天下矣 9/70/6
智〇足以為治 9/70/6,9/76/28
勇〇足以為強 9/70/7
則人材〇足任 9/70/7
而君人者〇下廟堂之上 9/70/7
則無〇勝也 9/70/8
則無〇成也 9/70/9

耳目達而○闇 9/75/3
○肖者竭其力 9/75/4
德澤兼覆而○偏 9/75/4
群臣勸務而○怠 9/75/5
而○任己之才者也 9/75/5
足○勞而致千里 9/75/6
○能游而絕江海 9/75/6
莫○欲總海內之智 9/75/8
希○困其身 9/75/9
猶○可棄也 9/75/9
○可以貴賤尊卑論也 9/75/10
○羞其位 9/75/11
○責其辯 9/75/12
闇主則○然 9/75/12
雖邪枉○正 9/75/12
○能見也 9/75/12
○能知也 9/75/13
法○法也 9/75/16
尊貴者○輕其罰 9/75/17
而卑賤者○重其刑 9/75/17
中度者雖○肖必無罪 9/75/18
使○得自恣也 9/75/19
非謂其凝滯而○動也 9/75/20
故通於本者○亂於（未）〔末〕 9/75/25
覩於要者○惑於詳 9/75/25
是故有諸己○非諸人 9/75/26
無諸己○求諸人 9/75/26
所立於下者○廢於上 9/75/27
所禁於民者○行於身 9/75/27
有法（者）而○（與）用 9/75/28
○令而行 9/75/29
其身○正 9/75/29
雖令○從 9/75/30
而能○危者 9/76/4
是故輿馬○調 9/76/5
（土）〔王〕良○能以取道 9/76/5
唐、虞○能以為治 9/76/5
雖達視猶○能見其睛 9/76/8
是故明主之耳目○勞 9/76/9
精神○竭 9/76/9
近者○亂 9/76/9
是故○用適然之數 9/76/10
莫○如志 9/76/13,9/77/19
故治者○貴其自是 9/76/14
而貴其○得為非也 9/76/14
毋曰○爭 9/76/15
而○足者逮於用 9/76/16
守官者雍遏而○進 9/76/19
釋之而○用 9/76/20
勢○及君 9/76/26
君人者○任能 9/76/26
數窮於下則○能伸理 9/76/27
行墮於國則○能專制 9/76/27
威○足以行誅 9/76/28
賞○當功 9/76/29
誅○應罪 9/76/29
有罪而○誅 9/77/1
而明○能照也 9/77/2
○正本而反自脩 9/77/2
故善建者○拔 9/77/9
故中欲○出謂之（扃）〔扃〕 9/77/11
外邪○入謂之（塞）〔閉〕 9/77/11
何事之○節 9/77/12
何事之○成 9/77/12
○（伐）〔代〕之言 9/77/13
○奪之事 9/77/14
以○知為道 9/77/14
故枝○得大於榦 9/77/18
末○得強於本 9/77/18
慕義從風而為之服役者○過數十人 9/77/22
則○免為人笑也 9/77/26
○待禁誅而自中法度者 9/77/28
而海內莫○被繩矣 9/78/1
（離）〔雖〕北宮子、司馬蒯蕢○〔可〕使應敵 9/78/1
尾絕而○從者 9/78/3
紂再舉而○得為匹夫 9/78/10
故舉錯○可○審 9/78/10
知饒饉有餘○足之數 9/78/11
非○麗也 9/78/12
非○美也 9/78/13
然民有糟糠菽粟○接於口者 9/78/13
非○寧〔也〕 9/78/14
食○重味 9/78/15
而冬○被裘 9/78/16
取民則○裁其力 9/78/21
求於下則○量其積 9/78/21
男女○得事耕織之業以供上之求 9/78/21
而耕○過十畝 9/78/26
○過畝四石 9/78/26
謂之○足 9/79/4
而○離飢寒之患矣 9/79/5
丘陵阪險○生五穀者 9/79/10
畋○掩群 9/79/12
○取麛夭 9/79/12
○涸澤而漁 9/79/12
○焚林而獵 9/79/12
罝罦○得布於野 9/79/12
罔罟○得入於水 9/79/13
羅網○得張於谿谷 9/79/13
斤斧○得入山林 9/79/13
○得以火（燒）田 9/79/14
孕育○得殺 9/79/14
鷇卵○得探 9/79/14
魚○長尺○得取 9/79/14
彘○朞年○得食 9/79/15
欲利之也○忘於心 9/79/21
○能一事焉 9/79/22,12/108/5
○忘于欲利之也 9/79/22
○敢縱其欲也 9/80/1
淵泉而○竭 9/80/3
莫○嚮應也 9/80/3
直立而○橈 9/80/3
素白而○污 9/80/3
窮○易操 9/80/4
通○肆志 9/80/4
莫○畢宜也 9/80/5
志大者無○懷也 9/80/6
知員者無○知也 9/80/6
行方者有○為也 9/80/7
能多者無○治也 9/80/7
無小而○舉 9/80/11
無微而○改 9/80/12
行○用巫祝 9/80/14
非道○言 9/80/21
非義○行 9/80/21
言○苟出 9/80/21
行○苟為 9/80/21
然而勇力○聞 9/80/23
伎巧○知 9/80/23
絃歌○輟 9/80/25
據義行理而志○懾 9/80/25
○道鬼神 9/80/26

〇敢專己 9/80/26
吳起、張儀智〇若孔、墨 9/81/1
〇可〇察也 9/81/3,18/187/9
（偏）〔徧〕知萬物而〇知人道 9/81/6
〇可謂智 9/81/6,13/127/4
（偏）〔徧〕愛群生而〇愛人類 9/81/6
〇可謂仁 9/81/6
智者、〇可或也 9/81/7
其所〇忍之色可見也 9/81/7
其〇闇之效可見也 9/81/8
心之所〔〇〕欲 9/81/8
其〇加諸人 9/81/8
〇足以為政 9/81/13
而民〇舍者 9/81/14
人之情〇能無衣食 9/81/14
則〇處焉 9/81/22
無愚智賢〇肖皆知其為義也 9/81/24
莫〇先以為可而後行之 9/81/25
故〇仁而有勇力果敢 9/81/29
〇智而辯慧（懷）〔懁〕給 9/81/30
則〔猶〕（棄）〔乘〕驥而（〇式）〔或〕 9/81/30
其施之〇當 9/82/1
其處之〇宜 9/82/1
〇如其寡也 9/82/1
故有野心者〇可借便勢 9/82/1
有愚質者〇可與利器 9/82/2
治國上使〇得與焉 9/82/6
〇得上令而可得為也 9/82/7
而責于其所〇得制 9/82/7
名譽〇起 9/82/8
而〇能上達矣 9/82/8
〇信於友 9/82/8,9/82/9
〇能得譽 9/82/9
事親〇說 9/82/9
脩身〇誠 9/82/9
〇能事親矣 9/82/9
心〇專一 9/82/10,15/147/24
〇能（專）誠〔身〕 9/82/10
〇哀〇樂 10/82/16
（〇怒〇喜）〔〇喜〇怒〕 10/82/16
故尚世體道而〇德 10/82/25
君子幾〇如舍 10/82/30
多少〇同 10/83/2
見〇足忘貧 10/83/7
〇戴其情 10/83/8
猶〇自矜 10/83/10
世莫〇舉賢 10/83/13
亦〇幾矣 10/83/14,11/102/18
則必〇知狐 10/83/15
又〇知貍 10/83/15
則〇知狐、貍 10/83/16
是故謂〇肖者賢 10/83/16
則必〇知賢 10/83/17
謂賢者〇肖 10/83/17
則必〇知〇肖者矣 10/83/17
〇得須臾寧 10/83/20
〇可長也 10/83/20
物莫（無）所〇用 10/83/23
无所〇用矣 10/83/24
故倡而〇和 10/83/26
意而〇戴 10/83/26
中心必有〇合者也 10/83/26
故舜〇降席而（王）〔匡〕天下者 10/84/1
說之所〇至者 10/84/4
容貌之所〇至者 10/84/4
而〇可以照（誌）〔認〕 10/84/5
或賢或〇肖 10/84/8
必有〇傳者 10/84/8
而〇能生也 10/84/8
蓋力優而克〇能及也 10/84/8
〇可內解於心 10/84/12
性〇能已 10/84/12
〇加於此 10/84/14
則恩〇接矣 10/84/15
文〇勝質之謂君子 10/84/18
〇可以驅馳 10/84/19
〇可以閉藏 10/84/19
而〇可以導人 10/84/22
而〇可以昭認 10/84/22
〇可諭於人 10/84/23
故舜〇降席而天下治 10/84/23
桀〇下陛而天下亂 10/84/23
〇應於下者 10/84/25
〇言之用者 10/84/27
而〇能違其難也 10/85/2
〇能使為苟（簡）易 10/85/5
〇能使無憂尋 10/85/6
禮〇隆而德有餘 10/85/18
名〇與利期而利歸之 10/85/22
故至至〇容 10/85/23
漠然〇見賢焉 10/85/24
騏驥〇能與之爭遠 10/85/24
剝之〇可遂盡也 10/85/25
文王聞善如〇及 10/86/2
宿〇善如〇祥 10/86/2
非為日〇足也 10/86/2
苟〇鄉善 10/86/4
故怨人〇如自怨 10/86/4
求諸人〇如求諸己得也 10/86/5
美而〇尊 10/86/8
故兩心〇可以得一人 10/86/9
（芙）〔美〕而〇芳 10/86/12
肥而〇澤 10/86/12
情〇相與往來也 10/86/12
〇以所託害所歸也 10/86/13
而〇知號禍之及己也 10/86/17
〇可遏奪也 10/86/17
〇（身）〔自〕遁 10/86/22
斯亦〇遁人 10/86/23
〇為無人〇兢其容 10/86/23
動無〇得 10/86/24
无〇得 10/86/24
無所〇比 10/87/4
故心哀而歌〇樂 10/87/7
心樂而哭〇哀 10/87/7
固無物而〇周 10/87/12
慊於〇己知者 10/87/15
〇自知也 10/87/15
（矜怚）〔矜怚〕生於〇足 10/87/16
樂而〇慊 10/87/16
道路〇拾遺 10/87/26
舜、禹〇再受命 10/88/5
近而〇可以至 10/88/9
卑而〇可以登 10/88/9
無載焉而〇勝 10/88/9
〇可求於人 10/88/10
君子者、樂有餘而名〇足 10/88/12
小人樂〇足而名有餘 10/88/12
觀於有餘〇足之相去 10/88/12
在情而〇萌者 10/88/13
君子思義而〇慮利 10/88/13
小人貪利而〇顧義 10/88/13

〇知後世之譏己也	10/88/18
有義者〇可欺以利	10/88/23
有勇者〇可劫以懼	10/88/23
如飢渴者〇可欺以虛器也	10/88/23
金錫〇消釋則〇流刑	10/88/29
上憂尋〇誠則〇法民	10/88/29
憂尋〇在民	10/88/29
齊桓舉而〇密	10/89/1
晉文密而〇舉	10/89/1
君〇與臣爭功	10/89/4
非天〇行	10/89/13
終身為〇善	10/89/13
非天〇亡	10/89/13
而〇能必其得福	10/89/15
〇忍為非	10/89/16
根本〇美、枝葉茂者	10/89/18
堯王天下而憂〇解	10/89/20
終〇私其利矣	10/89/21
無小〇可	10/89/23
〇時則退	10/89/28
何〇幸之有	10/89/28
猶〇自悔	10/89/29
羊羹〇斟而宋國危	10/90/2
〇施賞焉	10/90/4
〇加罰焉	10/90/5
可謂〇踰於理乎	10/90/6
〇慕乎行	10/90/9
〇慚乎善	10/90/10
〇知其所由然	10/90/10
君〇求諸臣	10/90/12
臣〇假之君	10/90/13
〇越鄰而成章	10/90/13
必〇得其所懷也	10/90/14
通智得（勞）而〇勞	10/90/16
其次勞而〇病	10/90/16
其下病而〇勞	10/90/16
音之〇足於其美者也	10/90/17
進退〇失時	10/90/22
故聖人〇為物先	10/90/25
而未能以智〇智也	10/91/1
故行險者〇得履繩	10/91/1
出林者〇得直道	10/91/2, 17.70/173/10
而明有〇（害）〔容〕	10/91/2
為是謂人智〇如鳥獸	10/91/5
則〇然	10/91/6
其諭人心〇可及也	10/91/10
皆〇得其道者也	10/91/12
故歌而〇比於律者	10/91/12
〇過百里	10/91/22
禍福〇虛至矣	10/91/23
〇勝正行	10/91/23
〇勝善政	10/91/23
〇可以無功取也	10/91/24
〇可以無罪蒙也	10/91/24
君子〇謂小善〇足為也而舍之	10/92/1
〇為小〇善為無傷也而為之	10/92/1
小〇善積而為大〇善	10/92/2
壹快〇足以成善	10/92/2
壹恨〇足以成非	10/92/3
〇施亦仁	10/92/16
小人誠〇仁〔乎〕	10/92/16
施亦〇仁	10/92/16
〇施亦〇仁	10/92/16
〇可與言化	10/92/20
〇可與言大	10/92/20
日〇知夜	10/92/21,16.27/156/28
月〇知晝	10/92/21,16.27/156/27
聖人為善若恐〇及	10/92/25
備禍若恐〇免	10/92/26
〇可得也	10/92/28, 11/93/27,16.88/162/9
是故知己者〇怨人	10/92/28
知命者〇怨天	10/92/28
聖人〇求譽	10/93/1
〇辟誹	10/93/1
〇可傳於人	10/93/4
用之〇節	10/93/6
善御者〇忘其馬	10/93/9
善射者〇忘其弩	10/93/9
善為人上者〇忘其下	10/93/9
民童蒙〇知（東西）〔西東〕	11/93/28
貌〇羨乎情	11/93/28
而言〇溢乎行	11/93/28
亦〇求得	11/93/30
親戚〇相毀譽	11/93/30
朋友〇相怨德	11/93/30
短褐〇完者	11/94/3
〇知其可以為布也	11/94/7
〇知其可以為旃也	11/94/7
故〇通於物者	11/94/7
子贛贖人而〇受金於府	11/94/15
魯國〇復贖人矣	11/94/16
而〇可公行也	11/94/19
聖人〇以為民俗〔也〕	11/94/20
智者有所〇足	11/94/25
柱〇可以（槁）〔摘〕齒	11/94/25
（筐）〔筳〕〇可以持屋	11/94/26
馬〇可以服重	11/94/26
牛〇可以追速	11/94/26
鉛〇可以為刀	11/94/26
銅〇可以為弩	11/94/27
鐵〇可以為舟	11/94/27
木〇可以為釜	11/94/27
其於以（函）〔承〕食〇如〔竹〕（簞）〔箅〕	11/94/28
〇若黑蜧	11/94/29
物無〇貴也	11/94/30
物無〇賤也	11/94/30
夫玉璞〇猒厚	11/95/1
角觽〇猒薄	11/95/1
漆〇猒黑	11/95/1
粉〇猒白	11/95/1
見雨則裘〇用	11/95/2
升堂則蓑〇御	11/95/2
故老子曰「〇上賢」者	11/95/3
言〇致魚於（水）〔木〕	11/95/4
〇舍而穴	11/95/13
而足迹〇接諸侯之境	11/95/14
車軌〇結千里之外者	11/95/14
亡國若〇足	11/95/15
〇足者非無貨也	11/95/16
凡（以物）治物者〇以物	11/95/20
治（睦）〔和〕者〇以（睦）〔和〕	11/95/20
治人者〇以人	11/95/21
治君者〇於君	11/95/21
治欲者〇於欲	11/95/21
治性者〇於性	11/95/22
治德者〇以德	11/95/22
蕪濊而〇得清明者	11/95/24
〇能通其言	11/95/25
則〇能知其故俗	11/95/25

則○失物之情 11/96/2
猶有○忘者存 11/96/4
是故○聞道者 11/96/5
（智昏）〔昏智〕○可以為政 11/96/14
波水○可以為平 11/96/14
人目所見○過十里 11/96/18
利○能足也 11/96/19
故強哭者雖病○哀 11/96/21
強親者雖笑○和 11/96/21
故禮豐○足以效愛 11/96/23
婦人○辟男子於路者 11/97/3
故四夷之禮○同 11/97/4
○能親近來遠 11/97/8
而國○亡者 11/97/10,12/108/25
○犯禁而入 11/97/13
○迕逆而進 11/97/13
禮○過實 11/97/15
仁○溢恩也 11/97/16
是強人所○及也 11/97/16
夫儒、墨○原人情之終始 11/97/17
○強人之所○能為 11/97/18
○絕人之所〔○〕能已 11/97/18
度量○失於適 11/97/18
非○知繁升降槃還之禮也 11/97/19
非○能陳鍾鼓 11/97/20
喜○羨於音 11/97/22
非○能竭國麋民 11/97/22
市○變其肆 11/97/23
農○易其畝 11/97/24
知義而○知宜也 11/98/2
知禮而○知體也 11/98/2
然而皆○失親踈之恩 11/98/8
○務於奇麗之容 11/98/12
○亟於為文句踈短之鞻 11/98/12
而○拘於儒墨 11/98/13
曲得其宜而○折傷 11/98/18
拙工則○然 11/98/18
大則塞而○入 11/98/19
小則窕而○周 11/98/19
有苗○服 11/99/1
故（○）為三年之喪 11/99/3
夫一儀○可以百發 11/99/7
一衣○可以出歲 11/99/7
法度○同 11/99/9
是故○法其以成之法 11/99/10
其所以歌者○可為也 11/99/11
其所以作法○可原也 11/99/12
其所以言○可形也 11/99/12
淳均之劍（○）可愛也 11/99/13
而歐冶之巧〔○〕可貴也 11/99/13
○得其養氣處神 11/99/14
其○能乘雲升假亦明矣 11/99/15
○得其清明玄聖 11/99/17
○能為治亦明矣 11/99/17
○若得歐冶之巧 11/99/18
○若得伯樂之數 11/99/18
故天之員也○中規 11/99/20
地之方也○中矩 11/99/20
故其見○遠者 11/99/21
○可與語大 11/99/21
其智○閎者 11/99/21
○可與論至 11/99/22
其曲家異而○失於體 11/99/27
非良工○能以制木 11/100/4
非巧冶○能以治金 11/100/4
雖師文○能以成曲 11/100/7
徒絃、則○能悲 11/100/7
父○能以教子 11/100/9
兄○能以喻弟 11/100/10
若夫○在於繩準之中 11/100/10
此○共之術也 11/100/11
此○傳之道也 11/100/12
未必○合於人也 11/100/18
未必○非於俗也 11/100/18
○知世之所謂是非者 11/100/20
（○知）孰是孰非 11/100/21
晉平公出言而○當 11/100/24
平公非○痛其體也 11/100/25
平公之○霸也 11/100/26
談語而○稱師 11/101/1,11/101/2
面形○變其故 11/101/7
無之而○濡 11/101/8
則有○能為虛矣 11/101/9
若夫○為虛而自虛者 11/101/9
此所慕而〔無〕○（能）致也 11/101/9
○運於己 11/101/11
16.84/161/27
○通於道者 11/101/11
（然忽）〔忽然〕○得 11/101/12
○化以待化 11/101/13
是以人○兼官 11/101/16
官○兼事 11/101/17
○得相干 11/101/18
17.148/178/29
而治世○以責於民 11/101/23
而明主○以求於下 11/101/24
○污於俗 11/101/24
而治世○以為民化 11/101/24
而治世○以為民業 11/101/25
而○可與眾同職也 11/101/26
○可（以）〔與〕眾同道也 11/101/26
○可以為世儀〔也〕 11/102/1
三日○集 11/102/2
而○可使為工也 11/102/2
故高○可及者 11/102/2
○可以為人量 11/102/2
行○可逮者 11/102/3
○可以為國俗 11/102/3
夫（契）〔挈〕輕重○失銖兩 11/102/5
視高下○差尺寸 11/102/5
人才○可專用 11/102/6
則終身○家矣 11/102/8
然（非）〔○〕待古之英俊 11/102/8
人材○足專恃 11/102/10
高為量而罪○及 11/102/10
重為任而罰○勝 11/102/10
危為（禁）〔難〕而誅○敢 11/102/11
○能禁其姦 11/102/12
力○足也 11/102/12
江南河北○能易其指 11/102/15
馳騖千里○能（易）〔改〕其處 11/102/15
○能定其處 11/102/16
非○仁也 11/102/21
而○肯 11/102/26
使遇商鞅、申○害 11/102/26
○若窾木便者 11/102/28
王子比干非○（智）〔知〕（箕子）被髮佯狂以免其身也 11/103/4
故○為也 11/103/5
伯夷、叔齊非○能受祿

任官以致其功也 11/103/5
故○務也 11/103/5
許由、善卷非○能撫天
下、寧海內以德民也 11/103/6
豫讓、要離非○知樂家
室、安妻子以偷生也 11/103/6
故○留也 11/103/7
鵜胡飲水數斗而○足 11/103/11
智伯有三晉而欲○贍 11/103/11
林類、榮啓期衣若縣衰
〔而〕意○慊 11/103/12
夫重生者○以利害己 11/103/13
立節者見難○苟免 11/103/13
貪祿者見利○顧身 11/103/13
而好名者非義○苟得 11/103/13
其事經而○擾 11/103/19
其器完而○飾 11/103/19
亂世則○然 11/103/20
久積而○決 11/103/21
○周於用 11/103/22
丈夫丁壯而○耕 11/103/22
婦人當年而○織 11/103/23
○貴難得之貨 11/103/24
○器無用之物 11/103/24
是故其耕○強者 11/103/24
其織○力者 11/103/24
姦邪○生 11/103/25
○積於養生之具 11/103/28
○可為象 11/104/6
短褐○掩形 11/104/7
○足以論之 11/104/8
守正（脩）〔循〕理、
○〔為〕苟得者 11/104/9
○免乎飢寒之患 11/104/10
能○犯法干誅者 11/104/12
故（仕）〔仁〕鄙在時
○在行 11/104/15
利害在命○在智 11/104/15
將○能止也 11/104/15
懼○能走也 11/104/16
○能相顧也 11/104/17
而仁○能解也 11/104/19
游者○能拯溺 11/104/19
灼者○能救火 11/104/19
○足則爭 11/104/20
林中○賣薪 11/104/21
湖上○鬻魚 11/104/21
利○足也 11/104/22
而利○能誘也 11/104/23
然則○知乃知邪 12/105/15
知乃○知邪 12/105/15
道○可聞 12/105/16
道○可見 12/105/16
道○可言 12/105/16
孰知形〔形〕之○形者
乎 12/105/17
斯○善也 12/105/17
故「知者○言 12/105/17
言者○知」也 12/105/18
孔子○應 12/105/20
然則人固○可與微言乎 12/105/22
何謂○可 12/105/23
○以言言也 12/105/24
白公○得也 12/105/25
是以○吾知也 12/105/26
○可 12/106/3
12/115/19,13/125/8
17.161/179/26,18/189/2
善而○可行 12/106/3
然而○用者 12/106/4
○若此其宜也 12/106/5
○在文辯 12/106/5
材○及林 12/106/12
林○及雨 12/106/12
雨○及陰陽 12/106/12
陰陽○及和 12/106/13
和○及道 12/106/13
○能以〔其〕府庫分人 12/106/15
○義得之 12/106/15
又○能布施 12/106/15
○能予人 12/106/16
○若焚之 12/106/16
○能為人 12/106/18
○（知）〔如〕其已 12/106/20
○可長保也 12/106/20
○以故自持 12/107/3
○過三日 12/107/8
日中○須臾 12/107/8
○通乎持勝也 12/107/11
而○肯以力聞 12/107/12
而○肯以兵知 12/107/13
○說為仁義者也 12/107/17
刺之○入 12/107/18
擊之○中 12/107/18
夫刺之而○入 12/107/19
擊之而○中 12/107/19
雖有力○敢擊 12/107/20
夫○敢刺、○敢擊 12/107/20
使天下丈夫女子莫○歡
然皆（欲）〔有〕愛
利之心 12/107/21
天下丈夫女子莫○延頸
舉踵而願安利之者 12/107/24
勇於○敢則活 12/108/2
大勇反為○勇耳 12/108/3
故人與驥逐走則○勝驥 12/108/6
託於車上則驥○能勝人 12/108/6
託其所○能 12/108/8
希○傷其手 12/108/9
臣之所言〔者〕○可 12/108/13
則○能安周 12/108/13
來而辭○受金 12/108/18
則為○廉 12/108/20
○受金 12/108/20
則○復贖人 12/108/20
魯人○復贖人於諸侯矣 12/108/20
衛之去齊○遠 12/109/5
君○若使人問之 12/109/6
○然 12/109/7
18/190/10,18/201/20
○以其所〔以〕養害
（其）〔所〕養 12/109/15
○以養傷身 12/109/16
○以利累形 12/109/17,20/218/17
豈○惑哉 12/109/18
猶○能自勝 12/109/22
〔○能自勝〕則從之 12/109/23
○能自勝而強弗從者 12/109/23
而○明於治國 12/109/27
○敢對以（未）〔末〕 12/109/29
則苦而○入 12/110/5
則甘而○固 12/110/5
○甘○苦 12/110/5
臣○能以教臣之子 12/110/6
而臣之子亦○能得之於
臣 12/110/6
寡人自知○為諸侯笑矣 12/110/12
居○至朞年 12/110/13
魚○可脫于淵 12/110/14
國之利器○可以示人 12/110/14
知者〔○〕藏書 12/110/18

○如守中 12/110/19
〔莊王○往〕 12/110/21
今○果往 12/110/22
○可以當此樂也 12/110/24
恐留而○能反 12/110/24
○見可欲 12/110/25
使心○亂 12/110/25
子何○先加德焉 12/110/28
越王勾踐與吳戰而○勝 12/111/4
天下莫○知 12/111/6,19/204/4
君子○乘人於利 12/111/11
○迫人於險 12/111/12
夫唯○爭 12/111/13
而○可告以天下之馬 12/111/17
穆公○說 12/111/20
見其所見而○見其所○見 12/111/23
視其所視而遺其所○視 12/111/24
王○知起之○肖 12/112/1
損其有餘而綏其○足 12/112/3
12/112/4
○變其故 12/112/4
行之者○利 12/112/5
○宜得志於齊 12/112/7
○宜得志於秦 12/112/8
○能成禍 12/112/8
○可更也 12/112/10
子○若敦愛而篤行之 12/112/10
三舍○止 12/112/13
晉○伐楚 12/112/13,12/112/14
○可伐也 12/112/16
○祥 12/112/21
星○徙 12/113/2
能受國之○祥 12/113/3
龍○能與遊 12/113/5
○逆有伎能之士 12/113/8
子發辭○受 12/113/11
功成而○居 12/113/14
夫唯○居 12/113/14
是以○去 12/113/14
三日而原○降 12/113/16
原○過一二日將降矣 12/113/16
吾○知原三日而○可得下也 12/113/17
盡而○罷 12/113/17
公儀子○受 12/113/22
○能自給魚 12/113/23
毋受魚而○免於相 12/113/24
知足○辱 12/113/25,18/194/3
而○失鉤芒 12/114/5
而況持○用者乎 12/114/7
物孰○濟焉 12/114/7
(夫)〔太〕子發勇敢而○疑 12/114/12
則○堪其殃 12/114/12
○善則吾讎也 12/114/22
○可○畏也 12/114/24
五者○備 12/114/27
衣○給帶 12/115/2
冠○暇正 12/115/2
○問其辭而遣之 12/115/5
今日○去 12/115/8
○善人 12/115/10
以車○過百里 12/115/19
以人○過三十里 12/115/19
臣○知其可也 12/115/21
穆公○聽 12/115/22
○可襲也 12/115/24
天下莫○聞 12/115/25
諸侯莫○知 12/115/25
而○弔吾喪 12/115/26
而○假道 12/115/26
知而○知 12/115/28
○知而知 12/115/28
終身○勤 12/116/3
至長○渝〔解〕 12/116/8
其比夫○名之地 12/116/11
豈○亦遠哉 12/116/15
吾○可以久(駐) 12/116/15
○離咫尺 12/116/17
豈○悲哉 12/116/18
小(人)〔年〕○及大(人)〔年〕 12/116/18
小知○及大知 12/116/18
朝(菌)〔秀〕○知晦朔 12/116/19
蟪蛄○知春秋 12/116/19
此言明之有所○見也 12/116/19
(季)〔宓〕子○欲人〔之〕取小魚也 12/116/23
無所○極 12/117/3
化育萬物而○可為象 12/117/3
光耀○得問 12/117/6
搏之○可得 12/117/7
將何○忘哉 12/117/13
則○能漏理其形也 12/117/13
○出戶以知天下 12/117/14
○窺牖以見天道 12/117/14
恐○能守 12/117/17
三十四世○奪 12/117/20
无關鍵而○可開也 12/117/21
無繩約而○可解也 12/117/21
恐子○可予也 12/117/24
吳人願一以為王而○肯 12/117/28
臨死地○變其儀 12/118/1
○可劫而奪也 12/118/5
〔○以〕腐肉朽骨棄劍者 12/118/7
而有○能成衡之事 12/118/12
○若其寡也 12/118/13
先王〔有〕以見大巧之○可〔為〕也 12/118/13
所以○知門也 12/118/14
(周)〔三〕年○得見 12/118/17
吾留秦三年○得見 12/118/19
○識道之可以從楚也 12/118/19
○掩以繩 12/118/20
而○受塵垢 12/118/22
非○深且清也 12/118/22
是故石上○生五穀 12/118/23
禿山○游麋鹿 12/118/23
晏子默然○對 12/119/2
晏子默而○對者 12/119/4
○欲太卜之死〔也〕 12/119/5
方而○割 12/119/6
廉而○劌 12/119/6
有命之父母○知孝(于)〔子〕 12/119/9
有道之君○知忠臣 12/119/10
醻而○獻 12/119/11
未嘗○危也 12/119/19
服此道者○欲盈 12/119/20
夫唯○盈 12/119/20
是以能弊而○新成 12/119/20
吾恐後世之用兵○休 12/119/22
令類○蕃 12/119/26
使民○爭 12/119/26
其德生而○(辱)〔殺〕 13/120/3
予而○奪 13/120/3
天下○非其服 13/120/3

冬日則○勝霜雪霧露	13/120/7
夏日則○勝暑熱蟁虻	13/120/7
○通往來也	13/120/12
民以致遠而○勞	13/120/14
猛獸○能為害	13/120/15
常故○可循	13/120/16
器械○可因也	13/120/16
婚禮○稱主人	13/120/19
舜○告而娶	13/120/19
此禮之○同者也	13/120/21
此葬之○同者也	13/120/22
此祭之○同者也	13/120/23
此樂之○同者也	13/120/24
而靡○中音	13/120/26
○宜則廢之	13/121/2
而○制於禮樂	13/121/3
○必法古	13/121/4
○必循舊	13/121/4
○變法而亡	13/121/4
○相襲而王	13/121/5
○若道其全也	13/121/11
○若聞（得）其言	13/121/12
○若得其所以言	13/121/12
身若○勝衣	13/121/15
言若○出口	13/121/15
如將○能	13/121/16
其○能中權	13/121/22
一調○更	13/121/24
此萬世○更者也	13/121/25
夏后氏○負言	13/122/4
○殺黃口	13/122/8
○獲二毛	13/122/8
夫神農、伏犧○施賞罰而民○為非	13/122/11
然而立政者○能廢法而治民	13/122/11
然而征伐者○能釋甲兵而制（疆）〔彊〕暴	13/122/12
賢者立禮而○肖者拘焉	13/122/15
○可與（達辱）〔遠舉〕	13/122/15
○可使應變	13/122/16
耳○知清濁之分者	13/122/16
○可（今）〔令〕調（意）〔音〕	13/122/16
〔心〕○知治亂之源者	13/122/17
○可令制法〔度〕	13/122/17

三代之禮○同	13/122/20
○知法治之源	13/122/21
以為非此○治	13/122/22
是言其所○行也	13/122/23
鬼魅○世出	13/122/25
非智○能	13/122/26
故○用之法	13/122/27
○驗之言	13/122/27
聖王○聽〔也〕	13/122/27
夫脩而○橫	13/123/5
短而○窮	13/123/5
直而○剛	13/123/5
久而○（志）〔忘〕者	13/123/5
懦則○威	13/123/6
猛則○和	13/123/6
縱則○令	13/123/6
而公道○行	13/123/8
今○知道者	13/123/10
譬猶○知音者之歌也	13/123/12
清之則（燋）〔憔〕而○（謳）〔調〕	13/123/13
則莫○比於律而和於人心	13/123/14
○受於外而自為儀表也	13/123/15
○以物累形	13/123/21
此而○能達善效忠者	13/124/1
則才○足也	13/124/2
忠諫者謂之○祥	13/124/4
以為○肖	13/124/8,13/128/2
而○知時世之用也	13/124/12
而○知八極之廣大也	13/124/12
○見西牆	13/124/12
○覩北方	13/124/13
（則）〔為〕無所○通	13/124/13
地方○過百里	13/124/17 21/227/22
莫○為郡縣	13/124/18,15/146/4
則（千）〔萬〕乘之君無○霸王者	13/124/22
而（萬）〔千〕乘之國無○破亡者矣	13/124/23
雖大○足恃	13/124/25
雖小○可輕	13/124/25
（有）〔存〕在得道而○在於大也	13/124/26
亡在失道而○在於小也	13/124/26
務廣其地而○務仁義	13/124/27

務高其位而○務道德	13/124/27
而○能自非其所行	13/124/28
而悔○殺湯於夏臺	13/124/28
而○反其過	13/125/1
而悔〔其〕○誅文王於羑里	13/125/1
湯、武救罪之○給	13/125/2
今○審其在己者	13/125/3
今○行人之所以王（者）	13/125/6
此所以三十六世而○奪也	13/125/9
此所謂忠愛而○可行者也	13/125/20
禮○足以難之也	13/125/25
勢○得○然也	13/125/26
謂之○知權	13/126/1
○知權者	13/126/1
○結於一迹之塗	13/126/2
凝滯而○化	13/126/2
猩猩知往而○知來	13/126/5
乾鵠知來而○知往	13/126/5
无所○通	13/126/6
然而○能自知	13/126/6
然〔而〕○能自免於車裂之患	13/126/8
故萇弘知天道而○知人事	13/126/10
蘇秦知權謀而○知禍福	13/126/11
徐偃王知仁義而○知時	13/126/11
大夫種知忠而○知謀	13/126/11
聖人則○然	13/126/14
是故舒之天下而○窕	13/126/14
內之尋常而○塞	13/126/14 18/185/27
而兵○休息	13/126/16
則必滅抑而○能興矣	13/126/16
則必○免於有司之法矣	13/126/18
故事有可行而○可言者	13/126/22
有可言而○可行者	13/126/22
所謂可行而○可言者	13/126/23
可言而○可行者	13/126/23
○害於視	13/126/27
○可灼也	13/126/27
○可鑿也	13/126/27
○可勝數	13/126/28
三戰○勝	13/127/1

治心術則○（忘）〔妄〕喜怒 14/133/8
理好憎則○貪無用 14/133/9
適情性則欲○過節 14/133/9
○惑禍福則動靜循理 14/133/9
○妄喜怒則賞罰○阿 14/133/9
○貪无用則○以欲（用）害性 14/133/10
欲○過節則養性知足 14/133/10
天下○可以智為也 14/133/13
○可以慧識也 14/133/13
○可以事治也 14/133/13
○可以仁附也 14/133/13
○可以強勝也 14/133/13
德○盛 14/133/14
○能成一焉 14/133/14
失道則智者○足 14/133/15
能有天下者必○失其國 14/134/1
能有其國者必○喪其家 14/134/1
能治其家者必○遺其身 14/134/1
能脩其身者必○忘其心 14/134/1
能原其心者必○虧其性 14/134/2
能全其性者必○惑於道 14/134/2
○得之己而能知彼者 14/134/3
其力○可度 14/134/8
故能以眾○勝成大勝者 14/134/8
○學刺舟而便用之 14/134/11
○學騎馬而便居之 14/134/11
身○累於物 14/134/11
事之以皮幣珠玉而○聽 14/134/12
○亦宜乎 14/134/13
再三呼而○應 14/134/21
嚮○怒而今怒 14/134/21
故智○足免患 14/134/25
愚○足以至於失寧 14/134/25
失之○憂 14/134/26
得之○喜 14/134/26
聖人○為可非之行 14/134/30
○憎人之非己也 14/134/30
○求人之譽己也 14/134/30
○能使禍○至 14/134/30
信己之○迎也 14/135/1
○能使福必來 14/135/1
信己之○攘也 14/135/1
故窮而○憂 14/135/1
○在於己也 14/135/2
○求其所未得 14/135/3
先為○可勝 14/135/4,15/152/4
先為○可奪 14/135/4
故治未固於○亂 14/135/6
利莫美○喪 14/135/7
○損則益 14/135/8
○成則毀 14/135/8
○利則病 14/135/8
故道○可以勸（而）就利者 14/135/9
○常有福 14/135/10
○常有功 14/135/10
○失其直 14/135/11
獨○離其壇（城）〔域〕 14/135/11
故○為（善）〔好〕 14/135/12
○避醜 14/135/12
○為始 14/135/12
○專己 14/135/12
○豫謀 14/135/12
○棄（特）〔時〕 14/135/13
○求得 14/135/13
○辭福 14/135/13
○求所無 14/135/13
○失所得 14/135/13
禍福○生 14/135/14
為○善則議 14/135/16
故道術○可以進而求名 14/135/16
○可以得利 14/135/17
故聖人○以行求名 14/135/17
○以智見譽 14/135/17
慮○勝數 14/135/20
行○勝德 14/135/20
事○勝道 14/135/20
為者有○成 14/135/20
求者有○得 14/135/20
而道無○通 14/135/20
○施其美 14/135/23
○有其名 14/135/24
名與道○兩明 14/135/26
人（受）〔愛〕名則道○用 14/135/26
則危○遠矣 14/135/27
則治○（脩）〔循〕故 14/136/2
而事○（須）〔順〕時 14/136/2
治○脩故 14/136/3
事○須時 14/136/3
○足〔以〕更責 14/136/4
（○）足以弊身 14/136/4
○若無心者〔也〕 14/136/7
○若無欲者也 14/136/8
人能接物而○與己焉 14/136/11
非巧○能 14/136/15
而○可以使人暴 14/136/18
而○可以使人亂 14/136/18
○遇暴亂之世 14/136/19
故士行善而○知善之所由來 14/136/23
民贍利而○知利之所由出 14/136/23
○若內治而待時 14/136/27
則貨殫而欲○饜 14/136/28
則諭說而交○結 14/136/28
○足以為全 14/136/29
則為名者○伐無罪 14/137/2
而為利者○攻難勝 14/137/2
為義之○能相固 14/137/5
威之○能相必也 14/137/5
智者○以位為事 14/137/6
勇者○以位為暴 14/137/7
仁者○以位為（患）〔惠〕 14/137/7
下之徑衢○可勝理 14/137/10
○慾○忘 14/137/10
○杖眾多而專用身才 14/137/15
必○堪也 14/137/15
上之分○定 14/137/16
賢能之○足任也 14/137/18
○繫於物者 14/137/21
○顧後患者 14/137/21
○可兩立 14/137/22
○知利害（嗜）〔者〕 14/137/23
食之○寧於體 14/137/23
聽之○合於道 14/137/23
視之○便於性 14/137/24
割痤疽非○痛也 14/137/24
飲毒藥非○苦也 14/137/25
渴而飲水非○快也 14/137/25
飢而大飧非○贍也 14/137/25
耳目鼻口○知所取去 14/137/26
欲之○可勝 14/137/27
而邪氣（因）〔自〕（而）○生 14/137/28
無取之美而美○失 14/138/1
故祭祀思親○求福 14/138/1

饗賓修敬○思德 14/138/1
○稱賢也 14/138/4
○稱〔智〕也 14/138/5
襲而○離 14/138/6
而為論者莫然○見所觀焉 14/138/6
故天下可得而○可取也 14/138/9
霸王可受而○可求也 14/138/9
有使人○能用其智於己者也 14/138/10
有使人○能施其力於己者也 14/138/11
故君賢○見 14/138/11
諸侯○備 14/138/11
○肖○見 14/138/12
則百姓○怨 14/138/12
百姓○怨則民用可得 14/138/12
鼓○（滅）〔臧〕於聲 14/138/16
鏡○（没）〔設〕於形 14/138/16
○為物（先）倡 14/138/17
百步之中○忘其〔為〕容者 14/138/19
○憂民之晦也 14/138/22
○憂民之貧也 14/138/22
嵬然○動 14/138/23
○為人贛 14/138/23
用之者亦○受其德 14/138/24
名興則道〔○〕行 14/138/26
唯○求利者為無害 14/138/29
唯○求福者為無禍 14/138/29
能○以天下傷其國、而○以國害其身者 14/138/31
○知道者 14/139/1
終身○悔 14/139/2
○喜則憂 14/139/2
何○覆載 14/139/6
服○視 14/139/10
行○觀 14/139/10
言○議 14/139/10
通而○華 14/139/10
榮而○顯 14/139/11
隱而○窮 14/139/11
異而○見怪 14/139/11
○得已而為也 14/139/13
行所○得已之事 14/139/13
而○解構耳 14/139/14
故○得已而歌者 14/139/14
○事為悲 14/139/14
○得已而舞者 14/139/14
○矜為麗 14/139/15
歌舞而○事為悲麗者 14/139/15
善博者○欲牟 14/139/17
○恐○勝 14/139/17
雖○必勝 14/139/17
〔而〕○在於欲〔也〕 14/139/18
馳者○貪最先 14/139/18
○恐獨後 14/139/18
雖○能必先哉 14/139/19
而○在於欲也 14/139/19
心○一也 14/139/22
雖鑽之○（通）〔達〕 14/139/23
周公（散臑）〔殽腝〕○收於前 14/139/26
鍾鼓○解於縣 14/139/27
○遑啓處 14/139/27
日有餘而治○足〔者〕 14/139/28
○能祝者 14/140/2
○可以為祝 14/140/2
○能御者 14/140/3
○〔可〕以為僕 14/140/3
雖怨○逆者 14/140/8
○能相聽 14/140/8
〔以〕○爭也 14/140/9
以○鬪也 14/140/10
終身○寤 14/140/12
遂○知反 14/140/13
而○可以將眾 14/140/16
而○可以治國 14/140/17
而○可以饗三軍 14/140/18
非易○可以治大 14/140/20
非簡○可以合眾 14/140/20
大禮○責 14/140/21
莫○繫統 14/140/21
今務益性之所○能樂 14/140/25
而○免為哀之人 14/140/25
○足以易其一概 14/140/27
大廉○嗛 14/141/1
大勇○矜 14/141/1
五音莫○有聲 14/141/10
此皆○快於耳目 14/141/20
○適於口腹 14/141/20
必有○化而應化者 14/141/23
聖〔人〕常後而○先 14/141/27
常應而○唱 14/141/27
○進而求 14/141/27
○退而讓 14/141/27
○失時與人 14/141/28
〔時〕之（去）〔至〕○可迎而反也 14/142/1
時之去○可追而援也 14/142/2
故○曰我無以為而天下遠 14/142/2
○曰我○欲而天下○至 14/142/2
故名○動志 14/142/5
故利○動心 14/142/5
〔○〕足以概志 14/142/6
浮游○過三日 14/142/8
故○憂天下之亂 14/142/9
君子為善○能使（富）〔福〕必來 14/142/11
○為非而○能使禍无至 14/142/11
故○伐其功 14/142/12
故○悔其行 14/142/12
〔○〕累（積）其德 14/142/13
狗吠而○驚 14/142/13
故知道者○惑 14/142/13
知命者○憂 14/142/14
分○均 15/142/24
求○贍 15/142/24
故（○）〔人〕得○中絕 15/142/27
導之以德而○聽 15/143/2
臨之〔以〕威武而○從 15/143/2
○至於為炮（烙）〔格〕 15/143/5
晉厲、宋康行一○義而身死國亡 15/143/5
○至於侵奪為暴 15/143/5
此（大）〔天〕論之所○取也 15/143/7
責之以○義 15/143/12
決獄○辜 15/143/15
以廢○義而復有德也 15/143/16
剋國○及其民 15/143/17
唯恐其○來也 15/143/19
至於○戰而止 15/143/21
莫○設渠壍 15/143/23
而霸王之功○世出者 15/143/24
夫為地戰者○能成其王 15/143/24
為身戰者○能立其功 15/143/25
故○（可）得（而）觀

〔其形〕	15/144/3
物物而〇物	15/144/9
故勝而〇屈	15/144/9
五兵〇厲	15/144/10
建鼓〇出庫	15/144/10
諸侯莫〇憯悽沮膽其處	15/144/11
音氣〇戾八風	15/144/15
詘伸〇獲五度	15/144/15
莫〇有序	15/144/16
是故入小而〇偪	15/144/16
莫〇順比	15/144/17
無所〇在	15/144/17
儀度〇得	15/144/20
則格的〇中	15/144/20
一節〇用	15/144/20
而千里〇至	15/144/20
夫戰而〇勝者	15/144/20
車〇發軔	15/144/21
騎〇被鞍	15/144/21
鼓〇振塵	15/144/21
旗〇解卷	15/144/21
甲〇離矢	15/144/22
刃〇嘗血	15/144/22
朝〇易位	15/144/22
賈〇去肆	15/144/22
農〇離野	15/144/22
〇以相得	15/144/26
〇能用兵者	15/144/28
則天下莫〇可用也	15/144/29
恒有〇原之智、〇道之道	15/145/12
發斥〇忘遺	15/145/15
遷舍〇離	15/145/16
莫〔得〕〇為用	15/145/18
〇足以為強	15/145/23
〇足以為勝	15/145/23
〇足以為固	15/145/23
〇足以為威	15/145/24
身死〇還	15/146/4
〇顧百姓之飢寒窮匱也	15/146/5
一旦〇知千萬之數	15/146/6
上下〇相寧	15/146/7
吏民〇相憀	15/146/7
莫〇降下	15/146/10
而器械甚〇利	15/146/11
白刃〇畢拔而天下(傳)〔傅〕矣	15/146/15
故費〇半而功自倍也	15/146/21
則〇可制迫〔也〕	15/147/2
〇可(度量)〔量度〕也	15/147/2
〇可巧(計)〔詐〕也	15/147/3
〇可規慮也	15/147/3
〇見朕(整)〔埜〕	15/147/5
何之而〇(用)達	15/147/8
出於〇意	15/147/8,15/148/6, 15/152/11,17.163/180/1
疾雷〇及塞耳	15/147/12
疾霆〇暇揜目	15/147/12
眯〇給撫	15/147/13
呼〇給吸	15/147/13
仰〇見天	15/147/13
俯〇見地	15/147/14
手〇麾戈	15/147/14
兵〇盡拔	15/147/14
敵(之)〔人〕靜〇知其所守	15/147/15
動〇知其所為	15/147/15
當者莫〇廢滯崩阤	15/147/15
〇能分人之兵	15/147/19
則數倍〇足	15/147/19
則體〇節動	15/147/24
將〇誠必	15/147/24
則卒〇勇敢	15/147/24
強而〇相敗	15/147/26
眾而〇相害	15/147/26, 17.151/179/4
民〇從令	15/147/26
故下〇親上	15/147/27
其心〇用	15/147/27
卒〇畏將	15/147/27
其刑〇戰	15/147/27
〇待交兵接刃	15/147/28
前後〇相撚	15/148/7
左右〇相干	15/148/7
莫〇振驚	15/148/9
故攻〇待衝隆雲梯而城拔	15/148/9
戰〇至交兵接刃而敵破	15/148/9
故兵〇必勝	15/148/10
〇苟接刃	15/148/10
攻〇必取	15/148/10
〇為苟發	15/148/10
故眾聚而〇虛散	15/148/11
兵出而〇徒歸	15/148/11
敵〇可得勝之道也	15/148/15
彼〇吾應	15/148/18
敵迫而〇動	15/148/19
人〇及步(鍋)〔趨〕	15/148/20
車〇及轉轂	15/148/21
莫〇可勝也	15/148/22
莫〇可應也	15/148/22
而寒暑〇可(開)〔關〕閉	15/148/23
〇攻其治	15/149/1
〇襲堂堂之寇	15/149/1
(下)〔〇〕擊填填之旗	15/149/1
虎豹(之)〔〇〕動	15/149/3
〇入陷阱	15/149/3
麋鹿〇動	15/149/3
〇離罝罘	15/149/3
飛鳥〇動	15/149/3
〇絓罔羅	15/149/3
魚鱉〇動	15/149/3
〇擐脣(啄)〔喙〕	15/149/4
物未有〇以動而制者也	15/149/4
勇者〇得獨進	15/149/7
怯者〇得獨退	15/149/7
靡〇毀沮	15/149/8
〇若捲手之一挃	15/149/9
〇如百人之俱至也	15/149/9
〇能通其知而壹其力也	15/149/10
〇能成其功	15/149/12
勢〇齊也	15/149/14
而〇以人才之賢	15/149/19
故其情〇可得而觀	15/149/21
故其陳〇可得而經	15/149/21
上〇知天道	15/149/28
下〇知地利	15/149/28
巧拙〇異	15/150/1
〇待利時良日而後破之	15/150/2
然猶〇能獨(射)〔穿〕也	15/150/4
赴水火而〇還踵乎	15/150/8
故鼓〇與於五音而為五音主	15/150/16
水〇與於五味而為五味調	15/150/16
將軍〇與於五官之事而為五官督	15/150/17

〔繩〕 16.25/156/21
善閉者○用關楗 16.25/156/21
陰陽○能且冬且夏 16.27/156/27
善射者發○失的 16.28/156/30
而○善所射 16.28/156/30
而○善所釣 16.28/156/30
則有○善矣 16.28/156/31
物固有近○若遠、（逮）
〔遠〕○如近者 16.29/157/1
而○能生於湍瀨之流 16.30/157/4
而○能生於盤石之上 16.30/157/4
則○行也 16.30/157/5
揲（挻）〔挻〕其土而
○益厚 16.31/157/7
聖人○先風吹 16.32/157/10
○先雷毀 16.32/157/10
○得已而動 16.32/157/10
○可以為遠 16.33/157/12
故魚○可以無餌釣也
16.34/157/14
獸○可以虛器召也 16.34/157/15
○若服於軛也 16.35/157/17
○若走於澤〔也〕 16.35/157/18
則莫○利〔失〕也 16.36/157/20
則莫○利為也 16.36/157/20
將軍○敢騎白馬 16.37/157/23
亡者○敢夜揭炬 16.37/157/23
保者○敢畜噬狗 16.37/157/23
而○免於鼎俎 16.38/157/25
林木為之○斬 16.39/157/27
藜藋為之○采 16.39/157/27
非嘗○遺飲也 16.41/158/4
是故○同于和而可以成
事者 16.41/158/4
求美則○得 16.42/158/7
○求美則〔有〕美矣 16.42/158/7
求醜則○得醜 16.42/158/7
（求○）〔○求〕醜則
有醜矣 16.42/158/7
○求美又○求醜 16.42/158/8
而溺者○可以為抗 16.43/158/10
誕（者）○可以為常
16.43/158/10
而○可循行 16.43/158/11
猶○脂之戶也 16.44/158/13
六畜生多耳目者○詳
16.45/158/15

○若一人挈而趨 16.46/158/17
物固有衆而○若少者
16.46/158/17
○能相拯 16.46/158/18
故同○可相治 16.46/158/18
○可為道里 16.49/158/28
而○知所以存身 16.52/159/7
而○知身〔之〕所以亡
16.52/159/7
知遠而○知近 16.52/159/8
畏馬之辟也○敢騎 16.53/159/10
懼車之覆也○敢乘 16.53/159/10
○孝弟者或詈父母 16.54/159/12
生子者所○能任其必孝
也 16.54/159/12
升之○能大於石也 16.56/159/17
夜之○能脩於歲也 16.56/159/17
仁義之○能大於道德也
16.56/159/17
○可以成衣 16.57/159/20
先黑而後青則○可 16.58/159/23
下丹而上漆則○可 16.58/159/23
○可○審 16.58/159/24
（而）○因媒而成 16.60/159/28
○因人而親 16.60/159/28
趣○合 16.61/160/1
行○同 16.61/160/1
對門○通 16.61/160/1
○受齒芥 16.62/160/3
日月○應非其氣 16.62/160/3
君子○容非其類也 16.62/160/3
人○愛倕之手 16.63/160/5
○愛江、漢之珠 16.63/160/5
○如其後 16.64/160/8
○給射 16.66/160/12
○給搏 16.66/160/12
我實○與我（諛）〔嫂〕
亂 16.67/160/14
於三百步○能入魯縞
16.68/160/17
治疽○擇善惡醜肉而并
割之 16.73/160/27
農夫○察苗莠而并耘之
16.73/160/27
豈○虛哉 16.73/160/27
君子○與 16.74/160/29
○中員呈 16.76/161/4

其子哭之○哀 16.77/161/7
雖死亦○能悲哭矣 16.77/161/8
謂學○暇者 16.77/161/8
雖暇亦○能學矣 16.77/161/8
鏌邪○斷肉 16.80/161/15
執而○釋 16.80/161/15
天下莫○藉明於其前矣
16.82/161/22
○通於學者若迷惑 16.84/161/28
背而○得 16.84/161/28
○知凡要 16.84/161/28
寒○能生寒 16.85/161/30
熱○能生熱 16.85/161/30
○寒○熱能生寒熱 16.85/161/30
○敢更為 16.86/162/2
以其所脩而遊○用之鄉
16.88/162/7
時與○時 16.90/162/14
美而○可說 16.91/162/17
大而○可畏 16.91/162/17
故○可得而量也 16.92/162/19
以必亡贖○必死 16.94/162/24
如何而○得 16.95/162/27
衆曲○容直 16.96/163/1
衆枉○容正 16.96/163/1
公道○立 16.97/163/3
○求沐浴 16.99/163/8
故（食草）〔草食〕之
獸○疾易藪 16.99/163/8
水居之蟲○疾易水 16.99/163/8
行小變而○失常 16.99/163/9
孔氏○喪出母 16.100/163/12
○過勝母之閭 16.101/163/14
○入朝歌之邑 16.101/163/14
○飲盜泉 16.101/163/14
事或○可前規 16.103/163/20
物或○可〔豫〕慮 16.103/163/20
卒然○戒而至 16.103/163/21
辭而○享哉 16.104/163/24
○如聞一言之當 16.105/163/26
○若得事之所由 16.105/163/26
○若得事之所適 16.105/163/27
亦○病暮 16.106/163/31
○憎人之利之也 16.107/164/1
○怨人〔之〕取之 16.107/164/1
人能以所○利利人 16.107/164/1
愚人之同死生○知利害

所在 16.108/164/6
此皆學其所〇〔欲〕學 16.112/164/16
烹牛而〇鹽 16.114/164/22
雖貪者〇搏 16.116/165/1
雖污辱、世〇能賤 16.116/165/1
雖高隆、世〇能貴 16.116/165/2
〇若狐裘而粹 16.119/165/9
而長〇足 16.122/165/16
漆見蟹而〇乾 16.124/165/23
此類之〇推者也 16.124/165/23
推與〇推 16.124/165/23
非斧〇剋 16.126/165/29
物固有以（寇）〔剋〕適成〇逮者 16.126/165/29
〇知其大於羊 16.127/165/31
見麋而（〇）〔子〕四目 16.128/166/1
〇可謂〔之〕大馬 16.129/166/3
物固有似然而似〇然者 16.129/166/4
類〇可必推 16.129/166/4
17.109/176/1
兩堅〇能相和 16.130/166/7
兩強〇能相服 16.130/166/7
但成而生〇信 16.131/166/10
憧立而生〇讓 16.131/166/10
故君子〇入獄 16.131/166/11
〇入市 16.131/166/11
積〇可〇愼者也 16.131/166/11
走〇以手 16.132/166/13
縛手走〇能疾 16.132/166/13
飛〇以尾 16.132/166/13
屈尾飛〇能遠 16.132/166/13
物之用者必待〇用者 16.132/166/13
乃〇見者也 16.132/166/14
〔乃〕〇鳴〔者〕也 16.132/166/14
〇能外出戶 16.134/166/19
（鼎錯）〔錯鼎〕日用而〇足貴 16.137/166/26
周鼎〇爨而〇可賤 16.137/166/26
物固有以〇用而為有用者 16.137/166/26
地平則水〇流 16.137/166/27
重鈞則衡〇傾 16.137/166/27
物固有以〇用為大用者 16.137/166/27
以浴而倮則〇可 16.138/166/29
先饗而後祭則〇可 16.138/166/29
德〇報而〔身〕見殆 16.141/167/7
〇知 16.143/167/11
子雖〇知 16.143/167/11
此行大〇義而欲為小義者 16.145/167/18
而猶為之〇止 16.147/167/23
砥石〇利而可以利金 16.148/167/26
擏〇正而可以正弓 16.148/167/26
物固有〇正而可以正 16.148/167/26
〇利而可以利 16.148/167/26
為醫之〇能自治其病 16.151/168/4
病而〇就藥 16.151/168/4
其〇知物類亦甚矣 17.1/168/10
而〇知因天地以游 17.1/168/10
然而〇足貴也 17.1/168/11
然待所〇踝而後行 17.4/168/18
然待所〇知而後明 17.4/168/18
〇得其數 17.5/168/21
〇能自（榢）〔榢〕 17.8/168/27
〇能自見其背 17.8/168/27
狗彘〇擇甂甌而食 17.9/168/29
（短綆）〔綆短〕〇可以汲深 17.12/169/6
器小〇可以盛大 17.12/169/6
怒出於〇怒 17.13/169/8
為出於〇為 17.13/169/8
至味〇慊 17.15/169/12
至言〇文 17.15/169/12
至樂〇笑 17.15/169/12
至音〇（叫）〔叫〕 17.15/169/12
大匠〇斲 17.15/169/12
大〔庖〇〕豆（〇具） 17.15/169/12
大勇〇鬬 17.15/169/13
逐獸者目〇見太山 17.17/169/19
〇聾〇（聽）〔聰〕 17.18/169/21
坐者〇期而拚皆如一 17.20/169/26
〇若無也 17.27/170/9
致千里而〇飛 17.30/170/15
無糗糧之資而〇飢 17.30/170/15
失火則〇幸〔也〕 17.31/170/17
知己者〇可誘以物 17.37/170/30
明於死生者〇可（刦）〔劫〕以危 17.37/170/30
故善游者〇可懼以涉 17.37/170/30
雖〇能與終始哉 17.39/171/3
淵（泉）〇能竭 17.40/171/5
蓋非橑〇能蔽（曰）〔日〕 17.41/171/7
輪非輻〇能追疾 17.41/171/7
躄者見虎而〇走 17.43/171/11
勢〇便也 17.43/171/11
17.80/174/1
芻狗能立而〇能行 17.46/171/17
蛇床似蘼蕪而〇能芳 17.46/171/17
莫〇醜於色 17.47/171/19
人莫〇奮于其所〇足 17.47/171/19
則又〇能走矣 17.48/171/21
然而寒暑之勢〇易 17.49/171/23
小變〇足以防大節 17.49/171/23
然而世〇與也 17.51/172/1
近敖倉者〇為之多飯 17.53/172/6
臨江、河者〇為之多飲 17.53/172/6
聾者〇歌 17.58/172/17
盲者〇觀 17.58/172/17
古之所為〇可更 17.60/172/21
雖中節而〇可聽 17.61/172/23
〇量其力 17.64/172/30
華〇時者 17.65/172/32
〇可食也 17.65/172/32
佳人〇同體 17.67/173/3
美人〇同面 17.67/173/3
梨橘棗栗〇同味 17.67/173/3
（蔐苗）〔薖苗〕類絮而〇可〔以〕為絮 17.69/173/8
黂〇類布而可以為布 17.69/173/8
行險者〇得履繩 17.70/173/10
羊肉〇慕螘 17.73/173/16
醯（酸）〇慕蚋 17.73/173/16

而一頃之陂〔〇〕可以灌四頃 17.75/173/21
而〇可以細書 17.76/173/23
而〇可以（遠）望尋常之外 17.76/173/23
〇能搏龜鱉 17.80/174/1
行一棊〇足以見智 17.85/174/12
彈一弦〇足以見悲 17.85/174/12
〇若狐裘之粹 17.89/174/21
〇得為寶 17.89/174/21
鱉無耳而目〇可以（瞥）〔弊〕 17.91/174/25
瞽無目而耳〇可以（察）〔塞〕 17.91/174/26
遺腹子〇思其父 17.92/174/28
〇夢見像 17.92/174/28
蝮蛇〇可為足 17.93/174/30
虎豹〇可使緣木 17.93/174/30
馬〇食脂 17.94/175/1
桑扈〇啄粟 17.94/175/1
非弦〇能發矢 17.96/175/5
權〇可常 17.97/175/7
故遁關〇可復 17.97/175/7
亡犴〇可再 17.97/175/7
〇必以輪 17.98/175/9
〇必以紃 17.98/175/9
日月〇並出 17.99/175/11
狐〇二雄 17.99/175/11
神龍〇匹 17.99/175/11
猛獸〇群 17.99/175/11
鷙鳥〇雙 17.99/175/11
循繩而斲則〇過 17.100/175/13
懸衡而量則〇差 17.100/175/13
植表而望則〇惑 17.100/175/13
〇如循其理 17.101/175/15
人〇見龍之飛 17.102/175/17
當凍而〇死者 17.105/175/23
〇失其適 17.105/175/23
當暑而〇暍者 17.105/175/23
〇亡〔其〕適 17.105/175/23
未嘗〔〇〕適 17.105/175/23
蜉（游）〔蝣〕〇食〇飲 17.108/175/31
蠶食之而〇飢 17.109/176/1
〇可以得火 17.110/176/3
〇可以得水 17.110/176/3
弗鑽〇爇 17.112/176/7
弗掘（無泉）〔〇出〕 17.112/176/7
為酒人之利而〇酤 17.114/176/11
為車人之利而〇僦 17.114/176/11
則〇達 17.114/176/11
妻死而〇泣 17.115/176/14
去之十步而〔〇〕死 17.117/176/18
一梅〇足以為一人和 17.119/176/24
小國〇鬬於大國之間 17.123/177/3
兩鹿〇鬬於伏兕之旁 17.123/177/3
蔭〇祥之木 17.124/177/5
〇能搏攫者 17.127/177/12
〇若尋常之纆（索） 17.128/177/15
為其〇出戶而（理）〔堁〕之 17.130/177/19
為者〇得用 17.131/177/22
〇得相害 17.132/177/24
而有所〇施 17.133/177/26
大德若〇足 17.139/178/9
得之〇以道 17.140/178/11
海〇受流胔 17.141/178/13
太山〇上小人 17.141/178/13
旁光〇升俎 17.141/178/13
騶駮〇入牲 17.141/178/13
至冬而〇知去 17.142/178/15
至（陵）〔陸〕而〇知下 17.142/178/15
雖〇可好 17.146/178/25
亦〇見醜 17.146/178/25
為其所〇便以得所便 17.147/178/27
〇得相通 17.148/178/29
可謂〇知類矣 17.149/178/31
堅柔相摩而〇相敗 17.151/179/4
布之新〇如紵 17.153/179/8
紵之弊〇如布 17.153/179/8
再生者〇穫 17.159/179/22
華大（旱）〔早〕者〇胥時〔而〕落 17.159/179/22
毋曰〇幸 17.160/179/24
甑終〇墮井 17.160/179/24
〇知其武 17.162/179/28
〇知善走 17.162/179/28
知者〇怪 17.163/180/2
象肉之味〇知於口 17.165/180/6
鬼神之貌〇著於目 17.165/180/6
捕景之說〇形於心 17.165/180/6
終日采而〇知 17.167/180/10
〇發戶轔 17.169/180/15
〇懷㝷 17.169/180/15
有益〇多 17.175/180/27
雖〇能益 17.175/180/27
〇可以得鳥 17.176/180/29
〇可以得魚 17.176/180/29
〇可以得賢 17.176/180/29
（任）〔狂〕馬〇觸木 17.179/181/3
猘狗〇自投於河 17.179/181/4
雖聾蟲而〇自陷 17.179/181/4
愚者〇加足 17.185/181/16
騏驥驅之〇進 17.186/181/18
人君〇以取道里 17.186/181/18
以水和水〇可食 17.188/181/22
一絃之瑟〇可聽 17.188/181/22
食其食者〇毀其器 17.192/182/1
食其實者〇折其枝 17.192/182/1
交畫〇暢 17.193/182/4
連環〇解 17.193/182/4
18/198/15
其解之（〇以）〔以〇〕解 17.193/182/4
〇若歸家織網 17.194/182/6
〇過二里也 17.198/182/14
百舍〇休 17.198/182/14
異音者〇可聽以一律 17.200/182/19
異形者〇可合於一體 17.200/182/19
〇弋鵠而弋烏 17.202/182/23
泉源〇溥 17.203/182/25
謂之〇祥 17.206/183/1
〇能耕而欲黍粱 17.208/183/5
〇能織而喜采裳 17.208/183/5
河伯為之〇潮 17.210/183/9
千乘〇輕 17.210/183/9
非規矩〇能定方圓 17.214/183/17
非準繩〇能正曲直 17.214/183/17
視而无形者〇能思於心 17.216/183/21

逐鹿者○顧兔 17.218/183/25
決千金之貨者○爭銖兩之價 17.218/183/25
百星之明○如一月之光 17.221/183/31
十牖畢開○若一戶之明 17.221/183/31
○能入魯縞 17.222/184/1
巧（治）〔冶〕○能鑄木 17.225/184/7
工匠○能斲金者 17.225/184/7
白玉○雕 17.226/184/9
美珠○文 17.226/184/9
故跬步○休 17.226/184/9
累積○輟 17.226/184/9
鳥○干防者 17.231/184/21
然酤酒買肉○離屠沽之家 17.232/184/23
狀貌○可同 17.234/184/27
○入鄙人之耳 17.237/185/3
希○有盜心 17.238/185/5
故解（梓）〔捽〕者○在於捌格 17.239/185/7
○如隨牛之誕 17.242/185/14
而又況一○信者乎 17.242/185/14
其自養○勃 18/185/20
其舉錯○或 18/185/21
置之前而○蟄 18/185/26
錯之後而○軒 18/185/26
布之天下而○窕 18/185/27
夫言出於口者○可止於人 18/185/30
行發於邇者○可禁於遠 18/185/30
猶○能生也 18/186/3
莫○先以其知規慮揣度 18/186/9
則天下无○達之塗矣 18/186/11
是故○溺於難者成 18/186/13
是故○可○慎也 18/186/13
〔孫叔敖〕（而辭）〔辭而〕○受 18/186/18
其子辭而○受 18/186/22
所以累世○奪也 18/187/2
未嘗○（憤）〔噴〕然而歎曰 18/187/7
（天下探之○窮） 18/187/12
〔○傷者、為縱之者〕 18/187/16
而○傷者被重罪 18/187/16

○能絕於口 18/187/20
○穀親傷 18/187/22
而○（率）〔恤〕吾眾也 18/187/23
○穀无與復戰矣 18/187/23
有罪者○敢失仁心也 18/188/5
○得以子為私 18/188/7
○可忍也 18/188/9
日以○信 18/188/10
故趨舍○可○審也 18/188/19
而○得入魏也 18/188/19
功非○大也 18/188/19
○義之故也 18/188/20
○若與之 18/188/23
求地○已 18/188/24
韓康子○敢○予 18/188/26
古（有）〔者〕溝防○脩 18/189/12
百姓○親 18/189/13
五品○慎 18/189/13
田野○脩 18/189/14
民食○足 18/189/14
無○王者 18/189/15
其後繼嗣至今○絕者 18/189/16
故樹黍者○穫稷 18/189/18
三世○解 18/189/20
（牢）〔堅〕守而○下 18/189/26
此何遽○〔能〕為福乎 18/190/1, 18/190/3
此何遽○能為禍乎 18/190/2
化○可極 18/190/5
深○可測也 18/190/6
或直於辭而○（害）〔周〕於事者 18/190/8
此所謂直於辭而○（可）（用）〔周〕〔於事〕者也 18/190/12
臣○敢以死為熙 18/190/16
先生○遠道而至此 18/190/16
乃止○城薛 18/190/18
乃○若「海大魚」 18/190/21
或言○用、計○行而益親 18/190/22
三國之地○接於我 18/190/23
利○足貪也 18/190/23
國危（而○）〔○而〕安 18/190/25

患結（而○）〔○而〕解 18/190/25
○聞出其君以為封疆者 18/191/1
牛子○聽無害子之言 18/191/1
寒○能煖 18/191/6
風○能障 18/191/6
暴○能蔽也 18/191/6
○若擇趨而審行也 18/191/10
（君子）○猒忠信 18/191/12
○猒詐偽 18/191/12
於是○聽雍季之計 18/191/14
亡○能存 18/191/22
○及今而圖之 18/191/24
群臣無○有驕侮之心者 18/192/4
○如行義之（陸）〔隆〕 18/192/5
○能 18/192/10
君以為○然 18/192/11
後○可復用也 18/192/14
是用民○得休息也 18/192/19
賢主○苟得 18/192/22
忠臣○苟利 18/192/22
○折一戟 18/192/24
○傷一卒 18/192/24
佞而○仁 18/192/24
得地而○取者 18/192/26
必○敢進 18/193/1
以○信得厚賞 18/193/5
終身○反 18/193/6
故仁者○以欲傷生 18/193/6
知者○以利害義 18/193/6
反還而○賀 18/193/11
而子獨○賀 18/193/13
蓋聞君子○棄義以取利 18/193/16
趙氏○與 18/193/19
未嘗○恐也 18/193/25
○為苟得 18/193/26
○貪爵祿 18/193/26
其所○能者 18/193/27
欲所○能則惑 18/193/27
辭所○能而受所能 18/193/28
而无○勝之任矣 18/193/28
此○知足之禍也 18/194/2
知止○殆 18/194/3
而荊之所以○能與之爭者 18/194/6
○若大城城父 18/194/7

○可殺也 18/194/25
使（被）〔彼〕衣○暇帶 18/194/25
冠○及正 18/194/26
必○能自免於（千）〔十〕步之中矣 18/194/26
禍乃○滋 18/195/5
蔽者○傷 18/195/6
君○如去一人 18/195/14
簡公○聽 18/195/15
此○知敬小之所生也 18/195/15
季氏之雞○勝 18/195/18
郈昭伯○勝而死 18/195/23
禍生而○蚤滅 18/195/28
○能存也 18/196/5
今○務使患無生 18/196/6
小人○知禍福之門戶 18/196/8
其辱人○難 18/196/14
舟杭一日○能濟也 18/196/21
而○留思盡慮於成事之內 18/196/22
而志○動 18/197/2
聖人○以所養害其養 18/197/3
夫○以欲傷生 18/197/4
○以利累形者 18/197/4
而未能以知○知也 18/197/5
而未能勇於○敢也 18/197/6
應卒而〔○〕乏 18/197/6
无哲○愚 18/197/8
三年○解甲弛弩 18/197/14
男子○得脩農畝 18/197/17
婦人○得剡麻考縷 18/197/17
病者○得養 18/197/18
死者○得葬 18/197/18
而○知築脩城之所以亡也 18/197/20
而○知難之從中發也 18/197/20
以為西益宅○祥 18/197/24
左右數諫○聽 18/197/25
而史以為○祥 18/198/1
天下有三○祥〔而〕西益宅○與焉 18/198/1
何謂三○祥 18/198/2
○行禮義 18/198/2
一○祥也 18/198/2
二○祥也 18/198/3
○聽強諫 18/198/3
三○祥也 18/198/3
遂○西益宅 18/198/3
而○知○爭而反取之也 18/198/4
於閉結无○解 18/198/5
○解○可解也 18/198/5
或明禮義、推道（禮）〔體〕而○行 18/198/8
（卑）〔畢〕辭而○能得也 18/198/10
夫以人之所○能聽說人 18/198/10
安得○食子之苗 18/198/12
而巧○若拙 18/198/13
○若（此）《延（路）〔露〕》（陽局）〔以和〕 18/198/14
故交畫○暢 18/198/15
物之○通者 18/198/15
聖人○爭也 18/198/15
○（同）〔周〕於時也 18/198/18
王○伐徐 18/198/19
○可伐〔也〕 18/198/20
且也為文而○能達其德 18/198/21
為武而○能任其力 18/198/22
此知仁義而○知世變者也 18/198/23
則○能保其芳矣 18/198/24
言時之○可以行也 18/198/27
非仁義儒墨○行 18/199/3
○知所施之也 18/199/7
故善鄙（○）同 18/199/7
趨舍（○）同 18/199/7
狂譎○受祿而誅 18/199/10
知天而○知人 18/199/13
知人而○知天 18/199/14
○衣絲麻 18/199/14
○食五穀 18/199/14
〔然〕○終其壽 18/199/16
外化而內○化 18/199/18
內○化、所以全（其）身也 18/199/19
故萬舉而○陷 18/199/20
○失其守 18/199/24
老罷而○為用 18/199/26
知進而○知卻 18/200/1
○量力而輕敵 18/200/2
越王句踐一決獄○辜 18/200/5
○加憂焉 18/200/12
○能比之律 18/200/12
吾欲免之而○能 18/200/18
子○能行（能行）說於王 18/200/21
子焉知醢之○能也 18/200/21
○若朝於晉 18/200/22
○若朝於吳 18/200/22
今朝於吳而○利 18/200/24
○亦難乎 18/200/25
而衛君之禮○具者死 18/200/26
築室○輟 18/201/2,18/201/3
口入而○能得一鯈魚者 18/201/6
非江河魚○食也 18/201/6
夫物无○可奈何 18/201/7
或○類之而是 18/201/11
或若然而○然者 18/201/11
或○（若）然而〔若〕然者 18/201/12
吾○敢侵犯〔之〕 18/201/15
（如此）〔此而〕○報 18/201/16
○敢驕賢 18/201/21
以○宜也 18/201/22
何謂若然而○然 18/201/25
罪人已刑而○忘其恩 18/201/26
追者皆以為然而○索其內 18/201/28
此所謂若然而○若然者 18/201/29
何謂○然而若然者 18/202/1
而○可從外論者 18/202/8
是故○可○察也 18/202/8
漠然○動 19/202/12
引之○來 19/202/12
推之○往 19/202/12
吾以為○然 19/202/13,19/204/14
有論者必○能廢 19/202/15
為民興利除害而○懈 19/202/25
○知於色 19/202/26
○恥身之賤 19/202/27
而愧道之○行 19/202/27
○憂命之短 19/202/27
豈○悖哉 19/202/29
懷知而○以相教 19/203/2
積財而○以相分 19/203/2
為一人聰明而○足以徧燭海內 19/203/3
○能被德承澤 19/203/4
是以地無○任 19/203/4

時無○應 19/203/4
是以聖人○高山、○廣河 19/203/7
四肢○（動）〔勤〕 19/203/10
思慮○用 19/203/10
則鯀、禹之功○立 19/203/13
而后稷之智○用 19/203/13
私志○得入公道 19/203/14
（耆）〔嗜〕欲○得枉正術 19/203/14
而曲故○得容者 19/203/15
非謂其感而○應 19/203/16
（攻）〔故〕而○動者 19/203/16
志○忘于欲利人 19/203/20
足重繭而○休息 19/203/21
負天下以○義之名 19/203/23
而○得咫尺之地 19/203/23
必○得宋 19/203/24
又且為○義 19/203/24
臣見大王之必傷義而○得宋 19/203/25
輟○攻宋 19/203/28
○已甚乎 19/204/1
段干木○趨勢利 19/204/1
勢○若德尊 19/204/2
財○若義高 19/204/3
○為〔也〕 19/204/3
諸侯莫○聞 19/204/5
輟○攻魏 19/204/5
段干木闔門○出 19/204/6
其方員銳橢○同 19/204/8
日夜○忘于欲利人 19/204/10
○可損益 19/204/14
○可變 19/204/15
則○類矣 19/204/15
人○能制 19/204/16
馬○可化 19/204/17
○待學問而合於道者 19/204/20
○可教以道 19/204/21
○可喻以德 19/204/21
賢師○能化〔者〕 19/204/21
○待脂粉芳澤而性可說者 19/204/22
夫上○及堯、舜 19/204/23
下○（及）〔若〕商均 19/204/24
美○及西施 19/204/24
惡○若嫫母 19/204/24

而先王之道○廢 19/204/26
絕穀○食 19/204/27
輟足○行 19/204/27
○待卌錣而行 19/205/1
驚馬雖（兩）〔卌〕錣之○能進 19/205/1
為此○用卌錣而御 19/205/1
擊則○能斷 19/205/2, 19/205/17
刺則○能（人）〔入〕 19/205/2
今○稱九天之頂 19/205/4
刺則○能入 19/205/17
○若愚者之所脩 19/205/22
賢者之所○足 19/205/22
○若眾人之〔所〕有餘 19/205/22
堯、舜之聖○能及 19/205/23
禹、湯之智○能逮 19/205/24
○免制於人者 19/206/2
知○能相通 19/206/3
才力○能相一也 19/206/3
獨守專室而○出門〔戶〕 19/206/7
使其性雖○愚 19/206/8
而知○足以奄之 19/206/12
學○可〔以〕已 19/206/14
目○能別晝夜、分白黑 19/206/16
○失一弦 19/206/17
猶○能屈伸其指 19/206/17
（若此）〔然〕而〔晚世之人〕○能閑居靜思 19/206/25
多（○）暇日之故 19/207/3
沃地之民多○才者 19/207/4
○若愚而好學 19/207/4
○自彊而功成者 19/207/5
○敢休息 19/207/10
欣若七日○食、如饗（大）〔太〕牢 19/207/11
至今○休 19/207/12
遂入○返 19/207/14
○旋踵運軌而死 19/207/14
○過一卒之才 19/207/15
○如約身（早）〔卑〕辭 19/207/15
鵠跱而○食 19/207/18
夫婦男女○遑啓處 19/207/20
果（○）〔大〕破之 19/207/21
○避煩難 19/207/25

○違危殆 19/207/25
故名立而○墮 19/207/27
是故田者○強 19/207/27
囷倉○盈 19/207/28
官御○厲 19/207/28
心意○精 19/207/28
將相○強 19/207/28
功烈○成 19/207/28
通於物者○可驚〔以〕怪 19/208/4
喻於道者○可動以奇 19/208/4
察於辭者○可燿以名 19/208/4
審於形者○可遯以狀 19/208/4
此見是非之分○明 19/208/7
雖奚仲○能以定方圓 19/208/7
雖魯班○能以定曲直 19/208/7
救敲○給 19/208/11
通人則○然 19/208/24
而○期於墨陽、莫邪 19/208/24
而○期於（華）〔驊〕騮、綠耳 19/208/25
而○期於濫脅、號鍾 19/208/25
而○期於《洪範》、《商頌》 19/208/26
眾人則○然 19/208/27
○必孔、墨之類 19/209/3
○為古今易意 19/209/4
雖闒棺亦○恨矣 19/209/5
鐘音○調 19/209/7
而以為○調 19/209/8
必知鐘之○調〔也〕 19/209/9
過者莫○左右睥睨而掩鼻 19/209/14
无○憛悇癢心而悅其色矣 19/209/17
（且）〔則〕夫觀者莫○為之損心酸足 19/209/23
○可以為（櫨）〔廬〕棟 19/209/26
○見其所由而福起 20/210/5
○見其所以而禍除 20/210/5
察之○虛 20/210/6
○見其移〔也〕 20/210/9
三年○言 20/210/14
无地而○澍 20/210/15
无物而○生 20/210/16
河○滿溢 20/210/19

海○溶波	20/210/19
○可以智巧為也	20/210/23
○可以筋力致也	20/210/23
摩而○玩	20/210/25
奚仲○能旅	20/210/25
魯般○能造	20/210/25
亂之楮（華）〔葉〕之中而○可知也	20/210/27
故九州○可頃畝也	20/211/1
八極○可道里也	20/211/2
太山○可丈尺也	20/211/2
江海○可斗斛也	20/211/2
○下廟堂而（衍）〔行〕〔於〕四海	20/211/3
○可度思	20/211/6
故丘阜○能生雲雨	20/211/14
滎水○能生魚鱉者	20/211/14
蟣虱之氣蒸○能生牛馬	20/211/15
百脈九竅莫○順比	20/211/20
四海之内莫○仰上之德	20/211/24
市（買）○豫賈	20/212/1
而（班）〔斑〕白○戴負	20/212/2
故弩雖強○能獨中	20/212/4
令雖明○能獨行	20/212/4
故良匠○能斲金	20/212/11
巧冶○能鑠木	20/212/11
金之勢○可斲	20/212/12
而木之性○可鑠也	20/212/12
故風俗○流	20/212/16
○可教訓	20/212/21
○能遵道	20/212/21
則○能成絲	20/212/22
則○能〔成〕為雛	20/212/22
則○可使鄉方	20/212/23
故刑罰○用而威行如流	20/212/24
則法縣而○用	20/212/25
烈風雷雨而○迷	20/213/9
夫物未嘗有張而○弛、成而○毀者也	20/213/12
唯聖人能盛而○衰	20/213/12
盈而○虧	20/213/12
〔流而○反〕	20/213/13
○顧政治	20/213/15
愚者得以○忘	20/213/16
以殺○辜	20/213/17
以戒○虞	20/213/18
賢者勸善而○肖者懷其德	20/213/19
○得自若	20/213/23
萬物○同	20/214/1
天○一時	20/214/2
地○一利	20/214/2
人○一事	20/214/2
是以緒業○得○多端	20/214/2
趨行○得○殊方	20/214/2
○同而皆用	20/214/8
帶○厭新	20/214/9
鉤○厭故	20/214/10
為其雌雄之○（乖）〔乘〕居也	20/214/10
取其○鼓○成列也	20/214/12
取其○踰禮而行也	20/214/12
而○可乎○可	20/214/20
○可乎○可	20/214/20
此四者相反而○可一无也	20/214/23
廉者○利非其有	20/214/24
而○可令持（牢）〔堅〕	20/214/24
而○可令淩敵	20/214/25
而○可令守職	20/214/25
而○可令進取	20/214/25
而○可令應變	20/214/26
夫天地○包一物	20/214/26
陰陽○生一類	20/215/1
海○讓水潦以成其大	20/215/1
山○讓土石以成其高	20/215/1
治大者道○可以小	20/215/4
地廣者制○可以狹	20/215/4
位高者事○可以煩	20/215/4
民衆者教○可以（苟）〔苛〕	20/215/4
煩而○察	20/215/6
聖人○為	20/215/7
故功○厭約	20/215/8
事○厭省	20/215/8
求○厭寡	20/215/8
〔道〕小（見）〔則〕○達	20/215/10
而○可以陳軍〔也〕	20/215/15
而○可以饗衆〔也〕	20/215/16
淵默而○言	20/215/17
宰、祝雖○能	20/215/18
尸○越樽俎而代之	20/215/18
周公肴臑○收於前	20/215/20
鍾鼓○解於懸	20/215/20
妖菑○生	20/215/27
故○言而信	20/215/27
○怒而威	20/216/1
施而○仁	20/216/2
言而○信	20/216/2
怒而○威	20/216/2
日化上遷善而○知其所以然	20/216/7
畏刑而○為非	20/216/7
此太平之所以○起也	20/216/9
夫欲治之主○世出	20/216/9
而可與興治之臣○萬一	20/216/9
以〔○〕萬一求○世出	20/216/9
此所以千歲○一會也	20/216/10
○治其性也	20/216/12
通之與○通也	20/216/14
若○脩其風俗	20/216/18
非法度○存也	20/216/20
紀綱○張〔而〕風俗壞也	20/216/20
三代之法○亡、而世○治者	20/216/23
為之寢○安席	20/216/26
食○甘味	20/216/26
而○敢加兵焉	20/216/26
宮之奇諫而○聽	20/216/26
〔言〕而○用	20/216/27
兵○血刃	20/216/27
〔故〕守○待渠壍而固	20/216/27
攻○待衝降而拔	20/216/28
○可治也	20/217/4
廉恥○立	20/217/4
民○知禮義	20/217/4
（而）〔○〕向禮義	20/217/5
无法○可以為治也	20/217/5
○知禮義○可以行法〔也〕	20/217/5
法能殺○孝者	20/217/5
而○能使人為孔、曾之行	20/217/6
而○能使人為伯夷之廉	20/217/6
死○還踵	20/217/8
賤○肖而退之	20/217/10
民孰○从	20/217/11

古者法設而○犯 20/217/13
非可刑而○刑也 20/217/13
守職而○廢 20/217/19
處義而○比 20/217/19
見難○苟免 20/217/19
見利○苟得者 20/217/19
无之而○靡 20/217/22
（便）〔使〕○肖臨賢 20/217/24
小○能制大 20/217/24
弱○能使強也 20/217/25
○肖主舉其所與同 20/217/25
而賢○肖可論也 20/217/27
猶出林之中○得直道 20/218/2
（極）〔拯〕溺之人○得○濡足也 20/218/2
伊尹憂天下之○治 20/218/3
緣○得已也 20/218/5
民○得寧處 20/218/5
故蒙恥辱而○死 20/218/5
游○論國 20/218/12
仕○擇官 20/218/12
行○辟污 20/218/12
辱而○死 20/218/13
○注海者○為川谷 20/218/15
○歸善者○為君子 20/218/15
○以欲傷生 20/218/16
使百姓○遑啓居 20/218/19
夫知者○妄〔為〕 20/218/23
〔勇者○妄〕發 20/218/23
其名○滅 20/218/25
其罪○除 20/218/26
愚者○為也 20/218/26
求福○回 20/218/28
○務性之所无以為 20/219/8
○憂命之所无奈何 20/219/8
故○高宮室者 20/219/8
○大鍾鼎者 20/219/9
故桀、紂○為王 20/219/17
湯、武○為放 20/219/17
（之）地方○過百里 20/219/17
楚國山川○變 20/219/26
土地○易 20/219/26
民性○殊 20/219/26
无恃其○吾奪也 20/220/2
恃吾○可奪 20/220/3
○能樂也 20/220/5
其為樂豈○大哉 20/220/9
瘖者○言 20/220/12
聾者○聞 20/220/12
人道○通 20/220/12
○顧其費 20/220/13
莫○事中也 20/220/13
○明於類也 20/220/14
豈○大哉 20/220/16
曩○知而今知之 20/220/18
可○謂有術乎 20/220/20
人欲知高下而○能 20/220/22
欲知遠近而○能 20/220/22
又況知應无方而○窮哉 20/220/23
犯大難而○攝 20/220/23
見煩繆而○惑 20/220/23
射者數發○中 20/220/26
人莫○知學之有益於己也 20/220/28
然而○能者 20/220/28
故知○博而日○足 20/220/29
故○學之與學也 20/221/2
尾大於要則○掉矣 20/221/9
（令）〔今〕○知事脩其本 20/221/11
○益其厚而張其廣者毀 20/221/15
○廣其基而增其高者覆 20/221/15
趙政○增其德而累其高 20/221/15
知伯○行仁義而務廣地 20/221/16
○大其棟 20/221/16
○能任重 20/221/16
北○可以為庸 20/221/22
誕○可以為常 20/221/22
○淫則悲 20/221/24
聞者莫○殞涕 20/221/26
聞者莫○瞋目裂眥 20/221/27
可服而○可好也 20/221/28
可食而○可嗜也 20/221/28
可聽而○可快也 20/221/28
故事○本於道德者 20/222/1
○可以為儀 20/222/1
言○合乎先王者 20/222/1
○可以為道 20/222/1
音○調乎《雅》、《頌》者 20/222/1
○可以為樂 20/222/2
○苟以一事備一物而已矣 20/222/4
故博施而○竭 20/222/5
彌久而○垢 20/222/5
則純白○備 20/222/10
而神德○全矣 20/222/10
（琴）〔瑟〕○鳴 20/222/12
軸○運 20/222/12
乃○動者也 20/222/14
大政○險 20/222/15
故下○（相）賊 20/222/16
而○知治亂之本也 20/222/20
而○知廟戰之權也 20/222/20
非○善也 20/222/21
非○捷也 20/222/22
非○困也 20/222/23
脩政○殆 20/222/23
謀慮○休 20/222/24
非○利也 20/222/28
○以小利傷大穫也 20/223/1
非○費也 20/223/2
然而○可省者 20/223/2
非○煩也 20/223/3
然而○可易者 20/223/3
非○掇也 20/223/4
然而〔○可行者〕 20/223/4
所鑿○足以為便 20/223/5
所樹○足以為利 20/223/6
〔○可以為法也〕 20/223/7
而○可脫於庭者 20/223/8
偷利○可以為行 20/223/11
刑○侵濫 20/223/13
而○免於身死人手者 20/223/15
○愛人也 20/223/15
○知賢也 20/223/16
二者○立 20/223/16
○免於亂（也）〔矣〕 20/223/17
而語○剖判純樸 21/223/22
故言道而○言事 21/223/23
言事而○言道 21/223/24
而○亂其常者也 21/224/12
○可動以物 21/224/15
○可驚以怪者也 21/224/16
○以物易己 21/225/1
○妄喜怒也 21/225/9
應感而○匱者也 21/225/14
所以使人○妄沒於勢利 21/225/23
○誘惑於事態 21/225/23
所以知戰陣分爭之非道○行也 21/225/30

知攻取堅守之非德○強
也 21/225/30
○知禍福也 21/226/11
德○內形 21/226/20
福祥○歸 21/226/20
外與物接而○眩 21/226/23
故言道而○明終始 21/226/24
則○知所傚依 21/226/24
言終始而○明天地四時 21/226/25
則○知所避諱 21/226/25
言天地四時而○引譬援
類 21/226/25
則○識精微 21/226/25
言至精而○原人之神氣 21/226/25
則○知養生之機 21/226/26
原人情而○言大聖之德 21/226/26
則○知五行之差 21/226/26
言帝道而○言君事 21/226/26
則○知小大之衰 21/226/27
言君事而○為稱喻 21/226/27
則○知動靜之宜 21/226/27
（以）〔言〕稱喻而○
言俗變 21/226/27
則○知合同大指 21/226/28
已言俗變而○言往事 21/226/28
則○知道德之應 21/226/28
知道德而○知世曲 21/226/28
知氾論而○知詮言 21/226/29
通書文而○知兵指 21/226/29
已知大略而○知譬諭 21/226/30
知公道而○知人間 21/226/30
知人間而○知脩務 21/226/30
則○足以窮道德之意 21/226/31
則无○在焉 21/227/2
而○為詳說 21/227/3
而○知覺寤乎昭明之術
矣 21/227/3
○過宮、商、角、徵、
羽 21/227/8
然而五絃之琴○可鼓也 21/227/8
觀者○知其何獸也 21/227/9
則○疑矣 21/227/9
固欲致之○言而已也 21/227/10
捲握而○散也 21/227/14
夫江、河之腐胔○可勝
數 21/227/15
挾日月而○姚 21/227/17
潤萬物而○耗 21/227/18
文王業之而○卒 21/227/25
以伐无道而討○義 21/227/25
懼爭道之○塞 21/227/29
以為其禮煩擾而○（悅）
〔侻〕 21/228/4
燒○暇撌 21/228/6
濡○給扢 21/228/6
中國之○絕如綫 21/228/9
○知所用 21/228/22
而○可化以善 21/228/24
而○可厲以名 21/228/24
而○與世推移也 21/228/30
故置之尋常而○塞 21/228/31
（市）〔布〕之天下而
○窕 21/228/31

布 bù 36

○施稟授而不益貧 1/1/21
○施而不既 1/6/18
是故仁義不○而萬物蕃殖 2/11/21
乃〔○〕收其藏而閉其寒 3/24/8
太陰治夏則欲○施宣明 3/28/18
○德施惠 5/39/7,19/202/23
毋暴○ 5/41/23
而堯○衣揜形 7/58/14
網罟無所○ 8/66/9
尚○施也 9/70/22
使在匹夫○衣 9/77/25
罝罘不得○於野 9/79/12
下○之民 9/79/20
○施而德 11/93/25
不知其可以為○也 11/94/7
晉文君大○之衣 11/97/11
又不能○施 12/106/15
○衣弗友 13/127/5
夫見不可○於海內 13/130/19
死而為宗○ 13/131/13
○施而使仁無章 14/136/23
○德惠 15/145/1
見纑而求成○ 16.106/163/31
曹氏之裂○ 17.2/168/14
纑不類○而可以為○ 17.69/173/8
土（壞）〔壤〕○在田
17.128/177/14
○之新不如紵 17.153/179/8
紵之弊不如○ 17.153/179/8
○之天下而不窕 18/185/27
聖王○德施惠 18/189/8
若以○衣徒步之人觀之 19/203/5
段干木、○衣之士 19/203/29
則○衣韋帶之人 19/209/14
（市）〔○〕之天下而
不窕 21/228/31

步 bù 41

可以○而○ 1/2/4
察箴末於百○之外 1/3/10
操一表卻去前表十○ 3/31/10
禹乃使太章○自東極 4/33/1
二億三萬三千五百里七十五○
4/33/1,4/33/2
使豎亥○自北極 4/33/2
其高萬一千里百一十四
○二尺六寸 4/33/4
○不出頃畝之區 6/51/24
夫疾呼不過聞百○ 9/68/14
耳不能聞百○之外 9/71/10
適行○ 11/98/12
蘇秦、匹夫徒○之人也 13/126/7
百○之中不忘其〔為〕
容者 14/138/19
人不及○（鍋）〔趨〕 15/148/20
恐懼窘○ 15/152/23
適在五○之內 16.11/155/9
非為十○之內也 16.49/158/27
百○之外則爭深淺 16.49/158/27
矢之於十○貫兕甲 16.68/160/17
17.222/184/1
於三百○不能入魯縞
16.68/160/17
目見百○之外 17.8/168/27
〔夕〕（遇）〔過〕市
則○ 17.88/174/18
去之十○而〔不〕死
17.117/176/18
（為）車者○行 17.131/177/21
蘇秦○曰何（故）〔○〕
17.136/178/1
○之遲 17.198/182/14
故跬○不休 17.226/184/9
上車而○馬 18/194/23,18/194/27

必不能自免於（千）
〔十〕○之中矣 18/194/26
遲於○也 18/194/28
○者、人之所以為遲也 18/194/28
若以布衣徒○之人觀之 19/203/5
敕蹻趹〔○〕 19/207/9
○卒七萬 19/207/20
（榆）〔揄〕○ 19/209/15
服欲○ 20/214/9

怖 bù 4

驚○為狂 1/7/5
大○生狂 7/59/20
禍至則○ 14/139/1
焦心○肝 19/207/25

部 bù 2

星○地名 3/28/11
羿死桃○ 16.66/160/12

才 cái 34

四子之○ 2/17/28
析○士之脛 2/18/1
任人之○ 9/69/27
故无棄○ 9/72/10
○有所脩短也 9/74/22
人有其○ 9/74/22
今人之○ 9/74/25
而不任己之○者也 9/75/5
人○之隆也 11/101/23
人○不可專用 11/102/6
非○下也 11/102/28
若乃人考其（身）○ 13/121/26
則○不足也 13/124/2
五者、皆人○也 14/133/14
棄數而用○者必困 14/134/24
不杖眾多而專用身○ 14/137/15
人之美○也 14/137/17
技（能）其○ 15/145/17
選良用○ 15/148/8
若乃人盡其○、悉用其
力、以少勝眾者 15/149/14
夫仁勇信廉、人之美○
也 15/149/17
而不以人○之賢 15/149/19
託於一人之○ 17.205/182/29
○下而位高 18/186/15
四俊之○難 19/205/15
○力不能相一也 19/206/3
無一人之○ 19/206/13
砥礪其○ 19/206/23
人○之所能逮〔也〕 19/207/2
沃地之民多不○者 19/207/4
不過一卒之○ 19/207/15
今以中人之○ 19/209/17
雖未能抽引玄妙之中
（○）〔哉〕 21/223/21
今學者无聖人之○ 21/227/3

材 cái 29

無（文）〔丈〕之○ 2/15/2
位有五○ 4/36/20
人○輩 5/42/10
則人○不足任 9/70/7
〔殊形異○〕 9/74/18
是故林莽之○ 9/74/19
則人○釋而公道行矣 9/76/15
則奇○佻長而（于）
〔干〕次 9/76/19
豈其○之巨小足〔任〕哉 9/77/21
身○未脩 9/81/28
雖有○能 9/82/1
是故聖人制其剟○ 10/83/24
同○自取焉 10/87/13
有其○ 10/89/14
人○不足專恃 11/102/10
譬之若林木無○ 12/106/9
而可以為○ 12/106/10
田駢〔之〕所稱者、○
也 12/106/12
○不及林 12/106/12
皆下○也 12/111/17
然而不○子不勝其欲 13/129/19
上求○ 16.51/159/4
下（林）〔○〕弗難
17.118/176/21
上○弗易 17.118/176/21
以生○任重塗 18/190/9
以勁○任輕塗 18/190/10
各以小大之○處其位 20/217/20
故仁知、人○之美者也 20/223/11
知伯有五過人之○ 20/223/15

財 cái 55

散○物 1/3/3
不待○而富 1/9/11
不利貨○ 1/9/11
積○不足以贍其費 2/15/17
出貨○ 3/23/21
入貨○ 5/44/5
○物不匱 5/44/5
宣出○ 5/47/16
鄙旅之人相讓以○ 6/52/20
至富不待○ 7/59/5
人眾而○寡 8/62/8
則○足 8/62/14
○足而人（瞻）〔贍〕矣 8/62/14
燎焚天下之○ 8/63/18
下殄地○ 8/65/14
夫天地之生○也 8/65/22
○〔用〕殫於會賦 8/66/9
不忿爭而○足 9/67/20
則地生之○ 9/71/4
事勤○匱 9/73/28
力勤○匱 9/78/22
下盡地○ 9/79/9
無蔽○ 10/83/10
貨○之貴 11/93/30
有餘者非多○也 11/95/16
無天下之委○ 11/96/19
以為費○亂政 11/97/21
虛府殫○ 11/97/22
故聖人〔之〕○制物也 11/98/17
珍難得之○ 11/103/28
○有餘也 11/104/23
無以○物為也 12/109/12
以貧其○ 12/119/28
委以貨○ 13/128/20
惑於○利之得 13/129/20
知為出藏○ 13/131/22
而不知藏○所以出也 13/131/22
臨貨分○必探籌而定分 14/136/7
地有○ 14/138/22
殫天下之○ 15/143/4
盜○而予乞者 16.79/161/12
吾奪子○貨 18/197/2

〇貨无貲　18/201/13
積〇而不以相分　19/203/2
寡人富于〇　19/204/2
〇不若義高　19/204/3
立事生〇　20/213/1
分〇而衣食之　20/213/6
聖人兼用而〇制之　20/214/7
聖人兼用而〇使之　20/214/26
廉可以分〇　20/217/18
分別爭〇　20/218/12
〇制禮義之宜　21/225/17
厚葬靡〇而貧民　21/228/4
故節〇、薄葬、閒服生焉　21/228/7

裁 cái　2

取民則不〇其力　9/78/21
（兼）〔兼〕覆（蓋）而并有之、（度）伎能而〇使之者　10/93/15

采 cǎi　32

〇〇卷耳　2/18/13
衣青〇　5/39/6,5/39/21,5/40/12
衣赤〇　5/41/4,5/41/20
衣黃〇　5/42/9
命婦官染〇　5/42/12
衣白〇　5/43/2,5/43/20,5/44/16
〔務〕畜〇　5/44/2
衣黑〇　5/45/12,5/46/4,5/46/23
五〇爭勝　8/61/21
〇椽不斲　9/74/4
〇善鉏醜　9/80/24
山處者（木）〔〇〕　11/95/7
而目淫於〇色　11/96/10
踐《〇齊》、《肆夏》之容也　11/97/19
臣有所與（供）〔共〕僐（纏）〔纆〕〇薪者九方堙　12/111/17
猶〇薪者見一介〔則〕掇之　16.26/156/24
藜藋為之不〇　16.39/157/27
（必先）始於《陽阿》、《〇菱》　16.112/164/15
（木）〔〇〕者走山　17.88/174/18
終日〇而不知　17.167/180/10
不能織而喜〇裳　17.208/183/5
夫歌《〇菱》　18/198/13
〇樹木之實　19/202/16
同九夷之風（氣）〔〇〕　21/225/16

彩 cǎi　3

若夫堯眉八〇　19/205/10
雜奇〇　19/205/24
文〇明朗　20/210/24

菜 cài　3

苦〇秀　5/41/3
蔞〇成行　14/140/16,20/215/14

蔡 cài　11

放〇叔　11/102/20
子發攻〇　12/113/11
誅管、〇之罪　13/121/17
大〇神龜出於溝壑　16.110/164/11
為孔子之窮於陳、〇而廢六藝　16.151/168/4
故〇女蕩舟　18/195/26
子發為上〇令　18/201/25
〇之幼女　19/205/23
周公誅管叔、〇叔　20/214/16
管叔、〇叔奉公子祿父而欲為亂　20/218/4
〇叔、管叔輔公子祿父而欲為亂　21/227/28

縩 cài　1

所以箴縷〇緞之間　21/225/22

飡 cān　3

飢而〇之　7/59/18
僖負羈以壺（〇）〔飡〕表其閭　10/85/17
飢而大〇非不贍也　14/137/25

餐 cān　3

故釐負羈之壺（〇）〔飡〕　11/96/22
病熱而強之〇　17.168/180/12
夫病溫而強之（食）〔〇〕　18/187/27

驂 cān　3

〇青虬　6/53/6
梁由靡扣穆公之〇　13/129/4
〇欲馳　20/214/9

殘 cán　22

殺之而不〇　1/1/22
宗族〇滅　1/4/14
西方有刑〇之尸　4/34/25
民多相〇　5/40/5
〇不義　6/53/22
夫人主之所以〇亡其國家　7/60/26
〇高增下　8/65/8
〇以為牒　11/95/26
克殷〇商　11/102/20
〇賊天下　15/142/25
而反為〇賊　15/143/8
去〇除賊也　15/144/23
而林木為之〇　16.50/159/1
臣〇木　16.51/159/4
非以一刀〇林也　17.42/171/9
代君為墨而〇　18/199/2
滅亡削〇　18/199/2
以為天下去〇除賊　20/214/18
雖〇賊天下　20/216/19
為其〇桑也　20/222/28
則百〇除而中和作矣　20/223/13
以為天下去〇（余）〔除〕賊而成王道　21/227/22

慚 cán　6

而訟間田者〇矣　7/59/9
周公〇乎景　10/85/10
不〇乎善　10/90/10
內不〇於國家　13/128/4
及（〇）〔漸〕之於滫　18/198/23

吾日悠悠○于影 19/204/3

蠶 cán 21

○珥絲而商弦絕 3/19/10
稻疾○不登 3/29/25
稻菽麥○昌 3/29/26
○閉 3/29/27
○小登 3/29/27
○登 3/29/28,3/31/1,3/31/2
○不登 3/31/3,3/31/4
○開 3/31/5
○〔登〕 3/31/6
○不出 3/31/7
○食而不飲 4/35/17
17.108/175/31
勸○事 5/40/20
召公以桑○耕種之時弛獄出拘 10/90/21
○之與蠋 17.56/172/13
○食之而不飢 17.109/176/1
未嘗桑○絲滿囊 17.140/178/11
○食上國 19/207/19

慘 cǎn 3

非直蜂蠆之螫毒而蚊虻之○怛也 2/17/14
其○怛於民也 9/78/15
君子之○怛 10/85/3

憯 cǎn 4

兵莫○於〔意〕志而莫邪為下 9/69/24
仁心之感恩接而○怛生 10/85/18
兵莫○於意志 10/85/19
吾怨之○於骨髓 18/201/28

粲 càn 1

公孫龍○於辭而貿名 14/136/13

倉 cāng 13

二月官○ 5/40/7
發囷○ 5/40/15
修囷○ 5/44/1
藏帝籍之收於神○ 5/44/18
今贛人敖○ 7/59/18
則身飽而敖○不為之減也 7/59/19
而藏乎○ 10/91/16
○廩虛 13/128/28
近敖○者不為之多飯 17.53/172/6
未嘗稼穡粟滿○ 17.140/178/11
○頡作書 19/206/10
囷○不盈 19/207/28
稼生於田而藏於○ 20/222/6

蒼 cāng 22

渾渾○○ 2/15/8
東方曰○天 3/19/22
其獸○龍 3/20/1
（○龍在辰） 3/27/2
曰○門 4/34/6
○色主肝 4/35/27
乘○龍 5/39/5,5/39/20,5/40/11
服○玉 5/39/5,5/39/20,5/40/11
○庚鳴 5/39/19
於是女媧鍊五色石以補○天 6/52/25
○天補 6/52/26
舉事戾○天 6/53/11
昔者○頡作書而天雨粟 8/62/27
昔舜葬○梧 11/97/23
昔○吾繞娶妻而美 13/125/20
道死○梧 19/202/21
○頡之初作書 20/213/15

鶬 cāng 1

鴻鵠○鶴莫不憚驚伏竄 6/52/3

藏 cáng 101

故機械之心○於胸中 1/3/4
昆蟲蟄○ 1/3/18
○於不敢 1/4/28
則五○寧 1/7/9
不滯于五○ 1/8/5
五○之主也 1/8/9
○金於山 1/9/11
○珠於淵 1/9/11
夫○舟於壑 2/11/1
○山於澤 2/11/1
〔○小大有宜〕 2/11/2
若○天下於天下 2/11/2
○心志 2/14/9
內愁五○ 2/15/23
五○無蔚氣 2/17/9
萬物閉○ 3/21/20
冬乃不○ 3/24/4
地氣不○ 3/24/7
乃〔布〕收其○而閉其寒 3/24/8
遠山則山氣○ 3/24/11
衡長權○ 3/25/14
夫熊羆蟄○ 4/35/20
〔黃龍〕入○生黃泉 4/38/15
青龍入○生（清）〔青〕泉 4/38/18
赤龍入○生赤泉 4/38/21
白龍入○生白泉 4/38/23
玄龍入○生玄泉 4/38/26
蟄（虫）〔蟲〕不○ 5/44/8
以會天墜之○ 5/44/17
○帝籍之收於神倉 5/44/18
冬○殃敗 5/45/4
虹○不見 5/45/11
命百官謹蓋○ 5/45/17
是謂發天墜之○ 5/46/5
農有不收○積聚、牛馬畜獸有放失者 5/46/10
〔此〕所以助天墜之閉〔○也〕 5/46/14
固閉○ 5/48/6
毋發○ 5/48/9
八月雷不○ 5/48/16
萬物乃○ 5/49/20
應而不○ 6/51/15
○其螫毒 6/53/4
五○乃形 7/55/10
人亦有四支、五○、九竅、三百六十（六）節 7/55/12
而五○者 7/55/20
夫（面）〔血〕氣能專于五○ 7/55/20
五○能屬於心而無乖 7/55/21
五○之使候也 7/55/27
則五○搖動而不定矣 7/56/1

五○搖動而不定 7/56/1
五○定寧充盈而不泄 7/56/3
匣匱而○之 7/57/5
忘其五○ 7/57/15
○《詩》、《書》 7/59/12
莫○于心 8/61/12
畜○有餘 8/61/15
秋收冬○ 8/64/8,9/67/18
是故神明○於無形 8/64/24
怨無所○ 9/69/20
是以人臣○智而弗用 9/76/23
不可以閉○ 10/84/19
恩心之○於中 10/85/2
而○乎倉 10/91/16
含而○之莫深於心 10/92/7
故葬薶足以收斂蓋○而已 11/97/23
魚聞之而淵○ 11/103/10
知者〔不〕○書 12/110/18
夫意而中○者 12/114/26
葬死人者裘不可以○ 13/130/21
〔葬死人〕裘不可以○者 13/130/24
皆不可勝著於書策竹帛而○於宮府者也 13/131/2
不可不私○ 13/131/20
私○而富 13/131/20
竊而○之 13/131/21
知為出○財 13/131/22
而不知○財所以出也 13/131/22
○無形 14/132/18
○迹於無為 14/132/22
此所謂○無形者 14/138/6
非○無形 14/138/6
聖人內○ 14/138/17
稼生於野而○於廩 14/141/16
孰知其○ 15/144/5
收○於後 15/145/16
是以聖人○形於无 15/148/22
是故聖人○於無原 15/149/21
而○志乎九旋之淵 15/149/24
地二氣則泄○ 16.27/156/27
深則達五○ 16.49/158/27
高鳥盡而強弩○ 17.29/170/13
掘○之家必有殃 18/187/6
烈○廟堂 19/207/21
惠王因○怒而待之 19/208/13
以為寶而○之 19/208/17
巢枝穴○ 20/211/13
○精於內 20/211/18
稼生於田而○於倉 20/222/6
故舜深○黃金於嶄嵒之山 20/222/6
巧詐○於胸中 20/222/10
以內洽五○ 21/224/4

操 cāo　26

○殺生之柄而以行其號令邪 1/8/21
○一表卻去前表十步 3/31/10
執弓○矢以獵 5/44/24
於是武王左○黃鉞 6/50/1
上○約省之分 9/70/18
上○其名以責其實 9/72/29
○其觚 9/78/2
窮不易○ 9/80/4
則〔猶〕狂而○利劍 9/81/29
○銳以刺 10/86/7
○刃以擊 10/86/7
○固而不可遷也 15/151/27
主親○鉞 15/153/15
復○斧 15/153/16
（橾）〔○〕鉤上山 16.88/162/8
或（橾）〔○〕火往益之 16.121/165/13
卜者○龜 17.19/169/24
徵羽之○ 17.237/185/3
○兵弩而出 18/192/13
故內有一定之○ 18/199/19
夫怯夫○利劍 19/205/2
武（左）〔王〕左○黃鉞 20/219/15
○舍開塞 21/224/19
分帝王之○ 21/225/6
明攝權○柄 21/225/8
○持後之論也 21/225/29

曹 cáo　14

過○ 12/110/27
〔○君〕無禮焉 12/110/27
必伐○ 12/110/28
起師伐○ 12/111/1
昔者○子為魯將兵 13/126/28
使○子計不顧後 13/127/1
然而○子不羞其敗 13/127/2
○氏之裂布 17.2/168/14
晉公子重耳過○ 18/196/2
○君欲見其駢脅 18/196/2
起師而伐○ 18/196/4
齊、楚欲救○ 18/196/5
胡○為衣 19/206/10
重耳奔○ 20/222/22

槽 cáo　1

○柔无擊 13/122/6

草 cǎo　69

潤于○木 1/1/15
○木榮華 1/3/17
○木注根 1/3/18
○木無所植 2/14/3
○木不夭〔死〕 2/17/26
八月會而○木死 3/22/9
○木畢死 3/22/26
冬生○木必死 3/22/29
〔則〕○木再死再生 3/24/3
〔則〕○木復榮 3/24/3
以長百穀禽（鳥）〔獸〕○木 3/24/9
故南方有不死之○ 4/34/25
食○者善走而愚 4/35/1
皇辜生庶○ 4/38/11
凡根茇○者生於庶○ 4/38/11
（萍）藻生浮○ 4/38/12
○木早落 5/39/13
○木皆肅 5/40/24
靡○死 5/41/10
則○木早枯 5/41/12
秀○不實 5/41/13
則○木零落 5/42/2
腐○化為蚈 5/42/8
利以殺○糞田疇 5/42/16
○木生榮 5/44/8
○木早死 5/44/9
○木黃落 5/44/24
十二月○木不脫 5/48/17
四月○木不實 5/48/18

臿 chā 2

揭钁○ 7/59/25
禹身執虆○ 21/228/5

差 chā 26

所(斷)○跌者〔已〕〔斷〕 2/14/17
无有○忒 5/46/8
○賢不(肖) 8/61/26
衣無隅○之削 8/65/18
夫權輕重不○蠡首 9/69/19
官職有○ 10/87/5
夫○曰 10/87/6
然而勝夫○於五湖 11/97/9
視高下不○尺寸 11/102/5
此夫○之所以自剄於干遂也 12/108/26
○須夫子也 12/112/9
禽夫○之身 13/126/9
臣主无○ 13/126/15
○以尋常 13/126/28
吳王夫○地方二千里 15/153/6
懸衡而量則不○ 17.100/175/13
必有○ 17.213/183/15
昔越王句踐卑下吳王夫○ 18/202/1
然而甲卒三千人以擒夫○於姑胥 18/202/3
至丈必○ 20/215/5
夫○用太宰嚭而滅 20/217/26
吳王夫○破齊艾陵 20/222/21
列小大之○者也 21/225/6
○次仁義之分 21/225/13
○擇微言之眇 21/225/26
則不知五行之○ 21/226/26

插 chā 1

今知脩干戚而笑钁○ 11/99/4

察 chá 62

○箴末於百步之外 1/3/10
約其所守則○ 1/6/30
○其所以 1/8/4
○能分白黑、視醜美 1/9/22
夫目○秋毫之末〔者〕 2/17/15
而不能○方員 2/17/22
○物色 5/43/24
以○吉凶 5/45/17
故耳目之○ 6/51/9
非慮思之○ 6/52/12
色可○者 8/62/24
○分秋豪 9/70/14
而寡○其實 9/72/27
○其所尊顯無他故焉 9/72/27
並用周聽以○其化 9/73/2
而世主莫之能○ 9/73/10
法令○而不苛 9/75/3
則寸之分可得而○也 9/76/8
達事者之於○也 9/76/26
不可不○也 9/81/3,18/187/9
聰明審○ 9/81/28
是故聖人○其所以往 10/83/1
夫○所夜行 10/85/9
○於一辭 10/91/6,20/215/13
○其數 10/92/19
○一曲者 10/92/20
○於一事、通於一伎者 10/93/15
願王○其所謂 12/106/10
非鉤無○也 12/114/6
以苛為○ 12/118/27
其政○○ 12/118/29
事萌而○其變 13/126/19
○子之事 13/128/28
○行陳解贖之數 15/145/5
○其勞佚以知其飽飢 15/151/10
中○人情 15/151/24
微○秋毫 16.19/156/1
農夫不○苗莠而并耘之 16.73/160/27
○之 16.76/161/4
瞽無目而耳不可以(○)〔塞〕 17.91/174/26
視之可○ 17.223/184/3
此○於小好 18/199/21
○其所以而已矣 18/200/12
是故不可不○也 18/202/8
○於人情 19/205/13
〔則〕鬢眉微毫可得而○ 19/205/19
○分秋毫 19/207/12
○於辭者不可燿以名 19/208/4
○之不虛 20/210/6
○陵陸水澤肥墽高下之宜 20/213/1
○四時季孟之序 20/213/4
煩而不○ 20/215/6
○於地理 20/217/16
○其黨與 20/217/27
必○其終始 20/222/4
○於刀筆之跡 20/222/19
雖○慧捷巧 20/223/17
○禍福利害之反 21/225/19
○利害之反 21/226/5

槎 chá 1

野彘有艽莦、○櫛 19/206/5

蹉 chā 1

偶○智故 1/4/5

柴 chái 2

○箕子之門 12/117/18
曳梢肆○ 15/152/20

豺 chái 4

○乃祭獸 5/44/15
不如(○狼)〔狼契〕 9/70/13
○未祭獸 9/79/12
(飬)〔養〕禽獸者也必去○狼 15/143/10

茝 chǎi 1

申菽、杜○ 18/198/23

蠆 chài 4

蜂○螫指而神不能憺 2/17/13
非直蜂○之螫毒而蚊虻之慘怛也 2/17/14
水○為(蟪)〔蟌〕(莣) 11/94/6
水○為蟌 17.163/180/1

覘 chān 1

其兄掩戶而入○之 2/11/8

幨 chān 2

渠○以守 13/122/7
雖有薄縞之○ 15/150/4

鋋 chān 1

苗山之（○）〔鋋〕 19/208/22

嶄 chān 1

丘山（○）〔之〕巖 6/51/26

蟬 chān 10

○始鳴 3/22/2,5/41/27
○飲而不食 4/35/17
17.108/175/31
寒○鳴 5/43/1
○蛻蛇解 7/58/27
孔子之見黏○者 16.20/156/4
燿○者務在明其火 16.113/164/18
則（推）〔椎〕車至今
無○匷 17.60/172/21
○無口而鳴 17.177/180/31

瀍 chān 1

導○、澗 8/63/16

蟾 chān 2

○蠩捕蚤 1/3/1
而月中有○蜍 7/55/15

攙 chān 1

○搶（衡）〔衝〕杓之
氣莫不彌靡 2/11/18

纏 chān 3

○錦經冗 8/65/11
○以朱絲 11/98/26
臣有所與（供）〔共〕
儋（○）〔纆〕采薪
者九方堙 12/111/17

讒 chān 8

黜○佞之端 6/54/8
○不能亂 9/69/19
則○佞姦邪无由進矣 9/72/12
○佞姦邪而欲犯主者 9/72/14
有為則○生 9/77/7
○賊閒之 17.24/170/3
○夫陰謀 17.172/180/21
而无傷乎○賊螫毒者也 21/226/7

鑱 chān 1

○皮革 20/217/8

產 chǎn 6

子○練染也 10/86/8
子○騰辭 10/88/1
子○誅鄧析而鄭國之姦
禁 13/129/10
以成子○之事 16.142/167/9
遺虞垂棘之（壁）〔璧〕
與屈○之乘 18/189/1
史皇○而能書 19/205/14

諂 chǎn 2

（諂）〔○〕進愉說 9/74/27
（諂）〔○〕臣者務廣
君之地 18/193/10

摲 chàn 1

剡○茶 15/146/10

昌 chāng 25

右者○ 3/23/2
五穀豐○ 3/28/15,15/153/28
萬物蕃○ 3/28/29,5/49/12
菽麥○ 3/29/25
3/29/28,3/31/2,3/31/6
稻菽麥蠶○ 3/29/26
麥○ 3/29/27,3/31/8
稻○ 3/31/1
菽○ 3/31/4
堯舜所以○、桀紂所以
亡者 9/80/19
故情勝欲者○ 10/92/17
趙氏其○乎 12/107/9
夫憂、所以為○也 12/107/10
周伯○（行）仁義而善
謀 12/114/11
周伯○改道易行 12/114/17
德有○衰 13/124/19
少則○狂 14/137/8
○羊去蚤蝨而來（蛉）
〔蛉〕窮 17.26/170/7
○羊去蚤蝨 20/223/7
此三代之所〔以〕○
〔也〕 20/223/14

倡 chāng 4

萬民○狂 2/11/19
為事先○ 9/71/18
故○而不和 10/83/26
不為物（先）○ 14/138/17

閶 chāng 7

排○闔 1/2/2
涼風至四十五日○闔風至 3/20/26
○闔風至四十五日不周
風至 3/20/27
○闔風至則收縣垂 3/20/29
傾宮、旋室、縣圃、涼
風、樊桐在崑崙○闔
之中 4/33/7
曰○闔之門 4/34/8
○闔風之所生也 4/37/26

長 cháng 54

賤○貴壯 1/3/25
五穀兆○ 3/21/21
戊子受制則養〔○〕老 3/23/21
以○百穀禽（鳥）〔獸〕

草木 3/24/9
雄鳩○鳴 3/24/10
衡○權藏 3/25/14
○大旱知而不壽 4/35/27
○女簡翟 4/37/9
佐天○養 5/41/8
日（短）〔○〕至 5/41/26
存視○老 5/42/12
養○老 5/43/23
視少○ 5/43/24
養○化育 5/49/12
○苗秀 8/61/19
春生夏○ 8/64/8,9/67/18
則奇材佻○而（于）〔干〕次 9/76/19
是以群生遂○ 9/79/9
魚不○尺不得取 9/79/14
不可○也 10/83/20
及其○也 11/95/24
不可○保也 12/106/20
無官而為○ 12/107/23
權而用其○者而已矣 12/109/8
子之年○矣 12/111/15
則能○自給魚 12/113/24
而以○得其用 12/114/7
至○不渝〔解〕 12/116/8
築○城 12/117/17
立子以○ 13/120/19
道與人競○ 14/135/26
日○其類 14/141/13
而○海內之禍 15/143/6
地（出）〔生〕○而無計量 15/144/4
而不可使○〔言〕 16.8/155/1
江、河所以能○百谷者 16.13/155/16
然猶養而○之 16.54/159/12
而○不足 16.122/165/16
故（桑）〔木〕葉（洛）〔落〕而○年悲也 16.136/166/23
○而愈明 17.156/179/14
○幼之序 18/189/14,20/213/5
○於齊 18/194/16
故五穀得遂○ 19/203/12
○於窮櫚漏室之下 19/206/6
○無兄弟 19/206/7
是故生木之○ 19/209/24
莫見其所養而物○ 20/210/4
田漁皆讓○ 20/212/2
故○幼有序 20/212/18
（饗）〔鄉〕飲習射以明○幼 20/212/18
以立○幼之禮而成官 20/213/4
所以窮南北之（脩）〔○〕 21/224/14

常 cháng 104

員者○轉 1/3/16
○後而不先 1/5/21
○後而先 1/6/27
不易其○ 1/7/1,12/112/4
則○相有已 1/8/22
熒惑○以十月入太微受制而出行列宿 3/20/12
出入無○ 3/20/13
○以二月春分效奎、婁 3/20/20
東南為○羊之維 3/21/16
加十五日指○羊之維則春分盡 3/22/18
○以寅始 3/23/6
○徙所不勝 3/27/19
六歲而易○ 3/28/19
○平民祿 5/49/11
脩太○ 6/54/9
而忻忻然○自以為治 6/54/16
非○道 8/63/24,12/110/8
非○名 8/63/24,12/110/8
於彼尋○矣 9/69/1
○一而不邪 9/69/25
○後而不先〔者〕也 9/71/17
而○制之 10/90/26
尋○之溝無吞舟之魚 10/92/24
言無○是、行無○宜者 10/93/15
此代為（○）〔帝〕者也 11/95/2
○欲在於虛 11/101/8
○為蛩蛩駏驉取甘草以與之 12/108/7
歌者非○人也 12/109/3
知和曰○ 12/109/24
知○曰明 12/109/24
故知時者無○行 12/110/17
是變其故、易其○也 12/112/5
化則無○矣 12/115/16
○寢想之 12/117/23
○故不可循 13/120/16
是故禮樂未始有○也 13/121/2
治國有○ 13/121/3
非○道也 13/121/13
天下豈有○法哉 13/121/26
故使陳成（田）○、鴟夷子皮得成其難 13/123/8
○也 13/125/12
無○儀表 13/125/21
內之尋○而不塞 13/126/14
18/185/27
差以尋○ 13/126/28
○滿而不溢 13/130/3
以為尋○之溝也 13/130/12
家人所（當）〔○〕畜而易得之物也 13/130/23
未有以守○而失者也 14/134/25
故○無禍 14/135/9
不○有福 14/135/10
○無罪 14/135/10
不○有功 14/135/10
○卒於陰 14/136/14
○卒於亂 14/136/15
无○則亂 14/137/6
以有○術而無鈐謀 14/138/4
此兩者○在久見 14/138/11
故國以全為○ 14/138/30
身以生為○ 14/138/30
變○易故 14/140/11
心○无欲 14/140/26
形○無事 14/140/26
故始於都者○（大）〔卒〕於鄙 14/141/3
始於樂者○（大）〔卒〕於悲 14/141/4
聖〔人〕○後而不先 14/141/27
○應而不唱 14/141/27
故中心○恬漠 14/142/13
變化无○ 15/144/2
以其無○形勢也 15/144/5
○以積德擊積怨 15/151/14
動无○體 15/152/2
故勝兵者非○實也 15/153/10
敗兵者非○虛也 15/153/10
○治無病之病 16.24/156/18

萇 cháng 6

場 cháng 1

腸 cháng 7

嘗 cháng 77

者 19/206/17
○試使之施芳澤 19/209/14
夫物未○有張而不弛、
成而不毀者也 20/213/12
○為則能之 20/220/19
雖未○更也 20/220/20
匹夫弗○者 21/227/16

裳 cháng 3

繡、以為○則宜 17.154/179/10
不能織而喜采○ 17.208/183/5
裂（衣）○裹足 19/203/22

償 cháng 5

夫責少者易○ 9/70/17
其責易○也 11/101/16
易○也 13/127/25
易○則求贍矣 13/127/25
民以○其二（積）〔責〕
15/151/18

惝 chǎng 1

廓○而虛 7/57/18

唱 chàng 8

不為先○ 1/5/1
先○者、窮之路也 1/5/7
常應而不○ 14/141/27
然一人○而天下（應）
〔和〕之者 15/146/11
一人○而千人和 17.207/183/3
上○而民和 20/217/21
一○而三歎 20/221/28
○而和 21/226/19

淌 chàng 1

○游瀷淢 8/65/3

悵 chàng 2

○然若有所亡也 1/8/2
○然有喪 6/54/20

暢 chàng 3

相與優游競○于宇宙之間 2/10/17
交畫不○ 17.193/182/4
故交畫不○ 18/198/15

暘 chàng 1

命曰○月 5/46/6

訬 chāo 1

而人謂之○ 19/205/10

超 chāo 5

同師而○群者 10/89/26
（乃）為（䩕）〔䩕〕
蹻而○千里 13/120/13
○江、淮 13/130/12
則雖歷險○壍 19/204/17
○然獨立 19/206/24

巢 cháo 21

木處榛○ 1/3/19
遼○彭澤而為雨 2/13/14
鵲始○ 3/22/1
鵲始加○ 3/22/28
鵲○鄉而為戶 3/27/1
毋覆○ 5/39/10
鵲加○ 5/46/21
覆○毀（卯）〔卵〕 8/61/14
託嬰兒於○上 8/63/9
於是湯乃以革車三百乘
伐桀于南○ 8/63/19
鵲○知風之所起 10/91/5
夫飛鳥主○ 11/103/15
○者成而得棲焉 11/103/15
烏鵲之○可俯而探也 13/120/4
夫蟄蟲鵲○ 13/132/4
榛○者處林茂〔者〕
17.79/173/31
去高木而○扶枝 18/197/21
困夏南○ 19/202/24
○枝穴藏 20/211/13
鳳○列樹 21/226/20

潮 cháo 1

河伯為之不○ 17.210/183/9

車 chē 101

乘（雲）〔雷〕○ 1/1/26
雖有輕○良馬 1/2/2
雷以為○輪 1/2/5
解○休馬 1/8/2
是謂縣○ 3/24/18
授○以級 5/44/23
而○軌不接於遠方之外 6/50/24
上○攝轡 6/52/7
○莫動而自舉 6/52/9
乘雷○ 6/53/5
大衝○ 6/53/21
軵○奉饟 6/53/23
人羸○弊 6/53/24
破○以千百數 6/53/25
於是湯乃以革○三百乘
伐桀于南巢 8/63/19
甯戚商歌○下 9/69/6
○轉於陸 9/69/22
然湯革○三百乘 9/70/5
故古之為○也 9/70/15
是乘眾勢以為○ 9/71/8
○輕〔而〕馬良 9/72/4
人主之○輿 9/73/12
人主之○輿也 9/76/3
體離○輿之安 9/76/4
馬體調于○ 9/76/13
上○執轡 9/77/4
然後取○輿衣食供養其欲 9/78/11
有以給上之徵賦○馬兵
革之費 9/79/1
此其所以○裂支解也 9/81/1
故終年為○ 10/84/18
上○授（綏）〔綏〕之
謂也 10/90/22
吳起刻削而○裂 10/91/18
譬若舟、○、楯、（肆）
〔䭾〕、窮廬 11/95/3
○軌不結千里之外者 11/95/14
如○軸 11/101/11
則世莫乘○ 11/102/7
昔齊桓公合諸侯以乘○ 11/102/24

晉文公合諸侯以革○ 11/102/24
故惠子從○百乘以過孟諸 11/103/10
○（與）〔輿〕極於雕琢 11/103/20
且富人則○輿衣纂錦 11/104/6
託於○上則驥不能勝人 12/108/6
將任○ 12/109/1
辟任○ 12/109/2
甯越飯牛○下 12/109/2
命後○載之 12/109/4
以○不過百里 12/115/19
具傳○ 12/117/17
約○十乘 12/118/10
約○申轅 12/118/17
銷○以關 13/122/7
舟○所通 13/124/17
（○）〔鈹〕裂而死 13/126/6
然〔而〕不能自免於○裂之患 13/126/8
秦穆公出遊而○敗 13/129/1
晉師圍穆公之○ 13/129/4
皆出死為穆公戰於○下 13/129/5
以大○〔之箱〕為薦 13/131/10
救一○之任 13/131/24
○不發軔 15/144/21
○馳人趨 15/144/24
○固馬良 15/145/10
錯○衛旁 15/146/1
○不及轉轂 15/148/21
易則用○ 15/152/24
乘將軍○ 15/153/20
曾子攀柩○ 16.4/154/14
引○者二六而後之 16.46/158/17
懼○之覆也不敢乘 16.53/159/10
見飛蓬轉而知為○ 16.78/161/10
通於學者若○軸 16.84/161/27
方○而蹠越 16.88/162/8
履百金之○ 16.111/164/13
遺人○而稅其轄 16.114/164/22
而人予〔之〕○轂 16.122/165/16
牛○絕轔 16.150/168/2
任動者○鳴也 17.45/171/15
則（推）〔椎〕○至今無蟬匷 17.60/172/21
或以○ 17.66/173/1
為○人之利而不僦 17.114/176/11
有以○為敗者〔而〕禁天下之乘 17.120/176/26
（為）○者步行 17.131/177/21
○人掇之 17.220/183/29
若○之有（輪）〔輔〕〔也〕 18/189/2
（輪）〔輔〕依於○ 18/189/3
○亦依（輪）〔輔〕 18/189/3
（季）〔李〕斯○裂 18/189/17
使人以○迎之 18/194/14
出則乘牢○、駕良馬 18/194/15
上○而步馬 18/194/23,18/194/27
上○而馳 18/194/26
奪之○馬 18/197/1
○馬所以載身也 18/197/3
中國內郡輓○而餉之 18/197/12
〔於是〕迴○而避之 18/200/2
夫○之所以能轉千里者 18/200/13
奚仲為○ 19/206/10
秦王乃發○千乘 19/207/20
湯、武革○三百乘 20/212/10
○有勞軼動靜而后能致遠 20/222/13

坼 chè 3

墜始○ 5/46/2
天旱地○ 8/61/23
大寒地○水凝 14/141/23

徹 chè 7

罷酒○樂 1/8/2
○於心術之論 1/8/16
宰○其膳 9/80/9
奏《雍》而○ 9/80/13
絕塵弭（○）〔轍〕 12/111/16
雲○席卷 15/146/10
夫○於一事 20/215/13

澈 chè 1

澄○神明之精 21/226/17

撤 chè 1

○鍾鼓之縣 18/200/16

瞋 chēn 9

○目而撝之 6/50/2
其視（瞑瞑）〔○○〕 6/53/3
○目扼（掔）〔掔〕 9/68/17
（顛越）〔○目〕不能見丘山 9/70/14
於是佽非（○目敦然）〔敦然○目〕攘臂拔劍 12/118/4
使狐○目植睹 18/202/6
聞者莫不○目裂眥 20/221/27

臣 chén 200

萬民為○妾 1/7/25
體君○ 2/14/8
○雷公 2/14/23
君○乖心 6/50/16,15/151/9
群○準上意而懷當 6/53/12
居君○父子之間而競載 6/53/13
是故君○乖而不親 6/53/14
君○不和 8/62/2,9/76/5
君○輯睦 8/66/6
○盡其忠 8/66/14
君○相欺 8/66/16
是以君○彌久而不相猒 9/70/18
是故群○輻湊並進 9/71/7
9/71/22
○道（員者運轉而无）方者 9/71/18
是故君○異道則治 9/71/19
則君得所以制○ 9/71/23
○得所以事君 9/71/23
群○親 9/72/16
群○怨 9/72/16
則群○以邪來者 9/72/22
○守其業以效其功 9/72/29
群○輻湊 9/73/1,9/75/2
群○公正 9/73/3
群○黨而不忠 9/73/5
大○專權 9/73/6
人○之轡銜也 9/73/12
夫○主之相與也 9/73/13
中行文子之○ 9/73/16
豫讓背其主而○智伯 9/73/16
是故○不得其所欲於君者 9/73/21

君亦不能得其所求於〇也 9/73/22
君〇之施者 9/73/22
是故〇盡力死節以與君 9/73/22
計君垂爵以與〇市 9/73/23
〔是〕故君不能賞無功之〇 9/73/23
〇亦不能死無德之君 9/73/23
而〇情得上聞 9/75/2
群〇勸務而不怠 9/75/5
然而群〇（志達）〔達志〕效忠者 9/75/8
是明主之聽於群〇 9/75/11
大〇者 9/76/4
而功〇爭於朝 9/76/20
群〇百姓反弄其上 9/76/21
君人者釋所守而與〇下爭〔事〕 9/76/22
是以人〇藏智而弗用 9/76/23
而君〇相怨也 9/77/1
人〇逾逸 9/77/3
景、桓（公）〇管、晏 9/77/17
君〇上下同心而樂之 9/78/16
君〇相疾也 9/78/22
君〇相忘也 10/82/20
〇之死君也 10/85/1
故君之於〇也 10/85/5
則君尊而〇忠 10/85/6
君〇上下 10/87/5,13/123/24
〇辭也 10/87/29
〇右還則失其所貴矣 10/87/30
君下〇而聰明 10/89/4
君不與〇爭功 10/89/4
衛武侯謂其〇曰 10/89/9
〇、枝葉也 10/89/18
君不求諸〇 10/90/12
〇不假之君 10/90/13
驕溢之君无忠〇 10/92/24
所以合君〇、父子、兄弟、夫妻、友朋之際也 11/93/24
君〇以相非 11/93/25
群〇失禮而弗誅 11/100/25
〇之言無政 12/106/9
〇有道於此 12/107/17,12/107/19,12/107/20,12/107/21
〇之所言〔者〕不可 12/108/13
〇之所言〔者〕可 12/108/14
魯人為人〔〇〕妾於諸侯 12/108/17
群〇爭之曰 12/109/5
為吾〇 12/109/14
與〔為〕翟人〔〇〕奚以異 12/109/14
〇未嘗聞身治而國亂者也 12/109/28
〇（誠）〔試〕以〇之斲輪語之 12/110/4
〇不能以教〇之子 12/110/6
而〇之子亦不能得之於〇 12/110/6
〇請當之 12/110/11
大〇親之 12/110/13
〇有罪乎 12/110/22
然而請身為〇、妻為妾 12/111/5
〇之子 12/111/17
〇有所與（供）〔共〕儋（纏）〔纆〕采薪者九方堙 12/111/17
非〇之下也 12/111/18
是乃其所以千萬〇而无數者也 12/111/22
先〇之時 12/112/14
（今）〔及〕〇之身而晉伐楚 12/112/14
此〇之罪也 12/112/15
君〇爭以過為在己 12/112/16
且〔君〕輕下其〇 12/112/16
（〇）〔民〕死 12/112/22
〔〇〕故〔曰〕君（移）〔延〕年二十一歲 12/113/1
〇請伏於陛下以司之 12/113/1
〇請死之 12/113/2
〇能呼 12/113/6
〇有守也 12/114/5
〇年二十好捶鉤 12/114/6
昔夏、商之〇反讎桀、紂而〇湯、武 12/114/22
〇、〔楚市〕偷也 12/115/1
〇有薄技 12/115/5
〇聞襲國者 12/115/19
〇不知其可也 12/115/21
使群〇議 12/116/1
則為人〇之所制 12/116/3
〇有（夭）〔天〕幸 12/117/25
〇非能動地 12/119/4
吾獨無豫讓以為〇（子）〔乎〕 12/119/8
〇聞之 12/119/9, 18/191/23,18/198/20
有道之君不知忠〇 12/119/10
無管仲、鮑叔以為〇 12/119/11
有忠〇 12/119/12
是〇殺其主而下伐其上也 12/119/22
北面委質而〇事之 13/121/19
可謂能〇矣 13/121/20
而專任其大〇將相 13/123/7
夫君〇之接 13/125/24
〇主无差 13/126/15
人君弗〇 13/127/5
今人君〔之〕論其〇也 13/127/8
而為齊忠〇 13/127/12
闇主亂于姦〇小人之疑君子者 13/128/13
群〇无不有驕侮之心 13/128/25
唯赫不失君〇之禮 13/128/26, 18/192/4
而天下〔之〕為（忠之）〇者 13/128/26
君〇同志 14/137/1
群〇親附 15/145/1
君〇同力 15/145/2
大〇怨懟 15/153/8
〇既以受制於前矣 15/153/18
〇无還請 15/153/19
願君亦（以）〔無〕垂一言之命於〇也 15/153/19
〇不敢將 15/153/19
〇辭而行 15/153/20
〔故國有賢〇、折衝千里〕 16.39/157/27
〇殘木 16.51/159/4
〇乾谷 16.51/159/4
猶人〇各守其職 17.148/178/29
功〇二世而〔收〕爵祿 18/186/22
內无輔拂之〇 18/186/25
戮殺大〇 18/186/25
有功者、（又）〔人〕〇之所務也 18/188/4
有罪者、人〇之所辟也 18/188/4
君〇之義 18/188/7

○誠弗忍 18/188/14
契教以君○之義 18/189/13
○請道三言而已 18/190/14
○不敢以死為熙 18/190/16
異乎○之所聞 18/190/25
○聞（之有）裂壤土以安社稷者 18/190/26
○請試潛行 18/191/22
入○之耳 18/191/26
群○請曰 18/192/3
群○無不有驕侮之心者 18/192/4
○聞 18/192/10
○故蓄積於民 18/192/11
○請升城鼓之 18/192/12
○請北擊之 18/192/14
忠○不苟利 18/192/22
忠○者務崇君之德 18/193/10
（諂）〔諂〕○者務廣君之地 18/193/10
群○皆賀 18/193/12
是故忠○〔之〕事君也 18/193/26
○固聞之 18/194/9
○思夫唐子者 18/194/16
○之處於齊也 18/194/17
自唐子之短○也 18/194/18
○故思之 18/194/19
○恐其構難而危國也 18/195/14
而忠○之所以事君也 18/198/18
請身為○、妻為妾 18/202/1
○聞大王舉兵將攻宋 19/203/22
○見大王之必傷義而不得宋 19/203/25
○請守之 19/203/27
使下○告急 19/207/20
以立君○之義而成國 20/213/4
制君○之義 20/213/5
可謂忠○（也）〔矣〕 20/214/17
而未可謂忠○（矣）〔也〕 20/214/18
而可與興治之○不萬一 20/216/9
故君○以睦 20/221/23
而功○畔 20/222/18
使群○各盡其能也 21/225/8
○下之危上也 21/227/29

伔 chén 1

在於批（○）〔扰〕 17.239/185/7

沈 chén 10

茫茫（○○）〔沆沆〕 2/11/20
則天多○陰 5/40/25
自崑崙絶流沙、○羽 5/47/27
是謂坐馳陸○ 6/50/24
陰陽（之）所壅、○〔滯〕不通者 6/53/1
霜文○居 8/65/11
魚鱉○ 10/85/1
魚○而鳥揚 10/85/16
尸祝齋戒以○諸河 16.104/163/24

辰 chén 54

日月之淫（為）〔氣〕、精者為星○ 3/18/22
天受日月星○ 3/18/23
故日月星○移焉 3/18/25
星○者 3/19/16
其神為○星 3/20/6
出以○戌 3/20/17,3/20/21
○星正四時 3/20/20
子午、丑未、寅申、卯酉、○戌、巳亥是也 3/21/3
日月星○復始甲寅元 3/21/11
丑寅、○巳、未申、戌亥為四鉤 3/21/15
加十五日指○則（穀雨）〔清明風至〕 3/22/18
十二○ 3/23/1
律自倍而為○ 3/23/12
故日十而○十二 3/23/12
月徙一○ 3/25/4
指○ 3/25/6
○則振之也 3/25/6
律以當○ 3/26/18
歲徙一○ 3/26/26
得其○而遷其所 3/26/27
（蒼龍在○） 3/27/2
○為滿 3/27/2
太陰在○ 3/27/7
○為刑 3/27/20
水○之木 3/27/21
木○之水 3/27/21
三○皆木也 3/27/24
三○皆火也 3/27/25
三○皆土也 3/27/26
三○皆金也 3/27/26
死於○ 3/27/27
三○皆水也 3/27/27
擊鉤陳之衝○ 3/27/29
○晉 3/28/23
月（從）〔徙〕一○ 3/29/1
（太陰）〔雌〕所居○為猒（日） 3/29/2
故為奇○ 3/29/3
十日十二○ 3/29/5
庚（申）〔○〕 3/29/8
〔戊○〕、戊戌 3/29/9
太陰、小歲、星、日、○、五神皆合 3/29/12
○在丙曰柔兆 3/29/27
經之以星○ 4/32/8
奇主○ 4/35/9
○主月 4/35/9
招搖指○ 5/40/9
此傅說之所以騎○尾也 6/50/19
星○不失其行 6/52/20
日月星○雷電風雨也 8/64/23
明於星○日月之運 15/145/11
而人謂星○日月西移者 19/205/9
列星○ 20/210/3
列星○之行 21/224/11

沉 chén 20

而與道○浮俛仰 1/10/9
○溺萬物而不與為溼焉 2/13/14
是故積羽○舟 10/92/2
○鳥於淵 11/95/4
則○ 11/95/27
金之性○ 11/95/27
愈躁愈○ 11/96/3
故江河決（○）〔流〕 11/104/16
北息乎○墨之鄉 12/116/12
積陰則○ 13/123/1
雖強必○ 14/133/17
渾渾（○○）〔沆沆〕 15/144/5

諶 chén 1

裨○出郭而知 16.142/167/9

讖 chèn 1

○書著之 16.45/158/15

稱 chēng 49

○至德高行 1/8/7
角斗（○）〔桶〕 5/40/1,5/44/4
禹乃熙笑而○曰 7/58/17
是以○堯、舜以為聖 8/63/17
是以○湯、武之賢 8/63/20
口能言而行人○辭 9/67/4
處愚○德 9/71/4
能○其事 9/72/9
而三王獨○ 10/86/20
而後世○其大 10/90/13
葬薶○於養 11/97/18
談語而不○師 11/101/1,11/101/2
世多○古之人而高其行 11/102/27
田駢〔之〕所○者、材也 12/106/12
婚禮不○主人 13/120/19
今儒墨者○三代、文武而弗行〔也〕 13/122/23
○其所是 13/122/24
（道而）〔而道〕先○古 13/122/26
富者利則量粟〔而〕○金 13/124/22
故○尊焉 14/138/4
不○賢也 14/138/4
故○平焉 14/138/5
不○〔智〕也 14/138/5
○為大楚 15/146/8
而眾○義焉 16.92/162/19
世○其好 17.234/184/27
是故使人高賢○譽己者 18/185/27
因○曰 18/190/15
〔願〕為寡人○之 18/190/16
而天下○仁焉 18/199/24
而天下○勇焉 18/199/25
故繁○文辭 18/201/8
而○以「無為」 19/202/29
今不○九天之頂 19/205/4
○譽（葉）〔華〕語 19/207/12
相與危坐而○之 19/208/6
而○以頃襄之劍 19/208/21
而○以楚莊之琴 19/208/22
銖而○之 20/215/6
○薪而爨 20/215/14
身死而名足○也 20/218/24
○尊號也 20/219/13
有《繆○》 21/223/26
《繆○》者 21/225/13
故為之浮○流說其所以能聽 21/226/12
言君事而不為○喻 21/226/27
（以）〔言〕○喻而不言俗變 21/226/27

成 chéng 257

○化像而弗宰 1/1/19
好憎○形 1/2/15
城○則衡生 1/3/5
而功既○矣 1/3/18
不為而○ 1/4/9,7/57/16,9/68/10
百事不得不○ 1/6/2
夫水所以能○其至德於天下者 1/6/9
無色而五色○焉 1/6/20
白立而五色○矣 1/6/23
病乃○積 1/7/5
形備而性命○ 1/9/7
性命○而好憎生矣 1/9/7
將欲生興而未○物類 2/10/16
欲與物接而未○兆朕 2/10/17
是故文章○獸 2/11/8
各樂其○形 2/11/10
曲○文章 2/14/14,8/65/10
決離隱密而自○ 2/15/8
故天先○而地後定 3/18/20
反覆三百六十五度四分度之一而○一歲 3/21/8
（二）〔一〕陰一陽○氣二 3/23/11
二陽一陰○氣三 3/23/11
則萬物不○ 3/24/10
十二各以三○ 3/25/22
物以三○ 3/25/24
以○一歲 3/26/20
戌為○ 3/27/3
死於（○）〔戌〕 3/27/25
壯於（○）〔戌〕 3/27/25
萬物乃○ 3/29/18
正北濟州曰○土 4/32/15
所以○器用 4/36/24
以定晷陰之所○ 5/41/27
果實蚤○ 5/42/2
瓜瓠不○ 5/46/16
以○五穀 5/49/12
何為而不○ 6/50/5
兩者交接○和 6/50/22
而淳鈞之劍○ 6/51/10
此假弗用而能以○其用者也 6/52/12
亂人以○其事 6/53/13
剛柔相○ 7/54/27
七月而○ 7/55/9
形體以○ 7/55/10
以為無不○也 7/55/24
其已○器而破碎漫瀾而復歸其故也 7/56/23
發動而○于文 8/61/7
而萬物（不）〔之〕繁兆萌牙（卯）〔卵〕胎而不○者 8/61/15
而○育群生 8/62/4
則功○ 8/63/8
昔容○氏之時 8/63/9
取○〔事〕之迹 8/64/1
以○埒類 8/64/7
責○而不勞 9/67/4
懷其仁○之心 9/67/17
不勞形而功○ 9/67/20
而功自○ 9/68/16
則無不○也 9/70/9
以立○功〔者〕也 9/71/18
雖神聖人不能以○其功 9/72/3
〔則〕无不○也 9/72/6
何事之不○ 9/77/12
遂○軍宋城之下 9/77/24
而○像於外〔者也〕 9/78/21
善積即功○ 9/79/24
朝○湯之廟 9/80/17
12/117/19,20/219/18
○、康繼文、武之業 9/80/20

見○敗之變 9/80/21
以○素王 9/80/23
以○王道 9/80/24
易而必○ 9/81/2
捨其易〔而必〕○者 9/81/3
發而○形 10/84/4
○文於遠 10/85/9
故君子日孳孳以○煇 10/86/1
○功一也 10/87/6
功名遂○ 10/87/23
○國之道 10/88/4
筦夷吾、百里奚經而○之 10/89/4
而無能○也 10/89/12
天○之 10/89/12
不越鄰而○章 10/90/13
壹快不足以○善 10/92/2
壹恨不足以○非 10/92/3
積恨而○（怨）〔惡〕 10/92/3
夫鳥飛○行 11/97/5
獸處○群 11/97/5
葬○畝 11/98/3
其樂《夏籥》、《九○》、《六佾》、《六列》、《六英》 11/98/4
譬若芻狗土龍之始○ 11/98/25
是故不法其以○之法 11/99/10
雖師文不能以○曲 11/100/7
而欲○霸王之業 11/102/18
七年而致政○王 11/102/21
故事周於世則功○ 11/102/22
以功○為賢 11/103/1
巢者巢○而得棲焉 11/103/15
穴者穴○而得宿焉 11/103/15
謂之○人 11/103/16
歷歲而後○ 11/103/22
孟賁、○荊無所行其威 11/103/26
已○而示諸（先生）〔民人〕 12/106/1
然而垂拱受○功焉 12/108/6
功○名遂 12/108/27
遂○國於（歧）〔岐〕山之下 12/109/16
不能○禍 12/112/8
○刑之徒 12/112/10
功○而不居 12/113/14
故能○其私 12/113/25
及〔其〕未○ 12/114/13
○王問政於尹佚曰 12/114/20
而能○大盜者 12/114/28
其備必先○ 12/115/24
而有不能○衡之事 12/118/12
是以能弊而不新○ 12/119/20
其○猶網羅 13/120/9
○王幼少 13/121/16
○王既壯 13/121/18,21/227/30
伯○子高辭為諸侯而耕 13/122/5
秋分而○ 13/122/29
生之與○ 13/122/29
乃能○和 13/123/1
私門○黨 13/123/8
故使陳○（田）常、鴟夷子皮得○其難 13/123/8
雖○必敗 13/124/19
○敗之際也 13/124/21
是故敗事少而○事多 13/126/3
有易為而難○者 13/126/22
有難○而易敗者 13/126/22
易為而難○者 13/126/23
難○而易敗者 13/126/24
故小謹者无○功 13/127/16
功○事立而知其賢者 13/128/5
嫁未必○也 13/131/20
未造而○物 14/132/10
不能○一焉 14/133/14
故廣○子曰 14/134/2
能○霸王者 14/134/6
故能以眾不勝○大勝者 14/134/8
遂○國焉 14/134/13
故○者非所為也 14/134/26
非其求所○ 14/135/2
不○則毀 14/135/8
為者有不○ 14/135/20
功之○也 14/136/4
非知能所求而○也 14/136/21
功所與時○也 14/138/13
以輔○王而海內平 14/139/27
行○獸 14/140/16
止○文 14/140/16,20/215/15
蓼菜○行 14/140/16,20/215/14
而齊桓、晉文之所以○霸也 15/143/20
夫為地戰者不能○其王 15/143/24
故功可○ 15/144/9
同情相○ 15/144/23
不能○其功 15/149/12
因資而○功 15/150/22
則不能○盆盎 15/152/6
是故名必○而後无餘害矣 15/153/28
陳○（子）恒之劫子淵捷也 16.20/156/4
天二氣則○虹 16.27/156/27
人二氣則○病 16.27/156/27
是故不同于和而可以○事者 16.41/158/4
事固有相待而○者 16.46/158/17
必待異而後○ 16.46/158/18
可以○帷 16.57/159/20
不可以○衣 16.57/159/20
針○幕 16.57/159/20
蘽○城 16.57/159/20
事之○敗 16.57/159/20
（而）不因媒而○ 16.60/159/28
玉待礛諸而○器 16.81/161/18
眾議○林 16.98/163/6
三人○市虎 16.98/163/6
見黂而求○布 16.106/163/31
物固有以（寇）〔剋〕適○不逮者 16.126/165/29
但○而生不信 16.131/166/10
以○楚國之治 16.142/167/9
以○子產之事 16.142/167/9
璧瑗○器 17.28/170/11
大廈○而燕雀相賀 17.106/175/26
瓦以火○ 17.110/176/3
管子以小辱○大榮 17.182/181/10
蘇秦以百誕○一誠 17.182/181/10
可○丘阜 17.226/184/9
城○於土 17.226/184/10
事者、難○而易敗也 18/185/30
人自○之 18/186/6
待而後○ 18/186/13
是故不溺於難者○ 18/186/13
今雖○、後必敗 18/190/10
其始○〔也〕 18/190/11
且同情相○ 18/191/26
或毀人而乃反以○之 18/194/5
今事已○矣 18/194/24
夫積愛○福 18/195/12
積怨○禍 18/195/12
陳○常、宰予二子者 18/195/14

陳○常果攻宰予於庭中 18/195/15
而羽翮之（所）〔既〕
　○也 18/196/18
而不留思盡慮於○事之
　內 18/196/22
子之欲○霸王之業 18/200/25
（政）〔故〕事〔○〕
　而身弗伐 19/203/15
猶待教而○ 19/204/18
發憤而○ 19/204/20
作事○法 19/205/11
出言○章 19/205/11
容○造曆 19/206/10
首尾○形 19/206/19
（揉）以○器用 19/206/20
不自彊而功○者 19/207/5
功可彊○ 19/207/8
此功之可彊○者也 19/207/21
此自強而○功者也 19/207/27
功烈不○ 19/207/28
鐘○而示師曠 19/209/7
夫事有易○者名小 19/209/27
難○者功大 19/209/27
三年而○ 20/210/27
使天地三年而○一葉 20/210/28
○其廣大 20/211/12
雌鳴於下風而化○形 20/211/17
而聖人之所匠○也 20/212/19
則不能○絲 20/212/22
則不能〔○〕為雛 20/212/22
（故）〔以〕立父子之
　親而○家 20/213/3
以立君臣之義而○國 20/213/4
以立長幼之禮而○官 20/213/4
夫物未嘗有張而不弛、
　○而不毀者也 20/213/12
取其不鼓不○列也 20/214/12
○功立事 20/214/13
海不讓水潦以○其大 20/215/1
山不讓土石以○其高 20/215/1
功約、易○也 20/215/8
動○獸 20/215/15
教之所（以）○也 20/217/7
○大功 20/218/2
輔翼○王 20/218/4,21/227/29
故事○而功足賴也 20/218/23
（欲）〔能〕○霸王之
　業者 20/219/1
絃有緩急小大然后〔能〕
　○曲 20/222/12
○之為敗 21/226/6
而後可以○曲 21/227/8
宮中○市 21/227/20
以為天下去殘（余）
　〔除〕賊而○王道 21/227/22
○王在褓繈之中 21/227/28
孔子脩○康之道 21/228/1

呈 chéng 2

案度○ 5/45/20
不中員○ 16.76/161/4

承 chéng 9

偶以○奇 4/35/9
○天地之和 8/64/7
則得○受於天地 9/79/5
《咸池》、《○雲》、
　《九韶》、《六英》 11/94/22
其於以（函）〔○〕食
　不如〔竹〕（簞）
　〔箅〕 11/94/28
其樂《咸池》、《○雲》
　、《九韶》 11/98/3
則天下之時可○ 14/138/12
不能被德○澤 19/203/4
使人有以仰天○順 21/224/12

城 chéng 83

昔者夏鯀作（三）〔九〕
　仞之○ 1/3/2
乃壞○平池 1/3/3
○成則衝生 1/3/5
繕邊○ 3/20/30
脩○郭 3/23/22
曰大汾、澠阸、荊阮、
　方○、殽阪、井陘、
　令疵、句注、居庸 4/32/20
中有增○九重 4/33/4
〔毋〕置○郭 5/39/10
敗壞○郭 5/41/13
修○郭 5/43/9,5/45/18,5/48/2
可以築○郭 5/44/1
石○金室 5/47/27
○郭不關 6/52/19
攻○（檻）〔濫〕殺 6/53/20
築○而為固 8/61/16
築○掘池 8/61/25
高築○郭 8/65/6
小國○守 8/66/23
遂成軍宋○之下 9/77/24
然〔而〕民有處邊○ 9/78/14
力招○關 9/80/23
○峭者必崩 10/91/18
從○上視牛如羊 11/101/6
一朝而兩○下 12/107/7
（今）一朝〔而〕兩○
　下 12/107/9
昔者司○子罕相宋 12/110/10
而○自（壞）〔壞〕者
　十丈 12/111/10
而○自壞 12/111/10
使之治○ 12/111/12
○治而後攻之 12/111/12
築長○ 12/117/17
趙襄子以晉陽之○霸 13/124/24
越○郭 13/129/15
俛入○門 13/130/12
獨不離其壇（○）〔域〕
　14/135/11
厲其民死以（牢）〔堅〕
　其○ 14/137/1
小○必下 15/144/23
高○深（地）〔池〕 15/145/23
緜之以方○ 15/145/26
攻○略地 15/146/10
故攻不待衝隆雲梯而○
　拔 15/148/9
國無守○矣 15/148/12
然而高○深池 15/151/3
繁成○ 16.57/159/20
而魏築○也 17.94/175/1
○成於土 17.226/184/10
魯君令人閉○門而捕之 18/187/11
其子執在○中 18/188/7
○中縣其子以示樂羊 18/188/7
圍其○ 18/189/25
老病童兒皆上○ 18/189/26
○已破 18/189/26

諸○守者皆屠之 18/189/26
得無乘○ 18/189/27
靖郭君將○薛 18/190/13
乃止不○薛 18/190/18
夫以「無○薛」止○薛 18/190/21
夫咎犯戰勝○濮 18/191/9
昔晉文公將與楚〔人〕戰〔於〕○濮 18/191/11
○濮之戰、〔咎犯之謀〕也 18/191/16
○（下）〔中〕緣木而處 18/191/20
○中力已盡 18/191/21
臣請升○鼓之 18/192/12
於是乃升○而鼓之 18/192/12
燕常侵魏八○ 18/192/14
攻○者、欲以廣地也 18/192/26
不若大○○父 18/194/7
因命太子建守○父 18/194/8
鷩石○ 18/196/21
築脩○ 18/197/11
一軍塞鐔○之嶺 18/197/13
欲知築脩○以備亡 18/197/19
而不知築脩○之所以亡也 18/197/20
夫戟者、所以攻○也 18/199/6
恩者逃之於○下之廬 18/201/27
攻○必下 19/207/26
築○而居之 20/213/6
築脩○以守胡 20/215/21
猶○之有基 20/221/17

乘 chéng 100

○（雲）〔雷〕車 1/1/26
○雲陵霄 1/2/4
末世有勢為萬○而日憂悲者 1/7/16
夫與蚑蟯同○天機 2/13/27
夏日至則陰○陽 3/24/24
冬日至則陽○陰 3/24/24
以五○八 3/26/16
虛星○鉤陳而天地襲矣 3/27/22
○蒼龍 5/39/5,5/39/20,5/40/11
天子焉始○舟 5/40/13
○赤騮 5/41/3,5/41/19
○黃騮 5/42/8
○白駱 5/43/1,5/43/19,5/44/15
○玄驪 5/45/11
○鐵驪 5/46/3,5/46/22
○雷車 6/53/5
萬物皆○（人）〔一〕氣者也 8/62/1
於是湯乃以革車三百○伐桀于南巢 8/63/19
○時因勢以服役人心也 8/64/19
而不能與越人○（幹）〔舲〕舟而浮於江湖 9/70/1
然湯革車三百○ 9/70/5
應龍○雲而舉 9/70/15
是○眾勢以為車 9/71/8
○眾人之智 9/71/12
夫○眾人之智 9/71/24
○眾人之制者 9/71/26
○舟楫〔者〕 9/75/6
明主○之 9/77/4
○於人資以為羽翼也 9/77/5
而爭萬○之君 9/81/1
則〔猶〕（棄）〔○〕驥而（不式）〔或〕 9/81/30
○馬班如 10/83/20
子予奈何兮○我何 10/88/14
夫○舟而惑者 11/96/1
其不能○雲升假亦明矣 11/99/15
則世莫○車 11/102/7
履○石 11/102/20
昔齊桓公合諸侯以○車 11/102/24
故惠子從車百○以過孟諸 11/103/10
夫○奇技、（偽）〔為〕邪施者 11/104/9
今大王、萬○之主也 12/107/24
善○人之資也 12/108/6
千○也 12/108/11
君子不○人於利 12/111/11
夫○民之功勞而取其爵祿〔者〕 12/113/13
得騶虞、雞斯之○ 12/114/14
約車十○ 12/118/10
○大路 13/124/9
則（千）〔萬〕○之君無不霸王者 13/124/22
而（萬）〔千〕○之國無不破亡者矣 13/124/23
以○時應變也 13/125/22
經營萬○之主 13/126/7
（姜）〔彊〕弱相○ 13/126/15
楚人有○船而遇大風者 13/129/25
則萬○之勢不足以為尊 13/130/7
萬○之主卒 14/142/16
今○萬民之力 15/143/7
因民之欲、○民之力而為之 15/144/23
興萬○之駕而作阿房之（官）〔宮〕 15/146/5
○時勢、因民欲而取天下 15/146/17
故千○之國行文德者王 15/146/23
萬○之國好用兵者亡 15/146/23
以盛○衰 15/147/7
○而勿假也 15/147/11
示之以弱而○之以強 15/150/25
險隘不○ 15/151/12
○之以選卒 15/152/24
○將軍車 15/153/20
陰不可以○陽也 16.12/155/12
不為莫○而不浮 16.18/155/26
懼車之覆也不敢○ 16.53/159/10
○桴而入胡 16.88/162/9
萬○之主 16.111/164/13
譬猶客之○舟 17.1/168/9
有以車為敗者〔而〕禁天下之○ 17.120/176/26
若○舟而悲歌 17.207/183/3
千○不輕 17.210/183/9
遺虞垂棘之（壁）〔璧〕與屈產之○ 18/189/1
得無○城 18/189/27
故千○之國 18/193/21
萬○之國 18/193/21
出則○牢車、駕良馬 18/194/15
○牢良 18/194/19
是由○驥（遂）〔逐〕人於榛薄 18/198/25
○四載 19/202/22
秦王乃發車千○ 19/207/20
○馬者期於千里 19/208/24
四時（千）〔干〕（○）〔乖〕 20/210/20
湯、武革車三百○ 20/212/10
為其雌雄之不（乖）

〔〇〕居也 20/214/10
〇雲遊霧 20/214/16
〇（衰）〔亥〕而流 20/216/13
棄疾〇民之怨而立公子比 20/219/25
〇勢以為資 21/225/31

程 chéng 4

（根拔）〔招搖〕生〇若 4/38/10
〇若生玄玉 4/38/10
中〇者賞 9/75/17
所以〇寒暑也 15/151/12

誠 chéng 60

〇達于性命之情 2/16/24
〇信以必 5/49/19
精（神）〔〇〕形於內 6/50/10
〇无以為也 7/58/16
〇知其本 7/61/2
抱德推〇 9/68/11
其〇心弗施也 9/69/5
抱質（放）〔效〕〇 9/69/11
故人主〇正 9/72/20
〇得其術也 9/76/3
脩身不〇 9/82/9
〇身有道 9/82/10
不能（專）〇〔身〕 9/82/10
其出之（也〇）〔〇也〕 10/83/26
〇出於己 10/84/15
〇在令外也 10/84/25
〇中者也 10/87/15
〇中之人 10/87/16
上憂尋不〇則不法民 10/88/29
口言其〇 10/92/7
君子〇仁（於）〔乎〕 10/92/16
小人〇不仁〔乎〕 10/92/16
〇能愛而利之 10/93/9
而〇心可以懷遠 11/96/23
然而樂推〇行必 11/103/7
〇有其志 12/107/24
臣（〇）〔試〕以臣之斲輪語之 12/110/4
楚賢良大夫皆盡其計而悉其〇 12/115/4
（誠）〔〇〕於此者刑於彼 12/116/26
奮武厲〇 13/124/7
〇其大略是也 13/127/10
帝者〇能包稟道 13/132/5
若〇（外釋）〔釋外〕交之策 14/136/29
心〇則肢體親（刃）〔刎〕 15/147/23
將不〇必 15/147/24
故民〇從（其）令 15/147/26
〇積踰而威加敵人 15/148/2
其行之〇也 15/150/1
其鄉之〇也 17.39/171/3
蘇秦以百誕成一〇 17.182/181/10
畏其〇也 17.210/183/9
〇愛而欲快之也 18/187/24
臣〇弗忍 18/188/14
〇得知者 18/200/12
〇得其數 18/200/13
魯君之欲為室〇矣 18/201/5
〇得清明之士 19/209/4
故精〇感於內 20/210/18
莫善於〇 20/211/18
至〇而能動化矣 20/211/18
推其〇心 20/211/25
精〇也 20/212/4
〇心弗施也 20/212/5
是以精〇感之者也 20/216/1
〇決其善志 20/216/14
〇通其志 21/224/2
〇明其意 21/225/30
〇喻至意 21/226/6
〇通乎二十篇之論 21/227/16

澄 chéng 6

寂然清〇 2/10/26
酒〇而不飲 7/60/7
而鑑於〇水者 16.3/154/12
乃〇列金（木水）〔水木〕火土之性 20/213/2
〇心清意以存之 20/221/4
〇澈神明之精 21/226/17

橙 chéng 1

故橘、樹之江北則化而為（枳）〔〇〕 1/4/1

騁 chěng 12

時〇而要其宿 1/2/16
馳〇於天下之至堅 1/6/9
馳〇夷道 1/7/21
馳〇于是非之境 1/8/10
〇若飛 6/52/11
精神何能久馳〇而不既（守）〔乎〕 7/55/19
則精神馳〇於外而不守矣 7/56/2
精神馳〇於外而不守 7/56/2
馳〇田獵 9/73/28
〇馳若（騖）〔驚〕 19/209/21
馳〇獵射 20/213/18

秤 chèng 1

石〇丈量 20/215/6

笞 chī 2

毋〇掠 5/39/22
伏郎尹而〇之三百 18/196/14

絺 chī 4

干、越生葛〇 1/3/20
〇綌綺繡 9/74/1
若夏就〇（紘）〔綌〕 10/90/22
夏日服〇紵 18/194/15

鴟 chī 5

〇視虎顧 7/58/3
〇夜撮蚤（蚊） 9/70/14
故使陳成（田）常、〇夷子皮得成其難 13/123/8
夫〇目大而（睡）〔眎〕不若鼠 13/131/30
〇之夜見〔也〕 20/218/20

螭 chī 2

今夫赤○、青虬之游冀州也 6/51/23
前白○ 6/53/6

癡 chī 1

或不免於○狂者 2/16/7

弛 chí 6

人不○弓 1/3/26
召公以桑蠶耕種之時○獄出拘 10/90/21
○弓絶紘 12/117/19
有時而○ 17.104/175/21
三年不解甲○弩 18/197/14
夫物未嘗有張而不○、成而不毀者也 20/213/12

池 chí 35

乃壞城平○ 1/3/3
咸○ 3/19/20
咸○者 3/21/5
咸○為（太）〔大〕歲 3/23/1
咸○也 3/23/6
浴于咸○ 3/24/14
〔入〕（于）虞（淵）〔泉〕之（汜）〔○〕 3/24/20
踈圃之○ 4/33/8
湍○在崑崙 4/37/11
玄燿、不周、申○在海隅 4/37/11
呼○出魯平 4/37/22
毋漉陂○ 5/40/1
收水泉○澤之賦 5/45/22
築城掘○ 8/61/25
紂為肉圃、酒○ 8/63/18
鑿汙○之深 8/65/4
人主好高臺深○ 9/74/1
陂○苑囿 9/74/7
鑿地（漂）〔湮〕○ 10/88/17
《咸○》、《承雲》、《九韶》、《六英》 11/94/22
其樂《咸○》、《承雲》、《九韶》 11/98/3
奏《咸○》 13/124/10
夫畜○魚者必去猵獺 15/143/10
高城深（地）〔○〕 15/145/23
江漢以為○ 15/145/26
雖涸井而竭○ 15/149/11
然而高城深○ 15/151/3
擒之黃○ 15/153/7
○中魚為之殫 16.50/159/1
就下而為○ 16.86/162/2
官○涔則溢 17.40/171/5
譬猶失火而鑿○ 18/196/9
因下為○ 19/203/18
以鑿觀○之力耕 20/220/29
勝晉黃（地）〔○〕 20/222/21

持 chí 58

以所○之小也 1/2/23
豈必攝權○勢 1/8/21
○盈而不傾 1/9/10
其所○者不明 2/14/4
難以○國 6/51/9
唯通于太和而○自然之應者為能有之 6/51/10
○以道德 6/54/4
壺子○以天壤 7/58/19
○以適 7/60/9
以相交○ 8/61/21
天下有能○之者 8/62/26
以相支○ 8/65/2
勇（力）不足以○天下矣 9/70/6
譬而軍之○麾者 9/71/2
使人主執正○平 9/72/22
下吏○勢 9/73/6
而○爵祿之柄 9/73/12
則有司以無為○位 9/76/23
所○甚小 9/77/20
〔能〕○千鈞之屋 9/77/21
執柄○術 9/80/5
處靜○中 9/80/5
事鮮者約所○也 9/80/7
觀景柱而知○後矣 10/90/25
（筐）〔筳〕不可以○屋 11/94/26
劉氏○政 11/104/22
○而盈之 12/106/19
不以故自○ 12/107/3
〔○之、其難者也〕 12/107/10
賢主以此○勝 12/107/10
不通乎○勝也 12/107/11
唯有道之主〔為〕能○勝 12/107/11
善○勝者 12/107/13
而況○不用者乎 12/114/7
○盈者乎 12/119/16
請問○盈 12/119/16
王若欲久○之 12/119/24
可以○天下弗失 12/119/28
有奉○於文王 13/121/15
是猶○方枘而周員鑿也 13/122/22
周公可謂能○滿矣 13/125/10
○無所監 14/139/3
治以（○）〔待〕亂 15/148/14
彼○後節 15/148/18
以數相○ 15/149/2
○五殺以應 15/152/9
所○不直 15/153/1
○頭 15/153/16,15/153/16
无久○輕 16.75/161/1
使秦西巴○歸烹之 18/188/13
而不可令○（牢）〔堅〕 20/214/24
信者可令○約 20/214/26
无益於（恃）〔○〕天下矣 20/220/3
所以使人主秉數○要 21/225/9
操○後之論也 21/225/29
○天子之政 21/227/29
○其社稷 21/228/18

馳 chí 41

以○大區 1/2/4
而化○若神 1/4/20
○騁於天下之至堅 1/6/9, 12/117/4
若背風而○ 1/7/15
○騁夷道 1/7/21
○騁于是非之境 1/8/10
○要褭 1/8/25
二者代謝舛○ 2/11/9
○於（方外）〔外方〕 2/14/22
是謂坐○陸沈 6/50/24

〇騖若滅 6/52/8
精神何能久〇騁而不既
　（守）〔乎〕 7/55/19
則精神〇騁於外而不守矣 7/56/2
精神〇騁於外而不守 7/56/2
終日〇騖 8/65/8
神不〇於胸中 9/67/17
雖〇傳騖置 9/69/1
〇騁田獵 9/73/28
是猶無轡銜而〇也 9/76/21
背風而〇易以遠 9/78/6
皆可以〇驅 10/84/7
不可以驅〇 10/84/19
〇騖千里不能（易）
　〔改〕其處 11/102/15
而聞見舛〇於外者也 13/123/11
遠為〇道 13/124/2
車〇人趨 15/144/24
疾如〇騖 15/153/23
分流舛〇 16.83/161/24
〇〔曰何〇〕 17.136/178/1
使人欲〇 17.196/182/10
上車而〇 18/194/26
此所謂徐而〇 18/194/28
載〇載驅 19/208/1
騁〇若（騖）〔鶩〕 19/209/21
騏驥倍日而〇 20/210/9
〇騁獵射 20/213/18
騖欲〇 20/214/9
趨行蹐〇 20/218/15
知能蹐〇 20/218/24

⿱艹是 chí 1

甂甌有〇 20/215/14

遅 chí 12

下棲〇至于昆吾、夏后
　之世 2/15/14
巧敏（〇）〔犀〕利 9/81/28
以疾掩〇 15/147/7
名之曰奄〇 15/148/19
〇為下 16.150/168/1
步之〇 17.198/182/14
〇於步也 18/194/28
步者、人之所以為〇也 18/194/28
今（反乃）〔乃反〕以
　人之所〔以〕為〇者
　、（反）為疾 18/195/1
有知徐之為疾、〇之為
　速者 18/195/1
越人有重〇者 19/205/10
山以陵〇、故能高 20/215/12

遲 chí 3

故疾而不〇 1/4/16
重土多〇 4/34/22
〇水人重 4/34/23

尺 chǐ 36

故聖人不貴〇之璧 1/5/19
無〇之鯉 2/15/2
八〇之脩 3/22/1
日中而景丈三〇 3/22/1
八〇之景 3/22/3
脩徑〇五寸 3/22/3
故幅廣二〇七寸 3/26/14
故人〔臂〕脩（八）
　〔四〕〇 3/26/14
故八〇而為尋 3/26/15
十寸而為〇 3/26/19
十〇而為丈 3/26/19
北表二〇 3/32/1
南表〇九寸 3/32/1
陰二〇而得高一丈者 3/32/2
其高萬一千里百一十四
　步二〇六寸 4/33/4
純丈五〇 4/33/7
吾生也有七〇之形 7/56/18
則五〇童子牽而周四海者 9/78/3
夫七〇之橈而制船之左
　右者 9/78/3
魚不長〇不得取 9/79/14
無一〇之棰 10/84/19
視高下不差〇寸 11/102/5
不離咫〇 12/116/17
所推移上下者无寸〇之
　度 13/120/25
詘寸而伸〇 13/126/24
（榆）〔揄〕三〇之刃 13/127/2
故蚺舉首〇 13/128/14
則足以養七〇之形矣 13/130/7
以為七〇之閨也 13/130/12
何〇地之有〔乎〕 14/135/6
今有六〇之（廣）〔席〕
　17.118/176/21
〇寸雖齊 17.213/183/15
而雍季無〇寸之功 18/191/9
而不得咫〇之地 19/203/23
夫七〇之形 19/207/24
太山不可丈〇也 20/211/2

侈 chǐ 5

不便〇靡之樂 7/60/18
〇苑囿之大 8/65/7
通乎〇儉之適者也 11/97/24
窮〇靡之變 15/146/5
淫〇无度 18/186/25

哆 chǐ 1

唯陕〇嗚 19/204/23

恥 chǐ 11

禮義廉〇不設 8/62/7
而為之報怨雪〇 13/126/9
〇死而无功 13/127/2
不諱其〇 13/127/4
不〇身之賤 19/202/27
蒙〇辱以（千）〔干〕
　世主〔者〕 19/203/7
南榮疇〇聖道之獨亡於
　己 19/207/9
民无廉〇 20/217/4
廉〇不立 20/217/4
故蒙〇辱而不死 20/218/5
行无廉〇 20/218/13

齒 chǐ 23

〇堅於舌而先之弊 1/5/6
戴角者無上〇 4/35/18
無角者膏而無前〔〇〕 4/35/18
有角者（指）〔脂〕而
　無後〔〇〕 4/35/19
〔有〕結胸民、羽民、

讙頭國民、（裸）〔裸〕國民、三苗民、交股民、不死民、穿胸民、反舌民、豕喙民、鑿〇民、三頭民、脩臂民　4/36/27
有大人國、君子國、黑〇民、玄股民、毛民、勞民　4/37/1
猰貐、（鑿〇）、九嬰、大風、封狶、〔鑿〇〕、修蛇　8/63/11
堯乃使羿誅鑿〇於疇華之（野）〔澤〕　8/63/12
擿〇易貌　9/73/18
柱不可以（櫛）〔摘〕〇　11/94/25
湣王專用淖〇而死于東廟　13/123/17
堅者為〇角　13/130/15
有〇者噬　15/142/22
而噬〔犬〕不見〔其〕〇　15/150/24
脣竭而〇寒　17.34/170/23
舌之與〇　17.55/172/10
若脣之與〇　17.151/179/4
馬〇非牛蹏　17.155/179/12
脣亡而〇寒　18/191/23
又利越之犀角、象〇、翡翠、珠璣　18/197/12
東至黑〇　19/202/19
曼頰皓〇　19/204/22

斥 chì　5

有〇山之文皮焉　4/34/15
而況〇鷃乎　7/58/28
而相為〇闉要遮者　15/144/25
發〇不忘遺　15/145/15
畜煙〇　15/152/23

叱 chì　1

不咄〇　6/52/11

赤 chì　48

殺不辜則國〇地　3/19/13
火煙〇　3/23/17
歲名曰〇奮若　3/27/17
〇奮若之歲　3/31/7
曰河水、〇水、遼水、黑水、江水、淮水　4/32/28
〇水出其東南陬　4/33/11
（〇水之東）　4/33/12
〇水宜丹　4/35/22
〇色主心　4/36/1
有玉樹在〇水之上　4/37/6
〇奮若　4/37/25
牡土之氣御于〇天　4/38/20
〇天七百歲生〇丹　4/38/20
〇丹七百歲生〇澒　4/38/20
〇澒七百歲生〇金　4/38/21
〇金千歲生〇龍　4/38/21
〇龍入藏生〇泉　4/38/21
〇泉之埃上為〇雲　4/38/21
而合于〇海　4/38/22
天子衣〇衣　5/41/3,5/41/19
乘〇騮　5/41/3,5/41/19
服〇玉　5/41/3,5/41/19
建〇旗　5/41/3
南宮御女〇色　5/41/4,5/41/20
衣〇采　5/41/4,5/41/20
（載）〔建〕〇旗　5/41/19
〇帝、祝融之所司者　5/47/18
晉國〇墬　6/49/27
今夫〇螭、青虬之游冀州也　6/51/23
染之以丹則〇　11/95/28
其服尚〇　11/98/7
今夫王喬、〇誦子　11/99/13
〇地三年而不絕流　13/131/8
（亦）〔〇〕肉縣則烏鵲集　17.191/181/29
膺摩〇霄　18/196/19
（楊）〔揚〕〇文　19/205/24
王喬、〇松去塵埃之間　20/214/15

敕 chì　2

聖人（〇）〔勃〕然而起　15/142/26
〇躋趹〔步〕　19/207/9

飭 chì　1

〇喪紀　5/45/19

遫 chì　2

欲疾以（〇）〔遫〕　15/148/20
（〇）〔遫〕為上　16.150/168/1

充 chōng　27

生之〇也　1/9/15
氣不當其所〇〔也〕而用之則泄　1/9/17
氣為之〇　1/9/22
無所不〇　1/9/26
靜而（日）〇者〔日〕以壯　1/10/8
〇其欲　2/12/5
中〇大也　3/25/7
〇滿以實　5/49/18
則胸腹〇而嗜慾省矣　7/55/20
胸腹〇而嗜慾省　7/55/21
五藏定寧〇盈而不泄　7/56/3
使神滔蕩而不失其〇　7/58/4
猶〇形者之非形也　7/58/8
德交歸焉而莫之〇忍也　8/63/4
怒則血〇　8/66/2
血〇則氣激　8/66/2
怨（左）〔尤〕〇胸　8/66/16
此皆有〇於內　9/78/20
唅菽飲水以〇腸　11/104/7
食〇虛　13/130/6
名利〇天下　14/142/5
將〇勇而輕敵　15/148/1
此善為〇榦者也　15/152/21
近之則鍾音〇　16.29/157/1
氣〇志驕　18/186/25
家〇盈殷富　18/201/13
〇腸腹　20/216/6

沖 chōng　5

〇而徐盈　1/1/4,1/6/26
〇氣以為和　7/55/8

道〇 12/107/13
謂之太〇 14/142/17

舂 chōng 3

是謂高〇 3/24/18
量粟而（舂）〔〇〕 14/140/17
（舂）〔〇〕至旦 16.76/161/4

衝 chōng 13

城成則〇生 1/3/5
攙搶（衡）〔〇〕杓之氣莫不彌靡 2/11/18
擊鉤陳之〇辰 3/27/29
其對為〇 3/28/15
大〇車 6/53/21
〇絕道路 13/120/11
隆〇以攻 13/122/7
脩政廟堂之上而折〇千里之外 15/145/2
勁弩強〇也 15/146/9
故攻不待〇隆雲梯而城拔 15/148/9
〔故國有賢臣、折〇千里〕 16.39/157/27
（故國有賢君、折〇萬里） 16.59/159/26
攻不待〇降而拔 20/216/28

惷 chōng 4

（其人）〇愚（禽獸）而壽 4/36/8
（惷）〔〇〕乎若新生之犢 12/107/1
愚（夬）〔夫〕（惷）〔〇〕婦皆能論之 13/124/23
无愚夫（惷）〔〇〕婦 13/129/18

崇 chōng 16

〇臺榭之隆 8/65/6
鬼神弗敢（〇）〔祟〕 9/80/14
〇侯、惡來 10/87/23
〇死以害生 11/97/25
〇侯虎曰 12/114/11
不〇朝而〔徧〕雨天下者 13/131/8
忠臣者務〇君之德 18/193/10
此務〇君之德者也 18/193/17
夫為君〇德者霸 18/193/20
放讙兜於〇山 19/202/20
致其高〇 20/211/12
非〇善廢醜 20/217/4
夫觀六藝之廣〇 20/220/14
〇於太山 20/220/15
致高〇 21/226/15
〇天子之位 21/228/11

蟲 chóng 61

昆〇蟄藏 1/3/18
以像鱗〇 1/3/24
夏〇不可與語寒 1/4/8
蚑蟯貞〇 1/9/20
枉法令則多〇螟 3/19/13
蟄〇北鄉 3/22/25
蟄〇早出 3/23/26
鳥〇多傷 3/23/26
介〇不為 3/24/2
蟄〇冬出其鄉 3/24/4
百〇蟄伏 3/24/7
遠水則水〇蟄 3/24/12
蟄〇首穴而處 3/27/1
禾〇 3/31/3,3/31/5
凡人民禽獸萬物貞〇 4/35/5
風主〇 4/35/13
〇故八（月）〔日〕而化 4/35/13
蟄〇之所伏也 4/36/7
其〇鱗 5/39/3,5/39/18,5/40/9
蟄〇始振穌 5/39/4
蟄〇咸動穌 5/39/25
〇螟為害 5/40/5
其〇羽 5/41/1,5/41/17
其〇蠃 5/42/7
其〇毛 5/42/23,5/43/17
介〇敗穀 5/43/12
蟄（虫）〔〇〕陪戶 5/44/3
蟄（虫）〔〇〕不藏 5/44/8
其（虫）〔〇〕毛 5/44/13
蟄〇咸俛〔在穴〕 5/45/1
其〇介 5/45/9,5/46/2,5/46/20
蟄〇復出 5/45/26
則〇螟為敗 5/46/16
介〇為祆 5/47/6
十一月蟄〇冬出其鄉 5/48/17
狡〇死 6/52/27
禽獸（蝮）〔〇〕蛇無不匿其爪牙 6/53/4
煩氣為〇 7/54/27
華〇疏鏤 8/65/9
禽獸昆〇與之陶化 9/69/14
昆〇未蟄 9/79/14
猶黃鵠與蠰〇也 12/116/17
夫蟄〇鵲巢 13/132/4
凡有血氣之〇 15/142/22
園有螫〇 16.39/157/27
水居之〇不疾易水 16.99/163/8
介〇之動以固 16.146/167/20
貞〇之動以毒螫 16.146/167/20
雖蠪〇而不自陷 17.179/181/4
有一〇舉足將搏其輪 18/199/28
此何〇也 18/200/1
其為〇也 18/200/1
馬、蠪〇也 19/204/18
蚑行蟯動之〇 19/206/1

尰 chǒng 1

岸下氣多（腫）〔〇〕 4/34/21

寵 chǒng 2

視至尊窮〇猶行客也 7/57/20
少德而多〇 18/186/15

抽 chōu 4

則必有穿窬拊（揵）〔楗〕、（〇箕）〔扣墓〕踰備之姦 11/94/2
〇簪招燐 17.160/179/24
然非得工女煮以熱湯而〇其統紀 20/212/21
雖未能〇引玄妙之中（才）〔哉〕 21/223/21

酬 chóu 1

〇酢之禮 9/78/19

〇東方 3/20/16
入百二十日而夕〇西方 3/20/16
入三十五日而復〇東方 3/20/17
〇以辰戌 3/20/17,3/20/21
〔未〕當〇而（不）〇 3/20/17
當〇而不〇 3/20/18
〇二旬而入 3/20/21
一時不〇 3/20/22
四時不〇 3/20/22
條風至則〇輕繫 3/20/27
清明風至則〇幣帛 3/20/28
石精〇 3/22/2
〇貨財 3/23/21
蟄蟲早〇 3/23/26
蟄蟲冬〇其鄉 3/24/4
豐隆乃〇 3/24/7
青女乃〇 3/24/8
日〇于（暘）〔湯〕谷 3/24/14
蔟而未〇也 3/25/5
以（十一）〔正〕月與之晨〇東方 3/27/5
以（十）二月與之晨〇東方 3/27/6
以（正）〔三〕月與之晨〇東方 3/27/7
以（二）〔四〕月與之晨〇東方 3/27/8
以（三）〔五〕月與之晨〇東方 3/27/10
以（四）〔六〕月與之晨〇東方 3/27/11
以（五）〔七〕月與之晨〇東方 3/27/12
以（六）〔八〕月與之晨〇東方 3/27/13
以（七）〔九〕月與之晨〇東方 3/27/14
以（八）〔十〕月與之晨〇東方、奎、婁為對 3/27/15
以（九）〔十一〕月與之晨〇東方 3/27/16
以十〔二〕月與之晨〇東方 3/27/18
大水〇 3/31/6
蠶不〇 3/31/7
以參望日始〇北廉 3/31/10
日〇東南維 3/31/12
日〇東中 3/31/12
〇東北維 3/31/13
從岠北表參望日始〇及旦 3/31/15
假使視日〇 3/31/17
日夏至始〇與北表參 3/31/22
以〇入前表之數益損之 3/31/24
表〇一寸 3/31/24
〔〇崑崙之原〕 4/33/9
河水〇崑崙東北陬 4/33/11
赤水〇其東南陬 4/33/11
〔弱水〇其西南陬〕 4/33/12
（弱水〇自窮石） 4/33/12
洋水〇其西北陬 4/33/13
凡八紘之氣是〇寒暑 4/34/3
魚鹽〇焉 4/34/15
日月之所〇 4/35/26
川谷〇焉 4/36/4
江〇岷山 4/37/16,16.83/161/24
河〇積石 4/37/16
（睢）〔雎〕〇荊山 4/37/17
淮〇桐柏山 4/37/17
睢〇羽山 4/37/17
清漳〇楬戾 4/37/17
濁漳〇發包 4/37/17
濟〇王屋 4/37/17,16.83/161/24
時、泗、沂〇臺、台、術 4/37/18
洛〇獵山 4/37/18
汶〇弗其 4/37/18
漢〇嶓冢 4/37/18,16.83/161/24
涇〇薄落之山 4/37/19
渭〇鳥鼠同穴 4/37/19
伊〇上魏 4/37/19
雒〇熊耳 4/37/19
浚〇華竅 4/37/19
維〇覆舟 4/37/19
汾〇燕京 4/37/19
衽〇濆熊 4/37/20
淄〇目飴 4/37/20
丹水〇高（褚）〔都〕 4/37/20
（股）〔般〕〇嶕山 4/37/20
〔薄〕〇鮮于 4/37/21
涼〇茅盧、石梁 4/37/21
汝〇猛山 4/37/21
淇〇大號 4/37/21
晉〇（龍山）結（給）〔紿〕 4/37/21
合〇封羊 4/37/22
遼〇砥石 4/37/22
釜〇景 4/37/22
（歧）〔岐〕〇石橋 4/37/22
呼池〇魯平 4/37/22
泥塗淵〇樠山 4/37/22
維濕北流〇於燕 4/37/23
以〇春令 5/39/7
句者畢〇 5/40/15
〇幣帛 5/40/16
毋〇九門 5/40/18
丘（蝈）〔螾〕〇 5/41/2
以〇夏令 5/41/5
行爵〇祿 5/41/8
以〇秋令 5/43/3
〇大使 5/43/9
无有宣〇 5/44/18
以〇冬令 5/45/13
蟄蟲復〇 5/45/26
荔挺〇 5/46/12
〇土牛 5/46/24
令民〇五種 5/46/24
東至日〇之次、（扶）（榑）〔榑〕木之地 5/47/13
宣〇財 5/47/16
〇大祿 5/47/20
江漢之所〇 5/47/22
仲春始〇 5/48/14
季春大〇 5/48/14
十一月蟄蟲冬〇其鄉 5/48/17
海水大〇 6/49/28
若乃未始〇其宗者 6/50/4
若未始〇其宗 6/51/20
步不〇頃畝之區 6/51/24
鑿竇而（〇）〔止〕水 6/54/16
其〇彌遠者 7/56/5
〇入無間 7/58/1
漠若未始〇其宗 7/59/21
〇見富貴之樂而欲之 7/60/17
〇外而調于義 8/61/7
流黃〇 8/61/12
句爪、居牙、戴角、〇距之獸於是鷙矣 8/61/23
莫知其所由〇 8/63/6
十日並〇 8/63/10
〇入有（時）〔量〕 8/64/9
大國〇攻 8/66/22

莫○於己 9/67/7
智不○於四域 9/67/17
○言以〔嗣〕〔副〕情 9/69/13
而不能與山居者入榛薄
、〔○〕險阻也 9/70/2
是故不○戶而知天下 9/71/12
主上○令 9/73/5
○入不時 9/73/28
以（其言）〔言其〕莫
從己○也 9/75/21
故中欲不○謂之（扃）
〔扃〕 9/77/11
言不苟○ 9/80/21
○忠於君 9/81/24
使陳忠孝行而知所○者
鮮矣 9/81/24
其○之（也誠）〔誠也〕
10/83/26
誠○於己 10/84/15
非○死以要名也 10/85/2
自中○者也 10/85/3
其憂尋○乎中也 10/86/19
○而視之 10/87/6
召公以桑蠶耕種之時弛
獄○拘 10/90/21
○林者不得直道 10/91/2
17.70/173/10
故水○於山 10/91/15
涕之○於目 11/96/20
既○其根 11/98/20
一衣不可以○歲 11/99/7
晉平公○言而不當 11/100/24
賓○ 11/100/26
○高庫之兵以賦民 12/106/17
惠孟○ 12/108/1
書者、言之所○也 12/110/18
言○於知（者） 12/110/18
晉公子重耳○亡 12/110/27
○後者 12/114/27
○見而禮之 12/115/2
偷則夜〔○〕解齊將軍
之幬帳而獻之 12/115/6
卒有○薪者 12/115/6
不○戶以知天下 12/117/14
其○彌遠 12/117/15
○舍 12/118/19
○ 12/119/2
晏子○ 12/119/3
周人祭於日○以朝 13/120/22
言若不○口 13/121/15
鬼魅不世○ 13/122/25
○百死而給一生 13/124/6
使管仲○死捐軀 13/127/6
○于屠酤之肆 13/128/3
秦穆公○遊而車敗 13/129/1
皆○死為穆公戰於車下 13/129/5
令有重罪者○犀甲一戟 13/129/6
訟而不勝者○一束箭 13/129/7
山○（嘄）〔梟〕陽 13/130/16
若循虛而○入 13/130/28
觸（右）〔石〕而○ 13/131/7
有如○ 13/131/20
知為○藏財 13/131/22
而不知藏財所以○也 13/131/22
同○於一 14/132/10
○者有授而無予 14/134/26
民贍利而不知利之所由
○ 14/136/23
（冰）〔水〕○於山而
入於海 14/141/16
○其囹圄 15/143/19
而霸王之功不世○者 15/143/24
地（○）〔生〕長而無
計量 15/144/4
建鼓不○庫 15/144/10
彗星○而授殷人其柄 15/146/14
神○而鬼行 15/147/5
○於不意 15/147/8, 15/148/6
15/152/11, 17.163/180/1
與條○ 15/147/9
若從地○ 15/147/10
獨○獨入 15/147/10
兵○而不徒歸 15/148/11
為之○奇 15/148/17
使彼知吾所○而不知吾
所入 15/150/22
○奇行陳之間 15/152/14
而○入无形 15/152/15
○入解瀆 15/152/17
○珍怪 15/152/20
此善用輕○奇者也 15/152/22
舍○處 15/152/23
鑿凶門而○ 15/153/20
而淫魚○聽 16.4/154/15
而不能自○漁者之籠 16.9/155/4
日○星不見 16.12/155/12
○於山淵之精 16.19/156/1
其○致釋駕而僵 16.68/160/17
河○昆侖 16.83/161/24
潁○少室 16.83/161/24
故有形○於無形 16.85/161/30
孔氏不喪○母 16.100/163/12
河伯豈羞其所從○ 16.104/163/24
明月之珠○於蛖蜄 16.110/164/11
大蔡神龜○於溝壑 16.110/164/11
不能外○戶 16.134/166/19
裨諶○郭而知 16.142/167/9
以一（○）〔世〕之度
制治天下 17.1/168/9
怒○於不怒 17.13/169/8
為○於不為 17.13/169/8
日○湯谷 17.21/169/28
海內其所○ 17.72/173/14
日月不並○ 17.99/175/11
弗掘（無泉）〔不○〕
17.112/176/7
為其不○戶而（理）
〔堁〕之 17.130/177/19
故一夫○死 17.210/183/9
夫言○於口者不可止於
人 18/185/30
明年○遊匠驪氏 18/186/26
我將○子 18/187/12
門者○之 18/187/13
顧反取其○之者 18/187/13
○之者怨之曰 18/187/14
問所○之門 18/187/15
括子○ 18/190/24
不聞○其君以為封疆者 18/191/1
言○〔二〕君之口 18/191/26
操兵弩而○ 18/192/13
陳駢子與其屬○亡 18/194/13
○則乘牢車、駕良馬 18/194/15
徐行而○門 18/194/23
今日為父報讎以○死 18/194/24
徐（徐）〔行〕而○門 18/194/27
魯昭公○奔齊 18/195/23
魯昭（公）○走 18/195/27
魚何遽無由○ 18/196/10
江水之始○於岷山也 18/196/21
田子方〔○〕 18/199/25

〔故〕○而羈之〔也〕 18/199/27
齊莊公○獵 18/199/28
王報○（今）〔令〕於
百官曰 18/200/25
大斗斛以○ 18/201/21
子發盤罪威王而○奔 18/201/26
段干木闔門不○ 19/204/6
○言成章 19/205/11
千歲而一○ 19/205/14
亂脩曲○ 19/205/23
獨守專室而不○門〔戶〕
19/206/7
後（○）〔世〕无名 19/207/28
邯鄲師有○新曲者 19/208/16
奇牙○ 19/209/16
醴泉○ 20/210/19
呼而○故 20/214/15
夫欲治之主不世○ 20/216/9
以〔不〕萬一求不世○ 20/216/9
與同○一道 20/216/15
皆入孝○悌 20/217/7
○言可道者 20/217/19
故雖○邪辟之道 20/218/1
猶○林之中不得直道 20/218/2
又況○室坐堂 20/220/7
夫以一（○）〔世〕之
壽 20/220/19
夫水○於山而入於海 20/222/5
韓國之新法重○ 21/228/21

初 chū 14

而歸於萬物之○ 2/14/1
欲以反性於○ 2/15/22
律之○生也 3/25/24
神明定於天下而心反其○ 8/62/13
心反其○而民性善 8/62/13
始○甚勞 9/81/15
伯余之○作衣也 13/120/9
稽古太○ 14/132/15
神農之○作琴也 20/213/12
夔之○作樂也 20/213/14
蒼頡之○作書 20/213/15
湯之○作囿也 20/213/17
（○）〔袀〕絻而親迎 20/223/3
通維○之道 21/225/4

除 chú 47

○其嗜欲 1/6/30
是故春夏則群獸○ 3/19/5
以三○之 3/26/24,3/26/24
卯為○ 3/27/2
歲名曰執○ 3/27/7
○舉廣 3/31/17
○立表袤 3/31/17
半寸而○一里 3/31/19
○則從此西里數也 3/31/19
修○祠位 5/39/9
達路○道 5/40/17
通路○道 5/45/1
糞○苛慝 5/49/19
○轡銜 6/52/9
天地○其德 6/53/12
○戰道 6/53/21
○（削刻）〔刻削〕之法 6/54/8
○穢去累 7/59/20
興利○害 8/63/8,19/205/12
蝦蟆鳴、燕降而達路○道 9/79/18
道術難以○患 12/106/8
己雖無○其患 12/106/10
風波畢○ 12/118/6
羿○天下之害 13/131/12
患解憂○ 14/140/24
而○萬民之害也 15/142/21
夷險○穢 15/142/26
曷為弗○ 15/143/8
攻者非以禁暴○害也 15/143/23
去殘○賊也 15/144/23
為天下○害 15/144/27
夫論○謹 15/145/13
○小害而致大賊 17.26/170/7
公乃令罷役○版而去之 18/201/5
為民興利○害而不懈 19/202/25
欲事起天下〔之〕利而
○萬民之害〔也〕 19/203/8
其○禍也 20/210/5
不見其所以而禍○ 20/210/5
以○飢寒之患 20/213/1
以治人倫而○暴亂之禍 20/213/2
以為天下去殘○賊 20/214/18
此皆欲平險○穢 20/218/7
其罪不○ 20/218/26
則百殘○而中和作矣 20/223/13
以為天下去殘（余）
〔○〕賊而成王道 21/227/22

芻 chū 19

（令）〔合〕百縣之秩○ 5/42/11
案○豢 5/43/23
以供皇天上帝社稷之
（○）享 5/47/2
供寢廟之○豢 5/47/3
甘之於○豢 6/53/26
而虎狼熊羆猒○豢 9/74/8
雖在褐夫○蕘 9/75/9
譬若○狗土龍之始成 11/98/25
○豢黍粱、荊吳芬馨以
嚂其口 11/104/2
入○稾 13/124/3
魏文侯（見之）〔之見〕
反披裘而負○也 16.20/156/6
若用朱絲約○狗 16.87/162/4
○狗待之而求福 16.87/162/4
疾疫之○靈 17.1/168/11
○狗能立而不能行 17.46/171/17
投○其傍 17.95/175/3
而（豢）〔養〕以○豢
黍粱五味之膳 18/194/14
食○豢 18/194/18
雖養之以○豢、衣之以
綺繡 20/220/5

蜍 chū 1

而月中有蟾○ 7/55/15

趎 chū 1

足蹪○埳、頭抵植木而
不自知也 1/9/23

鉏 chū 1

采善○醜 9/80/24

犓 chū 1

菰飯○牛弗能甘也 14/140/23

蒢 chú 1

蘧○戚施 19/204/23

鋤 chú 1

後世為之耒耜耰○ 13/120/11

篨 chú 1

若簟籧○ 8/65/11

雛 chú 3

羽者為○鷇 13/130/14
卵之化為○ 20/212/22
則不能〔成〕為○ 20/212/22

躇 chú 1

是故躊○以終 2/14/18

杵 chǔ 1

今世之祭井竈、門戶、箕帚、(臼)〔臼〕○者 13/131/6

處 chǔ 164

是以○上而民弗重〔也〕 1/2/17
虎豹山○ 1/3/16
木○榛巢 1/3/19
陸○宜牛馬 1/3/20
各因所○以御寒暑 1/3/21
以漠○神 1/4/3
土○下 1/4/15
而田者爭○墝埆 1/4/18
而漁者爭○湍瀨 1/4/19
塊然獨○ 1/6/17
○小而不逼 1/7/10
○大而不窕 1/7/10,15/144/16
豈必○京臺、章華 1/7/20
聖人○之 1/8/27,1/9/2
○窮僻之鄉 1/8/28
○其所安也 1/9/7
○高而不機 1/9/9
是故聖人使(人)各○其位 1/9/16
故夫形者非其所安也而○之則廢 1/9/16
古之人有○混冥之中 2/11/18
困有以○危 2/12/1
立太平者○大堂 2/12/2
○玄冥而不闇 2/12/15
是故身○江海之上 2/12/17
○小隘而不(寒)〔塞〕 2/17/3
而○士(脩)〔循〕其道 2/17/25
○便而勢利也 2/18/10
加十五日指申則○暑 3/22/23
蟄蟲首穴而○ 3/27/1
金、火立其○ 3/27/21
越而之他○ 3/28/15
所合之○為合 3/29/5
此○南也 3/31/20
此○北也 3/31/21
此○南北中也 3/31/21,3/31/21
從中○欲知中南也 3/31/21
從中○欲知南北極遠近 3/31/22
〔○必〕(慎)〔揜〕身 5/41/26
○臺榭 5/41/28
○必掩身 5/46/12
(仁)〔人〕君○位而不安 6/53/12
譬吾○於天下也 7/56/12
魂魄○其宅 7/57/8
○其一不知其二 7/57/10
○而無所 7/57/24
○大廓之宇 7/60/21
○之太半矣 8/61/16
積壤而丘○ 8/61/16
男女群居雜○而無別 8/62/10
心與神○ 8/63/1
道路鴈行列○ 8/63/9
○喪有禮矣 8/66/28
○无為之事 9/67/3
各○其宅 9/67/13
○愚稱德 9/71/4
人主深居隱○以避燥濕 9/71/9
故〔○〕百姓之上〔而〕弗重也 9/71/16
論是而○當 9/71/18
○〔得〕其當 9/71/19
是故有一形者○一位 9/72/8
而民皆○危爭死 9/72/23
是故○人以譽尊 9/72/27
是故人主○權勢之要 9/73/12
○靜以修身 9/73/26
○人主之勢 9/74/7
非其○也 9/76/22
然〔而〕民有○邊城 9/78/14
○靜持中 9/80/5
使各○其宅 9/80/17
則不○焉 9/81/22
其○之不宜 9/82/1
士○卑隱 9/82/7
言小人○非其位 10/83/20
○其宜 11/94/25
水○者漁 11/95/7
山○者(木)〔采〕 11/95/7
谷○者牧 11/95/7
陸○者農 11/95/8
方者○高 11/95/10
若與朋友○ 11/97/1
獸○成群 11/97/5
擇丘陵而○之 11/99/2
不得其養氣○神 11/99/14
以○崑崙 11/99/22
失○而賤 11/101/20
馳騖千里不能(易)〔改〕其○ 11/102/15
不能定其○ 11/102/16
○勢然也 11/102/28
詆文者○煩撓以為慧 11/103/21
○十月 12/106/24
而王○其一焉 12/109/10
與人之父○而殺其(予)〔子〕 12/109/13
皆勉○矣 12/109/14
身○江海之上 12/109/21
天之○高而聽卑 12/112/25
故(曰)聖人之○世 12/113/8
祿厚者、怨○之 12/114/1
然子○矣 12/116/15
古者民澤○復穴 13/120/7
辭官而隱○ 13/122/6
故是非有○ 13/123/22
得其○則無非 13/123/22
失其○則無是 13/123/22
文王○(歧)〔岐〕周之間也 13/124/16

二君○彊大〔之〕勢（位） 13/125/1
且湯、武之所以○小弱而能以王者 13/125/4
桀、紂之所以○彊大而〔終〕見奪者 13/125/5
燕雀○帷幄 13/126/16
○一年 13/129/4
天子○於郊亭 13/132/2
故能○之 14/134/12
泰王亶父○邠 14/134/12
故○眾枉之中 14/135/11
節寢○ 14/137/27
○尊位者 14/138/4
不違啓○ 14/139/27
○尊位者如尸 14/140/1
故群居雜○ 15/142/24
諸侯莫不慴㥄沮膽其○ 15/144/11
〔錯軍○〕 15/145/14
○軍輯 15/145/15
是故○於堂上之陰而知日月之次序 15/150/13
拙者○五死以貪 15/152/9
○次舍 15/152/22
舍出○ 15/152/23
後難復○也 16.23/156/15
一人○陸則可矣 16.46/158/18
○使然也 16.93/162/21
榛巢者○林茂〔者〕 17.79/173/31
匠人○狹廬 17.131/177/21
聖人○於陰 17.199/182/16
眾人○於陽 17.199/182/16
○之如玉石 17.204/182/27
聖人之○亂世 17.212/183/13
晉陽○父伐楚以救江 17.239/185/7
使民得陸○ 18/189/13
城（下）〔中〕緣木而○ 18/191/20
（無故有顯名者勿○也） 18/193/23
臣之○於齊也 18/194/17
故師之所○ 18/195/27
一軍○番禺之都 18/197/13
與禽獸○ 18/197/15
眾與人○則誹 18/201/1
少與人○則悲 18/201/1
僻遠幽閒之○ 19/203/4
段干木辭祿而○家 19/203/28
隱○窮巷 19/204/1
夫婦男女不違啓○ 19/207/20
大王亶父○邠 20/211/26
奸人在朝而賢者隱○ 20/213/20
○地宜也 20/214/10
民交讓爭○卑 20/216/6
○義而不比 20/217/19
各以小大之材○其位 20/217/20
民不得寧○ 20/218/5
周○酆、鎬 20/219/17
故湯○亳七十里 20/219/28
文王○（禮）〔酆〕百里 20/220/1
使民居○相司 20/223/3
內有以○神養氣 21/226/23
○（歧）〔岐〕周之間 21/227/21

楚 chǔ 86

結激○之遺風 1/8/27
翼、軫○ 3/28/13
丙○ 3/28/22
寅○ 3/28/23
○也 3/29/8
○之雲夢 4/32/22
不為秦、○變節 9/69/25
○莊王傷文無畏之死於宋也 9/77/23
○文王好服解冠 9/77/24
○國效之 9/77/25
故○莊謂共雍曰 10/90/5
○莊王裾衣博袍 11/97/11
豈無鄭、衛激○之音哉 12/106/4
齊、○、吳、越皆嘗勝矣 12/107/11
○莊王問詹何曰 12/109/27
○王曰 12/109/28
12/109/30,18/198/22
吳起為○令尹 12/112/1
將衰○國之爵而平其制祿 12/112/2
今子將衰○國之爵而平其制祿 12/112/4
晉伐○ 12/112/13
晉不伐○ 12/112/13,12/112/14
及孤之身而晉伐○ 12/112/13
（今）〔及〕臣之身而晉伐○ 12/112/14
○將子發好求技道之士 12/115/1
○有善為偷者往見曰 12/115/1
臣、〔○市〕偷也 12/115/1
齊興兵伐○ 12/115/4
○賢良大夫皆盡其計而悉其誠 12/115/4
○軍恐取吾頭 12/115/9
客有言之○王者 12/118/17
往見○王 12/118/18
○王甚悅之 12/118/18
不識道之可以從○也 12/118/19
○莊王專任孫叔敖而霸 13/123/17
昔○恭王〔與晉厲〕戰於陰陵 13/125/17
○人有乘船而遇大風者 13/129/25
北○有任俠者 13/131/15
○王（之）佩玦而逐（菟）〔兔〕 13/131/27
○勝乎諸夏而敗乎柏莒 14/135/9
昔者○人地 15/145/24
○國之強 15/146/2
稱為大○ 15/146/8
○王亡其猨 16.50/159/1
○王有白蝯 16.89/162/11
以成○國之治 16.142/167/9
晉陽處父伐○以救江 17.239/185/7
昔者○莊王既勝晉於河、雍之間 18/186/18
〔○越〕之間有〔有〕寢〔之〕丘者 18/186/20
○國之俗 18/186/22
昔晉厲公南伐○ 18/186/23
○恭王與晉人戰於鄢陵 18/187/19
是（三）〔亡〕○國之社稷 18/187/22
其後○攻宋 18/189/25
○王大怒 18/189/26
昔晉文公將與○〔人〕戰〔於〕城濮 18/191/11
與○人戰 18/191/15
○莊王伐之 18/193/11
皆朝於○ 18/193/17

莫不先以其知規慮○度 18/186/9

川 chuān 34

經紀山○ 1/2/2
遭回○谷之閒 1/6/5
三○涸 2/18/1
名○六百 4/33/1
○為積刑 4/34/18
東方○谷之所注 4/35/26
○谷出焉 4/36/4
毋竭○澤 5/40/1
為民祈祀山○百原 5/41/21
以共皇天上帝、名山大○、四方之神、宗廟社稷 5/42/11
祀四海大○名澤 5/46/8
供山林名○之祀 5/47/3
○谷不澹 6/52/1
疏○而為利 8/61/16
江、河、三○絕而不流 8/61/22
及至分山○谿谷使有壤界 8/61/24
彈壓山○ 8/64/6
山○弗敢禍 9/80/14
利涉大○ 10/82/22
鷹翔○ 10/85/1
○谷通原 11/94/21
以濳大○ 11/99/22
古者大○名谷 13/120/11
百○異源而皆歸於海 13/121/8
○竭而谷虛 17.34/170/23
跋涉山○ 19/207/9
游○水 19/207/16
山崩○涸 20/210/21
然而郊天、望山○ 20/211/5
故百○並流 20/218/15
不注海者不為○谷 20/218/15
楚國山○不變 20/219/26
區○谷之居 21/224/14
押山○ 21/227/17

穿 chuān 12

○牛之鼻者 1/4/7
故不可以鑿地○井 3/21/19
〔有〕結胸民、羽民、讙頭國民、（裸）〔裸〕國民、三苗民、交股民、不死民、○胸民、反舌民、豕喙民、鑿齒民、三頭民、脩臂民 4/36/27
○竇窖 5/44/1
則必有○窬拊（揵）〔楗〕、（抽箕）〔拍墓〕踰備之姦 11/94/2
百姓○戶鑿牖 14/138/22
然猶不能獨（射）〔○〕也 15/150/4
待其止而能有○ 16.86/162/1
○隙穴 20/220/6
髮植○冠 20/221/27
乃以○通窘滯 21/224/24
所以竅窕○鑿百事之壅遏 21/226/1

舩 chuán 3

兩蛟挾繞其○ 12/118/3
○中〔之〕人盡活 12/118/6
而下致○ 16.51/159/4

船 chuán 6

夫七尺之橈而制○之左右者 9/78/3
楚人有乘○而遇大風者 13/129/25
荊佽非兩蛟夾繞其○而志不動 13/130/8
方○濟乎江 14/134/20
有虛○從一方來 14/134/20
是（謂）猶釋○而欲蹍水也 19/205/15

傳 chuán 29

此不○之道〔也〕 6/50/10
故舉天下而○之于舜 7/58/15
可○於人者 8/63/25
名聲○于後世 8/64/14
雖馳○騖置 9/69/1
萬世○之 9/69/26
舉天下而○之舜 9/74/6
庶人○語 9/80/9
必有不○者 10/84/8
堯、舜○大焉 10/88/5
故○曰 10/90/2
不可○於人 10/93/4
名○後世 11/96/7
以非○代之俗 11/98/8
此不○之道也 11/100/12
而度量可世○也 11/102/6
具○車 12/117/17
而聖人之所不口○也 13/130/22
而可○於後世 13/130/25
白刃不畢拔而天下（○）〔傳〕矣 15/146/15
世人○學之 15/147/1
此世○之所以為儀表者 15/150/12
（○）〔傳〕以和董則愈 17.211/183/11
見其○曰 18/197/10
蓋聞○書曰 19/203/8
書○之微者 19/209/1
而○天下焉 20/213/10
受○（藉）〔籍〕 20/219/13
可博內而世○者也 20/221/21

椽 chuán 1

采○不斲 9/74/4

篅 chuán 1

與守其○筦、有其井 7/59/20

舛 chuǎn 4

二者代謝○馳 2/11/9
而聞見○馳於外者也 13/123/11
合而後○者 13/125/28
分流○馳 16.83/161/24

喘 chuǎn 1

○息薄喉 7/59/25

創 chuāng 7

擊之無○ 1/6/4
傷弓弩矛戟矢石之○者

未○分而直 3/31/20
已○分而不直 3/31/20
故禾○生秋死 4/36/14
孟○之月 5/39/3
以出○令 5/39/7
立○之日 5/39/9
孟○行夏令 5/39/13
仲○之月 5/39/18
仲○行秋令 5/40/4
季○之月 5/40/9
以畢○氣 5/40/22
季○行冬令 5/40/24
行○令 5/41/13,5/42/1,5/43/12,5/45/5,5/46/16,5/47/6
季夏行○令 5/42/18
仲秋行○令 5/44/8
孟冬行○令 5/45/25
孟○與孟秋為合 5/48/13
仲○與仲秋為合 5/48/13
季○與季秋為合 5/48/13
孟○始贏 5/48/14
仲○始出 5/48/14
季○大出 5/48/14
三月○風不濟 5/48/18
○行夏令泄 5/48/21
夏行○令風 5/48/21
行○令榮 5/48/22
冬行○令泄 5/48/22
○為規 5/48/26
○治以規 5/49/22
和○陽夏 6/52/27
○秋縮其和 6/53/11
○秋冬夏皆獻其貢職 6/54/5
日夜無傷而與物為○ 7/58/4
是故○肅秋榮 8/62/4
○生夏長 8/64/8,9/67/18
若○氣之生 9/68/28
○伐枯槁 9/79/10
○秋二百四十二年 9/80/24
作為《○秋》 9/80/26
○女思 10/87/19
蟪蛄不知○秋 12/116/19
周室廢、禮義壞而《○秋》作 13/121/8
《詩》、《○秋》、學之美者也 13/121/9
以《詩》、《○秋》為古之道而貴之 13/121/10
又有未作《詩》、《○秋》之時 13/121/10
○秋變周 13/122/20
○分而生 13/122/29
因○而生 14/134/27
量粟而（○）〔舂〕 14/140/17
若○秋有代謝 15/144/6
且○且秋 15/149/23
滔滔如○ 15/150/18
（○）〔舂〕至旦 16.76/161/4
○貸秋賦民皆欣 16.117/165/4
○賦秋貸衆皆怨 16.117/165/4
《○秋》曰 17.145/178/22
於○浮之河而鬻之 18/192/17
民○以力耕 18/192/17
而入○秋之貢職 18/202/2
禾稼○生 19/203/12
若○雨之灌萬物也 20/210/15
（《○秋》之失也刺） 20/213/22
《○秋》之靡也 20/214/5
《○秋》之失訾 20/214/6
而《○秋》大之 20/214/12
〔而〕《○秋》大之 20/214/12

輴 chūn 2

引○者為之止（也） 16.4/154/14
泥之用○ 19/203/17

純 chún 23

則○白不粹 1/3/4
○粹樸素 1/4/5
○德獨存 1/6/18
○兮若樸 1/6/25
行○粹而不糅 2/12/15
○樸未散 2/15/8
里間九○ 4/33/6
○丈五尺 4/33/7
○方千里 4/33/22
惛若○醉 6/51/20
○溫以淪 6/51/20
至虛無○一 6/54/12
道德定於天下而民○樸 8/62/15
以○脩碕 8/65/4
禮樂飾則○樸散矣 11/93/21
其民○○ 12/118/29
則至德（約）〔○〕矣 16.7/154/26
言至○之難也 17.89/174/21
夫○鈞、魚腸（劍）之始下型 19/205/17
則○白不備 20/222/10
而語不剖判○樸 21/223/22
○粹之入至清也 21/224/22

淳 chún 7

澆○散樸 2/15/15
而○鈞之劍成 6/51/10
○均之劍（不）可愛也 11/99/13
澆天下之○ 11/103/29
齊人○于髡以從說魏王 12/118/10
○于髡之告失火者 16.25/156/21
○厖敦厚者 20/214/4

脣 chún 8

而急緩之于○吻之和 9/76/1
故民至於焦○沸肝 9/78/22
不擐○（啄）〔喙〕 15/149/4
割○而治齲 16.74/160/29
孕婦見兔而子缺○ 16.128/166/1
○竭而齒寒 17.34/170/23
若○之與齒 17.151/179/4
投而擐○吻者 18/201/7

醇 chún 1

古者民○工厖 13/122/1

錞 chún 5

猶○之與刃 1/5/13
刃犯難而○無患者 1/5/14
鼓○相望 15/145/4
○鉞牢重 15/152/21
○之與刃 17.55/172/10

鶉 chún 1

夫蝦蟆為○ 11/94/6

惷 chǔn　4

愚夫○婦皆有流連之心　8/66/11
（○）〔惷〕乎若新生之犢　12/107/1
愚（夬）〔夫〕（○）〔惷〕婦皆能論之　13/124/23
无愚夫（○）〔惷〕婦　13/129/18

踳 chǔn　2

趨行○馳　20/218/15
知能○馳　20/218/24

啜 chuò　2

為使者跪而○三杯　18/188/9
令尹子國○羹而熱　18/196/12

惙 chuò　2

其為悲不○○　1/7/23

綽 chuò　1

是猶王孫○之欲倍偏枯之藥而（欲）以生殊死之人　6/51/4

輟 chuò　7

絃歌不○　9/80/25
累積不○　17.226/184/9
築室不○　18/201/2,18/201/3
○不攻宋　19/203/28
○不攻魏　19/204/5
○足不行　19/204/27

疵 cī　7

曰大汾、澠阨、荊阮、方城、殽阪、井陘、令○、句注、居庸　4/32/20
少女建○　4/37/10
病○瘕者　7/59/26
故目中有○　13/126/27
无○其小故　13/127/9
人舉其○則怨人　14/136/11
豈若憂瘕○之（與）〔興〕、痤疽之發而豫備之哉　14/137/28

骴 cī　1

掩骼薶○　5/39/10

髊 cī　1

雖有腐○流（漸）〔澌〕　20/216/13

茨 cí　4

○之以生茅　1/8/29
是故茅○不翦　9/74/3
築牆○屋　19/202/20
○其所決而高之　20/216/12

祠 cí　3

修除○位　5/39/9
命主○　5/44/24
禱○而求福　20/211/5

詞 cí　3

平○訟　5/43/7
動有章則（○）〔訶〕　14/132/21
皆發於○　20/221/23

雌 cí　16

是故聖人守清道而抱○節　1/5/21
分為○雄　3/25/21
北斗之神有○雄　3/29/1
○右行　3/29/1
（太陰）〔○〕所居辰為厭（日）　3/29/2
雄以音知○　3/29/3
眾雄而無○　6/50/22
異○雄　6/52/17
與造化者相○雄　8/61/10
守其○　12/106/26
而文武代為○雄　13/124/11
夫○雄相接　13/130/14
若水火金木之代為○雄也　15/152/8
○鳴於下風而化成形　20/211/17
非〔得〕慈○嘔煖覆伏　20/212/22
為其○雄之不（乖）〔乘〕居也　20/214/10

慈 cí　17

父○子孝　8/66/7
父行其○　8/66/14
非○厚無以懷眾　9/74/13
○父之愛子　10/84/12
雖親父○母　10/84/14
而○母之愛諭焉者　10/84/26
父○而子孝　10/85/6
皆○其子而嚴其上　11/97/5
魯昭公有○母而愛之　13/121/1
故有○母之服　13/121/1
徐偃王被服○惠　13/126/8
然堯有不○之名　13/127/22
○石能引鐵　16.30/157/4
○母吟於（巷）〔燕〕　17.190/181/26
堯立孝○仁愛　19/202/19
非〔得〕○雌嘔煖覆伏　20/212/22
而未可謂○父也　20/214/19

磁 cí　3

○石上飛　4/34/26
若以○石之能連鐵也　6/51/5
○石之引鐵　6/51/8

薋 cí　3

○麥亭歷枯　3/22/29
○冬生（中）夏死　4/36/15
○麥夏死　19/205/7

辭 cí　68

（澤）〔○〕潤玉石　2/17/5
已而陳○通意　6/50/9
憎死而不○　7/56/17
非直○讓　7/58/15

貪者能○之 7/60/25
適情○餘 7/60/29
口能言而行人稱○ 9/67/4
而兩家之難無所關其○ 9/68/17
不○其軀者 9/73/14
有言者窮之以○ 9/75/13
臣○也 10/87/29
子產騰○ 10/88/1
則塞於○矣 10/88/2
文王○千里之地 10/90/21
察於一○ 10/91/6,20/215/13
口辯○給 11/101/23
公孫龍折辯抗○ 11/101/26
來而○不受金 12/108/18
子發○不受 12/113/11
故○而弗受 12/113/13
不問其○而遣之 12/115/5
○而行 12/118/10
其○若然 12/118/11
高○卑讓 12/119/26
伯成子高○為諸侯而耕 13/122/5
○官而隱處 13/122/6
孔子○廩丘 13/128/16
適情○〔餘〕 13/129/14
不○福 14/135/13
公孫龍粲於○而貿名 14/136/13
必以卑○ 14/136/27
卑體婉○ 14/136/28
自偵而○助 14/137/14
卑體婉○以接之 14/141/5
臣○而行 15/153/20
子罕之○其所不欲 16.20/156/4
○而不享哉 16.104/163/24
咎犯○歸 16.136/166/23
〔孫叔敖〕(而○)
〔○而〕不受 18/186/18
其子○而不受 18/186/22
子反○以心(痛)〔疾〕
18/187/21
或直於○而不(害)
〔周〕於事者 18/190/8
匠人窮於○ 18/190/11
此所謂直於○而不(可)
(用)〔周〕〔於事〕
者也 18/190/12
〔文公〕○咎犯 18/191/13
弦高○之曰 18/193/4
受之勿○也 18/193/27
○(而)〔所〕能則匿 18/193/27
○所不能而受所能 18/193/28
太宰子朱○官而歸 18/196/13
○官去之 18/196/13
(卑)〔畢〕○而不能
得也 18/198/10
段干木○相而顯 18/199/10
子貢○曰 18/200/19
故繁稱文○ 18/201/8
○甚服 18/202/3
段干木○祿而處家 19/203/28
弗敢○ 19/204/17
不如約身(早)〔卑〕
○ 19/207/15
察於○者不可燿以名 19/208/4
邪必蒙正以自為(辟)
〔○〕 20/218/11
故多為之○ 21/223/23
見其文○ 21/226/9
欲強省其○ 21/226/31
故多為之○以(杼)
〔抒〕其情 21/227/13
○雖壇卷連漫 21/227/14

此 cǐ 490

由○觀之 1/3/21
1/4/14,1/5/13,1/7/17
2/13/23,2/13/28,2/16/11
2/18/3,6/49/29,7/59/5
7/59/16,8/62/4,8/62/15
8/62/17,8/63/20,9/69/26
9/70/3,9/70/6,9/72/23
9/72/24,9/79/1,9/80/15
9/80/18,9/80/20,9/80/22
11/94/19,11/94/29,11/95/26
11/100/16,11/103/12
12/108/3,12/114/28
13/122/12,13/124/25
13/128/18,14/137/18
15/149/19,16.82/161/22
18/192/5,19/203/9
19/206/14,19/207/4
當○之時 1/4/19
2/11/19,2/15/8,2/17/25
2/18/1,6/52/3,6/53/2
6/53/4,7/59/25,7/59/27
8/61/11,8/62/7,9/67/22
9/80/13,12/115/24,13/120/4
13/124/1,13/124/4,13/124/6
13/124/7,13/124/10
13/132/3,15/146/8
15/147/13,18/189/25
18/197/17,19/202/18
20/219/24,21/228/6
○之謂天解 1/4/26
○俗世庸民之所公見也 1/5/14
能○五者 1/7/7
能存之○ 1/7/15
○其為樂也 1/8/1
○何以異於聾者之歌也 1/8/8
非謂○也 1/8/21
○齊民之所以淫泆流湎 1/8/27
○齊民之所為形植(藜)
〔黎〕(累)〔黑〕 1/9/1
○三者 1/9/17
○膏燭之類也 1/10/7
至妙何從及○哉 2/10/27
然後知今○之為大夢也 2/11/6
(執)〔孰〕能至於○哉 2/12/18
○皆生一父母而閱一和也 2/13/1
若○則有所受之矣 2/13/13
○皆〔有〕所得以至於妙 2/13/16
○不免以身役物矣 2/14/16
○聖人之游也 2/14/21,2/16/15
○皆失其神明而離其宅也 2/14/26
○皆治目之藥也 2/14/28
人無故求○物者 2/14/28
○其為山淵之勢亦遠矣 2/15/3
於○萬民睢睢盱盱然 2/15/13
○我所羞而不為也 2/15/24
○真人之(道)〔遊〕也 2/17/1
不通○者 2/17/4
當○之(間)〔時〕 2/18/2
其○之謂也 3/23/3
相應則○與日直也 3/31/16
以知從○東西之數也 3/31/17
得從○東萬八千里 3/31/18
除則從○西里數也 3/31/19
○處南也 3/31/20
○處北也 3/31/21
○處南北中也 3/31/21,3/31/21
則置從○南至日下里數 3/32/3

［其］孰能至于○乎 12/117/8
又何從至於○哉 12/117/9
○言精神之越於外 12/117/13
於○天下歌謠而樂之 12/117/20
○皆有所遠通也 12/118/1
嘗［見］有如○而得活者乎 12/118/3
○江中之腐肉朽骨 12/118/5
○［《筦子》］所謂（《筦子》）「（梟）［鳥］飛而（維）［準］繩」者 12/118/20
得見○器 12/119/14
○五者 12/119/19
反○五者 12/119/19
服○道者不欲盈 12/119/20
以○移風 12/119/28
○禮之不同者也 13/120/21
○葬之不同者也 13/120/22
○祭之不同者也 13/120/23
○樂之不同者也 13/120/24
○皆因時變而制禮樂者［也］ 13/120/25
○萬世不更者也 13/121/25
以為非○不治 13/122/22
○柔懦所生也 13/123/9
○剛猛之所致也 13/123/10
○（本无）［无本］主於中 13/123/11
○之是 13/123/24
○之非 13/123/24
○而不能達善效忠者 13/124/1
○見隅曲之一指 13/124/12
若○ 13/124/22
若○其易知也 13/124/23
○惟與宅 13/124/27
○所以三十六世而不奪也 13/125/9
○存亡之術也 13/125/13
○所謂忠愛而不可行者也 13/125/20
○權之所設也 13/125/27
○脩短之分也 13/126/5
○皆達於治亂之機 13/126/10
○四策者 13/126/24,18/202/3
當○三行者 13/127/5
豈有○霸功哉 13/127/6
○四人者 13/127/14
（○皆相似者） 13/128/12
○賞少而勸（善）（者眾）［眾者］也 13/128/27
齊以○三十二歲道路不拾遺 13/129/1
○刑省［而］姦禁者也 13/129/1
○用約而為得者也 13/129/5
○入多而无怨者也 13/129/8
○之謂［也］ 13/129/11
○執政之所司也 13/129/17
亦猶○也 13/129/26,18/200/13
○皆不著於法令 13/130/21
凡○之屬 13/131/2
○聖人所以重仁襲恩 13/131/11
○鬼神之所以立 13/131/13
論事如○ 13/131/18
為論如○ 13/131/22
有似於○ 13/131/28
17.117/176/19
推○意 14/134/13
○必全之道也 14/137/2
○所謂藏無形者 14/138/6
○兩者常在久見 14/138/11
蓋謂○也 14/138/13
○之謂大通 14/139/11
○之謂狂 14/140/12
○［之］謂狂（人） 14/140/13
○酒之敗也 14/141/6
○皆不快於耳目 14/141/20
○四君者 15/143/6
○（大）［天］論之所不取也 15/143/7
○天之所（以）誅也 15/143/15
○湯、武之所以致王 15/143/19
○用兵之上也 15/145/3
○用兵之次也 15/145/5
○用兵之下也 15/145/7
○軍之大資也 15/145/11
○戰之助也 15/145/11
○［大］尉之官［也］ 15/145/13
［○司馬之官也］ 15/145/14
○候之官也 15/145/15
○司空之官也 15/145/16
○輿之官也 15/145/16
凡○五官之於將也 15/145/16
○必勝之本也 15/145/21
○皆以形相勝者也 15/147/1
○謂氣勢 15/148/2
○謂地勢 15/148/4
○謂因勢 15/148/5
○謂知權 15/148/6
○謂事權 15/148/7
○言（之）所將 15/149/13
○世傳之所以為儀表者 15/150/12
因○而為變者也 15/152/13
○善脩行陳者也 15/152/18
○善為天道者也 15/152/19
○善為詐（祥）［佯］者也 15/152/20
○善為充榦者也 15/152/21
○善用輕出奇者也 15/152/22
○善為地形者也 15/152/23
○善因時應變者也 15/152/24
○善為設施者也 15/152/25
凡○八者 15/152/25
○用民氣之實也 15/153/7
從○上至天者 15/153/16
從○下至淵者 15/153/17
○皆微眇可以觀論者 16.20/156/6
○全其天器者 16.21/156/10
○其類 16.25/156/21
○有一概而未得主名也 16.48/158/25
萬事猶○ 16.58/159/24
先事如○ 16.64/160/7
用智如○ 16.74/160/31
○所謂同污而異塗者 16.95/162/28
○以善託其醜 16.97/163/4
○信之非者 16.100/163/12
○禮之失者 16.100/163/12
○同名而異實 16.109/164/9
○皆學其所不［欲］學 16.112/164/16
○類之推者也 16.124/165/22
○類之不推者也 16.124/165/23
○易而難 16.135/166/21
○母老矣 16.145/167/17
○行大不義而欲為小義者 16.145/167/18
○女媧所以七十化也 17.50/171/25
（比）［○］愚智之所

以異也 18/186/9
〔○〕其地确（石）（之）〔而〕名醜 18/186/20
○所謂損之而益也 18/186/23
○天下之所願也 18/187/1
○所謂益之而損者也 18/187/1
宜矣其有○難也 18/187/14
○所謂害之而反利〔之〕者也 18/187/16
而司馬又若○ 18/187/22
○所謂欲利之而反害之者也 18/187/25
○眾人之所以為養也 18/187/27
〔○〕愚者之所利也 18/188/1
自○之後 18/188/10,18/191/2
○所謂有功而見疑者也 18/188/10
○〔所〕謂有罪而益信者也 18/188/16
○公孫鞅之所以抵罪於秦 18/188/19
○所謂奪人而反為人所奪者〔也〕 18/188/27
○所謂與之而反取〔之〕者也 18/189/5
○吉祥〔也〕 18/189/21
○吉祥也 18/189/24
○獨以父子盲之故 18/189/27
○何遽不〔能〕為福乎 18/190/1
18/190/3
○何遽不能為禍乎 18/190/2
○獨以跛之故 18/190/5
○所謂直於辭而不（可）（用）〔周〕〔於事〕者也 18/190/12
先生不遠道而至○ 18/190/16
○所謂虧於耳、忤於心而得事實者也 18/190/18
○有罪而可賞者 18/192/15
○有功可罪者 18/192/19
○務崇君之德者也 18/193/17
○務為君廣地者〔也〕 18/193/20
○不知足之禍也 18/194/2
○所謂見譽而為禍者也 18/194/11
○〔所〕謂毀人而反利之者也 18/194/19
○有節行之人 18/194/25
○眾人所以為死也 18/194/27
○所謂徐而馳 18/194/28
○不知敬小之所生也 18/195/15
以○而見王者 18/197/4
○能以知知矣 18/197/5
說若○其无方也 18/198/13
不若（○）《延（路）〔露〕》（陽局）〔以和〕 18/198/14
○嚴父之所以教子 18/198/17
○知仁義而不知世變者也 18/198/23
○皆載務而（戲）〔虧〕乎其（調）〔和〕者也 18/199/18
○察於小好 18/199/21
（比）〔○〕何馬也 18/199/26
○故公家畜也 18/199/26
○何蟲也 18/200/1
○〔所〕謂螳蜋者也 18/200/1
○為人 18/200/2
○皆形於小微 18/200/10
孰〔意〕衛君之仁義而遭○難也 18/200/18
（如○）〔○而〕不報 18/201/16
○所謂類之而非者也 18/201/18
○乃所以反也 18/201/22
○所謂弗類而是者也 18/201/23
○其後 18/201/26
○所謂若然而不若然者 18/201/29
如○者 19/202/12,19/207/2
〔○其始也〕 19/202/21
○五聖者、天下之盛主 19/202/25
如○其明也 19/202/29
○用己而背自然 19/203/17
○非吾所謂為之 19/203/18
○所謂異路而同歸者也 19/204/7
○自然者 19/204/13
以○論之 19/204/15
○教訓之所（俞）〔喻〕〔也〕 19/204/24
為○不用冊錣而御 19/205/1
為○棄干將、鏌邪而以手戰 19/205/3
若○九賢者 19/205/14
○亦鳥獸之所以知求合於其所利 19/206/6
○六人者 19/206/10
○聖人之所以（詩）〔游〕心〔也〕 19/206/24
（若○）〔然〕而〔晚世之人〕不能閑居靜思 19/206/25
○所謂名可（彊）〔務〕立者 19/207/12
○功之可彊成者也 19/207/21
○自強而成功者也 19/207/27
○見是非之分不明 19/208/7
○未始知味者也 19/208/16
○未始知音者也 19/208/17
○未始知玉者也 19/208/18
○和氏之所以泣血於荊山之下 19/208/19
○之謂神明 20/210/4
○之謂大巧 20/210/25
豈○契契哉 20/210/29
惠○中國 20/211/25
○皆人之所有於性 20/212/19
○之謂參 20/213/4
○之謂五 20/213/5
○治之紀綱已 20/213/7
○四者相反而不可一无也 20/214/23
○治之（上）〔本〕也 20/216/7
○治之（未）〔末〕也 20/216/8
○太平之所以不起也 20/216/9
○所以千歲不一會也 20/216/10
風俗猶○也 20/216/14
○舉賢以立功也 20/217/26
○舉所與同 20/217/27
○皆欲平險除穢 20/218/7
○使君子小人紛然殽亂 20/218/14
○異行而歸於善者 20/218/17
○異行而歸於醜者也 20/218/19
○失天下也 20/219/17
因以○聲為樂而入宗廟 20/221/27
○亡國之樂也 20/222/8
得於○而亡於彼者 20/223/8
○三代之所〔以〕昌〔也〕 20/223/14
○主術之明也 21/225/10
○所以言兵也 21/225/31
○《鴻烈》之《泰族》也 21/226/21
以○移風易俗 21/228/1

跐 cǐ 1

必有管屩〇踦 11/94/3

次 cì 19

至于鳥〇 3/24/16
正南〇州曰沃土 4/32/14
日窮于〇 5/47/1
〇諸侯之列 5/47/2
東至日出之〇、(扶)(榑)〔榑〕木之地 5/47/13
其〇使不得為非 9/69/17
其〇賞賢而罰暴 9/69/17
則奇材佻長而(于)〔干〕〇 9/76/19
其〇曰 10/85/8
其〇勞而不病 10/90/16
〇也 10/92/10
俎豆之列〇 14/140/2
此用兵之〇也 15/145/5
是故處於堂上之陰而知日月之〇序 15/150/13
處〇舍 15/152/22
則〔二〕君為之〇矣 18/191/24
其〇養形 20/216/5
其〇正法 20/216/5
差〇仁義之分 21/225/13

刺 cì 23

以便〇舟 1/3/25
〇之不傷 1/6/4
吾安知夫〇(炙)〔灸〕而欲生者之非或也 7/56/15
操銳以〇 10/86/7
豈曰能〇人哉 12/106/24
〇之不入 12/107/18
夫〇之而不入 12/107/19
使人雖有勇弗敢〇 12/107/19
夫不敢〇、不敢擊 12/107/20
赴江〇蛟 12/118/6
脩戟无(別)〔〇〕 13/122/6
不學〇舟而便用之 14/134/11
欒之失〇 14/141/8
〇之以過行 15/143/12
御可以教〇舟 16.10/155/6
寧百〇以針 16.75/161/1
无一〇以刀 16.75/161/1
〇我行者 17.187/181/20
〇則不能(人)〔入〕 19/205/2
〇則不能入 19/205/17
(《春秋》之失也〇) 20/213/22
〇幾辯義者 20/214/5
荊軻西〇秦王 20/221/26

佽 cì 6

荊有〇非〔者〕 12/118/2
〇非謂枻舡者曰 12/118/3
於是〇非(瞋目教然)〔教然瞋目〕攘臂拔劍 12/118/4
〇非之謂乎 12/118/7
荊〇非兩蛟夾繞其船而志不動 13/130/8
荊〇非犯(河)〔江〕中之難 18/199/24

賜 cì 7

乃〔行〕賞〇 5/41/7
喜不以賞〇 9/75/2
〇失之矣 12/108/18
夫爵賞〇予 12/110/11
〔於是宋君行賞〇而與子罕刑罰〕 12/110/12
殺牛而〇之 12/114/15
為蝯〇者 16.118/165/6

蓯 cōng 2

繽紛蘢〇 2/10/17
譬若周雲之蘢〇 2/13/13

蟌 cōng 1

水蠆為〇 17.163/180/1

蔥 cōng 2

青〇苓蘢 2/10/21
見青〇則拔之 16.26/156/25

聰 cōng 32

〇明不損 1/2/10
師曠之〇 1/3/10
掩其〇明 1/6/29
耳目〇明 1/7/9
偃其〇明而抱其太素 2/12/8
棄〇明 2/14/9
〇明誘於外 2/15/14
絀〇明 6/54/10
使耳不〇 7/56/6
棄〇明而反太素 7/59/22
〇明燿於日月 8/64/13
思慮〇明喜怒也 8/64/24
耳〇而不以聽 8/64/25
在於耳則其聽〇 8/64/27
所以掩〇〔也〕 9/67/8
不如掩〇明而反修其道也 9/71/4
〇明(先)〔光〕而不弊 9/75/3
其離〇明則亦遠矣 9/75/14
〇明審察 9/81/28
君下臣而〇明 10/89/4
聽而精之莫〇於耳 10/92/6
所謂〇者 11/98/15
以聽則〇 11/98/17
黜〇明 12/115/15
是故〇明叡知 12/119/17
〇明雖用 14/142/17
聽無音之音者(聽)〔〇〕 17.18/169/21
不聾不(聽)〔〇〕 17.18/169/21
精於〇也 17.91/174/26
以致〇明 19/202/23
為一人〇明而不足以徧燭海內 19/203/3
所以使人黜耳目之〇明 21/225/5

蟌 cōng 1

水蠆為(蝳)〔〇〕(蕓) 11/94/6

鏦 cōng 1

脩鎩短〇 15/146/1

从 cōng 6

則天下聽〇 20/212/25
輳〇衡横 20/214/9
民孰不〇 20/217/11
約〇衡之事 20/218/18
或〇或横 20/218/19
〇冥冥見炤炤乎 20/220/7

從 cōng 149

(〇)〔從〕裸國 1/4/21
故〇外入者 1/8/5
〇中出者 1/8/6
形〇而利 1/10/3
神〇而害 1/10/3
至妙何〇及此哉 2/10/27
外〇其風 2/12/22
騎蜚廉而〇敦圄 2/14/22
日冬至則(水)〔火〕〇之 3/21/23
日夏至則(火)〔水〕〇之 3/21/23
月〇左行 3/23/1
月〇右行 3/23/2
以專〇事 3/28/28
月(〇)〔徙〕一辰 3/29/1
數〇甲子始 3/29/5
〇岠北表參望日始出及旦 3/31/15
以知〇此東西之數也 3/31/17
得〇此東萬八千里 3/31/18
除則〇此西里數也 3/31/19
〇中處欲知中南也 3/31/21
〇中處欲知南北極遠近 3/31/22
〇西南表參望日 3/31/22
則〇中北亦萬八千里也 3/31/23
其不〇中之數也 3/31/23
則置〇此南至日下里數 3/32/3
〇國始 5/40/18
〇境始 5/45/2
以〇天墜之固然 6/53/8
〇横間之 6/53/20
〇本引之 7/55/5
民性善而天地陰陽〇而包之 8/62/14
天下莫不〇風 8/64/16
優柔委〇 8/64/16
莫不聽〇 9/67/22
天下〇之 9/68/11
不〇其所言 9/68/25
而〇其所行 9/68/25
如〇繩準高下 9/72/22
(并)〔〇〕方外 9/74/25
以(其言)〔言其〕莫〇己出也 9/75/21
雖令不〇 9/75/30
守職者以〇君取容 9/76/23
有司枉法而〇風 9/76/29
慕義〇風而為之服役者不過數十人 9/77/22
〇之者利 9/77/28
今使烏獲、藉蕃〇後牽牛尾 9/78/2
尾絕而不〇者 9/78/3
利一人而天下〇風 9/78/9
被羅紈而〇軍旅 9/78/23
擇善而後〇事焉 9/80/21
而〇事難而必敗者 9/81/3
〇天之(道)〔威〕 10/82/20
千枝萬葉則莫得弗〇也 10/84/10
非〇外入 10/85/3
小人之〇事也 10/85/16
非以求名而名〇之 10/85/22
而天下〇風 10/88/6
各〇其蹠而亂生焉 10/88/17
欲如草之〇風 10/90/18
〇其欲 10/92/19
倍是而〇衆 10/93/1
天下可〇也 10/93/9
魯〇此弱矣 11/94/11
而聽〇者衆 11/95/9
各〇其所安 11/95/10
是故入其國者〇其俗 11/97/12
〇典墳 11/98/11
以行則〇 11/98/17
是〇牛非馬 11/99/5
所〇觀者異也 11/101/5
〇城上視牛如羊 11/101/6
今〇箕子視比干 11/103/7
〇比干視箕子 11/103/8
〇管、晏視伯夷 11/103/8
〇伯夷視管、晏 11/103/8
故惠子〇車百乘以過孟諸 11/103/10
〇者甚衆 12/109/2
〇者以請 12/109/4
民相連而〇之 12/109/15
〔不能自勝〕則〇之 12/109/23
〇之 12/109/23
不能自勝而強弗〇者 12/109/23
吾觀其〇者 12/110/28
〇事於道者 12/114/7
若與之〇 12/114/12
丘〔也〕請〇之後 12/115/16
又何〇至於此哉 12/117/9
齊人淳于髡以〇說魏王 12/118/10
(人)〔又〕以為〇未足也 12/118/10
失〇(心)〔之〕志 12/118/11
告〇者曰 12/118/19
不識道之可以〇楚也 12/118/19
禽獸可羈而〇也 13/120/5
神農无制(今)〔令〕而民〇 13/122/3
何古之〇 13/122/20
而以實〇事於宜 13/126/2
夫戶牖者、風氣之所〇往來 13/131/1
百姓攜幼扶老而〇之 14/134/13
有虛船〇一方來 14/134/20
舜脩之歷山而海內〇化 14/135/5
〇天之則 14/135/13
故聖人損欲而〇(事於)性 14/137/22
善見則(怨)〔惡〕〇之 14/138/27
必〇旁而決之 14/140/9
故神制則形〇 14/142/16
臨之〔以〕威武而不〇 15/143/2
若〇地出 15/147/10
若〇天下 15/147/10
故民誠〇(其)令 15/147/26
民不〇令 15/147/26
〇此上至天者 15/153/16
〇此下至淵者 15/153/17
國不可〇外治也 15/153/17
軍不可〇中御也 15/153/17
在所〇闚之 16.10/155/6
聖人〇外知內 16.47/158/21
千里相〇 16.61/160/1
河伯豈羞其所〇出 16.104/163/24

榱 cuī 2

橑（擔）〔檐〕○題 8/61/20
脩者以為櫚○ 9/74/17

縗 cuī 1

五○之服 11/97/17

脆 cuì 2

柔而不○ 8/64/16
肥醲甘○ 9/78/13

脃 cuì 1

弱土人（肥）〔○〕 4/34/29

淬 cuì 1

身○霜露 19/207/9

悴 cuì 3

不為愁○怨（懟）〔慰〕而（不）失其所以自樂也 1/9/2
有榮華者必有憔○ 17.209/183/7
神農憔○ 19/203/8

毳 cuì 2

柔○安靜 1/4/28
越人見○ 11/94/7

粹 cuì 12

則純白不○ 1/3/4
純○樸素 1/4/5
○之至也 1/7/7
行純○而不糅 2/12/15
視肥臞全○ 5/43/24
故○者王 10/92/11
犧牛○毛 11/94/29
不若狐裘而○ 16.119/165/9
天下無○白狐 16.125/165/26
而有○白之裘 16.125/165/26
不若狐裘之○ 17.89/174/21
純○之入至清也 21/224/22

翠 cuì 4

建○蓋 1/8/26
於是乃有翡○犀象、黼黻文章以亂其目 11/104/1
又利越之犀角、象齒、翡○、珠璣 18/197/12
翡○（玳）〔瑇〕瑁 20/210/24

顇 cuì 1

〔而〕百姓黎民顦○於天下 9/74/9

存 cún 77

純德獨○ 1/6/18
若亡而○ 1/6/26
能○之此 1/7/15
○危國 2/14/8,9/74/25
〔○〕鰥寡 3/23/21
歲或○或亡 3/24/3
○孤獨 5/39/22
○鰥寡 5/41/23
○視長老 5/42/12
○孤寡 5/45/16
我尚何○ 7/54/28
○而若亡 7/58/1
○萬方 9/70/3,9/75/14
國雖若○ 9/73/7
（其○）〔所任〕甚大 9/77/20
觀○亡之迹 9/80/21
小有教而大有○也 9/81/9
國有以○ 9/82/5
國之所以○者 9/82/5,13/124/15
故治國樂其所以○ 10/88/26
通乎○亡之論者也 10/89/10
○國若有餘 11/95/15
猶有不忘者○ 11/96/4
外其身而身○ 12/113/25
夫○危治亂 13/122/26
○亡繼絶 13/124/5
故聖人之見○亡之迹 13/124/21
○亡之迹 13/124/23
（有）〔○〕在得道而不在於大也 13/124/26
是釋其所以○ 13/124/28
此○亡之術也 13/125/13
以○鄭國 13/125/17
不能○亡接絶者何 13/127/15
其美有○焉者矣 13/128/1
（在）〔○〕之亡也 13/132/1
古之○己者 14/142/5
將以○亡繼絶 15/142/21
非以亡○也 15/143/11
將以○亡也 15/143/11
國得道而○ 15/144/1
為○政者 15/145/24
雖小必○ 15/145/24
而○亡之機固以形矣 15/147/28
反而自○ 16.1/154/8
弦高誕而○鄭 16.43/158/10, 20/221/22
而不知所以○身 16.52/159/7
萇弘知周之所〔以〕○ 16.52/159/7
所急者○也 17.88/174/18
曉（自然）〔然自〕以為智（知）○亡之樞機、禍福之門戶 18/186/10
唯孫叔敖獨○ 18/186/23
則薛能自○乎 18/190/18
聞殺身破家以○其國者 18/190/26
而平陸之地○ 18/191/2
圖國而國○ 18/191/3
然而雍季先賞而咎犯後○者 18/191/9
亡不能○ 18/191/22
晉陽之○、張孟談之功也 18/192/3
雖有戰勝○亡之功 18/192/5
鄭伯乃以○國之功賞弦高 18/193/3
不能○也 18/196/5
其○危定傾若一 19/203/20
以○楚、宋 19/204/6
而皆可以○國 19/204/7
以○楚國 19/207/21
非法度不○也 20/216/20
六律具○ 20/216/23
故國之所以○者 20/216/24

宮之奇○焉 20/216/25
〔故〕臧武仲以其智○魯 20/216/28
盲者、目形○而无能見也 20/220/11
澄心清意以○之 20/221/4
敷陳○亡之機 21/226/6
欲以○亡繼絕 21/228/10

踆 cūn 1

日中有（蹲）〔○〕烏 7/55/15

寸 cùn 37

而重○之陰 1/5/20
脩徑尺五○ 3/22/3
故黃鍾之律九○而宮音調 3/25/19
黃鍾之律脩九○ 3/26/13
故幅廣二尺七○ 3/26/14
（十二粟而當一○） 3/26/18
故〔十分而為○〕 3/26/18
十○而為尺 3/26/19
入前表中一○ 3/31/17
是○得一里也 3/31/17
一里積萬八千○ 3/31/18
入前表半○ 3/31/18
則半○得一里 3/31/18
半○而除一里 3/31/19
積○得三萬六千里 3/31/19
表入一○ 3/31/24
○減日近一里 3/31/24
表出一○ 3/31/24
○益遠一里 3/31/24
南表尺九○ 3/32/1
是南千里陰短○ 3/32/2
其高萬一千里百一十四步二尺六○ 4/33/4
夫○生於（穛）〔標〕 9/75/23
則○之分可得而察也 9/76/8
五○之鍵 9/77/21
無三○之鎋 10/84/18
視高下不差尺○ 11/102/5
所推移上下者无○尺之度 13/120/25
詘○而伸尺 13/126/24
膚○而合 13/131/8
視方○於牛 16.127/165/31
三○之管而無當 17.86/174/14
尺○雖齊 17.213/183/15
而羅季無尺○之功 18/191/9
以其要在三○之轄 18/200/14
蝡蝡然日加數○ 19/209/25
○而度之 20/215/5

撮 cuō 1

鴟夜○蚤（蚊） 9/70/14

痤 cuó 3

割○疽非不痛也 14/137/24
豈若憂瘕疵之（與）〔興〕、○疽之發而豫備之哉 14/137/28
潰小皰而發○疽 17.78/173/28

剉 cuò 2

必○也 14/135/7
頓兵○銳 19/203/23

挫 cuò 4

到生○傷 1/3/18
銳而不○ 5/49/4
○其銳 12/112/10
兵○地削 15/146/3

措 cuò 7

猨狖之（棲）〔捷〕來○ 10/90/31
蝯狖之捷來○ 14/132/27
虎無所○其爪 14/138/13
兕無所○其角 14/138/13
舉○動靜 15/150/27
審舉○之利害 15/152/1
物莫○其所脩而用其所短也 16.146/167/20

錯 cuò 29

○繆相紛而不可靡散 1/6/4
蟠委○紾 1/6/7
是故舉○不能當 1/10/1
陰陽○合 2/10/16
以求鑿（柄）〔枘〕於世而○擇名利 2/15/18
其舉○未必同也 2/16/17
陰陽相○ 3/29/17
○陰陽之和 7/60/8
公輸、王爾無所○其剞劂削鋸 8/61/21
以相摧○ 8/65/3
焜昱○眩 8/65/10
刑○而不用 9/67/21,20/217/13
○〔百姓〕之前而弗害也 9/71/16
故舉○不可不審 9/78/10
故仁智〔有時〕○ 9/81/10
○者為權 9/81/11
故唐、虞之舉○也 10/86/24
若夫工匠之為連鐖、運開、陰閉、眩○ 11/100/7
青黃相○ 11/104/6
〔○軍處〕 15/145/14
○車衛旁 15/146/1
審○規慮 15/148/5
舉○得（失）〔時〕 15/148/8
舉○疾 15/150/12
（鼎○）〔錯鼎〕日用而不足貴 16.137/166/26
其舉○不或 18/185/21
○之後而不軒 18/185/26
庶後世使知舉○取捨之宜適 21/226/23

怛 dá 6

非直蜂蠆之螫毒而蚊虻之慘○也 2/17/14
其慘○於民也 9/78/15
君子之慘○ 10/85/3
仁心之感恩接而憯○生 10/85/18
（矜○）〔矜怛〕生於不足 10/87/16
林叢險（○）〔阻〕 15/152/13

荅 dá 2

○曰 12/113/23,15/153/17

達 dá 67

故○於道者 1/2/16
是故○於道者 1/4/3
後動者、○之原也 1/5/7
蹠○而不悖 1/7/9
○而不榮 1/9/9
○於利害之變 2/12/12
四○無境 2/13/24
○人之學也 2/15/22
而條○有無之際〔也〕 2/16/1
必○乎性命之情 2/16/17
聖人有所于○ 2/16/20
○則嗜慾之心外矣 2/16/20
誠○于性命之情 2/16/24
通洞條○ 2/16/27
故許由、方回、善卷、
　披衣得○其道 2/17/27
中央四○ 4/36/11
萌者盡○ 5/40/15
○路除道 5/40/17
○障塞 5/47/15
則耳目清、聽視○矣 7/55/21
耳目清、聽視○ 7/55/21
使耳目精明玄○而無誘慕 7/56/3
通○耦于一 7/57/14
○至道者則不然 7/60/9
心條○而不以思慮 8/64/26
（違）〔○〕其怒恚 9/68/5
則其窮不（○）〔遠〕矣 9/70/4
耳目○而不闇 9/75/3
然而群臣（志○）〔○
　志〕效忠者 9/75/8
道勝而理○矣 9/75/20
雖○視猶不能見其睛 9/76/8
○事者之於察也 9/76/26
蝦蟆鳴、燕降而○路除道 9/79/18
旁流四○ 9/80/2
欲上○ 9/82/8
上○有道 9/82/8
而不能上○矣 9/82/8
拂之於四○之衢 11/97/3
所謂○者 11/98/16
○視千里 11/101/23
窮○在時 11/102/17
明白四○ 12/107/4
困窮無以自○ 12/109/1
○其好憎 13/121/21
不可與（○辱）〔遠舉〕 13/122/15
此而不能○善效忠者 13/124/1
此皆○於治亂之機 13/126/10
故○道之人 13/130/2
知者之所獨明○也 13/130/17
雖鑽之不（通）〔○〕 14/139/23
何之而不（用）○ 15/147/8
虛舉之下大○ 15/150/6
唯聖人○其至 15/150/16
深則○五藏 16.49/158/27
欲為曲者必○直 16.97/163/3
則不○ 17.114/176/11
則天下无不○之塗矣 18/186/11
且也為文而不能○其德 18/198/21
貴其所欲○ 19/206/12
鈍（聞）〔閔〕條○ 19/207/10
○略天地 19/207/12
蹠○膝 19/207/17
清明條○者 20/214/4
〔道〕小（見）〔則〕
　不○ 20/215/10
〔○〕必簡 20/215/10
○乎无上 20/220/14

靻 dá 2

（乃）為（靻）〔○〕
　蹻而超千里 13/120/13
（靻）〔○〕蹻羸蓋 13/126/7

大 dà 622

而○與宇宙之總 1/1/14
禽獸碩○ 1/1/15
昔者馮夷、○丙之御也 1/1/26
是故○丈夫恬然無思 1/2/3
以馳○區 1/2/4
小○脩短 1/2/17
夫釋○道而任小數 1/3/1
夫井魚不可與語○ 1/4/7
莽乎○哉 1/4/21
託小以包○ 1/5/2
先之則○過 1/5/19
攻○礦堅 1/5/22
然而○不可極 1/5/24
○包群生而無（好憎）
　〔私好〕 1/6/2
而滔騰○荒之野 1/6/5
物之○祖也 1/6/10
聲之○宗也 1/6/11
○渾而為一 1/6/18
人○怒破陰 1/7/5,7/59/20
○喜墜陽 1/7/5,7/59/20
無所○過而無所不逮 1/7/9
處○而不窕 1/7/10,15/144/16
○道坦坦 1/7/14
知○己而小天下 1/7/17
故在於小則忘於○ 1/9/25
氣遂而○通（宜宜）
　〔冥冥〕者也 2/10/18
○通混冥 2/10/24,6/54/10
深閎廣○ 2/10/24
夫○塊載我以形 2/10/29
〔藏小○有宜〕 2/11/2
物豈可謂无○揚攉乎 2/11/4
今將有○覺 2/11/6
然後知今此之為○夢也 2/11/6
是謂○治 2/11/20
其道可以○美興 2/11/22
夫○寒至 2/12/1
是故能戴○員者履○方 2/12/2
鏡太清者視○明 2/12/2
立太平者處○堂 2/12/2
雖以天下之○ 2/12/12
○行石澗、飛狐、句
　（望）〔注〕之險不
　能難也 2/12/16
小○優游矣 2/13/23
淪於无間而復歸於○矣 2/13/23
舉○功 2/14/8
而不能容巨○也 2/15/3
而萬物○優 2/15/9
剖判○宗 2/15/11
而失其○宗之本 2/15/19
小有所志而○有所（志）
　〔忘〕也 2/17/16
○夫安其職 2/17/25
故曰（○昭）〔太始〕 3/18/18
天下○（飢）〔饑〕 3/20/22
一千五百二十歲○終 3/21/11
加十五日指丑則○寒 3/22/13
○風濟 3/22/19

音比（太蔟）〔○呂〕 3/22/20
音比（○呂）〔黃鍾〕 3/22/20
音比○呂 3/22/22
加十五日指未則○暑 3/22/22
音比（○）〔太〕蔟 3/22/22
加十五日指壬則○雪 3/22/27
咸池為（太）〔○〕歲 3/23/1
（太）〔○〕歲 3/23/2
○時者 3/23/6
十二歲而（○）周天 3/23/7
○搜客 3/23/23,5/45/13,5/48/7
○旱 3/24/2
（○剛）〔則〕魚不為 3/24/2
是謂○（還）〔遷〕 3/24/17
中充○也 3/25/7
任包○也 3/25/11
律受○呂 3/25/13
○呂者 3/25/13
黃鍾○數立焉 3/25/23
上生○呂 3/26/4
○呂之數七十六 3/26/4
主○德 3/27/4
主（太）〔○〕歲 3/27/4
歲名曰○荒落 3/27/8
歲名曰○淵獻 3/27/15
○陰治春則欲行柔惠溫（涼）〔良〕 3/28/18
○荒落之歲 3/29/27
歲○旱 3/29/28
歲有○兵 3/31/3,3/31/5
○淵獻之歲 3/31/5
○（飢）〔饑〕 3/31/5
歲○霧起 3/31/6
○水出 3/31/6
曰○汾、澠阸、荊阮、方城、殽阪、井陘、令疵、句注、居庸 4/32/20
晉之○陸 4/32/22
九州之○ 4/33/22
自（北東）〔東北〕方曰（○澤）〔無通〕 4/33/22
曰（無通）〔○澤〕 4/33/23
東方曰○渚 4/33/23
南方曰○夢 4/33/24
西北方曰○夏 4/33/25
北方曰○冥 4/33/25
東南方曰○窮 4/34/2
濁水音○ 4/34/23
墟土人○ 4/34/29
平（○）〔土〕之人 4/35/24
隆鼻○口 4/35/26
長○早知而不壽 4/35/27
○口決眥 4/36/1
○肩下尻 4/36/7
其人○面短頸 4/36/11
有○人國、君子國、黑齒民、玄股民、毛民、勞民 4/37/1
淇出○號 4/37/21
天子親率三公九卿○夫以迎歲于東郊 5/39/9
則其民○疫 5/39/13
雨霜○雹 5/39/14
毋作○事 5/40/1
則其國○水 5/40/4,5/45/4
則其國○旱 5/40/5
○合樂 5/40/21
國有○恐 5/40/24,5/44/8
天子親率三公九卿○夫以迎歲於南郊 5/41/7
毋伐○樹 5/41/9
後乃○水 5/41/12
○雩帝 5/41/22
命四監○夫 5/42/10
以共皇天上帝、名山○川、四方之神、宗廟社稷 5/42/11
○雨時行 5/42/16
天子親率三公九卿○夫以迎（秋）〔歲〕于西郊 5/43/5
立○官 5/43/9
出○使 5/43/9
則陰氣○勝 5/43/12
朝于總章○廟 5/43/20
量小○ 5/43/24
雀入○水為蛤 5/44/15
○饗帝 5/44/21
雉入○水為蜃 5/45/11
天子親率三公九卿○夫以迎歲于北郊 5/45/16
營丘壟之小○高庳 5/45/19
○飲蒸 5/45/21
○禱祭于公社 5/45/21
及起○衆 5/46/5
乃命○酋 5/46/7
祀四海○川名澤 5/46/8
國有○兵 5/46/16
律中○呂 5/46/21
命有司○儺 5/46/23
命樂師○合吹而罷 5/46/25
天子乃與公卿○夫飾國典 5/47/1
卿士○夫至于庶民 5/47/3
貫○人之國 5/47/13
出○祿 5/47/20
行○賞 5/47/20
季春○出 5/48/14
季秋○內 5/48/14
正月○寒不解 5/48/17
○制有六度 5/48/26
廣○以容衆 5/49/1
廣○以容 5/49/4
廣○以寬 5/49/8
海水○出 6/49/28
而詹何之騖魚於○淵之中 6/50/11
是謂○通 6/51/21,19/205/11
而不知○節之所由者也 6/52/4
若夫鉗且、○丙之御〔也〕 6/52/9
○夫隱道而不言 6/53/12
○衡車 6/53/21
夫鉗且、○丙不施轡銜而以善御聞於天下 6/54/11
至紘以○ 7/55/18
所見○者所知小 7/55/27
是故死生亦○矣 7/57/12
○澤焚而不能熱 7/57/18
○雷毀山而不能驚也 7/57/19
○風晦日而不能傷也 7/57/19
契○渾之樸 7/57/22
甘瞑〔于〕○宵之宅 7/57/23
天下至○矣 7/59/6
故不觀○義者 7/59/10
不聞○言者 7/59/10
○憂內崩 7/59/20
○怖生狂 7/59/20
乃為○通 7/59/21
故知宇宙之○ 7/59/28
至○也 7/60/3
能知○貴 7/60/4
處○廓之宇 7/60/21

〇司馬曰	12/114/5
〇貝百朋	12/114/14
而能成〇盜者	12/114/28
楚賢良〇夫皆盡其計而悉其誠	12/115/4
〇駭	12/115/8
〇破之	12/115/27, 18/191/15,18/197/16
齊王〇說	12/116/2
小（人）〔年〕不及〇（人）〔年〕	12/116/18
小知不及〇知	12/116/18
先王〔有〕以見〇巧之不可〔為〕也	12/118/13
故〇人之行	12/118/20
〇則〇矣	12/118/28
魏文侯觴諸〇夫於曲陽	12/119/8
富貴廣〇	12/119/18
古者〇川名谷	13/120/11
堯《〇章》	13/120/23
禹《〇夏》	13/120/23
湯《〇（頀）〔濩〕》	13/120/23
故〇饗廢夫人之禮	13/121/1
〇人作而弟子循	13/122/20
莫〇於和	13/122/29
而專任其〇臣將相	13/123/7
丹穴、太蒙、反踵、空同、〇夏、北戶、奇肱、脩股之民	13/123/23
〇為苑囿	13/124/2
舉天下之〇義	13/124/5
海內〇定	13/124/8
乘〇路	13/124/9
撞〇鍾	13/124/10
而不知八極之廣〇也	13/124/12
雖小必〇	13/124/19
湣王以〇齊亡	13/124/24
雖〇不足恃	13/124/25
（有）〔存〕在得道而不在於〇也	13/124/26
二君處彊〇〔之〕勢（位）	13/125/1
桀、紂之所以處彊〇而〔終〕見奪者	13/125/5
過之〇者也	13/125/15
何謂失禮而有〇功	13/125/17
四〇夫載而行	13/125/20
〇夫種輔翼越王句踐	13/126/9
〇夫種知忠而不知謀	13/126/11
小枉而〇直	13/126/25
今以人之小過揜其〇美	13/126/26
不計其〇功	13/127/8
而有〇譽	13/127/9
小形不足以包〇體也	13/127/10
誠其〇略是也	13/127/10
若其〇略非也	13/127/11
未足〇舉	13/127/11
夫顏（喙）〔啄〕聚、梁父之〇盜也	13/127/11
段干木、晉國之〇駔也	13/127/12
小節伸而〇略屈	13/127/16
體〇者節疏	13/127/16, 17.240/185/10
而不欲其〇也	13/127/20
其小惡不足〔以〕妨〇美也	13/127/26
而不知其〇略	13/128/2
而〇小可論也	13/128/14
而觀小節足以知〇體矣	13/128/18
赫无〇功	13/128/25
齊威王設〇鼎於庭中	13/128/27
以小知〇也	13/129/10
楚人有乘船而遇〇風者	13/129/25
饗〇高者而彘為上牲	13/130/20
夫饗〇高而彘為上（性）〔牲〕者	13/130/22
其患必〇	13/130/26
以〇車〔之箱〕為艫	13/131/10
〇搜其廬	13/131/15
夫鴟目〇而（睡）〔眎〕不若鼠	13/131/30
物固有〇不若小	13/131/30
〇小尊卑	13/132/1
〇夫走	13/132/2
非郊亭〇而廟堂狹小也	13/132/3
故能以眾不勝成〇勝者	14/134/8
福莫〇無禍	14/135/7
事〇而為安	14/136/27
飢而〇殆非不贍也	14/137/25
有〇地者	14/138/4
此之謂〇通	14/139/11
故木之〇者害其條	14/139/22
水之〇者害其深	14/139/22
（宮）〔官〕愈〇而事愈少	14/140/4
〇絃必緩	14/140/4
非易不可以治〇	14/140/20
〇樂必易	14/140/20
〇禮必簡	14/140/20
〇樂无怨	14/140/21
〇禮不責	14/140/21
雖天下之〇	14/140/27
〇道無形	14/141/1
〇仁無親	14/141/1
〇辯無聲	14/141/1
〇廉不嗛	14/141/1
〇勇不矜	14/141/1
故始於都者常（〇）〔卒〕於鄙	14/141/3
始於樂者常（〇）〔卒〕於悲	14/141/4
言其〇者也	14/141/11
〇寒地坼水凝	14/141/23
〇（熱）〔暑〕鑠石流金	14/141/24
害莫〇焉	15/143/4
此（〇）〔天〕論之所不取也	15/143/7
是故〇兵無創	15/144/10
〇國必朝	15/144/22
此軍之〇資也	15/145/11
此〔〇〕尉之官〔也〕	15/145/13
（〇）〔度〕地計眾	15/146/3
戍卒陳勝興於〇澤	15/146/7
稱為〇楚	15/146/8
〇山名塞	15/148/3
虛舉之下〇達	15/150/6
國雖〇	15/151/18
〇寒甚暑	15/152/12
〇霧冥晦	15/152/13
〇臣怨懟	15/153/8
〇勝三年反舍	15/153/26
不〇迷	16.2/154/10
不〇愚	16.2/154/10
指不可以〇於臂	16.12/155/13
〇不可〔以〕為外矣	16.17/155/24
水廣者魚〇	16.31/157/7
於利之中則爭取〇焉	16.36/157/20
〇夫種知所以強越	16.52/159/7

〇王亶父處邠 20/211/26
故因則〇 20/212/8
故有〇婚之禮 20/212/14
故有〇饗之誼 20/212/14
立〇學而教誨之 20/213/6
既入〇麓 20/213/9
〔而〕君子〇之 20/214/11
而《春秋》〇之 20/214/12
〔而〕《春秋》〇之 20/214/12
海不讓水潦以成其〇 20/215/1
治〇者道不可以小 20/215/4
故〇較易為智 20/215/6
而未可以治〇也 20/215/14
故張瑟者、小絃（急）〔絙〕而〇絃緩 20/215/18
一縣之高以為二十七〇夫 20/217/14
〇足以容眾 20/217/16
各以小〇之材處其位 20/217/20
小不能制〇 20/217/24
文王舉（〇）〔太〕公望、召公奭而王 20/217/25
將欲以（直）〔興〕〇道 20/218/1
成〇功 20/218/2
天下、〇利也 20/218/27
不〇鍾鼎者 20/219/9
失道則以天下之〇畏於冀州 20/220/2
其為樂豈不〇哉 20/220/9
豈不〇哉 20/220/16
犯〇難而不攝 20/220/23
〇者為首 20/221/9
末〇於本則折 20/221/9
尾〇於要則不掉矣 20/221/9
不〇其棟 20/221/16
非治之〇本 20/221/21
〇羹之和 20/221/28
〇息（而）撫〔而止〕之 20/222/8
絃有緩急小〇然后〔能〕成曲 20/222/12
位高而道〇者從 20/222/14
事〇而道小者凶 20/222/14
〇政不險 20/222/15
不以小利傷〇穫也 20/223/1
而忘其〇害 20/223/6
故事有利於小而害於〇 20/223/8
故仁莫〇於愛人 20/223/16
知莫〇於知人 20/223/16
靡散〇宗 21/223/22
託小以苞〇 21/224/1
浩然可以〇觀矣 21/224/2
執其〇指 21/224/4
所以明〇聖之德 21/225/4
列小〇之差者也 21/225/6
治之〇本 21/226/21
原人情而不言〇聖之德 21/226/26
則不知小〇之衰 21/226/27
則不知合同〇指 21/226/28
已知〇略而不知譬諭 21/226/30
必有細〇駕和 21/227/8
〇也 21/227/15
天下〇水 21/228/5
族鑄〇鍾 21/228/13
而介於〇國之間 21/228/20

代 dài 31

二者〇謝舛馳 2/11/9
〇也 3/29/9
鸞鴈〇飛 4/34/26
故自三〇以後者 6/54/1
子孫相〇 6/54/5
卜其子孫以〇之 8/66/21
是猶〇庖宰剝牲 9/77/3
不（伐）〔〇〕之言 9/77/13
故三〇之善 10/92/3
三〇至乎門 10/92/13
二十四世而田氏〇之 11/94/12
此〇為（常）〔帝〕者也 11/95/2
以非傳〇之俗 11/98/8
夫〇大匠斲者 12/108/9
三〇之起也 13/121/4
豈若三〇之盛哉 13/121/10
三〇之禮不同 13/122/20
今儒墨者稱三〇、文武而弗行〔也〕 13/122/23
而文武〇為雌雄 13/124/11
三〇之所道者 14/138/8
若春秋有〇謝 15/144/6
若水火金木之〇為雌雄也 15/152/8
孔子以三〇之道教導於世 18/189/16
三〇種德而王 18/189/17
陳氏（伐）〔〇〕之 18/195/26
〇君為墨而殘 18/199/2
三〇與我同行 19/209/10
尸不越樽俎而〇之 20/215/18
三〇之法不亡、而世不治者 20/216/23
无三〇之智也 20/216/23
此三〇之所〔以〕昌〔也〕 20/223/14

岱 dài 1

有〇岳 4/34/15

待 dài 74

〇而後生 1/1/19
〇之後死 1/1/20
而不〇萬物之推移也 1/9/6
是故不〇勢而尊 1/9/10
不〇財而富 1/9/11
不〇力而強 1/9/11
虛寂以〇 2/16/27
以〇嗣歲之宜 5/47/2
有〇而然 7/57/17
至貴不〇爵 7/59/5
至富不〇財 7/59/5
〇目而照見 9/68/19
〇言而使令 9/68/19
不〇其多力者 9/70/10
是猶不〇雨而求熟稼 9/73/24
清虛以〇 9/77/13
不〇禁誅而自中法度者 9/77/28
今吾雖欲正身而〇物 11/101/7
不化以〇化 11/101/13
夫〇騕褭飛兔而駕之 11/102/7
〇西施、（毛嬙）〔絡慕〕而為配 11/102/7
然（非）〔不〕〇古之英俊 11/102/8
可以應〇無方 12/105/6
12/105/12
以〇紂之失也 12/114/16
以〇四方之士 13/123/27
則不〇戶牖（之）〔而〕

行 13/130/28
以○敵之可勝也 14/135/4
以○敵之可奪也 14/135/5
必○遇 14/136/20
不若內治而○時 14/136/27
直己而○命 14/142/1
百姓開門而○之 15/143/19
○人者敗 15/147/16
不○交兵接刃 15/147/28
故攻不○衝隆雲梯而城拔 15/148/9
治以（持）〔○〕亂 15/148/14
其滅可立而○也 15/149/12
然必○道而後行 15/149/16
不○利時良日而後破之 15/150/2
以○人之虛也 15/153/10
以○人之實也 15/153/11
事固有相○而成者 16.46/158/17
必○異而後成 16.46/158/18
玉○礛諸而成器 16.81/161/18
○其止而能有濡 16.86/162/1
○其止而能有穿 16.86/162/1
芻狗○之而求福 16.87/162/4
土龍○之而得食 16.87/162/4
張羅而○之 16.103/163/19
故聖人畜道以○時 16.103/163/21
物之用者必○不用者 16.132/166/13
然○所不躧而後行 17.4/168/18
然○所不知而後明 17.4/168/18
○利而後拯溺人 17.184/181/14
若夏暴而○暮 17.212/183/13
○而後成 18/186/13
今人○冠而飾首 18/191/6
○履而行地 18/191/6
靜安以○時 18/196/8
以○其來也 18/202/6
○其自生 19/203/13
猶○教而成 19/204/18
不○學問而合於道者 19/204/20
不○脂粉芳澤而性可說者 19/204/22
不○冊鏃而行 19/205/1
故弓○（撤）〔檠〕而後能調 19/206/18
劍○砥而後能利 19/206/18
惠王因藏怒而○之 19/208/13
故法雖在、必○聖而後治 20/216/24
律雖具、必○耳而後聽 20/216/24
〔故〕守不○渠壍而固 20/216/27
攻不○衡降而拔 20/216/28
所以應○萬方 21/224/5

玳 dài 1

翡翠（○）〔瑇〕瑁 20/210/24

殆 dài 10

子○可與敖為友乎 12/116/9
國家○ 13/128/25
德立則五无○ 14/133/14
然而兵○於垂沙 15/146/2
德不報而〔身〕見○ 16.141/167/7
而○於蝍蛆 17.10/169/1
社稷○ 18/192/4
知止不○ 18/194/3
不違危○ 19/207/25
脩政不○ 20/222/23

怠 dài 3

群臣勸務而不○ 9/75/5
因其勞倦○亂 15/148/4
勞倦○亂 15/152/23

帶 dài 27

衣○而出 1/3/26
趙武靈王貝○鵕鸏而朝 9/77/25
○貝○ 9/77/25
韋以○劍 11/97/11
分節行而為○ 11/98/11
○足以結（細）〔紐〕收衽 11/98/12
貧人（則夏）〔夏則〕被褐○索 11/104/7
有客衣褐○索而見曰 12/113/5
衣不給○ 12/115/2
解劍○笏以示无仇 12/117/20
解其劍而○之笏 12/119/26
豈必褒衣博○ 13/120/5
豐衣博○而道儒墨者 13/124/7
奉○運履 13/125/25
緩○而寢 13/132/3
含牙（○）〔戴〕角 15/142/22
○甲（士）〔七〕十萬 15/153/6
於環○一也 17.144/178/20
使（被）〔彼〕衣不暇○ 18/194/25
則貴（之）〔人〕爭○之 19/208/21
莫之服○ 19/208/23
○死蛇 19/209/13
則布衣韋○之人 19/209/14
○不厭新 20/214/9
江、河若○ 20/220/8
被險而○河 21/228/25

紿 dài 1

出百死而○一生 13/124/6

逮 dài 19

後之則不○ 1/5/19
無所大過而無所不○ 1/7/9
○至夏桀、殷紂 2/17/29
○至夏桀之時 6/53/10
○至當今之時 6/54/4
○至衰世 8/61/12,8/62/8
○至堯之時 8/63/10
而不足者○於用 9/76/16
行不可○者 11/102/3
○至當今之世 13/122/4
○至高皇帝 13/124/5
○至暴亂已勝 13/124/8
百姓之隨○肆刑 15/146/6
物固有近不若遠、（○）〔遠〕不如近者 16.29/157/1
物固有以（寇）〔剋〕適成不○者 16.126/165/29
則○（曰）〔日〕歸風 17.48/171/21
禹、湯之智不能○ 19/205/24
人才之所能○〔也〕 19/207/2

貸 dài 2

春○秋賦民皆欣 16.117/165/4
春賦秋○眾皆怨 16.117/165/4

瑇 dài 1

翡翠（玳）〔○〕瑁 20/210/24

黛 dài 2

雖粉白○黑弗能為美者 19/204/23
粉白○黑 19/209/15

戴 dài 21

故牛歧蹏而○角 1/4/6
是故能○大員者履大方 2/12/2
○角者無上齒 4/35/18
○鵀降于桑 5/40/19
咸駕○（荏）〔旌〕 5/44/23
草木之句萌、銜華、○實而死者 8/61/19
句爪、居牙、○角、出距之獸於是鷙矣 8/61/23
○員履方 8/64/15
被衰○絰 8/66/17
誰弗（載）〔○〕 10/83/3
凡行○情 10/83/8
不○其情 10/83/8
意而不○ 10/83/26
○天子之旗 13/124/9
含牙（帶）〔○〕角 15/142/22
履幽而○明 15/144/2
冠則○（致）〔攱〕之 17.36/170/27
然而○冠履履者 18/191/7
故田子方隱一老馬而魏國（載）〔○〕之 18/200/3
含牙○角 19/206/1
而（班）〔斑〕白不○負 20/212/2

丹 dān 19

洛出《○書》 2/17/26
是謂（○）〔白〕水 4/33/9
西南注南海○澤之東 4/33/11
曰○澤 4/33/24
赤水宜○ 4/35/22
○水出高（褚）〔都〕 4/37/20
赤天七百歲生赤○ 4/38/20
赤○七百歲生赤澒 4/38/20
令百工審金鐵皮革、筋角箭幹、脂膠○漆 5/40/20
染之以○則赤 11/95/28
○穴、太蒙、反踵、空同、大夏、北戶、奇肱、脩股之民 13/123/23
堯戰於○水之浦 15/142/28
工人下漆而上○則可 16.58/159/23
下○而上漆則不可 16.58/159/23
經○徒 18/196/21
鈆之與○ 18/201/8
而可以為○者 18/201/8
○朱、商均也 19/204/22
○青膠漆 20/214/8

耽 dān 2

夸父、（○）〔耴〕耳在其北方 4/37/8
沉湎○荒 19/204/21

聃 dān 3

故老○之言曰 1/6/9
此老○之所謂『無狀之狀 12/106/11
南見老○ 19/207/10

單 dān 4

歲名曰○閼 3/27/6
○閼之歲 3/29/25
田○以即墨有功 13/124/25
○豹倍世離俗 18/199/14

儋 dān 4

諸北、○耳之國莫不獻其貢職 6/52/22
臣有所與（供）〔共〕○（纏）〔纆〕采薪者九方堙 12/111/17
肩負○之勤也 13/120/13
奮○钁 15/146/10

鄲 dān 2

魯酒薄而邯○圍 10/90/2
邯○師有出新曲者 19/208/16

擔 dān 1

橑（○）〔檐〕榱題 8/61/20

殫 dān 7

○盡太半 6/54/16
財〔用〕○於會賦 8/66/9
虛府○財 11/97/22
則貨○而欲不饜 14/136/28
○天下之財 15/143/4
池中魚為之○ 16.50/159/1
一夕而○ 17.167/180/10

簞 dān 2

其入腹者不過○食瓢漿 7/59/18
其於以（函）〔承〕食不如〔竹〕（○）〔箄〕 11/94/28

抌 dǎn 1

在於批（伉）〔○〕 17.239/185/7

亶 dǎn 8

大王○父居邠 12/109/12
大王○父曰 12/109/13
大王○父可謂能保生矣 12/109/16
（季）〔宓〕子治○父三年 12/116/21
以○其家 12/119/27
泰王○父處邠 14/134/12
大王○父處邠 20/211/26
密子治○父 20/211/28

膽 dǎn 7

忘肝○ 2/12/5
肝○胡越〔也〕 2/13/3
○主口 7/55/10
故○為雲 7/55/13
（正）〔亡〕肝○ 7/57/14
忿心張○ 12/111/4
諸侯莫不慴㥄沮○其處 15/144/11

黕 dǎn 1

○然 9/81/22

旦 dàn 24

是謂○明 3/24/15
從岠北表參望日始出及○ 3/31/15
○尾中 5/39/3
○建星中 5/39/18
○牽牛中 5/40/9
○婺女中 5/41/1
○危中 5/41/17
○奎中 5/42/6
○畢中 5/42/23
○觜巂中 5/43/17
○柳中 5/44/13
○七星中 5/45/9
○軫中 5/46/1
○氐中 5/46/20
（且）〔○〕日何為而
義乎 9/81/20
（且）〔○〕日何為而榮 9/81/20
太公望、周公○ 10/87/23
昔太公望、周公○受封
而相見 11/94/10
中子○恭儉而知時 12/114/12
○日 12/116/1
以決一（且）〔○〕之
命 13/124/7
一○不知千萬之數 15/146/6
雞知將○ 16.38/157/25
（春）〔春〕至○ 16.76/161/4

但 dàn 3

媒○者 16.131/166/10
○成而生不信 16.131/166/10
使（○）〔但〕吹竽 17.61/172/23

啗 dàn 1

虎之○豚 18/198/21

淡 dàn 4

而不得須臾恬○矣 2/14/18
○而有味 10/86/9
靜漠（活）〔恬〕○ 20/211/19
恬（惔）〔○〕為本 21/226/9

誕 dàn 9

○反為功 13/125/17
弦高○而存鄭 16.43/158/10
20/221/22
○（者）不可以為常
16.43/158/10
蘇秦以百○成一誠 17.182/181/10
不如隨牛之○ 17.242/185/14
○而得賞 18/193/4
我○謾而悠忽 19/209/11
○不可以為常 20/221/22

彈 dàn 18

○角角動 6/51/18
○壓山川 8/64/6
○琴瑟 8/66/12
9/78/23,15/151/20
无以異於執○而來鳥 9/68/3
夫榮啓期一○ 9/69/4
〔援琴而○〕 10/87/8
故胡人○骨 11/97/2
無以異於○一絃而會
《棘下》 11/99/5
○角而角動 11/100/11
舜○五絃之琴 14/139/26
夫五指之更○ 15/149/9
執○而招鳥 16.34/157/14
見○而求鴞炙 16.106/163/30
○一弦不足以見悲 17.85/174/12
參○復徽 19/206/16
○五絃之琴 20/215/19

憚 dàn 2

鴻鵠鶬鶴莫不○驚伏竄 6/52/3
雉亦知驚○遠飛 18/202/7

澹 dàn 8

○然無慮 1/2/3
○然無治（也）而無不
治也 1/4/23
○兮其若深淵 1/6/26
靜漠恬○ 2/17/8
川谷不○ 6/52/1
精神○然無極 7/57/2
是故非○漠無以明德 9/74/13
靜而能○ 14/142/6

鴠 dàn 1

鳱○不鳴 5/46/3

憺 dàn 2

蜂蠆螫指而神不能○ 2/17/13
○然無欲而民自樸 8/63/2

當 dāng 121

不謀而○ 1/4/9
○此之時 1/4/19
2/11/19,2/15/8,2/17/25
2/18/1,6/52/3,6/53/2
6/53/4,7/59/25,7/59/27
8/61/11,8/62/7,9/67/22
9/80/13,12/115/24,13/120/4
13/124/1,13/124/4,13/124/6
13/124/7,13/124/10
13/132/3,15/146/8
15/147/13,18/189/25
18/197/17,19/202/18
20/219/24,21/228/6
心虛而應○ 1/4/28
曲因其○ 1/7/2
氣不○其所充〔也〕而
用之則泄 1/9/17

黨 dǎng 15

碭 dàng 1

蕩 dàng 20

刀 dāo 17

而爭於錐○之末 6/54/15
以○（抵）〔伐〕木也 9/74/28
鈆不可以為○ 11/94/26
而○〔可〕以剃毛 11/100/5
庖丁用○十九年 11/100/5
而（○）〔刃〕如新剖硎 11/100/5
太公之鼓○ 13/128/1
終不盜○鉤 13/128/16
未嘗傷而不敢握○者 13/128/17
折鏌邪而爭錐（力）〔○〕 16.74/160/30
无一刺以○ 16.75/161/1
○便剃毛 16.126/165/29
非以一○殘林也 17.42/171/9
劫子以○ 18/197/2
呂望鼓○而入周 19/203/6
鑠鐵而為（○）〔刃〕 20/212/12
察於○筆之跡 20/222/19

倒 dǎo 2

白公勝之○杖策也 16.20/156/5
然皆○矢而射 20/219/15

導 dǎo 19

皆以仁義之術教○於世 2/16/23
入禹所○積石山 4/33/11
○通溝瀆 5/40/17
野虞教○之 5/46/11
○灑、澗 8/63/16
覆露照○ 8/64/6
是故心知規而師傅諭（○）〔道〕 9/67/4
足能行而相者先○ 9/67/4
物之所○也 10/82/24
而不可以○人 10/84/22
其○萬民也 11/95/7
其○民也 11/103/24
儒者循之以教○於世 13/121/9
○之以德而不聽 15/143/2
親近○諛 18/186/26
孔子以三代之道教○於世 18/189/16
非〔得〕聖王為之法度而教○之 20/212/23
經誹譽以（尊）〔○〕之 20/217/10
梁丘據、子家噲○於左右 21/228/14

蹈 dǎo 8

○騰崑崙 1/2/2
而蹟○于污壑穽陷之中 1/10/2
身（○）〔陷〕于濁世之中 2/18/8
而無（蹟○）〔蹟陷〕（之患） 8/65/8
動斯○ 8/65/23
○斯蕩 8/65/23
然而前無○難之賞 15/146/15
皆可使赴火○刃 20/217/8

擣 dǎo 1

攘捲一○ 19/205/2

禱 dǎo 7

幣○鬼神 5/39/9
命太祝○祀神位 5/45/17
大○祭于公社 5/45/21
以身○於桑林之際 9/69/11
（○）〔禘〕於襄公之廟 18/195/19
以身○於桑（山之）林〔之際〕 19/202/29
○祠而求福 20/211/5

到 dào 2

○生挫傷 1/3/18
○杖策 12/117/12

悼 dào 1

墨子聞而○之 19/203/21

盜 dào 34

則國多○賊 5/45/4
急捕○賊 5/46/6
備○賊 5/48/1
邑無○賊 6/52/20
夫使天下畏刑而不敢○ 7/60/23
豈若能使無有○心哉 7/60/23
○賊滋彰 9/68/2
而生○跖、莊蹻之邪 11/94/1
○賊多有 12/106/6
○亦有道乎 12/114/26
而能成大○者 12/114/28
○賊之心必託聖人之道而後可行 12/114/28
偷者、天下之○也 12/115/3
夫顏（喙）〔啄〕聚、梁父之大○也 13/127/11
終不○刀鉤 13/128/16
○管（金）〔璽〕 13/129/15
竊○者刑 13/129/17
齊人有○金者 13/129/27
而○金於市中 13/129/27
君公知其○也 13/131/21
○財而予乞者 16.79/161/12
不飲○泉 16.101/163/14
人有○而富者 17.68/173/6
富者未必○ 17.68/173/6
○賊之〔輩〕醜吠狗 17.90/174/23
○跖見飴 17.107/175/28
希不有○心 17.238/185/5
○何遽無從（人）〔入〕 18/196/10
秦牛缺徑於山中而遇○ 18/197/1
○還反顧之 18/197/1
○遂問之曰 18/197/2
○相視而笑曰 18/197/4
○賊群居 20/215/21
法能刑竊○者 20/217/6

道 dào 623

夫○者 1/1/3
得○之柄 1/1/10
無為為之而合于○ 1/1/12
夫太上之○ 1/1/19

(今)〔令〕雨師灑○ 1/2/5
執○(要)之柄 1/2/11
故達於○者 1/2/16
夫釋大○而任小數 1/3/1
故體○者逸而不窮 1/3/7
(脩)〔循〕○理之數 1/3/11
是故達於○者 1/4/3
與○游者也 1/4/7
曲士不可與語至○ 1/4/8
治在○ 1/4/15
是故不○之○ 1/4/20
故得○者志弱而事強 1/4/28
得一之○ 1/5/3,2/11/28
夫執○理以耦變 1/5/16
是故聖人守清○而抱雌節 1/5/21
○之要也 1/6/15
為○關門 1/6/18
○者 1/6/23,10/82/24,18/185/26
依○廢智 1/6/29
○之邪也 1/7/4
大○坦坦 1/7/14
而在于得○ 1/7/17
則幾於○矣 1/7/18
18/195/2,18/197/7
馳騁夷○ 1/7/21
(得)○〔勝〕而肥 1/7/22
遺物而與○同出 1/7/24
則與○為一矣 1/8/25
是故夫得○已定 1/9/6
是故得○者 1/9/9
而與○沉浮俛仰 1/10/9
其○可以大美興 2/11/22
人相忘於○術 2/11/25
夫○有經紀條貫 2/11/28
然後知聖人之不失○也 2/12/2
是故以○為竿 2/12/3
何況懷瓌瑋之○ 2/12/5
唯體○能不敗 2/12/16
是故至○无為 2/12/21
○出一原 2/12/23
是故舉事而順于○者 2/12/25
非○之所為也 2/12/25
〔非〕○之所施也 2/12/25
○德〔之〕所扶 2/12/27
若夫墨、(揚)〔楊〕
、申、商之於治○ 2/13/4
其與○相去亦遠矣 2/13/9
是故○散而為德 2/14/10
仁義立而○德廢矣 2/14/11
是故聖人內修○術 2/14/20
是故虛無者、○之舍 2/14/24
平易者、○之素 2/14/24
其○昧昧芒芒然 2/15/9
(雜)〔離〕○以偽 2/15/15
周室衰而王○廢 2/15/15
儒墨乃始列○而議 2/15/16
而○其冥冥也 2/16/14
是之謂失○ 2/16/14
其合於○一也 2/16/17
其○外也 2/16/24
此真人之(○)〔遊〕也 2/17/1
可謂能體○矣 2/17/9
又況無○乎 2/17/11
而處士(脩)〔循〕其○ 2/17/25
故許由、方回、善卷、
披衣得達其○ 2/17/27
然而不能通其○者 2/18/2
體○者不專在於我 2/18/4
而責○之不行也 2/18/8
其志得○行 2/18/11
(○始于)〔太始生〕
虛霩 3/18/18
天○曰員 3/18/28
地○曰方 3/18/28
司无○之國 3/20/12
○在中央 3/24/11
○(曰規)始於一 3/25/17
輕重生乎天○ 3/26/13
天地之○也 3/26/23
欲知天○ 3/27/29,10/92/19
水○八千里 4/32/30
唯知通○者 4/35/5
達路除○ 5/40/17
○路不通 5/42/1
通路除○ 5/45/1
日月之所○ 5/47/22
此不傳之○〔也〕 6/50/10
此皆得清(盡)〔淨〕
之○、太浩之和也 6/50/12
懷○而不言 6/50/16
所謂不言之辯、不○之
○也 6/50/23
夫〔天〕○者 6/51/1
則○行矣 6/51/5
紂為无○ 6/51/11
夫○之與德 6/51/14
不得其○ 6/51/14,14/134/18
○不拾遺 6/52/19,20/212/1
然猶未及虙戲氏之○也 6/52/22
○鬼神 6/53/6
隱真人之○ 6/53/7
○德上通 6/53/8
○瀾漫而不修 6/53/10
帝○揜而不興 6/53/11
大夫隱○而不言 6/53/12
除戰○ 6/53/21
○路遼遠 6/53/23
相攜於○ 6/53/24
持以○德 6/54/4
而反五帝之○也 6/54/11
乃背○德之本 6/54/15
○之所居也 7/55/4
夫天地之○ 7/55/18
夫人之所以不能終其壽
命而中○夭於刑戮者 7/56/10
○之過也 7/56/28
與○為際 7/57/7
性合于○也 7/57/10
以○為紃 7/57/17
此精神之所以能登假于
○也 7/58/2
故覩堯之○ 7/58/21
深原○德之意 7/59/7
達至○者則不然 7/60/9
樂○而忘賤 7/60/9
入見先王之○又說之 7/60/17
先王之○勝 7/60/18
在內而合乎○ 8/61/6
○德定於天下而民純樸 8/62/15
是故知神明然後知○德
之不足為也 8/62/18
知○德然後知仁義之不
足行也 8/62/18
○弗能害也 8/63/4
不○之○ 8/63/5
○路鴈行列處 8/63/9
於是天下廣陜險易遠近
始有○里 8/63/14
含德懷○ 8/63/23
故○可○ 8/63/24
非常○ 8/63/24,12/110/8

○術難以除患 12/106/8
和不及○ 12/106/13
齧缺問○於被衣 12/106/28
而○將為女居 12/107/1
唯有○之主〔為〕能持勝 12/107/11
○沖 12/107/13
臣有○於此 12/107/17,12/107/19,12/107/20,12/107/21
天之○也 12/108/27,20/211/14
○大 12/109/9
○可○ 12/110/8
吾固惑吾王之數逆天○ 12/112/8
非仁義之○也 12/113/13
有○邪 12/114/5
從事於○者 12/114/7
同於○ 12/114/7
周伯昌改○易行 12/114/17
盜亦有○乎 12/114/26
奚適其（無）〔有〕○也 12/114/26
盜賊之心必託聖人之○而後可行 12/114/28
楚將子發好求技○之士 12/115/1
聞君求技○之士 12/115/1
而不假○ 12/115/26
不窺牖以見天○ 12/117/14
吾非（受）〔愛〕○於子也 12/117/24
不識○之可以從楚也 12/118/19
裂之○也 12/118/28
子之○何能 12/119/1,12/119/2
有○之君不知忠臣 12/119/10
服此○者不欲盈 12/119/20
○全為無用之事 12/119/24
昭昭而○冥冥 12/119/25
衡絕○路 13/120/11
故五帝異○而德覆天下 13/120/24
王○缺而《詩》作 13/121/8
以《詩》、《春秋》為古之○而貴之 13/121/10
（失）〔夫〕○（之）〔其〕缺也 13/121/11
不若○其全也 13/121/11
故○可○者 13/121/13
非常○也 13/121/13
故聖人所由曰○ 13/121/24
○猶金石 13/121/24
欲以神農之○治之 13/122/4
然後能擅○而行（矣）〔也〕 13/122/18
（○而）〔而○〕先稱古 13/122/26
故聖人之○ 13/122/30
乃得○之本 13/123/1
而公○不行 13/123/8
今不知○者 13/123/10
今夫盲者行於○ 13/123/15
遇君子則易○ 13/123/15
教寡人以○者擊鼓 13/123/27
遠為馳○ 13/124/2
西至臨洮、狄○ 13/124/3
○路死人以溝量 13/124/4
而○仁義者謂之狂 13/124/4
豐衣博帶而○儒墨者 13/124/7
○德也 13/124/15
有王○也 13/124/17
故得王○者 13/124/19
○之行也 13/124/25
（有）〔存〕在得○而不在於大也 13/124/26
亡在失○而不在於小也 13/124/26
務高其位而不務○德 13/124/27
〔而〕脩仁義之○ 13/125/2
以其有○也 13/125/5
以其无○也 13/125/5
是趨亡之○也 13/125/6
○遇秦師於周、鄭之閒 13/125/16
而未可與適○也 13/125/27
可與適○ 13/125/27
故萇弘知天○而不知人事 13/126/10
自脩則以○德 13/127/24
自脩以○德 13/127/25
故論人之○ 13/128/19
齊以此三十二歲○路不拾遺 13/129/1
以伐不義而征无○ 13/129/7
故達○之人 13/130/2
自當以○術度量 13/130/6
若无○術度量而以自儉約 13/130/7
唯有○者能通其志 13/131/4
○及之 13/131/16
唯○之在者為貴 13/132/2
天○之貴也 13/132/4
帝者誠能包稟○ 13/132/5
通於○者 14/133/2
故得○則愚者有餘 14/133/14
失○則智者不足 14/133/15
○之素也 14/133/21
○之舍也 14/133/21
能全其性者必不惑於○ 14/134/2
故得○以御者 14/134/17
釋○而任智者必危 14/134/24
則幾於○（也）〔矣〕 14/134/27
而忘脩己之○ 14/135/6
○之者危 14/135/8
故○不可以勸（而）就利者 14/135/9
遵天之○ 14/135/12
故○術不可以進而求名 14/135/16
事不勝○ 14/135/20
而○無不通 14/135/20
與○爭則凶 14/135/21
與無智者同○ 14/135/21
○理為正也 14/135/23
○理通而人為滅也 14/135/24
名與○不兩明 14/135/26
人（受）〔愛〕名則○不用 14/135/26
○勝人則名息矣 14/135/26
○與人競長 14/135/26
（則）〔息〕○者也 14/135/27
人章○息 14/135/27
則○（如）〔諛〕日至矣 14/135/27
而幾於○矣 14/136/5
由其○則善無章 14/136/13
○可以自治 14/136/18
而無自恃之○ 14/136/29
此必全之○也 14/137/2
民有○所同○ 14/137/5
君○者 14/137/6
无敵之○也 14/137/8
故好與、來怨之○也 14/137/17
而○術之可（脩）〔循〕明矣 14/137/18
聽之不合於○ 14/137/23
以有公○而無私說 14/138/4
三代之所○者 14/138/8

至德〇者若邱山	14/138/23
名興則〇〔不〕行	14/138/26
〇行則人無位矣	14/138/26
不知〇者	14/139/1
謂之〇	14/139/7,18/185/26
〇勝	14/139/8
棄智則〇立矣	14/139/20
有百技而無一〇	14/139/23
〇之體也	14/140/6
〇之容也	14/140/6
倍〇棄數	14/140/11
大〇無形	14/141/1
天〇无親	14/141/28
有〇者	14/141/28
無〇者	14/142/1
樂〇而忘貧	14/142/5
可與言〇矣	14/142/6,14/142/9
故知〇者不惑	14/142/13
教之以〇	15/143/2
有逆天之〇	15/143/16
故君為無〇	15/143/20
君雖无〇	15/143/23
兵失〇而弱	15/144/1
得〇而強	15/144/1
將失〇而拙	15/144/1
得〇而工	15/144/1
國得〇而存	15/144/1
失〇而亡	15/144/1
所謂〇者	15/144/1
唯〇無朕	15/144/5
所謂廟戰者、法天〇也	15/144/11
古得〇者	15/144/14
〇之浸洽	15/144/17
故得〇之兵	15/144/21
順〇而動	15/144/24
塞邪（隧）〔〇〕	15/145/1
恒有不原之智、不〇之〇	15/145/12
明於禁舍開塞之〇	15/146/16
所貴〇者	15/147/2
羊腸〇	15/148/3
敵不可得勝之〇也	15/148/15
然必待〇而後行	15/149/16
則兵以〇理制勝	15/149/19
兵之所隱議者天〇也	15/149/26
上得天〇	15/149/27
上不知天〇	15/149/28

故用兵之〇	15/150/25
上知天〇	15/151/24
此善為天〇者也	15/152/19
上將之〇也	15/153/23
必无〇之國也	15/153/27
〇何以為體	16.1/154/3
所以喻〇	16.1/154/5
而非〇也	16.1/154/5
凡得〇者	16.1/154/6
何〇之所能乎	16.1/154/7
四方皆〇之門戶牖嚮也	16.10/155/6
不可為〇里	16.49/158/28
仁義之不能大於〇德也	16.56/159/17
仁義在〇德之包	16.56/159/18
公〇不立	16.97/163/3
故聖人畜〇以待時	16.103/163/21
堯有遺〇	16.115/164/25
得〇而德從之矣	17.15/169/13
聖人之於〇	17.39/171/3
與亡國同〇	17.62/172/26
〇德可常	17.97/175/7
〔非其〇〕也	17.130/177/19
得之不以〇	17.140/178/11
非其〇	17.180/181/6
人君不以取〇里	17.186/181/18
行者思於〇	17.190/181/26
易〇良馬	17.196/182/10
凡用人之〇	17.227/184/12
其當〇	17.231/184/21
晉獻公欲假〇於虞以伐虢	18/189/1
而欲與之〇	18/189/2
若假之〇	18/189/4
遂假之〇	18/189/5
君子致其〇而福祿歸焉	18/189/10
孔子以三代之〇教導於世	18/189/16
臣請〇三言而已	18/190/14
先生不遠〇而至此	18/190/16
子能〔變〕〇則可	18/192/10
陳為無〇	18/193/12
今君王以陳為無〇	18/193/14
季氏之無〇無上	18/195/20
易丘一〇	18/196/28
凡有〇者	18/197/6

又以卒鑿渠而通糧〇	18/197/14
羸弱服格於〇	18/197/17
知者離路而得〇	18/198/4
愚者守〇而失路	18/198/4
或明禮義、推〇（禮）〔體〕而不行	18/198/8
偃王、有〇之君也	18/198/20
今取帝王之〇	18/198/24
唯有〇者能行之	18/199/1
則无以與〇遊	18/199/14
得〇之士	18/199/18
而塞於大〇也	18/199/21
	21/226/10
在所由之〇	18/200/20
其二者非其〇也	18/201/6
乃得〇之像	19/202/12
南〇交趾	19/202/19
〇死蒼梧	19/202/21
而愧〇之不行	19/202/27
私志不得入公〇	19/203/14
懷君子之〇	19/204/1
不待學問而合於〇者	19/204/20
不可教以〇	19/204/21
而先王之〇不廢	19/204/26
皆有神明之〇	19/206/11
而知（其）六賢之〇者何	19/206/13
窮〇本末	19/207/1
南榮疇恥聖〇之獨亡於己	19/207/9
喻於〇者不可動以奇	19/208/4
故為〇者必託之于神農、黃帝而後能入說	19/208/5
何〇之能明也	19/208/12
誦《詩》、《書》者期於通〇略物	19/208/26
八極不可〇里也	20/211/2
〔正其〕〇而物自然	20/211/10
今夫〔有〕〇者	20/211/18
必自精氣所以與之施〇	20/212/4
故攄〇以被民	20/212/5
不能遵〇	20/212/21
行仁義之〇	20/213/2
天地之〇	20/213/22
六藝異科而皆（同）（〇）〔通〕	20/214/3
伊尹、伯夷異〇而皆仁	20/214/22

治大者○不可以小 20/215/4
小義破○ 20/215/9
〔○〕小（見）〔則〕不達 20/215/10
○以優游、故能化 20/215/12
故有○以統之 20/216/2
无○以行之 20/216/3
啓其善○ 20/216/14
與同出一○ 20/216/15
明於天○ 20/217/16
出言可○者 20/217/19
故雖出邪辟之○ 20/218/1
將欲以（直）〔興〕大○ 20/218/1
猶出林之中不得直○ 20/218/2
孔子欲行王○ 20/218/6
故因衛夫人、彌子瑕而欲通其○ 20/218/7
曰「伊尹之○也」 20/218/12
故天子得○ 20/219/27
天子失○ 20/219/28
諸侯得○ 20/219/28
諸侯失○ 20/219/28
故得○則以百里之地令於諸侯 20/220/2
失○則以天下之大畏於冀州 20/220/2
行可奪之○ 20/220/3
人○不通 20/220/12
窮○德之淵深 20/220/14
其○理素具 20/220/20
夫○ 20/220/24
五帝三王之○ 20/221/20
故事不本於○德者 20/222/1
不可以為○ 20/222/1
故上下異○則治 20/222/14
位高而○大者從 20/222/14
事大而○小者凶 20/222/14
小慧害○ 20/222/15
故民易○ 20/222/15
所以紀綱○德 21/223/21
故言○而不言事 21/223/23
言事而不言○ 21/223/24
有《原○》 21/223/24
有《○應》 21/223/26
《原○》者 21/224/1
通維初之○ 21/225/4
破碎○德之論 21/225/13
《○應》者 21/225/19
體因循之○ 21/225/29
所以知戰陣分爭之非○不行也 21/225/30
所以為人之於○未淹 21/226/9
經古今之○ 21/226/15
以經緯治○ 21/226/16
所以窺○開塞 21/226/23
故言○而不明終始 21/226/24
言帝○而不言君事 21/226/26
則不知○德之應 21/226/28
知○德而不知世曲 21/226/28
知公○而不知人間 21/226/30
則不足以窮○德之意 21/226/31
帝王之○備矣 21/227/1
今專言○ 21/227/2
今《易》之《乾》、《坤》足以窮○通意也 21/227/6
所以原測淑清之○ 21/227/7
今謂之○則多 21/227/9
夫○論至深 21/227/13
以為天下去殘（余）〔除〕賊而成王○ 21/227/22
以伐无○而討不義 21/227/25
懼爭○之不塞 21/227/29
孔子脩成康之○ 21/228/1
故背周○而用夏政 21/228/5
剔河而○九歧 21/228/6
原○〔德〕之心 21/228/28

稻 dào 12

○疾蠶不登 3/29/25
○菽麥蠶昌 3/29/26
○疾 3/29/28,3/31/7
○昌 3/31/1
○〔疾〕 3/31/6
江水肥仁而宜○ 4/35/24
其地宜○ 4/36/2
秫○必齊 5/46/7
○粱饒餘 8/65/6
今曰○生於水 16.30/157/4
離先○熟 20/223/1

翿 dào 2

趙武靈王貝帶鵕○而朝 9/77/25
鵕○而朝 9/77/26

得 dé 568

○道之柄 1/1/10
恬愉無（矝）〔矜〕而○于和 1/1/13
○以利者不能譽 1/1/20
默然自○ 1/2/14
猶不能與網罟爭○也 1/2/22
並○其宜 1/3/21
不慮而○ 1/4/9
遂不○已 1/4/14
○在時 1/4/15
故○道者志弱而事強 1/4/28
○一之道 1/5/3,2/11/28
時難○而易失也 1/5/20
而爭其○時也 1/5/21
萬物弗○不生 1/6/1
百事不○不成 1/6/2
行（而）不可○〔而〕窮極也 1/6/3
微（而）不可○〔而〕把握也 1/6/3
循之不○其身 1/6/19
寡其所求則○ 1/6/30
○其內者也 1/7/8
中能○之 1/7/8
中之○ 1/7/9
而在于○道 1/7/17
人○其○者 1/7/21
夫○其○者 1/7/21
（○）道〔勝〕而肥 1/7/22
是故有以自○〔也〕 1/7/24
無以自○也 1/7/25
不○須臾平 1/8/4
不○其形 1/8/4
失其○者也 1/8/4
是故內不○於中 1/8/4
是故不○於心而有經天下之氣 1/8/10
身○則萬物備矣 1/8/16
自○而已 1/8/22
自○ 1/8/22

則天下亦〇我矣 1/8/22
吾與天下相〇 1/8/22
又焉有不〇容其間者乎 1/8/22
所謂自〇者 1/8/25
憂悲而不〇志也 1/9/2
是故夫〇道已定 1/9/6
非以一時之變化而定吾所以自〇也 1/9/6
吾所謂〇者 1/9/6
是故〇道者 1/9/9
而不〇相干也 1/9/16
捫之不可〇也 2/10/22
是皆不〇形神俱沒也 2/11/15
相扶而〇終始 2/11/16
猶〇肆其志 2/12/5
非〇一原 2/12/17
此皆〔有〕所〇以至於妙 2/13/16
而不〇須臾恬淡矣 2/14/18
而性命失其〇 2/15/14
則性〇其宜 2/17/8
其可〇耶 2/17/18
豈可〇乎 2/17/21,7/60/15
曷〇須臾平乎 2/17/23
故許由、方回、善卷、披衣〇達其道 2/17/27
是以人〇自樂其閒 2/17/27
故河魚不〇明目 2/18/7
穉稼不〇育時 2/18/7
故世治則愚者不〇獨亂 2/18/7
其志〇道行 2/18/11
命〇性而後能明 2/18/11
其勢焉〇 2/18/13
三終而復〇甲寅之元 3/26/26
〇其辰而遷其所 3/26/27
刑不〇入中宮 3/27/19
子母相〇曰專 3/28/27
是寸〇一里也 3/31/17
〇從此東萬八千里 3/31/18
則半寸〇一里 3/31/18
積寸〇三萬六千里 3/31/19
陰二尺而〇高一丈者 3/32/2
火齊必〇 5/46/8
所欲則〇 5/49/1
殺伐既〇 5/49/16
使俗人不〇其君形者而效其容 6/50/10
此皆〇清（盡）〔淨〕之道、太浩之和也 6/50/12
〇之者富 6/51/2
〇失之度 6/51/2
不可求而〇也 6/51/12
不〇其道 6/51/14,14/134/18
其〇之乃失之 6/51/15
其失之非乃〇之也 6/51/15
倜然皆〇其和 6/53/3
天下未嘗〇安其情性 6/54/1
掩雉不〇 6/54/14
（失）〔〇〕之於外 7/55/5
千枝萬葉莫〇不隨也 7/55/5
故所求多者所〇少 7/55/26
則所以脩〇生也 7/56/11
不〇已而往 7/57/16
莫〇其倫 7/58/2
〇茠越下 7/59/25
噲然〇臥 7/59/27
無欲而不〇 7/60/10
此皆迫性拂情而不〇其和也 7/60/16
猶不〇已自強也 7/60/19
越人〇髯蛇 7/60/25
中國〇而棄之無〔所〕用 7/60/25
以不〇已 8/62/11
貪鄙忿爭不〇生焉 8/62/14
不〇生焉 8/62/17
可以歷推〇也 8/62/22
可〇而量也 8/62/23
可〇而蔽也 8/62/24
可〇而調也 8/62/24
可〇而別也 8/62/24
隨自然之性而緣不〇已之化 8/63/1
外（能）〇人〔心〕 8/64/15
而智故不〇雜焉 8/64/26
不〇其時 8/65/14
心和欲〇則樂 8/65/22
人〇其願 8/66/7
不〇相侵 8/66/19
知不能〇 9/67/14
不求而〇 9/68/10
其次使不〇為非 9/69/17
故〇道之宗 9/69/27
猨〇木而捷 9/70/15
魚〇水而騖 9/70/15
不〇相姦 9/70/16
人〇其宜 9/70/16
物〇其安 9/70/17
是故〇道者不（為）〔僞〕醜飾 9/70/20
百官〇（修）〔循〕焉 9/71/2
夫舉踵〔而〕天下（而）〇所利 9/71/15
各〇其宜 9/71/19,9/72/9
處〔〇〕其當 9/71/19
則君〇所以制臣 9/71/23
臣〇所以事君 9/71/23
是故聖人〇志而在上位 9/72/14
所任者〇其人 9/72/15
〇失之道 9/72/17
則邪人〇志 9/72/20
无〇於玉石 9/72/21
言不〇過其實 9/72/29
行不〇踰其法 9/72/29
是故臣不〇其所欲於君者 9/73/21
君亦不能〇其所求於臣也 9/73/22
皆〇其所宜 9/74/17
〔莫不可〇而用也〕 9/74/18
而臣情〇上聞 9/75/2
〇用人之道 9/75/5
使不〇自恣也 9/75/19
人莫〇自恣 9/75/20
內〇於（心中）〔中心〕 9/76/2
誠〇其術也 9/76/3
則寸之分可〇而察也 9/76/8
而貴其不〇為非也 9/76/14
故枝不〇大於幹 9/77/18
末不〇強於本 9/77/18
是故〇勢之利者 9/77/20
紂再舉而不〇為匹夫 9/78/10
男女不〇事耕織之業以供上之求 9/78/21
則〇承受於天地 9/79/5
若〇貪主暴君 9/79/5
罝罦不〇布於野 9/79/12
罔罟不〇入於水 9/79/13
羅網不〇張於谿谷 9/79/13
斤斧不〇入山林 9/79/13
不〇以火（燒）田 9/79/14
孕育不〇殺 9/79/14
鷇卵不〇探 9/79/14
魚不長尺不〇取 9/79/14
彘不朞年不〇食 9/79/15

曲〇其宜 9/80/4
〇要以應眾 9/80/5
文王周觀〇（夫）〔失〕 9/80/19
魚〇水而游焉則樂 9/82/4
則魚〇而利之 9/82/4
治國上使不〇與焉 9/82/6
不〇上令而可〇為也 9/82/7
釋己之所〇為 9/82/7
而責于其所不〇制 9/82/7
不能〇譽 9/82/9
故弗〇也 9/82/11
各〇其所宜 10/83/3
是故〇一人 10/83/3
所以〇百人也 10/83/3
己未必（〇）賢 10/83/14
而欲〇賢 10/83/14
不〇須臾寧 10/83/20
則〇百人之力 10/84/9
則〇千人之心 10/84/9
千枝萬葉則莫〇弗從也 10/84/10
曰苟〇 10/85/16
求諸人不如求諸己〇也 10/86/5
故兩心不可以〇一人 10/86/9
一心可以〇百人 10/86/9
繼子〇食 10/86/12
動無不〇 10/86/24
无不〇 10/86/24
使君子小人各〇其宜也 10/87/27
斯〇諸己也 10/88/10
晉文〇之乎閨內 10/89/1
而〇之〔乎〕本朝 10/89/2
是武侯如弗贏之必〇贏 10/89/9
〇之在命 10/89/15
而不能必其〇福 10/89/15
〇之以義 10/89/28
〇其所貴也 10/89/29
必不〇其所懷也 10/90/14
通智〇（勞）而不勞 10/90/16
使百姓皆〇反業脩職 10/90/21
故行險者不〇履繩 10/91/1
出林者不〇直道 10/91/2, 17.70/173/10
皆不〇其道者也 10/91/12
不可〇也 10/92/28, 11/93/27, 16.88/162/9
〇其天性謂之德 11/93/20
亦不求〇 11/93/30
〇以所有易所無 11/95/9
夫猨狖〇茂木 11/95/13
狟狢〇埵防 11/95/13
皆各〇其所安 11/95/14
蕪濊而不〇清明者 11/95/24
能〇諸己 11/96/7
而欲〇事正 11/96/10
身德則道〇矣 11/98/16
道之〇也 11/98/17
曲〇其宜而不折傷 11/98/18
不〇其養氣處神 11/99/14
不〇其清明玄聖 11/99/17
〇十利劍 11/99/18
不若〇歐冶之巧 11/99/18
〇百走馬 11/99/18
不若〇伯樂之數 11/99/18
昔者馮夷〇道 11/99/22
（鉗且）〔欽負〕〇道 11/99/22
其〇民心鈞也 11/100/1
（然忽）〔忽然〕不〇 11/101/12, 17.148/178/29
不〇相干 11/101/18
〇勢而貴 11/101/21
而皆〇所便 11/103/10
而好名者非義不苟〇 11/103/13
巢者巢成而〇棲焉 11/103/15
穴者穴成而〇宿焉 11/103/15
求貨者爭難〇以為寶 11/103/21
不貴難〇之貨 11/103/24
珍難〇之財 11/103/28
守正（脩）〔循〕理、不〔為〕苟〇者 11/104/9
白公不〇也 12/105/25
白公勝〇荊國 12/106/15
不義〇之 12/106/15
此寡人所欲〇也 12/107/23
則四境之內皆〇其利矣 12/108/1
桓公〇之矣 12/109/9
寡人〇（立）〔奉〕宗廟社稷 12/109/28
工人焉〇而譏之哉 12/110/4
而臣之子亦不能〇之於臣 12/110/6
已〇馬矣 12/111/19
〇其精而忘其粗 12/111/23
不宜〇志於齊 12/112/7
而〇志焉 12/112/7, 12/112/8
不宜〇志於秦 12/112/8
吾不知原三日而不可〇下也 12/113/17
失信〇原 12/113/17
而以長〇其用 12/114/7
〇騶虞、雞斯之乘 12/114/14
此非左右之所〇與 12/115/3
〇將軍之帷 12/115/6
〔〇魚則〕釋之 12/116/22
欲〇也 12/116/23
今〇而釋之 12/116/23
所〇者小魚 12/116/24
光耀不〇問 12/117/6
搏之不可〇 12/117/7
秦皇帝〇天下 12/117/17
三年而無〇焉 12/117/23
昔孫叔敖三〇令尹 12/117/28
〇寶劍於干隊 12/118/2
嘗〔見〕有如此而〇活者乎 12/118/3
（周）〔三〕年不〇見 12/118/17
吾留秦三年不〇見 12/118/19
〇見此器 12/119/14
夫未〇獸者 12/119/23
已〇之 12/119/24
而民〇以揜形御寒 13/120/10
〇相委輸 13/120/12
不若聞（〇）其言 13/121/12
聞（〇）其言 13/121/12
不若〇其所以言 13/121/12
〇其所以言者 13/121/12
〇於人理 13/121/26
貪〇而寡羞 13/122/4
欲〇宜適致固焉 13/122/23
必〇和之精 13/122/30
乃〇道之本 13/123/1
故使陳成（田）常、鴟夷子皮〇成其難 13/123/8
〇其處則無非 13/123/22
故〇王道者 13/124/19
（有）〔存〕在〇道而不在於大也 13/124/26
勢不〇不然也 13/125/26
其略〇也 13/127/14
而求〇（其）賢乎天下 13/127/27
野人〇之 13/129/2
此用約而為〇者也 13/129/5

犯禁之不○免也 13/129/19
惑於財利之○ 13/129/20
夫動靜○ 13/130/1
不苟○ 13/130/3
家人所（當）〔常〕畜而易○之物也 13/130/23
難○貴買之物也 13/130/25
○免而遂反 13/131/16
而反○其計 13/131/22
動於不○已 14/132/19
反己而○矣 14/133/11
故○道則愚者有餘 14/133/14
不○之己而能知彼者 14/134/3
必○勝者也 14/134/6,20/219/1
必○人心〔者〕也 14/134/7
能○人心者 14/134/7,20/219/2
必自○者也 14/134/7,20/219/2
能自○者 14/134/7
故○道以御者 14/134/17
○之不喜 14/134/26
○者非所求也 14/134/26
不求其所未○ 14/135/3
求其所（無）〔未○〕 14/135/3
不求○ 14/135/13
不失所○ 14/135/13
不可以○利 14/135/17
求者有不○ 14/135/20
遇者、能遭於時而○之也 14/136/20
夫無為則○於一也 14/137/7
各○其所 14/137/26
使在己者○ 14/137/27
故天下可○而不可取也 14/138/9
百姓不怨則民用可○ 14/138/12
喜○者必多怨 14/138/25
而求其所未○也 14/139/1
不○已而為也 14/139/13
行所不○已之事 14/139/13
故不○已而歌者 14/139/14
不○已而舞者 14/139/14
（捉）〔投〕○其齊 14/139/17
○籌必多 14/139/18
雖○之弗能守 14/139/23
故（不）〔人〕○不中絕 15/142/27
○道而強 15/144/1
○道而工 15/144/1
國○道而存 15/144/1
○一之原 15/144/2
故不（可）○（而）觀〔其形〕 15/144/3
莫能○其紀 15/144/7
古○道者 15/144/14
儀度不○ 15/144/20
故○道之兵 15/144/21
不以相○ 15/144/26
〔則其〕所○者鮮矣 15/144/29
莫〔○〕不為用 15/145/18
選舉足以○賢士之心 15/145/20
故千人同心則○千人〔之〕力 15/147/20
官○其人 15/148/8
舉錯○（失）〔時〕 15/148/8
雖未能○勝於敵 15/148/14
敵不可○勝之道也 15/148/15
勇者不○獨進 15/149/7
怯者不○獨退 15/149/7
故其情不可○而觀 15/149/21
故其陳不可○而經 15/149/21
上○天道 15/149/27
下○地利 15/149/27
中○人心 15/149/27
故其死可○而盡也 15/151/11
若（若）〔苦〕者必○其樂 15/151/19
勞者必○其利 15/151/19
將吏不相○ 15/153/1
勝在○威 15/153/3
〔無有〕、何○而聞也 16.1/154/4
吾（聞）○之矣 16.1/154/5
凡○道者 16.1/154/6
形不可○而見 16.1/154/6
名不可○而揚 16.1/154/6
〔○〕千歲之鯉（不能避） 16.4/154/14
念慮者不○臥 16.7/154/26
○其所言 16.8/155/1
而不○其所以言 16.8/155/1
而○其所欲 16.20/156/4
不○已而動 16.32/157/10
亡羊而○牛 16.36/157/20
求美則不○ 16.42/158/7
求醜則不○醜 16.42/158/7
此有一概而未○主名也 16.48/158/25
背而不○ 16.84/161/28
土龍待之而○食 16.87/162/4
欲○所求 16.88/162/8
故不可○而量也 16.92/162/19
如何而不○ 16.95/162/27
私欲○容者 16.97/163/3
○鳥者 16.103/163/19
則無時○鳥矣 16.103/163/19
○萬人之兵 16.105/163/26
○隋侯之珠 16.105/163/26
不若○事之所由 16.105/163/26
○咼氏之璧 16.105/163/26
不若○事之所適 16.105/163/27
未有无其具而○其利 16.113/164/20
桀有○事 16.115/164/25
○失同 16.117/165/4
兩人（○）〔皆〕活 16.144/167/14
○其所能也 16.144/167/14
○之同 16.150/168/1
不○其數 17.5/168/21
〔則〕○其所見矣 17.14/169/10
則○其所聞矣 17.14/169/10
○道而德從之矣 17.15/169/13
狡兔○而獵犬烹 17.29/170/13
晉以垂棘之璧○虞、虢 17.57/172/15
行險者不○履繩 17.70/173/10
不○為寶 17.89/174/21
不可以○火 17.110/176/3
不可以○水 17.110/176/3
○魚一也 17.121/176/29
佐祭者○嘗 17.124/177/5
救鬭者○傷 17.124/177/5
為者不○用 17.131/177/22
不○相害 17.132/177/24
○之不以道 17.140/178/11
為其所不便以○所便 17.147/178/27
不○相通 17.148/178/29
（故）〔○〕之與（先）〔失〕 17.157/179/16
時難○而易失 17.166/180/8
粟○水（溼）而熱 17.173/180/23

甑○火而液	17.173/180/23
不可以○鳥	17.176/180/29
不可以○魚	17.176/180/29
不可以○賢	17.176/180/29
疏之則弗○	17.227/184/12
曲○其情	17.228/184/14
○民心一也	17.234/184/28
○者有重賞	18/187/11
不○以子為私	18/188/7
孟孫獵而○麛	18/188/13
而不○入魏也	18/188/19
一心所○者	18/188/25
使民○陸處	18/189/13
○無乘城	18/189/27
則螻蟻皆○志焉	18/190/17
此所謂虧於耳、忤於心而○事實者也	18/190/18
括子之智○矣	18/191/3
愈多○獸	18/191/13
是用民不○休息也	18/192/19
賢主不苟○	18/192/22
而鼓可○也	18/192/23,18/192/24
佞人○志	18/192/25
雖○鼓	18/192/26
○地而不取者	18/192/26
誕而○賞	18/193/4
以不信○厚賞	18/193/5
不為苟○	18/193/26
則○無損墮之勢	18/193/28
是○天下也	18/194/7
能○民心	18/194/9
或輕死而○生	18/194/22
而乃反以○活	18/194/28
而弗能○之也	18/195/2
而後能○之	18/195/3
季氏之○眾	18/195/21
君胡○之	18/195/21
若火之○燥	18/195/28
水之○濕	18/195/28
夫（○）〔使〕患無生	18/196/1
楚太宰、未易○也	18/196/13
驩然有以自○也	18/197/2
男子不○脩農畝	18/197/17
婦人不○剡麻考縷	18/197/17
病者不○養	18/197/18
死者不○葬	18/197/18
知者離路而○道	18/198/4
（卑）〔畢〕辭而不能○也	18/198/10
安○不食子之苗	18/198/12
宮人○戟則以刈葵	18/199/6
盲者○鏡則以蓋卮	18/199/6
○道之士	18/199/18
誠○知者	18/200/12
誠○其數	18/200/13
○无害於〔為〕子乎	18/201/4
日入而不能○一鯈魚者	18/201/6
○其數也	18/201/8
使我○其肉而食之	18/201/28
故可○而擒也	18/202/6
乃○道之像	19/202/12
則莫○無為	19/202/16
然後水潦○谷行	19/203/12
故五穀○遂長	19/203/12
私志不○入公道	19/203/14
（耆）〔嗜〕欲不○枉正術	19/203/14
而曲故不○容者	19/203/15
計必○宋而後攻之乎	19/203/22
而不○咫尺之地	19/203/23
必不○宋	19/203/24
臣見大王之必傷義而不○宋	19/203/25
〔則〕鬢眉微毫可○而察	19/205/19
籌策○失	19/207/1
聖人知時之難○	19/207/24
鄙人有○玉璞者	19/208/17
誠○清明之士	19/209/4
焉○无有睥（面）〔睨〕掩鼻之容哉	19/209/18
稽之弗○	20/210/6
各○其所寧焉	20/211/13
其所居神者○其位也	20/211/20
見夜漁者○小即釋之	20/212/1
使五種各○其宜	20/212/9
然非○工女煮以熱湯而抽其統紀	20/212/21
非〔○〕慈雌嘔煖覆伏	20/212/22
非〔○〕聖王為之法度而教導之	20/212/23
然○其人則舉	20/213/7
愚者○以不忘	20/213/16
智者○以志（遠）〔事〕	20/213/16
不○自若	20/213/23
是以緒業不○不多端	20/214/2
趨行不○不殊方	20/214/2
○本則治	20/214/7
則其所○者鮮	20/215/2
使○循勢而行	20/216/13
○賢之與失〔賢也〕	20/216/28
禮義脩而任賢○也	20/217/13
仁足以○眾	20/217/17
見利不苟○者	20/217/19
○其宜	20/217/20
猶出林之中不○直道	20/218/2
（極）〔拯〕溺之人不○不濡足也	20/218/2
緣不○已也	20/218/5
民不○寧處	20/218/5
小人雖○勢	20/218/26
能○勝〔者〕	20/219/1
必○人心者也	20/219/2
未有○己而失人者也	20/219/3
未有失己而○人者也	20/219/3
故自養○其節	20/219/11
則養民○其心矣	20/219/11
而○天下之心〔也〕	20/219/13
○民心也	20/219/20
○民之與失民也	20/219/27
故天子○道	20/219/27
諸侯○道	20/219/28
故○道則以百里之地令於諸侯	20/220/2
犯其難則○其便	20/220/19
晏然自○	20/220/24
豈○无終始哉	20/221/11
○其女	20/222/21
○媒而結言	20/223/2
○於此而亡於彼者	20/223/8
而以合○失之勢者也	21/225/20
而兆見○失之變、利病之（文）〔反〕	21/225/22
鑽脈○失之跡	21/226/5
亡之為○	21/226/6
然而能○本知末者	21/227/2
睹凡○要	21/227/16

德 dé 301

無為言之而通乎○ 1/1/13
其○優天地而和陰陽 1/1/14
含○之所致 1/1/17
莫之知○ 1/1/20
施之以○ 1/3/3
神○不全 1/3/4
執玄○於心 1/4/20
○施百姓而不費 1/6/3
是謂至○ 1/6/7,1/7/16
夫水所以能成其至○於天下者 1/6/9
○之至也 1/6/15,1/7/6
純○獨存 1/6/18
○之失也 1/7/4
其○不虧 1/7/15
至○則樂矣 1/7/16
而在于○和 1/7/17
稱至○高行 1/8/7
而不以貴賤貧富勞逸失其志○者也 1/9/3
被○含和 2/10/17
食于地○ 2/11/20
毋遷其○ 2/11/21
抱○煬和 2/11/25,7/57/7
以○為綸 2/12/3
則至○天地之精也 2/12/10
道○〔之〕所扶 2/12/27
○也 2/14/10
是故道散而為○ 2/14/10
○溢而為仁義 2/14/10
仁義立而道○廢矣 2/14/11
○蕩者其行偽 2/14/15
至○之世 2/15/6
仰其○以和順 2/15/7
（吟）〔含〕○懷和 2/15/10
是故其○煩而不能一 2/15/11
儉○以行 2/15/15
擢○搴性 2/15/23
所以養○也 2/17/8
則○安其位 2/17/9
抱○以終年 2/17/9
古者至○之世 2/17/25
則○施乎四海 2/18/10
涼風至則報地○ 3/20/29
東北為報○之維（也） 3/21/15
故曰冬至為○ 3/21/18
故曰○在室 3/21/20
故曰○在野 3/21/21
陰陽刑○有七舍 3/22/6
十（二）〔一〕月○居室三十日 3/22/6
○在室則刑在野 3/22/7
○在堂則刑在術 3/22/7
○在庭則刑在巷 3/22/8
陰陽相○則刑○合門 3/22/8
故曰刑○合門 3/22/9
○南則生 3/22/9
加十五日指報○之維 3/22/13
日為○ 3/24/11
○以去矣 3/25/10
土○之色 3/25/20
日冬至○氣為土 3/25/21
主少○ 3/27/3
主大○ 3/27/4
刑○合東方宮 3/27/18
（曰）〔日為〕○ 3/27/20
○ 3/27/20
（右背）〔左前〕○ 3/27/28
謀○ 3/29/2
山為積○ 4/34/18
盛○在木 5/39/3
布○施惠 5/39/7,19/202/23
盛○在火 5/41/1
盛○在土 5/42/6
盛○在金 5/42/23
盛○在水 5/45/9
爵有○ 5/47/19
〔姦人〕已○ 5/48/8
季夏○畢 5/48/15
與天合○ 5/48/30
厥○孔密 5/49/1
施而不○ 5/49/11,14/139/6
唯○是行 5/49/12
夫道之與○ 6/51/14
鳳皇之翔至○也 6/51/27
道○上通 6/53/8
是以至○滅而不揚 6/53/11
天地除其○ 6/53/12
持以道○ 6/54/4
遠者懷其○ 6/54/4,9/75/5
此五帝之所以迎天○也 6/54/5
伏戲、女媧不設法度而以至○遺於後世 6/54/11
乃背道○之本 6/54/15
○之邪也 7/56/28
靜則與陰（俱閉）〔合○〕 7/57/1
與○為鄰 7/57/7
深原道○之意 7/59/7
內（愡）〔愁〕其○ 7/60/8
安○而忘貧 7/60/9
無益〔於〕情者不以累○ 7/60/10
是以天覆以○ 8/61/10
道○定於天下而民純樸 8/62/15
是故○衰然後仁生 8/62/17
是故知神明然後知道○之不足為也 8/62/18
知道○然後知仁義之不足行也 8/62/18
則○遷而為偽矣 8/62/26
〔智〕能愈多而○愈薄矣 8/62/28
靜而體○ 8/63/1
施者不○ 8/63/4
○交歸焉而莫之充忍也 8/63/4
故○之所總 8/63/4
雖神无所施其○ 8/63/8
含○懷道 8/63/23
○之所總要 8/64/1
莫不仰○而生 8/64/7
通於道○之倫 8/64/13
○澤施于方外 8/64/14
○與天地參 8/64/14
其○（舍）〔含〕愚而容不肖 8/64/17
君施其○ 8/66/14
削薄其○ 9/68/3
抱○推誠 9/68/11
○無所立 9/69/20
○有心則險 9/69/23
賞者不○上 9/70/28
處愚稱○ 9/71/4
是故人主覆之以○ 9/71/15
其主之○義厚而號令行也 9/73/20
臣亦不能死無○之君 9/73/23
君○不下流於民 9/73/23
民怨則○薄 9/73/27
○薄則勇者不為死 9/73/27
是故非澹漠無以明○ 9/74/13
○澤兼覆而不偏 9/75/4

不可喻以○ 19/204/21
與天地合○ 20/211/2
四海之內莫不仰上之○ 20/211/24
中考乎人○ 20/213/2
○潤洽 20/213/8
賢者勸善而不肖者懷其○ 20/213/19
○足以懷遠 20/217/16
○足以教化 20/217/17
而无一人之（○）〔譽〕 20/219/16
窮道○之淵深 20/220/14
趙政不增其○而累其高 20/221/15
棟莫若○ 20/221/17
故事不本於道○者 20/222/1
故民知書而○衰 20/222/9
而神○不全矣 20/222/10
（苟）〔苛〕削傷○ 20/222/15
所以紀綱道○ 21/223/21
覽至○之統 21/224/8
所以明大聖之○ 21/225/4
破碎道○之論 21/225/13
揔同乎神明之○ 21/225/13
知攻取堅守之非○不強也 21/225/30
和以○也 21/226/11
○形於內 21/226/18
○不內形 21/226/20
故○形於內 21/226/21
原人情而不言大聖之○ 21/226/26
則不知道○之應 21/226/28
知道○而不知世曲 21/226/28
則不足以窮道○之意 21/226/31
脩○行義 21/227/21
武王欲昭文王之令○ 21/227/26
原道〔○〕之心 21/228/28

登 dēng 36

○高臨下 1/7/14
○丘不可為脩 1/9/9
○千仞之谿 2/12/9
繁○降之禮 2/15/17
○于扶桑 3/24/14
稻疾蠶不○ 3/29/25
蠶小○ 3/29/27
蠶○ 3/29/28,3/31/1,3/31/2
蠶不○ 3/31/3,3/31/4
蠶〔○〕 3/31/6
○之而不死 4/33/16
○之乃靈 4/33/17
○之乃神 4/33/17
立○保之山 4/37/9
山陵不○ 5/40/25
○丘陵 5/41/28
○龜取鼉 5/42/10
扶搖而○之 6/51/25
五穀○熟 6/52/21
○九天 6/53/6
此精神之所以能○假于道也 7/58/2
○太皇 7/60/21
而龍○玄雲 8/62/28
歲○民豐 9/78/16
錦繡○廟 10/84/18
雖醜○廟 10/86/8
卑而不可以○ 10/88/9
○高使人欲望 16.93/162/21
負子而○牆 17.206/183/1
任○曰 18/188/23,18/188/24
又況○太山 20/220/8
螈蚕一歲再（收）〔○〕 20/222/28

簦 dēng 2

（卻）〔○〕笠居 15/148/3
或謂○ 17.125/177/7

等 děng 10

○貴賤 2/14/8,6/52/17
則是東與東北表○也 3/31/22
若使景與表○ 3/32/3
則高與遠○也 3/32/3
風有八○ 4/32/11
使貴賤卑尊各有○級 5/45/19
制服○ 8/61/25
〔與〕無法○ 9/75/28
吾恐其傷汝○ 13/129/3

鄧 dèng 4

是為○林 4/37/8
子產誅○析而鄭國之姦禁 13/129/10
○析巧辯而亂法 14/136/13
垣之以○林 15/145/26

堤 dī 1

瓶甌有○ 14/140/16

隄 dī 7

修利○防 5/40/17
完○防 5/43/8
有掌脩其○防 9/82/4
勢如決積水於千仞之○ 15/150/6
千里之○ 18/186/1
趙氏殺其守○之吏 18/191/27
以積土山之高脩○防 20/220/29

狄 dí 19

○不穀食 1/3/25
雖重象○騠 11/95/25
雖之夷○徒倮之國 11/97/13
平夷○之亂 13/121/17
西至臨洮、○道 13/124/3
○人攻之 14/134/12,20/211/26
申徒○負石自沉於淵 16.43/158/10
九夷八○之哭也 19/204/9
儀○作酒 19/206/10
夷○之國重譯而至 20/211/24
夷○伐中國 20/218/5
將欲以憂夷○之患 20/218/6
（乎）〔平〕夷○之亂也 20/218/6
儀○為酒 20/222/7
遂疏儀○而絕嗜酒 20/222/7
使夷○各以其賄來貢 21/227/26
南夷北○ 21/228/9
苦夷○之亂 21/228/10

苗 dí 1

（蔏苗）〔蘧○〕類絮而不可〔以〕為絮 17.69/173/8

滌 dí 4

〇杯而食 14/140/17
（柎）〔拊〕循其所有而〇蕩之 20/212/8
〇盃而食 20/215/15
所以洮汰〇蕩至意 21/227/14

翟 dí 16

丑〇 3/28/23
長女簡〇 4/37/9
孔丘、墨〇脩先聖之術 9/77/22
戎、〇之馬 10/84/7
羌、氐、僰、〇 11/95/24
以示〇煎 12/106/2
〔〇煎〕曰 12/106/2
〇煎曰 12/106/3
〇煎對曰 12/106/3
趙襄子〔使〕攻〇而勝之 12/107/6
孔丘、墨〇 12/107/23
〇人攻之 12/109/12
〇人之所求者、地 12/109/12
與〔為〕〇人〔臣〕奚以異 12/109/14
故魏兩用樓〇、吳起而亡西河 13/123/16
〇璜任子治鄴 18/192/9

敵 dí 56

〇無不凌 1/5/4
不可與〇 3/29/15
仇〇乃克 5/49/16
犯嚴〇 6/53/22
力不〇也 9/72/14
（離）〔雖〕北宮子、司馬蒯蕢不〔可〕使應〇 9/78/1
師未合而〇遁 12/113/12
兵陳戰而勝〇者 12/113/12
是以犯〇能威 12/115/21
能勝〇者 14/134/6
以待〇之可勝也 14/135/4
以待〇之可奪也 14/135/5
无〇之道也 14/137/8
則輕〇而簡備 14/137/14
以（圍）〔圉〕強〇 14/137/15
故聞〇國之君有加虐於〔其〕民者 15/143/11
〇孰敢當 15/144/28
未至（兵交）〔交兵〕接刃而〇人奔亡 15/145/4
見〇知難易 15/145/15
則我強而〇弱矣 15/146/21
先弱〇而後戰者也 15/146/21
力〇、則智者勝愚 15/146/24
見〇之虛 15/147/11
〇（之）〔人〕靜不知其所守 15/147/15
乃可以應〇合戰 15/147/21
應〇必（〇）〔敏〕 15/147/22
將充勇而輕〇 15/148/1
誠積踰而威加〇人 15/148/2
〔使〕〇人之兵 15/148/6
傷〇者眾 15/148/7
戰不至交兵接刃而〇破 15/148/9
雖未能得勝於〇 15/148/14
〇不可得勝之道也 15/148/15
〇先我動 15/148/15
〇若反靜 15/148/17
〇潰而走 15/148/19
〇迫而不動 15/148/19
〇人執數 15/149/2
是故傷〇者眾 15/149/8
〇故奔走 15/150/23
則孫子不能以應〇 15/151/9
求勝於〇 15/152/5
勇敢輕〇 15/152/22
疑志不可以應〇 15/153/18
其臨〇決戰 15/153/21
无〇於前 15/153/21
是故兵未交接而〇人恐懼 15/153/23
若戰勝〇奔 15/153/24
不量力而輕〇 18/200/2
玉堅無〇 19/206/18
今日距彊〇 19/207/13
〔吾〕竭筋力以赴嚴〇 19/207/15
破〇陷陳 19/207/26
則无〇於天下矣 20/212/11
而不可令淩〇 20/214/25

樀 dí 1

柱不可以（〇）〔摘〕齒 11/94/25

蔏 dí 1

（〇苗）〔藡苗〕類絮而不可〔以〕為絮 17.69/173/8

鏑 dí 1

是猶无〇銜（橛）策錣而御馯馬也 13/122/2

藡 dí 1

（蔏苗）〔〇苗〕類絮而不可〔以〕為絮 17.69/173/8

樀 dí 1

（〇）〔擿〕蚌蜃 8/61/13

覿 dí 1

使（是）史黯往（〇）〔覿〕焉 9/68/22

氐 dǐ 10

其星角、亢、〇 3/19/22
〇、房、心為對 3/27/10
歲星舍〇、房、心 3/27/16
八月建〔角〕、亢、〔〇〕 3/28/3
〇十五 3/28/6
〇、房、心宋 3/28/11
旦〇中 5/46/20
羌、〇、僰、翟 11/95/24
使（〇）〔工〕厭竅 17.61/172/23
以大〇為本 19/205/9

底 dǐ 5

非謂其〇滯而不發 1/5/15

夫據榦而窺井○ 9/76/8
下測至深之○ 15/149/23
則言黃泉之○ 19/205/4
使之无凝竭○滯 21/227/14

抵 dǐ 3

足蹪趎埳、頭○植木而不自知也 1/9/23
以刀（○）〔伐〕木也 9/74/28
此公孫鞅之所以○罪於秦 18/188/19

砥 dǐ 16

黑水宜○ 4/35/22
還出○石 4/37/22
玄天六百歲生玄○ 4/38/25
玄○六百歲生玄澒 4/38/25
飲○柱之湍瀨 6/52/2
○礪甲兵 12/112/3
文王○德脩政 12/114/10
○利劍者 16.106/163/29
厲利劍者必以柔○ 16.130/166/7
○石不利而可以利金 16.148/167/26
○厲之力 17.28/170/11
及加之○礪 19/205/17
夫學、亦人之○錫也 19/205/19
劍待○而後能利 19/206/18
○礪其才 19/206/23
○礪礛（監）〔堅〕 19/209/25

詆 dǐ 2

○文者處煩撓以為慧 11/103/21
兵有三○ 15/145/1

觝 dǐ 1

兕牛之動以○觸 16.146/167/20

地 dì 338

覆天載○ 1/1/3
包裹天○ 1/1/3,2/10/24
故植之而塞于天○ 1/1/4
是故能天運○滯 1/1/10
其德優天○而和陰陽 1/1/14
以○為輿 1/2/3,1/2/9
而游於無窮之○〔也〕 1/2/11
因天○之自然 1/3/11
天○之性也 1/3/16
使○東南傾 1/4/13
下○則為潤澤 1/6/1
與天○取與 1/6/6
與天○鴻洞 1/6/7
懷囊天○ 1/6/18
際天○ 1/6/25
天○之永 1/9/8
以隨天○之所為 1/9/13
○氣始上 2/10/16
○懷氣而未揚 2/10/18
天○未剖 2/10/25
食于○德 2/11/20
立於天○之本 2/11/25
中徙倚无形之域而和以天○者乎 2/12/6
則至德天○之精也 2/12/10
○之所載 2/12/27,19/205/26
不通之于天○之情也 2/13/6
其中○而凝滯 2/13/ε
天○之閒何足以論之 2/13/25
○不定 2/14/3
天○之間 2/14/23
12/106/10,12/114/22
提挈天○而委萬物 2/15/6
而覺視於天○之閒 2/15/11
竅領天○ 2/15/12
天○之閒 2/17/1,4/32/11
橫（扃）〔扃〕天○之閒而不窕 2/17/3
智（終）〔絡〕天○ 2/17/5
重濁者滯凝而為○ 3/18/20
故天先成而○後定 3/18/20
天○之襲精為陰陽 3/18/20
○受水潦塵埃 3/18/23
○維絕 3/18/25
○不滿東南 3/18/26
○道曰方 3/18/28
天〔○〕之偏氣 3/19/1
天○之（含）〔合〕氣 3/19/1
殺不辜則國赤○ 3/19/13
去○（五億）〔億五〕萬里 3/19/19
其國益○ 3/20/14
涼風至則報○德 3/20/29
故不可以鑿○穿井 3/21/19
則越陰在○ 3/22/14
○動 3/24/1
○氣不藏 3/24/7
○不發其陽 3/24/10
天員○方 3/24/11
天○三月而為一時 3/25/18
天○之道也 3/26/23
虛星乘鉤陳而天○襲矣 3/27/22
天○重襲 3/27/30
星部○名 3/28/11
天○以設 3/29/17
天（○）〔有〕九重 3/29/18
掘崑崙虛以下○ 4/33/4
蓋天○之中也 4/33/20
其華照下○ 4/33/20
凡○形 4/34/18
土○各以（其）類生〔人〕 4/34/19
天一○二人三 4/35/8
其○宜麥 4/35/27
其○宜稻 4/36/2
其○宜黍 4/36/5
其○宜菽 4/36/8
其○宜禾 4/36/12
東至日出之次、（扶）（榑）〔榑〕木之○ 5/47/13
天○除其德 6/53/12
古未有天○之時 7/54/25
經天營○ 7/54/26
○之有也 7/54/28
以○為母 7/55/1
○定以寧 7/55/1
所稟於○也 7/55/7
足之方也象○ 7/55/11
以與天○相參也 7/55/14
夫天○之道 7/55/18
夫天○運而相通 7/56/11
其取之○而已為盆盎也 7/56/22
與其未離於○也無以異 7/56/22
以游于天○之樊 7/57/11
雖天○覆育 7/57/13
與天○俱生也 7/58/7
臨死○而不易其義 7/59/1

玩天○于掌握之中 7/60/21
胡王淫女樂之娛而亡上○ 7/60/28
通體于天○ 8/61/9
○載以樂 8/61/10
掘○而井飲 8/61/16
天旱○坼 8/61/23
天○之合和 8/62/1
（也）〔○〕懷氣而未（楊）〔揚〕 8/62/2
天○宇宙 8/62/4
天○不能（脅）〔脅〕也 8/62/5
同氣于天○ 8/62/7
民性善而天○陰陽從而包之 8/62/14
天○之大 8/62/22
夫至大、天○弗能含也 8/62/24
牢籠天○ 8/64/5
承天○之和 8/64/7
明於天○之情 8/64/13
德與天○參 8/64/14
○之平 8/64/23
下殄○財 8/65/14
夫天○之生財也 8/65/22
爭○侵壤 8/66/20
晚世務廣○侵壤 8/66/21
○氣為魄 9/67/13
因天○之資 9/67/20
其○南至交阯 9/67/21
感動天○ 9/69/12
則○生之財 9/71/4
人主不明分數利害之○ 9/72/28
并呑其○ 9/73/16
必遺天（下）〔○〕之大數 9/74/24
非○生 9/75/26
夫天○之大 9/79/2
則得承受於天○ 9/79/5
則百姓無以被天和而履○德矣 9/79/6
下盡○財 9/79/9
臨死亡之○ 9/80/25
○弗能薶也 10/86/3
聲揚天○之閒 10/86/3
鑿○（漂）〔湮〕池 10/88/17
文王辭千里之○ 10/90/21
○以德廣 10/92/10
○以義廣 10/92/10
○以強廣 10/92/10
欲知○道 10/92/19
唯天○能函之 10/92/21
能包天○ 10/92/21
乃至天○之所覆載 11/94/24
○宜其事 11/95/8
譬若播棊丸於○ 11/95/9
○削名卑 11/97/8
○之方也不中矩 11/99/20
可以包裹天○ 12/105/6
12/105/12
無○而為君 12/107/23
○大 12/109/9
翟人之所求者、○ 12/109/12
又數絶諸侯之○ 12/115/21
其比夫不名之○ 12/116/11
此其下無○而上無天 12/116/13
下蟠於○ 12/117/3
血流至○而弗知也 12/117/12
臨死○不變其儀 12/118/1
能動○ 12/119/1,12/119/2
○可動乎 12/119/2
○其動乎 12/119/3
臣非能動○ 12/119/4
○固將動也 12/119/4
故（也）〔○〕勢有无 13/120/12
威動天○ 13/121/18
順於天○ 13/121/27
天○之氣 13/122/29,13/126/6
舜無植錐之○ 13/124/15
○方不過百里 13/124/17
21/227/22
今謂（疆）〔彊〕者勝則度○計衆 13/124/21
智伯以三晉之○擒 13/124/24
務廣其○而不務仁義 13/124/27
固塞險阻之○也 13/125/8
陸○之朝者三十二國 13/126/8
18/198/19
開○數千里 13/126/10
亡○千里 13/127/1
又況（无）〔乎〕天○之怪物乎 13/130/13
赤○三年而不絶流 13/131/8
洞同天○ 14/132/10
辟○墾草者 14/134/16
何尺○之有〔乎〕 14/135/6
盡其○力以多其積 14/137/1
有大○者 14/138/4
因○也 14/138/8
○有財 14/138/22
天○無予也 14/138/24
唯滅迹於無為而隨天○〔之〕自然者 14/138/25
若天若○ 14/139/6
簡故能○ 14/140/20
大寒○坼水凝 14/141/23
自死而天○无窮 14/142/7
欲以侵○廣壤也 15/143/23
夫為○戰者不能成其王 15/143/24
方者、○也 15/144/3
○方而無垠 15/144/4
○（出）〔生〕長而無計量 15/144/4
靜而法天○ 15/144/14
○廣民衆 15/145/3
知土○之宜 15/145/5
〔賦○極〕 15/145/14
○廣人衆 15/145/23
高城深（○）〔池〕 15/145/23
昔者楚人○ 15/145/24
○利形便 15/145/26,21/228/25
（大）〔度〕○計衆 15/146/3
兵挫○削 15/146/3
攻城略○ 15/146/10
湯之○方七十里而王者 15/146/22
智伯有千里之○而亡者 15/146/22
若從○出 15/147/10
俯不見○ 15/147/14
有○勢 15/148/1
此謂○勢 15/148/4
動則凌天振○ 15/148/11
勢莫便於○ 15/149/15
夫○利勝天時 15/149/16
巧舉勝○利 15/149/16
任○者可束也 15/149/17
所圖（盡）〔畫〕者○形也 15/149/26
下得○利 15/149/27
下不知○利 15/149/28
所謂○利者 15/150/11
下習○形 15/151/24
一龍一（○）〔蛇〕 15/152/1
下隱之○ 15/152/12

何謂隱之○ 15/152/13
相○形 15/152/22
此善為○形者也 15/152/23
吳王夫差○方二千里 15/153/6
无○於下 15/153/21
割○而為（調）〔和〕 15/153/24
取○而不反 15/153/27
○二氣則泄藏 16.27/156/27
廣其○而薄其德 16.31/157/7
未有天○能生天○者也 16.85/161/30
足蹍○而為迹 16.135/166/21
○平則水不流 16.137/166/27
而不知因天○以游 17.1/168/10
未有天○而生天○ 17.3/168/16
女必讓肥饒之○ 18/186/19
而受沙石〔之○〕 18/186/20
〔此〕其○确（石）（之）〔而〕名醜 18/186/20
王果封其子以肥饒之○ 18/186/21
○廣而名尊 18/187/1
沙石之○ 18/187/2
張武教智伯奪韓、魏之○而擒於晉陽 18/187/6
為魏文侯（夫）〔大〕開○ 18/188/10
智伯求○於魏宣子 18/188/22
求○而弗與 18/188/23
求○不已 18/188/24
必將復求○於諸侯 18/188/24
魏宣子裂○而授之 18/188/25
又求○於韓康子 18/188/26
又求○於趙襄子 18/188/26
后稷乃教之辟○墾草 18/189/14
智伯侵○而滅 18/189/17
三國之○不接於我 18/190/23
而平陸之○存 18/191/2
待履而行○ 18/191/6
以復侵○ 18/192/15
復○而後（皮）〔反〕 18/192/15
吾土○非益廣也 18/192/16
攻城者、欲以廣○也 18/192/26
得○而不取者 18/192/26
數絶諸侯之○ 18/193/1
（謟）〔諂〕臣者務廣君之○ 18/193/10
可伐以廣○ 18/193/18
又教智伯求○於韓、魏、趙 18/193/18
韓、魏裂○而授之 18/193/19
此務為君廣○者〔也〕 18/193/20
為君廣○者滅 18/193/20
好廣○者亡 18/193/21
又劫韓、魏之君而割其○ 18/194/1
相土○〔之〕宜 19/202/17
辟○樹穀 19/202/21
是以○無不任 19/203/4
夫○勢、水東流 19/203/12
而不得咫尺之○ 19/203/23
夫瘠○之（吳）〔民〕多有心者 19/207/3
沃○之民多不才者 19/207/4
達略天○ 19/207/12
據○而吐之 19/208/15
曾撓摩○ 19/209/20
无○而不澍 20/210/15
天○所包 20/210/23
使天○三年而成一葉 20/210/28
夫天○之施化也 20/210/29
與天○合德 20/211/2
○致其厚 20/211/9
天○四時 20/212/7
因○之勢也 20/212/10
俯取度於○ 20/212/27
俯視○理 20/213/1
乃裂○而州之 20/213/5
天○之道 20/213/22
以調天○之氣 20/213/24
聖人天覆○載 20/214/1
○不一利 20/214/2
處○宜也 20/214/10
食天○之精 20/214/15
夫天○不包一物 20/214/26
○廣者制不可以狹 20/215/4
察於○理 20/217/16
紂之○ 20/219/14
（之）○方不過百里 20/219/17
復楚○ 20/219/24
土○不易 20/219/26
故得道則以百里之○令於諸侯 20/220/2
天○之間无所（繫）〔擊〕戾 20/220/16
天○之性（也天○之生）物也有本末 20/221/10
知伯不行仁義而務廣○ 20/221/16
勝晉黃（○）〔池〕 20/222/21
知伯兼三晉之○而亡 20/222/25
下揆之○ 21/223/21
有《○形》 21/223/25
《○形》者 21/224/14
下盡○力 21/224/18
以著凝天○ 21/226/18
而已自樂所受乎天○者也 21/226/24
言終始而不明天○四時 21/226/25
言天○四時而不引譬援類 21/226/25
則天○之理究矣 21/227/1
外天○ 21/227/16
齊國之○ 21/228/9
○狹田少 21/228/10
守其分○ 21/228/16
○墽民險 21/228/20
觀天○之象 21/228/28

弟 di 34

兄無哭○之哀 1/1/16
是故槐榆與橘柚合而為兄○ 2/13/1
孔、墨之○子 2/16/23
則親戚兄○歡然而喜 7/59/27
兄良○順 8/66/7
○於兄嫂 9/82/6
至于兄○ 10/88/6
所以合君臣、父子、兄○、夫妻、友朋之際也 11/93/24
兄不能以喻○ 11/100/10
周公放兄誅○ 11/102/21
一鄉父子兄○相遺而走 11/104/16
與人之兄居而殺其○ 12/109/13
謂○子曰 12/113/5
公孫龍顧謂○子曰 12/113/6
與之○子之籍 12/113/7
其○子（諫）〔問〕曰 12/113/22
○子取水 12/119/15
大人作而○子循 13/122/20
周公有殺○之累 13/126/25

〇之為兄　15/144/27
（土）〔上〕視下如〇　15/151/6
上親下如〇　15/151/7
是故父子兄〇之寇　15/151/8
不孝〇者或詈父母　16.54/159/12
人有昆〇相分者　16.92/162/19
損年則嫌於〇　17.101/175/15
使民如子〇　19/202/19
長無兄〇　19/206/7
則〇子句指而受者必眾矣　19/209/2
而未可謂〇〔〇〕也　20/214/17
孔子〇子七十　20/217/6
故舜放〇　20/218/10
親戚兄〇搆怨　20/218/12

杕 dì　1

毀舟為〇　17.181/181/8

旳 dì　2

（的的）〔〇〇〕者獲　17.139/178/9

的 dì　7

則後者之弓矢質〇也　1/5/13
則格〇不中　15/144/20
善射者發不失〇　16.28/156/30
（〇〇）〔旳旳〕者獲　17.139/178/9
質〇張而弓矢集　17.183/181/12
其所以中〇剖微者　20/212/3

帝 dì　76

與高辛爭為〇　1/4/13
（乃）〔及〕至神農、黃〇　2/15/11
昔者共工與顓頊爭為〇　3/18/25
其〇太皞　3/20/1
其〇炎〇　3/20/2
其〇黃〇　3/20/3
其〇少昊　3/20/4
其〇顓頊　3/20/5
〇妃之舍也　3/21/5
為〇候歲　3/24/10
〇張四維　3/25/4
〇之神泉　4/33/14
是謂太〇之居　4/33/17
眾〇所自上下　4/33/19
有神二（人）〔八〕連臂為〇候夜　4/37/5
大雩〇　5/41/22
以共皇天上〇、名山大川、四方之神、宗廟社稷　5/42/11
藏〇籍之收於神倉　5/44/18
大饗〇　5/44/21
以供皇天上〇社稷之（芻）享　5/47/2
赤〇、祝融之所司者　5/47/18
黃〇、后土之所司者　5/47/23
是故上〇以為物宗　5/49/1
是故上〇以為物平　5/49/6
黃〇治天下　6/52/16
朝〇於靈門　6/53/7
棄捐五〇之恩刑　6/53/10
〇道掩而不興　6/53/11
此五〇之所以迎天德也　6/54/5
而反五〇之道也　6/54/11
〇有桀、紂　8/63/17
五〇三王　8/63/25, 11/99/15,13/127/19
〇者體太一　8/64/5
〇者體陰陽則侵　8/64/19
靜潔足以饗上〇　8/65/19
昭事上〇　9/80/16
黃〇曰　10/82/20,20/215/25
故〇王者多矣　10/86/20
此代為（常）〔〇〕者也　11/95/2
〇顓頊之法　11/97/3
五〇三王之法籍風俗　11/98/25
故三皇五〇　11/99/28
秦皇〇得天下　12/117/17
故五〇異道而德覆天下　13/120/24
逮至高皇〇　13/124/5
故炎〇（於）〔作〕火　13/131/11
〇者誠能包稟道　13/132/5
順〇之則　14/135/21
故能〇也　14/140/21
黃〇嘗與炎〇戰矣　15/142/27
故黃〇戰於涿鹿之野　15/142/28
自五〇而弗能偃也　15/142/29
炎〇為火災　15/143/1
故黃〇擒之　15/143/1
故廟戰者〇　15/144/11
二世皇〇勢為天子　15/146/4
是〔時〕為〇者也　17.1/168/11
黃〇生陰陽　17.50/171/25
故黃〇亡其玄珠　18/195/2
五〇貴德　18/198/24
今取〇王之道　18/198/24
且古之立〇王者　19/203/1
故為道者必託之于神農、黃〇而後能入說　19/208/5
五〇三王之蒞政施教　20/212/27
故同氣者〇　20/215/25
五〇三王之道　20/221/20
分〇王之操　21/225/6
所以覽五〇三王　21/226/17
言〇道而不言君事　21/226/26
〇王之道備矣　21/227/1

禘 dì　2

郊望〇嘗　18/189/8
（禱）〔〇〕於襄公之廟　18/195/19

墬 dì　24

天〇未形　3/18/18
〇（形）之所載　4/32/8
天〇始肅　5/43/7
以會天〇之藏　5/44/17
以遠近土〇所宜為度　5/44/22
土〇分裂　5/45/5
〇始凍　5/45/10
〇氣發泄　5/45/25
土〇侵削　5/45/26
〇始坼　5/46/2
是謂發天〇之藏　5/46/5
〔此〕所以助天〇之閉〔藏也〕　5/46/14
〇為準　5/48/26
天〇乃明　5/49/12
晉國赤〇　6/49/27
又況夫（宮）〔官〕天〇　6/50/6
天〇之閒　6/50/18

今夫○黃主屬骨 6/51/3
天清○定 6/51/23
威動天○ 6/51/25
○不周載 6/52/24
以從天○之固然 6/53/8
所謂兼國有○者 6/53/24
○愛其平 8/64/23

諦 dì 1

踣踴而○ 7/59/27

蹎 diān 2

其行○○ 6/53/2

顛 diān 4

猨狖○蹶而失木枝 6/51/27
(○越)〔瞋目〕不能見丘山 9/70/14
走則○ 12/108/7
則終身○頓乎混溟之中 21/227/3

典 diǎn 3

天子乃與公卿大夫飾國○ 5/47/1
從○墳 11/98/11
○凝如冬 15/150/19

坫 diàn 1

設於无垓○之(字)〔宇〕 2/12/24

殿 diàn 1

北面立於○下 12/110/22

電 diàn 17

鬼出(○)〔神〕入 1/1/11
○以為鞭策 1/2/5
激(楊)〔揚〕為○ 4/38/16
激揚為○ 4/38/19
4/38/22,4/38/24,4/38/26
雷○下擊 6/49/28
○奔而鬼騰 6/52/10
(○)〔雹〕霰降虐 8/61/17
日月星辰雷○風雨也 8/64/23
合如雷○ 15/146/2,19/207/25
疾如駭(龍)(當)〔○〕 15/147/6
熛之若火○ 15/148/20
冬有雷○ 17.49/171/23
為雷○所撲 17.124/177/5

簟 diàn 2

若○蘧篨 8/65/11
席之〔上〕、先(雚蕈)〔雚○〕 14/141/19

彫 diāo 1

已○已琢 1/1/12

貂 diāo 3

○裘而負籠 16.71/160/23
○裘而雜 16.119/165/9
(豹)〔○〕裘而雜 17.89/174/21

雕 diāo 9

直○琢其性 7/60/6
○琢刻鏤 8/61/20,9/74/1
贏鏤○琢 8/65/3
○琢之飾 8/65/10
已○已琢 11/98/20
車(與)〔輿〕極於○琢 11/103/20
〔且〕夫○琢刻鏤 11/104/11
白玉不○ 17.226/184/9

鵰 diāo 1

鷹○搏鷙 1/3/18

杓 diǎo 1

孔子〔之〕勁(杓)〔○〕國門之關 12/107/12

弔 diào 8

令○死問疾 5/42/12
○死問疾 5/47/25,19/202/24
○而不責 5/49/11
而不○吾喪 12/115/26
湯沐具而蟣蝨相○ 17.106/175/26
人皆○之 18/190/1,18/190/3

掉 diào 5

目觀《○羽》、《武象》之樂 1/8/26
搖消○捎仁義禮樂 2/15/24
龍乃弭耳○尾而逃 7/58/18
《○羽》、《武象》不知樂也 8/62/16
尾大於要則不○矣 20/221/9

釣 diào 21

夫臨江而○ 1/2/21
○於河濱 1/4/18
○射鸘鷞之謂樂乎 1/7/21
(○)〔鈞〕衡石 5/39/26
虞君好寶而晉獻以璧馬○之 9/77/8
而○深淵之魚 15/151/20
詹公之○ 16.4/154/14
故○可以教騎 16.10/155/6
善○者無所失 16.28/156/30
善於○矣 16.28/156/30
而不善所○ 16.28/156/30
故魚不可以無餌○也 16.34/157/14
而愛己之(鉤)〔○〕 16.63/160/5
○者使人恭 16.93/162/21
○魚者務在芳其餌 16.113/164/18
○魚者泛杭 17.45/171/15
○者靜之 17.121/176/29
無餌之○ 17.176/180/29
○弗能牽也 18/190/17
夫臨河而(鈞)〔○〕 18/201/6
能以其所欲而○者也 18/201/7

藋 diào 1

藜（藋）〔〇〕之生 19/209/25

跌 diē 4

所（斷）差〇者〔已〕〔斷〕 2/14/17
若〇而據 10/85/23
〇衽宮壁 11/100/24
夫墨子（〇）〔跌〕蹏而趨千里 19/204/5

胅 dié 1

二月而〇 7/55/8

垤 dié 2

而蹪於〇 18/186/2
螘知為〇 19/206/4

喋 dié 2

而不嚶〇苛事也 6/54/12
（〇）〔蹀〕虛輕舉 20/214/16

絰 dié 5

衰〇苴杖 8/66/3
被衰戴〇 8/66/17
衰〇（管）〔菅〕屨 9/78/20
衰〇而哭之 12/115/22
故有衰〇哭踊之節 20/212/15

堞 dié 1

傅〇而守 15/143/23

牒 dié 2

積〇旋石 8/65/4
殘以為〇 11/95/26

諜 dié 1

善用間〇 15/148/5

蹀 dié 4

足〇《陽阿》之舞 2/17/4
〇《采齊》、《肆夏》之容也 11/97/19
〔康王〕〇足謦欬 12/107/16
（喋）〔〇〕虛輕舉 20/214/16

丁 dīng 15

其日丙〇 3/20/3,5/41/1,5/41/17
加十五日指〇則小暑 3/22/21
丙剛〇柔 3/27/24
〇南夷 3/28/22
丙〇巳午 3/28/26
〇巳 3/29/8
巳在〇曰強圉 3/29/28
上〇入學習吹 5/44/20
庖〇用刀十九年 11/100/5
丈夫〇壯而不耕 11/103/22
〇壯丈夫 13/124/3
〇壯者死 18/189/26
〇壯者〔皆〕（引）〔控〕絃而戰 18/190/4

頂 dǐng 2

脊管高于〇 7/58/20
今不稱九天之〇 19/205/4

鼎 dǐng 18

然未可以保於周室之九〇也 2/13/9
九〇重（味） 2/17/26
故周〇著倕 8/62/28,12/118/13
大鍾〇 8/65/9
夫舉重〇者 9/70/9
伊尹之負〇 13/128/1
夫發于〇俎之閒 13/128/3
齊威王設大〇於庭中 13/128/27
夫函牛（也）〔之〕〇沸而蠅蚋弗敢入 14/137/29
而不免於〇俎 16.38/157/25
（〇錯）〔錯〇〕日用而不足貴 16.137/166/26
周〇不爨而不可賤 16.137/166/26
而遺之〇羹與其首 18/188/8
則伊尹負〇而干湯 19/203/5
負〇俎而行 20/218/3
不大鍾〇者 20/219/9

定 dìng 64

舒安以〇 1/5/22
消搖而無所〇 1/7/24
是故夫得道已〇 1/9/6
非以一時之變化而〇吾所以自得也 1/9/6
故士有一〇之論 1/9/8
夫天不〇 2/14/3
地不〇 2/14/3
其所守者不〇 2/14/17
〇于死生之境 2/16/2
故天先成而地後〇 3/18/20
是謂〇昏 3/24/19
巳則生已〇也 3/25/7
秋分〔而禾〕藁〇 3/26/17
藁〇而禾熟 3/26/17
午為〇 3/27/3
則〇東方兩表之中 3/31/11
以〇晏陰之所成 5/41/27
不足以〇是非 6/51/9
天清墜〇 6/51/23
地〇以寧 7/55/1
則五藏搖動而不〇矣 7/56/1
五藏搖動而不〇 7/56/1
五藏〇寧充盈而不泄 7/56/3
神明〇於天下而心反其初 8/62/13
道德〇於天下而民純樸 8/62/15
天下寧〇 8/63/20
上煩擾則下不〇 9/68/6
一〇而不易 9/69/24
法〇之後 9/75/17
海內未〇 11/99/3
天下是非無所〇 11/100/15
無須臾之間〇矣 11/101/13
不能〇其處 11/102/16
王欲置后而未〇 12/116/1
一〇之法 13/121/22
故終身而无所〇趨 13/123/12
中有本主以〇清濁 13/123/14
海內大〇 13/124/8
臨貨分財必探籌而〇分 14/136/7

則約○而反無日 14/136/28
則無○分 14/137/16
上之分不○ 14/137/16
平心○意 14/139/17
而以徵羽○名者 14/141/10
質有（之）〔○〕也 14/141/25
故計○而發 15/147/21
計○謀決 15/148/8
故勝○而後戰 15/148/10
〔一則○〕 16.12/155/14
水○則清正 16.12/155/14
非規矩不能○方圓 17.214/183/17
而後敢以○謀 18/186/9
始於雞（○）〔足〕 18/195/23
而○若折槁振落 18/197/19
故內有一○之操 18/199/19
獄斷論○ 18/201/25
○千八百國 19/202/23
其存危○傾若一 19/203/20
雖奚仲不能以○方圓 19/208/7
雖魯班不能以○曲直 19/208/7
周公誅之以○天下 20/218/4
身无○君 20/218/18
天下未○ 21/227/26
辟五湖而○東海 21/228/6

鋌 dìng 1

苗山之（鋌）〔○〕 19/208/22

冬 dōng 97

夫水嚮○則凝而為冰 2/11/12
○日之不用翣者 2/16/18
執權而治○ 3/20/6
以十一月（久）〔○〕
至效斗、牽牛 3/20/21
距日○至四十五日條風至 3/20/25
日○至〔入〕峻狼之山 3/21/7
日○至則斗北中繩 3/21/18
故曰○至為德 3/21/18
日○至則（水）〔火〕
從之 3/21/23
火勝故○至燥 3/21/24
日○至 3/22/1,3/26/9,3/31/12
斗指子則○至 3/22/12
故曰距日○至四十六日
而立春 3/22/14
故曰有四十六日而立○ 3/22/26
故十一月日○至 3/22/28
○生草木必死 3/22/29
淮南元年○ 3/23/9
○至甲午 3/23/9
日○至子午 3/23/16
○至加三日 3/23/16
壬午○至 3/23/16
○乃不藏 3/24/4
蟄蟲○出其鄉 3/24/4
○雷其鄉 3/24/5
○日至則陽乘陰 3/24/24
日○至德氣為土 3/25/21
太陰治○則欲猛毅剛彊 3/28/19
以日○至數〔至〕來歲
正月朔日 3/29/22
故立○鷰雀入海 4/35/14
介鱗者夏食而○蟄 4/35/17
菽夏生○死 4/36/14
薺○生（中）夏死 4/36/15
行○令 5/39/14,5/40/4,5/41/12
5/42/19,5/44/9,5/45/4
季春行○令 5/40/24
仲夏行○令 5/42/1
孟秋行○令 5/43/12
則○多火災 5/43/13
○藏殃敗 5/45/4
孟○之月 5/45/9
以出○令 5/45/13
立○之日 5/45/16
孟○行春令 5/45/25
方○不寒 5/45/25
仲○之月 5/46/1
仲○行夏令 5/46/15
季○之月 5/46/20
季○行秋令 5/47/6
孟夏與孟○為合 5/48/13
仲夏與仲○為合 5/48/13
季夏與季○為合 5/48/14
孟○始急 5/48/15
仲○至短 5/48/15
季○刑畢 5/48/15
十一月蟄蟲○出其鄉 5/48/17
行○令肅 5/48/21
行○令格 5/48/21
行○令耗 5/48/22
○行春令泄 5/48/22
○為權 5/48/26
故○正將行 5/49/19
○治以權 5/49/22
以○鑠膠 6/50/25
殺秋約○ 6/52/27
春秋○夏皆獻其貢職 6/54/5
知○日之箑、夏日之裘
無用於己 7/61/1
〔距〕日○至四十六日 8/62/2
○雷夏霜 8/62/4,20/210/21
秋收○藏 8/64/8,9/67/18
○日之陽 9/68/14
然不能使禾○生 9/72/1
而○不被裘 9/78/16
○伐薪蒸 9/79/11
譬猶○被葛而夏被裘 11/99/7
○則羊裘解札 11/104/7
○日則不勝霜雪霧露 13/120/7
且○且夏 15/149/22
典凝如○ 15/150/19
陰陽不能且○且夏 16.27/156/27
○有雷電 17.49/171/23
至○而不知去 17.142/178/15
○冰可折 17.166/180/8
以○伐木而積之 18/192/17
○間無事 18/192/18
○日被裘罽 18/194/15
○日則寒凍 18/194/18
夏瀆而○陂 19/203/18
夫（橘柚）〔亭歷〕○
生 19/205/7
而人（日）〔曰〕○死 19/205/7

東 dōng 164

使地○南傾 1/4/13
不知○西 2/11/19,11/96/1
地不滿○南 3/18/26
○方曰蒼天 3/19/22
○北〔方〕曰變天 3/19/22
其星○壁、奎、婁 3/19/24
其星觜嶲、參、○井 3/19/25
○南方曰陽天 3/19/25
○方 3/20/1
與（熒惑）〔營室〕晨
出○方 3/20/16

入三十五日而復出○方	3/20/17
以五月夏至效○井、輿鬼	3/20/20
晨候之○方	3/20/22
○方為田	3/21/1
○北為報德之維（也）	3/21/15
○南為常羊之維	3/21/16
○南則生	3/23/3
以（十一）〔正〕月與之晨出○方	3/27/5
○井、輿鬼為對	3/27/5
以（十）二月與之晨出○方	3/27/6
歲星（含）〔舍〕營室、○壁	3/27/7
以（正）〔三〕月與之晨出○方	3/27/7
以（二）〔四〕月與之晨出○方	3/27/8
以（三）〔五〕月與之晨出○方	3/27/10
以（四）〔六〕月與之晨出○方	3/27/11
歲星舍○井、輿鬼	3/27/12
以（五）〔七〕月與之晨出○方	3/27/12
以（六）〔八〕月與之晨出○方	3/27/13
以（七）〔九〕月與之晨出○方	3/27/14
營室、○壁為對	3/27/15
以（八）〔十〕月與之晨出○方、奎、婁為對	3/27/15
以（九）〔十一〕月與之晨出○方	3/27/16
以十〔二〕月與之晨出○方	3/27/18
刑德合○方宮	3/27/18
正月建營室〔○壁〕	3/28/1
五月建○井、〔輿鬼〕	3/28/2
○壁九	3/28/7
○井三十〔三〕	3/28/8
營室、○壁衛	3/28/12
○井、輿鬼秦	3/28/12
乙○夷	3/28/22
先樹一表○方	3/31/10
又樹一表於○方	3/31/10
則定○方兩表之中	3/31/11
則○西之正也	3/31/11
日出○南維	3/31/12
日出○中	3/31/12
出○北維	3/31/13
欲知○西、南北廣袤之數者	3/31/15
以知從此○西之數也	3/31/17
得從此○萬八千里	3/31/18
○西里數也	3/31/19
則是○與○北表等也	3/31/22
正○萬八千里	3/31/23
○南神州曰農土	4/32/14
○北薄州曰隱土	4/32/15
正○陽州曰申土	4/32/15
○北曰炎風	4/32/25
○（玄）〔方〕曰條風	4/32/25
○南曰景風	4/32/25
○西二萬八千里	4/32/30
禹乃使太章步自○極	4/33/1
沙棠、琅玕在其○	4/33/5
河水出崑崙○北陬	4/33/11
赤水出其○南陬	4/33/11
西南注南海丹澤之○	4/33/11
（赤水之○）	4/33/12
自（北○）〔○北〕方曰（大澤）〔無通〕	4/33/22
○方曰大渚	4/33/23
○南方曰具區	4/33/23
自○北方曰和丘	4/34/1
○方曰棘林	4/34/1
○南方曰大窮	4/34/2
自○北方曰方土之山	4/34/6
○方曰○極之山	4/34/6
○南方曰波母之山	4/34/7
○方之美者	4/34/12
○南方之美者	4/34/12
○北方之美者	4/34/15
○西為緯	4/34/18
○方有君子之國	4/34/25
○方川谷之所注	4/35/26
自西南至○南方	4/36/27
自○南至○北方	4/37/1
自○北至西北方	4/37/2
三珠樹在其○北方	4/37/6
崑崙、（華）〔芊〕丘在其○南方	4/37/6
和丘在其○北陬	4/37/7
暘谷、榑桑在○方	4/37/9
狗國在其○	4/37/14
○流絕漢入海	4/37/16
右還○流	4/37/16
至于○極	4/37/16
其位○方	5/39/3,5/39/18,5/40/9
○風解凍	5/39/4
○宮御女青色	5/39/6,5/39/21,5/40/12
天子親率三公九卿大夫以迎歲于○郊	5/39/9
○鄉親桑	5/40/20
昏〔○〕（璧）〔壁〕中	5/46/1
○方之極	5/47/13
○至日出之次、（扶）（榑）〔榑〕木之地	5/47/13
自崑崙○絕兩恒山	5/47/22
○至於碣石	5/47/23
故○風至而酒湛溢	6/50/14
流注○海	8/63/16
○至湯谷	9/67/22
○方開	10/85/25
昔○戶季子之世	10/87/26
照惑者以○為西	10/89/7
民童蒙不知（○西）〔西○〕	11/93/28
告以○西南北	11/101/12
○家謂之西家	11/102/16
西家謂之○家	11/102/16
周公踐○宮	11/102/19
過周而○	12/115/22,13/125/15
○（開）〔闢〕〔乎〕鴻濛之光	12/116/12
湣王專用淖齒而死于○廟	13/123/17
○至會稽、浮石	13/124/3
故○面而望	13/124/12
人雖○西南北	14/135/11
陽氣起於○北	14/141/13
盡於○北	14/141/13
○裹郯、（淮）〔邳〕	15/145/25
○面而迎歲	15/146/14
將欲西而示之以○	15/150/26
○家母死	16.77/161/7
注於○海	16.83/161/24
告之以○西南北	16.84/161/28

狂者○走	16.108/164/4
逐者亦○走	16.108/164/4
○走則同	16.108/164/4
所以○走〔者〕則異	16.108/164/4
而罵其○家母	16.141/167/7
○伐齊	18/186/23
解扁為○封	18/192/15
過周以○	18/192/29
遂以其屬徙○夷	18/193/5
身死高梁之○	18/194/2
○結朝鮮	18/197/12
孔子行（遊）〔於〕〔○野〕	18/198/8
子耕於○海	18/198/12
○至黑齒	19/202/19
夫地勢、水○流	19/203/12
而人謂江、河○流	19/205/8
攝提鎮星日月○行	19/205/9
踰塞而○	19/207/20
謝子、山○辨士	19/208/13
○注之海	20/212/9
○西南北七十說而无所偶	20/218/6
左○海	20/219/14
極○西之廣	21/224/14
辟五湖而定○海	21/228/6
○負海而北鄣河	21/228/10

涷 dōng 1

雜（涷）〔○〕雨	6/51/25

蕫 dǒng 1

○閼于曰	12/106/22

洞 dòng 16

遂兮○兮	1/1/23
與天地鴻○	1/6/7
通○條達	2/16/27
○○灟灟	3/18/18
澒濛鴻○	7/54/25
○然無為而天下自和	8/63/2
斷脩蛇於○庭	8/63/13
○同覆載而無所礙	10/82/16
○於化通	12/115/15
○則無善也	12/115/16
○○屬屬	13/121/16
○同天地	14/132/10
及至其下○庭	18/196/21
九竅通○	19/205/10

凍 dòng 14

是故○者假兼衣于春	2/14/26
陽（氣）○解	3/22/14
東風解○	5/39/4
墜始○	5/45/10
則○閉不密	5/45/25
冰○消釋	5/47/7
有○寒積冰、雪雹霜霰、漂潤群水之野	5/48/5
十月不○	5/48/16
雜（○）〔涷〕雨	6/51/25
○餓飢寒死者相枕席也	8/61/24
飢渴○暍	15/148/4
因其飢渴○暍	15/152/23
當○而不死者	17.105/175/23
冬日則寒○	18/194/18

迵 dòng 2

通（迵）〔○〕造化之母也	21/224/8
使人通○周備	21/224/15

動 dòng 187

蠉飛蝡○	1/1/19,2/10/21
不虛○兮	1/1/24
四支不（○）〔勤〕	1/2/10
感而後○	1/2/14
知之○也	1/2/15
○不失時	1/5/1,18/195/5
後○者、達之原也	1/5/7
○溶無形之域	1/6/5
其○無形	1/6/27,7/58/1
（感）〔迫〕則能○	1/7/13
蟯○蚑作	1/9/20
○靜不能中	1/10/1
利何足以○之	2/12/11
則○溶于至虛	2/14/22
知者不能○也	2/16/28
性不○和	2/17/8
耳目應感○	2/17/13
故鳥（飛）〔○〕而高	3/19/6
魚○而下	3/19/7
物類相○	3/19/9
地○	3/24/1
蟄蟲咸○穌	5/39/25
○眾興兵	5/42/15
水泉○	5/46/13
感○有理	5/49/8
○而法繩	5/49/22
或○之也	6/50/15
陰陽同氣相○也	6/50/19
彈角角○	6/51/18
威○天墜	6/51/25
此明於小○之迹	6/52/4
車莫○而自舉	6/52/9
日行月○	6/52/10
八月而○	7/55/9
則五藏搖○而不定矣	7/56/1
五藏搖○而不定	7/56/1
○則與陽（俱開）〔同波〕	7/57/1
迫而○	7/57/16
以禁其○	7/60/15
〔不〕隨物而○	7/60/29
發○而成于文	8/61/7
○而理通	8/63/1
蠉飛蝡○	8/64/7
○靜調於陰陽	8/64/13
感○血氣者	8/65/21
樂斯○	8/65/23
○斯蹈	8/65/23
怒斯○	8/66/1
○則手足不靜	8/66/1
清靜而不○	9/67/3
○靜循理	9/67/6
故至精之所○	9/68/28
○諸琴瑟	9/69/5
感○天地	9/69/12
夫螣蛇游霧而（○）〔騰〕	9/70/15
今夫橋（直植）〔植直〕立而不○	9/71/1
以天下之力（爭）〔○〕	9/75/1
非謂其凝滯而不○也	9/75/20

然而○靜聽視皆以為主者 9/79/22
○靜中儀 9/80/4
舉○廢置 9/80/4
故○而必窮矣 9/81/1
則所○者遠矣 10/84/16
○於上 10/84/25
感○應於外 10/84/28
○於近 10/85/9
○而有益 10/85/25
情先○ 10/86/24
○無不得 10/86/24
知聲○矣 10/87/19
則○而惑營 11/96/2
○未嘗正（物）〔也〕 11/96/4
○於心 11/98/19
彈角而角○ 11/100/11
事者、應變而○ 12/110/17
能○地 12/119/1,12/119/2
地可○乎 12/119/2
地其○乎 12/119/3
臣非能○地 12/119/4
地固將○也 12/119/4
威○天地 13/121/18
隨時而○靜 13/126/18
物○而知其反 13/126/19
○以喜樂 13/128/20
是故聖人審○靜之變 13/129/28
夫○靜得 13/130/1
荊佽非兩蛟夾繞其船而志不○ 13/130/8
故○而為之生 14/132/12
○於不得已 14/132/19
○則有章 14/132/21
○有章則（詞）〔訶〕 14/132/21
不惑禍福則○靜循理 14/133/9
○之為物 14/135/8
然後覺其○也 14/135/22
循理而○ 14/137/20
便○靜 14/137/27
嵬然不○ 14/138/23
故名不○志 14/142/5
故利不○心 14/142/5
萬（人）〔民〕愮○ 15/142/25
○而順日月 15/144/14
順道而○ 15/144/24
○靜時 15/145/13,15/150/12
天下為之麋沸螘○ 15/146/10
○作周還 15/147/4
善者之○也 15/147/5
○不知其所為 15/147/15
○靜如身 15/147/21
分決而○ 15/147/21
○無墮容 15/147/22
發○必亟 15/147/23
則體不節○ 15/147/24
鈐縣而後○ 15/148/10
唯無一○ 15/148/11
○則淩天振地 15/148/11
敵先我○ 15/148/15
若○而應 15/148/18
敵迫而不○ 15/148/19
○則就陰 15/149/2
虎豹（之）〔不〕○ 15/149/3
麋鹿不○ 15/149/3
飛鳥不○ 15/149/3
魚鱉不○ 15/149/3
物未有不以○而制者也 15/149/4
○如一體 15/149/8
○莫急於時 15/149/15
是以○為人禽矣 15/149/30
是故扶義而○ 15/150/21
舉措○靜 15/150/27
○必順時 15/151/29
通○靜之機 15/151/29
○无常體 15/152/2
故○而為人擒 15/152/9
死亡不能○ 15/152/21
老母行歌而○申喜 16.4/154/14
○則失平 16.12/155/14
故惟不○ 16.12/155/14
則所以無不○也 16.12/155/14
不得已而○ 16.32/157/10
同氣相○ 16.33/157/12
介蟲之○以固 16.146/167/20
貞蟲之○以毒螫 16.146/167/20
熊羆之○以攫搏 16.146/167/20
兕牛之○以觗觸 16.146/167/20
莫知其○ 17.21/169/28
設鼠者機○ 17.45/171/15
任○者車鳴也 17.45/171/15
○智所由 18/185/26
○靜者、利害之樞機也 18/186/12
妄○而絓羅網 18/196/9
而志不○ 18/197/2
以陽○也 18/198/28
因日以○ 18/199/1
漠然不○ 19/202/12
四胑不（○）〔勤〕 19/203/10
（攻）〔故〕而不○者 19/203/16
蚑行蟯○之蟲 19/206/1
喻於道者不可○以奇 19/208/4
○容轉曲 19/209/20
而木已○矣 20/210/8
草木未○而鳥已翔矣 20/210/10
以陰陽之氣相○也 20/210/10
大○天下 20/210/14
故一○其本而百枝皆應 20/210/15
聲然能○化天下者也 20/210/18
形氣○於天 20/210/18
至誠而能○化矣 20/211/18
○成獸 20/215/15
庫兵○而戎馬驚 20/215/26
精氣之○也 20/215/27
是以天心○化者也 20/216/1
上○而下隨 20/217/21
○於權而統於善者也 20/218/8
外內搔○ 20/219/25
車有勞軼○靜而后能致遠 20/222/13
乃不○者也 20/222/14
○靜之利害 21/224/2
不可○以物 21/224/15
節○靜之機 21/225/1
靜精神之感○ 21/225/5
○而隨 21/226/19
則不知○靜之宜 21/226/27

棟 dòng 5

上○下宇 13/120/8
郢人有買屋○者 16.122/165/16
不可以為（櫨）〔廬〕○ 19/209/26
不大其○ 20/221/16
○莫若德 20/221/17

兜 dōu 2

放讙○於崇山 19/202/20
何憂讙○ 20/223/14

斗 dǒu 31

其星〔尾〕、箕、○、牽牛 3/19/23
鎮星以甲寅元始建○ 3/20/13
以十一月（久）〔冬〕至效○、牽牛 3/20/21
紫宮執○而左旋 3/21/7
日冬至則○北中繩 3/21/18
日夏至則○南中繩 3/21/18
而（升）〔○〕日行一度 3/22/11
○指子則冬至 3/22/12
○杓為小歲 3/23/1
運之以○ 3/25/4
舍○、牽牛 3/27/5
○、牽牛為對 3/27/12
十一月建〔○〕、牽牛 3/28/3
○二十六 3/28/6
○、牽牛（越）、須女吳〔越〕 3/28/11
北○之神有雌雄 3/29/1
北○所擊 3/29/14
民食三○ 3/31/6
三主○ 4/35/10
○主犬 4/35/10
角○（稱）〔桶〕 5/40/1,5/44/4
昏○中 5/42/23
炮（烙）〔格〕生乎熱（升）〔○〕 11/94/14
見○極則寤矣 11/96/1
夫性、亦人之○極也 11/96/1
鵜胡飲水數○而不足 11/103/11
以（升）〔○〕勺沃而救之 15/149/11
百○而足矣 17.86/174/14
大○斛以出 18/201/21
江海不可○斛也 20/211/2

豆 dòu 5

觴酌俎○ 9/78/19
俎○之列次 14/140/2
○之〔上〕、先黍羹 14/141/20
大〔庖不〕○（不具） 17.15/169/12
設籩○者 20/215/17

竇 dòu 3

穿○窖 5/44/1
補決○ 5/48/2
鑿○而（出）〔止〕水 6/54/16

鬭 dòu 30

麒麟○而日月食 3/19/10
不使○爭 9/68/27
為勇者務於○爭 9/73/6
其在債人則生爭○ 10/85/19
○爭無已 12/119/23
銷車以○ 13/122/7
无涉血之仇爭忿○ 13/130/26
故以巧○力者 14/136/14
兩人相○ 14/140/9
○者雖彊 14/140/10
以不○也 14/140/10
〔乃〕反生○ 14/141/5
○而相傷 14/141/5
天下為○ 15/144/24
而善戰者無與○ 15/146/16
不可與○者 15/151/8
兩爵相與○ 15/152/7
夫實則○ 15/153/6
勇者為之○ 15/153/23
非學○爭〔也〕 16.131/166/10
大勇不○ 17.15/169/13
小國不○於大國之間 17.123/177/3
兩鹿不○於伏兕之旁 17.123/177/3
救○者得傷 17.124/177/5
以為〔傷者、戰○者也〕 18/187/15
魯季氏與郈氏○雞 18/195/18
兩家○雞 18/195/27
怒而○ 19/206/1
故勇者可（貪）〔令〕進○ 20/214/24
皆方面奮臂而為之○ 20/219/23

都 dū 18

夫歷陽之○ 2/18/6
中央為○ 3/21/1
建木在○廣 4/33/19
南方曰○廣 4/34/2
曰幽○之門 4/34/8
有幽○之筋角焉 4/34/14
丹水出高（褚）〔○〕 4/37/20
建○邑 5/44/1
十一月官○尉 5/46/18
徑躡○廣 6/52/3
北至幽○ 9/67/22
非所以（○）〔教〕於國也 9/73/8
今之國○ 11/97/4
故始於○者常（大）〔卒〕於鄙 14/141/3
一軍處番禺之○ 18/197/13
北撫幽○ 19/202/19
後幽○ 20/219/14
視天○若蓋 20/220/8

督 dū 2

將軍不與於五官之事而為五官○ 15/150/17
所以因（作）任○責 21/225/8

毒 dú 12

非直蜂蠆之螫○而蚊虻之慘怛也 2/17/14
（餒）〔餧〕（○）〔獸〕之藥 5/40/18
○獸不作 6/51/23
藏其螫○ 6/53/4
莫凶於（雞）〔奚〕○ 9/74/18
藥之凶○也 10/83/23
飲○藥非不苦也 14/137/25
有○者螫 15/142/23
貞蟲之動以○螫 16.146/167/20
時多（疾）〔疹〕病○傷之害 19/202/16
一日而（遇）七十○ 19/202/18
而无傷乎讒賊螫○者也 21/226/7

獨 dú 68

而○知守其根 1/4/25
而○知守其門 1/4/25

瀆 dú 7

犢 dú 6

讀 dú 6

韇 dú 1

堵 dǔ 2

睹 dǔ 5

篤 dǔ 3

覩 dǔ 6

杜 dù 6

〔昭〕文君謂○赫曰 12/108/12
〔○〕赫對曰 12/108/13
故必○然後能門 12/118/14
申菽、○茞 18/198/23
以歸神〔○淫〕 20/213/13

妬 dù 1

爵高者、士○之 12/114/1

度 dù 121

貙○汶而死 1/4/2
法○刑罰 1/4/22
是故聖人一○循軌 1/7/1
不可隱儀揆○而通光燿者 2/10/23
今夫善射者有儀表之○ 2/13/16
○形而衣 2/16/19,7/60/20
日（月）行十二分○之一 3/20/9
歲行三十○十六分○之七 3/20/9
日行二十八分○之一 3/20/14
歲行十三○百一十二分○之五 3/20/14
日行一○ 3/21/7
日移一○ 3/21/8
月行百八十二○八分○之五 3/21/8
反覆三百六十五○四分○之一而成一歲 3/21/8
日月俱入營室五○ 3/21/9
日月復以正月入營室五○無餘分 3/21/10
日行〔危〕一○ 3/21/11
而歲有奇四分○之一 3/21/11
九十一○（也）十六分○之五 3/22/11
而（升）〔斗〕日行一○ 3/22/11
月日行十三○七十六分○之二十（六）〔八〕 3/23/12
古之為○量 3/26/13
〔中人之○也〕 3/26/15
（中人之○也） 3/26/16
星分○ 3/28/6
同日○其陰 3/32/1
同○量 5/39/26
莫不中○ 5/43/24
壹○量 5/44/4
以遠近土墜所宜為○ 5/44/22
案○呈 5/45/20
斷以法○ 5/48/8
製○ 5/48/24
大制有六○ 5/48/26
繩之為○也 5/48/30
準之為○也 5/49/4
規之為○也 5/49/8
規○不失 5/49/9
衡之為○也 5/49/11
矩之為○也 5/49/15
（僅）〔權〕之為○也 5/49/18
得失之○ 6/51/2
節四時之○ 6/52/16
伏戲、女媧不設法○而以至德遺於後世 6/54/11
禁之以○ 7/60/6
而○制可以為天下儀 7/60/11
以己為○ 7/60/29
一○而不搖 9/67/3
審緩急之○ 9/73/13
則賦斂無○ 9/74/2
天下之○量 9/75/16
中○者雖不肖必無罪 9/75/18
此○之本也 9/75/24
正○于胸臆之中 9/76/1
（美）〔羨〕者（正）〔止〕於○ 9/76/16
故法律○量者 9/76/20
不待禁誅而自中法○者 9/77/28
自養有○ 9/79/5
使堯○舜 10/83/14
使桀○堯 10/83/15
（兼）〔兼〕覆（蓋）而并有之、（○）伎能而裁使之者 10/93/15
○量不失於適 11/97/18
法○不同 11/99/9
道至眇者無○量 11/99/20
而○量可世傳也 11/102/6
正女○ 12/106/28
其○安至 12/114/21
還反○江 12/118/2
則先王之法○有移易者矣 13/120/16
所推移上下者无寸尺之○ 13/120/25
法○制令各因其宜 13/121/5
法○者 13/122/12
不可令制法〔○〕 13/122/17
夫繩之為○也 13/123/4
今謂（疆）〔彊〕者勝則○地計眾 13/124/21
為是釋○數而求之於朝肆草莽之中 13/128/6
不循○量之故也 13/129/16
而適受與之○ 13/130/1
自當以道術○量 13/130/6
若无道術○量而以自儉約 13/130/7
○水而无游數 14/133/17
其力不可○ 14/134/8
詘伸不獲五○ 15/144/15
儀○不得 15/144/20
（大）〔○〕地計眾 15/146/3
不可（○量）〔量○〕也 15/147/2
不可揆○者也 15/150/18
日之脩短有○也 16.22/156/12
巧者善○ 16.65/160/10
跪而○之 16.122/165/16
以一（出）〔世〕之○制治天下 17.1/168/9
嘗抱壺而○水者 17.149/178/31
使人無○河 17.161/179/26
中河使無○ 17.161/179/26
莫不先以其知規慮揣○ 18/186/9
淫佚无○ 18/186/25
設儀立○ 19/207/1
故凡可○者、小也 20/210/29
至大、非○之所能及也 20/211/1
不可○思 20/211/6
非〔得〕聖王為之法○而教導之 20/212/23
俯取○於地 20/212/27
以制○量 20/213/1
以為雖有法○ 20/213/10
寸而○之 20/215/5
非法○不存也 20/216/20
而制○可以為萬民儀 20/219/9
禮節制○ 20/221/5
所以為末者、法○也 20/221/6
據○行當 21/224/18

〔專〕用制○ 21/226/20
賦斂无○ 21/227/20
○形而施宜 21/228/28

渡 dù 2

○于孟津 6/50/1
○江河而言陽侯之波 16.139/167/1

蠹 dù 3

○眾則木折 17.103/175/19
木生○ 17.224/184/5
故○啄剖梁柱 18/195/29

剬 duān 1

所以○有司 9/75/19

端 duān 24

是非无○ 2/11/10
〔景在樹○〕 3/24/21
○權概 5/40/1
黜讒佞之○ 6/54/8
不知其○緒 7/57/23
終始無○ 7/60/3,9/80/2
其民樸重○慤 9/67/20
運轉而无○ 9/71/17
大夫○冕以送迎之 11/98/26
賈多○則貧 14/139/22
天員而無○ 15/144/3
孰知其○緒 15/147/11
莫知其○緒者也 15/152/15
射者使〔人〕○ 16.93/162/21
筮者○策 17.19/169/24
一○以為冠 17.36/170/27
一○以為絑 17.36/170/27
發一○ 18/185/23
萬○無方 18/196/8
以其竄○匿跡 18/202/4
是兩（未）〔末〕之○（義）〔議〕 19/205/4
觀始卒之○ 19/206/23
是以緒業不得不多○ 20/214/2

短 duǎn 51

小大脩○ 1/2/17
○綣不袴 1/3/24
○袂攘卷 1/3/25
居卑不可為○ 1/9/9
景○則陽氣勝 3/22/3
是以陽氣勝則日脩而夜○ 3/25/1
陰氣勝則日○而夜脩 3/25/1
是南千里陰○寸 3/32/2
其人翕形○頸 4/36/7
其人大面○頸 4/36/11
日（○）〔長〕至 5/41/26
日○至 5/46/11
〔日○至〕 5/46/13
仲冬至○ 5/48/15
○褐不完 6/53/24
毋小大脩○ 9/72/9
百姓○褐不完 9/74/8
○者以為朱儒枅櫨 9/74/17
无大小修○ 9/74/17
才有所脩○也 9/74/22
小大脩○有敘 10/87/4
根淺則末○ 10/92/25
○褐不完者 11/94/3
○脩之相形也 11/94/3
不亟於為文句疏○之鞻 11/98/12
○褐不揜形 11/104/7
而巫馬期絻衣○褐 12/116/21
○而不窮 13/123/5
此脩○之分也 13/126/5
莫不有所○ 13/127/10
皆有所○ 13/127/14
今志人之所○ 13/127/27
而脩○可知也 13/128/14
而賤其所○ 14/132/26
脩鎩○鏦 15/146/1
當（死市）〔市死〕者以日為○ 16.22/156/12
日之脩○有度也 16.22/156/12
有所在而○ 16.22/156/12
物莫措其所脩而用其所○也 16.146/167/20
能有脩○也 17.10/169/2
（○綆）〔綆○〕不可以汲深 17.12/169/6
唐子○陳駢子於齊威王 18/194/13
唐子者、非○子者耶 18/194/16
自唐子之○臣也 18/194/18
不憂命之○ 19/202/27
人性各有所脩○ 19/204/13
知者之所○ 19/205/22
斷○為節 21/225/14
所以一群生之○脩 21/225/16
故縱橫脩○生焉 21/228/18

段 duàn 12

○干木、晉國之大駔也 13/127/12
○干木辭相而顯 18/199/10
○干木辭祿而處家 19/203/28
○干木在 19/203/29
○干木、布衣之士 19/203/29
○干木不趨勢利 19/204/1
○干木光于德 19/204/2
○干木富于義 19/204/2
〔○〕干木雖以己易寡人 19/204/3
○干木、賢者 19/204/4
○干木闔門不出 19/204/6
田子方、○干木輕爵祿而重其身 20/218/16

毈 duàn 2

鳥卵不○ 1/1/16
胎夭卵○ 3/23/26

鍛 duàn 5

勁策利（○）〔錣〕 1/2/2
○錫文（鏡）〔鏡〕 8/65/11
靡流堅○ 8/65/13
而作為之鑄金（鍛）〔○〕鐵 13/120/14
而（鍛）〔○〕者拾之 17.220/183/29

斷 duàn 42

斬之不○ 1/6/4
然其〔一〕○在溝中 2/14/14
（一）比犧尊〔於〕溝中之○ 2/14/14

所（○）差跌者〔已〕〔○〕 2/14/17
○罰刑 3/23/23,5/45/13,5/48/7
○薄刑 5/41/10
○以法度 5/48/8
○鼇足以立四極 6/52/26
○脩蛇於洞庭 8/63/13
非平正無以制○ 9/74/13
使無擅○也 9/75/20
聽獄必為○ 9/80/26
雖在○割之中 9/81/7
此智者之所獨○也 9/81/10
○之於耳而已矣 11/96/9
夫耳目之可以○也 11/96/9
披○撥（檖）〔遂〕 11/99/26
遂○其頭 12/118/6
誅賞制○ 13/121/18
掩節而○割 15/150/22
卒論○於軍中 15/153/25
神蛇能○而復續 16.9/155/4
而不能使人勿○也 16.9/155/4
○指而免頭 16.36/157/20
○右臂而爭一毛 16.74/160/30
鏌邪不○肉 16.80/161/15
將以○兕犀 16.106/163/30
或○臂而顧活 16.129/166/4
故梧桐○角 16.130/166/8
以其應物而○割也 16.150/168/1
鏌邪○割 17.28/170/11
固謂之○ 17.197/182/12
獄○論定 18/201/25
擊則不能○ 19/205/2,19/205/17
則水○龍舟 19/205/18
決腹○頭 19/207/14
雖水○龍舟 19/208/23
○短為節 21/225/14

兌 duì 5

其人○形小頭 4/35/26
其人修形○上 4/36/1
塞其○ 12/116/3
則塞民於○ 12/119/24
雩○而請雨 20/211/6

隊 duì 3

襄子疏○而擊之 12/106/25
得寶劍於干○ 12/118/2
然而○（階）〔伯〕之卒皆不能前遂斬首之功 13/129/22

對 duì 53

東井、輿鬼為○ 3/27/5
柳、七星、張為○ 3/27/7
翼、軫為○ 3/27/8
角、亢為○ 3/27/9
氐、房、心為○ 3/27/10
尾、箕為○ 3/27/11
斗、牽牛為○ 3/27/12
須女、虛、危為○ 3/27/13
營室、東壁為○ 3/27/15
以（八）〔十〕月與之晨出東方、奎、婁為○ 3/27/15
胃、昴、畢為○ 3/27/17
觜嶲、參為○ 3/27/18
其○為衡 3/28/15
翟煎○曰 12/106/3
田駢○曰 12/106/9
惠孟○曰 12/107/17,12/107/23
薄疑○曰 12/108/12
〔杜〕赫○曰 12/108/13
李克○曰 12/108/23
〔李克〕○曰 12/108/24
〔詹何〕○曰 12/109/27
詹何○曰 12/109/28
不敢○以（未）〔末〕 12/109/29
○曰 12/111/15
12/111/20,12/112/26
12/113/6,12/113/28
12/114/20,12/118/3
12/118/26,12/118/27
12/119/1,12/119/2,12/119/9
13/129/28,18/192/17
18/194/16,18/194/17
18/198/2,18/200/1
尹佚〔○〕曰 12/114/22
漁者○曰 12/116/23
晏子默然不○ 12/119/2
晏子默而不○者 12/119/4
○門不通 16.61/160/1
澇則具擢○ 17.235/184/30
秦西巴○曰 18/188/14
匠人○曰 18/190/9
無以○ 18/190/11
雍季○曰 18/191/13
其御〔○〕曰 18/199/26

懟 duì 2

不為愁悴怨（○）〔懟〕而（不）失其所以自樂也 1/9/2
大臣怨○ 15/153/8

敦 dūn 9

通於无（整）〔墪〕而復反於○龐〔矣〕 2/13/24
騎蜚廉而從○圄 2/14/22
歲名曰○牂 3/27/9
歲名〔曰〕困○ 3/27/16
○牂之歲 3/29/28
困○之歲 3/31/6
子不若○愛而篤行之 12/112/10
○六博 15/151/20
淳厖○厚者 20/214/4

蹲 dūn 2

日中有（○）〔踆〕烏 7/55/15
○踞而誦《詩》、《書》 16.79/161/13

沌 dūn 2

渾○為樸 14/132/10
混○萬物 21/224/1

盾 dùn 1

則貫兕甲而徑於革○矣 15/150/5

笹 dùn 1

與守其篅○、有其井 7/59/20

鈍 dùn 4

狡猾○惛 2/11/10
○悶以終 6/51/20
薛燭庸子見若狐甲於劍
而利○識矣 13/128/15
○（閒）〔閔〕條達 19/207/10

遁 dùn 21

淖溺流○ 1/6/4
猶有所○ 2/11/2
則无所○其形矣 2/11/2
止五○ 8/64/24
皆在流○ 8/65/1
流○之所生者五 8/65/1
此○於木也 8/65/3
此○於水也 8/65/6
此○於土也 8/65/9
此○於金也 8/65/12
此○於火也 8/65/15
非自○〔也〕 10/83/13
不（身）〔自〕○ 10/86/22
斯亦不○人 10/86/23
鑿培而○之 11/102/26
勇武○逃 11/104/15
師未合而敵○ 12/113/12
○逃奔走 13/127/4
而後無○北之刑 15/146/15
故○關不可復 17.97/175/7
樽流○之觀 21/225/5

頓 dùn 4

趨則○ 12/108/7
唯猗○不失其情 13/128/13
○兵剉鋭 19/203/23
則終身顛○乎混溟之中 21/227/3

遯 dùn 2

○逃乎碑〔下〕 12/116/7
審於形者不可○以狀 19/208/4

多 duō 170

猶不能與羅者競○ 1/2/23
舟行宜○水 1/3/20
而以少正○ 1/5/3
憂悲○恚 1/7/5
好憎繁○ 1/7/5
慕之者○而行之者寡 1/8/7
貪饕○欲之人 1/10/3
故誅暴則○飄風 3/19/13
枉法令則○蟲螟 3/19/13
令不收則○淫雨 3/19/13
鳥蟲○傷 3/23/26
是故山氣○男 4/34/20
澤氣○女 4/34/20
障氣○喑 4/34/20
風氣○聾 4/34/20
林氣○癃 4/34/20
木氣○傴 4/34/21
岸下氣○（腫）〔尰〕 4/34/21
石氣○力 4/34/21
險阻氣○癭 4/34/21
暑氣○夭 4/34/21
寒氣○壽 4/34/21
谷氣○痺 4/34/22
丘氣○（狂）〔尪〕 4/34/22
衍氣○仁 4/34/22
陵氣○貪 4/34/22
輕土○利 4/34/22
重土○遲 4/34/22
中土○聖人 4/34/23
食木者○力而㚇 4/35/1
渭水○力而宜黍 4/35/23
○虎豹 4/35/27
○兕象 4/36/2
○旄犀 4/36/5
○犬馬 4/36/8
○牛羊及六畜 4/36/12
民○相殘 5/40/5
則民○疾疫 5/40/24
則天○沈陰 5/40/25
○風欬 5/42/18
乃○女災 5/42/19
則冬○火災 5/43/13
民○瘧疾 5/43/13
○積聚 5/44/2
民○（鼽）〔鼽〕窒 5/45/4
則國○盜賊 5/45/4
民○流亡 5/45/25
則〔國〕○暴風 5/45/25
民○疾癘 5/46/16
則胎夭〔○〕傷 5/47/6
國○固疾 5/47/6
故所求○者所得少 7/55/26
計人○少眾寡使有分數 8/61/25
〔智〕能愈○而德愈薄矣 8/62/28
故博學○聞 8/64/1
嗜慾○ 8/66/16
是以上○故則下○詐 9/68/6
上○事則下○能 9/68/6
上○求則下交爭 9/68/6
而國家○難 9/68/27
而民○昏亂 9/68/28
不待其○力者 9/70/10
天下○眩於名聲 9/72/27
能欲○而事欲鮮 9/79/27
能欲○者 9/80/4
能○者無不治也 9/80/7
聿懷○福 9/80/16
能亦○矣 9/80/23
固已○矣 9/80/27
其所事者〔又〕○ 9/80/27
事〔之〕可權者○ 9/81/16
此愚者之所〔以〕○患也 9/81/17
○少不同 10/83/2
故上○故 10/84/1
則民○詐矣 10/84/1
故帝王者○矣 10/86/20
貧賤者○矣 10/86/20
則賤者○矣 10/86/21
人○欲虧義 10/88/23
○憂害智 10/88/24
○懼害勇 10/88/24
有國者○矣 10/90/12
患生於○欲 10/92/25
物○類之而非 10/93/6
故構而○責 11/93/26
盛者非○人也 11/95/16
有餘者非○財也 11/95/16
民躁而費○也 11/95/17
○離道德之本 11/98/24
世○稱古之人而高其行 11/102/27
盜賊○有 12/106/6
○言數窮 12/110/19
技能雖○ 12/118/13
以計○為功 12/118/28
○聞博辯 12/119/18

唯恐傷肉之○也 12/119/24
民逸而利○焉 13/120/11
而循俗未足○也 13/121/6
是故敗事少而成事○ 13/126/3
其失人也必○矣 13/128/6
入○而无怨 13/128/24
此入○而无怨者也 13/129/8
躁而○欲也 13/129/14
○知為敗 14/134/3
伎藝雖○ 14/134/18
有以欲○而亡者 14/134/24
則○責 14/136/3
責○功鮮 14/136/3
盡其地力以○其積 14/137/1
失必○矣 14/137/14
不杖眾○而專用身才 14/137/15
若○賦斂 14/137/16
少取○與 14/137/17
喜得者必○怨 14/138/25
得籌必○ 14/139/18
賈○端則貧 14/139/22
工○技則窮 14/139/22
軍○令則亂 14/141/3
酒○約則辯 14/141/3
而所利者○ 15/143/3
是以勝權○也 15/144/17
蓄積孰○ 15/146/25
人雖眾○ 15/148/21
熊羆○力 15/149/10
勝鈴必○矣 15/149/29
○知而自疑 15/149/29
涉水○弓 15/152/24
晝則○旌 15/152/25
夜則○火 15/152/25
晦冥○鼓 15/152/25
刑者○壽 16.24/156/18
人有○言者 16.44/158/13
六畜生○耳目者不詳 16.45/158/15
所愛者少而所亡者○ 16.114/164/22
或曰知（其）〔天〕且赦也而○殺人 16.140/167/4
或曰知（其）〔天〕且赦也而○活人 16.140/167/4
所利者○ 16.147/167/24
近敖倉者不為之○飯 17.53/172/6
臨江、河者不為之○飲 17.53/172/6
○事固苛 17.136/178/1
有益不○ 17.175/180/27
乃愈益○ 17.233/184/25
以○悔 18/186/3
少德而○寵 18/186/15
賓客○止之 18/190/13
愈○得歡 18/191/13
所浼者○矣 18/195/12
夫〔烏〕鵲先識歲之○風也 18/197/21
則无所用○矣 18/200/13
時○（疾）〔疹〕病毒傷之害 19/202/16
而非學者○ 19/204/13
其行之者○也 19/204/26
生者眾〔也〕（○） 19/205/8
以○者名之 19/205/10
○（不）暇日之故 19/207/3
夫瘠地之（吳）〔民〕○有心者 19/207/3
沃地之民○不才者 19/207/4
○尊古而賤今 19/208/5
○生少 20/211/13
是以緒業不得不○端 20/214/2
豈足○哉 20/214/13
求○、難贍也 20/215/5
非知益○也 20/220/18
人皆○以无用害有用 20/220/28
故○為之辭 21/223/23
今謂之道則○ 21/227/9
故○為之辭以（杼）〔抒〕其情 21/227/13
而民○智巧 21/228/10

咄 duō 1

不○吒 6/52/11

剟 dūo 2

是故聖人制其○材 10/83/24
使離珠、〔攫〕○索之 18/195/2

掇 duō 12

至○而走 13/129/27
猶采薪者見一介〔則〕○之 16.26/156/24
○之眾白也 16.125/165/26
○之則爛指 17.117/176/18
弗及○者 17.217/183/23
車人○之 17.220/183/29
攫○之捷 19/206/17
皆○取之權 20/221/21
所以便說○取也 20/222/2
非不○也 20/223/4
覽取（橋）〔撟〕○ 21/224/23
攬○遂事之蹤 21/225/19

奪 duó 39

其有相侵○〔者〕 5/46/11
予之與○也 8/64/10
勿使可○ 9/76/15
不○之事 9/77/14
不可遏○也 10/86/17
天下弗能遏○ 10/88/26
而莫能○之名也 10/90/14
然劉氏○之 12/117/18
三十四世不○ 12/117/20
不可劫而○也 12/118/5
予而不○ 13/120/3
孰弗能○也 13/125/3
桀、紂之所以處彊大而〔終〕見○者 13/125/5
而反益己之所以○〔者〕 13/125/6
此所以三十六世而不○也 13/125/9
非攝○也 13/125/22
在於勿○時 14/133/19,20/219/4
勿○時之本 14/133/19,20/219/4
先為不可○ 14/135/4
以待敵之可○也 14/135/5
故無○也 14/138/24
喜予者必善○ 14/138/25
不至於侵○為暴 15/143/5
仁者可○也 15/149/18
日○其光 16.12/155/12
所以累世不○也 18/187/2

張武教智伯○韓、魏之
地而擒於晉陽 18/187/6
事或○之而反與之 18/188/22
此所謂○人而反為人所
○者〔也〕 18/188/27
田主殺其人而○之牛 18/193/14
○之車馬 18/197/1
吾○子財貨 18/197/2
以○民時 20/213/18
无恃其不吾○也 20/220/2
恃吾不可○ 20/220/3
行可○之道 20/220/3

鐸 duó 5

振○以令於兆民曰 5/39/25
（矣）〔吳〕○以聲自
毀 10/90/31
懸鍾鼓磬○ 13/123/27
告寡人以事者振○ 13/123/28
毀鍾為○ 17.181/181/8

埵 duǒ 5

鼓橐吹○ 8/65/13
狟狢得○防 11/95/13
鑪橐○坊設 11/100/4
不見○堁 16.16/155/22
窟穴者託○防者 17.79/173/31

橢 duǒ 1

既（枓）〔科〕以（○）
〔橢〕 16.104/163/23

惰 duò 2

偷慢懈○ 19/207/3
侯王懈○ 19/207/28

墮 duò 17

○之而不下 1/1/21
善騎者○ 1/4/12
○者（析）〔折〕脊碎腦 2/13/26
非天○ 9/75/26
行○於國則不能專制 9/76/27
而後○谿壑 13/124/6
動無○容 15/147/22
今沐者○髮 16.147/167/23
為○武也 17.127/177/12
甑終不○井 17.160/179/24
○而折其髀 18/190/3
則得無損○之勢 18/193/28
鳶○腐鼠 18/201/12
飛鳶適○其腐鼠而中游
俠 18/201/14
故名立而不○ 19/207/27
懈○結（細）〔紐〕 21/226/2
則懈（隨）〔○〕分學 21/226/10

憜 duò 1

名立而不○ 3/28/29

阿 ē 17

足蹀《陽○》之舞 2/17/4
天（○）〔河〕 3/19/20
天（○）〔河〕者 3/21/6
至于曲○ 3/24/15
○上亂法者誅 5/45/13
平而不○ 5/47/24
均而不○ 5/49/4
輔佐公而不○ 6/52/19
喬枝菱○ 8/61/20
則守職者離正而○上 9/76/29
是以執政○主 9/77/1
不妄喜怒則賞罰不○ 14/133/9
興萬乘之駕而作○房之
（官）〔宮〕 15/146/5
（必先）始於《陽○》
、《采菱》 16.112/164/15
發《陽○》 18/198/14
以身解於陽（眄）〔肝〕
之（河）〔○〕 19/202/28
衣○錫 19/209/15

娥 é 3

恒○竊以奔月 6/54/20
及至韓○、秦青、薛談
之謳 13/123/13
正○眉 19/209/14

蛾 é 1

食（葉）〔桑〕者有絲
而○ 4/35/2

扼 è 2

瞋目○（掔）〔掔〕 9/68/17
掩以衡○ 19/204/17

阨 è 1

曰大汾、澠○、荊阮、
方城、殽阪、井陘、
令疵、句注、居庸 4/32/20

啞 è 2

故夫烏之○○ 1/9/4

軛 è 2

不若服於○也 16.35/157/17
負○而浮之河 18/192/18

㓵 è 1

摩其鋒○ 19/205/17

惡 è 25

美鬚○肥 4/36/11
棄怨○ 5/47/15
所○則亡 5/49/1
怨○不生 5/49/6
雖忠來○ 10/83/8
崇侯、○來 10/87/23
積恨而成（怨）〔○〕 10/92/3
桀、紂之（謗）〔○〕 10/92/4
患其有小○也 12/109/7
以人之小○而忘人之大
美 12/109/7
官大者、主○之 12/114/1
其小○不足〔以〕妨大
美也 13/127/26
（美）〔葵〕之與（○）
〔莧〕 13/128/11

因民之所○以禁姦 13/129/8
善見則（怨）〔○〕從之 14/138/27
〔同○〕相助 15/144/24
治疽不擇善○醜肉而并割之 16.73/160/27
○之所在 16.116/165/1
故人莫○於無常行 16.119/165/9
反為○ 17.168/180/13
今雖○、後必善 18/190/11
○不若嫫母 19/204/24
雖所好○ 19/206/2
因其所○以禁奸 20/212/24
明好（○）〔憎〕以示（之）〔人〕 20/217/9

鄂 è 3

下出于無垠〔○〕之門 1/2/6
歲名曰作○ 3/27/13
作○之歲 3/31/3

堮 è 1

未有形（呼）〔埒〕（垠○） 2/10/15

堨 è 1

揚塵起○ 15/152/20

遏 è 10

而莫之要御夭○者 2/13/25
莫能夭○ 2/17/2
○溝瀆 5/48/2
守官者雍○而不進 9/76/19
水流而土○之 9/77/10
○障之於邪 10/82/21
不可○奪也 10/86/17
天下弗能○奪 10/88/26
所以○流湎之行也 20/222/7
所以竅窕穿鑿百事之壅○ 21/226/1

餓 è 5

凍○飢寒死者相枕席也 8/61/24
故伯夷○死首山之下 10/89/28
遂○而死 13/127/15
无一旬○ 16.75/161/1
○於乾谿 20/219/26

閼 è 6

歲名曰單○ 3/27/6
寅在甲曰○蓬 3/29/25
單○之歲 3/29/25
（曰）〔日〕馮生陽○ 4/38/9
陽○生喬如 4/38/9
董○于曰 12/106/22

恩 ēn 23

累愛襲○ 2/14/7
施○澤 3/23/22
棄捐五帝之○刑 6/53/10
人之○澤使之然也 9/73/19
積○之見證也 10/82/24
則○不接矣 10/84/15
○心之藏於中 10/85/2
仁心之感○接而憯怛生 10/85/18
在家老則為○厚 10/85/19
仁者、○之效也 11/97/15
仁不溢○也 11/97/16
然而皆不失親疎之○ 11/98/8
故身安則○及鄰國 11/104/18
故○推則懦 13/123/6
此聖人所以重仁襲○ 13/131/11
積○先施也 15/151/8
為其傷○也 16.131/166/11
○之所加 17.64/172/30
則有功者離○義 18/188/5
〔感於○也〕 18/200/6
罪人已刑而不忘其○ 18/201/26
刑者遂襲○者 18/201/26
○者逃之於城下之廬 18/201/27

而 ér 4383

沖○徐盈 1/1/4,1/6/26
濁○徐清 1/1/4,1/6/26
故植之○塞于天地 1/1/4
橫之○彌于四海 1/1/4
施之無窮○無所朝夕 1/1/5
約○能張 1/1/5
幽○能明 1/1/5
弱○能強 1/1/6
柔○能剛 1/1/6
橫四維○含陰陽 1/1/6
（紘）〔紘〕宇宙○章三光 1/1/6
甚淖○滒 1/1/6
甚纖○微 1/1/7
輪轉○無廢 1/1/10
水流○不止 1/1/11
周○復匝 1/1/12
無為為之○合于道 1/1/12
無為言之○通乎德 1/1/13
恬愉無（矜）〔矜〕○得于和 1/1/13
有萬不同○便于性 1/1/13
○大與宇宙之總 1/1/14
其德優天地○和陰陽 1/1/14
節四時○調五行 1/1/14
生萬物○不有 1/1/19
成化像○弗宰 1/1/19
待○後生 1/1/19
用○敗者不能非 1/1/20
收聚畜積○不加富 1/1/20
布施稟授○不益貧 1/1/21
旋（縣）〔緜〕○不可究 1/1/21
纖微○不可勤 1/1/21
累之○不高 1/1/21
墮之○不下 1/1/21
益之○不衆 1/1/22
損之○不寡 1/1/22
斲之○不薄 1/1/22
殺之○不殘 1/1/22
鑿之○不深 1/1/22
填之○不淺 1/1/22
經霜雪○無迹 1/2/1
照日光○無景 1/2/1
扶搖抮抱羊角○上 1/2/1
可以步○步 1/2/4
可以驟○驟 1/2/5
是故疾○不搖 1/2/10
遠○不勞 1/2/10
○知八紘九野之形埒者 1/2/10
○游於無窮之地〔也〕 1/2/11

因其自然○推之	1/2/12
秉其要〔趣○〕歸之（趣）	1/2/12
○方圓曲直弗能逃也	1/2/13
○景不一設	1/2/13
人生○靜	1/2/14
感○後動	1/2/14
物至○神應	1/2/14
○好憎生焉	1/2/15
○知誘於外	1/2/15
○天理滅矣	1/2/15
○內不失其情	1/2/16
至無○供其求	1/2/16
時騁○要其宿	1/2/16
騰踴肴亂○不失其數	1/2/17
是以處上○民弗重〔也〕	1/2/17
居前○眾弗害〔也〕	1/2/18
夫臨江○釣	1/2/21
曠日○不能盈羅	1/2/21
夫釋大道○任小數	1/3/1
○欲教之	1/3/6
故體道者逸○不窮	1/3/7
任數者勞○無功	1/3/7
〔○〕不能見淵中之魚	1/3/10
○不能聽十里之外	1/3/10
鳥排虛○飛	1/3/15
獸蹠實○走	1/3/15
兩木相摩○然	1/3/16
金火相守○流	1/3/16
○功既成矣	1/3/18
滅○無形	1/3/19
陸事寡○水事眾	1/3/24
解衣○入	1/3/26
衣帶○出	1/3/26
故橘、樹之江北則化○為（枳）〔橙〕	1/4/1
貉度汶○死	1/4/2
所以俛仰於世人○與俗交者〔也〕	1/4/6
故牛歧蹏○戴角	1/4/6
馬被髦○全足者	1/4/6
不謀○當	1/4/9
不言○信	1/4/9,9/68/10
不慮○得	1/4/9
不為○成	1/4/9,7/57/16,9/68/10
越人熏○出之	1/4/14
故安○不危	1/4/15
故疾○不遲	1/4/16
○田者爭處墝埆	1/4/18
○漁者爭處湍瀨	1/4/19
○化馳若神	1/4/20
雖口辯○戶說之	1/4/20
未發號施令○移風易俗者	1/4/21
○不外飾其末	1/4/22
漠然無為○無不為也	1/4/23
澹然無治（也）○無不治也	1/4/23
○獨知守其根	1/4/25
○獨知守其門	1/4/25
照物○不眩	1/4/26
響應○不乏	1/4/26
故得道者志弱○事強	1/4/28
心虛○應當	1/4/28
感○應之	1/5/1
○高者必以下為基	1/5/2
行柔○剛	1/5/2
用弱○強	1/5/2
○以少正多	1/5/3
至於若己者○同	1/5/5
齒堅於舌○先之弊	1/5/6
（○）堅強者、死之徒也	1/5/7
然○趨舍指湊	1/5/10
故蘧伯玉年五十○有四十九年非	1/5/11
○後者易為攻也	1/5/11
刃犯難○錞無患者	1/5/14
○賢知者弗能避也	1/5/15
非謂其底滯○不發	1/5/15
凝竭○不流	1/5/15
貴其周於數○合於時也	1/5/15
夫日回○月周	1/5/19
○重寸之陰	1/5/20
時難得○易失也	1/5/20
履遺○弗取	1/5/20
冠挂○弗顧	1/5/20
○爭其得時也	1/5/21
是故聖人守清道○抱雌節	1/5/21
常後○不先	1/5/21
然○大不可極	1/5/24
大包群生○無（好憎）〔私好〕	1/6/2
澤及蚑蟯○不求報	1/6/2
富贍天下○不既	1/6/2
德施百姓○不費	1/6/3
行（○）不可得〔○〕窮極也	1/6/3
微（○）不可得〔○〕把握也	1/6/3
錯繆相紛○不可靡散	1/6/4
○翱翔忽區之上	1/6/5
○滔騰大荒之野	1/6/5
授萬物○無所前後	1/6/6
是故無所私○無所公	1/6/6
無所左○無所右	1/6/7
夫光可見○不可握	1/6/11
水可循○不可毀	1/6/12
○以衰賤矣	1/6/12
○柔弱者	1/6/15
虛（○）〔無〕恬愉者	1/6/15
大渾○為一	1/6/18
葉累○無根	1/6/18
布施○不既	1/6/18
用之○不勤	1/6/19
無形○有形生焉	1/6/19
無聲○五音鳴焉	1/6/20
無味○五味形焉	1/6/20
無色○五色成焉	1/6/20
○五音之變不可勝聽也	1/6/21
○五味之化不可勝嘗也	1/6/21
○五色之變不可勝觀也	1/6/22
宮立○五音形矣	1/6/22
甘立○五味亭矣	1/6/23
白立○五色成矣	1/6/23
一立○萬物生矣	1/6/23
若無○有	1/6/26
若亡○存	1/6/26
常後○先	1/6/27
勞形○不明	1/7/1
苦心○無功	1/7/1
通○不變	1/7/6
疏達○不悖	1/7/9
堅強○不鞼	1/7/9
無所大過○無所不逮	1/7/9
處小○不逼	1/7/10
處大○不窕	1/7/10,15/144/16
往○復反	1/7/15
若背風○馳	1/7/15
古之人有居巖穴○神不遺者	1/7/16
末世有勢為萬乘○日憂悲者	1/7/16

○在于得道 1/7/17
○在于德和 1/7/17
知大己○小天下 1/7/17
故子夏心戰○臞 1/7/22
（得）道〔勝〕○肥 1/7/22
消搖○無所定 1/7/24
遺物○與道同出 1/7/24
○心忽然若有所喪 1/8/2
○以外樂內 1/8/3
樂作○喜 1/8/3
曲終○悲 1/8/3
悲喜轉○相生 1/8/3
○日以傷生 1/8/4
稟授於外○以自飾也 1/8/4
說之者衆○用之者鮮 1/8/7
慕之者多○行之者寡 1/8/7
夫內不開於中○強學問者 1/8/8
（不）入於耳○不著於心 1/8/8
效人為之○無以自樂也 1/8/9
聲出於口則越○散矣 1/8/9
○出入于百事之門戶者也 1/8/10
是故不得於心○有經天下之氣 1/8/10
是猶無耳○欲調鍾鼓 1/8/11
無目○欲喜文章也 1/8/11
夫許由小天下○不以己易堯者 1/8/14
因天下○為天下也 1/8/15
不（任）〔在〕於彼○在於我 1/8/15
不在於人○在於（我）身 1/8/16
是故無所喜○無所怒 1/8/17
無所樂○無所苦 1/8/17
生○如死 1/8/18
操殺生之柄○以行其號令邪 1/8/21
自得○已 1/8/22
○仿洋于山（峽）〔岬〕之旁 1/9/1
憂悲○不得志也 1/9/2
不為愁悴怨（懟）〔慰〕○（不）失其所以自樂也 1/9/2
○不以貴賤貧富勞逸失其志德者也 1/9/3
○不待萬物之推移也 1/9/6
非以一時之變化○定吾所以自得也 1/9/6
形備○性命成 1/9/7
性命成○好憎生矣 1/9/7
窮○不懾 1/9/9,14/139/10
達○不榮 1/9/9
處高○不機 1/9/9
持盈○不傾 1/9/10
新○不朗 1/9/10
久○不渝 1/9/10,20/210/25
是故不待勢○尊 1/9/10
不待財○富 1/9/11
不待力○強 1/9/11
○不得相干也 1/9/16
故夫形者非其所安也○處之則廢 1/9/16
氣不當其所充〔也〕○用之則泄 1/9/17
神非其所宜〔也〕○行之則昧 1/9/17
以其性之在焉○不離也 1/9/20
○百節可屈伸 1/9/21
○知能別同異、明是非者 1/9/22
○神為之使也 1/9/22
凡人（之）志（各）有所在○神有所繫者 1/9/23
足蹪趎埳、頭抵植木○不自知也 1/9/23
招之○不能見也 1/9/24
呼之○不能聞也 1/9/24
然○不能應者 1/9/24
今夫狂者之不能避水火之難○越溝瀆之嶮者 1/9/28
然○用之異也 1/9/28
○離其外內之舍 1/10/1
○蹪蹈于污壑穽陷之中 1/10/2
然○不免為人戮笑者 1/10/2
形從○利 1/10/3
神從○害 1/10/3
則精神日以耗○彌遠 1/10/4
久淫○不還 1/10/5
火逾然○消逾亟 1/10/7
靜○（日）充者〔日〕以壯 1/10/8
躁○（日）耗者〔日〕以老 1/10/8
○與道沉浮俛仰 1/10/9
○百事之變無不應 1/10/10
將欲生興○未成物類 2/10/16
欲與物接○未成兆朕 2/10/17
天含和○未降 2/10/18,8/62/2
地懷氣○未揚 2/10/18
氣遂○大通（宜宜）〔冥冥〕者也 2/10/18
可切循把握○有數量 2/10/22
不可隱儀揆度○通光燿者 2/10/23
无環堵之宇○生有无之根 2/10/25
退○自失也 2/10/27
○未能无无也 2/10/27
夜半有力者負○趨 2/11/1
一範人之形○猶喜 2/11/4
千變萬化○未始有極也 2/11/4
弊○復新 2/11/4
〔夢〕為鳥○飛於天 2/11/5
夢為魚○没於淵 2/11/5
覺○後知其夢也 2/11/6
其兄掩戶○入覘之 2/11/8
則虎搏○殺之 2/11/8
夫水嚮冬則凝○為冰 2/11/12
冰迎春則（洋）〔泮〕○為水 2/11/12
若周員○趨 2/11/13
形宛○神壯 2/11/13
神盡○形有餘 2/11/14
相扶○得終始 2/11/16
○不能為害 2/11/19
含哺○游 2/11/19
鼓腹○熙 2/11/19
左右○使之 2/11/21
鎮撫○有之 2/11/21
是故仁義不布○萬物蕃殖 2/11/21
賞罰不施○天下賓服 2/11/21
○難以筭計舉也 2/11/22
○歲計之有餘 2/11/22
○萬物（雜）〔炊〕累焉 2/11/26
中徙倚无形之域○和以天地者乎 2/12/6
偃其聰明○抱其太素 2/12/8
三日三夜○色澤不變 2/12/10
夫乘皓白○不（里）〔黑〕 2/12/14
行純粹○不糅 2/12/15
處玄冥○不闇 2/12/15
休于天鈞○不偽 2/12/15
○神游魏闕之下 2/12/17

使王公簡其貴富○樂卑賤 2/12/20
坐○不教 2/12/21
立○不議 2/12/21
虛○往者實○歸 2/12/21
故不言○能飲人以和 2/12/21
是故舉事○順于道者 2/12/25
此皆生一父母○閱一和也 2/13/1
是故槐榆與橘柚合○為
　兄弟 2/13/1
有苗與三危通〔○〕為
　一家 2/13/1
○心在鴈門之間 2/13/2
一舉○千萬里 2/13/3
○輪之（無）一輻 2/13/5
必有波溢○播棄者 2/13/8
其中地○凝滯 2/13/8
○條循千萬也 2/13/12
○非所授者 2/13/13
所受者无授也○无不受也 2/13/13
遼巢彭澤○為雨 2/13/14
沉溺萬物○不與為溼焉 2/13/14
然○奚仲不能為逢蒙 2/13/16
○不通于萬方之際也 2/13/17
茲雖遇其母○无能復化已 2/13/19
以諭其轉○益薄也 2/13/20
淪於无間○復歸於大矣 2/13/23
通於无（墊）〔塾〕○
　復反於敦龐〔矣〕 2/13/24
○莫之要御夭遏者 2/13/25
○不能拔毛髮 2/13/26
○蟲虻適足以（翱）
　〔翺〕（翔） 2/13/26
無形○生有形 2/13/28
○歸於萬物之初 2/14/1
其不用也○後能用之 2/14/2
其不知也○後能知之也 2/14/3
○消搖于無事之業 2/14/10
　7/57/12
○萬物和同者 2/14/10
是故道散○為德 2/14/10
德溢○為仁義 2/14/10
仁義立○道德廢矣 2/14/11
斬○為犧尊 2/14/13
然○失木性 2/14/15
○言行觀於外 2/14/15
○行無窮極 2/14/16
○惑亂其本矣 2/14/17
（於）〔○〕外淫於世
　俗之風 2/14/17
○內以濁其清明 2/14/18
○不得須臾恬淡矣 2/14/18
○不外飾仁義 2/14/20
○游于精神之和 2/14/20
○游于滅亡之野 2/14/22
騎蜚廉○從敦圄 2/14/22
燭十日○使風雨 2/14/23
夫人之事其神○嬈其精 2/14/26
營慧然○有求於外 2/14/26
此皆失其神明○離其宅也 2/14/26
○暍者望泠風于秋 2/14/27
○贏〔蠡〕瘉（蝸）
　〔燭〕睆 2/14/28
○不能容巨大也 2/15/3
必形繫○神泄 2/15/4
○徙倚于汗漫之宇 2/15/6
提挈天地○委萬物 2/15/6
○浮揚乎無畛崖之際 2/15/7
○群生莫不顒顒然 2/15/7
決離隱密○自成 2/15/8
○萬物大優 2/15/9
是故雖有羿之知○無所
　用之 2/15/9
○知乃始昧昧（啉啉）
　〔楙楙〕 2/15/10
○覺視於天地之閒 2/15/11
是故其德煩○不能一 2/15/11
莫不竦身○載聽視 2/15/13
是故治○不能和 2/15/13
○性命失其得 2/15/14
○巧故萌生 2/15/15
周室衰○王道廢 2/15/15
儒墨乃始列道○議 2/15/16
分徒○訟 2/15/16
以求鑿（柄）〔枘〕於
　世○錯擇名利 2/15/18
○失其大宗之本 2/15/19
○游心於虛也 2/15/22
○覺於寂漠也 2/15/23
此我所羞○不為也 2/15/24
○條達有無之際〔也〕 2/16/1
是故舉世○譽之不加勸 2/16/2
舉世○非之不加沮 2/16/2
○通于榮辱之理 2/16/2
水之性真清○土汩之 2/16/6
人性安靜○嗜欲亂之 2/16/6
○鑒於止水者 2/16/9
○窺〔形〕於明鏡者 2/16/10
○事復返之 2/16/13
○求之於末也 2/16/13
外內无符○欲與物接 2/16/13
弊其玄光○求知之于耳目 2/16/13
○道其冥冥也 2/16/14
心有所至○神喟然在之 2/16/14
夫聖人量腹○食 2/16/19
度形○衣 2/16/19,7/60/20
節於己○已 2/16/19
然○不免於儡 2/16/23
○仁義固附矣 2/16/25
○化物者不化 2/17/2
神經於驪山、太行○不
　能難 2/17/2
入於四海九江○不能濡 2/17/3
處小隘○不（寒）〔塞〕 2/17/3
橫（扃）〔扃〕天地之
　閒○不窕 2/17/3
○手會《綠水》之趨 2/17/4
蜂蠆螫指○神不能憺 2/17/13
蚊虻噆膚○（知）〔性〕
　不能平 2/17/14
非直蜂蠆之螫毒○蚊虻
　之慘怛也 2/17/14
○欲靜漠虛无 2/17/15
小有所志○大有所（志）
　〔忘〕也 2/17/16
○不能察方員 2/17/22
人神易濁○難清 2/17/22
況一世○撓滑之 2/17/23
○處士（脩）〔循〕其道 2/17/25
然○不能通其道者 2/18/2
一夕反○為湖 2/18/6
○責道之不行也 2/18/8
○求其致千里也 2/18/9
處便○勢利也 2/18/10
是故性遭命○後能行 2/18/11
命得性○後能明 2/18/11
不能無弦○射 2/18/12
不能無水○浮 2/18/12
今矰繳機○在上 2/18/12
網罟張○在下 2/18/13
清陽者薄靡○為天 3/18/19
重濁者滯凝○為地 3/18/20

故天先成〇地後定 3/18/20
怒〇觸不周之山 3/18/25
感〇為雷 3/19/1
激〇為霆 3/19/2
亂〇為霧 3/19/2
陽氣勝則散〇為雨露 3/19/2
陰氣勝則凝〇為霜雪 3/19/2
日至〇（麇）〔麋〕鹿解 3/19/5
是以月（虛）〔虧〕〇魚腦減 3/19/5
月死〇（羸）〔蠃〕硥膲 3/19/6
故鳥（飛）〔動〕〇高 3/19/6
魚動〇下 3/19/7
故陽燧見日則燃〇為火 3/19/9
方諸見月則津〇為水 3/19/9
虎嘯〇谷風至 3/19/9
龍舉〇景雲屬 3/19/10
麒麟鬬〇日月食 3/19/10
鯨魚死〇彗星出 3/19/10,6/50/15
蠶珥絲〇商弦絶 3/19/10
賁星墜〇勃海決 3/19/11
執規〇治春 3/20/1
執衡〇治夏 3/20/2
執繩〇制四方 3/20/3
執矩〇治秋 3/20/5
執權〇治冬 3/20/6
故十二歲〇行二十八宿 3/20/9
十二歲〇周〔天〕 3/20/9
熒惑常以十月入太微受制〇出行列宿 3/20/12
當居〇弗居 3/20/13
未當居〇居之 3/20/14
二十八歲〇周〔天〕 3/20/15
二百四十日〇入 3/20/16,3/20/16
入百二十日〇夕出西方 3/20/16
入三十五日〇復出東方 3/20/17
〔未〕當出〇（不）出 3/20/17
未當入〇入 3/20/18
當入〇不入 3/20/18
當出〇不出 3/20/18
出二旬〇入 3/20/21
紫宮執斗〇左旋 3/21/7
〇夏至牛首之山 3/21/8
反覆三百六十五度四分度之一〇成一歲 3/21/8
〇歲有奇四分度之一 3/21/11
故（曰）〔四〕歲〇積千四百六十一日〇復合 3/21/12
故舍八十歲〇復故（曰）〔日〕 3/21/12
故五月火正（火正）〇水漏 3/21/23
十一月水正〇（陰）〔火〕勝 3/21/24
日中〇景丈三尺 3/22/1
日夏至〇流黃澤 3/22/2
後日至十五日〇徙 3/22/7
故曰二月會〇萬物生 3/22/9
八月會〇草木死 3/22/9
〇（升）〔斗〕日行一度 3/22/11
故曰距日冬至四十六日〇立春 3/22/14
故曰有四十六日〇立夏 3/22/19
故曰有四十六日〇夏至 3/22/21
故曰有四十六日〇立秋 3/22/23
故曰有四十六日〇立冬 3/22/26
終〇復始 3/23/2,3/23/7,3/23/16,3/25/5,15/144/6,16.84/161/27,21/224/19
〇可背也 3/23/3
〇可右也 3/23/3
右徙一歲〇移 3/23/6
十二歲〇（大）周天 3/23/7
合氣〇為音 3/23/11
合陰〇為陽 3/23/11
合陽〇為律 3/23/11
音自倍〇為日 3/23/12
律自倍〇為辰 3/23/12
故日十〇辰十二 3/23/12
二十九日九百四十分日之四百九十九〇為月 3/23/13
〇以十二月為歲 3/23/13
故十九歲〇七閏 3/23/14
七十二日〇歲終 3/23/19
（七）十歲〇復至甲子 3/23/20
乃〔布〕收其藏〇閉其寒 3/24/8
月歸〇萬物死 3/24/11
日至〇萬物生 3/24/11
是以萬物就〇死 3/24/24
是以萬物仰〇生 3/24/24
是以陽氣勝則日脩〇夜短 3/25/1
陰氣勝則日短〇夜脩 3/25/1
一歲〇帀 3/25/5
蔟〇未出也 3/25/5
陳去〇新來也 3/25/7
安〇服之〔也〕 3/25/8
引〇止〔之〕也 3/25/9
旅旅〇去也 3/25/13
一〇不生 3/25/17
故分〇為陰陽 3/25/17
陰陽合和〇萬物生 3/25/17
天地三月〇為一時 3/25/18
故黃鍾之律九寸〇宮音調 3/25/19
因〇九之 3/25/20
故置一〇十一 3/25/22
故八尺〇為尋 3/26/15
故四丈〇為匹 3/26/16
一匹〇為制 3/26/17
秋分〔〇禾〕蔈定 3/26/17
蔈定〇禾熟 3/26/17
故十二蔈〇當一（粟）〔分〕 3/26/17
（十二粟〇當一寸） 3/26/18
故〔十分〇為寸〕 3/26/18
十寸〇為尺 3/26/19
十尺〇為丈 3/26/19
十二粟〇當一分 3/26/19
十二分〇當一銖 3/26/19
十二銖〇當半兩 3/26/20
因〇四之 3/26/21
故十六兩〇為一斤 3/26/21
三月〇為一時 3/26/21
四時〇為一歲 3/26/22
一律〇生五音 3/26/22
十二律〇為六十音 3/26/22
因〇六之 3/26/23
一終〇建甲戌 3/26/26
二終〇建甲午 3/26/26
三終〇復得甲寅之元 3/26/26
得其辰〇遷其所 3/26/27
蟄蟲首穴〇處 3/27/1
鵲巢鄉〇為戶 3/27/1
合四歲〇離 3/27/19
離十六歲〇復合 3/27/19
〇徙於木 3/27/19
虛星乘鉤陳〇天地襲矣 3/27/22
故神四十五日〇一徙 3/27/27
故八徙〇歲終 3/27/28
左周〇行 3/27/29
分〇為十二月 3/27/30

眾雄〇無雌	6/50/22
〇車軌不接於遠方之外	6/50/24
〇甘草主生肉之藥也	6/51/3
是猶王孫綽之欲倍偏枯之藥〇（欲）以生殊死之人	6/51/4
〇求其引瓦	6/51/6
唯通于太和〇持自然之應者為能有之	6/51/10
〇薄落之水涸	6/51/10
〇淳鈞之劍成	6/51/10
不可求〇得也	6/51/12
應〇不藏	6/51/15
故萬化〇无傷	6/51/15
鼓之〇二十五弦皆應	6/51/19
〇音之君已形也	6/51/19
〇甘臥以游其中	6/51/20
〇不知其所由至也	6/51/20
〇蛇鱓輕之	6/51/24
扶搖〇登之	6/51/25
虎豹襲穴〇不敢咆	6/51/26
猨狖顛蹶〇失木枝	6/51/27
〇燕雀佼之	6/52/1
〇不知大節之所由者也	6/52/4
馬為整齊〇斂諧	6/52/7
車莫動〇自舉	6/52/9
馬莫使〇自走也	6/52/9
星燿〇玄運	6/52/10
電奔〇鬼騰	6/52/10
此假弗用〇能以成其用者也	6/52/12
〇精神（踰）〔喻〕於六馬	6/52/13
〇力牧、太山稽輔之	6/52/16
人民保命〇不夭	6/52/18
歲時熟〇不凶	6/52/18
百官正〇無私	6/52/18
上下調〇無尤	6/52/18
法令明〇不闇	6/52/18
輔佐公〇不阿	6/52/19
狗彘吐菽粟於路〇無忿爭之心	6/52/20
火爁（炎）〔炎〕〇不滅	6/52/24
水浩（洋）〔溔〕〇不息	6/52/24
然〇不彰其功	6/53/7
〇智故消滅也	6/53/8
主闇晦〇不明	6/53/10
道瀾漫〇不修	6/53/10
是以至德滅〇不揚	6/53/11
帝道揜〇不興	6/53/11
（仁）〔人〕君處位〇不安	6/53/12
大夫隱道〇不言	6/53/12
群臣準上意〇懷當	6/53/12
跣骨肉〇自容	6/53/12
邪人參耦比周〇陰謀	6/53/13
居君臣父子之間〇競載	6/53/13
驕主〇像其意	6/53/13
是故君臣乖〇不親	6/53/14
骨肉跣〇不附	6/53/14
植社槁〇（墧）〔墉〕裂	6/53/14
容臺振〇掩覆	6/53/14
犬群嗥〇入淵	6/53/15
豕銜蓐〇席澳	6/53/15
美人挐首墨面〇不容	6/53/15
曼聲吞炭內閉〇不歌	6/53/15
舉兵〇相角	6/53/20
身（枕）〔枕〕格〇死	6/53/24
〇樂其習俗	6/54/1
（天）〇不夭於人虐也	6/54/1
天下〔不〕合〇為一家	6/54/2
拱揖指麾〇四海賓服	6/54/4
天下混〇為一	6/54/5
時至〇弗失也	6/54/8
〇反五帝之道也	6/54/11
夫鉗且、大丙不施轡銜〇以善御聞於天下	6/54/11
伏戲、女媧不設法度〇以至德遺於後世	6/54/11
〇不嚶喋苛事也	6/54/12
〇不窮究其所由生	6/54/15
〇爭於錐刀之末	6/54/15
〇忻忻然常自以為治	6/54/16
是猶抱薪〇救火	6/54/16
鑿竇〇（出）〔止〕水	6/54/16
夫井植生（梓）〔梓〕〇不容甕	6/54/17
溝植生條〇不容舟	6/54/17
皆狂生〇無其本者也	6/54/18
河九折注於海〇流不絕者	6/54/18
旬月不雨則涸〇枯澤	6/54/19
受（翼）〔瀷〕〇無源（者）〔也〕	6/54/19
〇骨骸者	7/54/27
〇骨骸反其根	7/54/28
〇形體者	7/55/7
萬物背陰〇抱陽	7/55/8
故曰一月〇膏	7/55/8
二月〇胅	7/55/8
三月〇胎	7/55/8
四月〇肌	7/55/9
五月〇筋	7/55/9
六月〇骨	7/55/9
七月〇成	7/55/9
八月〇動	7/55/9
九月〇躁	7/55/9
十月〇（坐）〔生〕	7/55/9
外為表〇內為裏	7/55/10
〇心為之主	7/55/14
〇月中有蟾蜍	7/55/15
人之耳目曷能久熏〔勤〕勞〇不息乎	7/55/18
精神何能久馳騁〇不既（守）〔乎〕	7/55/19
〇五藏者	7/55/20
〇不外越	7/55/20
則胸腹充〇嗜慾省矣	7/55/20
胸腹充〇嗜慾省	7/55/21
五藏能屬於心〇無乖	7/55/21
則敦志勝〇行不僻矣	7/55/22
敦志勝〇行（之）不僻	7/55/22
則精神盛〇氣不散矣	7/55/22
精神盛〇氣不散則理	7/55/23
〇邪氣不能襲〔也〕	7/55/24
故事有求之於四海之外〇不能遇	7/55/26
或守之於形骸之內〇不見也	7/55/26
〇（氣志）〔血氣〕者	7/55/27
則五藏搖動〇不定矣	7/56/1
五藏搖動〇不定	7/56/1
則血氣滔蕩〇不休矣	7/56/1
血氣滔蕩〇不休	7/56/2
則精神馳騁於外〇不守矣	7/56/2
精神馳騁於外〇不守	7/56/2
使耳目精明玄達〇無誘慕	7/56/3
氣志虛靜恬愉〇省嗜慾	7/56/3
五藏定寧充盈〇不泄	7/56/3
精神內守形骸〇不外越	7/56/4
〇視於來事之後	7/56/4
〇好憎者使人之心勞	7/56/8

夫人之所以不能終其壽命○中道夭於刑戮者	7/56/10
夫天地運○相通	7/56/11
萬物揔○為一	7/56/11
且惟無我○物無不備者乎	7/56/13
吾安知夫刺（炙）〔灸〕○欲生者之非或也	7/56/15
又安知夫絞經○求死者之非福也	7/56/15
○死乃休息也	7/56/16
欲生○不事	7/56/17
憎死○不辭	7/56/17
賤之○弗憎	7/56/17
貴之○弗喜	7/56/17
隨其天資○安之不極	7/56/17
其取之地○已為盆盎也	7/56/22
其已成器○破碎漫瀾○復歸其故也	7/56/23
決洿○注之江	7/56/24
當世○樂其業	7/56/25
○喜怒者	7/56/28
○天下自服	7/57/2
○神者	7/57/2
形勞○不休則蹶	7/57/3
精用○不已則竭	7/57/3
是故聖人貴○尊之	7/57/3
匣匱○藏之	7/57/5
○無所甚親	7/57/7
○精神守其根	7/57/8
故有○若無	7/57/10
實○若虛	7/57/10
○不為變	7/57/12
○不與物（糅）〔殽〕	7/57/13
○能守其宗	7/57/14
渾然○往	7/57/15
逯然○來	7/57/15
不學○知	7/57/16
不視○見	7/57/16
不治○辯	7/57/16
感○應	7/57/16
迫○動	7/57/16
不得已○往	7/57/16
有待○然	7/57/17
抱其太清之本○無所	7/57/17
○物無能營	7/57/18
廓惝○虛	7/57/18
清靖○無思慮	7/57/18
大澤焚○不能熱	7/57/18
河、漢涸○不能寒也	7/57/18
大雷毀山○不能驚也	7/57/19
大風晦日○不能傷也	7/57/19
○游於忽區之旁	7/57/21
有精○不使者	7/57/21
有神○不（行）〔用〕	7/57/22
○立至清之中	7/57/22
○覺視于昭昭之宇	7/57/23
○游敖于無形埒之野	7/57/24
（君）〔居〕○無容	7/57/24
處○無所	7/57/24
存○若亡	7/58/1
生○若死	7/58/1
使神滔蕩○不失其充	7/58/4
日夜無傷○與物為春	7/58/4
則是合○生時于心〔者〕也	7/58/4
且人有戒形○無損（於）心	7/58/5
有綴宅○無耗精	7/58/5
故形有摩○神未嘗化者	7/58/6
千變萬抮○未始有極	7/58/7
吾將舉類○實之	7/58/10
○適躬體之便也	7/58/12
○堯（樸）〔樣〕桷不斲	7/58/13
○堯糲（粢）〔粢〕之飯	7/58/13
○堯布衣揜形	7/58/14
○增之以任重之憂	7/58/15
故舉天下○傳之于舜	7/58/15
禹乃熙笑○稱曰	7/58/17
竭力○勞萬民	7/58/17
龍乃弭耳掉尾○逃	7/58/18
子求行年五十有四○病傴僂	7/58/20
無往○不遂	7/58/25
無（至）〔之〕○不通	7/58/25
抱命○婉轉	7/58/26
○況斥鷃乎	7/58/28
臨死地○不易其義	7/59/1
殖、華將戰○死	7/59/1
莒君厚賂○止之	7/59/1
○不可縣以利	7/59/2
○不可以富貴留也	7/59/3
○不可以死亡恐也	7/59/3
○尚猶不拘於物	7/59/3
○以與佗人（也）	7/59/6
○棄之淵	7/59/6
○訟閒田者慚矣	7/59/9
○爭券契者媿矣	7/59/9
○貪利偷生者悶矣	7/59/9
相和○歌	7/59/11
○不知至論之旨	7/59/12
使之左〔手〕據天下圖○右手刎其喉	7/59/15
飢○飱之	7/59/18
渴○飲之	7/59/18
則身飽○敖倉不為之減也	7/59/19
腹滿○河水不為之竭也	7/59/19
清目○不以視	7/59/21
靜耳○不以聽	7/59/21
鉗口○不以言	7/59/21
委心○不以慮	7/59/21
棄聰明○反太素	7/59/22
休精神○棄知故	7/59/22
覺○若（昧）〔眯〕	7/59/22
（以）生○若死	7/59/22
○與化為一體	7/59/23
則脫然○喜矣	7/59/26
踐跼○諦	7/59/27
則親戚兄弟歡然○喜	7/59/27
何往○不遂	7/60/4,15/147/7
肉凝○不食	7/60/7
酒澄○不飲	7/60/7
○迫性命之情	7/60/8
樂道○忘賤	7/60/9
安德○忘貧	7/60/9
無欲○不得	7/60/10
無樂○弗為	7/60/10
（○）〔不〕便於性者不以滑〔和〕	7/60/10
○度制可以為天下儀	7/60/11
不本其所以欲○禁其所欲	7/60/13
不原其所以樂○閉其所樂	7/60/13
是猶決江河之源○障之以手也	7/60/13
○欲脩生壽終	7/60/15
此皆迫性拂情○不得其和也	7/60/16
出見富貴之樂○欲之	7/60/17
量腹○食	7/60/20
容身○游	7/60/20
適情○行	7/60/20
餘天下○不貪	7/60/20

委萬物○不利 7/60/21
欲○能止之 7/60/22
樂○能禁之 7/60/22
夫使天下畏刑○不敢盜 7/60/23
中國得○棄之無〔所〕用 7/60/25
夫仇由貪大鍾之賂○亡其國 7/60/27
虞君利垂棘之璧○擒其身 7/60/27
獻公豔驪姬之美○亂四世 7/60/28
桓公甘易牙之和○不以時葬 7/60/28
胡王淫女樂之娛○亡上地 7/60/28
〔不〕隨物○動 7/60/29
則去火○已矣 7/61/2
質真○素樸 8/61/6
閑靜○不躁 8/61/6
推移○无故 8/61/6
在內○合乎道 8/61/6
出外○調于義 8/61/7
發動○成于文 8/61/7
行快○便于物 8/61/7
其言略○循理 8/61/7
其行侻○順情 8/61/7
其心（愉）〔和〕○不偽 8/61/8
其事素○不飾 8/61/8
日月淑清○揚光 8/61/10
五星循軌○不失其行 8/61/11
玄元至碭○運照 8/61/11
○朱草生 8/61/12
○萬物不滋 8/61/13
焚林○田 8/61/14
竭澤○漁 8/61/14
○萬物（不）〔之〕繁兆萌牙（卯）〔卵〕胎○不成者 8/61/15
積壤○丘處 8/61/16
糞田○種穀 8/61/16
掘地○井飲 8/61/16
疏川○為利 8/61/16
築城○為固 8/61/16
○萬物燋夭 8/61/18
草木之句萌、銜華、戴實○死者 8/61/19
是以松柏菌露〔宛○〕夏槁 8/61/22
江、河、三川絕○不流 8/61/22
則兵革興○分爭生 8/61/26
虐殺不辜○刑誅無罪 8/61/27
（也）〔地〕懷氣○未（楊）〔揚〕 8/62/2
○成育群生 8/62/4
○萬殊為〔一〕 8/62/6
與一世○優游 8/62/7
○萬民莫相侵欺暴虐 8/62/8
人眾○財寡 8/62/8
事力勞○養不足 8/62/9
○性失矣 8/62/10
男女群居雜處○無別 8/62/10
淫○相脅 8/62/11
○非通治之至也 8/62/12
神明定於天下○心反其初 8/62/13
心反其初○民性善 8/62/13
民性善○天地陰陽從○包之 8/62/14
財足○人（瞻）〔贍〕矣 8/62/14
道德定於天下○民純樸 8/62/15
坐俳○歌謠 8/62/16
被髮○浮游 8/62/16
今背其本○求〔之〕于末 8/62/19
釋其要○索之于詳 8/62/19
可得○量也 8/62/23
可得○蔽也 8/62/24
可得○調也 8/62/24
可得○別也 8/62/24
則樸散○為器矣 8/62/25
則德遷○為偽矣 8/62/26
昔者蒼頡作書○天雨粟 8/62/27
○龍登玄雲 8/62/28
〔智〕能愈多○德愈薄矣 8/62/28
靜○體德 8/63/1
動○理通 8/63/1
隨自然之性○緣不得已之化 8/63/1
洞然無為○天下自和 8/63/2
憺然無欲○民自樸 8/63/2
無機祥○民不夭 8/63/2
不忿爭○養足 8/63/2
實不聚○名不立 8/63/3
德交歸焉○莫之充忍也 8/63/4
取焉○不損 8/63/5
酌焉○不竭 8/63/5
○不知其所由然 8/63/10
○民无所食 8/63/11
上射十日○下殺猰貐 8/63/13
遂不言○死者眾矣 8/63/23
殊事○同指 8/63/25
異路○同歸 8/63/25
相與危坐○說之 8/64/1
鼓歌○舞之 8/64/1
○不免於惑 8/64/2
莫不仰德○生 8/64/7
柔○不脆 8/64/16
剛○不鞼 8/64/16
寬○不肆 8/64/16
其德（舍）〔含〕愚○容不肖 8/64/17
進賢○廢不肖 8/64/18
故小○行大 8/64/20
則滔窕○不親 8/64/20
大○行小 8/64/20
則陿隘○不容 8/64/20
○天下治矣 8/64/21
則目明○不以視 8/64/25
耳聰○不以聽 8/64/25
〔口當○不以言〕 8/64/25
心條達○不以思慮 8/64/26
委○弗為 8/64/26
和○弗矜 8/64/26
○智故不得雜焉 8/64/26
○無（蹟蹈）〔蹪陷〕（之患） 8/65/8
似數○疏 8/65/11
焚林○獵 8/65/12,18/191/13
燔草○為灰 8/65/14
古者上求薄○民用給 8/66/14
各致其愛○無憾恨其間 8/66/14
非強〔引〕○致之〔也〕 8/66/15
乃舉兵○伐之 8/66/21
舉不義之兵〔○〕伐無罪之國 8/66/22
殺不辜之民〔○〕絕先聖之後 8/66/22
○愛為務 8/66/27
○敬為上 8/66/28
○哀為主 8/66/28
○義為本 8/66/28
本立○道行 8/66/28
本傷○道廢〔矣〕 8/66/29
○行不言之教 9/67/3
清靜○不動 9/67/3
一度○不搖 9/67/3

夫推（〇）不可為之勢 9/72/2
〇不（修）〔循〕道理之數 9/72/2
〇況當世之主乎 9/72/3
夫載重〇馬（贏）〔羸〕 9/72/3
車輕〔〇〕馬良 9/72/4
未嘗不因其資〇用之也 9/72/5
〇眾智之所為 9/72/6
〇不可使有聞也 9/72/7
〇不可使（言）〔通語〕也 9/72/7
〇能有所不容也 9/72/8
聖人兼〇用之 9/72/10
人主貴正〇尚忠 9/72/12
〇曲直之不相入 9/72/13
是故聖人得志〇在上位 9/72/14
讒佞姦邪〇欲犯主者 9/72/14
譬猶雀之見鸇〇鼠之遇狸也 9/72/14
故一舉〇不當 9/72/17
〇姦人伏匿矣 9/72/20
夫人之所以莫（抓）〔振〕玉石〇（抓）〔振〕瓜瓠者 9/72/21
〇民有殺食自飢也 9/72/23
〇民皆處危爭死 9/72/23
〇勢可以易俗 9/72/25
〇寡察其實 9/72/27
〇游者以辯顯 9/72/27
〇賢眾口之辯也 9/72/28
〇為行者必治於官 9/72/28
〇可以便國佐治 9/73/1
是以中立〇（偏）〔徧〕 9/73/2
有眾咸譽者無功〇賞 9/73/4
守職者無罪〇誅 9/73/4
主上闇〇不明 9/73/5
群臣黨〇不忠 9/73/5
（〇）〔不〕被甲兵 9/73/8
〇有賢聖之聲者 9/73/8
〇世主莫之能察 9/73/10
〇持爵祿之柄 9/73/12
〇適取予之節 9/73/13
是以天下盡力〇不倦 9/73/13
〇竭力殊死 9/73/14
豫讓背其主〇臣智伯 9/73/16
夫以一人之心〇事兩主 9/73/18
或背〇去 9/73/18
然〇武王甲卒三千人 9/73/19
〇殷民背叛哉 9/73/20
其主之德義厚〇號令行也 9/73/20
夫（疾風）〔風疾〕〇波興 9/73/21
木茂〇鳥集 9/73/21, 16.113/164/19
〇欲用之 9/73/24
是猶不待雨〇求熟稼 9/73/24
〇萬民力竭矣 9/74/2
非貪萬民之富〇安人主之位也 9/74/2
〇明相愛之仁 9/74/3
（舉天下〇）以為社稷 9/74/5
舉天下〇傳之舜 9/74/6
猶卻行〇脫（蹤）〔蹝〕也 9/74/6
一日〇有天下之（當）〔富〕 9/74/6
〇虎狼熊羆猒芻豢 9/74/8
〇宮室衣錦繡 9/74/9
〔〇〕百姓黎民顦顇於天下 9/74/9
天下之所同側目〇視 9/74/12
側耳〇聽 9/74/12
延頸舉踵〇望也 9/74/12
〔莫不可得〇用也〕 9/74/18
然〇良醫槖〇臧之 9/74/19
〇〔又〕況人乎 9/74/19
〔〇〕鄉曲之所不譽 9/74/20
有任一〇太重 9/74/23
或任百〇尚輕 9/74/23
〇乃責之以閨閣之禮 9/74/26
〇乃任之以天下之權 9/74/27
〇臣情得上聞 9/75/2
是故威立〇不廢 9/75/3
聰明（先）〔光〕〇不弊 9/75/3
法令察〇不苛 9/75/3
耳目達〇不闇 9/75/3
日陳於前〇无所逆 9/75/4
德澤兼覆〇不偏 9/75/4
群臣勸務〇不怠 9/75/5
〇不任己之才者也 9/75/5
足不勞〇致千里 9/75/6
不能游〇絕江海 9/75/6
然〇群臣（志達）〔達志〕效忠者 9/75/8
使言之〇是也 9/75/9
使言之〇非也 9/75/9
其（主）言〔〇〕可行〔也〕 9/75/11
如此〇欲照海內 9/75/13
是猶塞耳〇聽清濁 9/75/14
掩目〇視青黃也 9/75/14
〇人主之準繩也 9/75/16
〇卑賤者不重其刑 9/75/17
是故公道通〇私道塞矣 9/75/18
道勝〇理達矣 9/75/20
非謂其凝滯〇不動也 9/75/20
發於人間〇反以自正 9/75/26
有法（者）〇不（與）用 9/75/28
不令〇行 9/75/29
〇急緩之于脣吻之和 9/76/1
〇執節于掌握之間 9/76/2
〇旋曲中規 9/76/3
〇氣力有餘 9/76/3
〇手失駟馬之心 9/76/4
〇能不危者 9/76/4
執術〇御之 9/76/6
夫據榦〇窺井底 9/76/8
則寸之分可得〇察也 9/76/8
物至〇觀其（象）〔變〕 9/76/9
事來〇應其化 9/76/9
〇行必然之道 9/76/10
故萬舉〇無遺策矣 9/76/10
〇臧獲御之 9/76/14
〇人弗能制矣 9/76/14
〇責其不得為非也 9/76/14
則人材釋〇公道行矣 9/76/15
〇不足者逮於用 9/76/16
夫釋職事〇聽非譽 9/76/19
棄公勞〇用朋黨 9/76/19
則奇材佻長〇（于）〔干〕次 9/76/19
守官者雍遏〇不進 9/76/19
〇功臣爭於朝 9/76/20
釋之〇不用 9/76/20
是猶無轡銜〇馳也 9/76/21
蕩〇失水 9/76/22,18/190/17
〇擒於狐貍 9/76/22
君人者釋所守〇與臣下爭〔事〕 9/76/22
是以人臣藏智〇弗用 9/76/23
〇好自為之 9/76/27

則智日困○自負其責也 9/76/27
則守職者離正○阿上 9/76/29
有司枉法○從風 9/76/29
○君臣相怨也 9/77/1
○有過則無以（責）〔責〕之 9/77/1
有罪○不誅 9/77/1
〔○〕智弗能解也 9/77/2
○明不能照也 9/77/2
不正本○反自脩 9/77/2
○為大匠斲也 9/77/3
筋絕○弗能及 9/77/3
無御相之勞○致千里者 9/77/4
無為○有守也 9/77/7
有（為）〔立〕○無好也 9/77/7
昔者齊桓公好味○易牙烹其首子○餌之 9/77/8
虞君好寶○晉獻以璧馬釣之 9/77/8
胡王好音○秦穆公以女樂誘之 9/77/8
夫火熱○水滅之 9/77/9
金剛○火銷之 9/77/10
木強○斧伐之 9/77/10
水流○土遏之 9/77/10
弗用○後能用之 9/77/12
弗為○後能為之 9/77/12
任○弗詔 9/77/14
責○弗教 9/77/14
怯服勇○愚制智 9/77/18
〔○〕制開闔 9/77/21
慕義從風○為之服役者不過數十人 9/77/22
奮袂○（越）〔起〕 9/77/24
趙武靈王貝帶鵔鸏○朝 9/77/25
鵔鸏○朝 9/77/26
不待禁誅○自中法度者 9/77/28
○海內莫不被繩矣 9/78/1
尾絕○不從者 9/78/3
則五尺童子牽○周四海者 9/78/3
夫七尺之橈○制船之左右者 9/78/3
故循流○下易以至 9/78/6
背風○馳易以遠 9/78/6
三舉〔○〕百姓說 9/78/7
紂殺王子比干○骨肉怨 9/78/8
斮朝涉者之脛○萬民叛 9/78/8
再舉○天下失矣 9/78/8
利一人○天下從風 9/78/9
害一人○天下離叛 9/78/9
故桓公三舉○九合諸侯 9/78/10
紂再舉○不得為匹夫 9/78/10
然〔○〕民無（掘穴）〔堀室〕狹廬所以託身者 9/78/12
然〔○〕民有處邊城 9/78/14
○冬不被裘 9/78/16
君臣上下同心○樂之 9/78/16
○成像於外〔者也〕 9/78/21
○乃始撞大鍾 9/78/23
是猶貫甲（冑）〔胄〕○入宗廟 9/78/23
被羅紈○從軍旅 9/78/23
○耕不過十畝 9/78/26
妻子老弱仰○食之 9/78/26
計三年耕○餘一年之食 9/79/2
率九年○有三年之畜 9/79/2
十八年○有六年之積 9/79/2
二十七年○有九年之儲 9/79/3
○不離飢寒之患矣 9/79/5
則百姓無以被天和○履地德矣 9/79/6
不涸澤○漁 9/79/12
不焚林○獵 9/79/12
四海之雲至○脩封疆 9/79/18
蝦蟆鳴、燕降○達路除道 9/79/18
非能目見○足行之也 9/79/21
然○動靜聽視皆以為主者 9/79/22
故堯為善○眾善至矣 9/79/24
桀為非○眾非來（也）〔矣〕 9/79/24
心欲小○志欲大 9/79/27
智欲員○行欲方 9/79/27
能欲多○事欲鮮 9/79/27
是非輻湊○為之轂 9/80/2
淵泉○不竭 9/80/3
直立○不橈 9/80/3
素白○不污 9/80/3
○既已備之（也）〔矣〕 9/80/11
無小○不舉 9/80/11
無微○不改 9/80/12
（王）皆坦然（天下）〔南面〕○（南面）〔王天下〕焉 9/80/12
〔伐〕鼛（鼓）○食 9/80/13
奏《雍》○徹 9/80/13
已飯○祭竈 9/80/13
然○戰戰慄慄 9/80/14
擇善○後從事焉 9/80/21
然○勇力不聞 9/80/23
然○圍於匡 9/80/25
據義行理○志不懾 9/80/25
故舉○必榮 9/80/27
故動○必窮矣 9/81/1
○爭萬乘之君 9/81/1
易○必成 9/81/2
難○必敗 9/81/2
捨其易〔○必〕成者 9/81/3
○從事難○必敗者 9/81/3
（偏）〔徧〕知萬物○不知人道 9/81/6
（偏）〔徧〕愛群生○不愛人類 9/81/6
此人智之所合○行也 9/81/9
小有教○大有存也 9/81/9
小有誅○大有寧也 9/81/9
唯惻隱推○行之 9/81/10
法○無義 9/81/13
○民不舍者 9/81/14
故智者先忤○後合 9/81/18
愚者始於樂○終於哀 9/81/18
今日何為○榮乎 9/81/20
（且）〔旦〕日何為○義乎 9/81/20
今日何為○義 9/81/20
（且）〔旦〕日何為○樂 9/81/20
援白黑○示之 9/81/22
使陳忠孝行○知所出者鮮矣 9/81/24
莫不先以為可○後行之 9/81/25
○加之以勇力辯慧 9/81/27
○無仁智以為表幹 9/81/29
○加之以眾美 9/81/29
故不仁○有勇力果敢 9/81/29
則〔猶〕狂○操利劍 9/81/29
不智○辯慧（懷）〔懁〕給 9/81/30
則〔猶〕（棄）〔乘〕驥○（不式）〔或〕 9/81/30
魚得水○游焉則樂 9/82/4
則魚得○利之 9/82/4

不得上令○可得為也 9/82/7
○責于其所不得制 9/82/7
○不能上達矣 9/82/8
道在易○求之難 9/82/10
驗在近○求之遠 9/82/10
（句）〔包〕裹宇宙○無表裏 10/82/15
洞同覆載○無所礙 10/82/16
物來○名 10/82/17
事來○應 10/82/17
○民鄉方矣 10/82/22
比於人心○（含）〔合〕於眾適者也 10/82/24
故道滅○德用 10/82/25
德衰○仁義生 10/82/25
故尚世體道○不德 10/82/25
中世守德○弗壞也 10/82/25
薄施○厚望、畜怨○無患者 10/83/1
猶中衢○（致）〔設〕尊邪 10/83/2
○說其所快 10/83/13
○求與己同者 10/83/14
○欲得賢 10/83/14
○謂狐貍 10/83/16
故倡○不和 10/83/26
意○不戴 10/83/26
故舜不降席○（王）〔匡〕天下者 10/84/1
身曲○景直者 10/84/2
發○成形 10/84/4
○不可以照（誌）〔認〕 10/84/5
○不能生也 10/84/8
蓋力優○克不能及也 10/84/8
辟若伐樹○引其本 10/84/10
○莫之德也 10/84/14
取庸○強飯之 10/84/14
○不可以導人 10/84/22
○不可以昭認 10/84/22
故舜不降席○天下治 10/84/23
桀不下陛○天下亂 10/84/23
同言○民信 10/84/24
同令○民化 10/84/24
民遷○化 10/84/25
○慈母之愛諭焉者 10/84/26
故禹執（于）〔干〕戚舞於兩階之間○三苗服 10/84/28
○不能違其難也 10/85/2
○蹠焉往 10/85/3
則君尊○臣忠 10/85/6
父慈○子孝 10/85/6
狐鄉丘○死 10/85/12
魚沈○鳥揚 10/85/16
同（間）〔聞〕○殊事 10/85/17
禮不隆○德有餘 10/85/18
仁心之感恩接○憯怛生 10/85/18
非以求名○名從之 10/85/22
名不與利期○利歸之 10/85/22
故若眯○撫 10/85/23
若跌○據 10/85/23
終○後知其可大也 10/85/24
動○有益 10/85/25
美○不尊 10/86/8
虛○能滿 10/86/9
淡○有味 10/86/9
（芺）〔美〕○不芳 10/86/12
肥○不澤 10/86/12
故弘演直仁○立死 10/86/13
王子閭張掖○受刃 10/86/13
難至○失其守也 10/86/16
見利○忘其害也 10/86/16
○不知號禍之及己也 10/86/17
○三王獨稱 10/86/20
○伯夷獨舉 10/86/20
○蒙衣自信者難 10/86/23
發著○後快 10/86/24
快己○天下治 10/87/1
快己○百事廢 10/87/1
喜憎議○治亂分矣 10/87/1
異聲○和 10/87/5
殊事○調 10/87/5
申喜聞乞人之歌○悲 10/87/6
出○視之 10/87/6
○取信焉異 10/87/7
故心哀○歌不樂 10/87/7
心樂○哭不哀 10/87/7
〔援琴○彈〕 10/87/8
（惟）〔情〕繫於中○欲發外者也 10/87/9
固無物○不周 10/87/12
上意○民載 10/87/15
未言○信 10/87/15
弗召○至 10/87/15
樂○不愬 10/87/16
○知物化矣 10/87/19
號○哭 10/87/19
嘰○哀 10/87/19
○至乎至極矣 10/87/20
獄（繫）〔煩〕○無邪 10/88/1
引其（綱）〔網〕○萬目開矣 10/88/5
○天下從風 10/88/6
近○不可以至 10/88/9
卑○不可以登 10/88/9
無載焉○不勝 10/88/9
（大）〔久〕○章 10/88/9
遠○隆 10/88/9
釋己○求諸人 10/88/10
君子者、樂有餘○名不足 10/88/12
小人樂不足○名有餘 10/88/12
含○弗吐 10/88/13
在情○不萌者 10/88/13
君子思義○不慮利 10/88/13
小人貪利○不顧義 10/88/13
各從其蹠○亂生焉 10/88/17
○民繫固也 10/88/30
齊桓舉○不密 10/89/1
晉文密○不舉 10/89/1
○得之〔乎〕本朝 10/89/2
水下流○廣大 10/89/4
君下臣○聰明 10/89/4
○治道通矣 10/89/4
筦夷吾、百里奚經○成之 10/89/4
齊桓、秦穆受○聽之 10/89/5
見日○寤矣 10/89/7
小子無謂我老○羸我 10/89/9
故老○弗舍 10/89/10
○無能成也 10/89/12
故君子順其在己者○已矣 10/89/13
循性○行指 10/89/15
○不能必其得福 10/89/15
○未能（必免其禍）〔必其免禍〕 10/89/16
堯王天下○憂不解 10/89/20
授舜○憂釋 10/89/20
憂○守之 10/89/20
○樂與賢 10/89/21
故同味○嗜厚（膊）

〔膊〕者 10/89/25
同師○超群者 10/89/26
○能為表者 10/89/26
唯聖人見其始○知其終 10/90/1
魯酒薄○邯鄲圍 10/90/2
羊羹不斟○宋國危 10/90/2
（通）〔適〕於己○無功於國者 10/90/4
逆於己〔○〕便於國者 10/90/5
○上下相樂也 10/90/10
○齊桓、晉文獨名 10/90/12
○三王獨道 10/90/12
○後世稱其大 10/90/13
不越鄰○成章 10/90/13
○莫能至焉 10/90/13
○莫能奪之名也 10/90/14
通智得（勞）○不勞 10/90/16
其次勞○不病 10/90/16
其下病○不勞 10/90/16
古人味○弗貪也 10/90/17
今人貪○弗味〔也〕 10/90/17
助○奏之 10/90/18
○請去炮（烙）〔格〕之刑 10/90/21
見舌○知守柔矣 10/90/25
觀景柱○知持後矣 10/90/25
○常制之 10/90/26
○未能以智不智也 10/91/1
夜行瞑目○前其手 10/91/2
○明有不（害）〔容〕 10/91/2
甯戚擊牛角○歌 10/91/8
故歌○不比於律者 10/91/12
紂為象箸○箕子嘰 10/91/15
魯以偶人葬○孔子歎 10/91/15, 16.102/163/17
〔○〕入於海 10/91/16
○藏乎倉 10/91/16
故商鞅立法○支解 10/91/18
吳起刻削○車裂 10/91/18
情行合○名副之 10/91/23
君子不謂小善不足為也○舍之 10/92/1
小善積○為大善 10/92/1
不為小不善為無傷也○為之 10/92/1
小不善積○為大不善 10/92/2
積快○為德 10/92/2
積恨○成（怨）〔惡〕 10/92/3
視○形之莫明於目 10/92/6
聽○精之莫聰於耳 10/92/6
重○閉之莫固於口 10/92/6
含○藏之莫深於心 10/92/7
○心致之精 10/92/7
日月為明○弗能兼也 10/92/21
蒙塵○欲毋眯 10/92/28
涉水○欲毋濡 10/92/28
正身○直行 10/93/1
今釋正○追曲 10/93/1
倍是○從眾 10/93/1
○內行無繩 10/93/2
故聖人反己○弗由也 10/93/2
嘗之○無味 10/93/4
視之○無形 10/93/4
物多類之○非 10/93/6
誠能愛○利之 10/93/9
天下有至貴○非勢位也 10/93/12
有至富○非金玉也 10/93/12
有至壽○非千歲也 10/93/12
（蒹）〔兼〕覆（蓋）○并有之、（度）伎能○裁使之者 10/93/15
率性○行謂之道 11/93/20
是故仁義立○道德遷矣 11/93/20
恭敬○忮 11/93/25
布施○德 11/93/25
故構○多責 11/93/26
夫吹灰○欲無眯 11/93/27
涉水○欲無濡 11/93/27
○言不溢乎行 11/93/28
其衣（致）煖○無文 11/93/28
其兵（戈）銖○無刃 11/93/29
其歌樂○无轉 11/93/29
其哭哀○無聲 11/93/29
鑿井○飲 11/93/29
耕田○食 11/93/29
○詐偽萌興 11/93/30
○生盜跖、莊蹻之邪 11/94/1
昔太公望、周公旦受封○相見 11/94/10
舉賢○上功 11/94/12
二十四世○田氏代之 11/94/12
至三十二世○亡 11/94/13
子路撜溺○受牛謝 11/94/15
子贛贖人○不受金於府 11/94/15
子路受○勸德 11/94/16
子贛讓○止善 11/94/16
○不可公行也 11/94/19
鳥入之○憂 11/94/21
人入之○畏 11/94/21
人入之○死 11/94/22
鳥獸聞之○驚 11/94/23
人上之○慄 11/94/23
○無由相過 11/94/28
因其所貴○貴之 11/94/30
因其所賤○賤之 11/94/30
○聽從者眾 11/95/9
不舍○穴 11/95/13
弗去○緣 11/95/13
物莫避其所利○就其所害 11/95/13
○足迹不接諸侯之境 11/95/14
欲節〔○〕事寡也 11/95/16
民躁○費多也 11/95/17
蕪濊○不得清明者 11/95/24
生○徙國 11/95/25
東○投之水 11/95/26
易○忘其本 11/95/28
唯聖人能遺物○反己 11/96/1
夫乘舟○惑者 11/96/1
則動○惑營 11/96/2
○汝服於我也亦忘 11/96/3
夫縱欲○失性 11/96/4
斷之於耳○已矣 11/96/9
為是釋術數○任耳目 11/96/9
○目淫於采色 11/96/10
○欲得事正 11/96/10
夫載哀者聞歌聲○泣 11/96/10
載樂者見哭者○笑 11/96/11
故聖王執一○勿失 11/96/15
○欲徧照海內之民 11/96/18
○欲徧贍萬民 11/96/19
有感○自然者也 11/96/20
此皆憤於中○形於外者也 11/96/20
情發於中○聲應於外 11/96/22
○誠心可以懷遠 11/96/23
皆尊其主○愛其親 11/97/4
皆慈其子○嚴其上 11/97/5
然○勝夫差於五湖 11/97/9
南面○霸天下 11/97/9
○國不亡者 11/97/10, 12/108/25

不犯禁○入	11/97/13
不迕逆○進	11/97/13
○無所困矣	11/97/13
故禮因人情○為之節文	11/97/15
○仁發恲以見容	11/97/15
○以偽輔情也	11/97/16
是絶哀○迫切之性也	11/97/17
○務以行相反之制	11/97/17
以為曠日煩民○無所用	11/97/20
故制禮足以佐實喻意○已（矣）	11/97/20
〔故〕制樂足以合歡宣意○已	11/97/21
以為窮民絶業○無益於槁骨腐肉也	11/97/22
故葬薶足以收斂蓋藏○已	11/97/23
○誹譽萌於朝	11/97/26
是故聖人廢○弗用也	11/97/26
義者、循理○行宜〔者〕也	11/98/1
禮者、體情〔○〕制文者也	11/98/1
昔有扈氏為義○亡	11/98/2
知義○不知宜也	11/98/2
魯治禮○削	11/98/2
知禮○不知體也	11/98/2
然○皆不失親疏之恩	11/98/8
譬由膠柱○調（琴）〔瑟〕也	11/98/8
故明主制禮義○為衣	11/98/11
分節行○為帶	11/98/11
○不拘於儒墨	11/98/13
自見○已	11/98/15
自聞○已	11/98/15
自知○已	11/98/16
曲得其宜○不折傷	11/98/18
大則塞○不入	11/98/19
小則窕○不周	11/98/19
○愈醜	11/98/19
合○為道德	11/98/21
離○為儀表	11/98/21
則壤土草（蒯）〔薊〕○已	11/98/26
執干戚○舞之	11/99/1
擇丘陵○處之	11/99/2
載尸○行	11/99/2
故朝死○暮葬	11/99/3
見形○施宜者也	11/99/4
今知脩干戚○笑钁插	11/99/4
知三年○非一日	11/99/4
無以異於彈一絃○會《棘下》	11/99/5
譬猶冬被葛○夏被裘	11/99/7
故聖人論世○立法	11/99/8
隨時○舉事	11/99/9
○法其所以為法	11/99/10
○歐冶之巧〔不〕可貴也	11/99/13
○放其一吐一吸	11/99/15
○守其法籍憲令	11/99/17
○莫知其所	11/99/21
○所道者一也	11/99/23
譬若同陂○溉田	11/99/24
今屠牛○烹其肉	11/99/24
伐楩柟豫樟○剖梨之	11/99/25
其曲家異○不失於體	11/99/27
故湯入夏○用其法	11/100/1
武王入殷○行其禮	11/100/1
○湯、武之所以為治	11/100/2
○刀〔可〕以剃毛	11/100/5
○（刀）〔刃〕如新剖硎	11/100/5
○非所以〔為〕巧也	11/100/6
○非所以為悲也	11/100/7
○莫與物為際者	11/100/9
○形乎絃者	11/100/9
〔○〕可以平直者	11/100/11
故叩宮○宮應	11/100/11
彈角○角動	11/100/11
○二十五絃皆應	11/100/12
○寂漠者	11/100/12
世各是其所是○非其所非	11/100/15
皆自是○非人	11/100/15
○未始有是也	11/100/16
○未始有非也	11/100/16
若夫是於此○非於彼	11/100/19
非於此○是於彼者	11/100/19
今吾欲擇是○居之	11/100/20
擇非○去之	11/100/20
為刻削者曰致其鹹酸○已矣	11/100/23
晉平公出言○不當	11/100/24
師曠舉琴○撞之	11/100/24
群臣失禮○弗誅	11/100/25
望我○笑	11/101/1
談語○不稱師	11/101/1, 11/101/2
交淺○言深	11/101/2, 11/101/3
望君○笑	11/101/2
故趣（舍）合即言忠○益親	11/101/4
身疏即謀當○見疑	11/101/4
○血流至耳	11/101/4
今吾雖欲正身○待物	11/101/7
若轉化○與世競走	11/101/8
無之○不濡	11/101/8
若夫不為虛○自虛者	11/101/9
此所慕○〔無〕不（能）致也	11/101/9
○與轂致千里	11/101/11
壹曲○辟	11/101/12
○人性齊矣	11/101/20
易事○悖	11/101/20
失處○賤	11/101/20
得勢○貴	11/101/21
聖人摠○用之	11/101/21
○治世不以責於民	11/101/23
○明主不以求於下	11/101/24
○治世不以為民化	11/101/24
○治世不以為民業	11/101/25
○不可與眾同職也	11/101/26
北人无擇非舜○自投清（汵）〔泠〕之淵	11/102/1
魯般、墨子以木為鳶○飛之	11/102/1
○不可使為工也	11/102/2
○縣之乎銓衡	11/102/5
○求之乎浣準	11/102/6
○度量可世傳也	11/102/6
○軍制可與權用也	11/102/7
夫待騕褭飛兔○駕之	11/102/7
待西施、（毛嬙）〔絡慕〕○為配	11/102/7
○人自足者	11/102/8
因〔其〕所有○（並）〔遂〕用之〔也〕	11/102/8
一日○通	11/102/9
○道術可公行也	11/102/10
高為量○罪不及	11/102/10
重為任○罰不勝	11/102/10

危為（禁）〔難〕○誅不敢	11/102/11
則飾智○詐上	11/102/11
犯邪○干免	11/102/11
○無桀、紂之時	11/102/18
○欲成霸王之業	11/102/18
負扆○朝諸侯	11/102/20
	13/121/17
七年○致政成王	11/102/21
夫武王先武○後文	11/102/21
桓公前柔○後剛	11/102/25
文公前剛○後柔	11/102/25
然○令行乎天下	11/102/25
○不肯	11/102/26
鑿培○遁之	11/102/26
世多稱古之人○高其行	11/102/27
並世有與同者○弗知貴也	11/102/27
簡於行○謹於時	11/103/1
吾以為各致其所極○已	11/103/2
然○樂直行盡忠以死節	11/103/4
然○樂離世伉行以絕眾	11/103/5
然○羞以物滑和	11/103/6
然○樂推誠行必	11/103/7
○各樂其務	11/103/9
鳥聞之○高翔	11/103/10
魚聞之○淵藏	11/103/10
○皆得所便	11/103/10
鵜胡飲水數斗○不足	11/103/11
鱓鮪入口若露○死	11/103/11
智伯有三晉○欲不贍	11/103/11
林類、榮啓期衣若縣衰〔○〕意不慊	11/103/12
○好名者非義不苟得	11/103/13
何時○合	11/103/14
則（箫）〔兼〕覆○并〔有〕之	11/103/14
巢者巢成○得棲焉	11/103/15
穴者穴成○得宿焉	11/103/15
揔○齊之	11/103/17
其事經○不擾	11/103/19
其器完○不飾	11/103/19
久積○不決	11/103/21
歷歲○後成	11/103/22
丈夫丁壯○不耕	11/103/22
婦人當年○不織	11/103/23
安樂無事○天下（均）〔和〕平	11/103/25
○煬竈口	11/104/8
○欲民之去（未）〔末〕反本	11/104/10
是由發其原○壅其流也	11/104/10
則飢之本○寒之原也	11/104/12
一鄉父子兄弟相遺○走	11/104/16
○仁不能解也	11/104/19
○利不能誘也	11/104/23
○法弗能禁也	11/104/23
○知之淺	12/105/14
○知之外	12/105/14
○知之粗	12/105/14
太清仰〔天〕○歎曰	12/105/14
聞○非也	12/105/16
見○非也	12/105/16
言○非也	12/105/16
易牙嘗○知之	12/105/22
已成○示諸（先生）〔民人〕	12/106/1
善○不可行	12/106/3
然○不用者	12/106/4
○可以為政	12/106/9
○可以為材	12/106/10
○自取齊國之政焉	12/106/10
可陶冶○變化也	12/106/11
因○（致）〔攻〕之	12/106/17
十有九日○擒白公	12/106/17
○欲有之	12/106/18
持○盈之	12/106/19
揣○銳之	12/106/20
知伯與襄子飲○批襄子之首	12/106/23
襄子疏隊○擊之	12/106/25
○道將為女居	12/107/1
○無求其故	12/107/1
被衣行歌○去曰	12/107/2
趙襄子〔使〕攻翟○勝之	12/107/6
襄子方將食○有憂色	12/107/6
一朝○兩城下	12/107/7
（今）一朝〔○〕兩城下	12/107/9
○喜、所以為亡也	12/107/10
然○卒取亡焉	12/107/11
○不肯以力聞	12/107/12
○不肯以兵知	12/107/13
○用之又弗盈也	12/107/13
夫刺之○不入	12/107/19
擊之○不中	12/107/19
無地○為君	12/107/23
無官○為長	12/107/23
天下丈夫女子莫不延頸舉踵○願安利之者	12/107/24
然○垂拱受成功焉	12/108/6
鼠前○（菟）〔兔〕後	12/108/7
蛩蛩駏驢必負○走	12/108/8
此所謂弗安○安者也	12/108/14
來○辭不受金	12/108/18
○（受）教順可施後世	12/108/19
今〔魯〕國之富者寡○貧者眾	12/108/19
贖〔人〕○受金	12/108/19
數戰○數勝	12/108/23
數戰〔○〕數勝	12/108/24
望見桓公○悲	12/109/3
擊牛角○疾商歌	12/109/3
桓公贛之衣冠○見〔之〕	12/109/4
問之○（故）〔固〕賢者也	12/109/6
以人之小惡○忘人之大美	12/109/7
一聽○弗復問	12/109/8
權○用其長者○已矣	12/109/8
○王處其一焉	12/109/10
事之以皮帛珠玉○弗受	12/109/12
與人之兄居○殺其弟	12/109/13
與人之父處○殺其（予）〔子〕	12/109/13
杖策○去〔之〕	12/109/15
民相連○從之	12/109/15
○輕失之	12/109/17
不能自勝○強弗從者	12/109/23
○不明於治國	12/109/27
臣未嘗聞身治○國亂者也	12/109/28
未嘗聞身亂○國治者也	12/109/29
	14/133/5
釋其椎鑿○問桓公曰	12/110/1
桓公悖然作色○怒曰	12/110/3
工人焉得○譏之哉	12/110/4
則苦○不入	12/110/5
則甘○不固	12/110/5

○可以至妙者 12/110/6
○臣之子亦不能得之於臣 12/110/6
老○為輪 12/110/7
窮○死 12/110/7
〔於是宋君行賞賜○與子罕刑罰〕 12/110/12
子罕遂（却）〔劫〕宋君○專其政 12/110/14
王壽負書○行 12/110/17
事者、應變○動 12/110/17
於是王壽乃焚〔其〕書○舞之 12/110/18
左江○右淮 12/110/23
恐留○不能反 12/110/24
釐負羈遺之壺餕○加璧焉 12/110/28
重耳受其餕○反其璧 12/111/1
越王勾踐與吳戰○不勝 12/111/4
然○請身為臣、妻為妾 12/111/5
○莫之能行 12/111/6
○城自（壤）〔壞〕者十丈 12/111/10
襄子擊金○退之 12/111/10
○城自壞 12/111/10
城治○後攻之 12/111/12
○不可告以天下之馬 12/111/17
三月○反 12/111/19
（牡）〔牝〕○黃 12/111/20
牡○驪 12/111/20
召伯樂○問之曰 12/111/20
是乃其所以千萬臣○无數者也 12/111/22
得其精○忘其粗 12/111/23
在其內○忘其外 12/111/23
見其所見○不見其所不見 12/111/23
視其所視○遺其所不視 12/111/24
馬至○果千里之馬〔也〕 12/111/24
○以為令尹 12/112/1
將衰楚國之爵○平其制祿 12/112/2
損其有餘○綏其不足 12/112/3
12/112/4
今子將衰楚國之爵○平其制祿 12/112/4

○得志焉 12/112/7,12/112/8
子不若敦愛○篤行之 12/112/10
及孤之身○晉伐楚 12/112/13
（今）〔及〕臣之身○晉伐楚 12/112/14
〔莊〕王俛○泣涕沾襟 12/112/15
起○拜君大夫 12/112/15
夜還師○歸 12/112/16
召子韋○問焉 12/112/19
○移死焉 12/112/21
為人君○欲殺其民以自活也 12/112/23
天之處高○聽卑 12/112/25
人○無能者 12/113/5
有客衣褐帶索○見曰 12/113/5
○航在一汜 12/113/7
一呼○航來 12/113/8
列田百頃○封之執圭 12/113/11
師未合○敵遁 12/113/12
兵陳戰○勝敵者 12/113/12
夫乘民之功勞○取其爵祿〔者〕 12/113/13
故辭○弗受 12/113/13
功成○不居 12/113/14
三日○原不降 12/113/16
吾不知原三日○不可得下也 12/113/17
盡○不罷 12/113/17
○嗜魚 12/113/22
夫受魚○免於相 12/113/23
毋受魚○不免於相 12/113/24
後其身○身先 12/113/24
外其身○身存 12/113/25
○不失鉤芒 12/114/5
○以長得其用 12/114/7
○況持不用者乎 12/114/7
三年○天下二垂歸之 12/114/10
紂聞○患之曰 12/114/10
縱○置之 12/114/11
周伯昌（行）仁義○善謀 12/114/11
（夫）〔太〕子發勇敢○不疑 12/114/12
中子旦恭儉○知時 12/114/12
縱○赦之 12/114/12
因費仲○通 12/114/15
紂見○說之 12/114/15

殺牛○賜之 12/114/15
○民親其上 12/114/20
○敬順之 12/114/20
昔夏、商之臣反讎桀、紂○臣湯、武 12/114/22
宿沙之民皆自攻其君○歸神農 12/114/23
夫意○中藏者 12/114/26
○能成大盜者 12/114/28
盜賊之心必託聖人之道○後可行 12/114/28
出見○禮之 12/115/2
楚賢良大夫皆盡其計○悉其誠 12/115/4
不問其辭○遣之 12/115/5
偷則夜〔出〕解齊將軍之幬帳○獻之 12/115/6
則還師○去 12/115/9
故（曰）〔伎〕無細○能〔無〕薄 12/115/9
○夫子薦賢 12/115/16
衰絰○哭之 12/115/22
過周○東 12/115/22,13/125/15
以十二牛勞秦師○賓之 12/115/23
三帥乃懼○謀曰 12/115/23
未至○人已知之 12/115/24
還師○去 12/115/24
○不弔吾喪 12/115/26
○不假道 12/115/26
是死吾君○弱吾孤也 12/115/26
先軫舉兵○與秦師遇於殽 12/115/26
知○不知 12/115/28
不知○知 12/115/28
王欲置后○未定 12/116/1
因獻十珥○美其一 12/116/1
深目○玄鬢 12/116/5
（淚注）〔渠頸〕○鳶肩 12/116/6
豐上○殺下 12/116/6
軒軒然方迎風○舞 12/116/6
盧敖就○視之 12/116/7
方倦龜殼○食蛤梨 12/116/7
非敖○已乎 12/116/8
敖幼○好遊 12/116/8
蓄然○笑曰 12/116/9
寧肯○遠至此 12/116/10

此猶光乎日月○載列星 12/116/10
此其下無地○上無天 12/116/13
其餘一舉○千萬里 12/116/14
若士舉臂○竦身 12/116/16
盧敖仰○視之 12/116/16
○自以為遠 12/116/17
○巫馬期絻衣短褐 12/116/21
今得○釋之 12/116/23
化育萬物○不可為象 12/117/3
俛仰之間○撫四海之外 12/117/3
○（就）〔孰〕視其狀貌 12/117/7
〔○〕未能無無也 12/117/9
罷朝○立 12/117/12
血流至地○弗知也 12/117/12
於此天下歌謠○樂之 12/117/20
无關鍵○不可開也 12/117/21
無繩約○不可解也 12/117/21
三年○無得焉 12/117/23
望（之）〔○〕謂之曰 12/117/24
吳人願一以為王○不肯 12/117/28
讓天下○弗受 12/118/1
嘗〔見〕有如此○得活者乎 12/118/3
不可劫○奪也 12/118/5
棄劍（○）〔以〕〔全〕己 12/118/5
辭○行 12/118/10
魏王乃止其行○疏其身 12/118/11
○有不能成衡之事 12/118/12
○使齕其指 12/118/13
○說之 12/118/19
喟然○歎 12/118/19
物固有近之○遠 12/118/20
遠之○近者 12/118/20
至所極○已矣 12/118/20
此〔《筦子》〕所謂（《筦子》）「（梟）〔鳥〕飛○（維）〔準〕繩」者 12/118/20
○不受塵垢 12/118/22
晏子默○不對者 12/119/4
晏子可謂忠於上○惠於下矣 12/119/5
方○不割 12/119/6
廉○不劌 12/119/6
蹇重舉白○進之 12/119/9
文侯受觴○飲〔之〕 12/119/10
釂○不獻 12/119/11
揖○損之 12/119/16
何謂揖○損之 12/119/16
夫物盛○衰 12/119/17
日中○移 12/119/17
月盈○虧 12/119/17
先王所以守天下○弗失也 12/119/19
是以能弊○不新成 12/119/20
是臣殺其主○下伐其上也 12/119/22
昭昭○道冥冥 12/119/25
於是乃去其督○載之（木）〔朮〕 12/119/25
解其劍○帶之笏 12/119/26
化○欲作 12/119/29
古者有鍪○綣領以王天下者矣 13/120/3
其德生○不（辱）〔殺〕 13/120/3
予○不奪 13/120/3
烏鵲之巢可俯○探也 13/120/4
禽獸可羈○從也 13/120/5
○百姓安之 13/120/8
○民得以揜形御寒 13/120/10
古者剡耜○耕 13/120/10
摩蜃○耨 13/120/10
木鉤○樵 13/120/10
抱甄○汲 13/120/10
民勞○利薄 13/120/10
斧柯○樵 13/120/11
桔皋○汲 13/120/11
民逸○利多焉 13/120/11
（乃）為（鞀）〔靼〕蹻○超千里 13/120/13
○作為之楺輪建輿 13/120/13
民以致遠○不勞 13/120/14
為鷙禽猛獸之害傷人○无以禁御也 13/120/14
○作為之鑄金（鍛）〔鍛〕鐵 13/120/14
舜不告○娶 13/120/19
文王舍伯邑考○用武王 13/120/19
禮三十○娶 13/120/20
文王十五○生武王 13/120/20
故五帝異道○德覆天下 13/120/24
三王殊事○名施後世 13/120/24
此皆因時變○制禮樂者〔也〕 13/120/25
○靡不中音 13/120/26
○以知矩（彠）〔矱〕之所周者也 13/120/26
魯昭公有慈母○愛之 13/121/1
陽侯殺蓼侯○竊其夫人 13/121/1
○不制於禮樂 13/121/3
○利民為本 13/121/3
○令行為上 13/121/3
不變法○亡 13/121/4
不相襲○王 13/121/5
○循俗未足多也 13/121/6
百川異源○皆歸於海 13/121/8
百家殊業○皆務（治於）〔於治〕 13/121/8
王道缺○《詩》作 13/121/8
周室廢、禮義壞○《春秋》作 13/121/8
以《詩》、《春秋》為古之道○貴之 13/121/10
北面委質○臣事之 13/121/19
請○後為 13/121/19
復○後行 13/121/19
故一人之身○三變者 13/121/20
○欲以一行之禮 13/121/21
○非所以為治也 13/121/25
20/215/22
○時省其用 13/121/26
是猶无鏑銜（橛）策錣○御馯馬也 13/122/2
神農无制（今）〔令〕○民從 13/122/3
唐、虞有制令○无刑罰 13/122/3
忍詬○輕辱 13/122/4
貪得○寡羞 13/122/4
伯成子高辭為諸侯○耕 13/122/5
天下高（○）〔之〕 13/122/5
辭官○隱處 13/122/6
弓劍○已矣 13/122/6
夫神農、伏犧不施賞罰○民不為非 13/122/11
然○立政者不能廢法○治民 13/122/11
舜執（千）〔干〕戚○服有苗 13/122/11

然○征伐者不能釋甲兵○制（疆）〔彊〕暴 13/122/12
所以論民俗○節緩急也 13/122/13
因時變○制宜適〔也〕 13/122/13
夫聖人作法○萬物制焉 13/122/15
賢者立禮○不肖者拘焉 13/122/15
然後能擅道○行（矣）〔也〕 13/122/18
大人作○弟子循 13/122/20
則應時○變 13/122/21
是猶持方柄○周員鑿也 13/122/22
今儒墨者稱三代、文武○弗行〔也〕 13/122/23
非今時之世○弗改 13/122/24
是以盡日極慮○无益於治 13/122/24
勞形竭智○无補於主也 13/122/25
○憎圖狗馬者 13/122/25
○狗馬可日見也 13/122/26
（道○）〔○道〕先稱古 13/122/26
○生物 13/122/29
春分○生 13/122/29
秋分○成 13/122/29
寬○栗 13/122/30
嚴○溫 13/122/30
柔○直 13/122/30
猛○仁 13/122/30
可卷○（伸）〔懷〕也 13/123/4
引○伸之 13/123/4
可直○（睎）〔睎〕〔也〕 13/123/4
夫脩○不橫 13/123/5
短○不窮 13/123/5
直○不剛 13/123/5
久○不（志）〔忘〕者 13/123/5
○專任其大臣將相 13/123/7
○公道不行 13/123/8
使呂氏絕祀○陳氏有國者 13/123/8
鄭子陽剛毅○好罰 13/123/9
執○无赦 13/123/9
畏罪○恐誅 13/123/10
○聞見舛馳於外者也 13/123/11
故終身○无所定趨 13/123/12
濁（一）〔之〕則鬱○无轉 13/123/12
清之則（燋）〔憔〕○不（謳）〔調〕 13/123/13
盈○發音 13/123/14
則莫不比於律○和於人心 13/123/14
不受於外○自為儀表也 13/123/15
故魏兩用樓翟、吳起○亡西河 13/123/16
湣王專用淖齒○死于東廟 13/123/17
文王兩用呂望、召公奭○王 13/123/17
楚莊王專任孫叔敖○霸 13/123/17
○墨子非之 13/123/20
○楊子非之 13/123/21
○孟子非之 13/123/22
一饋○十起 13/124/1
一沐○三捉髮 13/124/1
此○不能達善效忠者 13/124/1
○道仁義者謂之狂 13/124/4
○後墮谿壑 13/124/6
出百死○紿一生 13/124/6
豐衣博帶○道儒墨者 13/124/7
○文武代為雌雄 13/124/11
有時○用也 13/124/11
○不知時世之用也 13/124/12
○不知八極之廣大也 13/124/12
故東面○望 13/124/12
南面○視 13/124/13
○立為天子者 13/124/17
然○身死人手 13/124/18
三年○桀乃亡 13/124/20
朞年○紂乃亡 13/124/20
富者利則量粟〔○〕稱金 13/124/22
○（萬）〔千〕乘之國無不破亡者矣 13/124/23
（有）〔存〕在得道○不在於大也 13/124/26
亡在失道○不在於小也 13/124/26
言去殷○遷于周也 13/124/27
務廣其地○不務仁義 13/124/27
務高其位○不務道德 13/124/27
○造其所以亡也 13/124/28
○不能自非其所行 13/124/28
○悔不殺湯於夏臺 13/124/28
○不反其過 13/125/1
○悔〔其〕不誅文王於羑里 13/125/1
〔○〕脩仁義之道 13/125/2
○反備之于人 13/125/4
且湯、武之所以處小弱○能以王者 13/125/4
桀、紂之所以處彊大○〔終〕見奪者 13/125/5
○反益己之所以奪〔者〕 13/125/6
此所以三十六世○不奪也 13/125/9
言○必信 13/125/13
期○必當 13/125/13
直躬其父攘羊○子證之 13/125/14
尾生與婦人期○死之 13/125/14
直○證父 13/125/14
信○（溺）死〔女〕 13/125/14
賓秦師○卻之 13/125/16
何謂失禮○有大功 13/125/17
〔中厥目○擒之〕 13/125/18
恭王懼○失（體）〔禮〕 13/125/19
奮體○起 13/125/20
四大夫載○行 13/125/20
昔蒼吾繞娶妻○美 13/125/20
此所謂忠愛○不可行者也 13/125/20
則捽其髮○拯 13/125/26
○未可與適道也 13/125/27
故忤○後合者 13/125/28
合○後忤者 13/125/28
故禮者、實之華○偽之文也 13/126/1
○以實從事於宜 13/126/2
凝滯○不化 13/126/2
是故敗事少○成事多 13/126/3
號令行于天下○莫之能非矣 13/126/3
猩猩知往○不知來 13/126/5
乾鵲知來○不知往 13/126/5
然○不能自知 13/126/6
（車）〔鈹〕裂○死 13/126/6
然〔○〕不能自免於車裂之患 13/126/8
然○身死國亡 13/126/9
○為之報怨雪恥 13/126/9

然○身伏屬鏤○死 13/126/10
○未知全性之具者 13/126/10
故萇弘知天道○不知人事 13/126/10
蘇秦知權謀○不知禍福 13/126/11
徐偃王知仁義○不知時 13/126/11
大夫種知忠○不知謀 13/126/11
論世○為之事 13/126/14
權事○為之謀 13/126/14
是故舒之天下○不窕 13/126/14
內之尋常○不塞 13/126/14
18/185/27
○兵不休息 13/126/16
○乃始服屬臾之貌、恭儉之禮 13/126/16
則必滅抑○不能興矣 13/126/16
○乃始立氣矜 13/126/17
隨時○動靜 13/126/18
因資○立功 13/126/19
17.235/184/30
物動○知其反 13/126/19
事萌○察其變 13/126/19
是以終身行○无所困 13/126/19
故事有可行○不可言者 13/126/22
有可言○不可行者 13/126/22
有易為○難成者 13/126/22
有難成○易敗者 13/126/22
所謂可行○不可言者 13/126/23
可言○不可行者 13/126/23
易為○難成者 13/126/23
難成○易敗者 13/126/24
聖人之所獨見○留意也 13/126/24
詘寸○伸尺 13/126/24
小枉○大直 13/126/25
然○周公以義補缺 13/126/25
○皆為賢 13/126/26
然○曹子不羞其敗 13/127/2
恥死○无功 13/127/2
一朝○反之 13/127/3
管仲輔公子糺○不能遂 13/127/3
然○管仲免於束縛之中 13/127/5
○求〔其〕小善 13/127/8
○有大譽 13/127/9
○蜂房不容鵠卵 13/127/10
○為齊忠臣 13/127/12
○為文侯師 13/127/12
然○相魏 13/127/13
被髮○御於婦人 13/127/13
〔然○〕威服諸侯 13/127/14
然○功名不滅者 13/127/14
遂餓○死 13/127/15
小節伸○大略屈 13/127/16
○不欲其大也 13/127/20
方正○不以割 13/127/23
廉直○不以切 13/127/24
博通○不以訾 13/127/24
文武○不以責 13/127/24
然○天下寶之者 13/127/26
○忘人之所脩 13/127/27
○求得（其）賢乎天下 13/127/27
○不知其大略 13/128/2
○立為諸侯賢相 13/128/2
故未有功○知其賢者 13/128/5
功成事立○知其賢者 13/128/5
為是釋度數○求之於朝肆草莽之中 13/128/6
○不知其所以取人也 13/128/7
故（很）〔狠〕者類知○非知〔也〕 13/128/9
愚者類仁○非仁〔也〕 13/128/10
戇者類勇○非勇也 13/128/10
○脩短可知也 13/128/14
○大小可論也 13/128/14
薛燭庸子見若狐甲於劍○利鈍識矣 13/128/15
見其一行○賢不肖分也 13/128/16
故未嘗灼○不敢握火者 13/128/17
未嘗傷○不敢握刃者 13/128/17
○觀小節足以知大體矣 13/128/18
費少○勸眾 13/128/23
刑省○姦禁 13/128/23
用約○為德 13/128/23
入多○无怨 13/128/24
罷圍○賞有功者五人 13/128/24
○天下〔之〕為（忠之）臣者 13/128/26
此賞少○勸（善）（者眾）〔眾者〕也 13/128/27
○數无鹽（今）〔令〕曰 13/128/27
此刑省〔○〕姦禁者也 13/129/1
秦穆公出遊○車敗 13/129/1
穆公追○及之岐山之陽 13/129/2
〔見〕野人方屠○食之 13/129/2
○不還飲酒者 13/129/3
偏飲○去之 13/129/3
此用約○為得者也 13/129/5
訟○不勝者出一束箭 13/129/7
鑄金○為刃 13/129/7
以伐不義○征无道 13/129/7
此入多○无怨者也 13/129/8
故聖人因民之所喜○勸善 13/129/8
故賞一人○天下譽之 13/129/9
罰一人○天下畏之 13/129/9
孔子誅少正卯○魯國之邪塞 13/129/9
子產誅鄧析○鄭國之姦禁 13/129/10
故聖人守約○治廣者 13/129/10
○莫難於為不善（也） 13/129/13
靜○无為也 13/129/13
躁○多欲也 13/129/14
○陷於刑戮之患者 13/129/16
然○不材子不勝其欲 13/129/19
○被刑戮之羞 13/129/19
（然○）立秋之後 13/129/20
（不）〔○〕死市之人血流於路 13/129/20
○蔽於死亡之患也 13/129/21
○屈撓者要斬 13/129/22
然○隊（階）〔伯〕之卒皆不能前遂斬首之功 13/129/22
○後被要斬之罪 13/129/23
是去恐死○就必死也 13/129/23
楚人有乘船○遇大風者 13/129/25
波至○〔恐〕 13/129/25
非不貪生○畏死也 13/129/26
或於恐死○反忘生也 13/129/26
至掇○走 13/129/27
○盜金於市中 13/129/27
○適受與之度 13/130/1
〔○〕和喜怒之節 13/130/1
常滿○不溢 13/130/3
恒虛○易足 13/130/3
○江、河不能實漏卮 13/130/6
若无道術度量○以自儉約 13/130/7
孫叔敖三去令尹○无憂色 13/130/8

荊佽非兩蛟夾繞其船○志不動 13/130/8
聞見鮮○識物淺也 13/130/16
是故因鬼神禨祥○為之立禁 13/130/19
揔形推類○為之變象 13/130/20
饗大高者○彘為上牲 13/130/20
枕戶橉○臥者鬼神蹠其首 13/130/21
○聖人之所不口傳也 13/130/22
夫饗大高○彘為上（性）〔牲〕者 13/130/22
○神明獨饗之 13/130/23
家人所（當）〔常〕畜○易得之物也 13/130/23
○可傳於後世 13/130/25
○足以養生 13/130/25
○以小事自內於刑戮 13/130/27
枕戶橉○臥 13/130/27
則不待戶牖（之）〔○〕行 13/130/28
若循虛○出入 13/130/28
○風氣者、陰陽粗（捔）〔犄〕者也 13/131/1
皆不可勝著於書策竹帛○藏於宮府者也 13/131/2
○愚者以為禨祥 13/131/3
○（很）〔狠〕者以為非 13/131/4
觸（右）〔石〕○出 13/131/7
膚寸○合 13/131/8
不崇朝○〔徧〕雨天下者 13/131/8
赤地三年○不絕流 13/131/8
澤及百里○潤草木者 13/131/8
是以天子秩○祭之 13/131/9
死○為竈 13/131/11
死〔○〕為社 13/131/12
（○死）〔死○〕為稷 13/131/12
死○為宗布 13/131/13
其子孫數諫○止之 13/131/15
夜驚○走 13/131/15
得免○遂反 13/131/16
果賴○免身 13/131/17
○諫我 13/131/17
○〔不〕知所以无難 13/131/17
私藏○富 13/131/20
竊○藏之 13/131/21
逐○去之 13/131/21
○反得其計 13/131/22
○不知藏財所以出也 13/131/22
楚王（之）佩玦○逐（菟）〔兔〕 13/131/27
為走○破其玦也 13/131/27
夫鴟目大○（睚）〔眎〕不若鼠 13/131/30
蚈足衆○走不若蛇 13/131/30
緩帶○寢 13/132/3
非郊亭大○廟堂狹小也 13/132/3
所在○衆仰之 13/132/4
○況兆民乎 13/132/5
未造○成物 14/132/10
隔○不通 14/132/11
分○為萬（物）〔殊〕 14/132/11
故動○為之生 14/132/12
死○為之窮 14/132/12
非不物○物物者也 14/132/12
有形○制於物 14/132/15
故无為○寧者 14/132/20
无事○治者 14/132/20
星列於天○明 14/132/20
義列於德○見 14/132/21
○賤其所短 14/132/26
然○皆溺其所貴 14/132/26
○極其所賤 14/132/26
未嘗聞身治○國亂者也 14/133/5
未聞枉己○能正人者也 14/133/6
反己○得矣 14/133/11
度水○无游數 14/133/17
慎守○內 14/134/2
周閉○外 14/134/3
不得之己○能知彼者 14/134/3
不學刺舟○便用之 14/134/11
不學騎馬○便居之 14/134/11
事之以皮幣珠玉○不聽 14/134/12
乃謝耆老○（徒）〔徙〕岐周 14/134/12
百姓攜幼扶老○從之 14/134/13
四世○有天下 14/134/13
〔然○〕有聖名者 14/134/17
觸○覆之 14/134/20
再三呼○不應 14/134/21
嚮不怒○今怒 14/134/21
嚮虛○今實也 14/134/21
釋道○任智者必危 14/134/24
棄數○用才者必困 14/134/24
有以欲多○亡者 14/134/24
未有以無欲○危者也 14/134/24
有以欲治○亂者 14/134/25
未有以守常○失者也 14/134/25
入者有受○無取 14/134/26
出者有授○無予 14/134/26
因春○生 14/134/27
因秋○殺 14/134/27
故窮○不憂 14/135/1
故通○弗矜 14/135/2
故閑居○樂 14/135/2
無為○治 14/135/2
舜脩之歷山○海內從化 14/135/5
文王脩之（歧）〔岐〕周○天下移風 14/135/5
○忘脩己之道 14/135/6
○事為治者 14/135/7
○急求名者 14/135/7
故秦勝乎戎○敗乎殽 14/135/8
楚勝乎諸夏○敗乎柏莒 14/135/9
故道不可以勸（○）就利者 14/135/9
○可以寧避害者 14/135/9
故道術不可以進○求名 14/135/16
○可以退○脩身 14/135/17
○可以離害 14/135/17
○道無不通 14/135/20
有智○無為 14/135/21
有能○無事 14/135/22
道理通○人為滅也 14/135/24
事生則釋公○就私 14/136/1
（貨）〔背〕數○任己 14/136/1
○立名於為（質）〔賢〕 14/136/2
○事不（須）〔順〕時 14/136/2
則妄發○邀當 14/136/3
妄為○要中 14/136/4
○幾於道矣 14/136/5
臨貨分財必探籌○定分 14/136/7
然○守重寶者必關戶○全封 14/136/8
人能接物○不與己焉 14/136/11
公孫龍粲於辭○貿名 14/136/13
鄧析巧辯○亂法 14/136/13
蘇秦善說○亡（國）

〔身〕	14/136/13
激○上之	14/136/15
○不可以使人暴	14/136/18
○不可以使人亂	14/136/18
○未可以霸王也	14/136/19
湯、武遭桀、紂之暴○王也	14/136/20
遇者、能遭於時○得之也	14/136/20
非知能所求○成也	14/136/21
君子脩行○使善无名	14/136/23
布施○使仁無章	14/136/23
故士行善○不知善之所由來	14/136/23
民贍利○不知利之所由出	14/136/23
故無為○自治	14/136/24
○息名於為仁也	14/136/25
外交○為援	14/136/27
事大○為安	14/136/27
不若內治○待時	14/136/27
則貨殫○欲不饜	14/136/28
則諭說○交不結	14/136/28
則約定○反無日	14/136/28
○無自恃之道	14/136/29
○慎脩其境內之事	14/136/29
斅死○民弗離	14/137/2
○為利者不攻難勝	14/137/2
則倍時○（住）〔任〕己	14/137/13
棄數○用慮	14/137/13
天下之物博○智淺	14/137/13
則輕敵○簡備	14/137/14
自偵○辭助	14/137/14
不杖眾多○專用身才	14/137/15
○莫足以治天下	14/137/17
○道術之可（脩）〔循〕明矣	14/137/18
循理○動	14/137/20
故聖人損欲○從（事於）性	14/137/22
接○說之	14/137/23
然○為之者	14/137/25
渴○飲水非不快也	14/137/25
飢○大飧非不贍也	14/137/25
然○弗為者	14/137/26
○邪氣（因）〔自〕（○）不生	14/137/28
豈若憂瘕疵之（與）〔興〕、痤疽之發○豫備之哉	14/137/28
夫函牛（也）〔之〕鼎沸○蠅蚋弗敢入	14/137/29
崑山之玉瑱○塵垢弗能污也	14/137/29
聖人無去之心○心無醜	14/137/29
無取之美○美不失	14/138/1
以有公道○無私說	14/138/4
以有常術○無鈐謀	14/138/4
襲○不離	14/138/6
○為論者莫然不見所觀焉	14/138/6
故天下可得○不可取也	14/138/9
霸王可受○不可求也	14/138/9
事來○制	14/138/17
物至○應	14/138/18
直己○足物	14/138/23
故寧○能久	14/138/24
唯滅迹於無為○隨天地〔之〕自然者	14/138/25
（唯）〔為〕能勝理○（為受）〔無愛〕名	14/138/25
侯○求霸者必失其侯	14/138/29
霸○求王者必喪其霸	14/138/30
能不以天下傷其國、○不以國害其身者	14/138/31
○求其所未得也	14/139/1
誅○無怨	14/139/5
故合○（舍）〔和〕之者、君也	14/139/6
制○誅之者、法也	14/139/7
通○不華	14/139/10
榮○不顯	14/139/11
隱○不窮	14/139/11
異○不見怪	14/139/11
容○與眾同	14/139/11
不得已○為也	14/139/13
○不解構耳	14/139/14
故不得已○歌者	14/139/14
不得已○舞者	14/139/14
歌舞○不事為悲麗者	14/139/15
〔○〕不在於欲〔也〕	14/139/18
○不在於欲也	14/139/19
有智○無術	14/139/22
有百技○無一道	14/139/23
○歌《南風》之詩	14/139/26
以輔成王○海內平	14/139/27
日有餘○治不足〔者〕	14/139/28
故位愈尊○身愈佚	14/140/3
（宮）〔官〕愈大○事愈少	14/140/4
求○致之	14/140/7
必從旁○決之	14/140/9
○不可以將眾	14/140/16
量粟○（舂）〔舂〕	14/140/17
數米○炊	14/140/17,20/215/14
○不可以治國	14/140/17
滌杯○食	14/140/17
洗爵○飲	14/140/17,20/215/15
浣○後饋	14/140/18
○不可以饗三軍	14/140/18
○以害性之所以樂	14/140/25
○不免為哀之人	14/140/25
樂恬○憎憫	14/140/26
樂佚○憎勞	14/140/26
日月廋○無溉於志	14/140/28
○幾鄉方矣	14/141/1
鬬○相傷	14/141/5
○以徵羽定名者	14/141/10
然○皆立一名者	14/141/11
（冰）〔水〕出於山○入於海	14/141/16
稼生於野○藏於廩	14/141/16
○先王貴之	14/141/20
先本○後末	14/141/21
必有不化○應化者	14/141/23
聖〔人〕常後○不先	14/141/27
常應○不唱	14/141/27
不進○求	14/141/27
不退○讓	14/141/27
失於時○取人	14/142/1
直己○待命	14/142/1
〔時〕之（去）〔至〕不可迎○反也	14/142/1
要遮○求合	14/142/2
時之去不可追○援也	14/142/2
故不曰我無以為○天下遠	14/142/2
不曰我不欲○天下不至	14/142/2
樂德○忘賤	14/142/5
樂道○忘貧	14/142/5

故兼○能樂	14/142/6
靜○能澹	14/142/6
自死○天地无窮	14/142/7
泣○益之也	14/142/8
以浮游○為龜憂養生之具	14/142/8
○樂其身之治（也）〔者〕	14/142/9
不為非○不能使禍无至	14/142/11
內脩極○橫禍至者	14/142/12
狗吠○不驚	14/142/13
非利土壤之廣○貪金玉之略	15/142/21
○除萬民之害也	15/142/21
喜○相戲	15/142/23
怒○相害	15/142/23
○物弗能足也	15/142/23
則強脅弱○勇侵怯	15/142/24
故割革○為甲	15/142/25
鑠鐵○為刃	15/142/25
聖人（敕）〔勃〕然○起	15/142/26
自五帝○弗能偃也	15/142/29
導之以德○不聽	15/143/2
臨之〔以〕威武○不從	15/143/2
○所利者多	15/143/3
○養無義之君	15/143/3
○贍一人之欲	15/143/4
使夏桀、殷紂有害於民○立被其患	15/143/4
晉厲、宋康行一不義○身死國亡	15/143/5
皆有小過○莫之討也	15/143/6
○長海內之禍	15/143/6
○反為殘賊	15/143/8
則舉兵○臨其境	15/143/12
以廢不義○復有德也	15/143/16
廢其君○易其政	15/143/18
尊其秀士○顯其賢良	15/143/18
〔○〕恤其貧（竅）〔窮〕	15/143/18
百姓開門○待之	15/143/19
淅米○儲之	15/143/19
○齊桓、晉文之所以成霸也	15/143/20
苦旱○望雨	15/143/20
渴○求飲	15/143/20
至於不戰○止	15/143/21
傳堞○守	15/143/23
○霸王之功不世出者	15/143/24
兵失道○弱	15/144/1
得道○強	15/144/1
將失道○拙	15/144/1
得道○工	15/144/1
國得道○存	15/144/1
失道○亡	15/144/1
體員○法方	15/144/2
背陰○抱陽	15/144/2
左柔○右剛	15/144/2
履幽○戴明	15/144/2
天員○無端	15/144/3
故不（可）得（○）觀〔其形〕	15/144/3
地方○無垠	15/144/4
天化育○無形象	15/144/4
地（出）〔生〕長○無計量	15/144/4
輪轉○無窮	15/144/6
明○復晦	15/144/6
制刑○無刑	15/144/9
物物○不物	15/144/9
故勝○不屈	15/144/9
脩政於境內○遠方慕其德	15/144/12
制勝於未戰○諸侯服其威	15/144/12
靜○法天地	15/144/14
動○順日月	15/144/14
喜怒○合四時	15/144/14
（叫）〔叫〕呼○比雷霆	15/144/14
是故入小○不偪	15/144/16
○千里不至	15/144/20
夫戰○不勝者	15/144/20
招義○責之	15/144/22
因民之欲、乘民之力○為之	15/144/23
順道○動	15/144/24
因民○慮	15/144/24
○相為斥闉要遮者	15/144/25
同舟○濟於江	15/144/25
卒○遇風波	15/144/25
○與萬民共享其利	15/144/27
諸侯服其威○四方懷其德	15/145/2
脩政廟堂之上○折衝千里之外	15/145/2
拱揖指撝○天下響應	15/145/3
未至（兵交）〔交兵〕接刃○敵人奔亡	15/145/4
（維）（抱綰）〔綰枹〕○鼓之	15/145/6
○莫知務脩其本	15/145/8
釋其根○樹其枝也	15/145/8
○所以必勝者寡	15/145/10
○勝亡焉	15/145/11
○全亡焉	15/145/12
然○兵殆於垂沙	15/146/2
背社稷之守○委身強秦	15/146/3
興萬乘之駕○作阿房之（官）〔宮〕	15/146/5
○天下響應	15/146/8
伐（棘）〔橪〕棗○為（矝）〔矜〕	15/146/9
周錐鑿○為刃	15/146/9
○器械甚不利	15/146/11
然一人唱○天下（應）〔和〕之者	15/146/11
東面○迎歲	15/146/14
至汜○水	15/146/14
至共頭○墜	15/146/14
彗星出○授殷人其柄	15/146/14
然○前無蹈難之賞	15/146/15
○後無遁北之刑	15/146/15
白刃不畢拔○天下（傳）〔傳〕矣	15/146/15
○善戰者無與鬬	15/146/16
乘時勢、因民欲○取天下	15/146/17
德積○民可用	15/146/19
怒畜○威可立也	15/146/19
則我強○敵弱矣	15/146/21
先弱敵○後戰者也	15/146/21
故費不半○功自倍也	15/146/21
湯之地方七十里○王者	15/146/22
智伯有千里之地○亡者	15/146/22
故全兵先勝○後〔求〕戰	15/146/23
敗兵先戰○後求勝	15/146/23
○決勝乎千里之外矣	15/146/26
神出○鬼行	15/147/5

星耀○玄(遂)〔運〕 15/147/5
何之○不(用)達 15/147/8
乘○勿假也 15/147/11
追○勿舍也 15/147/12
迫○勿去也 15/147/12
天下孰敢厲威抗節○當
　其前者 15/147/15
〔○有百萬〕之心 15/147/19
(人)皆專○〔為〕一 15/147/20
故計定○發 15/147/21
分決○動 15/147/21
○民以將為心 15/147/23
強○不相敗 15/147/26
眾○不相害 15/147/26
17.151/179/4
○攻有必勝 15/147/27
○存亡之機固以形矣 15/147/28
將充勇○輕敵 15/148/1
卒果敢○樂戰 15/148/1
誠積踰○威加敵人 15/148/2
○千人弗敢過也 15/148/4
故攻不待衝隆雲梯○城
　拔 15/148/9
戰不至交兵接刃○敵破 15/148/9
故勝定○後戰 15/148/10
鈐縣○後動 15/148/10
故眾聚○不虛散 15/148/11
兵出○不徒歸 15/148/11
無形○制有形 15/148/14
無為○應變 15/148/14
極其變○束之 15/148/17
盡其節○朴之 15/148/17
若動○應 15/148/18
敵潰○走 15/148/19
敵迫○不動 15/148/19
○遊心於虛 15/148/22
○寒暑不可(開)〔闢〕
　閉 15/148/23
因○制之 15/149/2
物未有不以動○制者也 15/149/4
○手戰者寡矣 15/149/8
然○人食其肉○席其革
　者 15/149/10
不能通其知○壹其力也 15/149/10
以(升)〔斗〕勺沃○
　救之 15/149/11
雖涸井○竭池 15/149/11
舉壺榼盆盎○以灌之 15/149/11
其滅可立○待也 15/149/12
○欲以少耦眾 15/149/12
或將眾○用寡者 15/149/13
將寡○用眾者 15/149/14
然必待道○後行 15/149/16
○不以人才之賢 15/149/19
故其情不可得○觀 15/149/21
故其陳不可得○經 15/149/21
來○為之宜 15/149/22
變○為之象 15/149/22
○藏志乎九旋之淵 15/149/24
博聞○自亂 15/149/29
多知○自疑 15/149/29
○勇士必勝者 15/150/1
不待利時良日○後破之 15/150/2
○无人(刃)〔力〕之
　奉 15/150/2
○弗能破者 15/150/3
則貫兕甲○徑於革盾矣 15/150/5
赴水火○不還踵乎 15/150/8
後生○前死 15/150/11
左牡○右牝 15/150/11
慶賞信○刑罰必 15/150/12
然○非所以生 15/150/13
因時○變化者也 15/150/13
是故處於堂上之陰○知
　日月之次序 15/150/13
見瓶中之冰○知天下之
　寒暑 15/150/14
故鼓不與於五音○為五
　音主 15/150/16
水不與於五味○為五味
　調 15/150/16
將軍不與於五官之事○
　為五官督 15/150/17
因形○與之化 15/150/19
隨時○與之移 15/150/19
是故扶義○動 15/150/21
推理○行 15/150/22
掩節○斷割 15/150/22
因資○成功 15/150/22
使彼知吾所出○不知吾
　所入 15/150/22
知吾所舉○不知吾所集 15/150/22
○噬〔犬〕不見〔其〕
　齒 15/150/24
示之以柔○迎之以剛 15/150/25
示之以弱○乘之以強 15/150/25
為之以歙○應之以張 15/150/25
將欲西○示之以東 15/150/26
先忤○後合 15/150/26,18/189/23
前冥○後明 15/150/26
○所憎者、死也 15/151/3
然○高城深池 15/151/3
○卒爭先合者 15/151/4
彼非輕死○樂傷也 15/151/4
為其賞信○罰明也 15/151/4
故其死可得○盡也 15/151/11
軍井通○後敢飲 15/151/13
何故○不勝 15/151/14
○上失其三望 15/151/18
○釣深淵之魚 15/151/20
柔○不可卷也 15/151/26
剛○不可折也 15/151/26
仁○不可犯也 15/151/26
信○不可欺也 15/151/26
勇○不可陵也 15/151/26
神清○不可濁也 15/151/27
謀遠○不可慕也 15/151/27
操固○不可遷也 15/151/27
知明○不可蔽也 15/151/27
○後求諸人 15/152/4
○後求勝 15/152/4
○攻人之亂 15/152/5
今使陶人化○為埴 15/152/6
工女化○為絲 15/152/6
故動○為人擒 15/152/9
因此○為變者也 15/152/13
可以伏匿○不見形者也 15/152/14
○出入无形 15/152/15
固植○難恐 15/152/21
然○非兵之貴者也 15/152/26
牢柔不相通○勝相奇者 15/153/3
君自宮召將〔○〕詔之
　曰 15/153/13
願(請)子將○應之 15/153/14
西面○立 15/153/15
北面○立 15/153/15
臣辭○行 15/153/20
鑿凶門○出 15/153/20
是故兵未交接○敵人恐
　懼 15/153/23
割地○為(調)〔和〕 15/153/24

故能戰勝○不報 15/153/27
取地○不反 15/153/27
是故名必成○後无餘害矣 15/153/28
〔無有〕、何得○聞也 16.1/154/4
○非道也 16.1/154/5
乃內視○自反也 16.1/154/6
形不可得○見 16.1/154/6
名不可得○揚 16.1/154/6
反○自存 16.1/154/8
○鑑於澄水者 16.3/154/12
老母行歌○動申喜 16.4/154/14
○淫魚出聽 16.4/154/15
○駟馬仰秣 16.4/154/15
○文君垂泣 16.4/154/16
故玉在山○草木潤 16.4/154/16
淵生珠○岸不枯 16.4/154/16
無為○治者載無也 16.6/154/21
人無言○神 16.6/154/22
無言○神者載無 16.6/154/22
物莫不因其所有○用其所無 16.6/154/24
○不可使長〔言〕 16.8/155/1
○不得其所以言 16.8/155/1
神蛇能斷○復續 16.9/155/4
○不能使人勿斷也 16.9/155/4
○不能自出漁者之籠 16.9/155/4
參天○發 16.11/155/9
○守其故 16.11/155/9
○莫相愛於冰炭 16.14/155/18
不為莫服○不芳 16.18/155/26
不為莫乘○不浮 16.18/155/26
不為莫知○止休 16.18/155/26
夫玉潤澤○有光 16.19/155/29
近之○濡 16.19/155/29
望之○隧 16.19/156/1
○得其所欲 16.20/156/4
魏文侯（見之）〔之見〕反披裘○負芻也 16.20/156/6
人有嫁其子○教之曰 16.21/156/9
有所在○短 16.22/156/12
有所在○脩也 16.22/156/13
○不善所射 16.28/156/30
○不善所釣 16.28/156/30
○不能生於湍瀨之流 16.30/157/4
○不能生於盤石之上 16.30/157/4
廣其地○薄其德 16.31/157/7
撲（挺）〔挻〕其土○不益厚 16.31/157/7
不得已○動 16.32/157/10
執彈○招鳥 16.34/157/14
揮（捝）〔梲〕○呼狗 16.34/157/14
天子被之○坐廟堂 16.35/157/17
亡羊○得牛 16.36/157/20
斷指○免頭 16.36/157/20
○不免於鼎俎 16.38/157/25
為儒○踞里閭 16.40/158/1
為墨○朝吹竽 16.40/158/1
欲滅迹○走雪中 16.40/158/1
拯溺者○欲無濡 16.40/158/1
是非所行○行所非 16.40/158/1
是故不同于和○可以成事者 16.41/158/4
○溺者不可以為抗 16.43/158/10
弦高誕○存鄭 16.43/158/10, 20/221/22
○不可循行 16.43/158/11
不若一人挈○趨 16.46/158/17
物固有衆○不若少者 16.46/158/17
引車者二六○後之 16.46/158/17
事固有相待○成者 16.46/158/17
必待異○後成 16.46/158/18
此有一概○未得主名也 16.48/158/25
淺則至膚○止矣 16.49/158/27
○林木為之殘 16.50/159/1
故澤失火○林憂 16.50/159/1
○下致舩 16.51/159/4
○不知所以存身 16.52/159/7
○不知身〔之〕所以亡 16.52/159/7
知遠○不知近 16.52/159/8
然猶養○長之 16.54/159/12
有竊其鍾負○走者 16.55/159/14
先針○後縷 16.57/159/20
先縷○後針 16.57/159/20
染者先青○後黑則可 16.58/159/23
先黑○後青則不可 16.58/159/23
工人下漆○上丹則可 16.58/159/23
下丹○上漆則不可 16.58/159/23
水濁○魚噞 16.59/159/26
因媒○嫁 16.60/159/28
（○）不因媒○成 16.60/159/28
因人○交 16.60/159/28
不因人○親 16.60/159/28
○愛己之指 16.63/160/5
○愛己之（鉤）〔釣〕 16.63/160/5
[illegible]○走 16.64/160/7
譬猶揚堁○弭塵 16.67/160/15
抱薪○救火 16.67/160/15
其出致釋駕○僵 16.68/160/17
被羊裘○賃 16.71/160/23
貂裘○負籠 16.71/160/23
譬猶沐浴○抒溷 16.72/160/25
薰燧○負彘 16.72/160/25
治疽不擇善惡醜肉○并割之 16.73/160/27
農夫不察苗莠○并耘之 16.73/160/27
發屋○求狸 16.74/160/29
掘室○求鼠 16.74/160/29
割脣○治齲 16.74/160/29
殺戎馬○求（弧理）〔狐狸〕 16.74/160/30
援兩鱉○失靈龜 16.74/160/30
斷右臂○爭一毛 16.74/160/30
折鏌邪○爭錐（力）〔刀〕 16.74/160/30
見窾木浮○知為舟 16.78/161/10
見飛蓬轉○知為車 16.78/161/10
見鳥迹○知著書 16.78/161/10
譬猶倮走○追狂人 16.79/161/12
盜財○予乞者 16.79/161/12
竊簡○寫法律 16.79/161/12
蹲踞○誦《詩》、《書》 16.79/161/13
割○舍之 16.80/161/15
執○不釋 16.80/161/15
〔然○〕天下無千金之鹿 16.81/161/18
玉待礛諸○成器 16.81/161/18
有千金之璧○無錙錘之礛諸 16.81/161/18
背○不得 16.84/161/28
待其止○能有濡 16.86/162/1

待其止○能有穿 16.86/162/1
因高○為臺 16.86/162/2
就下○為池 16.86/162/2
芻狗待之○求福 16.87/162/4
土龍待之○得食 16.87/162/4
往徙於越○大困窮 16.88/162/7
以其所脩○遊不用之鄉 16.88/162/7
○畜火井中 16.88/162/8
方車○蹠越 16.88/162/8
乘桴○入胡 16.88/162/9
則搏矢○熙 16.89/162/11
未發○蝯擁（柱）〔樹〕號矣 16.89/162/11
揖讓○進之以合歡 16.90/162/14
美○不可說 16.91/162/17
大○不可畏 16.91/162/17
○眾稱義焉 16.92/162/19
故不可得○量也 16.92/162/19
先順其所為○後與之入政 16.95/162/27
如何○不得 16.95/162/27
此所謂同汚○異塗者 16.95/162/28
無翼○飛 16.98/163/6
行小變○不失常 16.99/163/9
信有非、（禮○）〔○禮〕〔有〕失（禮） 16.100/163/11
紂為象箸○箕子唏 16.102/163/17
故聖人見霜○知冰 16.102/163/17
張羅○待之 16.103/163/19
則懸一札○已矣 16.103/163/20
卒然不戒○至 16.103/163/21
（泱）〔決〕鼻○羈 16.104/163/23
生子○犧 16.104/163/23
辭○不享哉 16.104/163/24
見彈○求鴞炙 16.106/163/30
見卵○求晨夜 16.106/163/30
見黂○求成布 16.106/163/31
死○棄其招簣 16.107/164/1
此同名○異實 16.109/164/9
○（欲）至其所欲學者 16.112/164/16
明其火者、所以燿○致之也 16.113/164/18
芳其餌者、所以誘○利之也 16.113/164/18
水積○魚聚 16.113/164/19
未有无其具○得其利 16.113/164/20
遺人馬○解其羈 16.114/164/22
遺人車○稅其轄 16.114/164/22
所愛者少○所亡者多 16.114/164/22
烹牛○不鹽 16.114/164/22
非挈○入淵 16.118/165/6
非負○緣木 16.118/165/6
縱之其所〔利〕○已 16.118/165/6
貂裘○雜 16.119/165/9
不若狐裘○粹 16.119/165/9
有相馬○失馬者 16.120/165/11
○怨德相去亦遠矣 16.121/165/13
○人予〔之〕車轂 16.122/165/16
跪○度之 16.122/165/16
○長不足 16.122/165/16
漆見蟹○不乾 16.124/165/23
若非○是 16.124/165/23
若是○非 16.124/165/24
○有粹白之裘 16.125/165/26
必食其蹠數十○後足 16.125/165/26
孕婦見兔○子缺脣 16.128/166/1
見麋○（不）〔子〕四目 16.128/166/1
物固有似然○似不然者 16.129/166/4
故決指○身死 16.129/166/4
或斷臂○顧活 16.129/166/4
但成○生不信 16.131/166/10
慬立○生不讓 16.131/166/10
〔○〕知一鑊之味 16.133/166/16
○知燥溼之氣 16.133/166/16
○知歲之將暮 16.133/166/17
○知天下之寒〔暑〕 16.133/166/17
足蹍地○為迹 16.135/166/21
暴行○為影 16.135/166/21
此易○難 16.135/166/21
故（桑）〔木〕葉（洛）〔落〕○長年悲也 16.136/166/23
（鼎錯）〔錯鼎〕日用○不足貴 16.137/166/26
周鼎不爨○不可賤 16.137/166/26
物固有以不用○為有用者 16.137/166/26
先倮○浴則可 16.138/166/29
以浴○倮則不可 16.138/166/29
先祭○後饗則可 16.138/166/29
先饗○後祭則不可 16.138/166/29
祭之日○言狗生 16.139/167/1
取婦夕○言衰麻 16.139/167/1
置酒之日○言上（冡）〔冢〕 16.139/167/1
渡江河○言陽侯之波 16.139/167/1
或曰知（其）〔天〕且赦也○多殺人 16.140/167/4
或曰知（其）〔天〕且赦也○多活人 16.140/167/4
故或吹火○〔然〕 16.140/167/5
〔或吹火○〕滅 16.140/167/5
○罵其東家母 16.141/167/7
德不報○〔身〕見殆 16.141/167/7
裨諶出郭○知 16.142/167/9
盲者負○走 16.144/167/14
幸善食之○勿苦 16.145/167/17
此行大不義○欲為小義者 16.145/167/18
物莫措其所脩○用其所短也 16.146/167/20
去害苗者○已 16.147/167/23
○猶為之不止 16.147/167/23
砥石不利○可以利金 16.148/167/26
擻不正○可以正弓 16.148/167/26
物固有不正○可以正 16.148/167/26
不利○可以利 16.148/167/26
以其應物○斷割也 16.150/168/1
為孔子之窮於陳、蔡○廢六藝 16.151/168/4
病○不就藥 16.151/168/4
暮薄○求之 17.1/168/10
○不知因天地以游 17.1/168/10
然○不足貴也 17.1/168/11
未有天地○生天地 17.3/168/16

然待所不躧○後行 17.4/168/18
然待所不知○後明 17.4/168/18
狗彘不擇甂甌○食 17.9/168/29
偷肥其體○顧近其死 17.9/168/29
〔○〕蝕於詹諸 17.10/169/1
○殆於蝍蛆 17.10/169/1
○服於鵻(禮)〔札〕 17.10/169/1
○彭祖為夭矣 17.11/169/4
得道○德從之矣 17.15/169/13
坐者不期○扮皆如一 17.20/169/26
○皆欲學御馬 17.22/169/30
○皆欲學治人 17.22/169/30
○父子相危 17.24/170/3
夫所以養○害所養 17.25/170/5
譬猶削足○適履 17.25/170/5
殺頭○便冠 17.25/170/5
昌羊去蚤蝨○來(蛉)〔蛉〕窮 17.26/170/7
除小害○致大賊 17.26/170/7
故小快〔○〕害大利 17.26/170/7
狡兔得○獵犬烹 17.29/170/13
高鳥盡○強弩藏 17.29/170/13
致千里○不飛 17.30/170/15
無糗糧之資○不飢 17.30/170/15
失火○遇雨 17.31/170/17
川竭○谷虛 17.34/170/23
丘夷○淵塞 17.34/170/23
脣竭○齒寒 17.34/170/23
然○橑輻未足恃也 17.41/171/7
蹩者見虎○不走 17.43/171/11
芻狗能立○不能行 17.46/171/17
蛇床似麋蕪○不能芳 17.46/171/17
然○寒暑之勢不易 17.49/171/23
然○世不與也 17.51/172/1
○世弗灼 17.52/172/4
(其)〔期〕滿腹○已 17.53/172/6
狀相類○愛憎異 17.56/172/13
雖中節○不可聽 17.61/172/23
為客治飯○自〔食〕藜藿 17.63/172/28
○皆說於目 17.67/173/3
○皆調於(己)〔口〕 17.67/173/3
人有盜○富者 17.68/173/6
有廉○貧者 17.68/173/6
(蔏苗)〔蔐苗〕類絮○不可〔以〕為絮 17.69/173/8
黂不類布○可以為布 17.69/173/8
嘗一臠肉○知一鑊之味 17.74/173/19
懸羽與炭〔○〕知燥溼之氣 17.74/173/19
○一頃之陂〔不〕可以灌四頃 17.75/173/21
○不可以細書 17.76/173/23
○不可以(遠)望尋常之外 17.76/173/23
畫者謹毛○失貌 17.77/173/26
射者儀小○遺大 17.77/173/26
治鼠穴○壞里閭 17.78/173/28
潰小皰○發痤疽 17.78/173/28
置之○全 17.78/173/28
去之○虧 17.78/173/29
湯放其主○有榮名 17.81/174/3
崔杼弒其君○被大(讀)〔謗〕 17.81/174/3
三寸之管○無當 17.86/174/14
十石○有塞 17.86/174/14
百斗○足矣 17.86/174/14
篙終○以水為測 17.87/174/16
(豹)〔貂〕裘○雜 17.89/174/21
鱉無耳○目不可以(瞥)〔弊〕 17.91/174/25
瞽無目○耳不可以(察)〔塞〕 17.91/174/26
○魏築城也 17.94/175/1
引弓○射 17.96/175/5
循繩○斲則不過 17.100/175/13
懸衡○量則不差 17.100/175/13
植表○望則不惑 17.100/175/13
舉○能高者 17.102/175/17
有時○隧 17.104/175/21
有時○弛 17.104/175/21
當凍○不死者 17.105/175/23
當暑○不暍者 17.105/175/23
湯沐具○蟣蝨相弔 17.106/175/26
大廈成○燕雀相賀 17.106/175/26
○用之異〔也〕 17.107/175/28
(二)〔三〕十二日○化 17.108/175/31
三十日○蛻 17.108/175/31
三日○死 17.108/175/32
人食礜石○死 17.109/176/1
蠶食之○不飢 17.109/176/1
魚食巴菽○死 17.109/176/1
鼠食之○肥 17.109/176/1
(楊)〔揚〕堁○欲弭塵 17.111/176/5
披裘○以翣翼 17.111/176/5
豈若適衣○已哉 17.111/176/5
為酒人之利○不酤 17.114/176/11
為車人之利○不僦 17.114/176/11
妻死○不泣 17.115/176/14
去之十步○〔不〕死 17.117/176/18
臥○越之 17.118/176/21
植○踰之 17.118/176/21
有以(飯)〔噎〕死者○禁天下之食 17.120/176/26
有以車為敗者〔○〕禁天下之乘 17.120/176/26
見虎尾○知其大於貍 17.122/177/1
一節見○百節知也 17.122/177/1
日月欲明○浮雲蓋之 17.126/177/10
蘭(芝)〔芷〕欲脩○秋風敗之 17.126/177/10
以類○取之 17.129/177/17
蒙塵○眯 17.130/177/19
為其不出戶○(理)〔堁〕之 17.130/177/19
夜行者掩目○前其手 17.133/177/26
○有所不施 17.133/177/26
○欲為萬民之上也 17.138/178/6
至冬○不知去 17.142/178/15
至(陵)〔陸〕○不知下 17.142/178/15
嘗被甲○免射者 17.149/178/31
被○入水 17.149/178/31
嘗抱壺○度水者 17.149/178/31
抱○蒙火 17.149/178/31
若入林○遇乳虎 17.150/179/1
堅柔相摩○不相敗 17.151/179/4
故見其一本○萬物知

17.155/179/12
石生○堅 17.156/179/14
蘭生○芳 17.156/179/14
長○愈明 17.156/179/14
(汗)〔汙〕準○粉其顙 17.158/179/19
入水○憎濡 17.158/179/19
懷臭○求芳 17.158/179/19
華大(旱)〔早〕者不胥時〔○〕落 17.159/179/22
時難得○易失 17.166/180/8
終日采○不知 17.167/180/10
一夕○殫 17.167/180/10
病熱○強之餐 17.168/180/12
救(嘔)〔暍〕○飲之寒 17.168/180/12
救經○引其索 17.168/180/12
拯溺○授之石 17.168/180/12
粟得水(溼)○熱 17.173/180/23
甑得火○液 17.173/180/23
兔絲無根○生 17.177/180/31
蛇無足○行 17.177/180/31
魚無耳○聽 17.177/180/31
蟬無口○鳴 17.177/180/31
蜉蝣朝生○暮死 17.178/181/1
〔○〕盡其樂 17.178/181/1
雖聾蟲○不自陷 17.179/181/4
愛熊○食之鹽 17.180/181/6
愛獺○飲之酒 17.180/181/6
質的張○弓矢集 17.183/181/12
林木茂○斧斤(大)〔入〕 17.183/181/12
待利○後拯溺人 17.184/181/14
○居者夢於床 17.190/181/26
臨河○羨魚 17.194/182/6
蛖之病○我之利 17.195/182/8
禽獸之利○我之害 17.195/182/8
飲酒○樂 17.196/182/10
是○行之 17.197/182/12
非○行之 17.197/182/12
農夫勞○君子養焉 17.201/182/21
愚者言○知者擇焉 17.201/182/21
捨茂木○集於枯 17.202/182/23
不弋鵠○弋烏 17.202/182/23
負子○登牆 17.206/183/1
為其一人隕○兩人殤 17.206/183/1
若乘舟○悲歌 17.207/183/3
一人唱○千人和 17.207/183/3
不能耕○欲黍粱 17.208/183/5
不能織○喜采裳 17.208/183/5
無事○求其功 17.208/183/5
物固有重○害反為利者 17.211/183/11
若夏暴○待暮 17.212/183/13
嚼○無味者弗能內於喉 17.216/183/21
視○无形者不能思於心 17.216/183/21
先避患○後就利 17.217/183/23
弓先調○後求勁 17.219/183/27
馬先馴○後求良 17.219/183/27
人先信○後求能 17.219/183/27
○(鍛)〔鍛〕者拾之 17.220/183/29
背○弗見 17.223/184/3
楊子見逵路○哭之 17.229/184/16
墨子見練絲○泣之 17.229/184/16
酤酒○酸 17.232/184/23
買肉○臭 17.232/184/23
若被蓑○救火 17.233/184/25
(毀)〔鑿〕瀆○止水 17.233/184/25
聖人者、隨時○舉事 17.235/184/30
織紈○思行者 17.236/185/1
舉坐○善 17.237/185/3
過府○負手者 17.238/185/5
過社○搖其枝 17.238/185/5
○又況一不信者乎 17.242/185/14
見本○知末 18/185/23
觀指○睹歸 18/185/23
執一○應萬 18/185/23
握要○治詳 18/185/24
置之前○不蟄 18/185/26
錯之後○不軒 18/185/26
布之天下○不窕 18/185/27
事者、難成○易敗也 18/185/30
名者、難立○易廢也 18/185/30
○蹪於垤 18/186/2
患至○後憂之 18/186/3
是由病者已惓○索良醫也 18/186/3
○後敢以定謀 18/186/9
舉○用之 18/186/10
待○後成 18/186/13
少德○多寵 18/186/15
才下○位高 18/186/15
身无大功○有厚祿 18/186/15
故物或損之○益 18/186/16
或益之○損 18/186/16
歸○封孫叔敖 18/186/18
〔孫叔敖〕(○辭)〔辭○〕不受 18/186/18
○受沙石〔之地〕 18/186/20
〔此〕其地确(石)(之)〔○〕名醜 18/186/20
其子辭○不受 18/186/22
功臣二世○〔收〕爵祿 18/186/22
此所謂損之○益也 18/186/23
何謂益之○損 18/186/23
兵(横)行天下○无所綣 18/186/24
威服四方○无所詘 18/186/24
欒書、中行偃劫○幽之 18/186/26
三月○死 18/187/1
地廣○名尊 18/187/1
然○終於身死國亡 18/187/1
此所謂益之○損者也 18/187/1
眾人皆知利利○病病也 18/187/5
以言大利○反為害也 18/187/6
張武教智伯奪韓、魏之地○擒於晉陽 18/187/6
申叔時教莊王封陳氏之後○霸天下 18/187/6
未嘗不(憤)〔噴〕然○歎曰 18/187/7
魯君令人閉城門○捕之 18/187/11
○陽虎將舉劍○伯頤 18/187/12
陽虎因赴圍○逐 18/187/12
揚劍提戈○走 18/187/13
○乃反傷我 18/187/14
○不傷者被重罪 18/187/16
此所謂害之○反利〔之〕者也 18/187/16
何謂欲利之○反害之 18/187/19
恭王傷○休 18/187/19
司馬子反渴○求飲 18/187/19
豎陽穀奉酒○進之 18/187/20
嗜酒○甘之 18/187/20
遂醉○臥 18/187/20

王駕○往視之　18/187/21
入幄中○聞酒臭　18/187/21
○司馬又若此　18/187/22
○不（率）〔恤〕吾眾也　18/187/23
於是罷師○去之　18/187/23
誠愛○欲快之也　18/187/24
○適足以殺之　18/187/25
此所謂欲利之○反害之者也　18/187/25
夫病溫○強之（食）〔餐〕　18/187/27
病暍○飲之寒　18/187/27
○良醫之所以為病也　18/187/27
然○有論者之所辟也　18/188/1
故聖人先忤○後合　18/188/1
眾人先合○後忤　18/188/2
或有功○見疑　18/188/4
或有罪○益信　18/188/4
○遺之鼎羹與其首　18/188/8
樂羊循○泣之　18/188/8
為使者跪○啜三杯　18/188/9
此所謂有功○見疑者也　18/188/10
何謂有罪○益信　18/188/13
孟孫獵○得麑　18/188/13
麑母隨之○啼　18/188/13
縱○予之　18/188/14
其母隨○啼　18/188/14
竊縱○予之　18/188/14
夫一麑○弗忍　18/188/16
此〔所〕謂有罪○益信者也　18/188/16
○不得入魏也　18/188/19
然○累足无所踐者　18/188/19
事或奪之○反與之　18/188/22
或與之○反取之　18/188/22
求地○弗與　18/188/23
與天下同心○圖之　18/188/25
魏宣子裂地○授之　18/188/25
擒智伯○三分其國　18/188/27
此所謂奪人○反為人所奪者〔也〕　18/188/27
何謂與之○反取之　18/189/1
○欲與之道　18/189/2
相恃（○）〔之〕勢也　18/189/4
〔則〕虢朝亡○虞夕從之矣　18/189/4
此所謂與之○反取〔之〕者也　18/189/5
山致其高○雲〔雨〕起焉　18/189/10
水致其深○蛟龍生焉　18/189/10
君子致其道○福祿歸焉　18/189/10
秦王趙政兼吞天下○（已）〔亡〕　18/189/16
智伯侵地○滅　18/189/17
三代種德○王　18/189/17
齊桓繼絕○霸　18/189/18
家無故○黑牛生白犢　18/189/20
其父無故○盲　18/189/21
前聽先生言○失明　18/189/22
其子又無故○盲　18/189/25
易子○食〔之〕　18/189/25
析骸○炊之　18/189/25
（牢）〔堅〕守○不下　18/189/26
夫禍福之轉○相生　18/189/27
馬無故亡○入胡　18/190/1
其馬將胡駿馬○歸　18/190/2
墮○折其髀　18/190/3
丁壯者〔皆〕（引）〔控〕絃○戰　18/190/4
或直於辭○不（害）〔周〕於事者　18/190/8
或虧於耳以忤於心○合於實者　18/190/8
受令○為室　18/190/11
○後果敗　18/190/12
此所謂直於辭○不（可）（用）〔周〕〔於事〕者也　18/190/12
何謂虧於耳、忤於心○合於實　18/190/12
臣請道三言○已　18/190/14
〔靖〕郭君聞○見之　18/190/14
賓趨○進　18/190/15
再拜○興　18/190/15
先生不遠道○至此　18/190/16
此所謂虧於耳、忤於心○得事實者也　18/190/18
故物或遠之○近　18/190/21
或近之○遠　18/190/21
或說聽計當○身疏　18/190/22
或言不用、計不行○益親　18/190/22
踰鄰國○圍平陸　18/190/23
國危（○不）〔不○〕安　18/190/25
患結（○不）〔不○〕解　18/190/25
○用括子之計　18/191/1
○平陸之地存　18/191/2
故謀患○患解　18/191/2
圖國○國存　18/191/3
然○心（調）〔和〕於君　18/191/3
今人待冠○飾首　18/191/6
待履○行地　18/191/6
然○戴冠履履者　18/191/7
○雍季無尺寸之功　18/191/9
然○雍季先賞○咎犯後存者　18/191/9
不若擇趨○審行也　18/191/10
或無功○先舉　18/191/10
或有功○後賞　18/191/11
君其（許）〔詐〕之○已矣　18/191/12
君其正之○已矣　18/191/14
○用咎犯之謀　18/191/15
先（維）〔雍〕季○後咎犯　18/191/15
○（後）〔先〕萬世之利也哉　18/191/17
決晉水○灌之　18/191/20
城（下）〔中〕緣木○處　18/191/20
縣釜○炊　18/191/20
見韓、魏之君○約之　18/191/22
脣亡○齒寒　18/191/23
今智伯率二君○伐趙　18/191/23
不及今○圖之　18/191/24
粗中○少親　18/191/25
我謀○泄　18/191/25
智伯軍救水○亂　18/192/1
韓、魏翼○擊之　18/192/1
（敗）殺其身○三分其國　18/192/2
○高赫為賞首　18/192/2
○赫為賞首　18/192/3
或有罪○可賞也　18/192/8
或有功○可罪也　18/192/8
○大亂　18/192/10

於是乃升城○鼓之 18/192/12
操兵弩○出 18/192/13
（負）〔服〕輦〔載〕粟○至 18/192/13
一舉○欺之 18/192/14
復地○後（皮）〔反〕 18/192/15
此有罪○可賞者 18/192/15
上計○入三倍 18/192/16
以冬伐木○積之 18/192/17
於春浮之河○鬻之 18/192/17
（以）〔又〕伐林○積之 18/192/18
負輙○浮之河 18/192/18
○鼓可得也 18/192/23, 18/192/24
佞○不仁 18/192/24
是使晉國之武舍仁○為佞 18/192/25
得地○不取者 18/192/26
見其本○知其末也 18/192/26
乃還師○反 18/193/3
誕○得賞 18/193/4
為國○無信 18/193/4
賞一人〔○〕敗國俗 18/193/5
反還○不賀 18/193/11
○子獨不賀 18/193/13
〔人有〕牽牛〔○〕（蹊）〔徑〕〔於〕人之田〔中〕 18/193/13
田主殺其人○奪之牛 18/193/14
興兵○（攻）〔政〕〔之〕 18/193/14
○上下離心 18/193/17
韓、魏裂地○授之 18/193/19
乃率韓、魏○伐趙 18/193/19
無功○富貴者勿居也 18/193/23
無功○大利者後將為害 18/193/24
譬猶緣高木○望四方也 18/193/24
然○疾風至 18/193/25
計功○受賞 18/193/26
（積）〔量〕力○受官 18/193/26
辭（○）〔所〕能則匿 18/193/27
辭所不能○受所能 18/193/28
○无不勝之任矣 18/193/28
伐范中行○克之 18/194/1
又劫韓、魏之君○割其地 18/194/1
或譽人○適足以敗之 18/194/5
或毀人○乃反以成之 18/194/5
○荊之所以不能與之爭者 18/194/6
○令太子建守焉 18/194/7
王因殺太子建○誅伍子奢 18/194/11
此所謂見譽○為禍者也 18/194/11
何謂毀人○反利之 18/194/13
○（豢）〔養〕以芻豢黍粱五味之膳 18/194/14
此〔所〕謂毀人○反利之者也 18/194/19
或貪生○反死 18/194/22
或輕死○得生 18/194/22
或徐行○反疾 18/194/22
刳其腹○見其心 18/194/23
坐○正冠 18/194/23
起○更衣 18/194/23, 18/194/27
徐行○出門 18/194/23
上車○步馬 18/194/23, 18/194/27
撫○止之曰 18/194/24
解圍○去之 18/194/25
蒲伏○走 18/194/26
上車○馳 18/194/26
今坐○正冠 18/194/26
徐（徐）〔行〕○出門 18/194/27
○乃反以得活 18/194/28
此所謂徐○馳 18/194/28
○弗能得之也 18/195/2
○後能得之 18/195/3
及至火之燔孟諸○炎雲（臺）〔夢〕 18/195/9
（○）水決九江○漸荊州 18/195/9
臣恐其構難○危國也 18/195/14
○弒簡公於朝 18/195/15
○季氏為之金距 18/195/18
因侵郈氏之宮○築之 18/195/18
舞者二人○已 18/195/19
郈昭伯不勝○死 18/195/23
禍生○不蚤滅 18/195/28
浸○益大 18/195/28
○莫能知使患無生 18/196/1
○莫能加務焉 18/196/1
使之（祖）〔袓〕○（補）〔捕〕魚 18/196/2
起師○伐曹 18/196/4
禍生於（祖）〔袓〕○捕魚 18/196/5
患生○救之 18/196/6
妄動○絓羅網 18/196/9
譬猶失火○鑿池 18/196/9
被裘○用箑也 18/196/9
令尹子國啜羹○熱 18/196/12
（投）〔援〕卮漿○沃之 18/196/12
太宰子朱辭官○歸 18/196/13
令尹輕行○簡禮 18/196/14
伏郎尹○笞之三百 18/196/14
夫〔上〕仕者先避〔患○後就利〕 18/196/15
〔先遠辱○後求名〕 18/196/15
則靡○無形矣 18/196/18
○羽翮之（所）〔既〕成也 18/196/18
可攐衣○越也 18/196/21
○不留思盡慮於成事之內 18/196/22
○為夫子役 18/196/27
秦牛缺徑於山中○遇盜 18/197/1
○志不動 18/197/2
盜相視○笑曰 18/197/4
以此○見王者 18/197/4
○未能以知不知也 18/197/5
○未能勇於不敢也 18/197/6
應卒○〔不〕乏 18/197/6
遭難○能免 18/197/6
○未知所以為人行也 18/197/7
中國內郡輓車○餉之 18/197/12
又以卒鑿渠○通糧道 18/197/14
○越人皆入叢薄中 18/197/15
○夜攻秦人 18/197/16
○至於戲 18/197/19
○定若折槁振落 18/197/19
禍在備胡○利越也 18/197/19
○不知築脩城之所以亡也 18/197/20
○不知難之從中發也 18/197/20
去高木○巢扶枝 18/197/21
知備遠難○忘近患 18/197/22
或爭利○反強之 18/197/24
或聽從○反止之 18/197/24
哀公作色○怒 18/197/25
○史以為不祥 18/198/1

天下有三不祥〔○〕西益宅不與焉 18/198/1
哀公大悅○喜 18/198/2
○不知不爭○反取之也 18/198/4
知者離路○得道 18/198/4
愚者守道○失路 18/198/4
非能閉結○盡解之也 18/198/5
或明禮義、推道（禮）〔體〕○不行 18/198/8
或解構妄言○反當 18/198/8
野人怒取馬○繫之 18/198/9
（卑）〔畢〕辭○不能得也 18/198/10
解馬○與之 18/198/12
○反行 18/198/13
○巧不若拙 18/198/13
故聖人量鑿○正枘 18/198/13
○忠臣之所以事君也 18/198/18
然世或用之○身死國亡者 18/198/18
且也為文○不能達其德 18/198/21
為武○不能任其力 18/198/22
乃舉兵○伐徐 18/198/22
此知仁義○不知世變者也 18/198/23
○施之五霸之世 18/198/25
○蓑笠盤旋也 18/198/25
今霜降○樹穀 18/198/27
冰泮○求穫 18/198/27
夫徐偃王為義○滅 18/199/1
燕子噲行仁○亡 18/199/1
哀公好儒（則）〔○〕削 18/199/2
代君為墨○殘 18/199/2
○四君獨以為仁義儒墨○亡者 18/199/2
非其世○用之 18/199/3
狂譎不受祿○誅 18/199/10
段干木辭相○顯 18/199/10
○利害異者 18/199/10
知天○不知人 18/199/13
知人○不知天 18/199/14
卒○遇飢虎 18/199/15
殺○食之 18/199/15
內熱○死 18/199/16
豹養其內○虎食其外 18/199/16
毅脩其外○疾攻其內 18/199/17
此皆載務○（戲）〔虧〕乎其（調）〔和〕者也 18/199/18
外化○內不化 18/199/18
○外能詘伸、（贏）〔贏〕縮、卷舒 18/199/19
故萬舉○不陷 18/199/20
○塞於大道也 18/199/21, 21/226/10
○天下稱仁焉 18/199/24
○天下稱勇焉 18/199/25
老罷○不為用 18/199/26
〔故〕出○鬻之〔也〕 18/199/27
少○貪其力 18/199/27
老○棄其身 18/199/27
知進○不知卻 18/200/1
不量力○輕敵 18/200/2
〔於是〕迴車○避之 18/200/2
故田子方隱一老馬○魏國（載）〔戴〕之 18/200/3
齊莊公避一螳螂○勇武歸之 18/200/3
○四十國朝 18/200/4
○九夷歸（之） 18/200/4
左擁○右扇之 18/200/5
○天下懷（其德） 18/200/5
援龍淵○切其股 18/200/5
○戰武（士）必（其）死 18/200/6
孫叔敖決期思之水○灌雩婁之野 18/200/9
子發辨擊劇○勞佚齊 18/200/9
○通於大理者也 18/200/10
察其所以○已矣 18/200/12
一人○足矣 18/200/13
夫勸人○弗能使也 18/200/14
禁人○弗能止也 18/200/14
○弗能止 18/200/15
縞素○朝 18/200/16
吳王囚之○欲流之於海 18/200/17
孰〔意〕衛君之仁義○遭此難也 18/200/18
吾欲免之○不能 18/200/18
斂躬○行 18/200/20
今子受衛君○囚之 18/200/23
○罰言朝於吳〔者〕也 18/200/24
今朝於吳○不利 18/200/24
○衛君之禮不具者死 18/200/26
魯哀公為室○（太）〔大〕 18/201/1
國小○室大 18/201/3
左昭○右穆 18/201/4
公乃令罷役除版○去之 18/201/5
然三說○一聽者 18/201/5
夫臨河○（鉤）〔釣〕 18/201/6
日入○不能得一鯈魚者 18/201/6
投○擐脣吻者 18/201/7
能以其所欲○釣者也 18/201/7
○可以為舟者 18/201/8
審其所由○已矣 18/201/9
近○異門戶者 18/201/11
眾○難識也 18/201/11
故或類之○非 18/201/11
或不類之○是 18/201/11
或若然○不然者 18/201/11
或不（若）然○〔若〕然者 18/201/12
○虞氏以亡 18/201/12
游俠相隨○行樓下 18/201/14
中反兩○笑 18/201/14
飛鳶適墮其腐鼠○中游俠 18/201/14
○常有輕易人之志 18/201/15
○乃辱我以腐鼠 18/201/16
（如此）〔此○〕不報 18/201/16
○必（以）滅其家 18/201/17
此所謂類之○非者也 18/201/18
何謂非類○是 18/201/20
○乃論之 18/201/21
此所謂弗類○是者也 18/201/23
何謂若然○不然 18/201/25
罪人已刑○不忘其恩 18/201/26
子發盤罪威王○出奔 18/201/26
踹足○怒曰 18/201/27
子發（視）〔親〕決吾罪○被吾刑 18/201/27
使我得其肉○食之 18/201/28
追者皆以為然○不索其內 18/201/28
此所謂若然○不若然者 18/201/29
何謂不然○若然者 18/202/1
○入春秋之貢職 18/202/2
○戰為鋒行 18/202/2
然○甲卒三千人以擒夫

差於姑胥 18/202/3
○以勝惑人之心者也 18/202/4
雉見○信之 18/202/6
故可得○擒也 18/202/6
○不可從外論者 18/202/8
衆○難識矣 18/202/8
一日○（遇）七十毒 19/202/18
為民興利除害○不懈 19/202/25
○〔任〕海內之事者乎 19/202/26
○愧道之不行 19/202/27
○憂百姓之窮 19/202/27
○稱以「無為」 19/202/29
懷知○不以相教 19/203/2
積財○不以相分 19/203/2
為一人聰明○不足以徧燭海內 19/203/3
養老弱○息勞倦也 19/203/5
則伊尹負鼎○干湯 19/203/5
呂望鼓刀○入周 19/203/6
欲事起天下〔之〕利○除萬民之害〔也〕 19/203/8
〔○〕事治求贍者 19/203/10
○后稷之智不用 19/203/13
循理○舉事 19/203/14
因資○立〔功〕 19/203/14
○曲故不得容者 19/203/15
（政）〔故〕事〔成〕○身弗伐 19/203/15
功立○名弗有 19/203/16
非謂其感○不應 19/203/16
（攻）〔故〕○不動者 19/203/16
此用己○背自然 19/203/17
夏瀆○冬陂 19/203/18
殊體○合于理 19/203/20
其所由異路○同歸 19/203/20
墨子聞○悼之 19/203/21
自魯趍○〔往〕 19/203/21
足重繭○不休息 19/203/21
計必得宋○後攻之乎 19/203/22
○不得咫尺之地 19/203/23
臣見大王之必傷義○不得宋 19/203/25
九攻○墨子九卻之 19/203/27
段干木辭祿○處家 19/203/28
魏文侯過其閭○軾之 19/203/28
夫墨子（跌）〔趺〕蹏○趨千里 19/204/5
○皆可以存國 19/204/7
此所謂異路○同歸者也 19/204/7
汲水○趣之 19/204/7
異轉○皆樂 19/204/9
殊聲○皆悲 19/204/9
○非學者多 19/204/13
翹尾○走 19/204/15
○可以通氣志 19/204/18
猶待教○成 19/204/18
發憤○成 19/204/20
（帽）〔愲〕憑○為義 19/204/20
不待學問○合於道者 19/204/20
不待脂粉芳澤○性可說者 19/204/22
○芳澤之〔所〕施 19/204/25
然○天下莫疏其子 19/204/25
○先王之道不廢 19/204/26
今以為學者之有過○非學者 19/204/26
不待冊錣○行 19/205/1
為此不用冊錣○御 19/205/1
為此棄干將、鏌邪○以手戰 19/205/3
齊於衆○同於俗 19/205/3
○人（日）〔曰〕冬死 19/205/7
〔○〕人曰夏生 19/205/8
○人謂江、河東流 19/205/8
○人謂星辰日月西移者 19/205/9
○人謂之駤 19/205/10
○人謂之訬 19/205/10
○公正無私 19/205/10
一言○萬民齊 19/205/11
史皇產○能書 19/205/14
羿左臂脩○善射 19/205/14
千歲○一出 19/205/14
猶繼踵○生 19/205/14
欲棄學○循性 19/205/15
是（謂）猶釋船○欲蹍水也 19/205/15
〔則〕鬢眉微毫可得○察 19/205/19
○謂學無益者 19/205/19
喜○合 19/206/1
怒○鬭 19/206/1
見利○就 19/206/1
避害○去 19/206/2
夫鴈順風〔○飛〕 19/206/4
銜蘆○翔 19/206/4
獨守專室○不出門〔戶〕 19/206/7
故人作一事○遺後世 19/206/11
非能一人○獨兼有之 19/206/11
○明弗能見者何 19/206/12
○知不足以奄之 19/206/12
○皆脩其業 19/206/13
○知（其）六賢之道者何 19/206/13
○知能流通 19/206/14
然○搏琴撫弦 19/206/16
故弓待（撽）〔檠〕○後能調 19/206/18
劍待砥○後能利 19/206/18
（若此）〔然〕○〔晚世之人〕不能閑居靜思 19/206/25
然○莫能至焉者 19/207/3
不若愚○好學 19/207/4
不自彊○功成者 19/207/5
戰○身死 19/207/13
不旋踵運軌○死 19/207/14
鶴跱○不食 19/207/18
踰塞○東 19/207/20
彼非輕身○樂死 19/207/27
故名立○不墮 19/207/27
此自強○成功者也 19/207/27
多尊古○賤今 19/208/5
故為道者必託之于神農、黃帝○後能入說 19/208/5
因○貴之 19/208/6
蔽於論○尊其所聞 19/208/6
相與危坐○稱之 19/208/6
正領○誦之 19/208/6
○伯牙絕絃（被）〔破〕琴 19/208/8
○莊子寢說言 19/208/8
惠王因藏怒○待之 19/208/13
逆○弗聽〔也〕 19/208/13
楚人有烹猴○召其鄰人 19/208/15
〔鄰人〕以為狗羹也○甘之 19/208/15
據地○吐之 19/208/15
○皆棄其曲 19/208/17
以為寶○藏之 19/208/17
因○棄之 19/208/18

則貴是○同今古 19/208/18
則所從來者遠○貴之耳 19/208/19
○稱以頃襄之劍 19/208/21
○稱以楚莊之琴 19/208/22
○不期於墨陽、莫邪 19/208/24
○不期於（華）〔驊〕騮、綠耳 19/208/25
○不期於濫脅、號鍾 19/208/25
○不期於《洪範》、《商頌》 19/208/26
○无所歸心 19/208/28
則弟子句指○受者必眾矣 19/209/2
鐘成○示師曠 19/209/7
○以為不調 19/209/8
彼并身○立節 19/209/11
我誕謾○悠忽 19/209/11
過者莫不左右睥睨○掩鼻 19/209/14
无不憚悇癢心○悅其色矣 19/209/17
○木熙者非眇勁 19/209/24
有時○修 19/209/24
有時○薄 19/209/25
七年○後知 19/209/26
莫見其所養○物長 20/210/4
莫見其所喪○物亡 20/210/4
不見其所由○福起 20/210/5
不見其所以○禍除 20/210/5
○炭已重矣 20/210/8
○木已動矣 20/210/8
騏驥倍日○馳 20/210/9
○日在其前〔矣〕 20/210/9
草木未動○鳥已翔矣 20/210/10
陰曀未集○魚已噞矣 20/210/10
故一動其本○百枝皆應 20/210/15
渾然○流 20/210/15
沛然○施 20/210/15
无地○不澍 20/210/15
无物○不生 20/210/16
故國危亡○天文變 20/210/22
世惑亂○虹蜺見 20/210/22
摩○不玩 20/210/25
三年○成 20/210/27
亂之楮（華）〔葉〕之中○不可知也 20/210/27
使天地三年○成一葉 20/210/28
嘔之○生 20/210/29
吹之○落 20/210/29
不下廟堂○（衍）〔行〕〔於〕四海 20/211/3
民化○遷善 20/211/4
然○郊天、望山川 20/211/5
禱祠○求福 20/211/5
雩兌○請雨 20/211/6
卜筮○決事 20/211/6
〔正其〕道○物自然 20/211/10
○萬物生矣 20/211/11
○卵剖於陵 20/211/17
雌鳴於下風○化成形 20/211/17
至誠○能動化矣 20/211/18
豈節（柎）〔拊〕○毛（脩）〔循〕之哉 20/211/20
夷狄之國重譯○至 20/211/24
非戶辨○家說之也 20/211/24
施之天下○已矣 20/211/25
內順○外寧矣 20/211/25
杖策○去 20/211/26
○國乎（歧）〔岐〕周 20/211/26
○（班）〔斑〕白不戴負 20/212/2
○民弗從者 20/212/5
○萬物生之 20/212/7
（柎）〔拊〕循其所有○滌蕩之 20/212/8
○後人事有治也 20/212/11
○木之性不可鑠也 20/212/12
埏埴○為器 20/212/12
窬木○為舟 20/212/12
鑠鐵○為（刀）〔刃〕 20/212/12
鑄金○為鍾 20/212/13
○為之節文者也 20/212/15
因其好色○制婚姻之禮 20/212/16
因其喜音○正《雅》、《頌》之聲 20/212/16
因其喜朋友○教之以悌 20/212/17
○聖人之所匠成也 20/212/19
然非得工女煮以熱湯○抽其統紀 20/212/21
非〔得〕聖王為之法度○教導之 20/212/23
故刑罰不用○威行如流 20/212/24
政令約省○化燿如神 20/212/24
則法縣○不用 20/212/25
○和四時之節 20/212/28
以治人倫○除暴亂之禍 20/213/2
（故）〔以〕立父子之親○成家 20/213/3
以立君臣之義○成國 20/213/4
以立長幼之禮○成官 20/213/4
乃裂地○州之 20/213/5
分職○治之 20/213/6
築城○居之 20/213/6
割宅○異之 20/213/6
分財○衣食之 20/213/6
立大學○教誨之 20/213/6
夙興夜寐○勞力之 20/213/6
四岳舉舜○薦之堯 20/213/8
烈風雷雨○不迷 20/213/9
○傳天下焉 20/213/10
○朱弗能統也 20/213/10
夫物未嘗有張○不弛、成○不毀者也 20/213/12
唯聖人能盛○不衰 20/213/12
盈○不虧 20/213/12
〔流○不反〕 20/213/13
〔淫○好色〕 20/213/14
皆合六律○調五音 20/213/14
獄訟止○衣食足 20/213/19
賢者勸善○不肖者懷其德 20/213/19
奸人在朝○賢者隱處 20/213/20
有時○渝 20/213/23
有時○落 20/213/23
故聖人事窮○更為 20/213/24
法弊○改制 20/213/24
五行異氣○皆（適）（調）〔和〕 20/214/3
六藝異科○皆（同）（道）〔通〕 20/214/3
聖人兼用○財制之 20/214/7
異物○皆任 20/214/8
異形○皆施 20/214/8
不同○皆用 20/214/8
○君子美之 20/214/10
〔○〕君子大之 20/214/11
取其見食○相呼也 20/214/11
○《春秋》大之 20/214/12
宋伯姬坐燒○死 20/214/12
〔○〕《春秋》大之 20/214/12
取其不踰禮○行也 20/214/12

〇取一概焉爾	20/214/13
呼〇出故	20/214/15
吸〇入新	20/214/16
〇未可謂孝子也	20/214/16
〇未可謂弟〔弟〕也	20/214/17
〇未可謂忠臣（矣）〔也〕	20/214/18
〇食之以示威	20/214/19
〇未可謂慈父也	20/214/19
〇不可乎不可	20/214/20
〇可乎可	20/214/20
舜、許由異行〇皆聖	20/214/22
伊尹、伯夷異道〇皆仁	20/214/22
箕子、比干異趨〇皆賢	20/214/22
此四者相反〇不可一无也	20/214/23
〇不可令持（牢）〔堅〕	20/214/24
〇不可令淩敵	20/214/25
〇不可令守職	20/214/25
〇不可令進取	20/214/25
〇不可令應變	20/214/26
聖人兼用〇財使之	20/214/26
夫守一隅〇遺萬方	20/215/1
取一物〇棄其餘	20/215/2
〇所治者淺矣	20/215/2
寸〇度之	20/215/5
銖〇稱之	20/215/6
徑〇寡失	20/215/6
煩〇不察	20/215/6
故无益於治〇有益於煩者	20/215/7
无益於用〇有益於費者	20/215/7
〇未可〔以〕廣應也	20/215/13
稱薪〇爨	20/215/14
〇未可以治大也	20/215/14
〇不可以陳軍〔也〕	20/215/15
滌盃〇食	20/215/15
盥〇後饋	20/215/16
〇不可以饗眾〔也〕	20/215/16
淵默〇不言	20/215/17
尸不越樽俎〇代之	20/215/18
故張瑟者、小絃（急）〔絙〕〇大絃緩	20/215/18
立事者、賤者勞〇貴者逸	20/215/19
〇天下治	20/215/19
〇四夷服	20/215/20
事愈煩〇亂愈生	20/215/21
（〇）〔亦〕猶弓矢、中之具〔也〕	20/215/22
〇非所以中也	20/215/23
庫兵動〇戎馬驚	20/215/26
故不言〇信	20/215/27
不怒〇威	20/216/1
施〇仁	20/216/1
言〇信	20/216/1
怒〇威	20/216/1
施〇不仁	20/216/2
言〇不信	20/216/2
怒〇不威	20/216/2
日化上遷善〇不知其所以然	20/216/7
利賞〇勸善	20/216/7
畏刑〇不為非	20/216/7
法令正於上〇百姓服於下	20/216/8
上世養本〇下世事末	20/216/8
〇可與興治之臣不萬一	20/216/9
掘其所流〇深之	20/216/12
茨其所決〇高之	20/216/12
使得循勢〇行	20/216/13
乘（衰）〔衺〕〇流	20/216/13
〇風俗可美也	20/216/15
非貴其隨病〇調藥〔也〕	20/216/17
非貴〔其〕隨罪〇鑒刑也	20/216/18
〇縱之淫辟	20/216/19
紀綱不張〔〇〕風俗壞也	20/216/20
三代之法不亡、〇世不治者	20/216/23
〇莫能聽者	20/216/23
故法雖在、必待聖〇後治	20/216/24
律雖具、必待耳〇後聽	20/216/24
〇不敢加兵焉	20/216/26
宮之奇諫〇不聽	20/216/26
〔言〕〇不用	20/216/27
越疆〇去	20/216/27
抱寶牽馬〇〔至〕	20/216/27
〔故〕守不待渠壍〇固	20/216/27
攻不待衝降〇拔	20/216/28
〇天下莫能亡也	20/216/28
〇天下莫能危也	20/217/1
（〇）〔不〕向禮義	20/217/5
〇不能使人為孔、曾之行	20/217/6
〇不能使人為伯夷之廉	20/217/6
親賢〇進之	20/217/10
賤不肖〇退之	20/217/10
〇有高世尊顯之名	20/217/11
古者法設〇不犯	20/217/13
非可刑〇不刑也	20/217/13
禮義脩〇任賢得也	20/217/13
守職〇不廢	20/217/19
處義〇不比	20/217/19
上唱〇民和	20/217/21
上動〇下隨	20/217/21
背貪鄙〇向（義理）〔仁義〕	20/217/21
无之〇不靡	20/217/22
文王舉（大）〔太〕公望、召公奭〇王	20/217/25
桓公任管仲、隰朋〇霸	20/217/26
夫差用太宰嚭〇滅	20/217/26
秦任李斯、趙高〇亡	20/217/26
〇治亂可見也	20/217/27
〇賢不肖可論也	20/217/27
負鼎俎〇行	20/218/3
管叔、蔡叔奉公子祿父〇欲為亂	20/218/4
故蒙耻辱〇不死	20/218/5
東西南北七十說〇无所偶	20/218/6
故因衛夫人、彌子瑕〇欲通其道	20/218/7
動於權〇統於善者也	20/218/8
〇觀行者於其終也	20/218/10
辱〇不死	20/218/13
比周〇取容	20/218/14
田子方、段干木輕爵祿〇重其身	20/218/16
此異行〇歸於善者	20/218/17
此異行〇歸於醜者也	20/218/19
擇善〇為之	20/218/23
計義〇行之	20/218/23
故事成〇功足賴也	20/218/23
身死〇名足稱也	20/218/24
使人左據天下之圖〇右	

刎喉 20/218/26
未有得己○失人者也 20/219/3
未有失己○得人者也 20/219/3
未有能搖其本○靜其末 20/219/5
濁其源○清其流者也 20/219/6
○制度可以為萬民儀 20/219/9
日引邪欲○澆其（身）（夫調）〔天和〕 20/219/10
○得天下之心〔也〕 20/219/13
然皆倒矢○射 20/219/15
傍戟○戰 20/219/15
則瓦解○走 20/219/16
遂土崩○下 20/219/16
○无一人之（德）〔譽〕 20/219/16
○誓紂牧之野 20/219/18
（挺）〔捷〕智○朝天下 20/219/19
百姓歌謳○樂之 20/219/19
諸侯執禽○朝之 20/219/20
百姓父兄攜幼扶老○隨之 20/219/23
乃相率（○為致勇）〔為勇○致〕之寇 20/219/23
皆方面奮臂○為之鬬 20/219/23
棄疾乘民之怨○立公子比 20/219/25
百姓放臂○去之 20/219/26
枕塊○死 20/219/26
昭王則相率○殉之 20/219/27
靈王則倍畔○去之 20/219/27
○非篡弒之行 20/220/3
則怏然○（嘆）〔笑〕（之） 20/220/6
猶尚肆然○喜 20/220/7
曠然○樂 20/220/8
且聾者、耳形具○无能聞也 20/220/11
盲者、目形存○无能見也 20/220/11
曠然○通 20/220/15
昭然○明 20/220/16
○物變无窮 20/220/18
曩不知○今知之 20/220/18
○觀千歲之知 20/220/20
人欲知高下○不能 20/220/22
欲知輕重○无以 20/220/22
欲知遠近○不能 20/220/22
又況知應无方○不窮哉 20/220/23
犯大難○不攝 20/220/23
見煩繆○不惑 20/220/23
然○不能者 20/220/28
故知不博○日不足 20/220/29
構○為宮室 20/221/5
制○為舟輿是也 20/221/5
（所在）〔在所〕先後○已矣 20/221/8
○殺者為末 20/221/9
○小者為尾 20/221/9
故食其口○百節肥 20/221/10
灌其本○枝葉美 20/221/10
○務治其末 20/221/12
是釋其根○灌其枝也 20/221/12
今重法○棄〔仁〕義 20/221/14
是貴其冠履○忘其頭足也 20/221/14
不益其厚○張其廣者毀 20/221/15
不廣其基○增其高者覆 20/221/15
趙政不增其德○累其高 20/221/15
知伯不行仁義○務廣地 20/221/16
可博內○世傳者也 20/221/21
子囊北○全楚 20/221/22
○歌於易水之上 20/221/26
因以此聲為樂○入宗廟 20/221/27
可服○不可好也 20/221/28
可食○不可嗜也 20/221/28
一唱○三歎 20/221/28
可聽○不可快也 20/221/28
不苟以一事備一物○已矣 20/222/4
見其造○思其功 20/222/5
觀其源○知其流 20/222/5
故博施○不竭 20/222/5
彌久○不垢 20/222/5
夫水出於山○入於海 20/222/5
稼生於田○藏於倉 20/222/6
禹飲○甘之 20/222/7
遂疏儀狄○絕嗜酒 20/222/7
大息（○）撫〔○止〕之 20/222/8
故民知書○德衰 20/222/9
知數○厚衰 20/222/9
知券契○信衰 20/222/9
知械機○空衰也 20/222/9
○神德不全矣 20/222/10
○二十五絃各以其聲應 20/222/12
○三十輻各以其力疾 20/222/12
車有勞軼動靜○后能致遠 20/222/13
位高○道大者從 20/222/14
事大○道小者凶 20/222/14
○百姓怨（矣） 20/222/18
○功臣畔 20/222/18
○不知治亂之本也 20/222/20
○不知廟戰之權也 20/222/20
然○史蘇嘆之 20/222/21
○子胥憂之 20/222/22
○鮑叔、咎犯隨○輔之 20/222/23
襄子再勝○有憂色 20/222/24
故齊桓公亡汶陽之田○霸 20/222/24
知伯兼三晉之地○亡 20/222/25
○慮患於九拂之外者也 20/222/25
然○王法禁之者 20/222/28
○農夫耨之 20/223/1
家老異飯○食 20/223/1
殊器○享 20/223/1
子婦跣○上堂 20/223/1
跪○斟羹 20/223/2
然○不可省者 20/223/2
得媒○結言 20/223/2
聘納○取婦 20/223/2
（初）〔袀〕絻○親迎 20/223/3
然○不可易者 20/223/3
然○〔不可行者〕 20/223/4
○構仇讎之怨〔也〕 20/223/4
故事有鑿一孔○（生）〔開〕百隙 20/223/5
樹一物○生萬葉者 20/223/5
○所開足以為敗 20/223/6
○所生足以為濊 20/223/6
○忘其大害 20/223/6
○人弗（庠）〔席〕者 20/223/7
○不可脫於庭者 20/223/8
故事有利於小○害於大 20/223/8
得於此○亡於彼者 20/223/8
或食兩○路窮 20/223/9
或（子）〔予〕踦○取勝 20/223/9
○知術可以為法 20/223/11
則百殘除○中和作矣 20/223/13

○不免於身死人手者 20/223/15
○身虜於秦者 20/223/16
○語不剖判純樸 21/223/22
故言道○不言事 21/223/23
言事○不言道 21/223/24
欲一言○寤 21/224/3
（時）則尊天○保真 21/224/3
欲再言○通 21/224/3
則賤物○貴身 21/224/3
欲參言○究 21/224/3
則外欲○反情 21/224/3
○與之終身 21/224/4
○不亂其常者也 21/224/12
○曉寤其形骸九竅 21/224/27
○堅守虛无之宅者也 21/225/2
○貶末世之曲政也 21/225/5
其數直施○正邪 21/225/9
外私○立公 21/225/10
使百官條通○輻湊 21/225/10
應感○不匱者也 21/225/14
○以合得失之勢者也 21/225/20
○兆見得失之變、利病
之（文）〔反〕 21/225/22
○與化推移者也 21/225/24
○補縫過失之闕者也 21/225/27
○通行貫扃萬物之窒塞
者也 21/226/1
○以明事埒（事）者也 21/226/2
○无傷乎讒賊螫毒者也 21/226/7
故通○无為也 21/226/11
與塞○无為也（同） 21/226/12
○歸之一本 21/226/16
唱○和 21/226/19
動○隨 21/226/19
○行其法藉 21/226/20
外與物接○不眩 21/226/23
○己自樂所受乎天地者
也 21/226/24
故言道○不明終始 21/226/24
言終始○不明天地四時 21/226/25
言天地四時○不引譬援
類 21/226/25
言至精○不原人之神氣 21/226/25
原人情○不言大聖之德 21/226/26
言帝道○不言君事 21/226/26
言君事○不為稱喻 21/226/27
（以）〔言〕稱喻○不
言俗變 21/226/27
已言俗變○不言往事 21/226/28
知道德○不知世曲 21/226/28
知氾論○不知詮言 21/226/29
通書文○不知兵指 21/226/29
已知大略○不知譬諭 21/226/30
知公道○不知人間 21/226/30
知人間○不知脩務 21/226/30
然○能得本知末者 21/227/2
○不為詳說 21/227/3
○不知覺寤乎昭明之術
矣 21/227/3
然○伏戲為之六十四變 21/227/6
○捃逐萬物之祖也 21/227/7
然○五絃之琴不可鼓也 21/227/8
○後可以成曲 21/227/8
固欲致之不言○已也 21/227/10
捲握○不散也 21/227/14
挾日月○不姚 21/227/17
潤萬物○不耗 21/227/18
天下同心○苦之 21/227/21
以為天下去殘（余）
〔除〕賊○成王道 21/227/22
文王業之○不卒 21/227/25
以伐无道○討不義 21/227/25
武王立三年○崩 21/227/27
蔡叔、管叔輔公子祿父
○欲為亂 21/227/28
搢笏○朝 21/227/30
以為其禮煩擾○不（悅）
〔侻〕 21/228/4
厚葬靡財○貧民 21/228/4
〔久〕服傷生○害事 21/228/5
故背周道○用夏政 21/228/5
剔河○道九歧 21/228/6
鑿江○通九路 21/228/6
辟五湖○定東海 21/228/6
東負海○北鄣河 21/228/10
○民多智巧 21/228/10
○介於大國之間 21/228/20
寡義○趨利 21/228/24
○不可化以善 21/228/24
○不可厲以名 21/228/24
被險○帶河 21/228/25
孝公欲以虎狼之勢○吞
諸侯 21/228/25
權事○立制 21/228/28
度形○施宜 21/228/28
○不與世推移也 21/228/30
故置之尋常○不塞 21/228/31
（市）〔布〕之天下○
不窕 21/228/31

兒 ér 12

託嬰○於巢上 8/63/9
三月嬰○ 10/84/26
嬰○生皆同聲 11/95/24
今令三月嬰○ 11/95/25
能如嬰○乎 12/115/17
臾○、易牙 13/128/15
○說之為宋王解閉結也
16.20/156/6
項託使嬰○矜 17.82/174/6
嬰○詈老 17.241/185/12
老病童○皆上城 18/189/26
嬰○過之則（桃）〔挑〕
其卵 18/197/21
夫○說之巧 18/198/5

唲 ér 1

欃棙○齵之郄也 21/225/22

耳 ěr 116

夫任○目以聽視者 1/6/30
○日聰明 1/7/9
○聽《九韶》、《六瑩》 1/7/20
○聽朝歌北鄙靡靡之樂 1/7/28
（不）入於○而不著於心 1/8/8
是猶無○而欲調鍾鼓 1/8/11
○聽滔朗奇麗激抮之音 1/8/26
○目〔非〕去之也 1/9/24
遺○目 2/12/6,7/57/14
○聽《白雪》、《清角》
之聲 2/12/9
○目不燿 2/12/22
○聽琴瑟之聲 2/13/2
不知○目之（宣）〔宜〕 2/14/20
外勞○目 2/15/23
○目之於聲色也 2/16/6
弊其玄光而求知之于○目 2/16/13
○分八風之調 2/17/4

○目應感動 2/17/13
○不聞雷霆之音 2/17/15
○調玉石之聲〔者〕 2/17/16
采采卷○ 2/18/13
竅通於○ 4/36/1
夸父、（耽）〔耴〕○在其北方 4/37/8
雒出熊○ 4/37/19
彼直求名○ 6/50/5
故○目之察 6/51/9
諸北、儋○之國莫不獻其貢職 6/52/22
肝主○ 7/55/10
是故○目者、日月也 7/55/14
人之○目曷能久熏〔勤〕勞而不息乎 7/55/18
則○目清、聽視達矣 7/55/21
○目清、聽視達 7/55/21
○目淫於聲色之樂 7/56/1
使○目精明玄達而無誘慕 7/56/3
五聲譁○ 7/56/6
使○不聽 7/56/6
以其窮○目之欲 7/58/12
龍乃弭○掉尾而逃 7/58/18
彼則直為義○ 7/59/3
靜○而不以聽 7/59/21
○不淫於聲 8/62/15
○聽而不以聽 8/64/25
在於○則其聽聰 8/64/27
○能聽而執正進諫 9/67/5
黈（纊）〔纊〕塞○ 9/67/8
○（安）〔妄〕聽則惑 9/67/10
夫華騮、綠○ 9/70/13
○不能聞百步之外 9/71/10
以奉○目之欲 9/74/7
側○而聽 9/74/12
卑下眾人之○目 9/74/27
以天下之○聽 9/75/1
○目達而不闇 9/75/3
是猶塞○而聽清濁 9/75/14
是故明主之○目不勞 9/76/9
○目淫則竭 9/77/13
入人○ 10/91/9
聽而精之莫聽於○ 10/92/6
○聽其聲 10/92/7
斷之於○而已矣 11/96/9
為是釋術數而任○目 11/96/9
夫○目之可以斷也 11/96/9
而血流至○ 11/101/4
鍾鼓筦簫、絲竹金石以淫其○ 11/104/2
大勇反為不勇○ 12/108/3
是直聖人之糟粕○ 12/110/3
獨其糟粕在○ 12/110/7
晉公子重○出亡 12/110/27
重○受其餕而反其璧 12/111/1
寧獨死○ 12/112/22
在人君用之○ 12/115/9
○不知清濁之分者 13/122/16
必有獨聞之（○）〔聽〕 13/122/17
日聞吾○ 13/128/28
徒見金○ 13/129/28
○好聲 14/137/23
○目鼻口不知所取去 14/137/26
而不解構○ 14/139/14
此皆不快於○目 14/141/20
然縱○目之欲 15/146/5
疾雷不及塞○ 15/147/12
所以營其○也 15/152/20
社稷之命在將軍（○）〔身〕 15/153/13
吾直有所遇之○ 16.1/154/4
○之所以聽 16.6/154/23
六畜生多○目者不詳 16.45/158/15
遽掩其○ 16.55/159/14
自掩其○ 16.55/159/15
上騁生○目 17.50/171/25
鱉無○而目不可以（瞥）〔弊〕 17.91/174/25
瞽無目而○不可以（察）〔塞〕 17.91/174/26
附○之言 17.135/177/30
魚無○而聽 17.177/180/31
不入鄙人之○ 17.237/185/3
諸侯必植○ 18/188/24
或虧於○以忤於心而合於實者 18/190/8
何謂虧於○、忤於心而合於實 18/190/12
此所謂虧於○、忤於心而得事實者也 18/190/18
入臣之○ 18/191/26
晉公子重○過曹 18/196/2
重○反國 18/196/4
必先卑體弭（○）〔毛〕 18/202/6
禹○參漏 19/205/11
○未嘗聞先古 19/206/7
則所從來者遠而貴之○ 19/208/19
而不期於（華）〔驊〕騮、綠○ 19/208/25
清濁之於○聽 19/208/27
无師曠之○也 20/216/23
律雖具、必待○而後聽 20/216/24
○淫五聲 20/219/10
○之无聞 20/220/6
且聾者、○形具而无能聞也 20/220/11
（吠）〔吠〕聲清於○ 20/221/29
重○奔曹 20/222/22
所以使人黜○目之聰明 21/225/5

珥 ěr 4

蠶○絲而商弦絶 3/19/10
因獻十○而美其一 12/116/1
因問美○之所在 12/116/2
設笄○ 19/209/14

爾 ěr 7

公輸、王○無所錯其剞劂削鋸 8/61/21
至貴在焉○ 11/99/11
至和在焉○ 13/132/5
（○）〔亦〕遠矣 14/142/7
（○）〔亦〕滔矣 14/142/7
○行矣 16.21/156/9
而取一概焉○ 20/214/13

餌 ěr 9

微綸芳○ 1/2/21
仁義為○ 2/12/3
昔者齊桓公好味而易牙烹其首子而○之 9/77/8
○之以所欲 15/148/16
故魚不可以無○釣也 16.34/157/14

釣魚者務在芳其○ 16.113/164/18
芳其○者、所以誘而利
　之也 16.113/164/18
無○之釣 17.176/180/29
所以○之者非其欲也 18/201/7

駬 ěr 2

騏驥騄○ 9/73/9
雖有騏驥、騄○之良 9/76/13

邇 ěr 4

遠之則○ 6/51/14,20/210/5
故所理者遠則所在者○ 9/67/9
行發於○者不可禁於遠 18/185/30

二 èr 194

泰古○皇 1/1/10
則○者傷矣 1/9/15
○者代謝舛馳 2/11/9
（○十八宿） 3/19/19
則歲星行○宿 3/20/8
○八十六 3/20/8
三四十○ 3/20/8
故十○歲而行○十八宿 3/20/9
日（月）行十○分度之一 3/20/9
十○歲而周〔天〕 3/20/9
日行○十八分度之一 3/20/14
歲行十三度百一十○分
　度之五 3/20/14
○十八歲而周〔天〕 3/20/15
○百四十日而入 3/20/16,3/20/16
入百○十日而夕出西方 3/20/16
常以○月春分效奎、婁 3/20/20
出○旬而入 3/20/21
月行百八十○度八分度
　之五 3/21/8
凡○十紀 3/21/10
一千五百○十歲大終 3/21/11
子午、卯酉為○繩 3/21/15
十（○）〔一〕月德居
　室三十日 3/22/6
八月、○月 3/22/8
故曰○月會而萬物生 3/22/9
以生○十四時之變 3/22/12
十○辰 3/23/1
○月建卯 3/23/1
十○歲而（大）周天 3/23/7
（○）〔一〕陰一陽成
　氣○ 3/23/11
○陽一陰成氣三 3/23/11
故日十而辰十○ 3/23/12
月日行十三度七十六分
　度之○十（六）〔八〕 3/23/12
○十九日九百四十分日
　之四百九十九而為月 3/23/13
而以十○月為歲 3/23/13
歲有餘十日九百四十分
　日之八百○十七 3/23/14
七十○日丙子受制 3/23/17
七十○日戊子受制 3/23/17
七十○日庚子受制 3/23/18
七十○日壬子受制 3/23/18
七十○日而歲終 3/23/19
行十○時之氣 3/24/8
以至于仲春○月之夕 3/24/8
十（○）〔一〕月指子 3/25/4
故曰「一生○ 3/25/17
○生三 3/25/18,7/55/7
故曰十○鍾 3/25/21
以副十○月 3/25/21
十○各以三成 3/25/22
凡十○律 3/25/23
太蔟之數七十○ 3/26/2
應鍾之數四十○ 3/26/3
主十○月 3/26/4
主○月 3/26/5
以十○律應○十四時之變 3/26/10
三九○十七 3/26/13,4/35/12
故幅廣○尺七寸 3/26/14
律之數十○ 3/26/17
故十○蔈而當一（粟）
　〔分〕 3/26/17
（十○粟而當一寸） 3/26/18
十○粟而當一分 3/26/19
十○分而當一銖 3/26/19
十○銖而當半兩 3/26/20
故○十四銖為一兩 3/26/20
十○律而為六十音 3/26/22
○終而建甲午 3/26/26
以（十）○月與之晨出
　東方 3/27/6
以（○）〔四〕月與之
　晨出東方 3/27/8
以十〔○〕月與之晨出
　東方 3/27/18
分而為十○月 3/27/30
○月建奎、婁 3/28/1
十○月建〔須女〕、虛
　〔危〕 3/28/4
角十○ 3/28/6
斗○十六 3/28/6
須女十○ 3/28/7
婁十○ 3/28/7
觜巂○ 3/28/8
（凡○十八宿也） 3/28/9
十○歲〔而〕一康 3/28/20
十日十○辰 3/29/5
以制十○月 3/29/19
以使十○節 3/29/19
天有十○月 3/29/19
人亦有十○肢 3/29/20
民食○升 3/29/28,3/31/1
北表○尺 3/32/1
南○萬里則无景 3/32/2
陰○尺而得高一丈者 3/32/2
東西○萬八千里 4/32/30
南北○萬六千里 4/32/30
○億三萬三千五百里七十五步
　4/33/1,4/33/2
○億三萬三千五百五十
　（里）有九（淵） 4/33/3
其高萬一千里百一十四
　步○尺六寸 4/33/4
天一地○人三 4/35/8
八九七十○ 4/35/9
○主偶 4/35/9
馬故十○月而生 4/35/9
○九十八 4/35/13
有神○（人）〔八〕連
　臂為帝候夜 4/37/5
○月官倉 5/40/7
十○月官獄 5/47/9
萬○千里 5/47/14,5/47/19
　5/47/24,5/48/1,5/48/6
○月失政 5/48/16
十○月草木不脫 5/48/17
○月雷不發 5/48/18

十○月失政 5/48/19
鼓之而○十五弦皆應 6/51/19
有○神混生 7/54/26
一生○ 7/55/7
○月而肤 7/55/8
處其一不知其○ 7/57/10
工無○伎 9/70/16
○十七年而有九年之儲 9/79/3
春秋○百四十○年 9/80/24
亡國五十○ 9/80/24
是○者 10/90/6
昔○(鳳皇)〔皇鳳〕至於庭 10/92/13
○十四世而田氏代之 11/94/12
至三十○世而亡 11/94/13
泗上十○諸侯皆率九夷以朝 11/97/9
而○十五絃皆應 11/100/12
君延年○十一歲 12/112/26
三七○十一 12/113/1
〔臣〕故〔曰〕君(移)〔延〕年○十一歲 12/113/1
原不過一○日將降矣 12/113/16
臣年○十好捶鉤 12/114/6
三年而天下○垂歸之 12/114/10
以十○牛勞秦師而賓之 12/115/23
不獲○毛 13/122/8
○君處彊大〔之〕勢(位) 13/125/1
犒以十○牛 13/125/16
陸地之朝者三十○國 13/126/8
18/198/19
齊以此三十○歲道路不拾遺 13/129/1
○爭者生 14/136/24
○人相爭 14/140/8
○世皇帝勢為天子 15/146/4
卒無○心 15/147/22
有○權 15/148/1
主之所求於民者○ 15/151/17
民以償其○(積)〔責〕 15/151/18
吳王夫差地方○千里 15/153/6
○心不可以事君 15/153/18
无有○心 15/153/21
中勝○年 15/153/27
天○氣則成虹 16.27/156/27
地○氣則泄藏 16.27/156/27
人○氣則成病 16.27/156/27
引車者○六而後之 16.46/158/17
下有○礜 16.51/159/5
(一)〔○〕人相隨 16.134/166/19
狐不○雄 17.99/175/11
(○)〔三〕十○日而化 17.108/175/31
不過○里也 17.198/182/14
○危也 18/186/15
功臣○世而〔收〕爵祿 18/186/22
圍(○市)〔三匝〕 18/187/11
智伯率韓、魏○國伐趙 18/191/20
今智伯率○君而伐趙 18/191/23
則〔○〕君為之次矣 18/191/24
禍將及○君 18/191/24
○君曰 18/191/24
言出〔○〕君之口 18/191/26
○君乃與張孟談陰謀 18/191/27
以十○牛勞之 18/193/2
圍之晉陽(○)〔三〕年 18/193/19
陳成常、宰予○子者 18/195/14
舞者○人而已 18/195/19
○不祥也 18/198/3
為大室以臨○先君之廟 18/201/4
其○者非其道也 18/201/6
舜○瞳子 19/205/11
堯乃妻以○女 20/213/8
一縣之高以為○十七大夫 20/217/14
而○十五絃各以其聲應 20/222/12
○者不立 20/223/16
故著○十篇 21/223/24
刑十○節 21/224/18
故著書○十篇 21/227/1
誠通乎○十篇之論 21/227/16
天下○垂歸之 21/227/22

咡 èr 1

蚕○絲而商弦絶 6/50/14

發 fā 127

未○號施令而移風易俗者 1/4/21
非謂其底滯而不○ 1/5/15
薄氣○瘖 1/7/5
其用之也若○機 1/10/9
繁憤未○ 2/10/15
是故天不○其陰 3/24/10
地不○其陽 3/24/10
濁漳出○包 4/37/17
雷始○聲 5/39/25
雷且○聲 5/39/26
陽氣○泄 5/40/15
○囷倉 5/40/15
則寒氣時○ 5/40/24
禁民無○火 5/41/28
墜氣○泄 5/45/25
无○室(居)〔屋〕 5/46/5
是謂○天墜之藏 5/46/5
雷乃○聲 5/46/15
毋○藏 5/48/9
二月雷不○ 5/48/18
○通而有紀 5/49/5
○通有紀 5/49/8
撫心○聲 6/50/9
朝○榑桑 6/52/12
○號逆四時 6/53/11
機○於踵 7/58/19
○動而成于文 8/61/7
呂梁未○ 8/63/15
○號施令 8/64/15
12/113/12,21/224/19
氣激則○怒 8/66/2
○怒則有所釋憾矣 8/66/3
無所○眖 8/66/8
○號以明旨 9/69/13
○於人間而反以自正 9/75/26
天子○號 9/78/4
若○堿決塘 9/78/6
是故草木之○若(烝)〔蒸〕氣 9/79/15
備禍未○ 9/80/1
○鉅橋之粟 9/80/16,12/117/19
○而成形 10/84/4
能○起之 10/85/6
○著而後快 10/86/24
(惟)〔情〕繫於中而欲○外者也 10/87/9
一○聲 10/91/9
福由己○ 10/92/28

故哭之○於口 11/96/20
情○於中而聲應於外 11/96/22
而仁○併以見容 11/97/15
夫一儀不可以百○ 11/99/7
是由○其原而壅其流也 11/104/10
乃○太府之貨以予眾 12/106/17
子○攻蔡 12/113/11
子○辭不受 12/113/11
（夫）〔太〕子○勇敢而不疑 12/114/12
楚將子○好求技道之士 12/115/1
子○聞之 12/115/2
子○將師以當之 12/115/4
子○曰 12/115/5
子○因使人歸之 12/115/6
子○又使人歸之 12/115/7
子○又使歸之 12/115/8
為其謀未及○泄也 12/115/20
○邊戍 12/117/17
盈而○音 13/123/14
○適戍 13/124/2
夫○于鼎俎之閒 13/128/3
見者可以論未○也 13/128/18
○墓者誅 13/129/17
事果○覺 13/131/15
則妄○而邀當 14/136/3
○於喜怒 14/137/21
豈若憂瘕疵之（與）〔興〕、痤疽之○而豫備之哉 14/137/28
乃○號施令〔曰〕 15/143/14
車不○軔 15/144/21
○斤不忘遺 15/145/15
○閭左之戍 15/146/6
○如（秋）〔猋〕風 15/147/6
未見其○ 15/147/11
故計定而○ 15/147/21
○動必亟 15/147/23
（○）〔魚〕笱門 15/148/3
不為苟○ 15/148/10
○如風雨 15/149/7
○之以勢 15/149/27
○則猶豫 15/149/29
○必中詮 15/151/29
勢如○矢 15/152/1
○如雷霆 15/152/15
參天而○ 16.11/155/9
善射者○不失的 16.28/156/30
○屋而求狸 16.74/160/29
矢之○無能貫 16.86/162/1
未○而蝯擁（柱）〔樹〕號矣 16.89/162/11
以玉（跓）〔鉒〕者○ 17.16/169/16
百○之中必有羿、逄蒙之巧 17.51/172/1
潰小皰而○痤疽 17.78/173/28
非弦不能○矢 17.96/175/5
不○戶轔 17.169/180/15
○一端 18/185/23
行○於邇者不可禁於遠 18/185/30
癰疽○於指 18/195/28
因○卒五十萬 18/197/11
乃使尉屠睢○卒五十萬 18/197/13
乃○適戍以備之 18/197/16
〔知〕○適戍以備越 18/197/20
而不知難之從中○也 18/197/20
○《陽阿》 18/198/14
子○辨擊劇而勞佚齊 18/200/9
子○為上蔡令 18/201/25
子○喟然有悽愴之心 18/201/25
子○盤罪威王而出奔 18/201/26
子○（視）〔親〕決吾罪而被吾刑 18/201/27
果活子○ 18/201/29
○憤而成 19/204/20
秦王乃○車千乘 19/207/20
蓋聞子○之戰 19/207/25
后稷墾草○菑 20/212/9
輕者欲○ 20/214/23
〔勇者不妄〕○ 20/218/23
○乾谿之役 20/219/25
況開戶○牖 20/220/6
射者數○不中 20/220/26
皆○於詞 20/221/23
○起陰陽 21/226/18

乏 fá 8

響應而不○ 1/4/26
（拔）〔振〕○絕 5/40/16
上无○用 5/44/5
謂之窮○ 9/79/4
是故生無○用 9/79/11
糧食未及○絕也 12/115/20
糧食匱（○） 18/191/21
應卒而〔不〕○ 18/197/6

伐 fá 94

有況與一國同○之哉 2/17/21
毋○木 3/23/20
禁○木 5/39/10
毋○桑柘 5/40/19
毋○大樹 5/41/9
○蛟取鼉 5/42/10
勿敢斬○ 5/42/15
乃○薪為炭 5/44/24
則○樹木 5/46/13
殺○既得 5/49/16
武王○紂 6/50/1
11/99/2,15/146/14
○亂禁暴 8/63/8,8/64/18
於是湯乃以革車三百乘○桀于南巢 8/63/19
乃舉兵而○之 8/66/21
舉不義之兵〔而〕○無罪之國 8/66/22
簡子欲○衛 9/68/21
智伯○中行氏 9/73/16
以刀抵）〔○〕木也 9/74/28
木強而斧○之 9/77/10
不（○）〔代〕之言 9/77/13
春○枯槁 9/79/10
冬○薪蒸 9/79/11
○薪木 9/79/20
〔○〕鼛（鼓）而食 9/80/13
武王（○紂）〔克殷〕 9/80/16
辟若○樹而引其本 10/84/10
○楩柟豫樟而剖梨之 11/99/25
昔武王執戈秉鉞以（○紂）勝殷 11/102/19
必○曹 12/110/28
起師○曹 12/111/1
晉○楚 12/112/13
晉不○楚 12/112/13,12/112/14
及孤之身而晉○楚 12/112/13
（今）〔及〕臣之身而晉○楚 12/112/14
不可○也 12/112/16
晉文公○原 12/113/16

恐○余一人 12/114/11
齊興兵○楚 12/115/4
昔武王○紂 12/117/18
寡人○紂天下 12/119/22
是臣殺其主而下○其上也 12/119/22
无○（矜）〔矜〕之色 13/121/19
古之○國 13/122/7
然而征○者不能釋甲兵而制（疆）〔彊〕暴 13/122/12
則天下之○我難矣 13/125/9
齊桓公將欲征○ 13/129/6
以○不義而征无道 13/129/7
則為名者不○無罪 14/137/2
百姓○木芟草 14/138/22
故不○其功 14/142/12
舜○有苗 15/142/28
無○樹木 15/143/13
○（棘）〔燃〕棗而為（矜）〔矜〕 15/146/9
至○大木 16.126/165/29
晉陽處父○楚以救江 17.239/185/7
昔晉厲公南○楚 18/186/23
東○齊 18/186/23
西○秦 18/186/24
北○燕 18/186/24
晉獻公欲假道於虞以○虢 18/189/1
荀息○虢 18/189/5
還反○虞 18/189/5
三國○齊 18/190/22
智伯率韓、魏二國○趙 18/191/20
今智伯率二君而○趙 18/191/23
以冬○木而積之 18/192/17
（以）〔又〕○林而積之 18/192/18
楚莊王○之 18/193/11
可○以廣地 18/193/18
於是○范、中行 18/193/18
乃率韓、魏而○趙 18/193/19
○范中行而克之 18/194/1
遂興兵○趙 18/194/1
陳氏（○）〔代〕之 18/195/26
起師而○曹 18/196/4
王不○徐 18/198/19
不可○〔也〕 18/198/20
乃舉兵而○徐 18/198/22
（政）〔故〕事〔成〕而身弗○ 19/203/15
其後秦將起兵○魏 19/204/4
舉兵○之 19/204/5
故人主有○國之志 20/215/26
晉獻公欲○虞 20/216/25
荀息○之 20/216/27
夷狄○中國 20/218/5
闔閭○楚 20/219/22
戎○凡伯于楚丘以歸 20/220/1
晉獻公之○驪 20/222/20
以○无道而討不義 21/227/25
交○中國 21/228/9

罰 fá 42

法度刑○ 1/4/22
賞○不施而天下賓服 2/11/21
決（刑○）〔○刑〕 3/20/30
所以（為）司賞○ 3/21/6
斷○刑 3/23/23,5/45/13,5/48/7
求不孝不悌、戮暴傲悍而○之 5/43/3
休○刑 5/47/15
行賞○ 8/61/26
無慶（賀）〔賞〕之利、刑○之威 8/62/7
（實）〔賞〕之與○也 8/64/10
不為賞○（喜怒）〔怒喜〕 9/67/6
刑○不足以移風 9/68/11
刑○斧鉞 9/68/18
其次賞賢而○暴 9/69/17
尊貴者不輕其○ 9/75/17
君子見過忘○ 10/83/7
明主之賞○ 10/90/4
不加○焉 10/90/5
重為任而○不勝 11/102/10
在君〔之〕行賞○ 12/110/10
殺戮刑○ 12/110/11
〔於是宋君行賞賜而與子罕刑○〕 12/110/12
熒惑〔者〕、天○也 12/112/20
唐、虞有制令而无刑○ 13/122/3
夫神農、伏犧不施賞○而民不為非 13/122/11
鄭子陽剛毅而好○ 13/123/9
其於○也 13/123/9
善○者 13/128/23
○一人而天下畏之 13/129/9
不妄喜怒則賞○不阿 14/133/9
無刑○之威 15/144/25
慶賞信而刑○必 15/150/12
為其賞信而○明也 15/151/4
○亦重矣 18/193/14
以自○也 18/200/6
而○言朝於吳〔者〕也 18/200/24
賞善○暴者 20/212/3
故刑○不用而威行如流 20/212/24
雖嚴刑○ 20/217/24

法 fǎ 172

夫峭○刻誅者 1/3/9
○度刑罰 1/4/22
枉○令則多蟲螟 3/19/13
誅不○ 3/23/22,5/48/3
以入前表數為○ 3/31/16
修○制 5/43/7
為來歲受朔日與諸侯所稅於民輕重之○ 5/44/21
阿上亂○者誅 5/45/13
審用○ 5/48/1
斷以○度 5/48/8
靜而○準 5/49/22
動而○繩 5/49/22
○令明而不闇 6/52/18
推蹶三王之○籍 6/53/10
諸侯制○ 6/53/20
除（削刻）〔刻削〕之○ 6/54/8
伏戲、女媧不設○度而以至德遺於後世 6/54/11
是故聖人○天順情 7/54/28
○之者生 7/55/2
王者○陰陽 8/64/5
○陰陽者 8/64/14
王者○四時則削 8/64/19
○省而不煩 9/67/21
○寬刑緩 9/67/22
縣○設賞 9/69/5
又況於執○施令乎 9/69/14
人主之於用○ 9/69/18
言事者必究於○ 9/72/28

而知術可以為○ 20/223/11
被服○則 21/224/4
○五神之常 21/224/12
以為○式 21/224/18
而行其○藉 21/226/20
韓國之新○重出 21/228/21
故商鞅之○生焉 21/228/26

髮 fà 14

於是民人（被）〔劗〕○文身 1/3/24
而不能拔毛○ 2/13/26
被○而浮游 8/62/16
越人劗○ 11/97/3
越王句踐劗○文身 11/97/8
縱體施○ 11/97/10
王子比干非不（智）〔知〕（箕子）被○佯狂以免其身也 11/103/4
一沐而三捉○ 13/124/1
則捽其○而拯 13/125/26
被○而御於婦人 13/127/13
若櫛○耨苗 15/143/3
今沐者墮○ 16.147/167/23
○若結旌 19/209/21
○植穿冠 20/221/27

番 fān 1

一軍處○禺之都 18/197/13

凡 fán 73

○人、中壽七十歲 1/5/10
○人（之）志（各）有所在而神有所繫者 1/9/23
○二十紀 3/21/10
○十二律 3/25/23
○徙諸神 3/27/21
○日 3/27/24
○用太陰 3/27/28
（○二十八宿也） 3/28/9
○八合 3/29/5
○鴻水淵藪 4/33/2
○四水者 4/33/13
○八殥 4/33/25
○八紘之氣是出寒暑 4/34/3
○八極之雲 4/34/9
○地形 4/34/18
○人民禽獸萬物貞蟲 4/35/5
○海外三十六國 4/36/26
○（容）〔朕〕者生於庶人 4/38/1
○羽者生於庶鳥 4/38/2
○毛者生於庶獸 4/38/3
○鱗者生於庶魚 4/38/4
○介者生（庶於）〔於庶〕龜 4/38/5
○（根拔）木者生於庶木 4/38/9
○根茇草者生於庶草 4/38/11
○浮生不根茇者生於（萍）藻 4/38/12
授（○）〔几〕杖 5/43/23
○亂之所由生者 8/65/1
○人之性 8/65/22
9/81/27,14/137/8,14/140/26
○人之論 9/79/27
○將設行立趣於天下 9/81/2
○此六反者 9/81/3
○人思慮 9/81/24
○行戴情 10/83/8
○人各賢其所說 10/83/13
○高者貴其左 10/87/29
○人情 10/88/21
○萬物有所施之 10/89/23
○此四者 11/93/22
14/133/10,15/149/15
○（以物）治物者不以物 11/95/20
是故○將舉事 11/96/7
○聽必有驗 12/109/8
○子所為（魚）〔漁〕者 12/116/22
○此之屬 13/131/2
○事人者 14/136/27
○治身養性 14/137/27
○有血氣之蟲 15/142/22
○物有朕 15/144/5
○此五官之於將也 15/145/16
○用兵者 15/146/25
○此八者 15/152/25
○國有難 15/153/13
○得道者 16.1/154/6
不知○要 16.84/161/28
故○問（字）〔事〕 16.143/167/12
身○有幾 17.137/178/4
○用人之道 17.227/184/12
○人之舉事 18/186/9
○襲國者、以為無備也 18/193/1
○襲人者、以為弗知 18/193/2
○有道者 18/197/6
故○可度者、小也 20/210/29
戎伐○伯于楚丘以歸 20/220/1
○人之所以生者 20/220/5
○學者能明於天（下）〔人〕之分 20/221/4
○人之所以事生者、本也 20/221/6
揔要舉○ 21/223/22
○屬書者 21/226/23
睹○得要 21/227/16

煩 fán 28

以物○其性命乎 2/11/26
決挐治○ 2/14/9
是故其德○而不能一 2/15/11
去○苛之事 6/54/9
○氣為蟲 7/54/27
法省而不○ 9/67/21
上○擾則下不定 9/68/6
決○理挐 9/74/26
則百官○亂 9/77/2
雖○難之事 9/81/8
獄（繫）〔○〕而無邪 10/88/1
以為曠日○民而無所用 11/97/20
禮節以○ 11/97/25
官無○治 11/103/19
詆文者處○撓以為慧 11/103/21
○挐澆淺 11/104/3
○擾之教 12/119/24
○（若）〔苦〕之无已也 13/131/7
不避○難 19/207/25
位高者事不可以○ 20/215/4
法○、難行也 20/215/5
○而不察 20/215/6
故无益於治而有益於○者 20/215/7

事愈〇而亂愈生 20/215/21
見〇繆而不惑 20/220/23
非不〇也 20/223/3
上无〇亂之治 20/223/13
以為其禮〇擾而不（悅）〔倪〕 21/228/4

梡 fān 1

遽契其舟（桅）〔〇〕 17.1/168/9

樊 fán 2

傾宮、旋室、縣圃、涼風、〇桐在崑崙閶闔之中 4/33/7
以游于天地之〇 7/57/11

蕃 fán 10

是故仁義不布而萬物〇殖 2/11/21
萬物〇息 3/21/21,13/120/4
萬物〇昌 3/28/29,5/49/12
（育）〔肖〕形而〇 4/38/7
五穀〇植 9/67/18,9/79/9
今使烏獲、藉〇從後牽牛尾 9/78/2
令類不〇 12/119/26

燔 fán 3

〇生人 2/17/29
〇草而為灰 8/65/14
及至火之〇孟諸而炎雲（臺）〔夢〕 18/195/9

繁 fán 15

筮策〇用者 1/3/9
好憎〇多 1/7/5
〇憤未發 2/10/15
〇登降之禮 2/15/17
而萬物（不）〔之〕〇兆萌牙（卯）〔卵〕胎而不成者 8/61/15
芒〇紛挐 8/61/21
芒〇亂澤 8/65/3
有詭文〇繡 11/94/3
非不知〇升降槃還之禮也 11/97/19
〇文滋禮 12/119/27
當市〇之時 13/129/27
嚴令〇刑 15/145/24
故〇稱文辭 18/201/8
正月〇霜 20/210/21
〇然足以觀終始矣 21/223/22

薠 fán 2

路無（莎〇）〔〇莎〕 6/53/17

蟠 fán 5

〇委錯紾 1/6/7
〇龍連組 8/65/10
下〇於地 12/117/3
龍蛇〇 15/148/3
〇乎黃盧之下 15/148/24

瀿 fán 1

灌以〇水 2/17/20

反 fǎn 196

還〇於樸 1/1/12
還〇於樞 1/2/7
不能〇己 1/2/15
〇於清靜 1/4/3
〇自為禍 1/4/12
時之〇側 1/5/19
殷然〇本 1/6/16
往而復〇 1/7/15
不能〇諸性也 1/8/8
通於无（墊）〔墊〕而復〇於敦龐〔矣〕 2/13/24
〇無識 2/14/9
欲以〇性於初 2/15/22
〇之於虛則消鑠滅息 2/16/14
一夕〇而為湖 2/18/6
〇覆三百六十五度四分度之一而成一歲 3/21/8
復〇其所 3/25/4
曰〇戶 4/34/2
鍊水〇土 4/36/21
鍊鹹〇甘 4/36/22
木復〇土 4/36/23
〔有〕結胸民、羽民、讙頭國民、（裸）〔裸〕國民、三苗民、交股民、不死民、穿胸民、〇舌民、家喙民、鑿齒民、三頭民、脩臂民 4/36/27
五覆五〇 5/40/13
〇舌無聲 5/41/19
〇受其殃 5/43/21
日為之〇三舍 6/50/4
百往一〇 6/53/22
而〇五帝之道也 6/54/11
而骨骸〇其根 7/54/28
〇覆終始 7/57/23
棄聰明而〇太素 7/59/22
終則〇本（末）〔未〕生之時 7/59/23
不知原心〇本 7/60/6
神明定於天下而心〇其初 8/62/13
心〇其初而民性善 8/62/13
精（神）〔氣〕〇於至真 8/64/25
〇之玄房 9/67/13
不務〇道矯拂其本 9/68/2
還〇報曰 9/68/22
不如掩聰明而〇修其道也 9/71/4
故〇於無為 9/75/20
發於人間而〇以自正 9/75/26
則馬〇自恣 9/76/14
群臣百姓〇弄其上 9/76/21
〇以事轉任其上矣 9/76/24
不正本而〇自脩 9/77/2
凡此六〇者 9/81/3
內恕〇情 9/81/8
必先〇諸己 9/82/8
事相〇 10/87/5
君〇本 10/88/29
使百姓皆得〇業脩職 10/90/21
故聖人〇己而弗由也 10/93/2
乃〇為病 10/93/6
原心〇性則貴矣 10/93/12
此四者相〇也 11/95/1
唯聖人能遺物而〇己 11/96/1

無以〇性 11/96/5
〇情性也 11/96/10
猨狁之俗相〇 11/97/5
箕倨〇言 11/97/10
而務以行相〇之制 11/97/17
情與貌相〇 11/97/25
服制相〇 11/98/8
（遂）〔還〕〇於樸 11/98/20
非務相〇也 11/99/9
抱素〇真 11/99/14
指奏相〇 11/99/27
故聖人體道〇性 11/101/13
嗜欲相〇 11/103/9
行與利相〇 11/104/4
而欲民之去（未）〔末〕〇本 11/104/10
大勇〇為不勇耳 12/108/3
桓公（及）〔〇〕至 12/109/4
恐留而不能〇 12/110/24
若以相夫子〇晉國 12/110/28
重耳受其餕而〇其璧 12/111/1
及其〇國 12/111/1
三月而〇 12/111/19
昔夏、商之臣〇讎桀、紂而臣湯、武 12/114/22
尹需〇走 12/117/25
還〇度江 12/118/2
〇此五者 12/119/19
丹穴、太蒙、〇踵、空同、大夏、北戶、奇肱、脩股之民 13/123/23
習俗相〇 13/123/23
而不〇其過 13/125/1
而〇備之于人 13/125/4
而〇益己之所以奪〔者〕 13/125/6
信〇為過 13/125/17
誕〇為功 13/125/17
善〇醜矣 13/126/1
物動而知其〇 13/126/19
一朝而〇之 13/127/3
〔〇〕虜惠公以歸 13/129/5
故利害之〇 13/129/23
或於恐死而〇忘生也 13/129/26
利害之〇覆 13/130/17
得免而遂〇 13/131/16
而〇得其計 13/131/22
莫能（及）〔〇〕宗 14/132/12
能〇其所生 14/132/15
〇己而得矣 14/133/11
在於〇性 14/133/20,20/219/5
〇性之本 14/133/20
則約定而〇無日 14/136/28
乃〇愁人 14/139/2
遂不知〇 14/140/13
〔乃〕〇生鬬 14/141/5
〇其所憎 14/141/6
夫寒之與煖相〇 14/141/23
〔時〕之（去）〔至〕不可迎而〇也 14/142/1
必〇諸神 14/142/17
而〇為殘賊 15/143/8
敵若〇靜 15/148/17
顧〇於國 15/153/25
大勝三年〇舍 15/153/26
取地而不〇 15/153/27
乃內視而自〇也 16.1/154/6
吾將〇吾宗矣 16.1/154/7
魄〇顧 16.1/154/7
〇而自存 16.1/154/8
以其〇宗 16.15/155/20
魏文侯（見之）〔之見〕〇披裘而負芻也 16.20/156/6
顧〇走 16.34/157/14
〇為損 16.76/161/5
鳥飛〇鄉 17.6/168/23
乃〇自害 17.38/171/1
〇先之熱 17.114/176/11
〇為惡 17.168/180/13
物固有重而害〇為利者 17.211/183/11
〇自刻 17.224/184/5
〇自食 17.224/184/5
〇自賊 17.224/184/5
以言大利而〇為害也 18/187/6
乃〇以利之 18/187/9
利害之〇 18/187/9
顧〇取其出之者 18/187/13
我非故與子（〇）〔友〕也 18/187/14
而乃〇傷我 18/187/14
此所謂害之而〇利〔之〕者也 18/187/16
何謂欲利之而〇害之 18/187/19
司馬子〇渴而求飲 18/187/19
子〇之為人也 18/187/20
使人召司馬子〇 18/187/21
子〇辭以心（痛）〔疾〕 18/187/21
斬司馬子〇〔以〕為僇 18/187/24
非欲禍子〇也 18/187/24
此所謂欲利之而〇害之者也 18/187/25
事或奪之而〇與之 18/188/22
或與之而〇取之 18/188/22
此所謂奪人而〇為人所奪者〔也〕 18/188/27
何謂與之而〇取之 18/189/1
還〇伐虞 18/189/5
此所謂與之而〇取〔之〕者也 18/189/5
則〇走 18/190/15
復地而後（皮）〔〇〕 18/192/15
乃還師而〇 18/193/3
終身不〇 18/193/6
〇還而不賀 18/193/11
韓、魏〇之 18/194/2
或毀人而乃〇以成之 18/194/5
何謂毀人而〇利之 18/194/13
此〔所〕謂毀人而〇利之者也 18/194/19
或貪生而〇死 18/194/22
或徐行而〇疾 18/194/22
而乃〇以得活 18/194/28
今（〇乃）〔乃〇〕以人之所〔以〕為遲者、（〇）為疾 18/195/1
重耳〇國 18/196/4
盜還〇顧之 18/197/1
還〇殺之 18/197/5
或爭利而〇強之 18/197/24
或聽從而〇止之 18/197/24
憤然自〇 18/198/3
而不知不爭而〇取之也 18/198/4
或解構妄言而〇當 18/198/8
而〇行 18/198/13
必〇朝徐 18/198/19
中〇兩而笑 18/201/14
此乃所以〇也 18/201/22
其勢相〇 19/204/7
〇其天心 20/213/13

〔流而不〇〕 20/213/13
極則〇 20/213/22
此四者相〇而不可一无也 20/214/23
（五）〔四〕者相〇 20/214/26
夫觀逐者於其〇也 20/218/10
則外欲而〇情 21/224/3
使人知遺物〇己 21/224/7
以〇其性命之宗 21/225/1
察禍福利害之〇 21/225/19
而兆見得失之變、利病之（文）〔〇〕 21/225/22
察利害之〇 21/226/5
〇之以清淨為常 21/226/9
新故相〇 21/228/21

返 fǎn 4

而事復〇之 2/16/13
夫以末求〇于本 2/16/24
是〇也 11/101/1
遂入不〇 19/207/14

氾 fàn 5

溥〇無私 5/47/24
普〇無私 8/64/6
有《〇論》 21/223/27
《〇論》者 21/225/22
知〇論而不知詮言 21/226/29

犯 fàn 38

刃〇難而錞無患者 1/5/14
〇嚴敵 6/53/22
有〔所〕（浸）〔侵〕〇則怒 8/66/2
亂政〇禁 8/66/20
而為邪者輕〇上矣 9/70/24
讒佞姦邪而欲〇主者 9/72/14
弗〇也 9/72/21
則〇之邪 9/73/6
〇法者雖賢必誅 9/75/18
〇危難 9/78/14
〇患難之危 9/80/25
不〇禁而入 11/97/13
〇邪而干免 11/102/11
能不〇法干誅者 11/104/12
是以〇敵能威 12/115/21
今人〔之〕所以〇囹圄之罪 13/129/16
〇禁之不得免也 13/129/19
則怨弗〇也 13/130/2
仁而不可〇也 15/151/26
咎〇辭歸 16.136/166/23
夫咎〇戰勝城濮 18/191/9
然而雍季先賞而咎〇後存者 18/191/9
問於咎〇曰 18/191/11
咎〇曰 18/191/12
〔文公〕辭咎〇 18/191/13
而用咎〇之謀 18/191/15
先（維）〔雍〕季而後咎〇 18/191/15
城濮之戰、〔咎〇之謀〕也 18/191/16
咎〇之言 18/191/17
襄子將卒〇其前 18/192/1
荊佽非〇（河）〔江〕中之難 18/199/24
吾不敢復〇〔之〕 18/201/15
〇白刃 19/207/13
〇津關 19/207/17
古者法設而不〇 20/217/13
〇其難則得其便 20/220/19
〇大難而不攝 20/220/23
而鮑叔、咎〇隨而輔之 20/222/23

泛 fàn 1

釣魚者〇杭 17.45/171/15

范 fàn 3

〇氏之敗〔也〕 16.55/159/14
於是伐〇、中行 18/193/18
伐〇中行而克之 18/194/1

販 fàn 1

鄭賈人弦高將西（敗）〔〇〕牛 13/125/15

飯 fàn 14

故祭祀三〇以為禮 3/25/18
而堯糲（粢）〔粢〕之〇 7/58/13
已〇而祭竈 9/80/13
取庸而強〇之 10/84/14
甯越〇牛車下 12/109/2
夫百里奚之〇牛 13/128/1
菰〇犓牛弗能甘也 14/140/23
近敖倉者不為之多〇 17.53/172/6
為客治〇而自〔食〕藜藿 17.63/172/28
有以（〇）〔噎〕死者而禁天下之食 17.120/176/26
糲粢之〇 18/194/18
〇黍（粢）〔粱〕 18/194/19
（大）〔太〕宰（予）〔子〕朱侍〇於令尹子國 18/196/12
家老異〇而食 20/223/1

範 fàn 2

一〇人之形而猶喜 2/11/4
而不期於《洪〇》、《商頌》 19/208/26

方 fāng 262

廓四〇 1/1/3
以撫四〇 1/1/10
而〇圓曲直弗能逃也 1/2/13
〇不中矩 1/6/17
萬〇百變 1/7/24
規矩不能〇圓 1/9/8
〇其夢也 2/11/5
〇其為虎也 2/11/9
〇其為人〔也〕 2/11/9
是故能戴大員者履大〇 2/12/2
獨浮游无〇之外 2/12/6
而不通于萬〇之際也 2/13/17
馳於（〇外）〔外〇〕 2/14/22
而不能察〇員 2/17/22
故許由、〇回、善卷、披衣得達其道 2/17/27
地道曰〇 3/18/28
〇者主幽 3/18/28

○諸見月則津而為水 3/19/9
東○曰蒼天 3/19/22
東北〔○〕曰變天 3/19/22
北○曰玄天 3/19/23
西北○曰幽天 3/19/24
西○曰昊天 3/19/24
西南○曰朱天 3/19/24
南○曰炎天 3/19/25
東南○曰陽天 3/19/25
東○ 3/20/1
南○ 3/20/2
執繩而制四○ 3/20/3
西○ 3/20/4
北○ 3/20/5
與（熒惑）〔營室〕晨出東○ 3/20/16
入百二十日而夕出西○ 3/20/16
入三十五日而復出東○ 3/20/17
晨候之東○ 3/20/22
夕候之西○ 3/20/22
東○為田 3/21/1
南○為司馬 3/21/1
西○為理 3/21/1
北○為司空 3/21/1
天員地○ 3/24/11
以（十一）〔正〕月與之晨出東○ 3/27/5
以（十）二月與之晨出東○ 3/27/6
以（正）〔三〕月與之晨出東○ 3/27/7
以（二）〔四〕月與之晨出東○ 3/27/8
以（三）〔五〕月與之晨出東○ 3/27/10
以（四）〔六〕月與之晨出東○ 3/27/11
以（五）〔七〕月與之晨出東○ 3/27/12
以（六）〔八〕月與之晨出東○ 3/27/13
以（七）〔九〕月與之晨出東○ 3/27/14
以（八）〔十〕月與之晨出東○、奎、婁為對 3/27/15
以（九）〔十一〕月與之晨出東○ 3/27/16
以十〔二〕月與之晨出東○ 3/27/18
刑德合東○宮 3/27/18
先樹一表東○ 3/31/10
又樹一表於東○ 3/31/10
因西○之表以參望日○入北廉 3/31/11
則定東○兩表之中 3/31/11
與西○之表 3/31/11
立四表以為○一里岠 3/31/15
視日○入 3/31/18
曰大汾、澠阨、荊阮、○城、殽阪、井陘、令疵、句注、居庸 4/32/20
東（玄）〔○〕曰條風 4/32/25
南○曰（巨）〔豈〕風 4/32/25
西○曰飂風 4/32/26
北○曰寒風 4/32/26
純○千里 4/33/22
亦○千里 4/33/22,4/34/1
自（北東）〔東北〕○曰（大澤）〔無通〕 4/33/22
東○曰大渚 4/33/23
東南○曰具區 4/33/23
南○曰大夢 4/33/24
西南○曰渚資 4/33/24
西○曰九區 4/33/24
西北○曰大夏 4/33/25
北○曰大冥 4/33/25
自東北○曰和丘 4/34/1
東○曰棘林 4/34/1
東南○曰大窮 4/34/2
南○曰都廣 4/34/2
西南○曰焦僥 4/34/2
西○曰金丘 4/34/2
西北○曰一目 4/34/3
北○曰積冰 4/34/3
自東北○曰○土之山 4/34/6
東○曰東極之山 4/34/6
東南○曰波母之山 4/34/7
南○曰南極之山 4/34/7
西南○曰編駒之山 4/34/7
西○曰西極之山 4/34/8
西北○曰不周之山 4/34/8
北○曰北極之山 4/34/8
東○之美者 4/34/12
東南○之美者 4/34/12
南○之美者 4/34/13
西南○之美者 4/34/13
西○之美者 4/34/13
西北○之美者 4/34/14
北○之美者 4/34/14
東北○之美者 4/34/15
○折者有玉 4/34/19
故南○有不死之草 4/34/25
北○有不釋之冰 4/34/25
東○有君子之國 4/34/25
西○有刑殘之尸 4/34/25
東○川谷之所注 4/35/26
南○陽氣之所積 4/36/1
西○高土 4/36/4
其人〔○〕面末僂 4/36/4
北○幽晦不明 4/36/7
自西北至西南○ 4/36/26
自西南至東南○ 4/36/27
自東南至東北○ 4/37/1
自東北至西北○ 4/37/2
在其西南○ 4/37/5
三珠樹在其東北○ 4/37/6
崑崙、（華）〔莘〕丘在其東南○ 4/37/6
夸父、（耽）〔耼〕耳在其北○ 4/37/8
昆吾丘在南○ 4/37/8
軒轅丘在西○ 4/37/8
巫咸在其北○ 4/37/9
暘谷、榑桑在東○ 4/37/9
所照○千里 4/37/11
流黃、（涙）〔沃〕民在其北○三百里 4/37/13
其位東○ 5/39/3,5/39/18,5/40/9
生氣○盛 5/40/15
其位南○ 5/41/1,5/41/17
以共皇天上帝、名山大川、四○之神、宗廟社稷 5/42/11
樹木○盛 5/42/15
其位西○ 5/42/23
5/43/17,5/44/13
順彼四○ 5/43/6
四○來集 5/44/5
祭禽四○ 5/44/24
其位北○ 5/45/9,5/46/1,5/46/20

○冬不寒 5/45/25
東○之極 5/47/13
撫四○ 5/47/16
南○之極 5/47/18
西○之極 5/47/27
北○之極 5/48/5
所以○萬物也 5/48/28
○諸取露於月 6/50/18
而車軌不接於遠○之外 6/50/24
背○州 6/52/27
（枕）〔枕〕○寢繩 6/52/27
足之○也象地 7/55/11
以萬物為一○ 7/57/21
禹南省○ 7/58/16
德澤施于○外 8/64/14
戴員履○ 8/64/15
四○之風弗能襲 8/65/17
有蓋而無四○ 9/67/19
神諭○外 9/69/12
横（局）〔扃〕四○而
不窮 9/69/14
○行而不流 9/69/25
存萬○ 9/70/3,9/75/14
臣道（員者運轉而无）
○者 9/71/18
譬猶○員之不相蓋 9/72/12
規矩○員 9/74/17
（并）〔從〕○外 9/74/25
智欲員而行欲○ 9/79/27
行欲○者 9/80/3
行○者有不為也 9/80/7
以應無○ 9/80/20,15/144/2
則聖人之行○矣 9/80/22
○乎矩 10/82/15
而民鄉○矣 10/82/22
東○開 10/85/25
○者處高 11/95/10
結軌乎遠○之外 11/97/13
地之○也不中矩 11/99/20
四○上下謂之宇 11/99/21
齊（味）〔咊〕萬○ 11/99/25
所用萬○ 11/99/26
法籍殊○ 11/100/1
貴遠○之貨 11/103/28
可以應待無○ 12/105/6
12/105/12
襄子○將食而有憂色 12/107/6
北○有獸 12/108/7
（以）〔北〕臨○皇 12/110/23
臣有所與（供）〔共〕
儋（纆）〔纆〕采薪
者九○堙 12/111/17
軒軒然○迎風而舞 12/116/6
○倦龜殼而食蛤梨 12/116/7
○而不割 12/119/6
乃為窬木○板 13/120/12
是猶持○柄而周員鑿也 13/122/22
以待四○之士 13/123/27
不覩北○ 13/124/13
地○不過百里 13/124/17
21/227/22
○於卒迫窮遽之中也 13/126/1
○正而不以割 13/127/23
〔見〕野人○屠而食之 13/129/2
木生畢○ 13/130/16
○以類別 14/132/11
不可以為○ 14/133/5
○船濟乎江 14/134/20
有虛船從一○來 14/134/20
○之中矩 14/140/16,19/207/26
而幾鄉○矣 14/141/1
體員而法○ 15/144/2
○者、地也 15/144/3
地○而無垠 15/144/4
脩政於境內而遠○慕其
德 15/144/12
諸侯服其威而四○懷其
德 15/145/2
緜之以○城 15/145/26
○數千里 15/146/11
湯之地○七十里而王者 15/146/22
不推於○ 15/151/28
四○如繩 15/152/17
吳王夫差地○二千里 15/153/6
四○皆道之門戶牖嚮也 16.10/155/6
好○非醫也 16.48/158/24
○車而蹠越 16.88/162/8
視○寸於牛 16.127/165/31
西○之倮國 17.116/176/16
木○茂盛 17.167/180/10
非規矩不能定○圓 17.214/183/17
威服四○而无所詘 18/186/24
譬猶緣高木而望四○也 18/193/24
以來北○ 18/194/7
萬端無○ 18/196/8
說若此其无○也 18/198/13
田子○〔出〕 18/199/25
田子○曰 18/199/27
故田子○隱一老馬而魏
國（載）〔戴〕之 18/200/3
其○員銳橢不同 19/204/8
以逍遙〔乎無○之內〕 19/206/24
雖奚仲不能以定○圓 19/208/7
无本業所修、○術所務 19/209/17
以綏四○ 20/211/25
則不可使鄉○ 20/212/23
趨行不得不殊○ 20/214/2
輪員輿○ 20/214/9
○指所言 20/214/13
夫守一隅而遺萬○ 20/215/1
○中矩 20/215/15
田子○、段干木輕爵祿
而重其身 20/218/16
（之）地○不過百里 20/219/17
皆○面奮臂而為之鬬 20/219/23
又況知應无○而不窮哉 20/220/23
所以應待萬○ 21/224/5
揔萬○之指 21/226/16
正流○ 21/226/18
則无以耦萬○ 21/226/29
以俟遠○ 21/227/27
下无○伯 21/228/17

坊 fāng 1

鑪橐埵○設 11/100/4

妨 fāng 4

以○農功 5/40/2
其小惡不足〔以〕○大
美也 13/127/26
夫死則〔言女○〕 16.23/156/15
無乃○於義乎 19/204/5

芳 fāng 15

微綸○餌 1/2/21
口味煎熬芬○ 1/7/20
口鼻之於（○）臭〔味〕

也 2/16/7
（芙）〔美〕而不〇 10/86/12
不為莫服而不〇 16.18/155/26
釣魚者務在〇其餌 16.113/164/18
〇其餌者、所以誘而利之也 16.113/164/18
蛇床似蘪蕪而不能〇 17.46/171/17
蘭（芝）〔芷〕以〇 17.54/172/8
蘭生而〇 17.156/179/14
懷臭而求〇 17.158/179/19
則不能保其〇矣 18/198/24
不待脂粉〇澤而性可說者 19/204/22
而〇澤之〔所〕施 19/204/25
嘗試使之施〇澤 19/209/14

防 fāng 16

修利隄〇 5/40/17
完隄〇 5/43/8
以義自〇也 7/60/19
夫〇民之所害 9/78/6
有掌脩其隄〇 9/82/4
狟狢得埵〇 11/95/13
小變不足以〇大節 17.49/171/23
窟穴者託埵〇者 17.79/173/31
鳥不干〇者 17.231/184/21
古（有）〔者〕溝〇不脩 18/189/12
脩彭蠡之〇 19/202/22
陰以〇雨 19/206/5
〇其邪心 20/216/14
以積土山之高脩隄〇 20/220/29
所以〇淫辟之風也 20/222/9
所以〇淫也 20/223/3

房 fāng 15

潤浸北〇 1/8/29
其星〇、心、（尾） 3/19/22
氐、〇、心為對 3/27/10
歲星舍氐、〇、心 3/27/16
九月建〇、〔心〕 3/28/3
〇五 3/28/6
氐、〇、心宋 3/28/11
謹〇室 5/46/7
（縣）〔緜〕聯〇植 8/61/20
反之玄〇 9/67/13
連闥通〇 11/94/20
昔吾見句星在（〇）〔駟〕心之閒 12/119/3
而蜂〇不容鵠卵 13/127/10
興萬乘之駕而作阿〇之（官）〔宮〕 15/146/5
趙王遷流於〇陵 20/221/25

仿 fǎng 6

（叫）〔叫〕呼〇佛 1/2/14
而〇洋于山（峽）〔岬〕之旁 1/9/1
无有〇佛 2/10/18
芒然〇佯于塵埃之外 2/14/9
芒然〇佯于塵垢之外 7/57/11
〇佯於塵埃之外 19/206/24

倣 fǎng 2

因循〇依 21/224/19
則不知所〇依 21/226/24

放 fàng 25

〇準（修）〔循〕繩 1/7/2
農有不收藏積聚、牛馬畜獸有〇失者 5/46/10
馬牛〇失 6/53/17
如景之〇 7/57/17
〇之夏臺 8/63/19
抱質（〇）〔效〕誠 9/69/11
而〇其一吐一吸 11/99/15
瞽師之〇意相物 11/100/9
〇蔡叔 11/102/20
周公〇兄誅弟 11/102/21
湯、武有〇弒之事 13/127/23
〇準循繩 14/139/6
〇於術則強 14/140/7
舍形〇佚 14/140/27
〇乎九天之上 15/148/24
〇旗以入斧鉞 15/153/25
今人〇燒 16.121/165/13
湯〇其主而有榮名 17.81/174/3
〇讙兜於崇山 19/202/20
〇之歷山 19/202/25
湯〇桀 20/214/17
故舜〇弟 20/218/10
湯、武不為〇 20/219/17
百姓〇臂而去之 20/219/26
〇牛桃林 21/227/30

妃 fēi 3

妾宓〇 2/14/23
帝〇之舍也 3/21/5
后〇齋戒 5/40/19

非 fēi 502

用而敗者不能〇 1/1/20
〇霸王之業也 1/3/9
〇致遠之（術）〔御〕也 1/3/9
故蘧伯玉年五十而有四十九年〇 1/5/11
〇謂其底滯而不發 1/5/15
〇爭其先也 1/5/21
馳騁于是〇之境 1/8/10
無〇無是 1/8/17
〇謂此也 1/8/21
〇以一時之變化而定吾所以自得也 1/9/6
故夫形者〇其所安也而處之則廢 1/9/16
神〇其所宜〔也〕而行之則昧 1/9/17
而知能別同異、明是〇者 1/9/22
耳目〔〇〕去之也 1/9/24
是〇无端 2/11/10
不以曲故是〇相尤 2/11/20
孰〇其有 2/12/4
〇得一原 2/12/17
〇有為於物也 2/12/24
〇道之所為也 2/12/25
〔〇〕道之所施也 2/12/25
而〇所授者 2/13/13
涅〇緇也 2/13/19
青〇藍也 2/13/19
是〇無所形 2/14/4
庸（愚）詎知吾所謂知之〇不知歟 2/14/4
舉世而〇之不加沮 2/16/2

○謂其見彼也 11/98/15
○謂〔其〕聞彼也 11/98/15
○謂〔其〕知彼也 11/98/16
知三年而○一日 11/99/4
是從牛○馬 11/99/5
○務相反也 11/99/9
無以相○也 11/99/24
○良工不能以制木 11/100/4
○巧冶不能以治金 11/100/4
而○所以〔為〕巧也 11/100/6
而○所以為悲也 11/100/7
天下是○無所定 11/100/15
世各是其所是而○其所○ 11/100/15
所謂是與〔所謂〕○各異 11/100/15
皆自是而○人 11/100/15
而未始有○也 11/100/16
○求道理也 11/100/17
去○者 11/100/17
○批邪施〔也〕 11/100/17
未必不○於俗也 11/100/18
至是之是無○ 11/100/18
（之○至○）〔至○之○〕無是 11/100/18
此真是○也 11/100/19
若夫是於此而○於彼 11/100/19
○於此而是於彼者 11/100/19
此之謂一是一○也 11/100/19
此一是○ 11/100/20
夫一是○ 11/100/20
擇○而去之 11/100/20
不知世之所謂是○者 11/100/20
（不知）孰是孰○ 11/100/21
平公○不痛其體也 11/100/25
北人无擇○舜而自投清（泠）〔冷〕之淵 11/102/1
然（○）〔不〕待古之英俊 11/102/8
○意變也 11/102/21
○不仁也 11/102/21
○才下也 11/102/28
王子比干○不（智）〔知〕（箕子）被髮佯狂以免其身也 11/103/4
伯夷、叔齊○不能受祿任官以致其功也 11/103/5
許由、善卷○不能撫天下、寧海內以德民也 11/103/6
豫讓、要離○不知樂家室、安妻子以偷生也 11/103/6
趨舍相○ 11/103/9
何以相○也 11/103/12
而好名者○義不苟得 11/103/13
未有可是○者也 11/103/15
法與義相○ 11/104/3
孰是孰○ 12/105/13
聞而○也 12/105/16
見而○也 12/105/16
言而○也 12/105/16
○樂之也 12/105/24
夫國○其有也 12/106/18
勝○其難者也 12/107/10
○無其意也 12/107/20
○獨以適身之行也 12/108/19
歌者○常人也 12/109/3
○臣之下也 12/111/18
○禍人 12/112/8
○仁義之道也 12/113/13
○以〔其〕無私〔邪〕 12/113/25
○鈞無察也 12/114/6
此○左右之所得與 12/115/3
○赦而已乎 12/116/8
○也 12/117/1
吾○（受）〔愛〕道於子也 12/117/24
荊有佽○〔者〕 12/118/2
佽○謂枻舡者曰 12/118/3
於是佽○（瞋目敦然）〔敦然瞋目〕攘臂拔劍 12/118/4
佽○之謂乎 12/118/7
○不深且清也 12/118/22
臣○能動地 12/119/4
天下不○其服 13/120/3
○禮也 13/120/19
○制也 13/120/20
○法也 13/120/20
故變古未可○ 13/121/5
○常道也 13/121/13
而○所以為治也 13/121/25
20/215/22
夫神農、伏犧不施賞罰而民不為○ 13/122/11
以為○此不治 13/122/22
○今時之世而弗改 13/122/24
是行其所○也 13/122/24
行其所○ 13/122/24
○智不能 13/122/26
而墨子○之 13/123/20
右鬼○命 13/123/21
而楊子○之 13/123/21
而孟子○之 13/123/22
故是○有處 13/123/22
得其處則無○ 13/123/22
是○各異 13/123/23
○彼之是也 13/123/24
此之○ 13/123/24
○彼之○也 13/123/24
今世之為武者則○文也 13/124/11
為文者則○武也 13/124/11
文武更相○ 13/124/11
○乃鳴條之野 13/124/21
而不能自○其所行 13/124/28
天下○一湯、武也 13/125/4
○攝奪也 13/125/22
○（本）〔夸〕矜也 13/125/22
天下莫能○也 13/125/24
○敢驕侮 13/125/26
號令行于天下而莫之能○矣 13/126/3
若其大略○也 13/127/11
故（很）〔狠〕者類知而○知〔也〕 13/128/9
愚者類仁而○仁〔也〕 13/128/10
戇者類勇而○勇也 13/128/10
○不貪生而畏死也 13/129/26
○其有弗索 13/130/3
荊佽○兩蛟夾繞其船而志不動 13/130/8
○螽能賢於野獸麋鹿也 13/130/22
○能具綈綿曼帛溫煖於身也 13/130/24
而（很）〔狠〕者以為○ 13/131/4
○以其神為能饗之也 13/131/6
其父不自○也 13/131/21
○聖人 13/132/1
○郊亭大而廟堂狹小也 13/132/3
○特天子之為尊也 13/132/4
○不物而物物者也 14/132/12

故成者○所為也	14/134/26
得者○所求也	14/134/26
所殺者○怨	14/134/27
聖人不為可○之行	14/134/30
不憎人之○己也	14/134/30
○其求所生	14/135/1
○其求所成	14/135/2
行未固於無○	14/135/7
故重為善若重為○	14/136/4
天下○無信士也	14/136/7
天下○無廉士也	14/136/8
○巧不能	14/136/15
桀、紂○以湯、武之賢暴也	14/136/19
○知能所求而成也	14/136/21
○以寶幣	14/136/27
○所以〔有〕為也	14/137/6
割痤疽○不痛也	14/137/24
飲毒藥○不苦也	14/137/25
渴而飲水○不快也	14/137/25
飢而大殞○不贍也	14/137/25
○藏無形	14/138/6
○性所有於身	14/139/13
○以智〔也〕	14/140/9
○以勇也	14/140/10
（遇）〔過〕則自○	14/140/12
○易不可以治大	14/140/20
○簡不可以合眾	14/140/20
徵音○无羽聲也	14/141/10
羽音○无徵聲也	14/141/10
不為○而不能使禍无至	14/142/11
○其所求	14/142/11
○其所生	14/142/12
○人也	14/142/12
○利土壤之廣而貪金玉之略	15/142/21
○以亡存也	15/143/11
攻者○以禁暴除害也	15/143/23
○鼓之〔之〕日也	15/144/20
○所以必勝也	15/145/19
○有（牢）〔堅〕甲利兵	15/146/8
皆○善者也	15/147/4
○有水火之勝也	15/149/12
○言所戰也	15/149/13
然而○所以生	15/150/13
故所鄉○所之也	15/150/26
所見○所謀也	15/150/27
彼○輕死而樂傷也	15/151/4
然而○兵之貴者也	15/152/26
故勝兵者○常實也	15/153/10
敗兵者○常虛也	15/153/10
而○道也	16.1/154/5
所用者○其言也	16.8/154/28
○其詩也	16.8/154/28
○能生迹者也	16.8/155/2
是○所行而行所○	16.40/158/1
○嘗不遺飲也	16.41/158/4
喜武○俠也	16.48/158/24
喜文○儒也	16.48/158/24
好方○醫也	16.48/158/24
好馬○騶也	16.48/158/24
知音○瞽也	16.48/158/24
知味○庖也	16.48/158/24
○為十步之內也	16.49/158/27
日月不應○其氣	16.62/160/3
君子不容○其類也	16.62/160/3
滅○者戶告之曰	16.67/160/14
小馬（○）大馬之類也	16.70/160/21
小知○大知之類也	16.70/160/21
以○義為義	16.79/161/12
以○禮為禮	16.79/161/12
信有○、（禮而）〔而禮〕〔有〕失（禮）	16.100/163/11
此信之○者	16.100/163/12
墨子○樂	16.101/163/14
○以（遂）〔逐〕狐（狸）〔貉〕	16.106/163/29
○以斬縞衣	16.106/163/29
國亡者○必仁義	16.109/164/8
被誅者○必忠也	16.109/164/8
治國之俗有可○者	16.115/164/25
○挈而入淵	16.118/165/6
○負而緣木	16.118/165/6
若○而是	16.124/165/23
若是而○	16.124/165/24
○斧不剋	16.126/165/29
○學謾（他）〔也〕	16.131/166/10
○學鬭爭〔也〕	16.131/166/10
然○夏后氏之璜	17.2/168/14
○手足者矣	17.5/168/21
○其用也	17.7/168/25
○其任也	17.12/169/6
蓋○橑不能蔽（曰）〔日〕	17.41/171/7
輪○輻不能追疾	17.41/171/7
○以一刀殘林也	17.42/171/9
○以一（璞）〔墣〕塞江也	17.42/171/9
○勇〔也〕	17.43/171/11
其守節○也	17.51/172/1
○弓矢也	17.71/173/12
○轡銜也	17.71/173/12
○廉也	17.94/175/1
○弦不能發矢	17.96/175/5
〔○其道〕也	17.130/177/19
馬齒○牛蹏	17.155/179/12
檀根○椅枝	17.155/179/12
○其道	17.180/181/6
○或召之	17.183/181/12
○而行之	17.197/182/12
○規矩不能定方圓	17.214/183/17
○準繩不能正曲直	17.214/183/17
○神聖人	18/186/6
我○故與子（反）〔友〕也	18/187/14
○欲禍子反也	18/187/24
功○不大也	18/188/19
○直吾所亡也	18/188/25
○求其報於百姓也	18/189/8
○求福於鬼神也	18/189/8
○一日之積也	18/192/14
吾土地○益廣也	18/192/16
人民○益眾也	18/192/16
以王為○誅罪人也	18/193/15
○其事者勿仞也	18/193/23
○其名者勿就也	18/193/23
唐子者、○短子者耶	18/194/16
○為生也	18/194/24
公子、○常〔人〕也	18/196/3
○能閉結而盡解之也	18/198/5
○彼人之過也	18/198/11
○歌者拙也	18/198/14
○仁義儒墨不行	18/199/3
○其世而用之	18/199/3
荊佽○犯（河）〔江〕中之難	18/199/24
其所由者○理也	18/200/14

其二者○其道也 18/201/6
○江河魚不食也 18/201/6
所以餌之者○其欲也 18/201/7
故或類之而○ 18/201/11
此所謂類之而○者也 18/201/18
何謂○類而是 18/201/20
○直禽獸之詐計也 18/202/7
○以奉養其欲也 19/203/1
○以逸樂其身也 19/203/1
○以貪祿慕位 19/203/7
○謂其感而不應 19/203/16
此○吾所謂為之 19/203/18
而○學者多 19/204/13
今以為學者之有過而○學者 19/204/26
○能一人而獨兼有之 19/206/11
立是廢○ 19/207/2
彼○輕身而樂死 19/207/27
此見是○之分不明 19/208/7
○其說異也 19/208/14
○絃之罪 19/208/14
○味之過 19/208/15
後知其○也 19/208/17
聖人見是○ 19/208/26
○必西施之種 19/209/2
夫鼓〔舞〕者○柔縱 19/209/23
而木熙者○眇勁 19/209/24
至大、○度之所能及也 20/211/1
至眾、○數之所能領也 20/211/1
○有〔為焉〕 20/211/10
○生萬物也 20/211/10,20/212/7
○養草木也 20/211/10
○為虎豹也 20/211/11
○為飛鳥也 20/211/11
○為蛟龍也 20/211/12
○生於內也 20/211/15
○戶辨而家說之也 20/211/24
○令之所能召也 20/211/27
○（券）〔券〕之所〔能〕責也 20/211/28
○刑之所能禁也 20/212/1
○法之所能致也 20/212/2
○易民性也 20/212/7
然○得工女煮以熱湯而抽其統紀 20/212/21
○〔得〕慈雌嘔煖覆伏 20/212/22
○〔得〕聖王為之法度而教導之 20/212/23
○樂變古易常也 20/213/24
黜淫濟○ 20/213/24
廉者不利○其有 20/214/24
而○所以中也 20/215/23
○法之應也 20/215/27
畏刑而不為○ 20/216/7
其性○異也 20/216/14
○貴其隨病而調藥〔也〕 20/216/17
○貴〔其〕隨罪而鑒刑也 20/216/18
○法度不存也 20/216/20
○以有法也 20/216/24
○以无法也 20/216/25
无人者、○无眾庶也 20/217/2
○修禮義 20/217/4
○崇善廢醜 20/217/4
○可刑而不刑也 20/217/13
莫知其是○者也 20/218/15
○愛木也 20/219/9
○愛金也 20/219/9
○謂其履勢位 20/219/13
而○篡弒之行 20/220/3
○知益多也 20/220/18
君子與小人之性○異也 20/221/8
韓○之孤憤 20/221/20
○治之大本 20/221/21
○其貴也 20/221/30
○天下之通義也 20/222/2
○不善也 20/222/21
○不捷也 20/222/22
○不困也 20/222/23
○不利也 20/222/28
○不費也 20/223/2
○不煩也 20/223/3
○不掇也 20/223/4
所以知戰陣分爭之○道不行也 21/225/30
知攻取堅守之○德不強也 21/225/30
○循一跡之路 21/228/30

飛 fēi 56

鳥以之○ 1/1/7
蠉○蝡動 1/1/19,2/10/21
以要○鳥 1/2/23
鳥排虛而○ 1/3/15
〔夢〕為鳥而○於天 2/11/5
大行石澗、○狐、句（望）〔注〕之險不能難也 2/12/16
夫目視鴻鵠之○ 2/13/2
○輕微細者 2/13/27
猶○羽浮芥也 2/16/4
○鳥鎩翼 2/18/1,6/53/16
天鳥○千仞之上 2/18/3
○行之類也 3/19/4
故鳥（○）〔動〕而高 3/19/6
磁石上○ 4/34/26
鷰鴈代○ 4/34/26
或○或走 4/35/5
鳥○於雲 4/35/14
○鳥時移 4/35/20
羽嘉生○龍 4/38/2
○龍生鳳皇 4/38/2
權輕○羽 6/49/29
○鳥不駭 6/51/23
騁若○ 6/52/11
○黃伏皁 6/52/22
使（行）〔性〕○揚 7/56/7
○蛩滿野 8/61/23
蠉○蠕動 8/64/7
○鳥歸之若煙雲 9/79/16
○鳥揚 10/85/1
夫鳥○成行 11/97/5
魯般、墨子以木為鳶而○之 11/102/1
夫待騕褭○兔而駕之 11/102/7
夫○鳥主巢 11/103/15
性命○（楊）〔揚〕 11/103/29
此〔《筦子》〕所謂（《筦子》）「（梟）〔鳥〕○而（維）〔準〕繩」者 12/118/20
積陽則○ 13/123/1
北至○狐、陽原 13/124/4
○鳥之有六翮 15/145/18
鳳○龍騰 15/147/6
○鳥不動 15/149/3
至於○屋折木 15/150/5
夫○鳥之摯也俛其首 15/150/23
見○蓬轉而知為車 16.78/161/10

無翼而〇 16.98/163/6
〇不以尾 16.132/166/13
屈尾〇不能遠 16.132/166/13
鳥〇反鄉 17.6/168/23
致千里而不〇 17.30/170/15
人不見龍之〇 17.102/175/17
以《九韶》樂〇鳥也 18/198/11
〇鳶適墮其腐鼠而中游俠 18/201/14
雉亦知驚憚遠〇 18/202/7
夫鴈順風〔而〇〕 19/206/4
非為〇鳥也 20/211/11

肥 féi　25

以封（壤）〔畔〕〇饒相讓 1/4/18
（得）道〔勝〕而〇 1/7/22
疇以〇壤 2/17/20
西北台州曰〇土 4/32/15
弱土人（〇）〔脃〕 4/34/29
江水〇仁而宜稻 4/35/24
美鬚惡〇 4/36/11
以〇土疆 5/42/16
視〇臞全粹 5/43/24
一臞一〇 7/60/17
故〇 7/60/18
夫豈為貧富〇臞哉 7/60/22
〇醲甘脆 9/78/13
〇墝高下 9/79/10
〇而不澤 10/86/12
何〇也 16.20/156/5
罪當死者〇澤 16.24/156/18
偷〇其體而顧近其死 17.9/168/29
鼠食之而〇 17.109/176/1
女必讓〇饒之地 18/186/19
王果封其子以〇饒之地 18/186/21
燥濕〇墝高下 19/202/18
察陵陸水澤〇墩高下之宜 20/213/1
〇肌膚 20/216/6
故食其口而百節〇 20/221/10

朏 fěi　1

是謂〇明 3/24/15

翡 fěi　3

於是乃有〇翠犀象、黼黻文章以亂其目 11/104/1
又利越之犀角、象齒、〇翠、珠璣 18/197/12
〇翠（玳）〔瑇〕瑁 20/210/24

蜚 fěi　1

騎〇廉而從敦圄 2/14/22

誹 fěi　12

經〇譽 8/61/26
〇譽仁鄙不立 8/62/8
舜立〇謗之木 9/80/10
不辟〇 10/93/1
聽失於〇譽 11/96/10
〇譽無所由生 11/97/19
而〇譽萌於朝 11/97/26
〇譽在俗 11/102/17,18/199/7
自信者不可以〇譽遷也 14/133/1
使人卑下〇謗己者 18/185/28
經〇譽以（尊）〔導〕之 20/217/10

吠 fèi　4

狗〇而不驚 14/142/13
盜賊之〔輩〕醜〇狗 17.90/174/23
猘狗之晝〇 20/218/20
（〇）〔吠〕聲清於耳 20/221/29

沸 fèi　8

若以湯沃〇 1/3/5
故以湯止〇 7/61/1
〇乃不止 7/61/2
故民至於焦脣〇肝 9/78/22
百姓糜〇豪亂 11/104/3
夫函牛（也）〔之〕鼎〇而蠅蚋弗敢入 14/137/29
天下為之糜〇螘動 15/146/10
鳥有〇波者 17.210/183/9

肺 fèi　1

白色主〇 4/36/5

費 fèi　15

德施百姓而不〇 1/6/3
積財不足以贍其〇 2/15/17
有以給上之徵賦車馬兵革之〇 9/79/1
民躁而〇多也 11/95/17
以為〇財亂政 11/97/21
因〇仲而通 12/114/15
〇少而勸眾 13/128/23
故至賞不〇 13/129/9
故〇不半而功自倍也 15/146/21
〇無忌（從）〔復〕於荊平王曰 18/194/5
王以告〇無忌 18/194/9
无益於用而有益於〇者 20/215/7
不顧其〇 20/220/13
以食狗馬鴻鴈之〇養士 20/221/1
非不〇也 20/223/2

廢 fèi　50

輪轉而無〇 1/1/10
依道〇智 1/6/29
百事不〇 1/7/8
故夫形者非其所安也而處之則〇 1/9/16
仁義立而道德〇矣 2/14/11
周室衰而王道〇 2/15/15
走獸（擠）〔〇〕腳 2/18/2
令行而不〇 5/49/15
四極〇 6/52/24
走獸〇腳 6/53/16
《金縢》、《豹韜》〇矣 7/59/8
進賢而〇不肖 8/64/18
君者失準繩則〇 8/64/19
禮義〇 8/66/16,18/189/16
本傷而道〇〔矣〕 8/66/29
而世無〇道 9/69/26
萬人之聚無〇功 9/70/10
是故威立而不〇 9/75/3
所立於下者不〇於上 9/75/27
舉動〇置 9/80/4

禹無○功 10/83/10
快己而百事○ 10/87/1
是故聖人○而弗用也 11/97/26
農無○功 11/101/18
農事○ 11/104/11
故大饗○夫人之禮 13/121/1
不宜則○之 13/121/2
周室○、禮義壞而《春秋》作 13/121/8
然而立政者不能○法而治民 13/122/11
綱紀○ 13/126/15
一植一○ 14/137/22
則有功者○ 14/139/5
以○不義而復有德也 15/143/16
○其君而易其政 15/143/18
當者莫不○滯崩阤 15/147/15
為孔子之窮於陳、蔡而○六藝 16.151/168/4
名者、難立而易○也 18/185/30
則鄭國之信○矣 18/193/4
夫就人之名者○ 18/193/24
有論者必不能○ 19/202/15
世俗○衰 19/204/13
而先王之道不○ 19/204/26
立是○非 19/207/2
失其人則○ 20/213/7
○公趨私 20/213/20
非崇善○醜 20/217/4
守職而不○ 20/217/19
立私○公 20/218/14
使其君生无○事 20/218/17

擠 fèi　1

手足之○疾蚌、辟寒暑 2/17/13

曊 fèi　1

日之所（瞶）〔○〕 4/33/19

分 fēn　131

察能○白黑、視醜美 1/9/22
四時未○ 2/10/25
明於死生之○ 2/12/11
神之○離剖判 2/13/3
○徒而訟 2/15/16
熟肯○○然以物為事也 2/16/4
耳○八風之調 2/17/4
日（月）行十二○度之一 3/20/9
歲行三十度十六○度之七 3/20/9
日行二十八○度之一 3/20/14
歲行十三度百一十二○度之五 3/20/14
常以二月春○效奎、婁 3/20/20
以八月秋○效角、亢 3/20/20
月行百八十二度八○度之五 3/21/8
反覆三百六十五度四○度之一而成一歲 3/21/8
日月復以正月入營室五度無餘○ 3/21/10
而歲有奇四○度之一 3/21/11
日夜○平 3/22/8
九十一度（也）十六○度之五 3/22/11
故曰春○則雷行 3/22/16
加十五日指常羊之維則春○盡 3/22/18
加十五日指背陽之維則夏○盡 3/22/22
故曰秋○雷（戒）〔臧〕 3/22/24
加十五日指蹏通之維則秋○盡 3/22/26
月日行十三度七十六○度之二十（六）〔八〕 3/23/12
二十九日九百四十○日之四百九十九而為月 3/23/13
歲有餘十日九百四十○日之八百二十七 3/23/14
晝者陽之○ 3/24/24
夜者陰之○ 3/25/1
〔則陰陽○〕 3/25/2
（則陰陽○） 3/25/14
故○而為陰陽 3/25/17
○為雌雄 3/25/21
三之為積○（七十）〔十七〕萬七千一百四十七 3/25/22
秋○〔而禾〕蕖定 3/26/17
故十二蕖而當一（粟）〔○〕 3/26/17
故〔十○而為寸〕 3/26/18
十二粟而當一○ 3/26/19
十二○而當一銖 3/26/19
○而為十二月 3/27/30
星○度 3/28/6
箕十一四○一 3/28/6
○而為陰陽 3/29/17
春、秋○ 3/31/12
先春○若秋○十餘日 3/31/15
未春○而直 3/31/20
已秋○而不直 3/31/20
未秋○而直 3/31/20
已春○而不直 3/31/20
○、至而直 3/31/21
未秋○而不直 3/31/21
日夜○ 5/39/25
5/44/4,13/122/29
死生○ 5/41/26
土墜○裂 5/45/5
不足以○物理 6/51/9
及至○山川谿谷使有壤界 8/61/24
計人多少眾寡使有○數 8/61/25
則兵革興而○爭生 8/61/26
各守其○ 8/66/19
察○秋豪 9/70/14
上操約省之○ 9/70/18
守職○明 9/71/18
人主不明○數利害之地 9/72/28
國○為三 9/73/17,18/194/2
明○以示之 9/76/6
則寸之○可得而察也 9/76/8
○亦明矣 9/80/26
喜憎議而治亂○矣 10/87/1
禍之生也（○○）〔介介〕 10/90/1
明死生之○則壽矣 10/93/13
明乎死生之○ 11/97/24
○節行而為帶 11/98/11
宰庖之切割○別也 11/98/18
不能以〔其〕府庫○人 12/106/15
宋〔之〕○野〔也〕 12/112/20
○均者 12/114/27
耳不知清濁之○者 13/122/16
春○而生 13/122/29
秋○而成 13/122/29
湯無七里之○ 13/124/16
此脩短之○也 13/126/5

見其一行而賢不肖○也 13/128/16
有輕罪者贖以金○ 13/129/6
謂之○物 14/132/11
物以群○ 14/132/11
○而為萬（物）〔殊〕 14/132/11
未始○於太一者也 14/132/16
守其○ 14/134/25
臨貨○財必探籌而定○ 14/136/7
則無定○ 14/137/16
上之○不定 14/137/16
○不均 15/142/24
中○天下 15/146/3
○決則勇 15/147/18
力○則弱 15/147/18
故能○人之兵 15/147/18
不能○人之兵 15/147/19
○決而動 15/147/21
○流舛馳 16.83/161/24
人有昆弟相○者 16.92/162/19
聖人之同死生通於○理 16.108/164/5
百○之一也 17.96/175/5
莫之能○ 18/186/7
擒智伯而三○其國 18/188/27
（敗）殺其身而三○其
國 18/192/2
明於○也 18/195/1
積財而不以相○ 19/203/2
目不能別晝夜、○白黑 19/206/16
○〔別〕白黑（利害） 19/206/26
察○秋毫 19/207/12
此見是非之○不明 19/208/7
○職而治之 20/213/6
○財而衣食之 20/213/6
廉者可令守○ 20/214/25
廉可以○財 20/217/18
○別爭財 20/218/12
凡學者能明於天（下）
〔人〕之○ 20/221/4
審死生之○ 21/224/28
○帝王之操 21/225/6
差次仁義之○ 21/225/13
所以知戰陣○爭之非道
不行也 21/225/30
○別百事之微 21/226/5
則懈（隨）〔墮〕○學 21/226/10
守其○地 21/228/16

氛 fēn 2

○霧冥冥 5/46/15
（氣）〔○〕霧雪霜不霽 8/61/18

芬 fēn 2

口味煎熬○芳 1/7/20
芻豢黍粱、荊吳○馨以
嚂其口 11/104/2

紛 fēn 12

錯繆相○而不可靡散 1/6/4
萬物○糅 1/7/15
繽○蘢蓯 2/10/17
萬物○○ 2/12/4
芒繁○挐 8/61/21
巧偽○挐 8/65/3
非譽相○ 11/94/1
解其○ 12/112/10
離群慝之○ 20/214/15
此使君子小人○然殽亂 20/218/14
絞○遠（援）〔緩〕 21/227/14

汾 fén 3

曰大○、澠阨、荊阮、
方城、殽阪、井陘、
令疵、句注、居庸 4/32/20
○水濛濁而宜麻 4/35/22
○出燕京 4/37/19

焚 fén 14

○甲兵 1/3/3
○之不然 1/6/4
毋○山林 5/40/1
大澤○而不能熱 7/57/18
○林而田 8/61/14
燎○天下之財 8/63/18
煎熬○炙 8/65/12
○林而獵 8/65/12, 18/191/13
不○林而獵 9/79/12
不若○之 12/106/16
於是王壽乃○〔其〕書
而舞之 12/110/18

毋○積聚 15/143/13
以突隙之煙○ 18/186/1

墳 fén 4

掘○墓 6/53/21
從典○ 11/98/11
井生○羊 13/130/16
毋（扣）〔扣〕○墓 15/143/13

濆 fēn 1

衽出○熊 4/37/20

黂 fén 4

夫胡人見○ 11/94/6
見○而求成布 16.106/163/31
○不類布而可以為布 17.69/173/8
○燭捔 17.164/180/4

粉 fěn 6

○不賦白 11/95/1
（汗）〔汙〕準而○其
顙 17.158/179/19
不待脂○芳澤而性可說
者 19/204/22
雖○白黛黑弗能為美者 19/204/23
及其（○）〔扢〕以玄
錫 19/205/18
○白黛黑 19/209/15

忿 fèn 8

狗彘吐菽粟於路而無○
爭之心 6/52/20
於是○爭生 8/62/9
貪鄙○爭不得生焉 8/62/14
不○爭而養足 8/63/2
不○爭而財足 9/67/20
民貧苦而○爭 9/68/1
○心張膽 12/111/4
无涉血之仇爭○鬬 13/130/26

憤 fèn 10

繁〇未發 2/10/15
哀斯〇 8/66/1
〇斯怒 8/66/1
此皆〇於中而形於外者也 11/96/20
〇於志 13/123/14
未嘗不（〇）〔噴〕然而歎曰 18/187/7
〇然自反 18/198/3
〇於中則應於外 19/204/10
發〇而成 19/204/20
韓非之孤〇 20/221/20

奮 fèn 20

羽翼〇也 1/1/15
歲名曰赤〇若 3/27/17
赤〇若之歲 3/31/7
赤〇若 4/37/25
鳲鳩〇其羽 5/40/19
〇首於路 6/53/24
〇袂而（越）〔起〕 9/77/24
〇羽旄〔也〕 11/97/21
身自〇袂執銳 13/124/5
〇武厲誠 13/124/7
〇體而起 13/125/20
〇勇力 13/126/17
〇儋钁 15/146/10
人莫不〇于其所不足 17.47/171/19
呂望使老者〇 17.82/174/6
則〇翼揮䎘 18/196/19
〇臂大呼 18/197/18
〇翼攫肆 19/206/1
固（權）〔〇〕說以取少主 19/208/13
皆方面〇臂而為之鬬 20/219/23

糞 fèn 6

利以殺草〇田疇 5/42/16
故卻走馬以〇 6/50/24
〇田而種穀 8/61/16
碧瑜〇土也 10/89/23
〇土種穀 18/189/15
〇土樹穀 20/212/9

封 fēng 33

以〇（壤）〔畔〕肥饒相讓 1/4/18
明庶風至則正〇疆 3/20/28
立〇侯 3/23/21
苽〇熯 3/24/2
合出〇羊 4/37/22
〇諸侯 5/41/7
毋以〇侯 5/43/9
固〇璽 5/45/18
〇建侯 5/47/20
以實〇疆 5/49/12
猰貐、（鑿齒）、九嬰、大風、〇豨、〔鑿齒〕、修蛇 8/63/11
禽〇豨於桑林 8/63/13
〇其墓 8/66/21
四海之雲至而脩〇疆 9/79/18
〇比干之墓 9/80/17,20/219/18
昔太公望、周公旦受〇而相見 11/94/10
〇於泰山 11/99/9
列田百頃而〇之執圭 12/113/11
乃〇比干之墓 12/117/18
終不利〇侯 13/128/17
然而守重寶者必關戶而全〇 14/136/8
〇以鄉 15/143/17
決於〇外 15/153/25
歸而〇孫叔敖 18/186/18
王必〇女 18/186/19
王果〇其子以肥饒之地 18/186/21
申叔時教莊王〇陳氏之後而霸天下 18/187/6
不聞出其君以為〇疆者 18/191/1
解扁為東〇 18/192/15
吳為〇豨脩蛇 19/207/19
履石〇 20/220/8
周公受〇於魯 21/228/1

風 fēng 225

〇興雲蒸 1/1/11
使〇伯掃塵 1/2/5
合八〇之調 1/3/10
是故春〇至則甘雨降 1/3/17
秋〇下霜 1/3/18,17.167/180/10
未發號施令而移〇易俗者 1/4/21
若背〇而馳 1/7/15
結激楚之遺〇 1/8/27
揮掞挺挏世之〇俗 2/12/4
猶條〇之時麗也 2/12/14
外從其〇 2/12/22
夫疾〇教木 2/13/26
（於）〔而〕外淫於世俗之〇 2/14/17
燭十日而使〇雨 2/14/23
而暍者望冷〇于秋 2/14/27
耳分八〇之調 2/17/4
〇雨不毀折 2/17/26
順〇縱火 2/18/6
怒者為〇 3/19/1
虎嘯而谷〇至 3/19/9
故誅暴則多飄〇 3/19/13
八〇 3/19/19
何謂八〇 3/20/25,4/32/25
距日冬至四十五日條〇至 3/20/25
條〇至四十五日明庶〇至 3/20/25
明庶〇至四十五日清明〇至 3/20/25
清明〇至四十五日景〇至 3/20/26
景〇至四十五日涼〇至 3/20/26
涼〇至四十五日閶闔〇至 3/20/26
閶闔〇至四十五日不周〇至 3/20/27
不周〇至四十五日廣莫〇至 3/20/27
條〇至則出輕繫 3/20/27
明庶〇至則正封疆 3/20/28
清明〇至則出幣帛 3/20/28
景〇至則爵有位 3/20/28
涼〇至則報地德 3/20/29
閶闔〇至則收縣垂 3/20/29
不周〇至則脩宮室 3/20/30
廣莫〇至則閉關梁 3/20/30
加十五日指乙則（清明〇至）〔穀雨〕 3/22/17
加十五日指辰則（穀雨）〔清明〇至〕 3/22/18
大〇濟 3/22/19
涼〇至 3/22/23,5/42/24,5/43/18

其日有雲氣○雨 3/29/12
○有八等 4/32/11
東北曰炎○ 4/32/25
東（玄）〔方〕曰條○ 4/32/25
東南曰景○ 4/32/25
南方曰（巨）〔豈〕○ 4/32/25
西南曰涼○ 4/32/26
西方曰飂○ 4/32/26
西北曰麗○ 4/32/26
北方曰寒○ 4/32/26
北門開以內不周之○ 4/33/7
傾宮、旋室、縣圃、涼○、樊桐在崑崙閶闔之中 4/33/7
是謂涼○之山 4/33/16
能使○雨 4/33/17
必以○雨 4/34/4
八門之○ 4/34/9
○氣多聾 4/34/20
八主○ 4/35/13
○主蟲 4/35/13
○氣之所通 4/36/11
（條）〔融〕○之所生也 4/37/25
明庶○之所生也 4/37/25
清明○之所生也 4/37/25
景○之所生也 4/37/26
涼（也）〔○〕之所生也 4/37/26
閶闔○之所生也 4/37/26
不周○之所生也 4/37/27
廣莫〔○〕之所生也 4/37/27
煖溼生於毛○ 4/38/5
毛○生於溼玄 4/38/5
溼玄生羽○ 4/38/6
羽○生煗介 4/38/6
東○解凍 5/39/4
服八○水 5/39/6, 5/39/20, 5/40/11, 5/41/4, 5/41/19, 5/42/9, 5/43/2, 5/43/19, 5/44/16, 5/45/12, 5/46/3, 5/46/22
則○雨不時 5/39/13
飄○暴雨總至 5/39/13
暴○來格 5/41/13
涼○始至 5/42/7
多○欬 5/42/18
則○寒不時 5/42/19
涼○至三旬 5/43/10
則○災數起 5/44/9
則熛○來至 5/45/5
則〔國〕多暴○ 5/45/25
南至委火炎○之野 5/47/18
七月涼○不至 5/48/16
三月春○不濟 5/48/18
夏行春令○ 5/48/21
○雨暴至 6/49/27
疾○晦冥 6/50/1
於是○濟而波罷 6/50/3
故東○至而酒湛溢 6/50/14
降扶○ 6/51/25
○雨不興 6/52/1
暮宿○穴 6/52/3
（縱）〔蹤〕矢躡○ 6/52/11
○雨時節 6/52/21, 13/120/4, 15/153/28
更順其○ 6/54/14
天有○雨寒暑 7/55/12
（肝）〔脾〕為○ 7/55/13
血氣者、○雨也 7/55/14
○雨非其時 7/55/15
大○晦日而不能傷也 7/57/19
○雨不降其虐 8/61/10
包裹○俗 8/62/3
○雨之變 8/62/23, 13/126/6
猰貐、（鑿齒）、九嬰、大○、封豨、〔鑿齒〕、修蛇 8/63/11
繳大○於青丘之（澤）〔野〕 8/63/12
天下莫不從○ 8/64/16
日月星辰雷電○雨也 8/64/23
四方之○弗能襲 8/65/17
晚世○流俗敗 8/66/16
○雨不能襲 9/67/19
刑罰不足以移○ 9/68/11
不使○議 9/68/28
而不能移○易俗者 9/69/5
延陵季子聽魯樂而知殷、夏之○ 9/69/8
○之以歌謠 9/69/13
亡國之○ 9/70/24
其以移○易（俗）矣 9/72/23
夫（疾○）〔○疾〕而波興 9/73/21
律生於○ 9/75/24
有司枉法而從○ 9/76/29
慕義從○而為之服役者不過數十人 9/77/22
背○而馳易以遠 9/78/6
利一人而天下從○ 9/78/9
而天下從○ 10/88/6
欲如草之從○ 10/90/18
鵲巢知○之所起 10/91/5
若○之過簫也 11/95/10
是以○俗濁於世 11/97/25
五帝三王之法籍○俗 11/98/25
伯樂、韓○、秦牙、筦青 11/99/28
辟若（俔）〔綄〕之見○也 11/101/13
飄○暴雨 12/107/8
可以移○易俗 12/108/18
軒軒然方迎○而舞 12/116/6
○波畢除 12/118/6
以此移○ 12/119/28
以蔽○雨 13/120/8
○俗易移也 13/122/1
○先萌焉 13/124/19
楚人有乘船而遇大○者 13/129/25
夫戶牖者、○氣之所從往來 13/131/1
而○氣者、陰陽粗（捔）〔犄〕者也 13/131/1
文王脩之（歧）〔岐〕周而天下移○ 14/135/5
而歌《南○》之詩 14/139/26
音氣不戾八○ 15/144/15
卒而遇○波 15/144/25
解如○雨 15/146/2, 19/207/26
○雨擊於中 15/146/15
發如（秋）〔猋〕○ 15/147/6
疾如○雨 15/147/9, 15/152/15
薄之若○ 15/147/14
氣如飄○ 15/148/2
○雨可障蔽 15/148/22
發如○雨 15/149/7
夫○之疾 15/150/5
疾○暴雨 15/152/13
聖人不先○吹 16.32/157/10
必先徵羽樂○ 16.112/164/15
則逮（曰）〔日〕歸○ 17.48/171/21

蜂 fēng 3

鋒 fēng 7

豐 fēng 12

酆 fēng 2

逢 féng 4

縫 féng 1

奉 fèng 16

鳳 fèng 17

佛 fó 2

缶 fǒu 1

否 fǒu 3

善○之情 9/75/4
故善○ 10/89/13
知可○者 12/114/27

夫 fū 542

○道者 1/1/3
○太上之道 1/1/19
是故大丈○恬然無思 1/2/3
○鏡水之與形接也 1/2/13
○臨江而釣 1/2/21
故（○）〔矢〕不若繳 1/2/24
○釋大道而任小數 1/3/1
○峭法刻誅者 1/3/9
○（萍）〔蘋〕樹根於水 1/3/15
今○徙樹者 1/4/1
○井魚不可與語大 1/4/7
○善游者溺 1/4/12
○能理三苗 1/4/21
○執道理以耦變 1/5/16
○日回而月周 1/5/19
○水所以能成其至德於天下者 1/6/9
○無形者 1/6/10
○光可見而不可握 1/6/11
○任耳目以聽視者 1/6/30
○喜怒者 1/7/4
○得其得者 1/7/21
○建鍾鼓 1/7/28
○內不開於中而強學問者 1/8/8
○心者 1/8/9
○許由小天下而不以己易堯者 1/8/14
○天下者亦吾有也 1/8/18
○有天下者 1/8/21
故○烏之啞啞 1/9/4
是故○得道已定 1/9/6
○性命者 1/9/7
○形者 1/9/15
故○形者非其所安也而處之則廢 1/9/16
○舉天下萬物 1/9/20
今○狂者之不能避水火之難而越溝瀆之嶮者 1/9/28
○精〔神〕氣志者 1/10/7
有未始有○未始有有始者 2/10/14
有未始有○未始者有有始者 2/10/17
有未始有○未始有有无者 2/10/25
○大塊載我以形 2/10/29
○藏舟於壑 2/11/1
○水嚮冬則凝而為冰 2/11/12
○聖人用心 2/11/15
○魚相忘於江湖 2/11/25
○道有經紀條貫 2/11/28
○大寒至 2/12/1
○（梜）〔挾〕依於跂躍之術 2/12/4
○貴賤之於身也 2/12/14
○秉皓白而不（里）〔黑〕 2/12/14
○天之所覆 2/12/27
○目視鴻鵠之飛 2/13/2
若○墨、（揚）〔楊〕、申、商之於治道 2/13/4
今○冶工之鑄器 2/13/8
今○萬物之疏躍枝舉 2/13/12
今○善射者有儀表之度 2/13/16
何況○未始有涅藍造化之者乎 2/13/20
○秋毫之末 2/13/23
若○无秋毫之微 2/13/24
○疾風教木 2/13/26
○與蚑蟯同乘天機 2/13/27
○天不定 2/14/3
今○積惠重厚 2/14/7
○趍舍行偽者 2/14/16
若○真人 2/14/21
○人之事其神而嬈其精 2/14/26
○有病於內者必有色於外矣 2/14/27
○梣木（色）〔已〕青翳 2/14/27
○牛蹏之涔 2/15/1
○人之拘於世也 2/15/3
○世之所以喪性命 2/15/19
若○俗世之學也則不然 2/15/23
○人之所受於天者 2/16/6
○唯易且靜 2/16/10
○鑑明者塵垢弗能薶 2/16/12
○夏日之不被裘者 2/16/17
○聖人量腹而食 2/16/19
○以末求返于本 2/16/24
若○神無所掩 2/16/27
○化生者不死 2/17/2
○憂患之來 2/17/14
○目察秋毫之末〔者〕 2/17/15
今○樹木者 2/17/20
大○安其職 2/17/25
○歷陽之都 2/18/6
○熊羆蟄藏 4/35/20
有修股民、天民、肅慎民、白民、沃民、女子民、丈○民、奇股民、一臂民、三身民 4/36/26
天子親率三公九卿大○以迎歲于東郊 5/39/9
天子親率三公九卿大○以迎歲於南郊 5/41/7
命四監大○ 5/42/10
天子親率三公九卿大○以迎（秋）〔歲〕于西郊 5/43/5
天子親率三公九卿大○以迎歲于北郊 5/45/16
勞農○ 5/45/21
天子乃與公卿大○飾國典 5/47/1
卿士大○至于庶民 5/47/3
○瞽師、庶女 6/49/28
○全性保真 6/50/4
○死生同域 6/50/5
又況○（宮）〔官〕天墜 6/50/6
○物類之相應 6/50/14
○（陽）燧取火於日 6/50/17
○〔天〕道者 6/51/1
今○墜黃主屬骨 6/51/3
若○以火能焦木也 6/51/5
○燧之取火（於日） 6/51/8
○道之與德 6/51/14
今○調弦者 6/51/18
○有改調一弦 6/51/18
今○赤螭、青虬之游冀州也 6/51/23
若○鉗且、大丙之御〔也〕 6/52/9
大○隱道而不言 6/53/12
○聖人者 6/54/8
○鉗且、大丙不施轡銜而以善御聞於天下 6/54/11
今若○申、韓、商鞅之

為治也 6/54/14
〇井植生（梓）〔梓〕
而不容甕 6/54/17
〇靜漠者 7/55/4
〇精神者 7/55/7
〇天地之道 7/55/18
〇（面）〔血〕氣能專
于五藏 7/55/20
〇孔竅者 7/55/27
以言〇精神之不可使外
淫也 7/56/5
〇人之所以不能終其壽
命而中道夭於刑戮者 7/56/10
〇惟能無以生為者 7/56/10
〇天地運而相通 7/56/11
〇造化者既以我為坯矣 7/56/14
吾安知〇刺（炙）〔灸〕
而欲生者之非或也 7/56/15
又安知〇絞經而求死者
之非福也 7/56/15
〇造化者之攫援物也 7/56/22
〇臨江之鄉 7/56/23
〇悲樂者 7/56/28
〇有夏后氏之璜者 7/57/5
〇精神之可寶也 7/57/5
〇癩者趨不變 7/58/5
〇木之死也 7/58/7
〇使木生者豈木也 7/58/8
〇至人倚不拔之柱 7/58/25
今〇窮鄙之社也 7/59/10
〇〔無〕以天下為者 7/59/15
愚〇不為〔也〕 7/59/16
今〇繇者 7/59/25
〇脩夜之寧 7/59/27
今〇儒者 7/60/13
〇（收）〔牧〕民者 7/60/14
〇顏回、季路、子夏、
冉伯牛 7/60/15
若〇至人 7/60/20
〇豈為貧富肥臞哉 7/60/22
〇使天下畏刑而不敢盜 7/60/23
〇人主之所以殘亡其國家 7/60/26
〇仇由貪大鍾之賂而亡
其國 7/60/27
〇仁者、所以救爭也 8/62/12
〇至大、天地弗能含也 8/62/24
〇聲色五味 8/65/21
〇天地之生財也 8/65/22
〇人相樂 8/66/8
愚〇惷婦皆有流連之心 8/66/11
〇三年之喪 8/66/15,11/97/16
〇目（安）〔妄〕視則淫 9/67/9
〇三關者 9/67/10
〇水濁則魚噞 9/68/4
故〇養虎豹犀象者 9/68/4
〇疾呼不過聞百步 9/68/14
〇榮啓期一彈 9/69/4
〇權輕重不差蟲首 9/69/19
〇舟浮於水 9/69/22
今〇權衡規矩 9/69/24
〇舉重鼎者 9/70/9
〇華騮、綠耳 9/70/13
〇螣蛇游霧而（動）
〔騰〕 9/70/15
〇責少者易償 9/70/17
今〇橋（直植）〔植直〕
立而不動 9/71/1
〇人主之聽治也 9/71/7,9/71/22
〇舉踵〔而〕天下（而）
得所利 9/71/15
〇乘眾人之智 9/71/24
〇推（而）不可為之勢 9/72/2
〇載重而馬（羸）〔羸〕 9/72/3
〇鳥獸之不（可）同
（詳）〔群〕者 9/72/13
〇人之所以莫（抓）
〔振〕玉石而（抓）
〔振〕瓜瓠者 9/72/21
堯為匹〇 9/72/24
且〇不治官職 9/73/7
〇臣主之相與也 9/73/13
〇以一人之心而事兩主 9/73/18
〇（疾風）〔風疾〕而
波興 9/73/21
今〇朝（延）〔廷〕之
所不舉 9/74/20
〇人主之情 9/75/8
雖在褐〇芻蕘 9/75/9
〇寸生於（稞）〔標〕 9/75/23
〇據榦而窺井底 9/76/8
今〇御者 9/76/13
〇釋職事而聽非譽 9/76/19
〇貴富者之於勞也 9/76/26
〇火熱而水滅之 9/77/9
使在匹〇布衣 9/77/25
〇民之好善樂正 9/77/28
〇七尺之橈而制船之左
右者 9/78/3
〇防民之所害 9/78/6
紂再舉而不得為匹〇 9/78/10
〇民之為生也 9/78/26
〇天地之大 9/79/2
〇聖人之於善也 9/80/11
文王周觀得（〇）〔失〕 9/80/19
〇聖人之智 9/80/27
〇以正教化者 9/81/2
〇有何脩焉 10/84/13
〇察所夜行 10/85/9
〇子見禾之三變也 10/85/12
今〇夜有求 10/85/24
〇織者日以進 10/87/5
〇差曰 10/87/6
〇子曰 10/87/8
〇有誰為矜 10/87/17
〇禮者 11/93/24
所以合君臣、父子、兄
弟、〇妻、友朋之際
也 11/93/24
〇水積則生相食之魚 11/93/26
〇吹灰而欲無眯 11/93/27
〇蝦蟆為鶉 11/94/6
〇胡人見黂 11/94/6
〇明鏡便於照形 11/94/28
〇玉璞不猒厚 11/95/1
故堯之治（〇）〔天〕
下也 11/95/6
〇有何上下焉 11/95/10
〇猨狖得茂木 11/95/13
〇竹之性浮 11/95/26
〇素之質白 11/95/27
〇乘舟而惑者 11/96/1
〇性、亦人之斗極也 11/96/1
〇縱欲而失性 11/96/4
〇耳目之可以斷也 11/96/9
〇載哀者聞歌聲而泣 11/96/10
〇一者至貴 11/96/15
〇有（熟）〔孰〕推之
者 11/96/21
〇鳥飛成行 11/97/5
然而勝〇差於五湖 11/97/9
〇儒、墨不原人情之終

始 11/97/17
〇聖人之斲削物也 11/98/19
大〇端冕以送迎之 11/98/26
〇有孰貴之 11/99/1
〇以一世之變 11/99/7
〇一儀不可以百發 11/99/7
〇能與化推移（為人）者 11/99/11
今〇王喬、赤誦子 11/99/13
〇稟道以通物者 11/99/23
若〇規矩鉤繩者 11/100/6
若〇工匠之為連鐖、運開、陰閉、眩錯 11/100/7
今〇為平者準也 11/100/10
若〇不在於繩準之中 11/100/10
若〇是於此而非於彼 11/100/19
〇一是非 11/100/20
有以也〇 11/100/26
若〇不為虛而自虛者 11/101/9
〇先知遠見 11/101/23
〇（契）〔挈〕輕重不失銖兩 11/102/5
〇待騕褭飛兔而駕之 11/102/7
〇騏驥千里 11/102/9
〇武王先武而後文 11/102/21
〇重生者不以利害己 11/103/13
〇飛鳥主巢 11/103/15
丈〇丁壯而不耕 11/103/22
〇乘奇技、（偽）〔為〕邪施者 11/104/9
〔且〕〇雕琢刻鏤 11/104/11
〇飢寒並至 11/104/12
〇敗軍之卒 11/104/15
〇民有餘即讓 11/104/20
獨〇收孤 11/104/22
〇知言之謂者 12/105/23
〇淺知之所爭者 12/105/24
〇唯無知 12/105/26
今〇舉大木者 12/106/3
〔〇〕治國（有）〔在〕禮 12/106/5
〇國非其有也 12/106/18
大〇請殺之 12/106/23
〇憂、所以為昌也 12/107/10
〇刺之而不入 12/107/19
〇不敢刺、不敢擊 12/107/20
〇無其意 12/107/21
使天下丈〇女子莫不歡然皆（欲）〔有〕愛利之心 12/107/21
天下丈〇女子莫不延頸舉踵而願安利之者 12/107/24
〇代大匠斲者 12/108/9
〇聖人之舉事也 12/108/18
此〇差之所以自剄於干遂也 12/108/26
〇國家之危安 12/110/10
〇爵賞賜予 12/110/11
若以相〇子反晉國 12/110/28
〇唯不爭 12/111/13
差須〇子也 12/112/9
大〇請擊之 12/112/13
若何其辱群大〇 12/112/14
〔大〇〕曰 12/112/14
起而拜君大〇 12/112/15
〇乘民之功勞而取其爵祿〔者〕 12/113/13
〇唯不居 12/113/14
與大〇期三日 12/113/16
以與大〇期 12/113/17
〇子嗜魚 12/113/22
〇唯嗜魚 12/113/23
〇受魚而免於相 12/113/23
（〇）〔太〕子發勇敢而不疑 12/114/12
〇意而中藏者 12/114/26
楚賢良大〇皆盡其計而悉其誠 12/115/4
而〇子薦賢 12/115/16
其比〇不名之地 12/116/11
吾猶（〇）〔未〕能之在 12/116/14
吾比〇子 12/116/17
〇善（載）〔哉〕 12/118/7
〇唯無以生為者 12/118/8
〇言有宗 12/118/12
魏文侯觴諸大〇於曲陽 12/119/8
〇豫讓之君 12/119/10
〇物盛而衰 12/119/17
〇唯不盈 12/119/20
〇未得獸者 12/119/23
陽侯殺蓼侯而竊其〇人 13/121/1
故大饗廢〇人之禮 13/121/1
〇夏、商之衰也 13/121/4
（失）〔〇〕道（之）〔其〕缺也 13/121/11
〇神農、伏犧不施賞罰而民不為非 13/122/11
〇聖人作法而萬物制焉 13/122/15
〇殷變夏 13/122/20
今〇圖工好畫鬼魅 13/122/25
〇存危治亂 13/122/26
〇繩之為度也 13/123/4
〇脩而不橫 13/123/5
今〇盲者行於道 13/123/15
〇弦歌鼓舞以為樂 13/123/20
〇婦父子 13/123/24
丁壯丈〇 13/124/3
〇夏之將亡 13/124/19
愚（夬）〔〇〕（惷）〔惷〕婦皆能論之 13/124/23
〇五行之山 13/125/8
〇三軍矯命 13/125/15
四大〇載而行 13/125/20
〇君臣之接 13/125/24
蘇秦、匹〇徒步之人也 13/126/7
大〇種輔翼越王句踐 13/126/9
禽〇差之身 13/126/9
大〇種知忠而不知謀 13/126/11
〇牛蹏之涔不能生鱣鮪 13/127/9
〇人之情 13/127/10
〇顏（喙）〔啄〕聚、梁父之大盜也 13/127/11
〇堯、舜、湯、武 13/127/22
〇夏后氏之璜不能无考 13/127/26
〇百里奚之飯牛 13/128/1
〇發于鼎俎之閒 13/128/3
〇物之相類者 13/128/9
〇亂人者 13/128/11
〇食駿馬之肉 13/129/3
〇法令（者）罔其姦邪 13/129/18
无愚〇（惷）〔惷〕婦 13/129/18
（〇今）〔今〇〕陳卒設兵 13/129/21
〇動靜得 13/130/1
今〇霤水足以溢壺榼 13/130/6
〇醉者 13/130/12
〇雌雄相接 13/130/14
〇見不可布於海內 13/130/19
〇饗大高而彘為上（牲）〔牲〕者 13/130/22

○以刃相戲 13/130/26
○戶牖者、風氣之所從往來 13/131/1
今○僦載者 13/131/24
○鴟目大而（睡）〔眎〕不若鼠 13/131/30
及至○彊之弱 13/132/1
大○走 13/132/2
○蟄蟲鵲巢 13/132/4
○無為則得於一也 14/137/7
○函牛（也）〔之〕鼎沸而蠅蚋弗敢入 14/137/29
匹○百晦一守 14/139/27
○寒之與煖相反 14/141/23
○兵者 15/143/1
○畜池魚者必去猵獺 15/143/10
○有誰與交兵接刃乎 15/143/21
○為地戰者不能成其王 15/143/24
○員者、天也 15/144/3
○射 15/144/20
○戰而不勝者 15/144/20
今○天下皆知事治其（未）〔末〕 15/145/7
○兵之所以佐勝者眾 15/145/10
○論除謹 15/145/13
○有形埒者 15/147/1
○能（滑）〔淈〕淖精微 15/148/23
○五指之更彈 15/149/9
今○虎豹便捷 15/149/9
○水勢勝火 15/149/10
○地利勝天時 15/149/16
○仁勇信廉、人之美才也 15/149/17
○以巨斧擊桐薪 15/150/1
○栝淇衛箘簬 15/150/3
○風之疾 15/150/5
○物之所以相形者微 15/150/16
○景不為曲物直 15/150/21
○飛鳥之摯也俛其首 15/150/23
○人之所樂者、生也 15/151/2
○將者、必獨見獨知 15/152/28
○實則鬭 15/153/6
吳王○差地方二千里 15/153/6
○氣之有虛實也 15/153/9
○惟能下之 16.13/155/16
○玉潤澤而有光 16.19/155/29
○照鏡見眸子 16.19/156/1
○死則〔言女妨〕 16.23/156/15
○至巧不用（劍）〔鉤〕〔繩〕 16.25/156/21
今○闇飲者 16.41/158/4
大○種知所以強越 16.52/159/7
農○不察苗莠而并耘之 16.73/160/27
○欲其母之死者 16.77/161/8
○唯無量 16.92/162/19
○游没者 16.99/163/8
○隨一隅之迹 17.1/168/10
○所以養而害所養 17.25/170/5
讒○陰謀 17.172/180/21
農○勞而君子養焉 17.201/182/21
故一○出死 17.210/183/9
○言出於口者不可止於人 18/185/30
○禍之來也 18/186/6
○戰勝攻取 18/187/1
○孫叔敖之請有寢之丘 18/187/2
○再實之木根必傷 18/187/5
○病溫而強之（食）〔餐〕 18/187/27
為魏文侯（○）〔大〕開地 18/188/10
○一麑而弗忍 18/188/16
○虞之與虢 18/189/2
○有陰德者必有陽報 18/189/12
○妻之（辯）〔辨〕 18/189/14
○禍福之轉而相生 18/189/27
○木枯則益勁 18/190/10
今○齊、君之淵也 18/190/17
○以「無城薛」止城薛 18/190/21
○咎犯戰勝城濮 18/191/9
〔武〕大○病 18/191/21
鼓之嗇○ 18/192/23
請無罷武大○ 18/192/23
大○畢賀 18/193/11
○為君崇德者霸 18/193/20
○就人之名者廢 18/193/24
（天）〔○〕子生於齊 18/194/15
○子亦何思於齊 18/194/16
臣思○唐子者 18/194/16
○走者、人之所以為疾也 18/194/28
○爝火在縹烟之中也 18/195/8
○積愛成福 18/195/12
○（得）〔使〕患無生 18/196/1
○牆之壞也於隙 18/196/11
○〔上〕仕者先避〔患而後就利〕 18/196/15
○鴻鵠之未孚於卵也 18/196/18
三人皆賢○子 18/196/27
而為○子役 18/196/27
○不以欲傷生 18/197/4
大○箕會於衢 18/197/17
○〔烏〕鵲先識歲之多風也 18/197/21
○史以爭為可以止之 18/198/4
○兒說之巧 18/198/5
食農○之稼 18/198/9
○以人之所不能聽說人 18/198/10
○歌《采菱》 18/198/13
○徐偃王為義而滅 18/199/1
○戟者、所以攻城也 18/199/6
○車之所以能轉千里者 18/200/13
○勸人而弗能使也 18/200/14
大○无黨 18/200/17
以大○為黨 18/200/17
○臨河而（鉤）〔釣〕 18/201/6
○物无不可奈何 18/201/7
昔越王句踐卑下吳王○差 18/202/1
然而甲卒三千人以擒○差於姑胥 18/202/3
○事之所以難知者 18/202/4
○狐之（捕）〔搏〕雉也 18/202/5
○人偽之相欺也 18/202/7
若○神農、堯、舜、禹、湯 19/202/15
且○聖人者 19/202/27
○地勢、水東流 19/203/12
若○以火熯井 19/203/16
若○水之用舟 19/203/17
○墨子（趺）〔跌〕蹏而趨千里 19/204/5
○行與止也 19/204/6
今○救火者 19/204/7
○歌者、樂之徵也 19/204/9
○聖人之心 19/204/10
○魚者躍 19/204/14
○馬之為草駒之時 19/204/15

孚 fū 1

柎 fū 2

稃 fū 3

跗 fū 1

膚 fū 10

敷 fū 2

市 fū 1

弗 fú 269

當居而○居	3/20/13
汶出○其	4/37/18
敗物而○取	5/49/18
○能然也	6/51/8
此假○用而能以成其用者也	6/52/12
此以○御御之者也	6/52/13
時至而○失也	6/54/8
○疾去	7/56/8
賤之而○憎	7/56/17
貴之而○喜	7/56/17
江水○憎也	7/56/24
洿水○樂也	7/56/24
機械知巧○載於心	7/57/12
無樂而○為	7/60/10
故儒者非能使人○欲也	7/60/22
夫至大、天地○能含也	8/62/24
至微、神明○能領也	8/62/25
道○能害也	8/63/4
辯○能解也	8/63/5
委而○為	8/64/26
和而○矜	8/64/26
下之潤溼○能及	8/65/17
上之霧露○能入	8/65/17
四方之風○能襲	8/65/17
猶○能贍	8/66/10
○招而自來	9/68/15
智者○能誦	9/68/16
辯者○能形	9/68/16
以○治治之	9/68/21
其誠心○施也	9/69/5
故〔處〕百姓之上〔而〕○重也	9/71/16
錯〔百姓〕之前而○害也	9/71/16
舉之而○高也	9/71/16
推之而○猒〔也〕	9/71/17
○犯也	9/72/21
而人○能制矣	9/76/14
毋曰○求	9/76/15
是以人臣藏智而○用	9/76/23
〔而〕智○能解也	9/77/2
筋絕而○能及	9/77/3
○用而後能用之	9/77/12
○為而後能為之	9/77/12
任而○詔	9/77/14
責而○教	9/77/14
〔則〕明主○樂〔也〕	9/78/13
則明主○甘也	9/78/14
〔則〕明主○安也	9/78/15
鬼神○敢（崇）〔祟〕	9/80/14
山川○敢禍	9/80/14
故○得也	9/82/11
中世守德而○壞也	10/82/25
誰○（載）〔戴〕	10/83/3
誰○喜	10/83/4
千枝萬葉則莫得○從也	10/84/10
○躬○親	10/85/13
庶民○信	10/85/13
離珠○能見也	10/86/1
天○能殺	10/86/3
地○能薶也	10/86/3
○召而至	10/87/15
含而○吐	10/88/13
天下○能遏奪	10/88/26
是武侯如○贏之必得贏	10/89/9
故老而○舍	10/89/10
○甘○樂	10/89/26
古人味而○貪也	10/90/17
今人貪而○味〔也〕	10/90/17
○離道也	10/91/25
日月為明而○能兼也	10/92/21
害生於○備	10/92/25
穢生於○耨	10/92/25
故聖人反己而○由也	10/93/2
○愛○利	10/93/10
○去而緣	11/95/13
哀樂○能給也	11/96/19
是故聖人廢而○用也	11/97/26
群臣失禮而○誅	11/100/25
聖人○用	11/102/5
明主○任	11/102/5
並世有與同者而○知貴也	11/102/27
時○宜也	11/102/28
故○受也	11/103/6
○能治也	11/104/4
莫○與者	11/104/21
而法○能禁也	11/104/23
吾○知也	12/105/3
吾○知（之）〔也〕	12/105/9
則無為〔之〕知與無窮之○知	12/105/13
○知（之）深	12/105/14
○知內	12/105/14
○知精	12/105/14
孰知知之為○知	12/105/15
○知之為知邪	12/105/15
白公○聽（也）	12/106/16
而用之又○盈也	12/107/13
使人雖有勇○敢刺	12/107/19
此所謂○安而安者也	12/108/14
一聽而○復問	12/109/8
事之以皮帛珠玉而○受	12/109/12
〔吾〕○〔忍〕為〔也〕	12/109/14
不能自勝而強○從者	12/109/23
毛物、（牡）〔牝〕牡〔尚〕○能知	12/111/21
故辭而○受	12/113/13
吾○為也	12/113/18
可○降也	12/113/18
○受	12/113/23
故○受	12/113/23
必假於○用也	12/114/6
○見	12/116/16
無有○應也	12/117/6
血流至地而○知也	12/117/12
讓天下而○受	12/118/1
先王所以守天下而○失也	12/119/19
可以持天下○失	12/119/28
言○能言也	13/121/13
今儒墨者稱三代、文武而○行〔也〕	13/122/23
非今時之世而○改	13/122/24
聖王○行	13/122/27
孰○能奪也	13/125/3
布衣○友	13/127/5
人君○臣	13/127/5
則患○（過）〔遇〕也	13/130/1
則罪○累也	13/130/2
則憂○近也	13/130/2
則怨○犯也	13/130/2
其有○棄	13/130/3
非其有○索	13/130/3
人○怪也	13/130/15
	13/130/15,13/130/16
○求於外	14/133/11
○假於人	14/133/11
所生者○德	14/134/27
故通而○矜	14/135/2

身猶〇能保 14/135/6
來者〇迎 14/135/10
去者〇將 14/135/10
〇識〇知 14/135/21
孰〇能治 14/136/15
〇能治 14/136/25
斁死而民〇離 14/137/2
然而〇為者 14/137/26
夫函牛（也）〔之〕鼎
沸而蠅蚋〇敢入 14/137/29
崑山之玉瑱而塵垢〇能
污也 14/137/29
唯〇求者〔為〕能有之 14/138/1
諸侯〇備 14/138/12
〇叩〇鳴 14/138/17
〇吹（無）〔〇〕聲 14/138/17
雖得之〇能守 14/139/23
〔雖能〕〇為也 14/140/1
〇能無虧〔也〕 14/140/1
雖知、〇教也 14/140/2
〇能、无害也 14/140/2
（筐）〔匡〕床（在）
〔衽〕席〇能安也 14/140/23
菰飯犓牛〇能甘也 14/140/23
琴瑟鳴竽〇能樂也 14/140/23
火〇為（襄）〔衰〕其
（暑）〔熱〕 14/141/23
火〇為益其烈 14/141/24
而物〇能足也 15/142/23
自五帝而〇能偃也 15/142/29
曷為〇除 15/143/8
善形者〇法也 15/147/2
而千人〇敢過也 15/148/4
而〇能破者 15/150/3
善且由〇為 16.21/156/10
雖廉者〇釋 16.116/164/28
〇能匿也 17.33/170/21
而世〇灼 17.52/172/4
天下〇能滿 17.86/174/14
〇鑽不熯 17.112/176/7
〇掘（無泉）〔不出〕
17.112/176/7
鳥獸〇辟 17.116/176/16
下（林）〔材〕〇難
17.118/176/21
上材〇易 17.118/176/21
用者〇肯為 17.131/177/22
皮將〇覩 17.137/178/4
雖善者〇能為工 17.158/179/20
〇知者驚 17.163/180/1
嚼而無味者〇能內於喉
17.216/183/21
〇及掇者 17.217/183/23
背而〇見 17.223/184/3
蹠之則〇得 17.227/184/12
數之則〇中 17.227/184/12
雖近〇射 17.231/184/21
雖遠〇釋 17.231/184/21
秦西巴〇忍 18/188/13
臣誠〇忍 18/188/14
夫一麑而〇忍 18/188/16
宣子〇欲與之 18/188/22
求地而〇與 18/188/23
襄子〇與 18/188/26
虞公〇聽 18/189/4
〇聽 18/190/13
網〇能止也 18/190/17
釣〇能牽也 18/190/17
危〇能安 18/191/22
〇能下 18/192/22
穆伯〇應 18/192/23
君奚為〇使 18/192/24
凡襲人者、以為〇知 18/193/2
〔仁〕者〇為也 18/193/5
義者〇為也 18/193/5
〇能及也 18/193/25
而〇能得之也 18/195/2
〇能救也 18/195/10
〇誅 18/195/20
昭公〇聽 18/195/21
君〇聽 18/196/4
〇能為謀 18/196/6
亦〇能加也 18/196/20
是故患禍〇能傷也 18/196/22
丘〇如也 18/196/25
18/196/26,18/196/26
丘〇為也 18/196/28
至乎以〇解〔解〕之者 18/198/5
猶且〇易者 18/199/21
仁者〇為也 18/199/27
夫勸人而〇能使也 18/200/14
禁人而〇能止也 18/200/14
而〇能止 18/200/15
此所謂〇類而是者也 18/201/23
（政）〔故〕事〔成〕
而身〇伐 19/203/15
功立而名〇有 19/203/16
曷為〇取 19/203/26
〇能入 19/203/27
〇敢辭 19/204/17
嚴父〇能正 19/204/21
雖粉白黛黑〇能為美者 19/204/23
而明〇能見者何 19/206/12
逆而〇聽〔也〕 19/208/13
稽之〇得 20/210/6
而民〇從者 20/212/5
誠心〇施也 20/212/5
而朱〇能統也 20/213/10
智者〇行也 20/215/8
〇能污也 20/216/13
〇能禁也 20/216/19
法〇能正也 20/217/4
民〇從（也）〔者〕 20/217/24
〇中者謂之小人 20/218/25
身〇能治 20/219/11
而人〇（庠）〔席〕者 20/223/7
則為人之惛惛然〇能知
也 21/223/23
神祇〇應 21/226/20
四海〇賓 21/226/21
兆民〇化 21/226/21
〇曲行區入 21/226/31
匹夫〇嘗者 21/227/16

伏 fú 34

羽者嫗〇 1/3/17
至〇羲氏 2/15/9
蟄〇之類也 3/19/4
百蟲蟄〇 3/24/7
蟄蟲之所〇也 4/36/7
鴻鵠鶬鶴莫不憚驚〇竄 6/52/3
飛黃〇皁 6/52/22
〇尸數十萬 6/53/25
則是所脩〇犧氏之迹 6/54/10
〇戲、女媧不設法度而
以至德遺於後世 6/54/11
寢兕〇虎 8/65/10
此〇犧、神農之所以為
師也 9/68/24
而姦人〇匿矣 9/72/20

臣請○於陛下以司之 12/113/1
夫神農、○犧不施賞罰
而民不為非 13/122/11
然而身○屬鏤而死 13/126/10
坐者○ 13/132/3
是故至於○尸流血 15/143/24
眾見者人為之○ 15/147/4
設（蔚施）〔施蔚〕○ 15/148/5
可以○匿而不見形者也 15/152/14
施蔚○ 15/152/19
下有（茯）〔○〕苓
16.47/158/21
下有○龜 16.47/158/21
○雞之（捕）〔搏〕狸
〔也〕 17.64/172/30
兩鹿不鬬於○兕之旁
17.123/177/3
是○約死節者也 18/188/9
蒲○而走 18/194/26
○郎尹而笞之三百 18/196/14
○尸流血數十萬 18/197/16
（休）〔○〕尸流血 19/207/15
夫蛟龍○寢於淵 20/211/17
非〔得〕慈雌嘔煖覆○ 20/212/22
然而○戲為之六十四變 21/227/6

扶 fú 28

○搖抮抱羊角而上 1/2/1
相○而得終始 2/11/16
道德〔之〕所○ 2/12/27
拂于○桑 3/24/14
登于○桑 3/24/14
○木在陽州 4/33/19
東至日出之次、（○）
（榑）〔榑〕木之地 5/47/13
降○風 6/51/25
○搖而登之 6/51/25
傷弓弩矛戟矢石之創者
○舉於路 6/53/25
○撥以為正 8/64/18
○撥枉橈不失箴鋒 9/69/19
性之所○也 10/82/24
○桑受謝 12/117/2
百姓攜幼○老而從之 14/134/13
○其情者害其神 14/138/18
以義○之 15/143/11
與死○傷 15/145/6
是故○義而動 15/150/21
○之與提 17.157/179/16
山高者基○ 17.240/185/10
去高木而巢○枝 18/197/21
櫛○風 19/202/22
○於猗那 19/209/20
舞○蹤 19/209/22
百姓攜幼○老 20/211/26
將以救敗○衰 20/213/24
百姓父兄攜幼○老而隨
之 20/219/23

咐 fú 1

以相嘔○醞釀 8/62/3

拂 fú 11

○于扶桑 3/24/14
矯○其情 7/60/6
此皆迫性○情而不得其
和也 7/60/16
曲○邅迴 8/65/5
不務反道矯○其本 9/68/2
豈能○道理之數 9/72/5
○之於四達之衢 11/97/3
內无輔○之臣 18/186/25
攫援摽○ 19/206/16
○其性 20/212/25
而慮患於九○之外者也 20/222/25

芙 fú 2

○蓉芰荷 8/61/20
（○）〔美〕而不芳 10/86/12

服 fú 110

海外賓○ 1/3/3
賞罰不施而天下賓○ 2/11/21
飾紱冕之○ 2/15/17
安而○之〔也〕 3/25/8
○蒼玉 5/39/5,5/39/20,5/40/11
○八風水 5/39/6
5/39/20,5/40/11,5/41/4
5/41/19,5/42/9,5/43/2
5/43/19,5/44/16,5/45/12
5/46/3,5/46/22
○赤玉 5/41/3,5/41/19
○黃玉 5/42/8
以給宗廟之○ 5/42/13
○白玉 5/43/1,5/43/19,5/44/15
天子乃厲○廣飾 5/44/23
○玄玉 5/45/11,5/46/3,5/46/22
百誅乃○ 5/49/16
○（駕）應龍 6/53/5
拱揖指麾而四海賓○ 6/54/4
而天下自○ 7/57/2
制○等 8/61/25
乘時因勢以○役人心也 8/64/19
而不能與胡人騎騵〔馬〕
而○騊駼 9/70/1
有一能者○一事 9/72/8
莫不賓○ 9/73/19
於是堯乃身○節儉之行 9/74/3
則馬（死）〔○〕于衡下 9/77/4
怯○勇而愚制智 9/77/18
慕義從風而為之○役者
不過數十人 9/77/22
楚文王好○解冠 9/77/24
勇○於孟賁 9/80/22
故禹執（于）〔干〕戚
舞於兩階之閒而三苗
○ 10/84/28
馬不可以○重 11/94/26
衣○禮俗者 11/95/26
吾○汝也忘 11/96/3
而汝○於我也亦忘 11/96/3
四夷九州○矣 11/96/15
其於○ 11/97/3
故魯國○儒者之禮 11/97/8
無皮弁搢笏之○ 11/97/9
三月之○ 11/97/16
五縗之○ 11/97/17
其○尚黃 11/98/4
其○尚青 11/98/5
其○尚白 11/98/6
其○尚赤 11/98/7
○制相反 11/98/8
有苗不○ 11/99/1
牿○馬牛以為牢 11/103/29
公輸般○ 12/107/13
素○廟臨 12/115/27

〇此道者不欲盈 12/119/20
天下不非其〇 13/120/3
駕馬〇牛 13/120/13,20/212/13
故有慈母之〇 13/121/1
衣〇器械各便其用 13/121/5
舜執（千）〔干〕戚而〇有苗 13/122/11
〇諾諸侯 13/126/7
徐偃王被〇慈惠 13/126/8
而乃始〇屬與之貌、恭儉之禮 13/126/16
〔然而〕威〇諸侯 13/127/14
右〇失（馬） 13/129/2
聖人無屈奇之〇 14/139/10
〇不視 14/139/10
制勝於未戰而諸侯〇其威 15/144/12
諸侯〇其威而四方懷其德 15/145/2
則（勢）〔權〕之所（勝）〔〇〕者小 15/146/20
外塞其醜以〇其威 15/151/10
卒心積不〇 15/153/1
退（齊）〔齋〕〇 15/153/26
不為莫〇而不芳 16.18/155/26
君子〇之 16.19/156/2
不若〇於軛也 16.35/157/17
兩強不能相〇 16.130/166/7
而〇於雖（禮）〔札〕 17.10/169/1
威〇四方而无所詘 18/186/24
（負）〔〇〕輦〔載〕粟而至 18/192/13
夏日〇絺紵 18/194/15
〇輕煖 18/194/19
羸弱〇格於道 18/197/17
美人之所懷〇也 18/198/23
辭甚〇 18/202/3
〇習積貫之所致 19/206/18
莫之〇帶 19/208/23
〇劍者期於銛利 19/208/24
〇欲步 20/214/9
齊明盛〇 20/215/17
而四夷〇 20/215/20
法令正於上而百姓〇於下 20/216/8
墨子〇役〔者〕百八十人 20/217/7
可〇而不可好也 20/221/28
被〇法則 21/224/4
使〇其衣冠 21/228/2
〔久〕〇傷生而害事 21/228/5
故節財、薄葬、閒〇生焉 21/228/7

枹 fú 6

寇莫大於陰陽而〇鼓為小 9/69/24
（抱）〔〇〕鼓為小 10/85/20
破鼓折（抱）〔〇〕 12/117/19
（維）（抱綰）〔綰〇〕而鼓之 15/145/6
乃折（抱）〔〇〕毀鼓 20/219/19
敗鼓折（抱）〔〇〕 21/227/30

罘 fú 4

罝〇羅罔 5/40/18
不離罝〇 15/149/3
是故為麋鹿者則可以罝〇設也 15/149/19
好魚者先具罟與（〇）〔罛〕 16.113/164/20

浮 fú 33

窾者主〇 1/3/16
汎兮其若〇雲 1/6/26
而與道沉〇俛仰 1/10/9
〇之於海 2/12/4
獨〇游无方之外 2/12/6
而〇楊乎無畛崖之際 2/15/7
猶飛羽〇芥也 2/16/4
不能無水而〇 2/18/12
（萍）藻生〇草 4/38/12
凡〇生不根茇者生於（萍）藻 4/38/12
〇游不知所求 6/53/3
〇游消搖 6/53/6
被髮而〇游 8/62/16
〇吹以娛 8/65/6
夫舟〇於水 9/69/22
而不能與越人乘（幹）〔榦〕舟而〇於江湖 9/70/1
夫竹之性〇 11/95/26
託之於舟上則〇 11/95/27
〇雲蓋之 11/95/29
請〇君 12/119/9
東至會稽、〇石 13/124/3
〇游不過三日 14/142/8
以〇游而為龜憂養生之具 14/142/8
不為莫乘而不〇 16.18/155/26
百人抗〇 16.46/158/17
見窾木〇而知為舟 16.78/161/10
日月欲明而〇雲蓋之 17.126/177/10
舟能沉能〇 17.185/181/16
於春〇之河而鬻之 18/192/17
負軛而〇之河 18/192/18
淩乎〇雲 18/196/19
則無以與世〇沉 21/223/24
故為之〇稱流說其所以能聽 21/226/12

茯 fú 2

下有（〇）〔伏〕苓 16.47/158/21
〇苓掘 17.171/180/19

祓 fú 1

〇之以爟火 13/128/4

紱 fú 1

飾〇冕之服 2/15/17

符 fú 16

蘆〇之厚 2/13/24,2/13/24
以聲華嘔〇嫗掩萬民百姓 2/14/7
外內无〇而欲與物接 2/16/13
審於〇者 8/62/6
若合〇者也 9/80/6
〇勢有以內合 13/128/5
姦〇節 13/129/15
情無〇檢 14/139/13
若合〇節 15/152/1,18/202/5
故有〇於中 19/208/18

申子之三〇 20/221/20
說〇玄妙之中 21/224/8
有〇曮晲 21/225/23
剖信〇 21/228/18

匐 fú 2

熊羆匍〇 6/51/26
匍〇自闚於井曰 7/58/21

桴 fú 1

乘〇而入胡 16.88/162/9

虙 fú 1

然猶未及〇戲氏之道也 6/52/22

幅 fú 1

故〇廣二尺七寸 3/26/14

罦 fú 1

罝〇不得布於野 9/79/12

梟 fú 1

〇浴蝯躩 7/58/3

蜉 fú 3

〇蝣不飲不食 4/35/17
〇（游）〔蝣〕不食不飲 17.108/175/31
〇蝣朝生而暮死 17.178/181/1

粰 fú 1

行〇鬻 3/23/21

福 fú 81

以知禍〇之鄉 1/5/5
禍〇弗能撓滑 2/17/10
為民祈〇行惠 5/42/12
禍〇之門 6/51/11
則禍〇之至 7/56/2
豈直禍〇之間哉 7/56/5
又安知夫絞經而求死者之非〇也 7/56/15
不為〇始 7/57/7
禍〇利害 7/58/27
而吉祥受〇 9/70/20
聿懷多〇 9/80/16
禍〇 10/89/13
而不能必其得〇 10/89/15
〇之萌也緜緜 10/90/1
〇禍之始萌微 10/90/1
禍〇不虛至矣 10/91/23
〇生於无為 10/92/25
〇由己發 10/92/28
先知禍〇 11/101/25
故其〇及後世 12/107/11
國家之〇〔也〕 12/108/24
蘇秦知權謀而不知禍〇 13/126/11
禍〇之接 13/129/23
不（讓）〔攘〕〇 13/130/3
不為〇先 14/132/19
欲〇者或為禍 14/132/19
原天命則不惑禍〇 14/133/8
不惑禍〇則動靜循理 14/133/9
不能使〇必來 14/135/1
〇之至 14/135/2
知禍〇之制 14/135/2
〇莫大無禍 14/135/7
不常有〇 14/135/10
不辭〇 14/135/13
外無（旁）〔奇〕〇 14/135/14
禍〇不生 14/135/14
故祭祀思親不求〇 14/138/1
〇則為禍先 14/138/29
唯不求〇者為無禍 14/138/29
〇至則喜 14/139/1
禍〇萌生 14/139/2
有〇則（贏）〔盈〕 14/140/13
君子為善不能使（富）〔〇〕必來 14/142/11
〇之至也 14/142/11
〇生於內 15/153/28
芻狗待之而求〇 16.87/162/4
故禍中有〇也 17.31/170/17
無國之稷易為求〇 17.91/174/25
〇之來也 18/186/6
禍與〇同門 18/186/6
曉（自然）〔然自〕以為智（知）存亡之樞機、禍〇之門戶 18/186/10
是故知慮者、禍〇之門戶也 18/186/12
禍〇之門（戶） 18/187/9
非求〇於鬼神也 18/189/8
君子致其道而〇祿歸焉 18/189/10
夫禍〇之轉而相生 18/189/27
此何遽不〔能〕為〇乎 18/190/1
18/190/3
故〇之為禍 18/190/5
禍之為〇 18/190/5
計〇勿及 18/195/5
夫積愛成〇 18/195/12
小人不知禍〇之門戶 18/196/8
以觀禍〇 19/207/1
〇將在後至 19/209/27
故其起〇也 20/210/5
不見其所由而〇起 20/210/5
禱祠而求〇 20/211/5
求〇不回 20/218/28
知禍之為〇也 20/222/24
畏〇之為禍也 20/222/24
聖人見（禍）〇於重閉之內 20/222/25
使人知先後之禍〇 21/224/2
以知禍〇 21/224/19
察禍〇利害之反 21/225/19
所以觀禍〇之變 21/226/5
使人知禍之為〇 21/226/6
不知禍〇也 21/226/11
〇祥不歸 21/226/20
則无以應禍〇 21/226/30
八卦可以識吉凶、知禍〇矣 21/227/6

榑 fú 3

暘谷、〇桑在東方 4/37/9
東至日出之次、（扶）（榑）〔〇〕木之地 5/47/13
朝發〇桑 6/52/12

則○子俱視 18/189/27
○子相保 18/190/5
不若大城城○ 18/194/7
因命太子建守城○ 18/194/8
魯人有為○報讎於齊者 18/194/22
今日為○報讎以出死 18/194/24
此嚴○之所以教子 18/198/17
嚴○弗能正 19/204/21
且子有弒○者 19/204/25
愛○者眾也 19/204/25
少無○母 19/206/7
大王亶○處邠 20/211/26
密子治亶○ 20/211/28
故○子有親 20/212/17
（故）〔以〕立○子之親而成家 20/213/3
而未可謂慈○也 20/214/19
管叔、蔡叔奉公子祿○而欲為亂 20/218/4
百姓○兄攜幼扶老而隨之 20/219/23
○子以親 20/221/23
蔡叔、管叔輔公子祿○而欲為亂 21/227/28

附 fù 11

而仁義固○矣 2/16/25
骨肉踈而不○ 6/53/14
百姓○ 9/72/16
德將（來○）〔為〕若美 12/107/1
不可以仁○也 14/133/13
群臣親○ 15/145/1
下○其上 15/145/19
民孰○ 15/146/25
百姓不○ 15/153/8
○耳之言 17.135/177/30
百姓親○ 19/202/24

阜 fù 4

塊○之山 2/15/2
山陵丘○ 15/152/13
可成丘○ 17.226/184/9
故丘○不能生雲雨 20/211/14

負 fù 42

夜半有力者○而趨 2/11/1
魚上○冰 5/39/5
若解重○然 7/58/15
黃龍○舟 7/58/16
（魚）〔○〕籠土 7/59/25
則智日困而自○其責也 9/76/27
僖○羈以壺（殉）〔飧〕表其閭 10/85/17
故釐○羈之壺（餐）〔飧〕 11/96/22
（鉗且）〔欽○〕得道 11/99/22
強脊者使之○土 11/101/19
○扆而朝諸侯 11/102/20
13/121/17
蛩蛩駏驉必○而走 12/108/8
王壽○書而行 12/110/17
釐○羈之妻謂釐○羈曰 12/110/27
釐○羈遺之壺餕而加璧焉 12/110/28
令三軍無入釐○羈之里 12/111/1
肩○儋之勤也 13/120/13
夏后氏不○言 13/122/4
伊尹之○鼎 13/128/1
便國不（○）〔員〕兵 15/151/25
魏文侯（見之）〔之見〕反披裘而○芻也 16.20/156/6
申徒狄○石自沉於淵 16.43/158/10
有竊其鍾○而走者 16.55/159/14
貂裘而○籠 16.71/160/23
薰燧而○彘 16.72/160/25
非○而緣木 16.118/165/6
盲者○而走 16.144/167/14
○子而登牆 17.206/183/1
過府而○手者 17.238/185/5
（○）〔服〕輦〔載〕粟而至 18/192/13
○軛而浮之河 18/192/18
釐○羈止之曰 18/196/3
聽釐○羈之言 18/196/5
背○青天 18/196/19
則伊尹○鼎而干湯 19/203/5
○天下以不義之名 19/203/23
○釜甑 20/211/26
而（班）〔斑〕白不戴○ 20/212/2
○鼎俎而行 20/218/3
東○海而北鄣河 21/228/10

赴 fù 8

○樹木 8/63/15
○火若滅 12/111/5
○江刺蛟 12/118/6
○水火而不還踵乎 15/150/8
陽虎因○圍而逐 18/187/12
〔吾〕竭筋力以○嚴敵 19/207/15
○深谿 19/207/16
皆可使○火蹈刃 20/217/8

婦 fù 22

○人不孏 1/1/17
省○使 5/40/20
命○官染采 5/42/12
省○事 5/46/7
剔孕○ 8/63/18
12/114/17,21/227/21
愚夫惷○皆有流連之心 8/66/11
○人不辟男子於路者 11/97/3
○人當年而不織 11/103/23
夫○父子 13/123/24
愚（夬）〔夫〕（惷）〔惷〕○皆能論之 13/124/23
尾生與○人期而死之 13/125/14
被髮而御於○人 13/127/13
无愚夫（惷）〔惷〕○ 13/129/18
孕○見兔而子缺脣 16.128/166/1
取○夕而言衰麻 16.139/167/1
○人不得剡麻考縷 18/197/17
夫○男女不遑啓處 19/207/20
夫○之辨 20/213/5
子○跣而上堂 20/223/1
聘納而取○ 20/223/2

副 fù 3

以○十二月 3/25/21
出言以（嗣）〔○〕情 9/69/13
情行合而名○之 10/91/23

偩 fù 1

自〇而辭助 14/137/14

傅 fù 12

〇旌象 1/7/28
此〇說之所以騎辰尾也 6/50/19
是故心知規而師〇諭（導）〔道〕 9/67/4
馬飾〇旌象 11/104/6
是為虎〇翼〔也〕 15/143/8
〇堞而守 15/143/23
白刃不畢拔而天下（傳）〔〇〕矣 15/146/15
（傳）〔〇〕以和董則愈 17.211/183/11
取以為子〇 18/188/15
今以為子〇 18/188/16
命伍子奢〇之 18/194/8
乃以問其〇宰折睢曰 18/197/25

復 fù 87

周而〇匝 1/1/12
〇守以全 1/2/6
往而〇反 1/7/15
弊而〇新 2/11/4
茲雖遇其母而无能〇化已 2/13/19
淪於无間而〇歸於大矣 2/13/23
通於无（整）〔墪〕而〇反於敦龐〔矣〕 2/13/24
而事〇返之 2/16/13
入三十五日而〇出東方 3/20/17
日月〇以正月入營室五度無餘分 3/21/10
日月星辰〇始甲寅元 3/21/11
故（曰）〔四〕歲而積千四百六十一日而〇合 3/21/12
故舍八十歲而〇故（曰）〔日〕 3/21/12
終而〇始 3/23/2,3/23/7,3/23/16,3/25/5,15/144/6,16.84/161/27,21/224/19
（七）十歲而〇至甲子 3/23/20
〔則〕草木〇榮 3/24/3
〇反其所 3/25/4
三終而〇得甲寅之元 3/26/26
離十六歲而〇合 3/27/19
黃水三周〇其原 4/33/8
木〇反土 4/36/23
其人死〇蘇 4/37/13
陽氣〇還 5/43/12
五穀皆〇生 5/44/9
蟄蟲〇出 5/45/26
轉而不〇 5/49/8
使萬物各〇歸其根 6/54/10
其已成器而破碎漫瀾而〇歸其故也 7/56/23
無為〇樸 7/57/11
〇歸於無形也 7/58/7
環〇轉運 9/80/2
故受之以〇 10/85/26
魯國不〇贖人矣 11/94/16
〇揆以一 11/98/20
〇歸其門 11/98/20
〇迷惑也 11/101/12
則不〇贖人 12/108/20
魯人不〇贖人於諸侯矣 12/108/20
一聽而弗〇問 12/109/8
〇歸其明也 12/109/25
子（韋）无〇言矣 12/112/24
明（又）〔夕〕〇往取其枕 12/115/7
明（日）（又）〔夕〕〇往取其簪 12/115/7
異日〇見 12/115/13,12/115/14
吾以觀其〇也 12/117/26
〇以衡說〔魏王〕 12/118/11
古者民澤處〇穴 13/120/7
〇而後行 13/121/19
其於以〇嫁易 13/131/20
以廢不義而〇有德也 15/143/16
明而〇晦 15/144/6
所用不〇 15/150/27
〇操斧 15/153/16
神蛇能斷而〇續 16.9/155/4
後難〇處也 16.23/156/15
輪〇其所過 17.72/173/14
故遁關不可〇 17.97/175/7
恭王欲〇戰 18/187/21
不穀无與〇戰矣 18/187/23
必將〇求地於諸侯 18/188/24
〔其〕牛又〇生白犢 18/189/21
其父又〇使其子以問先生 18/189/21
今又〇問之 18/189/22
固試往〇問之 18/189/23
其子又〇問先生 18/189/23
〇〔教〕以饗鬼神 18/189/24
後亦無〇 18/191/14
後不可〇用也 18/192/14
以〇侵地 18/192/15
〇地而後（皮）〔反〕 18/192/15
費無忌（從）〔〇〕於荊平王曰 18/194/5
諸御鞅〇於簡公曰 18/195/14
〇問曰 18/198/2
〇之於王 18/200/25
公宣子〇見曰 18/201/2,18/201/4
參彈〇徽 19/206/16
後日〇見 19/208/13
〇楚地 20/219/24
至中〇素 20/222/16

富 fù 51

收聚畜積而不加〇 1/1/20
〇贍天下而不既 1/6/2
樂亡于〇貴 1/7/17
而不以貴賤貧〇勞逸失其志德者也 1/9/3
不待財而〇 1/9/11
使王公簡其貴〇而樂卑賤 2/12/20
得之者〇 6/51/2
而不可以〇貴留也 7/59/3
子罕不以玉為〇 7/59/4
至〇不待財 7/59/5
出見〇貴之樂而欲之 7/60/17
志非能〔不〕貪〇貴之位 7/60/18
夫豈為貧〇肥臞哉 7/60/22
非貪萬民之〇而安人主之位也 9/74/2
一日而有天下之（當）〔〇〕 9/74/6
夫貴〇者之於勞也 9/76/26
〇國利民 9/79/20
有至〇而非金玉也 10/93/12
適情知足則〇矣 10/93/13
且〇人則車輿衣纂錦 11/104/6

然貧○之相去也 11/104/8
今〔魯〕國之○者寡而貧者眾 12/108/19
雖○貴 12/109/16
○貴廣大 12/119/18
○者利則量聚〔而〕稱金 13/124/22
○則觀其所施 13/128/19
天下之○不足以為樂矣 13/130/8
私藏而○ 13/131/20
自取○焉 14/138/23
○貴其寄也 14/138/30
故雖○有天下 14/140/25
雖貧如○ 14/140/28
君子為善不能使（○）〔福〕必來 14/142/11
國○兵強 15/145/3
○有天下 15/146/4
人有盜而○者 17.68/173/6
○者未必盜 17.68/173/6
能者以為○ 17.128/177/14
家○良馬 18/190/3
王主○民 18/192/10
霸主○武 18/192/11
亡國○庫 18/192/11
無功而○貴者勿居也 18/193/23
虞氏、梁之大○人也 18/201/13
家充盈殷○ 18/201/13
虞氏○樂之日久矣 18/201/15
段干木○于義 19/204/2
寡人○于財 19/204/2
或輔○強 20/218/19
○於江、河 20/220/15
畜積殷○ 21/228/25

腹 fù 18

鼓○而熙 2/11/19
夫聖人量○而食 2/16/19
鼓其○而熙 4/37/14
磐龜無○ 6/53/18
則胸○充而嗜慾省矣 7/55/20
胸○充而嗜慾省 7/55/21
其入○者不過簞食瓢漿 7/59/18
○滿而河水不為之竭也 7/59/19
捧心抑○ 7/59/26
量○而食 7/60/20
不適於口○ 14/141/20
（其）〔期〕滿○而已 17.53/172/6
遺○子不思其父 17.92/174/28
刳其○而見其心 18/194/23
決○斷頭 19/207/14
澗梓之○ 19/208/23
譬若遺○子之上隴 19/208/27
充腸○ 20/216/6

複 fù 1

後世為之機杼勝○以便其用 13/120/9

賦 fù 18

省傜○ 5/39/7
收水泉池澤之○ 5/45/22
○之犧牲 5/47/2
財〔用〕殫於會○ 8/66/9
則○斂無度 9/74/2
有以給上之徵○車馬兵革之費 9/79/1
桀、紂非正（○）〔賊〕之也 10/87/1
出高庫之兵以○民 12/106/17
頭會箕○ 13/124/3
若多○斂 14/137/16
〔○地極〕 15/145/14
○丈均 15/145/15
收太半之○ 15/146/6
春貸秋○民皆欣 16.117/165/4
春○秋貸眾皆怨 16.117/165/4
輕○薄斂 19/202/23
○斂无度 21/227/20
悉索薄○ 21/227/25

蝮 fù 3

禽獸（○）〔蟲〕蛇無不匿其爪牙 6/53/4
○蛇不可為足 17.93/174/30
○蛇螫人 17.211/183/11

縛 fù 4

束（縛）〔○〕桎梏 13/127/4
然而管仲免於束○之中 13/127/5
○手走不能疾 16.132/166/13
管仲束○ 19/203/6

覆 fù 46

○天載地 1/1/3
呴諭○育 1/1/15
則無不○也 1/2/9
夫天之所○ 2/12/27
反○三百六十五度四分度之一而成一歲 3/21/8
維出○舟 4/37/19
毋○巢 5/39/10
〔命〕舟牧○舟 5/40/12
五○五反 5/40/13
包裹○露 5/47/24
天不兼○ 6/52/24
容臺振而掩○ 6/53/14
○高危安 6/53/21
雖天地○育 7/57/13
反○終始 7/57/23
是以天○以德 8/61/10
○巢毀（卯）〔卵〕 8/61/14
○露照導 8/64/6
是故人主○之以德 9/71/15
非寬大無以兼○ 9/74/13
德澤兼○而不偏 9/75/4
并○百姓 9/80/1
洞同○載而無所礙 10/82/16
（𥳑）〔兼〕○（蓋）而并有之、（度）伎能而裁使之者 10/93/15
乃至天地之所○載 11/94/24
衣足〔以〕○形 11/98/11
則（𥳑）〔兼〕○而并〔有〕之 11/103/14
其盈則○ 12/119/15
故五帝異道而德○天下 13/120/24
使我德能○之 13/125/9
利害之反○ 13/130/17
觸而○之 14/134/20
何不○載 14/139/6
其○必易 16.12/155/13

以濁入清必○傾 16.26/156/24
懼車之○也不敢乘 16.53/159/10
然逾屋之○ 17.27/170/9
傾者易○也 17.44/171/13
舟○乃見善游 17.215/183/19
則可以○大矣 18/200/7
（天）〔夫〕天之所○ 19/205/26
非〔得〕慈雌嘔煖○伏 20/212/22
聖人天○地載 20/214/1
○稽趨留 20/215/21
為傾○之謀 20/218/18
不廣其基而增其高者○ 20/221/15

垓 gāi 2

設於无○坫之（字）〔宇〕 2/12/24
吾與汗漫期于九○之（外）〔上〕 12/116/15

荄 gāi 1

枝葉美者害根（莖）〔○〕 14/138/20

賌 gāi 2

刑德奇○之數 15/145/11
明於（音）〔奇〕（正）○、陰陽、刑德、五行、望氣、候星 15/152/18

改 gǎi 11

三歲而○節 3/28/19
夫有○調一弦 6/51/18
不○其行 7/59/1
不為胡、越○容 9/69/25
無微而不○ 9/80/12
馳騖千里不能（易）〔○〕其處 11/102/15
周伯昌○道易行 12/114/17
每終○調 13/121/24
非今時之世而弗○ 13/122/24
闇行繆○ 14/140/12
法弊而○制 20/213/24

溉 gài 2

譬若同陂而○田 11/99/24
日月廋而無○於志 14/140/28

蓋 gài 30

以天為○ 1/2/3
故以天為○ 1/2/9
建翠○ 1/8/26
猶○之（無）一橑 2/13/5
○今之世也 2/17/28
○天地之中也 4/33/20
命百官謹○藏 5/45/17
衣足以○形 7/59/17
有○而無四方 9/67/19
譬猶方員之不相○ 9/72/12
○力優而克不能及也 10/84/8
○情甚乎（叫）〔叫〕呼也 10/84/23
（兼）〔兼〕覆（○）而并有之、（度）伎能而裁使之者 10/93/15
羽○垂緌 11/94/2
浮雲○之 11/95/29
故葬薶足以收斂○藏而已 11/97/23
（鞙）〔鞙〕蹻羸○ 13/126/7
故功○天下 14/135/23
○謂此也 14/138/13
暑不張○ 15/151/12
○（聞）〔聞〕善用兵者 15/152/4
○非橑不能蔽（曰）〔日〕 17.41/171/7
日月欲明而浮雲○之 17.126/177/10
○聞君子不棄義以取利 18/193/16
盲者得鏡則以○卮 18/199/6
說者冠○相望 18/200/15
○聞傳書曰 19/203/8
○聞子發之戰 19/207/25
御史冠○接於郡縣 20/215/20
視天都若○ 20/220/8

概 gài 7

无所○於（忠）〔志〕也 2/12/12
端權○ 5/40/1
勢位爵祿何足以○志也 7/58/28
不足以易其一○ 14/140/27
〔不〕足以○志 14/142/6
此有一○而未得主名也 16.48/158/25
而取一○焉爾 20/214/13

干 gān 72

○、越生葛絺 1/3/20
強弩（于）〔○〕高鳥 1/8/1
而不得相○也 1/9/16
丙子○甲子 3/23/25
戊子○甲子 3/23/26
庚子○甲子 3/23/26
壬子○甲子 3/23/26
戊子○丙子 3/23/27
庚子○丙子 3/23/27
壬子○丙子 3/23/27
甲子○丙子 3/23/27
庚子○戊子 3/24/1
壬子○戊子 3/24/1
甲子○戊子 3/24/1
丙子○戊子 3/24/2
壬子○庚子 3/24/2
甲子○庚子 3/24/2
丙子○庚子 3/24/3
戊子○庚子 3/24/3
甲子○壬子 3/24/4
丙子○壬子 3/24/4
戊子○壬子 3/24/4
庚子○壬子 3/24/5
執○戚戈羽 5/41/21
○鏚羽旄 8/66/3
則奇材佻長而（于）〔○〕次 9/76/19
紂殺王子比○而骨肉怨 9/78/8
陳○戚 9/78/16
封比○之墓 9/80/17,20/219/18
故禹執（于）〔○〕戚舞於兩階之閒而三苗服 10/84/28
比○何罪 10/89/15

揚○戚 11/97/21,13/124/10
執○戚而舞之 11/99/1
今知脩○戚而笑钁插 11/99/4
不得相○ 11/101/18
17.148/178/29
犯邪而○免 11/102/11
王子比○非不（智）〔知〕（箕子）被髮佯狂以免其身也 11/103/4
今從箕子視比○ 11/103/7
從比○視箕子 11/103/8
能不犯法○誅者 11/104/12
此夫差之所以自剄於○遂也 12/108/26
甯越欲○齊桓公 12/109/1
果擒之於○遂 12/111/5
剖比○ 12/114/17
乃封比○之墓 12/117/18
得寶劍於○隊 12/118/2
舜執（干）〔○〕戚而服有苗 13/122/11
段○木、晉國之大駔也 13/127/12
左右不相○ 15/148/7
擒之（于）〔○〕隧 15/153/9
比○以忠靡其體 16.109/164/8
鳥不○防者 17.231/184/21
一軍結餘○之水 18/197/14
段○木辭相而顯 18/199/10
則伊尹負鼎而○湯 19/203/5
蒙恥辱以（干）〔○〕世主〔者〕 19/203/7
段○木辭祿而處家 19/203/28
段○木在 19/203/29
段○木、布衣之士 19/203/29
段○木不趨勢利 19/204/1
段○木光于德 19/204/2
段○木富于義 19/204/2
〔段〕○木雖以己易寡人 19/204/3
段○木、賢者 19/204/4
段○木闔門不出 19/204/6
為此棄○將、鏌邪而以手戰 19/205/3
四時（干）〔○〕（乘）〔乖〕 20/210/20
箕子、比○異趨而皆賢 20/214/22
田子方、段○木輕爵祿而重其身 20/218/16

甘 gān 45

是故春風至則○雨降 1/3/17
○立而五味亭矣 1/6/23
○暝于溷澖之域 2/15/6
○其主也 4/36/20
鍊○生酸 4/36/21
鍊鹹反○ 4/36/22
楊桃、○櫨、○華、百果所生 4/37/7
○雨至三旬 5/40/22
其味○ 5/42/7
○雨膏露以時降 5/49/23
而○草主生肉之藥也 6/51/3
而○臥以游其中 6/51/20
嚌味（合）〔含〕○ 6/51/24
○之於芻豢 6/53/26
○暝〔于〕大宵之宅 7/57/23
桓公○易牙之和而不以時葬 7/60/28
○露下 8/61/12
味○苦 8/62/25
以窮荊、吳○酸之變 8/65/12
食旨不○ 8/66/15
○雨時降 9/67/17
肥醲○脆 9/78/13
則明主弗○也 9/78/14
故人之○○ 10/85/2
○樂之者也 10/86/4
必其○之者也 10/89/26
弗○弗樂 10/89/26
或以（為）○ 11/99/25
常為蛩蛩駏驉取○草以與之 12/108/7
則○而不固 12/110/5
不○不苦 12/110/5
嘗一哈水如○苦知矣 13/128/15
菰飯犓牛弗能○也 14/140/23
然後食○寢寧 14/140/24
故將必與卒同○苦、（俟）〔侔〕飢寒 15/151/11
嗜酒而○之 18/187/20
嘗百草之滋味、水泉之○苦 19/202/18
以○為苦 19/208/14
〔鄰人〕以為狗羹也而○之 19/208/15
家老○臥 20/215/27
食不○味 20/216/26
禹飲而○之 20/222/7
一杯酒（白）〔○〕 21/227/15

奸 gān 7

因其所惡以禁○ 20/212/24
為○刻偽書 20/213/16
○宄息 20/213/19
○人在朝而賢者隱處 20/213/20
然○邪萌生 20/215/21
塞其○路 20/216/14
於以舉○ 20/223/4

肝 gān 13

忘○膽 2/12/5
○膽胡越〔也〕 2/13/3
蒼色主○ 4/35/27
祭先○ 5/42/24,5/43/18,5/44/14
茹人○ 6/53/26
○主耳 7/55/10
（○）〔脾〕為風 7/55/13
（脾）〔○〕為雷 7/55/13
（正）〔亡〕○膽 7/57/14
故民至於焦脣沸○ 9/78/22
焦心怖○ 19/207/25

玕 gān 3

沙棠、琅○在其東 4/33/5
有醫毋閭之珣（○）〔玗〕琪焉 4/34/12
有崑崙〔虛〕之球琳、琅○焉 4/34/14

竿 gān 2

是故以道為○ 2/12/3
及至良工執○ 18/201/7

鳱 gān 1

○鴠不鳴 5/46/3

敢 gǎn 67

故莫（○）〔能〕與之爭	1/2/18
臧於不○	1/4/28
食肉者勇○而悍	4/35/2
勇○不仁	4/36/5
勿○斬伐	5/42/15
天下誰○害吾（意）〔志〕者	6/50/2
虎豹襲穴而不○咆	6/51/26
不○越也	7/57/3
夫使天下畏刑而不○盜	7/60/23
不○暴虎	8/64/2
不○馮河	8/64/2
莫○專君	9/73/1
莫○為邪	9/73/3
不○縱其欲也	9/80/1
故堯置○諫之鼓也	9/80/10
鬼神弗○（崇）〔祟〕	9/80/14
山川弗○禍	9/80/14
不○專己	9/80/26
故不仁而有勇力果○	9/81/29
危為（禁）〔難〕而誅不○	11/102/11
使人雖有勇弗○刺	12/107/19
雖有力不○擊	12/107/20
夫不○刺、不○擊	12/107/20
〔勇於○則殺〕	12/108/2
勇於不○則活	12/108/2
不○對以（未）〔末〕	12/109/29
○賀君	12/112/25
（夫）〔太〕子發勇○而不疑	12/114/12
何謀之○（當）〔慮〕〔乎〕	13/125/2
非○驕侮	13/125/26
故未嘗灼而不○握火者	13/128/17
未嘗傷而不○握刀者	13/128/17
夫函牛（也）〔之〕鼎沸而蠅蚋弗○入	14/137/29
天下莫之○當	15/144/10
敵孰○當	15/144/28
卒民勇○	15/145/26
天下孰○厲威抗節而當其前者	15/147/15
則卒不勇○	15/147/24
卒果○而樂戰	15/148/1
而千人弗○過也	15/148/4
勢莫○格	15/148/21
則孰○與我戰者	15/150/7
誰○在於上者	15/150/8
軍食熟然後○食	15/151/13
軍井通而後○飲	15/151/13
勇○輕敵	15/152/22
臣不○將	15/153/19
將軍不○騎白馬	16.37/157/23
亡者不○夜揭炬	16.37/157/23
保者不○畜噬狗	16.37/157/23
畏馬之辟也不○騎	16.53/159/10
懼車之覆也不○乘	16.53/159/10
不○更為	16.86/162/2
而後○以定謀	18/186/9
有罪者不○失仁心也	18/188/5
韓康子不○不予	18/188/26
臣不○以死為熙	18/190/16
必不○進	18/193/1
能勇於○〔矣〕	18/197/5
而未能勇於不○也	18/197/6
吾不○侵犯〔之〕	18/201/15
不○驕賢	18/201/21
寡人○勿軾乎	19/204/1
弗○辭	19/204/17
不○休息	19/207/10
而不○加兵焉	20/216/26

感 gǎn 36

○而後動	1/2/14
○而應之	1/5/1
肅然應○	1/6/16
（迫）〔○〕則能應	1/7/13
（○）〔迫〕則能動	1/7/13
耳目應○動	2/17/13
○而為雷	3/19/1
○動有理	5/49/8
或○之也	6/50/15
類所以○之	6/50/17
○而應	7/57/16
莫不有血氣之○	8/62/10
○動血氣者	8/65/21
故慎所以○之也	9/69/2
○乎和	9/69/4
○乎憂	9/69/4
○動天地	9/69/12
○忽至焉	10/84/4
○乎心	10/84/4
○動應於外	10/84/28
仁心之○恩接而憯怛生	10/85/18
○人心	10/91/9
忽然○之	11/95/10
有○而自然者也	11/96/20
物之尤必有所○	16.137/166/27
則（○）〔惑〕	16.151/168/4
交○以然	17.191/181/29
〔○於恩也〕	18/200/6
非謂其○而不應	19/203/16
故在所以○〔之矣〕	19/204/10
故精誠○於內	20/210/18
是以精誠○之者也	20/216/1
悲則○怨思之氣	20/221/25
乃以明物類之○	21/224/24
靜精神之○動	21/225/5
應○而不匱者也	21/225/14

汵 gàn 1

北人无擇非舜而自投清（○）〔泠〕之淵	11/102/1

幹 gàn 7

骨○屬焉	4/36/8
喬如生○木	4/38/9
○木生庶木	4/38/9
山無峻○	8/65/13
而不能與越人乘（○）〔舲〕舟而浮於江湖	9/70/1
兵之○植也	15/149/16
則摺脅傷○	19/205/3

骭 gàn 1

易○之一毛	2/12/12

榦 gàn 8

是故柔弱者、生之○也	1/5/6
令百工審金鐵皮革、筋角箭○、脂膠丹漆	5/40/20
山無峻○	6/53/16
雞棲井○	8/65/2

世多稱古之人而○其行 11/102/27
鳥聞之而○翔 11/103/10
為行者相揭以○ 11/103/20
上○丘 11/104/17
出○庫之兵以賦民 12/106/17
天之處○而聽卑 12/112/25
爵○者、士妬之 12/114/1
吾爵益○ 12/114/1
○必以下為基 12/114/3
皆以其氣之○與其力之盛至 12/115/20
鄭賈人弦○矯鄭伯之命 12/115/22
○辭卑讓 12/119/26
深鑿○壟 12/119/28
伯成子○辭為諸侯而耕 13/122/5
天下○（而）〔之〕 13/122/5
○為臺榭 13/124/2
逮至○皇帝 13/124/5
務○其位而不務道德 13/124/27
天下之○行也 13/125/13
鄭賈人弦○將西（敗）〔販〕牛 13/125/15
○下相臨 13/126/28
難為則行○矣 13/127/25
○赫為賞首 13/128/24
饗大○者而彘為上牲 13/130/20
夫饗大○而彘為上（性）〔牲〕者 13/130/22
○城深（地）〔池〕 15/145/23
山○尋雲 15/145/26
上窮至○之（未）〔末〕 15/149/23
自上○丘 15/150/6
然而○城深池 15/151/3
投○壺 15/151/21
居○陵 15/152/23
巍巍然○ 16.16/155/22
山○者木脩 16.31/157/7
弦○誕而存鄭 16.43/158/10
20/221/22
豈足○乎 16.74/160/31
因○而為臺 16.86/162/2
登○使人欲望 16.93/162/21
故「○山仰止 16.106/163/30
雖○隆、世不能貴 16.116/165/2
侏儒問（徑）天○于脩人 16.143/167/11
鳳皇○翔千仞之上 17.9/168/29
○鳥盡而強弩藏 17.29/170/13
舉而能○者 17.102/175/17
太山之○ 17.223/184/3
山○者基扶 17.240/185/10
是故使人○賢稱譽己者 18/185/27
才下而位○ 18/186/15
山致其○而雲〔雨〕起焉 18/189/10
○陽魋將為室 18/190/8
○陽魋曰 18/190/10
而○赫為賞首 18/192/2
鄭之賈人弦○、蹇他相與謀曰 18/192/29
鄭伯乃以存國之功賞弦○ 18/193/3
弦○辭之曰 18/193/4
譬猶緣○木而望四方也 18/193/24
身死○梁之東 18/194/2
去○木而巢扶枝 18/197/21
義者、眾庶之所○也 18/198/17
行人之所○ 18/198/17
升○樓 18/201/13
燥濕肥墝○下 19/202/18
是以聖人不○山、不廣河 19/203/7
因○為（田）〔山〕 19/203/18
財不若義○ 19/204/3
勵節亢○ 19/207/8
○遠其所從來 19/208/6
○宗諒闇 20/210/14
天致其○ 20/211/9
故○山深林 20/211/11
致其○崇 20/211/12
察陵陸水澤肥墽○下之宜 20/213/1
山不讓土石以成其○ 20/215/1
位○者事不可以煩 20/215/4
山以陵遲、故能○ 20/215/12
茨其所決而○之 20/216/12
而有○世尊顯之名 20/217/11
故舉天下之○以為三公 20/217/14
一國之○以為九卿 20/217/14
一縣之○以為二十七大夫 20/217/14
一鄉之○以為八十一元士 20/217/14
秦任李斯、趙○而亡 20/217/26
故不○宮室者 20/219/8
燒○府之粟 20/219/22
人欲知○下而不能 20/220/22
以積土山之○脩隄防 20/220/29
不廣其基而增其○者覆 20/221/15
趙政不增其德而累其○ 20/221/15
○漸離、宋意為擊筑 20/221/26
位○而道大者從 20/222/14
致○崇 21/226/15

皋 gāo 8

○稽 4/37/26
故○陶瘖而為大理 9/68/23
澤○織（岡）〔罔〕 11/95/8
雖○陶為之理 11/102/16
桔○而汲 13/120/11
○陶也 14/134/17
○陶馬喙 19/205/12
堯之舉禹、契、后稷、○陶 20/213/18

膏 gāo 8

此○燭之類也 1/10/7
○夏紫芝與蕭艾俱死 2/18/7
無角者○而無前〔齒〕 4/35/18
甘雨○露以時降 5/49/23
故曰一月而○ 7/55/8
○燭以明自鑠 10/90/31
○之殺鱉 16.124/165/22
○燭澤也 17.164/180/4

篙 gāo 2

以○測江 17.87/174/16
○終而以水為測 17.87/174/16

鼛 gāo 1

〔伐〕○（鼓）而食 9/80/13

槁 gāo 11

則莫不枯○ 1/4/1
剝之若○ 2/11/14

老母行○而動申喜 16.4/154/14
介子○龍蛇 16.4/154/15
○者有詩 16.8/154/28
不入朝○之邑 16.101/163/14
欲學○謳者 16.112/164/15
聾者不○ 17.58/172/17
使人欲○ 17.196/182/10
若乘舟而悲○ 17.207/183/3
夫○《采菱》 18/198/13
非○者拙也 18/198/14
故秦、楚、燕、魏之○
　也 19/204/8
夫○者、樂之徵也 19/204/9
○《南風》之詩 20/215/19
百姓○謳而樂之 20/219/19
而○於易水之上 20/221/26
師延為平公鼓朝○北鄙
　之音 20/222/8

革 gé 23

是故○堅則兵利 1/3/5
○堅則裂 1/5/6
兵(重)〔○〕三(罕)
　〔軍〕以為制 3/25/19
皮○屬焉 4/36/5
令百工審金鐵皮○、筋
　角箭幹、脂膠丹漆 5/40/20
兵○並起 5/40/25
若韋之與○ 6/51/14
則兵○興而分爭生 8/61/26
於是湯乃以○車三百乘
　伐桀于南巢 8/63/19
兵○羽旄 8/66/4
然湯○車三百乘 9/70/5
兵○斧鉞者 9/78/19
有以給上之徵賦車馬兵
　○之費 9/79/1
晉文公合諸侯以○車 11/102/24
譬之猶廓○者也 12/118/28
孔子造然○容曰 12/119/15
故割○而為甲 15/142/25
則制之以兵○ 15/143/2
蛟○犀兕 15/146/1
然而人食其肉而席其○
　者 15/149/10
則貫兕甲而徑於○盾矣 15/150/5
湯、武○車三百乘 20/212/10
鞼皮○ 20/217/8

格 gé 18

為炮(格)〔○〕 2/17/29
歲名曰攝提○ 3/27/4
攝提○之歲 3/29/25
暴風來○ 5/41/13
行冬令○ 5/48/21
身(枕)〔枕〕○而死 6/53/24
而請去炮(烙)〔○〕
　之刑 10/90/21
炮(烙)〔○〕生乎熱
　(升)〔斗〕 11/94/14
乃為炮(烙)〔○〕 12/114/17
至於與同則○ 14/134/8
不至於為炮(烙)〔○〕
　15/143/5
則○的不中 15/144/20
勢莫敢○ 15/148/21
枝○之屬 17.104/175/21
故解(梓)〔捽〕者不
　在於捌○ 17.239/185/7
羸弱服○於道 18/197/17
神之○思 20/211/6
作為炮○之刑 21/227/20

蛤 gé 4

○(蟹)〔蛛〕珠龜 4/34/26
化為○ 4/35/14
雀入大水為○ 5/44/15
方倦龜殼而食○梨 12/116/7

葛 gé 2

干、越生○絺 1/3/20
譬猶冬被○而夏被裘 11/99/7

隔 gé 2

○而不通 14/132/11
水絶山○ 21/228/16

觡 gé 2

角○生也 1/1/16
(別)〔制〕○(仲)
　〔伸〕鉤 9/70/4

閣 gé 1

而乃責之以閨○之禮 9/74/26

閤 gé 1

接屋連○ 9/78/12

鞈 gé 2

(鞅)〔韇〕○鐵鎧 9/68/17
若鎧之與○ 15/147/13

骼 gé 1

掩○薶骴 5/39/10

鴿 gé 1

鴝(○)〔鴿〕不過濟 1/4/2

个 gè 7

朝于青陽左○ 5/39/7
朝于青陽右○ 5/40/12
朝于明堂左○ 5/41/4
朝于總章左○ 5/43/3
朝于總章右○ 5/44/17
朝于玄堂左○ 5/45/12
朝于玄堂右○ 5/46/23

各 gè 95

○有其具 1/2/17
○生所急以備燥溼 1/3/20
○因所處以御寒暑 1/3/21
○以其所好 1/4/12
○居其宜 1/9/13
是故聖人使(人)○處
　其位 1/9/16
凡人(之)志(○)有

所在而神有所繫者 1/9/23
〇樂其成形 2/11/10
〇有所出 2/13/4
使〇有經紀條貫 2/15/13
〇欲行其知偽 2/15/18
所居〇三十日 3/22/7
十二〇以三成 3/25/22
張、翼〇十八 3/28/9
土地〇以（其）類生［人］ 4/34/19
〇有以生 4/35/5
萬物之生而〇異類 4/35/17
使貴賤卑尊〇有等級 5/45/19
〇像其形 6/50/17
〇殊習俗 6/53/20
使萬物〇復歸其根 6/54/10
〇有經紀 7/55/11
〇致其愛而無憾根其間 8/66/14
〇守其分 8/66/19
名〇自名 9/67/7
類〇自類 9/67/7
〇處其宅 9/67/13
〇守其職 9/70/16
〇得其宜 9/71/19,9/72/9
〇有所施 9/74/18
則百官之事〇有所守矣 9/77/15
〇因其宜 9/79/10
使〇處其宅 9/80/17
知〇殊矣 10/82/28
〇得其所宜 10/83/3
凡人〇賢其所說 10/83/13
使君子小人〇得其宜也 10/87/27
〇從其蹠而亂生焉 10/88/17
使〇便其性 11/94/25
〇用之於其所適 11/94/27
〇從其所安 11/95/10
〇以清濁應矣 11/95/10
皆〇得其所安 11/95/14
所由〇異 11/97/2
所為者〇異 11/99/23
所相〇異 11/99/28
世〇是其所是而非其所非 11/100/15
所謂是與［所謂］非〇異 11/100/15
〇安其性 11/101/18
〇有所宜 11/101/20
吾以為〇致其所極而已 11/103/2
而〇樂其務 11/103/9
故所趨〇異 11/103/10
則趣行〇異 11/103/12
〇樂其所安 11/103/16
〇歸其身 11/103/25
人〇以其（所）知 13/120/15
衣服器械〇便其用 13/121/5
法度制令〇因其宜 13/121/5
〇有曉心 13/123/22
是非〇異 13/123/23
譬若斤斧椎鑿之〇有所施也 13/123/25
所為〇異 14/132/10
〇得其所 14/137/26
爭者〇自以為直 14/140/8
〇盡其力 15/144/25
（名）［〇］以其勝應之 15/150/21
〇就其勢 16.86/162/2
物之先後〇有所宜也 16.138/166/29
〇（哀）［依］其所生［也］ 17.6/168/23
三十輻〇盡其力 17.132/177/24
視鈞〇異 17.144/178/20
〇值其鑿 17.148/178/29
猶人臣〇守其職 17.148/178/29
〇有家室 19/202/21
盛水〇異 19/204/8
人性〇有所脩短 19/204/13
〇有其自然之勢 19/206/3
〇悉其知 19/206/11
〇得其所寧焉 20/211/13
使五種〇得其宜 20/212/9
〇推其與 20/213/20
〇有所適 20/214/9
物〇有宜 20/214/9
〇以小大之材處其位 20/217/20
〇致其死 20/219/24
而二十五絃〇以其聲應 20/222/12
而三十輻〇以其力疾 20/222/12
〇有龍忌 21/224/19
使群臣〇盡其能也 21/225/8
（名）［〇］務其業 21/225/10
〇有為語 21/227/2
使夷狄〇以其賄來貢 21/227/26
〇自治其境內 21/228/16

根 gēn 32

夫（萍）［蘋］樹〇於水 1/3/15
木樹〇於土 1/3/15
草木注〇 1/3/18
而獨知守其〇 1/4/25
葉累而無〇 1/6/18
百事之〇 1/6/27
〇莖枝葉 2/10/21
无環堵之宇而生有无之〇 2/10/25
皆本於一〇 2/13/12
為四時〇 3/25/14
凡（〇拔）木者生於庶木 4/38/9
（〇拔）［招搖］生程若 4/38/10
凡〇茇草者生於庶草 4/38/11
凡浮生不〇茇者生於（萍）藻 4/38/12
使萬物各復歸其〇 6/54/10
捽拔其〇 6/54/14
而骨骸反其〇 7/54/28
而精神守其〇 7/57/8
君、〇本也 10/89/18
〇本不美、枝葉茂者 10/89/18
〇淺則末短 10/92/25
既出其〇 11/98/20
枝葉美者害〇（莖）［荄］ 14/138/20
皆無有〇心者 14/139/15
釋其〇而樹其枝也 15/145/8
檀〇非椅枝 17.155/179/12
兔絲無〇而生 17.177/180/31
木大者〇（欋）［擢］ 17.240/185/10
夫再實之木〇必傷 18/187/5
是釋其〇而灌其枝也 20/221/12
木之有〇 20/221/17
〇深即（本）［木］固 20/221/17

更 gēng 19

〇皮幣 5/40/2
歲將〇始 5/47/1
〇順其風 6/54/14
尚可〇乎 12/112/9
不可〇也 12/112/10

〇多技則窮 14/139/22
顯頊嘗與共〇爭矣 15/142/28
共〇為水害 15/143/1
得道而〇 15/144/1
〇女化而為絲 15/152/6
〇人下漆而上丹則可 16.58/159/23
使（氏）〔〇〕厭竅 17.61/172/23
雖善者弗能為〇 17.158/179/20
〇匠不能斲金者 17.225/184/7
及至良〇執竿 18/201/7
流共〇於幽州 19/202/20
唯良〇能識之 19/209/1
寡人以示〇 19/209/8
〇皆以為調 19/209/8
然非得〇女煮以熱湯而抽其統紀 20/212/21
百〇維時 20/217/13

弓 gōng 20

射者扜烏號之〇 1/2/22
人不弛〇 1/3/26
則後者之〇矢質的也 1/5/13
烏號之〇 2/18/12
執〇操矢以獵 5/44/24
傷〇弩矛戟矢石之創者扶舉於路 6/53/25
弛〇絕絃 12/117/19
〇劍而已矣 13/122/6
舍人有折〇者 13/123/9
〔若〕假之筋角之力、〇弩之勢 15/150/5
〇矢不調 15/151/9
涉水多〇 15/152/24
始調〇矯矢 16.89/162/11
撒不正而可以正〇 16.148/167/26
非〇矢也 17.71/173/12
引〇而射 17.96/175/5
質的張而〇矢集 17.183/181/12
〇先調而後求勁 17.219/183/27
故〇待（撒）〔檠〕而後能調 19/206/18
（而）〔亦〕猶〇矢、中之具〔也〕 20/215/22

公 gōng 269

此俗世庸民之所〇見也 1/5/14
是故無所私而無所〇 1/6/6
與民同出于〇 1/6/29
昔〇牛哀轉病也 2/11/7
使王〇簡其貴富而樂卑賤 2/12/20
臣雷〇 2/14/23
智〇則心平矣 2/16/9
天子親率三〇九卿大夫以迎歲于東郊 5/39/9
天子親率三〇九卿大夫以迎歲於南郊 5/41/7
天子親率三〇九卿大夫以迎（秋）〔歲〕于西郊 5/43/5
天子親率三〇九卿大夫以迎歲于北郊 5/45/16
大禱祭于〇社 5/45/21
天子乃與〇卿大夫飾國典 5/47/1
平〇癃病 6/49/27
景〇臺隕 6/49/28
魯陽〇與韓構難 6/50/3
太〇並世 6/51/11
輔佐〇而不阿 6/52/19
〇子（扎）〔札〕不以有國為尊 7/59/4
獻〇豔驪姬之美而亂四世 7/60/28
桓〇甘易牙之和而不以時葬 7/60/28
〇輸、王爾無所錯其剞劂削鋸 8/61/21
養民以〇 9/67/19
故齊莊〇好勇 9/68/27
（植）〔桓〕〇喟然而寤矣 9/69/6
群臣〇正 9/73/3
務致其〇迹也 9/73/3
是故〇道通而私道塞矣 9/75/18
則人材釋而〇道行矣 9/76/15
棄〇勞而用朋黨 9/76/19
昔者齊桓〇好味而易牙烹其首子而餌之 9/77/8
胡王好音而秦穆〇以女樂誘之 9/77/8
景、桓（〇）臣管、晏 9/77/17
桓〇立政 9/78/7
故桓〇三舉而九合諸侯 9/78/10
〔使〕〇卿正諫 9/80/9
周〇慚乎景 10/85/10
虞〇見垂棘之璧 10/86/16
太〇望、周〇旦 10/87/23
太〇何力 10/89/14
召〇以桑蠶耕種之時弛獄出拘 10/90/21
桓〇舉以〔為〕大（政）〔田〕 10/91/8
簡〇以（濡）〔懦〕殺 10/91/12
昔太〇望、周〇旦受封而相見 11/94/10
太〇望問周〇曰 11/94/10
周〇曰 11/94/10
11/94/12,13/125/8
太〇曰 11/94/11
11/94/11,12/119/23
周〇問太〇曰 11/94/11
而不可〇行也 11/94/19
桓〇之取甯戚也 11/96/9
愈於晉獻〇之垂棘 11/96/22
故〇西華之養親也 11/97/1
以言則〇 11/98/17
晉平〇出言而不當 11/100/24
平〇曰 11/100/24,19/209/7
平〇非不痛其體也 11/100/25
平〇之不霸也 11/100/26
是〇也 11/101/2
〇孫龍折辯抗辭 11/101/26
而道術可〇行也 11/102/10
周〇踐東宮 11/102/19
周〇放兄誅弟 11/102/21
昔齊桓〇合諸侯以乘車 11/102/24
晉文〇合諸侯以革車 11/102/24
桓〇前柔而後剛 11/102/25
文〇前剛而後柔 11/102/25
白〇問於孔子曰 12/105/20
白〇曰 12/105/20,12/105/22
〔白〇〕曰 12/105/21
白〇不得也 12/105/25
白〇之謂也 12/105/26
白〇勝得荊國 12/106/15
白〇弗聽（也） 12/106/16
葉〇入 12/106/17
十有九日而擒白〇 12/106/17
譬白〇之嗇也 12/106/19

〇宣子復見曰 18/201/2,18/201/4
〇乃令罷役除版而去之 18/201/5
〇宣子止之必矣 18/201/5
請與〇僇力一志 18/201/16
白〇勝將為亂 18/201/20
白〇勝卑身下士 18/201/20
白〇勝果為亂 18/201/22
立私於〇 18/202/4
故立三〇九卿以輔翼之 19/203/3
私志不得入〇道 19/203/14
〇輸〔般〕、天下之巧士〔也〕 19/203/25
〔請〕（今）〔令〕〇輸〔般〕設攻 19/203/26
於是〇輸般設攻宋之械 19/203/27
何可以〇論乎 19/205/4
而〇正無私 19/205/10
自人君〇卿至于庶人 19/207/4
昔晉平〇（今）〔令〕官為鐘 19/209/7
則雖王〇大人 19/209/16
秦穆〇為野人食駿馬肉之傷也 20/211/27
廢〇趨私 20/213/20
周〇誅管叔、蔡叔 20/214/16
周〇肴臑不收於前 20/215/20
晉獻〇欲伐虞 20/216/25
故舉天下之高以為三〇 20/217/14
文王舉（大）〔太〕〇望、召〇奭而王 20/217/25
桓〇任管仲、隰朋而霸 20/217/26
周〇股肱周室 20/218/4
管叔、蔡叔奉〇子祿父而欲為亂 20/218/4
周〇誅之以定天下 20/218/4
周〇殺兄 20/218/10
文〇樹米 20/218/10
曰「周〇之義也」 20/218/13
立私廢〇 20/218/14
棄疾乘民之怨而立〇子比 20/219/25
師延為平〇鼓朝歌北鄙之音 20/222/8
晉獻〇之伐驪 20/222/20
故齊桓〇亡汶陽之田而霸 20/222/24
外私而立〇 21/225/10
知〇道而不知人間 21/226/30
故太〇之謀生焉 21/227/23
用太〇之謀 21/227/25
蔡叔、管叔輔〇子祿父而欲為亂 21/227/28
周〇繼文王之業 21/227/28
周〇受封於魯 21/228/1
述周〇之訓 21/228/1
齊桓〇之時 21/228/9
桓〇憂中國之患 21/228/10
齊景〇內好聲色 21/228/13
孝〇欲以虎狼之勢而呑諸侯 21/228/25

功 gōng 154

任數者勞而無〇 1/3/7
而〇既成矣 1/3/18
苦心而無〇 1/7/1
舉大〇 2/14/8
賞有〇 3/20/29,3/23/21,5/47/19
而有〇 3/28/29
以妨農〇 5/40/2
毋興土〇 5/41/9
起土〇 5/42/15
專任有〇 5/43/6
工師效〇 5/45/20
故武王之〇立 6/51/11
考其〇烈 6/53/5
然而不彰其〇 6/53/7
則〇成 8/63/8
雖賢無所立其〇 8/63/9
歲終獻〇 9/67/18
不勞形而〇成 9/67/20
事力勞而无〇 9/68/1
而〇自成 9/68/16
萬人之聚無廢〇 9/70/10
下效易為之〇 9/70/18
無〇而厚賞 9/70/22
〇之所致也 9/70/28
故務〇修業 9/70/28
以立成〇〔者〕也 9/71/18
雖神聖人不能以成其〇 9/72/3
臣守其業以效其〇 9/72/29
庶〇日進 9/73/4
有衆咸譽者無〇而賞 9/73/4
〔是〕故君不能賞無〇之臣 9/73/23
人主急茲无用之〇 9/74/9
有小智者不可任以大〇 9/74/22
而〇臣爭於朝 9/76/20
賞不當〇 9/76/29
善積即〇成 9/79/24
禹無廢〇 10/83/10
賴其〇者 10/84/13
成〇一也 10/87/6
〇名遂成 10/87/23
君子享其〇 10/87/26
君不與臣爭〇 10/89/4
（通）〔適〕於己而無〇於國者 10/90/4
有〇者受吾田宅 10/90/5
是故祿過其〇者損 10/91/22
不可以無〇取也 10/91/24
舉賢而上〇 11/94/12
農無廢〇 11/101/18
故伊尹之興土〇也 11/101/18
故事周於世則〇成 11/102/22
是故立〇之人 11/103/1
以〇成為賢 11/103/1
伯夷、叔齊非不能受祿任官以致其〇也 11/103/5
勇有（〇）〔力〕也 12/107/16
然而垂拱受成〇焉 12/108/6
〇成名遂 12/108/27
夫乘民之〇勞而取其爵祿〔者〕 12/113/13
〇成而不居 12/113/14
以計多為〇 12/118/28
故有豫讓之〇 12/119/11
立武之〇 13/124/8
田單以即墨有〇 13/124/25
誕反為〇 13/125/17
何謂失禮而有大〇 13/125/17
因資而立〇 13/126/19, 17.235/184/30
桓公以〇滅醜 13/126/26
恥死而无〇 13/127/2
〇立於魯國 13/127/3
豈有此霸〇哉 13/127/6
不計其大〇 13/127/8
然而〇名不滅者 13/127/14
故小謹者无成〇 13/127/16
故未有〇而知其賢者 13/128/5

○成事立而知其賢者 13/128/5
罷圍而賞有○者五人 13/128/24
赫无大○ 13/128/25
然而隊（陼）〔伯〕之卒皆不能前遂斬首之○ 13/129/22
所以不忘其○也 13/131/7
牛馬有○ 13/131/10
不常有○ 14/135/10
故○蓋天下 14/135/23
則無○ 14/136/3
責多○鮮 14/136/3
○之成也 14/136/4
（脩）〔循〕其理則（○）〔巧〕無名 14/136/14
利有本則民爭○ 14/136/24
○所與時成也 14/138/13
則無○者賞 14/139/5
則有○者廢 14/139/5
有○則矜 14/140/13
故不伐其○ 14/143/12
賞其有○ 15/143/19
而霸王之○不世出者 15/143/24
為身戰者不能立其○ 15/143/25
故○可成 15/144/9
故費不半而○自倍也 15/146/21
形見者人為之○ 15/147/3
不能成其○ 15/149/12
因資而成○ 15/150/22
有○者能德之 15/151/18
斬首之○必全 15/151/19
畢受○賞 15/153/24
兩者皆未有○ 16.121/165/13
礛諸之○ 17.28/170/11
19/206/19
無事而求其○ 17.208/183/5
身无大○而有厚祿 18/186/15
○臣二世而〔收〕爵祿 18/186/22
有○者、（又）〔人〕臣之所務也 18/188/4
或有○而見疑 18/188/4
則有○者離恩義 18/188/5
有○ 18/188/10
此所謂有○而見疑者也 18/188/10
○非不大也 18/188/19
而雍季無尺寸之○ 18/191/9
或無○而先舉 18/191/10
或有○而後賞 18/191/11
還歸賞有○者 18/191/15
襄子〔罷圍〕乃賞有○者 18/192/2
晉陽之存、張孟談之○也 18/192/3
雖有戰勝存亡之○ 18/192/5
或有○而可罪也 18/192/8
此有○可罪者 18/192/19
進必無○ 18/193/3
鄭伯乃以存國之○賞弦高 18/193/3
無○而富貴者勿居也 18/193/23
無○而大利者後將為害 18/193/24
計○而受賞 18/193/26
與知者同○ 18/195/6
何○名之可致也 18/199/11
人必加○焉 19/203/12
則鯀、禹之○不立 19/203/13
因資而立〔○〕 19/203/14
○立而名弗有 19/203/16
故力竭○沮 19/206/3
不自彊而○成者 19/207/5
○可彊成 19/207/8
此○之可彊成者也 19/207/21
此自強而成○者也 19/207/27
○烈不成 19/207/28
難成者○大 19/209/27
成○立事 20/214/13
故○不厭約 20/215/8
○約、易成也 20/215/8
故聖主者舉賢以立○ 20/217/25
此舉賢以立○也 20/217/26
成大○ 20/218/2
故事成而○足賴也 20/218/23
見其造而思其○ 20/222/5
而○臣畔 20/222/18
人致其○ 21/225/10

攻 gōng 62

而後者易為○也 1/5/11
○大礰堅 1/5/22
以○必剋 3/27/29
○城（檻）〔濫〕殺 6/53/20
大國出○ 8/66/22
因而（致）〔○〕之 12/106/17
趙襄子〔使〕○翟而勝之 12/107/6
墨子為守○ 12/107/12
翟人○之 12/109/12
襄子起兵○（圍之）〔之〕 12/111/9
城治而後○之 12/111/12
子發○蔡 12/113/11
宿沙之民皆自○其君而歸神農 12/114/23
隆衝以○ 13/122/7
狄人○之 14/134/12,20/211/26
而為利者不○難勝 14/137/2
啓○有扈 15/142/28
○者非以禁暴除害也 15/143/23
○城略地 15/146/10
而○有必勝 15/147/27
故○不待衝隆雲梯而城拔 15/148/9
明於必勝之（○）〔數〕也 15/148/9
○不必取 15/148/10
不○其治 15/149/1
○則不可守 15/152/2
守則不可○ 15/152/2
而○人之亂 15/152/5
先勝者、守不可○ 15/152/29
○不可守 15/153/1
大家○小家則為暴 16.69/160/19
夫戰勝○取 18/187/1
魏將樂羊○中山 18/188/7
○之愈急 18/188/8
其後楚○宋 18/189/25
中行穆伯○鼓 18/192/22
○城者、欲以廣地也 18/192/26
興兵而（○）〔政〕〔之〕 18/193/14
陳成常果○宰予於庭中 18/195/15
使邱昭伯將卒以○之 18/195/22
而夜○秦人 18/197/16
夫戰者、所以○城也 18/199/6
毅脩其外而疾○其內 18/199/17
〔其夜乃○虞氏〕 18/201/17
（○）〔故〕而不動者 19/203/16
楚欲○宋 19/203/21
臣聞大王舉兵將○宋 19/203/22
計必得宋而後○之乎 19/203/22

猶且○之乎	19/203/23
〔則〕曷為○之	19/203/24
作為雲梯之械設以○宋	19/203/25
〔請〕（今）〔令〕公輸〔般〕設○	19/203/26
於是公輸般設○宋之械	19/203/27
九○而墨子九卻之	19/203/27
輟不○宋	19/203/28
輟不○魏	19/204/5
○城必下	19/207/26
樂羊○中山	20/214/19
○不待衝降而拔	20/216/28
所以曲說○論	21/225/14
所以明戰勝○取之數	21/225/29
知○取堅守之非德不強也	21/225/30

肱 gōng 5

丹穴、太蒙、反踵、空同、大夏、北戶、奇○、脩股之民	13/123/23
猶身之有股○手足也	15/145/17
周公股○周室	20/218/4
李克竭股○之力	20/218/17
以股○周室	21/227/29

躬 gōng 5

而適○體之便也	7/58/12
弗○弗親	10/85/13
直○其父攘羊而子證之	13/125/14
斂○而行	18/200/20
○擐甲冑	21/227/25

宮 gōng 72

○立而五音形矣	1/6/22
紫○	3/19/20
其音○	3/20/4,5/42/7
不周風至則脩○室	3/20/30
紫○者	3/21/5
四（○）〔守〕者	3/21/6
紫○執斗而左旋	3/21/7
故黃鍾之律九寸而○音調	3/25/19
黃鍾為○	3/25/23,3/26/1
○者	3/26/1
（徵）〔○〕生（○）〔徵〕	3/26/7
（○）〔徵〕生商	3/26/7
黃鍾之○也	3/26/10
刑德合東方○	3/27/18
刑不得入中○	3/27/19
傾○、旋室、縣圃、涼風、樊桐在崑崙閶闔之中	4/33/7
○其主也	4/36/20
變○生徵	4/36/22
變角生○	4/36/23
東○御女青色	5/39/6
	5/39/21,5/40/12
南○御女赤色	5/41/4,5/41/20
中○御女黃色	5/42/9
朝于中○	5/42/9
西○御女白色	5/43/2
	5/43/20,5/44/16
繕○室	5/43/9
北○御女黑色	5/45/12
	5/46/4,5/46/23
申○令	5/46/6
又況夫（○）〔官〕天墜	6/50/6
叩○○應	6/51/18
乃至夏屋○（駕）〔架〕	8/61/19
興○室	8/65/1
志專在于○室臺榭	9/74/7
而○室衣錦繡	9/74/9
（離）〔雖〕北○子、司馬蒯蕢不〔可〕使應敵	9/78/1
故叩○而○應	11/100/11
跌衽○壁	11/100/24
周公踐東○	11/102/19
以為（○室）〔室屋〕	13/120/8
欲築○於五行之山	13/125/8
皆不可勝著於書策竹帛而藏於○府者也	13/131/2
三（○）〔關〕交爭	14/137/24
（○）〔官〕愈大而事愈少	14/140/4
興萬乘之駕而作阿房之（官）〔○〕	15/146/5
君自○召將〔而〕詔之曰	15/153/13
蘭生幽○	16.18/155/26
譬若黃鍾之比○	17.15/169/13
燒薰於○	17.158/179/19
美女擯於○	17.189/181/24
○之奇諫曰	18/189/2
因侵郈氏之○而築之	18/195/18
○人得戟則以刈葵	18/199/6
過○室廊廟必趨	18/199/15
以像○室	19/206/5
○之奇存焉	20/216/25
○之奇諫而不聽	20/216/26
故不高○室者	20/219/8
舍昭王之○	20/219/22
構而為○室	20/221/5
不過○、商、角、徵、羽	21/227/8
○中成市	21/227/20

恭 gōng 15

驕恣者之於○也	9/76/26
○敬而枝	11/93/25
中子旦○儉而知時	12/114/12
昔楚○王〔與晉厲〕戰於陰陵	13/125/17
〔呂錡射○王〕	13/125/18
○王懼而失（體）〔禮〕	13/125/19
○王乃覺	13/125/19
而乃始服屬臾之貌、○儉之禮	13/126/16
釣者使人○	16.93/162/21
楚○王與晉人戰於鄢陵	18/187/19
○王傷而休	18/187/19
○王欲復戰	18/187/21
○王大怒曰	18/187/22
張毅好○	18/199/15
○儉尊讓者	20/214/5

拱 gǒng 4

○揖指麾而四海賓服	6/54/4
交○之木無把之枝	10/92/24
然而垂○受成功焉	12/108/6
○揖指撝而天下響應	15/145/3

共 gòng　15

昔○工之力　1/4/13
昔者○工與顓頊爭為帝　3/18/25
○工　4/37/26
以○皇天上帝、名山大川、四方之神、宗廟社稷　5/42/11
○工振滔洪水　8/63/14
故楚莊謂○雍曰　10/90/5
此不○之術也　11/100/11
臣有所與（供）〔○〕儋（纆）〔纆〕采薪者九方堙　12/111/17
可以○學矣　13/125/27
顓頊嘗與○工爭矣　15/142/28
○工為水害　15/143/1
而與萬民○享其利　15/144/27
至○頭而墜　15/146/14
〔所〕以○安危也　15/151/14
流○工於幽州　19/202/20

供 gòng　13

至無而○其求　1/2/16
○養之不宜者　5/45/1
以○寢廟及百祀之薪燎　5/46/25
以○皇天上帝社稷之（芻）享　5/47/2
○寢廟之芻豢　5/47/3
○山林名川之祀　5/47/3
○其嗜欲　9/68/5
然後取車輿衣食○養其欲　9/78/11
男女不得事耕織之業以○上之求　9/78/21
臣有所與（○）〔共〕儋（纆）〔纆〕采薪者九方堙　12/111/17
（○）〔佚〕其情　12/119/25
以其威勢○〔其〕嗜欲　13/121/21
○嗜欲　20/216/6

貢 gòng　16

○歲之數　5/44/22
諸北、儋耳之國莫不獻其○職　6/52/22
春秋冬夏皆獻其○職　6/54/5
子○往觀之　9/68/21
子○在側曰　12/119/16
則天下納其○職者迴也　13/125/9
子○何如人也　18/196/25
〔使〕子○往說之　18/198/9
則請子○行　18/200/19
魯君召子○　18/200/19
子○辭曰　18/200/19
子○曰　18/200/21, 18/200/22
子○可謂知所以說矣　18/200/26
而入春秋之○職　18/202/2
使夷狄各以其賄來○　21/227/26

贛 gòng　8

今○人敖倉　7/59/18
不受○於君　9/70/28
子○贖人而不受金於府　11/94/15
子○讓而止善　11/94/16
子○贖魯人於諸侯　12/108/17
桓公○之衣冠而見〔之〕　12/109/4
不為人○　14/138/23
一朝用三千鍾○　21/228/14

勾 gōu　2

○陳在子　3/27/1
越王○踐與吳戰而不勝　12/111/4

句 gōu　23

大行石澗、飛狐、○（望）〔注〕之險不能難也　2/12/16
其佐○芒　3/20/1
曰大汾、澠阨、荊阮、方城、殽阪、井陘、令疵、○注、居庸　4/32/20
有跂踵民、○嬰民、深目民、無腸民、柔利民、一目民、無繼民　4/37/2
以通○萌　5/39/22
○者畢出　5/40/15
太皞、○芒之所司者　5/47/14
草木之○萌、銜華、戴實而死者　8/61/19
○爪、居牙、戴角、出距之獸於是鷙矣　8/61/23
（○）〔包〕裹宇宙而無表裏　10/82/15
○吳其庶乎　10/87/7
（理）詘（伸）〔伸〕倨（佝）〔○〕　10/87/20
越王○踐劗髮文身　11/97/8
不亟於為文○疏短之鞻　11/98/12
昔吾見○星在（房）〔駟〕心之閒　12/119/3
○襟委章甫哉　13/120/5
大夫種輔翼越王○踐　13/126/9
倨○詘伸　15/147/4
越王○踐一決獄不辜　18/200/5
昔越王○踐卑下吳王夫差　18/202/1
則弟子○指而受者必眾矣　19/209/2
據○枉　19/209/21
○踐（捷）〔棲〕於會稽　20/222/23

鉤 gōu　22

雖有○箴芒距　1/2/21
○繩不能曲直　1/9/8
禮樂為○　2/12/3
太陰在四○　3/20/8
丑寅、辰巳、未申、戌亥為四○　3/21/15
○陳在後三　3/27/21
虛星乘○陳而天地襲矣　3/27/22
擊○陳之衝辰　3/27/29
（別）〔制〕觡（伸）〔伸〕○　9/70/4
若夫規矩○繩者　11/100/6
譬猶冰炭○繩也　11/103/14
大司馬捶○者年八十矣　12/114/5
而不失○芒　12/114/5
臣年二十好捶○　12/114/6
非○無察也　12/114/6
木○而樵　13/120/10
終不盜刀○　13/128/16
夫至巧不用（劍）〔○〕〔繩〕　16.25/156/21

而愛己之（○）〔鈎〕 16.63/160/5
（橾）〔操〕○上山 16.88/162/8
視○各異 17.144/178/20
○不賦故 20/214/10

溝 gōu 13

今夫狂者之不能避水火之難而越○瀆之嶮者 1/9/28
然其〔一〕斷在○中 2/14/14
（一）比犧尊〔於〕○中之斷 2/14/14
導通○瀆 5/40/17
遏○瀆 5/48/2
○植生條而不容舟 6/54/17
平通○陸 8/63/16
尋常之○無吞舟之魚 10/92/24
遇小人則陷○壑 13/123/16
道路死人以○量 13/124/4
以為尋常之○也 13/130/12
大蔡神龜出於○壑 16.110/164/11
古（有）〔者〕○防不脩 18/189/12

狗 gǒu 30

是故鞭噬○ 1/3/5
何況○馬之類乎 1/3/6
狡○之死也 2/11/14
○國在其東 4/37/14
其畜○ 5/43/3
○彘吐菽粟於路而無忿爭之心 6/52/20
鷄○之音相聞 11/95/14
譬若芻○土龍之始成 11/98/25
而憎圖○馬者 13/122/25
而○馬可日見也 13/122/26
則因猘○之驚以殺子陽 13/123/10
尸（雖能）剝○燒彘 14/140/1
○吠而不驚 14/142/13
揮（捝）〔棁〕而呼○ 16.34/157/14
保者不敢畜噬○ 16.37/157/23
殺豚烹○ 16.64/160/7
若用朱絲約芻○ 16.87/162/4
芻○待之而求福 16.87/162/4
祭之日而言○生 16.139/167/1
○彘不擇甂甌而食 17.9/168/29
芻○能立而不能行 17.46/171/17
乳○之噬虎也 17.64/172/30
盜賊之〔輩〕醜吠○ 17.90/174/23
猘○不自投於河 17.179/181/4
〔鄰人〕以為○彘也而甘之 19/208/15
令○守門 20/212/13
剝○燒豕 20/215/16
猶○之晝吠 20/218/20
以食○馬鴻鴈之費養士 20/221/1
外好○馬 21/228/13

苟 gǒu 26

名聲○盛也 6/53/22
言不○出 9/80/21
行不○為 9/80/21
不能使為○（簡）易 10/85/5
身○正 10/85/13
曰○得 10/85/16
君子曰○義 10/85/16
○鄉善 10/86/4
○不鄉善 10/86/4
立節者見難不○免 11/103/13
而好名者非義不○得 11/103/13
守正（脩）〔循〕理、不〔為〕○得者 11/104/9
○利於民 13/121/3
○周於事 13/121/4
不○得 13/130/3
以求○遇 14/140/11
不○接刃 15/148/10
不為○發 15/148/10
賢主不○得 18/192/22
忠臣不○利 18/192/22
不為○得 18/193/26
民眾者教不可以（○）〔苛〕 20/215/4
見難不○免 20/217/19
見利不○得者 20/217/19
不○以一事備一物而已矣 20/222/4
（○）〔苛〕削傷德 20/222/15

笱 gǒu 1

（發）〔魚〕○門 15/148/3

垢 gòu 9

以利害為塵○ 2/12/8
夫鑑明者塵○弗能薶 2/16/12
非譽弗能塵○ 2/17/10
芒然仿佯于塵○之外 7/57/11
能受國之○ 12/112/17
而不受塵○ 12/118/22
崑山之玉瑱而塵○弗能污也 14/137/29
周之簡圭生於○石 16.110/164/11
彌久而不○ 20/222/5

詬 gòu 1

忍○而輕辱 13/122/4

搆 gòu 1

親戚兄弟○怨 20/218/12

雊 gòu 1

雉○ 5/46/21

構 gòu 14

孰肯解○人間之事 2/11/26
魯陽公與韓○難 6/50/3
○木為臺 8/61/14
大○（駕）〔架〕 8/65/1
故○而多責 11/93/26
聖人乃作為之築土○木 13/120/7
而不解○耳 14/139/14
文王與諸侯（傋）〔○〕之 17.179/181/3
其事已○矣 18/194/10
臣恐其○難而危國也 18/195/14
兩人○怨 18/195/26
或解○妄言而反當 18/198/8
○而為宮室 20/221/5
而○仇讎之怨〔也〕 20/223/4

沽 gū 1

然酤酒買肉不離屠○之家 17.232/184/23

孤 gū 11

童子不○ 1/1/16
存○獨 5/39/22
存○寡 5/45/16
惠○寡 5/47/19
獨夫收○ 11/104/22
及○之身而晉伐楚 12/112/13
是○之過也 12/112/14
是死吾君而弱吾○也 12/115/26
振其○寡 15/143/18
以養○孀 19/202/24
韓非之○憤 20/221/20

姑 gū 15

音比(仲呂)〔○洗〕 3/22/17
音比(○洗)〔夾鍾〕 3/22/18
音比○洗 3/22/23
律受○洗 3/25/6
○洗者 3/25/7
○洗為角 3/25/23
上生○洗 3/26/3
○洗之數六十四 3/26/3
角(生)〔主〕○洗 3/26/7
○洗生應鍾 3/26/8
律中○洗 5/40/10
軼鶤雞於○餘 6/52/11
然而甲卒三千人以擒夫差於○胥 18/202/3
以問唐○梁 19/208/12
唐○梁曰 19/208/12

苽 gū 2

浸潭○蔣 1/9/1
○封熯 3/24/2

罛 gū 2

因江海以為(罟)〔○〕 1/2/23
好魚者先具罟與(罘)
〔○〕 16.113/164/20

蛄 gū 1

螻○不知春秋 12/116/19

辜 gū 11

○諫者 2/17/29
殺不○則國赤地 3/19/13
醴泉生皇○ 4/38/10
皇○生庶草 4/38/11
誅必○ 5/48/1
虐殺不○而刑誅無罪 8/61/27
殺不○之民〔而〕絕先聖之後 8/66/22
決獄不○ 15/143/15
桀○諫者 17.179/181/3
越王句踐一決獄不○ 18/200/5
以殺不○ 20/213/17

菰 gū 1

○飯犓牛弗能甘也 14/140/23

酤 gū 4

出于屠○之肆 13/128/3
為酒人之利而不○ 17.114/176/11
○酒而酸 17.232/184/23
然○酒買肉不離屠沽之家 17.232/184/23

觚 gū 2

冠無○贏之理 8/65/18
操其○ 9/78/2

古 gǔ 86

泰○二皇 1/1/10
○之人有居巖穴而神不遺者 1/7/16
○之人有處混冥之中 2/11/18
○之真人 2/11/25
故○之治天下也 2/16/17
○者至德之世 2/17/25
○之聖人 2/18/10
○之為度量 3/26/13
〔○之制也〕 3/26/14
自○及今 5/49/1,13/127/19
15/149/14,16.97/163/3
往○之時 6/52/24
○未有天地之時 7/54/25
○之人 8/62/6
是故○者明堂之制 8/65/17
○者聖王在上 8/66/6
○者上求薄而民用給 8/66/14
○者天子一畿 8/66/19
故○之王者 9/67/7
作之上○ 9/69/8
○聖王至精形於內 9/69/12
故○之為車也 9/70/15
○(人之)〔之人〕(日)〔曰〕亡矣 9/73/7
○之置有司也 9/75/18
○今未有也 9/76/4
故○之君人者 9/78/15
故○之為金石管絃者 9/78/19
○者天子聽朝 9/80/9
○今未之有也 10/83/1
○今未之聞也 10/84/24
11/104/12
○人味而弗貪也 10/90/17
○者 11/93/27
11/97/19,11/97/20
18/198/24,19/202/16
故○之聖王 11/96/7
尚○之王 11/99/9
往○來今謂之宙 11/99/20
然(非)〔不〕待○之英俊 11/102/8
世多稱○之人而高其行 11/102/27
○者有鍪而綣領以王天下者矣 13/120/3
○者民澤處復穴 13/120/7
○者剡耜而耕 13/120/10
○者大川名谷 13/120/11
○之制 13/120/19
不必法○ 13/121/4
故變○未可非 13/121/5
以《詩》、《春秋》為○之道而貴之 13/121/10
○者民醇工厖 13/122/1

〇之兵 13/122/6
〇之伐國 13/122/7
於〇為義 13/122/8
〇之所以為榮者 13/122/8
〇之所以為治者 13/122/9
何〇之從 13/122/20
雖循〇 13/122/21
（道而）〔而道〕先稱
　〇 13/122/26
太史令終〇先奔於商 13/124/20
〇之善賞者 13/128/23
稽〇太初 14/132/15
〇之存己者 14/142/5
〇之用兵 15/142/21
〇得道者 15/144/14
故〇之善將者 15/151/11
無〇無今 17.3/168/16
〇之所為不可更 17.60/172/21
〇（有）〔者〕溝防不
　脩 18/189/12
且〇之立帝王者 19/203/1
耳未嘗聞先〇 19/206/7
追觀上〇 19/206/26
多尊〇而賤今 19/208/5
則貴是而同今〇 19/208/18
不為〇今易意 19/209/4
非樂變〇易常也 20/213/24
〇者法設而不犯 20/217/13
今〇之論 20/220/20
豈〇之所謂樂哉 20/221/27
埒略衰世〇今之變 21/225/4
通〇今之論 21/225/16,21/228/28
追觀往〇之跡 21/225/19
經〇今之道 21/226/15

扢 gǔ 3

親母為其子治〇禿 11/101/4
及其（粉）〔〇〕以玄
　錫 19/205/18
濡不給〇 21/228/6

汩 gǔ 3

混混〇〇 1/1/4
水之性真清而土〇之 2/16/6

谷 gǔ 36

邅回川〇之閒 1/6/5
側谿〇之間 1/8/28
虎嘯而〇風至 3/19/9
日出于（暘）〔湯〕〇 3/24/14
至于悲〇 3/24/17
（至）〔淪〕于蒙〇 3/24/19
曙於蒙〇之浦 3/24/20
通〇（其）〔六〕 4/32/30
谿〇為牝 4/34/19
〇氣多痺 4/34/22
東方川〇之所注 4/35/26
川〇出焉 4/36/4
暘〇、榑桑在東方 4/37/9
雖谿〇 5/48/2
北至令正之〇 5/48/5
川〇不澹 6/52/1
及至分山川谿〇使有壤界 8/61/24
來谿〇之流 8/65/4
東至湯〇 9/67/22
羅網不得張於谿〇 9/79/13
川〇通原 11/94/21
〇處者牧 11/95/7
為天下〇 12/114/18
古者大川名〇 13/120/11
江、河所以能長百〇者
　16.13/155/16
臣乾〇 16.51/159/4
日出湯〇 17.21/169/28
川竭而〇虛 17.34/170/23
有〇無風 17.143/178/18
巖居〇飲 18/199/14
然後水潦得〇行 19/203/12
跋涉〇行 19/207/16
窮〇之污 20/216/12
不注海者不為川〇 20/218/15
區川〇之居 21/224/14
谿異〇別 21/228/16

股 gǔ 11

有修〇民、天民、肅慎
　民、白民、沃民、女
　子民、丈夫民、奇〇
　民、一臂民、三身民 4/36/26
〔有〕結胸民、羽民、
　讙頭國民、（裸）
　〔裸〕國民、三苗民
　、交〇民、不死民、
　穿胸民、反舌民、豕
　喙民、鑿齒民、三頭
　民、脩臂民 4/36/27
有大人國、君子國、黑
　齒民、玄〇民、毛民
　、勞民 4/37/1
（〇）〔般〕出嶕山 4/37/20
丹穴、太蒙、反踵、空
　同、大夏、北戶、奇
　肱、脩〇之民 13/123/23
猶身之有〇肱手足也 15/145/17
援龍淵而切其〇 18/200/5
周公〇肱周室 20/218/4
李克竭〇肱之力 20/218/17
以〇肱周室 21/227/29

罟 gǔ 7

猶不能與網〇爭得也 1/2/22
因江海以為（〇）〔罛〕 1/2/23
網〇張而在下 2/18/13
網〇無所布 8/66/9
罔〇不得入於水 9/79/13
為魚鱉者則可以罔〇取
　也 15/149/20
好魚者先具〇與（罘）
　〔罛〕 16.113/164/20

骨 gǔ 33

不浹于〇髓 1/8/5
則〇肉無倫矣 1/9/21
〇幹屬焉 4/36/8
今夫墜黃主屬〇 6/51/3
以其屬〇 6/51/3
論其屬〇 6/51/4
疏〇肉而自容 6/53/12
〇肉疏而不附 6/53/14
而〇骸者 7/54/27
而〇骸反其根 7/54/28
六月而〇 7/55/9
〇肉之親也 9/73/14
紂殺王子比干而〇肉怨 9/78/8
〇肉以生怨 11/93/25

故胡人彈○ 11/97/2
以為窮民絶業而無益於
　槁○腐肉也 11/97/22
可以形容筋○相也 12/111/16
此江中之腐肉朽○ 12/118/5
〔不以〕腐肉朽○棄劍
　者 12/118/7
故羽翼美者傷○骸 14/138/19
人無筋○之強 15/142/24
螾無筋○之強、爪牙之
　利 16.4/154/16
○肉相愛 17.24/170/3
親莫親於○肉 17.38/171/1
牛（號）〔蹏〕彘顱亦
　○也 17.52/172/4
及至其筋○之已就 18/196/18
然衛君以為吳可以歸骸
　○也 18/200/23
吾怨之憯於○髓 18/201/28
筋○形體 19/204/14
齕咋足以噆肌碎○ 19/204/16
形夸○佳 19/204/22
筋○雖彊 19/206/2
○肉相賊 20/218/13

鼓 gǔ 83

夫建鍾○ 1/7/28
是猶無耳而欲調鍾○ 1/8/11
○腹而熙 2/11/19
弦歌○舞 2/15/16
女夷○歌 3/24/9
○其腹而熙 4/37/14
○琴瑟 5/39/6,5/39/21,5/40/12
○之而二十五弦皆應 6/51/19
嘗試為之擊建○ 7/59/11
學之建○矣 7/59/15
可以○鐘寫也 8/62/23
○歌而舞之 8/64/1
○橐吹埵 8/65/13
故鐘○管簫 8/66/3
金○斧鉞 8/66/4
擊鳴○ 8/66/11
　9/78/23,13/124/10
孔子學○琴於師襄 9/69/7
寇莫大於陰陽而枹○為小 9/69/24
乃始縣鍾○ 9/78/16
故堯置敢諫之○也 9/80/10
〔伐〕鼛（○）而食 9/80/13
（抱）〔枹〕○為小 10/85/20
譬若○ 10/87/4
非不能陳鍾○ 11/97/20
鍾○筦簫、絲竹金石以
　淫其耳 11/104/2
擊鍾○ 12/114/16
破○折（抱）〔枹〕 12/117/19
夫弦歌○舞以為樂 13/123/20
懸鍾○磬鐸 13/123/27
教寡人以道者擊○ 13/123/27
太公之○刀 13/128/1
○不（滅）〔臧〕於聲 14/138/16
鍾○不解於縣 14/139/27
建○不出庫 15/144/10
非○之〔之〕日也 15/144/20
○不振塵 15/144/21
○錞相望 15/145/4
（維）（抱縮）〔縮枹〕
　而○之 15/145/6
明○旗 15/145/13
故○鳴旗麾 15/147/15
故○不與於五音而為五
　音主 15/150/16
止鳴○ 15/152/15
○譟軍 15/152/20
晦冥多○ 15/152/25
以受○旗 15/153/15
〔專〕○旗斧鉞之威 15/153/18
瓠巴○瑟 16.4/154/15
百牙○琴 16.4/154/15
鞞以為○ 16.35/157/17
牛皮為○ 16.111/164/13
使○鳴者 16.132/166/14
○造辟兵 17.54/172/8
鄙人○缶 17.146/178/25
臣請升城○之 18/192/12
（一○） 18/192/12
於是乃升城而○之 18/192/12
一○ 18/192/12
再○ 18/192/13
中行穆伯攻○ 18/192/22
○之嗇夫 18/192/23
而○可得也 18/192/23,18/192/24
雖得○ 18/192/26
撤鍾○之縣 18/200/16
呂望○刀而入周 19/203/6
使未嘗○（瑟）〔琴〕
　者 19/206/17
○琴讀書 19/206/25
側室爭○之 19/208/22
〔莫之○也〕 19/208/24
○琴者期於鳴廉脩營 19/208/25
今○舞者 19/209/20
夫○〔舞〕者非柔縱 19/209/23
故有鍾○筦絃之音 20/212/14
取其不○不成列也 20/214/12
鍾○不解於懸 20/215/20
乃折（抱）〔枹〕毀○ 20/219/19
師延為平公○朝歌北鄙
　之音 20/222/8
然而五絃之琴不可○也 21/227/8
敗○折（抱）〔枹〕 21/227/30

賈 gǔ 9

○便其肆 2/17/25
市不豫○ 6/52/19
鄭○人弦高矯鄭伯之命 12/115/22
鄭○人弦高將西（敗）
　〔販〕牛 13/125/15
難得貴○之物也 13/130/25
○多端則貧 14/139/22
○不去肆 15/144/22
鄭之○人弦高、蹇他相
　與謀曰 18/192/29
市（買）不豫○ 20/212/1

穀 gǔ 53

神農之播○也 1/3/12
狄不○食 1/3/25
五○兆長 3/21/21
加十五日指乙則（清明
　風至）〔○雨〕 3/22/17
加十五日指辰則（○雨）
　〔清明風至〕 3/22/18
五○有殃 3/24/1
以長百○禽（鳥）〔獸〕
　草木 3/24/9
以熟○禾 3/24/9
五○豐昌 3/28/15,15/153/28
以生五○桑麻 4/34/15

食○者知慧而夭 4/35/2
慧而宜五○ 4/35/24
勿令害○ 5/41/9
五○不滋 5/41/12
則雹霰傷○ 5/42/1
則五○不熟 5/42/1
則○實解落 5/42/18
農始升○ 5/43/8
介蟲敗○ 5/43/12
五○无實 5/43/13
五○皆復生 5/44/9
舉五○之要 5/44/18
五○之所宜 5/47/22
六月五○疾狂 5/48/19
以成五○ 5/49/12
五○登熟 6/52/21
糞田而種○ 8/61/16
五○不為 8/62/2
五○蕃植 9/67/18,9/79/9
以時嘗○ 9/67/18
丘陵阪險不生五○者 9/79/10
昏張中則務種○ 9/79/19
至於蒙○之上 12/116/5
是故石上不生五○ 12/118/23
后稷播種樹○ 14/138/8
毋蓺五○ 15/143/13
豎陽○奉酒而進之 18/187/20
不○親傷 18/187/22
不○无與復戰矣 18/187/23
故豎陽○之進酒也 18/187/24
糞土種○ 18/189/15
今霜降而樹○ 18/198/27
不食五○ 18/199/14
於是神農乃（如）〔始〕教民播種五○ 19/202/17
辟地樹○ 19/202/21
故五○得遂長 19/203/12
絶○不食 19/204/27
嘉○生 20/210/19
糞土樹○ 20/212/9
水火金木土○ 20/214/8
享○食氣者皆受焉 20/220/25

轂 gǔ 9

鈞旋○轉 1/1/12
是非輻湊而為之○ 9/80/2
而與○致千里 11/101/11
車不及轉○ 15/148/21
轉○之中 16.84/161/27
而人予〔之〕車○ 16.122/165/16
○強必以弱輻 16.130/166/7
○立 17.132/177/24
輻之入○ 17.148/178/29

瞽 gǔ 10

夫○師、庶女 6/49/28
師曠○而為（大）〔太〕宰 9/68/23
○箴師誦 9/80/9
問○師曰 9/81/21
○師有以言白黑 9/81/23
侏儒○師 10/83/23
與○師併 10/85/24
○師之放意相物 11/100/9
知音非○也 16.48/158/24
○無目而耳不可以（察）〔塞〕 17.91/174/26

固 gù 68

萬物○以自然 1/3/21
人謂之○矣 2/11/1
而仁義○附矣 2/16/25
○封疆 5/45/18
國多○疾 5/47/6
○閉藏 5/48/6
執之必○ 5/48/8
堅慤以○ 5/49/19
物○不可以輕重論也 6/51/6
以從天墜之○然 6/53/8
築城而為○ 8/61/16
○塞險阻 9/68/22
○已多矣 9/80/27
○已少矣 9/80/27
○無物而不周 10/87/12
而民繫○也 10/88/30
重而閉之莫○於口 10/92/6
○有所宜也 11/95/3
束牢連○ 11/98/12
然則人○不可與微言乎 12/105/22
問之而（故）〔○〕賢者也 12/109/6
且人○難（合）〔全〕也 12/109/8
則甘而不○ 12/110/5
吾○惑吾王之數逆天道 12/112/8
是寡人之命○已盡矣 12/112/24
今夕○夢受之 12/117/25
是其所以〔為〕○也 12/118/12
物○有近之而遠 12/118/20
地○將動也 12/119/4
欲得宜適致○焉 13/122/23
○塞險阻之地也 13/125/8
物○有大不若小 13/131/30
故治未○於不亂 14/135/6
行未○於無非 14/135/7
為義之不能相○ 14/137/5
車○馬良 15/145/10
不足以為○ 15/145/23
○已至矣 15/147/11
兵靜則○ 15/147/18
守有必○ 15/147/27
而存亡之機○以形矣 15/147/28
操○而不可遷也 15/151/27
○植而難恐 15/152/21
物○有近不若遠、（逮）〔遠〕不如近者 16.29/157/1
物○有衆而不若少者 16.46/158/17
事○有相待而成者 16.46/158/17
○其事也 16.71/160/23
物○有以（寇）〔剋〕適成不逮者 16.126/165/29
物○有似然而似不然者 16.129/166/4
物○有以不用而為有用者 16.137/166/26
物○有以不用為大用者 16.137/166/27
介蟲之動以○ 16.146/167/20
物○有不正而可以正 16.148/167/26
椎○百柄 17.8/168/27
○其理也 17.130/177/19
多事○苛 17.136/178/1
○謂之斷 17.197/182/12
物○有重而害反為利者 17.211/183/11
○試往復問之 18/189/23

守備必○ 18/193/3
臣○聞之 18/194/9
其家无筦籥之信、關楗
之○ 18/201/21
○（權）〔奮〕說以取
少主 19/208/13
重者可令埴○ 20/214/24
〔故〕守不待渠壍而○ 20/216/27
根深即（本）〔木〕○ 20/221/17
○欲致之不言而已也 21/227/10
四塞以為○ 21/228/25

故 gù 1307

○植之而塞于天地 1/1/4
是○能天運地滯 1/1/10
是○大丈夫恬然無思 1/2/3
○以天為蓋 1/2/9
是○疾而不搖 1/2/10
是○天下之事 1/2/11
不設智○ 1/2/13
是○響不肆應 1/2/13
○達於道者 1/2/16
○莫（敢）〔能〕與之爭 1/2/18
○（夫）〔矢〕不若繳 1/2/24
○機械之心藏於胸中 1/3/4
是○革堅則兵利 1/3/5
是○鞭噬狗 1/3/5
○體道者逸而不窮 1/3/7
○任一人之能 1/3/11
是○禹之決瀆也 1/3/12
是○春風至則甘雨降 1/3/17
○禹之（裸）〔裸〕國 1/3/26
○橘、樹之江北則化而
為（枳）〔橙〕 1/4/1
是○達於道者 1/4/3
偶睉智○ 1/4/5
○牛岐蹏而戴角 1/4/6
○聖人不以人滑天 1/4/9
是○好事者未嘗不中 1/4/12
○安而不危 1/4/15
○疾而不遲 1/4/16
是○不道之道 1/4/20
是○聖人內修其本 1/4/22
偃其智○ 1/4/23
○窮無窮 1/4/26
○得道者志弱而事強 1/4/28

是○貴者必以賤為號 1/5/1
是○欲剛者必以柔守之 1/5/4
○兵強則滅 1/5/6
是○柔弱者、生之榦也 1/5/6
○蘧伯玉年五十而有四
十九年非 1/5/11
○聖人不貴尺之璧 1/5/19
是○聖人守清道而抱雌節 1/5/21
是○無所私而無所公 1/6/6
○老聃之言曰 1/6/9
○有像之類 1/6/12
是○清靜者 1/6/15
是○視之不見其形 1/6/19
是○有生於無 1/6/20
○音者 1/6/22
是○一之理 1/6/25
是○至人之治也 1/6/29
是○聖人一度循軌 1/7/1
○心不憂樂 1/7/6
是○以中制外 1/7/8
○子夏心戰而臞 1/7/22
是○其為（臞）〔樂〕
不忻忻 1/7/23
是○有以自得〔也〕 1/7/24
是○內不得於中 1/8/4
○從外入者 1/8/5
○聽善言便計 1/8/6
是○不得於心而有經天
下之氣 1/8/10
○天下神器 1/8/14
是○無所喜而無所怒 1/8/17
○雖游於江潯海裔 1/8/25
○夫烏之啞啞 1/9/4
是○夫得道已定 1/9/6
○士有一定之論 1/9/8
是○得道者 1/9/9
是○不待勢而尊 1/9/10
是○不以康為樂 1/9/12
是○聖人使（人）各處
其位 1/9/16
○夫形者非其所安也而
處之則廢 1/9/16
○在於小則忘於大 1/9/25
是○貴虛者以毫末為宅也 1/9/26
是○舉錯不能當 1/10/1
○以神為主者 1/10/3
是○聖人將養其神 1/10/8

是○文章成獸 2/11/8
冰（○）〔水〕移易于
前後 2/11/12
是○形傷于寒暑燥溼之
虐者 2/11/13
○罷馬之死也 2/11/14
是○傷死者其鬼嬈 2/11/15
是○其寐不夢 2/11/16
不以曲○是非相尤 2/11/20
是○仁義不布而萬物蕃殖 2/11/21
是○日計之不足 2/11/22
是○貴有以行令 2/11/28
是○能戴大員者履大方 2/12/2
是○以道為竿 2/12/3
是○目觀玉輅琬象之狀 2/12/8
是○生不足以使之 2/12/11
是○身處江海之上 2/12/17
是○與至人居 2/12/20
○不言而能飲人以和 2/12/21
是○至道无為 2/12/21
是○事其神者神去之 2/12/23
是○舉事而順于道者 2/12/25
是○槐榆與橘柚合而為
兄弟 2/13/1
是○自其異者視之 2/13/3
是○聖人託其神於靈府 2/14/1
是○有真人然後有真知 2/14/4
是○道散而為德 2/14/10
是○神越者其言華 2/14/15
是○躊躇以終 2/14/18
是○聖人內修道術 2/14/20
是○虛無者、道之舍 2/14/24
是○凍者假兼衣于春 2/14/26
人無○求此物者 2/14/28
○不免於虛 2/15/4
是○聖人呼吸陰陽之氣 2/15/7
是○雖有羿之知而無所
用之 2/15/9
是○其德煩而不能一 2/15/11
是○治而不能和 2/15/13
而巧○萌生 2/15/15
是○百姓曼衍於淫荒之陂 2/15/19
是○聖人之學也 2/15/22
是○與其有天下也 2/16/1
是○舉世而譽之不加勸 2/16/2
是○神者智之淵也 2/16/8
〔○能〕形物之性〔情〕

〇使人信己者易 10/86/23
〇唐、虞之舉錯也 10/86/24
〇心哀而歌不樂 10/87/7
〇聖人栗栗乎其內 10/87/20
〇一人有慶 10/87/27
〇下之於上曰左之 10/87/29
〇上之於下曰右之 10/87/29
〇上左遷則失其所尊也 10/87/30
〇（戒）〔戎〕兵以大知小 10/88/6
〇哀樂之襲人（清）〔情〕也深矣 10/88/14
〇唐、虞日孳孳以致於王 10/88/18
〇知生之樂 10/88/21
〇治國樂其所以存 10/88/26
〇老而弗舍 10/89/10
〇善否 10/89/13
〇君子順其在己者而已矣 10/89/13
〇君子能為善 10/89/15
〇同味而嗜厚（膊）〔膞〕者 10/89/25
〇伯夷餓死首山之下 10/89/28
〇民嫚之 10/90/1
〇傳曰 10/90/2
〇楚莊謂共雍曰 10/90/5
〇孝己之禮可為也 10/90/13
〇聖人之舉事也 10/90/22
〇聖人不為物先 10/90/25
是〇德之所施者博 10/90/28
〇子路以勇死 10/91/1
〇行險者不得履繩 10/91/1
〇通於一伎 10/91/6
〇唐、虞之法可效也 10/91/9
〇歌而不比於律者 10/91/12
〇水出於山 10/91/15
〇商鞅立法而支解 10/91/18
〇急轡數策者 10/91/21
是〇祿過其功者損 10/91/22
是〇前有軒冕之賞 10/91/24
是〇積羽沉舟 10/92/2
〇君子禁於微 10/92/2
〇三代之善 10/92/3
〇粹者王 10/92/11
〇情勝欲者昌 10/92/17
是〇知己者不怨人 10/92/28
〇聖人反己而弗由也 10/93/2
是〇仁義立而道德遷矣 11/93/20
〇構而多責 11/93/26
〇有大路龍旂 11/94/1
〇高下之相傾也 11/94/3
〇不通於物者 11/94/7
〇糟丘生乎象櫡 11/94/14
〇行齊於俗 11/94/19
〇愚者有所脩 11/94/25
〇老子曰「不上賢」者 11/95/3
〇堯之治（夫）〔天〕下也 11/95/6
是〇離叛者寡 11/95/9
是〇鄰國相望 11/95/13
〇亂國若盛 11/95/15
〇先王之法籍 11/95/17
則不能知其〇俗 11/95/25
〇日月欲明 11/95/29
是〇不聞道者 11/96/5
〇古之聖王 11/96/7
〇令行禁止 11/96/7
是〇凡將舉事 11/96/7
〇堯之舉舜也 11/96/8
是〇貴虛 11/96/11
〇水（擊）〔激〕則波興 11/96/14
〇聖王執一而勿失 11/96/15
〇民命繫矣 11/96/16
〇哭之發於口 11/96/20
〇強哭者雖病不哀 11/96/21
〇釐負羈之壺（餐）〔飧〕 11/96/22
〇禮豐不足以效愛 11/96/23
〇公西華之養親也 11/97/1
〇胡人彈骨 11/97/2
〇四夷之禮不同 11/97/4
〇魯國服儒者之禮 11/97/8
是〇入其國者從其俗 11/97/12
〇禮因人情而為之節文 11/97/15
〇制禮足以佐實喻意而已（矣） 11/97/20
〔〇〕制樂足以合歡宣意而已 11/97/21
〇葬薶足以收斂蓋藏而已 11/97/23
是〇聖人廢而弗用也 11/97/26
〇明主制禮義而為衣 11/98/11
〇制禮義 11/98/13
是〇身者 11/98/16
〇聖人〔之〕財制物也 11/98/17
〇當舜之時 11/99/1
〇（不）為三年之喪 11/99/3
〇朝死而暮葬 11/99/3
是〇世異即事變 11/99/8
〇聖人論世而立法 11/99/8
是〇不法其以成之法 11/99/10
〇狐梁之歌可隨也 11/99/11
吐〇納新 11/99/14
〇天之員也不中規 11/99/20
〇其見不遠者 11/99/21
〇百家之言 11/99/27
〇三皇五帝 11/99/28
〇湯入夏而用其法 11/100/1
〇剞劂銷鋸陳 11/100/4
〇瑟無絃 11/100/6
〇絃、悲之具也 11/100/7
〇叩宮而宮應 11/100/11
〇蕭條者 11/100/12
〇求是者 11/100/16
〇賓有見人於密子者 11/100/26
〇賓之容一體也 11/101/3
〇趣（舍）合即言忠而益親 11/101/4
面形不變其〇 11/101/7
〇通於道者 11/101/11
〇終身隸於人 11/101/12
〇聖人體道反性 11/101/13
是〇農與農言力 11/101/17
〇伊尹之興土功也 11/101/18
〇萇弘、師曠 11/101/25
〇高不可及者 11/102/2
〇國治可與愚守也 11/102/6
〇雖峭法嚴刑 11/102/12
〇諺曰 11/102/12
〇趨舍同 11/102/17
〇事周於世則功成 11/102/22
〇六騏驥、駟駃騠 11/102/28
是〇立功之人 11/103/1
〇不為也 11/103/5
〇不務也 11/103/5
〇弗受也 11/103/6
〇不留也 11/103/7
〇所趨各異 11/103/10
〇惠子從車百乘以過孟

〇廟戰者帝 15/144/11
是〇入小而不偪 15/144/16
〇得道之兵 15/144/21
〇同利相死 15/144/23
〇明王之用兵也 15/144/26
〇善用兵者 15/144/28,15/146/21
15/147/11,15/152/12
〇德義足以懷天下之民 15/145/20
是〇善守者無與御 15/146/16
〇善為政者積其德 15/146/19
〇文之所(以)加者淺 15/146/19
〇費不半而功自倍也 15/146/21
〇千乘之國行文德者王 15/146/23
〇全兵先勝而後〔求〕戰 15/146/23
〇運籌於廟堂之上 15/146/26
〇鼓鳴旗麾 15/147/15
〇淩人者勝 15/147/16
〇能分人之兵 15/147/18
〇紂之卒百萬 15/147/19
〇千人同心則得千人〔之〕力 15/147/20
〇計定而發 15/147/21
〇將以民為體 15/147/23
〇良將之卒 15/147/24
〇民誠從(其)令 15/147/26
〇下不親上 15/147/27
〇攻不待衝隆雲梯而城拔 15/148/9
〇兵不必勝 15/148/10
〇勝定而後戰 15/148/10
〇眾聚而不虛散 15/148/11
以其无形〇也 15/148/23
是〇聖人貴靜 15/149/4
〇良將之用卒也 15/149/7
是〇傷敵者眾 15/149/8
〇任天者可迷也 15/149/16
是〇為麋鹿者則可以罝罘設也 15/149/19
是〇聖人藏於無原 15/149/21
〇其情不可得而觀 15/149/21
〇其陳不可得而經 15/149/21
〇上將之用兵也 15/149/27
〇水激則(涆)〔悍〕 15/150/3
是〇善用兵者 15/150/6
〇百人之必死也 15/150/7
是〇處於堂上之陰而知日月之次序 15/150/13
〇鼓不與於五音而為五音主 15/150/16
〇能調五音者 15/150/17
是〇將軍之心 15/150/18
是〇扶義而動 15/150/21
彼〇輕來 15/150/23
敵〇奔走 15/150/23
〇用兵之道 15/150/25
〇所鄉非所之也 15/150/26
〇勝可百全 15/150/27
是〇合之以文 15/151/2
是〇上視下如子 15/151/6
是〇父子兄弟之寇 15/151/8
〇四馬不調 15/151/8
是〇內脩其政以積其德 15/151/9
〇戰日有期 15/151/10
〇將必與卒同甘苦、(俟)〔侔〕飢寒 15/151/11
〇其死可得而盡也 15/151/11
〇古之善將者 15/151/11
〇良將之用兵也 15/151/14
何〇而不勝 15/151/14
是〇上足仰 15/151/21
〇以異為奇 15/152/7
〇靜為躁奇 15/152/7
〇能全其勝 15/152/9
〇動而為人擒 15/152/9
〇前後正齊 15/152/17
〇善戰者不在少 15/153/3
〇勝兵者非常實也 15/153/10
〇虛實之氣、兵之貴者也 15/153/11
是〇无天於上 15/153/21
是〇兵未交接而敵人恐懼 15/153/23
〇能戰勝而不報 15/153/27
是〇名必成而後无餘害矣 15/153/28
〇玉在山而草木潤 16.4/154/16
〇循迹者 16.8/155/1
〇釣可以教騎 16.10/155/6
而守其〇 16.11/155/9
〇末不可以強於本 16.12/155/12
〇惟不動 16.12/155/14
遠之〇也 16.16/155/22
是〇小不可以為內者 16.17/155/24
〇和氏之璧、隨侯之珠 16.19/156/1
〇以不平為平者 16.22/156/13
〇沮舍之下不可以坐 16.23/156/15
〇無病 16.24/156/19
〇無患也 16.24/156/19
〇有所善 16.28/156/31
〇無累 16.32/157/10
〇魚不可以無餌釣也 16.34/157/14
〇人之情 16.36/157/20
〔〇國有賢臣、折衝千里〕 16.39/157/27
是〇不同于和而可以成事者 16.41/158/4
〇同不可相治 16.46/158/18
〇澤失火而林憂 16.50/159/1
(〇國有賢君、折衝萬里) 16.59/159/26
〇小人之譽人 16.76/161/5
〇有形出於無形 16.85/161/30
〇不可得而量也 16.92/162/19
〇人眾則食狼 16.96/163/1
〇(食草)〔草食〕之獸不疾易藪 16.99/163/8
〇聖人見霜而知冰 16.102/163/17
〇聖人畜道以待時 16.103/163/21
〇「高山仰止 16.106/163/30
〇聖人同死生 16.108/164/5
〇寒者顫 16.109/164/8
〇里人諺曰 16.114/164/22
〇亡國之法有可隨者 16.115/164/25
〇人莫惡於無常行 16.119/165/9
〇決指而身死 16.129/166/4
〇梧桐斷角 16.130/166/8
〇君子不入獄 16.131/166/11
〇使(止)〔之〕見者 16.132/166/14
〇(桑)〔木〕葉(洛)〔落〕而長年悲也 16.136/166/23
〇或吹火而〔然〕 16.140/167/5
〇凡問(字)〔事〕 16.143/167/12

〇使（盲）〔瘖〕者語 16.144/167/14
〇莫之能致 17.9/168/29
是〇所重者在外 17.16/169/16
〇小快〔而〕害大利 17.26/170/7
〇禍中有福也 17.31/170/17
〇善游者不可懼以涉 17.37/170/30
〇能大 17.72/173/14
〇能遠 17.72/173/14
〇遁關不可復 17.97/175/7
蘇秦步曰何（〇）〔步〕 17.136/178/1
〇大白若辱 17.139/178/9
〇鄭詹入魯 17.145/178/22
或善為〇 17.153/179/8
〇見其一本而萬物知 17.155/179/12
（〇）〔得〕之與（先）〔失〕 17.157/179/16
〇一夫出死 17.210/183/9
〇跬步不休 17.226/184/9
〇求物必於近之者 17.232/184/23
〇侮人之鬼者 17.238/185/5
〇解（椊）〔捽〕者不在於捌格 17.239/185/7
是〇使人高賢稱譽己者 18/185/27
是〇人者輕小害 18/186/2
是〇知慮者、禍福之門戶也 18/186/12
是〇不溺於難者成 18/186/13
是〇不可不慎也 18/186/13
〇物或損之而益 18/186/16
我非〇與子（反）〔友〕也 18/187/14
〇豎陽穀之進酒也 18/187/24
〇聖人先忤而後合 18/188/1
〇趨舍不可不審也 18/188/19
不義之〇也 18/188/20
〇三后之後 18/189/15
〇樹黍者不穫稷 18/189/18
家無〇而黑牛生白犢 18/189/20
其父無〇而盲 18/189/21
其子又無〇而盲 18/189/25
此獨以父子盲之〇 18/189/27
馬無〇亡而入胡 18/190/1
此獨以跛之〇 18/190/5
〇福之為禍 18/190/5
〇物或遠之而近 18/190/21
〇謀患而患解 18/191/2
〇義者、天下之所（賞）〔貴〕也 18/191/10
〇（君）〔老〕子曰 18/192/6
臣〇蓄積於民 18/192/11
〇仁者不以欲傷生 18/193/6
〇千乘之國 18/193/21
（無〇有顯名者勿處也） 18/193/23
是〇忠臣〔之〕事君也 18/193/26
臣〇思之 18/194/19
是〇毀譽之言 18/194/20
〇黃帝亡其玄珠 18/195/2
〇禍之所從生者 18/195/23
〇蔡女蕩舟 18/195/26
〇師之所處 18/195/27
〇蠹啄剖梁柱 18/195/29
是〇聖人深居以避辱 18/196/8
〇萬物莫能傷也 18/196/11
是〇聖人者、常從事於無形之外 18/196/22
是〇患禍弗能傷也 18/196/22
〇天下貴之 18/197/6
〇秦之設備也 18/197/22
〇聖人量鑿而正枘 18/198/13
〇交畫不暢 18/198/15
〇「君子終日乾乾 18/198/28
〇善鄙（不）同 18/199/7
〇聖人雖有其志 18/199/10
〇直意適情 18/199/17
〇內有一定之操 18/199/19
〇萬舉而不陷 18/199/20
是〇見小行則可以論大體矣 18/199/25
此〇公家畜也 18/199/26
〔〇〕出而鬻之〔也〕 18/199/27
〇田子方隱一老馬而魏國（載）〔戴〕之 18/200/3
〇聖人行之於小 18/200/6
〇束身以受命 18/200/23
〇繁稱文辭 18/201/8
〇或類之而非 18/201/11
〇可得而擒也 18/202/6
是〇不可不察也 18/202/8
是〇禹（之）為水 19/202/28
〇立天子以齊〔一〕之 19/203/2
〇立三公九卿以輔翼之 19/203/3
〇立諸侯以教誨之 19/203/4
〇自天子以下 19/203/9
〇五穀得遂長 19/203/12
而曲〇不得容者 19/203/15
（政）〔〇〕事〔成〕而身弗伐 19/203/15
〇謂之有為 19/203/17
〇秦、楚、燕、魏之歌也 19/204/8
〇在所以感〔之矣〕 19/204/10
〇其形之為馬 19/204/17
則是以一（飽）〔餉〕之〇 19/204/27
〇力竭功沮 19/206/3
〇人作一事而遺後世 19/206/11
〇弓待（撒）〔檠〕而後能調 19/206/18
多（不）暇日之〇 19/207/3
〇君子積志委正 19/207/8
〇名立而不墮 19/207/27
是〇田者不強 19/207/27
〇為道者必託之于神農、黃帝而後能入說 19/208/5
是〇鍾子期死 19/208/8
〇有符於中 19/208/18
〇夫孿子之相似者 19/209/1
〇美人者 19/209/2
〇作書以喻（意）〔事〕 19/209/3
〇師曠之欲善調鍾也 19/209/9
是〇生木之長 19/209/24
〇可以為棺舟 19/209/26
〇其起福也 20/210/5
〇天之且風 20/210/10
〇寒暑燥濕 20/210/11
〇一動其本而百枝皆應 20/210/15
〇聖人者懷天心 20/210/18
〇精誠感於內 20/210/18
〇國危亡而天文變 20/210/22
〇神明之事 20/210/23
〇凡可度者、小也 20/210/29
〇九州不可頃畝也 20/211/1
〇大人者 20/211/2
〇聖人懷天氣 20/211/3
〇陰陽四時 20/211/10

○高山深林 20/211/11
○丘阜不能生雲雨 20/211/14
○化生於外 20/211/15
○聖人養心 20/211/18
○弩雖強不能獨中 20/212/4
○攄道以被民 20/212/5
○因則大 20/212/8
○能因 20/212/11
○良匠不能斲金 20/212/11
○有大婚之禮 20/212/14
○有大饗之誼 20/212/14
○有鍾鼓筦絃之音 20/212/14
○有衰絰哭踊之節 20/212/15
○先王之制法也 20/212/15
○男女有別 20/212/16
○風俗不流 20/212/16
○父子有親 20/212/17
○長幼有序 20/212/18
○无其性 20/212/21
○先王之教也 20/212/24
○刑罰不用而威行如流 20/212/24
○因其性 20/212/25
（○）〔以〕立父子之親而成家 20/213/3
（○《易》之失也卦） 20/213/21
○聖人事窮而更為 20/213/24
无○无新 20/214/1
○能法天 20/214/2
○《易》之失鬼 20/214/5
鉤不猒○ 20/214/10
呼而出○ 20/214/15
○可乎可 20/214/20
○勇者可（貪）〔令〕進鬬 20/214/24
○大較易為智 20/215/6
○无益於治而有益於煩者 20/215/7
○功不猒約 20/215/8
河以逶蛇、○能遠 20/215/12
山以陵遲、○能高 20/215/12
（陰陽无為、○能和） 20/215/12
道以優游、○能化 20/215/12
○張瑟者、小絃（急）〔絚〕而大絃緩 20/215/18
○法者、治之具也 20/215/22
○同氣者帝 20/215/25
○人主有伐國之志 20/215/26
○不言而信 20/215/27
○有道以統之 20/216/2
○法雖在、必待聖而後治 20/216/24
○國之所以存者 20/216/24
〔○〕守不待渠壍而固 20/216/27
〔○〕臧武仲以其智存魯 20/216/28
○舉天下之高以為三公 20/217/14
○知過萬人者謂之英 20/217/15
○聖主者舉賢以立功 20/217/25
○觀其所舉 20/217/27
○雖出邪辟之道 20/218/1
○蒙恥辱而不死 20/218/5
○因衛夫人、彌子瑕而欲通其道 20/218/7
○舜放弟 20/218/10
○百川並流 20/218/15
○善言歸乎可行 20/218/16
○君子之過也 20/218/20
○事成而功足賴也 20/218/23
○心者、身之本也 20/219/2
○為治之本 20/219/3
○知性之情者 20/219/8
○不高宮室者 20/219/8
○自養得其節 20/219/11
○桀、紂不為王 20/219/17
○天子得道 20/219/27
○湯處亳七十里 20/219/28
○得道則以百里之地令於諸侯 20/220/2
○有瘖聾之病者 20/220/12
○因其患則造其備 20/220/19
○知不博而日不足 20/220/29
○不學之與學也 20/221/2
○食其口而百節肥 20/221/10
○仁義者、治之本也 20/221/11
○仁義者、為厚基者也 20/221/14
○滅 20/221/16
○亡 20/221/16
○君臣以睦 20/221/23
○《韶》、《夏》之樂也 20/221/23
思○鄉 20/221/25
○弁冕輅輿 20/221/27
○无聲者、正其可聽者也 20/221/29
○事不本於道德者 20/222/1
○五子之言 20/222/2
○博施而不竭 20/222/5
○舜深藏黃金於嶄喦之山 20/222/6
○民知書而德衰 20/222/9
○上下異道則治 20/222/14
○小快害義 20/222/15
○民易道 20/222/15
○下不（相）賊 20/222/16
○民无匿（情） 20/222/16
○齊桓公亡汶陽之田而霸 20/222/24
○事有鑿一孔而（生）〔開〕百隙 20/223/5
○事有利於小而害於大 20/223/8
○行棊者 20/223/9
○仁知、人材之美者也 20/223/11
○《書》曰 20/223/14
○仁莫大於愛人 20/223/16
○多為之辭 21/223/23
○言道而不言事 21/223/23
○著二十篇 21/223/24
○通而无為也 21/226/11
○為之浮稱流說其所以能聽 21/226/12
○景星見 21/226/19
○德形於內 21/226/21
○言道而不明終始 21/226/24
○著書二十篇 21/227/1
○多為之辭以（杼）〔抒〕其情 21/227/13
○博為之說以通其意 21/227/13
○太公之謀生焉 21/227/23
○治三年之喪 21/227/27
○縱馬華山 21/227/29
○儒者之學生焉 21/228/2
○背周道而用夏政 21/228/5
○節財、薄葬、閒服生焉 21/228/7
○《管子》之書生焉 21/228/11
○晏子之諫生焉 21/228/14
○縱橫脩短生焉 21/228/18
晉國之○禮未滅 21/228/20
新○相反 21/228/21
○刑名之書生焉 21/228/22
○商鞅之法生焉 21/228/26

〇置之尋常而不塞 21/228/31

牿 gù 1

〇服馬牛以為牢 11/103/29

梏 gù 2

去桎〇 5/39/22
束（縛）〔縛〕桎〇 13/127/4

顧 gù 27

冠挂而弗〇 1/5/20
鴟視虎〇 7/58/3
小人貪利而不〇義 10/88/13
貪祿者見利不〇身 11/103/13
不能相〇也 11/104/17
公孫龍〇謂弟子曰 12/113/6
〇見盧敖 12/116/6
（頗）〇曰 12/119/15
無所〇（間）〔問〕 13/121/18
乃眷西〇 13/124/26
使曹子計不〇後 13/127/1
不〇後圖 13/127/6
不〇後患者 14/137/21
不〇百姓之飢寒窮匱也 15/146/5
為主不〇身 15/151/25
不〇必死 15/153/21
〇反於國 15/153/25
魄反〇 16.1/154/7
〇反走 16.34/157/14
或斷臂而〇活 16.129/166/4
偷肥其體而〇近其死 17.9/168/29
毛將何〇 17.137/178/4
逐鹿者不〇兔 17.218/183/25
〇反取其出之者 18/187/13
盜還反〇之 18/197/1
不〇政治 20/213/15
不〇其費 20/220/13

瓜 guā 3

王〇生 5/41/3
〇瓠不成 5/46/16
夫人之所以莫（抓）
〔振〕玉石而（抓）
〔振〕〇瓠者 9/72/21

栝 guā 2

夫〇淇衛箘簬 15/150/3
隱〇之力 19/206/20

寡 guǎ 72

損之而不〇 1/1/22
陸事〇而水事眾 1/3/24
〇其所求則得 1/6/30
慕之者多而行之者〇 1/8/7
〔存〕鰥〇 3/23/21
存鰥〇 5/41/23
存孤〇 5/45/16
惠孤〇 5/47/19
眾不暴〇 6/52/17
計人多少眾〇使有分數 8/61/25
人眾而財〇 8/62/8
求〇而易贍 9/68/10
職〇者易守 9/70/17
而〇察其實 9/72/27
眾暴〇 9/74/3,19/203/2
愚人之所（見）〔備〕
者〇 9/81/16
此智者所以〇患也 9/81/17
不如其〇也 9/82/1
何聖仁之〇也 10/86/21
（刑）〔施〕於〇妻 10/88/5
是故離叛者〇 11/95/9
欲節〔而〕事〇也 11/95/16
以此為〇人失 11/100/24
〇人所有〔者〕 12/106/8
〇人所說者 12/107/16
客將何以教〇人 12/107/17
此〇人之所欲聞也 12/107/18
此〇人所欲得也 12/107/23
客之以說勝〇人也 12/108/2
今〔魯〕國之富者〇而
貧者眾 12/108/19
〇人得（立）〔奉〕宗
廟社稷 12/109/28
〇人讀書 12/110/3
〇人當其美 12/110/12
〇人自知不為諸侯笑矣 12/110/12
〔〇人請自當也〕 12/112/21
〇人誰為君乎 12/112/22
是〇人之命固已盡矣 12/112/24
不若其〇也 12/118/13
〇人問太卜曰 12/119/1
〇人伐紂天下 12/119/22
慮患者〇 12/119/28
貪得而〇羞 13/122/4
教〇人以道者擊鼓 13/123/27
諭〇人以義者擊鍾 13/123/28
告〇人以事者振鐸 13/123/28
語〇人以憂者擊磬 13/123/28
〇人社稷危 13/128/25
振其孤〇 15/143/18
而所以必勝者〇 15/145/10
德均、則眾者〔勝〕〇 15/146/24
雖眾為〇 15/147/27
而手戰者〇矣 15/149/8
或將眾而用〇者 15/149/13
將〇而用眾者 15/149/14
〔願〕為〇人稱之 18/190/16
〇人國家危 18/192/4
〇人起九軍以討之 18/193/12
〇人聞命矣 18/201/2
〇人敢勿軾乎 19/204/1
〇人光于勢 19/204/2
〇人富于財 19/204/2
〔段〕干木雖以己易〇
人 19/204/3
然其知者必〇矣 19/206/8
〇君失社稷 19/207/19
〇人以示工 19/209/8
則萬物之有葉者〇矣 20/210/28
徑而〇失 20/215/6
求不賦〇 20/215/8
求〇、易贍也 20/215/9
委利爭受〇 20/216/6
〇義而趨利 21/228/24

卦 guà 4

審〇兆 5/45/17
不占〇兆 8/61/8
（故《易》之失也〇） 20/213/21
八〇可以識吉凶、知禍
福矣 21/227/6

○景柱而知持後矣 10/90/25
聖人之法可○也 11/99/12
所從○者異也 11/101/5
吾○其從者 12/110/28
若墮之所○者 12/111/22
先生試○起之為（人）〔之〕也 12/112/2
窮○於六合之外者 12/116/8
乃語窮○ 12/116/15
往○化焉 12/116/21
吾以○其復也 12/117/26
孔子○桓公之廟 12/119/14
故聖人見化以○其徵 13/124/18
而○小節足以知大體矣 13/128/18
貴則○其所舉 13/128/19
富則○其所施 13/128/19
窮則○其所不受 13/128/19
賤則○其所不為 13/128/19
貧則○其所不取 13/128/19
以○其守 13/128/20
孰能○之 13/132/1
為善則○ 14/135/16
○則生（貴）〔責〕 14/135/16
而為論者莫然不見所○焉 14/138/6
行不○ 14/139/10
（內）〔由〕是○之 14/140/10
故不（可）得（而）○〔其形〕 15/144/3
○其邪正 15/148/16
故其情不可得而○ 15/149/21
○彼之所以來 15/150/21
此皆微眇可以○論者 16.20/156/6
盲者不○ 17.58/172/17
○射者遺其藝 17.59/172/19
○書者忘其愛 17.59/172/19
欲○九（用）〔州〕之土 17.138/178/6
○指而睹歸 18/185/23
以五聖○之 19/202/15
若以布衣徒步之人○之 19/203/5
○始卒之端 19/206/23
追○上古 19/206/26
以○禍福 19/207/1
（且）〔則〕夫○者莫不為之損心酸足 19/209/23
巫馬期往○化焉 20/211/28
以○其內 20/213/9
以○其外 20/213/9
故○其所舉 20/217/27
夫○逐者於其反也 20/218/10
而○行者於其終也 20/218/10
夫○六藝之廣崇 20/220/14
其（於）〔所〕以監○ 20/220/16
而○千歲之知 20/220/20
以鑿○池之力耕 20/220/29
○其源而知其流 20/222/5
繁然足以○終始矣 21/223/22
浩然可以大○矣 21/224/2
○至德之統 21/224/8
所以令人遠○博見者也 21/224/25
樽流遁之○ 21/225/5
追○往古之跡 21/225/19
所以○禍福之變 21/226/5
○者不知其何獸也 21/227/9
○天地之象 21/228/28

莞 guǎn 11

故○子文錦也 10/86/8
絲○金石 10/87/4
○夷吾、百里奚經而成之 10/89/4
盛○簫 11/97/21
伯樂、韓風、秦牙、○青 11/99/28
鍾鼓○簫、絲竹金石以淫其耳 11/104/2
此〔《○子》〕所謂（《○子》）「（梟）〔鳥〕飛而（維）〔準〕繩」者 12/118/20
總一○ 18/185/23
其家无○簫之信、關楗之固 18/201/21
故有鍾鼓○絃之音 20/212/14

管 guǎn 33

列○弦 1/7/28
修韶聲琴瑟○簫 5/41/21
慎○籥 5/45/18
脊○高于頂 7/58/20
故鐘鼓○簫 8/66/3
執正（營）〔○〕事 9/72/12
則○、晏之智盡矣 9/76/6
景、桓（公）臣○、晏 9/77/17
故古之為金石○絃者 9/78/19
衰經（○）〔菅〕屨 9/78/20
誅○叔 11/102/20
從○、晏視伯夷 11/103/8
從伯夷視○、晏 11/103/8
雖十○仲 11/104/4
無○仲、鮑叔以為臣 12/119/11
誅○、蔡之罪 13/121/17
○仲輔公子糾而不能遂 13/127/3
然而○仲免於束縛之中 13/127/5
使○仲出死捐軀 13/127/6
盜○（金）〔璽〕 13/129/15
○籥有音 14/138/17
三寸之○而無當 17.86/174/14
○子以小辱成大榮 17.182/181/10
○仲束縛 19/203/6
周公誅○叔、蔡叔 20/214/16
桓公任○仲、隰朋而霸 20/217/26
○叔、蔡叔奉公子祿父而欲為亂 20/218/4
○子憂周室之卑 20/218/5
曰「○子之趨也」 20/218/13
教之用○準則說 20/220/22
施之於絃○ 20/221/24
蔡叔、○叔輔公子祿父而欲為亂 21/227/28
故《○子》之書生焉 21/228/11

館 guǎn 1

以○清平之靈 21/226/16

貫 guàn 25

利○金石 1/6/4
下○九野 1/6/17
夫道有經紀條○ 2/11/28
揲○萬物 2/14/21
枝解葉○ 2/15/12
使各有經紀條○ 2/15/13
○渤海 4/33/11
○大人之國 5/47/13
○顓頊之國 5/47/18
龍門、河、濟相○ 5/47/23
（業）〔葉〕○萬世而

不壅 9/69/13
若指之桑條以○其鼻 9/78/3
是猶○甲（胃）〔冑〕而入宗廟 9/78/23
人能○冥冥入於昭昭 10/91/2
錣上○頤 12/117/12
絛（脩）〔循〕葉○ 15/144/15
○金石 15/148/23
則○兕甲而徑於革盾矣 15/150/5
矢之於十步○兕甲 16.68/160/17
17.222/184/1
矢之發無能○ 16.86/162/1
服習積○之所致 19/206/18
夫矢之所以射遠○（牢）〔堅〕者 20/212/2
○萬物之理 21/225/16
而通行○扃萬物之窒塞者也 21/226/1

祼 guàn 3

故禹之（○）〔祼〕國 1/3/26
（從）〔徙〕○國 1/4/21
〔有〕結胸民、羽民、讙頭國民、（○）〔祼〕國民、三苗民、交股民、不死民、穿胸民、反舌民、豕喙民、鑿齒民、三頭民、脩臂民 4/36/27

盥 guàn 1

○而後饋 20/215/16

雚 guàn 3

（○蘆）〔蓶扈〕炫煌 2/10/21
席之〔上〕、先（○蕈）〔雚蕈〕 14/141/19
○葦有叢 17.134/177/28

灌 guàn 14

○以潔水 2/17/20
其○輪之者大 9/71/11
○之 12/119/15
舉壺榼盆盎而以○之 15/149/11
十頃之陂可以○四十頃 17.75/173/21
而一頃之陂〔不〕可以○四頃 17.75/173/21
○十頃之澤 17.203/182/25
決晉水而○之 18/191/20
決水○智伯〔軍〕 18/192/1
孫叔敖決期思之水而○雩婁之野 18/200/9
以淮○山 19/203/16
若春雨之○萬物也 20/210/15
○其本而枝葉美 20/221/10
是釋其根而○其枝也 20/221/12

爟 guàn 1

祓之以○火 13/128/4

光 guāng 53

（絃）〔紘〕宇宙而章三○ 1/1/6
照日○而無景 1/2/1
其子為○ 1/6/11
夫○可見而不可握 1/6/11
不可隱儀揆度而通○燿者 2/10/23
若○燿之（閒）〔問〕於无有 2/10/26
能游冥冥者與日月同○ 2/12/3
弊其玄○而求知之于耳目 2/16/13
然莫能與之同○者 2/17/28
酉在辛曰重○ 3/31/3
宵明、燭○在河洲 4/37/10
不能覽其○ 6/50/18
○暉重萬物 6/53/5
薄蝕無○ 7/55/15
尚猶節其章○ 7/55/18
如○之燿 7/57/17
務○不以生害義 7/59/5
務○不污於世 7/59/9
日月淑清而揚○ 8/61/10
是謂瑤○ 8/63/6
瑤○者 8/63/6
上掩天○ 8/65/14
聰明（先）〔○〕而不弊 9/75/3
配日月之○ 10/86/4
誘然與日月爭○ 10/88/26
是故「用其○ 12/109/25
和其○ 12/112/10
此猶○乎日月而載列星 12/116/10
東（開）〔關〕〔乎〕鴻濛之○ 12/116/12
炤炤之○ 12/117/2
○耀問於無有曰 12/117/6
○耀不得問 12/117/6
○耀曰 12/117/8
若上亂三○之明 13/125/3
日奪其○ 16.12/155/12
不能與之爭○也 16.12/155/12
夫玉潤澤而有○ 16.19/155/29
受○於隙照一隅 16.82/161/21
受○於牖照北壁 16.82/161/21
受○於戶照室中無遺物 16.82/161/21
況受○於宇宙乎 16.82/161/21
明月之○可以遠望 17.76/173/23
旁○不升俎 17.141/178/13
百星之明不如一月之○ 17.221/183/31
段干木○于德 19/204/2
寡人○于勢 19/204/2
學有緝熙于○明 19/207/5
19/209/28
晝冥宵○ 20/210/21
見日月○ 20/220/7,20/220/8
理日月之○ 21/224/11
上明三○ 21/226/15

廣 guǎng 63

逍遙于○澤之中 1/9/1
深閎○大 2/10/24
不周風至四十五日○莫風至 3/20/27
○莫風至則閉關梁 3/20/30
故幅○二尺七寸 3/26/14
欲知東西、南北○袤之數者 3/31/15
除舉○ 3/31/17
建木在都○ 4/33/19
南方曰都○ 4/34/2
○莫〔風〕之所生也 4/37/27
天子乃厲服○飾 5/44/23
○大以容眾 5/49/1

○大以容 5/49/4
○大以寬 5/49/8
徑蹶都○ 6/52/3
於是天下○陜險易遠近始有道里 8/63/14
晚世務○地侵壤 8/66/21
所制甚○ 9/77/20
執約以治○ 9/80/5
后稷○利天下 10/83/10
水下流而○大 10/89/4
未可與○應也 10/91/6
地以德○ 10/92/10
地以義○ 10/92/10
地以強○ 10/92/10
○廈闊屋 11/94/20
富貴○大 12/119/18
而不知八極之○大也 13/124/12
務○其地而不務仁義 13/124/27
故聖人守約而治○者 13/129/10
故○成子曰 14/134/2
非利土壤之○而貪金玉之略 15/142/21
欲以侵地○壤也 15/143/23
地○民眾 15/145/3
地○人眾 15/145/23
則威之所制者○ 15/146/20
威之所制者○ 15/146/21
平原○澤 15/151/3
水○者魚大 16.31/157/7
○其地而薄其德 16.31/157/7
至深微○大矣 16.85/161/31, 17.3/168/16
今有六尺之（○）〔席〕 17.118/176/21
地○而名尊 18/187/1
吾土地非益○也 18/192/16
攻城者、欲以○地也 18/192/26
（謟）〔諂〕臣者務○君之地 18/193/10
可伐以○地 18/193/18
此務為君○地者〔也〕 18/193/20
為君○地者滅 18/193/20
好○地者亡 18/193/21
是以聖人不高山、不○河 19/203/7
成其○大 20/211/12
地○者制不可以狹 20/215/4
而未可〔以〕○應也 20/215/13
夫觀六藝之○崇 20/220/14
○於四海 20/220/15
不益其厚而張其○者毀 20/221/15
不○其基而增其高者覆 20/221/15
知伯不行仁義而務○地 20/221/16
守約以治○ 21/224/2
極東西之○ 21/224/14
○文、武之業 21/228/11

圭 guī 5

用○璧 5/40/2
○璋在前 10/84/18
列田百頃而封之執○ 12/113/11
荊〔王〕爵為執○ 12/118/6
周之簡○生於垢石 16.110/164/11

規 guī 39

員不中○ 1/6/17
○矩不能方圓 1/9/8
有況比於○形者乎 2/13/9
如工匠有○矩之數 2/13/16
執○而治春 3/20/1
○生矩殺 3/25/14
道（曰○）始於一 3/25/17
春為○ 5/48/26
○者 5/48/27
○之為度也 5/49/8
○度不失 5/49/9
春治以○ 5/49/22
是故心知○而師傳諭（導）〔道〕 9/67/4
若欲○之 9/67/11
今夫權衡○矩 9/69/24
○矩方員 9/74/17
而旋曲中○ 9/76/3
員乎○ 10/82/15
故天之員也不中○ 11/99/20
若夫○矩鉤繩者 11/100/6
○不正 14/133/6
事之○矩也 14/133/6
員之中○ 14/140/16, 19/207/26
不可○慮也 15/147/3
審錯○慮 15/148/5
設○慮 15/152/19
○孟賁之目 16.91/162/17
事或不可前○ 16.103/163/20
非○矩不能定方圓 17.214/183/17
用○矩準繩者 17.214/183/17
亦有○矩準繩焉 17.214/183/17
儀表○矩 18/185/20
莫不先以其知○慮揣度 18/186/9
其曲中○ 19/206/19
夫无○矩 19/208/7
○矩權衡準繩 20/214/8
員中○ 20/215/14
○遠近之路 21/224/15

閨 guī 5

（閨）〔○〕門重襲以（避）〔備〕姦賊 9/71/9
而乃責之以○閤之禮 9/74/26
晉文得之乎○內 10/89/1
齊桓失之乎○內 10/89/2
以為七尺之○也 13/130/12

瑰 guī 1

無○異之行 14/139/10

龜 guī 26

蛤（蟹）〔姚〕珠○ 4/34/26
清水宜○ 4/35/22
玄黿生靈○ 4/38/4
靈○生庶○ 4/38/5
凡介者生（庶於）〔於庶〕○ 4/38/5
登○取黿 5/42/10
占○策 5/45/17
鼈○無腹 6/53/18
蓍○兆 8/61/11
〔則○龍不往〕 8/61/15
方倦○殼而食蛤梨 12/116/7
○三千歲 14/142/8
以浮游而為○憂養生之具 14/142/8
○策、（機）〔禨〕祥 15/152/19
鑽靈○ 15/153/14
神○能見夢元王 16.9/155/4
下有伏○ 16.47/158/21

壞塘以取○ 16.74/160/29
援兩鱉而失靈○ 16.74/160/30
大蔡神○出於溝壑 16.110/164/11
卜者操○ 17.19/169/24
必問吉凶於○者 17.52/172/4
不能搏○鱉 17.80/174/1
○紐之璽 17.128/177/14
諸侯皆以為蓍○兆 18/200/24

歸 guī 88

乘其要〔趣而〕○之（趣） 1/2/12
天下○之 1/2/18
虛而往者實而○ 2/12/21
淪於无間而復○於大矣 2/13/23
而○於萬物之初 2/14/1
故水潦塵埃○焉 3/18/26
月○而萬物死 3/24/11
以送萬物○也 5/42/12
玄鳥○ 5/43/19
以送萬物之〔所〕○ 5/47/25
過○鴈於碣石 6/52/11
追猋○忽 6/52/12
使萬物各復○其根 6/54/10
其已成器而破碎漫瀾而復○其故也 7/56/23
復○於無形也 7/58/7
死○也 7/58/17
無所○宿 8/61/24
德交○焉而莫之充忍也 8/63/4
異路而同○ 8/63/25
萬物○之 9/68/14
是故下者萬物○之 9/71/5
以觀其○ 9/73/1
禽獸○之若流（原）〔泉〕 9/79/15
飛鳥○之若煙雲 9/79/16
名不與利期而利○之 10/85/22
（无）〔死〕所○也 10/86/13
不以所託害所○也 10/86/13
○乎伯孟 10/86/22
聖人見其所生則知其所○矣 10/91/16
復○其門 11/98/20
各○其身 11/103/25
復○其明也 12/109/25
夜還師而○ 12/112/16
三年而天下二垂○之 12/114/10
文王○ 12/114/16
宿沙之民皆自攻其君而○神農 12/114/23
子發因使人○之 12/115/6
使○之於執事 12/115/7
子發又使人○之 12/115/7
子發又使○之 12/115/8
擒其三軍以○ 12/115/27
巫馬期○以報孔子曰 12/116/24
魚鱉龍蛇莫（肯之）〔之肯〕○也 12/118/22
百川異源而皆○於海 13/121/8
太史令向藝先○文王 13/124/20
〔反〕虜惠公以○ 13/129/5
兵出而不徒○ 15/148/11
視死若○ 15/151/10,20/218/27
○謂其母曰 16.77/161/7
所○者一 16.83/161/25
咎犯辭○ 16.136/166/23
兔走○窟 17.6/168/23
則速（曰）〔日〕○風 17.48/171/21
不若○家織網 17.194/182/6
觀指而睹○ 18/185/23
○而封孫叔敖 18/186/18
使者○報 18/188/9
使秦西巴持○烹之 18/188/13
孟孫○ 18/188/14
君子致其道而福祿○焉 18/189/10
○致命其父 18/189/24
其馬將胡駿馬而○ 18/190/2
還○賞有功者 18/191/15
以身○君 18/194/18
太宰子朱辭官而○ 18/196/13
知所○心矣 18/199/28
齊莊公避一螳螂而勇武○之 18/200/3
而九夷○（之） 18/200/4
然衛君以為吳可以○骸骨也 18/200/23
其所由異路而同○ 19/203/20
此所謂異路而同○者也 19/204/7
天下所○ 19/205/12
而无所○心 19/208/28
以○神〔杜淫〕 20/213/13
一心同○ 20/217/21,21/226/19
不○善者不為君子 20/218/15
故善言○乎可行 20/218/16
善行○乎仁義 20/218/16
此異行而○於善者 20/218/17
此異行而○於醜者也 20/218/19
戎伐凡伯于楚丘以○ 20/220/1
則知其所○矣 20/222/6
而○之一本 21/226/16
福祥不○ 21/226/20
天下二垂○之 21/227/22
獵射忘○ 21/228/13

瓌 guī 2

何況懷○瑋之道 2/12/5
○異奇物 8/65/21

宄 guǐ 1

奸○息 20/213/19

佹 guǐ 1

爭為○辯 11/103/21

癸 guǐ 10

其日壬○ 3/20/6, 5/45/9,5/46/1,5/46/20
加十五日指○則小寒 3/22/12
以至於〔壬〕○ 3/27/24
○（越）〔趙〕 3/28/22
壬○亥子 3/28/26
○亥 3/29/9
（子）〔亥〕在○曰昭陽 3/31/7

軌 guǐ 6

是故聖人一度循○ 1/7/1
而車○不接於遠方之外 6/50/24
五星循○而不失其行 8/61/11
車○不結千里之外者 11/95/14
結○乎遠方之外 11/97/13
不旋踵運○而死 19/207/14

攱 guǐ 1

冠則戴（致）〔○〕之 17.36/170/27

鬼 guǐ 52

○出（電）〔神〕入 1/1/11
是故傷死者其○嬈 2/11/15
醢○侯之女 2/18/1
其星輿○、柳、七星 3/19/25
以五月夏至效東井、輿○ 3/20/20
東井、輿○為對 3/27/5
歲星舍東井、輿○ 3/27/12
五月建東井、〔輿○〕 3/28/2
輿○四 3/28/8
東井、輿○秦 3/28/12
人死為○ 4/34/26
幣禱○神 5/39/9
電奔而○騰 6/52/10
道○神 6/53/6
役使○神 7/58/1
○夜哭 8/62/27
精與○神總 8/64/15
禮○神 8/65/19
○神弗敢（崇）〔祟〕 9/80/14
不道○神 9/80/26
○神以畏之 12/119/27
祥於○神 13/121/27
今夫圖工好畫○魅 13/122/25
○魅不世出 13/122/25
右○非命 13/123/21
以為○也 13/130/13
是故因○神禨祥而為之立禁 13/130/19
枕戶橉而臥者○神蹠其首 13/130/21
○神（履）〔蹠〕其首者 13/130/27
使○神能玄化 13/130/28
故託○神以申誡之也 13/131/2
乃借○神之威以聲其教 13/131/3
此○神之所以立 13/131/13
祀其○神於明堂之上 14/142/16
傲天（海）〔侮〕○ 15/143/14
與○神通 15/144/10
神出而○行 15/147/5
○神移徙 15/148/11
若○之無迹 15/150/26
以東薪為○ 16.64/160/7
 16.64/160/7
莫欲學治○ 17.22/169/30
（戰）兵死之○憎神巫 17.90/174/23
○神之貌不著於目 17.165/180/6
故侮人之○者 17.238/185/5
荊人○ 18/186/21
非求福於○神也 18/189/8
以饗○神 18/189/21
復〔教〕以饗○神 18/189/24
與○神合靈 20/211/3
夫○神視之无形 20/211/5
故《易》之失○ 20/214/5

詭 guǐ 7

○文回波 8/65/3
形性○也 9/70/14
○自然之性 9/72/5
有○文繁繡 11/94/3
形殊性○ 11/94/23
禮樂相○ 11/98/7
必有○ 17.213/183/15

簋 guǐ 1

陳簠○ 20/215/17

桂 guì 1

南至豫章、○林 13/124/3

貴 guì 142

賤長○壯 1/3/25
是故○者必以賤為號 1/5/1
○其周於數而合於時也 1/5/15
故聖人不○尺之璧 1/5/19
樂亡于富○ 1/7/17
而不以○賤貧富勞逸失其志德者也 1/9/3
不以○為安 1/9/12
是故○虛者以毫末為宅也 1/9/26
是故○有以行令 2/11/28
夫○賤之於身也 2/12/14
使王公簡其○富而樂卑賤 2/12/20
等○賤 2/14/8,6/52/17
天神之○者 3/29/14
莫○於青龍 3/29/14
莫○於人 3/29/18
百官○賤 5/44/17
使○賤卑尊各有等級 5/45/19
然未見其○者也 6/52/8
○之而弗喜 7/56/17
是故聖人○而尊之 7/57/3
而不可以富○留也 7/59/3
堯不以有天下為○ 7/59/4
至○不待爵 7/59/5
不以天下為○矣 7/59/7
生（尊）〔○〕于天下也 7/59/16
知許由之○于舜 7/60/1
至○也 7/60/3
能知大○ 7/60/4
出見富○之樂而欲之 7/60/17
志非能〔不〕貪富○之位 7/60/18
異○賤 8/61/26
是以○仁 8/62/9
是以○義 8/62/10
是以○禮 8/62/11
是以○樂 8/62/11
然天下莫知○其不言也 8/63/24
○賤不失其體 8/64/20
唯神化為○ 9/68/12
有○于言者也 9/68/23
有○于見者〔也〕 9/68/24
人主○正而尚忠 9/72/12
不可以○賤尊卑論也 9/75/10
尊○者不輕其罰 9/75/17
故治者不○其自是 9/76/14
而○其不得為非也 9/76/14
夫○富者之於勞也 9/76/26
而有過則無以（○）〔責〕之 9/77/1
可謂至○矣 9/80/14
莫○於仁 9/81/27
○文也 10/84/18
以（責）〔○〕為聖乎 10/86/20
則（聖）〔○〕者衆矣 10/86/21
凡高者○其左 10/87/29
下者○其右 10/87/29
臣右還則失其所○矣 10/87/30

得其所○也 10/89/29
天下有至○而非勢位也 10/93/12
原心反性則○矣 10/93/12
性失然後○仁 11/93/20
道失然後○義 11/93/20
所以別尊卑、異○賤 11/93/24
貨財之○ 11/93/30
物無○賤 11/94/29
因其所○而○之 11/94/30
物無不○也 11/94/30
是故○虛 11/96/11
夫一者至○ 11/96/15
夫有孰○之 11/99/1
至○在焉爾 11/99/11
而歐冶之巧〔不〕可○
也 11/99/13
得勢而○ 11/101/21
並世有與同者而弗知○
也 11/102/27
不○難得之貨 11/103/24
○遠方之貨 11/103/28
雖富○ 12/109/16
○以身為天下 12/109/18
乃有○乎馬者〔也〕 12/111/24
故○必以賤為本 12/114/3
○矣哉 12/117/8
是賢於○生焉 12/118/8
富○廣大 12/119/18
以《詩》、《春秋》為
古之道而○之 13/121/10
孰能○之 13/125/15
○賤无序 13/126/15
○則觀其所舉 13/128/19
難得○賈之物也 13/130/25
唯道之在者為○ 13/132/2
天道之○也 13/132/4
人莫不○其所（有）
〔脩〕 14/132/26
然而皆溺其所○ 14/132/26
所○者有形 14/132/26
人能○其所賤 14/132/27
賤其所○ 14/132/27
猶之○天也 14/134/15
觀則生（○）〔責〕 14/135/16
富○其寄也 14/138/30
○為天子 14/140/25
故雖賤如○ 14/140/28
而先王○之 14/141/20
神○於形也 14/142/16
所○道者 15/147/2
○其无形也 15/147/2
是故聖人○靜 15/149/4
神莫○於天 15/149/15
兵○謀之不測也 15/152/11
然而非兵之○者也 15/152/26
故虛實之氣、兵之○者
也 15/153/11
雖高隆、世不能○ 16.116/165/2
（鼎錯）〔錯鼎〕日用
而不足○ 16.137/166/26
力○齊 16.149/167/29
知○捷 16.149/167/29
所以○鏌邪者 16.150/168/1
然而不足○也 17.1/168/11
蛛者○之 17.2/168/14
何謂○智 18/190/26
其言有○者也 18/191/9
故義者、天下之所（賞）
〔○〕也 18/191/10
無為○智 18/191/22
無功而富○者勿居也 18/193/23
故天下○之 18/197/6
五帝○德 18/198/24
所以○聖人者 18/199/20
20/216/18
○无益於解患 18/200/19
○其所欲達 19/206/12
因而○之 19/208/6
則○是而同今古 19/208/18
則所從來者遠而○之耳 19/208/19
則○（之）〔人〕爭帶
之 19/208/21
然後脩朝聘以明○賤 20/212/18
立事者、賤者勞而○者
逸 20/215/19
所以○扁鵲者 20/216/17
非○其隨病而調藥〔也〕
20/216/17
○其壓息脈血 20/216/17
非○〔其〕隨罪而鑒刑
也 20/216/18
○其知亂之所由起也 20/216/18
身○於天下也 20/218/26
是○其冠履而忘其頭足
也 20/221/14
非其○也 20/221/30
則賤物而○身 21/224/3

跪 guì 3

○而度之 16.122/165/16
為使者○而啜三杯 18/188/9
○而斟羹 20/223/2

劌 guì 1

廉而不○ 12/119/6

鞼 guì 3

堅強而不○ 1/7/9
剛而不○ 8/64/16
（鞅）〔○〕鞈鐵鎧 9/68/17

鯀 gǔn 3

昔者夏○作（三）〔九〕
仞之城 1/3/2
殛○於羽山 19/202/20
則○、禹之功不立 19/203/13

郭 guō 19

脩城○ 3/23/22
〔毋〕置城○ 5/39/10
敗壞城○ 5/41/13
修城○ 5/43/9,5/45/18,5/48/2
可以築城○ 5/44/1
城○不關 6/52/19
高築城○ 8/65/6
暮宿於○門之外 12/109/1
堯無百戶之○ 13/124/15
越城○ 13/129/15
裨諶出○而知 16.142/167/9
靖○君將城薛 18/190/13
靖○君謂謁者曰 18/190/13
〔靖〕○君聞而見之 18/190/14
靖○君止之曰 18/190/15
靖○君曰 18/190/16,18/190/18

蟈 guō 2

螻○鳴 5/41/2
丘（○）〔螾〕出 5/41/2

彍 guō 1

疾如○弩 15/152/1

國 guó 324

執玉帛者萬○ 1/3/4
故禹之（裸）〔裸〕○ 1/3/26
（從）〔徙〕裸○ 1/4/21
存危○ 2/14/8,9/74/25
有況與一○同伐之哉 2/17/21
殺不辜則○赤地 3/19/13
司无道之○ 3/20/12
其○亡土 3/20/14
其○益地 3/20/14
主死○亡 3/28/15
○君當之 3/29/12
東方有君子之○ 4/34/25
凡海外三十六○ 4/36/26
〔有〕結胸民、羽民、讙頭○民、（裸）〔裸〕○民、三苗民、交股民、不死民、穿胸民、反舌民、豕喙民、鑿齒民、三頭民、脩臂民 4/36/27
有大人○、君子○、黑齒民、玄股民、毛民、勞民 4/37/1
狗○在其東 4/37/14
○乃有恐 5/39/13
則其○大水 5/40/4,5/45/4
則其○大旱 5/40/5
循行○邑 5/40/17
從○始 5/40/18
令○儺 5/40/21
○有大恐 5/40/24,5/44/8
其○乃飢 5/42/2
則其○乃旱 5/43/12
5/44/8,5/46/15
至○而（后）已 5/45/2
則○多盜賊 5/45/4
則〔○〕多暴風 5/45/25
○有大兵 5/46/16
天子乃與公卿大夫飾○典 5/47/1
乃命同姓女○ 5/47/3
○多固疾 5/47/6
則水潦敗○ 5/47/7
貫大人之○ 5/47/13
貫顓頊之○ 5/47/18
西至三危之○ 5/47/27
晉○赤墜 6/49/27
難以持○ 6/51/9
諸北、儋耳之○莫不獻其貢職 6/52/22
七○異族 6/53/20
所謂兼○有墜者 6/53/24
州○受殃 7/55/16
公子（扎）〔札〕不以有○為尊 7/59/4
延陵季子不受吳○ 7/59/8
中○得而棄之無〔所〕用 7/60/25
夫人主之所以殘亡其○家 7/60/26
夫仇由貪大鍾之賂而亡其○ 7/60/27
遠○珍怪 8/65/21
舉不義之兵〔而〕伐無罪之○ 8/66/22
大○出攻 8/66/22
小○城守 8/66/23
何以治○ 9/68/21
而○家多難 9/68/27
故○有亡主 9/69/26
亡○之風 9/70/24
○有誅者而主無怒焉 9/70/27
治○之道明矣 9/71/23
則○家治 9/72/16
則○家危 9/72/16
治○則不然 9/72/28
而可以便○佐治 9/73/1
亂○則不然 9/73/4,11/97/24
○雖若存 9/73/7
非所以（都）〔教〕於○也 9/73/8
○分為三 9/73/17,18/194/2
所謂亡○〔者〕 9/75/27
則民俗亂於○ 9/76/20
行墮於○則不能專制 9/76/27
楚○效之 9/77/25
趙○化之 9/77/25
○有飢者 9/78/15
○無哀人 9/78/16
故○無九年之畜 9/79/3
○之本也 9/79/8
○者 9/79/8
富○利民 9/79/20
兼包萬○ 9/80/1
亡○五十二 9/80/24
○有以存 9/82/5
○之所以存者 9/82/5,13/124/15
○無義 9/82/6
治○上使不得與焉 9/82/6
○之心〔也〕 10/82/19
其○治者 10/82/20
成○之道 10/88/4
禪於家（○）〔邦〕 10/88/6
故治○樂其所以存 10/88/26
亡○亦樂其所以亡也 10/88/27
以人與○ 10/89/20
以○與人 10/89/20
羊羹不斟而宋○危 10/90/2
以為○也 10/90/4
（通）〔適〕於己而無功於○者 10/90/4
逆於己〔而〕便於○者 10/90/5
有○者多矣 10/90/12
治○〔者〕辟若張瑟 10/91/21
○有妖祥 10/91/23
魯○必好救人於患〔矣〕 11/94/15
魯○不復贖人矣 11/94/16
是故鄰○相望 11/95/13
故亂○若盛 11/95/15
治○若虛 11/95/15
亡○若不足 11/95/15
存○若有餘 11/95/15
生而徙○ 11/95/25
以治○則亂 11/96/5
中○歃血也 11/97/2
中○冠笄 11/97/3
今之○都 11/97/4
故魯○服儒者之禮 11/97/8
胡、貉、匈奴之○ 11/97/10
而○不亡者 11/97/10,12/108/25
是故入其○者從其俗 11/97/12
雖之夷狄徒倮之○ 11/97/13

非不能竭○纍民	11/97/22
治大○若烹小鮮	11/100/23
不可以為○俗	11/102/3
故○治可與愚守也	11/102/6
退誅於○以斧鉞	11/102/24
退行於○以禮義	11/102/24
治○之道	11/103/19
見鄰○之人溺	11/104/18
故身安則恩及鄰○	11/104/18
惠子為惠王為○法	12/106/1
〔夫〕治○（有）〔在〕禮	12/106/5
齊○也	12/106/8
願聞〔齊〕○之政	12/106/9
而自取齊○之政焉	12/106/10
齊○之政	12/106/11
白公勝得荊○	12/106/15
夫○非其有也	12/106/18
孔子〔之〕勁（杓）〔扚〕○門之關	12/107/12
魯○之法	12/108/17
今〔魯〕○之富者寡而貧者眾	12/108/19
○家之福〔也〕	12/108/24
遂成○於（歧）〔岐〕山之下	12/109/16
治○奈何	12/109/27
而不明於治○	12/109/27
臣未嘗聞身治而○亂者也	12/109/28
未嘗聞身亂而○治者也	12/109/29, 14/133/5
夫○家之危安	12/110/10
○人皆知殺戮之制	12/110/13
○之利器不可以示人	12/110/14
若以相夫子反晉○	12/110/28
及其反○	12/111/1
○破身亡	12/111/4
故霸中○	12/111/7
將衰楚○之爵而平其制祿	12/112/2
昔善治○家者	12/112/4
今子將衰楚○之爵而平其制祿	12/112/4
能受○之垢	12/112/17
宰相、所使治○家也	12/112/21
能受○之不祥	12/113/3
治○立政	12/113/11
一○獻魚	12/113/22
臣聞襲○者	12/115/19
以襲○	12/115/21
○家昏亂	12/119/12
治○有常	13/121/3
○數易君	13/121/21,14/137/9
古之伐○	13/122/7
齊簡公釋其○家之柄	13/123/7
使呂氏絕祀而陳氏有○者	13/123/8
而（萬）〔千〕乘之○無不破亡者矣	13/124/23
故○之亡也	13/124/25
故亂○之君	13/124/27
以存鄭○	13/125/17
陸地之朝者三十二○	13/126/8, 18/198/19
然而身死○亡	13/126/9
齊（植）〔桓〕有爭○之名	13/126/25
功立於魯○	13/127/3
立齊○之政	13/127/5
段干木、晉○之大駔也	13/127/12
內不慚於○家	13/128/4
○家殆	13/128/25
孔子誅少正卯而魯○之邪塞	13/129/9
子產誅鄧析而鄭○之姦禁	13/129/10
亂○之治	13/131/28
未嘗聞身治而○亂者也	14/133/5
能有天下者必不失其○	14/134/1
能有其○者必不喪其家	14/134/1
遂成○焉	14/134/13
治○者	14/135/4
蘇秦善說而亡（○）〔身〕	14/136/13
以慧治○者	14/136/14
雖割○之錙錘以事人	14/136/29
故○以全為常	14/138/30
能不以天下傷其○、而不以○害其身者	14/138/31
而不可以治○	14/140/17
晉厲、宋康行一不義而身死○亡	15/143/5
故聞敵○之君有加虐於〔其〕民者	15/143/11
（其）〔某〕○之君	15/143/14
剋○不及其民	15/143/17
○得道而存	15/144/1
大○必朝	15/144/22
治○家	15/145/1
○富兵強	15/145/3
楚○之強	15/146/2
故千乘之○行文德者王	15/146/23
萬乘之○好用兵者亡	15/146/23
○孰治	15/146/25
○無守城矣	15/148/12
○雖大	15/151/18
便○不（負）〔員〕兵	15/151/25
凡○有難	15/153/13
今○有難	15/153/13
○不可從外治也	15/153/17
○之（實）〔寶〕也	15/153/22
顧反於○	15/153/25
必无道之○也	15/153/27
〔故○有賢臣、折衝千里〕	16.39/157/27
（故○有賢君、折衝萬里）	16.59/159/26
大○并小○則為賢	16.69/160/19
徐偃王以仁義亡○	16.109/164/8
○亡者非必仁義	16.109/164/8
故亡○之法有可隨者	16.115/164/25
治○之俗有可非者	16.115/164/25
以成楚○之治	16.142/167/9
治○者若鎒田	16.147/167/23
驪戎以美女亡晉○	17.57/172/15
與亡○同道	17.62/172/26
無○之稷易為求福	17.91/174/25
西方之倮○	17.116/176/16
小○不鬬於大○之間	17.123/177/3
○家之治亂	18/186/12
楚○之俗	18/186/22
然而終於身死○亡	18/187/1
是（三）〔亡〕楚○之社稷	18/187/22
三○通謀	18/188/27
擒智伯而三分其○	18/188/27
三○伐齊	18/190/22
三○之地不接於我	18/190/23

踰鄰○而圍平陸 18/190/23
○危（而不）〔不而〕安 18/190/25
聞殺身破家以存其○者 18/190/26
三○之兵罷 18/191/1
圖○而○存 18/191/3
謀無益於○ 18/191/3
智伯率韓、魏二○伐趙 18/191/20
（敗）殺其身而三分其○ 18/192/2
寡人○家危 18/192/4
亡○富庫 18/192/11
是使晉○之武舍仁而為佞 18/192/25
凡襲○者、以為無備也 18/193/1
鄭伯乃以存○之功賞弦高 18/193/3
則鄭○之信廢矣 18/193/4
為○而無信 18/193/4
賞一人〔而〕敗○俗 18/193/5
貪陳○也 18/193/15
三○陰謀同計 18/193/19
故千乘之○ 18/193/21
萬乘之○ 18/193/21
臣恐其構難而危○也 18/195/14
必為○憂 18/196/4
重耳反○ 18/196/4
（大）〔太〕宰（予）〔子〕朱侍飯於令尹子○ 18/196/12
令尹子○啜羹而熱 18/196/12
中○內郡輓車而餉之 18/197/12
然世或用之而身死○亡者 18/198/18
故田子方隱一老馬而魏○（載）〔戴〕之 18/200/3
而四十○朝 18/200/4
楚○知其可以為兵主也 18/200/10
衛○之半（日）〔曰〕 18/200/22
○小而室大 18/201/3
諸侯聞之必輕吾○ 18/201/3
則天下无亡○破家矣 18/202/5
定千八百○ 19/202/23
〔為〕絕○殊俗 19/203/3
○無遺利 19/203/5
而皆可以存○ 19/204/7
今使人生於辟陋之○ 19/206/6
蠶食上○ 19/207/19
以存楚○ 19/207/21
六（○）〔轡〕如絲 19/208/1
故○危亡而天文變 20/210/22
夷狄之○重譯而至 20/211/24
惠此中○ 20/211/25
而○乎（歧）〔岐〕周 20/211/26
以立君臣之義而成○ 20/213/4
〔至於亡○〕 20/213/14
以平○弭亂 20/214/17
故人主有伐○之志 20/215/26
治○ 20/216/5
故○之所以存者 20/216/24
一○之高以為九卿 20/217/14
夷狄伐中○ 20/218/5
游不論○ 20/218/12
身者、○之本也 20/219/3
入據殷○ 20/219/18
楚○山川不變 20/219/26
（其）《○語》曰 20/221/16
重莫若○ 20/221/17
○主之有民也 20/221/17
此亡○之樂也 20/222/8
交伐中○ 21/228/9
中○之不絕如綫 21/228/9
齊○之地 21/228/9
桓公憂中○之患 21/228/10
六○諸侯 21/228/16
恃連與（○） 21/228/17
以守其○家 21/228/18
韓、晉別○也 21/228/20
而介於大○之間 21/228/20
晉○之故禮未滅 21/228/20
韓○之新法重出 21/228/21
秦○之俗 21/228/24

虢 guó 7

而不知○禍之及己也 10/86/17
晉以垂棘之璧得虞、○ 17.57/172/15
晉獻公欲假道於虞以伐○ 18/189/1
夫虞之與○ 18/189/2
虞之與○〔也〕 18/189/3
〔則〕○朝亡而虞夕從之矣 18/189/4
荀息伐○ 18/189/5

果 guǒ 20

楊桃、甘櫨、甘華、百○所生 4/37/7
○實蚤成 5/42/2
夏取○蓏 9/79/11
故不仁而有勇力○敢 9/81/29
今不○往 12/110/22
○擒之於干遂 12/111/5
馬至而○千里之馬〔也〕 12/111/24
星○三徙舍 12/113/2
子○有乎 12/117/6
其○無有（子）〔乎〕 12/117/6
事○發覺 13/131/15
○賴而免身 13/131/17
卒○敢而樂戰 15/148/1
王○封其子以肥饒之地 18/186/21
而後○敗 18/190/12
○若人言 18/192/9
陳成常○攻宰予於庭中 18/195/15
白公勝○為亂 18/201/22
○活子發 18/201/29
○（不）〔大〕破之 19/207/21

椁 guǒ 1

審棺○衣衾之薄厚 5/45/19

裹 guǒ 11

包○天地 1/1/3,2/10/24
又況乎以無○之者邪 2/15/3
包○覆露 5/47/24
包○風俗 8/62/3
（句）〔包〕○宇宙而無表裏 10/82/15
可以包○天地 12/105/6
12/105/12
以言其能包○之也 12/109/10
東○郯、（淮）〔邳〕 15/145/25
裂（衣）裳○足 19/203/22

椰 guǒ 2

或為棺○ 11/99/26
殷人用○ 13/120/21

過 guò 108

鴝(鴿)〔鴿〕不○濟 1/4/2
先之則大○ 1/5/19
音之數不○五 1/6/21
味之和不○五 1/6/21
色之數不○五 1/6/22
心之○也 1/7/4
無所大○而無所不逮 1/7/9
冀以○人之智植(于高)〔高于〕世 1/10/4
猶蚊虻之一○也 2/12/14
真人未嘗○焉 2/15/1
濁之不○一撓 2/17/22
自碣石(山)○朝鮮 5/47/13
○崑崙之疏圃 6/52/2
○歸鴈於碣石 6/52/11
不○三月必死 6/54/17
道之○也 7/56/28
其入腹者不○簞食瓢漿 7/59/18
本不○五 8/65/22
(謀)〔舉〕无○事 9/67/5
夫疾呼不○聞百步 9/68/14
无以相○也 9/72/10
言不得○其實 9/72/29
而有○則無以(貴)〔責〕之 9/77/1
慕義從風而為之服役者不○數十人 9/77/22
而耕不○十畝 9/78/26
不○畝四石 9/78/26
戒○慎微 9/80/1
史書其○ 9/80/9
○若豪釐 9/80/11
其於○也 9/80/12
智○於萇弘 9/80/22
○者斟酌 10/83/2
君子見○忘罰 10/83/7
雖○無怨 10/83/8,10/86/4
有○必謁之 10/89/9
不○百里 10/91/22
是故祿○其功者損 10/91/22
名○其實者蔽 10/91/22
而無由相○ 11/94/28
若風之○簫也 11/95/10
人目所見不○十里 11/96/18
禮不○實 11/97/15
是縱○也 11/100/26
子之〔所見〕賓猶有三○ 11/101/1
則○者以為嫉也 11/101/5
故惠子從車百乘以○孟諸 11/103/10
不○三日 12/107/8
○曹 12/110/27
是孤之○也 12/112/14
君臣爭以○為在己 12/112/16
原不○一二日將降矣 12/113/16
以車不○百里 12/115/19
以人不○三十里 12/115/19
○周而東 12/115/22,13/125/15
地方不○百里 13/124/17
21/227/22
而不反其○ 13/125/1
○之大者也 13/125/15
信反為○ 13/125/17
今以人之小○揜其大美 13/126/26
雖有小○ 13/127/11
小○亨 13/127/19
言人莫不有○ 13/127/19
則患弗(○)〔遇〕也 13/130/1
必為○失 13/130/26
○失相傷 13/130/26
適情性則欲不○節 14/133/9
欲不○節則養性知足 14/133/10
(遇)〔○〕則自非 14/140/12
有○則悔 14/140/13
浮游不○三日 14/142/8
皆有小○而莫之討也 15/143/6
刺之以○行 15/143/12
而千人弗敢○也 15/148/4
橈悍遂○ 15/153/8
不○勝母之閭 16.101/163/14
輪復其所○ 17.72/173/14
〔夕〕(遇)〔○〕市則步 17.88/174/18
循繩而斲則不○ 17.100/175/13
不○二里也 17.198/182/14
○府而負手者 17.238/185/5
○社而搖其枝 17.238/185/5
○三言 18/190/14
人數言其○於文侯 18/192/9
○周以東 18/192/29
慮禍○之 18/195/5
晉公子重耳○曹 18/196/2
大人○之則探鷇 18/197/21
嬰兒○之則(桃)〔挑〕其卵 18/197/21
非彼人之○也 18/198/11
○宮室廊廟必趨 18/199/15
譏以其○ 19/202/25
魏文侯○其閭而軾之 19/203/28
今以為學者之有○而非學者 19/204/26
所以論之○ 19/205/19
不○一卒之才 19/207/15
非味之○ 19/208/15
○者莫不左右睥睨而掩鼻 19/209/14
至石必○ 20/215/6
故知○萬人者謂之英 20/217/15
故君子之○也 20/218/20
(之)地方不○百里 20/219/17
知伯有五○人之材 20/223/15
齊王建有三○人之巧 20/223/15
而補縫○失之闕者也 21/225/27
不○宮、商、角、徵、羽 21/227/8

骸 hái 19

趙梅伯之○ 2/18/1
(楊)〔揚〕人○ 6/53/21
而骨○者 7/54/27
而骨○反其根 7/54/28
或守之於形○之內而不見也 7/55/26
精神內守形○而不外越 7/56/4
(損)〔捐〕其形○ 7/57/15
暴○滿野 8/66/24
澤死暴○者 9/78/14
形若槁○ 12/107/2
故羽翼美者傷骨○ 14/138/19
葬其○於曠野之中 14/142/16
暴○盈場 15/145/7
百姓暴○ 17.172/180/21

析○而炊之 18/189/25
文王葬死人之○ 18/200/4
然衛君以為吳可以歸○骨也 18/200/23
豈獨形○有瘖聾哉 20/220/13
而曉寤其形○九竅 21/224/27

海 hǎi 113

橫之而彌于四○ 1/1/4
因江○以為（罟）〔罛〕 1/2/23
○外有狡心 1/3/2
○外賓服 1/3/3
施四○ 1/6/25
故雖游於江潯○裔 1/8/25
浮之於○ 2/12/4
是故身處江○之上 2/12/17
入於四○九江而不能濡 2/17/3
則德施乎四○ 2/18/10
賁星墜而勃○決 3/19/11
齊之○隅 4/32/23
闔四○之內 4/32/30
貫渤○ 4/33/11
西南注南○丹澤之東 4/33/11
南至南○ 4/33/13
入于南○羽民之南 4/33/13
曰少○ 4/33/23
曰○澤 4/33/25
故立冬鸗雀入○ 4/35/14
凡○外三十六國 4/36/26
玄燿、不周、申池在○隅 4/37/11
東流絶漢入○ 4/37/16
（窔）〔朕〕生○人 4/38/1
○人生若菌 4/38/1
○閭生屈龍 4/38/11
而合于黃○ 4/38/17
而合于青○ 4/38/20
而合于赤○ 4/38/22
而合于白○ 4/38/24
而合于玄○ 4/38/27
祀四○大川名澤 5/46/8
○水大出 6/49/28
以為不能與之爭於江○之中 6/51/24
聲震○內 6/51/26
翺翔四○之外 6/52/2
拱揖指麾而四○賓服 6/54/4
河九折注於○而流不絶者 6/54/18
故事有求之於四○之外而不能遇 7/55/26
兼苞○內 8/63/3
四○溟涬 8/63/15
流注東○ 8/63/16
而四○之雲湊 9/69/11
而欲以偏照○內 9/70/3
而知四○之外者 9/70/7
運照○內 9/73/2
不能游而絶江○ 9/75/6
莫不欲總○內之智 9/75/8
如此而欲照○內 9/75/13
故○內可一也 9/76/16
而○內莫不被繩矣 9/78/1
則五尺童子牽而周四○者 9/78/3
非〔能〕盡害○內之衆也 9/78/9
四○之雲至而脩封疆 9/79/18
〔而〕入於○ 10/91/16
施於四○ 10/91/22
德施四○ 11/96/7
而欲徧照○內之民 11/96/18
威立于○內 11/97/12
○內未定 11/99/3
許由、善卷非不能撫天下、寧○內以德民也 11/103/6
身處江○之上 12/109/21
四○之內 12/114/22, 14/140/21, 20/210/14, 20/217/21, 21/226/19
盧敖游乎北○ 12/116/5
輝燭四○ 12/117/2
俛仰之間而撫四○之外 12/117/3
百川異源而皆歸於○ 13/121/8
聲懾○內 13/121/18
○內大定 13/124/8
夫見不可布於○內 13/130/19
舜脩之歷山而○內從化 14/135/5
以輔成王而○內平 14/139/27
（冰）〔水〕出於山而入於○ 14/141/16
而長○內之禍 15/143/6
傲天（○）〔侮〕鬼 15/143/14
蕩四○ 15/148/11
則必王四○ 15/151/7
舟在江○ 16.18/155/26
○水雖大 16.62/160/3
注於東○ 16.83/161/24
○內其所出 17.72/173/14
流入於○ 17.135/177/30
○不受流胔 17.141/178/13
流潦注○ 17.175/180/27
○大魚 18/190/15, 18/190/17
乃不若「○大魚」 18/190/21
子耕於東○ 18/198/12
至於西○ 18/198/12
欲流之於○（者） 18/200/15
吳王囚之而欲流之於○ 18/200/17
又欲流之於○ 18/200/23
而〔任〕○內之事者乎 19/202/26
為一人聰明而不足以徧燭○內 19/203/3
是以明照四○ 19/207/11
○不溶波 20/210/19
江○不可斗斛也 20/211/2
不下廟堂而（衍）〔行〕〔於〕四○ 20/211/3
四○之內莫不仰上之德 20/211/24
東注之○ 20/212/9
○不讓水潦以成其大 20/215/1
不注○者不為川谷 20/218/15
左東○ 20/219/14
廣於四○ 20/220/15
夫水出於山而入於○ 20/222/5
四○弗賓 21/226/21
○內未輯 21/227/26
辟五湖而定東○ 21/228/6
東負○而北鄣河 21/228/10

醢 hǎi 2

○鬼侯之女 2/18/1
紂○梅伯 17.179/181/3

亥 hài 15

子午、丑未、寅申、卯酉、辰戌、巳○是也 3/21/3
丑寅、辰巳、未申、戌○為四鉤 3/21/15
加十五日指○則小雪 3/22/27
指○ 3/25/12
○者 3/25/12
○為（牧）〔收〕 3/27/3

太陰在○ 3/27/15
木生於○ 3/27/24
○燕 3/28/24
壬癸○子 3/28/26
癸○ 3/29/9
〔己〕巳、〔己〕○ 3/29/9
（子）〔○〕在癸曰昭陽 3/31/7
使豎○步自北極 4/33/2
招搖指○ 5/45/9

害 hài 152

性之○也 1/2/14
居前而眾弗○〔也〕 1/2/18
莫能○之 1/5/4
皆知其所喜憎利○者 1/9/20
神從而○ 1/10/3
而不能為○ 2/11/19
利○陳于前 2/12/1
以利○為塵垢 2/12/8
○何足以恐之 2/12/11
達於利○之變 2/12/12
無之未有○於用也 2/13/5
蟲螟為○ 5/40/5
勿令○穀 5/41/9
內而無○ 5/49/15
天下誰敢○吾（意）〔志〕者 6/50/2
利○之路 6/51/11
吾又安知所喜憎利○其間者乎 7/56/20
禍福利○ 7/58/27
務光不以生○義 7/59/5
道弗能○也 8/63/4
興利除○ 8/63/8,19/205/12
世無災○ 8/63/8
皆為民○ 8/63/12
而郢人无所（○）〔容〕其鋒 9/68/16
錯〔百姓〕之前而弗○也 9/71/16
人主不明分數利○之地 9/72/28
夫防民之所○ 9/78/6
非〔能〕盡○海內之眾也 9/78/9
○一人而天下離叛 9/78/9
時有涔旱災○之患 9/79/1
雖涔旱災○之殃 9/79/3
未知利○也 10/84/26
必遠（○）〔實〕也 10/85/1
不以所託○所歸也 10/86/13
見利而忘其○也 10/86/16
小快○道 10/88/1
斯（顏）〔翌〕○儀 10/88/1
多憂○智 10/88/24
多懼○勇 10/88/24
或○或利 10/89/15
於○之中爭取小焉 10/89/25
而明有不（○）〔容〕 10/91/2
○生於弗備 10/92/25
物莫避其所利而就其所○ 11/95/13
嗜欲○之 11/96/1
崇死以○生 11/97/25
使遇商鞅、申不○ 11/102/26
夫重生者不以利○己 11/103/13
○女工者也 11/104/11
利○在命不在智 11/104/15
毋令人〔以〕○我 12/106/16
蹶有患○ 12/108/8
不以其所〔以〕養○（其）〔所〕養 12/109/15
為鷙禽猛獸之○傷人而无以禁御也 13/120/14
猛獸不能為○ 13/120/15
去其所○ 13/120/16
不○於視 13/126/27
无○於息 13/126/27
見其有所○也 13/128/18
故利○之反 13/129/23
利○之反覆 13/130/17
為愚者之不知其○ 13/131/3
羿除天下之○ 13/131/12
欲利者或離○ 14/132/19
不貪无用則不以欲（用）○性 14/133/10
而可以寧避○者 14/135/9
而可以離○ 14/135/17
欲與性相○ 14/137/22
不知利○（嗜）〔者〕 14/137/23
○於性也 14/137/26
扶其情者○其神 14/138/18
枝葉美者○根（莖）〔荄〕 14/138/20
利則為○始 14/138/29
唯不求利者為無○ 14/138/29
能不以天下傷其國、而不以國○其身者 14/138/31
故木之大者○其條 14/139/22
水之大者○其深 14/139/22
弗能、无○也 14/140/2
无○於為尸 14/140/3
無○於為佐 14/140/3
而以○性之所以樂 14/140/25
而除萬民之○也 15/142/21
怒而相○ 15/142/23
共工為水○ 15/143/1
○莫大焉 15/143/4
使夏桀、殷紂有○於民而立被其患 15/143/4
○百姓 15/143/6
攻者非以禁暴除○也 15/143/23
為天下除○ 15/144/27
眾而不相○ 15/147/26
17.151/179/4
審舉措之利○ 15/152/1
是故名必成而後无餘○矣 15/153/28
於○之中則爭取小焉
16.36/157/21
愚人之同死生不知利○所在 16.108/164/6
〔其〕所利○異 16.140/167/5
去○苗者而已 16.147/167/23
夫所以養而○所養 17.25/170/5
除小○而致大賊 17.26/170/7
故小快〔而〕○大利 17.26/170/7
乃反自○ 17.38/171/1
不得相○ 17.132/177/24
禽獸之利而我之○ 17.195/182/8
物固有重而○反為利者
17.211/183/11
是故人者輕小○ 18/186/2
利與○為鄰 18/186/6
其或利或○ 18/186/9
動靜者、利○之樞機也 18/186/12
以言大利而反為○也 18/187/6
適足以○之 18/187/8
或欲○之 18/187/8
利○之反 18/187/9
此所謂○之而反利〔之〕者也 18/187/16
何謂欲利之而反○之 18/187/19

此所謂欲利之而反○之
　者也 18/187/25
水為民○ 18/189/13
或直於辭而不（○）
　〔周〕於事者 18/190/8
無○子入 18/190/24
牛子以括子言告無○子 18/190/24
無○子曰 18/190/25,18/190/26
牛子不聽無○子之言 18/191/1
無○子日以進 18/191/2
無○子之慮無中於策 18/191/3
知者不以利○義 18/193/6
無功而大利者後將為○ 18/193/24
將以○楚 18/194/10
聖人不以所養○其養 18/197/3
而利○異者 18/199/10
得无○於〔為〕子乎 18/201/4
時多（疾）〔疹〕病毒
　傷之○ 19/202/16
為民興利除○而不懈 19/202/25
欲事起天下〔之〕利而
　除萬民之○〔也〕 19/203/8
避○而去 19/206/2
分〔別〕白黑（利○） 19/206/26
何○於明 20/218/20
以○其性 20/219/10
嬉戲○（人）〔之〕也 20/220/28
人皆多以无用○有用 20/220/28
以末○本謂之小人 20/221/7
故小快○義 20/222/15
小慧○道 20/222/15
小辯○治 20/222/15
為其○義也 20/223/2
而忘其大○ 20/223/6
故事有利於小而○於大 20/223/8
動靜之利○ 21/224/2
察禍福利○之反 21/225/19
察利○之反 21/226/5
利之為○也 21/226/6
〔久〕服傷生而○事 21/228/5

駭 hài 6

聖人之所以○天下者 2/15/1
飛鳥不○ 6/51/23
勿驚勿○ 10/92/19
大○ 12/115/8
疾如○（龍）（當）
　〔電〕 15/147/6
鳥獸驚○ 15/148/12

酣 hān 3

戰○日暮 6/50/3
飲酒○ 12/119/8
戰○ 18/187/19

歛 hān 3

馬為整齊而○諧 6/52/7
則賦○無度 9/74/2
秋以收○ 18/192/18

含 hān 31

橫四維而○陰陽 1/1/6
○德之所致 1/1/17
被德○和 2/10/17
天○和而未降 2/10/18,8/62/2
○哺而游 2/11/19
○陰吐陽 2/14/10
（吟）〔○〕德懷和 2/15/10
○氣者也 3/18/29
○氣者化 3/18/29
天地之（○）〔合〕氣 3/19/1
歲星（○）〔舍〕營室
　、東壁 3/27/7
羞以○桃 5/41/22
○至和 6/50/6
嚼味（合）〔○〕甘 6/51/24
夫至大、天地弗能○也 8/62/24
○德懷道 8/63/23
○吐陰陽 8/64/6
○氣化物 8/64/7
其德（舍）〔○〕愚而
　容不肖 8/64/17
比於人心而（○）〔合〕
　於眾適者也 10/82/24
○章可貞 10/85/9
○而弗吐 10/88/13
○德履道 10/90/10
○而藏之莫深於心 10/92/7
○珠鱗施 11/97/22
○珠、鱗施、綸組 12/119/27
○牙（帶）〔戴〕角 15/142/22
○牙戴角 19/206/1
執中○和 20/211/3,21/226/17

函 hān 3

唯天地能○之 10/92/21
其於以（○）〔承〕食
　不如〔竹〕（簞）
　〔箅〕 11/94/28
夫○牛（也）〔之〕鼎
　沸而蠅蚋弗敢入 14/137/29

邯 hān 2

魯酒薄而○鄲圍 10/90/2
○鄲師有出新曲者 19/208/16

寒 hān 80

各因所處以御○暑 1/3/21
夏蟲不可與語○ 1/4/8
豈嘗為○暑燥溼變其聲哉 1/9/4
是故形傷于○暑燥溼之
　虐者 2/11/13
夫大○至 2/12/1
肌膚之於○燠 2/16/7
處小隘而不（○）〔塞〕 2/17/3
手足之攢疾蛘、辟○暑 2/17/13
積陰之○氣〔久〕者為水 3/18/22
加十五日指癸則小○ 3/22/12
加十五日指丑則大○ 3/22/13
加十五日指辛則○露 3/22/25
庚子氣燥○ 3/23/25
壬子氣清○ 3/23/25
夏○雨霜 3/24/1
乃〔布〕收其藏而閉其○ 3/24/8
北方曰○風 4/32/26
曰○澤 4/33/25
凡八紘之氣是出○暑 4/34/3
曰○門 4/34/9
是節○暑 4/34/9
○氣多壽 4/34/21
食水者善游〔而〕能○ 4/35/1
○冰之所積也 4/36/7
○氣總至 5/40/4,5/44/20
則○氣時發 5/40/24

則風○不時 5/42/19
○蟬鳴 5/43/1
○暑不節 5/43/13
方冬不○ 5/45/25
有凍○積冰、雪雹霜霰
、漂潤群水之野 5/48/5
正月大○不解 5/48/17
是故燥溼○暑以節至 5/49/22
天有風雨○暑 7/55/12
河、漢涸而不能○也 7/57/18
鹿裘御○ 7/58/14
凍餓飢○死者相枕席也 8/61/24
○暑不能傷 9/67/19
民有○者 9/78/16
而不離飢○之患矣 9/79/5
冰之自○ 10/84/13
衣必適乎○暑 11/99/8
天下有受其○者 11/103/23
不免乎飢○之患 11/104/10
則飢之本而○之原也 11/104/12
夫飢○並至 11/104/12
以避○暑 13/120/8
而民得以掩形御○ 13/120/10
衣（御）〔禦〕○ 13/130/7
或○凝水 14/141/14
夫○之與煖相反 14/141/23
大○地坼水凝 14/141/23
○暑之變 14/141/24
不顧百姓之飢○窮匱也 15/146/5
而○暑不可（開）〔關〕
閉 15/148/23
見瓶中之冰而知天下之
○暑 15/150/14
故將必與卒同甘苦、
（俟）〔倖〕飢○ 15/151/11
○不被裘 15/151/12
所以程○暑也 15/151/12
大○甚暑 15/152/12
○不能生○ 16.85/161/30
不○不熱能生○熱 16.85/161/30
故○者顫 16.109/164/8
而知天下之○〔暑〕
16.133/166/17
○將翔水 17.6/168/23
脣竭而齒○ 17.34/170/23
然而○暑之勢不易 17.49/171/23
救（嘔）〔暍〕而飲之
○ 17.168/180/12
病暍而飲之○ 18/187/27
○不能煖 18/191/6
脣亡而齒○ 18/191/23
冬日則○凍 18/194/18
所以衣○食飢 19/203/5
膚之知痛疾○暑 19/207/24
故○暑燥濕 20/210/11
以除飢○之患 20/213/1
比類其喜怒（與）〔於〕
晝宵○暑 21/224/28

韓 hán 26

己○ 3/28/22
○也 3/29/10
魯陽公與○構難 6/50/3
今若夫申、○、商鞅之
為治也 6/54/14
伯樂、○風、秦牙、莞
青 11/99/28
○子聞之曰 11/100/25
及至○娥、秦青、薛談
之謳 13/123/13
與晉惠公為○之戰 13/129/4
張武教智伯奪○、魏之
地而擒於晉陽 18/187/6
又求地於○康子 18/188/26
○康子不敢不予 18/188/26
於是智伯乃從○、魏圍
襄子於晉陽 18/188/26
智伯率○、魏二國伐趙 18/191/20
見○、魏之君而約之 18/191/22
乃見○、〔魏〕之君 18/191/23
○、魏翼而擊之 18/192/1
又教智伯求地於○、魏
、趙 18/193/18
○、魏裂地而授之 18/193/19
乃率○、魏而伐趙 18/193/19
又劫○、魏之君而割其
地 18/194/1
○、魏反之 18/194/2
○之戰 20/211/27
○非之孤憤 20/221/20
申子者、○昭釐之佐 21/228/20
○、晉別國也 21/228/20
○國之新法重出 21/228/21

罕 hǎn 8

兵（重）〔革〕三（○）
〔軍〕以為制 3/25/19
子○不以玉為富 7/59/4
子○不利寶玉 7/59/9
昔者司城子○相宋 12/110/10
〔於是宋君行賞賜而與
子○刑罰〕 12/110/12
專在子○也 12/110/13
子○遂（却）〔劫〕宋
君而專其政 12/110/14
子○之辭其所不欲 16.20/156/4

汗 hàn 5

而徙倚于○漫之宇 2/15/6
鹽○交流 7/59/25
吾與○漫期于九垓之
（外）〔上〕 12/116/15
（○）〔汙〕準而粉其
顙 17.158/179/19
挈一石之尊則白○交流 19/202/26

扞 hàn 2

射者○烏號之弓 1/2/22
排患○難 1/5/3

旱 hàn 21

陽氣勝則為○ 3/22/3
大○ 3/24/2
歲早水晚○ 3/29/25
歲早○晚水 3/29/26
歲大○ 3/29/28
則其國大○ 5/40/5
則其國乃○ 5/43/12
5/44/8,5/46/15
行夏令○ 5/48/22
○雲煙火 6/50/17
天○地坼 8/61/23
七年○ 9/69/11
時有涔○災害之患 9/79/1
雖涔○災害之殃 9/79/3
苦○而望雨 15/143/20
譬若○歲之土龍 17.1/168/11

而不期於濫脅、○鍾 19/208/25
稱尊○也 20/219/13

豪 háo 13

乃始招蟯振繾物之○芒 2/15/23
於此○末 9/69/1
察分秋○ 9/70/14
過若○釐 9/80/11
百姓繄沸○亂 11/104/3
天下雄儁○英暴露于野澤 13/124/6
五霸之○英也 13/127/22
振○之末 15/144/17
秋○之末 16.17/155/24
莖柯○芒 20/210/27
百人者謂之○ 20/217/15
人之○也 20/217/19
英俊○傑 20/217/20

嘷 háo 2

犬群○而入淵 6/53/15
邑犬群○ 20/215/26

號 háo 3

策○馬 1/3/6
如鞭（○）〔蹏〕馬矣 9/73/24
牛（○）〔蹏〕彘顱亦骨也 17.52/172/4

好 hǎo 96

而○憎生焉 1/2/15
○憎成形 1/2/15
各以其所○ 1/4/12
是故○事者未嘗不中 1/4/12
大包群生而無（○憎）〔私○〕 1/6/2
○憎者 1/7/4,7/56/28
○憎繁多 1/7/5
無所○憎 1/7/6
則嗜欲○憎外（失）〔矣〕 1/8/16
性命成而○憎生矣 1/9/7
慧聖而○治 4/36/12
而○憎者使人之心勞 7/56/8
人之所○也 7/58/14
孰能無○憎 7/60/3
不為醜美○憎 9/67/6
上○取而无量 9/68/1
故齊莊公○勇 9/68/27
（傾）〔頃〕襄○色 9/68/27
而○憎忘於外 9/69/12
無私○憎 9/69/18
文王智而○問 9/71/23
武王勇而○問 9/71/24
故靈王○細腰 9/72/22
越王○勇 9/72/23
是故人主○鷙鳥猛獸 9/73/27
人主○高臺深池 9/74/1
玩○珍怪 9/74/8
而○自為之 9/76/27
有（為）〔立〕而無○也 9/77/7
有○則諛起 9/77/7
昔者齊桓公○味而易牙烹其首子而餌之 9/77/8
虞君○寶而晉獻以璧馬釣之 9/77/8
胡王○音而秦穆公以女樂誘之 9/77/8
楚文王○服解冠 9/77/24
夫民之○善樂正 9/77/28
如鴞○聲 10/87/16
熊之○經 10/87/16
魯國必○救人於患〔矣〕 11/94/15
而○名者非義不苟得 11/103/13
民之所○也 12/110/11
○用凶器 12/112/6
臣年二十○捶鉤 12/114/6
楚將子發○求技道之士 12/115/1
敖幼而○遊 12/116/8
達其○憎 13/121/21
今夫圖工○畫鬼魅 13/122/25
鄭子陽剛毅而○罰 13/123/9
理○憎之情 13/130/1
○憎理 13/130/2
理○憎 14/133/8
理○憎則不貪無用 14/133/9
故不為（善）〔○〕 14/135/12
老則○利 14/137/8
人以其位通其○憎 14/137/9
君○智 14/137/13
故○智、窮術也 14/137/14
○勇 14/137/14
故○勇、危術也 14/137/15
○與 14/137/16
故○與、來怨之道也 14/137/17
目○色 14/137/22
耳○聲 14/137/23
口○味 14/137/23
人主○仁 14/139/5
○刑 14/139/5
及無○者 14/139/5
萬乘之國○用兵者亡 15/146/23
○方非醫也 16.48/158/24
○馬非騶也 16.48/158/24
○弋者先具繳與矰 16.113/164/20
○魚者先具罟與（罘）〔罛〕 16.113/164/20
雖不可○ 17.146/178/25
醫䤈、在頰則○ 17.154/179/10
世稱其○ 17.234/184/27
宋人〔有〕○善者 18/189/20
其子○騎 18/190/3
○廣地者亡 18/193/21
昔徐偃王○行仁義 18/198/19
○行仁義 18/198/20
哀公○儒（則）〔而〕削 18/199/2
張毅○恭 18/199/15
此察於小○ 18/199/21
雖所○惡 19/206/2
不若愚而○學 19/207/4
○茂葉 19/209/21
民有○色之性 20/212/14
因民之所○ 20/212/15
因其○色而制婚姻之禮 20/212/16
〔淫而○色〕 20/213/14
明○（惡）〔憎〕以示（之）〔人〕 20/217/9
可服而不可○也 20/221/28
齊景公內○聲色 21/228/13
外○狗馬 21/228/13
○色无辨 21/228/13

昊 hào 2

西方曰○天 3/19/24

衆適○於人心 9/75/25
外○於馬志 9/76/2
故桓公三舉而九○諸侯 9/78/10
若○一族 9/80/2
以一○萬 9/80/6
若○符者也 9/80/6
此人智之所○而行也 9/81/9
有時○ 9/81/10
○者為正 9/81/10
故智者先忤而後○ 9/81/18
比於人心而（含）〔○〕於衆適者也 10/82/24
中心必有不○者也 10/83/26
無所○ 10/87/4
情行○而名副之 10/91/23
所以○君臣、父子、兄弟、夫妻、友朋之際也 11/93/24
○於若性 11/95/29
〔故〕制樂足以○歡宣意而已 11/97/21
○而為道德 11/98/21
其○道一（體）也 11/99/27
事有○於己者 11/100/16
求○於己者也 11/100/17
未必不○於人也 11/100/18
○於我 11/100/18
故趣（舍）○即言忠而益親 11/101/4
務○於時則名立 11/102/22
昔齊桓公○諸侯以乘車 11/102/24
晉文公○諸侯以革車 11/102/24
何時而○ 11/103/14
菑、澠之水○ 12/105/22
○其所以也 12/109/8
且人固難（○）〔全〕也 12/109/8
〔圍〕未○ 12/111/9
師未○而敵遁 12/113/12
白虎文皮千○ 12/114/15
窮觀於六○之外者 12/116/8
故忤而後○者 13/125/28
○而後舛者 13/125/28
九○諸侯 13/127/6
符勢有以內○ 13/128/5
淄、澠之水○者 13/128/15
膚寸而○ 13/131/8
○至和 13/132/5
外○於義 14/137/20
聽之不○於道 14/137/23
故○而（舍）〔和〕之者、君也 14/139/6
非簡不可以○衆 14/140/20
欲以○權 14/141/5
要遮而求○ 14/142/2
喜怒而○四時 15/144/14
宇中六○ 15/144/17
白刃○ 15/145/6
○如雷電 15/146/2,19/207/25
乃可以應敵○戰 15/147/21
靜以○躁 15/148/14
雖誂○刃於天下 15/150/8
○如兕虎 15/150/23
先忤而後○ 15/150/26,18/189/23
是故○之以文 15/151/2
而卒爭先○者 15/151/4
○戰必立矢（射）〔石〕之所及 15/151/13
言必○數 15/151/29
若○符節 15/152/1,18/202/5
離○散聚 15/152/17
利○於主 15/153/22
行○趨同 16.61/160/1
趣不○ 16.61/160/1
揖讓而進之以○歡 16.90/162/14
雖時有所○ 17.1/168/11
異形者不可○於一體 17.200/182/19
趁舍之相○ 17.230/184/19
○一音也 17.230/184/19
遂○諸侯於嘉陵 18/186/24
晉厲公之○諸侯於嘉陵 18/187/2
故聖人先忤而後○ 18/188/1
衆人先○而後忤 18/188/2
或虧於耳以忤於心而○於實者 18/190/8
何謂虧於耳、忤於心而○於實 18/190/12
殊體而○于理 19/203/20
不待學問而○於道者 19/204/20
包於六○之內 19/205/26
喜而○ 19/206/1
此亦鳥獸之所以知求○於其所利 19/206/6
與天地○德 20/211/2
〔與〕日月○明 20/211/2
與鬼神○靈 20/211/3
與四時○信 20/211/3
皆○六律而調五音 20/213/14
或○衆弱 20/218/19
言不○乎先王者 20/222/1
盧牟六○ 21/224/1
○同死生之形 21/224/7
○諸人則 21/224/18
陰陽之○ 21/224/25
○同其血氣 21/224/27
而以○得失之勢者也 21/225/20
則不知○同大指 21/226/28
○三王之風 21/228/29

何 hé 285

○也 1/2/11
1/5/14,1/8/8,1/8/15,1/9/20
1/9/22,1/9/25,1/10/2
2/16/8,7/56/10,9/72/21
9/73/14,9/75/5,12/106/3
12/106/22,12/107/7
12/108/23,12/112/19
12/113/23,12/116/23
12/119/9,13/122/25
13/127/26,13/128/25
13/129/27,13/130/23
15/150/1,18/188/5
18/188/16,18/191/16
18/192/3,18/193/13
18/196/14,18/196/27
18/197/3,19/204/25
19/204/26,19/209/8
加之以詹○、娟嬛之數 1/2/21
○則 1/2/23
2/17/16,2/17/27,6/53/8
6/54/12,6/54/20,11/100/6
11/102/6,13/123/14
13/123/16,13/128/7
13/129/20,14/139/18
14/139/19,19/206/18
又○亡魚失鳥之有乎 1/2/24
○遠之所能懷 1/3/4
○況狗馬之類乎 1/3/6
聖人又○事焉 1/3/21

〇足以致之也 1/4/22
〇以知其然也 1/5/10
1/9/23,13/130/20,18/186/18
18/194/5,18/194/22
18/197/10,18/197/24
〇者 1/5/11
是〇則 1/5/16,1/8/3
2/13/20,2/16/24,16.8/155/1
此〇以異於聾者之歌也 1/8/8
是〇（也）則 1/9/3
至妙〇從及此哉 2/10/27
〇況懷瓌瑋之道 2/12/5
利〇足以動之 2/12/11
害〇足以恐之 2/12/11
〇況夫未始有涅藍造化之者乎 2/13/20
〇足以舉其數 2/13/21
天地之間〇足以論之 2/13/25
〇足以留其志 2/14/23
所以然者〇也 2/15/2
6/54/2,6/54/18
趨捨〇足以滑心 2/16/25
奈之〇哉 2/17/15
〇謂九野 3/19/22
〇謂五星 3/20/1
〇謂八風 3/20/25,4/32/25
〇謂五官 3/21/1
〇謂六府 3/21/3
〇謂七舍 3/22/6
〇謂九州 4/32/14
〇謂九山 4/32/18
〇謂九塞 4/32/20
〇謂九藪 4/32/22
〇謂六水 4/32/28
〇為而不成 6/50/5
而詹〇之騖魚於大淵之中 6/50/11
又〇化之所能造乎 6/50/22
〇以知其然 6/51/3
13/129/17,19/205/22
〇以至此也 6/54/15
我尚〇存 7/54/28
精神〇能久馳騁而不既（守）〔乎〕 7/55/19
有〇以相物也 7/56/13
將以〇益 7/56/14
將以〇損 7/56/14
〇足以滑和 7/58/17
勢位爵祿〇足以概志也 7/58/28
〇往而不遂 7/60/4,15/147/7
不知為之者誰〇 8/63/3
〇以治國 9/68/21
〇足以致之 9/68/23
〇事之不節 9/77/12
〇事之不成 9/77/12
以奈〇為寶 9/77/14
今日〇為而榮乎 9/81/20
（且）〔旦〕日〇為而義乎 9/81/20
今日〇為而義 9/81/20
（且）〔旦〕日〇為而榮 9/81/20
白素〇如 9/81/21
黑〇若 9/81/22
夫有〇脩焉 10/84/13
〇自怨乎人 10/86/8
於彼〇益 10/86/19
於己〇以利 10/86/19
〇聖仁之寡也 10/86/21
子予奈〇兮乘我〇 10/88/14
太公〇力 10/89/14
比干〇罪 10/89/15
〇幸之有 10/89/28
〇不幸之有 10/89/28
〇謂四用 10/92/6
〇以治魯 11/94/10
〇以治齊 11/94/11
夫有〇上下焉 11/95/10
又〇以窮至治之本哉 11/98/22
〇〔者〕 11/102/12
〇以相非也 11/103/12
〇時而合 11/103/14
其數奈〇 12/105/5,12/105/11
〇如 12/105/21,12/105/22
〇謂不可 12/105/23
〇足問哉 12/106/11
〇以異於梟之愛其子也 12/106/19
彼〇人哉 12/107/3
客將〇以教寡人 12/107/17
〇故也 12/108/24
為之奈〇 12/109/21
12/119/23,18/188/24
18/191/21,18/191/25
楚莊王問詹〇曰 12/109/27
治國奈〇 12/109/27
〔詹〇〕對曰 12/109/27
〇明於治身 12/109/27
詹〇對曰 12/109/28
〇書也 12/110/2
子〇不先加德焉 12/110/28
〇故去之 12/111/11
〇馬也 12/111/19
又〇馬之能知 12/111/21
〔子〕將奈〇 12/112/2
若〇其辱群大夫 12/112/14
〇謂也 12/113/28,12/115/12
12/115/13,18/201/12
吾〇德之行 12/114/20
如〇其無懼也 12/114/23
〇為（之禮）〔禮之〕 12/115/3
後無幾〇 12/115/3
〇謂坐忘 12/115/15
（季）〔宓〕子〇以至於此 12/116/25
子〇以知之 12/117/1
照照〇足以名之 12/117/4
又〇從至於此哉 12/117/9
將〇不忘哉 12/117/13
〇（乎）〔故〕 12/118/27
子之道〇能 12/119/1,12/119/2
亦〇如哉 12/119/10
〇謂損而損之 12/119/16
〇況乎君數易世 13/121/20
〇古之從 13/122/20
〇謀之敢（當）〔慮〕〔乎〕 13/125/2
〇謂失禮而有大功 13/125/17
不能存亡接絕者〇 13/127/15
〇以明之 13/132/2,18/190/22
18/191/11,18/192/22
18/193/10,18/198/8
19/203/21,19/207/8
不憂命之所無奈〇 14/133/2
詹〇曰 14/133/5
〇尺地之有〔乎〕 14/135/6
〇謂無為 14/137/6
〇不覆載 14/139/6
〇之而不（用）達 15/147/8
〇可勝偶 15/147/10
無奈之〇也 15/149/11
〇故而不勝 15/151/14
〇所能制 15/152/5
〇謂隱之天 15/152/12

○謂隱之地 15/152/13
○謂隱之人 15/152/14
道○以為體 16.1/154/3
〔無有〕、○得而聞也 16.1/154/4
○道之所能乎 16.1/154/7
獨○為者 16.1/154/7
○肥也 16.20/156/5
社○愛速死 16.77/161/7
如○而不得 16.95/162/27
蘇秦步曰○（故）〔步〕 17.136/178/1
曰○趨 17.136/178/1
馳〔曰○馳〕 17.136/178/1
毛將○顧 17.137/178/4
有○為驚 17.160/179/24
○謂益之而損 18/186/23
○謂欲利之而反害之 18/187/19
○謂有罪而益信 18/188/13
又○況於人乎 18/188/16
○謂與之而反取之 18/189/1
奈○ 18/189/22
此○遽不〔能〕為福乎 18/190/1
18/190/3
此○遽不能為禍乎 18/190/2
○謂虧於耳、忤於心而合於實 18/190/12
○謂貴智 18/190/26
為奈○ 18/191/12
入○以三倍 18/192/17
將○所用之 18/192/26
又尚○求 18/194/10
○謂毀人而反利之 18/194/13
夫子亦○思於齊 18/194/16
子○為思之 18/194/17
又○去之 18/194/24
居無幾○ 18/195/15
○足以全其身 18/196/9
魚○遽無由出 18/196/10
盜○遽無從（人）〔入〕 18/196/10
顏回○如人也 18/196/25
子貢○如人也 18/196/25
子路○如人也 18/196/26
子以為○如 18/198/1
○謂三不祥 18/198/2
又○疑焉 18/198/21
○功名之可致也 18/199/11
（比）〔此〕○馬也 18/199/26
此○蟲也 18/200/1
為〔之〕奈○ 18/200/18
奈○吾因子也 18/200/21
夫物无不可奈○ 18/201/7
有人无奈○ 18/201/8
○謂非類而是 18/201/20
○謂若然而不然 18/201/25
○謂不然而若然者 18/202/1
君○為軾 19/203/28
子○以輕之哉 19/204/3
○可以公論乎 19/205/4
而明弗能見者○ 19/206/12
而知（其）六賢之道者○ 19/206/13
○道之能明也 19/208/12
我曾无有閭里（氣）〔之〕聞、窮巷之知者○ 19/209/10
○謂參五 20/212/27
○害於明 20/218/20
○益於善 20/218/21
不憂命之所无奈○ 20/219/8
奈天下○ 20/219/11
○憂讙兜 20/223/14
○遷有苗 20/223/15
觀者不知其○獸也 21/227/9

河 hé 69

鈞於○濱 1/4/18
○出《綠圖》 2/17/26
故○魚不得明目 2/18/7
天（阿）〔○〕 3/19/20
天（阿）〔○〕者 3/21/6
曰○水、赤水、遼水、黑水、江水、淮水 4/32/28
○水出崑崙東北陬 4/33/11
○水中（濁）〔調〕而宜菽 4/35/23
宵明、燭光在○洲 4/37/10
龍門在○淵 4/37/11
○出積石 4/37/16
龍門、○、濟相貫 5/47/23
○九折注於海而流不絕者 6/54/18
○、漢涸而不能寒也 7/57/18
予人○水 7/59/18
腹滿而○水不為之竭也 7/59/19
是猶決江○之源而障之以手也 7/60/13
江、○、三川絕而不流 8/61/22
不敢馮○ 8/64/2
禹決江疏○ 9/72/1
○水欲清 11/95/29
江南○北不能易其指 11/102/15
以濟江○ 11/102/28
故江○決（沉）〔流〕 11/104/16
江、○之大也 12/107/8
至於○上 12/113/7
故魏兩用樓翟、吳起而亡西○ 13/123/16
○上之丘冢 13/126/27
而江、○不能實漏卮 13/130/6
唯江、○也 13/131/9
決○濬江者 14/134/17
故禹決江○ 14/138/8
猶憂○水之少 14/142/8
○水不見太山 16.5/154/19
江、○所以能長百谷者 16.13/155/16
○出崑崙 16.83/161/24
尸祝齋戒以沈諸○ 16.104/163/24
○伯豈羞其所從出 16.104/163/24
渡江○而言陽侯之波 16.139/167/1
○水之深 17.35/170/25
臨江、○者不為之多飲 17.53/172/6
使人無度○ 17.161/179/26
中○使無度 17.161/179/26
湯沐之於○ 17.175/180/27
獺狗不自投於○ 17.179/181/4
臨○而羨魚 17.194/182/6
○伯為之不潮 17.210/183/9
昔者楚莊王既勝晉於○、雍之間 18/186/18
於春浮之○而鷲之 18/192/17
負軛而浮之○ 18/192/18
荊佽非犯（○）〔江〕中之難 18/199/24
夫臨○而（鈎）〔釣〕 18/201/6
非江○魚不食也 18/201/6
決江疏○ 19/202/22

以身解於陽（眄）〔盱〕
　之（○）〔阿〕 19/202/28
是以聖人不高山、不廣
　○ 19/203/7
江○之回曲 19/205/8
而人謂江、○東流 19/205/8
疏○決江 19/205/12
○不滿溢 20/210/19
及○嶠岳 20/210/20
決江濬○ 20/212/9
○以逶蛇、故能遠 20/215/12
江、○若帶 20/220/8
富於江、○ 20/220/15
夫江、○之腐胔不可勝
　數 21/227/15
剔○而道九岐 21/228/6
東負海而北鄣○ 21/228/10
被險而帶○ 21/228/25

和 hé 163

恬愉無（矜）〔矜〕而
　得于○ 1/1/13
其德優天地而○陰陽 1/1/14
味之○不過五 1/6/21
而在于德○ 1/7/17
不以欲滑○ 1/7/23
雖愚者（○）〔知〕說之 1/8/6
○弱其氣 1/10/8
被德含○ 2/10/17
天含○而未降 2/10/18,8/62/2
交被天○ 2/11/19
抱德煬○ 2/11/25,7/57/7
中徙倚无形之域而○以
　天地者乎 2/12/6
不足以滑其○ 2/12/10
故不言而能飲人以○ 2/12/21
此皆生一父母而閱一○也 2/13/1
而萬物○同者 2/14/10
而游于精神之○ 2/14/20
仰其德以○順 2/15/7
（吟）〔含〕德懷○ 2/15/10
是故治而不能○ 2/15/13
○愉虛無 2/17/8
性不動○ 2/17/8
其○愉寧靜 2/18/11
○者為雨 3/19/1
其時不○ 3/20/22
以司天○ 3/24/9
陰陽合○而萬物生 3/25/17
故為○ 3/26/8
歲○ 3/29/26,3/31/2
以○百藥 4/33/14
自東北方曰○丘 4/34/1
以兩九州而○中土 4/34/10
濟水通○而宜麥 4/35/23
是故以水○土 4/36/23
以土○火 4/36/23
○丘在其東北陬 4/37/7
○外怨 5/47/16
正靜以○ 5/47/24
寬裕以○ 5/49/4
含至○ 6/50/6
此皆得清（盡）〔淨〕
　之道、太浩之○也 6/50/12
兩者交接成○ 6/50/22
○氏之璧 6/51/2
唯通于太○而持自然之
　應者為能有之 6/51/10
此同聲相○者也 6/51/18
故通於太○者 6/51/19
心怡氣○ 6/52/7
○春陽夏 6/52/27
倜然皆得其○ 6/53/3
春秋縮其○ 6/53/11
沖氣以為○ 7/55/8
何足以滑○ 7/58/17
相○而歌 7/59/11
有天下不羨其○ 7/59/17
知養生之○ 7/59/28
錯陰陽之○ 7/60/8
養以○ 7/60/9
（而）〔不〕便於性者
　不以滑〔○〕 7/60/10
此皆迫性拂情而不得其
　○也 7/60/16
桓公甘易牙之○而不以
　時葬 7/60/28
○順以寂（漢）〔漠〕 8/61/6
其心（愉）〔○〕而不偽 8/61/8
一○于四時 8/61/9
天地之合○ 8/62/1
君臣不○ 8/62/2,9/76/5
則不○ 8/62/11
○失然後聲調 8/62/18
洞然無為而天下自○ 8/63/2
上下○輯 8/63/9
百姓○集 8/63/20
承天地之○ 8/64/7
喜怒○于四時 8/64/14
○而弗矜 8/64/26
調齊○之適 8/65/12
心○欲得則樂 8/65/22
天下○（治）〔洽〕 8/66/7
故聖人為之作〔禮〕樂
　以○節之 8/66/8
所以致○〔也〕 8/66/26
而與之○同 9/67/20
感于○ 9/69/4
上下○ 9/72/16
以○輯之 9/74/3
大羹不○ 9/74/4
而急緩之于脣吻之○ 9/76/1
御心○于馬 9/76/13
則百姓無以被天○而履
　地德矣 9/79/6
故倡而不○ 10/83/26
異聲而○ 10/87/5
以（睦）〔○〕 11/95/20
治（睦）〔○〕者不以
　（睦）〔○〕 11/95/20
強親者雖笑不○ 11/96/21
入於冥冥之眇、神（調）
　〔○〕之極 11/100/8
然而羞以物滑○ 11/103/6
安樂無事而天下（均）
　〔○〕平 11/103/25
陰陽不及○ 12/106/13
○不及道 12/106/13
天○將至 12/106/28
知○曰常 12/109/24
○其光 12/112/10
陰陽○平 13/120/4
莫大於○ 13/122/29
○者 13/122/29
必得○之精 13/122/30
乃能成○ 13/123/1
猛則不○ 13/123/6
則莫不比於律而○於人
　心 13/123/14
○顏卑體 13/125/25

政教○平 13/126/17
〔而〕○喜怒之節 13/130/1
至○在焉爾 13/132/5
合至○ 13/132/5
物莫（不）足〔以〕滑其（調）〔○〕 14/133/2
○喜怒 14/137/27
故合而（舍）〔○〕之者、君也 14/139/6
百姓○輯 15/145/2
然一人唱而天下（應）〔○〕之者 15/146/11
獨盡其（調）〔○〕 15/148/18
割地而為（調）〔○〕 15/153/24
故○氏之璧、隨侯之珠 16.19/156/1
是故不同于○而可以成事者 16.41/158/4
欲美○者 16.112/164/15
兩堅不能相○ 16.130/166/7
五味以○ 17.24/170/3
一梅不足以為一人○ 17.119/176/24
以水○水不可食 17.188/181/22
一人唱而千人○ 17.207/183/3
（傳）〔傅〕以○堇則愈 17.211/183/11
（於）〔拸〕○切適 17.237/185/3
然而心（調）〔○〕於君 18/191/3
不若（此）《延（路）〔露〕》（陽局）〔以○〕 18/198/14
此皆載務而（戲）〔虧〕乎其（調）〔○〕者也 18/199/18
此○氏之所以泣血於荊山之下 19/208/19
其子○之 20/210/12
執中含○ 20/211/3,21/226/17
終○且平 20/211/5
陰陽○ 20/211/11,20/212/7
而○四時之節 20/212/28
陰陽（調）〔○〕 20/214/1
五行異氣而皆（適）（調）〔○〕 20/214/3
其美在（調）〔○〕 20/214/7
（及）〔吸〕陰陽之○ 20/214/15
（陰陽无為、故能○） 20/215/12
上唱而民○ 20/217/21
調○五味 20/218/3
日引邪欲而澆其（身）（夫調）〔天○〕 20/219/10
大羹之○ 20/221/28
〔為其〕傷○睦之心 20/223/4
則百殘除而中○作矣 20/223/13
所以○陰陽之氣 21/224/11
節養性之○ 21/225/5
○以德也 21/226/11
下○水土 21/226/15
以與天○相嬰薄 21/226/17
唱而○ 21/226/19
宴煬至○ 21/226/24
必有細大駕○ 21/227/8

曷 hé 5

○得須臾平乎 2/17/23
人之耳目○能久熏〔勤〕勞而不息乎 7/55/18
○為弗除 15/143/8
〔則〕○為攻之 19/203/24
○為弗取 19/203/26

狢 hé 2

狟○得堙防 11/95/13
非以（遂）〔逐〕狐（狸）〔○〕 16.106/163/29

涸 hé 11

三川○ 2/18/1
水始○ 5/44/4
而薄落之水○ 6/51/10
淫水○ 6/52/26
旬月不雨則○而枯澤 6/54/19
河、漢○而不能寒也 7/57/18
不○澤而漁 9/79/12
塘決水○ 9/82/4
雖○井而竭池 15/149/11
旱則○ 17.40/171/5
山崩川○ 20/210/21

荷 hé 3

芙蓉芰○ 8/61/20
腐○之（矰）〔櫓〕 15/150/4
譬若樹○山上 16.88/162/8

貉 hé 2

胡、○、匈奴之國 11/97/10
貛○為曲穴 19/206/4

輅 hé 3

是故目觀玉○琬象之狀 2/12/8
挽○首路死者 15/146/6
故弁冕○輿 20/221/27

貈 hé 1

○度汶而死 1/4/2

閡 hé 1

○也 3/25/12

翮 hé 2

飛鳥之有六○ 15/145/18
而羽○之（所）〔既〕成也 18/196/18

闔 hé 17

排閶○ 1/2/2
涼風至四十五日閶○風至 3/20/26
閶○風至四十五日不周風至 3/20/27
閶○風至則收縣垂 3/20/29
開○扇 3/23/20
○四海之內 4/32/30
傾宮、旋室、縣圃、涼風、樊桐在崑崙閶○之中 4/33/7
曰閶○之門 4/34/8
閶○風之所生也 4/37/26
開閉○ 5/47/15
開○張歙 8/64/9

〔而〕制開○　9/77/21
顏○　11/102/26
○戶塞牖　12/117/2
段干木○門不出　19/204/6
雖○棺亦不恨矣　19/209/5
○閭伐楚　20/219/22

齕 hé　3

○吞者八竅而卵生　4/35/18
而使○其指　12/118/13
○咋足以噆肌碎骨　19/204/16

咊 hè　1

齊（咊）〔○〕萬方　11/99/25

賀 hè　8

無慶（○）〔賞〕之利、刑罰之威　8/62/7
敢○君　12/112/25
大廈成而燕雀相○　17.106/175/26
人皆○之　18/190/2
大夫畢○　18/193/11
反還而不○　18/193/11
群臣皆○　18/193/12
而子獨不○　18/193/13

赫 hè　13

炎炎○○　1/8/1
至陽○○　6/50/22
杜○以安天下說周昭文君　12/108/12
〔昭〕文君謂杜○曰　12/108/12
〔杜〕○對曰　12/108/13
高○為賞首　13/128/24
○无大功　13/128/25
唯○不失君臣之禮　13/128/26
　18/192/4
而高○為賞首　18/192/2
而○為賞首　18/192/3

褐 hè　9

短○不完　6/53/24
百姓短○不完　9/74/8
雖在○夫䊮蕡　9/75/9
被○懷（王）〔玉〕者　10/86/9
短○不完者　11/94/3
貧人（則夏）〔夏則〕被○帶索　11/104/7
短○不掩形　11/104/7
有客衣○帶索而見曰　12/113/5
而巫馬期絻衣短○　12/116/21

壑 hè　6

而蹪蹈于污○穽陷之中　1/10/2
夫藏舟於○　2/11/1
遇小人則陷溝○　13/123/16
而後墮谿○　13/124/6
大蔡神龜出於溝○　16.110/164/11
㽉丘無○　17.203/182/25

鶴 hè　5

鴻鵠鶬○莫不憚驚伏竄　6/52/3
○知夜半　16.38/157/25
○壽千歲　17.178/181/1
○跱而不食　19/207/18
鳴○在陰　20/210/11

黑 hēi　45

此齊民之所為形植（藜）〔黎〕（累）〔○〕　1/9/1
察能分白○、視醜美　1/9/22
夫秉皓白而不（里）〔○〕　2/12/14
今以涅染緇則○於涅　2/13/19
火煙○　3/23/19
曰河水、赤水、遼水、○水、江水、淮水　4/32/28
○水宜砥　4/35/22
○色主腎　4/36/8
有大人國、君子國、○齒民、玄股民、毛民、勞民　4/37/1
青黃白○　5/42/13
天子衣○衣　5/45/11
　5/46/3,5/46/22
北宮御女○色　5/45/12
　5/46/4,5/46/23
衣○采　5/45/12,5/46/4,5/46/23
殺○龍以濟冀州　6/52/26
○何若　9/81/22
援白○而示之　9/81/22
人之視白○以目　9/81/22
言白○以口　9/81/23
瞽師有以言白○　9/81/23
無以知白○　9/81/23
故言白○與人同　9/81/23
其別白○與人異　9/81/23
不若○蝯　11/94/29
漆不厭○　11/95/1
染之以涅則○　11/95/28
染者先青而後○則可　16.58/159/23
先○而後青則不可　16.58/159/23
後徽○　16.136/166/23
為其可以黃可以○　17.229/184/16
家無故而○牛生白犢　18/189/20
東至○齒　19/202/19
舜徽○　19/203/8
雖粉白黛○弗能為美者　19/204/23
抑○質　19/205/24
目不能別晝夜、分白○　19/206/16
分〔別〕白○（利害）　19/206/26
顏色徽○　19/207/18
若白○之於目辨　19/208/27
粉白黛○　19/209/15

很 hěn　2

故（○）〔狠〕者類知而非知〔也〕　13/128/9
而（○）〔狠〕者以為非　13/131/4

恨 hèn　5

死者不○　8/66/7
各致其愛而無憾○其間　8/66/14
壹○不足以成非　10/92/3
積○而成（怨）〔惡〕　10/92/3
雖闔棺亦不○矣　19/209/5

亨 hēng 1

小過〇 13/127/19

恒 héng 6

自崑崙東絶兩〇山 5/47/22
〇娥竊以奔月 6/54/20
〇虛而易足 13/130/3
〇有不原之智、不道之道 15/145/12
陳成（子）〇之劫子淵捷也 16.20/156/4
事之〇常 20/221/21

衡 héng 29

攙搶（〇）〔衡〕杓之氣莫不彌靡 2/11/18
執〇而治夏 3/20/2
水（魚）〔〇〕之囿也 3/21/6
至于〇陽 3/24/16
〇長權藏 3/25/14
〇有左右 3/26/20
主〇 3/27/3
（鈞）〔鈞〕〇石 5/39/26
平權〇 5/44/4
夏為〇 5/48/26
〇者 5/48/27
〇之為度也 5/49/11
夏治以〇 5/49/22
故謹於權〇準繩 8/64/10
〇之於左右 9/69/17
今夫權〇規矩 9/69/24
則馬（死）〔服〕于〇下 9/77/4
而縣之乎銓〇 11/102/5
復以〇說〔魏王〕 12/118/11
而有不能成〇之事 12/118/12
重鈞則〇不傾 16.137/166/27
懸〇而量則不差 17.100/175/13
〇雖正 17.213/183/15
掩以〇扼 19/204/17
規矩權〇準繩 20/214/8
轅从〇横 20/214/9
約从〇之事 20/218/18
予之〔以〕權〇則喜 20/220/22
張儀、蘇秦之從〇 20/221/21

横 hēng 15

〇之而彌于四海 1/1/4
〇四維而含陰陽 1/1/6
〇廓六合 2/14/21
〇（扃）〔扃〕天地之閒而不窕 2/17/3
旁有九井玉〇 4/33/7
從〇間之 6/53/20
〇（扃）〔扃〕四方而不窮 9/69/14
夫脩而不〇 13/123/5
內脩極而〇禍至者 14/142/12
用之必〇 17.140/178/11
兵（〇）行天下而无所綣 18/186/24
轅从衡〇 20/214/9
或从或〇 20/218/19
〇八極 21/226/15
故縱〇脩短生焉 21/228/18

薨 hōng 2

晉文公適〇 12/115/24
今吾君〇未葬 12/115/25

弘 hóng 7

智過於萇〇 9/80/22
故〇演直仁而立死 10/86/13
萇〇以智困 10/91/1
故萇〇、師曠 11/101/25
昔者萇〇、周室之執數者也 13/126/5
故萇〇知天道而不知人事 13/126/10
萇〇知周之所〔以〕存 16.52/159/7

泓 hóng 1

〇之戰 20/214/11

虹 hóng 7

〇蜺不出 1/1/17
〇蜺彗星者 3/19/16
〇始見 5/40/10
〇藏不見 5/45/11
天二氣則成〇 16.27/156/27
析惕乎〇蜺之間 18/196/20
世惑亂而〇蜺見 20/210/22

洪 hóng 6

雖有炎火〇水彌靡於天下 2/16/3
禹乃以息土填〇水以為名山 4/33/3
以息壤堙〇水之州 5/47/23
共工振滔〇水 8/63/14
而不期於《〇範》、《商頌》 19/208/26
〇者為本 20/221/8

紘 hóng 8

（紘）〔〇〕宇宙而章三光 1/1/6
而知八〇九野之形埒者 1/2/10
而有八〇 4/34/1
凡八〇之氣是出寒暑 4/34/3
八〇之外 4/34/6
八〇、八夤、八澤之雲 4/34/9
至〇以大 7/55/18
若夏就絺（〇）〔綌〕 10/90/22

閎 hóng 2

深〇廣大 2/10/24
其智不〇者 11/99/21

鴻 hóng 14

與天地〇洞 1/6/7
夫目視〇鵠之飛 2/13/2
以〇濛為景柱 2/15/6
凡〇水淵藪 4/33/2
〇鵠鶬鶴莫不憚驚伏竄 6/52/3
澒濛〇洞 7/54/25
〇水漏 8/63/16
〇鵠鸛鶖 8/65/5
禹（遭）〔有〕〇水之患 11/99/3
東（開）〔關〕〔乎〕〇濛之光 12/116/12
為〇鵠者則可以矰繳加

也 15/149/20
夫〇鵠之未孚於卵也 18/196/18
以食狗馬〇鴈之費養士 20/221/1
此《〇烈》之《泰族》
也 21/226/21

澒 hòng 11

（缺）〔玦〕五百歲
（生黃埃黃埃五百歲）
生黃〇 4/38/14
黃〇五百歲生黃金 4/38/15
青曾八百歲生青〇 4/38/17
青〇八百歲生青金 4/38/18
赤丹七百歲生赤〇 4/38/20
赤〇七百歲生赤金 4/38/21
白礜九百歲生白〇 4/38/23
白〇九百歲生白金 4/38/23
玄砥六百歲生玄〇 4/38/25
玄〇六百歲生玄金 4/38/25
〇濛鴻洞 7/54/25

侯 hóu 118

諸〇背之 1/3/2
合諸〇於塗山 1/3/3
醢鬼〇之女 2/18/1
使諸〇 3/20/28,5/40/16
立封〇 3/23/21
封諸〇 5/41/7
不可以合諸〇 5/42/15
毋以封〇 5/43/9
合諸〇 5/44/21
為來歲受朔日與諸〇所
稅於民輕重之法 5/44/21
次諸〇之列 5/47/2
封建〇 5/47/20
陽〇之波 6/50/1,12/118/3
譬如隋〇之珠 6/51/2
諸〇制法 6/53/20
諸〇力征 6/54/2,21/228/9
諸〇一同 8/66/19
朝諸〇 9/73/19
故桓公三舉而九合諸〇 9/78/10
應〇慎德 10/83/4
崇〇、惡來 10/87/23
衛武〇謂其臣曰 10/89/9
是武〇如弗贏之必得贏 10/89/9
而足迹不接諸〇之境 11/95/14
泗上十二諸〇皆率九夷
以朝 11/97/9
遂霸諸〇 11/97/11
負扆而朝諸〇 11/102/20
13/121/17
昔齊桓公合諸〇以乘車 11/102/24
晉文公合諸〇以革車 11/102/24
權制諸〇鈞者 11/102/25
魯人為人〔臣〕妾於諸
〇 12/108/17
子贛贖魯人於諸〇 12/108/17
魯人不復贖人於諸〇矣 12/108/20
魏武〇問於李克曰 12/108/23
武〇曰 12/108/23
寡人自知不為諸〇笑矣 12/110/12
諸〇入賓 12/113/12
崇〇虎曰 12/114/11
又數絕諸〇之地 12/115/21
諸〇莫不知 12/115/25
諸〇執幣相朝 12/117/20
魏文〇觴諸大夫於曲陽 12/119/8
文〇喟然歎曰 12/119/8
文〇受觴而飲〔之〕 12/119/10
陽〇殺蓼〇而竊其夫人 13/121/1
伯成子高辭為諸〇而耕 13/122/5
〇同、曼聲之歌 13/123/13
以王諸〇 13/124/16
服諾諸〇 13/126/7
九合諸〇 13/127/6
而為文〇師 13/127/12
〔然而〕威服諸〇 13/127/14
而立為諸〇賢相 13/128/2
外不愧於諸〇 13/128/5
終不利封〇 13/128/17
外無賢行以見忌於諸〇 14/138/5
諸〇不備 14/138/11
諸〇弗備 14/138/12
〇而求霸者必失其〇 14/138/29
〇以縣 15/143/17
諸〇莫不慴㥄沮膽其處 15/144/11
制勝於未戰而諸〇服其
威 15/144/12
諸〇服其威而四方懷其
德 15/145/2
故和氏之璧、隨〇之珠
16.19/156/1
〇王寶之 16.19/156/2
魏文〇（見之）〔之見〕
反披裘而負芻也 16.20/156/6
得隋〇之珠 16.105/163/26
渡江河而言陽〇之波
16.139/167/1
文王與諸〇（備）〔構〕
之 17.179/181/3
隨〇之珠在於前 17.217/183/23
遂合諸〇於嘉陵 18/186/24
外无諸〇之助 18/186/25
諸〇莫之救 18/186/26
晉厲公之合諸〇於嘉陵 18/187/2
為魏文〇（夫）〔大〕
開地 18/188/10
是為諸〇先受禍也 18/188/23
必將復求地於諸〇 18/188/24
諸〇必植耳 18/188/24
諸〇皆恐 18/188/26
請以齊〇往 18/190/24
人數言其過於文〇 18/192/9
文〇身行其縣 18/192/9
文〇曰 18/192/9,18/192/13
18/192/16,18/192/17
19/203/29,19/204/1
數絕諸〇之地 18/193/1
諸〇聞之 18/193/15,18/193/16
（楚）王若欲從諸〇 18/194/7
外約諸〇 18/194/10
諸〇无親 18/200/16
以諸〇為親 18/200/17
諸〇皆以為蓍龜兆 18/200/24
諸〇聞之必輕吾國 18/201/3
故立諸〇以教誨之 19/203/4
魏文〇過其閭而軾之 19/203/28
諸〇莫不聞 19/204/5
求救於諸〇 19/207/16
〇王懈惰 19/207/28
諸〇之力征 20/218/5
撓滑諸〇 20/218/19
諸〇執禽而朝之 20/219/20
守在諸〇 20/219/28
諸〇得道 20/219/28
諸〇失道 20/219/28
故得道則以百里之地令
於諸〇 20/220/2

鎮撫諸○ 21/227/30
六國諸○ 21/228/16
孝公欲以虎狼之勢而吞諸○ 21/228/25

猴 hóu 2

楚人有烹○而召其鄰人 19/208/15
後聞其○也 19/208/15

喉 hóu 5

使之左〔手〕據天下圖而右手刎其○ 7/59/15
喘息薄○ 7/59/25
○中有病 13/126/27
嚼而無味者弗能內於○ 17.216/183/21
使人左據天下之圖而右刎○ 20/218/26

鍭 hóu 2

疾如（錐）〔○〕矢 15/146/1
疾如（鏃）〔○〕矢 15/147/10

后 hòu 33

下棲遲至于昆吾、夏○之世 2/15/14
其佐○土 3/20/3
○稷壟在建木西 4/37/13
○妃齋戒 5/40/19
至國而（○）已 5/45/2
黃帝、○土之所司者 5/47/23
夫有夏○氏之璜者 7/57/5
非直夏○氏之璜也 7/57/5
○稷廣利天下 10/83/10
○稷為大田（師） 11/95/6
夏○氏〔之禮〕 11/98/4
齊王○死 12/116/1
王欲置○而未定 12/116/1
因勸立以為王○ 12/116/2
夏○氏殯於阼階之上 13/120/20
夏○氏堲周 13/120/21
夏○氏祭於闇 13/120/22
夏○氏不負言 13/122/4
夫夏○氏之璜不能无考 13/127/26
（○稷）〔周棄〕作稼穡 13/131/12
○稷也 14/134/16
○稷播種樹穀 14/138/8
夏○之璜 16.90/162/14
然非夏○氏之璜 17.2/168/14
○稷乃教之辟地墾草 18/189/14
故三○之後 18/189/15
而○稷之智不用 19/203/13
○稷耕稼 19/206/10
○稷墾草發菑 20/212/9
堯之舉禹、契、○稷、皋陶 20/213/18
然○可立也 20/218/24
絃有緩急小大然○〔能〕成曲 20/222/12
車有勞軼動靜而○能致遠 20/222/13

厚 hòu 37

蘆符之○ 2/13/24,2/13/24
今夫積惠重○ 2/14/7
○席蓐 5/42/12
審棺椁衣衾之薄○ 5/45/19
逆氣戾物、傷民○積者 6/53/1
以其生生之○ 7/56/10
吾死也土不以加○ 7/56/19
養性之具不加○ 7/58/15
莒君○賂而止之 7/59/1
尊勢○利 7/59/15
無功而○賞 9/70/22
非有父子之○ 9/73/13
豈其趨捨○薄之勢異哉 9/73/18
其主之德義○而號令行也 9/73/20
非慈○無以懷眾 9/74/13
其施○者其報美 10/82/30
薄施而○望、畜怨而無患者 10/83/1
在家老則為恩○ 10/85/19
積薄為○ 10/86/1
故同味而嗜○（膊）〔膞〕者 10/89/25
夫玉璞不厭○ 11/95/1
祿○者、怨處之 12/114/1
吾祿益○ 12/114/2
○葬久喪 12/119/27
○葬久喪以送死 13/123/20
故人有○德 13/127/9
揲（挺）〔埏〕其土而不益○ 16.31/157/7
身无大功而有○祿 18/186/15
以不信得○賞 18/193/5
其德○ 18/195/21
地致其○ 20/211/9
淳厖敦○者 20/214/4
故仁義者、為○基者也 20/221/14
不益其○而張其廣者毀 20/221/15
知數而○衰 20/222/9
○葬靡財而貧民 21/228/4

後 hòu 250

待而○生 1/1/19
待之○死 1/1/20
感而○動 1/2/14
○動者、達之原也 1/5/7
而○者易為攻也 1/5/11
則○者攀之 1/5/12
則○者（蹷）〔蹍〕之 1/5/12
則○者以謀 1/5/12
則○者（逄）〔違〕之 1/5/13
則○者之弓矢質的也 1/5/13
以其託於○位 1/5/14
所謂○者 1/5/15
先亦制○ 1/5/16
○亦制先 1/5/16
○之則不逮 1/5/19
常○而不先 1/5/21
授萬物而無所前○ 1/6/6
常○而先 1/6/27
覺而○知其夢也 2/11/6
然○知今此之為大夢也 2/11/6
冰（故）〔水〕移易于前○ 2/11/12
然○知松柏之茂也 2/12/1
然○知聖人之不失道也 2/12/2
其不用也而○能用之 2/14/2
其不知也而○能知之也 2/14/3
是故有真人然○有真知 2/14/4
立無○者 2/14/9
是故性遭命而○能行 2/18/11
命得性而○能明 2/18/11

故天先成而地〇定	3/18/20
〇日至十五日而徙	3/22/7
立春之〇	3/26/27
順前三〇五	3/26/27
鉤陳在〇三	3/27/21
白虎在〇六	3/27/22
〇必无殃	3/27/30
合於歲〇則无殃	3/29/6
有角者（指）〔脂〕而無〇〔齒〕	4/35/19
〇乃大水	5/41/12
立無〇	5/47/20
緩而不〇	5/49/11
名聲被〇世	6/53/5
〇奔蛇	6/53/6
故自三代以〇者	6/54/1
伏戲、女媧不設法度而以至德遺於〇世	6/54/11
而視於來事之〇	7/56/4
是故德衰然〇仁生	8/62/17
行沮然〇義立	8/62/17
和失然〇聲調	8/62/18
禮淫然〇容飾	8/62/18
是故知神明然〇知道德之不足為也	8/62/18
知道德然〇知仁義之不足行也	8/62/18
知仁義然〇知禮樂之不足脩也	8/62/19
澤及〇世	8/63/3,14/135/24
名聲傳于〇世	8/64/14
殺不辜之民〔而〕絕先聖之〇	8/66/22
常〇而不先〔者〕也	9/71/17
法定之〇	9/75/17
弗用而〇能用之	9/77/12
弗為而〇能為之	9/77/12
今使烏獲、藉蕃從〇牽牛尾	9/78/2
然〇取車輿衣食供養其欲	9/78/11
擇善而〇從事焉	9/80/21
故智者先忤而〇合	9/81/18
莫不先以為可而〇行之	9/81/25
終而〇知其可大也	10/85/24
發著而〇快	10/86/24
不知〇世之譏己也	10/88/18
而〇世稱其大	10/90/13
觀景柱而知持〇矣	10/90/25
〇者在上	10/90/26
〇有斧鉞之禁	10/91/24
性失然〇貴仁	11/93/20
道失然〇貴義	11/93/20
〇世必有劫殺之君	11/94/12
其〇	11/94/12
名傳〇世	11/96/7
及其已用之〇	11/98/26
夫武王先武而〇文	11/102/21
桓公前柔而〇剛	11/102/25
文公前剛而〇柔	11/102/25
歷歲而〇成	11/103/22
〇亦應之	12/106/4
趙簡子以襄子為〇	12/106/22
今以為〇	12/106/22
故其福及〇世	12/107/11
鼠前而（菟）〔兔〕〇	12/108/7
而（受）教順可施〇世	12/108/19
命〇車載之	12/109/4
城洽而〇攻之	12/111/12
〇數日	12/113/7
〇其身而身先	12/113/24
出〇者	12/114/27
盜賊之心必託聖人之道而〇可行	12/114/28
〇無幾何	12/115/3
丘〔也〕請從之〇	12/115/16
故必杜然〇能門	12/118/14
吾恐〇世之用兵不休	12/119/22
〇世為之機杼勝複以便其用	13/120/9
〇世為之耒耜耰鉏	13/120/11
三王殊事而名施〇世	13/120/24
請而〇為	13/121/19
復而〇行	13/121/19
然〇能擅道而行（矣）〔也〕	13/122/18
而〇墮谿壑	13/124/6
故忤而〇合者	13/125/28
合而〇舛者	13/125/28
使曹子計不顧〇	13/127/1
不顧〇圖	13/127/6
（然而）立秋之〇	13/129/20
而〇被要斬之罪	13/129/23
而可傳於〇世	13/130/25
必以醜聲隨其〇	14/134/21
然〇覺其動也	14/135/22
然〇覺其為也	14/135/23
不顧〇患者	14/137/21
不恐獨〇	14/139/18
黍稷之先〇	14/140/2
執〇者	14/140/6
執〇之制先	14/140/6
〇也	14/140/8
〇之制先	14/140/11
浣而〇饋	14/140/18
然〇食甘寢寧	14/140/24
先本而〇末	14/141/21
聖〔人〕常〇而不先	14/141/27
時在我〇	14/141/28
前爪〇距	15/142/22,19/206/1
前〇知險易	15/145/14
收藏於〇	15/145/16
積弩陪〇	15/146/1
而〇無遁北之刑	15/146/15
先弱敵而〇戰者也	15/146/21
故全兵先勝而〇〔求〕戰	15/146/23
敗兵先戰而〇求勝	15/146/23
前〇不相撚	15/148/7
故勝定而〇戰	15/148/10
鈐縣而〇動	15/148/10
彼持〇節	15/148/18
〇必可移	15/148/19
〇則能應先	15/149/5
然必待道而〇行	15/149/16
不待利時良日而〇破之	15/150/2
〇玄武	15/150/11
〇生而前死	15/150/11
先忤而〇合	15/150/26,18/189/23
前冥而〇明	15/150/26
軍食熟然〇敢食	15/151/13
軍井通而〇敢飲	15/151/13
死事之〇必賞	15/151/19
而〇求諸人	15/152/4
而〇求勝	15/152/4
望之於〇	15/152/14
故前〇正齊	15/152/17
或前或〇	15/152/17
其〇驕溢縱欲	15/153/8
无主於〇	15/153/22
軍无〇治	15/153/25
是故名必成而〇无餘害	

矣 15/153/28
○難復處也 16.23/156/15
引車者二六而○之 16.46/158/17
必待異而○成 16.46/158/18
先針而○縷 16.57/159/20
先縷而○針 16.57/159/20
染者先青而○黑則可 16.58/159/23
先黑而○青則不可 16.58/159/23
所先○上下 16.58/159/24
不如其○ 16.64/160/8
先順其所為而○與之入政 16.95/162/27
必食其蹠數十而○足 16.125/165/26
○黴黑 16.136/166/23
先祭而○饗則可 16.138/166/29
先饗而○祭則不可 16.138/166/29
物之先○各有所宜也 16.138/166/29
然待所不踩而○行 17.4/168/18
然待所不知而○明 17.4/168/18
待利而○拯溺人 17.184/181/14
兕虎在於○ 17.217/183/23
先避患而○就利 17.217/183/23
弓先調而○求勁 17.219/183/27
馬先馴而○求良 17.219/183/27
人先信而○求能 17.219/183/27
錯之○而不軒 18/185/26
患至而○憂之 18/186/3
而○敢以定謀 18/186/9
待而○成 18/186/13
申叔時教莊王封陳氏之○而霸天下 18/187/6
故聖人先忤而○合 18/188/1
眾人先合而○忤 18/188/2
自此之○ 18/188/10,18/191/2
故三后之○ 18/189/15
其○繼嗣至今不絕者 18/189/16
其○楚攻宋 18/189/25
今雖成、○必敗 18/190/10
今雖惡、○必善 18/190/11
而○果敗 18/190/12
然而雍季先賞而咎犯○存者 18/191/9
或有功而○賞 18/191/11
○必無獸 18/191/14
○亦無復 18/191/14
先（維）〔雍〕季而○咎犯 18/191/15
而（○）〔先〕萬世之利也哉 18/191/17
○不可復用也 18/192/14
復地而○（皮）〔反〕 18/192/15
立陳之○ 18/193/16
無功而大利者○將為害 18/193/24
然○憂之 18/193/25
而○能得之 18/195/3
身死無○ 18/195/26
夫〔上〕仕者先避〔患而○就利〕 18/196/15
〔先遠辱而○求名〕 18/196/15
此其○ 18/201/26
然○水潦得谷行 19/203/12
計必得宋而○攻之乎 19/203/22
其○秦將起兵伐魏 19/204/4
故人作一事而遺○世 19/206/11
周室以○ 19/206/13
故弓待（擻）〔檠〕而○能調 19/206/18
劍待砥而○能利 19/206/18
明示○人 19/207/2
名施○世 19/207/11
遺利於○ 19/207/27
○（出）〔世〕无名 19/207/28
故為道者必託之于神農、黃帝而○能入說 19/208/5
○日復見 19/208/13
○聞其猴也 19/208/15
○知其非也 19/208/17
使○世無知音者則已 19/209/8
以為○之（有）知音者也 19/209/9
七年而○知 19/209/26
禍將在○至 19/209/27
而○人事有治也 20/212/11
然○脩朝聘以明貴賤 20/212/18
盟而○饋 20/215/16
故法雖在、必待聖而○治 20/216/24
律雖具、必待耳而○聽 20/216/24
○幽都 20/219/14
先本○末謂之君子 20/221/7
（所在）〔在所〕先○而已矣 20/221/8
其養物也有先○ 20/221/10
使人知先○之禍福 21/224/2
操持○之論也 21/225/29
庶○世使知舉錯取捨之宜適 21/226/23
而○可以成曲 21/227/8
○君之（今）〔令〕又下 21/228/21
前○相繆 21/228/21

郈 hòu 7

魯季氏與○氏鬬雞 18/195/18
○氏介其雞 18/195/18
因侵○氏之宮而築之 18/195/18
○昭伯怒 18/195/19
使○昭伯將卒以攻之 18/195/22
○昭伯不勝而死 18/195/23
○氏作難 18/195/27

候 hòu 13

晨○之東方 3/20/22
夕○之西方 3/20/22
為帝○歲 3/24/10
以○相應 3/31/16
有神二（人）〔八〕連臂為帝○夜 4/37/5
○鴈北 5/39/5
○鴈來 5/43/18
○鴈來賓 5/44/14
九月官○ 5/45/7
五藏之使○也 7/55/27
中則以為○ 14/140/12
此○之官也 15/145/15
明於（音）〔奇〕（正）賌、陰陽、刑德、五行、望氣、○星 15/152/18

乎 hū 283

無為言之而通○德 1/1/13
又何亡魚失鳥之有○ 1/2/24
何況狗馬之類○ 1/3/6
莽○大哉 1/4/21
其唯心行者○ 1/4/22

皆生於〔無〕形○ 1/6/11
聖亡○治人 1/7/17
釣射鷫鷞之謂樂○ 1/7/21
又焉有不得容其間者○ 1/8/22
物豈可謂无大揚攉○ 2/11/4
孰暇知其所苦樂○ 2/11/13
神傷○喜怒思慮之患者 2/11/13
以物煩其性命○ 2/11/26
中徙倚无形之域而和以天地者○ 2/12/6
有況比於規形者○ 2/13/9
何況夫未始有涅藍造化之者○ 2/13/20
休○（宇內）〔內宇〕 2/14/22
又況○以無裹之者邪 2/15/3
而浮揚○無畛崖之際 2/15/7
必達○性命之情 2/16/17
又況所教○ 2/16/23
又況齊民○ 2/16/24
又況無道○ 2/17/11
豈可得○ 2/17/21,7/60/15
曷得須臾平○ 2/17/23
又況編戶齊民○ 2/18/3
則德施○四海 2/18/10
輕重生○天道 3/26/13
五類雜種興○外 4/38/6
正土之氣（也）御○埃天 4/38/14
偏土之氣御○（清）〔青〕天 4/38/17
而心未嘗死者○ 6/50/7
又何化之所能造○ 6/50/22
又況直蛇鱓之類○ 6/51/27
又況直燕雀之類○ 6/52/4
孔○莫知其所終極 7/54/26
滔○莫知其所止息 7/54/26
人之耳目曷能久熏〔勤〕勞而不息○ 7/55/18
精神何能久馳騁而不既（守）〔○〕 7/55/19
且惟無我而物無不備者○ 7/56/13
吾又安知所喜憎利害其間者○ 7/56/20
浩浩蕩蕩○ 7/57/12
審○無瑕 7/57/13
而況斥鷃○ 7/58/28
又況不為牆○ 7/60/2
又況不為冰○ 7/60/2
在內而合○道 8/61/6
審○輕重 8/64/11
其猶射者○ 9/69/1
況於並世化民○ 9/69/9
又況於執法施令○ 9/69/14
而況當世之主○ 9/72/3
而〔又〕況人○ 9/74/19
今日何為而樂○ 9/81/20
（且）〔旦〕日何為而義○ 9/81/20
平○準 10/82/15
直○繩 10/82/15
員○規 10/82/15
方○矩 10/82/15
（未）〔末〕世繩繩○（准）〔唯〕恐失仁義 10/82/26
求同○己者也 10/83/13
感○心 10/84/4
明○智 10/84/4
故君子行（斯）〔期〕○其所結 10/84/19
蓋情甚○（叫）〔叫〕呼也 10/84/23
昭昭○小哉 10/84/27
曠曠○大哉 10/84/27
諭○人心 10/85/3
義尊○君 10/85/5
仁親○父 10/85/5
其如此○ 10/85/8
周公慚○景 10/85/10
我其首禾○ 10/85/12
所期者異○ 10/85/16
何自怨○人 10/86/8
其憂尋出○中也 10/86/19
以（責）〔貴〕為聖○ 10/86/20
以賤為仁○ 10/86/21
忽○日滔滔以自新 10/86/21
始○叔季 10/86/22
歸○伯孟 10/86/22
句吳其庶○ 10/87/7
良工漸○矩鑿之中 10/87/12
故聖人栗栗○其內 10/87/20
而至○至極矣 10/87/20
教本○君子 10/87/26
利本○小人 10/87/26
先形○小也 10/88/5
嫚生○小人 10/88/26
善生○君子 10/88/26
晉文得之○閨內 10/89/1
失之○境外 10/89/1
齊桓失之○閨內 10/89/2
而得之〔○〕本朝 10/89/2
通○存亡之論者也 10/89/10
可謂不踰於理○ 10/90/6
不慕○行 10/90/9
不慚○善 10/90/10
義載○宜之謂君子 10/90/16
宜遺○義之謂小人 10/90/16
稼生○野 10/91/16
而藏○倉 10/91/16
三代至○門 10/92/13
〔周〕室至○澤 10/92/13
君子誠仁（於）〔○〕 10/92/16
小人誠不仁〔○〕 10/92/16
貌不羨○情 11/93/28
而言不溢○行 11/93/28
故糟丘生○象櫡 11/94/14
炮（烙）〔格〕生○熱（升）〔斗〕 11/94/14
汝雖忘○吾 11/96/4
令行○天下 11/97/11
豈必鄒、魯之禮之謂禮○ 11/97/12
結軌○遠方之外 11/97/13
明○死生之分 11/97/24
通○侈儉之適者也 11/97/24
儀必應○高下 11/99/8
衣必適○寒暑 11/99/8
游○眾虛之閒 11/100/6
游○心手（眾虛）之閒 11/100/8
而形○絃者 11/100/9
庸遽知世之所自窺我者○ 11/101/8
而縣之○銓衡 11/102/5
而求之○浣準 11/102/6
然而令行○天下 11/102/25
又況身○ 11/102/27
自足○一世之閒 11/104/9
不免○飢寒之患 11/104/10
世樂志（○）〔平〕 11/104/17
又況親戚○ 11/104/18
子知道○ 12/105/3,12/105/3
子之知道亦有數○ 12/105/4

亦有數○ 12/105/10
孰知形〔形〕之不形者○ 12/105/17
人（可以）〔可與〕微言〔○〕 12/105/20
然則人固不可與微言○ 12/105/22
（誰）〔唯〕知言之謂者○ 12/105/23
可行○ 12/106/2
（惷）〔惷〕○若新生之犢 12/107/1
能無以知○ 12/107/4
亡其及我○ 12/107/9
趙氏其昌○ 12/107/9
不通○持勝也 12/107/11
又況一斤○ 12/108/12
神無怨○ 12/109/23
臣有罪○ 12/110/22
子姓有可使求馬者○ 12/111/15
一至此○ 12/111/22
乃有貴○馬者〔也〕 12/111/24
尚可更○ 12/112/9
寡人誰為君○ 12/112/22
其誰以我為君者○ 12/112/24
門下故有能呼者○ 12/113/6
子知之○ 12/113/28
可○ 12/114/2
而況持不用者○ 12/114/7
王人○ 12/114/21
盜亦有道○ 12/114/26
能毋離○ 12/115/17
能如嬰兒○ 12/115/17
盧敖游○北海 12/116/5
經○太陰 12/116/5
入○玄闕 12/116/5
遯逃○碑〔下〕 12/116/7
非敖而已○ 12/116/8
子殆可與敖為友○ 12/116/9
此猶光○日月而載列星 12/116/10
若我南游○（岡）〔罔〕㝗之野 12/116/11
北息○沉墨之鄉 12/116/12
西窮〔○〕（冥）〔窅〕冥之黨 12/116/12
東（開）〔關〕〔○〕鴻濛之光 12/116/12
子果有○ 12/117/6
其果無有（子）〔○〕 12/117/6
〔其〕孰能至于此○ 12/117/8
嘗〔見〕有如此而得活者○ 12/118/3
佽非之謂○ 12/118/7
〔其〕孰先亡○ 12/118/26
〔其〕中行、知氏〔○〕 12/118/26
何（○）〔故〕 12/118/27
地可動○ 12/119/2
地其動○ 12/119/3
吾獨無豫讓以為臣（子）〔○〕 12/119/8
善哉○ 12/119/14
持盈者○ 12/119/16
何況○君數易世 13/121/20
其唯繩○ 13/123/6
何謀之敢（當）〔慮〕〔○〕 13/125/2
而求得（其）賢○天下 13/127/27
又況（无）〔○〕天地之怪物○ 13/130/13
又況人○ 13/131/11
17.179/181/4, 19/204/18
而況兆民○ 13/132/5
物物者亡○萬物之中 14/132/13
又況託於舟航之上○ 14/133/17
不亦宜○ 14/134/13
方船濟○江 14/134/20
何尺地之有〔○〕 14/135/6
故秦勝○戎而敗○殽 14/135/8
楚勝○諸夏而敗○柏莒 14/135/9
緩急調○手 14/139/19
御心調○馬 14/139/19
君子其結於一○ 14/139/24
又況衰世○ 15/142/29
又況治人○ 15/143/10
夫有誰與交兵接刃○ 15/143/21
浸○金石 15/144/16
潤○草木 15/144/16, 20/221/24
而決勝○千里之外矣 15/146/26
放○九天之上 15/148/24
蟠○黃盧之下 15/148/24
建心○窈冥之野 15/149/23
而藏志○九旋之淵 15/149/24
赴水火而不還踵○ 15/150/8
無有有形○ 16.1/154/3
何道之所能○ 16.1/154/7
渙○其有似也 16.19/155/29
況不善○ 16.21/156/10
豈足高○ 16.74/160/31
況受光於宇宙○ 16.82/161/21
況疏遠○ 17.38/171/1
將有誰寶之者○ 17.113/176/9
而又況一不信者○ 17.242/185/14
又何況於人○ 18/188/16
此何遽不〔能〕為福○ 18/190/1
18/190/3
此何遽不能為禍○ 18/190/2
則薛能自存○ 18/190/18
異○臣之所聞 18/190/25
人孰知之者○ 18/191/26
吾可以勿賞○ 18/192/25
淩○浮雲 18/196/19
翱翔○忽荒之上 18/196/19
析惕○虹蜺之間 18/196/20
至○以弗解〔解〕之者 18/198/5
此皆載務而（戲）〔虧〕○其（調）〔和〕者也 18/199/18
不亦難○ 18/200/25
得无害於〔為〕子○ 18/201/4
其知䛐○ 18/201/28
可謂聖人○ 19/202/15
而〔任〕海內之事者○ 19/202/26
計必得宋而後攻之○ 19/203/22
猶且攻之○ 19/203/23
不已甚○ 19/204/1
寡人敢勿軾○ 19/204/1
無乃妨於義○ 19/204/5
何可以公論○ 19/205/4
又況心意○ 19/206/20
以逍遙〔○無方之內〕 19/206/24
我社稷可以庶幾○ 19/207/14
而國○（歧）〔岐〕周 20/211/26
中考○人德 20/213/2
故可○可 20/214/20
而不可○不可 20/214/20
不可○不可 20/214/20
而可○可 20/214/20
（○）〔平〕夷狄之亂也 20/218/6
故善言歸○可行 20/218/16
善行歸○仁義 20/218/16

从冥冥見炤炤〇 20/220/7
(又況)萬物在其閒者〇 20/220/9
達〇无上 20/220/14
至〇无下 20/220/15
運〇无極 20/220/15
翔〇无形 20/220/15
可不謂有術〇 20/220/20
又況生儀者〇 20/220/26
聲浸〇金石 20/221/24
言不合〇先王者 20/222/1
音不調〇《雅》、《頌》者 20/222/1
揔同〇神明之德 21/225/13
考驗〇老、莊之術 21/225/19
而无傷〇讒賊螫毒者也 21/226/7
而已自樂所受〇天地者也 21/226/24
則終身顛頓〇混溟之中 21/227/3
而不知覺寤〇昭明之術矣 21/227/3
誠通〇二十篇之論 21/227/16

呼 hū 27

(叫)〔叫〕〇仿佛 1/2/14
〇之而不能聞也 1/9/24
未有形(〇)〔埒〕(垠堮) 2/10/15
是故聖人〇吸陰陽之氣 2/15/7
〇而無(嚮)〔響〕 4/33/20
〇池出魯平 4/37/22
雞〇卵 5/46/22
若吹呴〇吸 7/58/3
〇吸浸潭 8/62/3
夫疾〇不過聞百步 9/68/14
勇士一〇 10/83/26
蓋情甚乎(叫)〔叫〕〇也 10/84/23
俱之叫〇也 10/85/18
吹嘔〇吸 11/99/13
前〇邪許 12/106/4
臣能〇 12/113/6
門下故有能〇者乎 12/113/6
使善〔〇者〕〇之 12/113/7
一〇而航來 12/113/8
再三〇而不應 14/134/21
(叫)〔叫〕〇而比雷霆 15/144/14
〇不給吸 15/147/13
揮(挩)〔梲〕而〇狗 16.34/157/14
奮臂大〇 18/197/18
取其見食而相〇也 20/214/11
〇而出故 20/214/15

忽 hū 24

〇兮怳兮 1/1/23
怳兮〇兮 1/1/23
騖(怳〇)〔〇怳〕 1/1/26
而翱翔〇區之上 1/6/5
而心〇然若有所喪 1/8/2
〇去之 1/9/21
手徼〇怳 6/50/18
追猋歸〇 6/52/12
而游於〇區之旁 7/57/21
〇然入冥 7/58/28
感〇至焉 10/84/4
〇乎日滔滔以自新 10/86/21
〇然感之 11/95/10
(然〇)〔〇然〕不得 11/101/12
冥然〇然 12/117/7
與〇〇來 15/147/9
魂〇然不見 16.1/154/8
於是使〇怳 18/195/3
翱翔乎〇荒之上 18/196/19
倏〇變化 19/206/22
我誕謾而悠〇 19/209/11

曶 hū 1

(挺)〔捷〕〇而朝天下 20/219/19

垺 hū 1

羸〇有無之精 21/224/7

抇 hū 2

則必有穿窬拊(揵)〔楗〕、(抽箕)〔〇基〕踰備之姦 11/94/2
毋(扣)〔〇〕墳墓 15/143/13

弧 hū 2

昏〇中 5/39/18
殺戎馬而求(〇理)〔狐狸〕 16.74/160/30

狐 hū 28

大行石澗、飛〇、句(望)〔注〕之險不能難也 2/12/16
〇狸首穴 6/53/17
文繡〇白 7/58/14
而擒於〇貍 9/76/22
今謂〇貍 10/83/15
則必不知〇 10/83/15
非〔直〕未嘗見〇者 10/83/15
〇、貍非異 10/83/16
而謂〇貍 10/83/16
則不知〇、貍 10/83/16
〇鄉丘而死 10/85/12
故〇梁之歌可隨也 11/99/11
〇狸主穴 11/103/15
〇丘丈人謂孫叔敖曰 12/113/28
北至飛〇、陽原 13/124/4
薛燭庸子見若〇甲於劍而利鈍識矣 13/128/15
始如〇狸 15/150/23
〇白之裘 16.35/157/17
然為〇計者 16.35/157/18
殺戎馬而求(弧理)〔〇狸〕 16.74/160/30
非以(遂)〔逐〕〇(狸)〔貉〕 16.106/163/29
不若〇裘而粹 16.119/165/9
天下無粹白〇 16.125/165/26
〇死首丘 17.6/168/23
不若〇裘之粹 17.89/174/21
〇不二雄 17.99/175/11
夫〇之(捕)〔搏〕雉也 18/202/5
使〇瞋目植睹 18/202/6

胡 hú　22

肝膽○越〔也〕　2/13/3
○也　3/29/9
○王淫女樂之娛而亡上地　7/60/28
不為○、越改容　9/69/25
而不能與○人騎騾〔馬〕而服騊駼　9/70/1
○王好音而秦穆公以女樂誘之　9/77/8
夫○人見黂　11/94/6
故○人彈骨　11/97/2
○、貉、匈奴之國　11/97/10
○人便於馬　11/101/20
鵜○飲水數斗而不足　11/103/11
乘桴而入○　16.88/162/9
馬無故亡而入○　18/190/1
其馬將○駿馬而歸　18/190/2
○人大入塞　18/190/4
君○得之　18/195/21
亡秦者、○也　18/197/11
禍在備○而利越也　18/197/19
君○為有憂色　18/200/16
○人有知利者　19/205/9
○曹為衣　19/206/10
築脩城以守○　20/215/21

斛 hú　2

大斗○以出　18/201/21
江海不可斗○也　20/211/2

瓠 hú　3

瓜○不成　5/46/16
夫人之所以莫（抓）〔振〕玉石而（抓）〔振〕瓜○者　9/72/21
○巴鼓瑟　16.4/154/15

壺 hú　13

鄭之神巫相○子林　7/58/18
列子行泣報○子　7/58/19
○子持以天壤　7/58/19
○子之視死生亦齊　7/58/19
原○子之論　7/58/22
僖負羈以○（飱）〔飱〕表其閭　10/85/17
列子學○子　10/90/25
故釐負羈之○（餐）〔飱〕　11/96/22
釐負羈遺之○餕而加璧焉　12/110/28
今夫霤水足以溢○榼　13/130/6
舉○榼盆盎而以灌之　15/149/11
投高○　15/151/21
嘗抱○而度水者　17.149/178/31

湖 hú　7

夫魚相忘於江○　2/11/25
一夕反而為○　2/18/6
舜乃使禹疏三江五○　8/63/16
而不能與越人乘（幹）〔榦〕舟而浮於江○　9/70/1
然而勝夫差於五○　11/97/9
○上不鬻魚　11/104/21
辟五○而定東海　21/228/6

鵠 hú　9

夫目視鴻○之飛　2/13/2
鴻○鶬鶴莫不憚驚伏竄　6/52/3
鴻○鶤鵝　8/65/5
猶黃○與蠰蟲也　12/116/17
乾○知來而不知往　13/126/5
而蜂房不容○卵　13/127/10
為鴻○者則可以矰繳加也　15/149/20
不弋○而弋烏　17.202/182/23
夫鴻○之未孚於卵也　18/196/18

虎 hǔ　64

則飢○可尾　1/3/6
○豹山處　1/3/16
七日化為○　2/11/7
則○搏而殺之　2/11/8
方其為○也　2/11/9
不知其且為○也　2/11/9
龍蛇○豹　2/14/13
○嘯而谷風至　3/19/9
其獸白○　3/20/5
白○在酉　3/27/2
白○在後六　3/27/22
星主○　4/35/12
○故七月而生　4/35/12
多○豹　4/35/27
○始交　5/46/3
○豹襲穴而不敢咆　6/51/26
○狼不妄噬　6/52/21
鴟視○顧　7/58/3
○豹可尾　8/63/10
不敢暴○　8/64/2
寢兕伏○　8/65/10
故夫養○豹犀象者　9/68/4
○鹿之不同游者　9/72/13
而○狼熊羆猒芻豢　9/74/8
○之不可使搏鼠也　9/74/25
中行繆伯手搏○　10/84/8
○豹之文來射　10/90/31, 17.84/174/10
○豹之所樂也　11/94/21
崇侯○曰　12/114/11
白○文皮千合　12/114/15
以為○也　13/130/13
故○豹之彊來射　14/132/27
○無所措其爪　14/138/13
是為○傅翼〔也〕　15/143/8
使之若○豹之有爪牙　15/145/18
若○之牙　15/147/25
○豹（之）〔不〕動　15/149/3
今夫○豹便捷　15/149/9
右白○　15/150/11
合如兕○　15/150/23
○豹不（水）〔外〕其（爪）〔牙〕　15/150/24
三人成市○　16.98/163/6
躄者見○而不走　17.43/171/11
乳狗之噬○也　17.64/172/30
王子慶忌足躡麋鹿、手搏兕○　17.80/174/1
○豹不可使緣木　17.93/174/30
見○尾而知其大於貍　17.122/177/1
○有子　17.127/177/12
若入林而遇乳○　17.150/179/1
見○一文　17.162/179/28
○爪象牙　17.195/182/8
兕○在於後　17.217/183/23

陽○為亂於魯 18/187/11
而陽○將舉劍而伯頤 18/187/12
陽○因赴圍而逐 18/187/12
魯君聞陽○失 18/187/15
○之陷豚 18/198/21
卒而遇飢○ 18/199/15
豹養其內而○食其外 18/199/16
○豹有茂草 19/206/5
屬之子○ 19/207/20
非為○豹也 20/211/11
孝公欲以○狼之勢而吞諸侯 21/228/25

箎 hǔ 1

調竽○ 5/41/21

戶 hù 48

雖口辯而○說之 1/4/20
而出入于百事之門○者也 1/8/10
蓬○甕牖 1/8/29
其兄掩○而入覘之 2/11/8
又況編○齊民乎 2/18/3
靜居閉○ 3/24/7
鵲巢鄉而為○ 3/27/1
曰反○ 4/34/2
其祀○ 5/39/4,5/39/19,5/40/10
蟄（虫）〔蟲〕陪○ 5/44/3
自北○孫之外 5/47/18
精神之○牖也 7/55/27
是故不出○而知天下 9/71/12
匠人斲○ 10/84/19
昔東○季子之世 10/87/26
（祝）〔祀〕○ 11/98/4
故其為編○齊民無以異 11/104/8
闔○塞牖 12/117/2
不出○以知天下 12/117/14
丹穴、太蒙、反踵、空同、大夏、北○、奇肱、脩股之民 13/123/23
堯無百○之郭 13/124/15
枕○橉而臥者鬼神蹠其首 13/130/21
枕○橉而臥 13/130/27
則不待○牖（之）〔而〕行 13/130/28
夫○牖者、風氣之所從往來 13/131/1
今世之祭井竈、門○、箕帚、（曰）〔臼〕杵者 13/131/6
然而守重寶者必關○而全封 14/136/8
百姓穿○鑿牖 14/138/22
四方皆道之門○牖嚮也 16.10/155/6
猶不脂之○也 16.44/158/13
滅非者○告之曰 16.67/160/14
受光於○照室中無遺物 16.82/161/21
不能外出○ 16.134/166/19
為其不出○而（理）〔堁〕之 17.130/177/19
不發○轔 17.169/180/15
十牖畢開不若一○之明 17.221/183/31
曉（自然）〔然自〕以為智（知）存亡之樞機、禍福之門○ 18/186/10
是故知慮者、禍福之門○也 18/186/12
禍福之門（○） 18/187/9
小人不知禍福之門○ 18/196/8
室有百○ 18/196/10
近而異門○者 18/201/11
獨守專室而不出門〔○〕 19/206/7
非○辨而家說之也 20/211/24
窺其○ 20/217/1
況開○發牖 20/220/6

笏 hù 5

無皮弁搢○之服 11/97/9
搢○杖殳以臨朝 11/102/19
解劍帶○以示无仇 12/117/20
解其劍而帶之○ 12/119/26
搢○而朝 21/227/30

扈 hù 6

（藋蘆）〔薩○〕炫煌 2/10/21
儲與○（治）〔治〕 2/10/23
昔有○氏為義而亡 11/98/2
啓攻有○ 15/142/28
桑○不啄粟 17.94/175/1
以儲與○治 21/228/29

蘆 hù 1

（藋○）〔薩扈〕炫煌 2/10/21

護 hù 2

其樂《大○》、《晨露》 11/98/6
湯《大（○）〔濩〕》 13/120/23

華 huā 39

草木榮○ 1/3/17
豈必處京臺、章○ 1/7/20
以聲○嘔符嫗掩萬民百姓 2/14/7
○藻鏄（解）〔鮮〕 2/14/13
是故神越者其言○ 2/14/15
○誣以脅眾 2/15/16
〔曰〕會稽、泰山、王屋、首山、太○、岐山、太行、羊腸、孟門 4/32/18
其○照下地 4/33/20
有○山之金石焉 4/34/13
崑崙、（○）〔芊〕丘在其東南方 4/37/6
楊桃、甘樝、甘○、百果所生 4/37/7
浚出○竅 4/37/19
屈龍生容○ 4/38/11
容○生蘩 4/38/11
桃李始○ 5/39/19
桐始○ 5/40/10
菊有黃○ 5/44/15
秋行夏令○ 5/48/21
人之○也 7/55/19
殖、○將戰而死 7/59/1
殖、○可止以義 7/59/2
草木之句萌、銜○、戴實而死者 8/61/19
堯乃使羿誅鑿齒於疇○之（野）〔澤〕 8/63/12
○蟲疏鏤 8/65/9

夫〇騮、綠耳 9/70/13
〇誣生於矜 10/87/16
故公西〇之養親也 11/97/1
故禮者、實之〇而偽之文也 13/126/1
通而不〇 14/139/10
章〇之臺燒 15/149/10
〇不時者 17.65/172/32
〇大（旱）〔早〕者不胥時〔而〕落 17.159/179/22
有榮〇者必有憔悴 17.209/183/7
稱譽（葉）〔〇〕語 19/207/12
而不期於（〇）〔驊〕騮、綠耳 19/208/25
亂之楉（〇）〔葉〕之中而不可知也 20/210/27
贈以昭〇之玉 20/213/10
靈王作章〇之臺 20/219/25
故縱馬〇山 21/227/29

滑 huá 20

故聖人不以人〇天 1/4/9
以其淖溺潤〇也 1/6/9
不以欲〇和 1/7/23
不足以〇其和 2/12/10
則〇心濁神 2/14/16
趨捨何足以〇心 2/16/25
外不〇內 2/17/8
禍福弗能撓〇 2/17/10
況一世而撓〇之 2/17/23
趣舍〇心 7/56/7
不以〇心 7/58/4
何足以〇和 7/58/17
（而）〔不〕便於性者不以〇〔和〕 7/60/10
然而羞以物〇和 11/103/6
〇萬民 11/103/29
物莫（不）足〔以〕〇其（調）〔和〕 14/133/2
有（〇）〔禍〕則詘 14/140/12
夫能（〇）〔滒〕淖精微 15/148/23
且夫精神（〇）〔滒〕淖纖微 19/206/22
撓〇諸侯 20/218/19

猾 huá 1

狡〇鈍惛 2/11/10

譁 huá 2

五聲〇耳 7/56/6
眾與人處則〇 18/201/1

鏵 huá 1

修脛者使之跖（钁）〔〇〕 11/101/19

驊 huá 1

而不期於（華）〔〇〕騮、綠耳 19/208/25

化 huà 168

神與〇游 1/1/10
成〇像而弗宰 1/1/19
與造〇者俱 1/2/4
外與物〇 1/2/16
雖伊尹、造父弗能〇 1/3/6
故橘、樹之江北則〇而為（枳）〔橙〕 1/4/1
與造〇者為人 1/4/10,2/17/1
而〇馳若神 1/4/20
不能〇一人 1/4/20
轉〇推移 1/5/2
應〇揆時 1/5/4
而五味之〇不可勝嘗也 1/6/21
變〇若神 1/6/27
與之轉〇 1/7/15
〇育玄燿 1/8/18
非以一時之變〇而定吾所以自得也 1/9/6
與〇翱翔 1/9/11
如是則萬物之〇無不遇 1/10/10
千變萬〇而未始有極也 2/11/4
七日〇為虎 2/11/7
神與形〇 2/11/8
與時變〇 2/12/22
茲雖遇其母而无能復〇已 2/13/19
何況夫未始有涅藍造〇之者乎 2/13/20
其為〇也 2/13/20
揣丸變〇 2/13/25
夫〇生者不死 2/17/2
而〇物者不〇 2/17/2
含氣者〇 3/18/29
是故陽施陰〇 3/18/29
蟲故八（月）〔日〕而〇 4/35/13
〇為蛤 4/35/14
以火〇金 4/36/23
鷹〇為鳩 5/39/20
田鼠〇為鴽 5/40/10
腐草〇為蚈 5/42/8
養長〇育 5/49/12
而友造〇 6/50/6
又何〇之所能造乎 6/50/22
故萬〇而无傷 6/51/15
夫造〇者既以我為坯矣 7/56/14
夫造〇者之攫援物也 7/56/22
其死也物〇 7/57/1
以死生為一〇 7/57/20
故形有摩而神未嘗〇者 7/58/6
以不〇應〇 7/58/6
〇者 7/58/7
不〇者 7/58/7
〇物者未嘗〇也 7/58/9
其所〇則〇矣 7/58/9
同變〇 7/58/10,11/99/16
偉哉造〇者 7/58/21
此其視變〇亦同矣 7/58/21
乃知變〇之同也 7/58/23
而與〇為一體 7/59/23
與造〇者相雌雄 8/61/10
陰陽之陶〇 8/62/1
隨自然之性而緣不得已之〇 8/63/1
含氣〇物 8/64/7
尚與人〇 9/67/14
故其〇如神 9/67/21
唯神〇為貴 9/68/12
故民之〇〔上〕也 9/68/25
見其俗則知其〇 9/69/7
況於並世〇民乎 9/69/9
禽獸昆蟲與之陶〇 9/69/14
故太上神〇 9/69/17
〇育如神 9/71/17,10/85/8
不能仁〇一里 9/72/24

並用周聽以察其○　9/73/2
事來而應其○　9/76/9
唯造○者　9/77/10
其於○民易矣　9/77/17
趙國○之　9/77/25
夫以正教○者　9/81/2
可以神○　10/84/22
同令而民○　10/84/24
民遷而○　10/84/25
而知物○矣　10/87/19
則萬物之○咸有極矣　10/92/7
不可與言○　10/92/20
唯聖人知其○　11/94/6
難與言○　11/94/7
以此應○　11/99/5
欲以耦○應時　11/99/7
與○推移者也　11/99/10
夫能與○推移（為人）者　11/99/11
下與造○為人　11/99/16
若轉○而與世競走　11/101/8
不○以待○　11/101/13
而治世不以為民○　11/101/24
可陶冶而變○也　12/106/11
孔子亦可謂知（禮）〔○〕矣　12/108/21
洞於○通　12/115/15
○則無常矣　12/115/16
往觀○焉　12/116/21
○育萬物而不可為象　12/117/3
○而欲作　12/119/29
禮與俗○　13/121/5
是以政教易○　13/122/1
故聖人見○以觀其徵　13/124/18
凝滯而不○　13/126/2
○則為之象　13/126/19
使鬼神能玄○　13/130/28
舜偕之歷山而海內從○　14/135/5
必有不○而應○者　14/141/23
變○无常　15/144/2
天○育而無形象　15/144/4
神○者王　15/144/11
神○者、法四時也　15/144/11
因與之○　15/148/16
變○消息　15/149/23
因時而變○者也　15/150/13
因形而與之○　15/150/19
今使陶人○而為埴　15/152/6
工女○而為絲　15/152/6
蘧伯玉以德○　16.123/165/19
此女媧所以七十○也　17.50/171/25
（二）〔三〕十二日而○　17.108/175/31
百事之變○　18/186/12
○不可極　18/190/5
外○而內不○　18/199/18
外○、所以入人也　18/199/19
內不○、所以全（其）身也　18/199/19
馬不可○　19/204/17
賢師不能○〔者〕　19/204/21
倏忽變○　19/206/22
聲然能動○天下者也　20/210/18
夫天地之施○也　20/210/29
民○而遷善　20/211/4
能以神○也　20/211/4
陰陽○　20/211/9
故○生於外　20/211/15
雌鳴於下風而○成形　20/211/17
至誠而能動○矣　20/211/18
巫馬期往觀○焉　20/211/28
（○）〔作〕則細矣　20/212/8
卵之○為雛　20/212/22
政令約省而○燿如神　20/212/24
四時○　20/214/1
樂之○也　20/214/5
道以優游、故能○　20/215/12
是以天心動○者也　20/216/1
法雖少、足以○矣　20/216/2
太上養○　20/216/5
日○上遷善而不知其所以然　20/216/7
○之所致也　20/217/8
德足以教○　20/217/17
其於〔以〕○民也　20/217/22
則無以與○游息　21/223/24
窮逐終始之○　21/224/7
知變○之紀　21/224/8
通（迴）〔迵〕造○之母也　21/224/8
而與○推移者也　21/225/24
游○群生　21/226/19
兆民弗○　21/226/21
而不可○以善　21/228/24
應變○　21/228/30

畫 huà　12

（畫）〔○〕隨灰而月運闕　6/50/15
漆者不○　9/70/16
大路不○　9/74/4
今夫圖工好○鬼魅　13/122/25
所圖（盡）〔○〕者地形也　15/149/26
○西施之面　16.91/162/17
○者謹毛而失貌　17.77/173/26
交○不暢　17.193/182/4
故交○不暢　18/198/15
夫宋○吳冶　19/205/23
擘○人事之終始者也　21/225/17
今○龍首　21/227/9

觟 huà　1

於是萬民乃始慲○離跂　2/15/18

淮 huái　8

○南元年冬　3/23/9
曰河水、赤水、遼水、黑水、江水、○水　4/32/28
○出桐柏山　4/37/17
江、○通流　8/63/15
左江而右○　12/110/23
超江、○　13/130/12
東裏郯、（○）〔邳〕　15/145/25
以○灌山　19/203/16

槐 huái　3

是故○榆與橘柚合而為兄弟　2/13/1
其樹○　5/45/7
老○生火　13/130/15

懷 huái　50

何遠之所能○　1/3/4
○囊天地　1/6/18

○公聞之 12/109/3
○公（及）〔反〕至 12/109/4
○公韻之衣冠而見〔之〕 12/109/4
○公大說 12/109/5
○公曰 12/109/6 12/110/2,12/110/3
○公得之矣 12/109/9
○公讀書於堂〔上〕 12/110/1
釋其椎鑿而問○公曰 12/110/1
○公悖然作色而怒曰 12/110/3
孔子觀○公之廟 12/119/14
齊（植）〔○〕有爭國之名 13/126/25
○公以功滅醜 13/126/26
造○公之胸 13/127/3
齊○、晉文 13/127/22
齊○公將欲征伐 13/129/6
而齊○、晉文之所以成霸也 15/143/20
衛姬之請罪於○公〔也〕 16.20/156/5
齊○繼絕而霸 18/189/18
○公任管仲、隰朋而霸 20/217/26
故齊○公亡汶陽之田而霸 20/222/24
齊○公之時 21/228/9
○公憂中國之患 21/228/10

垸 huán 1

員而不○ 5/49/8

綄 huán 1

辟若（倪）〔○〕之見風也 11/101/13

萑 huán 1

席之〔上〕、先（雚蕈）〔○蕈〕 14/141/19

環 huán 12

○堵之室 1/8/29
无○堵之宇而生有无之根 2/10/25
辯解連○ 2/17/5
周旋若○ 6/52/8
終始若○ 7/58/2
○復轉運 9/80/2
○可以喻員 17.98/175/9
於○帶一也 17.144/178/20
連○不解 17.193/182/4
18/198/15
佩玉○ 19/209/15
繞身若○ 19/209/20

還 huán 33

○反於樸 1/1/12
○反於樞 1/2/7
久淫而不○ 1/10/5
是謂小（○）〔遷〕 3/24/16
是謂大（○）〔遷〕 3/24/17
左○北流 4/37/16
右○東流 4/37/16
○ 5/41/7,5/43/5,5/45/16
陽氣復○ 5/43/12
○至其曾逝萬仞之上 6/52/1
○反報曰 9/68/22
臣右○則失其所貴矣 10/87/30
非不知繁升降槃○之禮也 11/97/19
（遂）〔○〕反於樸 11/98/20
夜○師而歸 12/112/16
子韋○走 12/112/25
則○師而去 12/115/9
○師而去 12/115/24
○反度江 12/118/2
而不○飲酒者 13/129/3
身死不○ 15/146/4
動作周○ 15/147/4
赴水火而不○踵乎 15/150/8
臣无○請 15/153/19
○反伐虞 18/189/5
○歸賞有功者 18/191/15
乃○師而反 18/193/3
反○而不賀 18/193/11
盜○反顧之 18/197/1
○反殺之 18/197/5
死不○踵 20/217/8

睆 huǎn 1

而贏〔蠡〕瘉（蝸）〔燭〕○ 2/14/28

緩 huǎn 13

孟夏始○ 5/48/15
○而不後 5/49/11
法寬刑○ 9/67/22
審○急之度 9/73/13
而急○之于脣吻之和 9/76/1
所以論民俗而節○急也 13/122/13
○帶而寢 13/132/3
○急調乎手 14/139/19
大絃必○ 14/140/4
所○急異也 17.220/183/29
故張瑟者、小絃（急）〔絚〕而大絃○ 20/215/18
絃有○急小大然后〔能〕成曲 20/222/12
絞紛遠（援）〔○〕 21/227/14

浣 huàn 3

而求之乎○準 11/102/6
○而後饋 14/140/18
孫叔敖制冠○衣 16.136/166/23

患 huàn 73

排○扞難 1/5/3
刃犯難而錞無○者 1/5/14
是以天下時有盲妄自失之○ 1/10/7
神傷乎喜怒思慮之○者 2/11/13
夫憂○之來 2/17/14
免憂○ 5/47/15
是故憂○不能入（也） 7/55/24
孰足以○心 7/58/27
豈有此大○哉 7/60/29
必遭亂世之○也 8/63/21
故閉四關則〔終〕身無○ 8/64/27
而無（蹟蹈）〔蹪陷〕（之○） 8/65/8
時有涔旱災害之○ 9/79/1
而不離飢寒之○矣 9/79/5

慮○未生 9/80/1
犯○難之危 9/80/25
此愚者之所〔以〕多○也 9/81/17
此智者所以寡○也 9/81/17
薄施而厚望、畜怨而無○者 10/83/1
雖忠來○ 10/86/4
○生於多欲 10/92/25
魯國必好救人於○〔矣〕 11/94/15
禹（遭）〔有〕鴻水之○ 11/99/3
以勝○為智 11/103/1
不免乎飢寒之○ 11/104/10
道術難以除○ 12/106/8
己雖無除其○ 12/106/10
○必至矣 12/106/16
厥有○害 12/108/8
○其有小惡也 12/109/7
紂聞而○之曰 12/114/10
慮○者寡 12/119/28
困其○則造其備 13/120/15
至其迫於○也 13/125/24
然〔而〕不能自免於車裂之○ 13/126/8
解其○ 13/127/13
而陷於刑戮之○者 13/129/16
而蔽於死亡之○也 13/129/21
則○弗（過）〔遇〕也 13/130/1
其○必大 13/130/26
故智不足免○ 14/134/25
議則生○ 14/135/16
仁者不以位為（○）〔惠〕 14/137/7
不顧後○者 14/137/21
○解憂除 14/140/24
使夏桀、殷紂有害於民而立被其○ 15/143/4
常治無○之○ 16.24/156/19
故無○也 16.24/156/19
先避○而後就利 17.217/183/23
○至而後憂之 18/186/3
○結（而不）〔不而〕解 18/190/25
故謀○而○解 18/191/2
○及身 18/193/25
人皆務於救○之備 18/196/1
而莫能知使○無生 18/196/1
夫（得）〔使〕○無生 18/196/1
易於救○ 18/196/1
則無亡○矣 18/196/5
今不務使○無生 18/196/6
○生而救之 18/196/6
且○禍之所由來者 18/196/8
夫〔上〕仕者先避〔○而後就利〕 18/196/15
是故○禍弗能傷也 18/196/22
知備遠難而忘近○ 18/197/22
貴无益於解○ 18/200/19
以除飢寒之○ 20/213/1
將欲以憂夷狄之○ 20/218/6
故因其○則造其備 20/220/19
其為君亦（○）〔惠〕矣 20/220/25
而慮○於九拂之外者也 20/222/25
桓公憂中國之○ 21/228/10

渙 huàn 1

○乎其有似也 16.19/155/29

豢 huàn 9

案芻○ 5/43/23
供寢廟之芻○ 5/47/3
甘之於芻○ 6/53/26
而虎狼熊羆猒芻○ 9/74/8
芻○黍粱、荊吳芬馨以嚂其口 11/104/2
而（○）〔養〕以芻○黍粱五味之膳 18/194/14
食芻○ 18/194/18
雖養之以芻○、衣之以綺繡 20/220/5

皇 huáng 24

泰古二○ 1/1/10
飛龍生鳳○ 4/38/2
鳳○生鸞鳥 4/38/2
醴泉生○辜 4/38/10
○辜生庶草 4/38/11
以共○天上帝、名山大川、四方之神、宗廟社稷 5/42/11
以供○天上帝社稷之（芻）享 5/47/2
鳳○之翔至德也 6/51/27
鳳○翔於庭 6/52/21
鳳○不能與之儷 7/58/28
登太○ 7/60/21
鳳○不翔 8/61/14
鳳○不下 8/61/23
昔二（鳳○）〔○鳳〕至於庭 10/92/13
故三○五帝 11/99/28
（以）〔北〕臨方○ 12/110/23
秦○帝得天下 12/117/17
逮至高○帝 13/124/5
以為百姓請命于○天 13/124/5
二世○帝勢為天子 15/146/4
鳳○高翔千仞之上 17.9/168/29
秦○挾錄圖 18/197/10
史○產而能書 19/205/14

荒 huāng 13

而滔騰大○之野 1/6/5
是故百姓曼衍於淫○之陂 2/15/19
歲名曰大○落 3/27/8
大○落之歲 3/29/27
曰○土 4/34/1
則治不○ 8/65/22
狡躁康○ 9/73/28
使天下○亂 13/126/15
自身以上至於○芒 14/142/6
畜粟者欲歲之○飢也 17.32/170/19
翱翔乎忽○之上 18/196/19
沉湎耽○ 19/204/21
以望八○ 20/220/8

黃 huáng 97

雜之以青○ 2/14/13
（乃）〔及〕至神農、○帝 2/15/11
其帝○帝 3/20/3
其獸○龍 3/20/4
則下至○泉 3/21/19
日夏至而流○澤 3/22/2
鸞鳥不搏○口 3/22/2

遑 huáng 3

煌 huáng 2

蝗 huáng 1

璜 huáng 6

怳 huǎng 6

灰 huī 9

恢 huī 2

眭 huī 1

揮 huī 3

（拼）〔○〕棁而狎犬也 9/68/4
○（捝）〔棁〕而呼狗 16.34/157/14
則奮翼○䎗 18/196/19

撝 huī 3

瞋目而○之 6/50/2
援戈而○之 6/50/3
拱揖指○而天下響應 15/145/3

鳴 huī 1

啳睽哆○ 19/204/23

暉 huī 2

光○重萬物 6/53/5
○日知晏 10/91/5

煇 huī 2

照耀○煌 8/65/10
故君子日孳孳以成○ 10/86/1

輝 huī 1

○燭四海 12/117/2

麾 huī 7

手不指○ 1/4/19
拱揖指○而四海賓服 6/54/4
不○而自往 9/68/15
譬而軍之持○者 9/71/2
手不○戈 15/147/14
故鼓鳴旗○ 15/147/15
右執白旄以○之 20/219/16

徽 huī 2

鄒忌一○ 9/69/4
參彈復○ 19/206/16

隳 huī 3

無有○壞 5/41/9
○枝體 6/54/10
○支體 12/115/15

回 huí 18

與萬物○周旋轉 1/5/1
夫日○而月周 1/5/19
遭○川谷之閒 1/6/5
故許由、方○、善卷、披衣得達其道 2/17/27
遭○蒙汜之渚 6/52/2
夫顏○、季路、子夏、冉伯牛 7/60/15
詭文○波 8/65/3
孔子謂顏○曰 11/96/3
顏○謂仲尼曰 12/115/12
○益矣 12/115/12,12/115/13
○忘禮樂矣 12/115/12
○忘仁義矣 12/115/13
○坐忘矣 12/115/14
顏○曰 12/115/15
顏○何如人也 18/196/25
江河之○曲 19/205/8
求福不○ 20/218/28

迴 huí 4

曲拂邅○ 8/65/5
則天下納其貢職者○也 13/125/9
〔於是〕○車而避之 18/200/2
通（○）〔迴〕造化之母也 21/224/8

虫 huǐ 4

蟄○首穴 3/21/20
蟄（○）〔蟲〕陪戶 5/44/3
蟄（○）〔蟲〕不藏 5/44/8
其（○）〔蟲〕毛 5/44/13

虺 huǐ 1

○蛇可蹍 8/63/10

悔 huǐ 9

日以（自）〔月〕○也 1/5/10
亢龍有○ 10/84/26
猶不自○ 10/89/29
而○不殺湯於夏臺 13/124/28
而○〔其〕不誅文王於羑里 13/125/1
終身不○ 14/139/2
有過則○ 14/140/13
故不○其行 14/142/12
以多○ 18/186/3

毀 huǐ 31

水可循而不可○ 1/6/12
○譽之於己〔也〕 2/12/14
興○宗 2/14/9
風雨不○折 2/17/26
起○宗 5/47/20
○折生災 7/55/15
大雷○山而不能驚也 7/57/19
覆巢○（卯）〔卵〕 8/61/14
雷霆○折 8/61/17
○人之宗廟 8/66/23
與其譽堯而○桀也 9/71/3
○譽萌生 9/77/2
（矣）〔吳〕鐸以聲自○ 10/90/31
千歲之積○也 10/92/4
親戚不相○譽 11/93/30
不成則○ 14/135/8
故譽生則○隨之 14/138/26
靡不○沮 15/149/8
不先雷○ 16.32/157/10
○舟為杕 17.181/181/8
○鍾為鐸 17.181/181/8
食其食者不○其器 17.192/182/1
（○）〔鑿〕瀆而止水 17.233/184/25
或○人而乃反以成之 18/194/5
何謂○人而反利之 18/194/13
此〔所〕謂○人而反利之者也 18/194/19
是故○譽之言 18/194/20
雖以○碎滅沉 18/199/21
夫物未嘗有張而不弛、

成而不〇者也 20/213/12
乃折（抱）〔枹〕〇鼓 20/219/19
不益其厚而張其廣者〇 20/221/15

毇 huǐ 1

粢食不〇 9/74/4

恚 huì 2

憂悲多〇 1/7/5
（違）〔達〕其怒〇 9/68/5

晦 huì 16

北方幽〇不明 4/36/7
自九澤窮夏〇之極 5/48/5
疾風〇冥 6/50/1
主闇〇而不明 6/53/10
大風〇日而不能傷也 7/57/19
乍〇乍明 8/65/11
耒耜餘糧宿諸（〇）〔晦〕首 10/87/27
朝（菌）〔秀〕不知〇朔 12/116/19
不憂民之〇也 14/138/22
明而復〇 15/144/6
一〇一明 15/147/11
大霧冥〇 15/152/13
〇冥多鼓 15/152/25
若明之必〇也 15/153/9
明照〇冥 16.19/156/1
見之闇〇 17.204/182/27

彗 huì 4

鯨魚死而〇星出 3/19/10,6/50/15
虹蜺〇星者 3/19/16
〇星出而授殷人其柄 15/146/14

惠 huì 44

今夫積〇重厚 2/14/7
甲子受制則行柔〇 3/23/20
大陰治春則欲行柔〇溫（涼）〔良〕 3/28/18
布德施〇 5/39/7,19/202/23
為民祈福行〇 5/42/12
行柔〇 5/47/16
〇賢良 5/47/19
〇孤寡 5/47/19
是故重為〇 9/70/21
為〇者 9/70/22
故為〇者生姦 9/70/24
故〇子從車百乘以過孟諸 11/103/10
〇子為〇王為國法 12/106/1
奏之〇王 12/106/1
〇王甚說之 12/106/2
〇王曰 12/106/2,12/106/3
〇孟見宋康王 12/107/16
〇孟對曰 12/107/17,12/107/23
〇孟曰 12/107/19
〇孟出 12/108/1
欲見秦〇王 12/118/17
因見（予之將軍之節）〇王 12/118/18
晏子可謂忠於上而〇於下矣 12/119/5
徐偃王被服慈〇 13/126/8
與晉〇公為韓之戰 13/129/4
〔反〕虜〇公以歸 13/129/5
仁者不以位為（患）〔〇〕 14/137/7
布德〇 15/145/1
柳下〇見飴 17.107/175/28
聖王布德施〇 18/189/8
〇施死 19/208/8
謝子見於秦〇王 19/208/12
〇王說之 19/208/12
〇王因藏怒而待之 19/208/13
〇此中國 20/211/25
溫〇柔良者 20/214/3
可謂〇君〔矣〕 20/214/18
曲辯難為（〇）〔慧〕 20/215/7
其為君亦（患）〔〇〕矣 20/220/25
能哲且〇 20/223/14

喙 huì 8

跂行〇息 1/1/19
蚑行〇息 3/29/18
〔有〕結胸民、羽民、讙頭國民、（裸）〔裸〕國民、三苗民、交股民、不死民、穿胸民、反舌民、豕〇民、鑿齒民、三頭民、脩臂民 4/36/27
注〇江裔 6/52/4
天雄烏〇 10/83/23
夫顏（〇）〔啄〕聚、梁父之大盜也 13/127/11
不攫㗖（啄）〔〇〕 15/149/4
皋陶馬〇 19/205/12

賄 huì 1

使夷狄各以其〇來貢 21/227/26

會 huì 19

而手〇《綠水》之趨 2/17/4
故曰二月〇而萬物生 3/22/9
八月〇而草木死 3/22/9
〔曰〕〇稽、泰山、王屋、首山、太華、岐山、太行、羊腸、孟門 4/32/18
有〇稽之竹箭焉 4/34/12
雨露之所〇也 4/36/11
以〇天墜之藏 5/44/17
財〔用〕殫於〇賦 8/66/9
禹葬〇稽之山 11/97/24
無以異於彈一絃而〇《棘下》 11/99/5
譬若絲竹金石之〇 11/99/27
困於〇稽 12/111/4
頭〇箕賦 13/124/3
東至〇稽、浮石 13/124/3
棲之〇稽 15/153/7
官無計〇 18/192/9
大夫箕〇於衢 18/197/17
此所以千歲不一〇也 20/216/10
句踐（捷）〔棲〕於〇稽 20/222/23

誨 huì 3

〇之不變 8/66/20

溷 hùn 2

甘暝于○溷之域 2/15/6
譬猶沐浴而抒○ 16.72/160/25

活 huó 14

小人非嗜欲無以○ 10/82/27
則失其所以○ 10/82/27
良醫以○人 10/83/23
勇於不敢則○ 12/108/2
為人君而欲殺其民以自○也 12/112/23
嘗〔見〕有如此而得○者乎 12/118/3
舩中〔之〕人盡○ 12/118/6
或斷臂而顧○ 16.129/166/4
或曰知（其）〔天〕且赦也而多○人 16.140/167/4
兩人（得）〔皆〕○ 16.144/167/14
而乃反以得○ 18/194/28
趙宣孟○飢人於委桑之下 18/199/24
果○子發 18/201/29
靜漠（○）〔恬〕淡 20/211/19

火 huǒ 136

金○相守而流 1/3/16
入○不焦 1/9/10
今夫狂者之不能避水○之難而越溝瀆之嶮者 1/9/28
○逾然而消逾亟 1/10/7
雖有炎○洪水彌靡於天下 2/16/3
順風縱○ 2/18/6
積陽之熱氣〔久者〕生○ 3/18/21
○氣之精者為日 3/18/21
是故○（曰）〔日〕外景 3/18/28
○上蕁 3/19/6
故陽燧見日則燃而為○ 3/19/9
○也 3/20/2,3/28/26
日冬至則（水）〔○〕從之 3/21/23
日夏至則（○）〔水〕從之 3/21/23
故五月○正（○正）而水漏 3/21/23
十一月水正而（陰）〔○〕勝 3/21/24
陽氣為○ 3/21/24
○勝故冬至燥 3/21/24
○煙青 3/23/17
○用事 3/23/17
○煙赤 3/23/17
○煙黃 3/23/18
○煙白 3/23/18
○煙黑 3/23/19
金、○立其處 3/27/21
○生於寅 3/27/25
三辰皆○也 3/27/25
木生○ 3/28/27
○生土 3/28/27
水勝○ 4/36/14
○勝金 4/36/14
木壯水老○生金囚土死 4/36/17
○壯木老土生水囚金死 4/36/17
土壯○老金生木囚水死 4/36/17
金壯土老水生○囚木死 4/36/17
水壯金老木生土囚○死 4/36/18
鍊木生○ 4/36/21
鍊○生雲 4/36/21
以土和○ 4/36/23
以○化金 4/36/23
爨其燧○ 5/39/6,5/40/11
爨（其）〔萁〕燧○ 5/39/20
盛德在○ 5/41/1
爨柘燧○ 5/41/4,5/41/20,5/42/9,5/43/2,5/43/20,5/44/16
禁民無發○ 5/41/28
則冬多○災 5/43/13
爨松燧○ 5/45/12,5/46/4,5/46/23
○齊必得 5/46/8
南至委○炎風之野 5/47/18
旱雲煙○ 6/50/17
夫（陽）燧取○於日 6/50/17
而水○可立致者 6/50/19
若夫以○能焦木也 6/51/5
夫燧之取○（於日） 6/51/8
○爁（炎）〔焱〕而不滅 6/52/24
是猶抱薪而救○ 6/54/16
是故乞○不若取燧 6/54/21
則去○而已矣 7/61/2
鑽燧取○ 8/61/14
水○金木土也 8/64/23
此遁於○也 8/65/15
抱薪以救○也 9/68/7
以○投水也 9/72/22
夫○熱而水滅之 9/77/9
金剛而○銷之 9/77/10
不得以○（燒）田 9/79/14
大○中則種黍菽 9/79/19
若○之自熱 10/84/12
若失○舟中 10/84/13
灼者不能救○ 11/104/19
扣門求水〔○〕 11/104/20
爝○甚盛 12/109/2
赴○若滅 12/111/5
祓之以爟○ 13/128/4
故未嘗灼而不敢握○者 13/128/17
老槐生○ 13/130/15
故炎帝（於）〔作〕○ 13/131/11
○弗為（褱）〔衰〕其（暑）〔熱〕 14/141/23
○弗為益其烈 14/141/24
炎帝為○災 15/143/1
若以水滅○ 15/147/7
炎之若○ 15/147/14
燿之若○電 15/148/20
夫水勢勝○ 15/149/10
非有水○之勝也 15/149/12
赴水○而不還踵乎 15/150/8
是猶以○救○ 15/152/5
若水○金木之代為雌雄也 15/152/8
見用水○ 15/152/19
夜則多○ 15/152/25
若以水投○ 15/153/2
淳于髡之告失○者 16.25/156/21
故澤失○而林憂 16.50/159/1
以○煙為氣 16.64/160/7, 16.64/160/7
抱薪而救○ 16.67/160/15
而畜○井中 16.88/162/8
燿蟬者務在明其○ 16.113/164/18
明其○者、所以燿而致之也 16.113/164/18
或（橾）〔操〕○往益之 16.121/165/13
故或吹○而〔然〕 16.140/167/5

○徐行而反疾 18/194/22
人○問〔於〕孔子曰 18/196/25
事○為之 18/197/10
○備之 18/197/10
○爭利而反強之 18/197/24
○聽從而反止之 18/197/24
○明禮義、推道（禮）〔體〕而不行 18/198/8
○解構妄言而反當 18/198/8
然世○用之而身死國亡者 18/198/18
故○類之而非 18/201/11
○不類之而是 18/201/11
○若然而不然者 18/201/11
○不（若）然而〔若〕然者 18/201/12
○曰 19/202/12
○以甕瓴 19/204/7
○以盆盂 19/204/8
今劍○絕側贏文 19/208/21
琴○撥刺枉橈 19/208/21
○輕○重 20/214/23
○貪○廉 20/214/23
○从○横 20/218/19
○合眾弱 20/218/19
○輔富強 20/218/19
○食兩而路窮 20/223/9
○（子）〔予〕踦而取勝 20/223/9

貨 huò 20

不利○財 1/9/11
出○財 3/23/21
入○財 5/44/5
○財之貴 11/93/30
不足者非無○也 11/95/16
商無折○ 11/101/18
求○者爭難得以為寶 11/103/21
不貴難得之○ 11/103/24
貴遠方之○ 11/103/28
乃發太府之○以予眾 12/106/17
委以○財 13/128/20
（○）〔背〕數而任己 14/136/1
臨○分財必探籌而定分 14/136/7
則○殫而欲不饜 14/136/28
不食於○ 15/151/28
訾我○者 17.187/181/20
決千金之○者不爭銖兩之價 17.218/183/25
吾奪子財○ 18/197/2
財○无貲 18/201/13
行○賂 20/218/14

惑 huò 47

而○亂其本矣 2/14/17
其神為熒○ 3/20/2
熒○常以十月入太微受制而出行列宿 3/20/12
與（熒○）〔營室〕晨出東方 3/20/16
則心不○矣 7/58/9
怪物不能○也 8/62/6
而不免於○ 8/64/2
耳（安）〔妄〕聽則○ 9/67/10
是故道有智則○ 9/69/23
則无由○矣 9/71/9
覩於要者不○於詳 9/75/25
愚○之所致也 9/81/3
照○者以東為西 10/89/7
○也 10/89/7,19/204/27
矜偽以○世 11/94/20
夫乘舟而○者 11/96/1
則動而○營 11/96/2
若迷○ 11/101/11
復迷○也 11/101/12
豈不○哉 12/109/18
吾固○吾王之數逆天道 12/112/8
熒○在心 12/112/19,12/112/19
熒○〔者〕、天罰也 12/112/20
則物孰能○之 12/118/2
世主之所亂○也 13/128/9
○於財利之得 13/129/20
物莫足以○之 13/130/9
世俗之所眩○也 13/130/19
原天命則不○禍福 14/133/8
不○禍福則動靜循理 14/133/9
能全其性者必不○於道 14/134/2
故知道者不○ 14/142/13
任人者可○也 15/149/17
不通於學者若迷○ 16.84/161/28
則（感）〔○〕 16.151/168/4
○莫大焉 17.1/168/10
○矣 17.87/174/16
植表而望則不○ 17.100/175/13
欲所不能則○ 18/193/27
而以勝○人之心者也 18/202/4
蒙愚○之智 19/209/17
世○亂而虹蜺見 20/210/22
見煩繆而不○ 20/220/23
愚者○於小利 20/223/6
不誘○於事態 21/225/23

禍 huò 93

反自為○ 1/4/12
以知○福之鄉 1/5/5
○乃相隨 1/7/6
○福弗能撓滑 2/17/10
○猶及之 2/18/3
○福之門 6/51/11
則○福之至 7/56/2
豈直○福之間哉 7/56/5
不為○先 7/57/8
○福利害 7/58/27
非積則○極 9/79/24
備○未發 9/80/1
山川弗敢○ 9/80/14
其怨大者其○深 10/83/1
而不知號○之及己也 10/86/17
○福 10/89/13
而未能（必免其○）〔必其免○〕 10/89/16
○之生也（分分）〔介介〕 10/90/1
福○之始萌微 10/90/1
○福不虛至矣 10/91/23
備○若恐不免 10/92/26
○由己生 10/92/29
先知○福 11/101/25
非○人 12/112/8
不能成○ 12/112/8
至今无○ 12/112/9
○且當〔於〕君 12/112/20
蘇秦知權謀而不知○福 13/126/11
○福之接 13/129/23
不為○始 14/132/19
欲福者或為○ 14/132/19
原天命則不惑○福 14/133/8
不惑○福則動靜循理 14/133/9

不能使○不至 14/134/30
○之至也 14/135/1
知○福之制 14/135/2
福莫大無○ 14/135/7
故常無○ 14/135/9
內無（旁）〔奇〕○ 14/135/14
○福不生 14/135/14
福則為○先 14/138/29
唯不求福者為無○ 14/138/29
○至則怖 14/139/1
○福萌生 14/139/2
有（滑）〔○〕則詘 14/140/12
不為非而不能使○无至 14/142/11
○之來也 14/142/12
內脩極而橫○至者 14/142/12
○莫深焉 15/143/4
而長海內之○ 15/143/6
是以虛○距公利也 16.53/159/10
故○中有福也 17.31/170/17
夫○之來也 18/186/6
○與福同門 18/186/6
曉（自然）〔然自〕以為智（知）存亡之樞機、○福之門戶 18/186/10
是故知慮者、○福之門戶也 18/186/12
○福之門（戶） 18/187/9
非欲○子反也 18/187/24
是為諸侯先受○也 18/188/23
夫○福之轉而相生 18/189/27
此何遽不能為○乎 18/190/2
故福之為○ 18/190/5
○之為福 18/190/5
○將及二君 18/191/24
此不知足之○也 18/194/2
此所謂見譽而為○者也 18/194/11
○乃不滋 18/195/5
慮○過之 18/195/5
積怨成○ 18/195/12
故○之所從生者 18/195/23
○生而不蚤滅 18/195/28
○生於（祖）〔袒〕而捕魚 18/196/5
且患○之所由來者 18/196/8
小人不知○福之門戶 18/196/8
是故患○弗能傷也 18/196/22
○在備胡而利越也 18/197/19
以觀○福 19/207/1
其除○也 20/210/5
不見其所以而○除 20/210/5
以治人倫而除暴亂之○ 20/213/2
見其四世之被○也 20/222/21
知○之為福也 20/222/24
畏福之為○也 20/222/24
聖人見（○）福於重閉之內 20/222/25
使人知先後之○福 21/224/2
以知○福 21/224/19
察○福利害之反 21/225/19
所以觀○福之變 21/226/5
使人知○之為福 21/226/6
不知○福也 21/226/11
則无以應○福 21/226/30
八卦可以識吉凶、知○福矣 21/227/6

霍 huò 1

有○山之珠玉焉 4/34/13

獲 huò 12

烏○不能舉也 9/71/25
則烏○不足恃 9/71/26
而臧○御之 9/76/14
今使烏○、藉蕃從後牽牛尾 9/78/2
中田之○ 9/78/26
烏○舉千鈞 12/108/12
不○二毛 13/122/8
〔將〕○之 13/129/4
詘伸不○五度 15/144/15
烏○無力 17.47/171/19
（的的）〔旳旳〕者○ 17.139/178/9
軍敗君○ 20/214/11

濩 huò 1

湯《大（護）〔○〕》 13/120/23

穫 huò 4

再生者不○ 17.159/179/22
故樹黍者不○稷 18/189/18
冰泮而求○ 18/198/27
不以小利傷大○也 20/223/1

矱 huò 1

而以知矩（彠）〔○〕之所周者也 13/120/26

擭 huò 1

物豈可謂无大揚○乎 2/11/4

藿 huò 7

藜○之羹 7/58/14,18/194/18
藜○為之不采 16.39/157/27
為客治飯而自〔食〕藜○ 17.63/172/28
屠者（羹○）〔○羹〕 17.131/177/21
藜（○）〔藋〕之生 19/209/25

鑊 huò 2

〔而〕知一○之味 16.133/166/16
嘗一臠肉而知一○之味 17.74/173/19

几 jī 1

授（凡）〔○〕杖 5/43/23

肌 jī 7

不浸于○膚 1/8/5
○膚之於寒燠 2/16/7
四月而○ 7/55/9
齕咋足以噆○碎骨 19/204/16
肥○膚 20/216/6
夫刻○膚 20/217/8
瀸（濇）〔漬〕○膚 21/224/4

枅 jī 2

素題不○ 7/58/13
短者以為朱儒○櫨 9/74/17

姬 jī 4

獻公豔驪○之美而亂四世 7/60/28
衛○之請罪於桓公〔也〕 16.20/156/5
欺於驪○ 17.145/178/22
宋伯○坐燒而死 20/214/12

剞 jī 4

鏤之以○剧 2/14/13
公輸、王爾無所錯其○剧削鋸 8/61/21
故○劂銷鋸陳 11/100/4
○劂無迹 11/101/25

笄 jī 2

中國冠○ 11/97/3
設○珥 19/209/14

迹 jī 34

經霜雪而無○ 1/2/1
其行無○ 1/6/27
此明於小動之○ 6/52/4
屏流言之○ 6/54/9
則是所脩伏犧氏之○ 6/54/10
取成〔事〕之○ 8/64/1
是故朝（延無）〔廷蕪〕而無○ 9/71/1
務致其公○也 9/73/3
姦邪滅○ 9/73/4
轍○可見也 9/73/10
人○所及 9/73/19
觀存亡之○ 9/80/21
而足○不接諸侯之境 11/95/14
一世之○也 11/98/25
剞劂無○ 11/101/25
故聖人之見存亡之○ 13/124/21
存亡之○ 13/124/23
不結於一○之塗 13/126/2
行無○ 14/132/18
行則有○ 14/132/21
行有○則議 14/132/22
藏○於無為 14/132/22
唯滅○於無為而隨天地〔之〕自然者 14/138/25
人○所至 15/146/4
若鬼之無○ 15/150/26
故循○者 16.8/155/1
非能生○者也 16.8/155/2
欲滅○而走雪中 16.40/158/1
見鳥○而知著書 16.78/161/10
足蹍地而為○ 16.135/166/21
夫隨一隅之○ 17.1/168/10
〔無○也〕 17.199/182/16
〔有○也〕 17.199/182/16
聖智之○ 19/206/11

基 jī 9

而高者必以下為○ 1/5/2
建以為○ 9/71/8
高必以下為○ 12/114/3
潘尪、養由○、黃衰微、公孫丙相與篡之 13/125/18
山高者○扶 17.240/185/10
故仁義者、為厚○者也 20/221/14
不廣其○而增其高者覆 20/221/15
猶城之有○ 20/221/17
○美則上寧 20/221/18

飢 jī 37

則○虎可尾 1/3/6
天下大（○）〔饑〕 3/20/22
歲小（○）〔饑〕 3/31/4
大（○）〔饑〕 3/31/5
其國乃○ 5/42/2
救○渴 5/47/19
○而殆之 7/59/18
無之不為之○ 7/59/19
凍餓○寒死者相枕席也 8/61/24
適其○飽 9/68/5
而民有殺食自○也 9/72/23
國有○者 9/78/15
而不離○寒之患矣 9/79/5
如○渴者不可欺以虛器也 10/88/23
天下有受其○者 11/103/23
不免乎○寒之患 11/104/10
則○之本而寒之原也 11/104/12
夫○寒並至 11/104/12
○而大飱非不贍也 14/137/25
不顧百姓之○寒窮匱也 15/146/5
以飽制○ 15/147/7
○渴凍暍 15/148/4
察其勞佚以知其飽○ 15/151/10
故將必與卒同甘苦、（俟）〔侔〕○寒 15/151/11
所以同○渴也 15/151/13
○者能食之 15/151/17
飽為○奇 15/152/8
因其○渴凍暍 15/152/23
寧一月○ 16.75/161/1
無糗糧之資而不○ 17.30/170/15
畜粟者欲歲之荒○也 17.32/170/19
○馬在廄 17.95/175/3
蠶食之而不○ 17.109/176/1
卒而遇○虎 18/199/15
趙宣孟活○人於委桑之下 18/199/24
所以衣寒食○ 19/203/5
以除○寒之患 20/213/1

幾 jī 18

則○於道矣 1/7/18, 18/195/2,18/197/7
天節已○ 5/48/8
君子○不如舍 10/82/30
亦不○矣 10/83/14,11/102/18
則○於免矣 11/101/14
後無○何 12/115/3
則○於道（也）〔矣〕 14/134/27
而○於道矣 14/136/5
而○鄉方矣 14/141/1
○易助也 17.44/171/13
身凡有○ 17.137/178/4
居無○何 18/195/15
我社稷可以庶○乎 19/207/14
刺○辯義者 20/214/5
所以使學者孳孳以自○也 21/226/13

朞 jī 1

彘不○年不得食 9/79/15

朞 jī 4

〇年 1/4/18,1/4/19
居不至〇年 12/110/13
〇年而紂乃亡 13/124/20

箕 jī 20

其星〔尾〕、〇、斗、牽牛 3/19/23
尾、〇為對 3/27/11
歲星舍尾、〇 3/27/17
十月建尾、〔〇〕 3/28/3
〇十一四分一 3/28/6
尾、〇燕 3/28/11
解〇子之囚 9/80/17,20/219/18
紂為象箸而〇子嘰 10/91/15
則必有穿窬拊（揵）〔楗〕、（抽〇）〔扣墓〕踰備之姦 11/94/2
〇倨反言 11/97/10
王子比干非不（智）〔知〕（〇子）被髮佯狂以免其身也 11/103/4
今從〇子視比干 11/103/7
從比干視〇子 11/103/8
柴〇子之門 12/117/18
頭會〇賦 13/124/3
今世之祭井竈、門戶、〇帚、（曰）〔臼〕杵者 13/131/6
紂為象箸而〇子唏 16.102/163/17
大夫〇會於衢 18/197/17
〇子、比干異趨而皆賢 20/214/22

稽 jī 15

去〇留 3/20/28
〔曰〕會〇、泰山、王屋、首山、太華、岐山、太行、羊腸、孟門 4/32/18
有會〇之竹箭焉 4/34/12
諸〇、攝提 4/37/25
皋〇 4/37/26
而力牧、太山〇輔之 6/52/16
禹葬會〇之山 11/97/24
困於會〇 12/111/4
東至會〇、浮石 13/124/3
〇古太初 14/132/15
棲之會〇 15/153/7
〇之弗得 20/210/6
覆〇趨留 20/215/21
句踐（捷）〔棲〕於會〇 20/222/23
兼〇時世之變 21/225/24

嘰 jī 2

〇而哀 10/87/19
紂為象箸而箕子〇 10/91/15

鐖 jī 1

古者天子一〇 8/66/19

擊 jī 61

〇之無創 1/6/4
〇鉤陳之衝辰 3/27/29
以（勝）〔制〕〇殺 3/28/28
北斗所〇 3/29/14
〇磬石 5/45/12,5/46/4,5/46/23
雷電下〇 6/49/28
逆流而〇 6/50/1
嘗試為之〇建鼓 7/59/11
〇鳴鼓 8/66/11
9/78/23,13/124/10
木〇折（轄）〔軸〕 9/69/22
無所〇戾 9/80/4
〇舟水中 10/85/16,11/103/9
操刀以〇 10/86/7
甯戚〇牛角而歌 10/91/8
故水（〇）〔激〕則波興 11/96/14
襄子疏隊而〇之 12/106/25
〇之不中 12/107/18
〇之而不中 12/107/19
雖有力不敢〇 12/107/20
夫不敢刺、不敢〇 12/107/20
〇牛角而疾商歌 12/109/3
襄子〇金而退之 12/111/10
大夫請〇之 12/112/13
請王〇之 12/112/15
〇鍾鼓 12/114/16
請〇之 12/115/26
槽柔无〇 13/122/6
教寡人以道者〇鼓 13/123/27
諭寡人以義者〇鍾 13/123/28
語寡人以憂者〇磬 13/123/28
風雨〇於中 15/146/15
以生（繫）〔〇〕死 15/147/6
〇其猶猶 15/147/12
〇之若雷 15/147/14
〇之如雷霆 15/148/20
當〇其亂 15/149/1
（下）〔不〕〇填填之旗 15/149/1
夫以巨斧〇桐薪 15/150/1
若雷之〇 15/150/27
常以積德〇積怨 15/151/14
以積愛〇積憎 15/151/14
〇之以宵夜 15/152/24
〇鍾磬者必以濡木 16.130/166/7
韓、魏翼而〇之 18/192/1
臣請北〇之 18/192/14
遂舉兵〇燕 18/192/15
晉先軫舉兵〇之 18/193/3
以〇智氏 18/193/20
北〇遼水 18/197/12
子發辨〇劇而勞佚齊 18/200/9
〇則不能斷 19/205/2,19/205/17
〇吳濁水之上 19/207/21
天地之閒无所（繫）〔〇〕戾 20/220/16
高漸離、宋意為〇筑 20/221/26
進退左右无所〇危 21/225/30

積 jī 105

收聚畜〇而不加富 1/1/20
〇於柔則剛 1/5/4
〇於弱則強 1/5/5
觀其所〇 1/5/5
病乃成〇 1/7/5
今夫〇惠重厚 2/14/7
〇財不足以贍其費 2/15/17
〇陽之熱氣〔久者〕生火 3/18/21
〇陰之寒氣〔久〕者為水 3/18/22
故（日）〔四〕歲而〇千四百六十一日而復

激 jī 20

璣 jī 1

機 jī 30

即 jí　13

汲 jí　7

伋 jí　2

急 jí　30

孟冬始○ 5/48/15
○而不羸 5/49/18
遭○迫難 6/50/4
關市○征 8/66/9
審緩○之度 9/73/13
人主○茲无用之功 9/74/9
而○緩之于脣吻之和 9/76/1
謂之閔○ 9/79/4
莫○於智 9/81/27
故○轡數策者 10/91/21
所○（則均）〔均則〕其用一也 11/95/1
孰○ 11/95/2
手足有所○也 11/104/19
所以論民俗而節緩○也 13/122/13
而○求名者 14/135/7
緩○調乎手 14/139/19
小絃雖（○）〔絙〕 14/140/4
無○於外 14/140/27
事業足以當天下之○ 15/145/20
○填其隙 15/148/17
動莫○於時 15/149/15
○所用也 17.22/169/30
所○者存也 17.88/174/18
所緩○異也 17.220/183/29
攻之愈○ 18/188/8
使下臣告○ 19/207/20
故張瑟者、小絃（○）〔絙〕而大絃緩 20/215/18
絃有緩○小大然后〔能〕成曲 20/222/12

亟 jí 7

火逾然而消逾○ 1/10/7
霜雪○集 6/53/23
不若此其○ 9/69/1
而游居者○於進矣 9/70/23
不○於為文句疏短之鞻 11/98/12
隧路○ 15/145/15
發動必○ 15/147/23

疾 jí 76

是故○而不搖 1/2/10
故○而不遲 1/4/16
夫○風教木 2/13/26
手足之攢○蛘、辟寒暑 2/17/13
為○為瘦 3/20/12
稻○蠶不登 3/29/25
菽○ 3/29/28
稻○ 3/29/28,3/31/7
民○ 3/31/3
稻〔○〕 3/31/6
則民多○疫 5/40/24
令弔死問○ 5/42/12
民多瘧○ 5/43/13
民必○疫 5/46/5
民多○癘 5/46/16
國多固○ 5/47/6
憂罷○ 5/47/20
弔死問○ 5/47/25,19/202/24
六月五穀○狂 5/48/19
○風晦冥 6/50/1
弗○去 7/56/8
夫○呼不過聞百步 9/68/14
天下之○馬也 9/73/9
夫（○風）〔風○〕而波興 9/73/21
君臣相○也 9/78/22
捷○劬錄 9/81/28
○言曰 12/107/16
擊牛角而○商歌 12/109/3
大○ 12/110/5
破乃逾○ 13/131/28
○如（錐）〔鍭〕矢 15/146/1
○如駭（龍）（當）〔電〕 15/147/6
以○掩遲 15/147/7
○如風雨 15/147/9,15/152/15
○如（鎌）〔鍭〕矢 15/147/10
○雷不及塞耳 15/147/12
○霆不暇揜目 15/147/12
欲○以（遫）〔遬〕 15/148/20
夫風之○ 15/150/5
舉錯○ 15/150/12
○如彍弩 15/152/1
○風暴雨 15/152/13
剽○輕悍 15/152/22
○若滅沒 15/152/22
○如馳騖 15/153/23
民不○疫 15/153/28
破乃愈○ 16.31/157/8
故（食草）〔草食〕之獸不○易藪 16.99/163/8
水居之蟲不○易水 16.99/163/8
縛手走不能○ 16.132/166/13
○疫之芻靈 17.1/168/11
鬻棺者欲民之○（病）〔疫〕也 17.32/170/19
輪非輻不能追○ 17.41/171/7
○雷破石 17.174/180/25
矢〔之〕○ 17.198/182/14
莫之○也 17.241/185/12
憂父之○者子 17.243/185/16
子反辭以心（痛）〔○〕 18/187/21
然而○風至 18/193/25
或徐行而反○ 18/194/22
夫走者、人之所以為○也 18/194/28
今（反乃）〔乃反〕以人之所〔以〕為遲者、（反）為○ 18/195/1
有知徐之為○、遲之為速者 18/195/1
穀脩其外而○攻其內 18/199/17
時多（○）〔疹〕病毒傷之害 19/202/16
膚之知痛○寒暑 19/207/24
聲響○徐 20/210/11
以辟○（病）〔疹〕之菑 20/212/28
知○之所從生也 20/216/17
棄○乘民之怨而立公子比 20/219/25
而三十輻各以其力○ 20/222/12
劬祿○力 20/223/17

級 jí 2

授車以○ 5/44/23
使貴賤卑尊各有等○ 5/45/19

集 jí 19

龍興鸞○ 1/1/12
四方來○ 5/44/5
霜雪亟○ 6/53/23
百姓和○ 8/63/20
○於心則其慮通 8/64/27

木茂而鳥○ 9/73/21
16.113/164/19
三日不○ 11/102/2
莫知其所○ 15/147/9
知吾所舉而不知吾所○ 15/150/22
兩之○無能霑 16.86/162/1
若使人必知所○ 16.103/163/20
質的張而弓矢○ 17.183/181/12
（亦）〔赤〕肉縣則烏鵲○ 17.191/181/29
鷹（○）〔隼〕鷙則衆鳥散 17.191/181/29
捨茂木而○於枯 17.202/182/23
涕液（來）〔交〕○ 19/207/18
龍從鳥○ 19/209/22
陰噎未○而魚已噞矣 20/210/10

棘 jí 11

東方曰○林 4/34/1
虞君利垂○之璧而擒其身 7/60/27
虞公見垂○之璧 10/86/16
愈於晉獻公之垂○ 11/96/22
其樂《大武》、《三象》、《○下》 11/98/7
無以異於彈一絃而會《○下》 11/99/5
伐（○）〔樧〕棗而為（矜）〔矜〕 15/146/9
皆以垂○之璧得虞、虢 17.57/172/15
遺虞垂○之（壁）〔璧〕與屈産之乘 18/189/1
生以○楚 18/195/28
冒蒙荊○ 19/207/10

堲 jí 1

夏后氏○周 13/120/21

極 jí 101

析八○ 1/1/3
歷遠彌高以○往 1/2/1
○無○ 1/4/26
然而大不可○ 1/5/24
脩○於無窮 1/5/24
行（而）不可得〔而〕窮○也 1/6/3
無不樂則至（○樂）〔樂○〕矣 1/7/26
望之不可○也 2/10/23,12/117/8
千變萬化而未始有○也 2/11/4
而行無窮○ 2/14/16
聚衆不足以○其變 2/15/17
故能致其○ 2/17/10
陰氣○ 3/21/18,3/21/19
陽氣○ 3/21/18
北至北○ 3/21/19
陽氣○則南至南○ 3/21/20
加十五日指午則陽氣○ 3/22/21
○不生 3/26/6
則○徑也 3/31/20
從中處欲知南北○遠近 3/31/22
四○之內 4/32/8
九州八（○）〔柱〕 4/32/11
禹乃使太章步自東○ 4/33/1
至于西○ 4/33/1
使豎亥步自北○ 4/33/2
至于南○ 4/33/2
乃有八○ 4/34/6
東方曰東○之山 4/34/6
南方曰南○之山 4/34/7
西方曰西○之山 4/34/8
北方曰北○之山 4/34/8
凡八○之雲 4/34/9
至于東○ 4/37/16
東方之○ 5/47/13
南方之○ 5/47/18
中央之○ 5/47/22
西方之○ 5/47/27
北方之○ 5/48/5
自九澤窮夏晦之○ 5/48/5
引類於太○之上 6/50/19
四○廢 6/52/24
斷鼇足以立四○ 6/52/26
四○正 6/52/26
瀇瀁○望 6/54/19
孔乎莫知其所終○ 7/54/26
離為八○ 7/54/26
隨其天資而安之不○ 7/56/17
精神澹然無○ 7/57/2
千變萬抮而未始有○ 7/58/7
游無○之野 7/60/21
紀綱八○ 8/64/6
天不可○ 9/67/14
不（為）偽善〔○〕 9/70/21
非積則禍○ 9/79/24
則鳳麟○矣 10/87/11
而至乎至○矣 10/87/20
猶未足以至於○也 10/90/18
則萬物之化咸有○矣 10/92/7
見斗○則寤矣 11/96/1
夫性、亦人之斗○也 11/96/1
入於冥冥之眇、神（調）〔和〕之○ 11/100/8
吾以為各致其所○而已 11/103/2
車（與）〔輿〕○於雕琢 11/103/20
恣則○〔物〕 12/108/25
〔怨則○〕慮 12/108/26
上下俱○ 12/108/26
周行四○ 12/116/8
無所不○ 12/117/3
致虛○ 12/117/26
至所○而已矣 12/118/20
樂○則悲 12/119/17
是以盡日○慮而无益於治 13/122/24
而不知八○之廣大也 13/124/12
○一牛之力 13/131/24
而○其所賤 14/132/26
內脩○而橫禍至者 14/142/12
刑、兵之○也 15/144/9
可謂○之〔○〕矣 15/144/10
〔賦地○〕 15/145/14
○其變而束之 15/148/17
所○一也 16.123/165/19
17.66/173/1
所○同也 17.20/169/26
以○其游 17.178/181/1
及其○ 17.222/184/1
周八○ 18/185/23
化不可○ 18/190/5
八○不可道里也 20/211/2
○則反 20/213/22
（○）〔拯〕溺之人不得不濡足也 20/218/2
運乎无○ 20/220/15
○東西之廣 21/224/14
轉於無○ 21/224/19

繫之無○ 21/224/24
橫八○ 21/226/15

嫉 jí 1

則過者以為○也 11/101/5

楫 jí 4

舟○所通 9/73/19,15/146/4
乘舟○〔者〕 9/75/6
上求（揖）〔○〕 16.51/159/4

殛 jí 1

○鯀於羽山 19/202/20

瘠 jí 1

夫○地之（吳）〔民〕多有心者 19/207/3

蝍 jí 1

而殆於○蛆 17.10/169/1

輯 jí 8

上下和○ 8/63/9
君臣○睦 8/66/6
以和○之 9/74/3
齊○之于轡銜之際 9/76/1
百姓和○ 15/145/2
處軍○ 15/145/15
○穆萬民 20/218/17
海內未○ 21/227/26

籍 jí 18

藏帝○之收於神倉 5/44/18
推蹶三王之法○ 6/53/10
法○禮義者 9/75/19
故先王之法○ 11/95/17
今握一君之法○ 11/98/8
五帝三王之法○風俗 11/98/25
而守其法○憲令 11/99/17
法○殊方 11/100/1
與之弟子之○ 12/113/7
履天子之○ 13/121/17
周公屬○致政 13/121/19
今世之法（藉）〔○〕與時變 13/122/21
據○守舊（教） 13/122/22
履天子之（圖）○ 13/124/8
有篇○者 15/147/1
法○殊類 17.234/184/27
受傳（藉）〔○〕 20/219/13
脩其篇○ 21/228/2

己 jǐ 124

不能反○ 1/2/15
強勝不若○者 1/5/5,14/134/7
至於若○者而同 1/5/5
柔勝出於○者 1/5/5,14/134/8
知大○而小天下 1/7/17
夫許由小天下而不以○易堯者 1/8/14
毀譽之於○〔也〕 2/12/14
物以有為於○也 2/12/25
○自以為獨擅之 2/13/6
節於○而已 2/16/19
其日戊○ 3/20/4
○韓 3/28/22
戊○四季 3/28/26
〔○〕巳、〔○〕亥 3/29/9
○酉、○卯 3/29/10
未在○曰屠維 3/31/2
其日（戉）〔戊〕○ 5/42/6
死生無變於○ 7/57/8
以○為度 7/60/29
知冬日之箑、夏日之裘無用於○ 7/61/1
莫出於○ 9/67/7
而專○之能 9/70/4
而不任○之才者也 9/75/5
以（其言）〔言其〕莫從○出也 9/75/21
是故有諸○不非諸人 9/75/26
無諸○不求諸人 9/75/26
不敢專○ 9/80/26
由○知人 9/81/9
釋○之所得為 9/82/7
必先反諸○ 9/82/8
求同乎○者也 10/83/13
○未必（得）賢 10/83/14
而求與○同者 10/83/14
求諸○也 10/84/1
誠出於○ 10/84/15
無諸○ 10/84/24
求諸人不如求諸○得也 10/86/5
無非○者 10/86/7
而不知號禍之及○也 10/86/17
以為○也 10/86/19
於○何以利 10/86/19
忘老之及○也 10/86/22
故使人信○者易 10/86/23
快○而天下治 10/87/1
快○而百事廢 10/87/1
忣於不○知者 10/87/15
斯得諸○也 10/88/10
釋○而求諸人 10/88/10
不知後世之譏○也 10/88/18
故君子順其在○者而已矣 10/89/13
非以為○也 10/90/4
（通）〔適〕於○而無功於國者 10/90/4
逆於○〔而〕便於國者 10/90/5
故孝○之禮可為也 10/90/13
是故知○者不怨人 10/92/28
福由○發 10/92/28
禍由○生 10/92/29
故聖人反○而弗由也 10/93/2
於是乃有曾參、孝○之美 11/94/1
唯聖人能遺物而反○ 11/96/1
能得諸○ 11/96/7
事有合於○者 11/100/16
求合於○者也 11/100/17
不運於○ 11/101/11,16.84/161/27
夫重生者不以利害○ 11/103/13
○雖無除其患 12/106/10
君臣爭以過為在○ 12/112/16
此明於為人為○者也 12/113/24
棄劍（而）〔以〕〔全〕○ 12/118/5
事无由○ 13/121/15
今不審其在○者 13/125/3
而反益○之所以奪〔者〕 13/125/6

无變於○ 13/129/14
未聞枉○而能正人者也 14/133/6
反○而得矣 14/133/11
不得之○而能知彼者 14/134/3
必使能者為○用 14/134/18
人能虛○以遊於世 14/134/22
不憎人之非○也 14/134/30
不求人之譽○也 14/134/30
信○之不迎也 14/135/1
信○之不攘也 14/135/1
不在於○也 14/135/2
而忘脩○之道 14/135/6
不專○ 14/135/12
○無所與 14/135/18
（貨）〔背〕數而任○ 14/136/1
人能接物而不與○焉 14/136/11
則倍時而（住）〔任〕○ 14/137/13
使在○者得 14/137/27
有使人不能用其智於○者也 14/138/10
有使人不能施其力於○者也 14/138/11
直○而足物 14/138/23
○之所生 14/139/2
无損益於○ 14/141/25
直○而待命 14/142/1
古之存○者 14/142/5
用其為○用也 15/144/28
用其為○用 15/144/29
必先脩諸○ 15/152/4
脩○於人 15/152/4
○未能治也 15/152/5
而愛○之指 16.63/160/5
而愛○之（鉤）〔釣〕 16.63/160/5
知○者不可誘以物 17.37/170/30
是故使人高賢稱譽○者 18/185/27
使人卑下誹謗○者 18/185/28
此用○而背自然 19/203/17
〔段〕干木雖以○易寡人 19/204/3
南榮疇恥聖道之獨亡於○ 19/207/9
若性諸○ 20/211/4
未有得○而失人者也 20/219/3
未有失○而得人者也 20/219/3
夫言者、所以通○於人也 20/220/11
聞者、所以通人於○也 20/220/12
人莫不知學之有益於○也 20/220/28
使人知遺物反○ 21/224/7
不以物易○ 21/225/1
而○自樂所受乎天地者也 21/226/24

脊 jǐ 3

墮者（析）〔折〕○碎腦 2/13/26
○管高于頂 7/58/20
強○者使之負土 11/101/19

給 jǐ 21

晉出（龍山）結（○）〔紐〕 4/37/21
以○宗廟之服 5/42/13
家○人足 8/66/6
以○上求 8/66/10
古者上求薄而民用○ 8/66/14
有以○上之徵賦車馬兵革之費 9/79/1
不智而辯慧（懷）〔懁〕○ 9/81/30
哀樂弗能○也 11/96/19
口辯辭○ 11/101/23
不能自○魚 12/113/23
則能長自○魚 12/113/24
衣不○帶 12/115/2
湯、武救罪之不○ 13/125/2
畜積○足 15/145/10
眯不○撫 15/147/13
呼不○吸 15/147/13
不○射 16.66/160/12
不○搏 16.66/160/12
令百姓家○人足 18/189/15
救敲不○ 19/208/11
濡不○扢 21/228/6

戟 jǐ 11

其兵○ 5/41/4,5/41/20
傷弓弩矛○矢石之創者扶舉於路 6/53/25
大○去水 10/93/6
脩○无（別）〔刺〕 13/122/6
令有重罪者出犀甲一○ 13/129/6
以當脩○強弩 15/146/10
不折一○ 18/192/24
夫○者、所以攻城也 18/199/6
宮人得○則以刈葵 18/199/6
傍○而戰 20/219/15

擠 jǐ 2

走獸（○）〔廢〕腳 2/18/2
○其揭揭 15/148/5

蟣 jǐ 4

甲冑生○虱 13/126/16
湯沐具而○蝨相弔 17.106/175/26
牛馬之氣蒸生○虱 20/211/14
○虱之氣蒸不能生牛馬 20/211/15

吉 jí 9

○祥止也 2/16/12
擇下旬○日 5/40/21
以察○凶 5/45/17
而○祥受福 9/70/20
卜○日 15/153/15
必問○凶於龜者 17.52/172/4
此○祥〔也〕 18/189/21
此○祥也 18/189/24
八卦可以識○凶、知禍福矣 21/227/6

伎 jì 11

○能殊也 9/70/13
工無二○ 9/70/16
○巧不知 9/80/23
○藝曲備 9/81/28
○藝之眾 9/82/1
故通於一○ 10/91/6
察於一事、通於一○者 10/93/15
（兼）〔兼〕覆（蓋）而并有之、（度）○能而裁使之者 10/93/15

夫造化者○以我為坯矣 7/56/14
而○已備之（也）〔矣〕 9/80/11
萬物之情（○）〔測〕矣 11/96/15
○出其根 11/98/20
武王○歿 11/102/19
成王○壯 13/121/18,21/227/30
治○弊之民 13/122/2
一（身）〔人〕之身○數（○）變矣 14/137/9
四者○信於民矣 15/151/20
臣○以受制於前矣 15/153/18
○（[illegible]）〔科〕以（[illegible]）〔橢〕 16.104/163/23
昔者楚莊王○勝晉於河、雍之間 18/186/18
而羽翮之（所）〔○〕成也 18/196/18
○入大麓 20/213/9
○瘖且聾 20/220/12

計 jì 42

故聽善言便○ 1/8/6
可勝○邪 2/11/5
而難以筭○舉也 2/11/22
是故日○之不足 2/11/22
而歲○之有餘 2/11/22
令農○耦耕事 5/46/24
○人多少眾寡使有分數 8/61/25
不可勝○也 8/65/21,18/186/11
○君垂爵以與臣市 9/73/23
是故審〔於〕毫釐之〔小〕○者 9/74/23
其○乃可用〔也〕 9/75/11
必先○歲收 9/78/11
○三年耕而餘一年之食 9/79/2
楚賢良大夫皆盡其○而悉其誠 12/115/4
以○多為功 12/118/28
今謂（彊）〔彊〕者勝則度地○眾 13/124/21
使曹子○不顧後 13/127/1
不○其大功 13/127/8
其子聽父之○ 13/131/21
而反得其○ 13/131/22
地（出）〔生〕長而無○量 15/144/4
（大）〔度〕地○眾 15/146/3
不可巧（○）〔詐〕也 15/147/3
故○定而發 15/147/21
○定謀決 15/148/8
然為牛○者 16.35/157/17
然為狐○者 16.35/157/18
或說聽○當而身疏 18/190/22
或言不用、○不行而益親 18/190/22
而用括子之○ 18/191/1
於是不聽雍季之○ 18/191/14
官無○會 18/192/9
上○而入三倍 18/192/16
三國陰謀同○ 18/193/19
○功而受賞 18/193/26
○福勿及 18/195/5
非直禽獸之詐○也 18/202/7
○必得宋而後攻之乎 19/203/22
日○无筭 20/210/6
歲○有餘 20/210/6
○義而行之 20/218/23

記 jì 1

聖人（○）〔託〕於無適 11/96/16

寄 jì 5

○汲不若鑿井 6/54/21
生○也 7/58/17
焉可以○天下矣 12/109/18
霸王其○也 14/138/30
富貴其○也 14/138/30

寂 jì 13

淋漻○漠 1/7/10
虛无○寞 2/10/18
○然清澄 2/10/26
○漠以虛無 2/12/24
○漠之中獨有照焉 2/14/2
而覺於○漠也 2/15/23
虛○以待 2/16/27
和順以○（漢）〔漠〕 8/61/6
而○漠者 11/100/12
○然無聲 17.95/175/3,19/202/12
○然无聲 20/210/14,20/211/23

祭 jì 38

故○祀三飯以為禮 3/25/18
○先脾 5/39/4,5/39/19,5/40/10
獺○魚 5/39/5
○不用犧牲 5/40/2
○先肺 5/41/2,5/41/18
○先心 5/42/7
○先肝 5/42/24,5/43/18,5/44/14
鷹乃○鳥 5/43/1
豺乃○獸 5/44/15
○禽四方 5/44/24
○先腎 5/45/10,5/46/2,5/46/21
陳○器 5/45/20
大禱○于公社 5/45/21
豺未○獸 9/79/12
獺未○魚 9/79/13
已飯而○竈 9/80/13
夏后氏○於闇 13/120/22
殷人○於陽 13/120/22
周人○於日出以朝 13/120/22
此○之不同者也 13/120/23
今世之○井竈、門戶、箕帚、（臼）〔臼〕杵者 13/131/6
是以天子秩而○之 13/131/9
故○祀思親不求福 14/138/1
先○而後饗則可 16.138/166/29
先饗而後○則不可 16.138/166/29
○之日而言狗生 16.139/167/1
佐○者得嘗 17.124/177/5
治○者庖 17.243/185/16
奉四時之○祀 18/202/1
今夫○者 20/215/16
然○者汲焉 21/227/15

惎 jì 1

以時教（期）〔○〕 21/224/20

跡 jì 9

人○所至 13/124/17
（勤）〔勒〕率隨其蹤

○ 13/129/18
故聖人揜○於為善 14/136/25
以其窺端匿○ 18/202/4
察於刀筆之○ 20/222/19
別同異之○ 21/224/28
追觀往古之○ 21/225/19
鑽脈得失之○ 21/226/5
非循一○之路 21/228/30

際 jì 19

高不可○ 1/1/3
○天地 1/6/25
提挈人間之○ 2/12/4
而不通于萬方之○也 2/13/17
而浮揚乎無畛崖之○ 2/15/7
而條達有無之○〔也〕 2/16/1
尚佯冀州之○ 6/52/2
上○九天 6/53/5
與道為○ 7/57/7
飾曲岸之○ 8/65/4
上○青雲 8/65/7
以身禱於桑林之○ 9/69/11
齊輯之于轡銜之○ 9/76/1
所以合君臣、父子、兄弟、夫妻、友朋之○也 11/93/24
而莫與物為○者 11/100/9
上○於天 12/117/3
成敗之○也 13/124/21
以身禱於桑（山之）林〔之○〕 19/202/29
朋友之○ 20/213/5

誋 jì 3

而不可以照（誌）〔○〕 10/84/5
而不可以昭○ 10/84/22
日月之照○ 11/94/24

稷 jì 39

后○壟在建木西 4/37/13
食○與牛 5/42/9
以共皇天上帝、名山大川、四方之神、宗廟社○ 5/42/11
以供皇天上帝社○之（芻）享 5/47/2
（損）〔捐〕棄其社○ 7/60/26
○辟土墾草 9/72/1
（舉天下而）以為社○ 9/74/5
后○廣利天下 10/83/10
后○為大田（師） 11/95/6
能為社○忍羞 12/106/23
曰能為社○忍羞 12/106/24
寡人得（立）〔奉〕宗廟社○ 12/109/28
是謂社○主 12/112/17
寡人社○危 13/128/25
（后○）〔周棄〕作稼穡 13/131/12
（而死）〔死而〕為○ 13/131/12
后○也 14/134/16
與之守社○ 14/137/2
后○播種樹穀 14/138/8
黍○之先後 14/140/2
背社○之守而委身強秦 15/146/3
社○之命在將軍（耳）〔身〕 15/153/13
無國之○易為求福 17.91/174/25
是（三）〔亡〕楚國之社○ 18/187/22
后○乃教之辟地墾草 18/189/14
故樹黍者不獲○ 18/189/18
臣聞（之有）裂壤土以安社○者 18/190/26
社○殆 18/192/4
必危社○ 18/195/20
至於亡社○ 18/195/24
社○為墟 18/196/4
委社○ 18/202/2
而后○之智不用 19/203/13
后○耕稼 19/206/10
我社○可以庶幾乎 19/207/14
寡君失社○ 19/207/19
后○墾草發菑 20/212/9
堯之舉禹、契、后○、皋陶 20/213/18
持其社○ 21/228/18

冀 jì 9

○以過人之智植（于高）〔高于〕世 1/10/4
正中○州曰中土 4/32/15
少室、太室在○州 4/37/12
○除苛慝 5/49/19
今夫赤螭、青虬之游○州也 6/51/23
尚佯○州之際 6/52/2
殺黑龍以濟○州 6/52/26
○州平 6/52/27
失道則以天下之大畏於○州 20/220/2

濟 jì 20

鴝（鵅）〔鵒〕不過○ 1/4/2
強○天下 1/6/5
孰能○焉 2/17/10
大風○ 3/22/19
正北○州曰成土 4/32/15
○水通和而宜麥 4/35/23
○出王屋 4/37/17,16.83/161/24
〔西〕流合於○ 4/37/18
龍門、河、○相貫 5/47/23
三月春風不○ 5/48/18
於是風○而波罷 6/50/3
殺黑龍以○冀州 6/52/26
○于江 7/58/16
以○江河 11/102/28
物孰不○焉 12/114/7
方船○乎江 14/134/20
同舟而○於江 15/144/25
舟杭一日不能○也 18/196/21
黜淫○非 20/213/24

薊 jì 1

則壤土草（蒯）〔○〕而已 11/98/26

罽 jì 1

冬日被裘○ 18/194/15

蹟 jì 1

而無（○蹈）〔蹟陷〕（之患） 8/65/8

夾 jiā 10

音比(姑洗)〔○鍾〕 3/22/18
音比(○鍾)〔太蔟〕 3/22/19
音比○鍾 3/22/23
律受○鍾 3/25/6
○鍾者 3/25/6
上生○鍾 3/26/5
○鍾之數六十八 3/26/5
○鍾之羽也 3/26/10
律中○鍾 5/39/19
荊佽非兩蛟○繞其船而志不動 13/130/8

佳 jiā 2

○人不同體 17.67/173/3
形夸骨○ 19/204/22

家 jiā 85

雖以天下為○ 1/7/25
使○忘貧 2/12/20
有苗與三危通〔而〕為一○ 2/13/1
百○異說 2/13/4
○老羸弱悽愴於內 6/53/23
天下〔不〕合而為一○ 6/54/2
苦洿之○ 7/56/24
夫人主之所以殘亡其國○ 7/60/26
○給人足 8/66/6
而兩○之難無所關其辭 9/68/17
而國○多難 9/68/27
則國○治 9/72/16
則國○危 9/72/16
在○老則為恩厚 10/85/19
禪於○(國)〔邦〕 10/88/6
入其○者避其諱 11/97/12
故百○之言 11/99/27
其曲○異而不失於體 11/99/27
則終身不○矣 11/102/8
東○謂之西○ 11/102/16
西○謂之東○ 11/102/16
豫讓、要離非不知樂○室、安妻子以偷生也 11/103/6
國○之福〔也〕 12/108/24
夫國○之危安 12/110/10
昔善治國○者 12/112/4
宰相、所使治國○也 12/112/21
國○昏亂 12/119/12
以亶其○ 12/119/27
○貧族少 12/119/28
百○殊業而皆務(治於)〔於治〕 13/121/8
齊簡公釋其國○之柄 13/123/7
○之所以亡者 13/124/15
內不慚於國○ 13/128/4
國○殆 13/128/25
○人所(當)〔常〕畜而易得之物也 13/130/23
能有其國者必不喪其○ 14/134/1
能治其○者必不遺其身 14/134/1
可以治○ 14/140/17
可以養○老 14/140/18
以○聽者 15/143/16
祿以○ 15/143/16
治國○ 15/145/1
兵○或言曰 15/149/13
大○攻小○則為暴 16.69/160/19
東○母死 16.77/161/7
西○子見之 16.77/161/7
季孫氏劫公○ 16.95/162/27
而罵其東○母 16.141/167/7
或謂(○)〔豕〕 17.125/177/7
一○失熛 17.172/180/21
百○皆燒 17.172/180/21
不若歸○織網 17.194/182/6
然酤酒買肉不離屠沽之○ 17.232/184/23
國○之治亂 18/186/12
掘藏之○必有殃 18/187/6
令百姓○給人足 18/189/15
○無故而黑牛生白犢 18/189/20
○富良馬 18/190/3
聞殺身破○以存其國者 18/190/26
寡人國○危 18/192/4
以告子○駒 18/195/20
子○駒曰 18/195/21
三○為一 18/195/21
兩○鬭雞 18/195/27
此故公○畜也 18/199/26
○充盈殷富 18/201/13
而必(以)滅其○ 18/201/17
〔大滅其○〕 18/201/17
其○无筦籥之信、關楗之固 18/201/21
則天下无亡國破○矣 18/202/5
各有○室 19/202/21
段干木辭祿而處○ 19/203/28
非戶辨而○說之也 20/211/24
因其寧○室、樂妻子 20/212/17
(故)〔以〕立父子之親而成○ 20/213/3
○老甘臥 20/215/27
部其○ 20/217/1
張儀、蘇秦○无常居 20/218/18
雖破○求醫 20/220/13
○老異飯而食 20/223/1
梁丘據、子○噲導於左右 21/228/14
以守其國○ 21/228/18

浹 jiā 1

不○于骨髓 1/8/5

梜 jiā 1

夫(○)〔挾〕依於跂躍之術 2/12/4

嘉 jiā 5

羽○生飛龍 4/38/2
今有美酒○肴以相〔賓〕饗 14/141/4
遂合諸侯於○陵 18/186/24
晉厲公之合諸侯於○陵 18/187/2
○穀生 20/210/19

莢 jiá 1

種始○也 3/25/6

頰 jiá 2

靨酺、在○則好 17.154/179/10
曼○皓齒 19/204/22

甲 jiǎ 76

焚○兵 1/3/3
其日○乙 3/20/2
5/39/3,5/39/18,5/40/9
鎮星以○寅元始建斗 3/20/13
太白元始以（正月○寅）
〔○寅正月〕 3/20/15
日月星辰復始○寅元 3/21/11
〔加〕十五日指○則雷
（驚蟄）〔雨水〕 3/22/15
冬至○午 3/23/9
○子受制 3/23/17
（七）十歲而復至○子 3/23/20
○子受制則行柔惠 3/23/20
飾兵○ 3/23/22
○子氣燥濁 3/23/25
丙子干○子 3/23/25
戊子干○子 3/23/26
庚子干○子 3/23/26
壬子干○子 3/23/26
○子干丙子 3/23/27
○子干戊子 3/24/1
○子干庚子 3/24/2
○子干壬子 3/24/4
○子 3/26/10
太陰元始建于○寅 3/26/26
一終而建○戌 3/26/26
二終而建○午 3/26/26
三終而復得○寅之元 3/26/26
太陰在○子 3/27/18
○剛乙柔 3/27/24
○齊 3/28/22
○乙寅卯 3/28/26
數從○子始 3/29/5
○（戌）〔戌〕 3/29/8
寅在○曰閼蓬 3/29/25
陳兵○ 5/48/3
是故質壯輕足者為（申）
〔○〕卒千里之外 6/53/22
武王○卒三千破紂牧野 8/63/19
（而）〔不〕被○兵 9/73/8
然而武王○卒三千人 9/73/19
是猶貫○（冑）〔冑〕
而入宗廟 9/78/23
選練○卒 12/111/4
砥礪○兵 12/112/3
○兵未及銳弊也 12/115/20
然而征伐者不能釋○兵
而制（疆）〔彊〕暴 13/122/12
○子之日也 13/124/21
○冑生蟣虱 13/126/16
薛燭庸子見若狐○於劍
而利鈍識矣 13/128/15
○兵不足 13/129/6
令有重罪者出犀○一戟 13/129/6
故割革而為○ 15/142/25
○不離矢 15/144/22
○堅兵利 15/145/10
兵○治 15/145/13
堅○利兵 15/145/23
以為○冑 15/146/1
非有（牢）〔堅〕○利
兵 15/146/8
○兵孰利 15/146/26
則貫兕○而徑於革盾矣 15/150/5
帶○（士）〔七〕十萬 15/153/6
被○者 16.49/158/27
矢之於十步貫兕○ 16.68/160/17
17.222/184/1
今被○者 16.103/163/20
或射之則被鎧○ 17.147/178/27
嘗被○而免射者 17.149/178/31
庫無○兵 18/192/9
○兵粟米可立具也 18/192/12
民被○括矢 18/192/12
三年不解○弛弩 18/197/14
然而○卒三千人以擒夫
差於姑胥 18/202/3
陸剸犀○ 19/205/18
陸剸兕○ 19/208/23
○卒三千人 20/212/10
躬擐○冑 21/227/25

岬 jiǎ 1

而仿洋于山（峽）〔○〕
之旁 1/9/1

假 jiǎ 19

是故凍者○兼衣于春 2/14/26
用也〔者〕必○之於弗
用〔者〕也 2/16/11
○使視日出 3/31/17
此○弗用而能以成其用
者也 6/52/12
此精神之所以能登○于
道也 7/58/2
故○輿馬者 9/75/6
生所○也 10/86/12
臣不○之君 10/90/13
其不能乘雲升○亦明矣 11/99/15
必○於弗用也 12/114/6
而不○道 12/115/26
弗○於人 14/133/11
乘而勿○也 15/147/11
〔若〕○之筋角之力、
弓弩之勢 15/150/5
晉獻公欲○道於虞以伐
虢 18/189/1
若○之道 18/189/4
遂○之道 18/189/5
○象取耦 21/225/13
○譬取象 21/226/2

瘕 jiǎ 2

病疵○者 7/59/26
豈若憂○疵之（與）
〔與〕、痤疽之發而
豫備之哉 14/137/28

檟 jiǎ 1

舉梧○ 19/209/21

架 jià 3

乃至夏屋宮（駕）〔○〕 8/61/19
大構（駕）〔○〕 8/65/1
曾子○羊 20/218/11

嫁 jià 6

宋人有○子者 13/131/20
○未必成也 13/131/20
其於以復○易 13/131/20
人有○其子而教之曰 16.21/156/9
○女於病消〔渴〕者
16.23/156/15

因媒而○ 16.60/159/28

駕 jià 17

咸○戴（荏）〔旌〕 5/44/23
青龍進○ 6/52/22
服（○）應龍 6/53/5
乃至夏屋宮（○）〔架〕 8/61/19
大構（○）〔架〕 8/65/1
夫待騕褭飛兔而○之 11/102/7
乃止○ 12/116/16
中夜夢受秋○於師 12/117/23
今日將教子以秋○ 12/117/25
○馬服牛 13/120/13,20/212/13
興萬乘之○而作阿房之
（官）〔宮〕 15/146/5
其出致釋○而僵 16.68/160/17
王○而往視之 18/187/21
出則乘牢車、○良馬 18/194/15
其可○御 19/204/17
必有細大○和 21/227/8

稼 jià 13

稺○不得育時 2/18/7
首○不入 5/39/14
○穡不熟 5/42/18
焦禾○ 8/63/10
是猶不待雨而求熟○ 9/73/24
○生乎野 10/91/16
（后稷）〔周棄〕作○
穡 13/131/12
○生於野而藏於廩 14/141/16
未嘗○穡粟滿倉 17.140/178/11
食農夫之○ 18/198/9
禾○春生 19/203/12
后稷耕○ 19/206/10
○生於田而藏於倉 20/222/6

價 jià 1

決千金之貨者不爭銖兩
之○ 17.218/183/25

肩 jiān 6

鳶○企行 4/35/26
大○下尻 4/36/7
○摩於道 11/97/4
（淚注）〔渠頸〕而鳶
○ 12/116/6
○負儋之勤也 13/120/13
三人比○ 16.134/166/19

姦 jiān 31

○邪畏之 1/2/18
不足以禁○塞邪 1/3/1
禁○塞邪 5/43/7
禁○邪 5/48/1
以索○人 5/48/8
〔○人〕已德 5/48/8
莫懷○心 9/67/23
殺戮不足以禁○ 9/68/12
○不能枉 9/69/19
不得相○ 9/70/16
故為惠者生○ 9/70/24
○亂之俗 9/70/24
（閏）〔閨〕門重襲以
（避）〔備〕○賊 9/71/9
則讒佞○邪无由進矣 9/72/12
讒佞○邪而欲犯主者 9/72/14
而○人伏匿矣 9/72/20
○邪滅迹 9/73/4
則跖、蹻之○止矣 9/76/6
則必有穿窬拊（揵）
〔楗〕、（抽箕）
〔扣墓〕踰備之○ 11/94/2
不能禁其○ 11/102/12
○邪不生 11/103/25
世亂則君子為○ 11/104/23
闇主亂于○臣小人之疑
君子者 13/128/13
刑省而○禁 13/128/23
子以○事我者也 13/128/28
此刑省〔而〕○禁者也 13/129/1
因民之所惡以禁○ 13/129/8
子產誅鄧析而鄭國之○
禁 13/129/10
○符節 13/129/15
夫法令（者）罔其○邪 13/129/18
皆知為○之无脫也 13/129/18

兼 jiān 26

是故凍者假○衣于春 2/14/26
天不○覆 6/52/24
所謂○國有墜者 6/53/24
○苞海內 8/63/3
并○無已 8/66/22
士不○官 9/70/16
聖人○而用之 9/72/10
紂○天下 9/7[illegible]/19
非寬大無以○覆 9/74/13
德澤○覆而不偏 9/75/4
○包萬國 9/80/1
日月為明而弗能○也 10/92/21
（兼）〔○〕覆（蓋）
而并有之、（度）伎
能而裁使之者 10/93/15
是以人不○官 11/101/16
官不○事 11/101/17
則（兼）〔○〕覆而并
〔有〕之 11/103/14
○愛上賢 13/123/21
以一人○聽天下 14/139/27
故○而能樂 14/142/6
秦王趙政○吞天下而
（已）〔亡〕 18/189/16
非能一人而獨○有之 19/206/11
聖人○用而財制之 20/214/7
聖人○用而財使之 20/214/26
○味快於口 20/221/30
知伯○三晉之地而亡 20/222/25
○稽時世之變 21/225/24

堅 jiān 31

是故革○則兵利 1/3/5
革○則裂 1/5/6
齒○於舌而先之弊 1/5/6
（而）○強者、死之徒也 1/5/7
攻大礦○ 1/5/22
馳騁於天下之至○ 1/6/9
12/117/4
○強而不鞼 1/7/9
是故○土人剛 4/34/29
○致為上 5/45/20
○慇以固 5/49/19
靡流○鍛 8/65/13

○冰至 11/94/13
離○白 11/101/26
○者為齒角 13/130/15
厲其民死以（牢）〔○〕其城 14/137/1
甲○兵利 15/145/10
○甲利兵 15/145/23
非有（牢）〔○〕甲利兵 15/146/8
兩○不能相和 16.130/166/7
○柔相摩而不相敗 17.151/179/4
石生而○ 17.156/179/14
（牢）〔○〕守而不下 18/189/26
〔則〕○強賊之 18/199/17
玉○無敵 19/206/18
唐碧○忍之類 19/206/20
砥礪礛（監）〔○〕 19/209/25
夫矢之所以射遠貫（牢）〔○〕者 20/212/2
而不可令持（牢）〔○〕 20/214/24
而○守虛无之宅者也 21/225/2
知攻取○守之非德不強也 21/225/30

管 jiān 2

衰絰（管）〔○〕屨 9/78/20
必有○屩趾蹻 11/94/3

間 jiān 58

豈有○哉 1/8/18
側谿谷之○ 1/8/28
相與優游競暢于宇宙之○ 2/10/17
孰肯解構人○之事 2/11/26
而心在鴈門之○ 2/13/2
淪於无○而復歸於大矣 2/13/23
則醜美有○矣 2/14/14
天地之○ 2/14/23, 12/106/10,12/114/22
當此之（○）〔時〕 2/18/2
在其○ 4/37/13
以為不能與之爭於宇宙之○ 6/52/1
居君臣父子之○而競載 6/53/13
從橫○之 6/53/20
豈直禍福之○哉 7/56/5
吾又安知所喜憎利害其○者乎 7/56/20
出入無○ 7/58/1
入於無○ 7/58/2
而訟○田者慚矣 7/59/9
巖穴之○ 7/59/26
各致其愛而無憾恨其○ 8/66/14
發於人○而反以自正 9/75/26
同（○）〔聞〕而殊事 10/85/17
無須臾之○定矣 11/101/13
俛仰之○而撫四海之外 12/117/3
無有入于無○ 12/117/9
殷人殯於兩楹之○ 13/120/20
無所顧（○）〔問〕 13/121/18
一世之○ 13/124/10
文王處（歧）〔岐〕周之○也 13/124/16
爭盈爵之○ 14/141/5
與○入 15/147/9
善用○諜 15/148/5
彼若有○ 15/148/17
蓋（○）〔聞〕善用兵者 15/152/4
出奇行陳之○ 15/152/14
鵲在其○ 17.24/170/3
小國不鬭於大國之○ 17.123/177/3
桑榆之○ 17.212/183/13
正在疏數之○ 17.227/184/12
昔者楚莊王既勝晉於河、雍之○ 18/186/18
冬○無事 18/192/18
析惕乎虹蜺之○ 18/196/20
僻遠幽○之處 19/203/4
託於宇宙之○ 19/205/26
王喬、赤松去塵埃之○ 20/214/15
略雜人○之事 21/225/13
所以箴縷縩緞之○ 21/225/22
《人○》者 21/226/5
則有以傾側偃仰世俗之○ 21/226/7
知公道而不知人○ 21/226/30
知人○而不知脩務 21/226/30
人○之事接矣 21/227/1
其於逍遙一世之○ 21/227/17
處（歧）〔岐〕周之○ 21/227/21
殯文王於兩楹之○ 21/227/27
而介於大國之○ 21/228/20

煎 jiān 7

口味○熬芬芳 1/7/20
○熬焚炙 8/65/12
○熬燎炙 11/99/25
以示翟○ 12/106/2
〔翟○〕曰 12/106/2
翟○曰 12/106/3
翟○對曰 12/106/3

監 jiān 7

命四○大夫 5/42/10
乃命四○ 5/46/25
持無所○ 14/139/3
使○祿（無以）轉餉 18/197/14
君子有能精搖摩○ 19/206/22
砥礪礛（○）〔堅〕 19/209/25
其（於）〔所〕以○觀 20/220/16

兼 jiān 1

（○）〔兼〕覆（蓋）而并有之、（度）伎能而裁使之者 10/93/15

縑 jiān 1

○之性黃 11/95/28

礛 jiān 4

玉待○諸而成器 16.81/161/18
有千金之璧而無錙錘之○諸 16.81/161/18
○諸之功 17.28/170/11
19/206/19

瀸 jiān 1

○（濇）〔漬〕肌膚 21/224/4

櫼 jiān 1

○楔呪齵之郄也 21/225/22

減 jiǎn 6

息耗○益 1/6/1
是以月（虛）〔虧〕而魚腦○ 3/19/5
日○一（十）〔升〕 3/29/22
寸○日近一里 3/31/24
則身飽而敖倉不為之○也 7/59/19
吳起為楚〔張〕○爵（祿）之令 20/222/18

儉 jiǎn 13

○德以行 2/15/15
以示民知○節 8/65/19
廉○守節 9/71/4
○約以率下 9/73/26
○則民不怨矣 9/73/26
於是堯乃身服節○之行 9/74/3
通乎侈○之適者也 11/97/24
中子旦恭○而知時 12/114/12
守之以○ 12/119/18
而乃始服屬臾之貌、恭○之禮 13/126/16
若无道術度量而以自○約 13/130/7
有譽人之力○者 16.76/161/4
恭○尊讓者 20/214/5

翦 jiǎn 1

是故茅茨不○ 9/74/3

檢 jiǎn 2

先（自）〔以身〕為○式儀表 9/75/29
情無符○ 14/139/13

蹇 jiǎn 5

偃○蓼糾 8/65/10
○叔曰 12/115/19
○叔送師 12/115/22
○重舉白而進之 12/119/9
鄭之賈人弦高、○他相與謀曰 18/192/29

簡 jiǎn 30

使王公○其貴富而樂卑賤 2/12/20
臺○以游太清 2/12/23
長女○翟 4/37/9
○練桀俊 5/43/6
優優○○ 5/49/9
○子欲伐衛 9/68/21
不能使為苟（○）易 10/85/5
○公以（濡）〔懦〕殺 10/91/12
○於行而謹於時 11/103/1
趙○子以襄子為後 12/106/22
○子曰 12/106/22
趙○子死 12/111/9
齊○公釋其國家之柄 13/123/7
則輕敵而○備 14/137/14
非○不可以合衆 14/140/20
大禮必○ 14/140/20
○故能地 14/140/20
其作始○者 14/141/4
竊○而寫法律 16.79/161/12
周之○圭生於垢石 16.110/164/11
諸御鞅復於○公曰 18/195/14
○公不聽 18/195/15
而弒○公於朝 18/195/15
○公遇殺 18/195/26
令尹輕行而○禮 18/196/14
○士卒 20/213/17
寬裕○易者 20/214/5
○絲數米 20/215/6
〔達〕必○ 20/215/10

蕳 jiǎn 1

非○之也 2/16/18

繭 jiǎn 3

足重○而不休息 19/203/21
曾○重胝 19/207/17
○之性為絲 20/212/21

鬋 jiǎn 1

乃爪○ 15/153/20

見 jiàn 358

〔而〕不能○淵中之魚 1/3/10
莫○其為者 1/3/18,1/3/19
此俗世庸民之所公○也 1/5/14
夫光可○而不可握 1/6/11
是故視之不○其形 1/6/19
招之而不能○也 1/9/24
視之不○其形 2/10/22,12/117/7
莫○其形 2/10/26,20/210/8
冥冥之中獨○曉焉 2/14/1
目不○太山之（高）〔形〕 2/17/16
未能○眉睫 2/17/22
故陽燧○日則燃而為火 3/19/9
方諸○月則津而為水 3/19/9
時○時匿 3/20/13
日五日不○ 3/24/12
不○日 4/37/12
虹始○ 5/40/10
虹藏不○ 5/45/11
人馬不相○ 6/50/1
昔雍門子以哭○於孟嘗君 6/50/9
則背譎○於天 6/50/16
然未○其貴者也 6/52/8
不○朕垠 6/52/10
神則以視無不○〔也〕 7/55/23
或守之於形骸之內而不○也 7/55/26
所○大者所知小 7/55/27
○事之亂 7/57/13
不視而○ 7/57/16
○其儆 7/58/19
○子求之行 7/58/23
故子夏○曾子 7/60/17
出○富貴之樂而欲之 7/60/17
入○先王之道又說之 7/60/17
明可○者 8/62/23
待目而照○ 9/68/19
有責于○者〔也〕 9/68/24
不視之○ 9/68/24
○其俗則知其化 9/69/7
○徹以知明（矣）〔也〕 9/69/7

（顛越）〔瞋目〕不能○丘山 9/70/14
目不能○ 9/71/10
譬猶雀之○鸇而鼠之遇狸也 9/72/14
轍迹可○也 9/73/10
不能○也 9/75/12
雖達視猶不能○其睛 9/76/8
（者）〔耆〕欲○於外 9/76/28
是皆以利○制於人也 9/77/9
非能目○而足行之也 9/79/21
○成敗之變 9/80/21
其所不忍之色可○也 9/81/7
其不闇之效可○也 9/81/8
萬民之所容○也 9/81/15
愚人之所（○）〔備〕者寡 9/81/16
無歧道旁○者 10/82/21
積恩之○證也 10/82/24
君子○過忘罰 10/83/7
○賢忘賤 10/83/7
○不足忘貧 10/83/7
非〔直〕未嘗○狐者 10/83/15
必未嘗○貍也 10/83/16
故君子○始 10/84/13
夫子○禾之三變也 10/85/12
故君子○善則痛其身焉 10/85/13
漠然不○賢焉 10/85/24
離珠弗能○也 10/86/1
○利而忘其害也 10/86/16
虞公○垂棘之璧 10/86/16
○日而寤矣 10/89/7
唯聖人○其始而知其終 10/90/1
○舌而知守柔矣 10/90/25
雍門子以哭○孟嘗君 10/91/8
○所始則知所終 10/91/15
聖人○其所生則知其所歸矣 10/91/16
目○其形 10/92/7
夫胡人○黂 11/94/6
越人○毳 11/94/7
昔太公望、周公旦受封而相○ 11/94/10
聖人之○終始微（言）〔矣〕 11/94/14
○雨則裘不用 11/95/2
○斗極則寤矣 11/96/1
（以有）〔有以〕自○也 11/96/2
無以自○〔也〕 11/96/2
載樂者○哭者而笑 11/96/11
人目所○不過十里 11/96/18
而仁發恲以○容 11/97/15
非謂其○彼也 11/98/15
自○而已 11/98/15
○形而施宜者也 11/99/4
故其○不遠者 11/99/21
故賓有○人於密子者 11/100/26
子之〔所○〕賓猶有三過 11/101/1
身疏即謀當而○疑 11/101/4
○者以為其愛之至也 11/101/5
辟若（倪）〔綄〕之○風也 11/101/13
夫先知遠○ 11/101/23
莊子○之 11/103/11
立節者○難不苟免 11/103/13
貪祿者○利不顧身 11/103/13
○鄰國之人溺 11/104/18
道不可○ 12/105/16
○而非也 12/105/16
惠孟○宋康王 12/107/16
○小曰明 12/108/21
望○桓公而悲 12/109/3
桓公贛之衣冠而○〔之〕 12/109/4
〔甯戚○〕 12/109/5
○徐馮於周 12/110/17
不○可欲 12/110/25
請○之 12/111/18
穆公○之 12/111/18
○其所○而不○其所不○ 12/111/23
有客衣褐帶索而○曰 12/113/5
紂○而說之 12/114/15
楚有善為偷者往○曰 12/115/1
出○而禮之 12/115/2
異日復○ 12/115/13, 12/115/14
故人主之意欲○於外 12/116/2
○一士焉 12/116/5
顧○盧敖 12/116/6
弗○ 12/116/16
此言明之有所不○也 12/116/19
○夜（魚）〔漁〕〔者〕 12/116/21
不窺牖以○天道 12/117/14
嘗〔○〕有如此而得活者乎 12/118/3
未嘗○也 12/118/4
先王〔有〕以○大巧之不可〔為〕也 12/118/13
欲○秦惠王 12/118/17
（周）〔三〕年不得○ 12/118/17
往○楚王 12/118/18
因○（予之將軍之節）惠王 12/118/18
吾留秦三年不得○ 12/118/19
則形○於外 12/118/22
晏子往○公 12/119/1
○太卜曰 12/119/2
昔吾○句星在（房）〔駟〕心之閒 12/119/3
太卜走往○公曰 12/119/4
往○太卜者 12/119/5
得○此器 12/119/14
獨○之明 13/122/17
而狗馬可日○也 13/122/26
○柔懦者侵 13/123/10
○剛毅者亡 13/123/11
而聞○外馳於外者也 13/123/11
有立武者○疑 13/124/10
此○隅曲之一指 13/124/12
不○西牆 13/124/12
故聖人○化以觀其徵 13/124/18
故聖人之○存亡之迹 13/124/21
桀、紂之所以處彊大而〔終〕○奪者 13/125/5
權者、聖人之所獨○也 13/125/28
聖人之所獨○而留意也 13/126/24
衆人○其位之卑賤 13/128/1
唯聖人能○微以知明 13/128/14
象○其牙 13/128/14
薛燭庸子○若狐甲於劍而利鈍識矣 13/128/15
○其一行而賢不肖分也 13/128/16
○其有所燒也 13/128/17
○其有所害也 13/128/18
○者可以論未發也 13/128/18
〔○〕野人方屠而食之 13/129/2
吾不○人 13/129/28
徒○金耳 13/129/28
夜○立表 13/130/13

○寢石 13/130/13
聞○鮮而識物淺也 13/130/16
聖人之所獨○ 13/130/17
夫○不可布於海內 13/130/19
是故以時○其德 13/131/7
義列於德而○ 14/132/21
五○則德无位矣 14/133/14
不以智○譽 14/135/17
欲○譽於為善 14/136/2
鑑○其醜則善鑑 14/136/11
外無賢行以○忌於諸侯 14/138/5
而為論者莫然不○所觀焉 14/138/6
此兩者常在久○ 14/138/11
故君賢不○ 14/138/11
不肖不○ 14/138/12
○其文者蔽其質 14/138/18
善○則（怨）〔惡〕從之 14/138/27
異而不○怪 14/139/11
〔聖人〕○所始則知〔所〕終矣 14/141/16
○敵知難易 15/145/15
天下訟○之 15/147/1
智○者人為之謀 15/147/3
形○者人為之功 15/147/3
衆○者人為之伏 15/147/4
器○者人為之備 15/147/4
不○朕（整）〔埶〕 15/147/5
未○其發 15/147/11
○敵之虛 15/147/11
仰不○天 15/147/13
俯不○地 15/147/14
則是○其形也 15/148/15
形○則勝可制也 15/148/15
有○所為 15/148/18
容未可○ 15/149/2
有一○焉 15/149/18
天下○吾兵之必用也 15/150/7
○瓶中之冰而知天下之寒暑 15/150/14
而噬〔犬〕不○〔其〕齒 15/150/24
所○非所謀也 15/150/27
○難不畏死 15/151/25
莫○其所中 15/152/2
謀○則窮 15/152/11
形○則制 15/152/11
可以伏匿而不○形者也 15/152/14
○用水火 15/152/19
夫將者、必獨○獨知 15/152/28
獨○者、○人所不○也 15/152/28
○人所不○ 15/152/28
形不可得而○ 16.1/154/6
魂忽然不○ 16.1/154/8
杯水○（牟）〔眸〕子 16.5/154/19
河水不○太山 16.5/154/19
神龜能○夢元王 16.9/155/4
日出星不○ 16.12/155/12
不○埵堁 16.16/155/22
夫照鏡○眸子 16.19/156/1
孔子之○黏蟬者 16.20/156/4
〔曾〕子○子夏曰 16.20/156/5
魏文侯（○之）〔之○〕反披裘而負芻也 16.20/156/6
猶采薪者○一介〔則〕掇之 16.26/156/24
○青蔥則拔之 16.26/156/25
以○知隱也 16.47/158/22
西家子○之 16.77/161/7
○窾木浮而知為舟 16.78/161/10
○飛蓬轉而知為車 16.78/161/10
○鳥迹而知著書 16.78/161/10
所受者小則所○者淺 16.82/161/22
故聖人○霜而知冰 16.102/163/17
○彈而求鴞炙 16.106/163/30
○卵而求晨夜 16.106/163/30
○黂而求成布 16.106/163/31
漆○蟹而不乾 16.124/165/23
孕婦○兔而子缺脣 16.128/166/1
○麋而（不）〔子〕四目 16.128/166/1
故使（止）〔之〕○者 16.132/166/14
乃不○者也 16.132/166/14
○一葉落 16.133/166/17
德不報而〔身〕○殆 16.141/167/7
目○百步之外 17.8/168/27
不能自○其眥 17.8/168/27
〔則〕得其所○矣 17.14/169/10
逐獸者目不○太山 17.17/169/19
清則○物之形 17.33/170/21
覽者○虎而不走 17.43/171/11
未嘗○霜 17.54/172/8
以小○大 17.74/173/19
行一棊不足以○智 17.85/174/12
彈一弦不足以○悲 17.85/174/12
不夢○像 17.92/174/28
人不○龍之飛 17.102/175/17
柳下惠○飴 17.107/175/28
盜跖○飴 17.107/175/28
○物同 17.107/175/28
○象牙乃知其大於牛 17.122/177/1
○虎尾而知其大於貍 17.122/177/1
一節○而百節知也 17.122/177/1
亦不○醜 17.146/178/25
故○其一本而萬物知 17.155/179/12
○虎一文 17.162/179/28
○驥一毛 17.162/179/28
○之明白 17.204/182/27
○之闇晦 17.204/182/27
舟覆乃○善游 17.215/183/19
馬奔乃○良御 17.215/183/19
背而弗○ 17.223/184/3
楊子○逵路而哭之 17.229/184/16
墨子○練絲而泣之 17.229/184/16
○本而知末 18/185/23
或有功而○疑 18/188/4
此所謂有功而○疑者也 18/188/10
其變難○也 18/189/28
齊人有請○者曰 18/190/14
〔靖〕郭君聞而○之 18/190/14
○韓、魏之君而約之 18/191/22
乃○韓、〔魏〕之君 18/191/23
○其本而知其末也 18/192/26
此所謂○譽而為禍者也 18/194/11
刳其腹而○其心 18/194/23
曹君欲○其駢脅 18/196/2
聖人○之蚤 18/196/11
〔太宰子朱〕之○終始微矣 18/196/15
以此而○王者 18/197/4
○其傳曰 18/197/10
○野人曰 18/198/11
○門閭聚衆必下 18/199/16

建 jiàn 66

楗 jiàn 5

漸 jiàn 9

有衰○以然 2/15/19
其○至于崔杼之亂 9/68/27
良工○乎矩鑿之中 10/87/12
言有○也 16.57/159/21
（而）水決九江而○荊州 18/195/9
及（慚）〔○〕之於滫 18/198/23
淹浸（漬）○靡使然也 19/209/24
雖有腐髊流（○）〔漸〕 20/216/13
高○離、宋意為擊筑 20/221/26

箭 jiàn 6

彎綦衛之○ 1/2/22
有會稽之竹○焉 4/34/12
令百工審金鐵皮革、筋角○幹、脂膠丹漆 5/40/20
取竹○ 5/46/13
訟而不勝者出一束○ 13/129/7
乃矯○為矢 13/129/7

賤 jiàn 53

○長貴壯 1/3/25
是故貴者必以○為號 1/5/1
而以衰○矣 1/6/12
而不以貴○貧富勞逸失其志德者也 1/9/3
不以○為危 1/9/12
○有以忘卑 2/11/28
夫貴○之於身也 2/12/14
使王公簡其貴富而樂卑○ 2/12/20
等貴○ 2/14/8,6/52/17
百官貴○ 5/44/17
使貴○卑尊各有等級 5/45/19
位○尚葉 6/49/29
○之而弗憎 7/56/17
樂道而忘○ 7/60/9
異貴○ 8/61/26
貴○不失其體 8/64/20
不可以貴○尊卑論也 9/75/10
踈遠（則）卑○者 9/75/12
而卑○者不重其刑 9/75/17
見賢忘○ 10/83/7
貧○者多矣 10/86/20
以○為仁乎 10/86/21
則○者多矣 10/86/21
棄其所○ 10/89/29
所以別尊卑、異貴○ 11/93/24
物無貴○ 11/94/29
因其所○而○之 11/94/30
物無不○也 11/94/30
失處而○ 11/101/20
無（邮）〔卹〕○ 12/106/22
雖貧○ 12/109/17
故貴必以○為本 12/114/3
貴○无序 13/126/15
眾人見其位之卑○ 13/128/1
○則觀其所不為 13/128/19
而○其所短 14/132/26
而極其所○ 14/132/26
所○者无朕也 14/132/27
人能貴其所○ 14/132/27
○其所貴 14/132/27
故雖○如貴 14/140/28
樂德而忘○ 14/142/5
勢位至○ 15/146/11
雖污辱、世不能○ 16.116/165/1
周鼎不爨而不可○ 16.137/166/26
不恥身之○ 19/202/27
多尊古而○今 19/208/5
然後脩朝聘以明貴○ 20/212/18
立事者、○者勞而貴者逸 20/215/19
○不肖而退之 20/217/10
則○物而貴身 21/224/3

劍 jiàn 33

其兵○ 5/42/9
而淳鈞之○成 6/51/10
故握○鋒以 9/78/1
則〔猶〕狂而操利○ 9/81/29
韋以帶○ 11/97/11
淳均之○（不）可愛也 11/99/13
得十利○ 11/99/18
解○帶笏以示无仇 12/117/20
得寶○於干隊 12/118/2
於是佽非（瞋目敦然）〔敦然瞋目〕攘臂拔○ 12/118/4
棄○（而）〔以〕〔全〕己 12/118/5
〔不以〕腐肉朽骨棄○者 12/118/7
解其○而帶之笏 12/119/26
弓○而已矣 13/122/6
故○工或○之似莫邪者 13/128/12
薛燭庸子見若狐甲於○而利鈍識矣 13/128/15
懸冠解○ 13/132/3
王子慶忌死於○ 14/132/24
夫至巧不用（○）〔鉤〕〔繩〕 16.25/156/21
慶忌死○鋒 16.66/160/12
砥利○者 16.106/163/29
厲利○者必以柔砥 16.130/166/7
中流遺其○ 17.1/168/9
而陽虎將舉○而伯頤 18/187/12
揚○提戈而走 18/187/13
○之折必有齧 18/196/11
夫怯夫操利○ 19/205/2
夫純鈎、魚腸（○）之始下型 19/205/17
○待砥而後能利 19/206/18
今○或絶側贏文 19/208/21
而稱以頃襄之○ 19/208/21
服○者期於銛利 19/208/24

踐 jiàn 10

越王句○劗髮文身 11/97/8
周公○東宮 11/102/19
越王勾○與吳戰而不勝 12/111/4
大夫種輔翼越王句○ 13/126/9
然而累足无所○者 18/188/19
越王句○一決獄不辜 18/200/5
昔越王句○卑下吳王夫差 18/202/1
聖人○位者 19/203/1
句○（捷）〔棲〕於會稽 20/222/23
以○天子之位 21/227/26

澗 jiàn 3

大行石○、飛狐、句（望）〔注〕之險不

能難也 2/12/16
導瀍、○ 8/63/16
○梓之腹 19/208/23

諫 jiàn 25

辜○者 2/17/29
剄○者 8/63/18,21/227/21
耳能聽而執正進○ 9/67/5
有○者誅之以罪 9/75/13
［使］公卿正○ 9/80/9
故堯置敢○之鼓也 9/80/10
故能○ 10/83/7
欲來○者也 11/100/25
軍吏○曰 12/111/10
其弟子（○）［問］曰 12/113/22
殺○者 12/114/17
左右○曰 12/115/2
忠○者謂之不祥 13/124/4
其子孫數○而止之 13/131/15
而○我 13/131/17
距○喜（諱）［諛］ 15/153/8
桀辜○者 17.179/181/3
宮之奇○曰 18/189/2
左右數○不聽 18/197/25
不聽強○ 18/198/3
公宣子○［曰］ 18/201/1
司馬庾○曰 19/204/4
宮之奇○而不聽 20/216/26
故晏子之○生焉 21/228/14

薦 jiàn 12

○鮪於寢廟 5/40/13
先○寢廟 5/41/10
5/41/22,5/43/8,5/44/1
5/45/2,5/46/24
食○梅 6/51/23
而夫子○賢 12/115/16
以大車［之箱］為○ 13/131/10
欲○之於王 18/200/20
四岳舉舜而○之堯 20/213/8

鍵 jiàn 2

五寸之○ 9/77/21
无關○而不可開也 12/117/21

檻 jiàn 3

置猨○中 2/18/9
攻城（○）［濫］殺 6/53/20
為之圈○ 9/68/5

鑒 jiàn 2

而○於止水者 2/16/9
非貴［其］隨罪而○刑
也 20/216/18

鑑 jiàn 8

人莫○於（流沫）［流
潦］ 2/16/9
夫○明者塵垢弗能薶 2/16/12
借明於○以照之 9/76/8
○見其醜則善○ 14/136/11
人莫○於（沬雨）［流
潦］ 16.3/154/12
而○於澄水者 16.3/154/12
執玄○於心 19/209/4

江 jiāng 68

夫臨○而釣 1/2/21
因○海以為（罟）［罛］ 1/2/23
故橘、樹之○北則化而
為（枳）［橙］ 1/4/1
故雖游於○潯海裔 1/8/25
夫魚相忘於○湖 2/11/25
投之於○ 2/12/3
是故身處○海之上 2/12/17
入於四海九○而不能濡 2/17/3
曰河水、赤水、遼水、
黑水、○水、淮水 4/32/28
○水肥仁而宜稻 4/35/24
○出岷山 4/37/16,16.83/161/24
○漢之所出 5/47/22
以為不能與之爭於○海
之中 6/51/24
注喙○裔 6/52/4
夫臨○之鄉 7/56/23
○水弗憯也 7/56/24
決洿而注之○ 7/56/24
是故其在○也 7/56/24
亦無以異其在○也 7/56/25
濟于○ 7/58/16
是猶決○河之源而障之
以手也 7/60/13
○、河、三川絶而不流 8/61/22
○、淮通流 8/63/15
舜乃使禹疏三○五湖 8/63/16
而不能與越人乘（幹）
［舲］舟而浮於○湖 9/70/1
禹決○疏河 9/72/1
不能游而絶○海 9/75/6
○南河北不能易其指 11/102/15
以濟○河 11/102/28
故○河決（沉）［流］ 11/104/16
○、河之大也 12/107/8
身處○海之上 12/109/21
左○而右淮 12/110/23
還反度○ 12/118/2
此○中之腐肉朽骨 12/118/5
赴○刺蛟 12/118/6
而○、河不能實漏巵 13/130/6
超○、淮 13/130/12
唯○、河也 13/131/9
決河濬○者 14/134/17
方船濟乎○ 14/134/20
故禹決○河 14/138/8
同舟而濟於○ 15/144/25
○漢以為池 15/145/26
○、河所以能長百谷者
16.13/155/16
舟在○海 16.18/155/26
不愛○、漢之珠 16.63/160/5
渡○河而言陽侯之波
也 16.139/167/1
○水之原 17.40/171/5
非以一（璞）［墣］塞
○也 17.42/171/9
臨○、河者不為之多飲
17.53/172/6
以管測○ 17.87/174/16
晉陽處父伐楚以救○
17.239/185/7
（而）水決九○而漸荊
州 18/195/9
○水之始出於岷山也 18/196/21
荊佽非犯（河）［○］
中之難 18/199/24

非〇河魚不食也 18/201/6
決〇疏河 19/202/22
〇河之回曲 19/205/8
而人謂〇、河東流 19/205/8
疏河決〇 19/205/12
〇海不可斗斛也 20/211/2
決〇濬河 20/212/9
〇、河若帶 20/220/8
富於〇、河 20/220/15
夫〇、河之腐胔不可勝數 21/227/15
鑿〇而通九路 21/228/6

姜 jiāng 2

(〇)〔彊〕弱相乘 13/126/15
能弱能(〇)〔彊〕 13/126/18

將 jiāng 160

是故聖人〇養其神 1/10/8
〇欲生興而未成物類 2/10/16
今〇有大覺 2/11/6
以〇其雨 3/24/7
爰始〇行 3/24/14
時雨〇降 5/40/17
命〇率 5/43/6
命〇率講武 5/45/22
歲〇更始 5/47/1
故冬正〇行 5/49/19
不〇不迎 6/51/15
〇以何益 7/56/14
〇以何損 7/56/14
〇無所違之矣 7/56/14
神〇有所遠徙 7/58/6
吾〇舉類而實之 7/58/10
殖、華〇戰而死 7/59/1
凡〇設行立趣於天下 9/81/2
萬物〇自理 10/92/19
萬物〇自清 10/92/20
是故凡〇舉事 11/96/7
〇誰使正之 11/103/9
〇不能止也 11/104/15
天和〇至 12/106/28
神〇來舍 12/106/28
德〇(來附)〔為〕若美 12/107/1
而道〇為女居 12/107/1
襄子方〇食而有憂色 12/107/6
客〇何以教寡人 12/107/17
〇任車 12/109/1
〇任之 12/109/5
〔子〕〇奈何 12/112/2
〇衰楚國之爵而平其制祿 12/112/2
今子〇衰楚國之爵而平其制祿 12/112/4
此〇軍之威也 12/113/12
原不過一二日〇降矣 12/113/16
楚〇子發好求技道之士 12/115/1
子發〇師以當之 12/115/4
偷則夜〔出〕解齊〇軍之幬帳而獻之 12/115/6
得〇軍之帷 12/115/6
〇軍與軍吏謀曰 12/115/8
〇以襲鄭 12/115/19
〇何不忘哉 12/117/13
今日〇教子以秋駕 12/117/25
〇使〔之〕荊 12/118/10
因見(予之〇軍之節)惠王 12/118/18
晉六〇軍 12/118/26,18/193/17
地固〇動也 12/119/4
吾〇鎮之以無名之樸也 12/119/29
如〇不能 13/121/16
而專任其大臣〇相 13/123/7
夫夏之〇亡 13/124/19
殷之〇敗也 13/124/20
鄭賈人弦高〇西(敗)〔販〕牛 13/125/15
昔者曹子為魯〇兵 13/126/28
則終身為破軍擒〇矣 13/127/1
〔〇〕獲之 13/129/4
齊桓公〇欲征伐 13/129/6
〇施令曰 13/129/21
形〇自正 14/134/3
去者弗〇 14/135/10
可以〇少 14/140/16
而不可以〇眾 14/140/16
〇以存亡繼絕 15/142/21
〇以存亡也 15/143/11
〇失道而拙 15/144/1
主賢〇忠 15/145/3
良〇之所以必勝者 15/145/12
凡此五官之於〇也 15/145/16
〇孰能 15/146/25
〇卒吏民 15/147/21
〇無疑謀 15/147/22
故〇以民為體 15/147/23
而民以〇為心 15/147/23
〇不誠必 15/147/24
故良〇之卒 15/147/24
卒不畏〇 15/147/27
〇充勇而輕敵 15/148/1
故良〇之用卒也 15/149/7
此言(之)所〇 15/149/13
或〇眾而用寡者 15/149/13
〇寡而用眾者 15/149/14
〇眾者 15/149/18
故上〇之用兵也 15/149/27
及至中〇 15/149/28
下〇之用兵也 15/149/29
〇軍不與於五官之事而為五官督 15/150/17
是故〇軍之心 15/150/18
〇欲西而示之以東 15/150/26
故〇必與卒同甘苦、(俟)〔倅〕飢寒 15/151/11
故古之善〇者 15/151/11
故良〇之用兵也 15/151/14
〇者必有三隧、四義、五行、十守 15/151/24
夫〇者、必獨見獨知 15/152/28
〇吏不相得 15/153/1
主明〇良 15/153/2
君自宮召〇〔而〕詔之曰 15/153/13
社稷之命在〇軍(耳)〔身〕 15/153/13
願(請)子〇而應之 15/153/14
〇軍受命 15/153/14
〇入廟門 15/153/15
授〇軍其柄 15/153/16,15/153/16
〇軍制之 15/153/16,15/153/17
〇已受斧鉞 15/153/17
臣不敢〇 15/153/19
乘〇軍車 15/153/20
上〇之道也 15/153/23
〇不夭死 15/153/28
吾〇反吾宗矣 16.1/154/7
〇為不善邪 16.21/156/9

〔匡〕天下者 10/84/1
故舜不○席而天下治 10/84/23
非不知繁升○槃還之禮也 11/97/19
乃請○ 12/111/12
三日而原不○ 12/113/16
原不過一二日將○矣 12/113/16
可弗○也 12/113/18
遂○ 12/113/18
亦請○ 12/113/18
升○揖讓 14/139/13
亂則○北 14/141/3
莫不○下 15/146/10
遂○之 18/188/10
今霜○而樹穀 18/198/27
雨露時○ 20/211/10
物有（○）〔隆〕殺 20/213/23
攻不待衝○而拔 20/216/28

絳 jiàng 1

○樹在其南 4/33/6

交 jiāo 45

所以俛仰於世人而與俗○者〔也〕 1/4/6
與俗○者也 1/4/7
○被天和 2/11/19
〔有〕結胸民、羽民、讙頭國民、（裸）〔裸〕國民、三苗民、○股民、不死民、穿胸民、反舌民、豕喙民、鑿齒民、三頭民、脩臂民 4/36/27
虎始○ 5/46/3
止○游 5/48/7
兩者○接成和 6/50/22
陰陽○爭 6/51/25
鹽汗○流 7/59/25
以與世○ 7/60/6
以相○持 8/61/21
德○歸焉而莫之充忍也 8/63/4
其地南至○阯 9/67/21
上多求則下○爭 9/68/6
則無以與（天）下○也 9/76/28
人以其所願於上以與其下○ 10/83/3
○拱之木無把之枝 10/92/24
○淺而言深 11/101/2,11/101/3
昔吾先君與穆公○ 12/115/25
是故聖人以文○於世 13/126/2
外○而為援 14/136/27
則論說而○不結 14/136/28
若誠（外釋）〔釋外〕○之策 14/136/29
三（宮）〔關〕○爭 14/137/24
夫有誰與○兵接刃乎 15/143/21
未至（兵○）〔○兵〕接刃而敵人奔亡 15/145/4
不待○兵接刃 15/147/28
戰不至○兵接刃而敵破 15/148/9
白刃○接 15/151/3
是故兵未○接而敵人恐懼 15/153/23
因人而○ 16.60/159/28
欲與我○ 17.187/181/20
○感以然 17.191/181/29
○畫不暢 17.193/182/4
故○畫不暢 18/198/15
則无以與俗○ 18/199/13
南道○趾 19/202/19
挈一石之尊則白汗○流 19/202/26
涕液（來）〔○〕集 19/207/18
民○讓爭處卑 20/216/6
七竅○爭 20/219/10
前○阯 20/219/14
○伐中國 21/228/9

郊 jiāo 16

祀四（○）〔鄉〕 3/20/29
天子親率三公九卿大夫以迎歲于東○ 5/39/9
天子親率三公九卿大夫以迎歲於南○ 5/41/7
天子親率三公九卿大夫以迎（秋）〔歲〕于西○ 5/43/5
天子親率三公九卿大夫以迎歲于北○ 5/45/16
麒麟游於○ 6/52/21
足蹈○菟 9/80/22
桓公○迎客 12/109/2
宣王○迎 12/113/11
天子處於○亭 13/132/2
非○亭大而廟堂狹小也 13/132/3
兵至其○ 15/143/12
○望禘嘗 18/189/8
然而○天、望山川 20/211/5
麟止○野 21/226/20
○雉皆呴 21/228/14

焦 jiāo 12

入火不○ 1/9/10
西南方曰○僥 4/34/2
其臭○ 5/41/2,5/41/18
若夫以火能○木也 6/51/5
○禾稼 8/63/10
擒之○門 9/70/6
故民至於○脣沸肝 9/78/22
故桀囚於○門 13/124/28
或熱○沙 14/141/14
天下敖然若○熱 15/146/7
○心怖肝 19/207/25

蛟 jiāo 12

○龍水居 1/3/15
介鱗生○龍 4/38/3
○龍生鯤鯁 4/38/3
伐○取鼉 5/42/10
兩○挾繞其舩 12/118/3
赴江刺○ 12/118/6
荊佽非兩○夾繞其船而志不動 13/130/8
○革犀兕 15/146/1
若蹍薄冰、○在其下 17.150/179/1
水致其深而○龍生焉 18/189/10
非為○龍也 20/211/12
夫○龍伏寢於淵 20/211/17

椒 jiāo 1

殺令尹子○、司馬子期 18/201/22

和也 7/60/16
萬物○乘（人）〔一〕氣者也 8/62/1
○賊氣之所生 8/62/4
○為民害 8/63/12
萬民○喜 8/63/14
民○上丘陵 8/63/15
萬民○寧其性 8/63/17
○在流遁 8/65/1
愚夫惷婦○有流連之心 8/66/11
○在於身也 9/70/28
而民○處危爭死 9/72/23
○得其所宜 9/74/17
○失其宜矣 9/74/28
是○以利見制於人也 9/77/9
此○有充於內 9/78/20
然而動靜聽視○以為主者 9/79/22
（王）○坦然（天下）〔南面〕而（南面）〔王天下〕焉 9/80/12
○著於明堂 9/80/19
無愚智賢不肖○知其為義也 9/81/24
心治則百節○安 10/82/19
心擾則百節○亂 10/82/19
三軍○辟 10/83/26
○可以馳驅 10/84/7
○可使忠信 10/84/7
蠻夷○能之 10/88/26
使百姓○得反業脩職 10/90/21
○不得其道者也 10/91/12
○失直者也 10/91/13
○生非其類 11/94/6
○各得其所安 11/95/14
○守其職也 11/95/15
○徼於（未）〔末〕也 11/95/16
嬰兒生○同聲 11/95/24
此○憤於中而形於外者也 11/96/20
○尊其主而愛其親 11/97/4
○慈其子而嚴其上 11/97/5
泗上十二諸侯○率九夷以朝 11/97/9
然而○不失親疎之恩 11/98/8
此○聖人之所以應時耦變 11/99/4
而二十五絃○應 11/100/12
○自是而非人 11/100/15
而○得所便 11/103/10
○亂以營 11/104/1
天下○知善之為善 12/105/17
（先生）〔民人〕○善之 12/106/1
齊、楚、吳、越○嘗勝矣 12/107/11
使天下丈夫女子莫不歡然○（欲）〔有〕愛利之心 12/107/21
則四境之內○得其利矣 12/108/1
○勉處矣 12/109/14
國人○知殺戮之制 12/110/13
○賢人也 12/110/28
○下材也 12/111/17
宿沙之民○自攻其君而歸神農 12/114/23
楚賢良大夫○盡其計而悉其誠 12/115/4
○以其氣之高與其力之盛至 12/115/20
此○有所遠通也 12/118/1
彼○樂其業 12/119/25
此○因時變而制禮樂者〔也〕 13/120/25
百川異源而○歸於海 13/121/8
百家殊業而○務（治於）〔於治〕 13/121/8
○衰世之造也 13/121/9
愚（夫）〔大〕（惷）〔惷〕婦○能論之 13/124/23
此○達於治亂之機 13/126/10
而○為賢 13/126/26
○有所短 13/127/14
（此○相似者） 13/128/12
○出死為穆公戰於車下 13/129/5
百姓○說 13/129/7
○知為姦之无脫也 13/129/18
然而隊（階）〔伯〕之卒○不能前遂斬首之功 13/129/22
此○不著於法令 13/130/21
○不可勝著於書策竹帛而藏於宮府者也 13/131/2
其所施德者○為之戰 13/131/16
○嚮天一者 13/132/4
○形於有 14/132/11
○為物矣 14/132/12
然而○溺其所責 14/132/26
五者、○人才也 14/133/14
○險也 14/135/8
天下○流 14/135/11
○無有根心者 14/139/15
然而○立一名者 14/141/11
○調適相似 14/141/13
此○不快於耳目 14/141/20
○天也 14/142/12
○有小過而莫之討也 15/143/6
今夫天下○知事治其（未）〔末〕 15/145/7
然○佐勝之具也 15/145/18
此○以形相勝者也 15/147/1
○非善者也 15/147/4
（人）○專而〔為〕一 15/147/20
四方○道之門戶牖嚮也 16.10/155/6
此○微眇可以觀論者 16.20/156/6
此○學其所不〔欲〕學 16.112/164/16
春貸秋賦民○欣 16.117/165/4
春賦秋貸眾○怨 16.117/165/4
兩者○未有功 16.121/165/13
兩人（得）〔○〕活 16.144/167/14
坐者不期而拚○如一 17.20/169/26
而○欲學御馬 17.22/169/30
而○欲學治人 17.22/169/30
而○說於目 17.67/173/3
而○調於（已）〔口〕 17.67/173/3
眾輻○棄 17.132/177/24
百家○燒 17.172/180/21
眾人○知利利而病病也 18/187/5
諸侯○恐 18/188/26
老病童兒○上城 18/189/26
諸城守者○屠之 18/189/26
人○弔之 18/190/1,18/190/3
人○賀之 18/190/2
丁壯者〔○〕（引）〔控〕絃而戰 18/190/4
則螻蟷○得志焉 18/190/17
群臣○賀 18/193/12
○朝於楚 18/193/17

人○務於救患之備 18/196/1
○霸王之佐也 18/196/3
三人○賢夫子 18/196/27
而越人○入叢薄中 18/197/15
○與伉禮 18/199/16
此○載務而（戲）〔虧〕乎其（調）〔和〕者也 18/199/18
此○形於小微 18/200/10
諸侯○以為蓍龜兆 18/200/24
則○移心於晉矣 18/200/25
追者○以為然而不索其內 18/201/28
令民○知去巖穴 19/202/21
而○可以存國 19/204/7
異轉而○樂 19/204/9
殊聲而○悲 19/204/9
○有神明之道 19/206/11
而○脩其業 19/206/13
諸人○爭學之 19/208/16
而○棄其曲 19/208/17
工○以為調 19/209/8
故一動其本而百枝○應 20/210/15
田漁○讓長 20/212/2
此○人之所有於性 20/212/19
○合六律而調五音 20/213/14
五行異氣而○（適）（調）〔和〕 20/214/3
六藝異科而○（同）（道）〔通〕 20/214/3
異物而○任 20/214/8
異形而○施 20/214/8
不同而○用 20/214/8
舜、許由異行而○聖 20/214/22
伊尹、伯夷異道而○仁 20/214/22
箕子、比干異趨而○賢 20/214/22
百節○寧 20/216/5
○入孝出悌 20/217/7
○可使赴火蹈刃 20/217/8
此○欲平險除穢 20/218/7
然○倒矢而射 20/219/15
○方面奮臂而為之鬬 20/219/23
○令行禁止於天下 20/220/1
有形者○生焉 20/220/24
享穀食氣者○受焉 20/220/25
諸有智者○學焉 20/220/25
人○多以无用害有用 20/220/28
○掇取之權 20/221/21
○發於詞 20/221/23
郊雉○呴 21/228/14

接 jiē 45

夫鏡水之與形○也 1/2/13
知與物○ 1/2/15
欲與物○而未成兆朕 2/10/17
外內无符而欲與物○ 2/16/13
所以與物○也 2/17/13
兩者交○成和 6/50/22
而車軌不○於遠方之外 6/50/24
聖人食足以○氣 7/59/16
○徑歷遠 8/65/8
是故貧民糟糠不○於口 9/74/8
○屋連閣 9/78/12
然民有糟糠菽粟不○於口者 9/78/13
可以形勢○ 10/84/5
則恩不○矣 10/84/15
仁心之感恩○而憯怛生 10/85/18
所以○物也 10/87/9
而足迹不○諸侯之境 11/95/14
陰陽相○ 13/123/1
目無以○物也 13/123/16
夫君臣之○ 13/125/24
不能存亡○絕者何 13/127/15
禍福之○ 13/129/23
夫雌雄相○ 13/130/14
人能○物而不與己焉 14/136/11
○而說之 14/137/23
卑體婉辭以○之 14/141/5
聖人之○物 14/141/23
夫有誰與交兵○刃乎 15/143/21
未至（兵交）〔交兵〕○刃而敵人奔亡 15/145/4
流矢○ 15/145/6
不待交兵○刃 15/147/28
戰不至交兵○刃而敵破 15/148/9
不苟○刃 15/148/10
今使兩人○刃 15/150/1
白刃交○ 15/151/3
是故兵未交○而敵人恐懼 15/153/23
或○水往救之 16.121/165/13
無以○物 17.58/172/17
三國之地不○於我 18/190/23
神明○ 20/211/11,20/212/7
御史冠蓋○於郡縣 20/215/20
○徑直施 21/225/22
外與物○而不眩 21/226/23
人間之事○矣 21/227/1

揭 jiē 6

○钁臿 7/59/25
為行者相○以高 11/103/20
擠其○○ 15/148/5
亡者不敢夜○炬 16.37/157/23
○斧入淵 16.88/162/8

階 jiē 4

故禹執（于）〔干〕戚舞於兩○之閒而三苗服 10/84/28
夏后氏殯於阼○之上 13/120/20
周人殯於西○之上 13/120/21
然而隊（○）〔伯〕之卒皆不能前遂斬首之功 13/129/22

椄 jiē 1

小者以為（揖楔）〔○槢〕 9/74/16

堨 jiē 1

○而走 16.64/160/7

孑 jié 3

（○○）〔○孓〕為蟁 17.163/180/1

劫 jié 15

不可○以兵 7/59/2
則不可○以死生 7/59/28
刑有所○也 9/68/6
有勇者不可○以懼 10/88/23
子陽以猛○ 10/91/12

後世必有○殺之君 11/94/12
子罕遂（却）〔○〕宋君而專其政 12/110/14
不可○而奪也 12/118/5
陳成（子）恒之○子淵捷也 16.20/156/4
季孫氏○公家 16.95/162/27
明於死生者不可（却）〔○〕以危 17.37/170/30
有所○以然也 17.115/176/14
欒書、中行偃○而幽之 18/186/26
又○韓、魏之君而割其地 18/194/1
○子以刀 18/197/2

桔 jié 1

○皋而汲 13/120/11

桀 jié 36

逮至夏○、殷紂 2/17/29
簡練○俊 5/43/6
逮至夏○之時 6/53/10
帝有○、紂 8/63/17
〔○〕為琁室、瑤臺、象廊、玉床 8/63/17
於是湯乃以革車三百乘伐○于南巢 8/63/19
○之力 9/70/4
與其譽堯而毀○也 9/71/3
○在上位 9/72/24
○為非而眾非來（也）〔矣〕 9/79/24
堯舜所以昌、○紂所以亡者 9/80/19
使○度堯 10/83/15
○不下陛而天下亂 10/84/23
○、紂非正（賦）〔賊〕之也 10/87/1
○、紂日快快以致於死 10/88/18
○、紂之（謗）〔惡〕 10/92/4
○、紂之所以亡 11/100/1
其遭○、紂之世 11/102/17
而無○、紂之時 11/102/18
昔夏、商之臣反讎○、紂而臣湯、武 12/114/22
夏○、殷紂之盛也 13/124/17
三年而○乃亡 13/124/20
故○囚於焦門 13/124/28
○、紂之所以處彊大而〔終〕見奪者 13/125/5
遇○、紂之暴也 14/136/19
○、紂非以湯、武之賢暴也 14/136/19
湯、武遭○、紂之暴而王也 14/136/20
使夏○、殷紂有害於民而立被其患 15/143/4
○、跖之徒 16.74/160/29
○有得事 16.115/164/25
○辜諫者 17.179/181/3
相置○駿以為將 18/197/16
湯放○ 20/214/17
○以夏（止）〔亡〕 20/216/20
五就○ 20/218/3
故○、紂不為王 20/219/17

捷 jié 17

非不巧○也 2/18/9
猨得木而○ 9/70/15
是故有大略者不可責以○巧 9/74/22
搏援攫○ 9/77/19
○疾劬錄 9/81/28
猨狖之（楗）〔○〕來措 10/90/31
蝯狖之○來措 14/132/27
○捽招杼舡 15/144/26
今夫虎豹便○ 15/149/9
陳成（子）恒之劫子淵○也 16.20/156/4
知貴○ 16.149/167/29
蝯狖之○來乍 17.84/174/10
攫掇之○ 19/206/17
（挺）〔○〕曶而朝天下 20/219/19
非不○也 20/222/22
句踐（○）〔棲〕於會稽 20/222/23
雖察慧○巧 20/223/17

傑 jié 4

贊○俊 5/41/8
十人者謂之○ 20/217/15
人之○也 20/217/20
英俊豪○ 20/217/20

結 jié 26

○激楚之遺風 1/8/27
〔有〕○胸民、羽民、讙頭國民、（裸）〔裸〕國民、三苗民、交股民、不死民、穿胸民、反舌民、豕喙民、鑿齒民、三頭民、脩臂民 4/36/27
晉出（龍山）○（給）〔紲〕 4/37/21
丘螾○ 5/46/13
故君子行（斯）〔期〕乎其所○ 10/84/19
○駟連騎 11/94/2
車軌不○千里之外者 11/95/14
○軌乎遠方之外 11/97/13
帶足以○（細）〔紐〕收衽 11/98/12
善○者 12/117/21
不○於一迹之塗 13/126/2
則論說而交不○ 14/136/28
心如○也 14/139/24
君子其○於一乎 14/139/24
三族○怨 14/141/6
兒說之為宋王解閉○也 16.20/156/6
夏木可○ 17.166/180/8
患○（而不）〔不而〕解 18/190/25
東○朝鮮 18/197/12
一軍○餘干之水 18/197/14
於閉○无不解 18/198/5
非能閉○而盡解之也 18/198/5
髮若○旌 19/209/21
得媒而○言 20/223/2
懈墮○（細）〔紐〕 21/226/2
○遠援 21/228/18

節 jié 116

〇四時而調五行 1/1/14
縱志舒〇 1/2/4
是故聖人守清道而抱雌〇 1/5/21
而百〇可屈伸 1/9/21
〇於己而已 2/16/19
十五日為一〇 3/22/11
喪紀三踊以為〇 3/25/18
三歲而改〇 3/28/19
以使十二〇 3/29/19
以使三百六十〇 3/29/20
是〇寒暑 4/34/9
〇聲色 5/41/27
寒暑不〇 5/43/13
天〇已幾 5/48/8
是故燥溼寒暑以〇至 5/49/22
入日抑〇 6/52/3
而不知大〇之所由者也 6/52/4
〇四時之度 6/52/16
風雨時〇 6/52/21
13/120/4,15/153/28
人亦有四支、五藏、九竅、三百六十（六）〇 7/55/12
尚猶〇其章光 7/55/18
必窮其〇 7/57/6
〇之以禮 7/60/7
詘〇（畀）〔卑〕拜 7/60/7
取予有〇 8/64/9
霸者〇六律則辱 8/64/19
百〇莫苑 8/64/28
以示民知儉〇 8/65/19
聖人〇五行 8/65/22
歌舞〔無〕〇 8/65/23
〔無〇〕 8/65/23
哭踊有〇 8/66/3
故聖人為之作〔禮〕樂以和〇之 8/66/8
不為秦、楚變〇 9/69/25
廉儉守〇 9/71/4
而適取予之〇 9/73/13
豈周（氏）〔民〕死〇 9/73/20
是故臣盡力死〇以與君 9/73/22
於是堯乃身服〇儉之行 9/74/3
而執〇于掌握之間 9/76/2
何事之不〇 9/77/12
其取下有〇 9/79/5
心治則百〇皆安 10/82/19
心擾則百〇皆亂 10/82/19
至德小〇備 10/89/1
大〇舉 10/89/1
用之不〇 10/93/6
欲〇〔而〕事寡也 11/95/16
故禮因人情而為之〇文 11/97/15
綸組〇束 11/97/22
禮〇以煩 11/97/25
分〇行而為帶 11/98/11
禮義〇行 11/98/21
以死〇為戇 11/103/2
然而樂直行盡忠以死〇 11/103/4
立〇者見難不苟免 11/103/13
趨舍行義、禮〇謗議以營其心 11/104/2
予以〇 12/118/18
因見（予之將軍之〇）惠王 12/118/18
所以論民俗而〇緩急也 13/122/13
無（問）〔閒〕其小〇 13/127/9
季（襄）〔哀〕、（陣）〔陳〕仲子立〇抗行 13/127/14
小〇伸而大略屈 13/127/16
體大者〇踈 13/127/16
17.240/185/10
而觀小〇足以知大體矣 13/128/18
以知其〇 13/128/21
姦符〇 13/129/15
〔而〕和喜怒之〇 13/130/1
喜怒〇 13/130/2
適情性則欲不過〇 14/133/9
欲不過〇則養性知足 14/133/10
在於〇欲 14/133/20
〇欲之本 14/133/20
〇寢處 14/137/27
一〇不用 15/144/20
天下孰敢厲威抗〇而當其前者 15/147/15
則體不〇動 15/147/24
盡其〇而朴之 15/148/17
彼持後〇 15/148/18
掩〇而斷割 15/150/22
明開塞之〇 15/152/1
若合符〇 15/152/1,18/202/5
舞者舉〇 17.20/169/26
〇族之屬連也 17.38/171/1
小變不足以防大〇 17.49/171/23
其守〇非也 17.51/172/1
雖中〇而不可聽 17.61/172/23
一〇見而百〇知也 17.122/177/1
是伏約死〇者也 18/188/9
此有〇行之人 18/194/25
今捲捲然守一〇 18/199/21
目未嘗見禮〇 19/206/7
勵〇亢高 19/207/8
彼并身而立〇 19/209/11
四枝〇族 20/211/20
豈〇（柎）〔拊〕而毛（脩）〔循〕之哉 20/211/20
故有衰絰哭踊之〇 20/212/15
而為之〇文者也 20/212/15
而和四時之〇 20/212/28
百〇皆寧 20/216/5
在於〇（用）〔欲〕 20/219/5
〇（用）〔欲〕之本 20/219/5
故自養得其〇 20/219/11
禮〇制度 20/221/5
故食其口而百〇肥 20/221/10
〇開塞之時 21/224/11
刑十二〇 21/224/18
〇動靜之機 21/225/1
〇養性之和 21/225/5
斷短為〇 21/225/14
故〇財、薄葬、閒服生焉 21/228/7

睫 jié 1

未能見眉〇 2/17/22

詰 jié 2

〇誅暴慢 5/43/6
取之不〇 5/46/10

楬 jié 1

清漳出〇戾 4/37/17

竭 jié 34

凝〇而不流 1/5/15

重濁之凝○難 3/18/20
毋○川澤 5/40/1
水泉咸○ 5/46/16
精用而不已則○ 7/57/3
○力而勞萬民 7/58/17
稟不○之府 7/58/25
腹滿而河水不為之○也 7/59/19
形性屈○ 7/60/19
○澤而漁 8/61/14
酌焉而不○ 8/63/5
民力○於徭役 8/66/9
子○其孝 8/66/14
而○力殊死 9/73/14
而萬民力○矣 9/74/2
則○百姓之力 9/74/7
不肖者○其力 9/75/4
〔雖〕○力盡忠 9/75/13
精神不○ 9/76/9
耳目淫則○ 9/77/13
淵泉而不○ 9/80/3
非不能○國麋民 11/97/22
勞形○智而无補於主也 13/122/25
雖涸井而○池 15/149/11
川○而谷虛 17.34/170/23
脣○而齒寒 17.34/170/23
淵（泉）不能○ 17.40/171/5
則○ 17.114/176/11
塞其源者○ 17.192/182/1
故力○功沮 19/206/3
〔吾〕○筋力以赴嚴敵 19/207/15
李克○股肱之力 20/218/17
故博施而不○ 20/222/5
使之无凝○底滯 21/227/14

碣 jié 3

自○石（山）過朝鮮 5/47/13
東至於○石 5/47/23
過歸鴈於○石 6/52/11

截 jié 2

馬氂○玉 16.80/161/15
馬（釐）〔氂〕○玉 16.130/166/8

潔 jié 2

湛熺必○ 5/46/7
靜○足以饗上帝 8/65/19

解 jiě 94

馬不○勒 1/3/26
○衣而入 1/3/26
此之謂天○ 1/4/26
一之○ 1/6/25
○車休馬 1/8/2
孰肯○構人間之事 2/11/26
華藻鎛（○）〔鮮〕 2/14/13
枝○葉貫 2/15/12
辯○連環 2/17/5
日至而（麇）〔麋〕鹿○ 3/19/5
麋角○ 3/22/1,5/46/13
陽（氣）凍○ 3/22/14
東風○凍 5/39/4
鹿角○ 5/41/27
則穀實○落 5/42/18
民氣○隋 5/45/5
○役罪 5/47/15
正月大寒不○ 5/48/17
辯不能○ 6/50/14
○之敗漆 6/51/8
○意釋神 6/54/10
〔天〕有四時、五行、九○、三百六十（六）日 7/55/11
若○重負然 7/58/15
蟬蛻蛇○ 7/58/27
辯弗能○也 8/63/5
其於以○難 9/68/18
〔而〕智弗能○也 9/77/2
楚文王好服○冠 9/77/24
雖冠○冠 9/77/25
○箕子之囚 9/80/17,20/219/18
此其所以車裂支○也 9/81/1
不可內○於心 10/84/12
堯王天下而憂不○ 10/89/20
故商鞅立法而支○ 10/91/18
屠牛（吐）〔坦〕一朝○九牛 11/100/4
冬則羊裘○札 11/104/7
而仁不能○也 11/104/19
○其紛 12/112/10
偷則夜〔出〕○齊將軍之幬帳而獻之 12/115/6
至長不渝〔○〕 12/116/8
○劍帶笏以示无仇 12/117/20
無纆約而不可○也 12/117/21
○其劍而帶之笏 12/119/26
○其患 13/127/13
○于累紲之中 13/128/3
懸冠○劍 13/132/3
而不○構耳 14/139/14
鍾鼓不○於縣 14/139/27
患○憂除 14/140/24
旗不○卷 15/144/21
察行陳○贖之數 15/145/5
○如風雨 15/146/2,19/207/26
○必中揍 15/151/29
則為之○ 15/152/7
出入○贖 15/152/17
兒說之為宋王○閉結也 16.20/156/6
象○其牙 16.107/164/1
遺人馬而○其羈 16.114/164/22
○門以為薪 17.23/170/1
涉水者○其馬載之舟 17.133/177/26
連環不○ 17.193/182/4
18/198/15
其○之（不以）〔以不〕○ 17.193/182/4
故○（梓）〔捽〕者不在於捌格 17.239/185/7
商鞅支○ 18/189/17
三世不○ 18/189/20
軍罷圍○ 18/189/27
患結（而不）〔不而〕○ 18/190/25
故謀患而患○ 18/191/2
○扁為東封 18/192/15
○圍而去之 18/194/25
○其櫜笥 18/197/1
三年不○甲弛弩 18/197/14
於閉結无不○ 18/198/5
非能閉結而盡○之也 18/198/5
不○不可○也 18/198/5
至乎以弗○〔○〕之者 18/198/5
或○構妄言而反當 18/198/8

○馬而與之　18/198/12
貴无益於○患　18/200/19
以身○於陽（眄）〔盱〕之（河）〔阿〕　19/202/28
闊○漏越　19/208/22
以○有罪　20/213/17
鍾鼓不○於懸　20/215/20
今日○怨偃兵　20/215/26
醜必託善以自為○　20/218/11
則瓦○而走　20/219/16
○喻治亂之體也　21/225/26

介 jiè　22

○鱗者　3/19/4
○蟲不為　3/24/2
○鱗者夏食而冬蟄　4/35/17
○鱗生蛟龍　4/38/3
○潭生先龍　4/38/4
凡○者生（庶於）〔於庶〕龜　4/38/5
羽風生煖○　4/38/6
煖○生鱗薄　4/38/6
鱗薄生煖○　4/38/6
○蟲敗穀　5/43/12
其蟲○　5/45/9,5/46/2,5/46/20
○蟲為祅　5/47/6
禍之生也（分分）〔○○〕　10/90/1
下至○鱗　15/144/15
○子歌龍蛇　16.4/154/15
猶采薪者見一○〔則〕掇之　16.26/156/24
○蟲之動以固　16.146/167/20
郈氏○其雞　18/195/18
而○於大國之間　21/228/20

戒 jiè　14

故曰秋分雷（○）〔臧〕　3/22/24
有不○其容止者　5/39/26
后妃齋○　5/40/19
君子齋○　5/41/26,5/46/12
且人有○形而無損（於）心　7/58/5
○過慎微　9/80/1
武王立○慎之鞀　9/80/10
故（○）〔戎〕兵以大知小　10/88/6
卒然不○而至　16.103/163/21
尸祝齋○以沈諸河　16.104/163/24
《堯○》曰　18/186/1
百射重○　18/195/5
以○不虞　20/213/18

芥 jiè　2

猶飛羽浮○也　2/16/4
不受蔕○　16.62/160/3

界 jiè　3

○障險阻　6/49/30
及至分山川谿谷使有壤○　8/61/24
一軍守南野之○　18/197/14

借 jiè　3

○明於鑑以照之　9/76/8
故有野心者不可○便勢　9/82/1
乃○鬼神之威以聲其教　13/131/3

唶 jiè　2

鵲之○○　1/9/4

誡 jiè　2

（○）〔誠〕於此者刑於彼　12/116/26
故託鬼神以申○之也　13/131/2

藉 jiè　6

今使烏獲、○蕃從後牽牛尾　9/78/2
今世之法（○）〔籍〕與時變　13/122/21
天下莫不○明於其前矣　16.82/161/22
巫之用糈○　16.123/165/19
受傳（○）〔籍〕　20/219/13
而行其法○　21/226/20

今 jīn　219

（○）〔令〕雨師灑道　1/2/5
○夫徙樹者　1/4/1
○人之所以眭然能視　1/9/21
○夫狂者之不能避水火之難而越溝瀆之嶮者　1/9/28
○將有大覺　2/11/6
然後知○此之為大夢也　2/11/6
○吾未死　2/11/7
○夫冶工之鑄器　2/13/8
○夫萬物之疏躍枝舉　2/13/12
○夫善射者有儀表之度　2/13/16
○以涅染緇則黑於涅　2/13/19
○夫積惠重厚　2/14/7
○萬物之來　2/17/17
○夫樹木者　2/17/20
○盆水在庭　2/17/21
蓋○之世也　2/17/22
○矰繳機而在上　2/18/12
自古及○　5/49/1,13/127/19,15/149/14,16.97/163/3
○夫墜黃主屬骨　6/51/3
○夫調弦者　6/51/18
○夫赤螭、青虬之游冀州也　6/51/23
逮至當○之時　6/54/4
○若夫申、韓、商鞅之為治也　6/54/14
○高臺層榭　7/58/12
○夫窮鄙之社也　7/59/10
○贛人敖倉　7/59/18
○夫繇者　7/59/25
○夫儒者　7/60/13
○背其本而求〔之〕于末　8/62/19
○至人生亂世之中　8/63/23
（○）〔令〕之不行　8/66/20
○夫權衡規矩　9/69/24
○夫橋（直植）〔植直〕立而不動　9/71/1
○治亂之機　9/73/10
○夫朝（延）〔廷〕之所不舉　9/74/20
○人之才　9/74/25
古○未有也　9/76/4
○夫御者　9/76/13
○使烏獲、藉蕃從後牽

牛尾 9/78/2
有○無儲 9/78/22
○日何為而榮乎 9/81/20
○日何為而義 9/81/20
古○未之有也 10/83/1
○謂狐貍 10/83/15
古○未之聞也 10/84/24, 11/104/12
○夫夜有求 10/85/24
○人貪而弗味〔也〕 10/90/17
○釋正而追曲 10/93/1
○世之為禮者 11/93/25
○之裘與蓑 11/95/2
○令三月嬰兒 11/95/25
○之國都 11/97/4
○握一君之法籍 11/98/8
○知脩干戚而笑鑁插 11/99/4
○夫王喬、赤誦子 11/99/13
○欲學其道 11/99/14,11/99/17
往古來○謂之宙 11/99/20
○屠牛而烹其肉 11/99/24
○夫為平者準也 11/100/10
○吾欲擇是而居之 11/100/20
○吾雖欲正身而待物 11/101/7
○有湯、武之意 11/102/18
○世俗之人 11/103/1
○從箕子視比干 11/103/7
○夫舉大木者 12/106/3
○以為後 12/106/22
○君有憂色 12/107/7
○趙氏之德行無所積 12/107/8
（○）一朝〔而〕兩城下 12/107/9
○大王、萬乘之主也 12/107/24
○〔魯〕國之富者寡而貧者眾 12/108/19
自○以來 12/108/20
○受其先人之爵祿 12/109/17
○聖人之所言者 12/110/7
○不果往 12/110/22
○子將衰楚國之爵而平其制祿 12/112/4
○子陰謀逆德 12/112/6
至○无禍 12/112/9
（○）〔及〕臣之身而晉伐楚 12/112/14
○夕星必徙三舍 12/112/26
○日不去 12/115/8
○行數千里 12/115/21
○吾君薨未葬 12/115/25
○卒睹天子於是 12/116/9
○子游始〔至〕於此 12/116/14
○得而釋之 12/116/23
○日將教子以秋駕 12/117/25
○夕固夢受之 12/117/25
○世德益衰 13/122/1
神農无制（○）〔令〕而民從 13/122/3
逮至當○之世 13/122/4
○時之人 13/122/5
於○為笑 13/122/8
○之所以為辱也 13/122/8
○之所以為亂也 13/122/9
不可（○）〔令〕調（意）〔音〕 13/122/16
○世之法（藉）〔籍〕與時變 13/122/21
○儒墨者稱三代、文武而弗行〔也〕 13/122/23
非○時之世而弗改 13/122/24
○夫圖工好畫鬼魅 13/122/25
○不知道者 13/123/10
○夫盲者行於道 13/123/15
○世之為武者則非文也 13/124/11
○謂（疆）〔彊〕者勝則度地計眾 13/124/21
○不審其在己者 13/125/3
○不行人之所以王（者） 13/125/6
○以人之小過揜其大美 13/126/26
○人君〔之〕論其臣也 13/127/8
○志人之所短 13/127/27
○為賞首 13/128/25
而數无鹽（○）〔令〕曰 13/128/27
○人〔之〕所以犯囹圄之罪 13/129/16
（夫○）〔○夫〕陳卒設兵 13/129/21
○夫霤水足以溢壺榼 13/130/6
○世之祭井竈、門戶、箕帚、（臼）〔臼〕杵者 13/131/6
○有難 13/131/17
○夫儆載者 13/131/24
嚮不怒而○怒 14/134/21
嚮虛而○實也 14/134/21
○與人（弁民之譬）〔下氏之璧〕 14/140/7
○務益性之所不能樂 14/140/25
○有美酒嘉肴以相〔賓〕饗 14/141/4
○乘萬民之力 15/143/7
○夫天下皆知事治其（未）〔末〕 15/145/7
○夫虎豹便捷 15/149/9
○人之與人 15/149/12
○使兩人接刃 15/150/1
○使陶人化而為埴 15/152/6
○國有難 15/153/13
○汝已有形名矣 16.1/154/6
○曰稻生於水 16.30/157/4
○夫闇飲者 16.41/158/4
○為一目之羅 16.103/163/19
○被甲者 16.103/163/20
○人放燒 16.121/165/13
○沐者墮髮 16.147/167/23
無古無○ 17.3/168/16
○鱓之與蛇 17.56/172/13
則（推）〔椎〕車至○無蟬匷 17.60/172/21
○有六尺之（廣）〔席〕 17.118/176/21
○日之戰 18/187/22
○以為子傅 18/188/16
其後繼嗣至○不絕者 18/189/16
○又復問之 18/189/22
○雖成、後必敗 18/190/10
○雖惡、後必善 18/190/11
○夫齊、君之淵也 18/190/17
○人待冠而飾首 18/191/6
○智伯率二君而伐趙 18/191/23
不及○而圖之 18/191/24
○君欲為霸王者也 18/192/11
○示以知其情 18/193/1
○已知之矣 18/193/2
○君王以陳為無道 18/193/14
○日為父報讎以出死 18/194/24
○事已成矣 18/194/24
○坐而正冠 18/194/26
○（反乃）〔乃反〕以

斤 jīn 7

金 jīn 112

譬若絲竹○石之會 11/99/27
非巧冶不能以冶○ 11/100/4
鍾鼓筦簫、絲竹○石以淫其耳 11/104/2
取○於府 12/108/17
來而辭不受○ 12/108/18
贖〔人〕而受○ 12/108/19
不受○ 12/108/20
襄子擊○而退之 12/111/10
於是散宜生乃以千○求天下之珍怪 12/114/14
（於）〔投〕○鐵（鋮）焉 12/118/22
而作為之鑄○（鍜）〔鍛〕鐵 13/120/14
道猶○石 13/121/24
鑄○人 13/124/2
富者利則量粟〔而〕稱○ 13/124/22
有輕罪者贖以○分 13/129/6
鑄○而為刃 13/129/7
盜管（○）〔璽〕 13/129/15
齊人有盜○者 13/129/27
而盜○於市中 13/129/27
徒見○耳 13/129/28
山生○玉 13/130/15
○石有聲 14/138/16
大（熱）〔暑〕鑠石流○ 14/141/24
非利土壤之廣而貪○玉之略 15/142/21
浸乎○石 15/144/16
貫○石 15/148/23
若水火○木之代為雌雄也 15/152/8
馬之似鹿者千○ 16.81/161/18
〔然而〕天下無千○之鹿 16.81/161/18
有千○之璧而無錙錘之礛諸 16.81/161/18
履百○之車 16.111/164/13
砥石不利而可以利○ 16.148/167/26
以○鉒者跋 17.16/169/16
○勝木者 17.42/171/9
予（拯）溺者○玉 17.128/177/14
有石無○ 17.143/178/18
○英黃 17.164/180/4
決千○之貨者不爭銖兩之價 17.218/183/25
山生○ 17.224/184/5
工匠不能斲○者 17.225/184/7
猶○石之一調 17.230/184/19
而季氏為之○距 18/195/18
季氏○距 18/195/27
○錢无量 18/201/13
故良匠不能斲○ 20/212/11
○之勢不可斲 20/212/12
鑄○而為鍾 20/212/13
乃澄列○（木水）〔水木〕火土之性 20/213/2
水火○木土穀 20/214/8
非愛○也 20/219/9
教之以○目則（射）快 20/220/23
聲浸乎○石 20/221/24
故舜深藏黃○於嶄嵒之山 20/222/6

津 jīn 4

方諸見月則○而為水 3/19/9
渡于孟○ 6/50/1
硤路○關 15/148/3
犯○關 19/207/17

矜 jīn 20

恬愉無（矜）〔○〕而得于和 1/1/13
和而弗○ 8/64/26
猶不自○ 10/83/10
（矜怛）〔○怛〕生於不足 10/87/16
華誣生於○ 10/87/16
夫有誰為○ 10/87/17
○偽以惑世 11/94/20
為禮者相○以偽 11/103/20
无伐（矜）〔○〕之色 13/121/19
則○於為剛毅 13/123/11
則○於為柔懦 13/123/11
非（本）〔夸〕○也 13/125/22
而乃始立氣○ 13/126/17
故通而弗○ 14/135/2
不○為麗 14/139/15
有功則○ 14/140/13
大勇不○ 14/141/1
伐（棘）〔楙〕棗而為（矝）〔○〕 15/146/9
項託使嬰兒○ 17.82/174/6
无以立（務）〔○〕於天下 18/201/16

矝 jīn 4

恬愉無（○）〔矜〕而得于和 1/1/13
（○怛）〔矜怛〕生於不足 10/87/16
无伐（○）〔矜〕之色 13/121/19
伐（棘）〔楙〕棗而為（○）〔矜〕 15/146/9

筋 jīn 14

○力勁強 1/7/9
有幽都之○角焉 4/34/14
○氣屬焉 4/35/27
令百工審金鐵皮革、○角箭榦、脂膠丹漆 5/40/20
五月而○ 7/55/9
聾者可令（嗺）〔嚼〕○ 9/72/6
○絕而弗能及 9/77/3
可以形容○骨相也 12/111/16
勁○者 14/134/11
人無○骨之強 15/142/24
〔若〕假之○角之力、弓弩之勢 15/150/5
螾無○骨之強、爪牙之利 16.4/154/16
及至其○骨之已就 18/196/18
〔吾〕竭○力以赴嚴敵 19/207/15

祲 jīn 1

精○有以相蕩也 20/210/22

筋 jīn 3

○骨形體 19/204/14
○骨雖彊 19/206/2
不可以○力致也 20/210/23

與○惠公為韓之戰	13/129/4
○師圍穆公之車	13/129/4
遂克○	13/129/5
○厲、宋康行一不義而身死國亡	15/143/5
而齊桓、○文之所以成霸也	15/143/20
西遇○公	15/153/7
○以垂棘之璧得虞、虢	17.57/172/15
驪戎以美女亡○國	17.57/172/15
○陽處父伐楚以救江	17.239/185/7
昔者楚莊王既勝○於河、雍之間	18/186/18
昔○厲公南伐楚	18/186/23
○厲公之合諸侯於嘉陵	18/187/2
張武教智伯奪韓、魏之地而擒於○陽	18/187/6
楚恭王與○人戰於鄢陵	18/187/19
於是智伯乃從韓、魏圍襄子於○陽	18/188/26
○獻公欲假道於虞以伐虢	18/189/1
昔○文公將與楚〔人〕戰〔於〕城濮	18/191/11
圍○陽	18/191/20
決○水而灌之	18/191/20
○陽之存、張孟談之功也	18/192/3
○陽之圍也	18/192/3
是使○國之武舍仁而為佞	18/192/25
○先軫舉兵擊之	18/193/3
圍之○陽（二）〔三〕年	18/193/19
軍敗○陽之下	18/194/2
○之所以霸者	18/194/6
齊、○又輔之	18/194/10
○公子重耳過曹	18/196/2
不若朝於○	18/200/22
是賞言朝於○者	18/200/24
則皆移心於○矣	18/200/25
昔○平公（令）〔令〕官為鐘	19/209/7
○獻公欲伐虞	20/216/25
○獻公之伐驪	20/222/20
勝○黃（地）〔池〕	20/222/21
知伯兼三○之地而亡	20/222/25
韓、○別國也	21/228/20
○國之故禮未滅	21/228/20

浸 jìn　18

○于金石	1/1/15
不○于肌膚	1/8/5
潤○北房	1/8/29
○潭苽蔣	1/9/1
○以濁	3/26/9
○以清	3/26/9
○之黃水	4/33/8
殺氣○盛	5/44/3
居人汲水以○其園	7/56/24
無以異其○園也	7/56/25
呼吸○潭	8/62/3
有〔所〕（○）〔侵〕犯則怒	8/66/2
○乎金石	15/144/16
道之○洽	15/144/17
○而益大	18/195/28
淹○（漬）漸靡使然也	19/209/24
聲○乎金石	20/221/24
○想宵類	21/224/23

唫 jìn　1

是以天心呿○者也	20/210/14

進 jìn　45

安勞樂○	6/52/8
○退屈伸	6/52/10
青龍○駕	6/52/22
○賢而廢不肖	8/64/18
耳能聽而執正○諫	9/67/5
○退應時	9/67/6
而游居者亟於○矣	9/70/23
是故群臣輻湊並○	9/71/7
	9/71/22
則讒佞姦邪无由○矣	9/72/12
庶功日○	9/73/4
（謟）〔諂〕○愉說	9/74/27
是故能○退履繩	9/76/2
○退周游	9/76/13
守官者雍遏而不○	9/76/19
夫織者日以○	10/87/5
君子時則○	10/89/28
○退不失時	10/90/22
不迕逆而○	11/97/13
於是市偷○請曰	12/115/5
蹇重舉白而○之	12/119/9
故道術不可以○而求名	14/135/16
不○而求	14/141/27
○退詘伸	15/147/5
○退俱	15/148/6
勇者不得獨○	15/149/7
萬人之更○	15/149/9
○不求名	15/153/22
揖讓而○之以合歡	16.90/162/14
騏驥驅之不○	17.186/181/18
○獻者祝	17.243/185/16
豎陽穀奉酒而○之	18/187/20
故豎陽穀之○酒也	18/187/24
賓趨而○	18/190/15
無害子日以○	18/191/2
必不敢○	18/193/1
○必無功	18/193/3
知○而不知卻	18/200/1
駑馬雖（兩）〔冊〕錣之不能○	19/205/1
○如激矢	19/207/25
故勇者可（貪）〔令〕○鬭	20/214/24
貪者可令○取	20/214/25
而不可令○取	20/214/25
親賢而○之	20/217/10
○退左右无所擊危	21/225/30

禁 jìn　68

不足以○姦塞邪	1/3/1
死不足以○之	2/12/11
孟門、終隆之山不能○〔也〕	2/12/15
挺群○	3/23/20,5/47/15
審群○	3/23/22
○外徙	3/23/23,5/45/13,5/48/7
○伐木	5/39/10
乃○野虞	5/40/19
○民無刈藍以染	5/41/22
○民無發火	5/41/28

〇姦塞邪 5/43/7
修群〇 5/45/13
〇嗜欲 5/46/12
〇姦邪 5/48/1
申群〇 5/48/6
〇夜樂 5/48/7
〇之以度 7/60/6
不本其所以欲而〇其所欲 7/60/13
以〇其動 7/60/15
樂而能〇之 7/60/22
伐亂〇暴 8/63/8,8/64/18
明於〇舍開閉之道 8/64/18
澤梁畢〇 8/66/9
亂政犯〇 8/66/20
〇之不止 8/66/20
殺戮不足以〇姦 9/68/12
令行〇止 9/69/12
9/72/24,9/78/4
法令所〇 9/73/6
所以〇民 9/75/19
所以〇君 9/75/19
所〇於民者不行於身 9/75/27
故〇勝於身 9/75/30
不待〇誅而自中法度者 9/77/28
故心小者〇於微也 9/80/6
後有斧鉞之〇 10/91/24
故君子〇於微 10/92/2
其〇誅 11/95/17
故令行〇止 11/96/7
不犯〇而入 11/97/13
危為（〇）〔難〕而誅不敢 11/102/11
不能〇其姦 11/102/12
而法弗能〇也 11/104/23
為鷙禽猛獸之害傷人而无以〇御也 13/120/14
刑省而姦〇 13/128/23
此刑省〔而〕姦〇者也 13/129/1
因民之所惡以〇姦 13/129/8
子產誅鄧析而鄭國之姦〇 13/129/10
犯〇之不得免也 13/129/19
是故因鬼神禨祥而為之立〇 13/130/19
所以〇暴討亂也 15/143/1
以〇暴討亂也 15/143/7
攻者非以〇暴除害也 15/143/23
明於〇舍開塞之道 15/146/16
有以（飯）〔噎〕死者而〇天下之食 17.120/176/26
有以車為敗者〔而〕〇天下之乘 17.120/176/26
行發於邇者不可〇於遠 18/185/30
〇人而弗能止也 18/200/14
非刑之所能〇也 20/212/1
因其所惡以〇奸 20/212/24
弗能〇也 20/216/19
皆令行〇止於天下 20/220/1
然而王法〇之者 20/222/28

揞 jìn 4

司徒〇朴 5/44/23
無皮弁〇笏之服 11/97/9
〇笏杖殳以臨朝 11/102/19
〇笏而朝 21/227/30

盡 jìn 62

神〇而形有餘 2/11/14
以死生為（〇）〔晝〕夜 2/12/8
精有湫〇 2/14/16
非能〇善 2/17/28
加十五日指常羊之維則春分〇 3/22/18
加十五日指背陽之維則夏分〇 3/22/22
加十五日指蹏通之維則秋分〇 3/22/26
萌者〇達 5/40/15
此皆得清（〇）〔淨〕之道、太浩之和也 6/50/12
喪不〇其哀 6/53/15
殫〇太半 6/54/16
臣〇其忠 8/66/14
思心〇亡 8/66/17
所以〇哀〔也〕 8/66/27
莫不〇其能 9/71/8
无愚智賢不肖莫不〇其能者 9/71/22
是以勇者〇於軍 9/73/4
是以天下〇力而不倦 9/73/13
是故臣〇力死節以與君 9/73/22
是故賢者〇其智 9/75/4
〇眾人之力 9/75/8
〔雖〕竭力〇忠 9/75/13
則管、晏之智〇矣 9/76/6
非〔能〕〇害海內之眾也 9/78/9
下〇地財 9/79/9
智者〇備之 9/81/17
〇權之 9/81/17
〇眾益也 9/81/28
〇之者也 10/83/11
唯造父能〇其力 10/84/7
剝之不可遂〇也 10/85/25
然而樂直行〇忠以死節 11/103/4
是寡人之命固已〇矣 12/112/24
〇而不罷 12/113/17
楚賢良大夫皆〇其計而悉其誠 12/115/4
舩中〔之〕人〇活 12/118/6
以〇其力 12/119/28
是以〇日極慮而无益於治 13/122/24
〇其地力以多其積 14/137/1
馬力必〇矣 14/139/19
〇於西南 14/141/13
〇於東北 14/141/13
各〇其力 15/144/25
兵不〇拔 15/147/14
〇其節而朴之 15/148/17
獨〇其（調）〔和〕 15/148/18
若乃人〇其才、悉用其力、以少勝眾者 15/149/14
所圖（〇）〔畫〕者地形也 15/149/26
故其死可得而〇也 15/151/11
高鳥〇而強弩藏 17.29/170/13
壽〇五月之望 17.54/172/8
三十輻各〇其力 17.132/177/24
〔而〕〇其樂 17.178/181/1
城中力已〇 18/191/21
其餘〇舞於季氏 18/195/20
而不留思〇慮於成事之內 18/196/22
非能閉結而〇解之也 18/198/5
知所〇死矣 18/200/3
勞形〇慮 19/202/25
〇寫其〔所〕食 19/208/16
下〇地力 21/224/18
使群臣各〇其能也 21/225/8

僅 jǐn 2

立○者 16.131/166/10
○立而生不讓 16.131/166/10

京 jīng 4

豈必處○臺、章華 1/7/20
汾出燕○ 4/37/19
高重（○）〔壘〕 6/53/21
〔子佩具於○臺〕 12/110/21

涇 jīng 1

○出薄落之山 4/37/19

荊 jīng 20

曰大汾、澠阨、○阮、方城、殽阪、井陘、令疵、句注、居庸 4/32/20
（睢）〔睢〕出○山 4/37/17
以窮○、吳甘酸之變 8/65/12
孟賁、成○無所行其威 11/103/26
碭豢黍粱、○吳芬馨以嚂其口 11/104/2
白公勝得○國 12/106/15
○有佽非〔者〕 12/118/2
○〔王〕爵為執圭 12/118/6
將使〔之〕○ 12/118/10
○佽非兩蛟夾繞其船而志不動 13/130/8
適子懷於○ 17.190/181/26
○人鬼 18/186/21
費無忌（從）〔復〕於○平王曰 18/194/5
而○之所以不能與之爭者 18/194/6
（而）水決九江而漸○州 18/195/9
○佽非犯（河）〔江〕中之難 18/199/24
冒蒙○棘 19/207/10
此和氏之所以泣血於○山之下 19/208/19
鞭○平（王）之墓 20/219/22
○軻西刺秦王 20/221/26

旌 jīng 4

咸駕戴（莛）〔○〕 5/44/23
晝則多○ 15/152/25
載○旗斧鉞 15/153/20
髮若結○ 19/209/21

莖 jīng 4

根○枝葉 2/10/21
百事之○葉條（梓）〔桙〕 2/13/12
枝葉美者害根（○）〔荄〕 14/138/20
○柯豪芒 20/210/27

旍 jīng 1

是謂至（於）〔○〕 15/151/28

晴 jīng 1

雖達視猶不能見其○ 9/76/8

經 jīng 36

○霜雪而無迹 1/2/1
○紀山川 1/2/2
○營四隅 1/2/6
是故不得於心而有○天下之氣 1/8/10
夫道有○紀條貫 2/11/28
使各有○紀條貫 2/15/13
神○於驪山、太行而不能難 2/17/2
養生以○世 2/17/9
〔○於細柳〕 3/24/20
○之以星辰 4/32/8
南北為○ 4/34/18
○天營地 7/54/26
各有○紀 7/55/11
又安知夫絞○而求死者之非福也 7/56/15
熊○鳥伸 7/58/3
○誹譽 8/61/26
○緯六合 8/64/6
纏錦○宂 8/65/11
熊之好○ 10/87/16
筦夷吾、百里奚○而成之 10/89/4
其事○而不擾 11/103/19
○乎太陰 12/116/5
手○指挂 13/120/9
政教有○ 13/121/3
故仁以為○ 13/121/25
○營萬乘之主 13/126/7
故其陳不可得而○ 15/149/21
救○而引其索 17.168/180/12
○丹徒 18/196/21
○誹譽以（尊）〔導〕之 20/217/10
○緯人事 21/223/21
有《本○》 21/223/26
○山陵之形 21/224/14
《本○》者 21/225/4
○古今之道 21/226/15
以○緯治道 21/226/16

兢 jīng 1

不為無人不○其容 10/86/23

精 jīng 115

○通于靈府 1/4/10
保其○神 1/4/23
○神亂營 1/8/3
不足以營其○神 1/8/28
則○神日以耗而彌遠 1/10/4
夫○〔神〕氣志者 1/10/7
則至德天地之○也 2/12/10
至○亡於中 2/14/15
為○求于外也 2/14/16
○有湫盡 2/14/16
而游于○神之和 2/14/20
夫人之事其神而嬈其○ 2/14/26
○神（以）〔已〕越於外 2/16/12
天地之襲○為陰陽 3/18/20
陰陽之專○為四時 3/18/21
四時之散○為萬物 3/18/21
火氣之○者為日 3/18/21
水氣之○者為月 3/18/22
日月之淫（為）〔氣〕、○者為星辰 3/18/22
石○出 3/22/2

然而專○厲意	6/49/29
激厲至○	6/49/29
○通于天	6/50/4
○（神）〔誠〕形於內	6/50/10
而○神（踰）〔喻〕於六馬	6/52/13
於是日月○明	6/52/20
○氣為人	7/54/27
是故○神〔者〕	7/54/27
○神入其門	7/54/28
夫○神者	7/55/7
○神何能久馳騁而不既（守）〔乎〕	7/55/19
人之○也	7/55/20
則○神盛而氣不散矣	7/55/22
○神盛而氣不散則理	7/55/23
○神之戶牖也	7/55/27
則○神馳騁於外而不守矣	7/56/2
○神馳騁於外而不守	7/56/2
使耳目○明玄達而無誘慕	7/56/3
○神內守形骸而不外越	7/56/4
以言夫○神之不可使外淫也	7/56/5
○神澹然無極	7/57/2
○用而不已則竭	7/57/3
夫○神之可寶也	7/57/5
而○神守其根	7/57/8
同○於太清之本	7/57/21
有○而不使者	7/57/21
此○神之所以能登假于道也	7/58/2
有綴宅而無耗○	7/58/5
抱素守○	7/58/27
休○神而棄知故	7/59/22
同○于陰陽	8/61/9
○神通於萬物	8/64/13
○與鬼神總	8/64/15
天愛其○	8/64/23
天之○	8/64/23
○（神）〔氣〕反於至真	8/64/25
○泄於目則其視明	8/64/26
搖蕩○神	8/65/21
太一之○	9/67/13
至○為神	9/68/12
故至○之像	9/68/15
故至○之所動	9/68/28
至○入人深矣	9/69/6
古聖王至○形於內	9/69/12
主○明於上	9/73/3
○神不竭	9/76/9
○神勞則越	9/77/13
○之至者	10/84/5
心之○者	10/84/22
目之○者	10/84/22
○之至者也	10/91/9
聽而○之莫聰於耳	10/92/6
而心致之○	10/92/7
德彌○	10/92/14
弗知○	12/105/14
得其○而忘其粗	12/111/23
其中有○	12/113/19
其○甚真	12/113/19
此言○神之越於外	12/117/13
○神通於死生	12/118/1
必得和之○	13/122/30
○神內守	13/130/9
士卒孰○	15/146/25
吏卒專○	15/148/8
○若轉左	15/148/19
夫能（滑）〔淈〕淖○微	15/148/23
○之至也	16.4/154/15,20/211/18
出於山淵之○	16.19/156/1
○於明也	17.91/174/26
○於聰也	17.91/174/26
〔○相往來也〕	17.190/181/26
血氣之○	19/206/1
且夫○神（滑）〔淈〕淖纖微	19/206/22
君子有能○搖摩監	19/206/22
○神曉泠	19/207/10
心意不○	19/207/28
故○誠感於內	20/210/18
○祲有以相蕩也	20/210/22
藏○於內	20/211/18
○誠也	20/212/4
必自○氣所以與之施道	20/212/4
食天地之○	20/214/15
○氣之動也	20/215/27
是以○誠感之者也	20/216/1
有《○神》	21/223/26
羸垺有無之○	21/224/7
所以言至○之通九天也	21/224/22
《○神》者	21/224/27
所以使人愛養其○神	21/225/1
靜○神之感動	21/225/5
澄澈神明之○	21/226/17
則不識○微	21/226/25
言至○而不原人之神氣	21/226/25
○搖靡覽	21/228/29

驚 jīng 21

○怖為狂	1/7/5
加十五日指寅則（雨水）〔○蟄〕	3/22/15
〔加〕十五日指甲則雷（○蟄）〔雨水〕	3/22/15
鴻鵠鶬鶴莫不憚○伏竄	6/52/3
大雷毀山而不能○也	7/57/19
飾智以○愚	8/62/26
勿○勿駭	10/92/19
鳥獸聞之而○	11/94/23
則因猘狗之○以殺子陽	13/123/10
怪物不能○也	13/130/9
夜○而走	13/131/15
狗吠而不○	14/142/13
莫不振○	15/148/9
鳥獸○駭	15/148/12
有何為○	17.160/179/24
弗知者○	17.163/180/1
雉亦知○憚遠飛	18/202/7
通於物者不可○〔以〕怪	19/208/4
騁馳若（騖）〔○〕	19/209/21
庫兵動而戎馬○	20/215/26
不可○以怪者也	21/224/16

井 jǐng 34

夫○魚不可與語大	1/4/7
其星觜巂、參、東○	3/19/25
以五月夏至效東○、輿鬼	3/20/20
故不可以鑿地穿○	3/21/19
〔則〕○水盛	3/22/1
東○、輿鬼為對	3/27/5
歲星舍東○、輿鬼	3/27/12
五月建東○、〔輿鬼〕	3/28/2
東○三十〔三〕	3/28/8
東○、輿鬼秦	3/28/12
曰大汾、澠阨、荊阮、	

方城、殽阪、○陘、
　令疵、句注、居庸　4/32/20
旁有九○玉橫　4/33/7
其祀○　5/45/10,5/46/2,5/46/21
夫○植生（梓）〔梓〕
　而不容甕　6/54/17
寄汲不若鑿○　6/54/21
匍匐自闚於○曰　7/58/21
與守其篅笆、有其○　7/59/20
掘地而○飲　8/61/16
伯益作○　8/62/27
雞棲○榦　8/65/2
（埳）〔埳〕○之無黿鼉　9/70/9
夫據榦而窺○底　9/76/8
鑿○而飲　11/93/29
○生墳羊　13/130/16
今世之祭○竈、門戶、
　箕帚、（臼）〔臼〕
　杵者　13/131/6
○竈通　15/145/15
雖涸○而竭池　15/149/11
軍○通而後敢飲　15/151/13
而畜火○中　16.88/162/8
塞○以為臼　17.23/170/1
甑終不墮○　17.160/179/24
若夫以火熯○　19/203/16

阱 jǐng　1

不入陷○　15/149/3

剄 jǐng　1

此夫差之所以自○於干
　遂也　12/108/26

穽 jǐng　1

而蹪蹈于污壑○陷之中　1/10/2

景 jǐng　45

照日光而無○　1/2/1
而○不一設　1/2/13
如響之與○　1/7/13
以鴻濛為○柱　2/15/6
是故火（曰）〔日〕外○　3/18/28
是故水（曰）〔月〕內○　3/18/29
龍舉而○雲屬　3/19/10
清明風至四十五日○風至　3/20/26
○風至四十五日涼風至　3/20/26
○風至則爵有位　3/20/28
日中而○丈三尺　3/22/1
八尺之○　3/22/3
○脩則陰氣勝　3/22/3
○短則陽氣勝　3/22/3
〔○在樹端〕　3/24/21
南二萬里則无○　3/32/2
若使○與表等　3/32/3
東南曰○風　4/32/25
日中無○　4/33/19
釜出○　4/37/22
○風之所生也　4/37/26
○公臺隕　6/49/28
如○之放　7/57/17
○之像形　9/68/11
形生於○　9/75/23
〔○生於日〕　9/75/23
○、桓（公）臣管、晏　9/77/17
身曲而○直者　10/84/2
周公慚乎○　10/85/10
觀○柱而知持後矣　10/90/25
宋○公之時　12/112/19
罔兩問於○曰　12/117/1
○曰　12/117/1,12/117/2
○公謂太卜曰　12/119/1
○陽淫酒　13/127/13
谿肆無○　15/145/26
夫○不為曲物直　15/150/21
○行行止　16.106/163/30
使○曲者、形也　17.65/172/32
捕○之說不形於心　17.165/180/6
（○）〔晏〕以蔽日　19/206/5
則○星見　20/210/18
故○星見　21/226/19
齊○公內好聲色　21/228/13

儆 jǐng　1

○百官　3/23/22

頸 jǐng　8

脩○（印）〔卬〕行　4/36/4
其人翕形短○　4/36/7
其人大面短○　4/36/11
延○舉踵而望也　9/74/12
天下丈夫女子莫不延○
　舉踵而願安利之者　12/107/24
（淚注）〔渠○〕而鳶
　肩　12/116/6
刎○於陳中　13/127/1
俛人之○　17.21/169/28

警 jǐng　1

○門閭　5/45/18

勁 jìng　11

○策利（鍛）〔錣〕　1/2/2
筋力○強　1/7/9
角力○　5/45/22
孔子〔之〕○（杓）
　〔杓〕國門之關　12/107/12
○筋者　14/134/11
○弩強衝也　15/146/9
弓先調而後求○　17.219/183/27
夫木枯則益○　18/190/10
以○材任輕塗　18/190/10
雖有○弩、利矰微繳　18/196/20
而木熙者非眇○　19/209/24

俓 jìng　1

○十門　21/227/16

徑 jìng　16

脩○尺五寸　3/22/3
則極○也　3/31/20
陸○三千里　4/33/1
事無○　5/41/27
絕蹊○　5/45/19
塞蹊○　5/48/2
○躡都廣　6/52/3
接○歷遠　8/65/8
下之○衢不可勝理　14/137/10
則貫兕甲而○於革盾矣　15/150/5
侏儒問（○）天高于脩
　人　16.143/167/11

〔人有〕牽牛〔而〕（蹊）〔〇〕〔於〕人之田〔中〕 18/193/13
秦牛缺〇於山中而遇盜 18/197/1
則有以（任）〔〇〕於世矣 18/199/13
〇而寡失 20/215/6
接〇直施 21/225/22

淨 jìng 3

此皆得清（盡）〔〇〕之道、太浩之和也 6/50/12
清〇恬愉 18/185/20
反之以清〇為常 21/226/9

竟 jìng 1

散无〇 18/185/23

脛 jìng 3

析才士之〇 2/18/1
斮朝涉者之〇而萬民叛 9/78/8
修〇者使之跖（钁）〔鏵〕 11/101/19

靖 jìng 7

清〇而無思慮 7/57/18
〇郭君將城薛 18/190/13
〇郭君謂謁者曰 18/190/13
〔〇〕郭君聞而見之 18/190/14
〇郭君止之曰 18/190/15
〇郭君曰 18/190/16, 18/190/18

敬 jìng 7

而〇為上 8/66/28
恭〇而忮 11/93/25
〇其兄 11/97/5
而〇順之 12/114/20
饗賓修〇不思德 14/138/1
聖人〇小慎微 18/195/5
此不知〇小之所生也 18/195/15

境 jìng 18

馳騁于是非之〇 1/8/10
四達無〇 2/13/24
定于死生之〇 2/16/2
至〇止 5/40/18
從〇始 5/45/2
邊〇不寧 5/45/5
修邊〇 5/45/18
足以治其〇內矣 8/64/11
失之乎〇外 10/89/1
而足迹不接諸侯之〇 11/95/14
則四〇之內皆得其利矣 12/108/1
而慎脩其〇內之事 14/136/29
則舉兵而臨其〇 15/143/12
脩政於〇內而遠方慕其德 15/144/12
理〇內 15/145/1
見無外之〇 19/206/23
守在四〇 20/219/28
各自治其〇內 21/228/16

靜 jìng 84

人生而〇 1/2/14
反於清〇 1/4/3
柔毳安〇 1/4/28
柔弱以〇 1/5/22
是故清〇者 1/6/15
〇之至也 1/7/6
動〇不能中 1/10/1
〇而（日）充者〔日〕以壯 1/10/8
汪然平〇 2/10/26
萬物恬漠以愉〇 2/11/18
人性安〇而嗜欲亂之 2/16/6
以其〇也 2/16/10
夫唯易且〇 2/16/10
〇漠恬澹 2/17/8
而欲〇漠虛无 2/17/15
其和愉寧〇 2/18/11
〇居閉戶 3/24/7
百官〇 5/41/27
欲〇 5/46/12
令〇農民 5/47/1
正〇以和 5/47/24
〇而法準 5/49/22
天〇以清 7/55/1
夫〇漠者 7/55/4
氣志虛〇恬愉而省嗜慾 7/56/3
〇則與陰（俱閉）〔合德〕 7/57/1
恬愉虛〇 7/57/6
其〇無體 7/58/1
〇耳而不以聽 7/59/21
閑〇而不躁 8/61/6
〇而體德 8/63/1
動〇調於陰陽 8/64/13
〇潔足以饗上帝 8/65/19
動則手足不〇 8/66/1
清〇而不動 9/67/3
動〇循理 9/67/6
人主〇漠而不躁 9/71/2
清〇無為 9/71/4
處〇以修身 9/73/26
〇則下不擾矣 9/73/26
非寧〇無以致遠 9/74/13
然而動〇聽視皆以為主者 9/79/22
動〇中儀 9/80/4
處〇持中 9/80/5
守〇篤 12/117/26
隨時而動〇 13/126/18
〇而无為也 13/129/13
是故聖人審動〇之變 13/129/28
夫動〇得 13/130/1
不惑禍福則動〇循理 14/133/9
抱神以〇 14/134/3
便動〇 14/137/27
〇之勝躁 14/140/11
〇而能澹 14/142/6
〇而法天地 15/144/14
動〇時 15/145/13, 15/150/12
敵（之）〔人〕〇不知其所守 15/147/15
兵〇則固 15/147/18
動〇如身 15/147/21
〇以合躁 15/148/14
彼躁我〇 15/148/15
敵若反〇 15/148/17
是故聖人貴〇 15/149/4
〇則能應躁 15/149/4
舉措動〇 15/150/27
通動〇之機 15/151/29
故〇為躁奇 15/152/7

水○則平 17.33/170/21
釣者○之 17.121/176/29
動○者、利害之樞機也 18/186/12
○安以待時 18/196/8
(若此)〔然〕而〔晚世之人〕不能閑居○思 19/206/25
○漠(活)〔恬〕淡 20/211/19
未有能搖其本而○其末 20/219/5
車有勞軼動○而后能致遠 20/222/13
動○之利害 21/224/2
節動○之機 21/225/1
撫○其魂魄 21/225/1
○精神之感動 21/225/5
清○以為常 21/225/31
則不知動○之宜 21/226/27
以寧○王室 21/227/30
斟其淑○ 21/228/29

諍 jìng 1

崔杼弒其君而被大(○)〔謗〕 17.81/174/3

鏡 jìng 14

夫○水之與形接也 1/2/13
○太清者視大明 2/12/2
而窺〔形〕於明○者 2/16/10
故聖〔人〕若○ 6/51/15
鍛錫文(○)〔鐃〕 8/65/11
夫明○便於照形 11/94/28
以(鎮)〔○〕萬物之情 11/99/16
○不(没)〔設〕於形 14/138/16
夫照○見眸子 16.19/156/1
毋貽盲者○ 17.7/168/25
若以○視形 17.228/184/14
○者、所以照形也 18/199/6
盲者得○則以蓋卮 18/199/6
明○之始下型 19/205/18

競 jìng 8

猶不能與羅者○多 1/2/23
相與優游○暢于宇宙之間 2/10/17
居君臣父子之間而○載 6/53/13
脩行者○於往 9/73/5
與馬○走 9/77/3
若轉化而與世○走 11/101/8
與之○行 12/114/10
道與人○長 14/135/26

扃 jiōng 6

橫(扃)〔○〕天地之間而不窕 2/17/3
橫(扃)〔○〕四方而不窮 9/69/14
故中欲不出謂之(扃)〔○〕 9/77/11
中(扃)〔○〕外閉 9/77/11
外閉中(扃)〔○〕 9/77/12
而通行貫○萬物之窒塞者也 21/226/1

扄 jiōng 4

橫(○)〔扃〕天地之間而不窕 2/17/3
故中欲不出謂之(○)〔扃〕 9/77/11
中(○)〔扃〕外閉 9/77/11
外閉中(○)〔扃〕 9/77/12

窘 jiǒng 2

恐懼○步 15/152/23
乃以穿通○滯 21/224/24

究 jiū 12

旋(縣)〔緜〕而不可○ 1/1/21
不可○也 1/2/12
○於物者 1/4/3
而不窮○其所由生 6/54/15
必○其理 7/57/6
言事者必○於法 9/72/28
是故號令能下○ 9/75/2
其事未○ 18/189/23
其所論未之○者也 18/197/7
○事之情 19/207/1
欲參言而○ 21/224/3
則天地之理○矣 21/227/1

糺 jiū 1

管仲輔公子○而不能遂 13/127/3

糾 jiū 1

偃蹇蓼○ 8/65/10

鳩 jiū 4

雄○長鳴 3/24/10
鷹化為○ 5/39/20
鳴○奮其羽 5/40/19
墨者有田○者 12/118/17

九 jiǔ 158

而知八紘○野之形埒者 1/2/10
昔者夏鯀作(三)〔○〕仞之城 1/3/2
○疑之南 1/3/24
故蘧伯玉年五十而有四十○年非 1/5/11
上通○天 1/6/17,6/49/29
下貫○野 1/6/17
耳聽《○韶》、《六瑩》 1/7/20
通○門 2/12/24
然未可以保於周室之○鼎也 2/13/9
閉○竅 2/14/9
上尋○天 2/14/21
襲○窾 2/15/12
重○(埶)〔墊〕 2/15/12
入於四海○江而不能濡 2/17/3
○鼎重(味) 2/17/26
天有○野 3/19/19
○千○百○十○隅 3/19/19
何謂○野 3/19/22
○十一度(也)十六分度之五 3/22/11
二十○日○百四十分日之四百○十○而為月 3/23/13
歲有餘十日○百四十分日之八百二十七 3/23/14
故十○歲而七閏 3/23/14

行○州七舍 3/24/21
有五億萬七千三百○里 3/24/21
三三如○ 3/25/19
故黃鍾之律○寸而宮音調 3/25/19
因而○之 3/25/20
○○八十一 3/25/20,4/35/8
主○月 3/26/6
黃鍾之律脩○寸 3/26/13
〔三三○〕 3/26/13
三○二十七 3/26/13,4/35/12
以（七）〔○〕月與之
晨出東方 3/27/14
以（○）〔十一〕月與
之晨出東方 3/27/16
終○ 3/27/27
五○四十五 3/27/27,4/35/11
○月建房、〔心〕 3/28/3
亢○ 3/28/6
東壁○ 3/28/7
參○ 3/28/8
天（地）〔有〕○重 3/29/18
人亦有○竅 3/29/19
南表尺○寸 3/32/1
○州八（極）〔柱〕 4/32/11
土有○山 4/32/11
山有○塞 4/32/11
澤有○藪 4/32/11
何謂○州 4/32/14
何謂○山 4/32/18
何謂○塞 4/32/20
何謂○藪 4/32/22
二億三萬三千五百五十
（里）有○（淵） 4/33/3
中有增城○重 4/33/4
里間○純 4/33/6
旁有○井玉橫 4/33/7
○州之大 4/33/22
○州之外 4/33/22
西方曰○區 4/33/24
是兩○州 4/33/25
以兩○州而和中土 4/34/10
三三而○ 4/35/8
八○七十二 4/35/9
（十）〔七〕○六十三 4/35/10
六○五十四 4/35/10
四○三十六 4/35/11
二○十八 4/35/13

嚼咽者○竅而胎生 4/35/18
白天○百歲生白礜 4/38/22
白礜○百歲生白澒 4/38/23
白澒○百歲生白金 4/38/23
天子親率三公○卿大夫
以迎歲于東郊 5/39/9
毋出○門 5/40/18
○門磔攘 5/40/21
天子親率三公○卿大夫
以迎歲於南郊 5/41/7
其數○ 5/42/24,5/43/18,5/44/14
天子親率三公○卿大夫
以迎（秋）〔歲〕于
西郊 5/43/5
○月官候 5/45/7
天子親率三公○卿大夫
以迎歲于北郊 5/45/16
自○澤窮夏晦之極 5/48/5
○月不下霜 5/48/16
○月失政 5/48/18
觀○鑽一 6/50/7
○州裂 6/52/24
上際○天 6/53/5
登○天 6/53/6
河○折注於海而流不絕者 6/54/18
○月而躁 7/55/9
〔天〕有四時、五行、
○解、三百六十（六）
日 7/55/11
人亦有四支、五藏、○
竅、三百六十（六）
節 7/55/12
猰貐、（鑿齒）、○嬰
、大風、封豨、〔鑿
齒〕、修蛇 8/63/11
殺○嬰於凶水之上 8/63/12
○州乾 8/63/16
或欲平○州 9/74/25
故桓公三舉而○合諸侯 9/78/10
率○年而有三年之畜 9/79/2
二十七年而有○年之儲 9/79/3
故國無○年之畜 9/79/3
心之於○竅四肢也 9/79/22
《咸池》、《承雲》、
《○韶》、《六英》 11/94/22
四夷○州服矣 11/96/15
泗上十二諸侯皆率○夷

以朝 11/97/9
其樂《咸池》、《承雲》
、《○韶》 11/98/3
其樂《夏籥》、《○成》
、《六佾》、《六列》
、《六英》 11/98/4
屠牛（吐）〔坦〕一朝
解○牛 11/100/4
庖丁用刀十○年 11/100/5
○日 12/106/16
十有○日而擒白公 12/106/17
昔堯之佐○人 12/108/5
堯、舜、武王於○、七
、五者 12/108/5
臣有所與（供）〔共〕
儋（纆）〔纆〕采薪
者○方堙 12/111/17
吾與汗漫期于○垓之
（外）〔上〕 12/116/15
舜《○韶》 13/120/23
建○斿 13/124/9
○合諸侯 13/127/6
則○卿趨 13/132/2
放乎○天之上 15/148/24
而藏志乎○旋之淵 15/149/24
下有○殺 16.51/159/5
欲觀○（用）〔州〕之
土 17.138/178/6
死者十○ 18/190/5
寡人起○軍以討之 18/193/12
（而）水決○江而漸荊
州 18/195/9
一軍守○疑之塞 18/197/13
以《○韶》樂飛鳥也 18/198/11
而○夷歸（之） 18/200/4
故立三公○卿以輔翼之 19/203/3
○攻而墨子○卻之 19/203/27
○夷八狄之哭也 19/204/9
今不稱○天之頂 19/205/4
○竅通洞 19/205/10
若此○賢者 19/205/14
故○州不可頃畝也 20/211/1
百脈○竅莫不順比 20/211/20
乃屬以○子 20/213/9
一國之高以為○卿 20/217/14
破○龍之鍾 20/219/22
而慮患於○拂之外者也 20/222/25

所以言至精之通○天也 21/224/22
而曉寤其形骸○竅 21/224/27
同○夷之風（氣）〔采〕 21/225/16
以通○野 21/227/16
剔河而道○歧 21/228/6
鑿江而通○路 21/228/6

久 jiǔ 34

○而不渝 1/9/10,20/210/25
○淫而不還 1/10/5
所由來者○矣 2/15/20
雖欲○生 2/17/21
積陽之熱氣〔○者〕生火 3/18/21
積陰之寒氣〔○〕者為水 3/18/22
以十一月（○）〔冬〕至效斗、牽牛 3/20/21
○而不弊 5/48/30
人之耳目曷能○熏〔勤〕勞而不息乎 7/55/18
精神何能○馳騁而不既（守）〔乎〕 7/55/19
是以君臣彌○而不相猒 9/70/18
（大）〔○〕而章 10/88/9
○湛於俗則易 11/95/28
○喪以招行 11/97/25
○積而不決 11/103/21
〔生之〕所自來者○矣 12/109/17
吾不可以○（駐） 12/116/15
王若欲○持之 12/119/24
厚葬○喪 12/119/27
○而不（志）〔忘〕者 13/123/5
厚葬○喪以送死 13/123/20
○血為燐 13/130/15
此兩者常在○見 14/138/11
故寧而能○ 14/138/24
素行無刑○矣 15/144/21
无○持輕 16.75/161/1
以其歷歲○矣 17.52/172/4
可以修○ 18/194/3
○矣 18/195/20
虞氏富樂之日○矣 18/201/15
累日積○ 20/212/22
彌○而不垢 20/222/5
〔○〕服傷生而害事 21/228/5

灸 jiǔ 1

吾安知夫刺（炙）〔○〕而欲生者之非或也 7/56/15

酒 jiǔ 35

陳○行觴 1/7/28
罷○徹樂 1/8/2
故東風至而○湛溢 6/50/14
○澄而不飲 7/60/7
紂為肉圃、○池 8/63/18
魯○薄而邯鄲圍 10/90/2
飲○酣 12/119/8
○肉以通之 12/119/26
景陽淫○ 13/127/13
而不還飲○者 13/129/3
○濁其神也 13/130/12
○多約則辯 14/141/3
今有美○嘉肴以相〔賓〕饗 14/141/4
此○之敗也 14/141/6
樽之上、〔先〕玄（樽）〔○〕 14/141/19
置○之日而言上（冢）〔冢〕 16.139/167/1
為○人之利而不酤 17.114/176/11
上有○者 17.129/177/17
君子有○ 17.146/178/25
雖欲豫就○ 17.169/180/15
愛獺而飲之○ 17.180/181/6
飲○而樂 17.196/182/10
酤○而酸 17.232/184/23
然酤○買肉不離屠沽之家 17.232/184/23
豎陽穀奉○而進之 18/187/20
嗜○而甘之 18/187/20
入幄中而聞○臭 18/187/21
故豎陽穀之進○也 18/187/24
設樂陳○ 18/201/14
奉一爵○ 19/202/25
儀狄作○ 19/206/10
飲之美○ 20/211/27
儀狄為○ 20/222/7
遂疏儀狄而絕嗜○ 20/222/7
一杯○（白）〔甘〕 21/227/15

臼 jiù 2

今世之祭井竈、門戶、箕帚、（臼）〔○〕杵者 13/131/6
塞井以為○ 17.23/170/1

咎 jiù 14

問屈宜（若）〔○〕曰 12/112/1
无○无譽 14/134/4
○犯辭歸 16.136/166/23
夫○犯戰勝城濮 18/191/9
然而雍季先賞而○犯後存者 18/191/9
問於○犯曰 18/191/11
○犯曰 18/191/12
〔文公〕辭○犯 18/191/13
而用○犯之謀 18/191/15
先（維）〔雍〕季而後○犯 18/191/15
城濮之戰、〔○犯之謀〕也 18/191/16
○犯之言 18/191/17
无○ 18/198/28
而鮑叔、○犯隨而輔之 20/222/23

柩 jiù 1

曾子攀○車 16.4/154/14

救 jiù 38

○飢渴 5/47/19
是猶抱薪而○火 6/54/16
（可）〔所〕以○敗 8/62/12
夫仁者、所以○爭也 8/62/12
義者、所以○失也 8/62/12
禮者、所以○淫也 8/62/13
樂者、所以○憂也 8/62/13
抱薪以○火也 9/68/7
魯國必好○人於患〔矣〕 11/94/15
灼者不能○火 11/104/19
（○）〔故〕老子曰 12/113/2
湯、武○罪之不給 13/125/2
以○其死也 13/125/26

是謂太帝之○ 4/33/17
寢○直夢 4/34/25
暑溼○之 4/36/1
可以○高明 5/41/28
蟋蟀○奧 5/42/8
无發室（○）〔屋〕 5/46/5
○君臣父子之間而競載 6/53/13
道之所○也 7/55/4
○人汲水以浸其園 7/56/24
○不知所為 7/57/14
（君）〔○〕而無容 7/57/24
句爪、○牙、戴角、出距之獸於是鷙矣 8/61/23
男女群○雜處而無別 8/62/10
霜文沈○ 8/65/11
○者無食 8/66/10
而不能與山○者入榛薄、〔出〕險阻也 9/70/2
而游○者亟於進矣 9/70/23
人主深○隱處以避燥濕 9/71/9
人主之○也 9/74/12
離其○也 9/76/22
所○要也 9/77/22
使○天子之位 9/77/23
安其○ 11/94/25
今吾欲擇是而○之 11/100/20
所○高也 11/101/6
所○聆聆 11/101/12
16.84/161/28
猶室宅之○也 11/102/16
而道將為女○ 12/107/1
大王亶父○邠 12/109/12
與人之兄○而殺其弟 12/109/13
○不至朞年 12/110/13
功成而不○ 12/113/14
夫唯不○ 12/113/14
故（○）〔民〕迫其難則求其便 13/120/15
至尊○之也 13/132/4
不學騎馬而便○之 14/134/11
故閑○而樂 14/135/2
○安遊樂 14/140/24
故群○雜處 15/142/24
（卻）〔簦〕笠○ 15/148/3
○則恐懼 15/149/29
○高陵 15/152/23
水○之蟲不疾易水 16.99/163/8
君子之○民上 17.150/179/1
而○者夢於床 17.190/181/26
○智所為 18/185/26
○一年 18/188/15
18/189/21,18/189/24
18/190/4,18/194/8
○數月 18/190/2
無功而富貴者勿○也 18/193/23
○無幾何 18/195/15
是故聖人深○以避辱 18/196/8
巖○谷飲 18/199/14
○三年 18/201/22
○（隱為）〔為隱〕蔽 18/202/2
（若此）〔然〕而〔晚世之人〕不能閑○靜思 19/206/25
山○木棲 20/211/13
其所○神者得其位也 20/211/20
築城而○之 20/213/6
為其雌雄之不（乖）〔乘〕○也 20/214/10
盜賊群○ 20/215/21
張儀、蘇秦家无常○ 20/218/18
使百姓不遑啓○ 20/218/19
使民○處相司 20/223/3
區川谷之○ 21/224/14

苴 jū 1

衰絰○杖 8/66/3

疽 jū 7

割痤○非不痛也 14/137/24
豈若憂瘕疵之（與）〔興〕、痤○之發而豫備之哉 14/137/28
治○不擇善惡醜肉而并割之 16.73/160/27
潰小皰而發痤○ 17.78/173/28
病（○）〔且〕（將）死 18/186/19
若癰○之必潰也 18/195/12
癰○發於指 18/195/28

俱 jū 20

與造化者○ 1/2/4
與陰○閉 1/7/22
與陽○開 1/7/22
與形○出其宗 1/9/7
雖生○與人鈞 1/10/2
是皆不得形神○沒也 2/11/15
青夏紫芝與蕭艾○死 2/18/7
日月○入營室五度 3/21/9
靜則與陰（○閉）〔合德〕 7/57/1
動則與陽（○開）〔同波〕 7/57/1
與天地○生也 7/58/7
○之叫呼也 10/85/18
上下○極 12/108/26
進退○ 15/148/6
不如百人之○至也 15/149/9
氣意○起 15/153/2
兩者○亡 16.7/154/26
兩人○溺 16.46/158/18
萬石○（爥）〔熯〕 17.117/176/18
則父子○視 18/189/27

罝 jū 5

○罘羅罔 5/40/18
係○之罔 9/78/7
○罦不得布於野 9/79/12
不離○罘 15/149/3
是故為麋鹿者則可以○罘設也 15/149/19

雎 jū 2

（睢）〔○〕出荊山 4/37/17
《關○》興於鳥 20/214/10

裾 jū 1

楚莊王○衣博袍 11/97/11

駒 jū 7

蝨蝱不食○犢 3/22/2

西南方曰編○之山 4/34/7
執騰○ 5/41/24
毛者為○犢 13/130/14
以告子家○ 18/195/20
子家○曰 18/195/21
夫馬之為草○之時 19/204/15

局 jú 3

橫（○）〔扃〕四方而不窮 9/69/14
是故聖人論事之（○）曲直 13/125/21
不若（此）《延（路）〔露〕》（陽○）〔以和〕 18/198/14

菊 jú 1

○有黃華 5/44/15

跼 jú 1

踡○而諦 7/59/27

橘 jú 5

故○、樹之江北則化而為（枳）〔橙〕 1/4/1
是故槐榆與○柚合而為兄弟 2/13/1
梨○棗栗不同味 17.67/173/3
○柚有鄉 17.134/177/28
夫（○柚）〔亭歷〕冬生 19/205/7

鵙 jú 1

○始鳴 5/41/18

攫 jú 1

木大者根（欋）〔○〕 17.240/185/10

沮 jǔ 7

舉世而非之不加○ 2/16/2
行○然後義立 8/62/17
諸侯莫不慴慄○膽其處 15/144/11
靡不毀○ 15/149/8
故○舍之下不可以坐 16.23/156/15
蒲○（之子）〔子之〕巧 18/196/20
故力竭功○ 19/206/3

怚 jǔ 1

（矜怚）〔矜○〕生於不足 10/87/16

矩 jǔ 30

方不中○ 1/6/17
規○不能方圓 1/9/8
如工匠有規○之數 2/13/16
執○而治秋 3/20/5
規生○殺 3/25/14
秋為○ 5/48/26
○者 5/48/27
○之為度也 5/49/15
○正不失 5/49/16
秋治以○ 5/49/22
可以○表識也 8/62/22
今夫權衡規○ 9/69/24
規○方員 9/74/17
方乎○ 10/82/15
良工漸乎○鑿之中 10/87/12
○鑿之中 10/87/12
地之方也不中○ 11/99/20
若夫規○鉤繩者 11/100/6
而以知○（彠）〔矱〕之所周者也 13/120/26
○不正 14/133/5
事之規○也 14/133/6
方之中○ 14/140/16,19/207/26
非規○不能定方圓 17.214/183/17
用規○準繩者 17.214/183/17
亦有規○準繩焉 17.214/183/17
儀表規○ 18/185/20
夫无規○ 19/208/7
規○權衡準繩 20/214/8
方中○ 20/215/15

莒 jǔ 3

○君厚賂而止之 7/59/1
楚勝乎諸夏而敗乎柏○ 14/135/9
小白奔○ 20/222/22

筥 jǔ 1

具（樸）〔栚〕曲○筐 5/40/19

舉 jǔ 144

夫○天下萬物 1/9/20
是故○錯不能當 1/10/1
而難以筭計○也 2/11/22
是故○事而順于道者 2/12/25
一○而千萬里 2/13/3
今夫萬物之疏躍枝○ 2/13/12
何足以○其數 2/13/21
○大功 2/14/8
是故○世而譽之不加勸 2/16/2
○世而非之不加沮 2/16/2
其○錯未必同也 2/16/17
龍○而景雲屬 3/19/10
丙子受制則○賢良 3/23/20
百事可○ 3/26/27
以困○事 3/28/29
貤日不可以○百事 3/29/2
故○事而不順天者 3/29/20
除○廣 3/31/17
○孝悌 5/41/8
○五穀之要 5/44/18
○力農 5/47/19
巧歷不能○其數 6/50/18
車莫動而自○ 6/52/9
○事戾蒼天 6/53/11
○兵而相角 6/53/20
傷弓弩矛戟矢石之創者扶○於路 6/53/25
吾將○類而實之 7/58/10
故○天下而傳之于舜 7/58/15
輕○獨往 7/58/28
乃○兵而伐之 8/66/21
○不義之兵〔而〕伐無

巨 jù 10

具 jù 38

各有其〇 1/2/17
曰越之〇區 4/32/22
東南方曰〇區 4/33/23
乃言〇于天子 5/40/13
〇（樸）〔栚〕曲筥筐 5/40/19
〇田器 5/46/25
養性之〇不加厚 7/58/15
此輕天下之〇也 7/58/16
或佞巧小〇 9/74/26
文武備〇 9/80/4
此巧之〇也 11/100/6
故絃、悲之〇也 11/100/7
不積於養生之〇 11/103/28
〔子佩〇於京臺〕 12/110/21
吾聞子〇於強臺 12/110/23
〇傳車 12/117/17
治（人）之〇也 13/121/25
而未知全性之〇者 13/126/10
非能〇綈綿曼帛溫煖於身也 13/130/24
以浮游而為龜憂養生之〇 14/142/8
然皆佐勝之〇也 15/145/18
好弋者先〇繳與矰 16.113/164/20
好魚者先〇罟與（罘）〔罛〕 16.113/164/20
未有无其〇而得其利 16.113/164/20
大〔庖不〕豆（不〇） 17.15/169/12
湯沐〇而蟣蝨相弔 17.106/175/26
涔則〇擢對 17.235/184/30
甲兵粟米可立〇也 18/192/12
而衛君之禮不〇者死 18/200/26
以奉宗廟鮮犞之〇 20/213/17
故法者、治之〇也 20/215/22
（而）〔亦〕猶弓矢、中之〇〔也〕 20/215/22
六律〇存 20/216/23
律雖〇、必待耳而後聽 20/216/24
且聾者、耳形〇而无能聞也 20/220/11
其道理素〇 20/220/20
以應小〇 21/225/14
〇其形 21/227/9

拒 jù 1

拘罷〇折之容 11/97/9

岠 jù 2

立四表以為方一里〇 3/31/15
從〇北表參望日始出及旦 3/31/15

炬 jù 1

亡者不敢夜揭〇 16.37/157/23

倨 jù 5

臥〇〇 6/53/2
（理）詘（伸）〔伸〕〇（佝）〔句〕 10/87/20
箕〇反言 11/97/10
〇句詘伸 15/147/4

距 jù 14

雖有鉤箴芒〇 1/2/21
形閉中〇 1/10/5
〇日冬至四十五日條風至 3/20/25
故曰〇日冬至四十六日而立春 3/22/14
句爪、居牙、戴角、出〇之獸於是鷙矣 8/61/23
〔〇〕日冬至四十六日 8/62/2
蹠〇者舉遠 13/127/16
前爪後〇 15/142/22, 19/206/1
〇諫喜（誹）〔諛〕 15/153/8
是以虛禍〇公利也 16.53/159/10
而季氏為之金〇 18/195/18
季氏金〇 18/195/27
今日〇彊敵 19/207/13

詎 jù 1

庸（愚）〇知吾所謂知之非不知歟 2/14/4

鉅 jù 3

趙之〇鹿 4/32/23

發〇橋之粟 9/80/16, 12/117/19

聚 jù 21

收〇畜積而不加富 1/1/20
〇眾不足以極其變 2/15/17
毋〇眾 5/39/10
〇畜百藥 5/41/10
多積〇 5/44/2
命司徒行積〇 5/45/18
農有不收藏積〇、牛馬畜獸有放失者 5/46/10
謹著〇 5/48/2
〇埒畝 8/61/18
實不〇而名不立 8/63/3
萬人之〇無廢功 9/70/10
量民積〇 9/78/11
禹令民〇土積薪 11/99/2
夫顏（喙）〔啄〕〇、梁父之大盜也 13/127/11
毋焚積〇 15/143/13
故眾〇而不虛散 15/148/11
離合散〇 15/152/17
水積而魚〇 16.113/164/19
物之散〇 17.191/181/29
見門閭〇眾必下 18/199/16
巷无〇人 20/215/27

踞 jù 2

為儒而〇里閭 16.40/158/1
蹲〇而誦《詩》、《書》 16.79/161/13

劇 jù 1

子發辨擊〇而勞佚齊 18/200/9

駏 jù 2

常為蛩蛩〇驉取甘草以與之 12/108/7
蛩蛩〇驉必負而走 12/108/8

據 jù 12

〇難履危 2/12/1

使之左〔手〕○天下圖
而右手刎其喉 7/59/15
夫○榦而窺井底 9/76/8
○義行理而志不懾 9/80/25
若跌而○ 10/85/23
○籍守舊（教） 13/122/22
○地而吐之 19/208/15
○句枉 19/209/21
使人左○天下之圖而右
刎喉 20/218/26
入○殷國 20/219/18
○度行當 21/224/18
梁丘○、子家噲導於左
右 21/228/14

鋸 jù 2

公輸、王爾無所錯其剞
劂削○ 8/61/21
故剞劂銷○陳 11/100/4

遽 jù 11

庸○知世之所自窺我者
乎 11/101/8
器用○於刻鏤 11/103/21
方於卒迫窮○之中也 13/126/1
智○於事 14/139/2
○掩其耳 16.55/159/14
○契其舟（桅）〔椸〕
17.1/168/9
此何○不〔能〕為福乎 18/190/1
18/190/3
此何○不能為禍乎 18/190/2
魚何○無由出 18/196/10
盜何○無從（人）〔入〕
18/196/10

屨 jù 1

衰絰（管）〔菅〕○ 9/78/20

懼 jù 22

故君子○失義 10/82/27
小人○失利 10/82/28
觀其所○ 10/82/28
有勇者不可劫以○ 10/88/23
多○害勇 10/88/24
○不能走也 11/104/16
公○ 12/112/19
○哉 12/114/21
如何其無○也 12/114/23
三帥乃○而謀曰 12/115/23
恭王○而失（體）〔禮〕
13/125/19
振以恐○ 13/128/21
○揜其氣也 13/130/13
居則恐○ 15/149/29
恐○蹇步 15/152/23
是故兵未交接而敵人恐
○ 15/153/23
○車之覆也不敢乘 16.53/159/10
○人聞之 16.55/159/14
○者亦顫 16.109/164/9
故善游者不可○以涉
17.37/170/30
無○色憂志 18/197/2
○爭道之不塞 21/227/29

娟 juān 2

加之以詹何、○嬛之數 1/2/21
便（媚）〔○〕擬神 19/209/20

捐 juān 5

（損）〔○〕其思慮 1/6/30
棄○五帝之恩刑 6/53/10
（損）〔○〕其形骸 7/57/15
（損）〔○〕棄其社稷 7/60/26
使管仲出死○軀 13/127/6

鐫 juān 1

○山石 8/61/13

捲 juǎn 5

不若○手之一挃 15/149/9
今○○然守一節 18/199/21
攘○一擣 19/205/2
○握而不散也 21/227/14

卷 juàn 19

○之不盈於一握 1/1/5
與剛柔○舒兮 1/1/24
短袂攘○ 1/3/25
盈縮○舒 2/12/22
故許由、方回、善○、
披衣得達其道 2/17/27
采采○耳 2/18/13
（羸）〔贏〕縮○舒 8/64/8
許由、善○非不能撫天
下、寧海內以德民也 11/103/6
太柔則○ 13/122/30
可○而（伸）〔懷〕也 13/123/4
旗不解○ 15/144/21
南○沅、湘 15/145/25
雲徹席○ 15/146/10
柔而不可○也 15/151/26
天下席○ 18/197/18
而外能詘伸、（羸）
〔贏〕縮、○舒 18/199/19
齧缺○鋌 19/208/21
指奏○異 21/227/2
辭雖壇○連漫 21/227/14

券 juàn 1

非（○）〔券〕之所
〔能〕責也 20/211/28

倦 juàn 5

是以天下盡力而不○ 9/73/13
方○龜殼而食蛤梨 12/116/7
因其勞○怠亂 15/148/4
勞○怠亂 15/152/23
養老弱而息勞○也 19/203/5

圈 juàn 4

天下為之○ 1/6/21
萬物一○也 2/13/4
（天）受形於一○ 2/13/27
為之○檻 9/68/5

卷 juàn 1

乃〇西顧 13/124/26

惓 juàn 1

是由病者已〇而索良醫也 18/186/3

雋 juàn 2

歲星舍觜〇、參 3/27/10
觜〇、參趙 3/28/12

絹 juàn 1

（綃）〔〇〕以綺繡 11/98/25

豢 juàn 1

（〇）〔豢〕禽獸者也必去豺狼 15/143/10

懁 juàn 1

不智而辯慧（懷）〔〇〕給 9/81/30

嗟 juē 1

〇我懷人 2/18/13

孓 jué 1

（孑孑）〔孑〇〕為蟲 17.163/180/1

決 jué 56

是故禹之〇瀆也 1/3/12
〇挈治煩 2/14/9
〇離隱密而自成 2/15/8
貫星墜而勃海〇 3/19/11
〇（刑罰）〔罰刑〕 3/20/30
大口〇眥 4/36/1
〇小罪 5/41/10
審〇獄 5/43/7
〇獄不當 5/43/21
補〇竇 5/48/2
〇洿而注之江 7/56/24
是猶〇江河之源而障之以手也 7/60/13
禹〇江疏河 9/72/1
〇煩理挐 9/74/26
若發城〇塘 9/78/6
塘〇水涸 9/82/4
〇之於目 11/96/9
久積而不〇 11/103/21
故江河〇（沉）〔流〕 11/104/16
以〇一（且）〔旦〕之命 13/124/7
〇河濬江者 14/134/17
故禹〇江河 14/138/8
必從旁而〇之 14/140/9
〇獄不辜 15/143/15
若崩山〇塘 15/144/28
乃以〇勝 15/145/7
而〇勝乎千里之外矣 15/146/26
分〇則勇 15/147/18
分〇而動 15/147/21
計定謀〇 15/148/8
所以〇勝者鈐勢也 15/149/26
勢如〇積水於千仞之隄 15/150/6
〇疑不辟罪 15/151/25
其臨敵〇戰 15/153/21
〇於封外 15/153/25
（泱）〔〇〕鼻而羈 16.104/163/23
故〇指而身死 16.129/166/4
〇千金之貨者不爭銖兩之價 17.218/183/25
〇晉水而灌之 18/191/20
〇水灌智伯〔軍〕 18/192/1
（而）水〇九江而漸荊州 18/195/9
越王句踐一〇獄不辜 18/200/5
孫叔敖〇期思之水而灌雩婁之野 18/200/9
〇於令（尹）前 18/201/25
子發（視）〔親〕〇吾罪而被吾刑 18/201/27
〇江疏河 19/202/22
疏河〇江 19/205/12
〇獄明白 19/205/13
〇腹斷頭 19/207/14
卜筮而〇事 20/211/6
〇江濬河 20/212/9
趙政晝〇獄、夜理書 20/215/20
茨其所〇而高之 20/216/12
誠〇其善志 20/216/14
知足以〇嫌疑 20/217/18
〇瀆壅塞 21/224/24

角 jué 52

〇觡生也 1/1/16
扶搖抮抱羊〇而上 1/2/1
故牛歧蹏而戴〇 1/4/6
耳聽《白雪》、《清〇》之聲 2/12/9
其星〇、亢、氐 3/19/22
其音〇 3/20/2
5/39/4,5/39/18,5/40/9
以八月秋分效〇、亢 3/20/20
麋〇解 3/22/1,5/46/13
姑洗為〇 3/25/23
羽生〇 3/26/7
〇（生）〔主〕姑洗 3/26/7
夷則之〇也 3/26/11
〇、亢為對 3/27/9
歲星舍〇、亢 3/27/15
八月建〔〇〕、亢、〔氐〕 3/28/3
〇十二 3/28/6
〇、亢鄭 3/28/11
有幽都之筋〇焉 4/34/14
戴〇者無上齒 4/35/18
無〇者膏而無前〔齒〕 4/35/18
有〇者（指）〔脂〕而無後〔齒〕 4/35/19
變羽生〇 4/36/22
變〇生宮 4/36/23
〇斗（稱）〔桶〕 5/40/1,5/44/4
令百工審金鐵皮革、筋〇箭幹、脂膠丹漆 5/40/20
鹿〇解 5/41/27
〇力勁 5/45/22
彈〇〇動 6/51/18
舉兵而相〇 6/53/20
句爪、居牙、戴〇、出距之獸於是驚矣 8/61/23

甯戚擊牛○而歌 10/91/8
○觡不猒薄 11/95/1
彈○而○動 11/100/11
擊牛○而疾商歌 12/109/3
堅者為齒○ 13/130/15
兕無所措其○ 14/138/13
含牙（帶）〔戴〕○ 15/142/22
有○者觸 15/142/22
若兕之○ 15/147/25
弩如羊○ 15/148/21
〔若〕假之筋○之力、
弓弩之勢 15/150/5
故梧桐斷○ 16.130/166/8
又利越之犀○、象齒、
翡翠、珠璣 18/197/12
含牙戴○ 19/206/1
不過宮、商、○、徵、
羽 21/227/8

玦 jué 6

埃天五百歲生（缺）
〔○〕 4/38/14
（缺）〔○〕五百歲
（生黃埃黃埃五百歲）
生黃澒 4/38/14
楚王（之）佩○而逐
（菟）〔兔〕 13/131/27
為走而破其○也 13/131/27
因珮兩○以為之豫 13/131/27
兩○相觸 13/131/27

捔 jué 2

而風氣者、陰陽粗（○）
〔犄〕者也 13/131/1
黂燭○ 17.164/180/4

劂 jué 2

鏤之以剞○ 2/14/13
公輸、王爾無所錯其剞
○削鋸 8/61/21

掘 jué 11

○崑崙虛以下地 4/33/4
○墳墓 6/53/21
○地而井飲 8/61/16
築城○池 8/61/25
然〔而〕民無（○穴）
〔堀室〕狹廬所以託
身者 9/78/12
○室而求鼠 16.74/160/29
則內為之○ 17.16/169/16
弗○（無泉）〔不出〕
17.112/176/7
茯苓○ 17.171/180/19
○藏之家必有殃 18/187/6
○其所流而深之 20/216/12

觖 jué 1

自視猶○如也 10/83/10

趹 jué 3

有蹏者○ 15/142/23
夫墨子（趺）〔○〕蹏
而趨千里 19/204/5
敕蹻○〔步〕 19/207/9

桷 jué 1

而獟（樸）〔樣〕○不斲 7/58/13

厥 jué 2

○德孔密 5/49/1
〔中○目而擒之〕 13/125/18

絕 jué 56

（維）〔繼〕嗣○祀 1/4/14
繼○世 2/14/8,9/74/26
地維○ 3/18/25
蠶珥絲而商弦○ 3/19/10
○流沙 4/33/13
東流○漢入海 4/37/16
（拔）〔振〕乏○ 5/40/16
○蹊徑 5/45/19
自崑崙東○兩恒山 5/47/22
自崑崙○流沙、沈羽 5/47/27
蚕咡絲而商弦○ 6/50/14
驚若○ 6/52/11
○止之 6/53/2
援○瑞 6/53/6
河九折注於海而流不○者 6/54/18
江、河、三川○而不流 8/61/22
思慕之心未能○也 8/66/15
殺不辜之民〔而〕○先
聖之後 8/66/22
故千人之群無○梁 9/70/10
不能游而○江海 9/75/6
筋○而弗能及 9/77/3
尾○而不從者 9/78/3
則是○民之繫也 10/88/29
則小絃○矣 10/91/21
是○哀而迫切之性也 11/97/17
不○人之所〔不〕能已 11/97/18
以為窮民○業而無益於
槁骨腐肉也 11/97/22
然而樂離世伉行以○衆 11/103/5
○塵弭（徹）〔轍〕 12/111/16
○聖棄智 12/114/29
糧食未及乏○也 12/115/20
又數○諸侯之地 12/115/21
弛弓○絃 12/117/19
衡○道路 13/120/11
使呂氏○祀而陳氏有國
者 13/123/8
存亡繼○ 13/124/5
禮義○ 13/126/15
不能存亡接○者何 13/127/15
赤地三年而不○流 13/131/8
將以存亡繼○ 15/142/21
故（不）〔人〕得不中
○ 15/142/27
牛車○轔 16.150/168/2
不能○於口 18/187/20
其後繼嗣至今不○者 18/189/16
齊桓繼○而霸 18/189/18
數○諸侯之地 18/193/1
〔為〕○國殊俗 19/203/3
○穀不食 19/204/27
以○世俗 19/207/8
而伯牙○絃（被）〔破〕
琴 19/208/8
今劍或○側羸文 19/208/21
遂疏儀狄而○嗜酒 20/222/7
中國之不○如綫 21/228/9

欲以存亡繼○ 21/228/10
水○山隔 21/228/16

鈌 jué 1

（○）〔缺〕繩者誅 9/75/17

較 jué 1

故大○易為智 20/215/6

劂 jué 2

故剞○銷鋸陳 11/100/4
剞○無迹 11/101/25

駃 jué 1

故六騏驥、駟○騠 11/102/28

橛 jué 1

是猶无鏑銜（○）策錣
　而御馯馬也 13/122/2

爵 jué 30

景風至則○有位 3/20/28
行○出祿 5/41/8
○有德 5/47/19
勢位○祿何足以概志也 7/58/28
至貴不待○ 7/59/5
無勞而高○ 9/70/22
○祿者 9/73/12
而持○祿之柄 9/73/12
計君垂○以與臣市 9/73/23
有德者受吾○祿 10/90/5
今受其先人之○祿 12/109/17
夫○賞賜予 12/110/11
將衰楚國之○而平其制
　祿 12/112/2
今子將衰楚國之○而平
　其制祿 12/112/4
夫乘民之功勞而取其○
　祿〔者〕 12/113/13
○高者、士妬之 12/114/1
吾○益高 12/114/1
荊〔王〕○為執圭 12/118/6
斬首〔者〕拜○ 13/129/22
○祿不能累也 13/130/8
洗○而飲 14/140/17,20/215/15
爭盈○之間 14/141/5
兩○相與鬭 15/152/7
益○祿 15/153/24
功臣二世而〔收〕○祿 18/186/22
不貪○祿 18/193/26
奉一○酒 19/202/25
田子方、段干木輕○祿
　而重其身 20/218/16
吳起為楚〔張〕減○
　（祿）之令 20/222/18

屩 jué 1

必有菅○跐踦 11/94/3

蹶 jué 10

則後者（○）〔蹶〕之 1/5/12
猨狖顛○而失木枝 6/51/27
推○三王之法籍 6/53/10
形勞而不休則○ 7/57/3
其名曰○ 12/108/7
○有患害 12/108/8
游者以足○ 17.5/168/21
愈○愈敗 17.5/168/21
○蹏足以破盧陷匈 19/204/16
○沙石 19/207/17

譎 jué 5

則背○見於天 6/50/16
以○應○ 17.233/184/25
狂○不受祿而誅 18/199/10
詐○之變 21/225/29

覺 jué 14

○而後知其夢也 2/11/6
今將有大○ 2/11/6
其○不憂 2/11/16
而○視於天地之閒 2/15/11
而○於寂漠也 2/15/23
而○視于昭昭之宇 7/57/23
○而若（昧）〔眛〕 7/59/22
恭王乃○ 13/125/19
事果發○ 13/131/15
然後○其動也 14/135/22
然後○其為也 14/135/23
人不小（學）〔○〕 16.2/154/10
有罪相○ 20/223/4
而不知○寤乎昭明之術
　矣 21/227/3

匷 jué 1

則（推）〔椎〕車至今
　無蟬○ 17.60/172/21

嚼 jué 4

○咽者九竅而胎生 4/35/18
聾者可令（嗺）〔○〕筋 9/72/6
○而無味者弗能內於喉
　17.216/183/21
口○滋味 20/219/10

爝 jué 2

○火甚盛 12/109/2
夫○火在縹烟之中也 18/195/8

攫 jué 12

鷙鳥○老弱 6/52/25
無有○噬之心 6/53/4
夫造化者之○援物也 7/56/22
搏援○捷 9/77/19
猛獸之○也匿其爪 15/150/24
熊羆之動以○搏 16.146/167/20
不能搏○者 17.127/177/12
使離珠、〔○〕劉索之 18/195/2
奮翼○肆 19/206/1
○援摽拂 19/206/16
○掇之捷 19/206/17
搏援○肆 19/209/22

躩 jué 1

鳧浴蝯○ 7/58/3

鐍 jué 4

揭○臿 7/59/25
今知脩干戚而笑○插 11/99/4
修脛者使之跖（○）〔鏵〕 11/101/19
奮儋○ 15/146/10

均 jūn 16

則六合不足○也 1/3/12
陰陽氣○ 3/22/8
○而不阿 5/49/4
投足調○ 6/52/7
理則○ 7/55/23
○則通 7/55/23
所急（則○）〔○則〕其用一也 11/95/1
淳○之劍（不）可愛也 11/99/13
安樂無事而天下（○）〔和〕平 11/103/25
分○者 12/114/27
分不○ 15/142/24
賦丈○ 15/145/15
德○、則眾者〔勝〕寡 15/146/24
丹朱、商○也 19/204/22
下不（及）〔若〕商○ 19/204/24

君 jun 372

體○臣 2/14/8
音之○也 3/26/1
國○當之 3/29/12
東方有○子之國 4/34/25
有大人國、○子國、黑齒民、玄股民、毛民、勞民 4/37/1
○子齋戒 5/41/26,5/46/12
昔雍門子以哭見於孟嘗○ 6/50/9
孟嘗○為之增欷歍唈 6/50/9
使俗人不得其○形者而效其容 6/50/10
○臣乖心 6/50/16,15/151/9
而音之○已形也 6/51/19
（仁）〔人〕○處位而不安 6/53/12
居○臣父子之間而競載 6/53/13
是故○臣乖而不親 6/53/14
（○）〔居〕而無容 7/57/24
莒○厚賂而止之 7/59/1
○子義死 7/59/2
虞○利垂棘之璧而擒其身 7/60/27
使此五○者 7/60/29
○臣不和 8/62/2,9/76/5
○者用六律 8/64/5
○者失準繩則廢 8/64/19
○臣輯睦 8/66/6
○施其德 8/66/14
○臣相欺 8/66/16
戮其○ 8/66/21
故○人者 9/69/1
而○人者不下廟堂之上 9/70/7
是以○臣彌久而不相猒 9/70/18
○人之道 9/70/20,9/73/26
朝有賞者而○無與焉 9/70/27
誅者不怨○ 9/70/27
不受贛於○ 9/70/28
是故○臣異道則治 9/71/19
則○得所以制臣 9/71/23
臣得所以事○ 9/71/23
莫敢專○ 9/73/1
是故臣不得其所欲於○者 9/73/21
○亦不能得其所求於臣也 9/73/22
○臣之施者 9/73/22
是故臣盡力死節以與○ 9/73/22
計○垂爵以與臣市 9/73/23
〔是〕故○不能賞無功之臣 9/73/23
臣亦不能死無德之○ 9/73/23
○德不下流於民 9/73/23
雖在卿相人○ 9/75/9
其立○也 9/75/19
所以禁○ 9/75/19
非無○也 9/75/27
○人者釋所守而與臣下爭〔事〕 9/76/22
守職者以從○取容 9/76/23
勢不及○ 9/76/26
○人者不任能 9/76/26
而○臣相怨也 9/77/1
是故○人者 9/77/7
虞○好寶而晉獻以璧馬釣之 9/77/8
衛○役子路 9/77/17
故古之○人者 9/78/15
○臣上下同心而樂之 9/78/16
○臣相疾也 9/78/22
故有仁○明主 9/79/4
若得貪主暴○ 9/79/5
○之本也 9/79/8
是故（人○）〔○人〕者 9/79/8
弒○三十六 9/80/24
而爭萬乘之○ 9/81/1
○子制義 9/81/13
出忠於○ 9/81/24
○臣相忘也 10/82/20
○子非（仁）義無以生 10/82/26
故○子懼失義 10/82/27
○子幾不如舍 10/82/30
○子見過忘罰 10/83/7
故○子見始 10/84/13
文不勝質之謂○子 10/84/18
故○子行（斯）〔期〕乎其所結 10/84/19
身○子之言 10/84/27
中○子之意 10/84/27
臣之死○也 10/85/1
○子之慘怛 10/85/3
義尊乎○ 10/85/5
故○之於臣也 10/85/5
故義勝○ 10/85/6
則○尊而臣忠 10/85/6
故○子慎其獨也 10/85/10
故○子見善則痛其身焉 10/85/13
○子曰苟義 10/85/16
故○子日孳孳以成輝 10/86/1
故○子慎一用之 10/86/14
○臣上下 10/87/5,13/123/24
教本乎○子 10/87/26
○子享其功 10/87/26
使○子小人各得其宜也 10/87/27
○讓也 10/87/29
○子之道 10/88/9
○子者、樂有餘而名不足 10/88/12
○子思義而不慮利 10/88/13
善生乎○子 10/88/26
○反本 10/88/29
○下臣而聰明 10/89/4
○不與臣爭功 10/89/4
故○子順其在己者而已

矣　10/89/13
故○子能為善　10/89/15
○、根本也　10/89/18
○子時則進　10/89/28
○不求諸臣　10/90/12
臣不假之○　10/90/13
義載乎宜之謂○子　10/90/16
雍門子以哭見孟嘗○　10/91/8
○子不謂小善不足為也
　而舍之　10/92/1
故○子禁於微　10/92/2
○以德尊　10/92/10
○以義尊　10/92/10
○以強尊　10/92/10
○子誠仁（於）〔乎〕　10/92/16
驕溢之○无忠臣　10/92/24
所以合○臣、父子、兄
　弟、夫妻、友朋之際
　也　11/93/24
○臣以相非　11/93/25
後世必有劫殺之○　11/94/12
以○　11/95/21
治○者不於○　11/95/21
若事嚴主烈○　11/97/1
晉文○大布之衣　11/97/11
今握一○之法籍　11/98/8
形之○　11/100/12
望○而笑　11/101/2
或以為○子　11/101/3
魯○欲相之　11/102/26
猶人○與僕虜　11/104/8
世亂則○子為姦　11/104/23
事有○　12/105/25
先○之立我也　12/106/24
今○有憂色　12/107/7
無地而為○　12/107/23
薄疑說衛嗣○以王術　12/108/11
嗣○應之曰　12/108/11
杜赫以安天下說周昭文
　○　12/108/12
〔昭〕文○謂杜赫曰　12/108/12
○不若使人問之　12/109/6
○之所讀書者　12/110/1
謂宋○曰　12/110/10
在○〔之〕行賞罰　12/110/10
○自行之　12/110/11
宋○曰　12/110/11
〔於是宋○行賞賜而與
　子罕刑罰〕　12/110/12
子罕遂（却）〔劫〕宋
　○而專其政　12/110/14
昔者○王許之　12/110/22
〔曹○〕無禮焉　12/110/27
○無禮於晉公子　12/110/27
○誅中牟之罪　12/111/10
○子不乘人於利　12/111/11
先○之時　12/112/13
起而拜○大夫　12/112/15
○臣爭以過為在己　12/112/16
且〔○〕輕下其臣　12/112/16
禍且當〔於〕○　12/112/20
寡人誰為○乎　12/112/22
為人○而欲殺其民以自
　活也　12/112/23
其誰以我為○者乎　12/112/24
敢賀○　12/112/25
○有○人之言三　12/112/25
　12/112/27
天必（有）三賞○　12/112/25
○延年二十一歲　12/112/26
〔臣〕故〔曰〕○（移）
　〔延〕年二十一歲　12/113/1
此○之德也　12/113/12
○曰　12/113/17,12/115/3
　12/119/9,15/153/26
有○若此　12/113/18
宿沙之民皆自攻其○而
　歸神農　12/114/23
聞○求技道之士　12/115/1
願為○行之　12/115/5
在人○用之耳　12/115/9
○重圖之　12/115/22
昔吾先○與穆公交　12/115/25
今吾○薨未葬　12/115/25
是死吾○而弱吾孤也　12/115/26
請浮○　12/119/9
有道之○不知忠臣　12/119/10
夫豫讓之○　12/119/10
何況乎○數易世　13/121/20
國數易○　13/121/21,14/137/9
遇○子則易道　13/123/15
則（千）〔萬〕乘之○
　無不霸王者　13/124/22
故亂國之○　13/124/27
二○處彊大〔之〕勢
　（位）　13/125/1
夫○臣之接　13/125/24
祝則名○　13/125/26
○子行之　13/126/25
人○弗臣　13/127/5
今人○〔之〕論其臣也　13/127/8
不入洿○之朝　13/127/15
是故○子不責備於一人　13/127/23
闇主亂于姦臣小人之疑
　○子者　13/128/13
唯赫不失○臣之禮　13/128/26
　18/192/4
莫不終忠於其○　13/128/27
○公知其盜也　13/131/21
○無事焉　14/134/16
猶〔之〕尊○也　14/134/16
○子脩行而使善无名　14/136/23
○臣同志　14/137/1
故立○以壹民　14/137/5
○執一則治　14/137/6
○道者　14/137/6
又況○數易法　14/137/9
故○失一則亂　14/137/10
甚於無○之時　14/137/10
○好智　14/137/13
○子行正氣　14/137/20
故○賢不見　14/138/11
故合而（舍）〔和〕之
　者、○也　14/139/6
淑人○子　14/139/24
○子其結於一乎　14/139/24
○子為善不能使（富）
　〔福〕必來　14/142/11
而養無義之○　15/143/3
此四○者　15/143/6
所為立○者　15/143/7
故聞敵國之○有加虐於
　〔其〕民者　15/143/11
（其）〔某〕國之○　15/143/14
廢其○而易其政　15/143/18
故○為無道　15/143/20
○雖无道　15/143/23
○臣同力　15/145/2
然懷王北畏孟嘗○　15/146/3
○自宮召將〔而〕詔之
　曰　15/153/13

○入廟門 15/153/15
二心不可以事○ 15/153/18
願○亦（以）〔無〕垂一言之命於臣也 15/153/19
○若不許 15/153/19
○若許之 15/153/19
報畢於○曰 15/153/25
請罪於○ 15/153/26
而文○垂泣 16.4/154/16
○子行義 16.18/155/26
○子服之 16.19/156/2
○子之於善也 16.26/156/24
宋○亡其珠 16.50/159/1
（故國有賢○、折衝萬里） 16.59/159/26
○子不容非其類也 16.62/160/3
○子不與 16.74/160/29
○形者亡焉 16.91/162/17
故○子不入獄 16.131/166/11
無其○形者也 17.61/172/23
崔杼弒其○而被大（讀）〔謗〕 17.81/174/3
○子有酒 17.146/178/25
○子之居民上 17.150/179/1
人○不以取道里 17.186/181/18
農夫勞而○子養焉 17.201/182/21
魯○令人閉城門而捕之 18/187/11
魯○聞陽虎失 18/187/15
○臣之義 18/188/7
秦西巴有罪於○ 18/188/15
○子致其道而福祿歸焉 18/189/10
契教以○臣之義 18/189/13
靖郭○將城薛 18/190/13
靖郭○謂謁者曰 18/190/13
〔靖〕郭○聞而見之 18/190/14
靖郭○止之曰 18/190/15
靖郭○曰 18/190/16, 18/190/18
今夫齊、○之淵也 18/190/17
○失齊 18/190/18
不聞出其○以為封疆者 18/191/1
然而心（調）〔和〕於○ 18/191/3
（○子）不賦忠信 18/191/12
○其（許）〔詐〕之而已矣 18/191/12
○其正之而已矣 18/191/14
○行賞先雍季 18/191/16
見韓、魏之○而約之 18/191/22
乃見韓、〔魏〕之○ 18/191/23
今智伯率二○而伐趙 18/191/23
則〔二〕○為之次矣 18/191/24
禍將及二○ 18/191/24
二○曰 18/191/24
言出〔二〕○之口 18/191/26
○其圖之 18/191/26
二○乃與張孟談陰謀 18/191/27
故（○）〔老〕子曰 18/192/6
今○欲為霸王者也 18/192/11
○以為不然 18/192/11
○奚為弗使 18/192/24
忠臣者務崇○之德 18/193/10
（謟）〔諂〕臣者務廣○之地 18/193/10
陳夏徵舒弒其○ 18/193/10
今○王以陳為無道 18/193/14
蓋聞○子不棄義以取利 18/193/16
此務崇○之德者也 18/193/17
此務為○廣地者〔也〕 18/193/20
夫為○崇德者霸 18/193/20
為○廣地者滅 18/193/20
是故忠臣〔之〕事○也 18/193/26
又劫韓、魏之○而割其地 18/194/1
孟嘗○聞之 18/194/14
孟嘗○問之曰 18/194/15
孟嘗○曰 18/194/16, 18/194/17
以身歸○ 18/194/18
○不如去一人 18/195/14
○胡得之 18/195/21
曹○欲見其駢脅 18/196/2
○弗聽 18/196/4
殺西嘔○譯吁宋 18/197/15
而忠臣之所以事○也 18/198/18
偃王、有道之○也 18/198/20
故「○子終日乾乾 18/198/28
代○為墨而殘 18/199/2
而四○獨以為仁義儒墨而亡者 18/199/2
逆順在（○）〔時〕 18/199/7
衛○朝於吳 18/200/15
魯○聞之 18/200/15
○胡為有憂色 18/200/16
魯○曰 18/200/16, 18/201/3
今衛○朝於吳（王） 18/200/17
孰〔意〕衛○之仁義而遭此難也 18/200/18
魯○召子貢 18/200/19
衛○之來也 18/200/22
然衛○以為吳可以歸骸骨也 18/200/23
今子受衛○而囚之 18/200/23
且衛○之來也 18/200/24
而衛○之禮不具者死 18/200/26
百姓聞之必怨吾○ 18/201/3
為大室以臨二先○之廟 18/201/4
魯○之欲為室誠矣 18/201/5
○何為軾 19/203/28
○軾其閭 19/203/29
懷○子之道 19/204/1
其○禮之 19/204/4
○子有能精搖摩監 19/206/22
自人○公卿至于庶人 19/207/4
故○子積志委正 19/207/8
寡○失社稷 19/207/19
○子修美 19/209/27
宋人有以象為其○為楮葉者 20/210/27
以立○臣之義而成國 20/213/4
制○臣之義 20/213/5
而○子美之 20/214/10
〔而〕○子大之 20/214/11
軍敗○獲 20/214/11
可謂惠○〔矣〕 20/214/18
此使○子小人紛然殽亂 20/218/14
不歸善者不為○子 20/218/15
使其○生无廢事 20/218/17
身无定○ 20/218/18
故○子之過也 20/218/20
中之者謂之○子 20/218/25
○子雖死亡 20/218/25
死○親之難 20/218/27
愷悌○子 20/218/28
其為○亦（患）〔惠〕矣 20/220/25
先本後末謂之○子 20/221/7
○子與小人之性非異也 20/221/8
故○臣以睦 20/221/23
使○人者知所以從事 21/224/20
○人之事也 21/225/8
言帝道而不言○事 21/226/26
言○事而不為稱喻 21/226/27

浚 jùn 1

○出華竅 4/37/19

峻 jùn 4

日冬至〔入〕○狼之山 3/21/7
山無○榦 6/53/16
山無○幹 8/65/13
○木尋枝 11/94/23

捃 jùn 1

而○逐萬物之祖也 21/227/7

菌 jùn 4

海人生若○ 4/38/1
若○生聖人 4/38/1
是以松柏○露〔宛而〕夏槁 8/61/22
朝（○）〔秀〕不知晦朔 12/116/19

箘 jùn 1

夫栝淇衛○簬 15/150/3

儁 jùn 1

天下雄○豪英暴露于野澤 13/124/6

餕 jùn 2

釐負羈遺之壺○而加璧焉 12/110/28
重耳受其○而反其璧 12/111/1

嶲 jùn 3

其星觜○、參、東井 3/19/25
觜○、參為對 3/27/18
觜○二 3/28/8

濬 jùn 2

決河○江者 14/134/17
決江○河 20/212/9

駿 jùn 7

（○）〔駮〕者霸 10/92/11
夫食○馬之肉 13/129/3
○馬以抑死 17.189/181/24
其馬將胡○馬而歸 18/190/2
相置桀○以為將 18/197/16
秦穆公為野人食○馬肉之傷也 20/211/27
賂以寶玉○馬 20/216/26

鵔 jùn 2

趙武靈王貝帶○鸃而朝 9/77/25
○鸃而朝 9/77/26

開 kāi 39

與陽俱○ 1/7/22
夫內不○於中而強學問者 1/8/8
○闔扇 3/23/20
子為○ 3/27/4
蠶○ 3/31/5
北門○以內不周之風 4/33/7
曰○明之門 4/34/6
至于○母之北 4/37/16
○府庫 5/40/16
○閉闔 5/47/15
○關梁 5/47/15
蚤閉晏○ 5/48/7
○閉張歙 7/55/11
動則與陽（俱○）〔同波〕 7/57/1
龍門未○ 8/63/15
○闔張歙 8/64/9
明於禁舍○閉之道 8/64/18
〔而〕制○闔 9/77/21
○民之所利 9/78/6
（關）〔○〕道之於善 10/82/21
東方○ 10/85/25
引其（網）〔綱〕而萬目○矣 10/88/5
若夫工匠之為連鐖、運○、陰閉、眩錯 11/100/7
夜（問）〔○〕門 12/109/2
東（○）〔關〕〔乎〕鴻濛之光 12/116/12
无關鍵而不可○也 12/117/21
○地數千里 13/126/10
百姓○門而待之 15/143/19
明於禁舍○塞之道 15/146/16
而寒暑不可（○）〔關〕閉 15/148/23
明○塞之節 15/152/1
十牖畢○不若一戶之明 17.221/183/31
為魏文侯（夫）〔大〕○地 18/188/10
況○戶發牖 20/220/6
故事有鑿一孔而（生）〔○〕百隙 20/223/5
而所○足以為敗 20/223/6
節○塞之時 21/224/11
操舍○塞 21/224/19
所以窺道○塞 21/226/23

愷 kǎi 1

○悌君子 20/218/28

慨 kǎi 1

吾獨忼○ 1/7/24

鎧 kǎi 2

（鞅）〔韅〕鞈鐵○ 9/68/17
或射之則被○甲 17.147/178/27

欬 kài 2

多風○ 5/42/18
〔康王〕蹀足謦○ 12/107/16

栞 kān 1

隨山○木 19/202/22

堪 kān 4

〇輿徐行 3/29/3
民力不〇 5/44/20
則不〇其殃 12/114/12
必不〇也 14/137/15

埳 kǎn 2

足蹪趎〇、頭抵植木而不自知也 1/9/23
（塪）〔〇〕井之無黿鼉 9/70/9

堿 kǎn 1

若發〇決塘 9/78/6

塪 kǎn 1

（〇）〔埳〕井之無黿鼉 9/70/9

忼 kāng 1

吾獨〇慨 1/7/24

康 kāng 12

是故不以〇為樂 1/9/12
十二歲〔而〕一〇 3/28/20
狡躁〇荒 9/73/28
成、〇繼文、武之業 9/80/20
惠孟見宋〇王 12/107/16
〔〇王〕蹀足謦欬 12/107/16
晉厲、宋〇行一不義而身死國亡 15/143/5
又求地於韓〇子 18/188/26
韓〇子不敢不予 18/188/26
以沉湎淫〇 20/213/15
〇梁沉湎 21/227/20
孔子脩成〇之道 21/228/1

糠 kāng 2

是故貧民糟〇不接於口 9/74/8
然民有糟〇菽粟不接於口者 9/78/13

伉 kàng 4

〇行以違眾 11/94/20
士之〇行也 11/101/24
然而樂離世〇行以絕眾 11/103/5
皆與〇禮 18/199/16

抗 kàng 7

形體能〇 1/9/21
公孫龍折辯〇辭 11/101/26
季（襄）〔哀〕、（陣）〔陳〕仲子立節〇行 13/127/14
天下孰敢厲威〇節而當其前者 15/147/15
〇泰山 15/148/11
而溺者不可以為〇 16.43/158/10
百人〇浮 16.46/158/17

尻 kāo 1

大肩下〇 4/36/7

考 kǎo 13

〇其功烈 6/53/5
以下〇世俗之行 7/59/7
月省時〇 9/67/18
必參五行之陰〇 9/73/1
文王舍伯邑〇而用武王 13/120/19
若乃人〇其（身）才 13/121/26
夫夏后氏之璜不能无〇 13/127/26
白璧有〇 17.89/174/21
婦人不得剡麻〇縷 18/197/17
中〇乎人德 20/213/2
上〇之天 21/223/21
〇之參伍 21/225/9
〇驗乎老、莊之術 21/225/19

犒 kào 1

〇以十二牛 13/125/16

科 kē 2

既（犐）〔〇〕以（⿰牛脩）〔⿰木脩〕 16.104/163/23
六藝異〇而皆（同）（道）〔通〕 20/214/3

苛 kē 12

明而不〇 5/47/24
冀除〇慝 5/49/19
去煩〇之事 6/54/9
而不嚶喋〇事也 6/54/12
政〇則民亂 9/68/4
法令察而不〇 9/75/3
令〇者民亂 10/91/18
上無〇令 11/103/19
以〇為察 12/118/27
多事固〇 17.136/178/1
民眾者教不可以（苟）〔〇〕 20/215/4
（苟）〔〇〕削傷德 20/222/15

柯 kē 3

斧〇而樵 13/120/11
〇之盟 13/127/2
莖〇豪芒 20/210/27

軻 kē 1

荊〇西刺秦王 20/221/26

犐 kē 1

既（〇）〔科〕以（⿰牛脩）〔⿰木脩〕 16.104/163/23

榼 kē 2

今夫霤水足以溢壺〇 13/130/6
舉壺〇盆盎而以灌之 15/149/11

可 kě 834

高不〇際 1/1/3
深不〇測 1/1/3,1/5/24,9/67/14
旋（縣）〔緜〕而不〇究 1/1/21
纖微而不〇勤 1/1/21
不〇為象兮 1/1/23
〇以步而步 1/2/4

〇以驟而驟	1/2/5
不〇為也	1/2/12,1/8/14
不〇究也	1/2/12
則飢虎〇尾	1/3/6
形性不〇易	1/4/2
勢居不〇移也	1/4/2
夫井魚不〇與語大	1/4/7
夏蟲不〇與語寒	1/4/8
曲士不〇與語至道	1/4/8
其力不〇量	1/5/6
然而大不〇極	1/5/24
行（而）不〇得〔而〕窮極也	1/6/3
微（而）不〇得〔而〕把握也	1/6/3
錯繆相紛而不〇靡散	1/6/4
夫光〇見而不〇握	1/6/11
水〇循而不〇毀	1/6/12
而五音之變不〇勝聽也	1/6/21
而五味之化不〇勝嘗也	1/6/21
而五色之變不〇勝觀也	1/6/22
登丘不〇為脩	1/9/9
居卑不〇為短	1/9/9
不〇不慎守也	1/9/18,9/67/10
而百節〇屈伸	1/9/21
〇切循把握而有數量	2/10/22
捫之不〇得也	2/10/22
望之不〇極也	2/10/23,12/117/8
不〇隱儀揆度而通光燿者	2/10/23
不〇為外	2/10/24
不〇為內	2/10/24
物豈〇謂无大揚攉乎	2/11/4
〇勝計邪	2/11/5
其道〇以大美興	2/11/22
有之〇以備數	2/13/5
然未〇以保於周室之九鼎也	2/13/9
使我〇係羈者	2/15/4
〇謂能體道矣	2/17/9
其〇得耶	2/17/18
豈〇得乎	2/17/21,7/60/15
故不〇以鑿地穿井	3/21/19
故不〇以夷丘上屋	3/21/20
不〇迎也	3/23/3
而〇背也	3/23/3
不〇左也	3/23/3
而〇右也	3/23/3
百事〇舉	3/26/27
猒日不〇以舉百事	3/29/2
不〇背而〇鄉	3/29/14
不〇與敵	3/29/15
不〇以內	5/40/15
〇以居高明	5/41/28
不〇以合諸侯	5/42/15
不〇以贏	5/43/7
〇以築城郭	5/44/1
不〇移匡	5/49/1
不〇以曲	5/49/19
不〇脅凌	6/50/5
流涕狼戾不〇止	6/50/9
而水火〇立致者	6/50/19
不〇以辯說也	6/51/3
亦〇謂失論矣	6/51/5
物固不〇以輕重論也	6/51/6
不〇求而得也	6/51/12
以言夫精神之不〇使外淫也	7/56/5
夫精神之〇寶也	7/57/5
故晏子〇迫以仁	7/59/2
不〇劫以兵	7/59/2
殖、華〇止以義	7/59/2
而不〇縣以利	7/59/2
而不〇以富貴留也	7/59/3
而不〇以死亡恐也	7/59/3
則不〇劫以死生	7/59/28
則不〇縣以天下	7/59/28
則不〇畏以死	7/60/1
而度制〇以為天下儀	7/60/11
不〇勝數〔矣〕	8/61/19
（〇）〔所〕以救敗	8/62/12
未〇與言至也	8/62/20
〇以矩表識也	8/62/22
〇以歷推得也	8/62/22
〇以鼓鐘寫也	8/62/23
〇以音律知也	8/62/23
是故大〇覩者	8/62/23
〇得而量也	8/62/23
明〇見者	8/62/23
〇得而蔽也	8/62/24
聲〇聞者	8/62/24
〇得而調也	8/62/24
色〇察者	8/62/24
〇得而別也	8/62/24
以明大巧之不〇為也	8/62/28
虎豹〇尾	8/63/10
虺蛇〇蹍	8/63/10
故道〇道	8/63/24
名〇名	8/63/24,12/110/8
〇傳於人者	8/63/25
不〇勝計也	8/65/21,18/186/11
天不〇極	9/67/14
未〇以加兵	9/68/22
故〇以為平	9/69/17
故〇以為正	9/69/18, 17.33/170/21
故〇以為命	9/69/18
其勢不〇也	9/72/2
夫推（而）不〇為之勢	9/72/2
雖中工〇使追速	9/72/4
聾者〇令（嗺）〔嚼〕筋	9/72/6
而不〇使有聞也	9/72/7
瘖者〇使守圉	9/72/7
而不〇使（言）〔通語〕也	9/72/7
夫鳥獸之不（〇）同（詳）〔群〕者	9/72/13
不〇不慎也	9/72/15
而勢〇以易俗	9/72/25
而〇以便國佐治	9/73/1
轍迹〇見也	9/73/10
必不〇之數也	9/73/24
〔莫不〇得而用也〕	9/74/18
猶无〇棄者	9/74/19
是故有大略者不〇責以捷巧	9/74/22
有小智者不〇任以大功	9/74/22
譬猶狸之不〇使搏牛	9/74/24
虎之不〇使搏鼠也	9/74/25
猶不〇棄也	9/75/9
未必〇用〔也〕	9/75/10
不〇以貴賤尊卑論也	9/75/10
其計乃〇用〔也〕	9/75/11
其（主）言〔而〕〇行〔也〕	9/75/11
則寸之分〇得而察也	9/76/8
勿使〇欲	9/76/15
勿使〇奪	9/76/15
故海內〇一也	9/76/16
（離）〔雖〕北宮子、司馬蒯蕢不〔〇〕使應敵	9/78/1

而〇以為材 12/106/10
〇陶冶而變化也 12/106/11
〇謂至貪（也）〔矣〕 12/106/18
〇謂至愚矣 12/106/19
不〇長保也 12/106/20
無心〇與謀 12/107/3
臣之所言〔者〕不〇 12/108/13
臣之所言〔者〕〇 12/108/14
〇以移風易俗 12/108/18
而（受）教順〇施後世 12/108/19
孔子亦〇謂知（禮）〔化〕矣 12/108/21
大王亶父〇謂能保生矣 12/109/16
焉〇以託天下 12/109/18
焉〇以寄天下矣 12/109/18
有說則〇 12/110/4
而〇以至妙者 12/110/6
道〇道 12/110/8
魚不〇脫于淵 12/110/14
國之利器不〇以示人 12/110/14
不〇以當此樂也 12/110/24
不見〇欲 12/110/25
子姓有〇使求馬者乎 12/111/15
〇以形容筋骨相也 12/111/16
〇告以良馬 12/111/17
而不〇告以天下之馬 12/111/17
尚〇更乎 12/112/9
不〇更也 12/112/10
不〇伐也 12/112/16
〇移於宰相 12/112/21
〇移於民 12/112/22
〇移於歲 12/112/23
〇 12/113/2,17.161/179/26
吾不知原三日而不〇得下也 12/113/17
〇弗降也 12/113/18
故「美言〇以市尊 12/113/19
美行〇以加人 12/113/20
18/192/6
〇乎 12/114/2
不〇不畏也 12/114/24
知〇否者 12/114/27
盜賊之心必託聖人之道而後〇行 12/114/28
〇矣 12/115/13,12/115/14
臣不知其〇也 12/115/21
不〇襲也 12/115/24
子殆〇與敖為友乎 12/116/9
吾不〇以久（駐） 12/116/15
化育萬物而不〇為象 12/117/3
搏之不〇得 12/117/7
无關鍵而不〇開也 12/117/21
無纆約而不〇解也 12/117/21
恐子不〇予也 12/117/24
武（王）〔士〕〇以仁義之禮說也 12/118/4
不〇劫而奪也 12/118/5
先王〔有〕以見大巧之不〇〔為〕也 12/118/13
不識道之〇以從楚也 12/118/19
地〇動乎 12/119/2
晏子〇謂忠於上而惠於下矣 12/119/5
〇以持天下弗失 12/119/28
烏鵲之巢〇俯而探也 13/120/4
禽獸〇羈而從也 13/120/5
常故不〇循 13/120/16
器械不〇因也 13/120/16
故變古未〇非 13/121/5
故道〇道者 13/121/13
〇謂能子矣 13/121/16
〇謂能武矣 13/121/18
〇謂能臣矣 13/121/20
雖日變〇也 13/121/26
則〇以正治矣 13/121/27
豈〇同哉 13/122/6
不〇與（達辱）〔遠舉〕 13/122/15
不〇使應變 13/122/16
不〇（今）〔令〕調（意）〔音〕 13/122/16
不〇令制法〔度〕 13/122/17
而狗馬〇日見也 13/122/26
〇卷而（伸）〔懷〕也 13/123/4
〇直而（晞）〔睎〕〔也〕 13/123/4
雖小不〇輕 13/124/25
周公〇謂能持滿矣 13/125/10
此所謂忠愛而不〇行者也 13/125/20
〇以共學矣 13/125/27
而未〇與適道也 13/125/27
〇與適道 13/125/27
未〇以立也 13/125/27
〇以立 13/125/28
未〇與權 13/125/28
故事有〇行而不〇言者 13/126/22
有〇言而不〇行者 13/126/22
所謂〇行而不〇言者 13/126/23
〇言而不〇行者 13/126/23
不〇灼也 13/126/27
不〇鑿也 13/126/27
不〇勝數 13/126/28
不〇謂勇 13/127/4
不〇謂貞 13/127/5
而脩短〇知也 13/128/14
而大小〇論也 13/128/14
見者〇以論未發也 13/128/18
不〇不審也 13/129/23
18/194/20,18/202/3
夫見不〇布於海內 13/130/19
聞不〇明於百姓 13/130/19
葬死人者裘不〇以藏 13/130/21
〔葬死人〕裘不〇以藏者 13/130/24
而〇傳於後世 13/130/25
皆不〇勝著於書策竹帛而藏於宮府者也 13/131/2
猶不〇忘 13/131/10
不〇用也 13/131/17
不〇不私藏 13/131/20
〇與言至論矣 14/132/28
自信者不〇以誹譽遷也 14/133/1
知足者不〇以勢利誘也 14/133/1
不〇以為方 14/133/5
不〇以為員 14/133/6
天下不〇以智為也 14/133/13
不〇以慧識也 14/133/13
不〇以事治也 14/133/13
不〇以仁附也 14/133/13
不〇以強勝也 14/133/13
其力不〇度 14/134/8
聖人不為〇非之行 14/134/30
先為不〇勝 14/135/4,15/152/4
以待敵之〇勝也 14/135/4
先為不〇奪 14/135/4
以待敵之〇奪也 14/135/5
故道不〇以勸（而）就利者 14/135/9
而〇以寧避害者 14/135/9
故道術不〇以進而求名 14/135/16

而○以退而脩身 14/135/17
不○以得利 14/135/17
而○以離害 14/135/17
德○以自脩 14/136/18
而不○以使人暴 14/136/18
道○以自治 14/136/18
而不○以使人亂 14/136/18
○以全身 14/136/19
而未○以霸王也 14/136/19
○謂無為矣 14/137/7
下之徑衢不○勝理 14/137/10
而道術之○（脩）〔循〕明矣 14/137/18
不○兩立 14/137/22
欲之不○勝 14/137/27
故天下○得而不○取也 14/138/9
霸王○受而不○求也 14/138/9
百姓不怨則民用○得 14/138/12
則天下之時○承 14/138/12
（為）〔焉〕○以託天下也 14/138/31
不○以為祝 14/140/2
不〔○〕以為僕 14/140/3
○以將少 14/140/16
而不○以將眾 14/140/16
○以治家 14/140/17
而不○以治國 14/140/17
○以養家老 14/140/18
而不○以饗三軍 14/140/18
非易不○以治大 14/140/20
非簡不○以合眾 14/140/20
○謂恬矣 14/140/26
○謂佚矣 14/140/26
〔時〕之（去）〔至〕不○迎而反也 14/142/1
時之去不○追而援也 14/142/2
○與言道矣 14/142/6,14/142/9
故不（○）得（而）觀〔其形〕 15/144/3
故功○成 15/144/9
○謂極之〔極〕矣 15/144/10
則天下莫不○用也 15/144/29
德積而民○用 15/146/19
怒畜而威○立也 15/146/19
則不○制迫〔也〕 15/147/2
不○（度量）〔量度〕也 15/147/2
不○巧（計）〔詐〕也 15/147/3
不○規慮也 15/147/3
○巧詐者 15/147/4
何○勝偶 15/147/10
乃○以應敵合戰 15/147/21
○以行 15/147/25
○以舉 15/147/25
○以噬 15/147/25
○以觸 15/147/25
敵不○得勝之道也 15/148/15
形見則勝○制也 15/148/15
力罷則威○立也 15/148/16
後必○移 15/148/19
莫不○勝也 15/148/22
莫不○應也 15/148/22
風雨○障蔽 15/148/22
而寒暑不○（開）〔關〕閉 15/148/23
容未○見 15/149/2
其滅○立而待也 15/149/12
少○以耦眾 15/149/13
○一用也 15/149/16
故任天者○迷也 15/149/16
任地者○束也 15/149/17
任時者○迫也 15/149/17
任人者○惑也 15/149/17
然勇者○誘也 15/149/18
仁者○奪也 15/149/18
是故為麋鹿者則○以罝罘設也 15/149/19
為魚鱉者則○以罔罟取也 15/149/20
為鴻鵠者則○以矰繳加也 15/149/20
唯無形者無○（佘）〔奈〕也 15/149/20
故其情不○得而觀 15/149/21
故其陳不○得而經 15/149/21
不○揆度者也 15/150/18
不○為備 15/150/27
故勝○百全 15/150/27
不○與闘者 15/151/8
故其死○得而盡也 15/151/11
則下○用也 15/151/21
則威○立也 15/151/21
柔而不○卷也 15/151/26
剛而不○折也 15/151/26
仁而不○犯也 15/151/26
信而不○欺也 15/151/26
勇而不○陵也 15/151/26
神清而不○濁也 15/151/27
謀遠而不○慕也 15/151/27
操固而不○遷也 15/151/27
知明而不○蔽也 15/151/27
不○喜也 15/151/28
不○怒也 15/151/28
攻則不○守 15/152/2
守則不○攻 15/152/2
不○以設備也 15/152/11
○以伏匿而不見形者也 15/152/14
不○一无也 15/152/25
先勝者、守不○攻 15/152/29
戰不○勝者 15/152/29
攻不○守 15/153/1
不○正喻 15/153/8
國不○從外治也 15/153/17
軍不○從中御也 15/153/17
二心不○以事君 15/153/18
疑志不○以應敵 15/153/18
形不○得而見 16.1/154/6
名不○得而揚 16.1/154/6
而不○使長〔言〕 16.8/155/1
故釣○以教騎 16.10/155/6
騎○以教御 16.10/155/6
御○以教刺舟 16.10/155/6
陰不○以乘陽也 16.12/155/12
故末不○以強於本 16.12/155/12
指不○以大於臂 16.12/155/13
是故小不○以為內者 16.17/155/24
大不○〔以〕為外矣 16.17/155/24
此皆微眇○以觀論者 16.20/156/6
故沮舍之下不○以坐 16.23/156/15
倚牆之傍不○以立 16.23/156/16
不○以為遠 16.33/157/12
故魚不○以無餌釣也 16.34/157/14
獸不○以虛器召也 16.34/157/15
是故不同于和而○以成事者 16.41/158/4
而溺者不○以為抗 16.43/158/10
誕（者）不○以為常

16.43/158/10
而不○循行 16.43/158/11
一人處陸則○矣 16.46/158/18
故同不○相治 16.46/158/18
不○為道里 16.49/158/28
○也 16.55/159/15
○以成帷 16.57/159/20
不○以成衣 16.57/159/20
染者先青而後黑則○ 16.58/159/23
先黑而後青則不○ 16.58/159/23
工人下漆而上丹則○ 16.58/159/23
下丹而上漆則不○ 16.58/159/23
不○不審 16.58/159/24
甚○怪也 16.71/160/23
美而不○說 16.91/162/17
大而不○畏 16.91/162/17
故不○得而量也 16.92/162/19
曰殺罷牛○以贖良馬之死 16.94/162/24
事或不○前規 16.103/163/20
物或不○〔豫〕慮 16.103/163/20
故亡國之法有○隨者 16.115/164/25
治國之俗有○非者 16.115/164/25
巨雖○ 16.122/165/16
不○謂〔之〕大馬 16.129/166/3
（所）〔○〕謂之眇馬 16.129/166/3
類不○必推 16.129/166/4
17.109/176/1
積不○不慎者也 16.131/166/11
○以通天下 16.134/166/19
周鼎不爨而不○賤 16.137/166/26
先倮而浴則○ 16.138/166/29
以浴而倮則不○ 16.138/166/29
先祭而後饗則○ 16.138/166/29
先饗而後祭則不○ 16.138/166/29
砥石不利而○以利金 16.148/167/26
擻不正而○以正弓 16.148/167/26
物固有不正而○以正 16.148/167/26
不利而○以利 16.148/167/26
（短綆）〔綆短〕不○以汲深 17.12/169/6
器小不○以盛大 17.12/169/6
知己者不○誘以物 17.37/170/30
明於死生者不○（却）〔劫〕以危 17.37/170/30
故善游者不○懼以涉 17.37/170/30
古之所為不○更 17.60/172/21
雖中節而不○聽 17.61/172/23
不○食也 17.65/172/32
（蔨苗）〔虉苗〕類絮而不○〔以〕為絮 17.69/173/8
黂不類布而○以為布 17.69/173/8
十頃之陂○以灌四十頃 17.75/173/21
而一頃之陂〔不〕○以灌四頃 17.75/173/21
明月之光○以遠望 17.76/173/23
而不○以細書 17.76/173/23
甚霧之朝○以細書 17.76/173/23
而不○以（遠）望尋常之外 17.76/173/23
鱉無耳而目不○以（瞥）〔弊〕 17.91/174/25
瞽無目而耳不○以（察）〔塞〕 17.91/174/26
蝮蛇不○為足 17.93/174/30
虎豹不○使緣木 17.93/174/30
道德○常 17.97/175/7
權不○常 17.97/175/7
故遁關不○復 17.97/175/7
亡犴不○再 17.97/175/7
環○以喻員 17.98/175/9
絛○以為繶 17.98/175/9
曰○以養老 17.107/175/28
曰○以黏牡 17.107/175/28
不○以得火 17.110/176/3
不○以得水 17.110/176/3
未○以應變 17.142/178/15
雖不○好 17.146/178/25
○謂不知類矣 17.149/178/31
冬冰○折 17.166/180/8
夏木○結 17.166/180/8
不○以得鳥 17.176/180/29
不○以得魚 17.176/180/29
不○以得賢 17.176/180/29
以水和水不○食 17.188/181/22
一絃之瑟不○聽 17.188/181/22
千里○致 17.198/182/14
異音者不○聽以一律 17.200/182/19
異形者不○合於一體 17.200/182/19
視之○察 17.223/184/3
○成丘阜 17.226/184/9
為其○以南○以北 17.229/184/16
為其○以黃○以黑 17.229/184/16
狀貌不○同 17.234/184/27
夫言出於口者不○止於人 18/185/30
行發於邇者不○禁於遠 18/185/30
事必○行 18/186/11
是故不○不慎也 18/186/13
不○忍也 18/188/9
故趨舍不○不審也 18/188/19
化不○極 18/190/5
深不○測也 18/190/6
未○也 18/190/9
此所謂直於辭而不（○）（用）〔周〕〔於事〕者也 18/190/12
吾豈○以（先）一時之權 18/191/17
美言○以市尊 18/192/6
或有罪而○賞也 18/192/8
或有功而○罪也 18/192/8
子能〔變〕道則○ 18/192/10
甲兵粟米○立具也 18/192/12
後不○復用也 18/192/14
此有罪而○賞者 18/192/15
此有功○罪者 18/192/19
而鼓○得也 18/192/23,18/192/24
吾○以勿賞乎 18/192/25
○伐以廣地 18/193/18
○以修久 18/194/3
不○殺也 18/194/25
則未○與言術也 18/196/2
○攓衣而越也 18/196/21
夫史以爭為○以止之 18/198/4
不解不○解也 18/198/5
○與及言論矣 18/198/6
不○伐〔也〕 18/198/20
言時之不○以行也 18/198/27
何功名之○致也 18/199/11
是故見小行則○以論大

體矣 18/199/25
則○以覆大矣 18/200/7
則○以懷遠矣 18/200/7
莊王知其○以為令尹也 18/200/9
楚國知其○以為兵主也 18/200/10
然衛君以為吳○以歸骸骨也 18/200/23
子貢○謂知所以說矣 18/200/26
夫物无不○奈何 18/201/7
而○以為丹者 18/201/8
故○得而擒也 18/202/6
而不○從外論者 18/202/8
是故不○不察也 18/202/8
○謂聖人乎 19/202/15
而皆○以存國 19/204/7
不○損益 19/204/14
不○變 19/204/15
馬不○化 19/204/17
其○駕御 19/204/17
而○以通氣志 19/204/18
性命○說 19/204/20
不○教以道 19/204/21
不○喻以德 19/204/21
不待脂粉芳澤而性○說者 19/204/22
何○以公論乎 19/205/4
〔則〕鬢眉微毫○得而察 19/205/19
學不○〔以〕已 19/206/14
猶○刻鏤 19/206/20
○以為法則 19/207/1
名○務立 19/207/8
功○彊成 19/207/8
此所謂名○（彊）〔務〕立者 19/207/12
我社稷○以庶幾乎 19/207/14
此功之○彊成者也 19/207/21
務之○趣也 19/207/24
通於物者不○驚〔以〕怪 19/208/4
喻於道者不○動以奇 19/208/4
察於辭者不○燿以名 19/208/4
審於形者不○遯以狀 19/208/4
見世莫○為語者也 19/208/9
不○以為（櫨）〔廬〕棟 19/209/26
故○以為棺舟 19/209/26
不○以智巧為也 20/210/23
不○以筋力致也 20/210/23
亂之楮（華）〔葉〕之中而不○知也 20/210/27
故凡○度者、小也 20/210/29
○數者、少也 20/211/1
故九州不○頃畝也 20/211/1
八極不○道里也 20/211/2
太山不○丈尺也 20/211/2
江海不○斗斛也 20/211/2
不○度思 20/211/6
矧○射思 20/211/6
金之勢不○斲 20/212/12
而木之性不○鑠也 20/212/12
因其○也 20/212/13
不○教訓 20/212/21
則不○使鄉方 20/212/23
○謂養性矣 20/214/16
而未○謂孝子也 20/214/16
○謂忠臣（也）〔矣〕 20/214/17
而未○謂弟〔弟〕也 20/214/17
○謂惠君〔矣〕 20/214/18
而未○謂忠臣（矣）〔也〕 20/214/18
○謂良將〔矣〕 20/214/19
而未○謂慈父也 20/214/19
故○乎○ 20/214/20
而不○乎不○ 20/214/20
不○乎不○ 20/214/20
而○乎○ 20/214/20
此四者相反而不○一无也 20/214/23
故勇者○（貪）〔令〕進鬪 20/214/24
而不○令持（牢）〔堅〕 20/214/24
重者○令埴固 20/214/24
而不○令凌敵 20/214/25
貪者○令進取 20/214/25
而不○令守職 20/214/25
廉者○令守分 20/214/25
而不○令進取 20/214/25
信者○令持約 20/214/26
而不○令應變 20/214/26
治大者道不○以小 20/215/4
地廣者制不○以狹 20/215/4
位高者事不○以煩 20/215/4
民眾者教不○以（苟）〔苛〕 20/215/4
○以曲說 20/215/13
而未○〔以〕廣應也 20/215/13
○以治小 20/215/14
而未○以治大也 20/215/14
○以愉舞 20/215/15
而不○以陳軍〔也〕 20/215/15
○以養少 20/215/16
而不○以饗眾〔也〕 20/215/16
而○與興治之臣不萬一 20/216/9
則民性○善 20/216/15
而風俗○美也 20/216/15
不○治也 20/217/4
无法不○以為治也 20/217/5
不知禮義不○以行法〔也〕 20/217/5
皆○使赴火蹈刃 20/217/8
非○刑而不刑也 20/217/13
廉○以分財 20/217/18
信○使守約 20/217/18
作事○法 20/217/18
出言○道者 20/217/19
而治亂○見也 20/217/27
而賢不肖○論也 20/217/27
故善言歸乎○行 20/218/16
小人之○也 20/218/20
然后○立也 20/218/24
而制度○以為萬民儀 20/219/9
恃吾不○奪 20/220/3
行○奪之道 20/220/3
○不謂有術乎 20/220/20
○謂知略矣 20/221/5
○博內而世傳者也 20/221/21
北不○以為庸 20/221/22
誕不○以為常 20/221/22
○服而不○好也 20/221/28
○食而不○嗜也 20/221/28
○聽而不○快也 20/221/28
故无聲者、正其○聽者也 20/221/29
不○以為儀 20/222/1
不○以為道 20/222/1
不○以為樂 20/222/2
知其○與至於霸也 20/222/23
然而不○省者 20/223/2
然而不○易者 20/223/3

然而〔不○行者〕 20/223/4
〔不○以為法也〕 20/223/7
而不○脫於庭者 20/223/8
偷利不○以為行 20/223/11
而知術○以為法 20/223/11
浩然○以大觀矣 21/224/2
不○動以物 21/224/15
不○驚以怪者也 21/224/16
物之○以喻意象形者 21/224/23
八卦○以識吉凶、知禍福矣 21/227/6
然而五絃之琴不○鼓也 21/227/8
而後○以成曲 21/227/8
則无○言者 21/227/10
夫江、河之腐胔不○勝數 21/227/15
○以游矣 21/227/18
○威以刑 21/228/24
而不○化以善 21/228/24
○勸以賞 21/228/24
而不○厲以名 21/228/24

渴 kě 10

救飢○ 5/47/19
○而飲之 7/59/18
如飢○者不可欺以虛器也 10/88/23
○而飲水非不快也 14/137/25
○而求飲 15/143/20
飢○凍暍 15/148/4
所以同飢○也 15/151/13
因其飢○凍暍 15/152/23
嫁女於病消〔○〕者 16.23/156/15
司馬子反○而求飲 18/187/19

克 kè 12

仇敵乃○ 5/49/16
武王(伐紂)〔○殷〕 9/80/16
蓋力優而○不能及也 10/84/8
○殷殘商 11/102/20
魏武侯問於李○曰 12/108/23
李○對曰 12/108/23
〔李○〕對曰 12/108/24
遂○晉 13/129/5
遂○之 18/189/5
伐范中行而○之 18/194/1
澤戰必○ 19/207/26
李○竭股肱之力 20/218/17

刻 kè 17

夫峭法○誅者 1/3/9
除(削○)〔○削〕之法 6/54/8
為○削 6/54/15
雕琢○鏤 8/61/20,9/74/1
盤紆○儼 8/65/2
吳起○削而車裂 10/91/18
為○削者曰致其鹹酸而已矣 11/100/23
器用逮於○鏤 11/103/21
〔且〕夫雕琢○鏤 11/104/11
以○下為忠 12/118/28
反自○ 17.224/184/5
○刑鏤法 19/205/23
猶可○鏤 19/206/20
為奸○偽書 20/213/16
夫○肌膚 20/217/8

客 kè 13

大搜○ 3/23/23,5/45/13,5/48/7
視至尊窮寵猶行○也 7/57/20
○將何以教寡人 12/107/17
○之以說勝寡人也 12/108/2
桓公郊迎○ 12/109/2
○、衛人也 12/109/5
有○衣褐帶索而見曰 12/113/5
○有言之楚王者 12/118/17
譬猶○之乘舟 17.1/168/9
為○治飯而自〔食〕藜藿 17.63/172/28
賓○多止之 18/190/13

剋 kè 6

以攻必○ 3/27/29
○之 12/111/1
武王○殷 13/125/8
○國不及其民 15/143/17
非斧不○ 16.126/165/29
物固有以(寇)〔○〕適成不逮者 16.126/165/29

堁 kè 7

譬猶揚(堁)〔○〕而弭塵 9/68/7
物或○之也 11/95/24
上食晞○ 16.4/154/17
不見埵○ 16.16/155/22
譬猶揚○而弭塵 16.67/160/15
(楊)〔揚〕○而欲弭塵 17.111/176/5
為其不出戶而(理)〔○〕之 17.130/177/19

課 kè 1

○比類 5/43/24

肯 kěn 11

孰○解構人間之事 2/11/26
熟○分分然以物為事也 2/16/4
而不○ 11/102/26
而不○以力聞 12/107/12
而不○以兵知 12/107/13
寧○而遠至此 12/116/10
吳人願一以為王而不○ 12/117/28
魚鱉龍蛇莫(○之)〔之○〕歸也 12/118/22
用者弗○為 17.131/177/22
莫○為秦虜 18/197/15

墾 kěn 4

稷辟土○草 9/72/1
辟地○草者 14/134/16
后稷乃教之辟地○草 18/189/14
后稷○草發菑 20/212/9

空 kōng 11

○穴之中 1/7/25
北方為司○ 3/21/1
正月官司○ 5/39/16
命司○ 5/40/16
以薄○桑 8/63/15

囹圄○虛 9/67/22
禹為司○ 11/95/6
丹穴、太蒙、反踵、○同、大夏、北戶、奇肱、脩股之民 13/123/23
此司○之官也 15/145/16
頭蝨與○木之瑟 17.125/177/7
知械機而○衰也 20/222/9

孔 kǒng 70

皆閱一○ 1/6/27
○、墨之弟子 2/16/23
○竅肢體 3/29/18
厥德○密 5/49/1
○乎莫知其所終極 7/54/26
夫○竅者 7/55/27
○子之通學也 7/60/15
而○子三日樂 9/69/4
○子學鼓琴於師襄 9/69/7
○、墨博通 9/70/2
○子曰 9/75/29,11/94/15
11/94/16,12/105/22
12/105/23,12/116/25
12/119/14,18/196/27
18/198/10,20/215/9
○丘、墨翟脩先聖之術 9/77/22
○子之通 9/80/22
吳起、張儀智不若○、墨 9/81/1
魯以偶人葬而○子歎 10/91/15
16.102/163/17
○子之明 11/94/16
○子謂顏回曰 11/96/3
○子知其本也 11/96/4
行○子之術 11/97/8
○子聞之曰 11/100/25
12/107/9,12/118/7
故○丘、曾參無所施其善 11/103/26
白公問於○子曰 12/105/20
○子不應 12/105/20
○子〔之〕勁（杓）〔杓〕國門之關 12/107/12
○、墨是已 12/107/23
○丘、墨翟 12/107/23
此賢於○、墨也遠矣 12/108/1
○子〔聞之〕曰 12/108/18
○子亦可謂知（禮）〔化〕矣 12/108/21
巫馬期歸以報○子曰 12/116/24
○子觀桓公之廟 12/119/14
○子造然革容曰 12/119/15
○子之所立也 13/123/20
故○子曰 13/125/27
○子辭廩丘 13/128/16
○子誅少正卯而魯國之邪塞 13/129/9
○子之見黏蟬者 16.20/156/4
○子說之 16.95/162/27
○氏不喪出母 16.100/163/12
為○子之窮於陳、蔡而廢六藝 16.151/168/4
○子讀《易》至《損》、《益》 18/187/7
○子以三代之道教導於世 18/189/16
人或問〔於〕○子曰 18/196/25
○子知所施之也 18/196/28
○子行（遊）〔於〕〔東野〕 18/198/8
○子無（黙突）〔黔突〕 19/203/6
夫項託（年）七歲為○子師 19/208/11
○子有以聽其言也 19/208/11
名之○、墨 19/209/2
不必○、墨之類 19/209/3
○子為魯司寇 20/212/1
而不能使人為○、曾之行 20/217/6
○子弟子七十 20/217/6
○子欲行王道 20/218/6
曰「○子之術也」 20/218/14
故事有鑿一○而（生）〔開〕百隙 20/223/5
○子脩成康之道 21/228/1
受○子之術 21/228/4

恐 kǒng 36

害何足以○之 2/12/11
勇者不能○也 2/16/28
國乃有○ 5/39/13
國有大○ 5/40/24,5/44/8
而不可以死亡○也 7/59/3
（未）〔末〕世繩繩乎（准）〔唯〕○失仁義 10/82/26
聖人為善若○不及 10/92/25
備禍若○不免 10/92/26
○留而不能反 12/110/24
○伐余一人 12/114/11
楚軍○取吾頭 12/115/9
○不能守 12/117/17
○子不可予也 12/117/24
○公之欺也 12/119/5
吾○後世之用兵不休 12/119/22
惟○其創之小也 12/119/23
唯○傷肉之多也 12/119/24
○失之 13/121/16
畏罪而○誅 13/123/10
振以○懼 13/128/21
吾○其傷汝等 13/129/3
是去○死而就必死也 13/129/23
波至而〔○〕 13/129/25
或於○死而反忘生也 13/129/26
不○不勝 14/139/17
不○獨後 14/139/18
唯○其不來也 15/143/19
居則○懼 15/149/29
固植而難○ 15/152/21
○懼窘步 15/152/23
是故兵未交接而敵人○懼 15/153/23
諸侯皆○ 18/188/26
未嘗不○也 18/193/25
臣○其構難而危國也 18/195/14
又○人之離本就末也 21/223/23

控 kòng 1

丁壯者〔皆〕（引）〔○〕絃而戰 18/190/4

口 kǒu 50

絡馬之○ 1/4/7
○不設言 1/4/19
雖○辯而戶說之 1/4/20
○味煎熬芬芳 1/7/20
聲出於○則越而散矣 1/8/9

吾必悲○社 16.77/161/7
雖死亦不能悲○矣 16.77/161/8
往○之 17.115/176/14
湯使人○之 17.179/181/3
楊子見逵路而○之 17.229/184/16
九夷八狄之○也 19/204/9
○者、悲之效也 19/204/9
晝吟宵○ 19/207/18
以禮○泣之 19/208/28
故有衰絰○踊之節 20/212/15

堀 kū 2

然〔而〕民無（掘穴）〔○室〕狹廬所以託身者 9/78/12
○虛連比 19/206/5

窟 kū 3

水居○穴 1/3/19
兔走歸○ 17.6/168/23
○穴者託埵防者 17.79/173/31

苦 kǔ 41

○心而無功 1/7/1
無所樂而無所○ 1/8/17
孰暇知其所○樂乎 2/11/13
鍊辛生○ 4/36/22
鍊○生鹹 4/36/22
其味○ 5/41/2,5/41/18
○菜秀 5/41/3
則○雨數來 5/41/12
工事○慢 5/45/20
○洿之家 7/56/24
味甘○ 8/62/25
罷○萬民之力 8/63/18
民貧○而忿爭 9/68/1
是以器械不○ 9/70/17
萬民愁○ 9/73/28
非（止）〔正〕以勞○民也 10/88/17
說其所○即樂 10/88/21
工無○事 11/101/18
則○而不入 12/110/5
不甘不○ 12/110/5
則○心勞形 12/114/11
私自○痛 12/117/23
嘗一哈水如甘○知矣 13/128/15
煩（若）〔○〕之无已也 13/131/7
飲毒藥非不○也 14/137/25
○心愁慮 14/139/1
○旱而望雨 15/143/20
傾然若○烈 15/146/7
故將必與卒同甘○、（俟）〔侔〕飢寒 15/151/11
若（若）〔○〕者必得其樂 15/151/19
幸善食之而勿○ 16.145/167/17
嘗百草之滋味、水泉之甘○ 19/202/18
湯〔○〕旱 19/202/28
忘其○眾勞民 19/203/23
心致憂愁勞○ 19/207/24
○身勞形 19/207/25
以甘為○ 19/208/14
无被創流血之○ 20/217/10
天下同心而○之 21/227/21
○夷狄之亂 21/228/10

庫 kù 10

開府○ 5/40/16
命五○ 5/40/20
七月官○ 5/43/15
不能以〔其〕府○分人 12/106/15
出高○之兵以賦民 12/106/17
實府○ 14/137/16
建鼓不出○ 15/144/10
○無甲兵 18/192/9
亡國富○ 18/192/11
○兵動而戎馬驚 20/215/26

絝 kù 1

短綣不○ 1/3/24

夸 kuā 5

役○父 2/14/23
○父、（耽）〔耴〕耳在其北方 4/37/8
○父棄其策 4/37/8
非（本）〔○〕矜也 13/125/22
形○骨佳 19/204/22

蒯 kuǎi 2

（離）〔雖〕北宮子、司馬○蕢不〔可〕使應敵 9/78/1
有羅紈者必有麻○ 17.209/183/7

夬 kuài 1

愚（○）〔夫〕（惷）〔惷〕婦皆能論之 13/124/23

快 kuài 23

行○而便于物 8/61/7
而說其所○ 10/83/13
小人日○○以至辱 10/86/1
發著而後○ 10/86/24
○己而天下治 10/87/1
○己而百事廢 10/87/1
小○害道 10/88/1
桀、紂日○○以致於死 10/88/18
壹○不足以成善 10/92/2
積○而為德 10/92/2
渴而飲水非不○也 14/137/25
此皆不○於耳目 14/141/20
故小○〔而〕害大利 17.26/170/7
○之 17.142/178/15
誠愛而欲○之也 18/187/24
則○然而（嘆）〔笑〕（之） 20/220/6
教之以金目則（射）○ 20/220/23
豈直一說之○哉 20/220/24
可聽而不可○也 20/221/28
兼味○於口 20/221/30
故小○害義 20/222/15

塊 kuài 5

○然獨處 1/6/17
夫大○載我以形 2/10/29
○阜之山 2/15/2
○然保真 9/68/10

枕○而死 20/219/26

噲 kuài 5

蚑行○息 2/10/22
○然得臥 7/59/27
非直一○之樂也 7/59/28
燕子○行仁而亡 18/199/1
梁丘據、子家○導於左右 21/228/14

寬 kuān 10

○裕以和 5/49/4
廣大以○ 5/49/8
○而不肆 8/64/16
法○刑緩 9/67/22
非○大無以兼覆 9/74/13
為○裕者曰勿數撓 11/100/23
○而栗 13/122/30
以○民氓 19/202/23
○裕簡易者 20/214/5
至治○裕 20/222/16

窾 kuǎn 4

○者主浮 1/3/16
襲九○ 2/15/12
不若○木便者 11/102/28
見○木浮而知為舟 16.78/161/10

匡 kuāng 7

不可移○ 5/49/1
○床蒻席 9/78/14
然而圍於○ 9/80/25
故舜不降席而（王）〔○〕天下者 10/84/1
以○亂也 11/102/22
一○天下 13/127/6
（筐）〔○〕床（在）〔衽〕席弗能安也 14/140/23

筐 kuāng 4

不盈傾○ 2/18/13
具（樸）〔栚〕曲筥○ 5/40/19
（○）〔筳〕不可以持屋 11/94/26
（○）〔匡〕床（在）〔衽〕席弗能安也 14/140/23

狂 kuáng 23

驚怖為○ 1/7/5
今夫○者之不能避水火之難而越溝瀆之嶮者 1/9/28
萬民倡○ 2/11/19
或不免於癡○者 2/16/7
丘氣多（○）〔尪〕 4/34/22
六月五穀疾○ 5/48/19
皆○生而無其本者也 6/54/18
○者形不虧 7/58/6
大怖生○ 7/59/20
則〔猶〕○而操利劍 9/81/29
王子比干非不（智）〔知〕（箕子）被髮佯○以免其身也 11/103/4
而道仁義者謂之○ 13/124/4
少則昌○ 14/137/8
謂之○生 14/139/3
此之謂○ 14/140/12
此〔之〕謂○（人） 14/140/13
譬猶倮走而追○人 16.79/161/12
○者東走 16.108/164/4
（任）〔○〕馬不觸木 17.179/181/3
○者傷人 17.241/185/12
○譎不受祿而誅 18/199/10
今夫○者无憂 21/226/11
○者无憂 21/226/11

況 kuàng 51

何○狗馬之類乎 1/3/6
何○懷瓌瑋之道 2/12/5
有○比於規形者乎 2/13/9
何○夫未始有涅藍造化之者乎 2/13/20
又○未有類也 2/13/28
又○乎以無裹之者邪 2/15/3
又○所教乎 2/16/23
又○齊民乎 2/16/24
又○無道乎 2/17/11
有○與一國同伐之哉 2/17/21
○一世而撓滑之 2/17/23
又○編戶齊民乎 2/18/3
又○夫（宮）〔官〕天墜 6/50/6
又○直蛇鱓之類乎 6/51/27
又○直燕雀之類乎 6/52/4
而○斥鷃乎 7/58/28
又○無為者矣 7/59/3
又○不為牆乎 7/60/2
又○不為冰乎 7/60/2
○於並世化民乎 9/69/9
又○於執法施令乎 9/69/14
而○當世之主乎 9/72/3
而〔又〕○人乎 9/74/19
又○身乎 11/102/27
又○親戚乎 11/104/18
又○一斤乎 12/108/12
而○持不用者乎 12/114/7
何○乎君數易世 13/121/20
又○（无）〔乎〕天地之怪物乎 13/130/13
又○人乎 13/131/11
17.179/181/4,19/204/18
而○兆民乎 13/132/5
又○託於舟航之上乎 14/133/17
又○君數易法 14/137/9
又○衰世乎 15/142/29
又○治人乎 15/143/10
○以三軍之眾 15/150/8
○不善乎 16.21/156/10
○受光於宇宙乎 16.82/161/21
○疏遠乎 17.38/171/1
而又○一不信者乎 17.242/185/14
又何○於人乎 18/188/16
又○贏天下之憂 19/202/26
又○心意乎 19/206/20
○開戶發牖 20/220/6
又○出室坐堂 20/220/7
又○登太山 20/220/8
（又○）萬物在其閒者乎 20/220/9
又○知應无方而不窮哉 20/220/23
又○生儀者乎 20/220/26

貺 kuàng 1

無所發○ 8/66/8

壙 kuàng 1

雖在○虛幽閒 6/49/30

曠 kuàng 24

○日而不能盈羅 1/2/21
師○之聰 1/3/10
師○奏《白雪》之音 6/49/27
師○瞽而為（大）〔太〕宰 9/68/23
實○來遠者 9/79/20
○○乎大哉 10/84/27
以為○日煩民而無所用 11/97/20
師○舉琴而撞之 11/100/24
故萇弘、師○ 11/101/25
譬猶師○之施瑟柱也 13/120/25
葬其骸於○野之中 14/142/16
○○如夏 15/150/18
鐘成而示師○ 19/209/7
師○曰 19/209/7
19/209/8,20/222/8
故師○之欲善調鍾也 19/209/9
无師○之耳也 20/216/23
○然而樂 20/220/8
○然而通 20/220/15
○○兮 21/227/18

纊 kuàng 2

黈（續）〔○〕塞耳 9/67/8
如寖（閧）〔鬨〕、曝○ 10/83/19

窺 kuī 10

莫○形於生鐵 2/16/10
而○〔形〕於明鏡者 2/16/10
不○牖而知天道 9/71/12
夫據榦而○井底 9/76/8
庸遽知世之所自○我者乎 11/101/8
不○牖以見天道 12/117/14
故莫能○其門 15/144/4
孰能○其情 15/149/24
○其戶 20/217/1
所以○道開塞 21/226/23

虧 kuī 18

其德不○ 1/7/15
神無○缺於胸臆之中矣 2/16/3
是以月（虛）〔○〕而魚腦減 3/19/5
不○其身 6/50/4
狂者形不○ 7/58/6
無天下不○其性 7/59/17
人多欲○義 10/88/23
月盈而○ 12/119/17
能原其心者必不○其性 14/134/2
弗能無○〔也〕 14/140/1
必有所○ 15/148/19
去之而○ 17.78/173/29
從枉準直者○ 17.228/184/14
或○於耳以忤於心而合於實者 18/190/8
何謂○於耳、忤於心而合於實 18/190/12
此所謂○於耳、忤於心而得事實者也 18/190/18
此皆載務而（戲）〔○〕乎其（調）〔和〕者也 18/199/18
盈而不○ 20/213/12

闚 kuī 6

匍匐自○於井曰 7/58/21
○面於盤水則員 11/101/6
所自○之異也 11/101/7
唯北陰之未（闚）〔○〕 12/116/9
在所從○之 16.10/155/6
臨深使人欲○ 16.93/162/21

奎 kuī 8

其星東壁、○、婁 3/19/24
常以二月春分效○、婁 3/20/20
歲星舍○、婁 3/27/8
以（八）〔十〕月與之晨出東方、○、婁為對 3/27/15
二月建○、婁 3/28/1
○十六 3/28/7
○、婁魯 3/28/12
旦○中 5/42/6

逵 kuí 1

楊子見○路而哭之 17.229/184/16

揆 kuí 6

應化○時 1/5/4
不可隱儀○度而通光燿者 2/10/23
下○三泉 2/14/21
復○以一 11/98/20
不可○度者也 15/150/18
下○之地 21/223/21

葵 kuí 4

○之鄉日 6/51/8
（美）〔○〕之與（惡）〔莧〕 13/128/11
猶○之與日也 17.39/171/3
宮人得戟則以刈○ 18/199/6

睽 kuí 1

啳○哆嗚 19/204/23

夔 kuí 1

○之初作樂也 20/213/14

跬 kuǐ 1

故○步不休 17.226/184/9

喟 kuì 7

心有所至而神○然在之 2/16/14
（植）〔桓〕公○然而寤矣 9/69/6
伯樂○然（木）〔大〕息曰 12/111/22
○然而歎 12/118/19
文侯○然歎曰 12/119/8
○然有志焉 18/199/25
子發○然有悽愴之心 18/201/25

愧 kuì 2

外不○於諸侯 13/128/5
而○道之不行 19/202/27

媿 kuì 1

而爭券契者○矣 7/59/9

匱 kuì 7

財物不○ 5/44/5
匣○而藏之 7/57/5
事勤財○ 9/73/28
力勤財○ 9/78/22
不顧百姓之飢寒窮○也 15/146/5
糧食○（乏） 18/191/21
應感而不○者也 21/225/14

潰 kuì 3

敵○而走 15/148/19
○小皰而發痤疽 17.78/173/28
若癰疽之必○也 18/195/12

憒 kuì 1

剛而不○ 5/49/15

喟 kuì 1

未嘗不（憒）〔○〕然而歎曰 18/187/7

蕢 kuì 1

（離）〔雖〕北宮子、司馬蒯○不〔可〕使應敵 9/78/1

餽 kuì 1

○聞（論）〔倫〕曰 18/192/22

饋 kuì 3

一○而十起 13/124/1
流而後○ 14/140/18
盥而後○ 20/215/16

坤 kūn 1

今《易》之《乾》、《○》足以窮道通意也 21/227/6

昆 kūn 7

○蟲蟄藏 1/3/18
下棲遲至于○吾、夏后之世 2/15/14
至于○吾 3/24/16
○吾丘在南方 4/37/8
禽獸○蟲與之陶化 9/69/14
○蟲未蟄 9/79/14
人有○弟相分者 16.92/162/19

镹 kūn 1

○屯犁牛 16.104/163/23

崑 kūn 19

蹈騰○崙 1/2/2
掘○崙虛以下地 4/33/4
傾宮、旋室、縣圃、涼風、樊桐在○崙閶闔之中 4/33/7
〔出○崙之原〕 4/33/9
河水出○崙東北陬 4/33/11
○崙之丘 4/33/16
有○崙〔虛〕之球琳、琅玕焉 4/34/14
○崙、（華）〔芊〕丘在其東南方 4/37/6
樂民、拏閭在○崙弱水之洲 4/37/10
湍池在○崙 4/37/11
自○崙東絶兩恒山 5/47/22
自○崙絶流沙、沈羽 5/47/27
過○崙之疏圃 6/52/2
○崙之輪也 6/54/18
神棲○崙 8/62/28
擬於○崙 8/65/7
以處○崙 11/99/22
○山之玉瑱而塵垢弗能污也 14/137/29
河出○崙 16.83/161/24

髡 kūn 2

齊人淳于○以從說魏王 12/118/10
淳于○之告失火者 16.25/156/21

鯤 kūn 2

蛟龍生○鯁 4/38/3
○鯁生建邪 4/38/4

鵾 kūn 1

軼○雞於姑餘 6/52/11

梱 kǔn 1

○纂組 19/205/24

困 kùn 26

○有以處危 2/12/1
歲名〔曰〕○敦 3/27/16
子勝母曰○ 3/28/28
以○舉事 3/28/29
○敦之歲 3/31/6
振○窮 8/63/8
人有○窮 9/69/26
（因）〔○〕之鳴條 9/70/6
希不○其身 9/75/9
則智日○而自負其責也 9/76/27
民莫○窮流亡也 9/79/3
人之○慰者也 10/83/23
萇弘以智○ 10/91/1
而無所○矣 11/97/13
民○於三責 11/102/11
○窮無以自達 12/109/1
○於會稽 12/111/4
○其患則造其備 13/120/15
是以終身行而无所○ 13/126/19
棄數而用才者必○ 14/134/24
必○於性 14/138/19
以清入濁必○辱 16.26/156/24

往徙於越而大〇窮 16.88/162/7
以振〇窮 19/202/24
〇夏南巢 19/202/24
非不〇也 20/222/23

括 kuò 9

羌人〇領 11/97/2
〇囊 14/134/4
〇子以報於牛子曰 18/190/23
〇子出 18/190/24
牛子以〇子言告無害子 18/190/24
而用〇子之計 18/191/1
〇子（曰）〔日〕以疏 18/191/2
〇子之智得矣 18/191/3
民被甲〇矢 18/192/12

廓 kuò 8

〇四方 1/1/3
横〇六合 2/14/21
欲以通性於遼〇 2/15/22
〇惝而虚 7/57/18
處大〇之宇 7/60/21
譬之猶〇革者也 12/118/28
〇之 12/118/28
〇然无形 20/211/23

闊 kuò 2

廣廈〇屋 11/94/20
〇解漏越 19/208/22

霩 kuò 2

（道始于）〔太始生〕
　虚〇 3/18/18
虚〇生宇宙 3/18/19

鞹 kuò 1

〇以為鼓 16.35/157/17

剌 là 1

琴或撥〇枉橈 19/208/21

來 lái 91

所由〇者久矣 2/15/20
夫憂患之〇 2/17/14
今萬物之〇 2/17/17
陳去而新〇也 3/25/7
以日冬至數〔至〕〇歲
　正月朔日 3/29/22
雲母〇水 4/34/26
寇戎〇征 5/40/4
煗氣早〇 5/40/5
則苦雨數〇 5/41/12
暴風〇格 5/41/13
暴兵〇至 5/42/1
戎兵乃〇 5/43/12
候鴈〇 5/43/18
〇商旅 5/44/5
四方〇集 5/44/5
候鴈〇賓 5/44/14
為〇歲受朔日與諸侯所
　稅於民輕重之法 5/44/21
則煗風〇至 5/45/5
天子祈〇年於天宗 5/45/21
而視於〇事之後 7/56/4
遂然而〇 7/57/15
〇谿谷之流 8/65/4
无以異於執彈而〇鳥 9/68/3
弗招而自〇 9/68/15
民知誅賞之〇 9/70/28
則群臣以邪〇者 9/72/22
事〇而應其化 9/76/9
實曠〇遠者 9/79/20
桀為非而眾非〇（也）
　〔矣〕 9/79/24
物〇而名 10/82/17
事〇而應 10/82/17
則知其所以〇者 10/83/2
雖忠〇惡 10/83/8
非所以迎〇也 10/84/15
雖忠〇患 10/86/4
情不相與往〇也 10/86/12
崇侯、惡〇 10/87/23
虎豹之文〇射 10/90/31
17.84/174/10
猨狖之（棲）〔捷〕〇
　措 10/90/31
不能親近〇遠 11/97/8

往古〇今謂之宙 11/99/20
欲〇諫者也 11/100/25
神將〇舍 12/106/28
德將（〇附）〔為〕若
　美 12/107/1
使者〇謁之 12/107/6
〇而辭不受金 12/108/18
自今以〇 12/108/20
〔生之〕所自〇者久矣 12/109/17
一呼而航〇 12/113/8
不通往〇也 13/120/12
猩猩知往而不知〇 13/126/5
乾鵲知〇而不知往 13/126/5
夫戶牖者、風氣之所從
　往〇 13/131/1
所由〇者遠矣 13/131/3
故虎豹之彊〇射 14/132/27
蝯狖之捷〇措 14/132/27
有虛船從一方〇 14/134/20
不能使福必〇 14/135/1
〇者弗迎 14/135/10
故士行善而不知善之所
　由〇 14/136/23
故好與、〇怨之道也 14/137/17
事〇而制 14/138/17
君子為善不能使（富）
　〔福〕必〇 14/142/11
禍之〇也 14/142/12
兵之所由〇者遠矣 15/142/27
兵之〇也 15/143/15
唯恐其不〇也 15/143/19
與忽忽〇 15/147/9
〇而為之宜 15/149/22
觀彼之所以〇 15/150/21
彼故輕〇 15/150/23
有鳥將〇 16.103/163/19
昌羊去蚤蝨而〇（蛉）
　〔蛉〕窮 17.26/170/7
蝯狖之捷〇乍 17.84/174/10
佞人〇 17.145/178/22
17.145/178/23
〔精相往〇也〕 17.190/181/26
夫禍之〇也 18/186/6
福之〇也 18/186/6
以〇北方 18/194/7
且患禍之所由〇者 18/196/8
衛君之〇也 18/200/22

且衛君之○也 18/200/24
以待其○也 18/202/6
引之不○ 19/202/12
涕液（○）〔交〕集 19/207/18
高遠其所從○ 19/208/6
則所從○者遠而貴之耳 19/208/19
為其○蛉窮也 20/223/7
使夷狄各以其賄○貢 21/227/26

賴 lài 6

萬民○之 9/72/25
○其功者 10/84/13
兆民○之 10/87/27
恃○其德 13/131/6
果○而免身 13/131/17
故事成而功足○也 20/218/23

瀨 lài 5

而漁者爭處湍○ 1/4/19
湍○旋淵、呂梁之深不能留也 2/12/16
飲砥柱之湍○ 6/52/2
抑減怒○ 8/65/5
而不能生於湍○之流 16.30/157/4

癩 lài 1

夫○者趨不變 7/58/5

籟 lài 1

視○與竽 16.6/154/24

婪 lán 1

貪○者 10/86/16

藍 lán 5

以○染青則青於○ 2/13/19
青非○也 2/13/19
何況夫未始有涅○造化之者乎 2/13/20
禁民無刈○以染 5/41/22

瀾 lán 3

道○漫而不修 6/53/10
其已成器而破碎漫○而復歸其故也 7/56/23
貞信漫○ 11/104/1

蘭 lán 5

男子樹○ 10/86/12
○生幽宮 16.18/155/26
○（芝）〔芷〕以芳 17.54/172/8
○（芝）〔芷〕欲脩而秋風敗之 17.126/177/10
○生而芳 17.156/179/14

覽 lǎn 13

劉○（偏）〔徧〕照 1/2/6
不能○其光 6/50/18
徧○是非 9/80/19
○物之博 19/206/23
有《（冥○）〔○冥〕》 21/223/25
○耦百變也 21/224/5
《○冥》者 21/224/22
○取（橋）〔撟〕掇 21/224/23
所以○五帝三王 21/226/17
○揔其要 21/226/31
足以○矣 21/227/18
精搖靡○ 21/228/29

攬 lǎn 2

乃始○物（物）引類 21/224/23
○掇遂事之蹤 21/225/19

濫 làn 6

靡○振蕩 1/6/6
美者不能○也 2/16/28
攻城（檻）〔○〕殺 6/53/20
至刑不○ 13/129/9
而不期於○脅、號鍾 19/208/25
刑不侵○ 20/223/13

嚂 làn 2

芻豢黍粱、荊吳芬馨以○其口 11/104/2
不○於辯 15/151/28

爁 làn 1

火○（炎）〔焱〕而不滅 6/52/24

爛 làn 2

○灰生（繩）〔蠅〕 16.124/165/23
掇之則○指 17.117/176/18

郎 láng 1

伏○尹而笞之三百 18/196/14

狼 láng 12

日冬至〔入〕峻○之山 3/21/7
流涕○戾不可止 6/50/9
虎○不妄噬 6/52/21
下貪○而无讓 9/68/1
不如（豺○）〔○契〕 9/70/13
而虎○熊羆猒芻豢 9/74/8
（餋）〔養〕禽獸者也必去豺○ 15/143/10
故人眾則食○ 16.96/163/1
○眾則食人 16.96/163/1
貪○強力 21/228/24
孝公欲以虎○之勢而吞諸侯 21/228/25

㝗 láng 1

若我南游乎（岡）〔罔〕○之野 12/116/11

琅 láng 2

沙棠、○玕在其東 4/33/5
有崑崙〔虛〕之球琳、○玕焉 4/34/14

廊 lāng 2

〔桀〕為琁室、瑤臺、象○、玉床 8/63/17
過宮室○廟必趨 18/199/15

蜋 láng 3

螳○生 5/41/18
此〔所〕謂螳○者也 18/200/1
齊莊公避一螳○而勇武歸之 18/200/3

朗 lǎng 5

耳聽滔○奇麗激抮之音 1/8/26
新而不○ 1/9/10
文彩明○ 20/210/24
〔列星○〕 20/211/9
五色雖○ 20/213/22

牢 láo 15

○籠天地 8/64/5
束○連固 11/98/12
牿服馬牛以為○ 11/103/29
厲其民死以（○）〔堅〕其城 14/137/1
非有（○）〔堅〕甲利兵 15/146/8
錞鉞○重 15/152/21
○柔不相通而勝相奇者 15/153/3
執獄○者無病 16.24/156/18
（○）〔堅〕守而不下 18/189/26
出則乘○車、駕良馬 18/194/15
乘○良 18/194/19
譬猶以大○享野獸 18/198/10
欣若七日不食、如饗（大）〔太〕○ 19/207/11
夫矢之所以射遠貫（○）〔堅〕者 20/212/2
而不可令持（○）〔堅〕 20/214/24

勞 láo 69

遠而不○ 1/2/10
任數者○而無功 1/3/7
○形而不明 1/7/1
而不以貴賤貧富○逸失其志德者也 1/9/3
○我以生 2/10/29
外○耳目 2/15/23
有大人國、君子國、黑齒民、玄股民、毛民、○民 4/37/1
○農夫 5/45/21
○逸若一 6/52/7
安○樂進 6/52/8
人之耳目曷能久熏〔勤〕○而不息乎 7/55/18
而好憎者使人之心○ 7/56/8
形○而不休則蹶 7/57/3
竭力而○萬民 7/58/17
事力○而養不足 8/62/9
責成而不○ 9/67/4
不○形而功成 9/67/20
事力○而无功 9/68/1
無○而高爵 9/70/22
勤○天下 9/74/4
足不○而致千里 9/75/6
是故明主之耳目不○ 9/76/9
棄公○而用朋黨 9/76/19
夫貴富者之於○也 9/76/26
則人主逾○ 9/77/3
無御相之○而致千里者 9/77/4
精神○則越 9/77/13
耕之為事也○ 9/81/14
擾○之事 9/81/14
始初甚○ 9/81/15
非（止）〔正〕以○苦民也 10/88/17
通智得（○）而不○ 10/90/16
其次○而不病 10/90/16
其下病而不○ 10/90/16
夫乘民之功○而取其爵祿〔者〕 12/113/13
則苦心○形 12/114/11
以十二牛○秦師而賓之 12/115/23
民○而利薄 13/120/10
民以致遠而不○ 13/120/14
○形竭智而无補於主也 13/122/25
以○天下之民 13/124/1
禹○〔力〕天下 13/131/11
神○於謀 14/139/2
樂佚而憎○ 14/140/26
因其○倦怠亂 15/148/4
察其○佚以知其飽飢 15/151/10
所以齊○佚也 15/151/12
求民為之○也 15/151/17
○者能息之 15/151/18
○者必得其利 15/151/19
佚為○奇 15/152/8
○倦怠亂 15/152/23
形○則神亂 16.59/159/26
農夫○而君子養焉 17.201/182/21
以十二牛○之 18/193/2
子發辨擊劇而○佚齊 18/200/9
○形盡慮 19/202/25
養老弱而息○倦也 19/203/5
則聖人之憂○百姓〔亦〕甚矣 19/203/9
忘其苦眾○民 19/203/23
○也 19/207/4
心致憂愁○苦 19/207/24
苦身○形 19/207/25
无○役 20/211/24
夙興夜寐而○力之 20/213/6
立事者、賤者○而貴者逸 20/215/19
力事爭就○ 20/216/7
車有○軼動靜而后能致遠 20/222/13

老 lǎo 103

故○聃之言曰 1/6/9
躁而（日）耗者〔日〕以○ 1/10/8
逸我以○ 2/10/29
戊子受制則養〔長〕○ 3/23/21
木壯水○火生金囚土死 4/36/17
火壯木○土生水囚金死 4/36/17
土壯火○金生木囚水死 4/36/17
金壯土○水生火囚木死 4/36/17
水壯金○木生土囚火死 4/36/18
存視長○ 5/42/12
養長○ 5/43/23
養○衰 5/47/25
鷙鳥攫○弱 6/52/25
西○折勝 6/53/16

潦 lǎo 13

橑 lǎo 4

勒 lè 3

雷 léi 52

擊之若○ 15/147/14
聲如○霆 15/148/2
擊之如○霆 15/148/20
若○之擊 15/150/27
發如○霆 15/152/15
聽○者（聾）〔聵〕 16.6/154/21
不先○毀 16.32/157/10
冬有○電 17.49/171/23
為○電所撲 17.124/177/5
疾○破石 17.174/180/25
烈風○雨而不迷 20/213/9
與○霆風雨 21/224/28

蔂 léi 2

○成城 16.57/159/20
山之用○ 19/203/18

樏 léi 1

乃合○牛騰馬 5/40/21

羸 léi 13

月死而（○）〔蠃〕硥膲 3/19/6
家老○弱悽愴於內 6/53/23
人○車弊 6/53/24
夫載重而馬（贏）〔○〕 9/72/3
小子無謂我老而○我 10/89/9
是武侯如弗○之必得○ 10/89/9
雖○必遂 14/133/17
一○在側 14/140/9
必制一○ 14/140/10
有福則（○）〔盈〕 14/140/13
○弱服格於道 18/197/17
今劍或絕側○文 19/208/21

纍 léi 1

文王四世○音 21/227/21

虆 léi 1

禹身執○臿 21/228/5

耒 lěi 6

修○耜 5/46/25
○耨無所設 8/66/9
一人跖○ 9/78/26
○耜餘糧宿諸（晦）
〔晦〕首 10/87/27
後世為之○耜耰鋤 13/120/11
始於○耜 17.152/179/6

累 lěi 38

○之而不高 1/1/21
葉○而無根 1/6/18
性之○也 1/7/4
此齊民之所為形植（藜）
〔黎〕（○）〔黑〕 1/9/1
而萬物（雜）〔炊〕○焉 2/11/26
○愛襲恩 2/14/7
然皆人○也 7/56/7
心之（暴）〔○〕也 7/56/28
則神無○矣 7/58/9
此之謂無○之人 7/59/7
無○之人 7/59/7
除穢去○ 7/59/20
無益〔於〕情者不以○德 7/60/10
曾○其刑 9/68/3
湯、武之○行積善 11/102/17
四○之上也 12/107/22
不以利○形 12/109/17,20/218/17
不以物○形 13/123/21
周公有殺弟之○ 13/126/25
不足以為○ 13/127/11
解于○紲之中 13/128/3
則罪弗○也 13/130/2
爵祿不能○也 13/130/8
故因太祖以○其心 13/130/27
身不○於物 14/134/11
則免於○矣 14/136/11
必○其形 14/138/19
〔不〕○（積）其德 14/142/13
○若不勝 15/153/21
心無○也 16.24/156/18
故無○ 16.32/157/10
○積不輟 17.226/184/9
所以○世不奪也 18/187/2
然而○足无所踐者 18/188/19

不以利○形者 18/197/4
○日積久 20/212/22
趙政不增其德而○其高 20/221/15

儡 lěi 1

然而不免於○ 2/16/23

壘 lěi 2

高重（京）〔○〕 6/53/21
治壁○ 15/152/22

淚 lèi 2

流黃、（○）〔沃〕民
在其北方三百里 4/37/13
（○注）〔渠頸〕而鳶
肩 12/116/6

類 lèi 89

何況狗馬之○乎 1/3/6
故有像之○ 1/6/12
此膏燭之○也 1/10/7
將欲生興而未成物○ 2/10/16
又況未有○也 2/13/28
猶盆水之○也 2/17/22
飛行之○也 3/19/4
蟄伏之○也 3/19/4
物○相動 3/19/9
土地各以（其）○生
〔人〕 4/34/19
皆應其○ 4/34/23
萬物之生而各異○ 4/35/17
晝生者○父 4/35/19
五○雜種興乎外 4/38/6
課比○ 5/43/24
夫物○之相應 6/50/14
○所以感之 6/50/17
引○於太極之上 6/50/19
又況直蛇鱓之○乎 6/51/27
又況直燕雀之○乎 6/52/4
吾〔生〕之（於比）
〔比於〕有形之○ 7/56/18
吾將舉○而實之 7/58/10
以成埒○ 8/64/7

以養群○ 8/64/17
○其社 8/66/21
○各自○ 9/67/7
其○異也 9/72/13
（偏）〔徧〕愛群生而不愛人○ 9/81/6
仁者、愛其○也 9/81/7
同○也 10/83/16
其○若積薪樵 10/90/26
物多○之而非 10/93/6
皆生非其○ 11/94/6
異形殊○ 11/101/20
林○、榮啓期衣若縣衰〔而〕意不慊 11/103/12
無壽○矣 12/109/24
令○不蕃 12/119/26
子孫無○ 13/126/9
夫物之相○者 13/128/9
故（很）〔狠〕者○知而非知〔也〕 13/128/9
愚者○仁而非仁〔也〕 13/128/10
戇者○勇而非勇也 13/128/10
揔形推○而為之變象 13/130/20
方以○別 14/132/11
日長其○ 14/141/13
以其異○也 15/152/7
此其○ 16.25/156/21
君子不容非其○也 16.62/160/3
小馬（非）大馬之○也 16.70/160/21
小知非大知之○也 16.70/160/21
以○取之 16.78/161/10
此○之推者也 16.124/165/22
此○之不推者也 16.124/165/23
○不可必推 16.129/166/4, 17.109/176/1
其不知物○亦甚矣 17.1/168/10
狀相○而愛憎異 17.56/172/13
（蔄苗）〔薍苗〕○絮而不可〔以〕為絮 17.69/173/8
麤不○布而可以為布 17.69/173/8
以○相慕 17.82/174/6
懸垂之○ 17.104/175/21
以○而取之 17.129/177/17
可謂不知○矣 17.149/178/31
法籍殊○ 17.234/184/27
異○殊色 18/201/8
物○之相摩 18/201/11
故或○之而非 18/201/11
或不○之而是 18/201/11
此所謂○之而非者也 18/201/18
何謂非○而是 18/201/20
此所謂弗○而是者也 18/201/23
物○相似若然 18/202/8
則不○矣 19/204/15
唐碧堅忍之○ 19/206/20
玉石之相○者 19/209/1
不必孔、墨之○ 19/209/3
以○相從 20/210/11
陰陽不生一○ 20/215/1
不明於○也 20/220/14
知生○之眾 21/224/15
乃始攬物（物）引○ 21/224/23
浸想宵○ 21/224/23
乃以明物○之感 21/224/24
比○其喜怒（與）〔於〕晝宵寒暑 21/224/28
所以譬○人事之指 21/225/26
異○殊形 21/226/2
言天地四時而不引譬援○ 21/226/25
通殊○ 21/228/30

纇 lèi 2

明月之珠不能无○ 13/127/26
若珠之有（纇）〔○〕 17.78/173/28

冷 lěng 1

而暍者望○風于秋 2/14/27

狸 lí 10

狐○首穴 6/53/17
譬猶雀之見鸇而鼠之遇○也 9/72/14
譬猶○之不可使搏牛 9/74/24
狐○主穴 11/103/15
始如狐○ 15/150/23
發屋而求○ 16.74/160/29
殺戎馬而求（弧理）〔狐○〕 16.74/160/30
非以（遂）〔逐〕狐（○）〔狢〕 16.106/163/29
○頭愈鼠 16.124/165/22
伏雞之（捕）〔搏〕○〔也〕 17.64/172/30

梨 lí 3

伐楩柟豫樟而剖○之 11/99/25
方倦龜殼而食蛤○ 12/116/7
○橘棗栗不同味 17.67/173/3

犂 lí 1

肌屯○牛 16.104/163/23

貍 lí 9

而擒於狐○ 9/76/22
今謂狐○ 10/83/15
又不知○ 10/83/15
必未嘗見○也 10/83/16
狐、○非異 10/83/16
而謂狐○ 10/83/16
則不知狐、○ 10/83/16
見虎尾而知其大於○ 17.122/177/1
○執鼠 20/223/7

黎 lí 5

此齊民之所為形植（藜）〔○〕（累）〔黑〕 1/9/1
（至于合○） 4/33/12
○莠蓬蒿並興 5/39/14
〔而〕百姓○民顦顇於天下 9/74/9
○民懷之 20/223/14

蠡 lí 11

是故審〔於〕毫○之〔小〕計者 9/74/23
過若豪○ 9/80/11
故○負羈之壺（餐）〔飱〕 11/96/22
○負羇之妻謂○負羇曰 12/110/27

○負羇遺之壺餕而加璧焉 12/110/28
令三軍無入○負羇之里 12/111/1
馬（○）〔麗〕截玉 16.130/166/8
○負羈止之曰 18/196/3
聽○負羈之言 18/196/5
申子者、韓昭○之佐 21/228/20

離 li 68

○朱之明 1/3/9
以其性之在焉而不○也 1/9/20
而○其外內之舍 1/10/1
神之分○剖判 2/13/3
此皆失其神明而○其宅也 2/14/26
決○隱密而自成 2/15/8
皆欲○其童蒙之心 2/15/10
（雜）〔○〕道以偽 2/15/15
於是萬民乃始慲觟○跂 2/15/18
（禹）〔○〕以為朝、晝、昏、夜 3/24/21
合四歲而○ 3/27/19
○十六歲而復合 3/27/19
所以○者 3/27/19
○為八極 7/54/26
與其未○於地也無以異 7/56/22
流漫陸○ 8/61/21
是故上下○心 8/62/1
不○其理 8/64/9
乃是○之 9/67/11
其○聰明則亦遠矣 9/75/14
體○車輿之安 9/76/4
○其居也 9/76/22
則守職者○正而阿上 9/76/29
上下○心 9/76/29
（○）〔雖〕北宮子、司馬蒯蕢不〔可〕使應敵 9/78/1
害一人而天下○叛 9/78/9
而不○飢寒之患矣 9/79/5
○珠弗能見也 10/86/1
無所○ 10/87/4
弗○道也 10/91/25
是故○叛者寡 11/95/9
○之散之 11/98/20
○而為儀表 11/98/21
多○道德之本 11/98/24
○堅白 11/101/26
然而樂○世伉行以絶衆 11/103/5
豫讓、要○非不知樂家室、安妻子以偷生也 11/103/6
○形去知 12/115/15
能毋○乎 12/115/17
唯敖為背群○黨 12/116/7
不○咫尺 12/116/17
○者必病 13/131/1
欲利者或○害 14/132/19
獨不○其壇（城）〔域〕 14/135/11
而可以○害 14/135/17
戰死而民弗○ 14/137/2
內無暴事以○怨於百姓 14/138/5
襲而不○ 14/138/6
甲不○矢 15/144/22
農不○野 15/144/22
遷舍不○ 15/145/16
不○罝罘 15/149/3
○合散聚 15/152/17
然酤酒買肉不○屠沽之家 17.232/184/23
則有功者○恩義 18/188/5
而上下○心 18/193/17
使○珠、〔攫〕剟索之 18/195/2
知者○路而得道 18/198/4
單豹倍世○俗 18/199/14
其○叛之心遠矣 18/202/3
雖有○朱之明 19/206/17
卓然○世 19/206/24
百姓○散 19/207/19
○群慝之紛 20/214/15
高漸○、宋意為擊筑 20/221/26
○先稻熟 20/223/1
又恐人之○本就末也 21/223/23
○別萬物之變 21/224/7

藜 li 6

此齊民之所為形植（○）〔黎〕（累）〔黑〕 1/9/1
○藿之羹 7/58/14,18/194/18
○藿為之不采 16.39/157/27
為客治飯而自〔食〕○藿 17.63/172/28
○（藿）〔藋〕之生 19/209/25

驪 li 11

神經於○山、太行而不能難 2/17/2
乘玄○ 5/45/11
乘鐵○ 5/46/3,5/46/22
獻公豔○姬之美而亂四世 7/60/28
牡而○ 12/111/20
○戎以美女亡晉國 17.57/172/15
欺於○姬 17.145/178/22
明年出遊匠○氏 18/186/26
所以身死於匠○氏也 18/187/3
晉獻公之伐○ 20/222/20

里 li 133

而不能聽十○之外 1/3/10
夫乘皓白而不（○）〔黑〕 2/12/14
一舉而千萬○ 2/13/3
而求其致千○也 2/18/9
不能利其○ 2/18/10
去地（五億）〔億五〕萬○ 3/19/19
有五億萬七千三百九○ 3/24/21
立四表以為方一○岠 3/31/15
是寸得一○也 3/31/17
一○積萬八千寸 3/31/18
得從此東萬八千○ 3/31/18
則半寸得一○ 3/31/18
半寸而除一○ 3/31/19
積寸得三萬六千○ 3/31/19
除則從此西○數也 3/31/19
東西○數也 3/31/19
正東萬八千○ 3/31/23
則從中北亦萬八千○也 3/31/23
南北之○數也 3/31/23
寸減日近一○ 3/31/24
寸益遠一○ 3/31/24
正南北相去千○ 3/32/1
是南千○陰短寸 3/32/2
南二萬○則无景 3/32/2
則置從此南至日下○數 3/32/3
為十萬○ 3/32/3
東西二萬八千○ 4/32/30

南北二萬六千○ 4/32/30
水道八千○ 4/32/30
陸徑三千○ 4/33/1
二億三萬三千五百○七十五步 4/33/1,4/33/2
二億三萬三千五百五十（○）有九（淵） 4/33/3
其高萬一千○百一十四步二尺六寸 4/33/4
門閒四○ 4/33/6
○閒九純 4/33/6
純方千○ 4/33/22
亦方千○ 4/33/22,4/34/1
所照方千○ 4/37/11
流黃、（涙）〔沃〕民在其北方三百○ 4/37/13
萬二千○ 5/47/14,5/47/19,5/47/24,5/48/1,5/48/6
是故質壯輕足者為（申）〔甲〕卒千○之外 6/53/22
於是天下廣陝險易遠近始有道○ 8/63/14
（血流）〔流血〕千○ 8/66/23
（踰）〔喻〕于千○ 9/68/14
千○之兩至 9/69/11
一日而至千○ 9/70/13
內不知閭○之情 9/71/10
十○之前 9/71/10
不能仁化一○ 9/72/24
足不勞而致千○ 9/75/6
無御相之勞而致千○者 9/77/4
筦夷吾、百○奚經而成之 10/89/4
文王辭千○之地 10/90/21
非千○之御也 10/91/21
不過百○ 10/91/22
車軌不結千○之外者 11/95/14
人目所見不過十○ 11/96/18
而與轂致千○ 11/101/11
達視千○ 11/101/23
夫騏驥千○ 11/102/9
馳騖千○不能（易）〔改〕其處 11/102/15
令三軍無入釐負羈之○ 12/111/1
馬至而果千○之馬〔也〕 12/111/24
舍行七（○）〔星〕 12/112/27
屈商乃拘文王於羑○ 12/114/13
以車不過百○ 12/115/19
以人不過三十○ 12/115/19
今行數千○ 12/115/21
吾行數千○以襲人 12/115/23
其餘一舉而千萬○ 12/116/14
（乃）為（粗）〔鞀〕蹻而超千○ 13/120/13
湯無七○之分 13/124/16
地方不過百○ 13/124/17
21/227/22
而悔〔其〕不誅文王於羑○ 13/125/1
開地數千○ 13/126/10
亡地千○ 13/127/1
雖有閭○之行 13/127/11
夫百○奚之飯牛 13/128/1
澤及百○而潤草木者 13/131/8
以○聽者 15/143/17
賞以○ 15/143/17
而千○不至 15/144/20
脩政廟堂之上而折衝千○之外 15/145/2
流血千○ 15/145/7
方數千○ 15/146/11
湯之地方七十○而王者 15/146/22
智伯有千○之地而亡者 15/146/22
而決勝乎千○之外矣 15/146/26
吳王夫差地方二千○ 15/153/6
去之千○ 16.16/155/22
〔故國有賢臣、折衝千○〕 16.39/157/27
為儒而踞○閭 16.40/158/1
不可為道○ 16.49/158/28
（故國有賢君、折衝萬○） 16.59/159/26
千○相從 16.61/160/1
騏驥一日千○ 16.68/160/17
與之致千○ 16.84/161/27
一○〔能〕撓（推）〔椎〕 16.98/163/6
故○人諺曰 16.114/164/22
莊王誅○史 16.136/166/23
烹牛以饗其○ 16.141/167/7
致千○而不飛 17.30/170/15
治鼠穴而壞○閭 17.78/173/28
豈能致千○哉 17.132/177/24
聞於千○ 17.135/177/30
足無千○之行 17.138/178/6
相去千○ 17.157/179/17
人君不以取道○ 17.186/181/18
不過二○也 17.198/182/14
千○可致 17.198/182/14
跛鱉千○ 17.226/184/9
千○之隄 18/186/1
（日）師行數千○ 18/192/29
夫車之所以能轉千○者 18/200/13
伯○奚轉鬻 19/203/6
聲施千○ 19/204/1
夫墨子（跌）〔趹〕蹏而趨千○ 19/204/5
乘馬者期於千○ 19/208/24
我曾无有閭○（氣）〔之〕聞、窮巷之知者何 19/209/10
八極不可道○也 20/211/2
（流源）〔源流〕千○ 20/211/12
（之）地方不過百○ 20/219/17
故湯處亳七十○ 20/219/28
文王處（禮）〔酆〕百○ 20/220/1
故得道則以百○之地令於諸侯 20/220/2
能致千○者 20/222/13

李 lǐ 9

桃○始華 5/39/19
其樹○ 5/40/27
魏武侯問於○克曰 12/108/23
○克對曰 12/108/23
〔○克〕對曰 12/108/24
（季）〔○〕斯車裂 18/189/17
託之○奇 19/208/16
秦任○斯、趙高而亡 20/217/26
○克竭股肱之力 20/218/17

理 lǐ 96

而天○滅矣 1/2/15
（脩）〔循〕道○之數 1/3/11
夫能○三苗 1/4/21
夫執道○以耦變 1/5/16
是故一之○ 1/6/25
莫之領○ 2/15/8

而通于榮辱之〇 2/16/2
西方為〇 3/21/1
以義行〇 3/28/29
〇關市 5/44/4
感動有〇 5/49/8
生氣乃〇 5/49/9
不足以分物〇 6/51/9
（竅）〔竅〕〇之 6/53/1
璧襲無（〇）〔羸〕 6/53/17
精神盛而氣不散則〇 7/55/23
〇則均 7/55/23
必究其〇 7/57/6
〇情性 7/60/9,21/226/16
其言略而循〇 8/61/7
動而〇通 8/63/1
不離其〇 8/64/9
冠無觚羸之〇 8/65/18
堂大足以周旋〇文 8/65/18
動靜循〇 9/67/6
故所〇者遠則所在者邇 9/67/9
故皋陶瘖而為大〇 9/68/23
而〇無不通 9/69/26
不因道〔〇〕之數 9/70/3
而不（修）〔循〕道〇
之數 9/72/2
豈能拂道〇之數 9/72/5
決煩〇挐 9/74/26
道勝而〇達矣 9/75/20
數窮於下則不能伸〇 9/76/27
據義行〇而志不懾 9/80/25
文情〇通 10/87/11
（〇）詘（伸）〔伸〕
倨（佝）〔句〕 10/87/20
循〇受順 10/87/23
可謂不踰於〇乎 10/90/6
萬物將自〇 10/92/19
義者、循〇而行宜〔者〕
也 11/98/1
非求道〇也 11/100/17
雖皋陶為之〇 11/102/16
守正（脩）〔循〕〇、
不〔為〕苟得者 11/104/9
戾人〇 12/112/9
則不能漏〇其形也 12/117/13
得於人〇 13/121/26
〇塞也 13/124/15
〇好憎之情 13/130/1

好憎〇 13/130/2
〇好憎 14/133/8
〇好憎則不貪無用 14/133/9
不惑禍福則動靜循〇 14/133/9
治官〇民者 14/134/16
循其〇 14/134/26
循天之〇 14/135/12
道〇為正也 14/135/23
道〇通而人為滅也 14/135/24
（脩）〔循〕其〇則
（功）〔巧〕無名 14/136/14
下之徑衢不可勝〇 14/137/10
循〇而動 14/137/20
（唯）〔為〕能勝〇而
（為受）〔無愛〕名 14/138/25
行由其〇 14/139/17
〇境內 15/145/1
則兵以道〇制勝 15/149/19
推〇而行 15/150/22
殺戎馬而求（弧〇）
〔狐狸〕 16.74/160/30
雖其〇哉 16.106/163/31
聖人之同死生通於分〇
16.108/164/5
不如循其〇 17.101/175/15
固其〇也 17.130/177/19
為其不出戶而（〇）
〔堁〕之 17.130/177/19
而通於大〇者也 18/200/10
其所由者非〇也 18/200/14
循〇而舉事 19/203/14
殊體而合于〇 19/203/20
毛蒸〇泄 20/211/20
俯視地〇 20/213/1
領（聖）〔〇〕萬事 20/213/15
趙政晝決獄、夜〇書 20/215/20
言无聖人以統〇之也 20/217/2
察於地〇 20/217/16
背貪鄙而向（義〇）
〔仁義〕 20/217/21
領〇百官 20/218/17
其道〇素具 20/220/20
治由文〇 20/223/12
中通諸〇 21/223/21
通同異之〇 21/224/8
〇日月之光 21/224/11
貫萬物之〇 21/225/16

詮以至〇之文 21/225/26
以領〇人之意 21/226/2
治倫〇之序 21/226/15
則天地之〇究矣 21/227/1
〇萬物 21/228/30

豊 lǐ 1

茂木（〇）〔豊〕草 20/213/23

裏 lǐ 2

外為表而內為〇 7/55/10
（句）〔包〕裹宇宙而
無表〇 10/82/15

禮 lǐ 148

〇樂為鉤 2/12/3
繁登降之〇 2/15/17
搖消掉捎仁義〇樂 2/15/24
故祭祀三飯以為〇 3/25/18
〇賢者 5/40/16
修〇樂 5/41/7
節之以〇 7/60/7
〇義廉恥不設 8/62/7
是以貴〇 8/62/11
是故仁義〇樂者 8/62/11
〇者、所以救淫也 8/62/13
〇樂不用也 8/62/17
〇淫然後容飾 8/62/18
知仁義然後知〇樂之不
足脩也 8/62/19
脩〇樂 8/62/26
〇鬼神 8/65/19
故聖人為之作〔〇〕樂
以和節之 8/66/8
〇義廢 8/66/16,18/189/16
處喪有〇矣 8/66/28
陳之以〇樂 9/69/13
於是乃始陳其〇 9/71/8
而乃責之以閨閤之〇 9/74/26
法籍〇義者 9/75/19
酬酢之〇 9/78/19
〇不隆而德有餘 10/85/18
故孝己之〇可為也 10/90/13
〇樂飾則純樸散矣 11/93/21

鯉 lǐ 2

醴 li 3

玄玉生○泉　4/38/10
○泉生皇辜　4/38/10
○泉出　20/210/19

蠡 li 2

而贏〔○〕瘉（蝸）〔燭〕睆　2/14/28
脩彭○之防　19/202/22

力 li 148

俗上氣○　1/3/26
昔共工之○　1/4/13
○無不勝　1/5/3
其○不可量　1/5/6
筋○勁強　1/7/9
不待○而強　1/9/11
夜半有○者負而趨　2/11/1
勇○聖知與罷怯不肖者同命　2/18/6
石氣多○　4/34/21
食木者多○而奰　4/35/1
潤水多○而宜黍　4/35/23
民○不堪　5/44/20
角○勁　5/45/22
舉○農　5/47/19
而○牧、太山稽輔之　6/52/16
諸侯○征　6/54/2,21/228/9
竭○而勞萬民　7/58/17
事○勞而養不足　8/62/9
罷苦萬民之○　8/63/18
民○竭於傜役　8/66/9
事○勞而无功　9/68/1
桀之○　9/70/4
勇（○）不足以持天下矣　9/70/6
故積○之所舉　9/70/8
少○而不能勝也　9/70/10
不待其多○者　9/70/10
用眾人之○　9/71/24
則百人有餘○矣　9/71/25
是故任一人之○者　9/71/25
以為百姓○農　9/72/1
是以積○之所舉　9/72/6
○勝其任　9/72/8
○不敵也　9/72/14
官勸○於下　9/73/3
是以天下盡○而不倦　9/73/13
而竭○殊死　9/73/14
是故臣盡○死節以與君　9/73/22
不愛民○　9/73/28
而萬民○竭矣　9/74/2
以為百姓○征　9/74/2
則竭百姓之○　9/74/7
以天下之○（爭）〔動〕　9/75/1
不肖者竭其○　9/75/4
盡眾人之○　9/75/8
〔雖〕竭○盡忠　9/75/13
而氣○有餘　9/76/3
取民則不裁其○　9/78/21
○勤財匱　9/78/22
中用人○　9/79/9
○招城關　9/80/23
然而勇○不聞　9/80/23
而加之以勇○辯慧　9/81/27
故不仁而有勇○果敢　9/81/29
唯造父能盡其○　10/84/7
蓋○優而克不能及也　10/84/8
則得百人之○　10/84/9
及恃其○　10/84/13
農無遺○　10/88/4
太公何○　10/89/14
是故農與農言○　11/101/17
○不足也　11/102/12
其織不○者　11/103/24
此舉重勸○之歌也　12/106/4
而不肯以○聞　12/107/12
勇有（功）〔○〕也　12/107/16
雖（巧）有○　12/107/18
雖有○不敢擊　12/107/20
此其賢於勇有○也　12/107/22
此庶民之○也　12/113/13
皆以其氣之高與其○之盛至　12/115/20
武○毅勇　12/119/18
以盡其○　12/119/28
○征相攘　13/126/15
奮勇○　13/126/17
求於（一）人則任以人○　13/127/24
責人以人○　13/127/25
禹勞〔○〕天下　13/131/11
極一牛之○　13/131/24
必用人○者也　14/134/6,20/219/1
能用人○者　14/134/6,20/219/2
其○不可度　14/134/8
故以巧鬬○者　14/136/14
盡其地○以多其積　14/137/1
一人之○　14/137/15
仁智勇○　14/137/17
（在）〔任〕○則人與之爭　14/138/10
未有使人無○者　14/138/10
有使人不能施其○於己者也　14/138/11
馬○必盡矣　14/139/19
今乘萬民之○　15/143/7
因民之欲、乘民之○而為之　15/144/23
各盡其○　15/144/25
君臣同○　15/145/2
○敵、則智者勝愚　15/146/24
○分則弱　15/147/18
故千人同心則得千人〔之〕○　15/147/20
則是罷其○也　15/148/15
○罷則威可立也　15/148/16
一其○　15/149/7
熊羆多○　15/149/10
不能通其知而壹其○也　15/149/10
用○諧也　15/149/14
若乃人盡其才、悉用其○、以少勝眾者　15/149/14
而无人（刃）〔○〕之奉　15/150/2
〔若〕假之筋角之○、弓弩之勢　15/150/5
折鏌邪而爭錐（○）〔刀〕　16.74/160/30
有譽人之○儉者　16.76/161/4
○貴齊　16.149/167/29
烏○勝日　17.10/169/1
砥厲之○　17.28/170/11
烏獲無○　17.47/171/19
不量其○　17.64/172/30
三十輻各盡其○　17.132/177/24
心之○也　18/185/27
城中○已盡　18/191/21
民春以○耕　18/192/17

立 lì 170

吏 li 15

利 li 254

16.148/167/26
不○而可以○ 16.148/167/26
故小快〔而〕害大○ 17.26/170/7
為酒人之○而不酤 17.114/176/11
為車人之○而不僦 17.114/176/11
待○而後拯溺人 17.184/181/14
亦必（以）○溺人矣 17.184/181/14
蚘之病而我之○ 17.195/182/8
禽獸之○而我之害 17.195/182/8
物固有重而害反為○者 17.211/183/11
先避患而後就○ 17.217/183/23
○與害為鄰 18/186/6
其或○或害 18/186/9
動靜者、○害之樞機也 18/186/12
人莫之○也 18/186/21
眾人皆知○○而病病也 18/187/5
唯聖人知病之為○ 18/187/5
知○之為病也 18/187/5
以言大○而反為害也 18/187/6
事或欲（以）○之 18/187/8
乃反以○之 18/187/9
○害之反 18/187/9
此所謂害之而反○〔之〕者也 18/187/16
何謂欲○之而反害之 18/187/19
此所謂欲○之而反害之者也 18/187/25
〔此〕愚者之所○也 18/188/1
○不足貪也 18/190/23
雖愈○ 18/191/14
萬世之○也 18/191/17
而（後）〔先〕萬世之○也哉 18/191/17
同○相死 18/191/26
忠臣不苟○ 18/192/22
知者不以○害義 18/193/6
蓋聞君子不棄義以取○ 18/193/16
無功而大○者後將為害 18/193/24
何謂毀人而反○之 18/194/13
此〔所〕謂毀人而反○之者也 18/194/19
夫〔上〕仕者先避〔患而後就○〕 18/196/15
雖有勁弩、○熷微繳 18/196/20
不以○累形者 18/197/4
又○越之犀角、象齒、翡翠、珠璣 18/197/12
禍在備胡而○越也 18/197/19
或爭○而反強之 18/197/24
而○害異者 18/199/10
今朝於吳而不○ 18/200/24
為民興○除害而不懈 19/202/25
國無遺○ 19/203/5
欲事起天下〔之〕○而除萬民之害〔也〕 19/203/8
志不忘于欲○人 19/203/20
段干木不趨勢○ 19/204/1
日夜不忘于欲○人 19/204/10
夫怯夫操○劍 19/205/2
胡人有知○者 19/205/9
見○而就 19/206/1
然其爪牙雖○ 19/206/2
此亦鳥獸之所以知求合於其所○ 19/206/6
劍待砥而後能○ 19/206/18
分〔別〕白黑（○害） 19/206/26
遺○於後 19/207/27
服劍者期於銛○ 19/208/24
雖未有○ 19/209/27
則機樞調○ 20/211/20
地不一○ 20/214/2
廉者不○非其有 20/214/24
小○破義 20/215/9
委○爭受寡 20/216/6
○賞而勸善 20/216/7
見○不苟得者 20/217/19
天下、大○也 20/218/27
非不○也 20/222/28
不以小○傷大穫也 20/223/1
所樹不足以為○ 20/223/6
愚者惑於小○ 20/223/6
故事有○於小而害於大 20/223/8
偷○不可以為行 20/223/11
動靜之○害 21/224/2
察禍福○害之反 21/225/19
而兆見得失之變、○病之（文）〔反〕 21/225/22
所以使人不妄没於勢○ 21/225/23
察○害之反 21/226/5
○之為害也 21/226/6
寡義而趨○ 21/228/24

戾 lì 11

清漳出楬○ 4/37/17
流涕狼○不可止 6/50/9
逆氣○物、傷民厚積者 6/53/1
舉事○蒼天 6/53/11
（列）〔則〕陰陽繆○ 8/61/17
（水）〔石〕○破舟 9/69/22
無所擊○ 9/80/4
○人理 12/112/9
音氣不○八風 15/144/15
為之悖○ 17.236/185/1
天地之閒无所（繫）〔擊〕○ 20/220/16

茘 lì 1

○挺出 5/46/12

栗 lì 5

故聖人○○乎其內 10/87/20
其社用（粟）〔○〕 11/98/6
寬而○ 13/122/30
梨橘棗○不同味 17.67/173/3

笠 lì 3

（卻）〔簦〕○居 15/148/3
或謂○ 17.125/177/7
而蓑○盤旋也 18/198/25

莅 lì 1

五帝三王之○政施教 20/212/27

詈 lì 2

不孝弟者或○父母 16.54/159/12
嬰兒○老 17.241/185/12

慄 lì 5

然而戰戰○○ 9/80/14
人上之而○ 11/94/23
戰戰○○ 18/186/2

蜧 lì 1

不若黑○ 11/94/29

厲 lì 28

選卒○兵 5/43/6
天子乃○服廣飾 5/44/23
威○而不懾 5/49/15
然而專精○意 6/49/29
激○至精 6/49/29
使口（爽傷）〔○爽〕 7/56/6
冉伯牛為○ 7/60/16
是故威○而不（殺）〔試〕 9/67/21
漆身為○ 9/73/17
奮武○誠 13/124/7
昔楚恭王〔與晉○〕戰於陰陵 13/125/17
志○青雲 13/125/22,15/148/2
○其民死以（牢）〔堅〕其城 14/137/1
晉○、宋康行一不義而身死國亡 15/143/5
五兵不○ 15/144/10
天下孰敢○威抗節而當其前者 15/147/15
氣○青雲 15/153/23
○利劍者必以柔砥 16.130/166/7
砥○之力 17.28/170/11
昔晉○公南伐楚 18/186/23
晉○公之合諸侯於嘉陵 18/187/2
王孫○謂楚莊王曰 18/198/19
王孫○曰 18/198/20
夕惕若○ 18/198/28,18/198/28
官御不○ 19/207/28
而不可○以名 21/228/24

歷 lì 19

星○以之行 1/1/7
○遠彌高以極往 1/2/1
昔舜耕於○山 1/4/18
夫○陽之都 2/18/6
贅麥亭○枯 3/22/29
故律○之數 3/26/23
巧○不能舉其數 6/50/18
正律○之數 6/52/17
可以○推得也 8/62/22
及至建律○ 8/62/25
接徑○遠 8/65/8
則○險致遠 9/76/13
亭○愈（脤）〔張〕 10/93/6
○歲而後成 11/103/22
舜脩之○山而海內從化 14/135/5
以其○歲久矣 17.52/172/4
放之○山 19/202/25
則雖○險超壍 19/204/17
夫（橘柚）〔亭○〕冬生 19/205/7

曆 lì 2

律○之數 13/126/6
容成造○ 19/206/10

隸 lì 1

故終身○於人 11/101/12

勵 lì 1

○節亢高 19/207/8

癘 lì 1

民多疾○ 5/46/16

麗 lì 8

耳聽滔朗奇○激抮之音 1/8/26
猶條風之時○也 2/12/14
西北曰○風 4/32/26
人之所○也 7/58/12
非不○也 9/78/12
不務於奇○之容 11/98/12
不矜為○ 14/139/15
歌舞而不事為悲○者 14/139/15

櫟 lì 1

其樹○ 5/47/9

礫 lì 2

是故視珍寶珠玉猶（石○）〔○石〕也 7/57/19

礪 lì 4

砥○甲兵 12/112/3
及加之砥○ 19/205/17
砥○其才 19/206/23
砥○礛（監）〔堅〕 19/209/25

儮 lì 2

鳳皇不能與之○ 7/58/28
是與俗○走 10/93/2

糲 lì 2

而堯○（粢）〔秶〕之飯 7/58/13
○粢之飯 18/194/18

連 lián 31

終身運枯形于○嶁列埒之門 1/10/1
○千枝萬葉 2/11/28
以摸蘇牽○物之微妙 2/12/5
嗜欲○於物 2/15/14
辯解○環 2/17/5
至于○石 3/24/18
有神二（人）〔八〕○臂為帝候夜 4/37/5
故蒲且子之○鳥於百仞之上 6/50/11
若以磁石之能○鐵也 6/51/5
甬道相○ 8/65/8
蟠龍○組 8/65/10
愚夫惷婦皆有流○之心 8/66/11
衣冠相○於道 9/77/24
接屋○閣 9/78/12
泣血○如 10/83/20
結駟○騎 11/94/2
○闥通房 11/94/20
束牢○固 11/98/12
若夫工匠之為○鐖、運開、陰閉、眩錯 11/100/7

民相○而從之 12/109/15
○弩以（䠶）〔射〕 13/122/7
○行伯 15/145/13
節族之屬○也 17.38/171/1
○環不解 17.193/182/4
18/198/15
○以轡銜 19/204/17
堀虛○比 19/206/5
萬物有以相○ 20/210/22
辭雖壇卷○漫 21/227/14
恃○與（國） 21/228/17
拘繫牽○於物 21/228/30

廉 lián 33

不以○為悲 1/7/22
騎蜚○而從敦圄 2/14/22
以參望日始出北○ 3/31/10
因西方之表以參望日方入北○ 3/31/11
金積折○ 6/53/17
○者不能讓也 7/60/26
禮義○恥不設 8/62/7
○儉守節 9/71/4
○有所在 11/94/19
則為不○ 12/108/20
○而不劌 12/119/6
○直而不以切 13/127/24
天下非無○士也 14/136/8
以為有欲者之於○ 14/136/8
大○不嗛 14/141/1
夫仁勇信○、人之美才也 15/149/17
○者易謀也 15/149/18
曾子立○ 16.101/163/14
雖○者弗釋 16.116/164/28
為其挫○ 16.131/166/11
有○而貧者 17.68/173/6
貧者未必○ 17.68/173/6
非○也 17.94/175/1
雖鳴○（隅）脩營 19/208/23
鼓琴者期於鳴○脩營 19/208/25
或貪或○ 20/214/23
○者不利非其有 20/214/24
○者可令守分 20/214/25
民无○恥 20/217/4
○恥不立 20/217/4
而不能使人為伯夷之○ 20/217/6
○可以分財 20/217/18
行无○恥 20/218/13

蓮 lián 1

益樹○菱 8/65/5

聯 lián 1

（縣）〔緜〕○房植 8/61/20

斂 liǎn 9

始收○ 5/43/8
趣民收○ 5/44/2
人主〔之〕租○於民也 9/78/10
昴中則（牧）〔收〕○畜積 9/79/19
故葬薶足以收○蓋藏而已 11/97/23
若多賦○ 14/137/16
○躬而行 18/200/20
輕賦薄○ 19/202/23
賦○无度 21/227/20

楝 liàn 1

其樹○ 5/43/15

練 liàn 5

簡○桀俊 5/43/6
子產○染也 10/86/8
選○甲卒 12/111/4
死為之○冠 13/121/1
墨子見○絲而泣之 17.229/184/16

鍊 liàn 11

是故○土生木 4/36/21
○木生火 4/36/21
○火生雲 4/36/21
○雲生水 4/36/21
○水反土 4/36/21
○甘生酸 4/36/21
○酸生辛 4/36/22
○辛生苦 4/36/22
○苦生鹹 4/36/22
○鹹反甘 4/36/22
於是女媧○五色石以補蒼天 6/52/25

良 liáng 50

雖有輕車○馬 1/2/2
丙子受制則舉賢○ 3/23/20
大陰治春則欲行柔惠溫（涼）〔○〕 3/28/18
無有不○ 5/40/21
選賢○ 5/41/8
莫不質○ 5/42/13
陶器必○ 5/46/8
惠賢○ 5/47/19
王○、造父之御也 6/52/7
兄○弟順 8/66/7
車輕〔而〕馬○ 9/72/4
然而○醫橐而臧之 9/74/19
（土）〔王〕○不能以取道 9/76/5
雖有騏驥、騄駬之○ 9/76/13
王○御之 9/77/4
○醫以活人 10/83/23
○工漸乎矩鑿之中 10/87/12
非○工不能以制木 11/100/4
○馬者 12/111/15
可告以○馬 12/111/17
楚賢○大夫皆盡其計而悉其誠 12/115/4
尊其秀士而顯其賢○ 15/143/18
車固馬○ 15/145/10
○將之所以必勝者 15/145/12
故○將之卒 15/147/24
選○用才 15/148/8
故○將之用卒也 15/149/7
不待利時○日而後破之 15/150/2
故○將之用兵也 15/151/14
主明將○ 15/153/2
○醫者 16.24/156/18
曰殺罷牛可以贖○馬之死 16.94/162/24
撰○馬者 16.106/163/29
（猶）〔然〕○馬猶在相之中 16.120/165/11

難為○醫 17.62/172/26
易道○馬 17.196/182/10
馬奔乃見○御 17.215/183/19
馬先馴而後求○ 17.219/183/27
是由病者已惓而索○醫也 18/186/3
而○醫之所以為病也 18/187/27
家富○馬 18/190/3
出則乘牢車、駕○馬 18/194/15
乘牢○ 18/194/19
及至○工執竿 18/201/7
○御教之 19/204/16
今日○馬 19/205/1
唯○工能識之 19/209/1
故○匠不能斲金 20/212/11
溫惠柔○者 20/214/3
可謂○將〔矣〕 20/214/19

梁 liáng 29

湍瀨旋淵、呂○之深不能留也 2/12/16
廣莫風至則閉關○ 3/20/30
息關○ 3/23/23
有○山之犀象焉 4/34/13
涼出茅盧、石○ 4/37/21
開關○ 5/47/15
繕關○ 5/48/6
呂○未發 8/63/15
稻○饒餘 8/65/6
澤○畢禁 8/66/9
故千人之群無絕○ 9/70/10
大者以為舟航柱○ 9/74/16
陰降百泉則脩橋○ 9/79/18
故若行獨○ 10/86/23
禪於○父 11/99/9
故狐○之歌可隨也 11/99/11
或為柱○ 11/99/26
脩關○ 12/117/17
夫顏（喙）〔啄〕聚、○父之大盜也 13/127/11
○由靡扣穆公之驂 13/129/4
尾生死其○（拄）〔柱〕之下 16.100/163/11
身死高○之東 18/194/2
故蠹啄剖○柱 18/195/29
虞氏、○之大富人也 18/201/13

以問唐姑○ 19/208/12
唐姑○曰 19/208/12
踰○山 20/211/26
康○沉湎 21/227/20
○丘據、子家噲導於左右 21/228/14

涼 liáng 15

景風至四十五日○風至 3/20/26
○風至四十五日閶闔風至 3/20/26
○風至則報地德 3/20/29
○風至 3/22/23,5/42/24,5/43/18
大陰治春則欲行柔惠溫（○）〔良〕 3/28/18
西南曰○風 4/32/26
傾宮、旋室、縣圃、○風、樊桐在崑崙閶闔之中 4/33/7
是謂○風之山 4/33/16
○出茅盧、石梁 4/37/21
○（也）〔風〕之所生也 4/37/26
○風始至 5/42/7
○風至三旬 5/43/10
七月○風不至 5/48/16

粱 liáng 4

芻豢黍○、荊吳芬馨以嚂其口 11/104/2
不能耕而欲黍○ 17.208/183/5
而（豢）〔養〕以芻豢黍○五味之膳 18/194/14
飯黍（粢）〔○〕 18/194/19

糧 liáng 9

資○萬物者也 8/63/6
置餘○於晦首 8/63/10
行者無○ 8/66/10
耒耜餘○宿諸（晦）〔畮〕首 10/87/27
○食未及乏絕也 12/115/20
無糗○之資而不飢 17.30/170/15
○食匱（乏） 18/191/21
又以卒鑿渠而通○道 18/197/14
於是乃贏○跣走 19/207/16

兩 liǎng 59

○木相摩而然 1/3/16
是猶○絆騏驥 2/18/9
○維之間 3/22/11
十二銖而當半○ 3/26/20
故二十四銖為一○ 3/26/20
故十六○而為一斤 3/26/21
則定東方○表之中 3/31/11
自崑崙東絕○恒山 5/47/22
○者交接成和 6/50/22
○髀在上 7/58/20
○者心戰 7/60/18
而○家之難無所關其辭 9/68/17
夫以一人之心而事○主 9/73/18
○者為本 9/81/27
故禹執（于）〔干〕戚舞於○階之閒而三苗服 10/84/28
故○心不可以得一人 10/86/9
夫（契）〔挈〕輕重不失銖○ 11/102/5
一朝而○城下 12/107/7
（今）一朝〔而〕○城下 12/107/9
罔○問於景曰 12/117/1
罔○曰 12/117/1
○蛟挾繞其舩 12/118/3
殷人殯於○楹之間 13/120/20
故魏○用樓翟、吳起而亡西河 13/123/16
文王○用呂望、召公奭而王 13/123/17
○軍相當 13/129/21,15/145/4
荊佽非○蛟夾繞其船而志不動 13/130/8
因珮○玦以為之豫 13/131/27
○玦相觸 13/131/27
名與道不○明 14/135/26
不可○立 14/137/22
此○者常在久見 14/138/11
能○美者 14/138/20
○人相鬬 14/140/9
今使○人接刃 15/150/1
○爵相與鬬 15/152/7
○者俱亡 16.7/154/26
一淵不○鮫 16.12/155/13

〔一棲不○雄〕 16.12/155/13
〔○則爭〕 16.12/155/14
○人俱溺 16.46/158/18
援○鱉而失靈龜 16.74/160/30
○者皆未有功 16.121/165/13
○堅不能相和 16.130/166/7
○強不能相服 16.130/166/7
○人（得）〔皆〕活 16.144/167/14
○鹿不鬭於伏兕之旁 17.123/177/3
為其一人隕而○人殤 17.206/183/1
決千金之貨者不爭銖○之價 17.218/183/25
○人構怨 18/195/26
○家鬭雞 18/195/27
中反○而笑 18/201/14
輕斤○以內 18/201/21
駑馬雖（○）〔冊〕錣之不能進 19/205/1
是○（未）〔末〕之端（義）〔議〕 19/205/4
其○愛之、（一）性也 20/221/7
或食○而路窮 20/223/9
殯文王於○楹之間 21/227/27

魎 liǎng 1

魍○不知所往 6/53/4

量 liàng 42

其力不可○ 1/5/6
可切循把握而有數○ 2/10/22
夫聖人○腹而食 2/16/19
古之為度○ 3/26/13
其以為（○）〔重〕 3/26/19
同度○ 5/39/26
○小大 5/43/24
壹度○ 5/44/4
○腹而食 7/60/20
可得而○也 8/62/23
出入有（時）〔○〕 8/64/9
上好取而无○ 9/68/1
天下之度○ 9/75/16
故法律度○者 9/76/20
○民積聚 9/78/11
求於下則不○其積 9/78/21
是猶以升○石也 10/83/15
度○不失於適 11/97/18
道至眇者無度○ 11/99/20
不可以為人○ 11/102/2
而度○可世傳也 11/102/6
高為○而罪不及 11/102/10
道路死人以溝○ 13/124/4
富者利則○粟〔而〕稱金 13/124/22
不循度○之故也 13/129/16
自當以道術度○ 13/130/6
若无道術度○而以自儉約 13/130/7
○粟而（春）〔舂〕 14/140/17
地（出）〔生〕長而無計○ 15/144/4
不可（度○）〔○度〕也 15/147/2
无○ 16.92/162/19
夫唯無○ 16.92/162/19
故不可得而○也 16.92/162/19
不○其力 17.64/172/30
懸衡而○則不差 17.100/175/13
（積）〔○〕力而受官 18/193/26
故聖人○鑿而正枘 18/198/13
不○力而輕敵 18/200/2
金錢无○ 18/201/13
以制度○ 20/213/1
石秤丈○ 20/215/6

諒 liàng 1

高宗○闇 20/210/14

僇 liáo 2

斬司馬子反〔以〕為○ 18/187/24
請與公○力一志 18/201/16

漻 liáo 2

淑○寂漠 1/7/10
淑○如秋 15/150/19

憀 liáo 1

吏民不相○ 15/146/7

遼 liáo 9

○巢彭澤而為雨 2/13/14
欲以通性於○廓 2/15/22
曰河水、赤水、○水、黑水、江水、淮水 4/32/28
○出砥石 4/37/22
○遠隱匿 6/49/30
道路○遠 6/53/23
市南宜○弄丸 9/68/17
北擊○水 18/197/12
○遠未能至 21/227/27

蓼 liǎo 4

偃蹇○糾 8/65/10
陽侯殺○侯而竊其夫人 13/121/1
○菜成行 14/140/16,20/215/14

燎 liǎo 5

以供寢廟及百祀之薪○ 5/46/25
○焚天下之財 8/63/18
燒○大木 8/65/12
○木以為炭 8/65/14
煎熬○炙 11/99/25

料 liào 1

南望○山 12/110/23

列 liè 28

○管弦 1/7/28
終身運枯形于連嶁○埒之門 1/10/1
儒墨乃始○道而議 2/15/16
熒惑常以十月入太微受制而出行○宿 3/20/12
次諸侯之○ 5/47/2
告○子 7/58/19
○子行泣報壺子 7/58/19
（○）〔則〕陰陽繆戾 8/61/17

道路鴈行○處 8/63/9
○子學壺子 10/90/25
其樂《夏籥》、《九成》、《六佾》、《六○》、《六英》 11/98/4
○田百頃而封之執圭 12/113/11
此猶光乎日月而載○星 12/116/10
星○於天而明 14/132/20
義○於德而見 14/132/21
俎豆之○次 14/140/2
○星辰 20/210/3
○子〔聞之〕曰 20/210/28
〔○星朗〕 20/211/9
（○星期） 20/211/9
乃澄○金（木水）〔水木〕火土之性 20/213/2
取其不鼓不成○也 20/214/12
○樽俎 20/215/17
无將（卒）〔率〕以行○之 20/219/24
○星辰之行 21/224/11
○山淵之數 21/224/15
○小大之差者也 21/225/6
鳳巢○樹 21/226/20

烈 liè 9

被施頗○ 2/15/10
考其功○ 6/53/5
若事嚴主○君 11/97/1
火弗為益其○ 14/141/24
傾然若苦○ 15/146/7
○藏廟堂 19/207/21
功○不成 19/207/28
○風雷雨而不迷 20/213/9
此《鴻○》之《泰族》也 21/226/21

埒 liè 11

而知八紘九野之形○者 1/2/10
終身運枯形于連嶁列○之門 1/10/1
未有形（呼）〔○〕（垠堮） 2/10/15
而游敖于無形○之野 7/57/24
聚○畝 8/61/18
以成○類 8/64/7
道之有篇章形○者 10/93/4
夫有形○者 15/147/1
形○之朕 21/224/25
○略衰世古今之變 21/225/4
而以明事○（事）者也 21/226/2

裂 liè 17

革堅則○ 1/5/6
土墜分○ 5/45/5
九州○ 6/52/24
植社槁而（墕）〔罅〕○ 6/53/14
此其所以車○支解也 9/81/1
吳起刻削而車○ 10/91/18
○之道也 12/118/28
（車）〔鈹〕○而死 13/126/6
然〔而〕不能自免於車○之患 13/126/8
曹氏之○布 17.2/168/14
魏宣子○地而授之 18/188/25
（季）〔李〕斯車○ 18/189/17
臣聞（之有）○壤土以安社稷者 18/190/26
韓、魏○地而授之 18/193/19
○（衣）裳裹足 19/203/22
乃○地而州之 20/213/5
聞者莫不瞋目○眥 20/221/27

獵 liè 18

洛出○山 4/37/18
田○畢弋 5/40/18
乃教於田○ 5/44/22
執弓操矢以○ 5/44/24
有能取疏食、田○禽獸者 5/46/10
○不聽其樂 6/53/16
焚林而○ 8/65/12,18/191/13
馳騁田○ 9/73/28
不焚林而○ 9/79/12
○者逐禽 15/144/24
狡兔得而○犬烹 17.29/170/13
孟孫○而得麑 18/188/13
齊莊公出○ 18/199/28
（○）〔躐〕蒙籠 19/207/17
馳騁○射 20/213/18
以弋○博弈之日誦《詩》讀《書》 20/221/1
○射忘歸 21/228/13

躐 liè 1

（獵）〔○〕蒙籠 19/207/17

林 lín 55

音比（夷則）〔○鍾〕 3/22/15
音比（○鍾）〔蕤賓〕 3/22/16
音比○鍾 3/22/25
律受○鍾 3/25/9
○鍾者 3/25/9
○鍾為徵 3/25/23
下生○鍾 3/26/1
○鍾之數五十四 3/26/1
音比（○鍾）〔應鍾〕 3/26/9
東方曰棘○ 4/34/1
○氣多癃 4/34/20
是為鄧○ 4/37/8
毋焚山○ 5/40/1
山○藪澤 5/46/10
供山○名川之祀 5/47/3
鄭之神巫相壺子○ 7/58/18
焚○而田 8/61/14
禽封豨於桑○ 8/63/13
焚○而獵 8/65/12,18/191/13
（水）〔○〕無柘（梓）〔梓〕 8/65/13
以身禱於桑○之際 9/69/11
是故○莽之材 9/74/19
不焚○而獵 9/79/12
斤斧不得入山○ 9/79/13
惟入于○中 10/82/30
出○者不得直道 10/91/2
17.70/173/10
深○叢薄 11/94/21
○類、榮啓期衣若縣衰〔而〕意不慊 11/103/12
○中不賣薪 11/104/21
譬之若○木無材 12/106/9
材不及○ 12/106/12
○不及雨 12/106/12
南至豫章、桂○ 13/124/3
垣之以鄧○ 15/145/26
○叢險（怚）〔阻〕 15/152/13

〇木為之不斬 16.39/157/27
而〇木為之殘 16.50/159/1
故澤失火而〇憂 16.50/159/1
眾議成〇 16.98/163/6
非以一刀殘〇也 17.42/171/9
桑〇生臂手 17.50/171/25
榛巢者處〇茂〔者〕 17.79/173/31
下（〇）〔材〕弗難 17.118/176/21
有山無〇 17.143/178/18
若入〇而遇乳虎 17.150/179/1
〇木茂而斧斤（大）〔入〕 17.183/181/12
（以）〔又〕伐〇而積之 18/192/18
以身禱於桑（山之）〇〔之際〕 19/202/29
故高山深〇 20/211/11
猶出〇之中不得直道 20/218/2
有《說〇》 21/223/27
《說山》、《說〇》者 21/226/1
放牛桃〇 21/227/30

㑝 lín 1

綟（〇）〔麻〕索縷 13/120/9

琳 lín 1

有崑崙〔虛〕之球〇、琅玕焉 4/34/14

啉 lín 2

而知乃始昧昧（〇〇）〔楙楙〕 2/15/10

鄰 lín 12

四〇入保 5/41/12
與德為〇 7/57/7
不越〇而成章 10/90/13
是故〇國相望 11/95/13
見〇國之人溺 11/104/18
故身安則恩及〇國 11/104/18
〇之母死 17.115/176/14
利與害為〇 18/186/6
踰〇國而圍平陸 18/190/23
楚人有烹猴而召其〇人 19/208/15
〔〇人〕以為狗羹也而甘之 19/208/15
守在四〇 20/219/28

燐 lín 2

久血為〇 13/130/15
抽簪招〇 17.160/179/24

臨 lín 26

夫〇江而釣 1/2/21
登高〇下 1/7/14
〇蝯眩之岸 2/12/9
夫〇江之鄉 7/56/23
〇死地而不易其義 7/59/1
〇死亡之地 9/80/25
搢笏杖殳以〇朝 11/102/19
（以）〔北〕〇方皇 12/110/23
如〇深淵 12/114/21
素服廟〇 12/115/27
〇死地不變其儀 12/118/1
西至〇洮、狄道 13/124/3
高下相〇 13/126/28
〇貨分財必探籌而定分 14/136/7
則〇之以威武 15/143/2
〇之〔以〕威武而不從 15/143/2
則舉兵而〇其境 15/143/12
其〇敵決戰 15/153/21
〇深使人欲闚 16.93/162/21
〇江、河者不為之多飲 17.53/172/6
〇河而羨魚 17.194/182/6
〇菑之女 17.236/185/1
為大室以〇二先君之廟 18/201/4
夫〇河而（鈞）〔釣〕 18/201/6
〇大路 18/201/13
（便）〔使〕不肖〇賢 20/217/24

轔 lín 2

牛車絕〇 16.150/168/2
不發戶〇 17.169/180/15

鱗 lín 14

以像〇蟲 1/3/24
介〇者 3/19/4
介〇者夏食而冬蟄 4/35/17
介〇生蛟龍 4/38/3
凡〇者生於庶魚 4/38/4
煖介生〇薄 4/38/6
〇薄生煖介 4/38/6
其蟲〇 5/39/3,5/39/18,5/40/9
水雲魚〇 6/50/17
含珠〇施 11/97/22
含珠、〇施、綸組 12/119/27
下至介〇 15/144/15

麟 lín 10

〇以之游 1/1/8
麒〇鬭而日月食 3/19/10
建馬生麒〇 4/38/3
麒〇生庶獸 4/38/3
麒〇游於郊 6/52/21
鳳〇至 8/61/11
麒〇不游 8/61/13
則鳳〇極矣 10/87/11
鸞舉〇振 15/147/6
〇止郊野 21/226/20

廩 lǐn 4

孔子辭〇丘 13/128/16
倉〇虛 13/128/28
稼生於野而藏於〇 14/141/16
〇無積粟 18/192/8

吝 lìn 1

往〇 10/82/30

賃 lìn 1

被羊裘而〇 16.71/160/23

橉 lìn 2

枕戶〇而臥者鬼神蹠其首 13/130/21

枕戶〇而臥 13/130/27

泠 líng 2

北人无擇非舜而自投清（泠）〔〇〕之淵 11/102/1
精神曉〇 19/207/10

囹 líng 8

省〇圄 5/39/22
繕（囚）〔〇〕圄 5/43/7
築〇圄 5/46/14
〇圄空虛 9/67/22
〇圄實 13/128/28
今人〔之〕所以犯〇圄之罪 13/129/16
出其〇圄 15/143/19
拘〇圄者以日為脩 16.22/156/12

苓 líng 3

青葱〇蘢 2/10/21
下有（茯）〔伏〕〇 16.47/158/21
茯〇掘 17.171/180/19

淩 líng 5

敵無不〇 1/5/4
不可脅〇 6/50/5
強〇弱 9/74/3
〇乎浮雲 18/196/19
而不可令〇敵 20/214/25

瓴 líng 4

叩盆拊〇 7/59/11
知其盆〇之足羞也 7/59/12
則拊盆叩〇之徒也 7/59/13
或以甕〇 19/204/7

聆 líng 4

所居〇〇 11/101/12
16.84/161/28

蛉 líng 2

昌羊去蚤蝨而來（〇）〔蛉〕窮 17.26/170/7
為其來〇窮也 20/223/7

陵 líng 34

乘雲〇霄 1/2/4
丘〇為牡 4/34/18
〇氣多貪 4/34/22
山〇不登 5/40/25
登丘〇 5/41/28
延〇季子不受吳國 7/59/8
民皆上丘〇 8/63/15
延〇季子聽魯樂而知殷、夏之風 9/69/8
丘〇阪險不生五穀者 9/79/10
艾〇之戰也 10/87/6
〇阪耕田 11/95/8
擇丘〇而處之 11/99/2
（事）〔爭〕升〇阪 11/104/17
延〇季子 12/117/28
昔楚恭王〔與晉厲〕戰於陰〇 13/125/17
〇其與與 15/147/12
〇之若波 15/147/14
士〇必下 15/151/12
勇而不可〇也 15/151/26
山〇丘阜 15/152/13
居高〇 15/152/23
破之艾〇 15/153/7
至（〇）〔陸〕而不知下 17.142/178/15
遂合諸侯於嘉〇 18/186/24
晉厲公之合諸侯於嘉〇 18/187/2
楚恭王與晉人戰於鄢〇 18/187/19
而卵剖於〇 20/211/17
察〇陸水澤肥墽高下之宜 20/213/1
山以〇遲、故能高 20/215/12
趙王遷流於房〇 20/221/25
吳王夫差破齊艾〇 20/222/21
經山〇之形 21/224/14
死〇者葬〇 21/228/7

淩 líng 4

故〇人者勝 15/147/16
動則〇天振地 15/148/11
所〇必破 15/149/8
不相越〇 15/152/17

舲 líng 1

越〇蜀艇 2/18/12

棱 líng 1

諸侯莫不慴〇沮膽其處 15/144/11

菱 líng 5

喬枝〇阿 8/61/20
〇杼紾抱 8/65/3
益樹蓮〇 8/65/5
（必先）始於《陽阿》、《采〇》 16.112/164/15
夫歌《采〇》 18/198/13

軨 líng 1

而不能與越人乘（幹）〔〇〕舟而浮於江湖 9/70/1

零 líng 3

則草木〇落 5/42/2
其猶〇星之尸也 9/70/20
見雨〇 20/220/6

靈 líng 16

精通于〇府 1/4/10
是故聖人託其神於〇府 2/14/1
登之乃〇 4/33/17
玄黿生〇龜 4/38/4
〇龜生庶龜 4/38/5
朝帝於〇門 6/53/7
故〇王好細腰 9/72/22
趙武〇王貝帶鵕鸃而朝 9/77/25
築〇臺 12/114/16
鑽〇龜 15/153/14

神農无制（今）〔○〕而民從　13/122/3
唐、虞有制○而无刑罰　13/122/3
不可（今）〔○〕調（意）〔音〕　13/122/16
不可○制法〔度〕　13/122/17
縱則不○　13/123/6
太史○終古先奔於商　13/124/20
太史○向藝先歸文王　13/124/20
號○行于天下而莫之能非矣　13/126/3
而數无鹽（今）〔○〕曰　13/128/27
○有重罪者出犀甲一戟　13/129/6
夫法○（者）罔其姦邪　13/129/18
將施○曰　13/129/21
孫叔敖三去○尹而无憂色　13/130/8
此皆不著於法○　13/130/21
軍多○則亂　14/141/3
乃（○）〔命〕軍師曰　15/143/12
乃發號施○〔曰〕　15/143/14
號○明　15/145/4
申之以○　15/145/18
嚴○繁刑　15/145/24
故民誠從（其）○　15/147/26
民不從○　15/147/26
○猶且行也　15/151/21
乃○祝史太卜齊宿三日　15/153/14
魯君○人閉城門而捕之　18/187/11
○百姓家給人足　18/189/15
受○而為室　18/190/11
陳人聽○　18/193/11
而○太子建守焉　18/194/7
（大）〔太〕宰（予）〔子〕朱侍飯於○尹子國　18/196/12
○尹子國啜羹而熱　18/196/12
○尹輕行而簡禮　18/196/14
莊王知其可以為○尹也　18/200/9
王報出（今）〔○〕於百官曰　18/200/26
公乃○罷役除版而去之　18/201/5
殺○尹子椒、司馬子期　18/201/22
子發為上蔡○　18/201/25
決於○（尹）前　18/201/25
○民知所避就　19/202/18
○民皆知去巖穴　19/202/21
政○流行　19/202/24
〔請〕（今）〔○〕公輸〔般〕設攻　19/203/26
昔晉平公（今）〔○〕官為鐘　19/209/7
非○之所能召也　20/211/27
政○也　20/212/3
○雖明不能獨行　20/212/4
○雞司夜　20/212/13
○狗守門　20/212/13
政○約省而化燿如神　20/212/24
行明堂之○　20/212/28
○四岳揚側陋　20/213/8
故勇者可（貪）〔○〕進鬬　20/214/24
而不可○持（牢）〔堅〕　20/214/24
重者可○埴固　20/214/24
而不可○淩敵　20/214/25
貪者可○進取　20/214/25
而不可○守職　20/214/25
廉者可○守分　20/214/25
而不可○進取　20/214/25
信者可○持約　20/214/26
而不可○應變　20/214/26
法○正於上而百姓服於下　20/216/8
（○自）〔今目〕悅五色　20/219/9
皆○行禁止於天下　20/220/1
故得道則以百里之地○於諸侯　20/220/2
（○）〔今〕不知事脩其本　20/221/11
吳起為楚〔張〕減爵（祿）之○　20/222/18
所以○人遠觀博見者也　21/224/25
武王欲昭文王之○德　21/227/26
擅其政○　21/228/17
先君之○未收　21/228/21
後君之（今）〔○〕又下　21/228/21

流 liú　122

源○泉（滂）〔浡〕　1/1/4
水○而不止　1/1/11
金火相守而○　1/3/16
水下○　1/4/15,3/19/6
凝竭而不○　1/5/15
淖溺○遁　1/6/4
○行血氣　1/8/10
此齊民之所以淫泆○湎　1/8/27
平虛下○　1/9/11
人莫鑑於（○沫）〔○潦〕　2/16/9
日夏至而○黃澤　3/22/2
（餘波入于○沙）　4/33/12
絕○沙　4/33/13
西王母在○沙之瀕　4/37/10
○黃、（淚）〔沃〕民在其北方三百里　4/37/13
東○絕漢入海　4/37/16
左還北○　4/37/16
右還東○　4/37/16
〔西〕○合於濟　4/37/18
維濕北○出於燕　4/37/23
○水就通　4/38/16,4/38/20,4/38/22,4/38/24,4/38/27
民多○亡　5/45/25
自崑崙絕○沙、沈羽　5/47/27
止○水　5/48/2
○而不滯　5/49/5
逆○而擊　6/50/1
○涕狼戾不可止　6/50/9
屏○言之迹　6/54/9
河九折注於海而○不絕者　6/54/18
鹽汗交○　7/59/25
○黃出　8/61/12
○漫陸離　8/61/21
江、河、三川絕而不○　8/61/22
江、淮通○　8/63/15
○注東海　8/63/16
皆在○遁　8/65/1
○遁之所生者五　8/65/1
來谿谷之○　8/65/4
靡○堅鍛　8/65/13
愚夫惷婦皆有○連之心　8/66/11
晚世風○俗敗　8/66/16
（血○）〔○血〕千里　8/66/23
方行而不○　9/69/25
而不能使水西○　9/72/1
君德不下○於民　9/73/23

周〇五嶽	9/74/5
水〇而土遏之	9/77/10
故循〇而下易以至	9/78/6
民莫困窮〇亡也	9/79/3
禽獸歸之若〇（原）〔泉〕	9/79/15
旁〇四達	9/80/2
金錫不消釋則不〇刑	10/88/29
水下〇而廣大	10/89/4
涕〇沾纓	10/91/8
譬若水之下〇	11/96/20
而血〇至耳	11/101/4
是由發其原而壅其〇也	11/104/10
故江河決（沉）〔〇〕	11/104/16
四通並〇	12/117/3
血〇至地而弗知也	12/117/12
至於中〇	12/118/2
（不）〔而〕死市之人血〇於路	13/129/20
赤地三年而不絶〇	13/131/8
天下皆〇	14/135/11
使水〇下	14/136/15
大（熱）〔暑〕鑠石〇金	14/141/24
是故至於伏尸〇血	15/143/24
〇矢接	15/145/6
〇血千里	15/145/7
人莫鑑於（沫雨）〔〇潦〕	16.3/154/12
而不能生於湍瀨之〇	16.30/157/4
〇言雪汙	16.67/160/15
分〇舛馳	16.83/161/24
地平則水不〇	16.137/166/27
中〇遺其劍	17.1/168/9
〇入於海	17.135/177/30
海不受〇胔	17.141/178/13
〇潦注海	17.175/180/27
西屬〇沙	18/197/11
伏尸〇血數十萬	18/197/16
血〇至足	18/200/6
欲〇之於海（者）	18/200/15
吳王囚之而欲〇之於海	18/200/17
又欲〇之於海	18/200/23
〇共工於幽州	19/202/20
政令〇行	19/202/24
挈一石之尊則白汗交〇	19/202/26
夫地勢、水東〇	19/203/12
聽其自〇	19/203/13
而人謂江、河東〇	19/205/8
而知能〇通	19/206/14
（休）〔伏〕尸〇血	19/207/15
目〇眺	19/209/16
渾然而〇	20/210/15
（〇源）〔源〇〕千里	20/211/12
因水之〇也	20/212/9
故風俗不〇	20/212/16
故刑罰不用而威行如〇	20/212/24
〔〇而不反〕	20/213/13
掘其所〇而深之	20/216/12
乘（衰）〔衺〕而〇	20/216/13
雖有腐髊〇（漸）〔漸〕	20/216/13
被創〇血	20/217/8
无被創〇血之苦	20/217/10
由本〇（未）〔末〕	20/217/20
故百川並〇	20/218/15
濁其源而清其〇者也	20/219/6
右〇沙	20/219/14
趙王遷〇於房陵	20/221/25
觀其源而知其〇	20/222/5
所以遏〇湎之行也	20/222/7
樽〇遁之觀	21/225/5
故為之浮稱〇說其所以能聽	21/226/12
正〇方	21/226/18
邪氣无所〇滯	20/211/19
覆稽趨〇	20/215/21

留 liú　16

不〇于心志	1/8/5
湍瀨旋淵、呂梁之深不能〇也	2/12/16
何足以〇其志	2/14/23
去稽〇	3/20/28
無〇有罪	5/45/1
而不可以富貴〇也	7/59/3
〇於口則其言當	8/64/27
故不〇也	11/103/7
恐〇而不能反	12/110/24
〇於秦	12/118/17
吾〇秦三年不得見	12/118/19
聖人之所獨見而〇意也	13/126/24
必〇其謀	17.204/182/27
而不〇思盡慮於成事之內	18/196/22

旒 liú　1

冕而前（旅）〔〇〕	9/67/7

劉 liú　6

〇覽（偏）〔徧〕照	1/2/6
〇氏持政	11/104/22
然〇氏奪之	12/117/18
造〇氏之（貌）冠	13/124/9
〇、項興義兵隨	18/197/19
若〇氏之書	21/228/28

駵 liú　1

〇駮不入牲	17.141/178/13

飂 liú　3

西方曰〇風	4/32/26
故至陰〇〇	6/50/22

騮 liú　5

乘赤〇	5/41/3,5/41/19
乘黃〇	5/42/8
夫華〇、綠耳	9/70/13
而不期於（華）〔驊〕〇、綠耳	19/208/25

柳 liǔ　9

其星輿鬼、〇、七星	3/19/25
〔經於細〇〕	3/24/20
〇、七星、張為對	3/27/7
歲星舍〇、七星、張	3/27/13
六月建〔〇、七星〕、張	3/28/2
〇十五	3/28/8
〇、七星、張周	3/28/13
旦〇中	5/44/13
〇下惠見飴	17.107/175/28

霤 liù 3

其祀中○ 5/42/7
祀中○ 11/98/3
今夫○水足以溢壺榼 13/130/6

隆 lóng 14

孟門、終○之山不能禁〔也〕 2/12/15
豐○乃出 3/24/7
○鼻大口 4/35/26
崇臺榭之○ 8/65/6
禮不○而德有餘 10/85/18
遠而○ 10/88/9
人才之○也 11/101/23
○衝以攻 13/122/7
世主之○也 13/127/22
故攻不待衝○雲梯而城拔 15/148/9
雖高○、世不能貴 16.116/165/2
不如行義之（陸）〔○〕 18/192/5
物有（降）〔○〕殺 20/213/23
以褒先聖之○盛 21/225/4

龍 lóng 93

○興鸞集 1/1/12
蛟○水居 1/3/15
一○一蛇 2/12/21
○蛇虎豹 2/14/13
○舉而景雲屬 3/19/10
其獸蒼○ 3/20/1
其獸黃○ 3/20/4
（蒼○在辰） 3/27/2
莫貴於青○ 3/29/14
○淵有玉英 4/34/19
土○致雨 4/34/26
○門在河淵 4/37/11
燭○在鴈門北 4/37/12
其神、人面○身而無足 4/37/12
○身人頭 4/37/14
晉出（○山）結（給）〔紺〕 4/37/21
羽嘉生飛○ 4/38/2
飛○生鳳皇 4/38/2
毛犢生應○ 4/38/2
應○生建馬 4/38/3
介鱗生蛟○ 4/38/3
蛟○生鯤鯁 4/38/3
介潭生先○ 4/38/4
先○生玄黿 4/38/4
海閭生屈○ 4/38/11
屈○生容華 4/38/11
黃金千歲生黃○ 4/38/15
〔黃○〕入藏生黃泉 4/38/15
青金（八百）〔千〕歲生青○ 4/38/18
青○入藏生（清）〔青〕泉 4/38/18
赤金千歲生赤○ 4/38/21
赤○入藏生赤泉 4/38/21
白金千歲生白○ 4/38/23
白○入藏生白泉 4/38/23
玄金千歲生玄○ 4/38/26
玄○入藏生玄泉 4/38/26
乘蒼○ 5/39/5,5/39/20,5/40/11
○門、河、濟相貫 5/47/23
青○進駕 6/52/22
殺黑○以濟冀州 6/52/26
服（駕）應○ 6/53/5
黃○負舟 7/58/16
視○猶蝘蜓 7/58/18
○乃弭耳掉尾而逃 7/58/18
〔則龜○不往〕 8/61/15
而○登玄雲 8/62/28
○門未開 8/63/15
○舟鷁首 8/65/6
蟠○連組 8/65/10
應○乘雲而舉 9/70/15
亢○有悔 10/84/26
故有大路○旂 11/94/1
譬若芻狗土○之始成 11/98/25
公孫○折辯抗辭 11/101/26
公孫○在趙之時 12/113/5
○不能與遊 12/113/5
公孫○顧謂弟子曰 12/113/6
公孫○曰 12/113/7
魚鱉○蛇莫（肯之）〔之肯〕歸也 12/118/22
公孫○粲於辭而貿名 14/136/13
鳳飛○騰 15/147/6
疾如駭（○）（當）〔電〕 15/147/6
○蚰蟠 15/148/3
左青○ 15/150/11
一○一（地）〔蛇〕 15/152/1
介子歌○蛇 16.4/154/15
若為土○以求雨 16.87/162/4
土○待之而得食 16.87/162/4
譬若旱歲之土○ 17.1/168/11
人莫欲學御○ 17.22/169/30
神○不匹 17.99/175/11
人不見○之飛 17.102/175/17
旱則修土○ 17.235/184/30
水致其深而蛟○生焉 18/189/10
禹鑿○門 18/189/13,20/212/8
「潛○勿用」者 18/198/27
以其能○變也 18/199/20
援○淵而切其股 18/200/5
鑿○門 19/202/22
則水斷○舟 19/205/18
雖水斷○舟 19/208/23
○夭蟜 19/209/22
○從鳥集 19/209/22
黃○下 20/210/19,21/226/20
非為蛟○也 20/211/12
夫蛟○伏寢於淵 20/211/17
破九○之鍾 20/219/22
各有○忌 21/224/19
今畫○首 21/227/9

癃 lóng 2

林氣多○ 4/34/20
平公○病 6/49/27

蘢 lóng 3

繽紛○蓯 2/10/17
青蔥苓○ 2/10/21
譬若周雲之○蓯 2/13/13

礲 lóng 1

孰先（曨）〔○〕也 17.55/172/10

聾 lóng 15

此何以異於○者之歌也 1/8/8
風氣多○ 4/34/20
○者可令(嚯)〔嚼〕筋 9/72/6
聽雷者(○)〔聵〕 16.6/154/21
聽有音之音者○ 17.18/169/21
不○不(聽)〔聰〕 17.18/169/21
○者不歌 17.58/172/17
雖○蟲而不自陷 17.179/181/4
馬、○蟲也 19/204/18
且○者、耳形具而无能聞也 20/220/11
○者不聞 20/220/12
既瘖且○ 20/220/12
故有瘖○之病者 20/220/12
豈獨形骸有瘖○哉 20/220/13
猶瘖○之比於人也 20/221/2

籠 lóng 7

張天下以為之○ 1/2/23
(魚)〔負〕○土 7/59/25
牢○天地 8/64/5
而不能自出漁者之○ 16.9/155/4
貂裘而負○ 16.71/160/23
(獵)〔躐〕蒙○ 19/207/17
○蒙目(視) 19/209/15

蠪 lóng 1

水生○蜄 13/130/15

壟 lǒng 3

后稷○在建木西 4/37/13
營丘○之小大高庳 5/45/19
深鑿高○ 12/119/28

隴 lǒng 4

譬若○西之遊 11/96/3
孰先(○)〔礲〕也 17.55/172/10
或謂○ 17.125/177/7
譬若遺腹子之上○ 19/208/27

婁 lóu 9

其星東壁、奎、○ 3/19/24
常以二月春分效奎、○ 3/20/20
歲星舍奎、○ 3/27/8
以(八)〔十〕月與之晨出東方、奎、○為對 3/27/15
二月建奎、○ 3/28/1
○十二 3/28/7
奎、○魯 3/28/12
昏○中 5/46/20
孫叔敖決期思之水而灌雩○之野 18/200/9

樓 lóu 4

延○棧道 8/65/1
故魏兩用○翟、吳起而亡西河 13/123/16
升高○ 18/201/13
游俠相隨而行○下 18/201/14

螻 lóu 5

○蟈鳴 5/41/2
則制於○蟻 9/76/22
則為○蟻所食 9/82/4
以○螘之穴漏 18/186/1
則○螘皆得志焉 18/190/17

陋 lòu 3

守之以○ 12/119/18
今使人生於辟○之國 19/206/6
令四岳揚側○ 20/213/8

漏 lòu 12

上○下溼 1/8/29
故五月火正(火正)而水○ 3/21/23
鴻水○ 8/63/16
補其缺○ 9/82/4
則不能○理其形也 12/117/13
而江、河不能實○巵 13/130/6
以螻螘之穴○ 18/186/1
塘○若鼷穴 18/195/8
禹耳參○ 19/205/11
長於窮櫚○室之下 19/206/6
闔解○越 19/208/22
朱紘○越 20/221/28

瘻 lòu 1

雞頭已○ 16.124/165/22

鏤 lòu 14

雖○金石 2/13/21
○之以剞劂 2/14/13
雕琢刻○ 8/61/20,9/74/1
○於金石 8/63/24
贏○雕琢 8/65/3
華蟲疏○ 8/65/9
金器不○ 8/65/18
器用遽於刻○ 11/103/21
〔且〕夫雕琢刻○ 11/104/11
然而身伏屬○而死 13/126/10
刻刑○法 19/205/23
○以為獸 19/206/19
猶可刻○ 19/206/20

盧 lú 10

涼出茅○、石梁 4/37/21
○敖游乎北海 12/116/5
顧見○敖 12/116/6
○敖就而視之 12/116/7
○敖與之語曰 12/116/7
○敖仰而視之 12/116/16
玉工眩(王)〔玉〕之似碧○者 13/128/13
蟠乎黃○之下 15/148/24
蹶蹏足以破○陷匈 19/204/16
○牟六合 21/224/1

廬 lú 7

民之專室蓬○ 8/61/24
然〔而〕民無(掘穴)〔掘室〕狹○所以託身者 9/78/12
譬若舟、車、楯、(肆)

（不）〔而〕死市之人
　血流於○ 13/129/20
子○葅於衛 14/132/24
隧○亟 15/145/15
挽輅首○死者 15/146/6
硤○津關 15/148/3
雖異○ 17.66/173/1
楊子見逵○而哭之 17.229/184/16
子○何如人也 18/196/26
知者離○而得道 18/198/4
愚者守道而失○ 18/198/4
不若（此）《延（○）
　〔露〕》（陽局）
　〔以和〕 18/198/14
臨大○ 18/201/13
其所由異○而同歸 19/203/20
此所謂異○而同歸者也 19/204/7
塞其奸○ 20/216/14
或食兩而○窮 20/223/9
規遠近之○ 21/224/15
鑿江而通九○ 21/228/6
作為○寢之臺 21/228/13
非循一跡之○ 21/228/30

漉 lù 1

毋○陂池 5/40/1

戮 lù 16

然而不免為人○笑者 1/10/2
用始行○ 5/43/1
求不孝不悌、○暴傲悍
　而罰之 5/43/3
○禽 5/44/15
夫人之所以不能終其壽
　命而中道夭於刑○者 7/56/10
○其君 8/66/21
殺○不足以禁姦 9/68/12
身死為○ 9/73/17
殺○刑罰 12/110/11
國人皆知殺○之制 12/110/13
而陷於刑○之患者 13/129/16
而被刑○之羞 13/129/19
而以小事自內於刑○ 13/130/27
殺○無罪 15/143/15
○殺大臣 18/186/25
○殺无止 21/227/20

錄 lù 2

捷疾劬○ 9/81/28
秦皇挾○圖 18/197/10

蹗 lù 2

非為（○）〔蹠〕 10/85/22
（○）〔蹠〕焉往生也 10/85/23

騄 lù 2

騏驥○駬 9/73/9
雖有騏驥、○駬之良 9/76/13

簬 lù 1

夫栝淇衛箘○ 15/150/3

麓 lù 1

既入大○ 20/213/9

露 lù 26

上天則為雨○ 1/6/1
雨○〔之〕所濡 2/12/27
陽氣勝則散而為雨○ 3/19/2
加十五日指庚則白○降 3/22/24
加十五日指辛則寒○ 3/22/25
雨○之所會也 4/36/11
白○降 5/42/24
則白○早降 5/47/6
包裹覆○ 5/47/24
甘雨膏○以時降 5/49/23
方諸取○於月 6/50/18
甘○下 8/61/12
是以松柏菌○〔宛而〕
　夏槁 8/61/22
覆○照導 8/64/6
上之霧○弗能入 8/65/17
其樂《大護》、《晨○》 11/98/6
鱓鮪入口若○而死 11/103/11
去舍○宿以示平易 12/117/19
冬日則不勝霜雪霧○ 13/120/7
天下雄儁豪英暴○于野
　澤 13/124/6
霜雪雨○ 14/134/15
不若（此）《延（路）
　〔○〕》（陽局）
　〔以和〕 18/198/14
身淬霜○ 19/207/9
雨○以濡之 20/210/3
雨○所濡 20/210/23
雨○時降 20/211/10

閭 lü 28

王子受制則閉門○ 3/23/22
有醫毋○之珣（玗）
　〔玗〕琪焉 4/34/12
樂民、拏○在崑崙弱水
　之洲 4/37/10
海○生屈龍 4/38/11
門○無閉 5/41/23
閉門○ 5/45/13
警門○ 5/45/18
審門○ 5/46/6
門○ 5/46/14
守門○ 5/48/2
閉（關）〔門〕○ 5/48/7
內不知○里之情 9/71/10
表商容之○ 9/80/17
　12/117/18,20/219/18
僖負覊以壺（飧）〔飧〕
　表其○ 10/85/17
王子○張掖而受刃 10/86/13
雖有○里之行 13/127/11
發○左之戍 15/146/6
為儒而踞里○ 16.40/158/1
不過勝母之○ 16.101/163/14
治鼠穴而壞里○ 17.78/173/28
見門○聚眾必下 18/199/16
魏文侯過其○而軾之 19/203/28
君軾其○ 19/203/29
為○丈人說 19/208/11
我曾无有○里（氣）
　〔之〕聞、窮巷之知
　者何 19/209/10
闔○伐楚 20/219/22

○中仲呂 5/41/2
○中蕤賓 5/41/18
○中百鍾 5/42/7
○中夷則 5/42/24
○中南呂 5/43/18
○中无射 5/44/14
○中應鍾 5/45/10
（○）〔肆〕射御 5/45/22
○中黃鍾 5/46/2
○中大呂 5/46/21
○（治）陰陽之氣 6/52/16
正○歷之數 6/52/17
可以音○知也 8/62/23
及至建○歷 8/62/25
君者用六○ 8/64/5
六○者 8/64/10
用六○者 8/64/17
霸者節六○則辱 8/64/19
事不在法○中 9/73/1
音生於○ 9/75/24
○生於風 9/75/24
故法○度量者 9/76/20
故歌而不比於○者 10/91/12
則莫不比於○而和於人心 13/123/14
○曆之數 13/126/6
竊簡而寫法○ 16.79/161/12
異音者不可聽以一○ 17.200/182/19
不能比之○ 18/200/12
別（清濁）五音〔清濁〕六○相生之數 20/213/3
皆合六○而調五音 20/213/14
六○具存 20/216/23
○雖具、必待耳而後聽 20/216/24

綠 lü　4

而手會《○水》之趨 2/17/4
河出《○圖》 2/17/26
夫華騮、○耳 9/70/13
而不期於（華）〔驊〕騮、○耳 19/208/25

慮 lü　49

澹然無○ 1/2/3
不○而得 1/4/9
恬然無○ 1/5/1
（損）〔捐〕其思○ 1/6/30
以知○為治者 1/7/1
思○平 1/7/9
神傷乎喜怒思○之患者 2/11/13
思○不營 2/12/22
非○思之察 6/52/12
清靖而無思○ 7/57/18
委心而不以○ 7/59/21
思○聰明喜怒也 8/64/24
心條達而不以思○ 8/64/26
集於心則其○通 8/64/27
是故○无失策 9/67/5
以天下之智○ 9/75/1
○患未生 9/80/1
凡人思○ 9/81/24
其坐無○ 10/82/17
君子思義而不○利 10/88/13
〔怨則極〕○ 12/108/26
白公勝○亂 12/117/12
智○之蕩於內 12/117/13
○患者寡 12/119/28
是以盡日極○而无益於治 13/122/24
何謀之敢（當）〔○〕〔乎〕 13/125/2
聖人無思○ 14/135/10
○不勝數 14/135/20
棄數而用○ 14/137/13
苦心愁○ 14/139/1
以論○之 15/143/11
因民而○ 15/144/24
謀○足以知強弱之（勢）〔權〕 15/145/21
不可規○也 15/147/3
審錯規○ 15/148/5
設規○ 15/152/19
則智者為之○ 15/153/23
念○者不得臥 16.7/154/26
止念○ 16.7/154/26
物或不可〔豫〕○ 16.103/163/20
莫不先以其知規○揣度 18/186/9
是故知○者、禍福之門戶也 18/186/12
無害子之○無中於策 18/191/3
○禍過之 18/195/5
而不留思盡○於成事之內 18/196/22
勞形盡○ 19/202/25
思○不用 19/203/10
謀○不休 20/222/24
而○患於九拂之外者也 20/222/25

櫖 lü　1

（○）〔攄〕書明指以示之 19/209/5

孿 luán　1

故夫○子之相似者 19/209/1

欒 luán　1

○書、中行偃劫而幽之 18/186/26

臠 luán　2

嘗一○肉 16.133/166/16
嘗一○肉而知一鑊之味 17.74/173/19

鸞 luán　4

龍興○集 1/1/12
鳳皇生○鳥 4/38/2
○鳥生庶鳥 4/38/2
○舉麟振 15/147/6

卵 luǎn　21

鳥○不毈 1/1/16
鳥獸○胎 1/3/17
胎夭○毈 3/23/26
故（卯）〔○〕生者八竅 3/25/24
故鳥魚皆○生 4/35/14
齕吞者八竅而○生 4/35/18
毋○ 5/39/10
雞呼○ 5/46/22
覆巢毀（卯）〔○〕 8/61/14
而萬物（不）〔之〕繁兆萌牙（卯）〔○〕胎而不成者 8/61/15

知不能〇 6/50/14
難以知〇 6/51/2
〇其屬骨 6/51/4
亦可謂失〇矣 6/51/5
物固不可以輕重〇也 6/51/6
心意之〇 6/51/9
原壺子之〇 7/58/22
上觀至人之〇 7/59/7
而不知至〇之旨 7/59/12
〇近以識遠也 9/69/8
〇是而處當 9/71/18
不可以貴賤尊卑〇也 9/75/10
通六藝之〇 9/77/22
凡人之〇 9/79/27
〇亦博矣 9/80/25
通乎存亡之〇者也 10/89/10
通於〇者也 11/94/17
為仁者必以哀樂〇之 11/96/18
故聖人〇世而立法 11/99/8
不可與〇至 11/99/22
道德之〇 11/102/15
此相為〇 11/103/14
故以道〇者 11/103/16
不足以〇之 11/104/8
所以〇民俗而節緩急也 13/122/13
愚（夫）〔夫〕（惷）〔惷〕婦皆能〇之 13/124/23
是故聖人〇事之（局）曲直 13/125/21
〇世而為之事 13/126/14
今人君〔之〕〇其臣也 13/127/8
則〇人易矣 13/128/11
而大小可〇也 13/128/14
故聖人之〇賢也 13/128/16
見者可以〇未發也 13/128/18
故〇人之道 13/128/19
以〇其（人）〔仁〕 13/128/20
以近〇遠 13/129/10, 16.133/166/17
〇事如此 13/131/18
為〇如此 13/131/22
未足以〇也 13/132/2
可與言至〇矣 14/132/28
而為〇者莫然不見所觀焉 14/138/6
此（大）〔天〕〇之所不取也 15/143/7
以〇慮之 15/143/11
夫〇除謹 15/145/13
卒〇斷於軍中 15/153/25
此皆微眇可以觀〇者 16.20/156/6
然而有〇者之所辟也 18/188/1
餽聞（〇）〔倫〕曰 18/192/22
其所〇未之究者也 18/197/7
可與及言〇矣 18/198/6
是故見小行則可以〇大體矣 18/199/25
說者之〇 18/200/13
而乃〇之 18/201/21
獄斷〇定 18/201/25
而不可從外〇者 18/202/8
有〇者必不能廢 19/202/15
以此〇之 19/204/15
何可以公〇乎 19/205/4
所以〇之過 19/205/19
蔽於〇而尊其所聞 19/208/6
唯聖人能〇之 19/209/2
而賢不肖可〇也 20/217/27
游不〇國 20/218/12
今古之〇 20/220/20
夫作為書〇者 21/223/21
有《氾〇》 21/223/27
破碎道德之〇 21/225/13
所以曲說攻〇 21/225/14
通古今之〇 21/225/16, 21/228/28
《氾〇》者 21/225/22
操持後之〇也 21/225/29
味〇未深 21/226/9
知氾〇而不知詮言 21/226/29
推之以〇 21/227/10
夫道〇至深 21/227/13
誠通乎二十篇之〇 21/227/16

羅 luó 14

曠日而不能盈〇 1/2/21
猶不能與〇者競多 1/2/23
罝罘〇罔 5/40/18
被〇紈而從軍旅 9/78/23
〇網不得張於谿谷 9/79/13
弱緆〇紈 11/94/3
其成猶網〇 13/120/9
不結罔〇 15/149/3
張〇而待之 16.103/163/19
〇之一目也 16.103/163/19
今為一目之〇 16.103/163/19
一目之〇 17.176/180/29
有〇紈者必有麻蒯 17.209/183/7
妄動而絓〇網 18/196/9

蘿 luó 1

席〇圖 6/53/6

倮 luǒ 5

雖之夷狄徒〇之國 11/97/13
譬猶〇走而追狂人 16.79/161/12
先〇而浴則可 16.138/166/29
以浴而〇則不可 16.138/166/29
西方之〇國 17.116/176/16

裸 luǒ 2

故禹之（裸）〔〇〕國 1/3/26
〔有〕結胸民、羽民、讙頭國民、（裸）〔〇〕國民、三苗民、交股民、不死民、穿胸民、反舌民、豕喙民、鑿齒民、三頭民、脩臂民 4/36/27

蓏 luǒ 1

夏取果〇 9/79/11

蠃 luǒ 7

而〇〔蠡〕瘉（蝸）〔燭〕睆 2/14/28
月死而（蠃）〔〇〕硥膲 3/19/6
其蟲〇 5/42/7
璧襲無（理）〔〇〕 6/53/17
冠無觚〇之理 8/65/18
則〇蚘應於下 16.33/157/12
食〇蚘之肉 19/202/16

洛 luò 4

〇出《丹書》 2/17/26

〇出獵山 4/37/18
故死於（〇）〔浴〕室 12/105/25
故（桑）〔木〕葉（〇）〔落〕而長年悲也 16.136/166/23

烙 luò 5

為炮（〇）〔格〕 2/17/29
而請去炮（〇）〔格〕之刑 10/90/21
炮（〇）〔格〕生乎熱（升）〔斗〕 11/94/14
乃為炮（〇）〔格〕 12/114/17
不至於為炮（〇）〔格〕 15/143/5

絡 luò 4

〇馬之口 1/4/7
智（終）〔〇〕天地 2/17/5
黃雲〇 6/53/6
待西施、（毛嬙）〔〇慕〕而為配 11/102/7

落 luò 18

言萬物摻〇 2/10/21
歲名曰大荒〇 3/27/8
大荒〇之歲 3/29/27
涇出薄〇之山 4/37/19
草木早〇 5/39/13
則草木零〇 5/42/2
則穀實解〇 5/42/18
草木黃〇 5/44/24
而薄〇之水涸 6/51/10
（日入）〔入日〕〇棠 6/52/12
草木未〇 9/79/13
見一葉〇 16.133/166/17
故（桑）〔木〕葉（洛）〔〇〕而長年悲也 16.136/166/23
使葉〇者風搖之 17.83/174/8
華大（旱）〔早〕者不胥時〔而〕〇 17.159/179/22
而定若折槁振〇 18/197/19
吹之而〇 20/210/29
有時而〇 20/213/23

雒 luò 3

〇水輕利而宜禾 4/35/23
〇棠、武人在西北陬 4/37/5
〇出熊耳 4/37/19

駱 luò 4

乘白〇 5/43/1,5/43/19,5/44/15
醫〇以治病 10/87/13

掠 lüè 1

毋笞〇 5/39/22

略 lüè 20

其言〇而循理 8/61/7
是故有大〇者不可責以捷巧 9/74/22
於是〇智博聞 9/80/20
言同〇 10/82/21
摠其〇行 13/127/8
誠其大〇是也 13/127/10
若其大〇非也 13/127/11
其〇得也 13/127/14
小節伸而大〇屈 13/127/16
而不知其大〇 13/128/2
非利土壤之廣而貪金玉之〇 15/142/21
攻城〇地 15/146/10
達〇天地 19/207/12
誦《詩》、《書》者期於通道〇物 19/208/26
可謂知〇矣 20/221/5
有《兵〇》 21/223/27
埒〇衰世古今之變 21/225/4
〇雜人間之事 21/225/13
《兵〇》者 21/225/29
已知大〇而不知譬諭 21/226/30

麻 má 13

以生五穀桑〇 4/34/15
汾水濛濁而宜〇 4/35/22
食〇與犬 5/43/1
5/43/19,5/44/16
以犬嘗〇 5/44/1
天子乃以犬嘗〇 5/45/2
滋植桑〇 9/79/10
緂（寐）〔〇〕索縷 13/120/9
取婦夕而言衰〇 16.139/167/1
有羅紈者必有〇蒯 17.209/183/7
婦人不得剡〇考縷 18/197/17
不衣絲〇 18/199/14

蟆 má 2

蝦〇鳴、燕降而達路除道 9/79/18
夫蝦〇為鶉 11/94/6

馬 mǎ 184

雖有輕車良〇 1/2/2
四時為〇 1/2/4,1/2/9
策蹏〇 1/3/6
何況狗〇之類乎 1/3/6
陸處宜牛〇 1/3/20
〇不解勒 1/3/26
〇被髦而全足者 1/4/6
絡〇之口 1/4/7
解車休〇 1/8/2
故罷〇之死也 2/11/14
南方為司〇 3/21/1
爰息其〇 3/24/18
月主〇 4/35/9
〇故十二月而生 4/35/9
多犬〇 4/36/8
爰有遺玉、青〇、視肉 4/37/6
應龍生建〇 4/38/3
建〇生麒麟 4/38/3
乃合𤛓牛騰〇 5/40/21
班〇政 5/41/24
十月官司〇 5/45/28
農有不收藏積聚、牛〇畜獸有放失者 5/46/10
人〇不相見 6/50/1
故卻走〇以糞 6/50/24
〇為整齊而斂諧 6/52/7
〇莫使而自走也 6/52/9
而精神（踰）〔喻〕於六〇 6/52/13

一自以為○ 6/53/2
○牛放失 6/53/17
厮徒○圉 6/53/23
驅人之牛○ 8/66/23
而不能與胡人騎驟〔○〕而服騊駼 9/70/1
御眾智以為○ 9/71/8
夫載重而○（贏）〔羸〕 9/72/3
車輕〔而〕○良 9/72/4
天下之疾○也 9/73/9
如鞭（號）〔蹏〕○矣 9/73/24
故假輿○者 9/75/6
外合於○志 9/76/2
人主之駟○也 9/76/4
而手失駟○之心 9/76/4
是故輿○不調 9/76/5
○體調于車 9/76/13
御心和于○ 9/76/13
則○反自恣 9/76/14
與○競走 9/77/3
則○（死）〔服〕于衡下 9/77/4
虞君好寶而晉獻以璧○釣之 9/77/8
（離）〔雖〕北宮子、司○蒯蕢不〔可〕使應敵 9/78/1
有以給上之徵賦車○兵革之費 9/79/1
乘○班如 10/83/20
戎、翟之○ 10/84/7
造父以治○ 10/87/12
善御者不忘其○ 10/93/9
○不可以服重 11/94/26
契為司○ 11/95/6
是從牛非○ 11/99/5
得百走○ 11/99/18
造父以御○ 11/99/23
其知○一也 11/99/28
胡人便於○ 11/101/20
駑○十舍 11/102/9
牿服○牛以為牢 11/103/29
○飾傅旄象 11/104/6
為吳（兵）〔王〕先○（走） 12/111/5
子姓有可使求○者乎 12/111/15
良○者 12/111/15
相天下之○者 12/111/16
若此○者 12/111/16
可告以良○ 12/111/17
而不可告以天下之○ 12/111/17
此其於○ 12/111/18
使之求○ 12/111/19
已得○矣 12/111/19
何○也 12/111/19
子之所使求〔○〕者 12/111/21
又何○之能知 12/111/21
乃有貴乎○者〔也〕 12/111/24
○至而果千里之○〔也〕 12/111/24
大司○捶鉤者年八十矣 12/114/5
大司○曰 12/114/5
而巫○期絻衣短褐 12/116/21
巫○期問焉曰 12/116/22
巫○期歸以報孔子曰 12/116/24
駕○服牛 13/120/13,20/212/13
是猶无鏑銜（橛）策錣而御馯○也 13/122/2
而憎圖狗○者 13/122/25
而狗○可日見也 13/122/26
右服失（○） 13/129/2
夫食駿○之肉 13/129/3
食○肉者三百餘人 13/129/5
故○免人於難者 13/131/9
牛○有功 13/131/10
不學騎○而便居之 14/134/11
御心調乎○ 14/139/19
○力必盡矣 14/139/19
車固○良 15/145/10
〔此司○之官也〕 15/145/14
故四○不調 15/151/8
而駟○仰秣 16.4/154/15
將軍不敢騎白○ 16.37/157/23
好○非騶也 16.48/158/24
畏○之辟也不敢騎 16.53/159/10
小○（非）大○之類也 16.70/160/21
殺戎○而求（弧理）〔狐狸〕 16.74/160/30
○氂截玉 16.80/161/15
○之似鹿者千金 16.81/161/18
曰殺罷牛可以贖良○之死 16.94/162/24
撰良○者 16.106/163/29
遺人○而解其羈 16.114/164/22
有相○而失○者 16.120/165/11
（猶）〔然〕良○猶在相之中 16.120/165/11
小○〔之〕（大目）〔目大〕 16.129/166/3
不可謂〔之〕大○ 16.129/166/3
大○之目眇 16.129/166/3
（所）〔可〕謂之眇○ 16.129/166/3
○（釐）〔氂〕截玉 16.130/166/8
而皆欲學御○ 17.22/169/30
使大如○ 17.48/171/21
及其為○ 17.48/171/21
○不食脂 17.94/175/1
飢○在廄 17.95/175/3
涉水者解其○載之舟 17.133/177/26
若以腐索御奔○ 17.150/179/1
○齒非牛蹏 17.155/179/12
雖欲謹亡○ 17.169/180/15
（任）〔狂〕○不觸木 17.179/181/3
駿○以抑死 17.189/181/24
易道良○ 17.196/182/10
○奔乃見良御 17.215/183/19
○先馴而後求良 17.219/183/27
司○子反渴而求飲 18/187/19
使人召司○子反 18/187/21
所恃者、司○也 18/187/22
而司○又若此 18/187/22
斬司○子反〔以〕為僇 18/187/24
虞公或於（壁）〔璧〕與○ 18/189/2
○無故亡而入胡 18/190/1
其○將胡駿○而歸 18/190/2
家富良○ 18/190/3
出則乘牢車、駕良○ 18/194/15
上車而步○ 18/194/23,18/194/27
奪之車○ 18/197/1
車○所以載身也 18/197/3
○失 18/198/9
野人怒取○而繫之 18/198/9
乃使○圉往說之 18/198/11
吾○之失 18/198/12
解○而與之 18/198/12
（斯）〔厮〕徒○圉 18/199/16

見老○於通 18/199/25
（比）〔此〕何○也 18/199/26
故田子方隱一老○而魏國（載）〔戴〕之 18/200/3
殺令尹子椒、司○子期 18/201/22
司○庾諫曰 19/204/4
○之為○ 19/204/14
夫○之為草駒之時 19/204/15
故其形之為○ 19/204/17
○不可化 19/204/17
○、蠪蟲也 19/204/18
今日良○ 19/205/1
驚○雖（兩）〔冊〕錣之不能進 19/205/1
皋陶○喙 19/205/12
我○唯騏 19/208/1
乘○者期於千里 19/208/24
牛○之氣蒸生蟣虱 20/211/14
蟣虱之氣蒸不能生牛○ 20/211/15
秦穆公為野人食駿○肉之傷也 20/211/27
巫○期往觀化焉 20/211/28
庫兵動而戎○驚 20/215/26
賂以寶玉駿○ 20/216/26
抱寶牽○而〔至〕 20/216/27
縱牛○ 20/219/19
以食狗○鴻鴈之費養士 20/221/1
故縱○華山 21/227/29
外好狗○ 21/228/13

罵 mà 1

而○其東家母 16.141/167/7

薶 mái 5

夫鑑明者塵垢弗能○ 2/16/12
掩骼○骴 5/39/10
地弗能○也 10/86/3
葬○稱於養 11/97/18
故葬○足以收斂蓋藏而已 11/97/23

買 mǎi 6

以○名譽於天下 2/15/17
郢人有○屋棟者 16.122/165/16
為請于○者曰 16.145/167/17
○肉而臭 17.232/184/23
然酤酒○肉不離屠沽之家 17.232/184/23
市（○）不豫賈 20/212/1

脈 mài 5

血○無鬱滯 2/17/9
血○屬焉 4/36/1
百○九竅莫不順比 20/211/20
貴其壓息○血 20/216/17
鑽○得失之跡 21/226/5

麥 mài 27

薺○亭歷枯 3/22/29
菽○昌 3/29/25
3/29/28,3/31/2,3/31/6
稻菽○蠶昌 3/29/26
○熟 3/29/27
○昌 3/29/27,3/31/8
菽○不為 3/31/1,3/31/3,3/31/5
○不為 3/31/4
濟水通和而宜○ 4/35/23
其地宜○ 4/35/27
○秋生夏死 4/36/14
食○與羊 5/39/6
5/39/20,5/40/11
○乃不熟 5/40/4
乃為○祈實 5/40/13
天子以彘嘗○ 5/41/10
○秋至 5/41/10
勸種宿○ 5/44/2
食（○）〔黍〕與彘 5/46/22
虛中則種宿○ 9/79/19
薺○夏死 19/205/7

賣 mài 1

林中不○薪 11/104/21

慲 mán 1

於是萬民乃始○觟離跂 2/15/18

樠 mán 1

泥塗淵出○山 4/37/22

謾 mán 2

非學○（他）〔也〕 16.131/166/10
我誕○而悠忽 19/209/11

蠻 mán 1

○夷皆能之 10/88/26

滿 mǎn 21

地不○東南 3/18/26
加十五日指巳則小○ 3/22/20
辰為○ 3/27/2
〔○〕五十日者 3/29/22
不○五十日 3/29/22
充○以實 5/49/18
腹○而河水不為之竭也 7/59/19
竹實（○）〔盈〕 8/61/12
飛蛩○野 8/61/23
終始虛○ 8/64/8
暴骸○野 8/66/24
○如陷 10/83/10
虛而能○ 10/86/9
周公可謂能持○矣 13/125/10
常○而不溢 13/130/3
（其）〔期〕○腹而已 17.53/172/6
天下弗能○ 17.86/174/14
未嘗稼穡粟○倉 17.140/178/11
未嘗桑蠶絲○囊 17.140/178/11
○堂之坐 17.144/178/20
河不○溢 20/210/19

曼 màn 7

齊靡○之色 1/7/28
是故百姓○衍於淫荒之陂 2/15/19
○聲吞炭內閉而不歌 6/53/15
侯同、○聲之歌 13/123/13
非能具綈綿○帛溫煖於身也 13/130/24

〇頰皓齒 19/204/22
〇兮洮兮 21/227/18

慢 màn 4

詰誅暴〇 5/43/6
工事苦〇 5/45/20
〇然下其臂 12/116/6
偷〇懈惰 19/207/3

漫 màn 7

而徙倚于汗〇之宇 2/15/6
道瀾〇而不修 6/53/10
其已成器而破碎〇瀾而復歸其故也 7/56/23
流〇陸離 8/61/21
貞信〇瀾 11/104/1
吾與汗〇期于九垓之（外）〔上〕 12/116/15
辭雖壇卷連〇 21/227/14

嫚 màn 3

而職事不〇 9/70/17
〇生乎小人 10/88/26
故民〇之 10/90/1

芒 máng 20

雖有鉤箴〇距 1/2/21
析毫剖〇 2/10/24
〇然仿佯于塵埃之外 2/14/9
其道昧昧〇〇然 2/15/9
乃始招蟯振繾物之豪〇 2/15/23
其佐句〇 3/20/1
加十五日指丙則〇種 3/22/20
太皞、句〇之所司者 5/47/14
〇芠漠閔 7/54/25
〇然仿佯于塵垢之外 7/57/11
〇繁紛挐 8/61/21
〇繁亂澤 8/65/3
〇〇昧昧 10/82/20,20/215/25
而不失鉤〇 12/114/5
自身以上至於荒〇 14/142/6
莖柯豪〇 20/210/27

盲 máng 13

是以天下時有〇妄自失之患 1/10/7
今夫〇者行於道 13/123/15
釁者告〇者 16.144/167/14
〇者負而走 16.144/167/14
故使（〇）〔瘖〕者語 16.144/167/14
毋貽〇者鏡 17.7/168/25
〇者不觀 17.58/172/17
其父無故而〇 18/189/21
其子又無故而〇 18/189/25
此獨以父子〇之故 18/189/27
〇者得鏡則以蓋巵 18/199/6
今夫〇者 19/206/16
〇者、目形存而无能見也 20/220/11

庬 máng 2

古者民醇工〇 13/122/1
淳〇敦厚者 20/214/4

茫 máng 4

〇〇（沈沈）〔沆沆〕 2/11/20
天下〇〇 7/56/16

蛖 máng 5

則蠃〇應於下 16.33/157/12
明月之珠出於〇蜄 16.110/164/11
〇象之病 17.113/176/9
〇之病而我之利 17.195/182/8
食蠃〇之肉 19/202/16

莽 mǎng 7

〇乎大哉 1/4/21
故山雲草〇 6/50/16
芠野（菱）〔〇〕 8/61/18
野〇白素 8/65/14
是故林〇之材 9/74/19
為是釋度數而求之於朝肆草〇之中 13/128/6
食〇飲水 20/219/26

硥 mǎng 2

月死而（蠃）〔蠃〕〇膲 3/19/6
〇魚在其南 4/37/5

毛 máo 34

毫〇潤澤 1/1/15
〇者孕育 1/3/17
易骭之一〇 2/12/12
而不能拔〇髮 2/13/26
〇羽者 3/19/4
羊脫〇 3/22/1
有大人國、君子國、黑齒民、玄股民、〇民、勞民 4/37/1
〇犢生應龍 4/38/2
凡〇者生於庶獸 4/38/3
煖溼生於〇風 4/38/5
〇風生於溼玄 4/38/5
其蟲〇 5/42/23,5/43/17
其（虫）〔蟲〕〇 5/44/13
視〇（牆）〔嬙〕、西施猶（頬醜）〔倛魄〕也 7/57/20
雖有〇嬙、西施之色 8/62/16
是猶以斧劗〇 9/74/28
犧牛粹〇 11/94/29
而刀〔可〕以剃〇 11/100/5
待西施、（〇嬙）〔絡慕〕而為配 11/102/7
〇物、（牡）〔牝〕牡〔尚〕弗能知 12/111/21
不獲二〇 13/122/8
〇者為駒犢 13/130/14
上及〇羽 15/144/15
斷右臂而爭一〇 16.74/160/30
刀便剃〇 16.126/165/29
畫者謹〇而失貌 17.77/173/26
〇將何顧 17.137/178/4
見驥一〇 17.162/179/28
西施、〇嬙 17.234/184/27
必先卑體弭（耳）〔〇〕 18/202/6
今夫〇牆、西施 19/209/13
〇蒸理泄 20/211/20
豈節（柎）〔拊〕而〇

（脩）〔循〕之哉　20/211/20

矛 máo　4

其兵○　5/39/6,5/39/21,5/40/12
傷弓弩○戟矢石之創者
　扶舉於路　6/53/25

茅 máo　4

茨之以生○　1/8/29
涼出○盧、石梁　4/37/21
是故○茨不翦　9/74/3
越在草○　19/207/19

旄 máo　8

傅○象　1/7/28
多○犀　4/36/5
右（秉）〔執〕白○　6/50/2
干鍼羽○　8/66/3
兵革羽○　8/66/4
奮羽○〔也〕　11/97/21
馬飾傅○象　11/104/6
右執白○以麾之　20/219/16

髦 máo　1

馬被○而全足者　1/4/6

氂 máo　2

馬○截玉　16.80/161/15
馬（氂）〔○〕截玉
　16.130/166/8

蝥 máo　1

水蠆為（○）〔蟌〕
　（蒽）　11/94/6

有 mǎo　1

用兵（○）〔有〕術矣　8/66/28

卯 mǎo　27

子午、丑未、寅申、○
　酉、辰戌、巳亥是也　3/21/3
子午、○酉為二繩　3/21/15
加十五日指○中繩　3/22/16
二月建○　3/23/1
夏至○酉　3/23/16
〔其加○酉〕　3/25/1
指○　3/25/6
○則茂茂然　3/25/6
（其加○酉）　3/25/13
故（○）〔卯〕生者八竅　3/25/24
朱（烏）〔鳥〕在○　3/27/1
○為除　3/27/2
太陰在○　3/27/6
壯於○　3/27/24
○十一　3/28/8
○鄭　3/28/23
甲乙寅○　3/28/26
辛○　3/29/9
己酉、己○　3/29/10
○在乙曰旃蒙　3/29/26
招搖指○　5/39/18
覆巢毀（○）〔卵〕　8/61/14
而萬物（不）〔之〕繁
　兆萌牙（○）〔卵〕
　胎而不成者　8/61/15
孟○妻其嫂　13/127/13
孔子誅少正○而魯國之
　邪塞　13/129/9
猶石之投（○）〔卵〕　18/198/21
授之將軍之（○）〔印〕
　18/200/19

昴 mǎo　6

其星胃、○、畢　3/19/24
歲星舍胃、○、畢　3/27/9
胃、○、畢為對　3/27/17
三月建胃、〔○〕　3/28/1
胃、○、畢魏　3/28/12
○中則（牧）〔收〕斂
　畜積　9/79/19

皃 mào　1

是以外○為之者也　20/216/2

冒 mào　1

○蒙荊棘　19/207/10

茂 mào　17

然後知松柏之○也　2/12/1
卯則○○然　3/25/6
歲名曰閹○　3/27/14
掩○之歲　3/31/4
木○而鳥集　9/73/21
　16.113/164/19
根本不美、枝葉○者　10/89/18
夫猨狖得○木　11/95/13
榛巢者處林○〔者〕
　17.79/173/31
木方○盛　17.167/180/10
林木○而斧斤（大）
　〔入〕　17.183/181/12
捨○木而集於枯　17.202/182/23
虎豹有○草　19/206/5
好○葉　19/209/21
大木○枝　20/211/11
○木（豐）〔豐〕草　20/213/23

袤 mào　2

欲知東西、南北廣○之
　數者　3/31/15
除立表○　3/31/17

帽 mào　1

（○）〔慣〕憑而為義　19/204/20

貿 mào　1

公孫龍粲於辭而○名　14/136/13

瑁 mào　1

翡翠（玳）〔瑇〕○　20/210/24

楙 mào 2

而知乃始昧昧（啉啉）〔〇〇〕 2/15/10

貌 mào 16

擿齒易〇 9/73/18
容〇至焉 10/84/4
容〇之所不至者 10/84/4
〇自示也 10/86/7
自召也〇 10/86/8
容〇顏色 10/87/19
〇不羨乎情 11/93/28
情與〇相反 11/97/25
易容〇 12/116/21
而（就）〔孰〕視其狀〇 12/117/7
造劉氏之（〇）冠 13/124/9
而乃始服屬臾之〇、恭儉之禮 13/126/16
畫者謹毛而失〇 17.77/173/26
無〇於心也 17.92/174/28
鬼神之〇不著於目 17.165/180/6
狀〇不可同 17.234/184/27

瞀 mào 1

於是乃去其〇而載之（木）〔朮〕 12/119/25

眉 méi 4

未能見〇睫 2/17/22
若夫堯〇八彩 19/205/10
〔則〕鬢〇微毫可得而察 19/205/19
正娥〇 19/209/14

梅 méi 5

葅〇伯之骸 2/18/1
食薦〇 6/51/23
百〇足以為百人酸 17.119/176/24
一〇不足以為一人和 17.119/176/24
紂醢〇伯 17.179/181/3

媒 méi 5

〇妁譽人 10/84/14
因〇而嫁 16.60/159/28
（而）不因〇而成 16.60/159/28
〇但者 16.131/166/10
得〇而結言 20/223/2

黴 méi 3

後〇黑 16.136/166/23
舜〇黑 19/203/8
顏色〇黑 19/207/18

每 měi 1

〇終改調 13/121/24

美 měi 88

察能分白黑、視醜〇 1/9/22
其道可以大〇興 2/11/22
群〇萌生 2/12/23
則醜〇有間矣 2/14/14
〇者不能濫也 2/16/28
東方之〇者 4/34/12
東南方之〇者 4/34/12
南方之〇者 4/34/13
西南方之〇者 4/34/13
西方之〇者 4/34/13
西北方之〇者 4/34/14
北方之〇者 4/34/14
東北方之〇者 4/34/15
中央之〇者 4/34/15
息土人〇 4/34/29
〇鬒惡肥 4/36/11
〇人挐首墨面而不容 6/53/15
人之所〇也 7/58/13
獻公豔驪姬之〇而亂四世 7/60/28
〇重器 8/65/9
不為醜〇好憎 9/67/6
（〇）〔羨〕者（正）〔止〕於度 9/76/16
非不〇也 9/78/13
而加之以恥〇 9/81/29
其施厚者其報〇 10/82/30
唯唐、虞能齊其〇 10/84/8
〇而不尊 10/86/8
（芙）〔〇〕而不芳 10/86/12
根本不〇、枝葉茂者 10/89/18
音之不足於其〇者也 10/90/17
無所施其〇 11/93/29
於是乃有曾參、孝己之〇 11/94/1
人智之〇也 11/101/24
德將（來附）〔為〕若〇 12/107/1
以人之小惡而忘人之大〇 12/109/7
寡人當其〇 12/110/12
故「〇言可以市尊 12/113/19
〇行可以加人 12/113/20
18/192/6
因獻十珥而〇其一 12/116/1
因問〇珥之所在 12/116/2
《詩》、《春秋》、學之〇者也 13/121/9
昔蒼吾繞娶妻而〇 13/125/20
今以人之小過揜其大〇 13/126/26
其小惡不足〔以〕妨大〇也 13/127/26
其〇有存焉者矣 13/128/1
（〇）〔葵〕之與（惡）〔莧〕 13/128/11
利莫〇不喪 14/135/7
不施其〇 14/135/23
人之〇才也 14/137/17
無取之〇而〇不失 14/138/1
故羽翼〇者傷骨骸 14/138/19
枝葉〇者害根（莖）〔荄〕 14/138/20
能兩〇者 14/138/20
今有〇酒嘉肴以相〔賓〕饗 14/141/4
夫仁勇信廉、人之〇才也 15/149/17
求〇則不得 16.42/158/7
不求〇則〔有〕〇矣 16.42/158/7
不求〇又不求醜 16.42/158/8
則無〇無醜矣 16.42/158/8
〇而不可說 16.91/162/17
欲〇和者 16.112/164/15
嫫母有所〇 16.115/164/25
〇之所在 16.116/165/1
驪戎以〇女亡晉國 17.57/172/15

○人不同面 17.67/173/3
清醠之○ 17.152/179/6
黼黻之○ 17.152/179/6
○女擯於宮 17.189/181/24
○珠不文 17.226/184/9
○鈞也 17.234/184/27
室有○容 17.236/185/1
○言可以市尊 18/192/6
○人之所懷服也 18/198/23
雖粉白黛黑弗能為○者 19/204/23
○不及西施 19/204/24
故○人者 19/209/2
天下之○人 19/209/13
君子修○ 19/209/27
飲之○酒 20/211/27
其○在（調）〔和〕 20/214/7
而君子○之 20/214/10
而風俗可○也 20/216/15
灌其本而枝葉○ 20/221/10
基○則上寧 20/221/18
故仁知、人材之○者也 20/223/11

浼 měi 1

所○者多矣 18/195/12

袂 mèi 3

短○攘卷 1/3/25
奮○而（越）〔起〕 9/77/24
身自奮○執銳 13/124/5

昧 mèi 13

神非其所宜〔也〕而行
之則○ 1/9/17
其道○○芒芒然 2/15/9
而知乃始○○（晽晽）
〔㭺㭺〕 2/15/10
（○）〔味〕也 3/25/9
覺而若（○）〔眯〕 7/59/22
芒芒○○ 10/82/20,20/215/25
貪○饕餮之人 15/142/25
行幽○之塗 20/218/1

寐 mèi 7

○者不知 2/11/1
是故其○不夢 2/11/16
通夕不○ 7/59/27
齧缺〔睡○〕 12/107/2
余夙興夜○ 12/114/10
湯夙興夜○ 19/202/23
夙興夜○而勞力之 20/213/6

媚 mèi 2

○茲一人 10/83/4
便（○）〔娟〕擬神 19/209/20

魅 mèi 2

今夫圖工好畫鬼○ 13/122/25
鬼○不世出 13/122/25

門 mén 108

淪天○ 1/2/2
下出于無垠〔鄂〕之○ 1/2/6
鴈○之北 1/3/25
則入于天○ 1/4/3
而獨知守其○ 1/4/25
為道關○ 1/6/18
皆出一○ 1/6/27
而出入于百事之○戶者也 1/8/10
終身運枯形于連嶁列埒
之○ 1/10/1
孟○、終隆之山不能禁
〔也〕 2/12/15
通九○ 2/12/24
而心在鴈○之間 2/13/2
室、堂、庭、○、巷、
術、野 3/22/6
陰陽相德則刑德合○ 3/22/8
故曰刑德合○ 3/22/9
壬子受制則閉○閭 3/23/22
〔曰〕會稽、泰山、王
屋、首山、太華、岐
山、太行、羊腸、孟
○ 4/32/18
旁有四百四十○ 4/33/6
○閒四里 4/33/6
北○開以內不周之風 4/33/7
曰蒼○ 4/34/6
曰開明之○ 4/34/6
曰陽○ 4/34/7
曰暑○ 4/34/7
曰白○ 4/34/7
曰閶闔之○ 4/34/8
曰幽都之○ 4/34/8
曰寒○ 4/34/9
八○之風 4/34/9
龍○在河淵 4/37/11
燭龍在鴈○北 4/37/12
毋出九○ 5/40/18
九○磔攘 5/40/21
○閭無閉 5/41/23
其祀○ 5/42/24,5/43/18,5/44/14
閉○閭 5/45/13
謹○閭 5/45/18
審○閭 5/46/6
○閭 5/46/14
龍○、河、濟相貫 5/47/23
守○閭 5/48/2
閉（關）〔○〕閭 5/48/7
昔雍○子以哭見於孟嘗君 6/50/9
禍福之○ 6/51/11
朝帝於靈○ 6/53/7
塞朋黨之○ 6/54/9
莫知其○ 7/54/25,15/150/28
精神入其○ 7/54/28
龍○未開 8/63/15
擒之焦○ 9/70/6
（閏）〔閨〕○重襲以
（避）〔備〕姦賊 9/71/9
雍○子以哭見孟嘗君 10/91/8
三代至乎○ 10/92/13
祀○ 11/98/6
復歸其○ 11/98/20
扣○求水〔火〕 11/104/20
孔子〔之〕勁（杓）
〔扚〕國○之關 12/107/12
暮宿於郭○之外 12/109/1
夜（問）〔開〕○ 12/109/2
○下故有能呼者乎 12/113/6
乃為玉○ 12/114/16
閉其○ 12/116/3
柴箕子之○ 12/117/18
匠人知為○ 12/118/14

能以〇　12/118/14
所以不知〇也　12/118/14
故必杜然後能〇　12/118/14
私〇成黨　13/123/8
故桀囚於焦〇　13/124/28
司寇之徒繼踵於〇　13/129/20
俛入城〇　13/130/12
今世之祭井竈、〇戶、箕帚、（臼）〔白〕杵者　13/131/6
百姓開〇而待之　15/143/19
故莫能窺其〇　15/144/4
（發）〔魚〕筍〇　15/148/3
君入廟〇　15/153/15
將入廟〇　15/153/15
鑿凶〇而出　15/153/20
四方皆道之〇戶牖嚮也　16.10/155/6
對〇不通　16.61/160/1
解〇以為薪　17.23/170/1
禍與福同〇　18/186/6
曉（自然）〔然自〕以為智（知）存亡之樞機、禍福之〇戶　18/186/10
是故知慮者、禍福之〇戶也　18/186/12
禍福之〇（戶）　18/187/9
魯君令人閉城〇而捕之　18/187/11
〇者止之曰　18/187/12
〇者出之　18/187/13
問所出之〇　18/187/15
禹鑿龍〇　18/189/13,20/212/8
西〔〇〕豹治鄴　18/192/8
西〇豹曰　18/192/10,18/192/13
徐行而出〇　18/194/23
徐（徐）〔行〕而出〇　18/194/27
小人不知禍福之〇戶　18/196/8
見〇閭聚眾必下　18/199/16
近而異〇戶者　18/201/11
鑿龍〇　19/202/22
段干木闔〇不出　19/204/6
獨守專室而不出〇〔戶〕　19/206/7
令狗守〇　20/212/13
趣勢〇　20/218/14
俓十〇　21/227/16

捫 mén　1

〇之不可得也　2/10/22

悶 mèn　2

鈍〇以終　6/51/20
而貪利偷生者〇矣　7/59/9

氓 méng　1

以寬民〇　19/202/23

蝱 méng　9

猶蚊〇之一過也　2/12/14
而蟲〇適足以（翺）〔翺〕（翔）　2/13/26
蚊〇噆膚而（知）〔性〕不能平　2/17/14
非直蜂蠆之螫毒而蚊〇之慘怛也　2/17/14
蟲〇不食駒犢　3/22/2
夏日則不勝暑熱蟲〇　13/120/7
〇散積血　16.124/165/22
〇與驥　17.30/170/15
蟲〇走牛羊　18/195/29

冡 méng　1

置酒之日而言上（〇）〔冡〕　16.139/167/1

萌 méng　23

〇兆牙蘖　2/10/15
孰知其所〇　2/11/10
群美〇生　2/12/23
而巧故〇生　2/15/15
陽氣〇　3/21/18
陰氣〇　3/21/19
以通句〇　5/39/22
〇者盡達　5/40/15
其智不〇　7/57/22
莫知其所〇　7/60/3
而萬物（不）〔之〕繁兆〇牙（卯）〔卵〕胎而不成者　8/61/15
草木之句〇、銜華、戴實而死者　8/61/19
智詐〇興　9/68/2
毀譽〇生　9/77/2
在情而不〇者　10/88/13
福之〇也緜緜　10/90/1
福禍之始〇微　10/90/1
而詐偽〇興　11/93/30
而誹譽〇於朝　11/97/26
風先〇焉　13/124/19
事〇而察其變　13/126/19
禍福〇生　14/139/2
然奸邪〇生　20/215/21

盟 méng　6

晏子與崔杼〇　7/59/1,12/118/1
周人〇　13/122/4
柯之〇　13/127/2
約束誓〇　14/136/28
秦穆公使孟〇舉兵襲鄭　18/192/29

蒙 méng　32

重之〔以〕羿、逢〇子之巧　1/2/22
然而奚仲不能為逢〇　2/13/16
皆欲離其童〇之心　2/15/10
（至）〔淪〕于〇谷　3/24/19
曙於〇谷之浦　3/24/20
卯在乙曰旃〇　3/29/26
遭回〇汜之渚　6/52/2
萬人〇之而不褊　9/70/21
而〇衣自信者難　10/86/23
不可以無罪〇也　10/91/24
〇塵而欲毋眯　10/92/28
民童〇不知（東西）〔西東〕　11/93/28
至於〇穀之上　12/116/5
丹穴、太〇、反踵、空同、大夏、北戶、奇肱、脩股之民　13/123/23
前〇矢石　13/124/6
〇死亡之罪　13/129/19
百發之中必有羿、逢〇之巧　17.51/172/1

○塵而眯 17.130/177/19
抱而○火 17.149/178/31
為之○死被罪 18/187/14
使○公、楊翁子將 18/197/11
○恥辱以（千）〔干〕世主〔者〕 19/203/7
手若穖○ 19/206/16
冒○荊棘 19/207/10
○矢石 19/207/13
（獵）〔躐〕○籠 19/207/17
○蜎皮 19/209/13
籠○目（視） 19/209/15
○愚惑之智 19/209/17
穖○踊躍 19/209/22
故○恥辱而不死 20/218/5
邪必○正以自為（辟）〔辭〕 20/218/11

濛 méng 4

以鴻○為景柱 2/15/6
汾水○濁而宜麻 4/35/22
澒○鴻洞 7/54/25
東（開）〔關〕〔乎〕鴻○之光 12/116/12

矇 méng 1

○然未見形容 19/205/18

猛 měng 16

太陰治冬則欲○毅剛彊 3/28/19
汝出○山 4/37/21
○獸食顓民 6/52/25
是故人主好鷙鳥○獸 9/73/27
○獸熊羆 9/74/8
子陽以○劫 10/91/12
為鷙禽○獸之害傷人而无以禁御也 13/120/14
○獸不能為害 13/120/15
○而仁 13/122/30
嚴推則○ 13/123/6
○則不和 13/123/6
此剛○之所致也 13/123/10
剛彊○毅 13/125/22
○獸之攫也匿其爪 15/150/24
山有○獸 16.39/157/27
○獸不群 17.99/175/11

孟 mèng 59

○門、終隆之山不能禁〔也〕 2/12/15
○夏之月 3/24/9,5/41/1
〔曰〕會稽、泰山、王屋、首山、太華、岐山、太行、羊腸、○門 4/32/18
宋之○諸 4/32/22
○諸在沛 4/37/12
○春之月 5/39/3
○春行夏令 5/39/13
○夏行秋令 5/41/12
○秋之月 5/42/23
○秋行冬令 5/43/12
○冬之月 5/45/9
○冬行春令 5/45/25
○春與○秋為合 5/48/13
○夏與○冬為合 5/48/13
○春始贏 5/48/14
○秋始縮 5/48/14
○夏始緩 5/48/15
○冬始急 5/48/15
渡于○津 6/50/1
昔雍門子以哭見於○嘗君 6/50/9
○嘗君為之增欷歍唈 6/50/9
勇服於○賁 9/80/22
趙宣○以束脯免其軀 10/85/17
歸乎伯○ 10/86/22
雍門子以哭見○嘗君 10/91/8
趙宣○之束脯 11/96/22
故惠子從車百乘以過○諸 11/103/10
○賁、成荊無所行其威 11/103/26
惠○見宋康王 12/107/16
惠○對曰 12/107/17,12/107/23
惠○曰 12/107/19
惠○出 12/108/1
而○子非之 13/123/22
○卯妻其嫂 13/127/13
然懷王北畏○嘗君 15/146/3
規○賁之目 16.91/162/17
○賁探鼠穴 17.170/180/17
○孫獵而得麑 18/188/13
○孫歸 18/188/14
○孫怒 18/188/15
○孫曰 18/188/16
襄子謂（於）張○談曰 18/191/21
張○談曰 18/191/22,18/191/25
二君乃與張○談陰謀 18/191/27
張○談乃報襄子 18/191/27
晉陽之存、張○談之功也 18/192/3
秦穆公使○盟舉兵襲鄭 18/192/29
○嘗君聞之 18/194/14
○嘗君問之曰 18/194/15
○嘗君曰 18/194/16,18/194/17
及至火之燔○諸而炎雲（臺）〔夢〕 18/195/9
趙宣○活飢人於委桑之下 18/199/24
察四時季○之序 20/213/4

夢 mèng 21

游雲○、沙丘 1/7/20
譬若○ 2/11/5
〔○〕為鳥而飛於天 2/11/5
○為魚而沒於淵 2/11/5
方其○也 2/11/5
不知其○也 2/11/6
覺而後知其○也 2/11/6
然後知今此之為大○也 2/11/6
是故其寐不○ 2/11/16
楚之雲○ 4/32/22
南方曰大○ 4/33/24
寢居直○ 4/34/25
是故其寢不○ 7/57/22
其寢無○ 10/82/17
身有醜○ 10/91/23
中夜○受秋駕於師 12/117/23
今夕固○受之 12/117/25
神龜能見○元王 16.9/155/4
不○見像 17.92/174/28
而居者○於床 17.190/181/26
及至火之燔孟諸而炎雲（臺）〔○〕 18/195/9

迷 mí 6

若○惑 11/101/11
復○惑也 11/101/12
故任天者可○也 15/149/16
不大○ 16.2/154/10
不通於學者若○惑 16.84/161/28
烈風雷雨而不○ 20/213/9

糜 mí 1

天下為之○沸蟻動 15/146/10

彌 mí 17

橫之而○于四海 1/1/4
歷遠○高以極往 1/2/1
則精神日以耗而○遠 1/10/4
攙搶（衡）〔衝〕杓之
　氣莫不○靡 2/11/18
雖有炎火洪水○靡於天下 2/16/3
其出○遠者 7/56/5
其知○少 7/56/5,12/117/15
是以君臣○久而不相猒 9/70/18
脩近○遠 10/90/13
德○麤 10/92/13
所至○遠 10/92/13
德○精 10/92/14
所至○近 10/92/14
其出○遠 12/117/15
故因衛夫人、○子瑕而
　欲通其道 20/218/7
○久而不垢 20/222/5

麋 mí 15

日至而（麋）〔○〕鹿解 3/19/5
○角解 3/22/1,5/46/13
律主○鹿 4/35/12
○鹿故六月而生 4/35/12
非不能竭國○民 11/97/22
禿山不游○鹿 12/118/23
虵床之與○蕪也 13/128/12
非彘能賢於野獸○鹿也 13/130/22
○鹿不動 15/149/3
是故為○鹿者則可以罝
　罘設也 15/149/19
將以射○鹿 16.106/163/29
見○而（不）〔子〕四
　目 16.128/166/1
蛇床似○蕪而不能芳 17.46/171/17
王子慶忌足躡○鹿、手
　搏兕虎 17.80/174/1

縻 mí 1

百姓○沸豪亂 11/104/3

麛 mí 2

毋○ 5/39/10
不取○夭 9/79/12

米 mǐ 6

數○而炊 14/140/17,20/215/14
淅○而儲之 15/143/19
甲兵粟○可立具也 18/192/12
簡絲數○ 20/215/6
文公樹○ 20/218/10

弭 mǐ 7

龍乃○耳掉尾而逃 7/58/18
譬猶揚（搮）〔堁〕而
　○塵 9/68/7
絕塵○（徹）〔轍〕 12/111/16
譬猶揚堁而○塵 16.67/160/15
（楊）〔揚〕堁而欲○
　塵 17.111/176/5
必先卑體○（耳）〔毛〕 18/202/6
以平國○亂 20/214/17

眯 mǐ 6

覺而若（昧）〔○〕 7/59/22
故若○而撫 10/85/23
蒙塵而欲毋○ 10/92/28
夫吹灰而欲無○ 11/93/27
○不給撫 15/147/13
蒙塵而○ 17.130/177/19

靡 mǐ 25

錯繆相紛而不可○散 1/6/4
○濫振蕩 1/6/6
耳聽朝歌北鄙○○之樂 1/7/28
齊○曼之色 1/7/28
攙搶（衡）〔衝〕杓之
　氣莫不彌○ 2/11/18
雖有炎火洪水彌○於天下 2/16/3
清陽者薄○而為天 3/18/19
○草死 5/41/10
不便侈○之樂 7/60/18
○流堅鍛 8/65/13
而○不中音 13/120/26
梁由○扣穆公之驂 13/129/4
窮侈○之變 15/146/5
○不毀沮 15/149/8
比干以忠○其體 16.109/164/8
剝○勿釋 16.150/168/2
則○而無形矣 18/196/18
淹浸（漬）漸○使然也 19/209/24
草木為之○ 20/210/9
《春秋》之○也 20/214/5
无之而不○ 20/217/22
○散大宗 21/223/22
厚葬○財而貧民 21/228/4
精搖○覽 21/228/29

灖 mǐ 1

雪霜滾○ 1/8/29

宓 mì 7

妾○妃 2/14/23
○穆休于太祖之下 6/53/7
（季）〔○〕子治亶父
　三年 12/116/21
（季）〔○〕子不欲人
　〔之〕取小魚也 12/116/23
（季）〔○〕子之德至
　矣 12/116/24
（季）〔○〕子何以至
　於此 12/116/25
（季）〔○〕子必行此
　術也 12/116/26

密 mì 10

決離隱○而自成 2/15/8
則凍閉不○ 5/45/25
厥德孔○ 5/49/1
周○而不泄 5/49/5,5/49/18
齊桓舉而不○ 10/89/1
晉文○而不舉 10/89/1
故賓有見人於○子者 11/100/26
○子曰 11/101/1
○子治亶父 20/211/28

幎 mì 1

舒之○於六合 1/1/5

綿 mián 1

非能具綈○曼帛溫煖於身也 13/130/24

緜 mián 6

旋（縣）〔○〕而不可究 1/1/21
（縣）〔○〕聯房植 8/61/20
其於以御兵刃（縣）〔○〕矣 9/68/18
禍之萌也○○ 10/90/1
○之以方城 15/145/26

免 miǎn 44

然而不○為人戮笑者 1/10/2
此不○以身役物矣 2/14/16
故不○於虛 2/15/4
或不○於癡狂者 2/16/7
然而不○於儡 2/16/23
○憂患 5/47/15
而不○於惑 8/64/2
則不○為人笑也 9/77/26
趙宣孟以束脯○其軀 10/85/17
而未能（必○其禍）〔必其○禍〕 10/89/16
備禍若恐不○ 10/92/26
則幾於○矣 11/101/14
犯邪而干○ 11/102/11
王子比干非不（智）〔知〕（箕子）被髮佯狂以○其身也 11/103/4
立節者見難不苟○ 11/103/13
不○乎飢寒之患 11/104/10
夫受魚而○於相 12/113/23
毋受魚而不○於相 12/113/24
（是以）〔以是〕○三怨 12/114/2
乃○其身 12/114/15
然〔而〕不能自○於車裂之患 13/126/8
則必不○於有司之法矣 13/126/18
然而管仲○於束縛之中 13/127/5
犯禁之不得○也 13/129/19
故馬○人於難者 13/131/9
得○而遂反 13/131/16
果賴而○身 13/131/17
知所以○於難 13/131/17
故智不足○患 14/134/25
則○於累矣 14/136/11
救一人則○ 14/140/10
而不○為哀之人 14/140/25
斷指而○頭 16.36/157/20
而不○於鼎俎 16.38/157/25
嘗被甲而○射者 17.149/178/31
必不能自○於（千）〔十〕步之中矣 18/194/26
遭難而能○ 18/197/6
吾欲○之而不能 18/200/18
若欲○之 18/200/18
不○制於人者 19/206/2
見難不苟○ 20/217/19
而不○於身死人手者 20/223/15
不○於亂（也）〔矣〕 20/223/17

勉 miǎn 1

皆○處矣 12/109/14

俛 miǎn 11

與陰陽○仰兮 1/1/24
所以○仰於世人而與俗交者〔也〕 1/4/6
而與道沉浮○仰 1/10/9
蟄蟲咸○〔在穴〕 5/45/1
屈（神）〔伸〕○仰 7/58/26
○仰取制焉 9/71/2
〔莊〕王○而泣涕沾襟 12/112/15
○仰之間而撫四海之外 12/117/3
○入城門 13/130/12
夫飛鳥之摯也○其首 15/150/23
○人之頸 17.21/169/28

眄 miǎn 2

興（○○）〔盱盱〕 6/53/2

冕 miǎn 5

飾紱○之服 2/15/17
○而前（旅）〔旒〕 9/67/7
是故前有軒○之賞 10/91/24
大夫端○以送迎之 11/98/26
故弁○輅輿 20/221/27

湎 miǎn 5

此齊民之所以淫泆流○ 1/8/27
沉○耽荒 19/204/21
以沉○淫康 20/213/15
所以遏流○之行也 20/222/7
康梁沉○ 21/227/20

面 miàn 27

南○王 2/18/10
其人〔方〕○末僂 4/36/4
其人大○短頸 4/36/11
其神、人○龍身而無足 4/37/12
美人挐首墨○而不容 6/53/15
是故（○）〔血〕氣者 7/55/19
夫（○）〔血〕氣能專于五藏 7/55/20
（王）皆坦然（天下）〔南○〕而（南○）〔王天下〕焉 9/80/12
南○而霸天下 11/97/9
闚○於盤水則員 11/101/6
○形不變其故 11/101/7
北○立於殿下 12/110/22
北○再拜曰 12/112/25,12/117/25
北○委質而臣事之 13/121/19
故東○而望 13/124/12

滑萬○ 11/103/29
故其為編戶齊○無以異 11/104/8
而欲○之去（未）〔末〕
反本 11/104/10
夫○有餘即讓 11/104/20
已成而示諸（先生）
〔○人〕 12/106/1
（先生）〔○人〕皆善
之 12/106/1
出高庫之兵以賑○ 12/106/17
數戰則○罷 12/108/25
以憍主使罷○ 12/108/25
○相連而從之 12/109/15
○之所好也 12/110/11
○之所怨也 12/110/11
可移於○ 12/112/22
（臣）〔○〕死 12/112/22
歲、○之命〔也〕 12/112/23
○必死矣 12/112/23
為人君而欲殺其○以自
活也 12/112/23
此庶○之力也 12/113/13
夫乘○之功勞而取其爵
祿〔者〕 12/113/13
而○親其上 12/114/20
宿沙之○皆自攻其君而
歸神農 12/114/23
○利百倍 12/114/29
人○未及罷病也 12/115/20
子中州之○ 12/116/10
其○純純 12/118/29
其○缺缺 12/118/29
則塞○於兌 12/119/24
使○不爭 12/119/26
古者○澤處復穴 13/120/7
而○得以掩形御寒 13/120/10
○勞而利薄 13/120/10
○逸而利多焉 13/120/11
○以致遠而不勞 13/120/14
故（居）〔○〕迫其難
則求其便 13/120/15
而利○為本 13/121/3
苟利於○ 13/121/3
古者○醇工龎 13/122/1
○俗益薄 13/122/2
治既弊之○ 13/122/2
神農无制（今）〔令〕
而○從 13/122/3
夫神農、伏犧不施賞罰
而○不為非 13/122/11
然而立政者不能廢法而
治○ 13/122/11
所以論○俗而節緩急也 13/122/13
制法之○ 13/122/15
丹穴、太蒙、反踵、空
同、大夏、北戶、奇
肱、脩股之○ 13/123/23
以勞天下之○ 13/124/1
下失萬○之心 13/125/3
故聖人因○之所喜而勸
善 13/129/8
因○之所惡以禁姦 13/129/8
而況兆○乎 13/132/5
務在於安○ 14/133/19
安○之本 14/133/19
治官理○者 14/134/16
○贍利而不知利之所由
出 14/136/23
利有本則○爭功 14/136/24
厲其○死以（牢）〔堅〕
其城 14/137/1
斁死而○弗離 14/137/2
○有道所同道 14/137/5
故立君以壹○ 14/137/5
則與○為讎 14/137/16
百姓不怨則○用可得 14/138/12
不憂○之晦也 14/138/22
不憂○之貧也 14/138/22
○已受誅 14/139/7
今與人（弁○之譬）
〔下氏之璧〕 14/140/7
而除萬○之害也 15/142/21
萬（人）〔○〕搔動 15/142/25
殺無罪之○ 15/143/3
使夏桀、殷紂有害於○
而立被其患 15/143/4
今乘萬○之力 15/143/7
故聞敵國之君有加虐於
〔其〕○者 15/143/11
毋捕○虜 15/143/14
○之所（以）仇也 15/143/15
帥○之賊者 15/143/16
剋國不及其○ 15/143/17
○之思兵也 15/143/20
因○之欲、乘○之力而
為之 15/144/23
因○而慮 15/144/24
而與萬○共享其利 15/144/27
○之為用 15/144/27
地廣○眾 15/145/3
政勝其○ 15/145/19
○勝其政 15/145/19
故德義足以懷天下之○ 15/145/20
卒○勇敢 15/145/26
吏○不相憀 15/146/7
積怨在於○也 15/146/11
乘時勢、因○欲而取天
下 15/146/17
德積而○可用 15/146/19
○孰附 15/146/25
將卒吏○ 15/147/21
故將以○為體 15/147/23
而○以將為心 15/147/23
故○誠從（其）令 15/147/26
○不從令 15/147/26
兵之所以強者、（○）
〔必死〕也 15/151/1
○之所以必死者、義也 15/151/1
主之所求於○者二 15/151/17
求○為之勞也 15/151/17
欲○為之死也 15/151/17
○之所望於主者三 15/151/17
○以償其二（積）〔責〕 15/151/18
四者既信於○矣 15/151/20
此用○氣之實也 15/153/7
能實其○氣 15/153/10
虛其○氣 15/153/11
唯○是保 15/153/22
○不疾疫 15/153/28
春貸秋賦○皆欣 16.117/165/4
鬻棺者欲○之疾（病）
〔疫〕也 17.32/170/19
而欲為萬○之上也 17.138/178/6
君子之居○上 17.150/179/1
得○心一也 17.234/184/28
水為○害 18/189/13
使○得陸處 18/189/13
○食不足 18/189/14
王主富○ 18/192/10
臣故蓄積於○ 18/192/11

〇被甲括矢 18/192/12
與〇約信 18/192/14
人〇非益衆也 18/192/16
〇春以力耕 18/192/17
是用〇不得休息也 18/192/19
〇以弊矣 18/192/19
能得〇心 18/194/9
〇有罪當刑 18/201/25
效〇力 18/202/2
〇茹草飲水 19/202/16
於是神農乃（如）〔始〕
教〇播種五穀 19/202/17
令〇知所避就 19/202/18
使〇如子弟 19/202/19
西教沃〇 19/202/19
令〇皆知去巖穴 19/202/21
以寬〇氓 19/202/23
為〇興利除害而不懈 19/202/25
聖人憂〇 19/202/29
欲事起天下〔之〕利而
除萬〇之害〔也〕 19/203/8
忘其苦衆勞〇 19/203/23
一言而萬〇齊 19/205/11
夫瘠地之（吳）〔〇〕
多有心者 19/207/3
沃地之〇多不才者 19/207/4
卒勝〇（治）全 19/207/14
〇化而遷善 20/211/4
无軼〇 20/211/23
故攄道以被〇 20/212/5
而〇弗從者 20/212/5
非易〇性也 20/212/7
因〇之欲也 20/212/10
〇有好色之性 20/212/14
因〇之所好 20/212/15
以奪〇時 20/213/18
〔以〕罷〇（之）力 20/213/18
〇衆者教不可以（苟）
〔苛〕 20/215/4
〇交讓爭處卑 20/216/6
則〇性可善 20/216/15
〇无廉恥 20/217/4
〇不知禮義 20/217/4
〇孰不从 20/217/11
上唱而〇和 20/217/21
其於〔以〕化〇也 20/217/22
〇弗從（也）〔者〕 20/217/24

〇不得寧處 20/218/5
輯穆萬〇 20/218/17
務在寧〇 20/219/3
寧〇之本 20/219/4
而制度可以為萬〇儀 20/219/9
則養〇得其心矣 20/219/11
得〇心也 20/219/20
棄疾乘〇之怨而立公子
比 20/219/25
〇性不殊 20/219/26
得〇之與失〇也 20/219/27
國主之有〇也 20/221/17
故〇知書而德衰 20/222/9
故〇易道 20/222/15
故〇无匿（情） 20/222/16
使〇居處相司 20/223/3
黎〇懷之 20/223/14
兆〇弗化 21/226/21
厚葬靡財而貧〇 21/228/4
以為〇先 21/228/5
而〇多智巧 21/228/10
地墩〇險 21/228/20

岷 mín 3

江出〇山 4/37/16,16.83/161/24
江水之始出於〇山也 18/196/21

忞 mín 1

穆〇隱閔 1/6/18

敏 mǐn 2

巧〇（遲）〔犀〕利 9/81/28
應敵必（敵）〔〇〕 15/147/22

閔 mǐn 6

穆忞隱〇 1/6/18
芒芠漠〇 7/54/25
〇矣 9/79/2
謂之〇急 9/79/4
〔〇子騫三年之喪畢〕 10/87/8
鈍（聞）〔〇〕條達 19/207/10

湣 mǐn 2

〇王專用淖齒而死于東
廟 13/123/17
〇王以大齊亡 13/124/24

暋 mǐn 1

漠〇於勢利 1/10/3

憫 mǐn 2

年衰志〇 9/74/5
樂恬而憎〇 14/140/26

名 míng 149

則〇實同居 1/6/21
不貪勢〇 1/9/12
誘慕於（召）〔〇〕位 1/10/4
立顯〇 2/14/8
以買〇譽於天下 2/15/17
以求鑿（柄）〔枘〕於
世而錯擇〇利 2/15/18
以招號〇聲於世 2/15/24
能有〇譽者 2/16/20
〇曰一紀 3/21/10
歲〇曰攝提格 3/27/4
歲〇曰單閼 3/27/6
歲〇曰執除 3/27/7
歲〇曰大荒落 3/27/8
歲〇曰敦牂 3/27/9
歲〇曰協洽 3/27/10
歲〇曰涒灘 3/27/11
歲〇曰作鄂 3/27/13
歲〇曰閹茂 3/27/14
歲〇曰大淵獻 3/27/15
歲〇〔曰〕困敦 3/27/16
歲〇曰赤奮若 3/27/17
星部地〇 3/28/11
〇立而不墮 3/28/29
〇川六百 4/33/1
禹乃以息土填洪水以為
〇山 4/33/3
聘〇士 5/40/16
以共皇天上帝、〇山大
川、四方之神、宗廟

社稷 5/42/11
祀四海大川○澤 5/46/8
供山林○川之祀 5/47/3
彼直求○耳 6/50/5
○聲被後世 6/53/5
○聲茍盛也 6/53/22
○實不入 7/58/19
實不聚而○不立 8/63/3
則○生 8/63/8
有賢聖之○者 8/63/20
○可○ 8/63/24,12/110/8
非常○ 8/63/24,12/110/8
○聲傳于後世 8/64/14
○各自○ 9/67/7
天下多眩於○聲 9/72/27
上操其○以責其實 9/72/29
循○責實 9/77/14
○譽不起 9/82/8
物來而○ 10/82/17
非出死以要○也 10/85/2
非以求○而○從之 10/85/22
○不與利期而利歸之 10/85/22
○自命也 10/86/7
功○遂成 10/87/23
君子者、樂有餘而○不足 10/88/12
小人樂不足而○有餘 10/88/12
而齊桓、晉文獨○ 10/90/12
而莫能奪之○也 10/90/14
○過其實者蔽 10/91/22
情行合而○副之 10/91/23
○傳後世 11/96/7
地削○卑 11/97/8
務合於時則○立 11/102/22
而好○者非義不苟得 11/103/13
其○曰蹶 12/108/7
功成○遂 12/108/27
其比夫不○之地 12/116/11
照照何足以○之 12/117/4
吾將鎮之以無○之樸也 12/119/29
古者大川○谷 13/120/11
三王殊事而○施後世 13/120/24
祝則○君 13/125/26
（○）〔治〕也 13/126/24
齊（植）〔桓〕有爭國之○ 13/126/25
然而功○不滅者 13/127/14
然堯有不慈之○ 13/127/22
唯歐冶能○其種 13/128/13
聖人不（以）〔為〕○尸 14/132/18
〔然而〕有聖○者 14/134/17
而急求○者 14/135/7
故道術不可以進而求○ 14/135/16
故聖人不以行求○ 14/135/17
不有其○ 14/135/24
○與道不兩明 14/135/26
人（受）〔愛〕○則道不用 14/135/26
道勝人則○息矣 14/135/26
故世有聖○ 14/135/27
欲尸○者必為善 14/136/1
而立○於為（質）〔賢〕 14/136/2
公孫龍粲於辭而貿○ 14/136/13
（脩）〔循〕其理則（功）〔巧〕無○ 14/136/14
君子脩行而使善无○ 14/136/23
善有章則士爭○ 14/136/24
而息○於為仁也 14/136/25
則為○者不伐無罪 14/137/2
（唯）〔為〕能勝理而（為受）〔無愛〕○ 14/138/25
○興則道〔不〕行 14/138/26
無以○之 14/139/11
而以徵羽定○者 14/141/10
然而皆立一○者 14/141/11
故○不動志 14/142/5
○利充天下 14/142/5
大山○塞 15/148/3
○之曰奄遲 15/148/19
無○無狀 15/149/22
（○）〔各〕以其勝應之 15/150/21
進不求○ 15/153/22
是故○必成而後无餘害矣 15/153/28
○不可得而揚 16.1/154/6
今汝已有形○矣 16.1/154/6
此有一概而未得主○也 16.48/158/25
此同○而異實 16.109/164/9
○尊於實 17.63/172/28
湯放其主而有榮○ 17.81/174/3
〔○異實同也〕 17.125/177/7
○同實異也 17.125/177/8
○者、難立而易廢也 18/185/30
〔此〕其地确（石）（之）〔而〕○醜 18/186/20
地廣而○尊 18/187/1
有（陰）〔隱〕行者必有昭○ 18/189/12
然則求○於我也 18/190/23
非其○者勿就也 18/193/23
（無故有顯○者勿處也） 18/193/23
夫就人之○者廢 18/193/24
〔先遠辱而後求○〕 18/196/15
何功○之可致也 18/199/11
功立而○弗有 19/203/16
負天下以不義之○ 19/203/23
以多者○之 19/205/10
生有榮○ 19/207/2
○可務立 19/207/8
○施後世 19/207/11
此所謂○可（彊）〔務〕立者 19/207/12
故○立而不墮 19/207/27
後（出）〔世〕无○ 19/207/28
察於辭者不可燿以○ 19/208/4
○之孔、墨 19/209/2
夫事有易成者○小 19/209/27
而有高世尊顯之○ 20/217/11
身死而○足稱也 20/218/24
其○不滅 20/218/25
紂有南面之○ 20/219/16
則○譽必榮矣 20/221/1
提○責實 21/225/9
（○）〔各〕務其業 21/225/10
故刑○之書生焉 21/228/22
而不可厲以○ 21/228/24

明 míng 313

幽而能○ 1/1/5
日月以之○ 1/1/7
聰○不損 1/2/10
離朱之○ 1/3/9
掩其聰○ 1/6/29
勞形而不○ 1/7/1
則通於神○ 1/7/7

世之○事者 11/98/24
其不能乘雲升假亦○矣 11/99/15
上與神○為友 11/99/16
不得其清○玄聖 11/99/17
不能為治亦○矣 11/99/17
而○主不以求於下 11/101/24
○主弗任 11/102/5
祀文王于○堂 11/102/20
可以○ 12/105/6,12/105/12
○白四達 12/107/4
見小曰○ 12/108/21
知常曰○ 12/109/24
復歸其○也 12/109/25
何○於治身 12/109/27
而不○於治國 12/109/27
〔○日〕 12/110/21
是謂襲○ 12/113/9
此○於為人為己者也 12/113/24
此世之所○知也 12/114/23
○(又)〔夕〕復往取其枕 12/115/7
○(日)(又)〔夕〕復往取其簪 12/115/7
黜聰○ 12/115/15
此言○之有所不見也 12/116/19
神○也 12/117/1
若神○ 12/117/3
○日 12/117/23,18/196/13
以切為○ 12/118/27
是故聰○叡知 12/119/17
獨見之○ 13/122/17
若上亂三光之○ 13/125/3
○月之珠不能无纇 13/127/26
唯聖人能見微以知○ 13/128/14
知者之所獨○達也 13/130/17
聞不可○於百姓 13/130/19
而神○獨饗之 13/130/23
故以禨祥○之 13/131/2
何以○之 13/132/2,18/190/22 18/191/11,18/192/22 18/193/10,18/198/8 19/203/21,19/207/8
○堂太廟 13/132/3
星列於天而○ 14/132/20
故聖人掩○於不形 14/132/22
名與道不兩○ 14/135/26
而道術之可(脩)〔循〕○矣 14/137/18
天有○ 14/138/22
祀其鬼神於○堂之上 14/142/16
聰○雖用 14/142/17
履幽而戴○ 15/144/2
是謂神○ 15/144/3
○而復晦 15/144/6
故○王之用兵也 15/144/26
號令○ 15/145/4
○奇(政)〔正〕之變 15/145/5
○於星辰日月之運 15/145/11
○鼓旗 15/145/13
○於禁舍開塞之道 15/146/16
一晦一○ 15/147/11
○於死生 15/148/8
○於必勝之(攻)〔數〕也 15/148/9
亦自○矣 15/149/19
雖有○目 15/149/24
所○言者人事也 15/149/26
前冥而後○ 15/150/26
與玄○通 15/150/28
為其賞信而罰○也 15/151/4
知○而不可蔽也 15/151/27
○開塞之節 15/152/1
○於(音)〔奇〕(正)賌、陰陽、刑德、五行、望氣、候星 15/152/18
〔神〕○者、先勝者也 15/152/29
主○將良 15/153/2
若○之必晦也 15/153/9
設○衣也 15/153/20
清之為○ 16.5/154/19
○照晦冥 16.19/156/1
天下莫不藉○於其前矣 16.82/161/22
欲為邪者必(相)○正 16.97/163/3
○月之珠出於蚌蜃 16.110/164/11
燿蟬者務在○其火 16.113/164/18
○其火者、所以燿而致之也 16.113/164/18
以小(朋)〔○〕大 16.133/166/16
然待所不知而後○ 17.4/168/18
則○〔有〕所蔽矣 17.17/169/19
與神○通 17.18/169/21
○於死生者不可(却)〔劫〕以危 17.37/170/30
○月之光可以遠望 17.76/173/23
精於○也 17.91/174/26
日月欲○而浮雲蓋之 17.126/177/10
長而愈○ 17.156/179/14
以微知○ 17.164/180/4
○月之珠 17.195/182/8
見之○白 17.204/182/27
百星之○不如一月之光 17.221/183/31
十牖畢開不若一戶之○ 17.221/183/31
○年出遊匠驪氏 18/186/26
前聽先生言而失○ 18/189/22
○於分也 18/195/1
○年 18/196/14
或○禮義、推道(禮)〔體〕而不行 18/198/8
以致聰○ 19/202/23
如此其○也 19/202/29
為一人聰○而不足以徧燭海內 19/203/3
是謂重○ 19/205/11
決獄○白 19/205/13
○鏡之始下型 19/205/18
皆有神○之道 19/206/11
而○弗能見者何 19/206/12
雖有離朱之○ 19/206/17
自試神○ 19/206/23
○示後人 19/207/2
學有緝熙于光○ 19/207/5
19/209/28
以趣○師 19/207/8
是以○照四海 19/207/11
此見是非之分不○ 19/208/7
何道之能○也 19/208/12
誠得清○之士 19/209/4
照物○白 19/209/4
(櫶)〔攄〕書○指以示之 19/209/5
此之謂神○ 20/210/4
故神○之事 20/210/23
文彩○朗 20/210/24
〔與〕日月合○ 20/211/2
神○接 20/211/11,20/212/7

令雖○不能獨行 20/212/4
然後脩朝聘以○貴賤 20/212/18
（饗）〔鄉〕飲習射以
　○長幼 20/212/18
乃立○堂之朝 20/212/28
行○堂之令 20/212/28
清○條達者 20/214/4
齊○盛服 20/215/17
○好（惡）〔憎〕以示
　（之）〔人〕 20/217/9
○於天道 20/217/16
○足以照下者 20/217/17
何害於○ 20/218/20
不○於類也 20/220/14
昭然而○ 20/220/16
凡學者能○於天（下）
　〔人〕之分 20/221/4
○萬物之主 21/224/15
乃以○物類之感 21/224/24
（並○） 21/224/28
所以○大聖之德 21/225/4
所以使人黜耳目之聰○ 21/225/5
○攝權操柄 21/225/8
此主術之○也 21/225/10
揔同乎神○之德 21/225/13
所以○戰勝攻取之數 21/225/29
誠○其意 21/225/30
而以○事埒（事）者也 21/226/2
上○三光 21/226/15
澄澈神○之精 21/226/17
故言道而不○終始 21/226/24
言終始而不○天地四時 21/226/25
則无以推○事 21/226/30
而不知覺寤乎昭○之術
　矣 21/227/3

冥 míng 67

幽兮○兮 1/1/23
氣遂而大通（宜宜）
　〔○○〕者也 2/10/18
大通混○ 2/10/24,6/54/10
古之人有處混○之中 2/11/18
能游○○者與日月同光 2/12/3
處玄○而不闇 2/12/15
視於○○ 2/14/1
○○之中獨見曉焉 2/14/1
而道其○○也 2/16/14
其佐玄○ 3/20/6
北方曰大○ 4/33/25
氛霧○○ 5/46/15
顓頊、玄○之所司者 5/48/6
疾風晦○ 6/50/1
晝○宵明 6/50/24
深微窈○ 6/51/2
窈窈○○ 7/54/25
　9/68/15,15/151/29
忽然入○ 7/58/28
猶在于混○之中 8/62/8
在混○之中 10/84/22
人能貫○○入於昭昭 10/91/2
其轉入玄（宜）〔○〕 11/98/21
入於○○之眇、神（調）
　〔和〕之極 11/100/8
窈兮○兮 12/113/19
西窮〔乎〕（○）〔窅〕
　○之黨 12/116/12
○然忽然 12/117/7
昭昭而道○○ 12/119/25
建心乎窈○之野 15/149/23
前○而後明 15/150/26
大霧○晦 15/152/13
晦○多鼓 15/152/25
謂之幽○ 16.1/154/5
幽○者 16.1/154/5
明照晦○ 16.19/156/1
置之○室之中 17.80/174/1
人能由昭昭於○○ 18/197/7
晝○宵光 20/210/21
由○○至炤炤 20/218/7
今囚之○室之中 20/220/5
从○○見炤炤乎 20/220/7
從○○〔見炤炤〕 20/220/7
有《（○覽）〔覽○〕》
　21/223/25
測窈○之深 21/224/1
《覽○》者 21/224/22
昭昭之通○○也 21/224/22

溟 míng 2

四海○涬 8/63/15
則終身顛頓乎混○之中 21/227/3

鳴 míng 33

無聲而五音○焉 1/6/20
蟬始○ 3/22/2,5/41/27
雄鳩長○ 3/24/10
蒼庚○ 5/39/19
○鳩奮其羽 5/40/19
螻蟈○ 5/41/2
鵙始○ 5/41/18
寒蟬○ 5/43/1
鶡鴠不○ 5/46/3
擊○鼓 8/66/11
　9/78/23,13/124/10
（因）〔困〕之○條 9/70/6
蝦蟆○、燕降而達路除道 9/79/18
非乃○條之野 13/124/21
弗叩弗○ 14/138/17
琴瑟○竽弗能樂也 14/140/23
故鼓○旗麾 15/147/15
止○鼓 15/152/15
使鼓○者 16.132/166/14
〔乃〕不○〔者〕也
　16.132/166/14
任動者車○也 17.45/171/15
蟬無口而○ 17.177/180/31
乃整兵○條 19/202/24
雖○廉（隅）脩營 19/208/23
鼓琴者期於○廉脩營 19/208/25
○鶴在陰 20/210/11
螣蛇雄○於上風 20/211/17
雌○於下風而化成形 20/211/17
《鹿○》興於獸 20/214/11
雄雞夜○ 20/215/26
（琴）〔瑟〕不○ 20/222/12

瞑 míng 5

甘○于溷澖之域 2/15/6
其視（○○）〔瞋瞋〕 6/53/3
甘○〔于〕大宵之宅 7/57/23
夜行○目而前其手 10/91/2

螟 míng 3

枉法令則多蟲○ 3/19/13
蟲○為害 5/40/5
則蟲○為敗 5/46/16

君子有能精搖○監 19/206/22
曾撓○地 19/209/20
○而不玩 20/210/25

謨 mó 2

周爰諮○ 19/208/1
○慮不休 20/222/24

礳 mó 2

攻大○堅 1/5/22
砥礪○（監）〔堅〕 19/209/25

抹 mǒ 1

欄（○）〔枺〕欂（攎）〔櫨〕 8/65/2

末 mò 63

神託于秋毫之（未）〔○〕 1/1/13
○世之御 1/2/2
察箴○於百步之外 1/3/10
而不外飾其○ 1/4/22
○世有勢為萬乘而日憂悲者 1/7/16
是故貴虛者以毫○為宅也 1/9/26
夫秋毫之○ 2/13/23
而求之於○也 2/16/13
夫以○求返于本 2/16/24
夫目察秋毫之○〔者〕 2/17/15
○有十日 4/33/20
其人〔方〕面○僂 4/36/4
而爭於錐刀之○ 6/54/15
譬猶本與○也 7/55/5
終則反本（○）〔未〕生之時 7/59/23
今背其本而求〔之〕于○ 8/62/19
（未）〔○〕世之政 8/66/8
○世之政則不然 9/68/1
而事修其（未）〔○〕 9/68/2
而事之於（未）〔○〕 9/68/7
於此豪○ 9/69/1
故通於本者不亂於（未）〔○〕 9/75/25
○不得強於本 9/77/18
招其○ 9/78/2
（未）〔○〕世繩繩乎（准）〔唯〕恐失仁義 10/82/26
根淺則○短 10/92/25
○世之用也 11/93/22
皆徼於（未）〔○〕也 11/95/16
而欲民之去（未）〔○〕反本 11/104/10
○矣 12/105/25
不敢對以（未）〔○〕 12/109/29
○世之事 13/121/2
先本而後○ 14/141/21
由本至（未）〔○〕 15/144/16
振豪之○ 15/144/17
今夫天下皆知事治其（未）〔○〕 15/145/7
上窮至高之（未）〔○〕 15/149/23
故○不可以強於本 16.12/155/12
秋豪之○ 16.17/155/24
秋毫之（未）〔○〕 17.223/184/3
見本而知○ 18/185/23
見其本而知其○也 18/192/26
是兩（未）〔○〕之端（義）〔議〕 19/205/4
窮道本○ 19/207/1
及至其○ 20/213/20
養生之○也 20/216/6
此治之（未）〔○〕也 20/216/8
上世養本而下世事○ 20/216/8
由本流（未）〔○〕 20/217/20
未有能搖其本而靜其○ 20/219/5
所以為○者、法度也 20/221/6
其所以事死者、○也 20/221/6
本○、一體也 20/221/7
先本後○謂之君子 20/221/7
以○害本謂之小人 20/221/7
而殺者為○ 20/221/9
○大於本則折 20/221/9
天地之性（也天地之生）物也有本○ 20/221/10
而務治其○ 20/221/12
必原其本○ 20/222/4
又恐人之離本就○也 21/223/23
而貶○世之曲政也 21/225/5
然而能得本知○者 21/227/2

沒 mò 7

夢為魚而○於淵 2/11/5
是皆不得形神俱○也 2/11/15
吳、越之善○者能取之矣 12/105/21
鏡不（○）〔設〕於形 14/138/16
疾若滅○ 15/152/22
夫游○者 16.99/163/8
所以使人不妄○於勢利 21/225/23

沫 mò 2

人莫鑑於（流○）〔流潦〕 2/16/9
人莫鑑於（○雨）〔流潦〕 16.3/154/12

歿 mò 1

武王既○ 11/102/19

枺 mò 1

欄（抹）〔○〕欂（攎）〔櫨〕 8/65/2

秣 mò 1

而駟馬仰○ 16.4/154/15

莫 mò 240

○之知德 1/1/20
○之能怨 1/1/20
故○（敢）〔能〕與之爭 1/2/18
○見其為者 1/3/18,1/3/19
則○不枯槁 1/4/1
○能害之 1/5/4
○能與之爭 1/5/22
○柔弱於水 1/5/24
○尊於水 1/6/12
○見其形 2/10/26,20/210/8
攙搶（衡）〔衡〕杓之

氣○不彌靡 2/11/18
物○不生於有也 2/13/23
而○之要御夭遏者 2/13/25
而群生○不顒顒然 2/15/7
○之領理 2/15/8
○不竦身而載聽視 2/15/13
人○鑑於（流沫）〔流潦〕 2/16/9
○窺形於生鐵 2/16/10
○能夭遏 2/17/2
然○能與之同光者 2/17/28
不周風至四十五日廣○風至 3/20/27
廣○風至則閉關梁 3/20/30
○貴於青龍 3/29/14
○貴於人 3/29/18
○知其情 4/35/5
廣○〔風〕之所生也 4/37/27
○不質良 5/42/13
○不中度 5/43/24
鴻鵠鶬鶴○不憚驚伏竄 6/52/3
車○動而自舉 6/52/9
馬○使而自走也 6/52/9
諸北、儋耳之國○不獻其貢職 6/52/22
○知〔其〕所由生 6/53/3
○知其門 7/54/25,15/150/28
孔乎○知其所終極 7/54/26
滔乎○知其所止息 7/54/26
千枝萬葉○得不隨也 7/55/5
○得其倫 7/58/2
○知其所萌 7/60/3
故○能終其天年 7/60/20
○藏于心 8/61/12
而萬民○相侵欺暴虐 8/62/8
○不有血氣之感 8/62/10
德交歸焉而○之充忍也 8/63/4
○知其所由出 8/63/6
然天下○知貴其不言也 8/63/24
○知其他 8/64/2
○不仰德而生 8/64/7
天下○不從風 8/64/16
百節○苑 8/64/28
○死○生 8/64/28
○虛○盈 8/64/28
○出於己 9/67/7
○不聽從 9/67/22
○懷姦心 9/67/23
而○使之然 9/68/15
兵○憯於〔意〕志而○邪為下 9/69/24
寇○大於陰陽而枹鼓為小 9/69/24
○不盡其能 9/71/8
无愚智賢不肖○不盡其能者 9/71/22
夫人之所以○（抓）〔掀〕玉石而（抓）〔掀〕瓜瓠者 9/72/21
○敢專君 9/73/1
○敢為邪 9/73/3
而世主○之能察 9/73/10
○不賓服 9/73/19
〔○不可得而用也〕 9/74/18
○凶於（雞）〔奚〕毒 9/74/18
○不欲總海內之智 9/75/8
人○得自恣 9/75/20
以（其言）〔言其〕○從己出也 9/75/21
○不如志 9/76/13,9/77/19
物○能勝也 9/77/10
而海內○不被繩矣 9/78/1
民○困窮流亡也 9/79/3
○不響應也 9/80/3
○不畢宜也 9/80/5
○不先以為可而後行之 9/81/25
○貴於仁 9/81/27
○急於智 9/81/27
世○不舉賢 10/83/13
物○（無）所不用 10/83/23
千枝萬葉則○得弗從也 10/84/10
而○之德也 10/84/14
○之愛也 10/84/14
兵○憯於意志 10/85/19
○邪為下 10/85/19
寇○大於陰陽 10/85/19
猶未之○與 10/90/6
而○能至焉 10/90/13
而○能奪之名也 10/90/14
視而形之○明於目 10/92/6
聽而精之○聰於耳 10/92/6
重而閉之○固於口 10/92/6
含而藏之○深於心 10/92/7
物○避其所利而就其所害 11/95/13
而○知其所 11/99/21
而○與物為際者 11/100/9
則世○乘車 11/102/7
○弗與者 11/104/21
使天下丈夫女子○不歡然皆（欲）〔有〕愛利之心 12/107/21
天下丈夫女子○不延頸舉踵而願安利之者 12/107/24
天下○不知 12/111/6,19/204/4
而○之能行 12/111/6
故○能與之爭 12/111/13
天下○不聞 12/115/25
諸侯○不知 12/115/25
魚鱉龍蛇○（肯之）〔之肯〕歸也 12/118/22
○大於和 13/122/29
則○不比於律而和於人心 13/123/14
○不為郡縣 13/124/18,15/146/4
天下○能非也 13/125/24
號令行于天下而○之能非矣 13/126/3
○不有所短 13/127/10
言人○不有過 13/127/19
故劍工或劍之似○邪者 13/128/12
○不終忠於其君 13/128/27
天下○易於為善 13/129/13
而○難於為不善（也） 13/129/13
物○足以惑之 13/130/9
則禽獸草木○不被其澤矣 13/132/5
○能（及）〔反〕宗 14/132/12
人○不貴其所（有）〔脩〕 14/132/26
物○（不）足〔以〕滑其（調）〔和〕 14/133/2
福○大無禍 14/135/7
利○美不喪 14/135/7
而○足以治天下 14/137/17
而為論者○然不見所觀焉 14/138/6
○不繫統 14/140/21
五音○不有聲 14/141/10
○寧其所有 15/142/26
害○大焉 15/143/4
禍○深焉 15/143/4

皆有小過而〇之討也	15/143/6
〇不設渠壍	15/143/23
故〇能窺其門	15/144/4
〇能得其紀	15/144/7
天下〇之敢當	15/144/10
諸侯〇不慴悛沮膽其處	15/144/11
〇不有序	15/144/16
〇不順比	15/144/17
則天下〇不可用也	15/144/29
而〇知務脩其本	15/145/8
〇〔得〕不為用	15/145/18
〇不降下	15/146/10
〇知其所之	15/147/9
〇知其所集	15/147/9
〇能應圉	15/147/10
當者〇不廢滯崩阤	15/147/15
〇不振驚	15/148/9
勢〇敢格	15/148/21
〇不可勝也	15/148/22
〇不可應也	15/148/22
〇之應圉	15/149/8
神〇貴於天	15/149/15
勢〇便於地	15/149/15
動〇急於時	15/149/15
用〇利於人	15/149/15
〇能識也	15/150/27
〇見其所中	15/152/2
〇知其所窮	15/152/2
同〇足以相治也	15/152/6
〇知其端緒者也	15/152/15
人〇鑑於（沫雨）〔流潦〕	16.3/154/12
物〇不因其所有而用其所無	16.6/154/24
天下〇相憎於膠漆	16.14/155/18
而〇相愛於冰炭	16.14/155/18
不為〇服而不芳	16.18/155/26
不為〇乘而不浮	16.18/155/26
不為〇知而止休	16.18/155/26
則〇不利〔失〕也	16.36/157/20
則〇不利為也	16.36/157/20
天下〇不藉明於其前矣	16.82/161/22
〇之為也	16.94/162/24
故人〇惡於無常行	16.119/165/9
物〇措其所脩而用其所短也	16.146/167/20
惑〇大焉	17.1/168/10
故〇之能致	17.9/168/29
〇壽於殤子	17.11/169/4
〇知其動	17.21/169/28
人〇欲學御龍	17.22/169/30
〇欲學治鬼	17.22/169/30
親〇親於骨肉	17.38/171/1
〇不醜於色	17.47/171/19
人〇不奮于其所不足	17.47/171/19
〇之怨也	17.241/185/12
〇之疾也	17.241/185/12
（人）〇蹪於山	18/186/2
〇之能分	18/186/7
〇不先以其知規慮揣度	18/186/9
人〇之利也	18/186/21
諸侯〇之救	18/186/26
百姓〇之哀	18/186/26
而〇能知使患無生	18/196/1
而〇能加務焉	18/196/1
故萬物〇能傷也	18/196/11
〇肯為秦虜	18/197/15
亂〇大焉	18/198/22
則〇得無為	19/202/16
諸侯〇不聞	19/204/5
然而天下〇疏其子	19/204/25
然而〇能至焉者	19/207/3
〇嚳大心撫其御之手曰	19/207/13
〇能壅御	19/207/26
知世〇賞也	19/208/8
見世〇可為語者也	19/208/9
〇之服帶	19/208/23
〔〇之鼓也〕	19/208/24
而不期於墨陽、〇邪	19/208/24
過者〇不左右睥睨而掩鼻	19/209/14
（且）〔則〕夫觀者〇不為之損心酸足	19/209/23
〇見其益	19/209/24
〇見其損	19/209/25
〇見其所養而物長	20/210/4
〇見其所喪而物亡	20/210/4
〇見其象	20/210/8
〇善於誠	20/211/18
百脈九竅〇不順比	20/211/20
四海之內〇不仰上之德	20/211/24
而〇能聽者	20/216/23
而天下〇能亡也	20/216/28
而天下〇能危也	20/217/1
〇知其是非者也	20/218/15
〇不事申也	20/220/13
〇知務通也	20/220/14
人〇不知學之有益於己也	20/220/28
重〇若國	20/221/17
棟〇若德	20/221/17
聞者〇不殞涕	20/221/26
聞者〇不瞋目裂眥	20/221/27
故仁〇大於愛人	20/223/16
知〇大於知人	20/223/16

寞 mò 1

虛无寂〇	2/10/18

漠 mò 25

以〇處神	1/4/3
〇然無為而無不為也	1/4/23
湫漻寂〇	1/7/10
〇睧於勢利	1/10/3
時既者其神〇	2/11/15
萬物恬〇以愉靜	2/11/18
寂〇以虛無	2/12/24
寂〇之中獨有照焉	2/14/2
而覺於寂〇也	2/15/23
恬〇無事	2/16/27
靜〇恬澹	2/17/8
而欲靜〇虛无	2/17/15
〇然若無魂魄	6/54/10
芒芠〇閔	7/54/25
夫靜〇者	7/55/4
〇若未始出其宗	7/59/21
和順以寂（漠）〔〇〕	8/61/6
人主靜〇而不躁	9/71/2
是故非澹〇無以明德	9/74/13
〇然不見賢焉	10/85/24
而寂〇者	11/100/12
故中心常恬〇	14/142/13
在外〇志	15/147/8
〇然不動	19/202/12
靜〇（活）〔恬〕淡	20/211/19

墨 mò 43

若夫○、（揚）〔楊〕、申、商之於治道 2/13/4
儒○乃始列道而議 2/15/16
孔、○之弟子 2/16/23
美人挈首○面而不容 6/53/15
孔、○博通 9/70/2
孔丘、○翟脩先聖之術 9/77/22
則天下徧為儒○矣 9/77/23
吳起、張儀智不若孔、○ 9/81/1
夫儒、○不原人情之終始 11/97/17
而不拘於儒○ 11/98/13
魯般、○子以木為鳶而飛之 11/102/1
○○恢恢 12/107/3
○子為守攻 12/107/12
孔、○是已 12/107/23
孔丘、○翟 12/107/23
此賢於孔、○也遠矣 12/108/1
北息乎沉○之鄉 12/116/12
○者有田鳩者 12/118/17
今儒○者稱三代、文武而弗行〔也〕 13/122/23
而○子非之 13/123/20
○子之所立也 13/123/21
豐衣博帶而道儒○者 13/124/7
捴鄒、魯之儒○ 13/124/9
田單以即○有功 13/124/25
為○而朝吹竽 16.40/158/1
○子非樂 16.101/163/14
○子見練絲而泣之 17.229/184/16
代君為○而殘 18/199/2
而四君獨以為仁義儒○而亡者 18/199/2
非仁義儒○不行 18/199/3
○子無煖席 19/203/7
○子聞而悼之 19/203/21
○子曰 19/203/24, 19/203/26
○子設守宋之備 19/203/27
九攻而○子九卻之 19/203/27
夫○子（跌）〔趹〕蹏而趨千里 19/204/5
而不期於○陽、莫邪 19/208/24
名之孔、○ 19/209/2
不必孔、○之類 19/209/3
○子服役〔者〕百八十人 20/217/7
○子學儒者之業 21/228/4

默 mò 8

○然自得 1/2/14
天道玄○ 9/67/14
儼然玄○ 9/70/20
晏子○然不對 12/119/2
晏子○而不對者 12/119/4
哀公○然深念 18/198/3
孔子無（○突）〔黔突〕 19/203/6
淵○而不言 20/215/17

藐 mò 1

○兮浩浩 21/227/18

鏌 mò 5

折○邪而爭錐（力）〔刀〕 16.74/160/30
○邪不斷肉 16.80/161/15
所以貴○邪者 16.150/168/1
○邪斷割 17.28/170/11
為此棄干將、○邪而以手戰 19/205/3

纆 mò 2

臣有所與（供）〔共〕儋（纏）〔○〕采薪者九方堙 12/111/17
不若尋常之○（索） 17.128/177/15

牟 móu 9

毋或侵○ 5/45/22
中山公子○謂詹子曰 12/109/21
中山公子○曰 12/109/22
中○入齊 12/111/9
君誅中○之罪 12/111/10
中○聞其義 12/111/12
善博者不欲○ 14/139/17
杯水見（○）〔眸〕子 16.5/154/19
盧○六合 21/224/1

侔 móu 2

（者）〔智〕○、則有數者禽無數 15/146/24
故將必與卒同甘苦、（俟）〔○〕飢寒 15/151/11

眸 móu 2

杯水見（牟）〔○〕子 16.5/154/19
夫照鏡見○子 16.19/156/1

謀 móu 56

不○而當 1/4/9
則後者以○ 1/5/12
○刑 3/29/2
○德 3/29/2
民無險○ 5/49/5
邪人參耦比周而陰○ 6/53/13
不○所始 8/61/8
（○）〔舉〕无過事 9/67/5
則聖人（之為）〔為之〕○ 9/71/5
政亂則賢者不為○ 9/73/27
身疏即○當而見疑 11/101/4
無心可與○ 12/107/3
今子陰○逆德 12/112/6
周伯昌（行）仁義而善○ 12/114/11
文王乃遂其○ 12/114/18
將軍與軍吏○曰 12/115/8
為其○未及發泄也 12/115/20
三帥乃懼而○曰 12/115/23
何○之敢（當）〔慮〕〔乎〕 13/125/2
蘇秦知權○而不知禍福 13/126/11
大夫種知忠而不知○ 13/126/11
權事而為之○ 13/126/14
伍伯有暴亂之○ 13/127/23
不為○府 14/132/18
不豫○ 14/135/12

以有常術而無鈐○ 14/138/4
神勞於○ 14/139/2
○慮足以知強弱之（勢）〔權〕 15/145/21
智見者人為之○ 15/147/3
將無疑○ 15/147/22
計定○決 15/148/8
廉者易○也 15/149/18
所見非所○也 15/150/27
○遠而不可慕也 15/151/27
兵貴○之不測也 15/152/11
○見則窮 15/152/11
難與為○ 17.62/172/26
譏夫陰○ 17.172/180/21
必留其○ 17.204/182/27
而後敢以定○ 18/186/9
三國通○ 18/188/27
故○患而患解 18/191/2
○無益於國 18/191/3
而用咎犯之○ 18/191/15
城濮之戰、〔咎犯之○〕也 18/191/16
我○而泄 18/191/25
二君乃與張孟談陰○ 18/191/27
鄭之賈人弦高、蹇他相與○曰 18/192/29
三率相與○曰 18/193/2
張武為智伯○曰 18/193/17
三國陰○同計 18/193/19
仲孫氏、叔孫氏相與○曰 18/195/22
弗能為○ 18/196/6
為傾覆之○ 20/218/18
故太公之○生焉 21/227/23
用太公之○ 21/227/25

繆 móu 11

錯○相紛而不可靡散 1/6/4
故為○ 3/26/9
（列）〔則〕陰陽○戾 8/61/17
以相○紾 8/65/9
中行○伯手搏虎 10/84/8
闇行○改 14/140/12
（訟）〔說〕○（匈）〔胸〕中 20/211/19
見煩○而不惑 20/220/23

有《○稱》 21/223/26
《○稱》者 21/225/13
前後相○ 21/228/21

鍪 móu 1

古者有○而綣領以王天下者矣 13/120/3

某 mǒu 1

（其）〔○〕國之君 15/143/14

戊 mòu 22

其日○己 3/20/4
七十二日○子受制 3/23/17
○子受制則養〔長〕老 3/23/21
○子氣溼濁 3/23/25
○子干甲子 3/23/26
○子干丙子 3/23/27
庚子干○子 3/24/1
壬子干○子 3/24/1
甲子干○子 3/24/1
丙子干○子 3/24/2
○子干庚子 3/24/3
○子干壬子 3/24/4
○子 3/26/10
太陰在（○）〔戌〕 3/27/14
○魏 3/28/22
○己四季 3/28/26
〔○辰〕、○戌 3/29/9
○午、○子 3/29/10
午在○曰著雝 3/31/1
其日（戌）〔○〕己 5/42/6

母 mǔ 45

此皆生一父○而閱一和也 2/13/1
玆雖遇其○而无能復化已 2/13/19
子生○曰義 3/28/27
○生子曰保 3/28/27
子○相得曰專 3/28/27
○勝子曰制 3/28/28
子勝○曰困 3/28/28
子○相求 3/29/5
東南方曰波○之山 4/34/7
雲○來水 4/34/26
夜生者似○ 4/35/19
西王○在流沙之瀕 4/37/10
至于開○之北 4/37/16
譬若羿請不死之藥於西王○ 6/54/20
以地為○ 7/55/1
孝於父○ 9/82/6
雖親父慈○ 10/84/14
而慈○之愛論焉者 10/84/26
其○也 10/87/6
親○為其子治扢禿 11/101/4
使在於繼○ 11/101/5
有命之父○不知孝（于）〔子〕 12/119/9
魯昭公有慈○而愛之 13/121/1
故有慈○之服 13/121/1
老○行歌而動申喜 16.4/154/14
不孝弟者或詈父○ 16.54/159/12
乃其○也 16.76/161/4
東家○死 16.77/161/7
歸謂其○曰 16.77/161/7
夫欲其○之死者 16.77/161/8
孔氏不喪出○ 16.100/163/12
不過勝○之閭 16.101/163/14
嫫○有所美 16.115/164/25
而罵其東家○ 16.141/167/7
（邢）〔郢〕人有鬻其○ 16.145/167/17
此○老矣 16.145/167/17
鄰之○死 17.115/176/14
慈○吟於（巷）〔燕〕 17.190/181/26
鷇○隨之而噉 18/188/13
其○隨而噉 18/188/14
嫫○、仳倠也 19/204/23
惡不若嫫○ 19/204/24
少無父○ 19/206/7
唯其○能知之 19/209/1
通（迵）〔迥〕造化之○也 21/224/8

牡 mǔ 10

丘陵為○ 4/34/18
至陽生○ 4/35/20
○土之氣御于赤天 4/38/20

犧牲用○ 5/39/9
（○）〔牝〕而黃 12/111/20
○而驪 12/111/20
毛物、（○）〔牝〕○
〔尚〕弗能知 12/111/21
左○而右牝 15/150/11
曰可以黏○ 17.107/175/28

畝 mǔ 10

不足以治三○之宅也 1/3/11
步不出頃○之區 6/51/24
聚埒○ 8/61/18
不（隨）〔脩〕南○ 9/73/8
而耕不過十○ 9/78/26
不過○四石 9/78/26
農不易其○ 11/97/24
葬成○ 11/98/3
男子不得脩農○ 18/197/17
故九州不可頃○也 20/211/1

畮 mǔ 3

置餘糧於○首 8/63/10
耒耜餘糧宿諸（晦）
〔○〕首 10/87/27
匹夫百○一守 14/139/27

木 mù 213

潤于草○ 1/1/15
○樹根於土 1/3/15
兩○相摩而然 1/3/16
草○榮華 1/3/17
草○注根 1/3/18
○處榛巢 1/3/19
○強則折 1/5/6
喬○之下 1/7/25
足蹪趎埳、頭抵植○而
不自知也 1/9/23
夫疾風教○ 2/13/26
草○無所植 2/14/3
百圍之○ 2/14/13
然而失○性 2/14/15
夫梣○（色）〔已〕青翳 2/14/27
今夫樹○者 2/17/20
草○不夭〔死〕 2/17/26
○也 3/20/1,3/28/26
八月會而草○死 3/22/9
草○畢死 3/22/26
冬生草○必死 3/22/29
○用事 3/23/17
毋伐○ 3/23/20
〔則〕草○再死再生 3/24/3
〔則〕草○復榮 3/24/3
以長百穀禽（鳥）〔獸〕
草○ 3/24/9
遠○則○葉槁 3/24/12
而徙於○ 3/27/19
水辰之○ 3/27/21
○辰之水 3/27/21
○生於亥 3/27/24
三辰皆○也 3/27/24
水生○ 3/28/27
○生火 3/28/27
上有○禾〔焉〕 4/33/5
扶○在陽州 4/33/19
建○在都廣 4/33/19
若○在建○西 4/33/20
○氣多傴 4/34/21
食○者多力而奰 4/35/1
○勝土 4/36/14
金勝○ 4/36/14
○壯水老火生金囚土死 4/36/17
火壯○老土生水囚金死 4/36/17
土壯火老金生○囚水死 4/36/17
金壯土老水生火囚○死 4/36/17
水壯金老○生土囚火死 4/36/18
是故鍊土生○ 4/36/21
鍊○生火 4/36/21
以金治○ 4/36/23
○復反土 4/36/23
后稷壟在建○西 4/37/13
喬如生幹○ 4/38/9
幹○生庶○ 4/38/9
凡（根拔）○者生於庶○ 4/38/9
盛德在○ 5/39/3
禁伐○ 5/39/10
草○早落 5/39/13
草○皆肅 5/40/24
則草○早枯 5/41/12
○堇榮 5/41/28
則草○零落 5/42/2
樹○方盛 5/42/15
草○生榮 5/44/8
草○早死 5/44/9
草○黃落 5/44/24
則伐樹○ 5/46/13
東至日出之次、（扶）
（槫）〔榑〕○之地 5/47/13
青（土）〔丘〕樹○之野 5/47/14
十二月草○不脫 5/48/17
四月草○不實 5/48/18
若夫以火能焦○也 6/51/5
猨狖顛蹶而失○枝 6/51/27
草○不搖 6/52/1
形若槁○ 7/57/15
夫○之死也 7/58/7
夫使○生者豈○也 7/58/8
構○為臺 8/61/14
草○之句萌、銜華、戴
實而死者 8/61/19
殺草○ 8/63/11
赴樹○ 8/63/15
水火金○土也 8/64/23
○巧之飾 8/65/2
此遁於○也 8/65/3
燒燎大○ 8/65/12
燎○以為炭 8/65/14
○工不斲 8/65/18
○擊折（轊）〔軸〕 9/69/22
不怨○石而罪巧拙者 9/69/23
園中之無脩○ 9/70/9
猨得○而捷 9/70/15
○直於下 9/72/17,17.226/184/10
○茂而鳥集 9/73/21
16.113/164/19
猶巧工之制○也 9/74/16
以刀（抵）〔伐〕○也 9/74/28
猨狖失○ 9/76/22
○強而斧伐之 9/77/10
是故十圍之○ 9/77/20
以樹竹○ 9/79/10
草○未落 9/79/13
是故草○之發若（烝）
〔蒸〕氣 9/79/15
伐薪○ 9/79/20
舜立誹謗之○ 9/80/10
交拱之○無把之枝 10/92/24
峻○尋枝 11/94/23
○不可以為釜 11/94/27

言不致魚於（水）〔○〕 11/95/4
山處者（○）〔采〕 11/95/7
夫猨狖得茂○ 11/95/13
然一○之樸也 11/99/26
非良工不能以制○ 11/100/4
魯般、墨子以○為鳶而飛之 11/102/1
不若窾○便者 11/102/28
今夫舉大○者 12/106/3
譬之若林○無材 12/106/9
伯樂喟然（○）〔大〕息曰 12/111/22
於是乃去其瞀而載之（○）〔朮〕 12/119/25
聖人乃作為之築土構○ 13/120/7
○鉤而樵 13/120/10
乃為窬○方板 13/120/12
段干○、晉國之大駔也 13/127/12
○生畢方 13/130/16
澤及百里而潤草○者 13/131/8
則禽獸草○莫不被其澤矣 13/132/5
百姓伐○芟草 14/138/22
故○之大者害其條 14/139/22
無伐樹○ 15/143/13
潤乎草○ 15/144/16,20/221/24
斬之若草○ 15/148/20
兵如植○ 15/148/21
至於飛屋折○ 15/150/5
若水火金○之代為雌雄也 15/152/8
故玉在山而草○潤 16.4/154/16
山高者○脩 16.31/157/7
林○為之不斬 16.39/157/27
而林○為之殘 16.50/159/1
臣殘○ 16.51/159/4
見窾○浮而知為舟 16.78/161/10
欲致鳥者先樹○ 16.113/164/19
非負而緣○ 16.118/165/6
求大三圍之○ 16.122/165/16
斲○愈齵 16.124/165/22
至伐大○ 16.126/165/29
擊鍾磬者必以濡○ 16.130/166/7
故（桑）〔○〕葉（洛）〔落〕而長年悲也 16.136/166/23
金勝○者 17.42/171/9
（○）〔采〕者走山 17.88/174/18
虎豹不可使緣○ 17.93/174/30
蠹眾則○折 17.103/175/19
蔭不祥之○ 17.124/177/5
頭蝨與空○之瑟 17.125/177/7
夏○可結 17.166/180/8
○方茂盛 17.167/180/10
（任）〔狂〕馬不觸○ 17.179/181/3
林○茂而斧斤（大）〔入〕 17.183/181/12
背其（○）〔本〕者枯 17.192/182/1
捨茂○而集於枯 17.202/182/23
譬若懸千鈞之重於○之一枝 17.205/182/29
○生蠹 17.224/184/5
巧（治）〔冶〕不能鑄○ 17.225/184/7
○大者根（欋）〔擢〕 17.240/185/10
夫再實之○根必傷 18/187/5
○尚生 18/190/9
夫○枯則益勁 18/190/10
城（下）〔中〕緣○而處 18/191/20
以冬伐○而積之 18/192/17
譬猶緣高○而望四方也 18/193/24
去高○而巢扶枝 18/197/21
段干○辭相而顯 18/199/10
采樹○之實 19/202/16
隨山栞○ 19/202/22
段干○辭祿而處家 19/203/28
段干○在 19/203/29
段干○、布衣之士 19/203/29
段干○不趨勢利 19/204/1
段干○光于德 19/204/2
段干○富于義 19/204/2
〔段〕干○雖以己易寡人 19/204/3
段干○、賢者 19/204/4
段干○闔門不出 19/204/6
○直中繩 19/206/19
○熙者 19/209/21
而○熙者非眇勁 19/209/24
是故生○之長 19/209/24
而○已動矣 20/210/8
草○為之靡 20/210/9
草○未動而鳥已翔矣 20/210/10
非養草○也 20/211/10
大○茂枝 20/211/11
山居○棲 20/211/13
巧冶不能鑠○ 20/212/11
而○之性不可鑠也 20/212/12
窬○而為舟 20/212/12
乃澄列金（○水）〔水○〕火土之性 20/213/2
茂○（豊）〔豐〕草 20/213/23
水火金○土穀 20/214/8
若風之搖草○ 20/217/22
田子方、段干○輕爵祿而重其身 20/218/16
非愛○也 20/219/9
禽獸草○ 20/221/5
草○ 20/221/8
○之有根 20/221/17
根深即（本）〔○〕固 20/221/17
作為《山（水）〔○〕》之嘔 20/221/25

目 mù 115

夫任耳○以聽視者 1/6/30
耳○聰明 1/7/9
無○而欲喜文章也 1/8/11
○觀《掉羽》、《武象》之樂 1/8/26
耳○〔非〕去之也 1/9/24
遺耳○ 2/12/6,7/57/14
是故○觀玉輅琬象之狀 2/12/8
耳○不燿 2/12/22
夫○視鴻鵠之飛 2/13/2
不知耳○之（宣）〔宜〕 2/14/20
此皆治○之藥也 2/14/28
外勞耳○ 2/15/23
耳○之於聲色也 2/16/6
弊其玄光而求知之于耳○ 2/16/13
雖○數千羊之群 2/17/4
耳○應感動 2/17/13
夫○察秋毫之末〔者〕 2/17/15
○不見太山之（高）〔形〕 2/17/16
故河魚不得明○ 2/18/7

西北方曰一○ 4/34/3
竅通於○ 4/35/26
有跂踵民、句嬰民、深○民、無腸民、柔利民、一○民、無繼民 4/37/2
溜出○飴 4/37/20
瞋○而撝之 6/50/2
故耳○之察 6/51/9
是故肺主○ 7/55/10
是故耳○者、日月也 7/55/14
人之耳○曷能久熏〔勤〕勞而不息乎 7/55/18
則耳○清、聽視達矣 7/55/21
耳○清、聽視達 7/55/21
耳○淫於聲色之樂 7/56/1
使耳○精明玄達而無誘慕 7/56/3
是故五色亂○ 7/56/6
使○不明 7/56/6
以其窮耳○之欲 7/58/12
清○而不以視 7/59/21
故○雖欲之 7/60/6
則○不營於色 8/62/15
則○明而不以視 8/64/25
精泄於○則其視明 8/64/26
夫○（安）〔妄〕視則淫 9/67/9
瞋○扼（掔）〔掔〕 9/68/17
待○而照見 9/68/19
心有○則眩 9/69/23
（顛越）〔瞋○〕不能見丘山 9/70/14
○不能見 9/71/10
以奉耳○之欲 9/74/7
天下之所同側○而視 9/74/12
卑下衆人之耳○ 9/74/27
以天下之○視 9/75/1
耳○達而不闇 9/75/3
掩○而視青黃也 9/75/14
是故明主之耳○不勞 9/76/9
耳○淫則竭 9/77/13
非能○見而足行之也 9/79/21
人之視白黑以○ 9/81/22
○之精者 10/84/22
引其（網）〔綱〕而萬○開矣 10/88/5
夜行瞑○而前其手 10/91/2
視而形之莫明於○ 10/92/6
○見其形 10/92/7
決之於○ 11/96/9
為是釋術數而任耳○ 11/96/9
夫耳○之可以斷也 11/96/9
而○淫於采色 11/96/10
人○所見不過十里 11/96/18
涕之出於○ 11/96/20
於是乃有翡翠犀象、黼黻文章以亂其○ 11/104/1
深○而玄鬢 12/116/5
於是佽非（瞋○教然）〔教然瞋○〕攘臂拔劍 12/118/4
○無以接物也 13/123/16
〔中厥○而擒之〕 13/125/18
故○中有疵 13/126/27
夫鴟○大而（睡）〔眎〕不若鼠 13/131/30
○好色 14/137/22
耳○鼻口不知所取去 14/137/26
此皆不快於耳○ 14/141/20
然縱耳○之欲 15/146/5
疾霆不暇揜○ 15/147/12
雖有明○ 15/149/24
所以營其○者 15/152/20
六畜生多耳○者不詳 16.45/158/15
規孟賁之○ 16.91/162/17
羅之一○也 16.103/163/19
今為一○之羅 16.103/163/19
見窾而（不）〔子〕四○ 16.128/166/1
小馬〔之〕（大○）〔○大〕 16.129/166/3
大馬之○眇 16.129/166/3
○見百步之外 17.8/168/27
逐獸者○不見太山 17.17/169/19
上騈生耳○ 17.50/171/25
而皆說於○ 17.67/173/3
鱉無耳而○不可以（瞥）〔弊〕 17.91/174/25
瞽無○而耳不可以（察）〔塞〕 17.91/174/26
無形於○也 17.92/174/28
夜行者掩○而前其手 17.133/177/26
鬼神之貌不著於○ 17.165/180/6
一○之羅 17.176/180/29
悅於○ 18/188/1
使狐瞋○植睹 18/202/6
○未嘗見禮節 19/206/7
○不能別晝夜、分白黑 19/206/16
若白黑之於○辨 19/208/27
籠蒙○（視） 19/209/15
○流眺 19/209/16
（令自）〔今○〕悅五色 20/219/9
以○之无見 20/220/6
盲者、○形存而无能見也 20/220/11
教之以金○則（射）快 20/220/23
聞者莫不瞋○裂眥 20/221/27
所以使人黜耳○之聰明 21/225/5

沐 mù 8

一○而三捉髮 13/124/1
洗之以湯○ 13/128/4
譬猶○浴而抒溷 16.72/160/25
不求○浴 16.99/163/8
今○者墮髮 16.147/167/23
湯○具而蟣蝨相弔 17.106/175/26
湯○之於河 17.175/180/27
禹○（浴）霪雨 19/202/21

牧 mù 16

則外能（收）〔○〕之 1/7/8
亥為（○）〔收〕 3/27/3
〔命〕舟○覆舟 5/40/12
游牝于○ 5/40/21
飾群○ 5/48/2
而力○、太山稽輔之 6/52/16
夫（收）〔○〕民者 7/60/14
夷羊在○ 8/61/23
武王甲卒三千破紂○野 8/63/19
擒之於○野 9/73/20
○豎能追之 9/74/21
昴中則（○）〔收〕斂畜積 9/79/19
谷處者○ 11/95/7
破之○野 12/117/18
而誓紂○之野 20/219/18
誓師○野 21/227/26

睦 mù 7

君臣輯○ 8/66/6
以（○）〔和〕 11/95/20
治（○）〔和〕者不以（○）〔和〕 11/95/20
百姓肅○ 13/126/17
故君臣以○ 20/221/23
〔為其〕傷和○之心 20/223/4

墓 mù 9

掘墳○ 6/53/21
封其○ 8/66/21
封比干之○ 9/80/17,20/219/18
則必有穿窬拊（揵）〔楗〕、（抽箕）〔抇○〕踰備之姦 11/94/2
乃封比干之○ 12/117/18
發○者誅 13/129/17
毋（扣）〔抇〕墳○ 15/143/13
鞭荊平（王）之○ 20/219/22

幕 mù 3

（惟）〔帷〕○之外 9/71/10
帷○茵席 11/104/6
針成○ 16.57/159/20

暮 mù 10

戰酣日○ 6/50/3
○宿風穴 6/52/3
故朝死而○葬 11/99/3
○行逐利 11/104/3
○宿於郭門之外 12/109/1
亦不病○ 16.106/163/31
而知歲之將○ 16.133/166/17
○薄而求之 17.1/168/10
蜉蝣朝生而○死 17.178/181/1
若夏暴而待○ 17.212/183/13

慕 mù 24

去其誘○ 1/6/29
怵然若有所誘○ 1/8/2
雖不肖者知○之 1/8/7
○之者多而行之者寡 1/8/7
誘○於（召）〔名〕位 1/10/4
以言○遠世也 2/18/14
使耳目精明玄達而無誘○ 7/56/3
思○之心未能絕也 8/66/15
○義從風而為之服役者不過數十人 9/77/22
則民○其意 10/83/19
不○乎行 10/90/9
此所○而〔無〕不（能）致也 11/101/9
待西施、（毛嬙）〔絡○〕而為配 11/102/7
脩政於境內而遠方○其德 15/144/12
德足○ 15/151/21
謀遠而不可○也 15/151/27
羊肉不○螘 17.73/173/16
螘○於羊肉 17.73/173/16
醯（酸）不○蚋 17.73/173/16
蚋○於醯 17.73/173/16
以類相○ 17.82/174/6
仁者、百姓之所○也 18/198/17
為人之所○ 18/198/17
非以貪祿○位 19/203/7

穆 mù 27

○忞隱閔 1/6/18
物○無窮 1/7/13
忞○休于太祖之下 6/53/7
胡王好音而秦○公以女樂誘之 9/77/8
齊桓、秦○受而聽之 10/89/5
秦○公（請）〔謂〕伯樂曰 12/111/15
○公見之 12/111/18
○公曰 12/111/19,13/129/3
○公不說 12/111/20
秦○公興師 12/115/19
○公不聽 12/115/22
昔吾先君與○公交 12/115/25
○公聞之 12/115/27
秦○公興兵襲鄭 13/125/15
秦○公出遊而車敗 13/129/1
○公追而及之岐山之陽 13/129/2
晉師圍○公之車 13/129/4
梁由靡扣○公之驂 13/129/4
皆出死為○公戰於車下 13/129/5
中行○伯攻鼓 18/192/22
○伯弗應 18/192/23
○伯曰 18/192/24
秦○公使孟盟舉兵襲鄭 18/192/29
左昭而右○ 18/201/4
秦○公為野人食駿馬肉之傷也 20/211/27
輯○萬民 20/218/17

挐 ná 1

樂民、○閭在崑崙弱水之洲 4/37/10

納 nà 5

四夷○職 1/3/3
○肅慎 1/4/21
吐故○新 11/99/14
則天下○其貢職者迴也 13/125/9
聘○而取婦 20/223/2

乃 nǎi 240

亂○逾滋 1/3/2
○壞城平池 1/3/3
亂○逾甚 1/3/5,9/68/4
病○成積 1/7/5
禍○相隨 1/7/6
○所以善吾死也 2/10/29
其知〔之〕也○不知 2/14/2
而知○始昧昧（晽晽）〔楙楙〕 2/15/10
（○）〔及〕至神農、黃帝 2/15/11
儒墨○始列道而議 2/15/16
於是萬民○始慲觟離跂 2/15/18
○始招蟯振繾物之豪芒 2/15/23
冬○不藏 3/24/4
豐隆○出 3/24/7
○收其殺 3/24/7
青女○出 3/24/8
○〔布〕收其藏而閉其寒 3/24/8
歲○有殃 3/28/15
四維○通 3/29/17

萬物○成	3/29/18
禹○使太章步自東極	4/33/1
禹○以息土填洪水以為名山	4/33/3
登之○靈	4/33/17
○維上天	4/33/17
登之○神	4/33/17
○有八殥	4/33/22
○有八極	4/34/6
國○有恐	5/39/13
麥○不熟	5/40/4
○言具于天子	5/40/13
○為麥祈實	5/40/13
○禁野虞	5/40/19
○合犦牛騰馬	5/40/21
○〔行〕賞賜	5/41/7
後○大水	5/41/12
其國○飢	5/42/2
鷹○學習	5/42/8
○命漁人	5/42/10
民○遷徙	5/42/18
○多女災	5/42/19
鷹○祭鳥	5/43/1
○賞軍率武人於朝	5/43/5
戎兵○來	5/43/12
則其國○旱	5/43/12
	5/44/8,5/46/15
○命宰祝	5/43/23
天子○儺	5/43/24
○命有司	5/44/2
雷○始收	5/44/3
百事○遂	5/44/5
豺○祭獸	5/44/15
○命冢宰	5/44/18
○命有司曰	5/44/20
○教於田獵	5/44/22
天子○厲服廣飾	5/44/23
○伐薪為炭	5/44/24
○趨獄刑	5/45/1
天子○以犬嘗麻	5/45/2
○賞死事	5/45/16
○命水虞漁師	5/45/22
○命大酋	5/46/7
天子○命有司	5/46/8
雷○發聲	5/46/15
○命四監	5/46/25
天子○與公卿大夫飭國典	5/47/1
○命太史	5/47/2
○命同姓女國	5/47/3
生氣○理	5/49/9
天墜○明	5/49/12
仇敵○克	5/49/16
百誅○服	5/49/16
萬物○藏	5/49/20
若○未始出其宗者	6/50/4
其得之○失之	6/51/15
其失之非○得之也	6/51/15
若○至於玄雲（之）素朝	6/51/24
○背道德之本	6/54/15
於是○別為陰陽	7/54/26
萬物○形	7/54/27
五藏○形	7/55/10
或者生○徭役也	7/56/16
而死○休息也	7/56/16
禹○熙笑而稱曰	7/58/17
龍○弭耳掉尾而逃	7/58/18
○知天下之輕也	7/58/22
○知（天下）〔萬物〕之細也	7/58/22
○知死生之齊也	7/58/22
○知變化之同也	7/58/23
○足羞也	7/59/8
○（性）〔始〕仍仍然	7/59/11
○為大通	7/59/21
沸○不止	7/61/2
○至夏屋宮（駕）〔架〕	8/61/19
氣○上蒸	8/62/1
堯○使羿誅鑿齒於疇華之（野）〔澤〕	8/63/12
舜○使禹疏三江五湖	8/63/16
於是湯○以革車三百乘伐桀于南巢	8/63/19
○為之文	8/66/4
○（使）始為之撞大鍾	8/66/11
○舉兵而伐之	8/66/21
○是離之	9/67/11
○是賊之	9/67/11
於是○始陳其禮	9/71/8
於是堯○身服節儉之行	9/74/3
而○責之以閨閤之禮	9/74/26
而○任之以天下之權	9/74/27
其計○可用〔也〕	9/75/11
○始縣鍾鼓	9/78/16
而○始撞大鍾	9/78/23
○反為病	10/93/6
於是○有曾參、孝己之美	11/94/1
所以為樂者○所以為哀	11/94/24
所以為安者○所以為危也	11/94/24
○至天地之所覆載	11/94/24
物○可正	11/96/8
於是○有翡翠犀象、黼黻文章以亂其目	11/104/1
然則不知○知邪	12/105/15
知○不知邪	12/105/15
○發太府之貨以予眾	12/106/17
其德○真也	12/109/30
於是王壽○焚〔其〕書而舞之	12/110/18
○請降	12/111/12
是○其所以千萬臣而无數者也	12/111/22
○有貴乎馬者〔也〕	12/111/24
屈商○拘文王於羑里	12/114/13
於是散宜生○以千金求天下之珍怪	12/114/14
○免其身	12/114/15
○為玉門	12/114/16
○為炮（烙）〔格〕	12/114/17
文王○遂其謀	12/114/18
三師○懼而謀曰	12/115/23
○語窮觀	12/116/15
○止駕	12/116/16
○封比干之墓	12/117/18
魏王○止其行而蹠其身	12/118/11
於是○去其督而載之（木）〔朮〕	12/119/25
聖人○作為之築土構木	13/120/7
○為窬木方板	13/120/12
（○）為（靻）〔靻〕蹻而超千里	13/120/13
若○人考其（身）才	13/121/26
○得道之本	13/123/1
○能成和	13/123/1
三年而桀○亡	13/124/20
朞年而紂○亡	13/124/20
非○鳴條之野	13/124/21
○眷西顧	13/124/26
○矯鄭伯之命	13/125/16
	18/193/2
恭王○覺	13/125/19

而〇始服屬輿之貌、恭儉之禮 13/126/16
而〇始立氣矜 13/126/17
〇始信於異眾也 13/128/3
〇烹之 13/129/1
〇矯箭為矢 13/129/7
〇借鬼神之威以聲其教 13/131/3
破〇逾疾 13/131/28
〇謝耆老而（徒）〔徙〕岐周 14/134/12
〇反愁人 14/139/2
〔〇〕反生鬭 14/141/5
〇討強暴 15/142/26
〇（令）〔命〕軍師曰 15/143/12
〇發號施令〔曰〕 15/143/14
〇以決勝 15/145/7
〇可以應敵合戰 15/147/21
若〇人盡其才、悉用其力、以少勝眾者 15/149/14
〇行之以機 15/149/27
〇令祝史太卜齊宿三日 15/153/14
〇爪鬋 15/153/20
〇縞素辟舍 15/153/26
〇內視而自反也 16.1/154/6
破〇愈疾 16.31/157/8
謗〇愈起 16.67/160/14
〇其母也 16.76/161/4
〇知其（大）相去之遠 16.127/165/31
〇不見者也 16.132/166/14
〔〇〕不鳴〔者〕也 16.132/166/14
〇反自害 17.38/171/1
爭心〇生 17.95/175/3
見象牙〇知其大於牛 17.122/177/1
舟覆〇見善游 17.215/183/19
馬奔〇見良御 17.215/183/19
〇愈益多 17.233/184/25
〇反以利之 18/187/9
而〇反傷我 18/187/14
於是智伯〇從韓、魏圍襄子於晉陽 18/188/26
后稷〇教之辟地墾草 18/189/14
〇止不城薛 18/190/18
〇不若「海大魚」 18/190/21
〇見韓、〔魏〕之君 18/191/23
二君〇與張孟談陰謀 18/191/27
張孟談〇報襄子 18/191/27
襄子〔罷圍〕〇賞有功者 18/192/2
於是〇升城而鼓之 18/192/12
〇還師而反 18/193/3
鄭伯〇以存國之功賞弦高 18/193/3
〇罷陳之戍 18/193/16
〇率韓、魏而伐趙 18/193/19
或毀人而〇反以成之 18/194/5
而〇反以得活 18/194/28
今（反〇）〔〇反〕以人之所〔以〕為遲者、（反）為疾 18/195/1
禍〇不滋 18/195/5
齊〇無呂 18/195/27
〇使尉屠睢發卒五十萬 18/197/13
〇發適戍以備之 18/197/16
〇以問其傅宰折睢曰 18/197/25
〇使馬圉往說之 18/198/11
〇舉兵而伐徐 18/198/22
公〇令罷役除版而去之 18/201/5
而〇辱我以腐鼠 18/201/16
〔其夜〇攻虞氏〕 18/201/17
而〇論之 18/201/21
此〇所以反也 18/201/22
〇得道之像 19/202/12
於是神農〇（如）〔始〕教民播種五穀 19/202/17
〇整兵鳴條 19/202/24
於是〇偃兵 19/203/28
無〇妨於義乎 19/204/5
於是秦〇偃兵 19/204/5
於是〇贏糧跣走 19/207/16
秦王〇發車千乘 19/207/20
彼〇始徐行微笑 19/209/23
〇立明堂之朝 20/212/28
〇澄列金（木水）〔水木〕火土之性 20/213/2
〇裂地而州之 20/213/5
〇求所屬天下之統 20/213/8
堯〇妻以二女 20/213/8
〇屬以九子 20/213/9
〇隨之以刑 20/216/19
〇折（抱）〔枹〕毀鼓 20/219/19
〇相率（而為致勇）〔為勇而致〕之寇 20/219/23
〇无聲者也 20/222/13
〇不動者也 20/222/14
〇始攬物（物）引類 21/224/23
〇以穿通窘滯 21/224/24
〇以明物類之感 21/224/24
〇原心術 21/226/16
〇以陶冶萬物 21/226/18

奈 nài 22

〇之何哉 2/17/15
以〇何為寶 9/77/14
子予〇何兮乘我何 10/88/14
其數〇何 12/105/5,12/105/11
為之〇何 12/109/21
12/119/23,18/188/24
18/191/21,18/191/25
治國〇何 12/109/27
〔子〕將〇何 12/112/2
不憂命之所無〇何 14/133/2
無〇之何也 15/149/11
〇何 18/189/22
為〇何 18/191/12
為〔之〕〇何 18/200/18
〇何吾因子也 18/200/21
夫物无不可〇何 18/201/7
有人无〇何 18/201/8
不憂命之所无〇何 20/219/8
〇天下何 20/219/11

柰 nài 1

唯無形者無可（佘）〔〇〕也 15/149/20

螚 nài 1

兔齧為〇 17.163/180/1

男 nán 11

是故山氣多〇 4/34/20
別〇女 6/52/17
〇女群居雜處而無別 8/62/10
〇女不得事耕織之業以供上之求 9/78/21

〇子樹蘭 10/86/12
婦人不辟〇子於路者 11/97/3
〇女切踦 11/97/4
〇子不得脩農畝 18/197/17
夫婦〇女不違啓處 19/207/20
故〇女有別 20/212/16
淫則亂〇女之辯 20/221/25

南 nán 130

九疑之〇 1/3/24
使地東〇傾 1/4/13
〇面王 2/18/10
地不滿東〇 3/18/26
西〇方曰朱天 3/19/24
〇方曰炎天 3/19/25
東〇方曰陽天 3/19/25
〇方 3/20/2
〇方為司馬 3/21/1
西〇為背陽之維 3/21/15
東〇為常羊之維 3/21/16
日夏至則斗〇中繩 3/21/18
陽氣極則〇至〇極 3/21/20
德〇則生 3/22/9
刑〇則殺 3/22/9
音比（無射）〔〇呂〕 3/22/13
音比（〇呂）〔夷則〕 3/22/14
音比〇呂 3/22/26
東〇則生 3/23/3
淮〇元年冬 3/23/9
律受〇呂 3/25/10
〇呂者 3/25/11
〇呂為羽 3/25/23
下生〇呂 3/26/2
〇呂之數四十八 3/26/2
丁〇夷 3/28/22
日出東〇維 3/31/12
入西〇維 3/31/12
則正〇 3/31/13
欲知東西、〇北廣袤之
　數者 3/31/15
輒以〇表參望之 3/31/16
此處〇也 3/31/20
此處〇北中也 3/31/21,3/31/21
從中處欲知中〇也 3/31/21
從中處欲知〇北極遠近 3/31/22
從西〇表參望日 3/31/22
〇北之里數也 3/31/23
正〇北相去千里 3/32/1
〇表尺九寸 3/32/1
是〇千里陰短寸 3/32/2
〇二萬里則无景 3/32/2
〇一而高五也 3/32/2
則置從此〇至日下里數 3/32/3
東〇神州曰農土 4/32/14
正〇次州曰沃土 4/32/14
西〇戎州曰滔土 4/32/14
東〇曰景風 4/32/25
〇方曰（巨）〔豈〕風 4/32/25
西〇曰涼風 4/32/26
〇北二萬六千里 4/32/30
至于〇極 4/33/2
絳樹在其〇 4/33/6
赤水出其東〇陬 4/33/11
西〇注〇海丹澤之東 4/33/11
〔弱水出其西〇陬〕 4/33/12
〇至〇海 4/33/13
入于〇海羽民之〇 4/33/13
東〇方曰具區 4/33/23
〇方曰大夢 4/33/24
西〇方曰渚資 4/33/24
東〇方曰大窮 4/34/2
〇方曰都廣 4/34/2
西〇方曰焦僥 4/34/2
東〇方曰泲母之山 4/34/7
〇方曰〇極之山 4/34/7
西〇方曰編駒之山 4/34/7
東〇方之美者 4/34/12
〇方之美者 4/34/13
西〇方之美者 4/34/13
〇北為經 4/34/18
故〇方有不死之草 4/34/25
〇方陽氣之所積 4/36/1
自西北至西〇方 4/36/26
自西〇至東〇方 4/36/27
自東〇至東北方 4/37/1
硥魚在其〇 4/37/5
在其西〇方 4/37/5
崑崙、（華）〔芊〕丘
　在其東〇方 4/37/6
昆吾丘在〇方 4/37/8
其位〇方 5/41/1,5/41/17
〇宮御女赤色 5/41/4,5/41/20
天子親率三公九卿大夫
　以迎歲於〇郊 5/41/7
律中〇呂 5/43/18
〇方之極 5/47/18
〇至委火炎風之野 5/47/18
禹〇省方 7/58/16
於是湯乃以革車三百乘
　伐桀于〇巢 8/63/19
其地〇至交阯 9/67/21
市〇宜遼弄丸 9/68/17
不（隨）〔脩〕〇畝 9/73/8
（王）皆坦然（天下）
　〔〇面〕而（〇面）
　〔王天下〕焉 9/80/12
〇面而霸天下 11/97/9
告以東西〇北 11/101/12
江〇河北不能易其指 11/102/15
〇望料山 12/110/23
若我〇游乎（岡）〔罔〕
　㝗之野 12/116/11
〇至豫章、桂林 13/124/3
〇面而視 13/124/13
人雖東西〇北 14/135/11
而歌《〇風》之詩 14/139/26
盡於西〇 14/141/13
陰氣起於西〇 14/141/13
〇卷沅、湘 15/145/25
〇與越戰 15/153/7
告之以東西〇北 16.84/161/28
為其可以〇可以北 17.229/184/16
昔晉厲公〇伐楚 18/186/23
王自收其〇 18/194/7
一軍守〇野之界 18/197/14
〇道交趾 19/202/19
〇征三苗 19/202/21
困夏〇巢 19/202/24
亦時有〇北者 19/205/8
〇榮疇恥聖道之獨亡於
　己 19/207/9
〇見老聃 19/207/10
歌《〇風》之詩 20/215/19
東西〇北七十說而无所
　偶 20/218/6
紂有〇面之名 20/219/16
所以窮〇北之（脩）
　〔長〕 21/224/14
〇夷北狄 21/228/9

枏 nán 2

伐梗○豫樟而剖梨之 11/99/25
梗（柟）〔○〕豫章之生也 19/209/26

難 nán 124

排患扞○ 1/5/3
先者○為知 1/5/11
刃犯○而鋍無患者 1/5/14
時○得而易失也 1/5/20
今夫狂者之不能避水火之○而越溝瀆之嶮者 1/9/28
而○以筭計舉也 2/11/22
據○履危 2/12/1
大行石澗、飛狐、句（望）〔注〕之險不能○也 2/12/16
神經於驪山、太行而不能○ 2/17/2
人神易濁而○清 2/17/22
重濁之凝竭○ 3/18/20
魯陽公與韓構○ 6/50/3
遭急迫○ 6/50/4
○以知論 6/51/2
則○矣 6/51/6,11/96/10,13/122/23,13/127/27
○以持國 6/51/9
而兩家之○無所關其辭 9/68/17
其於以解○ 9/68/18
○矣 9/68/19,17.208/183/5
而國家多○ 9/68/27
其積至〔于〕昭奇之○ 9/68/28
○以至治 9/69/27
則為之者不○也 9/72/9
犯危○ 9/78/14
犯患○之危 9/80/25
○而必敗 9/81/2
而從事○而必敗者 9/81/3
雖煩○之事 9/81/8
此（知○）〔○知〕也 9/81/21
道在易而求之○ 9/82/10
而不能違其○也 10/85/2
以正身○ 10/85/12
○至而失其守也 10/86/16
而蒙衣自信者○ 10/86/23
○與言化 11/94/7
危為（禁）〔○〕而誅不敢 11/102/11
以遭○為愚 11/103/1
立節者見○不苟免 11/103/13
求貨者爭○得以為寶 11/103/21
不貴○得之貨 11/103/24
珍○得之財 11/103/28
道術○以除患 12/106/8
勝非其○者也 12/107/10
〔持之、其○者也〕 12/107/10
且人固○（合）〔全〕也 12/109/8
故（居）〔民〕迫其○則求其便 13/120/15
故使陳成（田）常、鴟夷子皮得成其○ 13/123/8
則天下之伐我○矣 13/125/9
禮不足以○之也 13/125/25
有易為而○成者 13/126/22
有○成而易敗者 13/126/22
易為而○成者 13/126/23
○成而易敗者 13/126/24
不死其○ 13/127/4
○為也 13/127/25
○為則行高矣 13/127/25
視其更○ 13/128/20
晉陽之○ 13/128/24
而莫○於為不善（也） 13/129/13
故曰為不善○〔也〕 13/129/15
○得貴賈之物也 13/130/25
故馬免人於○者 13/131/9
今有○ 13/131/17
知所以免於○ 13/131/17
而〔不〕知所以无○ 13/131/17
而為利者不攻○勝 14/137/2
○（以）〔與〕眾同也 15/145/12
見敵知○易 15/145/15
然而前無蹈○之賞 15/146/15
則不○為之死 15/151/7
則不○為之亡 15/151/8
見○不畏死 15/151/25
固植而○恐 15/152/21
凡國有○ 15/153/13
今國有○ 15/153/13
後○復處也 16.23/156/15
○也 16.88/162/8
此易而○ 16.135/166/21
寇○至 16.144/167/14
○為良醫 17.62/172/26
○與為謀 17.62/172/26
言至純之○也 17.89/174/21
下（林）〔材〕弗○ 17.118/176/21
〔則○〕 17.138/178/7
時○得而易失 17.166/180/8
○與有圖 17.202/182/23
事者、○成而易敗也 18/185/30
名者、○立而易廢也 18/185/30
陷溺於○者 18/186/11
是故不溺於○者成 18/186/13
宜矣其有此○也 18/187/14
其變○見也 18/189/28
臣恐其構○而危國也 18/195/14
郈氏作○ 18/195/27
其辱人不○ 18/196/14
遭○而能免 18/197/6
而不知○之從中發也 18/197/20
知備遠○而忘近患 18/197/22
欲其食則○矣 18/198/27
荊佽非犯（河）〔江〕中之○ 18/199/24
孰〔意〕衛君之仁義而遭此○也 18/200/18
不亦○乎 18/200/25
眾而○識也 18/201/11
夫事之所以○知者 18/202/4
眾而○識矣 18/202/8
以一蹟之○ 19/204/27
四俊之才○ 19/205/15
聖人知時之○得 19/207/24
不避煩○ 19/207/25
○成者功大 19/209/27
夫事碎、○治也 20/215/5
法煩、○行也 20/215/5
求多、○贍也 20/215/5
曲辯○為（惠）〔慧〕 20/215/7
至○也 20/217/9
見○不苟免 20/217/19
死君親之○ 20/218/27
犯其○則得其便 20/220/19
犯大○而不攝 20/220/23

聵 náng 1

聽雷者（聾）〔○〕 16.6/154/21

囊 náng 5

懷○天地 1/6/18
無不○懷 5/47/24
括○ 14/134/4
未嘗桑蠶絲滿○ 17.140/178/11
子○北而全楚 20/221/22

曩 nǎng 1

○不知而今知之 20/220/18

撓 náo 16

禍福弗能○滑 2/17/10
濁之不過一○ 2/17/22
況一世而○滑之 2/17/23
無或枉○ 5/43/21
（橈）〔○〕於其下 9/79/6
勿○勿（櫻）〔攖〕 10/92/20
虛循○ 11/98/11
詆文者處煩○以為慧 11/103/21
而屈○者要斬 13/129/22
心疑則肢體○北 15/147/24
一里〔能〕○（推）〔椎〕 16.98/163/6
使水濁者魚○之 17.83/174/8
必將（橈）〔○〕 18/190/9
口曾○ 19/209/16
曾○摩地 19/209/20
○滑諸侯 20/218/19

橈 náo 8

夭矯曾○ 8/61/21
扶撥枉○不失箴鋒 9/69/19
夫七尺之○而制船之左右者 9/78/3
（○）〔撓〕於其下 9/79/6
直立而不○ 9/80/3
為寬裕者曰勿數○ 11/100/23
必將（○）〔撓〕 18/190/9
琴或撥剌枉○ 19/208/21

蟯 náo 5

澤及蚑○而不求報 1/6/2
蚑○貞蟲 1/9/20
夫與蚑○同乘天機 2/13/27
乃始招○振繾物之豪芒 2/15/23
蚑行○動之蟲 19/206/1

鐃 náo 1

鍛錫文（鐃）〔○〕 8/65/11

腦 nǎo 2

墮者（析）〔折〕脊碎○ 2/13/26
是以月（虛）〔虧〕而魚○減 3/19/5

淖 nào 8

甚○而滒 1/1/6
○溺流遁 1/6/4
以其○溺潤滑也 1/6/9
湣王專用○齒而死于東廟 13/123/17
滒○纖微 15/144/17
夫能（滑）〔滒〕○精微 15/148/23
且夫精神（滑）〔滒〕○纖微 19/206/22
○以清 20/216/12

臑 nào 2

周公（散○）〔殽臑〕不收於前 14/139/26
周公肴○不收於前 20/215/20

訥 nè 1

（辨）〔辯〕且○ 18/196/28

餒 něi 1

（○）〔餧〕（毒）〔獸〕之藥 5/40/18

內 nèi 160

而○不失其情 1/2/16
是故聖人○修其本 1/4/22
得其○者也 1/7/8
不以○樂外 1/8/3
而以外樂○ 1/8/3
是故○不得於中 1/8/4
夫○不開於中而強學問者 1/8/8
○有以通于天機 1/9/3
而離其外○之舍 1/10/1
不可為○ 2/10/24
○守其性 2/12/22
六合之○ 2/13/3, 8/62/5,12/106/10
而○以濁其清明 2/14/18
是故聖人○修道術 2/14/20
休乎（宇○）〔○宇〕 2/14/22
夫有病於○者必有色於外矣 2/14/27
○愁五藏 2/15/23
外○无符而欲與物接 2/16/13
宇宙之○ 2/17/1
外不滑○ 2/17/8
是故水（曰）〔月〕○景 3/18/29
四極之○ 4/32/8
闔四海之○ 4/32/30
北門開以○不周之風 4/33/7
不可以○ 5/40/15
六月官少○ 5/42/21
仲秋始○ 5/48/14
季秋大○ 5/48/14
○而無害 5/49/15
精（神）〔誠〕形於○ 6/50/10
聲震海○ 6/51/26
曼聲吞炭○閉而不歌 6/53/15
家老羸弱悽愴於○ 6/53/23
失之於○ 7/55/4
有守之於○者 7/55/4
外為表而○為裏 7/55/10
或守之於形骸之○而不見也 7/55/26
精神○守形骸而不外越 7/56/4
治其○不識其外 7/57/10
心志專于○ 7/57/14
吐故○新 7/58/3
大憂○崩 7/59/20

非通于外○	7/60/3
無○之○	7/60/3
○（愡）〔愁〕其德	7/60/8
在○而合乎道	8/61/6
兼苞海○	8/63/3
足以治其境○矣	8/64/11
○能治身	8/64/15
古聖王至精形於○	9/69/12
繩之於○外	9/69/18
而欲以偏照海○	9/70/3
○不知閭里之情	9/71/10
運照海○	9/73/2
莫不欲總海○之智	9/75/8
如此而欲照海○	9/75/13
○得於（心中）〔中心〕	9/76/2
故海○可一也	9/76/16
而海○莫不被繩矣	9/78/1
非〔能〕盡害海○之衆也	9/78/9
此皆有充於○	9/78/20
○怨反情	9/81/8
不可○解於心	10/84/12
忠信形於○	10/84/28
故聖人栗栗乎其○	10/87/20
晉文得之乎閨○	10/89/1
齊桓失之乎閨○	10/89/2
繩之外與繩之○	10/91/13
而○行無繩	10/93/2
而欲偏照海○之民	11/96/18
威立于海○	11/97/12
海○未定	11/99/3
許由、善卷非不能撫天下、寧海○以德民也	11/103/6
弗知○	12/105/14
則四境之○皆得其利矣	12/108/1
在其○而忘其外	12/111/23
四海之○	12/114/22, 14/140/21,20/210/14, 20/217/21,21/226/19
智慮之蕩於○	12/117/13
聲慴海○	13/121/18
積於○	13/123/14
海○大定	13/124/8
○之尋常而不塞	13/126/14, 18/185/27
○不慚於國家	13/128/4
符勢有以○合	13/128/5
精神○守	13/130/9
夫見不可布於海○	13/130/19
而以小事自○於刑戮	13/130/27
慎守而○	14/134/2
舜脩之歷山而海○從化	14/135/5
○無（旁）〔奇〕禍	14/135/14
不若○治而待時	14/136/27
而慎脩其境○之事	14/136/29
○便於性	14/137/20
○無暴事以離怨於百姓	14/138/5
聖人○藏	14/138/17
飾其外者傷其○	14/138/18
以輔成王而海○平	14/139/27
（○）〔由〕是觀之	14/140/10
自樂於○	14/140/27
○脩極而横禍至者	14/142/12
而長海○之禍	15/143/6
脩政於境○而遠方慕其德	15/144/12
○政治也	15/144/12
理境○	15/145/1
是故○脩其政以積其德	15/151/9
福生於○	15/153/28
乃○視而自反也	16.1/154/6
適在五步之○	16.11/155/9
是故小不可以為○者	16.17/155/24
無○無外	16.19/155/29
聖人從外知○	16.47/158/21
非為十步之○也	16.49/158/27
則○為之掘	17.16/169/16
海○其所出	17.72/173/14
以外知○	17.164/180/4
嚼而無味者弗能○於喉	17.216/183/21
○无輔拂之臣	18/186/25
太子○撫百姓	18/194/9
而不留思盡慮於成事之○	18/196/22
中國○郡輓車而餉之	18/197/12
○熱而死	18/199/16
豹養其○而虎食其外	18/199/16
毅脩其外而疾攻其○	18/199/17
外化而○不化	18/199/18
○不化、所以全（其）身也	18/199/19
故○有一定之操	18/199/19
輕斤兩以○	18/201/21
追者皆以為然而不索其○	18/201/28
若使人之所懷於○者	18/202/5
而〔任〕海○之事者乎	19/202/26
為一人聰明而不足以徧燭海○	19/203/3
包於六合之○	19/205/26
以逍遙〔乎無方之○〕	19/206/24
故精誠感於○	20/210/18
非生於○也	20/211/15
藏精於○	20/211/18
四海之○莫不仰上之德	20/211/24
○順而外寧矣	20/211/25
以觀其○	20/213/9
外○相（推）舉	20/213/20
外○搔動	20/219/25
可博○而世傳者也	20/221/21
聖人見（禍）福於重閉之○	20/222/25
以○洽五藏	21/224/4
德形於○	21/226/18
德不○形	21/226/20
故德形於○	21/226/21
○有以處神養氣	21/226/23
海○未輯	21/227/26
齊景公○好聲色	21/228/13
各自治其境○	21/228/16

能 néng 837

約而○張	1/1/5
幽而○明	1/1/5
弱而○強	1/1/6
柔而○剛	1/1/6
是故○天運地滯	1/1/10
莫之○怨	1/1/20
得以利者不○譽	1/1/20
用而敗者不○非	1/1/20
不○與之爭先	1/2/3
而方圓曲直弗○逃也	1/2/13
不○反己	1/2/15
故莫（敢）〔○〕與之爭	1/2/18
曠日而不○盈羅	1/2/21
猶不○與網罟爭得也	1/2/22
猶不○與羅者競多	1/2/23
何遠之所○懷	1/3/4
雖伊尹、造父弗○化	1/3/6

〔而〕不○見淵中之魚 1/3/10
而不○聽十里之外 1/3/10
故任一人之○ 1/3/11
不○化一人 1/4/20
夫○理三苗 1/4/21
行於不○ 1/4/28
莫○害之 1/5/4
而賢知者弗○避也 1/5/15
人不○制也 1/5/17
莫○與之爭 1/5/22
夫水所以○成其至德於天下者 1/6/9
○此五者 1/7/7
中○得之 1/7/8
則外○(收)〔牧〕之 1/7/8
(迫)〔感〕則○應 1/7/13
(感)〔迫〕則○動 1/7/13
○存之此 1/7/15
○至于無樂者 1/7/26
不○反諸性也 1/8/8
規矩不○方圓 1/9/8
鉤繩不○曲直 1/9/8
今人之所以眭然○視 1/9/21
瞀然○聽 1/9/21
形體○抗 1/9/21
察○分白黑、視醜美 1/9/22
而知○別同異、明是非者 1/9/22
招之而不○見也 1/9/24
呼之而不○聞也 1/9/24
然而不○應者 1/9/24
今夫狂者之不○避水火之難而越溝瀆之嶮者 1/9/28
是故舉錯不○當 1/10/1
動靜不○中 1/10/1
予○有無 2/10/27
而未○无无也 2/10/27
而不○為害 2/11/19
是故○戴大員者履大方 2/12/2
○游冥冥者與日月同光 2/12/3
不○以亂其神 2/12/9
孟門、終隆之山不○禁〔也〕 2/12/15
唯體道○不敗 2/12/16
湍瀨旋淵、呂梁之深不○留也 2/12/16
大行石澗、飛狐、句(望)〔注〕之險不○難也 2/12/16
(執)〔孰〕○至於此哉 2/12/18
故不言而○飲人以和 2/12/21
然而奚仲不○為逢蒙 2/13/16
造父不○為伯樂者 2/13/17
玆雖遇其母而无○復化已 2/13/19
而不○拔毛髮 2/13/26
其不用也而後○用之 2/14/2
其不知也而後○知之也 2/14/3
而不○容巨大也 2/15/3
是故其德煩而不○一 2/15/11
是故治而不○和 2/15/13
〔故○〕形物之性〔情〕也 2/16/10
夫鑑明者塵垢弗○薶 2/16/12
神清者嗜欲弗○亂 2/16/12
故○有天下者 2/16/19
○有名譽者 2/16/20
身猶不○行也 2/16/23
許由不○行也 2/16/24
勢利不○誘也 2/16/27
辯者不○說〔也〕 2/16/28
聲色不○淫也 2/16/28
美者不○濫也 2/16/28
知者不○動也 2/16/28
勇者不○恐也 2/16/28
莫○夭遏 2/17/2
神經於驪山、太行而不○難 2/17/2
入於四海九江而不○濡 2/17/3
可謂○體道矣 2/17/9
禍福弗○撓滑 2/17/10
非譽弗○塵垢 2/17/10
故○致其極 2/17/10
孰○濟焉 2/17/10
身猶不○脫 2/17/11
蜂蠆螫指而神不○憺 2/17/13
蚊虻噆膚而(知)〔性〕不○平 2/17/14
未○見眉睫 2/17/22
而不○察方員 2/17/22
非○盡善 2/17/28
然莫○與之同光者 2/17/28
然而不○通其道者 2/18/2
世亂則智者不○獨治 2/18/8
無所肆其○也 2/18/9
不○利其里 2/18/10
仁非○益也 2/18/10
是故性遭命而後○行 2/18/11
命得性而後○明 2/18/11
不○無弦而射 2/18/12
不○無水而浮 2/18/12
○使風雨 4/33/17
食水者善游〔而〕○寒 4/35/1
○原本之 4/35/6
有○取疏食、田獵禽獸者 5/46/10
而○自要者尚猶若此 6/50/5
知不○論 6/50/14
辯不○解 6/50/14
巧歷不○舉其數 6/50/18
不○覽其光 6/50/18
又何化之所○造乎 6/50/22
惟夜行者為○有之 6/50/24
○者有餘 6/51/1
若夫以火○焦木也 6/51/5
若以磁石之○連鐵也 6/51/5
弗○然也 6/51/8
唯通于太和而持自然之應者為○有之 6/51/10
以為不○與之爭於江海之中 6/51/24
以為不○與之爭於宇宙之間 6/52/1
此假弗用而○以成其用者也 6/52/12
不○生時 6/54/8
輔佐有○ 6/54/8
消知○ 6/54/9
人之耳目曷○久熏〔勤〕勞而不息乎 7/55/18
精神何○久馳騁而不既(守)〔乎〕 7/55/19
夫(面)〔血〕氣○專于五藏 7/55/20
五藏○屬於心而無乖 7/55/21
是故憂患不○入(也) 7/55/24
而邪氣不○襲〔也〕 7/55/24
故事有求之於四海之外而不○遇 7/55/26
夫人之所以不○終其壽命而中道夭於刑戮者 7/56/10
夫惟○無以生為者 7/56/10
○知一 7/56/11
不○知一 7/56/12

則无一之○知也	7/56/12
而○守其宗	7/57/14
而物無○營	7/57/18
大澤焚而不○熱	7/57/18
河、漢涸而不○寒也	7/57/18
大雷毀山而不○驚也	7/57/19
大風晦日而不○傷也	7/57/19
此精神之所以○登假于道也	7/58/2
鳳皇不○與之儷	7/58/28
孰○無好憎	7/60/3
○知大貴	7/60/4
志非○〔不〕貪富貴之位	7/60/18
故莫○終其天年	7/60/20
故儒者非○使人弗欲也	7/60/22
欲而○止之	7/60/22
非○使人勿樂也	7/60/22
樂而○禁之	7/60/22
豈若○使無有盜心哉	7/60/23
貪者○辭之	7/60/25
廉者不○讓也	7/60/26
然猶未○贍人主之欲也	8/61/22
天地不○（脅）〔脅〕也	8/62/5
怪物不○惑也	8/62/6
夫至大、天地弗○含也	8/62/24
至微、神明弗○領也	8/62/25
天下有○持之者	8/62/26
〔未〕有○治之者也	8/62/27
〔智〕○愈多而德愈薄矣	8/62/28
道弗○害也	8/63/4
辯弗○解也	8/63/5
內○治身	8/64/15
外（○）得人〔心〕	8/64/15
下之潤溼弗○及	8/65/17
上之霧露弗○入	8/65/17
四方之風弗○襲	8/65/17
猶弗○贍	8/66/10
思慕之心未○絕也	8/66/15
口○言而行人稱辭	9/67/4
足○行而相者先導	9/67/4
耳○聽而執正進諫	9/67/5
知不○得	9/67/14
風雨不○襲	9/67/19
寒暑不○傷	9/67/19
然而不○終其天年者	9/68/5
上多事則下多○	9/68/6
智者弗○誦	9/68/16
辯者弗○形	9/68/16
而○使人為之哀樂	9/69/5
而不○移風易俗者	9/69/5
姦不○枉	9/69/19
讒不○亂	9/69/19
而不○與越人乘（幹）〔軨〕舟而浮於江湖	9/70/1
而不○與胡人騎騵〔馬〕而服駒駼	9/70/1
而不○與山居者入榛薄、〔出〕險阻也	9/70/2
而專己之○	9/70/4
少力而不○勝也	9/70/10
伎○殊也	9/70/13
（顛越）〔瞋目〕不○見丘山	9/70/14
莫不盡其○	9/71/8
目不○見	9/71/10
耳不○聞百步之外	9/71/10
則獨身不○保也	9/71/13
无愚智賢不肖莫不盡其○者	9/71/22
烏獲不○舉也	9/71/25
而不○使水西流	9/72/1
然不○使禾冬生	9/72/1
雖神聖人不○以成其功	9/72/3
雖造父不○以致遠	9/72/4
豈○拂道理之數	9/72/5
而○有所不容也	9/72/8
有一○者服一事	9/72/8
○稱其事	9/72/9
不○仁化一里	9/72/24
而世主莫之○察	9/73/10
君亦不○得其所求於臣也	9/73/22
〔是〕故君不○賞無功之臣	9/73/23
臣亦不○死無德之君	9/73/23
〔大〕獐不○跂也	9/74/21
牧豎○追之	9/74/21
是故號令○下究	9/75/2
不○游而絕江海	9/75/6
不○見也	9/75/12
不○知也	9/75/13
是故○進退履繩	9/76/2
而○不危者	9/76/4
（土）〔王〕良不○以取道	9/76/5
唐、虞不○以為治	9/76/5
雖達視猶不○見其睛	9/76/8
而人弗○制矣	9/76/14
君人者不任○	9/76/26
數窮於下則不○伸理	9/76/27
行墮於國則不○專制	9/76/27
〔而〕智弗○解也	9/77/2
而明不○照也	9/77/2
筋絕而弗○及	9/77/3
物莫○勝也	9/77/10
弗用而後○用之	9/77/12
弗為而後○為之	9/77/12
〔○〕持千鈞之屋	9/77/21
則庸人○以制勝	9/78/2
非○偏利天下之民〔也〕	9/78/8
非〔○〕盡害海內之眾也	9/78/9
非○目見而足行之也	9/79/21
不○一事焉	9/79/22,12/108/5
○欲多而事欲鮮	9/79/27
○欲多者	9/80/4
○多者無不治也	9/80/7
○亦多矣	9/80/23
人之情不○無衣食	9/81/14
雖有材○	9/82/1
而不○上達矣	9/82/8
不○得譽	9/82/9
不○事親矣	9/82/9
不○（專）誠〔身〕	9/82/10
○善小	10/83/5
斯○善大矣	10/83/5
故○諫	10/83/7
故○讓	10/83/7
故○施	10/83/7
唯造父○盡其力	10/84/7
唯唐、虞○齊其美	10/84/8
而不○生也	10/84/8
蓋力優而克不○及也	10/84/8
用百人之所○	10/84/9
性不○已	10/84/12
而不○達其難也	10/85/2
○死生之	10/85/5
不○使為苟（簡）易	10/85/5
○發起之	10/85/6
不○使無憂尋	10/85/6
騏驥不○與之爭遠	10/85/24
離珠弗○見也	10/86/1
天弗○殺	10/86/3

地弗○薤也 10/86/3
虛而○滿 10/86/9
蠻夷皆○之 10/88/26
天下弗○遏奪 10/88/26
人無○作也 10/89/12
有○為也 10/89/12,10/89/12
而無○成也 10/89/12
故君子○為善 10/89/15
而不○必其得福 10/89/15
而未○(必免其禍)
〔必其免禍〕 10/89/16
而○為表者 10/89/26
而莫○至焉 10/90/13
而莫○奪之名也 10/90/14
人○尊道行義 10/90/18
○以智智 10/91/1
而未○以智不智也 10/91/1
人○貫冥冥入於昭昭 10/91/2
衆人之所○為也 10/91/9
日月為明而弗○兼也 10/92/21
唯天地○函之 10/92/21
○包天地 10/92/21
誠○愛而利之 10/93/9
(兼)〔兼〕覆(蓋)
而并有之、(度)伎
○而裁使之者 10/93/15
事周於○ 11/94/19
為其○ 11/94/25
不○通其言 11/95/25
則不○知其故俗 11/95/25
唯聖人○遺物而反己 11/96/1
○得諸己 11/96/7
哀樂弗○給也 11/96/19
利不○足也 11/96/19
不○親近來遠 11/97/8
不強人之所不○為 11/97/18
不絕人之所〔不〕○已 11/97/18
非不○陳鍾鼓 11/97/20
非不○竭國麋民 11/97/22
夫○與化推移(為人)
者 11/99/11
其不○乘雲升假亦明矣 11/99/15
不○為治亦明矣 11/99/17
非良工不○以制木 11/100/4
非巧冶不○以冶金 11/100/4
雖師文不○以成曲 11/100/7
徒絃、則不○悲 11/100/7
父不○以教子 11/100/9
兄不○以喻弟 11/100/10
則有不○為虛矣 11/101/9
此所慕而〔無〕不(○)
致也 11/101/9
不○禁其姦 11/102/12
江南河北不○易其指 11/102/15
馳騖千里不○(易)
〔改〕其處 11/102/15
不○定其處 11/102/16
伯夷、叔齊非不○受祿
任官以致其功也 11/103/5
許由、善卷非不○撫天
下、寧海內以德民也 11/103/6
弗○治也 11/104/4
○不犯法干誅者 11/104/12
將不○止也 11/104/15
懼不○走也 11/104/16
不○相顧也 11/104/17
而仁不○解也 11/104/19
游者不○拯溺 11/104/19
灼者不○救火 11/104/19
而利不○誘也 11/104/23
而法弗○禁也 11/104/23
吳、越之善沒者○取之
矣 12/105/21
不○以〔其〕府庫分人 12/106/15
又不○布施 12/106/15
不○予人 12/106/16
不○為人 12/106/18
○為社稷忍羞 12/106/23
曰○為社稷忍羞 12/106/24
豈曰○刺人哉 12/106/24
○無以知乎 12/107/4
唯有道之主〔為〕○持
勝 12/107/11
託於車上則驥不○勝人 12/108/6
此以其〔所〕○ 12/108/8
託其所不○ 12/108/8
則不○安周 12/108/13
有○贖之者 12/108/17
以言其○包裹之也 12/109/10
大王亶父可謂○保生矣 12/109/16
猶不○自勝 12/109/22
〔不○自勝〕則從之 12/109/23
不○自勝而強弗從者 12/109/23
臣不○以教臣之子 12/110/6
而臣之子亦不○得之於
臣 12/110/6
恐留而不○反 12/110/24
而莫之○行 12/111/6
故莫○與之爭 12/111/13
毛物、(牡)〔牝〕牡
〔尚〕弗○知 12/111/21
又何馬之○知 12/111/21
不○成禍 12/112/8
○受國之垢 12/112/17
○受國之不祥 12/113/3
人而無○者 12/113/5
龍不○與遊 12/113/5
臣○呼 12/113/6
門下故有○呼者乎 12/113/6
不逆有伎○之士 12/113/8
不○自給魚 12/113/23
則○長自給魚 12/113/24
故○成其私 12/113/25
而○成大盜者 12/114/28
故(曰)〔伎〕無細而
○〔無〕薄 12/115/9
○毋離乎 12/115/17
○如嬰兒乎 12/115/17
是以犯敵○威 12/115/21
吾猶(夫)〔未〕○之
在 12/116/14
〔其〕孰○至于此乎 12/117/8
予○有無矣 12/117/8
〔而〕未○無無也 12/117/9
則不○漏理其形也 12/117/13
恐不○守 12/117/17
則物孰○惑之 12/118/2
而有不○成衡之事 12/118/12
技○雖多 12/118/13
○以門 12/118/14
故必杜然後○門 12/118/14
子之道何○ 12/119/1,12/119/2
○動地 12/119/1,12/119/2
臣非○動地 12/119/4
是以○弊而不新成 12/119/20
猛獸不○為害 13/120/15
故通於禮樂之情者○作 13/120/26
言弗○言也 13/121/13
如將不○ 13/121/16
可謂○子矣 13/121/16
可謂○武矣 13/121/18

可謂○臣矣 13/121/20
其不○中權 13/121/22
然而立政者不○廢法而治民 13/122/11
然而征伐者不○釋甲兵而制（疆）〔彊〕暴 13/122/12
然後○擅道而行（矣）〔也〕 13/122/18
非智不○ 13/122/26
乃○成和 13/123/1
此而不○達善效忠者 13/124/1
愚（夬）〔夫〕（惷）〔惷〕婦皆○論之 13/124/23
而不○自非其所行 13/124/28
孰弗○奪也 13/125/3
且湯、武之所以處小弱而○以王者 13/125/4
使我德○覆之 13/125/9
周公可謂○持滿矣 13/125/10
唯聖人為○知權 13/125/13
孰○貴之 13/125/15
天下莫○非也 13/125/24
號令行于天下而莫之○非矣 13/126/3
然而不○自知 13/126/6
然〔而〕不○自免於車裂之患 13/126/8
則必滅抑而不○興矣 13/126/16
○陰○陽 13/126/18
○弱○（姜）〔彊〕 13/126/18
管仲輔公子糾而不○遂 13/127/3
夫牛蹏之涔不○生鱣鮪 13/127/9
不○存亡接絕者何 13/127/15
未有○全其行者也 13/127/19
夫夏后氏之璜不○无考 13/127/26
明月之珠不○无纇 13/127/26
○效其求 13/128/7
唯歐冶○名其種 13/128/13
唯聖人○見微以知明 13/128/14
然而隊（階）〔伯〕之卒皆不○前遂斬首之功 13/129/22
而江、河不○實漏巵 13/130/6
爵祿不○累也 13/130/8
怪物不○驚也 13/130/9
非彘○賢於野獸麋鹿也 13/130/22
非○具綈綿曼帛溫煖於身也 13/130/24
使鬼神○玄化 13/130/28
則亦无○履也 13/130/28
唯有道者○通其志 13/131/4
非以其神為○饗之也 13/131/6
孰○觀之 13/132/1
帝者誠○包稟道 13/132/5
莫○（及）〔反〕宗 14/132/12
○反其所生 14/132/15
人○貴其所賤 14/132/27
未聞枉己而○正人者也 14/133/6
不○成一焉 14/133/14
○有天下者必不失其國 14/134/1
○有其國者必不喪其家 14/134/1
○治其家者必不遺其身 14/134/1
○脩其身者必不忘其心 14/134/1
○原其心者必不虧其性 14/134/2
○全其性者必不惑於道 14/134/2
不得之己而○知彼者 14/134/3
○成霸王者 14/134/6
○勝敵者 14/134/6
○強者 14/134/6,20/219/1
○用人力者 14/134/6,20/219/2
○得人心者 14/134/7,20/219/2
○自得者 14/134/7
故○以眾不勝成大勝者 14/134/8
唯聖人○之 14/134/8
故○處之 14/134/12
必○治天下者 14/134/15
身雖無○ 14/134/18
必使○者為己用 14/134/18
人○虛己以遊於世 14/134/22
孰○訾之 14/134/22
不○使禍不至 14/134/30
不○使福必來 14/135/1
身猶弗○保 14/135/6
有○而無事 14/135/22
與無○者同德 14/135/22
〔其○也〕 14/135/22
有○若無○ 14/135/23
人○接物而不與己焉 14/136/11
孰弗○治 14/136/15
非巧不○ 14/136/15
遇者、○遭於時而得之也 14/136/20
非知○所求而成也 14/136/21
弗○治 14/136/25
為義之不○相固 14/137/5
威之不○相必也 14/137/5
未有○者也 14/137/14
賢○之不足任也 14/137/18
崑山之玉瑱而塵垢弗○污也 14/137/29
唯弗求者〔為〕○有之 14/138/1
孰○形 14/138/6
有使人不○用其智於己者也 14/138/10
有使人不○施其力於己者也 14/138/11
故○有聲 14/138/16
故○有形 14/138/16
○兩美者 14/138/20
故寧而○久 14/138/24
（唯）〔為〕○勝理而（為受）〔無愛〕名 14/138/25
○不以天下傷其國、而不以國害其身者 14/138/31
雖不○必先哉 14/139/19
雖得之弗○守 14/139/23
尸（雖○）剝狗燒彘 14/140/1
〔雖○〕弗為也 14/140/1
弗○無虧〔也〕 14/140/1
弗○、无害也 14/140/2
不○祝者 14/140/2
不○御者 14/140/3
不○相聽 14/140/8
易故○天 14/140/20
簡故○地 14/140/20
故○帝也 14/140/21
（筐）〔匡〕床（在）〔衽〕席弗○安也 14/140/23
菰飯犓牛弗○甘也 14/140/23
琴瑟鳴竽弗○樂也 14/140/23
今務益性之所不○樂 14/140/25
故兼而○樂 14/142/6
靜而○澹 14/142/6
君子為善不○使（富）〔福〕必來 14/142/11
不為非而不○使禍无至 14/142/11
而物弗○足也 15/142/23
自五帝而弗○偃也 15/142/29
夫為地戰者不○成其王 15/143/24
為身戰者不○立其功 15/143/25
故莫○窺其門 15/144/4

莫○得其紀 15/144/7
不○用兵者 15/144/28
技（○）其才 15/145/17
人○其事 15/145/17
將孰○ 15/146/25
莫○應圉 15/147/10
故○分人之兵 15/147/18
不○分人之兵 15/147/19
雖未○得勝於敵 15/148/14
夫○（滑）〔渦〕淖精微 15/148/23
靜則○應躁 15/149/4
後則○應先 15/149/5
數則○勝疏 15/149/5
博則○禽缺 15/149/5
不○通其知而壹其力也 15/149/10
不○成其功 15/149/12
孰○窺其情 15/149/24
雖未必○萬全 15/149/28
而弗○破者 15/150/3
然猶不○獨（射）〔穿〕也 15/150/4
故○調五音者 15/150/17
○調五味者 15/150/17
○治五官之事者 15/150/18
莫○識也 15/150/27
義之所以○行者、威也 15/151/1
造父不○以致遠 15/151/9
羿不○以必中 15/151/9
則孫子不○以應敵 15/151/9
飢者○食之 15/151/17
勞者○息之 15/151/18
有功者○德之 15/151/18
己未○治也 15/152/5
何所○制 15/152/5
則不○成盆盎 15/152/6
則不○織文錦 15/152/6
故○全其勝 15/152/9
勢利不○誘 15/152/21
死亡不○動 15/152/21
○實其民氣 15/153/10
不○者 15/153/10
故○戰勝而不報 15/153/27
何道之所○乎 16.1/154/7
〔得〕千歲之鯉（不○避） 16.4/154/14
不○有也 16.6/154/22
不○無為者 16.6/154/22
不○有為也 16.6/154/22
鸚鵡○言 16.8/155/1
非○生迹者也 16.8/155/2
神蛇○斷而復續 16.9/155/4
而不○使人勿斷也 16.9/155/4
神龜○見夢元王 16.9/155/4
而不○自出漁者之籠 16.9/155/4
不○與之爭光也 16.12/155/12
江、河所以○長百谷者 16.13/155/16
○下之也 16.13/155/16
夫惟○下之 16.13/155/16
是以○上之 16.13/155/16
陰陽不○且冬且夏 16.27/156/27
而不○生於湍瀨之流 16.30/157/4
而不○生於盤石之上 16.30/157/4
慈石○引鐵 16.30/157/4
不○相拯 16.46/158/18
生子者所不○任其必孝也 16.54/159/12
升之不○大於石也 16.56/159/17
夜之不○脩於歲也 16.56/159/17
仁義之不○大於道德也 16.56/159/17
於三百步不○入魯縞 16.68/160/17
雖死亦不○悲哭矣 16.77/161/8
雖暇亦不○學矣 16.77/161/8
寒不○生寒 16.85/161/30
熱不○生熱 16.85/161/30
不寒不熱○生寒熱 16.85/161/30
未有天地○生天地者也 16.85/161/30
兩之集無○霑 16.86/162/1
待其止而○有濡 16.86/162/1
矢之發無○貫 16.86/162/1
待其止而○有穿 16.86/162/1
唯止○止眾止 16.86/162/1
未○行之者矣 16.94/162/24
一里〔○〕撓（推）〔椎〕 16.98/163/6
人○以所不利利人 16.107/164/1
雖污辱、世不○賤 16.116/165/1
雖高隆、世不○貴 16.116/165/2
孰○通其微 16.124/165/24
兩堅不○相和 16.130/166/7
兩強不○相服 16.130/166/7
縛手走不○疾 16.132/166/13
屈尾飛不○遠 16.132/166/13
不○外出戶 16.134/166/19
得其所○也 16.144/167/14
失其所〔○〕也 16.144/167/15
為醫之不○自治其病 16.151/168/4
及其○游者 17.5/168/21
不○自（椓）〔椓〕 17.8/168/27
不○自見其背 17.8/168/27
故莫之○致 17.9/168/29
○有脩短也 17.10/169/2
弗○匿也 17.33/170/21
雖不○與終始哉 17.39/171/3
淵（泉）不○竭 17.40/171/5
蓋非橑不○蔽（曰）〔日〕 17.41/171/7
輪非輻不○追疾 17.41/171/7
芻狗○立而不○行 17.46/171/17
蛇床似蘪蕪而不○芳 17.46/171/17
則又不○走矣 17.48/171/21
故○大 17.72/173/14
故○遠 17.72/173/14
不○搏龜鱉 17.80/174/1
天下弗○滿 17.86/174/14
非弦不○發矢 17.96/175/5
舉而○高者 17.102/175/17
不○搏攫者 17.127/177/12
○者以為富 17.128/177/14
豈○致千里哉 17.132/177/24
雖善者弗○為工 17.158/179/20
雖不○益 17.175/180/27
舟○沉○浮 17.185/181/16
不○耕而欲黍粱 17.208/183/5
不○織而喜采裳 17.208/183/5
非規矩不○定方圓 17.214/183/17
非準繩不○正曲直 17.214/183/17
嚼而無味者弗○內於喉 17.216/183/21
視而无形者不○思於心 17.216/183/21
人先信而後求○ 17.219/183/27
不○入魯縞 17.222/184/1
巧（治）〔冶〕不○鑄木 17.225/184/7

工匠不○斲金者	17.225/184/7
猶不○生也	18/186/3
莫之○分	18/186/7
不○絶於口	18/187/20
此何遽不〔○〕為福乎	18/190/1
	18/190/3
此何遽不○為禍乎	18/190/2
網弗○止也	18/190/17
釣弗○牽也	18/190/17
則薛○自存乎	18/190/18
寒不○煖	18/191/6
風不○障	18/191/6
暴不○蔽也	18/191/6
亡不○存	18/191/22
危弗○安	18/191/22
子○〔變〕道則可	18/192/10
不○	18/192/10
弗○下	18/192/22
弗○及也	18/193/25
其所○者	18/193/27
其所不○者	18/193/27
辭（而）〔所〕○則匿	18/193/27
欲所不○則惑	18/193/27
辭所不○而受所○	18/193/28
而荊之所以不○與之爭者	18/194/6
○得民心	18/194/9
必不○自免於（千）〔十〕步之中矣	18/194/26
而弗○得之也	18/195/2
而後○得之	18/195/3
一指之所○息也	18/195/8
一（撲）〔墣〕之所○塞也	18/195/8
弗○救也	18/195/10
而莫○知使患無生	18/196/1
而莫○加務焉	18/196/1
不○存也	18/196/5
弗○為謀	18/196/6
故萬物莫○傷也	18/196/11
亦弗○加也	18/196/20
舟杭一日不○濟也	18/196/21
是故患禍弗○傷也	18/196/22
丘○仁且忍	18/196/27
以三子之○	18/196/28
此○以知知矣	18/197/5
而未○以知不知也	18/197/5
○勇於敢〔矣〕	18/197/5
而未○勇於不敢也	18/197/6
遭難而○免	18/197/6
人○由昭昭於冥冥	18/197/7
非○閉結而盡解之也	18/198/5
（卑）〔畢〕辭而不○得也	18/198/10
夫以人之所不○聽說人	18/198/10
且也為文而不○達其德	18/198/21
為武而不○任其力	18/198/22
則不○保其芳矣	18/198/24
唯有道者○行之	18/199/1
而外○詘伸、（嬴）〔贏〕縮、卷舒	18/199/19
以其○龍變也	18/199/20
不○比之律	18/200/12
夫車之所以○轉千里者	18/200/13
夫勸人而弗○使也	18/200/14
禁人而弗○止也	18/200/14
而弗○止	18/200/15
吾欲免之而不○	18/200/18
子不○行（○行）說於王	18/200/21
子焉知嚭之不○也	18/200/21
日入而不○得一鯈魚者	18/201/6
○以其所欲而釣者也	18/201/7
有論者必不○廢	19/202/15
不○被德承澤	19/203/4
弗○入	19/203/27
人不○制	19/204/16
嚴父弗○正	19/204/21
賢師不○化〔者〕	19/204/21
雖粉白黛黑弗○為美者	19/204/23
駑馬雖（兩）〔卌〕錣之不○進	19/205/1
擊則不○斷	19/205/2, 19/205/17
刺則不○（人）〔入〕	19/205/2
史皇産而○書	19/205/14
刺則不○入	19/205/17
堯、舜之聖不○及	19/205/23
禹、湯之智不○逮	19/205/24
知不○相通	19/206/3
才力不○相一也	19/206/3
非○一人而獨兼有之	19/206/11
而明弗○見者何	19/206/12
而知○流通	19/206/14
目不○別晝夜、分白黑	19/206/16
猶不○屈伸其指	19/206/17
故弓待（撒）〔檠〕而後○調	19/206/18
劍待砥而後○利	19/206/18
君子有○精搖摩監	19/206/22
（若此）〔然〕而〔晚世之人〕不○閑居靜思	19/206/25
人才之所○逮〔也〕	19/207/2
然而莫○至焉者	19/207/3
莫○壅御	19/207/26
故為道者必託之于神農、黃帝而後○入說	19/208/5
雖奚仲不○以定方圓	19/208/7
雖魯班不○以定曲直	19/208/7
何道之○明也	19/208/12
唯其母○知之	19/209/1
唯良工○識之	19/209/1
唯聖人○論之	19/209/2
聲然○動化天下者也	20/210/18
奚仲不○旅	20/210/25
魯般不○造	20/210/25
至大、非度之所○及也	20/211/1
至眾、非數之所○領也	20/211/1
○以神化也	20/211/4
故丘阜不○生雲雨	20/211/14
滎水不○生魚鱉者	20/211/14
蟣虱之氣蒸不○生牛馬	20/211/15
至誠而○動化矣	20/211/18
非令之所○召也	20/211/27
非（券）〔券〕之所〔○〕責也	20/211/28
非刑之所○禁也	20/212/1
非法之所○致也	20/212/2
其所以○行者	20/212/4
故弩雖強不○獨中	20/212/4
令雖明不○獨行	20/212/4
故○因	20/212/11
故良匠不○斲金	20/212/11
巧冶不○鑠木	20/212/11
不○遵道	20/212/21
則不○成絲	20/212/22
則不○〔成〕為雛	20/212/22
而朱弗○統也	20/213/10
唯聖人○盛而不衰	20/213/12
故○法天	20/214/2
未○下	20/214/19

河以逶蛇、故○遠 20/215/12
山以陵遲、故○高 20/215/12
（陰陽无為、故○和） 20/215/12
道以優游、故○化 20/215/12
宰、祝雖不○ 20/215/18
弗○污也 20/216/13
弗○禁也 20/216/19
而莫○聽者 20/216/23
而天下莫○亡也 20/216/28
而天下莫○危也 20/217/1
法弗○正也 20/217/4
法○殺不孝者 20/217/5
而不○使人為孔、曾之行 20/217/6
法○刑竊盜者 20/217/6
而不○使人為伯夷之廉 20/217/6
小不○制大 20/217/24
弱不○使強也 20/217/25
雖有知○ 20/218/24
知○踖馳 20/218/24
（欲）〔○〕成霸王之業者 20/219/1
○得勝〔者〕 20/219/1
未有○搖其本而靜其末 20/219/5
身弗○治 20/219/11
不○樂也 20/220/5
且聾者、耳形具而无○聞也 20/220/11
盲者、目形存而无○見也 20/220/11
嘗為則○之 20/220/19
人欲知高下而不○ 20/220/22
欲知遠近而不○ 20/220/22
然而不○者 20/220/28
凡學者○明於天（下）〔人〕之分 20/221/4
不○任重 20/221/16
絃有緩急小大然后〔○〕成曲 20/222/12
車有勞軼動靜而后○致遠 20/222/13
○致千里者 20/222/13
○哲且惠 20/223/14
雖未○抽引玄妙之中（才）〔哉〕 21/223/21
則為人之惛惛然弗○知也 21/223/23
使群臣各盡其○也 21/225/8
故為之浮稱流說其所以○聽 21/226/12
然而○得本知末者 21/227/2
遼遠未○至 21/227/27
未○用事 21/227/28
○從政事 21/228/1

尼 ní 9

顏回謂仲○曰 12/115/12
仲○曰 12/115/12,12/115/12
12/115/13,12/115/14
12/115/16,18/200/18
仲○造然曰 12/115/14
仲○入見曰 18/200/16

泥 ní 5

○塗淵出構山 4/37/22
（蛇）〔蚖〕鱓著○百仞之中 6/51/26
○塗至膝 6/53/24
在洿○之中 16.116/164/28
○之用輴 19/203/17

腝 ní 1

周公（散臑）〔殽○〕不收於前 14/139/26

蜺 ní 5

虹○不出 1/1/17
（入）〔六〕雲○ 1/1/26
虹○彗星者 3/19/16
析惕乎虹○之間 18/196/20
世惑亂而虹○見 20/210/22

麑 ní 4

孟孫獵而得○ 18/188/13
○母隨之而嘑 18/188/13
求○安在 18/188/14
夫一○而弗忍 18/188/16

睨 nǐ 1

有符曬○ 21/225/23

擬 nǐ 2

○於崑崙 8/65/7
便（媚）〔娟〕○神 19/209/20

逆 nì 22

○其生者也 3/29/20
命之曰○ 5/47/7
○流而擊 6/50/1
○之者凶 6/51/1,9/77/28
○氣戾物、傷民厚積者 6/53/1
發號○四時 6/53/11
日陳於前而无所○ 9/75/4
○也 9/78/3
○於己〔而〕便於國者 10/90/5
不迕○而進 11/97/13
怒者、○德也 12/112/5
今子陰謀○德 12/112/6
○之至也 12/112/7
吾固惑吾王之數○天道 12/112/8
不○有伎能之士 12/113/8
雖怨不○者 14/140/8
有○天之道 15/143/16
○順在（君）〔時〕 18/199/7
○而弗聽〔也〕 19/208/13
○天暴物 20/210/20
知○順之變 21/224/11

匿 nì 14

時見時○ 3/20/13
遼遠隱○ 6/49/30
禽獸（蝮）〔蟲〕蛇無不○其爪牙 6/53/4
而姦人伏○矣 9/72/20
禮義飾則生偽○之（本）〔士〕 11/93/27
隱○其形 15/148/6
猛獸之攫也○其爪 15/150/24
形之隱○也 15/152/11
可以伏○而不見形者也 15/152/14
不○瑕穢 16.19/155/29

弗能○也 17.33/170/21
辭（而）〔所〕能則○ 18/193/27
以其竄端○跡 18/202/4
故民无○（情） 20/222/16

睨 nì 2

過者莫不左右睥○而掩鼻 19/209/14
焉得无有睥（面）〔○〕掩鼻之容哉 19/209/18

溺 nì 22

夫善游者○ 1/4/12
淖○流遁 1/6/4
以其淖○潤滑也 1/6/9
沉○萬物而不與為淫焉 2/13/14
子路撜○而受牛謝 11/94/15
見鄭國之人○ 11/104/18
游者不能拯○ 11/104/19
信而（○）死〔女〕 13/125/14
至其○也 13/125/25
故○則捽父 13/125/26
然而皆○其所貴 14/132/26
拯○者而欲無濡 16.40/158/1
而○者不可以為抗 16.43/158/10
兩人俱○ 16.46/158/18
○者入水 16.108/164/4
予（拯）○者金玉 17.128/177/14
拯○而授之石 17.168/180/12
待利而後拯○人 17.184/181/14
亦必（以）利○人矣 17.184/181/14
陷○於難者 18/186/11
是故不○於難者成 18/186/13
（極）〔拯〕○之人不得不濡足也 20/218/2

⿰黍刃 nì 1

心誠則肢體親（刃）〔○〕 15/147/23

年 nián 84

朞○ 1/4/18,1/4/19
故蘧伯玉○五十而有四十九○非 1/5/11
抱德以終○ 2/17/9
淮南元○冬 3/23/9
天子祈來○於天宗 5/45/21
子求行○五十有四而病傴僂 7/58/20
故莫能終其天○ 7/60/20
夫三○之喪 8/66/15,11/97/16
雖致之三○ 8/66/17
然而不能終其天○者 9/68/5
七○旱 9/69/11
○衰志憫 9/74/5
計三○耕而餘一○之食 9/79/2
率九○而有三○之畜 9/79/2
十八○而有六○之積 9/79/2
二十七○而有九○之儲 9/79/3
故國無九○之畜 9/79/3
無六○之積 9/79/4
無三○之畜 9/79/4
彘不朞○不得食 9/79/15
春秋二百四十二○ 9/80/24
故終○為車 10/84/18
〔閔子騫三○之喪畢〕 10/87/8
故（不）為三○之喪 11/99/3
知三○而非一日 11/99/4
庖丁用刀十九○ 11/100/5
七○而致政成王 11/102/21
婦人當○而不織 11/103/23
是以行○六十 12/110/6
居不至朞○ 12/110/13
子之○長矣 12/111/15
君延○二十一歲 12/112/26
〔星一徙當一○〕 12/112/27
〔臣〕故〔曰〕君（移）〔延〕○二十一歲 12/113/1
大司馬捶鉤者○八十矣 12/114/5
臣○二十好捶鉤 12/114/6
三○而天下二垂歸之 12/114/10
小（人）〔○〕不及大（人）〔○〕 12/116/18
（季）〔宓〕子治亶父三○ 12/116/21
三○而無得焉 12/117/23
（周）〔三〕○不得見 12/118/17
吾留秦三○不得見 12/118/19
為三○之喪 12/119/26
三○而桀乃亡 13/124/20
朞○而紂乃亡 13/124/20
處一○ 13/129/4
赤地三○而不絕流 13/131/8
隨時三○ 14/141/27
去時三○ 14/141/28
大勝三○反舍 15/153/26
中勝二○ 15/153/27
下勝期○ 15/153/27
（千○之松） 16.47/158/21
故（桑）〔木〕葉（洛）〔落〕而長○悲也 16.136/166/23
損○則嫌於弟 17.101/175/15
益○則疑於兄 17.101/175/15
上有○者 17.129/177/17
明○出遊匠驪氏 18/186/26
居一○ 18/188/15
18/189/21,18/189/24
18/190/4,18/194/8
圍之晉陽（二）〔三〕○ 18/193/19
明○ 18/196/14
三○不解甲弛弩 18/197/14
行○七十 18/199/15
居三○ 18/201/22
夫項託（○）七歲為孔子師 19/208/11
以○之少 19/208/11
七○而後知 19/209/26
三○不言 20/210/14
三○而成 20/210/27
使天地三○而成一葉 20/210/28
故治三○之喪 21/227/27
武王立三○而崩 21/227/27

黏 nián 2

孔子之見○蟬者 16.20/156/4
曰可以○牡 17.107/175/28

輦 niǎn 1

（負）〔服〕○〔載〕粟而至 18/192/13

棿 niè 4

百事之莖葉條(棿)〔○〕 2/13/12
則必無餘○ 2/17/21
夫井植生(棿)〔○〕而不容甕 6/54/17
(水)〔林〕無柘(棿)〔○〕 8/65/13

齧 niè 5

○缺問道於被衣 12/106/28
○缺〔睡寐〕 12/107/2
兔○為鑒 17.163/180/1
劍之折必有○ 18/196/11
○缺卷鋌 19/208/21

櫱 niè 2

萌兆牙○ 2/10/15
麴(○)〔糱〕必時 5/46/7

糱 niè 1

麴(櫱)〔○〕必時 5/46/7

躡 niè 4

徑○都廣 6/52/3
(縱)〔蹤〕矢○風 6/52/11
足○郊菟 9/80/22
王子慶忌足○麋鹿、手搏兕虎 17.80/174/1

甯 níng 7

○戚商歌車下 9/69/6
○戚擊牛角而歌 10/91/8
桓公之取○戚也 11/96/9
○越欲干齊桓公 12/109/1
○越飯牛車下 12/109/2
〔○戚見〕 12/109/5
○戚之商歌 13/128/1

寧 níng 47

則五藏○ 1/7/9
所立於身者不○ 2/14/3
其和愉○靜 2/18/11
邊境不○ 5/45/5
○身體 5/46/12
地定以○ 7/55/1
五藏定○充盈而不泄 7/56/3
夫脩夜之○ 7/59/27
萬民皆○其性 8/63/17
天下○定 8/63/20
慧不足以大○ 9/71/3
非○靜無以致遠 9/74/13
非不○〔也〕 9/78/14
小有誅而大有○也 9/81/9
不得須臾○ 10/83/20
許由、善卷非不能撫天下、○海內以德民也 11/103/6
○獨死耳 12/112/22
○肯而遠至此 12/116/10
天下安○ 13/126/17
○其危 13/127/13
故无為而○者 14/132/20
失其所以○則危 14/132/20
愚不足以至於失○ 14/134/25
而可以○避害者 14/135/9
食之不○於體 14/137/23
故○而能久 14/138/24
審於數則○ 14/140/7
然後食甘寢○ 14/140/24
莫○其所有 15/142/26
以危為○ 15/142/27
上下不相○ 15/146/7
順祥以安○ 16.19/156/2
○百刺以針 16.75/161/1
○一引重 16.75/161/1
○一月飢 16.75/161/1
各得其所○焉 20/211/13
內順而外○矣 20/211/25
因其○家室、樂妻子 20/212/17
百節皆○ 20/216/5
璩伯玉以其仁○衛 20/217/1
以危為○也 20/218/4
民不得○處 20/218/5
務在○民 20/219/3
○民之本 20/219/4
基美則上○ 20/221/18
綏之斯○ 21/226/18
以○靜王室 21/227/30

凝 níng 17

○竭而不流 1/5/15
夫水嚮冬則○而為冰 2/11/12
其中地而○滯 2/13/8
無所○滯 2/16/27
重濁者滯○而為地 3/18/20
重濁之○竭難 3/18/20
陰氣勝則○而為霜雪 3/19/2
冰之○ 7/60/2
肉○而不食 7/60/7
非謂其○滯而不動也 9/75/20
○滯而不化 13/126/2
或寒○水 14/141/14
大寒地拆水○ 14/141/23
典○如冬 15/150/19
愈其○也 16.15/155/20
以著○天地 21/226/18
使之无○竭底滯 21/227/14

佞 nìng 10

黜讒○之端 6/54/8
則讒○姦邪无由進矣 9/72/12
讒○姦邪而欲犯主者 9/72/14
或○巧小具 9/74/26
○人來 17.145/178/22
 17.145/178/23
○而不仁 18/192/24
是賞○人 18/192/25
○人得志 18/192/25
是使晉國之武舍仁而為○ 18/192/25

牛 niú 89

陸處宜○馬 1/3/20
故○歧蹏而戴角 1/4/6
穿○之鼻者 1/4/7
昔公○哀轉病也 2/11/7
夫○蹏之涔 2/15/1
其星〔尾〕、箕、斗、牽○ 3/19/23

以十一月（久）〔冬〕至效斗、牽○ 3/20/21
而夏至○首之山 3/21/8
舍斗、牽○ 3/27/5
斗、牽○為對 3/27/12
十一月建〔斗〕、牽○ 3/28/3
牽○八 3/28/7
斗、牽○（越）、須女吳〔越〕 3/28/11
多○羊及六畜 4/36/12
旦牽○中 5/40/9
乃合犦○騰馬 5/40/21
食稷與○ 5/42/9
其畜○ 5/42/9
昏牽○中 5/43/17
農有不收藏積聚、○馬畜獸有放失者 5/46/10
出土○ 5/46/24
一自以為○ 6/53/2
馬○放失 6/53/17
夫顏回、季路、子夏、冉伯○ 7/60/15
冉伯○為厲 7/60/16
驅人之○馬 8/66/23
譬猶狸之不可使搏○ 9/74/24
今使烏獲、藉蕃從後牽○尾 9/78/2
甯戚擊○角而歌 10/91/8
子路撜溺而受○謝 11/94/15
○不可以追速 11/94/26
犧○粹毛 11/94/29
是從○非馬 11/99/5
今屠○而烹其肉 11/99/24
其本一○之體 11/99/25
屠○（吐）〔坦〕一朝解九○ 11/100/4
從城上視○如羊 11/101/6
牿服馬○以為牢 11/103/29
甯越飯○車下 12/109/2
擊○角而疾商歌 12/109/3
殺○而賜之 12/114/15
以十二○勞秦師而賓之 12/115/23
駕馬服○ 13/120/13, 20/212/13
鄭賈人弦高將西（敗）〔販〕○ 13/125/15
犒以十二○ 13/125/16
夫○蹏之涔不能生鱣鮪 13/127/9
夫百里奚之飯○ 13/128/1
興于○頷之下 13/128/3
○〔有德於人者〕 13/131/10
○馬有功 13/131/10
極一○之力 13/131/24
夫函○（也）〔之〕鼎沸而蠅蚋弗敢入 14/137/29
菰飯犓○弗能甘也 14/140/23
剝○皮 16.35/157/17
然為○計者 16.35/157/17
亡羊而得○ 16.36/157/20
曰殺罷○可以贖良馬之死 16.94/162/24
殺○、必亡之數 16.94/162/24
䑝屯犂○ 16.104/163/23
○皮為鼓 16.111/164/13
烹○而不鹽 16.114/164/22
視方寸於○ 16.127/165/31
烹○以饗其里 16.141/167/7
兕○之動以觝觸 16.146/167/20
○車絕轔 16.150/168/2
○（蹏）〔蹄〕彘顱亦骨也 17.52/172/4
見象牙乃知其大於○ 17.122/177/1
欺於豎○ 17.145/178/22
馬齒非○蹏 17.155/179/12
不如隨○之誕 17.242/185/14
家無故而黑○生白犢 18/189/20
〔其〕○又復生白犢 18/189/21
括子以報於○子曰 18/190/23
○子以為善 18/190/24
○子以括子言告無害子 18/190/24
○子曰 18/190/25
○子不聽無害子之言 18/191/1
以十二○勞之 18/193/2
〔人有〕牽○〔而〕（蹊）〔徑〕〔於〕人之田〔中〕 18/193/13
田主殺其人而奪之○ 18/193/14
蝨寅走○羊 18/195/29
秦○缺徑於山中而遇盜 18/197/1
秦○缺曰 18/197/3
○馬之氣蒸生蟣虱 20/211/14
蟣虱之氣蒸不能生○馬 20/211/15
縱○馬 20/219/19
放○桃林 21/227/30

紐 niǔ 4

○也 3/25/13
帶足以結（細）〔○〕收衽 11/98/12
龜○之璽 17.128/177/14
懈墮結（細）〔○〕 21/226/2

農 nóng 41

神○之播穀也 1/3/12
（乃）〔及〕至神○、黃帝 2/15/11
○樂其業 2/17/25
東南神州曰○土 4/32/14
以妨○功 5/40/2
勸○事 5/41/9
○始升穀 5/43/8
○事備收 5/44/18
勞○夫 5/45/21
○有不收藏積聚、牛馬畜獸有放失者 5/46/10
令○計耦耕事 5/46/24
令靜○民 5/47/1
舉力○ 5/47/19
昔者神○之治天下也 9/67/17
此伏犧、神○之所以為師也 9/68/24
以為百姓力○ 9/72/1
○無遺力 10/88/4
陸處者○ 11/95/8
○不易其畝 11/97/24
士○工商 11/101/17
是故○與○言力 11/101/17
○無廢功 11/101/18
故神○之法曰 11/103/22
傷○事者也 11/104/11
○事廢 11/104/11
宿沙之民皆自攻其君而歸神○ 12/114/23
神○无制（令）〔令〕而民從 13/122/3
欲以神○之道治之 13/122/4
夫神○、伏犧不施賞罰而民不為非 13/122/11
○不離野 15/144/22
○夫不察苗莠而并耘之

16.73/160/27
○夫勞而君子養焉 17.201/182/21
男子不得脩○畝 18/197/17
食○夫之稼 18/198/9
若夫神○、堯、舜、禹、湯 19/202/15
於是神○乃（如）〔始〕教民播種五穀 19/202/17
神○憔悴 19/203/8
故為道者必託之于神○、黃帝而後能入說 19/208/5
神○之初作琴也 20/213/12
而○夫耨之 20/223/1

醲 nóng 1

肥○甘脆 9/78/13

弄 nòng 3

市南宜遼○丸 9/68/17
以○其上 9/73/7
群臣百姓反○其上 9/76/21

耨 nòu 5

耒○無所設 8/66/9
穢生於弗○ 10/92/25
摩蜃而○ 13/120/10
若櫛髮○苗 15/143/3
而農夫○之 20/223/1

鎒 nòu 1

治國者若○田 16.147/167/23

奴 nú 2

匈○出穢裘 1/3/20
胡、貉、匈○之國 11/97/10

駑 nú 2

○馬十舍 11/102/9
○馬雖（兩）〔冊〕錣之不能進 19/205/1

弩 nǔ 19

強○（于）〔干〕高鳥 1/8/1
谿子之○ 2/18/12
傷弓○矛戟矢石之創者扶舉於路 6/53/25
善射者不忘其○ 10/93/9
銅不可以為○ 11/94/27
連○以（䠸）〔射〕 13/122/7
積○陪後 15/146/1
勁○強衝也 15/146/9
以當脩戟強○ 15/146/10
○如羊角 15/148/21
〔若〕假之筋角之力、弓○之勢 15/150/5
疾如彉○ 15/152/1
隘則用○ 15/152/25
高鳥盡而強○藏 17.29/170/13
操兵○而出 18/192/13
雖有勁○、利矰微繳 18/196/20
三年不解甲弛○ 18/197/14
○力也 20/212/3
故○雖強不能獨中 20/212/4

怒 nù 68

夫喜○者 1/7/4
人大○破陰 1/7/5,7/59/20
是故無所喜而無所○ 1/8/17
神傷乎喜○思慮之患者 2/11/13
○而觸不周之山 3/18/25
○者為風 3/19/1
人亦有取與喜○ 7/55/13
而喜○者 7/56/28
喜○剛柔 8/64/9
喜○和于四時 8/64/14
思慮聰明喜○也 8/64/24
抑減○瀨 8/65/5
憤斯○ 8/66/1
○斯動 8/66/1
有〔所〕（浸）〔侵〕犯則○ 8/66/2
○則血充 8/66/2
氣激則發○ 8/66/2
發○則有所釋憾矣 8/66/3
所以飾○也 8/66/4,9/78/19
不為賞罰（喜○）〔○喜〕 9/67/6
（違）〔達〕其○恚 9/68/5
國有誅者而主無○焉 9/70/27
○不以罪誅 9/75/2
喜○形於心 9/76/28
（不○不喜）〔不喜不○〕 10/82/16
喜○取予 10/90/18
且喜○哀樂 11/96/19
桓公悖然作色而○曰 12/110/3
○者、逆德也 12/112/5
○其失禮 13/125/19
〔而〕和喜○之節 13/130/1
喜○節 13/130/2
治心術則不（忘）〔妄〕喜○ 14/133/8
不妄喜○則賞罰不阿 14/133/9
嚮不○而今○ 14/134/21
發於喜○ 14/137/21
和喜○ 14/137/27
○而相害 15/142/23
喜○而合四時 15/144/14
善用兵者畜其○ 15/146/19
○畜而威可立也 15/146/19
不可○也 15/151/28
喜○為別 16.117/165/4
○出於不○ 17.13/169/8
大○ 18/187/15
恭王大○曰 18/187/22
孟孫○ 18/188/15
楚王大○ 18/189/26
李平子○ 18/195/18
郈昭伯○ 18/195/19
公〔○〕 18/195/20
哀公作色而○ 18/197/25
野人○取馬而繫之 18/198/9
踹足而○曰 18/201/27
以避其○矣 18/202/7
○而鬭 19/206/1
惠王因藏○而待之 19/208/13
不○而威 20/216/1
○而威 20/216/1
○而不威 20/216/2
比類其喜○（與）〔於〕晝宵寒暑 21/224/28
不妄喜○也 21/225/9

儺 nuó 3

令國○ 5/40/21
天子乃○ 5/43/24
命有司大○ 5/46/23

諾 nuò 5

莊王許○ 12/110/21
○ 12/115/5
襄公許○ 12/115/26
服○諸侯 13/126/7
○之與已也 17.157/179/16

懦 nuò 6

簡公以（濡）〔○〕殺 10/91/12
故恩推則○ 13/123/6
○則不威 13/123/6
此柔○所生也 13/123/9
見柔○者侵 13/123/10
則矜於為柔○ 13/123/11

瘧 nüè 1

民多○疾 5/43/13

嘔 ōu 8

以聲華○符嫗掩萬民百姓 2/14/7
以相○咐醞釀 8/62/3
吹○呼吸 11/99/13
殺西○君譯吁宋 18/197/15
陰陽所○ 20/210/23
○之而生 20/210/29
非〔得〕慈雌○煖覆伏 20/212/22
作為《山（水）〔木〕》之○ 20/221/25

甌 ōu 3

瓶○有堤 14/140/16
狗彘不擇甂○而食 17.9/168/29
甂○有甚 20/215/14

謳 ōu 4

清之則（燋）〔憔〕而不（○）〔調〕 13/123/13
及至韓娥、秦青、薛談之○ 13/123/13
欲學歌○者 16.112/164/15
百姓歌○而樂之 20/219/19

齵 ǒu 1

欃楔哤○之郄也 21/225/22

偶 ǒu 11

○睉智故 1/4/5
或奇或○ 4/35/5
二主○ 4/35/9
○以承奇 4/35/9
直○于人形 6/50/6
魯以○人葬而孔子歎 16.102/163/17
應時○變 13/121/22
何可勝○ 15/147/10
聖人之○物也 17.228/184/14
東西南北七十說而无所○ 20/218/6

耦 ǒu 11

夫執道理以○變 1/5/16
令農計○耕事 5/46/24
邪人參○比周而陰謀 6/53/13
通達○于一 7/57/14
此皆聖人之所以應時○變 11/99/4
欲以○化應時 11/99/7
而欲以少○眾 15/149/12
少可以○眾 15/149/13
覽○百變也 21/224/5
假象取○ 21/225/13
則无以○萬方 21/226/29

歐 ǒu 3

而○冶之巧〔不〕可貴也 11/99/13
不若得○冶之巧 11/99/18
唯○冶能名其種 13/128/13

俳 pái 1

坐○而歌謠 8/62/16

排 pái 3

○閶闔 1/2/2
鳥○虛而飛 1/3/15
○患扞難 1/5/3

潘 pān 1

○尪、養由基、黃衰微、公孫丙相與篡之 13/125/18

攀 pān 2

則後者○之 1/5/12
曾子○柩車 16.4/154/14

槃 pán 1

非不知繁升降○還之禮也 11/97/19

盤 pán 6

○紆刻儼 8/65/2
鬭面於○水則員 11/101/6
○旋揖讓以脩禮 13/123/20
而不能生於○石之上 16.30/157/4
而蓑笠○旋也 18/198/25
子發○罪威王而出奔 18/201/26

判 pàn 5

陰陽未○ 2/10/25
神之分離剖○ 2/13/3
剖○大宗 2/15/11
剖之○之 11/98/20
而語不剖○純樸 21/223/22

泮 pàn 3

冰迎春則（泮）〔○〕

而為水 2/11/12
冰之〇 16.15/155/20
冰〇而求穫 18/198/27

叛 pàn 8

禹知天下之〇也 1/3/2
而殷民背〇哉 9/73/20
斮朝涉者之脛而萬民〇 9/78/8
害一人而天下離〇 9/78/9
親子〇父 10/93/10
是故離〇者寡 11/95/9
殷民〇之 11/102/19
其離〇之心遠矣 18/202/3

畔 pàn 5

以封(壤)〔〇〕肥饒
　相讓 1/4/18
田者不侵〇 6/52/19
下〇其上 15/145/20
靈王則倍〇而去之 20/219/27
而功臣〇 20/222/18

滂 pāng 2

源流泉(〇)〔浡〕 1/1/4
令〇人 5/42/10

旁 páng 15

而仿洋于山(峡)〔岬〕
　之〇 1/9/1
〇薄為一 2/15/8
〇有四百四十門 4/33/6
〇有九井玉横 4/33/7
〇礫 5/46/24
而游於忽區之〇 7/57/21
〇薄眾宜 8/62/3
〇流四達 9/80/2
無歧道〇見者 10/82/21
內無(〇)〔奇〕禍 14/135/14
外無(〇)〔奇〕福 14/135/14
必從〇而決之 14/140/9
錯車衛〇 15/146/1
兩鹿不鬬於伏兕之〇
　17.123/177/3

〇光不升俎 17.141/178/13

傍 páng 3

倚牆之〇不可以立 16.23/156/16
投芻其〇 17.95/175/3
〇戟而戰 20/219/15

龐 páng 1

通於无(整)〔埑〕而
　復反於敦〇〔矣〕 2/13/24

庖 páo 7

是猶代〇宰剝牲 9/77/3
宰〇之切割分別也 11/98/18
〇丁用刀十九年 11/100/5
知味非〇也 16.48/158/24
大〔〇不〕豆(不具)
　17.15/169/12
治祭者〇 17.243/185/16
〇也 20/215/17

咆 páo 1

虎豹襲穴而不敢〇 6/51/26

炮 páo 6

為〇(格)〔格〕 2/17/29
而請去〇(格)〔格〕
　之刑 10/90/21
〇(格)〔格〕生乎熱
　(升)〔斗〕 11/94/14
乃為〇(格)〔格〕 12/114/17
不至於為〇(烙)〔格〕
　15/143/5
作為〇格之刑 21/227/20

袍 páo 1

楚莊王裾衣博〇 11/97/11

皰 pào 1

潰小〇而發痤疽 17.78/173/28

坯 pēi 1

夫造化者既以我為〇矣 7/56/14

培 péi 1

鑿〇而遁之 11/102/26

陪 péi 2

蟄(虫)〔蟲〕〇户 5/44/3
積弩〇後 15/146/1

沛 pèi 2

孟諸在〇 4/37/12
〇然而施 20/210/15

佩 pèi 6

令尹子〇請飲莊王 12/110/21
〔子〇具於京臺〕 12/110/21
子〇(疏)〔跣〕揖 12/110/22
楚王(之)〇玦而逐
　(菟)〔兔〕 13/131/27
賢者以為〇 17.128/177/14
〇玉環 19/209/15

珮 pèi 1

因〇兩玦以為之豫 13/131/27

配 pèi 2

〇日月之光 10/86/4
待西施、(毛嬙)〔絡
　慕〕而為〇 11/102/7

轡 pèi 14

上車攝〇 6/52/7
除〇銜 6/52/9
夫鉗且、大丙不施〇銜
　而以善御聞於天下 6/54/11
御者〔非〇不〕行 7/60/30
學御者不為〇也 7/61/1
人臣之〇銜也 9/73/12

齊輯之于○銜之際 9/76/1
是猶無○銜而馳也 9/76/21
上車執○ 9/77/4
執○如組 10/85/9
故急○數策者 10/91/21
非○銜也 17.71/173/12
連以○銜 19/204/17
六(國)〔○〕如絲 19/208/1

盆 pén 12

今○水在庭 2/17/21
猶○水之類也 2/17/22
○水溢 3/22/1
其取之地而已為○盎也 7/56/22
與其為○盎亦無以異矣 7/56/23
叩○拊瓴 7/59/11
知其○瓴之足羞也 7/59/12
則拊○叩瓴之徒也 7/59/13
舉壺榼○盎而以灌之 15/149/11
則不能成○盎 15/152/6
陶(者)〔人〕用缺○ 17.131/177/21
或以○盂 19/204/8

怦 pēng 1

而仁發○以見容 11/97/15

烹 pēng 14

昔者齊桓公好味而易牙
○其首子而餌之 9/77/8
今屠牛而○其肉 11/99/24
治大國若○小鮮 11/100/23
乃○之 13/129/1
殺豚○狗 16.64/160/7
○牛而不鹽 16.114/164/22
○牛以饗其里 16.141/167/7
狡兔得而獵犬○ 17.29/170/13
中山因○其子 18/188/8
使秦西巴持歸○之 18/188/13
請○ 18/190/14
楚人有○猴而召其鄰人 19/208/15
中山○其子 20/214/19
屠割○殺 20/215/16

朋 péng 15

塞○黨之門 6/54/9
比周○黨 8/62/9
○黨周比 9/73/7
棄公勞而用○黨 9/76/19
信於○友 9/82/7
所以合君臣、父子、兄
弟、夫妻、友○之際
也 11/93/24
○友不相怨德 11/93/30
若與○友處 11/97/1
大貝百○ 12/114/14
以小(○)〔明〕大
16.133/166/16
博上者射○張 18/201/14
因其喜○友而教之以悌 20/212/17
○友之際 20/213/5
○黨比周 20/213/20
桓公任管仲、隰○而霸 20/217/26

彭 péng 3

遼巢○澤而為雨 2/13/14
而○祖為夭矣 17.11/169/4
脩○蠡之防 19/202/22

蓬 péng 5

○戶甕牖 1/8/29
寅在甲曰閼○ 3/29/25
藜莠○蒿並興 5/39/14
民之專室○廬 8/61/24
見飛○轉而知為車 16.78/161/10

熢 péng 1

縣○未轉 20/210/9

捧 pěng 1

○心抑腹 7/59/26

批 pī 3

非○邪施〔也〕 11/100/17
知伯與襄子飲而○襄子
之首 12/106/23
在於○(伉)〔抗〕 17.239/185/7

披 pī 4

故許由、方回、善卷、
○衣得達其道 2/17/27
○斷撥(檖)〔遂〕 11/99/26
魏文侯(見之)〔之見〕
反○裘而負芻也 16.20/156/6
○裘而以翣翼 17.111/176/5

邳 pī 1

東裹郯、(淮)〔○〕 15/145/25

鈹 pī 1

(車)〔○〕裂而死 13/126/6

皮 pí 16

有斥山之文○焉 4/34/15
○革屬焉 4/36/5
更○幣 5/40/2
令百工審金鐵○革、筋
角箭幹、脂膠丹漆 5/40/20
無○弁搢笏之服 11/97/9
事之以○帛珠玉而弗受 12/109/12
白虎文○千合 12/114/15
故使陳成(田)常、鴟
夷子○得成其難 13/123/8
柔者為○肉 13/130/14
事之以○幣珠玉而不聽 14/134/12
剝牛○ 16.35/157/17
牛○為鼓 16.111/164/13
○將弗覩 17.137/178/4
復地而後(○)〔反〕 18/192/15
蒙蜎○ 19/209/13
鑣○革 20/217/8

脾 pí 5

祭先○ 5/39/4,5/39/19,5/40/10
(肝)〔○〕為風 7/55/13
(○)〔肝〕為雷 7/55/13

裨 pí 1

〇諶出郭而知 16.142/167/9

羆 pí 8

夫熊〇蟄藏 4/35/20
熊〇匍匐 6/51/26
陸捕熊〇 9/70/5
猛獸熊〇 9/74/8
而虎狼熊〇肽𤝞豢 9/74/8
玄豹、黃〇、青犴 12/114/14
熊〇多力 15/149/10
熊〇之動以攫搏 16.146/167/20

鼙 pí 1

修鞀〇琴瑟管簫 5/41/21

匹 pǐ 11

無〇合於天下者也 1/6/17
故四丈而為〇 3/26/16
（〇者） 3/26/16
一〇而為制 3/26/17
堯為〇夫 9/72/24
使在〇夫布衣 9/77/25
紂再舉而不得為〇夫 9/78/10
蘇秦、〇夫徒步之人也 13/126/7
〇夫百畮一守 14/139/27
神龍不〇 17.99/175/11
〇夫弗嘗者 21/227/16

仳 pǐ 1

嫫母、〇倠也 19/204/23

嚭 pǐ 6

見太宰〇 18/200/20
太宰〇甚悅之 18/200/20
太宰〇曰 18/200/21
子焉知〇之不能也 18/200/21
太宰〇入 18/200/25
夫差用太宰〇而滅 20/217/26

睥 pì 2

過者莫不左右〇睨而掩鼻 19/209/14
焉得无有〇（面）〔睨〕掩鼻之容哉 19/209/18

辟 pì 35

手足之攢疾蚌、〇寒暑 2/17/13
直施矯邪不私〇險 9/69/19
田野〇而無草 9/71/1
稷〇土墾草 9/72/1
〇踊哭泣 9/78/20
三軍皆〇 10/83/26
〇若伐樹而引其本 10/84/10
治國〔者〕〇若張瑟 10/91/21
不〇誹 10/93/1
婦人不〇男子於路者 11/97/3
壹曲而〇 11/101/12
〇若（倪）〔綄〕之見風也 11/101/13
〇任車 12/109/2
〇地墾草者 14/134/16
決疑不〇罪 15/151/25
乃縞素〇舍 15/153/26
畏馬之〇也不敢騎 16.53/159/10
鼓造〇兵 17.54/172/8
鳥獸弗〇 17.116/176/16
然而有論者之所〇也 18/188/1
有罪者、人臣之所〇也 18/188/4
〇伊闕 18/189/13
后稷乃教之〇地墾草 18/189/14
〇地樹穀 19/202/21
儒有邪〇者 19/204/26
今使人生於〇陋之國 19/206/6
以〇疾（病）〔瘮〕之菑 20/212/28
（《詩》之失也〇） 20/213/21
而縱之淫〇 20/216/19
故雖出邪〇之道 20/218/1
邪必蒙正以自為（〇）〔辭〕 20/218/11
行不〇污 20/218/12
則田野必〇矣 20/220/29
所以防淫〇之風也 20/222/9
〇五湖而定東海 21/228/6

僻 pì 6

處窮〇之鄉 1/8/28
則敎志勝而行不〇矣 7/55/22
敎志勝而行（之）不〇 7/55/22
《詩》之失〇 14/141/8
以其〇遠也 18/194/6
〇遠幽閒之處 19/203/4

譬 pì 56

〇若夢 2/11/5
〇若鍾山之玉 2/12/10
〇若周雲之蘢蓯 2/13/13
〇如隋侯之珠 6/51/2
〇若羿請不死之藥於西王母 6/54/20
〇猶本與末也 7/55/5
〇吾處於天下也 7/56/12
〇猶陶人之埏埴也 7/56/22
〇猶揚（堁）〔堁〕而弭塵 9/68/7
〇而軍之持麾者 9/71/2
〇猶方員之不相蓋 9/72/12
〇猶雀之見鸇而鼠之遇狸也 9/72/14
〇猶狸之不可使搏牛 9/74/24
〇若鼓 10/87/4
〇若設網者 10/88/4
〇若舟、車、楯、（肆）〔䑰〕、窮廬 11/95/3
〇若播棊丸於地 11/95/9
〇若隴西之遊 11/96/3
〇若水之下流 11/96/20
〇由膠柱而調（琴）〔瑟〕也 11/98/8
〇若芻狗土龍之始成 11/98/25
〇猶冬被葛而夏被裘 11/99/7
〇若同陂而溉田 11/99/24
〇若絲竹金石之會 11/99/27
〇猶逃雨也 11/101/8
〇猶日月也 11/102/15
〇猶冰炭鉤繩也 11/103/14
〇之若林木無材 12/106/9
〇白公之嗇也 12/106/19
〇之猶廓革者也 12/118/28
〇猶師曠之施瑟柱也 13/120/25

○猶不知音者之歌也 13/123/12
○若斤斧椎鑿之各有所施也 13/123/25
○如張琴 14/140/4
今與人（弁民之○）〔卞氏之璧〕 14/140/7
○猶越人之射也 16.11/155/10
○猶陶人為器也 16.31/157/7
○猶揚堁而弭塵 16.67/160/15
○猶以涅拭素也 16.67/160/15
○猶沐浴而抒溷 16.72/160/25
○猶倮走而追狂人 16.79/161/12
○若樹荷山上 16.88/162/8
○猶客之乘舟 17.1/168/9
○若旱歲之土龍 17.1/168/11
○若黃鍾之比宮 17.15/169/13
○猶削足而適履 17.25/170/5
○若懸千鈞之重於木之一枝 17.205/182/29
○猶緣高木而望四方也 18/193/24
○猶失火而鑿池 18/196/9
○猶以大牢享野獸 18/198/10
○若遺腹子之上隴 19/208/27
以相○喻 21/225/14
所以○類人事之指 21/225/26
假○取象 21/226/2
言天地四時而不引○援類 21/226/25
已知大略而不知○諭 21/226/30

闢 pì 4

○伊闕 8/63/16
19/202/22,20/212/8
唯北陰之未（○）〔闢〕 12/116/9

偏 piān 10

劉覽（○）〔徧〕照 1/2/6
天〔地〕之○氣 3/19/1
○土之氣御乎（清）〔青〕天 4/38/17
是猶王孫綽之欲倍○枯之藥而（欲）以生殊死之人 6/51/4
而欲以○照海內 9/70/3
不○一曲 9/73/2
是以中立而（○）〔徧〕 9/73/2
德澤兼覆而不○ 9/75/4
（○）〔徧〕知萬物而不知人道 9/81/6
（○）〔徧〕愛群生而不愛人類 9/81/6

篇 piān 6

道之有○章形埒者 10/93/4
有○籍者 15/147/1
故著二十○ 21/223/24
故著書二十○ 21/227/1
誠通乎二十○之論 21/227/16
脩其○籍 21/228/2

胼 pián 1

禹○胝 19/203/9

楩 pián 2

伐○柟豫樟而剖梨之 11/99/25
○（柵）〔柟〕豫章之生也 19/209/26

駢 pián 6

田○以道術說齊王 12/106/8
田○對曰 12/106/9
田○〔之〕所稱者、材也 12/106/12
上○生耳目 17.50/171/25
唐子短陳○子於齊威王 18/194/13
陳○子與其屬出亡 18/194/13

骿 pián 1

曹君欲見其○脅 18/196/2

漂 piāo 2

有凍寒積冰、雪雹霜霰、○潤群水之野 5/48/5
鑿地（○）〔湮〕池 10/88/17

摽 piāo 1

攫援○拂 19/206/16

飄 piāo 6

故誅暴則多○風 3/19/13
○風暴雨總至 5/39/13
○風暴雨 12/107/8
與○○往 15/147/8
氣如○風 15/148/2

瓢 piáo 1

其入腹者不過簞食○漿 7/59/18

縹 piǎo 1

夫爝火在○烟之中也 18/195/8

剽 piào 1

○疾輕悍 15/152/22

瞥 piē 1

鱉無耳而目不可以（○）〔弊〕 17.91/174/25

貧 pín 28

布施稟授而不益○ 1/1/21
而不以貴賤○富勞逸失其志德者也 1/9/3
○有以樂業 2/11/28
使家忘○ 2/12/20
助○窮 5/40/16
振○窮 5/47/19
失之者○ 6/51/2
安德而忘○ 7/60/9
夫豈為○富肥臞哉 7/60/22
民○苦而忿爭 9/68/1
是故○民糟糠不接於口 9/74/8
見不足忘○ 10/83/7
○賤者多矣 10/86/20
○人（則夏）〔夏則〕被褐帶索 11/104/7

然○富之相去也 11/104/8
今〔魯〕國之富者寡而○者眾 12/108/19
雖○賤 12/109/17
以○其財 12/119/28
家○族少 12/119/28
○則觀其所不取 13/128/19
不憂民之○也 14/138/22
買多端則○ 14/139/22
雖○如富 14/140/28
樂道而忘○ 14/142/5
〔而〕恤其○（竅）〔窮〕 15/143/18
有廉而○者 17.68/173/6
○者未必廉 17.68/173/6
厚葬靡財而○民 21/228/4

蘋 pín 1

夫（萍）〔○〕樹根於水 1/3/15

品 pǐn 2

水有六○ 4/32/11
五○不慎 18/189/13

牝 pìn 8

谿谷為○ 4/34/19
至陰生○ 4/35/20
○土之氣御于玄天 4/38/25
游○于牧 5/40/21
游○別其群 5/41/23
（牡）〔○〕而黃 12/111/20
毛物、（牡）〔○〕牡〔尚〕弗能知 12/111/21
左牡而右○ 15/150/11

聘 pìn 3

○名士 5/40/16
然後脩朝○以明貴賤 20/212/18
○納而取婦 20/223/2

平 píng 103

乃壞城○池 1/3/3
○之至也 1/7/7
思慮○ 1/7/9
不得須臾○ 1/8/4
○虛下流 1/9/11
○夷其形 1/10/9
汪然○靜 2/10/26
立太○者處大堂 2/12/2
○易者、道之素 2/14/24
智公則心○矣 2/16/9
蚑蟯噆膚而（知）〔性〕不能○ 2/17/14
曷得須臾○乎 2/17/23
日夜分○ 3/22/8
〔日夜○矣〕 3/25/2
（日夜○矣） 3/25/14
已為○ 3/27/2
○（大）〔土〕之人 4/35/24
呼池出魯○ 4/37/22
○詞訟 5/43/7
○權衡 5/44/4
○而不阿 5/47/24
所以○萬物也 5/48/27
○而不險 5/49/4
準○而不失 5/49/5
萬物皆○ 5/49/5
是故上帝以為物○ 5/49/6
○而不怨 5/49/11
常○民祿 5/49/11
○公癃病 6/49/27
冀州○ 6/52/27
○通溝陸 8/63/16
壞險以為○ 8/64/18
墜愛其○ 8/64/23
地之○ 8/64/23
政教○ 8/66/6, 20/213/7,20/213/19
故可以為○ 9/69/17
使人主執正持○ 9/72/22
非○正無以制斷 9/74/13
或欲○九州 9/74/25
○平準 10/82/15
人性欲○ 11/95/29
必先○意 11/96/7
神清意○ 11/96/8
波水不可以為○ 11/96/14
今夫為○者準也 11/100/10
〔而〕可以○直者 11/100/11
晉○公出言而不當 11/100/24
○公曰 11/100/24,19/209/7
○公非不痛其體也 11/100/25
○公之不霸也 11/100/26
安樂無事而天下（均）〔和〕○ 11/103/25
世樂志（平）〔○〕 11/104/17
將衰楚國之爵而○其制祿 12/112/2
今子將衰楚國之爵而○其制祿 12/112/4
去舍露宿以示○易 12/117/19
陰陽和○ 13/120/4
○夷狄之亂 13/121/17
政教和○ 13/126/17
猶之為○〔也〕 13/126/28
聖人心○志易 13/130/9
虛則○ 14/133/21
○者 14/133/21
以為有心者之於○ 14/136/7
故稱○焉 14/138/5
湯、武○暴亂 14/138/8
中未嘗○ 14/139/3
○心定意 14/139/17
以輔成王而海內○ 14/139/27
○天下之亂 15/142/21
○亂世 15/142/26
○原廣澤 15/151/3
動則失○ 16.12/155/14
則中不○也 16.22/156/13
故以不○為○者 16.22/156/13
其○不○也 16.22/156/13
使之自以○ 16.41/158/4
地○則水不流 16.137/166/27
水靜則○ 17.33/170/21
○則清 17.33/170/21
水雖○ 17.213/183/15
○治水土 18/189/13,19/202/23
圍○陸 18/190/22
踰鄰國而圍○陸 18/190/23
而○陸之地存 18/191/2
費無忌（從）〔復〕於荊○王曰 18/194/5
季○子怒 18/195/18
昔晉○公（今）〔令〕官為鐘 19/209/7
終和且○ 20/211/5

○九龍之鍾 20/219/22
雖○家求醫 20/220/13
吳王夫差○齊艾陵 20/222/21
○碎道德之論 21/225/13

粕 pò 2

是直聖人之糟○耳 12/110/3
獨其糟○在耳 12/110/7

魄 pò 13

漠然若無魂○ 6/54/10
魂○處其宅 7/57/8
視毛（牆）〔嬙〕、西施猶（頬醜）〔倛○〕也 7/57/20
其○不抑 7/57/23
地氣為○ 9/67/13
載營○抱一 12/115/17
○問於魂曰 16.1/154/3
○曰 16.1/154/3
16.1/154/5, 16.1/154/7
〔○曰〕 16.1/154/4
○反顧 16.1/154/7
撫靜其魂○ 21/225/1

剖 pōu 14

析毫○芒 2/10/24
天地未○ 2/10/25
神之分離○判 2/13/3
○判大宗 2/15/11
○賢人之心 2/17/29
○之判之 11/98/20
伐楩柟豫樟而○梨之 11/99/25
而（刀）〔刃〕如新○硎 11/100/5
○比干 12/114/17
故蠹啄○梁柱 18/195/29
而卵○於陵 20/211/17
其所以中的○微者 20/212/3
而語不○判純樸 21/223/22
○信符 21/228/18

蔀 pǒu 1

○其家 20/217/1

撲 pū 4

商（○）〔樸〕女（重）〔童〕 13/122/1
欲以（○）〔樸〕（重）〔童〕之法 13/122/2
為雷電所○ 17.124/177/5
一（○）〔墣〕之所能塞也 18/195/8

匍 pú 2

熊羆○匐 6/51/26
○匐自闚於井曰 7/58/21

蒲 pú 4

故○且子之連鳥於百仞之上 6/50/11
（卑）弱柔如○葦 13/125/21
○伏而走 18/194/26
○沮（之子）〔子之〕巧 18/196/20

僕 pú 7

命太○及七騶 5/44/22
猶人君與○虜 11/104/8
撫其○之手曰 12/109/3
不〔可〕以為○ 14/140/3
其○曰 18/196/13
19/203/28, 19/203/29

璞 pú 3

夫玉○不厭厚 11/95/1
非以一（○）〔墣〕塞江也 17.42/171/9
鄙人有得玉○者 19/208/17

濮 pú 3

夫咎犯戰勝城○ 18/191/9
昔晉文公將與楚〔人〕戰〔於〕城○ 18/191/11
城○之戰、〔咎犯之謀〕也 18/191/16

圃 pǔ 7

鄭之○田 4/32/22
傾宮、旋室、縣○、涼風、樊桐在崑崙閶闔之中 4/33/7
是其疏○ 4/33/8
疏○之池 4/33/8
是謂懸○〔之山〕 4/33/16
過崑崙之疏○ 6/52/2
紂為肉○、酒池 8/63/18

浦 pǔ 3

曙於蒙谷之○ 3/24/20
堯戰於丹水之○ 15/142/28
至○水 20/219/15

普 pǔ 1

○氾無私 8/64/6

溥 pǔ 2

○氾無私 5/47/24
泉源不○ 17.203/182/25

墣 pǔ 2

非以一（璞）〔○〕塞江也 17.42/171/9
一（撲）〔○〕之所能塞也 18/195/8

樸 pǔ 25

還反於○ 1/1/12
純粹○素 1/4/5
純兮若○ 1/6/25
純○未散 2/15/8
澆淳散○ 2/15/15
具（○）〔栚〕曲筥筐 5/40/19

室、安○子以偷生也 11/103/6
○親織 11/103/23
鼈負羈之○謂鼈負羈曰 12/110/27
然而請身為臣、○為妾 12/111/5
昔蒼吾繞娶○而美 13/125/20
孟卯○其嫂 13/127/13
○醬織履 16.88/162/7
○死而不泣 17.115/176/14
夫○之(辯)〔辨〕 18/189/14
請身為臣、○為妾 18/202/1
因其寧家室、樂○子 20/212/17
堯乃○以二女 20/213/8

俱 qī 1

視毛(牆)〔嬙〕、西施猶(頪醜)〔○魄〕也 7/57/20

悽 qī 3

家老羸弱○愴於內 6/53/23
○愴之志 8/66/11
子發喟然有○愴之心 18/201/25

期 qī 37

天之○也 3/19/16
夫榮啓○一彈 9/69/4
故君子行(斯)〔○〕乎其所結 10/84/19
釋近(斯)〔○〕遠 10/85/10
所○者異乎 10/85/16
名不與利○而利歸之 10/85/22
林類、榮啓○衣若縣衰〔而〕意不慊 11/103/12
與大夫○三日 12/113/16
以與大夫○ 12/113/17
吾與汗漫○于九垓之(外)〔上〕 12/116/15
而巫馬○絻衣短褐 12/116/21
巫馬○問焉曰 12/116/22
巫馬○歸以報孔子曰 12/116/24
○而必當 13/125/13
尾生與婦人○而死之 13/125/14
與天為○ 14/135/13
行者以為○也 14/138/23
故戰日有○ 15/151/10
下勝○年 15/153/27
坐者不○而拚皆如一 17.20/169/26
(其)〔○〕滿腹而已 17.53/172/6
與之○ 18/191/27
至(其)〔○〕日之夜 18/191/27
孫叔敖決○思之水而灌雩婁之野 18/200/9
殺令尹子椒、司馬子○ 18/201/22
是故鍾子○死 19/208/8
服劍者○於銛利 19/208/24
而不○於墨陽、莫邪 19/208/24
乘馬者○於千里 19/208/24
而不○於(華)〔驊〕騮、綠耳 19/208/25
鼓琴者○於鳴廉脩營 19/208/25
而不○於濫脅、號鍾 19/208/25
誦《詩》、《書》者○於通道略物 19/208/26
而不○於《洪範》、《商頌》 19/208/26
(列星○) 20/211/9
巫馬○往觀化焉 20/211/28
以時教(○)〔朞〕 21/224/20

欺 qī 12

而萬民莫相侵○暴虐 8/62/8
君臣相○ 8/66/16
有義者不可○以利 10/88/23
如飢渴者不可○以虛器也 10/88/23
恐公之○也 12/119/5
信者易○也 15/149/18
信而不可○也 15/151/26
○於驪姬 17.145/178/22
○於豎牛 17.145/178/22
一舉而○之 18/192/14
夫人偽之相○也 18/202/7
詐○愚 19/203/2

棲 qī 10

下○遲至于昆吾、夏后之世 2/15/14
神○崑崙 8/62/28
雞○井榦 8/65/2
巢者巢成而得○焉 11/103/15
亦人之所○宿也 11/103/16
○之會稽 15/153/7
〔一○不兩雄〕 16.12/155/13
山居木○ 20/211/13
○神於心 20/211/19
句踐(捷)〔○〕於會稽 20/222/23

漆 qī 11

令百工審金鐵皮革、筋角箭榦、脂膠丹○ 5/40/20
解之敗○ 6/51/8
○者不畫 9/70/16
○身為厲 9/73/17
○不猒黑 11/95/1
天下莫相憎於膠○ 16.14/155/18
膠○相賊 16.14/155/18
工人下○而上丹則可 16.58/159/23
下丹而上○則不可 16.58/159/23
○見蟹而不乾 16.124/165/23
丹青膠○ 20/214/8

踦 qī 3

必有菅屩跐○ 11/94/3
男女切○ 11/97/4
或(子)〔予〕○而取勝 20/223/9

頪 qī 1

視毛(牆)〔嬙〕、西施猶(○醜)〔俱魄〕也 7/57/20

鏚 qī 1

干○羽旄 8/66/3

岐 qí 9

〔曰〕會稽、泰山、王

屋、首山、太華、○
山、太行、羊腸、孟
門 4/32/18
（歧）〔○〕出石橋 4/37/22
遂成國於（歧）〔○〕
山之下 12/109/16
文王處（歧）〔○〕周
之間也 13/124/16
穆公追而及之○山之陽 13/129/2
乃謝耆老而（徒）〔徙〕
○周 14/134/12
文王脩之（歧）〔○〕
周而天下移風 14/135/5
而國乎（歧）〔○〕周 20/211/26
處（歧）〔○〕周之間 21/227/21

圻 qí 1

通于无○ 2/13/25

歧 qí 9

故牛○蹏而戴角 1/4/6
（○）〔岐〕出石橋 4/37/22
無○道旁見者 10/82/21
遂成國於（○）〔岐〕
山之下 12/109/16
文王處（○）〔岐〕周
之間也 13/124/16
文王脩之（○）〔岐〕
周而天下移風 14/135/5
而國乎（○）〔岐〕周 20/211/26
處（○）〔岐〕周之間 21/227/21
剔河而道九○ 21/228/6

其 qí 2308

○德優天地而和陰陽 1/1/14
因○自然而推之 1/2/12
乘○要〔趣而〕歸之
（趣） 1/2/12
而內不失○情 1/2/16
至無而供○求 1/2/16
時騁而要○宿 1/2/16
各有○具 1/2/17
騰踴肴亂而不失○數 1/2/17
以○無爭於萬物也 1/2/18
莫見○為者 1/3/18,1/3/19
並得○宜 1/3/21
物便○所 1/3/21
失○陰陽之性 1/4/1
各以○所好 1/4/12
使舜無○志 1/4/20
○唯心行者乎 1/4/22
是故聖人內修○本 1/4/22
而不外飾○末 1/4/22
保○精神 1/4/23
偃○智故 1/4/23
而獨知守○根 1/4/25
而獨知守○門 1/4/25
所謂（○）事強者 1/5/3
觀○所積 1/5/5
○力不可量 1/5/6
何以知○然也 1/5/10
1/9/23,13/130/20,18/186/18
18/194/5,18/194/22
18/197/10,18/197/24
以○託於後位 1/5/14
非謂○底滯而不發 1/5/15
貴○周於數而合於時也 1/5/15
不失○所以制人 1/5/16
非爭○先也 1/5/21
而爭○得時也 1/5/21
夫水所以能成○至德於
天下者 1/6/9
以○淖溺潤滑也 1/6/9
○子為光 1/6/11
○孫為水 1/6/11
是故視之不見○形 1/6/19
聽之不聞○聲 1/6/19
2/10/22,12/117/7
循之不得○身 1/6/19
○全也 1/6/25
○散也 1/6/25
澹兮○若深淵 1/6/26
汎兮○若浮雲 1/6/26
○動無形 1/6/27,7/58/1
○行無迹 1/6/27
掩○聰明 1/6/29
滅○文章 1/6/29
去○誘慕 1/6/29
除○嗜欲 1/6/30
（損）〔捐〕○思慮 1/6/30
約○所守則察 1/6/30
寡○所求則得 1/6/30
不變○宜 1/7/1
不易○常 1/7/1,12/112/4
曲因○當 1/7/2
得○內者也 1/7/8
○魂不躁 1/7/10
○神不嬈 1/7/10
○德不虧 1/7/15
人得○得者 1/7/21
夫得○得者 1/7/21
是故○為（曜）〔樂〕
不忻忻 1/7/23
○為悲不惙惙 1/7/23
此○為樂也 1/8/1
察○所以 1/8/4
不得○形 1/8/4
失○得者也 1/8/4
亦必不勝○任矣 1/8/11
操殺生之柄而以行○號
令邪 1/8/21
又焉有不得容○閒者乎 1/8/22
全○身者也 1/8/25
全○身 1/8/25
不足以營○精神 1/8/28
亂○氣志 1/8/28
使心怵然失○情性 1/8/28
不為愁悴怨（懟）〔慰〕
而（不）失○所以自
樂也 1/9/2
而不以貴賤貧富勞逸失
○志德者也 1/9/3
豈嘗為寒暑燥溼變○聲哉 1/9/4
處○所安也 1/9/7
與形俱出○宗 1/9/7
各居○宜 1/9/13
一失〔○〕位 1/9/15
是故聖人使（人）各處
○位 1/9/16
守○職 1/9/16
故夫形者非○所安也而
處之則廢 1/9/16
氣不當○所充〔也〕而
用之則泄 1/9/17
神非○所宜〔也〕而行
之則昧 1/9/17
皆知○所喜憎利害者 1/9/20
以○性之在焉而不離也 1/9/20

○行也 1/9/23
神失○守也 1/9/25
失○所守之位 1/9/28
而離○外內之舍 1/10/1
是故聖人將養○神 1/10/8
和弱○氣 1/10/8
平夷○形 1/10/9
○縱之也若委衣 1/10/9
○用之也若發機 1/10/9
視之不見○形 2/10/22,12/117/7
莫見○形 2/10/26,20/210/8
及○為无无 2/10/27
則无所遁○形矣 2/11/2
○為樂也 2/11/5,20/220/24
方○夢也 2/11/5
不知○夢也 2/11/6
覺而後知○夢也 2/11/6
○兄掩戶而入覘之 2/11/8
方○為虎也 2/11/9
不知○嘗為人也 2/11/9
方○為人〔也〕 2/11/9
不知○且為虎也 2/11/9
各樂○成形 2/11/10
孰知○所萌 2/11/10
孰暇知○所苦樂乎 2/11/13
是故傷死者○鬼嬈 2/11/15
時既者○神漠 2/11/15
是故○寐不夢 2/11/16
○覺不憂 2/11/16
毋淫○性 2/11/21
毋遷○德 2/11/21
○道可以大美興 2/11/22
以物煩○性命乎 2/11/26
孰非○有 2/12/4
猶得肆○志 2/12/5
充○欲 2/12/5
偃○聰明而抱○太素 2/12/8
不能以亂○神 2/12/9
不足以滑○和 2/12/10
使王公簡○貴富而樂卑賤 2/12/20
勇者衰○氣 2/12/20
貪者消○欲 2/12/20
外從○風 2/12/22
內守○性 2/12/22
○所居神者 2/12/22
是故事○神者神去之 2/12/23
休○神者神居之 2/12/23

是故自○異者視之 2/13/3
自○同者視之 2/13/3
○中地而凝滯 2/13/8
○形雖有所小周哉 2/13/9
○與道相去亦遠矣 2/13/9
玆雖遇○母而无能復化已 2/13/19
以諭○轉而益薄也 2/13/20
○為化也 2/13/20
何足以舉○數 2/13/21
○襲微重妙 2/13/25
猶足以脫○命 2/13/28
是故聖人託○神於靈府 2/14/1
○用之也以不用 2/14/2
○不用也而後能用之 2/14/2
○知〔之〕也乃不知 2/14/2
○不知也而後能知之也 2/14/3
○所持者不明 2/14/4
人樂○性者 2/14/7
然○〔一〕斷在溝中 2/14/14
是故神越者○言華 2/14/15
德蕩者○行偽 2/14/15
而惑亂○本矣 2/14/17
○所守者不定 2/14/17
而內以濁○清明 2/14/18
何足以留○志 2/14/23
夫人之事○神而嬈○精 2/14/26
此皆失○神明而離○宅也 2/14/26
必有蔽○明者 2/14/28
皆○營宇狹小 2/15/2
此○為山淵之勢亦遠矣 2/15/3
必○（有命）〔命有〕
在於外也 2/15/4
仰○德以和順 2/15/7
○道昧昧芒芒然 2/15/9
皆欲離○童蒙之心 2/15/10
是故○德煩而不能一 2/15/11
而性命失○得 2/15/14
聚眾不足以極○變 2/15/17
積財不足以贍○費 2/15/17
各欲行○知偽 2/15/18
而失○大宗之本 2/15/19
是故與○有天下也 2/16/1
與○有說也 2/16/1
○情一也 2/16/7
10/85/17,19/206/2
○所為制者異也 2/16/8
以○靜也 2/16/10

以（靚）○易也 2/16/10
弊○玄光而求知之于耳目 2/16/13
是釋○炤炤 2/16/14
而道○冥冥也 2/16/14
○舉錯未必同也 2/16/17
○合於道一也 2/16/17
○道外也 2/16/24
則性得○宜 2/17/8
則德安○位 2/17/9
故能致○極 2/17/10
非有○世 2/17/10
有○人不遇○時 2/17/10
○可得耶 2/17/18
賈便○肆 2/17/25
農樂○業 2/17/25
大夫安○職 2/17/25
而處士（脩）〔循〕○道 2/17/25
故許由、方回、善卷、
披衣得達○道 2/17/27
是以人得自樂○閒 2/17/27
然而不能通○道者 2/18/2
不遇○世 2/18/3
10/89/14,18/199/11
○所生者然也 2/18/7
而求○致千里也 2/18/9
無所肆○能也 2/18/9
不能利○里 2/18/10
○和愉寧靜 2/18/11
○志得道行 2/18/11
○勢焉得 2/18/13
○星角、亢、氐 3/19/22
○星房、心、（尾） 3/19/22
○星〔尾〕、箕、斗、
牽牛 3/19/23
○星須女、虛、危、營室 3/19/23
○星東壁、奎、婁 3/19/24
○星胃、昴、畢 3/19/24
○星觜嶲、參、東井 3/19/25
○星輿鬼、柳、七星 3/19/25
○星張、翼、軫 3/19/25
○帝太皞 3/20/1
○佐句芒 3/20/1
○神為歲星 3/20/1
○獸蒼龍 3/20/1
○音角 3/20/2
5/39/4,5/39/18,5/40/9
○日甲乙 3/20/2

○兵戟 5/41/4,5/41/20
○畜雞 5/41/4,5/41/20
○樹桃 5/41/15
益○食 5/41/23
游牝別○群 5/41/23
○國乃飢 5/42/2
〔○〕樹榆 5/42/4
○位中央 5/42/6
○日（戉）〔戊〕己 5/42/6
○蟲羸 5/42/7
○數五 5/42/7
○味甘 5/42/7
○臭香 5/42/7
○祀中霤 5/42/7
○兵劍 5/42/9
○畜牛 5/42/9
○樹梓 5/42/21
○位西方 5/42/23,5/43/17,5/44/13
○蟲毛 5/42/23,5/43/17
○數九 5/42/24,5/43/18,5/44/14
○味辛 5/42/24,5/44/14
○臭腥 5/42/24,5/43/18,5/44/14
○祀門 5/42/24,5/43/18,5/44/14
○兵（戈）〔戉〕 5/43/2,5/43/20,5/44/16
○畜狗 5/43/3
則○國乃旱 5/43/12,5/44/8,5/46/15
○樹楝 5/43/15
○（朱）〔味〕辛 5/43/18
○畜犬 5/43/20,5/44/17
反受○殃 5/43/21
〔○有失時〕 5/44/3
○樹柘 5/44/11
○（虫）〔蟲〕毛 5/44/13
○皆入室 5/44/20
○樹槐 5/45/7
○位北方 5/45/9,5/46/1,5/46/20
○蟲介 5/45/9,5/46/2,5/46/20
○數六 5/45/10,5/46/2,5/46/21
○味鹹 5/45/10,5/46/2,5/46/21
○臭腐 5/45/10,5/46/2,5/46/21
○祀井 5/45/10,5/46/2,5/46/21
○兵鎩 5/45/12,5/46/4,5/46/23
○畜彘 5/45/12,5/46/4,5/46/23
必行○罪 5/45/20
○樹檀 5/45/28
○有相侵奪〔者〕 5/46/11
則（○）〔天〕時雨水 5/46/15
○樹棗 5/46/18
○樹櫟 5/47/9
○令曰 5/47/14,5/47/19,5/47/24,5/48/1,5/48/6
十一月蟄蟲冬出○鄉 5/48/17
○政不失 5/49/12
○無所逃之亦明矣 6/49/30
不虧○身 6/50/4
若乃未始出○宗者 6/50/4
使俗人不得○君形者而效○容 6/50/10
各像○形 6/50/17
巧歷不能舉○數 6/50/18
不能覽○光 6/50/18
何以知○然 6/51/3,13/129/17,19/205/22
以○屬骨 6/51/3
責○生肉 6/51/4
以○生肉 6/51/4
論○屬骨 6/51/4
而求○引瓦 6/51/6
不得○道 6/51/14,14/134/18
○得之乃失之 6/51/15
○失之非乃得之也 6/51/15
○於五音無所比 6/51/18,11/100/12
而甘臥以游○中 6/51/20
而不知○所由至也 6/51/20
若未始出○宗 6/51/20
還至○曾逝萬仞之上 6/52/1
然未見○貴者也 6/52/8
此假弗用而能以成○用者也 6/52/12
星辰不失○行 6/52/20
諸北、儋耳之國莫不獻○貢職 6/52/22
○行蹎蹎 6/53/2
○視（瞑瞑）〔瞋瞋〕 6/53/3
侗然皆得○和 6/53/3
莫知〔○〕所由生 6/53/3
禽獸（蝮）〔蟲〕蛇無不匿○爪牙 6/53/4
藏○螫毒 6/53/4
考○功烈 6/53/5
然而不彰○功 6/53/7
不（楊）〔揚〕○聲 6/53/7
春秋縮○和 6/53/11
天地除○德 6/53/12
驕主而像○意 6/53/13
亂人以成○事 6/53/13
喪不盡○哀 6/53/15
獵不聽○樂 6/53/16
天下未嘗得安○情性 6/54/1
而樂○習俗 6/54/1
保○脩命 6/54/1
近者獻○智 6/54/4
遠者懷○德 6/54/4,9/75/5
春秋冬夏皆獻○貢職 6/54/5
使萬物各復歸○根 6/54/10
更順○風 6/54/14
捽拔○根 6/54/14
蕪棄○本 6/54/15
而不窮究○所由生 6/54/15
皆狂生而無○本者也 6/54/18
莫知○門 7/54/25,15/150/28
孔乎莫知○所終極 7/54/26
滔乎莫知○所止息 7/54/26
精神入○門 7/54/28
而骨骸反○根 7/54/28
日月失○行 7/55/15
風雨非○時 7/55/15
五星失○行 7/55/16
尚猶節○章光 7/55/18
（變）〔愛〕○神明 7/55/18
○出彌遠者 7/56/5
○知彌少 7/56/5,12/117/15
夫人之所以不能終○壽命而中道夭於刑戮者 7/56/10
以○生生之厚 7/56/10
不識天下之以我備○物與 7/56/12
○生我也 7/56/14
○殺我也 7/56/14
○生我也不彊求已 7/56/16
○殺我也不彊求止 7/56/16
隨○天資而安之不極 7/56/17
吾又安知所喜憎利害○間者乎 7/56/20
○取之地而已為盆盎也 7/56/22
與○未離於地也無以異 7/56/22
○已成器而破碎漫瀾而復歸○故也 7/56/23

與○為盆盎亦無以異矣 7/56/23
居人汲水以浸○園 7/56/24
是故○在江也 7/56/24
無以異○浸園也 7/56/25
○在洿也 7/56/25
亦無以異○在江也 7/56/25
是故聖人因時以安○位 7/56/25
當世而樂○業 7/56/25
○生也天行 7/57/1
○死也物化 7/57/1
必究○理 7/57/6
必窮○節 7/57/6
以終○命 7/57/6
魂魄處○宅 7/57/8
而精神守○根 7/57/8
處○一不知○二 7/57/10
治○內不識○外 7/57/10
而能守○宗 7/57/14
忘○五藏 7/57/15
（損）〔捐〕○形骸 7/57/15
抱○太清之本而無所 7/57/17
是故○寢不夢 7/57/22
○智不萌 7/57/22
○魄不抑 7/57/23
○魂不騰 7/57/23
不知○端緒 7/57/23
○靜無體 7/58/1
莫得○倫 7/58/2
使神滔蕩而不失○充 7/58/4
孰暇知○所為 7/58/6
○所生則死矣 7/58/8
○所化則化矣 7/58/9
以○窮耳目之欲 7/58/12
見○徼 7/58/19
○以我為此拘拘邪 7/58/21
此○視變化亦同矣 7/58/21
臨死地而不易○義 7/59/1
不改○行 7/59/1
○餘無足利矣 7/59/6
知○盆瓴之足羞也 7/59/12
使之左〔手〕據天下圖
　而右手刎○喉 7/59/15
無天下不虧○性 7/59/17
有天下不羨○和 7/59/17
○入腹者不過簞食瓢漿 7/59/18
與守○篅笹、有○井 7/59/20
漠若未始出○宗 7/59/21

不若○偃也 7/60/1
不若○釋也 7/60/2
莫知○所萌 7/60/3
直雕琢○性 7/60/6
矯拂○情 7/60/6
外束○形 7/60/8
內（愡）〔愁〕○德 7/60/8
不本○所以欲而禁○所欲 7/60/13
不原○所以樂而閉○所樂 7/60/13
不塞○囿垣 7/60/14
系絆○足 7/60/14
以禁○動 7/60/15
此皆迫性拂情而不得○
　和也 7/60/16
曾子問○故 7/60/17
故莫能終○天年 7/60/20
故知○無所用 7/60/25
不知○無所用 7/60/26
夫人主之所以殘亡○國家 7/60/26
（損）〔捐〕棄○社稷 7/60/26
夫仇由貪大鍾之賂而亡
　○國 7/60/27
虞君利垂棘之璧而擒○身 7/60/27
誠知○本 7/61/2
○言略而循理 8/61/7
○行悅而順情 8/61/7
○心（愉）〔和〕而不偽 8/61/8
○事素而不飾 8/61/8
四時不失○敘 8/61/10
風雨不降○虐 8/61/10
五星循軌而不失○行 8/61/11
公輸、王爾無所錯○剞
　劂削鋸 8/61/21
神明定於天下而心反○初 8/62/13
心反○初而民性善 8/62/13
今背○本而求〔之〕于末 8/62/19
釋○要而索之于詳 8/62/19
使衛○指 8/62/28
莫知○所由出 8/63/6
雖神无所施○德 8/63/8
雖賢無所立○功 8/63/9
而不知○所由然 8/63/10
萬民皆寧○性 8/63/17
然天下莫知貴○不言也 8/63/24
○粗也 8/63/25
人知○一 8/64/2
莫知○他 8/64/2

不失○敘 8/64/9
不離○理 8/64/9
足以治○境內矣 8/64/11
○德（舍）〔含〕愚而
　容不肖 8/64/17
貴賤不失○體 8/64/20
天愛○精 8/64/23
墬愛○平 8/64/23
人愛○情 8/64/23
精泄於目則○視明 8/64/26
在於耳則○聽聰 8/64/27
留於口則○言當 8/64/27
集於心則○慮通 8/64/27
不得○時 8/65/14
必有○質 8/66/4
人得○願 8/66/7
君施○德 8/66/14
臣盡○忠 8/66/14
父行○慈 8/66/14
子竭○孝 8/66/14
各致○愛而無憾恨○間 8/66/14
戲笑○中 8/66/17
各守○分 8/66/19
戮○君 8/66/21
易○黨 8/66/21
封○墓 8/66/21
類○社 8/66/21
卜○子孫以代之 8/66/21
各處○宅 9/67/13
懷○仁成之心 9/67/17
○民樸重端愨 9/67/20
故○化如神 9/67/21
○地南至交阯 9/67/21
不務反道矯拂○本 9/68/2
而事修○（未）〔末〕 9/68/2
削薄○德 9/68/3
曾累○刑 9/68/3
供○嗜欲 9/68/5
適○飢飽 9/68/5
（違）〔達〕○怒恚 9/68/5
然而不能終○天年者 9/68/5
○所修者本也 9/68/11
而郢人无所（害）〔容〕
　○鋒 9/68/16
而兩家之難無所關○辭 9/68/17
○於以御兵刃（縣）
　〔縣〕矣 9/68/18

○是或非 9/81/25
則益○損 9/81/29
○施之不當 9/82/1
○處之不宜 9/82/1
不如○寡也 9/82/1
有掌脩○隄防 9/82/4
補○缺漏 9/82/4
而責于○所不得制 9/82/7
○坐無慮 10/82/17
○寢無夢 10/82/17
故○心治者 10/82/19
○國治者 10/82/20
則失○所以生 10/82/27
則失○所以活 10/82/27
觀○所懼 10/82/28
○施厚者○報美 10/82/30
○怨大者○禍深 10/83/1
是故聖人察○所以往 10/83/1
則知○所以來者 10/83/2
各得○所宜 10/83/3
人以○所願於上以與○下交 10/83/3
以○所欲於下以事○上 10/83/4
不戴○情 10/83/8
凡人各賢○所說 10/83/13
而說○所快 10/83/13
則民樂○治 10/83/19
則民慕○意 10/83/19
言小人處非○位 10/83/20
是故聖人制○剟材 10/83/24
○出之（也誠）〔誠也〕 10/83/26
唯造父能盡○力 10/84/7
唯唐、虞能齊○美 10/84/8
辟若伐樹而引○本 10/84/10
及恃○力 10/84/13
賴○功者 10/84/13
故君子行（斯）〔期〕乎○所結 10/84/19
而不能達○難也 10/85/2
我○性與 10/85/8
○次曰 10/85/8
○如此乎 10/85/8
故君子慎○獨也 10/85/10
我○首禾乎 10/85/12
故君子見善則痛○身焉 10/85/13
僖負羈以壺（飱）〔飧〕
表○閭 10/85/17
趙宣孟以束脯免○軀 10/85/17
故○入人深 10/85/18
○在債人則生爭鬭 10/85/19
終而後知○可大也 10/85/24
○消息也 10/86/1
○憂尋推之也 10/86/2
○命惟新 10/86/3
難至而失○守也 10/86/16
見利而忘○害也 10/86/16
○憂尋出乎中也 10/86/19
不為無人不兢○容 10/86/23
○母也 10/87/6
句吳○庶乎 10/87/7
○聲非也 10/87/8
輪子陽謂○子曰 10/87/11
故聖人栗栗乎○內 10/87/20
有○世 10/87/24
有○人也 10/87/24
小人被○澤 10/87/26
君子享○功 10/87/26
使君子小人各得○宜也 10/87/27
凡高者貴○左 10/87/29
下者貴○右 10/87/29
故上左遷則失○所尊也 10/87/30
臣右還則失○所貴矣 10/87/30
引○（網）〔綱〕而萬目開矣 10/88/5
○哀則同 10/88/14
○所以哀則異 10/88/14
各從○蹠而亂生焉 10/88/17
○載情一也 10/88/17
說○所苦即樂 10/88/21
失○所樂則哀 10/88/21
故治國樂○所以存 10/88/26
亡國亦樂○所以亡也 10/88/27
衛武侯謂○臣曰 10/89/9
故君子順○在己者而已矣 10/89/13
有○材 10/89/14
而不能必○得福 10/89/15
而未能（必免○禍）〔必○免禍〕 10/89/16
終不私○利矣 10/89/21
必○甘之者也 10/89/26
必○樂之者也 10/89/26
棄○所賤 10/89/29
得○所貴也 10/89/29
唯聖人見○始而知○終 10/90/1
○謝之也 10/90/6
不知○所由然 10/90/10
而後世稱○大 10/90/13
必不得○所懷也 10/90/14
○次勞而不病 10/90/16
○下病而不勞 10/90/16
歌之脩○音也 10/90/17
音之不足於○美者也 10/90/17
○類若積薪樵 10/90/26
夜行瞑目而前○手 10/91/2
○諭人心不可及也 10/91/10
皆不得○道者也 10/91/12
○清濁一也 10/91/12
聖人見○所生則知○所歸矣 10/91/16
是故祿過○功者損 10/91/22
名過○實者蔽 10/91/22
目見○形 10/92/7
耳聽○聲 10/92/7
口言○誠 10/92/7
與○由人 10/92/17
察○數 10/92/19
物○樹 10/92/19
從○欲 10/92/19
唯聖人知○微 10/93/6
善御者不忘○馬 10/93/9
善射者不忘○弩 10/93/9
善為人上者不忘○下 10/93/9
得○天性謂之德 11/93/20
○衣（致）煖而無文 11/93/28
○兵（戈）銖而無刃 11/93/29
○歌樂而无轉 11/93/29
○哭哀而無聲 11/93/29
無所施○美 11/93/29
皆生非○類 11/94/6
唯聖人知○化 11/94/6
不知○可以為布也 11/94/7
不知○可以為旃也 11/94/7
○後 11/94/12
使各便○性 11/94/25
安○居 11/94/25
處○宜 11/94/25
為○能 11/94/25
各用之於○所適 11/94/27
施之於○所宜 11/94/27

營○心 11/104/2
故○為編戶齊民無以異 11/104/8
是由發○原而壅○流也 11/104/10
身危則（忠）〔忘〕○親戚 11/104/19
○數奈何 12/105/5,12/105/11
不若此○宜也 12/106/5
願王察○所謂 12/106/10
己雖無除○患 12/106/10
不能以〔○〕府庫分人 12/106/15
夫國非○有也 12/106/18
何以異於梟之愛○子也 12/106/19
不（知）〔如〕○已 12/106/20
是〔○〕為人也 12/106/23
破○首以為飲器 12/106/25
知○雄 12/106/25
守○雌 12/106/26
（○）為天下谿 12/106/26
而無求○故 12/107/1
（直）〔真〕〔○〕實知 12/107/3
亡○及我乎 12/107/9
趙氏○昌乎 12/107/9
勝非○難者也 12/107/10
〔持之、○難者也〕 12/107/10
故○福及後世 12/107/11
非無○意也 12/107/20
使人本無○意也 12/107/20
夫無○意 12/107/21
此○賢於勇有力也 12/107/22
誠有○志 12/107/24
則四境之內皆得○利矣 12/108/1
○名曰蹶 12/108/7
此以○〔所〕能 12/108/8
託○所不能 12/108/8
希不傷○手 12/108/9
○獨以亡 12/108/24
撫○僕之手曰 12/109/3
患○有小惡也 12/109/7
合○所以也 12/109/8
權而用○長者而已矣 12/109/8
而王處○一焉 12/109/10
以言○能包裹之也 12/109/10
與人之兄居而殺○弟 12/109/13
與人之父處而殺○（予）〔子〕 12/109/13
不以○所〔以〕養害（○）〔所〕養 12/109/15
今受○先人之爵祿 12/109/17
是故「用○光 12/109/25
復歸○明也 12/109/25
○德乃真也 12/109/30
釋○椎鑿而問桓公曰 12/110/1
○人（在焉）〔焉在〕 12/110/2
亦以懷○實 12/110/7
獨○糟粕在耳 12/110/7
寡人當○美 12/110/12
子受○怨 12/110/12
子罕遂（却）〔劫〕宋君而專○政 12/110/14
於是王壽乃焚〔○〕書而舞之 12/110/18
○樂忘死 12/110/24
吾觀○從者 12/110/28
重耳受○餕而反○璧 12/111/1
及○反國 12/111/1
中牟聞○義 12/111/12
若亡○一 12/111/16
此○於馬 12/111/18
是乃○所以千萬臣而无數者也 12/111/22
得○精而忘○粗 12/111/23
在○內而忘○外 12/111/23
見○所見而不見○所不見 12/111/23
視○所視而遺○所不視 12/111/24
將衰楚國之爵而平○制祿 12/112/2
損○有餘而緩○不足 12/112/3
12/112/4
不變○故 12/112/4
今子將衰楚國之爵而平○制祿 12/112/4
是變○故、易○常也 12/112/5
挫○銳 12/112/10
解○紛 12/112/10
和○光 12/112/10
同○塵 12/112/11
若何○辱群大夫 12/112/14
且〔君〕輕下○臣 12/112/16
為人君而欲殺○民以自活也 12/112/23
○誰以我為君者乎 12/112/24
夫乘民之功勞而取○爵祿〔者〕 12/113/13
○中有精 12/113/19
○精甚真 12/113/19
○中有信 12/113/19
○弟子（諫）〔問〕曰 12/113/22
後○身而身先 12/113/24
外○身而身存 12/113/25
非以〔○〕無私〔邪〕 12/113/25
故能成○私 12/113/25
而以長得○用 12/114/7
則不堪○殃 12/114/12
及〔○〕未成 12/114/13
乃免○身 12/114/15
文王乃遂○謀 12/114/18
知○榮 12/114/18
守○辱 12/114/18
而民親○上 12/114/20
○度安至 12/114/21
宿沙之民皆自攻○君而歸神農 12/114/23
如何○無懼也 12/114/23
奚適○（無）〔有〕道也 12/114/26
楚賢良大夫皆盡○計而悉○誠 12/115/4
不問○辭而遺之 12/115/5
明（又）〔夕〕復往取○枕 12/115/7
明（日）（又）〔夕〕復往取○簪 12/115/7
為○謀未及發泄也 12/115/20
皆以○氣之高與○力之盛至 12/115/20
臣不知○可也 12/115/21
○備必先成 12/115/24
擒○三軍以歸 12/115/27
因獻十珥而美○一 12/116/1
塞○兌 12/116/3
閉○門 12/116/3
慢然下○臂 12/116/6
○比夫不名之地 12/116/11
此○下無地而上無天 12/116/13
此○外 12/116/13
○餘一舉而千萬里 12/116/14
若有嚴刑在○側者 12/116/25
○果無有（子）〔乎〕 12/117/6
而（就）〔孰〕視○狀

貌 12/117/7
〔○〕孰能至于此乎 12/117/8
及○為無無〔矣〕 12/117/9
則不能漏理○形也 12/117/13
○出彌遠 12/117/15
往朝〔○〕師 12/117/23
吾以觀○復也 12/117/26
臨死地不變○儀 12/118/1
兩蛟挾繞○舩 12/118/3
遂斷○頭 12/118/6
○辭若然 12/118/11
魏王乃止○行而跣○身 12/118/11
是○所以〔為〕固也 12/118/12
失○宗本 12/118/12
不若○寡也 12/118/13
而使齕○指 12/118/13
〔○〕孰先亡乎 12/118/26
〔○〕中行、知氏〔乎〕 12/118/26
○為政也 12/118/27
○政惛惛 12/118/29
○民純純 12/118/29
○政察察 12/118/29
○民缺缺 12/118/29
地○動乎 12/119/3
○中則正 12/119/15
○盈則覆 12/119/15
是臣殺○主而下伐○上也 12/119/22
惟恐○創之小也 12/119/23
彼皆樂○業 12/119/25
（供）〔佚〕○情 12/119/25
於是乃去○瞀而載之（木）〔朮〕 12/119/25
解○劍而帶之笏 12/119/26
以弃○賀 12/119/27
以亶○家 12/119/27
以貧○財 12/119/28
以盡○力 12/119/28
○德生而不（辱）〔殺〕 13/120/3
天下不非○服 13/120/3
同懷○德 13/120/4
○成猶網羅 13/120/9
後世為之機杼勝複以便○用 13/120/9
故（居）〔民〕迫○難
則求○便 13/120/15
因○患則造○備 13/120/15
人各以○（所）知 13/120/15
去○所害 13/120/16
就○所利 13/120/16
陽侯殺蓼侯而竊○夫人 13/121/1
衣服器械各便○用 13/121/5
法度制令各因○宜 13/121/5
（失）〔夫〕道（之）〔○〕缺也 13/121/11
不若道○全也 13/121/11
不若聞（得）○言 13/121/12
聞（得）○言 13/121/12
不若得○所以言 13/121/12
得○所以言者 13/121/12
人以○位 13/121/21
達○好憎 13/121/21
以○威勢供〔○〕嗜欲 13/121/21
○不能中權 13/121/22
若乃人考○（身）才 13/121/26
而時省○用 13/121/26
則○亂必矣 13/122/5
是言○所不行也 13/122/23
是行○所非也 13/122/24
稱○所是 13/122/24
行○所非 13/122/24
○唯繩乎 13/123/6
齊簡公釋○國家之柄 13/123/7
而專任○大臣將相 13/123/7
故使陳成（田）常、鴟夷子皮得成○難 13/123/8
○於罰也 13/123/9
得○處則無非 13/123/22
失○處則無是 13/123/22
故聖人見化以觀○徼 13/124/18
若此○易知也 13/124/23
務廣○地而不務仁義 13/124/27
務高○位而不務道德 13/124/27
是釋○所以存 13/124/28
而造○所以亡也 13/124/28
而不能自非○所行 13/124/28
而不反○過 13/125/1
而悔〔○〕不誅文王於羑里 13/125/1
今不審○在己者 13/125/3
以○有道也 13/125/5
以○无道也 13/125/5
則天下納○貢職者迴也 13/125/9
直躬○父攘羊而子證之 13/125/14
黃衰微舉足蹴○體 13/125/19
怒○失禮 13/125/19
至○迫於患也 13/125/24
則舉足蹴○體 13/125/24
至○溺也 13/125/25
則捽○髮而拯 13/125/26
以救○死也 13/125/26
物動而知○反 13/126/19
事萌而察○變 13/126/19
今以人之小過揜○大美 13/126/26
然而曹子不羞○敗 13/127/2
不死○難 13/127/4
不諱○恥 13/127/4
今人君〔之〕論○臣也 13/127/8
不計○大功 13/127/8
揔○略行 13/127/8
而求〔○〕小善 13/127/8
無（問）〔聞〕○小節 13/127/9
无疵○小故 13/127/9
誠○大略是也 13/127/10
若○大略非也 13/127/11
孟卯妻○嫂 13/127/13
寧○危 13/127/13
解○患 13/127/13
○略得也 13/127/14
未有能全○行者也 13/127/19
而不欲○大也 13/127/20
○小惡不足〔以〕妨大美也 13/127/26
而求得（○）賢乎天下 13/127/27
○美有存焉者矣 13/128/1
眾人見○位之卑賤 13/128/1
而不知○大略 13/128/2
及○為天子三公 13/128/2
故未有功而知○賢者 13/128/5
功成事立而知○賢者 13/128/5
○失人也必多矣 13/128/6
能效○求 13/128/7
而不知○所以取人也 13/128/7
唯歐冶能名○種 13/128/13
唯猗頓不失○情 13/128/13
象見○牙 13/128/14
見○一行而賢不肖分也 13/128/16
見○有所燒也 13/128/17
見○有所害也 13/128/18

貴則觀○所舉	13/128/19
富則觀○所施	13/128/19
窮則觀○所不受	13/128/19
賤則觀○所不為	13/128/19
貧則觀○所不取	13/128/19
視○更難	13/128/20
以知○勇	13/128/20
以觀○守	13/128/20
以論○（人）〔仁〕	13/128/20
以知○節	13/128/21
莫不終忠於○君	13/128/27
吾恐○傷汝等	13/129/3
夫法令（者）罔○姦邪	13/129/18
（勸）〔勒〕率隨○蹤跡	13/129/18
然而不材子不勝○欲	13/129/19
勒問○故曰	13/129/27
則忘○為矣	13/129/28
○有弗棄	13/130/3
非○有弗索	13/130/3
荊佽非兩蛟夾繞○船而志不動	13/130/8
酒濁○神也	13/130/12
懼揜○氣也	13/130/13
相戲以刃者太祖軵○肘	13/130/21
枕戶橉而臥者鬼神蹠○首	13/130/21
故因○便以尊之	13/130/24
故因○資以讋之	13/130/25
相戲以刃太祖軵○肘者	13/130/26
○患必大	13/130/26
故因太祖以累○心	13/130/27
鬼神（履）〔蹠〕○首者	13/130/27
為愚者之不知○害	13/131/3
乃借鬼神之威以聲○教	13/131/3
唯有道者能通○志	13/131/4
非以○神為能饗之也	13/131/6
恃賴○德	13/131/6
是故以時見○德	13/131/7
所以不忘○功也	13/131/7
○死也葬之	13/131/9
○死也葬〔之〕	13/131/10
○子孫數諫而止之	13/131/15
大搜○廬	13/131/15
○所施德者皆為之戰	13/131/16
語○子曰	13/131/16
告○子曰	13/131/20
○於以復嫁易	13/131/20
○子聽父之計	13/131/21
君公知○盜也	13/131/21
○父不自非也	13/131/21
而反得○計	13/131/22
有（如）〔加〕轅軸○上以為造	13/131/24
為走而破○玦也	13/131/27
則禽獸草木莫不被○澤矣	13/132/5
能反○所生	14/132/15
失○所以寧則危	14/132/20
失○所以治則亂	14/132/20
人莫不貴○所（有）〔脩〕	14/132/26
而賤○所短	14/132/26
然而皆溺○所貴	14/132/26
而極○所賤	14/132/26
人能貴○所賤	14/132/27
賤○所貴	14/132/27
物莫（不）足〔以〕滑○（調）〔和〕	14/133/2
能有天下者必不失○國	14/134/1
能有○國者必不喪○家	14/134/1
能治○家者必不遺○身	14/134/1
能脩○身者必不忘○心	14/134/1
能原○心者必不虧○性	14/134/2
能全○性者必不惑於道	14/134/2
○力不可度	14/134/8
有一人在○中	14/134/20
必以醜聲隨○後	14/134/21
守○分	14/134/25
循○理	14/134/26
非○求所生	14/135/1
非○求所成	14/135/2
聖人守○所以有	14/135/3
不求○所未得	14/135/3
求○所（無）〔未得〕	14/135/3
脩○所〔已〕有	14/135/3
不失○直	14/135/11
獨不離○壇（城）〔域〕	14/135/11
○智也	14/135/22
然後覺○動也	14/135/22
〔○能也〕	14/135/22
然後覺○為也	14/135/23
不施○美	14/135/23
不有○名	14/135/24
人舉○疵則怨人	14/136/11
鑑見○醜則善鑑	14/136/11
由○道則善無章	14/136/13
（脩）〔循〕○理則（功）〔巧〕無名	14/136/14
而慎脩○境內之事	14/136/29
盡○地力以多○積	14/137/1
厲○民死以（牢）〔堅〕○城	14/137/1
人以○位通○好憎	14/137/9
獨任○智	14/137/14
各得○所	14/137/26
有使人不能用○智於己者也	14/138/10
有使人不能施○力於己者也	14/138/11
虎無所措○爪	14/138/13
兕無所措○角	14/138/13
飾○外者傷○內	14/138/18
扶○情者害○神	14/138/18
見○文者蔽○質	14/138/18
無須臾忘〔○〕為（質）〔賢〕者	14/138/18
百步之中不忘○〔為〕容者	14/138/19
必累○形	14/138/19
用之者亦不受○德	14/138/24
侯而求霸者必失○侯	14/138/29
霸而求王者必喪○霸	14/138/30
霸王○寄也	14/138/30
富貴○寄也	14/138/30
能不以天下傷○國、而不以國害○身者	14/138/31
釋○所已有	14/139/1
而求○所未得也	14/139/1
（捉）〔投〕得○齊	14/139/17
行由○理	14/139/17
故木之大者害○條	14/139/22
水之大者害○深	14/139/22
○儀一也	14/139/24, 14/139/24
君子○結於一乎	14/139/24
不足以易○一概	14/140/27
○作始簡者	14/141/4
○終（本）〔卒〕必調	14/141/4
反○所憎	14/141/6

言○大者也	14/141/11
日長○類	14/141/13
故聖人謹慎○所積	14/141/14
火弗為（襄）〔衰〕○（暑）〔熱〕	14/141/23
火弗為益○烈	14/141/24
中立○所	14/141/28
故○身治者	14/142/6
而樂○身之治（也）〔者〕	14/142/9
非○所求	14/142/11
故不伐○功	14/142/12
非○所生	14/142/12
故不悔○行	14/142/12
〔不〕累（積）○德	14/142/13
自信○情	14/142/13
葬○骸於曠野之中	14/142/16
祀○鬼神於明堂之上	14/142/16
莫寧○所有	15/142/26
使夏桀、殷紂有害於民而立被○患	15/143/4
故聞敵國之君有加虐於〔○〕民者	15/143/11
則舉兵而臨○境	15/143/12
兵至○郊	15/143/12
（○）〔某〕國之君	15/143/14
剋國不及○民	15/143/17
廢○君而易○政	15/143/18
尊○秀士而顯○賢良	15/143/18
振○孤寡	15/143/18
〔而〕恤○貧（竅）〔窮〕	15/143/18
出○囹圄	15/143/19
賞○有功	15/143/19
唯恐○不來也	15/143/19
夫為地戰者不能成○王	15/143/24
為身戰者不能立○功	15/143/25
故不（可）得（而）觀〔○形〕	15/144/3
故莫能窺○門	15/144/4
孰知○藏	15/144/5
以○無常形勢也	15/144/5
莫能得○紀	15/144/7
諸侯莫不慴㥄沮膽○處	15/144/11
脩政於境內而遠方慕○德	15/144/12
制勝於未戰而諸侯服○威	15/144/12
各盡○力	15/144/25
○憂同也	15/144/26
而與萬民共享○利	15/144/27
用○自為用也	15/144/28
用○為己用也	15/144/28
用○自為用	15/144/28
用○為己用	15/144/29
〔則○〕所得者鮮矣	15/144/29
諸侯服○威而四方懷○德	15/145/2
今夫天下皆知事治○（未）〔末〕	15/145/7
而莫知務脩○本	15/145/8
釋○根而樹○枝也	15/145/8
必擇○人	15/145/17
技（能）○才	15/145/17
使官勝○任	15/145/17
人能○事	15/145/17
政勝○民	15/145/19
下附○上	15/145/19
民勝○政	15/145/19
下畔○上	15/145/20
彗星出而授殷人○柄	15/146/14
故善為政者積○德	15/146/19
善用兵者畜○怒	15/146/19
貴○无形也	15/147/2
莫知○所之	15/147/9
莫知○所集	15/147/9
孰知○端緒	15/147/11
未見○發	15/147/11
擊○猶猶	15/147/12
陵○與與	15/147/12
敵（之）〔人〕靜不知○所守	15/147/15
動不知○所為	15/147/15
天下孰敢厲威抗節而當○前者	15/147/15
故民誠從（○）令	15/147/26
○心不用	15/147/27
○刑不戰	15/147/27
因○勞倦怠亂	15/148/4
推○（搶搶）〔擠擠〕	15/148/4
擠○揭揭	15/148/5
隱匿○形	15/148/6
官得○人	15/148/8
則是見○形也	15/148/15
則是罷○力也	15/148/15
視○所為	15/148/16
觀○邪正	15/148/16
以制○命	15/148/16
以罷○足	15/148/16
急塡○隙	15/148/17
極○變而束之	15/148/17
盡○節而朴之	15/148/17
獨盡○（調）〔和〕	15/148/18
陷○右陂	15/148/19
以○无形故也	15/148/23
當擊○亂	15/149/1
不攻○治	15/149/1
同○心	15/149/7
一○力	15/149/7
然而人食○肉而席○革者	15/149/10
不能通○知而壹○力也	15/149/10
○滅可立而待也	15/149/12
不能成○功	15/149/12
若乃人盡○才、悉用○力、以少勝眾者	15/149/14
故○情不可得而觀	15/149/21
故○陳不可得而經	15/149/21
孰能窺○情	15/149/24
○行之誠也	15/150/1
以○无勢也	15/150/3
唯聖人達○至	15/150/16
（名）〔各〕以○勝應之	15/150/21
夫飛鳥之摯也俛○首	15/150/23
猛獸之攫也匿○爪	15/150/24
虎豹不（水）〔外〕○（爪）〔牙〕	15/150/24
而噬〔犬〕不見〔○〕齒	15/150/24
為○賞信而罰明也	15/151/4
是故內脩○政以積○德	15/151/9
外塞○醜以服○威	15/151/10
察○勞佚以知○飽飢	15/151/10
故○死可得而盡也	15/151/11
必以○身先之	15/151/11
民以償○二（積）〔責〕	15/151/18
而上失○三望	15/151/18
若（若）〔苦〕者必得○樂	15/151/19

勞者必得○利 15/151/19
孰知○情 15/151/29
莫見○所中 15/152/2
莫知○所窮 15/152/2
以○異類也 15/152/7
故能全○勝 15/152/9
莫知○端緒者也 15/152/15
所以營○耳也 15/152/20
所以營○目者 15/152/20
因○飢渴凍暍 15/152/23
○後驕溢縱欲 15/153/8
因制○虛也 15/153/9
能實○民氣 15/153/10
虛○民氣 15/153/11
授將軍○柄 15/153/16,15/153/16
○臨敵決戰 15/153/21
以○休止不蕩也 16.3/154/12
有言則傷○神 16.6/154/23
終以○無用者為用矣 16.6/154/23
物莫不因○所有而用○所無 16.6/154/24
則有為○所止矣 16.7/154/26
所用者非○言也 16.8/154/28
非○詩也 16.8/154/28
得○所言 16.8/155/1
而不得○所以言 16.8/155/1
不易〔○〕儀 16.11/155/9
而守○故 16.11/155/9
日奪○光 16.12/155/12
○覆必易 16.12/155/13
愈○立也 16.15/155/20
愈○疑也 16.15/155/20
以○反宗 16.15/155/20
○聲舒揚 16.19/155/29
渙乎○有似也 16.19/155/29
子罕之辭○所不欲 16.20/156/4
而得○所欲 16.20/156/4
人有嫁○子而教之曰 16.21/156/9
此全○天器者 16.21/156/10
○平不平也 16.22/156/13
此○類 16.25/156/21
及○於銅 16.30/157/5
廣○地而薄○德 16.31/157/7
撲（挺）〔挻〕○土而不益厚 16.31/157/7
楚王亡○猨 16.50/159/1
宋君亡○珠 16.50/159/1

生子者所不能任○必孝也 16.54/159/12
有竊○鍾負而走者 16.55/159/14
遽掩○耳 16.55/159/14
自掩○耳 16.55/159/15
日月不應非○氣 16.62/160/3
君子不容非○類也 16.62/160/3
不如○後 16.64/160/8
○出致釋駕而僵 16.68/160/17
固○事也 16.71/160/23
乃○母也 16.76/161/4
○子哭之不哀 16.77/161/7
歸謂○母曰 16.77/161/7
夫欲○母之死者 16.77/161/8
天下莫不藉明於○前矣 16.82/161/22
待○止而能有濡 16.86/162/1
待○止而能有穿 16.86/162/1
各就○勢 16.86/162/2
以○所脩而遊不用之鄉 16.88/162/7
使養由○射之 16.89/162/11
先順○所為而後與之入政 16.95/162/27
此以善託○醜 16.97/163/4
已自足○中矣 16.99/163/8
尾生死○梁（拄）〔柱〕之下 16.100/163/11
河伯豈羞○所從出 16.104/163/24
鄉者○人 16.106/163/30
雖○理哉 16.106/163/31
象解○牙 16.107/164/1
死而棄○招簣 16.107/164/1
比干以忠靡○體 16.109/164/8
此皆學○所不〔欲〕學 16.112/164/16
而（欲）至○所欲學者 16.112/164/16
燿蟬者務在明○火 16.113/164/18
釣魚者務在芳○餌 16.113/164/18
明○火者、所以燿而致之也 16.113/164/18
芳○餌者、所以誘而利之也 16.113/164/18
未有无○具而得○利 16.113/164/20
遺人馬而解○羈 16.114/164/22

遺人車而稅○轙 16.114/164/22
○時異也 16.117/165/4
縱之○所〔利〕而已 16.118/165/6
孰能通○微 16.124/165/24
必食○蹠數十而後足 16.125/165/26
不知○大於羊 16.127/165/31
摠視○體 16.127/165/31
乃知○（大）相去之遠 16.127/165/31
為○傷恩也 16.131/166/11
為○侳廉 16.131/166/11
或曰知（○）〔天〕且赦也而多殺人 16.140/167/4
或曰知（○）〔天〕且赦也而多活人 16.140/167/4
○望赦同 16.140/167/5
〔○〕所利害異 16.140/167/5
烹牛以饗○里 16.141/167/7
而罵○東家母 16.141/167/7
得○所能也 16.144/167/14
失○所〔能〕也 16.144/167/15
（邢）〔郢〕人有鬻○母 16.145/167/17
物莫措○所脩而用○所短也 16.146/167/20
以○應物而斷割也 16.150/168/1
為醫之不能自治○病 16.151/168/4
中流遺○劍 17.1/168/9
遽契○舟（桅）〔桅〕 17.1/168/9
○不知物類亦甚矣 17.1/168/10
不得○數 17.5/168/21
及○能游者 17.5/168/21
各（哀）〔依〕○所生〔也〕 17.6/168/23
非○用也 17.7/168/25
不能自見○眥 17.8/168/27
偷肥○體而顧近○死 17.9/168/29
非○任也 17.12/169/6
〔則〕得○所見矣 17.14/169/10
則得○所聞矣 17.14/169/10
莫知○動 17.21/169/28
黼在○間 17.24/170/3
○壤在山 17.35/170/25

心失○制 17.38/171/1
○鄉之誠也 17.39/171/3
人莫不奮于○所不足 17.47/171/19
及○為馬 17.48/171/21
○守節非也 17.51/172/1
以○歷歲久矣 17.52/172/4
（○）〔期〕滿腹而已 17.53/172/6
觀射者遺○藝 17.59/172/19
觀書者忘○愛 17.59/172/19
則忘○所守 17.59/172/19
無○君形者也 17.61/172/23
不量○力 17.64/172/30
海內○所出 17.72/173/14
輪復○所過 17.72/173/14
湯放○主而有榮名 17.81/174/3
崔杼弒○君而被大（讀）〔謗〕 17.81/174/3
○所以為之則異 17.81/174/3
遺腹子不思○父 17.92/174/28
投芻○傍 17.95/175/3
不如循○理 17.101/175/15
若○當 17.101/175/15
不失○適 17.105/175/23
不亡〔○〕適 17.105/175/23
見象牙乃知○大於牛 17.122/177/1
見虎尾而知○大於貍 17.122/177/1
固○理也 17.130/177/19
為○不出戶而（理）〔堁〕之 17.130/177/19
〔非○道〕也 17.130/177/19
三十輻各盡○力 17.132/177/24
夜行者掩目而前○手 17.133/177/26
涉水者解○馬載之舟 17.133/177/26
為○所不便以得所便 17.147/178/27
各值○鑿 17.148/178/29
猶人臣各守○職 17.148/178/29
若蹍薄冰、蛟在○下 17.150/179/1
故見○一本而萬物知 17.155/179/12
少（自）〔有〕○質 17.156/179/14
（汗）〔汙〕準而粉○顙 17.158/179/19
不知○武 17.162/179/28
救經而引○索 17.168/180/12
必噬○指 17.170/180/17
失○勢 17.170/180/17
以極○游 17.178/181/1
〔而〕盡○樂 17.178/181/1
非○道 17.180/181/6
食○食者不毀○器 17.192/182/1
食○實者不折○枝 17.192/182/1
塞○源者竭 17.192/182/1
背○（木）〔本〕者枯 17.192/182/1
○解之（不以）〔以不〕解 17.193/182/4
必留○謀 17.204/182/27
為○一人隕而兩人殤 17.206/183/1
無事而求○功 17.208/183/5
畏○誠也 17.210/183/9
及○極 17.222/184/1
曲得○情 17.228/184/14
為○可以南可以北 17.229/184/16
為○可以黃可以黑 17.229/184/16
○當道 17.231/184/21
世稱○好 17.234/184/27
過社而搖○枝 17.238/185/5
○自養不勃 18/185/20
○舉錯不或 18/185/21
莫不先以○知規慮揣度 18/186/9
○或利或害 18/186/9
謂○子曰 18/186/19
〔此〕○地确（石）（之）〔而〕名醜 18/186/20
王果封○子以肥饒之地 18/186/21
○子辭而不受 18/186/22
○王者之事與 18/187/8
顧反取○出之者 18/187/13
宜矣○有此難也 18/187/14
○子執在城中 18/188/7
城中縣○子以示樂羊 18/188/7
中山因烹○子 18/188/8
而遺之鼎羹與○首 18/188/8
○母隨而噱 18/188/14
擒智伯而三分○國 18/188/27
非求○報於百姓也 18/189/8
山致○高而雲〔雨〕起焉 18/189/10
水致○深而蛟龍生焉 18/189/10
君子致○道而福祿歸焉 18/189/10
○後繼嗣至今不絕者 18/189/16
○父無故而盲 18/189/21
〔○〕牛又復生白犢 18/189/21
○父又復使○子以問先生 18/189/21
○子曰 18/189/22
○父曰 18/189/22,18/189/24,18/190/1,18/190/2,18/190/3
○事未究 18/189/23
○子又復問先生 18/189/23
歸致命○父 18/189/24
○子又無故而盲 18/189/25
○後楚攻宋 18/189/25
圍○城 18/189/25
○變難見也 18/189/28
○馬將胡駿馬而歸 18/190/2
○子好騎 18/190/3
墮而折○髀 18/190/3
加塗○上 18/190/9
○始成〔也〕 18/190/11
顧聞○說 18/190/15
○於以行說 18/190/21
聞殺身破家以存○國者 18/190/26
不聞出○君以為封疆者 18/191/1
○所自託者然也 18/191/7
○言有貴者也 18/191/9
君○（許）〔詐〕之而已矣 18/191/12
君○正之而已矣 18/191/14
君○圖之 18/191/26
至（○）〔期〕日之夜 18/191/27
趙氏殺○守隄之吏 18/191/27
襄子將卒犯○前 18/192/1
（敗）殺○身而三分○國 18/192/2
人數言○過於文侯 18/192/9
文侯身行○縣 18/192/9
見○本而知○末也 18/192/26
○勢必襲鄭 18/193/1
今示以知○情 18/193/1
遂以○屬從東夷 18/193/5

陳夏徵舒弒○君 18/193/10
田主殺○人而奪之牛 18/193/14
非○事者勿仞也 18/193/23
非○名者勿就也 18/193/23
○所能者 18/193/27
○所不能者 18/193/27
又劫韓、魏之君而割○地 18/194/1
以○僻遠也 18/194/6
王自收○南 18/194/7
○事已構矣 18/194/10
陳駢子與○屬出亡 18/194/13
刳○腹而見○心 18/194/23
○御欲驅 18/194/24
故黃帝亡○玄珠 18/195/2
臣恐○構難而危國也 18/195/14
郈氏介○雞 18/195/18
○餘盡舞於季氏 18/195/20
○德厚 18/195/21
○威強 18/195/21
及○（太）〔大〕也 18/195/24
○痛徧於體 18/195/29
曹君欲見○駢脅 18/196/2
何足以全○身 18/196/9
塞（有十）〔○一〕 18/196/10
閉○一 18/196/10
○僕曰 18/196/13
19/203/28, 19/203/29
○辱人不難 18/196/14
及至○筋骨之已就 18/196/18
及至○下洞庭 18/196/21
解○橐笥 18/197/1
（施）〔拖〕○衣被 18/197/1
聖人不以所養害○養 18/197/3
○所論未之究者也 18/197/7
見○傳曰 18/197/10
嬰兒過之則（恌）〔挑〕○卵 18/197/21
乃以問○傅宰折睢曰 18/197/25
說若此○无方也 18/198/13
且也為文而不能達○德 18/198/21
為武而不能任○力 18/198/22
則不能保○芳矣 18/198/24
欲○食則難矣 18/198/27
非○世而用之 18/199/3
故聖人雖有○志 18/199/10
〔然〕不終○壽 18/199/16
豹養○內而虎食○外 18/199/16
毅脩○外而疾攻○內 18/199/17
此皆載務而（戲）〔虧〕乎○（調）〔和〕者也 18/199/18
內不化、所以全（○）身也 18/199/19
以○能龍變也 18/199/20
不失○守 18/199/24
以問○御曰 18/199/26
○御〔對〕曰 18/199/26
少而貪○力 18/199/27
老而棄○身 18/199/27
有一蟲舉足將搏○輪 18/199/28
問○御曰 18/200/1
○為蟲也 18/200/1
而天下懷（○德） 18/200/5
援龍淵而切○股 18/200/5
而戰武（士）必（○）死 18/200/6
莊王知○可以為令尹也 18/200/9
楚國知○可以為兵主也 18/200/10
察○所以而已矣 18/200/12
誠得○數 18/200/13
以○要在三寸之轄 18/200/14
○所由者非理也 18/200/14
○半曰 18/200/22
○二者非○道也 18/201/6
所以餌之者非○欲也 18/201/7
能以○所欲而釣者也 18/201/7
得○數也 18/201/8
審○所由而已矣 18/201/9
積博○上 18/201/14
飛鳶適墮○腐鼠而中游俠 18/201/14
而必（以）滅○家 18/201/17
〔○夜乃攻虞氏〕 18/201/17
〔大滅○家〕 18/201/17
○家无筦籥之信、關楗之固 18/201/21
罪人已刑而不忘○恩 18/201/26
此○後 18/201/26
使我得○肉而食之 18/201/28
○知厭乎 18/201/28
追者皆以為然而不索○內 18/201/28
○離叛之心遠矣 18/202/3
以○竄端匿跡 18/202/4
以待○來也 18/202/6
以避○怒矣 18/202/7
〔此○始也〕 19/202/21
譙以○過 19/202/25
○重於尊亦遠矣 19/202/27
如此○明也 19/202/29
非以奉養○欲也 19/203/1
非以逸樂○身也 19/203/1
聽○自流 19/203/13
待○自生 19/203/13
非謂○感而不應 19/203/16
○所由異路而同歸 19/203/20
○存危定傾若一 19/203/20
忘○苦眾勞民 19/203/23
魏文侯過○閭而軾之 19/203/28
君軾○閭 19/203/29
○後秦將起兵伐魏 19/204/4
○君禮之 19/204/4
○勢相反 19/204/7
○方員銳橢不同 19/204/8
○於滅火 19/204/8
○澤之所及者 19/204/10
故○形之為馬 19/204/17
○可駕御 19/204/17
然而天下莫疏○子 19/204/25
○行之者多也 19/204/26
摩○鋒鍔 19/205/17
及○（粉）〔扢〕以玄錫 19/205/18
○為微妙 19/205/23
○與人無以異 19/206/2
然○爪牙雖利 19/206/2
各有○自然之勢 19/206/3
此亦鳥獸之所以知求合於○所利 19/206/6
使○性雖不愚 19/206/8
然○知者必寡矣 19/206/8
各悉○知 19/206/11
責○所欲達 19/206/12
而皆脩○業 19/206/13
而知（○）六賢之道者何 19/206/13
猶不能屈伸○指 19/206/17
○曲中規 19/206/19
砥礪○才 19/206/23
莫嚮大心撫○御之手曰 19/207/13

高遠○所從來 19/208/6
蔽於論而尊○所聞 19/208/6
孔子有以聽○言也 19/208/11
非○說異也 19/208/14
楚人有烹猴而召○鄰人 19/208/15
後聞○猴也 19/208/15
盡寫○〔所〕食 19/208/16
後知○非也 19/208/17
而皆棄○曲 19/208/17
喜○狀 19/208/17
无以聽○說 19/208/19
唯○母能知之 19/209/1
无不憚悇癢心而悅○色矣 19/209/17
莫見○益 19/209/24
莫見○損 19/209/25
○生物也 20/210/4
莫見○所養而物長 20/210/4
○殺物也 20/210/4
莫見○所喪而物亡 20/210/4
故○起福也 20/210/5
不見○所由而福起 20/210/5
○除禍也 20/210/5
不見○所以而禍除 20/210/5
莫見○象 20/210/8
不見○移〔也〕 20/210/9
而日在○前〔矣〕 20/210/9
○且雨也 20/210/10
○子和之 20/210/12
故一動○本而百枝皆應 20/210/15
宋人有以象為○君為楮葉者 20/210/27
天致○高 20/211/9
地致○厚 20/211/9
月照○夜 20/211/9
日照○晝 20/211/9
〔正○〕道而物自然 20/211/10
致○高崇 20/211/12
成○廣大 20/211/12
各得○所寧焉 20/211/13
○所居神者得○位也 20/211/20
推○誠心 20/211/25
以○死力報 20/211/28
○所以中的剖微者 20/212/3
○所以能行者 20/212/4
（柎）〔拊〕循○所有而滌蕩之 20/212/8
使五種各得○宜 20/212/9
因○可也 20/212/13
因○然也 20/212/13
因○好色而制婚姻之禮 20/212/16
因○喜音而正《雅》、《頌》之聲 20/212/16
因○寧家室、樂妻子 20/212/17
因○喜朋友而教之以悌 20/212/17
故无○性 20/212/21
有○性 20/212/21
无○養 20/212/21
然非得工女煮以熱湯而抽○統紀 20/212/21
因○所喜以勸善 20/212/24
因○所惡以禁奸 20/212/24
故因○性 20/212/25
拂○性 20/212/25
然得○人則舉 20/213/7
失○人則廢 20/213/7
以觀○內 20/213/9
以觀○外 20/213/9
（及○淫也） 20/213/13
反○天心 20/213/13
〔及○衰也〕 20/213/13
及〔至〕○衰也 20/213/14
〔及〕至○衰也 20/213/16
及至○衰也 20/213/18
賢者勸善而不肖者懷○德 20/213/19
及至○末 20/213/20
各推○與 20/213/20
○美在（調）〔和〕 20/214/7
○失在權 20/214/7
為○雌雄之不（乖）〔乘〕居也 20/214/10
取○見食而相呼也 20/214/11
取○不鼓不成列也 20/214/12
取○不踰禮而行也 20/214/12
中山烹○子 20/214/19
廉者不利非○有 20/214/24
海不讓水潦以成○大 20/215/1
山不讓土石以成○高 20/215/1
取一物而棄○餘 20/215/2
則○所得者鮮 20/215/2
○次養形 20/216/5
○次正法 20/216/5
日化上遷善而不知○所以然 20/216/7
不治○性也 20/216/12
掘○所流而深之 20/216/12
茨○所決而高之 20/216/12
○性非異也 20/216/14
誠決○善志 20/216/14
防○邪心 20/216/14
啓○善道 20/216/14
塞○奸路 20/216/14
非貴○隨病而調藥〔也〕 20/216/17
貴○壓息脈血 20/216/17
非貴〔○〕隨罪而鑒刑也 20/216/18
貴○知亂之所由起也 20/216/18
若不脩○風俗 20/216/18
○所〔以〕亡者 20/216/25
〔故〕臧武仲以○智存魯 20/216/28
蘧伯玉以○仁寧衛 20/217/1
豐○屋 20/217/1
蔀○家 20/217/1
窺○戶 20/217/1
闃○无人 20/217/2
各以小大之材處○位 20/217/20
得○宜 20/217/20
○於〔以〕化民也 20/217/22
不肖主舉○所與同 20/217/25
故觀○所舉 20/217/27
察○黨與 20/217/27
故因衛夫人、彌子瑕而欲通○道 20/218/7
夫觀逐者於○反也 20/218/10
而觀行者於○終也 20/218/10
莫知○是非者也 20/218/15
田子方、段干木輕爵祿而重○身 20/218/16
使○君生无廢事 20/218/17
○名不滅 20/218/25
○罪不除 20/218/26
未有能搖○本而靜○末 20/219/5
濁○源而清○流者也 20/219/6
以害○性 20/219/10
日引邪欲而澆○（身）（夫調）〔天和〕 20/219/10
故自養得○節 20/219/11
則養民得○心矣 20/219/11

非謂○履勢位 20/219/13
各致○死 20/219/24
无恃○不吾奪也 20/220/2
（又況）萬物在○閒者乎 20/220/9
○為樂豈不大哉 20/220/9
不顧○費 20/220/13
○（於）〔所〕以監觀 20/220/16
故因○患則造○備 20/220/19
犯○難則得○便 20/220/19
○道理素具 20/220/20
○為親〔也〕亦戚矣 20/220/24
○為君亦（患）〔惠〕矣 20/220/25
○為師亦博矣 20/220/25
見○終始 20/221/4
○所以事死者、末也 20/221/6
○兩愛之、（一）性也 20/221/7
故食○口而百節肥 20/221/10
灌○本而枝葉美 20/221/10
○養物也有先後 20/221/10
（令）〔今〕不知事脩○本 20/221/11
而務治○末 20/221/12
是釋○根而灌○枝也 20/221/12
是貴○冠履而忘○頭足也 20/221/14
不益○厚而張○廣者毀 20/221/15
不廣○基而增○高者覆 20/221/15
趙政不增○德而累○高 20/221/15
（○）《國語》曰 20/221/16
不大○棟 20/221/16
聞○音者 20/221/24
故无聲者、正○可聽者也 20/221/29
○无味者、正○足味者也 20/221/29
非○貴也 20/221/30
必察○終始 20/222/4
○縣法立儀〔也〕 20/222/4
必原○本末 20/222/4
見○造而思○功 20/222/5
觀○源而知○流 20/222/5
聖人見○所生 20/222/6
則知○所歸矣 20/222/6
而二十五絃各以○聲應 20/222/12
而三十輻各以○力疾 20/222/12
得○女 20/222/21
見○四世之被禍也 20/222/21
見○必擒於越也 20/222/22
知○可與至於霸也 20/222/23
為○殘桑也 20/222/28
為○害義也 20/223/2
〔為○〕傷和睦之心 20/223/4
而忘○大害 20/223/6
為○來蛉窮也 20/223/7
為〔○〕摶雞也 20/223/8
誠通○志 21/224/2
執○大指 21/224/4
而不亂○常者也 21/224/12
而曉寤○形骸九竅 21/224/27
合同○血氣 21/224/27
比類○喜怒（與）〔於〕晝宵寒暑 21/224/28
以反○性命之宗 21/225/1
所以使人愛養○精神 21/225/1
撫靜○魂魄 21/225/1
使群臣各盡○能也 21/225/8
○數直施而正邪 21/225/9
（名）〔各〕務○業 21/225/10
人致○功 21/225/10
誠明○意 21/225/30
見○文辭 21/226/9
○无為則（通）〔同〕 21/226/12
○所以无為則異 21/226/12
故為之浮稱流說○所以能聽 21/226/12
而行○法藉 21/226/20
欲強省○辭 21/226/31
覽揔○要 21/226/31
○言有小有巨 21/227/1
○唯聖人也 21/227/3
觀者不知○何獸也 21/227/9
具○形 21/227/9
故多為之辭以（杼）〔抒〕○情 21/227/13
故博為之說以通○意 21/227/13
蠅瀆○中 21/227/15
○於逍遙一世之間 21/227/17
使夷狄各以○賄來貢 21/227/26
使服○衣冠 21/228/2
脩○篇籍 21/228/2
以為○禮煩擾而不（悅）〔侻〕 21/228/4
各自治○境內 21/228/16
守○分地 21/228/16
握○權柄 21/228/16
擅○政令 21/228/17
以守○國家 21/228/18
持○社稷 21/228/18
棄○畛挈 21/228/29
斟○淑靜 21/228/29

奇 qí 40

耳聽滔朗○麗激抮之音 1/8/26
而歲有○四分度之一 3/21/11
故為○辰 3/29/3
或○或偶 4/35/5
偶以承○ 4/35/9
○主辰 4/35/9
有修股民、天民、肅慎民、白民、沃民、女子民、丈夫民、○股民、一臂民、三身民 4/36/26
窮○ 4/37/27
珍怪○味 7/58/13
瓌異○物 8/65/21
其積至〔于〕昭○之難 9/68/28
珍怪○物 9/73/27
則○材佻長而（于）〔干〕次 9/76/19
不務於○麗之容 11/98/12
工為○器 11/103/22
夫乘○技、（偽）〔為〕邪施者 11/104/9
丹穴、太蒙、反踵、空同、大夏、北戶、○肱、脩股之民 13/123/23
內無（旁）〔○〕禍 14/135/14
外無（旁）〔○〕福 14/135/14
聖人無屈○之服 14/139/10
明○（政）〔正〕之變 15/145/5
刑德○賌之數 15/145/11
為之出○ 15/148/17
故以異為○ 15/152/7
故靜為躁○ 15/152/7
治為亂○ 15/152/8
飽為飢○ 15/152/8
佚為勞○ 15/152/8
○正之相應 15/152/8

出〇行陳之間 15/152/14
明於（音）〔〇〕（正）
賁、陰陽、刑德、五
行、望氣、候星 15/152/18
此音用輕出〇者也 15/152/22
牢柔不相通而勝相〇者 15/153/3
宮之〇諫曰 18/189/2
雜〇彩 19/205/24
喻於道者不可動以〇 19/208/4
託之李〇 19/208/16
〇牙出 19/209/16
宮之〇存焉 20/216/25
宮之〇諫而不聽 20/216/26

祇 qí 1

神〇弗應 21/226/20

祈 qí 4

乃為麥〇實 5/40/13
為民〇祀山川百原 5/41/21
為民〇福行惠 5/42/12
天子〇來年於天宗 5/45/21

耆 qí 3

（者）〔〇〕欲見於外 9/76/28
乃謝〇老而（徒）〔徙〕
岐周 14/134/12
（〇）〔嗜〕欲不得枉
正術 19/203/14

旂 qí 1

故有大路龍〇 11/94/1

蚑 qí 7

澤及〇蟯而不求報 1/6/2
〇蟯貞蟲 1/9/20
蝡動〇作 1/9/20
〇行噲息 2/10/22
夫與〇蟯同乘天機 2/13/27
〇行喙息 3/29/18
〇行蟯動之蟲 19/206/1

淇 qí 2

〇出大號 4/37/21
夫栝〇衛箘簵 15/150/3

跂 qí 5

〇行喙息 1/1/19
夫（梜）〔挾〕依於〇
躍之術 2/12/4
於是萬民乃始慲觟離〇 2/15/18
有〇踵民、句嬰民、深
目民、無腸民、柔利
民、一目民、無繼民 4/37/2
〔大〕獐不能〇也 9/74/21

琪 qí 1

有醫毋閭之珣（玗）
〔玗〕〇焉 4/34/12

其 qí 3

爨〇燧火 5/39/6,5/40/11
爨（其）〔〇〕燧火 5/39/20

棊 qí 3

譬若播〇丸於地 11/95/9
行一〇不足以見智 17.85/174/12
故行〇者 20/223/9

碕 qí 1

以純脩〇 8/65/4

旗 qí 22

建青〇 5/39/5,5/39/20,5/40/11
建赤〇 5/41/3
（載）〔建〕赤〇 5/41/19
建黃〇 5/42/8
建白〇 5/43/1,5/43/19,5/44/16
建玄〇 5/45/11,5/46/3,5/46/22
戴天子之〇 13/124/9
〇不解卷 15/144/21
明鼓〇 15/145/13
故鼓鳴〇麾 15/147/15
（下）〔不〕擊填填之
〇 15/149/1
擵巨〇 15/152/15
以受鼓〇 15/153/15
〔專〕鼓〇斧鉞之威 15/153/18
載旌〇斧鉞 15/153/20
放〇以入斧鉞 15/153/25

齊 qí 120

〇靡曼之色 1/7/28
此〇民之所以淫泆流湎 1/8/27
此〇民之所為形植（藜）
〔黎〕（累）〔黑〕 1/9/1
又況〇民乎 2/16/24
又況編戶〇民乎 2/18/3
虛、危〇 3/28/12
甲〇 3/28/22
申〇 3/28/23
〇也 3/29/8
〇之海隅 4/32/23
秫稻必〇 5/46/7
火〇必得 5/46/8
馬為整〇而斂諧 6/52/7
〇死生 7/58/10,11/99/16
壺子之視死生亦〇 7/58/19
乃知死生之〇也 7/58/22
仁鄙不〇 8/62/9
調〇和之適 8/65/12
故〇莊公好勇 9/68/27
則天下一〇 9/72/9
〇輯之于轡銜之際 9/76/1
昔者〇桓公好味而易牙
烹其首子而餌之 9/77/8
壹〇殊俗 9/80/1
唯唐、虞能〇其美 10/84/8
〇桓舉而不密 10/89/1
〇桓失之乎閨內 10/89/2
〇桓、秦穆受而聽之 10/89/5
而〇桓、晉文獨名 10/90/12
何以治〇 11/94/11
〇日以大 11/94/12
故行〇於俗 11/94/19
即萬物一〇 11/94/28
踐《采〇》、《肆夏》
之容也 11/97/19

○（味）〔咊〕萬方 11/99/25
而人性○矣 11/101/20
昔○桓公合諸侯以乘車 11/102/24
伯夷、叔○非不能受祿
任官以致其功也 11/103/5
摠而○之 11/103/17
故其為編戶○民無以異 11/104/8
田駢以道術說○王 12/106/8
〔○〕王應之曰 12/106/8
○國也 12/106/8
願聞〔○〕國之政 12/106/9
而自取○國之政焉 12/106/10
○國之政 12/106/11
若王之所問者、○也 12/106/12
○、楚、吳、越皆嘗勝
矣 12/107/11
甯越欲干○桓公 12/109/1
以商於○ 12/109/1
衛之去○不遠 12/109/5
中牟入○ 12/111/9
不宜得志於○ 12/112/7
○興兵伐楚 12/115/4
○師愈強 12/115/4
偷則夜〔出〕解○將軍
之幬帳而獻之 12/115/6
○師聞之 12/115/8
○王后死 12/116/1
○王大說 12/116/2
○人淳于髡以從說魏王 12/118/10
○簡公釋其國家之柄 13/123/7
湣王以大○亡 13/124/24
○（植）〔桓〕有爭國
之名 13/126/25
立○國之政 13/127/5
而為○忠臣 13/127/12
○桓、晉文 13/127/22
○威王設大鼎於庭中 13/128/27
○以此三十二歲道路不
拾遺 13/129/1
○桓公將欲征伐 13/129/6
○人有盜金者 13/129/27
倚者○ 13/132/3
（捉）〔投〕得其○ 14/139/17
而○桓、晉文之所以成
霸也 15/143/20
○為前行 15/146/1
勢不○也 15/149/14
○之以武 15/151/2
所以○勞佚也 15/151/12
故前後正○ 15/152/17
北與○戰 15/153/7
乃令祝史太卜○宿三日 15/153/14
退（○）〔齋〕服 15/153/26
若○王之食雞 16.125/165/26
力貴○ 16.149/167/29
尺寸雖○ 17.213/183/15
東伐○ 18/186/23
○桓繼絕而霸 18/189/18
○人有請見者曰 18/190/14
今夫○、君之淵也 18/190/17
君失○ 18/190/18
三國伐○ 18/190/22
請以○侯往 18/190/24
申叔時使於○ 18/193/11
○、晉又輔之 18/194/10
唐子短陳駢子於○威王 18/194/13
（天）〔夫〕子生於○ 18/194/15
長於○ 18/194/16
夫子亦何思於○ 18/194/16
臣之處於○也 18/194/17
魯人有為父報讎於○者 18/194/22
魯昭公出奔○ 18/195/23
○師（大）侵楚 18/195/26
○乃無呂 18/195/27
○、楚欲救曹 18/196/5
○莊公出獵 18/199/28
○莊公避一螳蜋而勇武
歸之 18/200/3
子發辨擊劇而勞佚○ 18/200/9
故立天子以○〔一〕之 19/203/2
○於眾而同於俗 19/205/3
一言而萬民○ 19/205/11
五伯與我○智 19/209/10
曳○紈 19/209/15
○明盛服 20/215/17
吳王夫差破○艾陵 20/222/21
故○桓公亡汶陽之田而
霸 20/222/24
○王建有三過人之巧 20/223/15
有《○俗》 21/223/26
《○俗》者 21/225/16
○桓公之時 21/228/9
○國之地 21/228/9
○景公內好聲色 21/228/13

綦 qí 1

蠻○衛之箭 1/2/22

錡 qí 1

〔呂○射恭王〕 13/125/18

騎 qí 13

善○者墮 1/4/12
○蜚廉而從敦圄 2/14/22
此傅說之所以○辰尾也 6/50/19
而不能與胡人○騵〔馬〕
而服騊駼 9/70/1
結駟連○ 11/94/2
不學○馬而便居之 14/134/11
○不被鞍 15/144/21
險則用○ 15/152/24
故鈞可以教○ 16.10/155/6
○可以教御 16.10/155/6
將軍不敢○白馬 16.37/157/23
畏馬之辟也不敢○ 16.53/159/10
其子好○ 18/190/3

騏 qí 10

是猶兩絆○驥 2/18/9
○驥騄駬 9/73/9
雖有○驥、騄駬之良 9/76/13
○驥不能與之爭遠 10/85/24
夫○驥千里 11/102/9
故六○驥、駟駃騠 11/102/28
○驥一日千里 16.68/160/17
○驥驅之不進 17.186/181/18
我馬唯○ 19/208/1
○驥倍日而馳 20/210/9

麒 qí 5

○麟鬬而日月食 3/19/10
建馬生○麟 4/38/3
○麟生庶獸 4/38/3
○麟游於郊 6/52/21
○麟不游 8/61/13

乞 qǐ 6

是故○火不若取燧 6/54/21
申喜聞○人之歌而悲 10/87/6
石○入曰 12/106/15
盜財而予○者 16.79/161/12
屈建告石○曰 18/201/20
石○曰 18/201/20

企 qǐ 1

鳶肩○行 4/35/26

豈 qǐ 54

○必處京臺、章華 1/7/20
○有間哉 1/8/18
○必攝權持勢 1/8/21
○嘗為寒暑燥溼變其聲哉 1/9/4
○無形神氣志哉 1/9/28
物○可謂无大揚攉乎 2/11/4
○可得乎 2/17/21,7/60/15
○獨無聖人哉 2/18/2
南方曰(巨)〔○〕風 4/32/25
○直禍福之間哉 7/56/5
夫使木生者○木也 7/58/8
夫○為貧富肥臞哉 7/60/22
○若能使無有盜心哉 7/60/23
○有此大患哉 7/60/29
○足為哉 9/69/12
○其人事不至哉 9/72/2
○能拂道理之數 9/72/5
○其趨捨厚薄之勢異哉 9/73/18
○周(氏)〔民〕死節 9/73/20
○其奉養不足樂哉 9/74/5
○其材之巨小足〔任〕哉 9/77/21
○必鄒、魯之禮之謂禮乎 11/97/12
○無鄭、衛激楚之音哉 12/106/4
○曰能刺人哉 12/106/24
○不惑哉 12/109/18
○不亦遠哉 12/116/15
○不悲哉 12/116/18
○必褒衣博帶 13/120/5
○若三代之盛哉 13/121/10
天下○有常法哉 13/121/26
○可同哉 13/122/6
○有此霸功哉 13/127/6
○不或哉 13/131/18
○不勃哉 13/131/22
○若憂瘕疵之(與)〔興〕、痤疽之發而豫備之哉 14/137/28
○加故為哉 14/139/14
○不虛哉 16.73/160/27
○足高乎 16.74/160/31
河伯○羞其所從出 16.104/163/24
○若適衣而已哉 17.111/176/5
○能致千里哉 17.132/177/24
吾○可以(先)一時之權 18/191/17
○不悖哉 19/202/29
○此契契哉 20/210/29
○節(柎)〔拊〕而毛(脩)〔循〕之哉 20/211/20
○足多哉 20/214/13
其為樂○不大哉 20/220/9
○獨形骸有瘖聾哉 20/220/13
○不大哉 20/220/16
○直一說之快哉 20/220/24
○得无終始哉 20/221/11
○所謂樂哉 20/221/25
○古之所謂樂哉 20/221/27

起 qǐ 55

○ 3/23/6
歲大霧○ 3/31/6
兵革並○ 5/40/25
百騰時○ 5/42/1
○土功 5/42/15
則風災數○ 5/44/9
小兵時○ 5/45/26
及○大眾 5/46/5
○毀宗 5/47/20
百怨不○ 5/49/9
有好則諛○ 9/77/7
奮怏而(越)〔○〕 9/77/24
吳○、張儀智不若孔、墨 9/81/1
名譽不○ 9/82/8
能發○之 10/85/6
鵲巢知風之所○ 10/91/5
吳○刻削而車裂 10/91/18
爭則暴亂○ 11/104/20
○師伐曹 12/111/1
襄子○兵攻(圍之)〔之〕 12/111/9
吳○為楚令尹 12/112/1
王不知○之不肖 12/112/1
先生試觀○之為(人)〔之〕也 12/112/2
吳○曰 12/112/2
吳○惕然曰 12/112/9
○而拜君大夫 12/112/15
三代之○也 13/121/4
故魏兩用樓翟、吳○而亡西河 13/123/16
一饋而十○ 13/124/1
奮臂而○ 13/125/20
陽氣○於東北 14/141/13
陰氣○於西南 14/141/13
聖人(敕)〔勃〕然而○ 15/142/26
揚塵○堨 15/152/20
氣意俱○ 15/153/2
謗乃愈○ 16.67/160/14
山致其高而雲〔雨〕○焉 18/189/10
寡人○九軍以討之 18/193/12
○而更衣 18/194/23,18/194/27
雖○三軍之眾 18/195/9
○師而伐曹 18/196/4
○波濤 18/196/21
於是陳勝○於大澤 18/197/18
欲事○天下〔之〕利而除萬民之害〔也〕 19/203/8
其後秦將○兵伐魏 19/204/4
故其○福也 20/210/5
不見其所由而福○ 20/210/5
此太平之所以不○也 20/216/9
貴其知亂之所由○也 20/216/18
師○容(閭)〔關〕 20/219/14
吳○為楚〔張〕減爵(祿)之令 20/222/18
吳○之用兵也 20/222/19
吳○以兵弱楚 20/222/20
發○陰陽 21/226/18

啟 qǐ 9

夫榮○期一彈 9/69/4

林類、榮○期衣若縣衰〔而〕意不慊 11/103/12
不違○處 14/139/27
○攻有扈 15/142/28
（禹）〔○〕生於石 19/205/13
夫婦男女不違○處 19/207/20
○其善道 20/216/14
使百姓不違○居 20/218/19
今商鞅之○塞 20/221/20

綺 qǐ 4

絺綌○繡 9/74/1
（綃）〔絹〕以○繡 11/98/25
○繡條組 11/104/6
雖養之以芻豢、衣之以○繡 20/220/5

泣 qì 12

列子行○報壺子 7/58/19
辟踊哭○ 9/78/20
○血連如 10/83/20
夫載哀者聞歌聲而○ 11/96/10
〔莊〕王俛而○涕沾襟 12/112/15
○而益之也 14/142/8
而文君垂○ 16.4/154/16
妻死而不○ 17.115/176/14
墨子見練絲而○之 17.229/184/16
樂羊循而○之 18/188/8
此和氏之所以○血於荊山之下 19/208/19
以禮哭○之 19/208/28

契 qì 16

下○黃壚 6/53/5
○大渾之樸 7/57/22
而爭券○者媿矣 7/59/9
券○束帛 9/68/18
不如（豺狼）〔狼○〕 9/70/13
○為司馬 11/95/6
越人○臂 11/97/2
夫（○）〔挈〕輕重不失銖兩 11/102/5
遽○其舟（桅）〔梔〕 17.1/168/9
○教以君臣之義 18/189/13
〔○生於卵〕 19/205/13
（○生於卵） 19/205/13
豈此○○哉 20/210/29
堯之舉禹、○、后稷、皋陶 20/213/18
知券○而信衰 20/222/9

氣 qì 225

俗上○力 1/3/26
薄○發瘖 1/7/5
流行血○ 1/8/10
是故不得於心而有經天下之○ 1/8/10
亂其○志 1/8/28
形神○志 1/9/12
○者 1/9/15
○不當其所充〔也〕而用之則泄 1/9/17
○為之充 1/9/22
豈無形神○志哉 1/9/28
夫精〔神〕○志者 1/10/7
和弱其○ 1/10/8
天○始下 2/10/16
地○始上 2/10/16
地懷○而未揚 2/10/18
○遂而大通（宜宜）〔冥冥〕者也 2/10/18
神○不蕩于外 2/11/18
攙搶（衡）〔衝〕杓之○莫不彌靡 2/11/18
勇者衰其○ 2/12/20
是故聖人呼吸陰陽之○ 2/15/7
五藏無蔚○ 2/17/9
宇宙生〔元〕○ 3/18/19
〔元〕○有（漢）〔涯〕垠 3/18/19
積陽之熱○〔久者〕生火 3/18/21
火○之精者為日 3/18/21
積陰之寒○〔久〕者為水 3/18/22
水○之精者為月 3/18/22
日月之淫（為）〔○〕、精者為星辰 3/18/22
吐○者也 3/18/28
含○者也 3/18/29
吐○者施 3/18/29
含○者化 3/18/29
天〔地〕之偏○ 3/19/1
天地之（含）〔合〕○ 3/19/1
陽○勝則散而為雨露 3/19/2
陰○勝則凝而為霜雪 3/19/2
陰○極 3/21/18,3/21/19
陽○萌 3/21/18
陽○極 3/21/18
陰○萌 3/21/19
陽○極則南至南極 3/21/20
陽○為火 3/21/24
陰○為水 3/21/24
景脩則陰○勝 3/22/3
景短則陽○勝 3/22/3
陰○勝則為水 3/22/3
陽○勝則為旱 3/22/3
陰陽○均 3/22/8
陽（○）凍解 3/22/14
加十五日指午則陽○極 3/22/21
人○鍾首 3/22/28
（二）〔一〕陰一陽成○二 3/23/11
二陽一陰成○三 3/23/11
合○而為音 3/23/11
甲子○燥濁 3/23/25
丙子○燥陽 3/23/25
戊子○溼濁 3/23/25
庚子○燥寒 3/23/25
壬子○清寒 3/23/25
地○不藏 3/24/7
行十二時之○ 3/24/8
遠山則山○藏 3/24/11
是以陽○勝則日脩而夜短 3/25/1
陰○勝則日短而夜脩 3/25/1
○之所種也 3/25/20
日冬至德○為土 3/25/21
其日有雲○風雨 3/29/12
凡八紘之○是出寒暑 4/34/3
是故山○多男 4/34/20
澤○多女 4/34/20
障○多喑 4/34/20
風○多聾 4/34/20
林○多癃 4/34/20
木○多傴 4/34/21
岸下○多（腫）〔尰〕 4/34/21
石○多力 4/34/21
險阻○多癭 4/34/21

暑○多夭 4/34/21
寒○多壽 4/34/21
谷○多痺 4/34/22
丘○多（狂）〔尫〕 4/34/22
衍○多仁 4/34/22
陵○多貪 4/34/22
皆象其○ 4/34/23
食○者神明而壽 4/35/2
筋○屬焉 4/35/27
南方陽○之所積 4/36/1
風○之所通 4/36/11
正土之○（也）御乎埃天 4/38/14
偏土之○御乎（清）〔青〕天 4/38/17
牡土之○御于赤天 4/38/20
弱土之○御于白天 4/38/22
牝土之○御于玄天 4/38/25
寒○總至 5/40/4,5/44/20
則陽○不勝 5/40/4
熛○早來 5/40/5
生○方盛 5/40/15
陽○發泄 5/40/15
以畢春○ 5/40/22
則寒○時發 5/40/24
以助損○ 5/43/3
則陰○大勝 5/43/12
陽○復還 5/43/12
以御秋○ 5/44/1
殺○浸盛 5/44/3
陽○日衰 5/44/4
民○解隋 5/45/5
墜○發泄 5/45/25
飲○之民 5/47/27
生○乃理 5/49/9
神○相應 6/50/16
陰陽同○相動也 6/50/19
心怡○和 6/52/7
律（治）陰陽之○ 6/52/16
逆○戾物、傷民厚積者 6/53/1
煩○為蟲 7/54/27
精○為人 7/54/27
沖○以為和 7/55/8
肺為○ 7/55/13
血○者、風雨也 7/55/14
是故（面）〔血〕○者 7/55/19
夫（面）〔血〕○能專于五藏 7/55/20
則精神盛而○不散矣 7/55/22
精神盛而○不散則理 7/55/23
而邪○不能襲〔也〕 7/55/24
而（○志）〔血○〕者 7/55/27
則血○滔蕩而不休矣 7/56/1
血○滔蕩而不休 7/56/2
○志虛靜恬愉而省嗜慾 7/56/3
嗜慾者使人之○越 7/56/8
則志○日耗 7/56/8
聖人食足以接○ 7/59/16
（○）〔氛〕霧雪霜不霽 8/61/18
萬物皆乘（人）〔一〕○者也 8/62/1
○乃上蒸 8/62/1
（也）〔地〕懷○而未（楊）〔揚〕 8/62/2
皆賊○之所生 8/62/4
同○于天地 8/62/7
莫不有血○之感 8/62/10
含○化物 8/64/7
精（神）〔○〕反於至真 8/64/25
感動血○者 8/65/21
血充則○激 8/66/2
○激則發怒 8/66/2
天○為魂 9/67/13
地○為魄 9/67/13
若春○之生 9/68/28
秋○之殺也 9/69/1
相生之○也 9/73/21
而○力有餘 9/76/3
是故草木之發若（烝）〔蒸〕○ 9/79/15
與元同○ 10/82/20,20/215/25
○亂則智昏 11/96/14
不得其養○處神 11/99/14
心使○曰強 12/109/24
○如涌泉 12/111/4
專○至柔 12/115/17
皆以其○之高與其力之盛至 12/115/20
天地之○ 13/122/29,13/126/6
而乃始立○矜 13/126/17
懼揜其○也 13/130/13
夫戶牖者、風○之所從往來 13/131/1
而風○者、陰陽粗（摘）〔牿〕者也 13/131/1
君子行正○ 14/137/20
小人行邪○ 14/137/20
正○也 14/137/21
邪○也 14/137/21
而邪○（因）〔自〕（而）不生 14/137/28
陽○起於東北 14/141/13
陰○起於西南 14/141/13
凡有血○之蟲 15/142/22
音○不戾八風 15/144/15
有○勢 15/148/1
○如飄風 15/148/2
此謂○勢 15/148/2
明於（音）〔奇〕（正）賌、陰陽、刑德、五行、望○、候星 15/152/18
○意俱起 15/153/2
敗在失○ 15/153/4
此用民○之實也 15/153/7
夫○之有虛實也 15/153/9
能實其民○ 15/153/10
虛其民○ 15/153/11
故虛實之○、兵之貴者也 15/153/11
○厲青雲 15/153/23
天二○則成虹 16.27/156/27
地二○則泄藏 16.27/156/27
人二○則成病 16.27/156/27
同○相動 16.33/157/12
日月不應非其○ 16.62/160/3
以火熛為○ 16.64/160/7
16.64/160/7
而知燥溼之○ 16.133/166/16
懸羽與炭〔而〕知燥溼之○ 17.74/173/19
同○異積〔也〕 17.117/176/19
○充志驕 18/186/25
而可以通○志 19/204/18
血○之精 19/206/1
以愛○力 19/206/4
我曾无有閭里（○）〔之〕聞、窮巷之知者何 19/209/10
以陰陽之○相動也 20/210/10
形○動於天 20/210/18
故聖人懷天○ 20/211/3
牛馬之○蒸生蟣虱 20/211/14

蟣虱之○蒸不能生牛馬 20/211/15
邪○无所留滯 20/211/19
必自精○所以與之施道 20/212/4
以調陰陽之○ 20/212/28
以調天地之○ 20/213/24
五行異○而皆（適）
　（調）〔和〕 20/214/3
故同○者帝 20/215/25
精○之動也 20/215/27
享穀食○者皆受焉 20/220/25
悲則感怨思之○ 20/221/25
所以和陰陽之○ 21/224/11
同○之應 21/224/24
合同其血○ 21/224/27
同九夷之風（○）〔采〕 21/225/16
懷天○ 21/226/17
內有以處神養○ 21/226/23
言至精而不原人之神○ 21/226/25

戚 qī 20

執干○戈羽 5/41/21
則親○兄弟歡然而喜 7/59/27
甯○商歌車下 9/69/6
陳干○ 9/78/16
故禹執（于）〔干〕○
　舞於兩階之間而三苗
　服 10/84/28
甯○擊牛角而歌 10/91/8
親○不相毀譽 11/93/30
桓公之取甯○也 11/96/9
揚干○ 11/97/21,13/124/10
執干○而舞之 11/99/1
今知脩干○而笑钁插 11/99/4
又況親○乎 11/104/18
身危則（忠）〔忘〕其
　親○ 11/104/19
〔甯○見〕 12/109/5
舜執（千）〔干〕○而
　服有苗 13/122/11
甯○之商歌 13/128/1
籧蒢○施 19/204/23
親○兄弟搆怨 20/218/12
其為親〔也〕亦○矣 20/220/24

棄 qì 47

必有波溢而播○者 2/13/8
○聰明 2/14/9
夸父○其策 4/37/8
○怨惡 5/47/15
去鞭○策 6/52/9
○捐五帝之恩刑 6/53/10
蕪○其本 6/54/15
而○之淵 7/59/6
○聰明而反太素 7/59/22
休精神而○知故 7/59/22
中國得而○之無〔所〕用 7/60/25
（損）〔捐〕○其社稷 7/60/26
故无○才 9/72/10
猶无可○者 9/74/19
猶不可○也 9/75/9
○公勞而用朋黨 9/76/19
則〔猶〕（○）〔乘〕
　驥而（不式）〔或〕 9/81/30
○其所賤 10/89/29
○其餘魚 11/103/11
人無○人 12/113/8
物無○物 12/113/9
絕聖○智 12/114/29
○劍（而）〔以〕〔全〕
　己 12/118/5
〔不以〕腐肉朽骨○劍
　者 12/118/7
其有弗○ 13/130/3
（后稷）〔周○〕作稼
　穡 13/131/12
○數而用才者必困 14/134/24
不○（特）〔時〕 14/135/13
○數而用慮 14/137/13
○智則道立矣 14/139/20
倍道○數 14/140/11
五者無○ 14/141/1
死而○其招簣 16.107/164/1
文公○荏席 16.136/166/23
眾輻皆○ 17.132/177/24
陶人○索 17.220/183/29
屠者○銷 17.220/183/29
蓋聞君子不○義以取利 18/193/16
老而○其身 18/199/27
為此○干將、鏌邪而以
　手戰 19/205/3
欲○學而循性 19/205/15
而皆○其曲 19/208/17
因而○之 19/208/18
取一物而○其餘 20/215/2
○疾乘民之怨而立公子
　比 20/219/25
今重法而○〔仁〕義 20/221/14
○其畛挈 21/228/29

緝 qì 2

學有○熙于光明 19/207/5
19/209/28

器 qì 41

故天下神○ 1/8/14
今夫冶工之鑄○ 2/13/8
所以成○用 4/36/24
陳祭○ 5/45/20
陶○必良 5/46/8
〔去〕○之无用者 5/46/14
具田○ 5/46/25
其已成○而破碎漫瀾而
　復歸其故也 7/56/23
則樸散而為○矣 8/62/25
美重○ 8/65/9
金○不鏤 8/65/18
是以○械不苦 9/70/17
有愚質者不可與利○ 9/82/2
如飢渴者不可欺以虛○
　也 10/88/23
其○完而不飾 11/103/19
○用遽於刻鏤 11/103/21
工為奇○ 11/103/22
不○無用之物 11/103/24
破其首以為飲○ 12/106/25
國之利○不可以示人 12/110/14
兵者、凶○也 12/112/6
好用凶○ 12/112/6
有○焉 12/119/14
得見此○ 12/119/14
○械不可因也 13/120/16
衣服○械各便其用 13/121/5
○械者 13/122/13
而○械甚不利 15/146/11
○備孰便 15/146/26

○見者人為之備 15/147/4
此全其天○者 16.21/156/10
譬猶陶人為○也 16.31/157/7
獸不可以虛○召也 16.34/157/15
玉待礛諸而成○ 16.81/161/18
○小不可以盛大 17.12/169/6
璧瑗成○ 17.28/170/11
食其食者不毀其○ 17.192/182/1
頭為飲○ 18/194/2
（揉）以成○用 19/206/20
埏埴而為○ 20/212/12
殊○而享 20/223/1

覰 qì 1

使（是）史黯往（覰）〔○〕焉 9/68/22

洽 qià 7

歲名曰協○ 3/27/10
協○之歲 3/31/1
仁愛○ 8/66/6
天下和（治）〔○〕 8/66/7
道之浸○ 15/144/17
德潤○ 20/213/8
以內○五藏 21/224/4

千 qiān 151

○變萬化而未始有極也 2/11/4
連○枝萬葉 2/11/28
登○仞之谿 2/12/9
一舉而○萬里 2/13/3
而條循○萬也 2/13/12
雖目數○羊之群 2/17/4
天鳥飛○仞之上 2/18/3
而求其致○里也 2/18/9
九○九百九十九隅 3/19/19
一○五百二十歲大終 3/21/11
故（曰）〔四〕歲而積○四百六十一日而復合 3/21/12
有五億萬七○三百九里 3/24/21
三之為積分（七十）〔十七〕萬七○一百四十七 3/25/22
一里積萬八○寸 3/31/18
得從此東萬八○里 3/31/18
積寸得三萬六○里 3/31/19
正東萬八○里 3/31/23
則從中北亦萬八○里也 3/31/23
正南北相去○里 3/32/1
是南○里陰短寸 3/32/2
東西二萬八○里 4/32/30
南北二萬六○里 4/32/30
水道八○里 4/32/30
陸徑三○里 4/33/1
二億三萬三○五百里七十五步 4/33/1,4/33/2
二億三萬三○五百五十（里）有九（淵） 4/33/3
其高萬一○里百一十四步二尺六寸 4/33/4
純方○里 4/33/22
亦方○里 4/33/22,4/34/1
所照方○里 4/37/11
黃金○歲生黃龍 4/38/15
青金（八百）〔○〕歲生青龍 4/38/18
赤金○歲生赤龍 4/38/21
白金○歲生白龍 4/38/23
玄金○歲生玄龍 4/38/26
萬二○里 5/47/14,5/47/19,5/47/24,5/48/1,5/48/6
是故質壯輕足者為（申）〔甲〕卒○里之外 6/53/22
破車以○百數 6/53/25
○枝萬葉莫得不隨也 7/55/5
○變萬抮而未始有極 7/58/7
○變萬紾 7/58/27
武王甲卒三○破紂牧野 8/63/19
（血流）〔流血〕○里 8/66/23
（踰）〔喻〕于○里 9/68/14
施及○歲而文不滅 9/69/8
○里之兩至 9/69/11
故○人之群無絕梁 9/70/10
一日而至○里 9/70/13
○鈞之重 9/71/25
然而武王甲卒三○人 9/73/19
足不勞而致○里 9/75/6
無御相之勞而致○里者 9/77/4
〔能〕持○鈞之屋 9/77/21
舉○人之所愛 10/84/9
則得○人之心 10/84/9
○枝萬葉則莫得弗從也 10/84/10
文王辭○里之地 10/90/21
非○里之御也 10/91/21
○歲之積譽也 10/92/3
○歲之積毀也 10/92/4
有至壽而非○歲也 10/93/12
車軌不結○里之外者 11/95/14
而與轂致○里 11/101/11
達視○里 11/101/23
夫騏驥○里 11/102/9
馳騖○里不能（易）〔改〕其處 11/102/15
○乘也 12/108/11
烏獲舉○鈞 12/108/12
是乃其所以○萬臣而无數者也 12/111/22
馬至而果○里之馬〔也〕 12/111/24
於是散宜生乃以○金求天下之珍怪 12/114/14
白虎文皮○合 12/114/15
今行數○里 12/115/21
吾行數○里以襲人 12/115/23
其餘一舉而○萬里 12/116/14
豐水之深○仞 12/118/21
（乃）為（靻）〔靻〕蹻而超○里 13/120/13
舜執（○）〔干〕戚而服有苗 13/122/11
則（○）〔萬〕乘之君無不霸王者 13/124/22
而（萬）〔○〕乘之國無不破亡者矣 13/124/23
開地數○里 13/126/10
亡地○里 13/127/1
○變萬軫 14/141/23
龜三○歲 14/142/8
而○里不至 15/144/20
脩政廟堂之上而折衝○里之外 15/145/2
流血○里 15/145/7
一旦不知○萬之數 15/146/6
方數○里 15/146/11
智伯有○里之地而亡者 15/146/22
故○乘之國行文德者王 15/146/23
而決勝乎○里之外矣 15/146/26

武王之卒三○ 15/147/20
故○人同心則得○人［之］力 15/147/20
而○人弗敢過也 15/148/4
勢如決積水於○仞之隄 15/150/6
吳王夫差地方二○里 15/153/6
越王選卒三○人 15/153/9
［得］○歲之鯉（不能避） 16.4/154/14
去之○里 16.16/155/22
［故國有賢臣、折衝○里］ 16.39/157/27
（○年之松） 16.47/158/21
○里相從 16.61/160/1
騏驥一日○里 16.68/160/17
馬之似鹿者○金 16.81/161/18
［然而］天下無○金之鹿 16.81/161/18
有○金之璧而無錙錘之礛諸 16.81/161/18
與之致○里 16.84/161/27
鳳皇高翔○仞之上 17.9/168/29
致○里而不飛 17.30/170/15
豈能致○里哉 17.132/177/24
聞於○里 17.135/177/30
足無○里之行 17.138/178/6
相去○里 17.157/179/17
鶴壽○歲 17.178/181/1
○里可致 17.198/182/14
譬若懸○鈞之重於木之一枝 17.205/182/29
一人唱而○人和 17.207/183/3
○乘不輕 17.210/183/9
決○金之貨者不爭銖兩之價 17.218/183/25
跛鱉○里 17.226/184/9
相去○歲 17.230/184/19
○里之隄 18/186/1
（日）師行數○里 18/192/29
故○乘之國 18/193/21
必不能自免於（○）［十］步之中矣 18/194/26
夫車之所以能轉○里者 18/200/13
然而甲卒三○人以擒夫差於姑胥 18/202/3
定○八百國 19/202/23
蒙恥辱以（○）［干］世主［者］ 19/203/7
聲施○里 19/204/1
夫墨子（跌）［趹］蹏而趨○里 19/204/5
○歲而一出 19/205/14
秦王乃發車○乘 19/207/20
乘馬者期於○里 19/208/24
四時（○）［干］（乘）［乖］ 20/210/20
（流源）［源流］○里 20/211/12
甲卒三○人 20/212/10
此所以○歲不一會也 20/216/10
養徒三○人 20/217/7
○人者謂之俊 20/217/15
而觀○歲之知 20/220/20
能致○里者 20/222/13
一朝用三○鍾贛 21/228/14

牽 qiān 16

以摸蘇○連物之微妙 2/12/5
其星［尾］、箕、斗、○牛 3/19/23
以十一月（久）［冬］至效斗、○牛 3/20/21
舍斗、○牛 3/27/5
斗、○牛為對 3/27/12
十一月建［斗］、○牛 3/28/3
○牛八 3/28/7
斗、○牛（越）、須女吳［越］ 3/28/11
旦○牛中 5/40/9
昏○牛中 5/43/17
今使烏獲、藉蕃從後○牛尾 9/78/2
則五尺童子○而周四海者 9/78/3
鈞弗能○也 18/190/17
［人有］○牛［而］（蹊）［徑］［於］人之田［中］ 18/193/13
抱寶○馬而［至］ 20/216/27
拘繫○連於物 21/228/30

掔 qiān 1

瞋目扼（○）［掔］ 9/68/17

蚈 qiān 4

腐草化為○ 5/42/8
○足衆而走不若蚿 13/131/30
若○之足 15/147/25
17.151/179/4

愆 qiān 1

不○不忘 14/137/10

搴 qiān 1

擢德○性 2/15/23

遷 qiān 22

毋○其德 2/11/21
歲○六日 3/23/16,3/23/19
是謂小（還）［○］ 3/24/16
是謂大（還）［○］ 3/24/17
得其辰而○其所 3/26/27
民乃○徙 5/42/18
則德○而為偽矣 8/62/26
○人之重寶 8/66/23
○延而入之 9/67/19
民○而化 10/84/25
故上左○則失其所尊也 10/87/30
是故仁義立而道德○矣 11/93/20
言去殷而○于周也 13/124/27
自信者不可以誹譽○也 14/133/1
○舍不離 15/145/16
操固而不可○也 15/151/27
吏○官 15/153/24
民化而○善 20/211/4
日化上○善而不知其所以然 20/216/7
趙王○流於房陵 20/221/25
何○有苗 20/223/15

褰 qiān 1

○衣涉水 17.142/178/15

攓 qiān 1

○巨旗 15/152/15

淺 qiǎn 20

塡之而不〇 1/1/22
〇矣 9/70/3
義之所加者〇 10/90/28
根〇則末短 10/92/25
交〇而言深 11/101/2,11/101/3
煩挐澆〇 11/104/3
而知之〇 12/105/14
夫〇知之所爭者 12/105/24
聞見鮮而識物〇也 13/130/16
天下之物博而智〇 14/137/13
以〇贍博 14/137/13
故文之所（以）加者〇 15/146/19
百步之外則爭深〇 16.49/158/27
〇則至膚而止矣 16.49/158/27
所受者小則所見者〇 16.82/161/22
足（以）〔所〕蹍者〇矣 17.4/168/18
而所治者〇矣 20/215/2
人之所知者〇 20/220/18
謂之事則〇 21/227/10

慊 qiàn 3

不以〇為悲 1/9/12
林類、榮啓期衣若縣衰〔而〕意不〇 11/103/12
至味不〇 17.15/169/12

遣 qiǎn 3

不問其辭而〇之 12/115/5
〇卒戍陳 18/193/11
〇人戍陳 18/193/15

繾 qiǎn 1

乃始招蟯振〇物之豪芒 2/15/23

俔 qiàn 1

辟若（〇）〔綪〕之見風也 11/101/13

蒹 qiān 1

則（〇）〔兼〕覆而并〔有〕之 11/103/14

塹 qiàn 3

莫不設渠〇 15/143/23
則雖歷險超〇 19/204/17
〔故〕守不待渠〇而固 20/216/27

羌 qiāng 2

〇、氐、僰、翟 11/95/24
〇人括領 11/97/2

搶 qiāng 1

攙〇（衡）〔衝〕杓之氣莫不彌靡 2/11/18

鎗 qiāng 1

〇然有聲 16.55/159/14

強 qiáng 105

弱而能〇 1/1/6
故得道者志弱而事〇 1/4/28
用弱而〇 1/5/2
所謂（其）事〇者 1/5/3
欲〇者必以弱保之 1/5/4
積於弱則〇 1/5/5
〇勝不若己者 1/5/5,14/134/7
故兵〇則滅 1/5/6
木〇則折 1/5/6
（而）堅〇者、死之徒也 1/5/7
〇濟天下 1/6/5
筋力勁〇 1/7/9
堅〇而不鞼 1/7/9
〇弩（于）〔干〕高鳥 1/8/1
夫內不開於中而〇學問者 1/8/8
不待力而〇 1/9/11
背者〇 3/23/2
巳在丁曰〇圉 3/29/28
隅〇 4/37/27
止剛〇 5/47/16
必弱以〇 5/49/19
左〇在側 6/51/11
使〇不掩弱 6/52/17
猶不得已自〇也 7/60/19
非〇〔引〕而致之〔也〕 8/66/15
勇不足以為〇 9/70/7
〇淩弱 9/74/3
木〇而斧伐之 9/77/10
末不得〇於本 9/77/18
取庸而〇飯之 10/84/14
以群〇 10/90/28
地以〇廣 10/92/10
君以〇尊 10/92/10
故〇哭者雖病不哀 11/96/21
〇親者雖笑不和 11/96/21
是〇人所不及也 11/97/16
不〇人之所不能為 11/97/18
〇脊者使之負土 11/101/19
博聞〇志 11/101/23
是故其耕不〇者 11/103/24
可以〇 12/105/5,12/105/11
以〇為弱 12/107/13
不能自勝而〇弗從者 12/109/23
心使氣曰〇 12/109/24
吾聞子具於〇臺 12/110/23
〇臺者 12/110/23
弱之勝〇也 12/111/6
齊師愈〇 12/115/4
不可以〇勝也 14/133/13
雖〇必沉 14/133/17
必〇者也 14/134/6,20/219/1
能〇者 14/134/6,20/219/1
壯則暴〇 14/137/8
以（圍）〔圉〕〇敵 14/137/15
放於術則〇 14/140/7
則〇脅弱而勇侵怯 15/142/24
人無筋骨之〇 15/142/24
乃討〇暴 15/142/26
雖弱必〇 15/143/26
得道而〇 15/144/1
國富兵〇 15/145/3
則兵〇矣 15/145/19
謀慮足以知〇弱之（勢）〔權〕 15/145/21
不足以為〇 15/145/23
楚國之〇 15/146/2
背社稷之守而委身〇秦 15/146/3

神農○悴 19/203/8

嶠 qiāo 1

及河○岳 20/210/20

樵 qiáo 3

其類若積薪○ 10/90/26
木鉤而○ 13/120/10
斧柯而○ 13/120/11

橋 qiáo 6

（歧）〔岐〕出石○ 4/37/22
今夫○（直植）〔植直〕立而不動 9/71/1
陰降百泉則脩○梁 9/79/18
發鉅○之粟 9/80/16,12/117/19
覽取（○）〔撟〕掇 21/224/23

翹 qiáo 1

○尾而走 19/204/15

譙 qiáo 1

○以其過 19/202/25

顦 qiáo 1

〔而〕百姓黎民○顇於天下 9/74/9

巧 qiǎo 61

重之〔以〕羿、逢蒙子之○ 1/2/22
曲○偽詐 1/4/5
而○故萌生 2/15/15
非不○捷也 2/18/9
作為淫○ 5/45/20
○歷不能舉其數 6/50/18
世皆以為○ 6/52/8
手爪之○也 6/52/13
息○辯之說 6/54/8
機械知○弗載於心 7/57/12
懷機械○故之心 8/62/10
設詐以○上 8/62/26
以明大○之不可為也 8/62/28
木○之飾 8/65/2
○偽紛挐 8/65/3
不怨木石而罪○拙者 9/69/23
為智者務為○詐 9/73/6
猶○工之制木也 9/74/16
是故有大略者不可責以捷○ 9/74/22
或佞○小具 9/74/26
佞○不知 9/80/23
以邪○世者 9/81/2
○敏（遲）〔犀〕利 9/81/28
而歐冶之○〔不〕可貴也 11/99/13
不若得歐冶之○ 11/99/18
非○冶不能以治金 11/100/4
此○之具也 11/100/6
而非所以〔為〕○也 11/100/6
工與工言○ 11/101/17
人○之妙也 11/101/25
工無淫○ 11/103/19
以其知○詐偽 11/103/28
雖（○）有力 12/107/18
大○若拙 12/111/25
子○邪 12/114/5
先王〔有〕以見大○之不可〔為〕也 12/118/13
鄧析○辯而亂法 14/136/13
（脩）〔循〕其理則（功）〔○〕無名 14/136/14
故以○鬬力者 14/136/14
非○不能 14/136/15
邪○則正塞（之）也 14/136/16
不可○（計）〔詐〕也 15/147/3
可○詐者 15/147/4
○舉勝地利 15/149/16
○拙不異 15/150/1
夫至○不用（劍）〔鉤〕〔繩〕 16.25/156/21
○者善度 16.65/160/10
百發之中必有羿、逢蒙之○ 17.51/172/1
○（治）〔冶〕不能鑄木 17.225/184/7
雖有扁鵲、俞跗之○ 18/186/3
蒲沮（之子）〔子之〕○ 18/196/20
夫兒說之○ 18/198/5
而○不若拙 18/198/13
公輸〔般〕、天下之○士〔也〕 19/203/25
不可以智○為也 20/210/23
此之謂大○ 20/210/25
○冶不能鑠木 20/212/11
○詐藏於胸中 20/222/10
齊王建有三過人之○ 20/223/15
雖察慧捷○ 20/223/17
而民多智○ 21/228/10

峭 qiào 5

夫○法刻誅者 1/3/9
城○者必崩 10/91/18
深谿○岸 11/94/23
故雖○法嚴刑 11/102/12
上○山 19/207/16

殼 qiào 1

方倦龜○而食蛤梨 12/116/7

竅 qiào 24

閉九○ 2/14/9
○領天地 2/15/12
故（卯）〔卵〕生者八○ 3/25/24
孔○肢體 3/29/18
人亦有九○ 3/29/19
齕吞者八○而卵生 4/35/18
嚼咽者九○而胎生 4/35/18
○通於目 4/35/26
○通於耳 4/36/1
○通於鼻 4/36/4
○通於陰 4/36/8
○通於口 4/36/11
浚出華○ 4/37/19
（竅）〔○〕理之 6/53/1
人亦有四支、五藏、九○、三百六十（六）節 7/55/12
夫孔○者 7/55/27
心之於九○四肢也 9/79/22

〔而〕恤其貧（〇）〔窮〕 15/143/18
使（氐）〔工〕厭〇 17.61/172/23
九〇通洞 19/205/10
百脈九〇莫不順比 20/211/20
七〇交爭 20/219/10
而曉寤其形骸九〇 21/224/27
所以〇窕穿鑿百事之壅遏 21/226/1

切 qiē 9

可〇循把握而有數量 2/10/22
男女〇踦 11/97/4
是絶哀而迫〇之性也 11/97/17
宰庖之〇割分別也 11/98/18
以〇為明 12/118/27
廉直而不以〇 13/127/24
（於）〔抮〕和〇適 17.237/185/3
援龍淵而〇其股 18/200/5
一〇之術也 20/221/21

且 qiě 63

不知其〇為虎也 2/11/9
夫唯易〇靜 2/16/10
〇人之情 2/17/13
雷〇發聲 5/39/26
故蒲〇子之連鳥於百仞之上 6/50/11
若夫鉗〇、大丙之御〔也〕 6/52/9
夫鉗〇、大丙不施轡銜而以善御聞於天下 6/54/11
〇惟無我而物無不備者乎 7/56/13
〇人有戒形而無損（於）心 7/58/5
〇夫不治官職 9/73/7
（〇）〔旦〕日何為而義乎 9/81/20
（〇）〔旦〕日何為而榮 9/81/20
〇喜怒哀樂 11/96/19
（鉗〇）〔欽負〕得道 11/99/22
〇富人則車輿衣纂錦 11/104/6
〔〇〕夫雕琢刻鏤 11/104/11
〇人固難（合）〔全〕也 12/109/8
〇吾聞之也 12/109/15
〇子用魯兵 12/112/7
〇〔君〕輕下其臣 12/112/16
禍〇當〔於〕君 12/112/20
非不深〇清也 12/118/22
以決一（〇）〔旦〕之命 13/124/7
〇湯、武之所以處小弱而能以王者 13/125/4
〇冬〇夏 15/149/22
〇春〇秋 15/149/23
兵猶〇弱也 15/151/19
兵猶〇強 15/151/21
令猶〇行也 15/151/21
善〇由弗為 16.21/156/10
陰陽不能〇冬〇夏 16.27/156/27
或曰知（其）〔天〕〇赦也而多殺人 16.140/167/4
或曰知（其）〔天〕〇赦也而多活人 16.140/167/4
病（疽）〔〇〕（將）死 18/186/19
〇同情相成 18/191/26
言太子甚仁〇勇 18/194/9
〇患禍之所由來者 18/196/8
〇塘有萬穴 18/196/10
丘能仁〇忍 18/196/27
（辨）〔辯〕〇訥 18/196/28
勇〇怯 18/196/28
必〇以我為事也 18/197/5
〇也為文而不能達其德 18/198/21
猶〇弗易者 18/199/21
〇衛君之來也 18/200/24
〇夫聖人者 19/202/27
〇古之立帝王者 19/203/1
猶〇攻之乎 19/203/23
又〇為不義 19/203/24
〇夫身正性善 19/204/20
〇子有弒父者 19/204/25
〇夫精神（滑）〔滑〕淖纖微 19/206/22
（〇）〔則〕夫觀者莫不為之損心酸足 19/209/23
故天之〇風 20/210/10
其〇雨也 20/210/10
終和〇平 20/211/5
〇聾者、耳形具而无能聞也 20/220/11
既瘖〇聾 20/220/12
〇法之生也 20/221/14
能哲〇惠 20/223/14

妾 qiè 5

萬民為臣〇 1/7/25
〇宓妃 2/14/23
魯人為人〔臣〕〇於諸侯 12/108/17
然而請身為臣、妻為〇 12/111/5
請身為臣、妻為〇 18/202/1

怯 qiè 9

勇力聖知與罷〇不肖者同命 2/18/6
〇服勇而愚制智 9/77/18
〇者死行 11/104/16
（法）〔〇〕者 13/130/13
則強脅弱而勇侵〇 15/142/24
〇者不得獨退 15/149/7
勇且〇 18/196/28
勇侵〇 19/203/2
夫〇夫操利劍 19/205/2

挈 qiè 8

提〇人間之際 2/12/4
提〇天地而委萬物 2/15/6
提〇陰陽 2/15/12
夫（契）〔〇〕輕重不失銖兩 11/102/5
不若一人〇而趨 16.46/158/17
非〇而入淵 16.118/165/6
〇一石之尊則白汗交流 19/202/26
棄其畛〇 21/228/29

鍥 qiè 1

〇金玉 8/61/13

竊 qiè 8

恒娥○以奔月 6/54/20
陽侯殺蓼侯而○其夫人 13/121/1
○盜者刑 13/129/17
○而藏之 13/131/21
有○其鍾負而走者 16.55/159/14
○簡而寫法律 16.79/161/12
○縱而予之 18/188/14
法能刑○盜者 20/217/6

侵 qīn 24

毋或○牟 5/45/22
土墜○削 5/45/26
其有相○奪〔者〕 5/46/11
田者不○畔 6/52/19
而萬民莫相○欺暴虐 8/62/8
帝者體陰陽則○ 8/64/19
有〔所〕（浸）〔○〕犯則怒 8/66/2
不得相○ 8/66/19
爭地○壤 8/66/20
晚世務廣地○壤 8/66/21
○漁其民 9/79/6
見柔懦者○ 13/123/10
以○相遠 14/141/14
則強脅弱而勇○怯 15/142/24
不至於○奪為暴 15/143/5
欲以○地廣壤也 15/143/23
智伯○地而滅 18/189/17
燕常○魏八城 18/192/14
以復○地 18/192/15
因○郈氏之宮而築之 18/195/18
齊師（大）○楚 18/195/26
吾不敢○犯〔之〕 18/201/15
勇○怯 19/203/2
刑不○濫 20/223/13

衾 qīn 2

審棺槨衣○之薄厚 5/45/19
〔以帷為○〕 13/131/9

堇 qīn 1

木○榮 5/41/28

欽 qīn 1

（鉗且）〔○負〕得道 11/99/22

親 qīn 80

明○疏 2/14/8
天子○率三公九卿大夫以迎歲于東郊 5/39/9
東鄉○桑 5/40/20
天子○率三公九卿大夫以迎歲於南郊 5/41/7
天子○率三公九卿大夫以迎（秋）〔歲〕于西郊 5/43/5
天子○率三公九卿大夫以迎歲于北郊 5/45/16
天子○往射漁 5/46/24
雖有盛尊之○ 5/48/8
○近者（使）〔言〕无事焉 6/50/23
是故君臣乖而不○ 6/53/14
而無所甚○ 7/57/7
身至○矣 7/59/6
則○戚兄弟歡然而喜 7/59/27
則湣溷而不○ 8/64/20
故事○有道矣 8/66/27
群臣○ 9/72/16
骨肉之○也 9/73/14
所愛習○近者 9/75/12
唯賢是○ 9/80/18
入孝於○ 9/81/23
事○不說 9/82/9
說○有道 9/82/9
不能事○矣 9/82/9
雖○父慈母 10/84/14
仁○乎父 10/85/5
弗躬弗○ 10/85/13
○子叛父 10/93/10
○戚不相毀譽 11/93/30
尊尊○○ 11/94/11
強○者雖笑不和 11/96/21
故公西華之養○也 11/97/1
曾參之養○也 11/97/1
皆尊其主而愛其○ 11/97/4
不能○近來遠 11/97/8
然而皆不失○踈之恩 11/98/8
故趣（舍）合即言忠而益○ 11/101/4
○母為其子治扢禿 11/101/4
妻○織 11/103/23
又況○戚乎 11/104/18
身危則（忠）〔忘〕其○戚 11/104/19
大臣○之 12/110/13
○執戈 12/111/5
越王○〔行〕之 12/111/6
而民○其上 12/114/20
虐則无○ 13/123/7
孝子之事○ 13/125/25
上下相○ 13/126/17
故祭祀思○不求福 14/138/1
大仁無○ 14/141/1
天道无○ 14/141/28
群臣○附 15/145/1
心誠則肢體○（刃）〔剺〕 15/147/23
故下不○上 15/147/27
上○下如弟 15/151/7
主○操鉞 15/153/15
不因人而○ 16.60/159/28
○莫○於骨肉 17.38/171/1
○近導諛 18/186/26
不穀○傷 18/187/22
百姓不○ 18/189/13
父子之○ 18/189/14,20/213/5
或言不用、計不行而益○ 18/190/22
粗中而少○ 18/191/25
諸侯无○ 18/200/16
以諸侯為○ 18/200/17
子發（視）〔○〕決吾罪而被吾刑 18/201/27
百姓○附 19/202/24
百姓所○ 19/205/12
故父子有○ 20/212/17
（故）〔以〕立父子之○而成家 20/213/3
无疏无○ 20/214/1
○賢而進之 20/217/10
○戚兄弟搆怨 20/218/12
死君○之難 20/218/27
其為○〔也〕亦戚矣 20/220/24
父子以○ 20/221/23

(初)〔袀〕絻而○迎 20/223/3

秦 qín 69

東井、輿鬼○ 3/28/12
庚○ 3/28/22
午○ 3/28/23
○也 3/29/9
○之陽紆 4/32/22
不為○、楚變節 9/69/25
胡王好音而○穆公以女樂誘之 9/77/8
齊桓、○穆受而聽之 10/89/5
伯樂、韓風、○牙、筦青 11/99/28
○王之時 11/104/22
○穆公(請)〔謂〕伯樂曰 12/111/15
不宜得志於○ 12/112/8
○穆公興師 12/115/19
以十二牛勞○師而賓之 12/115/23
先軫舉兵而與○師遇於殽 12/115/26
○皇帝得天下 12/117/17
欲見○惠王 12/118/17
留於○ 12/118/17
使於○ 12/118/18
吾留○三年不得見 12/118/19
及至韓娥、○青、薛談之謳 13/123/13
○之時 13/124/2
○穆公興兵襲鄭 13/125/15
道遇○師於周、鄭之閒 13/125/16
賓○師而卻之 13/125/16
蘇○、匹夫徒步之人也 13/126/7
蘇○知權謀而不知禍福 13/126/11
○穆公出遊而車敗 13/129/1
蘇(奉)〔○〕死於(日)〔口〕 14/132/24
故○勝乎戎而敗乎殽 14/135/8
蘇○善說而亡(國)〔身〕 14/136/13
背社稷之守而委身強○ 15/146/3
○通崤塞 17.94/175/1
蘇○步曰何(故)〔步〕 17.136/178/1
蘇○以百誕成一誠 17.182/181/10
西伐○ 18/186/24
使○西巴持歸烹之 18/188/13
○西巴弗忍 18/188/13
○西巴對曰 18/188/14
逐○西巴 18/188/15
○西巴有罪於君 18/188/15
此公孫鞅之所以抵罪於○ 18/188/19
○王趙政兼吞天下而(已)〔亡〕 18/189/16
○穆公使孟盟舉兵襲鄭 18/192/29
以○女之事怨王 18/194/11
○牛缺徑於山中而遇盜 18/197/1
○牛缺曰 18/197/3
○皇挾錄圖 18/197/10
亡○者、胡也 18/197/11
莫肯為○虜 18/197/15
而夜攻○人 18/197/16
故○之設備也 18/197/22
其後○將起兵伐魏 19/204/4
於是○乃偃兵 19/204/5
以安○、魏 19/204/6
故○、楚、燕、魏之歌也 19/204/8
至於○庭 19/207/17
以見○王 19/207/18
○王乃發車千乘 19/207/20
謝子見於○惠王 19/208/12
○穆公為野人食駿馬肉之傷也 20/211/27
○任李斯、趙高而亡 20/217/26
張儀、蘇○家无常居 20/218/18
張儀、蘇○之從衡 20/221/21
荊軻西刺○王 20/221/26
商鞅為○立相坐之法 20/222/18
然商鞅以法亡○ 20/222/19
而身虜於○者 20/223/16
○國之俗 21/228/24

蚙 qín 1

昌羊去蚤蝨而來(蚙)〔○〕窮 17.26/170/7

琴 qín 31

耳聽○瑟之聲 2/13/2
○瑟不張 3/20/29
鼓○瑟 5/39/6,5/39/21,5/40/12
修鞀鼙○瑟管簫 5/41/21
彈○瑟 8/66/12
9/78/23,15/151/20
動諸○瑟 9/69/5
孔子學鼓○於師襄 9/69/7
〔援○而彈〕 10/87/8
譬由膠柱而調(○)〔瑟〕也 11/98/8
師曠舉○而撞之 11/100/24
事猶○瑟 13/121/24
舜彈五絃之○ 14/139/26
譬如張○ 14/140/4
○瑟鳴竽弗能樂也 14/140/23
百牙鼓○ 16.4/154/15
然而搏○撫弦 19/206/16
使未嘗鼓(瑟)〔○〕者 19/206/17
鼓○讀書 19/206/25
而伯牙絕絃(被)〔破〕○ 19/208/8
○或撥剌枉橈 19/208/21
而稱以楚莊之○ 19/208/22
山桐之○ 19/208/23
鼓○者期於鳴廉脩營 19/208/25
神農之初作○也 20/213/12
彈五絃之○ 20/215/19
(○)〔瑟〕不鳴 20/222/12
然而五絃之○不可鼓也 21/227/8

勤 qín 11

纖微而不可○ 1/1/21
四支不(動)〔○〕 1/2/10
用之而不○ 1/6/19
人之耳目曷能久熏〔○〕勞而不息乎 7/55/18
事○財匱 9/73/28
○勞天下 9/74/4
力○財匱 9/78/22
終身不○ 12/116/3
肩負儋之○也 13/120/13
(○)〔勒〕率隨其蹤跡 13/129/18
四胑不(動)〔○〕 19/203/10

禽 qín 31

○獸碩大 1/1/15
○獸有（芃）〔芃〕 1/3/19
以長百穀○（鳥）〔獸〕草木 3/24/9
凡人民○獸萬物貞蟲 4/35/5
（其人）惷愚（○獸）而壽 4/36/8
戮○ 5/44/15
祭○四方 5/44/24
有能取疏食、田獵○獸者 5/46/10
○獸（蝮）〔蟲〕蛇無不匿其爪牙 6/53/4
猶畜○獸也 7/60/14
○封狶於桑林 8/63/13
則○獸跳矣 8/65/23
○獸昆蟲與之陶化 9/69/14
○獸歸之若流（原）〔泉〕 9/79/15
○獸可羈而從也 13/120/5
為鷙○猛獸之害傷人而无以禁御也 13/120/14
○夫差之身 13/126/9
則○獸草木莫不被其澤矣 13/132/5
（養）〔養〕○獸者也必去豺狼 15/143/10
獵者逐○ 15/144/24
（者）〔智〕倖、則有數者○無數 15/146/24
必為之○ 15/149/2
博則能○缺 15/149/5
則為人○矣 15/149/18
是以動為人○矣 15/149/30
○獸之利而我之害 17.195/182/8
與○獸處 18/197/15
非直○獸之詐計也 18/202/7
諸侯執○而朝之 20/219/20
○獸草木 20/221/5
○獸之性 20/221/9

擒 qín 20

虞君利垂棘之璧而○其身 7/60/27
○之焦門 9/70/6
○之於牧野 9/73/20
而○於狐貍 9/76/22
十有九日而○白公 12/106/17
果○之於干遂 12/111/5
○其三軍以歸 12/115/27
智伯以三晉之地○ 13/124/24
〔中厥目而○之〕 13/125/18
則終身為破軍○將矣 13/127/1
故黃帝○之 15/143/1
故動而為人○ 15/152/9
○之黃池 15/153/7
○之（于）〔干〕隧 15/153/9
張武教智伯奪韓、魏之地而○於晉陽 18/187/6
○智伯而三分其國 18/188/27
則為之○矣 18/199/3
然而甲卒三千人以○夫差於姑胥 18/202/3
故可得而○也 18/202/6
見其必○於越也 20/222/22

寑 qǐn 1

而莊子○說言 19/208/8

寢 qǐn 28

○居直夢 4/34/25
薦鮪於○廟 5/40/13
先薦○廟 5/41/10, 5/41/22,5/43/8,5/44/1, 5/45/2,5/46/24
以供○廟及百祀之薪燎 5/46/25
供○廟之芻豢 5/47/3
（枕）〔枕〕方○繩 6/52/27
是故其○不夢 7/57/22
鉗口○說 8/63/23
○兕伏虎 8/65/10
其○無夢 10/82/17
如○（閞）〔關〕、曝纊 10/83/19
常○想之 12/117/23
見○石 13/130/13
緩帶而○ 13/132/3
節○處 14/137/27
然後食甘○寧 14/140/24
病者○席 16.123/165/19
〔楚越〕之間有〔有〕○〔之〕丘者 18/186/20
（謂）〔請〕有○之丘 18/186/22
夫孫叔敖之請有○之丘 18/187/2
夫蛟龍伏○於淵 20/211/17
為之○不安席 20/216/26
作為路○之臺 21/228/13

青 qīng 67

○蔥苓蘢 2/10/21
以藍染○則○於藍 2/13/19
○非藍也 2/13/19
雜之以○黃 2/14/13
夫梣木（色）〔已〕○翳 2/14/27
火煙○ 3/23/17
○女乃出 3/24/8
莫貴於○龍 3/29/14
○水宜碧 4/35/22
爰有遺玉、○馬、視肉 4/37/6
偏土之氣御乎（清）〔○〕天 4/38/17
（清）〔○〕天八百歲生○曾 4/38/17
○曾八百歲生○澒 4/38/17
○澒八百歲生○金 4/38/18
○金（八百）〔千〕歲生○龍 4/38/18
○龍入藏生（清）〔○〕泉 4/38/18
（清）〔○〕泉之埃上為○雲 4/38/19
而合于○海 4/38/20
天子衣○衣 5/39/5, 5/39/20,5/40/11
建○旗 5/39/5,5/39/20,5/40/11
東宮御女○色 5/39/6, 5/39/21,5/40/12
衣○采 5/39/6,5/39/21,5/40/12
朝于○陽左个 5/39/7
朝于○陽太廟 5/39/21
朝于○陽右个 5/40/12
○黃白黑 5/42/13
○（土）〔丘〕樹木之野 5/47/14
今夫赤螭、○虬之游冀州也 6/51/23
○龍進駕 6/52/22
駿○虬 6/53/6

〇〇去之也 7/58/8
繳大風於〇丘之（澤）〔野〕 8/63/12
上際〇雲 8/65/7
掩目而視〇黃也 9/75/14
其服尚〇 11/98/5
文以〇黃 11/98/25
伯樂、韓風、秦牙、筦〇 11/99/28
〇黃相錯 11/104/6
玄豹、黃羆、〇犴 12/114/14
及至韓娥、秦〇、薛談之謳 13/123/13
志厲〇雲 13/125/22,15/148/2
左〇龍 15/150/11
氣厲〇雲 15/153/23
見〇蔥則拔之 16.26/156/25
染者先〇而後黑則可 16.58/159/23
先黑而後〇則不可 16.58/159/23
銅英〇 17.164/180/4
背負〇天 18/196/19
丹〇膠漆 20/214/8
生以〇苔 20/216/12

清 qīng 98

濁而徐〇 1/1/4,1/6/26
反於〇靜 1/4/3
是故聖人守〇道而抱雌節 1/5/21
是故〇靜者 1/6/15
寂然〇澄 2/10/26
鏡太〇者視大明 2/12/2
耳聽《白雪》、《〇角》之聲 2/12/9
臺簡以游太〇 2/12/23
而內以濁其〇明 2/14/18
水之性真〇而土汨之 2/16/6
（淵）〔神〕〇則智明矣 2/16/8
神〇者嗜欲弗能亂 2/16/12
（〇）〔清〕有餘於適也 2/16/18
〇之終日 2/17/21
人神易濁而難〇 2/17/22
〇陽者薄靡而為天 3/18/19
〇妙之合專易 3/18/20
明庶風至四十五日〇明風至 3/20/25
〇明風至四十五日景風至 3/20/26
〇明風至則出幣帛 3/20/28
加十五日指乙則（〇明風至）〔穀雨〕 3/22/17
加十五日指辰則（穀雨）〔〇明風至〕 3/22/18
壬子氣〇寒 3/23/25
浸以〇 3/26/9
〇水有黃金 4/34/19
〇水音小 4/34/23
〇水宜龜 4/35/22
〇漳出楬戾 4/37/17
〇明風之所生也 4/37/25
偏土之氣御乎（〇）〔青〕天 4/38/17
（〇）〔青〕天八百歲生青曾 4/38/17
青龍入藏生（〇）〔青〕泉 4/38/18
（〇）〔青〕泉之埃上為青雲 4/38/19
此皆得〇（盡）〔淨〕之道、太浩之和也 6/50/12
天〇墜定 6/51/23
天靜以〇 7/55/1
則耳目〇、聽視達矣 7/55/21
耳目〇、聽視達 7/55/21
抱其太〇之本而無所 7/57/17
〇靖而無思慮 7/57/18
同精於太〇之本 7/57/21
而立至〇之中 7/57/22
游於太〇 7/58/28
〇目而不以視 7/59/21
太〇之治也 8/61/6
日月淑〇而揚光 8/61/10
異〇濁 8/62/25
〇靜而不動 9/67/3
〇靜無為 9/71/4
〇明而不闇 9/71/7,9/71/22
是猶塞耳而聽〇濁 9/75/14
〇虛以待 9/77/13
故哀樂之襲人（〇）〔情〕也深矣 10/88/14
其〇濁一也 10/91/12
萬物將自〇 10/92/20
各以〇濁應矣 11/95/10
無濊而不得〇明者 11/95/24
河水欲〇 11/95/29
神〇意平 11/96/8
不得其〇明玄聖 11/99/17
北人无擇非舜而自投〇（冷）〔泠〕之淵 11/102/1
以〇為濁 11/103/29
太〇問於無窮曰 12/105/3
太〇又問於無始曰 12/105/9
太〇仰〔天〕而歎曰 12/105/14
非不深且〇也 12/118/22
耳不知〇濁之分者 13/122/16
〇之則（燋）〔憔〕而不（謳）〔調〕 13/123/13
中有本主以定〇濁 13/123/14
以濁為〇 15/142/27
響不為〇音濁 15/150/21
神〇而不可濁也 15/151/27
〇之為明 16.5/154/19
水定則〇正 16.12/155/14
以〇入濁必困辱 16.26/156/24
以濁入〇必覆傾 16.26/156/24
平則〇 17.33/170/21
〇則見物之形 17.33/170/21
〇醠之美 17.152/179/6
〇淨恬愉 18/185/20
〇濁之於耳聽 19/208/27
誠得〇明之士 19/209/4
別（〇濁）五音〔〇濁〕六律相生之數 20/213/3
〇明條達者 20/214/4
神〇志平 20/216/5
淖以〇 20/216/12
將欲以濁為〇 20/218/3
濁其源而〇其流者也 20/219/6
澄心〇意以存之 20/221/4
（吠）〔呿〕聲〇於耳 20/221/29
純粹之入至〇也 21/224/22
〇靜以為常 21/225/31
反之以〇淨為常 21/226/9
以館〇平之靈 21/226/16
所以原測淑〇之道 21/227/7

卿 qīng 12

天子親率三公九〇大夫以迎歲于東郊 5/39/9
天子親率三公九〇大夫

以迎歲於南郊 5/41/7
天子親率三公九○大夫以迎（秋）〔歲〕于西郊 5/43/5
天子親率三公九○大夫以迎歲于北郊 5/45/16
天子乃與公○大夫飭國典 5/47/1
○士大夫至于庶民 5/47/3
雖在○相人君 9/75/9
〔使〕公○正諫 9/80/9
則九○趨 13/132/2
故立三公九○以輔翼之 19/203/3
自人君公○至于庶人 19/207/4
一國之高以為九○ 20/217/14

傾 qīng 16

使地東南○ 1/4/13
持盈而不○ 1/9/10
不盈○筐 2/18/13
天○西北 3/18/25
○宮、旋室、縣圃、涼風、樊桐在崑崙閶闔之中 4/33/7
（○）〔頃〕襄好色 9/68/27
故高下之相○也 11/94/3
○與之○ 11/96/8
○然若苦烈 15/146/7
以濁入清必覆○ 16.26/156/24
重鈞則衡不○ 16.137/166/27
○者易覆也 17.44/171/13
其存危定○若一 19/203/20
為○覆之謀 20/218/18
則有以○側偃仰世俗之間 21/226/7

輕 qīng 70

雖有○車良馬 1/2/2
飛○微細者 2/13/27
條風至則出○繫 3/20/27
燥故炭○ 3/21/25
○重生乎天道 3/26/13
○土多利 4/34/22
湍水人○ 4/34/23
雒水○利而宜禾 4/35/23
為來歲受朔日與諸侯所稅於民○重之法 5/44/21
權○飛羽 6/49/29
物固不可以○重論也 6/51/6
而蛇鱓○之 6/51/24
體便○畢 6/52/8
是故質壯○足者為（申）〔甲〕卒千里之外 6/53/22
○天下 7/58/9,11/99/15
此○天下之具也 7/58/16
乃知天下之○也 7/58/22
○舉獨往 7/58/28
審乎○重 8/64/11
無私○重 9/69/17
夫權○重不差蟲首 9/69/19
任○者易（權）〔勸〕 9/70/17
而為邪者○犯上矣 9/70/24
車○〔而〕馬良 9/72/4
或任百而尚○ 9/74/23
尊貴者不○其罰 9/75/17
（則）〔言〕○重小大有以相制也 9/77/18
群○折軸 10/92/2
敖世○物 11/101/24
夫（契）〔挈〕○重不失銖兩 11/102/5
○足〔者〕先（升） 11/104/17
而○失之 12/109/17
重生則○利 12/109/22
且〔君〕○下其臣 12/112/16
忍訽而○辱 13/122/4
雖小不可○ 13/124/25
有○罪者贖以金分 13/129/6
○天下者 14/134/11
則○敵而簡備 14/137/14
將充勇而○敵 15/148/1
彼故○來 15/150/23
彼非○死而樂傷也 15/151/4
翼○邊利 15/152/17
剽疾○悍 15/152/22
勇敢○敵 15/152/22
此善用○出奇者也 15/152/22
下○上重 16.12/155/13
无久持○ 16.75/161/1
千乘不○ 17.210/183/9
是故人者○小害 18/186/2
塗乾則益○ 18/190/10
以勁材任○塗 18/190/10
服○煖 18/194/19
或○死而得生 18/194/22
令尹○行而簡禮 18/196/14
不量力而○敵 18/200/2
諸侯聞之必○吾國 18/201/3
而常有○易人之志 18/201/15
○斤兩以內 18/201/21
○賦薄斂 19/202/23
子何以○之哉 19/204/3
彼非○身而樂死 19/207/27
（喋）〔蹀〕虛○舉 20/214/16
或○或重 20/214/23
○者欲發 20/214/23
以重制○ 20/217/20
田子方、段干木○爵祿而重其身 20/218/16
比之義則○ 20/218/28
欲知○重而无以 20/220/22

情 qíng 123

而內不失其○ 1/2/16
不以欲亂○ 1/4/9
足以適○ 1/7/25
使心怵然失其○性 1/8/28
性命之○ 1/9/7,8/62/11
不通之于天地之○也 2/13/6
其○一也 2/16/7,10/85/17,19/206/2
〔故能〕形物之性〔○〕也 2/16/10
必達乎性命之○ 2/16/17
誠達于性命之○ 2/16/24
且人之○ 2/17/13
攓取吾○ 2/17/17
人主之○ 3/19/13
莫知其○ 4/35/5
天下未嘗得安其○性 6/54/1
是故聖人法天順○ 7/54/28
適○不求餘 7/59/17
燆拂其○ 7/60/6
而迫性命之○ 7/60/8
理○性 7/60/9,21/226/16
無益〔於〕○者不以累德 7/60/10
此皆迫性拂○而不得其和也 7/60/16
雖○心鬱殪 7/60/19

擏 qīng 2

檠 qīng 1

鯨 qíng 2

頃 qǐng 11

請 qǐng 47

令尹子佩○飲莊王 12/110/21
然而○身為臣、妻為妾 12/111/5
乃○降 12/111/12
秦穆公（○）〔謂〕伯
　樂曰 12/111/15
○見之 12/111/18
大夫○擊之 12/112/13
○王擊之 12/112/15
〔寡人○自當也〕 12/112/21
臣○伏於陛下以司之 12/113/1
臣○死之 12/113/2
亦○降 12/113/18
○圖之 12/114/13
於是市偷進○曰 12/115/5
丘〔也〕○從之後 12/115/16
○擊之 12/115/26
○浮君 12/119/9
○問持盈 12/119/16
○而後為 13/121/19
以為百姓○命于皇天 13/124/5
願（○）子將而應之 15/153/14
臣无還○ 15/153/19
○罪於君 15/153/26
衛姬之○罪於桓公〔也〕
16.20/156/5
為○于買者曰 16.145/167/17
（謂）〔○〕有寢之丘 18/186/22
夫孫叔敖之○有寢之丘 18/187/2
齊人有○見者曰 18/190/14
臣○道三言而已 18/190/14
○烹 18/190/14
○以齊侯往 18/190/24
臣○試潛行 18/191/22
群臣○曰 18/192/3
臣○升城鼓之 18/192/12
臣○北擊之 18/192/14
有司○賞之 18/192/16
○無罷武大夫 18/192/23
則○子貢行 18/200/19
○與公僇力一志 18/201/16
○身為臣、妻為妾 18/202/1
〔○〕（今）〔令〕公
　輸〔般〕設攻 19/203/26
臣○守之 19/203/27
雩兌而○雨 20/211/6

謦 qǐng 1

〔康王〕蹀足○欬 12/107/16

清 qìng 1

（清）〔○〕有餘於適也 2/16/18

慶 qìng 8

行○賞 5/39/7
無○（賀）〔賞〕之利
　、刑罰之威 8/62/7
一人有○ 9/72/25
故一人有○ 10/87/27
王子○忌死於劍 14/132/24
○賞信而刑罰必 15/150/12
○忌死劍鋒 16.66/160/12
王子○忌足躡麋鹿、手
　搏兕虎 17.80/174/1

磬 qìng 10

飾鍾○ 5/41/21
擊○石 5/45/12,5/46/4,5/46/23
○龜無腹 6/53/18
懸鍾鼓○鐸 13/123/27
語寡人以憂者擊○ 13/123/28
鍾之與○也 16.29/157/1
遠之則○音章 16.29/157/1
擊鍾○者必以濡木 16.130/166/7

蛩 qióng 5

飛○滿野 8/61/23
常為○○駏驉取甘草以
　與之 12/108/7
○○駏驉必負而走 12/108/8

窮 qióng 109

施之無○而無所朝夕 1/1/5
並應無○ 1/1/11
而游於無○之地〔也〕 1/2/11
故體道者逸而不○ 1/3/7
爭利者未嘗不○也 1/4/12
故○無○ 1/4/26
先唱者、○之路也 1/5/7
脩極於無○ 1/5/24
行（而）不可得〔而〕
　○極也 1/6/3
物穆無○ 1/7/13
處○僻之鄉 1/8/28
○而不懾 1/9/9,14/139/10
而行無○極 2/14/16
（弱水出自○石） 4/33/12
東南方曰大○ 4/34/2
○奇 4/37/27
助貧○ 5/40/16
日○于次 5/47/1
月○于紀 5/47/1
通○窒 5/47/15
振貧○ 5/47/19
自九澤○夏晦之極 5/48/5
修而不○ 5/48/30
而不○究其所由生 6/54/15
必○其節 7/57/6
視至尊○寵猶行客也 7/57/20
以其○耳目之欲 7/58/12
今夫○鄙之社也 7/59/10
振困○ 8/63/8
（拘）〔抱〕无○之智 8/63/23
以○要妙之望 8/65/7
以○荊、吳甘酸之變 8/65/12
橫（局）〔扃〕四方而
　不○ 9/69/14
人有困○ 9/69/26
應物無○ 9/69/27
則其○不（達）〔遠〕矣 9/70/4
有言者○之以辭 9/75/13
數○於下則不能伸理 9/76/27
民莫困○流亡也 9/79/3
謂之○乏 9/79/4
以適無○之欲 9/79/6
○不易操 9/80/4
故動而必○矣 9/81/1
譬若舟、車、楯、（肆）
　〔𨽸〕、○廬 11/95/3
以為○民絕業而無益於
　槁骨腐肉也 11/97/22
又何以○至治之本哉 11/98/22
轉無○之原也 11/101/11
鳥○則噣 11/102/12
獸○則觕 11/102/12

人○則詐 11/102/13
○達在時 11/102/17
太清問於無○曰 12/105/3
无○曰 12/105/3
吾問道於無○ 12/105/9
無○曰 12/105/9
則無為〔之〕知與無○之弗知 12/105/13
困○無以自達 12/109/1
○而死 12/110/7
多言數○ 12/110/19
○觀於六合之外者 12/116/8
西○〔乎〕（冥）〔窅〕冥之黨 12/116/12
乃語○觀 12/116/15
短而不○ 13/123/5
方於卒迫○遽之中也 13/126/1
○則觀其所不受 13/128/19
死而為之○ 14/132/12
故○而不憂 14/135/1
人有○ 14/135/20
故好智、○術也 14/137/14
隱而不○ 14/139/11
工多技則○ 14/139/22
自死而天地无○ 14/142/7
形勝則神○ 14/142/17
〔而〕恤其貧（窾）〔○〕 15/143/18
輪轉而無○ 15/144/6
○侈靡之變 15/146/5
不顧百姓之飢寒○匱也 15/146/5
○武也 15/146/22
○至遠 15/148/23
上○至高之（未）〔末〕 15/149/23
莫知其所○ 15/152/2
謀見則○ 15/152/11
轉无○之源 16.84/161/27
往徙於越而大困○ 16.88/162/7
欲无○ 16.88/162/9
為孔子之○於陳、蔡而廢六藝 16.151/168/4
昌羊去蚤蝨而來（蚙）〔蚙〕○ 17.26/170/7
直士以正○ 17.189/181/24
（天下探之不○） 18/187/12
匠人○於辭 18/190/11
以振困○ 19/202/24
而憂百姓之○ 19/202/27
隱處○巷 19/204/1
長於○櫊漏室之下 19/206/6
○道本末 19/207/1
我曾无有閭里（氣）〔之〕聞、○巷之知者何 19/209/10
故聖人事○而更為 20/213/24
○谷之污 20/216/12
○道德之淵深 20/220/14
而物變无○ 20/220/18
又況知應无方而不○哉 20/220/23
為其來蚙○也 20/223/7
或食兩而路○ 20/223/9
○逐終始之化 21/224/7
所以○南北之（脩）〔長〕 21/224/14
則不足以○道德之意 21/226/31
今《易》之《乾》、《坤》足以○道通意也 21/227/6

藭 qióng 1

〔若〕芎○之與槀本也 13/128/12

丘 qiū 57

游雲夢、沙○ 1/7/20
登○不可為脩 1/9/9
故不可以夷○上屋 3/21/20
崑崙之○ 4/33/16
自東北方曰和○ 4/34/1
西方曰金○ 4/34/2
○陵為牡 4/34/18
○氣多（狂）〔尪〕 4/34/22
崑崙、（華）〔華〕○在其東南方 4/37/6
和○在其東北陬 4/37/7
昆吾○在南方 4/37/8
軒轅○在西方 4/37/8
○（蟈）〔螾〕出 5/41/2
登○陵 5/41/28
則○隰水潦 5/42/18
砮○壟之小大高庳 5/45/19
○螾結 5/46/13
青（土）〔○〕樹木之野 5/47/14
○山（嶄）〔之〕巖 6/51/26
雖如○山 7/56/3
積壤而○處 8/61/16
繳大風於青○之（澤）〔野〕 8/63/12
民皆上○陵 8/63/15
（顛越）〔瞋目〕不能見○山 9/70/14
孔○、墨翟脩先聖之術 9/77/22
○陵阪險不生五穀者 9/79/10
狐鄉○而死 10/85/12
故糟○生乎象櫡 11/94/14
擇○陵而處之 11/99/2
故孔○、曾參無所施其善 11/103/26
上高○ 11/104/17
孔○、墨翟 12/107/23
在於沙○ 12/111/19
狐○丈人謂孫叔敖曰 12/113/28
○〔也〕請從之後 12/115/16
○嘗問之以治 12/116/25
河上之○冢 13/126/27
孔子辭廩○ 13/128/16
止如○山 15/149/7
自上高○ 15/150/6
山陵○阜 15/152/13
狐死首○ 17.6/168/23
○夷而淵塞 17.34/170/23
畜○無壑 17.203/182/25
可成○阜 17.226/184/9
〔楚越〕之間有〔有〕寢〔之〕○者 18/186/20
（謂）〔請〕有寢之○ 18/186/22
夫孫叔敖之請有寢之○ 18/187/2
○弗如也 18/196/25, 18/196/26, 18/196/26
○能仁且忍 18/196/27
易○一道 18/196/28
○弗為也 18/196/28
故○阜不能生雲雨 20/211/14
戎伐凡伯于楚○以歸 20/220/1
梁○據、子家噲導於左右 21/228/14

求 qiū	177
至無而供其○	1/2/16
澤及蚑蟯而不○報	1/6/2
寡其所○則得	1/6/30
○之近者	1/7/14
為精○于外也	2/14/16
嘗慧然而有○於外	2/14/26
人無故○此物者	2/14/28
以○鑿（柄）〔枘〕於世而錯擇名利	2/15/18
而○之於末也	2/16/13
弊其玄光而○知之于耳目	2/16/13
必無以趨行○者也	2/16/20
夫以末○返于本	2/16/24
而○其致千里也	2/18/9
子母相○	3/29/5
○不孝不悌、戮暴傲悍而罰之	5/43/3
彼直○名耳	6/50/5
而○其引瓦	6/51/6
不可○而得也	6/51/12
浮游不知所○	6/53/3
是故或○之於外者	7/55/4
故事有○之於四海之外而不能遇	7/55/26
故所○多者所得少	7/55/26
又安知夫絞經而○死者之非福也	7/56/15
其生我也不彊○已	7/56/16
其殺我也不彊○止	7/56/16
子○行年五十有四而病傴僂	7/58/20
見子○之行	7/58/23
適情不○餘	7/59/17
今背其本而○〔之〕于末	8/62/19
以給上○	8/66/10
古者上○薄而民用給	8/66/14
上多○則下交爭	9/68/6
○寡而易贍	9/68/10
不○而得	9/68/10
君亦不能得其所○於臣也	9/73/22
是猶不待雨而○熟稼	9/73/24
無諸己不○諸人	9/75/26
毋曰弗○	9/76/15
○於下則不量其積	9/78/21
男女不得事耕織之業以供上之○	9/78/21
道在易而○之難	9/82/10
驗在近而○之遠	9/82/10
○同乎己者也	10/83/13
而○與己同者	10/83/14
○諸己也	10/84/1
非○用也	10/84/12
○諸人	10/84/24
所○者同	10/85/16
非以○名而名從之	10/85/22
今夫夜有○	10/85/24
○諸人不如○諸己得也	10/86/5
不可○於人	10/88/10
釋己而○諸人	10/88/10
○之有道	10/89/15
君不○諸臣	10/90/12
聖人不○譽	10/93/1
亦不○得	11/93/30
故○是者	11/100/16
非○道理也	11/100/17
○合於己者也	11/100/17
而明主不以○於下	11/101/24
而○之乎浣準	11/102/6
○貨者爭難得以為寶	11/103/21
扣門○水〔火〕	11/104/20
○（瞻）〔贍〕則爭止	11/104/22
而無○其故	12/107/1
翟人之所○者、地	12/109/12
子姓有可使○馬者乎	12/111/15
使之○馬	12/111/19
子之所使○〔馬〕者	12/111/21
於是散宜生乃以千金○天下之珍怪	12/114/14
楚將子發好○技道之士	12/115/1
聞君○技道之士	12/115/1
故（居）〔民〕迫其難則○其便	13/120/15
而○〔其〕小善	13/127/8
○於（一）人則任以人力	13/127/24
易償則○贍矣	13/127/25
而○得（其）賢乎天下	13/127/27
為是釋度數而○之於朝肆草莽之中	13/128/6
能效其○	13/128/7
弗○於外	14/133/11
得者非所○也	14/134/26
不○人之譽己也	14/134/30
非其○所生	14/135/1
非其○所成	14/135/2
不○其所未得	14/135/3
○其所（無）〔未得〕	14/135/3
而急○名者	14/135/7
不○得	14/135/13
不○所無	14/135/13
故道術不可以進而○名	14/135/16
故聖人不以行○名	14/135/17
○者有不得	14/135/20
非知能所○而成也	14/136/21
故祭祀思親不○福	14/138/1
唯弗○者〔為〕能有之	14/138/1
霸王可受而不可○也	14/138/9
唯不○利者為無害	14/138/29
唯不○福者為無禍	14/138/29
侯而○霸者必失其侯	14/138/29
霸而○王者必喪其霸	14/138/30
而○其所未得也	14/139/1
○而致之	14/140/7
以○苟遇	14/140/11
不進而○	14/141/27
要遮而○合	14/142/2
非其所○	14/142/11
○不贍	15/142/24
渴而○飲	15/143/20
故全兵先勝而後〔○〕戰	15/146/23
敗兵先戰而後○勝	15/146/23
主之所○於民者二	15/151/17
○民為之勞也	15/151/17
而後○諸人	15/152/4
而後○勝	15/152/4
○勝於敵	15/152/5
進不○名	15/153/22
○美則不得	16.42/158/7
不○美則〔有〕美矣	16.42/158/7
○醜則不得醜	16.42/158/7
（○不）〔不○〕醜則有醜矣	16.42/158/7
不○美又不○醜	16.42/158/8
上○材	16.51/159/4
上○魚	16.51/159/4
上○（揖）〔楫〕	16.51/159/4
發屋而○狸	16.74/160/29
掘室而○鼠	16.74/160/29

殺戎馬而○（弧理）〔狐狸〕 16.74/160/30
若為土龍以○雨 16.87/162/4
芻狗待之而○福 16.87/162/4
欲得所○ 16.88/162/8
不○沐浴 16.99/163/8
見彈而○鴞炙 16.106/163/30
見卵而○晨夜 16.106/163/30
見黂而○成布 16.106/163/31
○大三圍之木 16.122/165/16
碁薄而○之 17.1/168/10
所○者亡也 17.88/174/19
無國之稷易為○福 17.91/174/25
懷臭而○芳 17.158/179/19
無事而○其功 17.208/183/5
弓先調而後○勁 17.219/183/27
馬先馴而後○良 17.219/183/27
人先信而後○能 17.219/183/27
故○物必於近之者 17.232/184/23
司馬子反渴而○飲 18/187/19
○豎安在 18/188/14
智伯○地於魏宣子 18/188/22
○地而弗與 18/188/23
○地不已 18/188/24
必將復○地於諸侯 18/188/24
又○地於韓康子 18/188/26
又○地於趙襄子 18/188/26
非○其報於百姓也 18/189/8
非○福於鬼神也 18/189/8
然則○名於我也 18/190/23
又教智伯○地於韓、魏、趙 18/193/18
又尚何○ 18/194/10
〔先遠辱而後○名〕 18/196/15
冰泮而○穫 18/198/27
〔而〕事治○贍者 19/203/10
此亦鳥獸之所以知○合於其所利 19/206/6
○救於諸侯 19/207/16
禱祠而○福 20/211/5
乃○所屬天下之統 20/213/8
○多、難贍也 20/215/5
○不默寡 20/215/8
○寡、易贍也 20/215/9
以〔不〕萬一○不世出 20/216/9
以○榮也 20/217/9
以○伸也 20/218/1
以○直也 20/218/1
○福不回 20/218/28
雖破家○醫 20/220/13

虬 qiú 2

今夫赤螭、青○之游冀州也 6/51/23
驂青○ 6/53/6

酋 qiú 1

乃命大○ 5/46/7

球 qiú 1

有崑崙〔虛〕之○琳、琅玕焉 4/34/14

裘 qiú 28

匈奴出穢○ 1/3/20
夫夏日之不被○者 2/16/17
於是天子始○ 5/45/17
鹿○御寒 7/58/14
知冬日之箑、夏日之○無用於己 7/61/1
而冬不被○ 9/78/16
今之○與蓑 11/95/2
見雨則○不用 11/95/2
牂羊之○ 11/97/11
譬猶冬被葛而夏被○ 11/99/7
冬則羊○解札 11/104/7
葬死人者○不可以藏 13/130/21
〔葬死人〕○不可以藏者 13/130/24
世以為○者 13/130/24
寒不被○ 15/151/12
魏文侯（見之）〔之見〕反披○而負芻也 16.20/156/6
狐白之○ 16.35/157/17
被羊○而賃 16.71/160/23
貂○而負籠 16.71/160/23
貂○而雜 16.119/165/9
不若狐○而粹 16.119/165/9
而有粹白之○ 16.125/165/26
（豹）〔貂〕○而雜 17.89/174/21
不若狐○之粹 17.89/174/21
披○而以翣翼 17.111/176/5
冬日被○罽 18/194/15
被○而用箑也 18/196/9
衣豹○ 19/209/13

蛷 qiú 1

○者貴之 17.2/168/14

觓 qiú 1

民多（觩）〔○〕窒 5/45/4

糗 qiǔ 1

無○糧之資而不飢 17.30/170/15

曲 qū 65

而方圓○直弗能逃也 1/2/13
○巧偽詐 1/4/5
○士不可與語至道 1/4/8
以○隈深潭相予 1/4/19
○因其當 1/7/2
○終而悲 1/8/3
鉤繩不能○直 1/9/8
不以○故是非相尤 2/11/20
是皆諭於一○ 2/13/17
○成文章 2/14/14,8/65/10
至于○阿 3/24/15
具（樸）〔栚〕○筥筐 5/40/19
不可以○ 5/49/19
休息于無委○之隅 7/57/24
脩掞○校 8/61/21
飾○岸之際 8/65/4
○拂邅迴 8/65/5
無私○直 9/69/18
以○為直 9/72/5
而○直之不相入 9/72/13
不偏一○ 9/73/2
〔而〕鄉○之所不譽 9/74/20
隨鄉○之俗 9/74/27
而旋○中規 9/76/3
○得其宜 9/80/4
伎藝○備 9/81/28

身〇而景直者 10/84/2
可與〇說 10/91/6
察一〇者 10/92/20
今釋正而追〇 10/93/1
〇得其宜而不折傷 11/98/18
其〇家異而不失於體 11/99/27
雖師文不能以成〇 11/100/7
隅〇也 11/100/20
壹〇而辟 11/101/12
〇則全 12/111/2
魏文侯觴諸大夫於〇陽 12/119/8
此見隅〇之一指 13/124/12
是故聖人論事之（局）〇直 13/125/21
以行〇故 14/139/1
夫景不為〇物直 15/150/21
衺〇不容直 16.96/163/1
欲為〇者必達直 16.97/163/3
使景〇者、形也 17.65/172/32
非準繩不能正〇直 17.214/183/17
〇得其情 17.228/184/14
雖〇為之備 18/196/9
而〇故不得容者 19/203/15
江河之回〇 19/205/8
亂脩〇出 19/205/23
貜貉為〇穴 19/206/4
其〇中規 19/206/19
雖魯班不能以定〇直 19/208/7
邯鄲師有出新〇者 19/208/16
而皆棄其〇 19/208/17
動容轉〇 19/209/20
〇辯難為（惠）〔慧〕 20/215/7
可以〇說 20/215/13
紘有緩急小大然后〔能〕成〇 20/222/12
而貶末世之〇政也 21/225/5
所以〇說攻論 21/225/14
知道德而不知世〇 21/226/28
弗〇行區入 21/226/31
而後可以成〇 21/227/8

佢 qū 1

使（佢）〔〇〕吹竽 17.61/172/23

屈 qū 27

用不〇兮 1/1/23
而百節可〇伸 1/9/21
海閭生〇龍 4/38/11
〇龍生容華 4/38/11
進退〇伸 6/52/10
〇（神）〔伸〕俛仰 7/58/26
形性〇竭 7/60/19
以〇為伸哉 9/72/5
大直若〇 12/111/25
問〇宜（若）〔咎〕曰 12/112/1
〇子曰 12/112/2, 12/112/3, 12/112/9
〇商乃拘文王於羑里 12/114/13
與之〇伸偃仰 13/125/21
時〇時伸 13/125/21
〇膝卑拜 13/125/24
小節伸而大略〇 13/127/16
而〇撓者要斬 13/129/22
聖人無〇奇之服 14/139/10
故勝而不〇 15/144/9
〇尾飛不能遠 16.132/166/13
遺虞垂棘之（壁）〔璧〕與〇産之乘 18/189/1
〇建告石乞曰 18/201/20
〇建曰 18/201/22
猶不能〇伸其指 19/206/17
夫聖人之〇者 20/218/1

呿 qū 1

是以天心〇唫者也 20/210/14

祛 qū 1

攘〇薄腋 18/187/13

蛆 qū 1

而殆於蝍〇 17.10/169/1

區 qū 10

以馳大〇 1/2/4
而翺翔忽〇之上 1/6/5
曰越之具〇 4/32/22
東南方曰具〇 4/33/23
西方曰九〇 4/33/24
〇冶生 6/51/10
步不出頃畝之〇 6/51/24
而游於忽〇之旁 7/57/21
〇川谷之居 21/224/14
弗曲行〇入 21/226/31

詘 qū 9

〇節（畀）〔卑〕拜 7/60/7
（理）〇（伮）〔伸〕倨（佝）〔句〕 10/87/20
時〇時伸 11/99/15
有（滑）〔禍〕則〇 14/140/12
〇伸不獲五度 15/144/15
倨句〇伸 15/147/4
進退〇伸 15/147/5
威服四方而无所〇 18/186/24
而外能〇伸、（羸）〔贏〕縮、卷舒 18/199/19

趍 qū 2

夫〇舍行偽者 2/14/16
〇舍之相合 17.230/184/19

趣 qū 14

秉其要〔〇而〕歸之（〇） 1/2/12
〇民收斂 5/44/2
〇舍滑心 7/56/7
凡將設行立〇於天下 9/81/2
故〇（舍）合即言忠而益親 11/101/4
則〇行各異 11/103/12
〇舍行義 11/103/16
不知軸轅之〇軸折也 13/131/25
〇不合 16.61/160/1
汲水而〇之 19/204/7
以〇明師 19/207/8
務之可〇也 19/207/24
〇勢門 20/218/14

詘 qū 1

○寸而伸尺 13/126/24

趨 qū 48

然而○舍指湊 1/5/10
禹之○時也 1/5/20
夜半有力者負而○ 2/11/1
若周員而○ 2/11/13
必無以○行求者也 2/16/20
○捨何足以滑心 2/16/25
而手會《綠水》之○ 2/17/4
乃○獄刑 5/45/1
夫顯者○不變 7/58/5
○翔周旋 7/60/7
豈其○捨厚薄之勢異哉 9/73/18
○舍禮俗 11/102/16
故○舍同 11/102/17
○舍相非 11/103/9
故所○各異 11/103/10
○舍行義、禮節謗議以
　營其心 11/104/2
逐獸者○ 12/105/24
○則頓 12/108/7
故終身而无所定○ 13/123/12
○捨人異 13/123/22
是○亡之道也 13/125/6
○舍也 13/126/23
則九卿○ 13/132/2
使舜○天下之利 14/135/6
○翔周（遊）〔旋〕 14/139/13
同欲〔相○〕 15/144/23
車馳人○ 15/144/24
人不及步（鋗）〔○〕 15/148/20
○至堂下 15/153/15
不若一人挈而○ 16.46/158/17
行合○同 16.61/160/1
○ 17.136/178/1
曰何○ 17.136/178/1
故○舍不可不審也 18/188/19
賓○而進 18/190/15
不若擇○而審行也 18/191/10
○舍（不）同 18/199/7
過宮室廊廟必○ 18/199/15
自魯○而〔往〕 19/203/21
段干木不○勢利 19/204/1
夫墨子（跌）〔趹〕蹏
　而○千里 19/204/5
廢公○私 20/213/20
○行不得不殊方 20/214/2
箕子、比干異○而皆賢 20/214/22
覆稽○留 20/215/21
曰「管子之○也」 20/218/13
○行踳馳 20/218/15
寡義而○利 21/228/24

軀 qū 3

不辭其○者 9/73/14
趙宣孟以束脯免其○ 10/85/17
使管仲出死捐○ 13/127/6

麴 qū 1

○（糱）〔糵〕必時 5/46/7

驅 qū 9

○獸畜 5/41/9
○人之牛馬 8/66/23
○之不前 9/73/9
皆可以馳○ 10/84/7
不可以○馳 10/84/19
騏驥○之不進 17.186/181/18
其御欲○ 18/194/24
載馳載○ 19/208/1
若○群羊 21/225/31

劬 qú 2

捷疾○錄 9/81/28
○祿疾力 20/223/17

渠 qú 5

（淚注）〔○頸〕而蒿
　肩 12/116/6
○幨以守 13/122/7
莫不設○壍 15/143/23
又以卒鑿○而通糧道 18/197/14
〔故〕守不待○壍而固 20/216/27

鴝 qú 1

○（鵅）〔鵒〕不過濟 1/4/2

璩 qú 1

○伯玉以其仁寧衛 20/217/1

蘧 qú 4

故○伯玉年五十而有四
　十九年非 1/5/11
○伯玉為相 9/68/21,9/68/22
○伯玉以德化 16.123/165/19

欋 qú 1

木大者根（○）〔攫〕 17.240/185/10

臞 qú 4

一○一肥 7/60/17
故○ 7/60/18
夫豈為貧富肥○哉 7/60/22
堯瘦○ 19/203/8

籧 qú 2

若簟○篨 8/65/11
○篨戚施 19/204/23

衢 qú 5

散六○ 2/12/24
猶中○而（致）〔設〕
　尊邪 10/83/2
拂之於四達之○ 11/97/3
下之徑○不可勝理 14/137/10
大夫箕會於○ 18/197/17

取 qǔ 120

履遺而弗○ 1/5/20
與天地○與 1/6/6
攓○吾情 2/17/17
伐蛟○鼉 5/42/10

登龜○黿 5/42/10
○之不詰 5/46/10
有能○疏食、田獵禽獸者 5/46/10
○竹箭 5/46/13
○而無怨 5/49/15
敗物而弗○ 5/49/18
夫（陽）燧○火於日 6/50/17
方諸○露於月 6/50/18
夫燧之○火（於日） 6/51/8
是故乞火不若○燧 6/54/21
人亦有○與喜怒 7/55/13
其○之地而已為盆盎也 7/56/22
鑽燧○火 8/61/14
○焉而不損 8/63/5
○成〔事〕之迹 8/64/1
○予有節 8/64/9
上好○而无量 9/68/1
俛仰○制焉 9/71/2
而適○予之節 9/73/13
○道致遠 9/76/3
（土）〔王〕良不能以○道 9/76/5
守職者以從君○容 9/76/23
然後○車輿衣食供養其欲 9/78/11
○民則不裁其力 9/78/21
其○下有節 9/79/5
夏○果蓏 9/79/11
不○麛夭 9/79/12
魚不長尺不得○ 9/79/14
○譽有道 9/82/8
○庸而強飯之 10/84/14
而○信焉異 10/87/7
同材自○焉 10/87/13
於害之中爭○小焉 10/89/25
於利之中爭○大焉 10/89/25
喜怒○予 10/90/18
不可以無功○也 10/91/24
桓公之○甯戚也 11/96/9
為義者必以○（子）〔予〕明之 11/96/18
吳、越之善沒者能○之矣 12/105/21
而自○齊國之政焉 12/106/10
〔○〕（尤）〔左〕人、終人 12/107/6
然而卒○亡焉 12/107/11
常為蛩蛩駏驉○甘草以與之 12/108/7
○金於府 12/108/17
使人往○之 12/111/20
夫乘民之功勞而○其爵祿〔者〕 12/113/13
明（又）〔夕〕復往○其枕 12/115/7
明（日）（又）〔夕〕復往○其簪 12/115/7
楚軍恐○吾頭 12/115/9
（季）〔宓〕子不欲人〔之〕○小魚也 12/116/23
去彼○此 12/116/27
弟子○水 12/119/15
而不知其所以○人也 13/128/7
貧則觀其所不○ 13/128/19
善○者 13/128/23
入者有受而無○ 14/134/26
少○多與 14/137/17
耳目鼻口不知所○去 14/137/26
無○之美而美不失 14/138/1
故天下可得而不可○也 14/138/9
自○照焉 14/138/22
自○富焉 14/138/23
失於時而○人 14/142/1
此（大）〔天〕論之所不○也 15/143/7
乘時勢、因民欲而○天下 15/146/17
攻不必○ 15/148/10
為魚鱉者則可以罔罟○也 15/149/20
是謂必○ 15/151/2
○地而不反 15/153/27
於利之中則爭○大焉 16.36/157/20
於害之中則爭○小焉 16.36/157/21
壞塘以○龜 16.74/160/29
以類○之 16.78/161/10
不怨人〔之〕○之 16.107/164/1
○婦夕而言衰麻 16.139/167/1
以類而○之 17.129/177/17
人君不以○道里 17.186/181/18
若以燧○火 17.227/184/12
夫戰勝攻○ 18/187/1
顧反○其出之者 18/187/13
○以為子傅 18/188/15
或與之而反○之 18/188/22
何謂與之而反○之 18/189/1
此所謂與之而反○〔之〕者也 18/189/5
得地而不○者 18/192/26
蓋聞君子不棄義以○利 18/193/16
而不知不爭而反○之也 18/198/4
野人怒○馬而繫之 18/198/9
今○帝王之道 18/198/24
曷為弗○ 19/203/26
固（權）〔奮〕說以○少主 19/208/13
今○新聖人書 19/209/2
仰○象於天 20/212/27
俯○度於地 20/212/27
中○法於人 20/212/27
○其見食而相呼也 20/214/11
○其不鼓不成列也 20/214/12
○其不踰禮而行也 20/214/12
而○一概焉爾 20/214/13
貪者欲○ 20/214/23
貪者可令進○ 20/214/25
而不可令進○ 20/214/25
○一物而棄其餘 20/215/2
比周而○容 20/218/14
皆掇○之權 20/221/21
今○怨思之聲 20/221/24
所以便說掇○也 20/222/2
聘納而○婦 20/223/2
或（子）〔予〕踦而○勝 20/223/9
覽○（橋）〔撟〕掇 21/224/23
○象於天 21/224/27
假象○耦 21/225/13
所以明戰勝攻○之數 21/225/29
知攻○堅守之非德不強也 21/225/30
假譬○象 21/226/2
庶後世使知舉錯○捨之宜適 21/226/23

竘 qǔ 1

○然善也 18/190/11

娶 qǔ 3

舜不告而○ 13/120/19
禮三十而○ 13/120/20
昔蒼吾繞○妻而美 13/125/20

齲 qǔ 2

割脣而治○ 16.74/160/29
斲木愈○ 16.124/165/22

去 qù 108

○其誘慕 1/6/29
○身不遠 1/7/14
忽○之 1/9/21
耳目〔非〕○之也 1/9/24
是故事其神者神○之 2/12/23
其與道相○亦遠矣 2/13/9
○地（五億）〔億五〕萬里 3/19/19
○稽留 3/20/28
陳○而新來也 3/25/7
德以○矣 3/25/10
旅旅而○也 3/25/13
操一表卻○前表十步 3/31/10
正南北相○千里 3/32/1
○桎梏 5/39/22
○聲色 5/46/12
〔○〕器之无用者 5/46/14
无私○也 6/51/1
○鞭棄策 6/52/9
○煩苛之事 6/54/9
弗疾○ 7/56/8
青青○之也 7/58/8
除穢○累 7/59/20
則○火而已矣 7/61/2
或背而○ 9/73/18
滅想○意 9/77/13
○食肉之獸 9/78/7
○之遠矣 10/88/10
觀於有餘不足之相○ 10/88/12
而請○炮（烙）〔格〕之刑 10/90/21
大戟○水 10/93/6
弗○而緣 11/95/13
遺形○智 11/99/14
○非者 11/100/17
○忤於心者也 11/100/17
擇非而○之 11/100/20
然貧富之相○也 11/104/8
而欲民之○（未）〔末〕反本 11/104/10
故至言○言 12/105/24
被衣行歌而○曰 12/107/2
衛之○齊不遠 12/109/5
杖策而○〔之〕 12/109/15
何故○之 12/111/11
爭者、人之所（本）〔○〕也 12/112/6
（始）〔治〕人之所（本）〔○〕 12/112/7
是以不○ 12/113/14
文公令○之 12/113/16
今日不○ 12/115/8
則還師而○ 12/115/9
離形○知 12/115/15
還師而○ 12/115/24
○彼取此 12/116/27
○舍露宿以示平易 12/117/19
三○令尹 12/117/28
於是乃○其督而載之（木）〔朮〕 12/119/25
○其所害 13/120/16
言○殷而遷于周也 13/124/27
使人之相○也 13/128/10
徧飲而○之 13/129/3
是○恐死而就必死也 13/129/23
孫叔敖三○令尹而无憂色 13/130/8
逐而○之 13/131/21
在於○載 14/133/20
○載則虛 14/133/21
○者弗將 14/135/10
耳目鼻口不知所取○ 14/137/26
聖人無○之心而心無醜 14/137/29
時○我走 14/141/27
○時三年 14/141/28
无○无就 14/141/28
〔時〕之（○）〔至〕不可迎而反也 14/142/1
時之○不可追而援也 14/142/2
所○者少 15/143/3
夫畜池魚者必○猵獺 15/143/10
（養）〔養〕禽獸者也必○豺狼 15/143/10
舉事以自為者眾○之 15/143/25
眾之所○ 15/143/26
賈不○肆 15/144/22
○殘除賊也 15/144/23
迫而勿○也 15/147/12
○之千里 16.16/155/22
死生相○ 16.49/158/28
而怨德相○亦遠矣 16.121/165/13
乃知其（大）相○之遠 16.127/165/31
○害苗者而已 16.147/167/23
以所○者少 16.147/167/23
昌羊○蚤蝨而來（蛉）〔蛉〕窮 17.26/170/7
○之而虧 17.78/173/29
○之十步而〔不〕死 17.117/176/18
至冬而不知○ 17.142/178/15
相○千里 17.157/179/17
相○千歲 17.230/184/19
於是罷師而○之 18/187/23
又何○之 18/194/24
解圍而○之 18/194/25
君不如○一人 18/195/14
辭官○之 18/196/13
○高木而巢扶枝 18/197/21
公乃令罷役除版而○之 18/201/5
令民皆知○巖穴 19/202/21
避害而○ 19/206/2
杖策而○ 20/211/26
王喬、赤松○塵埃之間 20/214/15
以為天下○殘除賊 20/214/18
越疆而○ 20/216/27
百姓放臂而○之 20/219/26
靈王則倍畔而○之 20/219/27
昌羊○蚤蝨 20/223/7
以為天下○殘（余）〔除〕賊而成王道 21/227/22

闃 qù 1

○其无人 20/217/2

全 quán 37

復守以〇 1/2/6
神德不〇 1/3/4
馬被髦而〇足者 1/4/6
其〇也 1/6/25
〇其身者也 1/8/25
〇其身 1/8/25
視肥臞〇粹 5/43/24
夫〇性保真 6/50/4
且人固難（合）〔〇〕也 12/109/8
曲則〇 12/111/2
棄劍（而）〔以〕〔〇〕己 12/118/5
道〇為無用之事 12/119/24
不若道其〇也 13/121/11
〇性保真 13/123/21
而未知〇性之具者 13/126/10
未有能〇其行者也 13/127/19
能〇其性者必不惑於道 14/134/2
然而守重寶者必關戶而〇封 14/136/8
可以〇身 14/136/19
不足以為〇 14/136/29
此必〇之道也 14/137/2
故國以〇為常 14/138/30
而〇亡焉 15/145/12
故〇兵先勝而後〔求〕戰 15/146/23
雖未必能萬〇 15/149/28
故勝可百〇 15/150/27
斬首之功必〇 15/151/19
故能〇其勝 15/152/9
此〇其天器者 16.21/156/10
以瓦鉒者〇 17.16/169/16
置之而〇 17.78/173/28
何足以〇其身 18/196/9
內不化、所以〇（其）身也 18/199/19
卒勝民（治）〇 19/207/14
義、所〇也 20/218/28
子囊北而〇楚 20/221/22
而神德不〇矣 20/222/10

泉 quán 38

源流〇（滂）〔浡〕 1/1/4
下揆三〇 2/14/21
有若〇源 2/17/17
則下至黃〇 3/21/19
至于曾〇 3/24/15
至于悲〇 3/24/18
〔入〕〔于〕虞（淵）〔〇〕之（汜）〔池〕 3/24/20
帝之神〇 4/33/14
曰〇澤 4/33/24
玄玉生醴〇 4/38/10
醴〇生皇辜 4/38/10
〔黃龍〕入藏生黃〇 4/38/15
黃〇之埃上為黃雲 4/38/16
青龍入藏生（清）〔青〕〇 4/38/18
（清）〔青〕〇之埃上為青雲 4/38/19
赤龍入藏生赤〇 4/38/21
赤〇之埃上為赤雲 4/38/21
白龍入藏生白〇 4/38/23
白〇之埃上為白雲 4/38/24
玄龍入藏生玄〇 4/38/26
玄〇之埃上為玄雲 4/38/26
收水〇池澤之賦 5/45/22
水〇必香 5/46/8
水〇動 5/46/13
水〇咸竭 5/46/16
禽獸歸之若流（原）〔〇〕 9/79/15
陰降百〇則脩橋梁 9/79/18
淵〇而不竭 9/80/3
積水重〇 11/94/21
氣如涌〇 12/111/4
下飲黃〇 16.4/154/17
不飲盜〇 16.101/163/14
淵（〇）不能竭 17.40/171/5
弗掘（無〇）〔不出〕 17.112/176/7
〇源不溥 17.203/182/25
嘗百草之滋味、水〇之甘苦 19/202/18
則言黃〇之底 19/205/4
醴〇出 20/210/19

啳 quán 1

〇睽哆嗚 19/204/23

詮 quán 5

發必中〇 15/151/29
有《〇言》 21/223/27
《〇言》者 21/225/26
〇以至理之文 21/225/26
知氾論而不知〇言 21/226/29

銓 quán 1

而縣之乎〇衡 11/102/5

踡 quán 1

〇蹋而諦 7/59/27

齤 quán 1

〇然而笑曰 12/116/9

權 quán 69

豈必攝〇持勢 1/8/21
執〇而治冬 3/20/6
衡長〇藏 3/25/14
端〇槪 5/40/1
平〇衡 5/44/4
冬為〇 5/48/26
〇者 5/48/28
所以〇萬物也 5/48/28
（僅）〔〇〕之為度也 5/49/18
〇正（而）不失 5/49/20
冬治以〇 5/49/22
〇輕飛羽 6/49/29
故謹於〇衡準繩 8/64/10
夫〇輕重不差蟁首 9/69/19
今夫〇衡規矩 9/69/24
任輕者易（〇）〔勸〕 9/70/17
〇要在主 9/72/17
〇勢之柄 9/72/23
大臣專〇 9/73/6
〇勢者 9/73/12
是故人主處〇勢之要 9/73/12

而乃任之以天下之○ 9/74/27
是故○勢者 9/76/3
攝○勢之柄 9/77/17
○重也 9/77/17
○柄重也 9/77/24
錯者為○ 9/81/11
事〔之〕可○者多 9/81/16
愚〔人〕之所○者少 9/81/16
可○者 9/81/17
盡○之 9/81/17
而軍制可與○用也 11/102/7
○制諸侯鈞者 11/102/25
○而用其長者而已矣 12/109/8
其不能中○ 13/121/22
以爭天下之○ 13/124/7
○也 13/125/13
唯聖人為能知○ 13/125/13
此○之所設也 13/125/27
未可與○ 13/125/28
○者、聖人之所獨見也 13/125/28
謂之知○ 13/125/28
謂之不知○ 13/126/1
不知○者 13/126/1
蘇秦知○謀而不知禍福 13/126/11
○事而為之謀 13/126/14
是以勝○多也 15/144/17
謀慮足以知強弱之（勢）〔○〕 15/145/21
則（勢）〔○〕之所（勝）〔服〕者小 15/146/20
有二○ 15/148/1
此謂知○ 15/148/6
此謂事○ 15/148/7
○勢必形 15/148/7
○不可常 17.97/175/7
一時之○也 18/191/17
吾豈可以（先）一時之○ 18/191/17
（○）〔推〕自然之勢 19/203/15
固（○）〔奮〕說以取少主 19/208/13
其失在○ 20/214/7
規矩○衡準繩 20/214/8
知足以知（變）〔○〕者 20/217/16
動於○而統於善者也 20/218/8
予之〔以〕○衡則喜 20/220/22
皆掇取之○ 20/221/21
而不知廟戰之○也 20/222/20
明攝○操柄 21/225/8
握其○柄 21/228/16
力征爭○ 21/228/17
○事而立制 21/228/28

犬 quǎn 16

走○（遂）〔逐〕狡兔 1/8/1
斗主○ 4/35/10
○故三月而生 4/35/10
多○馬 4/36/8
食麻與○ 5/43/1
5/43/19,5/44/16
其畜○ 5/43/20,5/44/17
以○嘗麻 5/44/1
天子乃以○嘗麻 5/45/2
○群嗥而入淵 6/53/15
（拼）〔揮〕梲而狎○也 9/68/4
而噬〔○〕不見〔其〕齒 15/150/24
狡兔得而獵○烹 17.29/170/13
邑○群嗥 20/215/26

綣 quǎn 3

短○不綺 1/3/24
古者有鍪而○領以王天下者矣 13/120/3
兵（橫）行天下而无所○ 18/186/24

券 quàn 4

而爭○契者媿矣 7/59/9
○契束帛 9/68/18
非（券）〔○〕之所〔能〕責也 20/211/28
知○契而信衰 20/222/9

勸 quàn 21

是故舉世而譽之不加○ 2/16/2
○蠶事 5/40/20
○農事 5/41/9
○種宿麥 5/44/2
任輕者易（權）〔○〕 9/70/17
則修身者不○善 9/70/24
官○力於下 9/73/3
群臣○務而不怠 9/75/5
子路受而○德 11/94/16
此舉重○力之歌也 12/106/4
因○立以為王后 12/116/2
費少而○眾 13/128/23
此賞少而○（善）（者眾）〔眾者〕也 13/128/27
故聖人因民之所喜而○善 13/129/8
故道不可以○（而）就利者 14/135/9
夫○人而弗能使也 18/200/14
因其所喜以○善 20/212/24
賢者○善而不肖者懷其德 20/213/19
利賞而○善 20/216/7
則无以使學者○力 21/226/31
可○以賞 21/228/24

缺 quē 18

神無虧○於胸臆之中矣 2/16/3
埃天五百歲生（○）〔玦〕 4/38/14
（○）〔玦〕五百歲（生黃埃黃埃五百歲）生黃澒 4/38/14
（缺）〔○〕繩者誅 9/75/17
補其○漏 9/82/4
齧○問道於被衣 12/106/28
齧○〔睡寐〕 12/107/2
其民○○ 12/118/29
王道○而《詩》作 13/121/8
（失）〔夫〕道（之）〔其〕○也 13/121/11
然而周公以義補○ 13/126/25
博則能禽○ 15/149/5
孕婦見兔而子○脣 16.128/166/1
陶（者）〔人〕用○盆 17.131/177/21
秦牛○徑於山中而遇盜 18/197/1
秦牛○曰 18/197/3
齧○卷鉗 19/208/21

〇臣爭之曰 12/109/5
若何其辱〇大夫 12/112/14
使〇臣議 12/116/1
唯敖為背〇離黨 12/116/7
〇臣无不有驕侮之心 13/128/25
物以〇分 14/132/11
故〇居雜處 15/142/24
〇臣親附 15/145/1
猛獸不〇 17.99/175/11
〇臣請曰 18/192/3
〇臣無不有驕侮之心者 18/192/4
〇臣皆賀 18/193/12
離〇慝之紛 20/214/15
盜賊〇居 20/215/21
邑犬〇嗥 20/215/26
使〇臣各盡其能也 21/225/8
以制〇下 21/225/9
所以一〇生之短脩 21/225/16
若驅〇羊 21/225/31
游化〇生 21/226/19

然 rán 409

是故大丈夫恬〇無思 1/2/3
澹〇無慮 1/2/3
因其自〇而推之 1/2/12
默〇自得 1/2/14
因天地之自〇 1/3/11
兩木相摩而〇 1/3/16
自〇之勢也 1/3/16
萬物固以自〇 1/3/21
漠〇無為而無不為也 1/4/23
澹〇無治（也）而無不治也 1/4/23
不易自〇也 1/4/24
因物之相〇也 1/4/25
恬〇無慮 1/5/1
何以知其〇也 1/5/10
1/9/23,13/130/20,18/186/18
18/194/5,18/194/22
18/197/10,18/197/24
〇而趨舍指湊 1/5/10
〇而大不可極 1/5/24
焚之不〇 1/6/4
肅〇應感 1/6/16
殷〇反本 1/6/16
卓〇獨立 1/6/17
塊〇獨處 1/6/17
怵〇若有所誘慕 1/8/2
而心忽〇若有所喪 1/8/2
悵〇若有所亡也 1/8/2
所以〇者 1/8/7,1/8/15,9/75/5
使心怵〇失其情性 1/8/28
若〇者 1/9/11,2/12/8
2/14/21,2/16/3,2/17/1
2/17/9,7/57/14,21/227/17
今人之所以眭〇能視 1/9/21
瞀〇能聽 1/9/21
〇而不能應者 1/9/24
〇而用之異也 1/9/28
〇而不免為人戮笑者 1/10/2
火逾〇而消逾亟 1/10/7
恬〇則縱之 1/10/9
汪〇平靜 2/10/26
寂〇清澄 2/10/26
雖〇 2/11/1
7/56/14,11/96/4,12/112/20
〇後知今此之為大夢也 2/11/6
〇後知松柏之茂也 2/12/1
〇後知聖人之不失道也 2/12/2
〇未可以保於周室之九鼎也 2/13/9
〇而奚仲不能為逢蒙 2/13/16
是故有真人〇後有真知 2/14/4
使（知）之訢訢〇 2/14/7
芒〇仿佯于塵埃之外 2/14/9
〇其〔一〕斷在溝中 2/14/14
〇而失木性 2/14/15
營慧〇而有求於外 2/14/26
所以〇者何也 2/15/2
6/54/2,6/54/18
而群生莫不顒顒〇 2/15/7
其道昧昧芒芒〇 2/15/9
於此萬民睢睢盱盱〇 2/15/13
有衰漸以〇 2/15/19
若夫俗世之學也則不〇 2/15/23
熟肯分分〇以物為事也 2/16/4
心有所至而神喟〇在之 2/16/14
〇而不免於儡 2/16/23
〇莫能與之同光者 2/17/28
〇而不能通其道者 2/18/2
其所生者〇也 2/18/7
則萬物蟥〔蟥〇也〕 3/25/5
卯則茂茂〇 3/25/6
〇而專精厲意 6/49/29
〇以掌握之中 6/50/18
何以知其〇 6/51/3
13/129/17,19/205/22
弗能〇也 6/51/8
唯通于太和而持自〇之應者為能有之 6/51/10
〇未見其貴者也 6/52/8
〇猶未及虙戲氏之道也 6/52/22
侗〇皆得其和 6/53/3
〇而不彰其功 6/53/7
以從天墜之固〇 6/53/8
漠〇若無魂魄 6/54/10
而忻忻〇常自以為治 6/54/16
悵〇有喪 6/54/20
〇皆人累也 7/56/7
〇則我亦物也 7/56/13
〇則吾生也物不以益眾 7/56/19
精神澹〇無極 7/57/2
芒〇仿佯于塵垢之外 7/57/11
渾〇而往 7/57/15
逯〇而來 7/57/15
有待而〇 7/57/17
若解重負〇 7/58/15
忽〇入冥 7/58/28
乃（性）〔始〕仍仍〇 7/59/11
則脫〇而喜矣 7/59/26
噲〇得臥 7/59/27
則親戚兄弟歡〇而喜 7/59/27
達至道者則不〇 7/60/9
〇顏淵夭死 7/60/16
〇猶未能贍人主之欲也 8/61/22
是故德衰〇後仁生 8/62/17
行沮〇後義立 8/62/17
和失〇後聲調 8/62/18
禮淫〇後容飾 8/62/18
是故知神明〇後知道德之不足為也 8/62/18
知道德〇後知仁義之不足行也 8/62/18
知仁義〇後知禮樂之不足脩也 8/62/19
隨自〇之性而緣不得已之化 8/63/1
洞〇無為而天下自和 8/63/2
憺〇無欲而民自樸 8/63/2
而不知其所由〇 8/63/10

○天下莫知貴其不言也 8/63/24
事猶自○ 9/67/7
末世之政則不○ 9/68/1
○而不能終其天年者 9/68/5
塊○保真 9/68/10
而莫使之○ 9/68/15
（植）〔桓〕公哃○而寤矣 9/69/6
此勢之自○也 9/69/22
○湯革車三百乘 9/70/5
○其使之搏兔 9/70/13
儼○玄默 9/70/20
〔○〕天下之物无〔所〕不通者 9/71/11
○不能使禾冬生 9/72/1
詭自○之性 9/72/5
所緣以修者○也 9/72/18
治國則不○ 9/72/28
亂國則不○ 9/73/4,11/97/24
勢有使之○也 9/73/14
人之恩澤使之○也 9/73/19
○而武王甲卒三千人 9/73/19
衰世則不○ 9/74/6
○而良醫橐而臧之 9/74/19
○而群臣（志達）〔達志〕效忠者 9/75/8
闇主則不○ 9/75/12
是故不用適○之數 9/76/10
而行必○之道 9/76/10
○後取車輿衣食供養其欲 9/78/11
○〔而〕民無（掘穴）〔堀室〕狹廬所以託身者 9/78/12
○民有糟糠菽粟不接於口者 9/78/13
○〔而〕民有處邊城 9/78/14
○而動靜聽視皆以為主者 9/79/22
（王）皆坦○（天下）〔南面〕而（南面）〔王天下〕焉 9/80/12
○而戰戰慄慄 9/80/14
晏○若故有之 9/80/18
○而勇力不聞 9/80/23
○而圍於匡 9/80/25
○為魯司寇 9/80/26
縞○ 9/81/21
黗○ 9/81/22
滔滔○曰 10/85/12
漠○不見賢焉 10/85/24
昭○遠矣 10/88/12
誘○與日月爭光 10/88/26
不知其所由○ 10/90/10
則不○ 10/91/6
性失○後貴仁 11/93/20
道失○後貴義 11/93/20
忽○感之 11/95/10
輒使○也 11/96/11
有感而自○者也 11/96/20
○而勝夫差於五湖 11/97/9
○而皆不失親疎之恩 11/98/8
拙工則不○ 11/98/18
○一木之樸也 11/99/26
（○忽）〔忽○〕不得 11/101/12
○（非）〔不〕待古之英俊 11/102/8
○而令行乎天下 11/102/25
處勢○也 11/102/28
○而樂直行盡忠以死節 11/103/4
○而樂離世伉行以絕眾 11/103/5
○而羞以物滑和 11/103/6
○而樂推誠行必 11/103/7
亂世則不○ 11/103/20
○貧富之相去也 11/104/8
○則不知乃知邪 12/105/15
○則人固不可與微言乎 12/105/22
○而不用者 12/106/4
○而卒取亡焉 12/107/11
使天下丈夫女子莫不歡○皆（欲）〔有〕愛利之心 12/107/21
○而垂拱受成功焉 12/108/6
不○ 12/109/7
18/190/10,18/201/20
桓公悖○作色而怒曰 12/110/3
○ 12/110/4,12/119/3
○而請身為臣、妻為妾 12/111/5
伯樂喟○（木）〔大〕息曰 12/111/22
吳起惕○曰 12/112/9
仲尼造○曰 12/115/14
軒軒○方迎風而舞 12/116/6
慢○下其臂 12/116/6
齤○而笑曰 12/116/9
○子處矣 12/116/15
冥○忽○ 12/117/7
○劉氏奪之 12/117/18
於是依非（瞋目敦○）〔敦○瞋目〕攘臂拔劍 12/118/4
其辭若○ 12/118/11
故必杜○後能門 12/118/14
喟○而歎 12/118/19
晏子默○不對 12/119/2
文侯喟○歎曰 12/119/8
孔子造○革容曰 12/119/15
○而立政者不能廢法而治民 13/122/11
○而征伐者不能釋甲兵而制（疆）〔彊〕暴 13/122/12
○後能擅道而行（矣）〔也〕 13/122/18
○而身死人手 13/124/18
勢不得不○也 13/125/26
○而不能自知 13/126/6
○〔而〕不能自免於車裂之患 13/126/8
○而身死國亡 13/126/9
○而身伏屬鏤而死 13/126/10
聖人則不○ 13/126/14
○而周公以義補缺 13/126/25
○而曹子不羞其敗 13/127/2
○而管仲免於束縛之中 13/127/5
○而相魏 13/127/13
〔○而〕威服諸侯 13/127/14
○而功名不滅者 13/127/14
○堯有不慈之名 13/127/22
○而天下寶之者 13/127/26
○而不材子不勝其欲 13/129/19
（○而）立秋之後 13/129/20
○而隊（陼）〔伯〕之卒皆不能前遂斬首之功 13/129/22
○而皆溺其所貴 14/132/26
〔○而〕有聖名者 14/134/17
法（脩）〔循〕自○ 14/135/17
○後覺其動也 14/135/22
○後覺其為也 14/135/23
○而守重寶者必關戶而全封 14/136/8
○而為之者 14/137/25
○而弗為者 14/137/26

抽其統紀 20/212/21
○得其人則舉 20/213/7
○奸邪萌生 20/215/21
日化上遷善而不知其所以○ 20/216/7
○越〔人〕為之 20/217/9
此使君子小人紛○殽亂 20/218/14
○后可立也 20/218/24
○皆倒矢而射 20/219/15
則快○而（嘆）〔笑〕（之） 20/220/6
猶尚肆○而喜 20/220/7
曠○而樂 20/220/8
曠○而通 20/220/15
昭○而明 20/220/16
晏○自得 20/220/24
○而不能者 20/220/28
絃有緩急小大○后〔能〕成曲 20/222/12
○商鞅以法亡秦 20/222/19
○而史蘇嘆之 20/222/21
○而王法禁之者 20/222/28
○而不可省者 20/223/2
○而不可易者 20/223/3
○而〔不可行者〕 20/223/4
繁○足以觀終始矣 21/223/22
則為人之惽惽○弗能知也 21/223/23
浩○可以大觀矣 21/224/2
○而能得本知末者 21/227/2
○而伏戲為之六十四變 21/227/6
○而五絃之琴不可鼓也 21/227/8
○祭者汲焉 21/227/15

髯 rán 1

越人得○蛇 7/60/25

燃 rán 1

故陽燧見日則○而為火 3/19/9

難 rán 1

弗鑽不○ 17.112/176/7

冉 rǎn 2

夫顏回、季路、子夏、○伯牛 7/60/15
○伯牛為厲 7/60/16

染 rǎn 8

今以涅○緇則黑於涅 2/13/19
以藍○青則青於藍 2/13/19
禁民無刈藍以○ 5/41/22
命婦官○采 5/42/12
子產練○也 10/86/8
○之以涅則黑 11/95/28
○之以丹則赤 11/95/28
○者先青而後黑則可 16.58/159/23

橪 rǎn 1

伐（棘）〔○〕棗而為（矜）〔矜〕 15/146/9

攘 ráng 12

短袂○卷 1/3/25
九門磔○ 5/40/21
○天下 8/63/19
於是攸非（瞋目教然）〔教然瞋目〕○臂拔劍 12/118/4
直躬其父○羊而子證之 13/125/14
力征相○ 13/126/15
不（讓）〔○〕福 13/130/3
信己之不○也 14/135/1
故至於○天下 15/143/6
（壤）〔○〕臂袒右 15/146/8
○祛薄腋 18/187/13
○捲一擣 19/205/2

壤 rǎng 16

以封（○）〔畔〕肥饒相讓 1/4/18
疇以肥○ 2/17/20
以息○堙洪水之州 5/47/23
壺子持以天○ 7/58/19
積○而丘處 8/61/16
及至分山川谿谷使有○界 8/61/24
爭地侵○ 8/66/20
晚世務廣地侵○ 8/66/21
則○土草（䕃）〔薊〕而已 11/98/26
而城自（○）〔壞〕者十丈 12/111/10
非利土○之廣而貪金玉之略 15/142/21
欲以侵地廣○也 15/143/23
（○）〔攘〕臂袒右 15/146/8
其○在山 17.35/170/25
土（壞）〔○〕布在田 17.128/177/14
臣聞（之有）裂○土以安社稷者 18/190/26

讓 ràng 38

以封（壤）〔畔〕肥饒相○ 1/4/18
鄙旅之人相○以財 6/52/20
非直辭○ 7/58/15
故○位 7/59/4
廉者不能○也 7/60/26
受者不○ 8/63/4
下貪狼而无○ 9/68/1
昔者豫○ 9/73/16
豫○背其主而臣智伯 9/73/16
豫○欲報趙襄子 9/73/17
故能○ 10/83/7
君○也 10/87/29
○之以義 10/89/28
子贛○而止善 11/94/16
豫○、要離非不知樂家室、安妻子以偷生也 11/103/6
夫民有餘即○ 11/104/20
○則禮義生 11/104/20
○天下而弗受 12/118/1
吾獨無豫○以為臣（子）〔乎〕 12/119/8
夫豫○之君 12/119/10
故有豫○之功 12/119/11
守之以○ 12/119/19
高辭卑○ 12/119/26
盤旋揖○以脩禮 13/123/20

以○兄 13/125/20
許由○天子 13/128/17
不（○）〔攘〕福 13/130/3
升降揖○ 14/139/13
不退而○ 14/141/27
揖○而進之以合歡 16.90/162/14
慬立而生不○ 16.131/166/10
謝之與○ 17.157/179/16
女必○肥饒之地 18/186/19
田漁皆○長 20/212/2
恭儉尊○者 20/214/5
海不○水潦以成其大 20/215/1
山不○土石以成其高 20/215/1
民交○爭處卑 20/216/6

蕘 ráo 1

雖在褐夫芻○ 9/75/9

饒 ráo 8

以封（壤）〔畔〕肥○相讓 1/4/18
稻粱○餘 8/65/6
知○饉有餘不足之數 9/78/11
衣食○溢 11/103/25
所○足也 11/104/21
女必讓肥○之地 18/186/19
王果封其子以肥○之地 18/186/21
○也 19/207/4

擾 rǎo 11

上煩○則下不定 9/68/6
靜則下不○矣 9/73/26
下○則政亂 9/73/26
織之為事也○ 9/81/14
○勞之事 9/81/14
心○則百節皆亂 10/82/19
樂（優）〔○〕以淫 11/97/25
其事經而不○ 11/103/19
煩○之教 12/119/24
及至圉人○之 19/204/16
以為其禮煩○而不（悅）〔說〕 21/228/4

繞 rǎo 5

兩蛟挾○其舩 12/118/3
昔蒼吾○娶妻而美 13/125/20
荊佽非兩蛟夾○其船而志不動 13/130/8
北○潁、泗 15/145/25
○身若環 19/209/20

熱 rè 21

積陽之○氣〔久者〕生火 3/18/21
大澤焚而不能○ 7/57/18
夫火○而水滅之 9/77/9
若火之自○ 10/84/12
炮（烙）〔格〕生乎○（升）〔斗〕 11/94/14
以支暑○ 11/104/7
夏日則不勝暑○蝨蚉 13/120/7
或○焦沙 14/141/14
火弗為（襄）〔衰〕其（暑）〔○〕 14/141/23
大（○）〔暑〕鑠石流金 14/141/24
天下敖然若焦○ 15/146/7
○不能生○ 16.85/161/30
不寒不○能生寒○ 16.85/161/30
反先之○ 17.114/176/11
病○而強之餐 17.168/180/12
粟得水（溼）而○ 17.173/180/23
令尹子國啜羹而○ 18/196/12
內○而死 18/199/16
然非得工女煮以○湯而抽其統紀 20/212/21

人 rén 1515

婦○不孀 1/1/17
○生而靜 1/2/14
不以○易天 1/2/16
故任一○之能 1/3/11
○民有室 1/3/20
聖○又何事焉 1/3/21
於是民○（被）〔劗〕髮文身 1/3/24
○不弛弓 1/3/26
所謂○者 1/4/5
所以俛仰於世○而與俗交者〔也〕 1/4/6
○也 1/4/7,10/87/23
隨○者 1/4/7
故聖○不以○滑天 1/4/9
與造化者為○ 1/4/10,2/17/1
越○熏而出之 1/4/14
不能化一○ 1/4/20
是故聖○內修其本 1/4/22
凡○、中壽七十歲 1/5/10
不失其所以制○ 1/5/16
○不能制也 1/5/17
時不與○游 1/5/19
故聖○不貴尺之璧 1/5/19
是故聖○守清道而抱雌節 1/5/21
是故至○之治也 1/6/29
是故聖○一度循軌 1/7/1
○大怒破陰 1/7/5,7/59/20
古之○有居巖穴而神不遺者 1/7/16
聖亡乎治○ 1/7/17
○得其得者 1/7/21
聖○不以身役物 1/7/23
效○為之而無以自樂也 1/8/9
不在於○而在於（我）身 1/8/16
聖○處之 1/8/27,1/9/2
是故聖○使（○）各處其位 1/9/16
今○之所以眭然能視 1/9/21
凡○（之）志（各）有所在而神有所繫者 1/9/23
雖生俱與○鈞 1/10/2
然而不免為○戮笑者 1/10/2
貪饕多欲之○ 1/10/3
冀以過○之智植（于高）〔高于〕世 1/10/4
是故聖○將養其神 1/10/8
○謂之固矣 2/11/1
一範○之形而猶喜 2/11/4
若○者 2/11/4
不知其嘗為○也 2/11/9
方其為○〔也〕 2/11/9
夫聖○用心 2/11/15
古之○有處混冥之中 2/11/18
○相忘於道術 2/11/25
古之真○ 2/11/25
孰肯解構○間之事 2/11/26

然後知聖○之不失道也 2/12/2
提挈○閒之際 2/12/4
是故與至○居 2/12/20
故不言而能飲○以和 2/12/21
是故聖○託其神於靈府 2/14/1
是故有真○然後有真知 2/14/4
○樂其性者 2/14/7
是故聖○內修道術 2/14/20
此聖○之游也 2/14/21,2/16/15
若夫真○ 2/14/21
夫○之事其神而嬈其精 2/14/26
○無故求此物者 2/14/28
聖○之所以駭天下者 2/15/1
真○未嘗過焉 2/15/1
賢○之所以矯世俗者 2/15/1
聖○未嘗觀焉 2/15/1
夫○之拘於世也 2/15/3
是故聖○呼吸陰陽之氣 2/15/7
是故聖○之學也 2/15/22
達○之學也 2/15/22
○性安靜而嗜欲亂之 2/16/6
夫○之所受於天者 2/16/6
○莫鑑於(流沫)〔流潦〕 2/16/9
夫聖○量腹而食 2/16/19
聖○有所于達 2/16/20
此真○之(道)〔遊〕也 2/17/1
有其○不遇其時 2/17/10
且○之情 2/17/13
攖○心也 2/17/14
(一)〔十〕○養之 2/17/20
(十)〔一〕○拔之 2/17/20
○神易濁而難清 2/17/22
是以○得自樂其閒 2/17/27
燔生○ 2/17/29
剖賢○之心 2/17/29
豈獨無聖○哉 2/18/2
古之聖○ 2/18/10
嗟我懷○ 2/18/13
○主之情 3/19/13
○氣鍾首 3/22/28
聖○不與也 3/24/12
故○〔臂〕脩(八)〔四〕尺 3/26/14
〔中○之度也〕 3/26/15
(中○之度也) 3/26/16
莫貴於○ 3/29/18
○亦有九竅 3/29/19
○亦有四肢 3/29/19
○亦有十二肢 3/29/20
土地各以(其)類生〔○〕 4/34/19
湍水○輕 4/34/23
遲水○重 4/34/23
中土多聖○ 4/34/23
○死為鬼 4/34/26
是故堅土○剛 4/34/29
弱土○(肥)〔脃〕 4/34/29
壚土○大 4/34/29
沙土○細 4/34/29
息土○美 4/34/29
秏土○醜 4/34/29
凡○民禽獸萬物貞蟲 4/35/5
天一地二○三 4/35/8
日主○ 4/35/8
○故十月而生 4/35/8
平(大)〔土〕之○ 4/35/24
其○兌形小頭 4/35/26
其○修形兌上 4/36/1
其○〔方〕面末僂 4/36/4
其○翕形短頸 4/36/7
(其○)惷愚(禽獸)而壽 4/36/8
其○大面短頸 4/36/11
有大○國、君子國、黑齒民、玄股民、毛民、勞民 4/37/1
雒棠、武○在西北陬 4/37/5
有神二(○)〔八〕連臂為帝候夜 4/37/5
其神、○面龍身而無足 4/37/12
其○死復蘇 4/37/13
龍身○頭 4/37/14
(突)〔朕〕生海○ 4/38/1
海○生若菌 4/38/1
若菌生聖○ 4/38/1
聖○生庶○ 4/38/1
凡(容)〔朕〕者生於庶○ 4/38/1
乃命漁○ 5/42/10
令滂○ 5/42/10
乃賞軍率武○於朝 5/43/5
誅淫泆詐偽之○ 5/46/6
貫大○之國 5/47/13
以索姦○ 5/48/8
〔姦○〕已德 5/48/8
○馬不相見 6/50/1
勇武一○ 6/50/5
直偶于○形 6/50/6
而外諭哀於○心 6/50/10
使俗○不得其君形者而效其容 6/50/10
必為○笑 6/50/11
故聖○在位 6/50/15
是猶王孫綽之欲倍偏枯之藥而(欲)以生殊死之○ 6/51/4
故聖〔○〕若鏡 6/51/15
○民保命而不夭 6/52/18
鄙旅之○相讓以財 6/52/20
隱真○之道 6/53/7
(仁)〔○〕君處位而不安 6/53/12
邪○參耦比周而陰謀 6/53/13
亂○以成其事 6/53/13
美○挐首墨面而不容 6/53/15
(楊)〔揚〕○骸 6/53/21
○羸車弊 6/53/24
故世至於枕○頭 6/53/25
食○肉 6/53/26
葅○肝 6/53/26
飲○血 6/53/26
(天)而不夭於○虐也 6/54/1
夫聖○者 6/54/8
精氣為○ 7/54/27
是故聖○法天順情 7/54/28
不誘於○ 7/55/1
○亦有四支、五藏、九竅、三百六十(六)節 7/55/12
○亦有取與喜怒 7/55/13
○之耳目曷能久熏〔勤〕勞而不息乎 7/55/18
○之華也 7/55/19
○之精也 7/55/20
然皆○累也 7/56/7
嗜慾者使○之氣越 7/56/8
而好憎者使○之心勞 7/56/8
夫○之所以不能終其壽命而中道夭於刑戮者 7/56/10
譬猶陶○之埏埴也 7/56/22

居○汲水以浸其園	7/56/24
是故聖○因時以安其位	7/56/25
是故聖○貴而尊之	7/57/3
是故聖○以無應有	7/57/6
所謂真○者	7/57/10
是故真○之（所）游〔也〕	7/58/3
是養形之○也	7/58/4
且○有戒形而無損（於）心	7/58/5
眾○以為虛言	7/58/10
○之所以樂為○主者	7/58/12
○之所麗也	7/58/12
○之所美也	7/58/13
○之所好也	7/58/14
舟中之○五色無主	7/58/16
夫至○倚不拔之柱	7/58/25
若此○者	7/58/27
而以與佗○（也）	7/59/6
此之謂無累之○	7/59/7
無累之○	7/59/7
上觀至○之論	7/59/7
○之所貪也	7/59/15
聖○食足以接氣	7/59/16
今贛○敖倉	7/59/18
予○河水	7/59/18
故終身為悲○	7/60/8
若夫至○	7/60/20
故儒者非能使○弗欲也	7/60/22
非能使○勿樂也	7/60/22
越○得髯蛇	7/60/25
夫○主之所以殘亡其國家	7/60/26
身死於○手	7/60/27
○械不足	8/61/15
然猶未能贍○主之欲也	8/61/22
計○多少眾寡使有分數	8/61/25
萬物皆乘（○）〔一〕氣者也	8/62/1
一○之身也	8/62/5
一○之（制）〔刑〕也	8/62/5
故聖○者	8/62/6
古之○	8/62/6
○眾而財寡	8/62/8
財足而○（瞻）〔贍〕矣	8/62/14
故至○之治也	8/63/1
今至○生亂世之中	8/63/23
可傳於○者	8/63/25
○知其一	8/64/2
外（能）得○〔心〕	8/64/15
乘時因勢以服役○心也	8/64/19
○愛其情	8/64/23
○之情	8/64/24,10/89/25
是謂真○	8/64/28
聖○節五行	8/65/22
凡○之性	8/65/22,9/81/27,14/137/8,14/140/26
○之性	8/66/1,8/66/2
家給○足	8/66/6
○得其願	8/66/7
夫○相樂	8/66/8
故聖○為之作〔禮〕樂以和節之	8/66/8
驅○之牛馬	8/66/23
傒○之子女	8/66/23
毀○之宗廟	8/66/23
遷○之重寶	8/66/23
○主之術	9/67/3
口能言而行○稱辭	9/67/4
尚與○化	9/67/14
故聖○事省而易治	9/68/10
而郢○无所（害）〔容〕其鋒	9/68/16
故君○者	9/69/1
而能使○為之哀樂	9/69/5
至精入○深矣	9/69/6
○主之於用法	9/69/18
是任術而釋○心者也	9/69/20
○有困窮	9/69/26
任○之才	9/69/27
而不能與越○乘（幹）〔榦〕舟而浮於江湖	9/70/1
而不能與胡○騎騵〔馬〕而服騊駼	9/70/1
則○知之於物也	9/70/3
則○材不足任	9/70/7
而君○者不下廟堂之上	9/70/7
因○以知○也	9/70/8
故千○之群無絕梁	9/70/10
萬○之聚無廢功	9/70/10
○得其宜	9/70/16
君○之道	9/70/20,9/73/26
一○被之而不褒	9/70/21
萬○蒙之而不褊	9/70/21
○主靜漠而不躁	9/71/2
則聖○（之為）〔為之〕謀	9/71/5
夫○主之聽治也	9/71/7,9/71/22
○主深居隱處以避燥濕	9/71/9
乘眾○之智	9/71/12
是故○主覆之以德	9/71/15
而因萬○之所利	9/71/15
夫乘眾○之智	9/71/24
用眾○之力	9/71/24
眾○相一	9/71/25
則百○有餘力矣	9/71/25
是故任一○之力者	9/71/25
乘眾○之制者	9/71/26
豈其○事不至哉	9/72/2
雖神聖○不能以成其功	9/72/3
是故聖○〔之〕舉事也	9/72/4
聖○兼而用之	9/72/10
○主貴正而尚忠	9/72/12
是故聖○得志而在上位	9/72/14
是故○主之（一）舉也	9/72/15
所任者得其○	9/72/15
所任非其○	9/72/16
故○主誠正	9/72/20
而姦○伏匿矣	9/72/20
○主不正	9/72/20
則邪○得志	9/72/20
夫○之所以莫（抓）〔振〕玉石而（抓）〔振〕瓜瓠者	9/72/21
使○主執正持平	9/72/22
一○有慶	9/72/25
是故處○以譽尊	9/72/27
○主不明分數利害之地	9/72/28
古（○之）〔之○〕（日）〔曰〕亡矣	9/73/7
○主之車輿	9/73/12
○臣之轡銜也	9/73/12
是故○主處權勢之要	9/73/12
夫以一○之心而事兩主	9/73/18
○之恩澤使之然也	9/73/19
○迹所及	9/73/19
然而武王甲卒三千○	9/73/19
是故○主好鷙鳥猛獸	9/73/27
○主好高臺深池	9/74/1
非貪萬民之富而安○主之位也	9/74/2
處○主之勢	9/74/7

○主急玆无用之功	9/74/9
○主之居也	9/74/12
是故賢主之用○也	9/74/16
而〔又〕況○乎	9/74/19
非其○不肖也	9/74/20
○有其才	9/74/22
今○之才	9/74/25
卑下眾○之耳目	9/74/27
○主者	9/75/1
得用○之道	9/75/5
夫○主之情	9/75/8
盡眾○之力	9/75/8
雖在卿相○君	9/75/9
而○主之準繩也	9/75/16
○莫得自恣	9/75/20
眾適合於○心	9/75/25
發於○間而反以自正	9/75/26
是故有諸己不非諸○	9/75/26
無諸己不求諸○	9/75/26
是故○主之立法	9/75/28
○主之車輿也	9/76/3
○主之駟馬也	9/76/4
而○弗能制矣	9/76/14
則○材釋而公道行矣	9/76/15
○主之所以執下	9/76/20
是故有術則制○	9/76/21
無術則制於○	9/76/21
君○者釋所守而與臣下爭〔事〕	9/76/22
是以○臣藏智而弗用	9/76/23
君○者不任能	9/76/26
則○主逾勞	9/77/3
○臣逾逸	9/77/3
乘於○資以為羽翼也	9/77/5
是故君○者	9/77/7
是皆以利見制於○也	9/77/9
慕義從風而為之服役者不過數十○	9/77/22
則不免為○笑也	9/77/26
則庸○能以制勝	9/78/2
利一○而天下從風	9/78/9
害一○而天下離叛	9/78/9
○主〔之〕租斂於民也	9/78/10
故古之君○者	9/78/15
國無哀○	9/78/16
一○跖耒	9/78/26
則○之生	9/79/1

是故（○君）〔君○〕者	9/79/8
中用○力	9/79/9
凡○之論	9/79/27
庶○傳語	9/80/9
湯有司直之○	9/80/10
夫聖○之於善也	9/80/11
則聖○之心小矣	9/80/15
使非其○	9/80/18
則聖○之志大也	9/80/18
則聖○之智員矣	9/80/20
則聖○之行方矣	9/80/22
夫聖○之智	9/80/27
愚○之智	9/80/27
（偏）〔徧〕知萬物而不知○道	9/81/6
（偏）〔徧〕愛群生而不愛○類	9/81/6
其不加諸○	9/81/8
由己知○	9/81/9
此○智之所合而行也	9/81/9
○之情不能無衣食	9/81/14
愚○之所（見）〔備〕者寡	9/81/16
愚〔○〕之所權者少	9/81/16
○之視白黑以目	9/81/22
故言白黑與○同	9/81/23
其別白黑與○異	9/81/23
凡○思慮	9/81/24
○有以生	9/82/5
○之所以生者	9/82/5
○無善志	9/82/6
同○于野	10/82/22
比於○心而（含）〔合〕於眾適者也	10/82/24
小○非嗜欲無以活	10/82/27
小○懼失利	10/82/28
是故聖○察其所以往	10/83/1
聖○之道	10/83/2
是故得一○	10/83/3
所以得百○也	10/83/3
○以其所願於上以與其下交	10/83/3
媚茲一○	10/83/4
一○小矣	10/83/5
凡○各賢其所說	10/83/13
聖○在上	10/83/19
	10/84/25, 10/85/8

小○在上位	10/83/19
言小○處非其位	10/83/20
良醫以活○	10/83/23
○之困慰者也	10/83/23
○主以備樂	10/83/24
是故聖○制其剟材	10/83/24
用百○之所能	10/84/9
則得百○之力	10/84/9
舉千○之所愛	10/84/9
則得千○之心	10/84/9
媒妁譽○	10/84/14
匠○斲戶	10/84/19
而不可以導○	10/84/22
不可諭於○	10/84/23
求諸○	10/84/24
故○之甘甘	10/85/2
諭乎○心	10/85/3
小○之從事也	10/85/16
故其入○深	10/85/18
其在債○則生爭鬬	10/85/19
聖○為善	10/85/22
故○之憂喜	10/85/22
聖○之為治	10/85/23
小○日怏怏以至辱	10/86/1
故怨○不如自怨	10/86/4
求諸○不如求諸己得也	10/86/5
何自怨乎○	10/86/8
故兩心不可以得一○	10/86/9
一心可以得百○	10/86/9
故至至之○	10/86/17
○之欲榮也	10/86/19
聖○之行義也	10/86/19
斯亦不遁○	10/86/23
不為無○不兢其容	10/86/23
故使○信己者易	10/86/23
聖○之行	10/87/4
申喜聞乞○之歌而悲	10/87/6
誠中之○	10/87/16
故聖○栗栗乎其內	10/87/20
有其○也	10/87/24
小○被其澤	10/87/26
利本乎小○	10/87/26
使君子小○各得其宜也	10/87/27
故一○有慶	10/87/27
○以小知大	10/88/7
不可求於○	10/88/10
釋己而求諸○	10/88/10

小○樂不足而名有餘 10/88/12
小○貪利而不顧義 10/88/13
故哀樂之襲○（清）〔情〕也深矣 10/88/14
施○則異矣 10/88/18
凡○情 10/88/21
○多欲虧義 10/88/23
嫚生乎小○ 10/88/26
○無能作也 10/89/12
○之為 10/89/12
以○與國 10/89/20
以國與○ 10/89/20
唯聖○見其始而知其終 10/90/1
至至之○ 10/90/9
宜遺乎義之謂小○ 10/90/16
古○味而弗貪也 10/90/17
今○貪而弗味〔也〕 10/90/17
○能尊道行義 10/90/18
故聖○之舉事也 10/90/22
故聖○不為物先 10/90/25
○以義愛 10/90/28
○能貫冥冥入於昭昭 10/91/2
為是謂○智不如鳥獸 10/91/5
眾○之所能為也 10/91/9
入○耳 10/91/9
感○心 10/91/9
其諭○心不可及也 10/91/10
魯以偶○葬而孔子歎 10/91/15, 16.102/163/17
聖○見其所生則知其所歸矣 10/91/16
○有四用 10/92/6
小○誠不仁〔乎〕 10/92/16
與其由○ 10/92/17
欲知○道 10/92/19
口慧之○無必信 10/92/24
聖○為善若恐不及 10/92/25
是故知己者不怨○ 10/92/28
聖○不求譽 10/93/1
故聖○反己而弗由也 10/93/2
不可傳於○ 10/93/4
唯聖○知其微 10/93/6
善為○上者不忘其下 10/93/9
小○也 10/93/15
中○也 10/93/15
聖○也 10/93/16
唯聖○知其化 11/94/6
夫胡○見黂 11/94/6
越○見毳 11/94/7
聖○之見終始微（言）〔矣〕 11/94/14
魯國必好救○於患〔矣〕 11/94/15
子贛贖○而不受金於府 11/94/15
魯國不復贖○矣 11/94/16
聖○不以為民俗〔也〕 11/94/20
○之所安也 11/94/20
○入之而畏 11/94/21
○入之而死 11/94/22
○之所樂也 11/94/22
○上之而慄 11/94/23
用宜其○ 11/95/8
虛者非無○也 11/95/15
盛者非多○也 11/95/16
以○ 11/95/21
治○者不以○ 11/95/21
原○之性 11/95/24
非○之性也 11/95/26, 13/129/15
○之性無邪 11/95/28
○性欲平 11/95/29
唯聖○能遺物而反己 11/96/1
夫性、亦○之斗極也 11/96/1
聖○（記）〔託〕於無適 11/96/16
○目所見不過十里 11/96/18
故胡○彈骨 11/97/2
越○契臂 11/97/2
羌○括領 11/97/2
越○劗髮 11/97/3
婦○不辟男子於路者 11/97/3
故禮因○情而為之節文 11/97/15
是強○所不及也 11/97/16
夫儒、墨不原○情之終始 11/97/17
不強○之所不能為 11/97/18
不絕○之所〔不〕能已 11/97/18
是故聖○廢而弗用也 11/97/26
殷○之禮 11/98/5
周○之禮 11/98/6
故聖○〔之〕財制物也 11/98/17
夫聖○之斲削物也 11/98/19
此皆聖○之所以應時耦變 11/99/4
故聖○論世而立法 11/99/8
夫能與化推移（為○）者 11/99/11
聖○之法可觀也 11/99/12
下與造化為○ 11/99/16
皆自是而非○ 11/100/15
未必不合於○也 11/100/18
以此為寡○失 11/100/24
故賓有見○於密子者 11/100/26
或以為小○ 11/101/3
故終身隸於○ 11/101/12
故聖○體道反性 11/101/13
是以○不兼官 11/101/16
而○性齊矣 11/101/20
胡○便於馬 11/101/20
越○便於舟 11/101/20
聖○摠而用之 11/101/21
○才之隆也 11/101/23
○智之美也 11/101/24
○巧之妙也 11/101/25
北○无擇非舜而自投清（泠）〔冷〕之淵 11/102/1
不可以為○量 11/102/2
聖○弗用 11/102/5
○才不可專用 11/102/6
而○自足者 11/102/8
○材不足專恃 11/102/10
○窮則詐 11/102/13
使○以幣先焉 11/102/26
世多稱古之○而高其行 11/102/27
是故立功之○ 11/103/1
今世俗之○ 11/103/1
若以聖○為之中 11/103/14
亦○之所棲宿也 11/103/16
謂之成○ 11/103/16
婦○當年而不織 11/103/23
○失其情性 11/104/1
且富○則車輿衣纂錦 11/104/6
貧○（則夏）〔夏則〕被褐帶索 11/104/7
猶○君與僕虜 11/104/8
見鄰國之○溺 11/104/18
或○葅子 11/104/22
故世治則小○守正 11/104/23
○（可以）〔可與〕微言〔乎〕 12/105/20
然則○固不可與微言乎 12/105/22
已成而示諸（先生）〔民○〕 12/106/1

（先生）〔民○〕皆善之 12/106/1
寡○所有〔者〕 12/106/8
不能以〔其〕府庫分○ 12/106/15
不能予○ 12/106/16
毋令○〔以〕害我 12/106/16
不能為○ 12/106/18
是〔其〕為○也 12/106/23
豈曰能刺○哉 12/106/24
彼何○哉 12/107/3
〔取〕（尤）〔左〕○、終○ 12/107/6
此○之所〔以〕喜也 12/107/7
寡○所說者 12/107/16
客將何以教寡○ 12/107/17
〔使〕○雖勇 12/107/17
此寡○之所欲聞也 12/107/18
使○雖有勇弗敢刺 12/107/19
使○本無其意也 12/107/20
此寡○所欲得也 12/107/23
客之以說勝寡○也 12/108/2
昔堯之佐九○ 12/108/5
舜之佐七○ 12/108/5
武王之佐五○ 12/108/5
善乘○之資也 12/108/6
故○與驥逐走則不勝驥 12/108/6
託於車上則驥不能勝○ 12/108/6
魯○為○〔臣〕妾於諸侯 12/108/17
子贛贖魯○於諸侯 12/108/17
夫聖○之舉事也 12/108/18
贖〔○〕而受金 12/108/19
則不復贖○ 12/108/20
魯○不復贖○於諸侯矣 12/108/20
歌者非常○也 12/109/3
客、衛○也 12/109/5
君不若使○問之 12/109/6
以○之小惡而忘○之大美 12/109/7
此○主之所以失天下之士也 12/109/7
且○固難（合）〔全〕也 12/109/8
翟○攻之 12/109/12
翟○之所求者、地 12/109/12
與○之兄居而殺其弟 12/109/13
與○之父處而殺其（予）〔子〕 12/109/13
與〔為〕翟○〔臣〕奚以異 12/109/14
今受其先○之爵祿 12/109/17
〔重傷〕之○ 12/109/23
寡○得（立）〔奉〕宗廟社稷 12/109/28
輪（○）〔扁〕斲輪於堂下 12/110/1
聖○之書 12/110/2
其○（在焉）〔焉在〕 12/110/2
是直聖○之糟粕耳 12/110/3
寡○讀書 12/110/3
工○焉得而譏之哉 12/110/4
今聖○之所言者 12/110/7
寡○當其美 12/110/12
寡○自知不為諸侯笑矣 12/110/12
國○皆知殺戮之制 12/110/13
國之利器不可以示○ 12/110/14
若吾薄德之○ 12/110/24
皆賢○也 12/110/28
君子不乘○於利 12/111/11
不迫○於險 12/111/12
使○往取之 12/111/20
先生試觀起之為（○）〔之〕也 12/112/2
爭者、○之所（本）〔去〕也 12/112/6
（始）〔治〕○之所（本）〔去〕 12/112/7
非禍○ 12/112/8
戾○理 12/112/9
晉○聞之曰 12/112/16
〔寡○請自當也〕 12/112/21
寡○誰為君乎 12/112/22
為○君而欲殺其民以自活也 12/112/23
是寡○之命固已盡矣 12/112/24
君有君○之言三 12/112/25
12/112/27
○而無能者 12/113/5
故（曰）聖○之處世 12/113/8
○無棄○ 12/113/8
原○聞之曰 12/113/18
溫○聞〔之〕 12/113/18
美行可以加○ 12/113/20
18/192/6
此明於為○為己者也 12/113/24
狐丘丈○謂孫叔敖曰 12/113/28
○有三怨 12/113/28
恐伐余一○ 12/114/11
王○乎 12/114/21
○之所畏 12/114/24
盜賊之心必託聖○之道而後可行 12/114/28
子發因使○歸之 12/115/6
子發又使○歸之 12/115/7
在○君用之耳 12/115/9
不善○ 12/115/10
善○之資也 12/115/10
以○不過三十里 12/115/19
○民未及罷病也 12/115/20
鄭賈○弦高矯鄭伯之命 12/115/22
吾行數千里以襲○ 12/115/23
未至而○已知之 12/115/24
故○主之意欲見於外 12/116/2
則為○臣之所制 12/116/3
小（○）〔年〕不及大（○）〔年〕 12/116/18
（季）〔宓〕子不欲○〔之〕取小魚也 12/116/23
使○闇行 12/116/24
鄭○聞之曰 12/117/12
吳○願一以為王而不肯 12/117/28
舩中〔之〕○盡活 12/118/6
齊○淳于髡以從說魏王 12/118/10
（○）〔又〕以為從未足也 12/118/10
匠○知為門 12/118/14
故大○之行 12/118/20
寡○問太卜曰 12/119/1
寡○伐紂天下 12/119/22
聖○乃作為之築土構木 13/120/7
為鷙禽猛獸之害傷○而无以禁御也 13/120/14
○各以其（所）知 13/120/15
婚禮不稱主○ 13/120/19
殷○殯於兩楹之間 13/120/20
周○殯於西階之上 13/120/21
殷○用梆 13/120/21
周○牆置翣 13/120/22
殷○祭於陽 13/120/22
周○祭於日出以朝 13/120/22
陽侯殺蓼侯而竊其夫○ 13/121/1

故大饗廢夫○之禮 13/121/1
故聖○制禮樂 13/121/3
故聖○法與時變 13/121/5
故一○之身而三變者 13/121/20
○以其位 13/121/21
故聖○所由曰道 13/121/24
治（○）之具也 13/121/25
若乃○考其（身）才 13/121/26
得於○理 13/121/26
殷○誓 13/122/4
周○盟 13/122/4
今時之○ 13/122/5
夫聖○作法而萬物制焉 13/122/15
拘禮之○ 13/122/16
大○作而弟子循 13/122/20
故聖○之道 13/122/30
聖○正在剛柔之閒 13/123/1
故聖○以身體之 13/123/5
舍○有折弓者 13/123/9
則莫不比於律而和於○心 13/123/14
○謂之左則左 13/123/15
遇小○則陷溝壑 13/123/16
趨捨○異 13/123/22
教寡○以道者擊鼓 13/123/27
諭寡○以義者擊鍾 13/123/28
告寡○以事者振鐸 13/123/28
語寡○以憂者擊磬 13/123/28
鑄金○ 13/124/2
道路死○以溝量 13/124/4
禹無十○之眾 13/124/16
○跡所至 13/124/17
然而身死○手 13/124/18
故聖○見化以觀其徵 13/124/18
故聖○之見存亡之迹 13/124/21
而反備之于○ 13/125/4
殺一○ 13/125/4
今不行○之所以王（者） 13/125/6
唯聖○為能知權 13/125/13
尾生與婦○期而死之 13/125/14
鄭賈○弦高將西（敗）〔販〕牛 13/125/15
是故聖○論事之（局）曲直 13/125/21
權者、聖○之所獨見也 13/125/28
是故聖○以文交於世 13/126/2
蘇秦、匹夫徒步之○也 13/126/7
故萇弘知天道而不知○事 13/126/10
聖○則不然 13/126/14
是故聖○者 13/126/18
聖○之所獨見而留意也 13/126/24
聖○為之 13/126/25
今以○之小過揜其大美 13/126/26
○君弗臣 13/127/5
今○君〔之〕論其臣也 13/127/8
故○有厚德 13/127/9
夫○之情 13/127/10
被髮而御於婦○ 13/127/13
此四○者 13/127/14
言○莫不有過 13/127/19
是故君子不責備於一○ 13/127/23
求於（一）○則任以○力 13/127/24
責○以○力 13/127/25
今志○之所短 13/127/27
而忘○之所脩 13/127/27
眾○見其位之卑賤 13/128/1
市○之知舜也 13/128/6
其失○也必多矣 13/128/6
而不知其所以取○也 13/128/7
眾○之所眩耀〔也〕 13/128/9
使○之相去也 13/128/10
則論○易矣 13/128/11
夫亂○者 13/128/11
闇主亂于姦臣小○之疑君子者 13/128/13
唯聖○能見微以知明 13/128/14
故聖○之論賢也 13/128/16
故論○之道 13/128/19
以論其（○）〔仁〕 13/128/20
則○情備矣 13/128/21
罷圍而賞有功者五○ 13/128/24
寡○社稷危 13/128/25
故賞一○ 13/128/26
野○得之 13/129/2
〔見〕野○方屠而食之 13/129/2
傷○ 13/129/3
食馬肉者三百餘○ 13/129/5
故聖○因民之所喜而勸善 13/129/8
故賞一○而天下譽之 13/129/9
罰一○而天下畏之 13/129/9
故聖○守約而治廣者 13/129/10
今○〔之〕所以犯囹圄之罪 13/129/16
（不）〔而〕死市之○血流於路 13/129/20
楚○有乘船而遇大風者 13/129/25
故○之嗜慾 13/129/26
齊○有盜金者 13/129/27
吾不見○ 13/129/28
是故聖○審動靜之變 13/129/28
故達道之○ 13/130/2
故○心猶是也 13/130/6
聖○心平志易 13/130/9
○弗怪也 13/130/15
13/130/15,13/130/16
○怪之 13/130/16
聖○之所獨見 13/130/17
葬死○者裘不可以藏 13/130/21
而聖○之所不口傳也 13/130/22
家○所（當）〔常〕畜而易得之物也 13/130/23
〔葬死○〕裘不可以藏者 13/130/24
故馬免○於難者 13/131/9
牛〔有德於○者〕 13/131/10
又況○乎 13/131/11
17.179/181/4,19/204/18
此聖○所以重仁襲恩 13/131/11
宋○有嫁子者 13/131/20
非聖○ 13/132/1
○生於无 14/132/15
謂之真○ 14/132/15
真○者 14/132/16
聖○不（以）〔為〕名尸 14/132/18
故○指之 14/132/20
故○視之 14/132/21
○之所指 14/132/21
○之所視 14/132/21
故聖○掩明於不形 14/132/22
○莫不貴其所（有）〔脩〕 14/132/26
○能貴其所賤 14/132/27
未聞枉己而能正○者也 14/133/6
弗假於○ 14/133/11
五者、皆○才也 14/133/14
必用○力者也 14/134/6,20/219/1

能用○力者 14/134/6,20/219/2
必得○心〔者〕也 14/134/7
能得○心者 14/134/7,20/219/2
唯聖○能之 14/134/8
狄○攻之 14/134/12,20/211/26
有一○在其中 14/134/20
○能虛己以遊於世 14/134/22
聖○不為可非之行 14/134/30
不憎○之非己也 14/134/30
不求○之譽己也 14/134/30
聖○守其所以有 14/135/3
聖○無思慮 14/135/10
○雖東西南北 14/135/11
安有○賊 14/135/14
故聖○不以行求名 14/135/17
○有窮 14/135/20
道理通而○為滅也 14/135/24
○（受）〔愛〕名則道
不用 14/135/26
道勝○則名息矣 14/135/26
道與○競長 14/135/26
章○者 14/135/26
○章道息 14/135/27
○舉其疵則怨○ 14/136/11
○能接物而不與己焉 14/136/11
而不可以使○暴 14/136/18
而不可以使○亂 14/136/18
故聖○揜跡於為善 14/136/25
凡事○者 14/136/27
雖割國之錙錘以事○ 14/136/29
一（身）〔○〕之身既
數（既）變矣 14/137/9
○以其位通其好憎 14/137/9
一○之力 14/137/15
○之美才也 14/137/17
聖○勝心 14/137/20
眾○勝欲 14/137/20
小○行邪氣 14/137/20
故聖○損欲而從（事於）
性 14/137/22
聖○無去之心而心無醜 14/137/29
（在）〔任〕智則○與
之訟 14/138/9
（在）〔任〕力則○與
之爭 14/138/10
未有使○無智者 14/138/10
有使○不能用其智於己
者也 14/138/10
未有使○無力者 14/138/10
有使○不能施其力於己
者也 14/138/11
聖○無焉 14/138/13
聖○內藏 14/138/17
不為○贛 14/138/23
道行則○無位矣 14/138/26
乃反愁○ 14/139/2
○主好仁 14/139/5
則○無事矣 14/139/8
聖○無屈奇之服 14/139/10
淑○君子 14/139/24
以一○兼聽天下 14/139/27
使○為之也 14/139/28
今與○（弁民之譬）
〔卞氏之璧〕 14/140/7
三○同舍 14/140/8
二○相爭 14/140/8
一○雖愚 14/140/8
兩○相鬬 14/140/9
助一○則勝 14/140/9
救一○則免 14/140/10
此〔之〕謂狂（○） 14/140/13
而不免為哀之○ 14/140/25
聖○之所備有也 14/141/11
故聖○謹慎其所積 14/141/14
〔聖○〕見所始則知
〔所〕終矣 14/141/16
聖○之接物 14/141/23
聖〔○〕常後而不先 14/141/27
不失時與○ 14/141/28
失於時而取○ 14/142/1
○必笑之矣 14/142/9
非○也 14/142/12
○有衣食之情 15/142/23
○無筋骨之強 15/142/24
貪昧饕餮之○ 15/142/25
萬（○）〔民〕慅動 15/142/25
聖○（敕）〔勃〕然而
起 15/142/26
故（不）〔○〕得不中
絕 15/142/27
故聖○之用兵也 15/143/3
而贍一○之欲 15/143/4
肆一○之邪 15/143/6
又況治○乎 15/143/10
舉事以為○者眾助之 15/143/25
車馳○趨 15/144/24
未至（兵交）〔交兵〕
接刃而敵○奔亡 15/145/4
必擇其○ 15/145/17
○能其事 15/145/17
地廣○眾 15/145/23
昔者楚○地 15/145/24
○迹所至 15/146/4
然一○唱而天下（應）
〔和〕之者 15/146/11
彗星出而授殷○其柄 15/146/14
世○傳學之 15/147/1
智見者○為之謀 15/147/3
形見者○為之功 15/147/3
眾見者○為之伏 15/147/4
器見者○為之備 15/147/4
敵（之）〔○〕靜不知
其所守 15/147/15
故淩○者勝 15/147/16
待○者敗 15/147/16
為○杓者死 15/147/16
故能分○之兵 15/147/18
疑○之心 15/147/18,15/147/19
不能分○之兵 15/147/19
（○）皆專而〔為〕一 15/147/20
故千○同心則得千○
〔之〕力 15/147/20
萬○異心則無一○之用 15/147/20
誠積踰而威加敵○ 15/148/2
一○守隘 15/148/4
而千○弗敢過也 15/148/4
〔使〕敵○之兵 15/148/6
官得其○ 15/148/8
○不及步（鋗）〔趨〕 15/148/20
○雖眾多 15/148/21
是以聖○藏形於无 15/148/22
敵○執數 15/149/2
是故聖○貴靜 15/149/4
萬○之更進 15/149/9
不如百○之俱至也 15/149/9
然而○食其肉而席其革
者 15/149/10
今○之與○ 15/149/12
若乃○盡其才、悉用其
力、以少勝眾者 15/149/14
用莫利於○ 15/149/15

勢勝○ 15/149/16
任○者可惑也 15/149/17
夫仁勇信廉、○之美才也 15/149/17
則為○禽矣 15/149/18
而不以○才之賢 15/149/19
是故聖○藏於無原 15/149/21
所明言者○事也 15/149/26
中得○心 15/149/27
專用○與勢 15/149/28
是以動為○禽矣 15/149/30
今使兩○接刃 15/150/1
而无○（刃）〔力〕之奉 15/150/2
○之有所推也 15/150/6
故百○之必死也 15/150/7
賢於萬○之必北也 15/150/8
所謂○事者 15/150/12
唯聖○達其至 15/150/16
夫○之所樂者、生也 15/151/2
○雖眾 15/151/19
中察○情 15/151/24
而後求諸○ 15/152/4
脩己於○ 15/152/4
而攻○之亂 15/152/5
今使陶○化而為埴 15/152/6
故動而為○擒 15/152/9
中隱之○ 15/152/12
何謂隱之○ 15/152/14
獨見者、見○所不見也 15/152/28
獨知者、知○所不知也 15/152/28
見○所不見 15/152/28
知○所不知 15/152/29
越王選卒三千○ 15/153/9
以待○之虛也 15/153/10
以待○之實也 15/153/11
是故兵未交接而敵○恐懼 15/153/23
○不小（學）〔覺〕 16.2/154/10
○莫鑑於（沬雨）〔流潦〕 16.3/154/12
○無為則治 16.6/154/21
○無言而神 16.6/154/22
聖○終身言治 16.8/154/28
然使○善之者 16.8/154/28
而不能使○勿斷也 16.9/155/4
越○學遠射〔者〕 16.11/155/9
譬猶越○之射也 16.11/155/10
○有嫁其子而教之曰 16.21/156/9
聖○者 16.24/156/19
○二氣則成病 16.27/156/27
譬猶陶○為器也 16.31/157/7
聖○不先風吹 16.32/157/10
故○之情 16.36/157/20
○有多言者 16.44/158/13
○有少言者 16.44/158/13
百○抗浮 16.46/158/17
不若一○挈而趨 16.46/158/17
兩○俱溺 16.46/158/18
一○處陸則可矣 16.46/158/18
聖○從外知內 16.47/158/21
懼○聞之 16.55/159/14
憎○聞之 16.55/159/14
工○下漆而上丹則可 16.58/159/23
因○而交 16.60/159/28
不因○而親 16.60/159/28
○不愛倕之手 16.63/160/5
萬○之蹪 16.75/161/1
愈於一○之（隧）〔墜〕 16.75/161/2
有譽○之力儉者 16.76/161/4
故小○之譽○ 16.76/161/5
譬猶倮走而追狂○ 16.79/161/12
聖○無止無以 16.80/161/15
聖○用物 16.87/162/4
魯○身善制冠 16.88/162/7
夜以投○ 16.90/162/14
○有昆弟相分者 16.92/162/19
登高使○欲望 16.93/162/21
臨深使○欲闚 16.93/162/21
射者使〔○〕端 16.93/162/21
釣者使○恭 16.93/162/21
故○眾則食狼 16.96/163/1
狼眾則食○ 16.96/163/1
三○成市虎 16.98/163/6
故聖○見霜而知冰 16.102/163/17
若使○必知所集 16.103/163/20
故聖○畜道以待時 16.103/163/21
得萬○之兵 16.105/163/26
鄉者其○ 16.106/163/30
不憎○之利之也 16.107/164/1
不怨○〔之〕取之 16.107/164/1
○能以所不利利○ 16.107/164/1
故聖○同死生 16.108/164/5
愚○亦同死生 16.108/164/5
聖○之同死生通於分理 16.108/164/5
愚○之同死生不知利害所在 16.108/164/6
遺○馬而解其羈 16.114/164/22
遺○車而稅其轙 16.114/164/22
故里○諺曰 16.114/164/22
故○莫惡於無常行 16.119/165/9
今○放燒 16.121/165/13
郢○有買屋棟者 16.122/165/16
而○予〔之〕車轂 16.122/165/16
三○比肩 16.134/166/19
（一）〔二〕○相隨 16.134/166/19
或曰知（其）〔天〕且赦也而多殺○ 16.140/167/4
或曰知（其）〔天〕且赦也而多活○ 16.140/167/4
侏儒問（徑）天高于脩○ 16.143/167/11
脩○曰 16.143/167/11
兩○（得）〔皆〕活 16.144/167/14
（邢）〔郢〕○有鬻其母 16.145/167/17
毋賞越○章甫 17.7/168/25
俛○之頸 17.21/169/28
○莫欲學御龍 17.22/169/30
而皆欲學治○ 17.22/169/30
○之從事 17.23/170/1
聖○之於道 17.39/171/3
○莫不奮于其所不足 17.47/171/19
佳○不同體 17.67/173/3
美○不同面 17.67/173/3
○有盜而富者 17.68/173/6
○不見龍之飛 17.102/175/17
○食礜石而死 17.109/176/1
○之寶也 17.113/176/9
○之病 17.113/176/9
為酒○之利而不酤 17.114/176/11
為車○之利而不儆 17.114/176/11
握火提○ 17.114/176/11
百梅足以為百○酸 17.119/176/24
一梅不足以為一○和

17.119/176/24

陶（者）〔○〕用缺盆 17.131/177/21

匠○處狹廬 17.131/177/21

太山不上小○ 17.141/178/13

佞○來 17.145/178/22

17.145/178/23

鄙○鼓缶 17.146/178/25

○性便（絲衣）〔衣絲〕帛 17.147/178/27

猶○臣各守其職 17.148/178/29

善用○者 17.151/179/4

使○無度河 17.161/179/26

湯使○哭之 17.179/181/3

待利而後拯溺○ 17.184/181/14

亦必（以）利溺○矣 17.184/181/14

○君不以取道里 17.186/181/18

使○欲馳 17.196/182/10

使○欲歌 17.196/182/10

聖○處於陰 17.199/182/16

眾○處於陽 17.199/182/16

聖○行於水 17.199/182/16

眾○行於霜 17.199/182/16

託於一○之才 17.205/182/29

為其一○隕而兩○殤 17.206/183/1

一○唱而千○和 17.207/183/3

蝮蛇螫○ 17.211/183/11

聖○之處亂世 17.212/183/13

○先信而後求能 17.219/183/27

陶○棄索 17.220/183/29

車○掇之 17.220/183/29

○生事 17.224/184/5

凡用○之道 17.227/184/12

聖○之偶物也 17.228/184/14

聖○者、隨時而舉事 17.235/184/30

不入鄙○之耳 17.237/185/3

故侮○之鬼者 17.238/185/5

狂者傷○ 17.241/185/12

○之性也 18/185/20

知○之性 18/185/20

是故使○高賢稱譽己者 18/185/27

使○卑下誹謗己者 18/185/28

夫言出於口者不可止於○ 18/185/30

（○）莫蹪於山 18/186/2

是故○者輕小害 18/186/2

○自生之 18/186/6

○自成之 18/186/6

非神聖○ 18/186/6

凡○之舉事 18/186/9

荊○鬼 18/186/21

越○禨 18/186/21

○莫之利也 18/186/21

眾○皆知利利而病病也 18/187/5

唯聖○知病之為利 18/187/5

魯君令○閉城門而捕之 18/187/11

楚恭王與晉○戰於鄢陵 18/187/19

子反之為○也 18/187/20

使○召司馬子反 18/187/21

此眾○之所以為養也 18/187/27

故聖○先忤而後合 18/188/1

眾○先合而後忤 18/188/2

有功者、（又）〔○〕臣之所務也 18/188/4

有罪者、○臣之所辟也 18/188/4

又何況於○乎 18/188/16

此所謂奪○而反為○所奪者〔也〕 18/188/27

令百姓家給○足 18/189/15

宋○〔有〕好善者 18/189/20

聖○之言 18/189/23

近塞上之○有善術者 18/190/1

○皆弔之 18/190/1,18/190/3

○皆賀之 18/190/2

胡○大入塞 18/190/4

近塞之○ 18/190/4

問匠○ 18/190/9

匠○對曰 18/190/9

匠○窮於辭 18/190/11

齊○有請見者曰 18/190/14

〔願〕為寡○稱之 18/190/16

今○待冠而飾首 18/191/6

冠履之於○也 18/191/6

昔晉文公將與楚〔○〕戰〔於〕城濮 18/191/11

以詐偽遇○ 18/191/14

與楚○戰 18/191/15

智伯（○）〔之〕為○也 18/191/25

○孰知之者乎 18/191/26

寡○國家危 18/192/4

義者、○之大本也 18/192/5

○數言其過於文侯 18/192/9

果若○言 18/192/9

○民非益眾也 18/192/16

聞倫為○ 18/192/24

是賞佞○ 18/192/25

佞○得志 18/192/25

鄭之賈○弦高、蹇他相與謀曰 18/192/29

凡襲○者、以為弗知 18/193/2

賞一○〔而〕敗國俗 18/193/5

聖○之思脩 18/193/8

愚○之思叕 18/193/8

陳○聽令 18/193/11

寡○起九軍以討之 18/193/12

誅罪○ 18/193/12

〔○有〕牽牛〔而〕（蹊）〔徑〕〔於〕○之田〔中〕 18/193/13

田主殺其○而奪之牛 18/193/14

（因）以誅罪○ 18/193/15

遣○戍陳 18/193/15

以王為非誅罪○也 18/193/15

夫就○之名者廢 18/193/24

仞○之事者敗 18/193/24

或譽○而適足以敗之 18/194/5

或毀○而乃反以成之 18/194/5

伍子奢遊○於王側 18/194/8

何謂毀○而反利之 18/194/13

使○以車迎之 18/194/14

此〔所〕謂毀○而反利之者也 18/194/19

魯○有為父報讎於齊者 18/194/22

此有節行之○ 18/194/25

此眾○所以為死也 18/194/27

夫走者、○之所以為疾也 18/194/28

步者、○之所以為遲也 18/194/28

今（反乃）〔乃反〕以○之所〔以〕為遲者、（反）為疾 18/195/1

聖○敬小慎微 18/195/5

君不如去一○ 18/195/14

舞者二○而已 18/195/19

兩○構怨 18/195/26

○皆務於救患之備 18/196/1

公子、非常〔○〕也 18/196/3

從者三○ 18/196/3
身死○手 18/196/4
是故聖○深居以避辱 18/196/8
小○不知禍福之門戶 18/196/8
盜何遽無從（○）〔入〕 18/196/10
聖○見之蚤 18/196/11
其辱○不難 18/196/14
是故聖○者、常從事於無形之外 18/196/22
○或問〔於〕孔子曰 18/196/25
顏回何如○也 18/196/25
仁○也 18/196/25
子貢何如○也 18/196/25
辨○也 18/196/26
子路何如○也 18/196/26
勇○也 18/196/26
三○皆賢夫子 18/196/27
聖○不以所養害其養 18/197/3
世之聖○也 18/197/4
而未知所以為○行也 18/197/7
○能由昭昭於冥冥 18/197/7
○亦有言 18/197/8
以與越○戰 18/197/15
而越○皆入叢薄中 18/197/15
而夜攻秦○ 18/197/16
婦○不得剡麻考縷 18/197/17
大○過之則探轂 18/197/21
野○怒取馬而繫之 18/198/9
夫以○之所不能聽說○ 18/198/10
非彼○之過也 18/198/11
見野○曰 18/198/11
野○大喜 18/198/12
故聖○量鑿而正枘 18/198/13
鄙○聽之 18/198/14
聖○不爭也 18/198/15
為○之所慕 18/198/17
行○之所高 18/198/17
美○之所懷服也 18/198/23
是由乘驥（遂）〔逐〕○於榛薄 18/198/25
宮○得戟則以刈葵 18/199/6
故聖○雖有其志 18/199/10
知○之所行 18/199/13
知天而不知○ 18/199/13
知○而不知天 18/199/14
外化、所以入○也 18/199/19
所以貴聖○者 18/199/20
20/216/18
趙宣孟活飢○於委桑之下 18/199/24
此為○ 18/200/2
文王葬死○之骸 18/200/4
武王蔭暍○於樾下 18/200/5
故聖○行之於小 18/200/6
聖○之舉事 18/200/12
今萬○調鐘 18/200/12
一○而足矣 18/200/13
夫勸○而弗能使也 18/200/14
禁○而弗能止也 18/200/14
眾與○處則譁 18/201/1
少與○處則悲 18/201/1
寡○聞命矣 18/201/2
有○无奈何 18/201/8
虞氏、梁之大富○也 18/201/13
而常有輕易○之志 18/201/15
罪○已刑而不忘其恩 18/201/26
然而甲卒三千○以擒夫差於姑胥 18/202/3
而以勝惑○之心者也 18/202/4
若使○之所懷於內者 18/202/5
夫○偽之相欺也 18/202/7
可謂聖○乎 19/202/15
且夫聖○者 19/202/27
聖○憂民 19/202/29
聖○踐位者 19/203/1
為一○聰明而不足以徧燭海內 19/203/3
若以布衣徒步之○觀之 19/203/5
是以聖○不高山、不廣河 19/203/7
則聖○之憂勞百姓〔亦〕甚矣 19/203/9
至于庶○ 19/203/9
○必事焉 19/203/12
○必加功焉 19/203/12
聖○之從事也 19/203/20
志不忘于欲利○ 19/203/20
寡○敢勿軾乎 19/204/1
寡○光于勢 19/204/2
寡○富于財 19/204/2
〔段〕干木雖以己易寡○ 19/204/3
夫聖○之心 19/204/10
日夜不忘于欲利○ 19/204/10
○性各有所脩短 19/204/13
猶○〔之為○〕 19/204/14
○不能制 19/204/16
及至圉○擾之 19/204/16
剌則不能（○）〔入〕 19/205/2
而○（日）〔曰〕冬死 19/205/7
〔而〕○曰夏生 19/205/8
而○謂江、河東流 19/205/8
而○謂星辰日月西移者 19/205/9
胡○有知利者 19/205/9
而○謂之駤 19/205/10
越○有重遲者 19/205/10
而○謂之訬 19/205/10
察於○情 19/205/13
夫學、亦○之砥錫也 19/205/19
不若眾○之〔所〕有餘 19/205/22
其與○無以異 19/206/2
不免制於○者 19/206/2
今使○生於辟陋之國 19/206/6
此六○者 19/206/10
故○作一事而遺後世 19/206/11
非能一○而獨兼有之 19/206/11
當世之○ 19/206/13
無一○之才 19/206/13
此聖○之所以（詩）〔游〕心〔也〕 19/206/24
（若此）〔然〕而〔晚世之○〕不能閑居靜思 19/206/25
明示後○ 19/207/2
○才之所能逮〔也〕 19/207/2
知○無務 19/207/4
自○君公卿至于庶○ 19/207/4
○情一也 19/207/24
聖○知時之難得 19/207/24
以言○之有所務也 19/208/2
世俗之○ 19/208/5
為閭丈○說 19/208/11
楚○有烹猴而召其鄰○〔鄰○〕以為狗羹也而甘之 19/208/15
諸○皆爭學之 19/208/16
鄙○有得玉璞者 19/208/17
以示○ 19/208/18
○以為石也 19/208/18
則貴（之）〔○〕爭帶

所以使○黜耳目之聰明 21/225/5
君○之事也 21/225/8
所以使○主秉數持要 21/225/9
○致其功 21/225/10
略雜○間之事 21/225/13
擘畫○事之終始者也 21/225/17
所以使○不妄没於勢利 21/225/23
所以譬類○事之指 21/225/26
以領理○之意 21/226/2
《○間》者 21/226/5
使○知禍之為福 21/226/6
所以為○之於道未淹 21/226/9
聖○亦无憂 21/226/11
聖○无憂 21/226/11
言至精而不原○之神氣 21/226/25
原○情而不言大聖之德 21/226/26
知公道而不知○間 21/226/30
知○間而不知脩務 21/226/30
○間之事接矣 21/227/1
其唯聖○也 21/227/3
今學者无聖○之才 21/227/3

仁 rén 146

是故○義不布而萬物蕃殖 2/11/21
○義為餌 2/12/3
○也 2/14/8,12/114/27
德溢而為○義 2/14/10
○義立而道德廢矣 2/14/11
而不外飾○義 2/14/20
搖消掉捎○義禮樂 2/15/24
皆以○義之術教導於世 2/16/23
而○義固附矣 2/16/25
○非能益也 2/18/10
衍氣多○ 4/34/22
江水肥○而宜稻 4/35/24
勇敢不○ 4/36/5
（○）〔人〕君處位而不安 6/53/12
輔以○義 6/54/4
故晏子可迫以○ 7/59/2
誹譽○鄙不立 8/62/8
是以貴○ 8/62/9
○鄙不齊 8/62/9
是故○義禮樂者 8/62/11
夫○者、所以救爭也 8/62/12
則○義不用矣 8/62/15
是故德衰然後○生 8/62/17
知道德然後知○義之不足行也 8/62/18
知○義然後知禮樂之不足脩也 8/62/19
立○義 8/62/26
○愛洽 8/66/6
懷其○成之心 9/67/17
不施而○ 9/68/10,20/215/27
不能○化一里 9/72/24
而明相愛之○ 9/74/3
故有○君明主 9/79/4
不可謂○ 9/81/6
○者、愛其類也 9/81/7
○者 9/81/7,10/82/24
故○智〔有時〕錯 9/81/10
莫貴於○ 9/81/27
○以為質 9/81/27
而無○智以為表幹 9/81/29
故不○而有勇力果敢 9/81/29
○義是也 9/82/5
德衰而○義生 10/82/25
（未）〔末〕世繩繩乎（准）〔唯〕恐失○義 10/82/26
君子非（○）義無以生 10/82/26
失（○）義 10/82/27
○親乎父 10/85/5
○勝父 10/85/6
○心之感恩接而憯怛生 10/85/18
故弘演直○而立死 10/86/13
以賤為○乎 10/86/21
何聖○之寡也 10/86/21
君子誠○（於）〔乎〕 10/92/16
施亦○ 10/92/16
不施亦○ 10/92/16
小人誠不○〔乎〕 10/92/16
施亦不○ 10/92/16
不施亦不○ 10/92/16
若○德之盛者也 10/92/17
性失然後貴○ 11/93/20
是故○義立而道德遷矣 11/93/20
為○者必以哀樂論之 11/96/18
○者、恩之效也 11/97/15
而○發恲以見容 11/97/15
○不溢恩也 11/97/16
非不○也 11/102/21
故（仕）〔○〕鄙在時不在行 11/104/15
而○不能解也 11/104/19
不說為○義者也 12/107/17
非○義之道也 12/113/13
周伯昌（行）○義而善謀 12/114/11
回忘○義矣 12/115/13
武（王）〔士〕可以○義之禮說也 12/118/4
故○以為經 13/121/25
猛而○ 13/122/30
而道○義者謂之狂 13/124/4
務廣其地而不務○義 13/124/27
〔而〕脩○義之道 13/125/2
身行○義 13/126/8
徐偃王知○義而不知時 13/126/11
愚者類○而非○〔也〕 13/128/10
以論其（人）〔○〕 13/128/20
此聖人所以重○襲恩 13/131/11
不可以○附也 14/133/13
布施而使○無章 14/136/23
而息名於為○也 14/136/25
○者不以位為（患）〔惠〕 14/137/7
○智勇力 14/137/17
人主好○ 14/139/5
大○無親 14/141/1
故○義智勇 14/141/11
行○義 15/145/1
夫○勇信廉、人之美才也 15/149/17
○者可奪也 15/149/18
○而不可犯也 15/151/26
○義之不能大於道德也 16.56/159/17
○義在道德之包 16.56/159/18
徐偃王以○義亡國 16.109/164/8
國亡者非必○義 16.109/164/8
有罪者不敢失○心也 18/188/5
○義之事 18/191/12
佞而不○ 18/192/24
是使晉國之武舍○而為佞 18/192/25
〔○〕者弗為也 18/193/5
故○者不以欲傷生 18/193/6
言太子甚○且勇 18/194/9

○人也	18/196/25
丘能○且忍	18/196/27
○者、百姓之所慕也	18/198/17
昔徐偃王好行○義	18/198/19
好行○義	18/198/20
此知○義而不知世變者也	18/198/23
燕子噲行○而亡	18/199/1
而四君獨以為○義儒墨而亡者	18/199/2
非○義儒墨不行	18/199/3
而天下稱○焉	18/199/24
○者弗為也	18/199/27
孰〔意〕衛君之○義而遭此難也	18/200/18
堯立孝慈○愛	19/202/19
是謂大○	19/205/12
人之性有○義之資	20/212/23
行○義之道	20/213/2
伊尹、伯夷異道而皆○	20/214/22
施而○	20/216/1
施而不○	20/216/2
蘧伯玉以其○寧衛	20/217/1
○足以得眾	20/217/17
背貪鄙而向（義理）〔○義〕	20/217/21
猶之為○也	20/218/10
善行歸乎○義	20/218/16
必以○義為之本	20/218/24
聖人一以○義為之準繩	20/218/25
治之所以為本者、○義也	20/221/6
故○義者、治之本也	20/221/11
以輔○義	20/221/14
今重法而棄〔○〕義	20/221/14
故○義者、為厚基者也	20/221/14
知伯不行○義而務廣地	20/221/16
故○知、人材之美者也	20/223/11
所謂○者、愛人也	20/223/11
故○莫大於愛人	20/223/16
審○義之間	21/224/8
差次○義之分	21/225/13

壬 rén　23

其日○癸	3/20/6
	5/45/9,5/46/1,5/46/20
加十五日指○則大雪	3/22/27
○午冬至	3/23/16
七十二日○子受制	3/23/18
○子受制則閉門閭	3/23/22
○子氣清寒	3/23/25
○子干甲子	3/23/26
○子干丙子	3/23/27
○子干戊子	3/24/1
○子干庚子	3/24/2
甲子干○子	3/24/4
丙子干○子	3/24/4
戊子干○子	3/24/4
庚子干○子	3/24/5
○子	3/26/11,3/29/9
以至於〔○〕癸	3/27/24
○衛	3/28/22
○癸亥子	3/28/26
戌在○曰玄黓	3/31/4

鵀 rén　1

戴○降于桑	5/40/19

忍 rěn　14

德交歸焉而莫之充○也	8/63/4
其所不○之色可見也	9/81/7
不○為非	10/89/16
能為社稷○羞	12/106/23
曰能為社稷○羞	12/106/24
〔吾〕弗〔○〕為〔也〕	12/109/14
○詢而輕辱	13/122/4
逾易○也	17.212/183/13
不可○也	18/188/9
秦西巴弗○	18/188/13
臣誠弗○	18/188/14
夫一麑而弗○	18/188/16
丘能仁且○	18/196/27
唐碧堅○之類	19/206/20

荏 rěn　2

咸駕戴（○）〔旌〕	5/44/23
文公棄○席	16.136/166/23

䚾 rěn　1

韜缺卷○	19/208/21

刃 rèn　34

猶錞之與○	1/5/13
○犯難而錞無患者	1/5/14
其於以御兵○（縣）〔縣〕矣	9/68/18
操○以擊	10/86/7
王子閭張掖而受○	10/86/13
其兵（戈）銖而無○	11/93/29
而（刀）〔○〕如新剖硎	11/100/5
以為兵○	13/120/15
（楡）〔揄〕三尺之○	13/127/2
鑄金而為○	13/129/7
相戲以○者太祖軵其肘	13/130/21
相戲以○太祖軵其肘者	13/130/26
夫以○相戲	13/130/26
鑠鐵而為○	15/142/25
夫有誰與交兵接○乎	15/143/21
○不嘗血	15/144/22
未至（兵交）〔交兵〕接○而敵人奔亡	15/145/4
白○合	15/145/6
周錐鑿而為○	15/146/9
白○不畢拔而天下（傳）〔傳〕矣	15/146/15
心誠則肢體親（○）〔刎〕	15/147/23
不待交兵接○	15/147/28
受○者少	15/148/7
戰不至交兵接○而敵破	15/148/9
不苟接○	15/148/10
今使兩人接○	15/150/1
而无人（○）〔力〕之奉	15/150/2
雖誂合○於天下	15/150/8
白○交接	15/151/3
錞之與○	17.55/172/10
犯白○	19/207/13
鑠鐵而為（刀）〔○〕	20/212/12
兵不血○	20/216/27
皆可使赴火蹈○	20/217/8

仞 rèn 13

昔者夏鯀作（三）〔九〕〇之城 1/3/2
登千〇之谿 2/12/9
天鳥飛千〇之上 2/18/3
自三（百）〇以上 4/33/3
故蒲且子之連鳥於百〇之上 6/50/11
（蛇）〔蚖〕鱓著泥百〇之中 6/51/26
還至其曾逝萬〇之上 6/52/1
豐水之深千〇 12/118/21
勢如決積水於千〇之隄 15/150/6
鳳皇高翔千〇之上 17.9/168/29
非其事者勿〇也 18/193/23
〇人之事者敗 18/193/24
（淵深）〔深淵〕百〇 20/211/12

任 rèn 80

夫釋大道而〇小數 1/3/1
〇數者勞而無功 1/3/7
故〇一人之能 1/3/11
夫〇耳目以聽視者 1/6/30
亦必不勝其〇矣 1/8/11
不（〇）〔在〕於彼而在於我 1/8/15
〇包大也 3/25/11
專〇有功 5/43/6
余（〇）〔在〕 6/50/2
而增之以〇重之憂 7/58/15
因循而〇下 9/67/3
是〇術而釋人心者也 9/69/20
〇人之才 9/69/27
則人材不足〇 9/70/7
〇輕者易（權）〔勸〕 9/70/17
則无不（仕）〔〇〕也 9/71/24
是故〇一人之力者 9/71/25
力勝其〇 9/72/8
所〇者得其人 9/72/15
所〇非其人 9/72/16
則直士〇事 9/72/20
有小智者不可〇以大功 9/74/22
有〇一而太重 9/74/23
或〇百而尚輕 9/74/23
而乃〇之以天下之權 9/74/27
而不〇己之才者也 9/75/5
反以事轉〇其上矣 9/76/24
君人者不〇能 9/76/26
〇而弗詔 9/77/14
（其存）〔所〇〕甚大 9/77/20
豈其材之巨小足〔〇〕哉 9/77/21
為是釋術數而〇耳目 11/96/9
明主弗〇 11/102/5
重為〇而罰不勝 11/102/10
伯夷、叔齊非不能受祿〇官以致其功也 11/103/5
將〇車 12/109/1
辟〇車 12/109/2
將〇之 12/109/5
故本（〇）〔在〕於身 12/109/29
而專〇其大臣將相 13/123/7
楚莊王專〇孫叔敖而霸 13/123/17
求於（一）人則〇以人力 13/127/24
北楚有〇俠者 13/131/15
救一車之〇 13/131/24
不為事〇 14/132/18
釋道而〇智者必危 14/134/24
（貨）〔背〕數而〇己 14/136/1
則倍時而（住）〔〇〕己 14/137/13
獨〇其智 14/137/14
賢能之不足〇也 14/137/18
（在）〔〇〕智則人與之訟 14/138/9
（在）〔〇〕力則人與之爭 14/138/10
使官勝其〇 15/145/17
故〇天者可迷也 15/149/16
〇地者可束也 15/149/17
〇時者可迫也 15/149/17
〇人者可惑也 15/149/17
生子者所不能〇其必孝也 16.54/159/12
非其〇也 17.12/169/6
〇動者車鳴也 17.45/171/15
（〇）〔狂〕馬不觸木 17.179/181/3
〇登曰 18/188/23,18/188/24
以生材〇重塗 18/190/9
以勁材〇輕塗 18/190/10
翟璜〇子治鄴 18/192/9
而无不勝之〇矣 18/193/28
為武而不能〇其力 18/198/22
五霸〇力 18/198/24
則有以（〇）〔徑〕於世矣 18/199/13
而〔〇〕海內之事者乎 19/202/26
是以地無不〇 19/203/4
〇以百官 20/213/9
異物而皆〇 20/214/8
於以〇人 20/215/9
禮義脩而〇賢得也 20/217/13
桓公〇管仲、隰朋而霸 20/217/26
秦〇李斯、趙高而亡 20/217/26
不能〇重 20/221/16
所以因（作）〇督責 21/225/8

衽 rèn 4

〇出濱熊 4/37/20
帶足以結（細）〔紐〕收〇 11/98/12
跌〇宮壁 11/100/24
（筐）〔匡〕床（在）〔〇〕席弗能安也 14/140/23

軔 rèn 1

車不發〇 15/144/21

仍 réng 2

乃（性）〔始〕〇〇然 7/59/11

日 rì 450

〇月以之明 1/1/7
照〇光而無景 1/2/1
曠〇而不能盈羅 1/2/21
〇以（自）〔月〕悔也 1/5/10
夫〇回而月周 1/5/19
末世有勢為萬乘而〇憂悲者 1/7/16
夜以繼〇 1/8/1
而〇以傷生 1/8/4
則精神〇以耗而彌遠 1/10/4
靜而（〇）充者〔〇〕以壯 1/10/8

躁而（〇）耗者〔〇〕以老 1/10/8
七〇化為虎 2/11/7
是故〇計之不足 2/11/22
能游冥冥者與〇月同光 2/12/3
三〇三夜而色澤不變 2/12/10
〇月無所載 2/14/3
燭十〇而使風雨 2/14/23
夫夏〇之不被裘者 2/16/17
冬〇之不用翣者 2/16/18
明照〇月 2/17/5
清之終〇 2/17/21
火氣之精者為〇 3/18/21
〇月之淫（為）〔氣〕、精者為星辰 3/18/22
天受〇月星辰 3/18/23
故〇月星辰移焉 3/18/25
是故火（曰）〔〇〕外景 3/18/28
〇者 3/19/4
〇至而（麋）〔麋〕鹿解 3/19/5
故陽燧見〇則燃而為火 3/19/9
麒麟鬭而〇月食 3/19/10
〇月者 3/19/16
其〇甲乙 3/20/2, 5/39/3,5/39/18,5/40/9
其〇丙丁 3/20/3,5/41/1,5/41/17
其〇戊己 3/20/4
其〇庚辛 3/20/5, 5/42/23,5/43/17,5/44/13
其〇壬癸 3/20/6, 5/45/9,5/46/1,5/46/20
〇（月）行十二分度之一 3/20/9
〇行二十八分度之一 3/20/14
二百四十〇而入 3/20/16,3/20/16
入百二十〇而夕出西方 3/20/16
入三十五〇而復出東方 3/20/17
距〇冬至四十五〇條風至 3/20/25
條風至四十五〇明庶風至 3/20/25
明庶風至四十五〇清明風至 3/20/25
清明風至四十五〇景風至 3/20/26
景風至四十五〇涼風至 3/20/26
涼風至四十五〇閶闔風至 3/20/26
閶闔風至四十五〇不周風至 3/20/27
不周風至四十五〇廣莫風至 3/20/27
〇行一度 3/21/7
〇冬至〔入〕峻狼之山 3/21/7
〇移一度 3/21/8
〇月俱入營室五度 3/21/9
〇月復以正月入營室五度無餘分 3/21/10
〇月星辰復始甲寅元 3/21/11
〇行〔危〕一度 3/21/11
故（曰）〔四〕歲而積千四百六十一〇而復合 3/21/12
故舍八十歲而復故（曰）〔〇〕 3/21/12
〇冬至則斗北中繩 3/21/18
〇夏至則斗南中繩 3/21/18
〇冬至則（水）〔火〕從之 3/21/23
〇夏至則（火）〔水〕從之 3/21/23
〇冬至 3/22/1,3/26/9,3/31/12
〇中而景丈三尺 3/22/1
〇夏至而流黃澤 3/22/2
十（二）〔一〕月德居室三十〇 3/22/6
先〇至十五〇 3/22/7
後〇至十五〇而徙 3/22/7
所居各三十〇 3/22/7
〇夜分平 3/22/8
而（升）〔斗〕〇行一度 3/22/11
十五〇為一節 3/22/11
加十五〇指癸則小寒 3/22/12
加十五〇指丑則大寒 3/22/13
加十五〇指報德之維 3/22/13
故曰距〇冬至四十六〇而立春 3/22/14
加十五〇指寅則（雨水）〔驚蟄〕 3/22/15
〔加〕十五〇指甲則雷（驚蟄）〔雨水〕 3/22/15
加十五〇指卯中繩 3/22/16
加十五〇指乙則（清明風至）〔穀雨〕 3/22/17
加十五〇指辰則（穀雨）〔清明風至〕 3/22/18
加十五〇指常羊之維則春分盡 3/22/18
故曰有四十六〇而立夏 3/22/19
加十五〇指巳則小滿 3/22/20
加十五〇指丙則芒種 3/22/20
加十五〇指午則陽氣極 3/22/21
故曰有四十六〇而夏至 3/22/21
加十五〇指丁則小暑 3/22/21
加十五〇指未則大暑 3/22/22
加十五〇指背陽之維則夏分盡 3/22/22
故曰有四十六〇而立秋 3/22/23
加十五〇指申則處暑 3/22/23
加十五〇指庚則白露降 3/22/24
加十五〇指酉中繩 3/22/24
加十五〇指辛則寒露 3/22/25
加十五〇指戌則霜降 3/22/25
加十五〇指蹏通之維則秋分盡 3/22/26
故曰有四十六〇而立冬 3/22/26
加十五〇指亥則小雪 3/22/27
加十五〇指壬則大雪 3/22/27
加十五〇指子 3/22/27
故十一月〇冬至 3/22/28
音自倍而為〇 3/23/12
故〇十而辰十二 3/23/12
月〇行十三度七十六分度之二十（六）〔八〕 3/23/12
二十九〇九百四十分〇之四百九十九而為月 3/23/13
歲有餘十〇九百四十分〇之八百二十七 3/23/14
〇冬至子午 3/23/16
冬至加三〇 3/23/16
則夏至之〇也 3/23/16
歲遷六〇 3/23/16,3/23/19
七十二〇丙子受制 3/23/17
七十二〇戊子受制 3/23/17
七十二〇庚子受制 3/23/18
七十二〇壬子受制 3/23/18
七十二〇而歲終 3/23/19
〇為德 3/24/11
〇至而萬物生 3/24/11
〇五〇不見 3/24/12
〇出于（暘）〔湯〕谷 3/24/14
〇入〔崦嵫〕 3/24/19
〔〇西垂〕 3/24/20
夏〇至則陰乘陽 3/24/24
冬〇至則陽乘陰 3/24/24

吾○悠悠慚于影 19/204/3
○夜不忘于欲利人 19/204/10
今○良馬 19/205/1
而人（○）〔曰〕冬死 19/205/7
攝提鎮星○月東行 19/205/9
而人謂星辰○月西移者 19/205/9
（景）〔晏〕以蔽○ 19/206/5
○以自娛 19/206/26
多（不）暇○之故 19/207/3
○就月將 19/207/5,19/209/28
欣若七○不食、如饗
　（大）〔太〕牢 19/207/11
今○距彊敵 19/207/13
七○七夜 19/207/17
後○復見 19/208/13
蝡蝡然○加數寸 19/209/25
天設○月 20/210/3
○以暴之 20/210/3
○計无筭 20/210/6
○之行也 20/210/8
騏驥倍○而馳 20/210/9
而○在其前〔矣〕 20/210/9
則○月薄蝕 20/210/20
〔與〕○月合明 20/211/2
○照其晝 20/211/9
累○積久 20/212/22
○月照 20/214/1
今○解怨偃兵 20/215/26
○化上遷善而不知其所
　以然 20/216/7
猶○月之蝕〔也〕 20/218/20
○引邪欲而澆其（身）
　（夫調）〔天和〕 20/219/10
見○月光 20/220/7,20/220/8
故知不博而○不足 20/220/29
以弋獵博弈之○誦《詩》
　讀《書》 20/221/1
理○月之光 21/224/11
挾○月而不烑 21/227/17

戎 róng 12

○也 3/29/9
西南○州曰滔土 4/32/14
寇○來征 5/40/4
○兵乃來 5/43/12
以習（立）〔五〕○ 5/44/22
○、翟之馬 10/84/7
故（戒）〔○〕兵以大
　知小 10/88/6
故秦勝乎○而敗乎殽 14/135/8
殺○馬而求（弧理）
　〔狐狸〕 16.74/160/30
驪○以美女亡晉國 17.57/172/15
庫兵動而○馬驚 20/215/26
○伐凡伯于楚丘以歸 20/220/1

容 róng 72

閒不○息 1/5/19
又焉有不得○其閒者乎 1/8/22
而不能○巨大也 2/15/3
凡（○）〔肢〕者生於
　庶人 4/38/1
煖溼生○ 4/38/5
屈龍生○華 4/38/11
○華生蔈 4/38/11
有不戒其○止者 5/39/26
廣大以○眾 5/49/1
廣大以○ 5/49/4
使俗人不得其君形者而
　效其○ 6/50/10
踈骨肉而自○ 6/53/12
○臺振而掩覆 6/53/14
美人挐首墨面而不○ 6/53/15
夫井植生（梓）〔梓〕
　而不○甕 6/54/17
溝植生條而不○舟 6/54/17
○與 7/57/17
（君）〔居〕而無○ 7/57/24
○身而游 7/60/20
禮淫然後○飾 8/62/18
昔○成氏之時 8/63/9
其德（舍）〔含〕愚而
　○不肖 8/64/17
則陿隘而不○ 8/64/20
朝廷有○矣 8/66/27
无○无則 9/67/14
而郢人无所（害）〔○〕
　其鋒 9/68/16
不為胡、越改○ 9/69/25
而能有所不○也 9/72/8
守職者以從君取○ 9/76/23
表商○之閭 9/80/17
12/117/18,20/219/18
萬民之所○見也 9/81/15
○貌至焉 10/84/4
○貌之所不至者 10/84/4
故至至不○ 10/85/23
不為無人不兢其○ 10/86/23
○貌顏色 10/87/19
老子學商○ 10/90/25
而明有不（害）〔○〕 10/91/2
拘罷拒折之○ 11/97/9
而仁發怲以見○ 11/97/15
踝《采齊》、《肆夏》
　之○也 11/97/19
不務於奇麗之○ 11/98/12
故賓之○一體也 11/101/3
可以形○筋骨相也 12/111/16
易○貌 12/116/21
孔子造然革○曰 12/119/15
而蜂房不○鵠卵 13/127/10
訾行者不○於眾 13/127/16
百步之中不忘其〔為〕
　○者 14/138/19
○而與眾同 14/139/11
道之○也 14/140/6
動無墮○ 15/147/22
○未可見 15/149/2
泰山之○ 16.16/155/22
君子不○非其類也 16.62/160/3
眾曲不○直 16.96/163/1
眾枉不○正 16.96/163/1
私欲得○者 16.97/163/3
室有美○ 17.236/185/1
僅足以○身 18/199/11
而曲故不得○者 19/203/15
矇然未見形○ 19/205/18
○成造曆 19/206/10
焉得无有睥（面）〔睨〕
　掩鼻之○哉 19/209/18
動○轉曲 19/209/20
大足以○眾 20/217/16
比周而取○ 20/218/14
師起○（閱）〔闕〕 20/219/14
象太一之○ 21/224/1
則无以從○ 21/226/29

楺 rǒu 2

而作為之○輪建輿 13/120/13
（○）〔揉〕以為輪 19/206/19

肉 ròu 45

則骨○無倫矣 1/9/21
食○者勇敢而悍 4/35/2
膚○屬焉 4/36/12
爰有遺玉、青馬、視○ 4/37/6
而甘草主生○之藥也 6/51/3
責其生○ 6/51/4
以其生○ 6/51/4
疏骨○而自容 6/53/12
骨○疏而不附 6/53/14
食人○ 6/53/26
○凝而不食 7/60/7
紂為○圃、酒池 8/63/18
骨○之親也 9/73/14
去食○之獸 9/78/7
紂殺王子比干而骨○怨 9/78/8
骨○以生怨 11/93/25
以為窮民絕業而無益於槁骨腐○也 11/97/22
今屠牛而烹其○ 11/99/24
此江中之腐○朽骨 12/118/5
〔不以〕腐○朽骨棄劍者 12/118/7
唯恐傷○之多也 12/119/24
酒○以通之 12/119/26
夫食駿馬之○ 13/129/3
食馬○者三百餘人 13/129/5
柔者為皮○ 13/130/14
然而人食其○而席其革者 15/149/10
治疽不擇善惡醜○而并割之 16.73/160/27
鏌邪不斷○ 16.80/161/15
嘗一臠○ 16.133/166/16
骨○相愛 17.24/170/3
親莫親於骨○ 17.38/171/1
羊○不慕蟻 17.73/173/16
蟻慕於羊○ 17.73/173/16
羊○羶也 17.73/173/16
嘗一臠○而知一鑊之味 17.74/173/19
無鄉之社易為黍○ 17.91/174/25
下必有○ 17.129/177/17
象○之味不知於口 17.165/180/6
（亦）〔赤〕○縣則烏鵲集 17.191/181/29
買○而臭 17.232/184/23
然酤酒買○不離屠沽之家 17.232/184/23
使我得其○而食之 18/201/28
食蠃蛖之○ 19/202/16
秦穆公為野人食駿馬○之傷也 20/211/27
骨○相賊 20/218/13

宍 ròu 2

欲○之心亡於中 1/3/6
土積則生自（穴）〔○〕之獸 11/93/26

如 rú 158

○響之與景 1/7/13
生而○死 1/8/18
○是則萬物之化無不遇 1/10/10
○工匠有規矩之數 2/13/16
三三○九 3/25/19
三與五○八 3/25/24
陽閼生喬○ 4/38/9
喬○生幹木 4/38/9
譬○隋侯之珠 6/51/2
雖○丘山 7/56/3
○光之燿 7/57/17
○景之放 7/57/17
故其化○神 9/67/21
○響之應聲 9/68/11
不○（豺狼）〔狼契〕 9/70/13
不○掩聰明而反修其道也 9/71/4
化育○神 9/71/17,10/85/8
○從繩準高下 9/72/22
○鞭（蹏）〔蹏〕馬矣 9/73/24
○此則百官務亂 9/73/28
○日月之明也 9/74/12
○此而欲照海內 9/75/13
莫不○志 9/76/13,9/77/19
○此 9/76/15,9/76/20,9/77/15,15/148/12,15/153/23
白素何○ 9/81/21
不○其寡也 9/82/1
君子幾不○舍 10/82/30
自視猶觖○也 10/83/10
滿○陷 10/83/10
實○虛 10/83/10
○寢（開）〔關〕、曝纊 10/83/19
乘馬班○ 10/83/20
泣血連○ 10/83/20
其○此乎 10/85/8
執轡○組 10/85/9
文王聞善○不及 10/86/2
宿不善○不祥 10/86/2
故怨人不○自怨 10/86/4
求諸人不○求諸己得也 10/86/5
○鴟好聲 10/87/16
○飢渴者不可欺以虛器也 10/88/23
是武侯○弗贏之必得贏 10/89/9
欲○草之從風 10/90/18
為是謂人智不○鳥獸 10/91/5
其於以（函）〔承〕食不○〔竹〕（簞）〔箅〕 11/94/28
而（刀）〔刃〕○新剖硎 11/100/5
從城上視牛○羊 11/101/6
視羊○豕 11/101/6
○車軸 11/101/11
何○ 12/105/21,12/105/22
不（知）〔○〕其已 12/106/20
心○死灰 12/107/2
不○守中 12/110/19
氣○涌泉 12/111/4
○臨深淵 12/114/21
○履薄冰 12/114/21
○何其無懼也 12/114/23
能○嬰兒乎 12/115/17
嘗〔見〕有○此而得活者乎 12/118/3
亦何○哉 12/119/10
○將不能 13/121/16
（卑）弱柔○蒲葦 13/125/21
嘗一哈水○甘苦知矣 13/128/15
論事○此 13/131/18
有○出 13/131/20

雨露〔之〕所○ 2/12/27
入於四海九江而不能○ 2/17/3
簡公以（○）〔懦〕殺 10/91/12
涉水而欲毋○ 10/92/28
涉水而欲無○ 11/93/27
無之而不○ 11/101/8
爭魚者○ 12/105/24
近之而○ 16.19/155/29
拯溺者而欲無○ 16.40/158/1
待其止而能有○ 16.86/162/1
擊鍾磬者必以○木 16.130/166/7
入水而憎○ 17.158/179/19
雨露以○之 20/210/3
雨露所○ 20/210/23
潤澤若○ 20/210/25
（極）〔拯〕溺之人不得不○足也 20/218/2
○不給扢 21/228/6

鴽 rú 1

田鼠化為○ 5/40/10

蠕 rú 1

蠉飛○動 8/64/7

汝 rǔ 8

○出猛山 4/37/21
吾服○也忘 11/96/3
而○服於我也亦忘 11/96/3
○雖忘乎吾 11/96/4
吾恐其傷○等 13/129/3
○數止吾為俠 13/131/16
潁、○以為洫 15/145/25
今○已有形名矣 16.1/154/6

乳 rǔ 3

○狗之噬虎也 17.64/172/30
若入林而遇○虎 17.150/179/1
文王四○ 19/205/12

辱 rǔ 27

而通于榮○之理 2/16/2
迎者○ 3/23/2
霸者節六律則○ 8/64/19
小人日快快以至○ 10/86/1
此猶○也 12/107/19
若何其○群大夫 12/112/14
知足不○ 12/113/25,18/194/3
守其○ 12/114/18
其德生而不（○）〔殺〕 13/120/3
忍詢而輕○ 13/122/4
今之所以為○也 13/122/8
不可與（達○）〔遠舉〕 13/122/15
事之洿○ 13/128/2
以清入濁必困○ 16.26/156/24
以絜白為污○ 16.72/160/25
雖污○、世不能賤 16.116/165/1
故大白若○ 17.139/178/9
管子以小○成大榮 17.182/181/10
是故聖人深居以避○ 18/196/8
其○人不難 18/196/14
〔先遠○而後求名〕 18/196/15
而乃○我以腐鼠 18/201/16
蒙恥○以（千）〔干〕世主〔者〕 19/203/7
被污○之行 19/209/17
故蒙恥○而不死 20/218/5
○而不死 20/218/13

入 rù 202

鬼出（電）〔神〕○ 1/1/11
（○）〔六〕雲蜺 1/1/26
解衣而○ 1/3/26
則○于天門 1/4/3
○於無閒 1/6/10
出生○死 1/6/12
故從外○者 1/8/5
（不）○於耳而不著於心 1/8/8
而出○于百事之門戶者也 1/8/10
○火不焦 1/9/10
○水不濡 1/9/10
則神無由○矣 1/10/5
其兄掩戶而○覘之 2/11/8
○於四海九江而不能濡 2/17/3
熒惑常以十月○太微受制而出行列宿 3/20/12
出○無常 3/20/13
二百四十日而○ 3/20/16,3/20/16
○百二十日而夕出西方 3/20/16
○三十五日而復出東方 3/20/17
○以丑未 3/20/17,3/20/21
未當○而○ 3/20/18
當○而不○ 3/20/18
出二旬而○ 3/20/21
日冬至〔○〕峻狼之山 3/21/7
日月俱○營室五度 3/21/9
日月復以正月○營室五度無餘分 3/21/10
日○〔崦嵫〕 3/24/19
〔○〕（于）虞（淵）〔泉〕之（汜）〔池〕 3/24/20
○无厭也 3/25/11
刑不得○中宮 3/27/19
日直○ 3/31/10
因西方之表以參望日方○北廉 3/31/11
○西南維 3/31/12
○西中 3/31/12
○西北維 3/31/13
以○前表數為法 3/31/16
○前表中一寸 3/31/17
視日方○ 3/31/18
○前表半寸 3/31/18
以出○前表之數益損之 3/31/24
表○一寸 3/31/24
○禹所導積石山 4/33/11
（餘波○于流沙） 4/33/12
○于南海羽民之南 4/33/13
故立冬鷰雀○海 4/35/14
日月○焉 4/36/4
東流絕漢○海 4/37/16
〔黃龍〕○藏生黃泉 4/38/15
青龍○藏生（清）〔青〕泉 4/38/18
赤龍○藏生赤泉 4/38/21
白龍○藏生白泉 4/38/23
玄龍○藏生玄泉 4/38/26
首稼不○ 5/39/14
四鄰○保 5/41/12
○材葦 5/42/10
四鄙○保 5/42/19,5/47/6
○貨財 5/44/5

雀○大水為蛤 5/44/15
无不務○ 5/44/17
其皆○室 5/44/20
上丁○學習吹 5/44/20
雉○大水為蜃 5/45/11
○榛薄 6/51/23
○日抑節 6/52/3
（日○）〔○日〕落棠 6/52/12
犬群嘷而○淵 6/53/15
精神○其門 7/54/28
是故憂患不能○（也） 7/55/24
出○無間 7/58/1
○於無間 7/58/2
名實不○ 7/58/19
忽然○冥 7/58/28
其○腹者不過簞食瓢漿 7/59/18
○見先王之道又說之 7/60/17
出○有（時）〔量〕 8/64/9
上之霧露弗能○ 8/65/17
遷延而○之 9/67/19
至精○人深矣 9/69/6
而不能與山居者○榛薄
、〔出〕險阻也 9/70/2
而曲直之不相○ 9/72/13
出○不時 9/73/28
外邪不○謂之（塞）
〔閉〕 9/77/11
是猶貫甲（冑）〔冑〕
而○宗廟 9/78/23
罔罟不得○於水 9/79/13
斤斧不得○山林 9/79/13
○孝於親 9/81/23
惟○于林中 10/82/30
非從外○ 10/85/3
故其○人深 10/85/18
人能貫冥冥○於昭昭 10/91/2
○人耳 10/91/9
〔而〕○於海 10/91/16
鳥○之而憂 11/94/21
人○之而畏 11/94/21
人○之而死 11/94/22
以○軍則破 11/96/5
是故○其國者從其俗 11/97/12
○其家者避其諱 11/97/12
不犯禁而○ 11/97/13
大則塞而不○ 11/98/19
其轉○玄（宜）〔冥〕 11/98/21
故湯○夏而用其法 11/100/1
武王○殷而行其禮 11/100/1
○於冥冥之眇、神（調）
〔和〕之極 11/100/8
鱣鮪○口若露而死 11/103/11
石乞○曰 12/106/15
葉公○ 12/106/17
刺之不○ 12/107/18
夫刺之而不○ 12/107/19
則苦而不○ 12/110/5
令三軍無○釐負羈之里 12/111/1
中牟○齊 12/111/9
諸侯○賓 12/113/12
○先者 12/114/27
○乎玄闕 12/116/5
遂○雲中 12/116/16
則無由○矣 12/117/2
無有○于無間 12/117/9
○芻豢 13/124/3
不○洿君之朝 13/127/15
○多而无怨 13/128/24
此○多而无怨者也 13/129/8
俛○城門 13/130/12
若循虛而出○ 13/130/28
○者有受而無取 14/134/26
夫函牛（也）〔之〕鼎
沸而蠅蚋弗敢○ 14/137/29
（冰）〔水〕出於山而
○於海 14/141/16
是故○小而不偪 15/144/16
與間○ 15/147/9
獨出獨○ 15/147/10
不○陷阱 15/149/3
使彼知吾所出而不知吾
所○ 15/150/22
而出○无形 15/152/15
出○解瀆 15/152/17
君○廟門 15/153/15
將○廟門 15/153/15
放旗以○斧鉞 15/153/25
以清○濁必困辱 16.26/156/24
以濁○清必覆傾 16.26/156/24
於三百步不能○魯縞
16.68/160/17
揭斧○淵 16.88/162/8
乘桴而○胡 16.88/162/9
先順其所為而後與之○
政 16.95/162/27
不○朝歌之邑 16.101/163/14
溺者○水 16.108/164/4
拯之者亦○水 16.108/164/4
○水則同 16.108/164/5
所以○水者則異 16.108/164/5
非挈而○淵 16.118/165/6
故君子不○獄 16.131/166/11
不○市 16.131/166/11
○于虞（淵）〔淵〕
17.21/169/28
使一輻獨○ 17.132/177/24
流○於海 17.135/177/30
騂駮不○牲 17.141/178/13
故鄭詹○魯 17.145/178/22
輻之○轂 17.148/178/29
被而○水 17.149/178/31
若○林而遇乳虎 17.150/179/1
○水而憎濡 17.158/179/19
林木茂而斧斤（大）
〔○〕 17.183/181/12
不能○魯縞 17.222/184/1
不○鄙人之耳 17.237/185/3
○幄中而聞酒臭 18/187/21
而不得○魏也 18/188/19
馬無故亡而○胡 18/190/1
胡人大○塞 18/190/4
無害子○ 18/190/24
○臣之耳 18/191/26
上計而○三倍 18/192/16
○何以三倍 18/192/17
雖有三倍之○ 18/192/19
盜何遽無從（人）〔○〕
18/196/10
而越人皆○叢薄中 18/197/15
外化、所以○人也 18/199/19
仲尼○見曰 18/200/16
太宰嚭○ 18/200/25
日○而不能得一鯈魚者 18/201/6
而○春秋之貢職 18/202/2
呂望鼓刀而○周 19/203/6
私志不得○公道 19/203/14
弗能○ 19/203/27
刺則不能（人）〔○〕 19/205/2
刺則不能○ 19/205/17
遂○不返 19/207/14
故為道者必託之于神農

○亡而存 1/6/26
變化○神 1/6/27
○背風而馳 1/7/15
怵然○有所誘慕 1/8/2
而心忽然○有所喪 1/8/2
悵然○有所亡也 1/8/2
○然者 1/9/11,2/12/8
2/14/21,2/16/3,2/17/1
2/17/9,7/57/14,21/227/17
其縱之也○委衣 1/10/9
其用之也○發機 1/10/9
○光燿之（閒）〔問〕
於无有 2/10/26
○藏天下於天下 2/11/2
○人者 2/11/4
譬○夢 2/11/5
○周員而趨 2/11/13
剝之○槁 2/11/14
譬○鍾山之玉 2/12/10
○夫墨、（揚）〔楊〕
、申、商之於治道 2/13/4
○此則有所受之矣 2/13/13
譬○周雲之蘢蓯 2/13/13
○夫无秋毫之微 2/13/24
○夫真人 2/14/21
○夫俗世之學也則不然 2/15/23
不○有說也 2/16/1
不○尚羊物之終（也）始 2/16/1
○夫神無所掩 2/16/27
有○泉源 2/17/17
歲名曰赤奮○ 3/27/17
赤奮○之歲 3/31/7
先春分○秋分十餘日 3/31/15
○使景與表等 3/32/3
○木在建木西 4/33/20
赤奮○ 4/37/25
海人生○菌 4/38/1
○菌生聖人 4/38/1
（根拔）〔招搖〕生程○ 4/38/10
程○生玄玉 4/38/10
（○）〔無〕或失時 5/44/2
○乃未始出其宗者 6/50/4
而能自要者尚猶○此 6/50/5
○夫以火能焦木也 6/51/5
○以磁石之能連鐵也 6/51/5
○韋之與革 6/51/14
○觀鯈魚 6/51/14
故聖〔人〕○鏡 6/51/15
惛○純醉 6/51/20
○未始出其宗 6/51/20
○乃至於玄雲（之）素朝 6/51/24
勞逸○一 6/52/7
馳騖○滅 6/52/8
左右○鞭 6/52/8
周旋○環 6/52/8
○夫鉗且、大丙之御
〔也〕 6/52/9
騁○飛 6/52/11
鶩○絕 6/52/11
漠然○無魂魄 6/54/10
今○夫申、韓、商鞅之
為治也 6/54/14
譬○羿請不死之藥於西
王母 6/54/20
是故乞火不○取燧 6/54/21
寄汲不○鑿井 6/54/21
故有而○無 7/57/10
實而○虛 7/57/10
形○槁木 7/57/15
心○死灰 7/57/15
存而○亡 7/58/1
生而○死 7/58/1
終始○環 7/58/2
○吹呴呼吸 7/58/3
○解重負然 7/58/15
○此人者 7/58/27
漠○未始出其宗 7/59/21
覺而○（昧）〔眛〕 7/59/22
（以）生而○死 7/59/22
不○其偃也 7/60/1
不○其釋也 7/60/2
○大至人 7/60/20
豈○能使無有盜心哉 7/60/23
○或通焉 8/63/5
○簟籧篨 8/65/11
○欲規之 9/67/11
○欲飾之 9/67/11
○春氣之生 9/68/28
不○此其亟 9/69/1
（○）重為暴 9/70/22
國雖○存 9/73/7
○五指之屬於臂也 9/77/19
○指之桑條以貫其鼻 9/78/3
○發堿決塘 9/78/6
○得貪主暴君 9/79/5
是故草木之發○（烝）
〔蒸〕氣 9/79/15
禽獸歸之○流（原）
〔泉〕 9/79/15
飛鳥歸之○煙雲 9/79/16
○合一族 9/80/2
○合符者也 9/80/6
過○豪釐 9/80/11
晏然○故有之 9/80/18
吳起、張儀智不○孔、墨 9/81/1
物之○耕織者 9/81/15
黑何○ 9/81/22
辟○伐樹而引其本 10/84/10
○火之自熱 10/84/12
○失火舟中 10/84/13
故○眯而撫 10/85/23
○跌而據 10/85/23
○日之行 10/85/24
故○行獨梁 10/86/23
譬○鼓 10/87/4
譬○設網者 10/88/4
○夏就絺（紘）〔綌〕 10/90/22
其類○積薪樵 10/90/26
治國〔者〕辟○張瑟 10/91/21
○仁德之盛者也 10/92/17
聖人為善○恐不及 10/92/25
備禍○恐不免 10/92/26
不○黑蛹 11/94/29
譬○舟、車、楯、（肆）
〔肆〕、窮廬 11/95/3
譬○播棊丸於地 11/95/9
○風之過簫也 11/95/10
故亂國○盛 11/95/15
治國○虛 11/95/15
亡國○不足 11/95/15
存國○有餘 11/95/15
合於○性 11/95/29
譬○隴西之遊 11/96/3
○璽之抑埴 11/96/8
譬○水之下流 11/96/20
○與朋友處 11/97/1
○事嚴主烈君 11/97/1
譬○芻狗土龍之始成 11/98/25
不○得歐冶之巧 11/99/18
不○得伯樂之數 11/99/18
譬○同陂而溉田 11/99/24

譬○絲竹金石之會 11/99/27
○夫規矩鉤繩者 11/100/6
○夫工匠之為連鐖、運
開、陰閉、眩錯 11/100/7
○夫不在於繩準之中 11/100/10
○夫是於此而非於彼 11/100/19
治大國○烹小鮮 11/100/23
○轉化而與世競走 11/101/8
○夫不為虛而自虛者 11/101/9
○迷惑 11/101/11
辟○（倪）〔統〕之見
風也 11/101/13
不○簌木便者 11/102/28
鱓鮪入口○露而死 11/103/11
林類、榮啓期衣○縣衰
〔而〕意不慊 11/103/12
○以聖人為之中 11/103/14
○是 12/105/13
○以石投水（中） 12/105/21
○以水投水 12/105/21
不○此其宜也 12/106/5
譬之○林木無材 12/106/9
○王之所問者、齊也 12/106/12
不○焚之 12/106/16
德將（來附）〔為〕○
美 12/107/1
（惷）〔惷〕乎○新生
之犢 12/107/1
形○槁骸 12/107/2
君不○使人問之 12/109/6
○吾薄德之人 12/110/24
○以相夫子反晉國 12/110/28
赴火○滅 12/111/5
○滅○失 12/111/16
○亡其一 12/111/16
○此馬者 12/111/16
○堙之所觀者 12/111/22
○彼之所相者 12/111/24
大直○屈 12/111/25
大巧○拙 12/111/25
問屈宜（○）〔咎〕曰 12/112/1
宜○聞之 12/112/4,12/112/8
宜○聞之曰 12/112/5
子不○敦愛而篤行之 12/112/10
○何其辱群大夫 12/112/14
有君○此 12/113/18
○與之從 12/114/12
○士者 12/116/9
○我南游乎（岡）〔罔〕
㝩之野 12/116/11
○士舉臂而竦身 12/116/16
悖○有喪也 12/116/17
○有嚴刑在其側者 12/116/25
○神明 12/117/3
○轉閉錘 12/117/18
其辭○然 12/118/11
不○其寡也 12/118/13
王○欲久持之 12/119/24
豈○三代之盛哉 13/121/10
不○道其全也 13/121/11
不○聞（得）其言 13/121/12
不○得其所以言 13/121/12
身○不勝衣 13/121/15
言○不出口 13/121/15
○乃人考其（身）才 13/121/26
譬○斤斧椎鑿之各有所
施也 13/123/25
○此 13/124/22
○此其易知也 13/124/23
○上亂三光之明 13/125/3
○其大略非也 13/127/11
○玉之與石 13/128/11
〔○〕芎藭之與藁本也 13/128/12
薛燭庸子見○狐甲於劍
而利鈍識矣 13/128/15
○无道術度量而以自儉
約 13/130/7
○循虛而出入 13/130/28
煩（○）〔苦〕之无已
也 13/131/7
夫鴟目大而（睡）〔眎〕
不○鼠 13/131/30
蚈足衆而走不○蚰 13/131/30
物固有大不○小 13/131/30
衆不○少者 13/131/30
○未有形 14/132/15
有智○無智 14/135/23
有能○無能 14/135/23
故重為善○重為非 14/136/4
不○無心者〔也〕 14/136/7
不○無欲者也 14/136/8
不○內治而待時 14/136/27
○誠（外釋）〔釋外〕
交之策 14/136/29
○多賦斂 14/137/16
豈○憂瘕疵之（與）
〔興〕、痤疽之發而
豫備之哉 14/137/28
至德道者○邱山 14/138/23
○天○地 14/139/6
○櫛髮耨苗 15/143/3
○春秋有代謝 15/144/6
○日月有晝夜 15/144/6
○左右手 15/144/26
○崩山決塘 15/144/28
使之○虎豹之有爪牙 15/145/18
天下敖然○焦熱 15/146/7
傾然○苦烈 15/146/7
○以水滅火 15/147/7
○以湯沃雪 15/147/7
○從地出 15/147/10
○從天下 15/147/10
○聲之與響 15/147/13
○鏜之與鞈 15/147/13
擊之○雷 15/147/14
薄之○風 15/147/14
炎之○火 15/147/14
陵之○波 15/147/14
○虎之牙 15/147/25
○兕之角 15/147/25
○鳥之羽 15/147/25
○蚈之足 15/147/25
17.151/179/4
彼○有間 15/148/17
敵○反靜 15/148/17
○動而應 15/148/18
精○轉左 15/148/19
斬之○草木 15/148/20
燿之○火電 15/148/20
不○捲手之一挃 15/149/9
○乃人盡其才、悉用其
力、以少勝衆者 15/149/14
〔○〕假之筋角之力、
弓弩之勢 15/150/5
○轉員石於萬丈之谿 15/150/7
○鬼之無迹 15/150/26
○水之無創 15/150/26
○雷之擊 15/150/27
矢石○雨 15/151/3
視死○歸 15/151/10,20/218/27
○（○）〔苦〕者必得

○驅群羊 21/225/31
○劉氏之書 21/228/28

弱 ruò 60

○而能強 1/1/6
故得道者志○而事強 1/4/28
所謂志○者 1/4/28
用○而強 1/5/2
欲強者必以○保之 1/5/4
積於○則強 1/5/5
是故柔○者、生之幹也 1/5/6
柔○以靜 1/5/22
莫柔○於水 1/5/24
而柔○者 1/6/15
和○其氣 1/10/8
〔○水出其西南陬〕 4/33/12
（○水出自窮石） 4/33/12
○土人（肥）〔脃〕 4/34/29
樂民、拏閭在崑崙○水之洲 4/37/10
○土之氣御于白天 4/38/22
必○以強 5/49/19
（羽翼）〔濯羽〕○水 6/52/3
使強不掩○ 6/52/17
鷙鳥攫老○ 6/52/25
家老羸○悽愴於內 6/53/23
虛心而○志 9/71/7
虛心而○意 9/71/22
強淩○ 9/74/3
妻子老○仰而食之 9/78/26
○緆羅紈 11/94/3
魯從此○矣 11/94/11
吾知道之可以○ 12/105/5
12/105/11
以強為○ 12/107/13
○之勝強也 12/111/6
是死吾君而○吾孤也 12/115/26
且湯、武之所以處小○而能以王者 13/125/4
（卑）○柔如蒲葦 13/125/21
（姜）〔彊〕○相乘 13/126/15
能○能（姜）〔彊〕 13/126/18
及至夫彊之○ 13/132/1
○之彊 13/132/1
必柔○〔者〕也 14/134/7
則強脅○而勇侵怯 15/142/24
雖○必強 15/143/26
兵失道而○ 15/144/1
則兵○矣 15/145/20
謀慮足以知強○之（勢）〔權〕 15/145/21
則我強而敵○矣 15/146/21
先○敵而後戰者也 15/146/21
力分則○ 15/147/18
示之以○而乘之以強 15/150/25
兵猶且○也 15/151/19
轂強必以○輻 16.130/166/7
中行文子最○ 18/193/17
羸○服格於道 18/197/17
強之與○也 18/198/21
為天下強掩○ 19/203/1
養老○而息勞倦也 19/203/5
○不能使強也 20/217/25
或合眾○ 20/218/19
吳起以兵○楚 20/222/20
文王欲以卑○制強暴 21/227/22
天子卑○ 21/228/9

蒻 ruò 1

匡床○席 9/78/14

爇 ruò 1

毋○五穀 15/143/13

灑 sǎ 1

（今）〔令〕雨師○道 1/2/5

摋 sà 1

不與物相弊○ 2/12/6

三 sān 326

（絃）〔紘〕宇宙而章○光 1/1/6
昔者夏鯀作（○）〔九〕仞之城 1/3/2
不足以治○畝之宅也 1/3/11
夫能理○苗 1/4/21
此○者 1/9/17
○日○夜而色澤不變 2/12/10
有苗與○危通〔而〕為一家 2/13/1
下揆○泉 2/14/21
○川涸 2/18/1
則歲星行○宿 3/20/8
○四十二 3/20/8
歲行○十度十六分度之七 3/20/9
歲行十○度百一十二分度之五 3/20/14
入○十五日而復出東方 3/20/17
反覆○百六十五度四分度之一而成一歲 3/21/8
〔○終〕 3/21/11
日中而景丈○尺 3/22/1
十（二）〔一〕月德居室○十日 3/22/6
所居各○十日 3/22/7
二陽一陰成氣○ 3/23/11
月日行十○度七十六分度之二十（六）〔八〕 3/23/12
冬至加○日 3/23/16
季春○月 3/24/7
至秋○月 3/24/7
有五億萬七千○百九里 3/24/21
二生○ 3/25/18,7/55/7
○生萬物 3/25/18,7/55/7
天地○月而為一時 3/25/18
故祭祀○飯以為禮 3/25/18
喪紀○踊以為節 3/25/18
兵（重）〔革〕○（罕）〔軍〕以為制 3/25/19
以○參物 3/25/19
○○如九 3/25/19
十二各以○成 3/25/22
○之為積分（七十）〔十七〕萬七千一百四十七 3/25/22
物以○成 3/25/24
○與五如八 3/25/24
主○月 3/26/3
物以○生 3/26/13
〔○○九〕 3/26/13
○九二十七 3/26/13,4/35/12
○月而為一時 3/26/21
○十日為一月 3/26/21
故○十斤為一鈞 3/26/21

六六〇十六 3/26/23
故〇百六十音以當一歲之日 3/26/23
以〇除之 3/26/24,3/26/24
〇終而復得甲寅之元 3/26/26
順前〇後五 3/26/27
以（正）〔〇〕月與之晨出東方 3/27/7
以（〇）〔五〕月與之晨出東方 3/27/10
鉤陳在後〇 3/27/21
〇辰皆木也 3/27/24
〇辰皆火也 3/27/25
〇辰皆土也 3/27/26
〇辰皆金也 3/27/26
〇辰皆水也 3/27/27
以〇應五 3/27/28
〇月建胃、〔昴〕 3/28/1
東井〇十〔〇〕 3/28/8
〇歲而改節 3/28/19
故〇歲而一饑 3/28/19
以制〇百六十日 3/29/19
以使〇百六十節 3/29/20
民食〇升 3/29/27
3/31/1,3/31/2,3/31/5
民食〇斗 3/31/6
積寸得〇萬六千里 3/31/19
陸徑〇千里 4/33/1
二億〇萬〇千五百里七十五步 4/33/1,4/33/2
自〇（百）仞以上 4/33/3
二億〇萬〇千五百五十（里）有九（淵） 4/33/3
黃水〇周復其原 4/33/8
天一地二人〇 4/35/8
〇〇而九 4/35/8
（十）〔七〕九六十〇 4/35/10
〇主斗 4/35/10
犬故〇月而生 4/35/10
四九〇十六 4/35/11
凡海外〇十六國 4/36/26
有修股民、天民、肅慎民、白民、沃民、女子民、丈夫民、奇股民、一臂民、〇身民 4/36/26
〔有〕結胸民、羽民、讙頭國民、（裸）〔裸〕國民、〇苗民、交股民、不死民、穿胸民、反舌民、豕喙民、鑿齒民、〇頭民、脩臂民 4/36/27
〇珠樹在其東北方 4/37/6
〇桑、無枝在其西 4/37/7
〇危在樂民西 4/37/10
流黃、（淚）〔沃〕民在其北方〇百里 4/37/13
天子親率〇公九卿大夫以迎歲于東郊 5/39/9
先雷〇日 5/39/25
甘雨至〇旬 5/40/22
〇月官鄉 5/40/27
天子親率〇公九卿大夫以迎歲於南郊 5/41/7
天子親率〇公九卿大夫以迎（秋）〔歲〕于西郊 5/43/5
涼風至〇旬 5/43/10
天子親率〇公九卿大夫以迎歲于北郊 5/45/16
西至〇危之國 5/47/27
〇月失政 5/48/16
〇月春風不濟 5/48/18
日為之反〇舍 6/50/4
為〇軍雄 6/50/5
推蹶〇王之法籍 6/53/10
故自〇代以後者 6/54/1
不過〇月必死 6/54/17
〇月而胎 7/55/8
〔天〕有四時、五行、九解、〇百六十（六）日 7/55/11
人亦有四支、五藏、九竅、〇百六十（六）節 7/55/12
江、河、〇川絶而不流 8/61/22
舜乃使禹疏〇江五湖 8/63/16
於是湯乃以革車〇百乘伐桀于南巢 8/63/19
武王甲卒〇千破紂牧野 8/63/19
五帝〇王 8/63/25
11/99/15,13/127/19
夫〇年之喪 8/66/15,11/97/16
雖致之〇年 8/66/17
夫〇關者 9/67/10
西至〇危 9/67/22
而孔子〇日樂 9/69/4
然湯革車〇百乘 9/70/5
國分為〇 9/73/17,18/194/2
然而武王甲卒〇千人 9/73/19
〇舉〔而〕百姓說 9/78/7
故桓公〇舉而九合諸侯 9/78/10
計〇年耕而餘一年之食 9/79/2
率九年而有〇年之畜 9/79/2
無〇年之畜 9/79/4
弒君〇十六 9/80/24
〇軍皆辟 10/83/26
〇苗之民 10/84/7
無〇寸之鎋 10/84/18
〇月嬰兒 10/84/26
故禹執（于）〔干〕戚舞於兩階之閒而〇苗服 10/84/28
夫子見禾之〇變也 10/85/12
而〇王獨稱 10/86/20
〔閔子騫〇年之喪畢〕 10/87/8
而〇王獨道 10/90/12
故〇代之善 10/92/3
〇代至乎門 10/92/13
至〇十二世而亡 11/94/13
今令〇月嬰兒 11/95/25
〇苗髽首 11/97/2
〇月之服 11/97/16
其樂《大武》、《〇象》、《棘下》 11/98/7
五帝〇王之法籍風俗 11/98/25
故（不）為〇年之喪 11/99/3
知〇年而非一日 11/99/4
故〇皇五帝 11/99/28
子之〔所見〕賓猶有〇過 11/101/1
〇日不集 11/102/2
民困於〇責 11/102/11
刑及〇族 11/102/27
智伯有〇晉而欲不贍 11/103/11
不過〇日 12/107/8
令〇軍無入釐負羈之里 12/111/1
〇月而反 12/111/19
〇舍不止 12/112/13
君有君人之言〇 12/112/25
12/112/27

不○其闉垣 7/60/14
鼓（纊）〔纊〕○耳 9/67/8
固○險阻 9/68/22
此治道之所以○ 9/73/10
是猶○耳而聽清濁 9/75/14
是故公道通而私道○矣 9/75/18
外邪不入謂之（○）〔閉〕 9/77/11
○矣 10/85/10
則○於辭矣 10/88/2
大則○而不入 11/98/19
○其兌 12/116/3
闔戶○牖 12/117/2
設障○ 12/117/17
則○民於兌 12/119/24
理○也 13/124/15
固○險阻之地也 13/125/8
內之尋常而不○ 13/126/14
18/185/27
孔子誅少正卯而魯國之邪○ 13/129/9
踰險○ 13/129/15
無以○之 14/136/3
邪巧則正○（之）也 14/136/16
○邪（隧）〔道〕 15/145/1
明於禁舍開○之道 15/146/16
疾雷不及○耳 15/147/12
大山名○ 15/148/3
外○其醜以服其威 15/151/10
明開○之節 15/152/1
○井以為臼 17.23/170/1
丘夷而淵○ 17.34/170/23
非以一（璞）〔墣〕○江也 17.42/171/9
十石而有○ 17.86/174/14
瞽無目而耳不可以（察）〔○〕 17.91/174/26
秦通崤○ 17.94/175/1
○其源者竭 17.192/182/1
近○上之人有善術者 18/190/1
胡人大入○ 18/190/4
近○之人 18/190/4
一（撲）〔墣〕之所能○也 18/195/8
○（有十）〔其一〕 18/196/10
一軍○鐔城之嶺 18/197/13
一軍守九疑之○ 18/197/13
而○於大道也 18/199/21
21/226/10
踰○而東 19/207/20
○其姦路 20/216/14
心之○也 20/220/14
今商鞅之啓○ 20/221/20
所以○貪鄙之心也 20/222/7
節開○之時 21/224/11
操舍開○ 21/224/19
決瀆壅○ 21/224/24
而通行貫扃萬物之窒○者也 21/226/1
與○而无為也（同） 21/226/12
所以窺道開○ 21/226/23
懼爭道之不○ 21/227/29
四○以為固 21/228/25
故置之尋常而不○ 21/228/31

嗇 sè 2

譬白公之○也 12/106/19
鼓之○夫 18/192/23

濇 sè 1

瀸（○）〔濆〕肌膚 21/224/4

穡 sè 3

稼○不熟 5/42/18
（后稷）〔周棄〕作稼○ 13/131/12
未嘗稼○粟滿倉 17.140/178/11

沙 shā 19

游雲夢、○丘 1/7/20
○棠、琅玕在其東 4/33/5
（餘波入于流○） 4/33/12
絶流○ 4/33/13
曰○所 4/34/3
○土人細 4/34/29
西王母在流○之瀕 4/37/10
自崑崙絶流○、沈羽 5/47/27
○石濊之 11/95/29
在於○丘 12/111/19
宿○之民皆自攻其君而歸神農 12/114/23
或熱焦○ 14/141/14
然而兵殆於垂○ 15/146/2
而受○石〔之地〕 18/186/20
○石之地 18/187/2
西屬流○ 18/197/11
○之用（肆）〔肆〕 19/203/17
蹶○石 19/207/17
右流○ 20/219/14

殺 shā 102

○之而不殘 1/1/22
操○生之柄而以行其號令邪 1/8/21
則虎搏而○之 2/11/8
○不辜則國赤地 3/19/13
刑南則○ 3/22/9
西北則○ 3/23/3
○當罪 3/23/23,5/45/13,5/48/7
乃收其○ 3/24/7
規生矩○ 3/25/14
以（勝）〔制〕擊○ 3/28/28
〔毋〕○胎夭 5/39/10
利以○草糞田疇 5/42/16
斬○必當 5/43/21
○氣浸盛 5/44/3
刑○無赦 5/48/8
○伐既得 5/49/16
○而不割 5/49/18
罪○而不赦 5/49/19
○黑龍以濟冀州 6/52/26
○秋約冬 6/52/27
攻城（檻）〔濫〕○ 6/53/20
其○我也 7/56/14
其○我也不彊求止 7/56/16
刳胎○夭 8/61/13
虐○不辜而刑誅無罪 8/61/27
○草木 8/63/11
○九嬰於凶水之上 8/63/12
上射十日而下○猰貐 8/63/13
○之于宣室 8/63/20
生之與○也 8/64/10
○不辜之民〔而〕絶先聖之後 8/66/22
是故威厲而不（○）〔試〕 9/67/21

○戮不足以禁姦 9/68/12
秋氣之○也 9/69/1
水○黿鼉 9/70/5
而民有○食自飢也 9/72/23
紂○王子比干而骨肉怨 9/78/8
孕育不得○ 9/79/14
天弗能○ 10/86/3
簡公以（濡）〔懦〕○ 10/91/12
後世必有劫○之君 11/94/12
大夫請○之 12/106/23
〔勇於敢則○〕 12/108/2
與人之兄居而○其弟 12/109/13
與人之父處而○其（予）〔子〕 12/109/13
○戮刑罰 12/110/11
國人皆知○戮之制 12/110/13
為人君而欲○其民以自活也 12/112/23
○牛而賜之 12/114/15
○諫者 12/114/17
豐上而○下 12/116/6
是臣○其主而下伐其上也 12/119/22
其德生而不（辱）〔○〕 13/120/3
陽侯○蓼侯而竊其夫人 13/121/1
不○黃口 13/122/8
則因猘狗之驚以○子陽 13/123/10
而悔不○湯於夏臺 13/124/28
○一人 13/125/4
周公有○弟之累 13/126/25
生○萬物 14/134/15
因秋而○ 14/134/27
所○者非怨 14/134/27
○無罪之民 15/143/3
○戮無罪 15/143/15
持五○以應 15/152/9
下有九○ 16.51/159/5
○豚烹狗 16.64/160/7
○戎馬而求（弧理）〔狐狸〕 16.74/160/30
曰○罷牛可以贖良馬之死 16.94/162/24
○牛、必亡之數 16.94/162/24
膏之○鱉 16.124/165/22
或曰知（其）〔天〕且赦也而多○人 16.140/167/4
○頭而便冠 17.25/170/5
輒○之 17.127/177/12
戮○大臣 18/186/25
而適足以○之 18/187/25
聞○身破家以存其國者 18/190/26
趙氏○其守隄之吏 18/191/27
（敗）○其身而三分其國 18/192/2
田主○其人而奪之牛 18/193/14
王因○太子建而誅伍子奢 18/194/11
威王欲○之 18/194/13
不可○也 18/194/25
廷○宰予 18/195/26
簡公遇○ 18/195/26
還反○之 18/197/5
○西嘔君譯吁宋 18/197/15
○尉屠睢 18/197/16
○而食之 18/199/15
○令尹子椒、司馬子期 18/201/22
見必○之勢 18/202/7
其○物也 20/210/4
鋒○顏澤 20/210/27
以○不辜 20/213/17
物有（降）〔隆〕○ 20/213/23
屠割烹○ 20/215/16
法能○不孝者 20/217/5
周公○兄 20/218/10
而○者為末 20/221/9
戮○无止 21/227/20

鎩 shā 6

飛鳥○翼 2/18/1,6/53/16
其兵○ 5/45/12,5/46/4,5/46/23
脩○短鏦 15/146/1

哈 shā 1

嘗一○水如甘苦知矣 13/128/15

椄 shà 1

猨狖之（○）〔捷〕來措 10/90/31

廈 shà 3

大○曾加 8/65/7
廣○闊屋 11/94/20
大○成而燕雀相賀 17.106/175/26

歃 shà 1

中國○血也 11/97/2

箑 shà 3

知冬日之○、夏日之裘無用於己 7/61/1
中夏用○ 17.142/178/15
被裘而用○也 18/196/9

翣 shà 4

冬日之不用○者 2/16/18
葬牆置○ 11/98/4
周人牆置○ 13/120/22
披裘而以○翼 17.111/176/5

縰 shǎi 1

所以箴縷縩○之間 21/225/22

山 shān 179

○以之高 1/1/7
經紀○川 1/2/2
合諸侯於塗○ 1/3/3
虎豹○處 1/3/16
觸不周之○ 1/4/13
越王翳逃○穴 1/4/14
昔舜耕於歷○ 1/4/18
而仿洋于○（峽）〔岬〕之旁 1/9/1
藏金於○ 1/9/11
藏○於澤 2/11/1
譬若鍾○之玉 2/12/10
孟門、終隆之○不能禁〔也〕 2/12/15
塊阜之○ 2/15/2
此其為○淵之勢亦遠矣 2/15/3
神經於驪○、太行而不

能難 2/17/2
目不見太○之（高）〔形〕 2/17/16
嶢○崩 2/18/1
巫○之上 2/18/6
怒而觸不周之○ 3/18/25
日冬至〔入〕峻狼之○ 3/21/7
而夏至牛首之○ 3/21/8
遠○則○氣藏 3/24/11
土有九○ 4/32/11
○有九塞 4/32/11
何謂九○ 4/32/18
〔曰〕會稽、泰○、王屋、首○、太華、岐○、太行、羊腸、孟門 4/32/18
禹乃以息土填洪水以為名○ 4/33/3
入禹所導積石○ 4/33/11
是謂涼風之○ 4/33/16
是謂懸圃〔之○〕 4/33/16
自東北方曰方土之○ 4/34/6
東方曰東極之○ 4/34/6
東南方曰波母之○ 4/34/7
南方曰南極之○ 4/34/7
西南方曰編駒之○ 4/34/7
西方曰西極之○ 4/34/8
西北方曰不周之○ 4/34/8
北方曰北極之○ 4/34/8
有梁○之犀象焉 4/34/13
有華○之金石焉 4/34/13
有霍○之珠玉焉 4/34/13
有斥○之文皮焉 4/34/15
○為積德 4/34/18
是故○氣多男 4/34/20
立登保之○ 4/37/9
蔽于委羽之○ 4/37/12
江出岷○ 4/37/16, 16.83/161/24
（睢）〔睢〕出荊○ 4/37/17
淮出桐柏○ 4/37/17
睢出羽○ 4/37/17
洛出獵○ 4/37/18
涇出薄落之○ 4/37/19
（股）〔般〕出嶕○ 4/37/20
汝出猛○ 4/37/21
晉出（龍○）結（給）〔紿〕 4/37/21
泥塗淵出構○ 4/37/22
毋焚○林 5/40/1
○陵不登 5/40/25
為民祈祀○川百原 5/41/21
以共皇天上帝、名○大川、四方之神、宗廟社稷 5/42/11
○林藪澤 5/46/10
供○林名川之祀 5/47/3
自碣石（○）過朝鮮 5/47/13
自崑崙東絕兩恒○ 5/47/22
故○雲草莽 6/50/16
故嶢○崩 6/51/10
丘○（嶄）〔之〕巖 6/51/26
而力牧、太○稽輔之 6/52/16
○無峻榦 6/53/16
雖如丘○ 7/56/3
大雷毀○而不能驚也 7/57/19
鐫○石 8/61/13
及至分○川谿谷使有壤界 8/61/24
彈壓○川 8/64/6
積土為○ 8/65/8
○無峻幹 8/65/13
而不能與○居者入榛薄、〔出〕險阻也 9/70/2
（顛越）〔瞋目〕不能見丘○ 9/70/14
外不知○澤之形 9/71/10
鹿之上○〔也〕 9/74/21
斤斧不得入○林 9/79/13
○川弗敢禍 9/80/14
故伯夷餓死首○之下 10/89/28
泰○之上有七十壇焉 10/90/12
故水出於○ 10/91/15
高○險阻 11/94/21
○處者（木）〔采〕 11/95/7
禹葬會稽之○ 11/97/24
封於泰○ 11/99/9
遂成國於（歧）〔岐〕○之下 12/109/16
中○公子牟謂詹子曰 12/109/21
中○公子牟曰 12/109/22
南望料○ 12/110/23
禿○不游麋鹿 12/118/23
欲築宮於五行之○ 13/125/8
夫五行之○ 13/125/8
穆公追而及之岐○之陽 13/129/2
○生金玉 13/130/15
○出（嘄）〔梟〕陽 13/130/16
唯太○ 13/131/8
舜脩之歷○而海內從化 14/135/5
崑○之玉瑱而塵垢弗能污也 14/137/29
至德道者若邱○ 14/138/23
（冰）〔水〕出於○而入於海 14/141/16
若崩○決塘 15/144/28
○高尋雲 15/145/26
大○名塞 15/148/3
抗泰○ 15/148/11
止如丘○ 15/149/7
○陵丘阜 15/152/13
故玉在○而草木潤 16.4/154/16
河水不見太○ 16.5/154/19
泰○之容 16.16/155/22
出於○淵之精 16.19/156/1
紫芝生於○ 16.30/157/4
○高者木脩 16.31/157/7
○有猛獸 16.39/157/27
譬若樹荷○上 16.88/162/8
（橾）〔操〕鉤上○ 16.88/162/8
故「高○仰止 16.106/163/30
逐獸者目不見太○ 17.17/169/19
其壤在○ 17.35/170/25
（木）〔采〕者走○ 17.88/174/18
太○不上小人 17.141/178/13
有○無林 17.143/178/18
○雲蒸 17.171/180/19
太○之高 17.223/184/3
○生金 17.224/184/5
○高者基扶 17.240/185/10
（人）莫蹪於○ 18/186/2
魏將樂羊攻中○ 18/188/7
中○因烹其子 18/188/8
中○曰 18/188/9
○致其高而雲〔雨〕起焉 18/189/10
江水之始出於岷○也 18/196/21
秦牛缺徑於○中而遇盜 18/197/1
放讙兜於崇○ 19/202/20
殛鯀於羽○ 19/202/20
隨○栞木 19/202/22
放之歷○ 19/202/25

以身禱於桑（○之）林〔之際〕 19/202/29
是以聖人不高○、不廣河 19/203/7
以淮灌○ 19/203/16
○之用蘩 19/203/18
因高為（田）〔○〕 19/203/18
跋涉○川 19/207/9
上峭○ 19/207/16
謝子、○東辨士 19/208/13
此和氏之所以泣血於荊○之下 19/208/19
苗○之（鋋）〔鋌〕 19/208/22
○桐之琴 19/208/23
○崩川涸 20/210/21
太○不可丈尺也 20/211/2
然而郊天、望○川 20/211/5
故高○深林 20/211/11
○居木棲 20/211/13
踰梁○ 20/211/26
樂羊攻中○ 20/214/19
中○烹其子 20/214/19
○不讓土石以成其高 20/215/1
○以陵遲、故能高 20/215/12
楚國○川不變 20/219/26
又況登太○ 20/220/8
崇於太○ 20/220/15
以積土○之高脩隄防 20/220/29
作為《○（水）〔木〕》之嘔 20/221/25
夫水出於○而入於海 20/222/5
故舜深藏黃金於嶄嵒之○ 20/222/6
有《說○》 21/223/27
經○陵之形 21/224/14
列○淵之數 21/224/15
《說○》、《說林》者 21/226/1
捭○川 21/227/17
故縱馬華○ 21/227/29
水絕○隔 21/228/16

芟 shān 2

○野（菼）〔莽〕 8/61/18
百姓伐木○草 14/138/22

挻 shān 1

摶（挻）〔○〕其土而不益厚 16.31/157/7

摻 shān 1

言萬物○落 2/10/21

羶 shān 4

其臭○ 5/39/4,5/39/19,5/40/10
羊肉○也 17.73/173/16

扇 shàn 2

開闔○ 3/23/20
左擁而右○之 18/200/5

掞 shàn 2

擢○挻挏世之風俗 2/12/4
脩○曲校 8/61/21

善 shàn 227

夫○游者溺 1/4/12
○騎者墮 1/4/12
故聽○言便計 1/8/6
○我生者 2/10/29
乃所以○吾死也 2/10/29
今夫○射者有儀表之度 2/13/16
故許由、方回、○卷、披衣得達其道 2/17/27
非能盡○ 2/17/28
食水者○游〔而〕能寒 4/35/1
食草者○走而愚 4/35/1
夫鉗且、大丙不施轡銜而以○御聞於天下 6/54/11
心反其初而民性○ 8/62/13
民性○而天地陰陽從而包之 8/62/14
不（為）偽○〔極〕 9/70/21
則修身者不勸○ 9/70/24
○否之情 9/75/4
故○建者不拔 9/77/9
夫民之好○樂正 9/77/28
所以效（○）〔喜〕也 9/78/20
故堯為○而眾○至矣 9/79/24
○積即功成 9/79/24
夫聖人之於○也 9/80/11
擇○而後從事焉 9/80/21
采○鉏醜 9/80/24
行○是也 9/82/5
人無○志 9/82/6
（關）〔開〕道之於○ 10/82/21
能○小 10/83/5
斯能○大矣 10/83/5
聞○易 10/85/12
故君子見○則痛其身焉 10/85/13
聖人為○ 10/85/22
文王聞○如不及 10/86/2
宿不○如不祥 10/86/2
苟鄉○ 10/86/4
苟不鄉○ 10/86/4
○生乎君子 10/88/26
終身為○ 10/89/12
終身為不○ 10/89/13
故○否 10/89/13
故君子能為○ 10/89/15
殷政○ 10/90/9
行政〔未必〕○ 10/90/9
○〔政〕未必至也 10/90/9
不慚乎○ 10/90/10
不勝○政 10/91/23
君子不謂小○不足為也而舍之 10/92/1
小○積而為大○ 10/92/1
不為小不○為無傷也而為之 10/92/1
小不○積而為大不○ 10/92/2
壹快不足以成○ 10/92/2
故三代之○ 10/92/3
○之由我 10/92/17
聖人為○若恐不及 10/92/25
○御者不忘其馬 10/93/9
○射者不忘其弩 10/93/9
○為人上者不忘其下 10/93/9
子贛讓而止○ 11/94/16
湯、武之累行積○ 11/102/17
許由、○卷非不能撫天下、寧海內以德民也 11/103/6
故孔丘、曾參無所施其○ 11/103/26

天下皆知〇之為〇	12/105/17
斯不〇也	12/105/17
吳、越之〇没者能取之矣	12/105/21
（先生）〔民人〕皆〇之	12/106/1
〇	12/106/2,12/106/2, 12/107/18,12/109/30, 12/110/12,18/190/18, 18/193/16,18/198/22
〇而不可行	12/106/3
〇持勝者	12/107/13
〇乘人之資也	12/108/6
昔〇治國家者	12/112/4
使〇〔呼者〕呼之	12/113/7
周伯昌（行）仁義而〇諫	12/114/11
〇之則吾畜也	12/114/22
不〇則吾讎也	12/114/22
楚有〇為偷者往見曰	12/115/1
不〇人	12/115/10
〇人之資也	12/115/10
洞則無〇也	12/115/16
〇閉者	12/117/21
〇結者	12/117/21
夫〇（載）〔哉〕	12/118/7
〇哉乎	12/119/14
〇哉	12/119/16
甚〇	12/119/23
〇則著之	13/121/2
此而不能達〇效忠者	13/124/1
〇反醜矣	13/126/1
而求〔其〕小〇	13/127/8
古之〇賞者	13/128/23
〇罰者	13/128/23
〇予者	13/128/23
〇取者	13/128/23
此賞少而勸（〇）（者衆）〔衆者〕也	13/128/27
故聖人因民之所喜而勸〇	13/129/8
天下莫易於為〇	13/129/13
而莫難於為不〇（也）	13/129/13
所謂為〇者	13/129/13
所謂為不〇者	13/129/13
故曰為〇易〔也〕	13/129/14
故曰為不〇難〔也〕	13/129/15
〇游者	14/134/11
故不為（〇）〔好〕	14/135/12
為〇則觀	14/135/16
為不〇則議	14/135/16
欲尸名者必為〇	14/136/1
欲為〇者必生事	14/136/1
欲見譽於為〇	14/136/2
故重為〇若重為非	14/136/4
鑑見其醜則〇鑑	14/136/11
蘇秦〇說而亡（國）〔身〕	14/136/13
由其道則〇無章	14/136/13
君子脩行而使〇无名	14/136/23
故士行〇而不知〇之所由來	14/136/23
〇有章則士爭名	14/136/24
故聖人揜跡於為〇	14/136/25
喜予者必〇奪	14/138/25
〇見則（怨）〔惡〕從之	14/138/27
〇博者不欲牟	14/139/17
君子為〇不能使（富）〔福〕必來	14/142/11
故〇用兵者	15/144/28,15/146/21, 15/147/11,15/152/12
是故〇守者無與御	15/146/16
而〇戰者無與鬬	15/146/16
故〇為政者積其德	15/146/19
〇用兵者畜其怒	15/146/19
〇形者弗法也	15/147/2
皆非〇者也	15/147/4
〇者之動也	15/147/5
〇用兵〔者〕	15/147/13
〇用間諜	15/148/5
〇用兵者	15/149/1,15/152/8
是故〇用兵者	15/150/6
故古之〇將者	15/151/11
蓋（間）〔聞〕〇用兵者	15/152/4
此〇脩行陳者也	15/152/18
此〇為天道者也	15/152/19
此〇為詐（祥）〔佯〕者也	15/152/20
此〇為充幹者也	15/152/21
此〇用輕出奇者也	15/152/22
此〇為地形者也	15/152/23
此〇因時應變者也	15/152/24
此〇為設施者也	15/152/25
故〇戰者不在少	15/153/3
〇守者不在小	15/153/3
〇者	15/153/10
然使人〇之者	16.8/154/28
愼無為〇	16.21/156/9
不為〇	16.21/156/9
將為不〇邪	16.21/156/9
〇且由弗為	16.21/156/10
況不〇乎	16.21/156/10
〇閉者不用關楗	16.25/156/21
君子之於〇也	16.26/156/24
〇射者發不失的	16.28/156/30
〇於射矣	16.28/156/30
而不〇所射	16.28/156/30
〇釣者無所失	16.28/156/30
〇於釣矣	16.28/156/30
而不〇所釣	16.28/156/30
故有所〇	16.28/156/31
則有不〇矣	16.28/156/31
上有一〇	16.51/159/5
巧者〇度	16.65/160/10
知者〇豫	16.65/160/10
治疽不擇〇惡醜肉而并割之	16.73/160/27
魯人身〇制冠	16.88/162/7
妻〇織履	16.88/162/7
此以〇託其醜	16.97/163/4
〇學者	16.125/165/26
幸〇食之而勿苦	16.145/167/17
故〇游者不可懼以涉	17.37/170/30
〇用人者	17.151/179/4
或〇為新	17.153/179/8
或〇為故	17.153/179/8
雖〇者弗能為工	17.158/179/20
不知〇走	17.162/179/28
〇舉事者	17.207/183/3
舟覆乃見〇游	17.215/183/19
舉坐而〇	17.237/185/3
宋人〔有〕好〇者	18/189/20
近塞上之人有〇術者	18/190/1
今雖惡、後必〇	18/190/11
竘然〇也	18/190/11
牛子以為〇	18/190/24
故〇鄙（不）同	18/199/7
〔甚〇〕	19/203/24

且夫身正性○ 19/204/20
羿左臂脩而○射 19/205/14
故師曠之欲○調鍾也 19/209/9
民化而遷○ 20/211/4
莫○於誠 20/211/18
賞○罰暴者 20/212/3
因其所喜以勸○ 20/212/24
賢者勸○而不肖者懷其德 20/213/19
日化上遷○而不知其所以然 20/216/7
利賞而勸○ 20/216/7
誠決其○志 20/216/14
啓其○道 20/216/14
則民性可○ 20/216/15
非崇○廢醜 20/217/4
動於權而統於○者也 20/218/8
醜必託○以自為解 20/218/11
不歸○者不為君子 20/218/15
故○言歸乎可行 20/218/16
○行歸乎仁義 20/218/16
此異行而歸於○者 20/218/17
何益於○ 20/218/21
擇○而為之 20/218/23
天下之○者也 20/222/19
非不○也 20/222/21
文王四世纍○ 21/227/21
而不可化以○ 21/228/24

擅 shàn 6

己自以為獨○之 2/13/6
使無○斷也 9/75/20
无○恣之志 13/121/19
然後能○道而行（矣）〔也〕 13/122/18
攝威（檀）〔○〕勢 13/123/7
○其政令 21/228/17

膳 shàn 2

宰徹其○ 9/80/9
而（豢）〔養〕以芻豢黍粱五味之○ 18/194/14

嬗 shàn 1

以不同形相○也 7/58/2

禪 shàn 2

○於家（國）〔邦〕 10/88/6
○於梁父 11/99/9

繕 shàn 6

○邊城 3/20/30
庚子受制則○牆垣 3/23/22
太陰治秋則欲脩備○兵 3/28/18
○（囚）〔囹〕圄 5/43/7
○宮室 5/43/9
○關梁 5/48/6

贍 shàn 19

富○天下而不既 1/6/2
積財不足以○其費 2/15/17
然猶未能○人主之欲也 8/61/22
財足而人（瞻）〔○〕矣 8/62/14
猶弗能○ 8/66/10
以○貪主之欲 8/66/24
求寡而易○ 9/68/10
而欲徧○萬民 11/96/19
智伯有三晉而欲不○ 11/103/11
求（瞻）〔○〕則爭止 11/104/22
易償則求○矣 13/127/25
民○利而不知利之所由出 14/136/23
以淺○博 14/137/13
飢而大殍非不○也 14/137/25
求不○ 15/142/24
而○一人之欲 15/143/4
〔而〕事治求○者 19/203/10
求多、難○也 20/215/5
求寡、易○也 20/215/9

鱓 shàn 5

而蛇○輕之 6/51/24
（蛇）〔蚖〕○著泥百仞之中 6/51/26
又況直蛇○之類乎 6/51/27
○鮪入口若露而死 11/103/11
今○之與蛇 17.56/172/13

商 shāng 48

若夫墨、（揚）〔楊〕、申、○之於治道 2/13/4
蠶珥絲而○弦絶 3/19/10
其音○ 3/20/5
5/42/24,5/43/17,5/44/14
太蔟為○ 3/25/23
（宮）〔徵〕生○ 3/26/7
○生羽 3/26/7
无射之○也 3/26/11
變徵生○ 4/36/22
變○生羽 4/36/22
來○旅 5/44/5
蚕咡絲而○弦絶 6/50/14
今若夫申、韓、○鞅之為治也 6/54/14
甯戚○歌車下 9/69/6
表○容之閭 9/80/17
12/117/18,20/219/18
老子學○容 10/90/25
故○鞅立法而支解 10/91/18
士農工○ 11/101/17
○與○言數 11/101/17
○無折貨 11/101/18
克殷殘○ 11/102/20
使遇○鞅、申不害 11/102/26
於是為○旅 12/109/1
以○於齊 12/109/1
擊牛角而疾○歌 12/109/3
屈○乃拘文王於羑里 12/114/13
昔夏、○之臣反讎桀、紂而臣湯、武 12/114/22
夫夏、○之衰也 13/121/4
○（撲）〔樸〕女（重）〔童〕 13/122/1
太史令終古先奔於○ 13/124/20
甯戚之○歌 13/128/1
（大）〔太〕簇之比○ 17.15/169/13
○鞅支解 18/189/17
丹朱、○均也 19/204/22
下不（及）〔若〕○均 19/204/24
而不期於《洪範》、

《○頌》 19/208/26
制夏、○ 20/212/10
今○鞅之啓塞 20/221/20
○鞅為秦立相坐之法 20/222/18
○鞅之立法也 20/222/19
然○鞅以法亡秦 20/222/19
不過宮、○、角、徵、羽 21/227/8
故○鞅之法生焉 21/228/26

傷 shāng 79

到生挫○ 1/3/18
刺之不○ 1/6/4
而日以○生 1/8/4
則二者○矣 1/9/15
是故形○于寒暑燥溼之虐者 2/11/13
神○乎喜怒思慮之患者 2/11/13
是故○死者其鬼嬈 2/11/15
鳥蟲多○ 3/23/26
則雹霰○穀 5/42/1
則胎夭〔多〕○ 5/47/6
支體○折 6/49/28
故萬化而无○ 6/51/15
逆氣戾物、○民厚積者 6/53/1
○弓弩矛戟矢石之創者扶舉於路 6/53/25
使口（爽○）〔厲爽〕 7/56/6
大風晦日而不能○也 7/57/19
日夜無○而與物為春 7/58/4
本○而道廢〔矣〕 8/66/29
寒暑不能○ 9/67/19
終身○ 9/72/17
楚莊王○文無畏之死於宋也 9/77/23
雖勇必○ 9/82/6
不為小不善為無○也而為之 10/92/1
本○則枝枯 10/92/25
曲得其宜而不折○ 11/98/18
○農事者也 11/104/11
女工○ 11/104/12
希不○其手 12/108/9
不以養○身 12/109/16
此之謂重○ 12/109/23
〔重○〕之人 12/109/23
唯恐○肉之多也 12/119/24
為鷙禽猛獸之害○人而无以禁御也 13/120/14
未嘗○而不敢握刀者 13/128/17
○人 13/129/3
吾恐其○汝等 13/129/3
過失相○ 13/130/26
邪與正相○ 14/137/22
飾其外者○其內 14/138/18
故羽翼美者○骨骸 14/138/19
能不以天下○其國、而不以國害其身者 14/138/31
鬭而相○ 14/141/5
輿死扶○ 15/145/6
○敵者眾 15/148/7
是故○敵者眾 15/149/8
彼非輕死而樂○也 15/151/4
有為則○ 16.6/154/21
有言者則○ 16.6/154/22
有言則○其神 16.6/154/23
為其○恩也 16.131/166/11
救鬭者得○ 17.124/177/5
狂者○人 17.241/185/12
夫再實之木根必○ 18/187/5
而乃反○我 18/187/14
以為〔○者、戰鬭者也〕 18/187/15
〔不○者、為縱之者〕 18/187/16
○者受重賞 18/187/16
而不○者被重罪 18/187/16
恭王○而休 18/187/19
不穀親○ 18/187/22
不○一卒 18/192/24
故仁者不以欲○生 18/193/6
夏日則暑○ 18/194/18
蔽者不○ 18/195/6
○之魯昭公曰 18/195/19
故萬物莫能○也 18/196/11
是故患禍弗能○也 18/196/22
夫不以欲○生 18/197/4
時多（疾）〔疹〕病毒○之害 19/202/16
臣見大王之必○義而不得宋 19/203/25
則摺脅○幹 19/205/3
我心憂○ 20/210/21
秦穆公為野人食駿馬肉之○也 20/211/27
不以欲○生 20/218/16
（苟）〔苛〕削○德 20/222/15
不以小利○大穫也 20/223/1
〔為其〕○和睦之心 20/223/4
而无○乎讒賊螫毒者也 21/226/7
〔久〕服○生而害事 21/228/5

殤 shāng 2

莫壽於○子 17.11/169/4
為其一人隕而兩人○ 17.206/183/1

觴 shāng 3

○酌俎豆 9/78/19
魏文侯○諸大夫於曲陽 12/119/8
文侯受○而飲〔之〕 12/119/10

⿰酉𥏻 shāng 1

陳酒行○ 1/7/28

賞 shǎng 82

○罰不施而天下賓服 2/11/21
○有功 3/20/29,3/23/21,5/47/19
所以（為）司○罰 3/21/6
行慶○ 5/39/7
乃〔行〕○賜 5/41/7
乃○軍率武人於朝 5/43/5
乃○死事 5/45/16
行大○ 5/47/20
行○罰 8/61/26
無慶（賀）〔○〕之利、刑罰之威 8/62/7
（實）〔○〕之與罰也 8/64/10
不為○罰（喜怒）〔怒喜〕 9/67/6
縣法設○ 9/69/5
其次○賢而罰暴 9/69/17
無功而厚○ 9/70/22
朝有○者而君無與焉 9/70/27
○者不德上 9/70/28
民知誅○之來 9/70/28
有眾咸譽者無功而○ 9/73/4

〔是〕故君不能○無功之臣 9/73/23
喜不以○賜 9/75/2
設○者 9/75/16
○當○也 9/75/16
中程者○ 9/75/17
○不當功 9/76/29
明主之○罰 10/90/4
不施○焉 10/90/4
是故前有軒冕之○ 10/91/24
在君〔之〕行○罰 12/110/10
夫爵○賜予 12/110/11
〔於是宋君行○賜而與子罕刑罰〕 12/110/12
天必（有）三○君 12/112/25
故有三○ 12/112/27
誅○制斷 13/121/18
夫神農、伏犧不施○罰而民不為非 13/122/11
古之善○者 13/128/23
罷圍而○有功者五人 13/128/24
高赫為○首 13/128/24
今為○首 13/128/25
故○一人 13/128/26
此○少而勸（善）（者眾）〔眾者〕也 13/128/27
故○一人而天下譽之 13/129/9
故至○不費 13/129/9
不妄喜怒則○罰不阿 14/133/9
則無功者○ 14/139/5
○以里 15/143/17
○其有功 15/143/19
然而前無蹈難之○ 15/146/15
慶○信而刑罰必 15/150/12
為其○信而罰明也 15/151/4
死事之後必○ 15/151/19
畢受功○ 15/153/24
毋○越人章甫 17.7/168/25
得者有重○ 18/187/11
傷者受重○ 18/187/16
然而雍季先○而咎犯後存者 18/191/9
故義者、天下之所（○）〔貴〕也 18/191/10
或有功而後○ 18/191/11
還歸○有功者 18/191/15
君行○先雍季 18/191/16
襄子〔罷圍〕乃○有功者 18/192/2
而高赫為○首 18/192/2
而赫為○首 18/192/3
或有罪而可○也 18/192/8
此有罪而可○者 18/192/15
有司請○之 18/192/16
吾可以勿○乎 18/192/25
若○之 18/192/25
是○佞人 18/192/25
鄭伯乃以存國之功○弦高 18/193/3
誕而得○ 18/193/4
○一人〔而〕敗國俗 18/193/5
以不信得厚○ 18/193/5
計功而受○ 18/193/26
是○言朝於晉者 18/200/24
知世莫○也 19/208/8
○善罰暴者 20/212/3
利○而勸善 20/216/7
可勸以○ 21/228/24

上 shàng 338

夫太○之道 1/1/19
扶搖抮抱羊角而○ 1/2/1
○游于霄雿之野 1/2/6
是以處○而民弗重〔也〕 1/2/17
俗○氣力 1/3/26
先者○高 1/5/11
○天則為雨露 1/6/1
而翱翔忽區之○ 1/6/5
○通九天 1/6/17,6/49/29
○漏下溼 1/8/29
在於○則忘於下 1/9/25
地氣始○ 2/10/16
於是在○位者 2/11/20
是故身處江海之○ 2/12/17
正○下 2/14/8
○尋九天 2/14/21
天鳥飛千仞之○ 2/18/3
巫山之○ 2/18/6
今矰繳機而在○ 2/18/12
火○蕁 3/19/6
○通于天 3/19/13
○至朱天 3/21/20
故不可以夷丘○屋 3/21/20
○生太蔟 3/26/2
○生姑洗 3/26/3
○生蕤賓 3/26/4
○生大呂 3/26/4
○生夾鍾 3/26/5
○生仲呂 3/26/6
○生者四 3/26/24
申在庚曰○章 3/31/2
自三（百）仞以○ 4/33/3
○有木禾〔焉〕 4/33/5
或○倍之 4/33/16, 4/33/16,4/33/17
乃維○天 4/33/17
眾帝所自○下 4/33/19
磁石○飛 4/34/26
戴角者無○齒 4/35/18
其人修形兌○ 4/36/1
有玉樹在赤水之○ 4/37/6
伊出○魏 4/37/19
黃泉之埃○為黃雲 4/38/16
○者就下 4/38/16,4/38/19, 4/38/22,4/38/24,4/38/26
（清）〔青〕泉之埃○為青雲 4/38/19
赤泉之埃○為赤雲 4/38/21
白泉之埃○為白雲 4/38/24
玄泉之埃○為玄雲 4/38/26
魚○負冰 5/39/5
下水○騰 5/40/17
以共皇天○帝、名山大川、四方之神、宗廟社稷 5/42/11
○无乏用 5/44/5
○丁入學習吹 5/44/20
阿○亂法者誅 5/45/13
堅致為○ 5/45/20
以供皇天○帝社稷之（芻）享 5/47/2
是故○帝以為物宗 5/49/1
是故○帝以為物平 5/49/6
○天之誅也 6/49/30
故蒲且子之連鳥於百仞之○ 6/50/11
引類於太極之○ 6/50/19
還至其曾逝萬仞之○ 6/52/1
○車攝轡 6/52/7
明○下 6/52/17

○下調而無尤 6/52/18
○際九天 6/53/5
道德○通 6/53/8
群臣準○意而懷當 6/53/12
天子在○位 6/54/4
吾死也有一棺之（○）〔土〕 7/56/18
兩髀在○ 7/58/20
○觀至人之論 7/59/7
膝○叩頭 7/59/27
以為○肴 7/60/25
胡王淫女樂之娛而亡○地 7/60/28
是故○下離心 8/62/1
氣乃○蒸 8/62/1
設詐以巧○ 8/62/26
○下和輯 8/63/9
託嬰兒於巢○ 8/63/9
殺九嬰於凶水之○ 8/63/12
○射十日而下殺猰貐 8/63/13
民皆○丘陵 8/63/15
○際青雲 8/65/7
○掩天光 8/65/14
○之霧露弗能入 8/65/17
靜潔足以饗○帝 8/65/19
古者聖王在○ 8/66/6
○下同心 8/66/6,15/153/2
以給○求 8/66/10
古者○求薄而民用給 8/66/14
而敬為○ 8/66/28
○通太一 9/67/13
○好取而无量 9/68/1
○下相怨 9/68/2
是以○多故則下多詐 9/68/6
○多事則下多能 9/68/6
○煩擾則下不定 9/68/6
○多求則下交爭 9/68/6
故民之化〔○〕也 9/68/25
作之○古 9/69/8
故太○神化 9/69/17
而君人者不下廟堂之○ 9/70/7
○操約省之分 9/70/18
而為邪者輕犯○矣 9/70/24
賞者不德○ 9/70/28
故太○下知有之 9/71/1
故〔處〕百姓之○〔而〕弗重也 9/71/16
則○下有以相使也 9/71/19
忠正在○位 9/72/12
是故聖人得志而在○位 9/72/14
○下和 9/72/16
○下乖 9/72/16
是故繩正於○ 9/72/17
桀在○位 9/72/24
○操其名以責其實 9/72/29
主精明於○ 9/73/3
主○闇而不明 9/73/5
主○出令 9/73/5
以弄其○ 9/73/7
鹿之○山〔也〕 9/74/21
而臣情得○聞 9/75/2
（榆）〔揄〕策于廟堂之○ 9/75/10
所立於下者不廢於○ 9/75/27
群臣百姓反弄其○ 9/76/21
反以事轉任其○矣 9/76/24
則守職者離正而阿○ 9/76/29
○下離心 9/76/29
○車執轡 9/77/4
君臣○下同心而樂之 9/78/16
男女不得事耕織之業以供○之求 9/78/21
有以給○之徵賦車馬兵革之費 9/79/1
○因天時 9/79/9
○告于天 9/79/20
昭事○帝 9/80/16
治國○使不得與焉 9/82/6
不得○令而可得為也 9/82/7
欲○達 9/82/8
○達有道 9/82/8
而不能○達矣 9/82/8
道至高無○ 10/82/15
○下壹心 10/82/21
人以其所願於○以與其下交 10/83/3
以其所欲於下以事其○ 10/83/4
聖人在○ 10/83/19, 10/84/25,10/85/8
小人在○位 10/83/19
故○多故 10/84/1
動於○ 10/84/25
太○曰 10/85/8
君臣○下 10/87/5,13/123/24
○意而民載 10/87/15
故下之於○曰左之 10/87/29
故○之於下曰右之 10/87/29
故○左遷則失其所尊也 10/87/30
○憂尋不誠則不法民 10/88/29
而○下相樂也 10/90/10
泰山之○有七十壇焉 10/90/12
○車授（緌）〔綏〕之謂也 10/90/22
後者在○ 10/90/26
○也 10/92/10
善為人○者不忘其下 10/93/9
舉賢而○功 11/94/12
人○之而慄 11/94/23
故老子曰「不○賢」者 11/95/3
夫有何○下焉 11/95/10
託之於舟○則浮 11/95/27
煙之○尋也 11/96/21
皆慈其子而嚴其○ 11/97/5
泗○十二諸侯皆率九夷以朝 11/97/9
○下之倫 11/98/8
○通雲天 11/99/14
○與神明為友 11/99/16
四方○下謂之宇 11/99/21
從城○視牛如羊 11/101/6
則飾智而詐○ 11/102/11
○無苛令 11/103/19
○高丘 11/104/17
湖○不鬻魚 11/104/21
四累之○也 12/107/22
託於車○則驥不能勝人 12/108/6
○下俱極 12/108/26
身處江海之○ 12/109/21
桓公讀書於堂〔○〕 12/110/1
至於河○ 12/113/7
而民親其○ 12/114/20
至於蒙穀之○ 12/116/5
豐○而殺下 12/116/6
此其下無地而○無天 12/116/13
吾與汗漫期于九垓之（外）〔○〕 12/116/15
○際於天 12/117/3
綴○貫頤 12/117/12
是故石○不生五穀 12/118/23
晏子可謂忠於○而惠於下矣 12/119/5
是臣殺其主而下伐其○

也 12/119/22
○棟下宇 13/120/8
夏后氏殯於阼階之○ 13/120/20
周人殯於西階之○ 13/120/21
所推移○下者无寸尺之度 13/120/25
而令行為○ 13/121/3
兼愛○賢 13/123/21
若○亂三光之明 13/125/3
○言者 13/125/12,13/125/12
○用也 13/125/12
○下相親 13/126/17
河○之丘冢 13/126/27
立之于本朝之○ 13/128/4
饗大高者而彘為○牲 13/130/20
夫饗大高而彘為○（性）［牲］者 13/130/22
有（如）［加］轅軸其○以為造 13/131/24
又況託於舟航之○乎 14/133/17
激而○之 14/136/15
○下一心 14/137/1,15/145/2
○之分不定 14/137/16
○下之禮 14/138/5
席之［○］、先（雚蕈）［雚簟］ 14/141/19
樽之○、［先］玄（樽）［酒］ 14/141/19
俎之［○］、先生魚 14/141/19
豆之［○］、先泰羹 14/141/20
自身以○至於荒芒 14/142/6
祀其鬼神於明堂之○ 14/142/16
○及毛羽 15/144/15
脩政廟堂之○而折衝千里之外 15/145/2
此用兵之○也 15/145/3
下附其○ 15/145/19
下畔其○ 15/145/20
○下不相寧 15/146/7
十日亂於○ 15/146/15
故運籌於廟堂之○ 15/146/26
故下不親○ 15/147/27
放乎九天之○ 15/148/24
○窮至高之（未）［末］ 15/149/23
故○將之用兵也 15/149/27
○得天道 15/149/27
○不知天道 15/149/28
加巨斧於桐薪之○ 15/150/2
自○高丘 15/150/6
誰敢在於○者 15/150/8
是故處於堂○之陰而知日月之次序 15/150/13
是故○視下如子 15/151/6
則下視○如父 15/151/6
（土）［○］視下如弟 15/151/6
則下視○如兄 15/151/6
○視下如子 15/151/6
下視○如父 15/151/7
○親下如弟 15/151/7
下事○如兄 15/151/7
而○失其三望 15/151/18
是故○足仰 15/151/21
○知天道 15/151/24
○隱之天 15/152/12
○下有隙 15/153/1
從此○至天者 15/153/16
是故无天於○ 15/153/21
○將之道也 15/153/23
○食晞堁 16.4/154/17
下輕○重 16.12/155/13
是以能○之 16.13/155/16
而不能生於盤石之○ 16.30/157/4
月盛衰於○ 16.33/157/12
○有兔絲 16.47/158/21
○有叢蓍 16.47/158/21
○求材 16.51/159/4
○求魚 16.51/159/4
○求（揖）［楫］ 16.51/159/4
○言若絲 16.51/159/4
○有一善 16.51/159/5
○有三衰 16.51/159/5
工人下漆而○丹則可 16.58/159/23
下丹而○漆則不可 16.58/159/23
所先後○下 16.58/159/24
譬若樹荷山○ 16.88/162/8
（橾）［操］鉤○山 16.88/162/8
在（衻）［旃］茵之○ 16.116/165/1
置酒之日而言○（冢）［冢］ 16.139/167/1
（遨）［遨］為○ 16.150/168/1
鳳皇高翔千仞之○ 17.9/168/29
○騂生耳目 17.50/171/25
○材弗易 17.118/176/21
○有酒者 17.129/177/17
○有年者 17.129/177/17
而欲為萬民之○也 17.138/178/6
太山不○小人 17.141/178/13
君子之居民○ 17.150/179/1
老病童兒皆○城 18/189/26
近塞○之人有善術者 18/190/1
加塗其○ 18/190/9
○計而入三倍 18/192/16
而○下離心 18/193/17
○車而步馬 18/194/23,18/194/27
○車而馳 18/194/26
季氏之無道無○ 18/195/20
夫［○］仕者先避［患而後就利］ 18/196/15
翱翔乎忽荒之○ 18/196/19
積博其○ 18/201/14
博○者射朋張 18/201/14
子發為○蔡令 18/201/25
夫○不及堯、舜 19/204/23
追觀○古 19/206/26
○峭山 19/207/16
蠶食○國 19/207/19
擊吳濁水之○ 19/207/21
譬若遺腹子之○隴 19/208/27
騰蛇雄鳴於○風 20/211/17
聖主在○位 20/211/23
四海之內莫不仰○之德 20/211/24
太○養神 20/216/5
太○養化 20/216/5
日化○遷善而不知其所以然 20/216/7
此治之（○）［本］也 20/216/7
法令正於○而百姓服於下 20/216/8
○世養本而下世事末 20/216/8
聖王在○ 20/217/9
○唱而民和 20/217/21
○動而下隨 20/217/21
達乎无○ 20/220/14
基美則○寧 20/221/18
而歌於易水之○ 20/221/26
故○下異道則治 20/222/14
子婦跣而○堂 20/223/1
○无煩亂之治 20/223/13

以所去者○ 16.147/167/23
○（自）〔有〕其質 17.156/179/14
○德而多寵 18/186/15
粗中而○親 18/191/25
○而貪其力 18/199/27
○與人處則悲 18/201/1
○無父母 19/206/7
以年之○ 19/208/11
固（權）〔奮〕說以取○主 19/208/13
可數者、○也 20/211/1
多生○ 20/211/13
可以養○ 20/215/16
法雖○、足以化矣 20/216/2
謂之物則○ 21/227/9
地狹田○ 21/228/10

奢 shē 4

不以○為樂 1/7/22
命伍子○傅之 18/194/8
伍子○遊人於王側 18/194/8
王因殺太子建而誅伍子○ 18/194/11

舌 shé 6

齒堅於○而先之弊 1/5/6
〔有〕結胸民、羽民、讙頭國民、（裸）〔裸〕國民、三苗民、交股民、不死民、穿胸民、反○民、豕喙民、鑿齒民、三頭民、脩臂民 4/36/27
反○無聲 5/41/19
見○而知守柔矣 10/90/25
猶百○之聲〔也〕 16.44/158/13
○之與齒 17.55/172/10

佘 shé 1

唯無形者無可（○）〔奈〕也 15/149/20

虵 shé 4

○床之與蘪蕪也 13/128/12
故○舉首尺 13/128/14
蚈足衆而走不若○ 13/131/30
龍○蟠 15/148/3

蛇 shé 27

一龍一○ 2/12/21
龍○虎豹 2/14/13
而○鱓輕之 6/51/24
（○）〔蚖〕鱓著泥百仞之中 6/51/26
又況直○鱓之類乎 6/51/27
禽獸（蝮）〔蟲〕○無不匿其爪牙 6/53/4
後奔○ 6/53/6
蟬蛻○解 7/58/27
越人得髯○ 7/60/25
虺○可蹍 8/63/10
猰貐、（鑿齒）、九嬰、大風、封豨、〔鑿齒〕、修○ 8/63/11
斷脩○於洞庭 8/63/13
夫螣○游霧而（動）〔騰〕 9/70/15
魚鱉龍○莫（肯之）〔之肯〕歸也 12/118/22
一龍一（地）〔○〕 15/152/1
介子歌龍○ 16.4/154/15
神○能斷而復續 16.9/155/4
螣○游霧 17.10/169/1
○床似蘪蕪而不能芳 17.46/171/17
今鱓之與○ 17.56/172/13
蝮○不可為足 17.93/174/30
○無足而行 17.177/180/31
蝮○螫人 17.211/183/11
吳為封豨脩○ 19/207/19
帶死○ 19/209/13
螣○雄鳴於上風 20/211/17
河以逶○、故能遠 20/215/12

揲 shé 2

○貫萬物 2/14/21
○（挺）〔挻〕其土而不益厚 16.31/157/7

捨 shě 6

趨○何足以滑心 2/16/25
豈其趨○厚薄之勢異哉 9/73/18
○其易〔而必〕成者 9/81/3
趨○人異 13/123/22
○茂木而集於枯 17.202/182/23
庶後世使知舉錯取○之宜適 21/226/23

社 shè 36

令民○ 5/39/23
以共皇天上帝、名山大川、四方之神、宗廟○稷 5/42/11
大禱祭于公○ 5/45/21
以供皇天上帝○稷之（芻）享 5/47/2
植○槁而（墧）〔墟〕裂 6/53/14
今夫窮鄙之○也 7/59/10
（損）〔捐〕棄其○稷 7/60/26
類其○ 8/66/21
（舉天下而）以為○稷 9/74/5
其○用土 11/98/3
其○用松 11/98/4
其○用石 11/98/5
其○用（粟）〔栗〕 11/98/6
能為○稷忍羞 12/106/23
曰能為○稷忍羞 12/106/24
寡人得（立）〔奉〕宗廟○稷 12/109/28
是謂○稷主 12/112/17
寡人○稷危 13/128/25
死〔而〕為○ 13/131/12
與之守○稷 14/137/2
背○稷之守而委身強秦 15/146/3
○稷之命在將軍（耳）〔身〕 15/153/13
○何愛速死 16.77/161/7
吾必悲哭○ 16.77/161/7
無鄉之○易為黍肉 17.91/174/25
過○而搖其枝 17.238/185/5
是（三）〔亡〕楚國之

〇稷 18/187/22
臣聞（之有）裂壤土以安〇稷者 18/190/26
〇稷殆 18/192/4
必危〇稷 18/195/20
至於亡〇稷 18/195/24
〇稷為墟 18/196/4
委〇稷 18/202/2
我〇稷可以庶幾乎 19/207/14
寡君失〇稷 19/207/19
持其〇稷 21/228/18

舍 shè 71

然而趨〇指湊 1/5/10
生之〇也 1/9/15
而離其外內之〇 1/10/1
夫趍〇行偽者 2/14/16
是故虛無者、道之〇 2/14/24
帝妃之〇也 3/21/5
故〇八十歲而復故（曰）〔日〕 3/21/12
陰陽刑德有七〇 3/22/6
何謂七〇 3/22/6
行九州七〇 3/24/21
〇斗、牽牛 3/27/5
歲星〇須女、虛、危 3/27/6
歲星（含）〔〇〕營室、東壁 3/27/7
歲星〇奎、婁 3/27/8
歲星〇胃、昴、畢 3/27/9
歲星〇觜巂、參 3/27/10
歲星〇東井、輿鬼 3/27/12
歲星〇柳、七星、張 3/27/13
歲星〇翼、軫 3/27/14
歲星〇角、亢 3/27/15
歲星〇氐、房、心 3/27/16
歲星〇尾、箕 3/27/17
日為之反三〇 6/50/4
趣〇滑心 7/56/7
其德（〇）〔含〕愚而容不肖 8/64/17
明於禁〇開閉之道 8/64/18
而民不〇者 9/81/14
君子幾不如〇 10/82/30
故老而弗〇 10/89/10
君子不謂小善不足為也而〇之 10/92/1
不〇而穴 11/95/13
〇之 11/100/24
故趣（〇）合即言忠而益親 11/101/4
驚馬十〇 11/102/9
趨〇禮俗 11/102/16
故趨〇同 11/102/17
趨〇相非 11/103/9
趣〇行義 11/103/16
趨〇行義、禮節謗議以營其心 11/104/2
神將來〇 12/106/28
三〇不止 12/112/13
今夕星必徙三〇 12/112/26
星必三徙〇 12/112/27
〇行七（里）〔星〕 12/112/27
星果三徙〇 12/113/2
去〇露宿以示平易 12/117/19
出〇 12/118/19
文王〇伯邑考而用武王 13/120/19
〇人有折弓者 13/123/9
趨〇也 13/126/23
道之〇也 14/133/21
故合而（〇）〔和〕之者、君也 14/139/6
三人同〇 14/140/8
〇形放佚 14/140/27
遷〇不離 15/145/16
明於禁〇開塞之道 15/146/16
追而勿〇也 15/147/12
處次〇 15/152/22
〇出處 15/152/23
乃縞素辟〇 15/153/26
大勝三年反〇 15/153/26
故沮〇之下不可以坐 16.23/156/15
割而〇之 16.80/161/15
百〇不休 17.198/182/14
趍〇之相合 17.230/184/19
故趨〇不可不審也 18/188/19
是使晉國之武〇仁而為佞 18/192/25
趨〇（不）同 18/199/7
百〇重（跰）〔趼〕 19/207/10
〇昭王之宮 20/219/22
操〇開塞 21/224/19

涉 shè 13

以便〇游 1/3/25
斮朝〇者之脛而萬民叛 9/78/8
利〇大川 10/82/22
〇水而欲毋濡 10/92/28
〇水而欲無濡 11/93/27
无〇血之仇爭忿鬬 13/130/26
〇血（屬）〔履〕腸 15/145/6
〇水多弓 15/152/24
故善游者不可懼以〇 17.37/170/30
〇水者解其馬載之舟 17.133/177/26
褰衣〇水 17.142/178/15
跋〇山川 19/207/9
跋〇谷行 19/207/16

射 shè 62

〇者扞烏號之弓 1/2/22
釣〇鷫鷞之謂樂乎 1/7/21
〇沼濱之高鳥 1/8/27
今夫善〇者有儀表之度 2/13/16
不能無弦而〇 2/18/12
音比（應鍾）〔無〇〕 3/22/13
音比（無〇）〔南呂〕 3/22/13
音比無〇 3/22/27
律受无〇 3/25/11
无〇〔者〕 3/25/11
下生无〇 3/26/5
（元）〔无〕〇之數四十五 3/26/6
无〇之商也 3/26/11
律中无〇 5/44/14
（律）〔肆〕〇御 5/45/22
天子親往〇漁 5/46/24
故〇〔者〕 7/60/30
學〇者不治（天）〔矢〕也 7/60/30
上〇十日而下殺猰貐 8/63/13
其猶〇者乎 9/69/1
虎豹之文來〇 10/90/31
17.84/174/10
善〇者不忘其弩 10/93/9
羿以之〇 11/99/23
連弩以（䠶）〔〇〕 13/122/7

［呂錡○恭王］ 13/125/18
故虎豹之彊來○ 14/132/27
夫○ 15/144/20
然猶不能獨（○）［穿］也 15/150/4
合戰必立矢（○）［石］之所及 15/151/13
主雖○雲中之鳥 15/151/20
越人學遠○［者］ 16.11/155/9
譬猶越人之○也 16.11/155/10
善○者發不失的 16.28/156/30
善於○矣 16.28/156/30
而不善所○ 16.28/156/30
不給○ 16.66/160/12
王自○之 16.89/162/11
使養由其○之 16.89/162/11
○者使［人］端 16.93/162/21
將以○麋鹿 16.106/163/29
觀○者遺其藝 17.59/172/19
羿之所以○遠中微者 17.71/173/12
○者儀小而遺大 17.77/173/26
引弓而○ 17.96/175/5
弦之為○ 17.96/175/5
提提者○ 17.139/178/9
或○之則被鎧甲 17.147/178/27
嘗被甲而免○者 17.149/178/31
雖近弗○ 17.231/184/21
百○重戒 18/195/5
博上者○朋張 18/201/14
羿左臂脩而善○ 19/205/14
矧可○思 20/211/6
夫矢之所以○遠貫（牢）［堅］者 20/212/2
（饗）［鄉］飲習○以明長幼 20/212/18
習○御 20/213/17
馳騁獵○ 20/213/18
然皆倒矢而○ 20/219/15
教之以金目則（○）快 20/220/23
○者數發不中 20/220/26
獵○忘歸 21/228/13

設 shè 46

不○智故 1/2/13
而景不一○ 1/2/13
口不○言 1/4/19
○於无垓坫之（字）［宇］ 2/12/24
天地以○ 3/29/17
皆正○于屏外 5/44/23
伏戲、女媧不○法度而以至德遺於後世 6/54/11
○機械險阻以為備 8/61/25
禮義廉恥不○ 8/62/7
○詐諝 8/62/9
○詐以巧上 8/62/26
○樹險阻 8/65/6
未耨無所○ 8/66/9
縣法○賞 9/69/5
○賞者 9/75/16
凡將○行立趣於天下 9/81/2
猶中衢而（致）［○］尊邪 10/83/2
譬若○網者 10/88/4
鑪橐埵坊○ 11/100/4
○障塞 12/117/17
此權之所○也 13/125/27
齊威王○大鼎於庭中 13/128/27
（夫今）［今夫］陳卒○兵 13/129/21
無○儲 14/135/10
鏡不（没）［○］於形 14/138/16
莫不○渠壍 15/143/23
○（蔚施）［施蔚］伏 15/148/5
是故為麋鹿者則可以置罘○也 15/149/19
不可以○備也 15/152/11
○規慮 15/152/19
此善為○施者也 15/152/25
○明衣也 15/153/20
○鼠者機動 17.45/171/15
故秦之○備也 18/197/22
○樂陳酒 18/201/14
作為雲梯之械○以攻宋 19/203/25
［請］（今）［令］公輸［般］○攻 19/203/26
於是公輸般○攻宋之械 19/203/27
墨子○守宋之備 19/203/27
在所○施 19/206/22
○儀立度 19/207/1
○笄珥 19/209/14
天○日月 20/210/3
○籩豆者 20/215/17
古者法○而不犯 20/217/13
聖王之○政施教也 20/222/4

赦 shè 9

罪之不○ 5/46/11
刑殺無○ 5/48/8
罪殺而不○ 5/49/19
縱而○之 12/114/12
執而无○ 13/123/9
○之 15/153/26
或曰知（其）［天］且○也而多殺人 16.140/167/4
或曰知（其）［天］且○也而多活人 16.140/167/4
其望○同 16.140/167/5

慴 shè 7

窮而不○ 1/9/9,14/139/10
威厲而不○ 5/49/15
則志不○矣 7/58/10
據義行理而志不○ 9/80/25
非先○也 10/86/16
聲○海內 13/121/18

攝 shè 13

豈必○權持勢 1/8/21
歲名曰○提格 3/27/4
○提格之歲 3/29/25
諸稽、○提 4/37/25
上車○轡 6/52/7
○權勢之柄 9/77/17
○天子之位 11/102/20
○女知 12/106/28
○威（檀）［擅］勢 13/123/7
非○奪也 13/125/22
○提鎮星日月東行 19/205/9
犯大難而不○ 20/220/23
明○權操柄 21/225/8

申 shēn 38

若夫墨、（揚）［楊］、○、商之於治道 2/13/4

子午、丑未、寅○、卯酉、辰戌、巳亥是也 3/21/3
丑寅、辰巳、未○、戌亥為四鉤 3/21/15
加十五日指○則處暑 3/22/23
指○ 3/25/9
〔○〕者 3/25/9
○為破 3/27/3
太陰在○ 3/27/11
水生於○ 3/27/26
○薺 3/28/23
庚辛○酉 3/28/26
庚（○）〔辰〕 3/29/8
○在庚曰上章 3/31/2
正東陽州曰○土 4/32/15
玄燿、不周、○池在海隅 4/37/11
招搖指○ 5/42/23
○嚴百刑 5/43/21
○嚴號令 5/44/17
○宮令 5/46/6
○群禁 5/48/6
是故質壯輕足者為（○）〔甲〕卒千里之外 6/53/22
今若夫○、韓、商鞅之為治也 6/54/14
○喜聞乞人之歌而悲 10/87/6
使遇商鞅、○不害 11/102/26
約車○轅 12/118/17
故託鬼神以○誡之也 13/131/2
○之以令 15/145/18
老母行歌而動○喜 16.4/154/14
○徒狄負石自沉於淵 16.43/158/10
鮑○傴背 16.142/167/9
○叔時教莊王封陳氏之後而霸天下 18/187/6
○叔時使於齊 18/193/11
○叔時曰 18/193/13
○菽、杜茝 18/198/23
○包胥〔曰〕 19/207/14
莫不事○也 20/220/13
○子之三符 20/221/20
○子者、韓昭釐之佐 21/228/20

身 shēn 226

在○者不知 1/3/4
於是民人（被）〔劗〕髮文○ 1/3/24
循之不得其○ 1/6/19
去○不遠 1/7/14
聖人不以○役物 1/7/23
不在於人而在於（我）○ 1/8/16
○得則萬物備矣 1/8/16
全其○者也 1/8/25
全其○ 1/8/25
終○運枯形于連嶁列埒之門 1/10/1
夫貴賤之於○也 2/12/14
是故○處江海之上 2/12/17
一○之中 2/13/2
所立於○者不寧 2/14/3
此不免以○役物矣 2/14/16
莫不竦○而載聽視 2/15/13
熯有餘於○也 2/16/18
○猶不能行也 2/16/23
○猶不能脫 2/17/11
○（蹈）〔陷〕于濁世之中 2/18/8
有修股民、天民、肅慎民、白民、沃民、女子民、丈夫民、奇股民、一臂民、三○民 4/36/26
其神、人面龍○而無足 4/37/12
龍○人頭 4/37/14
〔處必〕（慎）〔揜〕○ 5/41/26
處必掩○ 5/46/12
寧○體 5/46/12
不虧其○ 6/50/4
○（枕）〔枕〕格而死 6/53/24
○至親矣 7/59/6
則○飽而敖倉不為之減也 7/59/19
故終○為悲人 7/60/8
容○而游 7/60/20
○死於人手 7/60/27
虞君利垂棘之璧而擒其○ 7/60/27
一人之○也 8/62/5
內能治○ 8/64/15
故閉四關則〔終〕○無患 8/64/27
以○禱於桑林之際 9/69/11
則修○者不勸善 9/70/24
皆在於○也 9/70/28
則獨○不能保也 9/71/13
終○傷 9/72/17
○死為戮 9/73/17
漆○為厲 9/73/17
或欲○徇之 9/73/18
處靜以修○ 9/73/26
於是堯乃○服節儉之行 9/74/3
希不困其○ 9/75/9
所禁於民者不行於○ 9/75/27
先（自）〔以○〕為檢式儀表 9/75/29
其○正 9/75/29
其○不正 9/75/29
故禁勝於○ 9/75/30
○行其志 9/77/22
然〔而〕民無（掘穴）〔堀室〕狹廬所以託○者 9/78/12
○材未脩 9/81/28
脩○不誠 9/82/9
誠○有道 9/82/10
不能（專）誠〔○〕 9/82/10
○曲而景直者 10/84/2
○君子之言 10/84/27
以正○難 10/85/12
故君子見善則痛其○焉 10/85/13
○苟正 10/85/13
故世治則以義衛○ 10/86/14
世亂則以○衛義 10/86/14
不（○）〔自〕遁 10/86/22
終○為善 10/89/12
終○為不善 10/89/13
○有醜夢 10/91/23
正○而直行 10/93/1
以治○則危 11/96/5
越王句踐劗髮文○ 11/97/8
便○體 11/98/11
是故○者 11/98/16
○德則道得矣 11/98/16
○疏即謀當而見疑 11/101/4
今吾雖欲正○而待物 11/101/7
故終○隸於人 11/101/12
則終○不家矣 11/102/8
又況○乎 11/102/27
王子比干非不（智）〔知〕（箕子）被髮佯狂以免其○也 11/103/4
貪祿者見利不顧○ 11/103/13
故○自耕 11/103/23

各歸其○ 11/103/25
故○安則恩及鄰國 11/104/18
○危則（忠）〔忘〕其親戚 11/104/19
○體有所痛也 11/104/20
非獨以適○之行也 12/108/19
○退 12/108/27
不以養傷○ 12/109/16
貴以○為天下 12/109/18
愛以○為天下 12/109/18
○處江海之上 12/109/21
何明於治○ 12/109/27
臣未嘗聞○治而國亂者也 12/109/28
未嘗聞○亂而國治者也 12/109/29, 14/133/5
故本（任）〔在〕於○ 12/109/29
修之○ 12/109/30
國破○亡 12/111/4
然而請○為臣、妻為妾 12/111/5
及孤之○而晉伐楚 12/112/13
（今）〔及〕臣之○而晉伐楚 12/112/14
後其○而○先 12/113/24
外其○而○存 12/113/25
○必危亡 12/114/13
乃免其○ 12/114/15
終○不勤 12/116/3
若士舉臂而竦○ 12/116/16
魏王乃止其行而踈其○ 12/118/11
○若不勝衣 13/121/15
故一人之○而三變者 13/121/20
若乃人考其（○）才 13/121/26
故聖人以○體之 13/123/5
故終○而无所定趨 13/123/12
○自奮袂執銳 13/124/5
然而○死人手 13/124/18
○行仁義 13/126/8
然而○死國亡 13/126/9
禽夫差之○ 13/126/9
然而○伏屬鏤而死 13/126/10
是以終○行而无所困 13/126/19
則終○為破軍擒將矣 13/127/1
非能具綈綿曼帛溫煖於○也 13/130/24
果賴而免○ 13/131/17
未嘗聞○治而國亂者也 14/133/5
○者 14/133/6
能治其家者必不遺其○ 14/134/1
能脩其○者必不忘其心 14/134/1
○不累於物 14/134/11
○雖無能 14/134/18
○猶弗能保 14/135/6
而可以退而脩○ 14/135/17
（不）足以弊○ 14/136/4
蘇秦善說而亡（國）〔○〕 14/136/13
可以全○ 14/136/19
一（○）〔人〕之○既數（既）變矣 14/137/9
不杖眾多而專用○才 14/137/15
便於○也 14/137/25
凡治○養性 14/137/27
○以生為常 14/138/30
能不以天下傷其國、而不以國害其○者 14/138/31
終○不悔 14/139/2
○無與事 14/139/6
非性所有於○ 14/139/13
故位愈尊而○愈佚 14/140/3
終○不寤 14/140/12
故其○治者 14/142/6
自○以上至於荒芒 14/142/6
而樂其○之治（也）〔者〕 14/142/9
晉厲、宋康行一不義而○死國亡 15/143/5
○死族滅 15/143/16
為○戰者不能立其功 15/143/25
猶○之有股肱手足也 15/145/17
背社稷之守而委○強秦 15/146/3
○死不還 15/146/4
動靜如○ 15/147/21
必以其○先之 15/151/11
為主不顧○ 15/151/25
社稷之命在將軍（耳）〔○〕 15/153/13
聖人終○言治 16.8/154/28
而不知所以存○ 16.52/159/7
而不知○〔之〕所以亡 16.52/159/7
魯人○善制冠 16.88/162/7
故決指而○死 16.129/166/4
德不報而〔○〕見殆 16.141/167/7
○凡有幾 17.137/178/4
○无大功而有厚祿 18/186/15
然而終於○死國亡 18/187/1
所以○死於匠驪氏也 18/187/3
或說聽計當而○疏 18/190/22
聞殺○破家以存其國者 18/190/26
（敗）殺其○而三分其國 18/192/2
文侯○行其縣 18/192/9
終○不反 18/193/6
患及○ 18/193/25
○死高梁之東 18/194/2
以○歸君 18/194/18
○死無後 18/195/26
○死人手 18/196/4
何足以全其○ 18/196/9
車馬所以載○也 18/197/3
然世或用之而○死國亡者 18/198/18
僅足以容○ 18/199/11
以○役物 18/199/17
內不化、所以全（其）○也 18/199/19
老而棄其○ 18/199/27
故束○以受命 18/200/23
白公勝卑○下士 18/201/20
請○為臣、妻為妾 18/202/1
不恥○之賤 19/202/27
以○解於陽（眄）〔盱〕之（河）〔阿〕 19/202/28
以○禱於桑（山之）林〔之際〕 19/202/29
非以逸樂其○也 19/203/1
（政）〔故〕事〔成〕而○弗伐 19/203/15
且夫○正性善 19/204/20
○淬霜露 19/207/9
戰而○死 19/207/13
不如約○（早）〔卑〕辭 19/207/15
苦○勞形 19/207/25
彼非輕○而樂死 19/207/27
彼并○而立節 19/209/11
繞○若環 19/209/20
○若秋葯被風 19/209/20
治○ 20/216/5

田子方、段干木輕爵祿
　而重其○ 20/218/16
○无定君 20/218/18
○死而名足稱也 20/218/24
○貴於天下也 20/218/26
義重於○也 20/218/27
比之○則小 20/218/27
○所重也 20/218/27
故心者、○之本也 20/219/2
○者、國之本也 20/219/3
日引邪欲而澆其（○）
　（夫調）〔天和〕 20/219/10
○弗能治 20/219/11
而不免於○死人手者 20/223/15
而○虜於秦者 20/223/16
則賤物而貴○ 21/224/3
而與之終○ 21/224/4
則終○顛頓乎混溟之中 21/227/3
禹○執虆臿 21/228/5

伸 shēn 22

而百節可屈○ 1/9/21
進退屈○ 6/52/10
熊經鳥○ 7/58/3
屈（神）〔○〕俛仰 7/58/26
○曳四時 8/64/6
（別）〔制〕觡（仲）
　〔○〕鈎 9/70/4
以屈為○哉 9/72/5
數窮於下則不能○理 9/76/27
（理）詘（侕）〔○〕
　倨（佝）〔句〕 10/87/20
時詘時○ 11/99/15
可卷而（○）〔懷〕也 13/123/4
引而○之 13/123/4
與之屈○偃仰 13/125/21
時屈時○ 13/125/21
詘寸而○尺 13/126/24
小節○而大略屈 13/127/16
詘○不獲五度 15/144/15
倨句詘○ 15/147/4
進退詘○ 15/147/5
而外能詘○、（嬴）
　〔嬴〕縮、卷舒 18/199/19
猶不能屈○其指 19/206/17
以求○也 20/218/1

呻 shēn 1

○（之）也 3/25/10

突 shēn 1

孔子無（黕突）〔黔○〕
　19/203/6

深 shēn 61

○不可測 1/1/3,1/5/24,9/67/14
淵以之○ 1/1/7
鑿之而不○ 1/1/22
以曲隈○潭相予 1/4/19
澹兮其若○淵 1/6/26
○閎廣大 2/10/24
湍瀨旋淵、呂梁之○不
　能留也 2/12/16
有跂踵民、句嬰民、○
　目民、無腸民、柔利
　民、一目民、無繼民 4/37/2
玄妙○微 6/50/14
○微窈冥 6/51/2
○原道德之意 7/59/7
鑿汙池之○ 8/65/4
至精入人○矣 9/69/6
人主○居隱處以避燥濕 9/71/9
人主好高臺○池 9/74/1
至○無下 10/82/15
其怨大者其禍○ 10/83/1
故其入人○ 10/85/18
故哀樂之襲人（清）
　〔情〕也○矣 10/88/14
含而藏之莫○於心 10/92/7
○林叢薄 11/94/21
○谿峭岸 11/94/23
交淺而言○ 11/101/2,11/101/3
弗知（之）○ 12/105/14
如臨○淵 12/114/21
○目而玄鬢 12/116/5
豐水之○千仞 12/118/21
非不○且清也 12/118/22
○鑿高壘 12/119/28
水之大者害其○ 14/139/22
禍莫○焉 15/143/4
高城○（地）〔池〕 15/145/23
○哉睭睭 15/149/22
下測至○之底 15/149/23
然而高城○池 15/151/3
而釣○淵之魚 15/151/20
百步之外則爭○淺 16.49/158/27
○則達五藏 16.49/158/27
至○微廣大矣 16.85/161/31
　17.3/168/16
臨○使人欲闚 16.93/162/21
（短綆）〔綆短〕不可
　以汲○ 17.12/169/6
河水之○ 17.35/170/25
水致其○而蛟龍生焉 18/189/10
○不可測也 18/190/6
是故聖人○居以避辱 18/196/8
哀公默然○念 18/198/3
赴○谿 19/207/16
故高山○林 20/211/11
（淵○）〔○淵〕百仞 20/211/12
掘其所流而○之 20/216/12
窮道德之淵○ 20/220/14
根○即（本）〔木〕固 20/221/17
故舜○藏黃金於嶄嵒之
　山 20/222/6
測窈冥之○ 21/224/1
味論未○ 21/226/9
夫道論至○ 21/227/13

參 shēn 29

其星觜嶲、○、東井 3/19/25
以三○物 3/25/19
歲星舍觜雋、○ 3/27/10
觜嶲、○為對 3/27/18
四月建畢、〔觜嶲、○〕 3/28/1
○九 3/28/8
觜雋、○趙 3/28/12
以○望日始出北廉 3/31/10
因西方之表以○望日方
　入北廉 3/31/11
從岠北表○望日始出及旦 3/31/15
輒以南表○望之 3/31/16
從西南表○望日 3/31/22
日夏至始出與北表○ 3/31/22
昏○中 5/39/3
邪人○耦比周而陰謀 6/53/13
以與天地相○也 7/55/14

德與天地○ 8/64/14
必○五行之陰考 9/73/1
於是乃有曾○、孝己之美 11/94/1
曾○之養親也 11/97/1
故孔丘、曾○無所施其善 11/103/26
○天而發 16.11/155/9
禹耳○漏 19/205/11
○彈復徽 19/206/16
必用○五 20/212/27
何謂○五 20/212/27
此之謂○ 20/213/4
欲○言而究 21/224/3
考之○伍 21/225/9

詵 shēn 1

距諫喜（○）〔誎〕 15/153/8

神 shén 264

○與化游 1/1/10
鬼出（電）〔○〕入 1/1/11
○託于秋毫之（未）〔末〕 1/1/13
物至而○應 1/2/14
○德不全 1/3/4
○農之播穀也 1/3/12
以漠處○ 1/4/3
而化馳若○ 1/4/20
保其精○ 1/4/23
變化若○ 1/6/27
則通於○明 1/7/7
通於○明者 1/7/7
其○不燒 1/7/10
古之人有居巖穴而○不遺者 1/7/16
精○亂營 1/8/3
故天下○器 1/8/14
不足以營其精○ 1/8/28
形○氣志 1/9/12
○者 1/9/15
○非其所宜〔也〕而行之則昧 1/9/17
而○為之使也 1/9/22
凡人（之）志（各）有所在而○有所繫者 1/9/23
○失其守也 1/9/25
豈無形○氣志哉 1/9/28
形○相失也 1/10/2
故以○為主者 1/10/3
○從而害 1/10/3
則精○日以耗而彌遠 1/10/4
則○無由入矣 1/10/5
夫精〔○〕氣志者 1/10/7
是故聖人將養其○ 1/10/8
○與形化 2/11/8
形苑而○壯 2/11/13
○傷乎喜怒思慮之患者 2/11/13
○盡而形有餘 2/11/14
時既者其○漠 2/11/15
是皆不得形○俱沒也 2/11/15
杖性依○ 2/11/15
○氣不蕩于外 2/11/18
不能以亂其○ 2/12/9
而○游魏闕之下 2/12/17
其所居○者 2/12/22
是故事其○者○去之 2/12/23
休其○者○居之 2/12/23
○之分離剖判 2/13/3
是故聖人託其○於靈府 2/14/1
是故○越者其言華 2/14/15
則滑心濁○ 2/14/16
而游于精○之和 2/14/20
夫人之事其○而嬈其精 2/14/26
此皆失其○明而離其宅也 2/14/26
必形繫而○泄 2/15/4
（乃）〔及〕至○農、黃帝 2/15/11
○無虧缺於胸臆之中矣 2/16/3
或通於○明 2/16/7
是故○者智之淵也 2/16/8
（淵）〔○〕清則智明矣 2/16/8
○清者嗜欲弗能亂 2/16/12
精○（以）〔已〕越於外 2/16/12
心有所至而○喟然在之 2/16/14
若夫○無所掩 2/16/27
○經於驪山、太行而不能難 2/17/2
蜂蠆螫指而○不能憺 2/17/13
人○易濁而難清 2/17/22
其○為歲星 3/20/1
其○為熒惑 3/20/2
其○為鎮星 3/20/4
其○為太白 3/20/5
其○為辰星 3/20/6
群○之闕也 3/21/6
凡徙諸○ 3/27/21
故○四十五日而一徙 3/27/27
北斗之○有雌雄 3/29/1
太陰、小歲、星、日、辰、五○皆合 3/29/12
天○之貴者 3/29/14
東南○州曰農土 4/32/14
帝之○泉 4/33/14
登之乃○ 4/33/17
食氣者○明而壽 4/35/2
不食者不死而○ 4/35/3
有○二（人）〔八〕連臂為帝候夜 4/37/5
其○、人面龍身而無足 4/37/12
雷澤有○ 4/37/14
幣禱鬼○ 5/39/9
以共皇天上帝、名山大川、四方之○、宗廟社稷 5/42/11
藏帝籍之收於○倉 5/44/18
命太祝禱祀○位 5/45/17
與○合明 5/48/30
而○物為之下降 6/49/27
委務積○ 6/49/29
精（○）〔誠〕形於內 6/50/10
○氣相應 6/50/16
而精○（踰）〔喻〕於六馬 6/52/13
道鬼○ 6/53/6
黃○嘯吟 6/53/16
解意釋○ 6/54/10
有二○混生 7/54/26
是故精○〔者〕 7/54/27
精○入其門 7/54/28
○明之宅也 7/55/4
夫精○者 7/55/7
（變）〔愛〕其○明 7/55/18
精○何能久馳騁而不既（守）〔乎〕 7/55/19
則精○盛而氣不散矣 7/55/22
精○盛而氣不散則理 7/55/23
通則○ 7/55/23
○則以視無不見〔也〕 7/55/23
精○之戶牖也 7/55/27

則精○馳騁於外而不守矣 7/56/2
精○馳騁於外而不守 7/56/2
精○內守形骸而不外越 7/56/4
以言夫精○之不可使外淫也 7/56/5
精○澹然無極 7/57/2
而○者 7/57/2
夫精○之可寶也 7/57/5
而精○守其根 7/57/8
故曰至○ 7/57/8
體本抱○ 7/57/11
有○而不（行）〔用〕 7/57/22
役使鬼○ 7/58/1
此精○之所以能登假于道也 7/58/2
使○滔蕩而不失其充 7/58/4
○將有所遠徙 7/58/6
故形有摩而○未嘗化者 7/58/6
則○無累矣 7/58/9
鄭之○巫相壺子林 7/58/18
死不足以幽○ 7/58/26
屈（○）〔伸〕俛仰 7/58/26
休精○而棄知故 7/59/22
○明定於天下而心反其初 8/62/13
是故知○明然後知道德之不足為也 8/62/18
至微、○明弗能領也 8/62/25
○棲崑崙 8/62/28
心與○處 8/63/1
雖○无所施其德 8/63/8
精○通於萬物 8/64/13
精與鬼○總 8/64/15
是故○明藏於無形 8/64/24
精（○）〔氣〕反於至真 8/64/25
禮鬼○ 8/65/19
搖蕩精○ 8/65/21
昔者○農之治天下也 9/67/17
○不馳於胸中 9/67/17
故其化如○ 9/67/21
唯○化為貴 9/68/12
至精為○ 9/68/12
此伏犧、○農之所以為師也 9/68/24
○諭方外 9/69/12
故太上○化 9/69/17
化育如○ 9/71/17,10/85/8
雖○聖人不能以成其功 9/72/3
精○不竭 9/76/9
精○勞則越 9/77/13
鬼○弗敢（祟）〔祟〕 9/80/14
不道鬼○ 9/80/26
可以○化 10/84/22
○清意平 11/96/8
不得其養氣處○ 11/99/14
上與○明為友 11/99/16
入於冥冥之眇、○（調）〔和〕之極 11/100/8
寫○愈舞 11/100/9
○機陰閉 11/101/25
故○農之法曰 11/103/22
○將來舍 12/106/28
○無怨乎 12/109/23
宿沙之民皆自攻其君而歸○農 12/114/23
○明也 12/117/1
若○明 12/117/3
此言精○之越於外 12/117/13
是故○之所用者遠 12/117/14
精○通於死生 12/118/1
鬼○以畏之 12/119/27
祥於鬼○ 13/121/27
○農无制（今）〔令〕而民從 13/122/3
欲以○農之道治之 13/122/4
夫○農、伏犧不施賞罰而民不為非 13/122/11
精○內守 13/130/9
酒濁其○也 13/130/12
是故因鬼○禨祥而為之立禁 13/130/19
枕戶橉而臥者鬼○蹠其首 13/130/21
而○明獨饗之 13/130/23
鬼○（履）〔蹠〕其首者 13/130/27
使鬼○能玄化 13/130/28
故託鬼○以申誡之也 13/131/2
乃借鬼○之威以聲其教 13/131/3
非以其○為能饗之也 13/131/6
此鬼○之所以立 13/131/13
抱○以靜 14/134/3
扶其情者害其○ 14/138/18
○勞於謀 14/139/2
祀其鬼○於明堂之上 14/142/16
○貴於形也 14/142/16
故○制則形從 14/142/16
形勝則○窮 14/142/17
必反諸○ 14/142/17
是謂○明 15/144/3
與鬼○通 15/144/10
○化者王 15/144/11
○化者、法四時也 15/144/11
○出而鬼行 15/147/5
在中虛○ 15/147/8
鬼○移徙 15/148/11
○莫貴於天 15/149/15
是謂至○ 15/150/28
○清而不可濁也 15/151/27
謂之○ 15/152/29
〔○〕明者、先勝者也 15/152/29
人無言而○ 16.6/154/22
無言而○者載無 16.6/154/22
有言則傷其○ 16.6/154/23
之○者 16.6/154/23
○蛇能斷而復續 16.9/155/4
○龜能見夢元王 16.9/155/4
形勞則○亂 16.59/159/26
大蔡○龜出於溝壑 16.110/164/11
與○明通 17.18/169/21
（戰）兵死之鬼憎○巫 17.90/174/23
○龍不匹 17.99/175/11
鬼○之貌不著於目 17.165/180/6
非○聖人 18/186/6
非求福於鬼○也 18/189/8
以饗鬼○ 18/189/21
復〔教〕以饗鬼○ 18/189/24
若夫○農、堯、舜、禹、湯 19/202/15
於是○農乃（如）〔始〕教民播種五穀 19/202/17
○農憔悴 19/203/8
皆有○明之道 19/206/11
且夫精○（滑）〔滑〕淖纖微 19/206/22
自試○明 19/206/23
精○曉泠 19/207/10
故為道者必託之于○農、黃帝而後能入說 19/208/5
便（娟）〔娟〕擬○ 19/209/20
此之謂○明 20/210/4

懷柔百○ 20/210/19
故○明之事 20/210/23
與鬼○合靈 20/211/3
能以○化也 20/211/4
○之聽之 20/211/5
夫鬼○視之无形 20/211/5
○之格思 20/211/6
○明接 20/211/11,20/212/7
棲○於心 20/211/19
其所居○者得其位也 20/211/20
政令約省而化燿如○ 20/212/24
○農之初作琴也 20/213/12
以歸○〔杜淫〕 20/213/13
○之所依者 20/215/17
太上養○ 20/216/5
○清志平 20/216/5
而○德不全矣 20/222/10
有《精○》 21/223/26
法五○之常 21/224/12
《精○》者 21/224/27
所以使人愛養其精○ 21/225/1
靜精○之感動 21/225/5
揔同乎○明之德 21/225/13
澄澈○明之精 21/226/17
○祇弗應 21/226/20
內有以處○養氣 21/226/23
言至精而不原人之○氣 21/226/25

矤 shěn 1

○可射思 20/211/6

審 shěn 34

○群禁 3/23/22
令百工○金鐵皮革、筋角箭榦、脂膠丹漆 5/40/20
○決獄 5/43/7
○卦兆 5/45/17
○棺椁衣衾之薄厚 5/45/19
○門閭 5/46/6
○用法 5/48/1
○乎無瑕 7/57/13
○於符者 8/62/6
○乎輕重 8/64/11
○緩急之度 9/73/13
是故○〔於〕毫釐之〔小〕計者 9/74/23
故舉錯不可不○ 9/78/10
聽明○察 9/81/28
○一時者 10/92/20
○於勢之變也 11/102/25
今不○其在己者 13/125/3
不可不○也 13/129/23,18/194/20,18/202/3
是故聖人○動靜之變 13/129/28
○於數則寧 14/140/7
○錯規慮 15/148/5
○舉措之利害 15/152/1
○煙斥 15/152/23
不可不○ 16.58/159/24
故趨舍不可不○也 18/188/19
不若擇趨而○行也 18/191/10
○之於近 18/200/7
○其所由而已矣 18/201/9
○於形者不可遯以狀 19/208/4
○於一（投）〔技〕 20/215/13
○仁義之閒 21/224/8
○死生之分 21/224/28

甚 shèn 33

○淖而滒 1/1/6
○纖而微 1/1/7
亂乃逾○ 1/3/5,9/68/4
是故無所○踈 7/57/6
而無所○親 7/57/7
所持○小 9/77/20
（其存）〔所任〕○大 9/77/20
所守○約 9/77/20
所制○廣 9/77/20
始初○勞 9/81/15
蓋情○乎（叫）〔叫〕呼也 10/84/23
其亂必○矣 11/96/9
惠王○說之 12/106/2
爝火○盛 12/109/2
從者○眾 12/109/2
其精○真 12/113/19
楚王○悅之 12/118/18
○善 12/119/23
○於無君之時 14/137/10
而器械○不利 15/146/11
大寒○暑 15/152/12
○可怪也 16.71/160/23
其不知物類亦○矣 17.1/168/10
○霧之朝可以細書 17.76/173/23
言太子○仁且勇 18/194/9
○相憎也 18/195/14
太宰嚭○悅之 18/200/20
禮○卑 18/202/2
辭○服 18/202/3
則聖人之憂勞百姓〔亦〕○矣 19/203/9
〔○善〕 19/203/24
不已○乎 19/204/1

腎 shèn 6

黑色主○ 4/36/8
祭先○ 5/45/10,5/46/2,5/46/21
○主鼻 7/55/10
○為雨 7/55/13

蜃 shèn 3

雉入大水為○ 5/45/11
（橀）〔擿〕蚌○ 8/61/13
摩○而耨 13/120/10

慎 shèn 25

納肅○ 1/4/21
不可不○守也 1/9/18,9/67/10
有修股民、天民、肅○民、白民、沃民、女子民、丈夫民、奇股民、一臂民、三身民 4/36/26
〔處必〕（○）〔揜〕身 5/41/26
○管籥 5/45/18
故○所以感之也 9/69/2
不可不○也 9/72/15
戒過○微 9/80/1
武王立戒○之鞀 9/80/10
日○一日 9/80/15,18/186/2
應侯○德 10/83/4
○德大矣 10/83/5
故君子○其獨也 10/85/10
故君子○一用之 10/86/14
故○子曰 12/118/14
○守而內 14/134/2

而〇脩其境內之事	14/136/29
故聖人謹〇其所積	14/141/14
〇無為善	16.21/156/9
積不可不〇者也	16.131/166/11
是故不可不〇也	18/186/13
五品不〇	18/189/13
聖人敬小〇微	18/195/5

蜄 shèn 2

水生蠬〇	13/130/15
明月之珠出於蛖〇	16.110/164/11

升 shēng 30

而（〇）〔斗〕日行一度	3/22/11
日減一（十）〔〇〕	3/29/22
日益一〇	3/29/23
民食四〇	3/29/25
民食五〇	3/29/26,3/31/3
民食三〇	3/29/27, 3/31/1,3/31/2,3/31/5
民食二〇	3/29/28,3/31/1
民食七〇	3/31/4
民食一〇	3/31/8
農始〇穀	5/43/8
是猶以〇量石也	10/83/15
炮（烙）〔格〕生乎熱（〇）〔斗〕	11/94/14
〇堂則蓑不御	11/95/2
非不知繁〇降槃還之禮也	11/97/19
其不能乘雲〇假亦明矣	11/99/15
（事）〔爭〕〇陵阪	11/104/17
輕足〔者〕先（〇）	11/104/17
〇降揖讓	14/139/13
以（〇）〔斗〕勺沃而救之	15/149/11
〇之不能大於石也	16.56/159/17
〇在石之中	16.56/159/17
旁光不〇俎	17.141/178/13
臣請〇城鼓之	18/192/12
於是乃〇城而鼓之	18/192/12
〇高樓	18/201/13

生 shēng 639

萬物群〇	1/1/15
角觡〇也	1/1/16
〇萬物而不有	1/1/19
待而後〇	1/1/19
人〇而靜	1/2/14
而好憎〇焉	1/2/15
城成則衙〇	1/3/5
〇育萬物	1/3/17
到〇挫傷	1/3/18
干、越〇葛絺	1/3/20
各〇所急以備燥溼	1/3/20
萬物有所〇	1/4/25
是故柔弱者、〇之榦也	1/5/6
萬物弗得不〇	1/6/1
大包群〇而無（好憎）〔私好〕	1/6/2
皆〇於〔無〕形乎	1/6/11
出〇入死	1/6/12
無形而有形〇焉	1/6/19
是故有〇於無	1/6/20
一立而萬物〇矣	1/6/23
不足以養〇也	1/7/26
悲喜轉而相〇	1/8/3
而日以傷〇	1/8/4
〇而如死	1/8/18
操殺〇之柄而以行其號令邪	1/8/21
茨之以〇茅	1/8/29
性命成而好憎〇矣	1/9/7
〇之舍也	1/9/15
〇之充也	1/9/15
〇之制也	1/9/15
雖〇俱與人鈞	1/10/2
將欲〇興而未成物類	2/10/16
无環堵之宇而〇有无之根	2/10/25
萬物未〇	2/10/26
勞我以〇	2/10/29
善我〇者	2/10/29
始吾未〇之時	2/11/6
焉知〇之樂也	2/11/7
以死〇為（盡）〔晝〕夜	2/12/8
是故〇不足以使之	2/12/11
明於死〇之分	2/12/11
群美萌〇	2/12/23
此皆〇一父母而閱一和也	2/13/1
物莫不〇於有也	2/13/23
無形而〇有形	2/13/28
而群〇莫不顒顒然	2/15/7
而巧故萌〇	2/15/15
定于死〇之境	2/16/2
莫窺形於〇鐵	2/16/10
是故虛室〇白	2/16/11
貪污之心奚由〇哉	2/16/19
夫化〇者不死	2/17/2
養〇以經世	2/17/9
雖欲久〇	2/17/21
燔〇人	2/17/29
其所〇者然也	2/18/7
（道始于）〔太始〇〕虛霩	3/18/18
虛霩〇宇宙	3/18/19
宇宙〇〔元〕氣	3/18/19
積陽之熱氣〔久者〕〇火	3/18/21
半夏〇	3/22/2,5/41/27
德南則〇	3/22/9
故曰二月會而萬物〇	3/22/9
以〇二十四時之變	3/22/12
陽〇於子	3/22/28,3/22/28
陰〇於午	3/22/28,3/22/29
冬〇草木必死	3/22/29
東南則〇	3/23/3
〔則〕草木再死再〇	3/24/3
則萬物不〇	3/24/10
日至而萬物〇	3/24/11
是以萬物仰而〇	3/24/24
巳則〇已定也	3/25/7
規〇矩殺	3/25/14
一而不〇	3/25/17
陰陽合和而萬物〇	3/25/17
故曰「一〇二	3/25/17
二〇三	3/25/18,7/55/7
三〇萬物	3/25/18,7/55/7
故（卯）〔卵〕〇者八竅	3/25/24
律之初〇也	3/25/24
故音以八〇	3/25/25
下〇林鍾	3/26/1
上〇太蔟	3/26/2
下〇南呂	3/26/2
上〇姑洗	3/26/3
下〇應鍾	3/26/3
上〇蕤賓	3/26/4
上〇大呂	3/26/4

下○夷則	3/26/5
上○夾鍾	3/26/5
下○无射	3/26/5
上○仲呂	3/26/6
極不○	3/26/6
（徵）〔宮〕○（宮）〔徵〕	3/26/7
（宮）〔徵〕○商	3/26/7
商○羽	3/26/7
羽○角	3/26/7
角（○）〔主〕姑洗	3/26/7
姑洗○應鍾	3/26/8
應鍾○蕤賓	3/26/8
輕重○乎天道	3/26/13
物以三○	3/26/13
音以八相○	3/26/14
一律而○五音	3/26/22
下○者倍	3/26/24
上○者四	3/26/24
主○	3/27/2
木○於亥	3/27/24
火○於寅	3/27/25
土○於午	3/27/25
金○於巳	3/27/26
水○於申	3/27/26
故五勝○一	3/27/27
水○木	3/28/27
木○火	3/28/27
火○土	3/28/27
土○金	3/28/27
金○水	3/28/27
子○母曰義	3/28/27
母○子曰保	3/28/27
陽○於陰	3/29/17
陰○於陽	3/29/17
或死或〔○〕	3/29/17
逆其○者也	3/29/20
以○五穀桑麻	4/34/15
高者為○	4/34/18
土地各以（其）類○〔人〕	4/34/19
各有以○	4/35/5
人故十月而○	4/35/8
馬故十二月而○	4/35/9
犬故三月而○	4/35/10
彘故四月而○	4/35/11
猨故五月而○	4/35/11
麋鹿故六月而○	4/35/12
虎故七月而○	4/35/12
鳥魚皆○於陰	4/35/13
故鳥魚皆卵○	4/35/14
萬物之○而各異類	4/35/17
齕吞者八竅而卵○	4/35/18
嚼咽者九竅而胎○	4/35/18
晝○者類父	4/35/19
夜○者似母	4/35/19
至陰○牝	4/35/20
至陽○牡	4/35/20
故禾春○秋死	4/36/14
菽夏○冬死	4/36/14
麥秋○夏死	4/36/14
薺冬○（中）夏死	4/36/15
木壯水老火○金囚土死	4/36/17
火壯木老土○水囚金死	4/36/17
土壯火老金○木囚水死	4/36/17
金壯土老水○火囚木死	4/36/17
水壯金老木○土囚火死	4/36/18
是故鍊土○木	4/36/21
鍊木○火	4/36/21
鍊火○雲	4/36/21
鍊雲○水	4/36/21
鍊甘○酸	4/36/21
鍊酸○辛	4/36/22
鍊辛○苦	4/36/22
鍊苦○鹹	4/36/22
變宮○徵	4/36/22
變徵○商	4/36/22
變商○羽	4/36/22
變羽○角	4/36/22
變角○宮	4/36/23
楊桃、甘樝、甘華、百果所○	4/37/7
（條）〔融〕風之所○也	4/37/25
明庶風之所○也	4/37/25
清明風之所○也	4/37/25
景風之所○也	4/37/26
涼（也）〔風〕之所○也	4/37/26
閶闔風之所○也	4/37/26
不周風之所○也	4/37/27
廣莫〔風〕之所○也	4/37/27
（突）〔肷〕○海人	4/38/1
海人○若菌	4/38/1
若菌○聖人	4/38/1
聖人○庶人	4/38/1
凡（容）〔肷〕者○於庶人	4/38/1
羽嘉○飛龍	4/38/2
飛龍○鳳皇	4/38/2
鳳皇○鸞鳥	4/38/2
鸞鳥○庶鳥	4/38/2
凡羽者○於庶鳥	4/38/2
毛犢○應龍	4/38/2
應龍○建馬	4/38/3
建馬○麒麟	4/38/3
麒麟○庶獸	4/38/3
凡毛者○於庶獸	4/38/3
介鱗○蛟龍	4/38/3
蛟龍○鯤鯁	4/38/3
鯤鯁○建邪	4/38/4
建邪○庶魚	4/38/4
凡鱗者○於庶魚	4/38/4
介潭○先龍	4/38/4
先龍○玄黿	4/38/4
玄黿○靈龜	4/38/4
靈龜○庶龜	4/38/5
凡介者○（庶於）〔於庶〕龜	4/38/5
煖溼○容	4/38/5
煖溼○於毛風	4/38/5
毛風○於溼玄	4/38/5
溼玄○羽風	4/38/6
羽風○煗介	4/38/6
煗介○鱗薄	4/38/6
鱗薄○煖介	4/38/6
（曰）〔日〕馮○陽閼	4/38/9
陽閼○喬如	4/38/9
喬如○幹木	4/38/9
幹木○庶木	4/38/9
凡（根拔）木者○於庶木	4/38/9
（根拔）〔招搖〕○程若	4/38/10
程若○玄玉	4/38/10
玄玉○醴泉	4/38/10
醴泉○皇辜	4/38/10
皇辜○庶草	4/38/11
凡根茇草者○於庶草	4/38/11
海閭○屈龍	4/38/11
屈龍○容華	4/38/11
容華○蔈	4/38/11
蔈○（萍）藻	4/38/11
（萍）藻○浮草	4/38/12
凡浮○不根茇者○於	

（萍）藻 4/38/12
埃天五百歲○（缺）〔玦〕 4/38/14
（缺）〔玦〕五百歲（○黃埃黃埃五百歲）○黃澒 4/38/14
黃澒五百歲○黃金 4/38/15
黃金千歲○黃龍 4/38/15
〔黃龍〕入藏○黃泉 4/38/15
（清）〔青〕天八百歲○青曾 4/38/17
青曾八百歲○青澒 4/38/17
青澒八百歲○青金 4/38/18
青金（八百）〔千〕歲○青龍 4/38/18
青龍入藏○（清）〔青〕泉 4/38/18
赤天七百歲○赤丹 4/38/20
赤丹七百歲○赤澒 4/38/20
赤澒七百歲○赤金 4/38/21
赤金千歲○赤龍 4/38/21
赤龍入藏○赤泉 4/38/21
白天九百歲○白礜 4/38/22
白礜九百歲○白澒 4/38/23
白澒九百歲○白金 4/38/23
白金千歲○白龍 4/38/23
白龍入藏○白泉 4/38/23
玄天六百歲○玄砥 4/38/25
玄砥六百歲○玄澒 4/38/25
玄澒六百歲○玄金 4/38/25
玄金千歲○玄龍 4/38/26
玄龍入藏○玄泉 4/38/26
○子不備 5/39/26
萍始○ 5/40/11
○氣方盛 5/40/15
王瓜○ 5/41/3
螳蜋○ 5/41/18
死○分 5/41/26
草木○榮 5/44/8
五穀皆復○ 5/44/9
芸始○ 5/46/13
怨惡不○ 5/49/6
○氣乃理 5/49/9
夫死○同域 6/50/5
而萬物○焉 6/50/22
而甘草主○肉之藥也 6/51/3
責其○肉 6/51/4
以其○肉 6/51/4
是猶王孫綽之欲倍偏枯之藥而（欲）以○殊死之人 6/51/4
區治○ 6/51/10
顓民○ 6/52/27
莫知〔其〕所由○ 6/53/3
不能○時 6/54/8
而不窮究其所由○ 6/54/15
夫井植○（梓）〔梓〕而不容甕 6/54/17
溝植○條而不容舟 6/54/17
皆狂○而無其本者也 6/54/18
不知不死之藥所由○也 6/54/21
有二神混○ 7/54/26
法之者○ 7/55/2
一○二 7/55/7
十月而（坐）〔○〕 7/55/9
毀折○災 7/55/15
以其○○之厚 7/56/10
夫惟能無以○為者 7/56/10
則所以脩得○也 7/56/11
其○我也 7/56/14
吾安知夫刺（炙）〔灸〕而欲○者之非或也 7/56/15
或者○乃徭役也 7/56/16
其○我也不彊求已 7/56/16
欲○而不事 7/56/17
吾○也有七尺之形 7/56/18
吾〔○〕之（於比）〔比於〕有形之類 7/56/18
然則吾○也物不以益眾 7/56/19
其○也天行 7/57/1
死○無變於己 7/57/8
是故死○亦大矣 7/57/12
以死○為一化 7/57/20
○而若死 7/58/1
則是合而○時于心〔者〕也 7/58/4
與天地俱○也 7/58/7
夫使木○者豈木也 7/58/8
故○○者未嘗死也 7/58/8
其所○則死矣 7/58/8
齊死○ 7/58/10,11/99/16
○寄也 7/58/17
壺子之視死○亦齊 7/58/19
乃知死○之齊也 7/58/22
○不足以挂志 7/58/26
務光不以○害義 7/59/5
而貪利偷○者悶矣 7/59/9
不知○之不足貪也 7/59/10
○（尊）〔貴〕于天下也 7/59/16
大怖○狂 7/59/20
（以）○而若死 7/59/22
終則反本（末）〔未〕○之時 7/59/23
死之（輿）〔與〕○ 7/59/23
則不可劫以死○ 7/59/28
知養○之和 7/59/28
知未○之樂 7/60/1
而欲脩○壽終 7/60/15
而朱草○ 8/61/12
則兵革興而分爭○ 8/61/26
於是○矣 8/61/27
而成育群○ 8/62/4
皆賊氣之所○ 8/62/4
於是忿爭○ 8/62/9
貪鄙忿爭不得○焉 8/62/14
不得○焉 8/62/17
是故德衰然後仁○ 8/62/17
及偽之○也 8/62/26
是故○無號 8/63/3
則名○ 8/63/8
今至人○亂世之中 8/63/23
莫不仰德而○ 8/64/7
春○夏長 8/64/8,9/67/18
○之與殺也 8/64/10
莫死莫○ 8/64/28
凡亂之所由○者 8/65/1
流遁之所○者五 8/65/1
夫天地之○財也 8/65/22
○者不怨 8/66/7
非兵之所為（○）〔主〕也 8/66/24
若春氣之○ 9/68/28
故為惠者○姦 9/70/24
而為暴者○亂 9/70/24
則地○之財 9/71/4
然不能使禾冬○ 9/72/1
相○之氣也 9/73/21
○業不修矣 9/74/1
夫寸○於（穛）〔標〕 9/75/23
（穛）〔標〕（○於日日）○於形 9/75/23

形○於景 9/75/23
〔景○於日〕 9/75/23
樂○於音 9/75/24
音○於律 9/75/24
律○於風 9/75/24
法○於義 9/75/24
義○於眾適 9/75/24
非地○ 9/75/26
毀譽萌○ 9/77/2
有為則讒○ 9/77/7
失樂之所由○矣 9/78/24
夫民之為○也 9/78/26
則人之○ 9/79/1
是以群○遂長 9/79/9
丘陵阪險不○五穀者 9/79/10
是故○無乏用 9/79/11
慮患未○ 9/80/1
（偏）〔徧〕愛群○而不愛人類 9/81/6
人有以○ 9/82/5
人之所以○者 9/82/5
德衰而仁義○ 10/82/25
君子非（仁）義無以○ 10/82/26
則失其所以○ 10/82/27
而不能○也 10/84/8
非專為○也 10/84/15
能死○之 10/85/5
仁心之感恩接而憯怛○ 10/85/18
其在債人則○爭鬬 10/85/19
（蹠）〔蹠〕焉往○也 10/85/23
○所假也 10/86/12
（矜怛）〔矜怛〕○於不足 10/87/16
華誣○於矜 10/87/16
天非為紂○之也 10/87/24
各從其蹠而亂○焉 10/88/17
故知○之樂 10/88/21
嫚○乎小人 10/88/26
善○乎君子 10/88/26
禍之○也（分分）〔介介〕 10/90/1
稼○乎野 10/91/16
聖人見其所○則知其所歸矣 10/91/16
福○於无為 10/92/25
患○於多欲 10/92/25
害○於弗備 10/92/25
穢○於弗耨 10/92/25
禍由己○ 10/92/29
明死○之分則壽矣 10/93/13
骨肉以○怨 11/93/25
夫水積則○相食之魚 11/93/26
土積則○自（穴）〔宍〕之獸 11/93/26
禮義飾則○偽匿之（本）〔士〕 11/93/27
及至禮義之○ 11/93/30
而○盜跖、莊蹻之邪 11/94/1
皆○非其類 11/94/6
故糟丘○乎象櫡 11/94/14
炮（烙）〔格〕○乎熱（升）〔斗〕 11/94/14
嬰兒○皆同聲 11/95/24
○而徙國 11/95/25
誹譽無所由○ 11/97/19
明乎死○之分 11/97/24
崇死以害○ 11/97/25
豫讓、要離非不知樂家室、安妻子以偷○也 11/103/6
夫重○者不以利害己 11/103/13
無以養○ 11/103/24
姦邪不○ 11/103/25
不積於養○之具 11/103/28
讓則禮義○ 11/104/20
已成而示諸（先○）〔民人〕 12/106/1
（先○）〔民人〕皆善之 12/106/1
（惷）〔惷〕乎若新○之犢 12/107/1
大王亶父可謂能保○矣 12/109/16
〔○之〕所自來者久矣 12/109/17
重○ 12/109/22
重○則輕利 12/109/22
益○曰祥 12/109/24
變○於時 12/110/17
先○試觀起之為（人）〔之〕也 12/112/2
於是散宜○乃以千金求天下之珍怪 12/114/14
四時之所○ 12/116/11
精神通於死○ 12/118/1
夫唯無以○為者 12/118/8
是賢於貴○焉 12/118/8
是故石上不○五穀 12/118/23
其德○而不（辱）〔殺〕 13/120/3
文王十五而○武王 13/120/20
知法治所由○ 13/122/20
而○物 13/122/29
春分而○ 13/122/29
○之與成 13/122/29
此柔懦所○也 13/123/9
出百死而給一○ 13/124/6
尾○與婦人期而死之 13/125/14
甲冑○蟣虱 13/126/16
夫牛蹏之涔不能○鱣鮪 13/127/9
非不貪○而畏死也 13/129/26
或於恐死而反忘○也 13/129/26
水○蠬蜧 13/130/15
山○金玉 13/130/15
老槐○火 13/130/15
水○罔象 13/130/16
木○畢方 13/130/16
井○墳羊 13/130/16
而足以養○ 13/130/25
故動而為之○ 14/132/12
人○於无 14/132/15
能反其所○ 14/132/15
○殺萬物 14/134/15
因春而○ 14/134/27
所○者弗德 14/134/27
非其求所○ 14/135/1
禍福不○ 14/135/14
觀則○（貴）〔責〕 14/135/16
議則○患 14/135/16
欲為善者必○事 14/136/1
事○則釋公而就私 14/136/1
二爭者○ 14/136/24
而邪氣（因）〔自〕（而）不○ 14/137/28
故譽○則毀隨之 14/138/26
身以○為常 14/138/30
禍福萌○ 14/139/2
己之所○ 14/139/2
謂之狂○ 14/139/3
〔乃〕反○鬬 14/141/5
稼○於野而藏於廩 14/141/16
俎之〔上〕、先○魚 14/141/19
以浮游而為鼈憂養○之具 14/142/8

非其所○ 14/142/12
地（出）〔○〕長而無計量 15/144/4
以○（繫）〔擊〕死 15/147/6
明於死○ 15/148/8
後○而前死 15/150/11
然而非所以○ 15/150/13
夫人之所樂者、○也 15/151/2
福○於內 15/153/28
淵○珠而岸不枯 16.4/154/16
非能○迹者也 16.8/155/2
蘭○幽宮 16.18/155/26
今曰稻○於水 16.30/157/4
而不能○於湍瀨之流 16.30/157/4
紫芝○於山 16.30/157/4
而不能○於盤石之上 16.30/157/4
六畜○多耳目者不詳 16.45/158/15
死○相去 16.49/158/28
○子者所不能任其必孝也 16.54/159/12
必由小○ 16.57/159/21
寒不能○寒 16.85/161/30
熱不能○熱 16.85/161/30
不寒不熱能○寒熱 16.85/161/30
未有天地能○天地者也 16.85/161/30
尾○死其梁（拄）〔柱〕之下 16.100/163/11
○子而犧 16.104/163/23
故聖人同死○ 16.108/164/5
愚人亦同死○ 16.108/164/5
聖人之同死○通於分理 16.108/164/5
愚人之同死○不知利害所在 16.108/164/6
周之簡圭○於垢石 16.110/164/11
爛灰○（繩）〔蠅〕 16.124/165/23
但成而○不信 16.131/166/10
僅立而○不讓 16.131/166/10
祭之日而言狗○ 16.139/167/1
未有天地而○天地 17.3/168/16
各（哀）〔依〕其所○〔也〕 17.6/168/23
明於死○者不可（却）〔劫〕以危 17.37/170/30
黃帝○陰陽 17.50/171/25
上駢○耳目 17.50/171/25
桑林○臂手 17.50/171/25
爭心乃○ 17.95/175/3
竹以水○ 17.110/176/3
石○而堅 17.156/179/14
蘭○而芳 17.156/179/14
再○者不穫 17.159/179/22
兔絲無根而○ 17.177/180/31
蜉蝣朝○而暮死 17.178/181/1
山○金 17.224/184/5
木○蠹 17.224/184/5
人○事 17.224/184/5
尾○之信 17.242/185/14
猶不能○也 18/186/3
人自○之 18/186/6
水致其深而蛟龍○焉 18/189/10
家無故而黑牛○白犢 18/189/20
以問先○ 18/189/20
先○曰 18/189/20,18/189/23
〔其〕牛又復○白犢 18/189/21
其父又復使其子以問先○ 18/189/21
前聽先○言而失明 18/189/22
其子又復問先○ 18/189/23
行先○之言也 18/189/24
夫禍福之轉而相○ 18/189/27
木尚○ 18/190/9
以○材任重塗 18/190/9
先○不遠道而至此 18/190/16
故仁者不以欲傷○ 18/193/6
（天）〔夫〕子○於齊 18/194/15
或貪○而反死 18/194/22
或輕死而得○ 18/194/22
非為○也 18/194/24
此不知敬小之所○也 18/195/15
故禍之所從○者 18/195/23
○以棘楚 18/195/28
禍○而不蚤滅 18/195/28
而莫能知使患無○ 18/196/1
夫（得）〔使〕患無○ 18/196/1
禍○於（祖）〔袒〕而捕魚 18/196/5
今不務使患無○ 18/196/6
患○而救之 18/196/6
夫不以欲傷○ 18/197/4
禾稼春○ 19/203/12
待其自○ 19/203/13
夫（橘柚）〔亭歷〕冬○ 19/205/7
〔而〕人曰夏○ 19/205/8
○者眾〔也〕（多） 19/205/8
〔契○於卵〕 19/205/13
（禹）〔啓〕○於石 19/205/13
（契○於卵） 19/205/13
猶繼踵而○ 19/205/14
陰陽之所○ 19/205/26
今使人○於辟陋之國 19/206/6
○有榮名 19/207/2
是故○木之長 19/209/24
藜（藿）〔藋〕之○ 19/209/25
楩（柵）〔柟〕豫章之○也 19/209/26
其○物也 20/210/4
无物而不○ 20/210/16
嘉穀○ 20/210/19
以○萬（物）〔殊〕 20/210/24
嘔之而○ 20/210/29
非○萬物也 20/211/10,20/212/7
而萬物○矣 20/211/11
夫大○小 20/211/13
多○少 20/211/13
故丘阜不能○雲雨 20/211/14
滎水不能○魚鱉者 20/211/14
牛馬之氣蒸○蟣虱 20/211/14
蟣虱之氣蒸不能○牛馬 20/211/15
故化○於外 20/211/15
非○於內也 20/211/15
而萬物○之 20/212/7
立事○財 20/213/1
別（清濁）五音〔清濁〕六律相○之數 20/213/3
陰陽不○一類 20/215/1
然奸邪萌○ 20/215/21
事愈煩而亂愈○ 20/215/21
妖菑不○ 20/215/27
養○之末也 20/216/6
○以青苔 20/216/12
知疾之所從○也 20/216/17
不以欲傷○ 20/218/16
使其君○无廢事 20/218/17
凡人之所以○者 20/220/5
有形者皆○焉 20/220/24
又況○儀者乎 20/220/26

凡人之所以事○者、本也 20/221/6
天地之性（也天地之○）物也有本末 20/221/10
且法之○也 20/221/14
稼○於田而藏於倉 20/222/6
聖人見其所○ 20/222/6
故事有鑿一孔而（○）〔開〕百隙 20/223/5
樹一物而○萬葉者 20/223/5
而所○足以為濊 20/223/6
合同死○之形 21/224/7
知○類之眾 21/224/15
所以原本人之所由○ 21/224/27
審死○之分 21/224/28
所以一群○之短脩 21/225/16
游化群○ 21/226/19
則不知養○之機 21/226/26
故太公之謀○焉 21/227/23
故儒者之學○焉 21/228/2
〔久〕服傷○而害事 21/228/5
故節財、薄葬、閒服○焉 21/228/7
故《管子》之書○焉 21/228/11
故晏子之諫○焉 21/228/14
故縱橫脩短○焉 21/228/18
故刑名之書○焉 21/228/22
故商鞅之法○焉 21/228/26

牲 shēng 11

犧○用牡 5/39/9
祭不用犧○ 5/40/2
以養犧○ 5/42/11
〔巡〕行犧○ 5/43/23
嘗犧○ 5/44/21
賦之犧○ 5/47/2
是猶代庖宰剝○ 9/77/3
宜於廟○ 11/94/29
饗大高者而彘為上○ 13/130/20
夫饗大高而彘為上（性）〔○〕者 13/130/22
駢駮不入○ 17.141/178/13

笙 shēng 4

吹竽○ 5/41/4
5/41/20,8/66/11,9/78/23

勝 shēng 225

力無不○ 1/5/3
強○不若己者 1/5/5,14/134/7
柔○出於己者 1/5/5,14/134/8
而五音之變不可○聽也 1/6/21
而五味之化不可○嘗也 1/6/21
而五色之變不可○觀也 1/6/22
（得）道〔○〕而肥 1/7/22
亦必不○其任矣 1/8/11
可○計邪 2/11/5
陽氣○則散而為雨露 3/19/2
陰氣○則凝而為霜雪 3/19/2
十一月水正而（陰）〔火〕○ 3/21/24
水○故夏至溼 3/21/24
火○故冬至燥 3/21/24
景脩則陰氣○ 3/22/3
景短則陽氣○ 3/22/3
陰氣○則為水 3/22/3
陽氣○則為旱 3/22/3
是以陽氣○則日脩而夜短 3/25/1
陰氣○則日短而夜脩 3/25/1
常徙所不○ 3/27/19
因柔（曰）〔日〕徙所不○ 3/27/20
故五○生一 3/27/27
以戰必○ 3/27/29
母○子曰制 3/28/28
子○母曰困 3/28/28
以（○）〔制〕擊殺 3/28/28
○而无報 3/28/28
木○土 4/36/14
土○水 4/36/14
水○火 4/36/14
火○金 4/36/14
金○木 4/36/14
則陽氣不○ 5/40/4
則陰氣大○ 5/43/12
西老折○ 6/53/16
則敎志○而行不僻矣 7/55/22
敎志○而行（之）不僻 7/55/22
先王之道○ 7/60/18
不可○數〔矣〕 8/61/19
五采爭○ 8/61/21
不可○計也 8/65/21,18/186/11
則無不○也 9/70/8
少力而不能○也 9/70/10
故○ 9/71/24
則无不○也 9/71/24
〔則〕无不○也 9/72/6
力○其任 9/72/8
則道○ 9/75/20
道○而理達矣 9/75/20
故禁○於身 9/75/30
物莫能○也 9/77/10
其所託勢者○也 9/77/18
則庸人能以制○ 9/78/2
文不○質之謂君子 10/84/18
故義○君 10/85/6
仁○父 10/85/6
無載焉而不○ 10/88/9
不○正行 10/91/23
不○善政 10/91/23
故情○欲者昌 10/92/17
欲○情者亡 10/92/17
然而○夫差於五湖 11/97/9
重為任而罰不○ 11/102/10
昔武王執戈秉鉞以（伐紂）○殷 11/102/19
以○患為智 11/103/1
○軍之陳 11/104/16
白公○得荊國 12/106/15
趙襄子〔使〕攻翟而○之 12/107/6
○非其難者也 12/107/10
賢主以此持○ 12/107/10
齊、楚、吳、越皆嘗○矣 12/107/11
不通乎持○也 12/107/11
唯有道之主〔為〕能持○ 12/107/11
善持○者 12/107/13
客之以說○寡人也 12/108/2
故人與驥逐走則不○驥 12/108/6
託於車上則驥不能○人 12/108/6
數戰而數○ 12/108/23
數戰〔而〕數○ 12/108/24
數○則主憍 12/108/25
猶不能自○ 12/109/22
〔不能自○〕則從之 12/109/23
不能自○而強弗從者 12/109/23

越王勾踐與吳戰而不○ 12/111/4
柔之○剛也 12/111/6
弱之○強也 12/111/6
兵陳戰而○敵者 12/113/12
白公○慮亂 12/117/12
冬日則不○霜雪霧露 13/120/7
夏日則不○暑熱蟁虻 13/120/7
後世為之機杼○複以便其用 13/120/9
身若不○衣 13/121/15
逮至暴亂已○ 13/124/8
今謂（疆）〔彊〕者○則度地計眾 13/124/21
不可○數 13/126/28
三戰不○ 13/127/1
訟而不○者出一束箭 13/129/7
然而不材子不○其欲 13/129/19
皆不可○著於書策竹帛而藏於宮府者也 13/131/2
不可以強○也 14/133/13
必得○者也 14/134/6,20/219/1
能○敵者 14/134/6
故能以眾不○成大○者 14/134/8
先為不可○ 14/135/4,15/152/4
以待敵之可○也 14/135/4
故秦○乎戎而敗乎殽 14/135/8
楚○乎諸夏而敗乎柏莒 14/135/9
慮不○數 14/135/20
行不○德 14/135/20
事不○道 14/135/20
道○人則名息矣 14/135/26
故文○則質掩 14/136/15
而為利者不攻難○ 14/137/2
下之徑衢不可○理 14/137/10
聖人○心 14/137/20
眾人○欲 14/137/20
欲之不可○ 14/137/27
（唯）〔為〕能○理而（為受）〔無愛〕名 14/138/25
道○ 14/139/8
不恐不○ 14/139/17
雖不必○ 14/139/17
○在於數 14/139/18
是故滅欲則數○ 14/139/20
助一人則○ 14/140/9
靜之○躁 14/140/11
以○者也 14/141/10

形○則神窮 14/142/17
故○而不屈 15/144/9
制○於未戰而諸侯服其威 15/144/12
是以○權多也 15/144/17
夫戰而不○者 15/144/20
乃以決○ 15/145/7
夫兵之所以佐○者眾 15/145/10
而所以必○者寡 15/145/10
而○亡焉 15/145/11
良將之所以必○者 15/145/12
使官○其任 15/145/17
然皆佐○之具也 15/145/18
非所以必○也 15/145/19
兵之○敗 15/145/19
政○其民 15/145/19
民○其政 15/145/19
此必○之本也 15/145/21
不足以為○ 15/145/23
戍卒陳○興於大澤 15/146/7
則（勢）〔權〕之所（○）〔服〕者小 15/146/20
故全兵先○而後〔求〕戰 15/146/23
敗兵先戰而後求○ 15/146/23
德均、則眾者〔○〕寡 15/146/24
力敵、則智者○愚 15/146/24
而決○乎千里之外矣 15/146/26
此皆以形相○者也 15/147/1
何可○偶 15/147/10
故淩人者○ 15/147/16
而攻有必○ 15/147/27
明於必○之（攻）〔數〕也 15/148/9
故兵不必○ 15/148/10
故○定而後戰 15/148/10
雖未能得○於敵 15/148/14
敵不可得○之道也 15/148/15
形見則○可制也 15/148/15
莫不可○也 15/148/22
數則能○疏 15/149/5
夫水勢○火 15/149/10
非有水火之○也 15/149/12
若乃人盡其才、悉用其力、以少○眾者 15/149/14
夫地利○天時 15/149/16
巧舉○地利 15/149/16

勢○人 15/149/16
則兵以道理制○ 15/149/19
所以決○者鈐勢也 15/149/26
○鈐必多矣 15/149/29
而勇士必○者 15/150/1
（名）〔各〕以其○應之 15/150/21
故○可百全 15/150/27
何故而不○ 15/151/14
而後求○ 15/152/4
求○於敵 15/152/5
故能全其○ 15/152/9
〔神〕明者、先○者也 15/152/29
先○者、守不可攻 15/152/29
戰不可○者 15/152/29
牢柔不相通而○相奇者 15/153/3
○在得威 15/153/3
故○兵者非常實也 15/153/10
累若不○ 15/153/21
若戰○敵奔 15/153/24
大○三年反舍 15/153/26
中○二年 15/153/27
下○期年 15/153/27
故能戰○而不報 15/153/27
戰○於外 15/153/28
白公○之倒杖策也 16.20/156/5
不過○母之閭 16.101/163/14
○之同 16.150/168/1
烏力○日 17.10/169/1
金○木者 17.42/171/9
土○水者 17.42/171/9
昔者楚莊王既○晉於河、雍之間 18/186/18
夫戰○攻取 18/187/1
夫咎犯戰○城濮 18/191/9
雖有戰○存亡之功 18/192/5
而无不○之任矣 18/193/28
季氏之雞不○ 18/195/18
郈昭伯不○而死 18/195/23
於是陳○起於大澤 18/197/18
白公○將為亂 18/201/20
白公○卑身下士 18/201/20
白公○果為亂 18/201/22
而以○惑人之心者也 18/202/4
卒○民（治）全 19/207/14
能得○〔者〕 20/219/1
○晉黃（地）〔池〕 20/222/21

○者 5/48/26
所以○萬物也 5/48/27
○之為度也 5/48/30
動而法○ 5/49/22
（枕）〔枕〕方寢○ 6/52/27
故謹於權衡準○ 8/64/10
抱表懷○ 8/64/15
君者失準○則廢 8/64/19
○之於內外 9/69/18
是故○正於上 9/72/17
如從○準高下 9/72/22
而人主之準○也 9/75/16
（鈌）〔缺〕○者誅 9/75/17
是故能進退履○ 9/76/2
而海內莫不被○矣 9/78/1
直乎○ 10/82/15
（未）〔末〕世○○乎（准）〔唯〕恐失仁義 10/82/26
故行險者不得履○ 10/91/1
○之外與○之內 10/91/13
而內行無○ 10/93/2
若夫規矩鉤○者 11/100/6
為直者○也 11/100/10
若夫不在於○準之中 11/100/10
譬猶冰炭鉤○也 11/103/14
無○約而不可解也 12/117/21
不掩以○ 12/118/20
此〔《筦子》〕所謂（《筦子》）「（梟）〔鳥〕飛而（維）〔準〕○」者 12/118/20
夫○之為度也 13/123/4
其唯○乎 13/123/6
放準循○ 14/139/6
四方如○ 15/152/17
夫至巧不用（劍）〔鉤〕〔○〕 16.25/156/21
爛灰生（○）〔蠅〕 16.124/165/23
○之與矢 17.55/172/10
行險者不得履○ 17.70/173/10
循○而斲則不過 17.100/175/13
非準○不能正曲直 17.214/183/17
用規矩準○者 17.214/183/17
亦有規矩準○焉 17.214/183/17
木直中○ 19/206/19
无準○ 19/208/7
規矩權衡準○ 20/214/8
○之（法）〔以〕法 20/216/19
聖人一以仁義為之準○ 20/218/25
言以信義為準○也 20/218/28

盛 shèng 35

〔則〕井水○ 3/22/1
與月○衰 4/34/27
○德在木 5/39/3
生氣方○ 5/40/15
○德在火 5/41/1
用○樂 5/41/22
○德在土 5/42/6
樹木方○ 5/42/15
○德在金 5/42/23
殺氣浸○ 5/44/3
○德在水 5/45/9
雖有○尊之親 5/48/8
名聲苟○也 6/53/22
則精神○而氣不散矣 7/55/22
精神○而氣不散則理 7/55/23
若仁德之○者也 10/92/17
故亂國若○ 11/95/15
○者非多人也 11/95/16
○筦籥 11/97/21
爝火甚○ 12/109/2
皆以其氣之高與其力之○至 12/115/20
夫物○而衰 12/119/17
豈若三代之○哉 13/121/10
夏桀、殷紂之○也 13/124/17
德不○ 14/133/14
以○乘衰 15/147/7
○則強 15/153/6
月○衰於上 16.33/157/12
器小不可以○大 17.12/169/6
木方茂○ 17.167/180/10
此五聖者、天下之○主 19/202/25
○水各異 19/204/8
唯聖人能○而不衰 20/213/12
齊明○服 20/215/17
以褒先聖之隆○ 21/225/4

聖 shèng 270

○人又何事焉 1/3/21
故○人不以人滑天 1/4/9
不在○ 1/4/15
是故○人內修其本 1/4/22
故○人不貴尺之璧 1/5/19
是故○人守清道而抱雌節 1/5/21
是故○人一度循軌 1/7/1
○亡乎治人 1/7/17
○人不以身役物 1/7/23
○人處之 1/8/27,1/9/2
是故○人使（人）各處其位 1/9/16
是故○人將養其神 1/10/8
夫○人用心 2/11/15
然後知○人之不失道也 2/12/2
是故○人託其神於靈府 2/14/1
是故○人內修道術 2/14/20
此○人之游也 2/14/21,2/16/15
○人之所以駭天下者 2/15/1
○人未嘗觀焉 2/15/1
是故○人呼吸陰陽之氣 2/15/7
於是博學以疑○ 2/15/16
是故○人之學也 2/15/22
夫○人量腹而食 2/16/19
○人有所于達 2/16/20
豈獨無○人哉 2/18/2
勇力○知與罷怯不肖者同命 2/18/6
古之○人 2/18/10
○人不與也 3/24/12
中土多○人 4/34/23
慧○而好治 4/36/12
若菌生○人 4/38/1
○人生庶人 4/38/1
故○人在位 6/50/15
故○〔人〕若鏡 6/51/15
夫○人者 6/54/8
是故○人法天順情 7/54/28
是故○人因時以安其位 7/56/25
是故○人貴而尊之 7/57/3
是故○人以無應有 7/57/6
○人食足以接氣 7/59/16
故○人者 8/62/6
是以稱堯、舜以為○ 8/63/17
有賢○之名者 8/63/20

○人節五行 8/65/22
古者○王在上 8/66/6
故○人為之作〔禮〕樂以和節之 8/66/8
殺不辜之民〔而〕絕先○之後 8/66/22
故○人事省而易治 9/68/10
古○王至精形於內 9/69/12
湯、武、○主也 9/70/1
則○人（之為）〔為之〕謀 9/71/5
故○ 9/71/23
雖神○人不能以成其功 9/72/3
是故○人〔之〕舉事也 9/72/4
○人兼而用之 9/72/10
是故○人得志而在上位 9/72/14
而有賢○之聲者 9/73/8
○主之治也 9/76/1
孔丘、墨翟脩先○之術 9/77/22
夫○人之於善也 9/80/11
則○人之心小矣 9/80/15
則○人之志大也 9/80/18
則○人之智員矣 9/80/20
則○人之行方矣 9/80/22
夫○人之智 9/80/27
是故○人察其所以往 10/83/1
○人之道 10/83/2
○人在上 10/83/19
10/84/25,10/85/8
是故○人制其剟材 10/83/24
○王之養民 10/84/12
○人為善 10/85/22
○人之為治 10/85/23
○人之行義也 10/86/19
以（責）〔貴〕為○乎 10/86/20
則（○）〔貴〕者眾矣 10/86/21
何○仁之寡也 10/86/21
○人之行 10/87/4
○王以治民 10/87/12
故○人栗栗乎其內 10/87/20
唯○人見其始而知其終 10/90/1
故○人之舉事也 10/90/22
故○人不為物先 10/90/25
○人見其所生則知其所歸矣 10/91/16
○人為善若恐不及 10/92/25
○人不求譽 10/93/1
故○人反己而弗由也 10/93/2
唯○人知其微 10/93/6
○人也 10/93/16
唯○人知其化 11/94/6
○人之見終始微（言）〔矣〕 11/94/14
○人不以為民俗〔也〕 11/94/20
唯○人能遺物而反己 11/96/1
故古之○王 11/96/7
故○王執一而勿失 11/96/15
○人（記）〔託〕於無適 11/96/16
是故○人廢而弗用也 11/97/26
故○人〔之〕財制物也 11/98/17
夫○人之斲削物也 11/98/19
此皆○人之所以應時耦變 11/99/4
故○人論世而立法 11/99/8
七十餘○ 11/99/9
○人之法可觀也 11/99/12
抱大○之心 11/99/16
不得其清明玄○ 11/99/17
故○人體道反性 11/101/13
○人揔而用之 11/101/21
○人弗用 11/102/5
若以○人為之中 11/103/14
夫○人之舉事也 12/108/18
○人之書 12/110/2
是直○人之糟粕耳 12/110/3
今○人之所言者 12/110/7
故（曰）○人之處世 12/113/8
○也 12/114/27
盜賊之心必託○人之道而後可行 12/114/28
絕○棄智 12/114/29
○人乃作為之築土構木 13/120/7
故○人制禮樂 13/121/3
故○人法與時變 13/121/5
故○人所由曰道 13/121/24
夫○人作法而萬物制焉 13/122/15
○王弗行 13/122/27
○王不聽〔也〕 13/122/27
故○人之道 13/122/30
○人正在剛柔之閒 13/123/1
故○人以身體之 13/123/5
通先○之遺教 13/124/9
故○人見化以觀其徵 13/124/18
故○人之見存亡之迹 13/124/21
唯○人為能知權 13/125/13
是故○人論事之（局）曲直 13/125/21
權者、○人之所獨見也 13/125/28
是故○人以文交於世 13/126/2
○人則不然 13/126/14
是故○人者 13/126/18
○人之所獨見而留意也 13/126/24
○人為之 13/126/25
則天下无○王賢相矣 13/126/26
唯○人能見微以知明 13/128/14
故○人之論賢也 13/128/16
故○人因民之所喜而勸善 13/129/8
故○人守約而治廣者 13/129/10
是故○人審動靜之變 13/129/28
○人心平志易 13/130/9
○人之所獨見 13/130/17
而○人之所不口傳也 13/130/22
此○人所以重仁襲恩 13/131/11
非○人 13/132/1
○人不（以）〔為〕名尸 14/132/18
故○人掩明於不形 14/132/22
唯○人能之 14/134/8
〔然而〕有○名者 14/134/17
○人不為可非之行 14/134/30
○人守其所以有 14/135/3
○人無思慮 14/135/10
故○人不以行求名 14/135/17
故世有○名 14/135/27
雖有賢○之寶 14/136/18
故○人揜跡於為善 14/136/25
○人勝心 14/137/20
故○人損欲而從（事於）性 14/137/22
○人無去之心而心無醜 14/137/29
○人無焉 14/138/13
○人內藏 14/138/17
○人無屈奇之服 14/139/10
○人之所備有也 14/141/11
故○人謹慎其所積 14/141/14
〔○人〕見所始則知〔所〕終矣 14/141/16
○人之接物 14/141/23
○〔人〕常後而不先 14/141/27
○人（敕）〔勃〕然而

起 15/142/26
故○人之用兵也 15/143/3
是以○人藏形於无 15/148/22
是故○人貴靜 15/149/4
是故○人藏於無原 15/149/21
唯○人達其至 15/150/16
○人終身言治 16.8/154/28
○人者 16.24/156/19
○人不先風吹 16.32/157/10
○人從外知內 16.47/158/21
○人無止無以 16.80/161/15
○人用物 16.87/162/4
故○人見霜而知冰 16.102/163/17
故○人畜道以待時 16.103/163/21
故○人同死生 16.108/164/5
○人之同死生通於分理 16.108/164/5
○人之於道 17.39/171/3
終日言必有○之事 17.51/172/1
○人處於陰 17.199/182/16
○人行於水 17.199/182/16
○人之處亂世 17.212/183/13
○人之偶物也 17.228/184/14
○人者、隨時而舉事 17.235/184/30
非神○人 18/186/6
唯○人知病之為利 18/187/5
故○人先忤而後合 18/188/1
○王布德施惠 18/189/8
○人之言 18/189/23
○人之思脩 18/193/8
○人敬小慎微 18/195/5
雖有○知 18/196/6
是故○人深居以避辱 18/196/8
○人見之蚤 18/196/11
是故○人者、常從事於無形之外 18/196/22
○人不以所養害其養 18/197/3
世之○人也 18/197/4
故○人量鑿而正枘 18/198/13
○人不爭也 18/198/15
故○人雖有其志 18/199/10
所以貴○人者 18/199/20, 20/216/18
故○人行之於小 18/200/6
○人之舉事 18/200/12
可謂○人乎 19/202/15
以五○觀之 19/202/15
此五○者、天下之盛主 19/202/25
且夫○人者 19/202/27
○人憂民 19/202/29
○人踐位者 19/203/1
是以○人不高山、不廣河 19/203/7
則○人之憂勞百姓〔亦〕甚矣 19/203/9
○人之從事也 19/203/20
夫○人之心 19/204/10
今無五○之天奉 19/205/14
堯、舜之○不能及 19/205/23
○智之迹 19/206/11
此○人之所以(詩)〔游〕心〔也〕 19/206/24
南榮疇恥○道之獨亡於己 19/207/9
○人知時之難得 19/207/24
○人見是非 19/208/26
唯○人能論之 19/209/2
今取新○人書 19/209/2
彼獨有○知之實 19/209/10
○人象之 20/210/4
故○人者懷天心 20/210/18
故○人懷天氣 20/211/3
故○人養心 20/211/18
○主在上位 20/211/23
○人之治天下 20/212/7
而○人之所匠成也 20/212/19
非〔得〕○王為之法度而教導之 20/212/23
唯○人能盛而不衰 20/213/12
領(○)〔理〕萬事 20/213/15
故○人事窮而更為 20/213/24
○人天覆地載 20/214/1
○人兼用而財制之 20/214/7
舜、許由異行而皆○ 20/214/22
○人兼用而財使之 20/214/26
○人不為 20/215/7
故法雖在、必待○而後治 20/216/24
以无○人也 20/216/25
言无○人以統理之也 20/217/2
○王在上 20/217/9
故○主者舉賢以立功 20/217/25
夫○人之屈者 20/218/1
○人一以仁義為之準繩 20/218/25
○王之設政施教也 20/222/4
○人見其所生 20/222/6
○人見(禍)福於重閉之內 20/222/25
所以明大○之德 21/225/4
以褒先○之隆盛 21/225/4
○人亦无憂 21/226/11
○人无憂 21/226/11
原人情而不言大○之德 21/226/26
其唯○人也 21/227/3
今學者无○人之才 21/227/3

尸 shī 17

西方有刑殘之○ 4/34/25
伏○數十萬 6/53/25
其猶零星之○也 9/70/20
死無轉○ 9/79/11
○祝袀袨 11/98/26
載○而行 11/99/2
聖人不(以)〔為〕名○ 14/132/18
欲○名者必為善 14/136/1
處尊位者如○ 14/140/1
○(雖能)剝狗燒彘 14/140/1
无害於為○ 14/140/3
是故至於伏○流血 15/143/24
○祝齋戒以沈諸河 16.104/163/24
伏○流血數十萬 18/197/16
(休)〔伏〕○流血 19/207/15
○也 20/215/18
○不越樽俎而代之 20/215/18

失 shī 247

而內不○其情 1/2/16
騰踴肴亂而不○其數 1/2/17
又何亡魚○鳥之有乎 1/2/24
○其陰陽之性 1/4/1
動不○時 1/5/1, 18/195/5
不○其所以制人 1/5/16
時難得而易○也 1/5/20
德之○也 1/7/4
無○所秉 1/7/14
○其得者也 1/8/4
執者○之 1/8/14

則嗜欲好憎外（〇）
［矣］ 1/8/16
使心怵然〇其情性 1/8/28
不為愁悴怨（懟）〔懟〕
而（不）〇其所以自
樂也 1/9/2
而不以貴賤貧富勞逸〇
其志德者也 1/9/3
一〇〔其〕位 1/9/15
神〇其守也 1/9/25
〇其所守之位 1/9/28
形神相〇也 1/10/2
是以天下時有盲妄自〇
之患 1/10/7
退而自〇也 2/10/27
然後知聖人之不〇道也 2/12/2
然而〇木性 2/14/15
此皆〇其神明而離其宅也 2/14/26
而性命〇其得 2/15/14
而〇其大宗之本 2/15/19
是〇之於本 2/16/13
是之謂〇道 2/16/14
〇其位也 3/24/12
（若）〔無〕或〇時 5/44/2
〔其有〇時〕 5/44/3
農有不收藏積聚、牛馬
畜獸有放〇者 5/46/10
故正月〇政 5/48/15
二月〇政 5/48/16
三月〇政 5/48/16
四月〇政 5/48/16
五月〇政 5/48/17
六月〇政 5/48/17
七月〇政 5/48/17
八月〇政 5/48/18
九月〇政 5/48/18
十月〇政 5/48/18
十一月〇政 5/48/19
十二月〇政 5/48/19
準平而不〇 5/49/5
規度不〇 5/49/9
其政不〇 5/49/12
矩正不〇 5/49/16
權正（而）不〇 5/49/20
〇之者貧 6/51/2
得〇之度 6/51/2
亦可謂〇論矣 6/51/5
其得之乃〇之 6/51/15
其〇之非乃得之也 6/51/15
猨狖顛蹶而〇木枝 6/51/27
星辰不〇其行 6/52/20
馬牛放〇 6/53/17
時至而弗〇也 6/54/8
萬物〇之者死 7/55/2
〇之於內 7/55/4
（〇）〔得〕之於外 7/55/5
日月〇其行 7/55/15
五星〇其行 7/55/16
使神滔蕩而不〇其充 7/58/4
子夏〇明 7/60/16
四時不〇其敘 8/61/10
五星循軌而不〇其行 8/61/11
四時〇敘 8/61/17
而性〇矣 8/62/10
義者、所以救〇也 8/62/12
和〇然後聲調 8/62/18
不〇其敘 8/64/9
君者〇準繩則廢 8/64/19
貴賤不〇其體 8/64/20
〔則〕〇樂之本矣 8/66/12
〇喪之本也 8/66/17
是故慮无〇策 9/67/5
守而勿〇 9/67/13
扶撥枉橈不〇箴鋒 9/69/19
得〇之道 9/72/17
不〇小物之選者 9/74/24
皆〇其宜矣 9/74/28
而手〇駟馬之心 9/76/4
蕩而〇水 9/76/22,18/190/17
猨狖〇木 9/76/22
再舉而天下〇矣 9/78/8
〇樂之所由生矣 9/78/24
文王周觀得（夫）〔〇〕 9/80/19
（未）〔末〕世繩繩乎
（准）〔唯〕恐〇仁
義 10/82/26
〇（仁）義 10/82/27
則〇其所以生 10/82/27
〇嗜欲 10/82/27
則〇其所以活 10/82/27
故君子懼〇義 10/82/27
小人懼〇利 10/82/28
若〇火舟中 10/84/13
難至而〇其守也 10/86/16
以文滅情則〇情 10/87/11
以情滅文則〇文 10/87/11
故上左遷則〇其所尊也 10/87/30
臣右還則〇其所貴矣 10/87/30
〇諸情者 10/88/1
官無〇法 10/88/4
〇其所樂則哀 10/88/21
〇之乎境外 10/89/1
齊桓〇之乎閨內 10/89/2
進退不〇時 10/90/22
皆〇直者也 10/91/13
性〇然後貴仁 11/93/20
道〇然後貴義 11/93/20
則〇禮義之本也 11/93/26
〇其體也 11/95/27
則不〇物之情 11/96/2
夫縱欲而〇性 11/96/4
聽〇於誹譽 11/96/10
故聖王執一而勿〇 11/96/15
度量不〇於適 11/97/18
然而皆不〇親疎之恩 11/98/8
已淫已〇 11/98/20
其曲家異而不〇於體 11/99/27
以此為寡人〇 11/100/24
群臣〇禮而弗誅 11/100/25
〇處而賤 11/101/20
夫（契）〔挈〕輕重不
〇銖兩 11/102/5
人〇其情性 11/104/1
賜〇之矣 12/108/18
此人主之所以〇天下之
士也 12/109/7
則必重〇之 12/109/17
而輕〇之 12/109/17
若滅若〇 12/111/16
〇信得原 12/113/17
而不〇鉤芒 12/114/5
以待紂之〇也 12/114/16
〇從（心）〔之〕志 12/118/11
〇其宗本 12/118/12
先王所以守天下而弗〇
也 12/119/19
可以持天下弗〇 12/119/28
（〇）〔夫〕道（之）
〔其〕缺也 13/121/11
恐〇之 13/121/16
〇其處則無是 13/123/22

虱 shī 3

施 shī 127

視毛（牆）〔嬙〕、西○猶（類醜）〔倛魄〕也 7/57/20
雖有毛嬙、西○之色 8/62/16
○者不德 8/63/4
雖神无所○其德 8/63/8
德澤○于方外 8/64/14
發號○令 8/64/15
12/113/12,21/224/19
君○其德 8/66/14
不○而仁 9/68/10,20/215/27
其誠心弗○也 9/69/5
○及千歲而文不滅 9/69/8
又況於執法○令乎 9/69/14
直○矯邪不私辟險 9/69/19
尚布○也 9/70/22
君臣之○者 9/73/22
各有所○ 9/74/18
其○之不當 9/82/1
其○厚者其報美 10/82/30
薄○而厚望、畜怨而無患者 10/83/1
故能○ 10/83/7
○死者 10/84/15
（刑）〔○〕於寡妻 10/88/5
○人則異矣 10/88/18
凡萬物有所○之 10/89/23
不○賞焉 10/90/4
是故德之所○者博 10/90/28
○於四海 10/91/22
○亦仁 10/92/16
不○亦仁 10/92/16
○亦不仁 10/92/16
不○亦不仁 10/92/16
布○而德 11/93/25
無所○其美 11/93/29
○之於其所宜 11/94/27
德○四海 11/96/7
縱體○髮 11/97/10
含珠鱗○ 11/97/22
見形而○宜者也 11/99/4
非批邪○〔也〕 11/100/17
待西○、（毛嬙）〔絡慕〕而為配 11/102/7
故孔丘、曾參無所○其善 11/103/26
夫乘奇技、（偽）〔為〕邪○者 11/104/9
又不能布○ 12/106/15
而（受）教順可○後世 12/108/19
吾○益博 12/114/2
德○天下 12/119/18
含珠、鱗○、綸組 12/119/27
三王殊事而名○後世 13/120/24
譬猶師曠之○瑟柱也 13/120/25
夫神農、伏犧不○賞罰而民不為非 13/122/11
譬若斤斧椎鑿之各有所○也 13/123/25
富則觀其所○ 13/128/19
將○令曰 13/129/21
其所○德者皆為之戰 13/131/16
不○其美 14/135/23
布○而使仁無章 14/136/23
有使人不能○其力於己者也 14/138/11
乃發號○令〔曰〕 15/143/14
德之所○者博 15/146/20
設（蔚○）〔○蔚〕伏 15/148/5
積恩先○也 15/151/8
○蔚伏 15/152/19
此善為設○者也 15/152/25
畫西○之面 16.91/162/17
西○有所醜 16.115/164/25
勢○異也 17.118/176/22
而有所不○ 17.133/177/26
西○、毛嬙 17.234/184/27
聖王布德○惠 18/189/8
孔子知所○之也 18/196/28
（○）〔拖〕其衣被 18/197/1
而○之五霸之世 18/198/25
不知所○之也 18/199/7
聲○千里 19/204/1
西○、陽文也 19/204/23
蘧蒢戚○ 19/204/23
美不及西○ 19/204/24
而芳澤之〔所〕○ 19/204/25
教順○續 19/206/14
在所設○ 19/206/22
名○後世 19/207/11
惠○死 19/208/8
非必西○之種 19/209/2
以為知者〔○〕也 19/209/4
今夫毛牆、西○ 19/209/13
嘗試使之○芳澤 19/209/14
沛然而○ 20/210/15
夫天地之○化也 20/210/29
○之天下而已矣 20/211/25
必自精氣所以與之○道 20/212/4
誠心弗○也 20/212/5
五帝三王之蒞政○教 20/212/27
異形而皆○ 20/214/8
勢○便也 20/214/9
○而仁 20/216/1
○而不仁 20/216/2
○之於絃管 20/221/24
聖王之設政○教也 20/222/4
故博○而不竭 20/222/5
其數直○而正邪 21/225/9
接徑直○ 21/225/22
度形而○宜 21/228/28

師 shī 72

（今）〔令〕雨○灑道 1/2/5
○曠之聰 1/3/10
因水以為○ 1/3/12
命樂○ 5/41/20
○旅並興 5/45/5
工○效功 5/45/20
乃命水虞漁○ 5/45/22
命漁○始漁 5/46/24
命樂○大合吹而罷 5/46/25
○曠奏《白雪》之音 6/49/27
夫瞽○、庶女 6/49/28
學不死之○ 7/58/25
是故心知規而○傅諭（導）〔道〕 9/67/4
○曠瞽而為（大）〔太〕宰 9/68/23
此伏犧、神農之所以為○也 9/68/24
孔子學鼓琴於○襄 9/69/7
瞽箴○誦 9/80/9
問瞽○曰 9/81/21
瞽○有以言白黑 9/81/23
侏儒瞽○ 10/83/23
與瞽○併 10/85/24
同○而超群者 10/89/26
后稷為大田（○） 11/95/6
奚仲為工〔○〕 11/95/7

二八〇六 3/20/8
三四〇二 3/20/8
故〇二歲而行二〇八宿 3/20/9
日（月）行〇二分度之一 3/20/9
歲行三〇度〇六分度之七 3/20/9
〇二歲而周〔天〕 3/20/9
熒惑常以〇月入太微受制而出行列宿 3/20/12
日行二〇八分度之一 3/20/14
歲行〇三度百一〇二分度之五 3/20/14
二〇八歲而周〔天〕 3/20/15
二百四〇日而入 3/20/16,3/20/16
入百二〇日而夕出西方 3/20/16
入三〇五日而復出東方 3/20/17
以〇一月（久）〔冬〕至效斗、牽牛 3/20/21
距日冬至四〇五日條風至 3/20/25
條風至四〇五日明庶風至 3/20/25
明庶風至四〇五日清明風至 3/20/25
清明風至四〇五日景風至 3/20/26
景風至四〇五日涼風至 3/20/26
涼風至四〇五日閶闔風至 3/20/26
閶闔風至四〇五日不周風至 3/20/27
不周風至四〇五日廣莫風至 3/20/27
月行百八〇二度八分度之五 3/21/8
反覆三百六〇五度四分度之一而成一歲 3/21/8
天一以始建七〇六歲 3/21/10
凡二〇紀 3/21/10
一千五百二〇歲大終 3/21/11
故（曰）〔四〕歲而積千四百六〇一日而復合 3/21/12
故舍八〇歲而復故（曰）〔日〕 3/21/12
〇一月水正而（陰）〔火〕勝 3/21/24
〇（二）〔一〕月德居室三〇日 3/22/6
先日至〇五日 3/22/7
後日至〇五日而徙 3/22/7
所居各三〇日 3/22/7
九〇一度（也）〇六分度之五 3/22/11
〇五日為一節 3/22/11
以生二〇四時之變 3/22/12
加〇五日指癸則小寒 3/22/12
加〇五日指丑則大寒 3/22/13
加〇五日指報德之維 3/22/13
故曰距日冬至四〇六日而立春 3/22/14
加〇五日指寅則（雨水）〔驚蟄〕 3/22/15
〔加〕〇五日指甲則雷（驚蟄）〔雨水〕 3/22/15
加〇五日指卯中繩 3/22/16
加〇五日指乙則（清明風至）〔穀雨〕 3/22/17
加〇五日指辰則（穀雨）〔清明風至〕 3/22/18
加〇五日指常羊之維則春分盡 3/22/18
故曰有四〇六日而立夏 3/22/19
加〇五日指巳則小滿 3/22/20
加〇五日指丙則芒種 3/22/20
加〇五日指午則陽氣極 3/22/21
故曰有四〇六日而夏至 3/22/21
加〇五日指丁則小暑 3/22/21
加〇五日指未則大暑 3/22/22
加〇五日指背陽之維則夏分盡 3/22/22
故曰有四〇六日而立秋 3/22/23
加〇五日指申則處暑 3/22/23
加〇五日指庚則白露降 3/22/24
加〇五日指酉中繩 3/22/24
加〇五日指辛則寒露 3/22/25
加〇五日指戌則霜降 3/22/25
加〇五日指蹏通之維則秋分盡 3/22/26
故曰有四〇六日而立冬 3/22/26
加〇五日指亥則小雪 3/22/27
加〇五日指壬則大雪 3/22/27
加〇五日指子 3/22/27
故〇一月日冬至 3/22/28
〇二辰 3/23/1
〇二歲而（大）周天 3/23/7
故日〇而辰〇二 3/23/12
月日行〇三度七〇六分度之二〇（六）〔八〕 3/23/12
二〇九日九百四〇分日之四百九〇九而為月 3/23/13
而以〇二月為歲 3/23/13
歲有餘〇日九百四〇分日之八百二〇七 3/23/14
故〇九歲而七閏 3/23/14
七〇二日丙子受制 3/23/17
七〇二日戊子受制 3/23/17
七〇二日庚子受制 3/23/18
七〇二日壬子受制 3/23/18
七〇二日而歲終 3/23/19
（七）〇歲而復至甲子 3/23/20
行〇二時之氣 3/24/8
〇（二）〔一〕月指子 3/25/4
九九八〇一 3/25/20,4/35/8
故曰〇二鍾 3/25/21
以副〇二月 3/25/21
〇二各以三成 3/25/22
故置一而〇一 3/25/22
三之為積分（七〇）〔〇七〕萬七千一百四〇七 3/25/22
凡〇二律 3/25/23
其數八〇一 3/26/1
主〇一月 3/26/1
林鍾之數五〇四 3/26/1
太蔟之數七〇二 3/26/2
南呂之數四〇八 3/26/2
姑洗之數六〇四 3/26/3
應鍾之數四〇二 3/26/3
主〇月 3/26/3
蕤賓之數五〇七 3/26/4
大呂之數七〇六 3/26/4
主〇二月 3/26/4
夷則之數五〇一 3/26/5
夾鍾之數六〇八 3/26/5
（元）〔无〕射之數四〇五 3/26/6
仲呂之數六〇 3/26/6
以〇二律應二〇四時之變 3/26/10
三九二〇七 3/26/13,4/35/12
五八四〇 3/26/16
律之數〇二 3/26/17
故〇二蔈而當一（粟）〔分〕 3/26/17
（〇二粟而當一寸） 3/26/18

日之數〇	3/26/18
故〔〇分而為寸〕	3/26/18
〇寸而為尺	3/26/19
〇尺而為丈	3/26/19
〇二粟而當一分	3/26/19
〇二分而當一銖	3/26/19
〇二銖而當半兩	3/26/20
故二〇四銖為一兩	3/26/20
四四〇六	3/26/21
故〇六兩而為一斤	3/26/21
三〇日為一月	3/26/21
故三〇斤為一鈞	3/26/21
〇二律而為六〇音	3/26/22
六六三〇六	3/26/23
故三百六〇音以當一歲之日	3/26/23
以（〇一）〔正〕月與之晨出東方	3/27/5
以（〇）二月與之晨出東方	3/27/6
以（八）〔〇〕月與之晨出東方、奎、婁為對	3/27/15
以（九）〔〇一〕月與之晨出東方	3/27/16
以〇〔二〕月與之晨出東方	3/27/18
離〇六歲而復合	3/27/19
五九四〇五	3/27/27,4/35/11
故神四〇五日而一徙	3/27/27
分而為〇二月	3/27/30
〇月建尾、〔箕〕	3/28/3
〇一月建〔斗〕、牽牛	3/28/3
〇二月建〔須女〕、虛、〔危〕	3/28/4
角〇二	3/28/6
氐〇五	3/28/6
尾〇八	3/28/6
箕〇一四分一	3/28/6
斗二〇六	3/28/6
須女〇二	3/28/7
虛〇	3/28/7
危〇七	3/28/7
營室〇六	3/28/7
奎〇六	3/28/7
婁〇二	3/28/7
胃〇四	3/28/7
卯〇一	3/28/8
畢〇六	3/28/8
東井三〇〔三〕	3/28/8
柳〇五	3/28/8
張、翼各〇八	3/28/9
軫〇七	3/28/9
（凡二〇八宿也）	3/28/9
〇二歲〔而〕一康	3/28/20
〇一月始建於子	3/29/1
〇一月合子	3/29/2
〇日〇二辰	3/29/5
周六〇日	3/29/5
以制〇二月	3/29/19
以使〇二節	3/29/19
天有〇二月	3/29/19
以制三百六〇日	3/29/19
人亦有〇二肢	3/29/20
以使三百六〇節	3/29/20
〔滿〕五〇日者	3/29/22
不滿五〇日	3/29/22
日減一（〇）〔升〕	3/29/22
操一表卻去前表〇步	3/31/10
先春分若秋分〇餘日	3/31/15
為〇萬里	3/32/3
二億三萬三千五百里七〇五步	4/33/1,4/33/2
二億三萬三千五百五〇（里）有九（淵）	4/33/3
其高萬一千里百一〇四步二尺六寸	4/33/4
旁有四百四〇門	4/33/6
末有〇日	4/33/20
日數〇	4/35/8
人故〇月而生	4/35/8
八九七〇二	4/35/9
馬故〇二月而生	4/35/9
（〇）〔七〕九六〇三	4/35/10
六九五〇四	4/35/10
四九三〇六	4/35/11
二九〇八	4/35/13
凡海外三〇六國	4/36/26
〇月官司馬	5/45/28
〇一月官都尉	5/46/18
〇二月官獄	5/47/9
〇月不凍	5/48/16
〇一月蟄蟲冬出其鄉	5/48/17
〇二月草木不脫	5/48/17
〇月失政	5/48/18
〇一月失政	5/48/19
〇二月失政	5/48/19
鼓之而二〇五弦皆應	6/51/19
伏尸數〇萬	6/53/25
〇月而（坐）〔生〕	7/55/9
〔天〕有四時、五行、九解、三百六〇（六）日	7/55/11
人亦有四支、五藏、九竅、三百六〇（六）節	7/55/12
子求行年五〇有四而病傴僂	7/58/20
〔距〕日冬至四〇六日	8/62/2
〇日並出	8/63/10
上射〇日而下殺猰貐	8/63/13
〇里之前	9/71/10
是故〇圍之木	9/77/20
慕義從風而為之服役者不過數〇人	9/77/22
而耕不過〇畝	9/78/26
〇八年而有六年之積	9/79/2
二〇七年而有九年之儲	9/79/3
春秋二百四〇二年	9/80/24
亡國五〇二	9/80/24
弒君三〇六	9/80/24
泰山之上有七〇壇焉	10/90/12
二〇四世而田氏代之	11/94/12
至三〇二世而亡	11/94/13
人目所見不過〇里	11/96/18
泗上〇二諸侯皆率九夷以朝	11/97/9
七〇餘聖	11/99/9
得〇利劍	11/99/18
庖丁用刀〇九年	11/100/5
而二〇五絃皆應	11/100/12
駑馬〇舍	11/102/9
雖〇管仲	11/104/4
〇有九日而擒白公	12/106/17
處〇月	12/106/24
是以行年六〇	12/110/6
而城自（壞）〔壞〕者〇丈	12/111/10
君延年二〇一歲	12/112/26
三七二〇一	12/113/1
〔臣〕故〔曰〕君（移）	

〔延〕年二〇一歲 12/113/1
大司馬捶鉤者年八〇矣 12/114/5
臣年二〇好捶鉤 12/114/6
以人不過三〇里 12/115/19
以〇二牛勞秦師而賓之 12/115/23
因獻〇珥而美其一 12/116/1
三〇四世不奪 12/117/20
約車〇乘 12/118/10
禮三〇而娶 13/120/20
文王〇五而生武王 13/120/20
一饋而〇起 13/124/1
禹無〇人之衆 13/124/16
此所以三〇六世而不奪
也 13/125/9
犒以〇二牛 13/125/16
陸地之朝者三〇二國 13/126/8
18/198/19
齊以此三〇二歲道路不
拾遺 13/129/1
〇日亂於上 15/146/15
湯之地方七〇里而王者 15/146/22
將者必有三隧、四義、
五行、〇守 15/151/24
所謂〇守者 15/151/27
帶甲（士）〔七〕〇萬 15/153/6
非為〇步之內也 16.49/158/27
矢之於〇步貫兕甲 16.68/160/17
17.222/184/1
必食其蹠數〇而後足
16.125/165/26
此女媧所以七〇化也
17.50/171/25
〇頃之陂可以灌四〇頃
17.75/173/21
〇石而有塞 17.86/174/14
（二）〔三〕〇二日而
化 17.108/175/31
三〇日而蛻 17.108/175/31
去之〇步而〔不〕死
17.117/176/18
三〇輻各盡其力 17.132/177/24
灌〇頃之澤 17.203/182/25
〇牖畢開不若一戶之明
17.221/183/31
死者〇九 18/190/5
以〇二牛勞之 18/193/2
必不能自免於（千）
〔〇〕步之中矣 18/194/26
塞（有〇）〔其一〕 18/196/10
因發卒五〇萬 18/197/11
乃使尉屠睢發卒五〇萬 18/197/13
伏尸流血數〇萬 18/197/16
行年七〇 18/199/15
而四〇國朝 18/200/4
比〇日 18/200/26
一日而（遇）七〇毒 19/202/18
〇日〇夜 19/203/21
在位七〇載 20/213/8
孔子弟子七〇 20/217/6
墨子服役〔者〕百八〇
人 20/217/7
一縣之高以為二〇七大
夫 20/217/14
一鄉之高以為八〇一元
士 20/217/14
〇人者謂之傑 20/217/15
東西南北七〇說而无所
偶 20/218/6
故湯處亳七〇里 20/219/28
而二〇五絃各以其聲應 20/222/12
而三〇輻各以其力疾 20/222/12
故著二〇篇 21/223/24
刑〇二節 21/224/18
故著書二〇篇 21/227/1
然而伏戲為之六〇四變 21/227/6
誠通乎二〇篇之論 21/227/16
俓〇門 21/227/16
以教七〇子 21/228/1

什 shí 1

〇伍摶 15/148/7

石 shí 103

浸于金〇 1/1/15
利貫金〇 1/6/4
大行〇澗、飛狐、句
（望）〔注〕之險不
能難也 2/12/16
雖鏤金〇 2/13/21
（澤）〔辭〕潤玉〇 2/17/5
耳調玉〇之聲〔者〕 2/17/16
〇精出 3/22/2
至于連〇 3/24/18
故四鈞為一〇 3/26/22
入禹所導積〇山 4/33/11
（弱水出自窮〇） 4/33/12
有華山之金〇焉 4/34/13
〇氣多力 4/34/21
磁〇上飛 4/34/26
河出積〇 4/37/16
涼出茅廬、〇梁 4/37/21
遼出砥〇 4/37/22
（歧）〔岐〕出〇橋 4/37/22
（鈞）〔鈞〕衡〇 5/39/26
正鈞〇 5/44/4
擊磬〇 5/45/12,5/46/4,5/46/23
自碣〇（山）過朝鮮 5/47/13
東至於碣〇 5/47/23
〇城金室 5/47/27
重襲〇室 6/49/30
若以磁〇之能連鐵也 6/51/5
磁〇之引鐵 6/51/8
過歸鴈於碣〇 6/52/11
於是女媧鍊五色〇以補
蒼天 6/52/25
傷弓弩矛戟矢〇之創者
扶舉於路 6/53/25
是故視珍寶珠玉猶（〇
礫）〔礫〇〕也 7/57/19
鐫山〇 8/61/13
鏤於金〇 8/63/24
積牒旋〇 8/65/4
（水）〔〇〕戾破舟 9/69/22
不怨木〇而罪巧拙者 9/69/23
夫人之所以莫（抓）
〔扳〕玉〇而（抓）
〔扳〕瓜瓠者 9/72/21
无得於玉〇 9/72/21
猶以卵投〇 9/72/22
故古之為金〇管絃者 9/78/19
不過畝四〇 9/78/26
是猶以升量〇也 10/83/15
絲莞金〇 10/87/4
金〇絲竹 10/90/18
沙〇濊之 11/95/29
其社用〇 11/98/5
譬若絲竹金〇之會 11/99/27
履乘〇 11/102/20
鍾鼓莞簫、絲竹金〇以

淫其耳 11/104/2
若以○投水（中） 12/105/21
○乞入曰 12/106/15
是故○上不生五穀 12/118/23
道猶金○ 13/121/24
東至會稽、浮○ 13/124/3
前蒙矢○ 13/124/6
若玉之與○ 13/128/11
見瘕○ 13/130/13
觸（右）〔○〕而出 13/131/7
金○有聲 14/138/16
大（熱）〔暑〕鑠○流金 14/141/24
浸乎金○ 15/144/16
貫金○ 15/148/23
若轉員○於萬丈之谿 15/150/7
矢○若雨 15/151/3
合戰必立矢（射）〔○〕之所及 15/151/13
而不能生於盤○之上 16.30/157/4
慈○能引鐵 16.30/157/4
申徒狄負○自沉於淵 16.43/158/10
升之不能大於○也 16.56/159/17
升在○之中 16.56/159/17
周之簡圭生於垢○ 16.110/164/11
醫之用針○ 16.123/165/19
砥○不利而可以利金 16.148/167/26
十○而有塞 17.86/174/14
人食礜○而死 17.109/176/1
萬○俱（爕）〔熯〕 17.117/176/18
有○無金 17.143/178/18
○生而堅 17.156/179/14
拯溺而授之○ 17.168/180/12
疾雷破○ 17.174/180/25
處之如玉○ 17.204/182/27
猶金○之一調 17.230/184/19
而受沙○〔之地〕 18/186/20
〔此〕其地确（○）（之）〔而〕名醜 18/186/20
沙○之地 18/187/2
鷩○城 18/196/21
猶○之投（卯）〔卵〕 18/198/21
屈建告○乞曰 18/201/20
○乞曰 18/201/20
挈一○之尊則白汗交流 19/202/26
（禹）〔啓〕生於○ 19/205/13
蒙矢○ 19/207/13
蹶沙○ 19/207/17
人以為○也 19/208/18
玉○之相類者 19/209/1
山不讓土○以成其高 20/215/1
至○必過 20/215/6
○秤丈量 20/215/6
履○封 20/220/8
聲浸乎金○ 20/221/24

拾 shí 5

道不○遺 6/52/19,20/212/1
道路不○遺 10/87/26
齊以此三十二歲道路不○遺 13/129/1
而（鍛）〔鍛〕者○之 17.220/183/29

食 shí 165

狄不穀○ 1/3/25
○于地德 2/11/20
夫聖人量腹而○ 2/16/19
麒麟鬬而日月○ 3/19/10
蟁蝱不○駒犢 3/22/2
是謂蚤○ 3/24/15
是謂晏○ 3/24/15
民○足 3/29/22
民○四升 3/29/25
民○五升 3/29/26,3/31/3
民○三升 3/29/27
3/31/1,3/31/2,3/31/5
民○二升 3/29/28,3/31/1
民○七升 3/31/4
民○三斗 3/31/6
民○一升 3/31/8
○水者善游〔而〕能寒 4/35/1
○土者無心而慧 4/35/1
○木者多力而奰 4/35/1
○草者善走而愚 4/35/1
○（葉）〔桑〕者有絲而蛾 4/35/2
○肉者勇敢而悍 4/35/2
○氣者神明而壽 4/35/2
○穀者知慧而夭 4/35/2
不○者不死而神 4/35/3
蠶○而不飲 4/35/17
17.108/175/31
蟬飲而不○ 4/35/17
17.108/175/31
蜉蝣不飲不○ 4/35/17
介鱗者夏○而冬蟄 4/35/17
○麥與羊 5/39/6
5/39/20,5/40/11
○菽與雞 5/41/3,5/41/19
益其○ 5/41/23
○稷與牛 5/42/9
○麻與犬 5/43/1
5/43/19,5/44/16
行稃鬻飲○ 5/43/23
○黍與彘 5/45/11,5/46/3
有能取疏○、田獵禽獸者 5/46/10
○（麥）〔黍〕與彘 5/46/22
○薦梅 6/51/23
猛獸○顓民 6/52/25
○人肉 6/53/26
聖人○足以接氣 7/59/16
其入腹者不過簞○瓢漿 7/59/18
肉凝而不○ 7/60/7
量腹而○ 7/60/20
而民无所○ 8/63/11
以○鱉魚 8/65/5
衣○有餘 8/66/6
居者無○ 8/66/10
○旨不甘 8/66/15
而民有殺○自飢也 9/72/23
粢○不毀 9/74/4
去○肉之獸 9/78/7
○粟之鳥 9/78/7
然後取車輿衣○供養其欲 9/78/11
○不重味 9/78/15
妻子老弱仰而○之 9/78/26
計三年耕而餘一年之○ 9/79/2
○者 9/79/8
秋畜蔬○ 9/79/11
彘不朞年不得○ 9/79/15
〔伐〕鼙（鼓）而○ 9/80/13
知其可以衣○也 9/81/14
人之情不能無衣○ 9/81/14
衣○之道必始於耕織 9/81/15
則為螻蟻所○ 9/82/4

繼子得○ 10/86/12
夫水積則生相○之魚 11/93/26
耕田而○ 11/93/29
其於以（函）〔承〕○不如〔竹〕（簞）〔箅〕 11/94/28
衣○饒溢 11/103/25
襄子方將○而有憂色 12/107/6
糧○未及乏絕也 12/115/20
方倦龜殼而○蛤梨 12/116/7
不○亂世之○ 13/127/15
〔見〕野人方屠而○之 13/129/2
夫○駿馬之肉 13/129/3
○馬肉者三百餘人 13/129/5
○充虛 13/130/6
○之不寧於體 14/137/23
適飲○ 14/137/27
滌杯而○ 14/140/17
然後○甘寢寧 14/140/24
人有衣○之情 15/142/23
然而人○其肉而席其革者 15/149/10
軍○熟然後敢○ 15/151/13
飢者能○之 15/151/17
不○於貨 15/151/28
上○晞堁 16.4/154/17
土龍待之而得○ 16.87/162/4
故人眾則○狼 16.96/163/1
狼眾則○人 16.96/163/1
故（○草）〔草○〕之獸不疾易藪 16.99/163/8
若齊王之○雞 16.125/165/26
必○其蹠數十而後足 16.125/165/26
幸善○之而勿苦 16.145/167/17
狗彘不擇甂甌而○ 17.9/168/29
為客治飯而自〔○〕藜藿 17.63/172/28
不可○也 17.65/172/32
馬不○脂 17.94/175/1
蜉（游）〔蝣〕不○不飲 17.108/175/31
人○礜石而死 17.109/176/1
蠶○之而不飢 17.109/176/1
魚○巴菽而死 17.109/176/1
鼠○之而肥 17.109/176/1
有以（飯）〔噎〕死者 而禁天下之○ 17.120/176/26
愛熊而○之鹽 17.180/181/6
以水和水不可○ 17.188/181/22
○其○者不毀其器 17.192/182/1
○其實者不折其枝 17.192/182/1
反自○ 17.224/184/5
夫病溫而強之（○）〔餐〕 18/187/27
民○不足 18/189/14
易子而○〔之〕 18/189/25
糧○匱（乏） 18/191/21
○芻豢 18/194/18
○農夫之稼 18/198/9
安得不○子之苗 18/198/12
欲其○則難矣 18/198/27
不○五穀 18/199/14
殺而○之 18/199/15
豹養其內而虎○其外 18/199/16
則陰陽○之 18/199/18
非江河魚不○也 18/201/6
使我得其肉而○之 18/201/28
○蠃蛖之肉 19/202/16
所以衣寒○飢 19/203/5
絕穀不○ 19/204/27
欣若七日不○、如饗（大）〔太〕牢 19/207/11
鶴跱而不○ 19/207/18
蠶○上國 19/207/19
盡寫其〔所〕○ 19/208/16
秦穆公為野人○駿馬肉之傷也 20/211/27
有飲○之性 20/212/14
分財而衣○之 20/213/6
獄訟止而衣○足 20/213/19
取其見○而相呼也 20/214/11
○天地之精 20/214/15
而○之以示威 20/214/19
滌盃而○ 20/215/15
○不甘味 20/216/26
○莽飲水 20/219/26
衣與○也 20/220/5
享穀○氣者皆受焉 20/220/25
以○狗馬鴻鴈之費養士 20/221/1
故○其口而百節肥 20/221/10
可○而不可嗜也 20/221/28
家老異飯而○ 20/223/1
或○兩而路窮 20/223/9

時 shí 305

節四○而調五行 1/1/14
四○為馬 1/2/4,1/2/9
○騁而要其宿 1/2/16
篤於○也 1/4/8
得在○ 1/4/15
當此之○ 1/4/19
2/11/19,2/15/8,2/17/25
2/18/1,6/52/3,6/53/2
6/53/4,7/59/25,7/59/27
8/61/11,8/62/7,9/67/22
9/80/13,12/115/24,13/120/4
13/124/1,13/124/4,13/124/6
13/124/7,13/124/10
13/132/3,15/146/8
15/147/13,18/189/25
18/197/17,19/202/18
20/219/24,21/228/6
動不失○ 1/5/1,18/195/5
應化揆○ 1/5/4
貴其周於數而合於○也 1/5/15
○之反側 1/5/19
○不與人游 1/5/19
○難得而易失也 1/5/20
禹之趨○也 1/5/20
而爭其得○也 1/5/21
非以一○之變化而定吾所以自得也 1/9/6
是以天下○有盲妄自失之患 1/10/7
四○未分 2/10/25
始吾未生之○ 2/11/6
○既者其神漠 2/11/15
猶條風之○麗也 2/12/14
與○變化 2/12/22
有其人不遇其○ 2/17/10
遇唐、虞之○ 2/17/28
當此之（間）〔○〕 2/18/2
稺稼不得育○ 2/18/7
陰陽之專精為四○ 3/18/21
四○之散精為萬物 3/18/21
四○者 3/19/16,8/64/8
○見○匿 3/20/13
辰星正四○ 3/20/20
一○不出 3/20/22
其○不和 3/20/22

實 shí 67

○曠來遠者 9/79/20
○如虛 10/83/10
必遠（害）〔○〕也 10/85/1
名過其○者蔽 10/91/22
禮者、○之文也 11/97/15
禮不過○ 11/97/15
故制禮足以佐○喻意而
　已（矣） 11/97/20
（直）〔真〕〔其〕○
　知 12/107/3
亦以懷其○ 12/110/7
故禮者、○之華而僞之
　文也 13/126/1
而以○從事於宜 13/126/2
囹圄○ 13/128/28
而江、河不能○漏卮 13/130/6
鄉虛而今○也 14/134/21
○府庫 14/137/16
以虛應○ 15/149/2
虛○是也 15/153/1
所謂○也 15/153/2
虛○之謂也 15/153/3
夫○則鬭 15/153/6
此用民氣之○也 15/153/7
夫氣之有虛○也 15/153/9
故勝兵者非常○也 15/153/10
能○其民氣 15/153/10
以待人之○也 15/153/11
故虛○之氣、兵之貴者
　也 15/153/11
國之（○）〔寶〕也 15/153/22
我○不與我（謏）〔嫂〕
　亂 16.67/160/14
此同名而異○ 16.109/164/9
名尊於○ 17.63/172/28
〔名異○同也〕 17.125/177/7
名同○異也 17.125/177/8
食其○者不折其枝 17.192/182/1
夫再○之木根必傷 18/187/5
或虧於耳以忤於心而合
　於○者 18/190/8
何謂虧於耳、忤於心而
　合於○ 18/190/12
此所謂虧於耳、忤於心
　而得事○者也 18/190/18
采樹木之○ 19/202/16
彼獨有聖知之○ 19/209/10

提名責○ 21/225/9
避○就虛 21/225/31

碩 shí 1

禽獸○大 1/1/15

蝕 shí 4

薄○無光 7/55/15
〔而〕○於詹諸 17.10/169/1
則日月薄○ 20/210/20
猶日月之○〔也〕 20/218/20

識 shí 21

反無○ 2/14/9
无由○之矣 7/56/3
不○天下之以我備其物與 7/56/12
治其內不○其外 7/57/10
可以矩表○也 8/62/22
論近以○遠也 9/69/8
因物以○物 9/70/8
不○道之可以從楚也 12/118/19
薛燭庸子見若狐甲於劍
　而利鈍○矣 13/128/15
聞見鮮而○物淺也 13/130/16
不可以慧○也 14/133/13
弗○弗知 14/135/21
莫能○也 15/150/27
夫〔烏〕鵲先○歲之多
　風也 18/197/21
眾而難○也 18/201/11
眾而難○矣 18/202/8
唯良工能○之 19/209/1
夫物常見則○之 20/220/18
〔則〕聞○必博矣 20/221/2
則不○精微 21/226/25
八卦可以○吉凶、知禍
　福矣 21/227/6

史 shǐ 15

乃命太○ 5/47/2
使（是）○黯往（覿）
　〔覯〕焉 9/68/22
○書其過 9/80/9
府（吏）〔○〕守法 9/81/13
亦府（吏）〔○〕也 9/81/13
太○令終古先奔於商 13/124/20
太○令向藝先歸文王 13/124/20
乃令祝○太卜齊宿三日 15/153/14
莊王誅里○ 16.136/166/23
○爭之 18/197/24
而○以為不祥 18/198/1
夫○以爭為可以止之 18/198/4
○皇産而能書 19/205/14
御○冠蓋接於郡縣 20/215/20
然而○蘇嘆之 20/222/21

矢 shǐ 36

故（夫）〔○〕不若繳 1/2/24
則後者之弓○質的也 1/5/13
執弓操○以獵 5/44/24
（縱）〔蹤〕○躡風 6/52/11
傷弓弩矛戟○石之創者
　扶舉於路 6/53/25
〔非〕○不中也 7/60/30
學射者不治（天）〔○〕
　也 7/60/30
前蒙○石 13/124/6
乃矯箭為○ 13/129/7
甲不離○ 15/144/22
流○接 15/145/6
疾如（錐）〔鍭〕○ 15/146/1
疾如（鏃）〔鍭〕○ 15/147/10
○激則遠 15/150/3
○石若雨 15/151/3
弓○不調 15/151/9
合戰必立○（射）〔石〕
　之所及 15/151/13
勢如發○ 15/152/1
○之於十步貫兕甲 16.68/160/17
　17.222/184/1
○之發無能貫 16.86/162/1
則搏○而熙 16.89/162/11
始調弓矯○ 16.89/162/11
以備○之至 16.103/163/20
鵠○中蛸 16.124/165/23
繩之與○ 17.55/172/10
非弓○也 17.71/173/12
非弦不能發○ 17.96/175/5
質的張而弓○集 17.183/181/12

○〔之〕疾 17.198/182/14
民被甲括○ 18/192/12
蒙○石 19/207/13
進如激○ 19/207/25
夫○之所以射遠貫（牢）〔堅〕者 20/212/2
（而）〔亦〕猶弓○、中之具〔也〕 20/215/22
然皆倒○而射 20/219/15

豕 shǐ 4

〔有〕結胸民、羽民、讙頭國民、（裸）〔裸〕國民、三苗民、交股民、不死民、穿胸民、反舌民、○喙民、鑿齒民、三頭民、脩臂民 4/36/27
○銜蓐而席澳 6/53/15
視羊如○ 11/101/6
剝狗燒○ 20/215/16

使 shǐ 301

○風伯掃塵 1/2/5
則無不○也 1/2/9
無以異於○蟹（蛸）〔捕〕鼠 1/3/1
○地東南傾 1/4/13
○舜無其志 1/4/20
所以制○四支 1/8/10
○心怵然失其情性 1/8/28
是故聖人○（人）各處其位 1/9/16
而神為之○也 1/9/22
左右而○之 2/11/21
是故生不足以○之 2/12/11
○家忘貧 2/12/20
○王公簡其貴富而樂卑賤 2/12/20
○（知）之訢訢然 2/14/7
燭十日而○風雨 2/14/23
○我可係羈者 2/15/4
○各有經紀條貫 2/15/13
天之○也 3/19/16
○諸侯 3/20/28,5/40/16
以○十二節 3/29/19
以○三百六十節 3/29/20
假○視日出 3/31/17
若○景與表等 3/32/3
禹乃○太章步自東極 4/33/1
○豎亥步自北極 4/33/2
能○風雨 4/33/17
省婦○ 5/40/20
出大○ 5/43/9
○貴賤卑尊各有等級 5/45/19
無有所○ 5/47/1
○俗人不得其君形者而效其容 6/50/10
故召遠者○无為焉 6/50/23
親近者（○）〔言〕无事焉 6/50/23
因○銷金 6/51/5
馬莫○而自走也 6/52/9
○強不掩弱 6/52/17
○萬物各復歸其根 6/54/10
五藏之○候也 7/55/27
○耳目精明玄達而無誘慕 7/56/3
以言夫精神之不可○外淫也 7/56/5
○目不明 7/56/6
○耳不聰 7/56/6
○口（爽傷）〔厲爽〕 7/56/6
○（行）〔性〕飛揚 7/56/7
嗜慾者○人之氣越 7/56/8
而好憎者○人之心勞 7/56/8
有精而不○者 7/57/21
役○鬼神 7/58/1
○神滔蕩而不失其充 7/58/4
夫○木生者豈木也 7/58/8
○之左〔手〕據天下圖而右手刎其喉 7/59/15
○有野心 7/60/14
故儒者非能○人弗欲也 7/60/22
非能○人勿樂也 7/60/22
夫○天下畏刑而不敢盜 7/60/23
豈若能○無有盜心哉 7/60/23
○此五君者 7/60/29
及至分山川谿谷○有壤界 8/61/24
計人多少眾寡○有分數 8/61/25
○銜其指 8/62/28
堯乃○羿誅鑿齒於疇華之（野）〔澤〕 8/63/12
舜乃○禹疏三江五湖 8/63/16
乃（○）始為之撞大鍾 8/66/11
而莫○之然 9/68/15
待言而○令 9/68/19
○（是）史黯往（覲）〔靚〕焉 9/68/22
不○鬭爭 9/68/27
不○風議 9/68/28
而能○人為之哀樂 9/69/5
其次○不得為非 9/69/17
然其○之搏兔 9/70/13
則上下有以相○也 9/71/19
而不能○水西流 9/72/1
然不能○禾冬生 9/72/1
雖中工可○追速 9/72/4
而不可○有聞也 9/72/7
瘖者可○守圉 9/72/7
而不可○（言）〔通語〕也 9/72/7
○人主執正持平 9/72/22
勢有○之然也 9/73/14
人之恩澤○之然也 9/73/19
是故○天下不安其性 9/74/9
譬猶狸之不可○搏牛 9/74/24
虎之不可○搏鼠也 9/74/25
○言之而是也 9/75/9
○言之而非也 9/75/9
○不得自恣也 9/75/19
○无專行〔也〕 9/75/19
○無擅斷也 9/75/20
勿○可欲 9/76/15
勿○可奪 9/76/15
〔官〕○自司 9/77/14
○居天子之位 9/77/23
○在匹夫布衣 9/77/25
（離）〔雖〕北宮子、司馬蒯蕢不〔可〕○應敵 9/78/1
今○烏獲、藉蕃從後牽牛尾 9/78/2
〔○〕公卿正諫 9/80/9
○各處其宅 9/80/17
○非其人 9/80/18
○陳忠孝行而知所出者鮮矣 9/81/24
治國上○不得與焉 9/82/6
○堯度舜 10/83/14
○桀度堯 10/83/15

皆可○忠信 10/84/7
不能○為苟(簡)易 10/85/5
不能○無憂尋 10/85/6
故○人信己者易 10/86/23
○君子小人各得其宜也 10/87/27
○百姓皆得反業脩職 10/90/21
(兼)〔兼〕覆(蓋)而并有之、(度)伎能而裁○之者 10/93/15
○各便其性 11/94/25
輒○然也 11/96/11
○在於繼母 11/101/5
修脛者○之跖(钁)〔鏵〕 11/101/19
強脊者○之負土 11/101/19
眇者○之準 11/101/19
傴者○之塗 11/101/19
而不可○為工也 11/102/2
○人以幣先焉 11/102/26
○遇商鞅、申不害 11/102/26
將誰○正之 11/103/9
趙襄子〔○〕攻翟而勝之 12/107/6
○者來謁之 12/107/6
〔○〕人雖勇 12/107/17
○人雖有勇弗敢刺 12/107/19
○人本無其意也 12/107/20
○天下丈夫女子莫不歡然皆(欲)〔有〕愛利之心 12/107/21
以憍主○罷民 12/108/25
君不若○人問之 12/109/6
心○氣曰強 12/109/24
○心不亂 12/110/25
○之治城 12/111/12
子姓有可○求馬者乎 12/111/15
○之求馬 12/111/19
○人往取之 12/111/20
子之所○求〔馬〕者 12/111/21
宰相、所○治國家也 12/112/21
○善〔呼者〕呼之 12/113/7
○之〔以〕時 12/114/20
子發因○人歸之 12/115/6
○歸之於執事 12/115/7
子發又○人歸之 12/115/7
子發又○歸之 12/115/8
○群臣議 12/116/1
○人闇行 12/116/24
將○〔之〕荊 12/118/10
而○齕其指 12/118/13
○於秦 12/118/18
○民不爭 12/119/26
不可○應變 13/122/16
故○陳成(田)常、鴟夷子皮得成其難 13/123/8
○呂氏絕祀而陳氏有國者 13/123/8
(自)〔有〕以相○也 13/123/24
○我德能覆之 13/125/9
○我有暴亂之行 13/125/9
○天下荒亂 13/126/15
○曹子計不顧後 13/127/1
○管仲出死捐軀 13/127/6
○人之相去也 13/128/10
○鬼神能玄化 13/130/28
必○能者為己用 14/134/18
不能○禍不至 14/134/30
不能○福必來 14/135/1
○舜趨天下之利 14/135/6
○之者至 14/135/22
○水流下 14/136/15
而不可以○人暴 14/136/18
而不可以○人亂 14/136/18
君子脩行而○善无名 14/136/23
布施而○仁無章 14/136/23
○在己者得 14/137/27
未有○人無智者 14/138/10
有○人不能用其智於己者也 14/138/10
未有○人無力者 14/138/10
有○人不能施其力於己者也 14/138/11
○人為之也 14/139/28
君子為善不能○(富)〔福〕必來 14/142/11
不為非而不能○禍无至 14/142/11
○夏桀、殷紂有害於民而立被其患 15/143/4
○官勝其任 15/145/17
○之若虎豹之有爪牙 15/145/18
一心以○之也 15/147/26
〔○〕敵人之兵 15/148/6
今○兩人接刃 15/150/1
○彼知吾所出而不知吾所入 15/150/22
今○陶人化而為埴 15/152/6
然○人善之者 16.8/154/28
而不可○長〔言〕 16.8/155/1
而不能○人勿斷也 16.9/155/4
○之自以平 16.41/158/4
○養由其射之 16.89/162/11
登高○人欲望 16.93/162/21
臨深○人欲闚 16.93/162/21
處○然也 16.93/162/21
射者○〔人〕端 16.93/162/21
釣者○人恭 16.93/162/21
事○然也 16.93/162/21
若○人必知所集 16.103/163/20
故○(止)〔之〕見者 16.132/166/14
○鼓鳴者 16.132/166/14
故○(盲)〔瘖〕者語 16.144/167/14
○躄者走 16.144/167/15
○大如馬 17.48/171/21
○(但)〔伹〕吹竽 17.61/172/23
○(氐)〔工〕厭竅 17.61/172/23
○景曲者、形也 17.65/172/32
○響濁者、聲也 17.65/172/32
呂望○老者奮 17.82/174/6
項託○嬰兒矜 17.82/174/6
○葉落者風搖之 17.83/174/8
○水濁者魚撓之 17.83/174/8
虎豹不可○緣木 17.93/174/30
○一幅獨入 17.132/177/24
○人無度河 17.161/179/26
中河○無度 17.161/179/26
湯○人哭之 17.179/181/3
○人欲馳 17.196/182/10
○人欲歌 17.196/182/10
所緣○然 17.226/184/10
是故○人高賢稱譽己者 18/185/27
○人卑下誹謗己者 18/185/28
○知所以為是者 18/186/11
○有司拘之 18/187/15
○人召司馬子反 18/187/21
為○者跪而啜三杯 18/188/9
○者歸報 18/188/9
○秦西巴持歸烹之 18/188/13

始 shǐ 174

虹○見 5/40/10
萍○生 5/40/11
天子烏○乘舟 5/40/13
從國○ 5/40/18
鵙○鳴 5/41/18
涼風○至 5/42/7
用○行戮 5/43/1
天墜○肅 5/43/7
農○升穀 5/43/8
○收斂 5/43/8
雷乃○收 5/44/3
水○涸 5/44/4
霜○降 5/44/20
從境○ 5/45/2
水○冰 5/45/10
墜○凍 5/45/10
於是天子○裘 5/45/17
墜○坼 5/46/2
虎○交 5/46/3
芸○生 5/46/13
命漁師○漁 5/46/24
歲將更○ 5/47/1
孟春○贏 5/48/14
孟秋○縮 5/48/14
仲春○出 5/48/14
仲秋○內 5/48/14
孟夏○緩 5/48/15
孟冬○急 5/48/15
若乃未○出其宗者 6/50/4
此未○異於聲 6/51/19
若未○出其宗 6/51/20
不為福○ 7/57/7
反覆終○ 7/57/23
終○若環 7/58/2
千變萬抮而未○有極 7/58/7
乃（性）〔○〕仍仍然 7/59/11
漠若未○出其宗 7/59/21
終○無端 7/60/3,9/80/2
不謀所○ 8/61/8
於是天下廣陜險易遠近
　○有道里 8/63/14
終○虛滿 8/64/8
乃（使）○為之撞大鍾 8/66/11
於是乃○陳其禮 9/71/8
乃○縣鍾鼓 9/78/16
而乃○撞大鍾 9/78/23
衣食之道必○於耕織 9/81/15

○初甚勞 9/81/15
愚者○於樂而終於哀 9/81/18
故君子見○ 10/84/13
○乎叔季 10/86/22
福禍之○萌微 10/90/1
唯聖人見其○而知其終 10/90/1
見所○則知所終 10/91/15
聖人之見終○微（言）
　〔矣〕 11/94/14
夫儒、墨不原人情之終
　○ 11/97/17
譬若芻狗土龍之○成 11/98/25
而未○有是也 11/100/16
而未○有非也 11/100/16
太清又問於無○曰 12/105/9
無○曰 12/105/13,12/105/16
（○）〔治〕人之所
　（本）〔去〕 12/112/7
今子游○〔至〕於此 12/116/14
是故禮樂未○有常也 13/121/2
而乃○服屬臾之貌、恭
　儉之禮 13/126/16
而乃○立氣矜 13/126/17
乃○信於異眾也 13/128/3
未○分於太一者也 14/132/16
不為禍○ 14/132/19
不為○ 14/135/12
○於陽 14/136/14
○於治 14/136/15
利則為害○ 14/138/29
故○於都者常（大）
　〔卒〕於鄙 14/141/3
○於樂者常（大）〔卒〕
　於悲 14/141/4
其作○簡者 14/141/4
陰陽之○ 14/141/13
〔聖人〕見所○則知
　〔所〕終矣 14/141/16
○如狐狸 15/150/23
○調弓矯矢 16.89/162/11
（必先）○於《陽阿》
　、《采菱》 16.112/164/15
無○無終 17.3/168/16
雖不能與終○哉 17.39/171/3
○於耒耜 17.152/179/6
其○成〔也〕 18/190/11
○於雞（定）〔足〕 18/195/23

〔太宰子朱〕之見終○
　微矣 18/196/15
江水之○出於岷山也 18/196/21
於是神農乃（如）〔○〕
　教民播種五穀 19/202/17
〔此其○也〕 19/202/21
夫純鈞、魚腸（劍）之
　○下型 19/205/17
明鏡之○下型 19/205/18
觀○卒之端 19/206/23
虐○於楚 19/207/19
此未○知味者也 19/208/16
此未○知音者也 19/208/17
此未○知玉者也 19/208/18
彼乃○徐行微笑 19/209/23
見其終○ 20/221/4
豈得无終○哉 20/221/11
必察其終○ 20/222/4
繁然足以觀終○矣 21/223/22
窮逐終○之化 21/224/7
乃○攬物（物）引類 21/224/23
擘畫人事之終○者也 21/225/17
標舉終○之壇也 21/226/5
故言道而不明終○ 21/226/24
言終○而不明天地四時 21/226/25

士 shì 57

曲○不可與語至道 1/4/8
故○有一定之論 1/9/8
而處○（脩）〔循〕其道 2/17/25
析才○之脛 2/18/1
聘名○ 5/40/16
卿○大夫至于庶民 5/47/3
○不兼官 9/70/16
則直○任事 9/72/20
博○誦詩 9/80/9
○處卑隱 9/82/7
勇○一呼 10/83/26
秋○悲 10/87/19
（土）〔○〕無隱行 10/88/4
禮義飾則生偽匿之（本）
　〔○〕 11/93/27
辯○〔之〕言可聽也 11/99/12
○農工商 11/101/17
○與○言行 11/101/17
是以○無遺行 11/101/18

若夫俗〇之學也則不然 2/15/23
以招號名聲於〇 2/15/24
是故舉〇而譽之不加勸 2/16/2
舉〇而非之不加沮 2/16/2
皆以仁義之術教導於〇 2/16/23
養生以經〇 2/17/9
非有其〇 2/17/10
況一〇而撓滑之 2/17/23
古者至德之〇 2/17/25
〇之主有欲利天下之心 2/17/27
蓋今之〇也 2/17/28
不遇其〇 2/18/3
10/89/14,18/199/11
亦有繫於〇者矣 2/18/4
故〇治則愚者不得獨亂 2/18/7
〇亂則智者不能獨治 2/18/8
身（蹈）〔陷〕于濁〇
之中 2/18/8
以言慕遠〇也 2/18/14
太公並〇 6/51/11
〇皆以為巧 6/52/8
名聲被後〇 6/53/5
晚〇之時 6/53/20
8/63/17,21/228/16
故〇至於枕人頭 6/53/25
伏戲、女媧不設法度而
以至德遺於後〇 6/54/11
則望於往〇之前 7/56/4
當〇而樂其業 7/56/25
以下考〇俗之行 7/59/7
務光不污於〇 7/59/9
衰〇湊學 7/60/6
以與〇交 7/60/6
獻公豔驪姬之美而亂四〇 7/60/28
逮至衰〇 8/61/12,8/62/8
與一〇而優游 8/62/7
澤及後〇 8/63/3,14/135/24
〇無災害 8/63/8
必遭亂〇之患也 8/63/21
今至人生亂〇之中 8/63/23
晚〇學者 8/63/25
名聲傳于後〇 8/64/14
（未）〔末〕〇之政 8/66/8
晚〇風流俗敗 8/66/16
晚〇務廣地侵壤 8/66/21
末〇之政則不然 9/68/1
況於並〇化民乎 9/69/9
（業）〔葉〕貫萬〇而
不壅 9/69/13
萬〇傳之 9/69/26
而〇無廢道 9/69/26
而況當〇之主乎 9/72/3
而〇主莫之能察 9/73/10
衰〇則不然 9/74/6
以邪巧〇者 9/81/2
故尚〇體道而不德 10/82/25
中〇守德而弗壞也 10/82/25
（未）〔末〕〇繩繩乎
（准）〔唯〕恐失仁
義 10/82/26
〇莫不舉賢 10/83/13
〇有行之者矣 10/85/1
故〇治則以義衛身 10/86/14
〇亂則以身衛義 10/86/14
有其〇 10/87/24
昔東戶季子之〇 10/87/26
不知後〇之譏己也 10/88/18
有道之〇 10/89/20
無道之〇 10/89/20
而後〇稱其大 10/90/13
衰〇之造也 11/93/22
末〇之用也 11/93/22
今〇之為禮者 11/93/25
後〇必有劫殺之君 11/94/12
二十四〇而田氏代之 11/94/12
至三十二〇而亡 11/94/13
矜偽以惑〇 11/94/20
名傳後〇 11/96/7
治〇之道也 11/97/16
是以風俗濁於〇 11/97/25
〇之明事者 11/98/24
一〇之迹也 11/98/25
夫以一〇之變 11/99/7
是故〇異即事變 11/99/8
故聖人論〇而立法 11/99/8
時〇異也 11/99/10
〇各是其所是而非其所
非 11/100/15
不知〇之所謂是非者 11/100/20
庸遽知〇之所自窺我者
乎 11/101/8
若轉化而與〇競走 11/101/8
治〇之（體）〔職〕易
守也 11/101/16
而治〇不以責於民 11/101/23
敖〇輕物 11/101/24
而治〇不以為民化 11/101/24
而治〇不以為民業 11/101/25
不可以為〇儀〔也〕 11/102/1
而度量可〇傳也 11/102/6
則〇莫乘車 11/102/7
亂〇之法 11/102/10
其遭桀、紂之〇 11/102/17
故事周於〇則功成 11/102/22
〇多稱古之人而高其行 11/102/27
並〇有與同者而弗知貴
也 11/102/27
今〇俗之人 11/103/1
然而樂離〇伉行以絕眾 11/103/5
亂〇則不然 11/103/20
衰〇之俗 11/103/28
自足乎一〇之閒 11/104/9
〇樂志（乎）〔平〕 11/104/17
故〇治則小人守正 11/104/23
〇亂則君子為姦 11/104/23
故其福及後〇 12/107/11
而（受）教順可施後〇 12/108/19
故（曰）聖人之處〇 12/113/8
此〇之所明知也 12/114/23
三十四〇不奪 12/117/20
吾恐後〇之用兵不休 12/119/22
後〇為之機杼勝複以便
其用 13/120/9
後〇為之耒耜耰鋤 13/120/11
三王殊事而名施後〇 13/120/24
末〇之事 13/121/2
皆衰〇之造也 13/121/9
儒者循之以教導於〇 13/121/9
何況乎君數易〇 13/121/20
此萬〇不更者也 13/121/25
當於〇事 13/121/26
今〇德益衰 13/122/1
逮至當今之〇 13/122/4
晚〇之兵 13/122/7,15/143/23
今〇之法（藉）〔籍〕
與時變 13/122/21
非今時之〇而弗改 13/122/24
鬼魅不〇出 13/122/25
一〇之間 13/124/10
今〇之為武者則非文也 13/124/11
而不知時〇之用也 13/124/12

此所以三十六○而不奪也 13/125/9
是故聖人以文交於○ 13/126/2
論○而為之事 13/126/14
不食亂○之食 13/127/15
○主之隆也 13/127/22
○主之所亂惑也 13/128/9
○俗之所眩惑也 13/130/19
○俗言曰 13/130/20
○以為裘者 13/130/24
而可傳於後○ 13/130/25
今○之祭井竈、門戶、箕帚、（曰）〔臼〕杵者 13/131/6
四○而有天下 14/134/13
人能虛己以遊於○ 14/134/22
故○有聖名 14/135/27
不遇暴亂之○ 14/136/19
平亂○ 15/142/26
又況衰○乎 15/142/29
而霸王之功不○出者 15/143/24
二○皇帝勢為天子 15/146/4
○人傳學之 15/147/1
（○） 15/147/1
此○傳之所以為儀表者 15/150/12
○已變矣 16.11/155/9
雖污辱、○不能賤 16.116/165/1
雖高隆、○不能貴 16.116/165/2
以一（出）〔○〕之度制治天下 17.1/168/9
然而○不與也 17.51/172/1
而○弗灼 17.52/172/4
聖人之處亂○ 17.212/183/13
○稱其好 17.234/184/27
功臣二○而〔收〕爵祿 18/186/22
所以累○不奪也 18/187/2
孔子以三代之道教導於○ 18/189/16
三○不解 18/189/20
萬○之利也 18/191/17
而（後）〔先〕萬○之利也哉 18/191/17
○之聖人也 18/197/4
然○或用之而身死國亡者 18/198/18
此知仁義而不知○變者也 18/198/23
而施之五霸之○ 18/198/25
非其○而用之 18/199/3
則有以（任）〔徑〕於○矣 18/199/13
單豹倍○離俗 18/199/14
蒙恥辱以（千）〔干〕○主〔者〕 19/203/7
○俗廢衰 19/204/13
故人作一事而遺後○ 19/206/11
當○之人 19/206/13
卓然離○ 19/206/24
（若此）〔然〕而〔晚○之人〕不能閑居靜思 19/206/25
蘇援○事 19/206/26
以絕○俗 19/207/8
名施後○ 19/207/11
後（出）〔○〕无名 19/207/28
○俗之人 19/208/5
亂○闇主 19/208/5
知○莫賞也 19/208/8
見○莫可為語者也 19/208/9
使後○無知音者則已 19/209/8
○惑亂而虹蜺見 20/210/22
上○養本而下○事末 20/216/8
夫欲治之主不○出 20/216/9
以〔不〕萬一求不○出 20/216/9
三代之法不亡、而○不治者 20/216/23
而有高○尊顯之名 20/217/11
當今之○ 20/218/11
夫以一（出）〔○〕之壽 20/220/19
可博內而○傳者也 20/221/21
見其四○之被禍也 20/222/21
則無以與○浮沉 21/223/24
埒略衰○古今之變 21/225/4
而貶末○之曲政也 21/225/5
兼稽時○之變 21/225/24
則有以傾側偃仰○俗之間 21/226/7
庶後○使知舉錯取捨之宜適 21/226/23
知道德而不知○曲 21/226/28
其於逍遙一○之間 21/227/17
文王四○纍善 21/227/21
而不與○推移也 21/228/30

市 shì 26

令官○ 5/39/26
關○無索 5/41/23
理關○ 5/44/4
○不豫賈 6/52/19
關○急征 8/66/9
○南宜遼弄丸 9/68/17
計君垂爵以與臣○ 9/73/23
○不變其肆 11/97/23
故「美言可以○尊 12/113/19
臣、〔楚○〕偷也 12/115/1
於是○偷進請曰 12/115/5
○人之知舜也 13/128/6
（不）〔而〕死○之人血流於路 13/129/20
當○繁之時 13/129/27
而盜金於○中 13/129/27
當（死○）〔○死〕者以日為短 16.22/156/12
三人成○虎 16.98/163/6
不入○ 16.131/166/11
朝之○則走 17.88/174/18
〔夕〕（遇）〔過〕○則步 17.88/174/18
欲與我○ 17.187/181/20
圍（二○）〔三匝〕 18/187/11
美言可以○尊 18/192/6
○（買）不豫賈 20/212/1
宮中成○ 21/227/20

仕 shì 4

則无不（○）〔任〕也 9/71/24
故（○）〔仁〕鄙在時不在行 11/104/15
夫〔上〕○者先避〔患而後就利〕 18/196/15
○不擇官 20/218/12

示 shì 21

以○民知儉節 8/65/19
明分以○之 9/76/6
援白黑而○之 9/81/22
貌自○也 10/86/7
已成而○諸（先生）

〔民人〕 12/106/1
以○翟煎 12/106/2
國之利器不可以○人 12/110/14
去舍露宿以○平易 12/117/19
解劍帶笏以○无仇 12/117/20
○之以柔而迎之以剛 15/150/25
○之以弱而乘之以強 15/150/25
將欲西而○之以東 15/150/26
城中縣其子以○樂羊 18/188/7
今○以知其情 18/193/1
明○後人 19/207/2
以○人 19/208/18
（櫨）〔攎〕書明指以
　○之 19/209/5
鐘成而○師曠 19/209/7
寡人以○工 19/209/8
而食之以○威 20/214/19
明好（惡）〔憎〕以○
　（之）〔人〕 20/217/9

式 shì 3

先（自）〔以身〕為檢
　○儀表 9/75/29
則〔猶〕（棄）〔乘〕
　驥而（不○）〔或〕 9/81/30
以為法○ 21/224/18

事 shì 374

○無不應 1/1/11
是故天下之○ 1/2/11
聖人又何○焉 1/3/21
陸○寡而水○衆 1/3/24
是故好○者未嘗不中 1/4/12
百○有所出 1/4/25
故得道者志弱而○強 1/4/28
所謂（其）○強者 1/5/3
百○不得不成 1/6/2
百○之根 1/6/27
百○不廢 1/7/8
而出入于百○之門戶者也 1/8/10
而百○之變無不應 1/10/10
孰肯解構人間之○ 2/11/26
是故○其神者神去之 2/12/23
是故舉○而順于道者 2/12/25
百○之莖葉條（梓）
　〔梓〕 2/13/12
而消搖于無○之業 2/14/10
　7/57/12
夫人之○其神而嬈其精 2/14/26
熟肯分分然以物為○也 2/16/4
而○復返之 2/16/13
恬漠無○ 2/16/27
木用○ 3/23/17
火用○ 3/23/17
土用○ 3/23/18
金用○ 3/23/18
水用○ 3/23/19
百○可舉 3/26/27
以專從○ 3/28/28
以困舉○ 3/28/29
猒日不可以舉百○ 3/29/2
故舉○而不順天者 3/29/20
毋作大○ 5/40/1
勸蠶○ 5/40/20
勸農○ 5/41/9
振死○ 5/41/23
○無徑 5/41/27
以便民○ 5/44/5
百○乃遂 5/44/5
農○備收 5/44/18
乃賞死○ 5/45/16
工○苦慢 5/45/20
土○无作 5/46/5
省婦○ 5/46/7
罷官之无○〔者〕 5/46/13
令農計耦耕○ 5/46/24
親近者（使）〔言〕无
　○焉 6/50/23
舉○戾蒼天 6/53/11
亂人以成其○ 6/53/13
去煩苛之○ 6/54/9
而不嚽喋苛○也 6/54/12
故○有求之於四海之外
　而不能遇 7/55/26
而視於來○之後 7/56/4
欲生而不○ 7/56/17
見○之亂 7/57/13
其○素而不飾 8/61/8
飾職○ 8/61/25
○力勞而養不足 8/62/9
殊○而同指 8/63/25
取成〔○〕之迹 8/64/1
土○不文 8/65/18
故○親有道矣 8/66/27
處无為之○ 9/67/3
（謀）〔舉〕无過○ 9/67/5
○猶自然 9/67/7
○力勞而无功 9/68/1
而○修其（未）〔末〕 9/68/2
上多○則下多能 9/68/6
而○之於（未）〔末〕 9/68/7
故聖人○省而易治 9/68/10
而職○不嫚 9/70/17
為○先倡 9/71/18
臣得所以○君 9/71/23
豈其人○不至哉 9/72/2
是故聖人〔之〕舉○也 9/72/4
有一能者服一○ 9/72/8
能稱其○ 9/72/9
執正（營）〔管〕○ 9/72/12
非有○焉 9/72/17,17.226/184/10
則直士任○ 9/72/20
言○者必究於法 9/72/28
○不在法律中 9/73/1
不黨一○ 9/73/2
夫以一人之心而○兩主 9/73/18
○勸財匱 9/73/28
或於大○之舉 9/74/24
○來而應其化 9/76/9
夫釋職○而聽非譽 9/76/19
君人者釋所守而與臣下
　爭〔○〕 9/76/22
反以○轉任其上矣 9/76/24
達○者之於察也 9/76/26
何○之不節 9/77/12
何○之不成 9/77/12
不奪之○ 9/77/14
則百官之○各有所守矣 9/77/15
男女不得○耕織之業以
　供上之求 9/78/21
不能一○焉 9/79/22,12/108/5
能欲多而○欲鮮 9/79/27
○欲鮮者 9/80/5
○鮮者約所持也 9/80/7
昭○上帝 9/80/16
擇善而後從○焉 9/80/21
○亦鮮矣 9/80/24
其所○者〔又〕多 9/80/27
而從○難而必敗者 9/81/3

雖煩難之○ 9/81/8
耕之為○也勞 9/81/14
織之為○也擾 9/81/14
擾勞之○ 9/81/14
○〔之〕可權者多 9/81/16
○親不說 9/82/9
不能○親矣 9/82/9
○來而應 10/82/17
○同指 10/82/21
以其所欲於下以○其上 10/83/4
小人之從○也 10/85/16
同（間）〔閒〕而殊○ 10/85/17
快己而百○廢 10/87/1
殊○而調 10/87/5
○相反 10/87/5
工無偽○ 10/88/4
故聖人之舉○也 10/90/22
○有所至 10/91/2,18/198/13
察於一○、通於一伎者 10/93/15
○周於能 11/94/19
地宜其○ 11/95/8
○宜其械 11/95/8
欲節〔而〕○寡也 11/95/16
是故凡將舉○ 11/96/7
而欲得○正 11/96/10
若○嚴主烈君 11/97/1
世之明○者 11/98/24
陂塘之○ 11/99/3
是故世異則○變 11/99/8
隨時而舉○ 11/99/9
○有合於己者 11/100/16
○之情一也 11/101/5
其○易為也 11/101/16
官不兼○ 11/101/17
工無苦○ 11/101/18
易○而悖 11/101/20
故○周於世則功成 11/102/22
其○經而不擾 11/103/19
安樂無○而天下（均）〔和〕平 11/103/25
傷農○者也 11/104/11
農○廢 11/104/11
（○）〔爭〕升陵阪 11/104/17
○有君 12/105/25
夫聖人之舉○也 12/108/18
○之以皮帛珠玉而弗受 12/109/12
○者、應變而動 12/110/17
從○於道者 12/114/7
使歸之於執○ 12/115/7
而有不能成衡之○ 12/118/12
○有本 12/118/12
道全為無用之○ 12/119/24
三王殊○而名施後世 13/120/24
末世之○ 13/121/2
苟周於○ 13/121/4
周公〔之〕○文王也 13/121/15
○无由己 13/121/15
北面委質而臣○之 13/121/19
所為曰○ 13/121/24
○猶琴瑟 13/121/24
當於世○ 13/121/26
告寡人以○者振鐸 13/123/28
故○有所至 13/125/17
是故聖人論○之（局）曲直 13/125/21
孝子之○親 13/125/25
而以實從○於宜 13/126/2
是故敗○少而成○多 13/126/3
故萇弘知天道而不知人○ 13/126/10
論世而為之○ 13/126/14
權○而為之謀 13/126/14
○萌而察其變 13/126/19
故○有可行而不可言者 13/126/22
○也 13/126/23
湯、武有放弒之○ 13/127/23
○之洿辱 13/128/2
功成○立而知其賢者 13/128/5
察子之○ 13/128/28
子以姦○我者也 13/128/28
○或欲之 13/129/25
而以小○自內於刑戮 13/130/27
○果發覺 13/131/15
論○如此 13/131/18
不為○任 14/132/18
无○而治者 14/132/20
○之規矩也 14/133/6
不可以○治也 14/133/13
在於省○ 14/133/20,20/219/4
省○之本 14/133/20,20/219/4
○之以皮幣珠玉而不聽 14/134/12
君無○焉 14/134/16
而○為治者 14/135/7
○不勝道 14/135/20
有能而無○ 14/135/22
欲為善者必生○ 14/136/1
○生則釋公而就私 14/136/1
而○不（須）〔順〕時 14/136/2
○不須時 14/136/3
○之敗也 14/136/4
○大而為安 14/136/27
凡○人者 14/136/27
○以玉帛 14/136/27
雖割國之錙錘以○人 14/136/29
而慎脩其境內之○ 14/136/29
智者不以位為○ 14/137/6
故聖人損欲而從（○於）性 14/137/22
內無暴○以離怨於百姓 14/138/5
○所與眾同也 14/138/12
○來而制 14/138/17
智遽於○ 14/139/2
身無與○ 14/139/6
則人無○矣 14/139/8
行所不得已之○ 14/139/13
不○為悲 14/139/14
歌舞而不○為悲麗者 14/139/15
（宮）〔官〕愈大而○愈少 14/140/4
形常無○ 14/140/26
舉○以為人者眾助之 15/143/25
舉○以自為者眾去之 15/143/25
今夫天下皆知○治其（未）〔末〕 15/145/7
人能其○ 15/145/17
○業足以當天下之急 15/145/20
○無嘗試 15/147/22
此謂○權 15/148/7
所明言者人○也 15/149/26
所謂人○者 15/150/12
將軍不與於五官之○而為五官督 15/150/17
能治五官之○者 15/150/18
下○上如兄 15/151/7
死○之後必賞 15/151/19
二心不可以○君 15/153/18
是故不同于和而可以成○者 16.41/158/4
○有一應 16.43/158/11
○固有相待而成者 16.46/158/17
○之成敗 16.57/159/20

萬○猶此 16.58/159/24

先○如此 16.64/160/7

止○以○ 16.67/160/14

固其○也 16.71/160/23

○使然也 16.93/162/21

○或不可前規 16.103/163/20

不若得○之所由 16.105/163/26

不若得○之所適 16.105/163/27

桀有得○ 16.115/164/25

以成子產之○ 16.142/167/9

故凡問（字）〔○〕 16.143/167/12

人之從○ 17.23/170/1

終日言必有聖之○ 17.51/172/1

○有所宜 17.133/177/26

多○固苛 17.136/178/1

善舉○者 17.207/183/3

無○而求其功 17.208/183/5

人生○ 17.224/184/5

聖人者、隨時而舉○ 17.235/184/30

○之制也 18/185/20

知○之制 18/185/20

○智所秉 18/185/26

○者、難成而易敗也 18/185/30

易徹○ 18/186/2

凡人之舉○ 18/186/9

○必可行 18/186/11

百○之變化 18/186/12

其王者之○與 18/187/8

○或欲（以）利之 18/187/8

○或奪之而反與之 18/188/22

其○未究 18/189/23

或直於辭而不（害）〔周〕於○者 18/190/8

此所謂直於辭而不（可）（用）〔周〕〔於○〕者也 18/190/12

此所謂虧於耳、忤於心而得○實者也 18/190/18

仁義之○ 18/191/12

戰陳之○ 18/191/12

○必敗 18/191/25

冬間無○ 18/192/18

非其○者勿仞也 18/193/23

仞人之○者敗 18/193/24

是故忠臣〔之〕○君也 18/193/26

其○已構矣 18/194/10

以秦女之○怨王 18/194/11

今○已成矣 18/194/24

是故聖人者、常從○於無形之外 18/196/22

而不留思盡慮於成○之內 18/196/22

必且以我為○也 18/197/5

○或為之 18/197/10

而忠臣之所以○君也 18/198/18

聖人之舉○ 18/200/12

夫○之所以難知者 18/202/4

而〔任〕海內之○者乎 19/202/26

官無隱○ 19/203/4

欲○起天下〔之〕利而除萬民之害〔也〕 19/203/8

〔而〕○治求贍者 19/203/10

人必○焉 19/203/12

循理而舉○ 19/203/14

（政）〔故〕○〔成〕而身弗伐 19/203/15

聖人之從○也 19/203/20

作○成法 19/205/11

故人作一○而遺後世 19/206/11

今使六子者易○ 19/206/12

蘇援世○ 19/206/26

究○之情 19/207/1

故作書以喻（意）〔○〕 19/209/3

夫○有易成者名小 19/209/27

故神明之○ 20/210/23

卜筮而決○ 20/211/6

官府若无○ 20/211/23

而後人○有治也 20/212/11

立○生財 20/213/1

領（聖）〔理〕萬○ 20/213/15

智者得以志（遠）〔○〕 20/213/16

故聖人○窮而更為 20/213/24

人不一○ 20/214/2

成功立○ 20/214/13

位高者○不可以煩 20/215/4

夫○碎、難治也 20/215/5

○不厭省 20/215/8

○省、易治也 20/215/8

夫徹於一○ 20/215/13

立○者、賤者勞而貴者逸 20/215/19

○愈煩而亂愈生 20/215/21

力○爭就勞 20/216/7

上世養本而下世○末 20/216/8

作○可法 20/217/18

使其君生无廢○ 20/218/17

約从衡之○ 20/218/18

故○成而功足賴也 20/218/23

百○並行 20/218/24

莫不○申也 20/220/13

凡人之所以○生者、本也 20/221/6

其所以○死者、末也 20/221/6

（令）〔今〕不知○脩其本 20/221/11

○之恒常 20/221/21

故○不本於道德者 20/222/1

不苟以一○備一物而已矣 20/222/4

○大而道小者凶 20/222/14

習於行陳之○ 20/222/20

故○有鑿一孔而（生）〔開〕百隙 20/223/5

故○有利於小而害於大 20/223/8

則无悖謬之○矣 20/223/13

經緯人○ 21/223/21

故言道而不言○ 21/223/23

言○而不言道 21/223/24

使君人者知所以從○ 21/224/20

君人之○也 21/225/8

略雜人間之○ 21/225/13

擘畫人○之終始者也 21/225/17

攬掇遂○之蹤 21/225/19

不誘惑於○態 21/225/23

所以譬類人○之指 21/225/26

所以竅窕穿鑿百○之壅遏 21/226/1

而以明○埒（○）者也 21/226/2

分別百○之微 21/226/5

紀綱王○ 21/226/16

言帝道而不言君○ 21/226/26

言君○而不為稱喻 21/226/27

已言俗變而不言往○ 21/226/28

則无以推明○ 21/226/30

人間之○接矣 21/227/1

謂之○則淺 21/227/10

未能用○ 21/227/28

能從政○ 21/228/1
〔久〕服傷生而害○ 21/228/5
權○而立制 21/228/28

侍 shì 1

(大)〔太〕宰(予)〔子〕朱○飯於令尹子國 18/196/12

恃 shì 13

則烏獲不足○ 9/71/26
及○其力 10/84/13
人材不足專○ 11/102/10
雖大不足○ 13/124/25
○賴其德 13/131/6
而無自○之道 14/136/29
然而橑輻未足○也 17.41/171/7
所○者、司馬也 18/187/22
相○(而)〔之〕勢也 18/189/4
无○其不吾奪也 20/220/2
○吾不可奪 20/220/3
无益於(○)〔持〕天下矣 20/220/3
○連與(國) 21/228/17

是 shì 599

○故能天運地滯 1/1/10
○故大丈夫恬然無思 1/2/3
○故疾而不搖 1/2/10
○故天下之事 1/2/11
○故響不肆應 1/2/13
○以處上而民弗重〔也〕 1/2/17
○故革堅則兵利 1/3/5
○故鞭噬狗 1/3/5
○故禹之決瀆也 1/3/12
○故春風至則甘雨降 1/3/17
於○民人(被)〔劗〕髮文身 1/3/24
○故達於道者 1/4/3
○故好事者未嘗不中 1/4/12
○故不道之道 1/4/20
○故聖人內修其本 1/4/22
○故貴者必以賤為號 1/5/1
○故欲剛者必以柔守之 1/5/4
○故柔弱者、生之榦也 1/5/6
○何則 1/5/16,1/8/3,2/13/20,2/16/24,16.8/155/1
○故聖人守清道而抱雌節 1/5/21
○故無所私而無所公 1/6/6
○謂至德 1/6/7,1/7/16
吾○以知無為之有益 1/6/10
○故清靜者 1/6/15
○故視之不見其形 1/6/19
○故有生於無 1/6/20
○故一之理 1/6/25
○故至人之治也 1/6/29
○故聖人一度循軌 1/7/1
○故以中制外 1/7/8
○故其為(躍)〔樂〕不忻忻 1/7/23
○故有以自得〔也〕 1/7/24
○故內不得於中 1/8/4
馳騁于○非之境 1/8/10
○故不得於心而有經天下之氣 1/8/10
○猶無耳而欲調鍾鼓 1/8/11
○故無所喜而無所怒 1/8/17
無非無○ 1/8/17
○何(也)則 1/9/3
○故夫得道已定 1/9/6
○故得道者 1/9/9
○故不待勢而尊 1/9/10
○故不以康為樂 1/9/12
○故聖人使(人)各處其位 1/9/16
而知能別同異、明○非者 1/9/22
○故貴虛者以毫末為宅也 1/9/26
○故舉錯不能當 1/10/1
○以天下時有盲妄自失之患 1/10/7
○故聖人將養其神 1/10/8
如○則萬物之化無不遇 1/10/10
○故文章成獸 2/11/8
○非无端 2/11/10
○故形傷于寒暑燥溼之虐者 2/11/13
○故傷死者其鬼嬈 2/11/15
○皆不得形神俱沒也 2/11/15
○故其寐不夢 2/11/16
不以曲故○非相尤 2/11/20
○謂大治 2/11/20
於○在上位者 2/11/20
○故仁義不布而萬物蕃殖 2/11/21
○故日計之不足 2/11/22
○故貴有以行令 2/11/28
○故能戴大員者履大方 2/12/2
○故以道為竿 2/12/3
○故目觀玉輅琬象之狀 2/12/8
○故生不足以使之 2/12/11
○故身處江海之上 2/12/17
○故與至人居 2/12/20
○故至道无為 2/12/21
○故事其神者神去之 2/12/23
○故舉事而順于道者 2/12/25
○故槐榆與橘柚合而為兄弟 2/13/1
○故自其異者視之 2/13/3
○皆諭於一曲 2/13/17
○故聖人託其神於靈府 2/14/1
○非無所形 2/14/4
○故有真人然後有真知 2/14/4
○故道散而為德 2/14/10
○故神越者其言華 2/14/15
○故躊躇以終 2/14/18
○故聖人內修道術 2/14/20
○故虛無者、道之舍 2/14/24
○故凍者假兼衣于春 2/14/26
○故聖人呼吸陰陽之氣 2/15/7
○故雖有羿之知而無所用之 2/15/9
○故其德煩而不能一 2/15/11
○故治而不能和 2/15/13
於○博學以疑聖 2/15/16
於○萬民乃始慲觟離跂 2/15/18
○故百姓曼衍於淫荒之陂 2/15/19
○故聖人之學也 2/15/22
○故與其有天下也 2/16/1
○故舉世而譽之不加勸 2/16/2
○故神者智之淵也 2/16/8
○故虛室生白 2/16/11
○失之於本 2/16/13
○釋其炤炤 2/16/14
○之謂失道 2/16/14
○以人得自樂其閒 2/17/27
○猶兩絆騏驥 2/18/9
○故性遭命而後能行 2/18/11
○故火(曰)〔日〕外景 3/18/28
○故水(曰)〔月〕內景 3/18/29

○故陽施陰化 3/18/29
○故春夏則群獸除 3/19/5
○以月（虛）〔虧〕而魚腦減 3/19/5
子午、丑未、寅申、卯酉、辰戌、巳亥○也 3/21/3
○故天不發其陰 3/24/10
○謂晨明 3/24/14
○謂朏明 3/24/15
○謂旦明 3/24/15
○謂蚤食 3/24/15
○謂晏食 3/24/15
○謂隅中 3/24/16
○謂正中 3/24/16
○謂小（還）〔遷〕 3/24/16
○謂餔時 3/24/17
○謂大（還）〔遷〕 3/24/17
○謂高舂 3/24/18
○謂下舂 3/24/18
○謂縣車 3/24/18
○謂黃昏 3/24/19
○謂定昏 3/24/19
○以萬物就而死 3/24/24
○以萬物仰而生 3/24/24
○以陽氣勝則日脩而夜短 3/25/1
○寸得一里也 3/31/17
則○東與東北表等也 3/31/22
○南千里陰短寸 3/32/2
○直日下也 3/32/2
○其疏圃 4/33/8
○謂（丹）〔白〕水 4/33/9
○謂涼風之山 4/33/16
○謂懸圃〔之山〕 4/33/16
○謂太帝之居 4/33/17
○兩九州 4/33/25
凡八紘之氣○出寒暑 4/34/3
○兩天下 4/34/9
○節寒暑 4/34/9
○故山氣多男 4/34/20
○故堅土人剛 4/34/29
○故白水宜玉 4/35/22
○故鍊土生木 4/36/21
○故以水和土 4/36/23
○為鄧林 4/37/8
○月也 5/39/25,5/40/15,5/42/15,5/43/23,5/44/3,5/44/20,5/45/20,5/45/21,5/46/10,5/46/11,5/46/12,5/47/1
行○月令 5/40/22,5/43/9
〔○月也〕 5/42/10
○月〔也〕 5/43/8,5/44/1,5/44/24,5/45/2,5/45/16
於○天子始裘 5/45/17
○謂發天墜之藏 5/46/5
○故上帝以為物宗 5/49/1
○故上帝以為物平 5/49/6
唯德○行 5/49/12
○故燥溼寒暑以節至 5/49/22
於○武王左操黃鉞 6/50/1
於○風濟而波罷 6/50/3
○謂坐馳陸沈 6/50/24
○猶王孫綽之欲倍偏枯之藥而（欲）以生殊死之人 6/51/4
不足以定○非 6/51/9
由○觀之 6/51/11,11/102/10,14/137/26,14/140/24
○謂大通 6/51/21,19/205/11
於○日月精明 6/52/20
於○女媧鍊五色石以補蒼天 6/52/25
○以至德滅而不揚 6/53/11
○故君臣乖而不親 6/53/14
○故質壯輕足者為（申）〔甲〕卒千里之外 6/53/22
則○所脩伏犧氏之迹 6/54/10
○猶抱薪而救火 6/54/16
○故乞火不若取燧 6/54/21
於○乃別為陰陽 7/54/26
○故精神〔者〕 7/54/27
○故聖人法天順情 7/54/28
○故或求之於外者 7/55/4
○故肺主目 7/55/10
○故耳目者、日月也 7/55/14
○故（面）〔血〕氣者 7/55/19
○故憂患不能入（也） 7/55/24
○故五色亂目 7/56/6
○故其在江也 7/56/24
○故聖人因時以安其位 7/56/25
○故聖人貴而尊之 7/57/3
○故聖人以無應有 7/57/6
○故無所甚疏 7/57/6
○故死生亦大矣 7/57/12
○故視珍寶珠玉猶（石礫）〔礫石〕也 7/57/19
○故其寢不夢 7/57/22
○故真人之（所）游〔也〕 7/58/3
○養形之人也 7/58/4
則○合而生時于心〔者〕也 7/58/4
○猶決江河之源而障之以手也 7/60/13
○以不擇時日 8/61/8
○以天覆以德 8/61/10
○以松柏菌露〔宛而〕夏槁 8/61/22
句爪、居牙、戴角、出距之獸於○鷙矣 8/61/23
於○生矣 8/61/27
○故上下離心 8/62/1
○故春肅秋榮 8/62/4
○故明於性者 8/62/5
於○忿爭生 8/62/9
○以貴仁 8/62/9
○以貴義 8/62/10
○以貴禮 8/62/11
○以貴樂 8/62/11
○故仁義禮樂者 8/62/11
○故德衰然後仁生 8/62/17
○故知神明然後知道德之不足為也 8/62/18
○故大可覩者 8/62/23
○故生無號 8/63/3
○謂瑤光 8/63/6
於○天下廣陜險易遠近始有道里 8/63/14
○以稱堯、舜以為聖 8/63/17
於○湯乃以革車三百乘伐桀于南巢 8/63/19
○以稱湯、武之賢 8/63/20
○故體太一者 8/64/13
○故神明藏於無形 8/64/24
○謂真人 8/64/28
○故古者明堂之制 8/65/17
○故心知規而師傅諭（導）〔道〕 9/67/4
○故慮无失策 9/67/5
乃○離之 9/67/11
乃○賊之 9/67/11
○故威厲而不（殺）

（之非至非）〔至非之非〕無○ 11/100/18
此真○非也 11/100/19
若夫○於此而非於彼 11/100/19
非於此而○於彼者 11/100/19
此之謂一○一非也 11/100/19
此一○非 11/100/20
夫一○非 11/100/20
今吾欲擇○而居之 11/100/20
不知世之所謂○非者 11/100/20
（不知）孰○孰非 11/100/21
○縱過也 11/100/26
○擭也 11/101/1
○返也 11/101/1
○亂也 11/101/2
○公也 11/101/2
○通也 11/101/2
○忠也 11/101/3
○以人不兼官 11/101/16
○故農與農言力 11/101/17
○以士無遺行 11/101/18
○故立功之人 11/103/1
未有可○非者也 11/103/15
○故其耕不強者 11/103/24
於○乃有翡翠犀象、黼黻文章以亂其目 11/104/1
於○ 11/104/3
○由發其原而壅其流也 11/104/10
若○ 12/105/13
孰○孰非 12/105/13
○以不吾知也 12/105/26
○〔其〕為人也 12/106/23
孔、墨○已 12/107/23
於○為商旅 12/109/1
當○舉也 12/109/9
○故「用其光 12/109/25
○直聖人之糟粕耳 12/110/3
○以行年六十 12/110/6
〔於○宋君行賞賜而與子罕刑罰〕 12/110/12
於○王壽乃焚〔其〕書而舞之 12/110/18
○天助我〔也〕 12/111/11
○乃其所以千萬臣而无數者也 12/111/22
○變其故、易其常也 12/112/5
○孤之過也 12/112/14
○謂社稷主 12/112/17
○寡人之命固已盡矣 12/112/24
○夕也 12/113/2
○謂天下之王 12/113/3
○謂襲明 12/113/9
○以不去 12/113/14
（○以）〔以○〕免三怨 12/114/2
○以用之者 12/114/6
於○散宜生乃以千金求天下之珍怪 12/114/14
於○市偷進請曰 12/115/5
○謂坐忘 12/115/15
○以犯敵能威 12/115/21
○死吾君而弱吾孤也 12/115/26
今卒睹天子於○ 12/116/9
○以釋之 12/116/24
吾○以知無為之有益也 12/117/10
○故神之所用者遠 12/117/14
於○佽非（瞋目敎然）〔敎然瞋目〕攘臂拔劍 12/118/4
○賢於貴生焉 12/118/8
○其所以〔為〕固也 12/118/12
○故石上不生五穀 12/118/23
○故聰明叡知 12/119/17
○以能弊而不新成 12/119/20
○臣殺其主而下伐其上也 12/119/22
於○乃去其瞀而載之（木）〔朮〕 12/119/25
○故禮樂未始有常也 13/121/2
○以政教易化 13/122/1
○猶无鏑銜（橛）策錣而御馯馬也 13/122/2
○猶持方枘而周員鑿也 13/122/22
○言其所不行也 13/122/23
○行其所非也 13/122/24
稱其所○ 13/122/24
○以盡日極慮而无益於治 13/122/24
故○非有處 13/123/22
失其處則無○ 13/123/22
○非各異 13/123/23
此之○ 13/123/24
非彼之○也 13/123/24
○釋其所以存 13/124/28
○趨亡之道也 13/125/6
○故聖人論事之（局）曲直 13/125/21
○故忠之所在 13/125/25
○故聖人以文交於世 13/126/2
○故敗事少而成事多 13/126/3
○故舒之天下而不窕 13/126/14
○故聖人者 13/126/18
○以終身行而无所困 13/126/19
誠其大略○也 13/127/10
○故君子不責備於一人 13/127/23
為○釋度數而求之於朝肆草莽之中 13/128/6
○去恐死而就必死也 13/129/23
○故聖人審動靜之變 13/129/28
故人心猶○也 13/130/6
○故因鬼神禨祥而為之立禁 13/130/19
○故以時見其德 13/131/7
○以天子秩而祭之 13/131/9
○故滅欲則數勝 14/139/20
（內）〔由〕○觀之 14/140/10
唯德○與 14/141/28
○為虎傅翼〔也〕 15/143/8
○故至於伏尸流血 15/143/24
○謂神明 15/144/3
○故大兵無創 15/144/10
○故入小而不偪 15/144/16
○以勝權多也 15/144/17
○故善守者無與御 15/146/16
則○見其形也 15/148/15
則○罷其力也 15/148/15
○以聖人藏形於无 15/148/22
○故聖人貴靜 15/149/4
○故傷敵者眾 15/149/8
○故為麋鹿者則可以罝罘設也 15/149/19
○故聖人藏於無原 15/149/21
○以無破軍敗兵 15/149/28
○以動為人禽矣 15/149/30
○故善用兵者 15/150/6
○故處於堂上之陰而知日月之次序 15/150/13
○故將軍之心 15/150/18
○故扶義而動 15/150/21
○謂至神 15/150/28
○故合之以文 15/151/2

拭 shì 1

室 shì 79

歲星（含）〔舍〕營○、東壁 3/27/7
營○、東壁為對 3/27/15
正月建營○〔東壁〕 3/28/1
營○十六 3/28/7
營○、東壁衛 3/28/12
傾宮、旋○、縣圃、涼風、樊桐在昆侖閶闔之中 4/33/7
少○、太○在冀州 4/37/12
繕宮○ 5/43/9
其皆入○ 5/44/20
无發○（居）〔屋〕 5/46/5
謹房○ 5/46/7
石城金○ 5/47/27
重襲石○ 6/49/30
民之專○蓬廬 8/61/24
〔桀〕為琁○、瑤臺、象廊、玉床 8/63/17
殺之于宣○ 8/63/20
興宮○ 8/65/1
志專在于宮○臺榭 9/74/7
而宮○衣錦繡 9/74/9
然〔而〕民無（掘穴）〔堀○〕狹廬所以託身者 9/78/12
〔周〕○至乎澤 10/92/13
猶○宅之居也 11/102/16
豫讓、要離非不知樂家○、安妻子以偷生也 11/103/6
故死於（洛）〔浴〕○ 12/105/25
以為（宮○）〔○屋〕 13/120/8
周○廢、禮義壞而《春秋》作 13/121/8
紂拘於宣○ 13/125/1
昔者萇弘、周○之執數者也 13/126/5
掘○而求鼠 16.74/160/29
受光於戶照○中無遺物 16.82/161/21
穎出少○ 16.83/161/24
置之冥○之中 17.80/174/1
○有美容 17.236/185/1
周○衰 18/189/16
高陽魋將為○ 18/190/8
受令而為○ 18/190/11
○有百戶 18/196/10
過宮○廊廟必趨 18/199/15
魯哀公為○而（太）〔大〕 18/201/1
○大 18/201/1
築○不輟 18/201/2,18/201/3
國小而○大 18/201/3
為大○以臨二先君之廟 18/201/4
魯君之欲為○誠矣 18/201/5
舜作○ 19/202/20
各有家○ 19/202/21
以像宮○ 19/206/5
長於窮櫚漏○之下 19/206/6
獨守專○而不出門〔戶〕 19/206/7
周○以後 19/206/13
側○爭鼓之 19/208/22
因其寧家○、樂妻子 20/212/17
周公股肱周○ 20/218/4
管子憂周○之卑 20/218/5
故不高宮○者 20/219/8
今囚之冥○之中 20/220/5
又況出○坐堂 20/220/7
構而為宮○ 20/221/5
周○增以六爻 21/227/7
以股肱周○ 21/227/29
以寧靜王○ 21/227/30

眎 shì 1

夫鴟目大而（睡）〔○〕不若鼠 13/131/30

逝 shì 1

還至其曾○萬仞之上 6/52/1

視 shì 109

是故○之不見其形 1/6/19
夫任耳目以聽○者 1/6/30
今人之所以眭然能○ 1/9/21
察能分白黑、○醜美 1/9/22
○之不見其形 2/10/22,12/117/7
鏡太清者○大明 2/12/2
夫目○鴻鵠之飛 2/13/2
是故自其異者○之 2/13/3
自其同者○之 2/13/3
○於冥冥 2/14/1
而覺○於天地之閒 2/15/11
莫不竦身而載聽○ 2/15/13
○天下之閒 2/16/3
假使○日出 3/31/17
○日方入 3/31/18
爰有遺玉、青馬、○肉 4/37/6
通○ 4/37/25
周○原野 5/40/17
存○長老 5/42/12
○肥臞全粹 5/43/24
○少長 5/43/24
其○（瞑瞑）〔瞋瞋〕 6/53/3
則耳目清、聽○達矣 7/55/21
耳目清、聽○達 7/55/21
神則以○無不見〔也〕 7/55/23
而○於來事之後 7/56/4
不○而見 7/57/16
是故○珍寶珠玉猶（石礫）〔礫石〕也 7/57/19
○至尊窮寵猶行客也 7/57/20
○毛（牆）〔嬙〕、西施猶（頬醜）〔倛魄〕也 7/57/20
而覺○于昭昭之宇 7/57/23
鴟○虎顧 7/58/3
○龍猶蝘蜓 7/58/18
禹之○物亦細矣 7/58/18
壺子之○死生亦齊 7/58/19
此其○變化亦同矣 7/58/21
清目而不以○ 7/59/21
則目明而不以○ 8/64/25
精泄於目則其○明 8/64/26
夫目（安）〔妄〕○則淫 9/67/9
不○之見 9/68/24
天下之所同側目而○ 9/74/12
以天下之目○ 9/75/1
掩目而○青黃也 9/75/14
雖達○猶不能見其睛 9/76/8
然而動靜聽○皆以為主者 9/79/22
人之○白黑以目 9/81/22
自○猶觖如也 10/83/10
出而○之 10/87/6
○而形之莫明於目 10/92/6
○之而無形 10/93/4
以○則明 11/98/17
所自○之異也 11/101/3

從城上○牛如羊　11/101/6
○羊如豕　11/101/6
達○千里　11/101/23
○高下不差尺寸　11/102/5
今從箕子○比干　11/103/7
從比干○箕子　11/103/8
從管、晏○伯夷　11/103/8
從伯夷○管、晏　11/103/8
壹女○　12/106/28
○其所○而遺其所不○　12/111/24
於物無○也　12/114/6
盧敖就而○之　12/116/7
○焉（無）〔則〕眴　12/116/13
盧敖仰而○之　12/116/16
而（就）〔孰〕○其狀貌　12/117/7
南面而○　13/124/13
不害於○　13/126/27
○其更難　13/128/20
故人○之　14/132/21
人之所○　14/132/21
毋○毋聽　14/134/3
○之不便於性　14/137/24
服不○　14/139/10
○其所為　15/148/16
是故上○下如子　15/151/6
則下○上如父　15/151/6
（土）〔上〕○下如弟　15/151/6
則下○上如兄　15/151/6
上○下如子　15/151/6
下○上如父　15/151/7
○死若歸　15/151/10,20/218/27
○之無形　16.1/154/5
乃內○而自反也　16.1/154/6
○日者眩　16.6/154/21
○籟與竽　16.6/154/24
○方寸於牛　16.127/165/31
摠○其體　16.127/165/31
○於無形　17.14/169/10
○書　17.129/177/17
○鈞各異　17.144/178/20
○而无形者不能思於心　17.216/183/21
○之可察　17.223/184/3
從朝○夕者移　17.228/184/14
若以鏡○形　17.228/184/14
王駕而往○之　18/187/21
則父子俱○　18/189/27
盜相○而笑曰　18/197/4
子發（○）〔親〕決吾罪而被吾刑　18/201/27
龍蒙目（○）　19/209/15
夫鬼神○之无形　20/211/5
俯○地理　20/213/1
○天都若蓋　20/220/8

弒 shì　8

○君三十六　9/80/24
湯、武有放○之事　13/127/23
簒○嬌誣　13/129/15
崔杼○其君而被大（讓）〔謗〕　17.81/174/3
陳夏徵舒○其君　18/193/10
而○簡公於朝　18/195/15
且子有○父者　19/204/25
而非簒○之行　20/220/3

筮 shì　2

○者端策　17.19/169/24
卜○而決事　20/211/6

試 shì　10

嘗○為之擊建鼓　7/59/11
是故威厲而不（殺）〔○〕　9/67/21
臣（誠）〔○〕以臣之斲輪語之　12/110/4
先生○觀起之為（人）〔之〕也　12/112/2
事無嘗○　15/147/22
固○往復問之　18/189/23
臣請○潛行　18/191/22
嘗○問之矣　19/202/15
自○神明　19/206/23
嘗○使之施芳澤　19/209/14

嗜 shì　36

除其○欲　1/6/30
○欲者　1/7/4
○欲不載　1/7/6
則○欲好憎外（失）〔矣〕　1/8/16
○欲連於物　2/15/14
人性安靜而○欲亂之　2/16/6
神清者○欲弗能亂　2/16/12
達則○慾之心外矣　2/16/20
禁○欲　5/46/12
○欲形於胸中　6/52/13
則胸腹充而○慾省矣　7/55/20
胸腹充而○慾省　7/55/21
氣志虛靜恬愉而省○慾　7/56/3
○慾者使人之氣越　7/56/8
○慾多　8/66/16
供其○欲　9/68/5
小人非○欲無以活　10/82/27
失○欲　10/82/27
故同味而○厚（膊）〔膞〕者　10/89/25
○欲害之　11/96/1
○欲相反　11/103/9
而○魚　12/113/22
夫子○魚　12/113/22
夫唯○魚　12/113/23
雖○魚　12/113/23
以其威勢供〔其〕○欲　13/121/21
由○慾无厭　13/129/16
故人之○慾　13/129/26
不知利害（○）〔者〕　14/137/23
○慾在外　17.17/169/19
○酒而甘之　18/187/20
○慾无止　18/198/3
（耆）〔○〕欲不得枉正術　19/203/14
供○欲　20/216/6
可食而不可○也　20/221/28
遂疏儀狄而絕○酒　20/222/7

勢 shì　106

自然之○也　1/3/16
○居不可移也　1/4/2
末世有○為萬乘而日憂悲者　1/7/16
豈必攝權持○　1/8/21
是故不待○而尊　1/9/10
不貪○名　1/9/12
漠睧於○利　1/10/3

此其為山淵之○亦遠矣 2/15/3
○利不能誘也 2/16/27
處便而○利也 2/18/10
其○焉得 2/18/13
○位爵祿何足以概志也 7/58/28
尊○厚利 7/59/15
乘時因○以服役人心也 8/64/19
此○之自然也 9/69/22
是乘眾○以為車 9/71/8
其○不可也 9/72/2
夫推（而）不可為之○ 9/72/2
權○之柄 9/72/23
而○可以易俗 9/72/25
下吏持○ 9/73/6
權○者 9/73/12
是故人主處權○之要 9/73/12
○有使之然也 9/73/14
豈其趨捨厚薄之○異哉 9/73/18
相報之○也 9/73/22
處人主之○ 9/74/7
是故權○者 9/76/3
○不及君 9/76/26
攝權○之柄 9/77/17
其所託○者勝也 9/77/18
是故得○之利者 9/77/20
以眾為○也 9/78/4
故有野心者不可借便○ 9/82/1
可以形○接 10/84/5
天下有至貴而非○位也 10/93/12
○有所（枝）〔支〕也 11/95/27
得○而貴 11/101/21
審於○之變也 11/102/25
處○然也 11/102/28
故（也）〔地〕○有无 13/120/12
以其威○供〔其〕嗜欲 13/121/21
攝威（檀）〔擅〕○ 13/123/7
二君處彊大〔之〕○（位） 13/125/1
○不得不然也 13/125/26
符○有以內合 13/128/5
則萬乘之○不足以為尊 13/130/7
知足者不可以○利誘也 14/133/1
以其無常形○也 15/144/5
謀慮足以知強弱之（○）〔權〕 15/145/21
二世皇帝○為天子 15/146/4
○位至賤 15/146/11
乘時○、因民欲而取天下 15/146/17
則（○）〔權〕之所（勝）〔服〕者小 15/146/20
兵有三○ 15/148/1
有氣○ 15/148/1
有地○ 15/148/1
有因○ 15/148/1
此謂氣○ 15/148/2
此謂地○ 15/148/4
此謂因○ 15/148/5
權○必形 15/148/7
○莫敢格 15/148/21
夫水○勝火 15/149/10
○不齊也 15/149/14
○莫便於地 15/149/15
○勝人 15/149/16
所以決勝者鈐○也 15/149/26
發之以○ 15/149/27
專用人與○ 15/149/28
以其无○也 15/150/3
〔若〕假之筋角之力、弓弩之○ 15/150/5
○如決積水於千仞之隄 15/150/6
○如發矢 15/152/1
○利不能誘 15/152/21
各就其○ 16.86/162/2
○不便也 17.43/171/11
17.80/174/1
然而寒暑之○不易 17.49/171/23
○施異也 17.118/176/22
失其○ 17.170/180/17
〔自然之○〕 17.174/180/25
形○所致者也 17.183/181/12
相恃（而）〔之〕○也 18/189/4
其○必襲鄰 18/193/1
則得無損墮之○ 18/193/28
見必殺之○ 18/202/7
夫地○、水東流 19/203/12
（權）〔推〕自然之○ 19/203/15
段干木不趨○利 19/204/1
寡人光于○ 19/204/2
○不若德尊 19/204/2
其○相反 19/204/7
各有其自然之○ 19/206/3
因地之○也 20/212/10
金之○不可斲 20/212/12
○施便也 20/214/9
使得循○而行 20/216/13
趣○門 20/218/14
小人雖得○ 20/218/26
非謂其履○位 20/219/13
而以合得失之○者也 21/225/20
所以使人不妄沒於○利 21/225/23
形機之○ 21/225/29
乘○以為資 21/225/31
孝公欲以虎狼之○而吞諸侯 21/228/25

軾 shì 5

魏文侯過其閭而○之 19/203/28
君何為○ 19/203/28
是以○ 19/203/29
君○其閭 19/203/29
寡人敢勿○乎 19/204/1

誓 shì 4

殷人○ 13/122/4
約束○盟 14/136/28
而○紂牧之野 20/219/18
○師牧野 21/227/26

飾 shì 32

而不外○其末 1/4/22
稟授於外而以自○也 1/8/4
而不外○仁義 2/14/20
緣○《詩》、《書》 2/15/16
○紱冕之服 2/15/17
○兵甲 3/23/22
○鍾磬 5/41/21
天子乃厲服廣○ 5/44/23
天子乃與公卿大夫○國典 5/47/1
○群牧 5/48/2
其事素而不○ 8/61/8
○職事 8/61/25
禮淫然後容○ 8/62/18
○智以驚愚 8/62/26
木巧之○ 8/65/2
○曲岸之際 8/65/4
雕琢之○ 8/65/10
所以○喜也 8/66/3

所以〇哀也 8/66/3
所以〇怒也 8/66/4,9/78/19
若欲〇之 9/67/11
是故得道者不（為）〔偽〕醜〇 9/70/20
適足以輔僞〇非 9/82/1
禮樂〇則純樸散矣 11/93/21
禮義〇則生偽匿之（本）〔士〕 11/93/27
則〇智而詐上 11/102/11
其器完而不〇 11/103/19
〇衆無用 11/103/28
馬〇傅旄象 11/104/6
〇其外者傷其內 14/138/18
今人待冠而〇首 18/191/6

奭 shì 2

文王兩用呂望、召公〇而王 13/123/17
文王舉（大）〔太〕公望、召公〇而王 20/217/25

適 shì 71

足以〇情 1/7/25
而蟲蝱〇足以（翺）〔翶〕（翔） 2/13/26
（清）〔清〕有餘於〇也 2/16/18
而〇躬體之便也 7/58/12
〇情不求餘 7/59/17
持以〇 7/60/9
〇情而行 7/60/20
〇情辭餘 7/60/29
調齊和之〇 8/65/12
〇其飢飽 9/68/5
而〇取予之節 9/73/13
義生於衆〇 9/75/24
衆〇合於人心 9/75/25
是故不用〇然之數 9/76/10
以〇無窮之欲 9/79/6
〇足以輔僞飾非 9/82/1
比於人心而（含）〔合〕於衆〇者也 10/82/24
（通）〔〇〕於己而無功於國者 10/90/4
〇情知足則富矣 10/93/13
各用之於其所〇 11/94/27
無〇於天下 11/96/16
聖人（記）〔託〕於無〇 11/96/16
度量不失於〇 11/97/18
通乎侈儉之〇者也 11/97/24
〇行步 11/98/12
衣必〇乎寒暑 11/99/8
非獨以〇身之行也 12/108/19
〇魏 12/112/1
奚〇其（無）〔有〕道也 12/114/26
晉文公〇薨 12/115/24
因時變而制宜〇〔也〕 13/122/13
欲得宜〇致固焉 13/122/23
發〇戍 13/124/2
而未可與〇道也 13/125/27
可與〇道 13/125/27
〇情辭〔餘〕 13/129/14
〇足以失之 13/129/25
〇足以就之 13/129/25
而〇受與之度 13/130/1
受與〇 13/130/2
〇情性 14/133/8
〇情性則欲不過節 14/133/9
〇飲食 14/137/27
皆調〇相似 14/141/13
不〇於口腹 14/141/20
無所〇備 15/148/6
〇在五步之內 16.11/155/9
不若得事之所〇 16.105/163/27
物固有以（寇）〔剋〕〇成不逮者 16.126/165/29
譬猶削足而〇履 17.25/170/5
不失其〇 17.105/175/23
不亡〔其〕〇 17.105/175/23
未嘗〔不〕〇 17.105/175/23
亡〇 17.105/175/23
豈若〇衣而已哉 17.111/176/5
〇子懷於荊 17.190/181/26
（於）〔抮〕和切〇 17.237/185/3
〇足以害之 18/187/8
而〇足以殺之 18/187/25
或譽人而〇足以敗之 18/194/5
〇足以敗之 18/197/10
〇足以致之 18/197/10
乃發〇戍以備之 18/197/16
〔知〕發〇戍以備越 18/197/20
故直意〇情 18/199/17
願公之〇〔之也〕 18/201/2
飛鳶〇墮其腐鼠而中游俠 18/201/14
五行異氣而皆（〇）（調）〔和〕 20/214/3
各有所〇 20/214/9
縱欲〇情 21/226/10
庶後世使知舉錯取捨之宜〇 21/226/23

噬 shì 9

是故鞭〇狗 1/3/5
虎狼不妄〇 6/52/21
無有攫〇之心 6/53/4
有齒者〇 15/142/22
可以〇 15/147/25
而〇〔犬〕不見〔其〕齒 15/150/24
保者不敢畜〇狗 16.37/157/23
乳狗之〇虎也 17.64/172/30
必〇其指 17.170/180/17

螫 shì 8

蜂蠆〇指而神不能憺 2/17/13
非直蜂蠆之〇毒而蚊虻之慘怛也 2/17/14
藏其〇毒 6/53/4
有毒者〇 15/142/23
園有〇蟲 16.39/157/27
貞蟲之動以毒〇 16.146/167/20
蝮蛇〇人 17.211/183/11
而无傷乎讒賊〇毒者也 21/226/7

謚 shì 1

死無〇 8/63/3

釋 shì 44

夫〇大道而任小數 1/3/1
是〇其炤炤 2/16/14
北方有不〇之冰 4/34/25

冰凍消○ 5/47/7
毋○罪 5/48/9
解意○神 6/54/10
不若其○也 7/60/2
○其要而索之于詳 8/62/19
發怒則有所○憾矣 8/66/3
是任術而○人心者也 9/69/20
則人材○而公道行矣 9/76/15
夫○職事而聽非譽 9/76/19
○之而不用 9/76/20
君人者○所守而與臣下爭〔事〕 9/76/22
○己之所得為 9/82/7
○近（斯）〔期〕遠 10/85/10
○己而求諸人 10/88/10
金錫不消○則不流刑 10/88/29
授舜而憂○ 10/89/20
今○正而追曲 10/93/1
為是○術數而任耳目 11/96/9
○其椎鑿而問桓公曰 12/110/1
〔得魚則〕○之 12/116/22
今得而○之 12/116/23
是以○之 12/116/24
然而征伐者不能○甲兵而制（疆）〔彊〕暴 13/122/12
齊簡公○其國家之柄 13/123/7
是○其所以存 13/124/28
為是○度數而求之於朝肆草莽之中 13/128/6
○道而任智者必危 14/134/24
事生則○公而就私 14/136/1
若誠（外○）〔○外〕交之策 14/136/29
○其所已有 14/139/1
有罪者○ 14/139/5
○其根而樹其枝也 15/145/8
其出致○駕而僵 16.68/160/17
執而不○ 16.80/161/15
雖廉者弗○ 16.116/164/28
斵靡勿○ 16.150/168/2
雖遠弗○ 17.231/184/21
是（謂）猶○船而欲蹍水也 19/205/15
見夜漁者得小即○之 20/212/1
是○其根而灌其枝也 20/221/12

收 shōu　38

○聚畜積而不加富 1/1/20
則外能（○）〔牧〕之 1/7/8
令不○則多淫兩 3/19/13
其佐蓐○ 3/20/5
閶闔風至則○縣垂 3/20/29
乃○其殺 3/24/7
乃〔布〕○其藏而閉其寒 3/24/8
亥為（牧）〔○〕 3/27/3
始○斂 5/43/8
趣民○斂 5/44/2
雷乃始○ 5/44/3
○雷先行 5/44/9
農事備○ 5/44/18
藏帝籍之○於神倉 5/44/18
○祿秩之不當 5/45/1
○水泉池澤之賦 5/45/22
農有不○藏積聚、牛馬畜獸有放失者 5/46/10
○秩薪 5/46/25
少皓、蓐○之所司者 5/48/1
夫（○）〔牧〕民者 7/60/14
秋○冬藏 8/64/8,9/67/18
必先計歲○ 9/78/11
卒歲之○ 9/78/26
昴中則（牧）〔○〕斂畜積 9/79/19
故葬薶足以○斂蓋藏而已 11/97/23
帶足以結（細）〔紐〕○衽 11/98/12
獨夫○孤 11/104/22
周公（散臑）〔殽腝〕不○於前 14/139/26
毋○六畜 15/143/14
○藏於後 15/145/16
○太半之賦 15/146/6
功臣二世而〔○〕爵祿 18/186/22
秋以○斂 18/192/18
王自○其南 18/194/7
周公肴臑不○於前 20/215/20
螈蚕一歲再（○）〔登〕 20/222/28
先君之令未○ 21/228/21

手 shǒu　41

○不指麾 1/4/19
而○會《綠水》之趨 2/17/4
○足之攢疾蚌、辟寒暑 2/17/13
○徵忽恍 6/50/18
○爪之巧也 6/52/13
使之左〔○〕據天下圖而右○刎其喉 7/59/15
是猶決江河之源而障之以○也 7/60/13
身死於人○ 7/60/27
動則○足不靜 8/66/1
而○失駟馬之心 9/76/4
中行繆伯○搏虎 10/84/8
夜行瞑目而前其○ 10/91/2
枝於○ 11/98/19
游乎心○（衆虛）之閒 11/100/8
○足有所急也 11/104/19
希不傷其○ 12/108/9
撫其僕之○曰 12/109/3
應於○ 12/110/5
○經指挂 13/120/9
然而身死人○ 13/124/18
緩急調乎○ 14/139/19
若左右○ 15/144/26
猶身之有股肱○足也 15/145/17
○不麾戈 15/147/14
而○戰者寡矣 15/149/8
不若捲○之一挃 15/149/9
人不愛倕之○ 16.63/160/5
走不以○ 16.132/166/13
縛○走不能疾 16.132/166/13
以○抻 17.5/168/21
非○足者矣 17.5/168/21
桑林生臂○ 17.50/171/25
王子慶忌足躡麋鹿、○搏兕虎 17.80/174/1
夜行者掩目而前其○ 17.133/177/26
過府而負○者 17.238/185/5
身死人○ 18/196/4
為此棄干將、鏌邪而以○戰 19/205/3
○若蘢蒙 19/206/16
莫囂大心撫其御之○曰 19/207/13
而不免於身死人○者 20/223/15

重耳○其餕而反其璧 12/111/1
能○國之垢 12/112/17
能○國之不祥 12/113/3
子發辭不○ 12/113/11
故辭而弗○ 12/113/13
公儀子不○ 12/113/22
弗○ 12/113/23
故弗○ 12/113/23
夫○魚而免於相 12/113/23
毋○魚而不免於相 12/113/24
扶桑○謝 12/117/2
中夜夢○秋駕於師 12/117/23
吾非（○）〔愛〕道於
子也 12/117/24
今夕固夢○之 12/117/25
讓天下而弗○ 12/118/1
而不○塵垢 12/118/22
文侯○觴而飲〔之〕 12/119/10
不○於外而自為儀表也 13/123/15
窮則觀其所不○ 13/128/19
而適○與之度 13/130/1
○與適 13/130/2
入者有○而無取 14/134/26
人（○）〔愛〕名則道
不用 14/135/26
霸王可○而不可求也 14/138/9
用之者亦不○其德 14/138/24
（唯）〔為〕能勝理而
（為○）〔無愛〕名 14/138/25
民已○誅 14/139/7
未○者 14/140/7
○刃者少 15/148/7
將軍○命 15/153/14
以○鼓旗 15/153/15
將已○斧鉞 15/153/17
臣既以○制於前矣 15/153/18
畢○功賞 15/153/24
不○觜芥 16.62/160/3
○光於隙照一隅 16.82/161/21
○光於牖照北壁 16.82/161/21
○光於戶照室中無遺物
16.82/161/21
況○光於宇宙乎 16.82/161/21
所○者小則所見者淺
16.82/161/22
所○者大則所照者博
16.82/161/22

海不○流胔 17.141/178/13
〔孫叔敖〕（而辭）
〔辭而〕不○ 18/186/18
而○沙石〔之地〕 18/186/20
其子辭而不○ 18/186/22
傷者○重賞 18/187/16
是為諸侯先○禍也 18/188/23
○令而為室 18/190/11
計功而○賞 18/193/26
（積）〔量〕力而○官 18/193/26
○之勿辭也 18/193/27
辭所不能而○所能 18/193/28
狂譎不○祿而誅 18/199/10
故束身以○命 18/200/23
今子○衛君而囚之 18/200/23
所○於天 19/204/15
無稟○於外 19/206/3
○教一言 19/207/10
中无主以○之 19/208/27
則弟子句指而○者必眾
矣 19/209/2
委利爭○寡 20/216/6
○傳（藉）〔籍〕 20/219/13
享穀食氣者皆○焉 20/220/25
而己自樂所○乎天地者
也 21/226/24
周公○封於魯 21/228/1
○孔子之術 21/228/4

狩 shòu 1

巡○行教 9/74/4

授 shòu 20

稟○無形 1/1/3
布施稟○而不益貧 1/1/21
○萬物而無所前後 1/6/6
稟○於外而以自飾也 1/8/4
而非所○者 2/13/13
所受者无○也而无不受也 2/13/13
○（凡）〔几〕杖 5/43/23
○車以級 5/44/23
故○舜 7/59/4
○舜而憂釋 10/89/20
上車○（綏）〔綏〕之
謂也 10/90/22

天○也 11/102/18
出者有○而無予 14/134/26
彗星出而○殷人其柄 15/146/14
○將軍其柄 15/153/16,15/153/16
拯溺而○之石 17.168/180/12
魏宣子裂地而○之 18/188/25
韓、魏裂地而○之 18/193/19
○之將軍之（卯）〔印〕
18/200/19

壽 shòu 19

凡人、中○七十歲 1/5/10
寒氣多○ 4/34/21
食氣者神明而○ 4/35/2
長大早知而不○ 4/35/27
（其人）惷愚（禽獸）
而○ 4/36/8
夫人之所以不能終其○
命而中道夭於刑戮者 7/56/10
而欲脩生○終 7/60/15
有至○而非千歲也 10/93/12
明死生之分則○矣 10/93/13
無○類矣 12/109/24
王○負書而行 12/110/17
於是王○乃焚〔其〕書
而舞之 12/110/18
以數雜之○ 14/142/7
刑者多○ 16.24/156/18
莫○於殤子 17.11/169/4
○盡五月之望 17.54/172/8
鶴○千歲 17.178/181/1
〔然〕不終其○ 18/199/16
夫以一（出）〔世〕之
○ 20/220/19

瘦 shòu 1

堯○臞 19/203/8

獸 shòu 79

○以之走 1/1/7
禽○碩大 1/1/15
○胎不贕 1/1/16
○蹠實而走 1/3/15
鳥○卵胎 1/3/17

禽○有（艽）〔艽〕 1/3/19
逐苑囿之走○ 1/8/27
是故文章成○ 2/11/8
走○（擠）〔廢〕腳 2/18/2
○走叢薄之中 2/18/3
是故春夏則群○除 3/19/5
其○蒼龍 3/20/1
其○朱鳥 3/20/3
其○黃龍 3/20/4
其○白虎 3/20/5
其○玄武 3/20/6
以長百穀禽（鳥）〔○〕草木 3/24/9
凡人民禽○萬物貞蟲 4/35/5
（其人）惷愚（禽○）而壽 4/36/8
麒麟生庶○ 4/38/3
凡毛者生於庶○ 4/38/3
（餒）〔餧〕（毒）〔○〕之藥 5/40/18
驅○畜 5/41/9
豺乃祭○ 5/44/15
農有不收藏積聚、牛馬畜○有放失者 5/46/10
有能取疏食、田獵禽○者 5/46/10
毒○不作 6/51/23
猛○食顓民 6/52/25
禽○（蝮）〔蟲〕蛇無不匿其爪牙 6/53/4
走○廢腳 6/53/16
猶畜禽○也 7/60/14
拘○以為畜 8/61/17
句爪、居牙、戴角、出距之○於是鷙矣 8/61/23
則禽○跳矣 8/65/23
禽○昆蟲與之陶化 9/69/14
夫鳥○之不（可）同（詳）〔群〕者 9/72/13
是故人主好鷙鳥猛○ 9/73/27
猛○熊羆 9/74/8
去食肉之○ 9/78/7
豺未祭○ 9/79/12
禽○歸之若流（原）〔泉〕 9/79/15
為是謂人智不如鳥○ 10/91/5
土積則生自（穴）〔宊〕之○ 11/93/26
鳥○聞之而驚 11/94/23
○處成群 11/97/5
○窮則犨 11/102/12
逐○者趨 12/105/24
北方有○ 12/108/7
夫未得○者 12/119/23
禽○可羈而從也 13/120/5
為鷙禽猛○之害傷人而无以禁御也 13/120/14
猛○不能為害 13/120/15
非彘能賢於野○麋鹿也 13/130/22
則禽○草木莫不被其澤矣 13/132/5
有鳥有魚有○ 14/132/10
行成○ 14/140/16
（養）〔養〕禽○者也必去豺狼 15/143/10
鳥○驚駭 15/148/12
猛○之攫也匿其爪 15/150/24
○不可以虛器召也 16.34/157/15
山有猛○ 16.39/157/27
故（食草）〔草食〕之○不疾易藪 16.99/163/8
逐○者目不見太山 17.17/169/19
猛○不群 17.99/175/11
鳥○弗辟 17.116/176/16
○同足者相從遊 17.134/177/28
禽○之利而我之害 17.195/182/8
愈多得○ 18/191/13
後必無○ 18/191/14
與禽○處 18/197/15
譬猶以大牢享野○ 18/198/10
非直禽○之詐計也 18/202/7
此亦鳥○之所以知求合於其所利 19/206/6
鏤以為○ 19/206/19
《鹿鳴》興於○ 20/214/11
動成○ 20/215/15
禽○草木 20/221/5
禽○之性 20/221/9
觀者不知其何○也 21/227/9

殳 shū　1

搢笏杖○以臨朝 11/102/19

抒 shū　2

譬猶沐浴而○溷 16.72/160/25
故多為之辭以（杼）〔○〕其情 21/227/13

叔 shū　35

昔孫○敖恬臥 9/68/16
始乎○季 10/86/22
放蔡○ 11/102/20
誅管○ 11/102/20
伯夷、○齊非不能受祿任官以致其功也 11/103/5
吾聞之○向曰 12/111/11
狐丘丈人謂孫○敖曰 12/113/28
孫○敖曰 12/113/28,12/114/1
蹇○曰 12/115/19
蹇○送師 12/115/22
昔孫○敖三得令尹 12/117/28
昔趙文子問於○向曰 12/118/26
無管仲、鮑○以為臣 12/119/11
楚莊王專任孫○敖而霸 13/123/17
孫○敖三去令尹而无憂色 13/130/8
孫○敖制冠浣衣 16.136/166/23
○孫之知 17.145/178/22
歸而封孫○敖 18/186/18
〔孫○敖〕（而辭）〔辭而〕不受 18/186/18
孫○敖死 18/186/21
唯孫○敖獨存 18/186/23
夫孫○敖之請有寢之丘 18/187/2
申○時教莊王封陳氏之後而霸天下 18/187/6
申○時使於齊 18/193/11
申○時曰 18/193/13
仲孫氏、○孫氏相與謀曰 18/195/22
孫○敖決期思之水而灌雩婁之野 18/200/9
周公誅管○、蔡○ 20/214/16
管○、蔡○奉公子祿父而欲為亂 20/218/4
而鮑○、咎犯隨而輔之 20/222/23
蔡○、管○輔公子祿父而欲為亂 21/227/28

○不為 3/31/7
河水中（濁）〔調〕而宜○ 4/35/23
其地宜○ 4/36/8
○夏生冬死 4/36/14
食○與雞 5/41/3,5/41/19
狗彘吐○粟於路而無忿爭之心 6/52/20
然民有糟糠○粟不接於口者 9/78/13
大火中則種黍○ 9/79/19
唅○飲水以充腸 11/104/7
魚食巴○而死 17.109/176/1
申○、杜茝 18/198/23

疏 shū 33

○達而不悖 1/7/9
今夫萬物之○躍枝舉 2/13/12
明親○ 2/14/8
是其○圃 4/33/8
○圃之池 4/33/8
有能取○食、田獵禽獸者 5/46/10
過崑崙之○圃 6/52/2
○骨肉而自容 6/53/12
骨肉○而不附 6/53/14
是故無所甚○ 7/57/6
○川而為利 8/61/16
舜乃使禹○三江五湖 8/63/16
禹決江○河 9/72/1
○遠（則）卑賤者 9/75/12
秋畜○食 9/79/11
不亟於為文句○短之鞻 11/98/12
身○即謀當而見疑 11/101/4
襄子○隊而擊之 12/106/25
子佩（○）〔跣〕揖 12/110/22
魏王乃止其行而○其身 12/118/11
體大者節○ 13/127/16
17.240/185/10
數則能勝○ 15/149/5
況○遠乎 17.38/171/1
○之則弗得 17.227/184/12
正在○數之間 17.227/184/12
或說聽計當而身○ 18/190/22
括子（曰）〔日〕以○ 18/191/2
決江○河 19/202/22
然而天下莫○其子 19/204/25
○河決江 19/205/12
舞扶○ 19/209/22
遂○儀狄而絕嗜酒 20/222/7

踈 shū 2

然而皆不失親○之恩 11/98/8
（延）〔近〕之則○ 20/210/6

樞 shū 6

還反於○ 1/2/7
揉桑以為○ 1/8/29
運於琁○ 9/80/5
曉（自然）〔然自〕以為智（知）存亡之○機、禍福之門戶 18/186/10
動靜者、利害之○機也 18/186/12
則機○調利 20/211/20

輸 shū 10

崑崙之○也 6/54/18
公○、王爾無所錯其剞劂削鋸 8/61/21
其灌○之者大 9/71/11
○子陽謂其子曰 10/87/11
公○般服 12/107/13
得相委○ 13/120/12
○於少府 13/124/3
公○〔般〕、天下之巧士〔也〕 19/203/25
〔請〕（今）〔令〕公○〔般〕設攻 19/203/26
於是公○般設攻宋之械 19/203/27

橾 shū 2

（○）〔操〕鉤上山 16.88/162/8
或（○）〔操〕火往益之 16.121/165/13

攄 shū 2

（櫖）〔○〕書明指以示之 19/209/5
故○道以被民 20/212/5

秫 shú 1

○稻必齊 5/46/7

孰 shú 53

○知其所萌 2/11/10
○暇知其所苦樂乎 2/11/13
○肯解構人間之事 2/11/26
○非其有 2/12/4
（孰）〔○〕能至於此哉 2/12/18
○能濟焉 2/17/10
○知 7/56/16
○暇知其所為 7/58/6
○足以患心 7/58/27
○能無好憎 7/60/3
○急 11/95/2
夫有（熟）〔○〕推之者 11/96/21
有○教之 11/97/6
夫有○貴之 11/99/1
（不知）○是○非 11/100/21
○是○非 12/105/13
○知知之為弗知 12/105/15
○知形〔形〕之不形者乎 12/105/17
物○不濟焉 12/114/7
而（就）〔○〕視其狀貌 12/117/7
〔其〕○能至于此乎 12/117/8
則物○能惑之 12/118/2
〔其〕○先亡乎 12/118/26
○弗能奪也 13/125/3
○能貴之 13/125/15
○能觀之 13/132/1
○能訾之 14/134/22
○弗能治 14/136/15
○能形 14/138/6
○知其藏 15/144/5
敵○敢當 15/144/28
主○賢 15/146/25
將○能 15/146/25
民○附 15/146/25
國○治 15/146/25
蓄積○多 15/146/25
士卒○精 15/146/25
甲兵○利 15/146/26

器備〇便 15/146/26
〇知其端緒 15/147/11
天下〇敢厲威抗節而當其前者 15/147/15
〇能窺其情 15/149/24
則〇敢與我戰者 15/150/7
〇知其情 15/151/29
〇能通其微 16.124/165/24
〇先（隴）〔礲〕也 17.55/172/10
〇先弊也 17.55/172/10
〇先（直）〔折〕也 17.55/172/10
人〇知之者乎 18/191/26
〇〔意〕衛君之仁義而遭此難也 18/200/18
民〇不从 20/217/11

熟 shú 14

〇肯分分然以物為事也 2/16/4
歲〇 3/20/14
以〇穀禾 3/24/9
蘖定而禾〇 3/26/17
麥〇 3/29/27
麥乃不〇 5/40/4
則五穀不〇 5/42/1
稼穡不〇 5/42/18
歲時〇而不凶 6/52/18
五穀登〇 6/52/21
是猶不待雨而求〇稼 9/73/24
夫有（〇）〔孰〕推之者 11/96/21
軍食〇然後敢食 15/151/13
離先稻〇 20/223/1

贖 shú 13

子贛〇人而不受金於府 11/94/15
魯國不復〇人矣 11/94/16
有能〇之者 12/108/17
子贛〇魯人於諸侯 12/108/17
〇〔人〕而受金 12/108/19
則不復〇人 12/108/20
魯人不復〇人於諸侯矣 12/108/20
有輕罪者〇以金分 13/129/6
察行陳解〇之數 15/145/5
出入解〇 15/152/17
曰殺罷牛可以〇良馬之死 16.94/162/24
以必亡〇不必死 16.94/162/24
束帛以〇之 18/199/28

黍 shǔ 14

渭水多力而宜〇 4/35/23
其地宜〇 4/36/5
天子以（雉）〔雛〕嘗〇 5/41/22
食〇與彘 5/45/11,5/46/3
食（麥）〔〇〕與彘 5/46/22
大火中則種〇菽 9/79/19
芻豢〇粱、荊吳芬馨以嚂其口 11/104/2
〇稷之先後 14/140/2
無鄉之社易為〇肉 17.91/174/25
不能耕而欲〇粱 17.208/183/5
故樹〇者不穫稷 18/189/18
而（豢）〔養〕以芻豢〇粱五味之膳 18/194/14
飯〇（粢）〔粱〕 18/194/19

暑 shǔ 38

各因所處以御寒〇 1/3/21
豈嘗為寒〇燥溼變其聲哉 1/9/4
是故形傷于寒〇燥溼之虐者 2/11/13
手足之攢疾蚌、辟寒〇 2/17/13
加十五日指丁則小〇 3/22/21
加十五日指未則大〇 3/22/22
加十五日指申則處〇 3/22/23
凡八紘之氣是出寒〇 4/34/3
曰〇門 4/34/7
是節寒〇 4/34/9
〇氣多夭 4/34/21
〇溼居之 4/36/1
小〇至 5/41/18
土潤溽〇 5/42/15
寒〇不節 5/43/13
是故燥溼寒〇以節至 5/49/22
天有風雨寒〇 7/55/12
寒〇不能傷 9/67/19
衣必適乎寒〇 11/99/8
以支〇熱 11/104/7
夏日則不勝〇熱蟲蝱 13/120/7
以避寒〇 13/120/8
火弗為（襄）〔衰〕其（〇）〔熱〕 14/141/23
大（熱）〔〇〕鑠石流金 14/141/24
寒〇之變 14/141/24
而寒〇不可（開）〔關〕閉 15/148/23
見瓶中之冰而知天下之寒〇 15/150/14
〇不張蓋 15/151/12
所以程寒〇也 15/151/12
大寒甚〇 15/152/12
而知天下之寒〔〇〕 16.133/166/17
然而寒〇之勢不易 17.49/171/23
當〇而不暍者 17.105/175/23
（〇）〔夏〕以強耘 18/192/18
夏日則〇傷 18/194/18
膚之知痛疾寒〇 19/207/24
故寒〇燥濕 20/210/11
比類其喜怒（與）〔於〕晝宵寒〇 21/224/28

蜀 shǔ 2

越舲〇艇 2/18/12
西包巴、〇 15/145/25

鼠 shǔ 20

無以異於使蟹（蛹）〔捕〕〇 1/3/1
渭出鳥〇同穴 4/37/19
田〇化為鴽 5/40/10
譬猶雀之見鸇而〇之遇狸也 9/72/14
虎之不可使搏〇也 9/74/25
〇前而（菟）〔兔〕後 12/108/7
夫鴟目大而（睡）〔眎〕不若〇 13/131/30
掘室而求〇 16.74/160/29
狸頭愈〇 16.124/165/22
設〇者機動 17.45/171/15
治〇穴而壞里閭 17.78/173/28
〇食之而肥 17.109/176/1

腐〇在壇 17.158/179/19
孟賁探〇穴 17.170/180/17
〇無時死 17.170/180/17
鳶墮腐〇 18/201/12
飛鳶適墮其腐〇而中游俠 18/201/14
而乃辱我以腐〇 18/201/16
若使（人）〔之〕銜腐〇 19/209/13
貍執〇 20/223/7

曙 shǔ 1

〇於蒙谷之浦 3/24/20

戍 shù 12

甲（〇）〔戌〕 3/29/8
招搖指（〇）〔戌〕 5/44/13
發邊〇 12/117/17
發適〇 13/124/2
發閭左之〇 15/146/6
〇卒陳勝興於大澤 15/146/7
遣卒〇陳 18/193/11
遣人〇陳 18/193/15
乃罷陳之〇 18/193/16
乃發適〇以備之 18/197/16
〔知〕發適〇以備越 18/197/20
〇五嶺以備越 20/215/21

束 shù 20

〇於教也 1/4/9
外〇其形 7/60/8
券契〇帛 9/68/18
趙宣孟以〇脯免其軀 10/85/17
〇而投之水 11/95/26
趙宣孟之〇脯 11/96/22
綸組節〇 11/97/22
〇牢連固 11/98/12
〇（縳）〔縛〕桎梏 13/127/4
然而管仲免於〇縛之中 13/127/5
訟而不勝者出一〇箭 13/129/7
約〇誓盟 14/136/28
約〇信 15/145/4
極其變而〇之 15/148/17
任地者可〇也 15/149/17
以〇薪為鬼 16.64/160/7
16.64/160/7
〇帛以贖之 18/199/28
故〇身以受命 18/200/23
管仲〇縛 19/203/6

述 shù 2

百官〇職 9/73/3
〇周公之訓 21/228/1

恕 shù 1

內〇反情 9/81/8

庶 shù 35

條風至四十五日明〇風至 3/20/25
明〇風至四十五日清明風至 3/20/25
明〇風至則正封疆 3/20/28
明〇風之所生也 4/37/25
聖人生〇人 4/38/1
凡（容）〔胈〕者生於〇人 4/38/1
鸞鳥生〇鳥 4/38/2
凡羽者生於〇鳥 4/38/2
麒麟生〇獸 4/38/3
凡毛者生於〇獸 4/38/3
建邪生〇魚 4/38/4
凡鱗者生於〇魚 4/38/4
靈龜生〇龜 4/38/5
凡介者生（〇於）〔於〇〕龜 4/38/5
榦木生〇木 4/38/9
凡（根拔）木者生於〇木 4/38/9
皇辜生〇草 4/38/11
凡根茇草者生於〇草 4/38/11
卿士大夫至于〇民 5/47/3
〇女（叫）〔叫〕天 6/49/28
夫瞽師、〇女 6/49/28
〇功日進 9/73/4
〇人傳語 9/80/9
〇民弗信 10/85/13
句吳其〇乎 10/87/7
此〇民之力也 12/113/13
以知要（〇）〔遮〕 14/140/11
義者、眾〇之所高也 18/198/17
至于〇人 19/203/9
自人君公卿至于〇人 19/207/4
我社稷可以〇幾乎 19/207/14
无人者、非无眾〇也 20/217/2
〇績咸熙 20/217/13
〇後世使知舉錯取捨之宜適 21/226/23

術 shù 60

非致遠之（〇）〔御〕也 1/3/9
徹於心〇之論 1/8/16
人相忘於道〇 2/11/25
夫（楔）〔挾〕依於跂躍之〇 2/12/4
是故聖人內修道〇 2/14/20
皆以仁義之〇教導於世 2/16/23
室、堂、庭、門、巷、〇、野 3/22/6
德在堂則刑在〇 3/22/7
時、泗、沂出臺、台、〇 4/37/18
治心〇 7/60/9,14/133/8
用兵（冇）〔有〕〇矣 8/66/28
人主之〇 9/67/3
是任〇而釋人心者也 9/69/20
誠得其〇也 9/76/3
執〇而御之 9/76/6
是故有〇則制人 9/76/21
無〇則制於人 9/76/21
孔丘、墨翟脩先聖之〇 9/77/22
執柄持〇 9/80/5
為是釋〇數而任耳目 11/96/9
行孔子之〇 11/97/8
此未可與言〇也 11/98/24
此不共之〇也 11/100/11
而道〇可公行也 11/102/10
田駢以道〇說齊王 12/106/8
道〇難以除患 12/106/8
薄疑說衛嗣君以王〇 12/108/11
（季）〔宓〕子必行此〇也 12/116/26
無〇以御之也 13/123/17
有〇以御之也 13/123/18
此存亡之〇也 13/125/13
自當以道〇度量 13/130/6
若无道〇度量而以自儉

約 13/130/7
治心○則不（忘）〔妄〕喜怒 14/133/8
故道○不可以進而求名 14/135/16
故好智、窮○也 14/137/14
故好勇、危○也 14/137/15
而道○之可（脩）〔循〕明矣 14/137/18
以有常○而無鈐謀 14/138/4
有智而無○ 14/139/22
○也 14/140/6
放於○則強 14/140/7
謂之○ 18/185/24
近塞上之人有善○者 18/190/1
則未可與言○也 18/196/2
（耆）〔嗜〕欲不得枉正○ 19/203/14
无本業所修、方○所務 19/209/17
曰「孔子之○也」 20/218/14
可不謂有○乎 20/220/20
一切之○也 20/221/21
而知○可以為法 20/223/11
有《主○》 21/223/26
《主○》者 21/225/8
此主○之明也 21/225/10
考驗乎老、莊之○ 21/225/19
乃原心○ 21/226/16
而不知覺寤乎昭明之○矣 21/227/3
謂之○則博 21/227/10
受孔子之○ 21/228/4

豎 shù 5

使○亥步自北極 4/33/2
牧○能追之 9/74/21
欺於○牛 17.145/178/22
○陽穀奉酒而進之 18/187/20
故○陽穀之進酒也 18/187/24

數 shù 178

騰踴肴亂而不失其○ 1/2/17
加之以詹何、娟嬛之○ 1/2/21
夫釋大道而任小○ 1/3/1
任○者勞而無功 1/3/7
（脩）〔循〕道理之○ 1/3/11
貴其周於○而合於時也 1/5/15
音之○不過五 1/6/21
色之○不過五 1/6/22
可切循把握而有○量 2/10/22
有之可以備○ 2/13/5
如工匠有規矩之○ 2/13/16
何足以舉其○ 2/13/21
雖目○千羊之群 2/17/4
以○推之 3/23/19
故黃鍾之○立焉 3/25/20
律之○六 3/25/21
黃鍾大○立焉 3/25/23
其○八十一 3/26/1
林鍾之○五十四 3/26/1
太蔟之○七十二 3/26/2
南呂之○四十八 3/26/2
姑洗之○六十四 3/26/3
應鍾之○四十二 3/26/3
蕤賓之○五十七 3/26/4
大呂之○七十六 3/26/4
夷則之○五十一 3/26/5
夾鍾之○六十八 3/26/5
（元）〔无〕射之○四十五 3/26/6
仲呂之○六十 3/26/6
音之○五 3/26/16
律之○十二 3/26/17
日之○十 3/26/18
故律歷之○ 3/26/23
○從甲子始 3/29/5
以日冬至○〔至〕來歲正月朔日 3/29/22
欲知東西、南北廣袤之○者 3/31/15
以入前表○為法 3/31/16
以知從此東西之○也 3/31/17
除則從此西里○也 3/31/19
東西里○也 3/31/19
南北之里○也 3/31/23
其不從中之○也 3/31/23
以出入前表之○益損之 3/31/24
則置從此南至日下里○ 3/32/3
日○十 4/35/8
其○八 5/39/4,5/39/19,5/40/10
其○七 5/41/2,5/41/18
則苦雨○來 5/41/12
其○五 5/42/7
其○九 5/42/24,5/43/18,5/44/14
則風災○起 5/44/9
貢歲之○ 5/44/22
其○六 5/45/10,5/46/2,5/46/21
巧歷不能舉其○ 6/50/18
正律歷之○ 6/52/17
伏尸○十萬 6/53/25
破車以千百○ 6/53/25
不可勝○〔矣〕 8/61/19
計人多少眾寡使有分○ 8/61/25
似○而疏 8/65/11
不因道〔理〕之○ 9/70/3
而不（修）〔循〕道理之○ 9/72/2
豈能拂道理之○ 9/72/5
人主不明分○利害之地 9/72/28
必不可之○也 9/73/24
必遺天（下）〔地〕之大○ 9/74/24
是故不用適然之○ 9/76/10
○窮於下則不能伸理 9/76/27
慕義從風而為之服役者不過○十人 9/77/22
知饒饉有餘不足之○ 9/78/11
故急轡○策者 10/91/21
察其○ 10/92/19
為是釋術○而任耳目 11/96/9
不若得伯樂之○ 11/99/18
為寬裕者曰勿○橈 11/100/23
商與商言○ 11/101/17
其○一也 11/101/21
鵜胡飲水○斗而不足 11/103/11
子之知道亦有○乎 12/105/4
吾知道有○ 12/105/4,12/105/11
其○奈何 12/105/5,12/105/11
此吾所以知道之○也 12/105/6
亦有○乎 12/105/10
〔此〕吾所以知道之○也 12/105/13
故致○輿無輿也 12/108/15
○戰而○勝 12/108/23
○戰〔而〕○勝 12/108/24
○戰則民罷 12/108/25
○勝則主憍 12/108/25
多言○窮 12/110/19
是乃其所以千萬臣而无○者也 12/111/22

吾固惑吾王之○逆天道 12/112/8
後○日 12/113/7
今行○千里 12/115/21
又○絶諸侯之地 12/115/21
吾行○千里以襲人 12/115/23
何況乎君○易世 13/121/20
國○易君 13/121/21,14/137/9
昔者萇弘、周室之執○者也 13/126/5
律曆之○ 13/126/6
開地○千里 13/126/10
不可勝○ 13/126/28
則失賢之○也 13/127/8
為是釋度○而求之於朝肆草莽之中 13/128/6
而○无蠶（今）〔令〕曰 13/128/27
其子孫○諫而止之 13/131/15
汝○止吾為俠 13/131/16
度水而无游○ 14/133/17
有游○ 14/133/17
棄○而用才者必困 14/134/24
慮不勝○ 14/135/20
（貨）〔背〕○而任己 14/136/1
一（身）〔人〕之身既○（既）變矣 14/137/9
又況君○易法 14/137/9
棄○而用慮 14/137/13
○未之有也 14/137/17
勝在於○ 14/139/18
先在於○ 14/139/19
是故滅欲則○勝 14/139/20
○也 14/140/6,14/140/11
審於○則寧 14/140/7
倍道棄○ 14/140/11
○米而炊 14/140/17,20/215/14
以○雜之壽 14/142/7
察行陳解贖之○ 15/145/5
刑德奇賌之○ 15/145/11
一旦不知千萬之○ 15/146/6
方○千里 15/146/11
（者）〔智〕侔、則有○者禽無○ 15/146/24
則○倍不足 15/147/19
明於必勝之（攻）〔○〕也 15/148/9
以○相持 15/149/2
敵人執○ 15/149/2
○則能勝疏 15/149/5
所謂天○者 15/150/11
言必合○ 15/151/29
殺牛、必亡之○ 16.94/162/24
必食其蹠○十而後足 16.125/165/26
不得其○ 17.5/168/21
以問於○ 17.19/169/24
○之則弗中 17.227/184/12
正在疏○之間 17.227/184/12
居○月 18/190/2
人○言其過於文侯 18/192/9
（日）師行○千里 18/192/29
○絶諸侯之地 18/193/1
伏尸流血○十萬 18/197/16
左右○諫不聽 18/197/25
誠得其○ 18/200/13
得其○也 18/201/8
蟯蟯然日加○寸 19/209/25
可○者、少也 20/211/1
至眾、非○之所能領也 20/211/1
別（清濁）五音〔清濁〕六律相生之○ 20/213/3
簡絲○米 20/215/6
射者○發不中 20/220/26
知○而厚衰 20/222/9
列山淵之○ 21/224/15
所以使人主秉○持要 21/225/9
其○直施而正邪 21/225/9
所以明戰勝攻取之○ 21/225/29
夫五音之○ 21/227/7
夫江、河之腐胔不可勝○ 21/227/15

澍 shù 1

无地而不○ 20/210/15

樹 shù 60

夫（萍）〔蘋〕○根於水 1/3/15
木○根於土 1/3/15
今夫徙○者 1/4/1
故橘、○之江北則化而為（枳）〔橙〕 1/4/1
今夫○木者 2/17/20
〔景在○端〕 3/24/21
先○一表東方 3/31/10
又○一表於東方 3/31/10
○表高一丈 3/32/1
珠○、玉○、琁○、不死○在其西 4/33/5
絳○在其南 4/33/6
碧○、瑤○在其北 4/33/6
三珠○在其東北方 4/37/6
有玉○在赤水之上 4/37/6
其○楊 5/39/16
其○杏 5/40/7
其○李 5/40/27
毋伐大○ 5/41/9
其○桃 5/41/15
〔其〕○榆 5/42/4
○木方盛 5/42/15
其○梓 5/42/21
其○楝 5/43/15
其○柘 5/44/11
其○槐 5/45/7
其○檀 5/45/28
則伐○木 5/46/13
其○棗 5/46/18
其○櫟 5/47/9
青（土）〔丘〕○木之野 5/47/14
赴○木 8/63/15
益○蓮菱 8/65/5
設○險阻 8/65/6
以時種○ 9/79/9
以○竹木 9/79/10
辟若伐○而引其本 10/84/10
男子○蘭 10/86/12
物其○ 10/92/19
葬○松 11/98/6
葬○柏 11/98/7
后稷播種○穀 14/138/8
無伐○木 15/143/13
釋其根而○其枝也 15/145/8
譬若○荷山上 16.88/162/8
未發而蝯擁（柱）〔○〕號矣 16.89/162/11
欲致鳥者先○木 16.113/164/19
故○黍者不獲稷 18/189/18
○怨者無報德 18/189/18
今霜降而○穀 18/198/27
采○木之實 19/202/16

辟地○穀 19/202/21
糞土○穀 20/212/9
文公○米 20/218/10
○一物而生萬葉者 20/223/5
所○不足以為利 20/223/6
鳳巢列○ 21/226/20

儵 shū 1

日入而不能得一○魚者 18/201/6

衰 shuāi 59

而以○賤矣 1/6/12
勇者○其氣 2/12/20
及世之○也 2/15/9
施及周室（之○） 2/15/14
周室○而王道廢 2/15/15
有○漸以然 2/15/19
左者○ 3/23/2
六歲而一○ 3/28/19
與月盛○ 4/34/27
陽氣日○ 5/44/4
養老○ 5/47/25
○世湊學 7/60/6
逮至○世 8/61/12,8/62/8
是故德○然後仁生 8/62/17
○絰苴杖 8/66/3
被○戴絰 8/66/17
年○志憫 9/74/5
○世則不然 9/74/6
○絰（管）〔菅〕屨 9/78/20
德○而仁義生 10/82/25
○世之造也 11/93/22
林類、榮啓期衣若縣○〔而〕意不慊 11/103/12
○世之俗 11/103/28
將○楚國之爵而平其制祿 12/112/2
今子將○楚國之爵而平其制祿 12/112/4
○絰而哭之 12/115/22
夫物盛而○ 12/119/17
夫夏、商之○也 13/121/4
皆○世之造也 13/121/9
今世德益○ 13/122/1
德有昌○ 13/124/19
潘尪、養由基、黃○微、公孫丙相與篡之 13/125/18
黃○微舉足蹴其體 13/125/19
火弗為（褁）〔○〕其（暑）〔熱〕 14/141/23
又況○世乎 15/142/29
以盛乘○ 15/147/7
○則北 15/153/6
月盛○於上 16.33/157/12
上有三○ 16.51/159/5
取婦夕而言○麻 16.139/167/1
大小之○然 17.75/173/21
周室○ 18/189/16
世俗廢○ 19/204/13
故有○絰哭踊之節 20/212/15
唯聖人能盛而不○ 20/213/12
〔及其○也〕 20/213/13
及〔至〕其○也 20/213/14
〔及〕至其○也 20/213/16
及至其○也 20/213/18
將以救敗扶○ 20/213/24
乘（○）〔衺〕而流 20/216/13
周之○也 20/220/1
故民知書而德○ 20/222/9
知數而厚○ 20/222/9
知券契而信○ 20/222/9
知械機而空○也 20/222/9
埒略○世古今之變 21/225/4
則不知小大之○ 21/226/27

帥 shuài 2

三○乃懼而謀曰 12/115/23
○民之賊者 15/143/16

率 shuài 22

天子親○三公九卿大夫以迎歲于東郊 5/39/9
天子親○三公九卿大夫以迎歲於南郊 5/41/7
天子親○三公九卿大夫以迎（秋）〔歲〕于西郊 5/43/5
乃賞軍○武人於朝 5/43/5
命將○ 5/43/6
天子親○三公九卿大夫以迎歲于北郊 5/45/16
命將○講武 5/45/22
儉約以○下 9/73/26
○九年而有三年之畜 9/79/2
○性而行謂之道 11/93/20
泗上十二諸侯皆○九夷以朝 11/97/9
（勤）〔勒〕○隨其蹤跡 13/129/18
○由舊章 14/137/10
而不（○）〔恤〕吾眾也 18/187/23
智伯○韓、魏二國伐趙 18/191/20
今智伯○二君而伐趙 18/191/23
三○相與謀曰 18/193/2
乃○韓、魏而伐趙 18/193/19
悉○徒屬 18/201/17
乃相○（而為致勇）〔為勇而致〕之寇 20/219/23
无將（卒）〔○〕以行列之 20/219/24
昭王則相○而殉之 20/219/27

蟀 shuài 1

蟋○居奧 5/42/8

踹 shuàn 1

○足而怒曰 18/201/27

霜 shuang 32

經○雪而無迹 1/2/1
秋風下○ 1/3/18,17.167/180/10
雪○滾灖 1/8/29
○雪降 2/12/1
陰氣勝則凝而為○雪 3/19/2
加十五日指戌則○降 3/22/25
春有○ 3/23/27
夏寒雨○ 3/24/1
以降○雪 3/24/8
雨○大雹 5/39/14
○始降 5/44/20
則雪○不時 5/45/26
有凍寒積冰、雪雹○霰、漂潤群水之野 5/48/5

九月不下○ 5/48/16
五月下雹○ 5/48/19
○雪亟集 6/53/23
（氣）〔氛〕霧雪○不霽 8/61/18
冬雷夏○ 8/62/4,20/210/21
○文沈居 8/65/11
履○ 11/94/13
冬日則不勝○雪霧露 13/120/7
○雪雨露 14/134/15
故聖人見○而知冰 16.102/163/17
夏有○雪 17.49/171/23
未嘗見○ 17.54/172/8
眾人行於○ 17.199/182/16
同日被○ 18/195/5
今○降而樹穀 18/198/27
身淬○露 19/207/9
正月繁○ 20/210/21

雙 shuāng 1

鸞鳥不○ 17.99/175/11

孀 shuāng 2

婦人不○ 1/1/17
以養孤○ 19/202/24

鷞 shuāng 2

釣射鷫○之謂樂乎 1/7/21
鴻鵠鷫○ 8/65/5

蠰 shuāng 1

猶黃鵠與○蟲也 12/116/17

爽 shuǎng 2

使口（○傷）〔厲○〕 7/56/6

誰 shuí 14

天下○敢害吾（意）〔志〕者 6/50/2
不知為之者○何 8/63/3
不知為之者○ 9/68/15
○弗（載）〔戴〕 10/83/3
○弗喜 10/83/4
夫有○為矜 10/87/17
將○使正之 11/103/9
（○）〔唯〕知言之謂者乎 12/105/23
寡人○為君乎 12/112/22
其○以我為君者乎 12/112/24
○微湯、武 13/125/3
夫有○與交兵接刃乎 15/143/21
○敢在於上者 15/150/8
將有○寶之者乎 17.113/176/9

水 shuǐ 352

○流而不止 1/1/11
夫鏡○之與形接也 1/2/13
因○以為師 1/3/12
夫（萍）〔蘋〕樹根於○ 1/3/15
蛟龍○居 1/3/15
○居窟穴 1/3/19
舟行宜多○ 1/3/20
陸事寡而○事眾 1/3/24
○下流 1/4/15,3/19/6
莫柔弱於○ 1/5/24
夫○所以能成其至德於天下者 1/6/9
其孫為○ 1/6/11
○可循而不可毀 1/6/12
莫尊於○ 1/6/12
入○不濡 1/9/10
今夫狂者之不能避○火之難而越溝瀆之嶮者 1/9/28
夫○嚮冬則凝而為冰 2/11/12
冰迎春則（洋）〔泮〕而為○ 2/11/12
冰（故）〔○〕移易于前後 2/11/12
雖有炎火洪○彌靡於天下 2/16/3
○之性真清而土汩之 2/16/6
而鑒於止○者 2/16/9
而手會《綠○》之趨 2/17/4
灌以潔○ 2/17/20
今盆○在庭 2/17/21
猶盆○之類也 2/17/22
不能無○而浮 2/18/12
積陰之寒氣〔久〕者為○ 3/18/22
○氣之精者為月 3/18/22
地受○潦塵埃 3/18/23
故○潦塵埃歸焉 3/18/26
是故○（曰）〔月〕內景 3/18/29
方諸見月則津而為○ 3/19/9
○也 3/20/5,3/28/27
○（魚）〔衡〕之囿也 3/21/6
日冬至則（○）〔火〕從之 3/21/23
日夏至則（火）〔○〕從之 3/21/23
故五月火正（火正）而○漏 3/21/23
十一月○正而（陰）〔火〕勝 3/21/24
陰氣為○ 3/21/24
○勝故夏至溼 3/21/24
〔則〕井○盛 3/22/1
盆○溢 3/22/1
陰氣勝則為○ 3/22/3
加十五日指寅則（雨○）〔驚蟄〕 3/22/15
〔加〕十五日指甲則雷（驚蟄）〔雨○〕 3/22/15
○用事 3/23/19
遠○則○蟲蟄 3/24/12
○辰之木 3/27/21
木辰之○ 3/27/21
○生於申 3/27/26
三辰皆○也 3/27/27
○生木 3/28/27
金生○ 3/28/27
歲早○晚早 3/29/25
歲早旱晚○ 3/29/26
大○出 3/31/6
早○ 3/31/7
○有六品 4/32/11
何謂六○ 4/32/28
曰河○、赤○、遼○、黑○、江○、淮○ 4/32/28
○道八千里 4/32/30
凡鴻○淵藪 4/33/2
禹乃以息土填洪○以為名山 4/33/3
浸之黃○ 4/33/8
黃○三周復其原 4/33/8
是謂（丹）〔白〕○ 4/33/9
河○出崑崙東北陬 4/33/11

赤〇出其東南陬 4/33/11
（赤〇之東） 4/33/12
〔弱〇出其西南陬〕 4/33/12
（弱〇出自窮石） 4/33/12
洋〇出其西北陬 4/33/13
凡四〇者 4/33/13
〇員折者有珠 4/34/19
清〇有黃金 4/34/19
清〇音小 4/34/23
濁〇音大 4/34/23
湍〇人輕 4/34/23
遲〇人重 4/34/23
雲母來〇 4/34/26
食〇者善游〔而〕能寒 4/35/1
魚游於〇 4/35/14
是故白〇宜玉 4/35/22
黑〇宜砥 4/35/22
青〇宜碧 4/35/22
赤〇宜丹 4/35/22
黃〇宜金 4/35/22
清〇宜龜 4/35/22
汾〇濛濁而宜麻 4/35/22
濟〇通和而宜麥 4/35/23
河〇中（濁）〔調〕而
宜菽 4/35/23
雒〇輕利而宜禾 4/35/23
渭〇多力而宜黍 4/35/23
漢〇重安而宜竹 4/35/24
江〇肥仁而宜稻 4/35/24
土勝〇 4/36/14
〇勝火 4/36/14
木壯〇老火生金囚土死 4/36/17
火壯木老土生〇囚金死 4/36/17
土壯火老金生木囚〇死 4/36/17
金壯土老〇生火囚木死 4/36/17
〇壯金老木生土囚火死 4/36/18
鍊雲生〇 4/36/21
鍊〇反土 4/36/21
是故以〇和土 4/36/23
有玉樹在赤〇之上 4/37/6
樂民、拏閭在崑崙弱〇
之洲 4/37/10
丹〇出高（褚）〔都〕 4/37/20
流〇就通 4/38/16,4/38/20
4/38/22,4/38/24,4/38/27
服八風〇 5/39/6
5/39/20,5/40/11,5/41/4
5/41/19,5/42/9,5/43/2
5/43/19,5/44/16,5/45/12
5/46/3,5/46/22
則〇潦為敗 5/39/14
始雨〇 5/39/19
則其國大〇 5/40/4,5/45/4
下〇上騰 5/40/17
後乃大〇 5/41/12
則丘隰〇潦 5/42/18
以備〇潦 5/43/9
〇始涸 5/44/4
雀入大〇為蛤 5/44/15
盛德在〇 5/45/9
〇始冰 5/45/10
雉入大〇為蜃 5/45/11
乃命〇虞漁師 5/45/22
收〇泉池澤之賦 5/45/22
〇泉必香 5/46/8
〇泉動 5/46/13
則（其）〔天〕時雨〇 5/46/15
〇泉咸竭 5/46/16
則〇潦敗國 5/47/7
以息壤堙洪〇之州 5/47/23
止流〇 5/48/2
有凍寒積冰、雪雹霜霰
、漂潤群〇之野 5/48/5
毋行〇 5/48/9
行秋令〇 5/48/21
海〇大出 6/49/28
〇雲魚鱗 6/50/17
涔雲波〇 6/50/17
而〇火可立致者 6/50/19
而薄落之〇涸 6/51/10
（羽翼）〔濯羽〕弱〇 6/52/3
〇浩（洋）〔漾〕而不息 6/52/24
積蘆灰以止淫〇 6/52/26
淫〇涸 6/52/26
澤無洼〇 6/53/16
鑿竇而（出）〔止〕〇 6/54/16
潦〇不泄 6/54/19
居人汲〇以浸其園 7/56/24
江〇弗憎也 7/56/24
洿〇弗樂也 7/56/24
予人河〇 7/59/18
腹滿而河〇不為之竭也 7/59/19
殺九嬰於凶〇之上 8/63/12
共工振滔洪〇 8/63/14
鴻〇漏 8/63/16
〇火金木土也 8/64/23
此遁於〇也 8/65/6
（〇）〔林〕無柘（梓）
〔樟〕 8/65/13
夫〇濁則魚噞 9/68/4
夫舟浮於〇 9/69/22
（〇）〔石〕戾破舟 9/69/22
〇殺黿鼉 9/70/5
魚得〇而鶩 9/70/15
而不能使〇西流 9/72/1
以火投〇也 9/72/22
蕩而失〇 9/76/22,18/190/17
夫火熱而〇滅之 9/77/9
〇流而土遏之 9/77/10
以〇為資 9/78/4
罔罟不得入於〇 9/79/13
魚得〇而游焉則樂 9/82/4
塘決〇涸 9/82/4
擊舟〇中 10/85/16,11/103/9
〇下流而廣大 10/89/4
獺穴知〇之高下 10/91/5
故〇出於山 10/91/15
〇濁者魚噞 10/91/18
涉〇而欲毋濡 10/92/28
大戟去〇 10/93/6
夫〇積則生相食之魚 11/93/26
涉〇而欲無濡 11/93/27
〇蠆為（蟃）〔蟌〕
（蕙） 11/94/6
積〇重泉 11/94/21
言不致魚於（〇）〔木〕 11/95/4
〇處者漁 11/95/7
東而投之〇 11/95/26
河〇欲清 11/95/29
故〇（擊）〔激〕則波
興 11/96/14
波〇不可以為平 11/96/14
譬若〇之下流 11/96/20
天下大（雨）〔〇〕 11/99/2
禹（遭）〔有〕鴻〇之患 11/99/3
其受〇鈞也 11/99/24
闚面於盤〇則員 11/101/6
於杯〔〇〕則隨 11/101/6
鵜胡飲〇數斗而不足 11/103/11
唅菽飲〇以充腸 11/104/7
扣門求〇〔火〕 11/104/20

若以石投〇（中） 12/105/21

若以〇投〇 12/105/21

菑、澠之〇合 12/105/22

豐〇之深千仞 12/118/21

弟子取〇 12/119/15

〇至 12/119/15

〇激興波 13/126/28

淄、澠之〇合者 13/128/15

嘗一哈〇如甘苦知矣 13/128/15

自投於〇 13/129/26

今夫霤〇足以溢壺榼 13/130/6

〇生蠬蝂 13/130/15

〇生罔象 13/130/16

度〇而无游數 14/133/17

使〇流下 14/136/15

渴而飲〇非不快也 14/137/25

因〇也 14/138/8

〇之大者害其深 14/139/22

或寒凝〇 14/141/14

（冰）〔〇〕出於山而入於海 14/141/16

大寒地坼〇凝 14/141/23

猶憂河〇之少 14/142/8

堯戰於丹〇之浦 15/142/28

共工為〇害 15/143/1

至氾而〇 15/146/14

若以〇滅火 15/147/7

夫〇勢勝火 15/149/10

非有〇火之勝也 15/149/12

故〇激則（淖）〔悍〕 15/150/3

勢如決積〇於千仞之隄 15/150/6

赴〇火而不還踵乎 15/150/8

〇不與於五味而為五味調 15/150/16

虎豹不（〇）〔外〕其（爪）〔牙〕 15/150/24

若〇之無創 15/150/26

以〇應〇也 15/152/5

若〇火金木之代為雌雄也 15/152/8

見用〇火 15/152/19

涉〇多弓 15/152/24

若以〇投火 15/153/2

而鑑於澄〇者 16.3/154/12

杯〇見（牟）〔眸〕子 16.5/154/19

河〇不見太山 16.5/154/19

〇定則清正 16.12/155/14

今曰稻生於〇 16.30/157/4

〇廣者魚大 16.31/157/7

〇濁而魚噞 16.59/159/26

海〇雖大 16.62/160/3

〇居之蟲不疾易〇 16.99/163/8

溺者入〇 16.108/164/4

拯之者亦入〇 16.108/164/4

入〇則同 16.108/164/5

所以入〇者則異 16.108/164/5

欲致魚者先通〇 16.113/164/19

〇積而魚聚 16.113/164/19

或接〇往救之 16.121/165/13

地平則〇不流 16.137/166/27

寒將翔〇 17.6/168/23

〇火相憎 17.24/170/3

〇靜則平 17.33/170/21

河〇之深 17.35/170/25

江〇之原 17.40/171/5

土勝〇者 17.42/171/9

使〇濁者魚撓之 17.83/174/8

篙終而以〇為測 17.87/174/16

竹以〇生 17.110/176/3

不可以得〇 17.110/176/3

土中有〇 17.112/176/7

涉〇者解其馬載之舟 17.133/177/26

褰衣涉〇 17.142/178/15

被而入〇 17.149/178/31

嘗抱壺而度〇者 17.149/178/31

入〇而憎濡 17.158/179/19

〇蠆為蟌 17.163/180/1

粟得〇（溼）而熱 17.173/180/23

〇中有火 17.173/180/23

火中有〇 17.173/180/23

以〇和〇不可食 17.188/181/22

聖人行於〇 17.199/182/16

〇雖平 17.213/183/15

（毀）〔鑿〕瀆而止〇 17.233/184/25

〇致其深而蛟龍生焉 18/189/10

〇為民害 18/189/13

平治〇土 18/189/13,19/202/23

決晉〇而灌之 18/191/20

決〇灌智伯〔軍〕 18/192/1

智伯軍救〇而亂 18/192/1

（而）〇決九江而漸荊州 18/195/9

〇之得濕 18/195/28

江〇之始出於岷山也 18/196/21

北擊遼〇 18/197/12

一軍結餘干之〇 18/197/14

孫叔敖決期思之〇而灌雩婁之野 18/200/9

民茹草飲〇 19/202/16

嘗百草之滋味、〇泉之甘苦 19/202/18

是故禹（之）為〇 19/202/28

夫地勢、〇東流 19/203/12

然後〇潦得谷行 19/203/12

若夫〇之用舟 19/203/17

汲〇而趣之 19/204/7

盛〇各異 19/204/8

是（謂）猶釋船而欲蹍〇也 19/205/15

則〇斷龍舟 19/205/18

游川〇 19/207/16

擊吳濁〇之上 19/207/21

雖〇斷龍舟 19/208/23

（冰）〔〇〕潛陸行 20/211/13

滎〇不能生魚鱉者 20/211/14

因〇之流也 20/212/9

察陵陸〇澤肥墽高下之宜 20/213/1

乃澄列金（木〇）〔〇木〕火土之性 20/213/2

〇火金木土穀 20/214/8

海不讓〇潦以成其大 20/215/1

〇之性 20/216/12

至浦〇 20/219/15

食莽飲〇 20/219/26

則〇用必足矣 20/220/29

作為《山（〇）〔木〕》之嘔 20/221/25

而歌於易〇之上 20/221/26

夫〇出於山而入於海 20/222/5

下和〇土 21/226/15

天下大〇 21/228/5

〇絕山隔 21/228/16

稅 shuì 3

為來歲受朔日與諸侯所〇於民輕重之法 5/44/21

田漁重○　8/66/8
遺人車而○其轙　16.114/164/22

睡 shuì　2

齧缺〔○寐〕　12/107/2
夫鴟目大而（○）〔眎〕不若鼠　13/131/30

楯 shǔn　2

引○萬物　2/12/23
譬若舟、車、○、（肆）〔肆〕、窮廬　11/95/3

眴 shùn　1

視焉（無）〔則〕○　12/116/13

舜 shùn　52

昔○耕於歷山　1/4/18
使○無其志　1/4/20
○之耕陶也　2/18/10
故舉天下而傳之于○　7/58/15
故授○　7/59/4
知許由之貴于○　7/60/1
○之時　8/63/14
○乃使禹疏三江五湖　8/63/16
是以稱堯、○以為聖　8/63/17
舉天下而傳之○　9/74/6
○立誹謗之木　9/80/10
堯、○、（禹）、湯、武　9/80/12
堯○所以昌、桀紂所以亡者　9/80/19
使堯度○　10/83/14
故○不降席而（王）〔匡〕天下者　10/84/1
故○不降席而天下治　10/84/23
○、禹不再受命　10/88/5
堯、○傳大焉　10/88/5
授○而憂釋　10/89/20
○為司徒　11/95/6
故堯之舉○也　11/96/8
昔○葬蒼梧　11/97/23
故當○之時　11/99/1
於是○脩政偃兵　11/99/1
北人无擇非○而自投清（泠）〔冷〕之淵　11/102/1
○之佐七人　12/108/5
堯、○、武王於九、七、五者　12/108/5
○不告而娶　13/120/19
○《九韶》　13/120/23
○執（千）〔干〕戚而服有苗　13/122/11
○無植錐之地　13/124/15
夫堯、○、湯、武　13/127/22
○有卑父之謗　13/127/23
〔唯〕堯之知○〔也〕　13/128/5
市人之知○也　13/128/6
○脩之歷山而海內從化　14/135/5
使○趨天下之利　14/135/6
○彈五絃之琴　14/139/26
○伐有苗　15/142/28
堯、○、禹、湯　17.234/184/27
若夫神農、堯、○、禹、湯　19/202/15
○作室　19/202/20
○黴黑　19/203/8
堯、○、文王〔也〕　19/204/21
夫上不及堯、○　19/204/23
○二瞳子　19/205/11
堯、○之聖不能及　19/205/23
四岳舉○而薦之堯　20/213/8
○、許由異行而皆聖　20/214/22
○為天子　20/215/19
故○放弟　20/218/10
故○深藏黃金於嶄嵒之山　20/222/6

順 shùn　38

是故舉事而○于道者　2/12/25
仰其德以和○　2/15/7
○風縱火　2/18/6
○前三後五　3/26/27
故舉事而不○天者　3/29/20
○彼四方　5/43/6
○之者利　6/51/1
更○其風　6/54/14
是故聖人法天○情　7/54/28
以○于天　7/57/7
和○以寂（漢）〔漠〕　8/61/6
其行俛而○情　8/61/7
兄良弟○　8/66/7
○也　9/78/3
循理受○　10/87/23
故君子○其在己者而已矣　10/89/13
而（受）教○可施後世　12/108/19
而敬○之　12/114/20
○於天地　13/121/27
○帝之則　14/135/21
而事不（須）〔○〕時　14/136/2
動而○日月　15/144/14
莫不○比　15/144/17
○道而動　15/144/24
雖○招搖　15/150/2
動必○時　15/151/29
○祥以安寧　16.19/156/2
先○其所為而後與之入政　16.95/162/27
逆○在（君）〔時〕　18/199/7
夫鴈○風〔而飛〕　19/206/4
教○施續　19/206/14
百脈九竅莫不○比　20/211/20
內○而外寧矣　20/211/25
教之以○　20/212/17
○萬物之宜也　20/213/25
知逆○之變　21/224/11
○時運之應　21/224/12
使人有以仰天承○　21/224/12

說 shuō　97

雖口辯而戶○之　1/4/20
雖愚者（和）〔知〕○之　1/8/6
○之者眾而用之者鮮　1/8/7
百家異○　2/13/4
不若有○也　2/16/1
與其有○也　2/16/1
辯者不能○〔也〕　2/16/28
此傳○之所以騎辰尾也　6/50/19
不可以辯○也　6/51/3
息巧辯之○　6/54/8
入見先王之道又○之　7/60/17
鉗口寢○　8/63/23
相與危坐而○之　8/64/1
○談者游於辯　9/73/5
（謟）〔諂〕進愉○　9/74/27

三舉〔而〕百姓○ 9/78/7
事親不○ 9/82/9
○親有道 9/82/9
凡人各賢其所○ 10/83/13
而○其所快 10/83/13
○之所不至者 10/84/4
○其所苦即樂 10/88/21
可與曲○ 10/91/6
惠王甚○之 12/106/2
田駢以道術○齊王 12/106/8
寡人所○者 12/107/16
不○為仁義者也 12/107/17
客之以○勝寡人也 12/108/2
薄疑○衛嗣君以王術 12/108/11
杜赫以安天下○周昭文君 12/108/12
○以為天下 12/109/5
桓公大○ 12/109/5
有○則可 12/110/4
無○則死 12/110/4
有○ 12/110/4
穆公不○ 12/111/20
往○燕王 12/113/7
紂見而○之 12/114/15
以○於眾 12/115/27
齊王大○ 12/116/2
武（王）〔士〕可以仁義之禮○也 12/118/4
齊人淳于髡以從○魏王 12/118/10
復以衡○〔魏王〕 12/118/11
而○之 12/118/19
百姓皆○ 13/129/7
蘇秦善○而亡（國）〔身〕 14/136/13
則諭○而交不結 14/136/28
接而○之 14/137/23
以有公道而無私○ 14/138/4
兒○之為宋王解閉結也 16.20/156/6
美而不可○ 16.91/162/17
孔子○之 16.95/162/27
而皆○於目 17.67/173/3
捕景之○不形於心 17.165/180/6
心所○ 17.181/181/8
願聞其○ 18/190/15
其於以行○ 18/190/21
或○聽計當而身疏 18/190/22
○之曰 18/191/23
夫兒○之巧 18/198/5
〔使〕子貢往○之 18/198/9
夫以人之所不能聽○人 18/198/10
乃使馬圉往○之 18/198/11
○若此其无方也 18/198/13
○者之論 18/200/13
○者冠蓋相望 18/200/15
子不能行（能行）○於王 18/200/21
子貢可謂知所以○矣 18/200/26
然三○而一聽者 18/201/5
无益於○ 18/201/9
性命可○ 19/204/20
不待脂粉芳澤而性可○者 19/204/22
故為道者必託之于神農、黃帝而後能入○ 19/208/5
而莊子寢○言 19/208/8
為閭丈人○ 19/208/11
惠王○之 19/208/12
固（權）〔奮〕○以取少主 19/208/13
非其○異也 19/208/14
无以聽其○ 19/208/19
（訟）〔○〕繆（匈）〔胸〕中 20/211/19
非戶辨而家○之也 20/211/24
可以曲○ 20/215/13
東西南北七十○而无所偶 20/218/6
教之用管準則○ 20/220/22
豈直一○之快哉 20/220/24
所以便○掇取也 20/222/2
博為之○ 21/223/23
有《○山》 21/223/27
有《○林》 21/223/27
○符玄妙之中 21/224/8
所以曲○攻論 21/225/14
《○山》、《○林》者 21/226/1
○（捍）〔擇〕摶囷 21/226/2
故為之浮稱流○其所以能聽 21/226/12
而不為詳○ 21/227/3
故博為之○以通其意 21/227/13

妁 shuò 1

媒○譽人 10/84/14

朔 shuò 3

以日冬至數〔至〕來歲正月○日 3/29/22
為來歲受○日與諸侯所稅於民輕重之法 5/44/21
朝（菌）〔秀〕不知晦○ 12/116/19

鑠 shuò 8

反之於虛則消○滅息 2/16/14
以冬○膠 6/50/25
膏燭以明自○ 10/90/31
大（熱）〔暑〕○石流金 14/141/24
○鐵而為刃 15/142/25
巧冶不能○木 20/212/11
而木之性不可○也 20/212/12
○鐵而為（刀）〔刃〕 20/212/12

司 sī 62

○无道之國 3/20/12
南方為○馬 3/21/1
北方為○空 3/21/1
所以（為）○賞罰 3/21/6
以○天和 3/24/9
（有）其〔為〕歲○也 3/29/23
正月官○空 5/39/16
命有○ 5/39/22,5/41/21,5/43/6
5/43/21,5/44/17,5/45/13
天子命有○ 5/40/15
命○空 5/40/16
乃命有○ 5/44/2
乃命有○曰 5/44/20
○徒搢朴 5/44/23
命○徒行積聚 5/45/18
十月官○馬 5/45/28
命有○曰 5/46/4
天子乃命有○ 5/46/8
命有○大儺 5/46/23
太皞、句芒之所○者 5/47/14

赤帝、祝融之所○者 5/47/18
黃帝、后土之所○者 5/47/23
少皓、蓐收之所○者 5/48/1
顓頊、玄冥之所○者 5/48/6
執政有○ 9/68/2
古之置有○也 9/75/18
所以剬有○ 9/75/19
則有○以無為持位 9/76/23
有○枉法而從風 9/76/29
〔官〕使自○ 9/77/14
（離）〔雖〕北宮子、○馬蒯蕢不〔可〕使應敵 9/78/1
湯有○直之人 9/80/10
然為魯○寇 9/80/26
舜為○徒 11/95/6
契為○馬 11/95/6
禹為○空 11/95/6
昔者○城子罕相宋 12/110/10
臣請伏於陛下以○之 12/113/1
大○馬捶鉤者年八十矣 12/114/5
大○馬曰 12/114/5
則必不免於有○之法矣 13/126/18
此執政之所○也 13/129/17
○寇之徒繼踵於門 13/129/20
有○也 14/134/16
〔此○馬之官也〕 15/145/14
此○空之官也 15/145/16
使有○拘之 18/187/15
○馬子反渴而求飲 18/187/19
使人召○馬子反 18/187/21
所恃者、○馬也 18/187/22
而○馬又若此 18/187/22
斬○馬子反〔以〕為僇 18/187/24
有○請賞之 18/192/16
殺令尹子椒、○馬子期 18/201/22
○馬庾諫曰 19/204/4
孔子為魯○寇 20/212/1
令雞○夜 20/212/13
使民居處相○ 20/223/3

私 sī 30

大包群生而無（好憎）〔○好〕 1/6/2
是故無所○而無所公 1/6/6
溥氾無○ 5/47/24
无○就也 6/51/1
无○去也 6/51/1
百官正而無○ 6/52/18
普氾無○ 8/64/6
無所○（受）〔愛〕 8/64/17
無○輕重 9/69/17
無○曲直 9/69/18
無○好憎 9/69/18
直施矯邪不○辟險 9/69/19
是故公道通而○道塞矣 9/75/18
終不○其利矣 10/89/21
非以〔其〕無○〔邪〕 12/113/25
故能成其○ 12/113/25
○自苦痛 12/117/23
○門成黨 13/123/8
不可不○藏 13/131/20
○藏而富 13/131/20
事生則釋公而就○ 14/136/1
以有公道而無○說 14/138/4
○欲得容者 16.97/163/3
不得以子為○ 18/188/7
立○於公 18/202/4
○志不得入公道 19/203/14
而公正無○ 19/205/10
廢公趨○ 20/213/20
立○廢公 20/218/14
外○而立公 21/225/10

思 sī 39

是故大丈夫恬然無○ 1/2/3
（損）〔捐〕其○慮 1/6/30
○慮平 1/7/9
神傷乎喜怒○慮之患者 2/11/13
○慮不營 2/12/22
非慮○之察 6/52/12
清靖而無○慮 7/57/18
○慮聰明喜怒也 8/64/24
心條達而不以○慮 8/64/26
○慕之心未能絶也 8/66/15
○心盡亡 8/66/17
凡人○慮 9/81/24
春女○ 10/87/19
君子○義而不慮利 10/88/13
聖人無○慮 14/135/10
故祭祀○親不求福 14/138/1
饗賓修敬不○德 14/138/1
民之○兵也 15/143/20
遺腹子不○其父 17.92/174/28
行者○於道 17.190/181/26
視而无形者不能○於心 17.216/183/21
織紈而○行者 17.236/185/1
聖人之○脩 18/193/8
愚人之○叕 18/193/8
夫子亦何○於齊 18/194/16
臣○夫唐子者 18/194/16
子何為○之 18/194/17
臣故○之 18/194/19
而不留○盡慮於成事之內 18/196/22
孫叔敖決期○之水而灌雩婁之野 18/200/9
○慮不用 19/203/10
（若此）〔然〕而〔晚世之人〕不能閑居靜○ 19/206/25
神之格○ 20/211/6
不可度○ 20/211/6
矧可射○ 20/211/6
今取怨○之聲 20/221/24
悲則感怨○之氣 20/221/25
○故鄉 20/221/25
見其造而○其功 20/222/5

絲 sī 23

蠶珥○而商弦絶 3/19/10
食（葉）〔桑〕者有○而蛾 4/35/2
蚕咡○而商弦絶 6/50/14
○筦金石 10/87/4
金石○竹 10/90/18
纏以朱○ 11/98/26
譬若○竹金石之會 11/99/27
鍾鼓筦簫、○竹金石以淫其耳 11/104/2
工女化而為○ 15/152/6
上有兔○ 16.47/158/21
上言若○ 16.51/159/4
若用朱○約芻狗 16.87/162/4
未嘗桑蠶○滿囊 17.140/178/11
人性便（○衣）〔衣○〕帛 17.147/178/27

兔○死 17.171/180/19
兔○無根而生 17.177/180/31
墨子見練○而泣之 17.229/184/16
不衣○麻 18/199/14
六（國）〔轡〕如○ 19/208/1
繭之性為○ 20/212/21
則不能成○ 20/212/22
簡○數米 20/215/6

斯 sī 24

樂○動 8/65/23
動○蹈 8/65/23
蹈○蕩 8/65/23
蕩○歌 8/65/23
歌○舞 8/65/23
哀○憤 8/66/1
憤○怒 8/66/1
怒○動 8/66/1
其○之謂歟 9/80/16
○能善大矣 10/83/5
○知終矣 10/84/14
故君子行（○）〔期〕乎其所結 10/84/19
釋近（○）〔期〕遠 10/85/10
○照矣 10/85/25
○亦不遁人 10/86/23
○（顏）〔翠〕害儀 10/88/1
○得諸己也 10/88/10
○不善也 12/105/17
得騶虞、雞○之乘 12/114/14
（季）〔李〕○車裂 18/189/17
（○）〔厮〕徒馬圉 18/199/16
秦任李○、趙高而亡 20/217/26
綏之○寧 21/226/18
推之○行 21/226/18

凘 sī 1

雖有腐髊流（澌）〔○〕 20/216/13

厮 sī 1

（斯）〔○〕徒馬圉 18/199/16

廝 sī 1

○徒馬圉 6/53/23

死 sǐ 334

待之後○ 1/1/20
貐度汶而○ 1/4/2
（而）堅強者、○之徒也 1/5/7
以至於○ 1/5/10
出生入○ 1/6/12
生而如○ 1/8/18
休我以○ 2/10/29
乃所以善吾○也 2/10/29
今吾未○ 2/11/7
又焉知○之不樂也 2/11/7
故罷馬之○也 2/11/14
狡狗之○也 2/11/14
是故傷○者其鬼嬈 2/11/15
以○生為（盡）〔晝〕夜 2/12/8
○不足以禁之 2/12/11
明於○生之分 2/12/11
定于○生之境 2/16/2
夫化生者不○ 2/17/2
草木不夭〔○〕 2/17/26
膏夏紫芝與蕭艾俱○ 2/18/7
月○而（贏）〔蠃〕硥膲 3/19/6
鯨魚○而彗星出 3/19/10,6/50/15
八月會而草木○ 3/22/9
草木畢○ 3/22/26
冬生草木必○ 3/22/29
〔則〕草木再○再生 3/24/3
月歸而萬物○ 3/24/11
是以萬物就而○ 3/24/24
○於未 3/27/24
○於（成）〔戌〕 3/27/25
○於寅 3/27/26
○於丑 3/27/26
○於辰 3/27/27
主○國亡 3/28/15
破滅○亡 3/28/29
合於歲前則○亡 3/29/5
或○或〔生〕 3/29/17
珠樹、玉樹、琁樹、不○樹在其西 4/33/5
飲之不○ 4/33/9
登之而不○ 4/33/16
下者為○ 4/34/18
故南方有不○之草 4/34/25
人○為鬼 4/34/26
不食者不○而神 4/35/3
故禾春生秋○ 4/36/14
菽夏生冬○ 4/36/14
麥秋生夏○ 4/36/14
薺冬生（中）夏○ 4/36/15
木壯水老火生金囚土○ 4/36/17
火壯木老土生水囚金○ 4/36/17
土壯火老金生木囚水○ 4/36/17
金壯土老水生火囚木○ 4/36/17
水壯金老木生土囚火○ 4/36/18
〔有〕結胸民、羽民、讙頭國民、（裸）〔裸〕國民、三苗民、交股民、不○民、穿胸民、反舌民、豕喙民、鑿齒民、三頭民、脩臂民 4/36/27
其人○復蘇 4/37/13
靡草○ 5/41/10
振○事 5/41/23
○生分 5/41/26
令弔○問疾 5/42/12
草木早○ 5/44/9
乃賞○事 5/45/16
諸蟄則○ 5/46/5
弔○問疾 5/47/25,19/202/24
不○之野 5/47/27
夫○生同域 6/50/5
而心未嘗○者乎 6/50/7
是猶王孫綽之欲倍偏枯之藥而（欲）以生殊○之人 6/51/4
狡蟲○ 6/52/27
便○路 6/53/22
身（枕）〔枕〕格而○ 6/53/24
不過三月必○ 6/54/17
譬若羿請不○之藥於西王母 6/54/20
不知不○之藥所由生也 6/54/21
萬物失之者○ 7/55/2
又安知夫絞經而求○者之非福也 7/56/15
而○乃休息也 7/56/16
憎○而不辭 7/56/17

吾〇也有一棺之（上）〔土〕 7/56/18
猶吾〇之淪於無形之中也 7/56/19
吾〇也土不以加厚 7/56/19
其〇也物化 7/57/1
〇生無變於己 7/57/8
是故〇生亦大矣 7/57/12
心若〇灰 7/57/15
以〇生為一化 7/57/20
生而若〇 7/58/1
夫木之〇也 7/58/7
故生生者未嘗〇也 7/58/8
其所生則〇矣 7/58/8
齊〇生 7/58/10,11/99/16
〇歸也 7/58/17
壺子之視〇生亦齊 7/58/19
乃知〇生之齊也 7/58/22
學不〇之師 7/58/25
〇不足以幽神 7/58/26
臨〇地而不易其義 7/59/1
殖、華將戰而〇 7/59/1
君子義〇 7/59/2
而不可以〇亡恐也 7/59/3
（以）生而若〇 7/59/22
〇之（輿）〔與〕生 7/59/23
則不可劫以〇生 7/59/28
則不可畏以〇 7/60/1
然顏淵夭〇 7/60/16
身〇於人手 7/60/27
草木之句萌、銜華、戴實而〇者 8/61/19
凍餓飢寒〇者相枕席也 8/61/24
〇無謚 8/63/3
遂不言而〇者眾矣 8/63/23
莫〇莫生 8/64/28
〇者不恨 8/66/7
〇者不葬 8/66/10
無罪者而〇亡 9/70/23
而民皆處危爭〇 9/72/23
而竭力殊〇 9/73/14
身〇為戮 9/73/17
豈周（氏）〔民〕〇節 9/73/20
是故臣盡力〇節以與君 9/73/22
臣亦不能〇無德之君 9/73/23
德薄則勇者不為〇 9/73/27
則馬（〇）〔服〕于衡下 9/77/4
楚莊王傷文無畏之〇於宋也 9/77/23
澤〇暴骸者 9/78/14
〇無轉尸 9/79/11
臨〇亡之地 9/80/25
施〇者 10/84/15
子之〇父也 10/85/1
臣之〇君也 10/85/1
非出〇以要名也 10/85/2
能〇生之 10/85/5
狐鄉丘而〇 10/85/12
（无）〔〇〕所歸也 10/86/13
故弘演直仁而立〇 10/86/13
〇之日 10/86/14
桀、紂日快快以致於〇 10/88/18
必知〇之哀 10/88/21
故伯夷餓〇首山之下 10/89/28
故子路以勇〇 10/91/1
明〇生之分則壽矣 10/93/13
人入之而〇 11/94/22
追送〇也 11/97/22
明乎〇生之分 11/97/24
崇〇以害生 11/97/25
故朝〇而暮葬 11/99/3
以〇節為戇 11/103/2
然而欒直行盡忠以〇節 11/103/4
以〇主 11/103/7
鱓鮪入口若露而〇 11/103/11
怯者〇行 11/104/16
故〇於（洛）〔浴〕室 12/105/25
心如〇灰 12/107/2
已〇矣 12/110/3
無說則〇 12/110/4
窮而〇 12/110/7
其樂忘〇 12/110/24
趙簡子〇 12/111/9
而移〇焉 12/112/21
（臣）〔民〕〇 12/112/22
寧獨〇耳 12/112/22
民必〇矣 12/112/23
臣請〇之 12/113/2
是〇吾君而弱吾孤也 12/115/26
齊王后〇 12/116/1
臨〇地不變其儀 12/118/1
精神通於〇生 12/118/1
不欲太卜之〇〔也〕 12/119/5
〇為之練冠 13/121/1
湣王專用淖齒而〇于東廟 13/123/17
厚葬久喪以送〇 13/123/20
道路〇人以溝量 13/124/4
出百〇而紿一生 13/124/6
然而身〇人手 13/124/18
尾生與婦人期而〇之 13/125/14
信而（溺）〇〔女〕 13/125/14
以救其〇也 13/125/26
（車）〔鈹〕裂而〇 13/126/6
然而身〇國亡 13/126/9
然而身伏屬鏤而〇 13/126/10
恥〇而无功 13/127/2
不〇其難 13/127/4
使管仲出〇捐軀 13/127/6
遂餓而〇 13/127/15
皆出〇為穆公戰於車下 13/129/5
蒙〇亡之罪 13/129/19
（不）〔而〕〇市之人血流於路 13/129/20
而蔽於〇亡之患也 13/129/21
是去恐〇而就必〇也 13/129/23
非不貪生而畏〇也 13/129/26
或於恐〇而反忘生也 13/129/26
葬〇人者裘不可以藏 13/130/21
〔葬〇人〕裘不可以藏者 13/130/24
无益於〇者 13/130/25
其〇也葬之 13/131/9
其〇也葬〔之〕 13/131/10
〇而為竈 13/131/11
〇〔而〕為社 13/131/12
（而〇）〔〇而〕為稷 13/131/12
〇而為宗布 13/131/13
〇而為之窮 14/132/12
王子慶忌〇於劍 14/132/24
羿〇於桃棓 14/132/24
蘇（奉）〔秦〕〇於（日）〔口〕 14/132/24
厲其民〇以（牢）〔堅〕其城 14/137/1
斁〇而民弗離 14/137/2
〇有以哀也 14/140/24
自〇而天地无窮 14/142/7
晉厲、宋康行一不義而身〇國亡 15/143/5
身〇族滅 15/143/16
故同利相〇 15/144/23

輿○扶傷 15/145/6
身○不還 15/146/4
挽輅首路○者 15/146/6
以生（繫）〔擊〕○ 15/147/6
為人杓者○ 15/147/16
明於○生 15/148/8
彼有○形 15/149/2
故百人之必○也 15/150/7
後生而前○ 15/150/11
兵之所以強者、（民）〔必○〕也 15/151/1
民之所以必○者、義也 15/151/1
而所憎者、○也 15/151/3
彼非輕○而樂傷也 15/151/4
則不難為之○ 15/151/7
視○若歸 15/151/10,20/218/27
故其○可得而盡也 15/151/11
欲民為之○也 15/151/17
○事之後必賞 15/151/19
見難不畏○ 15/151/25
未有○者也 15/152/7
拙者處五○以貪 15/152/9
○亡不能動 15/152/21
不顧必○ 15/153/21
將不夭○ 15/153/28
當（○市）〔市○〕者以日為短 16.22/156/12
夫○則〔言女妨〕 16.23/156/15
罪當○者肥澤 16.24/156/18
○生相去 16.49/158/28
羿○桃部 16.66/160/12
慶忌○劍鋒 16.66/160/12
東家母○ 16.77/161/7
社何愛速○ 16.77/161/7
夫欲其母之○者 16.77/161/8
雖○亦不能悲哭矣 16.77/161/8
曰殺罷牛可以贖良馬之○ 16.94/162/24
以必亡贖不必○ 16.94/162/24
尾生○其梁（拄）〔柱〕之下 16.100/163/11
○而棄其招簣 16.107/164/1
故聖人同○生 16.108/164/5
愚人亦同○生 16.108/164/5
聖人之同○生通於分理 16.108/164/5
愚人之同○生不知利害所在 16.108/164/6
故決指而身○ 16.129/166/4
狐○首丘 17.6/168/23
偷肥其體而顧近其○ 17.9/168/29
明於○生者不可（却）〔劫〕以危 17.37/170/30
與○者同病 17.62/172/26
（戰）兵○之鬼憎神巫 17.90/174/23
當凍而不○者 17.105/175/23
三日而○ 17.108/175/32
人食礜石而○ 17.109/176/1
魚食巴菽而○ 17.109/176/1
鄰之母○ 17.115/176/14
妻○而不泣 17.115/176/14
去之十步而〔不〕○ 17.117/176/18
有以（飯）〔噎〕○者而禁天下之食 17.120/176/26
鼠無時○ 17.170/180/17
兔絲○ 17.171/180/19
蜉蝣朝生而暮○ 17.178/181/1
駿馬以抑○ 17.189/181/24
故一夫出○ 17.210/183/9
病（疽）〔且〕（將）○ 18/186/19
吾則○矣 18/186/19
孫叔敖○ 18/186/21
三月而○ 18/187/1
然而終於身○國亡 18/187/1
所以身○於匠驪氏也 18/187/3
為之蒙○被罪 18/187/14
是伏約○節者也 18/188/9
丁壯者○ 18/189/26
○者十九 18/190/5
臣不敢以○為熙 18/190/16
同利相○ 18/191/26
身○高梁之東 18/194/2
或貪生而反○ 18/194/22
或輕○而得生 18/194/22
今日為父報讎以出○ 18/194/24
此眾人所以為○也 18/194/27
○亡無日矣 18/195/22
郈昭伯不勝而○ 18/195/23
身○無後 18/195/26
身○人手 18/196/4
○者不得葬 18/197/18
然世或用之而身○國亡者 18/198/18
內熱而○ 18/199/16
知所盡○矣 18/200/3
文王葬○人之骸 18/200/4
而戰武（士）必（其）○ 18/200/6
而衛君之禮不具者○ 18/200/26
道○蒼梧 19/202/21
而人（日）〔曰〕冬○ 19/205/7
○者眾〔也〕 19/205/7
薺麥夏○ 19/205/7
（北）〔○〕有遺業 19/207/2
戰而身○ 19/207/13
不旋踵運軌而○ 19/207/14
面若○灰 19/207/18
彼非輕身而樂○ 19/207/27
是故鍾子期○ 19/208/8
惠施○ 19/208/8
帶○蛇 19/209/13
以其○力報 20/211/28
宋伯姬坐燒而○ 20/214/12
○不還踵 20/217/8
故蒙恥辱而不○ 20/218/5
辱而不○ 20/218/13
○无遺憂 20/218/17
身○而名足稱也 20/218/24
君子雖○亡 20/218/25
○君親之難 20/218/27
各致其○ 20/219/24
枕塊而○ 20/219/26
其所以事○者、末也 20/221/6
而不免於身○人手者 20/223/15
合同○生之形 21/224/7
審○生之分 21/224/28
○陵者葬陵 21/228/7
○澤者葬澤 21/228/7

巳 sì 14

子午、丑未、寅申、卯酉、辰戌、○亥是也 3/21/3
丑寅、辰○、未申、戌亥為四鉤 3/21/15
加十五日指○則小滿 3/22/20
指○ 3/25/7
○則生巳定也 3/25/7

四 sì 250

撫○方 5/47/16
○月失政 5/48/16
○月草木不實 5/48/18
翱翔○海之外 6/52/2
節○時之度 6/52/16
○極廢 6/52/24
斷鼇足以立○極 6/52/26
○極正 6/52/26
發號逆○時 6/53/11
拱揖指麾而○海賓服 6/54/4
○時為紀 7/55/1
○月而肌 7/55/9
〔天〕有○時、五行、九解、三百六十（六）日 7/55/11
人亦有○支、五藏、九竅、三百六十（六）節 7/55/12
故事有求之於○海之外而不能遇 7/55/26
此○者 7/56/7,14/137/26
子求行年五十有○而病傴僂 7/58/20
獻公豔驪姬之美而亂○世 7/60/28
一和于○時 8/61/9
○時不失其敘 8/61/10
○時失敘 8/61/17
〔距〕日冬至○十六日 8/62/2
○海溟涬 8/63/15
霸者則○時 8/64/5
伸曳○時 8/64/6
喜怒和于○時 8/64/14
則○時者 8/64/16
王者法○時則削 8/64/19
故閉○關 8/64/24
故閉○關則〔終〕身無患 8/64/27
○方之風弗能襲 8/65/17
智不出於○域 9/67/17
有蓋而無○方 9/67/19
而○海之雲湊 9/69/11
横（局）〔扃〕○方而不窮 9/69/14
而知○海之外者 9/70/7
則五尺童子牽而周○海者 9/78/3
不過畝○石 9/78/26
○海之雲至而脩封疆 9/79/18
心之於九竅○肢也 9/79/22
旁流○達 9/80/2
春秋二百○十二年 9/80/24
施於○海 10/91/22
人有○用 10/92/6
何謂○用 10/92/6
凡此○者 11/93/22
14/133/10,15/149/15
二十○世而田氏代之 11/94/12
此○者相反也 11/95/1
德施○海 11/96/7
○夷九州服矣 11/96/15
拂之於○達之衢 11/97/3
故○夷之禮不同 11/97/4
○方上下謂之宇 11/99/21
明白○達 12/107/4
○累之上也 12/107/22
則○境之內皆得其利矣 12/108/1
域中有○大 12/109/9
○海之內 12/114/22
14/140/21,20/210/14
20/217/21,21/226/19
周行○極 12/116/8
○時之所生 12/116/11
輝燭○海 12/117/2
○通並流 12/117/3
俛仰之間而撫○海之外 12/117/3
三十○世不奪 12/117/20
以待○方之士 13/123/27
○大夫載而行 13/125/20
此○策者 13/126/24,18/202/3
此○人者 13/127/14
○世而有天下 14/134/13
此○君者 15/143/6
神化者、法○時也 15/144/11
喜怒而合○時 15/144/14
諸侯服其威而○方懷其德 15/145/2
蕩○海 15/148/11
則必王○海 15/151/7
故○馬不調 15/151/8
○者既信於民矣 15/151/20
將者必有三隧、○義、五行、十守 15/151/24
所謂○義者 15/151/25
○方如繩 15/152/17
○方皆道之門戶牖嚮也 16.10/155/6
見麋而（不）〔子〕○目 16.128/166/1
十頃之陂可以灌○十頃 17.75/173/21
而一頃之陂〔不〕可以灌○頃 17.75/173/21
威服○方而无所詘 18/186/24
譬猶緣高木而望○方也 18/193/24
而○君獨以為仁義儒墨而亡者 18/199/2
而○十國朝 18/200/4
奉○時之祭祀 18/202/1
乘○載 19/202/22
○胑不（動）〔勤〕 19/203/10
文王○乳 19/205/12
○俊之才難 19/205/15
是以明照○海 19/207/11
張○時 20/210/3
○時（千）〔干〕（乘）〔乖〕 20/210/20
與○時合信 20/211/3
不下廟堂而（衍）〔行〕〔於〕○海 20/211/3
故陰陽○時 20/211/10
○枝節族 20/211/20
○海之內莫不仰上之德 20/211/24
以綏○方 20/211/25
天地○時 20/212/7
而和○時之節 20/212/28
察○時季孟之序 20/213/4
令○岳揚側陋 20/213/8
○岳舉舜而薦之堯 20/213/8
○時化 20/214/1
此○者相反而不可一无也 20/214/23
（五）〔○〕者相反 20/214/26
而○夷服 20/215/20
守在○夷 20/219/27
守在○鄰 20/219/28
守在○境 20/219/28
廣於○海 20/220/15
見其○世之被禍也 20/222/21
序○時（之） 21/226/18
○海弗賓 21/226/21
言終始而不明天地○時 21/226/25
言天地○時而不引譬援類 21/226/25

曳梢○柴 15/152/20
沙之用（○）〔駄〕 19/203/17
奮翼攫○ 19/206/1
搏援攫○ 19/209/22
猶尚○然而喜 20/220/7

駟 sì 6

人主之○馬也 9/76/4
而手失○馬之心 9/76/4
結○連騎 11/94/2
故六騏驥、○駃騠 11/102/28
昔吾見句星在（房）〔○〕心之閒 12/119/3
而○馬仰秣 16.4/154/15

松 sōng 9

然後知○柏之茂也 2/12/1
爨○燧火 5/45/12
5/46/4,5/46/23
是以○柏菌露〔宛而〕夏槁 8/61/22
其社用○ 11/98/4
葬樹○ 11/98/6
（千年之○） 16.47/158/21
王喬、赤○去塵埃之間 20/214/15

娀 sōng 1

有○在不周之北 4/37/9

竦 sǒng 2

莫不○身而載聽視 2/15/13
若士舉臂而○身 12/116/16

愡 sǒng 1

內（○）〔愁〕其德 7/60/8

宋 sòng 39

氐、房、心○ 3/28/11
未○ 3/28/23
○之孟諸 4/32/22
楚莊王傷文無畏之死於○也 9/77/23
遂成軍○城之下 9/77/24
羊羹不斟而○國危 10/90/2
惠孟見○康王 12/107/16
○王曰 12/107/18,12/107/22
○王無以應 12/108/1
○王謂左右曰 12/108/1
昔者司城子罕相○ 12/110/10
謂○君曰 12/110/10
○君曰 12/110/11
〔於是○君行賞賜而與子罕刑罰〕 12/110/12
子罕遂（却）〔劫〕○君而專其政 12/110/14
○景公之時 12/112/19
○〔之〕分野〔也〕 12/112/20
○人有嫁子者 13/131/20
晉厲、○康行一不義而身死國亡 15/143/5
兒說之為○王解閉結也 16.20/156/6
○君亡其珠 16.50/159/1
○人〔有〕好善者 18/189/20
其後楚攻○ 18/189/25
殺西嘔君譯吁○ 18/197/15
楚欲攻○ 19/203/21
臣聞大王舉兵將攻○ 19/203/22
計必得○而後攻之乎 19/203/22
必不得○ 19/203/24
臣見大王之必傷義而不得○ 19/203/25
作為雲梯之械設以攻○ 19/203/25
於是公輸般設攻○之械 19/203/27
墨子設守○之備 19/203/27
輟不攻○ 19/203/28
以存楚、○ 19/204/6
夫○畫吳冶 19/205/23
○人有以象為其君為楮葉者 20/210/27
○伯姬坐燒而死 20/214/12
高漸離、○意為擊筑 20/221/26

送 sòng 7

以○萬物歸也 5/42/12
以○萬物之〔所〕歸 5/47/25
故○往者 10/84/15
追○死也 11/97/22
大夫端冕以○迎之 11/98/26
蹇叔○師 12/115/22
厚葬久喪以○死 13/123/20

訟 sòng 10

分徒而○ 2/15/16
止獄○ 5/39/22
平詞○ 5/43/7
而○閒田者慚矣 7/59/9
有獄○者搖鞀 13/123/28
○而不勝者出一束箭 13/129/7
（在）〔任〕智則人與之○ 14/138/9
天下○見之 15/147/1
（○）〔說〕繆（匈）〔胸〕中 20/211/19
獄○止而衣食足 20/213/19

誦 sòng 9

智者弗能○ 9/68/16
博士○詩 9/80/9
瞽箴師○ 9/80/9
今夫王喬、赤○子 11/99/13
○先王之（詩）《書》 13/121/11
蹲踞而○《詩》、《書》 16.79/161/13
正領而○之 19/208/6
○《詩》、《書》者期於通道略物 19/208/26
以弋獵博弈之日○《詩》讀《書》 20/221/1

搜 sōu 5

大○客 3/23/23,5/45/13,5/48/7
大○其廬 13/131/15
時○振旅以習用兵也 20/212/18

廋 sōu 1

日月○而無溉於志 14/140/28

藪 sǒu 5

澤有九〇 4/32/11
何謂九〇 4/32/22
凡鴻水淵〇 4/33/2
山林〇澤 5/46/10
故(食草)〔草食〕之
獸不疾易〇 16.99/163/8

穌 sū 2

蟄蟲始振〇 5/39/4
蟄蟲咸動〇 5/39/25

蘇 sū 12

以摸〇牽連物之微妙 2/12/5
其人死復〇 4/37/13
〇秦、匹夫徒步之人也 13/126/7
〇秦知權謀而不知禍福 13/126/11
〇(奉)〔秦〕死於
(日)〔口〕 14/132/24
〇秦善說而亡(國)
〔身〕 14/136/13
〇秦步曰何(故)〔步〕
17.136/178/1
〇秦以百誕成一誠 17.182/181/10
〇援世事 19/206/26
張儀、〇秦家无常居 20/218/18
張儀、〇秦之從衡 20/221/21
然而史〇嘆之 20/222/21

俗 sú 83

〇上氣力 1/3/26
所以俛仰於世人而與〇
交者〔也〕 1/4/6
與〇交者也 1/4/7
拘於〇 1/4/8
未發號施令而移風易〇者 1/4/21
此〇世庸民之所公見也 1/5/14
擢掇挺挏世之風〇 2/12/4
(於)〔而〕外淫於世
〇之風 2/14/17
賢人之所以矯世〇者 2/15/1
若夫〇世之學也則不然 2/15/23
使〇人不得其君形者而
效其容 6/50/10
各殊習〇 6/53/20
而樂其習〇 6/54/1
不拘於〇 7/54/28
以下考世〇之行 7/59/7
包裹風〇 8/62/3
晚世風流〇敗 8/66/16
而天下一〇 9/67/23
而不能移風易〇者 9/69/5
聽其音則知其〇 9/69/6
見其〇則知其化 9/69/7
姦亂之〇 9/70/24
其以移風易(〇)矣 9/72/23
而勢可以易〇 9/72/25
隨鄉曲之〇 9/74/27
則民〇亂於國 9/76/20
壹齊殊〇 9/80/1
是與〇儷走 10/93/2
故行齊於〇 11/94/19
聖人不以為民〇〔也〕 11/94/20
教〇殊也 11/95/25
則不能知其故〇 11/95/25
衣服禮〇者 11/95/26
久湛於〇則易 11/95/28
其於〇 11/97/4
獫狁之〇相反 11/97/5
是故入其國者從其〇 11/97/12
是以風〇濁於世 11/97/25
以非傳代之〇 11/98/8
五帝三王之法籍風〇 11/98/25
時移即〇易 11/99/8
未必不非於〇也 11/100/18
不污於〇 11/101/24
不可以為國〇 11/102/3
趨舍禮〇 11/102/16
誹譽在〇 11/102/17,18/199/7
今世〇之人 11/103/1
衰世之〇 11/103/28
可以移風易〇 12/108/18
禮與〇化 13/121/5
而循〇未足多也 13/121/6
風〇易移也 13/122/1
民〇益薄 13/122/2
所以論民〇而節緩急也 13/122/13
禮義與〇易 13/122/22
習〇相反 13/123/23
世〇之所眩惑也 13/130/19
世〇言曰 13/130/20
治國之〇有可非者 16.115/164/25
楚國之〇 18/186/22
是〇敗也 18/193/4
賞一人〔而〕敗國〇 18/193/5
則无以與〇交 18/199/13
單豹倍世離〇 18/199/14
〔為〕絕國殊〇 19/203/3
世〇廢衰 19/204/13
齊於眾而同於〇 19/205/3
以絕世〇 19/207/8
世〇之人 19/208/5
變習易〇 20/211/4
故風〇不流 20/212/16
風〇猶此也 20/216/14
而風〇可美也 20/216/15
若不脩其風〇 20/216/18
紀綱不張〔而〕風〇壞
也 20/216/20
有《齊〇》 21/223/26
《齊〇》者 21/225/16
則有以傾側偃仰世〇之
間 21/226/7
(以)〔言〕稱喻而不
言〇變 21/226/27
已言〇變而不言往事 21/226/28
以此移風易〇 21/228/1
秦國之〇 21/228/24

夙 sù 3

余〇興夜寐 12/114/10
湯〇興夜寐 19/202/23
〇興夜寐而勞力之 20/213/6

素 sù 25

純粹樸〇 1/4/5
偃其聰明而抱其太〇 2/12/8
平易者、道之〇 2/14/24
若乃至於玄雲(之)〇朝 6/51/24
明白太〇 7/57/11
〇題不枅 7/58/13
抱〇守精 7/58/27
棄聰明而反太〇 7/59/22
質真而〇樸 8/61/6
其事〇而不飾 8/61/8

野莽白○ 8/65/14
○白而不污 9/80/3
以成○王 9/80/23
白○何如 9/81/21
○脩正者 10/91/24
夫○之質白 11/95/27
抱○反真 11/99/14
○服廟臨 12/115/27
道之○也 14/133/21
○行無刑久矣 15/144/21
乃縞○辟舍 15/153/26
譬猶以涅拭○也 16.67/160/15
縞○而朝 18/200/16
其道理○具 20/220/20
至中復○ 20/222/16

宿 sù 20

時騁而要其○ 1/2/16
（二十八○） 3/19/19
則歲星行三○ 3/20/8
則歲星行二○ 3/20/8
故十二歲而行二十八○ 3/20/9
熒惑常以十月入太微受制而出行列○ 3/20/12
歲鎮（行）一○ 3/20/13
（凡二十八○也） 3/28/9
勸種○麥 5/44/2
暮○風穴 6/52/3
無所歸○ 8/61/24
虛中則種○麥 9/79/19
○不善如不祥 10/86/2
耒耜餘糧○諸（晦）〔畮〕首 10/87/27
穴者穴成而得○焉 11/103/15
亦人之所棲○也 11/103/16
暮○於郭門之外 12/109/1
○沙之民皆自攻其君而歸神農 12/114/23
去舍露○以示平易 12/117/19
乃令祝史太卜齊○三日 15/153/14

速 sù 5

雖中工可使追○ 9/72/4
牛不可以追○ 11/94/26
社何愛○死 16.77/161/7
造父之所以追○致遠者 17.71/173/12
有知徐之為疾、遲之為○者 18/195/1

粟 sù 20

故十二蔈而當一（○）〔分〕 3/26/17
（十二○而當一寸） 3/26/18
十二○而當一分 3/26/19
狗彘吐菽○於路而無忿爭之心 6/52/20
昔者蒼頡作書而天雨○ 8/62/27
食○之鳥 9/78/7
然民有糟糠菽○不接於口者 9/78/13
發鉅橋之○ 9/80/16,12/117/19
其社用（○）〔栗〕 11/98/6
富者利則量○〔而〕稱金 13/124/22
量○而（春）〔舂〕 14/140/17
畜○者欲歲之荒飢也 17.32/170/19
桑扈不啄○ 17.94/175/1
未嘗稼穡○滿倉 17.140/178/11
○得水（溼）而熱 17.173/180/23
廩無積○ 18/192/8
甲兵○米可立具也 18/192/12
（負）〔服〕輦〔載〕○而至 18/192/13
燒高府之○ 20/219/22

肅 sù 10

納○慎 1/4/21
○然應感 1/6/16
有修股民、天民、○慎民、白民、沃民、女子民、丈夫民、奇股民、一臂民、三身民 4/36/26
草木皆○ 5/40/24
天墜始○ 5/43/7
行冬令○ 5/48/21
○而不悖 5/49/15,8/64/16
是故春○秋榮 8/62/4
百姓○睦 13/126/17

遬 sù 2

欲疾以（遬）〔○〕 15/148/20
（遬）〔○〕為上 16.150/168/1

鷫 sù 2

鈞射○鷞之謂樂乎 1/7/21
鴻鵠○鷞 8/65/5

酸 suān 13

鍊甘生○ 4/36/21
鍊○生辛 4/36/22
其味○ 5/39/4,5/39/19,5/40/10
以窮荊、吳甘○之變 8/65/12
或以（為）○ 11/99/24
為刻削者曰致其鹹○而已矣 11/100/23
醢（○）不慕蚋 17.73/173/16
〔醢〕、○〔也〕 17.73/173/16
百梅足以為百人○ 17.119/176/24
酤酒而○ 17.232/184/23
（且）〔則〕夫觀者莫不為之損心○足 19/209/23

筭 suàn 2

而難以○計舉也 2/11/22
日計无○ 20/210/6

倠 suī 1

嫫母、仳○也 19/204/23

睢 suī 8

於此萬民○○盱盱然 2/15/13
（○）〔睢〕出荊山 4/37/17
○出羽山 4/37/17
乃使尉屠○發卒五十萬 18/197/13
殺尉屠○ 18/197/16
乃以問其傅宰折○曰 18/197/25
宰折○曰 18/198/1

滾 suī 1

雪霜〇灖 1/8/29

嗺 suī 1

𧄍者可令（〇）〔嚼〕筋 9/72/6

雖 suī 220

〇有輕車良馬 1/2/2
〇有鉤箴芒距 1/2/21
〇伊尹、造父弗能化 1/3/6
〇口辯而戶說之 1/4/20
〇以天下為家 1/7/25
〇愚者（和）〔知〕說之 1/8/6
〇不肖者知慕之 1/8/7
故〇游於江潯海裔 1/8/25
〇生俱與人鈞 1/10/2
〇然 2/11/1
7/56/14,11/96/4,12/112/20
〇以天下之大 2/12/12
其形〇有所小周哉 2/13/9
玆〇遇其母而无能復化已 2/13/19
〇鏤金石 2/13/21
是故〇有羿之知而無所
用之 2/15/9
〇有炎火洪水彌靡於天下 2/16/3
〇目數千羊之群 2/17/4
〇欲勿稟 2/17/18
〇欲久生 2/17/21
〇欲翱翔 2/18/13
〇有盛尊之親 5/48/8
〇在壙虛幽閒 6/49/30
〇有明智 6/51/8
〇如丘山 7/56/3
〇天地覆育 7/57/13
故目〇欲之 7/60/6
心〇樂之 7/60/7
〇情心鬱殪 7/60/19
〇有毛嬙、西施之色 8/62/16
〇神无所施其德 8/63/8
〇賢無所立其功 8/63/9
〇致之三年 8/66/17
〇馳傳騖置 9/69/1
〇幽野險塗 9/71/8
〇神聖人不能以成其功 9/72/3
〇造父不能以致遠 9/72/4
〇中工可使追速 9/72/4
國〇若存 9/73/7
〇愚者不加體焉 9/73/9
〇在褐夫芻蕘 9/75/9
〇在卿相人君 9/75/9
〇邪枉不正 9/75/12
〔〇〕竭力盡忠 9/75/13
犯法者〇賢必誅 9/75/18
中度者〇不肖必無罪 9/75/18
〇令不從 9/75/30
〇達視猶不能見其睛 9/76/8
〇有騏驥、騄駬之良 9/76/13
〇冠解冠 9/77/25
（離）〔〇〕北宮子、
司馬蒯蕢不〔可〕使
應敵 9/78/1
〇涔旱災害之殃 9/79/3
〇在斷割之中 9/81/7
〇煩難之事 9/81/8
〇有材能 9/82/1
〇大必亡 9/82/6
15/143/26,15/145/24
〇勇必傷 9/82/6
〇過無怨 10/83/8,10/86/4
〇忠來惡 10/83/8
〇親父慈母 10/84/14
周〇舊邦 10/86/3
〇忠來患 10/86/4
〇醜登廟 10/86/8
〇重象狄騠 11/95/25
汝〇忘乎吾 11/96/4
故強哭者〇病不哀 11/96/21
強親者〇笑不和 11/96/21
〇之夷狄徒倮之國 11/97/13
〇師文不能以成曲 11/100/7
今吾〇欲正身而待物 11/101/7
故〇峭法嚴刑 11/102/12
〇皋陶為之理 11/102/16
〇十管仲 11/104/4
己〇無除其患 12/106/10
〔使〕人〇勇 12/107/17
〇（巧）有力 12/107/18
使人〇有勇弗敢刺 12/107/19
〇有力不敢擊 12/107/20
〇富貴 12/109/16
〇貧賤 12/109/17
〇知之 12/109/22
〇嗜魚 12/113/23
冠〇弊 12/114/13
技能〇多 12/118/13
〇日變可也 13/121/26
〇循古 13/122/21
〇愚有餘 13/122/26
〇小必大 13/124/19
〇成必敗 13/124/19
〇大不足恃 13/124/25
〇小不可輕 13/124/25
〇有直信 13/125/15
〇有小過 13/127/11
〇有閭里之行 13/127/11
〇強必沉 14/133/17
〇羸必遂 14/133/17
身〇無能 14/134/18
伎藝〇多 14/134/18
〇有忮心 14/134/20
人〇東西南北 14/135/11
〇有賢聖之寶 14/136/18
故〇賢王 14/136/20
〇有賢者 14/136/24
〇割國之鎦錘以事人 14/136/29
〇不必勝 14/139/17
〇不能必先哉 14/139/19
〇鑽之不（通）〔達〕 14/139/23
〇得之弗能守 14/139/23
尸（〇能）剝狗燒彘 14/140/1
〔〇能〕弗為也 14/140/1
〇知、弗教也 14/140/2
小絃〇（急）〔絚〕 14/140/4
〇怨不逆者 14/140/8
一人〇愚 14/140/8
鬬者〇彊 14/140/10
故〇富有天下 14/140/25
〇天下之大 14/140/27
故〇賤如貴 14/140/28
〇貧如富 14/140/28
聰明〇用 14/142/17
君〇无道 15/143/23
〇弱必強 15/143/26
〇小必存 15/145/24
〇少無畏 15/147/26
〇眾為寡 15/147/27
〇未能得勝於敵 15/148/14
人〇眾多 15/148/21

○涸井而竭池 15/149/11
○有明目 15/149/24
○未必能萬全 15/149/28
○順招搖 15/150/2
○有薄縞之幨 15/150/4
○誂合刃於天下 15/150/8
國○大 15/151/18
人○眾 15/151/19
主○射雲中之鳥 15/151/20
則○愚無失矣 16.41/158/4
海水○大 16.62/160/3
○死亦不能悲哭矣 16.77/161/8
○暇亦不能學矣 16.77/161/8
○其理哉 16.106/163/31
○廉者弗釋 16.116/164/28
○貪者不搏 16.116/165/1
○污辱、世不能賤 16.116/165/1
○高隆、世不能貴 16.116/165/2
巨○可 16.122/165/16
子○不知 16.143/167/11
○時有所合 17.1/168/11
○不能與終始哉 17.39/171/3
○中節而不可聽 17.61/172/23
○異路 17.66/173/1
○不可好 17.146/178/25
○善者弗能為工 17.158/179/20
○欲謹亡馬 17.169/180/15
○欲豫就酒 17.169/180/15
○不能益 17.175/180/27
○蠪蟲而不自陷 17.179/181/4
○欲養之 17.180/181/6
水○平 17.213/183/15
衡○正 17.213/183/15
尺寸○齊 17.213/183/15
○近弗射 17.231/184/21
○遠弗釋 17.231/184/21
○有扁鵲、俞跗之巧 18/186/3
今○成、後必敗 18/190/10
今○惡、後必善 18/190/11
○愈利 18/191/14
○有戰勝存亡之功 18/192/5
○有三倍之入 18/192/19
○得鼓 18/192/26
○偷樂哉 18/193/25
○起三軍之眾 18/195/9
○有聖知 18/196/6
○曲為之備 18/196/9
○有勁弩、利矰微繳 18/196/20
故聖人○有其志 18/199/10
○以毀碎滅沉 18/199/21
〔段〕干木○以己易寡人 19/204/3
則○歷險超塹 19/204/17
○粉白黛黑弗能為美者 19/204/23
駑馬○（兩）〔冊〕錣之不能進 19/205/1
○所好惡 19/206/2
然其爪牙○利 19/206/2
筋骨○彊 19/206/2
使其性○不愚 19/206/8
○有離朱之明 19/206/17
○奚仲不能以定方圓 19/208/7
○魯班不能以定曲直 19/208/7
○水斷龍舟 19/208/23
○嗚廉（隅）脩營 19/208/23
○闔棺亦不恨矣 19/209/5
則○王公大人 19/209/16
○未有利 19/209/27
故弩○強不能獨中 20/212/4
令○明不能獨行 20/212/4
以為○有法度 20/213/10
五色○朗 20/213/22
宰、祝○不能 20/215/18
法○少、足以化矣 20/216/2
法○眾、足以亂矣 20/216/3
○有腐髊流（漸）〔澌〕 20/216/13
○殘賊天下 20/216/19
故法○在、必待聖而後治 20/216/24
律○具、必待耳而後聽 20/216/24
○嚴刑罰 20/217/24
故○出邪辟之道 20/218/1
○有知能 20/218/24
君子○死亡 20/218/25
小人○得勢 20/218/26
○養之以芻豢、衣之以綺繡 20/220/5
○破家求醫 20/220/13
○未嘗更也 20/220/20
○察慧捷巧 20/223/17
○未能抽引玄妙之中（才）〔哉〕 21/223/21
辭○壇卷連漫 21/227/14

綏 suí 5

上車授（綏）〔○〕之謂也 10/90/22
損其有餘而○其不足 12/112/3
 12/112/4
以○四方 20/211/25
○之斯寧 21/226/18

隨 suí 46

○人者 1/4/7
禍乃相○ 1/7/6
以○天地之所為 1/9/13
有○以喪 5/46/6
（晝）〔畫〕○灰而月運闕 6/50/15
千枝萬葉莫得不○也 7/55/5
○其天資而安之不極 7/56/17
〔不〕○物而動 7/60/29
○自然之性而緣不得已之化 8/63/1
不（○）〔脩〕南畝 9/73/8
○鄉曲之俗 9/74/27
則損○之 10/85/25
可○也 11/94/19
○時而舉事 11/99/9
故狐梁之歌可○也 11/99/11
於杯〔水〕則○ 11/101/6
有所員、有所○者 11/101/7
○時而動靜 13/126/18
（勤）〔勒〕率○其蹤跡 13/129/18
必以醜聲○其後 14/134/21
唯滅迹於無為而○天地〔之〕自然者 14/138/25
故譽生則毀○之 14/138/26
○時三年 14/141/27
百姓之○逮肆刑 15/146/6
○時而與之移 15/150/19
故和氏之璧、○侯之珠 16.19/156/1
故亡國之法有可○者 16.115/164/25
（一）〔二〕人相○ 16.134/166/19
夫○一隅之迹 17.1/168/10

埃天五百〇生（缺）［玦］ 4/38/14
（缺）［玦］五百〇（生黃埃黃埃五百〇）生黃澒 4/38/14
黃澒五百〇生黃金 4/38/15
黃金千〇生黃龍 4/38/15
（清）［青］天八百〇生青曾 4/38/17
青曾八百〇生青澒 4/38/17
青澒八百〇生青金 4/38/18
青金（八百）［千］〇生青龍 4/38/18
赤天七百〇生赤丹 4/38/20
赤丹七百〇生赤澒 4/38/20
赤澒七百〇生赤金 4/38/21
赤金千〇生赤龍 4/38/21
白天九百〇生白礜 4/38/22
白礜九百〇生白澒 4/38/23
白澒九百〇生白金 4/38/23
白金千〇生白龍 4/38/23
玄天六百〇生玄砥 4/38/25
玄砥六百〇生玄澒 4/38/25
玄澒六百〇生玄金 4/38/25
玄金千〇生玄龍 4/38/26
天子親率三公九卿大夫以迎〇于東郊 5/39/9
天子親率三公九卿大夫以迎〇於南郊 5/41/7
天子親率三公九卿大夫以迎（秋）［〇］于西郊 5/43/5
為來〇受朔日與諸侯所稅於民輕重之法 5/44/21
貢〇之數 5/44/22
天子親率三公九卿大夫以迎〇于北郊 5/45/16
〇將更始 5/47/1
以待嗣〇之宜 5/47/2
〇時熟而不凶 6/52/18
〇終獻功 9/67/18
施及千〇而文不滅 9/69/8
必先計〇收 9/78/11
〇登民豐 9/78/16
卒〇之收 9/78/26
千〇之積譽也 10/92/3
千〇之積毀也 10/92/4
有至壽而非千〇也 10/93/12
一衣不可以出〇 11/99/7
歷〇而後成 11/103/22
可移於〇 12/112/23
〇、民之命［也］ 12/112/23
〇饑 12/112/23
君延年二十一〇 12/112/26
［臣］故［曰］君（移）［延］年二十一〇 12/113/1
齊以此三十二〇道路不拾遺 13/129/1
龜三千〇 14/142/8
東面而迎〇 15/146/14
［得］千〇之鯉（不能避） 16.4/154/14
夜之不能脩於〇也 16.56/159/17
夜在〇之中 16.56/159/17
〇賢昔 16.80/161/15
而知〇之將暮 16.133/166/17
譬若旱〇之土龍 17.1/168/11
畜粟者欲〇之荒飢也 17.32/170/19
以其歷〇久矣 17.52/172/4
鶴壽千〇 17.178/181/1
相去千〇 17.230/184/19
夫［烏］鵲先識〇之多風也 18/197/21
千〇而一出 19/205/14
夫項託（年）七〇為孔子師 19/208/11
〇計有餘 20/210/6
此所以千〇不一會也 20/216/10
而觀千〇之知 20/220/20
螈蚕一〇再（收）［登］ 20/222/28

碎 suì 6

墮者（析）［折］脊〇腦 2/13/26
其已成器而破〇漫瀾而復歸其故也 7/56/23
雖以毀〇滅沉 18/199/21
齕咋足以噆肌〇骨 19/204/16
夫事〇、難治也 20/215/5
破〇道德之論 21/225/13

遂 suì 65

〇兮洞兮 1/1/23
〇潛于淵 1/4/13
〇不得已 1/4/14
走犬（〇）［逐］狡兔 1/8/1
氣〇而大通（宜宜）［冥冥］者也 2/10/18
百事乃〇 5/44/5
無往而不〇 7/58/25
何往而不〇 7/60/4,15/147/7
〇不言而死者眾矣 8/63/23
〇成軍宋城之下 9/77/24
是以群生〇長 9/79/9
剝之不可〇盡也 10/85/25
功名〇成 10/87/23
〇霸諸侯 11/97/11
（〇）［還］反於樸 11/98/20
披斷撥（檖）［〇］ 11/99/26
因［其］所有而（並）［〇］用之［也］ 11/102/8
此夫差之所以自剄於干〇也 12/108/26
功成名〇 12/108/27
〇成國於（歧）［岐］山之下 12/109/16
子罕〇（却）［劫］宋君而專其政 12/110/14
果擒之於干〇 12/111/5
〇降 12/113/18
文王乃〇其謀 12/114/18
師〇行 12/115/22
〇（尊）重辭公 12/116/2
〇入雲中 12/116/16
〇斷其頭 12/118/6
管仲輔公子糾而不能〇 13/127/3
〇餓而死 13/127/15
〇克晉 13/129/5
〇霸天下 13/129/8
然而隊（階）［伯］之卒皆不能前〇斬首之功 13/129/22
得免而〇反 13/131/16
雖羸必〇 14/133/17
〇成國焉 14/134/13
〇不知反 14/140/13
星耀而玄（〇）［運］ 15/147/5

僥悍○過 15/153/8
勿與○往 16.95/162/28
非以（○）〔逐〕狐
（狸）〔狢〕 16.106/163/29
○合諸侯於嘉陵 18/186/24
○醉而臥 18/187/20
○降之 18/188/10
○假之道 18/189/5
○克之 18/189/5
○舉兵擊燕 18/192/15
○以其屬徙東夷 18/193/5
○滅之 18/193/20
18/196/4,18/198/23
○興兵伐趙 18/194/1
○興兵以救之 18/195/23
盜○問之曰 18/197/2
○失天下 18/197/19
○不西益宅 18/198/3
是由乘驥（○）〔逐〕
人於榛薄 18/198/25
刑者○襲恩者 18/201/26
故五穀得○長 19/203/12
○為天下備 19/206/12
○入不返 19/207/14
○土崩而下 20/219/16
○疏儀狄而絕嗜酒 20/222/7
攪掇○事之蹤 21/225/19

隧 suì 8

塞邪（○）〔道〕 15/145/1
○路亟 15/145/15
將者必有三○、四義、
五行、十守 15/151/24
所謂三○者 15/151/24
擒之（于）〔干〕○ 15/153/9
望之而○ 16.19/156/1
愈於一人之（○）〔墜〕
16.75/161/2
有時而○ 17.104/175/21

燧 suì 19

故陽○見日則燃而為火 3/19/9
爨其○火 5/39/6,5/40/11
爨（其）〔萁〕○火 5/39/20
爨柘○火 5/41/4,5/41/20,5/42/9
5/43/2,5/43/20,5/44/16
爨松○火 5/45/12
5/46/4,5/46/23
夫（陽）○取火於日 6/50/17
夫○之取火（於日） 6/51/8
是故乞火不若取○ 6/54/21
鑽○取火 8/61/14
薰○而負彘 16.72/160/25
若以○取火 17.227/184/12

檖 suì 1

披斷撥（○）〔遂〕 11/99/26

鐩 suì 1

（鼎錯）〔○鼎〕日用
而不足貴 16.137/166/26

孫 sūn 40

其○為水 1/6/11
自北戶○之外 5/47/18
是猶王○綽之欲倍偏枯
之藥而（欲）以生殊
死之人 6/51/4
子○相代 6/54/5
卜其子○以代之 8/66/21
昔○叔敖恬臥 9/68/16
公○龍折辯抗辭 11/101/26
公○龍在趙之時 12/113/5
公○龍顧謂弟子曰 12/113/6
公○龍曰 12/113/7
狐丘丈人謂○叔敖曰 12/113/28
○叔敖曰 12/113/28,12/114/1
昔○叔敖三得令尹 12/117/28
楚莊王專任○叔敖而霸 13/123/17
潘尫、養由基、黃衰微
、公○丙相與篡之 13/125/18
子○無類 13/126/9
○叔敖三去令尹而无憂
色 13/130/8
其子○數諫而止之 13/131/15
公○龍粲於辭而貿名 14/136/13
則○子不能以應敵 15/151/9
季○氏劫公家 16.95/162/27
公○鞅以刑罪 16.123/165/19
○叔敖制冠浣衣 16.136/166/23
叔○之知 17.145/178/22
歸而封○叔敖 18/186/18
〔○叔敖〕（而辭）
〔辭而〕不受 18/186/18
○叔敖死 18/186/21
唯○叔敖獨存 18/186/23
夫○叔敖之請有寢之丘 18/187/2
孟○獵而得麑 18/188/13
孟○歸 18/188/14
孟○怒 18/188/15
孟○曰 18/188/16
此公○鞅之所以抵罪於
秦 18/188/19
仲○氏、叔○氏相與謀
曰 18/195/22
王○厲謂楚莊王曰 18/198/19
王○厲曰 18/198/20
○叔敖決期思之水而灌
雩婁之野 18/200/9

飧 sūn 2

僖負羈以壺（飡）〔○〕
表其閭 10/85/17
故釐負羈之壺（餐）
〔○〕 11/96/22

隼 sǔn 3

鷹○蚤摯 5/42/19
鷹○未摯 9/79/13
鷹（集）〔○〕鷙則眾
鳥散 17.191/181/29

損 sǔn 34

○之而不寡 1/1/22
聰明不○ 1/2/10
（○）〔捐〕其思慮 1/6/30
以出入前表之數益○之 3/31/24
以助○氣 5/43/3
將以何○ 7/56/14
（○）〔捐〕其形骸 7/57/15
且人有戒形而無○（於）
心 7/58/5
（○）〔捐〕棄其社稷 7/60/26

取焉而不○ 8/63/5
則益其○ 9/81/29
則○隨之 10/85/25
是故祿過其功者○ 10/91/22
○其有餘而綏其不足 12/112/3
12/112/4
揖而○之 12/119/16
何謂揖而○之 12/119/16
不○則益 14/135/8
故聖人○欲而從（事於）性 14/137/22
无○益於己 14/141/25
反為○ 16.76/161/5
○年則嫌於弟 17.101/175/15
故物或○之而益 18/186/16
或益之而○ 18/186/16
此所謂○之而益也 18/186/23
何謂益之而○ 18/186/23
此所謂益之而○者也 18/187/1
孔子讀《易》至《○》、《益》 18/187/7
益○者 18/187/8
則得無○墮之勢 18/193/28
不可○益 19/204/14
（且）〔則〕夫觀者莫不為之○心酸足 19/209/23
莫見其○ 19/209/25
盈則○ 20/213/22

莎 suō 2

路無（○蕦）〔蕦○〕 6/53/17

蓑 suō 4

今之蓑與○ 11/95/2
升堂則○不御 11/95/2
若被○而救火 17.233/184/25
而○笠盤旋也 18/198/25

縮 suō 5

盈○卷舒 2/12/22
孟秋始○ 5/48/14
春秋○其和 6/53/11
（贏）〔贏〕○卷舒 8/64/8
而外能詘伸、（贏）〔贏〕○、卷舒 18/199/19

所 suǒ 1266

施之無窮而無○朝夕 1/1/5
含德之○致 1/1/17
以○持之小也 1/2/23
何遠之○能懷 1/3/4
各生○急以備燥溼 1/3/20
各因○處以御寒暑 1/3/21
物便其○ 1/3/21
○謂天者 1/4/5
○謂人者 1/4/5
○以俛仰於世人而與俗交者〔也〕 1/4/6
各以其○好 1/4/12
○謂無為者 1/4/23
○謂〔無〕不為者 1/4/24
因物之○為〔也〕 1/4/24
○謂無治者 1/4/24
○謂無不治者 1/4/25
萬物有○生 1/4/25
百事有○出 1/4/25
○謂志弱者 1/4/28
○謂（其）事強者 1/5/3
觀其○積 1/5/5
〔有○屏蔽〕也 1/5/14
此俗世庸民之○公見也 1/5/14
○謂後者 1/5/15
不失其○以制人 1/5/16
授萬物而無○前後 1/6/6
是故無○私而無○公 1/6/6
無○左而無○右 1/6/7
夫水○以能成其至德於天下者 1/6/9
○謂無形者 1/6/16
○謂一者 1/6/16
約其○守則察 1/6/30
寡其○求則得 1/6/30
無○好憎 1/7/6
無○大過而無○不逮 1/7/9
無失○秉 1/7/14
○謂樂者 1/7/20
吾○謂樂者 1/7/21
消搖而無○定 1/7/24
怵然若有○誘慕 1/8/2
而心忽然若有○喪 1/8/2
悵然若有○亡也 1/8/2
察其○以 1/8/4
○以然者 1/8/7,1/8/15,9/75/5
○以制使四支 1/8/10
是故無○喜而無○怒 1/8/17
無○樂而無○苦 1/8/17
吾○謂有天下者 1/8/21
○謂自得者 1/8/25
此齊民之○以淫泆流湎 1/8/27
此齊民之○為形植（藜）〔黎〕（累）〔黑〕 1/9/1
不為愁悴怨（懟）〔慰〕而（不）失其○以自樂也 1/9/2
非以一時之變化而定吾○以自得也 1/9/6
吾○謂得者 1/9/6
處其○安也 1/9/7
以隨天地之○為 1/9/13
故夫形者非其○安也而處之則廢 1/9/16
氣不當其○充〔也〕而用之則泄 1/9/17
神非其○宜〔也〕而行之則昧 1/9/17
皆知其○喜憎利害者 1/9/20
今人之○以眭然能視 1/9/21
凡人（之）志（各）有○在而神有○繫者 1/9/23
無○不充 1/9/26
則無○不在 1/9/26
失其○守之位 1/9/28
○謂有始者 2/10/15
乃○以善吾死也 2/10/29
猶有○遁 2/11/2
則无○遁其形矣 2/11/2
孰知其○萌 2/11/10
孰暇知其○苦樂乎 2/11/13
无○概於（忠）〔志〕也 2/12/12
其○居神者 2/12/22
非道之○為也 2/12/25
〔非〕道之○施也 2/12/25
夫天之○覆 2/12/27
地之○載 2/12/27,19/205/26
六合〔之〕○包 2/12/27
陰陽〔之〕○呴 2/12/27
雨露〔之〕○濡 2/12/27

道德〔之〕○扶 2/12/27
各有○出 2/13/4
其形雖有○小周哉 2/13/9
若此則有○受之矣 2/13/13
而非○授者 2/13/13
○受者无授也而无不受也 2/13/13
此皆〔有〕○得以至於妙 2/13/16
日月無○載 2/14/3
草木無○植 2/14/3
○立於身者不寧 2/14/3
是非無○形 2/14/4
其○持者不明 2/14/4
庸（愚）詎知吾○謂知
之非不知歟 2/14/4
其○守者不定 2/14/17
○（斷）差跌者〔已〕
〔斷〕 2/14/17
聖人之○以駭天下者 2/15/1
賢人之○以矯世俗者 2/15/1
○以然者何也 2/15/2
6/54/2,6/54/18
是故雖有羿之知而無○
用之 2/15/9
夫世之○以喪性命 2/15/19
○由來者久矣 2/15/20
此我○羞而不為也 2/15/24
夫人之○受於天者 2/16/6
其○為制者異也 2/16/8
心有○至而神喟然在之 2/16/14
聖人有○于達 2/16/20
又況○教乎 2/16/23
若夫神無○掩 2/16/27
心無○載 2/16/27
無○凝滯 2/16/27
○以養性也 2/17/8
○以養德也 2/17/8
○以與物接也 2/17/13
小有○志而大有○（志）
〔忘〕也 2/17/16
其○生者然也 2/18/7
無○肆其能也 2/18/9
○以（為）司賞罰 3/21/6
○居各三十日 3/22/7
復反其○ 3/25/4
氣之○種也 3/25/20
得其辰而遷其○ 3/26/27
太陰○建 3/27/1

常徙○不勝 3/27/19
○以離者 3/27/19
太陰○居 3/27/19,3/29/14
因柔（曰）〔日〕徙○
不勝 3/27/20
歲星之○居 3/28/15
（太陰）〔雌〕○居辰
為猒（日） 3/29/2
○合之處為合 3/29/5
北斗○擊 3/29/14
墬（形）之○載 4/32/8
入禹○導積石山 4/33/11
日之○（瓄）〔嘖〕 4/33/19
衆帝○自上下 4/33/19
曰沙○ 4/34/3
東方川谷之○注 4/35/26
日月之○出 4/35/26
南方陽氣之○積 4/36/1
天之○閉也 4/36/7
寒冰之○積也 4/36/7
蟄蟲之○伏也 4/36/7
風氣之○通 4/36/11
雨露之○會也 4/36/11
○以成器用 4/36/24
楊桃、甘樝、甘華、百
果○生 4/37/7
○照方千里 4/37/11
（條）〔融〕風之○生也 4/37/25
明庶風之○生也 4/37/25
清明風之○生也 4/37/25
景風之○生也 4/37/26
涼（也）〔風〕之○生也 4/37/26
閶闔風之○生也 4/37/26
不周風之○生也 4/37/27
廣莫〔風〕之○生也 4/37/27
以定晏陰之○成 5/41/27
為來歲受朔日與諸侯○
稅於民輕重之法 5/44/21
以遠近土墬○宜為度 5/44/22
〔此〕○以助天墬之閉
〔藏也〕 5/46/14
無有○使 5/47/1
太皞、句芒之○司者 5/47/14
赤帝、祝融之○司者 5/47/18
日月之○道 5/47/22
江漢之○出 5/47/22
五穀之○宜 5/47/22

黃帝、后土之○司者 5/47/23
以送萬物之〔○〕歸 5/47/25
少皓、蓐收之○司者 5/48/1
顓頊、玄冥之○司者 5/48/6
○以繩萬物也 5/48/27
○以準萬物也 5/48/27
○以員萬物也 5/48/27
○以平萬物也 5/48/27
○以方萬物也 5/48/28
○以權萬物也 5/48/28
○欲則得 5/49/1
○惡則亡 5/49/1
其無○逃之亦明矣 6/49/30
〔一〕知之○不知 6/50/7
類○以感之 6/50/17
此傅說之○以騎辰尾也 6/50/19
又何化之○能造乎 6/50/22
○謂不言之辯、不道之
道也 6/50/23
其於五音無○比 6/51/18
11/100/12
而不知其○由至也 6/51/20
而不知大節之○由者也 6/52/4
陰陽（之）○壅、沈
〔滯〕不通者 6/53/1
莫知〔其〕○由生 6/53/3
浮游不知○求 6/53/3
魍魎不知○往 6/53/4
○謂兼國有墬者 6/53/24
此五帝之○以迎天德也 6/54/5
則是○脩伏犧氏之迹 6/54/10
而不窮究其○由生 6/54/15
不知不死之藥○由生也 6/54/21
孔乎莫知其○終極 7/54/26
滔乎莫知其○止息 7/54/26
道之○居也 7/55/4
○受於天也 7/55/7,10/89/14
○稟於地也 7/55/7
故○求多者○得少 7/55/26
○見大者○知小 7/55/27
天下之○養性也 7/56/7
夫人之○以不能終其壽
命而中道夭於刑戮者 7/56/10
則○以脩得生也 7/56/11
將無○違之矣 7/56/14
吾又安知○喜憎利害其
間者乎 7/56/20

是故無〇甚疏 7/57/6
而無〇甚親 7/57/7
〇謂真人者 7/57/10
居不知〇為 7/57/14
行不知〇之 7/57/15
抱其太清之本而無〇 7/57/17
處而無〇 7/57/24
此精神之〇以能登假于道也 7/58/2
是故真人之（〇）游〔也〕 7/58/3
神將有〇遠徙 7/58/6
孰暇知其〇為 7/58/6
其〇生則死矣 7/58/8
其〇化則化矣 7/58/9
人之〇以樂為人主者 7/58/12
人之〇麗也 7/58/12
人之〇美也 7/58/13
人之〇好也 7/58/14
人之〇貪也 7/59/15
莫知其〇萌 7/60/3
不本其〇以欲而禁其〇欲 7/60/13
不原其〇以樂而閉其〇樂 7/60/13
中國得而棄之無〔〇〕用 7/60/25
故知其無〇用 7/60/25
不知其無〇用 7/60/26
夫人主之〇以殘亡其國家 7/60/26
不謀〇始 8/61/8
不議〇終 8/61/9
公輸、王爾無〇錯其剞劂削鋸 8/61/21
無〇歸宿 8/61/24
皆賊氣之〇生 8/62/4
（可）〔〇〕以救敗 8/62/12
夫仁者、〇以救爭也 8/62/12
義者、〇以救失也 8/62/12
禮者、〇以救淫也 8/62/13
樂者、〇以救憂也 8/62/13
故德之〇總 8/63/4
智之〇不知 8/63/4
莫知其〇由出 8/63/6
雖神无〇施其德 8/63/8
雖賢無〇立其功 8/63/9
而不知其〇由然 8/63/10
而民无〇食 8/63/11
不知道之〇一體 8/63/25
德之〇總要 8/64/1
無〇私（受）〔愛〕 8/64/17
凡亂之〇由生者 8/65/1
流遁之〇生者五 8/65/1
有〔〇〕（浸）〔侵〕犯則怒 8/66/2
發怒則有〇釋憾矣 8/66/3
〇以飾喜也 8/66/3
〇以飾哀也 8/66/3
〇以飾怒也 8/66/4,9/78/19
無〇發眖 8/66/8
網罟無〇布 8/66/9
耒耨無〇設 8/66/9
非兵之〇為（生）〔主〕也 8/66/24
〇以討暴〔也〕 8/66/26
非〇以為暴也 8/66/26
〇以致和〔也〕 8/66/26
非〇以為淫也 8/66/26
〇以盡哀〔也〕 8/66/27
非〇以為偽也 8/66/27
〇以蔽明也 9/67/8
〇以掩聰〔也〕 9/67/8
〇以自障〔也〕 9/67/8
故〇理者遠則〇在者邇 9/67/9
〇治者大則〇守者（少）〔小〕 9/67/9
刑有〇劫也 9/68/6
其〇修者本也 9/68/11
志之〇在 9/68/14
而郢人无〇（害）〔容〕其鋒 9/68/16
而兩家之難無〇關其辭 9/68/17
此伏犧、神農之〇以為師也 9/68/24
不從其〇言 9/68/25
而從其〇行 9/68/25
故至精之〇動 9/68/28
故慎〇以感之也 9/69/2
德無〇立 9/69/20
怨無〇藏 9/69/20
故積力之〇舉 9/70/8
眾智之〇為 9/70/8
罪之〇當也 9/70/27
功之〇致也 9/70/28
〔然〕天下之物无〔〇〕不通者 9/71/11
而因萬人之〇利 9/71/15
夫舉踵〔而〕天下（而）得〇利 9/71/15
則君得〇以制臣 9/71/23
臣得〇以事君 9/71/23
是以積力之〇舉 9/72/6
而眾智之〇為 9/72/6
形有〇不周 9/72/7
而能有〇不容也 9/72/8
〇任者得其人 9/72/15
〇任非其人 9/72/16
〇緣以修者然也 9/72/18
夫人之〇以莫（抓）〔搌〕玉石而（抓）〔搌〕瓜瓠者 9/72/21
察其〇尊顯無他故焉 9/72/27
法令〇禁 9/73/6
非〇以（都）〔教〕於國也 9/73/8
此治道之〇以塞 9/73/10
人迹〇及 9/73/19
舟楫〇通 9/73/19,15/146/4
是故臣不得其〇欲於君者 9/73/21
君亦不能得其〇求於臣也 9/73/22
天下之〇同側目而視 9/74/12
皆得其〇宜 9/74/17
各有〇施 9/74/18
有〇用也 9/74/19
今夫朝（延）〔廷〕之〇不舉 9/74/20
〔而〕鄉曲之〇不譽 9/74/20
其〇以官之者非其職也 9/74/21
才有〇脩短也 9/74/22
日陳於前而无〇逆 9/75/4
是非之〇在 9/75/10
〇愛習親近者 9/75/12
〇以禁民 9/75/19
〇以剬有司 9/75/19
〇以禁君 9/75/19
〇立於下者不廢於上 9/75/27
〇禁於民者不行於身 9/75/27
〇謂亡國〔者〕 9/75/27
人主之〇以執下 9/76/20
君人者釋〇守而與臣下爭〔事〕 9/76/22
則百官之事各有〇守矣 9/77/15
其〇託勢者勝也 9/77/18
〇持甚小 9/77/20

(其存)〔○任〕甚大 9/77/20
○守甚約 9/77/20
○制甚廣 9/77/20
○居要也 9/77/22
夫防民之○害 9/78/6
開民之○利 9/78/6
然〔而〕民無(掘穴)〔堀室〕狹廬○以託身者 9/78/12
○以宣樂也 9/78/19
○以效(普)〔喜〕也 9/78/20
○以諭哀也 9/78/20
失樂之○由生矣 9/78/24
有○以致之也 9/79/16
先王之○以應時脩備 9/79/20
○謂心欲小者 9/79/27
無○擊戾 9/80/4
事鮮者約○持也 9/80/7
堯舜○以昌、桀紂○以亡者 9/80/19
其○守者有約 9/80/27
其○事者〔又〕多 9/80/27
此其○以車裂支解也 9/81/1
愚惑之○致也 9/81/3
其○不忍之色可見也 9/81/7
心之○〔不〕欲 9/81/8
此人智之○合而行也 9/81/9
此智者之○獨斷也 9/81/10
萬民之○容見也 9/81/15
愚人之○(見)〔備〕者寡 9/81/16
愚〔人〕之○權者少 9/81/16
此愚者之○〔以〕多患也 9/81/17
此智者○以寡患也 9/81/17
使陳忠孝行而知○出者鮮矣 9/81/24
此愚知之○以異 9/81/25
則為螻蟻○食 9/82/4
國之○以存者 9/82/5,13/124/15
人之○以生者 9/82/5
釋己之○得為 9/82/7
而責于其○不得制 9/82/7
洞同覆載而無○礙 10/82/16
物之○導也 10/82/24
性之○扶也 10/82/24
則失其○以生 10/82/27
則失其○以活 10/82/27
觀其○懼 10/82/28
是故聖人察其○以往 10/83/1
則知其○以來者 10/83/2
各得其○宜 10/83/3
○以得百人也 10/83/3
人以其○願於上以與其下交 10/83/3
以其○欲於下以事其上 10/83/4
凡人各賢其○說 10/83/13
而說其○快 10/83/13
物莫(無)○不用 10/83/23
无○不用矣 10/83/24
說之○不至者 10/84/4
容貌之○不至者 10/84/4
用百人之○能 10/84/9
舉千人之○愛 10/84/9
非○以迎來也 10/84/15
則○動者遠矣 10/84/16
故君子行(斯)〔期〕乎其○結 10/84/19
夫察○夜行 10/85/9
○求者同 10/85/16
○期者異乎 10/85/16
生○假也 10/86/12
(无)〔死〕○歸也 10/86/13
不以○託害○歸也 10/86/13
無○合 10/87/4
無○離 10/87/4
無○與調 10/87/4
無○不比 10/87/4
○以接物也 10/87/9
故上左遷則失其○尊也 10/87/30
臣右還則失其○貴矣 10/87/30
其○以哀則異 10/88/14
說其○苦即樂 10/88/21
失其○樂則哀 10/88/21
故治國樂其○以存 10/88/26
亡國亦樂其○以亡也 10/88/27
○遭於時也 10/89/14
凡萬物有○施之 10/89/23
為無○用之 10/89/23
棄其○賤 10/89/29
得其○貴也 10/89/29
不知其○由然 10/90/10
必不得其○懷也 10/90/14
是故德之○施者博 10/90/28
則威之○行者遠 10/90/28
義之○加者淺 10/90/28
則武之○制者小 10/90/29
事有○至 10/91/2,18/198/13
鵲巢知風之○起 10/91/5
衆人之○能為也 10/91/9
見○始則知○終 10/91/15
聖人見其○生則知其○歸矣 10/91/16
○至彌遠 10/92/13
○至彌近 10/92/14
○以別尊卑、異貴賤 11/93/24
○以合君臣、父子、兄弟、夫妻、友朋之際也 11/93/24
無○施其美 11/93/29
廉有○在 11/94/19
人之○安也 11/94/20
虎豹之○樂也 11/94/21
黿鼉之○便也 11/94/22
人之○樂也 11/94/22
蝯狖之○樂也 11/94/23
○以為樂者乃○以為哀 11/94/24
○以為安者乃○以為危也 11/94/24
乃至天地之○覆載 11/94/24
故愚者有○脩 11/94/25
智者有○不足 11/94/25
各用之於其○適 11/94/27
施之於其○宜 11/94/27
因其○貴而貴之 11/94/30
因其○賤而賤之 11/94/30
○急(則均)〔均則〕其用一也 11/95/1
固有○宜也 11/95/3
得以○有易○無 11/95/9
以○工易○拙 11/95/9
各從其○安 11/95/10
物莫避其○利而就其○害 11/95/13
皆各得其○安 11/95/14
非○作也 11/95/17
其○因也 11/95/17
非○為也 11/95/17
其○守也 11/95/18
○受於外也 11/95/26
勢有○(枝)〔支〕也 11/95/27
人目○見不過十里 11/96/18

○由各異 11/97/2
而無○困矣 11/97/13
是強人○不及也 11/97/16
不強人之○不能為 11/97/18
不絕人之○〔不〕能已 11/97/18
誹譽無○由生 11/97/19
以為曠日煩民而無○用 11/97/20
○謂明者 11/98/15
○謂聰者 11/98/15
○謂達者 11/98/16
道之○託 11/98/16
○謂禮義者 11/98/24
此皆聖人之○以應時耦變 11/99/4
而法其○以為法 11/99/10
○以為法者 11/99/10
其○以歌者不可為也 11/99/11
其○以作法不可原也 11/99/12
其○以言不可形也 11/99/12
而莫知其○ 11/99/21
○為者各異 11/99/23
而○道者一也 11/99/23
○用萬方 11/99/26
○相各異 11/99/28
桀、紂之○以亡 11/100/1
而湯、武之○以為治 11/100/2
而非○以〔為〕巧也 11/100/6
而非○以為悲也 11/100/7
天下是非無○定 11/100/15
世各是其○是而非其○非 11/100/15
○謂是與〔○謂〕非各異 11/100/15
不知世之○謂是非者 11/100/20
子之〔○見〕賓猶有三過 11/101/1
○自視之異也 11/101/3
○從觀者異也 11/101/5
○居高也 11/101/6
有○員、有○隨者 11/101/7
○自闚之異也 11/101/7
庸遽知世之○自窺我者乎 11/101/8
此○慕而〔無〕不（能）致也 11/101/9
○居聆聆 11/101/12
16.84/161/28
各有○宜 11/101/20
因〔其〕○有而（並）〔遂〕用之〔也〕 11/102/8
吾以為各致其○極而已 11/103/2
故○趨各異 11/103/10
而皆得○便 11/103/10
亦人之○棲宿也 11/103/16
各樂其○安 11/103/16
致其○蹠 11/103/16
故孔丘、曾參無○施其善 11/103/26
孟賁、成荊無○行其威 11/103/26
手足有○急也 11/104/19
身體有○痛也 11/104/20
○饒足也 11/104/21
○有餘也 11/104/21
此吾○以知道之數也 12/105/6
〔此〕吾○以知道之數也 12/105/13
夫淺知之○爭者 12/105/24
寡人○有〔者〕 12/106/8
願王察其○謂 12/106/10
此老聃之○謂『無狀之狀』 12/106/11
若王之○問者、齊也 12/106/12
田駢〔之〕○稱者、材也 12/106/12
此人之○〔以〕喜也 12/107/7
今趙氏之德行無○積 12/107/8
夫憂、○以為昌也 12/107/10
而喜、○以為亡也 12/107/10
寡人○說者 12/107/16
此寡人之○欲聞也 12/107/18
此寡人○欲得也 12/107/23
此以其〔○〕能 12/108/8
託其○不能 12/108/8
予○有者 12/108/11
願學○以安周 12/108/13
臣之○言〔者〕不可 12/108/13
臣之○言〔者〕可 12/108/14
此○謂弗安而安者也 12/108/14
吳之○以亡者 12/108/23
此夫差之○以自剄於干遂也 12/108/26
此人主之○以失天下之士也 12/109/7
合其○以也 12/109/8
翟人之○求者、地 12/109/12
不以其○〔以〕養害（其）〔○〕養 12/109/15
〔生之〕○自來者久矣 12/109/17
願學○以守之 12/109/28
君之○讀書者 12/110/1
今聖人之○言者 12/110/7
民之○好也 12/110/11
民之○怨也 12/110/11
書者、言之○出也 12/110/18
臣有○與（供）〔共〕儋（纏）〔纆〕采薪者九方堙 12/111/17
子之○使求〔馬〕者 12/111/21
是乃其○以千萬臣而无數者也 12/111/22
若堙之○觀者 12/111/22
見其○見而不見其○不見 12/111/23
視其○視而遺其○不視 12/111/24
若彼之○相者 12/111/24
爭者、人之○（本）〔去〕也 12/112/6
（始）〔治〕人之○（本）〔去〕 12/112/7
宰相、○使治國家也 12/112/21
此世之○明知也 12/114/23
人之○畏 12/114/24
此非左右之○得與 12/115/3
因問美珥之○在 12/116/2
則為人臣之○制 12/116/3
陰陽之○行 12/116/10
四時之○生 12/116/11
此言明之有○不見也 12/116/19
凡子○為（魚）〔漁〕者 12/116/22
○得者小魚 12/116/24
無○不極 12/117/3
是故神之○用者遠 12/117/14
則○遺者近也 12/117/14
此皆有○遠通也 12/118/1
是其○以〔為〕固也 12/118/12
○以不知門也 12/118/14
至○極而已矣 12/118/20
此〔《筦子》〕○謂（《筦子》）「（梟）〔鳥〕飛而（維）〔準〕繩」者 12/118/20

無○陰蔽（隱）也	12/118/23
先王○以守天下而弗失也	12/119/19
人各以其（○）知	13/120/15
去其○害	13/120/16
就其○利	13/120/16
○推移上下者无寸尺之度	13/120/25
而以知矩（彠）〔矱〕之○周者也	13/120/26
不若得其○以言	13/121/12
得其○以言者	13/121/12
無○顧（聞）〔問〕	13/121/18
○以應時（矣）〔也〕	13/121/20
故聖人○由曰道	13/121/24
○為曰事	13/121/24
而非○以為治也	13/121/25
	20/215/22
古之○以為榮者	13/122/8
今之○以為辱也	13/122/8
古之○以為治者	13/122/9
今之○以為亂也	13/122/9
○以論民俗而節緩急也	13/122/13
知法治○由生	13/122/20
是言其○不行也	13/122/23
是行其○非也	13/122/24
稱其○是	13/122/24
行其○非	13/122/24
此柔懦○生也	13/123/9
此剛猛之○致也	13/123/10
故終身而无○定趨	13/123/12
孔子之○立也	13/123/20
墨子之○立也	13/123/21
楊子之○立也	13/123/21
譬若斤斧椎鑿之各有○施也	13/123/25
唯無○嚮者	13/124/13
（則）〔為〕無○不通	13/124/13
家之○以亡者	13/124/15
人跡○至	13/124/17
舟車○通	13/124/17
是釋其○以存	13/124/28
而造其○以亡也	13/124/28
而不能自非其○行	13/124/28
且湯、武之○以處小弱而能以王者	13/125/4
桀、紂之○以處彊大而〔終〕見奪者	13/125/5
今不行人之○以王（者）	13/125/6
而反益己之○以奪〔者〕	13/125/6
此○以三十六世而不奪也	13/125/9
故事有○至	13/125/17
此○謂忠愛而不可行者也	13/125/20
是故忠之○在	13/125/25
此權之○設也	13/125/27
權者、聖人之○獨見也	13/125/28
則无○用矣	13/126/2
无○不通	13/126/6
是以終身行而无○困	13/126/19
○謂可行而不可言者	13/126/23
聖人之○獨見而留意也	13/126/24
三戰○亡	13/127/3
莫不有○短	13/127/10
皆有○短	13/127/14
今志人之○短	13/127/27
而忘人之○脩	13/127/27
而不知其○以取人也	13/128/7
世主之○亂惑也	13/128/9
眾人之○眩耀〔也〕	13/128/9
見其有○燒也	13/128/17
見其有○害也	13/128/18
貴則觀其○舉	13/128/19
富則觀其○施	13/128/19
窮則觀其○不受	13/128/19
賤則觀其○不為	13/128/19
貧則觀其○不取	13/128/19
故聖人因民之○喜而勸善	13/129/8
因民之○惡以禁姦	13/129/8
○謂為善者	13/129/13
○謂為不善者	13/129/13
无○誘或	13/129/14
今人〔之〕○以犯囹圄之罪	13/129/16
此執政之○司也	13/129/17
志○欲	13/129/28
聖人之○獨見	13/130/17
知者之○獨明達也	13/130/17
世俗之○眩惑也	13/130/19
而聖人之○不口傳也	13/130/22
家人○（當）〔常〕畜而易得之物也	13/130/23
愚者○不知忌也	13/130/27
夫戶牖者、風氣之○從往來	13/131/1
○由來者遠矣	13/131/3
○以不忘其功也	13/131/7
此聖人○以重仁襲恩	13/131/11
此鬼神之○以立	13/131/13
其○施德者皆為之戰	13/131/16
知○以免於難	13/131/17
而〔不〕知○以无難	13/131/17
而不知藏財○以出也	13/131/22
○在而眾仰之	13/132/4
○為各異	14/132/10
能反其○生	14/132/15
失其○以寧則危	14/132/20
失其○以治則亂	14/132/20
人之○指	14/132/21
人之○視	14/132/21
人莫不貴其○（有）〔脩〕	14/132/26
而賤其○短	14/132/26
然而皆溺其○貴	14/132/26
而極其○賤	14/132/26
○貴者有形	14/132/26
○賤者无朕也	14/132/27
人能貴其○賤	14/132/27
賤其○貴	14/132/27
不務性之○無以為	14/133/1
不憂命之○無奈何	14/133/2
故成者非○為也	14/134/26
得者非○求也	14/134/26
○生者弗德	14/134/27
○殺者非怨	14/134/27
非其求○生	14/135/1
非其求○成	14/135/2
聖人守其○以有	14/135/3
不求其○未得	14/135/3
求其○（無）〔未得〕	14/135/3
則○有者亡矣	14/135/3
脩其○〔已〕有	14/135/3
則○欲者至	14/135/4
不求○無	14/135/13
不失○得	14/135/13
己無○與	14/135/18
非知能○求而成也	14/136/21

故士行善而不知善之○由來	14/136/23
民贍利而不知利之○由出	14/136/23
民有道○同道	14/137/5
有法○同守	14/137/5
非○以〔有〕為也	14/137/6
○以無為也	14/137/6
耳目鼻口不知○取去	14/137/26
各得其○	14/137/26
而為論者莫然不見○觀焉	14/138/6
此○謂藏無形者	14/138/6
三代之○道者	14/138/8
事○與眾同也	14/138/12
功○與時成也	14/138/13
虎無○措其爪	14/138/13
兕無○措其角	14/138/13
釋其○已有	14/139/1
而求其○未得也	14/139/1
己之○生	14/139/2
持無○監	14/139/3
（怨）無○〔怨〕（滅）〔憾〕	14/139/7
非性○有於身	14/139/13
行○不得已之事	14/139/13
無○移之也	14/139/27
今務益性之○不能樂	14/140/25
而以害性之○以樂	14/140/25
反其○憎	14/141/6
聖人之○備有也	14/141/11
故聖人謹慎其○積	14/141/14
〔聖人〕見○始則知〔○〕終矣	14/141/16
中立其○	14/141/28
非其○求	14/142/11
非其○生	14/142/12
莫寧其○有	15/142/26
兵之○由來者遠矣	15/142/27
○以禁暴討亂也	15/143/1
○去者少	15/143/3
而○利者多	15/143/3
此（大）〔天〕論之○不取也	15/143/7
○為立君者	15/143/7
此天之○（以）誅也	15/143/15
民之○（以）仇也	15/143/15
此湯、武之○以致王	15/143/19
而齊桓、晉文之○以成霸也	15/143/20
眾之○助	15/143/26
眾之○去	15/143/26
○謂道者	15/144/1
○以無朕者	15/144/5
○謂廟戰者、法天道也	15/144/11
無○不在	15/144/17
同○利也	15/144/25
威之○加	15/144/27
〔則其〕○得者鮮矣	15/144/29
夫兵之○以佐勝者眾	15/145/10
而○以必勝者寡	15/145/10
良將之○以必勝者	15/145/12
非○以必勝也	15/145/19
人迹○至	15/146/4
故文之○（以）加者淺	15/146/19
則（勢）〔權〕之○（勝）〔服〕者小	15/146/20
德之○施者博	15/146/20
則威之○制者廣	15/146/20
威之○制者廣	15/146/21
○貴道者	15/147/2
莫知其○之	15/147/9
莫知其○集	15/147/9
敵（之）〔人〕靜不知其○守	15/147/15
動不知其○為	15/147/15
無○適備	15/148/6
視其○為	15/148/16
餌之以○欲	15/148/16
有見○為	15/148/18
彼有○積	15/148/19
必有○虧	15/148/19
○淩必破	15/149/8
此言（之）○將	15/149/13
非言○戰也	15/149/13
无○疑滯	15/149/23
兵之○隱議者天道也	15/149/26
○圖（盡）〔畫〕者地形也	15/149/26
○明言者人事也	15/149/26
○以決勝者鈐勢也	15/149/26
人之有○推也	15/150/6
○謂天數者	15/150/11
○謂地利者	15/150/11
○謂人事者	15/150/12
此世傳之○以為儀表者	15/150/12
然而非○以生	15/150/13
夫物之○以相形者微	15/150/16
觀彼之○以來	15/150/21
使彼知吾○出而不知吾○入	15/150/22
知吾○舉而不知吾○集	15/150/22
故○鄉非○之也	15/150/26
○見非○謀也	15/150/27
○用不復	15/150/27
兵之○以強者、（民）〔必死〕也	15/151/1
民之○以必死者、義也	15/151/1
義之○以能行者、威也	15/151/1
夫人之○樂者、生也	15/151/2
而○憎者、死也	15/151/3
○以程寒暑也	15/151/12
○以齊勞佚也	15/151/12
○以同飢渴也	15/151/13
合戰必立矢（射）〔石〕之○及	15/151/13
〔○〕以共安危也	15/151/14
主之○求於民者二	15/151/17
民之○望於主者三	15/151/17
○謂三隧者	15/151/24
○謂四義者	15/151/25
○謂五行者	15/151/25
○謂十守者	15/151/27
莫見其○中	15/152/2
莫知其○窮	15/152/2
何○能制	15/152/5
○以營其耳也	15/152/20
○以營其目者	15/152/20
獨見者、見人○不見也	15/152/28
獨知者、知人○不知也	15/152/28
見人○不見	15/152/28
知人○不知	15/152/29
○持不直	15/153/1
○謂虛也	15/153/1
○謂實也	15/153/2
○當者陷	15/153/2
○薄者移	15/153/2
兵之○加者	15/153/27
吾直有○遇之耳	16.1/154/4
○以喻道	16.1/154/5
何道之○能乎	16.1/154/7

鼻之○以息 16.6/154/23
耳之○以聽 16.6/154/23
物莫不因其○有而用其○無 16.6/154/24
則有為其○止矣 16.7/154/26
○用者非其言也 16.8/154/28
用○以言也 16.8/154/28
得其○言 16.8/155/1
而不得其○以言 16.8/155/1
在○從闚之 16.10/155/6
則○以無不動也 16.12/155/14
江、河○以能長百谷者 16.13/155/16
子罕之辭其○不欲 16.20/156/4
而得其○欲 16.20/156/4
有○在而短 16.22/156/12
有○在而脩也 16.22/156/13
而不善○射 16.28/156/30
善釣者無○失 16.28/156/30
而不善○釣 16.28/156/30
故有○善 16.28/156/31
是非○行而行○非 16.40/158/1
大夫種知○以強越 16.52/159/7
而不知○以存身 16.52/159/7
萇弘知周之○〔以〕存 16.52/159/7
而不知身〔之〕○以亡 16.52/159/7
生子者○不能任其必孝也 16.54/159/12
○先後上下 16.58/159/24
○受者小則○見者淺 16.82/161/22
○受者大則○照者博 16.82/161/22
○行則異 16.83/161/25
○歸者一 16.83/161/25
以其○脩而遊不用之鄉 16.88/162/7
欲得○求 16.88/162/8
先順其○為而後與之入政 16.95/162/27
此○謂同污而異塗者 16.95/162/28
○謂養志者也 16.101/163/15
若使人必知○集 16.103/163/20
河伯豈羞其○從出 16.104/163/24
不若得事之○由 16.105/163/26
不若得事之○適 16.105/163/27
人能以○不利利人 16.107/164/1
○以東走〔者〕則異 16.108/164/4
○以入水者則異 16.108/164/5
愚人之同死生不知利害○在 16.108/164/6
此皆學其○不〔欲〕學 16.112/164/16
而（欲）至其○欲學者 16.112/164/16
明其火者、○以燿而致之也 16.113/164/18
芳其餌者、○以誘而利之也 16.113/164/18
○愛者少而○亡者多 16.114/164/22
敗○為也 16.114/164/23
嫫母有○美 16.115/164/25
西施有○醜 16.115/164/25
美之○在 16.116/165/1
惡之○在 16.116/165/1
縱之其○〔利〕而已 16.118/165/6
○極一也 16.123/165/19, 17.66/173/1
○救鈞也 16.123/165/20
（○）〔可〕謂之眇馬 16.129/166/3
物之尤必有○感 16.137/166/27
物之先後各有○宜也 16.138/166/29
〔其〕○利害異 16.140/167/5
○以吹者異也 16.140/167/5
得其○能也 16.144/167/14
失其○〔能〕也 16.144/167/15
物莫措其○脩而用其○短也 16.146/167/20
以○去者少 16.147/167/23
○利者多 16.147/167/24
○以貴鏌邪者 16.150/168/1
雖時有○合 17.1/168/11
足（以）〔○〕蹍者淺矣 17.4/168/18
然待○不蹍而後行 17.4/168/18
智○知者褊矣 17.4/168/18
然待○不知而後明 17.4/168/18
各（哀）〔依〕其○生〔也〕 17.6/168/23
〔則〕得其○見矣 17.14/169/10
則得其○聞矣 17.14/169/10
是故○重者在外 17.16/169/16
則明〔有〕○蔽矣 17.17/169/19
安○問之哉 17.19/169/24
○極同也 17.20/169/26
急○用也 17.22/169/30
夫○以養而害○養 17.25/170/5
人莫不奮于其○不足 17.47/171/19
此女媧○以七十化也 17.50/171/25
意有○在 17.59/172/19
則忘其○守 17.59/172/19
古之○為不可更 17.60/172/21
恩之○加 17.64/172/30
羿之○以射遠中微者 17.71/173/12
造父之○以追速致遠者 17.71/173/12
海內其○出 17.72/173/14
輪復其○過 17.72/173/14
（○以）為之則同 17.81/174/3
其○以為之則異 17.81/174/3
○急者存也 17.88/174/18
○求者亡也 17.88/174/19
有○劫以然也 17.115/176/14
為雷電○撲 17.124/177/5
事有○宜 17.133/177/26
而有○不施 17.133/177/26
為其○不便以得○便 17.147/178/27
物之○為 17.163/180/1
心○說 17.181/181/8
心○欲 17.181/181/8
形勢○致者也 17.183/181/12
○緩急異也 17.220/183/29
○緣使然 17.226/184/10
居智○為 18/185/26
行智○之 18/185/26
事智○秉 18/185/26
動智○由 18/185/26
（比）〔此〕愚智之○以異也 18/186/9

使知○以為是者 18/186/11
此○謂損之而益也 18/186/23
兵（横）行天下而无○繼 18/186/24
威服四方而无○詘 18/186/24
此天下之○願也 18/187/1
此○謂益之而損者也 18/187/1
○以累世不奪也 18/187/2
○以身死於匠驪氏也 18/187/3
問○出之門 18/187/15
此○謂害之而反利〔之〕者也 18/187/16
○恃者、司馬也 18/187/22
此○謂欲利之而反害之者也 18/187/25
此眾人之○以為養也 18/187/27
而良醫之○以為病也 18/187/27
〔此〕愚者之○利也 18/188/1
然而有論者之○辟也 18/188/1
有功者、（又）〔人〕臣之○務也 18/188/4
有罪者、人臣之○辟也 18/188/4
此○謂有功而見疑者也 18/188/10
此〔○〕謂有罪而益信者也 18/188/16
此公孫鞅之○以抵罪於秦 18/188/19
然而累足无○踐者 18/188/19
一心○得者 18/188/25
非直吾○亡也 18/188/25
此○謂奪人而反為人○奪者〔也〕 18/188/27
此○謂與之而反取〔之〕者也 18/189/5
此○謂直於辭而不（可）（用）〔周〕〔於事〕者也 18/190/12
此○謂虧於耳、忤於心而得事實者也 18/190/18
異乎臣之○聞 18/190/25
其○自託者然也 18/191/7
故義者、天下之○（賞）〔貴〕也 18/191/10
將何○用之 18/192/26
其○能者 18/193/27
其○不能者 18/193/27
辭（而）〔○〕能則匿 18/193/27
欲○不能則惑 18/193/27
辭○不能而受○能 18/193/28
晉之○以霸者 18/194/6
而荊之○以不能與之爭者 18/194/6
此○謂見譽而為禍者也 18/194/11
此〔○〕謂毀人而反利之者也 18/194/19
此眾人○以為死也 18/194/27
此○謂徐而馳 18/194/28
夫走者、人之○以為疾也 18/194/28
步者、人之○以為遲也 18/194/28
今（反乃）〔乃反〕以人之○〔以〕為遲者、（反）為疾 18/195/1
一指之○能息也 18/195/8
一（撲）〔墣〕之○能塞也 18/195/8
○浼者多矣 18/195/12
此不知敬小之○生也 18/195/15
故禍之○從生者 18/195/23
故師之○處 18/195/27
且患禍之○由來者 18/196/8
而羽翮之（○）〔既〕成也 18/196/18
孔子知○施之也 18/196/28
車馬○以載身也 18/197/3
衣被○以揜形也 18/197/3
聖人不以○養害其養 18/197/3
今知○以自行也 18/197/6
而未知○以為人行也 18/197/7
其○論未之究者也 18/197/7
而不知築脩城之○以亡也 18/197/20
夫以人之○不能聽說人 18/198/10
仁者、百姓之○慕也 18/198/17
義者、眾庶之○高也 18/198/17
為人之○慕 18/198/17
行人之○高 18/198/17
此嚴父之○以教子 18/198/17
而忠臣之○以事君也 18/198/18
美人之○懷服也 18/198/23
暴亂之○致也 18/199/2
夫戟者、○以攻城也 18/199/6
鏡者、○以照形也 18/199/6
不知○施之也 18/199/7
○行同也 18/199/10
知天之○為 18/199/13
知人之○行 18/199/13
外化、○以入人也 18/199/19
內不化、○以全（其）身也 18/199/19
○以貴聖人者 18/199/20
知○歸心矣 18/199/28
此〔○〕謂螳蜋者也 18/200/1
知○盡死矣 18/200/3
察其○以而已矣 18/200/12
則无○用多矣 18/200/13
夫車之○以能轉千里者 18/200/13
其○由者非理也 18/200/14
在○由之道 18/200/20
子貢可謂知○以說矣 18/200/26
○以餌之者非其欲也 18/201/7
能以其○欲而釣者也 18/201/7
審其○由而已矣 18/201/9
此○謂類之而非者也 18/201/18
此乃○以反也 18/201/22
此○謂弗類而是者也 18/201/23
此○謂若然而不若然者 18/201/29
夫事之○以難知者 18/202/4
若使人之○懷於內者 18/202/5
與○見於外者 18/202/5
令民知○避就 19/202/18
○以衣寒食飢 19/203/5
若吾○謂「無為」者 19/203/13
此非吾○謂為之 19/203/18
其○由異路而同歸 19/203/20
此○謂異路而同歸者也 19/204/7
故在○以感〔之矣〕 19/204/10
其澤之○及者 19/204/10
人性各有○脩短 19/204/13
○受於天 19/204/15
教之○為也 19/204/18
此教訓之○（俞）〔喻〕〔也〕 19/204/24
而芳澤之〔○〕施 19/204/25
○為言者 19/205/3
天下○歸 19/205/12
百姓○親 19/205/12
○以論之過 19/205/19
知者之○短 19/205/22
不若愚者之○脩 19/205/22

賢者之○不足 19/205/22
不若眾人之〔○〕有餘 19/205/22
（天）〔夫〕天之○覆 19/205/26
陰陽之○生 19/205/26
雖○好惡 19/206/2
此亦鳥獸之○以知求合於其○利 19/206/6
貴其○欲達 19/206/12
服習積貫之○致 19/206/18
在○設施 19/206/22
此聖人之○以（詩）〔游〕心〔也〕 19/206/24
人才之○能逮〔也〕 19/207/2
此○謂名可（彊）〔務〕立者 19/207/12
以言人之有○務也 19/208/2
高遠其○從來 19/208/6
蔽於論而尊其○聞 19/208/6
○以聽者易〔也〕 19/208/14
盡寫其〔○〕食 19/208/16
則○從來者遠而貴之耳 19/208/19
此和氏之○以泣血於荊山之下 19/208/19
而无○歸心 19/208/28
曉然意有○通於物 19/209/3
无本業○修、方術○務 19/209/17
莫見其○養而物長 20/210/4
莫見其○喪而物亡 20/210/4
不見其○由而福起 20/210/5
不見其○以而禍除 20/210/5
天地○包 20/210/23
陰陽○嘔 20/210/23
雨露○濡 20/210/23
至大、非度之○能及也 20/211/1
至眾、非數之○能領也 20/211/1
各得其○寧焉 20/211/13
邪氣无○留滯 20/211/19
其○居神者得其位也 20/211/20
非令之○能召也 20/211/27
非（券）〔券〕之○〔能〕責也 20/211/28
非刑之○能禁也 20/212/1
非法之○能致也 20/212/2
夫矢之○以射遠貫（牢）〔堅〕者 20/212/2
其○以中的剖微者 20/212/3
其○以能行者 20/212/4
必自精氣○以與之施道 20/212/4
（柎）〔拊〕循其○有而滌蕩之 20/212/8
因民之○好 20/212/15
此皆人之○有於性 20/212/19
而聖人之○匠成也 20/212/19
因其○喜以勸善 20/212/24
因其○惡以禁奸 20/212/24
乃求○屬天下之統 20/213/8
各有○適 20/214/9
方指○言 20/214/13
則其○得者鮮 20/215/2
而○治者淺矣 20/215/2
神之○依者 20/215/17
而非○以中也 20/215/23
日化上遷善而不知其○以然 20/216/7
此太平之○以不起也 20/216/9
此○以千歲不一會也 20/216/10
掘其○流而深之 20/216/12
茨其○決而高之 20/216/12
○以貴扁鵲者 20/216/17
知疾之○從生也 20/216/17
貴其知亂之○由起也 20/216/18
故國之○以存者 20/216/24
其○〔以〕亡者 20/216/25
教之○（以）成也 20/217/7
化之○致也 20/217/8
不肖主舉其○與同 20/217/25
此舉○與同 20/217/27
故觀其○舉 20/217/27
東西南北七十說而无○偶 20/218/6
身○重也 20/218/27
義、○全也 20/218/28
不務性之○无以為 20/219/8
不憂命之○无奈何 20/219/8
○謂有天下者 20/219/13
凡人之○以生者 20/220/5
夫言者、○以通己於人也 20/220/11
聞者、○以通人於己也 20/220/12
天地之間无○（繫）〔擊〕戾 20/220/16
其（於）〔○〕以監觀 20/220/16
人之○知者淺 20/220/18
問學之○加也 20/220/18
天之○為 20/221/5
人之○為 20/221/5
治之○以為本者、仁義也 20/221/6
○以為末者、法度也 20/221/6
凡人之○以事生者、本也 20/221/6
其○以事死者、末也 20/221/6
（○在）〔在○〕先後而已矣 20/221/8
豈○謂樂哉 20/221/25
豈古之○謂樂哉 20/221/27
○以便說掇取也 20/222/2
聖人見其○生 20/222/6
則知其○歸矣 20/222/6
○以塞貪鄙之心也 20/222/7
○以遏流湎之行也 20/222/7
○以防淫辟之風也 20/222/9
○以防淫也 20/223/3
○鑿不足以為便 20/223/5
而○開足以為敗 20/223/6
○樹不足以為利 20/223/6
而○生足以為濊 20/223/6
○謂仁者、愛人也 20/223/11
○謂知者、知人也 20/223/12
此三代之○〔以〕昌〔也〕 20/223/14
○以紀綱道德 21/223/21
○以應待萬方 21/224/5
○以和陰陽之氣 21/224/11
○以窮南北之（脩）〔長〕 21/224/14
○以上因天時 21/224/18
使君人者知○以從事 21/224/20
○以言至精之通九天也 21/224/22
○以令人遠觀博見者也 21/224/25
○以原本人之○由生 21/224/27
○以使人愛養其精神 21/225/1
○以明大聖之德 21/225/4
○以使人黜耳目之聰明 21/225/5
○以因（作）任督責 21/225/8
○以使人主秉數持要 21/225/9
○以曲說攻論 21/225/14
○以一群生之短脩 21/225/16
○以箴縷縩緻之間 21/225/22
○以使人不妄没於勢利 21/225/23
○以譬類人事之指 21/225/26

〇以明戰勝攻取之數　21/225/29
〇以知戰陣分爭之非道不行也　21/225/30
進退左右无〇擊危　21/225/30
此〇以言兵也　21/225/31
〇以竅窕穿鑿百事之壅遏　21/226/1
〇以覩禍福之變　21/226/5
〇以為人之於道未淹　21/226/9
其〇以无為則異　21/226/12
故為之浮稱流說其〇以能聽　21/226/12
〇以使學者孳孳以自幾也　21/226/13
〇以覽五帝三王　21/226/17
〇以窺道開塞　21/226/23
而己自樂〇受乎天地者也　21/226/24
則不知〇倣依　21/226/24
則不知〇避諱　21/226/25
〇以原測淑清之道　21/227/7
〇以為學者　21/227/10
〇以洮汰滌蕩至意　21/227/14
不知〇用　21/228/22

索 suo　16

關市無〇　5/41/23
以〇姦人　5/48/8
釋其要而〇之于詳　8/62/19
〇鐵歙金　9/70/5
貧人（則夏）〔夏則〕被褐帶〇　11/104/7
有客衣褐帶〇而見曰　12/113/5
綫（索）〔麻〕〇縷　13/120/9
非其有弗〇　13/130/3
不若尋常之纆（〇）　17.128/177/15
若以腐〇御奔馬　17.150/179/1
救經而引其〇　17.168/180/12
陶人棄〇　17.220/183/29
是由病者已惓而〇良醫也　18/186/3
使離珠、〔攫〕剟〇之　18/195/2
追者皆以為然而不〇其內　18/201/28
悉〇薄賦　21/227/25

他 tā　5

越而之〇處　3/28/15
莫知其〇　8/64/2
察其所尊顯無〇故焉　9/72/27
非學謾（〇）〔也〕　16.131/166/10
鄭之賈人弦高、蹇〇相與謀曰　18/192/29

獺 tǎ　5

〇祭魚　5/39/5
〇未祭魚　9/79/13
〇穴知水之高下　10/91/5
夫畜池魚者必去猵〇　15/143/10
愛〇而飲之酒　17.180/181/6

濕 tà　6

維〇北流出於燕　4/37/23
人主深居隱處以避燥〇　9/71/9
水之得〇　18/195/28
燥〇肥墝高下　19/202/18
夫〇之至也　20/210/8
故寒暑燥〇　20/210/11

闥 tà　1

連〇通房　11/94/20

胎 tāi　9

獸〇不贕　1/1/16
鳥獸卵〇　1/3/17
〇夭卵毈　3/23/26
嚼咽者九竅而〇生　4/35/18
〔毋〕殺〇夭　5/39/10
則〇夭〔多〕傷　5/47/6
三月而〇　7/55/8
刳〇殺夭　8/61/13
而萬物（不）〔之〕繁兆萌牙（卯）〔卵〕〇而不成者　8/61/15

苔 tái　1

生以青〇　20/216/12

臺 tái　28

豈必處京〇、章華　1/7/20
〇簡以游太清　2/12/23
雲〇之高　2/13/26
時、泗、沂出〇、台、術　4/37/18
處〇榭　5/41/28
景公〇隕　6/49/28
容〇振而掩覆　6/53/14
今高〇層榭　7/58/12
構木為〇　8/61/14
〔桀〕為琁室、瑤〇、象廊、玉床　8/63/17
放之夏〇　8/63/19
崇〇榭之隆　8/65/6
人主好高〇深池　9/74/1
志專在于宮室〇榭　9/74/7
高〇層榭　9/78/12
散鹿〇之錢　9/80/16,12/117/19
〔子佩具於京〇〕　12/110/21
吾聞子具於強〇　12/110/23
強〇者　12/110/23
築靈〇　12/114/16
高為〇榭　13/124/2
而悔不殺湯於夏〇　13/124/28
章華之〇燒　15/149/10
因高而為〇　16.86/162/2
及至火之燔孟諸而炎雲（〇）〔夢〕　18/195/9
靈王作章華之〇　20/219/25
作為路寢之〇　21/228/13

太 tài　175

夫〇上之道　1/1/19
鏡〇清者視大明　2/12/2
立〇平者處大堂　2/12/2
偃其聰明而抱其〇素　2/12/8
臺簡以游〇清　2/12/23
神經於驪山、〇行而不能難　2/17/2
目不見〇山之（高）〔形〕　2/17/16

故曰（大昭）〔○始〕 3/18/18
（道始于）〔○始生〕
虛霩 3/18/18
○微 3/19/20
其帝○皞 3/20/1
其神為○白 3/20/5
○陰在四仲 3/20/8
○陰在四鉤 3/20/8
熒惑常以十月入○微受
制而出行列宿 3/20/12
○白元始以（正月甲寅）
〔甲寅正月〕 3/20/15
○微者 3/21/5
○一之庭也 3/21/5
○一之居也 3/21/5
○微者主朱鳥 3/21/7
（天）〔○〕一元始 3/21/9
音比（夾鍾）〔○蔟〕 3/22/19
音比（○蔟）〔大呂〕 3/22/20
音比（大）〔○〕蔟 3/22/22
咸池為（○）〔大〕歲 3/23/1
（○）〔大〕歲 3/23/2
（○）〔天〕一在丙子 3/23/9
律受○蔟 3/25/5
○蔟者 3/25/5
○蔟為商 3/25/23
上生○蔟 3/26/2
○蔟之數七十二 3/26/2
○陰元始建于甲寅 3/26/26
○陰所建 3/27/1
○陰在寅 3/27/1,3/27/4
主（○）〔大〕歲 3/27/4
○陰在卯 3/27/6
○陰在辰 3/27/7
○陰在巳 3/27/8
○陰在午 3/27/9
○陰在未 3/27/10
○陰在申 3/27/11
○陰在酉 3/27/12
○陰在（戊）〔戌〕 3/27/14
○陰在亥 3/27/15
○陰在子 3/27/16
○陰在丑 3/27/17
○陰在甲子 3/27/18
○陰所居 3/27/19,3/29/14
朱鳥在○陰前一 3/27/21
凡用○陰 3/27/28

○陰治夏則欲布施宣明 3/28/18
○陰治秋則欲脩備繕兵 3/28/18
○陰治冬則欲猛毅剛彊 3/28/19
（○陰）〔雌〕所居辰
為猒（日） 3/29/2
○陰、小歲、星、日、
辰、五神皆合 3/29/12
或曰○陰 3/29/14
要之以○歲 4/32/9
〔曰〕會稽、泰山、王
屋、首山、○華、岐
山、○行、羊腸、孟
門 4/32/18
禹乃使○章步自東極 4/33/1
是謂○帝之居 4/33/17
少室、○室在冀州 4/37/12
律中○蔟 5/39/4
朝于青陽○廟 5/39/21
命○尉 5/41/8
朝于明堂○廟 5/41/20
命○僕及七騶 5/44/22
命○祝禱祀神位 5/45/17
朝于玄堂○廟 5/46/4
乃命○史 5/47/2
○皞、句芒之所司者 5/47/14
此皆得清（盡）〔淨〕
之道、○浩之和也 6/50/12
引類於○極之上 6/50/19
唯通于○和而持自然之
應者為能有之 6/51/10
○公並世 6/51/11
故通於○和者 6/51/19
而力牧、○山稽輔之 6/52/16
宓穆休于○祖之下 6/53/7
脩○常 6/54/9
殫盡○半 6/54/16
明白○素 7/57/11
抱其○清之本而無所 7/57/17
同精於○清之本 7/57/21
游於○清 7/58/28
棄聰明而反○素 7/59/22
登○皇 7/60/21
馮○一 7/60/21
○清之治也 8/61/6
處之○半矣 8/61/16
帝者體○一 8/64/5
（秉）○一者 8/64/5

是故體○一者 8/64/13
上通○一 9/67/13
○一之精 9/67/13
師曠瞽而為（大）〔○〕
宰 9/68/23
故○上神化 9/69/17
故○上下知有之 9/71/1
有任一而○重 9/74/23
○上曰 10/85/8
○公望、周公旦 10/87/23
○公何力 10/89/14
昔○公望、周公旦受封
而相見 11/94/10
○公望問周公曰 11/94/10
○公曰 11/94/11
11/94/11,12/119/23
周公問○公曰 11/94/11
○清問於無窮曰 12/105/3
○清又問於無始曰 12/105/9
○清仰〔天〕而歎曰 12/105/14
乃發○府之貨以予眾 12/106/17
（夫）〔○〕子發勇敢
而不疑 12/114/12
經乎○陰 12/116/5
景公謂○卜曰 12/119/1
寡人問○卜曰 12/119/1
見○卜曰 12/119/2
○卜曰 12/119/3
○卜走往見公曰 12/119/4
不欲○卜之死〔也〕 12/119/5
往見○卜者 12/119/5
武王問○公曰 12/119/22
○剛則折 13/122/30
○柔則卷 13/122/30
丹穴、○蒙、反踵、空
同、大夏、北戶、奇
肱、脩股之民 13/123/23
○史令終古先奔於商 13/124/20
○史令向藝先歸文王 13/124/20
○公之鼓刀 13/128/1
相戲以刃者○祖軵其肘 13/130/21
相戲以刃○祖軵其肘者 13/130/26
故因○祖以累其心 13/130/27
唯○山 13/131/8
明堂○廟 13/132/3
謂之○一 14/132/10
稽古○初 14/132/15

未始分於○一者也 14/132/16
謂之○沖 14/142/17
收○半之賦 15/146/6
乃令祝史○卜齊宿三日 15/153/14
之○廟 15/153/14
河水不見○山 16.5/154/19
（大）〔○〕簇之比商 17.15/169/13
逐獸者目不見○山 17.17/169/19
○山不上小人 17.141/178/13
○山之高 17.223/184/3
而令○子建守焉 18/194/7
因命○子建守城父 18/194/8
言○子甚仁且勇 18/194/9
○子內撫百姓 18/194/9
為我○子 18/194/10
王因殺○子建而誅伍子奢 18/194/11
及其（○）〔大〕也 18/195/24
（大）〔○〕宰（予）〔子〕朱侍飯於令尹子國 18/196/12
○宰子朱辭官而歸 18/196/13
楚○宰、未易得也 18/196/13
〔○宰子朱〕之見終始微矣 18/196/15
見○宰嚭 18/200/20
○宰嚭甚悅之 18/200/20
○宰嚭曰 18/200/21
○宰嚭入 18/200/25
魯哀公為室而（○）〔大〕 18/201/1
欣若七日不食、如饗（大）〔○〕牢 19/207/11
○山不可丈尺也 20/211/2
○上養神 20/216/5
○上養化 20/216/5
此○平之所以不起也 20/216/9
文王舉（大）〔○〕公望、召公奭而王 20/217/25
夫差用○宰嚭而滅 20/217/26
又況登○山 20/220/8
崇於○山 20/220/15
象○一之容 21/224/1
故○公之謀生焉 21/227/23
用○公之謀 21/227/25

汰 tài 2

猶有○沃之氾 12/116/14
所以洮○滌蕩至意 21/227/14

泰 tài 11

○古二皇 1/1/10
〔曰〕會稽、○山、王屋、首山、太華、岐山、太行、羊腸、孟門 4/32/18
○山之上有七十壇焉 10/90/12
封於○山 11/99/9
○王亶父處邠 14/134/12
豆之〔上〕、先○羹 14/141/20
抗○山 15/148/11
○山之容 16.16/155/22
有《○族》也 21/223/28
《○族》者 21/226/15
此《鴻烈》之《○族》也 21/226/21

態 tài 1

不誘惑於事○ 21/225/23

探 tān 6

轂卵不得○ 9/79/14
烏鵲之巢可俯而○也 13/120/4
臨貨分財必○籌而定分 14/136/7
孟賁○鼠穴 17.170/180/17
（天下○之不窮） 18/187/12
大人過之則○轂 18/197/21

貪 tān 47

不○勢名 1/9/12
○饕多欲之人 1/10/3
○者消其欲 2/12/20
○污之心奚由生哉 2/16/19
陵氣多○ 4/34/22
而○利偷生者悶矣 7/59/9
不知生之不足○也 7/59/10
人之所○也 7/59/15
則不○物 7/60/1
志非能〔不〕○富貴之位 7/60/18
餘天下而不○ 7/60/20
○者能辭之 7/60/25
夫仇由○大鍾之賂而亡其國 7/60/27
○鄙忿爭不得生焉 8/62/14
以贍○主之欲 8/66/24
下○狼而无讓 9/68/1
非○萬民之富而安人主之位也 9/74/2
若得○主暴君 9/79/5
○婪者 10/86/16
小人○利而不顧義 10/88/13
古人味而弗○也 10/90/17
今人○而弗味〔也〕 10/90/17
則○矣 11/103/9
○祿者見利不顧身 11/103/13
可謂至○（也）〔矣〕 12/106/18
○得而寡羞 13/122/4
非不○生而畏死也 13/129/26
理好憎則不○無用 14/133/9
不○无用則不以欲（用）害性 14/133/10
馳者不○最先 14/139/18
非利土壤之廣而○金玉之略 15/142/21
○昧饕餮之人 15/142/25
拙者處五死以○ 15/152/9
雖○者不搏 16.116/165/1
利不足○也 18/190/23
○陳國也 18/193/15
不○爵祿 18/193/26
或○生而反死 18/194/22
少而○其力 18/199/27
非以○祿慕位 19/203/7
或○或廉 20/214/23
○者欲取 20/214/23
故勇者可（○）〔令〕進鬬 20/214/24
○者可令進取 20/214/25
背○鄙而向（義理）〔仁義〕 20/217/21
所以塞○鄙之心也 20/222/7
○狼強力 21/228/24

灘 tān 2

歲名曰涒〇 3/27/11
涒〇之歲 3/31/2

郯 tán 1

東裹〇、（淮）〔邳〕 15/145/25

惔 tán 1

恬（〇）〔淡〕為本 21/226/9

潭 tán 4

以曲隈深〇相予 1/4/19
浸〇苽蔣 1/9/1
介〇生先龍 4/38/4
呼吸浸〇 8/62/3

談 tán 10

說〇者游於辯 9/73/5
〇語而不稱師 11/101/1,11/101/2
及至韓娥、秦青、薛〇之謳 13/123/13
襄子謂（於）張孟〇曰 18/191/21
張孟〇曰 18/191/22,18/191/25
二君乃與張孟〇陰謀 18/191/27
張孟〇乃報襄子 18/191/27
晉陽之存、張孟〇之功也 18/192/3

憛 tán 1

无不〇悇癢心而悅其色矣 19/209/17

壇 tán 5

泰山之上有七十〇焉 10/90/12
獨不離其〇（城）〔域〕 14/135/11
腐鼠在〇 17.158/179/19
標舉終始之〇也 21/226/5
辭雖〇卷連漫 21/227/14

蕁 tán 1

火上〇 3/19/6

檀 tán 3

其樹〇 5/45/28
攝威（〇）〔擅〕勢 13/123/7
〇根非椅枝 17.155/179/12

坦 tǎn 4

大道〇〇 1/7/14
（王）皆〇然（天下）〔南面〕而（南面）〔王天下〕焉 9/80/12
屠牛（吐）〔〇〕一朝解九牛 11/100/4

袒 tǎn 3

（壞）〔攘〕臂〇右 15/146/8
使之（祖）〔〇〕而（補）〔捕〕魚 18/196/2
禍生於（祖）〔〇〕而捕魚 18/196/5

菼 tǎn 1

芠野（〇）〔莽〕 8/61/18

炭 tàn 14

炊以鑪〇 2/12/10
燥故〇輕 3/21/25
溼故〇重 3/21/25
乃伐薪為〇 5/44/24
曼聲吞〇內閉而不歌 6/53/15
燎木以為〇 8/65/14
吞〇變音 9/73/17
譬猶冰〇鉤繩也 11/103/14
而莫相愛於冰〇 16.14/155/18
冰〇相息也 16.14/155/18
懸羽與〇 16.133/166/16
懸羽與〇〔而〕知燥溼之氣 17.74/173/19
一膊〇（爃）〔熯〕 17.117/176/18
而〇已重矣 20/210/8

嘆 tàn 2

則快然而（〇）〔笑〕（之） 20/220/6
然而史蘇〇之 20/222/21

歎 tàn 7

魯以偶人葬而孔子〇 10/91/15
16.102/163/17
太清仰〔天〕而〇曰 12/105/14
喟然而〇 12/118/19
文侯喟然〇曰 12/119/8
未嘗不（憤）〔噴〕然而〇曰 18/187/7
一唱而三〇 20/221/28

撢 tàn 1

〇掞挺挏世之風俗 2/12/4

湯 tāng 57

若以〇沃沸 1/3/5
日出于（暘）〔〇〕谷 3/24/14
故以〇止沸 7/61/1
於是〇乃以革車三百乘伐桀于南巢 8/63/19
是以稱〇、武之賢 8/63/20
東至〇谷 9/67/22
〇之時 9/69/11
〇、武、聖主也 9/70/1
然〇革車三百乘 9/70/5
〇有司直之人 9/80/10
堯、舜、（禹）、〇、武 9/80/12
朝成〇之廟 9/80/17
12/117/19,20/219/18
故〇入夏而用其法 11/100/1
而〇、武之所以為治 11/100/2
〇、武之累行積善 11/102/17
今有〇、武之意 11/102/18
昔夏、商之臣反讎桀、紂而臣〇、武 12/114/22
〇《大（護）〔濩〕》 13/120/23

○無七里之分 13/124/16
而悔不殺○於夏臺 13/124/28
○、武救罪之不給 13/125/2
誰微○、武 13/125/3
天下非一○、武也 13/125/4
且○、武之所以處小弱而能以王者 13/125/4
夫堯、舜、○、武 13/127/22
○、武有放弒之事 13/127/23
洗之以○沐 13/128/4
○、武之王也 14/136/19
桀、紂非以○、武之賢暴也 14/136/19
○、武遭桀、紂之暴而王也 14/136/20
○、武平暴亂 14/138/8
此○、武之所以致王 15/143/19
○之地方七十里而王者 15/146/22
若以○沃雪 15/147/7
日出○谷 17.21/169/28
○放其主而有榮名 17.81/174/3
○沐具而蟣蝨相弔 17.106/175/26
○沐之於河 17.175/180/27
○使人哭之 17.179/181/3
堯、舜、禹、○ 17.234/184/27
○、武是也 18/193/21
○教祝網者 18/200/4
若夫神農、堯、舜、禹、○ 19/202/15
○夙興夜寐 19/202/23
○〔苦〕旱 19/202/28
則伊尹負鼎而干○ 19/203/5
禹、○之智不能逮 19/205/24
○、武革車三百乘 20/212/10
然非得工女煮以熱○而抽其統紀 20/212/21
○之初作囿也 20/213/17
○放桀 20/214/17
○以殷王 20/216/20
五就○ 20/218/3
○、武不為放 20/219/17
故○處亳七十里 20/219/28

鐺 tāng 1

若○之與鞈 15/147/13

唐 táng 15

遇○、虞之時 2/17/28
○、虞不能以為治 9/76/5
唯○、虞能齊其美 10/84/8
故○、虞之舉錯也 10/86/24
故○、虞日孳孳以致於王 10/88/18
故○、虞之法可效也 10/91/9
○、虞有制令而无刑罰 13/122/3
○子短陳駢子於齊威王 18/194/13
臣思夫○子者 18/194/16
○子者、非短子者耶 18/194/16
自○子之短臣也 18/194/18
○碧堅忍之類 19/206/20
以問○姑梁 19/208/12
○姑梁曰 19/208/12
○牙 19/208/24

堂 táng 38

立太平者處大○ 2/12/2
室、○、庭、門、巷、術、野 3/22/6
德在○則刑在術 3/22/7
朝于明○左个 5/41/4
朝于明○太廟 5/41/20
朝于玄○左个 5/45/12
朝于玄○太廟 5/46/4
朝于玄○右个 5/46/23
明○之制 5/49/22,9/67/19
是故古者明○之制 8/65/17
○大足以周旋理文 8/65/18
祀于明○ 9/67/18
而君人者不下廟○之上 9/70/7
（榆）〔揄〕策于廟○之上 9/75/10
皆著於明○ 9/80/19
守明○之制 9/80/20
升○則蓑不御 11/95/2
祀文王于明○ 11/102/20
桓公讀書於○〔上〕 12/110/1
輪（人）〔扁〕斲輪於○下 12/110/1
明○太廟 13/132/3
非郊亭大而廟○狹小也 13/132/3
祀其鬼神於明○之上 14/142/16
脩政廟○之上而折衝千里之外 15/145/2
故運籌於廟○之上 15/146/26
不襲○○之寇 15/149/1
是故處於○上之陰而知日月之次序 15/150/13
趨至○下 15/153/15
天子被之而坐廟○ 16.35/157/17
滿○之坐 17.144/178/20
烈藏廟○ 19/207/21
不下廟○而（衍）〔行〕〔於〕四海 20/211/3
乃立明○之朝 20/212/28
行明○之令 20/212/28
又況出室坐○ 20/220/7
子婦跣而上○ 20/223/1

棠 táng 3

沙○、琅玕在其東 4/33/5
雒○、武人在西北陬 4/37/5
（日入）〔入日〕落○ 6/52/12

塘 táng 7

若發墩決○ 9/78/6
○決水涸 9/82/4
陂○之事 11/99/3
若崩山決○ 15/144/28
壞○以取龜 16.74/160/29
○漏若鼷穴 18/195/8
且○有萬穴 18/196/10

螳 táng 3

○蜋生 5/41/18
此〔所〕謂○蜋者也 18/200/1
齊莊公避一○蜋而勇武歸之 18/200/3

滔 tāo 16

而○騰大荒之野 1/6/5
耳聽○朗奇麗激抮之音 1/8/26
西南戎州曰○土 4/32/14
○乎莫知其所止息 7/54/26
則血氣○蕩而不休矣 7/56/1

血氣○蕩而不休 7/56/2
使神○蕩而不失其充 7/58/4
共工振○洪水 8/63/14
則○窕而不親 8/64/20
○○然曰 10/85/12
忽乎日○○以自新 10/86/21
（爾）〔亦〕○矣 14/142/7
○○如春 15/150/18

絛 tāo 2

綺繡○組 11/104/6
○可以為繶 17.98/175/9

濤 tāo 1

起波○ 18/196/21

謟 tāo 2

（○）〔諂〕進偷說 9/74/27
（○）〔諂〕臣者務廣君之地 18/193/10

韜 tāo 1

《金縢》、《豹○》廢矣 7/59/8

饕 tāo 2

貪○多欲之人 1/10/3
貪昧○餮之人 15/142/25

洮 táo 3

西至臨○、狄道 13/124/3
所以○汰滌蕩至意 21/227/14
曼兮○兮 21/227/18

逃 táo 9

而方圓曲直弗能○也 1/2/13
越王翳○山穴 1/4/14
其無所○之亦明矣 6/49/30
龍乃弭耳掉尾而○ 7/58/18
譬猶○雨也 11/101/8
勇武遁○ 11/104/15
遯○乎碑〔下〕 12/116/7
遁○奔走 13/127/4
恩者○之於城下之廬 18/201/27

桃 táo 7

楊○、甘櫨、甘華、百果所生 4/37/7
○李始華 5/39/19
其樹○ 5/41/15
羞以含○ 5/41/22
羿死於○棓 14/132/24
羿死○部 16.66/160/12
放牛○林 21/227/30

陶 táo 18

○冶萬物 2/10/24,2/17/1
舜之耕○也 2/18/10
○器必良 5/46/8
譬猶○人之埏埴也 7/56/22
陰陽之○化 8/62/1
故皋○瘖而為大理 9/68/23
禽獸昆蟲與之○化 9/69/14
雖皋○為之理 11/102/16
可○冶而變化也 12/106/11
皋○也 14/134/17
今使○人化而為埴 15/152/6
譬猶○人為器也 16.31/157/7
○（者）〔人〕用缺盆 17.131/177/21
○人棄索 17.220/183/29
皋○馬喙 19/205/12
堯之舉禹、契、后稷、皋○ 20/213/18
乃以○冶萬物 21/226/18

鞀 táo 4

修○鼙琴瑟管簫 5/41/21
武王立戒慎之○ 9/80/10
置○ 13/123/27
有獄訟者搖○ 13/123/28

騊 táo 1

而不能與胡人騎騵〔馬〕而服○駼 9/70/1

討 tǎo 9

所以○暴〔也〕 8/66/26
乃○強暴 15/142/26
所以禁暴○亂也 15/143/1
皆有小過而莫之○也 15/143/6
以禁暴○亂也 15/143/7
莊王已○有罪 18/193/11
寡人起九軍以○之 18/193/12
○暴亂 20/212/10
以伐无道而○不義 21/227/25

螣 té 3

百○時起 5/42/1
夫○蛇游霧而（動）〔騰〕 9/70/15
○蛇雄鳴於上風 20/211/17

忒 tè 1

无有差○ 5/46/8

特 tè 2

非○天子之為尊也 13/132/4
不棄（○）〔時〕 14/135/13

慝 tè 2

冀除苛○ 5/49/19
離群○之紛 20/214/15

縢 téng 1

《金○》、《豹韜》廢矣 7/59/8

騰 téng 12

蹈○崑崙 1/2/2
○踴肴亂而不失其數 1/2/17
而滔○大荒之野 1/6/5
下水上○ 5/40/17
乃合犦牛○馬 5/40/21
執○駒 5/41/24

電奔而鬼○ 6/52/10
其魂不○ 7/57/23
夫騰蛇游霧而（動）〔○〕 9/70/15
子產○辭 10/88/1
鳳飛龍○ 15/147/6
○蛇游霧 17.10/169/1

剔 tī 4

○孕婦 8/63/18
12/114/17,21/227/21
○河而道九歧 21/228/6

梯 tī 2

故攻不待衝隆雲○而城拔 15/148/9
作為雲○之械設以攻宋 19/203/25

提 tí 13

○挈人閒之際 2/12/4
○挈天地而委萬物 2/15/6
○挈陰陽 2/15/12
歲名曰攝○格 3/27/4
攝○格之歲 3/29/25
諸稽、攝○ 4/37/25
握火○人 17.114/176/11
○○者射 17.139/178/9
扶之與○ 17.157/179/16
揚劍○戈而走 18/187/13
攝○鎮星日月東行 19/205/9
○名責實 21/225/9

綈 tí 1

非能具○綿曼帛溫煖於身也 13/130/24

嗁 tí 2

麑母隨之而○ 18/188/13
其母隨而○ 18/188/14

蹏 tí 12

故牛歧○而戴角 1/4/6
夫牛○之涔 2/15/1
西北為○通之維 3/21/16
加十五日指○通之維則秋分盡 3/22/26
如鞭（蹏）〔○〕馬矣 9/73/24
夫牛○之涔不能生鱣鮪 13/127/9
有○者趹 15/142/23
牛（蹏）〔○〕彘顱亦骨也 17.52/172/4
馬齒非牛○ 17.155/179/12
夫墨子（跌）〔趹〕○而趨千里 19/204/5
跳躍揚○ 19/204/15
蹶○足以破盧陷匈 19/204/16

題 tí 2

素○不枅 7/58/13
橑（擔）〔檐〕榱○ 8/61/20

鵜 tí 1

○胡飲水數斗而不足 11/103/11

騠 tí 2

雖重象狄○ 11/95/25
故六騏驥、駟駃○ 11/102/28

體 tǐ 85

故○道者逸而不窮 1/3/7
形○能抗 1/9/21
唯○道能不敗 2/12/16
○君臣 2/14/8
可謂能○道矣 2/17/9
○道者不專在於我 2/18/4
孔竅肢○ 3/29/18
寧身○ 5/46/12
支○傷折 6/49/28
○便輕畢 6/52/8
隳枝○ 6/54/10
而形○者 7/55/7
形○以成 7/55/10
○本抱神 7/57/11
其靜無○ 7/58/1
而適躬○之便也 7/58/12
而與化為一○ 7/59/23
一○也 7/59/23
故縱○肆意 7/60/11
通○于天地 8/61/9
靜而○德 8/63/1
不知道之所一○ 8/63/25
帝者○太一 8/64/5
形萬殊之○ 8/64/7
是故○太一者 8/64/13
帝者○陰陽則侵 8/64/19
貴賤不失其○ 8/64/20
雖愚者不加○焉 9/73/9
○離車輿之安 9/76/4
馬○調于車 9/76/13
是故○道者 10/82/16
支○相遺也 10/82/19
故尚世○道而不德 10/82/25
失其○也 11/95/27
縱○施髮 11/97/10
禮者、○情〔而〕制文者也 11/98/1
（禮者、○也） 11/98/1
知禮而不知○也 11/98/2
便身○ 11/98/11
其本一牛之○ 11/99/25
其合道一（○）也 11/99/27
其曲家異而不失於○ 11/99/27
平公非不痛其○也 11/100/25
故賓之容一○也 11/101/3
故聖人○道反性 11/101/13
治世之（○）〔職〕易守也 11/101/16
身○有所痛也 11/104/20
隳支○ 12/115/15
故聖人以身○之 13/123/5
恭王懼而失（○）〔禮〕 13/125/19
黃衰微舉足蹴其○ 13/125/19
奮○而起 13/125/20
則舉足蹴其○ 13/125/24
和顏卑○ 13/125/25
小形不足以包大○也 13/127/10
○大者節疏 13/127/16
17.240/185/10

夫○之所覆 2/12/27
不通之于○地之情也 2/13/6
○地之閒何足以論之 2/13/25
夫與蚑蟯同乘○機 2/13/27
（○）受形於一圈 2/13/27
夫○不定 2/14/3
上尋九○ 2/14/21
○地之閒 2/14/23
12/106/10,12/114/22
聖人之所以駭○下者 2/15/1
提挈○地而委萬物 2/15/6
而覺視於○地之閒 2/15/11
竅領○地 2/15/12
以買名譽於○下 2/15/17
暴行越智於○下 2/15/24
是故與其有○下也 2/16/1
雖有炎火洪水彌靡於○下 2/16/3
視○下之閒 2/16/3
夫人之所受於○者 2/16/6
故古之治○下也 2/16/17
故能有○下者 2/16/19
必無以○下為〔者〕也 2/16/20
○地之閒 2/17/1,4/32/11
橫（扃）〔扃〕○地之
閒而不窕 2/17/3
智（終）〔絡〕○地 2/17/5
猶無益於治○下也 2/17/5
世之主有欲利○下之心 2/17/27
○鳥飛千仞之上 2/18/3
○墜未形 3/18/18
清陽者薄靡而為○ 3/18/19
故○先成而地後定 3/18/20
○地之襲精為陰陽 3/18/20
○受日月星辰 3/18/23
○柱折 3/18/25
○傾西北 3/18/25
○道曰員 3/18/28
○〔地〕之偏氣 3/19/1
○地之（含）〔合〕氣 3/19/1
上通于○ 3/19/13
○之吏也 3/19/16
○之使也 3/19/16
○之期也 3/19/16
○之忌也 3/19/16
○有九野 3/19/19
○（阿）〔河〕 3/19/20
中央曰鈞○ 3/19/22

東方曰蒼○ 3/19/22
東北〔方〕曰變○ 3/19/22
北方曰玄○ 3/19/23
西北方曰幽○ 3/19/24
西方曰昊○ 3/19/24
西南方曰朱○ 3/19/24
南方曰炎○ 3/19/25
東南方曰陽○ 3/19/25
十二歲而周〔○〕 3/20/9
二十八歲而周〔○〕 3/20/15
○下偃兵 3/20/18
○下興兵 3/20/18
○下大（飢）〔饑〕 3/20/22
○（阿）〔河〕者 3/21/6
以周於○ 3/21/7
（○）〔太〕一元始 3/21/9
○一以始建七十六歲 3/21/10
上至朱○ 3/21/20
○維建元 3/23/6
十二歲而（大）周○ 3/23/7
（太）〔○〕一在丙子 3/23/9
以司○和 3/24/9
是故○不發其陰 3/24/10
○員地方 3/24/11
○地三月而為一時 3/25/18
輕重生乎○道 3/26/13
○有四時 3/26/20
3/29/19,10/92/6
○地之道也 3/26/23
虛星乘鉤陳而○地襲矣 3/27/22
欲知○道 3/27/29,10/92/19
○地重襲 3/27/30
八合○下也 3/29/10
○神之貴者 3/29/14
或曰○一 3/29/14
○地以設 3/29/17
皆通於○ 3/29/18
○（地）〔有〕九重 3/29/18
○有十二月 3/29/19
故舉事而不順○者 3/29/20
欲知○之高 3/32/1
則○高也 3/32/3
乃維上○ 4/33/17
蓋○地之中也 4/33/20
是兩○下 4/34/9
○一地二人三 4/35/8
○之所閉也 4/36/7

有修股民、○民、肅慎
民、白民、沃民、女
子民、丈夫民、奇股
民、一臂民、三身民 4/36/26
正土之氣（也）御乎埃○ 4/38/14
埃○五百歲生（缺）
〔玦〕 4/38/14
偏土之氣御乎（清）
〔青〕○ 4/38/17
（清）〔青〕○八百歲
生青曾 4/38/17
牡土之氣御于赤○ 4/38/20
赤○七百歲生赤丹 4/38/20
弱土之氣御于白○ 4/38/22
白○九百歲生白礜 4/38/22
牝土之氣御于玄○ 4/38/25
玄○六百歲生玄砥 4/38/25
○子衣青衣 5/39/5
5/39/20,5/40/11
○子親率三公九卿大夫
以迎歲于東郊 5/39/9
乃言具于○子 5/40/13
○子鳥始乘舟 5/40/13
○子命有司 5/40/15
則○多沈陰 5/40/25
○子衣赤衣 5/41/3,5/41/19
○子親率三公九卿大夫
以迎歲於南郊 5/41/7
佐○長養 5/41/8
○子以彘嘗麥 5/41/10
○子以（雉）〔雛〕嘗黍 5/41/22
○子衣苑黃 5/42/8
以共皇○上帝、名山大
川、四方之神、宗廟
社稷 5/42/11
必有○殃 5/42/15
○子衣白衣 5/43/1
5/43/19,5/44/15
○子親率三公九卿大夫
以迎（秋）〔歲〕于
西郊 5/43/5
○墜始肅 5/43/7
○子嘗新 5/43/8
○子乃儺 5/43/24
以會○墜之藏 5/44/17
○子乃厲服廣飾 5/44/23
○子乃以犬嘗麻 5/45/2

○子衣黑衣 5/45/11
5/46/3,5/46/22
○子親率三公九卿大夫
以迎歲于北郊 5/45/16
於是○子始裘 5/45/17
○子祈來年於○宗 5/45/21
是謂發○墜之藏 5/46/5
○子乃命有司 5/46/8
〔此〕所以助○墜之閉
〔藏也〕 5/46/14
則（其）〔○〕時雨水 5/46/15
○子親往射漁 5/46/24
星周于○ 5/47/1
○子乃與公卿大夫飾國典 5/47/1
以供皇○上帝社稷之
（芻）享 5/47/2
○節已幾 5/48/8
○為繩 5/48/26
與○合德 5/48/30
○墜乃明 5/49/12
庶女（叫）〔叫〕○ 6/49/28
上○之誅也 6/49/30
○下誰敢害吾（意）
〔志〕者 6/50/2
精通于○ 6/50/4
又況夫（宮）〔官〕○墜 6/50/6
則背譎見於○ 6/50/16
○墜之間 6/50/18
夫〔○〕道者 6/51/1
○清墜定 6/51/23
威動○墜 6/51/25
黃帝治○下 6/52/16
○不兼覆 6/52/24
於是女媧鍊五色石以補
蒼○ 6/52/25
蒼○補 6/52/26
抱員○ 6/52/27
上際九○ 6/53/5
登九○ 6/53/6
以從○墜之固然 6/53/8
舉事戾蒼○ 6/53/11
○地除其德 6/53/12
○下未嘗得安其情性 6/54/1
（○）而不夭於人虐也 6/54/1
○下〔不〕合而為一家 6/54/2
○子在上位 6/54/4
○下混而為一 6/54/5
此五帝之所以迎○德也 6/54/5
夫鉗且、大丙不施轡銜
而以善御聞於○下 6/54/11
古未有○地之時 7/54/25
經○營地 7/54/26
○之有也 7/54/27
是故聖人法○順情 7/54/28
以○為父 7/55/1
○靜以清 7/55/1
所受於○也 7/55/7,10/89/14
故頭之圓也象○ 7/55/11
〔○〕有四時、五行、
九解、三百六十（六）
日 7/55/11
○有風雨寒暑 7/55/12
以與○地相參也 7/55/14
夫○地之道 7/55/18
○下之所養性也 7/56/7
夫○地運而相通 7/56/11
譬吾處於○下也 7/56/12
不識○下之以我備其物與 7/56/12
○下茫茫 7/56/16
隨其○資而安之不極 7/56/17
其生也○行 7/57/1
而○下自服 7/57/2
以順于○ 7/57/7
以游于○地之樊 7/57/11
雖○地覆育 7/57/13
與○地俱生也 7/58/7
輕○下 7/58/9,11/99/15
故舉○下而傳之于舜 7/58/15
此輕○下之具也 7/58/16
我受命於○ 7/58/17
壺子持以○壤 7/58/19
燭營指○ 7/58/20
乃知○下之輕也 7/58/22
乃知（○下）〔萬物〕
之細也 7/58/22
堯不以有○下為貴 7/59/4
○下至大矣 7/59/6
不以○下為貴矣 7/59/7
不知○下之不足利也 7/59/10
夫〔無〕以○下為者 7/59/15
使之左〔手〕據○下圖
而右手刎其喉 7/59/15
生（尊）〔貴〕于○下也 7/59/16
無○下不虧其性 7/59/17
有○下不羨其和 7/59/17
有○下 7/59/17
無○下 7/59/17
則不可縣以○下 7/59/28
而度制可以為○下儀 7/60/11
故莫能終其○年 7/60/20
餘○下而不貪 7/60/20
玩○地于掌握之中 7/60/21
夫使○下畏刑而不敢盜 7/60/23
為○下笑 7/60/27,18/194/2
學射者不治（○）〔矢〕
也 7/60/30
通體于○地 8/61/9
是以○覆以德 8/61/10
○旱地坼 8/61/23
○地之合和 8/62/1
○地宇宙 8/62/4
○地不能（脅）〔脅〕也 8/62/5
同氣于○地 8/62/7
神明定於○下而心反其初 8/62/13
民性善而○地陰陽從而
包之 8/62/14
道德定於○下而民純樸 8/62/15
○地之大 8/62/22
夫至大、○地弗能含也 8/62/24
○下有能持之者 8/62/26
昔者蒼頡作書而○雨粟 8/62/27
洞然無為而○下自和 8/63/2
謂之○府 8/63/5
置堯以為○子 8/63/14
於是○下廣陝險易遠近
始有道里 8/63/14
燎焚○下之財 8/63/18
擾○下 8/63/19
○下寧定 8/63/20
然○下莫知貴其不言也 8/63/24
牢籠○地 8/64/5
承○地之和 8/64/7
明於○地之情 8/64/13
德與○地參 8/64/14
○下莫不從風 8/64/16
而○下治矣 8/64/21
○愛其精 8/64/23
○之精 8/64/23
上掩○光 8/65/14
此五者、一足以亡○下矣 8/65/15
夫○地之生財也 8/65/22

〇下和（治）〔洽〕 8/66/7
古者〇子一畿 8/66/19
〔而〕行為儀表於〇下 9/67/6
〇子外屏 9/67/8
〇氣為魂 9/67/13
通〔合〕於〇（道） 9/67/13
〇道玄默 9/67/14
〇不可極 9/67/14
昔者神農之治〇下也 9/67/17
因〇地之資 9/67/20
而〇下一俗 9/67/23
然而不能終其〇年者 9/68/5
〇下從之 9/68/11
〇下無虐刑 9/68/23
感動〇地 9/69/12
故智不足以治〇下也 9/70/4
勇（力）不足以持〇下矣 9/70/6
則〇與之時 9/71/4
虛者〇下遺之 9/71/5
〔然〕〇下之物无〔所〕不通者 9/71/11
是故不出戶而知〇下 9/71/12
不窺牖而知〇道 9/71/12
則〇下（之）不足有也 9/71/12
夫舉踵〔而〕〇下（而）得所利 9/71/15
則〇下不足有也 9/71/26
以為〇下興利 9/72/1
則〇下一齊 9/72/9
〇下多眩於名聲 9/72/27
〇下之疾馬也 9/73/9
是以〇下盡力而不倦 9/73/13
紂兼〇下 9/73/19
堯之有〇下也 9/74/2
勤勞〇下 9/74/4
（舉〇下而）以為社稷 9/74/5
舉〇下而傳之舜 9/74/6
一日而有〇下之（當）〔富〕 9/74/6
〔而〕百姓黎民顦顇於〇下 9/74/9
是故使〇下不安其性 9/74/9
〇下之所同側目而視 9/74/12
必遺〇（下）〔地〕之大數 9/74/24
而乃任之以〇下之權 9/74/27
以〇下之目視 9/75/1
以〇下之耳聽 9/75/1
以〇下之智慮 9/75/1
以〇下之力（爭）〔動〕 9/75/1
〇下之度量 9/75/16
非〇墮 9/75/26
故令行於〇下 9/75/29
則無以與（〇）下交也 9/76/28
使居〇子之位 9/77/23
則〇下徧為儒墨矣 9/77/23
〇子發號 9/78/4
再舉而〇下失矣 9/78/8
非能徧利〇下之民〔也〕 9/78/8
利一人而〇下從風 9/78/9
害一人而〇下離叛 9/78/9
夫〇地之大 9/79/2
則得承受於〇地 9/79/5
則百姓無以被〇和而履地德矣 9/79/6
上因〇時 9/79/9
上告于〇 9/79/20
古者〇子聽朝 9/80/9
（王）皆坦然（〇下）〔南面〕而（南面）〔王〇下〕焉 9/80/12
凡將設行立趣於〇下 9/81/2
從〇之（道）〔威〕 10/82/20
后稷廣利〇下 10/83/10
〇雄烏喙 10/83/23
故舜不降席而（王）〔匡〕〇下者 10/84/1
故舜不降席而〇下治 10/84/23
桀不下陛而〇下亂 10/84/23
〇弗能殺 10/86/3
聲揚〇地之閒 10/86/3
快己而〇下治 10/87/1
〇非為武王造之也 10/87/23
〇非為紂生之也 10/87/24
而〇下從風 10/88/6
〇下弗能遏奪 10/88/26
〇成之 10/89/12
非〇不行 10/89/13
非〇不亡 10/89/13
堯王〇下而憂不解 10/89/20
唯〇地能函之 10/92/21
能包〇地 10/92/21
知命者不怨〇 10/92/28
〇下可從也 10/93/9
〇下有至貴而非勢位也 10/93/12
得其〇性謂之德 11/93/20
珠玉尊則〇下爭矣 11/93/21
乃至〇地之所覆載 11/94/24
故堯之治（夫）〔〇〕下也 11/95/6
無適於〇下 11/96/16
無〇下之委財 11/96/19
南面而霸〇下 11/97/9
令行乎〇下 11/97/11
曰禮義足以治〇下 11/98/24
〇下大（雨）〔水〕 11/99/2
上通雲〇 11/99/14
故〇之員也不中規 11/99/20
〇下是非無所定 11/100/15
〇授也 11/102/18
攝〇子之位 11/102/20
然而令行乎〇下 11/102/25
為〇下顯武 11/102/26
許由、善卷非不能撫〇下、寧海內以德民也 11/103/6
〇下有受其飢者 11/103/23
〇下有受其寒者 11/103/23
以為〇下先 11/103/23
安樂無事而〇下（均）〔和〕平 11/103/25
澆〇下之淳 11/103/29
析〇下之樸 11/103/29
可以包裹〇地 12/105/6
12/105/12
太清仰〔〇〕而歎曰 12/105/14
〇下皆知善之為善 12/105/17
（其）為〇下谿 12/106/26
〇和將至 12/106/28
使〇下丈夫女子莫不歡然皆（欲）〔有〕愛利之心 12/107/21
〇下丈夫女子莫不延頸舉踵而願安利之者 12/107/24
杜赫以安〇下說周昭文君 12/108/12
〇下鮮矣 12/108/25
〇之道也 12/108/27,20/211/14
說以為〇下 12/109/5
此人主之所以失〇下之士也 12/109/7
〇大 12/109/9

雖○下之大 14/140/27
○道无親 14/141/28
故不曰我無以為而○下遠 14/142/2
不曰我不欲而○下不至 14/142/2
名利充○下 14/142/5
自死而○地无窮 14/142/7
憂○下之亂 14/142/7
故不憂○下之亂 14/142/9
皆○也 14/142/12
平○下之亂 15/142/21
殘賊○下 15/142/25
殫○下之財 15/143/4
故至於攘○下 15/143/6
此（大）〔○〕論之所不取也 15/143/7
儆○（海）〔侮〕鬼 15/143/14
此○之所（以）誅也 15/143/15
有逆○之道 15/143/16
夫員者、○也 15/144/3
○員而無端 15/144/3
○化育而無形象 15/144/4
○下莫之敢當 15/144/10
所謂廟戰者、法○道也 15/144/11
靜而法○地 15/144/14
○下為嚮 15/144/24
○下為鬬 15/144/24
為○下除害 15/144/27
則○下莫不可用也 15/144/29
拱揖指撝而○下響應 15/145/3
今夫○下皆知事治其（未）〔末〕 15/145/7
故德義足以懷○下之民 15/145/20
事業足以當○下之急 15/145/20
中分○下 15/146/3
二世皇帝勢為○子 15/146/4
富有○下 15/146/4
○下敖然若焦熱 15/146/7
而○下響應 15/146/8
○下為之麋沸蟻動 15/146/10
然一人唱而○下（應）〔和〕之者 15/146/11
白刃不畢拔而○下（傳）〔傳〕矣 15/146/15
乘時勢、因民欲而取○下 15/146/17
○下訟見之 15/147/1
若從○下 15/147/10
仰不見○ 15/147/13
○下孰敢厲威抗節而當其前者 15/147/15
動則淩○振地 15/148/11
放乎九○之上 15/148/24
神莫貴於○ 15/149/15
夫地利勝○時 15/149/16
故任○者可迷也 15/149/16
兵之所隱議者○道也 15/149/26
上得○道 15/149/27
上不知○道 15/149/28
○下見吾兵之必用也 15/150/7
雖誂合刃於○下 15/150/8
所謂○數者 15/150/11
見瓶中之冰而知○下之寒暑 15/150/14
則必正○下 15/151/7
上知○道 15/151/24
上隱之○ 15/152/12
隱之○者 15/152/12
何謂隱之○ 15/152/12
此善為○道者也 15/152/19
從此上至○者 15/153/16
是故无○於上 15/153/21
參○而發 16.11/155/9
○下莫相憎於膠漆 16.14/155/18
為○下正 16.19/156/2
此全其○器者 16.21/156/10
○二氣則成虹 16.27/156/27
○子被之而坐廟堂 16.35/157/17
○下無之矣 16.41/158/5
〔然而〕○下無千金之鹿 16.81/161/18
○下莫不藉明於其前矣 16.82/161/22
未有○地能生○地者也 16.85/161/30
○下無粹白狐 16.125/165/26
而知○下之寒〔暑〕 16.133/166/17
可以通○下 16.134/166/19
或曰知（其）〔○〕且赦也而多殺人 16.140/167/4
或曰知（其）〔○〕且赦也而多活人 16.140/167/4
侏儒問（徑）○高于脩人 16.143/167/11
以一（出）〔世〕之度制治○下 17.1/168/9
而不知因○地以游 17.1/168/10
未有○地而生○地 17.3/168/16
月照○下 17.10/169/1
○下弗能滿 17.86/174/14
有以（飯）〔噎〕死者而禁○下之食 17.120/176/26
有以車為敗者〔而〕禁○下之乘 17.120/176/26
以○下之大 17.205/182/29
布之○下而不窕 18/185/27
則○下无不達之塗矣 18/186/11
○下有三危 18/186/15
兵（橫）行○下而无所綣 18/186/24
此○下之所願也 18/187/1
申叔時教莊王封陳氏之後而霸○下 18/187/6
（○下探之不窮） 18/187/12
威行於○下 18/188/23
與○下同心而圖之 18/188/25
秦王趙政兼吞○下而（已）〔亡〕 18/189/16
故義者、○下之所（賞）〔貴〕也 18/191/10
是得○下也 18/194/7
（○）〔夫〕子生於齊 18/194/15
背負青○ 18/196/19
故○下貴之 18/197/6
○下席卷 18/197/18
遂失○下 18/197/19
○下有三不祥〔而〕西益宅不與焉 18/198/1
知○之所為 18/199/13
知○而不知人 18/199/13
知人而不知○ 18/199/14
而○下稱仁焉 18/199/24
而○下稱勇焉 18/199/25
必為○下勇武矣 18/200/2
而○下懷（其德） 18/200/5
无以立（務）〔矜〕於○下 18/201/16
則○下无亡國破家矣 18/202/5
此五聖者、○下之盛主 19/202/25
又況贏○下之憂 19/202/26

田 tián 58

〇獵畢弋 5/40/18
行〇原 5/41/9
四月官〇 5/41/15
利以殺草糞〇疇 5/42/16
乃教於〇獵 5/44/22
有能取疏食、〇獵禽獸者 5/46/10
具〇器 5/46/25
〇者不侵畔 6/52/19
〇無立禾 6/53/17
而訟閒〇者慚矣 7/59/9
焚林而〇 8/61/14
糞〇而種穀 8/61/16
〇漁重稅 8/66/8
〇野辟而無草 9/71/1
馳騁〇獵 9/73/28
中〇之獲 9/78/26
務脩〇疇 9/79/10
不得以火（燒）〇 9/79/14
〇其〇 9/80/17
有功者受吾〇宅 10/90/5
桓公舉以〔為〕大（政）〔〇〕 10/91/8
耕〇而食 11/93/29
二十四世而〇氏代之 11/94/12
后稷為大〇（師） 11/95/6
陵阪耕〇 11/95/8
譬若同陂而溉〇 11/99/24
〇駢以道術說齊王 12/106/8
〇駢對曰 12/106/9
〇駢〔之〕所稱者、材也 12/106/12
列〇百頃而封之執圭 12/113/11
墨者有〇鳩者 12/118/17
〇子陽聞之曰 12/119/4
故使陳成（〇）常、鴟夷子皮得成其難 13/123/8
〇單以即墨有功 13/124/25
〇野無 13/128/28
治國者若鎒〇 16.147/167/23
土（壞）〔壤〕布在〇 17.128/177/14
〇中之潦 17.135/177/30
〇野不脩 18/189/14
〔人有〕牽牛〔而〕（蹊）〔徑〕〔於〕人之〇〔中〕 18/193/13
〇主殺其人而奪之牛 18/193/14
〇子方〔出〕 18/199/25
〇子方曰 18/199/27
故〇子方隱一老馬而魏國（載）〔戴〕之 18/200/3
因高為（〇）〔山〕 19/203/18
是故〇者不強 19/207/27
〇漁皆讓長 20/212/2
〇子方、段干木輕爵祿而重其身 20/218/16
則〇野必辟矣 20/220/29
稼生於〇而藏於倉 20/222/6
故齊桓公亡汶陽之〇而霸 20/222/24
地狹〇少 21/228/10

畋 tián 1

〇不掩群 9/79/12

恬 tián 20

〇愉無（矜）〔矜〕而得于和 1/1/13
是故大丈夫〇然無思 1/2/3
以〇養性 1/4/3
〇然無慮 1/5/1
虛（而）〔無〕〇愉者 1/6/15
〇然則縱之 1/10/9
萬物〇漠以愉靜 2/11/18
而不得須臾〇淡矣 2/14/18
〇漠無事 2/16/27
靜漠〇澹 2/17/8
氣志虛靜〇愉而省嗜慾 7/56/3
〇愉虛靜 7/57/6
昔孫叔敖〇臥 9/68/16
樂〇而憎憫 14/140/26
可謂〇矣 14/140/26
遊心於〇 14/140/27
故中心常〇漠 14/142/13
清淨〇愉 18/185/20
靜漠（活）〔〇〕淡 20/211/19
〇（惔）〔淡〕為本 21/226/9

填 tián 5

〇之而不淺 1/1/22
禹乃以息土〇洪水以為名山 4/33/3
急〇其隙 15/148/17
（下）〔不〕擊〇〇之旗 15/149/1

緂 tián 1

〇（〈⿱宀禾〉）〔麻〕索縷 13/120/9

殄 tiǎn 1

下〇地財 8/65/14

蚕 tiǎn 2

〇㖙絲而商弦絕 6/50/14
螈〇一歲再（收）〔登〕 20/222/28

瑱 tiàn 1

崑山之玉〇而塵垢弗能污也 14/137/29

佻 tiāo 1

則奇材〇長而（于）〔干〕次 9/76/19

挑 tiāo 1

嬰兒過之則（恌）〔〇〕其卵 18/197/21

恌 tiāo 1

嬰兒過之則（〇）〔挑〕其卵 18/197/21

條 tiáo 27

蕭〇霄霓 2/10/18
夫道有經紀〇貫 2/11/28
猶〇風之時麗也 2/12/14
百事之莖葉〇（梓）〔梓〕 2/13/12
而〇循千萬也 2/13/12

令百工審金○皮革、筋角箭幹、脂膠丹漆 5/40/20
乘○驪 5/46/3,5/46/22
若以磁石之能連○也 6/51/5
磁石之引○ 6/51/8
消銅○ 8/61/13
以銷銅○ 8/65/13
(鞅)〔韅〕鞈○鎧 9/68/17
索○歛金 9/70/5
○不可以為舟 11/94/27
(於)〔投〕金○(鍼)焉 12/118/22
而作為之鑄金(鍛)〔鍛〕○ 13/120/14
鑠○而為刃 15/142/25
慈石能引○ 16.30/157/4
鑠○而為(刀)〔刃〕 20/212/12

饕 tiè 1

貪昧饕○之人 15/142/25

聽 tīng 116

而不能○十里之外 1/3/10
○之不聞其聲 1/6/19
2/10/22,12/117/7
而五音之變不可勝○也 1/6/21
夫任耳目以○視者 1/6/30
以○天下 1/7/15
耳○《九韶》、《六瑩》 1/7/20
耳○朝歌北鄙靡靡之樂 1/7/28
故○善言便計 1/8/6
耳○滔朗奇麗激抮之音 1/8/26
瞽然能○ 1/9/21
耳○《白雪》、《清角》之聲 2/12/9
耳○琴瑟之聲 2/13/2
○於无聲 2/14/1
莫不竦身而載○視 2/15/13
獵不○其樂 6/53/16
則耳目清、○視達矣 7/55/21
耳目清、○視達 7/55/21
以○無不聞也 7/55/23
靜耳而不以○ 7/59/21
耳聰而不以○ 8/64/25
在於耳則其○聰 8/64/27
○樂不樂 8/66/15
耳能○而執正進諫 9/67/5
耳(安)〔妄〕○則惑 9/67/10
莫不○從 9/67/22
○其音則知其俗 9/69/6
延陵季子○魯樂而知殷、夏之風 9/69/8
夫人主之○治也 9/71/7,9/71/22
並用周○以察其化 9/73/2
側耳而○ 9/74/12
以天下之耳○ 9/75/1
是明主之○於群臣 9/75/11
是猶塞耳而○清濁 9/75/14
夫釋職事而○非譽 9/76/19
然而動靜○視皆以為主者 9/79/22
古者天子○朝 9/80/9
○獄必為斷 9/80/26
齊桓、秦穆受而○之 10/89/5
○而精之莫聰於耳 10/92/6
耳○其聲 10/92/7
而○從者眾 11/95/9
○失於誹譽 11/96/10
以○則聰 11/98/17
辯士〔之〕言可○也 11/99/12
白公弗○(也) 12/106/16
凡○必有驗 12/109/8
一○而弗復問 12/109/8
天之處高而○卑 12/112/25
穆公不○ 12/115/22
○焉無聞 12/116/13
○天下之政 13/121/17
必有獨聞之(耳)〔○〕 13/122/17
聖王不○〔也〕 13/122/27
以五音○治 13/123/27
不○也 13/131/15
其子○父之計 13/131/21
毋視毋○ 14/134/3
事之以皮幣珠玉而不○ 14/134/12
○獄制中者 14/134/17
○之不合於道 14/137/23
以一人兼○天下 14/139/27
不能相○ 14/140/8
導之以德而不○ 15/143/2
以家○者 15/143/16
以里○者 15/143/17
以鄉○者 15/143/17
以縣○者 15/143/17
○之無聲 16.1/154/5
而淫魚出○ 16.4/154/15
○雷者(聾)〔聵〕 16.6/154/21
耳之所以○ 16.6/154/23
○於無聲 17.14/169/10
○有音之音者聾 17.18/169/21
○無音之音者(○)〔聰〕 17.18/169/21
不聾不(○)〔聰〕 17.18/169/21
雖中節而不可○ 17.61/172/23
魚無耳而○ 17.177/180/31
一絃之瑟不可○ 17.188/181/22
異音者不可○以一律 17.200/182/19
虞公弗○ 18/189/4
前○先生言而失明 18/189/22
弗○ 18/190/13
或說○計當而身疏 18/190/22
牛子不○無害子之言 18/191/1
於是不○雍季之計 18/191/14
陳人○令 18/193/11
簡公不○ 18/195/15
昭公弗○ 18/195/21
君弗○ 18/196/4
○釐負羈之言 18/196/5
或○從而反止之 18/197/24
左右數諫不○ 18/197/25
不○強諫 18/198/3
夫以人之所不能○說人 18/198/10
鄙人○之 18/198/14
○者異也 18/198/15
然三說而一○者 18/201/5
○其自流 19/203/13
孔子有以○其言也 19/208/11
逆而弗○〔也〕 19/208/13
所以○者易〔也〕 19/208/14
无以○其說 19/208/19
清濁之於耳○ 19/208/27
神之○之 20/211/5
○之无聲 20/211/5
則天下○从 20/212/25
而莫能○者 20/216/23
律雖具、必待耳而後○ 20/216/24
宮之奇諫而不○ 20/216/26
可○而不可快也 20/221/28

故无聲者、正其可○者也 20/221/29
故為之浮稱流説其所以能○ 21/226/12

廷 tíng 5

朝○有容矣 8/66/27
是故朝（延無）〔○蕪〕而無迹 9/71/1
今夫朝（延）〔○〕之所不舉 9/74/20
○殺宰予 18/195/26
朝○若无人 20/211/23

亭 tíng 6

甘立而五味○矣 1/6/23
薺麥○歷枯 3/22/29
○歷愈（脹）〔張〕 10/93/6
天子處於郊○ 13/132/2
非郊○大而廟堂狹小也 13/132/3
夫（橘柚）〔○歷〕冬生 19/205/7

庭 tíng 14

今盆水在○ 2/17/21
太一之○也 3/21/5
室、堂、○、門、巷、術、野 3/22/6
德在○則刑在巷 3/22/8
涂闕○ 5/46/14
鳳皇翔於○ 6/52/21
斷脩蛇於洞○ 8/63/13
昔二（鳳皇）〔皇鳳〕至於○ 10/92/13
齊威王設大鼎於○中 13/128/27
陳成常果攻宰予於○中 18/195/15
及至其下洞○ 18/196/21
至於秦○ 19/207/17
而不可脫於○者 20/223/8
撞之○下 21/228/13

蜓 tíng 1

視龍猶蝘○ 7/58/18

筳 tíng 1

（筐）〔○〕不可以持屋 11/94/26

霆 tíng 13

耳不聞雷○之音 2/17/15
激而為○ 3/19/2
○ 3/23/27
雷○不作 6/51/27
雷○毀折 8/61/17
雷（震）〔○〕之聲 8/62/22
（叫）〔叫〕呼而比雷○ 15/144/14
卒如雷○ 15/147/9
疾○不暇揜目 15/147/12
聲如雷○ 15/148/2
擊之如雷○ 15/148/20
發如雷○ 15/152/15
與雷○風雨 21/224/28

挺 tǐng 8

擢拔○挏世之風俗 2/12/4
○挏萬物 2/13/25
○群禁 3/23/20,5/47/15
○重囚 5/41/23
荔○出 5/46/12
揲（○）〔挻〕其土而不益厚 16.31/157/7
（○）〔捷〕曶而朝天下 20/219/19

艇 tǐng 1

越舲蜀○ 2/18/12

通 tōng 213

無為言之而○乎德 1/1/13
精○于靈府 1/4/10
○於不訾 1/6/1
上○九天 1/6/17,6/49/29
○而不變 1/7/6
則○於神明 1/7/7
○於神明者 1/7/7
內有以○于天機 1/9/3
氣遂而大○（宜宜）〔冥冥〕者也 2/10/18
不可隱儀揆度而○光燿者 2/10/23
大○混冥 2/10/24,6/54/10
○九門 2/12/24
有苗與三危○〔而〕為一家 2/13/1
不○之于天地之情也 2/13/6
而不○于萬方之際也 2/13/17
○於无（整）〔塹〕而復反於敦龐〔矣〕 2/13/24
○于无圻 2/13/25
欲以○性於遼廓 2/15/22
而○于榮辱之理 2/16/2
或○於神明 2/16/7
○洞條達 2/16/27
不○此者 2/17/4
然而不能○其道者 2/18/2
上○于天 3/19/13
西北為蹏○之維 3/21/16
加十五日指蹏○之維則秋分盡 3/22/26
○障塞 3/23/20
四維乃○ 3/29/17
皆○於天 3/29/18
○谷（其）〔六〕 4/32/30
自（北東）〔東北〕方曰（大澤）〔無○〕 4/33/22
曰（無○）〔大澤〕 4/33/23
唯知○道者 4/35/5
濟水○和而宜麥 4/35/23
竅○於目 4/35/26
竅○於耳 4/36/1
竅○於鼻 4/36/4
竅○於陰 4/36/8
風氣之所○ 4/36/11
竅○於口 4/36/11
○視 4/37/25
流水就○ 4/38/16,4/38/20,4/38/22,4/38/24,4/38/27
以○句萌 5/39/22
導○溝瀆 5/40/17
道路不○ 5/42/1
○路除道 5/45/1
○窮窒 5/47/15
發○而有紀 5/49/5

發○有紀 5/49/8
精○于天 6/50/4
已而陳辭○意 6/50/9
唯○于太和而持自然之應者為能有之 6/51/10
故○於太和者 6/51/19
是謂大○ 6/51/21,19/205/11
陰陽（之）所壅、沈〔滯〕不○者 6/53/1
道德上○ 6/53/8
均則○ 7/55/23
○則神 7/55/23
夫天地運而相○ 7/56/11
○達耦于一 7/57/14
無（至）〔之〕而不○ 7/58/25
故○許由之意 7/59/8
乃為大○ 7/59/21
○夕不寐 7/59/27
非○于外內 7/60/3
孔子之○學也 7/60/15
○體于天地 8/61/9
而非○治之至也 8/62/12
動而理○ 8/63/1
若或○焉 8/63/5
江、淮○流 8/63/15
平○溝陸 8/63/16
○於道德之倫 8/64/13
精神○於萬物 8/64/13
集於心則其慮○ 8/64/27
上○太一 9/67/13
○〔合〕於天（道） 9/67/13
而理無不○ 9/69/26
孔、墨博○ 9/70/2
則治道○矣 9/70/22,14/133/8
〔然〕天下之物无〔所〕不○者 9/71/11
而不可使（言）〔○語〕也 9/72/7
舟楫所○ 9/73/19,15/146/4
百官修○ 9/75/2
是故公道○而私道塞矣 9/75/18
故○於本者不亂於（未）〔末〕 9/75/25
○六藝之論 9/77/22
○不肆志 9/80/4
孔子之○ 9/80/22
文情理○ 10/87/11
而治道○矣 10/89/4
○乎存亡之論者也 10/89/10
（○）〔適〕於己而無功於國者 10/90/4
○智得（勞）而不勞 10/90/16
故○於一伎 10/91/6
察於一事、○於一伎者 10/93/15
故不○於物者 11/94/7
○於論者也 11/94/17
連闥○房 11/94/20
川谷○原 11/94/21
不能○其言 11/95/25
○乎侈儉之適者也 11/97/24
上○雲天 11/99/14
夫稟道以○物者 11/99/23
是○也 11/101/2
故○於道者 11/101/11
不○於道者 11/101/11
一日而○ 11/102/9
不○乎持勝也 12/107/11
因費仲而○ 12/114/15
洞於化○ 12/115/15
四○並流 12/117/3
此皆有所遠○也 12/118/1
精神○於死生 12/118/1
酒肉以○之 12/119/26
不○往來也 13/120/12
故○於禮樂之情者能作 13/120/26
○先聖之遺教 13/124/9
（則）〔為〕無所不○ 13/124/13
舟車所○ 13/124/17
无所不○ 13/126/6
博○而不以訾 13/127/24
唯有道者能○其志 13/131/4
隔而不○ 14/132/11
故○性之情者 14/133/1
○命之情者 14/133/2
○於道者 14/133/2
故○而弗矜 14/135/2
而道無不○ 14/135/20
道理○而人為滅也 14/135/24
人以其位○其好憎 14/137/9
○而不華 14/139/10
此之謂大○ 14/139/11
雖鑽之不（○）〔達〕 14/139/23
與鬼神○ 15/144/10
井竈○ 15/145/15
不能○其知而壹其力也 15/149/10
與玄明○ 15/150/28
軍井○而後敢飲 15/151/13
○動靜之機 15/151/29
牢柔不相○而勝相奇者 15/153/3
對門不○ 16.61/160/1
○於學者若車軸 16.84/161/27
不○於學者若迷惑 16.84/161/28
聖人之同死生○於分理 16.108/164/5
欲致魚者先○水 16.113/164/19
孰能○其微 16.124/165/24
可以○天下 16.134/166/19
與神明○ 17.18/169/21
秦○崤塞 17.94/175/1
不得相○ 17.148/178/29
三國○謀 18/188/27
無為賓○言 18/190/13
又以卒鑿渠而○糧道 18/197/14
物之不○者 18/198/15
見老馬於○ 18/199/25
而○於大理者也 18/200/10
而可以○氣志 19/204/18
九竅○洞 19/205/10
知不能相○ 19/206/3
而知能流○ 19/206/14
○物之壅 19/206/23
○於物者不可驚〔以〕怪 19/208/4
○人則不然 19/208/24
誦《詩》、《書》者期於○道略物 19/208/26
○士者 19/209/3
曉然意有所○於物 19/209/3
天之與人有以相○也 20/210/21
以○八風 20/213/14
六藝異科而皆（同）（道）〔○〕 20/214/3
○之與不○也 20/216/14
○於人情 20/217/16
故因衛夫人、彌子瑕而欲○其道 20/218/7
夫言者、所以○己於人也 20/220/11
聞者、所以○人於己也 20/220/12
人道不○ 20/220/12
莫知務○也 20/220/14

曠然而○ 20/220/15
○於治亂之本 20/221/4
非天下之○義也 20/222/2
中○諸理 21/223/21
誠○其志 21/224/2
欲再言而○ 21/224/3
○同異之理 21/224/8
○（迴）〔迵〕造化之母也 21/224/8
使人○迵周備 21/224/15
所以言至精之○九天也 21/224/22
昭昭之○冥冥也 21/224/22
乃以穿○窘滯 21/224/24
○維初之道 21/225/4
使百官條○而輻湊 21/225/10
○古今之論 21/225/16,21/228/28
而○行貫扃萬物之窒塞者也 21/226/1
故○而无為也 21/226/11
其无為則（○）〔同〕 21/226/12
○書文而不知兵指 21/226/29
今《易》之《乾》、《坤》足以窮道○意也 21/227/6
故博為之說以○其意 21/227/13
誠○乎二十篇之論 21/227/16
以○九野 21/227/16
鑿江而○九路 21/228/6
○殊類 21/228/30

同 tóng 184

有萬不○而便于性 1/1/13
至於若己者而○ 1/5/5
則名實○居 1/6/21
與民○出于公 1/6/29
遺物而與道○出 1/7/24
萬物玄○（也） 1/8/17
而知能別○異、明是非者 1/9/22
能游冥冥者與日月○光 2/12/3
自其○者視之 2/13/3
夫與蚑蟯○乘天機 2/13/27
而萬物和○者 2/14/10
其舉錯未必○也 2/16/17
有況與一國○伐之哉 2/17/21
然莫能與之○光者 2/17/28
勇力聖知與罷怯不肖者○命 2/18/6
則與豚○ 2/18/9
○日度其陰 3/32/1
潤出鳥鼠○穴 4/37/19
○度量 5/39/26
乃命○姓女國 5/47/3
夫死生○域 6/50/5
陰陽○氣相動也 6/50/19
此○聲相和者也 6/51/18
動則與陽（俱開）〔○波〕 7/57/1
○精於太清之本 7/57/21
以不○形相嬗也 7/58/2
○變化 7/58/10,11/99/16
此其視變化亦○矣 7/58/21
乃知變化之○也 7/58/23
○精于陰陽 8/61/9
○氣于天地 8/62/7
殊事而○指 8/63/25
異路而○歸 8/63/25
上下○心 8/66/6,15/153/2
諸侯一○ 8/66/19
而與之和○ 9/67/20
○道則亂 9/71/19,20/222/14
夫鳥獸之不（可）○（詳）〔群〕者 9/72/13
虎鹿之不○游者 9/72/13
天下之所○側目而視 9/74/12
君臣上下○心而樂之 9/78/16
故言白黑與人○ 9/81/23
洞○覆載而無所礙 10/82/16
與元○氣 10/82/20,20/215/25
言○略 10/82/21
事○指 10/82/21
○人于野 10/82/22
多少不○ 10/83/2
求○乎己者也 10/83/13
而求與己○者 10/83/14
○類也 10/83/16
○言而民信 10/84/24
○令而民化 10/84/24
所求者○ 10/85/16
○（間）〔聞〕而殊事 10/85/17
○是聲 10/87/7
○材自取焉 10/87/13
其哀則○ 10/88/14
故○味而嗜厚（膞）〔膞〕者 10/89/25
○師而超群者 10/89/26
嬰兒生皆○聲 11/95/24
故四夷之禮不○ 11/97/4
法度不○ 11/99/9
譬若○陂而溉田 11/99/24
〔其〕樂○也 11/99/27
此○音之相應者也 11/100/11
而不可與眾○職也 11/101/26
別○異 11/101/26
不可（以）〔與〕眾○道也 11/101/26
故趨舍○ 11/102/17
並世有與○者而弗知貴也 11/102/27
○其塵 12/112/11
○於道 12/114/7
○懷其德 13/120/4
此禮之不○者也 13/120/21
此葬之不○者也 13/120/22
此祭之不○者也 13/120/23
此樂之不○者也 13/120/24
豈可○哉 13/122/6
三代之禮不○ 13/122/20
侯○、曼聲之歌 13/123/13
丹穴、太蒙、反踵、空○、大夏、北戶、奇肱、脩股之民 13/123/23
○異嫌疑者 13/130/19
洞○天地 14/132/10
○出於一 14/132/10
性命不○ 14/132/11
至於與○則格 14/134/8
與無智者○道 14/135/21
與無能者○德 14/135/22
君臣○志 14/137/1
民有道所○道 14/137/5
有法所○守 14/137/5
事所與眾○也 14/138/12
容而與眾○ 14/139/11
三人○舍 14/140/8
故○利相死 15/144/23
○情相成 15/144/23
○欲〔相趨〕 15/144/23
〔○惡〕相助 15/144/24
○所利也 15/144/25
○舟而濟於江 15/144/25

捅 tǒng 2

桐 tóng 7

童 tóng 9

銅 tóng 5

瞳 tóng 1

侗 tǒng 1

桶 tǒng 2

統 tǒng 9

莫不繫○ 14/140/21
然非得工女煮以熱湯而抽其○紀 20/212/21
乃求所屬天下之○ 20/213/8
而朱弗能○也 20/213/10
故有道以○之 20/216/2
言无聖人以○理之也 20/217/2
動於權而○於善者也 20/218/8
觀至德之○ 21/224/8
以○天下 21/228/29

痛 tòng 8

故君子見善則○其身焉 10/85/13
平公非不○其體也 11/100/25
身體有所○也 11/104/20
私自苦○ 12/117/23
割痤疽非不○也 14/137/24
子反辭以心(○)〔疾〕 18/187/21
其○偏於體 18/195/29
膚之知○疾寒暑 19/207/24

偷 tōu 12

而貪利○生者悶矣 7/59/9
豫讓、要離非不知樂家室、安妻子以○生也 11/103/6
楚有善為○者往見曰 12/115/1
臣、〔楚市〕○也 12/115/1
○者、天下之盜也 12/115/3
於是市○進請曰 12/115/5
○則夜〔出〕解齊將軍之幬帳而獻之 12/115/6
○肥其體而顧近其死 17.9/168/29
雖○樂哉 18/193/25
○慢懈惰 19/207/3
○利不可以為行 20/223/11
欲以○自佚 21/226/10

投 tóu 21

○之於江 2/12/3
○足調均 6/52/7
故自○於淵 7/59/5
猶以卵○石 9/72/22
以火○水也 9/72/22
東而○之水 11/95/26
北人无擇非舜而自○清(泠)〔冷〕之淵 11/102/1
若以石○水(中) 12/105/21
若以水○水 12/105/21
(於)〔○〕金鐵(鍼)焉 12/118/22
自○於水 13/129/26
(捉)〔○〕得其齊 14/139/17
○高壺 15/151/21
若以水○火 15/153/2
夜以○人 16.90/162/14
○傍其傍 17.95/175/3
猘狗不自○於河 17.179/181/4
(○)〔援〕卮漿而沃之 18/196/12
猶石之○(卯)〔卵〕 18/198/21
○而擐脣吻者 18/201/7
審於一(○)〔技〕 20/215/13

頭 tóu 24

足蹪趎埳、○抵植木而不自知也 1/9/23
其人兌形小○ 4/35/26
〔有〕結胸民、羽民、讙○國民、(裸)〔裸〕國民、三苗民、交股民、不死民、穿胸民、反舌民、豕喙民、鑿齒民、三○民、脩臂民 4/36/27
龍身人○ 4/37/14
故世至於枕人○ 6/53/25
故○之圓也象天 7/55/11
膝上叩○ 7/59/27
必加於○ 12/114/13
楚軍恐取吾○ 12/115/9
遂斷其○ 12/118/6
○會箕賦 13/124/3
至共○而墜 15/146/14
持○ 15/153/16,15/153/16
斷指而免○ 16.36/157/20
狸○愈鼠 16.124/165/22
雞○已瘻 16.124/165/22
殺○而便冠 17.25/170/5
○蝨與空木之瑟 17.125/177/7
○為飲器 18/194/2
決腹斷○ 19/207/14
羊○之銷 19/208/22
是貴其冠履而忘其○足也 20/221/14

黈 tǒu 1

○(纊)〔纊〕塞耳 9/67/8

禿 tū 2

親母為其子治扢○ 11/101/4
○山不游麋鹿 12/118/23

突 tū 4

(○)〔胅〕生海人 4/38/1
猶(○)〔窔〕奧也 12/116/11
以○隙之煙焚 18/186/1
孔子無(黕○)〔黔突〕 19/203/6

徒 tú 23

(而)堅強者、死之○也 1/5/7
分○而訟 2/15/16
司○搢朴 5/44/23
命司○行積聚 5/45/18
厮○馬圉 6/53/23
則拊盆叩瓴之○也 7/59/13
舜為司○ 11/95/6
雖之夷狄○倮之國 11/97/13
○絃、則不能悲 11/100/7
成刑之○ 12/112/10
跖之○問〔於〕跖曰 12/114/26
蘇秦、匹夫○步之人也 13/126/7
司寇之○繼踵於門 13/129/20
○見金耳 13/129/28
乃謝耆老而(○)〔徙〕岐周 14/134/12
兵出而不○歸 15/148/11
申○狄負石自沉於淵 16.43/158/10
桀、跖之○ 16.74/160/29

經丹○ 18/196/21
（斯）〔厮〕○馬圉 18/199/16
悉率○屬 18/201/17
若以布衣○步之人觀之 19/203/5
養○三千人 20/217/7

涂 tú 1

○闕庭 5/46/14

悇 tú 1

无不憛○癢心而悅其色
矣 19/209/17

屠 tú 12

未在己曰○維 3/31/2
今○牛而烹其肉 11/99/24
○牛（吐）〔坦〕一朝
解九牛 11/100/4
出于○酤之肆 13/128/3
〔見〕野人方○而食之 13/129/2
○者（羹藿）〔藿羹〕
17.131/177/21
○者棄銷 17.220/183/29
然酤酒買肉不離○沽之
家 17.232/184/23
諸城守者皆○之 18/189/26
乃使尉○睢發卒五十萬 18/197/13
殺尉○睢 18/197/16
○割烹殺 20/215/16

塗 tú 15

合諸侯於○山 1/3/3
泥○淵出樠山 4/37/22
泥○至膝 6/53/24
行不關之○ 7/58/25
雖幽野險○ 9/71/8
左右欲○之 11/100/24
傴者使之○ 11/101/19
不結於一迹之○ 13/126/2
此所謂同污而異○者
16.95/162/28
則天下无不達之○矣 18/186/11
加○其上 18/190/9
以生材任重○ 18/190/9
○乾則益輕 18/190/10
以勁材任輕○ 18/190/10
行幽昧之○ 20/218/1

荼 tú 1

剡撕○ 15/146/10

圖 tú 18

河出《綠○》 2/17/26
席蘿○ 6/53/6
使之左〔手〕據天下○
而右手刎其喉 7/59/15
請○之 12/114/13
君重○之 12/115/22
今夫○工好畫鬼魅 13/122/25
而憎○狗馬者 13/122/25
履天子之（○）籍 13/124/8
不顧後○ 13/127/6
以策○之 15/143/11
所○（盡）〔畫〕者地
形也 15/149/26
難與有○ 17.202/182/23
與天下同心而○之 18/188/25
○國而國存 18/191/3
不及今而○之 18/191/24
君其○之 18/191/26
秦皇挾錄○ 18/197/10
使人左據天下之○而右
刎喉 20/218/26

駼 tú 1

而不能與胡人騎騵〔馬〕
而服騊○ 9/70/1

土 tǔ 121

木樹根於○ 1/3/15
○處下 1/4/15
水之性真清而○汩之 2/16/6
○也 3/20/3,3/28/26
其佐后○ 3/20/3
其國亡○ 3/20/14
○用事 3/23/18
○德之色 3/25/20
日冬至德氣為○ 3/25/21
○色黃 3/25/21
○生於午 3/27/25
三辰皆○也 3/27/26
火生○ 3/28/27
○生金 3/28/27
○有九山 4/32/11
東南神州曰農○ 4/32/14
正南次州曰沃○ 4/32/14
西南戎州曰滔○ 4/32/14
正西弇州曰并○ 4/32/14
正中冀州曰中○ 4/32/15
西北台州曰肥○ 4/32/15
正北濟州曰成○ 4/32/15
東北薄州曰隱○ 4/32/15
正東陽州曰申○ 4/32/15
禹乃以息○填洪水以為
名山 4/33/3
曰荒○ 4/34/1
曰炎○ 4/34/2
自東北方曰方○之山 4/34/6
以雨九州而和中○ 4/34/10
○地各以（其）類生
〔人〕 4/34/19
輕○多利 4/34/22
重○多遲 4/34/22
中○多聖人 4/34/23
○龍致雨 4/34/26
是故堅○人剛 4/34/29
弱○人（肥）〔脆〕 4/34/29
壚○人大 4/34/29
沙○人細 4/34/29
息○人美 4/34/29
秏○人醜 4/34/29
食○者無心而慧 4/35/1
平（大）〔○〕之人 4/35/24
西方高○ 4/36/4
木勝○ 4/36/14
○勝水 4/36/14
木壯水老火生金囚○死 4/36/17
火壯木老○生水囚金死 4/36/17
○壯火老金生木囚水死 4/36/17
金壯○老水生火囚木死 4/36/17
水壯金老木生○囚火死 4/36/18
○其主也 4/36/20
是故鍊○生木 4/36/21

鍊水反〇 4/36/21
是故以水和〇 4/36/23
以〇和火 4/36/23
木復反〇 4/36/23
正〇之氣（也）御乎埃天 4/38/14
偏〇之氣御乎（清）
〔青〕天 4/38/17
牡〇之氣御于赤天 4/38/20
弱〇之氣御于白天 4/38/22
牝〇之氣御于玄天 4/38/25
毋興〇功 5/41/9
盛德在〇 5/42/6
起〇功 5/42/15
〇潤溽暑 5/42/15
以肥〇疆 5/42/16
以遠近〇墬所宜為度 5/44/22
〇墬分裂 5/45/5
〇墬侵削 5/45/26
〇事无作 5/46/5
出〇牛 5/46/24
青（〇）〔丘〕樹木之野 5/47/14
黃帝、后〇之所司者 5/47/23
吾死也有一棺之（上）
〔〇〕 7/56/18
吾死也〇不以加厚 7/56/19
（魚）〔負〕蘢〇 7/59/25
水火金木〇也 8/64/23
積〇為山 8/65/8
此遁於〇也 8/65/9
〇事不文 8/65/18
稷辟〇墾草 9/72/1
（〇）〔王〕良不能以
取道 9/76/5
水流而〇遏之 9/77/10
（〇）〔士〕無隱行 10/88/4
碧瑜糞〇也 10/89/23
〇積則生自（穴）〔宎〕
之獸 11/93/26
其社用〇 11/98/3
譬若芻狗〇龍之始成 11/98/25
則壤〇草（劉）〔薊〕
而已 11/98/26
禹令民聚〇積薪 11/99/2
故伊尹之興〇功也 11/101/18
強脊者使之負〇 11/101/19
聖人乃作為之築〇構木 13/120/7
非利〇壤之廣而貪金玉
之略 15/142/21
知〇地之宜 15/145/5
（〇）〔上〕視下如弟 15/151/6
揲（挺）〔埏〕其〇而
不益厚 16.31/157/7
若為〇龍以求雨 16.87/162/4
〇龍待之而得食 16.87/162/4
譬若旱歲之〇龍 17.1/168/11
〇勝水者 17.42/171/9
〇中有水 17.112/176/7
〇（壞）〔壤〕布在田
17.128/177/14
欲觀九（用）〔州〕之
〇 17.138/178/6
城成於〇 17.226/184/10
旱則修〇龍 17.235/184/30
平治水〇 18/189/13, 19/202/23
糞〇種穀 18/189/15
臣聞（之有）裂壤〇以
安社稷者 18/190/26
吾〇地非益廣也 18/192/16
相〇地〔之〕宜 19/202/17
糞〇樹穀 20/212/9
乃澄列金（木水）〔水
木〕火〇之性 20/213/2
水火金木〇穀 20/214/8
山不讓〇石以成其高 20/215/1
遂〇崩而下 20/219/16
〇地不易 20/219/26
以積〇山之高脩隄防 20/220/29
下和水〇 21/226/15

吐 tǔ 11

含陰〇陽 2/14/10
〇氣者也 3/18/28
〇氣者施 3/18/29
狗彘〇菽粟於路而無忿
爭之心 6/52/20
〇故內新 7/58/3
含〇陰陽 8/64/6
含而弗〇 10/88/13
〇故納新 11/99/14
而放其一〇一吸 11/99/15
屠牛（〇）〔坦〕一朝
解九牛 11/100/4
據地而〇之 19/208/15

兔 tù 14

走犬（遂）〔逐〕狡〇 1/8/1
然其使之搏〇 9/70/13
夫待騕褭飛〇而駕之 11/102/7
鼠前而（菟）〔〇〕後 12/108/7
楚王（之）佩玦而逐
（菟）〔〇〕 13/131/27
上有〇絲 16.47/158/21
孕婦見〇而子缺脣 16.128/166/1
〇走歸窟 17.6/168/23
狡〇得而獵犬烹 17.29/170/13
以〇之走 17.48/171/21
〇罾為蠷 17.163/180/1
〇絲死 17.171/180/19
〇絲無根而生 17.177/180/31
逐鹿者不顧〇 17.218/183/25

菟 tù 3

足躡郊〇 9/80/22
鼠前而（〇）〔兔〕後 12/108/7
楚王（之）佩玦而逐
（〇）〔兔〕 13/131/27

湍 tuān 6

而漁者爭處〇瀨 1/4/19
〇瀨旋淵、呂梁之深不
能留也 2/12/16
〇水人輕 4/34/23
〇池在崑崙 4/37/11
飲砥柱之〇瀨 6/52/2
而不能生於〇瀨之流 16.30/157/4

剸 tuān 2

陸〇犀甲 19/205/18
陸〇兕甲 19/208/23

摶 tuān 2

什伍〇 15/148/7
說（捍）〔擇〕〇囷 21/226/2

拖 tuō 1

（施）〔○〕其衣被 18/197/1

託 tuō 29

神○于秋毫之（未）〔末〕 1/1/13
○小以包大 1/5/2
以其○於後位 1/5/14
是故聖人○其神於靈府 2/14/1
○嬰兒於巢上 8/63/9
其所○勢者勝也 9/77/18
然〔而〕民無（掘穴）〔堀室〕狹廬所以○身者 9/78/12
不以所○害所歸也 10/86/13
○之於舟上則浮 11/95/27
聖人（記）〔○〕於無適 11/96/16
道之所○ 11/98/16
○於車上則驥不能勝人 12/108/6
○其所不能 12/108/8
焉可以○天下 12/109/18
盜賊之心必○聖人之道而後可行 12/114/28
故○鬼神以申誡之也 13/131/2
又況○於舟航之上乎 14/133/17
（為）〔焉〕可以○天下也 14/138/31
此以善○其醜 16.97/163/4
窟穴者○埵防者 17.79/173/31
項○使嬰兒矜 17.82/174/6
○於一人之才 17.205/182/29
其所自○者然也 18/191/7
○於宇宙之間 19/205/26
故為道者必○之于神農、黃帝而後能入說 19/208/5
夫項○（年）七歲為孔子師 19/208/11
○之李奇 19/208/16
醜必○善以自為解 20/218/11
○小以苞大 21/224/1

挩 tuō 1

揮（○）〔棁〕而呼狗 16.34/157/14

脫 tuō 9

猶足以○其命 2/13/28
身猶不能○ 2/17/11
羊○毛 3/22/1
十二月草木不○ 5/48/17
則○然而喜矣 7/59/26
猶卻行而○（蹤）〔蹝〕也 9/74/6
魚不可○于淵 12/110/14
皆知為姦之无○也 13/129/18
而不可○於庭者 20/223/8

橐 tuō 4

鼓○吹埵 8/65/13
然而良醫○而臧之 9/74/19
鑪○埵坊設 11/100/4
解其○笥 18/197/1

鼉 tuō 4

伐蛟取○ 5/42/10
水殺黿○ 9/70/5
（埳）〔埳〕井之無黿○ 9/70/9
黿○之所便也 11/94/22

隋 tuǒ 3

民氣解○ 5/45/5
譬如○侯之珠 6/51/2
得○侯之珠 16.105/163/26

橢 tuǒ 2

既（斛）〔科〕以（橢）〔○〕 16.104/163/23
其方員銳○不同 19/204/8

柝 tuò 1

○八極 1/1/3

侻 tuò 2

其行○而順情 8/61/7
以為其禮煩擾而不（悅）〔○〕 21/228/4

洼 wā 1

澤無○水 6/53/16

瓺 wā 1

弊（箄）〔箅〕甑（瓺）〔○〕 16.116/164/28

媧 wā 3

於是女○鍊五色石以補蒼天 6/52/25
伏戲、女○不設法度而以至德遺於後世 6/54/11
此女○所以七十化也 17.50/171/25

瓦 wǎ 5

而求其引○ 6/51/6
有虞氏用○棺 13/120/21
以○鈺者全 17.16/169/16
○以火成 17.110/176/3
則○解而走 20/219/16

絓 wà 2

一端以為○ 17.36/170/27
○則躧履之 17.36/170/27

咼 wāi 2

○氏之（壁）〔璧〕 16.90/162/14
得○氏之璧 16.105/163/26

外 wài 169

而知誘於○ 1/2/15
○與物化 1/2/16

海○有狡心 1/3/2
海○賓服 1/3/3
察箴末於百步之○ 1/3/10
而不能聽十里之○ 1/3/10
而不○飾其末 1/4/22
在中以制○ 1/5/2
是故以中制○ 1/7/8
則○能（收）〔牧〕之 1/7/8
不以內樂○ 1/8/3
而以○樂內 1/8/3
稟授於○而以自飾也 1/8/4
故從○入者 1/8/5
無應於○ 1/8/6
則嗜欲好憎○（失）〔矣〕 1/8/16
在於中則忘於○ 1/9/25
而離其○內之舍 1/10/1
不可為○ 2/10/24
神氣不蕩于○ 2/11/18
獨浮游无方之○ 2/12/6
○從其風 2/12/22
芒然仿佯于塵埃之○ 2/14/9
而言行觀於○ 2/14/15
為精求于○也 2/14/16
（於）〔而〕○淫於世俗之風 2/14/17
而不○飾仁義 2/14/20
馳於（方○）〔○方〕 2/14/22
營慧然而有求於○ 2/14/26
夫有病於內者必有色於○矣 2/14/27
必其（有命）〔命有〕在於○也 2/15/4
聰明誘於○ 2/15/14
○勞耳目 2/15/23
精神（以）〔已〕越於○ 2/16/12
○內无符而欲與物接 2/16/13
達則嗜慾之心○矣 2/16/20
其道○也 2/16/24
○不滑內 2/17/8
是故火（曰）〔日〕○景 3/18/28
禁○徙 3/23/23,5/45/13,5/48/7
九州之○ 4/33/22
八殥之○ 4/34/1
八紘之○ 4/34/6
凡海○三十六國 4/36/26
五類雜種興乎○ 4/38/6
皆正設于屏○ 5/44/23
和○怨 5/47/16
自北戶孫之○ 5/47/18
而○諭哀於人心 6/50/10
而車軌不接於遠方之○ 6/50/24
翱翔四海之○ 6/52/2
是故質壯輕足者為（申）〔甲〕卒千里之○ 6/53/22
是故或求之於○者 7/55/4
（失）〔得〕之於○ 7/55/5
○為表而內為裏 7/55/10
而不○越 7/55/20
故事有求之於四海之○而不能遇 7/55/26
則精神馳騁於○而不守矣 7/56/2
精神馳騁於○而不守 7/56/2
精神內守形骸而不○越 7/56/4
以言夫精神之不可使○淫也 7/56/5
治其內不識其○ 7/57/10
芒然仿佯于塵垢之○ 7/57/11
○此 7/59/6
非通于○內 7/60/3
無○之○ 7/60/3
○束其形 7/60/8
出○而調于義 8/61/7
德澤施于方○ 8/64/14
○（能）得人〔心〕 8/64/15
天子○屏 9/67/8
神諭方○ 9/69/12
而好憎忘於○ 9/69/12
繩之於內○ 9/69/18
而知四海之○者 9/70/7
○不知山澤之形 9/71/10
（惟）〔帷〕幕之○ 9/71/10
耳不能聞百步之○ 9/71/10
（并）〔從〕方○ 9/74/25
○合於馬志 9/76/2
（者）〔耆〕欲見於○ 9/76/28
○邪不入謂之（塞）〔閉〕 9/77/11
中（扃）〔扃〕○閉 9/77/11
○閉中（扃）〔扃〕 9/77/12
而成像於○〔者也〕 9/78/21
行形於○ 10/83/7
誠在令○也 10/84/25
感動應於○ 10/84/28
非從○入 10/85/3
（惟）〔情〕繫於中而欲發○者也 10/87/9
失之乎境○ 10/89/1
繩之○與繩之內 10/91/13
車軌不結千里之○者 11/95/14
所受於○也 11/95/26
此皆憤於中而形於○者也 11/96/20
情發於中而聲應於○ 11/96/22
結軌乎遠方之○ 11/97/13
而知之○ 12/105/14
暮宿於郭門之○ 12/109/1
在其內而忘其○ 12/111/23
○其身而身存 12/113/25
故人主之意欲見於○ 12/116/2
窮觀於六合之○者 12/116/8
此其○ 12/116/13
吾與汗漫期于九垓之（○）〔上〕 12/116/15
俛仰之間而撫四海之○ 12/117/3
此言精神之越於○ 12/117/13
則形見於○ 12/118/22
而聞見舛馳於○者也 13/123/11
不受於○而自為儀表也 13/123/15
○不愧於諸侯 13/128/5
弗求於○ 14/133/11
周閉而○ 14/134/3
○無（旁）〔奇〕福 14/135/14
○交而為援 14/136/27
若誠（○釋）〔釋○〕交之策 14/136/29
○合於義 14/137/20
○無賢行以見忌於諸侯 14/138/5
飾其○者傷其內 14/138/18
無急於○ 14/140/27
脩政廟堂之上而折衝千里之○ 15/145/2
而決勝乎千里之○矣 15/146/26
在○漠志 15/147/8
虎豹不（水）〔○〕其（爪）〔牙〕 15/150/24
○塞其醜以服其威 15/151/10
國不可從○治也 15/153/17
決於封○ 15/153/25
戰勝於○ 15/153/28
大不可〔以〕為○矣

16.17/155/24
無內無○ 16.19/155/29
聖人從○知內 16.47/158/21
百步之○則爭深淺 16.49/158/27
不能○出戶 16.134/166/19
目見百步之○ 17.8/168/27
是故所重者在○ 17.16/169/16
嗜慾在○ 17.17/169/19
而不可以（遠）望尋常
之○ 17.76/173/23
以○知內 17.164/180/4
○无諸侯之助 18/186/25
○約諸侯 18/194/10
是故聖人者、常從事於
無形之○ 18/196/22
豹養其內而虎食其○ 18/199/16
毅脩其○而疾攻其內 18/199/17
○化而內不化 18/199/18
○化、所以入人也 18/199/19
而○能詘伸、（贏）
〔嬴〕縮、卷舒 18/199/19
與所見於○者 18/202/5
而不可從○論者 18/202/8
憤於中則應於○ 19/204/10
無稟受於○ 19/206/3
見無○之境 19/206/23
彷徉於塵埃之○ 19/206/24
故化生於○ 20/211/15
內順而○寧矣 20/211/25
以觀其○ 20/213/9
○內相（推）舉 20/213/20
是以○皃為之者也 20/216/2
○內搔動 20/219/25
而慮患於九拂之○者也 20/222/25
則○欲而反情 21/224/3
○私而立公 21/225/10
○與物接而不眩 21/226/23
○天地 21/227/16
○好狗馬 21/228/13

彎 wān 1

○綦衛之箭 1/2/22

丸 wán 4

揣○變化 2/13/25
市南宜遼弄○ 9/68/17
譬若播棊○於地 11/95/9
若轉○掌中 21/224/5

完 wán 6

○隄防 5/43/8
○要塞 5/45/18
短褐不○ 6/53/24
百姓短褐不○ 9/74/8
短褐不○者 11/94/3
其器○而不飾 11/103/19

芄 wán 1

禽獸有（○）〔芃〕 1/3/19

玩 wán 4

○天地于掌握之中 7/60/21
寶○珠玉 9/74/1
○好珍怪 9/74/8
靡而不○ 20/210/25

狠 wán 2

故（很）〔○〕者類知
而非知〔也〕 13/128/9
而（很）〔○〕者以為
非 13/131/4

紈 wán 5

被羅○而從軍旅 9/78/23
弱緆羅○ 11/94/3
有羅○者必有麻蒯 17.209/183/7
纖○而思行者 17.236/185/1
曳齊○ 19/209/15

捖 wán 1

摶○剛柔 2/15/12

宛 wǎn 1

是以松柏菌露〔○而〕
夏槁 8/61/22

挽 wǎn 1

○輅首路死者 15/146/6

晚 wǎn 13

歲早水○旱 3/29/25
歲早旱○水 3/29/26
○世之時 6/53/20
8/63/17,21/228/16
○世學者 8/63/25
○世風流俗敗 8/66/16
○世務廣地侵壤 8/66/21
吳之亡猶○ 12/108/26
用之未○〔也〕 12/109/6
○世之兵 13/122/7,15/143/23
（若此）〔然〕而〔○
世之人〕不能閑居靜
思 19/206/25

婉 wǎn 3

抱命而○轉 7/58/26
卑體○辭 14/136/28
卑體○辭以接之 14/141/5

琬 wǎn 2

是故目觀玉輅○象之狀 2/12/8
○琰之玉 16.116/164/28

輓 wǎn 1

中國內郡○車而餉之 18/197/12

綰 wǎn 2

（維）（抱○）〔○枹〕
而鼓之 15/145/6

萬 wàn 274

與○物終始 1/1/11
有○不同而便于性 1/1/13
○物群生 1/1/15
生○物而不有 1/1/19
○物之變 1/2/12

○物之至 1/2/17
以其無爭於○物也 1/2/18
執玉帛者○國 1/3/4
生育○物 1/3/17
○物固以自然 1/3/21
○物有所生 1/4/25
與○物回周旋轉 1/5/1
○物弗得不生 1/6/1
授○物而無所前後 1/6/6
與○物（始終）〔終始〕 1/6/7
○物之用也 1/6/15
一立而○物生矣 1/6/23
○物之總 1/6/26
○物紛糅 1/7/15
末世有勢為○乘而日憂悲者 1/7/16
○方百變 1/7/24
○民為臣妾 1/7/25
身得則○物備矣 1/8/16
○物玄同（也） 1/8/17
而不待○物之推移也 1/9/6
夫舉天下○物 1/9/20
如是則○物之化無不遇 1/10/10
言○物摻落 2/10/21
陶冶○物 2/10/24,2/17/1
○物未生 2/10/26
千變○化而未始有極也 2/11/4
○物恬漠以愉靜 2/11/18
○民猖狂 2/11/19
是故仁義不布而○物蕃殖 2/11/21
而○物（雜）〔炊〕累焉 2/11/26
連千枝○葉 2/11/28
○物紛紛 2/12/4
引楯○物 2/12/23
一舉而千○里 2/13/3
○物一圈也 2/13/4
今夫○物之疏躍枝舉 2/13/12
而條循千○也 2/13/12
沉溺○物而不與為淫焉 2/13/14
而不通于○方之際也 2/13/17
挺挏○物 2/13/25
而歸於○物之初 2/14/1
以聲華嘔符嫗掩○民百姓 2/14/7
而○物和同者 2/14/10
揲貫○物 2/14/21
提挈天地而委○物 2/15/6
而○物大優 2/15/9
○物百族 2/15/12,15/144/15
於此○民睢睢盱盱然 2/15/13
於是○民乃始慲觟離跂 2/15/18
今○物之來 2/17/17
四時之散精為○物 3/18/21
去地（五億）〔億五〕○里 3/19/19
○物閉藏 3/21/20
○物蕃息 3/21/21,13/120/4
故曰二月會而○物生 3/22/9
則○物不生 3/24/10
則○物不成 3/24/10
月歸而○物死 3/24/11
日至而○物生 3/24/11
有五億○七千三百九里 3/24/21
是以○物就而死 3/24/24
是以○物仰而生 3/24/24
則○物蟦〔蟦然也〕 3/25/5
陰陽合和而○物生 3/25/17
三生○物 3/25/18,7/55/7
三之為積分（七十）〔十七〕○七千一百四十七 3/25/22
○物蕃昌 3/28/29,5/49/12
○物乃成 3/29/18
一里積○八千寸 3/31/18
得從此東○八千里 3/31/18
積寸得三○六千里 3/31/19
正東○八千里 3/31/23
則從中北亦○八千里也 3/31/23
南二○里則无景 3/32/2
為十○里 3/32/3
東西二○八千里 4/32/30
南北二○六千里 4/32/30
二億三○三千五百里七十五步 4/33/1,4/33/2
二億三○三千五百五十（里）有九（淵） 4/33/3
其高○一千里百一十四步二尺六寸 4/33/4
以潤○物 4/33/14
凡人民禽獸○物貞蟲 4/35/5
○物之生而各異類 4/35/17
以送○物歸也 5/42/12
○二千里 5/47/14,5/47/19,5/47/24,5/48/1,5/48/6
以送○物之〔所〕歸 5/47/25
所以繩○物也 5/48/27
所以準○物也 5/48/27
所以員○物也 5/48/27
所以平○物也 5/48/27
所以方○物也 5/48/28
所以權○物也 5/48/28
○物皆平 5/49/5
○物乃藏 5/49/20
懷○物 6/50/6
澤及○民 6/50/16
而○物生焉 6/50/22
故○化而无傷 6/51/15
還至其曾逝○仞之上 6/52/1
光暉重○物 6/53/5
伏尸數十○ 6/53/25
使○物各復歸其根 6/54/10
○物乃形 7/54/27
○物失之者死 7/55/2
千枝○葉莫得不隨也 7/55/5
○物背陰而抱陽 7/55/8
○物摠而為一 7/56/11
以○物為一方 7/57/21
千變○抮而未始有極 7/58/7
細○物 7/58/9,11/99/15
竭力而勞○民 7/58/17
乃知（天下）〔○物〕之細也 7/58/22
千變○紾 7/58/27
委○物而不利 7/60/21
則○物之變為塵埃矣 7/61/1
而○物不滋 8/61/13
而○物（不）〔之〕繁兆萌牙（卯）〔卵〕胎而不成者 8/61/15
而○物燋夭 8/61/18
○物皆乘（人）〔一〕氣者也 8/62/1
斟酌○殊 8/62/3
而○殊為〔一〕 8/62/6
而○民莫相侵欺暴虐 8/62/8
資糧○物者也 8/63/6
○民皆喜 8/63/14
○民皆寧其性 8/63/17
罷苦○民之力 8/63/18
形○殊之體 8/64/7
精神通於○物 8/64/13
暴虐○民 8/66/19,18/186/25

○物歸之 9/68/14
（業）〔葉〕貫○世而不壅 9/69/13
○世傳之 9/69/26
存○方 9/70/3,9/75/14
○人之聚無廢功 9/70/10
○人蒙之而不褊 9/70/21
是故下者○物歸之 9/71/5
而因○人之所利 9/71/15
○民賴之 9/72/25
○民愁苦 9/73/28
而○民力竭矣 9/74/2
非貪○民之富而安人主之位也 9/74/2
故○舉而無遺策矣 9/76/10
○無一也 9/77/28
斮朝涉者之脛而○民叛 9/78/8
兼包○國 9/80/1
○物並興 9/80/3
以一合○ 9/80/6
而爭○乘之君 9/81/1
（偏）〔徧〕知○物而不知人道 9/81/6
○民之所容見也 9/81/15
千枝○葉則莫得弗從也 10/84/10
引其（網）〔綱〕而○目開矣 10/88/5
凡○物有所施之 10/89/23
則○物之化咸有極矣 10/92/7
○物將自理 10/92/19
○物將自清 10/92/20
即○物一齊 11/94/28
其導○民也 11/95/7
○物之情（既）〔測〕矣 11/96/15
而欲徧贍○民 11/96/19
以（鎮）〔鏡〕○物之情 11/99/16
齊（味）〔咊〕○方 11/99/25
所用○方 11/99/26
滑○民 11/103/29
今大王、○乘之主也 12/107/24
是乃其所以千○臣而无數者也 12/111/22
其餘一舉而千○里 12/116/14
化育○物而不可為象 12/117/3
○物並作 12/117/26
此○世不更者也 13/121/25
夫聖人作法而○物制焉 13/122/15
則（千）〔○〕乘之君無不霸王者 13/124/22
而（○）〔千〕乘之國無不破亡者矣 13/124/23
下失○民之心 13/125/3
經營○乘之主 13/126/7
則○乘之勢不足以為尊 13/130/7
分而為○（物）〔殊〕 14/132/11
物物者亡乎○物之中 14/132/13
生殺○物 14/134/15
○物之本也 14/137/8
千變○軫 14/141/23
○乘之主卒 14/142/16
而除○民之害也 15/142/21
○（人）〔民〕慅動 15/142/25
今乘○民之力 15/143/7
而與○民共享其利 15/144/27
興○乘之駕而作阿房之（官）〔宮〕 15/146/5
一旦不知千○之數 15/146/6
○乘之國好用兵者亡 15/146/23
故紂之卒百○ 15/147/19
〔而有百○〕之心 15/147/19
○人異心則無一人之用 15/147/20
百○之師 15/148/2
○人之更進 15/149/9
雖未必能○全 15/149/28
若轉員石於○丈之谿 15/150/7
賢於○人之必北也 15/150/8
帶甲（士）〔七〕十○ 15/153/6
○事猶此 16.58/159/24
（故國有賢君、折衝○里） 16.59/159/26
○人之蹪 16.75/161/1
得○人之兵 16.105/163/26
○乘之主 16.111/164/13
○石俱（爣）〔熯〕 17.117/176/18
而欲為○民之上也 17.138/178/6
故見其一本而○物知 17.155/179/12
執一而應○ 18/185/23
○世之利也 18/191/17
而（後）〔先〕○世之利也哉 18/191/17
○乘之國 18/193/21
○端無方 18/196/8
且塘有○穴 18/196/10
故○物莫能傷也 18/196/11
因發卒五十○ 18/197/11
乃使尉屠睢發卒五十○ 18/197/13
伏尸流血數十○ 18/197/16
故○舉而不陷 18/199/20
今○人調鍾 18/200/12
欲事起天下〔之〕利而除○民之害〔也〕 19/203/8
一言而○民齊 19/205/11
○物至眾 19/206/12,21/227/13
步卒七○ 19/207/20
若春雨之灌○物也 20/210/15
○物有以相連 20/210/22
以生○（物）〔殊〕 20/210/24
則○物之有葉者寡矣 20/210/28
非生○物也 20/211/10,20/212/7
而○物生矣 20/211/11
而○物生之 20/212/7
領（聖）〔理〕○事 20/213/15
順○物之宜也 20/213/25
○物不同 20/214/1
夫守一隅而遺○方 20/215/1
而可與興治之臣不○一 20/216/9
以〔不〕○一求不世出 20/216/9
故知過○人者謂之英 20/217/15
輯穆○民 20/218/17
而制度可以為○民儀 20/219/9
士億有餘○ 20/219/15
（又況）○物在其閒者乎 20/220/9
樹一物而生○葉者 20/223/5
混沌○物 21/224/1
所以應待○方 21/224/5
離別○物之變 21/224/7
明○物之主 21/224/15
貫○物之理 21/225/16
而通行貫扃○物之窒塞者也 21/226/1
揔○方之指 21/226/16
乃以陶冶○物 21/226/18
則无以耦○方 21/226/29
而捁逐○物之祖也 21/227/7
宰匠○物之形 21/227/17
潤○物而不耗 21/227/18

16.115/164/25
驪戎以美女〇晉國 17.57/172/15
與〇國同道 17.62/172/26
所求者〇也 17.88/174/19
〇犴不可再 17.97/175/7
不〇〔其〕適 17.105/175/23
〇適 17.105/175/23
雖欲謹〇馬 17.169/180/15
賊心〇（止）〔也〕 17.241/185/12
曉（自然）〔然自〕以為智（知）存〇之樞機、禍福之門戶 18/186/10
然而終於身死國〇 18/187/1
是（三）〔〇〕楚國之社稷 18/187/22
非直吾所〇也 18/188/25
〔則〕虢朝〇而虞夕從之矣 18/189/4
秦王趙政兼吞天下而（已）〔〇〕 18/189/16
馬無故〇而入胡 18/190/1
〇不能存 18/191/22
脣〇而齒寒 18/191/23
趙將〇矣 18/191/24
趙〇 18/191/24
雖有戰勝存〇之功 18/192/5
〇國富庫 18/192/11
好廣地者〇 18/193/21
陳駢子與其屬出〇 18/194/13
故黃帝〇其玄珠 18/195/2
死〇無日矣 18/195/22
至於〇社稷 18/195/24
則無〇患矣 18/196/5
〇秦者、胡也 18/197/11
欲知築脩城以備〇 18/197/19
而不知築脩城之所以〇也 18/197/20
然世或用之而身死國〇者 18/198/18
燕子噲行仁而〇 18/199/1
滅〇削殘 18/199/2
而四君獨以為仁義儒墨而〇者 18/199/2
而虞氏以〇 18/201/12
則天下无〇國破家矣 18/202/5
南榮疇恥聖道之獨〇於己 19/207/9
莫見其所喪而物〇 20/210/4
故國危〇而天文變 20/210/22
〔至於〇國〕 20/213/14
至於滅〇 20/213/15
无一焉者〇 20/215/26
桀以夏（止）〔〇〕 20/216/20
紂以殷〇 20/216/20
三代之法不〇、而世不治者 20/216/23
其所〔以〕〇者 20/216/25
而天下莫能〇也 20/216/28
秦任李斯、趙高而〇 20/217/26
君子雖死〇 20/218/25
故〇 20/221/16
此〇國之樂也 20/222/8
然商鞅以法〇秦 20/222/19
故齊桓公〇汶陽之田而霸 20/222/24
知伯兼三晉之地而〇 20/222/25
得於此而〇於彼者 20/223/8
敷陳存〇之機 21/226/6
〇之為得 21/226/6
欲以存〇繼絕 21/228/10

王 wáng 383

非霸〇之業也 1/3/9
越〇翳逃山穴 1/4/14
使〇公簡其貴富而樂卑賤 2/12/20
周室衰而〇道廢 2/15/15
南面〇 2/18/10
〔曰〕會稽、泰山、〇屋、首山、太華、岐山、太行、羊腸、孟門 4/32/18
西〇母在流沙之瀕 4/37/10
濟出〇屋 4/37/17,16.83/161/24
〇瓜生 5/41/3
武〇伐紂 6/50/1
11/99/2,15/146/14
於是武〇左操黃鉞 6/50/1
是猶〇孫綽之欲倍偏枯之藥而（欲）以生殊死之人 6/51/4
故武〇之功立 6/51/11
〇良、造父之御也 6/52/7
推蹶三〇之法籍 6/53/10
譬若羿請不死之藥於西〇母 6/54/20
入見先〇之道又說之 7/60/17
先〇之道勝 7/60/18
胡〇淫女樂之娛而亡上地 7/60/28
公輸、〇爾無所錯其剞劂削鋸 8/61/21
武〇甲卒三千破紂牧野 8/63/19
五帝三〇 8/63/25
11/99/15,13/127/19
〇者法陰陽 8/64/5
〇者法四時則削 8/64/19
古者聖〇在上 8/66/6
有不行〇道者 8/66/19
故古之〇者 9/67/7
而威〇終夕悲 9/69/4
而論文〇之志 9/69/7
古聖〇至精形於內 9/69/12
文〇智而好問 9/71/23
武〇勇而好問 9/71/24
故靈〇好細腰 9/72/22
越〇好勇 9/72/23
然而武〇甲卒三千人 9/73/19
（土）〔〇〕良不能以取道 9/76/5
〇良御之 9/77/4
胡〇好音而秦穆公以女樂誘之 9/77/8
楚莊〇傷文無畏之死於宋也 9/77/23
楚文〇好服解冠 9/77/24
趙武靈〇貝帶鵕翿而朝 9/77/25
紂殺〇子比干而骨肉怨 9/78/8
故先〇之法 9/79/11
故先〇之政 9/79/18
先〇之所以應時脩備 9/79/20
武〇立戒慎之鞀 9/80/10
（〇）皆坦然（天下）〔南面〕而（南面）〔〇天下〕焉 9/80/12
惟此文〇 9/80/15
武〇（伐紂）〔克殷〕 9/80/16
文〇周觀得（夫）〔失〕 9/80/19
以成素〇 9/80/23
以成〇道 9/80/24
故舜不降席而（〇）

〔匡〕天下者 10/84/1
聖○之養民 10/84/12
文○聞音如不及 10/86/2
被褐懷（○）〔玉〕者 10/86/9
○子閭張掖而受刃 10/86/13
故帝○者多矣 10/86/20
而三○獨稱 10/86/20
聖○以治民 10/87/12
天非為武○造之也 10/87/23
故唐、虞日孳孳以致於
○ 10/88/18
堯○天下而憂不解 10/89/20
而三○獨道 10/90/12
文○辭千里之地 10/90/21
故粹者○ 10/92/11
故先○之法籍 11/95/17
故古之聖○ 11/96/7
故聖○執一而勿失 11/96/15
越○句踐劗髮文身 11/97/8
楚莊○裾衣博袍 11/97/11
五帝三○之法籍風俗 11/98/25
尚古之○ 11/99/9
今夫○喬、赤誦子 11/99/13
武○入殷而行其禮 11/100/1
而欲成霸○之業 11/102/18
昔武○執戈秉鉞以（伐
紂）勝殷 11/102/19
武○既歿 11/102/19
祀文○于明堂 11/102/20
七年而致政成○ 11/102/21
夫武○先武而後文 11/102/21
○子比干非不（智）
〔知〕（箕子）被髮
佯狂以免其身也 11/103/4
秦○之時 11/104/22
惠子為惠○為國法 12/106/1
奏之惠○ 12/106/1
惠○甚說之 12/106/2
惠○曰 12/106/2, 12/106/3
田駢以道術說齊○ 12/106/8
〔齊〕○應之曰 12/106/8
願○察其所謂 12/106/10
若○之所問者、齊也 12/106/12
惠孟見宋康○ 12/107/16
〔康○〕蹀足謦欬 12/107/16
大○獨無意邪 12/107/18
12/107/22

宋○曰 12/107/18, 12/107/22
今大○、萬乘之主也 12/107/24
宋○無以應 12/108/1
宋○謂左右曰 12/108/1
武○之佐五人 12/108/5
堯、舜、武○於九、七
、五者 12/108/5
薄疑說衛嗣君以○術 12/108/11
○亦大 12/109/9
而○處其一焉 12/109/10
大○亶父居邠 12/109/12
大○亶父曰 12/109/13
大○亶父可謂能保生矣 12/109/16
楚莊○問詹何曰 12/109/27
楚○曰 12/109/28
12/109/30, 18/198/22
○壽負書而行 12/110/17
於是○壽乃焚〔其〕書
而舞之 12/110/18
令尹子佩請飲莊○ 12/110/21
莊○許諾 12/110/21
〔莊○不往〕 12/110/21
昔者君○許之 12/110/22
莊○曰 12/110/23
12/112/13, 18/193/12
越○勾踐與吳戰而不勝 12/111/4
為吳（兵）〔○〕先馬
（走） 12/111/5
越○親〔行〕之 12/111/6
○不知起之不肖 12/112/1
吾固惑吾○之數逆天道 12/112/8
請○擊之 12/112/15
〔莊〕○俛而泣涕沾襟 12/112/15
是謂天下之○ 12/113/3
往說燕○ 12/113/7
宣○郊迎 12/113/11
文○砥德脩政 12/114/10
屈商乃拘文○於羑里 12/114/13
文○歸 12/114/16
文○乃遂其謀 12/114/18
成○問政於尹佚曰 12/114/20
○曰 12/114/21
12/114/21, 18/193/16
18/194/10, 18/198/20
19/203/24, 19/203/25
○人乎 12/114/21
齊○后死 12/116/1

○欲置后而未定 12/116/1
薛公欲中○之意 12/116/1
因勸立以為○后 12/116/2
齊○大說 12/116/2
昔武○伐紂 12/117/18
吳人願一以為○而不肯 12/117/28
武（○）〔士〕可以仁
義之禮說也 12/118/4
荊〔○〕爵為執圭 12/118/6
齊人淳于髡以從說魏○ 12/118/10
魏○辯之 12/118/10
復以衡說〔魏○〕 12/118/11
魏○乃止其行而疏其身 12/118/11
先○〔有〕以見大巧之
不可〔為〕也 12/118/13
欲見秦惠○ 12/118/17
客有言之楚○者 12/118/17
往見楚○ 12/118/18
楚○甚悅之 12/118/18
因見（予之將軍之節）
惠○ 12/118/18
先○所以守天下而弗失
也 12/119/19
武○問太公曰 12/119/22
○之問也 12/119/23
○若欲久持之 12/119/24
古者有鍪而綣領以○天
下者矣 13/120/3
則先○之法度有移易者
矣 13/120/16
文○舍伯邑考而用武○ 13/120/19
文○十五而生武○ 13/120/20
三○殊事而名施後世 13/120/24
先○之制 13/121/2
不相襲而○ 13/121/5
○道缺而《詩》作 13/121/8
誦先○之（詩）《書》 13/121/11
周公〔之〕事文○也 13/121/15
有奉持於文○ 13/121/15
武○崩 13/121/16
成○幼少 13/121/16
周公繼文、（○）〔武〕
之業 13/121/16
成○既壯 13/121/18, 21/227/30
聖○弗行 13/122/27
聖○不聽〔也〕 13/122/27
湣○專用淖齒而死于東

廟 13/123/17
文○兩用呂望、召公奭而○ 13/123/17
楚莊○專任孫叔敖而霸 13/123/17
以○諸侯 13/124/16
文○處（歧）〔岐〕周之間也 13/124/16
有○道也 13/124/17
故得○道者 13/124/19
太史令向藝先歸文○ 13/124/20
則（千）〔萬〕乘之君無不霸○者 13/124/22
湣○以大齊亡 13/124/24
而悔〔其〕不誅文○於羑里 13/125/1
且湯、武之所以處小弱而能以○者 13/125/4
今不行人之所以○（者） 13/125/6
武○剋殷 13/125/8
昔楚恭○〔與晉厲〕戰於陰陵 13/125/17
〔呂錡射恭○〕 13/125/18
恭○懼而失（體）〔禮〕 13/125/19
恭○乃覺 13/125/19
徐偃○被服慈惠 13/126/8
大夫種輔翼越○句踐 13/126/9
徐偃○知仁義而不知時 13/126/11
則天下无聖○賢相矣 13/126/26
玉工眩（○）〔玉〕之似碧盧者 13/128/13
齊威○設大鼎於庭中 13/128/27
楚○（之）佩玦而逐（菟）〔兔〕 13/131/27
○子慶忌死於劍 14/132/24
能成霸○者 14/134/6
泰○亶父處邠 14/134/12
文○脩之（歧）〔岐〕周而天下移風 14/135/5
而未可以霸○也 14/136/19
湯、武之○也 14/136/19
湯、武遭桀、紂之暴而○也 14/136/20
故雖賢○ 14/136/20
霸○可受而不可求也 14/138/9
霸而求○者必喪其霸 14/138/30
霸○其寄也 14/138/30
以輔成○而海內平 14/139/27
而先○貴之 14/141/20
故霸○之兵 15/143/10
此湯、武之所以致○ 15/143/19
而霸○之功不世出者 15/143/24
夫為地戰者不能成其○ 15/143/24
神化者○ 15/144/11
故明○之用兵也 15/144/26
然懷○北畏孟嘗君 15/146/3
湯之地方七十里而○者 15/146/22
故千乘之國行文德者○ 15/146/23
武○之卒三千 15/147/20
則必○四海 15/151/7
吳○夫差地方二千里 15/153/6
越○選卒三千人 15/153/9
神龜能見夢元○ 16.9/155/4
侯○寶之 16.19/156/2
兒說之為宋○解閉結也 16.20/156/6
楚○亡其猨 16.50/159/1
楚○有白蝯 16.89/162/11
○自射之 16.89/162/11
徐偃○以仁義亡國 16.109/164/8
若齊○之食雞 16.125/165/26
莊○誅里史 16.136/166/23
文○汙膺 16.142/167/9
○子慶忌足躡麋鹿、手搏兕虎 17.80/174/1
文○與諸侯（傋）〔構〕之 17.179/181/3
昔者楚莊○既勝晉於河、雍之間 18/186/18
○必封女 18/186/19
○果封其子以肥饒之地 18/186/21
申叔時教莊○封陳氏之後而霸天下 18/187/6
其○者之事與 18/187/8
楚恭○與晉人戰於鄢陵 18/187/19
恭○傷而休 18/187/19
恭○欲復戰 18/187/21
○駕而往視之 18/187/21
恭○大怒曰 18/187/22
聖○布德施惠 18/189/8
無不○者 18/189/15
秦○趙政兼吞天下而（已）〔亡〕 18/189/16
三代種德而○ 18/189/17
楚○大怒 18/189/26
○主富民 18/192/10
今君欲為霸○者也 18/192/11
楚莊○伐之 18/193/11
莊○已討有罪 18/193/11
今君○以陳為無道 18/193/14
以○為非誅罪人也 18/193/15
行文德者○ 18/193/21
費無忌（從）〔復〕於荊平○曰 18/194/5
（楚）○若欲從諸侯 18/194/7
○自收其南 18/194/7
楚○悅之 18/194/8
伍子胥遊人於○側 18/194/8
○以告費無忌 18/194/9
以秦女之事怨○ 18/194/11
○因殺太子建而誅伍子胥 18/194/11
唐子短陳駢子於齊威○ 18/194/13
威○欲殺之 18/194/13
皆霸○之佐也 18/196/3
以此而見○者 18/197/4
昔徐偃○好行仁義 18/198/19
○孫厲謂楚莊○曰 18/198/19
○不伐徐 18/198/19
偃○、有道之君也 18/198/20
○孫厲曰 18/198/20
三（五）〔○〕用義 18/198/24
今取帝○之道 18/198/24
夫徐偃○為義而滅 18/199/1
文○葬死人之骸 18/200/4
武○蔭暍人於樾下 18/200/5
越○句踐一決獄不辜 18/200/5
莊○知其可以為令尹也 18/200/9
吳○囚之 18/200/15
今衛君朝於吳（○） 18/200/17
吳○囚之而欲流之於海 18/200/17
欲薦之於○ 18/200/20
子不能行（能行）說於○ 18/200/21
子之欲成霸○之業 18/200/25
復之於○ 18/200/25
○報出（今）〔令〕於百官曰 18/200/26
子發盤罪威○而出奔 18/201/26
昔越○句踐卑下吳○夫

差 18/202/1
且古之立帝○者 19/203/1
見楚○ 19/203/22
臣聞大○舉兵將攻宋 19/203/22
臣見大○之必傷義而不得宋 19/203/25
堯、舜、文○〔也〕 19/204/21
而先○之道不廢 19/204/26
文○四乳 19/205/12
以見秦○ 19/207/18
秦○乃發車千乘 19/207/20
侯○懈惰 19/207/28
謝子見於秦惠○ 19/208/12
惠○說之 19/208/12
惠○因藏怒而待之 19/208/13
則雖○公大人 19/209/16
大○亶父處邠 20/211/26
故先○之制法也 20/212/15
非〔得〕聖○為之法度而教導之 20/212/23
故先○之教也 20/212/24
五帝三○之莅政施教 20/212/27
○喬、赤松去塵埃之間 20/214/15
武○誅紂 20/214/18
同義者○ 20/215/25
禹以夏○ 20/216/19
湯以殷○ 20/216/20
聖○在上 20/217/9
文○舉（大）〔太〕公望、召公奭而○ 20/217/25
輔翼成○ 20/218/4,21/227/29
孔子欲行○道 20/218/6
（欲）〔能〕成霸○之業者 20/219/1
武（左）〔○〕左操黃鉞 20/219/15
故桀、紂不為○ 20/219/17
鞭荊平（○）之基 20/219/22
舍昭○之宮 20/219/22
昭○奔隨 20/219/23
靈○作章華之臺 20/219/25
昭○則相率而殉之 20/219/27
靈○則倍畔而去之 20/219/27
文○處（禮）〔酆〕百里 20/220/1
五帝三○之道 20/221/20
趙○遷流於房陵 20/221/25
荊軻西刺秦○ 20/221/26
言不合乎先○者 20/222/1
聖○之設政施教也 20/222/4
吳○夫差破齊艾陵 20/222/21
然而○法禁之者 20/222/28
齊○建有三過人之巧 20/223/15
分帝○之操 21/225/6
紀綱○事 21/226/16
所以覽五帝三○ 21/226/17
帝○之道備矣 21/227/1
文○之時 21/227/20
文○四世纍善 21/227/21
文○欲以卑弱制強暴 21/227/22
以為天下去殘（余）〔除〕賊而成○道 21/227/22
文○業之而不卒 21/227/25
武○繼文○之業 21/227/25
武○欲昭文○之令德 21/227/26
殯文○於兩楹之間 21/227/27
武○立三年而崩 21/227/27
成○在褓繈之中 21/227/28
周公繼文○之業 21/227/28
以寧靜○室 21/227/30
合三○之風 21/228/29

恙 wáng 1

水蠆為（蟌）〔蟌〕（○） 11/94/6

罔 wǎng 11

罝罘羅○ 5/40/18
係罝之○ 9/78/7
○罟不得入於水 9/79/13
滜皋織（岡）〔○〕 11/95/8
若我南游乎（岡）〔○〕㝗之野 12/116/11
○兩問於景曰 12/117/1
○兩曰 12/117/1
夫法令（者）○其姦邪 13/129/18
水生○象 13/130/16
不綷○羅 15/149/3
為魚鱉者則可以○罟取也 15/149/20

枉 wǎng 19

○法令則多蟲螟 3/19/13
無或○撓 5/43/21
矯○以為直 8/64/18
扶撥○橈不失箴鋒 9/69/19
姦不能○ 9/69/19
雖邪○不正 9/75/12
有司○法而從風 9/76/29
○則正 12/111/2
小○而大直 13/126/25
未聞○己而能正人者也 14/133/6
故處衆○之中 14/135/11
與○與直 16.95/162/27
與直與○ 16.95/162/28
衆○不容正 16.96/163/1
從○準直者虧 17.228/184/14
（耆）〔嗜〕欲不得○正術 19/203/14
琴或撥刺○橈 19/208/21
據句○ 19/209/21
○者 20/218/1

往 wǎng 60

歷遠彌高以極○ 1/2/1
○而復反 1/7/15
虛而○者實而歸 2/12/21
天子親○射漁 5/46/24
○古之時 6/52/24
魍魎不知所○ 6/53/4
百○一反 6/53/22
則望於○世之前 7/56/4
渾然而○ 7/57/15
不得已而○ 7/57/16
無○而不遂 7/58/25
輕舉獨○ 7/58/28
何○而不遂 7/60/4,15/147/7
〔則龜龍不○〕 8/61/15
不麾而自○ 9/68/15
子貢○觀之 9/68/21
使（是）史黯○（覿）〔覿〕焉 9/68/22
脩行者競於○ 9/73/5
○吝 10/82/30
是故聖人察其所以○ 10/83/1
故送○者 10/84/15

而蹠焉○ 10/85/3
（蹠）〔蹠〕焉○生也 10/85/23
情不相與○來也 10/86/12
○古來今謂之宙 11/99/20
〔莊王不○〕 12/110/21
今不果○ 12/110/22
使人○取之 12/111/20
○說燕王 12/113/7
楚有善為偷者○見曰 12/115/1
明（又）〔夕〕復○取其枕 12/115/7
明（日）（又）〔夕〕復○取其簪 12/115/7
○觀化焉 12/116/21
○朝〔其〕師 12/117/23
○見楚王 12/118/18
晏子○見公 12/119/1
太卜走○見公曰 12/119/4
○見太卜者 12/119/5
不通○來也 13/120/12
猩猩知○而不知來 13/126/5
乾鵠知來而不知○ 13/126/5
夫戶牖者、風氣之所從○來 13/131/1
與飄飄○ 15/147/8
○徙於越而大困窮 16.88/162/7
勿與遂○ 16.95/162/28
或（櫟）〔操〕火○益之 16.121/165/13
或接水○救之 16.121/165/13
○哭之 17.115/176/14
〔精相○來也〕 17.190/181/26
王駕而○視之 18/187/21
固試○復問之 18/189/23
請以齊侯○ 18/190/24
〔使〕子貢○說之 18/198/9
乃使馬圉○說之 18/198/11
推之不○ 19/202/12
自魯趨而〔○〕 19/203/21
巫馬期○觀化焉 20/211/28
追觀○古之跡 21/225/19
已言俗變而不言○事 21/226/28

網 wǎng 12

猶不能與○罟爭得也 1/2/22
緻不若〔○〕 1/2/24
〔○不若〕無形之像 1/2/25
○罟張而在下 2/18/13
○罟無所布 8/66/9
羅○不得張於谿谷 9/79/13
譬若設○者 10/88/4
引其（○）〔綱〕而萬目開矣 10/88/5
其成猶○羅 13/120/9
不若歸家織○ 17.194/182/6
妄動而絓羅○ 18/196/9
湯教祝○者 18/200/4

魍 wǎng 1

○魎不知所往 6/53/4

瀇 wǎng 1

○瀁極望 6/54/19

妄 wàng 18

是以天下時有盲○自失之患 1/10/7
虎狼不○噬 6/52/21
鷙鳥不○搏 6/52/21
夫目（安）〔○〕視則淫 9/67/9
耳（安）〔○〕聽則惑 9/67/10
口（安）〔○〕言則亂 9/67/10
○誅也 9/70/23
○指則亂矣 9/71/3
治心術則不（忘）〔○〕喜怒 14/133/8
不○喜怒則賞罰不阿 14/133/9
則○發而邀當 14/136/3
○為而要中 14/136/4
○動而絓羅網 18/196/9
或解構○言而反當 18/198/8
夫知者不○〔為〕 20/218/23
〔勇者不○〕發 20/218/23
不○喜怒也 21/225/9
所以使人不○沒於勢利 21/225/23

忘 wàng 70

無○玄伏 1/7/14
故在於小則○於大 1/9/25
在於中則○於外 1/9/25
在於上則○於下 1/9/25
在於左則○於右 1/9/26
夫魚相○於江湖 2/11/25
人相○於道術 2/11/25
賤有以○卑 2/11/28
○肝膽 2/12/5
使家○貧 2/12/20
小有所志而大有所（志）〔○〕也 2/17/16
遠而不○ 5/48/30
○其五藏 7/57/15
樂道而○賤 7/60/9
安德而○貧 7/60/9
而好憎○於外 9/69/12
欲利之也不○於心 9/79/21
不○于欲利之也 9/79/22
君臣相○也 10/82/20
君子見過○罰 10/83/7
見賢○賤 10/83/7
見不足○貧 10/83/7
見利而○其害也 10/86/16
○老之及己也 10/86/22
善御者不○其馬 10/93/9
善射者不○其弩 10/93/9
善為人上者不○其下 10/93/9
易而○其本 11/95/28
吾服汝也○ 11/96/3
而汝服於我也亦○ 11/96/3
汝雖○乎吾 11/96/4
猶有不○者存 11/96/4
身危則（忠）〔○〕其親戚 11/104/19
以人之小惡而○人之大美 12/109/7
其樂○死 12/110/24
得其精而○其粗 12/111/23
在其內而○其外 12/111/23
回○禮樂矣 12/115/12
回○仁義矣 12/115/13
回坐○矣 12/115/14
何謂坐○ 12/115/15
是謂坐○ 12/115/15
頤之○ 12/117/13
將何不○哉 12/117/13
久而不（志）〔○〕者 13/123/5
而○人之所脩 13/127/27

必○ 14/135/7
道之者○ 14/135/8
則○不遠矣 14/135/27
故好勇、○術也 14/137/15
以○為寧 15/142/27
〔所〕以共安○也 15/151/14
而父子相○ 17.24/170/3
明於死生者不可（却）〔劫〕以○ 17.37/170/30
天下有三○ 18/186/15
一○也 18/186/15
二○也 18/186/15
三○也 18/186/15
國○（而不）〔不而〕安 18/190/25
○弗能安 18/191/22
寡人國家○ 18/192/4
臣恐其構難而○國也 18/195/14
必○社稷 18/195/20
竄三苗於三○ 19/202/20
其存○定傾若一 19/203/20
不違○殆 19/207/25
相與○坐而稱之 19/208/6
故國○亡而天文變 20/210/22
而天下莫能○也 20/217/1
以○為寧也 20/218/4
進退左右无所擊○ 21/225/30
臣下之○上也 21/227/29

威 wēi 55

○厲而不懾 5/49/15
○動天墜 6/51/25
無慶（賀）〔賞〕之利、刑罰之○ 8/62/7
是故○厲而不（殺）〔試〕 9/67/21
而○王終夕悲 9/69/4
是故○立而不廢 9/75/3
○不足以行誅 9/76/28
○〔之〕行也 9/78/6
從天之（道）〔○〕 10/82/20
則○之所行者遠 10/90/28
○立于海內 11/97/12
孟賁、成荊無所行其○ 11/103/26
此將軍之○也 12/113/12
是以犯敵能○ 12/115/21
○動天地 13/121/18
以其○勢供〔其〕嗜欲 13/121/21
懦則不○ 13/123/6
攝○（檀）〔擅〕勢 13/123/7
〔然而〕○服諸侯 13/127/14
齊○王設大鼎於庭中 13/128/27
乃借鬼神之○以聲其教 13/131/3
○之不能相必也 14/137/5
則臨之以○武 15/143/2
臨之〔以〕○武而不從 15/143/2
制勝於未戰而諸侯服其○ 15/144/12
無刑罰之○ 15/144/25
○之所加 15/144/27
諸侯服其○而四方懷其德 15/145/2
不足以為○ 15/145/24
怒畜而○可立也 15/146/19
則○之所制者廣 15/146/20
○之所制者廣 15/146/21
天下孰敢厲○抗節而當其前者 15/147/15
專一則○ 15/147/18
誠積踰而○加敵人 15/148/2
力罷則○可立也 15/148/16
義之所以能行者、○也 15/151/1
○（儀）〔義〕並行 15/151/2
外塞其醜以服其○ 15/151/10
則○可立也 15/151/21
勝在得○ 15/153/3
〔專〕鼓旗斧鉞之○ 15/153/18
○服四方而无所詘 18/186/24
○行於天下 18/188/23
唐子短陳騈子於齊○王 18/194/13
○王欲殺之 18/194/13
其○強 18/195/21
子發盤罪○王而出奔 18/201/26
故刑罰不用而○行如流 20/212/24
而食之以示○ 20/214/19
因天之○ 20/215/25
不怒而○ 20/216/1
怒而○ 20/216/1
怒而不○ 20/216/2
可○以刑 21/228/24

逶 wēi 1

河以○蛇、故能遠 20/215/12

隈 wēi 2

以曲○深潭相予 1/4/19
漁者不爭○ 6/52/19

微 wēi 58

甚纖而○ 1/1/7
纖○而不可勤 1/1/21
游○霧 1/1/26
○綸芳餌 1/2/21
○（而）不可得〔而〕把握也 1/6/3
以摸蘇牽連物之○妙 2/12/5
若夫无秋毫之○ 2/13/24
其襲○重妙 2/13/25
飛輕○細者 2/13/27
太○ 3/19/20
熒惑常以十月入太○受制而出行列宿 3/20/12
太○者 3/21/5
太○者主朱鳥 3/21/7
玄妙深○ 6/50/14
深○窈冥 6/51/2
至○、神明弗能領也 8/62/25
抑○滅瑕 8/65/11
見○以知明（矣）〔也〕 9/69/7
戒過慎○ 9/80/1
故心小者禁於○也 9/80/6
無○而不改 9/80/12
○彼 10/85/8
福禍之始萌○ 10/90/1
故君子禁於○ 10/92/2
唯聖人知其○ 10/93/6
聖人之見終始○（言）〔矣〕 11/94/14
人（可以）〔可與〕○言〔乎〕 12/105/20
然則人固不可與○言乎 12/105/22
誰○湯、武 13/125/3
潘尪、養由基、黃衰○、公孫丙相與篡之 13/125/18
黃衰○舉足蹴其體 13/125/19

唯聖人能見○以知明 13/128/14
澖淖纖○ 15/144/17
夫能（滑）〔澖〕淖精○ 15/148/23
夫物之所以相形者○ 15/150/16
○察秋毫 16.19/156/1
此皆○眇可以觀論者 16.20/156/6
至深○廣大矣 16.85/161/31
17.3/168/16
孰能通其○ 16.124/165/24
羿之所以射遠中○者 17.71/173/12
以○知明 17.164/180/4
易○事 18/186/2
聖人敬小慎○ 18/195/5
〔太宰子朱〕之見終始○矣 18/196/15
雖有勁弩、利矰○繳 18/196/20
此皆形於小○ 18/200/10
〔則〕鬢眉○毫可得而察 19/205/19
其為○妙 19/205/23
且夫精神（滑）〔澖〕淖纖○ 19/206/22
書傳之○者 19/209/1
彼乃始徐行○笑 19/209/23
其所以中的剖○者 20/212/3
至○之淪無形也 21/224/22
差擇○言之眇 21/225/26
分別百事之○ 21/226/5
則不識精○ 21/226/25
有○有粗 21/227/2

為 wei 1707

無○○之而合于道 1/1/12
無○言之而通乎德 1/1/13
不可○象兮 1/1/23
以天○蓋 1/2/3
以地○輿 1/2/3,1/2/9
四時○馬 1/2/4,1/2/9
陰陽○御 1/2/4,1/2/9
電以○鞭策 1/2/5
雷以○車輪 1/2/5
故以天○蓋 1/2/9
不可○也 1/2/12,1/8/14
張天下以○之籠 1/2/23
因江海以○（罟）〔罛〕 1/2/23
因水以○師 1/3/12
因苗以○教 1/3/12
莫見其○者 1/3/18,1/3/19
故橘、樹之江北則化而○（枳）〔橙〕 1/4/1
終於無○ 1/4/3
不○而成 1/4/9,7/57/16,9/68/10
與造化者○人 1/4/10,2/17/1
反自○禍 1/4/12
與高辛爭○帝 1/4/13
漠然無○而無不○也 1/4/23
所謂無○者 1/4/23
不先物○也 1/4/24
所謂〔無〕不○者 1/4/24
因物之所○〔也〕 1/4/24
不○先唱 1/5/1
是故貴者必以賤○號 1/5/1
而高者必以下○基 1/5/2
先者難○知 1/5/11
而後者易○攻也 1/5/11
上天則○雨露 1/6/1
下地則○潤澤 1/6/1
吾是以知無○之有益 1/6/10
其子○光 1/6/11
其孫○水 1/6/11
大渾而○一 1/6/18
○道關門 1/6/18
天下○之圈 1/6/21
以知慮○治者 1/7/1
驚怖○狂 1/7/5
○天下梟 1/7/10
末世有勢○萬乘而日憂悲者 1/7/16
不以奢○樂 1/7/22
不以廉○悲 1/7/22
是故其○（耀）〔樂〕不忻忻 1/7/23
其○悲不惙惙 1/7/23
雖以天下○家 1/7/25
萬民○臣妾 1/7/25
此其○樂也 1/8/1
效人○之而無以自樂也 1/8/9
○者敗之 1/8/14
因天下而○天下也 1/8/15
則與道○一矣 1/8/25
揉桑以○樞 1/8/29
此齊民之所○形植（藜）〔黎〕（累）〔黑〕 1/9/1
不○愁悴怨（懟）〔慰〕而（不）失其所以自樂也 1/9/2
豈嘗○寒暑燥溼變其聲哉 1/9/4
登丘不可○脩 1/9/9
居卑不可○短 1/9/9
是故不以康○樂 1/9/12
不以慊○悲 1/9/12
不以貴○安 1/9/12
不以賤○危 1/9/12
以隨天地之所○ 1/9/13
氣○之充 1/9/22
而神○之使也 1/9/22
是故貴虛者以毫末○宅也 1/9/26
然而不免○人戮笑者 1/10/2
故以神○主者 1/10/3
以形○制者 1/10/3
不可○外 2/10/24
不可○內 2/10/24
及其○无无 2/10/27
其○樂也 2/11/5,20/220/24
〔夢〕○鳥而飛於天 2/11/5
夢○魚而没於淵 2/11/5
然後知今此之○大夢也 2/11/6
七日化○虎 2/11/7
方其○虎也 2/11/9
不知其嘗○人也 2/11/9
方其○人〔也〕 2/11/9
不知其且○虎也 2/11/9
夫水嚮冬則凝而○冰 2/11/12
冰迎春則（洋）〔泮〕而○水 2/11/12
而不能○害 2/11/19
是故以道○竿 2/12/3
以德○綸 2/12/3
禮樂○鉤 2/12/3
仁義○餌 2/12/3
以利害○塵垢 2/12/8
以死生○（盡）〔晝〕夜 2/12/8
是故至道无○ 2/12/21
非有○於物也 2/12/24
物以有○於己也 2/12/25
非道之所○也 2/12/25
是故槐榆與橘柚合而○兄弟 2/13/1

有苗與三危通〔而〕○一家 2/13/1
己自以○獨擅之 2/13/6
遼巢彭澤而○兩 2/13/14
沉溺萬物而不與○溼焉 2/13/14
然而奚仲不能○逢蒙 2/13/16
造父不能○伯樂者 2/13/17
其○化也 2/13/20
是故道散而○德 2/14/10
德溢而○仁義 2/14/10
斬而○犧尊 2/14/13
○精求于外也 2/14/16
此其○山淵之勢亦遠矣 2/15/3
以鴻濛○景柱 2/15/6
旁薄○一 2/15/8
此我所羞而不○也 2/15/24
熟肯分分然以物○事也 2/16/4
其所○制者異也 2/16/8
必無以天下○〔者〕也 2/16/20
○炮（烙）〔格〕 2/17/29
一夕反而○湖 2/18/6
清陽者薄靡而○天 3/18/19
重濁者滯凝而○地 3/18/20
天地之襲精○陰陽 3/18/20
陰陽之專精○四時 3/18/21
四時之散精○萬物 3/18/21
火氣之精者○日 3/18/21
積陰之寒氣〔久〕者○水 3/18/22
水氣之精者○月 3/18/22
日月之淫（○）〔氣〕、精者○星辰 3/18/22
昔者共工與顓頊爭○帝 3/18/25
怒者○風 3/19/1
和者○雨 3/19/1
感而○雷 3/19/1
激而○霆 3/19/2
亂而○霧 3/19/2
陽氣勝則散而○雨露 3/19/2
陰氣勝則凝而○霜雪 3/19/2
故陽燧見日則燃而○火 3/19/9
方諸見月則津而○水 3/19/9
其神○歲星 3/20/1
其神○熒惑 3/20/2
其神○鎮星 3/20/4
其神○太白 3/20/5
其神○辰星 3/20/6
○亂○賊 3/20/12
○疾○喪 3/20/12
○饑○兵 3/20/12
東方○田 3/21/1
南方○司馬 3/21/1
西方○理 3/21/1
北方○司空 3/21/1
中央○都 3/21/1
所以（○）司賞罰 3/21/6
子午、卯酉○二繩 3/21/15
丑寅、辰巳、未申、戌亥○四鉤 3/21/15
東北○報德之維（也） 3/21/15
西南○背陽之維 3/21/15
東南○常羊之維 3/21/16
西北○蹏通之維 3/21/16
故曰冬至○德 3/21/18
故曰夏至○刑 3/21/19
陽氣○火 3/21/24
陰氣○水 3/21/24
陰氣勝則○水 3/22/3
陽氣勝則○旱 3/22/3
十五日○一節 3/22/11
故五月○小刑 3/22/29
斗杓○小歲 3/23/1
咸池○（太）〔大〕歲 3/23/1
合氣而○音 3/23/11
合陰而○陽 3/23/11
合陽而○律 3/23/11
音自倍而○日 3/23/12
律自倍而○辰 3/23/12
二十九日九百四十分日之四百九十九而○月 3/23/13
而以十二月○歲 3/23/13
介蟲不○ 3/24/2
（大剛）〔則〕魚不○ 3/24/2
○帝候歲 3/24/10
日○德 3/24/11
月○刑 3/24/11
（禹）〔離〕以○朝、晝、昏、夜 3/24/21
○四時根 3/25/14
故分而○陰陽 3/25/17
天地三月而○一時 3/25/18
故祭祀三飯以○禮 3/25/18
喪紀三踊以○節 3/25/18
兵（重）〔革〕三（罕）〔軍〕以○制 3/25/19
日冬至德氣○土 3/25/21
分○雌雄 3/25/21
三之○積分（七十）〔十七〕萬七千一百四十七 3/25/22
黃鍾○宮 3/25/23,3/26/1
太蔟○商 3/25/23
姑洗○角 3/25/23
林鍾○徵 3/25/23
南呂○羽 3/25/23
故○和 3/26/8
故○繆 3/26/9
古之○度量 3/26/13
故八尺而○尋 3/26/15
故四丈而○匹 3/26/16
一匹而○制 3/26/17
故〔十分而○寸〕 3/26/18
十寸而○尺 3/26/19
十尺而○丈 3/26/19
其以○（量）〔重〕 3/26/19
故二十四銖○一兩 3/26/20
故十六兩而○一斤 3/26/21
三月而○一時 3/26/21
三十日○一月 3/26/21
故三十斤○一鈞 3/26/21
四時而○一歲 3/26/22
故四鈞○一石 3/26/22
其以○音也 3/26/22
十二律而○六十音 3/26/22
鵲巢鄉而○戶 3/27/1
寅○建 3/27/2
卯○除 3/27/2
辰○滿 3/27/2
巳○平 3/27/2
午○定 3/27/3
未○執 3/27/3
申○破 3/27/3
酉○危 3/27/3
戌○成 3/27/3
亥○（牧）〔收〕 3/27/3
子○開 3/27/4
丑○閉 3/27/4
其雄○歲星 3/27/5
東井、輿鬼○對 3/27/5
柳、七星、張○對 3/27/7
翼、軫○對 3/27/8
角、亢○對 3/27/9

故○惠者生姦 9/70/24
而○暴者生亂 9/70/24
清靜無○ 9/71/4
則聖人（之○）〔○之〕謀 9/71/5
建以○基 9/71/8
是乘眾勢以○車 9/71/8
御眾智以○馬 9/71/8
○事先倡 9/71/18
以○天下興利 9/72/1
以○百姓力農 9/72/1
夫推（而）不可○之勢 9/72/2
以曲○直 9/72/5
以屈○伸哉 9/72/5
而眾智之所○ 9/72/6
則○之者不難也 9/72/9
堯○匹夫 9/72/24
賢不足以○治 9/72/24
而○行者必治於官 9/72/28
莫敢○邪 9/73/3
○智者務○巧詐 9/73/6
○勇者務於鬬爭 9/73/6
身死○戮 9/73/17
國分○三 9/73/17,18/194/2
漆身○厲 9/73/17
政亂則賢者不○謀 9/73/27
德薄則勇者不○死 9/73/27
以○百姓力征 9/74/2
（舉天下而）以○社稷 9/74/5
大者以○舟航柱梁 9/74/16
小者以○（揖楔）〔楔榍〕 9/74/16
脩者以○櫚榱 9/74/17
短者以○朱儒枅櫨 9/74/17
故反於無○ 9/75/20
先（自）〔以身〕○檢式儀表 9/75/29
唐、虞不能以○治 9/76/5
而貴其不得○非也 9/76/14
則有司以無○持位 9/76/23
而好自○之 9/76/27
而○大匠斲也 9/77/3
乘於人資以○羽翼也 9/77/5
無○而有守也 9/77/7
有（○）〔立〕而無好也 9/77/7
有○則讒生 9/77/7
弗○而後能○之 9/77/12

以不知○道 9/77/14
以奈何○寶 9/77/14
慕義從風而○之服役者不過數十人 9/77/22
則天下徧○儒墨矣 9/77/23
則不免○人笑也 9/77/26
以水○資 9/78/4
以眾○勢也 9/78/4
紂再舉而不得○匹夫 9/78/10
故古之○金石管絃者 9/78/19
夫民之○生也 9/78/26
以○民資 9/79/11
然而動靜聽視皆以○主者 9/79/22
故堯○善而眾善至矣 9/79/24
桀○非而眾非來（也）〔矣〕 9/79/24
是非輻湊而○之轂 9/80/2
行方者有不○也 9/80/7
猶以○未足也 9/80/10
行不苟○ 9/80/21
然○魯司寇 9/80/26
聽獄必○斷 9/80/26
作○《春秋》 9/80/26
合者○正 9/81/10
錯者○權 9/81/11
不足以○政 9/81/13
耕之○事也勞 9/81/14
織之○事也擾 9/81/14
今日何○而榮乎 9/81/20
（且）〔旦〕日何○而義乎 9/81/20
今日何○而義 9/81/20
（且）〔旦〕日何○而榮 9/81/20
無愚智賢不肖皆知其○義也 9/81/24
莫不先以○可而後行之 9/81/25
仁以○質 9/81/27
兩者○本 9/81/27
而無仁智以○表幹 9/81/29
則○螻蟻所食 9/82/4
不得上令而可得○也 9/82/7
釋己之所得○ 9/82/7
非○報也 10/84/12
有以○ 10/84/15
非專○生也 10/84/15
故終年○車 10/84/18
非正○蹠也 10/85/2

非正（○）偽形也 10/85/3
不能使○苟（簡）易 10/85/5
在家老則○恩厚 10/85/19
莫邪○下 10/85/19
（抱）〔枹〕鼓○小 10/85/20
聖人○善 10/85/22
非○（蹠）〔蹠〕 10/85/22
聖人之○治 10/85/23
積薄○厚 10/86/1
積卑○高 10/86/1
非○日不足也 10/86/2
以○己也 10/86/19
以（責）〔貴〕○聖乎 10/86/20
以賤○仁乎 10/86/21
不○無人不兢其容 10/86/23
夫有誰○矜 10/87/17
天非○武王造之也 10/87/23
天非○紂生之也 10/87/24
照惑者以東○西 10/89/7
有能○也 10/89/12,10/89/12
人之○ 10/89/12
終身○善 10/89/12
終身○不善 10/89/13
故君子能○善 10/89/15
不忍○非 10/89/16
○無所用之 10/89/23
而能○表者 10/89/26
非以○己也 10/90/4
以○國也 10/90/4
故孝己之禮可○也 10/90/13
故聖人不○物先 10/90/25
○是謂人智不如鳥獸 10/91/5
桓公舉以〔○〕大（政）〔田〕 10/91/8
眾人之所能○也 10/91/9
紂○象箸而箕子嘰 10/91/15
君子不謂小善不足○也而舍之 10/92/1
小善積而○大善 10/92/1
不○小不善○無傷也而○之 10/92/1
小不善積而○大不善 10/92/2
積快而○德 10/92/2
日月○明而弗能兼也 10/92/21
福生於无○ 10/92/25
聖人○善若恐不及 10/92/25
乃反○病 10/93/6

善○人上者不忘其下 10/93/9
今世之○禮者 11/93/25
○義者 11/93/25
夫蝦蟆○鶉 11/94/6
水蠆○（蟌）〔螅〕（莣） 11/94/6
不知其可以○布也 11/94/7
不知其可以○旃也 11/94/7
易○也 11/94/19
聖人不以○民俗〔也〕 11/94/20
所以○樂者乃所以○哀 11/94/24
所以○安者乃所以○危也 11/94/24
○其能 11/94/25
鉛不可以○刀 11/94/26
銅不可以○弩 11/94/27
鐵不可以○舟 11/94/27
木不可以○釜 11/94/27
此代○（常）〔帝〕者也 11/95/2
舜○司徒 11/95/6
契○司馬 11/95/6
禹○司空 11/95/6
后稷○大田（師） 11/95/6
奚仲○工〔師〕 11/95/7
非所○也 11/95/17
殘以○牒 11/95/26
○是釋術數而任耳目 11/96/9
（智昏）〔昏智〕不可以○政 11/96/14
波水不可以○平 11/96/14
○仁者必以哀樂論之 11/96/18
○義者必以取（子）〔予〕明之 11/96/18
故禮因人情而○之節文 11/97/15
不強人之所不能○ 11/97/18
以○曠日煩民而無所用 11/97/20
以○費財亂政 11/97/21
以○窮民絕業而無益於槁骨腐肉也 11/97/22
昔有扈氏○義而亡 11/98/2
故明主制禮義而○衣 11/98/11
分節行而○帶 11/98/11
不亟於○文句疏短之鞻 11/98/12
合而○道德 11/98/21
離而○儀表 11/98/21
故（不）○三年之喪 11/99/3
而法其所以○法 11/99/10
所以○法者 11/99/10
夫能與化推移（○人）者 11/99/11
其所以歌者不可○也 11/99/11
上與神明○友 11/99/16
下與造化○人 11/99/16
不能○治亦明矣 11/99/17
所○者各異 11/99/23
或以（○）酸 11/99/24
或以（○）甘 11/99/25
或○棺槨 11/99/26
或○柱梁 11/99/26
而湯、武之所以○治 11/100/2
而非所以〔○〕巧也 11/100/6
而非所以○悲也 11/100/7
若夫工匠之○連鐖、運開、陰閉、眩錯 11/100/7
而莫與物○際者 11/100/9
今夫○平者準也 11/100/10
○直者繩也 11/100/10
○寬裕者曰勿數撓 11/100/23
○刻削者曰致其鹹酸而已矣 11/100/23
以此○寡人失 11/100/24
或以○君子 11/101/3
或以○小人 11/101/3
親母○其子治扢禿 11/101/4
見者以○其愛之至也 11/101/5
則過者以○嫉也 11/101/5
則有不能○虛矣 11/101/9
若夫不○虛而自虛者 11/101/9
其事易○也 11/101/16
而治世不以○民化 11/101/24
而治世不以○民業 11/101/25
不可以○世儀〔也〕 11/102/1
魯般、墨子以木○鳶而飛之 11/102/1
而不可使○工也 11/102/2
不可以○人量 11/102/2
不可以○國俗 11/102/3
待西施、（毛嬙）〔絡慕〕而○配 11/102/7
高○量而罪不及 11/102/10
重○任而罰不勝 11/102/10
危○（禁）〔難〕而誅不敢 11/102/11
雖皋陶○之理 11/102/16
○天下顯武 11/102/26
以功成○賢 11/103/1
以勝患○智 11/103/1
以遭難○愚 11/103/1
以死節○戇 11/103/2
吾以○各致其所極而已 11/103/2
故不○也 11/103/5
此相○論 11/103/14
若以聖人○之中 11/103/14
○行者相揭以高 11/103/20
○禮者相矜以偽 11/103/20
求貨者爭難得以○寶 11/103/21
詆文者處煩撓以○慧 11/103/21
爭○佹辯 11/103/21
工○奇器 11/103/22
以○天下先 11/103/23
牿服馬牛以○牢 11/103/29
以清○濁 11/103/29
不可○象 11/104/6
故其○編戶齊民無以異 11/104/8
夫乘奇技、（偽）〔○〕邪施者 11/104/9
守正（脩）〔循〕理、不〔○〕苟得者 11/104/9
志○之滅 11/104/18
世亂則君子○姦 11/104/23
又問於無○曰 12/105/3
无○曰 12/105/4
無○曰 12/105/4
12/105/5, 12/105/10
12/105/10, 12/105/11
又問於無○ 12/105/10
則無○〔之〕知與無窮之弗知 12/105/13
孰知知之○弗知 12/105/15
弗知之○知邪 12/105/15
天下皆知善之○善 12/105/17
至○無○ 12/105/24
惠子○惠王○國法 12/106/1
而可以○政 12/106/9
而可以○材 12/106/10
不能○人 12/106/18
（乂）〔又〕無以自○ 12/106/18
趙簡子以襄子○後 12/106/22
今以○後 12/106/22
是〔其〕○人也 12/106/23
能○社稷忍羞 12/106/23

（則）〔○〕無所不通	13/124/13
而立○天子者	13/124/17
莫不○郡縣	13/124/18,15/146/4
○天下笑者	13/124/18
唯聖人○能知權	13/125/13
信反○過	13/125/17
誕反○功	13/125/17
而○之報怨雪恥	13/126/9
論世而○之事	13/126/14
權事而○之謀	13/126/14
化則○之象	13/126/19
運則○之應	13/126/19
有易○而難成者	13/126/22
易○而難成者	13/126/23
聖人○之	13/126/25
而皆○賢	13/126/26
猶之○易也	13/126/28
猶之○平〔也〕	13/126/28
昔者曹子○魯將兵	13/126/28
則終身○破軍擒將矣	13/127/1
不足以○累	13/127/11
而○齊忠臣	13/127/12
而○文侯師	13/127/12
難○也	13/127/25
難○則行高矣	13/127/25
及其○天子三公	13/128/2
而立○諸侯賢相	13/128/2
○是釋度數而求之於朝肆草莽之中	13/128/6
賤則觀其所不○	13/128/19
用約而○德	13/128/23
高赫○賞首	13/128/24
今○賞首	13/128/25
而天下〔之〕○（忠之）臣者	13/128/26
與晉惠公○韓之戰	13/129/4
皆出死○穆公戰於車下	13/129/5
此用約而○得者也	13/129/5
乃矯箭○矢	13/129/7
鑄金而○刃	13/129/7
天下莫易於○善	13/129/13
而莫難於○不善（也）	13/129/13
所謂○善者	13/129/13
靜而无○也	13/129/13
所謂○不善者	13/129/13
故曰○善易〔也〕	13/129/14
故曰○不善難〔也〕	13/129/15
皆知○姦之无脫也	13/129/18
則忘其○矣	13/129/28
則萬乘之勢不足以○尊	13/130/7
天下之富不足以○樂矣	13/130/8
以○七尺之閨也	13/130/12
以○尋常之溝也	13/130/12
以○鬼也	13/130/13
以○虎也	13/130/13
羽者○雛鷇	13/130/14
毛者○駒犢	13/130/14
柔者○皮肉	13/130/14
堅者○齒角	13/130/15
久血○燐	13/130/15
是故因鬼神禨祥而○之立禁	13/130/19
揔形推類而○之變象	13/130/20
饗大高者而彘○上牲	13/130/20
夫饗大高而彘○上（性）〔牲〕者	13/130/22
以○彘者	13/130/23
世以○裘者	13/130/24
必○過失	13/130/26
○愚者之不知其害	13/131/3
而愚者以○禨祥	13/131/3
而（很）〔狠〕者以○非	13/131/4
非以其神○能饗之也	13/131/6
〔以帷○衾〕	13/131/9
以大車〔之箱〕○薦	13/131/10
死而○竈	13/131/11
死〔而〕○社	13/131/12
（而死）〔死而〕○稷	13/131/12
死而○宗布	13/131/13
其所施德者皆○之戰	13/131/16
汝數止吾○俠	13/131/16
知○出藏財	13/131/22
○論如此	13/131/22
○軸之折也	13/131/24
有（如）〔加〕轅軸其上以○造	13/131/24
○走而破其玦也	13/131/27
因珮兩玦以○之豫	13/131/27
唯道之在者○貴	13/132/2
非特天子之○尊也	13/132/4
渾沌○樸	14/132/10
所○各異	14/132/10
分而○萬（物）〔殊〕	14/132/11
故動而○之生	14/132/12
死而○之窮	14/132/12
皆○物矣	14/132/12
聖人不（以）〔○〕名尸	14/132/18
不○謀府	14/132/18
不○事任	14/132/18
不○智主	14/132/18
不○福先	14/132/19
不○禍始	14/132/19
欲福者或○禍	14/132/19
故无○而寧者	14/132/20
藏迹於無○	14/132/22
不務性之所無以○	14/133/1
不可以○方	14/133/5
不可以○員	14/133/6
天下不可以智○也	14/133/13
○治之本	14/133/19
多知○敗	14/134/3
無以天下○者	14/134/15
天無○焉	14/134/15
必使能者○己用	14/134/18
故成者非所○也	14/134/26
聖人不○可非之行	14/134/30
無○而治	14/135/2
先○不可勝	14/135/4,15/152/4
先○不可奪	14/135/4
而事○治者	14/135/7
動之○物	14/135/8
故不○（善）〔好〕	14/135/12
不○始	14/135/12
與天○期	14/135/13
○善則觀	14/135/16
○不善則議	14/135/16
○者有不成	14/135/20
有智而無○	14/135/21
然後覺其○也	14/135/23
道理○正也	14/135/23
道理通而人○滅也	14/135/24
欲尸名者必○善	14/136/1
欲○善者必生事	14/136/1
欲見譽於○善	14/136/2
而立名於○（質）〔賢〕	14/136/2
妄○而要中	14/136/4
故重○善若重○非	14/136/4
以○有心者之於平	14/136/7

以○有欲者之於廉	14/136/8
故無○而自治	14/136/24
故聖人揜跡於○善	14/136/25
而息名於○仁也	14/136/25
外交而○援	14/136/27
事大而○安	14/136/27
不足以○全	14/136/29
則○名者不伐無罪	14/137/2
而○利者不攻難勝	14/137/2
○義之不能相固	14/137/5
非所以〔有〕○也	14/137/6
所以無○也	14/137/6
何謂無○	14/137/6
智者不以位○事	14/137/6
勇者不以位○暴	14/137/7
仁者不以位○（患）〔惠〕	14/137/7
可謂無○矣	14/137/7
夫無○則得於一也	14/137/7
則與民○讎	14/137/16
以義○制者	14/137/24
然而○之者	14/137/25
然而弗○者	14/137/26
心○之制	14/137/26
唯弗求者〔○〕能有之	14/138/1
而○論者莫然不見所觀焉	14/138/6
不○物（先）倡	14/138/17
無須臾忘〔其〕○（質）〔賢〕者	14/138/18
百步之中不忘其〔○〕容者	14/138/19
行者以○期也	14/138/23
不○人贛	14/138/23
唯滅迹於無○而隨天地〔之〕自然者	14/138/25
（唯）〔○〕能勝理而（○受）〔無愛〕名	14/138/25
利則○害始	14/138/29
福則○禍先	14/138/29
唯不求利者○無害	14/138/29
唯不求福者○無禍	14/138/29
故國以全○常	14/138/30
身以生○常	14/138/30
（○）〔焉〕可以託天下也	14/138/31
不得已而○也	14/139/13
豈加故○哉	14/139/14
不事○悲	14/139/14
不矜○麗	14/139/15
歌舞而不事○悲麗者	14/139/15
使人○之也	14/139/28
〔雖能〕弗○也	14/140/1
不可以○祝	14/140/2
无害於○尸	14/140/3
不〔可〕以○僕	14/140/3
無害於○佐	14/140/3
無○制有○	14/140/6
爭者各自以○直	14/140/8
中則以○候	14/140/12
貴○天子	14/140/25
而不免○哀之人	14/140/25
火弗○（襄）〔衰〕其（暑）〔熱〕	14/141/23
火弗○益其烈	14/141/24
故不曰我無以○而天下遠	14/142/2
以浮游而○龜蟁養生之具	14/142/8
君子○善不能使（富）〔福〕必來	14/142/11
不○非而不能使禍无至	14/142/11
故割革而○甲	15/142/25
鑠鐵而○刃	15/142/25
以濁○清	15/142/27
以危○寧	15/142/27
炎帝○火災	15/143/1
共工○水害	15/143/1
不至於○炮（烙）〔格〕	15/143/5
不至於侵奪○暴	15/143/5
所○立君者	15/143/7
而反○殘賊	15/143/8
是○虎傅翼〔也〕	15/143/8
曷○弗除	15/143/8
故君○無道	15/143/20
自○之故也	15/143/24
夫○地戰者不能成其王	15/143/24
○身戰者不能立其功	15/143/25
舉事以○人者眾助之	15/143/25
舉事以自○者眾去之	15/143/25
因民之欲、乘民之力而○之	15/144/23
天下○嚮	15/144/24
天下○鬪	15/144/24
而相○斥闉要遮者	15/144/25
○天下除害	15/144/27
民之○用	15/144/27
猶子之○父	15/144/27
弟之○兄	15/144/27
用其自○用也	15/144/28
用其○己用也	15/144/28
用其自○用	15/144/28
用其○己用	15/144/29
莫〔得〕不○用	15/145/18
不足以○強	15/145/23
不足以○勝	15/145/23
不足以○固	15/145/23
不足以○威	15/145/24
○存政者	15/145/24
○亡政者	15/145/24
潁、汝以○洫	15/145/25
江漢以○池	15/145/26
以○甲冑	15/146/1
齊○前行	15/146/1
二世皇帝勢○天子	15/146/4
稱○大楚	15/146/8
伐（棘）〔樕〕棗而○（矜）〔矜〕	15/146/9
周錐鑿而○刃	15/146/9
天下○之麋沸螘動	15/146/10
故善○政者積其德	15/146/19
智見者人○之謀	15/147/3
形見者人○之功	15/147/3
眾見者人○之伏	15/147/4
器見者人○之備	15/147/4
動不知其所○	15/147/15
○人杓者死	15/147/16
（人）皆專而〔○〕一	15/147/20
故將以民○體	15/147/23
而民以將○心	15/147/23
雖眾○寡	15/147/27
不○苟發	15/148/10
無○而應變	15/148/14
視其所○	15/148/16
○之出奇	15/148/17
有見所○	15/148/18
必○之禽	15/149/2
則○人禽矣	15/149/18
是故○麋鹿者則可以置罘設也	15/149/19

○魚鱉者則可以罔罟取
　也 15/149/20
○鴻鵠者則可以矰繳加
　也 15/149/20
來而○之宜 15/149/22
變而○之象 15/149/22
是以動○人禽矣 15/149/30
此世傳之所以○儀表者 15/150/12
故鼓不與於五音而○五
　音主 15/150/16
水不與於五味而○五味
　調 15/150/16
將軍不與於五官之事而
　○五官督 15/150/17
夫景不○曲物直 15/150/21
響不○清音濁 15/150/21
○之以歙而應之以張 15/150/25
不可○備 15/150/27
○其賞信而罰明也 15/151/4
則不難○之死 15/151/7
則不難○之亡 15/151/8
求民○之勞也 15/151/17
欲民○之死也 15/151/17
○主不顧身 15/151/25
今使陶人化而○埴 15/152/6
工女化而○絲 15/152/6
故以異○奇 15/152/7
則○之解 15/152/7
故靜○躁奇 15/152/7
治○亂奇 15/152/8
飽○飢奇 15/152/8
佚○勞奇 15/152/8
若水火金木之代○雌雄
　也 15/152/8
故動而○人擒 15/152/9
因此而○變者也 15/152/13
此善○天道者也 15/152/19
此善○詐（祥）〔佯〕
　者也 15/152/20
此善○充榦者也 15/152/21
此善○地形者也 15/152/23
此善○設施者也 15/152/25
則智者○之慮 15/153/23
勇者○之鬬 15/153/23
割地而○（調）〔和〕 15/153/24
道何以○體 16.1/154/3
以無有○體 16.1/154/3
獨何○者 16.1/154/7
引轊者○之止（也） 16.4/154/14
清之○明 16.5/154/19
濁之○闇 16.5/154/19
人無○則治 16.6/154/21
有○則傷 16.6/154/21
無○而治者載無也 16.6/154/21
○者 16.6/154/22
不能無○者 16.6/154/22
不能有○也 16.6/154/22
終以其無用者○用矣 16.6/154/23
以○不信 16.6/154/24
則有○其所止矣 16.7/154/26
是故小不可以○內者
　16.17/155/24
大不可〔以〕○外矣
　16.17/155/24
不○莫服而不芳 16.18/155/26
不○莫乘而不浮 16.18/155/26
不○莫知而止休 16.18/155/26
○天下正 16.19/156/2
兒說之○宋王解閉結也
　16.20/156/6
慎無○善 16.21/156/9
不○善 16.21/156/9
將○不善邪 16.21/156/9
善且由弗○ 16.21/156/10
拘囹圄者以日○脩 16.22/156/12
當（死市）〔市死〕者
　以日○短 16.22/156/12
故以不平○平者 16.22/156/13
譬猶陶人○器也 16.31/157/7
不可以○遠 16.33/157/12
鞞以○鼓 16.35/157/17
然○牛計者 16.35/157/17
然○狐計者 16.35/157/18
則莫不利○也 16.36/157/20
林木○之不斬 16.39/157/27
藜藋○之不采 16.39/157/27
○儒而踞里閭 16.40/158/1
○墨而朝吹竽 16.40/158/1
而溺者不可以○抗 16.43/158/10
誕（者）不可以○常
　16.43/158/10
非○十步之內也 16.49/158/27
不可○道里 16.49/158/28
而林木○之殘 16.50/159/1
池中魚○之殫 16.50/159/1
以束薪○鬼 16.64/160/7
16.64/160/7
以火煙○氣 16.64/160/7
16.64/160/7
大家攻小家則○暴 16.69/160/19
大國并小國則○賢 16.69/160/19
以絜白○污辱 16.72/160/25
反○損 16.76/161/5
見窾木浮而知○舟 16.78/161/10
見飛蓬轉而知○車 16.78/161/10
以非義○義 16.79/161/12
以非禮○禮 16.79/161/12
因高而○臺 16.86/162/2
就下而○池 16.86/162/2
不敢更○ 16.86/162/2
若○土龍以求雨 16.87/162/4
則○怨 16.90/162/14
莫之○也 16.94/162/24
先順其所○而後與之入
　政 16.95/162/27
欲○邪者必（相）明正
　16.97/163/3
欲○曲者必達直 16.97/163/3
紂○象箸而箕子唏 16.102/163/17
今○一目之羅 16.103/163/19
牛皮○鼓 16.111/164/13
敗所○也 16.114/164/23
喜怒○別 16.117/165/4
○魚德者 16.118/165/6
○蝯賜者 16.118/165/6
○其傷恩也 16.131/166/11
○其侳廉 16.131/166/11
足蹍地而○迹 16.135/166/21
暴行而○影 16.135/166/21
物固有以不用而○有用
　者 16.137/166/26
物固有以不用○大用者
　16.137/166/27
○請于買者曰 16.145/167/17
此行大不義而欲○小義
　者 16.145/167/18
而猶○之不止 16.147/167/23
（邀）〔遬〕○上 16.150/168/1
遲○下 16.150/168/1
○孔子之窮於陳、蔡而
　廢六藝 16.151/168/4

○醫之不能自治其病 16.151/168/4
是〔時〕○帝者也 17.1/168/11
而彭祖○夭矣 17.11/169/4
○出於不○ 17.13/169/8
則內○之掘 17.16/169/16
解門以○薪 17.23/170/1
塞井以○臼 17.23/170/1
一端以○冠 17.36/170/27
一端以○絑 17.36/170/27
及其○馬 17.48/171/21
近敖倉者不○之多飯 17.53/172/6
臨江、河者不○之多飲 17.53/172/6
古之所○不可更 17.60/172/21
難○良醫 17.62/172/26
難與○謀 17.62/172/26
○客治飯而自〔食〕藜藿 17.63/172/28
（菌茵）〔蔐苗〕類絮而不可〔以〕○絮 17.69/173/8
黂不類布而可以○布 17.69/173/8
（所以）○之則同 17.81/174/3
其所以○之則異 17.81/174/3
篙終而以水○測 17.87/174/16
不得○寶 17.89/174/21
無鄉之社易○黍肉 17.91/174/25
無國之稷易○求福 17.91/174/25
蝮蛇不可○足 17.93/174/30
弦之○射 17.96/175/5
絛可以○繶 17.98/175/9
○酒人之利而不酤 17.114/176/11
○車人之利而不僦 17.114/176/11
與○一也 17.116/176/16
百梅足以○百人酸 17.119/176/24
一梅不足以○一人和 17.119/176/24
有以車○敗者〔而〕禁天下之乘 17.120/176/26
○之異 17.121/176/29
○雷電所撲 17.124/177/5
○墮武也 17.127/177/12
賢者以○佩 17.128/177/14
能者以○富 17.128/177/14
○其不出戶而（理）〔堁〕之 17.130/177/19
（○）車者步行 17.131/177/21
○者不得用 17.131/177/22
用者弗肯○ 17.131/177/22
有○則議 17.136/178/1
而欲○萬民之上也 17.138/178/6
○其所不便以得所便 17.147/178/27
或善○新 17.153/179/8
或善○故 17.153/179/8
繡、以○裳則宜 17.154/179/10
以○冠則（譏）〔議〕 17.154/179/10
雖善者弗能○工 17.158/179/20
有何○驚 17.160/179/24
水蠆○蟌 17.163/180/1
（孑孑）〔孑孓〕○蟁 17.163/180/1
兔齧○蟨 17.163/180/1
物之所○ 17.163/180/1
反○惡 17.168/180/13
毀舟○杕 17.181/181/8
毀鍾○鐸 17.181/181/8
○其一人隕而兩人殤 17.206/183/1
河伯○之不潮 17.210/183/9
物固有重而害反○利者 17.211/183/11
○其可以南可以北 17.229/184/16
○其可以黃可以黑 17.229/184/16
○之悖戾 17.236/185/1
繒○之纂繹 17.236/185/1
居智所○ 18/185/26
利與害○鄰 18/186/6
曉（自然）〔然自〕以○智（知）存亡之樞機、禍福之門戶 18/186/10
使知所以○是者 18/186/11
唯聖人知病之○利 18/187/5
知利之○病也 18/187/5
以言大利而反○害也 18/187/6
陽虎○亂於魯 18/187/11
○之蒙死被罪 18/187/14
以○〔傷者、戰鬬者也〕 18/187/15
〔不傷者、○縱之者〕 18/187/16
子反之○人也 18/187/20
斬司馬子反〔以〕○僇 18/187/24
此眾人之所以○養也 18/187/27
而良醫之所以○病也 18/187/27
不得以子○私 18/188/7
○使者跪而啜三杯 18/188/9
○魏文侯（夫）〔大〕開地 18/188/10
取以○子傅 18/188/15
今以○子傅 18/188/16
是○諸侯先受禍也 18/188/23
此所謂奪人而反○人所奪者〔也〕 18/188/27
水○民害 18/189/13
此何遽不〔能〕○福乎 18/190/1
18/190/3
此何遽不能○禍乎 18/190/2
故福之○禍 18/190/5
禍之○福 18/190/5
高陽魋將○室 18/190/8
受令而○室 18/190/11
無○賓通言 18/190/13
臣不敢以死○熙 18/190/16
〔願〕○寡人稱之 18/190/16
牛子以○善 18/190/24
不聞出其君以○封疆者 18/191/1
○奈何 18/191/12
無○貴智 18/191/22
則〔二〕君○之次矣 18/191/24
智伯（人）〔之〕○人也 18/191/25
而高赫○賞首 18/192/2
而赫○賞首 18/192/3
今君欲○霸王者也 18/192/11
君以○不然 18/192/11
解扁○東封 18/192/15
君奚○弗使 18/192/24
聞倫○人 18/192/24
是使晉國之武舍仁而○佞 18/192/25
凡襲國者、以○無備也 18/193/1
凡襲人者、以○弗知 18/193/2
○國而無信 18/193/4
〔仁〕者弗○也 18/193/5
義者弗○也 18/193/5
陳○無道 18/193/12
今君王以陳○無道 18/193/14
以王○非誅罪人也 18/193/15
張武○智伯謀曰 18/193/17
此務○君廣地者〔也〕 18/193/20

夫○君崇德者霸	18/193/20
○君廣地者滅	18/193/20
無功而大利者後將○害	18/193/24
不○苟得	18/193/26
尚以○未足	18/194/1
頭○飲器	18/194/2
○我太子	18/194/10
此所謂見譽而○禍者也	18/194/11
子何○思之	18/194/17
魯人有○父報讎於齊者	18/194/22
今日○父報讎以出死	18/194/24
非○生也	18/194/24
此眾人所以○死也	18/194/27
夫走者、人之所以○疾也	18/194/28
步者、人之所以○遲也	18/194/28
今（反乃）〔乃反〕以人之所〔以〕○遲者、（反）○疾	18/195/1
有知徐之○疾、遲之○速者	18/195/1
而季氏○之金距	18/195/18
三家○一	18/195/21
必○國憂	18/196/4
社稷○墟	18/196/4
弗能○謀	18/196/6
雖曲○之備	18/196/9
而○夫子役	18/196/27
丘弗○也	18/196/28
必且以我○事也	18/197/5
而未知所以○人行也	18/197/7
事或○之	18/197/10
○五軍	18/197/13
莫肯○秦虜	18/197/15
相置桀駿以○將	18/197/16
以○西益宅不祥	18/197/24
而史以○不祥	18/198/1
子以○何如	18/198/1
夫史以爭○可以止之	18/198/4
○人之所慕	18/198/17
且也○文而不能達其德	18/198/21
○武而不能任其力	18/198/22
夫徐偃王○義而滅	18/199/1
代君○墨而殘	18/199/2
而四君獨以○仁義儒墨而亡者	18/199/2
則○之擒矣	18/199/3
知天之所○	18/199/13
老罷而不○用	18/199/26
仁者弗○也	18/199/27
其○蟲也	18/200/1
此○人	18/200/2
必○天下勇武矣	18/200/2
莊王知其可以○令尹也	18/200/9
楚國知其可以○兵主也	18/200/10
君胡○有憂色	18/200/16
以諸侯○親	18/200/17
以大夫○黨	18/200/17
○〔之〕奈何	18/200/18
然衛君以○吳可以歸骸骨也	18/200/23
諸侯皆以○蓍龜兆	18/200/24
魯哀公○室而（太）〔大〕	18/201/1
○大室以臨二先君之廟	18/201/4
得无害於〔○〕子乎	18/201/4
魯君之欲○室誠矣	18/201/5
而可以○丹者	18/201/8
白公勝將○亂	18/201/20
白公勝果○亂	18/201/22
子發○上蔡令	18/201/25
追者皆以○然而不索其內	18/201/28
請身○臣、妻○妾	18/202/1
居（隱○）〔○隱〕蔽	18/202/2
而戰○鋒行	18/202/2
吾以○不然	19/202/13, 19/204/14
則莫得無○	19/202/16
○民興利除害而不懈	19/202/25
是故禹（之）○水	19/202/28
而稱以「無○」	19/202/29
○天下強掩弱	19/203/1
○一人聰明而不足以徧燭海內	19/203/3
〔○〕絕國殊俗	19/203/3
若吾所謂「無○」者	19/203/13
故謂之有○	19/203/17
因高○（田）〔山〕	19/203/18
因下○池	19/203/18
此非吾所謂○之	19/203/18
又且○不義	19/203/24
〔則〕曷○攻之	19/203/24
作○雲梯之械設以攻宋	19/203/25
曷○弗取	19/203/26
君何○軾	19/203/28
不○〔也〕	19/204/3
猶人〔之○人〕	19/204/14
馬之○馬	19/204/14
夫馬之○草駒之時	19/204/15
故其形之○馬	19/204/17
教之所○也	19/204/18
（帽）〔悁〕憑而○義	19/204/20
雖粉白黛黑弗能○美者	19/204/23
今以○學者之有過而非學者	19/204/26
○此不用冊錣而御	19/205/1
○此棄干將、鏌邪而以手戰	19/205/3
所○言者	19/205/3
以大氐○本	19/205/9
其○微妙	19/205/23
螳知○垤	19/206/4
貛貉○曲穴	19/206/4
胡曹○衣	19/206/10
奚仲○車	19/206/10
遂○天下備	19/206/12
鏤以○獸	19/206/19
（楺）〔揉〕以○輪	19/206/19
可以○法則	19/207/1
吳○封豨脩蛇	19/207/19
故○道者必託之于神農、黃帝而後能入說	19/208/5
○學者	19/208/6
見世莫可○語者也	19/208/9
夫項託（年）七歲○孔子師	19/208/11
○閭丈人說	19/208/11
夫以徵○羽	19/208/14
以甘○苦	19/208/14
〔鄰人〕以○狗羹也而甘之	19/208/15
以○寶而藏之	19/208/17
人以○石也	19/208/18
以○知者〔施〕也	19/209/4
不○古今易意	19/209/4
昔晉平公（今）〔令〕官○鐘	19/209/7
工皆以○調	19/209/8
而以○不調	19/209/8
以○後之（有）知音者也	19/209/9

(且)〔則〕夫觀者莫不○之損心酸足 19/209/23
不可以○(櫨)〔廬〕棟 19/209/26
故可以○棺舟 19/209/26
草木○之靡 20/210/9
不可以智巧○也 20/210/23
宋人有以象○其君○楮葉者 20/210/27
非有〔○焉〕 20/211/10
非○虎豹也 20/211/11
非○飛鳥也 20/211/11
非○蛟龍也 20/211/12
秦穆公○野人食駿馬肉之傷也 20/211/27
孔子○魯司寇 20/212/1
埏埴而○器 20/212/12
窬木而○舟 20/212/12
鑠鐵而○(刀)〔刃〕 20/212/12
鑄金而○鍾 20/212/13
而○之節文者也 20/212/15
繭之性○絲 20/212/21
卵之化○雛 20/212/22
則不能〔成〕○雛 20/212/22
非〔得〕聖王○之法度而教導之 20/212/23
以○雖有法度 20/213/10
○奸刻偽書 20/213/16
故聖人事窮而更○ 20/213/24
禮之○也 20/214/5
○其雌雄之不(乖)〔乘〕居也 20/214/10
以○天下去殘除賊 20/214/18
故大較易○智 20/215/6
曲辯難○(惠)〔慧〕 20/215/7
聖人不○ 20/215/7
(陰陽无○、故能和) 20/215/12
舜○天子 20/215/19
是以外見○之者也 20/216/2
畏刑而不○非 20/216/7
○之寢不安席 20/216/26
无法不可以○治也 20/217/5
而不能使人○孔、曾之行 20/217/6
而不能使人○伯夷之廉 20/217/6
行○儀表 20/217/7
然越〔人〕○之 20/217/9
故舉天下之高以○三公 20/217/14
一國之高以○九卿 20/217/14
一縣之高以○二十七大夫 20/217/14
一鄉之高以○八十一元士 20/217/14
行足以○儀表 20/217/18
將欲以濁○清 20/218/3
以危○寧也 20/218/4
管叔、蔡叔奉公子祿父而欲○亂 20/218/4
猶之○仁也 20/218/10
猶之○知也 20/218/11
醜必託善以自○解 20/218/11
邪必蒙正以自○(辟)〔辭〕 20/218/11
不注海者不○川谷 20/218/15
不歸善者不○君子 20/218/15
○傾覆之謀 20/218/18
夫知者不妄〔○〕 20/218/23
擇善而○之 20/218/23
必以仁義○之本 20/218/24
聖人一以仁義○之準繩 20/218/25
愚者不○也 20/218/26
言以信義○準繩也 20/218/28
故○治之本 20/219/3
不務性之所无以○ 20/219/8
而制度可以○萬民儀 20/219/9
故桀、紂不○王 20/219/17
湯、武不○放 20/219/17
乃相率(而○致勇)〔○勇而致〕之寇 20/219/23
皆方面奮臂而○之鬭 20/219/23
其○樂豈不大哉 20/220/9
嘗○則能之 20/220/19
其○親〔也〕亦戚矣 20/220/24
其○君亦(患)〔惠〕矣 20/220/25
其○師亦博矣 20/220/25
天之所○ 20/221/5
人之所○ 20/221/5
構而○宮室 20/221/5
制而○舟輿是也 20/221/5
治之所以○本者、仁義也 20/221/6
所以○末者、法度也 20/221/6
洪者○本 20/221/8
而殺者○末 20/221/9
大者○首 20/221/9
而小者○尾 20/221/9
故仁義者、○厚基者也 20/221/14
北不可以○庸 20/221/22
誕不可以○常 20/221/22
作○《山(水)〔木〕》之嘔 20/221/25
高漸離、宋意○擊筑 20/221/26
因以此聲○樂而入宗廟 20/221/27
不可以○儀 20/222/1
不可以○道 20/222/1
不可以○樂 20/222/2
儀狄○酒 20/222/7
師延○平公鼓朝歌北鄙之音 20/222/8
商鞅○秦立相坐之法 20/222/18
吳起○楚〔張〕減爵(祿)之令 20/222/18
知禍之○福也 20/222/24
畏福之○禍也 20/222/24
○其殘桑也 20/222/28
○其害義也 20/223/2
〔○其〕傷和睦之心 20/223/4
所鑿不足以○便 20/223/5
而所開足以○敗 20/223/6
所樹不足以○利 20/223/6
而所生足以○濊 20/223/6
〔不可以○法也〕 20/223/7
○其來蛉窮也 20/223/7
○〔其〕搏雞也 20/223/8
偷利不可以○行 20/223/11
而知術可以○法 20/223/11
夫作○書論者 21/223/21
則○人之惽惽然弗能知也 21/223/23
故多○之辭 21/223/23
博○之說 21/223/23
以○法式 21/224/18
斷短○節 21/225/14
乘勢以○資 21/225/31
清靜以○常 21/225/31
使人知禍之○福 21/226/6
亡之○得 21/226/6
成之○敗 21/226/6
利之○害也 21/226/6
所以○人之於道未淹 21/226/9

○止能止衆止 16.86/162/1
夫○無量 16.92/162/19
○孫叔敖獨存 18/186/23
○聖人知病之為利 18/187/5
○有道者能行之 18/199/1
我馬○騏 19/208/1
○其母能知之 19/209/1
○良工能識之 19/209/1
○聖人能論之 19/209/2
○聖人能盛而不衰 20/213/12
其○聖人也 21/227/3

圍 wéi 25

百○之木 2/14/13
是故十○之木 9/77/20
然而○於匡 9/80/25
魯酒薄而邯鄲○ 10/90/2
知伯○襄子於晉陽 12/106/24
襄子起兵攻（○之）
［之］ 12/111/9
［○］未合 12/111/9
趙襄子○於晉陽 13/128/24
罷○而賞有功者五人 13/128/24
晉陽之○ 13/128/25
晉師○穆公之車 13/129/4
以（○）［圉］強敵 14/137/15
求大三○之木 16.122/165/16
○（二市）［三匝］ 18/187/11
陽虎因赴○而逐 18/187/12
於是智伯乃從韓、魏○
襄子於晉陽 18/188/26
○其城 18/189/25
軍罷○解 18/189/27
○平陸 18/190/22
踰鄰國而○平陸 18/190/23
○晉陽 18/191/20
襄子［罷○］乃賞有功
者 18/192/2
晉陽之○也 18/192/3
○之晉陽（二）［三］
年 18/193/19
解○而去之 18/194/25

違 wéi 6

則後者（逢）［○］之 1/5/13
將無所○之矣 7/56/14
（○）［違］其怒恚 9/68/5
而不能○其難也 10/85/2
伉行以○衆 11/94/20
不○危殆 19/207/25

嵬 wéi 1

○然不動 14/138/23

維 wéi 29

橫四○而含陰陽 1/1/6
（○）［繼］嗣絕祀 1/4/14
地○絕 3/18/25
東北為報德之○（也） 3/21/15
西南為背陽之○ 3/21/15
東南為常羊之○ 3/21/16
西北為蹏通之○ 3/21/16
兩○之閒 3/22/11
加十五日指報德之○ 3/22/13
加十五日指常羊之○則
春分盡 3/22/18
加十五日指背陽之○則
夏分盡 3/22/22
加十五日指蹏通之○則
秋分盡 3/22/26
天○建元 3/23/6
帝張四○ 3/25/4
四○乃通 3/29/17
未在己曰屠○ 3/31/2
日出東南○ 3/31/12
入西南○ 3/31/12
出東北○ 3/31/13
入西北○ 3/31/13
○其西北之隅 4/33/7
乃○上天 4/33/17
○出覆舟 4/37/19
○濕北流出於燕 4/37/23
此［《筦子》］所謂
（《筦子》）「（梟）
［鳥］飛而（○）
［準］繩」者 12/118/20
（○）（抱綰）［綰枹］
而鼓之 15/145/6
先（○）［雍］季而後
咎犯 18/191/15
百工○時 20/217/13
通○初之道 21/225/4

蓶 wéi 1

（藿蔰）［○扈］炫煌 2/10/21

巍 wéi 2

○○然高 16.16/155/22

尾 wěi 25

則飢虎可○ 1/3/6
其星房、心、（○） 3/19/22
其星［○］、箕、斗、
牽牛 3/19/23
○、箕為對 3/27/11
歲星舍○、箕 3/27/17
十月建○、［箕］ 3/28/3
○十八 3/28/6
○、箕燕 3/28/11
旦○中 5/39/3
此傳說之所以騎辰○也 6/50/19
龍乃弭耳掉○而逃 7/58/18
虎豹可○ 8/63/10
今使烏獲、藉蕃從後牽
牛○ 9/78/2
○絕而不從者 9/78/3
○生與婦人期而死之 13/125/14
○生死其梁（拄）［柱］
之下 16.100/163/11
飛不以○ 16.132/166/13
屈○飛不能遠 16.132/166/13
見虎○而知其大於貍
17.122/177/1
畏首畏○ 17.137/178/4
○生之信 17.242/185/14
翹○而走 19/204/15
首○成形 19/206/19
而小者為○ 20/221/9
○大於要則不掉矣 20/221/9

委 wěi 23

蟠○錯紾 1/6/7
優游○縱 1/7/13

其縱之也若〇衣 1/10/9
提挈天地而〇萬物 2/15/6
曰〇羽 4/34/3
蔽于〇羽之山 4/37/12
南至〇火炎風之野 5/47/18
〇務積神 6/49/29
休息于無〇曲之隅 7/57/24
〇心而不以慮 7/59/21
〇萬物而不利 7/60/21
優柔〇從 8/64/16
〇而弗為 8/64/26
無天下之〇財 11/96/19
句襟〇章甫哉 13/120/5
得相〇輪 13/120/12
北面〇質而臣事之 13/121/19
〇以貨財 13/128/20
背社稷之守而〇身強秦 15/146/3
趙宣孟活飢人於〇桑之
下 18/199/24
〇社稷 18/202/2
故君子積志〇正 19/207/8
〇利爭受寡 20/216/6

偽 wěi 33

曲巧〇詐 1/4/5
休于天鈞而不〇 2/12/15
德蕩者其行〇 2/14/15
夫趍舍行〇者 2/14/16
（雜）〔離〕道以〇 2/15/15
各欲行其知〇 2/15/18
誅淫泆詐〇之人 5/46/6
其心（愉）〔和〕而不〇 8/61/8
機械詐〇 8/61/12
則德遷而為〇矣 8/62/26
及〇之生也 8/62/26
巧〇紛挐 8/65/3
非所以為〇也 8/66/27
是故得道者不（為）
〔〇〕醜飾 9/70/20
不（為）〇善〔極〕 9/70/21
適足以輔〇飾非 9/82/1
非正（為）〇形也 10/85/3
知情〇矣 10/87/20
工無〇事 10/88/4
禮義飾則生〇匿之（本）
〔士〕 11/93/27
而詐〇萌興 11/93/30
矜〇以惑世 11/94/20
而以〇輔情也 11/97/16
士無〇行 11/103/19
為禮者相矜以〇 11/103/20
以其知巧詐〇 11/103/28
夫乘奇技、（〇）〔為〕
邪施者 11/104/9
故禮者、實之華而〇之
文也 13/126/1
〇詐也 13/126/23
不賦詐〇 18/191/12
以詐〇遇人 18/191/14
夫人〇之相欺也 18/202/7
為奸刻〇書 20/213/16

偉 wěi 1

〇哉造化者 7/58/21

葦 wěi 2

入材〇 5/42/10
藿〇有叢 17.134/177/28

瑋 wěi 1

何況懷瓌〇之道 2/12/5

緯 wěi 4

東西為〇 4/34/18
經〇六合 8/64/6
經〇人事 21/223/21
以經〇治道 21/226/16

鮪 wěi 3

薦〇於寢廟 5/40/13
鱣〇入口若露而死 11/103/11
夫牛蹏之涔不能生鱣〇 13/127/9

未 wèi 279

神託于秋毫之（〇）
〔末〕 1/1/13
〇始有與雜糅者也 1/4/5
是故好事者〇嘗不中 1/4/12
爭利者〇嘗不窮也 1/4/12
〇發號施令而移風易俗者 1/4/21
有〇始有有始者 2/10/14,2/10/16
有〇始有夫〇始有有始者 2/10/14
有〇始有有無者 2/10/15
繁憤〇發 2/10/15
〇有形（呼）〔埒〕
（垠堮） 2/10/15
將欲生興而〇成物類 2/10/16
欲與物接而〇成兆朕 2/10/17
有〇始有夫〇始者有有
始者 2/10/17
天含和而〇降 2/10/18,8/62/2
地懷氣而〇揚 2/10/18
有〇始有有无者 2/10/23
有〇始有夫〇始有有无者 2/10/25
天地〇剖 2/10/25
陰陽〇判 2/10/25
四時〇分 2/10/25
萬物〇生 2/10/26
而〇能无无也 2/10/27
千變萬化而〇始有極也 2/11/4
始吾〇生之時 2/11/6
今吾〇死 2/11/7
無之〇有害於用也 2/13/5
然〇可以保於周室之九
鼎也 2/13/9
何況夫〇始有涅藍造化
之者乎 2/13/20
又況〇有類也 2/13/28
真人〇嘗過焉 2/15/1
聖人〇嘗觀焉 2/15/1
純樸〇散 2/15/8
其舉錯〇必同也 2/16/17
〇能見眉睫 2/17/22
天墬〇形 3/18/18
〇當居而居之 3/20/14
入以丑〇 3/20/17,3/20/21
〔〇〕當出而（不）出 3/20/17
〇當入而入 3/20/18
子午、丑〇、寅申、卯
酉、辰戌、巳亥是也 3/21/3
丑寅、辰巳、〇申、戌
亥為四鉤 3/21/15
加十五日指〇則大暑 3/22/22
蔟而〇出也 3/25/5

指○ 3/25/8
○〔者〕 3/25/8
○為執 3/27/3
太陰在○ 3/27/10
死於○ 3/27/24
○宋 3/28/23
○在己曰屠維 3/31/2
○春分而直 3/31/20
○秋分而直 3/31/20
○秋分而不直 3/31/21
招搖指○ 5/42/6
若乃○始出其宗者 6/50/4
而心○嘗死者乎 6/50/7
此○始異於聲 6/51/19
若○始出其宗 6/51/20
然○見其貴者也 6/52/8
然猶○及虙戲氏之道也 6/52/22
天下○嘗得安其情性 6/54/1
古○有天地之時 7/54/25
猶○足為也 7/56/4
與其○離於地也無以異 7/56/22
故形有摩而神○嘗化者 7/58/6
千變萬抮而○始有極 7/58/7
故生生者○嘗死也 7/58/8
化物者○嘗化也 7/58/9
漠若○始出其宗 7/59/21
終則反本（末）〔○〕生之時 7/59/23
知○生之樂 7/60/1
○嘗非為非欲也 7/60/27
然猶○能贍人主之欲也 8/61/22
（也）〔地〕懷氣而○（楊）〔揚〕 8/62/2
○可與言至也 8/62/20
〔○〕有能治之者也 8/62/27
龍門○開 8/63/15
呂梁○發 8/63/15
（○）〔末〕世之政 8/66/8
思慕之心○能絕也 8/66/15
而事修其（○）〔末〕 9/68/2
而事之於（○）〔末〕 9/68/7
○可以加兵 9/68/22
○嘗不因其資而用之也 9/72/5
○必可用〔也〕 9/75/10
故通於本者不亂於（○）〔末〕 9/75/25
古今○有也 9/76/4
日陰○移 9/78/1
豺○祭獸 9/79/12
獺○祭魚 9/79/13
鷹隼○摯 9/79/13
草木○落 9/79/13
昆蟲○蟄 9/79/14
慮患○生 9/80/1
備禍○發 9/80/1
猶以為○足也 9/80/10
身材○脩 9/81/28
（○）〔末〕世繩繩乎（准）〔唯〕恐失仁義 10/82/26
古今○之有也 10/83/1
己○必（得）賢 10/83/14
非〔直〕○嘗見狐者 10/83/15
必○嘗見貍也 10/83/16
○之聞也 10/84/2, 10/88/13, 10/89/18, 10/89/26, 19/203/10
古今○之聞也 10/84/24, 11/104/12
○知利害也 10/84/26
○言而信 10/87/15
而○能（必免其禍）〔必其免禍〕 10/89/16
猶○之莫與 10/90/6
行政〔○必〕善 10/90/9
善〔政〕○必至也 10/90/9
猶○足以至於極也 10/90/18
而○能以智不智也 10/91/1
○可與廣應也 10/91/6
皆徼於（○）〔末〕也 11/95/16
動○嘗正（物）〔也〕 11/96/4
○必无禮也 11/97/10
此○可與言術也 11/98/24
海內○定 11/99/3
而○始有是也 11/100/16
而○始有非也 11/100/16
○必不合於人也 11/100/18
○必不非於俗也 11/100/18
○有可是非者也 11/103/15
而欲民之去（○）〔末〕反本 11/104/10
言○卒 12/107/2
○有愛利之心也 12/107/21
用之○晚〔也〕 12/109/6
臣○嘗聞身治而國亂者也 12/109/28
○嘗聞身亂而國治者也 12/109/29, 14/133/5
不敢對以（○）〔末〕 12/109/29
○葬 12/111/9, 12/115/25
〔圍〕○合 12/111/9
師○合而敵遁 12/113/12
及〔其〕○成 12/114/13
猶○也 12/115/13, 12/115/14
為其謀○及發泄也 12/115/20
甲兵○及銳弊也 12/115/20
糧食○及乏絕也 12/115/20
人民○及罷病也 12/115/20
○至而人已知之 12/115/24
今吾君薨○葬 12/115/25
王欲置后而○定 12/116/1
唯北陰之○（闢）〔闚〕 12/116/9
吾猶（夫）〔○〕能之在 12/116/14
〔而〕○能無無也 12/117/9
○嘗見也 12/118/4
（人）〔又〕以為從○足也 12/118/10
○嘗不危也 12/119/19
夫○得獸者 12/119/23
是故禮樂○始有常也 13/121/2
故變古○可非 13/121/5
而循俗○足多也 13/121/6
又有○作《詩》、《春秋》之時 13/121/10
而○可與適道也 13/125/27
○可以立也 13/125/27
○可與權 13/125/28
而○知全性之具者 13/126/10
○足大舉 13/127/11
○有能全其行者也 13/127/19
故○有功而知其賢者 13/128/5
故○嘗灼而不敢握火者 13/128/17
○嘗傷而不敢握刀者 13/128/17
見者可以論○發也 13/128/18
嫁○必成也 13/131/20
○足以論也 13/132/2
○造而成物 14/132/10
若○有形 14/132/15
○始分於太一者也 14/132/16

○嘗聞身治而國亂者也 14/133/5
○聞枉己而能正人者也 14/133/6
○之有也 14/134/4
○有益也 14/134/18
○有以無欲而危者也 14/134/24
○有以守常而失者也 14/134/25
不求其所○得 14/135/3
求其所（無）〔○得〕 14/135/3
故治○固於不亂 14/135/6
行○固於無非 14/135/7
而○可以霸王也 14/136/19
○有能者也 14/137/14
數○之有也 14/137/17
○有使人無智者 14/138/10
○有使人無力者 14/138/10
而求其所○得也 14/139/1
中○嘗平 14/139/3
○受者 14/140/7
制勝於○戰而諸侯服其威 15/144/12
由本至（○）〔末〕 15/144/16
○至（兵交）〔交兵〕接刃而敵人奔亡 15/145/4
今夫天下皆知事治其（○）〔末〕 15/145/7
○見其發 15/147/11
雖○能得勝於敵 15/148/14
容○可見 15/149/2
物○有不以動而制者也 15/149/4
○嘗聞也 15/149/15,16.97/163/4
上窮至高之（○）〔末〕 15/149/23
雖○必能萬全 15/149/28
己○能治也 15/152/5
○有死者也 15/152/7
是故兵○交接而敵人恐懼 15/153/23
此有一概而○得主名也 16.48/158/25
○有天地能生天地者也 16.85/161/30
○發而蝯擁（柱）〔樹〕號矣 16.89/162/11
○能行之者矣 16.94/162/24
○有无其具而得其利 16.113/164/20
兩者皆○有功 16.121/165/13

○有天地而生天地 17.3/168/16
然而橑輻○足恃也 17.41/171/7
○嘗見霜 17.54/172/8
富者○必盜 17.68/173/6
貧者○必廉 17.68/173/6
○嘗〔不〕適 17.105/175/23
○嘗稼穡粟滿倉 17.140/178/11
○嘗桑蠶絲滿囊 17.140/178/11
○可以應變 17.142/178/15
秋毫之（○）〔末〕 17.223/184/3
○嘗不（憒）〔噴〕然而歎曰 18/187/7
其事○究 18/189/23
○可也 18/190/9
○嘗不恐也 18/193/25
尚以為○足 18/194/1
則○可與言術也 18/196/2
楚太宰、○易得也 18/196/13
夫鴻鵠之○孚於卵也 18/196/18
而○能以知不知也 18/197/5
而○能勇於不敢也 18/197/6
而○知所以為人行也 18/197/7
其所論○之究者也 18/197/7
是兩（○）〔末〕之端（義）〔議〕 19/205/4
矇然○見形容 19/205/18
目○嘗見禮節 19/206/7
耳○嘗聞先古 19/206/7
使○嘗鼓（瑟）〔琴〕者 19/206/17
天下○之有也 19/207/5
此○始知味者也 19/208/16
此○始知音者也 19/208/17
此○始知玉者也 19/208/18
雖○有利 19/209/27
縣烽○轉 20/210/9
草木○動而鳥已翔矣 20/210/10
陰曀○集而魚已噞矣 20/210/10
夫物○嘗有張而不弛、成而不毀者也 20/213/12
而○可謂孝子也 20/214/16
而○可謂弟〔弟〕也 20/214/17
而○可謂忠臣（矣）〔也〕 20/214/18
○能下 20/214/19
而○可謂慈父也 20/214/19

而○可〔以〕廣應也 20/215/13
而○可以治大也 20/215/14
此治之（○）〔末〕也 20/216/8
由本流（○）〔末〕 20/217/20
○有得己而失人者也 20/219/3
○有失己而得人者也 20/219/3
○有能搖其本而靜其末 20/219/5
雖○嘗更也 20/220/20
雖○能抽引玄妙之中（才）〔哉〕 21/223/21
所以為人之於道○淹 21/226/9
味論○深 21/226/9
天下○定 21/227/26
海內○輯 21/227/26
遼遠○能至 21/227/27
○能用事 21/227/28
晉國之故禮○滅 21/228/20
先君之令○收 21/228/21

位 wèi 75

以其託於後○ 1/5/14
一失〔其〕○ 1/9/15
是故聖人使（人）各處其○ 1/9/16
失其所守之○ 1/9/28
誘慕於（召）〔名〕○ 1/10/4
於是在上○者 2/11/20
則德安其○ 2/17/9
景風至則爵有○ 3/20/28
失其○也 3/24/12
故黃鍾○子 3/26/1
○有五材 4/36/20
其○東方 5/39/3,5/39/18,5/40/9
修除祠○ 5/39/9
其○南方 5/41/1,5/41/17
其○中央 5/42/6
其○西方 5/42/23,5/43/17,5/44/13
其○北方 5/45/9,5/46/1,5/46/20
命太祝禱祀神○ 5/45/17
五○ 5/47/11
○賤尚菓 6/49/29
故聖人在○ 6/50/15
（仁）〔人〕君處○而不安 6/53/12
天子在上○ 6/54/4

是故聖人因時以安其○ 7/56/25
勢○爵祿何足以概志也 7/58/28
故讓○ 7/59/4
志非能〔不〕貪富貴之○ 7/60/18
是故有一形者處一○ 9/72/8
忠正在上○ 9/72/12
是故聖人得志而在上○ 9/72/14
桀在上○ 9/72/24
非貪萬民之富而安人主之○也 9/74/2
不羞其○ 9/75/11
則有司以無為持○ 9/76/23
○尊也 9/77/17
使居天子之○ 9/77/23
小人在上○ 10/83/19
言小人處非其○ 10/83/20
天下有至貴而非勢○也 10/93/12
攝天子之○ 11/102/20
人以其○ 13/121/21
務高其○而不務道德 13/124/27
二君處彊大〔之〕勢（○） 13/125/1
眾人見其○之卑賤 13/128/1
倚之于三公之○ 13/128/4
五見則德无○矣 14/133/14
智者不以○為事 14/137/6
勇者不以○為暴 14/137/7
仁者不以○為（患）〔惠〕 14/137/7
人以其○通其好憎 14/137/9
處尊○者 14/138/4
道行則人無○矣 14/138/26
處尊○者如尸 14/140/1
故○愈尊而身愈佚 14/140/3
朝不易○ 15/144/22
勢○至賤 15/146/11
才下而○高 18/186/15
聖人踐○者 19/203/1
非以貪祿慕○ 19/203/7
其所居神者得其○也 20/211/20
聖主在上○ 20/211/23
在○七十載 20/213/8
○高者事不可以煩 20/215/4
各以小大之材處其○ 20/217/20
非謂其履勢○ 20/219/13
○高而道大者從 20/222/14
以踐天子之○ 21/227/26
崇天子之○ 21/228/11

味 wèi 63

無○而五○形焉 1/6/20
○之和不過五 1/6/21
而五○之化不可勝嘗也 1/6/21
○者 1/6/23
甘立而五○亭矣 1/6/23
口○煎熬芬芳 1/7/20
口鼻之於（芳）臭〔○〕也 2/16/7
九鼎重（○） 2/17/26
（昧）〔○〕也 3/25/9
○有五變 4/36/20
其○酸 5/39/4,5/39/19,5/40/10
其○苦 5/41/2,5/41/18
薄滋○ 5/41/27
其○甘 5/42/7
其○辛 5/42/24,5/44/14
其（朱）〔○〕辛 5/43/18
其○鹹 5/45/10,5/46/2,5/46/21
嚐○（合）〔含〕甘 6/51/24
五○亂口 7/56/6
珍怪奇○ 7/58/13
○甘苦 8/62/25
夫聲色五○ 8/65/21
昔者齊桓公好○而易牙烹其首子而餌之 9/77/8
食不重○ 9/78/15
淡而有○ 10/86/9
故同○而嗜厚（膊）〔膞〕者 10/89/25
古人○而弗貪也 10/90/17
今人貪而弗○〔也〕 10/90/17
嘗之而無○ 10/93/4
齊（○）〔味〕萬方 11/99/25
推於滋○ 14/137/21
口好○ 14/137/23
水不與於五○而為五○調 15/150/16
能調五○者 15/150/17
不與五○者也 15/150/18
知○非庖也 16.48/158/24
〔而〕知一鑊之○ 16.133/166/16
至○不慊 17.15/169/12
五○以和 17.24/170/3
梨橘棗栗不同○ 17.67/173/3
嘗一臠肉而知一鑊之○ 17.74/173/19
象肉之○不知於口 17.165/180/6
嚼而無○者弗能內於喉 17.216/183/21
而（豢）〔養〕以芻豢黍粱五○之膳 18/194/14
嘗百草之滋○、水泉之甘苦 19/202/18
非○之過 19/208/15
此未始知○者也 19/208/16
調平五○者 20/215/17
食不甘○ 20/216/26
調和五○ 20/218/3
口嚼滋○ 20/219/10
其无○者、正其足○者也 20/221/29
兼○快於口 20/221/30
○論未深 21/226/9

胃 wèi 8

其星○、昴、畢 3/19/24
歲星舍○、昴、畢 3/27/9
○、昴、畢為對 3/27/17
三月建○、〔昴〕 3/28/1
○十四 3/28/7
○、昴、畢魏 3/28/12
黃色主○ 4/36/12
是猶貫甲（○）〔冑〕而入宗廟 9/78/23

畏 wèi 25

姦邪○之 1/2/18
則不可○以死 7/60/1
夫使天下○刑而不敢盜 7/60/23
楚莊王傷文無○之死於宋也 9/77/23
人入之而○ 11/94/21
百姓○之 12/110/13
人之所○ 12/114/24
不可不○也 12/114/24
守之以○ 12/119/18
鬼神以○之 12/119/27
○罪而恐誅 13/123/10

罰一人而天下○之 13/129/9
非不貪生而○死也 13/129/26
然懷王北○孟嘗君 15/146/3
雖少無○ 15/147/26
卒不○將 15/147/27
見難不○死 15/151/25
○馬之辟也不敢騎 16.53/159/10
大而不可○ 16.91/162/17
○首○尾 17.137/178/4
○其誠也 17.210/183/9
○刑而不為非 20/216/7
失道則以天下之大○於冀州 20/220/2
○禍之為禍也 20/222/24

尉 wèi 6

命太○ 5/41/8
八月官○ 5/44/11
十一月官都○ 5/46/18
此〔大〕○之官〔也〕 15/145/13
乃使○屠睢發卒五十萬 18/197/13
殺○屠睢 18/197/16

渭 wèi 2

○水多力而宜黍 4/35/23
○出鳥鼠同穴 4/37/19

㥜 wèi 1

（帽）〔○〕憑而為義 19/204/20

慰 wèi 2

不為愁悴怨（懟）〔○〕而（不）失其所以自樂也 1/9/2
人之困○者也 10/83/23

蔚 wèi 4

五藏無○氣 2/17/9
設（○施）〔施○〕伏 15/148/5
施○伏 15/152/19

撌 wèi 1

燒不暇○ 21/228/6

蝟 wèi 2

鵲矢中○ 16.124/165/23
蒙○皮 19/209/13

謂 wèi 343

所○天者 1/4/5
所○人者 1/4/5
所○無為者 1/4/23
所○〔無〕不為者 1/4/24
所○無治者 1/4/24
所○無不治者 1/4/25
此之○天解 1/4/26
所○志弱者 1/4/28
所○（其）事強者 1/5/3
所○後者 1/5/15
非○其底滯而不發 1/5/15
是○至德 1/6/7,1/7/16
所○無形者 1/6/16
一之○也 1/6/16
所○一者 1/6/16
所○樂者 1/7/20
釣射鷫鷞之○樂乎 1/7/21
吾所○樂者 1/7/21
吾所○有天下者 1/8/21
非○此也 1/8/21
所○自得者 1/8/25
吾所○得者 1/9/6
所○有始者 2/10/15
人○之固矣 2/11/1
物豈可○无大揚攉乎 2/11/4
是○大治 2/11/20
庸（愚）詎知吾所○知之非不知歟 2/14/4
是之○失道 2/16/14
可○能體道矣 2/17/9
何○九野 3/19/22
何○五星 3/20/1
何○八風 3/20/25,4/32/25
何○五官 3/21/1
何○六府 3/21/3
何○七舍 3/22/6
其此之○也 3/23/3
是○晨明 3/24/14
是○朏明 3/24/15
是○旦明 3/24/15
是○蚤食 3/24/15
是○晏食 3/24/15
是○隅中 3/24/16
是○正中 3/24/16
是○小（還）〔遷〕 3/24/16
是○餔時 3/24/17
是○大（還）〔遷〕 3/24/17
是○高舂 3/24/18
是○下舂 3/24/18
是○縣車 3/24/18
是○黃昏 3/24/19
是○定昏 3/24/19
〔○之桑榆〕 3/24/21
何○九州 4/32/14
何○九山 4/32/18
何○九塞 4/32/20
何○九藪 4/32/22
何○六水 4/32/28
是○（丹）〔白〕水 4/33/9
是○涼風之山 4/33/16
是○懸圃〔之山〕 4/33/16
是○太帝之居 4/33/17
是○發天墬之藏 5/46/5
所○不言之辯、不道之道也 6/50/23
是○坐馳陸沈 6/50/24
亦可○失論矣 6/51/5
是○大通 6/51/21,19/205/11
所○兼國有墜者 6/53/24
○之明 7/55/21,15/152/29
所○真人者 7/57/10
此之○無累之人 7/59/7
○之天府 8/63/5
是○瑤光 8/63/6
此之○也 8/64/2 9/72/25,11/102/13,12/106/6 12/117/15,14/137/11 18/194/3,18/195/29 18/197/8,19/207/6 19/209/28,20/211/7
是○真人 8/64/28
非○其凝滯而不動也 9/75/20
所○亡國〔者〕 9/75/27

故中欲不出○之（扃）〔扃〕 9/77/11
外邪不入○之（塞）〔閉〕 9/77/11
○之不足 9/79/4
○之閔急 9/79/4
○之窮乏 9/79/4
所○心欲小者 9/79/27
可○至貴矣 9/80/14
其斯之○歟 9/80/16
不可○智 9/81/6,13/127/4
不可○仁 9/81/6
今○狐貍 10/83/15
而○狐貍 10/83/16
是故○不肖者賢 10/83/16
○賢者不肖 10/83/17
文不勝質之○君子 10/84/18
輸子陽○其子曰 10/87/11
衛武侯○其臣曰 10/89/9
小子無○我老而羸我 10/89/9
故楚莊○共雍曰 10/90/5
可○不踰於理乎 10/90/6
義載乎宜之○君子 10/90/16
宜遺乎義之○小人 10/90/16
上車授（緌）〔綏〕之○也 10/90/22
為是○人智不如鳥獸 10/91/5
君子不○小善不足為也而舍之 10/92/1
何○四用 10/92/6
率性而行○之道 11/93/20
得其天性○之德 11/93/20
孔子○顏回曰 11/96/3
豈必鄒、魯之禮之○禮乎 11/97/12
所○明者 11/98/15
非○其見彼也 11/98/15
所○聰者 11/98/15
非○〔其〕聞彼也 11/98/15
所○達者 11/98/16
非○〔其〕知彼也 11/98/16
所○禮義者 11/98/24
往古來今○之宙 11/99/20
四方上下○之宇 11/99/21
所○是與〔所○〕非各異 11/100/15
此之○一是一非也 11/100/19
不知世之所○是非者 11/100/20
東家○之西家 11/102/16
西家○之東家 11/102/16
○之成人 11/103/16
何○不可 12/105/23
（誰）〔唯〕知言之○者乎 12/105/23
夫知言之○者 12/105/23
白公之○也 12/105/26
願王察其所○ 12/106/10
此老聃之所○『無狀之狀 12/106/11
可○至貪（也）〔矣〕 12/106/18
可○至愚矣 12/106/19
宋王○左右曰 12/108/1
〔昭〕文君○杜赫曰 12/108/12
此所○弗安而安者也 12/108/14
孔子亦可○知（禮）〔化〕矣 12/108/21
大王亶父可○能保生矣 12/109/16
中山公子牟○詹子曰 12/109/21
此之○重傷 12/109/23
○宋君曰 12/110/10
釐負羇之妻○釐負羇曰 12/110/27
秦穆公（請）〔○〕伯樂曰 12/111/15
是○社稷主 12/112/17
是○天下之王 12/113/3
○弟子曰 12/113/5
公孫龍顧○弟子曰 12/113/6
是○襲明 12/113/9
狐丘丈人○孫叔敖曰 12/113/28
何○也 12/113/28,12/115/12,12/115/13,18/201/12
顏回○仲尼曰 12/115/12
何○坐忘 12/115/15
是○坐忘 12/115/15
望（之）〔而〕○之曰 12/117/24
佽非○枻舡者曰 12/118/3
佽非之○乎 12/118/7
此〔《筦子》〕所○（《筦子》）「（梟）〔鳥〕飛而（維）〔準〕繩」者 12/118/20
景公○太卜曰 12/119/1
晏子可○忠於上而惠於下矣 12/119/5
○之宥卮 12/119/14
何○挹而損之 12/119/16
可○能子矣 13/121/16
可○能武矣 13/121/18
可○能臣矣 13/121/20
人○之左則左 13/123/15
○之右則右 13/123/15
忠諫者○之不祥 13/124/4
而道仁義者○之狂 13/124/4
今○（疆）〔彊〕者勝則度地計眾 13/124/21
周公可○能持滿矣 13/125/10
何○失禮而有大功 13/125/17
此所○忠愛而不可行者也 13/125/20
○之知權 13/125/28
○之不知權 13/126/1
所○可行而不可言者 13/126/23
不可○勇 13/127/4
不可○貞 13/127/5
此之○〔也〕 13/129/11
所○為善者 13/129/13
所○為不善者 13/129/13
○之太一 14/132/10
○之分物 14/132/11
○之真人 14/132/15
一○張之 14/134/21
一○歙之 14/134/21
何○無為 14/137/6
可○無為矣 14/137/7
此所○藏無形者 14/138/6
蓋○此也 14/138/13
○之狂生 14/139/3
○之道 14/139/7,18/185/26
此之○大通 14/139/11
此之○狂 14/140/12
此〔之〕○狂（人） 14/140/13
可○恬矣 14/140/26
可○佚矣 14/140/26
○之太沖 14/142/17
所○道者 15/144/1
是○神明 15/144/3
可○極之〔極〕矣 15/144/10
所○廟戰者、法天道也 15/144/11
此○氣勢 15/148/2
此○地勢 15/148/4
此○因勢 15/148/5

此○知權 15/148/6
此○事權 15/148/7
所○天數者 15/150/11
所○地利者 15/150/11
所○人事者 15/150/12
是○至神 15/150/28
是○必取 15/151/2
是○至強 15/151/2
所○三隧者 15/151/24
所○四義者 15/151/25
所○五行者 15/151/25
所○十守者 15/151/27
是○至（於）〔旍〕 15/151/28
何○隱之天 15/152/12
何○隱之地 15/152/13
何○隱之人 15/152/14
○之神 15/152/29
所○虛也 15/153/1
所○實也 15/153/2
虛實之○也 15/153/3
○之幽冥 16.1/154/5
是○玄同 16.42/158/8
歸○其母曰 16.77/161/7
○學不暇者 16.77/161/8
此所○同汚而異塗者 16.95/162/28
所○養志者也 16.101/163/15
不可○〔之〕大馬 16.129/166/3
（所）〔可〕○之眇馬 16.129/166/3
○許由無德 17.47/171/19
或○（家）〔冢〕 17.125/177/7
或○隴 17.125/177/7
或○笠 17.125/177/7
或○簦 17.125/177/7
可○不知類矣 17.149/178/31
固○之斷 17.197/182/12
必○之亂 17.197/182/12
○之不祥 17.206/183/1
○之心 18/185/23
○之術 18/185/24
○其子曰 18/186/19
（○）〔請〕有寢之丘 18/186/22
此所○損之而益也 18/186/23
何○益之而損 18/186/23
此所○益之而損者也 18/187/1
此所○害之而反利〔之〕者也 18/187/16
何○欲利之而反害之 18/187/19
此所○欲利之而反害之者也 18/187/25
此所○有功而見疑者也 18/188/10
何○有罪而益信 18/188/13
此〔所〕○有罪而益信者也 18/188/16
此所○奪人而反為人所奪者〔也〕 18/188/27
何○與之而反取之 18/189/1
此所○與之而反取〔之〕者也 18/189/5
此所○直於辭而不（可）（用）〔周〕〔於事〕者也 18/190/12
何○虧於耳、忤於心而合於實 18/190/12
靖郭君○謁者曰 18/190/13
此所○虧於耳、忤於心而得事實者也 18/190/18
何○貴智 18/190/26
襄子○（於）張孟談曰 18/191/21
此所○見譽而為禍者也 18/194/11
何○毀人而反利之 18/194/13
此〔所〕○毀人而反利之者也 18/194/19
此所○徐而馳 18/194/28
何○三不祥 18/198/2
王孫厲○楚莊王曰 18/198/19
此〔所〕○螳蜋者也 18/200/1
子貢可○知所以說矣 18/200/26
此所○類之而非者也 18/201/18
何○非類而是 18/201/20
此所○弗類而是者也 18/201/23
何○若然而不然 18/201/25
此所○若然而不若然者 18/201/29
何○不然而若然者 18/202/1
可○聖人乎 19/202/15
若吾所○「無為」者 19/203/13
非○其感而不應 19/203/16
故○之有為 19/203/17
此非吾所○為之 19/203/18
此所○異路而同歸者也 19/204/7
而人○江、河東流 19/205/8
而人○星辰日月西移者 19/205/9
而人○之騃 19/205/10
而人○之訬 19/205/10
是○重明 19/205/11
是○大仁 19/205/12
是○至信 19/205/13
是（○）猶釋船而欲踩水也 19/205/15
而○學無益者 19/205/19
此所○名可（彊）〔務〕立者 19/207/12
此之○神明 20/210/4
此之○大巧 20/210/25
何○參五 20/212/27
此之○參 20/213/4
此之○五 20/213/5
可○養性矣 20/214/16
而未可○孝子也 20/214/16
可○忠臣（也）〔矣〕 20/214/17
而未可○弟〔弟〕也 20/214/17
可○惠君〔矣〕 20/214/18
而未可○忠臣（矣）〔也〕 20/214/18
可○良將〔矣〕 20/214/19
而未可○慈父也 20/214/19
故知過萬人者○之英 20/217/15
千人者○之俊 20/217/15
百人者○之豪 20/217/15
十人者○之傑 20/217/15
中之者○之君子 20/218/25
弗中者○之小人 20/218/25
所○有天下者 20/219/13
非○其履勢位 20/219/13
可不○有術乎 20/220/20
可○知略矣 20/221/5
先本後末○之君子 20/221/7
以末害本○之小人 20/221/7
豈所○樂哉 20/221/25
豈古之所○樂哉 20/221/27
所○仁者、愛人也 20/223/11
所○知者、知人也 20/223/12
今○之道則多 21/227/9
○之物則少 21/227/9
○之術則博 21/227/10
○之事則淺 21/227/10

衛 wèi 31

彎棊○之箭 1/2/22

楚莊王傷〇無畏之死於宋也 9/77/23
楚〇王好服解冠 9/77/24
〇武備具 9/80/4
惟此〇王 9/80/15
〇王周觀得（夫）〔失〕 9/80/19
成、康繼〇、武之業 9/80/20
貴〇也 10/84/18
〇不勝質之謂君子 10/84/18
成〇於遠 10/85/9
〇王聞善如不及 10/86/2
〇自官也 10/86/7
故莞子〇錦也 10/86/8
〇者 10/87/8
以〇滅情則失情 10/87/11
以情滅〇則失〇 10/87/11
〇情理通 10/87/11
晉〇密而不舉 10/89/1
晉〇得之乎閨內 10/89/1
而齊桓、晉〇獨名 10/90/12
〇王辭千里之地 10/90/21
虎豹之〇來射 10/90/31
17.84/174/10
其衣（致）煖而無〇 11/93/28
有詭〇繁繡 11/94/3
越王句踐劗髮〇身 11/97/8
晉〇君大布之衣 11/97/11
禮者、實之〇也 11/97/15
故禮因人情而為之節〇 11/97/15
禮者、體情〔而〕制〇者也 11/98/1
不亟於為〇句疏短之韈 11/98/12
〇以青黃 11/98/25
雖師〇不能以成曲 11/100/7
祀〇王于明堂 11/102/20
夫武王先武而後〇 11/102/21
晉〇公合諸侯以革車 11/102/24
〇公前剛而後柔 11/102/25
詆〇者處煩撓以為慧 11/103/21
於是乃有翡翠犀象、黼黻〇章以亂其目 11/104/1
不在〇辯 12/106/5
杜赫以安天下說周昭〇君 12/108/12
〔昭〕〇君謂杜赫曰 12/108/12
晉〇公伐原 12/113/16
〇公令去之 12/113/16
〇王砥德脩政 12/114/10
屈商乃拘〇王於羑里 12/114/13
白虎〇皮千合 12/114/15
〇王歸 12/114/16
〇王乃遂其謀 12/114/18
晉〇公適蘾 12/115/24
昔趙〇子問於叔向曰 12/118/26
〇子曰 12/118/27
魏〇侯觴諸大夫於曲陽 12/119/8
〇侯喟然歎曰 12/119/8
〇侯受觴而飲〔之〕 12/119/10
繁〇滋禮 12/119/27
〇王舍伯邑考而用武王 13/120/19
〇王十五而生武王 13/120/20
周公〔之〕事〇王也 13/121/15
有奉持於〇王 13/121/15
周公繼〇、（王）〔武〕之業 13/121/16
今儒墨者稱三代、〇武而弗行〔也〕 13/122/23
〇王兩用呂望、召公奭而王 13/123/17
繼〇之業 13/124/8
而〇武代為雌雄 13/124/11
今世之為武者則非〇也 13/124/11
為〇者則非武也 13/124/11
〇武更相非 13/124/11
〇王處（歧）〔岐〕周之間也 13/124/16
太史令向藝先歸〇王 13/124/20
而悔〔其〕不誅〇王於羑里 13/125/1
故禮者、實之華而偽之〇也 13/126/1
是故聖人以〇交於世 13/126/2
而為〇侯師 13/127/12
齊桓、晉〇 13/127/22
〇武而不以責 13/127/24
厭〇搔法 14/134/15
〇王脩之（歧）〔岐〕周而天下移風 14/135/5
故〇勝則質掩 14/136/15
見其〇者蔽其質 14/138/18
止成〇 14/140/16,20/215/15
而齊桓、晉〇之所以成霸也 15/143/20
故〇之所（以）加者淺 15/146/19
故千乘之國行〇德者王 15/146/23
是故合之以〇 15/151/2
則不能織〇錦 15/152/6
而〇君垂泣 16.4/154/16
魏〇侯（見之）〔之見〕反披裘而負芻也 16.20/156/6
喜〇非儒也 16.48/158/24
〇公棄荏席 16.136/166/23
〇王汙膺 16.142/167/9
至言不〇 17.15/169/12
見虎一〇 17.162/179/28
〇王與諸侯（備）〔構〕之 17.179/181/3
美珠不〇 17.226/184/9
為魏〇侯（夫）〔大〕開地 18/188/10
昔晉〇公將與楚〔人〕戰〔於〕城濮 18/191/11
〔〇公〕辭咎犯 18/191/13
〇公曰 18/191/16
人數言其過於〇侯 18/192/9
〇侯身行其縣 18/192/9
〇侯曰 18/192/9,18/192/13
18/192/16,18/192/17
19/203/29,19/204/1
中行〇子最弱 18/193/17
行〇德者王 18/193/21
且也為〇而不能達其德 18/198/21
〇王葬死人之骸 18/200/4
故繁稱〇辭 18/201/8
魏〇侯過其閭而軾之 19/203/28
堯、舜、〇王〔也〕 19/204/21
西施、陽〇也 19/204/23
〇王四乳 19/205/12
（楊）〔揚〕赤〇 19/205/24
今劍或絕側贏〇 19/208/21
故國危亡而天〇變 20/210/22
〇彩明朗 20/210/24
而為之節〇者也 20/212/15
〇王舉（大）〔太〕公望、召公奭而王 20/217/25
〇公樹米 20/218/10
〇王處（禮）〔酆〕百里 20/220/1
治由〇理 20/223/12
有《天〇》 21/223/25
《天〇》者 21/224/11

而兆見得失之變、利病之(○)〔反〕 21/225/22
詮以至理之○ 21/225/26
見其○辭 21/226/9
通書○而不知兵指 21/226/29
○王之時 21/227/20
○王四世纍善 21/227/21
○王欲以卑弱制強暴 21/227/22
○王業之而不卒 21/227/25
武王繼○王之業 21/227/25
武王欲昭○王之令德 21/227/26
殯○王於兩楹之間 21/227/27
周公繼○王之業 21/227/28
廣○、武之業 21/228/11

芠 wén 1

芒○漠閔 7/54/25

蚊 wén 4

猶○虻之一過也 2/12/14
○虻噆膚而(知)〔性〕不能平 2/17/14
非直蜂蠆之螫毒而○虻之慘怛也 2/17/14
鴟夜撮蚤(○) 9/70/14

聞 wén 141

聽之不○其聲 1/6/19
2/10/22,12/117/7
呼之而不能○也 1/9/24
耳不○雷霆之音 2/17/15
夫鉗且、大丙不施轡銜而以善御○於天下 6/54/11
以聽無不○也 7/55/23
不○大言者 7/59/10
聲可○者 8/62/24
故博學多○ 8/64/1
夫疾呼不過○百步 9/68/14
耳不能○百步之外 9/71/10
而不可使有○也 9/72/7
而臣情得上○ 9/75/2
於是略智博○ 9/80/20
然而勇力不○ 9/80/23
未之○也 10/84/2
10/88/13,10/89/18,10/89/26
19/203/10
古今未之○也 10/84/24
11/104/12
○音易 10/85/12
同(聞)〔○〕而殊事 10/85/17
文王○善如不及 10/86/2
申喜○乞人之歌而悲 10/87/6
鳥獸○之而驚 11/94/23
鷄狗之音相○ 11/95/14
是故不○道者 11/96/5
夫載哀者○歌聲而泣 11/96/10
非謂〔其〕○彼也 11/98/15
自○而已 11/98/15
孔子○之曰 11/100/25
12/107/9,12/118/7
韓子○之曰 11/100/25
博○強志 11/101/23
鳥○之而高翔 11/103/10
魚○之而淵藏 11/103/10
道不可○ 12/105/16
○而非也 12/105/16
願○〔齊〕國之政 12/106/9
而不肯以力○ 12/107/12
此寡人之所欲○也 12/107/18
孔子〔○之〕曰 12/108/18
桓公○之 12/109/3
且吾○之也 12/109/15
臣未嘗○身治而國亂者也 12/109/28
未嘗○身亂而國治者也 12/109/29
14/133/5
吾○子具於強臺 12/110/23
吾○之叔向曰 12/111/11
中牟○其義 12/111/12
宜若○之 12/112/4,12/112/8
宜若○之曰 12/112/5
晉人○之曰 12/112/16
原人○之曰 12/113/18
溫人○〔之〕 12/113/18
紂○而患之曰 12/114/10
紂○之 12/114/16
○君求技道之士 12/115/1
子發○之 12/115/2
齊師○之 12/115/8
臣○襲國者 12/115/19
天下莫不○ 12/115/25
穆公○之 12/115/27
聽焉無○ 12/116/13
鄭人○之曰 12/117/12
田子陽○之曰 12/119/4
臣○之 12/119/9
18/191/23,18/198/20
多○博辯 12/119/18
不若○(得)其言 13/121/12
○(得)其言 13/121/12
必有獨○之(耳)〔聽〕 13/122/17
而○見舛馳於外者也 13/123/11
勇○于天下 13/127/3
日○吾耳 13/128/28
○見鮮而識物淺也 13/130/16
○不可明於百姓 13/130/19
未嘗○身治而國亂者也 14/133/5
未○枉己而能正人者也 14/133/6
故○敵國之君有加虐於〔其〕民者 15/143/11
未嘗○也 15/149/15,16.97/163/4
博○而自亂 15/149/29
蓋(聞)〔○〕善用兵者 15/152/4
〔無有〕、何得而○也 16.1/154/4
吾(○)得之矣 16.1/154/5
懼人○之 16.55/159/14
憎人○之 16.55/159/14
不如○一言之當 16.105/163/26
則得其所○矣 17.14/169/10
○於千里 17.135/177/30
魯君○陽虎失 18/187/15
入幄中而○酒臭 18/187/21
〔靖〕郭君○而見之 18/190/14
願○其說 18/190/15
異乎臣之所○ 18/190/25
臣○(之有)裂壤土以安社稷者 18/190/26
○殺身破家以存其國者 18/190/26
不○出其君以為封疆者 18/191/1
臣○ 18/192/10
魄○(論)〔倫〕曰 18/192/22
○倫知之 18/192/23
○倫為人 18/192/24
若使○倫下之 18/192/25
諸侯○之 18/193/15,18/193/16

蓋○君子不棄義以取利 18/193/16
臣固○之 18/194/9
孟嘗君○之 18/194/14
罷武○之 18/199/28
勇武○之 18/200/3
魯君○之 18/200/15
寡人○命矣 18/201/2
百姓○之必怨吾君 18/201/3
諸侯○之必輕吾國 18/201/3
○命矣 18/201/3
蓋○傳書曰 19/203/8
墨子○而悼之 19/203/21
臣○大王舉兵將攻宋 19/203/22
諸侯莫不○ 19/204/5
耳未嘗○先古 19/206/7
鈍（○）〔閔〕條達 19/207/10
蓋○子發之戰 19/207/25
敝於論而尊其所○ 19/208/6
後○其猴也 19/208/15
我曾无有閭里（氣）〔之〕○、窮巷之知者何 19/209/10
列子〔○之〕曰 20/210/28
耳之无○ 20/220/6
且聾者、耳形具而无能○也 20/220/11
○者、所以通人於己也 20/220/12
聾者不○ 20/220/12
〔則〕○識必博矣 20/221/2
○其音者 20/221/24
○者莫不殞涕 20/221/26
○者莫不瞋目裂眥 20/221/27

蟁 wén 6

而○蝱適足以（翺）〔翶〕（翔） 2/13/26
○蝱不食駒犢 3/22/2
夫權輕重不差○首 9/69/19
夏日則不勝暑熱○蝱 13/120/7
（孑孑）〔孑孓〕為○ 17.163/180/1
○蝱走牛羊 18/195/29

刎 wěn 3

使之左〔手〕據天下圖而右手○其喉 7/59/15
○頸於陳中 13/127/1
使人左據天下之圖而右○喉 20/218/26

吻 wěn 2

而急緩之于脣○之和 9/76/1
投而擐脣○者 18/201/7

汶 wèn 3

貀度○而死 1/4/2
○出弗其 4/37/18
故齊桓公亡○陽之田而霸 20/222/24

問 wèn 76

夫內不開於中而強學○者 1/8/8
若光燿之（閒）〔○〕於无有 2/10/26
令弔死○疾 5/42/12
弔死○疾 5/47/25,19/202/24
曾子○其故 7/60/17
文王智而好○ 9/71/23
武王勇而好○ 9/71/24
○瞽師曰 9/81/21
太公望○周公曰 11/94/10
周公○太公曰 11/94/11
太清○於無窮曰 12/105/3
又○於無為曰 12/105/3
太清又○於無始曰 12/105/9
吾○道於無窮 12/105/9
又○於無為 12/105/10
白公○於孔子曰 12/105/20
何足○哉 12/106/11
若王之所○者、齊也 12/106/12
齧缺○道於被衣 12/106/28
魏武侯○於李克曰 12/108/23
夜（○）〔開〕門 12/109/2
君不若使人○之 12/109/6
○之而（故）〔固〕賢者也 12/109/6
○之 12/109/7
一聽而弗復○ 12/109/8
楚莊王○詹何曰 12/109/27
釋其椎鑿而○桓公曰 12/110/1
召伯樂而○之曰 12/111/20
○屈宜（若）〔咎〕曰 12/112/1
召子韋而○焉 12/112/19
其弟子（諫）〔○〕曰 12/113/22
成王○政於尹佚曰 12/114/20
跖之徒○〔於〕跖曰 12/114/26
不○其辭而遣之 12/115/5
因○美珥之所在 12/116/2
巫馬期○焉曰 12/116/22
丘嘗○之以治 12/116/25
罔兩○於景曰 12/117/1
光耀○於無有曰 12/117/6
光耀不得○ 12/117/6
昔趙文子○於叔向曰 12/118/26
寡人○太卜曰 12/119/1
請○持盈 12/119/16
武王○太公曰 12/119/22
王之○也 12/119/23
無所顧（閒）〔○〕 13/121/18
無（○）〔閒〕其小節 13/127/9
勒○其故曰 13/129/27
魄○於魂曰 16.1/154/3
侏儒○（徑）天高于脩人 16.143/167/11
故凡○（字）〔事〕 16.143/167/12
以○於數 17.19/169/24
安所○之哉 17.19/169/24
必○吉凶於龜者 17.52/172/4
○所出之門 18/187/15
以○先生 18/189/20
其父又復使其子以○先生 18/189/21
今又復○之 18/189/22
固試往復○之 18/189/23
其子又復○先生 18/189/23
○匠人 18/190/9
○於咎犯曰 18/191/11
○雍季 18/191/13
孟嘗君○之曰 18/194/15
人或○〔於〕孔子曰 18/196/25
盜遂○之曰 18/197/2
乃以○其傅宰折睢曰 18/197/25
復○曰 18/198/2
以○其御曰 18/199/26
○其御曰 18/200/1

○地之民多不才者 19/207/4

臥 wò 10

而甘○以游其中 6/51/20
○倨倨 6/53/2
噲然得○ 7/59/27
昔孫叔敖恬○ 9/68/16
枕戶橉而○者鬼神蹠其首 13/130/21
枕戶橉而○ 13/130/27
念慮者不得○ 16.7/154/26
○而越之 17.118/176/21
遂醉而○ 18/187/20
家老甘○ 20/215/27

握 wò 15

卷之不盈於一○ 1/1/5
徵（而）不可得〔而〕把○也 1/6/3
夫光可見而不可○ 1/6/11
可切循把○而有數量 2/10/22
然以掌○之中 6/50/18
玩天地于掌○之中 7/60/21
而執節于掌○之閒 9/76/2
故○劍鋒以 9/78/1
今○一君之法籍 11/98/8
故未嘗灼而不敢○火者 13/128/17
未嘗傷而不敢○刃者 13/128/17
○火提人 17.114/176/11
○要而治詳 18/185/24
捲○而不散也 21/227/14
○其權柄 21/228/16

幄 wò 2

燕雀處帷○ 13/126/16
入○中而聞酒臭 18/187/21

污 wū 13

而蹪蹈于○壑穽陷之中 1/10/2
貪○之心奚由生哉 2/16/19
務光不○於世 7/59/9
素白而不○ 9/80/3
不○於俗 11/101/24
崑山之玉瑱而塵垢弗能○也 14/137/29
以絜白為○辱 16.72/160/25
此所謂同○而異塗者 16.95/162/28
雖○辱、世不能賤 16.116/165/1
被○辱之行 19/209/17
窮谷之○ 20/216/12
弗能○也 20/216/13
行不辟○ 20/218/12

汙 wū 4

鑿○池之深 8/65/4
流言雪○ 16.67/160/15
文王○膺 16.142/167/9
（汙）〔○〕準而粉其顙 17.158/179/19

巫 wū 10

○山之上 2/18/6
○咸在其北方 4/37/9
鄭之神○相壺子林 7/58/18
行不用○祝 9/80/14
而○馬期絻衣短裼 12/116/21
○馬期問焉曰 12/116/22
○馬期歸以報孔子曰 12/116/24
○之用糈藉 16.123/165/19
（戰）兵死之鬼憎神○ 17.90/174/23
○馬期往觀化焉 20/211/28

於 wū 1586

舒之幎○六合 1/1/5
卷之不盈○一握 1/1/5
立○中央 1/1/10
還反○樸 1/1/12
還反○樞 1/2/7
而游○無窮之地〔也〕 1/2/11
而知誘○外 1/2/15
故達○道者 1/2/16
以其無爭○萬物也 1/2/18
無以異○使蟹（蜅）〔捕〕鼠 1/3/1
合諸侯○塗山 1/3/3
故機械之心藏○胸中 1/3/4
欲宍之心亡○中 1/3/6
察箴末○百步之外 1/3/10
夫（萍）〔蘋〕樹根○水 1/3/15
木樹根○土 1/3/15
○是民人（被）〔劗〕髮文身 1/3/24
是故達○道者 1/4/3
反○清靜 1/4/3
究○物者 1/4/3
終○無為 1/4/3
所以俛仰○世人而與俗交者〔也〕 1/4/6
拘○隘也 1/4/8
篤○時也 1/4/8
拘○俗 1/4/8
束○教也 1/4/9
昔舜耕○歷山 1/4/18
釣○河濱 1/4/18
執玄德○心 1/4/20
藏○不敢 1/4/28
行○不能 1/4/28
積○柔則剛 1/5/4
積○弱則強 1/5/5
至○若己者而同 1/5/5
柔勝出○己者 1/5/5,14/134/8
齒堅○舌而先之弊 1/5/6
以至○死 1/5/10
以其託○後位 1/5/14
貴其周○數而合○時也 1/5/15
莫柔弱○水 1/5/24
脩極○無窮 1/5/24
遠（渝）〔淪〕○無崖 1/5/24
通○不訾 1/6/1
夫水所以能成其至德○天下者 1/6/9
馳騁○天下之至堅 1/6/9, 12/117/4
出○無有 1/6/10
入○無閒 1/6/10
皆生○〔無〕形乎 1/6/11
莫尊○水 1/6/12
則淪○無形矣 1/6/16
無匹合○天下者也 1/6/17
是故有生○無 1/6/20
實出○虛 1/6/20
則通○神明 1/7/7

通○神明者 1/7/7
則幾○道矣 1/7/18
18/195/2,18/197/7
是故內不得○中 1/8/4
稟授○外而以自飾也 1/8/4
無主○中 1/8/6
無應○外 1/8/6
夫內不開○中而強學問者 1/8/8
（不）入○耳而不著○心 1/8/8
此何以異○聾者之歌也 1/8/8
聲出○口則越而散矣 1/8/9
是故不得○心而有經天下之氣 1/8/10
不（任）〔在〕○彼而在○我 1/8/15
不在○人而在○（我）身 1/8/16
徹○心術之論 1/8/16
故雖游○江潯海裔 1/8/25
藏金○山 1/9/11
藏珠○淵 1/9/11
故在○小則忘○大 1/9/25
在○中則忘○外 1/9/25
在○上則忘○下 1/9/25
在○左則忘○右 1/9/26
漠睧○勢利 1/10/3
誘慕○（召）〔名〕位 1/10/4
若光燿之（間）〔問〕○无有 2/10/26
夫藏舟○壑 2/11/1
藏山○澤 2/11/1
若藏天下○天下 2/11/2
〔夢〕為鳥而飛○天 2/11/5
夢為魚而没○淵 2/11/5
○是在上位者 2/11/20
夫魚相忘○江湖 2/11/25
人相忘○道術 2/11/25
立○天地之本 2/11/25
投之○江 2/12/3
浮之○海 2/12/4
夫（梜）〔挾〕依○跂躍之術 2/12/4
明○死生之分 2/12/11
達○利害之變 2/12/12
无所概○（忠）〔志〕也 2/12/12
夫貴賤之○身也 2/12/14
毀譽之○己〔也〕 2/12/14
（執）〔孰〕能至○此哉 2/12/18
設○无垓坫之（字）〔宇〕 2/12/24
非有為○物也 2/12/24
物以有為○己也 2/12/25
若夫墨、（揚）〔楊〕、申、商之○治道 2/13/4
無之未有害○用也 2/13/5
亦有以象○物者矣 2/13/8
然未可以保○周室之九鼎也 2/13/9
有況比○規形者乎 2/13/9
皆本○一根 2/13/12
此皆〔有〕所得以至○妙 2/13/16
是皆諭○一曲 2/13/17
今以涅染緇則黑○涅 2/13/19
以藍染青則青○藍 2/13/19
物莫不生○有也 2/13/23
淪○无間而復歸○大矣 2/13/23
通○无（整）〔墊〕而復反○敦龐〔矣〕 2/13/24
（天）受形○一圈 2/13/27
是故聖人託其神○靈府 2/14/1
而歸○萬物之初 2/14/1
視○冥冥 2/14/1
聽○无聲 2/14/1
所立○身者不寧 2/14/3
（一）比犧尊〔○〕溝中之斷 2/14/14
至精亡○中 2/14/15
而言行觀○外 2/14/15
（○）〔而〕外淫○世俗之風 2/14/17
馳○（方外）〔外方〕 2/14/22
營慧然而有求○外 2/14/26
夫有病○內者必有色○外矣 2/14/27
夫人之拘○世也 2/15/3
故不免○虛 2/15/4
必其（有命）〔命有〕在○外也 2/15/4
而覺視○天地之閒 2/15/11
○此萬民睢睢盱盱然 2/15/13
嗜欲連○物 2/15/14
聰明誘○外 2/15/14
○是博學以疑聖 2/15/16
以買名譽○天下 2/15/17
○是萬民乃始憰觟離跂 2/15/18
以求鑿（柄）〔枘〕○世而錯擇名利 2/15/18
是故百姓曼衍○淫荒之陂 2/15/19
欲以反性○初 2/15/22
而游心○虛也 2/15/22
欲以通性○遼廓 2/15/22
而覺○寂漠也 2/15/23
暴行越智○天下 2/15/24
以招號名聲○世 2/15/24
雖有炎火洪水彌靡○天下 2/16/3
神無虧缺○胸臆之中矣 2/16/3
夫人之所受○天者 2/16/6
耳目之○聲色也 2/16/6
口鼻之○（芳）臭〔味〕也 2/16/7
肌膚之○寒燠 2/16/7
或通○神明 2/16/7
或不免○癡狂者 2/16/7
人莫鑑○（流沫）〔流潦〕 2/16/9
而鑒○止水者 2/16/9
莫窺形○生鐵 2/16/10
而窺〔形〕○明鏡者 2/16/10
用也〔者〕必假之○弗用〔者〕也 2/16/11
精神（以）〔已〕越○外 2/16/12
是失之○本 2/16/13
而求之○末也 2/16/13
反之○虛則消鑠滅息 2/16/14
其合○道一也 2/16/17
燠有餘○身也 2/16/18
（清）〔凊〕有餘○適也 2/16/18
節○己而已 2/16/19
皆以仁義之術教導○世 2/16/23
然而不免○儡 2/16/23
神經○驪山、太行而不能難 2/17/2
入○四海九江而不能濡 2/17/3
猶無益○治天下也 2/17/5
體道者不專在○我 2/18/4
亦有繫○世者矣 2/18/4
故屬○陽 3/19/4
故屬○陰 3/19/4
以周○天 3/21/7
陽生○子 3/22/28,3/22/28
陰生○午 3/22/28,3/22/29
〔經○細柳〕 3/24/20

譬吾處○天下也	7/56/12
吾〔生〕之（○比）〔比○〕有形之類	7/56/18
猶吾死之淪○無形之中也	7/56/19
與其未離○地也無以異	7/56/22
死生無變○己	7/57/8
機械知巧弗載○心	7/57/12
同精○太清之本	7/57/21
而游○忽區之旁	7/57/21
淪○不測	7/58/1, 8/64/8,16.17/155/24
入○無間	7/58/2
且人有戒形而無損（○）心	7/58/5
復歸○無形也	7/58/7
我受命○天	7/58/17
機發○踵	7/58/19
匍匐自闚○井曰	7/58/21
游○太清	7/58/28
而尚猶不拘○物	7/59/3
故自投○淵	7/59/5
務光不污○世	7/59/9
無益〔○〕情者不以累德	7/60/10
（而）〔不〕便○性者不以滑〔和〕	7/60/10
季路葅○衛	7/60/16
身死○人手	7/60/27
知冬日之箑、夏日之裘無用○己	7/61/1
句爪、居牙、戴角、出距之獸○是驚矣	8/61/23
○是生矣	8/61/27
是故明○性者	8/62/5
審○符者	8/62/6
○是忿爭生	8/62/9
神明定○天下而心反其初	8/62/13
道德定○天下而民純樸	8/62/15
則目不營○色	8/62/15
耳不淫○聲	8/62/15
託嬰兒○巢上	8/63/9
置餘糧○晦首	8/63/10
堯乃使羿誅鑿齒○疇華之（野）〔澤〕	8/63/12
殺九嬰○凶水之上	8/63/12
繳大風○青丘之（澤）〔野〕	8/63/12
斷脩蛇○洞庭	8/63/13
禽封豨○桑林	8/63/13
○是天下廣陝險易遠近始有道里	8/63/14
○是湯乃以革車三百乘伐桀于南巢	8/63/19
著○竹帛	8/63/24
鏤○金石	8/63/24
可傳○人者	8/63/25
而不免○惑	8/64/2
轉○無原	8/64/8
故謹○權衡準繩	8/64/10
明○天地之情	8/64/13
通○道德之倫	8/64/13
聰明燿○日月	8/64/13
精神通○萬物	8/64/13
動靜調○陰陽	8/64/13
明○禁舍開閉之道	8/64/18
是故神明藏○無形	8/64/24
精（神）〔氣〕反○至真	8/64/25
精泄○目則其視明	8/64/26
在○耳則其聽聰	8/64/27
留○口則其言當	8/64/27
集○心則其慮通	8/64/27
此遁○木也	8/65/3
此遁○水也	8/65/6
擬○崑崙	8/65/7
此遁○土也	8/65/9
此遁○金也	8/65/12
此遁○火也	8/65/15
民力竭○徭役	8/66/9
財〔用〕殫○會賦	8/66/9
〔而〕行為儀表○天下	9/67/6
莫出○己	9/67/7
通〔合〕○天（道）	9/67/13
神不馳○胸中	9/67/17
智不出○四域	9/67/17
无以異○執彈而來鳥	9/68/3
不直之○本	9/68/7
而事之○（未）〔末〕	9/68/7
其○以御兵刃（縣）〔緜〕矣	9/68/18
其○以解難	9/68/18
其○為治	9/68/19
○此豪末	9/69/1
○彼尋常矣	9/69/1
孔子學鼓琴○師襄	9/69/7
況○並世化民乎	9/69/9
以身禱○桑林之際	9/69/11
古聖王至精形○內	9/69/12
而好憎忘○外	9/69/12
又況○執法施令乎	9/69/14
衡之○左右	9/69/17
繩之○內外	9/69/18
人主之○用法	9/69/18
夫舟浮○水	9/69/22
車轉○陸	9/69/22
兵莫憯○〔意〕志而莫邪為下	9/69/24
寇莫大○陰陽而枹鼓為小	9/69/24
而不能與越人乘（幹）〔軨〕舟而浮○江湖	9/70/1
則人知之○物也	9/70/3
則守職者懈○官	9/70/22
而游居者亟○進矣	9/70/23
皆在○身也	9/70/28
不受贛○君	9/70/28
○是乃始陳其禮	9/71/8
是故繩正○上	9/72/17
木直○下	9/72/17,17.226/184/10
无得○玉石	9/72/21
天下多眩○名聲	9/72/27
言事者必究○法	9/72/28
而為行者必治○官	9/72/28
主精明○上	9/73/3
官勸力○下	9/73/3
是以勇者盡○軍	9/73/4
說談者游○辯	9/73/5
脩行者競○往	9/73/5
為勇者務○鬬爭	9/73/6
非所以（都）〔教〕○國也	9/73/8
智伯與趙襄子戰○晉陽之下	9/73/16
擒之○牧野	9/73/20
是故臣不得其所欲○君者	9/73/21
君亦不能得其所求○臣也	9/73/22
君德不下流○民	9/73/23
○是堯乃身服節儉之行	9/74/3
是故貧民糟糠不接○口	9/74/8
〔而〕百姓黎民顦顇○天下	9/74/9
莫凶○（雞）〔奚〕毒	9/74/18
是故審〔○〕毫釐之〔小〕計者	9/74/23

或〇大事之舉 9/74/24
日陳〇前而无所逆 9/75/4
是明主之聽〇群臣 9/75/11
故反〇無為 9/75/20
夫寸生〇（穮）〔標〕（穮）〔標〕（生〇日日）生〇形 9/75/23
形生〇景 9/75/23
〔景生〇日〕 9/75/23
樂生〇音 9/75/24
音生〇律 9/75/24
律生〇風 9/75/24
法生〇義 9/75/24
義生〇眾適 9/75/24
眾適合〇人心 9/75/25
故通〇本者不亂〇（未）〔末〕 9/75/25
覩〇要者不惑〇詳 9/75/25
發〇人間而反以自正 9/75/26
所立〇下者不廢〇上 9/75/27
所禁〇民者不行〇身 9/75/27
故令行〇天下 9/75/29
故禁勝〇身 9/75/30
則令行〇民矣 9/75/30
內得〇（心中）〔中心〕 9/76/2
外合〇馬志 9/76/2
借明〇鑑以照之 9/76/8
（美）〔羨〕者（正）〔止〕〇度 9/76/16
而不足者逮〇用 9/76/16
則民俗亂〇國 9/76/20
而功臣爭〇朝 9/76/20
無術則制〇人 9/76/21
則制〇螻蟻 9/76/22
而擒〇狐貍 9/76/22
夫貴富者之〇勞也 9/76/26
達事者之〇察也 9/76/26
驕恣者之〇恭也 9/76/26
數窮〇下則不能伸理 9/76/27
行墮〇國則不能專制 9/76/27
喜怒形〇心 9/76/28
（者）〔耆〕欲見〇外 9/76/28
乘〇人資以為羽翼也 9/77/5
是皆以利見制〇人也 9/77/9
其〇化民易矣 9/77/17
故枝不得大〇幹 9/77/18
末不得強〇本 9/77/18
若五指之屬〇臂也 9/77/19
言以小屬〇大也 9/77/19
楚莊王傷文無畏之死〇宋也 9/77/23
衣冠相連〇道 9/77/24
人主〔之〕租斂〇民也 9/78/10
然民有糟糠菽粟不接〇口者 9/78/13
其慘怛〇民也 9/78/15
此皆有充〇內 9/78/20
而成像〇外〔者也〕 9/78/21
求〇下則不量其積 9/78/21
故民至〇焦脣沸肝 9/78/22
則得承受〇天地 9/79/5
（橈）〔撓〕〇其下 9/79/6
罝罘不得布〇野 9/79/12
罔罟不得入〇水 9/79/13
羅網不得張〇谿谷 9/79/13
欲利之也不忘〇心 9/79/21
心之〇九竅四肢也 9/79/22
運〇璇樞 9/80/5
故心小者禁〇微也 9/80/6
夫聖人之〇善也 9/80/11
其〇過也 9/80/12
皆著〇明堂 9/80/19
〇是略智博聞 9/80/20
智過〇萇弘 9/80/22
勇服〇孟賁 9/80/22
然而圍〇匡 9/80/25
凡將設行立趣〇天下 9/81/2
衣食之道必始〇耕織 9/81/15
愚者始〇樂而終〇哀 9/81/18
入孝〇親 9/81/23
出忠〇君 9/81/24
莫貴〇仁 9/81/27
莫急〇智 9/81/27
孝〇父母 9/82/6
弟〇兄嫂 9/82/6
信〇朋友 9/82/7
不信〇友 9/82/8,9/82/9
〔信〕〇友有道 9/82/9
遏障之〇邪 10/82/21
（關）〔開〕道之〇善 10/82/21
比〇人心而（含）〔合〕〇眾適者也 10/82/24
人以其所願〇上以與其下交 10/83/3
以其所欲〇下以事其上 10/83/4
情繫〇中 10/83/7
行形〇外 10/83/7
不可內解〇心 10/84/12
不加〇此 10/84/14
誠出〇己 10/84/15
不可諭〇人 10/84/23
動〇上 10/84/25
不應〇下者 10/84/25
忠信形〇內 10/84/28
感動應〇外 10/84/28
故禹執（于）〔干〕戚舞〇兩階之閒而三苗服 10/84/28
恩心之藏〇中 10/85/2
故君之〇臣也 10/85/5
父之〇子也 10/85/5
動〇近 10/85/9
成文〇遠 10/85/9
兵莫憯〇意志 10/85/19
寇莫大〇陰陽 10/85/19
〇彼何益 10/86/19
〇己何以利 10/86/19
（惟）〔情〕繫〇中而欲發外者也 10/87/9
恔〇不己知者 10/87/15
（矜怚）〔矜怚〕生〇不足 10/87/16
華誣生〇矜 10/87/16
故下之〇上曰左之 10/87/29
故上之〇下曰右之 10/87/29
則塞〇辭矣 10/88/2
（刑）〔施〕〇寡妻 10/88/5
禪〇家（國）〔邦〕 10/88/6
不可求〇人 10/88/10
觀〇有餘不足之相去 10/88/12
故唐、虞日孳孳以致〇王 10/88/18
桀、紂日怏怏以致〇死 10/88/18
所遭〇時也 10/89/14
〇害之中爭取小焉 10/89/25
〇利之中爭取大焉 10/89/25
（通）〔適〕〇己而無功〇國者 10/90/4
逆〇己〔而〕便〇國者 10/90/5
可謂不踰〇理乎 10/90/6
音之不足〇其美者也 10/90/17

猶未足以至○極也	10/90/18
人能貫冥冥入○昭昭	10/91/2
故通○一伎	10/91/6
察○一辭	10/91/6,20/215/13
故歌而不比○律者	10/91/12
故水出○山	10/91/15
〔而〕入○海	10/91/16
施○四海	10/91/22
故君子禁○微	10/92/2
視而形之莫明○目	10/92/6
聽而精之莫聰○耳	10/92/6
重而閉之莫固○口	10/92/6
含而藏之莫深○心	10/92/7
昔二（鳳皇）〔皇鳳〕至○庭	10/92/13
君子誠仁（○）〔乎〕	10/92/16
福生○无為	10/92/25
患生○多欲	10/92/25
害生○弗備	10/92/25
穢生○弗耨	10/92/25
不可傳○人	10/93/4
察○一事、通○一伎者	10/93/15
○是乃有曾參、孝己之美	11/94/1
故不通○物者	11/94/7
至○霸	11/94/12
魯國必好救人○患〔矣〕	11/94/15
子贛贖人而不受金○府	11/94/15
通○論者也	11/94/17
故行齊○俗	11/94/19
事周○能	11/94/19
各用之○其所適	11/94/27
施之○其所宜	11/94/27
夫明鏡便○照形	11/94/28
其○以（函）〔承〕食不如〔竹〕（簞）〔箅〕	11/94/28
宜○廟牲	11/94/29
其○以致雨	11/94/29
言不致魚○（水）〔木〕	11/95/4
沉鳥○淵	11/95/4
譬若播棊丸○地	11/95/9
皆徵○（未）〔末〕也	11/95/16
治君者不○君	11/95/21
治欲者不○欲	11/95/21
治性者不○性	11/95/22
所受○外也	11/95/26
託之○舟上則浮	11/95/27
久湛○俗則易	11/95/28
合○若性	11/95/29
而汝服○我也亦忘	11/96/3
決之○目	11/96/9
斷之○耳而已矣	11/96/9
聽失○誹譽	11/96/10
而目淫○采色	11/96/10
無適○天下	11/96/16
聖人（記）〔託〕○無適	11/96/16
故哭之發○口	11/96/20
涕之出○目	11/96/20
此皆憤○中而形○外者也	11/96/20
情發○中而聲應○外	11/96/22
愈○晉獻公之垂棘	11/96/22
賢○智伯之大鍾	11/96/23
其○養	11/97/1
其○信	11/97/2
其○服	11/97/3
婦人不辟男子○路者	11/97/3
拂之○四達之衢	11/97/3
肩摩○道	11/97/4
其○俗	11/97/4
然而勝夫差○五湖	11/97/9
悲哀抱○情	11/97/18
葬薶稱○養	11/97/18
度量不失○適	11/97/18
喜不羨○音	11/97/22
以為窮民絕業而無益○槁骨腐肉也	11/97/22
是以風俗濁○世	11/97/25
而誹譽萌○朝	11/97/26
不務○奇麗之容	11/98/12
不亟○為文句疏短之鞻	11/98/12
而不拘○儒墨	11/98/13
動○心	11/98/19
枝○手	11/98/19
（遂）〔還〕反○樸	11/98/20
○是舜脩政偃兵	11/99/1
無以異○彈一絃而會《棘下》	11/99/5
封○泰山	11/99/9
禪○梁父	11/99/9
其曲家異而不失○體	11/99/27
入○冥冥之眇、神（調）〔和〕之極	11/100/8
若夫不在○繩準之中	11/100/10
事有合○己者	11/100/16
有忤○心者	11/100/16
求合○己者也	11/100/17
去忤○心者也	11/100/17
忤○我	11/100/17
未必不合○人也	11/100/18
合○我	11/100/18
未必不非○俗也	11/100/18
若夫是○此而非○彼	11/100/19
非○此而是○彼者	11/100/19
故賓有見人○密子者	11/100/26
使在○繼母	11/101/5
闚面○盤水則員	11/101/6
○杯〔水〕則隨	11/101/6
常欲在○虛	11/101/8
故通○道者	11/101/11
不運○己	11/101/11
	16.84/161/27
不通○道者	11/101/11
故終身隸○人	11/101/12
則幾○免矣	11/101/14
胡人便○馬	11/101/20
越人便○舟	11/101/20
而治世不以責○民	11/101/23
而明主不以求○下	11/101/24
不污○俗	11/101/24
民困○三責	11/102/11
故事周○世則功成	11/102/22
務合○時則名立	11/102/22
退誅○國以斧鉞	11/102/24
退行○國以禮義	11/102/24
審○勢之變也	11/102/25
簡○行而謹○時	11/103/1
車（與）〔輿〕極○雕琢	11/103/20
器用遽○刻鏤	11/103/21
無益○治	11/103/22
不周○用	11/103/22
不積○養生之具	11/103/28
○是乃有翡翠犀象、黼黻文章以亂其目	11/104/1
○是	11/104/3
太清問○無窮曰	12/105/3
又問○無為曰	12/105/3
太清又問○無始曰	12/105/9

吾問道○無窮 12/105/9
又問○無為 12/105/10
白公問○孔子曰 12/105/20
故死○（洛）〔浴〕室 12/105/25
何以異○梟之愛其子也 12/106/19
知伯圍襄子○晉陽 12/106/24
齧缺問道○被衣 12/106/28
臣有道○此 12/107/17，12/107/19
12/107/20，12/107/21
此其賢○勇有力也 12/107/22
此賢○孔、墨也遠矣 12/108/1
〔勇○敢則殺〕 12/108/2
勇○不敢則活 12/108/2
堯、舜、武王○九、七、五者 12/108/5
託○車上則驥不能勝人 12/108/6
魯人為人〔臣〕妾○諸侯 12/108/17
取金○府 12/108/17
子贛贖魯人○諸侯 12/108/17
魯人不復贖人○諸侯矣 12/108/20
魏武侯問○李克曰 12/108/23
此夫差之所以自剄○干遂也 12/108/26
○是為商旅 12/109/1
以商○齊 12/109/1
暮宿○郭門之外 12/109/1
遂成國○（歧）〔岐〕山之下 12/109/16
何明○治身 12/109/27
而不明○治國 12/109/27
故本（任）〔在〕○身 12/109/29
桓公讀書○堂〔上〕 12/110/1
輪（人）〔扁〕斲輪○堂下 12/110/1
應○手 12/110/5
而臣之子亦不能得之○臣 12/110/6
〔○是宋君行賞賜而與子罕刑罰〕 12/110/12
見徐馮○周 12/110/17
變生○時 12/110/17
言出○知（者） 12/110/18
○是王壽乃焚〔其〕書而舞之 12/110/18
〔子佩具○京臺〕 12/110/21
北面立○殿下 12/110/22
吾聞子具○強臺 12/110/23
君無禮○晉公子 12/110/27
困○會稽 12/111/4
果擒之○干遂 12/111/5
君子不乘人○利 12/111/11
不迫人○險 12/111/12
此其○馬 12/111/18
在○沙丘 12/111/19
〔以〕時爭利○天下 12/112/3
不宜得志○齊 12/112/7
不宜得志○秦 12/112/8
禍且當〔○〕君 12/112/20
可移○宰相 12/112/21
可移○民 12/112/22
可移○歲 12/112/23
臣請伏○陛下以司之 12/113/1
至○河上 12/113/7
夫受魚而免○相 12/113/23
毋受魚而不免○相 12/113/24
此明○為人為己者也 12/113/24
○物無視也 12/114/6
必假○弗用也 12/114/6
從事○道者 12/114/7
同○道 12/114/7
必加○頭 12/114/13
屈商乃拘文王○羑里 12/114/13
○是散宜生乃以千金求天下之珍怪 12/114/14
以獻○紂 12/114/15
成王問政○尹佚曰 12/114/20
跖之徒問〔○〕跖曰 12/114/26
○是市偷進請曰 12/115/5
使歸之○執事 12/115/7
洞○化通 12/115/15
先軫言○襄公曰 12/115/25
先軫舉兵而與秦師遇○殽 12/115/26
以說○眾 12/115/27
故人主之意欲見○外 12/116/2
至○蒙穀之上 12/116/5
窮觀○六合之外者 12/116/8
今卒睹夫子○是 12/116/9
今子游始〔至〕○此 12/116/14
（季）〔宓〕子何以至○此 12/116/25
（誠）〔誠〕○此者刑○彼 12/116/26
罔兩問○景曰 12/117/1
上際○天 12/117/3
下蟠○地 12/117/3
光耀問○無有曰 12/117/6
又何從至○此哉 12/117/9
此言精神之越○外 12/117/13
智慮之蕩○內 12/117/13
○此天下歌謠而樂之 12/117/20
中夜夢受秋駕○師 12/117/23
吾非（受）〔愛〕道○子也 12/117/24
精神通○死生 12/118/1
得寶劍○干隊 12/118/2
至○中流 12/118/2
○是佽非（瞋目敦然）〔敦然瞋目〕攘臂拔劍 12/118/4
是賢○貴生焉 12/118/8
留○秦 12/118/17
使○秦 12/118/18
（○）〔投〕金鐵（鍼）焉 12/118/22
則形見○外 12/118/22
昔趙文子問○叔向曰 12/118/26
晏子可謂忠○上而惠○下矣 12/119/5
魏文侯觴諸大夫○曲陽 12/119/8
則塞民○兌 12/119/24
○是乃去其瞀而載之（木）〔朮〕 12/119/25
夏后氏殯○阼階之上 13/120/20
殷人殯○兩楹之間 13/120/20
周人殯○西階之上 13/120/21
夏后氏祭○闇 13/120/22
殷人祭○陽 13/120/22
周人祭○日出以朝 13/120/22
故通○禮樂之情者能作（音）〔言〕有本主○中 13/120/26
而不制○禮樂 13/121/3
苟利○民 13/121/3
苟周○事 13/121/4
百川異源而皆歸○海 13/121/8
百家殊業而皆務（治○）〔○治〕 13/121/8
儒者循之以教導○世 13/121/9
有奉持○文王 13/121/15

當○世事 13/121/26
得○人理 13/121/26
順○天地 13/121/27
祥○鬼神 13/121/27
○古為義 13/122/8
○今為笑 13/122/8
是以盡日極慮而无益○治 13/122/24
勞形竭智而无補○主也 13/122/25
莫大○和 13/122/29
其○罰也 13/123/9
則矜○為剛毅 13/123/11
則矜○為柔懦 13/123/11
此（本无）〔无本〕主○中 13/123/11
而聞見舛馳○外者也 13/123/11
憤○志 13/123/14
積○內 13/123/14
則莫不比○律而和○人心 13/123/14
不受○外而自為儀表也 13/123/15
今夫盲者行○道 13/123/15
輸○少府 13/124/3
太史令終古先奔○商 13/124/20
（有）〔存〕在得道而不在○大也 13/124/26
亡在失道而不在○小也 13/124/26
故桀囚○焦門 13/124/28
而悔不殺湯○夏臺 13/124/28
紂拘○宣室 13/125/1
而悔〔其〕不誅文王○羑里 13/125/1
欲築宮○五行之山 13/125/8
道遇秦師○周、鄭之閒 13/125/16
昔楚恭王〔與晉厲〕戰○陰陵 13/125/17
至其迫○患也 13/125/24
方○卒迫窮遽之中也 13/126/1
是故聖人以文交○世 13/126/2
而以實從事○宜 13/126/2
不結○一迹之塗 13/126/2
然〔而〕不能自免○車裂之患 13/126/8
此皆達○治亂之機 13/126/10
則必不免○有司之法矣 13/126/18
不害○視 13/126/27
无害○息 13/126/27
刎頸○陳中 13/127/1
功立○魯國 13/127/3
然而管仲免○束縛之中 13/127/5
被髮而御○婦人 13/127/13
訾行者不容○眾 13/127/16
是故君子不責備○一人 13/127/23
求○（一）人則任以人力 13/127/24
乃始信○異眾也 13/128/3
內不慚○國家 13/128/4
外不愧○諸侯 13/128/5
為是釋度數而求之○朝肆草莽之中 13/128/6
薛燭庸子見若狐甲○劍而利鈍識矣 13/128/15
趙襄子圍○晉陽 13/128/24
莫不終忠○其君 13/128/27
齊威王設大鼎○庭中 13/128/27
皆出死為穆公戰○車下 13/129/5
天下莫易○為善 13/129/13
而莫難○為不善（也） 13/129/13
无變○己 13/129/14
而陷○刑戮之患者 13/129/16
司寇之徒繼踵○門 13/129/20
（不）〔而〕死市之人血流○路 13/129/20
惑○財利之得 13/129/20
而蔽○死亡之患也 13/129/21
自投○水 13/129/26
或○恐死而反忘生也 13/129/26
而盜金○市中 13/129/27
夫見不可布○海內 13/130/19
聞不可明○百姓 13/130/19
此皆不著○法令 13/130/21
非彘能賢○野獸麋鹿也 13/130/22
非能具綈綿曼帛溫煖○身也 13/130/24
而可傳○後世 13/130/25
无益○死者 13/130/25
而以小事自內○刑戮 13/130/27
皆不可勝著○書策竹帛而藏○宮府者也 13/131/2
故馬免人○難者 13/131/9
牛〔有德○人者〕 13/131/10
故炎帝（○）〔作〕火 13/131/11
知所以免○難 13/131/17
其○以復嫁易 13/131/20
有似○此 13/131/28, 17.117/176/19
天子處○郊亭 13/132/2
同出○一 14/132/10
皆形○有 14/132/11
人生○无 14/132/15
形○有 14/132/15
有形而制○物 14/132/15
未始分○太一者也 14/132/16
保○虛無 14/132/19
動○不得已 14/132/19
星列○天而明 14/132/20
義列○德而見 14/132/21
故聖人掩明○不形 14/132/22
藏迹○無為 14/132/22
王子慶忌死○劍 14/132/24
羿死○桃棓 14/132/24
子路菹○衛 14/132/24
蘇（奉）〔秦〕死○（日）〔口〕 14/132/24
通○道者 14/133/2
弗求○外 14/133/11
弗假○人 14/133/11
又況託○舟航之上乎 14/133/17
務在○安民 14/133/19
在○足用 14/133/19,20/219/4
在○勿奪時 14/133/19,20/219/4
在○省事 14/133/20,20/219/4
在○節欲 14/133/20
在○反性 14/133/20,20/219/5
在○去載 14/133/20
能全其性者必不惑○道 14/134/2
至○與同則格 14/134/8
身不累○物 14/134/11
人能虛己以遊○世 14/134/22
愚不足以至○失寧 14/134/25
則幾○道（也）〔矣〕 14/134/27
不在○己也 14/135/2
故治未固○不亂 14/135/6
行未固○無非 14/135/7
欲見譽○為善 14/136/2
而立名○為（質）〔賢〕 14/136/2
而幾○道矣 14/136/5
以為有心者之○平 14/136/7
以為有欲者之○廉 14/136/8
則免○累矣 14/136/11

公孫龍粲○辭而貿名 14/136/13
始○陽 14/136/14
常卒○陰 14/136/14
始○治 14/136/15
常卒○亂 14/136/15
遇者、能遭○時而得之也 14/136/20
故聖人揜跡○為善 14/136/25
而息名○為仁也 14/136/25
夫無為則得○一也 14/137/7
甚○無君之時 14/137/10
內便○性 14/137/20
外合○義 14/137/20
不繫○物者 14/137/21
推○滋味 14/137/21
淫○聲色 14/137/21
發○喜怒 14/137/21
故聖人損欲而從（事○）性 14/137/22
食之不寧○體 14/137/23
聽之不合○道 14/137/23
視之不便○性 14/137/24
便○身也 14/137/25
害○性也 14/137/26
內無暴事以離怨○百姓 14/138/5
外無賢行以見忌○諸侯 14/138/5
有使人不能用其智○己者也 14/138/10
有使人不能施其力○己者也 14/138/11
鼓不（滅）〔臧〕○聲 14/138/16
鏡不（沒）〔設〕○形 14/138/16
必困○性 14/138/19
唯滅迹○無為而隨天地〔之〕自然者 14/138/25
神勞○謀 14/139/2
智遽○事 14/139/2
非性所有○身 14/139/13
勝在○數 14/139/18
〔而〕不在○欲〔也〕 14/139/18
先在○數 14/139/19
而不在○欲也 14/139/19
君子其結○一乎 14/139/24
周公（散臑）〔殽腝〕不收○前 14/139/26
鍾鼓不解○縣 14/139/27
无害○為尸 14/140/3
無害○為佐 14/140/3
放○術則強 14/140/7
審○數則寧 14/140/7
遊心○恬 14/140/27
自樂○內 14/140/27
無急○外 14/140/27
日月廋而無溉○志 14/140/28
故始○都者常（大）〔卒〕○鄙 14/141/3
始○樂者常（大）〔卒〕○悲 14/141/4
陽氣起○東北 14/141/13
盡○西南 14/141/13
陰氣起○西南 14/141/13
盡○東北 14/141/13
（冰）〔水〕出○山而入○海 14/141/16
稼生○野而藏○廩 14/141/16
此皆不快○耳目 14/141/20
不適○口腹 14/141/20
无損益○己 14/141/25
失○時而取人 14/142/1
自身以上至○荒芒 14/142/6
葬其骸○曠野之中 14/142/16
祀其鬼神○明堂之上 14/142/16
神貴○形也 14/142/16
故黃帝戰○涿鹿之野 15/142/28
堯戰○丹水之浦 15/142/28
使夏桀、殷紂有害○民而立被其患 15/143/4
不至○為炮（烙）〔格〕 15/143/5
不至○侵奪為暴 15/143/5
故至○攘天下 15/143/6
故聞敵國之君有加虐○〔其〕民者 15/143/11
至○不戰而止 15/143/21
是故至○伏尸流血 15/143/24
至○無刑 15/144/9
脩政○境內而遠方慕其德 15/144/12
制勝○未戰而諸侯服其威 15/144/12
同舟而濟○江 15/144/25
明○星辰日月之運 15/145/11
收藏○後 15/145/16
凡此五官之○將也 15/145/16
本在○政 15/145/19
然而兵殆○垂沙 15/146/2
眾破○柏舉 15/146/2
戍卒陳勝興○大澤 15/146/7
積怨在○民也 15/146/11
十日亂○上 15/146/15
風雨擊○中 15/146/15
明○禁舍開塞之道 15/146/16
故運籌○廟堂之上 15/146/26
運○無形 15/147/8,15/149/21
出○不意 15/147/8,15/148/6
15/152/11,17.163/180/1
明○死生 15/148/8
明○必勝之（攻）〔數〕也 15/148/9
雖未能得勝○敵 15/148/14
是以聖人藏形○无 15/148/22
而遊心○虛 15/148/22
神莫貴○天 15/149/15
勢莫便○地 15/149/15
動莫急○時 15/149/15
用莫利○人 15/149/15
是故聖人藏○無原 15/149/21
加巨斧○桐薪之上 15/150/2
則貫兕甲而徑○革盾矣 15/150/5
至○飛屋折木 15/150/5
勢如決積水○千仞之隄 15/150/6
若轉員石○萬丈之谿 15/150/7
賢○萬人之必北也 15/150/8
雖誂合刃○天下 15/150/8
誰敢在○上者 15/150/8
是故處○堂上之陰而知日月之次序 15/150/13
故鼓不與○五音而為五音主 15/150/16
水不與○五味而為五味調 15/150/16
將軍不與○五官之事而為五官督 15/150/17
主之所求○民者二 15/151/17
民之所望○主者三 15/151/17
四者既信○民矣 15/151/20
不食○貨 15/151/28
不淫○物 15/151/28
不嚂○辯 15/151/28
不推○方 15/151/28
是謂至（○）〔於〕 15/151/28

賢者擯○朝 17.189/181/24
美女擯○宮 17.189/181/24
行者思○道 17.190/181/26
而居者夢○床 17.190/181/26
慈母吟○（巷）〔燕〕 17.190/181/26
適子懷○荊 17.190/181/26
聖人處○陰 17.199/182/16
眾人處○陽 17.199/182/16
聖人行○水 17.199/182/16
眾人行○霜 17.199/182/16
異形者不可合○一體 17.200/182/19
捨茂木而集○枯 17.202/182/23
託○一人之才 17.205/182/29
譬若懸千鈞之重○木之一枝 17.205/182/29
嚼而無味者弗能內○喉 17.216/183/21
視而无形者不能思○心 17.216/183/21
兕虎在○後 17.217/183/23
隨侯之珠在○前 17.217/183/23
城成○土 17.226/184/10
故求物必○近之者 17.232/184/23
（○）〔袗〕和切適 17.237/185/3
故解（梓）〔捽〕者不在○捌格 17.239/185/7
在○批（伉）〔扰〕 17.239/185/7
夫言出○口者不可止○人 18/185/30
行發○邇者不可禁○遠 18/185/30
（人）莫蹪○山 18/186/2
而蹪○垤 18/186/2
陷溺○難者 18/186/11
是故不溺○難者成 18/186/13
昔者楚莊王既勝晉○河、雍之間 18/186/18
遂合諸侯○嘉陵 18/186/24
然而終○身死國亡 18/187/1
晉厲公之合諸侯○嘉陵 18/187/2
所以身死○匠驪氏也 18/187/3
張武教智伯奪韓、魏之地而擒○晉陽 18/187/6
陽虎為亂○魯 18/187/11
楚恭王與晉人戰○鄢陵 18/187/19
不能絕○口 18/187/20
○是罷師而去之 18/187/23
悅○目 18/188/1
悅○心 18/188/1
秦西巴有罪○君 18/188/15
又何況○人乎 18/188/16
此公孫鞅之所以抵罪○秦 18/188/19
智伯求地○魏宣子 18/188/22
威行○天下 18/188/23
必將復求地○諸侯 18/188/24
又求地○韓康子 18/188/26
又求地○趙襄子 18/188/26
○是智伯乃從韓、魏圍襄子○晉陽 18/188/26
晉獻公欲假道○虞以伐虢 18/189/1
虞公或○（壁）〔璧〕與馬 18/189/2
（輪）〔輔〕依○車 18/189/3
非求其報○百姓也 18/189/8
非求福○鬼神也 18/189/8
孔子以三代之道教導○世 18/189/16
或直○辭而不（害）〔周〕○事者 18/190/8
或虧○耳以忤○心而合○實者 18/190/8
匠人窮○辭 18/190/11
此所謂直○辭而不（可）（用）〔周〕〔○事〕者也 18/190/12
何謂虧○耳、忤○心而合○實 18/190/12
此所謂虧○耳、忤○心而得事實者也 18/190/18
其○以行說 18/190/21
括子以報○牛子曰 18/190/23
三國之地不接○我 18/190/23
然則求名○我也 18/190/23
無害子之慮無中○策 18/191/3
謀無益○國 18/191/3
然而心（調）〔和〕○君 18/191/3
冠履之○人也 18/191/6
昔晉文公將與楚〔人〕戰〔○〕城濮 18/191/11
問○咎犯曰 18/191/11
○是不聽雍季之計 18/191/14
襄子謂（○）張孟談曰 18/191/21
人數言其過○文侯 18/192/9
將加誅○子 18/192/10
臣故蓄積○民 18/192/11
○是乃升城而鼓之 18/192/12
○春浮之河而鬻之 18/192/17
申叔時使○齊 18/193/11
〔人有〕牽牛〔而〕（蹊）〔徑〕〔○〕人之田〔中〕 18/193/13
皆朝○楚 18/193/17
○是伐范、中行 18/193/18
又教智伯求地○韓、魏、趙 18/193/18
費無忌（從）〔復〕○荊平王曰 18/194/5
伍子奢遊人○王側 18/194/8
唐子短陳駢子○齊威王 18/194/13
（天）〔夫〕子生○齊 18/194/15
長○齊 18/194/16
夫子亦何思○齊 18/194/16
臣之處○齊也 18/194/17
魯人有為父報讎○齊者 18/194/22
必不能自免○（千）〔十〕步之中矣 18/194/26
遲○步也 18/194/28
明○分也 18/195/1
○是使忽悅 18/195/3
諸御鞅復○簡公曰 18/195/14
陳成常果攻宰予○庭中 18/195/15
而弒簡公○朝 18/195/15
（禱）〔禘〕○襄公之廟 18/195/19
其餘盡舞○季氏 18/195/20
始○雞（定）〔足〕 18/195/23
至○亡社稷 18/195/24
癰疽發○指 18/195/28
其痛偏○體 18/195/29
人皆務○救患之備 18/196/1
易○救患 18/196/1
禍生○（祖）〔袓〕而捕魚 18/196/5
夫牆之壞也○隙 18/196/11
（大）〔太〕宰（予）

〔子〕朱侍飯○令尹子國 18/196/12
夫鴻鵠之未孚○卵也 18/196/18
江水之始出○岷山也 18/196/21
是故聖人者、常從事○無形之外 18/196/22
而不留思盡慮○成事之內 18/196/22
人或問〔○〕孔子曰 18/196/25
秦牛缺徑○山中而遇盜 18/197/1
能勇○敢〔矣〕 18/197/5
而未能勇○不敢也 18/197/6
人能由昭昭○冥冥 18/197/7
贏弱服格○道 18/197/17
大夫箕會○衢 18/197/17
○是陳勝起○大澤 18/197/18
而至○戲 18/197/19
○閉結无不解 18/198/5
孔子行(遊)〔○〕〔東野〕 18/198/8
子耕○東海 18/198/12
至○西海 18/198/12
不(同)〔周〕○時也 18/198/18
及(慚)〔漸〕之○滫 18/198/23
是由乘驥(遂)〔逐〕人○榛薄 18/198/25
則有以(任)〔徑〕○世矣 18/199/13
此察○小好 18/199/21
而塞○大道也 18/199/21, 21/226/10
趙宣孟活飢人○委桑之下 18/199/24
見老馬○通 18/199/25
〔○是〕廻車而避之 18/200/2
武王蔭暍人○樾下 18/200/5
〔感○恩也〕 18/200/6
故聖人行之○小 18/200/6
審之○近 18/200/7
此皆形○小微 18/200/10
而通○大理者也 18/200/10
衛君朝○吳 18/200/15
欲流之○海(者) 18/200/15
今衛君朝○吳(王) 18/200/17
吳王囚之而欲流之○海 18/200/17
貴无益○解患 18/200/19
至○吳 18/200/20
欲薦之○王 18/200/20
子不能行(能行)說○王 18/200/21
不若朝○晉 18/200/22
不若朝○吳 18/200/22
又欲流之○海 18/200/23
是賞言朝○晉者 18/200/24
而罰言朝○吳〔者〕也 18/200/24
今朝○吳而不利 18/200/24
則皆移心○晉矣 18/200/25
復之○王 18/200/25
王報出(今)〔令〕○百官曰 18/200/26
得无害○〔為〕子乎 18/201/4
无益○說 18/201/9
无以立(務)〔矜〕○天下 18/201/16
決○令(尹)前 18/201/25
恩者逃之○城下之廬 18/201/27
吾怨之憯○骨髓 18/201/28
然而甲卒三千人以擒夫差○姑胥 18/202/3
立私○公 18/202/4
倚邪○正 18/202/4
若使人之所懷○內者 18/202/5
與所見○外者 18/202/5
○是神農乃(如)〔始〕教民播種五穀 19/202/17
放讙兜○崇山 19/202/20
竄三苗○三危 19/202/20
流共工○幽州 19/202/20
殛鯀○羽山 19/202/20
不知○色 19/202/26
其重○尊亦遠矣 19/202/27
以身解○陽(眄)〔盱〕之(河)〔阿〕 19/202/28
以身禱○桑(山之)林〔之際〕 19/202/29
至○郢 19/203/22
○是公輸般設攻宋之械 19/203/27
○是乃偃兵 19/203/28
無乃妨○義乎 19/204/5
○是秦乃偃兵 19/204/5
其○滅火 19/204/8
憤○中則應○外 19/204/10
所受○天 19/204/15
不待學問而合○道者 19/204/20
齊○眾而同○俗 19/205/3
察○人情 19/205/13
〔契生○卵〕 19/205/13
(禹)〔啓〕生○石 19/205/13
(契生○卵) 19/205/13
包○六合之內 19/205/26
託○宇宙之間 19/205/26
不免制○人者 19/206/2
無稟受○外 19/206/3
此亦鳥獸之所以知求合○其所利 19/206/6
今使人生○辟陋之國 19/206/6
長○窮櫚漏室之下 19/206/6
仿佯○塵埃之外 19/206/24
昔(○)〔者〕 19/207/9
南榮疇恥聖道之獨亡○己 19/207/9
求救○諸侯 19/207/16
○是乃贏糧跣走 19/207/16
至○秦庭 19/207/17
虐始○楚 19/207/19
著○憲法 19/207/21
務在○前 19/207/27
遺利○後 19/207/27
通○物者不可驚〔以〕怪 19/208/4
喻○道者不可動以奇 19/208/4
察○辭者不可燿以名 19/208/4
審○形者不可遯以狀 19/208/4
蔽○論而尊其所聞 19/208/6
謝子見○秦惠王 19/208/12
故有符○中 19/208/18
此和氏之所以泣血○荊山之下 19/208/19
服劍者期○銛利 19/208/24
而不期○墨陽、莫邪 19/208/24
乘馬者期○千里 19/208/24
而不期○(華)〔驊〕騮、綠耳 19/208/25
鼓琴者期○鳴廉脩營 19/208/25
而不期○濫脅、號鍾 19/208/25
誦《詩》、《書》者期○通道略物 19/208/26
而不期○《洪範》、《商頌》 19/208/26
若白黑之○目辨 19/208/27
清濁之○耳聽 19/208/27

曉然意有所通○物　19/209/3
執玄鑑○心　19/209/4
扶○猗那　19/209/20
故精誠感○內　20/210/18
形氣動○天　20/210/18
不下廟堂而（衍）〔行〕〔○〕四海　20/211/3
故化生○外　20/211/15
非生○內也　20/211/15
夫蛟龍伏寢○淵　20/211/17
而卵剖○陵　20/211/17
螣蛇雄鳴○上風　20/211/17
雌鳴○下風而化成形　20/211/17
莫善○誠　20/211/18
藏精○內　20/211/18
棲神○心　20/211/19
則无敵○天下矣　20/212/11
此皆人之所有○性　20/212/19
仰取象○天　20/212/27
俯取度○地　20/212/27
中取法○人　20/212/27
〔至○亡國〕　20/213/14
至○滅亡　20/213/15
《關雎》興○鳥　20/214/10
《鹿鳴》興○獸　20/214/11
故无益○治而有益○煩者　20/215/7
无益○用而有益○費者　20/215/7
○以任人　20/215/9
夫徹○一事　20/215/13
審○一（投）〔技〕　20/215/13
周公肴臑不收○前　20/215/20
鍾鼓不解○懸　20/215/20
御史冠蓋接○郡縣　20/215/20
法令正○上而百姓服○下　20/216/8
明○天道　20/217/16
察○地理　20/217/16
通○人情　20/217/16
其○〔以〕化民也　20/217/22
動○權而統○善者也　20/218/8
夫觀逐者○其反也　20/218/10
而觀行者○其終也　20/218/10
此異行而歸○善者　20/218/17
此異行而歸○醜者也　20/218/19
何害○明　20/218/20
何益○善　20/218/21
身貴○天下也　20/218/26
義重○身也　20/218/27
在○節（用）〔欲〕　20/219/5
餓○乾谿　20/219/26
皆令行禁止○天下　20/220/1
故得道則以百里之地令○諸侯　20/220/2
失道則以天下之大畏○冀州　20/220/2
无益○（恃）〔持〕天下矣　20/220/3
夫言者、所以通己○人也　20/220/11
聞者、所以通人○己也　20/220/12
不明○類也　20/220/14
廣○四海　20/220/15
崇○太山　20/220/15
富○江、河　20/220/15
其（○）〔所〕以監觀　20/220/16
人莫不知學之有益○己也　20/220/28
猶瘖聾之比○人也　20/221/2
凡學者能明○天（下）〔人〕之分　20/221/4
通○治亂之本　20/221/4
末大○本則折　20/221/9
尾大○要則不掉矣　20/221/9
人之○治也　20/221/11
皆發○詞　20/221/23
本○情　20/221/23
施之○絃管　20/221/24
趙王遷流○房陵　20/221/25
而歌○易水之上　20/221/26
（吠）〔吠〕聲清○耳　20/221/29
兼味快○口　20/221/30
故事不本○道德者　20/222/1
夫水出○山而入○海　20/222/5
稼生○田而藏○倉　20/222/6
故舜深藏黃金○嶄嵒之山　20/222/6
巧詐藏○胸中　20/222/10
察○刀筆之跡　20/222/19
習○行陳之事　20/222/20
見其必擒○越也　20/222/22
知其可與至○霸也　20/222/23
句踐（捷）〔棲〕○會稽　20/222/23
聖人見（禍）福○重閉之內　20/222/25
而慮患○九拂之外者也　20/222/25
○以舉奸　20/223/4
愚者惑○小利　20/223/6
而不可脫○庭者　20/223/8
故事有利○小而害○大　20/223/8
得○此而亡○彼者　20/223/8
而不免○身死人手者　20/223/15
而身虜○秦者　20/223/16
故仁莫大○愛人　20/223/16
知莫大○知人　20/223/16
不免○亂（也）〔矣〕　20/223/17
轉○無極　21/224/19
取象○天　21/224/27
比類其喜怒（與）〔○〕晝宵寒暑　21/224/28
所以使人不妄沒○勢利　21/225/23
不誘惑○事態　21/225/23
所以為人之○道未淹　21/226/9
德形○內　21/226/18
故德形○內　21/226/21
其○逍遙一世之間　21/227/17
殯文王○兩楹之間　21/227/27
周公受封○魯　21/228/1
梁丘據、子家噲導○左右　21/228/14
而介○大國之間　21/228/20
拘繫牽連○物　21/228/30

屋 wū　18

故不可以夷丘上○　3/21/20
〔曰〕會稽、泰山、王○、首山、太華、岐山、太行、羊腸、孟門　4/32/18
濟出王○　4/37/17, 16.83/161/24
无發室（居）〔○〕　5/46/5
乃至夏○宮（駕）〔架〕　8/61/19
〔能〕持千鈞之○　9/77/21
接○連閣　9/78/12
廣廈闊○　11/94/20
（筐）〔筳〕不可以持○　11/94/26
以為（宮室）〔室○〕　13/120/8
至於飛○折木　15/150/5

發○而求狸 16.74/160/29
郢人有買○棟者 16.122/165/16
然逾○之覆 17.27/170/9
百尋之○ 18/186/1
築牆茨○ 19/202/20
豐其○ 20/217/1

洿 wū 7

苦○之家 7/56/24
決○而注之江 7/56/24
○水弗樂也 7/56/24
其在○也 7/56/25
不入○君之朝 13/127/15
事之○辱 13/128/2
在○泥之中 16.116/164/28

烏 wū 18

射者扜○號之弓 1/2/22
故夫○之啞啞 1/9/4
○號之弓 2/18/12
朱（○）〔烏〕在卯 3/27/1
天子○始乘舟 5/40/13
日中有（蹲）〔踆〕○ 7/55/15
○獲不能舉也 9/71/25
則○獲不足恃 9/71/26
今使○獲、藉蕃從後牽牛尾 9/78/2
天雄○喙 10/83/23
○獲舉千鈞 12/108/12
○鵲之巢可俯而探也 13/120/4
○力勝日 17.10/169/1
○獲無力 17.47/171/19
（亦）〔赤〕肉縣則○鵲集 17.191/181/29
不弋鵠而弋○ 17.202/182/23
夫〔○〕鵲先識歲之多風也 18/197/21
○鵲之智也 18/197/22

誣 wū 3

華○以脅眾 2/15/16
華○生於矜 10/87/16
簒弒矯○ 13/129/15

歍 wū 1

孟嘗君為之增欷○唈 6/50/9

毋 wú 45

○淫其性 2/11/21
○遷其德 2/11/21
○伐木 3/23/20
有醫○閭之珣（玕）〔玗〕琪焉 4/34/12
○覆巢 5/39/10
〔○〕殺胎夭 5/39/10
○麛 5/39/10
○卵 5/39/10
○聚眾 5/39/10
〔○〕置城郭 5/39/10
○笞掠 5/39/22
○竭川澤 5/40/1
○漉陂池 5/40/1
○焚山林 5/40/1
○作大事 5/40/1
○出九門 5/40/18
○伐桑柘 5/40/19
○興土功 5/41/9
○伐大樹 5/41/9
○燒灰 5/41/23
○暴布 5/41/23
○以封侯 5/43/9
○或侵牟 5/45/22
○行水 5/48/9
○發藏 5/48/9
○釋罪 5/48/9
○小大脩短 9/72/9
○曰弗求 9/76/15
○曰不爭 9/76/15
蒙塵而欲○眯 10/92/28
涉水而欲○濡 10/92/28
○令人〔以〕害我 12/106/16
○受魚而不免於相 12/113/24
能○離乎 12/115/17
○視○聽 14/134/3
○（扣）〔扣〕墳墓 15/143/13
○爇五穀 15/143/13
○焚積聚 15/143/13
○捕民虜 15/143/14
○收六畜 15/143/14
○貽盲者鏡 17.7/168/25
○予躄者履 17.7/168/25
○賞越人章甫 17.7/168/25
○曰不幸 17.160/179/24

无 wú 377

則○不載也 1/2/9
有○者 2/10/14,2/10/22
○○蝡蝡 2/10/16
虛○寂寞 2/10/18
○有仿佛 2/10/18
有未始有有○者 2/10/23
○環堵之宇而生有○之根 2/10/25
有未始有夫未始有有○者 2/10/25
若光燿之（閒）〔問〕於○有 2/10/26
而未能○○也 2/10/27
及其為○○ 2/10/27
則○所遁其形矣 2/11/2
物豈可謂○大揚攉乎 2/11/4
是非○端 2/11/10
獨浮游○方之外 2/12/6
中徙倚○形之域而和以天地者乎 2/12/6
○所概於（忠）〔志〕也 2/12/12
是故至道○為 2/12/21
設於○垓坫之（字）〔宇〕 2/12/24
所受者○授也而○不受也 2/13/13
○不受也者 2/13/13
玆雖遇其母而○能復化已 2/13/19
淪於○間而復歸於大矣 2/13/23
通於○（整）〔埶〕而復反於敦龐〔矣〕 2/13/24
若夫○秋毫之微 2/13/24
通于○圻 2/13/25
聽於○聲 2/14/1
外內○符而欲與物接 2/16/13
而欲靜漠虛○ 2/17/15
司○道之國 3/20/12
律受○射 3/25/11
○射〔者〕 3/25/11
入○厭也 3/25/11
下生○射 3/26/5
（元）〔○〕射之數四十五 3/26/6

○射之商也 3/26/11
後必○殃 3/27/30
勝而○報 3/28/28
合於歲後則○殃 3/29/6
南二萬里則○景 3/32/2
五穀○實 5/43/13
行罪○疑 5/44/3
上○乏用 5/44/5
律中○射 5/44/14
○不務入 5/44/17
○有宣出 5/44/18
土事○作 5/46/5
○發室（居）〔屋〕 5/46/5
○有差忒 5/46/8
罷官之○事〔者〕 5/46/13
〔去〕器之○用者 5/46/14
故召遠者使○為焉 6/50/23
親近者（使）〔言〕○事焉 6/50/23
○私就也 6/51/1
○私去也 6/51/1
紂為○道 6/51/11
故萬化而○傷 6/51/15
○由識之矣 7/56/3
則○一之能知也 7/56/12
誠○以為也 7/58/16
推移而○故 8/61/6
雖神○所施其德 8/63/8
而民○所食 8/63/11
（拘）〔抱〕○窮之智 8/63/23
處○為之事 9/67/3
是故慮○失策 9/67/5
（謀）〔舉〕○過事 9/67/5
○容○則 9/67/14
上好取而○量 9/68/1
下貪狼而○讓 9/68/1
事力勞而○功 9/68/1
○以異於執彈而來鳥 9/68/3
而郢人○所（害）〔容〕其鋒 9/68/16
晉○亂政 9/68/24
則○由惑矣 9/71/9
〔然〕天下之物○〔所〕不通者 9/71/11
運轉而○端 9/71/17
虛○因循 9/71/17
臣道（員者運轉而○）方者 9/71/18
○愚智賢不肖莫不盡其能者 9/71/22
則○不（仕）〔任〕也 9/71/24
則○不勝也 9/71/24
〔則〕○不勝也 9/72/6
〔則〕○不成也 9/72/6
○以相過也 9/72/10
故○棄才 9/72/10
則讒佞姦邪○由進矣 9/72/12
亦必○餘命矣 9/72/15
○得於玉石 9/72/21
人主急茲○用之功 9/74/9
○大小修短 9/74/17
猶○可棄者 9/74/19
日陳於前而○所逆 9/75/4
使○專行〔也〕 9/75/19
〔言建之○形也〕 9/77/9
○所不用矣 10/83/24
（○）〔死〕所歸也 10/86/13
○不得 10/86/24
驕溢之君○忠臣 10/92/24
福生於○為 10/92/25
其歌樂而○轉 11/93/29
未必○禮也 11/97/10
其散應○形 11/98/21
北人○擇非舜而自投清（泠）〔冷〕之淵 11/102/1
○窮曰 12/105/3
○為曰 12/105/4
是乃其所以千萬臣而○數者也 12/111/22
至今○禍 12/112/9
子（韋）○復言矣 12/112/24
解劍帶笏以示○仇 12/117/20
○關鍵而不可開也 12/117/21
○憂色 12/117/28
故（也）〔地〕勢有○ 13/120/12
為鷙禽猛獸之害傷人而○以禁御也 13/120/14
所推移上下者○寸尺之度 13/120/25
行○專制 13/121/15
事○由己 13/121/15
○擅恣之志 13/121/19
○伐（矝）〔矜〕之色 13/121/19
是猶○鏑銜（橛）策錣而御馯馬也 13/122/2
神農○制（今）〔令〕而民從 13/122/3
唐、虞有制令而○刑罰 13/122/3
槽柔○擊 13/122/6
脩戟○（別）〔刺〕 13/122/6
是以盡日極慮而○益於治 13/122/24
勞形竭智而○補於主也 13/122/25
虐則○親 13/123/7
執而○赦 13/123/9
此（本○）〔○本〕主於中 13/123/11
故終身而○所定趨 13/123/12
濁（一）〔之〕則鬱而○轉 13/123/12
以其○道也 13/125/5
則○所用矣 13/126/2
○所不通 13/126/6
臣主○差 13/126/15
貴賤○序 13/126/15
是以終身行而○所困 13/126/19
則天下○聖王賢相矣 13/126/26
○害於息 13/126/27
恥死而○功 13/127/2
○疵其小故 13/127/9
故小謹者○成功 13/127/16
夫夏后氏之璜不能○考 13/127/26
明月之珠不能○纇 13/127/26
入多而○怨 13/128/24
赫○大功 13/128/25
群臣○不有驕侮之心 13/128/25
而數○鹽（今）〔令〕曰 13/128/27
以伐不義而征○道 13/129/7
此入多而○怨者也 13/129/8
靜而○為也 13/129/13
○所誘或 13/129/14
○變於己 13/129/14
由嗜慾○厭 13/129/16
○愚夫（惷）〔惷〕婦 13/129/18
皆知為姦之○脫也 13/129/18
若○道術度量而以自儉約 13/130/7
孫叔敖三去令尹而○憂色 13/130/8
又況（○）〔乎〕天地

之怪物乎 13/130/13
○益於死者 13/130/25
○涉血之仇爭忿鬬 13/130/26
則亦○能履也 13/130/28
煩（若）〔苦〕之○已也 13/131/7
而〔不〕知所以○難 13/131/17
人生於○ 14/132/15
遊○朕 14/132/18
故○為而寧者 14/132/20
○事而治者 14/132/20
所賤者○朕也 14/132/27
不貪○用則不以欲（用）害性 14/133/10
德立則五○殆 14/133/14
五見則德○位矣 14/133/14
度水而○游數 14/133/17
○咎○譽 14/134/4
君子脩行而使善○名 14/136/23
○常則亂 14/137/6
○敵之道也 14/137/8
則下之望○止 14/137/16
弗能、○害也 14/140/2
○害於為尸 14/140/3
大樂○怨 14/140/21
心常○欲 14/140/26
徵音非○羽聲也 14/141/10
羽音非○徵聲也 14/141/10
○損益於己 14/141/25
○去○就 14/141/28
天道○親 14/141/28
自死而天地○窮 14/142/7
不為非而不能使禍○至 14/142/11
君雖○道 15/143/23
變化○常 15/144/2
貴其○形也 15/147/2
則野○校兵 15/148/12
是以聖人藏形於○ 15/148/22
以其○形故也 15/148/23
唯○形者也 15/148/24
○法無儀 15/149/22
○所疑滯 15/149/23
而○人（刃）〔力〕之奉 15/150/2
以其○勢也 15/150/3
動○常體 15/152/2
○不制也 15/152/12

而出入○形 15/152/15
不可一○也 15/152/25
臣○還請 15/153/19
○有二心 15/153/21
是故○天於上 15/153/21
○地於下 15/153/21
○敵於前 15/153/21
○主於後 15/153/22
軍○後治 15/153/25
必○道之國也 15/153/27
是故名必成而後○餘害矣 15/153/28
○一剌以刀 16.75/161/1
○久持輕 16.75/161/1
○一旬餓 16.75/161/1
轉○窮之源 16.84/161/27
欲○窮 16.88/162/9
○量 16.92/162/19
未有○其具而得其利 16.113/164/20
視而○形者不能思於心 17.216/183/21
散○竟 18/185/23
則天下○不達之塗矣 18/186/11
身○大功而有厚祿 18/186/15
兵（橫）行天下而○所綣 18/186/24
威服四方而○所詘 18/186/24
淫侈○度 18/186/25
內○輔拂之臣 18/186/25
外○諸侯之助 18/186/25
不穀○與復戰矣 18/187/23
然而累足○所踐者 18/188/19
而○不勝之任矣 18/193/28
○哲不愚 18/197/8
嗜慾○止 18/198/3
於閉結○不解 18/198/5
說若此其○方也 18/198/13
○咎 18/198/28
則○以與俗交 18/199/13
則○以與道遊 18/199/14
則○所用多矣 18/200/13
諸侯○親 18/200/16
大夫○黨 18/200/17
貴○益於解患 18/200/19
得○害於〔為〕子乎 18/201/4
夫物○不可奈何 18/201/7

有人○奈何 18/201/8
○益於說 18/201/9
金錢○量 18/201/13
財貨○貲 18/201/13
○以立（務）〔矜〕於天下 18/201/16
其家○筦籥之信、關楗之固 18/201/21
則天下○亡國破家矣 18/202/5
後（出）〔世〕○名 19/207/28
夫○規矩 19/208/7
○準繩 19/208/7
○以聽其說 19/208/19
中○主以受之 19/208/27
而○所歸心 19/208/28
我曾○有閭里（氣）〔之〕聞、窮巷之知者何 19/209/10
○不憚悇𢡱心而悅其色矣 19/209/17
○本業所修、方術所務 19/209/17
焉得○有睥（面）〔睨〕掩鼻之容哉 19/209/18
日計○筭 20/210/6
寂然○聲 20/210/14,20/211/23
○地而不澍 20/210/15
○物而不生 20/210/16
夫鬼神視之○形 20/211/5
聽之○聲 20/211/5
邪氣○所留滯 20/211/19
廓然○形 20/211/23
官府若○事 20/211/23
朝廷若○人 20/211/23
○隱士 20/211/23
○軼民 20/211/23
○勞役 20/211/24
○冤刑 20/211/24
則○敵於天下矣 20/212/11
故○其性 20/212/21
○其養 20/212/21
○故○新 20/214/1
○疏○親 20/214/1
此四者相反而不可一○也 20/214/23
故○益於治而有益於煩者 20/215/7
○益於用而有益於費者 20/215/7

（陰陽〇為、故能和） 20/215/12
〇一焉者亡 20/215/26
巷〇聚人 20/215/27
〇道以行之 20/216/3
〇三代之智也 20/216/23
〇師曠之耳也 20/216/23
非以〇法也 20/216/25
以〇聖人也 20/216/25
闃其〇人 20/217/2
〇人者、非〇衆庶也 20/217/2
言〇聖人以統理之也 20/217/2
民〇廉恥 20/217/4
〇法不可以為治也 20/217/5
〇被創流血之苦 20/217/10
〇之而不靡 20/217/22
東西南北七十說而〇所偶 20/218/6
行〇廉恥 20/218/13
使其君生〇廢事 20/218/17
死〇遺憂 20/218/17
張儀、蘇秦家〇常居 20/218/18
身〇定君 20/218/18
不務性之所〇以為 20/219/8
不憂命之所〇奈何 20/219/8
而〇一人之（德）〔譽〕 20/219/16
〇將（卒）〔率〕以行列之 20/219/24
〇恃其不吾奪也 20/220/2
〇益於（恃）〔持〕天下矣 20/220/3
以目之〇見 20/220/6
耳之〇聞 20/220/6
且聾者、耳形具而〇能聞也 20/220/11
盲者、目形存而〇能見也 20/220/11
達乎〇上 20/220/14
至乎〇下 20/220/15
運乎〇極 20/220/15
翔乎〇形 20/220/15
天地之閒〇所（繫）〔擊〕戾 20/220/16
而物變〇窮 20/220/18
欲知輕重而〇以 20/220/22
又況知應〇方而不窮哉 20/220/23
人皆多以〇用害有用 20/220/28
豈得〇終始哉 20/221/11
故〇聲者、正其可聽者也 20/221/29
其〇味者、正其足味者也 20/221/29
乃〇聲者也 20/222/13
故民〇匿（情） 20/222/16
愛人則（天）〔〇〕虐刑矣 20/223/12
知人則〇亂政矣 20/223/12
則〇悖謬之事矣 20/223/13
則〇暴虐之行矣 20/223/13
上〇煩亂之治 20/223/13
下〇怨望之心 20/223/13
以翔虛〇之軫 21/224/1
而堅守虛〇之宅者也 21/225/2
進退左右〇所擊危 21/225/30
而〇傷乎讒賊螫毒者也 21/226/7
今夫狂者〇憂 21/226/11
聖人亦〇憂 21/226/11
聖人〇憂 21/226/11
狂者〇憂 21/226/11
故通而〇為也 21/226/11
與塞而〇為也（同） 21/226/12
其〇為則（通）〔同〕 21/226/12
其所以〇為則異 21/226/12
則〇以耦萬方 21/226/29
則〇以從容 21/226/29
則〇以應卒 21/226/29
則〇以推明事 21/226/30
則〇以應禍福 21/226/30
則〇以使學者勸力 21/226/31
則〇不在焉 21/227/2
今學者〇聖人之才 21/227/3
則〇可言者 21/227/10
使之〇凝竭底滯 21/227/14
賦斂〇度 21/227/20
戮殺〇止 21/227/20
以伐〇道而討不義 21/227/25
好色〇辨 21/228/13
下〇方伯 21/228/17
上〇天子 21/228/17

吾 wú 134

〇是以知無為之有益 1/6/10
〇所謂樂者 1/7/21
〇獨忼慨 1/7/24
夫天下者亦〇有也 1/8/18
〇亦天下之有也 1/8/18
〇所謂有天下者 1/8/21
〇與天下相得 1/8/22
非以一時之變化而定〇所以自得也 1/9/6
〇所謂得者 1/9/6
乃所以善〇死也 2/10/29
始〇未生之時 2/11/6
今〇未死 2/11/7
庸（愚）詎知〇所謂知之非不知歟 2/14/4
下棲遲至于昆〇、夏后之世 2/15/14
擢拔〇（悟）〔性〕 2/17/17
攓取〇情 2/17/17
至于昆〇 3/24/16
昆〇丘在南方 4/37/8
天下誰敢害〇（意）〔志〕者 6/50/2
譬〇處於天下也 7/56/12
〇安知夫刺（炙）〔灸〕而欲生者之非或也 7/56/15
〇生也有七尺之形 7/56/18
〇死也有一棺之（上）〔土〕 7/56/18
〇〔生〕之（於比）〔比於〕有形之類 7/56/18
猶〇死之淪於無形之中也 7/56/19
然則〇生也物不以益衆 7/56/19
〇死也土不以加厚 7/56/19
〇又安知所喜憎利害其間者乎 7/56/20
〇將舉類而實之 7/58/10
莞夷〇、百里奚經而成之 10/89/4
有德者受〇爵祿 10/90/5
有功者受〇田宅 10/90/5
〇無以與女 10/90/6
〇服汝也忘 11/96/3
汝雖忘乎〇 11/96/4
今〇欲擇是而居之 11/100/20
今〇雖欲正身而待物 11/101/7
〇以為各致其所極而已 11/103/2
〇弗知也 12/105/3
〇知道 12/105/4, 12/105/10
〇知道有數 12/105/4, 12/105/11

〇知道之可以弱	12/105/5
	12/105/11
此〇所以知道之數也	12/105/6
〇問道於無窮	12/105/9
〇弗知（之）〔也〕	12/105/9
〔此〕〇所以知道之數也	12/105/13
是以不〇知也	12/105/26
〔〇〕弗〔忍〕為〔也〕	12/109/14
為〇臣	12/109/14
且〇聞之也	12/109/15
〇聞子具於強臺	12/110/23
若〇薄德之人	12/110/24
〇觀其從者	12/110/28
〇聞之叔向曰	12/111/11
〇固惑〇王之數逆天道	12/112/8
〇不知原三日而不可得下也	12/113/17
〇弗為也	12/113/18
〇爵益高	12/114/1
〇志益下	12/114/2
〇官益大	12/114/2
〇心益小	12/114/2
〇祿益厚	12/114/2
〇施益博	12/114/2
〇無憂矣	12/114/17
〇何德之行	12/114/20
善之則〇畜也	12/114/22
不善則〇讎也	12/114/22
楚軍恐取〇頭	12/115/9
〇行數千里以襲人	12/115/23
昔〇先君與穆公交	12/115/25
今〇君薨未葬	12/115/25
而不弔〇喪	12/115/26
是死〇君而弱〇孤也	12/115/26
〇猶（夫）〔未〕能之在	12/116/14
〇與汗漫期于九垓之（外）〔上〕	12/116/15
〇不可以久（駐）	12/116/15
〇比夫子	12/116/17
〇是以知無為之有益也	12/117/10
〇非（受）〔愛〕道於子也	12/117/24
〇以觀其復也	12/117/26
〇留秦三年不得見	12/118/19
昔〇見句星在（房）〔駟〕心之閒	12/119/3
〇獨無豫讓以為臣（子）〔乎〕	12/119/8
〇恐後世之用兵不休	12/119/22
〇將鎮之以無名之樸也	12/119/29
昔蒼〇繞娶妻而美	13/125/20
日聞〇耳	13/128/28
〇恐其傷汝等	13/129/3
〇不見人	13/129/28
汝數止〇為俠	13/131/16
彼不〇應	15/148/18
天下見〇兵之必用也	15/150/7
使彼知〇所出而不知〇所入	15/150/22
知〇所舉而不知〇所集	15/150/22
〇直有所遇之耳	16.1/154/4
〇（聞）得之矣	16.1/154/5
〇將反〇宗矣	16.1/154/7
〇必悲哭社	16.77/161/7
〇則死矣	18/186/19
而不（率）〔恤〕〇衆也	18/187/23
是〇子已	18/188/9
非直〇所亡也	18/188/25
〇豈可以（先）一時之權	18/191/17
〇是以先之	18/192/4
〇土地非益廣也	18/192/16
〇可以勿賞乎	18/192/25
〔則〇族也〕	18/195/22
〇奪子財貨	18/197/2
〇欲益宅	18/197/25
〇馬之失	18/198/12
〇欲免之而不能	18/200/18
奈何〇因子也	18/200/21
百姓聞之必怨〇君	18/201/3
諸侯聞之必輕〇國	18/201/3
〇不敢侵犯〔之〕	18/201/15
子發（視）〔親〕決〇罪而被〇刑	18/201/27
〇怨之憯於骨髓	18/201/28
〇以為不然	19/202/13,19/204/14
若〇所謂「無為」者	19/203/13
此非〇所謂為之	19/203/18
〇日悠悠慚于影	19/204/3
〔〇〕竭筋力以赴嚴敵	19/207/15
无恃其不〇奪也	20/220/2
恃〇不可奪	20/220/3

吳 vū　40

斗、牽牛（越）、須女〇〔越〕	3/28/11
延陵季子不受〇國	7/59/8
以窮荊、〇甘酸之變	8/65/12
〇起、張儀智不若孔、墨	9/81/1
句〇其庶乎	10/87/7
（矣）〔〇〕鐸以聲自毀	10/90/31
〇起刻削而車裂	10/91/18
芻豢黍粱、荊〇芬馨以嚂其口	11/104/2
〇、越之善沒者能取之矣	12/105/21
齊、楚、〇、越皆嘗勝矣	12/107/11
〇之所以亡者	12/108/23
〇之亡猶晚	12/108/26
越王勾踐與〇戰而不勝	12/111/4
為〇（兵）〔王〕先馬（走）	12/111/5
〇起為楚令尹	12/112/1
〇起曰	12/112/2
〇起愓然曰	12/112/9
〇人願一以為王而不肯	12/117/28
故魏兩用樓翟、〇起而亡西河	13/123/16
〇王夫差地方二千里	15/153/6
衛君朝於〇	18/200/15
〇王囚之	18/200/15
今衛君朝於〇（王）	18/200/17
〇王囚之而欲流之於海	18/200/17
至於〇	18/200/20
不若朝於〇	18/200/22
然衛君以為〇可以歸骸骨也	18/200/23
而罰言朝於〇〔者〕也	18/200/24
今朝於〇而不利	18/200/24
昔越王句踐卑下〇王夫差	18/202/1
夫宋畫〇冶	19/205/23
夫脣地之（〇）〔民〕多有心者	19/207/3

○與楚戰 19/207/13
○為封豨脩蛇 19/207/19
擊○濁水之上 19/207/21
卻○兵 20/219/24
○起為楚〔張〕減爵（祿）之令 20/222/18
○起之用兵也 20/222/19
○起以兵弱楚 20/222/20
○王夫差破齊艾陵 20/222/21

浯 wú 1

以像湡、○ 8/65/5

梧 wú 4

昔舜葬蒼○ 11/97/23
故○桐斷角 16.130/166/8
道死蒼○ 19/202/21
舉○檟 19/209/21

無 wú 969

稟授○形 1/1/3
施之○窮而○所朝夕 1/1/5
輪轉而○廢 1/1/10
事○不應 1/1/11
並應○窮 1/1/11
○為為之而合于道 1/1/12
○為言之而通乎德 1/1/13
恬愉○（矜）〔矜〕而得于和 1/1/13
父○喪子之憂 1/1/16
兄○哭弟之哀 1/1/16
應○形兮 1/1/23
經霜雪而○迹 1/2/1
照日光而○景 1/2/1
是故大丈夫恬然○思 1/2/3
澹然○慮 1/2/3
下出于○垠〔鄂〕之門 1/2/6
則○不覆也 1/2/9
則○不使也 1/2/9
則○不備也 1/2/10
而游於○窮之地〔也〕 1/2/11
至○而供其求 1/2/16
以其○爭於萬物也 1/2/18
〔網不若〕○形之像 1/2/25
○以異於使蟹（蛹）〔捕〕鼠 1/3/1
任數者勞而○功 1/3/7
滅而○形 1/3/19
終於○為 1/4/3
使舜○其志 1/4/20
漠然○為而○不為也 1/4/23
澹然○治（也）而○不治也 1/4/23
所謂○為者 1/4/23
所謂〔○〕不為者 1/4/24
所謂○治者 1/4/24
所謂○不治者 1/4/25
故窮○窮 1/4/26
極○極 1/4/26
恬然○慮 1/5/1
力○不勝 1/5/3
敵○不凌 1/5/4
刃犯難而錞○患者 1/5/14
脩極於○窮 1/5/24
遠（渝）〔淪〕於○崖 1/5/24
大包群生而○（好憎）〔私好〕 1/6/2
擊之○創 1/6/4
動溶○形之域 1/6/5
授萬物而○所前後 1/6/6
是故○所私而○所公 1/6/6
○所左而○所右 1/6/7
出於○有 1/6/10
入於○閒 1/6/10
吾是以知○為之有益 1/6/10
夫○形者 1/6/10
○音者 1/6/11
皆生於〔○〕形乎 1/6/11
自○蹠有 1/6/12,7/60/2
自有蹠○ 1/6/12,7/60/2
虛（而）〔○〕恬愉者 1/6/15
則淪於○形矣 1/6/16
所謂○形者 1/6/16
○匹合於天下者也 1/6/17
葉累而○根 1/6/18
○形而有形生焉 1/6/19
○聲而五音鳴焉 1/6/20
○味而五味形焉 1/6/20
○色而五色成焉 1/6/20
是故有生於○ 1/6/20
若○而有 1/6/26
其動○形 1/6/27,7/58/1
其行○迹 1/6/27
苦心而○功 1/7/1
○所好憎 1/7/6
○所大過而○所不逮 1/7/9
物穆○窮 1/7/13
變○形像 1/7/13
○失所秉 1/7/14
○忘玄伏 1/7/14
消搖而○所定 1/7/24
○以自得也 1/7/25
能至于○樂者 1/7/26
則○不樂 1/7/26
○不樂則至（極樂）〔樂極〕矣 1/7/26
○主於中 1/8/6
○應於外 1/8/6
效人為之而○以自樂也 1/8/9
是猶○耳而欲調鍾鼓 1/8/11
○目而欲喜文章也 1/8/11
是故○所喜而○所怒 1/8/17
○所樂而○所苦 1/8/17
○非○是 1/8/17
則骨肉○倫矣 1/9/21
○所不充 1/9/26
則○所不在 1/9/26
豈○形神氣志哉 1/9/28
則神○由入矣 1/10/5
如是則萬物之化○不遇 1/10/10
而百事之變○不應 1/10/10
有未始有有○者 2/10/15
予能有○ 2/10/27
寂漠以虛○ 2/12/24
猶蓋之（○）一橑 2/13/5
而輪之（○）一輻 2/13/5
○之未有害於用也 2/13/5
四達○境 2/13/24
○形而生有形 2/13/28
日月○所載 2/14/3
草木○所植 2/14/3
是非○所形 2/14/4
立○後者 2/14/9
反○識 2/14/9
而消搖于○事之業 2/14/10, 7/57/12
而行○窮極 2/14/16
是故虛○者、道之舍 2/14/24

人〇故求此物者 2/14/28
〇尺之鯉 2/15/2
〇（文）〔丈〕之材 2/15/2
又況乎以〇裏之者邪 2/15/3
而浮楊乎〇畛崖之際 2/15/7
是故雖有羿之知而〇所
用之 2/15/9
而條達有〇之際〔也〕 2/16/1
神〇虧缺於胸臆之中矣 2/16/3
必〇以天下為〔者〕也 2/16/20
必〇以趨行求者也 2/16/20
若夫神〇所掩 2/16/27
心〇所載 2/16/27
恬漠〇事 2/16/27
〇所凝滯 2/16/27
猶〇益於治天下也 2/17/5
和愉虛〇 2/17/8
血脈〇鬱滯 2/17/9
五藏〇蔚氣 2/17/9
又況〇道乎 2/17/11
則必〇餘栓 2/17/21
豈獨〇聖人哉 2/18/2
〇所肆其能也 2/18/9
不能〇弦而射 2/18/12
不能〇水而浮 2/18/12
出入〇常 3/20/13
日月復以正月入營室五
度〇餘分 3/21/10
音比（應鍾）〔〇射〕 3/22/13
音比（〇射）〔南呂〕 3/22/13
音比〇射 3/22/27
日中〇景 4/33/19
呼而〇（嚮）〔響〕 4/33/20
自（北東）〔東北〕方
曰（大澤）〔〇通〕 4/33/22
曰（〇通）〔大澤〕 4/33/23
食土者〇心而慧 4/35/1
四足者〇羽翼 4/35/18
戴角者〇上齒 4/35/18
〇角者膏而〇前〔齒〕 4/35/18
有角者（指）〔脂〕而
〇後〔齒〕 4/35/19
有跂踵民、句嬰民、深
目民、〇腸民、柔利
民、一目民、〇繼民 4/37/2
三桑、〇枝在其西 4/37/7
其神、人面龍身而〇足 4/37/12

〇有不良 5/40/21
〇有隳壞 5/41/9
反舌〇聲 5/41/19
禁民〇刈藍以染 5/41/22
門閭〇閉 5/41/23
關市〇索 5/41/23
〇躁 5/41/26
事〇徑 5/41/27
禁民〇發火 5/41/28
〇或枉撓 5/43/21
（若）〔〇〕或失時 5/44/2
〇留有罪 5/45/1
〇有所使 5/47/1
立〇後 5/47/20
〇不囊懷 5/47/24
溥汜〇私 5/47/24
刑殺〇赦 5/48/8
民〇險謀 5/49/5
取而〇怨 5/49/15
內而〇害 5/49/15
其〇所逃之亦明矣 6/49/30
眾雄而〇雌 6/50/22
其於五音〇所比 6/51/18
11/100/12
百官正而〇私 6/52/18
上下調而〇尤 6/52/18
邑〇盜賊 6/52/20
狗彘吐菽粟於路而〇忿
爭之心 6/52/20
禽獸（蝮）〔蟲〕蛇〇
不匿其爪牙 6/53/4
〇有攫噬之心 6/53/4
山〇峻幹 6/53/16
澤〇洼水 6/53/16
田〇立禾 6/53/17
路〇（莎蘋）〔薠莎〕 6/53/17
壁襲〇（理）〔羸〕 6/53/17
磬龜〇腹 6/53/18
漠然若〇魂魄 6/54/10
至虛〇純一 6/54/12
皆狂生而〇其本者也 6/54/18
受（翼）〔濯〕而〇源
（者）〔也〕 6/54/19
〇以續之 6/54/20
惟像〇形 7/54/25
虛〇者 7/55/4
薄蝕〇光 7/55/15

五藏能屬於心而〇乖 7/55/21
神則以視〇不見〔也〕 7/55/23
以聽〇不聞也 7/55/23
以為〇不成也 7/55/24
使耳目精明玄達而〇誘慕 7/56/3
夫惟能〇以生為者 7/56/10
則〇一之不知也 7/56/11
且惟〇我而物〇不備者乎 7/56/13
將〇所違之矣 7/56/14
猶吾死之淪於〇形之中也 7/56/19
與其未離於地也〇以異 7/56/22
與其為盆盎亦〇以異矣 7/56/23
〇以異其浸園也 7/56/25
亦〇以異其在江也 7/56/25
精神澹然〇極 7/57/2
是故聖人以〇應有 7/57/6
是故〇所甚疏 7/57/6
而〇所甚親 7/57/7
死生〇變於己 7/57/8
故有而若〇 7/57/10
〇為復樸 7/57/11
審乎〇瑕 7/57/13
抱其太清之本而〇所 7/57/17
而物〇能營 7/57/18
清靖而〇思慮 7/57/18
休息于〇委曲之隅 7/57/24
而游敖于〇形埒之野 7/57/24
（君）〔居〕而〇容 7/57/24
處而〇所 7/57/24
其靜〇體 7/58/1
出入〇間 7/58/1
入於〇間 7/58/2
日夜〇傷而與物為春 7/58/4
且人有戒形而〇損（於）
心 7/58/5
有綴宅而〇耗精 7/58/5
復歸於〇形也 7/58/7
則神〇累矣 7/58/9
舟中之人五色〇主 7/58/16
〇往而不遂 7/58/25
〇（至）〔之〕而不通 7/58/25
又況〇為者矣 7/59/3
其餘〇足利矣 7/59/6
此之謂〇累之人 7/59/7
〇累之人 7/59/7
夫〔〇〕以天下為者 7/59/15
〇天下不虧其性 7/59/17

法而○義 9/81/13
人之情不能○衣食 9/81/14
○以知白黑 9/81/23
○愚智賢不肖皆知其為義也 9/81/24
而○仁智以為表幹 9/81/29
國○義 9/82/6
人○善志 9/82/6
道至高○上 10/82/15
至深○下 10/82/15
（句）〔包〕裹宇宙而○表裏 10/82/15
洞同覆載而○所礙 10/82/16
其坐○慮 10/82/17
其寢○夢 10/82/17
○歧道旁見者 10/82/21
君子非（仁）義○以生 10/82/26
小人非嗜欲○以活 10/82/27
即鹿○虞 10/82/30
薄施而厚望、畜怨而○患者 10/83/1
雖過○怨 10/83/8,10/86/4
禹○廢功 10/83/10
○蔽財 10/83/10
物莫（○）所不用 10/83/23
○三寸之鎋 10/84/18
○一尺之楗 10/84/19
○諸己 10/84/24
不能使○憂尋 10/85/6
○非己者 10/86/7
○勇者 10/86/16
不為○人不兢其容 10/86/23
動○不得 10/86/24
則○著 10/86/24
○所合 10/87/4
○所離 10/87/4
○所與調 10/87/4
○所不比 10/87/4
固○物而不周 10/87/12
獄（繫）〔煩〕而○邪 10/88/1
工○偽事 10/88/4
農○遺力 10/88/4
（土）〔士〕○隱行 10/88/4
官○失法 10/88/4
○載焉而不勝 10/88/9
小子○謂我老而羸我 10/89/9
人○能作也 10/89/12
而○能成也 10/89/12
○道之世 10/89/20
○小不可 10/89/23
為○所用之 10/89/23
（通）〔適〕於己而○功於國者 10/90/4
女○一焉 10/90/6
吾○以與女 10/90/6
○聲之聲 10/91/22
不可以○功取也 10/91/24
不可以○罪蒙也 10/91/24
不為小不善為○傷也而為之 10/92/1
○一焉者亡 10/92/11
曰唯○形者也 10/92/21
口慧之人○必信 10/92/24
交拱之木○把之枝 10/92/24
尋常之溝○吞舟之魚 10/92/24
而內行○繩 10/93/2
嘗之而○味 10/93/4
視之而○形 10/93/4
言○常是、行○常宜者 10/93/15
夫吹灰而欲○眯 11/93/27
涉水而欲○濡 11/93/27
其衣（致）煖而○文 11/93/28
其兵（戈）銖而○刃 11/93/29
其哭哀而○聲 11/93/29
○所施其美 11/93/29
而○由相過 11/94/28
物○貴賤 11/94/29
物○不貴也 11/94/30
物○不賤也 11/94/30
得以所有易所○ 11/95/9
虛者非○人也 11/95/15
不足者非○貨也 11/95/16
人之性○邪 11/95/28
○以自見〔也〕 11/96/2
○以反性 11/96/5
○適於天下 11/96/16
聖人（記）〔託〕於○適 11/96/16
○天下之委財 11/96/19
○皮弁搢笏之服 11/97/9
而○所困矣 11/97/13
誹譽○所由生 11/97/19
以為曠日煩民而○所用 11/97/20
以為窮民絕業而○益於槁骨腐肉也 11/97/22
○以異於彈一絃而會《棘下》 11/99/5
樸至大者○形狀 11/99/20
道至眇者○度量 11/99/20
○以相非也 11/99/24
故瑟○絃 11/100/6
天下是非○所定 11/100/15
至是之是○非 11/100/18
（之非至非）〔至非之非〕○是 11/100/18
○之而不濡 11/101/8
此所慕而〔○〕不（能）致也 11/101/9
轉○窮之原也 11/101/11
○須臾之間定矣 11/101/13
是以士○遺行 11/101/18
農○廢功 11/101/18
工○苦事 11/101/18
商○折貨 11/101/18
剞劂○迹 11/101/25
言○遺策 11/101/26
而○桀、紂之時 11/102/18
上○苛令 11/103/19
官○煩治 11/103/19
士○偽行 11/103/19
工○淫巧 11/103/19
○益於治 11/103/22
不器○用之物 11/103/24
○以養生 11/103/24
○以撿形 11/103/25
安樂○事而天下（均）〔和〕平 11/103/25
故孔丘、曾參○所施其善 11/103/26
孟賁、成荊○所行其威 11/103/26
飾眾○用 11/103/28
故其為編戶齊民○以異 11/104/8
太清問於○窮曰 12/105/3
又問於○為曰 12/105/3
○為曰 12/105/4
12/105/5,12/105/10
12/105/10,12/105/11
可以應待○方 12/105/6
12/105/12
太清又問於○始曰 12/105/9
吾問道於○窮 12/105/9

○窮曰 12/105/9
又問於○為 12/105/10
則○為〔之〕知與○窮
之弗知 12/105/13
○始曰 12/105/13,12/105/16
至為○為 12/105/24
夫唯○知 12/105/26
豈○鄭、衛激楚之音哉 12/106/4
臣之言○政 12/106/9
譬之若林木○材 12/106/9
己雖○除其患 12/106/10
此老聃之所謂『○狀之
狀 12/106/11
○物之象』者也 12/106/11
（乂）〔又〕○以自為 12/106/18
○（卹）〔卹〕賤 12/106/22
而○求其故 12/107/1
○心可與謀 12/107/3
能○以知乎 12/107/4
今趙氏之德行○所積 12/107/8
大王獨○意邪 12/107/18
12/107/22
非○其意也 12/107/20
使人本○其意也 12/107/20
夫○其意 12/107/21
○地而為君 12/107/23
○官而為長 12/107/23
宋王○以應 12/108/1
大制○割 12/108/14
故致數輿○輿也 12/108/15
困窮○以自達 12/109/1
○以財物為也 12/109/12
神○怨乎 12/109/23
○壽類矣 12/109/24
○說則死 12/110/4
故知時者○常行 12/110/17
〔曹君〕○禮焉 12/110/27
君○禮於晉公子 12/110/27
令三軍○入釐負羈之里 12/111/1
人而○能者 12/113/5
○有 12/113/6,16.1/154/4
人○棄人 12/113/8
物○棄物 12/113/9
非以〔其〕○私〔邪〕 12/113/25
於物○視也 12/114/6
非鉤○察也 12/114/6
吾○憂矣 12/114/17

如何其○懼也 12/114/23
奚適其（○）〔有〕道
也 12/114/26
天下○之 12/114/28
後○幾何 12/115/3
故（曰）〔伎〕○細而
能〔○〕薄 12/115/9
洞則○善也 12/115/16
化則○常矣 12/115/16
此其下○地而上○天 12/116/13
聽焉○聞 12/116/13
視焉（○）〔則〕眴 12/116/13
則○由入矣 12/117/2
○所不極 12/117/3
光耀問於○有曰 12/117/6
其果○有（子）〔乎〕 12/117/6
○有弗應也 12/117/6
予能有○矣 12/117/8
〔而〕未能○○也 12/117/9
及其為○○〔矣〕 12/117/9
○有入于○間 12/117/9
吾是以知○為之有益也 12/117/10
○纆約而不可解也 12/117/21
三年而○得焉 12/117/23
○喜志 12/117/28
夫唯○以生為者 12/118/8
○所陰蔽（隱）也 12/118/23
吾獨○豫讓以為臣（子）
〔乎〕 12/119/8
○管仲、鮑叔以為臣 12/119/11
鬬爭○已 12/119/23
道全為○用之事 12/119/24
吾將鎮之以○名之樸也 12/119/29
○所顧（間）〔問〕 13/121/18
目○以接物也 13/123/16
○術以御之也 13/123/17
得其處則○非 13/123/22
失其處則○是 13/123/22
唯○所嚮者 13/124/13
（則）〔為〕○所不通 13/124/13
堯○百戶之郭 13/124/15
舜○植錐之地 13/124/15
禹○十人之眾 13/124/16
湯○七里之分 13/124/16
則（千）〔萬〕乘之君
○不霸王者 13/124/22
而（萬）〔千〕乘之國

○不破亡者矣 13/124/23
○常儀表 13/125/21
子孫○類 13/126/9
○（問）〔閒〕其小節 13/127/9
藏○形 14/132/18
行○迹 14/132/18
保於虛○ 14/132/19
藏迹於○為 14/132/22
不務性之所○以為 14/133/1
不憂命之所○奈何 14/133/2
理好憎則不貪○用 14/133/9
○以天下為者 14/134/15
天○為焉 14/134/15
君○事焉 14/134/16
身雖○能 14/134/18
必○怨色 14/134/20
未有以○欲而危者也 14/134/24
入者有受而○取 14/134/26
出者有授而○予 14/134/26
○為而治 14/135/2
求其所（○）〔未得〕 14/135/3
行未固於○非 14/135/7
福莫大○禍 14/135/7
故常○禍 14/135/9
常○罪 14/135/10
聖人○思慮 14/135/10
○設儲 14/135/10
不求所○ 14/135/13
內○（旁）〔奇〕禍 14/135/14
外○（旁）〔奇〕福 14/135/14
己○所與 14/135/18
而道○不通 14/135/20
有智而○為 14/135/21
與○智者同道 14/135/21
有能而○事 14/135/22
與○能者同德 14/135/22
有智若○智 14/135/23
有能若○能 14/135/23
則○功 14/136/3
○以塞之 14/136/3
天下非○信士也 14/136/7
不若○心者〔也〕 14/136/7
天下非○廉士也 14/136/8
不若○欲者也 14/136/8
由其道則善○章 14/136/13
（脩）〔循〕其理則
（功）〔巧〕○名 14/136/14

布施而使仁○章 14/136/23
故○為而自治 14/136/24
則約定而反○日 14/136/28
而○自恃之道 14/136/29
則為名者不伐○罪 14/137/2
所以○為也 14/137/6
何謂○為 14/137/6
可謂○為矣 14/137/7
夫○為則得於一也 14/137/7
甚於○君之時 14/137/10
則○定分 14/137/16
聖人○去之心而心○醜 14/137/29
○取之美而美不失 14/138/1
以有公道而○私說 14/138/4
以有常術而○鈐謀 14/138/4
內○暴事以離怨於百姓 14/138/5
外○賢行以見忌於諸侯 14/138/5
此所謂藏○形者 14/138/6
非藏○形 14/138/6
未有使人○智者 14/138/10
未有使人○力者 14/138/10
聖人○焉 14/138/13
虎○所措其爪 14/138/13
兕○所措其角 14/138/13
弗吹（○）〔弗〕聲 14/138/17
○須臾忘〔其〕為（質）〔賢〕者 14/138/18
天下○之也 14/138/20
天地○予也 14/138/24
故○奪也 14/138/24
日月○德也 14/138/24
故○怨也 14/138/24
唯滅迹於○為而隨天地〔之〕自然者 14/138/25
（唯）〔為〕能勝理而（為受）〔○愛〕名 14/138/25
道行則人○位矣 14/138/26
唯不求利者為○害 14/138/29
唯不求福者為○禍 14/138/29
持○所監 14/139/3
則○功者賞 14/139/5
○罪者誅 14/139/5
及○好者 14/139/5
誅而○怨 14/139/5
身○與事 14/139/6
（怨）○所〔怨〕（滅）〔憾〕 14/139/7
則人○事矣 14/139/8
聖人○屈奇之服 14/139/10
○瑰異之行 14/139/10
○以名之 14/139/11
情○符檢 14/139/13
皆○有根心者 14/139/15
有智而○術 14/139/22
有百技而○一道 14/139/23
○所移之也 14/139/27
弗能○虧〔也〕 14/140/1
○害於為佐 14/140/3
○為制有為 14/140/6
形常○事 14/140/26
○急於外 14/140/27
日月度而○溉於志 14/140/28
大道○形 14/141/1
大仁○親 14/141/1
大辯○聲 14/141/1
五者○棄 14/141/1
○道者 14/142/1
故不曰我○以為而天下遠 14/142/2
人○筋骨之強 15/142/24
殺○罪之民 15/143/3
而養○義之君 15/143/3
○伐樹木 15/143/13
殺戮○罪 15/143/15
故君為○道 15/143/20
天員而○端 15/144/3
地方而○垠 15/144/4
天化育而○形象 15/144/4
地（出）〔生〕長而○計量 15/144/4
唯道○朕 15/144/5
所以○朕者 15/144/5
以其○常形勢也 15/144/5
輪轉而○窮 15/144/6
制刑而○刑 15/144/9
至於○刑 15/144/9
是故大兵○創 15/144/10
○所不在 15/144/17
素行○刑久矣 15/144/21
○刑罰之威 15/144/25
○淫輿 15/145/16
○遺輜 15/145/16
谿肆○景 15/145/26
然而前○蹈難之賞 15/146/15
而後○遁北之刑 15/146/15
是故善守者○與御 15/146/16
而善戰者○與鬬 15/146/16
（者）〔智〕侔、則有數者禽○數 15/146/24
○形 15/147/2
運於○形 15/147/8,15/149/21
萬人異心則○一人之用 15/147/20
將○疑謀 15/147/22
卒○二心 15/147/22
動○墮容 15/147/22
（已）〔口〕○虛言 15/147/22
事○嘗試 15/147/22
雖少○畏 15/147/26
○所適備 15/148/6
唯○一動 15/148/11
國○守城矣 15/148/12
○形而制有形 15/148/14
○為而應變 15/148/14
○奈之何也 15/149/11
唯○形者○可（佘）〔奈〕也 15/149/20
是故聖人藏於○原 15/149/21
无法○儀 15/149/22
○名○狀 15/149/22
是以○破軍敗兵 15/149/28
若鬼之○迹 15/150/26
若水之○創 15/150/26
願君亦（以）〔○〕垂一言之命於臣也 15/153/19
以○有為體 16.1/154/3
○有有形乎 16.1/154/3
〔○有〕、何得而聞也 16.1/154/4
視之○形 16.1/154/5
聽之○聲 16.1/154/5
亦以淪於○形矣 16.1/154/8
蟥○筋骨之強、爪牙之利 16.4/154/16
人○為則治 16.6/154/21
○為而治者載○也 16.6/154/21
不能○為者 16.6/154/22
人○言而神 16.6/154/22
○言而神者載○ 16.6/154/22
終以其○用者為用矣 16.6/154/23
物莫不因其所有而用其所○ 16.6/154/24

則所以○不動也 16.12/155/14
○內○外 16.19/155/29
慎○為善 16.21/156/9
執獄牢者○病 16.24/156/18
心○累也 16.24/156/18
常治○病之病 16.24/156/18
故○病 16.24/156/19
常治○患之患 16.24/156/19
故○患也 16.24/156/19
善鈞者○所失 16.28/156/30
故○累 16.32/157/10
故魚不可以○餌釣也 16.34/157/14
拯溺者而欲○濡 16.40/158/1
則雖愚○失矣 16.41/158/4
天下○之矣 16.41/158/5
則○美○醜矣 16.42/158/8
聖人○止○以 16.80/161/15
〔然而〕天下○千金之鹿 16.81/161/18
有千金之璧而○錙錘之礛諸 16.81/161/18
受光於戶照室中○遺物 16.82/161/21
故有形出於○形 16.85/161/30
兩之集○能霑 16.86/162/1
矢之發○能貫 16.86/162/1
夫唯○量 16.92/162/19
○翼而飛 16.98/163/6
則○時得鳥矣 16.103/163/19
故人莫惡於○常行 16.119/165/9
天下○粹白狐 16.125/165/26
○古○今 17.3/168/16
○始○終 17.3/168/16
視於○形 17.14/169/10
聽於○聲 17.14/169/10
○更調焉 17.15/169/14
聽○音之音者（聽）〔聰〕 17.18/169/21
不若○也 17.27/170/9
○糗糧之資而不飢 17.30/170/15
謂許由○德 17.47/171/19
烏獲○力 17.47/171/19
○以自樂 17.58/172/17
○以接物 17.58/172/17
則（推）〔椎〕車至今○蟬匷 17.60/172/21
○其君形者也 17.61/172/23
三寸之管而○當 17.86/174/14
○鄉之社易為黍肉 17.91/174/25
○國之稷易為求福 17.91/174/25
鼈○耳而目不可以（瞥）〔弊〕 17.91/174/25
瞽○目而耳不可以（察）〔塞〕 17.91/174/26
○貌於心也 17.92/174/28
○形於目也 17.92/174/28
寂然○聲 17.95/175/3,19/202/12
弗掘（○泉）〔不出〕 17.112/176/7
足○千里之行 17.138/178/6
心○政教之原 17.138/178/6
有山○林 17.143/178/18
有谷○風 17.143/178/18
有石○金 17.143/178/18
使人○度河 17.161/179/26
中河使○度 17.161/179/26
鼠○時死 17.170/180/17
○餌之釣 17.176/180/29
遇士○禮 17.176/180/29
兔絲○根而生 17.177/180/31
蛇○足而行 17.177/180/31
魚○耳而聽 17.177/180/31
蟬○口而鳴 17.177/180/31
〔○迹也〕 17.199/182/16
貪丘○壟 17.203/182/25
○事而求其功 17.208/183/5
嚼而○味者弗能內於喉 17.216/183/21
○不王者 18/189/15
樹怨者○報德 18/189/18
家○故而黑牛生白犢 18/189/20
其父○故而盲 18/189/21
其子又○故而盲 18/189/25
得○乘城 18/189/27
馬○故亡而入胡 18/190/1
○以對 18/190/11
○為賓通言 18/190/13
夫以「○城薛」止城薛 18/190/21
○害子入 18/190/24
牛子以括子言告○害子 18/190/24
○害子曰 18/190/25,18/190/26
牛子不聽○害子之言 18/191/1
○害子日以進 18/191/2
○害子之慮○中於策 18/191/3
謀○益於國 18/191/3
而雍季○尺寸之功 18/191/9
或○功而先舉 18/191/10
後必○獸 18/191/14
後亦○復 18/191/14
○為貴智 18/191/22
群臣○不有驕侮之心者 18/192/4
廩○積粟 18/192/8
府○儲錢 18/192/8
庫○甲兵 18/192/9
官○計會 18/192/9
冬間○事 18/192/18
請○罷武大夫 18/192/23
凡襲國者、以為○備也 18/193/1
進必○功 18/193/3
為國而○信 18/193/4
陳為○道 18/193/12
今君王以陳為○道 18/193/14
（○故有顯名者勿處也） 18/193/23
○功而富貴者勿居也 18/193/23
○功而大利者後將為害 18/193/24
則得○損墮之勢 18/193/28
費○忌（從）〔復〕於荊平王曰 18/194/5
王以告費○忌 18/194/9
○忌曰 18/194/9
居○幾何 18/195/15
季氏之○道○上 18/195/20
○季氏 18/195/22
死亡○日矣 18/195/22
身死○後 18/195/26
齊乃○呂 18/195/27
而莫能知使患○生 18/196/1
夫（得）〔使〕患○生 18/196/1
遇之○禮 18/196/4
則○亡患矣 18/196/5
今不務使患○生 18/196/6
萬端○方 18/196/8
魚何遽○由出 18/196/10
盜何遽○從（人）〔入〕 18/196/10
則靡而○形矣 18/196/18
是故聖人者、常從事於○形之外 18/196/22
○懼色憂志 18/197/2

使監祿（○以）轉餉 18/197/14
則莫得○為 19/202/16
而稱以「○為」 19/202/29
是以地○不任 19/203/4
時○不應 19/203/4
官○隱事 19/203/4
國○遺利 19/203/5
孔子○（黙突）〔黔突〕 19/203/6
墨子○煖席 19/203/7
若吾所謂「○為」者 19/203/13
○乃妨於義乎 19/204/5
而公正○私 19/205/10
今○五聖之天奉 19/205/14
而謂學○益者 19/205/19
其與人○以異 19/206/2
○稟受於外 19/206/3
長○兄弟 19/206/7
少○父母 19/206/7
○六子之賢 19/206/13
○一人之才 19/206/13
玉堅○敵 19/206/18
見○外之境 19/206/23
以逍遙〔乎○方之內〕 19/206/24
知人○務 19/207/4
使後世○知音者則已 19/209/8
則○以與世浮沉 21/223/24
則○以與化游息 21/223/24
贏垺有○之精 21/224/7
轉於○極 21/224/19
至微之淪○形也 21/224/22
繫之○極 21/224/24

蕪 wú 7

行秋令○ 5/48/21
○棄其本 6/54/15
是故朝（延蕪）〔廷○〕而無迹 9/71/1
○濊而不得清明者 11/95/24
虵床之與麋○也 13/128/12
田野○ 13/128/28
蛇床似麋○而不能芳 17.46/171/17

五 wǔ 309

節四時而調○行 1/1/14
故蘧伯玉年○十而有四十九年非 1/5/11
無聲而○音鳴焉 1/6/20
無味而○味形焉 1/6/20
無色而○色成焉 1/6/20
音之數不過○ 1/6/21
而○音之變不可勝聽也 1/6/21
味之和不過○ 1/6/21
而○味之化不可勝嘗也 1/6/21
色之數不過○ 1/6/22
而○色之變不可勝觀也 1/6/22
宮立而○音形矣 1/6/22
甘立而○味亭矣 1/6/23
白立而○色成矣 1/6/23
能此○者 1/7/7
則○藏寧 1/7/9
不滯于○藏 1/8/5
○藏之主也 1/8/9
內愁○藏 2/15/23
○藏無蔚氣 2/17/9
去地（○億）〔億○〕萬里 3/19/19
○星 3/19/19
○官 3/19/20
何謂○星 3/20/1
歲行十三度百一十二分度之○ 3/20/14
入三十○日而復出東方 3/20/17
以○月夏至效東井、輿鬼 3/20/20
距日冬至四十○日條風至 3/20/25
條風至四十○日明庶風至 3/20/25
明庶風至四十○日清明風至 3/20/25
清明風至四十○日景風至 3/20/26
景風至四十○日涼風至 3/20/26
涼風至四十○日閶闔風至 3/20/26
閶闔風至四十○日不周風至 3/20/27
不周風至四十○日廣莫風至 3/20/27
何謂○官 3/21/1
月行百八十二度八分度之○ 3/21/8
反覆三百六十○度四分度之一而成一歲 3/21/8
日月俱入營室○度 3/21/9
日月復以正月入營室○度無餘分 3/21/10
一千○百二十歲大終 3/21/11
○穀兆長 3/21/21
故○月火正（火正）而水漏 3/21/23
脩徑尺○寸 3/22/3
先日至十○日 3/22/7
後日至十○日而徙 3/22/7
九十一度（也）十六分度之○ 3/22/11
十○日為一節 3/22/11
加十○日指癸則小寒 3/22/12
加十○日指丑則大寒 3/22/13
加十○日指報德之維 3/22/13
加十○日指寅則（雨水）〔驚蟄〕 3/22/15
〔加〕十○日指甲則雷（驚蟄）〔雨水〕 3/22/15
加十○日指卯中繩 3/22/16
加十○日指乙則（清明風至）〔穀雨〕 3/22/17
加十○日指辰則（穀雨）〔清明風至〕 3/22/18
加十○日指常羊之維則春分盡 3/22/18
加十○日指巳則小滿 3/22/20
加十○日指丙則芒種 3/22/20
加十○日指午則陽氣極 3/22/21
加十○日指丁則小暑 3/22/21
加十○日指未則大暑 3/22/22
加十○日指背陽之維則夏分盡 3/22/22
加十○日指申則處暑 3/22/23
加十○日指庚則白露降 3/22/24
加十○日指酉中繩 3/22/24
加十○日指辛則寒露 3/22/25
加十○日指戌則霜降 3/22/25
加十○日指蹏通之維則秋分盡 3/22/26
加十○日指亥則小雪 3/22/27
加十○日指壬則大雪 3/22/27
加十○日指子 3/22/27
故○月為小刑 3/22/29
故曰○音六律 3/23/12

〇穀有殃 3/24.1
日〇日不見 3/24/12
有〇億萬七千三百九里 3/24/21
音以〇立 3/25/24
三與〇如八 3/25/24
林鍾之數〇十四 3/26/1
蕤賓之數〇十七 3/26/4
主〇月 3/26/4
夷則之數〇十一 3/26/5
（元）〔无〕射之數四十〇 3/26/6
音之數〇 3/26/16
以〇乘八 3/26/16
〇八四十 3/26/16
一律而生〇音 3/26/22
順前三後〇 3/26/27
以（三）〔〇〕月與之晨出東方 3/27/10
以（〇）〔七〕月與之晨出東方 3/27/12
玄武在前〇 3/27/22
故〇勝生一 3/27/27
壯〇 3/27/27
〇九四十〇 3/27/27,4/35/11
故神四十〇日而一徙 3/27/27
以三應〇 3/27/28
〇月建東井、〔輿鬼〕 3/28/2
氐十〇 3/28/6
房〇 3/28/6
心〇 3/28/6
柳十〇 3/28/8
〇穀豐昌 3/28/15,15/153/28
〇月合午 3/29/1
太陰、小歲、星、日、辰、〇神皆合 3/29/12
〔滿〕〇十日者 3/29/22
不滿〇十日 3/29/22
民食〇升 3/29/26,3/31/3
南一而高〇也 3/32/2
因而〇之 3/32/3
二億三萬三千〇百里七十〇步 4/33/1,4/33/2
二億三萬三千〇百〇十（里）有九（淵） 4/33/3
其脩〇尋 4/33/5
純丈〇尺 4/33/7
以生〇穀桑麻 4/34/15
六九〇十四 4/35/10
〇主音 4/35/11
猨故〇月而生 4/35/11
慧而宜〇穀 4/35/24
音有〇聲 4/36/20
色有〇章 4/36/20
味有〇變 4/36/20
位有〇材 4/36/20
〇行相治 4/36/23
〇類雜種興乎外 4/38/6
埃天〇百歲生（缺）〔玦〕 4/38/14
（缺）〔玦〕〇百歲（生黃埃黃埃〇百歲）生黃澒 4/38/14
黃澒〇百歲生黃金 4/38/15
〇覆〇反 5/40/13
命〇庫 5/40/20
〇穀不滋 5/41/12
則〇穀不熟 5/42/1
〇月官相 5/42/4
其數〇 5/42/7
〇穀无實 5/43/13
〇穀皆復生 5/44/9
舉〇穀之要 5/44/18
以習（立）〔〇〕戎 5/44/22
令民出〇種 5/46/24
〇位 5/47/11
〇穀之所宜 5/47/22
〇月失政 5/48/17
〇月下雹霜 5/48/19
六月〇穀疾狂 5/48/19
以成〇穀 5/49/12
其於〇音無所比 6/51/18, 11/100/12
鼓之而二十〇弦皆應 6/51/19
〇穀登熟 6/52/21
於是女媧鍊〇色石以補蒼天 6/52/25
棄捐〇帝之恩刑 6/53/10
此〇帝之所以迎天德也 6/54/5
而反〇帝之道也 6/54/11
鑿〇刑 6/54/15
〇月而筋 7/55/9
〇藏乃形 7/55/10
〔天〕有四時、〇行、九解、三百六十（六）日 7/55/11
人亦有四支、〇藏、九竅、三百六十（六）節 7/55/12
〇星失其行 7/55/16
而〇藏者 7/55/20
夫（面）〔血〕氣能專于〇藏 7/55/20
〇藏能屬於心而無乖 7/55/21
〇藏之使候也 7/55/27
則〇藏搖動而不定矣 7/56/1
〇藏搖動而不定 7/56/1
〇藏定寧充盈而不泄 7/56/3
是故〇色亂目 7/56/6
〇聲譁耳 7/56/6
〇味亂口 7/56/6
忘其〇藏 7/57/15
舟中之人〇色無主 7/58/16
子求行年〇十有四而病傴僂 7/58/20
使此〇君者 7/60/29
〇星循軌而不失其行 8/61/11
〇采爭勝 8/61/21
〇穀不為 8/62/2
別〇色 8/62/25
舜乃使禹疏三江〇湖 8/63/16
〇帝三王 8/63/25, 11/99/15,13/127/19
止〇遁 8/64/24
流遁之所生者〇 8/65/1
此〇者、一足以亡天下矣 8/65/15
夫聲色〇味 8/65/21
本不過〇 8/65/22
聖人節〇行 8/65/22
〇穀蓄植 9/67/18,9/79/9
必參〇行之陰考 9/73/1
周流〇嶽 9/74/5
若〇指之屬於臂也 9/77/19
〇寸之鍵 9/77/21
則〇尺童子牽而周四海者 9/78/3
丘陵阪險不生〇穀者 9/79/10
亡國〇十二 9/80/24
然而勝夫差於〇湖 11/97/9
〇縗之服 11/97/17
〇帝三王之法籍風俗 11/98/25
故三皇〇帝 11/99/28
而二十〇絃皆應 11/100/12

午 wǔ 23

伍 wǔ 7

考之參〇 21/225/9

忤 wǔ 13

〇也 3/25/8
故智者先〇而後合 9/81/18
有〇於心者 11/100/16
去〇於心者也 11/100/17
〇於我 11/100/17
故〇而後合者 13/125/28
先〇而後合 15/150/26,18/189/23
故聖人先〇而後合 18/188/1
眾人先合而後〇 18/188/2
或虧於耳以〇於心而合於實者 18/190/8
何謂虧於耳、〇於心而合於實 18/190/12
此所謂虧於耳、〇於心而得事實者也 18/190/18

武 wǔ 109

目觀《掉羽》、《〇象》之樂 1/8/26
其獸玄〇 3/20/6
玄〇在戌 3/27/2
玄〇在前五 3/27/22
雒棠、〇人在西北陬 4/37/5
乃賞軍率〇人於朝 5/43/5
命將率講〇 5/45/22
〇王伐紂 6/50/1, 11/99/2,15/146/14
於是〇王左操黃鉞 6/50/1
勇〇一人 6/50/5
故〇王之功立 6/51/11
《掉羽》、《〇象》不知樂也 8/62/16
〇王甲卒三千破紂牧野 8/63/19
是以稱湯、〇之賢 8/63/20
湯、〇、聖主也 9/70/1
〇王勇而好問 9/71/24
然而〇王甲卒三千人 9/73/19
趙〇靈王貝帶鵕鸃而朝 9/77/25
文〇備具 9/80/4
〇王立戒慎之鞀 9/80/10
堯、舜、(禹)、湯、〇 9/80/12
〇王(伐紂)〔克殷〕 9/80/16
成、康繼文、〇之業 9/80/20
天非為〇王造之也 10/87/23
衛〇侯謂其臣曰 10/89/9
是〇侯如弗贏之必得贏 10/89/9
則〇之所制者小 10/90/29
其樂《大〇》、《三象》、《棘下》 11/98/7
〇王入殷而行其禮 11/100/1
而湯、〇之所以為治 11/100/2
湯、〇之累行積善 11/102/17
今有湯、〇之意 11/102/18
昔〇王執戈秉鉞以(伐紂)勝殷 11/102/19
〇王既歿 11/102/19
夫〇王先〇而後文 11/102/21
為天下顯〇 11/102/26
勇〇遁逃 11/104/15
〇王之佐五人 12/108/5
堯、舜、〇王於九、七、五者 12/108/5
魏〇侯問於李克曰 12/108/23
〇侯曰 12/108/23
昔夏、商之臣反讎桀、紂而臣湯、〇 12/114/22
昔〇王伐紂 12/117/18
〇(王)〔士〕可以仁義之禮說也 12/118/4
〇力毅勇 12/119/18
〇王問太公曰 12/119/22
文王舍伯邑考而用〇王 13/120/19
文王十五而生〇王 13/120/20
周《〇象》 13/120/24
〇王崩 13/121/16
周公繼文、(王)〔〇〕之業 13/121/16
可謂能〇矣 13/121/18
今儒墨者稱三代、文〇而弗行〔也〕 13/122/23
奮〇厲誠 13/124/7
立〇之功 13/124/8
有立〇者見疑 13/124/10
而文〇代為雌雄 13/124/11
今世之為〇者則非文也 13/124/11
為文者則非〇也 13/124/11
文〇更相非 13/124/11
湯、〇救罪之不給 13/125/2
誰微湯、〇 13/125/3
天下非一湯、〇也 13/125/4
且湯、〇之所以處小弱而能以王者 13/125/4
〇王剋殷 13/125/8
夫堯、舜、湯、〇 13/127/22
湯、〇有放弒之事 13/127/23
文〇而不以責 13/127/24
湯、〇之王也 14/136/19
桀、紂非以湯、〇之賢暴也 14/136/19
湯、〇遭桀、紂之暴而王也 14/136/20
湯、〇平暴亂 14/138/8
則臨之以威〇 15/143/2
臨之〔以〕威〇而不從 15/143/2
此湯、〇之所以致王 15/143/19
窮〇也 15/146/22
〇王之卒三千 15/147/20
後玄〇 15/150/11
齊之以〇 15/151/2
喜〇非俠也 16.48/158/24
為墮〇也 17.127/177/12
不知其〇 17.162/179/28
張〇教智伯奪韓、魏之地而擒於晉陽 18/187/6
〔〇〕大夫病 18/191/21
霸主富〇 18/192/11
請無罷〇大夫 18/192/23
是使晉國之〇舍仁而為佞 18/192/25
張〇為智伯謀曰 18/193/17
湯、〇是也 18/193/21
為〇而不能任其力 18/198/22
罷〇聞之 18/199/28
必為天下勇〇矣 18/200/2
勇〇聞之 18/200/3
齊莊公避一螳螂而勇〇歸之 18/200/3
〇王蔭暍人於樾下 18/200/5
而戰〇(士)必(其)死 18/200/6
及至勇〇 19/205/2
湯、〇革車三百乘 20/212/10
〇王誅紂 20/214/18
〔故〕臧〇仲以其智存魯 20/216/28
〇(左)〔王〕左操黃

鉞 20/219/15
湯、○不為放 20/219/17
○王繼文王之業 21/227/25
○王欲昭文王之令德 21/227/26
○王立三年而崩 21/227/27
廣文、○之業 21/228/11

迕 wǔ 1

不○逆而進 11/97/13

侮 wǔ 5

非敢驕○ 13/125/26
群臣无不有驕○之心 13/128/25
傲天（海）〔○〕鬼 15/143/14
故○人之鬼者 17.238/185/5
群臣無不有驕○之心者 18/192/4

舞 wǔ 20

弦歌鼓○ 2/15/16
足蹀《陽阿》之○ 2/17/4
鼓歌而○之 8/64/1
歌斯○ 8/65/23
歌○〔無〕節 8/65/23
故禹執（于）〔干〕戚○於兩階之閒而三苗服 10/84/28
執干戚而○之 11/99/1
寫神愈○ 11/100/9
於是王壽乃焚〔其〕書而○之 12/110/18
軒軒然方迎風而○ 12/116/6
大弦歌鼓○以為樂 13/123/20
不得已而○者 14/139/14
歌○而不事為悲麗者 14/139/15
○者舉節 17.20/169/26
○者二人而已 18/195/19
其餘盡○於季氏 18/195/20
今鼓○者 19/209/20
○扶疏 19/209/22
夫鼓〔○〕者非柔縱 19/209/23
可以愉○ 20/215/15

鵡 wǔ 1

鸚○能言 16.8/155/1

勿 wù 34

雖欲○稟 2/17/18
○令害穀 5/41/9
○敢斬伐 5/42/15
非能使人○樂也 7/60/22
守而○失 9/67/13
○使可欲 9/76/15
○使可奪 9/76/15
○驚○駭 10/92/19
○撓○（櫻）〔攖〕 10/92/20
故聖王執一而○失 11/96/15
為寬裕者曰○數撓 11/100/23
在於○奪時 14/133/19,20/219/4
○奪時之本 14/133/19,20/219/4
乘而○假也 15/147/11
追而○舍也 15/147/12
迫而○去也 15/147/12
而不能使人○斷也 16.9/155/4
○與遂往 16.95/162/28
幸善食之而○苦 16.145/167/17
剟靡○釋 16.150/168/2
吾可以○賞乎 18/192/25
非其事者○仞也 18/193/23
非其名者○就也 18/193/23
（無故有顯名者○處也） 18/193/23
無功而富貴者○居也 18/193/23
受之○辭也 18/193/27
與之○喜也 18/193/27
計福○及 18/195/5
「潛龍○用」者 18/198/27
寡人敢○軾乎 19/204/1

物 wù 384

與萬○終始 1/1/11
萬○群生 1/1/15
生萬○而不有 1/1/19
萬○之變 1/2/12
○至而神應 1/2/14
知與○接 1/2/15
外與○化 1/2/16
萬○之至 1/2/17
以其無爭於萬○也 1/2/18
散財○ 1/3/3
生育萬○ 1/3/17
○便其所 1/3/21
萬○固以自然 1/3/21
究於○者 1/4/3
不先○為也 1/4/24
因○之所為〔也〕 1/4/24
因○之相然也 1/4/25
萬○有所生 1/4/25
照○而不眩 1/4/26
與萬○回周旋轉 1/5/1
天下之○ 1/5/24,9/74/18
萬○弗得不生 1/6/1
授萬○而無所前後 1/6/6
與萬○（始終）〔終始〕 1/6/7
○之大祖也 1/6/10
萬○之用也 1/6/15
一立而萬○生矣 1/6/23
萬○之總 1/6/26
不與○（散）〔殽〕 1/7/7
7/57/2
○穆無窮 1/7/13
萬○紛糅 1/7/15
聖人不以身役○ 1/7/23
遺○而與道同出 1/7/24
身得則萬○備矣 1/8/16
萬○玄同（也） 1/8/17
而不待萬○之推移也 1/9/6
夫舉天下萬○ 1/9/20
如是則萬○之化無不遇 1/10/10
將欲生興而未成○類 2/10/16
欲與○接而未成兆朕 2/10/17
言萬○摻落 2/10/21
陶冶萬○ 2/10/24,2/17/1
萬○未生 2/10/26
○豈可謂无大揚攉乎 2/11/4
萬○恬漠以愉靜 2/11/18
是故仁義不布而萬○蕃殖 2/11/21
而萬○（雜）〔炊〕累焉 2/11/26
以○煩其性命乎 2/11/26
萬○紛紛 2/12/4
以摸蘇牽連○之微妙 2/12/5
不與○相弊撥 2/12/6
引楯萬○ 2/12/23
非有為於○也 2/12/24

〇以有為於己也 2/12/25
萬〇一圈也 2/13/4
亦有以象於〇者矣 2/13/8
今夫萬〇之疏躍枝舉 2/13/12
沉溺萬〇而不與為涇焉 2/13/14
〇莫不生於有也 2/13/23
挺挏萬〇 2/13/25
而歸於萬〇之初 2/14/1
而萬〇和同者 2/14/10
此不免以身役〇矣 2/14/16
揲貫萬〇 2/14/21
人無故求此〇者 2/14/28
提挈天地而委萬〇 2/15/6
而萬〇大優 2/15/9
萬〇百族 2/15/12,15/144/15
嗜欲連於〇 2/15/14
乃始招蟯振繾〇之豪芒 2/15/23
不若尚羊〇之終（也）始 2/16/1
熟肯分分然以〇為事也 2/16/4
〔故能〕形〇之性〔情〕
也 2/16/10
外內无符而欲與〇接 2/16/13
而化〇者不化 2/17/2
所以與〇接也 2/17/13
今萬〇之來 2/17/17
四時之散精為萬〇 3/18/21
〇類相動 3/19/9
萬〇閉藏 3/21/20
萬〇蓄息 3/21/21,13/120/4
故曰二月會而萬〇生 3/22/9
則萬〇不生 3/24/10
則萬〇不成 3/24/10
月歸而萬〇死 3/24/11
日至而萬〇生 3/24/11
是以萬〇就而死 3/24/24
是以萬〇仰而生 3/24/24
則萬〇蟥〔蟥然也〕 3/25/5
陰陽合和而萬〇生 3/25/17
三生萬〇 3/25/18,7/55/7
以三參〇 3/25/19
〇以三成 3/25/24
〇以三生 3/26/13
萬〇蕃昌 3/28/29,5/49/12
萬〇乃成 3/29/18
以潤萬〇 4/33/14
凡人民禽獸萬〇貞蟲 4/35/5
萬〇之生而各異類 4/35/17

以送萬〇歸也 5/42/12
察〇色 5/43/24
財〇不匱 5/44/5
以送萬〇之〔所〕歸 5/47/25
所以繩萬〇也 5/48/27
所以準萬〇也 5/48/27
所以員萬〇也 5/48/27
所以平萬〇也 5/48/27
所以方萬〇也 5/48/28
所以權萬〇也 5/48/28
是故上帝以為〇宗 5/49/1
萬〇皆平 5/49/5
是故上帝以為〇平 5/49/6
敗〇而弗取 5/49/18
萬〇乃藏 5/49/20
而神〇為之下降 6/49/27
懷萬〇 6/50/6
夫〇類之相應 6/50/14
而萬〇生焉 6/50/22
〇固不可以輕重論也 6/51/6
不足以分〇理 6/51/9
逆氣戾〇、傷民厚積者 6/53/1
光暉重萬〇 6/53/5
使萬〇各復歸其根 6/54/10
萬〇乃形 7/54/27
萬〇失之者死 7/55/2
萬〇背陰而抱陽 7/55/8
萬〇摠而為一 7/56/11
亦為一〇矣 7/56/12
不識天下之以我備其〇與 7/56/12
且惟無我而〇無不備者乎 7/56/13
然則我亦〇也 7/56/13
〇亦〇也 7/56/13
〇之與〇也 7/56/13
有何以相〇也 7/56/13
然則吾生也〇不以益衆 7/56/19
夫造化者之攫援〇也 7/56/22
其死也〇化 7/57/1
而不與〇（糅）〔殽〕 7/57/13
而〇無能營 7/57/18
以萬〇為一方 7/57/21
日夜無傷而與〇為春 7/58/4
化〇者未嘗化也 7/58/9
細萬〇 7/58/9,11/99/15
禹之視〇亦細矣 7/58/18
乃知（天下）〔萬〇〕
之細也 7/58/22

而尚猶不拘於〇 7/59/3
則不貪〇 7/60/1
委萬〇而不利 7/60/21
〔不〕隨〇而動 7/60/29
則萬〇之變為塵埃矣 7/61/1
行快而便于〇 8/61/7
而萬〇不滋 8/61/13
而萬〇（不）〔之〕繁
兆萌牙（卯）〔卵〕
胎而不成者 8/61/15
而萬〇燋夭 8/61/18
萬〇皆乘（人）〔一〕
氣者也 8/62/1
怪〇不能惑也 8/62/6
資糧萬〇者也 8/63/6
含氣化〇 8/64/7
精神通於萬〇 8/64/13
瓌異奇〇 8/65/21
萬〇歸之 9/68/14
應〇無窮 9/69/27
則人知之於〇也 9/70/3
因〇以識〇 9/70/8
〇得其安 9/70/17
是故下者萬〇歸之 9/71/5
〔然〕天下之〇无〔所〕
不通者 9/71/11
珍怪奇〇 9/73/27
〇有其形 9/74/23
不失小〇之選者 9/74/24
〇至而觀其（象）〔變〕 9/76/9
〇莫能勝也 9/77/10
萬〇並興 9/80/3
（偏）〔徧〕知萬〇而
不知人道 9/81/6
〇之若耕織者 9/81/15
〔〇之可備者〕衆 9/81/16
〇之可備者 9/81/17
〇來而名 10/82/17
〇之所導也 10/82/24
〇莫（無）所不用 10/83/23
所以接〇也 10/87/9
固無〇而不周 10/87/12
而知〇化矣 10/87/19
凡萬〇有所施之 10/89/23
故聖人不為〇先 10/90/25
則萬〇之化咸有極矣 10/92/7
〇其樹 10/92/19

通於○者不可驚〔以〕怪 19/208/4
誦《詩》、《書》者期於通道略○ 19/208/26
曉然意有所通於○ 19/209/3
照○明白 19/209/4
其生○也 20/210/4
莫見其所養而○長 20/210/4
其殺○也 20/210/4
莫見其所喪而○亡 20/210/4
若春雨之灌萬○也 20/210/15
无○而不生 20/210/16
逆天暴○ 20/210/20
萬○有以相連 20/210/22
以生萬（○）〔殊〕 20/210/24
則萬○之有葉者寡矣 20/210/28
〔正其〕道而○自然 20/211/10
非生萬○也 20/211/10,20/212/7
而萬○生矣 20/211/11
而萬○生之 20/212/7
夫○有以自然 20/212/11
夫○未嘗有張而不弛、成而不毀者也 20/213/12
○有（降）〔隆〕殺 20/213/23
順萬○之宜也 20/213/25
萬○不同 20/214/1
異○而皆任 20/214/8
○各有宜 20/214/9
夫天地不包一○ 20/214/26
取一○而棄其餘 20/215/2
（又況）萬○在其間者乎 20/220/9
而○變无窮 20/220/18
夫○常見則識之 20/220/18
天地之性（也天地之生）○也有本末 20/221/10
其養○也有先後 20/221/10
不苟以一事備一○而已矣 20/222/4
樹一○而生萬葉者 20/223/5
混沌萬○ 21/224/1
則賤○而貴身 21/224/3
離別萬○之變 21/224/7
使人知遺○反己 21/224/7
明萬○之主 21/224/15
不可動以○ 21/224/15
乃始攬○（○）引類 21/224/23
○之可以喻意象形者 21/224/23
乃以明○類之感 21/224/24
不以○易己 21/225/1
貫萬○之理 21/225/16
而通行貫扃萬○之窒塞者也 21/226/1
乃以陶冶萬○ 21/226/18
外與○接而不眩 21/226/23
而捃逐萬○之祖也 21/227/7
謂之○則少 21/227/9
宰匠萬○之形 21/227/17
潤萬○而不耗 21/227/18
理萬○ 21/228/30
拘繫牽連於○ 21/228/30

悟 wù 1

擢拔吾（○）〔性〕 2/17/17

務 wù 60

〔○〕畜采 5/44/2
无不○入 5/44/17
委○積神 6/49/29
○光不以生害義 7/59/5
○光不污於世 7/59/9
晚世○廣地侵壤 8/66/21
而愛為○ 8/66/27
不○反道矯拂其本 9/68/2
故○功修業 9/70/28
○致其公迹也 9/73/3
為智者○為巧詐 9/73/6
為勇者○於鬭爭 9/73/6
如此則百官○亂 9/73/28
群臣勸○而不怠 9/75/5
○脩田疇 9/79/10
昏張中則○種穀 9/79/19
而○以行相反之制 11/97/17
不○於奇麗之容 11/98/12
非○相反也 11/99/9
○合於時則名立 11/102/22
故不○也 11/103/5
而各樂其○ 11/103/9
百家殊業而皆○（治於）〔於治〕 13/121/8
○廣其地而不○仁義 13/124/27
○高其位而不○道德 13/124/27
不○性之所無以為 14/133/1
○在於安民 14/133/19
今○益性之所不能樂 14/140/25
而莫知○脩其本 15/145/8
燿蟬者○在明其火 16.113/164/18
釣魚者○在芳其餌 16.113/164/18
有功者、（又）〔人〕臣之所○也 18/188/4
忠臣者○崇君之德 18/193/10
（謟）〔諂〕臣者○廣君之地 18/193/10
此○崇君之德者也 18/193/17
此○為君廣地者〔也〕 18/193/20
人皆○於救患之備 18/196/1
而莫能加○焉 18/196/1
今不○使患無生 18/196/6
遭之時○異也 18/199/3
此皆載○而（戲）〔虧〕乎其（調）〔和〕者也 18/199/18
无以立（○）〔矜〕於天下 18/201/16
知人無○ 19/207/4
名可○立 19/207/8
此所謂名可（彊）〔○〕立者 19/207/12
○之可趣也 19/207/24
○在於前 19/207/27
以言人之有所○也 19/208/2
无本業所修、方術所○ 19/209/17
○在寧民 20/219/3
不○性之所无以為 20/219/8
莫知○通也 20/220/14
而○治其末 20/221/12
知伯不行仁義而○廣地 20/221/16
有《脩○》 21/223/28
（名）〔各〕○其業 21/225/10
《脩○》者 21/226/9
知人間而不知脩○ 21/226/30

婺 wù 1

旦○女中 5/41/1

寤 wù 7

（植）〔桓〕公喟然而

○矣 9/69/6
見日而○矣 10/89/7
見斗極則○矣 11/96/1
終身不○ 14/140/12
欲一言而○ 21/224/3
而曉○其形骸九竅 21/224/27
而不知覺○乎昭明之術
矣 21/227/3

鶩 wù 11

○（悅忽）〔忽悅〕 1/1/26
而詹何之○魚於大淵之中 6/50/11
馳○若滅 6/52/8
○若絕 6/52/11
終日馳○ 8/65/8
雖馳傳○置 9/69/1
魚得水而○ 9/70/15
馳○千里不能（易）
〔改〕其處 11/102/15
疾如馳○ 15/153/23
○石城 18/196/21
騁馳若（○）〔鶩〕 19/209/21

霧 wù 13

游微○ 1/1/26
亂而為○ 3/19/2
歲大○起 3/31/6
氛○冥冥 5/46/15
行秋令○ 5/48/22
（氣）〔氛〕○雪霜不霽 8/61/18
上之○露弗能入 8/65/17
夫騰蛇游○而（動）
〔騰〕 9/70/15
冬日則不勝霜雪○露 13/120/7
大○冥晦 15/152/13
騰蛇游○ 17.10/169/1
甚○之朝可以細書 17.76/173/23
乘雲遊○ 20/214/16

夕 xī 20

施之無窮而無所朝○ 1/1/5
一○反而為湖 2/18/6
入百二十日而○出西方 3/20/16
○候之西方 3/20/22
以至于仲春二月之○ 3/24/8
正朝○ 3/31/10
通○不寐 7/59/27
而威王終○悲 9/69/4
今○星必從三舍 12/112/26
是○也 12/113/2
明（又）〔○〕復往取
其枕 12/115/7
明（日）（又）〔○〕
復往取其簪 12/115/7
今○固夢受之 12/117/25
取婦○而言衰麻 16.139/167/1
〔○〕（遇）〔過〕市
則步 17.88/174/18
一○而殫 17.167/180/10
從朝視○者移 17.228/184/14
〔則〕虢朝亡而虞○從
之矣 18/189/4
○惕若厲 18/198/28,18/198/28

兮 xī 25

忽○怳○ 1/1/23
不可為象○ 1/1/23
怳○忽○ 1/1/23
用不屈○ 1/1/23
幽○冥○ 1/1/23
應無形○ 1/1/23
遂○洞○ 1/1/23
不虛動○ 1/1/24
與剛柔卷舒○ 1/1/24
與陰陽俛仰○ 1/1/24
純○若樸 1/6/25
混○若濁 1/6/25
澹○其若深淵 1/6/26
汎○其若浮雲 1/6/26
子予奈何○乘我何 10/88/14
窈○冥○ 12/113/19
曼○洮○ 21/227/18
藐○浩浩 21/227/18
曠曠○ 21/227/18

西 xī 137

不知東○ 2/11/19,11/96/1
天傾○北 3/18/25
○北方曰幽天 3/19/24
○方曰昊天 3/19/24
○南方曰朱天 3/19/24
○方 3/20/4
入百二十日而夕出○方 3/20/16
夕候之○方 3/20/22
○方為理 3/21/1
○南為背陽之維 3/21/15
○北為蹏通之維 3/21/16
○北則殺 3/23/3
〔日○垂〕 3/24/20
辛○夷 3/28/22
因○方之表以參望日方
入北廉 3/31/11
與○方之表 3/31/11
則東○之正也 3/31/11
入○南維 3/31/12
入○中 3/31/12
入○北維 3/31/13
欲知東○、南北廣袤之
數者 3/31/15
以知從此東○之數也 3/31/17
除則從此○里數也 3/31/19
東○里數也 3/31/19
從○南表參望日 3/31/22
○南戎州曰滔土 4/32/14
正○弇州曰并土 4/32/14
○北台州曰肥土 4/32/15
○南曰涼風 4/32/26
○方曰飂風 4/32/26
○北曰麗風 4/32/26
東○二萬八千里 4/32/30
至于○極 4/33/1
珠樹、玉樹、琁樹、不
死樹在其○ 4/33/5
維其○北之隅 4/33/7
○南注南海丹澤之東 4/33/11
〔弱水出其○南陬〕 4/33/12
洋水出其○北陬 4/33/13
若木在建木○ 4/33/20
○南方曰渚資 4/33/24
○方曰九區 4/33/24
○北方曰大夏 4/33/25
○南方曰焦僥 4/34/2
○方曰金丘 4/34/2
○北方曰一目 4/34/3
○南方曰編駒之山 4/34/7
○方曰○極之山 4/34/8

○北方曰不周之山 4/34/8
○南方之美者 4/34/13
○方之美者 4/34/13
○北方之美者 4/34/14
東○為緯 4/34/18
○方有刑殘之尸 4/34/25
○方高土 4/36/4
自○北至○南方 4/36/26
自○南至東南方 4/36/27
自東北至○北方 4/37/2
雒棠、武人在○北陬 4/37/5
在其○南方 4/37/5
三桑、無枝在其○ 4/37/7
軒轅丘在○方 4/37/8
○王母在流沙之瀕 4/37/10
三危在樂民○ 4/37/10
后稷壟在建木○ 4/37/13
〔○〕流合於濟 4/37/18
其位○方 5/42/23
5/43/17,5/44/13
○宮御女白色 5/43/2
5/43/20,5/44/16
天子親率三公九卿大夫以迎（秋）〔歲〕于○郊 5/43/5
○方之極 5/47/27
○至三危之國 5/47/27
○老折勝 6/53/16
譬若羿請不死之藥於○王母 6/54/20
視毛（牆）〔嬙〕、○施猶（顛醜）〔倛魄〕也 7/57/20
雖有毛嬙、○施之色 8/62/16
○至三危 9/67/22
而不能使水○流 9/72/1
照惑者以東為○ 10/89/7
民童蒙不知（東○）〔○東〕 11/93/28
譬若隴○之遊 11/96/3
故公○華之養親也 11/97/1
告以東○南北 11/101/12
待○施、（毛嬙）〔絡慕〕而為配 11/102/7
東家謂之○家 11/102/16
○家謂之東家 11/102/16
○窮〔乎〕（冥）〔窅〕冥之黨 12/116/12
周人殯於○階之上 13/120/21
故魏兩用樓翟、吳起而亡○河 13/123/16
○至臨洮、狄道 13/124/3
不見○牆 13/124/12
乃眷○顧 13/124/26
鄭賈人弦高將○（敗）〔販〕牛 13/125/15
人雖東○南北 14/135/11
盡於○南 14/141/13
陰氣起於○南 14/141/13
○包巴、蜀 15/145/25
將欲○而示之以東 15/150/26
○遇晉公 15/153/7
○面而立 15/153/15
○家子見之 16.77/161/7
告之以東○南北 16.84/161/28
畫○施之面 16.91/162/17
○施有所醜 16.115/164/25
○方之倮國 17.116/176/16
○施、毛嬙 17.234/184/27
○伐秦 18/186/24
使秦○巴持歸烹之 18/188/13
秦○巴弗忍 18/188/13
秦○巴對曰 18/188/14
逐秦○巴 18/188/15
秦○巴有罪於君 18/188/15
○〔門〕豹治鄴 18/192/8
○門豹曰 18/192/10,18/192/13
○屬流沙 18/197/11
殺○嘔君譯吁宋 18/197/15
魯哀公欲○益宅 18/197/24
以為○益宅不祥 18/197/24
天下有三不祥〔而〕○益宅不與焉 18/198/1
遂不○益宅 18/198/3
至於○海 18/198/12
○教沃民 19/202/19
○施、陽文也 19/204/23
美不及○施 19/204/24
而人謂星辰日月○移者 19/205/9
非必○施之種 19/209/2
今夫毛牆、○施 19/209/13
東○南北七十說而无所偶 20/218/6
荊軻○刺秦王 20/221/26
極東○之廣 21/224/14

吸 xī 8

是故聖人呼○陰陽之氣 2/15/7
若吹呴呼○ 7/58/3
呼○浸潭 8/62/3
吹嘔呼○ 11/99/13
而放其一吐一○ 11/99/15
呼不給○ 15/147/13
（及）〔○〕陰陽之和 20/214/15
○而入新 20/214/16

希 xī 3

○不困其身 9/75/9
○不傷其手 12/108/9
○不有盜心 17.238/185/5

析 xī 8

○毫剖芒 2/10/24
墮者（○）〔折〕脊碎腦 2/13/26
○才士之脛 2/18/1
○天下之樸 11/103/29
子產誅鄧○而鄭國之姦禁 13/129/10
鄧○巧辯而亂法 14/136/13
○骸而炊之 18/189/25
○惕乎虹蜺之間 18/196/20

昔 xī 58

○者馮夷、大丙之御也 1/1/26
○者夏鯀作（三）〔九〕仞之城 1/3/2
○共工之力 1/4/13
○舜耕於歷山 1/4/18
○公牛哀轉病也 2/11/7
○者共工與顓頊爭為帝 3/18/25
○者 6/49/27,6/52/7
6/52/16,12/113/5,13/122/3
13/123/7,13/125/12
18/189/20,18/200/14
19/203/21,19/206/10
19/208/12,20/212/27
○雍門子以哭見於孟嘗君 6/50/9

○者蒼頡作書而天雨粟 8/62/27
○容成氏之時 8/63/9
○者神農之治天下也 9/67/17
○孫叔敖恬臥 9/68/16
○者豫讓 9/73/16
○者齊桓公好味而易牙烹其首子而餌之 9/77/8
○東戶季子之世 10/87/26
○二（鳳皇）〔皇鳳〕至於庭 10/92/13
○太公望、周公旦受封而相見 11/94/10
○舜葬蒼梧 11/97/23
○有扈氏為義而亡 11/98/2
○者馮夷得道 11/99/22
○武王執戈秉鉞以（伐紂）勝殷 11/102/19
○齊桓公合諸侯以乘車 11/102/24
○堯之佐九人 12/108/5
○者司城子罕相宋 12/110/10
○者君王許之 12/110/22
○善治國家者 12/112/4
○夏、商之臣反讎桀、紂而臣湯、武 12/114/22
○吾先君與穆公交 12/115/25
○武王伐紂 12/117/18
○孫叔敖三得令尹 12/117/28
○趙文子問於叔向曰 12/118/26
○吾見句星在（房）〔駟〕心之閒 12/119/3
○楚恭王〔與晉厲〕戰於陰陵 13/125/17
○蒼吾繞娶妻而美 13/125/20
○者萇弘、周室之執數者也 13/126/5
○者曹子為魯將兵 13/126/28
○者楚人地 15/145/24
歲賢○ 16.80/161/15
○者楚莊王既勝晉於河、雍之間 18/186/18
○晉厲公南伐楚 18/186/23
○晉文公將與楚〔人〕戰〔於〕城濮 18/191/11
○者智伯驕 18/194/1
○徐偃王好行仁義 18/198/19
○越王句踐卑下吳王夫差 18/202/1
○（於）〔者〕 19/207/9
○晉平公（今）〔令〕官為鐘 19/209/7

唏 xī 1

紂為象箸而箕子○ 16.102/163/17

奚 xī 15

然而○仲不能為逢蒙 2/13/16
貪污之心○由生哉 2/16/19
莫凶於（雞）〔○〕毒 9/74/18
筦夷吾、百里○經而成之 10/89/4
○仲為工〔師〕 11/95/7
與〔為〕翟人〔臣〕○以異 12/109/14
子○以知之 12/112/26
○適其（無）〔有〕道也 12/114/26
余有○愛焉 12/118/6
夫百里○之飯牛 13/128/1
君○為弗使 18/192/24
伯里○轉鬻 19/203/6
○仲為車 19/206/10
雖○仲不能以定方圓 19/208/7
○仲不能旅 20/210/25

息 xī 49

跂行喙○ 1/1/19
閒不容○ 1/5/19
○耗減益 1/6/1
蚑行噲○ 2/10/22
反之於虛則消鑠滅○ 2/16/14
萬物蕃○ 3/21/21,13/120/4
○關梁 3/23/23
爰○其馬 3/24/18
蚑行喙○ 3/29/18
禹乃以○土填洪水以為名山 4/33/3
○土人美 4/34/29
以休○之 5/45/21
以○壤堙洪水之州 5/47/23
水浩（洋）〔溔〕而不○ 6/52/24
○巧辯之說 6/54/8
滔乎莫知其所止○ 7/54/26
人之耳目曷能久熏〔勤〕勞而不○乎 7/55/18
而死乃休○也 7/56/16
休○于無委曲之隅 7/57/24
喘○薄喉 7/59/25
其消○也 10/86/1
衆邪自○ 10/93/1
伯樂喟然（木）〔大〕○曰 12/111/22
北○乎沉墨之鄉 12/116/12
而兵不休○ 13/126/16
无害於○ 13/126/27
道勝人則名○矣 14/135/26
（則）〔○〕道者也 14/135/27
人章道○ 14/135/27
而○名於為仁也 14/136/25
變化消○ 15/149/23
勞者能○之 15/151/18
鼻之所以○ 16.6/154/23
冰炭相○也 16.14/155/18
荀○伐虢 18/189/5
是用民不得休○也 18/192/19
一指之所能○也 18/195/8
以陰○也 18/199/1
因夜以○ 18/199/1
養老弱而○勞倦也 19/203/5
足重繭而不休○ 19/203/21
不敢休○ 19/207/10
夜以○之 20/210/3
奸宄○ 20/213/19
貴其壓○脈血 20/216/17
荀○伐之 20/216/27
大○（而）撫〔而止〕之 20/222/8
則無以與化游○ 21/223/24

晞 xī 2

可直而（○）〔睎〕〔也〕 13/123/4
上食○堁 16.4/154/17

悉 xī 5

楚賢良大夫皆盡其計而○其誠 12/115/4
若乃人盡其才、○用其

巂 xī 2

四月建畢、〔觜○、參〕 3/28/1
旦觜○中 5/43/17

醯 xī 3

○（酸）不慕蚋 17.73/173/16
蚋慕於○ 17.73/173/16
〔○〕、酸〔也〕 17.73/173/16

犧 xī 14

斬而為○尊 2/14/13
（一）比○尊〔於〕溝中之斷 2/14/14
○牲用牡 5/39/9
祭不用○牲 5/40/2
以養○牲 5/42/11
〔巡〕行○牲 5/43/23
嘗○牲 5/44/21
賦之○牲 5/47/2
則是所脩伏○氏之迹 6/54/10
此伏○、神農之所以為師也 9/68/24
椎移大○ 9/70/5
○牛粹毛 11/94/29
夫神農、伏○不施賞罰而民不為非 13/122/11
生子而○ 16.104/163/23

攜 xī 4

相○於道 6/53/24
百姓○幼扶老而從之 14/134/13
百姓○幼扶老 20/211/26
百姓父兄○幼扶老而隨之 20/219/23

鼷 xī 1

塘漏若○穴 18/195/8

席 xí 21

○旃茵 1/7/28
厚○蓐 5/42/12
○蘿圖 6/53/6
豕銜蓐而○澳 6/53/15
湅餓飢寒死者相枕○也 8/61/24
越○不緣 9/74/4
匡床蒻○ 9/78/14
故舜不降○而（王）〔匡〕天下者 10/84/1
故舜不降○而天下治 10/84/23
帷幕茵○ 11/104/6
（筐）〔匡〕床（在）〔衽〕○弗能安也 14/140/23
○之〔上〕、先（藋蕈）〔萑簟〕 14/141/19
雲徹○卷 15/146/10
然而人食其肉而○其革者 15/149/10
病者寢○ 16.123/165/19
文公棄荏○ 16.136/166/23
今有六尺之（廣）〔○〕 17.118/176/21
天下○卷 18/197/18
墨子無煖○ 19/203/7
為之寢不安○ 20/216/26
而人弗（庠）〔○〕者 20/223/7

猺 xí 1

禽封○於桑林 8/63/13

習 xí 15

鷹乃學○ 5/42/8
上丁入學○吹 5/44/20
以○（立）〔五〕戎 5/44/22
各殊○俗 6/53/20
而樂其○俗 6/54/1
所愛○親近者 9/75/12
○俗相反 13/123/23
○險隘之利 15/145/5
下○地形 15/151/24
服○積貫之所致 19/206/18
變○易俗 20/211/4
（饗）〔鄉〕飲○射以明長幼 20/212/18
時搜振旅以○用兵也 20/212/18
○射御 20/213/17
○於行陳之事 20/222/20

槢 xí 1

小者以為（揖楔）〔楔○〕 9/74/16

隰 xí 2

則丘○水潦 5/42/18
桓公任管仲、○朋而霸 20/217/26

襲 xí 31

其○微重妙 2/13/25
累愛○恩 2/14/7
○九窾 2/15/12
天地之○精為陰陽 3/18/20
虛星乘鉤陳而天地○矣 3/27/22
天地重○ 3/27/30
重○石室 6/49/30
虎豹○穴而不敢咆 6/51/26
璧○無（理）〔羸〕 6/53/17
而邪氣不能○〔也〕 7/55/24
四方之風弗能○ 8/65/17
風雨不能○ 9/67/19
（閨）〔閨〕門重○以（避）〔備〕姦賊 9/71/9
故哀樂之○人（清）〔情〕也深矣 10/88/14
是謂○明 12/113/9
將以○鄭 12/115/19
臣聞○國者 12/115/19
以○國 12/115/21
吾行數千里以○人 12/115/23
不可○也 12/115/24
不相○而王 13/121/5
為學者循先○業 13/122/22
秦穆公興兵○鄭 13/125/15
此聖人所以重仁○恩 13/131/11
○而不離 14/138/6
不○堂堂之寇 15/149/1
秦穆公使孟盟舉兵○鄭 18/192/29
其勢必○鄭 18/193/1
凡○國者、以為無備也 18/193/1
凡○人者、以為弗知 18/193/2
刑者遂○恩者 18/201/26

璽 xǐ 4

固封○ 5/45/18
若○之抑埴 11/96/8
盜管（金）〔○〕 13/129/15
龜紐之○ 17.128/177/14

系 xì 1

○絆其足 7/60/14

係 xì 2

使我可○羈者 2/15/4
○寘之囹 9/78/7

郄 xì 1

櫼楔唲齵之○也 21/225/22

細 xì 15

飛輕微○者 2/13/27
〔經於○柳〕 3/24/20
沙土人○ 4/34/29
○萬物 7/58/9,11/99/15
禹之視物亦○矣 7/58/18
乃知（天下）〔萬物〕之○也 7/58/22
故靈王好○腰 9/72/22
帶足以結（○）〔紐〕收衽 11/98/12
故（曰）〔伎〕無○而能〔無〕薄 12/115/9
而不可以○書 17.76/173/23
甚霧之朝可以○書 17.76/173/23
（化）〔作〕則○矣 20/212/8
懈墮結（○）〔紐〕 21/226/2
必有○大駕和 21/227/8

隙 xì 8

急填其○ 15/148/17
上下有○ 15/153/1
受光於○照一隅 16.82/161/21
○大則牆壞 17.103/175/19
以突○之煙焚 18/186/1
夫牆之壞也於○ 18/196/11
穿○穴 20/220/6
故事有鑿一孔而（生）〔開〕百○ 20/223/5

綌 xì 2

絺○綺繡 9/74/1
若夏就絺（紘）〔○〕 10/90/22

緆 xì 1

弱○羅紈 11/94/3

戲 xì 11

然猶未及虙○氏之道也 6/52/22
伏○、女媧不設法度而以至德遺於後世 6/54/11
○笑其中 8/66/17
相○以刃者太祖軵其肘 13/130/21
相○以刃太祖軵其肘者 13/130/26
夫以刃相○ 13/130/26
喜而相○ 15/142/23
而至於○ 18/197/19
此皆載務而（○）〔虧〕乎其（調）〔和〕者也 18/199/18
嬉○害（人）〔之〕也 20/220/28
然而伏○為之六十四變 21/227/6

繫 xì 17

凡人（之）志（各）有所在而神有所○者 1/9/23
必形○而神泄 2/15/4
亦有○於世者矣 2/18/4
條風至則出輕○ 3/20/27
情○於中 10/83/7
（惟）〔情〕○於中而欲發外者也 10/87/9
獄（○）〔煩〕而無邪 10/88/1
則是絕民之○也 10/88/29
而民○固也 10/88/30
故民命○矣 11/96/16
不○於物者 14/137/21
莫不○統 14/140/21
以生（○）〔擊〕死 15/147/6
野人怒取馬而○之 18/198/9
天地之閒无所（○）〔擊〕戾 20/220/16
○之無極 21/224/24
拘○牽連於物 21/228/30

蝦 xiā 2

○蟆鳴、燕降而達路除道 9/79/18
夫○蟆為鶉 11/94/6

匣 xiá 1

○匱而藏之 7/57/5

狎 xiá 1

（拼）〔揮〕棁而○犬也 9/68/4

俠 xiá 6

北楚有任○者 13/131/15
汝數止吾為○ 13/131/16
喜武非○也 16.48/158/24
游○相隨而行樓下 18/201/14
飛鳶適墮其腐鼠而中游○ 18/201/14
游○相與言曰 18/201/15

峽 xiá 1

而仿洋于山（○）〔岬〕之旁 1/9/1

狹 xiá 6

皆其營宇○小 2/15/2
然〔而〕民無（掘穴）〔堀室〕○廬所以託身者 9/78/12
非郊亭大而廟堂○小也 13/132/3
匠人處○廬 17.131/177/21
地廣者制不可以○ 20/215/4
地○田少 21/228/10

陜 xiá 1

於是天下廣○險易遠近始有道里 8/63/14

硤 xiá 1

○路津關 15/148/3

陿 xiá 1

則○隘而不容 8/64/20

瑕 xiá 5

審乎無○ 7/57/13
抑微滅○ 8/65/11
不匿○穢 16.19/155/29
玉之有○ 17.78/173/28
故因衛夫人、彌子○而欲通其道 20/218/7

轄 xiá 1

以其要在三寸之○ 18/200/14

鍜 xiá 2

而作為之鑄金（○）〔鍛〕鐵 13/120/14
而（○）〔鍛〕者拾之 17.220/183/29

鍺 xiá 1

無三寸之○ 10/84/18

下 xià 680

墮之而不○ 1/1/21
○出于無垠〔鄂〕之門 1/2/6
是故天○之事 1/2/11
天○歸之 1/2/18
張天○以為之籠 1/2/23
禹知天○之叛也 1/3/2
秋風○霜 1/3/18,17.167/180/10
土處○ 1/4/15
水○流 1/4/15,3/19/6
而高者必以○為基 1/5/2
先者（踰）〔踰〕○ 1/5/12
天○之物 1/5/24,9/74/18
○地則為潤澤 1/6/1
富贍天○而不既 1/6/2
強濟天○ 1/6/5
夫水所以能成其至德於天○者 1/6/9
天○至柔 1/6/9
馳騁於天○之至堅 1/6/9, 12/117/4
無匹合於天○者也 1/6/17
○貫九野 1/6/17
天○為之圈 1/6/21
為天○梟 1/7/10
登高臨○ 1/7/14
以聽天○ 1/7/15
知大己而小天○ 1/7/17
喬木之○ 1/7/25
雖以天○為家 1/7/25
是故不得於心而有經天○之氣 1/8/10
故天○神器 1/8/14
夫許由小天○而不以己易堯者 1/8/14
志遺于天○ 1/8/15
因天○而為天○也 1/8/15
天○之要 1/8/15
夫天○者亦吾有也 1/8/18
吾亦天○之有也 1/8/18
天○之與我 1/8/18
夫有天○者 1/8/21
吾所謂有天○者 1/8/21
則天○亦得我矣 1/8/22
吾與天○相得 1/8/22
上漏○溼 1/8/29
平虛○流 1/9/11
夫舉天○萬物 1/9/20
在於上則忘於○ 1/9/25
是以天○時有盲妄自失之患 1/10/7
天氣始○ 2/10/16
若藏天○於天○ 2/11/2
賞罰不施而天○賓服 2/11/21
雖以天○之大 2/12/12
而神游魏闕之○ 2/12/17
正上○ 2/14/8
○揆三泉 2/14/21
聖人之所以駭天○者 2/15/1
○棲遲至于昆吾、夏后之世 2/15/14
以買名譽於天○ 2/15/17
暴行越智於天○ 2/15/24
是故與其有天○也 2/16/1
雖有炎火洪水彌靡於天○ 2/16/3
視天○之閒 2/16/3
故古之治天○也 2/16/17
故能有天○者 2/16/19
必無以天○為〔者〕也 2/16/20
猶無益於治天○也 2/17/5
世之主有欲利天○之心 2/17/27
網罟張而在○ 2/18/13
魚動而○ 3/19/7
天○偃兵 3/20/18
天○興兵 3/20/18
天○大（飢）〔饑〕 3/20/22
則○至黃泉 3/21/19
是謂○春 3/24/18
○生林鍾 3/26/1
○生南呂 3/26/2
○生應鍾 3/26/3
○生夷則 3/26/5
○生无射 3/26/5
○生者倍 3/26/24
八合天○也 3/29/10
是直日○也 3/32/2
則置從此南至日○里數 3/32/3
掘崑崙虛以○地 4/33/4
眾帝所自上○ 4/33/19
其華照○地 4/33/20
是兩天○ 4/34/9
○者為死 4/34/18
岸○氣多（腫）〔尰〕 4/34/21
大肩○尻 4/36/7
上者就○ 4/38/16,4/38/19, 4/38/22,4/38/24,4/38/26
○水上騰 5/40/17
擇○旬吉日 5/40/21
九月不○霜 5/48/16
五月○雹霜 5/48/19
而神物為之○降 6/49/27
雷電○擊 6/49/28
天○誰敢害吾（意）

〔志〕者 6/50/2
黃帝治天〇 6/52/16
明上〇 6/52/17
上〇調而無尤 6/52/18
〇契黃壚 6/53/5
宓穆休于太祖之〇 6/53/7
天〇未嘗得安其情性 6/54/1
天〇〔不〕合而為一家 6/54/2
天〇混而為一 6/54/5
夫鉗且、大丙不施轡銜
　而以善御聞於天〇 6/54/11
天〇之所養性也 7/56/7
譬吾處於天〇也 7/56/12
不識天〇之以我備其物與 7/56/12
天〇茫茫 7/56/16
而天〇自服 7/57/2
輕天〇 7/58/9,11/99/15
故舉天〇而傳之于舜 7/58/15
此輕天〇之具也 7/58/16
胭〇迫頤 7/58/20
乃知天〇之輕也 7/58/22
乃知（天〇）〔萬物〕
　之細也 7/58/22
堯不以有天〇為貴 7/59/4
天〇至大矣 7/59/6
不以天〇為貴矣 7/59/7
以〇考世俗之行 7/59/7
不知天〇之不足利也 7/59/10
夫〔無〕以天〇為者 7/59/15
使之左〔手〕據天〇圖
　而右手刎其喉 7/59/15
生（尊）〔貴〕于天〇也 7/59/16
無天〇不虧其性 7/59/17
有天〇不羨其和 7/59/17
有天〇 7/59/17
無天〇 7/59/17
得茠越〇 7/59/25
非直越〇之休也 7/59/26
則不可縣以天〇 7/59/28
而度制可以為天〇儀 7/60/11
餘天〇而不貪 7/60/20
夫使天〇畏刑而不敢盜 7/60/23
為天〇笑 7/60/27,18/194/2
甘露〇 8/61/12
鳳皇不〇 8/61/23
是故上〇離心 8/62/1
神明定於天〇而心反其初 8/62/13
道德定於天〇而民純樸 8/62/15
天〇有能持之者 8/62/26
洞然無為而天〇自和 8/63/2
上〇和輯 8/63/9
上射十日而〇殺猰貐 8/63/13
於是天〇廣陝險易遠近
　始有道里 8/63/14
燎焚天〇之財 8/63/18
攘天〇 8/63/19
天〇寧定 8/63/20
然天〇莫知貴其不言也 8/63/24
天〇莫不從風 8/64/16
而天〇治矣 8/64/21
殘高增〇 8/65/8
〇殄地財 8/65/14
此五者、一足以亡天〇矣 8/65/15
〇之潤溼弗能及 8/65/17
上〇同心 8/66/6,15/153/2
天〇和（治）〔洽〕 8/66/7
因循而任〇 9/67/3
〔而〕行為儀表於天〇 9/67/6
昔者神農之治天〇也 9/67/17
而天〇一俗 9/67/23
〇貪狼而无讓 9/68/1
上〇相怨 9/68/2
是以上多故則〇多詐 9/68/6
上多事則〇多能 9/68/6
上煩擾則〇不定 9/68/6
上多求則〇交爭 9/68/6
天〇從之 9/68/11
天〇無虐刑 9/68/23
甯戚商歌車〇 9/69/6
兵莫憯於〔意〕志而莫
　邪為〇 9/69/24
故智不足以治天〇也 9/70/4
勇（力）不足以持天〇矣 9/70/6
而君人者不〇廟堂之上 9/70/7
〇效易為之功 9/70/18
故太上〇知有之 9/71/1
是故〇者萬物歸之 9/71/5
虛者天〇遺之 9/71/5
〔然〕天〇之物无〔所〕
　不通者 9/71/11
是故不出戶而知天〇 9/71/12
則天〇（之）不足有也 9/71/12
夫舉踵〔而〕天〇（而）
　得所利 9/71/15
則上〇有以相使也 9/71/19
則天〇不足有也 9/71/26
以為天〇興利 9/72/1
則天〇一齊 9/72/9
上〇和 9/72/16
上〇乖 9/72/16
木直於〇 9/72/17,17.226/184/10
如從繩準高〇 9/72/22
天〇多眩於名聲 9/72/27
官勸力於〇 9/73/3
〇吏持勢 9/73/6
天〇之疾馬也 9/73/9
是以天〇盡力而不倦 9/73/13
智伯與趙襄子戰於晉陽
　之〇 9/73/16
紂兼天〇 9/73/19
君德不〇流於民 9/73/23
儉約以率〇 9/73/26
靜則〇不擾矣 9/73/26
〇擾則政亂 9/73/26
堯之有天〇也 9/74/2
勤勞天〇 9/74/4
（舉天〇而）以為社稷 9/74/5
舉天〇而傳之舜 9/74/6
一日而有天〇之（當）
　〔富〕 9/74/6
〔而〕百姓黎民顧領於
　天〇 9/74/9
是故使天〇不安其性 9/74/9
天〇之所同側目而視 9/74/12
及其〇〔也〕 9/74/21
必遺天（〇）〔地〕之
　大數 9/74/24
卑〇眾人之耳目 9/74/27
而乃任之以天〇之權 9/74/27
以天〇之目視 9/75/1
以天〇之耳聽 9/75/1
以天〇之智慮 9/75/1
以天〇之力（爭）〔動〕 9/75/1
是故號令能〇究 9/75/2
天〇之度量 9/75/16
所立於〇者不廢於上 9/75/27
故令行於天〇 9/75/29
人主之所以執〇 9/76/20
君人者釋所守而與臣〇
　爭〔事〕 9/76/22
數窮於〇則不能伸理 9/76/27

則無以與（天）〇交也 9/76/28
上〇離心 9/76/29
則馬（死）〔服〕于衡〇 9/77/4
則天〇徧為儒墨矣 9/77/23
遂成軍宋城之〇 9/77/24
〇必行之令 9/77/28
故循流而〇易以至 9/78/6
再舉而天〇失矣 9/78/8
非能徧利天〇之民〔也〕 9/78/8
利一人而天〇從風 9/78/9
害一人而天〇離叛 9/78/9
君臣上〇同心而樂之 9/78/16
求於〇則不量其積 9/78/21
其取〇有節 9/79/5
（橈）〔撓〕於其〇 9/79/6
〇盡地財 9/79/9
肥墝高〇 9/79/10
〇布之民 9/79/20
（王）皆坦然（天〇）〔南面〕而（南面）〔王天〇〕焉 9/80/12
凡將設行立趣於天〇 9/81/2
至深無〇 10/82/15
上〇壹心 10/82/21
人以其所願於上以與其〇交 10/83/3
以其所欲於〇以事其上 10/83/4
后稷廣利天〇 10/83/10
在〇 10/83/19
故舜不降席而（王）〔匡〕天〇者 10/84/1
故舜不降席而天〇治 10/84/23
桀不〇陛而天〇亂 10/84/23
不應於〇者 10/84/25
莫邪為〇 10/85/19
快己而天〇治 10/87/1
君臣上〇 10/87/5,13/123/24
故〇之於上曰左之 10/87/29
〇者貴其右 10/87/29
故上之於〇曰右之 10/87/29
而天〇從風 10/88/6
天〇弗能遏奪 10/88/26
水〇流而廣大 10/89/4
君〇臣而聰明 10/89/4
堯王天〇而憂不解 10/89/20
故伯夷餓死首山之〇 10/89/28
而上〇相樂也 10/90/10
其〇病而不勞 10/90/16
獺穴知水之高〇 10/91/5
之〇也 10/92/11
善為人上者不忘其〇 10/93/9
天〇可從也 10/93/9
天〇有至貴而非勢位也 10/93/12
珠玉尊則天〇爭矣 11/93/21
故高〇之相傾也 11/94/3
故堯之治（夫）〔天〕〇也 11/95/6
夫有何上〇焉 11/95/10
無適於天〇 11/96/16
無天〇之委財 11/96/19
譬若水之〇流 11/96/20
南面而霸天〇 11/97/9
令行乎天〇 11/97/11
其樂《大武》、《三象》、《棘〇》 11/98/7
上〇之倫 11/98/8
曰禮義足以治天〇 11/98/24
天〇大（兩）〔水〕 11/99/2
無以異於彈一絃而會《棘〇》 11/99/5
儀必應乎高〇 11/99/8
〇與造化為人 11/99/16
四方上〇謂之宇 11/99/21
天〇是非無所定 11/100/15
而明主不以求於〇 11/101/24
視高〇不差尺寸 11/102/5
然而令行乎天〇 11/102/25
為天〇顯武 11/102/26
非才〇也 11/102/28
許由、善卷非不能撫天〇、寧海內以德民也 11/103/6
天〇有受其飢者 11/103/23
天〇有受其寒者 11/103/23
以為天〇先 11/103/23
安樂無事而天〇（均）〔和〕平 11/103/25
澆天〇之淳 11/103/29
析天〇之樸 11/103/29
天〇皆知善之為善 12/105/17
（其）為天〇谿 12/106/26
一朝而兩城〇 12/107/7
（今）一朝〔而〕兩城〇 12/107/9
使天〇丈夫女子莫不歡然皆（欲）〔有〕愛利之心 12/107/21
天〇丈夫女子莫不延頸舉踵而願安利之者 12/107/24
杜赫以安天〇說周昭文君 12/108/12
天〇鮮矣 12/108/25
上〇俱極 12/108/26
甯越飯牛車〇 12/109/2
說以為天〇 12/109/5
此人主之所以失天〇之士也 12/109/7
遂成國於（歧）〔岐〕山之〇 12/109/16
貴以身為天〇 12/109/18
焉可以託天〇 12/109/18
愛以身為天〇 12/109/18
焉可以寄天〇矣 12/109/18
心在魏闕之〇 12/109/21
輪（人）〔扁〕斲輪於堂〇 12/110/1
北面立於殿〇 12/110/22
天〇莫不知 12/111/6,19/204/4
相天〇之馬者 12/111/16
皆〇材也 12/111/17
而不可告以天〇之馬 12/111/17
非臣之〇也 12/111/18
〔以〕時爭利於天〇 12/112/3
且〔君〕輕〇其臣 12/112/16
臣請伏於陛〇以司之 12/113/1
是謂天〇之王 12/113/3
門〇故有能呼者乎 12/113/6
吾不知原三日而不可得〇也 12/113/17
吾志益〇 12/114/2
高必以〇為基 12/114/3
三年而天〇二垂歸之 12/114/10
於是散宜生乃以千金求天〇之珍怪 12/114/14
為天〇谷 12/114/18
天〇無之 12/114/28
偷者、天〇之盜也 12/115/3
天〇莫不聞 12/115/25
豐上而殺〇 12/116/6
慢然〇其臂 12/116/6
遯逃乎碑〔〇〕 12/116/7
此其〇無地而上無天 12/116/13

○蟠於地 12/117/3
天○之至柔 12/117/4
不出戶以知天○ 12/117/14
秦皇帝得天○ 12/117/17
於此天○歌謠而樂之 12/117/20
讓天○而弗受 12/118/1
以刻○為忠 12/118/28
晏子可謂忠於上而惠於○矣 12/119/5
德施天○ 12/119/18
先王所以守天○而弗失也 12/119/19
寡人伐紂天○ 12/119/22
是臣殺其主而○伐其上也 12/119/22
可以持天○弗失 12/119/28
古者有鍪而綣領以王天○者矣 13/120/3
天○不非其服 13/120/3
上棟○宇 13/120/8
故五帝異道而德覆天○ 13/120/24
所推移上○者无寸尺之度 13/120/25
聽天○之政 13/121/17
天○豈有常法哉 13/121/26
天○高（而）〔之〕 13/122/5
為鄉邑之○ 13/122/6
以勞天○之民 13/124/1
舉天○之大義 13/124/5
天○雄儁豪英暴露于野澤 13/124/6
以爭天○之權 13/124/7
以有天○ 13/124/16
為天○笑者 13/124/18
○失萬民之心 13/125/3
天○非一湯、武也 13/125/4
則天○納其貢職者迴也 13/125/9
則天○之伐我難矣 13/125/9
○用也 13/125/12
○言者 13/125/12, 13/125/12
天○之高行也 13/125/13
天○莫能非也 13/125/24
號令行于天○而莫之能非矣 13/126/3
是故舒之天○而不窕 13/126/14
使天○荒亂 13/126/15
天○安寧 13/126/17
上○相親 13/126/17
則天○无聖王賢相矣 13/126/26
高○相臨 13/126/28
勇聞于天○ 13/127/3
一匡天○ 13/127/6
然而天○寶之者 13/127/26
而求得（其）賢乎天○ 13/127/27
興于牛頷之○ 13/128/3
而天○〔之〕為（忠之）臣者 13/128/26
皆出死為穆公戰於車○ 13/129/5
遂霸天○ 13/129/8
故賞一人而天○譽之 13/129/9
罰一人而天○畏之 13/129/9
天○莫易於為善 13/129/13
天○縣官法曰 13/129/17
天○之富不足以為樂矣 13/130/8
天○之怪物 13/130/17
不崇朝而〔徧〕雨天○者 13/131/8
禹勞〔力〕天○ 13/131/11
羿除天○之害 13/131/12
天○不可以智為也 14/133/13
能有天○者必不失其國 14/134/1
輕天○者 14/134/11
四世而有天○ 14/134/13
無以天○為者 14/134/15
必能治天○者 14/134/15
文王脩之（歧）〔岐〕周而天○移風 14/135/5
使舜趨天○之利 14/135/6
天○皆流 14/135/11
故功蓋天○ 14/135/23
天○非無信士也 14/136/7
天○非無廉士也 14/136/8
使水流○ 14/136/15
上○一心 14/137/1, 15/145/2
○之徑衢不可勝理 14/137/10
天○之物博而智淺 14/137/13
則○之望无止 14/137/16
而莫足以治天○ 14/137/17
上○之禮 14/138/5
故天○可得而不可取也 14/138/9
則天○之時可承 14/138/12
天○無之也 14/138/20
能不以天○傷其國、而不以國害其身者 14/138/31
（為）〔焉〕可以託天○也 14/138/31
以治天○ 14/139/26
以一人兼聽天○ 14/139/27
故雖富有天○ 14/140/25
雖天○之大 14/140/27
故不曰我無以為而天○遠 14/142/2
不曰我不欲而天○不至 14/142/2
名利充天○ 14/142/5
憂天○之亂 14/142/7
故不憂天○之亂 14/142/9
平天○之亂 15/142/21
殘賊天○ 15/142/25
殫天○之財 15/143/4
故至於攘天○ 15/143/6
天○莫之敢當 15/144/10
○至介鱗 15/144/15
小城必○ 15/144/23
天○為嚮 15/144/24
天○為鬭 15/144/24
為天○除害 15/144/27
則天○莫不可用也 15/144/29
拱揖指撝而天○響應 15/145/3
此用兵之○也 15/145/7
今夫天○皆知事治其（未）〔末〕 15/145/7
○附其上 15/145/19
○畔其上 15/145/20
故德義足以懷天○之民 15/145/20
事業足以當天○之急 15/145/20
中分天○ 15/146/3
富有天○ 15/146/4
天○敖然若焦熱 15/146/7
上○不相寧 15/146/7
而天○響應 15/146/8
莫不降○ 15/146/10
天○為之糜沸蟻動 15/146/10
然一人唱而天○（應）〔和〕之者 15/146/11
白刃不畢拔而天○（傳）〔傳〕矣 15/146/15
乘時勢、因民欲而取天○ 15/146/17
天○訟見之 15/147/1
若從天○ 15/147/10
天○孰敢厲威抗節而當

其前者 15/147/15
故○不親上 15/147/27
蟠乎黃廬之○ 15/148/24
（○）〔不〕擊填填之旗 15/149/1
○測至深之底 15/149/23
○得地利 15/149/27
○不知地利 15/149/28
○將之用兵也 15/149/29
虛舉之○大違 15/150/6
天○見吾兵之必用也 15/150/7
雖誂合刃於天○ 15/150/8
見瓶中之冰而知天○之寒暑 15/150/14
是故上視○如子 15/151/6
則○視上如父 15/151/6
（土）〔上〕視○如弟 15/151/6
則○視上如兄 15/151/6
上視○如子 15/151/6
○視上如父 15/151/7
則必正天○ 15/151/7
上親○如弟 15/151/7
○事上如兄 15/151/7
士陵必○ 15/151/12
則○可用也 15/151/21
○習地形 15/151/24
○隱之地 15/152/12
上○有隙 15/153/1
趨至堂○ 15/153/15
從此○至淵者 15/153/17
无地於○ 15/153/21
○勝期年 15/153/27
○飲黃泉 16.4/154/17
○輕上重 16.12/155/13
能○之也 16.13/155/16
夫惟能○之 16.13/155/16
天○莫相憎於膠漆 16.14/155/18
為天○正 16.19/156/2
故沮舍之○不可以坐 16.23/156/15
則贏蚘應於○ 16.33/157/12
天○無之矣 16.41/158/5
○有（茯）〔伏〕苓 16.47/158/21
○有伏龜 16.47/158/21
而○致舩 16.51/159/4
○言若綸 16.51/159/5
○有二譽 16.51/159/5
○有九殺 16.51/159/5
工人○漆而上丹則可 16.58/159/23
○丹而上漆則不可 16.58/159/23
所先後上○ 16.58/159/24
〔然而〕天○無千金之鹿 16.81/161/18
天○莫不藉明於其前矣 16.82/161/22
就○而為池 16.86/162/2
尾生死其梁（拄）〔柱〕之○ 16.100/163/11
天○無粹白狐 16.125/165/26
而知天○之寒〔暑〕 16.133/166/17
可以通天○ 16.134/166/19
遲為○ 16.150/168/1
以一（出）〔世〕之度制治天○ 17.1/168/9
月照天○ 17.10/169/1
天○弗能滿 17.86/174/14
柳○惠見飴 17.107/175/28
○（林）〔材〕弗難 17.118/176/21
有以（飯）〔噎〕死者而禁天○之食 17.120/176/26
有以車為敗者〔而〕禁天○之乘 17.120/176/26
○必有肉 17.129/177/17
○必有月 17.129/177/17
至（陵）〔陸〕而不知○ 17.142/178/15
若蹍薄冰、蛟在其○ 17.150/179/1
以天○之大 17.205/182/29
布之天○而不窕 18/185/27
使人卑○誹謗己者 18/185/28
則天○无不達之塗矣 18/186/11
天○有三危 18/186/15
才○而位高 18/186/15
兵（橫）行天○而无所綣 18/186/24
此天○之所願也 18/187/1
申叔時教莊王封陳氏之後而霸天○ 18/187/6
（天○探之不窮） 18/187/12
威行於天○ 18/188/23
與天○同心而圖之 18/188/25
秦王趙政兼吞天○而（已）〔亡〕 18/189/16
（牢）〔堅〕守而不○ 18/189/26
故義者、天○之所（賞）〔貴〕也 18/191/10
城（○）〔中〕緣木而處 18/191/20
弗能○ 18/192/22
若使聞倫○之 18/192/25
而上○離心 18/193/17
軍敗晉陽之○ 18/194/2
是得天○也 18/194/7
及至其○洞庭 18/196/21
故天○貴之 18/197/6
天○席卷 18/197/18
遂失天○ 18/197/19
天○有三不祥〔而〕西益宅不與焉 18/198/1
見門閭聚眾必○ 18/199/16
趙宣孟活飢人於委桑之○ 18/199/24
而天○稱仁焉 18/199/24
而天○稱勇焉 18/199/25
必為天○勇武矣 18/200/2
武王蔭暍人於樾○ 18/200/5
而天○懷（其德） 18/200/5
游俠相隨而行樓○ 18/201/14
无以立（務）〔矜〕於天○ 18/201/16
白公勝卑身○士 18/201/20
恩者逃之於城○之廬 18/201/27
昔越王句踐卑○吳王夫差 18/202/1
則天○无亡國破家矣 18/202/5
燥濕肥墝高○ 19/202/18
此五聖者、天○之盛主 19/202/25
又況贏天○之憂 19/202/26
為天○強掩弱 19/203/1
欲事起天○〔之〕利而除萬民之害〔也〕 19/203/8
故自天子以○ 19/203/9
因○為池 19/203/18
負天○以不義之名 19/203/23
公輸〔般〕、天○之巧士〔也〕 19/203/25

○不（及）〔若〕商均 19/204/24
然而天○莫踈其子 19/204/25
天○所歸 19/205/12
夫純鈞、魚腸（劍）之始○型 19/205/17
明鏡之始○型 19/205/18
長於窮櫚漏室之○ 19/206/6
遂為天○備 19/206/12
天○未之有也 19/207/5
使○臣告急 19/207/20
攻城必○ 19/207/26
此和氏之所以泣血於荊山之○ 19/208/19
天○之美人 19/209/13
大動天○ 20/210/14
聲然能動化天○者也 20/210/18
黃龍○ 20/210/19,21/226/20
不○廟堂而（衍）〔行〕〔於〕四海 20/211/3
雌鳴於○風而化成形 20/211/17
施之天○而已矣 20/211/25
聖人之治天○ 20/212/7
則无敵於天○矣 20/212/11
則天○聽从 20/212/25
察陵陸水澤肥墽高○之宜 20/213/1
堯治天○ 20/213/7
乃求所屬天○之統 20/213/8
而傳天○焉 20/213/10
以為天○去殘除賊 20/214/18
未能○ 20/214/19
而天○治 20/215/19
法令正於上而百姓服於○ 20/216/8
上世養本而○世事末 20/216/8
雖殘賊天○ 20/216/19
而天○莫能亡也 20/216/28
而天○莫能危也 20/217/1
故舉天○之高以為三公 20/217/14
明足以照○者 20/217/17
上動而○隨 20/217/21
伊尹憂天○之不治 20/218/3
周公誅之以定天○ 20/218/4
濁亂天○ 20/218/18
使人左據天○之圖而右刎喉 20/218/26
身貴於天○也 20/218/26
天○、大利也 20/218/27
奈天○何 20/219/11
所謂有天○者 20/219/13
言運天○之力 20/219/13
而得天○之心〔也〕 20/219/13
遂土崩而○ 20/219/16
此失天○也 20/219/17
（挺）〔捷〕曶而朝天○ 20/219/19
皆令行禁止於天○ 20/220/1
失道則以天○之大畏於冀州 20/220/2
无益於（恃）〔持〕天○矣 20/220/3
至乎无○ 20/220/15
人欲知高○而不能 20/220/22
凡學者能明於天（○）〔人〕之分 20/221/4
天○之綱紀 20/221/20
非天○之通義也 20/222/2
故上○異道則治 20/222/14
故○不（相）賊 20/222/16
天○之善者也 20/222/19
○无怨望之心 20/223/13
○揆之地 21/223/21
○盡地力 21/224/18
以制群○ 21/225/9
○和水土 21/226/15
天○同心而苦之 21/227/21
天○二垂歸之 21/227/22
以為天○去殘（余）〔除〕賊而成王道 21/227/22
天○未定 21/227/26
臣○之危上也 21/227/29
天○大水 21/228/5
撞之庭○ 21/228/13
○无方伯 21/228/17
後君之（今）〔令〕又○ 21/228/21
以統天○ 21/228/29
（市）〔布〕之天○而不窕 21/228/31

夏 xià 134

昔者○鯀作（三）〔九〕仞之城 1/3/2
○蟲不可與語寒 1/4/8
故子○心戰而臞 1/7/22
下棲遲至于昆吾、○后之世 2/15/14
夫○日之不被裘者 2/16/17
逮至○桀、殷紂 2/17/29
膏○紫芝與蕭艾俱死 2/18/7
是故春○則群獸除 3/19/5
執衡而治○ 3/20/2
以五月○至效東井、輿鬼 3/20/20
而○至牛首之山 3/21/8
日○至則斗南中繩 3/21/18
故曰○至為刑 3/21/19
日○至則（火）〔水〕從之 3/21/23
水勝故○至溼 3/21/24
日○至而流黃澤 3/22/2
半○生 3/22/2,5/41/27
故曰有四十六日而立○ 3/22/19
故曰有四十六日而○至 3/22/21
加十五日指背陽之維則○分盡 3/22/22
○至卯酉 3/23/16
則○至之日也 3/23/16
○寒雨霜 3/24/1
孟○之月 3/24/9,5/41/1
○日至則陰乘陽 3/24/24
日○至 3/26/9
太陰治○則欲布施宣明 3/28/18
○至 3/31/12
日○至始出與北表參 3/31/22
西北方曰大○ 4/33/25
介鱗者○食而冬蟄 4/35/17
菽○生冬死 4/36/14
麥秋生○死 4/36/14
薺冬生（中）○死 4/36/15
孟春行○令 5/39/13
行○令 5/40/5,5/40/24,5/43/13,5/44/8,5/45/25,5/47/7
以出○令 5/41/5
立○之日 5/41/7
孟○行秋令 5/41/12
仲○之月 5/41/17
仲○行冬令 5/42/1
季○之月 5/42/6
季○行春令 5/42/18
季秋行○令 5/45/4

暇 xiá 9

壉 xià 1

先 xiān 205

5/41/22,5/43/8,5/44/1
5/45/2,5/46/24
祭○心 5/42/7
祭○肝 5/42/24,5/43/18,5/44/14
收雷○行 5/44/9
祭○腎 5/45/10,5/46/2,5/46/21
饗○祖 5/45/21
不為禍○ 7/57/8
入見○王之道又說之 7/60/17
○王之道勝 7/60/18
殺不辜之民〔而〕絕○聖之後 8/66/22
足能行而相者○導 9/67/4
常後而不○〔者〕也 9/71/17
為事○倡 9/71/18
聰明（○）〔光〕而不弊 9/75/3
○（自）〔以身〕為檢式儀表 9/75/29
孔丘、墨翟脩○聖之術 9/77/22
必○計歲收 9/78/11
故○王之法 9/79/11
故○王之政 9/79/18
○王之所以應時脩備 9/79/20
故智者○忤而後合 9/81/18
莫不○以為可而後行之 9/81/25
必○反諸己 9/82/8
情以○之也 10/84/25
非○慴也 10/86/16
非○欲也 10/86/16
情○動 10/86/24
或○之也 10/87/15
○形乎小也 10/88/5
故聖人不為物○ 10/90/25
故○王之法籍 11/95/17
必○平意 11/96/7
夫○知遠見 11/101/23
○知禍福 11/101/25
夫武王○武而後文 11/102/21
使人以幣○焉 11/102/26
以為天下○ 11/103/23
輕足〔者〕○（升） 11/104/17
已成而示諸（○生）〔民人〕 12/106/1
（○生）〔民人〕皆善之 12/106/1
○君之立我也 12/106/24
今受其○人之爵祿 12/109/17
子何不○加德焉 12/110/28
為吳（兵）〔王〕○馬（走） 12/111/5
○生試觀起之為（人）〔之〕也 12/112/2
○君之時 12/112/13
○臣之時 12/112/14
後其身而身○ 12/113/24
入○者 12/114/27
其備必○成 12/115/24
○軫言於襄公曰 12/115/25
昔吾○君與穆公交 12/115/25
○軫舉兵而與秦師遇於殽 12/115/26
○王〔有〕以見大巧之不可〔為〕也 12/118/13
〔其〕孰○亡乎 12/118/26
○王所以守天下而弗失也 12/119/19
則○王之法度有移易者矣 13/120/16
○王之制 13/121/2
誦○王之（詩）《書》 13/121/11
為學者循○襲業 13/122/22
（道而）〔而道〕○稱古 13/122/26
通○聖之遺教 13/124/9
風○萌焉 13/124/19
太史令終古○奔於商 13/124/20
太史令向藝○歸文王 13/124/20
不為福○ 14/132/19
○為不可勝 14/135/4,15/152/4
○為不可奪 14/135/4
不為物（○）倡 14/138/17
福則為禍○ 14/138/29
馳者不貪最○ 14/139/18
雖不能必○哉 14/139/19
○在於數 14/139/19
黍稷之○後 14/140/2
執後之制○ 14/140/6
○也 14/140/7
後之制○ 14/140/11
席之〔上〕、○（雚蕈）〔雚簟〕 14/141/19
樽之上、〔○〕玄（樽）〔酒〕 14/141/19
俎之〔上〕、○生魚 14/141/19
豆之〔上〕、○泰羹 14/141/20
而○王貴之 14/141/20
○本而後末 14/141/21
聖〔人〕常後而不○ 14/141/27
○弱敵而後戰者也 15/146/21
故全兵○勝而後〔求〕戰 15/146/23
敗兵○戰而後求勝 15/146/23
必○自廟戰 15/146/25
敵○我動 15/148/15
後則能應○ 15/149/5
○忤而後合 15/150/26,18/189/23
而卒爭○合者 15/151/4
積恩○施也 15/151/8
必以其身○之 15/151/11
必○脩諸己 15/152/4
〔神〕明者、○勝者也 15/152/29
○勝者、守不可攻 15/152/29
聖人不○風吹 16.32/157/10
不○雷毀 16.32/157/10
○針而後縷 16.57/159/20
○縷而後針 16.57/159/20
染者○青而後黑則可 16.58/159/23
○黑而後青則不可 16.58/159/23
所○後上下 16.58/159/24
○事如此 16.64/160/7
有○中中者也 16.89/162/12
○順其所為而後與之入政 16.95/162/27
必○徵羽樂風 16.112/164/15
（必○）始於《陽阿》、《采菱》 16.112/164/15
欲致魚者○通水 16.113/164/19
欲致鳥者○樹木 16.113/164/19
好弋者○具繳與矰 16.113/164/20
好魚者○具罟與（罘）〔罛〕 16.113/164/20
○倮而浴則可 16.138/166/29
○祭而後饗則可 16.138/166/29
○饗而後祭則不可 16.138/166/29
物之○後各有所宜也 16.138/166/29
孰○（隴）〔礲〕也 17.55/172/10
孰○弊也 17.55/172/10
孰○（直）〔折〕也

銛 xiān 1

鮮 xiān 17

纖 xiān 4

弦 xián 21

咸 xián 16

絃 xián 29

無愚智○不肖 9/71/7
无愚智○不肖莫不盡其能者 9/71/22
○不足以為治 9/72/24
而○眾口之辯也 9/72/28
而有○聖之聲者 9/73/8
政亂則○者不為謀 9/73/27
是故○主之用人也 9/74/16
是故○者盡其智 9/75/4
犯法者雖○必誅 9/75/18
唯○是親 9/80/18
無愚智○不肖皆知其為義也 9/81/24
見○忘賤 10/83/7
凡人各○其所說 10/83/13
世莫不舉○ 10/83/13
己未必(得)○ 10/83/14
而欲得○ 10/83/14
是故謂不肖者○ 10/83/16
則必不知○ 10/83/17
謂○者不肖 10/83/17
或○或不肖 10/84/8
漠然不見○焉 10/85/24
而樂與○ 10/89/21
舉○而上功 11/94/12
故老子曰「不上○」者 11/95/3
○於智伯之大鍾 11/96/23
以功成為○ 11/103/1
○主以此持勝 12/107/10
此其○於勇有力也 12/107/22
此○於孔、墨也遠矣 12/108/1
問之而(故)〔固〕○者也 12/109/6
皆○人也 12/110/28
楚○良大夫皆盡其計而悉其誠 12/115/4
而夫子薦○ 12/115/16
是○於貴生焉 12/118/8
○者立禮而不肖者拘焉 13/122/15
兼愛上○ 13/123/21
而皆為○ 13/126/26
則天下无聖王○相矣 13/126/26
則失○之數也 13/127/8
而求得(其)○乎天下 13/127/27
而立為諸侯○相 13/128/2
故未有功而知其○者 13/128/5
功成事立而知其○者 13/128/5
故聖人之論○也 13/128/16
見其一行而○不肖分也 13/128/16
非彘能○於野獸麋鹿也 13/130/22
而立名於為(質)〔○〕 14/136/2
雖有○聖之寶 14/136/18
桀、紂非以湯、武之○暴也 14/136/19
故雖○王 14/136/20
雖有○者 14/136/24
○能之不足任也 14/137/18
不稱○也 14/138/4
外無○行以見忌於諸侯 14/138/5
故君○不見 14/138/11
無須臾忘〔其〕為(質)〔○〕者 14/138/18
尊其秀士而顯其○良 15/143/18
主○將忠 15/145/3
選舉足以得○士之心 15/145/20
主孰○ 15/146/25
而不以人才之○ 15/149/19
○於萬人之必北也 15/150/8
〔故國有○臣、折衝千里〕 16.39/157/27
(故國有○君、折衝萬里) 16.59/159/26
大國并小國則為○ 16.69/160/19
歲○昔 16.80/161/15
○者以為佩 17.128/177/14
獻公之○ 17.145/178/22
不可以得○ 17.176/180/29
○者擯於朝 17.189/181/24
是故使人高○稱譽己者 18/185/27
○主不苟得 18/192/22
三人皆○夫子 18/196/27
不敢驕○ 18/201/21
段干木、○者 19/204/4
○師不能化〔者〕 19/204/21
若此九○者 19/205/14
○者之所不足 19/205/22
無六子之○ 19/206/13
而知(其)六○之道者何 19/206/13
(及)〔友〕○大夫 19/206/26
○者勸善而不肖者懷其德 20/213/19
奸人在朝而○者隱處 20/213/20
箕子、比干異趨而皆○ 20/214/22
以有○人也 20/216/25
得○之與失〔○也〕 20/216/28
親○而進之 20/217/10
禮義脩而任○得也 20/217/13
(便)〔使〕不肖臨○ 20/217/24
故聖主者舉○以立功 20/217/25
此舉○以立功也 20/217/26
而○不肖可論也 20/217/27
不知○也 20/223/16

澖 xián 1

甘瞑于溷○之域 2/15/6

鹹 xián 6

鍊苦生○ 4/36/22
鍊○反甘 4/36/22
其味○ 5/45/10,5/46/2,5/46/21
為刻削者曰致其○酸而已矣 11/100/23

跣 xiǎn 3

子佩(蹠)〔○〕揖 12/110/22
於是乃贏糧○走 19/207/16
子婦○而上堂 20/223/1

險 xiǎn 36

履危行○ 1/7/14
大行石澗、飛狐、句(望)〔注〕之○不能難也 2/12/16
○阻氣多癭 4/34/21
平而不○ 5/49/4
民無○謀 5/49/5
界障○阻 6/49/30
設機械○阻以為備 8/61/25
於是天下廣陜○易遠近始有道里 8/63/14
壞○以為平 8/64/18
設樹○阻 8/65/6
直道夷○ 8/65/8
固塞○阻 9/68/22
直施矯邪不私辟○ 9/69/19

宰〇、所使治國家也 12/112/21
公儀休〇魯 12/113/22
夫受魚而免於〇 12/113/23
毋受魚而不免於〇 12/113/24
〇女童 12/114/16
諸侯執幣〇朝 12/117/20
得〇委輸 13/120/12
不〇襲而王 13/121/5
陰陽〇接 13/123/1
而專任其大臣將〇 13/123/7
習俗〇反 13/123/23
（自）〔有〕以〇使也 13/123/24
文武更〇非 13/124/11
潘尪、養由基、黃衰微、公孫丙〇與篡之 13/125/18
以〇尊禮也 13/125/24
（姜）〔彊〕弱〇乘 13/126/15
力征〇攘 13/126/15
上下〇親 13/126/17
則天下无聖王賢〇矣 13/126/26
高下〇臨 13/126/28
然而〇魏 13/127/13
而立為諸侯賢〇 13/128/2
夫物之〇類者 13/128/9
使人之〇去也 13/128/10
（此皆〇似者） 13/128/12
兩軍〇當 13/129/21,15/145/4
夫雌雄〇接 13/130/14
〇戲以刃者太祖軵其肘 13/130/21
〇戲以刃太祖軵其肘者 13/130/26
夫以刃〇戲 13/130/26
過失〇傷 13/130/26
兩玦〇觸 13/131/27
為義之不能〇固 14/137/5
威之不能〇必也 14/137/5
邪與正〇傷 14/137/22
欲與性〇害 14/137/22
二人〇爭 14/140/8
不能〇聽 14/140/8
兩人〇鬭 14/140/9
辯則〇賊 14/141/3
今有美酒嘉肴以〇〔賓〕饗 14/141/4
鬬而〇傷 14/141/5
皆調適〇似 14/141/13
以侵〇遠 14/141/14
夫寒之與煖〇反 14/141/23
喜而〇戲 15/142/23
怒而〇害 15/142/23
〇支以日 15/143/24
故同利〇死 15/144/23
同情〇成 15/144/23
同欲〔〇趨〕 15/144/23
〔同惡〕〇助 15/144/24
而〇為斥闉要遮者 15/144/25
不以〇得 15/144/26
鼓錞〇望 15/145/4
上下不〇寧 15/146/7
吏民不〇憀 15/146/7
此皆以形〇勝者也 15/147/1
強而不〇敗 15/147/26
眾而不〇害 15/147/26
17.151/179/4
前後不〇撚 15/148/7
左右不〇干 15/148/7
以數〇持 15/149/2
夫物之所以〇形者微 15/150/16
同莫足以〇治也 15/152/6
兩爵〇與鬭 15/152/7
奇正之〇應 15/152/8
不〇越淩 15/152/17
〇地形 15/152/22
將吏不〇得 15/153/1
牢柔不〇通而勝〇奇者 15/153/3
天下莫〇憎於膠漆 16.14/155/18
而莫〇愛於冰炭 16.14/155/18
膠漆〇賊 16.14/155/18
冰炭〇息也 16.14/155/18
同氣〇動 16.33/157/12
事固有〇待而成者 16.46/158/17
不能〇拯 16.46/158/18
故同不可〇治 16.46/158/18
死生〇去 16.49/158/28
千里〇從 16.61/160/1
人有昆弟〇分者 16.92/162/19
欲為邪者必（〇）明正 16.97/163/3
有〇馬而失馬者 16.120/165/11
（猶）〔然〕良馬猶在〇之中 16.120/165/11
而怨德〇去亦遠矣 16.121/165/13
乃知其（大）〇去之遠 16.127/165/31
兩堅不能〇和 16.130/166/7
兩強不能〇服 16.130/166/7
（一）〔二〕人〇隨 16.134/166/19
或時〇似 17.23/170/1
水火〇憎 17.24/170/3
骨肉〇愛 17.24/170/3
而父子〇危 17.24/170/3
狀〇類而愛憎異 17.56/172/13
以類〇慕 17.82/174/6
湯沐具而蟣蝨〇弔 17.106/175/26
大廈成而燕雀〇賀 17.106/175/26
不得〇害 17.132/177/24
獸同足者〇從遊 17.134/177/28
鳥同翼者〇從翔 17.134/177/28
不得〇通 17.148/178/29
堅柔〇摩而不〇敗 17.151/179/4
〇去千里 17.157/179/17
〔精〇往來也〕 17.190/181/26
趍舍之〇合 17.230/184/19
〇去千歲 17.230/184/19
〇恃（而）〔之〕勢也 18/189/4
夫禍福之轉而〇生 18/189/27
父子〇保 18/190/5
且同情〇成 18/191/26
同利〇死 18/191/26
鄭之賈人弦高、蹇他〇與謀曰 18/192/29
三率〇與謀曰 18/193/2
甚〇憎也 18/195/14
仲孫氏、叔孫氏〇與謀曰 18/195/22
盜〇視而笑曰 18/197/4
〇置桀駿以為將 18/197/16
段干木辭〇而顯 18/199/10
說者冠蓋〇望 18/200/15
物類之〇摩 18/201/11
游俠〇隨而行樓下 18/201/14
游俠〇與言曰 18/201/15
夫人偽之〇欺也 18/202/7
物類〇似若然 18/202/8
〇土地〔之〕宜 19/202/17
懷知而不以〇教 19/203/2
積財而不以〇分 19/203/2
其勢〇反 19/204/7
知不能〇通 19/206/3
才力不能〇一也 19/206/3
將〇不強 19/207/28

○與危坐而稱之 19/208/6
故夫攣子之○似者 19/209/1
玉石之○類者 19/209/1
以陰陽之氣○動也 20/210/10
以類○從 20/210/11
以音○應也 20/210/11
天之與人有以○通也 20/210/21
萬物有以○連 20/210/22
精祲有以○蕩也 20/210/22
別（清濁）五音〔清濁〕
六律○生之數 20/213/3
外內○（推）舉 20/213/20
取其見食而○呼也 20/214/11
此四者○反而不可一无
也 20/214/23
（五）〔四〕者○反 20/214/26
骨肉○賊 20/218/13
乃○率（而為致勇）
〔為勇而致〕之寇 20/219/23
昭王則○率而殉之 20/219/27
故下不（○）賊 20/222/16
商鞅為秦立○坐之法 20/222/18
使民居處○司 20/223/3
有罪○覺 20/223/4
以○譬喻 21/225/14
以與天和○嬰薄 21/226/17
新故○反 21/228/21
前後○繆 21/228/21

舡 xiāng 2

佽非謂枻○者曰 12/118/3
揵捽招杼○ 15/144/26

湘 xiāng 1

南卷沅、○ 15/145/25

鄉 xiāng 41

以知禍福之○ 1/5/5
處窮僻之○ 1/8/28
祀四（郊）〔○〕 3/20/29
蟄蟲北○ 3/22/25
蟄蟲冬出其○ 3/24/4
冬雷其○ 3/24/5
鵲巢○而為戶 3/27/1
不可背而可○ 3/29/14
東○親桑 5/40/20
三月官○ 5/40/27
遠○皆至 5/44/5
鴈北○ 5/46/21
十一月蟄蟲冬出其○ 5/48/17
葵之○日 6/51/8
夫臨江之○ 7/56/23
〔而〕○曲之所不譽 9/74/20
隨○曲之俗 9/74/27
而民○方矣 10/82/22
狐○丘而死 10/85/12
苟○善 10/86/4
苟不○善 10/86/4
○別州異 11/101/17
一○父子兄弟相遺而走 11/104/16
○者 12/105/9
北息乎沉墨之○ 12/116/12
為○邑之下 13/122/6
而幾○方矣 14/141/1
以○聽者 15/143/17
封以○ 15/143/17
背○左右之便 15/145/11
故所○非所之也 15/150/26
以其所脩而遊不用之○
16.88/162/7
○者其人 16.106/163/30
鳥飛反○ 17.6/168/23
其○之誠也 17.39/171/3
無○之社易為黍肉 17.91/174/25
橘柚有○ 17.134/177/28
（饗）〔○〕飲習射以
明長幼 20/212/18
則不可使○方 20/212/23
一○之高以為八十一元
士 20/217/14
思故○ 20/221/25

葙 xiāng 1

以大車〔之○〕為薦 13/131/10

襄 xiāng 34

（傾）〔頃〕○好色 9/68/27
孔子學鼓琴於師○ 9/69/7
智伯與趙○子戰於晉陽
之下 9/73/16
豫讓欲報趙○子 9/73/17
趙簡子以○子為後 12/106/22
知伯與○子飲而批○子
之首 12/106/23
○子曰 12/106/24
12/107/8,12/111/11
13/128/25,18/192/3
知伯圍○子於晉陽 12/106/24
○子疏隊而擊之 12/106/25
趙○子〔使〕攻翟而勝
之 12/107/6
○子方將食而有憂色 12/107/6
○子起兵攻（圍之）
〔之〕 12/111/9
○子擊金而退之 12/111/10
先軫言於○公曰 12/115/25
○公許諾 12/115/26
趙○子以晉陽之城霸 13/124/24
季（○）〔哀〕、（陣）
〔陳〕仲子立節抗行 13/127/14
趙○子圍於晉陽 13/128/24
火弗為（○）〔衰〕其
（暑）〔熱〕 14/141/23
又求地於趙○子 18/188/26
○子弗與 18/188/26
於是智伯乃從韓、魏圍
○子於晉陽 18/188/26
○子謂（於）張孟談曰 18/191/21
張孟談乃報○子 18/191/27
○子將卒犯其前 18/192/1
○子〔罷圍〕乃賞有功
者 18/192/2
（禱）〔禘〕於○公之
廟 18/195/19
而稱以頃○之劍 19/208/21
○子再勝而有憂色 20/222/24

庠 xiāng 2

入學○序以脩人倫 20/212/19
而人弗（○）〔席〕者 20/223/7

祥 xiáng 30

吉○止也 2/16/12
無禨○而民不夭 8/63/2

而吉○受福 9/70/20
宿不善如不○ 10/86/2
國有妖○ 10/91/23
益生曰○ 12/109/24
不○ 12/112/21
能受國之不○ 12/113/3
○於鬼神 13/121/27
忠諫者謂之不○ 13/124/4
是故因鬼神禨○而為之立禁 13/130/19
故以禨○明之 13/131/2
而愚者以為禨○ 13/131/3
龜策、(機)〔禨〕○ 15/152/19
此善為詐(○)〔佯〕者也 15/152/20
順○以安寧 16.19/156/2
蔭不○之木 17.124/177/5
謂之不○ 17.206/183/1
此吉○〔也〕 18/189/21
此吉○也 18/189/24
以為西益宅不○ 18/197/24
而史以為不○ 18/198/1
天下有三不○〔而〕西益宅不與焉 18/198/1
何謂三不○ 18/198/2
一不○也 18/198/2
二不○也 18/198/3
三不○也 18/198/3
○鳳至 20/210/19
○風至 21/226/19
福○不歸 21/226/20

翔 xiáng 22

鳳以之○ 1/1/8
而翱○忽區之上 1/6/5
與化翱○ 1/9/11
而蟲寅適足以(翱)〔翺〕(○) 2/13/26
雖欲翱○ 2/18/13
群鳥○ 5/43/19
鳳皇之○至德也 6/51/27
翱○四海之外 6/52/2
鳳皇○於庭 6/52/21
趨○周旋 7/60/7
鳳皇不○ 8/61/14
鷹○川 10/85/1
鳥聞之而高○ 11/103/10
趨○周(遊)〔旋〕 14/139/13
寒將○水 17.6/168/23
鳳皇高○千仞之上 17.9/168/29
鳥同翼者相從○ 17.134/177/28
翱○乎忽荒之上 18/196/19
銜蘆而○ 19/206/4
草木未動而鳥已○矣 20/210/10
○乎无形 20/220/15
以○虛无之軫 21/224/1

詳 xiáng 6

釋其要而索之于○ 8/62/19
夫鳥獸之不(可)同(○)〔群〕者 9/72/13
覩於要者不惑於○ 9/75/25
六畜生多耳目者不○ 16.45/158/15
握要而治○ 18/185/24
而不為○說 21/227/3

享 xiǎng 7

以供皇天上帝社稷之(芻)○ 5/47/2
君子○其功 10/87/26
而與萬民共○其利 15/144/27
辭而不○哉 16.104/163/24
譬猶以大牢○野獸 18/198/10
○穀食氣者皆受焉 20/220/25
殊器而○ 20/223/1

想 xiǎng 3

滅○去意 9/77/13
常寢○之 12/117/23
浸○宵類 21/224/23

餉 xiǎng 2

中國內郡輓車而○之 18/197/12
使監祿(無以)轉○ 18/197/14

響 xiǎng 11

是故○不肆應 1/2/13
○應而不乏 1/4/26
如○之與景 1/7/13
呼而無(嚮)〔○〕 4/33/20
如○之應聲 9/68/11
拱揖指撝而天下○應 15/145/3
而天下○應 15/146/8
若聲之與○ 15/147/13
○不為清音濁 15/150/21
使○濁者、聲也 17.65/172/32
聲○疾徐 20/210/11

饗 xiǎng 21

○左右 5/41/8
大○帝 5/44/21
○先祖 5/45/21
靜潔足以○上帝 8/65/19
故大○廢夫人之禮 13/121/1
○大高者而彘為上牲 13/130/20
夫○大高而彘為上(性)〔牲〕者 13/130/22
而神明獨○之 13/130/23
非以其神為能○之也 13/131/6
○賓修敬不思德 14/138/1
而不可以○三軍 14/140/18
今有美酒嘉肴以相〔賓〕○ 14/141/4
先祭而後○則可 16.138/166/29
先○而後祭則不可 16.138/166/29
烹牛以○其里 16.141/167/7
以○鬼神 18/189/21
復〔教〕以○鬼神 18/189/24
欣若七日不食、如○(大)〔太〕牢 19/207/11
故有大○之誼 20/212/14
(○)〔鄉〕飲習射以明長幼 20/212/18
而不可以○眾〔也〕 20/215/16

向 xiàng 5

吾聞之叔○曰 12/111/11
昔趙文子問於叔○曰 12/118/26
太史令○藝先歸文王 13/124/20
(而)〔不〕○禮義 20/217/5
背貪鄙而○(義理)〔仁義〕 20/217/21

巷 xiàng 6

室、堂、庭、門、○、術、野 3/22/6
德在庭則刑在○ 3/22/8
慈母吟於（○）〔燕〕 17.190/181/26
隱處窮○ 19/204/1
我曾无有閭里（氣）〔之〕聞、窮○之知者何 19/209/10
○无聚人 20/215/27

項 xiàng 3

○託使嬰兒矜 17.82/174/6
劉、○興義兵隨 18/197/19
夫○託（年）七歲為孔子師 19/208/11

象 xiàng 51

不可為○兮 1/1/23
傅旄○ 1/7/28
目觀《掉羽》、《武○》之樂 1/8/26
是故目觀玉輅琬○之狀 2/12/8
亦有以○於物者矣 2/13/8
有梁山之犀○焉 4/34/13
皆○其氣 4/34/23
多兕○ 4/36/2
故頭之圓也○天 7/55/11
足之方也○地 7/55/11
《掉羽》、《武○》不知樂也 8/62/16
〔桀〕為琁室、瑤臺、○廊、玉床 8/63/17
故夫養虎豹犀○者 9/68/4
物至而觀其（○）〔變〕 9/76/9
紂為○箸而箕子嘰 10/91/15
故糟丘生乎○楮 11/94/14
雖重○狄騠 11/95/25
其樂《大武》、《三○》、《棘下》 11/98/7
於是乃有翡翠犀○、黼黻文章以亂其目 11/104/1
馬飾傅旄○ 11/104/6
不可為○ 11/104/6
無物之○』者也 12/106/11
化育萬物而不可為○ 12/117/3
周《武○》 13/120/24
化則為之○ 13/126/19
嫌疑肖○者 13/128/9
○見其牙 13/128/14
水生罔○ 13/130/16
揔形推類而為之變○ 13/130/20
天化育而無形○ 15/144/4
○日月之行 15/144/6
諸有○者 15/148/21
變而為之○ 15/149/22
紂為○箸而箕子唏 16.102/163/17
○解其牙 16.107/164/1
蚘○之病 17.113/176/9
見○牙乃知其大於牛 17.122/177/1
○肉之味不知於口 17.165/180/6
虎爪○牙 17.195/182/8
又利越之犀角、○齒、翡翠、珠璣 18/197/12
聖人○之 20/210/4
莫見其○ 20/210/8
宋人有以○為其君為楮葉者 20/210/27
○主之指 20/211/24
仰取○於天 20/212/27
○太一之容 21/224/1
物之可以喻意○形者 21/224/23
取○於天 21/224/27
假○取耦 21/225/13
假譬取○ 21/226/2
觀天地之○ 21/228/28

像 xiàng 15

成化○而弗宰 1/1/19
〔綱不若〕無形之○ 1/2/25
以○鱗蟲 1/3/24
故有○之類 1/6/12
變無形○ 1/7/13
各○其形 6/50/17
驕主而○其意 6/53/13
惟○無形 7/54/25
以○湡、浯 8/65/5
景之○形 9/68/11
故至精之○ 9/68/15
而成○於外〔者也〕 9/78/21
不夢見○ 17.92/174/28
乃得道之○ 19/202/12
以○宮室 19/206/5

嚮 xiàng 10

夫水○冬則凝而為冰 2/11/12
呼而無（○）〔響〕 4/33/20
北○以贊之 5/44/23
莫不○應也 9/80/3
唯無所○者 13/124/13
皆○天一者 13/132/4
○不怒而今怒 14/134/21
○虛而今實也 14/134/21
天下為○ 15/144/24
四方皆道之門戶牖○也 16.10/155/6

鑲 xiàng 1

軵車奉○ 6/53/23

宵 xiāo 9

○明、燭光在河洲 4/37/10
（○）〔肖〕形而蕃 4/38/7
晝冥○明 6/50/24
甘瞑〔于〕大○之宅 7/57/23
繫之以○夜 15/152/24
晝吟○哭 19/207/18
晝冥○光 20/210/21
浸想○類 21/224/23
比類其喜怒（與）〔於〕晝○寒暑 21/224/28

消 xiāo 17

○搖而無所定 1/7/24
火逾然而○逾亟 1/10/7
貪者○其欲 2/12/20
而○搖于無事之業 2/14/10, 7/57/12
搖○掉捎仁義禮樂 2/15/24
反之於虛則○鑠滅息 2/16/14
冰凍○釋 5/47/7

大而行〇 8/64/20

〇國城守 8/66/23

所治者大則所守者（少）〔〇〕 9/67/9

寇莫大於陰陽而枹鼓為〇 9/69/24

〇也 9/70/9, 20/211/14,21/227/16

毋〇大脩短 9/72/9

〇者以為（揖楔）〔椄槢〕 9/74/16

无大〇修短 9/74/17

有〇智者不可任以大功 9/74/22

是故審〔於〕毫釐之〔〇〕計者 9/74/23

不失〇物之選者 9/74/24

或佞巧〇具 9/74/26

（則）〔言〕輕重〇大有以相制也 9/77/18

言以〇屬於大也 9/77/19

所持甚〇 9/77/20

豈其材之巨〇足〔任〕哉 9/77/21

心欲〇而志欲大 9/79/27

所謂心欲〇者 9/79/27

故心〇者禁於微也 9/80/6

無〇而不舉 9/80/11

則聖人之心〇矣 9/80/15

〇心翼翼 9/80/15

〇有教而大有存也 9/81/9

〇有誅而大有寧也 9/81/9

〇人非嗜欲無以活 10/82/27

〇人懼失利 10/82/28

一人〇矣 10/83/5

能善〇 10/83/5

〇人在上位 10/83/19

言〇人處非其位 10/83/20

昭昭乎〇哉 10/84/27

〇人之從事也 10/85/16

（抱）〔枹〕鼓為〇 10/85/20

〇人日怏怏以至辱 10/86/1

〇大脩短有敘 10/87/4

〇人被其澤 10/87/26

利本乎〇人 10/87/26

使君子〇人各得其宜也 10/87/27

〇快害道 10/88/1

先形乎〇也 10/88/5

故（戒）〔戎〕兵以大知〇 10/88/6

人以〇知大 10/88/7

〇人樂不足而名有餘 10/88/12

〇人貪利而不顧義 10/88/13

嫚生乎〇人 10/88/26

至德〇節備 10/89/1

〇子無謂我老而羸我 10/89/9

無〇不可 10/89/23

於害之中爭取〇焉 10/89/25

宜遺乎義之謂〇人 10/90/16

則武之所制者〇 10/90/29

則〇紘絕矣 10/91/21

君子不謂〇善不足為也而舍之 10/92/1

〇善積而為大善 10/92/1

不為〇不善為無傷也而為之 10/92/1

〇不善積而為大不善 10/92/2

〇人誠不仁〔乎〕 10/92/16

〇人也 10/93/15

以〇知大 11/94/16

〇則窕而不周 11/98/19

治大國若烹〇鮮 11/100/23

或以為〇人 11/101/3

故世治則〇人守正 11/104/23

見〇曰明 12/108/21

患其有〇惡也 12/109/7

以人之〇惡而忘人之大美 12/109/7

吾心益〇 12/114/2

〇（人）〔年〕不及大（人）〔年〕 12/116/18

〇知不及大知 12/116/18

（季）〔宓〕子不欲人〔之〕取〇魚也 12/116/23

所得者〇魚 12/116/24

惟恐其創之〇也 12/119/23

遇〇人則陷溝壑 13/123/16

雖〇必大 13/124/19

雖〇不可輕 13/124/25

亡在失道而不在於〇也 13/124/26

且湯、武之所以處〇弱而能以王者 13/125/4

〇枉而大直 13/126/25

今以人之〇過揜其大美 13/126/26

而求〔其〕〇善 13/127/8

無（問）〔閒〕其〇節 13/127/9

无疵其〇故 13/127/9

〇形不足以包大體也 13/127/10

雖有〇過 13/127/11

〇節伸而大略屈 13/127/16

故〇謹者无成功 13/127/16

〇過亨 13/127/19

其〇惡不足〔以〕妨大美也 13/127/26

闇主亂于姦臣〇人之疑君子者 13/128/13

而大〇可論也 13/128/14

而觀〇節足以知大體矣 13/128/18

以〇知大也 13/129/10

而以〇事自內於刑戮 13/130/27

物固有大不若〇 13/131/30

大〇尊卑 13/132/1

非郊亭大而廟堂狹〇也 13/132/3

〇人行邪氣 14/137/20

〇紘雖（急）〔絙〕 14/140/4

皆有〇過而莫之討也 15/143/6

是故入〇而不偪 15/144/16

〇城必下 15/144/23

雖〇必存 15/145/24

則（勢）〔權〕之所（勝）〔服〕者〇 15/146/20

善守者不在〇 15/153/3

人不〇（學）〔覺〕 16.2/154/10

不〇慧 16.2/154/10

是故〇不可以為內者 16.17/155/24

於害之中則爭取〇焉 16.36/157/21

必由〇生 16.57/159/21

大家攻〇家則為暴 16.69/160/19

大國并〇國則為賢 16.69/160/19

〇馬（非）大馬之類也 16.70/160/21

〇知非大知之類也 16.70/160/21

故〇人之譽人 16.76/161/5

所受者〇則所見者淺 16.82/161/22

行〇變而不失常 16.99/163/9

〇馬〔之〕（大目）〔目大〕 16.129/166/3

以〇（朋）〔明〕大 16.133/166/16

此行大不義而欲為〇義者 16.145/167/18

曉 xiǎo 6

謏 xiǎo 1

孝 xiào 21

肖 xiào 28

塞○（隧）〔道〕 15/145/1
觀其○正 15/148/16
將為不善○ 16.21/156/9
折鏌○而爭錐（力）〔刀〕 16.74/160/30
鏌○不斷肉 16.80/161/15
欲為○者必（相）明正 16.97/163/3
所以貴鏌○者 16.150/168/1
鏌○斷割 17.28/170/11
倚○於正 18/202/4
儒有○辟者 19/204/26
為此棄干將、鏌○而以手戰 19/205/3
而不期於墨陽、莫○ 19/208/24
○氣无所留滯 20/211/19
然奸○萌生 20/215/21
防其○心 20/216/14
故雖出○辟之道 20/218/1
○必蒙正以自為（辟）〔辭〕 20/218/11
日引○欲而澆其（身）（夫調）〔天和〕 20/219/10
其數直施而正○ 21/225/9

協 xié 2

歲名曰○洽 3/27/10
○洽之歲 3/31/1

脅 xié 8

華誣以○衆 2/15/16
不可○凌 6/50/5
天地不能（脋）〔○〕也 8/62/5
淫而相○ 8/62/11
則強○弱而勇侵怯 15/142/24
曹君欲見其駢○ 18/196/2
則摺○傷幹 19/205/3
而不期於濫○、號鍾 19/208/25

挾 xié 5

夫（梜）〔○〕依於跂躍之術 2/12/4
兩蛟○繞其舩 12/118/3
○刑德 15/150/3
秦皇○錄圖 18/197/10
○日月而不姚 21/227/17

衺 xié 1

乘（衰）〔○〕而流 20/216/13

偕 xié 1

非以○情也 10/86/24

絜 xié 1

以○白為污辱 16.72/160/25

脋 xié 1

天地不能（○）〔脅〕也 8/62/5

頡 xié 4

昔者蒼○作書而天雨粟 8/62/27
倉○作書 19/206/10
有嚴志○頏之行者 19/209/16
蒼○之初作書 20/213/15

諧 xié 3

馬為整齊而斂○ 6/52/7
陰○知雨 10/91/5
用力○也 15/149/14

鞵 xié 1

不亟於為文句疏短之○ 11/98/12

泄 xiè 16

氣不當其所充〔也〕而用之則○ 1/9/17
必形繫而神○ 2/15/4
陽氣發○ 5/40/15
墜氣發○ 5/45/25
春行夏令○ 5/48/21
冬行春令○ 5/48/22
周密而不○ 5/49/5,5/49/18
潦水不○ 6/54/19
五藏定寧充盈而不○ 7/56/3
精○於目則其視明 8/64/26
為其謀未及發○也 12/115/20
地二氣則○藏 16.27/156/27
情○者 17.65/172/32
我謀而○ 18/191/25
毛蒸理○ 20/211/20

械 xiè 16

故機○之心藏於胸中 1/3/4
機○知巧弗載於心 7/57/12
機○詐偽 8/61/12
人○不足 8/61/15
設機○險阻以為備 8/61/25
懷機○巧故之心 8/62/10
是以器○不苦 9/70/17
事宜其○ 11/95/8
○宜其用 11/95/8
器○不可因也 13/120/16
衣服器○各便其用 13/121/5
器○者 13/122/13
而器○甚不利 15/146/11
作為雲梯之○設以攻宋 19/203/25
於是公輸般設攻宋之○ 19/203/27
知○機而空衰也 20/222/9

紲 xiè 1

解于累○之中 13/128/3

榭 xiè 6

處臺○ 5/41/28
今高臺層○ 7/58/12
崇臺○之隆 8/65/6
志專在于宮室臺○ 9/74/7
高臺層○ 9/78/12
高為臺○ 13/124/2

寫 xiè 5

○鳳之音 3/25/24
可以鼓鐘○也 8/62/23
○神愈舞 11/100/9
竊簡而○法律 16.79/161/12
盡○其〔所〕食 19/208/16

懈 xiè 6

則守職者○於官 9/70/22
為民興利除害而不○ 19/202/25
偷慢○惰 19/207/3
侯王○惰 19/207/28
○墮結（細）〔紐〕 21/226/2
則○（隨）〔墮〕分學 21/226/10

謝 xiè 9

二者代○舛馳 2/11/9
其○之也 10/90/6
子路撜溺而受牛○ 11/94/15
扶桑受○ 12/117/2
乃○耆老而（徒）〔徙〕岐周 14/134/12
若春秋有代○ 15/144/6
○之與讓 17.157/179/16
○子見於秦惠王 19/208/12
○子、山東辨士 19/208/13

蟹 xiè 3

無以異於使○（蛹）〔捕〕鼠 1/3/1
蛤（○）〔蜆〕珠龜 4/34/26
漆見○而不乾 16.124/165/23

心 xīn 310

海外有狡○ 1/3/2
故機械之○藏於胸中 1/3/4
欲宍之○亡於中 1/3/6
執玄德於○ 1/4/20
其唯○行者乎 1/4/22
○虛而應當 1/4/28
苦○而無功 1/7/1
○之過也 1/7/4
故○不憂樂 1/7/6
故子夏○戰而臞 1/7/22
而○忽然若有所喪 1/8/2
不留于○志 1/8/5
（不）入於耳而不著於○ 1/8/8
夫○者 1/8/9
是故不得於○而有經天下之氣 1/8/10
徹於○術之論 1/8/16
使○怵然失其情性 1/8/28
志與○變 2/11/8
夫聖人用○ 2/11/15
而○在鴈門之間 2/13/2
藏○志 2/14/9
則滑○濁神 2/14/16
皆欲離其童蒙之○ 2/15/10
而游○於虛也 2/15/22
智者、○之府也 2/16/9
智公則○平矣 2/16/9
○有所至而神喟然在之 2/16/14
貪污之○奚由生哉 2/16/19
達則嗜慾之○外矣 2/16/20
趨捨何足以滑○ 2/16/25
○無所載 2/16/27
○志知憂樂 2/17/13
攖人○也 2/17/14
世之主有欲利天下之○ 2/17/27
剖賢人之○ 2/17/29
其星房、○、（尾） 3/19/22
氐、房、○為對 3/27/10
歲星舍氐、房、○ 3/27/16
六月當○ 3/27/29
九月建房、〔○〕 3/28/3
○五 3/28/6
氐、房、○宋 3/28/11
食土者無○而慧 4/35/1
赤色主○ 4/36/1
昏○中 5/42/6
祭先○ 5/42/7
而○未嘗死者乎 6/50/7
撫○發聲 6/50/9
而外論哀於人○ 6/50/10
君臣乖○ 6/50/16,15/151/9
○意之論 6/51/9
○怡氣和 6/52/7
狗彘吐菽粟於路而無忿爭之○ 6/52/20
無有攫噬之○ 6/53/4
而○為之主 7/55/14
五藏能屬於○而無乖 7/55/21
趣舍滑○ 7/56/7
而好憎者使人之○勞 7/56/8
○之（暴）〔累〕也 7/56/28
故○者 7/57/2
○之寶也 7/57/3
機械知巧弗載於○ 7/57/12
○志專于內 7/57/14
○若死灰 7/57/15
不以滑○ 7/58/4
則是合而生時于○〔者〕也 7/58/4
且人有戒形而無損（於）○ 7/58/5
則○不惑矣 7/58/9
孰足以患○ 7/58/27
委○而不以慮 7/59/21
捧○抑腹 7/59/26
不知原○反本 7/60/6
○雖樂之 7/60/7
治○術 7/60/9,14/133/8
○有不樂 7/60/10
使有野○ 7/60/14
兩者○戰 7/60/18
雖情○鬱殪 7/60/19
豈若能使無有盜○哉 7/60/23
其○（愉）〔和〕而不偽 8/61/8
莫藏于○ 8/61/12
是故上下離○ 8/62/1
懷機械巧故之○ 8/62/10
神明定於天下而○反其初 8/62/13
○反其初而民性善 8/62/13
○與神處 8/63/1
外（能）得人〔○〕 8/64/15
乘時因勢以服役人○也 8/64/19
○條達而不以思慮 8/64/26
集於○則其慮通 8/64/27
足以變易○志 8/65/21
○和欲得則樂 8/65/22
○有憂喪則悲 8/66/1
上下同○ 8/66/6,15/153/2
愚夫惷婦皆有流連之○ 8/66/11
思慕之○未能絕也 8/66/15
思○盡亡 8/66/17
是故○知規而師傳諭（導）〔道〕 9/67/4
懷其仁成之○ 9/67/17
莫懷姦○ 9/67/23
其誠○弗施也 9/69/5
是任術而釋人○者也 9/69/20
德有○則險 9/69/23
○有目則眩 9/69/23
虛○而弱志 9/71/7

得民○一也 17.234/184/28
希不有盜○ 17.238/185/5
賊○亡（止）〔也〕 17.241/185/12
謂之○ 18/185/23
○之力也 18/185/27
○之罪也 18/185/28
子反辭以○（痛）〔疾〕 18/187/21
悅於○ 18/188/1
有罪者不敢失仁○也 18/188/5
與天下同○而圖之 18/188/25
一○所得者 18/188/25
或虧於耳以忤於○而合於實者 18/190/8
何謂虧於耳、忤於○而合於實 18/190/12
此所謂虧於耳、忤於○而得事實者也 18/190/18
然而○（調）〔和〕於君 18/191/3
群臣無不有驕侮之○者 18/192/4
而上下離○ 18/193/17
能得民○ 18/194/9
刳其腹而見其○ 18/194/23
知所歸○矣 18/199/28
則皆移○於晉矣 18/200/25
子發喟然有悽愴之○ 18/201/25
其離叛之○遠矣 18/202/3
而以勝惑人之○者也 18/202/4
夫聖人之○ 19/204/10
又況○意乎 19/206/20
此聖人之所以（詩）〔游〕○〔也〕 19/206/24
夫瘠地之（吳）〔民〕多有○者 19/207/3
莫囂大○撫其御之手曰 19/207/13
○致憂愁勞苦 19/207/24
焦○怖肝 19/207/25
○意不精 19/207/28
而无所歸○ 19/208/28
執玄鑑於○ 19/209/4
无不憚悇癢○而悅其色矣 19/209/17
（且）〔則〕夫觀者莫不為之損○酸足 19/209/23
是以天○呿唫者也 20/210/14
故聖人者懷天○ 20/210/18
我○憂傷 20/210/21
抱天○ 20/211/3,21/226/17
故聖人養○ 20/211/18
棲神於○ 20/211/19
推其誠○ 20/211/25
（正）〔人〕○也 20/212/3
誠○弗施也 20/212/5
反其天○ 20/213/13
是以天○動化者也 20/216/1
防其邪○ 20/216/14
一○同歸 20/217/21,21/226/19
必得人○者也 20/219/2
故○者、身之本也 20/219/2
則養民得其○矣 20/219/11
而得天下之○〔也〕 20/219/13
得民○也 20/219/20
○志亦有之 20/220/13
○之塞也 20/220/14
澄○清意以存之 20/221/4
所以塞貪鄙之○也 20/222/7
〔為其〕傷和睦之○ 20/223/4
下无怨望之○ 20/223/13
乃原○術 21/226/16
天下同○而苦之 21/227/21
原道〔德〕之○ 21/228/28

辛 xīn 15

與高○爭為帝 1/4/13
其日庚○ 3/20/5
5/42/23,5/43/17,5/44/13
加十五日指○則寒露 3/22/25
○西夷 3/28/22
庚○申酉 3/28/26
○卯 3/29/9
酉在○曰重光 3/31/3
鍊酸生○ 4/36/22
鍊○生苦 4/36/22
其味○ 5/42/24,5/44/14
其（朱）〔味〕○ 5/43/18

忻 xīn 4

是故其為（曜）〔樂〕不○○ 1/7/23
而○○然常自以為治 6/54/16

欣 xīn 3

致歡○ 5/40/21
春貸秋賦民皆○ 16.117/165/4
○若七日不食、如饗（大）〔太〕牢 19/207/11

訢 xīn 2

使（知）之○○然 2/14/7

新 xīn 21

○而不朗 1/9/10
弊而復○ 2/11/4
陳去而○來也 3/25/7
天子嘗○ 5/43/8
吐故內○ 7/58/3
無故無○ 9/80/17
其命惟○ 10/86/3
忽乎日滔滔以自○ 10/86/21
吐故納○ 11/99/14
而（刀）〔刃〕如○剖硎 11/100/5
（惷）〔憃〕乎若○生之犢 12/107/1
是以能弊而不○成 12/119/20
布之○不如紵 17.153/179/8
或善為○ 17.153/179/8
邯鄲師有出○曲者 19/208/16
今取○聖人書 19/209/2
无故无○ 20/214/1
帶不厭○ 20/214/9
吸而入○ 20/214/16
韓國之○法重出 21/228/21
○故相反 21/228/21

薪 xīn 20

乃伐○為炭 5/44/24
收秩○ 5/46/25
以供寢廟及百祀之○燎 5/46/25
是猶抱○而救火 6/54/16
抱○以救火也 9/68/7
冬伐○蒸 9/79/11
伐○木 9/79/20
其類若積○樵 10/90/26

禹令民聚土積○ 11/99/2
林中不賣○ 11/104/21
臣有所與（供）〔共〕儋（纆）〔纆〕采○者九方堙 12/111/17
卒有出○者 12/115/6
夫以巨斧擊桐○ 15/150/1
加巨斧於桐○之上 15/150/2
猶采○者見一介〔則〕掇之 16.26/156/24
以束○為鬼 16.64/160/7
16.64/160/7
抱○而救火 16.67/160/15
解門以為○ 17.23/170/1
稱○而爨 20/215/14

馨 xīn 1

芻豢黍粱、荊吳芬○以嚂其口 11/104/2

鐔 xín 1

一軍塞○城之嶺 18/197/13

信 xìn 68

不言而○ 1/4/9,9/68/10
誠○以必 5/49/19
○於朋友 9/82/7
不○於友 9/82/8,9/82/9
〔○〕於友有道 9/82/9
皆可使忠○ 10/84/7
同言而民○ 10/84/24
○在言前也 10/84/24
○也 10/84/27
忠○形於內 10/84/28
庶民弗○ 10/85/13
故使人○己者易 10/86/23
而蒙衣自○者難 10/86/23
而取○焉異 10/87/7
未言而○ 10/87/15
口慧之人無必○ 10/92/24
其於○ 11/97/2
貞○漫瀾 11/104/1
失○得原 12/113/17
其中有○ 12/113/19
言而必○ 13/125/13
○而（溺）死〔女〕 13/125/14
雖有直○ 13/125/15
○反為過 13/125/17
乃始○於異眾也 13/128/3
自○者不可以誹譽遷也 14/133/1
○己之不迎也 14/135/1
○己之不攘也 14/135/1
天下非無○士也 14/136/7
自○其情 14/142/13
約束○ 15/145/4
夫仁勇○廉、人之美才也 15/149/17
○者易欺也 15/149/18
慶賞○而刑罰必 15/150/12
為其賞○而罰明也 15/151/4
四者既○於民矣 15/151/20
○而不可欺也 15/151/26
以為不○ 16.6/154/24
○有非、（禮而）〔而禮〕〔有〕失（禮） 16.100/163/11
此○之非者 16.100/163/12
但成而生不○ 16.131/166/10
人先○而後求能 17.219/183/27
尾生之○ 17.242/185/14
而又況一不○者乎 17.242/185/14
或有罪而益○ 18/188/4
日以不○ 18/188/10
何謂有罪而益○ 18/188/13
此〔所〕謂有罪而益○者也 18/188/16
（君子）不肰忠○ 18/191/12
與民約○ 18/192/14
則鄭國之○廢矣 18/193/4
為國而無○ 18/193/4
以不○得厚賞 18/193/5
其家无筦籥之○、關楗之固 18/201/21
雉見而○之 18/202/6
是謂至○ 19/205/13
與四時合○ 20/211/3
○者可令持約 20/214/26
故不言而○ 20/215/27
言而○ 20/216/1
言而不○ 20/216/2
○足以一異 20/217/16
○可使守約 20/217/18
言以○義為準繩也 20/218/28
知券契而○衰 20/222/9
剖○符 21/228/18

䜣 xìn 1

（䛅）〔○〕者扣舟 17.121/176/29

星 xīng 92

○歷以之行 1/1/7
賊○不行 1/1/17
日月之淫（為）〔氣〕、精者為○辰 3/18/22
天受日月○辰 3/18/23
故日月○辰移焉 3/18/25
鯨魚死而彗○出 3/19/10,6/50/15
賁○墜而勃海決 3/19/11
○辰者 3/19/16
虹蜺彗○者 3/19/16
五○ 3/19/19
其○角、亢、氐 3/19/22
其○房、心、（尾） 3/19/22
其○〔尾〕、箕、斗、牽牛 3/19/23
其○須女、虛、危、營室 3/19/23
其○東壁、奎、婁 3/19/24
其○胃、昴、畢 3/19/24
其○觜巂、參、東井 3/19/25
其○輿鬼、柳、七○ 3/19/25
其○張、翼、軫 3/19/25
何謂五○ 3/20/1
其神為歲○ 3/20/1
其神為鎮○ 3/20/4
其神為辰○ 3/20/6
則歲○行三宿 3/20/8
則歲○行二宿 3/20/8
鎮○以甲寅元始建斗 3/20/13
辰○正四時 3/20/20
日月○辰復始甲寅元 3/21/11
○墜 3/24/4
其雄為歲○ 3/27/5
歲○舍須女、虛、危 3/27/6
柳、七○、張為對 3/27/7
歲○（含）〔舍〕營室

、東壁 3/27/7
歲○舍奎、婁 3/27/8
歲○舍胃、昴、畢 3/27/9
歲○舍觜巂、參 3/27/10
歲○舍東井、輿鬼 3/27/12
歲○舍柳、七○、張 3/27/13
歲○舍翼、軫 3/27/14
歲○舍角、亢 3/27/15
歲○舍氐、房、心 3/27/16
歲○舍尾、箕 3/27/17
虛○乘鉤陳而天地襲矣 3/27/22
（○）〔日〕 3/28/1
六月建〔柳、七○〕、張 3/28/2
○分度 3/28/6
七○〔七〕 3/28/8
○部地名 3/28/11
柳、七○、張周 3/28/13
歲○之所居 3/28/15
太陰、小歲、○、日、辰、五神皆合 3/29/12
經之以○辰 4/32/8
七主○ 4/35/12
○主虎 4/35/12
旦建○中 5/39/18
昏七○中 5/40/9
旦七○中 5/45/9
○周于天 5/47/1
○燿而玄運 6/52/10
○辰不失其行 6/52/20
五○失其行 7/55/16
五○循軌而不失其行 8/61/11
○月之行 8/62/22
日月○辰雷電風雨也 8/64/23
其猶零○之尸也 9/70/20
今夕○必徙三舍 12/112/26
○必三徙舍 12/112/27
舍行七（里）〔○〕 12/112/27
〔○一徙當一年〕 12/112/27
○不徙 12/113/2
○果三徙舍 12/113/2
此猶光乎日月而載列○ 12/116/10
昔吾見句○在（房）〔駟〕心之閒 12/119/3
○列於天而明 14/132/20
明於○辰日月之運 15/145/11
彗○出而授殷人其柄 15/146/14
○燿而玄（遂）〔運〕 15/147/5
明於（音）〔奇〕（正）賌、陰陽、刑德、五行、望氣、候○ 15/152/18
日出○不見 16.12/155/12
百○之明不如一月之光 17.221/183/31
攝提鎮○日月東行 19/205/9
而人謂○辰日月西移者 19/205/9
列○辰 20/210/3
則景○見 20/210/18
五○失行 20/210/20
〔列○朗〕 20/211/9
（列○期） 20/211/9
列○辰之行 21/224/11
故景○見 21/226/19

猩 xīng 2

○○知往而不知來 13/126/5

腥 xīng 3

其臭○ 5/42/24,5/43/18,5/44/14

興 xīng 48

風○雲蒸 1/1/11
龍○鸞集 1/1/12
將欲生○而未成物類 2/10/16
其道可以大美○ 2/11/22
○毀宗 2/14/9
天下○兵 3/20/18
五類雜種○乎外 4/38/6
黎莠蓬蒿並○ 5/39/14
毋○土功 5/41/9
動眾○兵 5/42/15
師旅並○ 5/45/5
風雨不○ 6/52/1
○（眄眄）〔盱盱〕 6/53/2
帝道揜而不○ 6/53/11
則兵革○而分爭生 8/61/26
○利除害 8/63/8,19/205/12
○宮室 8/65/1
智詐萌○ 9/68/2
以為天下○利 9/72/1
夫（疾風）〔風疾〕而波○ 9/73/21
萬物並○ 9/80/3
而詐偽萌○ 11/93/30
故水（擊）〔激〕則波○ 11/96/14
故伊尹之○土功也 11/101/18
余夙○夜寐 12/114/10
齊○兵伐楚 12/115/4
秦穆公○師 12/115/19
秦穆公○兵襲鄭 13/125/15
則必滅抑而不能○矣 13/126/16
水激○波 13/126/28
○于牛頷之下 13/128/3
豈若憂瘕疵之（與）〔○〕、痤疽之發而豫備之哉 14/137/28
名○則道〔不〕行 14/138/26
○萬乘之駕而作阿房之（官）〔宮〕 15/146/5
戍卒陳勝○於大澤 15/146/7
再拜而○ 18/190/15
○兵而（攻）〔政〕〔之〕 18/193/14
遂○兵伐趙 18/194/1
遂○兵以救之 18/195/23
劉、項○義兵隨 18/197/19
湯夙○夜寐 19/202/23
為民○利除害而不懈 19/202/25
夙○夜寐而勞力之 20/213/6
《關雎》○於鳥 20/214/10
《鹿鳴》○於獸 20/214/11
而可與○治之臣不萬一 20/216/9
將欲以（直）〔○〕大道 20/218/1

行 xíng 600

星歷以之○ 1/1/7
節四時而調五○ 1/1/14
賊星不○ 1/1/17
跂○喙息 1/1/19
舟○宜多水 1/3/20
其唯心○者乎 1/4/22
○於不能 1/4/28
○柔而剛 1/5/2
○（而）不可得〔而〕窮極也 1/6/3
其○無迹 1/6/27

履危○險 1/7/14
陳酒○醻 1/7/28
不○ 1/8/6
稱至德高○ 1/8/7
慕之者多而○之者寡 1/8/7
流○血氣 1/8/10
操殺生之柄而以○其號令邪 1/8/21
女有不易之○ 1/9/8
神非其所宜〔也〕而○之則昧 1/9/17
其○也 1/9/23
蚑○噲息 2/10/22
是故貴有以○令 2/11/28
○純粹而不糅 2/12/15
大○石澗、飛狐、句（望）〔注〕之險不能難也 2/12/16
德蕩者其○偽 2/14/15
而言○觀於外 2/14/15
夫趍舍○偽者 2/14/16
而○無窮極 2/14/16
儉德以○ 2/15/15
各欲○其知偽 2/15/18
暴○越智於天下 2/15/24
必無以趨○求者也 2/16/20
身猶不能○也 2/16/23
許由不能○也 2/16/24
神經於驪山、太○而不能難 2/17/2
而責道之不○也 2/18/8
其志得道○ 2/18/11
是故性遭命而後能○ 2/18/11
寘彼周○ 2/18/14
飛○之類也 3/19/4
則歲星○三宿 3/20/8
則歲星○二宿 3/20/8
故十二歲而○二十八宿 3/20/9
日（月）○十二分度之一 3/20/9
歲○三十度十六分度之七 3/20/9
熒惑常以十月入太微受制而出○列宿 3/20/12
歲鎮（○）一宿 3/20/13
日○二十八分度之一 3/20/14
歲○十三度百一十二分度之五 3/20/14
日○一度 3/21/7
月○百八十二度八分度之五 3/21/8
日○〔危〕一度 3/21/11
而（升）〔斗〕日○一度 3/22/11
故曰春分則雷○ 3/22/16
月從左○ 3/23/1
月從右○ 3/23/2
月日○十三度七十六分度之二十（六）〔八〕 3/23/12
甲子受制則○柔惠 3/23/20
○粰鬻 3/23/21
故雷早○ 3/23/26
○十二時之氣 3/24/8
爰始將○ 3/24/14
○九州七舍 3/24/21
左周而○ 3/27/29
大陰治春則欲○柔惠溫（涼）〔良〕 3/28/18
以義○理 3/28/29
雄左○ 3/29/1
雌右○ 3/29/1
堪輿徐○ 3/29/3
蚑○喙息 3/29/18
小雨○ 3/31/2
〔曰〕會稽、泰山、王屋、首山、太華、岐山、太○、羊腸、孟門 4/32/18
鳶肩企○ 4/35/26
脩頸（印）〔卬〕○ 4/36/4
五○相治 4/36/23
○慶賞 5/39/7
孟春○夏令 5/39/13
○秋令 5/39/13,5/40/25,5/42/2,5/42/18,5/45/26,5/46/15
○冬令 5/39/14,5/40/4,5/41/12,5/42/19,5/44/9,5/45/4
仲春○秋令 5/40/4
○夏令 5/40/5,5/40/24,5/43/13,5/44/8,5/45/25,5/47/7
循○國邑 5/40/17
○是月令 5/40/22,5/43/9
季春○冬令 5/40/24
乃〔○〕賞賜 5/41/7
○爵出祿 5/41/8
○田原 5/41/9
孟夏○秋令 5/41/12
○春令 5/41/13,5/42/1,5/43/12,5/45/5,5/46/16,5/47/6
仲夏○冬令 5/42/1
為民祈福○惠 5/42/12
○稃鬻 5/42/12,5/47/25
大雨時○ 5/42/16
季夏○春令 5/42/18
用始○戮 5/43/1
○重幣 5/43/9
孟秋○冬令 5/43/12
○稃鬻飲食 5/43/23
〔巡〕○犧牲 5/43/23
○罪无疑 5/44/3
仲秋○春令 5/44/8
收雷先○ 5/44/9
季秋○夏令 5/45/4
命司徒○積聚 5/45/18
必○其罪 5/45/20
孟冬○春令 5/45/25
仲冬○夏令 5/46/15
季冬○秋令 5/47/6
○優游 5/47/15
○柔惠 5/47/16
○大賞 5/47/20
毋○水 5/48/9
春○夏令泄 5/48/21
○秋令水 5/48/21
○冬令肅 5/48/21
夏○春令風 5/48/21
○秋令蕪 5/48/21
○冬令格 5/48/21
秋○夏令華 5/48/21
○春令榮 5/48/22
○冬令耗 5/48/22
冬○春令泄 5/48/22
○夏令旱 5/48/22
○秋令霧 5/48/22
唯德是○ 5/49/12
令○而不廢 5/49/15
故冬正將○ 5/49/19
惟夜○者為能有之 6/50/24
則道○矣 6/51/5
日○月動 6/52/10
以治日月之○ 6/52/16
星辰不失其○ 6/52/20
其○蹟蹟 6/53/2

〔天〕有四時、五〇、九解、三百六十（六）日 7/55/11
日月失其〇 7/55/15
五星失其〇 7/55/16
則敎志勝而〇不僻矣 7/55/22
敎志勝而〇（之）不僻 7/55/22
使（〇）〔性〕飛揚 7/56/7
其生也天〇 7/57/1
〇不知所之 7/57/15
視至尊窮寵猶〇客也 7/57/20
有神而不（〇）〔用〕 7/57/22
列子〇泣報壺子 7/58/19
子求〇年五十有四而病傴僂 7/58/20
見子求之〇 7/58/23
〇不闚之塗 7/58/25
不改其〇 7/59/1
以下考世俗之〇 7/59/7
適情而〇 7/60/20
御者〔非轡不〕〇 7/60/30
〇快而便于物 8/61/7
其〇侻而順情 8/61/7
激則〇 8/61/9
五星循軌而不失其〇 8/61/11
〇賞罰 8/61/26
〇沮然後義立 8/62/17
知道德然後知仁義之不足〇也 8/62/18
星月之〇 8/62/22
道路鴈〇列處 8/63/9
故小而〇大 8/64/20
大而〇小 8/64/20
聖人節五〇 8/65/22
〇者無糧 8/66/10
父〇其慈 8/66/14
有不〇王道者 8/66/19
（今）〔令〕之不〇 8/66/20
本立而道〇 8/66/28
而〇不言之教 9/67/3
口能言而〇人稱辭 9/67/4
足能〇而相者先導 9/67/4
〔而〕〇為儀表於天下 9/67/6
號令不〇 9/68/2
而從其所〇 9/68/25
令〇禁止 9/69/12
9/72/24，9/78/4
方〇而不流 9/69/25
〇直〔者〕而被刑 9/70/23
不〇其智 9/71/15
而為〇者必治於官 9/72/28
〇不得踰其法 9/72/29
必參五〇之陰考 9/73/1
脩〇者競於往 9/73/5
中〇文子之臣 9/73/16
智伯伐中〇氏 9/73/16
其主之德義厚而號令〇也 9/73/20
於是堯乃身服節儉之〇 9/74/3
巡狩〇教 9/74/4
猶御〇而脫（蹤）〔蹝〕也 9/74/6
其（主）言〔而〕可〇〔也〕 9/75/11
使无專〇〔也〕 9/75/19
所禁於民者不〇於身 9/75/27
故令〇於天下 9/75/29
不令而〇 9/75/29
則令〇於民矣 9/75/30
而〇必然之道 9/76/10
則人材釋而公道〇矣 9/76/15
〇墮於國則不能專制 9/76/27
威不足以〇誅 9/76/28
身〇其志 9/77/22
下必〇之令 9/77/28
威〔之〕〇也 9/78/6
非能目見而足〇之也 9/79/21
智欲員而〇欲方 9/79/27
〇欲方者 9/80/3
〇方者有不為也 9/80/7
〇不用巫祝 9/80/14
非義不〇 9/80/21
〇不苟為 9/80/21
則聖人之〇方矣 9/80/22
專〇孝道 9/80/23
據義〇理而志不懾 9/80/25
凡將設〇立趣於天下 9/81/2
此人智之所合而〇也 9/81/9
唯惻隱推而〇之 9/81/10
使陳忠孝〇而知所出者鮮矣 9/81/24
莫不先以為可而後〇之 9/81/25
知以〇之 9/81/27
〇善是也 9/82/5
〇形於外 10/83/7
凡〇戴情 10/83/8
中〇繆伯手搏虎 10/84/8
故君子〇（斯）〔期〕乎其所結 10/84/19
世有〇之者矣 10/85/1
夫察所夜〇 10/85/9
若日之〇 10/85/24
〇之終也 10/86/14
聖人之〇義也 10/86/19
故若〇獨梁 10/86/23
聖人之〇 10/87/4
（土）〔士〕無隱〇 10/88/4
非天不〇 10/89/13
循性而〇指 10/89/15
夏政〇 10/90/9
〇政〔未必〕善 10/90/9
不慕乎〇 10/90/9
人能尊道〇義 10/90/18
則威之所〇者遠 10/90/28
故〇險者不得履繩 10/91/1
夜〇瞑目而前其手 10/91/2
情〇合而名副之 10/91/23
不勝正〇 10/91/23
正身而直〇 10/93/1
而內〇無繩 10/93/2
言無常是、〇無常宜者 10/93/15
率性而〇謂之道 11/93/20
而言不溢乎〇 11/93/28
忍德並〇 11/94/1
而不可公〇也 11/94/19
故〇齊於俗 11/94/19
伉〇以違眾 11/94/20
故令〇禁止 11/96/7
夫鳥飛成〇 11/97/5
〇孔子之術 11/97/8
令〇乎天下 11/97/11
而務以〇相反之制 11/97/17
言與〇相悖 11/97/24
久喪以招〇 11/97/25
義者、循理而〇宜〔者〕也 11/98/1
分節〇而為帶 11/98/11
適〇步 11/98/12
〇至德 11/98/13
以〇則從 11/98/17
禮義節〇 11/98/21
載尸而〇 11/99/2

武王入殷而〇其禮 11/100/1
其禮易〇也 11/101/16
士與士言〇 11/101/17
是以士無遺〇 11/101/18
士之伉〇也 11/101/24
〇不可逮者 11/102/3
而道術可公〇也 11/102/10
意〇鈞 11/102/17
湯、武之累〇積善 11/102/17
退〇於國以禮義 11/102/24
然而令〇乎天下 11/102/25
世多稱古之人而高其〇 11/102/27
簡於〇而謹於時 11/103/1
然而樂直〇盡忠以死節 11/103/4
然而樂離世伉〇以絕眾 11/103/5
然而樂推誠〇必 11/103/7
則趣〇各異 11/103/12
趣舍〇義 11/103/16
士無偽〇 11/103/19
為〇者相揭以高 11/103/20
孟賁、成荊無所〇其威 11/103/26
趨舍〇義、禮節謗議以
營其心 11/104/2
暮〇逐利 11/104/3
〇與利相反 11/104/4
故（仕）〔仁〕鄙在時
不在〇 11/104/15
怯者死〇 11/104/16
可〇乎 12/106/2
善而不可〇 12/106/3
被衣〇歌而去曰 12/107/2
今趙氏之德〇無所積 12/107/8
非獨以適身之〇也 12/108/19
是以〇年六十 12/110/6
在君〔之〕〇賞罰 12/110/10
君自〇之 12/110/11
〔於是宋君〇賞賜而與
子罕刑罰〕 12/110/12
王壽負書而〇 12/110/17
故知時者無常〇 12/110/17
而莫之能〇 12/111/6
越王親〔〇〕之 12/111/6
〇之者不利 12/112/5
子不若敦愛而篤〇之 12/112/10
舍〇七（里）〔星〕 12/112/27
美〇可以加人 12/113/20
18/192/6

與之競〇 12/114/10
周伯昌（〇）仁義而善
謀 12/114/11
周伯昌改道易〇 12/114/17
吾何德之〇 12/114/20
盜賊之心必託聖人之道
而後可〇 12/114/28
願為君〇之 12/115/5
今〇數千里 12/115/21
師遂〇 12/115/22
吾〇數千里以襲人 12/115/23
周〇四極 12/116/8
陰陽之所〇 12/116/10
終日〇 12/116/17
使人閽〇 12/116/24
（季）〔宓〕子必〇此
術也 12/116/26
辭而〇 12/118/10
魏王乃止其〇而疏其身 12/118/11
故大人之〇 12/118/20
〔其〕中〇、知氏〔乎〕
12/118/26
而令〇為上 13/121/3
〇无專制 13/121/15
復而後〇 13/121/19
而欲以一〇之禮 13/121/21
然後能擅道而〇（矣）
〔也〕 13/122/18
今儒墨者稱三代、文武
而弗〇〔也〕 13/122/23
是言其所不〇也 13/122/23
是〇其所非也 13/122/24
〇其所非 13/122/24
聖王弗〇 13/122/27
而公道不〇 13/123/8
今夫盲者〇於道 13/123/15
道之〇也 13/124/25
而不能自非其所〇 13/124/28
今不〇人之所以王（者）
13/125/6
欲築宮於五〇之山 13/125/8
夫五〇之山 13/125/8
使我有暴亂之〇 13/125/9
天下之高〇也 13/125/13
四大夫載而〇 13/125/20
此所謂忠愛而不可〇者
也 13/125/20

號令〇于天下而莫之能
非矣 13/126/3
日月之〇 13/126/6
身〇仁義 13/126/8
是以終身〇而无所困 13/126/19
故事有可〇而不可言者 13/126/22
有可言而不可〇者 13/126/22
所謂可〇而不可言者 13/126/23
可言而不可〇者 13/126/23
君子〇之 13/126/25
當此三〇者 13/127/5
揔其略〇 13/127/8
雖有閭里之〇 13/127/11
季（襄）〔哀〕、（陣）
〔陳〕仲子立節抗〇 13/127/14
訾〇者不容於眾 13/127/16
未有能全其〇者也 13/127/19
難為則〇高矣 13/127/25
見其一〇而賢不肖分也 13/128/16
則不待戶牖（之）〔而〕
〇 13/130/28
〇無迹 14/132/18
〇則有迹 14/132/21
〇有迹則議 14/132/22
聖人不為可非之〇 14/134/30
〇未固於無非 14/135/7
故聖人不以〇求名 14/135/17
〇不勝德 14/135/20
君子脩〇而使善无名 14/136/23
故士〇善而不知善之所
由來 14/136/23
君子〇正氣 14/137/20
小人〇邪氣 14/137/20
外無賢〇以見忌於諸侯 14/138/5
〇者以為期也 14/138/23
名興則道〔不〕〇 14/138/26
道〇則人無位矣 14/138/26
以〇曲故 14/139/1
無瑰異之〇 14/139/10
〇不觀 14/139/10
〇所不得已之事 14/139/13
〇由其理 14/139/17
閭〇繆改 14/140/12
〇成獸 14/140/16
蓼菜成〇 14/140/16,20/215/14
故不悔其〇 14/142/12
晉厲、宋康〇一不義而

刑 xíng 105

百姓之隨逮肆○	15/146/6
而後無遁北之○	15/146/15
其○不戰	15/147/27
挾○德	15/150/3
慶賞信而○罰必	15/150/12
明於（音）〔奇〕（正）賌、陰陽、○德、五行、望氣、候星	15/152/18
○者多壽	16.24/156/18
公孫鞅以○罪	16.123/165/19
民有罪當○	18/201/25
罪人已○而不忘其恩	18/201/26
○者遂襲恩者	18/201/26
子發（視）〔親〕決吾罪而被吾○	18/201/27
刻○鏤法	19/205/23
无冤○	20/211/24
非○之所能禁也	20/212/1
故○罰不用而威行如流	20/212/24
畏○而不為非	20/216/7
非貴〔其〕隨罪而鑒○也	20/216/18
乃隨之以○	20/216/19
法能○竊盜者	20/217/6
非可○而不○也	20/217/13
雖嚴○罰	20/217/24
愛人則（天）〔无〕虐○矣	20/223/12
○不侵濫	20/223/13
○十二節	21/224/18
作為炮格之○	21/227/20
故○名之書生焉	21/228/22
可威以○	21/228/24

邢 xíng 1

（○）〔郢〕人有鬻其母	16.145/167/17

形 xíng 292

稟授無○	1/1/3
應無○兮	1/1/23
而知八紘九野之○埒者	1/2/10
夫鏡水之與○接也	1/2/13
好憎成○	1/2/15
〔網不若〕無○之像	1/2/25
滅而無○	1/3/19
○性不可易	1/4/2
動溶無○之域	1/6/5
夫無○者	1/6/10
皆生於〔無〕○乎	1/6/11
則淪於無○矣	1/6/16
所謂無○者	1/6/16
是故視之不見其○	1/6/19
無○而有○生焉	1/6/19
無味而五味○焉	1/6/20
宮立而五音○矣	1/6/22
其動無○	1/6/27,7/58/1
勞○而不明	1/7/1
變無○像	1/7/13
不得其○	1/8/4
此齊民之所為○植（藜）〔黎〕（累）〔黑〕	1/9/1
與○俱出其宗	1/9/7
○備而性命成	1/9/7
○神氣志	1/9/12
夫○者	1/9/15
故夫○者非其所安也而處之則廢	1/9/16
○體能抗	1/9/21
豈無○神氣志哉	1/9/28
終身運枯○于連嶁列埒之門	1/10/1
○神相失也	1/10/2
○從而利	1/10/3
以○為制者	1/10/3
○閉中距	1/10/5
平夷其○	1/10/9
未有○（呼）〔埒〕（垠堮）	2/10/15
視之不見其○	2/10/22,12/117/7
莫見其○	2/10/26,20/210/8
夫大塊載我以○	2/10/29
則无所遁其○矣	2/11/2
一範人之○而猶喜	2/11/4
神與○化	2/11/8
各樂其成○	2/11/10
是故○傷于寒暑燥溼之虐者	2/11/13
○苑而神壯	2/11/13
神盡而○有餘	2/11/14
是皆不得○神俱沒也	2/11/15
中徙倚无○之域而和以天地者乎	2/12/6
其○雖有所小周哉	2/13/9
有況比於規○者乎	2/13/9
（天）受○於一圈	2/13/27
無○而生有○	2/13/28
是非無所○	2/14/4
必○繫而神泄	2/15/4
莫窺○於生鐵	2/16/10
而窺〔○〕於明鏡者	2/16/10
〔故能〕○物之性〔情〕也	2/16/10
度○而衣	2/16/19,7/60/20
目不見太山之（高）〔○〕	2/17/16
天墜未○	3/18/18
〔有○則有聲〕	3/26/14
（有○則有聲）	3/26/15
墜（○）之所載	4/32/8
凡地○	4/34/18
其人兌○小頭	4/35/26
其人修○兌上	4/36/1
其人翕○短頸	4/36/7
（宵）〔肖〕○而蕃	4/38/7
安○性	5/46/12
直偶于人○	6/50/6
精（神）〔誠〕○於內	6/50/10
使俗人不得其君○者而效其容	6/50/10
各像其○	6/50/17
而音之君已○也	6/51/19
嗜欲○於胸中	6/52/13
惟像無○	7/54/25
萬物乃○	7/54/27
而○體者	7/55/7
○體以成	7/55/10
五藏乃○	7/55/10
或守之於○骸之內而不見也	7/55/26
精神內守○骸而不外越	7/56/4
吾生也有七尺之○	7/56/18
吾〔生〕之（於比）〔比於〕有○之類	7/56/18
猶吾死之淪於無○之中也	7/56/19
○之主也	7/57/2
○勞而不休則蹶	7/57/3
○若槁木	7/57/15
（損）〔捐〕其○骸	7/57/15

而游敖于無〇埒之野	7/57/24
以不同〇相嬗也	7/58/2
是養〇之人也	7/58/4
且人有戒〇而無損（於）心	7/58/5
狂者〇不虧	7/58/6
故〇有摩而神未嘗化者	7/58/6
復歸於無〇也	7/58/7
猶充〇者之非〇也	7/58/8
而堯布衣揜〇	7/58/14
衣足以蓋〇	7/59/17
外束其〇	7/60/8
〇性屈竭	7/60/19
〇與性調	8/63/1
〇萬殊之體	8/64/7
是故神明藏於無〇	8/64/24
不勞〇而功成	9/67/20
景之像〇	9/68/11
辯者弗能〇	9/68/16
〇諸音聲	9/69/5
古聖王至精〇於內	9/69/12
〇性詭也	9/70/14
外不知山澤之〇	9/71/10
〇有所不周	9/72/7
是故有一〇者處一位	9/72/8
〔殊〇異材〕	9/74/18
物有其〇	9/74/23
（稞）〔標〕（生於日日）生於〇	9/75/23
〇生於景	9/75/23
喜怒〇於心	9/76/28
〔言建之无〇也〕	9/77/9
行〇於外	10/83/7
發而成〇	10/84/4
可以〇勢接	10/84/5
忠信〇於內	10/84/28
非正（為）偽〇也	10/85/3
先〇乎小也	10/88/5
視而〇之莫明於目	10/92/6
目見其〇	10/92/7
曰唯無〇者也	10/92/21
道之有篇章〇埒者	10/93/4
視之而無〇	10/93/4
是非〇則百姓（眩）〔眩〕矣	11/93/21
短脩之相〇也	11/94/3
〇殊性詭	11/94/23
夫明鏡便於照〇	11/94/28
此皆憤於中而〇於外者也	11/96/20
衣足〔以〕覆〇	11/98/11
其散應无〇	11/98/21
見〇而施宜者也	11/99/4
其所以言不可〇也	11/99/12
遺〇去智	11/99/14
樸至大者無〇狀	11/99/20
而〇乎絃者	11/100/9
〇之君	11/100/12
面〇不變其故	11/101/7
異〇殊類	11/101/20
無以揜〇	11/103/25
短褐不揜〇	11/104/7
孰知〇〔〇〕之不〇者乎	12/105/17
正女〇	12/106/28
〇若槁骸	12/107/2
不以利累〇	12/109/17,20/218/17
可以〇容筋骨相也	12/111/16
則苦心勞〇	12/114/11
離〇去知	12/115/15
則不能漏理其〇也	12/117/13
則〇見於外	12/118/22
而民得以揜〇御寒	13/120/10
勞〇竭智而无補於主也	13/122/25
不以物累〇	13/123/21
有亡〇也	13/124/18
有亡〇者	13/124/19
小〇不足以包大體也	13/127/10
則足以養七尺之〇矣	13/130/7
揔〇推類而為之變象	13/130/20
皆〇於有	14/132/11
〇於有	14/132/15
有〇而制於物	14/132/15
若未有〇	14/132/15
藏無〇	14/132/18
故聖人掩明於不〇	14/132/22
所貴者有〇	14/132/26
〇將自正	14/134/3
此所謂藏無〇者	14/138/6
非藏無〇	14/138/6
孰能〇	14/138/6
鏡不（沒）〔設〕於〇	14/138/16
故能有〇	14/138/16
必累其〇	14/138/19
〇常無事	14/140/26
舍〇放佚	14/140/27
大道無〇	14/141/1
神貴於〇也	14/142/16
故神制則〇從	14/142/16
〇勝則神窮	14/142/17
故不（可）得（而）觀〔其〇〕	15/144/3
天化育而無〇象	15/144/4
以其無常〇勢也	15/144/5
地利〇便	15/145/26,21/228/25
夫有〇埒者	15/147/1
此皆以〇相勝者也	15/147/1
善〇者弗法也	15/147/2
貴其无〇也	15/147/2
無〇	15/147/2
〇見者人為之功	15/147/3
運於無〇	15/147/8,15/149/21
而存亡之機固以〇矣	15/147/28
隱匿其〇	15/148/6
權勢必〇	15/148/7
無〇而制有〇	15/148/14
則是見其〇也	15/148/15
〇見則勝可制也	15/148/15
諸有〇者	15/148/22
是以聖人藏〇於无	15/148/22
以其无〇故也	15/148/23
唯无〇者也	15/148/24
彼有死〇	15/149/2
唯無〇者無可（佘）〔柰〕也	15/149/20
所圖（盡）〔畫〕者地〇也	15/149/26
夫物之所以相〇者微	15/150/16
因〇而與之化	15/150/19
下習地〇	15/151/24
〇之隱匿也	15/152/11
〇見則制	15/152/11
可以伏匿而不見〇者也	15/152/14
而出入无〇	15/152/15
相地〇	15/152/22
此善為地〇者也	15/152/23
無有有〇乎	16.1/154/3
視之無〇	16.1/154/5
〇不可得而見	16.1/154/6
今汝已有〇名矣	16.1/154/6
亦以淪於無〇矣	16.1/154/8

○勞則神亂 16.59/159/26
故有○出於無○ 16.85/161/30
君○者亡焉 16.91/162/17
視於無○ 17.14/169/10
清則見物之○ 17.33/170/21
無其君○者也 17.61/172/23
使景曲者、○也 17.65/172/32
無○於目也 17.92/174/28
捕景之說不○於心 17.165/180/6
○勢所致者也 17.183/181/12
異○者不可合於一體 17.200/182/19
視而无○者不能思於心 17.216/183/21
○性然也 17.225/184/7
若以鏡視○ 17.228/184/14
則靡而無○矣 18/196/18
是故聖人者、常從事於無○之外 18/196/22
衣被所以掩○也 18/197/3
不以利累○者 18/197/4
鏡者、所以照○也 18/199/6
此皆○於小微 18/200/10
勞○盡慮 19/202/25
筋骨○體 19/204/14
故其○之為馬 19/204/17
○夸骨佳 19/204/22
矇然未見○容 19/205/18
首尾成○ 19/206/19
夫七尺之○ 19/207/24
苦身勞○ 19/207/25
審於○者不可遯以狀 19/208/4
○氣動於天 20/210/18
夫鬼神視之无○ 20/211/5
雌鳴於下風而化成○ 20/211/17
廓然无○ 20/211/23
異○而皆施 20/214/8
其次養○ 20/216/5
且聾者、耳○具而无能聞也 20/220/11
盲者、目○存而无能見也 20/220/11
豈獨○骸有瘖聾哉 20/220/13
翔乎无○ 20/220/15
有○者皆生焉 20/220/24
有《地○》 21/223/25
合同死生之○ 21/224/7
《地○》者 21/224/14
經山陵之○ 21/224/14
至微之淪無○也 21/224/22
物之可以喻意象○者 21/224/23
○埒之朕 21/224/25
而曉寤其○骸九竅 21/224/27
○機之勢 21/225/29
異類殊○ 21/226/2
德○於內 21/226/18
德不內○ 21/226/20
故德○於內 21/226/21
具其○ 21/227/9
宰匠萬物之○ 21/227/17
度○而施宜 21/228/28

型 xíng 2

夫純鈞、魚腸（劍）之始下○ 19/205/17
明鏡之始下○ 19/205/18

陘 xíng 1

曰大汾、澠阸、荊阮、方城、殽阪、井○、令疵、句注、居庸 4/32/20

硎 xíng 1

而（刀）〔刃〕如新剖○ 11/100/5

滎 xíng 1

○水不能生魚鱉者 20/211/14

省 xǐng 25

○傜賦 5/39/7
○囹圄 5/39/22
○婦使 5/40/20
○婦事 5/46/7
則胸腹充而嗜慾○矣 7/55/20
胸腹充而嗜慾○ 7/55/21
氣志虛靜恬愉而○嗜慾 7/56/3
禹南○方 7/58/16
月○時考 9/67/18
法○而不煩 9/67/21
故聖人事○而易治 9/68/10
上操約○之分 9/70/18
故物豐則欲○ 11/104/21
而時○其用 13/121/26
刑○而姦禁 13/128/23
此刑○〔而〕姦禁者也 13/129/1
在於○事 14/133/20,20/219/4
○事之本 14/133/20,20/219/4
政令約○而化燿如神 20/212/24
事不猒○ 20/215/8
事○、易治也 20/215/8
然而不可○者 20/223/2
欲強○其辭 21/226/31

杏 xìng 1

其樹○ 5/40/7

幸 xìng 7

何○之有 10/89/28
何不○之有 10/89/28
臣有（夭）〔天〕○ 12/117/25
○善食之而勿苦 16.145/167/17
失火則不○〔也〕 17.31/170/17
遇雨則○也 17.31/170/17
毋曰不○ 17.160/179/24

性 xìng 179

有萬不同而便于○ 1/1/13
天之○也 1/2/14,15/142/23
○之害也 1/2/14
天地之○也 1/3/16
失其陰陽之○ 1/4/1
形○不可易 1/4/2
以恬養○ 1/4/3
○之累也 1/7/4
不能反諸○也 1/8/8
使心怵然失其情○ 1/8/28
○命之情 1/9/7,8/62/11
夫○命者 1/9/7
形備而○命成 1/9/7
○命成而好憎生矣 1/9/7
以其○之在焉而不離也 1/9/20
杖○依神 2/11/15

毋淫其〇 2/11/21
以物煩其〇命乎 2/11/26
內守其〇 2/12/22
人樂其〇者 2/14/7
然而失木〇 2/14/15
而〇命失其得 2/15/14
夫世之所以喪〇命 2/15/19
欲以反〇於初 2/15/22
欲以通〇於遼廓 2/15/22
擢德搴〇 2/15/23
水之〇真清而土汩之 2/16/6
人〇安靜而嗜欲亂之 2/16/6
〔故能〕形物之〇〔情〕也 2/16/10
必達乎〇命之情 2/16/17
誠達于〇命之情 2/16/24
所以養〇也 2/17/8
則〇得其宜 2/17/8
〇不動和 2/17/8
蚑蟯噆膚而（知）〔〇〕不能平 2/17/14
擢拔吾（悟）〔〇〕 2/17/17
〇也 2/18/11
是故〇遭命而後能行 2/18/11
命得〇而後能明 2/18/11
安形〇 5/46/12
夫全〇保真 6/50/4
天下未嘗得安其情〇 6/54/1
使（行）〔〇〕飛揚 7/56/7
天下之所養〇也 7/56/7
〇合于道也 7/57/10
養〇之具不加厚 7/58/15
乃（〇）〔始〕仍仍然 7/59/11
無天下不虧其〇 7/59/17
直雕琢其〇 7/60/6
而迫〇命之情 7/60/8
理情〇 7/60/9,21/226/16
〇有不欲 7/60/9
（而）〔不〕便於〇者不以滑〔和〕 7/60/10
此皆迫〇拂情而不得其和也 7/60/16
直（宜）迫〇閉欲 7/60/19
形〇屈竭 7/60/19
是故明於〇者 8/62/5
而〇失矣 8/62/10
心反其初而民〇善 8/62/13
民〇善而天地陰陽從而包之 8/62/14
形與〇調 8/63/1
隨自然之〇而緣不得已之化 8/63/1
萬民皆寧其〇 8/63/17
真〇命之情 8/64/26
凡人之〇 8/65/22,9/81/27,14/137/8,14/140/26
人之〇 8/66/1,8/66/2
形〇詭也 9/70/14
詭自然之〇 9/72/5
是故使天下不安其〇 9/74/9
近者安其〇 9/75/5
〇之所扶也 10/82/24
〇不能已 10/84/12
我其〇與 10/85/8
〇者 10/89/14
循〇而行指 10/89/15
原心反〇則貴矣 10/93/12
率〇而行謂之道 11/93/20
得其天〇謂之德 11/93/20
〇失然後貴仁 11/93/20
形殊〇詭 11/94/23
使各便其〇 11/94/25
以〇 11/95/21
治〇者不於〇 11/95/22
原人之〇 11/95/24
非人之〇也 11/95/26,13/129/15
夫竹之〇浮 11/95/26
金之〇沉 11/95/27
縑之〇黃 11/95/28
人之〇無邪 11/95/28
合於若〇 11/95/29
人〇欲平 11/95/29
夫〇、亦人之斗極也 11/96/1
夫縱欲而失〇 11/96/4
無以反〇 11/96/5
反情〇也 11/96/10
是絕哀而迫切之〇也 11/97/17
故聖人體道反〇 11/101/13
各安其〇 11/101/18
而人〇齊矣 11/101/20
〇命飛（楊）〔揚〕 11/103/29
人失其情〇 11/104/1
全〇保真 13/123/21
而未知全〇之具者 13/126/10
循〇保真 13/129/14
夫饗大高而彘為上（〇）〔牲〕者 13/130/22
〇命不同 14/132/11
故通〇之情者 14/133/1
不務〇之所無以為 14/133/1
適情〇 14/133/8
適情〇則欲不過節 14/133/9
不貪无用則不以欲（用）害〇 14/133/10
欲不過節則養〇知足 14/133/10
在於反〇 14/133/20,20/219/5
反〇之本 14/133/20
能原其心者必不虧其〇 14/134/2
能全其〇者必不惑於道 14/134/2
內便於〇 14/137/20
欲與〇相害 14/137/22
故聖人損欲而從（事於）〇 14/137/22
視之不便於〇 14/137/24
害於〇也 14/137/26
凡治身養〇 14/137/27
必困於〇 14/138/19
非〇所有於身 14/139/13
〇有以樂也 14/140/24
今務益〇之所不能樂 14/140/25
而以害〇之所以樂 14/140/25
人〇便（絲衣）〔衣絲〕帛 17.147/178/27
形〇然也 17.225/184/7
人之〇也 18/185/20
知人之〇 18/185/20
人〇各有所脩短 19/204/13
且夫身正〇善 19/204/20
〇命可說 19/204/20
不待脂粉芳澤而〇可說者 19/204/22
欲棄學而循〇 19/205/15
使其〇雖不愚 19/206/8
若〇諸己 20/211/4
非易民〇也 20/212/7
而木之〇不可鑠也 20/212/12
民有好色之〇 20/212/14
有飲食之〇 20/212/14
有喜樂之〇 20/212/14
有悲哀之〇 20/212/15
此皆人之所有於〇 20/212/19

姓 xìng 64

涬 xìng 1

凶 xiōng 15

兄 xiōng 23

以讓○ 13/125/20
弟之為○ 15/144/27
則下視上如○ 15/151/6
下事上如○ 15/151/7
是故父子○弟之寇 15/151/8
益年則疑於○ 17.101/175/15
長無○弟 19/206/7
周公殺○ 20/218/10
親戚○弟搆怨 20/218/12
百姓父○攜幼扶老而隨之 20/219/23

匈 xiōng 4

○奴出穢裘 1/3/20
胡、貉、○奴之國 11/97/10
蹶蹏足以破盧陷○ 19/204/16
（訟）〔說〕繆（○）〔胸〕中 20/211/19

芎 xiōng 1

〔若〕○藭之與槀本也 13/128/12

胸 xiōng 13

故機械之心藏於○中 1/3/4
神無虧缺於○臆之中矣 2/16/3
〔有〕結○民、羽民、讙頭國民、（裸）〔裸〕國民、三苗民、交股民、不死民、穿○民、反舌民、豕喙民、鑿齒民、三頭民、脩臂民 4/36/27
嗜欲形於○中 6/52/13
則○腹充而嗜慾省矣 7/55/20
○腹充而嗜慾省 7/55/21
怨（左）〔尤〕充○ 8/66/16
神不馳於○中 9/67/17
正度于○臆之中 9/76/1
造桓公之○ 13/127/3
（訟）〔說〕繆（匈）〔○〕中 20/211/19
巧詐藏於○中 20/222/10

雄 xiōng 21

○鳩長鳴 3/24/10
分為雌○ 3/25/21
其○為歲星 3/27/5
北斗之神有雌○ 3/29/1
○左行 3/29/1
○以音知雌 3/29/3
為三軍○ 6/50/5
眾○而無雌 6/50/22
異雌○ 6/52/17
與造化者相雌○ 8/61/10
天○烏喙 10/83/23
知其○ 12/106/25
天下○儁豪英暴露于野澤 13/124/6
而文武代為雌○ 13/124/11
夫雌○相接 13/130/14
若水火金木之代為雌○也 15/152/8
〔一棲不兩○〕 16.12/155/13
狐不二○ 17.99/175/11
螣蛇○鳴於上風 20/211/17
為其雌○之不（乖）〔乘〕居也 20/214/10
○雞夜鳴 20/215/26

熊 xiōng 12

夫○羆蟄藏 4/35/20
雒出○耳 4/37/19
荏出瀆○ 4/37/20
○羆匍匐 6/51/26
○經鳥伸 7/58/3
陸捕○羆 9/70/5
猛獸○羆 9/74/8
而虎狼○羆䝞狢豢 9/74/8
○之好經 10/87/16
○羆多力 15/149/10
○羆之動以攫搏 16.146/167/20
愛○而食之鹽 17.180/181/6

休 xiū 30

解車○馬 1/8/2
○我以死 2/10/29
○于天鈞而不偽 2/12/15
○其神者神居之 2/12/23
○乎（宇內）〔內宇〕 2/14/22
百工○ 5/44/20
以○息之 5/45/21
○罰刑 5/47/15
宓穆○于太祖之下 6/53/7
則血氣滔蕩而不○矣 7/56/1
血氣滔蕩而不○ 7/56/2
而死乃○息也 7/56/16
形勞而不○則蹶 7/57/3
○息于無委曲之隅 7/57/24
○精神而棄知故 7/59/22
非直越下之○也 7/59/26
公儀○相魯 12/113/22
吾恐後世之用兵不○ 12/119/22
而兵不○息 13/126/16
以其○止不蕩也 16.3/154/12
不為莫知而止○ 16.18/155/26
百舍不○ 17.198/182/14
故跬步不○ 17.226/184/9
恭王傷而○ 18/187/19
是用民不得○息也 18/192/19
足重繭而不○息 19/203/21
不敢○息 19/207/10
至今不○ 19/207/12
（○）〔伏〕尸流血 19/207/15
謀慮不○ 20/222/24

修 xiū 47

是故聖人內○其本 1/4/22
放準（○）〔循〕繩 1/7/2
是故聖人內○道術 2/14/20
○田疇 3/20/28
其人○形兌上 4/36/1
有○股民、天民、肅慎民、白民、沃民、女子民、丈夫民、奇股民、一臂民、三身民 4/36/26
○除祠位 5/39/9
○利隄防 5/40/17
○禮樂 5/41/7
繼○增高 5/41/8
○鞀鞞琴瑟管簫 5/41/21
○法制 5/43/7
○城郭 5/43/9,5/45/18,5/48/2
○囷倉 5/44/1

○群禁 5/45/13
○楗閉 5/45/18
○邊境 5/45/18
○耒耜 5/46/25
○障塞 5/48/6
仲夏至○ 5/48/15
○而不窮 5/48/30
道灁漫而不○ 6/53/10
猰貐、（鑿齒）、九嬰、大風、封豨、〔鑿齒〕、○蛇 8/63/11
而事○其（未）〔末〕 9/68/2
其所○者本也 9/68/11
則○身者不勸善 9/70/24
故務功○業 9/70/28
百官得（○）〔循〕焉 9/71/2
不如掩聰明而反○其道也 9/71/4
而不（○）〔循〕道理之數 9/72/2
所緣以○者然也 9/72/18
處靜以○身 9/73/26
生業不○矣 9/74/1
无大小○短 9/74/17
百官○通 9/75/2
○脛者使之跖（钁）〔鏵〕 11/101/19
○之身 12/109/30
饗賓○敬不思德 14/138/1
旱則○土龍 17.235/184/30
可以○久 18/194/3
无本業所○、方術所務 19/209/17
被衣○擢 19/209/23
有時而○ 19/209/24
君子○美 19/209/27
非○禮義 20/217/4

羞 xiū 12

此我所○而不為也 2/15/24
○以含桃 5/41/22
乃足○也 7/59/8
知其盆瓴之足○也 7/59/12
不○其位 9/75/11
然而○以物滑和 11/103/6
能為社稷忍○ 12/106/23
曰能為社稷忍○ 12/106/24
貪得而寡○ 13/122/4
然而曹子不○其敗 13/127/2
而被刑戮之○ 13/129/19
河伯豈○其所從出 16.104/163/24

脩 xiū 143

小大○短 1/2/17
（○）〔循〕道理之數 1/3/11
○極於無窮 1/5/24
登丘不可為○ 1/9/9
而處士（○）〔循〕其道 2/17/25
不周風至則○宮室 3/20/30
八尺之○ 3/22/1
○徑尺五寸 3/22/3
景○則陰氣勝 3/22/3
○城郭 3/23/22
是以陽氣勝則日○而夜短 3/25/1
陰氣勝則日短而夜○ 3/25/1
黃鍾之律○九寸 3/26/13
故人〔臂〕○（八）〔四〕尺 3/26/14
太陰治秋則欲○備繕兵 3/28/18
其○五尋 4/33/5
○頸（印）〔卬〕行 4/36/4
〔有〕結胸民、羽民、讙頭國民、（裸）〔裸〕國民、三苗民、交股民、不死民、穿胸民、反舌民、豕喙民、鑿齒民、三頭民、○臂民 4/36/27
保其○命 6/54/1
○太常 6/54/9
則是所○伏犧氏之迹 6/54/10
則所以○得生也 7/56/11
○文學 7/59/12
夫○夜之寧 7/59/27
而欲○生壽終 7/60/15
○撓曲校 8/61/21
知仁義然後知禮樂之不足○也 8/62/19
○禮樂 8/62/26
斷○蛇於洞庭 8/63/13
以純○碕 8/65/4
○為牆垣 8/65/8
園中之無○木 9/70/9
毋小大○短 9/72/9
○行者競於往 9/73/5
不（隨）〔○〕南畝 9/73/8
○者以為櫚榱 9/74/17
才有所○短也 9/74/22
不正本而反自○ 9/77/2
孔丘、墨翟○先聖之術 9/77/22
務○田疇 9/79/10
四海之雲至而○封疆 9/79/18
陰降百泉則○橋梁 9/79/18
先王之所以應時○備 9/79/20
身材未○ 9/81/28
有掌○其隄防 9/82/4
○身不誠 9/82/9
夫有何○焉 10/84/13
小大○短有敘 10/87/4
○近彌遠 10/90/13
歌之○其音也 10/90/17
使百姓皆得反業○職 10/90/21
素○正者 10/91/24
短○之相形也 11/94/3
故愚者有所○ 11/94/25
於是舜○政偃兵 11/99/1
今知○干戚而笑钁插 11/99/4
守正（○）〔循〕理、不〔為〕苟得者 11/104/9
文王砥德○政 12/114/10
○關梁 12/117/17
○戟无（別）〔刺〕 13/122/6
夫○而不橫 13/123/5
盤旋揖讓以○禮 13/123/20
丹穴、太蒙、反踵、空同、大夏、北戶、奇肱、○股之民 13/123/23
〔而〕○仁義之道 13/125/2
此○短之分也 13/126/5
自○則以道德 13/127/24
自○以道德 13/127/25
而忘人之所○ 13/127/27
而○短可知也 13/128/14
人莫不貴其所（有）〔○〕 14/132/26
能○其身者必不忘其心 14/134/1
○足譽之德 14/134/30
○其所〔已〕有 14/135/3
舜○之歷山而海內從化 14/135/5
文王○之（歧）〔岐〕周而天下移風 14/135/5

朽 xiǔ　2

滫 xiǔ　1

秀 xiù　5

臭 xiù　16

繡 xiù　10

戌 xū　18

治倫理之○ 21/226/15
○四時（之） 21/226/18

卹 xù 1

無（邮）〔○〕賤 12/106/22

恤 xù 2

〔而〕○其貧（竅）〔窮〕 15/143/18
而不（率）〔○〕吾眾也 18/187/23

洫 xù 1

潁、汝以為○ 15/145/25

邮 xù 1

無（○）〔卹〕賤 12/106/22

敘 xù 4

四時不失其○ 8/61/10
四時失○ 8/61/17
不失其○ 8/64/9
小大脩短有○ 10/87/4

絮 xù 2

（藺苗）〔薍苗〕類○而不可〔以〕為○ 17.69/173/8

蓄 xù 2

○積孰多 15/146/25
臣故○積於民 18/192/11

緒 xù 4

不知其端○ 7/57/23
孰知其端○ 15/147/11
莫知其端○者也 15/152/15
是以○業不得不多端 20/214/2

續 xù 4

無以○之 6/54/20
黈（○）〔纊〕塞耳 9/67/8
神蛇能斷而復○ 16.9/155/4
教順施○ 19/206/14

宣 xuān 21

不知耳目之（○）〔宜〕 2/14/20
太陰治夏則欲布施○明 3/28/18
必○以明 5/42/13
无有○出 5/44/18
○出財 5/47/16
殺之于○室 8/63/20
所以○樂也 9/78/19
趙○孟以束脯免其軀 10/85/17
趙○孟之束脯 11/96/22
〔故〕制樂足以合歡○意而已 11/97/21
○王郊迎 12/113/11
紂拘於○室 13/125/1
智伯求地於魏○子 18/188/22
○子弗欲與之 18/188/22
○子曰 18/188/24
魏○子裂地而授之 18/188/25
趙○孟活飢人於委桑之下 18/199/24
公○子諫〔曰〕 18/201/1
公○子復見曰 18/201/2, 18/201/4
公○子止之必矣 18/201/5

軒 xuān 7

○轅 3/19/20
○轅者 3/21/5
○轅丘在西方 4/37/8
是故前有○冕之賞 10/91/24
○○然方迎風而舞 12/116/6
錯之後而不○ 18/185/26

鋗 xuān 1

人不及步（○）〔趨〕 15/148/20

嬛 xuān 1

加之以詹何、娟○之數 1/2/21

翾 xuān 1

而蝨蝱適足以（翱）〔○〕（翔） 2/13/26

玄 xuán 75

執○德於心 1/4/20
無忘○伏 1/7/14
萬物○同（也） 1/8/17
化育○燿 1/8/18
處○冥而不闇 2/12/15
弊其○光而求知之于耳目 2/16/13
北方曰○天 3/19/23
其佐○冥 3/20/6
其獸○武 3/20/6
○武在戌 3/27/2
○武在前五 3/27/22
戌在壬曰○黓 3/31/4
東（○）〔方〕曰條風 4/32/25
有大人國、君子國、黑齒民、○股民、毛民、勞民 4/37/1
○燿、不周、申池在海隅 4/37/11
先龍生○黿 4/38/4
○黿生靈龜 4/38/4
毛風生於溼○ 4/38/5
溼○生羽風 4/38/6
程若生○玉 4/38/10
○玉生醴泉 4/38/10
牝土之氣御于○天 4/38/25
○天六百歲生○砥 4/38/25
○砥六百歲生○澒 4/38/25
○澒六百歲生○金 4/38/25
○金千歲生○龍 4/38/26
○龍入藏生○泉 4/38/26
○泉之埃上為○雲 4/38/26
而合于○海 4/38/27
○鳥歸 5/43/19
乘○驪 5/45/11
服○玉 5/45/11, 5/46/3, 5/46/22
建○旗 5/45/11, 5/46/3, 5/46/22
朝于○堂左个 5/45/12

朝于○堂太廟 5/46/4
朝于○堂右个 5/46/23
顓頊、○冥之所司者 5/48/6
○妙深微 6/50/14
若乃至於○雲（之）素朝 6/51/24
星燿而○運 6/52/10
使耳目精明○達而無誘慕 7/56/3
○元至碭而運照 8/61/11
而龍登○雲 8/62/28
反之○房 9/67/13
天道○默 9/67/14
儼然○默 9/70/20
其轉入○（宜）〔冥〕 11/98/21
以遊○眇 11/99/14
不得其清明○聖 11/99/17
○玉百工 12/114/14
○豹、黃羆、青犴 12/114/14
入乎○闕 12/116/5
深目而○鬢 12/116/5
使鬼神能○化 13/130/28
樽之上、〔先〕○（樽）
〔酒〕 14/141/19
星燿而○（遂）〔運〕 15/147/5
後○武 15/150/11
與○明通 15/150/28
是謂○同 16.42/158/8
故黃帝亡其○珠 18/195/2
及其（粉）〔扢〕以○
錫 19/205/18
執○鑑於心 19/209/4
雖未能抽引○妙之中
（才）〔哉〕 21/223/21
說符○妙之中 21/224/8
○眇之中 21/228/29

旋 xuán 17

鈞○轂轉 1/1/12
○（縣）〔緜〕而不可究 1/1/21
與萬物回周○轉 1/5/1
湍瀨○淵、呂梁之深不
能留也 2/12/16
紫宮執斗而左○ 3/21/7
傾宮、○室、縣圃、涼
風、樊桐在崑崙閶闔
之中 4/33/7
周○若環 6/52/8
趨翔周○ 7/60/7
積牒○石 8/65/4
堂大足以周○理文 8/65/18
而○曲中規 9/76/3
盤○揖讓以脩禮 13/123/20
足不○踵 13/127/1
趨翔周（遊）〔○〕 14/139/13
而藏志乎九○之淵 15/149/24
而蓑笠盤○也 18/198/25
不○踵運軌而死 19/207/14

琁 xuán 3

珠樹、玉樹、○樹、不
死樹在其西 4/33/5
〔桀〕為○室、瑤臺、
象廊、玉床 8/63/17
運於○樞 9/80/5

滋 xuán 12

亂乃逾○ 1/3/2
五穀不○ 5/41/12
薄○味 5/41/27
而萬物不○ 8/61/13
盜賊○彰 9/68/2
○植桑麻 9/79/10
法令○彰 12/106/5
繁文○禮 12/119/27
推於○味 14/137/21
禍乃不○ 18/195/5
嘗百草之○味、水泉之
甘苦 19/202/18
口嚼○味 20/219/10

縣 xuán 33

旋（○）〔緜〕而不可究 1/1/21
閶闔風至則收○垂 3/20/29
是謂○車 3/24/18
傾宮、旋室、○圃、涼
風、樊桐在崑崙閶闔
之中 4/33/7
（令）〔合〕百○之秩芻 5/42/11
制百○ 5/44/21
而不可○以利 7/59/2
則不可○以天下 7/59/28
（○）〔緜〕聯房植 8/61/20
其於以御兵刃（○）
〔緜〕矣 9/68/18
○法設賞 9/69/5
○法者 9/75/16
乃始○鍾鼓 9/78/16
而○之乎銓衡 11/102/5
林類、榮啓期衣若○衰
〔而〕意不慊 11/103/12
莫不為郡○ 13/124/18, 15/146/4
天下○官法曰 13/129/17
○有賊 13/131/15
鍾鼓不解於○ 14/139/27
以○聽者 15/143/17
侯以○ 15/143/17
鈐○而後動 15/148/10
（亦）〔赤〕肉○則烏
鵲集 17.191/181/29
城中○其子以示樂羊 18/188/7
○釜而炊 18/191/20
文侯身行其○ 18/192/9
撤鍾鼓之○ 18/200/16
○縒未轉 20/210/9
則法○而不用 20/212/25
御史冠蓋接於郡○ 20/215/20
一○之高以為二十七大
夫 20/217/14
其○法立儀〔也〕 20/222/4

懸 xuán 10

是謂○圃〔之山〕 4/33/16
○鍾鼓磬鐸 13/123/27
○冠解劍 13/132/3
則○一札而已矣 16.103/163/20
○羽與炭 16.133/166/16
○羽與炭〔而〕知燥溼
之氣 17.74/173/19
○衡而量則不差 17.100/175/13
○垂之類 17.104/175/21
譬若○千鈞之重於木之
一枝 17.205/182/29
鍾鼓不解於○ 20/215/20

選 xuǎn 10

○賢良 5/41/8

〇卒厲兵 5/43/6
〇百官 5/48/3
不失小物之〇者 9/74/24
〇練甲卒 12/111/4
〇舉足以得賢士之心 15/145/20
前行〇 15/148/6
〇良用才 15/148/8
乘之以〇卒 15/152/24
越王〇卒三千人 15/153/9

炫 xuàn 1

（䕺蘆）〔蓶扈〕〇煌 2/10/21

昡 xuàn 1

是非形則百姓（〇）
〔眩〕矣 11/93/21

眩 xuàn 13

照物而不〇 1/4/26
臨蝯〇之岸 2/12/9
則明不〇矣 7/58/10
焜昱錯〇 8/65/10
心有目則〇 9/69/23
天下多〇於名聲 9/72/27
是非形則百姓（昡）
〔〇〕矣 11/93/21
若夫工匠之為連鐖、運
開、陰閉、〇錯 11/100/7
眾人之所〇耀〔也〕 13/128/9
玉工〇（王）〔玉〕之
似碧盧者 13/128/13
世俗之所〇惑也 13/130/19
視日者〇 16.6/154/21
外與物接而不〇 21/226/23

袨 xuàn 1

尸祝袀〇 11/98/26

削 xuē 21

土墜侵〇 5/45/26
除（〇刻）〔刻〇〕之法 6/54/8
為刻〇 6/54/15
公輸、王爾無所錯其剞
剧〇鋸 8/61/21
王者法四時則〇 8/64/19
衣無隅差之〇 8/65/18
〇薄其德 9/68/3
吳起刻〇而車裂 10/91/18
魯日以〇 11/94/13
地〇名卑 11/97/8
魯治禮而〇 11/98/2
隅皆之〇 11/98/12
猶工匠之斲〇鑿（芮）
〔枘〕也 11/98/18
夫聖人之斲〇物也 11/98/19
為刻〇者曰致其鹹酸而
已矣 11/100/23
兵挫地〇 15/146/3
譬猶〇足而適履 17.25/170/5
哀公好儒（則）〔而〕
〇 18/199/2
滅亡〇殘 18/199/2
（苟）〔苛〕〇傷德 20/222/15

薛 xuē 10

〇公欲中王之意 12/116/1
遂（尊）重〇公 12/116/2
及至韓娥、秦青、〇談
之謳 13/123/13
〇燭庸子見若狐甲於劍
而利鈍識矣 13/128/15
靖郭君將城〇 18/190/13
則〇能自存乎 18/190/18
乃止不城〇 18/190/18
夫以「無城〇」止城〇 18/190/21
奔〇 18/194/13

穴 xué 31

水居窟〇 1/3/19
越王翳逃山〇 1/4/14
古之人有居巖〇而神不
遺者 1/7/16
空〇之中 1/7/25
蟄虫首〇 3/21/20
蟄蟲首〇而處 3/27/1
渭出鳥鼠同〇 4/37/19
蟄蟲咸俛〔在〇〕 5/45/1
虎豹襲〇而不敢咆 6/51/26
暮宿風〇 6/52/3
狐狸首〇 6/53/17
巖〇之間 7/59/26
然〔而〕民無（掘〇）
〔堀室〕狹廬所以託
身者 9/78/12
獺〇知水之高下 10/91/5
土積則生自（〇）〔宊〕
之獸 11/93/26
不舍而〇 11/95/13
狐狸主〇 11/103/15
〇者〇成而得宿焉 11/103/15
古者民澤處復〇 13/120/7
丹〇、太蒙、反踵、空
同、大夏、北戶、奇
肱、脩股之民 13/123/23
治鼠〇而壞里閭 17.78/173/28
窟〇者託埵防者 17.79/173/31
孟賁探鼠〇 17.170/180/17
以螻螘之〇漏 18/186/1
塘漏若鼷〇 18/195/8
且塘有萬〇 18/196/10
令民皆知去巖〇 19/202/21
貛貉為曲〇 19/206/4
巢枝〇藏 20/211/13
穿隙〇 20/220/6

學 xué 77

夫內不開於中而強〇問者 1/8/8
於是博〇以疑聖 2/15/16
是故聖人之〇也 2/15/22
達人之〇也 2/15/22
若夫俗世之〇也則不然 2/15/23
鷹乃〇習 5/42/8
上丁入〇習吹 5/44/20
不〇而知 7/57/16
〇不死之師 7/58/25
脩文〇 7/59/12
〇之建鼓矣 7/59/15
衰世湊〇 7/60/6
孔子之通〇也 7/60/15
〇射者不治（天）〔矢〕
也 7/60/30
〇御者不為轡也 7/61/1
晚世〇者 8/63/25

故博○多聞 8/64/1
孔子○鼓琴於師襄 9/69/7
老子○商容 10/90/25
列子○壺子 10/90/25
今欲○其道 11/99/14,11/99/17
願○所以安周 12/108/13
願○所以守之 12/109/28
尹需○御 12/117/23
《詩》、《春秋》、○之美者也 13/121/9
為○者循先襲業 13/122/22
可以共○矣 13/125/27
不○刺舟而便用之 14/134/11
不○騎馬而便居之 14/134/11
世人傳○之 15/147/1
人不小（○）〔覺〕 16.2/154/10
越人○遠射〔者〕 16.11/155/9
謂○不暇者 16.77/161/8
雖暇亦不能○矣 16.77/161/8
通於○者若車軸 16.84/161/27
不通於○者若迷惑 16.84/161/28
欲○歌謳者 16.112/164/15
此皆○其所不〔欲〕○ 16.112/164/16
而（欲）至其所欲○者 16.112/164/16
善○者 16.125/165/26
非○謾（他）〔也〕 16.131/166/10
非○鬭爭〔也〕 16.131/166/10
人莫欲○御龍 17.22/169/30
而皆欲○御馬 17.22/169/30
莫欲○治鬼 17.22/169/30
而皆欲○治人 17.22/169/30
而非○者多 19/204/13
不待○問而合於道者 19/204/20
今以為○者之有過而非○者 19/204/26
欲棄○而循性 19/205/15
夫○、亦人之砥錫也 19/205/19
而謂○無益者 19/205/19
○不可〔以〕已 19/206/14
○問講辯 19/206/26
不若愚而好○ 19/207/4
○有緝熙于光明 19/207/5
19/209/28
為○者 19/208/6
諸人皆爭○之 19/208/16
入○庠序以脩人倫 20/212/19
立大○而教誨之 20/213/6
問○之所加也 20/220/18
諸有智者皆○焉 20/220/25
人莫不知○之有益於己也 20/220/28
故不○之與○也 20/221/2
凡○者能明於天（下）〔人〕之分 20/221/4
則懈（隨）〔墮〕分○ 21/226/10
所以使○者孳孳以自幾也 21/226/13
則无以使○者勸力 21/226/31
今○者无聖人之才 21/227/3
所以為○者 21/227/10
故儒者之○生焉 21/228/2
墨子○儒者之業 21/228/4

雪 xuě 21

經霜○而無迹 1/2/1
○霜滾灖 1/8/29
霜○降 2/12/1
耳聽《白○》、《清角》之聲 2/12/9
陰氣勝則凝而為霜○ 3/19/2
加十五日指亥則小○ 3/22/27
加十五日指壬則大○ 3/22/27
以降霜○ 3/24/8
則○霜不時 5/45/26
時○不降 5/47/7
有凍寒積冰、○雹霜霰、漂潤群水之野 5/48/5
師曠奏《白○》之音 6/49/27
霜○亟集 6/53/23
（氣）〔氛〕霧○霜不霽 8/61/18
冬日則不勝霜○霧露 13/120/7
而為之報怨○恥 13/126/9
霜○雨露 14/134/15
若以湯沃○ 15/147/7
欲滅迹而走○中 16.40/158/1
流言○汙 16.67/160/15
夏有霜○ 17.49/171/23

血 xuè 39

流行○氣 1/8/10
○脈無鬱滯 2/17/9
○脈屬焉 4/36/1
飲人○ 6/53/26
○氣者、風雨也 7/55/14
是故（面）〔○〕氣者 7/55/19
夫（面）〔○〕氣能專于五藏 7/55/20
而（氣志）〔○氣〕者 7/55/27
則○氣滔蕩而不休矣 7/56/1
○氣滔蕩而不休 7/56/2
莫不有○氣之感 8/62/10
感動○氣者 8/65/21
怒則○充 8/66/2
○充則氣激 8/66/2
（○流）〔流○〕千里 8/66/23
泣○連如 10/83/20
中國歃○也 11/97/2
而○流至耳 11/101/4
○流至地而弗知也 12/117/12
（不）〔而〕死市之人○流於路 13/129/20
久○為燐 13/130/15
无涉○之仇爭忿鬬 13/130/26
凡有○氣之蟲 15/142/22
是故至於伏尸流○ 15/143/24
刃不嘗○ 15/144/22
涉○（屬）〔履〕腸 15/145/6
流○千里 15/145/7
蚉散積○ 16.124/165/22
伏尸流○數十萬 18/197/16
○流至足 18/200/6
○氣之精 19/206/1
（休）〔伏〕尸流○ 19/207/15
此和氏之所以泣○於荊山之下 19/208/19
貴其壓息脈○ 20/216/17
兵不○刃 20/216/27
被創流○ 20/217/8
无被創流○之苦 20/217/10
合同其○氣 21/224/27

熏 xūn 2

越人○而出之 1/4/14

孰能濟○ 2/17/10
其勢○得 2/18/13
故日月星辰移○ 3/18/25
故水潦塵埃歸○ 3/18/26
故黃鍾之數立○ 3/25/20
黃鍾大數立○ 3/25/23
上有木禾〔○〕 4/33/5
有醫毋閭之珣（玗）
〔玗〕琪○ 4/34/12
有會稽之竹箭○ 4/34/12
有梁山之犀象○ 4/34/13
有華山之金石○ 4/34/13
有霍山之珠玉○ 4/34/13
有崑崙〔虛〕之球琳、
琅玕○ 4/34/14
有幽都之筋角○ 4/34/14
有斥山之文皮○ 4/34/15
魚鹽出○ 4/34/15
筋氣屬○ 4/35/27
血脈屬○ 4/36/1
川谷出○ 4/36/4
日月入○ 4/36/4
皮革屬○ 4/36/5
骨幹屬○ 4/36/8
膚肉屬○ 4/36/12
而萬物生○ 6/50/22
故召遠者使无為○ 6/50/23
親近者（使）〔言〕无
事○ 6/50/23
貪鄙忿爭不得生○ 8/62/14
不得生○ 8/62/17
德交歸○而莫之充忍也 8/63/4
若或通○ 8/63/5
取○而不損 8/63/5
酌○而不竭 8/63/5
而智故不得雜○ 8/64/26
使（是）史黯往（覩）
〔覿〕○ 9/68/22
故為治者〔智〕不與○ 9/69/20
知故不載○ 9/69/23
國有誅者而主無怒○ 9/70/27
朝有賞者而君無與○ 9/70/27
俛仰取制○ 9/71/2
百官得（修）〔循〕○ 9/71/2
非有事○ 9/72/17,17.226/184/10
察其所尊顯無他故○ 9/72/27
雖愚者不加體○ 9/73/9
非有利○ 9/74/5
不能一事○ 9/79/22,12/108/5
（王）皆坦然（天下）
〔南面〕而（南面）
〔王天下〕○ 9/80/12
擇善而後從事○ 9/80/21
則不虞○ 9/81/22
魚得水而游○則樂 9/82/4
治國上使不得與○ 9/82/6
容貌至○ 10/84/4
感忽至○ 10/84/4
夫有何脩○ 10/84/13
而慈母之愛諭○者 10/84/26
而蹠○往 10/85/3
故君子見善則痛其身○ 10/85/13
（蹠）〔蹠〕○往生也 10/85/23
漠然不見賢○ 10/85/24
而取信○異 10/87/7
同材自取○ 10/87/13
堯、舜傳大○ 10/88/5
無載○而不勝 10/88/9
各從其蹠而亂生○ 10/88/17
於害之中爭取小○ 10/89/25
於利之中爭取大○ 10/89/25
不施賞○ 10/90/4
不加罰○ 10/90/5
女無一○ 10/90/6
泰山之上有七十壇○ 10/90/12
而莫能至○ 10/90/13
無一○者亡 10/92/11
夫有何上下○ 11/95/10
至貴在○爾 11/99/11
使人以幣先○ 11/102/26
巢者巢成而得棲○ 11/103/15
穴者穴成而得宿○ 11/103/15
而自取齊國之政○ 12/106/10
然而卒取亡○ 12/107/11
然而垂拱受成功○ 12/108/6
而王處其一○ 12/109/10
○可以託天下 12/109/18
○可以寄天下矣 12/109/18
其人（在○）〔○在〕 12/110/2
工人○得而譏之哉 12/110/4
〔曹君〕無禮○ 12/110/27
子何不先加德○ 12/110/28
釐負羈遺之壺餕而加璧
○ 12/110/28
而得志○ 12/112/7,12/112/8
召子韋而問○ 12/112/19
而移死○ 12/112/21
物孰不濟○ 12/114/7
見一士○ 12/116/5
聽○無聞 12/116/13
視○（無）〔則〕眴 12/116/13
往觀化○ 12/116/21
巫馬期問○曰 12/116/22
三年而無得○ 12/117/23
余有奚愛○ 12/118/6
是賢於貴生○ 12/118/8
（於）〔投〕金鐵（鍼）
○ 12/118/22
有器○ 12/119/14
民逸而利多○ 13/120/11
夫聖人作法而萬物制○ 13/122/15
賢者立禮而不肖者拘○ 13/122/15
欲得宜適致固○ 13/122/23
風先萌○ 13/124/19
有五子○ 13/127/13
其美有存○者矣 13/128/1
至和在○爾 13/132/5
不能成一○ 14/133/14
遂成國○ 14/134/13
天無為○ 14/134/15
君無事○ 14/134/16
人能接物而不與己○ 14/136/11
故稱尊○ 14/138/4
故稱平○ 14/138/5
而為論者莫然不見所觀
○ 14/138/6
聖人無○ 14/138/13
自取照○ 14/138/22
自取富○ 14/138/23
（為）〔○〕可以託天
下也 14/138/31
害莫大○ 15/143/4
禍莫深○ 15/143/4
而勝亡○ 15/145/11
而全亡○ 15/145/12
有一見○ 15/149/18
於利之中則爭取大○
16.36/157/20
於害之中則爭取小○
16.36/157/21
君形者亡○ 16.91/162/17

故○白黑與人同 9/81/23
○同略 10/82/21
○小人處非其位 10/83/20
同○而民信 10/84/24
信在○前也 10/84/24
故○之用者 10/84/27
不○之用者 10/84/27
身君子之○ 10/84/27
○至德之懷遠也 10/87/11
未○而信 10/87/15
可與○至矣 10/91/3
口○其誠 10/92/7
不可與○化 10/92/20
不可與○大 10/92/20
○無常是、行無常宜者 10/93/15
而○不溢乎行 11/93/28
難與○化 11/94/7
聖人之見終始微（○）〔矣〕 11/94/14
○不致魚於（水）〔木〕 11/95/4
不能通其○ 11/95/25
箕踞反○ 11/97/10
○與行相悖 11/97/24
以○則公 11/98/17
此未可與○術也 11/98/24
辯士〔之〕○可聽也 11/99/12
其所以○不可形也 11/99/12
故百家之○ 11/99/27
晉平公出○而不當 11/100/24
交淺而○深 11/101/2,11/101/3
故趣（舍）合即○忠而益親 11/101/4
是故農與農○力 11/101/17
士與士○行 11/101/17
工與工○巧 11/101/17
商與商○數 11/101/17
○無遺策 11/101/26
道不可○ 12/105/16
○而非也 12/105/16
故「知者不○ 12/105/17
○者不知」也 12/105/18
人（可以）〔可與〕微○〔乎〕 12/105/20
然則人固不可與微○乎 12/105/22
（誰）〔唯〕知○之謂者乎 12/105/23
夫知○之謂者 12/105/23
不以○○也 12/105/24
故至○去○ 12/105/24
○有宗 12/105/25
臣之○無政 12/106/9
○未卒 12/107/2
疾○曰 12/107/16
臣之所○〔者〕不可 12/108/13
臣之所○〔者〕可 12/108/14
以○其能包裹之也 12/109/10
今聖人之所○者 12/110/7
書者、○之所出也 12/110/18
○出於知（者） 12/110/18
多○數窮 12/110/19
子（韋）无復○矣 12/112/24
君有君人之○三 12/112/25
 12/112/27
故「美○可以市尊 12/113/19
先軫○於襄公曰 12/115/25
此○明之有所不見也 12/116/19
○曰 12/116/26
此○精神之越於外 12/117/13
夫○有宗 12/118/12
客有○之楚王者 12/118/17
（音）〔○〕有本主於中 13/120/26
不若聞（得）其○ 13/121/12
聞（得）其○ 13/121/12
不若得其所以○ 13/121/12
得其所以○者 13/121/12
○弗能○也 13/121/13
○若不出口 13/121/15
夏后氏不負○ 13/122/4
是○其所不行也 13/122/23
不驗之○ 13/122/27
○去殷而遷于周也 13/124/27
《周書》有○曰 13/125/12
上○者 13/125/12,13/125/12
下○者 13/125/12,13/125/12
○而必信 13/125/13
故事有可行而不可○者 13/126/22
有可○而不可行者 13/126/22
所謂可行而不可○者 13/126/23
可○而不可行者 13/126/23
○人莫不有過 13/127/19
世俗○曰 13/130/20
可與○至論矣 14/132/28
○不議 14/139/10
○其大者也 14/141/11
可與○道矣 14/142/6,14/142/9
（已）〔口〕無慮○ 15/147/22
兵家或○曰 15/149/13
此○（之）所將 15/149/13
非○所戰也 15/149/13
所明○者人事也 15/149/26
○必合數 15/151/29
願君亦（以）〔無〕垂一○之命於臣也 15/153/19
○者 16.1/154/7
人無○而神 16.6/154/22
有○者則傷 16.6/154/22
無○而神者載無 16.6/154/22
有○則傷其神 16.6/154/23
聖人終身○治 16.8/154/28
所用者非其○也 16.8/154/28
用所以○也 16.8/154/28
鸚鵡能○ 16.8/155/1
而不可使長〔○〕 16.8/155/1
得其所○ 16.8/155/1
而不得其所以○ 16.8/155/1
夫死則〔○女妨〕 16.23/156/15
人有多○者 16.44/158/13
人有少○者 16.44/158/13
上○若絲 16.51/159/4
下○若綸 16.51/159/5
○有漸也 16.57/159/21
止○以○ 16.67/160/14
流○雪汙 16.67/160/15
不如聞一○之當 16.105/163/26
祭之日而○狗生 16.139/167/1
取婦夕而○衰麻 16.139/167/1
置酒之日而○上（冢）〔冢〕 16.139/167/1
渡江河而○陽侯之波 16.139/167/1
至○不文 17.15/169/12
終日○必有聖之事 17.51/172/1
○至純之難也 17.89/174/21
附耳之○ 17.135/177/30
愚者○而知者擇焉 17.201/182/21
夫○出於口者不可止於人 18/185/30
以○大利而反為害也 18/187/6
前聽先生○而失明 18/189/22
聖人之○ 18/189/23

延 yán 14

炎 yán 14

埏 yán 2

趼 yán 1

鈆 yán 2

檐 yán 1

顏 yán 17

○色不變 7/58/18,9/80/25
18/194/23,18/194/27
夫○回、季路、子夏、
冉伯牛 7/60/15
然○淵夭死 7/60/16
容貌○色 10/87/19
斯（○）〔翌〕害儀 10/88/1
孔子謂○回曰 11/96/3
○闔 11/102/26
○回謂仲尼曰 12/115/12
○回曰 12/115/15
和○卑體 13/125/25
夫○（喙）〔啄〕聚、
梁父之大盜也 13/127/11
○回何如人也 18/196/25
○色黴黑 19/207/18
鋒殺○澤 20/210/27

嚴 yán 15

申○百刑 5/43/21
申○號令 5/44/17
犯○敵 6/53/22
若事○主烈君 11/97/1
皆慈其子而○其上 11/97/5
故雖峭法○刑 11/102/12
若有○刑在其側者 12/116/25
○而溫 13/122/30
○推則猛 13/123/6
○令繁刑 15/145/24
此○父之所以教子 18/198/17
○父弗能正 19/204/21
〔吾〕竭筋力以赴○敵 19/207/15
有○志頡頏之行者 19/209/16
雖○刑罰 20/217/24

欕 yán 2

脩者以為○榱 9/74/17
長於窮○漏室之下 19/206/6

巖 yán 5

古之人有居○穴而神不
遺者 1/7/16
丘山（暫）〔之〕○ 6/51/26
○穴之間 7/59/26
○居谷飲 18/199/14
令民皆知去○穴 19/202/21

鹽 yán 5

魚○出焉 4/34/15
○汗交流 7/59/25
而數无○（令）〔令〕
曰 13/128/27
烹牛而不○ 16.114/164/22
愛熊而食之○ 17.180/181/6

奄 yǎn 3

命○尹 5/46/6
名之曰○遲 15/148/19
而知不足以○之 19/206/12

衍 yǎn 3

是故百姓曼○於淫荒之陂 2/15/19
○氣多仁 4/34/22
不下廟堂而（○）〔行〕
〔於〕四海 20/211/3

弇 yǎn 2

正西○州曰并土 4/32/14
以○其質 12/119/27

剡 yǎn 3

古者○耜而耕 13/120/10
○摲茶 15/146/10
婦人不得○麻考縷 18/197/17

偃 yǎn 20

○其智故 1/4/23
○其聰明而抱其太素 2/12/8
天下○兵 3/20/18
不若其○也 7/60/1
○蹇蓼糾 8/65/10
於是舜脩政○兵 11/99/1
與之屈伸○仰 13/125/21
徐○王被服慈惠 13/126/8
徐○王知仁義而不知時 13/126/11
自五帝而弗能○也 15/142/29
徐○王以仁義亡國 16.109/164/8
欒書、中行○劫而幽之 18/186/26
昔徐○王好行仁義 18/198/19
○王、有道之君也 18/198/20
夫徐○王為義而滅 18/199/1
於是乃○兵 19/203/28
於是秦乃○兵 19/204/5
今日解怨○兵 20/215/26
○五兵 20/219/19
則有以傾側○仰世俗之
間 21/226/7

掩 yǎn 28

○其聰明 1/6/29
其兄○戶而入覘之 2/11/8
以聲華嘔符嫗○萬民百姓 2/14/7
若夫神無所○ 2/16/27
○茂之歲 3/31/4
○骼薶骴 5/39/10
處必○身 5/46/12
使強不○弱 6/52/17
容臺振而○覆 6/53/14
○雉不得 6/54/14
上○天光 8/65/14
所以○聰〔也〕 9/67/8
不如○聰明而反修其道也 9/71/4
○目而視青黃也 9/75/14
畋不○群 9/79/12
不○以繩 12/118/20
而民得以○形御寒 13/120/10
故聖人○明於不形 14/132/22
故文勝則質○ 14/136/15
以疾○遲 15/147/7
○節而斷割 15/150/22
遽○其耳 16.55/159/14
自○其耳 16.55/159/15
夜行者○目而前其手
17.133/177/26
為天下強○弱 19/203/1
○以衡扼 19/204/17
過者莫不左右睥睨而○
鼻 19/209/14
焉得无有睥（面）〔睨〕

○枝拘 19/209/22

鷃 yàn 1

而況斥○乎 7/58/28

饜 yàn 1

則貨殫而欲不○ 14/136/28

驗 yàn 4

○在近而求之遠 9/82/10
凡聽必有○ 12/109/8
不○之言 13/122/27
考○乎老、莊之術 21/225/19

鷰 yàn 2

○鴈代飛 4/34/26
故立冬○雀入海 4/35/14

豔 yàn 1

獻公○驪姬之美而亂四世 7/60/28

央 yāng 11

立於中○ 1/1/10
中○曰鈞天 3/19/22
中○ 3/20/3
中○為都 3/21/1
道在中○ 3/24/11
繩居中○ 3/25/14
中○之美者 4/34/15
中○四達 4/36/11
其位中○ 5/42/6
中○之極 5/47/22
獨立中○ 14/135/11

泱 yāng 1

（○）〔泱〕鼻而羈 16.104/163/23

殃 yāng 13

五穀有○ 3/24/1
後必无○ 3/27/30
歲乃有○ 3/28/15
合於歲後則无○ 3/29/6
民○於疫 5/42/2
必有天○ 5/42/15
反受其○ 5/43/21
冬藏○敗 5/45/4
州國受○ 7/55/16
雖涔旱災害之○ 9/79/3
則不堪其○ 12/114/12
掘藏之家必有○ 18/187/6
避忌諱之○ 21/224/12

鞅 yāng 13

今若夫申、韓、商○之為治也 6/54/14
（○）〔韇〕軩鐵鎧 9/68/17
故商○立法而支解 10/91/18
使遇商○、申不害 11/102/26
公孫○以刑罪 16.123/165/19
此公孫○之所以抵罪於秦 18/188/19
商○支解 18/189/17
諸御○復於簡公曰 18/195/14
今商○之啓塞 20/221/20
商○為秦立相坐之法 20/222/18
商○之立法也 20/222/19
然商○以法亡秦 20/222/19
故商○之法生焉 21/228/26

羊 yáng 42

扶搖抮抱○角而上 1/2/1
不若尚○物之終（也）始 2/16/1
雖目數千○之群 2/17/4
東南為常○之維 3/21/16
○脫毛 3/22/1
加十五日指常○之維則春分盡 3/22/18
〔曰〕會稽、泰山、王屋、首山、太華、岐山、太行、○腸、孟門 4/32/18
多牛○及六畜 4/36/12
合出封○ 4/37/22
食麥與○ 5/39/6
5/39/20,5/40/11
其畜○ 5/39/6,5/39/21,5/40/12
夷○在牧 8/61/23
○羹不斟而宋國危 10/90/2
牂○之裘 11/97/11
從城上視牛如○ 11/101/6
視○如豕 11/101/6
冬則○裘解札 11/104/7
直躬其父攘○而子證之 13/125/14
井生墳○ 13/130/16
○腸道 15/148/3
弩如○角 15/148/21
亡○而得牛 16.36/157/20
被○裘而賃 16.71/160/23
不知其大於○ 16.127/165/31
昌○去蚤蝨而來（蛉）〔蛉〕窮 17.26/170/7
○肉不慕螘 17.73/173/16
螘慕於○肉 17.73/173/16
○肉羶也 17.73/173/16
魏將樂○攻中山 18/188/7
城中縣其子以示樂○ 18/188/7
樂○曰 18/188/7
樂○循而泣之 18/188/8
蝨蝱走牛○ 18/195/29
○頭之銷 19/208/22
樂○攻中山 20/214/19
曾子架○ 20/218/11
昌○去蚤蝨 20/223/7
若驅群○ 21/225/31

佯 yáng 6

芒然仿○于塵埃之外 2/14/9
尚○冀州之際 6/52/2
芒然仿○于塵垢之外 7/57/11
王子比干非不（智）〔知〕（箕子）被髮○狂以免其身也 11/103/4
此善為詐（祥）〔○〕者也 15/152/20
仿○於塵埃之外 19/206/24

洋 yáng 4

而仿○于山（峽）〔岬〕之旁 1/9/1
冰迎春則（○）〔洋〕而為水 2/11/12
○水出其西北陬 4/33/13
水浩（○）〔漾〕而不息 6/52/24

陽 yáng 203

橫四維而含陰○ 1/1/6
其德優天地而和陰○ 1/1/14
與陰○俛仰兮 1/1/24
陰○為御 1/2/4,1/2/9
失其陰○之性 1/4/1
大喜墜○ 1/7/5,7/59/20
與○俱開 1/7/22
陰○錯合 2/10/16
陰○未判 2/10/25
陰○〔之〕所向 2/12/27
含陰吐○ 2/14/10
是故聖人呼吸陰○之氣 2/15/7
提挈陰○ 2/15/12
足蹀《○阿》之舞 2/17/4
夫歷○之都 2/18/6
清○者薄靡而為天 3/18/19
天地之襲精為陰○ 3/18/20
陰○之專精為四時 3/18/21
積○之熱氣〔久者〕生火 3/18/21
是故○施陰化 3/18/29
陰○相薄 3/19/1
13/130/14,17.174/180/25
○氣勝則散而為雨露 3/19/2
故屬於○ 3/19/4
○之主也 3/19/4
故○燧見日則燃而為火 3/19/9
東南方曰○天 3/19/25
西南為背○之維 3/21/15
○氣萌 3/21/18
○氣極 3/21/18
○氣極則南至南極 3/21/20
○氣為火 3/21/24
景短則○氣勝 3/22/3
○氣勝則為旱 3/22/3
陰○刑德有七舍 3/22/6
陰○相德則刑德合門 3/22/8
陰○氣均 3/22/8
○（氣）凍解 3/22/14
加十五日指午則○氣極 3/22/21
加十五日指背○之維則夏分盡 3/22/22
○生於子 3/22/28,3/22/28
（二）〔一〕陰一○成氣二 3/23/11
二○一陰成氣三 3/23/11
合陰而為○ 3/23/11
合○而為律 3/23/11
丙子氣燥○ 3/23/25
地不發其○ 3/24/10
至于衡○ 3/24/16
夏日至則陰乘○ 3/24/24
冬日至則○乘陰 3/24/24
晝者○之分 3/24/24
是以○氣勝則日脩而夜短 3/25/1
〔則陰○分〕 3/25/2
（則陰○分） 3/25/14
故分而為陰○ 3/25/17
陰○合和而萬物生 3/25/17
分而為陰○ 3/29/17
○生於陰 3/29/17
陰生於○ 3/29/17
陰○相錯 3/29/17
（子）〔亥〕在癸曰昭○ 3/31/7
正東○州曰申土 4/32/15
秦之○紆 4/32/22
扶木在○州 4/33/19
曰○門 4/34/7
（陰）〔而〕屬於○ 4/35/14
至○生牡 4/35/20
南方○氣之所積 4/36/1
（曰）〔日〕馮生○閼 4/38/9
○閼生喬如 4/38/9
陰○相薄為雷 4/38/16
4/38/21,4/38/24,4/38/26
陰○相薄為（雲）雷 4/38/19
朝于青○左个 5/39/7
朝于青○太廟 5/39/21
則○氣不勝 5/40/4
朝于青○右个 5/40/12
○氣發泄 5/40/15
陰○爭 5/41/26,5/46/11
○氣復還 5/43/12
○氣日衰 5/44/4
陰○ 5/48/26
教教○○ 5/49/12
○侯之波 6/50/1,12/118/3
魯○公與韓構難 6/50/3
夫（○）燧取火於日 6/50/17
陰○同氣相動也 6/50/19
至○赫赫 6/50/22
陰○交爭 6/51/25
律（治）陰○之氣 6/52/16
和春○夏 6/52/27
陰○（之）所壅、沈〔滯〕不通者 6/53/1
於是乃別為陰○ 7/54/26
陰○為綱 7/55/1
萬物背陰而抱○ 7/55/8
動則與○（俱開）〔同波〕 7/57/1
錯陰○之和 7/60/8
同精于陰○ 8/61/9
（列）〔則〕陰○繆戾 8/61/17
陰○之陶化 8/62/1
陰○儲與 8/62/3
陰○之情 8/62/10
民性善而天地陰○從而包之 8/62/14
王者法陰○ 8/64/5
含吐陰○ 8/64/6
陰○者 8/64/7
動靜調於陰○ 8/64/13
法陰○者 8/64/14
帝者體陰○則侵 8/64/19
冬日之○ 9/68/14
寇莫大於陰○而枹鼓為小 9/69/24
智伯與趙襄子戰於晉○之下 9/73/16
寇莫大於陰○ 10/85/19
夷聲○ 10/87/6
輸子○謂其子曰 10/87/11
子○以猛劫 10/91/12
可以○ 12/105/6,12/105/12
雨不及陰○ 12/106/12
陰○不及和 12/106/13
知伯圍襄子於晉○ 12/106/24
陰○之所行 12/116/10
田子○聞之曰 12/119/4
魏文侯觴諸大夫於曲○ 12/119/8
陰○和平 13/120/4

殷人祭於○ 13/120/22
○侯殺蓼侯而竊其夫人 13/121/1
陰○調 13/122/29
積○則飛 13/123/1
陰○相接 13/123/1
鄭子○剛毅而好罰 13/123/9
則因猘狗之驚以殺子○ 13/123/10
北至飛狐、○原 13/124/4
趙襄子以晉○之城霸 13/124/24
能陰能○ 13/126/18
景○淫酒 13/127/13
趙襄子圍於晉○ 13/128/24
晉○之難 13/128/24
晉○之圍 13/128/25
穆公追而及之岐山之○ 13/129/2
山出（嚘）〔梟〕○ 13/130/16
而風氣者、陰○粗（捔）〔觕〕者也 13/131/1
始於○ 14/136/14
○氣起於東北 14/141/13
陰○之始 14/141/13
背陰而抱○ 15/144/2
明於（音）〔奇〕（正）賌、陰○、刑德、五行、望氣、候星 15/152/18
陰不可以乘○也 16.12/155/12
陰○不能且冬且夏 16.27/156/27
（必先）始於《○阿》、《采菱》 16.112/164/15
渡江河而言○侯之波 16.139/167/1
黃帝生陰○ 17.50/171/25
眾人處於○ 17.199/182/16
晉○處父伐楚以救江 17.239/185/7
張武教智伯奪韓、魏之地而擒於晉○ 18/187/6
○虎為亂於魯 18/187/11
而○虎將舉劍而伯頤 18/187/12
○虎因赴圍而逐 18/187/12
魯君聞○虎失 18/187/15
豎○穀奉酒而進之 18/187/20
故豎○穀之進酒也 18/187/24
於是智伯乃從韓、魏圍襄子於晉○ 18/188/26
夫有陰德者必有○報 18/189/12
高○魋將為室 18/190/8
高○魋曰 18/190/10
圍晉○ 18/191/20
晉○之存、張孟談之功也 18/192/3
晉○之圍也 18/192/3
圍之晉○（二）〔三〕年 18/193/19
軍敗晉○之下 18/194/2
發《○阿》 18/198/14
不若（此）《延（路）〔露〕》（○局）〔以和〕 18/198/14
以○動也 18/198/28
則陰○食之 18/199/18
以身解於○（眄）〔肝〕之（河）〔阿〕 19/202/28
西施、○文也 19/204/23
陰○之所生 19/205/26
而不期於墨○、莫邪 19/208/24
調陰○ 20/210/3
以陰○之氣相動也 20/210/10
陰○所嘔 20/210/23
陰○化 20/211/9
故陰○四時 20/211/10
陰○和 20/211/11,20/212/7
以調陰○之氣 20/212/28
陰○（調）〔和〕 20/214/1
（及）〔吸〕陰○之和 20/214/15
陰○不生一類 20/215/1
（陰○无為、故能和） 20/215/12
故齊桓公亡汶○之田而霸 20/222/24
所以和陰○之氣 21/224/11
陰○之合 21/224/25
發起陰○ 21/226/18

揚 yáng 32

○鄭、衛之浩樂 1/8/26
地懷氣而未○ 2/10/18
物豈可謂无大○攉乎 2/11/4
若夫墨、（○）〔楊〕、申、商之於治道 2/13/4
激（楊）〔○〕為電 4/38/16
激○為電 4/38/19
4/38/22,4/38/24,4/38/26
不（楊）〔○〕其聲 6/53/7
是以至德滅而不○ 6/53/11
（楊）〔○〕人骸 6/53/21
使（行）〔性〕飛○ 7/56/7
日月淑清而○光 8/61/10
（也）〔地〕懷氣而未（楊）〔○〕 8/62/2
以○激波 8/65/5
譬猶○（捰）〔堁〕而弭塵 9/68/7
飛鳥○ 10/85/1
魚沈而鳥○ 10/85/16
聲○天地之間 10/86/3
○干戚 11/97/21,13/124/10
性命飛（楊）〔○〕 11/103/29
○塵起堨 15/152/20
名不可得而○ 16.1/154/6
其聲舒○ 16.19/155/29
譬猶○堁而弭塵 16.67/160/15
（楊）〔○〕堁而欲弭塵 17.111/176/5
○劍提戈而走 18/187/13
跳躍○蹏 19/204/15
（楊）〔○〕赤文 19/205/24
令四岳○側陋 20/213/8

暘 yáng 2

日出于（○）〔湯〕谷 3/24/14
○谷、榑桑在東方 4/37/9

楊 yáng 15

若夫墨、（揚）〔○〕、申、商之於治道 2/13/4
而浮○乎無畛崖之際 2/15/7
○桃、甘樝、甘華、百果所生 4/37/7
激（○）〔揚〕為電 4/38/16
其樹○ 5/39/16
不（○）〔揚〕其聲 6/53/7
（○）〔揚〕人骸 6/53/21
（也）〔地〕懷氣而未（○）〔揚〕 8/62/2
性命飛（○）〔揚〕 11/103/29
而○子非之 13/123/21
○子之所立也 13/123/21
（○）〔揚〕堁而欲弭

塵 17.111/176/5
○子見逵路而哭之 17.229/184/16
使蒙公、○翁子將 18/197/11
（○）〔揚〕赤文 19/205/24

仰 yǎng 22

與陰陽俛○兮 1/1/24
所以俛○於世人而與俗交者〔也〕 1/4/6
而與道沉浮俛○ 1/10/9
○其德以和順 2/15/7
是以萬物○而生 3/24/24
屈（神）〔伸〕俛○ 7/58/26
莫不○德而生 8/64/7
俛○取制焉 9/71/2
妻子老弱○而食之 9/78/26
太清○〔天〕而歎曰 12/105/14
盧敖○而視之 12/116/16
俛○之間而撫四海之外 12/117/3
與之屈伸偃○ 13/125/21
所在而衆○之 13/132/4
○不見天 15/147/13
是故上足○ 15/151/21
而駟馬○秣 16.4/154/15
故「高山○止 16.106/163/30
四海之內莫不○上之德 20/211/24
○取象於天 20/212/27
使人有以○天承順 21/224/12
則有以傾側偃○世俗之間 21/226/7

蛘 yǎng 1

手足之攢疾○、辟寒暑 2/17/13

養 yǎng 91

以恬○性 1/4/3
不足以○生也 1/7/26
是故聖人將○其神 1/10/8
所以○性也 2/17/8
所以○德也 2/17/8
○生以經世 2/17/9
（一）〔十〕人○之 2/17/20
戊子受制則○〔長〕老 3/23/21
以保畜○ 3/28/29
○幼小 5/39/22
佐天長○ 5/41/8
以○犧牲 5/42/11
○長老 5/43/23
供○之不宜者 5/45/1
○老衰 5/47/25
○長化育 5/49/12
天下之所○性也 7/56/7
是○形之人也 7/58/4
○性之具不加厚 7/58/15
知○生之和 7/59/28
○以和 7/60/9
事力勞而○不足 8/62/9
不忿爭而○足 8/63/2
以○群類 8/64/17
老者不○ 8/66/10
○民以公 9/67/19
故夫○虎豹犀象者 9/68/4
豈其奉○不足樂哉 9/74/5
然後取車輿衣食供○其欲 9/78/11
自○有度 9/79/5
教民○育六畜 9/79/9
聖王之○民 10/84/12
故公西華之○親也 11/97/1
曾參之○親也 11/97/1
其於○ 11/97/1
葬薶稱於○ 11/97/18
不得其○氣處神 11/99/14
無以○生 11/103/24
不積於○生之具 11/103/28
不以其所〔以〕○害（其）〔所〕○ 12/109/15
不以○傷身 12/109/16
潘尪、○由基、黃衰微、公孫丙相與篡之 13/125/18
則足以○七尺之形矣 13/130/7
而足以○生 13/130/25
欲不過節則○性知足 14/133/10
凡治身○性 14/137/27
可以○家老 14/140/18
以浮游而為龜憂○生之具 14/142/8
而○無義之君 15/143/3
（養）〔○〕禽獸者也必去豺狼 15/143/10
然猶○而長之 16.54/159/12
使○由其射之 16.89/162/11
所謂○志者也 16.101/163/15
夫所以○而害所○ 17.25/170/5
曰可以○老 17.107/175/28
雖欲○之 17.180/181/6
農夫勞而君子○焉 17.201/182/21
其自○不勃 18/185/20
此衆人之所以為○也 18/187/27
而（豢）〔○〕以芻豢黍粱五味之膳 18/194/14
聖人不以所○害其○ 18/197/3
病者不得○ 18/197/18
豹○其內而虎食其外 18/199/16
以○孤孀 19/202/24
非以奉○其欲也 19/203/1
○老弱而息勞倦也 19/203/5
莫見其所○而物長 20/210/4
非○草木也 20/211/10
故聖人○心 20/211/18
无其○ 20/212/21
可謂○性矣 20/214/16
可以○少 20/215/16
太上○神 20/216/5
其次○形 20/216/5
太上○化 20/216/5
○性之本也 20/216/6
○生之末也 20/216/6
上世○本而下世事末 20/216/8
○徒三千人 20/217/7
故自○得其節 20/219/11
則○民得其心矣 20/219/11
雖○之以芻豢、衣之以綺繡 20/220/5
以食狗馬鴻鴈之費○士 20/221/1
其○物也有先後 20/221/10
所以使人愛○其精神 21/225/1
節○性之和 21/225/5
內有以處神○氣 21/226/23
則不知○生之機 21/226/26

癢 yǎng 1

无不憚悇○心而悅其色矣 19/209/17

煬 yàng 4

抱德○和 2/11/25,7/57/7

而○竈口 11/104/8
宴○至和 21/226/24

樣 yàng 1

而堯（樸）〔○〕桷不斲 7/58/13

瀁 yàng 1

瀇○極望 6/54/19

夭 yāo 23

而莫之要御○遏者 2/13/25
莫能○遏 2/17/2
草木不○〔死〕 2/17/26
胎○卵毈 3/23/26
暑氣多○ 4/34/21
食穀者知慧而○ 4/35/2
早壯而○ 4/36/2
〔毋〕殺胎○ 5/39/10
則胎○〔多〕傷 5/47/6
人民保命而不○ 6/52/18
（天）而不○於人虐也 6/54/1
夫人之所以不能終其壽命而中道○於刑戮者 7/56/10
然顏淵○死 7/60/16
刳胎殺○ 8/61/13
而萬物燋○ 8/61/18
○矯曾橈 8/61/21
民之滅抑○隱 8/61/26
無禨祥而民不○ 8/63/2
不取麛○ 9/79/12
臣有（○）〔天〕幸 12/117/25
將不○死 15/153/28
而彭祖為○矣 17.11/169/4
龍○矯 19/209/22

妖 yāo 2

國有○祥 10/91/23
○菑不生 20/215/27

要 yāo 37

執道（○）之柄 1/2/11
秉其○〔趣而〕歸之（趣） 1/2/12
時騁而○其宿 1/2/16
以○飛鳥 1/2/23
道之○也 1/6/15
天下之○ 1/8/15
馳○褭 1/8/25
而莫之○御夭遏者 2/13/25
○之以太歲 4/32/9
舉五穀之○ 5/44/18
完○塞 5/45/18
而能自○者尚猶若此 6/50/5
釋其○而索之于詳 8/62/19
德之所總○ 8/64/1
以窮○妙之望 8/65/7
權○在主 9/72/17
是故人主處權勢之○ 9/73/12
此治之○也 9/75/25
覩於○者不惑於詳 9/75/25
所居○也 9/77/22
得○以應眾 9/80/5
非出死以○名也 10/85/2
豫讓、○離非不知樂家室、安妻子以偷生也 11/103/6
而屈撓者○斬 13/129/22
而後被○斬之罪 13/129/23
妄為而○中 14/136/4
以知○（庶）〔遮〕 14/140/11
○遮而求合 14/142/2
而相為斥闉○遮者 15/144/25
不知凡○ 16.84/161/28
握○而治詳 18/185/24
以其○在三寸之轄 18/200/14
尾大於○則不掉矣 20/221/9
揔○舉凡 21/223/22
所以使人主秉數持○ 21/225/9
覽揔其○ 21/226/31
睹凡得○ 21/227/16

祅 yāo 1

介蟲為○ 5/47/6

腰 yāo 1

故靈王好細○ 9/72/22

邀 yāo 1

則妄發而○當 14/136/3

爻 yáo 1

周室增以六○ 21/227/7

肴 yáo 4

騰踴○亂而不失其數 1/2/17
以為上○ 7/60/25
今有美酒嘉○以相〔賓〕饗 14/141/4
周公○臑不收於前 20/215/20

姚 yáo 1

挾日月而不○ 21/227/17

堯 yáo 47

夫許由小天下而不以己易○者 1/8/14
而○（樸）〔樣〕桷不斲 7/58/13
而○糲（粢）〔粢〕之飯 7/58/13
而○布衣揜形 7/58/14
故覩○之道 7/58/21
○不以有天下為貴 7/59/4
逮至○之時 8/63/10
○乃使羿誅鑿齒於疇華之（野）〔澤〕 8/63/12
置○以為天子 8/63/14
是以稱○、舜以為聖 8/63/17
與其譽○而毀桀也 9/71/3
○為匹夫 9/72/24
○之有天下也 9/74/2
於是○乃身服節儉之行 9/74/3
故○為善而眾善至矣 9/79/24
故○置敢諫之鼓也 9/80/10
○、舜、（禹）、湯、武 9/80/12
○舜所以昌、桀紂所以亡者 9/80/19
使○度舜 10/83/14
使桀度○ 10/83/15
○、舜傳大焉 10/88/5
○王天下而憂不解 10/89/20

故○之治（夫）〔天〕
　下也 11/95/6
故○之舉舜也 11/96/8
昔○之佐九人 12/108/5
○、舜、武王於九、七
　、五者 12/108/5
○《大章》 13/120/23
○無百戶之郭 13/124/15
夫○、舜、湯、武 13/127/22
然○有不慈之名 13/127/22
〔唯〕○之知舜〔也〕 13/128/5
○也 14/134/17
○戰於丹水之浦 15/142/28
○有遺道 16.115/164/25
○、舜、禹、湯 17.234/184/27
《○戒》曰 18/186/1
若夫神農、○、舜、禹
　、湯 19/202/15
○立孝慈仁愛 19/202/19
○瘦臞 19/203/8
○、舜、文王〔也〕 19/204/21
夫上不及○、舜 19/204/23
若夫○眉八彩 19/205/10
○、舜之聖不能及 19/205/23
○治天下 20/213/7
四岳舉舜而薦之○ 20/213/8
○乃妻以二女 20/213/8
○之舉禹、契、后稷、
　皋陶 20/213/18

傜 yáo 1

省○賦 5/39/7

姚 yáo 1

蛤（蟹）〔○〕珠龜 4/34/26

搖 yáo 35

扶○抮抱羊角而上 1/2/1
是故疾而不○ 1/2/10
消○而無所定 1/7/24
而消○于無事之業 2/14/10
　7/57/12
○消掉捎仁義禮樂 2/15/24
（根拔）〔招○〕生程若 4/38/10
招○指寅 5/39/3
招○指卯 5/39/18
招○指辰 5/40/9
招○指巳 5/41/1
招○指午 5/41/17
招○指未 5/42/6
招○指申 5/42/23
招○指酉 5/43/17
招○指（戌）〔戌〕 5/44/13
招○指亥 5/45/9
招○指子 5/46/1
招○指丑 5/46/20
扶○而登之 6/51/25
草木不○ 6/52/1
浮游消○ 6/53/6
則五藏○動而不定矣 7/56/1
五藏○動而不定 7/56/1
○蕩精神 8/65/21
一度而不○ 9/67/3
有獄訟者○鞀 13/123/28
雖順招○ 15/150/2
使葉落者風○之 17.83/174/8
過社而○其枝 17.238/185/5
君子有能精○摩監 19/206/22
醫酺○ 19/209/16
若風之○草木 20/217/22
未有能○其本而靜其末 20/219/5
精○靡覽 21/228/29

徭 yáo 2

或者生乃○役也 7/56/16
民力竭於○役 8/66/9

瑤 yáo 6

碧樹、○樹在其北 4/33/6
是謂○光 8/63/6
○光者 8/63/6
〔桀〕為琁室、○臺、
　象廊、玉床 8/63/17
（○碧玉珠） 20/210/24
〔○碧玉珠〕 20/210/24

僥 yáo 1

西南方曰焦○ 4/34/2

遙 yáo 3

逍○于廣澤之中 1/9/1
以逍○〔乎無方之內〕 19/206/24
其於逍○一世之間 21/227/17

揄 yáo 2

推其（○○）〔擔擔〕 15/148/4

擔 yáo 2

推其（揄揄）〔○○〕 15/148/4

嶢 yáo 2

○山崩 2/18/1
故○山崩 6/51/10

謠 yáo 3

坐俳而歌○ 8/62/16
風之以歌○ 9/69/13
於此天下歌○而樂之 12/117/20

繇 yáo 1

今夫○者 7/59/25

窈 yǎo 12

深微○冥 6/51/2
○○冥冥 7/54/25
　9/68/15, 15/151/29
可以○ 12/105/6, 12/105/12
○兮冥兮 12/113/19
建心乎○冥之野 15/149/23
測○冥之深 21/224/1

窅 yǎo 1

西窮〔乎〕（冥）〔○〕
　冥之黨 12/116/12

溔 yǎo 1

水浩（洋）〔○〕而不息 6/52/24

騕 yǎo 1

夫待○褭飛兔而駕之 11/102/7

窔 yào 2

隩○之閒 9/74/26
猶（突）〔○〕奧也 12/116/11

葯 yào 1

身若秋○被風 19/209/20

燿 yào 13

化育玄○ 1/8/18
不可隱儀揆度而通光○者 2/10/23
若光○之（閒）〔問〕於无有 2/10/26
耳目不○ 2/12/22
玄○、不周、申池在海隅 4/37/11
星○而玄運 6/52/10
如光之○ 7/57/17
聰明○於日月 8/64/13
○之若火電 15/148/20
○蟬者務在明其火 16.113/164/18
明其火者、所以○而致之也 16.113/164/18
察於辭者不可○以名 19/208/4
政令約省而化○如神 20/212/24

臞 yào 3

故子夏心戰而○ 1/7/22
是故其為（○）〔樂〕不忻忻 1/7/23
視肥○全粹 5/43/24

藥 yào 12

此皆治目之○也 2/14/28
以和百○ 4/33/14
（餒）〔餧〕（毒）〔獸〕之○ 5/40/18
聚畜百○ 5/41/10
而甘草主生肉之○也 6/51/3
是猶王孫綽之欲倍偏枯之○而（欲）以生殊死之人 6/51/4
譬若羿請不死之○於西王母 6/54/20
不知不死之○所由生也 6/54/21
○之凶毒也 10/83/23
飲毒○非不苦也 14/137/25
病而不就○ 16.151/168/4
非貴其隨病而調○〔也〕 20/216/17

耀 yào 6

照○輝煌 8/65/10
光○問於無有曰 12/117/6
光○不得問 12/117/6
光○曰 12/117/8
眾人之所眩○〔也〕 13/128/9
星○而玄（遂）〔運〕 15/147/5

暍 yē 7

而○者望冷風于秋 2/14/27
飢渴凍○ 15/148/4
因其飢渴凍○ 15/152/23
當暑而不○者 17.105/175/23
救（暍）〔○〕而飲之寒 17.168/180/12
病○而飲之寒 18/187/27
武王蔭○人於樾下 18/200/5

噎 yē 1

有以（飯）〔○〕死者而禁天下之食 17.120/176/26

餲 yē 1

則是以一（飽）〔○〕之故 19/204/27

耶 yé 2

其可得○ 2/17/18
唐子者、非短子者○ 18/194/16

也 yě 3218

羽翼奮○ 1/1/15
角觡生○ 1/1/16
昔者馮夷、大丙之御○ 1/1/26
則無不覆○ 1/2/9
則无不載○ 1/2/9
則無不使○ 1/2/9
則無不備○ 1/2/10
何○ 1/2/11, 1/5/14, 1/8/8, 1/8/15, 1/9/20, 1/9/22, 1/9/25, 1/10/2, 2/16/8, 7/56/10, 9/72/21, 9/73/14, 9/75/5, 12/106/3, 12/106/22, 12/107/7, 12/108/23, 12/112/19, 12/113/23, 12/116/23, 12/119/9, 13/122/25, 13/127/26, 13/128/25, 13/129/27, 13/130/23, 15/150/1, 18/188/5, 18/188/16, 18/191/16, 18/192/3, 18/193/13, 18/196/14, 18/196/27, 18/197/3, 19/204/25, 19/204/26, 19/209/8
而游於無窮之地〔○〕 1/2/11
不可為○ 1/2/12, 1/8/14
不可究○ 1/2/12
夫鏡水之與形接○ 1/2/13
而方圓曲直弗能逃○ 1/2/13
天之性○ 1/2/14, 15/142/23
性之害○ 1/2/14
知之動○ 1/2/15
是以處上而民弗重〔○〕 1/2/17
居前而眾弗害〔○〕 1/2/18
以其無爭於萬物○ 1/2/18
猶不能與網罟爭得○ 1/2/22
以所持之小○ 1/2/23
禹知天下之叛○ 1/3/2
非霸王之業○ 1/3/9
非致遠之（術）〔御〕○ 1/3/9
不足以治三畝之宅○ 1/3/11
則六合不足均○ 1/3/12
是故禹之決瀆○ 1/3/12
神農之播穀○ 1/3/12
天地之性○ 1/3/16

自然之勢○　1/3/16
因之○　1/3/25,1/4/1
便之○　1/3/26
勢居不可移○　1/4/2
未始有與雜糅者○　1/4/5
所以俛仰於世人而與俗交者〔○〕　1/4/6
天○　1/4/6,10/87/23,10/89/14
人○　1/4/7,10/87/23
與道游者○　1/4/7
與俗交者○　1/4/7
拘於隘○　1/4/8
篤於時○　1/4/8
束於教○　1/4/9
爭利者未嘗不窮○　1/4/12
何足以致之○　1/4/22
漠然無為而無不為○　1/4/23
澹然無治（○）而無不治○　1/4/23
不先物為○　1/4/24
因物之所為〔○〕　1/4/24
不易自然○　1/4/24
因物之相然○　1/4/25
是故柔弱者、生之榦○　1/5/6
（而）堅強者、死之徒○　1/5/7
先唱者、窮之路○　1/5/7
後動者、達之原○　1/5/7
何以知其然○　1/5/10,1/9/23,13/130/20,18/186/18,18/194/5,18/194/22,18/197/10,18/197/24
日以（自）〔月〕悔○　1/5/10
而後者易為攻○　1/5/11
則後者之弓矢質的○　1/5/13
〔有所屏蔽〕○　1/5/14
此俗世庸民之所公見○　1/5/14
而賢知者弗能避○　1/5/15
貴其周於數而合於時○　1/5/15
人不能制○　1/5/17
時難得而易失○　1/5/20
禹之趨時○　1/5/20
非爭其先○　1/5/21
而爭其得時○　1/5/21
行（而）不可得〔而〕窮極○　1/6/3
微（而）不可得〔而〕把握○　1/6/3
以其淖溺潤滑○　1/6/9
物之大祖○　1/6/10
聲之大宗○　1/6/11
德之至○　1/6/15,1/7/6
道之要○　1/6/15
萬物之用○　1/6/15
一之謂○　1/6/16
無匹合於天下者○　1/6/17
而五音之變不可勝聽○　1/6/21
而五味之化不可勝嘗○　1/6/21
而五色之變不可勝觀○　1/6/22
其全○　1/6/25
其散○　1/6/25
是故至人之治○　1/6/29
道之邪○　1/7/4
德之失○　1/7/4
心之過○　1/7/4
性之累○　1/7/4
靜之至○　1/7/6
虛之至○　1/7/6
平之至○　1/7/7
粹之至○　1/7/7
得其內者○　1/7/8
是故有以自得〔○〕　1/7/24
無以自得○　1/7/25
不足以養生○　1/7/26
此其為樂○　1/8/1
悵然若有所亡○　1/8/2
失其得者○　1/8/4
稟授於外而以自飾○　1/8/4
不能反諸性○　1/8/8
此何以異於聾者之歌○　1/8/8
效人為之而無以自樂○　1/8/9
五藏之主○　1/8/9
而出入于百事之門戶者○　1/8/10
無目而欲喜文章○　1/8/11
因天下而為天下○　1/8/15
萬物玄同（○）　1/8/17
夫天下者亦吾有○　1/8/18
吾亦天下之有○　1/8/18
非謂此○　1/8/21
全其身者○　1/8/25
憂悲而不得志○　1/9/2
不為愁悴怨（懟）〔慰〕而（不）失其所以自樂○　1/9/2
是何（○）則　1/9/3
而不以貴賤貧富勞逸失其志德者○　1/9/3
而不待萬物之推移○　1/9/6
非以一時之變化而定吾所以自得○　1/9/6
處其所安○　1/9/7
生之舍○　1/9/15
生之充○　1/9/15
生之制○　1/9/15
而不得相干○　1/9/16
故夫形者非其所安○而處之則廢　1/9/16
氣不當其所充〔○〕而用之則泄　1/9/17
神非其所宜〔○〕而行之則昧　1/9/17
不可不慎守○　1/9/18,9/67/10
以其性之在焉而不離○　1/9/20
而神為之使○　1/9/22
其行○　1/9/23
足蹪趎埳、頭抵植木而不自知○　1/9/23
招之而不能見○　1/9/24
呼之而不能聞○　1/9/24
耳目〔非〕去之○　1/9/24
神失其守○　1/9/25
是故貴虛者以毫末為宅○　1/9/26
然而用之異○　1/9/28
形神相失○　1/10/2
此膏燭之類○　1/10/7
其縱之○若委衣　1/10/9
其用之○若發機　1/10/9
氣遂而大通（宜宜）〔冥冥〕者○　2/10/18
捫之不可得○　2/10/22
望之不可極○　2/10/23,12/117/8
退而自失○　2/10/27
而未能无无○　2/10/27
乃所以善吾死○　2/10/29
千變萬化而未始有極○　2/11/4
其為樂○　2/11/5,20/220/24
方其夢○　2/11/5
不知其夢○　2/11/6
覺而後知其夢○　2/11/6
然後知今此之為大夢○　2/11/6
焉知生之樂○　2/11/7
又焉知死之不樂○　2/11/7

昔公牛哀轉病○ 2/11/7
方其為虎○ 2/11/9
不知其嘗為人○ 2/11/9
方其為人〔○〕 2/11/9
不知其且為虎○ 2/11/9
故羆馬之死○ 2/11/14
狡狗之死○ 2/11/14
是皆不得形神俱沒○ 2/11/15
而難以筭計舉○ 2/11/22
然後知松柏之茂○ 2/12/1
然後知聖人之不失道○ 2/12/2
則至德天地之精○ 2/12/10
无所概於（忠）〔志〕○ 2/12/12
夫貴賤之於身○ 2/12/14
猶條風之時麗○ 2/12/14
毀譽之於己〔○〕 2/12/14
猶蚊虻之一過○ 2/12/14
孟門、終隆之山不能禁〔○〕 2/12/15
湍瀨旋淵、呂梁之深不能留○ 2/12/16
大行石澗、飛狐、句（望）〔注〕之險不能難○ 2/12/16
非有為於物○ 2/12/24
物以有為於己○ 2/12/25
非道之所為○ 2/12/25
〔非〕道之所施○ 2/12/25
此皆生一父母而閱一和○ 2/13/1
肝膽胡越〔○〕 2/13/3
萬物一圈○ 2/13/4
無之未有害於用○ 2/13/5
不通之于天地之情○ 2/13/6
然未可以保於周室之九鼎○ 2/13/9
而條循千萬○ 2/13/12
所受者无授○而无不受○ 2/13/13
无不受○者 2/13/13
而不通于萬方之際○ 2/13/17
涅非緇○ 2/13/19
青非藍○ 2/13/19
以諭其轉而益薄○ 2/13/20
其為化○ 2/13/20
物莫不生於有○ 2/13/23
又況未有類○ 2/13/28
其用之○以不用 2/14/2
其不用○而後能用之 2/14/2
其知〔之〕○乃不知 2/14/2
其不知○而後能知之○ 2/14/3
仁○ 2/14/8,12/114/27
義○ 2/14/9,12/114/27
德○ 2/14/10
鈞○ 2/14/15,19/204/8
為精求于外○ 2/14/16
此聖人之游○ 2/14/21,2/16/15
此皆失其神明而離其宅○ 2/14/26
此皆治目之藥○ 2/14/28
所以然者何○ 2/15/2,6/54/2,6/54/18
而不能容巨大○ 2/15/3
夫人之拘於世○ 2/15/3
必其（有命）〔命有〕在於外○ 2/15/4
及世之衰○ 2/15/9
是故聖人之學○ 2/15/22
而游心於虛○ 2/15/22
達人之學○ 2/15/22
而覺於寂漠○ 2/15/23
若夫俗世之學○則不然 2/15/23
此我所羞而不為○ 2/15/24
是故與其有天下○ 2/16/1
不若有說○ 2/16/1
與其有說○ 2/16/1
不若尚羊物之終（○）始 2/16/1
而條達有無之際〔○〕 2/16/1
猶飛羽浮芥○ 2/16/4
熟肯分分然以物為事○ 2/16/4
耳目之於聲色○ 2/16/6
口鼻之於（芳）臭〔味〕○ 2/16/7
其情一○ 2/16/7,10/85/17,19/206/2
其所為制者異○ 2/16/8
是故神者智之淵○ 2/16/8
智者、心之府○ 2/16/9
以其靜○ 2/16/10
以（覩）其易○ 2/16/10
〔故能〕形物之性〔情〕○ 2/16/10
用○〔者〕必假之於弗用〔者〕○ 2/16/11
吉祥止○ 2/16/12
而求之於末○ 2/16/13
而道其冥冥○ 2/16/14
故古之治天下○ 2/16/17
其舉錯未必同○ 2/16/17
其合於道一○ 2/16/17
非愛之○ 2/16/18
燠有餘於身○ 2/16/18
非簡之○ 2/16/18
（凊）〔凊〕有餘於適○ 2/16/18
必無以天下為〔者〕○ 2/16/20
必無以趨行求者○ 2/16/20
身猶不能行○ 2/16/23
其道外○ 2/16/24
許由不能行○ 2/16/24
勢利不能誘○ 2/16/27
辯者不能說〔○〕 2/16/28
聲色不能淫○ 2/16/28
美者不能濫○ 2/16/28
知者不能動○ 2/16/28
勇者不能恐○ 2/16/28
此真人之（道）〔遊〕○ 2/17/1
猶無益於治天下○ 2/17/5
所以養性○ 2/17/8
所以養德○ 2/17/8
所以與物接○ 2/17/13
攖人心○ 2/17/14
非直蜂蠆之螫毒而蚊虻之慘怛○ 2/17/14
小有所志而大有所（志）〔忘〕○ 2/17/16
猶盆水之類○ 2/17/22
蓋今之世○ 2/17/28
其所生者然○ 2/18/7
而責道之不行○ 2/18/8
而求其致千里○ 2/18/9
非不巧捷○ 2/18/9
無所肆其能○ 2/18/9
舜之耕陶○ 2/18/10
仁非能益○ 2/18/10
處便而勢利○ 2/18/10
性○ 2/18/11
命○ 2/18/11
以言慕遠世○ 2/18/14
吐氣者○ 3/18/28
含氣者○ 3/18/29
飛行之類○ 3/19/4
蟄伏之類○ 3/19/4
陽之主○ 3/19/4
月者陰之宗○ 3/19/5

矩之為度○ 5/49/15
（儱）〔權〕之為度○ 5/49/18
上天之誅○ 6/49/30
此不傳之道〔○〕 6/50/10
此皆得清（盡）〔淨〕之道、太浩之和○ 6/50/12
或感之○ 6/50/15
或動之○ 6/50/15
陰陽同氣相動○ 6/50/19
此傅說之所以騎辰尾○ 6/50/19
所謂不言之辯、不道之道○ 6/50/23
无私就○ 6/51/1
无私去○ 6/51/1
不可以辯說○ 6/51/3
而甘草主生肉之藥○ 6/51/3
若夫以火能焦木○ 6/51/5
若以磁石之能連鐵○ 6/51/5
物固不可以輕重論○ 6/51/6
弗能然○ 6/51/8
不可求而得○ 6/51/12
其失之非乃得之○ 6/51/15
此同聲相和者○ 6/51/18
而音之君已形○ 6/51/19
而不知其所由至○ 6/51/20
今夫赤螭、青虬之游冀州○ 6/51/23
鳳皇之翔至德○ 6/51/27
而不知大節之所由者○ 6/52/4
王良、造父之御○ 6/52/7
然未見其貴者○ 6/52/8
若夫鉗且、大丙之御〔○〕 6/52/9
馬莫使而自走○ 6/52/9
此假弗用而能以成其用者○ 6/52/12
手爪之巧○ 6/52/13
此以弗御御之者○ 6/52/13
然猶未及虙戲氏之道○ 6/52/22
而智故消滅○ 6/53/8
名聲苟盛○ 6/53/22
（天）而不夭於人虐○ 6/54/1
此五帝之所以迎天德○ 6/54/5
時至而弗失○ 6/54/8
而反五帝之道○ 6/54/11
而不嘐喋苛事○ 6/54/12
今若夫申、韓、商鞅之為治○ 6/54/14
何以至此○ 6/54/15
皆狂生而無其本者○ 6/54/18
崑崙之輪○ 6/54/18
受（翼）〔瀷〕而無源（者）〔○〕 6/54/19
不知不死之藥所由生○ 6/54/21
天之有○ 7/54/27
地之有○ 7/54/28
神明之宅○ 7/55/4
道之所居○ 7/55/4
譬猶本與末○ 7/55/5
千枝萬葉莫得不隨○ 7/55/5
所受於天○ 7/55/7, 10/89/14
所稟於地○ 7/55/7
故頭之圓○象天 7/55/11
足之方○象地 7/55/11
以與天地相參○ 7/55/14
是故耳目者、日月○ 7/55/14
血氣者、風雨○ 7/55/14
人之華○ 7/55/19
人之精○ 7/55/20
神則以視無不見〔○〕 7/55/23
以聽無不聞○ 7/55/23
以為無不成○ 7/55/24
是故憂患不能入（○） 7/55/24
而邪氣不能襲〔○〕 7/55/24
或守之於形骸之內而不見○ 7/55/26
精神之戶牖○ 7/55/27
五藏之使候○ 7/55/27
猶未足為○ 7/56/4
以言夫精神之不可使外淫○ 7/56/5
天下之所養性○ 7/56/7
然皆人累○ 7/56/7
則所以脩得生○ 7/56/11
則無一之不知○ 7/56/11
則无一之能知○ 7/56/12
譬吾處於天下○ 7/56/12
然則我亦物○ 7/56/13
物亦物○ 7/56/13
物之與物○ 7/56/13
有何以相物○ 7/56/13
其生我○ 7/56/14
其殺我○ 7/56/14
吾安知夫刺（炙）〔灸〕而欲生者之非惑○ 7/56/15
又安知夫絞經而求死者之非福○ 7/56/15
或者生乃徭役○ 7/56/16
而死乃休息○ 7/56/16
其生我○不彊求已 7/56/16
其殺我○不彊求止 7/56/16
吾生○有七尺之形 7/56/18
吾死○有一棺之（上）〔土〕 7/56/18
猶吾死之淪於無形之中○ 7/56/19
然則吾生○物不以益眾 7/56/19
吾死○土不以加厚 7/56/19
夫造化者之攫援物○ 7/56/22
譬猶陶人之埏埴○ 7/56/22
其取之地而已為盆盎○ 7/56/22
與其未離於地○無以異 7/56/22
其已成器而破碎漫瀾而復歸其故○ 7/56/23
江水弗憎○ 7/56/24
洿水弗樂○ 7/56/24
是故其在江○ 7/56/24
無以異其浸園○ 7/56/25
其在洿○ 7/56/25
亦無以異其在江○ 7/56/25
德之邪○ 7/56/28
道之過○ 7/56/28
心之（暴）〔累〕○ 7/56/28
其生○天行 7/57/1
其死○物化 7/57/1
形之主○ 7/57/2
心之寶○ 7/57/3
不敢越○ 7/57/3
寶之至○ 7/57/5
夫精神之可寶○ 7/57/5
非直夏后氏之璜○ 7/57/5
性合于道○ 7/57/10
河、漢涸而不能寒○ 7/57/18
大雷毀山而不能驚○ 7/57/19
大風晦日而不能傷○ 7/57/19
是故視珍寶珠玉猶（石礫）〔礫石〕○ 7/57/19
視至尊窮寵猶行客○ 7/57/20
視毛（牆）〔嬙〕、西施猶（頬醜）〔倛魄〕○ 7/57/20
以不同形相嬗○ 7/58/2

此精神之所以能登假于道○ 7/58/2
是故真人之（所）游〔○〕 7/58/3
是養形之人○ 7/58/4
則是合而生時于心〔者〕○ 7/58/4
復歸於無形○ 7/58/7
與天地俱生○ 7/58/7
夫木之死○ 7/58/7
青青去之○ 7/58/8
夫使木生者豈木○ 7/58/8
猶充形者之非形○ 7/58/8
故生生者未嘗死○ 7/58/8
化物者未嘗化○ 7/58/9
而適躬體之便○ 7/58/12
人之所麗○ 7/58/12
人之所美○ 7/58/13
人之所好○ 7/58/14
誠无以為○ 7/58/16
此輕天下之具○ 7/58/16
生寄○ 7/58/17
死歸○ 7/58/17
乃知天下之輕○ 7/58/22
乃知（天下）〔萬物〕之細○ 7/58/22
乃知死生之齊○ 7/58/22
乃知變化之同○ 7/58/23
勢位爵祿何足以概志○ 7/58/28
而不可以富貴留○ 7/59/3
而不可以死亡恐○ 7/59/3
而以與佗人（○） 7/59/6
乃足羞○ 7/59/8
不知生之不足貪○ 7/59/10
不知天下之不足利○ 7/59/10
今夫窮鄙之社○ 7/59/10
知其盆瓴之足羞○ 7/59/12
則拊盆叩瓴之徒○ 7/59/13
人之所貪○ 7/59/15
愚夫不為〔○〕 7/59/16
生（尊）〔貴〕于天下○ 7/59/16
一實○ 7/59/18
則身飽而敖倉不為之減○ 7/59/19
腹滿而河水不為之竭○ 7/59/19
一體○ 7/59/23
非直越下之休○ 7/59/26
非直一噲之樂○ 7/59/28
不若其偃○ 7/60/1
不若其釋○ 7/60/2
至大○ 7/60/3
至貴○ 7/60/3
是猶決江河之源而障之以手○ 7/60/13
猶畜禽獸○ 7/60/14
孔子之通學○ 7/60/15
此皆迫性拂情而不得其和○ 7/60/16
以義自防○ 7/60/19
猶不得已自強○ 7/60/19
故儒者非能使人弗欲○ 7/60/22
非能使人勿樂○ 7/60/22
廉者不能讓○ 7/60/26
未嘗非為非欲○ 7/60/27
〔非〕矢不中○ 7/60/30
學射者不治（天）〔矢〕○ 7/60/30
學御者不為轡○ 7/61/1
太清之治○ 8/61/6
然猶未能贍人主之欲○ 8/61/22
凍餓飢寒死者相枕席○ 8/61/24
萬物皆乘（人）〔一〕氣者○ 8/62/1
（○）〔地〕懷氣而未（楊）〔揚〕 8/62/2
一人之身○ 8/62/5
一人之（制）〔刑〕○ 8/62/5
天地不能（贅）〔脅〕○ 8/62/5
怪物不能惑○ 8/62/6
而非通治之至○ 8/62/12
夫仁者、所以救爭○ 8/62/12
義者、所以救失○ 8/62/12
禮者、所以救淫○ 8/62/13
樂者、所以救憂○ 8/62/13
不知悅○ 8/62/16
《掉羽》、《武象》不知樂○ 8/62/16
禮樂不用○ 8/62/17
是故知神明然後知道德之不足為○ 8/62/18
知道德然後知仁義之不足行○ 8/62/18
知仁義然後知禮樂之不足脩○ 8/62/19
未可與言至○ 8/62/20
可以矩表識○ 8/62/22
可以歷推得○ 8/62/22
可以鼓鐘寫○ 8/62/23
可以音律知○ 8/62/23
可得而量○ 8/62/23
可得而蔽○ 8/62/24
可得而調○ 8/62/24
可得而別○ 8/62/24
夫至大、天地弗能含○ 8/62/24
至微、神明弗能領○ 8/62/25
及偽之生○ 8/62/26
〔未〕有能治之者○ 8/62/27
以明大巧之不可為○ 8/62/28
故至人之治○ 8/63/1
德交歸焉而莫之充忍○ 8/63/4
道弗能害○ 8/63/4
辯弗能解○ 8/63/5
資糧萬物者○ 8/63/6
必遭亂世之患○ 8/63/21
然天下莫知貴其不言○ 8/63/24
其粗○ 8/63/25
此之謂○ 8/64/2, 9/72/25,11/102/13,12/106/6, 12/117/15,14/137/11, 18/194/3,18/195/29, 18/197/8,19/207/6, 19/209/28,20/211/7
生之與殺○ 8/64/10
（賓）〔賞〕之與罰○ 8/64/10
予之與奪○ 8/64/10
非此無道○ 8/64/10
乘時因勢以服役人心○ 8/64/19
日月星辰雷電風雨○ 8/64/23
水火金木土○ 8/64/23
思慮聰明喜怒○ 8/64/24
此遁於木○ 8/65/3
此遁於水○ 8/65/6
此遁於土○ 8/65/9
此遁於金○ 8/65/12
此遁於火○ 8/65/15
不可勝計○ 8/65/21,18/186/11
夫天地之生財○ 8/65/22
所以飾喜○ 8/66/3
所以飾哀○ 8/66/3
所以飾怒○ 8/66/4,9/78/19
非強〔引〕而致之〔○〕 8/66/15
思慕之心未能絕○ 8/66/15

失喪之本○ 8/66/17
非兵之所為（生）〔主〕○ 8/66/24
所以討暴〔○〕 8/66/26
非所以為暴○ 8/66/26
所以致和〔○〕 8/66/26
非所以為淫○ 8/66/26
所以盡哀〔○〕 8/66/27
非所以為偽○ 8/66/27
所以蔽明○ 9/67/8
所以掩聰〔○〕 9/67/8
所以自障〔○〕 9/67/8
昔者神農之治天下○ 9/67/17
（拼）〔揮〕梲而狎犬○ 9/68/4
刑有所劫○ 9/68/6
抱薪以救火○ 9/68/7
其所修者本○ 9/68/11
有責于言者○ 9/68/23
有責于見者〔○〕 9/68/24
此伏犧、神農之所以為師○ 9/68/24
故民之化〔上〕○ 9/68/25
秋氣之殺○ 9/69/1
故慎所以感之○ 9/69/2
其誠心弗施○ 9/69/5
見微以知明（矣）〔○〕 9/69/7
論近以識遠○ 9/69/8
是任術而釋人心者○ 9/69/20
此勢之自然○ 9/69/22
湯、武、聖主○ 9/70/1
伊尹、賢相○ 9/70/1
而不能與山居者入榛薄、〔出〕險阻○ 9/70/2
則人知之於物○ 9/70/3
故智不足以治天下○ 9/70/4
明○ 9/70/7
因人以知人○ 9/70/8
則無不勝○ 9/70/8
則無不成○ 9/70/9
隘○ 9/70/9
小○ 9/70/9
20/211/14,21/227/16
少力而不能勝○ 9/70/10
伎能殊○ 9/70/13
形性詭○ 9/70/14
故古之為車○ 9/70/15
其猶零星之尸○ 9/70/20
尚布施○ 9/70/22
妄誅○ 9/70/23
罪之所當○ 9/70/27
功之所致○ 9/70/28
皆在於身○ 9/70/28
與其譽堯而毀桀○ 9/71/3
不如掩聰明而反修其道○ 9/71/4
夫人主之聽治○ 9/71/7,9/71/22
而斟酌之者眾○ 9/71/11
則天下（之）不足有○ 9/71/12
則獨身不能保○ 9/71/13
故〔處〕百姓之上〔而〕弗重○ 9/71/16
錯〔百姓〕之前而弗害○ 9/71/16
舉之而弗高○ 9/71/16
推之而弗猒〔○〕 9/71/17
常後而不先〔者〕○ 9/71/17
以立成功〔者〕○ 9/71/18
則上下有以相使○ 9/71/19
則无不（仕）〔任〕○ 9/71/24
則无不勝○ 9/71/24
烏獲不能舉○ 9/71/25
則天下不足有○ 9/71/26
其勢不可○ 9/72/2
是故聖人〔之〕舉事○ 9/72/4
未嘗不因其資而用之○ 9/72/5
〔則〕无不勝○ 9/72/6
〔則〕无不成○ 9/72/6
而不可使有聞○ 9/72/7
而不可使（言）〔通語〕○ 9/72/7
而能有所不容○ 9/72/8
則舉之者不重○ 9/72/8
則為之者不難○ 9/72/9
无以相過○ 9/72/10
其類異○ 9/72/13
力不敵○ 9/72/14
譬猶雀之見鸇而鼠之遇狸○ 9/72/14
是故人主之（一）舉○ 9/72/15
不可不慎○ 9/72/15
所緣以修者然○ 9/72/18
弗犯○ 9/72/21
以火投水○ 9/72/22
而民有殺食自飢○ 9/72/23
而賢眾口之辯○ 9/72/28
務致其公迹○ 9/73/3
非所以（都）〔教〕於國○ 9/73/8
天下之疾馬○ 9/73/9
轍迹可見○ 9/73/10
人臣之轡銜○ 9/73/12
夫臣主之相與○ 9/73/13
骨肉之親○ 9/73/14
勢有使之然○ 9/73/14
人之恩澤使之然○ 9/73/19
其主之德義厚而號令行○ 9/73/20
相生之氣○ 9/73/21
君亦不能得其所求於臣○ 9/73/22
相報之勢○ 9/73/22
必不可之數○ 9/73/24
堯之有天下○ 9/74/2
非貪萬民之富而安人主之位○ 9/74/2
猶御行而脫（蹤）〔蹝〕○ 9/74/6
人主之居○ 9/74/12
如日月之明○ 9/74/12
延頸舉踵而望○ 9/74/12
是故賢主之用人○ 9/74/16
猶巧工之制木○ 9/74/16
〔莫不可得而用○〕 9/74/18
有所用○ 9/74/19
非其人不肖○ 9/74/20
其所以官之者非其職○ 9/74/21
鹿之上山〔○〕 9/74/21
〔大〕獐不能跂○ 9/74/21
及其下〔○〕 9/74/21
才有所脩短○ 9/74/22
虎之不可使搏鼠○ 9/74/25
以刀（抵）〔伐〕木○ 9/74/28
而不任己之才者○ 9/75/5
使言之而是○ 9/75/9
猶不可棄○ 9/75/9
使言之而非○ 9/75/9
未必可用〔○〕 9/75/10
不可以貴賤尊卑論○ 9/75/10
其計乃可用〔○〕 9/75/11
其（主）言〔而〕可行〔○〕 9/75/11
不能見○ 9/75/12
不能知○ 9/75/13
掩目而視青黃○ 9/75/14
而人主之準繩○ 9/75/16

法不法○ 9/75/16
賞當賞○ 9/75/16
古之置有司○ 9/75/18
使不得自恣○ 9/75/19
其立君○ 9/75/19
使无專行〔○〕 9/75/19
使無擅斷○ 9/75/20
非謂其凝滯而不動○ 9/75/20
以（其言）〔言其〕異從己出○ 9/75/21
此度之本○ 9/75/24
此聲之宗○ 9/75/24
此治之要○ 9/75/25
非無君○ 9/75/27
無法○ 9/75/27
非無法○ 9/75/28
聖主之治○ 9/76/1
其猶造父之御〔○〕 9/76/1
誠得其術○ 9/76/3
人主之車輿○ 9/76/3
人主之駟馬○ 9/76/4
古今未有○ 9/76/4
則寸之分可得而察○ 9/76/8
〔即〕遠者治（○）〔矣〕 9/76/10
而責其不得為非○ 9/76/14
故海內可一○ 9/76/16
是猶無轡銜而馳○ 9/76/21
離其居○ 9/76/22
非其處○ 9/76/22
夫貴富者之於勞○ 9/76/26
達事者之於察○ 9/76/26
驕恣者之於恭○ 9/76/26
則智日困而自負其責○ 9/76/27
則無以與（天）下交○ 9/76/28
而君臣相怨○ 9/77/1
〔而〕智弗能解○ 9/77/2
而明不能照○ 9/77/2
而為大匠斲○ 9/77/3
乘於人資以為羽翼○ 9/77/5
無為而有守○ 9/77/7
有（為）〔立〕而無好○ 9/77/7
是皆以利見制於人○ 9/77/9
〔言建之无形○〕 9/77/9
物莫能勝○ 9/77/10
權重○ 9/77/17
位尊○ 9/77/17
其所託勢者勝○ 9/77/18
（則）〔言〕輕重小大有以相制○ 9/77/18
若五指之屬於臂○ 9/77/19
言以小屬於大○ 9/77/19
所居要○ 9/77/22
楚莊王傷文無畏之死於宋○ 9/77/23
權柄重○ 9/77/24
則不免為人笑○ 9/77/26
萬無一○ 9/77/28
逆○ 9/78/3
順○ 9/78/3
以眾為勢○ 9/78/4
威〔之〕行○ 9/78/6
非能徧利天下之民〔○〕 9/78/8
非〔能〕盡害海內之眾○ 9/78/9
人主〔之〕租斂於民○ 9/78/10
非不麗○ 9/78/12
〔則〕明主弗樂〔○〕 9/78/13
非不美○ 9/78/13
則明主弗甘○ 9/78/14
非不寧〔○〕 9/78/14
〔則〕明主弗安○ 9/78/15
其慘怛於民○ 9/78/15
所以宣樂○ 9/78/19
所以效（善）〔喜〕○ 9/78/20
所以諭哀○ 9/78/20
而成像於外〔者○〕 9/78/21
君臣相疾○ 9/78/22
夫民之為生○ 9/78/26
民莫困窮流亡○ 9/79/3
民之本○ 9/79/8
國之本○ 9/79/8
君之本○ 9/79/8
有所以致之○ 9/79/16
非能目見而足行之○ 9/79/21
欲利之○ 9/79/21
欲利之○不忘於心 9/79/21
心之於九竅四肢○ 9/79/22
不忘于欲利之○ 9/79/22
桀為非而眾非來（○）〔矣〕 9/79/24
不敢縱其欲○ 9/80/1
莫不嚮應○ 9/80/3
莫不畢宜○ 9/80/5
若合符者○ 9/80/6
故心小者禁於微○ 9/80/6
志大者無不懷○ 9/80/6
知員者無不知○ 9/80/6
行方者有不為○ 9/80/7
能多者無不治○ 9/80/7
事鮮者約所持○ 9/80/7
猶以為未足○ 9/80/10
故堯置敢諫之鼓○ 9/80/10
而既已備之（○）〔矣〕 9/80/11
夫聖人之於善○ 9/80/11
其於過○ 9/80/12
則聖人之志大○ 9/80/18
此其所以車裂支解○ 9/81/1
愚惑之所致○ 9/81/3
不可不察○ 9/81/3,18/187/9
仁者、愛其類○ 9/81/7
智者、不可或○ 9/81/7
其所不忍之色可見○ 9/81/7
其不闇之效可見○ 9/81/8
此人智之所合而行○ 9/81/9
小有教而大有存○ 9/81/9
小有誅而大有寧○ 9/81/9
此智者之所獨斷○ 9/81/10
其義一○ 9/81/11
亦府（吏）〔史〕○ 9/81/13
耕之為事○勞 9/81/14
織之為事○擾 9/81/14
知其可以衣食○ 9/81/14
萬民之所容見○ 9/81/15
終必利○ 9/81/15
此愚者之所〔以〕多患○ 9/81/17
此智者所以寡患○ 9/81/17
此易言○ 9/81/20
此（知難）〔難知〕○ 9/81/21
無愚智賢不肖皆知其為義○ 9/81/24
盡眾益○ 9/81/28
不如其寡○ 9/82/1
仁義是○ 9/82/5
行善是○ 9/82/5
不得上令而可得為○ 9/82/7
故弗得○ 9/82/11
國之心〔○〕 10/82/19
支體相遺○ 10/82/19
君臣相忘○ 10/82/20
物之所導○ 10/82/24
性之所扶○ 10/82/24

積恩之見證○ 10/82/24
比於人心而（含）〔合〕
於眾適者○ 10/82/24
中世守德而弗壞○ 10/82/25
古今未之有○ 10/83/1
所以得百人○ 10/83/3
自視猶觖如○ 10/83/10
盡之者○ 10/83/11
非自遁〔○〕 10/83/13
求同乎己者○ 10/83/13
是猶以升量石○ 10/83/15
必未嘗見貍○ 10/83/16
同類○ 10/83/16
不可長○ 10/83/20
藥之凶毒○ 10/83/23
人之困慰者○ 10/83/23
其出之（○誠）〔誠○〕
10/83/26
中心必有不合者○ 10/83/26
求諸己○ 10/84/1
未之聞○ 10/84/2
10/88/13,10/89/18,10/89/26
19/203/10
而不能生○ 10/84/8
蓋力優而克不能及○ 10/84/8
千枝萬葉則莫得弗從○ 10/84/10
非為報○ 10/84/12
非求用○ 10/84/12
而莫之德○ 10/84/14
莫之愛○ 10/84/14
非所以迎來○ 10/84/15
非專為生○ 10/84/15
貴文○ 10/84/18
尚質○ 10/84/18
蓋情甚乎（叫）〔叫〕
呼○ 10/84/23
古今未之聞○ 10/84/24
11/104/12
信在言前○ 10/84/24
誠在令外○ 10/84/25
情以先之○ 10/84/25
情與令殊○ 10/84/25
未知利害○ 10/84/26
情○ 10/84/26
信○ 10/84/27
忠○ 10/84/28
必遠（害）〔實〕○ 10/85/1
子之死父○ 10/85/1
臣之死君○ 10/85/1
非出死以要名○ 10/85/2
而不能違其難○ 10/85/2
非正為蹠○ 10/85/2
非正（為）偽形○ 10/85/3
自中出者○ 10/85/3
故君之於臣○ 10/85/5
父之於子○ 10/85/5
故君子慎其獨○ 10/85/10
夫子見禾之三變○ 10/85/12
小人之從事○ 10/85/16
俱之叫呼○ 10/85/18
（蹠）〔蹠〕焉往生○ 10/85/23
終而後知其可大○ 10/85/24
剝之不可遂盡○ 10/85/25
其消息○ 10/86/1
離珠弗能見○ 10/86/1
非為日不足○ 10/86/2
其憂尋推之○ 10/86/2
地弗能薶○ 10/86/3
甘樂之者○ 10/86/4
求諸人不如求諸己得○ 10/86/5
聲自召○ 10/86/7
貌自示○ 10/86/7
名自命○ 10/86/7
文自官○ 10/86/7
自召○貌 10/86/8
故莞子文錦○ 10/86/8
子產練染○ 10/86/8
情不相與往來○ 10/86/12
生所假○ 10/86/12
（无）〔死〕所歸○ 10/86/13
不以所託害所歸○ 10/86/13
行之終○ 10/86/14
非先懾○ 10/86/16
難至而失其守○ 10/86/16
非先欲○ 10/86/16
見利而忘其害○ 10/86/16
而不知號禍之及己○ 10/86/17
不可遏奪○ 10/86/17
人之欲榮○ 10/86/19
以為己○ 10/86/19
聖人之行義○ 10/86/19
其憂尋出乎中○ 10/86/19
何聖仁之寡○ 10/86/21
忘老之及己○ 10/86/22
必此積○ 10/86/22
故唐、虞之舉錯○ 10/86/24
非以偕情○ 10/86/24
桀、紂非正（賦）〔賊〕
之○ 10/87/1
成功一○ 10/87/6
其母○ 10/87/6
艾陵之戰○ 10/87/6
有諸情○ 10/87/7
絃則是○ 10/87/8
其聲非○ 10/87/8
所以接物○ 10/87/9
（惟）〔情〕繫於中而
欲發外者○ 10/87/9
言至德之懷遠○ 10/87/11
誠中者○ 10/87/15
或先之○ 10/87/15
不自知○ 10/87/15
天非為武王造之○ 10/87/23
天非為紂生之○ 10/87/24
有其人○ 10/87/24
使君子小人各得其宜○ 10/87/27
臣辭○ 10/87/29
君讓○ 10/87/29
故上左遷則失其所尊○ 10/87/30
先形乎小○ 10/88/5
斯得諸己○ 10/88/10
鈞之哭○ 10/88/14
故哀樂之襲人（清）
〔情〕○深矣 10/88/14
非（止）〔正〕以勞苦
民○ 10/88/17
其載情一○ 10/88/17
不知後世之譏己○ 10/88/18
如飢渴者不可欺以虛器
○ 10/88/23
亡國亦樂其所以亡○ 10/88/27
則是絕民之繫○ 10/88/29
而民繫固○ 10/88/30
惑○ 10/89/7,19/204/27
通乎存亡之論者○ 10/89/10
人無能作○ 10/89/12
有能為○ 10/89/12,10/89/12
而無能成○ 10/89/12
我○ 10/89/13
非我○ 10/89/13
所遭於時○ 10/89/14

君、根本○ 10/89/18
臣、枝葉○ 10/89/18
碧瑜糞土○ 10/89/23
必其甘之者○ 10/89/26
必其樂之者○ 10/89/26
得其所貴○ 10/89/29
福之萌○緜緜 10/90/1
禍之生○（分分）〔介介〕 10/90/1
非以為己○ 10/90/4
以為國○ 10/90/4
其謝之○ 10/90/6
善〔政〕未必至○ 10/90/9
而上下相樂○ 10/90/10
故孝己之禮可為○ 10/90/13
而莫能奪之名○ 10/90/14
必不得其所懷○ 10/90/14
古人味而弗貪○ 10/90/17
今人貪而弗味〔○〕 10/90/17
歌之脩其音○ 10/90/17
音之不足於其美者○ 10/90/17
猶未足以至於極○ 10/90/18
故聖人之舉事○ 10/90/22
上車授（緌）〔綏〕之謂○ 10/90/22
而未能以智不智○ 10/91/1
未可與廣應○ 10/91/6
眾人之所能為○ 10/91/9
精之至者○ 10/91/9
故唐、虞之法可效○ 10/91/9
其諭人心不可及○ 10/91/10
皆不得其道者○ 10/91/12
其清濁一○ 10/91/12
皆失直者○ 10/91/13
非千里之御○ 10/91/21
不可以無功取○ 10/91/24
不可以無罪蒙○ 10/91/24
弗離道○ 10/91/25
君子不謂小善不足為○而舍之 10/92/1
不為小不善為無傷○而為之 10/92/1
千歲之積譽○ 10/92/3
千歲之積毀○ 10/92/4
上○ 10/92/10
次○ 10/92/10
之下○ 10/92/11
若仁德之盛者○ 10/92/17
日月為明而弗能兼○ 10/92/21
曰唯無形者○ 10/92/21
不可得○ 10/92/28
11/93/27,16.88/162/9
故聖人反己而弗由○ 10/93/2
非至者○ 10/93/4
天下可從○ 10/93/9
天下有至貴而非勢位○ 10/93/12
有至富而非金玉○ 10/93/12
有至壽而非千歲○ 10/93/12
小人○ 10/93/15
中人○ 10/93/15
聖人○ 10/93/16
衰世之造○ 11/93/22
末世之用○ 11/93/22
所以合君臣、父子、兄弟、夫妻、友朋之際○ 11/93/24
則失禮義之本○ 11/93/26
故高下之相傾○ 11/94/3
短脩之相形○ 11/94/3
不知其可以為布○ 11/94/7
不知其可以為旃○ 11/94/7
通於論者○ 11/94/17
而不可公行○ 11/94/19
可隨○ 11/94/19
易為○ 11/94/19
聖人不以為民俗〔○〕 11/94/20
人之所安○ 11/94/20
虎豹之所樂○ 11/94/21
黿鼉之所便○ 11/94/22
人之所樂○ 11/94/22
蝯狖之所樂○ 11/94/23
所以為安者乃所以為危○ 11/94/24
物無不貴○ 11/94/30
物無不賤○ 11/94/30
此四者相反○ 11/95/1
所急（則均）〔均則〕其用一○ 11/95/1
此代為（常）〔帝〕者○ 11/95/2
固有所宜○ 11/95/3
故堯之治（夫）〔天〕下○ 11/95/6
其導萬民○ 11/95/7
若風之過簫○ 11/95/10
虛者非無人○ 11/95/15
皆守其職○ 11/95/15
盛者非多人○ 11/95/16
皆徼於（未）〔末〕○ 11/95/16
有餘者非多財○ 11/95/16
欲節〔而〕事寡○ 11/95/16
不足者非無貨○ 11/95/16
民躁而費多○ 11/95/17
非所作○ 11/95/17
其所因○ 11/95/17
非所為○ 11/95/17
其所守○ 11/95/18
物或堁之○ 11/95/24
及其長○ 11/95/24
教俗殊○ 11/95/25
非人之性○ 11/95/26,13/129/15
所受於外○ 11/95/26
失其體○ 11/95/27
勢有所（枝）〔支〕○ 11/95/27
夫性、亦人之斗極○ 11/96/1
（以有）〔有以〕自見○ 11/96/2
無以自見〔○〕 11/96/2
吾服汝○忘 11/96/3
而汝服於我○亦忘 11/96/3
孔子知其本○ 11/96/4
動未嘗正（物）〔○〕 11/96/4
故堯之舉舜○ 11/96/8
桓公之取甯戚○ 11/96/9
夫耳目之可以斷○ 11/96/9
反情性○ 11/96/10
輒使然○ 11/96/11
哀樂弗能給○ 11/96/19
利不能足○ 11/96/19
有感而自然者○ 11/96/20
此皆憤於中而形於外者○ 11/96/20
煙之上尋○ 11/96/21
故公西華之養親○ 11/97/1
曾參之養親○ 11/97/1
一○ 11/97/1,11/97/2,11/97/3,11/97/4,19/204/9
中國歃血○ 11/97/2
未必无禮○ 11/97/10
禮者、實之文○ 11/97/15
仁者、恩之效○ 11/97/15
仁不溢恩○ 11/97/16
治世之道○ 11/97/16

是強人所不及○	11/97/16
而以偽輔情○	11/97/16
是絶哀而迫切之性○	11/97/17
非不知繁升降槃還之禮○	11/97/19
踐《采齊》、《肆夏》之容○	11/97/19
奮羽旄〔○〕	11/97/21
追送死○	11/97/22
以為窮民絶業而無益於槁骨腐肉○	11/97/22
通乎侈儉之適者○	11/97/24
是故聖人廢而弗用○	11/97/26
義者、循理而行宜〔者〕○	11/98/1
禮者、體情〔而〕制文者○	11/98/1
（義者、宜○）	11/98/1
（禮者、體○）	11/98/1
知義而不知宜○	11/98/2
知禮而不知體○	11/98/2
譬由膠柱而調（琴）〔瑟〕○	11/98/8
非謂其見彼○	11/98/15
非謂〔其〕聞彼○	11/98/15
非謂〔其〕知彼○	11/98/16
道之得○	11/98/17
故聖人〔之〕財制物○	11/98/17
猶工匠之斲削鑿（芮）〔枘〕○	11/98/18
宰庖之切割分別○	11/98/18
夫聖人之斲削物○	11/98/19
此未可與言術○	11/98/24
一世之迹○	11/98/25
見形而施宜者○	11/99/4
以徵笑羽○	11/99/5
非務相反○	11/99/9
時世異○	11/99/10
與化推移者○	11/99/10
故狐梁之歌可隨○	11/99/11
其所以歌者不可為○	11/99/11
聖人之法可觀○	11/99/12
其所以作法不可原○	11/99/12
辯士〔之〕言可聽○	11/99/12
其所以言不可形○	11/99/12
淳均之劍（不）可愛○	11/99/13
而歐冶之巧〔不〕可貴○	11/99/13
故天之員○不中規	11/99/20
地之方○不中矩	11/99/20
而所道者一○	11/99/23
無以相非○	11/99/24
其受水鈞○	11/99/24
然一木之樸○	11/99/26
其合道一（體）○	11/99/27
〔其〕樂同○	11/99/27
其知馬一○	11/99/28
其得民心鈞○	11/100/1
此巧之具○	11/100/6
而非所以〔為〕巧○	11/100/6
故絃、悲之具○	11/100/7
而非所以為悲○	11/100/7
今夫為平者準○	11/100/10
為直者繩○	11/100/10
此不共之術○	11/100/11
此同音之相應者○	11/100/11
此不傳之道○	11/100/12
音之主○	11/100/13
而未始有是○	11/100/16
而未始有非○	11/100/16
非求道理○	11/100/17
求合於己者○	11/100/17
非批邪施〔○〕	11/100/17
去忤於心者○	11/100/17
未必不合於人○	11/100/18
未必不非於俗○	11/100/18
此真是非○	11/100/19
此之謂一是一非○	11/100/19
隅曲○	11/100/20
宇宙○	11/100/20
平公非不痛其體○	11/100/25
欲來諫者○	11/100/25
是縱過○	11/100/26
有以○夫	11/100/26
平公之不霸○	11/100/26
是擅○	11/101/1
是返○	11/101/1
是亂○	11/101/2
是公○	11/101/2
是通○	11/101/2
是忠○	11/101/3
故賓之容一體○	11/101/3
所自視之異○	11/101/3
見者以為其愛之至○	11/101/5
則過者以為嫉○	11/101/5
事之情一○	11/101/5
所從觀者異○	11/101/5
所居高○	11/101/6
所自闚之異○	11/101/7
譬猶逃雨○	11/101/8
此所慕而〔無〕不（能）致○	11/101/9
轉無窮之原○	11/101/11
復迷惑○	11/101/12
辟若（倪）〔綄〕之見風○	11/101/13
治世之（體）〔職〕易守○	11/101/16
其事易為○	11/101/16
其禮易行○	11/101/16
其責易償○	11/101/16
故伊尹之興土功○	11/101/18
其數一○	11/101/21
人才之隆○	11/101/23
人智之美○	11/101/24
士之伉行○	11/101/24
人巧之妙○	11/101/25
而不可與眾同職○	11/101/26
不可（以）〔與〕眾同道○	11/101/26
不可以為世儀〔○〕	11/102/1
而不可使為工○	11/102/2
而度量可世傳○	11/102/6
故國治可與愚守○	11/102/6
而軍制可與權用○	11/102/7
因〔其〕所有而（並）〔遂〕用之〔○〕	11/102/8
而道術可公行○	11/102/10
力不足○	11/102/12
譬猶日月○	11/102/15
猶室宅之居○	11/102/16
可及○	11/102/17
天授○	11/102/18
非意變○	11/102/21
以應時○	11/102/21
非不仁○	11/102/21
以匡亂○	11/102/22
審於勢之變○	11/102/25
並世有與同者而弗知貴○	11/102/27
非才下○	11/102/28

時弗宜○ 11/102/28
處勢然○ 11/102/28
王子比干非不（智）〔知〕（箕子）被髮佯狂以免其身○ 11/103/4
故不為○ 11/103/5
伯夷、叔齊非不能受祿任官以致其功○ 11/103/5
故不務○ 11/103/5
許由、善卷非不能撫天下、寧海內以德民○ 11/103/6
故弗受○ 11/103/6
豫讓、要離非不知樂家室、安妻子以偷生○ 11/103/6
故不留○ 11/103/7
何以相非○ 11/103/12
譬猶冰炭鉤繩○ 11/103/14
未有可是非者○ 11/103/15
亦人之所棲宿○ 11/103/16
其導民○ 11/103/24
弗能治○ 11/104/4
然貧富之相去○ 11/104/8
是由發其原而壅其流○ 11/104/10
傷農事者○ 11/104/11
害女工者○ 11/104/11
則飢之本而寒之原○ 11/104/12
將不能止○ 11/104/15
懼不能走○ 11/104/16
不能相顧○ 11/104/17
而仁不能解○ 11/104/19
手足有所急○ 11/104/19
身體有所痛○ 11/104/20
所饒足○ 11/104/21
所有餘○ 11/104/21
利不足○ 11/104/22
財有餘○ 11/104/23
而利不能誘○ 11/104/23
而法弗能禁○ 11/104/23
吾弗知○ 12/105/3
此吾所以知道之數○ 12/105/6
吾弗知（之）〔○〕 12/105/9
〔此〕吾所以知道之數○ 12/105/13
聞而非○ 12/105/16
見而非○ 12/105/16
言而非○ 12/105/16
斯不善○ 12/105/17
言者不知」○ 12/105/18
不以言言○ 12/105/24
非樂之○ 12/105/24
白公不得○ 12/105/25
是以不吾知○ 12/105/26
白公之謂○ 12/105/26
此舉重勸力之歌○ 12/106/4
不若此其宜○ 12/106/5
齊國○ 12/106/8
可陶冶而變化○ 12/106/11
無物之象』者○ 12/106/11
若王之所問者、齊○ 12/106/12
田駢〔之〕所稱者、材○ 12/106/12
白公弗聽（○） 12/106/16
夫國非其有○ 12/106/18
可謂至貪（○）〔矣〕 12/106/18
譬白公之嗇○ 12/106/19
何以異於梟之愛其子○ 12/106/19
不可長保○ 12/106/20
是〔其〕為人○ 12/106/23
先君之立我○ 12/106/24
此人之所〔以〕喜○ 12/107/7
江、河之大○ 12/107/8
夫憂、所以為昌○ 12/107/10
而喜、所以為亡○ 12/107/10
勝非其難者○ 12/107/10
〔持之、其難者○〕 12/107/10
不通乎持勝○ 12/107/11
而用之又弗盈○ 12/107/13
勇有（功）〔力〕○ 12/107/16
不說為仁義者○ 12/107/17
此寡人之所欲聞○ 12/107/18
此猶辱○ 12/107/19
非無其意○ 12/107/20
使人本無其意○ 12/107/20
未有愛利之心○ 12/107/21
此其賢於勇有力○ 12/107/22
四累之上○ 12/107/22
此寡人所欲得○ 12/107/23
今大王、萬乘之主○ 12/107/24
此賢於孔、墨○遠矣 12/108/1
客之以說勝寡人○ 12/108/2
善乘人之資○ 12/108/6
千乘○ 12/108/11
此所謂弗安而安者○ 12/108/14
故致數輿無輿○ 12/108/15
夫聖人之舉事○ 12/108/18
非獨以適身之行○ 12/108/19
國家之福〔○〕 12/108/24
何故○ 12/108/24
此夫差之所以自剄於干遂○ 12/108/26
天之道○ 12/108/27,20/211/14
歌者非常人○ 12/109/3
客、衛人○ 12/109/5
問之而（故）〔固〕賢者○ 12/109/6
用之未晚〔○〕 12/109/6
患其有小惡○ 12/109/7
此人主之所以失天下之士○ 12/109/7
合其所以○ 12/109/8
且人固難（合）〔全〕○ 12/109/8
當是舉○ 12/109/9
以言其能包裹之○ 12/109/10
無以財物為○ 12/109/12
〔吾〕弗〔忍〕為〔○〕 12/109/14
且吾聞之○ 12/109/15
復歸其明○ 12/109/25
臣未嘗聞身治而國亂者○ 12/109/28
未嘗聞身亂而國治者○ 12/109/29, 14/133/5
其德乃真○ 12/109/30
何書○ 12/110/2
民之所好○ 12/110/11
民之所怨○ 12/110/11
專在子罕○ 12/110/13
書者、言之所出○ 12/110/18
不可以當此樂○ 12/110/24
皆賢人○ 12/110/28
柔之勝剛○ 12/111/6
弱之勝強○ 12/111/6
是天助我〔○〕 12/111/11
可以形容筋骨相○ 12/111/16
皆下材○ 12/111/17
非臣之下○ 12/111/18
何馬○ 12/111/19
是乃其所以千萬臣而无數者○ 12/111/22
天機○ 12/111/23

乃有貴乎馬者〔〇〕 12/111/24
馬至而果千里之馬〔〇〕 12/111/24
先生試觀起之為（人）〔之〕〇 12/112/2
是變其故、易其常〇 12/112/5
怒者、逆德〇 12/112/5
兵者、凶器〇 12/112/6
爭者、人之所（本）〔去〕〇 12/112/6
逆之至〇 12/112/7
差須夫子〇 12/112/9
不可更〇 12/112/10
是孤之過〇 12/112/14
此臣之罪〇 12/112/15
不可伐〇 12/112/16
熒惑〔者〕、天罰〇 12/112/20
宋〔之〕分野〔〇〕 12/112/20
宰相、所使治國家〇 12/112/21
〔寡人請自當〇〕 12/112/21
歲、民之命〔〇〕 12/112/23
為人君而欲殺其民以自活〇 12/112/23
是夕〇 12/113/2
此君之德〇 12/113/12
此將軍之威〇 12/113/12
此庶民之力〇 12/113/13
非仁義之道〇 12/113/13
吾不知原三日而不可得下〇 12/113/17
吾弗為〇 12/113/18
可弗降〇 12/113/18
此明於為人為己者〇 12/113/24
何謂〇 12/113/28, 12/115/12, 12/115/13, 18/201/12
臣有守〇 12/114/5
於物無視〇 12/114/6
非鉤無察〇 12/114/6
必假於弗用〇 12/114/6
以待紂之失〇 12/114/16
善之則吾畜〇 12/114/22
不善則吾讎〇 12/114/22
此世之所明知〇 12/114/23
如何其無懼〇 12/114/23
不可不畏〇 12/114/24
奚適其（無）〔有〕道〇 12/114/26
聖〇 12/114/27
勇〇 12/114/27
智〇 12/114/27
臣、〔楚市〕偷〇 12/115/1
偷者、天下之盜〇 12/115/3
善人之資〇 12/115/10
猶未〇 12/115/13, 12/115/14
洞則無善〇 12/115/16
丘〔〇〕請從之後 12/115/16
為其謀未及發泄〇 12/115/20
甲兵未及銳弊〇 12/115/20
糧食未及乏絕〇 12/115/20
人民未及罷病〇 12/115/20
臣不知其可〇 12/115/21
不可襲〇 12/115/24
是死吾君而弱吾孤〇 12/115/26
病〇 12/115/28
猶（突）〔窔〕奧〇 12/116/11
悖若有喪〇 12/116/17
猶黃鵠與蠰蟲〇 12/116/17
此言明之有所不見〇 12/116/19
欲得〇 12/116/23
（季）〔宓〕子不欲人〔之〕取小魚〇 12/116/23
（季）〔宓〕子必行此術〇 12/116/26
神明〇 12/117/1
非〇 12/117/1
無有弗應〇 12/117/6
〔而〕未能無無〇 12/117/9
吾是以知無為之有益〇 12/117/10
血流至地而弗知〇 12/117/12
則不能漏理其形〇 12/117/13
則所遺者近〇 12/117/14
无關鍵而不可開〇 12/117/21
無繩約而不可解〇 12/117/21
吾非（受）〔愛〕道於子〇 12/117/24
恐子不可予〇 12/117/24
吾以觀其復〇 12/117/26
此皆有所遠通〇 12/118/1
未嘗見〇 12/118/4
武（王）〔士〕可以仁義之禮說〇 12/118/4
不可劫而奪〇 12/118/5
（人）〔又〕以為從未足〇 12/118/10
是其所以〔為〕固〇 12/118/12
不若其寡〇 12/118/13
先王〔有〕以見大巧之不可〔為〕〇 12/118/13
所以不知門〇 12/118/14
不識道之可以從楚〇 12/118/19
非不深且清〇 12/118/22
魚鱉龍蛇莫（肯之）〔之肯〕歸〇 12/118/22
無所陰蔽（隱）〇 12/118/23
其為政〇 12/118/27
譬之猶廓革者〇 12/118/28
裂之道〇 12/118/28
地固將動〇 12/119/4
不欲太卜之死〔〇〕 12/119/5
恐公之欺〇 12/119/5
先王所以守天下而弗失〇 12/119/19
未嘗不危〇 12/119/19
是臣殺其主而下伐其上〇 12/119/22
王之問〇 12/119/23
惟恐其創之小〇 12/119/23
唯恐傷肉之多〇 12/119/24
吾將鎮之以無名之樸〇 12/119/29
烏鵲之巢可俯而探〇 13/120/4
禽獸可羈而從〇 13/120/5
伯余之初作衣〇 13/120/9
不通往來〇 13/120/12
故（〇）〔地〕勢有无 13/120/12
肩負儋之勤〇 13/120/13
為鷙禽猛獸之害傷人而无以禁御〇 13/120/14
器械不可因〇 13/120/16
非禮〇 13/120/19
非制〇 13/120/20
非法〇 13/120/20
此禮之不同者〇 13/120/21
此葬之不同者〇 13/120/22
此祭之不同者〇 13/120/23
此樂之不同者〇 13/120/24
此皆因時變而制禮樂者〔〇〕 13/120/25
譬猶師曠之施瑟柱〇 13/120/25
而以知矩（彠）〔矱〕之所周者〇 13/120/26
是故禮樂未始有常〇 13/121/2

夫夏、商之衰○ 13/121/4
三代之起○ 13/121/4
而循俗未足多○ 13/121/6
《詩》、《春秋》、學之美者○ 13/121/9
皆衰世之造○ 13/121/9
（失）〔夫〕道（之）〔其〕缺○ 13/121/11
不若道其全○ 13/121/11
言弗能言○ 13/121/13
非常道○ 13/121/13
周公〔之〕事文王○ 13/121/15
所以應時（矣）〔○〕 13/121/20
治（人）之具○ 13/121/25
而非所以為治○ 13/121/25, 20/215/22
此萬世不更者○ 13/121/25
雖日變可○ 13/121/26
風俗易移○ 13/122/1
是猶无鏑銜（橛）策錣而御馯馬○ 13/122/2
今之所以為辱○ 13/122/8
今之所以為亂○ 13/122/9
所以論民俗而節緩急○ 13/122/13
因時變而制宜適〔○〕 13/122/13
然後能擅道而行（矣）〔○〕 13/122/18
是猶持方柄而周員鑿○ 13/122/22
今儒墨者稱三代、文武而弗行〔○〕 13/122/23
是言其所不行○ 13/122/23
是行其所非○ 13/122/24
勞形竭智而无補於主○ 13/122/25
而狗馬可日見○ 13/122/26
聖王不聽〔○〕 13/122/27
大絙之為度○ 13/123/4
可卷而（伸）〔懷〕○ 13/123/4
可直而（晞）〔睎〕〔○〕 13/123/4
此柔懦所生○ 13/123/9
其於罰○ 13/123/9
此剛猛之所致○ 13/123/10
而聞見舛馳於外者○ 13/123/11
譬猶不知音者之歌○ 13/123/12
不受於外而自為儀表○ 13/123/15
目無以接物○ 13/123/16
無術以御之○ 13/123/17
有術以御之○ 13/123/18
孔子之所立○ 13/123/20
墨子之所立○ 13/123/21
楊子之所立○ 13/123/21
（自）〔有〕以相使○ 13/123/24
非彼之是○ 13/123/24
非彼之非○ 13/123/24
譬若斤斧椎鑿之各有所施○ 13/123/25
則才不足○ 13/124/2
有時而用○ 13/124/11
今世之為武者則非文○ 13/124/11
為文者則非武○ 13/124/11
而不知時世之用○ 13/124/12
而不知八極之廣大○ 13/124/12
道德○ 13/124/15
理塞○ 13/124/15
文王處（歧）〔岐〕周之間○ 13/124/16
有王道○ 13/124/17
夏桀、殷紂之盛○ 13/124/17
有亡形○ 13/124/18
殷之將敗○ 13/124/20
成敗之際○ 13/124/21
甲子之日○ 13/124/21
若此其易知○ 13/124/23
故國之亡○ 13/124/25
道之行○ 13/124/25
（有）〔存〕在得道而不在於大○ 13/124/26
亡在失道而不在於小○ 13/124/26
言去殷而遷于周○ 13/124/27
而造其所以亡○ 13/124/28
孰弗能奪○ 13/125/3
天下非一湯、武○ 13/125/4
則必有繼之者○ 13/125/4
以其有道○ 13/125/5
以其无道○ 13/125/5
是趨亡之道○ 13/125/6
固塞險阻之地○ 13/125/8
則天下納其貢職者迴○ 13/125/9
此所以三十六世而不奪○ 13/125/9
下用○ 13/125/12
上用○ 13/125/12
常○ 13/125/12
權○ 13/125/13
此存亡之術○ 13/125/13
天下之高行○ 13/125/13
過之大者○ 13/125/15
此所謂忠愛而不可行者○ 13/125/20
非攝奪○ 13/125/22
非（本）〔夸〕矜○ 13/125/22
以乘時應變○ 13/125/22
以相尊禮○ 13/125/24
至其迫於患○ 13/125/24
天下莫能非○ 13/125/24
禮不足以難之○ 13/125/25
至其溺○ 13/125/25
以救其死○ 13/125/26
勢不得不然○ 13/125/26
此權之所設○ 13/125/27
而未可與適道○ 13/125/27
未可以立○ 13/125/27
權者、聖人之所獨見○ 13/125/28
故禮者、實之華而偽之文○ 13/126/1
方於卒迫窮遽之中○ 13/126/1
此脩短之分○ 13/126/5
昔者萇弘、周室之執數者○ 13/126/5
蘇秦、匹夫徒步之人○ 13/126/7
趨舍○ 13/126/23
偽詐○ 13/126/23
事○ 13/126/23
（名）〔治〕○ 13/126/24
聖人之所獨見而留意○ 13/126/24
不可灼○ 13/126/27
不可鑿○ 13/126/27
猶之為易○ 13/126/28
猶之為平〔○〕 13/126/28
今人君〔之〕論其臣○ 13/127/8
則失賢之數○ 13/127/8
小形不足以包大體○ 13/127/10
誠其大略是○ 13/127/10
若其大略非○ 13/127/11
夫顏（喙）〔啄〕聚、梁父之大盜○ 13/127/11
段干木、晉國之大駔○ 13/127/12
其略得○ 13/127/14
未有能全其行者○ 13/127/19
而不欲其大○ 13/127/20
世主之隆○ 13/127/22

非人○	14/142/12
神貴於形○	14/142/16
而除萬民之害○	15/142/21
而物弗能足○	15/142/23
自五帝而弗能偃○	15/142/29
所以禁暴討亂○	15/143/1
故聖人之用兵○	15/143/3
皆有小過而莫之討○	15/143/6
此（大）〔天〕論之所不取○	15/143/7
以禁暴討亂○	15/143/7
是為虎傅翼〔○〕	15/143/8
（養）〔養〕禽獸者○必去豺狼	15/143/10
非以亡存○	15/143/11
將以存亡○	15/143/11
此天之所（以）誅○	15/143/15
民之所（以）仇○	15/143/15
兵之來○	15/143/15
以廢不義而復有德○	15/143/16
唯恐其不來○	15/143/19
而齊桓、晉文之所以成霸○	15/143/20
民之思兵○	15/143/20
故義兵之至○	15/143/21
攻者非以禁暴除害○	15/143/23
欲以侵地廣壤○	15/143/23
自為之故○	15/143/24
夫員者、天○	15/144/3
方者、地○	15/144/3
以其無常形勢○	15/144/5
刑、兵之極○	15/144/9
所謂廟戰者、法天道○	15/144/11
神化者、法四時○	15/144/11
內政治○	15/144/12
是以勝權多○	15/144/17
非鼓之〔之〕日○	15/144/20
去殘除賊○	15/144/23
同所利○	15/144/25
其憂同○	15/144/26
故明王之用兵○	15/144/26
用其自為用○	15/144/28
用其為己用○	15/144/28
則天下莫不可用○	15/144/29
此用兵之上○	15/145/3
此用兵之次○	15/145/5
此用兵之下○	15/145/7
釋其根而樹其枝○	15/145/8
此軍之大資○	15/145/11
此戰之助○	15/145/11
難（以）〔與〕眾同○	15/145/12
此〔大〕尉之官〔○〕	15/145/13
〔此司馬之官○〕	15/145/14
此候之官○	15/145/15
此司空之官○	15/145/16
此輿之官○	15/145/16
凡此五官之於將○	15/145/16
猶身之有股肱手足○	15/145/17
然皆佐勝之具○	15/145/18
非所以必勝○	15/145/19
此必勝之本○	15/145/21
不顧百姓之飢寒窮匱○	15/146/5
勁弩強衝○	15/146/9
積怨在於民○	15/146/11
怒畜而威可立○	15/146/19
先弱敵而後戰者○	15/146/21
故費不半而功自倍○	15/146/21
脩德○	15/146/22
窮武○	15/146/22
此皆以形相勝者○	15/147/1
善形者弗法○	15/147/2
貴其无形○	15/147/2
則不可制迫〔○〕	15/147/2
不可（度量）〔量度〕○	15/147/2
不可巧（計）〔詐〕○	15/147/3
不可規慮○	15/147/3
皆非善者○	15/147/4
善者之動○	15/147/5
乘而勿假○	15/147/11
迫而勿舍○	15/147/12
迫而勿去○	15/147/12
一心以使之○	15/147/26
而千人弗敢過○	15/148/4
明於必勝之（攻）〔數〕○	15/148/9
敵不可得勝之道○	15/148/15
則是見其形○	15/148/15
則是罷其力○	15/148/15
形見則勝可制○	15/148/15
力罷則威可立○	15/148/16
莫不可勝○	15/148/22
莫不可應○	15/148/22
以其无形故○	15/148/23
唯无形者○	15/148/24
物未有不以動而制者○	15/149/4
故良將之用卒○	15/149/7
不如百人之俱至○	15/149/9
不能通其知而壹其力○	15/149/10
無奈之何○	15/149/11
其滅可立而待○	15/149/12
非有水火之勝○	15/149/12
非言所戰○	15/149/13
勢不齊○	15/149/14
用力諧○	15/149/14
未嘗聞○	15/149/15,16.97/163/4
兵之幹植○	15/149/16
可一用○	15/149/16
故任天者可迷○	15/149/16
任地者可束○	15/149/17
任時者可迫○	15/149/17
任人者可惑○	15/149/17
夫仁勇信廉、人之美才○	15/149/17
然勇者可誘○	15/149/18
仁者可奪○	15/149/18
信者易欺○	15/149/18
廉者易謀○	15/149/18
是故為麋鹿者則可以置罘設○	15/149/19
為魚鱉者則可以罔罟取○	15/149/20
為鴻鵠者則可以矰繳加○	15/149/20
唯無形者無可（佘）〔柰〕○	15/149/20
兵之所隱議者天道○	15/149/26
所圖（盡）〔畫〕者地形○	15/149/26
所明言者人事○	15/149/26
所以決勝者鈐勢○	15/149/26
故上將之用兵○	15/149/27
下將之用兵○	15/149/29
其行之誠○	15/150/1
以其无勢○	15/150/3
然猶不能獨（射）〔穿〕○	15/150/4
人之有所推○	15/150/6
天下見吾兵之必用○	15/150/7
故百人之必死○	15/150/7
賢於萬人之必北○	15/150/8

因時而變化者○ 15/150/13
不與五音者○ 15/150/17
不與五味者○ 15/150/18
不可揆度者○ 15/150/18
夫飛鳥之摯○俛其首 15/150/23
猛獸之攫○匿其爪 15/150/24
故所鄉非所之○ 15/150/26
所見非所謀○ 15/150/27
莫能識○ 15/150/27
兵之所以強者、（民）〔必死〕○ 15/151/1
民之所以必死者、義○ 15/151/1
義之所以能行者、威○ 15/151/1
夫人之所樂者、生○ 15/151/2
而所憎者、死○ 15/151/3
彼非輕死而樂傷○ 15/151/4
為其賞信而罰明○ 15/151/4
積恩先施○ 15/151/8
故其死可得而盡○ 15/151/11
所以程寒暑○ 15/151/12
所以齊勞佚○ 15/151/12
所以同飢渴○ 15/151/13
〔所〕以共安危○ 15/151/14
故良將之用兵○ 15/151/14
求民為之勞○ 15/151/17
欲民為之死○ 15/151/17
兵猶且弱○ 15/151/19
令猶且行○ 15/151/21
則下可用○ 15/151/21
則威可立○ 15/151/21
柔而不可卷○ 15/151/26
剛而不可折○ 15/151/26
仁而不可犯○ 15/151/26
信而不可欺○ 15/151/26
勇而不可陵○ 15/151/26
神清而不可濁○ 15/151/27
謀遠而不可慕○ 15/151/27
操固而不可遷○ 15/151/27
知明而不可蔽○ 15/151/27
不可喜○ 15/151/28
不可怒○ 15/151/28
己未能治○ 15/152/5
以水應水○ 15/152/5
同莫足以相治○ 15/152/6
未有死者○ 15/152/7
以其異類○ 15/152/7
若水火金木之代為雌雄○ 15/152/8
兵貴謀之不測○ 15/152/11
形之隱匿○ 15/152/11
不可以設備○ 15/152/11
无不制○ 15/152/12
因此而為變者○ 15/152/13
可以伏匿而不見形者○ 15/152/14
莫知其端緒者○ 15/152/15
此善脩行陳者○ 15/152/18
此善為天道者○ 15/152/19
所以營其耳○ 15/152/20
此善為詐（祥）〔佯〕者○ 15/152/20
此善為充幹者○ 15/152/21
此善用輕出奇者○ 15/152/22
此善為地形者○ 15/152/23
此善因時應變者○ 15/152/24
此善為設施者○ 15/152/25
不可一无○ 15/152/25
然而非兵之貴者○ 15/152/26
獨見者、見人所不見○ 15/152/28
獨知者、知人所不知○ 15/152/28
〔神〕明者、先勝者○ 15/152/29
虛實是○ 15/153/1
所謂虛○ 15/153/1
所謂實○ 15/153/2
虛實之謂○ 15/153/3
此用民氣之實○ 15/153/7
因制其虛○ 15/153/9
夫氣之有虛實○ 15/153/9
若明之必晦○ 15/153/9
故勝兵者非常實○ 15/153/10
敗兵者非常虛○ 15/153/10
以待人之虛○ 15/153/10
以待人之實○ 15/153/11
故虛實之氣、兵之貴者○ 15/153/11
國不可從外治○ 15/153/17
軍不可從中御○ 15/153/17
願君亦（以）〔無〕垂一言之命於臣○ 15/153/19
設明衣○ 15/153/20
國之（實）〔寶〕○ 15/153/22
上將之道○ 15/153/23
必无道之國○ 15/153/27
〔無有〕、何得而聞○ 16.1/154/4
而非道○ 16.1/154/5
乃內視而自反○ 16.1/154/6
以其休止不蕩○ 16.3/154/12
引輻者為之止（○） 16.4/154/14
精之至○ 16.4/154/15,20/211/18
用〔心〕一○ 16.4/154/17
無為而治者載無○ 16.6/154/21
不能有○ 16.6/154/22
不能有為○ 16.6/154/22
所用者非其言○ 16.8/154/28
用所以言○ 16.8/154/28
非其詩○ 16.8/154/28
非能生迹者○ 16.8/155/2
而不能使人勿斷○ 16.9/155/4
四方皆道之門戶牖嚮○ 16.10/155/6
譬猶越人之射○ 16.11/155/10
陰不可以乘陽○ 16.12/155/12
不能與之爭光○ 16.12/155/12
則所以無不動○ 16.12/155/14
能下之○ 16.13/155/16
冰炭相息○ 16.14/155/18
愈其立○ 16.15/155/20
愈其凝○ 16.15/155/20
遠之故○ 16.16/155/22
渙乎其有似○ 16.19/155/29
陳成（子）恒之劫子淵捷○ 16.20/156/4
白公勝之倒杖策○ 16.20/156/5
衛姬之請罪於桓公〔○〕 16.20/156/5
何肥○ 16.20/156/5
魏文侯（見之）〔之見〕反披裘而負芻○ 16.20/156/6
兒說之為宋王解閉結○ 16.20/156/6
日之脩短有度○ 16.22/156/12
有所在而脩○ 16.22/156/13
則中不平○ 16.22/156/13
其平不平○ 16.22/156/13
後難復處○ 16.23/156/15
心無累○ 16.24/156/18
故無患○ 16.24/156/19
君子之於善○ 16.26/156/24
鍾之與磬○ 16.29/157/1
則不行○ 16.30/157/5
譬猶陶人為器○ 16.31/157/7

故魚不可以無餌釣○ 16.34/157/14
獸不可以虛器召○ 16.34/157/15
不若服於軛○ 16.35/157/17
不若走於澤〔○〕 16.35/157/18
則莫不利〔失〕○ 16.36/157/20
則莫不利為○ 16.36/157/20
非嘗不遺飲○ 16.41/158/4
猶百舌之聲〔○〕 16.44/158/13
猶不脂之戶○ 16.44/158/13
以見知隱○ 16.47/158/22
喜武非俠○ 16.48/158/24
喜文非儒○ 16.48/158/24
好方非醫○ 16.48/158/24
好馬非騶○ 16.48/158/24
知音非瞽○ 16.48/158/24
知味非庖○ 16.48/158/24
此有一概而未得主名○ 16.48/158/25
非為十步之內○ 16.49/158/27
畏馬之辟○不敢騎 16.53/159/10
懼車之覆○不敢乘 16.53/159/10
是以虛禍距公利○ 16.53/159/10
生子者所不能任其必孝○ 16.54/159/12
范氏之敗〔○〕 16.55/159/14
可○ 16.55/159/15
升之不能大於石○ 16.56/159/17
夜之不能脩於歲○ 16.56/159/17
仁義之不能大於道德○ 16.56/159/17
言有漸○ 16.57/159/21
君子不容非其類○ 16.62/160/3
譬猶以涅拭素○ 16.67/160/15
小馬（非）大馬之類○ 16.70/160/21
小知非大知之類○ 16.70/160/21
固其事○ 16.71/160/23
甚可怪○ 16.71/160/23
乃其母○ 16.76/161/4
日愈昨○ 16.80/161/15
未有天地能生天地者○ 16.85/161/30
難○ 16.88/162/8
有先中中者○ 16.89/162/12
故不可得而量○ 16.92/162/19
處使然○ 16.93/162/21
事使然○ 16.93/162/21
莫之為○ 16.94/162/24
所謂養志者○ 16.101/163/15
羅之一目○ 16.103/163/19
不憎人之利之○ 16.107/164/1
被誅者非必忠○ 16.109/164/8
明其火者、所以燿而致之○ 16.113/164/18
芳其餌者、所以誘而利之○ 16.113/164/18
敗所為○ 16.114/164/23
其時異○ 16.117/165/4
所極一○ 16.123/165/19
17.66/173/1
所救鈞○ 16.123/165/20
此類之推者○ 16.124/165/22
此類之不推者○ 16.124/165/23
掇之烝白○ 16.125/165/26
非學謾（他）〔○〕 16.131/166/10
非學鬭爭〔○〕 16.131/166/10
為其傷恩○ 16.131/166/11
積不可不慎者○ 16.131/166/11
乃不見者○ 16.132/166/14
〔乃〕不鳴〔者〕○ 16.132/166/14
故（桑）〔木〕葉（洛）〔落〕而長年悲○ 16.136/166/23
物之先後各有所宜○ 16.138/166/29
或曰知（其）〔天〕且赦○而多殺人 16.140/167/4
或曰知（其）〔天〕且赦○而多活人 16.140/167/4
所以吹者異○ 16.140/167/5
得其所能○ 16.144/167/14
失其所〔能〕○ 16.144/167/15
物莫措其所脩而用其所短○ 16.146/167/20
以其應物而斷割○ 16.150/168/1
然而不足貴○ 17.1/168/11
是〔時〕為帝者○ 17.1/168/11
各（哀）〔依〕其所生〔○〕 17.6/168/23
非其用○ 17.7/168/25
能有脩短○ 17.10/169/2
非其任○ 17.12/169/6
所極同○ 17.20/169/26
急所用○ 17.22/169/30
牆之壞○ 17.27/170/9
不若無○ 17.27/170/9
失火則不幸〔○〕 17.31/170/17
遇雨則幸○ 17.31/170/17
故禍中有福○ 17.31/170/17
鬻棺者欲民之疾（病）〔疫〕○ 17.32/170/19
畜粟者欲歲之荒飢○ 17.32/170/19
弗能匿○ 17.33/170/21
鈞之縞○ 17.36/170/27
節族之屬連○ 17.38/171/1
猶葵之與日○ 17.39/171/3
其鄉之誠○ 17.39/171/3
然而橑輻未足恃○ 17.41/171/7
非以一刀殘林○ 17.42/171/9
非以一（璞）〔墣〕塞江○ 17.42/171/9
非勇〔○〕 17.43/171/11
勢不便○ 17.43/171/11
17.80/174/1
傾者易覆○ 17.44/171/13
倚者易軵○ 17.44/171/13
幾易助○ 17.44/171/13
溼易雨○ 17.44/171/13
任動者車鳴○ 17.45/171/15
此女媧所以七十化○ 17.50/171/25
然而世不與○ 17.51/172/1
其守節非○ 17.51/172/1
牛（䟤）〔蹏〕彘顱亦骨○ 17.52/172/4
孰先（隴）〔礲〕○ 17.55/172/10
孰先弊○ 17.55/172/10
孰先（直）〔折〕○ 17.55/172/10
無其君形者○ 17.61/172/23
乳狗之噬虎○ 17.64/172/30
伏雞之（捕）〔搏〕狸〔○〕 17.64/172/30
使景曲者、形○ 17.65/172/32
使響濁者、聲○ 17.65/172/32
不可食○ 17.65/172/32

鈞弗能牽○ 18/190/17
今夫齊、君之淵○ 18/190/17
此所謂虧於耳、忤於心而得事實者○ 18/190/18
利不足貪○ 18/190/23
然則求名於我○ 18/190/23
有義行○ 18/191/4
冠履之於人○ 18/191/6
暴不能蔽○ 18/191/6
其所自託者然○ 18/191/7
其言有貴者○ 18/191/9
故義者、天下之所（賞）〔貴〕○ 18/191/10
不若擇趨而審行○ 18/191/10
城濮之戰、〔咎犯之謀〕○ 18/191/16
一時之權○ 18/191/17
萬世之利○ 18/191/17
而（後）〔先〕萬世之利○哉 18/191/17
智伯（人）〔之〕為人○ 18/191/25
晉陽之存、張孟談之功○ 18/192/3
晉陽之圍○ 18/192/3
義者、人之大本○ 18/192/5
或有罪而可賞○ 18/192/8
或有功而可罪○ 18/192/8
今君欲為霸王者○ 18/192/11
甲兵粟米可立具○ 18/192/12
非一日之積○ 18/192/14
後不可復用○ 18/192/14
吾土地非益廣○ 18/192/16
人民非益眾○ 18/192/16
是用民不得休息○ 18/192/19
而鼓可得○ 18/192/23, 18/192/24
攻城者、欲以廣地○ 18/192/26
見其本而知其末○ 18/192/26
凡襲國者、以為無備○ 18/193/1
是俗敗○ 18/193/4
〔仁〕者弗為○ 18/193/5
義者弗為○ 18/193/5
以王為非誅罪人○ 18/193/15
貪陳國○ 18/193/15
此務崇君之德者○ 18/193/17
此務為君廣地者〔○〕 18/193/20
湯、武是○ 18/193/21
智伯是○ 18/193/21
非其事者勿仞○ 18/193/23
非其名者勿就○ 18/193/23
（無故有顯名者勿處○） 18/193/23
無功而富貴者勿居○ 18/193/23
譬猶緣高木而望四方○ 18/193/24
未嘗不恐○ 18/193/25
弗能及○ 18/193/25
是故忠臣〔之〕事君○ 18/193/26
受之勿辭○ 18/193/27
與之勿喜○ 18/193/27
此不知足之禍○ 18/194/2
近諸夏○ 18/194/6
以其僻遠○ 18/194/6
是得天下○ 18/194/7
此所謂見譽而為禍者○ 18/194/11
是○ 18/194/17
臣之處於齊○ 18/194/17
自唐子之短臣○ 18/194/18
此〔所〕謂毀人而反利之者○ 18/194/19
非為生○ 18/194/24
不可殺○ 18/194/25
此眾人所以為死○ 18/194/27
遲於步○ 18/194/28
夫走者、人之所以為疾○ 18/194/28
步者、人之所以為遲○ 18/194/28
明於分○ 18/195/1
而弗能得之○ 18/195/2
夫爝火在縹烟之中○ 18/195/8
一指之所能息○ 18/195/8
一（撲）〔墣〕之所能塞○ 18/195/8
弗能救○ 18/195/10
若癰疽之必潰○ 18/195/12
甚相憎○ 18/195/14
臣恐其構難而危國○ 18/195/14
此不知敬小之所生○ 18/195/15
〔則吾族○〕 18/195/22
及其（太）〔大〕○ 18/195/24
則未可與言術○ 18/196/2
公子、非常〔人〕○ 18/196/3
皆霸王之佐○ 18/196/3
不能存○ 18/196/5
被裘而用箑○ 18/196/9
夫牆之壞○於隙 18/196/11
故萬物莫能傷○ 18/196/11
楚太宰、未易得○ 18/196/13
夫鴻鵠之未孚於卵○ 18/196/18
而羽翮之（所）〔既〕成○ 18/196/18
亦弗能加○ 18/196/20
江水之始出於岷山○ 18/196/21
可攓衣而越○ 18/196/21
舟杭一日不能濟○ 18/196/21
是故患禍弗能傷○ 18/196/22
顏回何如人○ 18/196/25
仁人○ 18/196/25
丘弗如○ 18/196/25
18/196/26, 18/196/26
子貢何如人○ 18/196/25
辨人○ 18/196/26
子路何如人○ 18/196/26
勇人○ 18/196/26
丘弗為○ 18/196/28
孔子知所施之○ 18/196/28
驪然有以自得○ 18/197/2
車馬所以載身○ 18/197/3
衣被所以揜形○ 18/197/3
世之聖人○ 18/197/4
必且以我為事○ 18/197/5
而未能以知不知○ 18/197/5
而未能勇於不敢○ 18/197/6
今知所以自行○ 18/197/6
而未知所以為人行○ 18/197/7
其所論未之究者○ 18/197/7
亡秦者、胡○ 18/197/11
禍在備胡而利越○ 18/197/19
而不知築脩城之所以亡○ 18/197/20
而不知難之從中發○ 18/197/20
夫〔烏〕鵲先識歲之多風○ 18/197/21
故秦之設備○ 18/197/22
烏鵲之智○ 18/197/22
一不祥○ 18/198/2
二不祥○ 18/198/3
三不祥○ 18/198/3
而不知不爭而反取之○ 18/198/4
非能閉結而盡解之○ 18/198/5
不解不可解○ 18/198/5
（卑）〔畢〕辭而不能

得〇	18/198/10
以《九韶》樂飛鳥〇	18/198/11
予之罪〇	18/198/11
非彼人之過〇	18/198/11
說若此其无方〇	18/198/13
非歌者拙〇	18/198/14
聽者異〇	18/198/15
聖人不爭〇	18/198/15
仁者、百姓之所慕〇	18/198/17
義者、眾庶之所高〇	18/198/17
而忠臣之所以事君〇	18/198/18
不（同）〔周〕於時〇	18/198/18
偃王、有道之君〇	18/198/20
不可伐〔〇〕	18/198/20
強之與弱〇	18/198/21
且〇為文而不能達其德	18/198/21
此知仁義而不知世變者〇	18/198/23
美人之所懷服〇	18/198/23
而蓑笠盤旋〇	18/198/25
言時之不可以行〇	18/198/27
以陽動〇	18/198/28
以陰息〇	18/199/1
暴亂之所致〇	18/199/2
遭之時務異〇	18/199/3
夫戟者、所以攻城〇	18/199/6
鏡者、所以照形〇	18/199/6
不知所施之〇	18/199/7
所行同〇	18/199/10
時使然〇	18/199/10
何功名之可致〇	18/199/11
此皆載務而（戲）〔虧〕乎其（調）〔和〕者〇	18/199/18
外化、所以入人〇	18/199/19
內不化、所以全（其）身〇	18/199/19
以其能龍變〇	18/199/20
而塞於大道〇	18/199/21
	21/226/10
（比）〔此〕何馬〇	18/199/26
此故公家畜〇	18/199/26
〔故〕出而鬻之〔〇〕	18/199/27
仁者弗為〇	18/199/27
此何蟲〇	18/200/1
此〔所〕謂螳蜋者〇	18/200/1
其為蟲〇	18/200/1
以自罰〇	18/200/6
〔感於恩〇〕	18/200/6
莊王知其可以為令尹〇	18/200/9
楚國知其可以為兵主〇	18/200/10
而通於大理者〇	18/200/10
夫勸人而弗能使〇	18/200/14
禁人而弗能止〇	18/200/14
其所由者非理〇	18/200/14
孰〔意〕衛君之仁義而遭此難〇	18/200/18
奈何吾因子〇	18/200/21
子焉知醬之不能〇	18/200/21
衛君之來〇	18/200/22
然衛君以為吳可以歸骸骨〇	18/200/23
而罰言朝於吳〔者〕〇	18/200/24
且衛君之來〇	18/200/24
顧公之適〔之〇〕	18/201/2
其二者非其道〇	18/201/6
非江河魚不食〇	18/201/6
所以餌之者非其欲〇	18/201/7
能以其所欲而釣者〇	18/201/7
得其數〇	18/201/8
眾而難識〇	18/201/11
虞氏、梁之大富人〇	18/201/13
此所謂類之而非者〇	18/201/18
以不宜〇	18/201/22
此乃所以反〇	18/201/22
此所謂弗類而是者〇	18/201/23
而以勝惑人之心者〇	18/202/4
夫狐之（捕）〔搏〕雉〇	18/202/5
以待其來〇	18/202/6
故可得而擒〇	18/202/6
夫人偽之相欺〇	18/202/7
非直禽獸之詐計〇	18/202/7
是故不可不察〇	18/202/8
〔此其始〇〕	19/202/21
如此其明〇	19/202/29
非以奉養其欲〇	19/203/1
非以逸樂其身〇	19/203/1
養老弱而息勞倦〇	19/203/5
欲事起天下〔之〕利而除萬民之害〔〇〕	19/203/8
聖人之從事〇	19/203/20
公輸〔般〕、天下之巧士〔〇〕	19/203/25
不為〔〇〕	19/204/3
夫行與止〇	19/204/6
此所謂異路而同歸者〇	19/204/7
故秦、楚、燕、魏之歌〇	19/204/8
九夷八狄之哭〇	19/204/9
夫歌者、樂之徵〇	19/204/9
哭者、悲之效〇	19/204/9
鵲者駮〇	19/204/14
教之所為〇	19/204/18
馬、聾蟲〇	19/204/18
堯、舜、文王〔〇〕	19/204/21
丹朱、商均〇	19/204/22
西施、陽文〇	19/204/23
嫫母、仳倠〇	19/204/23
此教訓之所（俞）〔喻〕〔〇〕	19/204/24
愛父者眾〇	19/204/25
其行之者多〇	19/204/26
死者眾〔〇〕	19/205/7
生者眾〔〇〕（多）	19/205/8
是（謂）猶釋船而欲蹍水〇	19/205/15
夫學、亦人之砥錫〇	19/205/19
才力不能相一〇	19/206/3
此聖人之所以（詩）〔游〕心〔〇〕	19/206/24
人才之所能逮〔〇〕	19/207/2
勞〇	19/207/4
饒〇	19/207/4
天下未之有〇	19/207/5
此功之可彊成者〇	19/207/21
人情一〇	19/207/24
務之可趣〇	19/207/24
此自強而成功者〇	19/207/27
以言人之有所務〇	19/208/2
知世莫賞〇	19/208/8
見世莫可為語者〇	19/208/9
孔子有以聽其言〇	19/208/11
何道之能明〇	19/208/12
逆而弗聽〔〇〕	19/208/13
非其說異〇	19/208/14
所以聽者易〔〇〕	19/208/14
〔鄰人〕以為狗羹〇而甘之	19/208/15
後聞其猴〇	19/208/15
此未始知味者〇	19/208/16

此治之（上）〔本〕○ 20/216/7
此治之（末）〔末〕○ 20/216/8
此太平之所以不起○ 20/216/9
此所以千歲不一會○ 20/216/10
不治其性○ 20/216/12
弗能污○ 20/216/13
其性非異○ 20/216/14
通之與不通○ 20/216/14
風俗猶此○ 20/216/14
而風俗可美○ 20/216/15
非貴其隨病而調藥〔○〕 20/216/17
知疾之所從生○ 20/216/17
非貴〔其〕隨罪而鑒刑○ 20/216/18
貴其知亂之所由起○ 20/216/18
弗能禁○ 20/216/19
非法度不存○ 20/216/20
紀綱不張〔而〕風俗壞○ 20/216/20
无三代之智○ 20/216/23
无師曠之耳○ 20/216/23
非以有法○ 20/216/24
以有賢人○ 20/216/25
非以无法○ 20/216/25
以无聖人○ 20/216/25
得賢之與失〔賢○〕 20/216/28
而天下莫能亡○ 20/216/28
而天下莫能危○ 20/217/1
无人者、非无眾庶○ 20/217/2
言无聖人以統理之○ 20/217/2
不可治○ 20/217/4
法弗能正○ 20/217/4
无法不可以為治○ 20/217/5
不知禮義不可以行法〔○〕 20/217/5
教之所（以）成○ 20/217/7
化之所致○ 20/217/8
至難○ 20/217/9
以求榮○ 20/217/9
非可刑而不刑○ 20/217/13
禮義脩而任賢得○ 20/217/13
人之英○ 20/217/17
人之俊○ 20/217/18
人之豪○ 20/217/19
人之傑○ 20/217/20
其於〔以〕化民○ 20/217/22
民弗從（○）〔者〕 20/217/24
弱不能使強○ 20/217/25
此舉賢以立功○ 20/217/26
而治亂可見○ 20/217/27
而賢不肖可論○ 20/217/27
以求伸○ 20/218/1
以求直○ 20/218/1
（極）〔拯〕溺之人不得不濡足○ 20/218/2
以危為寧○ 20/218/4
緣不得已○ 20/218/5
（乎）〔平〕夷狄之亂○ 20/218/6
動於權而統於善者○ 20/218/8
夫觀逐者於其反○ 20/218/10
而觀行者於其終○ 20/218/10
猶之為仁○ 20/218/10
猶之為知○ 20/218/11
曰「伊尹之道○」 20/218/12
曰「周公之義○」 20/218/13
曰「管子之趨○」 20/218/13
曰「孔子之術○」 20/218/14
莫知其是非者○ 20/218/15
此異行而歸於醜者○ 20/218/19
故君子之過○ 20/218/20
猶日月之蝕〔○〕 20/218/20
小人之可○ 20/218/20
鴟之夜見〔○〕 20/218/20
故事成而功足賴○ 20/218/23
身死而名足稱○ 20/218/24
然后可立○ 20/218/24
愚者不為○ 20/218/26
身貴於天下○ 20/218/26
義重於身○ 20/218/27
天下、大利○ 20/218/27
身所重○ 20/218/27
義、所全○ 20/218/28
言以信義為準繩○ 20/218/28
必得人心者○ 20/219/2
故心者、身之本○ 20/219/2
身者、國之本○ 20/219/3
未有得己而失人者○ 20/219/3
未有失己而得人者○ 20/219/3
濁其源而清其流者○ 20/219/6
非愛木○ 20/219/9
非愛金○ 20/219/9
稱尊號○ 20/219/13
而得天下之心〔○〕 20/219/13
此失天下○ 20/219/17
得民心○ 20/219/20
得民之與失民○ 20/219/27
周之衰○ 20/220/1
无恃其不吾奪○ 20/220/2
衣與食○ 20/220/5
不能樂○ 20/220/5
且聾者、耳形具而无能聞○ 20/220/11
盲者、目形存而无能見○ 20/220/11
夫言者、所以通己於人○ 20/220/11
聞者、所以通人於己○ 20/220/12
夫指之拘○ 20/220/13
莫不事申○ 20/220/13
心之塞○ 20/220/14
莫知務通○ 20/220/14
不明於類○ 20/220/14
非知益多○ 20/220/18
問學之所加○ 20/220/18
雖未嘗更○ 20/220/20
其為親〔○〕亦戚矣 20/220/24
人莫不知學之有益於己○ 20/220/28
嬉戲害（人）〔之〕○ 20/220/28
故不學之與學○ 20/221/2
猶瘖聾之比於人○ 20/221/2
制而為舟輿是○ 20/221/5
治之所以為本者、仁義○ 20/221/6
所以為末者、法度○ 20/221/6
凡人之所以事生者、本○ 20/221/6
其所以事死者、末○ 20/221/6
本末、一體○ 20/221/7
其兩愛之、（一）性○ 20/221/7
君子與小人之性非異○ 20/221/8
天地之性（○天地之生）物○有本末 20/221/10
其養物○有先後 20/221/10
人之於治○ 20/221/11
故仁義者、治之本○ 20/221/11
是釋其根而灌其枝○ 20/221/12
且法之生○ 20/221/14
是貴其冠履而忘其頭足

冶 yě 16

見卵而求晨○　16.106/163/30
○行者掩目而前其手　17.133/177/26
至（其）〔期〕日之○　18/191/27
而○攻秦人　18/197/16
因○以息　18/199/1
〔其○乃攻虞氏〕　18/201/17
湯夙興○寐　19/202/23
十日十○　19/203/21
日○不忘于欲利人　19/204/10
目不能別晝○、分白黑　19/206/16
七日七○　19/207/17
○以息之　20/210/3
月照其○　20/211/9
見○漁者得小即釋之　20/212/1
令雞司○　20/212/13
夙興○寐而勞力之　20/213/6
趙政晝決獄、○理書　20/215/20
雄雞○鳴　20/215/26
鴟之○見〔也〕　20/218/20

掖 yè　1

王子閭張○而受刃　10/86/13

液 yè　2

甑得火而○　17.173/180/23
涕○（來）〔交〕集　19/207/18

腋 yè　1

攘祛薄○　18/187/13

業 yè　34

非霸王之○也　1/3/9
貧有以樂○　2/11/28
而消搖于無事之○　2/14/10
　7/57/12
農樂其○　2/17/25
當世而樂其○　7/56/25
（○）〔葉〕貫萬世而不壅　9/69/13
故務功修○　9/70/28
臣守其○以效其功　9/72/29
生○不修矣　9/74/1
男女不得事耕織之○以供上之求　9/78/21
成、康繼文、武之○　9/80/20
使百姓皆得反○脩職　10/90/21
以為窮民絕○而無益於槁骨腐肉也　11/97/22
而治世不以為民○　11/101/25
而欲成霸王之○　11/102/18
彼皆樂其○　12/119/25
百家殊○而皆務（治於）〔於治〕　13/121/8
周公繼文、（王）〔武〕之○　13/121/16
為學者循先襲○　13/122/22
繼文之○　13/124/8
事○足以當天下之急　15/145/20
子之欲成霸王之○　18/200/25
而皆脩其○　19/206/13
（北）〔死〕有遺○　19/207/2
无本○所修、方術所務　19/209/17
是以緒○不得不多端　20/214/2
（欲）〔能〕成霸王之○者　20/219/1
（名）〔各〕務其○　21/225/10
文王○之而不卒　21/227/25
武王繼文王之○　21/227/25
周公繼文王之○　21/227/28
墨子學儒者之○　21/228/4
廣文、武之○　21/228/11

葉 yè　26

○累而無根　1/6/18
根莖枝○　2/10/21
連千枝萬○　2/11/28
百事之莖○條（梓）〔枿〕　2/13/12
枝解○貫　2/15/12
遠木則木○槁　3/24/12
食（○）〔桑〕者有絲而蛾　4/35/2
千枝萬○莫得不隨也　7/55/5
（業）〔○〕貫萬世而不壅　9/69/13
千枝萬○則莫得弗從也　10/84/10
臣、枝○也　10/89/18
根本不美、枝○茂者　10/89/18
○公入　12/106/17
枝○美者害根（莖）〔荄〕　14/138/20
條（脩）〔循〕○貫　15/144/15
見一○落　16.133/166/17
故（桑）〔木〕○（洛）〔落〕而長年悲也　16.136/166/23
使○落者風搖之　17.83/174/8
稱譽（○）〔華〕語　19/207/12
好茂○　19/209/21
宋人有以象為其君為楮○者　20/210/27
亂之楮（華）〔○〕之中而不可知也　20/210/27
使天地三年而成一○　20/210/28
則萬物之有○者寡矣　20/210/28
灌其本而枝○美　20/221/10
樹一物而生萬○者　20/223/5

鄴 yè　2

西〔門〕豹治○　18/192/8
翟璜任子治○　18/192/9

謁 yè　3

有過必○之　10/89/9
使者來○之　12/107/6
靖郭君謂○者曰　18/190/13

擪 yè　1

貴其○息脈血　20/216/17

靨 yè　2

○酺、在頰則好　17.154/179/10
○酺搖　19/209/16

一 yī　597

卷之不盈於○握　1/1/5
而景不○設　1/2/13
故任○人之能　1/3/11
不能化○人　1/4/20
得○之道　1/5/3,2/11/28

知三年而非○日 11/99/4
無以異於彈○絃而會
《棘下》 11/99/5
夫以○世之變 11/99/7
夫○儀不可以百發 11/99/7
○衣不可以出歲 11/99/7
而放其○吐○吸 11/99/15
而所道者○也 11/99/23
其本○牛之體 11/99/25
然○木之樸也 11/99/26
其合道○（體）也 11/99/27
其知馬○也 11/99/28
屠牛（吐）〔坦〕○朝
解九牛 11/100/4
此之謂○是○非也 11/100/19
此○是非 11/100/20
夫○是非 11/100/20
故賓之容○體也 11/101/3
事之情○也 11/101/5
其數○也 11/101/21
○日而通 11/102/9
自足乎○世之閒 11/104/9
○鄉父子兄弟相遺而走 11/104/16
○朝而兩城下 12/107/7
（今）○朝〔而〕兩城
下 12/107/9
又況○斤乎 12/108/12
○聽而弗復問 12/109/8
而王處其○焉 12/109/10
若亡其○ 12/111/16
○至此乎 12/111/22
君延年二十○歲 12/112/26
〔星○徙當○年〕 12/112/27
三七二十○ 12/113/1
〔臣〕故〔曰〕君（移）
〔延〕年二十○歲 12/113/1
而航在○汜 12/113/7
○呼而航來 12/113/8
原不過○二日將降矣 12/113/16
○國獻魚 12/113/22
○曰 12/113/25
恐伐余○人 12/114/11
願以技齎○卒 12/115/2
載營魄抱○ 12/115/17
因獻十珥而美其○ 12/116/1
見○士焉 12/116/5
其餘○舉而千萬里 12/116/14
吳人願○以為王而不肯 12/117/28
故○人之身而三變者 13/121/20
而欲以○行之禮 13/121/21
○定之法 13/121/22
○調不更 13/121/24
濁（○）〔之〕則鬱而
无轉 13/123/12
○饋而十起 13/124/1
○沐而三捉髮 13/124/1
出百死而紿○生 13/124/6
以決○（且）〔旦〕之
命 13/124/7
○世之間 13/124/10
此見隅曲之○指 13/124/12
天下非○湯、武也 13/125/4
殺○人 13/125/4
不結於○迹之塗 13/126/2
○朝而反之 13/127/3
○匡天下 13/127/6
是故君子不責備於○人 13/127/23
求於（○）人則任以人
力 13/127/24
嘗○哈水如甘苦知矣 13/128/15
見其○行而賢不肖分也 13/128/16
故賞○人 13/128/26
處○年 13/129/4
令有重罪者出犀甲○戟 13/129/6
訟而不勝者出○束箭 13/129/7
故賞○人而天下譽之 13/129/9
罰○人而天下畏之 13/129/9
救○車之任 13/131/24
極○牛之力 13/131/24
皆嚮天○者 13/132/4
謂之太○ 14/132/10
同出於○ 14/132/10
未始分於太○者也 14/132/16
不能成○焉 14/133/14
有虛船從○方來 14/134/20
有○人在其中 14/134/20
○謂張之 14/134/21
○謂歙之 14/134/21
上下○心 14/137/1,15/145/2
君執○則治 14/137/6
夫無為則得於○也 14/137/7
○也者 14/137/8
○（身）〔人〕之身既
數（既）變矣 14/137/9
故君失○則亂 14/137/10
○人之力 14/137/15
○植○廢 14/137/22
心不○也 14/139/22
有百技而無○道 14/139/23
其儀○也 14/139/24,14/139/24
君子其結於○乎 14/139/24
匹夫百晦○守 14/139/27
以○人兼聽天下 14/139/27
○人雖愚 14/140/8
○羸在側 14/140/9
助○人則勝 14/140/9
救○人則免 14/140/10
必制○羸 14/140/10
不足以易其○概 14/140/27
然而皆立○名者 14/141/11
而贍○人之欲 15/143/4
晉厲、宋康行○不義而
身死國亡 15/143/5
肆○人之邪 15/143/6
得○之原 15/144/2
○節不用 15/144/20
○旦不知千萬之數 15/146/6
然○人唱而天下（應）
〔和〕之者 15/146/11
○晦○明 15/147/11
專○則威 15/147/18
（人）皆專而〔為〕○ 15/147/20
萬人異心則無○人之用 15/147/20
○心以使之也 15/147/26
○人守隘 15/148/4
唯無○動 15/148/11
○其力 15/149/7
動如○體 15/149/8
不若捲手之○挃 15/149/9
可○用也 15/149/16
有○見焉 15/149/18
○龍○（地）〔蛇〕 15/152/1
不可○无也 15/152/25
願君亦（以）〔無〕垂
○言之命於臣也 15/153/19
用〔心〕○也 16.4/154/17
○淵不兩鮫 16.12/155/13
〔○棲不兩雄〕 16.12/155/13
〔○則定〕 16.12/155/14
猶采薪者見○介〔則〕
掇之 16.26/156/24

攘捲○擩 19/205/2
○言而萬民齊 19/205/11
千歲而○出 19/205/14
才力不能相○也 19/206/3
故人作○事而遺後世 19/206/11
非能○人而獨兼有之 19/206/11
無○人之才 19/206/13
不失○弦 19/206/17
受教○言 19/207/10
不過○卒之才 19/207/15
人情○也 19/207/24
○言聲然 20/210/14
故○動其本而百枝皆應 20/210/15
使天地三年而成○葉 20/210/28
天不○時 20/214/2
地不○利 20/214/2
人不○事 20/214/2
而取○概焉爾 20/214/13
此四者相反而不可○无也 20/214/23
夫天地不包○物 20/214/26
陰陽不生○類 20/215/1
夫守○隅而遺萬方 20/215/1
取○物而棄其餘 20/215/2
夫徹於○事 20/215/13
審於○（投）〔技〕 20/215/13
无○焉者亡 20/215/26
而可與興治之臣不萬○ 20/216/9
以〔不〕萬○求不世出 20/216/9
此所以千歲不○會也 20/216/10
與同出○道 20/216/15
○國之高以為九卿 20/217/14
○縣之高以為二十七大夫 20/217/14
○鄉之高以為八十○元士 20/217/14
信足以○異 20/217/16
○心同歸 20/217/21,21/226/19
聖人○以仁義為之準繩 20/218/25
而无○人之（德）〔譽〕 20/219/16
夫以○（出）〔世〕之壽 20/220/19
豈直○說之快哉 20/220/24
本末、○體也 20/221/7
其兩愛之、（○）性也 20/221/7
○切之術也 20/221/21
○唱而三歎 20/221/28
不苟以○事備○物而已矣 20/222/4
螈蠶○歲再（收）〔登〕 20/222/28
故事有鑿○孔而（生）〔開〕百隙 20/223/5
樹○物而生萬葉者 20/223/5
象太○之容 21/224/1
欲○言而寤 21/224/3
所以○群生之短脩 21/225/16
而歸之○本 21/226/16
○杯酒（白）〔甘〕 21/227/15
其於逍遙○世之間 21/227/17
○朝用三千鍾贛 21/228/14
非循○跡之路 21/228/30
守○隅之指 21/228/30

衣 yī 110

解○而入 1/3/26
○帶而出 1/3/26
其縱之也若委○ 1/10/9
是故凍者假兼○于春 2/14/26
度形而○ 2/16/19,7/60/20
故許由、方回、善卷、披○得達其道 2/17/27
天子○青○ 5/39/5 5/39/20,5/40/11
○青采 5/39/6,5/39/21,5/40/12
天子○赤○ 5/41/3,5/41/19
○赤采 5/41/4,5/41/20
天子○苑黃 5/42/8
○黃采 5/42/9
天子○白○ 5/43/1 5/43/19,5/44/15
○白采 5/43/2,5/43/20,5/44/16
天子○黑○ 5/45/11 5/46/3,5/46/22
○黑采 5/45/12,5/46/4,5/46/23
審棺槨○衾之薄厚 5/45/19
而堯布○揜形 7/58/14
○足以蓋形 7/59/17
○無隅差之削 8/65/18
○食有餘 8/66/6
而宮室○錦繡 9/74/9
○冠相連於道 9/77/24
使在匹夫布○ 9/77/25
然後取車輿○食供養其欲 9/78/11
知其可以○食也 9/81/14
人之情不能無○食 9/81/14
○食之道必始於耕織 9/81/15
而蒙○自信者難 10/86/23
其○（致）煖而無文 11/93/28
○服禮俗者 11/95/26
楚莊王裾○博袍 11/97/11
晉文君大布之○ 11/97/11
故明主制禮義而為○ 11/98/11
○足〔以〕覆形 11/98/11
一○不可以出歲 11/99/7
○必適乎寒暑 11/99/8
林類、榮啓期○若縣衰〔而〕意不慊 11/103/12
○食饒溢 11/103/25
且富人則車輿○纂錦 11/104/6
齧缺問道於被○ 12/106/28
被○曰 12/106/28
被○行歌而去曰 12/107/2
桓公贛之○冠而見〔之〕 12/109/4
有客○褐帶索而見曰 12/113/5
○不給帶 12/115/2
而巫馬期絻○短褐 12/116/21
豈必褒○博帶 13/120/5
伯余之初作○也 13/120/9
○服器械各便其用 13/121/5
身若不勝○ 13/121/15
豐○博帶而道儒墨者 13/124/7
布○弗友 13/127/5
○（御）〔禦〕寒 13/130/7
人有○食之情 15/142/23
設明○也 15/153/20
不可以成○ 16.57/159/20
非以斬縞○ 16.106/163/29
孫叔敖制冠浣○ 16.136/166/23
豈若適○而已哉 17.111/176/5
褰○涉水 17.142/178/15
人性便（絲○）〔○絲〕帛 17.147/178/27
起而更○ 18/194/23,18/194/27
使（被）〔彼〕○不暇帶 18/194/25
可攐○而越也 18/196/21
（施）〔拖〕其○被 18/197/1

任官以致其功也 11/103/5
從管、晏視伯○ 11/103/8
從伯○視管、晏 11/103/8
繼以鏽○ 12/107/2
平○狄之亂 13/121/17
故使陳成（田）常、鴟
　○子皮得成其難 13/123/8
○險除穢 15/142/26
丘○而淵塞 17.34/170/23
遂以其屬徙東○ 18/193/5
而九○歸（之） 18/200/4
九○八狄之哭也 19/204/9
○狄之國重譯而至 20/211/24
伊尹、伯○異道而皆仁 20/214/22
而四○服 20/215/20
而不能使人為伯○之廉 20/217/6
○狄伐中國 20/218/5
將欲以憂○狄之患 20/218/6
（乎）〔平〕○狄之亂
　也 20/218/6
守在四○ 20/219/27
同九○之風（氣）〔采〕
　21/225/16
使○狄各以其賄來貢 21/227/26
南○北狄 21/228/9
苦○狄之亂 21/228/10

沂 yí 1

時、泗、○出臺、台、術 4/37/18

怡 yí 1

心○氣和 6/52/7

宜 yí 99

陸處○牛馬 1/3/20
舟行○多水 1/3/20
並得其○ 1/3/21
不變其○ 1/7/1
各居其○ 1/9/13
神非其所○〔也〕而行
　之則昧 1/9/17
氣遂而大通（○○）
　〔冥冥〕者也 2/10/18
〔藏小大有○〕 2/11/2
不知耳目之（宣）〔○〕 2/14/20
則性得其○ 2/17/8
是故白水○玉 4/35/22
黑水○砥 4/35/22
青水○碧 4/35/22
赤水○丹 4/35/22
黃水○金 4/35/22
清水○龜 4/35/22
汾水濛濁而○麻 4/35/22
濟水通和而○麥 4/35/23
河水中（濁）〔調〕而
　○菽 4/35/23
雒水輕利而○禾 4/35/23
渭水多力而○黍 4/35/23
漢水重安而○竹 4/35/24
江水肥仁而○稻 4/35/24
慧而○五穀 4/35/24
其地○麥 4/35/27
其地○稻 4/36/2
其地○黍 4/36/5
其地○菽 4/36/8
其地○禾 4/36/12
以遠近土墜所○為度 5/44/22
供養之不○者 5/45/1
以待嗣歲之○ 5/47/2
五穀之所○ 5/47/22
直（○）迫性閉欲 7/60/19
旁薄眾○ 8/62/3
市南○遼弄丸 9/68/17
人得其○ 9/70/16
各得其○ 9/71/19,9/72/9
皆得其所○ 9/74/17
皆失其○矣 9/74/28
各因其○ 9/79/10
曲得其○ 9/80/4
莫不畢○也 9/80/5
其處之不○ 9/82/1
各得其所○ 10/83/3
使君子小人各得其○也 10/87/27
義載乎○之謂君子 10/90/16
○遺乎義之謂小人 10/90/16
言無常是、行無常○者 10/93/15
處其○ 11/94/25
施之於其所○ 11/94/27
○於廟牲 11/94/29
固有所○也 11/95/3
地○其事 11/95/8
事○其械 11/95/8
械○其用 11/95/8
用○其人 11/95/8
義者、循理而行○〔者〕
　也 11/98/1
（義者、○也） 11/98/1
知義而不知○也 11/98/2
曲得其○而不折傷 11/98/18
其轉入玄（○）〔冥〕 11/98/21
見形而施○者也 11/99/4
各有所○ 11/101/20
時弗○也 11/102/28
不若此其○也 12/106/5
問屈○（若）〔咎〕曰 12/112/1
○若聞之 12/112/4,12/112/8
○若聞之曰 12/112/5
不○得志於齊 12/112/7
不○得志於秦 12/112/8
於是散○生乃以千金求
　天下之珍怪 12/114/14
不○則廢之 13/121/2
法度制令各因其○ 13/121/5
因時變而制○適〔也〕 13/122/13
欲得○適致固焉 13/122/23
而以實從事於○ 13/126/2
不亦○乎 14/134/13
知土地之○ 15/145/5
來而為之○ 15/149/22
物之先後各有所○也
　16.138/166/29
事有所○ 17.133/177/26
繡、以為裳則○ 17.154/179/10
○矣其有此難也 18/187/14
以不○也 18/201/22
相土地〔之〕○ 19/202/17
使五種各得其○ 20/212/9
察陵陸水澤肥墽高下之
　○ 20/213/1
順萬物之○也 20/213/25
物各有○ 20/214/9
處地○也 20/214/10
得其○ 20/217/20
財制禮義之○ 21/225/17
庶後世使知舉錯取捨之
　○適 21/226/23
則不知動靜之○ 21/226/27
度形而施○ 21/228/28

移 yí 48

勢居不可○也 1/4/2
未發號施令而○風易俗者 1/4/21
轉化推○ 1/5/2
而不待萬物之推○也 1/9/6
爪牙○易 2/11/8
冰（故）〔水〕○易于前後 2/11/12
故日月星辰○焉 3/18/25
日○一度 3/21/8
右徙一歲而○ 3/23/6
飛鳥時○ 4/35/20
不可○匡 5/49/1
推○而无故 8/61/6
刑罰不足以○風 9/68/11
而不能○風易俗者 9/69/5
椎○大犧 9/70/5
及至其○徙之 9/70/10
其以○風易（俗）矣 9/72/23
日陰未○ 9/78/1
時○即俗易 11/99/8
與化推○者也 11/99/10
夫能與化推○（為人）者 11/99/11
可以○風易俗 12/108/18
可○於宰相 12/112/21
而○死焉 12/112/21
可○於民 12/112/22
可○於歲 12/112/23
〔臣〕故〔曰〕君（○）〔延〕年二十一歲 12/113/1
日中而○ 12/119/17
以此○風 12/119/28
則先王之法度有○易者矣 13/120/16
所推○上下者无寸尺之度 13/120/25
風俗易○也 13/122/1
文王脩之（歧）〔岐〕周而天下○風 14/135/5
無所○之也 14/139/27
鬼神○徙 15/148/11
與之推○ 15/148/18
後必可○ 15/148/19
隨時而與之○ 15/150/19
所薄者○ 15/153/2
從朝視夕者○ 17.228/184/14
與物推○ 18/199/20,19/206/22
則皆○心於晉矣 18/200/25
而人謂星辰日月西○者 19/205/9
不見其○〔也〕 20/210/9
而與化推○者也 21/225/24
以此○風易俗 21/228/1
而不與世推○也 21/228/30

貽 yí 1

毋○盲者鏡 17.7/168/25

飴 yí 3

淄出目○ 4/37/20
柳下惠見○ 17.107/175/28
盜跖見○ 17.107/175/28

疑 yí 27

九○之南 1/3/24
於是博學以○聖 2/15/16
行罪无○ 5/44/3
父子〔相〕○ 8/66/16
身疏即謀當而見○ 11/101/4
薄○說衛嗣君以王術 12/108/11
薄○對曰 12/108/12
（夫）〔太〕子發勇敢而不○ 12/114/12
有立武者見○ 13/124/10
嫌○肖象者 13/128/9
闇主亂于姦臣小人之○君子者 13/128/13
同異嫌○者 13/130/19
心○則北 15/147/18
○人之心 15/147/18,15/147/19
將無○謀 15/147/22
心○則肢體撓北 15/147/24
无所○滯 15/149/23
多知而自○ 15/149/29
決○不辟罪 15/151/25
○志不可以應敵 15/153/18
益年則○於兄 17.101/175/15
或有功而見○ 18/188/4
此所謂有功而見○者也 18/188/10
又何○焉 18/198/21
知足以決嫌○ 20/217/18
則不○矣 21/227/9

頤 yí 4

腸下迫○ 7/58/20
綴上貫○ 12/117/12
○之忘 12/117/13
而陽虎將舉劍而伯○ 18/187/12

儀 yí 41

不可隱○揆度而通光燿者 2/10/23
今夫善射者有○表之度 2/13/16
而度制可以為天下○ 7/60/11
〔而〕行為○表於天下 9/67/6
先（自）〔以身〕為檢式○表 9/75/29
動靜中○ 9/80/4
吳起、張○智不若孔、墨 9/81/1
斯（顏）〔翏〕害○ 10/88/1
離而為○表 11/98/21
夫一○不可以百發 11/99/7
○必應乎高下 11/99/8
不可以為世○〔也〕 11/102/1
公○休相魯 12/113/22
公○子不受 12/113/22
臨死地不變其○ 12/118/1
不受於外而自為○表也 13/123/15
無常○表 13/125/21
其○一也 14/139/24,14/139/24
○度不得 15/144/20
无法無○ 15/149/22
此世傳之所以為○表者 15/150/12
○表者 15/150/13
威（○）〔義〕並行 15/151/2
不易〔其〕○ 16.11/155/9
射者○小而遺大 17.77/173/26
○表規矩 18/185/20
○狄作酒 19/206/10
設○立度 19/207/1
行為○表 20/217/7
行足以為○表 20/217/18
張○、蘇秦家无常居 20/218/18
而制度可以為萬民○ 20/219/9
人教之以○則喜矣 20/220/26
又況生○者乎 20/220/26

治之○表也 20/221/20
張○、蘇秦之從衡 20/221/21
不可以為○ 20/222/1
其縣法立○〔也〕 20/222/4
○狄為酒 20/222/7
遂疏○狄而絕嗜酒 20/222/7

遺 yí 50

履○而弗取 1/5/20
古之人有居巖穴而神不○者 1/7/16
○物而與道同出 1/7/24
志○于天下 1/8/15
結激楚之○風 1/8/27
○耳目 2/12/6,7/57/14
爰有○玉、青馬、視肉 4/37/6
道不拾○ 6/52/19,20/212/1
伏戲、女媧不設法度而以至德○於後世 6/54/11
虛者天下○之 9/71/5
必○天（下）〔地〕之大數 9/74/24
故萬舉而無○策矣 9/76/10
支體相○也 10/82/19
道路不拾○ 10/87/26
農無○力 10/88/4
宜○乎義之謂小人 10/90/16
唯聖人能○物而反己 11/96/1
○形去智 11/99/14
是以士無○行 11/101/18
言無○策 11/101/26
一鄉父子兄弟相○而走 11/104/16
鼈負羈○之壺餕而加璧焉 12/110/28
視其所視而○其所不視 12/111/24
則所○者近也 12/117/14
通先聖之○教 13/124/9
齊以此三十二歲道路不拾○ 13/129/1
能治其家者必不○其身 14/134/1
發斥不忘○ 15/145/15
無○輜 15/145/16
非嘗不○飲也 16.41/158/4
受光於戶照室中無○物 16.82/161/21
○人馬而解其羈 16.114/164/22
○人車而稅其轄 16.114/164/22
堯有○道 16.115/164/25
中流○其劍 17.1/168/9
觀射者○其藝 17.59/172/19
射者儀小而○大 17.77/173/26
○腹子不思其父 17.92/174/28
而○之鼎羹與其首 18/188/8
○虞垂棘之（壁）〔璧〕與屈產之乘 18/189/1
國無○利 19/203/5
故人作一事而○後世 19/206/11
（北）〔死〕有○業 19/207/2
○利於後 19/207/27
譬若○腹子之上隴 19/208/27
夫守一隅而○萬方 20/215/1
死无○憂 20/218/17
使人知○物反己 21/224/7

嶷 yí 1

一軍守九○之塞 18/197/13

乙 yǐ 10

其日甲○ 3/20/2
5/39/3,5/39/18,5/40/9
加十五日指○則（清明風至）〔穀雨〕 3/22/17
甲剛○柔 3/27/24
○東夷 3/28/22
甲○寅卯 3/28/26
○酉 3/29/8
卯在○曰旃蒙 3/29/26

已 yǐ 125

○彫○琢 1/1/12
遂不得○ 1/4/14
自得而○ 1/8/22
則常相有○ 1/8/22
是故夫得道○定 1/9/6
茲雖遇其母而无能復化○ 2/13/19
所（斷）差跌者〔○〕〔斷〕 2/14/17
夫梣木（色）〔○〕青翳 2/14/27
精神（以）〔○〕越於外 2/16/12
節於己而○ 2/16/19
巳則生○定也 3/25/7
鍾○黃也 3/25/13
○秋分而不直 3/31/20
○春分而不直 3/31/20
至國而（后）○ 5/45/2
〔姦人〕○德 5/48/8
天節○幾 5/48/8
○而陳辭通意 6/50/9
而音之君○形也 6/51/19
其生我也不彊求○ 7/56/16
其取之地而○為盆盎也 7/56/22
其○成器而破碎漫瀾而復歸其故也 7/56/23
精用而不○則竭 7/57/3
不得○而往 7/57/16
猶不得○自強也 7/60/19
則去火而○矣 7/61/2
以不得○ 8/62/11
隨自然之性而緣不得○之化 8/63/1
并兼無○ 8/66/22
而既○備之（也）〔矣〕 9/80/11
○飯而祭竈 9/80/13
固○多矣 9/80/27
固○少矣 9/80/27
性不能○ 10/84/12
故君子順其在己者而○矣 10/89/13
斷之於耳而○矣 11/96/9
不絕人之所〔不〕能○ 11/97/18
故制禮足以佐實喻意而○（矣） 11/97/20
〔故〕制樂足以合歡宣意而○ 11/97/21
故葬薶足以收斂蓋藏而○ 11/97/23
自見而○ 11/98/15
自聞而○ 11/98/15
自知而○ 11/98/16
○淫○失 11/98/20
○雕○琢 11/98/20
及其○用之後 11/98/26
則壤土草（蔹）〔薊〕而○ 11/98/26
為刻削者曰致其鹹酸而○矣 11/100/23
吾以為各致其所極而○ 11/103/2

○成而示諸（先生）〔民人〕 12/106/1
不（知）〔如〕其○ 12/106/20
孔、墨是○ 12/107/23
權而用其長者而○矣 12/109/8
○死矣 12/110/3
○葬五日 12/111/9
○得馬矣 12/111/19
是寡人之命固○盡矣 12/112/24
未至而人○知之 12/115/24
非赦而○乎 12/116/8
至所極而○矣 12/118/20
鬪爭無○ 12/119/23
○得之 12/119/24
弓劍而○矣 13/122/6
逮至暴亂○勝 13/124/8
煩（若）〔苦〕之无○也 13/131/7
動於不得○ 14/132/19
脩其所〔○〕有 14/135/3
釋其所○有 14/139/1
民○受誅 14/139/7
不得○而為也 14/139/13
行所不得○之事 14/139/13
故不得○而歌者 14/139/14
不得○而舞者 14/139/14
固○至矣 15/147/11
（○）〔口〕無虛言 15/147/22
將○受斧鉞 15/153/17
今汝○有形名矣 16.1/154/6
世○變矣 16.11/155/9
不得○而動 16.32/157/10
○自足其中矣 16.99/163/8
則懸一札而○矣 16.103/163/20
縱之其所〔利〕而○ 16.118/165/6
雞頭○瘻 16.124/165/22
去害苗者而○ 16.147/167/23
（其）〔期〕滿腹而○ 17.53/172/6
而皆調於（○）〔口〕 17.67/173/3
豈若適衣而○哉 17.111/176/5
諾之與○也 17.157/179/16
猶愈於○ 17.175/180/27
是由病者○惓而索良醫也 18/186/3
是吾子○ 18/188/9
求地不○ 18/188/24
秦王趙政兼呑天下而（○）〔亡〕 18/189/16
城○破 18/189/26
臣請道三言而○ 18/190/14
君其（許）〔詐〕之而○矣 18/191/12
君其正之而○矣 18/191/14
城中力○盡 18/191/21
今○知之矣 18/193/2
莊王○討有罪 18/193/11
其事○構矣 18/194/10
今事○成矣 18/194/24
舞者二人而○ 18/195/19
及至其筋骨之○就 18/196/18
察其所以而○矣 18/200/12
審其所由而○矣 18/201/9
罪人○刑而不忘其恩 18/201/26
不○甚乎 19/204/1
學不可〔以〕○ 19/206/14
使後世無知音者則○ 19/209/8
而炭○重矣 20/210/8
而木○動矣 20/210/8
草木未動而鳥○翔矣 20/210/10
陰曀未集而魚○噞矣 20/210/10
施之天下而○矣 20/211/25
此治之紀綱○ 20/213/7
緣不得○也 20/218/5
（所在）〔在所〕先後而○矣 20/221/8
不苟以一事備一物而○矣 20/222/4
○言俗變而不言往事 21/226/28
○知大略而不知譬諭 21/226/30
固欲致之不言而○也 21/227/10

以 yǐ 2690

山○之高 1/1/7
淵○之深 1/1/7
獸○之走 1/1/7
鳥○之飛 1/1/7
日月○之明 1/1/7
星歷○之行 1/1/7
麟○之游 1/1/8
鳳○之翔 1/1/8
○撫四方 1/1/10
得○利者不能譽 1/1/20
歷遠彌高○極往 1/2/1
○天為蓋 1/2/3
○地為輿 1/2/3,1/2/9
○馳大區 1/2/4
可○步而步 1/2/4
可○驟而驟 1/2/5
電○為鞭策 1/2/5
雷○為車輪 1/2/5
復守○全 1/2/6
故○天為蓋 1/2/9
不○人易天 1/2/16
是○處上而民弗重〔也〕 1/2/17
○其無爭於萬物也 1/2/18
加之○詹何、娟嬛之數 1/2/21
重之〔○〕羿、逢蒙子之巧 1/2/22
○要飛鳥 1/2/23
○所持之小也 1/2/23
張天下○為之籠 1/2/23
因江海○為（罟）〔罛〕 1/2/23
無○異於使蟹（蛷）〔捕〕鼠 1/3/1
不足○禁姦塞邪 1/3/1
施之○德 1/3/3
若○湯沃沸 1/3/5
不足○治三畝之宅也 1/3/11
因水○為師 1/3/12
因苗○為教 1/3/12
各生所急○備燥溼 1/3/20
各因所處○御寒暑 1/3/21
萬物固○自然 1/3/21
○像鱗蟲 1/3/24
○便涉游 1/3/25
○便刺舟 1/3/25
○恬養性 1/4/3
○漠處神 1/4/3
所○俛仰於世人而與俗交者〔也〕 1/4/6
故聖人不○人滑天 1/4/9
不○欲亂情 1/4/9
各○其所好 1/4/12
○封（壤）〔畔〕肥饒相讓 1/4/18
○曲隈深潭相予 1/4/19
何足○致之也 1/4/22

是故貴者必○賤為號 1/5/1
而高者必○下為基 1/5/2
託小○包大 1/5/2
在中○制外 1/5/2
而○少正多 1/5/3
是故欲剛者必○柔守之 1/5/4
欲強者必○弱保之 1/5/4
○知禍福之鄉 1/5/5
何○知其然也 1/5/10
1/9/23,13/130/20,18/186/18
18/194/5,18/194/22
18/197/10,18/197/24
日○（自）〔月〕悔也 1/5/10
○至於死 1/5/10
則後者○謀 1/5/12
○其託於後位 1/5/14
夫執道理○耦變 1/5/16
不失其所○制人 1/5/16
柔弱○靜 1/5/22
舒安○定 1/5/22
夫水所○能成其至德於天下者 1/6/9
○其淖溺潤滑也 1/6/9
吾是○知無為之有益 1/6/10
而○衰賤矣 1/6/12
夫任耳目○聽視者 1/6/30
○知慮為治者 1/7/1
是故○中制外 1/7/8
○聽天下 1/7/15
不○奢為樂 1/7/22
不○廉為悲 1/7/22
聖人不○身役物 1/7/23
不○欲滑和 1/7/23
是故有○自得〔也〕 1/7/24
足○適情 1/7/25
無○自得也 1/7/25
雖○天下為家 1/7/25
不足○養生也 1/7/26
夜○繼日 1/8/1
不○內樂外 1/8/3
而○外樂內 1/8/3
察其所○ 1/8/4
而日○傷生 1/8/4
稟授於外而○自飾也 1/8/4
所○然者 1/8/7,1/8/15,9/75/5
此何○異於聾者之歌也 1/8/8
效人為之而無○自樂也 1/8/9
所○制使四支 1/8/10
夫許由小天下而不○己易堯者 1/8/14
操殺生之柄而○行其號令邪 1/8/21
此齊民之所○淫泆流湎 1/8/27
不足○營其精神 1/8/28
茨之○生茅 1/8/29
揉桑○為樞 1/8/29
不為愁悴怨（懟）〔慰〕而（不）失其所○自樂也 1/9/2
內有○通于天機 1/9/3
而不○貴賤貧富勞逸失其志德者也 1/9/3
非○一時之變化而定吾所○自得也 1/9/6
是故不○康為樂 1/9/12
不○慊為悲 1/9/12
不○貴為安 1/9/12
不○賤為危 1/9/12
○隨天地之所為 1/9/13
○其性之在焉而不離也 1/9/20
今人之所○眭然能視 1/9/21
是故貴虛者○毫末為宅也 1/9/26
故○神為主者 1/10/3
○形為制者 1/10/3
冀○過人之智植（于高）〔高于〕世 1/10/4
則精神日○耗而彌遠 1/10/4
是○天下時有盲妄自失之患 1/10/7
靜而（日）充者〔日〕○壯 1/10/8
躁而（日）耗者〔日〕○老 1/10/8
夫大塊載我○形 2/10/29
勞我○生 2/10/29
逸我○老 2/10/29
休我○死 2/10/29
乃所○善吾死也 2/10/29
萬物恬漠○愉靜 2/11/18
不○曲故是非相尤 2/11/20
其道可○大美興 2/11/22
而難○算計舉也 2/11/22
○物煩其性命乎 2/11/26
是故貴有○行令 2/11/28
賤有○忘卑 2/11/28
貧有○樂業 2/11/28
困有○處危 2/12/1
是故○道為竿 2/12/3
○德為綸 2/12/3
○摸蘇牽連物之微妙 2/12/5
中徙倚无形之域而和○天地者乎 2/12/6
○利害為塵垢 2/12/8
○死生為（盡）〔晝〕夜 2/12/8
不能○亂其神 2/12/9
不足○滑其和 2/12/10
炊○鑪炭 2/12/10
是故生不足○使之 2/12/11
利何足○動之 2/12/11
死不足○禁之 2/12/11
害何足○恐之 2/12/11
雖○天下之大 2/12/12
故不言而能飲人○和 2/12/21
臺簡○游太清 2/12/23
寂漠○虛無 2/12/24
物○有為於己也 2/12/25
有之可○備數 2/13/5
己自○為獨擅之 2/13/6
亦有○象於物者矣 2/13/8
然未可○保於周室之九鼎也 2/13/9
此皆〔有〕所得○至於妙 2/13/16
今○涅染緇則黑於涅 2/13/19
○藍染青則青於藍 2/13/19
○諭其轉而益薄也 2/13/20
何足○舉其數 2/13/21
天地之閒何足○論之 2/13/25
而蟲蝱適足○（翱）〔翺〕（翔） 2/13/26
猶足○脫其命 2/13/28
其用之也○不用 2/14/2
○聲華嘔符嫗掩萬民百姓 2/14/7
鏤之○剞劂 2/14/13
雜之○青黃 2/14/13
此不免○身役物矣 2/14/16
而內○濁其清明 2/14/18
是故躊躇○終 2/14/18
何足○留其志 2/14/23
聖人之所○駭天下者 2/15/1
賢人之所○矯世俗者 2/15/1
所○然者何也 2/15/2

6/54/2,6/54/18
又況乎○無裹之者邪 2/15/3
○鴻濛為景柱 2/15/6
仰其德○和順 2/15/7
（雜）〔離〕道○偽 2/15/15
儉德○行 2/15/15
於是博學○疑聖 2/15/16
華誣○脅眾 2/15/16
○買名譽於天下 2/15/17
聚眾不足○極其變 2/15/17
積財不足○贍其費 2/15/17
○求鑿（柄）〔枘〕於世而錯擇名利 2/15/18
夫世之所○喪性命 2/15/19
有衰漸○然 2/15/19
欲○反性於初 2/15/22
欲○通性於遼廓 2/15/22
○招號名聲於世 2/15/24
熟肯分分然○物為事也 2/16/4
○其靜也 2/16/10
○（覩）其易也 2/16/10
精神（○）〔已〕越於外 2/16/12
必無○天下為〔者〕也 2/16/20
必無○趨行求者也 2/16/20
皆○仁義之術教導於世 2/16/23
夫○末求返于本 2/16/24
趨捨何足○滑心 2/16/25
虛寂○待 2/16/27
所○養性也 2/17/8
所○養德也 2/17/8
養生○經世 2/17/9
抱德○終年 2/17/9
所○與物接也 2/17/13
灌○瀿水 2/17/20
疇○肥壤 2/17/20
是○人得自樂其閒 2/17/27
○言慕遠世也 2/18/14
是○月（虛）〔虧〕而魚腦減 3/19/5
熒惑常○十月入太微受制而出行列宿 3/20/12
鎮星○甲寅元始建斗 3/20/13
太白元始○（正月甲寅）〔甲寅正月〕 3/20/15
出○辰戌 3/20/17,3/20/21
入○丑未 3/20/17,3/20/21
常○二月春分效奎、婁 3/20/20
○五月夏至效東井、輿鬼 3/20/20
○八月秋分效角、亢 3/20/20
○十一月（久）〔冬〕至效斗、牽牛 3/20/21
所○（為）司賞罰 3/21/6
○周於天 3/21/7
天一○始建七十六歲 3/21/10
日月復○正月入營室五度無餘分 3/21/10
故不可○鑿地穿井 3/21/19
故不可○夷丘上屋 3/21/20
○生二十四時之變 3/22/12
常○寅始 3/23/6
而○十二月為歲 3/23/13
○數推之 3/23/19
○將其兩 3/24/7
○降霜雪 3/24/8
○至于仲春二月之夕 3/24/8
○司天和 3/24/9
○長百穀禽（鳥）〔獸〕草木 3/24/9
○熟穀禾 3/24/9
（禹）〔離〕○為朝、晝、昏、夜 3/24/21
是○萬物就而死 3/24/24
是○萬物仰而生 3/24/24
是○陽氣勝則日脩而夜短 3/25/1
運之○斗 3/25/4
德○去矣 3/25/10
故祭祀三飯○為禮 3/25/18
喪紀三踊○為節 3/25/18
兵（重）〔革〕三（罕）〔軍〕○為制 3/25/19
○三參物 3/25/19
○副十二月 3/25/21
十二各○三成 3/25/22
物○三成 3/25/24
音○五立 3/25/24
故音○八生 3/25/25
浸○濁 3/26/9
浸○清 3/26/9
○十二律應二十四時之變 3/26/10
物○三生 3/26/13
音○八相生 3/26/14
○五乘八 3/26/16
律○當辰 3/26/18
音○當日 3/26/18
其○為（量）〔重〕 3/26/19
○成一歲 3/26/20
其○為音也 3/26/22
故三百六十音○當一歲之日 3/26/23
○三除之 3/26/24,3/26/24
○（十一）〔正〕月與之晨出東方 3/27/5
○（十）二月與之晨出東方 3/27/6
○（正）〔三〕月與之晨出東方 3/27/7
○（二）〔四〕月與之晨出東方 3/27/8
○（三）〔五〕月與之晨出東方 3/27/10
○（四）〔六〕月與之晨出東方 3/27/11
○（五）〔七〕月與之晨出東方 3/27/12
○（六）〔八〕月與之晨出東方 3/27/13
○（七）〔九〕月與之晨出東方 3/27/14
○（八）〔十〕月與之晨出東方、奎、婁為對 3/27/15
○（九）〔十一〕月與之晨出東方 3/27/16
○十〔二〕月與之晨出東方 3/27/18
所○離者 3/27/19
○至於〔壬〕癸 3/27/24
○三應五 3/27/28
○戰必勝 3/27/29
○攻必剋 3/27/29
○日為主 3/27/29
○（勝）〔制〕擊殺 3/28/28
○專從事 3/28/28
○義行理 3/28/29
○保畜養 3/28/29
○困舉事 3/28/29
猒日不可○舉百事 3/29/2
雄○音知雌 3/29/3
天地○設 3/29/17
○制十二月 3/29/19
○使十二節 3/29/19

○制三百六十日 3/29/19
○使三百六十節 3/29/20
○日冬至數〔至〕來歲正月朔日 3/29/22
○參望日始出北廉 3/31/10
因西方之表○參望日方入北廉 3/31/11
立四表○為方一里岠 3/31/15
○候相應 3/31/16
輒○南表參望之 3/31/16
○入前表數為法 3/31/16
○知從此東西之數也 3/31/17
○出入前表之數益損之 3/31/24
昭之○日月 4/32/8
經之○星辰 4/32/8
紀之○四時 4/32/8
要之○太歲 4/32/9
自三（百）仞○上 4/33/3
禹乃○息土填洪水○為名山 4/33/3
掘崑崙虛○下地 4/33/4
北門開○內不周之風 4/33/7
○和百藥 4/33/14
○潤萬物 4/33/14
○合八正 4/34/4
必○風雨 4/34/4
○雨九州而和中土 4/34/10
○生五穀桑麻 4/34/15
土地各○（其）類生〔人〕 4/34/19
各有○生 4/35/5
偶○承奇 4/35/9
是故○水和土 4/36/23
○土和火 4/36/23
○火化金 4/36/23
○金治木 4/36/23
所○成器用 4/36/24
○出春令 5/39/7
天子親率三公九卿大夫○迎歲于東郊 5/39/9
○通句萌 5/39/22
振鐸○令於兆民曰 5/39/25
○妨農功 5/40/2
不可○內 5/40/15
○畢春氣 5/40/22
○出夏令 5/41/5
天子親率三公九卿大夫○迎歲於南郊 5/41/7
天子○彘嘗麥 5/41/10
天子○（雉）〔雛〕嘗黍 5/41/22
羞○含桃 5/41/22
禁民無刈藍○染 5/41/22
○定晏陰之所成 5/41/27
可○居高明 5/41/28
○養犧牲 5/42/11
○共皇天上帝、名山大川、四方之神、宗廟社稷 5/42/11
○送萬物歸也 5/42/12
○給宗廟之服 5/42/13
必宣○明 5/42/13
不可○合諸侯 5/42/15
利○殺草糞田疇 5/42/16
○肥土疆 5/42/16
○出秋令 5/43/3
○助損氣 5/43/3
天子親率三公九卿大夫○迎（秋）〔歲〕于西郊 5/43/5
○征不義 5/43/6
不可○贏 5/43/7
○備水潦 5/43/9
毋○封侯 5/43/9
○御秋氣 5/44/1
○犬嘗麻 5/44/1
可○築城郭 5/44/1
○便民事 5/44/5
○會天墜之藏 5/44/17
○遠近土墜所宜為度 5/44/22
○習（立）〔五〕戎 5/44/22
授車○級 5/44/23
北嚮○贊之 5/44/23
執弓操矢○獵 5/44/24
天子乃○犬嘗麻 5/45/2
○出冬令 5/45/13
天子親率三公九卿大夫○迎歲于北郊 5/45/16
○察吉凶 5/45/17
○休息之 5/45/21
有隨○喪 5/46/6
〔此〕所○助天墜之閉〔藏也〕 5/46/14
○供寢廟及百祀之薪燎 5/46/25
○待嗣歲之宜 5/47/2
○供皇天上帝社稷之（芻）享 5/47/2
○息壤堙洪水之州 5/47/23
正靜○和 5/47/24
○送萬物之〔所〕歸 5/47/25
○索姦人 5/48/8
斷○法度 5/48/8
所○繩萬物也 5/48/27
所○準萬物也 5/48/27
所○員萬物也 5/48/27
所○平萬物也 5/48/27
所○方萬物也 5/48/28
所○權萬物也 5/48/28
廣大○容衆 5/49/1
是故上帝○為物宗 5/49/1
廣大○容 5/49/4
寬裕○和 5/49/4
是故上帝○為物平 5/49/6
廣大○寬 5/49/8
○繼不足 5/49/11
○成五穀 5/49/12
○實封疆 5/49/12
充滿○實 5/49/18
誠信○必 5/49/19
堅慤○固 5/49/19
不可○曲 5/49/19
必弱○強 5/49/19
必柔○剛 5/49/20
春治○規 5/49/22
秋治○矩 5/49/22
冬治○權 5/49/22
夏治○衡 5/49/22
是故燥溼寒暑○節至 5/49/22
甘雨膏露○時降 5/49/23
昔雍門子○哭見於孟嘗君 6/50/9
類所○感之 6/50/17
然○掌握之中 6/50/18
此傳說之所○騎辰尾也 6/50/19
故卻走馬○糞 6/50/24
○冬鑠膠 6/50/25
○夏造冰 6/50/25
難○知論 6/51/2
不可○辯說也 6/51/3
何○知其然 6/51/3, 13/129/17, 19/205/22
○其屬骨 6/51/3
○其生肉 6/51/4

是猶王孫綽之欲倍偏枯之藥而（欲）〇生殊死之人 6/51/4
若夫〇火能焦木也 6/51/5
若〇磁石之能連鐵也 6/51/5
物固不可〇輕重論也 6/51/6
不足〇分物理 6/51/9
不足足〇定是非 6/51/9
故〇智為治者 6/51/9
難〇持國 6/51/9
而甘臥〇游其中 6/51/20
純溫〇淪 6/51/20
鈍悶〇終 6/51/20
〇為不能與之爭於江海之中 6/51/24
〇為不能與之爭於宇宙之間 6/52/1
世皆〇為巧 6/52/8
此假弗用而能〇成其用者也 6/52/12
此〇弗御御之者也 6/52/13
〇治日月之行 6/52/16
鄙旅之人相讓〇財 6/52/20
於是女媧鍊五色石〇補蒼天 6/52/25
斷鼇足〇立四極 6/52/26
殺黑龍〇濟冀州 6/52/26
積蘆灰〇止淫水 6/52/26
一自〇為馬 6/53/2
一自〇為牛 6/53/2
〇從天墜之固然 6/53/8
是〇至德滅而不揚 6/53/11
亂人〇成其事 6/53/13
破車〇千百數 6/53/25
故自三代〇後者 6/54/1
持〇道德 6/54/4
輔〇仁義 6/54/4
此五帝之所〇迎天德也 6/54/5
夫鉗且、大丙不施轡銜而〇善御聞於天下 6/54/11
伏戲、女媧不設法度而〇至德遺於後世 6/54/11
何〇至此也 6/54/15
而忻忻然常自〇為治 6/54/16
恒娥竊〇奔月 6/54/20
無〇續之 6/54/20
〇天為父 7/55/1
〇地為母 7/55/1
天靜〇清 7/55/1
地定〇寧 7/55/1
沖氣〇為和 7/55/8
形體〇成 7/55/10
〇與天地相參也 7/55/14
至紘〇大 7/55/18
神則〇視無不見〔也〕 7/55/23
〇聽無不聞也 7/55/23
〇為無不成也 7/55/24
〇言夫精神之不可使外淫也 7/56/5
夫人之所〇不能終其壽命而中道夭於刑戮者 7/56/10
〇其生生之厚 7/56/10
夫惟能無〇生為者 7/56/10
則所〇脩得生也 7/56/11
不識天下之〇我備其物與 7/56/12
有何〇相物也 7/56/13
將〇何益 7/56/14
將〇何損 7/56/14
夫造化者既〇我為坯矣 7/56/14
然則吾生也物不〇益眾 7/56/19
吾死也土不〇加厚 7/56/19
與其未離於地也無〇異 7/56/22
與其為盆盎亦無〇異矣 7/56/23
居人汲水〇浸其園 7/56/24
無〇異其浸園也 7/56/25
亦無〇異其在江也 7/56/25
是故聖人因時〇安其位 7/56/25
是故聖人〇無應有 7/57/6
〇虛受實 7/57/6
〇終其命 7/57/6
〇順于天 7/57/7
〇游于天地之樊 7/57/11
〇道為紃 7/57/17
〇死生為一化 7/57/20
〇萬物為一方 7/57/21
〇不同形相嬗也 7/58/2
此精神之所〇能登假于道也 7/58/2
不〇滑心 7/58/4
〇不化應化 7/58/6
眾人〇為虛言 7/58/10
人之所〇樂為人主者 7/58/12
〇其窮耳目之欲 7/58/12
而增之〇任重之憂 7/58/15
誠无〇為也 7/58/16
何足〇滑和 7/58/17
壺子持〇天壤 7/58/19
其〇我為此拘拘邪 7/58/21
生不足〇挂志 7/58/26
死不足〇幽神 7/58/26
孰足〇患心 7/58/27
勢位爵祿何足〇概志也 7/58/28
故晏子可迫〇仁 7/59/2
不可劫〇兵 7/59/2
殖、華可止〇義 7/59/2
而不可縣〇利 7/59/2
而不可〇富貴留也 7/59/3
而不可〇死亡恐也 7/59/3
堯不〇有天下為貴 7/59/4
公子（扎）〔札〕不〇有國為尊 7/59/4
子罕不〇玉為富 7/59/4
務光不〇生害義 7/59/5
而〇與佗人（也） 7/59/6
不〇天下為貴矣 7/59/7
〇下考世俗之行 7/59/7
自〇為樂矣 7/59/11
夫〔無〕〇天下為者 7/59/15
聖人食足〇接氣 7/59/16
衣足〇蓋形 7/59/17
清目而不〇視 7/59/21
靜耳而不〇聽 7/59/21
鉗口而不〇言 7/59/21
委心而不〇慮 7/59/21
（〇）生而若死 7/59/22
則不可劫〇死生 7/59/28
則不可縣〇天下 7/59/28
則不可畏〇死 7/60/1
〇與世交 7/60/6
禁之〇度 7/60/6
節之〇禮 7/60/7
養〇和 7/60/9
持〇適 7/60/9
無益〔於〕情者不〇累德（而）〔不〕便於性者不〇滑〔和〕 7/60/10
而度制可〇為天下儀 7/60/11
不本其所〇欲而禁其所欲 7/60/13
不原其所〇樂而閉其所樂 7/60/13
是猶決江河之源而障之〇手也 7/60/13

〇禁其動 7/60/15
〇義自防也 7/60/19
〇為上肴 7/60/25
夫人主之所〇殘亡其國家 7/60/26
桓公甘易牙之和而不〇時葬 7/60/28
〇己為度 7/60/29
故〇湯止沸 7/61/1
和順〇寂（漢）〔漠〕 8/61/6
是〇不擇時日 8/61/8
是〇天覆〇德 8/61/10
地載〇樂 8/61/10
拘獸〇為畜 8/61/17
〇相交持 8/61/21
是〇松柏菌露〔宛而〕夏槁 8/61/22
設機械險阻〇為備 8/61/25
〇相嘔咐醞釀 8/62/3
是〇貴仁 8/62/9
是〇貴義 8/62/10
是〇貴禮 8/62/11
〇不得已 8/62/11
是〇貴樂 8/62/11
（可）〔所〕〇救敗 8/62/12
夫仁者、所〇救爭也 8/62/12
義者、所〇救失也 8/62/12
禮者、所〇救淫也 8/62/13
樂者、所〇救憂也 8/62/13
可〇矩表識也 8/62/22
可〇歷推得也 8/62/22
可〇鼓鐘寫也 8/62/23
可〇音律知也 8/62/23
飾智〇驚愚 8/62/26
設詐〇巧上 8/62/26
〇明大巧之不可為也 8/62/28
置堯〇為天子 8/63/14
〇薄空桑 8/63/15
是〇稱堯、舜〇為聖 8/63/17
於是湯乃〇革車三百乘伐桀于南巢 8/63/19
是〇稱湯、武之賢 8/63/20
〇成埒類 8/64/7
足〇治其境內矣 8/64/11
〇養群類 8/64/17
扶撥〇為正 8/64/18
壞險〇為平 8/64/18
矯枉〇為直 8/64/18
乘時因勢〇服役人心也 8/64/19
則目明而不〇視 8/64/25
耳聰而不〇聽 8/64/25
〔口當而不〇言〕 8/64/25
心條達而不〇思慮 8/64/26
〇相支持 8/65/2
〇相摧錯 8/65/3
〇純脩碕 8/65/4
〇揚激波 8/65/5
〇像㵉、浯 8/65/5
〇食鱉魚 8/65/5
浮吹〇娛 8/65/6
〇窮要妙之望 8/65/7
〇相繆紾 8/65/9
〇窮荊、吳甘酸之變 8/65/12
〇銷銅鐵 8/65/13
燎木〇為炭 8/65/14
此五者、一足〇亡天下矣 8/65/15
堂大足〇周旋理文 8/65/18
靜潔足〇饗上帝 8/65/19
〇示民知儉節 8/65/19
足〇變易心志 8/65/21
所〇飾喜也 8/66/3
所〇飾哀也 8/66/3
所〇飾怒也 8/66/4,9/78/19
故聖人為之作〔禮〕樂〇和節之 8/66/8
〇給上求 8/66/10
卜其子孫〇代之 8/66/21
〇贍貪主之欲 8/66/24
所〇討暴〔也〕 8/66/26
非所〇為暴也 8/66/26
所〇致和〔也〕 8/66/26
非所〇為淫也 8/66/26
所〇盡哀〔也〕 8/66/27
非所〇為偽也 8/66/27
所〇蔽明也 9/67/8
所〇掩聰〔也〕 9/67/8
所〇自障〔也〕 9/67/8
〇時嘗穀 9/67/18
養民〇公 9/67/19
而欲〇為治 9/68/3
无〇異於執彈而來鳥 9/68/3
是〇上多故則下多詐 9/68/6
抱薪〇救火也 9/68/7
刑罰不足〇移風 9/68/11
殺戮不足〇禁姦 9/68/12
其於〇御兵刃（縣）〔䌛〕矣 9/68/18
其於〇解難 9/68/18
何〇治國 9/68/21
〇弗治治之 9/68/21
未可〇加兵 9/68/22
何足〇致之 9/68/23
此伏犧、神農之所〇為師也 9/68/24
故慎所〇感之也 9/69/2
見微〇知明（矣）〔也〕 9/69/7
論近〇識遠也 9/69/8
〇身禱於桑林之際 9/69/11
出言〇（嗣）〔副〕情 9/69/13
發號〇明旨 9/69/13
陳之〇禮樂 9/69/13
風之〇歌謠 9/69/13
故可〇為平 9/69/17
故可〇為正 9/69/18, 17.33/170/21
故可〇為命 9/69/18
而〇無為為之 9/69/26
難〇至治 9/69/27
而欲〇偏照海內 9/70/3
故智不足〇治天下也 9/70/4
勇（力）不足〇持天下矣 9/70/6
智不足〇為治 9/70/6,9/76/28
勇不足〇為強 9/70/7
因物〇識物 9/70/8
因人〇知人也 9/70/8
是〇器械不苦 9/70/17
是〇君臣彌久而不相猒 9/70/18
慧不足〇大寧 9/71/3
智不足〇安危 9/71/3
建〇為基 9/71/8
是乘眾勢〇為車 9/71/8
御眾智〇為馬 9/71/8
人主深居隱處〇避燥濕 9/71/9
（閨）〔閨〕門重襲〇（避）〔備〕姦賊 9/71/9
是故人主覆之〇德 9/71/15
〇立成功〔者〕也 9/71/18
則上下有〇相使也 9/71/19
則君得所〇制臣 9/71/23
臣得所〇事君 9/71/23
〇為天下興利 9/72/1
〇為百姓力農 9/72/1

雖神聖人不能〇成其功 9/72/3
雖造父不能〇致遠 9/72/4
〇曲為直 9/72/5
〇屈為伸哉 9/72/5
是〇積力之所舉 9/72/6
无〇相過也 9/72/10
所緣〇修者然也 9/72/18
夫人之所〇莫（抓）〔掁〕玉石而（抓）〔掁〕瓜瓠者 9/72/21
則群臣〇邪來者 9/72/22
猶〇卵投石 9/72/22
〇火投水也 9/72/22
其〇移風易（俗）矣 9/72/23
賢不足〇為治 9/72/24
而勢可〇易俗 9/72/25
是故處人〇譽尊 9/72/27
而游者〇辯顯 9/72/27
上操其名〇責其實 9/72/29
臣守其業〇效其功 9/72/29
而可〇便國佐治 9/73/1
〇觀其歸 9/73/1
並用周聽〇察其化 9/73/2
是〇中立而（偏）〔徧〕 9/73/2
是〇勇者盡於軍 9/73/4
則非之〇與 9/73/6
〇弄其上 9/73/7
非所〇（都）〔教〕於國也 9/73/8
此治道之所〇塞 9/73/10
是〇天下盡力而不倦 9/73/13
夫〇一人之心而事兩主 9/73/18
是故臣盡力死節〇與君 9/73/22
計君垂爵〇與臣市 9/73/23
處靜〇修身 9/73/26
儉約〇率下 9/73/26
〇為百姓力征 9/74/2
〇和輯之 9/74/3
（舉天下而）〇為社稷 9/74/5
〇奉耳目之欲 9/74/7
是故非澹漠無〇明德 9/74/13
非寧靜無〇致遠 9/74/13
非寬大無〇兼覆 9/74/13
非慈厚無〇懷眾 9/74/13
非平正無〇制斷 9/74/13
大者〇為舟航柱梁 9/74/16
小者〇為（揖楔）〔棱楷〕 9/74/16
脩者〇為櫚榱 9/74/17
短者〇為朱儒枅櫨 9/74/17
其所〇官之者非其職也 9/74/21
是故有大略者不可責〇捷巧 9/74/22
有小智者不可任〇大功 9/74/22
而乃責之〇閨閤之禮 9/74/26
而乃任之〇天下之權 9/74/27
是猶〇斧劗毛 9/74/28
〇刀（抵）〔伐〕木也 9/74/28
〇天下之目視 9/75/1
〇天下之耳聽 9/75/1
〇天下之智慮 9/75/1
〇天下之力（爭）〔動〕 9/75/1
喜不〇賞賜 9/75/2
怒不〇罪誅 9/75/2
不可〇貴賤尊卑論也 9/75/10
有言者窮之〇辭 9/75/13
有諫者誅之〇罪 9/75/13
所〇禁民 9/75/19
所〇剬有司 9/75/19
所〇禁君 9/75/19
〇（其言）〔言其〕莫從己出也 9/75/21
發於人間而反〇自正 9/75/26
先（自）〔〇身〕為檢式儀表 9/75/29
（土）〔王〕良不能〇取道 9/76/5
唐、虞不能〇為治 9/76/5
明分〇示之 9/76/6
借明於鑑〇照之 9/76/8
人主之所〇執下 9/76/20
則有司〇無為持位 9/76/23
守職者〇從君取容 9/76/23
是〇人臣藏智而弗用 9/76/23
反〇事轉任其上矣 9/76/24
威不足〇行誅 9/76/28
則無〇與（天）下交也 9/76/28
是〇執政阿主 9/77/1
而有過則無〇（貴）〔責〕之 9/77/1
乘於人資〇為羽翼也 9/77/5
虞君好寶而晉獻〇璧馬釣之 9/77/8
胡王好音而秦穆公〇女樂誘之 9/77/8
是皆〇利見制於人也 9/77/9
清虛〇待 9/77/13
〇不知為道 9/77/14
〇奈何為寶 9/77/14
（則）〔言〕輕重小大有〇相制也 9/77/18
言〇小屬於大也 9/77/19
故握劍鋒〇 9/78/1
則庸人能〇制勝 9/78/2
若指之桑條〇貫其鼻 9/78/3
〇水為資 9/78/4
〇眾為勢也 9/78/4
故循流而下易〇至 9/78/6
背風而馳易〇遠 9/78/6
然〔而〕民無（掘穴）〔堀室〕狹廬所〇託身者 9/78/12
所〇宣樂也 9/78/19
所〇效（善）〔喜〕也 9/78/20
所〇諭哀也 9/78/20
男女不得事耕織之業〇供上之求 9/78/21
有〇給上之徵賦車馬兵革之費 9/79/1
〇適無窮之欲 9/79/6
則百姓無〇被天和而履地德矣 9/79/6
是〇群生遂長 9/79/9
〇時種樹 9/79/9
〇樹竹木 9/79/10
〇為民資 9/79/11
不得〇火（燒）田 9/79/14
有所〇致之也 9/79/16
先王之所〇應時脩備 9/79/20
然而動靜聽視皆〇為主者 9/79/22
得要〇應眾 9/80/5
執約〇治廣 9/80/5
〇一合萬 9/80/6
猶〇為未足也 9/80/10
堯舜所〇昌、桀紂所〇亡者 9/80/19
〇應無方 9/80/20,15/144/2
〇成素王 9/80/23
〇成王道 9/80/24
此其所〇車裂支解也 9/81/1
夫〇正教化者 9/81/2

○邪巧世者	9/81/2
不足○為政	9/81/13
知其可○衣食也	9/81/14
此愚者之所〔○〕多患也	9/81/17
此智者所○寡患也	9/81/17
人之視白黑○目	9/81/22
言白黑○口	9/81/23
瞽師有○言白黑	9/81/23
無○知白黑	9/81/23
莫不先○為可而後行之	9/81/25
此愚知之所○異	9/81/25
仁○為質	9/81/27
知○行之	9/81/27
而加之○勇力辯慧	9/81/27
而無仁智○為表幹	9/81/29
而加之○眾美	9/81/29
適足○輔偽飾非	9/82/1
國有○存	9/82/5
人有○生	9/82/5
國之所○存者	9/82/5,13/124/15
人之所○生者	9/82/5
君子非（仁）義無○生	10/82/26
則失其所○生	10/82/27
小人非嗜欲無○活	10/82/27
則失其所○活	10/82/27
是故聖人察其所○往	10/83/1
則知其所○來者	10/83/2
所○得百人也	10/83/3
人○其所願於上○與其下交	10/83/3
○其所欲於下○事其上	10/83/4
或○治	10/83/13
或○亂	10/83/13
是猶○升量石也	10/83/15
良醫○活人	10/83/23
人主○備樂	10/83/24
可○形勢接	10/84/5
而不可○照（誌）〔認〕	10/84/5
皆可○馳驅	10/84/7
有○為	10/84/15
非所○迎來也	10/84/15
不可○驅馳	10/84/19
不可○閉藏	10/84/19
可○神化	10/84/22
而不可○導人	10/84/22
可○消澤	10/84/22
而不可○昭認	10/84/22
情○先之也	10/84/25
非出死○要名也	10/85/2
○正身難	10/85/12
僖負羈○壺（飱）〔飧〕表其閭	10/85/17
趙宣孟○東脯免其軀	10/85/17
非○求名而名從之	10/85/22
故受之○復	10/85/26
故君子日孳孳○成煇	10/86/1
小人日快快○至辱	10/86/1
操銳○刺	10/86/7
操刃○擊	10/86/7
故兩心不可○得一人	10/86/9
一心可○得百人	10/86/9
不○所託害所歸也	10/86/13
故世治則○義衛身	10/86/14
世亂則○身衛義	10/86/14
○為己也	10/86/19
於己何○利	10/86/19
○（責）〔貴〕為聖乎	10/86/20
○賤為仁乎	10/86/21
忽乎日滔滔○自新	10/86/21
非○偕情也	10/86/24
夫織者日○進	10/87/5
耕者日○卻	10/87/5
所○接物也	10/87/9
○文滅情則失情	10/87/11
○情滅文則失文	10/87/11
聖王○治民	10/87/12
造父○治馬	10/87/12
醫駱○治病	10/87/13
故（戒）〔戎〕兵○大知小	10/88/6
人○小知大	10/88/7
近而不可○至	10/88/9
卑而不可○登	10/88/9
其所○哀則異	10/88/14
非（止）〔正〕○勞苦民也	10/88/17
故唐、虞日孳孳○致於王	10/88/18
桀、紂日快快○致於死	10/88/18
有義者不可欺○利	10/88/23
有勇者不可劫○懼	10/88/23
如飢渴者不可欺○虛器也	10/88/23
故治國樂其所○存	10/88/26
亡國亦樂其所○亡也	10/88/27
照惑者○東為西	10/89/7
○人與國	10/89/20
○國與人	10/89/20
得之○義	10/89/28
讓之○義	10/89/28
非○為己也	10/90/4
○為國也	10/90/4
吾無○與女	10/90/6
猶未足○至於極也	10/90/18
召公○桑蠶耕種之時弛獄出拘	10/90/21
人○義愛	10/90/28
○黨群	10/90/28
○群強	10/90/28
（矣）〔吳〕鐸○聲自毀	10/90/31
膏燭○明自鑠	10/90/31
故子路○勇死	10/91/1
萇弘○智困	10/91/1
能○智智	10/91/1
而未能○智不智也	10/91/1
桓公舉○〔為〕大（政）〔田〕	10/91/8
雍門子○哭見孟嘗君	10/91/8
簡公○（濡）〔懦〕殺	10/91/12
子陽○猛劫	10/91/12
魯○偶人葬而孔子歎	10/91/15, 16.102/163/17
不可○無功取也	10/91/24
不可○無罪蒙也	10/91/24
壹快不足○成善	10/92/2
壹恨不足○成非	10/92/3
地○德廣	10/92/10
君○德尊	10/92/10
地○義廣	10/92/10
君○義尊	10/92/10
地○強廣	10/92/10
君○強尊	10/92/10
所○別尊卑、異貴賤	11/93/24
所○合君臣、父子、兄弟、夫妻、友朋之際也	11/93/24
君臣○相非	11/93/25
骨肉○生怨	11/93/25
不知其可○為布也	11/94/7
不知其可○為旃也	11/94/7

何○治魯 11/94/10
何○治齊 11/94/11
齊日○大 11/94/12
魯日○削 11/94/13
○小知大 11/94/16
○近知遠 11/94/17
矜偽○惑世 11/94/20
伉行○違眾 11/94/20
聖人不○為民俗〔也〕 11/94/20
所○為樂者乃所○為哀 11/94/24
所○為安者乃所○為危也 11/94/24
柱不可○（槁）〔摘〕齒 11/94/25
（筐）〔筵〕不可○持屋 11/94/26
馬不可○服重 11/94/26
牛不可○追速 11/94/26
鉛不可○為刀 11/94/26
銅不可○為弩 11/94/27
鐵不可○為舟 11/94/27
木不可○為釜 11/94/27
其於○（函）〔承〕食不如〔竹〕（簞）〔箅〕 11/94/28
其於○致雨 11/94/29
得○所有易所無 11/95/9
○所工易所拙 11/95/9
各○清濁應矣 11/95/10
凡（○物）治物者不○物 11/95/20
○（睦）〔和〕 11/95/20
治（睦）〔和〕者不○（睦）〔和〕 11/95/20
○人 11/95/21
治人者不○人 11/95/21
○君 11/95/21
○欲 11/95/21
○性 11/95/21
○德 11/95/22
治德者不○德 11/95/22
○道 11/95/22
殘○為牒 11/95/26
染之○涅則黑 11/95/28
染之○丹則赤 11/95/28
（○有）〔有○〕自見也 11/96/2
無○自見〔也〕 11/96/2
○治身則危 11/96/5
○治國則亂 11/96/5
○入軍則破 11/96/5
無○反性 11/96/5
夫耳目之可○斷也 11/96/9
（智昏）〔昏智〕不可○為政 11/96/14
波水不可○為平 11/96/14
為仁者必○哀樂論之 11/96/18
為義者必○取（子）〔予〕明之 11/96/18
故禮豐不足○效愛 11/96/23
而誠心可○懷遠 11/96/23
泗上十二諸侯皆率九夷○朝 11/97/9
韋○帶劍 11/97/11
而仁發併○見容 11/97/15
而○偽輔情也 11/97/16
而務○行相反之制 11/97/17
○為曠日煩民而無所用 11/97/20
故制禮足○佐實喻意而已（矣） 11/97/20
○為費財亂政 11/97/21
〔故〕制樂足○合歡宣意而已 11/97/21
○為窮民絕業而無益於槁骨腐肉也 11/97/22
故葬薶足○收斂蓋藏而已 11/97/23
禮節○煩 11/97/25
樂（優）〔擾〕○淫 11/97/25
崇死○害生 11/97/25
久喪○招行 11/97/25
是○風俗濁於世 11/97/25
○非傳代之俗 11/98/8
衣足〔○〕覆形 11/98/11
帶足○結（細）〔紐〕收衽 11/98/12
○視則明 11/98/17
○聽則聰 11/98/17
○言則公 11/98/17
○行則從 11/98/17
復揆○一 11/98/20
又何○窮至治之本哉 11/98/22
曰禮義足○治天下 11/98/24
文○青黃 11/98/25
（綃）〔絹〕○綺繡 11/98/25
纏○朱絲 11/98/26
大夫端冕○送迎之 11/98/26
此皆聖人之所○應時耦變 11/99/4
○徵笑羽也 11/99/5
○此應化 11/99/5
無○異於彈一絃而會《棘下》 11/99/5
夫○一世之變 11/99/7
欲○耦化應時 11/99/7
夫一儀不可○百發 11/99/7
一衣不可○出歲 11/99/7
是故不法其○成之法 11/99/10
而法其所○為法 11/99/10
所○為法者 11/99/10
其所○歌者不可為也 11/99/11
其所○作法不可原也 11/99/12
其所○言不可形也 11/99/12
○遊玄眇 11/99/14
○（鎮）〔鏡〕萬物之情 11/99/16
○潛大川 11/99/22
○處崑崙 11/99/22
扁鵲○治病 11/99/23
造父○御馬 11/99/23
羿○之射 11/99/23
倕○之斲 11/99/23
夫稟道○通物者 11/99/23
無○相非也 11/99/24
或○（為）酸 11/99/24
或○（為）甘 11/99/25
桀、紂之所○亡 11/100/1
而湯、武之所○為治 11/100/2
非良工不能○制木 11/100/4
非巧治不能○治金 11/100/4
而刀〔可〕○剃毛 11/100/5
而非所○〔為〕巧也 11/100/6
雖師文不能○成曲 11/100/7
而非所○為悲也 11/100/7
父不能○教子 11/100/9
兄不能○喻弟 11/100/10
〔而〕可○平直者 11/100/11
○此為寡人失 11/100/24
有○也夫 11/100/26
或○為君子 11/101/3
或○為小人 11/101/3
見者○為其愛之至也 11/101/5
則過者○為嫉也 11/101/5

告○東西南北 11/101/12
不化○待化 11/101/13
是○人不兼官 11/101/16
是○士無遺行 11/101/18
而治世不○責於民 11/101/23
而明主不○求於下 11/101/24
而治世不○為民化 11/101/24
而治世不○為民業 11/101/25
不可（○）〔與〕衆同道也 11/101/26
不可○為世儀〔也〕 11/102/1
魯般、墨子○木為鳶而飛之 11/102/1
不可○為人量 11/102/2
不可○為國俗 11/102/3
昔武王執戈秉鉞○（伐紂）勝殷 11/102/19
搢笏杖殳○臨朝 11/102/19
○應時也 11/102/21
○匡亂也 11/102/22
昔齊桓公合諸侯○乘車 11/102/24
退誅於國○斧鉞 11/102/24
晉文公合諸侯○革車 11/102/24
退行於國○禮義 11/102/24
使人○幣先焉 11/102/26
○濟江河 11/102/28
○功成為賢 11/103/1
○勝患為智 11/103/1
○遭難為愚 11/103/1
○死節為戇 11/103/2
吾○為各致其所極而已 11/103/2
王子比干非不（智）〔知〕（箕子）被髮佯狂○免其身也 11/103/4
然而樂直行盡忠○死節 11/103/4
伯夷、叔齊非不能受祿任官○致其功也 11/103/5
然而樂離世伉行○絕衆 11/103/5
許由、善卷非不能撫天下、寧海內○德民也 11/103/6
然而羞○物滑和 11/103/6
豫讓、要離非不知樂家室、安妻子○偷生也 11/103/6
○死主 11/103/7
故惠子從車百乘○過孟諸 11/103/10
何○相非也 11/103/12
夫重生者不○利害己 11/103/13
若○聖人為之中 11/103/14
故○道論者 11/103/16
為行者相揭○高 11/103/20
為禮者相矜○偽 11/103/20
求貨者爭難得○為寶 11/103/21
詆文者處煩撓○為慧 11/103/21
○為天下先 11/103/23
無○養生 11/103/24
無○捦形 11/103/25
○其知巧詐偽 11/103/28
牿服馬牛○為牢 11/103/29
○清為濁 11/103/29
皆亂○營 11/104/1
於是乃有翡翠犀象、黼黻文章○亂其目 11/104/1
芻豢黍粱、荊吳芬馨○嚂其口 11/104/2
鍾鼓筦簫、絲竹金石○淫其耳 11/104/2
趨舍行義、禮節謗議○營其心 11/104/2
唅菽飲水○充腸 11/104/7
○支暑熱 11/104/7
故其為編戶齊民無○異 11/104/8
不足○論之 11/104/8
吾知道之可○弱 12/105/5
12/105/11
可○強 12/105/5, 12/105/11
可○柔 12/105/5, 12/105/11
可○剛 12/105/5, 12/105/12
可○陰 12/105/5, 12/105/12
可○陽 12/105/6, 12/105/12
可○窈 12/105/6, 12/105/12
可○明 12/105/6, 12/105/12
可○包裹天地 12/105/6
12/105/12
可○應待無方 12/105/6
12/105/12
此吾所○知道之數也 12/105/6
〔此〕吾所○知道之數也 12/105/13
人（可○）〔可與〕微言〔乎〕 12/105/20
若○石投水（中） 12/105/21
若○水投水 12/105/21
不○言言也 12/105/24
是○不吾知也 12/105/26
○示翟煎 12/106/2
田駢○道術說齊王 12/106/8
道術難○除患 12/106/8
而可○為政 12/106/9
而可○為材 12/106/10
不能○〔其〕府庫分人 12/106/15
毋令人〔○〕害我 12/106/16
乃發太府之貨○予衆 12/106/17
出高庫之兵○賦民 12/106/17
（乂）〔又〕無○自為 12/106/18
何○異於梟之愛其子也 12/106/19
趙簡子○襄子為後 12/106/22
今○為後 12/106/22
破其首○為飲器 12/106/25
繼○讎夷 12/107/2
不○故自持 12/107/3
能無○知乎 12/107/4
此人之所〔○〕喜也 12/107/7
夫憂、所○為昌也 12/107/10
而喜、所○為亡也 12/107/10
賢主○此持勝 12/107/10
而不肖○力聞 12/107/12
而不肖○兵知 12/107/13
○強為弱 12/107/13
客將何○教寡人 12/107/17
宋王無○應 12/108/1
客之○說勝寡人也 12/108/2
常為蛩蛩駏驉取甘草○與之 12/108/7
此○其〔所〕能 12/108/8
薄疑說衛嗣君○王術 12/108/11
願○（愛）〔受〕教 12/108/11
杜赫○安天下說周昭文君 12/108/12
願學所○安周 12/108/13
可○移風易俗 12/108/18
非獨○適身之行也 12/108/19
自今○來 12/108/20
吳之所○亡者 12/108/23
其獨○亡 12/108/24
○憍主使罷民 12/108/25
此夫差之所○自剄於干遂也 12/108/26
困窮無○自達 12/109/1
○商於齊 12/109/1
從者○請 12/109/4

說○為天下 12/109/5
○人之小惡而忘人之大美 12/109/7
此人主之所○失天下之士也 12/109/7
合其所○也 12/109/8
○言其能包裹之也 12/109/10
事之○皮帛珠玉而弗受 12/109/12
無○財物為也 12/109/12
與〔為〕翟人〔臣〕奚○異 12/109/14
不○其所〔○〕養害（其）〔所〕養 12/109/15
不○養傷身 12/109/16
不○利累形 12/109/17,20/218/17
貴○身為天下 12/109/18
焉可○託天下 12/109/18
愛○身為天下 12/109/18
焉可○寄天下矣 12/109/18
願學所○守之 12/109/28
不敢對○（未）〔末〕 12/109/29
臣（誠）〔試〕○臣之斲輪語之 12/110/4
而可○至妙者 12/110/6
臣不能○教臣之子 12/110/6
是○行年六十 12/110/6
亦○懷其實 12/110/7
國之利器不可○示人 12/110/14
（○）〔北〕臨方皇 12/110/23
不可○當此樂也 12/110/24
若○相夫子反晉國 12/110/28
可○形容筋骨相也 12/111/16
可告○良馬 12/111/17
而不可告○天下之馬 12/111/17
是乃其所○千萬臣而无數者也 12/111/22
而○為令尹 12/112/1
〔○〕時爭利於天下 12/112/3
君臣爭○過為在己 12/112/16
為人君而欲殺其民○自活也 12/112/23
其誰○我為君者乎 12/112/24
子奚○知之 12/112/26
臣請伏於陛下○司之 12/113/1
是○不去 12/113/14
○與大夫期 12/113/17
故「美言可○市尊 12/113/19
美行可○加人 12/113/20
18/192/6
非○〔其〕無私〔邪〕 12/113/25
（是○）〔○是〕免三怨 12/114/2
故貴必○賤為本 12/114/3
高必○下為基 12/114/3
是○用之者 12/114/6
而○長得其用 12/114/7
於是散宜生乃○千金求天下之珍怪 12/114/14
○獻於紂 12/114/15
○待紂之失也 12/114/16
使之〔○〕時 12/114/20
願○技齋一卒 12/115/2
子發將師○當之 12/115/4
將○襲鄭 12/115/19
○車不過百里 12/115/19
○人不過三十里 12/115/19
皆○其氣之高與其力之盛至 12/115/20
是○犯敵能威 12/115/21
○襲國 12/115/21
○十二牛勞秦師而賓之 12/115/23
吾行數千里○襲人 12/115/23
擒其三軍○歸 12/115/27
○說於眾 12/115/27
因勸立○為王后 12/116/2
吾不可○久（駐） 12/116/15
而自○為遠 12/116/17
是○釋之 12/116/24
巫馬期歸○報孔子曰 12/116/24
（季）〔宓〕子何○至於此 12/116/25
丘嘗問之○治 12/116/25
子何○知之 12/117/1
照照何足○名之 12/117/4
吾是○知無為之有益也 12/117/10
不出戶○知天下 12/117/14
不窺牖○見天道 12/117/14
去舍露宿○示平易 12/117/19
解劍帶笏○示无仇 12/117/20
今日將教子○秋駕 12/117/25
吾○觀其復也 12/117/26
吳人願一○為王而不肯 12/117/28
武（王）〔士〕可○仁義之禮說也 12/118/4
棄劍（而）〔○〕〔全〕己 12/118/5
〔不○〕腐肉朽骨棄劍者 12/118/7
夫唯無○生為者 12/118/8
齊人淳于髡○從說魏王 12/118/10
（人）〔又〕○為從未足也 12/118/10
復○衡說〔魏王〕 12/118/11
是其所○〔為〕固也 12/118/12
先王〔有〕○見大巧之不可〔為〕也 12/118/13
能○門 12/118/14
所○不知門也 12/118/14
予○節 12/118/18
不識道之可○從楚也 12/118/19
不掩○繩 12/118/20
○苛為察 12/118/27
○切為明 12/118/27
○刻下為忠 12/118/28
○計多為功 12/118/28
吾獨無豫讓○為臣（子）〔乎〕 12/119/8
無管仲、鮑叔○為臣 12/119/11
守之○愚 12/119/17
守之○儉 12/119/18
守之○畏 12/119/18
守之○陋 12/119/18
守之○讓 12/119/19
先王所○守天下而弗失也 12/119/19
是○能弊而不新成 12/119/20
酒肉○通之 12/119/26
竽瑟○娛之 12/119/27
鬼神○畏之 12/119/27
○弇其質 12/119/27
○亶其家 12/119/27
○貧其財 12/119/28
○盡其力 12/119/28
○此移風 12/119/28
可○持天下弗失 12/119/28
吾將鎮之○無名之樸也 12/119/29
古者有鍪而綣領○王天下者矣 13/120/3
○為（宮室）〔室屋〕 13/120/8
○蔽風雨 13/120/8
○避寒暑 13/120/8

後世為之機杼勝複○便其用 13/120/9
而民得○掩形御寒 13/120/10
○為舟航 13/120/12
民○致遠而不勞 13/120/14
為鷙禽猛獸之害傷人而无○禁御也 13/120/14
○為兵刃 13/120/15
人各○其（所）知 13/120/15
立子○長 13/120/19
周人祭於日出○朝 13/120/22
而○知矩（彠）〔矱〕之所周者也 13/120/26
儒者循之○教導於世 13/121/9
○《詩》、《春秋》為古之道而貴之 13/121/10
不若得其所○言 13/121/12
得其所○言者 13/121/12
所○應時（矣）〔也〕 13/121/20
人○其位 13/121/21
○其威勢供〔其〕嗜欲 13/121/21
而欲○一行之禮 13/121/21
而非所○為治也 13/121/25
故仁○為經 13/121/25
義○為紀 13/121/25
則可○正治矣 13/121/27
是○政教易化 13/122/1
欲○（撲）〔樸〕（重）〔童〕之法 13/122/2
欲○神農之道治之 13/122/4
隆衝○攻 13/122/7
渠幨○守 13/122/7
連弩○（躲）〔射〕 13/122/7
銷車○鬬 13/122/7
古之所○為榮者 13/122/8
今之所○為辱也 13/122/8
古之所○為治者 13/122/9
今之所○為亂也 13/122/9
所○論民俗而節緩急也 13/122/13
○為非此不治 13/122/22
是○盡日極慮而无益於治 13/122/24
故聖人○身體之 13/123/5
則因猘狗之驚○殺子陽 13/123/10
中有本主○定清濁 13/123/14
目無○接物也 13/123/16
無術○御之也 13/123/17
有術○御之也 13/123/18
夫弦歌鼓舞○為樂 13/123/20
盤旋揖讓○脩禮 13/123/20
厚葬久喪○送死 13/123/20
不○物累形 13/123/21
（自）〔有〕○相使也 13/123/24
○五音聽治 13/123/27
○待四方之士 13/123/27
教寡人○道者擊鼓 13/123/27
諭寡人○義者擊鍾 13/123/28
告寡人○事者振鐸 13/123/28
語寡人○憂者擊磬 13/123/28
○勞天下之民 13/124/1
道路死人○溝量 13/124/4
○為百姓請命于皇天 13/124/5
○爭天下之權 13/124/7
○決一（且）〔旦〕之命 13/124/7
○為不肖 13/124/8,13/128/2
家之所○亡者 13/124/15
○有天下 13/124/16
○王諸侯 13/124/16
故聖人見化○觀其徵 13/124/18
趙襄子○晉陽之城霸 13/124/24
智伯○三晉之地擒 13/124/24
湣王○大齊亡 13/124/24
田單○即墨有功 13/124/25
是釋其所○存 13/124/28
而造其所○亡也 13/124/28
且湯、武之所○處小弱而能○王者 13/125/4
○其有道也 13/125/5
桀、紂之所○處彊大而〔終〕見奪者 13/125/5
○其无道也 13/125/5
今不行人之所○王（者） 13/125/6
而反益己之所○奪〔者〕 13/125/6
此所○三十六世而不奪也 13/125/9
犒○十二牛 13/125/16
○存鄭國 13/125/17
○讓兄 13/125/20
○乘時應變也 13/125/22
○相尊禮也 13/125/24
禮不足○難之也 13/125/25
○救其死也 13/125/26
可○共學矣 13/125/27
未可○立也 13/125/27
可○立 13/125/28
是故聖人○文交於世 13/126/2
而○實從事於宜 13/126/2
是○終身行而无所困 13/126/19
然而周公○義補缺 13/126/25
桓公○功滅醜 13/126/26
今○人之小過揜其大美 13/126/26
差○尋常 13/126/28
小形不足○包大體也 13/127/10
不足○為累 13/127/11
方正而不○割 13/127/23
廉直而不○切 13/127/24
博通而不○訾 13/127/24
文武而不○責 13/127/24
求於（一）人則任○人力 13/127/24
自脩則○道德 13/127/24
責人○人力 13/127/25
自脩○道德 13/127/25
其小惡不足〔○〕妨大美也 13/127/26
洗之○湯沐 13/128/4
祓之○爟火 13/128/4
符勢有○內合 13/128/5
而不知其所○取人也 13/128/7
唯聖人能見微○知明 13/128/14
見者可○論未發也 13/128/18
而觀小節足○知大體矣 13/128/18
○知其勇 13/128/20
動○喜樂 13/128/20
○觀其守 13/128/20
委○貨財 13/128/20
○論其（人）〔仁〕 13/128/20
振○恐懼 13/128/21
○知其節 13/128/21
子○姦事我者也 13/128/28
齊○此三十二歲道路不拾遺 13/129/1
〔反〕虜惠公○歸 13/129/5
有輕罪者贖○金分 13/129/6
○伐不義而征无道 13/129/7
因民之所惡○禁姦 13/129/8
○近論遠 13/129/10
16.133/166/17

○小知大也 13/129/10
今人〔之〕所○犯囹圄之罪 13/129/16
適足○失之 13/129/25
適足○就之 13/129/25
今夫霤水足○溢壺榼 13/130/6
自當○道術度量 13/130/6
則足○養七尺之形矣 13/130/7
若无道術度量而○自儉約 13/130/7
則萬乘之勢不足○為尊 13/130/7
天下之富不足○為樂矣 13/130/8
物莫足○惑之 13/130/9
○為七尺之閨也 13/130/12
○為尋常之溝也 13/130/12
○為鬼也 13/130/13
○為虎也 13/130/13
葬死人者裘不可○藏 13/130/21
相戲○刃者太祖軵其肘 13/130/21
○為彘者 13/130/23
故因其便○尊之 13/130/24
〔葬死人〕裘不可○藏者 13/130/24
世○為裘者 13/130/24
而足○養生 13/130/25
故因其資○讋之 13/130/25
相戲○刃太祖軵其肘者 13/130/26
夫○刃相戲 13/130/26
而○小事自內於刑戮 13/130/27
故因太祖○累其心 13/130/27
故託鬼神○申誡之也 13/131/2
故○機祥明之 13/131/2
乃借鬼神之威○聲其教 13/131/3
而愚者○為機祥 13/131/3
而（很）〔狠〕者○為非 13/131/4
非○其神為能饗之也 13/131/6
是故○時見其德 13/131/7
所○不忘其功也 13/131/7
是○天子祑而祭之 13/131/9
〔○帷為衾〕 13/131/9
○大車〔之箱〕為薦 13/131/10
此聖人所○重仁襲恩 13/131/11
此鬼神之所○立 13/131/13
知所○免於難 13/131/17
而〔不〕知所○无難 13/131/17
其於○復嫁易 13/131/20
而不知藏財所○出也 13/131/22
有（如）〔加〕轅軸其上○為造 13/131/24
因珮兩玦○為之豫 13/131/27
未足○論也 13/132/2
何○明之 13/132/2, 18/190/22, 18/191/11, 18/192/22, 18/193/10, 18/198/8, 19/203/21, 19/207/8
方○類別 14/132/11
物○群分 14/132/11
聖人不（○）〔為〕名尸 14/132/18
失其所○寧則危 14/132/20
失其所○治則亂 14/132/20
自信者不可○誹譽遷也 14/133/1
知足者不可○勢利誘也 14/133/1
不務性之所無○為 14/133/1
物莫（不）足〔○〕滑其（調）〔和〕 14/133/2
不可○為方 14/133/5
不可○為員 14/133/6
不貪无用則不○欲（用）害性 14/133/10
天下不可○智為也 14/133/13
不可○慧識也 14/133/13
不可○事治也 14/133/13
不可○仁附也 14/133/13
不可○強勝也 14/133/13
抱神○靜 14/134/3
故能○衆不勝成大勝者 14/134/8
事之○皮幣珠玉而不聽 14/134/12
無○天下為者 14/134/15
故得道○御者 14/134/17
必○醜聲隨其後 14/134/21
人能虛己○遊於世 14/134/22
有○欲多而亡者 14/134/24
未有○無欲而危者也 14/134/24
有○欲治而亂者 14/134/25
未有○守常而失者也 14/134/25
愚不足○至於失寧 14/134/25
聖人守其所○有 14/135/3
○待敵之可勝也 14/135/4
○待敵之可奪也 14/135/5
故道不可○勸（而）就利者 14/135/9
而可○寧避害者 14/135/9
故道術不可○進而求名 14/135/16
而可○退而脩身 14/135/17
不可○得利 14/135/17
而可○離害 14/135/17
故聖人不○行求名 14/135/17
不○智見譽 14/135/17
無○塞之 14/136/3
不足〔○〕更責 14/136/4
（不）足○弊身 14/136/4
○為有心者之於平 14/136/7
○為有欲者之於廉 14/136/8
故○巧鬬力者 14/136/14
○慧治國者 14/136/14
德可○自脩 14/136/18
而不可○使人暴 14/136/18
道可○自治 14/136/18
而不可○使人亂 14/136/18
可○全身 14/136/19
而未可○霸王也 14/136/19
桀、紂非○湯、武之賢暴也 14/136/19
非○寶幣 14/136/27
必○卑辭 14/136/27
事○玉帛 14/136/27
雖割國之錙錘○事人 14/136/29
不足○為全 14/136/29
盡其地力○多其積 14/137/1
厲其民死○（牢）〔堅〕其城 14/137/1
故立君○壹民 14/137/5
非所○〔有〕為也 14/137/6
所○無為也 14/137/6
智者不○位為事 14/137/6
勇者不○位為暴 14/137/7
仁者不○位為（患）〔惠〕 14/137/7
人○其位通其好憎 14/137/9
○淺贍博 14/137/13
○（圍）〔圉〕強敵 14/137/15
而莫足○治天下 14/137/17
○義為制者 14/137/24
○有公道而無私說 14/138/4
○有常術而無鈐謀 14/138/4
內無暴事○離怨於百姓 14/138/5
外無賢行○見忌於諸侯 14/138/5
行者○為期也 14/138/23
故國○全為常 14/138/30

身○生為常 14/138/30
能不○天下傷其國、而
　不○國害其身者 14/138/31
（為）〔焉〕可○託天
　下也 14/138/31
○行曲故 14/139/1
無○名之 14/139/11
○治天下 14/139/26
○輔成王而海內平 14/139/27
○一人兼聽天下 14/139/27
不可○為祝 14/140/2
不〔可〕○為僕 14/140/3
争者各自○為直 14/140/8
非○智〔也〕 14/140/9
〔○〕不爭也 14/140/9
非○勇也 14/140/10
○不鬬也 14/140/10
○求苟遇 14/140/11
○知要（庶）〔遮〕 14/140/11
中則○為候 14/140/12
可○將少 14/140/16
而不可○將衆 14/140/16
可○治家 14/140/17
而不可○治國 14/140/17
可○養家老 14/140/18
而不可○饗三軍 14/140/18
非易不可○治大 14/140/20
非簡不可○合衆 14/140/20
性有○樂也 14/140/24
死有○哀也 14/140/24
而○害性之所○樂 14/140/25
○俟天命 14/140/27
不足○易其一概 14/140/27
今有美酒嘉肴○相〔賓〕
　饗 14/141/4
卑體婉辭○接之 14/141/5
欲○合權 14/141/5
而○徵羽定名者 14/141/10
○勝者也 14/141/10
○侵相遠 14/141/14
故不曰我無○為而天下
　遠 14/142/2
〔不〕足○概志 14/142/6
自身○上至於荒芒 14/142/6
○數雜之壽 14/142/7
○浮游而為龜蹇養生之
　具 14/142/8
將○存亡繼絕 15/142/21
○濁為清 15/142/27
○危為寧 15/142/27
所○禁暴討亂也 15/143/1
教之○道 15/143/2
導之○德而不聽 15/143/2
則臨之○威武 15/143/2
臨之〔○〕威武而不從 15/143/2
則制之○兵革 15/143/2
○禁暴討亂也 15/143/7
○論慮之 15/143/11
○策圖之 15/143/11
○義扶之 15/143/11
非○亡存也 15/143/11
將○存亡也 15/143/11
責之○不義 15/143/12
刺之○過行 15/143/12
此天之所（○）誅也 15/143/15
民之所（○）仇也 15/143/15
○廢不義而復有德也 15/143/16
○家聽者 15/143/16
祿○家 15/143/16
○里聽者 15/143/17
賞○里 15/143/17
○鄉聽者 15/143/17
封○鄉 15/143/17
○縣聽者 15/143/17
侯○縣 15/143/17
此湯、武之所○致王 15/143/19
而齊桓、晉文之所○成
　霸也 15/143/20
攻者非○禁暴除害也 15/143/23
欲○侵地廣壤也 15/143/23
相支○日 15/143/24
舉事○為人者衆助之 15/143/25
舉事○自為者衆去之 15/143/25
所○無朕者 15/144/5
○其無常形勢也 15/144/5
是○勝權多也 15/144/17
不○相得 15/144/26
乃○決勝 15/145/7
夫兵之所○佐勝者衆 15/145/10
而所○必勝者寡 15/145/10
良將之所○必勝者 15/145/12
難（○）〔與〕衆同也 15/145/12
告之○政 15/145/17
申之○令 15/145/18
非所○必勝也 15/145/19
故德義足○懷天下之民 15/145/20
事業足○當天下之急 15/145/20
選舉足○得賢士之心 15/145/20
謀慮足○知強弱之（勢）
　〔權〕 15/145/21
不足○為強 15/145/23
不足○為勝 15/145/23
不足○為固 15/145/23
不足○為威 15/145/24
潁、汝○為洫 15/145/25
江漢○為池 15/145/26
垣之○鄧林 15/145/26
緜之○方城 15/145/26
○為甲冑 15/146/1
○當脩戟強弩 15/146/10
故文之所（○）加者淺 15/146/19
此皆○形相勝者也 15/147/1
○生（繫）〔擊〕死 15/147/6
○盛乘衰 15/147/7
○疾掩遲 15/147/7
○飽制飢 15/147/7
若○水滅火 15/147/7
若○湯沃雪 15/147/7
乃可○應敵合戰 15/147/21
故將○民為體 15/147/23
而民○將為心 15/147/23
可○行 15/147/25
可○舉 15/147/25
可○噬 15/147/25
可○觸 15/147/25
一心○使之也 15/147/26
而存亡之機固○形矣 15/147/28
靜○合躁 15/148/14
治○（持）〔待〕亂 15/148/14
○制其命 15/148/16
餌之○所欲 15/148/16
○罷其足 15/148/16
欲疾○（遬）〔遫〕 15/148/20
是○聖人藏形於无 15/148/22
○其无形故也 15/148/23
○數相持 15/149/2
○虛應實 15/149/2
物未有不○動而制者也 15/149/4
○（升）〔斗〕勺沃而
　救之 15/149/11
舉壺榼盆盎而○灌之 15/149/11

而欲○少耦眾 15/149/12
少可○耦眾 15/149/13
若乃人盡其才、悉用其力、○少勝眾者 15/149/14
則兵○道理制勝 15/149/19
而不○人才之賢 15/149/19
是故為麋鹿者則可○罝罘設也 15/149/19
為魚鱉者則可○罔罟取也 15/149/20
為鴻鵠者則可○矰繳加也 15/149/20
所○決勝者鈐勢也 15/149/26
乃行之○機 15/149/27
發之○勢 15/149/27
是○無破軍敗兵 15/149/28
是○動為人禽矣 15/149/30
夫○巨斧擊桐薪 15/150/1
○其无勢也 15/150/3
載○銀錫 15/150/4
況○三軍之眾 15/150/8
此世傳之所○為儀表者 15/150/12
然而非所○生 15/150/13
夫物之所○相形者微 15/150/16
觀彼之所○來 15/150/21
（名）〔各〕○其勝應之 15/150/21
示之○柔而迎之○剛 15/150/25
示之○弱而乘之○強 15/150/25
為之○歙而應之○張 15/150/25
將欲西而示之○東 15/150/26
兵之所○強者、（民）〔必死〕也 15/151/1
民之所○必死者、義也 15/151/1
義之所○能行者、威也 15/151/1
是故合之○文 15/151/2
齊之○武 15/151/2
造父不能○致遠 15/151/9
羿不能○必中 15/151/9
則孫子不能○應敵 15/151/9
是故內脩其政○積其德 15/151/9
外塞其醜○服其威 15/151/10
察其勞佚○知其飽飢 15/151/10
必○其身先之 15/151/11
所○程寒暑也 15/151/12
所○齊勞佚也 15/151/12
所○同飢渴也 15/151/13
〔所〕○共安危也 15/151/14
常○積德擊積怨 15/151/14
○積愛擊積憎 15/151/14
民○償其二（積）〔責〕 15/151/18
是猶○火救火 15/152/5
○水應水也 15/152/5
同莫足○相治也 15/152/6
故○異為奇 15/152/7
○其異類也 15/152/7
持五殺○應 15/152/9
拙者處五死○貪 15/152/9
不可○設備也 15/152/11
可○伏匿而不見形者也 15/152/14
所○瞀其耳也 15/152/20
所○瞀其目者 15/152/20
乘之○選卒 15/152/24
擊之○宵夜 15/152/24
若○水投火 15/153/2
○待人之虛也 15/153/10
○待人之實也 15/153/11
○受鼓旗 15/153/15
二心不可○事君 15/153/18
疑志不可○應敵 15/153/18
臣既○受制於前矣 15/153/18
願君亦（○）〔無〕垂一言之命於臣也 15/153/19
放旗○入斧鉞 15/153/25
道何○為體 16.1/154/3
○無有為體 16.1/154/3
所○喻道 16.1/154/5
亦○淪於無形矣 16.1/154/8
○其休止不蕩也 16.3/154/12
鼻之所○息 16.6/154/23
耳之所○聽 16.6/154/23
終○其無用者為用矣 16.6/154/23
○為不信 16.6/154/24
用所○言也 16.8/154/28
而不得其所○言 16.8/155/1
故鈞可○教騎 16.10/155/6
騎可○教御 16.10/155/6
御可○教刺舟 16.10/155/6
陰不可○乘陽也 16.12/155/12
故末不可○強於本 16.12/155/12
指不可○大於臂 16.12/155/13
則所○無不動也 16.12/155/14
江、河所○能長百谷者 16.13/155/16
是○能上之 16.13/155/16
○其反宗 16.15/155/20
是故小不可○為內者 16.17/155/24
大不可〔○〕為外矣 16.17/155/24
順祥○安寧 16.19/156/2
此皆微眇可○觀論者 16.20/156/6
拘囹圄者○日為脩 16.22/156/12
當（死市）〔市死〕者○日為短 16.22/156/12
故○不平為平者 16.22/156/13
故沮舍之下不可○坐 16.23/156/15
倚牆之傍不可○立 16.23/156/16
○清入濁必困辱 16.26/156/24
○濁入清必覆傾 16.26/156/24
不可○為遠 16.33/157/12
故魚不可○無餌釣也 16.34/157/14
獸不可○虛器召也 16.34/157/15
鞹○為鼓 16.35/157/17
使之自○平 16.41/158/4
是故不同于和而可○成事者 16.41/158/4
而溺者不可○為抗 16.43/158/10
誕（者）不可○為常 16.43/158/10
○見知隱也 16.47/158/22
大夫種知所○強越 16.52/159/7
而不知所○存身 16.52/159/7
萇弘知周之所〔○〕存 16.52/159/7
而不知身〔之〕所○亡 16.52/159/7
是○虛禍距公利也 16.53/159/10
可○成帷 16.57/159/20
不可○成衣 16.57/159/20
○束薪為鬼 16.64/160/7
16.64/160/7
○火煙為氣 16.64/160/7
16.64/160/7
止言○言 16.67/160/14
止事○事 16.67/160/14
譬猶○涅拭素也 16.67/160/15
○絜白為污辱 16.72/160/25

壞塘○取龜 16.74/160/29
寧百刺○針 16.75/161/1
无一刺○刀 16.75/161/1
○類取之 16.78/161/10
○非義為義 16.79/161/12
○非禮為禮 16.79/161/12
聖人無止無○ 16.80/161/15
告之○東西南北 16.84/161/28
若為土龍○求兩 16.87/162/4
○其所脩而遊不用之鄉 16.88/162/7
揖讓而進之○合歡 16.90/162/14
夜○投人 16.90/162/14
曰殺罷牛可○贖良馬之死 16.94/162/24
○必亡贖不必死 16.94/162/24
此○善託其醜 16.97/163/4
○備矢之至 16.103/163/20
故聖人畜道○待時 16.103/163/21
既（㪺）〔科〕○（犢）〔橢〕 16.104/163/23
尸祝齋戒○沈諸河 16.104/163/24
非○（遂）〔逐〕狐（狸）〔狢〕 16.106/163/29
將○射麋鹿 16.106/163/29
非○斬縞衣 16.106/163/29
將○斷兕犀 16.106/163/30
人能○所不利利人 16.107/164/1
所○東走〔者〕則異 16.108/164/4
所○入水者則異 16.108/164/5
徐偃王○仁義亡國 16.109/164/8
比干○忠靡其體 16.109/164/8
明其火者、所○燿而致之也 16.113/164/18
芳其餌者、所○誘而利之也 16.113/164/18
蘧伯玉○德化 16.123/165/19
公孫鞅○刑罪 16.123/165/19
物固有○（寇）〔剋〕適成不逮者 16.126/165/29
厲利劍者必○柔砥 16.130/166/7
擊鍾磬者必○濡木 16.130/166/7
轂強必○弱輻 16.130/166/7
走不○手 16.132/166/13
飛不○尾 16.132/166/13
○小（朋）〔明〕大 16.133/166/16
可○通天下 16.134/166/19
物固有○不用而為有用者 16.137/166/26
物固有○不用為大用者 16.137/166/27
○浴而倮則不可 16.138/166/29
所○吹者異也 16.140/167/5
烹牛○饗其里 16.141/167/7
○成楚國之治 16.142/167/9
○成子產之事 16.142/167/9
介蟲之動○固 16.146/167/20
貞蟲之動○毒螫 16.146/167/20
熊羆之動○攫搏 16.146/167/20
兕牛之動○觝觸 16.146/167/20
○所去者少 16.147/167/23
砥石不利而可○利金 16.148/167/26
撒不正而可○正弓 16.148/167/26
物固有不正而可○正 16.148/167/26
不利而可○利 16.148/167/26
所○貴鏌邪者 16.150/168/1
○其應物而斷割也 16.150/168/1
○一（出）〔世〕之度制治天下 17.1/168/9
而不知因天地○游 17.1/168/10
足（○）〔所〕躧者淺矣 17.4/168/18
游者○足蹶 17.5/168/21
○手抻 17.5/168/21
（短綆）〔綆短〕不可○汲深 17.12/169/6
器小不可○盛大 17.12/169/6
○瓦鉒者全 17.16/169/16
○金鉒者跋 17.16/169/16
○玉（跓）〔鉒〕者發 17.16/169/16
○問於數 17.19/169/24
解門○為薪 17.23/170/1
塞井○為臼 17.23/170/1
五味○和 17.24/170/3
夫所○養而害所養 17.25/170/5
一端○為冠 17.36/170/27
一端○為絑 17.36/170/27
知己者不可誘○物 17.37/170/30
明於死生者不可（却）〔劫〕○危 17.37/170/30
故善游者不可懼○涉 17.37/170/30
非○一刀殘林也 17.42/171/9
非○一（璞）〔墣〕塞江也 17.42/171/9
○兔之走 17.48/171/21
小變不足○防大節 17.49/171/23
此女媧所○七十化也 17.50/171/25
○其歷歲久矣 17.52/172/4
蘭（芝）〔芷〕○芳 17.54/172/8
晉○垂棘之璧得虞、虢 17.57/172/15
驪戎○美女亡晉國 17.57/172/15
無○自樂 17.58/172/17
無○接物 17.58/172/17
或○舟 17.66/173/1
或○車 17.66/173/1
（蔮苗）〔藡苗〕類絮而不可〔○〕為絮 17.69/173/8
黂不類布而可○為布 17.69/173/8
羿之所○射遠中微者 17.71/173/12
造父之所○追速致遠者 17.71/173/12
○小見大 17.74/173/19
○近喻遠 17.74/173/19
十頃之陂可○灌四十頃 17.75/173/21
而一頃之陂〔不〕可○灌四頃 17.75/173/21
明月之光可○遠望 17.76/173/23
而不可○細書 17.76/173/23
甚霧之朝可○細書 17.76/173/23
而不可○（遠）望尋常之外 17.76/173/23
（所○）為之則同 17.81/174/3
其所○為之則異 17.81/174/3
○類相慕 17.82/174/6
行一棊不足○見智 17.85/174/12
彈一弦不足○見悲 17.85/174/12
○篙測江 17.87/174/16
篙終而○水為測 17.87/174/16
鱉無耳而目不可○（瞥）〔弊〕 17.91/174/25
瞽無目而耳不可○（察）

〔塞〕 17.91/174/26
環可○喻員 17.98/175/9
不必○輪 17.98/175/9
絛可○為繶 17.98/175/9
不必○紃 17.98/175/9
曰可○養老 17.107/175/28
曰可○黏牡 17.107/175/28
瓦○火成 17.110/176/3
不可○得火 17.110/176/3
竹○水生 17.110/176/3
不可○得水 17.110/176/3
披裘而○翣翼 17.111/176/5
有所劫○然也 17.115/176/14
百梅足○為百人酸 17.119/176/24
一梅不足○為一人和 17.119/176/24
有○（飯）〔噎〕死者而禁天下之食 17.120/176/26
有○車為敗者〔而〕禁天下之乘 17.120/176/26
賢者○為佩 17.128/177/14
能者○為富 17.128/177/14
○類而取之 17.129/177/17
得之不○道 17.140/178/11
未可○應變 17.142/178/15
為其所不便○得所便 17.147/178/27
若○腐索御奔馬 17.150/179/1
繡、○為裳則宜 17.154/179/10
○為冠則（譏）〔議〕 17.154/179/10
○微知明 17.164/180/4
○外知內 17.164/180/4
不可○得鳥 17.176/180/29
不可○得魚 17.176/180/29
不可○得賢 17.176/180/29
○極其游 17.178/181/1
管子○小辱成大榮 17.182/181/10
蘇秦○百誕成一誠 17.182/181/10
亦必（○）利溺人矣 17.184/181/14
人君不○取道里 17.186/181/18
○水和水不可食 17.188/181/22
駿馬○抑死 17.189/181/24
直士○正窮 17.189/181/24
交感○然 17.191/181/29
其解之（不○）〔○不〕解 17.193/182/4
異音者不可聽○一律 17.200/182/19
○天下之大 17.205/182/29
（傳）〔傅〕○和菫則愈 17.211/183/11
若○燧取火 17.227/184/12
若○鏡視形 17.228/184/14
為其可○南可○北 17.229/184/16
為其可○黃可○黑 17.229/184/16
○詐應詐 17.233/184/25
○譎應譎 17.233/184/25
晉陽處父伐楚○救江 17.239/185/7
○螻蟻之穴漏 18/186/1
○突隙之煙焚 18/186/1
○多悔 18/186/3
莫不先○其知規慮揣度 18/186/9
而後敢○定謀 18/186/9
（比）〔此〕愚智之所○異也 18/186/9
曉（自然）〔然自〕○為智（知）存亡之樞機、禍福之門戶 18/186/10
使知所○為是者 18/186/11
王果封其子○肥饒之地 18/186/21
所○累世不奪也 18/187/2
所○身死於匠驪氏也 18/187/3
○言大利而反為害也 18/187/6
事或欲（○）利之 18/187/8
適足○害之 18/187/8
乃反○利之 18/187/9
○戈椎之 18/187/13
○為〔傷者、戰鬬者也〕 18/187/15
子反辭○心（痛）〔疾〕 18/187/21
斬司馬子反〔○〕為僇 18/187/24
而適足○殺之 18/187/25
此眾人之所○為養也 18/187/27
而良醫之所○為病也 18/187/27
城中縣其子○示樂羊 18/188/7
不得○子為私 18/188/7
日○不信 18/188/10
取○為子傅 18/188/15
今○為子傅 18/188/16
此公孫鞅之所○抵罪於秦 18/188/19
晉獻公欲假道於虞○伐虢 18/189/1
契教○君臣之義 18/189/13
孔子○三代之道教導於世 18/189/16
○問先生 18/189/20
○饗鬼神 18/189/21
其父又復使其子○問先生 18/189/21
復〔教〕○饗鬼神 18/189/24
此獨○父子盲之故 18/189/27
此獨○跛之故 18/190/5
或齕於耳○忤於心而合於實者 18/190/8
○生材任重塗 18/190/9
○勁材任輕塗 18/190/10
無○對 18/190/11
臣不敢○死為熙 18/190/16
夫○「無城薛」止城薛 18/190/21
其於○行說 18/190/21
括子○報於牛子曰 18/190/23
請○齊侯往 18/190/24
牛子○為善 18/190/24
牛子○括子言告無害子 18/190/24
臣聞（之有）裂壤土○安社稷者 18/190/26
聞殺身破家○存其國者 18/190/26
不聞出其君○為封疆者 18/191/1
括子（曰）〔日〕○疏 18/191/2
無害子日○進 18/191/2
○詐偽遇人 18/191/14
吾豈可○（先）一時之權 18/191/17
吾是○先之 18/192/4
美言可○市尊 18/192/6
君○為不然 18/192/11
○復侵地 18/192/15
入何○三倍 18/192/17
○冬伐木而積之 18/192/17
民春○力耕 18/192/17
（暑）〔夏〕○強耘 18/192/18
秋○收斂 18/192/18
（○）〔又〕伐林而積之 18/192/18
民○弊矣 18/192/19
吾可○勿賞乎 18/192/25

攻城者、欲○廣地也 18/192/26
過周○東 18/192/29
凡襲國者、○為無備也 18/193/1
今示○知其情 18/193/1
○十二牛勞之 18/193/2
凡襲人者、○為弗知 18/193/2
鄭伯乃○存國之功賞弦高 18/193/3
○不信得厚賞 18/193/5
遂○其屬徙東夷 18/193/5
故仁者不○欲傷生 18/193/6
知者不○利害義 18/193/6
寡人起九軍○討之 18/193/12
今君王○陳為無道 18/193/14
（因）○誅罪人 18/193/15
○王為非誅罪人也 18/193/15
蓋聞君子不棄義○取利 18/193/16
可伐○廣地 18/193/18
○擊智氏 18/193/20
尚○為未足 18/194/1
可○修久 18/194/3
或譽人而適足○敗之 18/194/5
或毀人而乃反○成之 18/194/5
晉之所○霸者 18/194/6
而荊之所○不能與之爭者 18/194/6
○其僻遠也 18/194/6
○來北方 18/194/7
王○告費無忌 18/194/9
將○害楚 18/194/10
○秦女之事怨王 18/194/11
使人○車迎之 18/194/14
而（豢）〔養〕○芻豢黍粱五味之膳 18/194/14
○身歸君 18/194/18
今日為父報讎○出死 18/194/24
此眾人所○為死也 18/194/27
而乃反○得活 18/194/28
夫走者、人之所○為疾也 18/194/28
步者、人之所○為遲也 18/194/28
今（反乃）〔乃反〕○人之所〔○〕為遲者、（反）為疾 18/195/1
○告子家駒 18/195/20
使郈昭伯將卒○攻之 18/195/22
遂興兵○救之 18/195/23
生○棘楚 18/195/28
是故聖人深居○避辱 18/196/8
靜安○待時 18/196/8
何足○全其身 18/196/9
○三子之能 18/196/28
驩然有○自得也 18/197/2
劫子○刃 18/197/2
車馬所○載身也 18/197/3
衣被所○揜形也 18/197/3
聖人不○所養害其養 18/197/3
夫不○欲傷生 18/197/4
不○利累形者 18/197/4
○此而見王者 18/197/4
必且○我為事也 18/197/5
此能○知知矣 18/197/5
而未能○知不知也 18/197/5
今知所○自行也 18/197/6
而未知所○為人行也 18/197/7
適足○敗之 18/197/10
適足○致之 18/197/10
使監祿（無○）轉餉 18/197/14
又○卒鑿渠而通糧道 18/197/14
○與越人戰 18/197/15
相置桀駿○為將 18/197/16
乃發適戍○備之 18/197/16
欲知築脩城○備亡 18/197/19
而不知築脩城之所○亡也 18/197/20
〔知〕發適戍○備越 18/197/20
○為西益宅不祥 18/197/24
乃○問其傅宰折睢曰 18/197/25
而史○為不祥 18/198/1
子○為何如 18/198/1
夫史○爭為可○止之 18/198/4
至乎○弗解〔解〕之者 18/198/5
夫○人之所不能聽說人 18/198/10
譬猶○大牢享野獸 18/198/10
○《九韶》樂飛鳥也 18/198/11
不若（此）《延（路）〔露〕》（陽局）〔○和〕 18/198/14
此嚴父之所○教子 18/198/17
而忠臣之所○事君也 18/198/18
言時之不可○行也 18/198/27
○陽動也 18/198/28
○陰息也 18/199/1
因日○動 18/199/1
因夜○息 18/199/1
而四君獨○為仁義儒墨而亡者 18/199/2
夫戟者、所○攻城也 18/199/6
鏡者、所○照形也 18/199/6
宮人得戟則○刈葵 18/199/6
盲者得鏡則○蓋卮 18/199/6
僅足○容身 18/199/11
則有○（任）〔徑〕於世矣 18/199/13
則无○與俗交 18/199/13
則无○與道遊 18/199/14
○身役物 18/199/17
外化、所○入人也 18/199/19
內不化、所○全（其）身也 18/199/19
所○貴聖人者 18/199/20
20/216/18
○其能龍變也 18/199/20
雖○毀碎滅沉 18/199/21
是故見小行則可○論大體矣 18/199/25
○問其御曰 18/199/26
束帛○贖之 18/199/28
○自罰也 18/200/6
則可○覆大矣 18/200/7
則可○懷遠矣 18/200/7
莊王知其可○為令尹也 18/200/9
楚國知其可○為兵主也 18/200/10
察其所○而已矣 18/200/12
夫車之所○能轉千里者 18/200/13
○其要在三寸之轄 18/200/14
○諸侯為親 18/200/17
○大夫為黨 18/200/17
然衛君○為吳可○歸骸骨也 18/200/23
故束身○受命 18/200/23
諸侯皆○為蓍龜兆 18/200/24
子貢可謂知所○說矣 18/200/26
為大室○臨二先君之廟 18/201/4
所○餌之者非其欲也 18/201/7
能○其所欲而釣者也 18/201/7
而可○為丹者 18/201/8
而虞氏○亡 18/201/12
而乃辱我○腐鼠 18/201/16
无○立（務）〔矜〕於天下 18/201/16

而必（○）滅其家 18/201/17
大斗斛○出 18/201/21
輕斤兩○內 18/201/21
○不宜也 18/201/22
此乃所○反也 18/201/22
追者皆○為然而不索其內 18/201/28
然而甲卒三千人○擒夫差於姑胥 18/202/3
夫事之所○難知者 18/202/4
○其竄端匿跡 18/202/4
而○勝惑人之心者也 18/202/4
○待其來也 18/202/6
○避其怒矣 18/202/7
吾○為不然 19/202/13, 19/204/14
○五聖觀之 19/202/15
○致聰明 19/202/23
○寬民氓 19/202/23
○振困窮 19/202/24
○養孤孀 19/202/24
譙○其過 19/202/25
○身解於陽（眄）〔盱〕之（河）〔阿〕 19/202/28
○身禱於桑（山之）林〔之際〕 19/202/29
而稱○「無為」 19/202/29
非○奉養其欲也 19/203/1
非○逸樂其身也 19/203/1
懷知而不○相教 19/203/2
積財而不○相分 19/203/2
故立天子○齊〔一〕之 19/203/2
為一人聰明而不足○徧燭海內 19/203/3
故立三公九卿○輔翼之 19/203/3
故立諸侯○教誨之 19/203/4
是○地無不任 19/203/4
所○衣寒食飢 19/203/5
若○布衣徒步之人觀之 19/203/5
是○聖人不高山、不廣河 19/203/7
蒙恥辱○（千）〔干〕世主〔者〕 19/203/7
非○貪祿慕位 19/203/7
故自天子○下 19/203/9
若夫○火熯井 19/203/16
○淮灌山 19/203/16
負天下○不義之名 19/203/23
作為雲梯之械設○攻宋 19/203/25
是○軾 19/203/29
〔段〕干木雖○己易寡人 19/204/3
子何○輕之哉 19/204/3
○存楚、宋 19/204/6
○安秦、魏 19/204/6
而皆可○存國 19/204/7
或○甕瓴 19/204/7
或○盆盂 19/204/8
故在所○感〔之矣〕 19/204/10
○此論之 19/204/15
齕咋足○噆肌碎骨 19/204/16
蹶蹏足○破盧陷匈 19/204/16
掩○衡扼 19/204/17
連○轡銜 19/204/17
而可○通氣志 19/204/18
不可教○道 19/204/21
不可喻○德 19/204/21
今○為學者之有過而非學者 19/204/26
則是○一（飽）〔餉〕之故 19/204/27
○一蹪之難 19/204/27
為此棄干將、鏌邪而○手戰 19/205/3
何可○公論乎 19/205/4
○大氐為本 19/205/9
○多者名之 19/205/10
及其（粉）〔扢〕○玄錫 19/205/18
摩○白旃 19/205/19
所○論之過 19/205/19
其與人無○異 19/206/2
○愛氣力 19/206/4
○（備）〔避〕矰弋 19/206/4
○像宮室 19/206/5
陰○防雨 19/206/5
（景）〔晏〕○蔽日 19/206/5
此亦鳥獸之所○知求合於其所利 19/206/6
而知不足○奄之 19/206/12
周室○後 19/206/13
學不可〔○〕已 19/206/14
鏤○為獸 19/206/19
（楺）〔揉〕○為輪 19/206/19
（揉）○成器用 19/206/20
○逍遙〔乎無方之內〕 19/206/24
此聖人之所○（詩）〔游〕心〔也〕 19/206/24
日○自娛 19/206/26
○觀禍福 19/207/1
可○為法則 19/207/1
○趣明師 19/207/8
○絕世俗 19/207/8
是○明照四海 19/207/11
我社稷可○庶幾乎 19/207/14
〔吾〕竭筋力○赴嚴敵 19/207/15
○見秦王 19/207/18
○存楚國 19/207/21
○言人之有所務也 19/208/2
通於物者不可驚〔○〕怪 19/208/4
喻於道者不可動○奇 19/208/4
察於辭者不可燿○名 19/208/4
審於形者不可遯○狀 19/208/4
雖奚仲不能○定方圓 19/208/7
雖魯班不能○定曲直 19/208/7
孔子有○聽其言也 19/208/11
○年之少 19/208/11
○問唐姑梁 19/208/12
固（權）〔奮〕說○取少主 19/208/13
所○聽者易〔也〕 19/208/14
夫○徵為羽 19/208/14
○甘為苦 19/208/14
〔鄭人〕○為狗羹也而甘之 19/208/15
○為寶而藏之 19/208/17
○示人 19/208/18
人○為石也 19/208/18
无○聽其說 19/208/19
此和氏之所○泣血於荊山之下 19/208/19
而稱○頃襄之劍 19/208/21
而稱○楚莊之琴 19/208/22
中无主○受之 19/208/27
○禮哭泣之 19/208/28
故作書○喻（意）〔事〕 19/209/3
○為知者〔施〕也 19/209/4
（櫨）〔攄〕書明指○示之 19/209/5
寡人○示工 19/209/8

工皆〇為調 19/209/8
而〇為不調 19/209/8
〇為後之（有）知音者也 19/209/9
今〇中人之才 19/209/17
不可〇為（櫨）〔廬〕棟 19/209/26
故可〇為棺舟 19/209/26
日〇暴之 20/210/3
夜〇息之 20/210/3
風〇乾之 20/210/3
雨露〇濡之 20/210/3
不見其所〇而禍除 20/210/5
〇陰陽之氣相動也 20/210/10
〇類相從 20/210/11
〇音相應也 20/210/11
是〇天心呿唫者也 20/210/14
天之與人有〇相通也 20/210/21
萬物有〇相連 20/210/22
精祲有〇相蕩也 20/210/22
不可〇智巧為也 20/210/23
不可〇筋力致也 20/210/23
〇生萬（物）〔殊〕 20/210/24
宋人有〇象為其君為楮葉者 20/210/27
能〇神化也 20/211/4
〇綏四方 20/211/25
〇其死力報 20/211/28
夫矢之所〇射遠貫（牢）〔堅〕者 20/212/2
其所〇中的剖微者 20/212/3
其所〇能行者 20/212/4
必自精氣所〇與之施道 20/212/4
故攄道〇被民 20/212/5
夫物有〇自然 20/212/11
教之〇順 20/212/17
因其喜朋友而教之〇悌 20/212/17
然後脩朝聘〇明貴賤 20/212/18
（饗）〔鄉〕飲習射〇明長幼 20/212/18
時搜振旅〇習用兵也 20/212/18
入學庠序〇脩人倫 20/212/19
然非得工女煮〇熱湯而抽其統紀 20/212/21
因其所喜〇勸善 20/212/24
因其所惡〇禁奸 20/212/24
〇調陰陽之氣 20/212/28
〇辟疾（病）〔疹〕之菑 20/212/28
〇制度量 20/213/1
〇除飢寒之患 20/213/1
〇制禮樂 20/213/2
〇治人倫而除暴亂之禍 20/213/2
（故）〔〇〕立父子之親而成家 20/213/3
〇立君臣之義而成國 20/213/4
〇立長幼之禮而成官 20/213/4
堯乃妻〇二女 20/213/8
〇觀其內 20/213/9
任〇百官 20/213/9
〇觀其外 20/213/9
乃屬〇九子 20/213/9
贈〇昭華之玉 20/213/10
〇為雖有法度 20/213/10
〇歸神〔杜淫〕 20/213/13
〇通八風 20/213/14
〇沉湎淫康 20/213/15
〇辯治百官 20/213/15
愚者得〇不忘 20/213/16
智者得〇志（遠）〔事〕 20/213/16
〇解有罪 20/213/17
〇殺不辜 20/213/17
〇奉宗廟鮮犞之具 20/213/17
〇戒不虞 20/213/18
〇奪民時 20/213/18
〔〇〕罷民（之）力 20/213/18
將〇救敗扶衰 20/213/24
〇調天地之氣 20/213/24
是〇緒業不得不多端 20/214/2
〇平國弭亂 20/214/17
〇為天下去殘除賊 20/214/18
而食之〇示威 20/214/19
海不讓水潦〇成其大 20/215/1
山不讓土石〇成其高 20/215/1
治大者道不可〇小 20/215/4
地廣者制不可〇狹 20/215/4
位高者事不可〇煩 20/215/4
民眾者教不可〇（苛）〔苛〕 20/215/4
於〇任人 20/215/9
河〇逶蛇、故能遠 20/215/12
山〇陵遲、故能高 20/215/12
道〇優游、故能化 20/215/12
可〇曲說 20/215/13
而未可〔〇〕廣應也 20/215/13
可〇治小 20/215/14
而未可〇治大也 20/215/14
可〇愉舞 20/215/15
而不可〇陳軍〔也〕 20/215/15
可〇養少 20/215/16
而不可〇饗眾〔也〕 20/215/16
戍五嶺〇備越 20/215/21
築脩城〇守胡 20/215/21
而非所〇為治也 20/215/22
而非所〇中也 20/215/23
是〇天心動化者也 20/216/1
是〇精誠感之者也 20/216/1
是〇外皃為之者也 20/216/2
故有道〇統之 20/216/2
法雖少、足〇化矣 20/216/2
无道〇行之 20/216/3
法雖眾、足〇亂矣 20/216/3
日化上遷善而不知其所〇然 20/216/7
此太平之所〇不起也 20/216/9
〇〔不〕萬一求不世出 20/216/9
此所〇千歲不一會也 20/216/10
淖〇清 20/216/12
生〇青苔 20/216/12
所〇貴扁鵲者 20/216/17
乃隨之〇刑 20/216/19
繩之（法）〔〇〕法 20/216/19
禹〇夏王 20/216/19
桀〇夏（止）〔亡〕 20/216/20
湯〇殷王 20/216/20
紂〇殷亡 20/216/20
故國之所〇存者 20/216/24
非〇有法也 20/216/24
〇有賢人也 20/216/25
其所〔〇〕亡者 20/216/25
非〇无法也 20/216/25
〇无聖人也 20/216/25
賂〇寶玉駿馬 20/216/26
〔故〕臧武仲〇其智存魯 20/216/28
蘧伯玉〇其仁寧衛 20/217/1
言无聖人〇統理之也 20/217/2
无法不可〇為治也 20/217/5
不知禮義不可〇行法〔也〕 20/217/5

矣 yǐ 582

則醜美有間○ 2/14/14
此不免以身役物○ 2/14/16
而惑亂其本○ 2/14/17
而不得須臾恬淡○ 2/14/18
夫有病於內者必有色於外○ 2/14/27
此其為山淵之勢亦遠○ 2/15/3
所由來者久○ 2/15/20
神無虧缺於胸臆之中○ 2/16/3
（淵）〔神〕清則智明○ 2/16/8
智公則心平○ 2/16/9
達則嗜慾之心外○ 2/16/20
而仁義固附○ 2/16/25
可謂能體道○ 2/17/9
亦有繫於世者○ 2/18/4
〔日夜平○〕 3/25/2
德以去○ 3/25/10
（日夜平○） 3/25/14
虛星乘鉤陳而天地襲○ 3/27/22
其無所逃之亦明○ 6/49/30
徵○ 6/50/16
亦可謂失論○ 6/51/5
則道行○ 6/51/5
則難○ 6/51/6,11/96/10,13/122/23,13/127/27
則胸腹充而嗜慾省○ 7/55/20
則耳目清、聽視達○ 7/55/21
則敦志勝而行不僻○ 7/55/22
則精神盛而氣不散○ 7/55/22
則五藏搖動而不定○ 7/56/1
則血氣滔蕩而不休○ 7/56/1
則精神馳騁於外而不守○ 7/56/2
无由識之○ 7/56/3
亦為一物○ 7/56/12
夫造化者既以我為坯○ 7/56/14
將無所違之○ 7/56/14
與其為盆盎亦無以異○ 7/56/23
是故死生亦大○ 7/57/12
亦不與之抮抱○ 7/57/13
其所生則死○ 7/58/8
其所化則化○ 7/58/9
則神無累○ 7/58/9
則心不惑○ 7/58/9
則志不懾○ 7/58/10
則明不眩○ 7/58/10
禹之視物亦細○ 7/58/18
此其視變化亦同○ 7/58/21
又況無為者○ 7/59/3
天下至大○ 7/59/6
身至親○ 7/59/6
其餘無足利○ 7/59/6
不以天下為貴○ 7/59/7
《金縢》、《豹韜》廢○ 7/59/8
而訟閒田者慚○ 7/59/9
而爭券契者媿○ 7/59/9
而貪利偷生者悶○ 7/59/9
自以為樂○ 7/59/11
學之建鼓○ 7/59/15
則脫然而喜○ 7/59/26
則萬物之變為塵埃○ 7/61/1
則去火而已○ 7/61/2
處之太半○ 8/61/16
不可勝數〔○〕 8/61/19
句爪、居牙、戴角、出距之獸於是鷙○ 8/61/23
於是生○ 8/61/27
而性失○ 8/62/10
財足而人（瞻）〔贍〕○ 8/62/14
則仁義不用○ 8/62/15
則樸散而為器○ 8/62/25
則德遷而為偽○ 8/62/26
〔智〕能愈多而德愈薄○ 8/62/28
遂不言而死者眾○ 8/63/23
足以治其境內○ 8/64/11
而天下治○ 8/64/21
此五者、一足以亡天下○ 8/65/15
則禽獸跳○ 8/65/23
發怒則有所釋憾○ 8/66/3
〔則〕失樂之本○ 8/66/12
故事親有道○ 8/66/27
朝廷有容○ 8/66/27
處喪有禮○ 8/66/28
用兵（冇）〔有〕術○ 8/66/28
本傷而道廢〔○〕 8/66/29
其於以御兵刃（縣）〔緜〕○ 9/68/18
薄○ 9/68/18
難○ 9/68/19,17.208/183/5
於彼尋常○ 9/69/1
（植）〔桓〕公喟然而寤○ 9/69/6
至精入人深○ 9/69/6
見微以知明（○）〔也〕 9/69/7
淺○ 9/70/3
則其窮不（達）〔遠〕○ 9/70/4
勇（力）不足以持天下○ 9/70/6
則治道通○ 9/70/22,14/133/8
而游居者亟於進○ 9/70/23
而為邪者輕犯上○ 9/70/24
妄指則亂○ 9/71/3
則无由惑○ 9/71/9
治國之道明○ 9/71/23
則百人有餘力○ 9/71/25
則讒佞姦邪无由進○ 9/72/12
亦必无餘命○ 9/72/15
而姦人伏匿○ 9/72/20
忠者隱蔽○ 9/72/20
其以移風易（俗）○ 9/72/23
明○ 9/72/25,14/137/27,19/202/16,19/206/14
古（人之）〔之人〕（日）〔曰〕亡○ 9/73/7
如鞭（踬）〔蹏〕馬○ 9/73/24
靜則下不擾○ 9/73/26
儉則民不怨○ 9/73/26
生業不修○ 9/74/1
而萬民力竭○ 9/74/2
皆失其宜○ 9/74/28
其離聰明則亦遠○ 9/75/14
是故公道通而私道塞○ 9/75/18
道勝而理達○ 9/75/20
則令行於民○ 9/75/30
則管、晏之智盡○ 9/76/6
則跖、蹻之姦止○ 9/76/6
〔即〕遠者治（也）〔○〕 9/76/10
故萬舉而無遺策○ 9/76/10
而人弗能制○ 9/76/14
則人材釋而公道行○ 9/76/15
反以事轉任其上○ 9/76/24
則百官之事各有所守○ 9/77/15
其於化民易○ 9/77/17
則天下徧為儒墨○ 9/77/23
而海內莫不被繩○ 9/78/1
再舉而天下失○ 9/78/8
失樂之所由生○ 9/78/24
閔○ 9/79/2
而不離飢寒之患○ 9/79/5
則百姓無以被天和而履地德○ 9/79/6
其道備○ 9/79/21

是寡人之命固已盡○	12/112/24
子（韋）无復言○	12/112/24
原不過一二日將降○	12/113/16
大司馬捶鉤者年八十○	12/114/5
吾無憂○	12/114/17
回益○	12/115/12,12/115/13
回忘禮樂○	12/115/12
可○	12/115/13,12/115/14
回忘仁義○	12/115/13
回坐忘○	12/115/14
化則無常○	12/115/16
尚○	12/115/28
然子處○	12/116/15
（季）〔迒〕子之德至○	12/116/24
則無由入○	12/117/2
貴○哉	12/117/8
予能有無○	12/117/8
及其為無無〔○〕	12/117/9
至所極而已○	12/118/20
大則大○	12/118/28
晏子可謂忠於上而惠於下○	12/119/5
古者有鍪而綣領以王天下者○	13/120/3
則先王之法度有移易者○	13/120/16
可謂能子○	13/121/16
可謂能武○	13/121/18
可謂能臣○	13/121/20
所以應時（○）〔也〕	13/121/20
則可以正治○	13/121/27
則其亂必○	13/122/5
弓劍而已○	13/122/6
然後能擅道而行（○）〔也〕	13/122/18
而（萬）〔千〕乘之國無不破亡者○	13/124/23
則天下之伐我難○	13/125/9
周公可謂能持滿○	13/125/10
可以共學○	13/125/27
善反醜○	13/126/1
則无所用○	13/126/2
號令行于天下而莫之能非○	13/126/3
則必滅抑而不能興○	13/126/16
則必不免於有司之法○	13/126/18
則天下无聖王賢相○	13/126/26
則終身為破軍擒將○	13/127/1
難為則行高○	13/127/25
易償則求贍○	13/127/25
其美有存焉者○	13/128/1
其失人也必多○	13/128/6
則論人易○	13/128/11
薛燭庸子見若狐甲於劍而利鈍識○	13/128/15
嘗一哈水如甘苦知○	13/128/15
而觀小節足以知大體○	13/128/18
則人情備○	13/128/21
則忘其為○	13/129/28
則足以養七尺之形○	13/130/7
天下之富不足以為樂○	13/130/8
所由來者遠○	13/131/3
則禽獸草木莫不被其澤○	13/132/5
皆為物○	14/132/12
可與言至論○	14/132/28
反己而得○	14/133/11
五見則德无位○	14/133/14
則幾於道（也）〔○〕	14/134/27
則所有者亡○	14/135/3
道勝人則名息○	14/135/26
則危不遠○	14/135/27
則道（如）〔諛〕日至○	14/135/27
而幾於道○	14/136/5
則免於累○	14/136/11
可謂無為○	14/137/7
一（身）〔人〕之身既數（既）變○	14/137/9
失必多○	14/137/14
而道術之可（脩）〔循〕明○	14/137/18
道行則人無位○	14/138/26
則人無事○	14/139/8
馬力必盡○	14/139/19
棄智則道立○	14/139/20
可謂恬○	14/140/26
可謂佚○	14/140/26
而幾鄉方○	14/141/1
〔聖人〕見所始則知〔所〕終○	14/141/16
可與言道○	14/142/6,14/142/9
（爾）〔亦〕遠○	14/142/7
（爾）〔亦〕滔○	14/142/7
人必笑之○	14/142/9
兵之所由來者遠○	15/142/27
黃帝嘗與炎帝戰○	15/142/27
顓頊嘗與共工爭○	15/142/28
可謂極之〔極〕○	15/144/10
素行無刑久○	15/144/21
〔則其〕所得者鮮○	15/144/29
則兵強○	15/145/19
則兵弱○	15/145/20
白刃不畢拔而天下（傳）〔傅〕○	15/146/15
則我強而敵弱○	15/146/21
而決勝乎千里之外○	15/146/26
固已至○	15/147/11
而存亡之機固以形○	15/147/28
國無守城○	15/148/12
而手戰者寡○	15/149/8
則為人禽○	15/149/18
亦自明○	15/149/19
勝鈐必多○	15/149/29
是以動為人禽○	15/149/30
則貫兕甲而徑於革盾○	15/150/5
四者既信於民○	15/151/20
臣既以受制於前○	15/153/18
是故名必成而後无餘害○	15/153/28
吾（聞）得之○	16.1/154/5
今汝已有形名○	16.1/154/6
吾將反吾宗○	16.1/154/7
亦以淪於無形○	16.1/154/8
終以其無用者為用○	16.6/154/23
則有為其所止○	16.7/154/26
則至德（約）〔純〕○	16.7/154/26
世已變○	16.11/155/9
大不可〔以〕為外○	16.17/155/24
爾行○	16.21/156/9
善於射○	16.28/156/30
善於釣○	16.28/156/30
則有不善○	16.28/156/31
則雖愚無失○	16.41/158/4
天下無之○	16.41/158/5
不求美則〔有〕美○	16.42/158/7
（求不）〔不求〕醜則有醜○	16.42/158/7

則無美無醜○ 16.42/158/8
一人處陸則可○ 16.46/158/18
淺則至膚而止○ 16.49/158/27
雖死亦不能悲哭○ 16.77/161/8
雖暇亦不能學○ 16.77/161/8
天下莫不藉明於其前○ 16.82/161/22
至深微廣大○ 16.85/161/31
17.3/168/16
未發而蝬擁（柱）〔樹〕號○ 16.89/162/11
未能行之者○ 16.94/162/24
已自足其中○ 16.99/163/8
則無時得鳥○ 16.103/163/19
則懸一札而已○ 16.103/163/20
而怨德相去亦遠○ 16.121/165/13
此母老○ 16.145/167/17
則勃○ 16.151/168/5
其不知物類亦甚○ 17.1/168/10
足（以）〔所〕蹍者淺○ 17.4/168/18
智所知者褊○ 17.4/168/18
非手足者○ 17.5/168/21
而彭祖為夭○ 17.11/169/4
〔則〕得其所見○ 17.14/169/10
則得其所聞○ 17.14/169/10
得道而德從之○ 17.15/169/13
則明〔有〕所蔽○ 17.17/169/19
則又不能走○ 17.48/171/21
以其歷歲久○ 17.52/172/4
百斗而足○ 17.86/174/14
惑○ 17.87/174/16
則悖○ 17.120/176/26,19/205/3
可謂不知類○ 17.149/178/31
（之與○） 17.157/179/16
亦必（以）利溺人○ 17.184/181/14
則天下无不達之塗○ 18/186/11
吾則死○ 18/186/19
宜○其有此難也 18/187/14
不穀无與復戰○ 18/187/23
〔則〕虢朝亡而虞夕從之○ 18/189/4
括子之智得○ 18/191/3
君其（許）〔詐〕之而已○ 18/191/12
君其正之而已○ 18/191/14
趙將亡○ 18/191/24
則〔二〕君為之次○ 18/191/24
民以弊○ 18/192/19
今已知之○ 18/193/2
則鄭國之信廢○ 18/193/4
罰亦重○ 18/193/14
滅之○ 18/193/18
而无不勝之任○ 18/193/28
其事已構○ 18/194/10
今事已成○ 18/194/24
必不能自免於（千）〔十〕步之中○ 18/194/26
所浼者多○ 18/195/12
久○ 18/195/20
死亡無日○ 18/195/22
則無亡患○ 18/196/5
〔太宰子朱〕之見終始微○ 18/196/15
則靡而無形○ 18/196/18
此能以知知○ 18/197/5
能勇於敢〔○〕 18/197/5
可與及言論○ 18/198/6
則不能保其芳○ 18/198/24
欲其食則難○ 18/198/27
則為之擒○ 18/199/3
則有以（任）〔徑〕於世○ 18/199/13
是故見小行則可以論大體○ 18/199/25
知所歸心○ 18/199/28
必為天下勇武○ 18/200/2
知所盡死○ 18/200/3
則可以覆大○ 18/200/7
則可以懷遠○ 18/200/7
察其所以而已○ 18/200/12
一人而足○ 18/200/13
則无所用多○ 18/200/13
則皆移心於晉○ 18/200/25
子貢可謂知所以說○ 18/200/26
寡人聞命○ 18/201/2
聞命○ 18/201/3
魯君之欲為室誠○ 18/201/5
公宣子止之必○ 18/201/5
審其所由而已○ 18/201/9
虞氏富樂之日久○ 18/201/15
其離叛之心遠○ 18/202/3
則天下无亡國破家○ 18/202/5
以避其怒○ 18/202/7
眾而難識○ 18/202/8
嘗試問之○ 19/202/15
其重於尊亦遠○ 19/202/27
則聖人之憂勞百姓〔亦〕甚○ 19/203/9
故在所以感〔之○〕 19/204/10
效亦大○ 19/204/11
則不類○ 19/204/15
則愚○ 19/205/2
然其知者必寡○ 19/206/8
則弟子句指而受者必眾○ 19/209/2
雖闔棺亦不恨○ 19/209/5
无不憚悇癢心而悅其色○ 19/209/17
而炭已重○ 20/210/8
而木已動○ 20/210/8
而日在其前〔○〕 20/210/9
草木未動而鳥已翔○ 20/210/10
陰曀未集而魚已噞○ 20/210/10
則萬物之有葉者寡○ 20/210/28
而萬物生○ 20/211/11
至誠而能動化○ 20/211/18
施之天下而已○ 20/211/25
內順而外寧○ 20/211/25
（化）〔作〕則細○ 20/212/8
則无敵於天下○ 20/212/11
可謂養性○ 20/214/16
可謂忠臣（也）〔○〕 20/214/17
可謂惠君〔○〕 20/214/18
而未可謂忠臣（○）〔也〕 20/214/18
可謂良將〔○〕 20/214/19
而所治者淺○ 20/215/2
易○ 20/215/9
法雖少、足以化○ 20/216/2
法雖眾、足以亂○ 20/216/3
則養民得其心○ 20/219/11
无益於（恃）〔持〕天下○ 20/220/3
其為親〔也〕亦戚○ 20/220/24
其為君亦（患）〔惠〕○ 20/220/25
其為師亦博○ 20/220/25
人教之以儀則喜○ 20/220/26
則田野必辟○ 20/220/29

而汝服於我也○忘 11/96/3
其不能乘雲升假○明矣 11/99/15
不能為治○明矣 11/99/17
旬○至之 11/102/9
○人之所棲宿也 11/103/16
子之知道○有數乎 12/105/4
○有數乎 12/105/10
後○應之 12/106/4
孔子○可謂知（禮）〔化〕矣 12/108/21
王○大 12/109/9
而臣之子○不能得之於臣 12/110/6
○以懷其實 12/110/7
○請降 12/113/18
盜○有道乎 12/114/26
豈不○遠哉 12/116/15
○何如哉 12/119/10
○猶此也 13/129/26,18/200/13
則○无能履也 13/130/28
不○宜乎 14/134/13
用之者○不受其德 14/138/24
（爾）〔○〕遠矣 14/142/7
（爾）〔○〕滔矣 14/142/7
○自明矣 15/149/19
願君○（以）〔無〕垂一言之命於臣也 15/153/19
○以淪於無形矣 16.1/154/8
雖死○不能悲哭矣 16.77/161/8
雖暇○不能學矣 16.77/161/8
○不病暮 16.106/163/31
逐者○東走 16.108/164/4
拯之者○入水 16.108/164/4
愚人○同死生 16.108/164/5
懼者○顫 16.109/164/9
而怨德相去○遠矣 16.121/165/13
其不知物類○甚矣 17.1/168/10
牛（號）〔蹏〕彘顱○骨也 17.52/172/4
○不見醜 17.146/178/25
○必（以）利溺人矣 17.184/181/14
（○）〔赤〕肉縣則烏鵲集 17.191/181/29
○有規矩準繩焉 17.214/183/17
車○依（輪）〔輔〕 18/189/3
後○無復 18/191/14

罰○重矣 18/193/14
夫子○何思於齊 18/194/16
○弗能加也 18/196/20
人○有言 18/197/8
不○難乎 18/200/25
雉○知驚憚遠飛 18/202/7
其重於尊○遠矣 19/202/27
則聖人之憂勞百姓〔○〕甚矣 19/203/9
效○大矣 19/204/11
○時有南北者 19/205/8
夫學、○人之砥錫也 19/205/19
此○鳥獸之所以知求合於其所利 19/206/6
雖闔棺○不恨矣 19/209/5
（而）〔○〕猶弓矢、中之具〔也〕 20/215/22
心志○有之 20/220/13
其為親〔也〕○戚矣 20/220/24
其為君○（患）〔惠〕矣 20/220/25
其為師○博矣 20/220/25
聖人○无憂 21/226/11
○優游矣 21/227/17

役 yì 4

解○罪 5/47/15
乘時因勢以服○人心也 8/64/19
衛君○子路 9/77/17
慕義從風而為之服○者不過數十人 9/77/22

邑 yì 7

循行國○ 5/40/17
建都○ 5/44/1
○無盜賊 6/52/20
文王舍伯○考而用武王 13/120/19
為鄉○之下 13/122/6
不入朝歌之○ 16.101/163/14
○犬群嗥 20/215/26

佚 yì 12

成王問政於尹○曰 12/114/20
尹○〔對〕曰 12/114/22

（佚）〔○〕其情 12/119/25
故位愈尊而身愈○ 14/140/3
樂○而憎勞 14/140/26
可謂○矣 14/140/26
舍形放○ 14/140/27
察其勞○以知其飽飢 15/151/10
所以齊勞○也 15/151/12
○為勞奇 15/152/8
子發辨擊劇而勞○齊 18/200/9
欲以偷自○ 21/226/10

抑 yì 11

入日○節 6/52/3
其魄不○ 7/57/23
捧心○腹 7/59/26
民之滅○夭隱 8/61/26
○減怒瀨 8/65/5
○微滅瑕 8/65/11
若璽之○埴 11/96/8
則必滅○而不能興矣 13/126/16
罩者○之 17.121/176/29
駿馬以○死 17.189/181/24
○黑質 19/205/24

役 yì 12

聖人不以身○物 1/7/23
此不免以身○物矣 2/14/16
○夸父 2/14/23
或者生乃徭○也 7/56/16
○使鬼神 7/58/1
民力竭於徭○ 8/66/9
而為夫子○ 18/196/27
以身○物 18/199/17
公乃令罷○除版而去之 18/201/5
无勞○ 20/211/24
墨子服○〔者〕百八十人 20/217/7
發乾谿之○ 20/219/25

耴 yì 1

夸父、（耽）〔○〕耳在其北方 4/37/8

佾 yì 1

其樂《夏籥》、《九成》、《六○》、《六列》、《六英》 11/98/4

易 yì 171

不以人○天 1/2/16
形性不可○ 1/4/2
未發號施令而移風○俗者 1/4/21
不○自然也 1/4/24
而後者○為攻也 1/5/11
時難得而○失也 1/5/20
不○其常 1/7/1,12/112/4
夫許由小天下而不以己○堯者 1/8/14
女有不○之行 1/9/8
爪牙移○ 2/11/8
冰（故）〔水〕移○于前後 2/11/12
○骭之一毛 2/12/12
平○者、道之素 2/14/24
以（覩）其○也 2/16/10
夫唯○且靜 2/16/10
人神○濁而難清 2/17/22
清妙之合專○ 3/18/20
○其則也 3/25/10
六歲而○常 3/28/19
○而不穢 5/49/5
臨死地而不○其義 7/59/1
桓公甘○牙之和而不以時葬 7/60/28
於是天下廣陜險○遠近始有道里 8/63/14
足以變○心志 8/65/21
○其黨 8/66/21
故聖人事省而○治 9/68/10
求寡而○贍 9/68/10
而不能移風○俗者 9/69/5
一定而不○ 9/69/24
夫責少者○償 9/70/17
職寡者○守 9/70/17
任輕者○（權）〔勸〕 9/70/17
下效○為之功 9/70/18
其以移風○（俗）矣 9/72/23
而勢可以○俗 9/72/25
擿齒○貌 9/73/18
昔者齊桓公好味而○牙烹其首子而餌之 9/77/8
其於化民○矣 9/77/17
故循流而下○以至 9/78/6
背風而馳○以遠 9/78/6
窮不○操 9/80/4
○而必成 9/81/2
捨其○〔而必〕成者 9/81/3
此○言也 9/81/20
道在○而求之難 9/82/10
故《○》曰 10/82/22,10/83/20
10/84/26,10/85/25,11/94/13
13/127/19,14/134/4
18/198/27,20/210/11
《○》曰 10/82/30
10/85/9,20/217/1
不能使為苟（簡）○ 10/85/5
聞善○ 10/85/12
懷遠○矣 10/85/13
故使人信己者○ 10/86/23
○為也 11/94/19
得以所有○所無 11/95/9
以所工○所拙 11/95/9
久湛於俗則○ 11/95/28
○而忘其本 11/95/28
農不○其畝 11/97/24
時移即俗○ 11/99/8
治世之（體）〔職〕○守也 11/101/16
其事○為也 11/101/16
其禮○行也 11/101/16
其責○償也 11/101/16
○事而悖 11/101/20
江南河北不能○其指 11/102/15
馳騖千里不能（○）〔改〕其處 11/102/15
○牙嘗而知之 12/105/22
可以移風○俗 12/108/18
是變其故、○其常也 12/112/5
周伯昌改道○行 12/114/17
○容貌 12/116/21
去舍露宿以示平○ 12/117/19
則先王之法度有移○者矣 13/120/16
何況乎君數○世 13/121/20
國數○君 13/121/21,14/137/9
是以政教○化 13/122/1
風俗○移也 13/122/1
禮義與俗○ 13/122/22
遇君子則○道 13/123/15
若此其○知也 13/124/23
有○為而難成者 13/126/22
有難成而○敗者 13/126/22
○為而難成者 13/126/23
難成而○敗者 13/126/24
猶之為○也 13/126/28
○償也 13/127/25
○償則求贍矣 13/127/25
則論人○矣 13/128/11
臾兒、○牙 13/128/15
天下莫○於為善 13/129/13
故曰為善○〔也〕 13/129/14
恒虛而○足 13/130/3
聖人心平志○ 13/130/9
家人所（當）〔常〕畜而○得之物也 13/130/23
其於以復嫁○ 13/131/20
又況君數○法 14/137/9
變常○故 14/140/11
非○不可以治大 14/140/20
大樂必○ 14/140/20
○故能天 14/140/20
不足以○其一概 14/140/27
廢其君而○其政 15/143/18
朝不○位 15/144/22
前後知險○ 15/145/14
見敵知難○ 15/145/15
信者○欺也 15/149/18
廉者○謀也 15/149/18
○則用車 15/152/24
不○〔其〕儀 16.11/155/9
其覆必○ 16.12/155/13
故（食草）〔草食〕之獸不疾○藪 16.99/163/8
水居之蟲不疾○水 16.99/163/8
此○而難 16.135/166/21
傾者○覆也 17.44/171/13
倚者○軵也 17.44/171/13
幾○助也 17.44/171/13
溼○雨也 17.44/171/13
然而寒暑之勢不○ 17.49/171/23
中○測 17.65/172/32
無鄉之社○為黍肉 17.91/174/25

無國之稷○為求福 17.91/174/25
上材弗○ 17.118/176/21
時難得而○失 17.166/180/8
○道良馬 17.196/182/10
逾○忍也 17.212/183/13
事者、難成而○敗也 18/185/30
名者、難立而○廢也 18/185/30
○徹事 18/186/2
孔子讀《○》至《損》、《益》 18/187/7
○子而食〔之〕 18/189/25
○於救患 18/196/1
楚太宰、未○得也 18/196/13
○丘一道 18/196/28
猶且弗○者 18/199/21
而常有輕○人之志 18/201/15
〔段〕干木雖以己○寡人 19/204/3
今使六子者○事 19/206/12
所以聽者○〔也〕 19/208/14
不為古今○意 19/209/4
夫事有○成者名小 19/209/27
變習○俗 20/211/4
非○民性也 20/212/7
（故《○》之失也卦） 20/213/21
非樂變古○常也 20/213/24
《○》之義也 20/214/4
寬裕簡○者 20/214/5
故《○》之失鬼 20/214/5
故大較○為智 20/215/6
功約、○成也 20/215/8
事省、○治也 20/215/8
求寡、○贍也 20/215/9
衆○之 20/215/9
○矣 20/215/9
土地不○ 20/219/26
而歌於○水之上 20/221/26
故民○道 20/222/15
然而不可○者 20/223/3
不以物○己 21/225/1
今《○》之《乾》、《坤》足以窮道通意也 21/227/6
以此移風○俗 21/228/1

泆 yì 3

此齊民之所以淫○流湎 1/8/27
誅淫○詐偽之人 5/46/6
淫○無別 8/62/17

弈 yì 1

以弋獵博○之日誦《詩》讀《書》 20/221/1

疫 yì 7

則其民大○ 5/39/13
則民多疾○ 5/40/24
民殃於○ 5/42/2
民必疾○ 5/46/5
民不疾○ 15/153/28
疾○之芻靈 17.1/168/11
鬻棺者欲民之疾（病）〔○〕也 17.32/170/19

羿 yì 12

重之〔以〕○、逢蒙子之巧 1/2/22
是故雖有○之知而無所用之 2/15/9
譬若○請不死之藥於西王母 6/54/20
堯乃使○誅鑿齒於疇華之（野）〔澤〕 8/63/12
○以之射 11/99/23
○除天下之害 13/131/12
○死於桃棓 14/132/24
○不能以必中 15/151/9
○死桃部 16.66/160/12
百發之中必有○、逢蒙之巧 17.51/172/1
○之所以射遠中微者 17.71/173/12
○左臂脩而善射 19/205/14

枻 yì 1

佽非謂○舡者曰 12/118/3

益 yì 89

布施稟授而不○貧 1/1/21
○之而不衆 1/1/22
息耗減○ 1/6/1
吾是以知無為之有○ 1/6/10
以論其轉而○薄也 2/13/20
猶無○於治天下也 2/17/5
仁非能○也 2/18/10
其國○地 3/20/14
日○一升 3/29/23
以出入前表之數○損之 3/31/24
寸○遠一里 3/31/24
○其食 5/41/23
冰○壯 5/46/2
將以何○ 7/56/14
然則吾生也物不以○衆 7/56/19
無○〔於〕情者不以累德 7/60/10
伯○作井 8/62/27
○樹蓮菱 8/65/5
盡衆○也 9/81/28
則○其損 9/81/29
動而有○ 10/85/25
於彼何○ 10/86/19
以為窮民絕業而無○於槁骨腐肉也 11/97/22
故趣（舍）合即言忠而○親 11/101/4
無○於治 11/103/22
○生曰祥 12/109/24
吾爵○高 12/114/1
吾志○下 12/114/2
吾官○大 12/114/2
吾心○小 12/114/2
吾祿○厚 12/114/2
吾施○博 12/114/2
回○矣 12/115/12,12/115/13
吾是以知無為之有○也 12/117/10
今世德○衰 13/122/1
民俗○薄 13/122/2
是以盡日極慮而无○於治 13/122/24
而反○己之所以奪〔者〕 13/125/6
无○於死者 13/130/25
未有○也 14/134/18
不損則○ 14/135/8

今務○性之所不能樂 14/140/25
火弗為○其烈 14/141/24
无損○於己 14/141/25
泣而○之也 14/142/8
○爵祿 15/153/24
撲（挻）〔埏〕其土而不○厚 16.31/157/7
或（橾）〔操〕火往○之 16.121/165/13
○年則疑於兄 17.101/175/15
有○不多 17.175/180/27
雖不能○ 17.175/180/27
乃愈○多 17.233/184/25
故物或損之而○ 18/186/16
或○之而損 18/186/16
此所謂損之而○也 18/186/23
何謂○之而損 18/186/23
此所謂○之而損者也 18/187/1
孔子讀《易》至《損》、《○》 18/187/7
○損者 18/187/8
或有罪而○信 18/188/4
何謂有罪而○信 18/188/13
此〔所〕謂有罪而○信者也 18/188/16
夫木枯則○勁 18/190/10
塗乾則○輕 18/190/10
或言不用、計不行而○親 18/190/22
謀無○於國 18/191/3
吾土地非○廣也 18/192/16
人民非○眾也 18/192/16
浸而○大 18/195/28
魯哀公欲西○宅 18/197/24
以為西○宅不祥 18/197/24
吾欲○宅 18/197/25
天下有三不祥〔而〕西○宅不與焉 18/198/1
遂不西○宅 18/198/3
貴无○於解患 18/200/19
无○於說 18/201/9
不可損○ 19/204/14
而謂學無○者 19/205/19
莫見其○ 19/209/24
故无○於治而有○於煩者 20/215/7
无○於用而有○於費者 20/215/7
何○於善 20/218/21
无○於（恃）〔持〕天下矣 20/220/3
非知○多也 20/220/18
人莫不知學之有○於己也 20/220/28
不○其厚而張其廣者毀 20/221/15

唈 yì 1

孟嘗君為之增欷歍○ 6/50/9

異 yì 125

無以○於使蟹（蛸）〔捕〕鼠 1/3/1
此何以○於聾者之歌也 1/8/8
而知能別同○、明是非者 1/9/22
然而用之○也 1/9/28
是故自其○者視之 2/13/3
百家○說 2/13/4
其所為制者○也 2/16/8
萬物之生而各○類 4/35/17
此未始○於聲 6/51/19
○雌雄 6/52/17
七國○族 6/53/20
與其未離於地也無以○ 7/56/22
與其為盆盎亦無以○矣 7/56/23
無以○其浸園也 7/56/25
亦無以○其在江也 7/56/25
○貴賤 8/61/26
○清濁 8/62/25
○路而同歸 8/63/25
環○奇物 8/65/21
无以○於執彈而來鳥 9/68/3
是故君臣○道則治 9/71/19
其類○也 9/72/13
豈其趨捨厚薄之勢○哉 9/73/18
〔殊形○材〕 9/74/18
其別白黑與人○ 9/81/23
此愚知之所以○ 9/81/25
狐、貍非○ 10/83/16
所期者○乎 10/85/16
○聲而和 10/87/5
而取信焉○ 10/87/7
其所以哀則○ 10/88/14
施人則○矣 10/88/18
所以別尊卑、○貴賤 11/93/24
所由各○ 11/97/2
無以○於彈一絃而會《棘下》 11/99/5
是故世○即事變 11/99/8
時世○也 11/99/10
所為者各○ 11/99/23
其曲家○而不失於體 11/99/27
所相各○ 11/99/28
所謂是與〔所謂〕非各○ 11/100/15
所自視之○也 11/101/3
所從觀者○也 11/101/5
所自闚之○也 11/101/7
鄉別州○ 11/101/17
○形殊類 11/101/20
別同○ 11/101/26
故所趨各○ 11/103/10
則趣行各○ 11/103/12
故其為編戶齊民無以○ 11/104/8
何以○於梟之愛其子也 12/106/19
○日 12/106/23
○哉 12/109/3
與〔為〕翟人〔臣〕奚以○ 12/109/14
○日復見 12/115/13,12/115/14
故五帝○道而德覆天下 13/120/24
百川○源而皆歸於海 13/121/8
趨捨人○ 13/123/22
是非各○ 13/123/23
乃始信於○眾也 13/128/3
同○嫌疑者 13/130/19
所為各○ 14/132/10
無瑰○之行 14/139/10
○而不見怪 14/139/11
萬人○心則無一人之用 15/147/20
巧拙不○ 15/150/1
故以○為奇 15/152/7
以其○類也 15/152/7
必待○而後成 16.46/158/18
所行則○ 16.83/161/25
此所謂同污而○塗者 16.95/162/28
所以東走〔者〕則○ 16.108/164/4
所以入水者則○ 16.108/164/5
此同名而○實 16.109/164/9

逸 yì 8

軼 yì 3

意 yì 65

引人之○ 21/224/24
誠明其○ 21/225/30
以領理人之○ 21/226/2
誠喻至○ 21/226/6
則不足以窮道德之○ 21/226/31
今《易》之《乾》、《坤》足以窮道通○也 21/227/6
故博為之說以通其○ 21/227/13
所以洮汰滌蕩至○ 21/227/14

義 yì 227

是故仁○不布而萬物蕃殖 2/11/21
仁○為餌 2/12/3
○也 2/14/9,12/114/27
德溢而為仁○ 2/14/10
仁○立而道德廢矣 2/14/11
而不外飾仁○ 2/14/20
搖消掉捎仁○禮樂 2/15/24
皆以仁○之術教導於世 2/16/23
而仁○固附矣 2/16/25
子生母曰○ 3/28/27
以○行理 3/28/29
以征不○ 5/43/6
殘不○ 6/53/22
輔以仁○ 6/54/4
臨死地而不易其○ 7/59/1
殖、華可止以○ 7/59/2
君子○死 7/59/2
○為 7/59/3
彼則直為○耳 7/59/3
務光不以生害○ 7/59/5
故不觀大○者 7/59/10
以○自防也 7/60/19
出外而調于○ 8/61/7
禮○廉恥不設 8/62/7
是以貴○ 8/62/10
是故仁○禮樂者 8/62/11
○者、所以救失也 8/62/12
則仁○不用矣 8/62/15
行沮然後○立 8/62/17
知道德然後知仁○之不足行也 8/62/18
知仁○然後知禮樂之不足脩也 8/62/19
立仁○ 8/62/26
禮○廢 8/66/16,18/189/16
舉不○之兵〔而〕伐無罪之國 8/66/22
而○為本 8/66/28
其主之德○厚而號令行也 9/73/20
法籍禮○者 9/75/19
法生於○ 9/75/24
○生於衆適 9/75/24
慕○從風而為之服役者不過數十人 9/77/22
故○者 9/78/8
非○不行 9/80/21
據○行理而志不懾 9/80/25
其○一也 9/81/11
君子制○ 9/81/13
法而無○ 9/81/13
（且）〔旦〕日何為而○乎 9/81/20
今日何為而○ 9/81/20
無愚智賢不肖皆知其為○也 9/81/24
仁○是也 9/82/5
國無○ 9/82/6
○者 10/82/24,11/93/24
德衰而仁○生 10/82/25
（未）〔末〕世繩繩乎（准）〔唯〕恐失仁○ 10/82/26
君子非（仁）○無以生 10/82/26
失（仁）○ 10/82/27
故君子懼失○ 10/82/27
○尊乎君 10/85/5
故○勝君 10/85/6
君子曰苟○ 10/85/16
故世治則以○衛身 10/86/14
世亂則以身衛○ 10/86/14
聖人之行○也 10/86/19
君子思○而不慮利 10/88/13
小人貪利而不顧○ 10/88/13
有○者不可欺以利 10/88/23
人多欲虧○ 10/88/23
得之以○ 10/89/28
讓之以○ 10/89/28
○載乎宜之謂君子 10/90/16
宜遺乎○之謂小人 10/90/16
人能尊道行○ 10/90/18
人以○愛 10/90/28
○之所加者淺 10/90/28
地以○廣 10/92/10
君以○尊 10/92/10
道失然後貴○ 11/93/20
是故仁○立而道德遷矣 11/93/20
為○者 11/93/25
則失禮○之本也 11/93/26
禮○飾則生偽匿之（本）〔士〕 11/93/27
及至禮○之生 11/93/30
為○者必以取（子）〔予〕明之 11/96/18
○者、循理而行宜〔者〕也 11/98/1
（○者、宜也） 11/98/1
昔有扈氏為○而亡 11/98/2
知○而不知宜也 11/98/2
故明主制禮○而為衣 11/98/11
故制禮○ 11/98/13
禮○節行 11/98/21
曰禮○足以治天下 11/98/24
所謂禮○者 11/98/24
退行於國以禮○ 11/102/24
而好名者非○不苟得 11/103/13
趣舍行○ 11/103/16
趨舍行○、禮節謗議以營其心 11/104/2
法與○相非 11/104/3
讓則禮○生 11/104/20
不○得之 12/106/15
不說為仁○者也 12/107/17
中牟聞其○ 12/111/12
非仁○之道也 12/113/13
周伯昌（行）仁○而善謀 12/114/11
回忘仁○矣 12/115/13
武（王）〔士〕可以仁○之禮說也 12/118/4
周室廢、禮○壞而《春秋》作 13/121/8
故法制禮○者 13/121/24
○以為紀 13/121/25
於古為○ 13/122/8
禮○與俗易 13/122/22
諭寡人以○者擊鍾 13/123/28
而道仁○者謂之狂 13/124/4
舉天下之大○ 13/124/5

務廣其地而不務仁○ 13/124/27
〔而〕脩仁○之道 13/125/2
身行仁○ 13/126/8
徐偃王知仁○而不知時 13/126/11
禮○絶 13/126/15
然而周公以○補缺 13/126/25
以伐不○而征无道 13/129/7
○列於德而見 14/132/21
為○之不能相固 14/137/5
外合於○ 14/137/20
以○為制者 14/137/24
故仁○智勇 14/141/11
而養無○之君 15/143/3
晉厲、宋康行一不○而身死國亡 15/143/5
以○扶之 15/143/11
責之以不○ 15/143/12
以廢不○而復有德也 15/143/16
故○兵之至也 15/143/21
招○而責之 15/144/22
行仁○ 15/145/1
故德○足以懷天下之民 15/145/20
是故扶○而動 15/150/21
民之所以必死者、○也 15/151/1
○之所以能行者、威也 15/151/1
威（儀）〔○〕並行 15/151/2
將者必有三隧、四○、五行、十守 15/151/24
所謂四○者 15/151/25
君子行○ 16.18/155/26
仁○之不能大於道德也 16.56/159/17
仁○在道德之包 16.56/159/18
以非○為○ 16.79/161/12
而眾稱○焉 16.92/162/19
徐偃王以仁○亡國 16.109/164/8
國亡者非必仁○ 16.109/164/8
此行大不○而欲為小○者 16.145/167/18
則有功者離恩○ 18/188/5
君臣之○ 18/188/7
不○之故也 18/188/20
契教以君臣之○ 18/189/13
有○行也 18/191/4
故○者、天下之所（賞）〔貴〕也 18/191/10
仁○之事 18/191/12
○者、人之大本也 18/192/5
不如行○之（陸）〔隆〕 18/192/5
○者弗為也 18/193/5
知者不以利害○ 18/193/6
蓋聞君子不棄○以取利 18/193/16
劉、項興○兵隨 18/197/19
不行禮○ 18/198/2
或明禮○、推道（禮）〔體〕而不行 18/198/8
○者、眾庶之所高也 18/198/17
昔徐偃王好行仁○ 18/198/19
好行仁○ 18/198/20
此知仁○而不知世變者也 18/198/23
三（五）〔王〕用○ 18/198/24
夫徐偃王為○而滅 18/199/1
而四君獨以為仁○儒墨而亡者 18/199/2
非仁○儒墨不行 18/199/3
孰〔意〕衛君之仁○而遭此難也 18/200/18
負天下以不○之名 19/203/23
又且為不○ 19/203/24
臣見大王之必傷○而不得宋 19/203/25
段干木富于○ 19/204/2
財不若○高 19/204/3
無乃妨於○乎 19/204/5
（帽）〔惘〕憑而為○ 19/204/20
是兩（未）〔末〕之端（○）〔議〕 19/205/4
人之性有仁○之資 20/212/23
行仁○之道 20/213/2
以立君臣之○而成國 20/213/4
制君臣之○ 20/213/5
《易》之○也 20/214/4
刺幾辯○者 20/214/5
小利破○ 20/215/9
小○破道 20/215/9
同○者王 20/215/25
非修禮○ 20/217/4
民不知禮○ 20/217/4
（而）〔不〕向禮○ 20/217/5
不知禮○不可以行法〔也〕 20/217/5
禮○脩而任賢得也 20/217/13
行足以隱○ 20/217/17
處○而不比 20/217/19
背貪鄙而向（○理）〔仁○〕 20/217/21
曰「周公之○也」 20/218/13
善行歸乎仁○ 20/218/16
計○而行之 20/218/23
必以仁○為之本 20/218/24
聖人一以仁○為之準繩 20/218/25
○重於身也 20/218/27
比之○則輕 20/218/28
○、所全也 20/218/28
言以信○為準繩也 20/218/28
治之所以為本者、仁○也 20/221/6
故仁○者、治之本也 20/221/11
以輔仁○ 20/221/14
今重法而棄〔仁〕○ 20/221/14
故仁○者、為厚基者也 20/221/14
知伯不行仁○而務廣地 20/221/16
非天下之通○也 20/222/2
故小快害○ 20/222/15
為其害○也 20/223/2
審仁○之間 21/224/8
差次仁○之分 21/225/13
財制禮○之宜 21/225/17
脩德行○ 21/227/21
以伐无道而討不○ 21/227/25
寡○而趨利 21/228/24

肄 yì 1

（律）〔○〕射御 5/45/22

溢 yì 13

必有波○而播棄者 2/13/8
德○而為仁義 2/14/10
盆水○ 3/22/1
故東風至而酒湛○ 6/50/14
驕○之君无忠臣 10/92/24
而言不○乎行 11/93/28
仁不○恩也 11/97/16
衣食饒○ 11/103/25
常滿而不○ 13/130/3
今夫霤水足以○壺榼 13/130/6
其後驕○縱欲 15/153/8

官池涔則〇 17.40/171/5
河不滿〇 20/210/19

裔 yì 2

故雖游於江潯海〇 1/8/25
注喙江〇 6/52/4

膉 yì 1

〇下迫頤 7/58/20

誼 yì 1

故有大饗之〇 20/212/14

億 yì 7

去地（五〇）〔〇五〕萬里 3/19/19
有五〇萬七千三百九里 3/24/21
二〇三萬三千五百里七十五步 4/33/1,4/33/2
二〇三萬三千五百五十（里）有九（淵） 4/33/3
士〇有餘萬 20/219/15

毅 yì 8

太陰治冬則欲猛〇剛彊 3/28/19
武力〇勇 12/119/18
鄭子陽剛〇而好罰 13/123/9
則矜於為剛〇 13/123/11
見剛〇者亡 13/123/11
剛彊猛〇 13/125/22
張〇好恭 18/199/15
〇脩其外而疾攻其內 18/199/17

黓 yì 1

戊在壬曰玄〇 3/31/4

殪 yì 1

雖情心鬱〇 7/60/19

曀 yì 1

陰〇未集而魚已噞矣 20/210/10

翼 yì 31

羽〇奮也 1/1/15
飛鳥鎩〇 2/18/1,6/53/16
馮馮〇〇 3/18/18
其星張、〇、軫 3/19/25
〇、軫為對 3/27/8
歲星舍〇、軫 3/27/14
七月建〇、〔軫〕 3/28/2
張、〇各十八 3/28/9
〇、軫楚 3/28/13
四足者無羽〇 4/35/18
昏〇中 5/41/1
（羽〇）〔濯羽〕弱水 6/52/3
受（〇）〔瀷〕而無源（者）〔也〕 6/54/19
乘於人資以為羽〇也 9/77/5
小心〇〇 9/80/15
大夫種輔〇越王句踐 13/126/9
故羽〇美者傷骨骸 14/138/19
是為虎傅〇〔也〕 15/143/8
〇輕邊利 15/152/17
無〇而飛 16.98/163/6
披裘而以翣〇 17.111/176/5
鳥同〇者相從翔 17.134/177/28
韓、魏〇而擊之 18/192/1
則奮〇揮獽 18/196/19
故立三公九卿以輔〇之 19/203/3
奮〇攫肆 19/206/1
輔〇成王 20/218/4,21/227/29

臆 yì 2

神無虧缺於胸〇之中矣 2/16/3
正度于胸〇之中 9/76/1

翳 yì 2

越王〇逃山穴 1/4/14
夫桍木（色）〔已〕青〇 2/14/27

繹 yì 1

繒為之纂〇 17.236/185/1

藝 yì 9

通六〇之論 9/77/22
伎〇曲備 9/81/28
伎〇之衆 9/82/1
太史令向〇先歸文王 13/124/20
伎〇雖多 14/134/18
為孔子之窮於陳、蔡而廢六〇 16.151/168/4
觀射者遺其〇 17.59/172/19
六〇異科而皆（同）（道）〔通〕 20/214/3
夫觀六〇之廣崇 20/220/14

總 yì 1

絛可以為〇 17.98/175/9

譯 yì 2

殺西嘔君〇吁宋 18/197/15
夷狄之國重〇而至 20/211/24

議 yì 16

立而不〇 2/12/21
儒墨乃始列道而〇 2/15/16
不〇所終 8/61/9
不使風〇 9/68/28
喜憎〇而治亂分矣 10/87/1
趨舍行義、禮節謗〇以營其心 11/104/2
使群臣〇 12/116/1
行有迹則〇 14/132/22
為不善則〇 14/135/16
〇則生患 14/135/16
言不〇 14/139/10
兵之所隱〇者天道也 15/149/26
衆〇成林 16.98/163/6
有為則〇 17.136/178/1
以為冠則（譏）〔〇〕 17.154/179/10
是兩（末）〔末〕之端

（義）〔〇〕 19/205/4

潩 yì 2

受（翼）〔〇〕而無源（者）〔也〕 6/54/19

淌游〇淢 8/65/3

鷁 yì 1

龍舟〇首 8/65/6

因 yīn 130

〇其自然而推之 1/2/12

〇江海以為（罟）〔罛〕 1/2/23

〇天地之自然 1/3/11

〇水以為師 1/3/12

〇苗以為教 1/3/12

各〇所處以御寒暑 1/3/21

〇之也 1/3/25,1/4/1

〇物之所為〔也〕 1/4/24

〇物之相然也 1/4/25

〇循應變 1/5/21

曲〇其當 1/7/2

〇天下而為天下也 1/8/15

〇而九之 3/25/20

〇倍之 3/26/20

〇而四之 3/26/21

〇而六之 3/26/23

〇柔（曰）〔日〕徙所不勝 3/27/20

〇西方之表以參望日方入北廉 3/31/11

〇而五之 3/32/3

〇使銷金 6/51/5

是故聖人〇時以安其位 7/56/25

乘時〇勢以服役人心也 8/64/19

〇循而任下 9/67/3

〇天地之資 9/67/20

不〇道〔理〕之數 9/70/3

（〇）〔困〕之鳴條 9/70/6

〇物以識物 9/70/8

〇人以知人也 9/70/8

而〇萬人之所利 9/71/15

虛无〇循 9/71/17

未嘗不〇其資而用之也 9/72/5

上〇天時 9/79/9

各〇其宜 9/79/10

〇其所貴而貴之 11/94/30

〇其所賤而賤之 11/94/30

其所〇也 11/95/17

故禮〇人情而為之節文 11/97/15

〇〔其〕所有而（並）〔遂〕用之〔也〕 11/102/8

〇而（致）〔攻〕之 12/106/17

〇費仲而通 12/114/15

子發〇使人歸之 12/115/6

〇獻十珥而美其一 12/116/1

〇問美珥之所在 12/116/2

〇勸立以為王后 12/116/2

〇見（予之將軍之節）惠王 12/118/18

器械不可〇也 13/120/16

此皆〇時變而制禮樂者〔也〕 13/120/25

法度制令各〇其宜 13/121/5

〇時變而制宜適〔也〕 13/122/13

則〇猘狗之驚以殺子陽 13/123/10

〇資而立功 13/126/19

17.235/184/30

故聖人〇民之所喜而勸善 13/129/8

〇民之所惡以禁姦 13/129/8

是故〇鬼神禨祥而為之立禁 13/130/19

故〇其便以尊之 13/130/24

故〇其資以讋之 13/130/25

故〇太祖以累其心 13/130/27

〇珮兩玦以為之豫 13/131/27

〇春而生 14/134/27

〇秋而殺 14/134/27

而邪氣（〇）〔自〕（而）不生 14/137/28

〇也 14/138/8,15/150/13

〇水也 14/138/8

〇地也 14/138/8

〇時也 14/138/9

〇民之欲、乘民之力而為之 15/144/23

〇民而慮 15/144/24

乘時勢、〇民欲而取天下 15/146/17

有〇勢 15/148/1

〇其勞倦怠亂 15/148/4

此謂〇勢 15/148/5

〇與之化 15/148/16

〇而制之 15/149/2

〇時而變化者也 15/150/13

〇形而與之化 15/150/19

〇資而成功 15/150/22

〇此而為變者也 15/152/13

〇其飢渴凍暍 15/152/23

此善〇時應變者也 15/152/24

〇制其虛也 15/153/9

物莫不〇其所有而用其所無 16.6/154/24

〇媒而嫁 16.60/159/28

（而）不〇媒而成 16.60/159/28

〇人而交 16.60/159/28

不〇人而親 16.60/159/28

〇高而為臺 16.86/162/2

而不知〇天地以游 17.1/168/10

陽虎〇赴圍而逐 18/187/12

中山〇烹其子 18/188/8

〇稱曰 18/190/15

（〇）以誅罪人 18/193/15

〇命太子建守城父 18/194/8

王〇殺太子建而誅伍子奢 18/194/11

〇侵郈氏之宮而築之 18/195/18

〇發卒五十萬 18/197/11

〇日以動 18/199/1

〇夜以息 18/199/1

奈何吾〇子也 18/200/21

〇資而立〔功〕 19/203/14

〇高為（田）〔山〕 19/203/18

〇下為池 19/203/18

〇而貴之 19/208/6

惠王〇藏怒而待之 19/208/13

〇而棄之 19/208/18

故〇則大 20/212/8

〇水之流也 20/212/9

〇地之勢也 20/212/10

〇民之欲也 20/212/10

故能〇 20/212/11

〇其可也 20/212/13

〇其然也 20/212/13

〇民之所好 20/212/15

〇其好色而制婚姻之禮 20/212/16

〇其喜音而正《雅》、

若有知○者	19/209/9
以為後之（有）知○者也	19/209/9
以○相應也	20/210/11
故有鍾鼓筦絃之○	20/212/14
因其喜○而正《雅》、《頌》之聲	20/212/16
別（清濁）五○〔清濁〕六律相生之數	20/213/3
皆合六律而調五○	20/213/14
聞其○者	20/221/24
○不調乎《雅》、《頌》者	20/222/1
師延為平公鼓朝歌北鄙之○	20/222/8
夫五○之數	21/227/7

殷 yīn 29

○然反本	1/6/16
逮至夏桀、○紂	2/17/29
延陵季子聽魯樂而知○、夏之風	9/69/8
而○民背叛哉	9/73/20
武王（伐紂）〔克○〕	9/80/16
○政善	10/90/9
○人之禮	11/98/5
武王入○而行其禮	11/100/1
昔武王執戈秉鉞以（伐紂）勝○	11/102/19
○民叛之	11/102/19
克○殘商	11/102/20
○人殯於兩楹之間	13/120/20
○人用梓	13/120/21
○人祭於陽	13/120/22
○人誓	13/122/4
夫○變夏	13/122/20
周變○	13/122/20
夏桀、○紂之盛也	13/124/17
○之將敗也	13/124/20
言去○而遷于周也	13/124/27
武王剋○	13/125/8
使夏桀、○紂有害於民而立被其患	15/143/4
士卒○軫	15/145/10
彗星出而授○人其柄	15/146/14
家充盈○富	18/201/13
湯以○王	20/216/20
紂以○亡	20/216/20
入據○國	20/219/18
畜積○富	21/228/25

茵 yīn 3

席旃○	1/7/28
帷幕○席	11/104/6
在（裀）〔旃〕○之上	16.116/165/1

陰 yīn 188

橫四維而含○陽	1/1/6
其德優天地而和○陽	1/1/14
與○陽俛仰兮	1/1/24
○陽為御	1/2/4,1/2/9
失其○陽之性	1/4/1
而重寸之○	1/5/20
人大怒破○	1/7/5,7/59/20
與○俱閉	1/7/22
○陽錯合	2/10/16
○陽未判	2/10/25
○陽〔之〕所呴	2/12/27
含○吐陽	2/14/10
是故聖人呼吸○陽之氣	2/15/7
提挈○陽	2/15/12
天地之襲精為○陽	3/18/20
○陽之專精為四時	3/18/21
積○之寒氣〔久〕者為水	3/18/22
是故陽施○化	3/18/29
○陽相薄	3/19/1, 13/130/14,17.174/180/25
○氣勝則凝而為霜雪	3/19/2
故屬於○	3/19/4
月者○之宗也	3/19/5
太○在四仲	3/20/8
太○在四鉤	3/20/8
○氣極	3/21/18,3/21/19
○氣萌	3/21/19
十一月水正而（○）〔火〕勝	3/21/24
○氣為水	3/21/24
景脩則○氣勝	3/22/3
○氣勝則為水	3/22/3
○陽刑德有七舍	3/22/6
○陽相德則刑德合門	3/22/8
○陽氣均	3/22/8
則越○在地	3/22/14
○生於午	3/22/28,3/22/29
（二）〔一〕○一陽成氣二	3/23/11
二陽一○成氣三	3/23/11
合○而為陽	3/23/11
是故天不發其○	3/24/10
夏日至則○乘陽	3/24/24
冬日至則陽乘○	3/24/24
夜者○之分	3/25/1
○氣勝則日短而夜脩	3/25/1
〔則○陽分〕	3/25/2
（則○陽分）	3/25/14
故分而為○陽	3/25/17
○陽合和而萬物生	3/25/17
太○元始建于甲寅	3/26/26
太○所建	3/27/1
太○在寅	3/27/1,3/27/4
太○在卯	3/27/6
太○在辰	3/27/7
太○在巳	3/27/8
太○在午	3/27/9
太○在未	3/27/10
太○在申	3/27/11
太○在酉	3/27/12
太○在（戊）〔戌〕	3/27/14
太○在亥	3/27/15
太○在子	3/27/16
太○在丑	3/27/17
太○在甲子	3/27/18
太○所居	3/27/19,3/29/14
朱鳥在太○前一	3/27/21
凡用太○	3/27/28
太○治春則欲行柔惠溫（涼）〔良〕	3/28/18
太○治夏則欲布施宣明	3/28/18
太○治秋則欲脩備繕兵	3/28/18
太○治冬則欲猛毅剛彊	3/28/19
（太○）〔雌〕所居辰為猒（日）	3/29/2
太○、小歲、星、日、辰、五神皆合	3/29/12
或曰太○	3/29/14
分而為○陽	3/29/17
陽生於○	3/29/17

○生於陽 3/29/17
○陽相錯 3/29/17
同日度其○ 3/32/1
是南千里○短寸 3/32/2
○二尺而得高一丈者 3/32/2
鳥魚皆生於○ 4/35/13
（○）〔而〕屬於陽 4/35/14
至○生牝 4/35/20
竅通於○ 4/36/8
○陽相薄為雷 4/38/16
4/38/21,4/38/24,4/38/26
○陽相薄為（雲）雷 4/38/19
則天多沈○ 5/40/25
○陽爭 5/41/26,5/46/11
以定晏○之所成 5/41/27
則○氣大勝 5/43/12
○陽 5/48/26
○陽同氣相動也 6/50/19
故至○飂飂 6/50/22
○陽交爭 6/51/25
律（治）○陽之氣 6/52/16
○陽（之）所壅、沈〔滯〕不通者 6/53/1
邪人參耦比周而○謀 6/53/13
於是乃別為○陽 7/54/26
○陽為綱 7/55/1
萬物背○而抱陽 7/55/8
靜則與○（俱閉）〔合德〕 7/57/1
錯○陽之和 7/60/8
同精于○陽 8/61/9
（列）〔則〕○陽繆戾 8/61/17
○陽之陶化 8/62/1
○陽儲與 8/62/3
○陽之情 8/62/10
民性善而天地○陽從而包之 8/62/14
王者法○陽 8/64/5
含吐○陽 8/64/6
○陽者 8/64/7
動靜調於○陽 8/64/13
法○陽者 8/64/14
帝者體○陽則侵 8/64/19
夏日之○ 9/68/14
寇莫大於○陽而枹鼓為小 9/69/24
必參五行之○考 9/73/1
日○未移 9/78/1
○降百泉則脩橋梁 9/79/18
寇莫大於○陽 10/85/19
○諧知雨 10/91/5
若夫工匠之為連鐖、運開、○閉、眩錯 11/100/7
神機○閉 11/101/25
可以○ 12/105/5,12/105/12
雨不及○陽 12/106/12
○陽不及和 12/106/13
今子○謀逆德 12/112/6
經平太○ 12/116/5
唯北○之未（闢）〔闚〕 12/116/9
○陽之所行 12/116/10
無所○蔽（隱）也 12/118/23
○陽和平 13/120/4
○陽調 13/122/29
積○則沉 13/123/1
○陽相接 13/123/1
昔楚恭王〔與晉厲〕戰於○陵 13/125/17
能○能陽 13/126/18
而風氣者、○陽粗（捔）〔觕〕者也 13/131/1
常卒於○ 14/136/14
○氣起於西南 14/141/13
○陽之始 14/141/13
背○而抱陽 15/144/2
動則就○ 15/149/2
是故處於堂上之○而知日月之次序 15/150/13
明於（音）〔奇〕（正）賌、○陽、刑德、五行、望氣、候星 15/152/18
○不可以乘陽也 16.12/155/12
○陽不能且冬且夏 16.27/156/27
黃帝生○陽 17.50/171/25
讒夫○謀 17.172/180/21
聖人處於○ 17.199/182/16
夫有○德者必有陽報 18/189/12
有（○）〔隱〕行者必有昭名 18/189/12
有○德也 18/189/15
二君乃與張孟談○謀 18/191/27
三國○謀同計 18/193/19
以○息也 18/199/1
則○陽食之 18/199/18
○陽之所生 19/205/26
○以防雨 19/206/5
調○陽 20/210/3
○曀未集而魚已噞矣 20/210/10
以○陽之氣相動也 20/210/10
鳴鶴在○ 20/210/11
○陽所嘔 20/210/23
○陽化 20/211/9
故○陽四時 20/211/10
○陽和 20/211/11,20/212/7
以調○陽之氣 20/212/28
○陽（調）〔和〕 20/214/1
（及）〔吸〕○陽之和 20/214/15
○陽不生一類 20/215/1
（○陽无為、故能和） 20/215/12
所以和○陽之氣 21/224/11
○陽之合 21/224/25
發起○陽 21/226/18

湮 yīn 1

鑿地（漂）〔○〕池 10/88/17

堙 yīn 3

以息壤○洪水之州 5/47/23
臣有所與（供）〔共〕儋（纏）〔纆〕采薪者九方○ 12/111/17
若○之所觀者 12/111/22

喑 yīn 1

障氣多○ 4/34/20

瘖 yīn 9

薄氣發○ 1/7/5
故皋陶○而為大理 9/68/23
○者可使守圉 9/72/7
故使（盲）〔○〕者語 16.144/167/14
○者不言 20/220/12
既○且聾 20/220/12
故有○聾之病者 20/220/12
豈獨形骸有○聾哉 20/220/13
猶○聾之比於人也 20/221/2

蔭 yīn 2

〇不祥之木 17.124/177/5
武王〇暍人於樾下 18/200/5

闉 yīn 1

而相為斥〇要遮者 15/144/25

吟 yín 4

（〇）〔含〕德懷和 2/15/10
黃神嘯〇 6/53/16
慈母〇於（巷）〔燕〕 17.190/181/26
晝〇宵哭 19/207/18

垠 yín 5

下出于無〇〔鄂〕之門 1/2/6
未有形（呼）〔埒〕（〇堮） 2/10/15
〔元〕氣有（漢）〔涯〕〇 3/18/19
不見朕〇 6/52/10
地方而無〇 15/144/4

淫 yín 48

此齊民之所以〇泆流湎 1/8/27
久〇而不還 1/10/5
毋〇其性 2/11/21
（於）〔而〕外〇於世俗之風 2/14/17
是故百姓曼衍於〇荒之陂 2/15/19
聲色不能〇也 2/16/28
日月之〇（為）〔氣〕、精者為星辰 3/18/22
令不收則多〇雨 3/19/13
〇雨早降 5/40/25
作為〇巧 5/45/20
誅〇泆詐偽之人 5/46/6
積蘆灰以止〇水 6/52/26
〇水涸 6/52/26
耳目〇於聲色之樂 7/56/1
以言夫精神之不可使外〇也 7/56/5
胡王〇女樂之娛而亡上地 7/60/28
〇而相脅 8/62/11
禮者、所以救〇也 8/62/13
耳不〇於聲 8/62/15
〇泆無別 8/62/17
禮〇然後容飾 8/62/18
非所以為〇也 8/66/26
夫目（安）〔妄〕視則〇 9/67/9
耳目〇則竭 9/77/13
而目〇於采色 11/96/10
樂（優）〔擾〕以〇 11/97/25
已〇已失 11/98/20
工無〇巧 11/103/19
鍾鼓筦簫、絲竹金石以〇其耳 11/104/2
景陽〇酒 13/127/13
〇於聲色 14/137/21
無〇輿 15/145/16
不〇於物 15/151/28
而〇魚出聽 16.4/154/15
〇侈无度 18/186/25
以歸神〔杜〇〕 20/213/13
（及其〇也） 20/213/13
〔〇而好色〕 20/213/14
以沉湎〇康 20/213/15
（樂之失也〇） 20/213/21
黜〇濟非 20/213/24
《樂》之失〇 20/214/6
而縱之〇辟 20/216/19
耳〇五聲 20/219/10
不〇則悲 20/221/24
〇則亂男女之辯 20/221/25
所以防〇辟之風也 20/222/9
所以防〇也 20/223/3

寅 yín 24

鎮星以甲〇元始建斗 3/20/13
太白元始以（正月甲〇）〔甲〇正月〕 3/20/15
子午、丑未、〇申、卯酉、辰戌、巳亥是也 3/21/3
正月建〇 3/21/9,3/23/1
日月星辰復始甲〇元 3/21/11
丑〇、辰巳、未申、戌亥為四鉤 3/21/15
加十五日指〇則（雨水）〔驚蟄〕 3/22/15
常以〇始 3/23/6
正月指〇 3/25/4
指〇 3/25/5
〔〇〕 3/25/5
太陰元始建于甲〇 3/26/26
三終而復得甲〇之元 3/26/26
太陰在〇 3/27/1,3/27/4
〇為建 3/27/2
火生於〇 3/27/25
死於〇 3/27/26
〇楚 3/28/23
甲乙〇卯 3/28/26
〇在甲曰閼逢 3/29/25
招搖指〇 5/39/3

夤 yín 2

八紘、八〇、八澤之雲 4/34/9
〇丘無壑 17.203/182/25

銀 yín 1

軾以〇錫 15/150/4

殥 yín 3

乃有八〇 4/33/22
凡八〇 4/33/25
八〇之外 4/34/1

埜 yín 3

通於无（整）〔〇〕而復反於敦龐〔矣〕 2/13/24
重九（埶）〔〇〕 2/15/12
不見朕（整）〔〇〕 15/147/5

霪 yín 1

禹沐（浴）〇雨 19/202/21

引 yǐn 25

〇楯萬物 2/12/23
〇而止〔之〕也 3/25/9
〇類於太極之上 6/50/19

尹 yǐn 26

飲 yǐn 51

隱 yǐn 39

中○之人 15/152/12
○之天者 15/152/12
何謂○之天 15/152/12
何謂○之地 15/152/13
何謂○之人 15/152/14
以見知○也 16.47/158/22
有（陰）〔○〕行者必有昭名 18/189/12
有○行也 18/189/16
故田子方○一老馬而魏國（載）〔戴〕之 18/200/3
居（○為）〔為○〕蔽 18/202/2
官無○事 19/203/4
○處窮巷 19/204/1
○栝之力 19/206/20
无○士 20/211/23
奸人在朝而賢者○處 20/213/20
行足以○義 20/217/17

螾 yǐn 5

則萬物○〔○然也〕 3/25/5
丘（蠅）〔○〕出 5/41/2
丘○結 5/46/13
○無筋骨之強、爪牙之利 16.4/154/16

印 yìn 2

脩頸（○）〔印〕行 4/36/4
授之將軍之（卯）〔○〕 18/200/19

英 yīng 12

龍淵有玉○ 4/34/19
《咸池》、《承雲》、《九韶》、《六○》 11/94/22
其樂《夏籥》、《九成》、《六佾》、《六列》、《六○》 11/98/4
然（非）〔不〕待古之○俊 11/102/8
天下雄儁豪○暴露于野澤 13/124/6
五霸之豪○也 13/127/22
銅○青 17.164/180/4
金○黃 17.164/180/4
玉○白 17.164/180/4
故知過萬人者謂之○ 20/217/15
人之○也 20/217/17
○俊豪傑 20/217/20

應 yīng 151

事無不○ 1/1/11
並○無窮 1/1/11
○無形兮 1/1/23
是故響不肆○ 1/2/13
物至而神○ 1/2/14
響○而不乏 1/4/26
心虛而○當 1/4/28
感而○之 1/5/1
遭變○卒 1/5/3
○化揆時 1/5/4
因循○變 1/5/21
肅然○感 1/6/16
（迫）〔感〕則能○ 1/7/13
無○於外 1/8/6
然而不能○者 1/9/24
而百事之變無不○ 1/10/10
耳目○感動 2/17/13
本標相○ 3/19/9
音比（黃鍾）〔○鍾〕 3/22/12
音比（○鍾）〔無射〕 3/22/13
音比○鍾 3/22/27
律受○鍾 3/25/12
○鍾者 3/25/12
○其鍾也 3/25/12
下生○鍾 3/26/3
○鍾之數四十二 3/26/3
姑洗生○鍾 3/26/8
○鍾生蕤賓 3/26/8
音比（林鍾）〔○鍾〕 3/26/9
以十二律○二十四時之變 3/26/10
以三○五 3/27/28
以候相○ 3/31/16
相○則此與日直也 3/31/16
皆○其類 4/34/23
毛犢生○龍 4/38/2
○龍生建馬 4/38/3
律中○鍾 5/45/10
夫物類之相○ 6/50/14
神氣相○ 6/50/16
唯通于太和而持自然之○者為能有之 6/51/10
○而不藏 6/51/15
叩宮宮○ 6/51/18
鼓之而二十五弦皆○ 6/51/19
服（駕）○龍 6/53/5
是故聖人以無○有 7/57/6
感而○ 7/57/16
以不化○化 7/58/6
進退○時 9/67/6
如響之○聲 9/68/11
○物無窮 9/69/27
○龍乘雲而舉 9/70/15
事來而○其化 9/76/9
誅不○罪 9/76/29
（離）〔雖〕北宮子、司馬蒯蕢不〔可〕使○敵 9/78/1
先王之所以○時脩備 9/79/20
莫不嚮○也 9/80/3
得要以○眾 9/80/5
以○無方 9/80/20,15/144/2
事來而○ 10/82/17
○侯慎德 10/83/4
不○於下者 10/84/25
感動○於外 10/84/28
未可與廣○也 10/91/6
各以清濁○矣 11/95/10
情發於中而聲○於外 11/96/22
其散○无形 11/98/21
此皆聖人之所以○時耦變 11/99/4
以此○化 11/99/5
欲以耦化○時 11/99/7
儀必○乎高下 11/99/8
故叩宮而宮○ 11/100/11
此同音之相○者也 11/100/11
而二十五絃皆○ 11/100/12
以○時也 11/102/21
可以○待無方 12/105/6
12/105/12
孔子不○ 12/105/20
後亦○之 12/106/4
〔齊〕王○之曰 12/106/8
宋王無以○ 12/108/1
嗣君○之曰 12/108/11
○於手 12/110/5
事者、○變而動 12/110/17

非所以○來也 10/84/15
大夫端冕以送○之 11/98/26
桓公郊○客 12/109/2
宣王郊○ 12/113/11
軒軒然方○風而舞 12/116/6
信己之不○也 14/135/1
來者弗○ 14/135/10
〔時〕之（去）〔至〕
　不可○而反也 14/142/1
東面而○歲 15/146/14
示之以柔而○之以剛 15/150/25
使人以車○之 18/194/14
（初）〔袀〕絻而親○ 20/223/3

盈 yíng 26

沖而徐○ 1/1/4,1/6/26
卷之不○於一握 1/1/5
曠日而不能○羅 1/2/21
持○而不傾 1/9/10
○縮卷舒 2/12/22
不○傾筐 2/18/13
五藏定寧充○而不泄 7/56/3
竹實（滿）〔○〕 8/61/12
莫虛莫○ 8/64/28
持而○之 12/106/19
而用之又弗○也 12/107/13
其○則覆 12/119/15
持○者乎 12/119/16
請問持○ 12/119/16
月○而虧 12/119/17
服此道者不欲○ 12/119/20
夫唯不○ 12/119/20
○而發音 13/123/14
有福則（贏）〔○〕 14/140/13
爭○爵之間 14/141/5
暴骸○場 15/145/7
家充○殷富 18/201/13
囷倉不○ 19/207/28
○而不虧 20/213/12
○則損 20/213/22

楹 yíng 2

殷人殯於兩○之間 13/120/20
殯文王於兩○之間 21/227/27

熒 yíng 6

其神為○惑 3/20/2
○惑常以十月入太微受
　制而出行列宿 3/20/12
與（○惑）〔營室〕晨
　出東方 3/20/16
○惑在心 12/112/19,12/112/19
○惑〔者〕、天罰也 12/112/20

瑩 yíng 1

耳聽《九韶》、《六○》 1/7/20

䁝 yíng 1

○然能聽 1/9/21

嬴 yíng 6

（○）〔贏〕縮卷舒 8/64/8
○鏤雕琢 8/65/3
夫載重而馬（○）〔贏〕 9/72/3
（鞄）〔鞄〕蹻○蓋 13/126/7
而外能詘伸、（○）
　〔贏〕縮、卷舒 18/199/19
○垀有無之精 21/224/7

營 yíng 31

經○四隅 1/2/6
精神亂○ 1/8/3
不足以○其精神 1/8/28
思慮不○ 2/12/22
○慧然而有求於外 2/14/26
皆其○宇狹小 2/15/2
其星須女、虛、危、○室 3/19/23
與（熒惑）〔○室〕晨
　出東方 3/20/16
日月俱入○室五度 3/21/9
日月復以正月入○室五
　度無餘分 3/21/10
歲星（含）〔舍〕○室
　、東壁 3/27/7
○室、東壁為對 3/27/15
正月建○室〔東壁〕 3/28/1
○室十六 3/28/7
○室、東壁衛 3/28/12
○丘壟之小大高庳 5/45/19
經天○地 7/54/26
而物無能○ 7/57/18
燭○指天 7/58/20
則目不○於色 8/62/15
執正（○）〔管〕事 9/72/12
則動而惑○ 11/96/2
皆亂以○ 11/104/1
趨舍行義、禮節謗議以
　○其心 11/104/2
載○魄抱一 12/115/17
經○萬乘之主 13/126/7
〔○軍辨〕 15/145/14
所以○其耳也 15/152/20
所以○其目者 15/152/20
雖鳴廉（隅）脩○ 19/208/23
鼓琴者期於鳴廉脩○ 19/208/25

蠅 yíng 3

夫函牛（也）〔之〕鼎
　沸而○蚋弗敢入 14/137/29
爛灰生（繩）〔○〕
　16.124/165/23
○漬其中 21/227/15

贏 yíng 7

不可以○ 5/43/7
孟春始○ 5/48/14
急而不○ 5/49/18
（嬴）〔○〕縮卷舒 8/64/8
而外能詘伸、（嬴）
　〔○〕縮、卷舒 18/199/19
又況○天下之憂 19/202/26
於是乃○糧跣走 19/207/16

郢 yǐng 5

而○人无所（害）〔容〕
　其鋒 9/68/16
○人有買屋棟者 16.122/165/16
（邢）〔○〕人有鬻其
　母 16.145/167/17
至於○ 19/203/22
五戰入○ 20/219/22

故好○、危術也 14/137/15
仁智○力 14/137/17
非以○也 14/140/10
大○不矜 14/141/1
故仁義智○ 14/141/11
則強脅弱而○侵怯 15/142/24
卒民○敢 15/145/26
分決則○ 15/147/18
則卒不○敢 15/147/24
將充○而輕敵 15/148/1
○者不得獨進 15/149/7
夫仁○信廉、人之美才也 15/149/17
然○者可誘也 15/149/18
而○士必勝者 15/150/1
○而不可陵也 15/151/26
○敢輕敵 15/152/22
○者為之鬬 15/153/23
大○不鬬 17.15/169/13
非○〔也〕 17.43/171/11
大○小○ 17.117/176/19
言太子甚仁且○ 18/194/9
○人也 18/196/26
○且怯 18/196/28
能○於敢〔矣〕 18/197/5
而未能○於不敢也 18/197/6
而天下稱○焉 18/199/25
必為天下○武矣 18/200/2
○武聞之 18/200/3
齊莊公避一螳蜋而○武歸之 18/200/3
○侵怯 19/203/2
及至○武 19/205/2
故○者可（貪）〔令〕進鬬 20/214/24
〔○者不妄〕發 20/218/23
乃相率（而為致○）〔為○而致〕之寇 20/219/23

涌 yǒng 1

氣如○泉 12/111/4

踊 yǒng 6

金○躍于鑪中 2/13/8
喪紀三○以為節 3/25/18
哭○有節 8/66/3
辟○哭泣 9/78/20
䟢蹀○躍 19/209/22
故有衰絰哭○之節 20/212/15

踴 yǒng 1

騰○肴亂而不失其數 1/2/17

用 yòng 313

○而敗者不能非 1/1/20
○不屈兮 1/1/23
箠策繁○者 1/3/9
○弱而強 1/5/2
萬物之○也 1/6/15
○之而不勤 1/6/19
說之者眾而○之者鮮 1/8/7
氣不當其所充〔也〕而○之則泄 1/9/17
然而○之異也 1/9/28
迫則○之 1/10/9
其○之也若發機 1/10/9
夫聖人○心 2/11/15
無之未有害於○也 2/13/5
其○之也以不○ 2/14/2
其不○也而後能○之 2/14/2
是故雖有羿之知而無所○之 2/15/9
○也〔者〕必假之於弗○〔者〕也 2/16/11
冬日之不○翣者 2/16/18
木○事 3/23/17
火○事 3/23/17
土○事 3/23/18
金○事 3/23/18
水○事 3/23/19
凡○太陰 3/27/28
所以成器○ 4/36/24
犧牲○牡 5/39/9
祭不○犧牲 5/40/2
○圭璧 5/40/2
○盛樂 5/41/22
○始行戮 5/43/1
上无乏○ 5/44/5
〔去〕器之无○者 5/46/14
審○法 5/48/1
此假弗○而能以成其○者也 6/52/12
精○而不已則竭 7/57/3
有神而不（行）〔○〕 7/57/22
中國得而棄之無〔所〕○ 7/60/25
故知其無所○ 7/60/25
不知其無所○ 7/60/26
知冬日之箑、夏日之裘無○於己 7/61/1
則仁義不○矣 8/62/15
禮樂不○也 8/62/17
君者○六律 8/64/5
○六律者 8/64/17
財〔○〕殫於會賦 8/66/9
古者上求薄而民○給 8/66/14
○兵（有）〔有〕術矣 8/66/28
刑錯而不○ 9/67/21,20/217/13
人主之於○法 9/69/18
專○其心 9/71/12
○眾人之力 9/71/24
未嘗不因其資而○之也 9/72/5
聖人兼而○之 9/72/10
並○周聽以察其化 9/73/2
而欲○之 9/73/24
人主急茲无○之功 9/74/9
是故賢主之○人也 9/74/16
〔莫不可得而○也〕 9/74/18
有所○也 9/74/19
得○人之道 9/75/5
未必可○〔也〕 9/75/10
其計乃可○〔也〕 9/75/11
有法（者）而不（與）○ 9/75/28
是故不○適然之數 9/76/10
而不足者逮於○ 9/76/16
棄公勞而○朋黨 9/76/19
釋之而不○ 9/76/20
是以人臣藏智而弗○ 9/76/23
弗○而後能○之 9/77/12
中○人力 9/79/9
是故生無乏○ 9/79/11
行不○巫祝 9/80/14
○非其有 9/80/18
故道滅而德○ 10/82/25
物莫（無）所不○ 10/83/23
无所不○矣 10/83/24
○百人之所能 10/84/9
非求○也 10/84/12

故言之○者 10/84/27
不言之○者 10/84/27
故君子慎一○之 10/86/14
為無所○之 10/89/23
人有四○ 10/92/6
何謂四○ 10/92/6
○之不節 10/93/6
末世之○也 11/93/22
各○之於其所適 11/94/27
所急（則均）〔均則〕其○一也 11/95/1
見雨則裘不○ 11/95/2
械宜其○ 11/95/8
○宜其人 11/95/8
以為曠日煩民而無所○ 11/97/20
是故聖人廢而弗○也 11/97/26
其社○土 11/98/3
其社○松 11/98/4
其社○石 11/98/5
其社○（粟）〔栗〕 11/98/6
及其已○之後 11/98/26
所○萬方 11/99/26
故湯入夏而○其法 11/100/1
庖丁○刀十九年 11/100/5
聖人揔而○之 11/101/21
聖人弗○ 11/102/5
人才不可專○ 11/102/6
而軍制可與權○也 11/102/7
因〔其〕所有而（並）〔遂〕○之〔也〕 11/102/8
器○遫於刻鏤 11/103/21
不周於○ 11/103/22
不器無○之物 11/103/24
飾眾無○ 11/103/28
然而不○者 12/106/4
而○之又弗盈也 12/107/13
○之未晚〔也〕 12/109/6
權而○其長者而已矣 12/109/8
是故「○其光 12/109/25
好○凶器 12/112/6
且子○魯兵 12/112/7
子○魏兵 12/112/8
是以○之者 12/114/6
必假於弗○也 12/114/6
而以長得其○ 12/114/7
而況持不○者乎 12/114/7
在人君○之耳 12/115/9
是故神之所○者遠 12/117/14
吾恐後世之○兵不休 12/119/22
道全為無○之事 12/119/24
後世為之機杼勝複以便其○ 13/120/9
文王舍伯邑考而○武王 13/120/19
有虞氏○瓦棺 13/120/21
殷人○槨 13/120/21
衣服器械各便其○ 13/121/5
而時省其○ 13/121/26
故不○之法 13/122/27
故魏兩○樓翟、吳起而亡西河 13/123/16
湣王專○淖齒而死于東廟 13/123/17
文王兩○呂望、召公奭而王 13/123/17
有時而○也 13/124/11
而不知時世之○也 13/124/12
下○也 13/125/12
上○也 13/125/12
則无所○矣 13/126/2
○約而為德 13/128/23
此○約而為得者也 13/129/5
不可○也 13/131/17
理好憎則不貪無○ 14/133/9
不貪无○則不以欲（○）害性 14/133/10
在於足○ 14/133/19,20/219/4
足○之本 14/133/19,20/219/4
必○人力者也 14/134/6,20/219/1
能○人力者 14/134/6,20/219/2
不學刺舟而便○之 14/134/11
必使能者為己○ 14/134/18
棄數而○才者必困 14/134/24
故○兵者 14/135/4,20/214/22
人（受）〔愛〕名則道不○ 14/135/26
棄數而○慮 14/137/13
不杖眾多而專○身才 14/137/15
有使人不能○其智於己者也 14/138/10
百姓不怨則民○可得 14/138/12
○之者亦不受其德 14/138/24
聰明雖○ 14/142/17
古之○兵 15/142/21
故聖人之○兵也 15/143/3
一節不○ 15/144/20
故明王之○兵也 15/144/26
民之為○ 15/144/27
故善○兵者 15/144/28,15/146/21,15/147/11,15/152/12
○其自為○也 15/144/28
不能○兵者 15/144/28
○其為己○也 15/144/28
○其自為○ 15/144/28
則天下莫不可○也 15/144/29
○其為己○ 15/144/29
此○兵之上也 15/145/3
此○兵之次也 15/145/5
此○兵之下也 15/145/7
莫〔得〕不為○ 15/145/18
善○兵者畜其怒 15/146/19
德積而民可○ 15/146/19
萬乘之國好○兵者亡 15/146/23
凡○兵者 15/146/25
何之而不（○）達 15/147/8
善○兵〔者〕 15/147/13
萬人異心則無一人之○ 15/147/20
其心不○ 15/147/27
善○間諜 15/148/5
選良○才 15/148/8
善○兵者 15/149/1,15/152/8
故良將之○卒也 15/149/7
或將眾而○寡者 15/149/13
將寡而○眾者 15/149/14
○力諧也 15/149/14
若乃人盡其才、悉○其力、以少勝眾者 15/149/14
○其利於人 15/149/15
可一○也 15/149/16
故上將之○兵也 15/149/27
專○人與勢 15/149/28
下將之○兵也 15/149/29
是故善○兵者 15/150/6
天下見吾兵之必○也 15/150/7
故○兵之道 15/150/25
所○不復 15/150/27
故良將之○兵也 15/151/14
則下可○也 15/151/21
蓋（間）〔聞〕善○兵者 15/152/4
見○水火 15/152/19
此善○輕出奇者也 15/152/22

易則〇車 15/152/24
險則〇騎 15/152/24
隘則〇弩 15/152/25
此〇民氣之實也 15/153/7
〇〔心〕一也 16.4/154/17
終以其無〇者為〇矣 16.6/154/23
物莫不因其所有而〇其所無 16.6/154/24
所〇者非其言也 16.8/154/28
〇所以言也 16.8/154/28
夫至巧不〇（劍）〔鉤〕〔繩〕 16.25/156/21
善閉者不〇關楗 16.25/156/21
〇智如此 16.74/160/31
聖人〇物 16.87/162/4
若〇朱絲約芻狗 16.87/162/4
以其所脩而遊不〇之鄉 16.88/162/7
醫之〇針石 16.123/165/19
巫之〇糈藉 16.123/165/19
物之〇者必待不〇者 16.132/166/13
（鼎錯）〔錯鼎〕日〇而不足貴 16.137/166/26
物固有以不〇而為有〇者 16.137/166/26
物固有以不〇為大〇者 16.137/166/27
物莫措其所脩而〇其所短也 16.146/167/20
非其〇也 17.7/168/25
急所〇也 17.22/169/30
而〇之異〔也〕 17.107/175/28
陶（者）〔人〕〇缺盆 17.131/177/21
為者不得〇 17.131/177/22
〇者弗肯為 17.131/177/22
欲觀九（〇）〔州〕之土 17.138/178/6
〇之必橫 17.140/178/11
中夏〇箑 17.142/178/15
善〇人者 17.151/179/4
〇規矩準繩者 17.214/183/17
凡〇人之道 17.227/184/12
舉而〇之 18/186/10
此所謂直於辭而不（可）（〇）〔周〕〔於事〕
者也 18/190/12
或言不〇、計不行而益親 18/190/22
而〇括子之計 18/191/1
而〇咎犯之謀 18/191/15
後不可復〇也 18/192/14
是〇民不得休息也 18/192/19
將焉〇之 18/192/19
將何所〇之 18/192/26
被裘而〇箑也 18/196/9
然世或〇之而身死國亡者 18/198/18
三（五）〔王〕〇義 18/198/24
「潛龍勿〇」者 18/198/27
非其世而〇之 18/199/3
老罷而不為〇 18/199/26
則无所〇多矣 18/200/13
思慮不〇 19/203/10
而后稷之智不〇 19/203/13
此〇己而背自然 19/203/17
若夫水之〇舟 19/203/17
沙之〇（肆）〔鳩〕 19/203/17
泥之〇輴 19/203/17
山之〇蔂 19/203/18
為此不〇冊鍛而御 19/205/1
（揉）以成器〇 19/206/20
時搜振旅以習〇兵也 20/212/18
故刑罰不〇而威行如流 20/212/24
則法縣而不〇 20/212/25
必〇參五 20/212/27
聖人兼〇而財制之 20/214/7
不同而皆〇 20/214/8
聖人兼〇而財使之 20/214/26
无益於〇而有益於費者 20/215/7
〔言〕而不〇 20/216/27
夫差〇太宰嚭而滅 20/217/26
在於節（〇）〔欲〕 20/219/5
節（〇）〔欲〕之本 20/219/5
教之〇管準則說 20/220/22
人皆多以无〇害有〇 20/220/28
則水〇必足矣 20/220/29
吳起之〇兵也 20/222/19
〔專〕〇制度 21/226/20
〇太公之謀 21/227/25
未能〇事 21/227/28
故背周道而〇夏政 21/228/5
一朝〇三千鍾贛 21/228/14
不知所〇 21/228/22

幽 yōu 22

〇而能明 1/1/5
〇兮冥兮 1/1/23
方者主〇 3/18/28
〇者 3/18/29
西北方曰〇天 3/19/24
曰〇都之門 4/34/8
有〇都之筋角焉 4/34/14
北方〇晦不明 4/36/7
雖在擴虛〇閒 6/49/30
死不足以〇神 7/58/26
北至〇都 9/67/22
雖〇野險塗 9/71/8
履〇而戴明 15/144/2
謂之〇冥 16.1/154/5
〇冥者 16.1/154/5
蘭生〇宮 16.18/155/26
欒書、中行偃劫而〇之 18/186/26
北撫〇都 19/202/19
流共工於〇州 19/202/20
僻遠〇閒之處 19/203/4
行〇昧之塗 20/218/1
後〇都 20/219/14

悠 yōu 5

遠哉〇〇 15/149/22
吾日〇〇慚于影 19/204/3
我誕謾而〇忽 19/209/11

憂 yōu 80

父無喪子之〇 1/1/16
〇悲者 1/7/4
〇悲多恚 1/7/5
故心不〇樂 1/7/6
末世有勢為萬乘而日〇悲者 1/7/16
〇悲而不得志也 1/9/2
其覺不〇 2/11/16
心志知〇樂 2/17/13
夫〇患之來 2/17/14
免〇患 5/47/15
〇罷疾 5/47/20

是故○患不能入（也） 7/55/24
而增之以任重之○ 7/58/15
大○內崩 7/59/20
樂者、所以救○也 8/62/13
心有○喪則悲 8/66/1
感于○ 9/69/4
不能使無○尋 10/85/6
故人之○喜 10/85/22
其○尋推之也 10/86/2
其○尋出乎中也 10/86/19
多○害智 10/88/24
上○尋不誠則不法民 10/88/29
○尋不在民 10/88/29
堯王天下而○不解 10/89/20
授舜而○釋 10/89/20
○而守之 10/89/20
鳥入之而○ 11/94/21
襄子方將食而有○色 12/107/6
今君有○色 12/107/7
夫○、所以為昌也 12/107/10
吾無○矣 12/114/17
无○色 12/117/28
語寡人以○者擊磬 13/123/28
則○弗近也 13/130/2
孫叔敖三去令尹而无○
色 13/130/8
不○命之所無奈何 14/133/2
失之不○ 14/134/26
故窮而不○ 14/135/1
豈若○寢疵之（與）
〔興〕、痤疽之發而
豫備之哉 14/137/28
不○民之晦也 14/138/22
不○民之貧也 14/138/22
不喜則○ 14/139/2
心有○者 14/140/23
患解○除 14/140/24
○天下之亂 14/142/7
猶○河水之少 14/142/8
以浮游而為龜○養生之
具 14/142/8
故不○天下之亂 14/142/9
知命者不○ 14/142/14
其○同也 15/144/26
故澤失火而林○ 16.50/159/1
○樂別也 17.106/175/26
○父之疾者子 17.243/185/16

患至而後○之 18/186/3
然後○之 18/193/25
必為國○ 18/196/4
無懼色○志 18/197/2
不加○焉 18/200/12
君胡為有○色 18/200/16
又況贏天下之○ 19/202/26
不○命之短 19/202/27
而○百姓之窮 19/202/27
聖人○民 19/202/29
則聖人之○勞百姓〔亦〕
甚矣 19/203/9
心致○愁勞苦 19/207/24
我心○傷 20/210/21
伊尹○天下之不治 20/218/3
管子○周室之卑 20/218/5
將欲以○夷狄之患 20/218/6
死无遺○ 20/218/17
不○命之所无奈何 20/219/8
而子胥○之 20/222/22
襄子再勝而有○色 20/222/24
何○讙兜 20/223/14
今夫狂者无○ 21/226/11
聖人亦无○ 21/226/11
聖人无○ 21/226/11
狂者无○ 21/226/11
桓公○中國之患 21/228/10

優 yōu 16

其德○天地而和陰陽 1/1/14
○游委縱 1/7/13
相與○游競暢于宇宙之間 2/10/17
中至○游 2/11/25
小大○游矣 2/13/23
而萬物大○ 2/15/9
行○游 5/47/15
○而不縱 5/49/8
○○簡簡 5/49/9
與一世而○游 8/62/7
○柔委從 8/64/16
蓋力○而克不能及也 10/84/8
樂（○）〔擾〕以淫 11/97/25
道以○游、故能化 20/215/12
亦○游矣 21/227/17

㩋 yōu 1

後世為之耒耜○鉏 13/120/11

尤 yóu 5

不以曲故是非相○ 2/11/20
上下調而無○ 6/52/18
怨（左）〔○〕充胸
〔取〕（○）〔左〕人
、終人 12/107/6
物之○必有所感 16.137/166/27

由 yóu 123

○此觀之 1/3/21
1/4/14,1/5/13,1/7/17
2/13/23,2/13/28,2/16/11
2/18/3,6/49/29,7/59/5
7/59/16,8/62/4,8/62/15
8/62/17,8/63/20,9/69/26
9/70/3,9/70/6,9/72/23
9/72/24,9/79/1,9/80/15
9/80/18,9/80/20,9/80/22
11/94/19,11/94/29,11/95/26
11/100/16,11/103/12
12/108/3,12/114/28
13/122/12,13/124/25
13/128/18,14/137/18
15/149/19,16.82/161/22
18/192/5,19/203/9
19/206/14,19/207/4
夫許○小天下而不以己
易堯者 1/8/14
則神無○入矣 1/10/5
所○來者久矣 2/15/20
貪污之心奚○生哉 2/16/19
許○不能行也 2/16/24
故許○、方回、善卷、
披衣得達其道 2/17/27
○是觀之 6/51/11,11/102/10
14/137/26,14/140/24
而不知其所○至也 6/51/20
而不知大節之所○者也 6/52/4
莫知〔其〕所○生 6/53/3
而不窮究其所○生 6/54/15
不知不死之藥所○生也 6/54/21

无〇識之矣 7/56/3
故通許〇之意 7/59/8
知許〇之貴于舜 7/60/1
夫仇〇貪大鍾之賂而亡
　其國 7/60/27
〇近知遠 8/62/6,9/81/9
莫知其所〇出 8/63/6
而不知其所〇然 8/63/10
凡亂之所〇生者 8/65/1
則无〇惑矣 9/71/9
則讒佞姦邪无〇進矣 9/72/12
失樂之所〇生矣 9/78/24
〇己知人 9/81/9
不知其所〇然 10/90/10
善之〇我 10/92/17
與其〇人 10/92/17
福〇己發 10/92/28
禍〇己生 10/92/29
故聖人反己而弗〇也 10/93/2
而無〇相過 11/94/28
所〇各異 11/97/2
誹譽無所〇生 11/97/19
譬〇膠柱而調（琴）
　〔瑟〕也 11/98/8
許〇、善卷非不能撫天
　下、寧海內以德民也 11/103/6
是〇發其原而壅其流也 11/104/10
則無〇入矣 12/117/2
許〇 12/118/1
事无〇己 13/121/15
故聖人所〇曰道 13/121/24
知法治所〇生 13/122/20
潘尫、養〇基、黃衰微
　、公孫丙相與簒之 13/125/18
許〇讓天子 13/128/17
梁〇靡扣穆公之驂 13/129/4
〇嗜慾无厭 13/129/16
所〇來者遠矣 13/131/3
〇其道則善無章 14/136/13
故士行善而不知善之所
　〇來 14/136/23
民贍利而不知利之所〇
　出 14/136/23
率〇舊章 14/137/10
行〇其理 14/139/17
（內）〔〇〕是觀之 14/140/10
兵之所〇來者遠矣 15/142/27
〇本至（未）〔末〕 15/144/16
善且〇弗為 16.21/156/10
必〇小生 16.57/159/21
使養〇其射之 16.89/162/11
不若得事之所〇 16.105/163/26
謂許〇無德 17.47/171/19
動智所〇 18/185/26
是〇病者已惓而索良醫
　也 18/186/3
且患禍之所〇來者 18/196/8
魚何遽無〇出 18/196/10
人能〇昭昭於冥冥 18/197/7
是〇乘驥（遂）〔逐〕
　人於榛薄 18/198/25
其所〇者非理也 18/200/14
在所〇之道 18/200/20
審其所〇而已矣 18/201/9
其所〇異路而同歸 19/203/20
治〇笑 19/209/16
不見其所〇而福起 20/210/5
舜、許〇異行而皆聖 20/214/22
貴其知亂之所〇起也 20/216/18
〇本流（未）〔末〕 20/217/20
〇冥冥至炤炤 20/218/7
治〇文理 20/223/12
所以原本人之所〇生 21/224/27

枕 yóu 2

（〇）〔枕〕方寢繩 6/52/27
身（〇）〔枕〕格而死 6/53/24

斿 yóu 1

建九〇 13/124/9

游 yóu 87

麟以之〇 1/1/8
神與化〇 1/1/10
〇微霧 1/1/26
上〇于霄霓之野 1/2/6
而〇於無窮之地〔也〕 1/2/11
以便涉〇 1/3/25
與道〇者也 1/4/7
夫善〇者溺 1/4/12
時不與人〇 1/5/19
優〇委縱 1/7/13
〇雲夢、沙丘 1/7/20
故雖〇於江潯海裔 1/8/25
相與優〇競暢于宇宙之間 2/10/17
含哺而〇 2/11/19
中至優〇 2/11/25
能〇冥冥者與日月同光 2/12/3
獨浮〇无方之外 2/12/6
而神〇魏闕之下 2/12/17
臺簡以〇太清 2/12/23
小大優〇矣 2/13/23
而〇于精神之和 2/14/20
此聖人之〇也 2/14/21,2/16/15
而〇于滅亡之野 2/14/22
而〇心於虛也 2/15/22
食水者善〇〔而〕能寒 4/35/1
魚〇於水 4/35/14
〇牝于牧 5/40/21
〇牝別其群 5/41/23
行優〇 5/47/15
止交〇 5/48/7
而甘臥以〇其中 6/51/20
今夫赤螭、青虬之〇冀
　州也 6/51/23
麒麟〇於郊 6/52/21
浮〇不知所求 6/53/3
浮〇消搖 6/53/6
以〇于天地之樊 7/57/11
而〇於忽區之旁 7/57/21
而〇敖于無形埒之野 7/57/24
是故真人之（所）〇
　〔也〕 7/58/3
〇於太清 7/58/28
容身而〇 7/60/20
〇無極之野 7/60/21
麒麟不〇 8/61/13
與一世而優〇 8/62/7
被髮而浮〇 8/62/16
淌〇瀷淢 8/65/3
夫螣蛇〇霧而（動）
　〔騰〕 9/70/15
而〇居者亟於進矣 9/70/23
虎鹿之不同〇者 9/72/13
而〇者以辯顯 9/72/27
說談者〇於辯 9/73/5
不能〇而絕江海 9/75/6
進退周〇 9/76/13

魚得水而〇焉則樂 9/82/4
〇乎眾虛之閒 11/100/6
〇乎心手（眾虛）之閒 11/100/8
〇者不能拯溺 11/104/19
盧敖〇乎北海 12/116/5
若我南〇乎（岡）〔罔〕㝗之野 12/116/11
今子〇始〔至〕於此 12/116/14
禿山不〇麋鹿 12/118/23
度水而无〇數 14/133/17
有〇數 14/133/17
善〇者 14/134/11
浮〇不過三日 14/142/8
以浮〇而為龜憂養生之具 14/142/8
夫〇没者 16.99/163/8
而不知因天地以〇 17.1/168/10
〇者以足蹶 17.5/168/21
及其能〇者 17.5/168/21
騰蛇〇霧 17.10/169/1
故善〇者不可懼以涉 17.37/170/30
蜉（〇）〔蝣〕不食不飲 17.108/175/31
以極其〇 17.178/181/1
舟覆乃見善〇 17.215/183/19
〇俠相隨而行樓下 18/201/14
飛鳶適墮其腐鼠而中〇俠 18/201/14
〇俠相與言曰 18/201/15
此聖人之所以（詩）〔〇〕心〔也〕 19/206/24
〇川水 19/207/16
道以優〇、故能化 20/215/12
〇不論國 20/218/12
則無以與化〇息 21/223/24
〇化群生 21/226/19
亦優〇矣 21/227/17
可以〇矣 21/227/18

猶 yóu 164

〇不能與網罟爭得也 1/2/22
〇不能與羅者競多 1/2/23
〇錞之與刃 1/5/13
是〇無耳而欲調鍾鼓 1/8/11
〇有所遁 2/11/2
一範人之形而〇喜 2/11/4
割之〇濡 2/11/14
〇得肆其志 2/12/5
〇倏風之時麗也 2/12/14
〇蚊虻之一過也 2/12/14
〇蓋之（無）一橑 2/13/5
〇足以脫其命 2/13/28
〇飛羽浮芥也 2/16/4
身〇不能行也 2/16/23
〇無益於治天下也 2/17/5
身〇不能脫 2/17/11
〇盆水之類也 2/17/22
禍〇及之 2/18/3
是〇兩絆騏驥 2/18/9
而能自要者尚〇若此 6/50/5
是〇王孫綽之欲倍偏枯之藥而（欲）以生殊死之人 6/51/4
然〇未及虙戲氏之道也 6/52/22
是〇抱薪而救火 6/54/16
譬〇本與末也 7/55/5
尚〇節其章光 7/55/18
〇未足為也 7/56/4
〇吾死之淪於無形之中也 7/56/19
譬〇陶人之埏埴也 7/56/22
是故視珍寶珠玉〇（石礫）〔礫石〕也 7/57/19
視至尊窮寵〇行客也 7/57/20
視毛（牆）〔嬙〕、西施〇（期醜）〔倛魄〕也 7/57/20
〇充形者之非形也 7/58/8
視龍〇蝘蜓 7/58/18
而尚〇不拘於物 7/59/3
是〇決江河之源而障之以手也 7/60/13
〇畜禽獸也 7/60/14
〇不得已自強也 7/60/19
然〇未能贍人主之欲也 8/61/22
〇在于混冥之中 8/62/8
〇弗能贍 8/66/10
事〇自然 9/67/7
譬〇揚（捰）〔堁〕而弭塵 9/68/7
其〇射者乎 9/69/1
其〇零星之尸也 9/70/20
譬〇方員之不相蓋 9/72/12
譬〇雀之見鸇而鼠之遇狸也 9/72/14
〇以卵投石 9/72/22
是〇不待雨而求熟稼 9/73/24
〇卻行而脫（蹤）〔蹝〕也 9/74/6
〇巧工之制木也 9/74/16
〇无可棄者 9/74/19
譬〇狸之不可使搏牛 9/74/24
是〇以斧劗毛 9/74/28
〇不可棄也 9/75/9
是〇塞耳而聽清濁 9/75/14
其〇造父之御〔也〕 9/76/1
雖達視〇不能見其睛 9/76/8
是〇無轡銜而馳也 9/76/21
是〇代庖宰剝牲 9/77/3
是〇貫甲（胄）〔冑〕而入宗廟 9/78/23
〇以為未足也 9/80/10
則〔〇〕狂而操利劍 9/81/29
則〔〇〕（棄）〔乘〕驥而（不式）〔或〕 9/81/30
〇中衢而（致）〔設〕尊邪 10/83/2
〇不自矜 10/83/10
自視〇觖如也 10/83/10
是〇以升量石也 10/83/15
〇不自悔 10/89/29
〇未之莫與 10/90/6
〇未足以至於極也 10/90/18
〇有不忘者存 11/96/4
〇工匠之斲削鑿（芮）〔枘〕也 11/98/18
譬〇冬被葛而夏被裘 11/99/7
子之〔所見〕窘〇有三過 11/101/1
譬〇逃雨也 11/101/8
譬〇日月也 11/102/15
〇室宅之居也 11/102/16
譬〇冰炭鉤繩也 11/103/14
〇人君與僕虜 11/104/8
尚〇哀之 11/104/18
此〇辱也 12/107/19
吳之亡〇晚 12/108/26
〇不能自勝 12/109/22
〇未也 12/115/13,12/115/14
此〇光乎日月而載列星 12/116/10

○（突）〔窔〕奧也 12/116/11
○有汰沃之氾 12/116/14
吾○（夫）〔未〕能之
在 12/116/14
○黃鵠與蠰蟲也 12/116/17
譬之○廓革者也 12/118/28
其成○網羅 13/120/9
譬○師曠之施瑟柱也 13/120/25
道○金石 13/121/24
事○琴瑟 13/121/24
是○无鏑銜（橛）策錣
而御馯馬也 13/122/2
是○持方柄而周員鑿也 13/122/22
譬○不知音者之歌也 13/123/12
○之為易也 13/126/28
○之為平〔也〕 13/126/28
亦○此也 13/129/26,18/200/13
故人心○是也 13/130/6
○不可忘 13/131/10
○之貴天也 14/134/15
○〔之〕尊君也 14/134/16
身○弗能保 14/135/6
○憂河水之少 14/142/8
○子之為父 15/144/27
○身之有股肱手足也 15/145/17
擊其○○ 15/147/12
發則○豫 15/149/29
然○不能獨（射）〔穿〕
也 15/150/4
兵○且弱也 15/151/19
兵○且強 15/151/21
令○且行也 15/151/21
是○以火救火 15/152/5
譬○越人之射也 16.11/155/10
○采薪者見一介〔則〕
掇之 16.26/156/24
譬○陶人為器也 16.31/157/7
○百舌之聲〔也〕 16.44/158/13
○不脂之戶也 16.44/158/13
然○養而長之 16.54/159/12
萬事○此 16.58/159/24
譬○揚堁而弭塵 16.67/160/15
譬○以涅拭素也 16.67/160/15
譬○沐浴而抒溷 16.72/160/25
○謫之 16.76/161/4
譬○倮走而追狂人 16.79/161/12
（○）〔然〕良馬○在
相之中 16.120/165/11
○近之於我 16.143/167/11
而○為之不止 16.147/167/23
譬○客之乘舟 17.1/168/9
譬○削足而適履 17.25/170/5
○葵之與日也 17.39/171/3
○人臣各守其職 17.148/178/29
○愈於已 17.175/180/27
○金石之一調 17.230/184/19
○不能生也 18/186/3
譬○緣高木而望四方也 18/193/24
譬○失火而鑿池 18/196/9
譬○以大牢享野獸 18/198/10
○石之投（卯）〔卵〕 18/198/21
○有童子之色 18/199/15
○且弗易者 18/199/21
○且攻之乎 19/203/23
○人〔之為人〕 19/204/14
○待教而成 19/204/18
○繼踵而生 19/205/14
是（謂）○釋船而欲蹍
水也 19/205/15
○不能屈伸其指 19/206/17
○可刻鏤 19/206/20
（而）〔亦〕○弓矢、
中之具〔也〕 20/215/22
風俗○此也 20/216/14
○出林之中不得直道 20/218/2
○之為仁也 20/218/10
○之為知也 20/218/11
○日月之蝕〔也〕 20/218/20
○狗之晝吠 20/218/20
○尚肆然而喜 20/220/7
○瘖聾之比於人也 20/221/2
○城之有基 20/221/17

遊 yóu 19

此真人之（道）〔○〕也 2/17/1
譬若隴西之○ 11/96/3
以○玄眇 11/99/14
龍不能與○ 12/113/5
敖幼而好○ 12/116/8
秦穆公出○而車敗 13/129/1
○无朕 14/132/18
人能虛己以○於世 14/134/22
翱翔周（○）〔旋〕 14/139/13
居安○樂 14/140/24
○心於恬 14/140/27
而○心於虛 15/148/22
以其所脩而○不用之鄉
16.88/162/7
獸同足者相從○ 17.134/177/28
明年出○匠驪氏 18/186/26
伍子奢○人於王側 18/194/8
孔子行（○）〔於〕
〔東野〕 18/198/8
則无以與道○ 18/199/14
乘雲○霧 20/214/16

蝣 yóu 1

蜉○朝生而暮死 17.178/181/1

蝣 yóu 2

蜉○不飲不食 4/35/17
蜉（游）〔○〕不食不
飲 17.108/175/31

友 yǒu 15

而○造化 6/50/6
信於朋○ 9/82/7
不信於○ 9/82/8,9/82/9
〔信〕於○有道 9/82/9
所以合君臣、父子、兄
弟、夫妻、○朋之際
也 11/93/24
朋○不相怨德 11/93/30
若與朋○處 11/97/1
上與神明為○ 11/99/16
子殆可與敖為○乎 12/116/9
布衣弗○ 13/127/5
我非故與子（反）〔○〕
也 18/187/14
（及）〔○〕賢大夫 19/206/26
因其喜朋○而教之以悌 20/212/17
朋○之際 20/213/5

有 yǒu 1265

○萬不同而便于性 1/1/13
生萬物而不○ 1/1/19

雖○輕車良馬 1/2/2
各○其具 1/2/17
雖○鉤箴芒距 1/2/21
又何亡魚失鳥之○乎 1/2/24
海外○狡心 1/3/2
禽獸○（芁）〔芃〕 1/3/19
人民○室 1/3/20
未始○與雜糅者也 1/4/5
萬物○所生 1/4/25
百事○所出 1/4/25
故蘧伯玉年五十而○四十九年非 1/5/11
〔○所屏蔽〕也 1/5/14
○餘不足 1/6/6,11/103/25
出於無○ 1/6/10
吾是以知無為之○益 1/6/10
故○像之類 1/6/12
自無蹠○ 1/6/12,7/60/2
自○蹠無 1/6/12,7/60/2
無形而○形生焉 1/6/19
是故○生於無 1/6/20
若無而○ 1/6/26
古之人○居巖穴而神不遺者 1/7/16
末世○勢為萬乘而日憂悲者 1/7/16
是故○以自得〔也〕 1/7/24
怵然若○所誘慕 1/8/2
而心忽然若○所喪 1/8/2
悵然若○所亡也 1/8/2
是故不得於心而○經天下之氣 1/8/10
夫天下者亦吾○也 1/8/18
吾亦天下之○也 1/8/18
豈○間哉 1/8/18
夫○天下者 1/8/21
吾所謂○天下者 1/8/21
則常相○已 1/8/22
又焉○不得容其間者乎 1/8/22
內○以通于天機 1/9/3
故士○一定之論 1/9/8
女○不易之行 1/9/8
凡人（之）志（各）○所在而神○所繫者 1/9/23
是以天下時○盲妄自失之患 1/10/7
〔○〕○始者 2/10/14
○未始○○始者 2/10/14,2/10/16
○未始○夫未始○○始者 2/10/14
○○者 2/10/14,2/10/21
○无者 2/10/14,2/10/22
○未始○○無者 2/10/15
所謂○始者 2/10/15
未○形（呼）〔埒〕（垠堮） 2/10/15
○未始○夫未始者○○始者 2/10/17
无○仿佛 2/10/18
可切循把握而○數量 2/10/22
○未始○○无者 2/10/23
无環堵之宇而生○无之根 2/10/25
○未始○夫未始○○无者 2/10/25
若光燿之（間）〔問〕於无○ 2/10/26
予能○無 2/10/27
夜半○力者負而趨 2/11/1
〔藏小大○宜〕 2/11/2
猶○所遁 2/11/2
千變萬化而未始○極也 2/11/4
今將○大覺 2/11/6
神盡而形○餘 2/11/14
古之人○處混冥之中 2/11/18
鎮撫而○之 2/11/21
而歲計之○餘 2/11/22
夫道○經紀條貫 2/11/28
是故貴○以行令 2/11/28
賤○以忘卑 2/11/28
貧○以樂業 2/11/28
困○以處危 2/12/1
孰非其○ 2/12/4
非○為於物也 2/12/24
物以○為於己也 2/12/25
○苗與三危通〔而〕為一家 2/13/1
各○所出 2/13/4
○之可以備數 2/13/5
無之未○害於用也 2/13/5
必○波溢而播棄者 2/13/8
亦○以象於物者矣 2/13/8
其形雖○所小周哉 2/13/9
○況比於規形者乎 2/13/9
若此則○所受之矣 2/13/13
今夫善射者○儀表之度 2/13/16
如工匠○規矩之數 2/13/16
此皆〔○〕所得以至於妙 2/13/16
何況夫未始○涅藍造化之者乎 2/13/20
物莫不生於○也 2/13/23
又況未○類也 2/13/28
無形而生○形 2/13/28
寂漠之中獨○照焉 2/14/2
是故○真人然後○真知 2/14/4
則醜美○間矣 2/14/14
精○湫盡 2/14/16
營慧然而○求於外 2/14/26
夫○病於內者必○色於外矣 2/14/27
必○蔽其明者 2/14/28
必其（○命）〔命○〕在於外也 2/15/4
是故雖○羿之知而無所用之 2/15/9
使各○經紀條貫 2/15/13
○衰漸以然 2/15/19
是故與其○天下也 2/16/1
不若○說也 2/16/1
與其○說也 2/16/1
而條達○無之際〔也〕 2/16/1
雖○炎火洪水彌靡於天下 2/16/3
心○所至而神喟然在之 2/16/14
懷○餘於身也 2/16/18
（清）〔清〕○餘於適也 2/16/18
故能○天下者 2/16/19
能○名譽者 2/16/20
聖人○所于達 2/16/20
非○其世 2/17/10
○其人不遇其時 2/17/10
小○所志而大○所（志）〔忘〕也 2/17/16
○若泉源 2/17/17
○況與一國同伐之哉 2/17/21
世之主○欲利天下之心 2/17/27
亦○繫於世者矣 2/18/4
〔元〕氣○（漢）〔涯〕垠 3/18/19
天○九野 3/19/19
景風至則爵○位 3/20/28
賞○功 3/20/29,3/23/21,5/47/19
而歲○奇四分度之一 3/21/11
陰陽刑德○七舍 3/22/6
故曰○四十六日而立夏 3/22/19

故曰〇四十六日而夏至 3/22/21
故曰〇四十六日而立秋 3/22/23
故曰〇四十六日而立冬 3/22/26
歲〇餘十日九百四十分日之八百二十七 3/23/14
〇兵 3/23/26,3/31/4
春〇霜 3/23/27
五穀〇殃 3/24/1
〇五億萬七千三百九里 3/24/21
〔〇形則〇聲〕 3/26/14
（〇形則〇聲） 3/26/15
衡〇左右 3/26/20
天〇四時 3/26/20, 3/29/19,10/92/6
歲乃〇殃 3/28/15
而〇功 3/28/29
北斗之神〇雌雄 3/29/1
其日〇雲氣風雨 3/29/12
天（地）〔〇〕九重 3/29/18
人亦〇九竅 3/29/19
人亦〇四肢 3/29/19
天〇十二月 3/29/19
人亦〇十二肢 3/29/20
〇餘日 3/29/23
（〇）其〔為〕歲司也 3/29/23
歲〇小兵 3/29/27,3/31/1,3/31/7
歲〇大兵 3/31/3,3/31/5
土〇九山 4/32/11
山〇九塞 4/32/11
澤〇九藪 4/32/11
風〇八等 4/32/11
水〇六品 4/32/11
二億三萬三千五百五十（里）〇九（淵） 4/33/3
中〇增城九重 4/33/4
上〇木禾〔焉〕 4/33/5
旁〇四百四十門 4/33/6
旁〇九井玉橫 4/33/7
末〇十日 4/33/20
乃〇八殥 4/33/22
而〇八紘 4/34/1
乃〇八極 4/34/6
〇醫毋閭之珣（玕）〔玗〕琪焉 4/34/12
〇會稽之竹箭焉 4/34/12
〇梁山之犀象焉 4/34/13
〇華山之金石焉 4/34/13
〇霍山之珠玉焉 4/34/13
〇崑崙〔虛〕之球琳、琅玕焉 4/34/14
〇幽都之筋角焉 4/34/14
〇斥山之文皮焉 4/34/15
〇岱岳 4/34/15
水員折者〇珠 4/34/19
方折者〇玉 4/34/19
清水〇黃金 4/34/19
龍淵〇玉英 4/34/19
故南方〇不死之草 4/34/25
北方〇不釋之冰 4/34/25
東方〇君子之國 4/34/25
西方〇形殘之尸 4/34/25
食（葉）〔桑〕者〇絲而蛾 4/35/2
各〇以生 4/35/5
〇角者（指）〔脂〕而無後〔齒〕 4/35/19
音〇五聲 4/36/20
色〇五章 4/36/20
味〇五變 4/36/20
位〇五材 4/36/20
〇修股民、天民、肅慎民、白民、沃民、女子民、丈夫民、奇股民、一臂民、三身民 4/36/26
〔〇〕結胸民、羽民、讙頭國民、（裸）〔裸〕國民、三苗民、交股民、不死民、穿胸民、反舌民、豕喙民、鑿齒民、三頭民、脩臂民 4/36/27
〇大人國、君子國、黑齒民、玄股民、毛民、勞民 4/37/1
〇跂踵民、句嬰民、深目民、無腸民、柔利民、一目民、無繼民 4/37/2
〇神二（人）〔八〕連臂為帝候夜 4/37/5
〇玉樹在赤水之上 4/37/6
爰〇遺玉、青馬、視肉 4/37/6
〇娀在不周之北 4/37/9
雷澤〇神 4/37/14
國乃〇恐 5/39/13
命〇司 5/39/22,5/41/21,5/43/6,5/43/21,5/44/17,5/45/13
〇不戒其容止者 5/39/26
必〇凶災 5/39/26
天子命〇司 5/40/15
無〇不良 5/40/21
國〇大恐 5/40/24,5/44/8
無〇隳壞 5/41/9
必〇天殃 5/42/15
專任〇功 5/43/6
乃命〇司 5/44/2
〔其〇失時〕 5/44/3
菊〇黃華 5/44/15
无〇宣出 5/44/18
乃命〇司曰 5/44/20
無留〇罪 5/45/1
使貴賤卑尊各〇等級 5/45/19
命〇司曰 5/46/4
〇隨以喪 5/46/6
无〇差忒 5/46/8
天子乃命〇司 5/46/8
農〇不收藏積聚、牛馬畜獸〇放失者 5/46/10
〇能取疏食、田獵禽獸者 5/46/10
其〇相侵奪〔者〕 5/46/11
國〇大兵 5/46/16
命〇司大儺 5/46/23
無〇所使 5/47/1
爵〇德 5/47/19
〇凍寒積冰、雪雹霜霰、漂潤群水之野 5/48/5
雖〇盛尊之親 5/48/8
大制〇六度 5/48/26
發通而〇紀 5/49/5
感動〇理 5/49/8
發通〇紀 5/49/8
惟夜行者為能〇之 6/50/24
能者〇餘 6/51/1
雖〇明智 6/51/8
唯通于太和而持自然之應者為能〇之 6/51/10
夫〇改調一弦 6/51/18
無〇攫噬之心 6/53/4
所謂兼國〇墜者 6/53/24
輔佐〇能 6/54/8
悵然〇喪 6/54/20
古未〇天地之時 7/54/25

然民○糟糠菽粟不接於口者 9/78/13
然〔而〕民○處邊城 9/78/14
國○飢者 9/78/15
民○寒者 9/78/16
此皆○充於內 9/78/20
○今無儲 9/78/22
時○涔旱災害之患 9/79/1
○以給上之徵賦車馬兵革之費 9/79/1
率九年而○三年之畜 9/79/2
十八年而○六年之積 9/79/2
二十七年而○九年之儲 9/79/3
故○仁君明主 9/79/4
其取下○節 9/79/5
自養○度 9/79/5
○所以致之也 9/79/16
行方者○不為也 9/80/7
湯○司直之人 9/80/10
用非其○ 9/80/18
晏然若故○之 9/80/18
其所守者○約 9/80/27
小○教而大○存也 9/81/9
小○誅而大○寧也 9/81/9
故仁智〔○時〕錯 9/81/10
○時合 9/81/10
瞽師○以言白黑 9/81/23
故不仁而○勇力果敢 9/81/29
雖○材能 9/82/1
故○野心者不可借便勢 9/82/1
○愚質者不可與利器 9/82/2
○掌脩其隄防 9/82/4
國○以存 9/82/5
人○以生 9/82/5
上達○道 9/82/8
取譽○道 9/82/8
〔信〕於友○道 9/82/9
說親○道 9/82/9
誠身○道 9/82/10
古今未之○也 10/83/1
中心必○不合者也 10/83/26
必○不傳者 10/84/8
夫○何脩焉 10/84/13
○以為 10/84/15
亢龍○悔 10/84/26
世○行之者矣 10/85/1
禮不隆而德○餘 10/85/18
今夫夜○求 10/85/24
動而○益 10/85/25
淡而○味 10/86/9
小大脩短○敘 10/87/4
官職○差 10/87/5
○諸情也 10/87/7
夫○誰為矜 10/87/17
○其世 10/87/24
○其人也 10/87/24
故一人○慶 10/87/27
君子者、樂○餘而名不足 10/88/12
小人樂不足而名○餘 10/88/12
觀於○餘不足之相去 10/88/12
○義者不可欺以利 10/88/23
○勇者不可劫以懼 10/88/23
○過必謁之 10/89/9
○能為也 10/89/12,10/89/12
○其材 10/89/14
求之○道 10/89/15
○道之世 10/89/20
凡萬物○所施之 10/89/23
何幸之○ 10/89/28
何不幸之○ 10/89/28
○德者受吾爵祿 10/90/5
○功者受吾田宅 10/90/5
○國者多矣 10/90/12
泰山之上○七十壇焉 10/90/12
事○所至 10/91/2,18/198/13
而明○不（害）〔容〕 10/91/2
○聲之聲 10/91/22
身○醜夢 10/91/23
國○妖祥 10/91/23
是故前○軒冕之賞 10/91/24
後○斧鉞之禁 10/91/24
人○四用 10/92/6
則萬物之化咸○極矣 10/92/7
道之○篇章形埒者 10/93/4
天下○至貴而非勢位也 10/93/12
○至富而非金玉也 10/93/12
○至壽而非千歲也 10/93/12
（蒹）〔兼〕覆（蓋）而并○之、（度）伎能而裁使之者 10/93/15
於是乃○曾參、孝己之美 11/94/1
故○大路龍旂 11/94/1
則必○穿窬拊（揵）〔楗〕、（抽箕）〔扣墓〕踰備之姦 11/94/2
○詭文繁繡 11/94/3
必○菅屩跐踦 11/94/3
後世必○劫殺之君 11/94/12
廉○所在 11/94/19
故愚者○所脩 11/94/25
智者○所不足 11/94/25
固○所宜也 11/95/3
得以所○易所無 11/95/9
夫○何上下焉 11/95/10
存國若○餘 11/95/15
○餘者非多財也 11/95/16
勢○所（枝）〔支〕也 11/95/27
（以○）〔○以〕自見也 11/96/2
猶○不忘者存 11/96/4
○感而自然者也 11/96/20
夫○（熟）〔孰〕推之者 11/96/21
○孰教之 11/97/6
昔○扈氏為義而亡 11/98/2
○虞氏之（祀）〔禮〕 11/98/3
夫○孰貴之 11/99/1
○苗不服 11/99/1
禹（遭）〔○〕鴻水之患 11/99/3
事○合於己者 11/100/16
而未始○是也 11/100/16
○忤於心者 11/100/16
而未始○非也 11/100/16
○以也夫 11/100/26
故賓○見人於密子者 11/100/26
子之〔所見〕賓猶○三過 11/101/1
○所員、○所隨者 11/101/7
則○不能為虛矣 11/101/9
各○所宜 11/101/20
因〔其〕所○而（並）〔遂〕用之〔也〕 11/102/8
今○湯、武之意 11/102/18
並世○與同者而弗知貴也 11/102/27
智伯○三晉而欲不贍 11/103/11
則（蒹）〔兼〕覆而并〔○〕之 11/103/14
未○可是非者也 11/103/15
天下○受其飢者 11/103/23
天下○受其寒者 11/103/23

於是乃○翡翠犀象、黼
　黻文章以亂其目 11/104/1
手足○所急也 11/104/19
身體○所痛也 11/104/20
夫民○餘即讓 11/104/20
所○餘也 11/104/21
財○餘也 11/104/23
子之知道亦○數乎 12/105/4
吾知道○數 12/105/4,12/105/11
亦○數乎 12/105/10
言○宗 12/105/25
事○君 12/105/25
〔夫〕治國（○）〔在〕
　禮 12/106/5
盜賊多○ 12/106/6
寡人所○〔者〕 12/106/8
十○九日而擒白公 12/106/17
夫國非其○也 12/106/18
而欲○之 12/106/18
襄子方將食而○憂色 12/107/6
今君○憂色 12/107/7
唯○道之主〔為〕能持
　勝 12/107/11
勇○（功）〔力〕也 12/107/16
臣○道於此 12/107/17,12/107/19
12/107/20,12/107/21
雖（巧）○力 12/107/18
使人雖○勇弗敢刺 12/107/19
雖○力不敢擊 12/107/20
未○愛利之心也 12/107/21
使天下丈夫女子莫不歡
　然皆（欲）〔○〕愛
　利之心 12/107/21
此其賢於勇○力也 12/107/22
誠○其志 12/107/24
北方○獸 12/108/7
蹶○患害 12/108/8
予所○者 12/108/11
○能贖之者 12/108/17
患其○小惡也 12/109/7
凡聽必○驗 12/109/8
域中○四大 12/109/9
○說則可 12/110/4
○說 12/110/4
臣○罪乎 12/110/22
子姓○可使求馬者乎 12/111/15
臣○所與（供）〔共〕
　儋（纏）〔纆〕采薪
　者九方堙 12/111/17
乃○貴乎馬者〔也〕 12/111/24
損其○餘而綏其不足 12/112/3
12/112/4
君○君人之言三 12/112/25
12/112/27
天必（○）三賞君 12/112/25
故○三賞 12/112/27
○客衣裼帶索而見曰 12/113/5
門下故○能呼者乎 12/113/6
無○ 12/113/6,16.1/154/4
不逆○伎能之士 12/113/8
○君若此 12/113/18
其中○精 12/113/19
其中○信 12/113/19
人○三怨 12/113/28
○道邪 12/114/5
臣○守也 12/114/5
盜亦○道乎 12/114/26
奚適其（無）〔○〕道
　也 12/114/26
楚○善為偷者往見曰 12/115/1
臣○薄技 12/115/5
卒○出薪者 12/115/6
猶○汰沃之氾 12/116/14
悖若○喪也 12/116/17
此言明之○所不見也 12/116/19
若○嚴刑在其側者 12/116/25
光耀問於無○曰 12/117/6
子果○乎 12/117/6
其果無○（子）〔乎〕 12/117/6
無○弗應也 12/117/6
予能○無矣 12/117/8
無○入于無間 12/117/9
吾是以知無為之○益也 12/117/10
臣○（夭）〔天〕幸 12/117/25
此皆○所遠通也 12/118/1
荊○佽非〔者〕 12/118/2
嘗〔見〕○如此而得活
　者乎 12/118/3
余○奚愛焉 12/118/6
而○不能成衡之事 12/118/12
夫言○宗 12/118/12
事○本 12/118/12
先王〔○〕以見大巧之
　不可〔為〕也 12/118/13
墨者○田鳩者 12/118/17
客○言之楚王者 12/118/17
物固○近之而遠 12/118/20
○命之父母不知孝（于）
　〔子〕 12/119/9
○道之君不知忠臣 12/119/10
故○豫讓之功 12/119/11
○忠臣 12/119/12
○器焉 12/119/14
古者○鍪而綣領以王天
　下者矣 13/120/3
故（也）〔地〕勢○无 13/120/12
則先王之法度○移易者
　矣 13/120/16
○虞氏用瓦棺 13/120/21
（音）〔言〕○本主於
　中 13/120/26
魯昭公○慈母而愛之 13/121/1
故○慈母之服 13/121/1
是故禮樂未始○常也 13/121/2
治國○常 13/121/3
政教○經 13/121/3
又○未作《詩》、《春
　秋》之時 13/121/10
○奉持於文王 13/121/15
天下豈○常法哉 13/121/26
唐、虞○制令而无刑罰 13/122/3
舜執（千）〔干〕戚而
　服○苗 13/122/11
必○獨聞之（耳）〔聽〕
13/122/17
雖愚○餘 13/122/26
使呂氏絕祀而陳氏○國
　者 13/123/8
舍人○折弓者 13/123/9
中○本主以定清濁 13/123/14
○術以御之也 13/123/18
各○曉心 13/123/22
故是非○處 13/123/22
（自）〔○〕以相使也 13/123/24
譬若斤斧椎鑿之各○所
　施也 13/123/25
○獄訟者搖軺 13/123/28
○立武者見疑 13/124/10
○時而用也 13/124/11
以○天下 13/124/16
○王道也 13/124/17

〇亡形也	13/124/18
德〇昌衰	13/124/19
〇亡形者	13/124/19
田單以即墨〇功	13/124/25
（〇）〔存〕在得道而不在於大也	13/124/26
則必〇繼之者也	13/125/4
以其〇道也	13/125/5
使我〇暴亂之行	13/125/9
《周書》〇言曰	13/125/12
雖〇直信	13/125/15
故事〇所至	13/125/17
何謂失禮而〇大功	13/125/17
則必不免於〇司之法矣	13/126/18
故事〇可行而不可言者	13/126/22
〇可言而不可行者	13/126/22
〇易為而難成者	13/126/22
〇難成而易敗者	13/126/22
周公〇殺弟之累	13/126/25
齊（植）〔桓〕〇爭國之名	13/126/25
故目中〇疵	13/126/27
喉中〇病	13/126/27
豈〇此霸功哉	13/127/6
故人〇厚德	13/127/9
而〇大譽	13/127/9
莫不〇所短	13/127/10
雖〇小過	13/127/11
雖〇閭里之行	13/127/11
〇五子焉	13/127/13
皆〇所短	13/127/14
未〇能全其行者也	13/127/19
言人莫不〇過	13/127/19
然堯〇不慈之名	13/127/22
舜〇卑父之謗	13/127/23
湯、武〇放弒之事	13/127/23
伍伯〇暴亂之謀	13/127/23
其美〇存焉者矣	13/128/1
符勢〇以內合	13/128/5
故未〇功而知其賢者	13/128/5
見其〇所燒也	13/128/17
見其〇所害也	13/128/18
罷圍而賞〇功者五人	13/128/24
群臣无不〇驕侮之心	13/128/25
令〇重罪者出犀甲一戟	13/129/6
〇輕罪者贖以金分	13/129/6
楚人〇乘船而遇大風者	13/129/25
齊人〇盜金者	13/129/27
其〇弗棄	13/130/3
非其〇弗索	13/130/3
唯〇道者能通其志	13/131/4
牛〔〇德於人者〕	13/131/10
牛馬〇功	13/131/10
北楚〇任俠者	13/131/15
縣〇賊	13/131/15
今〇難	13/131/17
宋人〇嫁子者	13/131/20
〇如出	13/131/20
〇（如）〔加〕轅軸其上以為造	13/131/24
〇似於此	13/131/28
	17.117/176/19
物固〇大不若小	13/131/30
〇鳥〇魚〇獸	14/132/10
皆形於〇	14/132/11
形於〇	14/132/15
〇形而制於物	14/132/15
若未〇形	14/132/15
動則〇章	14/132/21
行則〇迹	14/132/21
動〇章則（詞）〔訶〕	14/132/21
行〇迹則議	14/132/22
人莫不貴其所（〇）〔脩〕	14/132/26
所貴者〇形	14/132/26
故得道則愚者〇餘	14/133/14
〇游數	14/133/17
能〇天下者必不失其國	14/134/1
能〇其國者必不喪其家	14/134/1
未之〇也	14/134/4
四世而〇天下	14/134/13
〇司也	14/134/16
〔然而〕〇聖名者	14/134/17
未〇益也	14/134/18
〇虛船從一方來	14/134/20
雖〇忮心	14/134/20
〇一人在其中	14/134/20
〇以欲多而亡者	14/134/24
未〇以無欲而危者也	14/134/24
〇以欲治而亂者	14/134/25
未〇以守常而失者也	14/134/25
入者〇受而無取	14/134/26
出者〇授而無予	14/134/26
聖人守其所以〇	14/135/3
則所〇者亡矣	14/135/3
脩其所〔已〕〇	14/135/3
何尺地之〇〔乎〕	14/135/6
不常〇福	14/135/10
不常〇功	14/135/10
安〇人賊	14/135/14
為者〇不成	14/135/20
求者〇不得	14/135/20
人〇窮	14/135/20
〇智而無為	14/135/21
〇能而無事	14/135/22
〇智若無智	14/135/23
〇能若無能	14/135/23
不〇其名	14/135/24
故世〇聖名	14/135/27
以為〇心者之於平	14/136/7
以為〇欲者之於廉	14/136/8
雖〇賢聖之寶	14/136/18
善〇章則士爭名	14/136/24
利〇本則民爭功	14/136/24
雖〇賢者	14/136/24
民〇道所同道	14/137/5
〇法所同守	14/137/5
非所以〔〇〕為也	14/137/6
未〇能者也	14/137/14
數未之〇也	14/137/17
唯弗求者〔為〕能〇之	14/138/1
以〇公道而無私說	14/138/4
〇大地者	14/138/4
以〇常術而無鈐謀	14/138/4
未〇使人無智者	14/138/10
〇使人不能用其智於己者也	14/138/10
未〇使人無力者	14/138/10
〇使人不能施其力於己者也	14/138/11
故能〇聲	14/138/16
故能〇形	14/138/16
金石〇聲	14/138/16
管簫〇音	14/138/17
天〇明	14/138/22
地〇財	14/138/22
釋其所已〇	14/139/1
〇罪者釋	14/139/5
則〇功者廢	14/139/5
非性所〇於身	14/139/13
皆無〇根心者	14/139/15

〇智而無術 14/139/22
〇百技而無一道 14/139/23
日〇餘而治不足〔者〕 14/139/28
無為制〇為 14/140/6
〇（滑）〔禍〕則詘 14/140/12
〇福則（羸）〔盈〕 14/140/13
〇過則悔 14/140/13
〇功則矜 14/140/13
瓶甌〇堤 14/140/16
心〇憂者 14/140/23
性〇以樂也 14/140/24
死〇以哀也 14/140/24
故雖富〇天下 14/140/25
今〇美酒嘉肴以相〔賓〕饗 14/141/4
五音莫不〇聲 14/141/10
聖人之所備〇也 14/141/11
必〇不化而應化者 14/141/23
質〇（之）〔定〕也 14/141/25
〇道者 14/141/28
凡〇血氣之蟲 15/142/22
〇角者觸 15/142/22
〇齒者噬 15/142/22
〇毒者螫 15/142/23
〇蹏者趹 15/142/23
人〇衣食之情 15/142/23
莫寧其所〇 15/142/26
舜伐〇苗 15/142/28
啓攻〇扈 15/142/28
使夏桀、殷紂〇害於民而立被其患 15/143/4
皆〇小過而莫之討也 15/143/6
故聞敵國之君〇加虐於〔其〕民者 15/143/11
以廢不義而復〇德也 15/143/16
〇逆天之道 15/143/16
賞其〇功 15/143/19
夫〇誰與交兵接刃乎 15/143/21
凡物〇朕 15/144/5
若春秋〇代謝 15/144/6
若日月〇晝夜 15/144/6
莫不〇序 15/144/16
兵〇三詆 15/145/1
恒〇不原之智、不道之道 15/145/12
猶身之〇股肱手足也 15/145/17
使之若虎豹之〇爪牙 15/145/18
飛鳥之〇六翮 15/145/18
富〇天下 15/146/4
非〇（牢）〔堅〕甲利兵 15/146/8
智伯〇千里之地而亡者 15/146/22
（者）〔智〕伴、則〇數者禽無數 15/146/24
夫〇形埒者 15/147/1
〇篇籍者 15/147/1
則錙銖〇餘 15/147/19
〔而〇百萬〕之心 15/147/19
守〇必固 15/147/27
而攻〇必勝 15/147/27
兵〇三勢 15/148/1
〇二權 15/148/1
〇氣勢 15/148/1
〇地勢 15/148/1
〇因勢 15/148/1
無形而制〇形 15/148/14
彼若〇間 15/148/17
〇見所為 15/148/18
彼〇所積 15/148/19
必〇所虧 15/148/19
諸〇象者 15/148/21
諸〇形者 15/148/22
彼〇死形 15/149/2
物未〇不以動而制者也 15/149/4
非〇水火之勝也 15/149/12
〇一見焉 15/149/18
雖〇明目 15/149/24
雖〇薄縞之幨 15/150/4
人之〇所推也 15/150/6
故戰日〇期 15/151/10
〇功者能德之 15/151/18
將者必〇三隧、四義、五行、十守 15/151/24
未〇死者也 15/152/7
上下〇隙 15/153/1
夫氣之〇虛實也 15/153/9
凡國〇難 15/153/13
今國〇難 15/153/13
无〇二心 15/153/21
以無〇為體 16.1/154/3
無〇〇形乎 16.1/154/3
〔無〇〕、何得而聞也 16.1/154/4
吾直〇所遇之耳 16.1/154/4
今汝已〇形名矣 16.1/154/6
〇為則傷 16.6/154/21
不能〇也 16.6/154/22
不能〇為也 16.6/154/22
〇言者則傷 16.6/154/22
〇言則傷其神 16.6/154/23
物莫不因其所〇而用其所無 16.6/154/24
則〇為其所止矣 16.7/154/26
歌者〇詩 16.8/154/28
夫玉潤澤而〇光 16.19/155/29
渙乎其〇似也 16.19/155/29
人〇嫁其子而教之曰 16.21/156/9
日之脩短〇度也 16.22/156/12
〇所在而短 16.22/156/12
〇所在而脩也 16.22/156/13
故〇所善 16.28/156/31
則〇不善矣 16.28/156/31
物固〇近不若遠、（逮）〔遠〕不如近者 16.29/157/1
山〇猛獸 16.39/157/27
園〇螫蟲 16.39/157/27
〔故國〇賢臣、折衝千里〕 16.39/157/27
不求美則〔〇〕美矣 16.42/158/7
（求不）〔不求〕醜則〇醜矣 16.42/158/7
事〇一應 16.43/158/11
人〇多言者 16.44/158/13
人〇少言者 16.44/158/13
物固〇眾而不若少者 16.46/158/17
事固〇相待而成者 16.46/158/17
下〇（茯）〔伏〕苓 16.47/158/21
上〇兔絲 16.47/158/21
上〇叢蓍 16.47/158/21
下〇伏龜 16.47/158/21
此〇一概而未得主名也 16.48/158/25
上〇一善 16.51/159/5
下〇二譽 16.51/159/5
上〇三衰 16.51/159/5
下〇九殺 16.51/159/5
〇竊其鍾負而走者 16.55/159/14
鎗然〇聲 16.55/159/14
言〇漸也 16.57/159/21

（故國○賢君、折衝萬里） 16.59/159/26
○譬人之力儉者 16.76/161/4
○千金之璧而無錙錘之礛諸 16.81/161/18
故○形出於無形 16.85/161/30
未○天地能生天地者也 16.85/161/30
待其止而能○濡 16.86/162/1
待其止而能○穿 16.86/162/1
楚王○白蝯 16.89/162/11
○先中中者也 16.89/162/12
人○昆弟相分者 16.92/162/19
信○非、（禮而）〔而禮〕〔○〕失（禮） 16.100/163/11
○鳥將來 16.103/163/19
未○无其具而得其利 16.113/164/20
桀○得事 16.115/164/25
堯○遺道 16.115/164/25
嫫母○所美 16.115/164/25
西施○所醜 16.115/164/25
故亡國之法○可隨者 16.115/164/25
治國之俗○可非者 16.115/164/25
○相馬而失馬者 16.120/165/11
兩者皆未○功 16.121/165/13
郢人○買屋棟者 16.122/165/16
而○粹白之裘 16.125/165/26
物固○以（寇）〔剋〕適成不逮者 16.126/165/29
物固○似然而似不然者 16.129/166/4
物固○以不用而為○用者 16.137/166/26
物之尤必○所感 16.137/166/27
物固○以不用為大用者 16.137/166/27
物之先後各○所宜也 16.138/166/29
（邢）〔郢〕人○鬻其母 16.145/167/17
物固○不正而可以正 16.148/167/26
雖時○所合 17.1/168/11
未○天地而生天地 17.3/168/16
能○脩短也 17.10/169/2
則明〔○〕所蔽矣 17.17/169/19
聽○音之音者聾 17.18/169/21
故禍中○福也 17.31/170/17
冬○雷電 17.49/171/23
夏○霜雪 17.49/171/23
終日言必○聖之事 17.51/172/1
百發之中必○羿、逢蒙之巧 17.51/172/1
意○所在 17.59/172/19
人○盜而富者 17.68/173/6
○廉而貧者 17.68/173/6
若珠之○（[illegible]）〔纇〕 17.78/173/28
玉之○瑕 17.78/173/28
湯放其主而○榮名 17.81/174/3
十石而○塞 17.86/174/14
白璧○考 17.89/174/21
○時而隧 17.104/175/21
○時而弛 17.104/175/21
槁竹○火 17.112/176/7
土中○水 17.112/176/7
將○誰寶之者乎 17.113/176/9
○所劫以然也 17.115/176/14
今○六尺之（廣）〔席〕 17.118/176/21
○以（飯）〔噎〕死者而禁天下之食 17.120/176/26
○以車為敗者〔而〕禁天下之乘 17.120/176/26
虎○子 17.127/177/12
上○酒者 17.129/177/17
下必○肉 17.129/177/17
上○年者 17.129/177/17
下必○月 17.129/177/17
事○所宜 17.133/177/26
而○所不施 17.133/177/26
橘柚○鄉 17.134/177/28
雚葦○叢 17.134/177/28
○為則議 17.136/178/1
身凡○幾 17.137/178/4
○山無林 17.143/178/18
○谷無風 17.143/178/18
○石無金 17.143/178/18
君子○酒 17.146/178/25
少（自）〔○〕其質 17.156/179/14
○何為驚 17.160/179/24
水中○火 17.173/180/23
火中○水 17.173/180/23
○益不多 17.175/180/27
○然之者也 17.177/180/31
〔○迹也〕 17.199/182/16
難與○圖 17.202/182/23
○榮華者必○憔悴 17.209/183/7
○羅紈者必○麻蒯 17.209/183/7
鳥○沸波者 17.210/183/9
物固○重而害反為利者 17.211/183/11
必○波 17.213/183/15
必○差 17.213/183/15
必○詭 17.213/183/15
亦○規矩準繩焉 17.214/183/17
質○餘也 17.226/184/9
室○美容 17.236/185/1
希不○盜心 17.238/185/5
雖○扁鵲、俞跗之巧 18/186/3
天下○三危 18/186/15
身无大功而○厚祿 18/186/15
〔楚越〕之閒○〔○〕寢〔之〕丘者 18/186/20
（謂）〔請〕○寢之丘 18/186/22
夫孫叔敖之請○寢之丘 18/187/2
掘藏之家必○殃 18/187/6
得者○重賞 18/187/11
失者○重罪 18/187/11
宜矣其○此難也 18/187/14
使○司拘之 18/187/15
然而○論者之所辟也 18/188/1
○功者、（又）〔人〕臣之所務也 18/188/4
○罪者、人臣之所辟也 18/188/4
或○功而見疑 18/188/4
或○罪而益信 18/188/4
則○功者離恩義 18/188/5
○罪者不敢失仁心也 18/188/5
○功 18/188/10
此所謂○功而見疑者也 18/188/10
何謂○罪而益信 18/188/13
秦西巴○罪於君 18/188/15
此〔所〕謂○罪而益信者也 18/188/16
若車之○（輪）〔輔〕〔也〕 18/189/2

夫〇陰德者必〇陽報 18/189/12
〇（陰）〔隱〕行者必〇昭名 18/189/12
古（〇）〔者〕溝防不脩 18/189/12
〇陰德也 18/189/15
〇隱行也 18/189/16
宋人〔〇〕好善者 18/189/20
近塞上之人〇善術者 18/190/1
齊人〇請見者曰 18/190/14
臣聞（之〇）裂壤土以安社稷者 18/190/26
〇義行也 18/191/4
其言〇貴者也 18/191/9
或〇功而後賞 18/191/11
還歸賞〇功者 18/191/15
襄子〔罷圍〕乃賞〇功者 18/192/2
群臣無不〇驕侮之心者 18/192/4
雖〇戰勝存亡之功 18/192/5
或〇罪而可賞也 18/192/8
或〇功而可罪也 18/192/8
此〇罪而可賞者 18/192/15
〇司請賞之 18/192/16
雖〇三倍之入 18/192/19
此〇功可罪者 18/192/19
莊王已討〇罪 18/193/11
〔人〇〕牽牛〔而〕（蹊）〔徑〕〔於〕人之田〔中〕 18/193/13
罪則〇之 18/193/14
（無故〇顯名者勿處也） 18/193/23
魯人〇為父報讎於齊者 18/194/22
此〇節行之人 18/194/25
〇知徐之為疾、遲之為速者 18/195/1
愚者〇備 18/195/6
雖〇聖知 18/196/6
且塘〇萬穴 18/196/10
塞（〇十）〔其一〕 18/196/10
室〇百戶 18/196/10
劍之折必〇齧 18/196/11
雖〇勁弩、利矰微繳 18/196/20
驩然〇以自得也 18/197/2
凡〇道者 18/197/6
人亦〇言 18/197/8
天下〇三不祥〔而〕西益宅不與焉 18/198/1
偃王、〇道之君也 18/198/20
唯〇道者能行之 18/199/1
故聖人雖〇其志 18/199/10
則〇以（任）〔徑〕於世矣 18/199/13
猶〇童子之色 18/199/15
故內〇一定之操 18/199/19
喟然〇志焉 18/199/25
〇一蟲舉足將搏其輪 18/199/28
君胡為〇憂色 18/200/16
〇人无奈何 18/201/8
而常〇輕易人之志 18/201/15
民〇罪當刑 18/201/25
子發喟然〇悽愴之心 18/201/25
〇論者必不能廢 19/202/15
各〇家室 19/202/21
功立而名弗〇 19/203/16
故謂之〇為 19/203/17
人性各〇所脩短 19/204/13
且子〇弒父者 19/204/25
儒〇邪辟者 19/204/26
今以為學者之〇過而非學者 19/204/26
亦時〇南北者 19/205/8
胡人〇知利者 19/205/9
越人〇重遲者 19/205/10
不若眾人之〔所〕〇餘 19/205/22
各〇其自然之勢 19/206/3
虎豹〇茂草 19/206/5
野彘〇艽莦、槎櫛 19/206/5
皆〇神明之道 19/206/11
非能一人而獨兼〇之 19/206/11
雖〇離朱之明 19/206/17
君子〇能精搖摩監 19/206/22
（北）〔死〕〇遺業 19/207/2
生〇榮名 19/207/2
夫瘠地之（吳）〔民〕多〇心者 19/207/3
天下未之〇也 19/207/5
學〇緝熙于光明 19/207/5
19/209/28
以言人之〇所務也 19/208/2
孔子〇以聽其言也 19/208/11
楚人〇烹猴而召其鄰人 19/208/15
邯鄲師〇出新曲者 19/208/16
鄙人〇得玉璞者 19/208/17
故〇符於中 19/208/18
曉然意〇所通於物 19/209/3
若〇知音者 19/209/9
以為後之（〇）知音者也 19/209/9
彼獨〇聖知之實 19/209/10
我曾无〇閭里（氣）〔之〕聞、窮巷之知者何 19/209/10
〇嚴志頡頏之行者 19/209/16
焉得无〇睥（面）〔睨〕掩鼻之容哉 19/209/18
〇時而修 19/209/24
〇時而薄 19/209/25
夫事〇易成者名小 19/209/27
難未〇利 19/209/27
歲計〇餘 20/210/6
天之與人〇以相通也 20/210/21
萬物〇以相連 20/210/22
精祲〇以相蕩也 20/210/22
宋人〇以象為其君為楮葉者 20/210/27
則萬物之〇葉者寡矣 20/210/28
非〇〔為焉〕 20/211/10
今夫〔〇〕道者 20/211/18
（柎）〔拊〕循其所〇而滌蕩之 20/212/8
夫物〇以自然 20/212/11
而後人事〇治也 20/212/11
民〇好色之性 20/212/14
故〇大婚之禮 20/212/14
〇飲食之性 20/212/14
故〇大饗之誼 20/212/14
〇喜樂之性 20/212/14
故〇鍾鼓筦絃之音 20/212/14
〇悲哀之性 20/212/15
故〇衰絰哭踊之節 20/212/15
故男女〇別 20/212/16
故父子〇親 20/212/17
故長幼〇序 20/212/18
此皆人之所〇於性 20/212/19
〇其性 20/212/21
人之性〇仁義之資 20/212/23
以為雖〇法度 20/213/10
夫物未嘗〇張而不弛、成而不毀者也 20/213/12

酉 yǒu 18

羑 yǒu 2

莠 yǒu 2

牖 yǒu 12

又 yòu 86

○何亡魚失鳥之有乎 1/2/24
聖人○何事焉 1/3/21
○焉有不得容其間者乎 1/8/22
○焉知死之不樂也 2/11/7
○況未有類也 2/13/28
○況乎以無裹之者邪 2/15/3
○況所教乎 2/16/23
○況齊民乎 2/16/24
○況無道乎 2/17/11
○況編戶齊民乎 2/18/3
○樹一表於東方 3/31/10
○況夫（宮）〔官〕天墜 6/50/6
○何化之所能造乎 6/50/22
○況直蛇䱇之類乎 6/51/27
○況直燕雀之類乎 6/52/4
○安知夫絞經而求死者之非福也 7/56/15
吾○安知所喜憎利害其間者乎 7/56/20
○況無為者矣 7/59/3
○況不為牆乎 7/60/2
○況不為冰乎 7/60/2
入見先王之道○說之 7/60/17
○況於執法施令乎 9/69/14
而〔○〕況人乎 9/74/19
其所事者〔○〕多 9/80/27
○不知貍 10/83/15
○何以窮至治之本哉 11/98/22
○況身乎 11/102/27
○況親戚乎 11/104/18
○問於無為曰 12/105/3
太清○問於無始曰 12/105/9
○問於無為 12/105/10
○不能布施 12/106/15
（乂）〔○〕無以自為 12/106/18
而用之○弗盈也 12/107/13
○況一斤乎 12/108/12
○何馬之能知 12/111/21
明（○）〔夕〕復往取其枕 12/115/7
子發○使人歸之 12/115/7
明（日）（○）〔夕〕復往取其簪 12/115/7
子發○使歸之 12/115/8
○數絶諸侯之地 12/115/21
○何從至於此哉 12/117/9
（人）〔○〕以為從未足也 12/118/10
○有未作《詩》、《春秋》之時 13/121/10
○況（无）〔乎〕天地之怪物乎 13/130/13
○況人乎 13/131/11
17.179/181/4,19/204/18
○況託於舟航之上乎 14/133/17
○況君數易法 14/137/9
○況衰世乎 15/142/29
○況治人乎 15/143/10
不求美○不求醜 16.42/158/8
則○不能走矣 17.48/171/21
而○況一不信者乎 17.242/185/14
而司馬○若此 18/187/22
有功者、（○）〔人〕臣之所務也 18/188/4
○何況於人乎 18/188/16
○求地於韓康子 18/188/26
○求地於趙襄子 18/188/26
○拔之 18/189/5
〔其〕牛○復生白犢 18/189/21
其父○復使其子以問先生 18/189/21
今○復問之 18/189/22
其子○復問先生 18/189/23
其子○無故而盲 18/189/25
（以）〔○〕伐林而積之 18/192/18
○教智伯求地於韓、魏、趙 18/193/18
○劫韓、魏之君而割其地 18/194/1
齊、晉○輔之 18/194/10
○尚何求 18/194/10
○何去之 18/194/24
○利越之犀角、象齒、翡翠、珠璣 18/197/12
○以卒鑿渠而通糧道 18/197/14
○何疑焉 18/198/21
○欲流之於海 18/200/23
○況贏天下之憂 19/202/26
○且為不義 19/203/24
○況心意乎 19/206/20
○況出室坐堂 20/220/7
○況登太山 20/220/8
（○況）萬物在其間者乎 20/220/9
○況知應无方而不窮哉 20/220/23
○況生儀者乎 20/220/26
○恐人之離本就末也 21/223/23
後君之（今）〔令〕○下 21/228/21

右 yòu 58

無所左而無所○ 1/6/7
在於左則忘於○ 1/9/26
左○而使之 2/11/21
月從○行 3/23/2
○者昌 3/23/2
而可○也 3/23/3
○徙一歲而移 3/23/6
衡有左○ 3/26/20
（左前）〔○背〕刑 3/27/28
（○背）〔左前〕德 3/27/28
雌○行 3/29/1
○還東流 4/37/16
朝于青陽○个 5/40/12
饗左○ 5/41/8
朝于總章○个 5/44/17
朝于玄堂○个 5/46/23
○（秉）〔執〕白旄 6/50/2
左○若鞭 6/52/8
使之左〔手〕據天下圖而○手刎其喉 7/59/15
衡之於左○ 9/69/17
夫七尺之橈而制船之左○者 9/78/3
下者貴其○ 10/87/29
故上之於下曰○之 10/87/29
臣○還則失其所貴矣 10/87/30
左○欲塗之 11/100/24
左○曰 12/107/7
13/128/24,18/188/15
18/191/16,18/192/23
宋王謂左○曰 12/108/1
左江而○淮 12/110/23
左○諫曰 12/115/2
此非左○之所得與 12/115/3
謂之○則○ 13/123/15
○鬼非命 13/123/21

〇服失（馬） 13/129/2
觸（〇）〔石〕而出 13/131/7
左柔而〇剛 15/144/2
若左〇手 15/144/26
背鄉左〇之便 15/145/11
（壤）〔攘〕臂袒〇 15/146/8
左〇不相干 15/148/7
陷其〇陂 15/148/19
〇白虎 15/150/11
左牡而〇牝 15/150/11
斷〇臂而爭一毛 16.74/160/30
左〇數諫不聽 18/197/25
左擁而〇扇之 18/200/5
左昭而〇穆 18/201/4
過者莫不左〇睥睨而掩鼻 19/209/14
使人左據天下之圖而〇刎喉 20/218/26
〇流沙 20/219/14
〇執白旄以麾之 20/219/16
進退左〇无所擊危 21/225/30
梁丘據、子家噲導於左〇 21/228/14
勝者為〇 21/228/17

幼 yòu 12

養〇小 5/39/22
敖〇而好遊 12/116/8
成王〇少 13/121/16
百姓攜〇扶老而從之 14/134/13
長〇之序 18/189/14,20/213/5
蔡之〇女 19/205/23
百姓攜〇扶老 20/211/26
故長〇有序 20/212/18
（饗）〔鄉〕飲習射以明長〇 20/212/18
以立長〇之禮而成官 20/213/4
百姓父兄攜〇扶老而隨之 20/219/23

狖 yòu 5

猨〇顛蹶而失木枝 6/51/27
猨〇之（槤）〔捷〕來措 10/90/31
蝯〇之所樂也 11/94/23
夫猨〇得茂木 11/95/13
蝯〇之捷來乍 17.84/174/10

宥 yòu 1

謂之〇卮 12/119/14

囿 yòu 7

逐苑〇之走獸 1/8/27
水（魚）〔衡〕之〇也 3/21/6
不塞其〇垣 7/60/14
侈苑〇之大 8/65/7
陂池苑〇 9/74/7
大為苑〇 13/124/2
湯之初作〇也 20/213/17

柚 yòu 4

是故槐榆與橘〇合而為兄弟 2/13/1
橘〇有鄉 17.134/177/28
在於枰〇 17.152/179/6
夫（橘〇）〔亭歷〕冬生 19/205/7

貁 yòu 2

猨〇失木 9/76/22
蝯〇之捷來措 14/132/27

誘 yòu 18

而知〇於外 1/2/15
去其〇慕 1/6/29
怵然若有所〇慕 1/8/2
〇慕於（召）〔名〕位 1/10/4
聰明〇於外 2/15/14
勢利不能〇也 2/16/27
不〇於人 7/55/1
使耳目精明玄達而無〇慕 7/56/3
胡王好音而秦穆公以女樂〇之 9/77/8
〇然與日月爭光 10/88/26
而利不能〇也 11/104/23
无所〇或 13/129/14
知足者不可以勢利〇也 14/133/1
然勇者可〇也 15/149/18
勢利不能〇 15/152/21
芳其餌者、所以〇而利之也 16.113/164/18
知己者不可〇以物 17.37/170/30
不〇惑於事態 21/225/23

紆 yū 2

秦之陽〇 4/32/22
盤〇刻儼 8/65/2

于 yú 240

故植之而塞〇天地 1/1/4
橫之而彌〇四海 1/1/4
無為為之而合〇道 1/1/12
恬愉無（矝）〔矜〕而得〇和 1/1/13
有萬不同而便〇性 1/1/13
神託〇秋毫之（未）〔末〕 1/1/13
潤〇草木 1/1/15
浸〇金石 1/1/15
上游〇霄窕之野 1/2/6
下出〇無垠〔鄂〕之門 1/2/6
則入〇天門 1/4/3
精通〇靈府 1/4/10
遂潛〇淵 1/4/13
與民同出〇公 1/6/29
而在〇得道 1/7/17
樂亡〇富貴 1/7/17
而在〇德和 1/7/17
能至〇無樂者 1/7/26
強弩（〇）〔干〕高鳥 1/8/1
不浸〇肌膚 1/8/5
不浹〇骨髓 1/8/5
不留〇心志 1/8/5
不滯〇五藏 1/8/5
馳騁〇是非之境 1/8/10
而出入〇百事之門戶者也 1/8/10
志遺〇天下 1/8/15
隱〇榛薄之中 1/8/28
逍遙〇廣澤之中 1/9/1
而仿洋〇山（峽）〔岬〕之旁 1/9/1
內有以通〇天機 1/9/3

終身運枯形○連嶁列埒之門 1/10/1
而蹪蹈○污壑穽陷之中 1/10/2
冀以過人之智植（○高）〔高○〕世 1/10/4
相與優游競暢○宇宙之間 2/10/17
冰（故）〔水〕移易○前後 2/11/12
是故形傷○寒暑燥溼之虐者 2/11/13
神氣不蕩○外 2/11/18
食○地德 2/11/20
利害陳○前 2/12/1
休○天鈞而不偽 2/12/15
是故舉事而順○道者 2/12/25
不通之○天地之情也 2/13/6
金踊躍○鑪中 2/13/8
而不通○萬方之際也 2/13/17
通○无圻 2/13/25
芒然仿佯○塵埃之外 2/14/9
而消搖○無事之業 2/14/10, 7/57/12
為精求○外也 2/14/16
而游○精神之和 2/14/20
則動溶○至虛 2/14/22
而游○滅亡之野 2/14/22
是故凍者假兼衣○春 2/14/26
而暍者望冷風○秋 2/14/27
甘瞑○溷澖之域 2/15/6
而徙倚○汗漫之宇 2/15/6
下棲遲至○昆吾、夏后之世 2/15/14
定○死生之境 2/16/2
而通○榮辱之理 2/16/2
弊其玄光而求知之○耳目 2/16/13
聖人有所○達 2/16/20
夫以末求返○本 2/16/24
誠達○性命之情 2/16/24
身（蹈）〔陷〕○濁世之中 2/18/8
（道始○）〔太始生〕虛霩 3/18/18
上通○天 3/19/13
以至○仲春二月之夕 3/24/8
日出○（暘）〔湯〕谷 3/24/14
浴○咸池 3/24/14
拂○扶桑 3/24/14
登○扶桑 3/24/14
至○曲阿 3/24/15
至○曾泉 3/24/15
至○桑野 3/24/15
至○衡陽 3/24/16
至○昆吾 3/24/16
至○鳥次 3/24/16
至○悲谷 3/24/17
至○女紀 3/24/17
至○淵（虞）〔隅〕 3/24/17
至○連石 3/24/18
至○悲泉 3/24/18
至○虞淵 3/24/19
（至）〔淪〕○蒙谷 3/24/19
〔入〕（○）虞（淵）〔泉〕之（汜）〔池〕 3/24/20
太陰元始建○甲寅 3/26/26
至○西極 4/33/1
至○南極 4/33/2
（至○合黎） 4/33/12
（餘波入○流沙） 4/33/12
入○南海羽民之南 4/33/13
蔽○委羽之山 4/37/12
至○開母之北 4/37/16
至○東極 4/37/16
〔薄〕出鮮○ 4/37/21
而合○黃海 4/38/17
而合○青海 4/38/20
牡土之氣御○赤天 4/38/20
而合○赤海 4/38/22
弱土之氣御○白天 4/38/22
而合○白海 4/38/24
牝土之氣御○玄天 4/38/25
而合○玄海 4/38/27
朝○青陽左个 5/39/7
天子親率三公九卿大夫以迎歲○東郊 5/39/9
朝○青陽太廟 5/39/21
朝○青陽右个 5/40/12
乃言具○天子 5/40/13
戴鵀降○桑 5/40/19
游牝○牧 5/40/21
朝○明堂左个 5/41/4
朝○明堂太廟 5/41/20
朝○中宮 5/42/9
朝○總章左个 5/43/3
天子親率三公九卿大夫以迎（秋）〔歲〕○西郊 5/43/5
朝○總章大廟 5/43/20
朝○總章右个 5/44/17
皆正設○屏外 5/44/23
朝○玄堂左个 5/45/12
天子親率三公九卿大夫以迎歲○北郊 5/45/16
大禱祭○公社 5/45/21
朝○玄堂太廟 5/46/4
朝○玄堂右个 5/46/23
日窮○次 5/47/1
月窮○紀 5/47/1
星周○天 5/47/1
卿士大夫至○庶民 5/47/3
渡○孟津 6/50/1
精通○天 6/50/4
直偶○人形 6/50/6
唯通○太和而持自然之應者為能有之 6/51/10
宓穆休○太祖之下 6/53/7
夫（面）〔血〕氣能專○五藏 7/55/20
以順○天 7/57/7
性合○道也 7/57/10
以游○天地之樊 7/57/11
芒然仿佯○塵垢之外 7/57/11
心志專○內 7/57/14
通達耦○一 7/57/14
甘瞑〔○〕大宵之宅 7/57/23
而覺視○昭昭之宇 7/57/23
休息○無委曲之隅 7/57/24
而游敖○無形埒之野 7/57/24
此精神之所以能登假○道也 7/58/2
則是合而生時○心〔者〕也 7/58/4
故舉天下而傳之○舜 7/58/15
濟○江 7/58/16
脊管高○頂 7/58/20
生（尊）〔貴〕○天下也 7/59/16
知許由之貴○舜 7/60/1
非通○外內 7/60/3
玩天地○掌握之中 7/60/21
出外而調○義 8/61/7
發動而成○文 8/61/7

行快而便〇物 8/61/7
通體〇天地 8/61/9
同精〇陰陽 8/61/9
一和〇四時 8/61/9
明照〇日月 8/61/9
莫藏〇心 8/61/12
同氣〇天地 8/62/7
猶在〇混冥之中 8/62/8
今背其本而求〔之〕〇末 8/62/19
釋其要而索之〇詳 8/62/19
於是湯乃以革車三百乘伐桀〇南巢 8/63/19
殺之〇宣室 8/63/20
喜怒和〇四時 8/64/14
德澤施〇方外 8/64/14
名聲傳〇後世 8/64/14
祀〇明堂 9/67/18
（踰）〔喻〕〇千里 9/68/14
有貴〇言者也 9/68/23
有貴〇見者〔也〕 9/68/24
其漸至〇崔杼之亂 9/68/27
其積至〔〇〕昭奇之難 9/68/28
感〇和 9/69/4
感〇憂 9/69/4
志專在〇宮室臺榭 9/74/7
（榆）〔揄〕策〇廟堂之上 9/75/10
齊輯之〇轡銜之際 9/76/1
而急緩之〇脣吻之和 9/76/1
正度〇胸臆之中 9/76/1
而執節〇掌握之間 9/76/2
馬體調〇車 9/76/13
御心和〇馬 9/76/13
則奇材佻長而（〇）〔于〕次 9/76/19
則馬（死）〔服〕〇衡下 9/77/4
上告〇天 9/79/20
不忘〇欲利之也 9/79/22
而責〇其所不得制 9/82/7
同人〇野 10/82/22
惟入〇林中 10/82/30
故禹執（〇）〔干〕戚舞於兩階之間而三苗服 10/84/28
至〇兄弟 10/88/6
威立〇海內 11/97/12
祀文王〇明堂 11/102/20
董閼〇曰 12/106/22
賦〇心 12/110/6
魚不可脫〇淵 12/110/14
吾與汗漫期〇九垓之（外）〔上〕 12/116/15
〔其〕孰能至〇此乎 12/117/8
無有入〇無間 12/117/9
齊人淳〇髡以從說魏王 12/118/10
有命之父母不知孝（〇）〔子〕 12/119/9
湣王專用淖齒而死〇東廟 13/123/17
以為百姓請命〇皇天 13/124/5
天下雄儁豪英暴露〇野澤 13/124/6
言去殷而遷〇周也 13/124/27
而反備之〇人 13/125/4
號令行〇天下而莫之能非矣 13/126/3
勇聞〇天下 13/127/3
夫發〇鼎俎之閒 13/128/3
出〇屠酤之肆 13/128/3
解〇累紲之中 13/128/3
興〇牛頷之下 13/128/3
立之〇本朝之上 13/128/4
倚之〇三公之位 13/128/4
闇主亂〇姦臣小人之疑君子者 13/128/13
擒之（〇）〔干〕隧 15/153/9
淳〇髡之告失火者 16.25/156/21
是故不同〇和而可以成事者 16.41/158/4
侏儒問（徑）天高〇脩人 16.143/167/11
為請〇買者曰 16.145/167/17
入〇虞（淵）〔淵〕 17.21/169/28
人莫不奮〇其所不足 17.47/171/19
至〇庶人 19/203/9
殊體而合〇理 19/203/20
志不忘〇欲利人 19/203/20
段干木光〇德 19/204/2
寡人光〇勢 19/204/2
段干木富〇義 19/204/2
寡人富〇財 19/204/2
吾日悠悠慚〇影 19/204/3
日夜不忘〇欲利人 19/204/10
自人君公卿至〇庶人 19/207/4
學有緝熙〇光明 19/207/5
19/209/28
故為道者必託之〇神農、黃帝而後能入說 19/208/5
戎伐凡伯〇楚丘以歸 20/220/1

余 yú 7

燕之昭〇 4/32/23
〇（任）〔在〕 6/50/2
〇夙興夜寐 12/114/10
恐伐〇一人 12/114/11
〇有奚愛焉 12/118/6
伯〇之初作衣也 13/120/9
以為天下去殘（〇）〔除〕賊而成王道 21/227/22

玗 yú 1

有醫毋閭之珣（玗）〔〇〕琪焉 4/34/12

盂 yú 1

或以盆〇 19/204/8

臾 yú 10

不得須〇平 1/8/4
而不得須〇恬淡矣 2/14/18
曷得須〇平乎 2/17/23
不得須〇寧 10/83/20
無須〇之間定矣 11/101/13
日中不須〇 12/107/8
而乃始服屬〇之貌、恭儉之禮 13/126/16
〇兒、易牙 13/128/15
無須〇忘〔其〕為（質）〔賢〕者 14/138/18
須〇之間 17.21/169/28

竽 yú 11

吹〇笙 5/41/4
5/41/20,8/66/11,9/78/23

調○箎 5/41/21
○瑟以娛之 12/119/27
琴瑟鳴○弗能樂也 14/140/23
聲鍾○ 15/151/20
視籟與○ 16.6/154/24
為墨而朝吹○ 16.40/158/1
使（但）〔伹〕吹○ 17.61/172/23

俞 yú 2

雖有扁鵲、○跗之巧 18/186/3
此教訓之所（○）〔喻〕〔也〕 19/204/24

娛 yú 4

胡王淫女樂之○而亡上地 7/60/28
浮吹以○ 8/65/6
竽瑟以○之 12/119/27
日以自○ 19/206/26

雩 yú 3

大○帝 5/41/22
孫叔敖決期思之水而灌○婁之野 18/200/9
○兌而請雨 20/211/6

魚 yú 99

又何亡○失鳥之有乎 1/2/24
〔而〕不能見淵中之○ 1/3/10
○鱉湊淵 1/3/19
夫井○不可與語大 1/4/7
夢為○而沒於淵 2/11/5
夫○相忘於江湖 2/11/25
故河○不得明目 2/18/7
是以月（虛）〔虧〕而○腦減 3/19/5
○動而下 3/19/7
鯨○死而彗星出 3/19/10,6/50/15
水（○）〔衡〕之囿也 3/21/6
（大剛）〔則〕○不為 3/24/2
○鹽出焉 4/34/15
鳥○皆生於陰 4/35/13
故鳥○皆卵生 4/35/14
○游於水 4/35/14
硥○在其南 4/37/5
其半○ 4/37/13
建邪生庶○ 4/38/4
凡鱗者生於庶○ 4/38/4
○上負冰 5/39/5
獺祭○ 5/39/5
而詹何之鶩○於大淵之中 6/50/11
水雲○鱗 6/50/17
若觀儵○ 6/51/14
（○）〔負〕籠土 7/59/25
以食鱉○ 8/65/5
夫水濁則○噞 9/68/4
○得水而鶩 9/70/15
呑舟之○ 9/76/22
獺未祭○ 9/79/13
○不長尺不得取 9/79/14
○得水而游焉則樂 9/82/4
則○得而利之 9/82/4
○鱉沈 10/85/1
○沈而鳥揚 10/85/16
水濁者○噞 10/91/18
尋常之溝無呑舟之○ 10/92/24
夫水積則生相食之○ 11/93/26
言不致○於（水）〔木〕 11/95/4
○聞之而淵藏 11/103/10
棄其餘○ 11/103/11
湖上不鬻○ 11/104/21
爭○者濡 12/105/24
○不可脫于淵 12/110/14
而嗜○ 12/113/22
一國獻○ 12/113/22
夫子嗜○ 12/113/22
夫唯嗜○ 12/113/23
夫受○而免於相 12/113/23
雖嗜○ 12/113/23
不能自給○ 12/113/23
毋受○而不免於相 12/113/24
則能長自給○ 12/113/24
見夜（○）〔漁〕〔者〕 12/116/21
〔得○則〕釋之 12/116/22
凡子所為（○）〔漁〕者 12/116/22
（季）〔宓〕子不欲人〔之〕取小○也 12/116/23
所得者小○ 12/116/24
○鱉龍蛇莫（肯之）〔之肯〕歸也 12/118/22
有鳥有○有獸 14/132/10
俎之〔上〕、先生○ 14/141/19
夫畜池○者必去猵獺 15/143/10
（發）〔○〕笱門 15/148/3
○鱉不動 15/149/3
為○鱉者則可以罔罟取也 15/149/20
而釣深淵之○ 15/151/20
而淫○出聽 16.4/154/15
水廣者○大 16.31/157/7
故○不可以無餌釣也 16.34/157/14
池中○為之殫 16.50/159/1
上求○ 16.51/159/4
水濁而○噞 16.59/159/26
釣○者務在芳其餌 16.113/164/18
欲致○者先通水 16.113/164/19
水積而○聚 16.113/164/19
好○者先具罟與（罘）〔罛〕 16.113/164/20
為○德者 16.118/165/6
釣○者泛杭 17.45/171/15.
使水濁者○撓之 17.83/174/8
○食巴菽而死 17.109/176/1
得○一也 17.121/176/29
不可以得○ 17.176/180/29
○無耳而聽 17.177/180/31
臨河而羨○ 17.194/182/6
海大○ 18/190/15,18/190/17
乃不若「海大○」 18/190/21
使之（祖）〔袒〕而（補）〔捕〕○ 18/196/2
禍生於（祖）〔袒〕而捕○ 18/196/5
○何遽無由出 18/196/10
日入而不能得一儵○者 18/201/6
非江河○不食也 18/201/6
若○之躍 19/204/13
夫○者躍 19/204/14
夫純鈞、○腸（劍）之始下型 19/205/17
陰噎未集而○已噞矣 20/210/10
滎水不能生○鱉者 20/211/14

○者不為也　20/218/26
○者惑於小利　20/223/6

虞 yú　37

遇唐、○之時　2/17/28
至于淵（○）〔隅〕　3/24/17
至于○淵　3/24/19
〔入〕（于）○（淵）
　〔泉〕之（氾）〔池〕　3/24/20
乃禁野○　5/40/19
令野○　5/41/9
乃命水○漁師　5/45/22
野○教導之　5/46/11
○君利垂棘之璧而擒其身　7/60/27
唐、○不能以為治　9/76/5
○君好寶而晉獻以璧馬
　釣之　9/77/8
即鹿無○　10/82/30
唯唐、○能齊其美　10/84/8
○公見垂棘之璧　10/86/16
故唐、○之舉錯也　10/86/24
故唐、○日孳孳以致於
　王　10/88/18
故唐、○之法可效也　10/91/9
有○氏之（祀）〔禮〕　11/98/3
得騶○、雞斯之乘　12/114/14
有○氏用瓦棺　13/120/21
唐、○有制令而无刑罰　13/122/3
入于○（淵）〔淵〕
　17.21/169/28
晉以垂棘之璧得○、虢
　17.57/172/15
晉獻公欲假道於○以伐
　虢　18/189/1
遺○垂棘之（壁）〔璧〕
　與屈産之乘　18/189/1
○公或於（壁）〔璧〕
　與馬　18/189/2
夫○之與虢　18/189/2
○之與虢〔也〕　18/189/3
〔則〕虢朝亡而○夕從
　之矣　18/189/4
○公弗聽　18/189/4
還反伐○　18/189/5
而○氏以亡　18/201/12
○氏、梁之大富人也　18/201/13
○氏富樂之日久矣　18/201/15
〔其夜乃攻○氏〕　18/201/17
以戒不○　20/213/18
晉獻公欲伐○　20/216/25

逾 yú　10

亂乃○滋　1/3/2
亂乃○甚　1/3/5,9/68/4
火○然而消○亟　1/10/7
則人主○勞　9/77/3
人臣○逸　9/77/3
破乃○疾　13/131/28
然○屋之覆　17.27/170/9
○易忍也　17.212/183/13

漁 yú　19

而○者爭處湍瀨　1/4/19
乃命○人　5/42/10
乃命水虞○師　5/45/22
命○師始○　5/46/24
天子親往射○　5/46/24
○者不爭隈　6/52/19
竭澤而○　8/61/14
田○重稅　8/66/8
侵○其民　9/79/6
不涸澤而○　9/79/12
水處者○　11/95/7
見夜（魚）〔○〕〔者〕
　12/116/21
凡子所為（魚）〔○〕
　者　12/116/22
○者對曰　12/116/23
而不能自出○者之籠　16.9/155/4
○者走淵　17.88/174/18
見夜○者得小即釋之　20/212/1
田○皆讓長　20/212/2

窬 yú　3

則必有穿○拊（揵）
　〔楗〕、（抽箕）
　〔扣墓〕踰備之姦　11/94/2
乃為○木方板　13/120/12
○木而為舟　20/212/12

罛 yú　1

（○）〔罧〕者扣舟
　17.121/176/29

諛 yú　4

有好則○起　9/77/7
則道（如）〔○〕日至
　矣　14/135/27
距諫喜（諂）〔○〕　15/153/8
親近導○　18/186/26

餘 yú　56

有○不足　1/6/6,11/103/25
神盡而形有○　2/11/14
而歲計之有○　2/11/22
懊有○於身也　2/16/18
（清）〔清〕有○於適也　2/16/18
則必無○梓　2/17/21
日月復以正月入營室五
　度無○分　3/21/10
歲有○十日九百四十分
　日之八百二十七　3/23/14
有○日　3/29/23
先春分若秋分十○日　3/31/15
（○波入于流沙）　4/33/12
能者有○　6/51/1
軼鶤雞於姑○　6/52/11
其○無足利矣　7/59/6
適情不求○　7/59/17
○天下而不貪　7/60/20
適情辭○　7/60/29
畜藏有○　8/61/15
置○糧於晦首　8/63/10
稻粱饒○　8/65/6
衣食有○　8/66/6
則百人有○力矣　9/71/25
亦必无○命矣　9/72/15
而氣力有○　9/76/3
知饒饉有○不足之數　9/78/11
計三年耕而○一年之食　9/79/2
禮不隆而德有○　10/85/18
未耜○糧宿諸（晦）
　〔畮〕首　10/87/27
君子者、樂有○而名不

而徙倚于汗漫之○	2/15/6
○宙之內	2/17/1
虛霩生○宙	3/18/19
○宙生〔元〕氣	3/18/19
以為不能與之爭於○宙之間	6/52/1
而覺視于昭昭之○	7/57/23
故知○宙之大	7/59/28
處大廓之○	7/60/21
天地○宙	8/62/4
（句）〔包〕裹○宙而無表裏	10/82/15
四方上下謂之○	11/99/21
○宙也	11/100/20
日炤○宙	12/117/2
上棟下○	13/120/8
○中六合	15/144/17
況受光於○宙乎	16.82/161/21
託於○宙之間	19/205/26

羽 yǔ　57

○翼奮也	1/1/15
○者嫗伏	1/3/17
朝○民	1/4/21
目觀《掉○》、《武象》之樂	1/8/26
猶飛○浮芥也	2/16/4
毛○者	3/19/4
其音○	3/20/6, 5/45/10,5/46/2,5/46/20
南呂為○	3/25/23
商生○	3/26/7
○生角	3/26/7
夾鍾之○也	3/26/10
入于南海○民之南	4/33/13
曰委○	4/34/3
四足者無○翼	4/35/18
變商生○	4/36/22
變○生角	4/36/22
〔有〕結胸民、○民、讙頭國民、（裸）〔裸〕國民、三苗民、交股民、不死民、穿胸民、反舌民、豕喙民、鑿齒民、三頭民、脩臂民	4/36/27
蔽于委○之山	4/37/12
睢出○山	4/37/17
○嘉生飛龍	4/38/2
凡○者生於庶鳥	4/38/2
溼玄生○風	4/38/6
○風生煗介	4/38/6
鳴鳩奮其○	5/40/19
其蟲○	5/41/1,5/41/17
執干戚戈○	5/41/21
自崑崙絕流沙、沈○	5/47/27
權輕飛○	6/49/29
（○翼）〔濯○〕弱水	6/52/3
《掉○》、《武象》不知樂也	8/62/16
干鏚○旄	8/66/3
兵革○旄	8/66/4
乘於人資以為○翼也	9/77/5
是故積○沉舟	10/92/2
○蓋垂緌	11/94/2
奮○旄〔也〕	11/97/21
以徵笑○也	11/99/5
○者為雛鷇	13/130/14
故○翼美者傷骨骸	14/138/19
徵音非无○聲也	14/141/10
○音非无徵聲也	14/141/10
而以徵○定名者	14/141/10
上及毛○	15/144/15
若鳥之○	15/147/25
必先徵○樂風	16.112/164/15
懸○與炭	16.133/166/16
懸○與炭〔而〕知燥溼之氣	17.74/173/19
徵○之操	17.237/185/3
而○翮之（所）〔既〕成也	18/196/18
殛鯀於○山	19/202/20
夫以徵為○	19/208/14
不過宮、商、角、徵、○	21/227/8

雨 yǔ　100

雷聲○降	1/1/11
（令）〔令〕○師灑道	1/2/5
是故春風至則甘○降	1/3/17
上天則為○露	1/6/1
○露〔之〕所濡	2/12/27
遼巢彭澤而為○	2/13/14
燭十日而使風○	2/14/23
風○不毀折	2/17/26
和者為○	3/19/1
陽氣勝則散而為○露	3/19/2
令不收則多淫○	3/19/13
加十五日指寅則（○水）〔驚蟄〕	3/22/15
〔加〕十五日指甲則雷（驚蟄）〔○水〕	3/22/15
加十五日指乙則（清明風至）〔穀○〕	3/22/17
加十五日指辰則（穀○）〔清明風至〕	3/22/18
夏寒○霜	3/24/1
以將其○	3/24/7
其日有雲氣風○	3/29/12
小○行	3/31/2
能使風○	4/33/17
是○九州	4/33/25
必以風○	4/34/4
是○天下	4/34/9
以○九州而和中土	4/34/10
土龍致○	4/34/26
○露之所會也	4/36/11
則風○不時	5/39/13
飄風暴○總至	5/39/13
○霜大雹	5/39/14
始○水	5/39/19
時○將降	5/40/17
甘○至三旬	5/40/22
時○不降	5/40/24
淫○早降	5/40/25
則苦○數來	5/41/12
大○時行	5/42/16
則秋○不降	5/44/8
則（其）〔天〕時○水	5/46/15
甘○膏露以時降	5/49/23
風○暴至	6/49/27
雜（凍）〔涷〕○	6/51/25
風○不興	6/52/1
風○時節	6/52/21, 13/120/4,15/153/28
旬月不○則涸而枯澤	6/54/19
天有風○寒暑	7/55/12
腎為○	7/55/13
血氣者、風○也	7/55/14

風○非其時 7/55/15
風○不降其虐 8/61/10
風○之變 8/62/23,13/126/6
昔者蒼頡作書而天○粟 8/62/27
日月星辰雷電風○也 8/64/23
甘○時降 9/67/17
風○不能襲 9/67/19
千里之○至 9/69/11
是猶不待○而求熟稼 9/73/24
陰諧知○ 10/91/5
其於以致○ 11/94/29
見○則裘不用 11/95/2
天下大（○）〔水〕 11/99/2
譬猶逃○也 11/101/8
林不及○ 12/106/12
○不及陰陽 12/106/12
飄風暴○ 12/107/8
以蔽風○ 13/120/8
不崇朝而〔徧〕○天下
者 13/131/8
霜雪○露 14/134/15
苦旱而望○ 15/143/20
解如風○ 15/146/2,19/207/26
風○擊於中 15/146/15
疾如風○ 15/147/9,15/152/15
風○可障蔽 15/148/22
發如風○ 15/149/7
矢石若○ 15/151/3
疾風暴○ 15/152/13
人莫鑑於（沫○）〔流
潦〕 16.3/154/12
○之集無能霑 16.86/162/1
若為土龍以求○ 16.87/162/4
失火而遇○ 17.31/170/17
遇○則幸也 17.31/170/17
溼易○也 17.44/171/13
風○奉之 17.102/175/17
山致其高而雲〔○〕起
焉 18/189/10
禹沐（浴）霪○ 19/202/21
陰以防○ 19/206/5
○露以濡之 20/210/3
其且○也 20/210/10
若春○之灌萬物也 20/210/15
○露所濡 20/210/23
雩兌而請○ 20/211/6
○露時降 20/211/10
故丘阜不能生雲○ 20/211/14
烈風雷○而不迷 20/213/9
見○零 20/220/6
與雷霆風○ 21/224/28

禹 yǔ 45

○知天下之叛也 1/3/2
是故○之決瀆也 1/3/12
故○之（裸）〔裸〕國 1/3/26
○之趨時也 1/5/20
（○）〔離〕以為朝、
晝、昏、夜 3/24/21
○乃使太章步自東極 4/33/1
○乃以息土填洪水以為
名山 4/33/3
入○所導積石山 4/33/11
○南省方 7/58/16
○乃熙笑而稱曰 7/58/17
○之視物亦細矣 7/58/18
觀○之志 7/58/22
舜乃使○疏三江五湖 8/63/16
○決江疏河 9/72/1
堯、舜、（○）、湯、武 9/80/12
○無廢功 10/83/10
故○執（于）〔干〕戚
舞於兩階之閒而三苗
服 10/84/28
舜、○不再受命 10/88/5
○為司空 11/95/6
○葬會稽之山 11/97/24
○之時 11/99/2
○令民聚土積薪 11/99/2
○（遭）〔有〕鴻水之患 11/99/3
○《大夏》 13/120/23
○無十人之眾 13/124/16
○勞〔力〕天下 13/131/11
○也 14/134/17
故○決江河 14/138/8
堯、舜、○、湯 17.234/184/27
○鑿龍門 18/189/13,20/212/8
若夫神農、堯、舜、○
、湯 19/202/15
○沐（浴）霪雨 19/202/21
是故○（之）為水 19/202/28
○胼胝 19/203/9
則鯀、○之功不立 19/203/13
○耳參漏 19/205/11
（○）〔啓〕生於石 19/205/13
○、湯之智不能逮 19/205/24
堯之舉○、契、后稷、
皋陶 20/213/18
○以夏王 20/216/19
○飲而甘之 20/222/7
○身執虆臿 21/228/5

圄 yǔ 9

騎蜚廉而從敦○ 2/14/22
省囹○ 5/39/22
繕（囚）〔囹〕○ 5/43/7
築囹○ 5/46/14
囹○空虛 9/67/22
囹○實 13/128/28
今人〔之〕所以犯囹○
之罪 13/129/16
出其囹○ 15/143/19
拘囹○者以日為脩 16.22/156/12

圉 yǔ 9

巳在丁曰強○ 3/29/28
厮徒馬○ 6/53/23
瘖者可使守○ 9/72/7
以（圍）〔○〕強敵 14/137/15
莫能應○ 15/147/10
莫之應○ 15/149/8
乃使馬○往說之 18/198/11
（斯）〔厮〕徒馬○ 18/199/16
及至○人擾之 19/204/16

庾 yǔ 1

司馬○諫曰 19/204/4

傴 yǔ 4

木氣多○ 4/34/21
子求行年五十有四而病
○僂 7/58/20
○者使之塗 11/101/19
鮑申○背 16.142/167/9

與 yǔ 490

神○化游 1/1/10
○萬物終始 1/1/11
而大○宇宙之總 1/1/14
○剛柔卷舒兮 1/1/24
○陰陽俛仰兮 1/1/24
不能○之爭先 1/2/3
○造化者俱 1/2/4
夫鏡水之○形接也 1/2/13
知○物接 1/2/15
外○物化 1/2/16
故莫（敢）〔能〕○之爭 1/2/18
猶不能○網罟爭得也 1/2/22
猶不能○羅者競多 1/2/23
未始有○雜糅者也 1/4/5
所以俛仰於世人而○俗交者〔也〕 1/4/6
○道游者也 1/4/7
○俗交者也 1/4/7
夫井魚不可○語大 1/4/7
夏蟲不可○語寒 1/4/8
曲士不可○語至道 1/4/8
○造化者為人 1/4/10,2/17/1
○高辛爭為帝 1/4/13
○萬物回周旋轉 1/5/1
猶錞之○刃 1/5/13
時不○人游 1/5/19
莫能○之爭 1/5/22
○天地取○ 1/6/6
○天地鴻洞 1/6/7
○萬物（始終）〔終始〕 1/6/7
○民同出于公 1/6/29
不○物（散）〔殽〕 1/7/7
7/57/2
如響之○景 1/7/13
○之轉化 1/7/15
○陰俱閉 1/7/22
○陽俱開 1/7/22
遺物而○道同出 1/7/24
天下之○我 1/8/18
吾○天下相得 1/8/22
則○道為一矣 1/8/25
○形俱出其宗 1/9/7
○化翱翔 1/9/11
雖生俱○人鈞 1/10/2
而○道沉浮俛仰 1/10/9
相○優游競暢于宇宙之間 2/10/17
欲○物接而未成兆朕 2/10/17
儲○扈（治）〔冶〕 2/10/23
志○心變 2/11/8
神○形化 2/11/8
能游冥冥者○日月同光 2/12/3
不○物相弊摋 2/12/6
是故○至人居 2/12/20
○時變化 2/12/22
是故槐榆○橘柚合而為兄弟 2/13/1
有苗○三危通〔而〕為一家 2/13/1
其○道相去亦遠矣 2/13/9
沉溺萬物而不○為淫焉 2/13/14
夫○蚑蟯同乘天機 2/13/27
是故○其有天下也 2/16/1
○其有說也 2/16/1
外內无符而欲○物接 2/16/13
所以○物接也 2/17/13
有況○一國同伐之哉 2/17/21
然莫能○之同光者 2/17/28
勇力聖知○罷怯不肖者同命 2/18/6
膏夏紫芝○蕭艾俱死 2/18/7
則○豚同 2/18/9
昔者共工○顓頊爭為帝 3/18/25
○（熒惑）〔營室〕晨出東方 3/20/16
聖人不○也 3/24/12
三○五如八 3/25/24
以（十一）〔正〕月○之晨出東方 3/27/5
以（十）二月○之晨出東方 3/27/6
以（正）〔三〕月○之晨出東方 3/27/7
以（二）〔四〕月○之晨出東方 3/27/8
以（三）〔五〕月○之晨出東方 3/27/10
以（四）〔六〕月○之晨出東方 3/27/11
以（五）〔七〕月○之晨出東方 3/27/12
以（六）〔八〕月○之晨出東方 3/27/13
以（七）〔九〕月○之晨出東方 3/27/14
以（八）〔十〕月○之晨出東方、奎、婁為對 3/27/15
以（九）〔十一〕月○之晨出東方 3/27/16
以十〔二〕月○之晨出東方 3/27/18
○日相當 3/27/30
不可○敵 3/29/15
○西方之表 3/31/11
相應則此○日直也 3/31/16
日夏至始出○北表參 3/31/22
則是東○東北表等也 3/31/22
若使景○表等 3/32/3
則高○遠等也 3/32/3
○月盛衰 4/34/27
食麥○羊 5/39/6
5/39/20,5/40/11
食菽○雞 5/41/3,5/41/19
食稷○牛 5/42/9
食麻○犬 5/43/1
5/43/19,5/44/16
為來歲受朔日○諸侯所稅於民輕重之法 5/44/21
食黍○彘 5/45/11,5/46/3
食（麥）〔黍〕○彘 5/46/22
天子乃○公卿大夫飾國典 5/47/1
孟春○孟秋為合 5/48/13
仲春○仲秋為合 5/48/13
季春○季秋為合 5/48/13
孟夏○孟冬為合 5/48/13
仲夏○仲冬為合 5/48/13
季夏○季冬為合 5/48/14
○天合德 5/48/30
○神合明 5/48/30
魯陽公○韓構難 6/50/3
夫道之○德 6/51/14
若韋之○革 6/51/14
以為不能○之爭於江海之中 6/51/24
以為不能○之爭於宇宙之間 6/52/1
譬猶本○末也 7/55/5
人亦有取○喜怒 7/55/13
以○天地相參也 7/55/14

不識天下之以我備其物○ 7/56/12
物之○物也 7/56/13
○其未離於地也無以異 7/56/22
○其為盆盎亦無以異矣 7/56/23
靜則○陰（俱閉）〔合德〕 7/57/1
動則○陽（俱開）〔同波〕 7/57/1
○道為際 7/57/7
○德為鄰 7/57/7
亦不○之抮抱矣 7/57/13
而不○物（糅）〔殽〕 7/57/13
容○ 7/57/17
日夜無傷而○物為春 7/58/4
○夫地俱生也 7/58/7
鳳皇不能○之儷 7/58/28
晏子○崔杼盟 7/59/1,12/118/1
而以○佗人（也） 7/59/6
○守其篅笓、有其井 7/59/20
而○化為一體 7/59/23
死之（輿）〔○〕生 7/59/23
以○世交 7/60/6
○造化者相雌雄 8/61/10
陰陽儲○ 8/62/3
○一世而優游 8/62/7
未可○言至也 8/62/20
心○神處 8/63/1
形○性調 8/63/1
相○危坐而說之 8/64/1
生之○殺也 8/64/10
（賓）〔賞〕之○罰也 8/64/10
予之○奪也 8/64/10
德○天地參 8/64/14
明○日月並 8/64/15
精○鬼神總 8/64/15
則○道淪 8/64/24
尚○人化 9/67/14
而○之和同 9/67/20
禽獸昆蟲○之陶化 9/69/14
故為治者〔智〕不○焉 9/69/20
而不能○越人乘（幹）〔輪〕舟而浮於江湖 9/70/1
而不能○胡人騎騵〔馬〕而服騊駼 9/70/1
而不能○山居者入榛薄、〔出〕險阻也 9/70/2
朝有賞者而君無○焉 9/70/27
○其譽堯而毀桀也 9/71/3
則天○之時 9/71/4
則非之以○ 9/73/6
夫臣主之相○也 9/73/13
智伯○趙襄子戰於晉陽之下 9/73/16
是故臣盡力死節以○君 9/73/22
計君垂爵以○臣市 9/73/23
有法（者）而不（○）用 9/75/28
〔○〕無法等 9/75/28
君人者釋所守而○臣下爭〔事〕 9/76/22
則無以○（天）下交也 9/76/28
○馬競走 9/77/3
故言白黑○人同 9/81/23
其別白黑○人異 9/81/23
有愚質者不可○利器 9/82/2
治國上使不得○焉 9/82/6
○元同氣 10/82/20,20/215/25
人以其所願於上以○其下交 10/83/3
而求○己同者 10/83/14
情○令殊也 10/84/25
我其性○ 10/85/8
名不○利期而利歸之 10/85/22
騏驥不能○之爭遠 10/85/24
○瞽師併 10/85/24
情不相○往來也 10/86/12
無所○調 10/87/4
誘然○日月爭光 10/88/26
君不○臣爭功 10/89/4
以人○國 10/89/20
以國○人 10/89/20
而樂○賢 10/89/21
吾無以○女 10/90/6
猶未之莫○ 10/90/6
可○言至矣 10/91/3
可○曲說 10/91/6
未可○廣應也 10/91/6
繩之外○繩之內 10/91/13
○其由人 10/92/17
不可○言化 10/92/20
不可○言大 10/92/20
是○俗儷走 10/93/2
難○言化 11/94/7
今之裘○蓑 11/95/2
正○之正 11/96/8
傾○之傾 11/96/8
若○朋友處 11/97/1
言○行相悖 11/97/24
情○貌相反 11/97/25
此未可○言術也 11/98/24
○化推移者也 11/99/10
夫能○化推移（為人）者 11/99/11
上○神明為友 11/99/16
下○造化為人 11/99/16
不可○語大 11/99/21
不可○論至 11/99/22
而莫○物為際者 11/100/9
所謂是○〔所謂〕非各異 11/100/15
若轉化而○世競走 11/101/8
而○轂致千里 11/101/11
是故農○農言力 11/101/17
士○士言行 11/101/17
工○工言巧 11/101/17
商○商言數 11/101/17
而不可○眾同職也 11/101/26
不可（以）〔○〕眾同道也 11/101/26
故國治可○愚守也 11/102/6
而軍制可○權用也 11/102/7
並世有○同者而弗知貴也 11/102/27
車（○）〔輿〕極於雕琢 11/103/20
法○義相非 11/104/3
行○利相反 11/104/4
猶人君○僕虜 11/104/8
莫弗○者 11/104/21
則無為〔之〕知○無窮之弗知 12/105/13
人（可以）〔可○〕微言〔乎〕 12/105/20
然則人固不可○微言乎 12/105/22
知伯○襄子飲而批襄子之首 12/106/23
無心可○謀 12/107/3
故人○驥逐走則不勝驥 12/108/6
常為蛩蛩駏驉取甘草以○之 12/108/7
○人之兄居而殺其弟 12/109/13
○人之父處而殺其（予）

推○不推 16.124/165/23
懸羽○炭 16.133/166/16
○神明通 17.18/169/21
蛩○驉 17.30/170/15
猶葵之○日也 17.39/171/3
雖不能○終始哉 17.39/171/3
然而世不○也 17.51/172/1
舌之○齒 17.55/172/10
錞之○刃 17.55/172/10
繩之○矢 17.55/172/10
今鱓之○蛇 17.56/172/13
蠶之○蠋 17.56/172/13
○死者同病 17.62/172/26
○亡國同道 17.62/172/26
難○為謀 17.62/172/26
懸羽○炭〔而〕知燥溼
　之氣 17.74/173/19
○為一也 17.116/176/16
頭蝨○空木之瑟 17.125/177/7
若脣之○齒 17.151/179/4
扶之○提 17.157/179/16
謝之○讓 17.157/179/16
（故）〔得〕之○（先）
　〔失〕 17.157/179/16
諾之○已也 17.157/179/16
（之○矣） 17.157/179/16
文王○諸侯（備）〔構〕
　之 17.179/181/3
欲○我交 17.187/181/20
欲○我市 17.187/181/20
難○有圖 17.202/182/23
禍○福同門 18/186/6
利○害為鄰 18/186/6
其王者之事○ 18/187/8
我非故○子（反）〔友〕
　也 18/187/14
楚恭王○晉人戰於鄢陵 18/187/19
不穀无○復戰矣 18/187/23
而遺之鼎羹○其首 18/188/8
事或奪之而反○之 18/188/22
或○之而反取之 18/188/22
宣子弗欲○之 18/188/22
求地而弗○ 18/188/23
不若○之 18/188/23
○之 18/188/24
○天下同心而圖之 18/188/25
襄子弗○ 18/188/26

何謂○之而反取之 18/189/1
遺虞垂棘之（壁）〔璧〕
　○屈產之乘 18/189/1
虞公或於（壁）〔璧〕
　○馬 18/189/2
而欲○之道 18/189/2
夫虞之○虢 18/189/2
虞之○虢〔也〕 18/189/3
此所謂○之而反取〔之〕
　者也 18/189/5
昔晉文公將○楚〔人〕
　戰〔於〕城濮 18/191/11
○楚人戰 18/191/15
二君乃○張孟談陰謀 18/191/27
○之期 18/191/27
○民約信 18/192/14
鄭之賈人弦高、蹇他相
　○謀曰 18/192/29
三率相○謀曰 18/193/2
趙氏不○ 18/193/19
○之勿喜也 18/193/27
而荊之所以不能○之爭
　者 18/194/6
陳駢子○其屬出亡 18/194/13
○知者同功 18/195/6
魯季氏○郈氏鬭雞 18/195/18
仲孫氏、叔孫氏相○謀
　曰 18/195/22
則未可○言術也 18/196/2
以○越人戰 18/197/15
○禽獸處 18/197/15
天下有三不祥〔而〕西
　益宅不○焉 18/198/1
可○及言論矣 18/198/6
解馬而○之 18/198/12
大之○小 18/198/21
強之○弱也 18/198/21
則无以○俗交 18/199/13
則无以○道遊 18/199/14
皆○伉禮 18/199/16
○物推移 18/199/20,19/206/22
眾○人處則譁 18/201/1
少○人處則悲 18/201/1
鉛之○丹 18/201/8
游俠相○言曰 18/201/15
請○公僇力一志 18/201/16
○所見於外者 18/202/5

夫行○止也 19/204/6
其○人無以異 19/206/2
吳○楚戰 19/207/13
相○危坐而稱之 19/208/6
三代○我同行 19/209/10
五伯○我齊智 19/209/10
天之○人有以相通也 20/210/21
○天地合德 20/211/2
〔○〕日月合明 20/211/2
○鬼神合靈 20/211/3
○四時合信 20/211/3
必自精氣所以○之施道 20/212/4
各推其○ 20/213/20
而可○興治之臣不萬一 20/216/9
通之○不通也 20/216/14
○同出一道 20/216/15
得賢之○失〔賢也〕 20/216/28
不肖主舉其所○同 20/217/25
此舉所○同 20/217/27
察其黨○ 20/217/27
得民之○失民也 20/219/27
衣○食也 20/220/5
故不學之○學也 20/221/2
君子○小人之性非異也 20/221/8
知其可○至於霸也 20/222/23
則無以○世浮沉 21/223/24
則無以○化游息 21/223/24
而○之終身 21/224/4
○雷霆風雨 21/224/28
比類其喜怒（○）〔於〕
　晝宵寒暑 21/224/28
而○化推移者也 21/225/24
○塞而无為也（同） 21/226/12
以○天和相嬰薄 21/226/17
外○物接而不眩 21/226/23
恃連○（國） 21/228/17
以儲○扈冶 21/228/29
而不○世推移也 21/228/30

語 yǔ 19

夫井魚不可與○大 1/4/7
夏蟲不可與○寒 1/4/8
曲士不可與○至道 1/4/8
而不可使（言）〔通○〕
　也 9/72/7
庶人傳○ 9/80/9

不可與〇大 11/99/21
談〇而不稱師 11/101/1,11/101/2
臣（誠）〔試〕以臣之
斲輪〇之 12/110/4
盧敖與之〇曰 12/116/7
乃〇窮觀 12/116/15
〇寡人以憂者擊磬 13/123/28
〇其子曰 13/131/16
故使（盲）〔瘖〕者〇
16.144/167/14
稱譽（葉）〔華〕〇 19/207/12
見世莫可為〇者也 19/208/9
（其）《國〇》曰 20/221/16
而〇不剖判純樸 21/223/22
各有為〇 21/227/2

貐 yǔ 2

猰〇、（鑿齒）、九嬰
、大風、封豨、〔鑿
齒〕、修蛇 8/63/11
上射十日而下殺猰〇 8/63/13

玉 yù 77

執〇帛者萬國 1/3/4
故蘧伯〇年五十而有四
十九年非 1/5/11
是故目觀〇輅琬象之狀 2/12/8
譬若鍾山之〇 2/12/10
（澤）〔辭〕潤〇石 2/17/5
耳調〇石之聲〔者〕 2/17/16
珠〇潤澤 2/17/26
珠樹、〇樹、琁樹、不
死樹在其西 4/33/5
旁有九井〇橫 4/33/7
有雷山之珠〇焉 4/34/13
方折者有〇 4/34/19
龍淵有〇英 4/34/19
是故白水宜〇 4/35/22
有〇樹在赤水之上 4/37/6
爰有遺〇、青馬、視肉 4/37/6
程若生玄〇 4/38/10
玄〇生醴泉 4/38/10
服蒼〇 5/39/5,5/39/20,5/40/11
服赤〇 5/41/3,5/41/19
服黃〇 5/42/8
服白〇 5/43/1,5/43/19,5/44/15
服玄〇 5/45/11,5/46/3,5/46/22
是故視珍寶珠〇猶（石
礫）〔礫石〕也 7/57/19
子罕不以〇為富 7/59/4
子罕不利寶〇 7/59/9
鏤金〇 8/61/13
〔桀〕為琁室、瑤臺、
象廊、〇床 8/63/17
蘧伯〇為相 9/68/21,9/68/22
夫人之所以莫（抓）
〔振〕〇石而（抓）
〔振〕瓜瓠者 9/72/21
无得於〇石 9/72/21
寶玩珠〇 9/74/1
被褐懷（王）〔〇〕者 10/86/9
有至富而非金〇也 10/93/12
珠〇尊則天下爭矣 11/93/21
夫〇璞不厭厚 11/95/1
事之以皮帛珠〇而弗受 12/109/12
玄〇百工 12/114/14
乃為〇門 12/114/16
若〇之與石 13/128/11
〇工眩（王）〔〇〕之
似碧盧者 13/128/13
山生金〇 13/130/15
事之以皮幣珠〇而不聽 14/134/12
事以〇帛 14/136/27
崑山之〇瑱而塵垢弗能
污也 14/137/29
非利土壤之廣而貪金〇
之略 15/142/21
故〇在山而草木潤 16.4/154/16
夫〇潤澤而有光 16.19/155/29
馬氂截〇 16.80/161/15
〇待礛諸而成器 16.81/161/18
琬琰之〇 16.116/164/28
蘧伯〇以德化 16.123/165/19
馬（氂）〔氂〕截〇
16.130/166/8
以〇（跓）〔鉒〕者發
17.16/169/16
〇之有瑕 17.78/173/28
予（拯）溺者金〇 17.128/177/14
〇英白 17.164/180/4
處之如〇石 17.204/182/27
白〇不雕 17.226/184/9
〇堅無敵 19/206/18
鄙人有得〇璞者 19/208/17
此未始知〇者也 19/208/18
〇石之相類者 19/209/1
佩〇環 19/209/15
（瑤碧〇珠） 20/210/24
〔瑤碧〇珠〕 20/210/24
贈以昭華之〇 20/213/10
賂以寶〇駿馬 20/216/26
璩伯〇以其仁寧衛 20/217/1

聿 yù 1

〇懷多福 9/80/16

育 yù 14

呴諭覆〇 1/1/15
生〇萬物 1/3/17
毛者孕〇 1/3/17
化〇玄燿 1/8/18
稺稼不得〇時 2/18/7
養長化〇 5/49/12
雖天地覆〇 7/57/13
而成〇群生 8/62/4
化〇如神 9/71/17,10/85/8
教民養〇六畜 9/79/9
孕〇不得殺 9/79/14
化〇萬物而不可為象 12/117/3
天化〇而無形象 15/144/4

禺 yù 1

一軍處番〇之都 18/197/13

昱 yù 1

焜〇錯眩 8/65/10

浴 yù 8

〇于咸池 3/24/14
鳧〇蝯躩 7/58/3
故死於（洛）〔〇〕室 12/105/25
譬猶沐〇而抒溷 16.72/160/25
不求沐〇 16.99/163/8
先倮而〇則可 16.138/166/29

以○而倮則不可 16.138/166/29
禹沐（○）霪兩 19/202/21

御 yù 79

昔者馮夷、大丙之○也 1/1/26
末世之○ 1/2/2
陰陽為○ 1/2/4,1/2/9
非致遠之（術）〔○〕也 1/3/9
各因所處以○寒暑 1/3/21
而莫之要○夭遏者 2/13/25
正土之氣（也）○乎埃天 4/38/14
偏土之氣○乎（清）〔青〕天 4/38/17
牡土之氣○于赤天 4/38/20
弱土之氣○于白天 4/38/22
牝土之氣○于玄天 4/38/25
東宮○女青色 5/39/6
5/39/21,5/40/12
南宮○女赤色 5/41/4,5/41/20
中宮○女黃色 5/42/9
西宮○女白色 5/43/2
5/43/20,5/44/16
以○秋氣 5/44/1
北宮○女黑色 5/45/12
5/46/4,5/46/23
（律）〔肄〕射○ 5/45/22
王良、造父之○也 6/52/7
若夫鉗且、大丙之○〔也〕 6/52/9
此以弗○○之者也 6/52/13
夫鉗且、大丙不施轡銜而以善○聞於天下 6/54/11
鹿裘○寒 7/58/14
○者〔非轡不〕行 7/60/30
學○者不為轡也 7/61/1
其於以○兵刃（縣）〔縣〕矣 9/68/18
○眾智以為馬 9/71/8
其猶造父之○〔也〕 9/76/1
執術而○之 9/76/6
今夫○者 9/76/13
○心和于馬 9/76/13
而臧獲○之 9/76/14
王良○之 9/77/4
無○相之勞而致千里者 9/77/4
非千里之○也 10/91/21
善○者不忘其馬 10/93/9
升堂則襚不○ 11/95/2
造父以○馬 11/99/23
尹需學○ 12/117/23
而民得以掩形○寒 13/120/10
為鷙禽猛獸之害傷人而无以禁○也 13/120/14
是猶无鏑銜（橛）策錣而○馯馬也 13/122/2
無術以○之也 13/123/17
有術以○之也 13/123/18
被髮而○於婦人 13/127/13
衣（○）〔禦〕寒 13/130/7
故得道以○者 14/134/17
○心調乎馬 14/139/19
不能○者 14/140/3
是故善守者無與○ 15/146/16
軍不可從中○也 15/153/17
騎可以教○ 16.10/155/6
○可以教刺舟 16.10/155/6
人莫欲學○龍 17.22/169/30
而皆欲學○馬 17.22/169/30
若以腐索○奔馬 17.150/179/1
馬奔乃見良○ 17.215/183/19
其○欲驅 18/194/24
諸○鞅復於簡公曰 18/195/14
以問其○曰 18/199/26
其○〔對〕曰 18/199/26
問其○曰 18/200/1
良○教之 19/204/16
其可駕○ 19/204/17
為此不用冊錣而○ 19/205/1
莫囂大心撫其○之手曰 19/207/13
莫能壅○ 19/207/26
官○不厲 19/207/28
習射○ 20/213/17
○史冠蓋接於郡縣 20/215/20

欲 yù 339

而○教之 1/3/6
○宍之心亡於中 1/3/6
不以○亂情 1/4/9
是故○剛者必以柔守之 1/5/4
○強者必以弱保之 1/5/4
除其嗜○ 1/6/30
嗜○者 1/7/4
嗜○不載 1/7/6
不以○滑和 1/7/23
是猶無耳而○調鍾鼓 1/8/11
無目而○喜文章也 1/8/11
則嗜○好憎外（失）〔矣〕 1/8/16
貪饕多○之人 1/10/3
將○生興而未成物類 2/10/16
○與物接而未成兆朕 2/10/17
充其○ 2/12/5
貪者消其○ 2/12/20
皆○離其童蒙之心 2/15/10
嗜○連於物 2/15/14
各○行其知偽 2/15/18
○以反性於初 2/15/22
○以通性於遼廓 2/15/22
人性安靜而嗜○亂之 2/16/6
神清者嗜○弗能亂 2/16/12
外內无符而○與物接 2/16/13
而○靜漠虛无 2/17/15
雖○勿稟 2/17/18
雖○久生 2/17/21
世之主有○利天下之心 2/17/27
雖○翱翔 2/18/13
○知天道 3/27/29,10/92/19
大陰治春則○行柔惠溫（涼）〔良〕 3/28/18
太陰治夏則○布施宣明 3/28/18
太陰治秋則○脩備繕兵 3/28/18
太陰治冬則○猛毅剛彊 3/28/19
○知東西、南北廣袤之數者 3/31/15
從中處○知中南也 3/31/21
從中處○知南北極遠近 3/31/22
○知天之高 3/32/1
○靜 5/46/12
禁嗜○ 5/46/12
所○則得 5/49/1
是猶王孫綽之○倍偏枯之藥而（○）以生殊死之人 6/51/4
嗜○形於胸中 6/52/13
吾安知夫刺（炙）〔灸〕而○生者之非或也 7/56/15
○生而不事 7/56/17
以其窮耳目之○ 7/58/12
故目雖○之 7/60/6

〇為善者必生事 14/136/1
〇見譽於為善 14/136/2
以為有〇者之於廉 14/136/8
不若無〇者也 14/136/8
則貨殫而〇不饜 14/136/28
眾人勝〇 14/137/20
〇與性相害 14/137/22
故聖人損〇而從（事於）性 14/137/22
〇之不可勝 14/137/27
善博者不〇牟 14/139/17
〔而〕不在於〇〔也〕 14/139/18
而不在於〇也 14/139/19
是故滅〇則數勝 14/139/20
心常无〇 14/140/26
〇以合懽 14/141/5
不曰我不〇而天下不至 14/142/2
而贍一人之〇 15/143/4
〇以侵地廣壤也 15/143/23
因民之〇、乘民之力而為之 15/144/23
同〇〔相趨〕 15/144/23
然縱耳目之〇 15/146/5
乘時勢、因民〇而取天下 15/146/17
餌之以所〇 15/148/16
〇疾以（遨）〔遬〕 15/148/20
而〇以少耦眾 15/149/12
將〇西而示之以東 15/150/26
〇民為之死也 15/151/17
其後驕溢縱〇 15/153/8
子罕之辭其所不〇 16.20/156/4
而得其所〇 16.20/156/4
〇致之 16.34/157/14
〇滅迹而走雪中 16.40/158/1
拯溺者而〇無濡 16.40/158/1
夫〇其母之死者 16.77/161/8
〇得所求 16.88/162/8
〇无窮 16.88/162/9
登高使人〇望 16.93/162/21
臨深使人〇闚 16.93/162/21
〇為邪者必（相）明正 16.97/163/3
〇為曲者必達直 16.97/163/3
私〇得容者 16.97/163/3
〇學歌謳者 16.112/164/15
〇美和者 16.112/164/15
此皆學其所不〔〇〕學 16.112/164/16
而（〇）至其所〇學者 16.112/164/16
〇致魚者先通水 16.113/164/19
〇致鳥者先樹木 16.113/164/19
此行大不義而〇為小義者 16.145/167/18
人莫〇學御龍 17.22/169/30
而皆〇學御馬 17.22/169/30
莫〇學治鬼 17.22/169/30
而皆〇學治人 17.22/169/30
鬻棺者〇民之疾（病）〔疫〕也 17.32/170/19
畜粟者〇歲之荒飢也 17.32/170/19
（楊）〔揚〕堁而〇弭塵 17.111/176/5
日月〇明而浮雲蓋之 17.126/177/10
蘭（芝）〔芷〕〇脩而秋風敗之 17.126/177/10
〇觀九（用）〔州〕之土 17.138/178/6
而〇為萬民之上也 17.138/178/6
〇救之 17.168/180/13
雖〇謹亡馬 17.169/180/15
雖〇豫就酒 17.169/180/15
雖〇養之 17.180/181/6
心所〇 17.181/181/8
〇與我交 17.187/181/20
〇與我市 17.187/181/20
使人〇馳 17.196/182/10
使人〇歌 17.196/182/10
不能耕而〇黍粱 17.208/183/5
事或〇（以）利之 18/187/8
或〇害之 18/187/8
何謂〇利之而反害之 18/187/19
恭王〇復戰 18/187/21
非〇禍子反也 18/187/24
誠愛而〇快之也 18/187/24
此所謂〇利之而反害之者也 18/187/25
宣子弗〇與之 18/188/22
晉獻公〇假道於虞以伐虢 18/189/1
而〇與之道 18/189/2
今君〇為霸王者也 18/192/11
攻城者、〇以廣地也 18/192/26
故仁者不以〇傷生 18/193/6
〇所不能則惑 18/193/27
（楚）王若〇從諸侯 18/194/7
威王〇殺之 18/194/13
其御〇驅 18/194/24
曹君〇見其骿脅 18/196/2
齊、楚〇救曹 18/196/5
夫不以〇傷生 18/197/4
〇知築脩城以備亡 18/197/19
魯哀公〇西益宅 18/197/24
吾〇益宅 18/197/25
〇其食則難矣 18/198/27
〇流之於海（者） 18/200/15
吳王囚之而〇流之於海 18/200/17
吾〇免之而不能 18/200/18
若〇免之 18/200/18
〇薦之於王 18/200/20
又〇流之於海 18/200/23
子之〇成霸王之業 18/200/25
魯君之〇為室誠矣 18/201/5
所以餌之者非其〇也 18/201/7
能以其所〇而釣者也 18/201/7
非以奉養其〇也 19/203/1
〇事起天下〔之〕利而除萬民之害〔也〕 19/203/8
（耆）〔嗜〕〇不得枉正術 19/203/14
志不忘于〇利人 19/203/20
楚〇攻宋 19/203/21
日夜不忘于〇利人 19/204/10
〇棄學而循性 19/205/15
是（謂）猶釋船而〇蹍水也 19/205/15
貴其所〇達 19/206/12
故師曠之〇善調鍾也 19/209/9
因民之〇也 20/212/10
驂〇馳 20/214/9
服〇步 20/214/9
輕者〇發 20/214/23
重者〇止 20/214/23
貪者〇取 20/214/23
供嗜〇 20/216/6
夫〇治之主不世出 20/216/9
晉獻公〇伐虞 20/216/25
將〇以（直）〔興〕大

道	20/218/1
將〇以濁為清	20/218/3
管叔、蔡叔奉公子祿父而〇為亂	20/218/4
將〇以憂夷狄之患	20/218/6
孔子〇行王道	20/218/6
故因衛夫人、彌子瑕而〇通其道	20/218/7
此皆〇平險除穢	20/218/7
不以〇傷生	20/218/16
（〇）〔能〕成霸王之業者	20/219/1
在於節（用）〔〇〕	20/219/5
節（用）〔〇〕之本	20/219/5
日引邪〇而澆其（身）（夫調）〔天和〕	20/219/10
人〇知高下而不能	20/220/22
〇知輕重而无以	20/220/22
〇知遠近而不能	20/220/22
〇一言而寤	21/224/3
〇再言而通	21/224/3
〇參言而究	21/224/3
則外〇而反情	21/224/3
縱〇適情	21/226/10
〇以偷自佚	21/226/10
〇強省其辭	21/226/31
固〇致之不言而已也	21/227/10
文王〇以卑弱制強暴	21/227/22
武王〇昭文王之令德	21/227/26
蔡叔、管叔輔公子祿父而〇為亂	21/227/28
〇以存亡繼絕	21/228/10
孝公〇以虎狼之勢而吞諸侯	21/228/25

域 yù 7

動溶無形之〇	1/6/5
中徙倚无形之〇而和以天地者乎	2/12/6
甘瞑于溷澖之〇	2/15/6
夫死生同〇	6/50/5
智不出於四〇	9/67/17
〇中有四大	12/109/9
獨不離其壇（城）〔〇〕	14/135/11

淢 yù 2

淌游瀷〇	8/65/3
抑〇怒瀨	8/65/5

喻 yù 18

而精神（踰）〔〇〕於六馬	6/52/13
（踰）〔〇〕于千里	9/68/14
故制禮足以佐實〇意而已（矣）	11/97/20
兄不能以〇弟	11/100/10
不可正〇	15/153/8
所以〇道	16.1/154/5
以近〇遠	17.74/173/19
環可以〇員	17.98/175/9
不可〇以德	19/204/21
此教訓之所（俞）〔〇〕〔也〕	19/204/24
〇於道者不可動以奇	19/208/4
故作書以〇（意）〔事〕	19/209/3
物之可以〇意象形者	21/224/23
以相譬〇	21/225/14
解〇治亂之體也	21/225/26
誠〇至意	21/226/6
言君事而不為稱〇	21/226/27
（以）〔言〕稱〇而不言俗變	21/226/27

裕 yù 4

寬〇以和	5/49/4
為寬〇者曰勿數撓	11/100/23
寬〇簡易者	20/214/5
至治寬〇	20/222/16

愈 yù 32

〔智〕能〇多而德〇薄矣	8/62/28
亭歷〇（脹）〔張〕	10/93/6
〇躁〇沉	11/96/3
〇於晉獻公之垂棘	11/96/22
而〇醜	11/98/19
寫神〇舞	11/100/9
齊師〇強	12/115/4
故位〇尊而身〇佚	14/140/3
（宮）〔官〕〇大而事〇少	14/140/4
〇其立也	16.15/155/20
〇其凝也	16.15/155/20
破乃〇疾	16.31/157/8
謗乃〇起	16.67/160/14
〇於一人之（隧）〔墜〕	16.75/161/2
日〇昨也	16.80/161/15
狸頭〇鼠	16.124/165/22
斲木〇齲	16.124/165/22
〇蹶〇敗	17.5/168/21
長而〇明	17.156/179/14
猶〇於已	17.175/180/27
（傳）〔傅〕以和堇則〇	17.211/183/11
乃〇益多	17.233/184/25
攻之〇急	18/188/8
〇多得獸	18/191/13
雖〇利	18/191/14
事〇煩而亂〇生	20/215/21

遇 yù 36

如是則萬物之化無不〇	1/10/10
茲雖〇其母而无能復化已	2/13/19
有其人不〇其時	2/17/10
〇唐、虞之時	2/17/28
不〇其世	2/18/3
	10/89/14,18/199/11
故事有求之於四海之外而不能〇	7/55/26
譬猶雀之見鸇而鼠之〇狸也	9/72/14
使〇商鞅、申不害	11/102/26
先軫舉兵而與秦師〇於殽	12/115/26
〇君子則易道	13/123/15
〇小人則陷溝壑	13/123/16
道〇秦師於周、鄭之閒	13/125/16
楚人有乘船而〇大風者	13/129/25
則患弗（過）〔〇〕也	13/130/1
不〇暴亂之世	14/136/19
〇桀、紂之暴也	14/136/19
必待〇	14/136/20
〇者、能遭於時而得之	

譽 yù 48

得以利者不能○ 1/1/20
毀○之於己〔也〕 2/12/14
以買名○於天下 2/15/17
是故舉世而○之不加勸 2/16/2
能有名○者 2/16/20
非○弗能塵垢 2/17/10
經誹○ 8/61/26
誹○仁鄙不立 8/62/8
與其○堯而毀桀也 9/71/3
是故處人以○尊 9/72/27
有眾咸○者無功而賞 9/73/4
〔而〕鄉曲之所不○ 9/74/20
夫釋職事而聽非○ 9/76/19
毀○萌生 9/77/2
名○不起 9/82/8
取○有道 9/82/8
不能得○ 9/82/9
媒妁○人 10/84/14
千歲之積○也 10/92/3
聖人不求○ 10/93/1
親戚不相毀○ 11/93/30
非○相紛 11/94/1
聽失於誹○ 11/96/10
誹○無所由生 11/97/19
而誹○萌於朝 11/97/26
誹○在俗 11/102/17,18/199/7
而有大○ 13/127/9
子之○ 13/128/28
故賞一人而天下○之 13/129/9
自信者不可以誹○遷也 14/133/1
无咎无○ 14/134/4
脩足○之德 14/134/30
不求人之○己也 14/134/30
不以智見○ 14/135/17
欲見○於為善 14/136/2
故○生則毀隨之 14/138/26
下有二○ 16.51/159/5
有○人之力儉者 16.76/161/4
故小人之○人 16.76/161/5
是故使人高賢稱○己者 18/185/27
或○人而適足以敗之 18/194/5
此所謂見○而為禍者也 18/194/11
是故毀○之言 18/194/20
稱○（葉）〔華〕語 19/207/12
經誹○以（尊）〔導〕
　之 20/217/10
而无一人之（德）〔○〕
　20/219/16
則名○必榮矣 20/221/1

鬻 yù 11

行粰○ 3/23/21
行稃○ 5/42/12,5/47/25
行稃○飲食 5/43/23
贅妻○子 8/66/10
湖上不○魚 11/104/21
（邢）〔郢〕人有○其
　母 16.145/167/17
○棺者欲民之疾（病）
　〔疫〕也 17.32/170/19
於春浮之河而○之 18/192/17
〔故〕出而○之〔也〕 18/199/27
伯里奚轉○ 19/203/6

鬱 yù 3

血脈無○滯 2/17/9
雖情心○殪 7/60/19
濁（一）〔之〕則○而
　无轉 13/123/12

冤 yuān 1

无○刑 20/211/24

淵 yuān 54

○以之深 1/1/7
〔而〕不能見○中之魚 1/3/10
魚鱉湊○ 1/3/19
遂潛于○ 1/4/13
澹兮其若深○ 1/6/26
藏珠於○ 1/9/11
夢為魚而沒於○ 2/11/5
湍瀨旋○、呂梁之深不
　能留也 2/12/16
此其為山○之勢亦遠矣 2/15/3
是故神者智之○也 2/16/8
（○）〔神〕清則智明矣 2/16/8
至于○（虞）〔隅〕 3/24/17
至于虞○ 3/24/19
〔入〕（于）虞（○）
　〔泉〕之（汜）〔池〕
　3/24/20
歲名曰大○獻 3/27/15
大○獻之歲 3/31/5
凡鴻水○藪 4/33/2
二億三萬三千五百五十
　（里）有九（○） 4/33/3
龍○有玉英 4/34/19
龍門在河○ 4/37/11
泥塗○出樠山 4/37/22
而詹何之鶩魚於大○之中 6/50/11
犬群嗥而入○ 6/53/15
故自投於○ 7/59/5
而棄之○ 7/59/6
然顏○夭死 7/60/16
○泉而不竭 9/80/3
沉鳥於○ 11/95/4
北人无擇非舜而自投清
　（泠）〔泠〕之○ 11/102/1
魚聞之而○藏 11/103/10
魚不可脫于○ 12/110/14
如臨深○ 12/114/21
而藏志乎九旋之○ 15/149/24
而釣深○之魚 15/151/20
從此下至○者 15/153/17
○生珠而岸不枯 16.4/154/16
一○不兩鮫 16.12/155/13
出於山○之精 16.19/156/1
陳成（子）恒之劫子○
　捷也 16.20/156/4
申徒狄負石自沉於○
　16.43/158/10
揭斧入○ 16.88/162/8
非挈而入○ 16.118/165/6
入于虞（淵）〔○〕
　17.21/169/28
丘夷而○塞 17.34/170/23
○（泉）不能竭 17.40/171/5
漁者走○ 17.88/174/18
今夫齊、君之○也 18/190/17
援龍○而切其股 18/200/5
（○深）〔深○〕百仞 20/211/12
夫蛟龍伏寢於○ 20/211/17
○默而不言 20/215/17
窮道德之○深 20/220/14
列山○之數 21/224/15

體○而法方 15/144/2
夫○者、天也 15/144/3
天○而無端 15/144/3
若轉○石於萬丈之谿 15/150/7
便國不（負）〔○〕兵 15/151/25
不中○呈 16.76/161/4
環可以喻○ 17.98/175/9
其方○銳橢不同 19/204/8
輪○輿方 20/214/9
○中規 20/215/14

蚖 yuán 1

（蛇）〔○〕鱓著泥百
　仞之中 6/51/26

援 yuán 18

○戈而撝之 6/50/3
○絕瑞 6/53/6
夫造化者之攫○物也 7/56/22
搏○攫捷 9/77/19
○白黑而示之 9/81/22
〔○琴而彈〕 10/87/8
外交而為○ 14/136/27
時之去不可追而○也 14/142/2
○兩鱉而失靈龜 16.74/160/30
（投）〔○〕戹漿而沃
　之 18/196/12
○龍淵而切其股 18/200/5
攫○摽拂 19/206/16
蘇○世事 19/206/26
○豐條 19/209/22
搏○攫肆 19/209/22
言天地四時而不引譬○
　類 21/226/25
絞紛遠（○）〔緩〕 21/227/14
結遠○ 21/228/18

猨 yuán 9

置○檻中 2/18/9
音主○ 4/35/11
○故五月而生 4/35/11
○狖顛蹶而失木枝 6/51/27
○得木而捷 9/70/15
○狖失木 9/76/22
○狖之（棲）〔捷〕來
　措 10/90/31
夫○狖得茂木 11/95/13
楚王亡其○ 16.50/159/1
虎豹不可使○木 17.93/174/30
所○使然 17.226/184/10
城（下）〔中〕○木而
　處 18/191/20
譬猶○高木而望四方也 18/193/24
○不得已也 20/218/5

圓 yuán 5

而方○曲直弗能逃也 1/2/13
規矩不能方○ 1/9/8
故頭之○也象天 7/55/11
非規矩不能定方○ 17.214/183/17
雖奚仲不能以定方○ 19/208/7

園 yuán 4

居人汲水以浸其○ 7/56/24
無以異其浸○也 7/56/25
○中之無脩木 9/70/9
○有螫蟲 16.39/157/27

源 yuán 14

○流泉（滂）〔浡〕 1/1/4
有若泉○ 2/17/17
受（翼）〔瀷〕而無○
　（者）〔也〕 6/54/19
是猶決江河之○而障之
　以手也 7/60/13
百川異○而皆歸於海 13/121/8
〔心〕不知治亂之○者 13/122/17
不知法治之○ 13/122/21
轉无窮之○ 16.84/161/27
塞其○者竭 17.192/182/1
泉○不溥 17.203/182/25
（流○）〔○流〕千里 20/211/12
濁其○而清其流者也 20/219/6
觀其○而知其流 20/222/5

緣 yuán 11

○飾《詩》、《書》 2/15/16
隨自然之性而○不得已
　之化 8/63/1
所○以修者然也 9/72/18
越席不○ 9/74/4
弗去而○ 11/95/13
非負而○木 16.118/165/6

蝯 yuán 9

臨○眩之岸 2/12/9
鳧浴○躩 7/58/3
○狖之所樂也 11/94/23
○狖之捷來措 14/132/27
楚王有白○ 16.89/162/11
未發而○擁（柱）〔樹〕
　號矣 16.89/162/11
為○賜者 16.118/165/6
○狖之捷來乍 17.84/174/10
○自縱 19/209/21

螈 yuán 1

○蚕一歲再（收）〔登〕
　20/222/28

轅 yuán 7

軒○ 3/19/20
軒○者 3/21/5
軒○丘在西方 4/37/8
約車申○ 12/118/17
有（如）〔加〕○軸其
　上以為造 13/131/24
不知軸○之趣軸折也 13/131/25
○从衡横 20/214/9

黿 yuán 6

先龍生玄○ 4/38/4
玄○生靈龜 4/38/4
登龜取○ 5/42/10
水殺○鼉 9/70/5
（埳）〔埳〕井之無○鼉 9/70/9
○鼉之所便也 11/94/22

騵 yuán 1

而不能與胡人騎○〔馬〕而服騊駼 9/70/1

遠 yuǎn 144

歷○彌高以極往 1/2/1
○而不勞 1/2/10
何○之所能懷 1/3/4
非致○之（術）〔御〕也 1/3/9
○（渝）〔渝〕於無崖 1/5/24
去身不○ 1/7/14
則精神日以耗而彌○ 1/10/4
其與道相去亦○矣 2/13/9
此其為山淵之勢亦○矣 2/15/3
以言慕○世也 2/18/14
○山則山氣藏 3/24/11
○水則水蟲蟄 3/24/12
○木則木葉槁 3/24/12
從中處欲知南北極○近 3/31/22
寸益○一里 3/31/24
則高與○等也 3/32/3
○眺望 5/41/28
○鄉皆至 5/44/5
以○近土墜所宜為度 5/44/22
○而不忘 5/48/30
遼○隱匿 6/49/30
故召○者使无為焉 6/50/23
而車軌不接於○方之外 6/50/24
○之則邇 6/51/14,20/210/5
近之則（○）〔疏〕 6/51/14
道路遼○ 6/53/23
○者懷其德 6/54/4,9/75/5
其出彌○者 7/56/5
神將有所○徙 7/58/6
由近知○ 8/62/6,9/81/9
於是天下廣陜險易○近始有道里 8/63/14
肆眇崖之○ 8/65/4
接徑歷○ 8/65/8
○國珍怪 8/65/21
故所理者○則所在者邇 9/67/9
論近以識○也 9/69/8
則其窮不（達）〔○〕矣 9/70/4
雖造父不能以致○ 9/72/4
非寧靜無以致○ 9/74/13
疏○（則）卑賤者 9/75/12
其離聰明則亦○矣 9/75/14
取道致○ 9/76/3
〔即〕○者治（也）〔矣〕 9/76/10
則歷險致○ 9/76/13
背風而馳易以○ 9/78/6
實曠來○者 9/79/20
驗在近而求之○ 9/82/10
或近或○ 10/84/7
則所動者○矣 10/84/16
必○（害）〔實〕也 10/85/1
成文於○ 10/85/9
釋近（斯）〔期〕○ 10/85/10
懷○易矣 10/85/13
騏驥不能與之爭○ 10/85/24
言至德之懷○也 10/87/11
○而隆 10/88/9
去之○矣 10/88/10
昭然○矣 10/88/12
脩近彌○ 10/90/13
則威之所行者○ 10/90/28
所至彌○ 10/92/13
以近知○ 11/94/17
而誠心可以懷○ 11/96/23
不能親近來○ 11/97/8
結軌乎○方之外 11/97/13
故其見不○者 11/99/21
夫先知○見 11/101/23
貴○方之貨 11/103/28
此賢於孔、墨也○矣 12/108/1
衛之去齊不○ 12/109/5
寧肯而○至此 12/116/10
豈不亦○哉 12/116/15
而自以為○ 12/116/17
是故神之所用者○ 12/117/14
其出彌○ 12/117/15
此皆有所○通也 12/118/1
物固有近之而○ 12/118/20
○之而近者 12/118/20
民以致○而不勞 13/120/14
不可與（達辱）〔○舉〕 13/122/15
○為馳道 13/124/2
蹠距者舉○ 13/127/16
以近論○ 13/129/10
16.133/166/17
所由來者○矣 13/131/3
則危不○矣 14/135/27
以侵相○ 14/141/14
故不曰我無以為而天下○ 14/142/2
（爾）〔亦〕○矣 14/142/7
兵之所由來者○矣 15/142/27
脩政於境內而○方慕其德 15/144/12
窮至○ 15/148/23
○哉悠悠 15/149/22
矢激則○ 15/150/3
造父不能以致○ 15/151/9
謀○而不可慕也 15/151/27
越人學○射〔者〕 16.11/155/9
○之故也 16.16/155/22
○之則磬音章 16.29/157/1
物固有近不若○、（逮）〔○〕不如近者 16.29/157/1
不可以為○ 16.33/157/12
知○而不知近 16.52/159/8
而怨德相去亦○矣 16.121/165/13
乃知其（大）相去之○ 16.127/165/31
屈尾飛不能○ 16.132/166/13
況蹠○乎 17.38/171/1
羿之所以射○中微者 17.71/173/12
造父之所以追速致○者 17.71/173/12
故能○ 17.72/173/14
以近喻○ 17.74/173/19
明月之光可以○望 17.76/173/23
而不可以（○）望尋常之外 17.76/173/23
雖○弗釋 17.231/184/21
蹠巨者（志）〔走〕○ 17.240/185/10
行發於邇者不可禁於○ 18/185/30
先生不○道而至此 18/190/16
故物或○之而近 18/190/21
或近之而○ 18/190/21
以其僻○也 18/194/6
〔先○辱而後求名〕 18/196/15
知備○難而忘近患 18/197/22
則可以懷○矣 18/200/7
其離叛之心○矣 18/202/3

雉亦知驚憚○飛 18/202/7
其重於尊亦○矣 19/202/27
僻○幽間之處 19/203/4
高○其所從來 19/208/6
則所從來者○而貴之耳 19/208/19
夫矢之所以射○貫（牢）〔堅〕者 20/212/2
智者得以志（○）〔事〕 20/213/16
河以逶蛇、故能○ 20/215/12
德足以懷○ 20/217/16
欲知○近而不能 20/220/22
車有勞軼動靜而后能致○ 20/222/13
規○近之路 21/224/15
所以令人○觀博見者也 21/224/25
絞紛○（援）〔緩〕 21/227/14
遼○未能至 21/227/27
以侯○方 21/227/27
結○援 21/228/18

苑 yuàn 7

逐○囿之走獸 1/8/27
形○而神壯 2/11/13
天子衣○黃 5/42/8
百節莫○ 8/64/28
侈○囿之大 8/65/7
陂池○囿 9/74/7
大為○囿 13/124/2

怨 yuàn 83

莫之能○ 1/1/20
不為愁悴○（懟）〔慰〕而（不）失其所以自樂也 1/9/2
棄○惡 5/47/15
和外○ 5/47/16
○惡不生 5/49/6
百○不起 5/49/9
平而不○ 5/49/11
取而無○ 5/49/15
生者不○ 8/66/7
○（左）〔尤〕充胸 8/66/16
上下相○ 9/68/2
○無所藏 9/69/20
不○木石而罪巧拙者 9/69/23
誅者不○君 9/70/27
群臣○ 9/72/16
儉則民不○矣 9/73/26
民○則德薄 9/73/27
而君臣相○也 9/77/1
紂殺王子比干而骨肉○ 9/78/8
其○大者其禍深 10/83/1
薄施而厚望、畜○而無患者 10/83/1
雖過無○ 10/83/8,10/86/4
故○人不如自○ 10/86/4
何自○乎人 10/86/8
積恨而成（○）〔惡〕 10/92/3
是故知己者不○人 10/92/28
知命者不○天 10/92/28
骨肉以生○ 11/93/25
朋友不相○德 11/93/30
○德並行 11/94/1
〔罷則○〕 12/108/26
〔○則極〕慮 12/108/26
神無○乎 12/109/23
民之所○也 12/110/11
子受其○ 12/110/12
人有三○ 12/113/28
祿厚者、○處之 12/114/1
（是以）〔以是〕免三○ 12/114/2
而為之報○雪恥 13/126/9
入多而无○ 13/128/24
此入多而无○者也 13/129/8
則○弗犯也 13/130/2
必無○色 14/134/20
所殺者非○ 14/134/27
人舉其疵則○人 14/136/11
故好與、來○之道也 14/137/17
內無暴事以離○於百姓 14/138/5
則百姓不○ 14/138/12
百姓不○則民用可得 14/138/12
故無○也 14/138/24
喜得者必多○ 14/138/25
善見則（○）〔惡〕從之 14/138/27
誅而無○ 14/139/5
（○）無所〔○〕（滅）〔憾〕 14/139/7
雖○不逆者 14/140/8
大樂无○ 14/140/21
三族結○ 14/141/6
積○在於民也 15/146/11
常以積德擊積○ 15/151/14
大臣○懟 15/153/8
則為○ 16.90/162/14
不○人〔之〕取之 16.107/164/1
春賦秋貸眾皆○ 16.117/165/4
而○德相去亦遠矣 16.121/165/13
莫之○也 17.241/185/12
出之者○之曰 18/187/14
樹○者無報德 18/189/18
以秦女之事○王 18/194/11
積○成禍 18/195/12
兩人構○ 18/195/26
百姓聞之必○吾君 18/201/3
吾○之憯於骨髓 18/201/28
今日解○偃兵 20/215/26
親戚兄弟搆○ 20/218/12
棄疾乘民之○而立公子比 20/219/25
今取○思之聲 20/221/24
悲則感○思之氣 20/221/25
而百姓○（矣） 20/222/18
而構仇讎之○〔也〕 20/223/4
下无○望之心 20/223/13

瑗 yuàn 1

璧○成器 17.28/170/11

願 yuàn 17

人得其○ 8/66/7
人以其所○於上以與其下交 10/83/3
○聞〔齊〕國之政 12/106/9
○王察其所謂 12/106/10
天下丈夫女子莫不延頸舉踵而○安利之者 12/107/24
○以（愛）〔受〕教 12/108/11
○學所以安周 12/108/13
○學所以守之 12/109/28
○以技齎一卒 12/115/2
○為君行之 12/115/5
吳人○一以為王而不肯 12/117/28
○（請）子將而應之 15/153/14

〇君亦（以）〔無〕垂一言之命於臣也 15/153/19
此天下之所〇也 18/187/1
〇聞其說 18/190/15
〔〇〕為寡人稱之 18/190/16
〇公之適〔之也〕 18/201/2

曰 yuē 757

故老聃之言〇 1/6/9
〇 2/10/27,6/50/2,7/60/17,9/68/21,9/68/21,9/81/21,9/81/22,9/81/22,10/88/14,12/105/5,12/105/10,12/105/11,12/105/21,12/109/12,12/110/22,12/112/19,12/113/11,12/114/5,12/114/17,12/114/21,12/115/6,12/115/12,12/115/13,12/115/13,12/115/14,12/116/17,12/118/4,12/119/9,12/119/11,12/119/16,12/119/16,12/119/17,15/153/16,15/153/17,16.1/154/3,16.21/156/9,16.95/162/27,16.143/167/11,18/188/8,18/194/11,18/194/17,18/196/25,18/196/26,18/196/26,18/201/13,19/203/22,19/207/19
故〇（大昭）〔太始〕 3/18/18
天道〇員 3/18/28
地道〇方 3/18/28
是故火（〇）〔日〕外景 3/18/28
是故水（〇）〔月〕內景 3/18/29
中央〇鈞天 3/19/22
東方〇蒼天 3/19/22
東北〔方〕〇變天 3/19/22
北方〇玄天 3/19/23
西北方〇幽天 3/19/24
西方〇昊天 3/19/24
西南方〇朱天 3/19/24
南方〇炎天 3/19/25
東南方〇陽天 3/19/25
名〇一紀 3/21/10
故（〇）〔四〕歲而積千四百六十一日而復合 3/21/12
故舍八十歲而復故（〇）〔日〕 3/21/12
故〇冬至為德 3/21/18
故〇夏至為刑 3/21/19
故〇德在室 3/21/20
故〇德在野 3/21/21
故〇刑德合門 3/22/9
故〇二月會而萬物生 3/22/9
故〇距日冬至四十六日而立春 3/22/14
故〇春分則雷行 3/22/16
故〇有四十六日而立夏 3/22/19
故〇有四十六日而夏至 3/22/21
故〇有四十六日而立秋 3/22/23
故〇秋分雷（戒）〔臧〕 3/22/24
故〇有四十六日而立冬 3/22/26
故〇 3/22/28,3/25/14,7/55/7,7/56/5,7/56/7,7/56/28,9/69/6,9/76/15,10/85/19,11/99/17,20/220/2
故〇五音六律 3/23/12
道（〇規）始於一 3/25/17
故〇「一生二 3/25/17
故〇黃鍾 3/25/21
故〇十二鍾 3/25/21
歲名〇攝提格 3/27/4
歲名〇單閼 3/27/6
歲名〇執除 3/27/7
歲名〇大荒落 3/27/8
歲名〇敦牂 3/27/9
歲名〇協洽 3/27/10
歲名〇涒灘 3/27/11
歲名〇作鄂 3/27/13
歲名〇閹茂 3/27/14
歲名〇大淵獻 3/27/15
歲名〔〇〕困敦 3/27/16
歲名〇赤奮若 3/27/17
（〇）〔日為〕德 3/27/20
（綱〇）〔剛日〕自倍 3/27/20
因柔（〇）〔日〕徙所不勝 3/27/20
子生母〇義 3/28/27
母生子〇保 3/28/27
子母相得〇專 3/28/27
母勝子〇制 3/28/28
子勝母〇困 3/28/28
或〇天一 3/29/14
或〇太陰 3/29/14
寅在甲〇閼蓬 3/29/25
卯在乙〇旃蒙 3/29/26
辰在丙〇柔兆 3/29/27
巳在丁〇強圉 3/29/28
午在戊〇著雝 3/31/1
未在己〇屠維 3/31/2
申在庚〇上章 3/31/2
酉在辛〇重光 3/31/3
戌在壬〇玄黓 3/31/4
（子）〔亥〕在癸〇昭陽 3/31/7
東南神州〇農土 4/32/14
正南次州〇沃土 4/32/14
西南戎州〇滔土 4/32/14
正西弇州〇并土 4/32/14
正中冀州〇中土 4/32/15
西北台州〇肥土 4/32/15
正北濟州〇成土 4/32/15
東北薄州〇隱土 4/32/15
正東陽州〇申土 4/32/15
〔〇〕會稽、泰山、王屋、首山、太華、岐山、太行、羊腸、孟門 4/32/18
〇大汾、澠阨、荊阮、方城、殽阪、井陘、令疵、句注、居庸 4/32/20
〇越之具區 4/32/22
東北〇炎風 4/32/25
東（玄）〔方〕〇條風 4/32/25
東南〇景風 4/32/25
南方〇（巨）〔豈〕風 4/32/25
西南〇涼風 4/32/26
西方〇飂風 4/32/26
西北〇麗風 4/32/26
北方〇寒風 4/32/26
〇河水、赤水、遼水、黑水、江水、淮水 4/32/28
自（北東）〔東北〕方〇（大澤）〔無通〕 4/33/22
〇（無通）〔大澤〕 4/33/23
東方〇大渚 4/33/23
〇少海 4/33/23
東南方〇具區 4/33/23

〇（元）〔亢〕澤 4/33/23
南方〇大夢 4/33/24
〇浩澤 4/33/24
西南方〇渚資 4/33/24
〇丹澤 4/33/24
西方〇九區 4/33/24
〇泉澤 4/33/24
西北方〇大夏 4/33/25
〇海澤 4/33/25
北方〇大冥 4/33/25
〇寒澤 4/33/25
自東北方〇和丘 4/34/1
〇荒土 4/34/1
東方〇棘林 4/34/1
〇桑野 4/34/1
東南方〇大窮 4/34/2
〇眾女 4/34/2
南方〇都廣 4/34/2
〇反戶 4/34/2
西南方〇焦僥 4/34/2
〇炎土 4/34/2
西方〇金丘 4/34/2
〇沃野 4/34/3
西北方〇一目 4/34/3
〇沙所 4/34/3
北方〇積冰 4/34/3
〇委羽 4/34/3
自東北方〇方土之山 4/34/6
〇蒼門 4/34/6
東方〇東極之山 4/34/6
〇開明之門 4/34/6
東南方〇波母之山 4/34/7
〇陽門 4/34/7
南方〇南極之山 4/34/7
〇暑門 4/34/7
西南方〇編駒之山 4/34/7
〇白門 4/34/7
西方〇西極之山 4/34/8
〇閶闔之門 4/34/8
西北方〇不周之山 4/34/8
〇幽都之門 4/34/8
北方〇北極之山 4/34/8
〇寒門 4/34/9
（〇）〔日〕馮生陽闕 4/38/9
振鐸以令於兆民〇 5/39/25
乃命有司〇 5/44/20
命有司〇 5/46/4

命〇暘月 5/46/6
命之〇逆 5/47/7
其令〇 5/47/14,5/47/19
5/47/24,5/48/1,5/48/6
《周書》〇 6/54/14
故〇一月而膏 7/55/8
故〇至神 7/57/8
禹乃熙笑而稱〇 7/58/17
餔匐自闚於井〇 7/58/21
還反報〇 9/68/22
《書》〇 9/72/25
古（人之）〔之人〕
（日）〔〇〕亡矣 9/73/7
孔子〇 9/75/29,11/94/15
11/94/16,12/105/22
12/105/23,12/116/25
12/119/14,18/196/27
18/198/10,20/215/9
毋〇弗求 9/76/15
毋〇不爭 9/76/15
問瞽師〇 9/81/21
黃帝〇 10/82/20,20/215/25
故《易》〇 10/82/22,10/83/20
10/84/26,10/85/25,11/94/13
13/127/19,14/134/4
18/198/27,20/210/11
《易》〇 10/82/30
10/85/9,20/217/1
太上〇 10/85/8
其次〇 10/85/8
故《詩》〇 10/85/8
10/85/13,10/86/2,14/135/21
14/137/10,14/139/23
滔滔然〇 10/85/12
〇苟得 10/85/16
君子〇苟義 10/85/16
夫差〇 10/87/6
夫子〇 10/87/8
輪子陽謂其子〇 10/87/11
故下之於上〇左之 10/87/29
故上之於下〇右之 10/87/29
子〇 10/88/13
衛武侯謂其臣〇 10/89/9
故傳〇 10/90/2
故楚莊謂共雍〇 10/90/5
〇唯無形者也 10/92/21
太公望問周公〇 11/94/10

周公〇 11/94/10
11/94/12,13/125/8
太公〇 11/94/11
11/94/11,12/119/23
周公問太公〇 11/94/11
故老子〇「不上賢」者 11/95/3
孔子謂顏回〇 11/96/3
〇禮義足以治天下 11/98/24
老子〇 11/100/23
12/112/10,18/194/3
為寬裕者〇勿數撓 11/100/23
為刻削者〇致其鹹酸而
已矣 11/100/23
平公〇 11/100/24,19/209/7
孔子聞之〇 11/100/25
12/107/9,12/118/7
韓子聞之〇 11/100/25
密子〇 11/101/1
賓〇 11/101/2,18/190/16
18/190/17,18/196/27
故諺〇 11/102/12
曾子〇 11/103/9
故神農之法〇 11/103/22
太清問於無窮〇 12/105/3
无窮〇 12/105/3
又問於無為〇 12/105/3
无為〇 12/105/4
〔〇〕 12/105/4
無為〇 12/105/4
12/105/5,12/105/10
12/105/10,12/105/11
太清又問於無始〇 12/105/9
無窮〇 12/105/9
無始〇 12/105/13,12/105/16
太清仰〔天〕而歎〇 12/105/14
故老子〇 12/105/17,12/105/25
12/106/5,12/106/19
12/106/25,12/107/3
12/107/13,12/108/2
12/108/8,12/108/14
12/108/21,12/108/27
12/109/9,12/109/18
12/109/24,12/109/30
12/110/7,12/110/14
12/110/19,12/110/24
12/111/2,12/111/6
12/111/12,12/111/25

12/113/8,12/113/14
12/113/19,12/113/24
12/114/3,12/114/7
12/114/18,12/114/24
12/114/28,12/115/10
12/115/16,12/115/27
12/116/3,12/116/26
12/117/4,12/117/9
12/117/14,12/117/21
12/117/26,12/118/7
12/118/28,12/119/6
12/119/11,12/119/19
12/119/29,14/138/13
白公問於孔子○ 12/105/20
白公○ 12/105/20,12/105/22
〔白公〕○ 12/105/21
〔翟煎〕○ 12/106/2
惠王○ 12/106/2,12/106/3
翟煎○ 12/106/3
翟煎對○ 12/106/3
〔齊〕王應之○ 12/106/8
田駢對○ 12/106/9
石乞入○ 12/106/15
董閼于○ 12/106/22
簡子○ 12/106/22
襄子○ 12/106/24
12/107/8,12/111/11
13/128/25,18/192/3
○能為社稷忍羞 12/106/24
豈○能刺人哉 12/106/24
被衣○ 12/106/28
被衣行歌而去○ 12/107/2
左右○ 12/107/7
13/128/24,18/188/15
18/191/16,18/192/23
疾言○ 12/107/16
惠孟對○ 12/107/17,12/107/23
宋王○ 12/107/18,12/107/22
惠孟○ 12/107/19
宋王謂左右○ 12/108/1
其名○蹶 12/108/7
嗣君應之○ 12/108/11
薄疑對○ 12/108/12
〔昭〕文君謂杜赫○ 12/108/12
〔杜〕赫對○ 12/108/13
孔子〔聞之〕○ 12/108/18
見小○明 12/108/21

魏武侯問於李克○ 12/108/23
李克對○ 12/108/23
武侯○ 12/108/23
〔李克〕對○ 12/108/24
撫其僕之手○ 12/109/3
群臣爭之○ 12/109/5
桓公○ 12/109/6
12/110/2,12/110/3
大王亶父○ 12/109/13
中山公子牟謂詹子○ 12/109/21
詹子○ 12/109/21
中山公子牟○ 12/109/22
〔詹子○〕 12/109/22
知和○常 12/109/24
知常○明 12/109/24
益生○祥 12/109/24
心使氣○強 12/109/24
楚莊王問詹何○ 12/109/27
〔詹何〕對○ 12/109/27
楚王○ 12/109/28
12/109/30,18/198/22
詹何對○ 12/109/28
釋其椎鑿而問桓公○ 12/110/1
輪扁○ 12/110/2
12/110/3,12/110/4
桓公悖然作色而怒○ 12/110/3
謂宋君○ 12/110/10
宋君○ 12/110/11
徐馮○ 12/110/17
莊王○ 12/110/23
12/112/13,18/193/12
釐負羈之妻謂釐負羈○ 12/110/27
軍吏諫○ 12/111/10
吾聞之叔向○ 12/111/11
秦穆公(請)〔謂〕伯
樂○ 12/111/15
對○ 12/111/15
12/111/20,12/112/26
12/113/6,12/113/28
12/114/20,12/118/3
12/118/26,12/118/27
12/119/1,12/119/2,12/119/9
13/129/28,18/192/17
18/194/16,18/194/17
18/198/2,18/200/1
報○ 12/111/19
穆公○ 12/111/19,13/129/3

召伯樂而問之○ 12/111/20
伯樂喟然(木)〔大〕
息○ 12/111/22
問屈宜(若)〔咎〕○ 12/112/1
屈子○ 12/112/2
12/112/3,12/112/9
吳起○ 12/112/2
宜若聞之○ 12/112/5
吳起惕然○ 12/112/9
〔大夫〕○ 12/112/14
晉人聞之○ 12/112/16
〔故〕老子○ 12/112/17
子韋○ 12/112/19
12/112/22,12/112/23
公○ 12/112/21,12/112/22
12/112/23,12/112/26
12/113/2,12/119/1,18/201/2
北面再拜○ 12/112/25,12/117/25
〔臣〕故〔○〕君(移)
〔延〕年二十一歲 12/113/1
(救)〔故〕老子○ 12/113/2
謂弟子○ 12/113/5
有客衣褐帶索而見○ 12/113/5
公孫龍顧謂弟子○ 12/113/6
公孫龍○ 12/113/7
故(○)聖人之處世 12/113/8
軍吏○ 12/113/16
君○ 12/113/17,12/115/3
12/119/9,15/153/26
原人聞之○ 12/113/18
其弟子(諫)〔問〕○ 12/113/22
荅○ 12/113/23,15/153/17
一○ 12/113/25
狐丘丈人謂孫叔敖○ 12/113/28
孫叔敖○ 12/113/28,12/114/1
大司馬○ 12/114/5
紂聞而患之○ 12/114/10
崇侯虎○ 12/114/11
成王問政於尹佚○ 12/114/20
王○ 12/114/21
12/114/21,18/193/16
18/194/10,18/198/20
19/203/24,19/203/25
尹佚〔對〕○ 12/114/22
跖之徒問〔於〕跖○ 12/114/26
跖○ 12/114/26
楚有善為偷者往見○ 12/115/1

左右諫○ 12/115/2
於是市偷進請○ 12/115/5
子發○ 12/115/5
將軍與軍吏謀○ 12/115/8
故(○)〔伎〕無細而能〔無〕薄 12/115/9
顏回謂仲尼○ 12/115/12
仲尼○ 12/115/12,12/115/12,12/115/13,12/115/14,12/115/16,18/200/18
仲尼造然○ 12/115/14
顏回○ 12/115/15
蹇叔○ 12/115/19
三帥乃懼而謀○ 12/115/23
先軫言於襄公○ 12/115/25
盧敖與之語○ 12/116/7
齤然而笑○ 12/116/9
故莊子○ 12/116/18
巫馬期問焉○ 12/116/22
漁者對○ 12/116/23
巫馬期歸以報孔子○ 12/116/24
言○ 12/116/26
罔兩問於景○ 12/117/1
景○ 12/117/1,12/117/2
罔兩○ 12/117/1
光耀問於無有○ 12/117/6
光耀○ 12/117/8
鄭人聞之○ 12/117/12
望(之)〔而〕謂之○ 12/117/24
佽非謂枻舡者○ 12/118/3
故慎子○ 12/118/14
告從者○ 12/118/19
昔趙文子問於叔向○ 12/118/26
文子○ 12/118/27
景公謂太卜○ 12/119/1
寡人問太卜○ 12/119/1
見太卜○ 12/119/2
太卜○ 12/119/3
太卜走往見公○ 12/119/4
田子陽聞之○ 12/119/4
文侯喟然歎○ 12/119/8
(頗)顧○ 12/119/15
孔子造然革容○ 12/119/15
子貢在側○ 12/119/16
武王問太公○ 12/119/22
故聖人所由○道 13/121/24
所為○事 13/121/24
為號○ 13/123/27
《周書》有言○ 13/125/12
故孔子○ 13/125/27
而數无鹽(今)〔令〕○ 13/128/27
故○為善易〔也〕 13/129/14
故○為不善難〔也〕 13/129/15
天下縣官法○ 13/129/17
將施令○ 13/129/21
勒問其故○ 13/129/27
世俗言○ 13/130/20
今世之祭井竈、門戶、箕帚、(○)〔臼〕杵者 13/131/6
語其子○ 13/131/16
告其子○ 13/131/20
詹何○ 14/133/5
故廣成子○ 14/134/2
故不○我無以為而天下遠 14/142/2
不○我不欲而天下不至 14/142/2
乃(令)〔命〕軍師○ 15/143/12
乃發號施令〔○〕 15/143/14
名之○奄遲 15/148/19
兵家或言○ 15/149/13
君自宮召將〔而〕詔之○ 15/153/13
報畢於君○ 15/153/25
魄問於魂○ 16.1/154/3
魄○ 16.1/154/3,16.1/154/5,16.1/154/7
魂○ 16.1/154/4,16.1/154/4,16.1/154/6
〔魄○〕 16.1/154/4
〔曾〕子見子夏○ 16.20/156/5
人有嫁其子而教之○ 16.21/156/9
應之○ 16.21/156/10
今○稻生於水 16.30/157/4
滅非者戶告之○ 16.67/160/14
歸謂其母○ 16.77/161/7
○殺罷牛可以贖良馬之死 16.94/162/24
故里人諺○ 16.114/164/22
或○知(其)〔天〕且赦也而多殺人 16.140/167/4
或○知(其)〔天〕且赦也而多活人 16.140/167/4
脩人○ 16.143/167/11
為請于賈者○ 16.145/167/17
蓋非橑不能蔽(○)〔日〕 17.41/171/7
則逮(○)〔日〕歸風 17.48/171/21
○可以養老 17.107/175/28
○可以黏牡 17.107/175/28
蘇秦步○何(故)〔步〕 17.136/178/1
○何趨 17.136/178/1
馳〔○何馳〕 17.136/178/1
《春秋》○ 17.145/178/22
毋○不幸 17.160/179/24
《堯戒》○ 18/186/1
謂其子○ 18/186/19
未嘗不(憤)〔噴〕然而歎○ 18/187/7
門者止之○ 18/187/12
出之者怨之○ 18/187/14
恭王大怒○ 18/187/22
樂羊○ 18/188/7
中山○ 18/188/9
秦西巴對○ 18/188/14
孟孫○ 18/188/16
任登○ 18/188/23,18/188/24
宣子○ 18/188/24
宮之奇諫○ 18/189/2
先生○ 18/189/20,18/189/23
其子○ 18/189/22
其父○ 18/189/22,18/189/24,18/190/1,18/190/2,18/190/3
匠人對○ 18/190/9
高陽魋○ 18/190/10
靖郭君謂謁者○ 18/190/13
齊人有請見者○ 18/190/14
因稱○ 18/190/15
靖郭君止之○ 18/190/15
靖郭君○ 18/190/16,18/190/18
括子以報於牛子○ 18/190/23
無害子○ 18/190/25,18/190/26
牛子○ 18/190/25
括子(○)〔日〕以疏 18/191/2
問於咎犯○ 18/191/11
咎犯○ 18/191/12
雍季對○ 18/191/13
文公○ 18/191/16

約 yuē 35

月 yuè 274

5/45/20,5/45/21,5/46/10
5/46/11,5/46/12,5/47/1
二○官倉 5/40/7
季春之○ 5/40/9
行是○令 5/40/22,5/43/9
三○官鄉 5/40/27
四○官田 5/41/15
仲夏之○ 5/41/17
五○官相 5/42/4
季夏之○ 5/42/6
〔是○也〕 5/42/10
六○官少內 5/42/21
孟秋之○ 5/42/23
是○〔也〕 5/43/8,5/44/1
5/44/24,5/45/2,5/45/16
七○官庫 5/43/15
仲秋之○ 5/43/17
八○官尉 5/44/11
季秋之○ 5/44/13
九○官候 5/45/7
孟冬之○ 5/45/9
十○官司馬 5/45/28
仲冬之○ 5/46/1
命曰暢○ 5/46/6
十一○官都尉 5/46/18
季冬之○ 5/46/20
○窮于紀 5/47/1
十二○官獄 5/47/9
日○之所道 5/47/22
故正○失政 5/48/15
七○涼風不至 5/48/16
二○失政 5/48/16
八○雷不藏 5/48/16
三○失政 5/48/16
九○不下霜 5/48/16
四○失政 5/48/16
十○不凍 5/48/16
五○失政 5/48/17
十一○蟄蟲冬出其鄉 5/48/17
六○失政 5/48/17
十二○草木不脫 5/48/17
七○失政 5/48/17
正○大寒不解 5/48/17
八○失政 5/48/18
二○雷不發 5/48/18
九○失政 5/48/18
三○春風不濟 5/48/18
十○失政 5/48/18
四○草木不實 5/48/18
十一○失政 5/48/19
五○下雹霜 5/48/19
十二○失政 5/48/19
六○五穀疾狂 5/48/19
（晝）〔晝〕隨灰而○
運闕 6/50/15
方諸取露於○ 6/50/18
日行○動 6/52/10
以治日○之行 6/52/16
於是日○精明 6/52/20
不過三○必死 6/54/17
旬○不雨則涸而枯澤 6/54/19
恒娥竊以奔○ 6/54/20
故曰一○而膏 7/55/8
二○而胅 7/55/8
三○而胎 7/55/8
四○而肌 7/55/9
五○而筋 7/55/9
六○而骨 7/55/9
七○而成 7/55/9
八○而動 7/55/9
九○而躁 7/55/9
十○而（坐）〔生〕 7/55/9
是故耳目者、日○也 7/55/14
而○中有蟾蜍 7/55/15
日○失其行 7/55/15
明照于日○ 8/61/9
日○淑清而揚光 8/61/10
星○之行 8/62/22
聰明燿於日○ 8/64/13
明與日○並 8/64/15
日○星辰雷電風雨也 8/64/23
○省時考 9/67/18
如日○之明也 9/74/12
三○嬰兒 10/84/26
配日○之光 10/86/4
誘然與日○爭光 10/88/26
○不知晝 10/92/21,16.27/156/27
日○為明而弗能兼也 10/92/21
日○之照詔 11/94/24
今令三○嬰兒 11/95/25
故日○欲明 11/95/29
三○之服 11/97/16
譬猶日○也 11/102/15
處十○ 12/106/24
三○而反 12/111/19
此猶光乎日○而載列星 12/116/10
○盈而虧 12/119/17
日○之行 13/126/6
明○之珠不能无纇 13/127/26
日○無德也 14/138/24
日○廋而無溉於志 14/140/28
象日○之行 15/144/6
若日○有晝夜 15/144/6
動而順日○ 15/144/14
明於星辰日○之運 15/145/11
是故處於堂上之陰而知
日○之次序 15/150/13
○望 16.12/155/12
○盛衰於上 16.33/157/12
日○不應非其氣 16.62/160/3
寧一○飢 16.75/161/1
明○之珠出於蛖蜄 16.110/164/11
○照天下 17.10/169/1
壽盡五○之望 17.54/172/8
明○之光可以遠望 17.76/173/23
日○不並出 17.99/175/11
日○欲明而浮雲蓋之
17.126/177/10
下必有○ 17.129/177/17
明○之珠 17.195/182/8
百星之明不如一○之光
17.221/183/31
三○而死 18/187/1
居數○ 18/190/2
攝提鎮星日○東行 19/205/9
而人謂星辰日○西移者 19/205/9
日就○將 19/207/5,19/209/28
天設日○ 20/210/3
則日○薄蝕 20/210/20
正○繁霜 20/210/21
〔與〕日○合明 20/211/2
○照其夜 20/211/9
日○照 20/214/1
猶日○之蝕〔也〕 20/218/20
見日○光 20/220/7,20/220/8
理日○之光 21/224/11
挾日○而不姚 21/227/17

戉 yuè 4

其日（○）〔戉〕己 5/42/6

其兵（戈）〔○〕 5/43/2
5/43/20,5/44/16

岳 yuè 4

有岱○ 4/34/15
及河嶠○ 20/210/20
令四○揚側陋 20/213/8
四○舉舜而薦之堯 20/213/8

悅 yuè 10

不知○也 8/62/16
楚王甚○之 12/118/18
○於目 18/188/1
○於心 18/188/1
楚王○之 18/194/8
哀公大○而喜 18/198/2
太宰嚭甚○之 18/200/20
无不憚悇癢心而○其色矣 19/209/17
（令自）〔今目〕○五色 20/219/9
以為其禮煩擾而不（○）〔悅〕 21/228/4

越 yuè 76

干、○生葛絺 1/3/20
○王翳逃山穴 1/4/14
○人熏而出之 1/4/14
聲出於口則○而散矣 1/8/9
今夫狂者之不能避水火之難而○溝瀆之嶮者 1/9/28
肝膽胡○〔也〕 2/13/3
是故神○者其言華 2/14/15
暴行○智於天下 2/15/24
精神（以）〔已〕○於外 2/16/12
○舲蜀艇 2/18/12
則○陰在地 3/22/14
斗、牽牛（○）、須女吳〔○〕 3/28/11
○而之他處 3/28/15
癸（○）〔趙〕 3/28/22
○也 3/29/8
曰○之具區 4/32/22
而不外○ 7/55/20
精神內守形骸而不外○ 7/56/4
嗜慾者使人之氣○ 7/56/8
不敢○也 7/57/3
得莜○下 7/59/25
非直○下之休也 7/59/26
○人得髯蛇 7/60/25
不為胡、○改容 9/69/25
而不能與○人乘（幹）〔舲〕舟而浮於江湖 9/70/1
（顛○）〔瞋目〕不能見丘山 9/70/14
○王好勇 9/72/23
○席不緣 9/74/4
精神勞則○ 9/77/13
奮袂而（○）〔起〕 9/77/24
不○鄰而成章 10/90/13
○人見毳 11/94/7
○人契臂 11/97/2
○人劗髮 11/97/3
○王句踐劗髮文身 11/97/8
○人便於舟 11/101/20
吳、○之善沒者能取之矣 12/105/21
齊、楚、吳、○皆嘗勝矣 12/107/11
甯○欲干齊桓公 12/109/1
甯○飯牛車下 12/109/2
○王勾踐與吳戰而不勝 12/111/4
○王親〔行〕之 12/111/6
此言精神之○於外 12/117/13
大夫種輔翼○王句踐 13/126/9
○城郭 13/129/15
不相○淩 15/152/17
南與○戰 15/153/7
○王選卒三千人 15/153/9
○人學遠射〔者〕 16.11/155/9
譬猶○人之射也 16.11/155/10
大夫種知所以強○ 16.52/159/7
往徙於○而大困窮 16.88/162/7
方車而蹠○ 16.88/162/8
毋賞○人章甫 17.7/168/25
蹠○者 17.66/173/1
臥而○之 17.118/176/21
〔楚○〕之間有〔有〕寢〔之〕丘者 18/186/20
○人襪 18/186/21
可攐衣而○也 18/196/21
又利○之犀角、象齒、翡翠、珠璣 18/197/12
以與○人戰 18/197/15
而○人皆入叢薄中 18/197/15
禍在備胡而利○也 18/197/19
〔知〕發適戍以備○ 18/197/20
○王句踐一決獄不辜 18/200/5
昔○王句踐卑下吳王夫差 18/202/1
○人有重遲者 19/205/10
○在草茅 19/207/19
闊解漏○ 19/208/22
尸不○樽俎而代之 20/215/18
戍五嶺以備○ 20/215/21
○疆而去 20/216/27
然○〔人〕為之 20/217/9
朱絃漏○ 20/221/28
見其必擒於○也 20/222/22

鉞 yuè 14

於是武王左操黃○ 6/50/1
金鼓斧○ 8/66/4
刑罰斧○ 9/68/18
兵革斧○者 9/78/19
後有斧○之禁 10/91/24
昔武王執戈秉○以（伐紂）勝殷 11/102/19
退誅於國以斧○ 11/102/24
錞○牢重 15/152/21
主親操○ 15/153/15
將已受斧○ 15/153/17
〔專〕鼓旗斧○之威 15/153/18
載旌旗斧○ 15/153/20
放旗以入斧○ 15/153/25
武（左）〔王〕左操黃○ 20/219/15

閱 yuè 3

皆○一孔 1/6/27
此皆生一父母而○一和也 2/13/1
師起容（○）〔關〕 20/219/14

樂 yuè 231

故心不憂○ 1/7/6

至德則〇矣	1/7/16
〇亡于富貴	1/7/17
所謂〇者	1/7/20
釣射鷫鸘之謂〇乎	1/7/21
吾所謂〇者	1/7/21
不以奢為〇	1/7/22
是故其為（曜）〔〇〕不忻忻	1/7/23
能至于無〇者	1/7/26
則無不〇	1/7/26
無不〇則至（極〇）〔〇極〕矣	1/7/26
耳聽朝歌北鄙靡靡之〇	1/7/28
此其為〇也	1/8/1
罷酒徹〇	1/8/2
不以內〇外	1/8/3
而以外〇內	1/8/3
〇作而喜	1/8/3
效人為之而無以自〇也	1/8/9
無所〇而無所苦	1/8/17
目觀《掉羽》、《武象》之〇	1/8/26
揚鄭、衛之浩〇	1/8/26
不為愁悴怨（懟）〔懟〕而（不）失其所以自〇也	1/9/2
是故不以康為〇	1/9/12
其為〇也	2/11/5,20/220/24
焉知生之〇也	2/11/7
又焉知死之不〇也	2/11/7
各〇其成形	2/11/10
孰暇知其所苦〇乎	2/11/13
貧有以〇業	2/11/28
禮〇為鉤	2/12/3
使王公簡其貴富而〇卑賤	2/12/20
造父不能為伯〇者	2/13/17
人〇其性者	2/14/7
搖消掉捎仁義禮〇	2/15/24
心志知憂〇	2/17/13
農〇其業	2/17/25
是以人得自〇其閒	2/17/27
〇民、拏閭在崑崙弱水之洲	4/37/10
三危在〇民西	4/37/10
大合〇	5/40/21
修禮〇	5/41/7
命〇師	5/41/20
用盛〇	5/41/22
命〇師大合吹而罷	5/46/25
禁夜〇	5/48/7
安勞〇進	6/52/8
獵不聽其〇	6/53/16
而〇其習俗	6/54/1
耳目淫於聲色之〇	7/56/1
滂水弗〇也	7/56/24
當世而〇其業	7/56/25
夫悲〇者	7/56/28
人之所以〇為人主者	7/58/12
自以為〇矣	7/59/11
非直一噲之〇也	7/59/28
知未生之〇	7/60/1
心雖〇之	7/60/7
〇道而忘賤	7/60/9
心有不〇	7/60/10
無〇而弗為	7/60/10
不原其所以〇而閉其所〇	7/60/13
出見富貴之〇而欲之	7/60/17
不便侈靡之〇	7/60/18
非能使人勿〇也	7/60/22
〇而能禁之	7/60/22
胡王淫女〇之娛而亡上地	7/60/28
地載以〇	8/61/10
是以貴〇	8/62/11
是故仁義禮〇者	8/62/11
〇者、所以救憂也	8/62/13
《掉羽》、《武象》不知〇也	8/62/16
禮〇不用也	8/62/17
知仁義然後知禮〇之不足脩也	8/62/19
脩禮〇	8/62/26
心和欲得則〇	8/65/22
〇斯動	8/65/23
夫人相〇	8/66/8
故聖人為之作〔禮〕〇以和節之	8/66/8
〔則〕失〇之本矣	8/66/12
聽〇不〇	8/66/15
〇者	8/66/26
而孔子三日〇	9/69/4
而能使人為之哀〇	9/69/5
〇	9/69/6
延陵季子聽魯〇而知殷、夏之風	9/69/8
陳之以禮〇	9/69/13
豈其奉養不足〇哉	9/74/5
〇生於音	9/75/24
故伯〇相之	9/77/4
胡王好音而秦穆公以女〇誘之	9/77/8
夫民之好善〇正	9/77/28
〔則〕明主弗〇〔也〕	9/78/13
君臣上下同心而〇之	9/78/16
所以宣〇也	9/78/19
失〇之所由生矣	9/78/24
愚者始於〇而終於哀	9/81/18
魚得水而游焉則〇	9/82/4
不哀不〇	10/82/16
則民〇其治	10/83/19
人主以備〇	10/83/24
甘〇之者也	10/86/4
獨專之意〇哉	10/86/21
故心哀而歌不〇	10/87/7
心〇而哭不哀	10/87/7
〇而不伋	10/87/16
君子者、〇有餘而名不足	10/88/12
小人〇不足而名有餘	10/88/12
故哀〇之襲人（清）〔情〕也深矣	10/88/14
說其所苦即〇	10/88/21
失其所〇則哀	10/88/21
故知生之〇	10/88/21
故治國〇其所以存	10/88/26
亡國亦〇其所以亡也	10/88/27
而〇與賢	10/89/21
必其〇之者也	10/89/26
弗甘弗〇	10/89/26
而上下相〇也	10/90/10
禮〇飾則純樸散矣	11/93/21
其歌〇而无轉	11/93/29
虎豹之所〇也	11/94/21
人之所〇也	11/94/22
蝯狖之所〇也	11/94/23
所以為〇者乃所以為哀	11/94/24
載〇者見哭者而笑	11/96/11
哀可〇（者）、笑可哀者	11/96/11
為仁者必以哀〇論之	11/96/18
哀〇弗能給也	11/96/19
且喜怒哀〇	11/96/19

〔故〕制○足以合歡宣意而已 11/97/21
○（優）〔擾〕以淫 11/97/25
其○《咸池》、《承雲》、《九韶》 11/98/3
其○《夏籥》、《九成》、《六佾》、《六列》、《六英》 11/98/4
其○《大護》、《晨露》 11/98/6
其○《大武》、《三象》、《棘下》 11/98/7
禮○相詭 11/98/7
不若得伯○之數 11/99/18
〔其〕○同也 11/99/27
伯○、韓風、秦牙、筦青 11/99/28
然而○直行盡忠以死節 11/103/4
然而○離世伉行以絶眾 11/103/5
豫讓、要離非不知○家室、安妻子以偷生也 11/103/6
然而○推誠行必 11/103/7
而各○其務 11/103/9
各○其所安 11/103/16
安○無事而天下（均）〔和〕平 11/103/25
世○志（乎）〔平〕 11/104/17
非○之也 12/105/24
其○忘死 12/110/24
不可以當此○也 12/110/24
秦穆公（請）〔謂〕伯○曰 12/111/15
召伯○而問之曰 12/111/20
伯○喟然（木）〔大〕息曰 12/111/22
回忘禮○矣 12/115/12
於此天下歌謠而○之 12/117/20
○極則悲 12/119/17
彼皆○其業 12/119/25
此○之不同者也 13/120/24
此皆因時變而制禮○者〔也〕 13/120/25
故通於禮○之情者能作 13/120/26
是故禮○未始有常也 13/121/2
故聖人制禮○ 13/121/3
而不制於禮○ 13/121/3
夫弦歌鼓舞以為○ 13/123/20
動以喜○ 13/128/20
天下之富不足以為○矣 13/130/8
故閑居而○ 14/135/2
大○必易 14/140/20
大○无怨 14/140/21
琴瑟鳴竽弗能○也 14/140/23
居安遊○ 14/140/24
性有以○也 14/140/24
今務益性之所不能○ 14/140/25
而以害性之所以○ 14/140/25
○恬而憎憫 14/140/26
○佚而憎勞 14/140/26
自○於內 14/140/27
始於○者常（大）〔卒〕於悲 14/141/4
○之失刺 14/141/8
○德而忘賤 14/142/5
○道而忘貧 14/142/5
故兼而能○ 14/142/6
而○其身之治（也）〔者〕 14/142/9
卒果敢而○戰 15/148/1
夫人之所○者、生也 15/151/2
彼非輕死而○傷也 15/151/4
若（若）〔苦〕者必得其○ 15/151/19
墨子非○ 16.101/163/14
必先徵羽○風 16.112/164/15
至○不笑 17.15/169/12
無以自○ 17.58/172/17
憂○別也 17.106/175/26
〔而〕盡其○ 17.178/181/1
飲酒而○ 17.196/182/10
魏將○羊攻中山 18/188/7
城中縣其子以示○羊 18/188/7
○羊曰 18/188/7
○羊循而泣之 18/188/8
雖偷○哉 18/193/25
以《九韶》○飛鳥也 18/198/11
設○陳酒 18/201/14
虞氏富○之日久矣 18/201/15
非以逸○其身也 19/203/1
異轉而皆○ 19/204/9
夫歌者、○之徵也 19/204/9
彼非輕身而○死 19/207/27
有喜○之性 20/212/14
因其寧家室、○妻子 20/212/17
以制禮○ 20/213/2
夔之初作○也 20/213/14
（○之失也淫） 20/213/21
非○變古易常也 20/213/24
○之化也 20/214/5
《○》之失淫 20/214/6
○羊攻中山 20/214/19
百姓歌謳而○之 20/219/19
不能○也 20/220/5
曠然而○ 20/220/8
其為○豈不大哉 20/220/9
故《韶》、《夏》之○也 20/221/23
豈所謂○哉 20/221/25
因以此聲為○而入宗廟 20/221/27
豈古之所謂○哉 20/221/27
不可以為○ 20/222/2
此亡國之○也 20/222/8
足以自○也 21/224/5
而己自○所受乎天地者也 21/226/24

樾 yuè 1

武王蔭暍人於○下 18/200/5

嶽 yuè 1

周流五○ 9/74/5

躍 yuè 7

夫（梜）〔挾〕依於跂○之術 2/12/4
金踊○于鑪中 2/13/8
今夫萬物之疏○枝舉 2/13/12
若魚之○ 19/204/13
夫魚者○ 19/204/14
跳○揚蹏 19/204/15
襛蒙踊○ 19/209/22

籥 yuè 3

慎管○ 5/45/18
其樂《夏○》、《九成》、《六佾》、《六列》、《六英》 11/98/4
其家无筦○之信、關楗

〇乎无極 20/220/15
軸不〇 20/222/12
順時〇之應 21/224/12

醞 yùn 1

以相嘔咐〇釀 8/62/3

帀 zā 1

一歲而〇 3/25/5

匝 zā 2

周而復〇 1/1/12
圜（二市）〔三〇〕 18/187/11

囋 zá 1

而不〇喋苛事也 6/54/12

雜 zá 15

未始有與〇糅者也 1/4/5
而萬物（〇）〔炊〕累焉 2/11/26
〇之以青黃 2/14/13
（〇）〔離〕道以偽 2/15/15
五類〇種興乎外 4/38/6
〇（湅）〔涷〕雨 6/51/25
男女群居〇處而無別 8/62/10
而智故不得〇焉 8/64/26
以數〇之壽 14/142/7
故群居〇處 15/142/24
貂裘而〇 16.119/165/9
（豹）〔貂〕裘而〇 17.89/174/21
〇奇彩 19/205/24
〇（芝）〔芷〕若 19/209/15
略〇人間之事 21/225/13

災 zāi 9

必有凶〇 5/39/26
乃多女〇 5/42/19
則冬多火〇 5/43/13
則風〇數起 5/44/9
毀折生〇 7/55/15
世無〇害 8/63/8
時有涔旱〇害之患 9/79/1
雖涔旱〇害之殃 9/79/3
炎帝為火〇 15/143/1

哉 zāi 80

莽乎大〇 1/4/21
豈有間〇 1/8/18
豈嘗為寒暑燥溼變其聲〇 1/9/4
豈無形神氣志〇 1/9/28
至妙何從及此〇 2/10/27
（執）〔孰〕能至於此〇 2/12/18
其形雖有所小周〇 2/13/9
貪污之心奚由生〇 2/16/19
奈之何〇 2/17/15
有況與一國同伐之〇 2/17/21
豈獨無聖人〇 2/18/2
豈直禍福之間〇 7/56/5
偉〇造化者 7/58/21
夫豈為貧富肥臞〇 7/60/22
豈若能使無有盜心〇 7/60/23
豈有此大患〇 7/60/29
豈足為〇 9/69/12
豈其人事不至〇 9/72/2
以屈為伸〇 9/72/5
豈其趨捨厚薄之勢異〇 9/73/18
而殷民背叛〇 9/73/20
豈其奉養不足樂〇 9/74/5
豈其材之巨小足〔任〕〇 9/77/21
昭昭乎小〇 10/84/27
曠曠乎大〇 10/84/27
獨專之意樂〇 10/86/21
又何以窮至治之本〇 11/98/22
豈無鄭、衛激楚之音〇 12/106/4
何足問〇 12/106/11
豈曰能刺人〇 12/106/24
彼何人〇 12/107/3
異〇 12/109/3
豈不惑〇 12/109/18
工人焉得而譏之〇 12/110/4
懼〇 12/114/21
豈不亦遠〇 12/116/15
豈不悲〇 12/116/18
貴矣〇 12/117/8
又何從至於此〇 12/117/9
將何不忘〇 12/117/13
夫善（載）〔〇〕 12/118/7
亦何如〇 12/119/10
善〇乎 12/119/14
善〇 12/119/16
句襟委章甫〇 13/120/5
豈若三代之盛〇 13/121/10
天下豈有常法〇 13/121/26
豈可同〇 13/122/6
豈有此霸功〇 13/127/6
豈不或〇 13/131/18
豈不勃〇 13/131/22
豈若憂瘕疵之（與）〔興〕、痤疽之發而豫備之〇 14/137/28
豈加故為〇 14/139/14
雖不能必先〇 14/139/19
深〇瞷瞷 15/149/22
遠〇悠悠 15/149/22
豈不虛〇 16.73/160/27
辭而不享〇 16.104/163/24
雖其理〇 16.106/163/31
安所問之〇 17.19/169/24
雖不能與終始〇 17.39/171/3
豈若適衣而已〇 17.111/176/5
豈能致千里〇 17.132/177/24
而（後）〔先〕萬世之利也〇 18/191/17
雖偷樂〇 18/193/25
豈不悖〇 19/202/29
子何以輕之〇 19/204/3
焉得无有睥（面）〔睨〕掩鼻之容〇 19/209/18
豈此契契〇 20/210/29
豈節（柎）〔拊〕而毛（脩）〔循〕之〇 20/211/20
豈足多〇 20/214/13
其為樂豈不大〇 20/220/9
豈獨形骸有瘖聾〇 20/220/13
豈不大〇 20/220/16
又況知應无方而不窮〇 20/220/23
豈直一說之快〇 20/220/24
豈得无終始〇 20/221/11
豈所謂樂〇 20/221/25
豈古之所謂樂〇 20/221/27
雖未能抽引玄妙之中（才）〔〇〕 21/223/21

宰 zǎi 26

成化像而弗○ 1/1/19
乃命○祝 5/43/23
乃命冢○ 5/44/18
師曠瞽而為（大）〔太〕○ 9/68/23
是猶代庖○剝牲 9/77/3
○徹其膳 9/80/9
○庖之切割分別也 11/98/18
可移於○相 12/112/21
○相、所使治國家也 12/112/21
守官者如祝○ 14/140/1
陳成常、○予二子者 18/195/14
陳成常果攻○予於庭中 18/195/15
廷殺○予 18/195/26
（大）〔太〕○（予）〔子〕朱侍飯於令尹子國 18/196/12
太○子朱辭官而歸 18/196/13
楚太○、未易得也 18/196/13
〔太○子朱〕之見終始微矣 18/196/15
乃以問其傅○折睢曰 18/197/25
○折睢曰 18/198/1
見太○嚭 18/200/20
太○嚭甚悅之 18/200/20
太○嚭曰 18/200/21
太○嚭入 18/200/25
○、祝雖不能 20/215/18
夫差用太○嚭而滅 20/217/26
○匠萬物之形 21/227/17

在 zài 313

○身者不知 1/3/4
得○時 1/4/15
不○爭 1/4/15
治○道 1/4/15
不○聖 1/4/15
○中以制外 1/5/2
而○于得道 1/7/17
而○于德和 1/7/17
不（任）〔○〕於彼而○於我 1/8/15
不○於人而○於（我）身 1/8/16
以其性之○焉而不離也 1/9/20
凡人（之）志（各）有所○而神有所繫者 1/9/23
故○於小則忘於大 1/9/25
○於中則忘於外 1/9/25
○於上則忘於下 1/9/25
○於左則忘於右 1/9/26
則無所不○ 1/9/26
於是○上位者 2/11/20
而心○鴈門之間 2/13/2
然其〔一〕斷○溝中 2/14/14
必其（有命）〔命有〕○於外也 2/15/4
心有所至而神喟然○之 2/16/14
今盆水○庭 2/17/21
體道者不專○於我 2/18/4
今矰繳機而○上 2/18/12
網罟張而○下 2/18/13
太陰○四仲 3/20/8
太陰○四鉤 3/20/8
故曰德○室 3/21/20
故曰德○野 3/21/21
德○室則刑○野 3/22/7
德○堂則刑○術 3/22/7
德○庭則刑○巷 3/22/8
則越陰○地 3/22/14
（太）〔天〕一○丙子 3/23/9
道○中央 3/24/11
〔景○樹端〕 3/24/21
太陰○寅 3/27/1,3/27/4
朱（烏）〔鳥〕○卯 3/27/1
勾陳○子 3/27/1
玄武○戌 3/27/2
白虎○酉 3/27/2
（蒼龍○辰） 3/27/2
太陰○卯 3/27/6
太陰○辰 3/27/7
太陰○巳 3/27/8
太陰○午 3/27/9
太陰○未 3/27/10
太陰○申 3/27/11
太陰○酉 3/27/12
太陰○（戊）〔戌〕 3/27/14
太陰○亥 3/27/15
太陰○子 3/27/16
太陰○丑 3/27/17
太陰○甲子 3/27/18
朱鳥○太陰前一 3/27/21
鉤陳○後三 3/27/21
玄武○前五 3/27/22
白虎○後六 3/27/22
寅○甲曰閼蓬 3/29/25
卯○乙曰旃蒙 3/29/26
辰○丙曰柔兆 3/29/27
巳○丁曰強圉 3/29/28
午○戊曰著雝 3/31/1
未○己曰屠維 3/31/2
申○庚曰上章 3/31/2
酉○辛曰重光 3/31/3
戌○壬曰玄黓 3/31/4
（子）〔亥〕○癸曰昭陽 3/31/7
珠樹、玉樹、琁樹、不死樹○其西 4/33/5
沙棠、琅玕○其東 4/33/5
絳樹○其南 4/33/6
碧樹、瑤樹○其北 4/33/6
傾宮、旋室、縣圃、涼風、樊桐○崑崙閶闔之中 4/33/7
扶木○陽州 4/33/19
建木○都廣 4/33/19
若木○建木西 4/33/20
雒棠、武人○西北陬 4/37/5
硥魚○其南 4/37/5
○其西南方 4/37/5
三珠樹○其東北方 4/37/6
有玉樹○赤水之上 4/37/6
崑崙、（華）〔莘〕丘○其東南方 4/37/6
和丘○其東北陬 4/37/7
三桑、無枝○其西 4/37/7
夸父、（耽）〔耴〕耳○其北方 4/37/8
昆吾丘○南方 4/37/8
軒轅丘○西方 4/37/8
巫咸○其北方 4/37/9
暘谷、榑桑○東方 4/37/9
有娀○不周之北 4/37/9
西王母○流沙之瀕 4/37/10
樂民、拏閭○崑崙弱水之洲 4/37/10
三危○樂民西 4/37/10
宵明、燭光○河洲 4/37/10
龍門○河淵 4/37/11
湍池○崑崙 4/37/11

玄燿、不周、申池○海隅 4/37/11
孟諸○沛 4/37/12
少室、太室○冀州 4/37/12
燭龍○鴈門北 4/37/12
后稷壟○建木西 4/37/13
○其間 4/37/13
流黃、（涙）〔沃〕民
○其北方三百里 4/37/13
狗國○其東 4/37/14
盛德○木 5/39/3
盛德○火 5/41/1
盛德○土 5/42/6
盛德○金 5/42/23
蟄蟲咸俛〔○穴〕 5/45/1
盛德○水 5/45/9
雖○壙虛幽閒 6/49/30
余（任）〔○〕 6/50/2
故聖人○位 6/50/15
左強○側 6/51/11
天子○上位 6/54/4
是故其○江也 7/56/24
其○洿也 7/56/25
亦無以異其○江也 7/56/25
兩髀○上 7/58/20
○內而合乎道 8/61/6
夷羊○牧 8/61/23
猶○于混冥之中 8/62/8
○於耳則其聽聰 8/64/27
皆○流遁 8/65/1
古者聖王○上 8/66/6
故所理者遠則所○者邇 9/67/9
志之所○ 9/68/14
皆○於身也 9/70/28
忠正○上位 9/72/12
是故聖人得志而○上位 9/72/14
權要○主 9/72/17
桀○上位 9/72/24
事不○法律中 9/73/1
志專○于宮室臺榭 9/74/7
志○直道正邪 9/74/26
雖○褐夫芻蕘 9/75/9
雖○卿相人君 9/75/9
是非之所○ 9/75/10
使○匹夫布衣 9/77/25
雖○斷割之中 9/81/7
道○易而求之難 9/82/10
驗○近而求之遠 9/82/10
聖人○上 10/83/19
10/84/25,10/85/8
○下 10/83/19
小人○上位 10/83/19
圭璋○前 10/84/18
○混冥之中 10/84/22
信○言前也 10/84/24
誠○令外也 10/84/25
○家老則為恩厚 10/85/19
其○債人則生爭鬭 10/85/19
○情而不萌者 10/88/13
憂尋不○民 10/88/29
故君子順其○己者而已
矣 10/89/13
得之○命 10/89/15
後者○上 10/90/26
廉有所○ 11/94/19
至貴○焉爾 11/99/11
道○其閒 11/99/21
若夫不○於繩準之中 11/100/10
使○於繼母 11/101/5
常欲○於虛 11/101/8
誹譽○俗 11/102/17,18/199/7
窮達○時 11/102/17
故（仕）〔仁〕鄙○時
不○行 11/104/15
利害○命不○智 11/104/15
〔夫〕治國（有）〔○〕
禮 12/106/5
不○文辯 12/106/5
心○魏闕之下 12/109/21
故本（任）〔○〕於身 12/109/29
其人（○焉）〔焉○〕 12/110/2
獨其糟粕○耳 12/110/7
○君〔之〕行賞罰 12/110/10
專○子罕也 12/110/13
○於沙丘 12/111/19
○其內而忘其外 12/111/23
君臣爭以過為○己 12/112/16
熒惑○心 12/112/19,12/112/19
公孫龍○趙之時 12/113/5
而航○一汜 12/113/7
○人君用之耳 12/115/9
因問美珥之所○ 12/116/2
吾猶（夫）〔未〕能之
○ 12/116/14
若有嚴刑○其側者 12/116/25
昔吾見句星○（房）
〔駟〕心之閒 12/119/3
子貢○側曰 12/119/16
聖人正○剛柔之閒 13/123/1
（有）〔存〕○得道而
不○於大也 13/124/26
亡○失道而不○於小也 13/124/26
今不審其○己者 13/125/3
是故忠之所○ 13/125/25
（○）〔存〕之亡也 13/132/1
唯道之○者為貴 13/132/2
所○而眾仰之 13/132/4
至和○焉爾 13/132/5
務○於安民 14/133/19
○於足用 14/133/19,20/219/4
○於勿奪時 14/133/19,20/219/4
○於省事 14/133/20,20/219/4
○於節欲 14/133/20
○於反性 14/133/20,20/219/5
○於去載 14/133/20
有一人○其中 14/134/20
不○於己也 14/135/2
使○己者得 14/137/27
（○）〔任〕智則人與
之訟 14/138/9
（○）〔任〕力則人與
之爭 14/138/10
此兩者常○久見 14/138/11
勝○於數 14/139/18
〔而〕不○於欲〔也〕 14/139/18
先○於數 14/139/19
而不○於欲也 14/139/19
一羸○側 14/140/9
（筐）〔匡〕床（○）
〔衽〕席弗能安也 14/140/23
時○我後 14/141/28
無所不○ 15/144/17
本○於政 15/145/19
積怨○於民也 15/146/11
○中虛神 15/147/8
○外漠志 15/147/8
誰敢○於上者 15/150/8
故善戰者不○少 15/153/3
善守者不○小 15/153/3
勝○得威 15/153/3
敗○失氣 15/153/4
社稷之命○將軍（耳）

〔身〕 15/153/13
故玉〇山而草木潤 16.4/154/16
〇所從闕之 16.10/155/6
適〇五步之內 16.11/155/9
舟〇江海 16.18/155/26
有所〇而短 16.22/156/12
有所〇而脩也 16.22/156/13
升〇石之中 16.56/159/17
夜〇歲之中 16.56/159/17
仁義〇道德之包 16.56/159/18
愚人之同死生不知利害
所〇 16.108/164/6
燿蟬者務〇明其火 16.113/164/18
釣魚者務〇芳其餌 16.113/164/18
〇洿泥之中 16.116/164/28
〇（袦）〔旃〕茵之上
16.116/165/1
美之所〇 16.116/165/1
惡之所〇 16.116/165/1
（猶）〔然〕良馬猶〇
相之中 16.120/165/11
是故所重者〇外 17.16/169/16
嗜慾〇外 17.17/169/19
鰿〇其間 17.24/170/3
其壞〇山 17.35/170/25
意有所〇 17.59/172/19
飢馬〇廄 17.95/175/3
土（壞）〔壤〕布〇田
17.128/177/14
若蹍薄冰、蛟〇其下
17.150/179/1
〇於杼柚 17.152/179/6
黶酺、〇頰則好 17.154/179/10
〇顙則醜 17.154/179/10
腐鼠〇壇 17.158/179/19
兕虎〇於後 17.217/183/23
隨侯之珠〇於前 17.217/183/23
正〇疏數之間 17.227/184/12
故解（椊）〔捽〕者不
〇於捌格 17.239/185/7
〇於批（伉）〔扰〕
17.239/185/7
其子執〇城中 18/188/7
求魘安〇 18/188/14
夫爝火〇縹烟之中也 18/195/8
禍〇備胡而利越也 18/197/19
逆順〇（君）〔時〕 18/199/7
以其要〇三寸之轄 18/200/14
〇所由之道 18/200/20
段干木〇 19/203/29
故〇所以感〔之矣〕 19/204/10
〇所設施 19/206/22
越〇草茅 19/207/19
務〇於前 19/207/27
福將〇後至 19/209/27
而日〇其前〔矣〕 20/210/9
鳴鶴〇陰 20/210/11
聖主〇上位 20/211/23
〇位七十載 20/213/8
奸人〇朝而賢者隱處 20/213/20
其美〇（調）〔和〕 20/214/7
其失〇權 20/214/7
故法雖〇、必待聖而後
治 20/216/24
聖王〇上 20/217/9
務〇寧民 20/219/3
〇於節（用）〔欲〕 20/219/5
守〇四夷 20/219/27
守〇諸侯 20/219/28
守〇四鄰 20/219/28
守〇四境 20/219/28
（又況）萬物〇其閒者
乎 20/220/9
（所〇）〔〇所〕先後
而已矣 20/221/8
則无不〇焉 21/227/2
成王〇褓繈之中 21/227/28

再 zài 16

〔則〕草木〇死〇生 3/24/3
〇舉而天下失矣 9/78/8
紂〇舉而不得為匹夫 9/78/10
舜、禹不〇受命 10/88/5
北面〇拜曰 12/112/25,12/117/25
〇三呼而不應 14/134/21
亡犴不可〇 17.97/175/7
〇生者不穫 17.159/179/22
夫〇實之木根必傷 18/187/5
〇拜而興 18/190/15
〇鼓 18/192/13
襄子〇勝而有憂色 20/222/24
螈蚕一歲〇（收）〔登〕 20/222/28
欲〇言而通 21/224/3

載 zài 52

覆天〇地 1/1/3
則无不〇也 1/2/9
嗜欲不〇 1/7/6
夫大塊〇我以形 2/10/29
地之所〇 2/12/27,19/205/26
日月無所〇 2/14/3
莫不竦身而〇聽視 2/15/13
心無所〇 2/16/27
墜（形）之所〇 4/32/8
（〇）〔建〕赤旗 5/41/19
墜不周〇 6/52/24
居君臣父子之間而競〇 6/53/13
機械知巧弗〇於心 7/57/12
地〇以樂 8/61/10
知故不〇焉 9/69/23
夫〇重而馬（羸）〔羸〕 9/72/3
洞同覆〇而無所礙 10/82/16
誰弗（〇）〔戴〕 10/83/3
上意而民〇 10/87/15
無〇焉而不勝 10/88/9
其〇情一也 10/88/17
義〇乎宜之謂君子 10/90/16
乃至天地之所覆〇 11/94/24
夫〇哀者聞歌聲而泣 11/96/10
〇樂者見哭者而笑 11/96/11
〇使然也 11/96/11
〇尸而行 11/99/2
命後車〇之 12/109/4
〇營魄抱一 12/115/17
此猶光乎日月而〇列星 12/116/10
夫善（〇）〔哉〕 12/118/7
於是乃去其瞀而〇之
（木）〔朮〕 12/119/25
四大夫〇而行 13/125/20
今夫僦〇者 13/131/24
在於去〇 14/133/20
去〇則虛 14/133/21
何不覆〇 14/139/6
〇以銀錫 15/150/4
〇旌旗斧鉞 15/153/20
無為而治者〇無也 16.6/154/21
無言而神者〇無 16.6/154/22
涉水者解其馬〇之舟

〔蚙〕竆　17.26/170/7
禍生而不○滅　18/195/28
聖人見之○　18/196/11
昌羊去○蝨　20/223/7

棗 zǎo　3

其樹○　5/46/18
伐（棘）〔樕〕○而為（矜）〔矜〕　15/146/9
梨橘○栗不同味　17.67/173/3

藻 zǎo　4

華○鏤（解）〔鮮〕　2/14/13
蘋生（萍）○　4/38/11
（萍）○生浮草　4/38/12
凡浮生不根茇者生於（萍）○　4/38/12

早 zǎo　1

飛黃伏○　6/52/22

造 zào　40

與○化者俱　1/2/4
雖伊尹、○父弗能化　1/3/6
與○化者為人　1/4/10,2/17/1
○父不能為伯樂者　2/13/17
何況夫未始有涅藍○化之者乎　2/13/20
而友○化　6/50/6
又何化之所能○乎　6/50/22
以夏○冰　6/50/25
王良、○父之御也　6/52/7
夫○化者既以我為坯矣　7/56/14
夫○化者之攫援物也　7/56/22
偉哉○化者　7/58/21
與○化者相雌雄　8/61/10
雖○父不能以致遠　9/72/4
其猶○父之御〔也〕　9/76/1
唯○化者　9/77/10
唯○父能盡其力　10/84/7
○父以治馬　10/87/12
天非為武王○之也　10/87/23
衰世之○也　11/93/22
下與○化為人　11/99/16
○父以御馬　11/99/23
仲尼○然曰　12/115/14
孔子○然革容曰　12/119/15
困其患則○其備　13/120/15
皆衰世之○也　13/121/9
○劉氏之（貌）冠　13/124/9
而○其所以亡也　13/124/28
○桓公之胸　13/127/3
有（如）〔加〕輮軸其上以為○　13/131/24
未○而成物　14/132/10
○父不能以致遠　15/151/9
鼓○辟兵　17.54/172/8
○父之所以追速致遠者　17.71/173/12
容成○曆　19/206/10
魯般不能○　20/210/25
故因其患則○其備　20/220/19
見其○而思其功　20/222/5
通（迴）〔週〕○化之母也　21/224/8

燥 zào　15

各生所急以備○溼　1/3/20
豈嘗為寒暑○溼變其聲哉　1/9/4
是故形傷于寒暑○溼之虐者　2/11/13
火勝故冬至○　3/21/24
○故炭輕　3/21/25
甲子氣○濁　3/23/25
丙子氣○陽　3/23/25
庚子氣○寒　3/23/25
是故○溼寒暑以節至　5/49/22
人主深居隱處以避○濕　9/71/9
而知○溼之氣　16.133/166/16
懸羽與炭〔而〕知○溼之氣　17.74/173/19
若火之得○　18/195/28
○濕肥墝高下　19/202/18
故寒暑○濕　20/210/11

躁 zào　15

其魂不○　1/7/10
○而（日）耗者〔日〕以老　1/10/8
無○　5/41/26
九月而○　7/55/9
閑靜而不○　8/61/6
人主靜漠而不○　9/71/2
狡○康荒　9/73/28
民○而費多也　11/95/17
愈○愈沉　11/96/3
○而多欲也　13/129/14
靜之勝○　14/140/11
靜以合○　15/148/14
彼○我靜　15/148/15
靜則能應○　15/149/4
故靜為○奇　15/152/7

譟 zào　1

鼓○軍　15/152/20

竈 zào　8

其祀○　5/41/2,5/41/18
已飯而祭○　9/80/13
祀○　11/98/7
而煬○口　11/104/8
今世之祭井○、門戶、箕帚、（日）〔臼〕杵者　13/131/6
死而為○　13/131/11
井○通　15/145/15

咋 zé　1

齕○足以嚼肌碎骨　19/204/16

則 zé　1218

○無不覆也　1/2/9
○无不載也　1/2/9
○無不使也　1/2/9
○無不備也　1/2/10
何○　1/2/23
2/17/16,2/17/27,6/53/8
6/54/12,6/54/20,11/100/6
11/102/6,13/123/14
13/123/16,13/128/7
13/129/20,14/139/18

14/139/19,19/206/18
○純白不粹 1/3/4
是故革堅○兵利 1/3/5
城成○衝生 1/3/5
○飢虎可尾 1/3/6
○六合不足均也 1/3/12
是故春風至○甘雨降 1/3/17
○莫不枯槁 1/4/1
故橘、樹之江北○化而
為（枳）〔橙〕 1/4/1
○入于天門 1/4/3
積於柔○剛 1/5/4
積於弱○強 1/5/5
故兵強○滅 1/5/6
木強○折 1/5/6
革堅○裂 1/5/6
○後者攀之 1/5/12
○後者（蹶）〔蹑〕之 1/5/12
○後者以謀 1/5/12
○後者（逢）〔違〕之 1/5/13
○後者之弓矢質的也 1/5/13
是何○ 1/5/16,1/8/3
2/13/20,2/16/24,16.8/155/1
先之○大過 1/5/19
後之○不逮 1/5/19
上天○為雨露 1/6/1
下地○為潤澤 1/6/1
○淪於無形矣 1/6/16
○名實同居 1/6/21
約其所守○察 1/6/30
寡其所求○得 1/6/30
○通於神明 1/7/7
○外能（收）〔牧〕之 1/7/8
○五藏寧 1/7/9
（迫）〔感〕○能應 1/7/13
（感）〔迫〕○能動 1/7/13
至德○樂矣 1/7/16
○幾於道矣 1/7/18
18/195/2,18/197/7
○無不樂 1/7/26
無不樂○至（極樂）
〔樂極〕矣 1/7/26
聲出於口○越而散矣 1/8/9
身得○萬物備矣 1/8/16
○嗜欲好憎外（失）
〔矣〕 1/8/16
○天下亦得我矣 1/8/22
○常相有已 1/8/22
○與道為一矣 1/8/25
是何（也）○ 1/9/3
○二者傷矣 1/9/15
故夫形者非其所安也而
處之○廢 1/9/16
氣不當其所充〔也〕而
用之○泄 1/9/17
神非其所宜〔也〕而行
之○昧 1/9/17
○骨肉無倫矣 1/9/21
故在於小○忘於大 1/9/25
在於中○忘於外 1/9/25
在於上○忘於下 1/9/25
在於左○忘於右 1/9/26
○無所不在 1/9/26
○精神日以耗而彌遠 1/10/4
○神無由入矣 1/10/5
恬然○縱之 1/10/9
迫○用之 1/10/9
如是○萬物之化無不遇 1/10/10
○无所遁其形矣 2/11/2
○虎搏而殺之 2/11/8
夫水嚮冬○凝而為冰 2/11/12
冰迎春○（洋）〔泮〕
而為水 2/11/12
○至德天地之精也 2/12/10
若此○有所受之矣 2/13/13
今以涅染緇○黑於涅 2/13/19
以藍染青○青於藍 2/13/19
○醜美有間矣 2/14/14
○滑心濁神 2/14/16
○動溶于至虛 2/14/22
若夫俗世之學也○不然 2/15/23
（淵）〔神〕清○智明矣 2/16/8
智公○心平矣 2/16/9
反之於虛○消鑠滅息 2/16/14
達○嗜慾之心外矣 2/16/20
○性得其宜 2/17/8
○德安其位 2/17/9
○必無餘粹 2/17/21
故世治○愚者不得獨亂 2/18/7
世亂○智者不能獨治 2/18/8
○與豚同 2/18/9
○德施乎四海 2/18/10
陽氣勝○散而為雨露 3/19/2
陰氣勝○凝而為霜雪 3/19/2
是故春夏○群獸除 3/19/5
故陽燧見日○燃而為火 3/19/9
方諸見月○津而為水 3/19/9
故誅暴○多飄風 3/19/13
枉法令○多蟲螟 3/19/13
殺不辜○國赤地 3/19/13
令不收○多淫雨 3/19/13
○歲星行三宿 3/20/8
○歲星行二宿 3/20/8
條風至○出輕繫 3/20/27
明庶風至○正封疆 3/20/28
清明風至○出幣帛 3/20/28
景風至○爵有位 3/20/28
涼風至○報地德 3/20/29
閶闔風至○收縣垂 3/20/29
不周風至○脩宮室 3/20/30
廣莫風至○閉關梁 3/20/30
日冬至○斗北中繩 3/21/18
日夏至○斗南中繩 3/21/18
○下至黃泉 3/21/19
陽氣極○南至南極 3/21/20
日冬至○（水）〔火〕
從之 3/21/23
日夏至○（火）〔水〕
從之 3/21/23
〔○〕井水盛 3/22/1
景脩○陰氣勝 3/22/3
景短○陽氣勝 3/22/3
陰氣勝○為水 3/22/3
陽氣勝○為旱 3/22/3
德在室○刑在野 3/22/7
德在堂○刑在術 3/22/7
德在庭○刑在巷 3/22/8
陰陽相德○刑德合門 3/22/8
德南○生 3/22/9
刑南○殺 3/22/9
斗指子○冬至 3/22/12
加十五日指癸○小寒 3/22/12
加十五日指丑○大寒 3/22/13
○越陰在地 3/22/14
音比（南呂）〔夷○〕 3/22/14
加十五日指寅○（雨水）
〔驚蟄〕 3/22/15
音比（夷○）〔林鍾〕 3/22/15
〔加〕十五日指甲○雷
（驚蟄）〔雨水〕 3/22/15
故曰春分○雷行 3/22/16

加十五日指乙○（清明風至）〔穀雨〕 3/22/17
加十五日指辰○（穀雨）〔清明風至〕 3/22/18
加十五日指常羊之維○春分盡 3/22/18
加十五日指巳○小滿 3/22/20
加十五日指丙○芒種 3/22/20
加十五日指午○陽氣極 3/22/21
加十五日指丁○小暑 3/22/21
加十五日指未○大暑 3/22/22
加十五日指背陽之維○夏分盡 3/22/22
加十五日指申○處暑 3/22/23
加十五日指庚○白露降 3/22/24
加十五日指辛○寒露 3/22/25
加十五日指戌○霜降 3/22/25
音比夷○ 3/22/26
加十五日指蹏通之維○秋分盡 3/22/26
加十五日指亥○小雪 3/22/27
加十五日指壬○大雪 3/22/27
東南○生 3/23/3
西北○殺 3/23/3
○夏至之日也 3/23/16
甲子受制○行柔惠 3/23/20
丙子受制○舉賢良 3/23/20
戊子受制○養〔長〕老 3/23/21
庚子受制○繕牆垣 3/23/22
壬子受制○閉門閭 3/23/22
（大剛）〔○〕魚不為 3/24/2
〔○〕草木再死再生 3/24/3
〔○〕草木復榮 3/24/3
○萬物不生 3/24/10
○萬物不成 3/24/10
遠山○山氣藏 3/24/11
遠水○水蟲蟄 3/24/12
遠木○木葉槁 3/24/12
夏日至○陰乘陽 3/24/24
冬日至○陽乘陰 3/24/24
是以陽氣勝○日脩而夜短 3/25/1
陰氣勝○日短而夜脩 3/25/1
〔○陰陽分〕 3/25/2
○萬物蟥〔蟥然也〕 3/25/5
卯○茂茂然 3/25/6
辰○振之也 3/25/6
巳○生已定也 3/25/7
律受夷○ 3/25/10
夷○者 3/25/10
易其○也 3/25/10
（○陰陽分） 3/25/14
下生夷○ 3/26/5
夷○之數五十一 3/26/5
夷○之角也 3/26/11
〔有形○有聲〕 3/26/14
（有形○有聲） 3/26/15
大陰治春○欲行柔惠溫（涼）〔良〕 3/28/18
太陰治夏○欲布施宣明 3/28/18
太陰治秋○欲脩備繕兵 3/28/18
太陰治冬○欲猛毅剛彊 3/28/19
合於歲前○死亡 3/29/5
合於歲後○无殃 3/29/6
○定東方兩表之中 3/31/11
○東西之正也 3/31/11
○正南 3/31/13
相應○此與日直也 3/31/16
○半寸得一里 3/31/18
除○從此西里數也 3/31/19
○極徑也 3/31/20
○是東與東北表等也 3/31/22
○從中北亦萬八千里也 3/31/23
南二萬里○无景 3/32/2
○置從此南至日下里數 3/32/3
○天高也 3/32/3
○高與遠等也 3/32/3
○風雨不時 5/39/13
○其民大疫 5/39/13
○水潦為敗 5/39/14
○其國大水 5/40/4,5/45/4
○陽氣不勝 5/40/4
○其國大旱 5/40/5
○寒氣時發 5/40/24
○民多疾疫 5/40/24
○天多沈陰 5/40/25
○苦雨數來 5/41/12
○草木早枯 5/41/12
○螽蝗為敗 5/41/13
○雹霰傷穀 5/42/1
○五穀不熟 5/42/1
○草木零落 5/42/2
○穀實解落 5/42/18
○丘隰水潦 5/42/18
○風寒不時 5/42/19
律中夷○ 5/42/24
○陰氣大勝 5/43/12
○其國乃旱 5/43/12
5/44/8,5/46/15
○冬多火災 5/43/13
○秋雨不降 5/44/8
○風災數起 5/44/9
○國多盜賊 5/45/4
○熛風來至 5/45/5
○凍閉不密 5/45/25
○〔國〕多暴風 5/45/25
○雪霜不時 5/45/26
諸蟄○死 5/46/5
○伐樹木 5/46/13
○（其）〔天〕時雨水 5/46/15
○蟲螟為敗 5/46/16
○白露早降 5/47/6
○胎夭〔多〕傷 5/47/6
○水潦敗國 5/47/7
所欲○得 5/49/1
所惡○亡 5/49/1
○背譎見於天 6/50/16
○道行矣 6/51/5
○難矣 6/51/6,11/96/10
13/122/23,13/127/27
遠之○邇 6/51/14,20/210/5
近之○（遠）〔疏〕 6/51/14
○是所脩伏犧氏之迹 6/54/10
旬月不雨○涸而枯澤 6/54/19
○胸腹充而嗜慾省矣 7/55/20
○耳目清、聽視達矣 7/55/21
○教志勝而行不僻矣 7/55/22
○精神盛而氣不散矣 7/55/22
精神盛而氣不散○理 7/55/23
理○均 7/55/23
均○通 7/55/23
通○神 7/55/23
神○以視無不見〔也〕 7/55/23
○五藏搖動而不定矣 7/56/1
○血氣滔蕩而不休矣 7/56/1
○精神馳騁於外而不守矣 7/56/2
○禍福之至 7/56/2
○望於往世之前 7/56/4
○志氣日耗 7/56/8
○所以脩得生也 7/56/11
○無一之不知也 7/56/11
○无一之能知也 7/56/12

然○我亦物也 7/56/13
然○吾生也物不以益衆 7/56/19
靜○與陰（俱閉）〔合德〕 7/57/1
動○與陽（俱開）〔同波〕 7/57/1
形勞而不休○蹶 7/57/3
精用而不已○竭 7/57/3
○是合而生時于心〔者〕也 7/58/4
其所生○死矣 7/58/8
其所化○化矣 7/58/9
○神無累矣 7/58/9
○心不惑矣 7/58/9
○志不懾矣 7/58/10
○明不眩矣 7/58/10
彼○直為義耳 7/59/3
○拊盆叩瓴之徒也 7/59/13
○身飽而敖倉不為之減也 7/59/19
終○反本（末）〔未〕生之時 7/59/23
○脫然而喜矣 7/59/26
○親戚兄弟歡然而喜 7/59/27
○不可劫以死生 7/59/28
○不可縣以天下 7/59/28
○不可畏以死 7/60/1
○不貪物 7/60/1
達至道者○不然 7/60/9
○萬物之變為塵埃矣 7/61/1
○去火而已矣 7/61/2
安○止 8/61/9
激○行 8/61/9
〔○龜龍不往〕 8/61/15
（列）〔○〕陰陽繆戾 8/61/17
○兵革興而分爭生 8/61/26
○不和 8/62/11
○財足 8/62/14
○仁義不用矣 8/62/15
○目不營於色 8/62/15
○樸散而為器矣 8/62/25
○德遷而為偽矣 8/62/26
○名生 8/63/8
○功成 8/63/8
霸者○四時 8/64/5
○四時者 8/64/16
帝者體陰陽○侵 8/64/19
王者法四時○削 8/64/19
霸者節六律○辱 8/64/19
君者失準繩○廢 8/64/19
○滔窕而不親 8/64/20
○陿隘而不容 8/64/20
○與道淪 8/64/24
○目明而不以視 8/64/25
精泄於目○其視明 8/64/26
在於耳○其聽聰 8/64/27
留於口○其言當 8/64/27
集於心○其慮通 8/64/27
故閉四關○〔終〕身無患 8/64/27
○治不荒 8/65/22
心和欲得○樂 8/65/22
○禽獸跳矣 8/65/23
心有憂喪○悲 8/66/1
悲○哀 8/66/1
動○手足不靜 8/66/1
有〔所〕（浸）〔侵〕犯○怒 8/66/2
怒○血充 8/66/2
血充○氣激 8/66/2
氣激○發怒 8/66/2
發怒○有所釋憾矣 8/66/3
〔○〕失樂之本矣 8/66/12
故所理者遠○所在者邇 9/67/9
所治者大○所守者（少）〔小〕 9/67/9
夫目（安）〔妄〕視○淫 9/67/9
耳（安）〔妄〕聽○惑 9/67/10
口（安）〔妄〕言○亂 9/67/10
无容无○ 9/67/14
末世之政○不然 9/68/1
夫水濁○魚噞 9/68/4
政苛○民亂 9/68/4
是以上多故○下多詐 9/68/6
上多事○下多能 9/68/6
上煩擾○下不定 9/68/6
上多求○下交爭 9/68/6
聽其音○知其俗 9/69/6
見其俗○知其化 9/69/7
是故道有智○惑 9/69/23
德有心○險 9/69/23
心有目○眩 9/69/23
○人知之於物也 9/70/3
○其窮不（達）〔遠〕矣 9/70/4
○人材不足任 9/70/7
○無不勝也 9/70/8
○無不成也 9/70/9
○治道通矣 9/70/22,14/133/8
○守職者懈於官 9/70/22
○修身者不勸善 9/70/24
妄指○亂矣 9/71/3
○天與之時 9/71/4
○地生之財 9/71/4
○聖人（之為）〔為之〕謀 9/71/5
○无由惑矣 9/71/9
○天下（之）不足有也 9/71/12
○獨身不能保也 9/71/13
是故君臣異道○治 9/71/19
同道○亂 9/71/19,20/222/14
○上下有以相使也 9/71/19
○君得所以制臣 9/71/23
○无不（仕）〔任〕也 9/71/24
○无不勝也 9/71/24
○百人有餘力矣 9/71/25
○烏獲不足恃 9/71/26
○天下不足有也 9/71/26
〔○〕无不勝也 9/72/6
〔○〕无不成也 9/72/6
○舉之者不重也 9/72/8
○為之者不難也 9/72/9
○天下一齊 9/72/9
○讒佞姦邪无由進矣 9/72/12
○國家治 9/72/16
○國家危 9/72/16
○直士任事 9/72/20
○邪人得志 9/72/20
○群臣以邪來者 9/72/22
治國○不然 9/72/28
亂國○不然 9/73/4,11/97/24
○非之以與 9/73/6
○犯之邪 9/73/6
靜○下不擾矣 9/73/26
儉○民不怨矣 9/73/26
下擾○政亂 9/73/26
民怨○德薄 9/73/27
政亂○賢者不為謀 9/73/27
德薄○勇者不為死 9/73/27
如此○百官務亂 9/73/28
○賦斂無度 9/74/2
衰世○不然 9/74/6
○竭百姓之力 9/74/7
闇主○不然 9/75/12

疏遠（〇）卑賤者 9/75/12
其離聰明〇亦遠矣 9/75/14
〇道勝 9/75/20
〇令行於民矣 9/75/30
〇管、晏之智盡矣 9/76/6
〇跖、蹻之姦止矣 9/76/6
〇寸之分可得而察也 9/76/8
〇歷險致遠 9/76/13
〇馬反自恣 9/76/14
〇人材釋而公道行矣 9/76/15
〇奇材佻長而（于）［干］次 9/76/19
〇民俗亂於國 9/76/20
是故有術〇制人 9/76/21
無術〇制於人 9/76/21
〇制於螻蟻 9/76/22
〇有司以無為持位 9/76/23
〇智日困而自負其責也 9/76/27
數窮於下〇不能伸理 9/76/27
行墮於國〇不能專制 9/76/27
〇無以與（天）下交也 9/76/28
〇守職者離正而阿上 9/76/29
而有過〇無以（貴）［責］之 9/77/1
〇百官煩亂 9/77/2
〇人主逾勞 9/77/3
〇馬（死）［服］于衡下 9/77/4
有為〇讒生 9/77/7
有好〇諛起 9/77/7
精神勞〇越 9/77/13
耳目淫〇竭 9/77/13
〇百官之事各有所守矣 9/77/15
（〇）［言］輕重小大有以相制也 9/77/18
〇天下徧為儒墨矣 9/77/23
〇不免為人笑也 9/77/26
〇庸人能以制勝 9/78/2
〇五尺童子牽而周四海者 9/78/3
［〇］明主弗樂［也］ 9/78/13
〇明主弗甘也 9/78/14
［〇］明主弗安也 9/78/15
取民〇不裁其力 9/78/21
求於下〇不量其積 9/78/21
〇人之生 9/79/1
〇得承受於天地 9/79/5
〇百姓無以被天和而履地德矣 9/79/6
陰降百泉〇脩橋梁 9/79/18
昏張中〇務種穀 9/79/19
大火中〇種黍菽 9/79/19
虛中〇種宿麥 9/79/19
昴中〇（牧）［收］斂畜積 9/79/19
〇官自備矣 9/79/21
非積〇禍極 9/79/24
〇聖人之心小矣 9/80/15
〇聖人之志大也 9/80/18
〇聖人之智員矣 9/80/20
〇聖人之行方矣 9/80/22
〇不處焉 9/81/22
〇益其損 9/81/29
〇［猶］狂而操利劍 9/81/29
〇［猶］（棄）［乘］驥而（不式）［或］ 9/81/30
魚得水而游焉〇樂 9/82/4
〇為螻蟻所食 9/82/4
〇魚得而利之 9/82/4
心治〇百節皆安 10/82/19
心擾〇百節皆亂 10/82/19
〇失其所以生 10/82/27
〇失其所以活 10/82/27
〇知其所以來者 10/83/2
〇可 10/83/14,16.107/164/2
〇必不知狐 10/83/15
〇不知狐、貍 10/83/16
〇必不知賢 10/83/17
〇必不知不肖者矣 10/83/17
〇民樂其治 10/83/19
〇民慕其意 10/83/19
〇民多詐矣 10/84/1
〇得百人之力 10/84/9
〇得千人之心 10/84/9
千枝萬葉〇莫得弗從也 10/84/10
〇恩不接矣 10/84/15
〇所動者遠矣 10/84/16
〇君尊而臣忠 10/85/6
故君子見善〇痛其身焉 10/85/13
在家老〇為恩厚 10/85/19
其在債人〇生爭鬬 10/85/19
〇損隨之 10/85/25
故世治〇以義衛身 10/86/14
世亂〇以身衛義 10/86/14
〇（聖）［貴］者衆矣 10/86/21
〇賤者多矣 10/86/21
〇無著 10/86/24
絃〇是也 10/87/8
以文滅情〇失情 10/87/11
以情滅文〇失文 10/87/11
〇鳳麟極矣 10/87/11
故上左遷〇失其所尊也 10/87/30
臣右還〇失其所貴矣 10/87/30
〇塞於辭矣 10/88/2
其哀〇同 10/88/14
其所以哀〇異 10/88/14
施人〇異矣 10/88/18
失其所樂〇哀 10/88/21
金錫不消釋〇不流刑 10/88/29
上憂尋不誠〇不法民 10/88/29
〇是絕民之繫也 10/88/29
君子時〇進 10/89/28
不時〇退 10/89/28
〇威之所行者遠 10/90/28
〇武之所制者小 10/90/29
〇不然 10/91/6
見所始〇知所終 10/91/15
聖人見其所生〇知其所歸矣 10/91/16
〇小絃絕矣 10/91/21
〇萬物之化咸有極矣 10/92/7
根淺〇末短 10/92/25
本傷〇枝枯 10/92/25
原心反性〇貴矣 10/93/12
適情知足〇富矣 10/93/13
明死生之分〇壽矣 10/93/13
禮樂飾〇純樸散矣 11/93/21
是非形〇百姓（昡）［眩］矣 11/93/21
珠玉尊〇天下爭矣 11/93/21
〇失禮義之本也 11/93/26
夫水積〇生相食之魚 11/93/26
土積〇生自（穴）［宍］之獸 11/93/26
禮義飾〇生偽匿之（本）［士］ 11/93/27
〇必有穿窬拊（揵）［楗］、（抽箕）［扣墓］踰備之姦 11/94/2
所急（〇均）［均〇］其用一也 11/95/1
見雨〇裘不用 11/95/2
升堂〇蓑不御 11/95/2

○矜於為柔懦 13/123/11
濁（一）〔之〕○鬱而无轉 13/123/12
清之○（燋）〔憔〕而不（謳）〔調〕 13/123/13
○莫不比於律而和於人心 13/123/14
人謂之左○左 13/123/15
謂之右○右 13/123/15
遇君子○易道 13/123/15
遇小人○陷溝壑 13/123/16
得其處○無非 13/123/22
失其處○無是 13/123/22
○才不足也 13/124/2
今世之為武者○非文也 13/124/11
為文者○非武也 13/124/11
（○）〔為〕無所不通 13/124/13
今謂（疆）〔彊〕者勝○度地計眾 13/124/21
富者利○量粟〔而〕稱金 13/124/22
○（千）〔萬〕乘之君無不霸王者 13/124/22
○必有繼之者也 13/125/4
○天下納其貢職者迴也 13/125/9
○天下之伐我難矣 13/125/9
○舉足蹴其體 13/125/24
○捽其髮而拯 13/125/26
故溺○捽父 13/125/26
祝○名君 13/125/26
○无所用矣 13/126/2
聖人○不然 13/126/14
○必滅抑而不能興矣 13/126/16
○必不免於有司之法矣 13/126/18
化○為之象 13/126/19
運○為之應 13/126/19
○天下无聖王賢相矣 13/126/26
○終身為破軍擒將矣 13/127/1
○失賢之數也 13/127/8
求於（一）人○任以人力 13/127/24
自脩○以道德 13/127/24
難為○行高矣 13/127/25
易償○求贍矣 13/127/25
○論人易矣 13/128/11
貴○觀其所舉 13/128/19
富○觀其所施 13/128/19
窮○觀其所不受 13/128/19
賤○觀其所不為 13/128/19
貧○觀其所不取 13/128/19
○人情備矣 13/128/21
○忘其為矣 13/129/28
○患弗（過）〔遇〕也 13/130/1
○罪弗累也 13/130/2
○憂弗近也 13/130/2
○怨弗犯也 13/130/2
○足以養七尺之形矣 13/130/7
○萬乘之勢不足以為尊 13/130/7
○不待戶牖（之）〔而〕行 13/130/28
○亦无能履也 13/130/28
○九卿趨 13/132/2
○禽獸草木莫不被其澤矣 13/132/5
失其所以寧○危 14/132/20
失其所以治○亂 14/132/20
動○有章 14/132/21
行○有迹 14/132/21
動有章○（詞）〔訶〕 14/132/21
行有迹○議 14/132/22
原天命○不惑禍福 14/133/8
治心術○不（忘）〔妄〕喜怒 14/133/8
理好憎○不貪無用 14/133/9
適情性○欲不過節 14/133/9
不惑禍福○動靜循理 14/133/9
不妄喜怒○賞罰不阿 14/133/9
不貪无用○不以欲（用）害性 14/133/10
欲不過節○養性知足 14/133/10
德立○五无殆 14/133/14
五見○德无位矣 14/133/14
故得道○愚者有餘 14/133/14
失道○智者不足 14/133/15
去載○虛 14/133/21
虛○平 14/133/21
至於與同○格 14/134/8
○幾於道（也）〔矣〕 14/134/27
○所有者亡矣 14/135/3
○所欲者至 14/135/4
不損○益 14/135/8
不成○毀 14/135/8
不利○病 14/135/8
從天之○ 14/135/13
為善○觀 14/135/16
為不善○議 14/135/16
觀○生（貴）〔責〕 14/135/16
議○生患 14/135/16
與道爭○凶 14/135/21
順帝之○ 14/135/21
人（受）〔愛〕名○道不用 14/135/26
道勝人○名息矣 14/135/26
（○）〔息〕道者也 14/135/27
○危不遠矣 14/135/27
○道（如）〔諛〕日至矣 14/135/27
事生○釋公而就私 14/136/1
○治不（脩）〔循〕故 14/136/2
○多責 14/136/3
○無功 14/136/3
○妄發而邀當 14/136/3
人舉其疵○怨人 14/136/11
鑑見其醜○善鑑 14/136/11
○免於累矣 14/136/11
由其道○善無章 14/136/13
（脩）〔循〕其理○（功）〔巧〕無名 14/136/14
故文勝○質掩 14/136/15
邪巧○正塞（之）也 14/136/16
善有章○士爭名 14/136/24
利有本○民爭功 14/136/24
○貨殫而欲不饜 14/136/28
○論說而交不結 14/136/28
○約定而反無日 14/136/28
○為名者不伐無罪 14/137/2
君執一○治 14/137/6
无常○亂 14/137/6
夫無為○得於一也 14/137/7
少○昌狂 14/137/8
壯○暴強 14/137/8
老○好利 14/137/8
故君失一○亂 14/137/10
○倍時而（住）〔任〕己 14/137/13
○輕敵而簡備 14/137/14
○無定分 14/137/16
○下之望无止 14/137/16
○與民為讎 14/137/16
（在）〔任〕智○人與之訟 14/138/9

見青蔥○拔之 16.26/156/25
天二氣○成虹 16.27/156/27
地二氣○泄藏 16.27/156/27
人二氣○成病 16.27/156/27
○有不善矣 16.28/156/31
近之○鍾音充 16.29/157/1
遠之○磬音章 16.29/157/1
○不行也 16.30/157/5
○贏蛖應於下 16.33/157/12
○莫不利〔失〕也 16.36/157/20
○莫不利為也 16.36/157/20
於利之中○爭取大焉 16.36/157/20
於害之中○爭取小焉 16.36/157/21
○雖愚無失矣 16.41/158/4
求美○不得 16.42/158/7
不求美○〔有〕美矣 16.42/158/7
求醜○不得醜 16.42/158/7
（求不）〔不求〕醜○有醜矣 16.42/158/7
○無美無醜矣 16.42/158/8
一人處陞○可矣 16.46/158/18
百步之外○爭深淺 16.49/158/27
深○達五藏 16.49/158/27
淺○至膚而止矣 16.49/158/27
染者先青而後黑○可 16.58/159/23
先黑而後青○不可 16.58/159/23
工人下漆而上丹○可 16.58/159/23
下丹而上漆○不可 16.58/159/23
形勞○神亂 16.59/159/26
大家攻小家○為暴 16.69/160/19
大國并小國○為賢 16.69/160/19
所受者小○所見者淺 16.82/161/22
所受者大○所照者博 16.82/161/22
所行○異 16.83/161/25
○搏矢而熙 16.89/162/11
○為怨 16.90/162/14
故人眾○食狼 16.96/163/1
狼眾○食人 16.96/163/1
○無時得鳥矣 16.103/163/19
○懸一札而已矣 16.103/163/20
東走○同 16.108/164/4
所以東走〔者〕○異 16.108/164/4
入水○同 16.108/164/5
所以入水者○異 16.108/164/5
地平○水不流 16.137/166/27
重鈞○衡不傾 16.137/166/27
先倮而浴○可 16.138/166/29
以浴而倮○不可 16.138/166/29
先祭而後饗○可 16.138/166/29
先饗而後祭○不可 16.138/166/29
○（感）〔惑〕 16.151/168/4
○勃矣 16.151/168/5
〔○〕得其所見矣 17.14/169/10
○得其所聞矣 17.14/169/10
○內為之掘 17.16/169/16
○明〔有〕所蔽矣 17.17/169/19
失火○不幸〔也〕 17.31/170/17
遇雨○幸也 17.31/170/17
水靜○平 17.33/170/21
平○清 17.33/170/21
清○見物之形 17.33/170/21
冠○戴（致）〔攱〕之 17.36/170/27
絿○蹍履之 17.36/170/27
官池涔○溢 17.40/171/5
旱○涸 17.40/171/5
○逮（曰）〔日〕歸風 17.48/171/21
○又不能走矣 17.48/171/21
○忘其所守 17.59/172/19
○（推）〔椎〕車至今無蟬匷 17.60/172/21
（所以）為之○同 17.81/174/3
其所以為之○異 17.81/174/3
朝之市○走 17.88/174/18
〔夕〕（遇）〔過〕市○步 17.88/174/18
循繩而斲○不過 17.100/175/13
懸衡而量○不差 17.100/175/13
植表而望○不惑 17.100/175/13
損年○嫌於弟 17.101/175/15
益年○疑於兄 17.101/175/15
蠹眾○木折 17.103/175/19
隙大○牆壞 17.103/175/19
○竭 17.114/176/11
○不達 17.114/176/11
掇之○爛指 17.117/176/18
○悖矣 17.120/176/26,19/205/3
有為○議 17.136/178/1
〔○難〕 17.138/178/7
或射之○被鎧甲 17.147/178/27
靨輔、在頰○好 17.154/179/10
在顙○醜 17.154/179/10
繡、以為裳○宜 17.154/179/10
以為冠○（譏）〔議〕 17.154/179/10
（亦）〔赤〕肉縣○烏鵲集 17.191/181/29
鷹（集）〔隼〕鷙○眾鳥散 17.191/181/29
（傳）〔傅〕以和菫○愈 17.211/183/11
蹠之○弗得 17.227/184/12
數之○弗中 17.227/184/12
涔○具擢對 17.235/184/30
旱○修土龍 17.235/184/30
○天下无不達之塗矣 18/186/11
吾○死矣 18/186/19
○有功者離恩義 18/188/5
〔○〕虢朝亡而虞夕從之矣 18/189/4
○父子俱視 18/189/27
夫木枯○益勁 18/190/10
塗乾○益輕 18/190/10
○反走 18/190/15
○螻螘皆得志焉 18/190/17
○薛能自存乎 18/190/18
然○求名於我也 18/190/23
○〔二〕君為之次矣 18/191/24
子能〔變〕道○可 18/192/10
○鄭國之信廢矣 18/193/4
罪○有之 18/193/14
辭（而）〔所〕能○匿 18/193/27
欲所不能○惑 18/193/27
○得無損墮之勢 18/193/28
出○乘牢車、駕良馬 18/194/15
冬日○寒凍 18/194/18
夏日○暑傷 18/194/18
〔○吾族也〕 18/195/22
○未可與言術也 18/196/2
○無亡患矣 18/196/5
○靡而無形矣 18/196/18
○奮翼揮䎉 18/196/19
大人過之○探鷇 18/197/21

嬰兒過之〇（恌）〔挑〕其卵 18/197/21
〇不能保其芳矣 18/198/24
欲其食〇難矣 18/198/27
哀公好儒（〇）〔而〕削 18/199/2
〇為之擒矣 18/199/3
宮人得戟〇以刈葵 18/199/6
盲者得鏡〇以蓋卮 18/199/6
〇有以（任）〔徑〕於世矣 18/199/13
〇无以與俗交 18/199/13
〇无以與道遊 18/199/14
〔〇〕堅強賊之 18/199/17
〇陰陽食之 18/199/18
是故見小行〇可以論大體矣 18/199/25
〇可以覆大矣 18/200/7
〇可以懷遠矣 18/200/7
〇无所用多矣 18/200/13
〇請子貢行 18/200/19
〇皆移心於晉矣 18/200/25
眾與人處〇譁 18/201/1
少與人處〇悲 18/201/1
〇天下无亡國破家矣 18/202/5
〇莫得無為 19/202/16
挈一石之尊〇白汗交流 19/202/26
〇伊尹負鼎而干湯 19/203/5
〇聖人之憂勞百姓〔亦〕甚矣 19/203/9
〇鯀、禹之功不立 19/203/13
〔〇〕曷為攻之 19/203/24
憤於中〇應於外 19/204/10
〇不類矣 19/204/15
〇雖歷險超壍 19/204/17
〇是以一（飽）〔餉〕之故 19/204/27
擊〇不能斷 19/205/2,19/205/17
刺〇不能（人）〔入〕 19/205/2
〇摺脅傷幹 19/205/3
〇言黃泉之底 19/205/4
刺〇不能入 19/205/17
〇水斷龍舟 19/205/18
〔〇〕鬢眉微毫可得而察 19/205/19
可以為法〇 19/207/1
〇貴是而同今古 19/208/18
〇所從來者遠而貴之耳 19/208/19
〇貴（之）〔人〕爭帶之 19/208/21
通人〇不然 19/208/24
眾人〇不然 19/208/27
〇弟子句指而受者必眾矣 19/209/2
使後世無知音者〇已 19/209/8
〇布衣韋帶之人 19/209/14
〇雖王公大人 19/209/16
（且）〔〇〕夫觀者莫不為之損心酸足 19/209/23
（延）〔近〕之〇踈 20/210/6
〇景星見 20/210/18
〇日月薄蝕 20/210/20
〇萬物之有葉者寡矣 20/210/28
〇機樞調利 20/211/20
故因〇大 20/212/8
（化）〔作〕〇細矣 20/212/8
〇无敵於天下矣 20/212/11
〇不能成絲 20/212/22
〇不能〔成〕為雛 20/212/22
〇不可使鄉方 20/212/23
〇天下聽从 20/212/25
〇法縣而不用 20/212/25
然得其人〇舉 20/213/7
失其人〇廢 20/213/7
極〇反 20/213/22
盈〇損 20/213/22
失本〇亂 20/214/7
得本〇治 20/214/7
〇其所得者鮮 20/215/2
〔道〕小（見）〔〇〕不達 20/215/10
〇民性可善 20/216/15
比之身〇小 20/218/27
比之義〇輕 20/218/28
〇養民得其心矣 20/219/11
〇瓦解而走 20/219/16
昭王〇相率而殉之 20/219/27
靈王〇倍畔而去之 20/219/27
故得道〇以百里之地令於諸侯 20/220/2
失道〇以天下之大畏於冀州 20/220/2
〇快然而（嘆）〔笑〕（之） 20/220/6
夫物常見〇識之 20/220/18
嘗為〇能之 20/220/19
故因其患〇造其備 20/220/19
犯其難〇得其便 20/220/19
教之用管準〇說 20/220/22
予之〔以〕權衡〇喜 20/220/22
教之以金目〇（射）快 20/220/23
人教之以儀〇喜矣 20/220/26
〇田野必辟矣 20/220/29
〇水用必足矣 20/220/29
〇名譽必榮矣 20/221/1
〔〇〕聞識必博矣 20/221/2
末大於本〇折 20/221/9
尾大於要〇不掉矣 20/221/9
基美〇上寧 20/221/18
不淫〇悲 20/221/24
淫〇亂男女之辯 20/221/25
悲〇感怨思之氣 20/221/25
〇知其所歸矣 20/222/6
〇純白不備 20/222/10
故上下異道〇治 20/222/14
愛人〇（天）〔无〕虐刑矣 20/223/12
知人〇无亂政矣 20/223/12
〇无悖謬之事矣 20/223/13
〇无暴虐之行矣 20/223/13
〇百殘除而中和作矣 20/223/13
〇為人之惽惽然弗能知也 21/223/23
〇無以與世浮沉 21/223/24
〇無以與化游息 21/223/24
有《時〇》 21/223/25
（時）〇尊天而保真 21/224/3
〇賤物而貴身 21/224/3
〇外欲而反情 21/224/3
被服法〇 21/224/4
《時〇》者 21/224/18
合諸人〇 21/224/18
〇有以傾側偃仰世俗之間 21/226/7
〇懈（隨）〔墮〕分學 21/226/10
其无為〇（通）〔同〕 21/226/12
其所以无為〇異 21/226/12
〇不知所做依 21/226/24
〇不知所避諱 21/226/25
〇不識精微 21/226/25
〇不知養生之機 21/226/26

〇不知五行之差 21/226/26
〇不知小大之衰 21/226/27
〇不知動靜之宜 21/226/27
〇不知合同大指 21/226/28
〇不知道德之應 21/226/28
〇无以耦萬方 21/226/29
〇无以從容 21/226/29
〇无以應卒 21/226/29
〇无以推明事 21/226/30
〇无以應禍福 21/226/30
〇无以使學者勸力 21/226/31
〇不足以窮道德之意 21/226/31
〇天地之理究矣 21/227/1
〇无不在焉 21/227/2
〇終身顛頓乎混溟之中 21/227/3
〇不疑矣 21/227/9
今謂之道〇多 21/227/9
謂之物〇少 21/227/9
謂之術〇博 21/227/10
謂之事〇淺 21/227/10
〇无可言者 21/227/10

責 zé 35

而〇道之不行也 2/18/8
弔而不〇 5/49/11
〇其生肉 6/51/4
〇成而不勞 9/67/4
夫〇少者易償 9/70/17
上操其名以〇其實 9/72/29
是故有大略者不可〇以
　捷巧 9/74/22
而乃〇之以閨閤之禮 9/74/26
不〇其辯 9/75/12
則智日困而自負其〇也 9/76/27
而有過則無以（貴）
　〔〇〕之 9/77/1
循名〇實 9/77/14
〇而弗教 9/77/14
而〇于其所不得制 9/82/7
以（〇）〔貴〕為聖乎 10/86/20
故構而多〇 11/93/26
其〇易償也 11/101/16
而治世不以〇於民 11/101/23
民困於三〇 11/102/11
是故君子不〇備於一人 13/127/23
文武而不以〇 13/127/24
〇人以人力 13/127/25
觀則生（貴）〔〇〕 14/135/16
則多〇 14/136/3
〇多功鮮 14/136/3
不足〔以〕更〇 14/136/4
大禮不〇 14/140/21
禮之失〇 14/141/8
〇之以不義 15/143/12
招義而〇之 15/144/22
民以償其二（積）〔〇〕
　15/151/18
非（劵）〔券〕之所
　〔能〕〇也 20/211/28
（禮之失也〇） 20/213/22
所以因（作）任督〇 21/225/8
提名〇實 21/225/9

賊 zé 34

〇星不行 1/1/17
為亂為〇 3/20/12
則國多盜〇 5/45/4
急捕盜〇 5/46/6
備盜〇 5/48/1
邑無盜〇 6/52/20
皆〇氣之所生 8/62/4
乃是〇之 9/67/11
盜〇滋彰 9/68/2
（閏）〔閨〕門重襲以
　（避）〔備〕姦〇 9/71/9
桀、紂非正（賦）〔〇〕
　之也 10/87/1
盜〇多有 12/106/6
盜〇之心必託聖人之道
　而後可行 12/114/28
縣有〇 13/131/15
安有人〇 14/135/14
辯則相〇 14/141/3
殘〇天下 15/142/25
而反為殘〇 15/143/8
帥民之〇者 15/143/16
去殘除〇也 15/144/23
膠漆相〇 16.14/155/18
讒〇間之 17.24/170/3
除小害而致大〇 17.26/170/7
盜〇之〔輩〕醜吠狗
　17.90/174/23
反自〇 17.224/184/5
〇心亡（止）〔也〕
　17.241/185/12
〔則〕堅強〇之 18/199/17
以為天下去殘除〇 20/214/18
盜〇群居 20/215/21
雖殘〇天下 20/216/19
骨肉相〇 20/218/13
故下不（相）〇 20/222/16
而无傷乎讒〇螫毒者也 21/226/7
以為天下去殘（余）
　〔除〕〇而成王道 21/227/22

擇 zé 18

以求鑿（柄）〔枘〕於
　世而錯〇名利 2/15/18
〇元日 5/39/22
〇下旬吉日 5/40/21
是以不〇時日 8/61/8
〇善而後從事焉 9/80/21
〇丘陵而處之 11/99/2
今吾欲〇是而居之 11/100/20
〇非而去之 11/100/20
北人无〇非舜而自投清
　（泠）〔泠〕之淵 11/102/1
必〇其人 15/145/17
治疽不〇善惡醜肉而并
　割之 16.73/160/27
狗彘不〇甂甌而食 17.9/168/29
愚者言而知者〇焉 17.201/182/21
不若〇趨而審行也 18/191/10
仕不〇官 20/218/12
〇善而為之 20/218/23
差〇微言之眇 21/225/26
說（捍）〔〇〕摶困 21/226/2

澤 zé 76

毫毛潤〇 1/1/15
下地則為潤〇 1/6/1
〇及蚑蟯而不求報 1/6/2
逍遙于廣〇之中 1/9/1
藏山於〇 2/11/1
三日三夜而色〇不變 2/12/10
（〇）〔辭〕潤玉石 2/17/5
珠玉潤〇 2/17/26

日夏至而流黃○ 3/22/2
施恩○ 3/23/22
○有九藪 4/32/11
西南注南海丹○之東 4/33/11
自（北東）〔東北〕方
　曰（大○）〔無通〕 4/33/22
曰（無通）〔大○〕 4/33/23
曰（元）〔亢〕○ 4/33/23
曰浩○ 4/33/24
曰丹○ 4/33/24
曰泉○ 4/33/24
曰海○ 4/33/25
曰寒○ 4/33/25
八○之雲 4/33/25
八紘、八殥、八○之雲 4/34/9
○氣多女 4/34/20
雷○有神 4/37/14
毋竭川○ 5/40/1
收水泉池○之賦 5/45/22
祀四海大川名○ 5/46/8
山林藪○ 5/46/10
自九○窮夏晦之極 5/48/5
○及萬民 6/50/16
○無注水 6/53/16
旬月不雨則涸而枯○ 6/54/19
大○焚而不能熱 7/57/18
竭○而漁 8/61/14
○及後世 8/63/3,14/135/24
堯乃使羿誅鑿齒於疇華
　之（野）〔○〕 8/63/12
繳大風於青丘之（○）
　〔野〕 8/63/12
德○施于方外 8/64/14
芒繁亂○ 8/65/3
○梁畢禁 8/66/9
外不知山○之形 9/71/10
人之恩○使之然也 9/73/19
德○兼覆而不偏 9/75/4
○死暴骸者 9/78/14
不涸○而漁 9/79/12
可以消○ 10/84/22
肥而不○ 10/86/12
小人被其○ 10/87/26
〔周〕室至乎○ 10/92/13
○皋織（岡）〔罔〕 11/95/8
員者走○ 11/95/10
古者民○處復穴 13/120/7
天下雄儁豪英暴露于野
　○ 13/124/6
○及百里而潤草木者 13/131/8
則禽獸草木莫不被其○
　矣 13/132/5
戍卒陳勝興於大○ 15/146/7
平原廣○ 15/151/3
夫玉潤○而有光 16.19/155/29
罪當死者肥○ 16.24/156/18
不若走於○〔也〕 16.35/157/18
故○失火而林憂 16.50/159/1
膏燭○也 17.164/180/4
灌十頃之○ 17.203/182/25
於是陳勝起於大○ 18/197/18
不能被德承○ 19/203/4
其○之所及者 19/204/10
不待脂粉芳○而性可說
　者 19/204/22
而芳○之〔所〕施 19/204/25
○戰必克 19/207/26
嘗試使之施芳○ 19/209/14
潤○若濡 20/210/25
鋒殺顏○ 20/210/27
察陵陸水○肥墩高下之
　宜 20/213/1
死○者葬○ 21/228/7

簀 zé 1

死而棄其招○ 16.107/164/1

曾 zēng 23

至于○泉 3/24/15
（清）〔青〕天八百歲
　生青○ 4/38/17
青○八百歲生青澒 4/38/17
還至其○逝萬仞之上 6/52/1
故子夏見○子 7/60/17
○子問其故 7/60/17
夭嬌○橈 8/61/21
大廈○加 8/65/7
○累其刑 9/68/3
於是乃有○參、孝己之美 11/94/1
○參之養親也 11/97/1
○子曰 11/103/9
故孔丘、○參無所施其
　善 11/103/26
○子攀柩車 16.4/154/14
〔○〕子見子夏曰 16.20/156/5
○子立孝 16.101/163/14
○子立廉 16.101/163/14
○繭重胝 19/207/17
我○无有閭里（氣）
　〔之〕聞、窮巷之知
　者何 19/209/10
口○撓 19/209/16
○撓摩地 19/209/20
而不能使人為孔、○之
　行 20/217/6
○子架羊 20/218/11

憎 zēng 42

而好○生焉 1/2/15
好○成形 1/2/15
大包群生而無（好○）
　〔私好〕 1/6/2
好○者 1/7/4,7/56/28
好○繁多 1/7/5
無所好○ 1/7/6
則嗜欲好○外（失）
　〔矣〕 1/8/16
性命成而好○生矣 1/9/7
皆知其所喜○利害者 1/9/20
而好○者使人之心勞 7/56/8
○死而不辭 7/56/17
賤之而弗○ 7/56/17
吾又安知所喜○利害其
　間者乎 7/56/20
江水弗○也 7/56/24
孰能無好○ 7/60/3
不為醜美好○ 9/67/6
而好○忘於外 9/69/12
無私好○ 9/69/18
喜○議而治亂分矣 10/87/1
達其好○ 13/121/21
而○圖狗馬者 13/122/25
理好○之情 13/130/1
好○理 13/130/2
理好○ 14/133/8
理好○則不貪無用 14/133/9
不○人之非己也 14/134/30
人以其位通其好○ 14/137/9

有功者受吾田○ 10/90/5
猶室○之居也 11/102/16
此惟與○ 13/124/27
魯哀公欲西益○ 18/197/24
以為西益○不祥 18/197/24
吾欲益○ 18/197/25
天下有三不祥〔而〕西益○不與焉 18/198/1
遂不西益○ 18/198/3
割○而異之 20/213/6
而堅守虛无之○者也 21/225/2

債 zhài 1

其在○人則生爭鬭 10/85/19

占 zhān 2

○龜策 5/45/17
不○卦兆 8/61/8

沾 zhān 2

涕流○纓 10/91/8
〔莊〕王俛而泣涕○襟 12/112/15

旃 zhān 5

席○茵 1/7/28
卯在乙曰○蒙 3/29/26
不知其可以為○也 11/94/7
在（袇）〔○〕茵之上 16.116/165/1
摩以白○ 19/205/19

詹 zhān 12

加之以○何、娟嬛之數 1/2/21
而○何之鶩魚於大淵之中 6/50/11
中山公子牟謂○子曰 12/109/21
○子曰 12/109/21
〔○子曰〕 12/109/22
楚莊王問○何曰 12/109/27
〔○何〕對曰 12/109/27
○何對曰 12/109/28
○何曰 14/133/5
○公之鈞 16.4/154/14
〔而〕蝕於○諸 17.10/169/1
故鄭○入魯 17.145/178/22

霑 zhān 1

雨之集無能○ 16.86/162/1

邅 zhān 3

○回川谷之閒 1/6/5
○回蒙氾之渚 6/52/2
曲拂○迴 8/65/5

瞻 zhān 2

財足而人（○）〔贍〕矣 8/62/14
求（○）〔贍〕則爭止 11/104/22

鱣 zhān 1

夫牛蹏之涔不能生○鮪 13/127/9

鸇 zhān 2

譬猶雀之見○而鼠之遇狸也 9/72/14
○鷹至 15/152/7

斬 zhǎn 14

○之不斷 1/6/4
○而為犧尊 2/14/13
勿敢○伐 5/42/15
○殺必當 5/43/21
○艾百姓 6/54/16
○首〔者〕拜爵 13/129/22
而屈撓者要○ 13/129/22
然而隊（階）〔伯〕之卒皆不能前遂○首之功 13/129/22
而後被要○之罪 13/129/23
○之若草木 15/148/20
○首之功必全 15/151/19
林木為之不○ 16.39/157/27
非以○縞衣 16.106/163/29
○司馬子反〔以〕為僇 18/187/24

嶄 zhǎn 1

故舜深藏黃金於○嵒之山 20/222/6

蹍 zhǎn 8

則後者（蹶）〔○〕之 1/5/12
虺蛇可○ 8/63/10
足○地而為迹 16.135/166/21
足（以）〔所〕○者淺矣 17.4/168/18
然待所不○而後行 17.4/168/18
絿則○履之 17.36/170/27
若○薄冰、蛟在其下 17.150/179/1
是（謂）猶釋船而欲○水也 19/205/15

棧 zhàn 1

延樓○道 8/65/1

湛 zhàn 3

○熹必潔 5/46/7
故東風至而酒○溢 6/50/14
久○於俗則易 11/95/28

戰 zhàn 88

故子夏心○而臞 1/7/22
以○必勝 3/27/29
○酣日暮 6/50/3
除○道 6/53/21
殖、華將○而死 7/59/1
兩者心○ 7/60/18
智伯與趙襄子○於晉陽之下 9/73/16
然而○○慄慄 9/80/14
艾陵之○也 10/87/6
數○而數勝 12/108/23
數○〔而〕數勝 12/108/24
數○則民罷 12/108/25
越王勾踐與吳○而不勝 12/111/4
兵陳○而勝敵者 12/113/12
昔楚恭王〔與晉厲〕○

於陰陵	13/125/17
三○不勝	13/127/1
三○所亡	13/127/3
與晉惠公為韓之○	13/129/4
皆出死為穆公○於車下	13/129/5
其所施德者皆為之○	13/131/16
黃帝嘗與炎帝○矣	15/142/27
故黃帝○於涿鹿之野	15/142/28
堯○於丹水之浦	15/142/28
至於不○而止	15/143/21
夫為地○者不能成其王	15/143/24
為身○者不能立其功	15/143/25
故廟○者帝	15/144/11
所謂廟○者、法天道也	15/144/11
制勝於未○而諸侯服其威	15/144/12
夫○而不勝者	15/144/20
此○之助也	15/145/11
當○之時	15/146/14
而善○者無與鬬	15/146/16
先弱敵而後○者也	15/146/21
故全兵先勝而後〔求〕○	15/146/23
敗兵先○而後求勝	15/146/23
必先自廟○	15/146/25
乃可以應敵合○	15/147/21
其刑不○	15/147/27
卒果敢而樂○	15/148/1
○不至交兵接刃而敵破	15/148/9
故勝定而後○	15/148/10
而手○者寡矣	15/149/8
非言所○也	15/149/13
則孰敢與我○者	15/150/7
故○日有期	15/151/10
合○必立矢（射）〔石〕之所及	15/151/13
○不可勝者	15/152/29
故善○者不在少	15/153/3
南與越○	15/153/7
北與齊○	15/153/7
其臨敵決○	15/153/21
若○勝敵奔	15/153/24
故能○勝而不報	15/153/27
○勝於外	15/153/28
（○）兵死之鬼憎神巫	17.90/174/23
○○慄慄	18/186/2
夫○勝攻取	18/187/1
以為〔傷者、○鬬者也〕	18/187/15
楚恭王與晉人○於鄢陵	18/187/19
○酣	18/187/19
恭王欲復○	18/187/21
今日之○	18/187/22
不穀无與復○矣	18/187/23
丁壯者〔皆〕（引）〔控〕絃而○	18/190/4
夫咎犯○勝城濮	18/191/9
昔晉文公將與楚〔人〕○〔於〕城濮	18/191/11
○陳之事	18/191/12
與楚人○	18/191/15
城濮之○、〔咎犯之謀〕也	18/191/16
雖有○勝存亡之功	18/192/5
以與越人○	18/197/15
而○武（士）必（其）死	18/200/6
而○為鋒行	18/202/2
為此棄干將、鏌邪而以手○	19/205/3
吳與楚○	19/207/13
○而身死	19/207/13
蓋聞子發之○	19/207/25
澤○必克	19/207/26
韓之○	20/211/27
泓之○	20/214/11
傍戟而○	20/219/15
五○入郢	20/219/22
而不知廟○之權也	20/222/20
所以明○勝攻取之數	21/225/29
所以知○陣分爭之非道不行也	21/225/30

顫 zhàn 2

故寒者○	16.109/164/8
懼者亦○	16.109/164/9

張 zhāng 44

約而能○	1/1/5
○天下以為之籠	1/2/23
網罟○而在下	2/18/13
其星○、翼、軫	3/19/25
琴瑟不○	3/20/29
帝○四維	3/25/4
柳、七星、○為對	3/27/7
歲星舍柳、七星、○	3/27/13
六月建〔柳、七星〕、○	3/28/2
○、翼各十八	3/28/9
柳、七星、○周	3/28/13
開閉○歙	7/55/11
開闔○歙	8/64/9
羅網不得○於谿谷	9/79/13
昏○中則務種穀	9/79/19
吳起、○儀智不若孔、墨	9/81/1
王子閭○掖而受刃	10/86/13
治國〔者〕辟若○瑟	10/91/21
亭歷愈（脹）〔○〕	10/93/6
忿心○膽	12/111/4
一謂○之	14/134/21
譬如○琴	14/140/4
為之以歙而應之以○	15/150/25
暑不○蓋	15/151/12
○羅而待之	16.103/163/19
質的○而弓矢集	17.183/181/12
○武教智伯奪韓、魏之地而擒於晉陽	18/187/6
襄子謂（於）○孟談曰	18/191/21
○孟談曰	18/191/22,18/191/25
二君乃與○孟談陰謀	18/191/27
○孟談乃報襄子	18/191/27
晉陽之存、○孟談之功也	18/192/3
○武為智伯謀曰	18/193/17
○毅好恭	18/199/15
博上者射朋○	18/201/14
○四時	20/210/3
夫物未嘗有○而不弛、成而不毀者也	20/213/12
故○瑟者、小絃（急）〔絚〕而大絃緩	20/215/18
紀綱不○〔而〕風俗壞也	20/216/20
○儀、蘇秦家无常居	20/218/18
不益其厚而○其廣者毀	20/221/15
○儀、蘇秦之從衡	20/221/21
吳起為楚〔○〕減爵（祿）之令	20/222/18

章 zhāng 40

（紘）〔紘〕宇宙而〇三光 1/1/6
滅其文〇 1/6/29
豈必處京臺、〇華 1/7/20
無目而欲喜文〇也 1/8/11
是故文〇成獸 2/11/8
曲成文〇 2/14/14,8/65/10
申在庚曰上〇 3/31/2
禹乃使太〇步自東極 4/33/1
色有五〇 4/36/20
黼黻文〇 5/42/13,9/74/1
朝于總〇左个 5/43/3
朝于總〇大廟 5/43/20
朝于總〇右个 5/44/17
尚猶節其〇光 7/55/18
言為文〇 9/67/5,20/217/7
含〇可貞 10/85/9
（大）〔久〕而〇 10/88/9
不越鄰而成〇 10/90/13
道之有篇〇形埒者 10/93/4
於是乃有翡翠犀象、黼
　黻文〇以亂其目 11/104/1
句襟委〇甫哉 13/120/5
堯《大〇》 13/120/23
南至豫〇、桂林 13/124/3
動則有〇 14/132/21
動有〇則（詞）〔訶〕 14/132/21
〇人者 14/135/26
人〇道息 14/135/27
由其道則善無〇 14/136/13
布施而使仁無〇 14/136/23
善有〇則士爭名 14/136/24
率由舊〇 14/137/10
〇華之臺燒 15/149/10
遠之則磬音〇 16.29/157/1
毋賞越人〇甫 17.7/168/25
出言成〇 19/205/11
楩（柵）〔柟〕豫〇之
　生也 19/209/26
靈王作〇華之臺 20/219/25

漳 zhāng 2

清〇出楬戾 4/37/17
濁〇出發包 4/37/17

彰 zhāng 3

然而不〇其功 6/53/7
盜賊滋〇 9/68/2
法令滋〇 12/106/5

獐 zhāng 1

〔大〕〇不能跂也 9/74/21

鄣 zhāng 1

東負海而北〇河 21/228/10

璋 zhāng 1

圭〇在前 10/84/18

樟 zhāng 1

伐楩柟豫〇而剖梨之 11/99/25

掌 zhǎng 5

然以〇握之中 6/50/18
玩天地于〇握之中 7/60/21
而執節于〇握之閒 9/76/2
有〇脩其隄防 9/82/4
若轉丸〇中 21/224/5

丈 zhàng 21

是故大〇夫恬然無思 1/2/3
無（文）〔〇〕之材 2/15/2
日中而景〇三尺 3/22/1
故四〇而為匹 3/26/16
十尺而為〇 3/26/19
樹表高一〇 3/32/1
陰二尺而得高一〇者 3/32/2
純〇五尺 4/33/7
有修股民、天民、肅慎
　民、白民、沃民、女
　子民、〇夫民、奇股
　民、一臂民、三身民 4/36/26
〇夫丁壯而不耕 11/103/22
使天下〇夫女子莫不歡
　然皆（欲）〔有〕愛
　利之心 12/107/21
天下〇夫女子莫不延頸
　舉踵而願安利之者 12/107/24
而城自（壞）〔壞〕者
　十〇 12/111/10
狐丘〇人謂孫叔敖曰 12/113/28
丁壯〇夫 13/124/3
賦〇均 15/145/15
若轉員石於萬〇之谿 15/150/7
為閭〇人說 19/208/11
太山不可〇尺也 20/211/2
至〇必差 20/215/5
石秤〇量 20/215/6

仗 zhàng 1

無忘玄〇 1/7/14

杖 zhàng 9

〇性依神 2/11/15
授（凡）〔几〕〇 5/43/23
衰経苴〇 8/66/3
搢笏〇殳以臨朝 11/102/19
〇策而去〔之〕 12/109/15
到〇策 12/117/12
不〇衆多而專用身才 14/137/15
白公勝之倒〇策也 16.20/156/5
〇策而去 20/211/26

帳 zhàng 1

偷則夜〔出〕解齊將軍
　之幬〇而獻之 12/115/6

脹 zhàng 1

亭歷愈（〇）〔張〕 10/93/6

障 zhàng 12

通〇塞 3/23/20
〇氣多喑 4/34/20
謹〇塞 5/43/8
達〇塞 5/47/15
修〇塞 5/48/6
界〇險阻 6/49/30

是猶決江河之源而○之
以手也 7/60/13
所以自○〔也〕 9/67/8
遏○之於邪 10/82/21
設○塞 12/117/17
風雨可○蔽 15/148/22
風不能○ 18/191/6

抓 zhāo 2

夫人之所以莫（○）
〔振〕玉石而（○）
〔振〕瓜瓠者 9/72/21

招 zhāo 27

○之而不能見也 1/9/24
乃始○蟯振繾物之豪芒 2/15/23
以○號名聲於世 2/15/24
（根拔）〔○搖〕生程若 4/38/10
○搖指寅 5/39/3
○搖指卯 5/39/18
○搖指辰 5/40/9
○搖指巳 5/41/1
○搖指午 5/41/17
○搖指未 5/42/6
○搖指申 5/42/23
○搖指酉 5/43/17
○搖指（戌）〔戌〕 5/44/13
○搖指亥 5/45/9
○搖指子 5/46/1
○搖指丑 5/46/20
故不○指 6/52/10
弗○而自來 9/68/15
○其末 9/78/2
力○城關 9/80/23
久喪以○行 11/97/25
○義而責之 15/144/22
捷捽○杼舡 15/144/26
雖順○搖 15/150/2
執彈而○鳥 16.34/157/14
死而棄其○簪 16.107/164/1
抽簪○燐 17.160/179/24

昭 zhāo 40

故曰（大○）〔太始〕 3/18/18
（子）〔亥〕在癸曰○陽 3/31/7
○之以日月 4/32/8
燕之○余 4/32/23
而覺視于○○之宇 7/57/23
其積至〔于〕○奇之難 9/68/28
○事上帝 9/80/16
而不可以○認 10/84/22
○○乎小哉 10/84/27
○然遠矣 10/88/12
人能貫冥冥入於○○ 10/91/2
杜赫以安天下說周○文
君 12/108/12
〔○〕文君謂杜赫曰 12/108/12
○○而道冥冥 12/119/25
魯○公有慈母而愛之 13/121/1
有（陰）〔隱〕行者必
有○名 18/189/12
郈○伯怒 18/195/19
傷之魯○公曰 18/195/19
○公弗聽 18/195/21
使郈○伯將卒以攻之 18/195/22
郈○伯不勝而死 18/195/23
魯○公出奔齊 18/195/23
魯○（公）出走 18/195/27
人能由○○於冥冥 18/197/7
左○而右穆 18/201/4
贈以○華之玉 20/213/10
舍○王之宮 20/219/22
○王奔隨 20/219/23
○王則相率而殉之 20/219/27
○然而明 20/220/16
○○之通冥冥也 21/224/22
而不知覺寤乎○明之術
矣 21/227/3
武王欲○文王之令德 21/227/26
申子者、韓○釐之佐 21/228/20

朝 zhāo 89

施之無窮而無所○夕 1/1/5
○羽民 1/4/21
耳聽○歌北鄙靡靡之樂 1/7/28
（禹）〔離〕以為○、
晝、昏、夜 3/24/21
正○夕 3/31/10
○于青陽左个 5/39/7
○于青陽太廟 5/39/21
○于青陽右个 5/40/12
○于明堂左个 5/41/4
○于明堂太廟 5/41/20
○于中宮 5/42/9
○于總章左个 5/43/3
乃賞軍率武人於○ 5/43/5
○于總章大廟 5/43/20
○于總章右个 5/44/17
○于玄堂左个 5/45/12
○于玄堂太廟 5/46/4
○于玄堂右个 5/46/23
自碣石（山）過○鮮 5/47/13
若乃至於玄雲（之）素○ 6/51/24
○發榑桑 6/52/12
○帝於靈門 6/53/7
○廷有容矣 8/66/27
○有賞者而君無與焉 9/70/27
是故○（延無）〔廷蕪〕
而無迹 9/71/1
○諸侯 9/73/19
今夫○（延）〔廷〕之
所不舉 9/74/20
而功臣爭於○ 9/76/20
趙武靈王貝帶鵔鶲而○ 9/77/25
鵔鶲而○ 9/77/26
斮○涉者之脛而萬民叛 9/78/8
古者天子聽○ 9/80/9
○成湯之廟 9/80/17
12/117/19,20/219/18
而得之〔乎〕本○ 10/89/2
泗上十二諸侯皆率九夷
以○ 11/97/9
而誹譽萌於○ 11/97/26
故○死而暮葬 11/99/3
屠牛（吐）〔坦〕一○
解九牛 11/100/4
搢笏杖殳以臨○ 11/102/19
負扆而○諸侯 11/102/20
13/121/17
一○而兩城下 12/107/7
（今）一○〔而〕兩城
下 12/107/9
○（菌）〔秀〕不知晦
朔 12/116/19
罷○而立 12/117/12
諸侯執幣相○ 12/117/20
往○〔其〕師 12/117/23

周人祭於日出以○ 13/120/22
陸地之○者三十二國 13/126/8
18/198/19
一○而反之 13/127/3
不入洿君之○ 13/127/15
立之于本○之上 13/128/4
為是釋度數而求之於○肆草莽之中 13/128/6
不崇○而〔徧〕雨天下者 13/131/8
○不易位 15/144/22
大國必○ 15/144/22
為墨而○吹竽 16.40/158/1
不入○歌之邑 16.101/163/14
甚霧之○可以細書 17.76/173/23
○之市則走 17.88/174/18
蜉蝣○生而暮死 17.178/181/1
賢者擯於○ 17.189/181/24
從○視夕者移 17.228/184/14
〔則〕虢○亡而虞夕從之矣 18/189/4
皆○於楚 18/193/17
而弒簡公於○ 18/195/15
東結○鮮 18/197/12
必反○徐 18/198/19
而四十國○ 18/200/4
衛君○於吳 18/200/15
縞素而○ 18/200/16
今衛君○於吳（王） 18/200/17
不若○於晉 18/200/22
不若○於吳 18/200/22
是賞言○於晉者 18/200/24
而罰言○於吳〔者〕也 18/200/24
今○於吳而不利 18/200/24
○廷若无人 20/211/23
然後脩○聘以明貴賤 20/212/18
乃立明堂之○ 20/212/28
奸人在○而賢者隱處 20/213/20
（挺）〔捷〕習而○天下 20/219/19
諸侯執禽而○之 20/219/20
師延為平公鼓○歌北鄙之音 20/222/8
搢笏而○ 21/227/30
一○用三千鍾贛 21/228/14

爪 zhǎo 15

○牙移易 2/11/8
手○之巧也 6/52/13
禽獸（螟）〔蟲〕蛇無不匿其○牙 6/53/4
句○、居牙、戴角、出距之獸於是鷙矣 8/61/23
虎無所措其○ 14/138/13
前○後距 15/142/22,19/206/1
○牙之利 15/142/25
使之若虎豹之有○牙 15/145/18
猛獸之攫也匿其○ 15/150/24
虎豹不（水）〔外〕其（○）〔牙〕 15/150/24
乃○鬋 15/153/20
蟦無筋骨之強、○牙之利 16.4/154/16
虎○象牙 17.195/182/8
然其○牙雖利 19/206/2

沼 zhǎo 1

射○濱之高鳥 1/8/27

召 zhào 18

誘慕於（○）〔名〕位 1/10/4
故○遠者使无為焉 6/50/23
○之不至 8/66/20
聲自○也 10/86/7
自○也貌 10/86/8
弗○而至 10/87/15
○公以桑蠶耕種之時弛獄出拘 10/90/21
○伯樂而問之曰 12/111/20
○子韋而問焉 12/112/19
文王兩用呂望、○公奭而王 13/123/17
君自宮○將〔而〕詔之曰 15/153/13
獸不可以虛器○也 16.34/157/15
非或○之 17.183/181/12
使人○司馬子反 18/187/21
魯君○子貢 18/200/19
楚人有烹猴而○其鄰人 19/208/15
非令之所能○也 20/211/27
文王舉（大）〔太〕公望、○公奭而王 20/217/25

兆 zhào 14

萌○牙蘖 2/10/15
欲與物接而未成○朕 2/10/17
五穀○長 3/21/21
辰在丙曰柔○ 3/29/27
振鐸以令於○民曰 5/39/25
審卦○ 5/45/17
不占卦○ 8/61/8
著龜○ 8/61/11
而萬物（不）〔之〕繁○萌牙（卯）〔卵〕胎而不成者 8/61/15
○民賴之 10/87/27
而況○民乎 13/132/5
諸侯皆以為著龜○ 18/200/24
而○見得失之變、利病之（文）〔反〕 21/225/22
○民弗化 21/226/21

炤 zhào 11

是釋其○○ 2/16/14
日○宇宙 12/117/2
○○之光 12/117/2
由冥冥至○○ 20/218/7
从冥冥見○○乎 20/220/7
從冥冥〔見○○〕 20/220/7

詔 zhào 2

任而弗○ 9/77/14
君自宮召將〔而〕○之曰 15/153/13

照 zhào 42

○日光而無景 1/2/1
劉覽（偏）〔徧〕○ 1/2/6
○物而不眩 1/4/26
寂漠之中獨有○焉 2/14/2
明○日月 2/17/5
其華○下地 4/33/20
所○方千里 4/37/11

明〇于日月 8/61/9
玄元至碭而運〇 8/61/11
覆露〇導 8/64/6
〇耀煇煌 8/65/10
待目而〇見 9/68/19
而欲以偏〇海內 9/70/3
運〇海內 9/73/2
如此而欲〇海內 9/75/13
借明於鑑以〇之 9/76/8
而明不能〇也 9/77/2
而不可以〇（誌）〔誋〕 10/84/5
斯〇矣 10/85/25
〇惑者以東為西 10/89/7
日月之〇誋 11/94/24
夫明鏡便於〇形 11/94/28
而欲徧〇海內之民 11/96/18
〇〇者 12/117/1
〇〇何足以名之 12/117/4
自取〇焉 14/138/22
夫〇鏡見眸子 16.19/156/1
明〇晦冥 16.19/156/1
受光於隙〇一隅 16.82/161/21
受光於牖〇北壁 16.82/161/21
受光於戶〇室中無遺物 16.82/161/21
所受者大則所〇者博 16.82/161/22
月〇天下 17.10/169/1
鏡者、所以〇形也 18/199/6
是以明〇四海 19/207/11
〇物明白 19/209/4
月〇其夜 20/211/9
日〇其晝 20/211/9
日月〇 20/214/1
明足以〇下者 20/217/17

罩 zhào 1

〇者抑之 17.121/176/29

趙 zhào 35

觜巂、參〇 3/28/12
癸（越）〔〇〕 3/28/22
戍〇 3/28/24
〇之鉅鹿 4/32/23
智伯與〇襄子戰於晉陽之下 9/73/16
豫讓欲報〇襄子 9/73/17
〇武靈王貝帶鵔鸏而朝 9/77/25
〇國化之 9/77/25
〇宣孟以束脯免其軀 10/85/17
〇宣孟之束脯 11/96/22
〇簡子以襄子為後 12/106/22
〇襄子〔使〕攻翟而勝之 12/107/6
今〇氏之德行無所積 12/107/8
〇氏其昌乎 12/107/9
〇簡子死 12/111/9
公孫龍在〇之時 12/113/5
昔〇文子問於叔向曰 12/118/26
〇襄子以晉陽之城霸 13/124/24
〇襄子圍於晉陽 13/128/24
又求地於〇襄子 18/188/26
秦王〇政兼吞天下而（已）〔亡〕 18/189/16
智伯率韓、魏二國伐〇 18/191/20
今智伯率二君而伐〇 18/191/23
〇將亡矣 18/191/24
〇亡 18/191/24
〇氏殺其守隄之吏 18/191/27
又教智伯求地於韓、魏、〇 18/193/18
〇氏不與 18/193/19
乃率韓、魏而伐〇 18/193/19
遂興兵伐〇 18/194/1
〇宣孟活飢人於委桑之下 18/199/24
〇政晝決獄、夜理書 20/215/20
秦任李斯、〇高而亡 20/217/26
〇政不增其德而累其高 20/221/15
〇王遷流於房陵 20/221/25

雿 zhào 2

上游于霄〇之野 1/2/6
蕭條霄〇 2/10/18

遮 zhē 3

以知要（庶）〔〇〕 14/140/11
要〇而求合 14/142/2
而相為斥闉要〇者 15/144/25

折 zhé 42

木強則〇 1/5/6
墮者（析）〔〇〕脊碎腦 2/13/26
風雨不毀〇 2/17/26
天柱〇 3/18/25
水員〇者有珠 4/34/19
方〇者有玉 4/34/19
支體傷〇 6/49/28
西老〇勝 6/53/16
金積〇廉 6/53/17
河九〇注於海而流不絕者 6/54/18
毀〇生災 7/55/15
雷霆毀〇 8/61/17
木擊〇（轄）〔軸〕 9/69/22
群輕〇軸 10/92/2
拘罷拒〇之容 11/97/9
曲得其宜而不〇傷 11/98/18
商無〇貨 11/101/18
公孫龍〇辯抗辭 11/101/26
破鼓〇（抱）〔枹〕 12/117/19
太剛則〇 13/122/30
舍人有〇弓者 13/123/9
為軸之〇也 13/131/24
不知軸轅之趣軸〇也 13/131/25
脩政廟堂之上而〇衝千里之外 15/145/2
至於飛屋〇木 15/150/5
剛而不可〇也 15/151/26
〔故國有賢臣、〇衝千里〕 16.39/157/27
（故國有賢君、〇衝萬里） 16.59/159/26
〇鏌邪而爭錐（力）〔刀〕 16.74/160/30
孰先（直）〔〇〕也 17.55/172/10
蠹眾則木〇 17.103/175/19
冬冰可〇 17.166/180/8
食其實者不〇其枝 17.192/182/1
墮而〇其髀 18/190/3
不〇一戟 18/192/24
劍之〇必有齧 18/196/11
而定若〇槁振落 18/197/19
乃以問其傅宰〇睢曰 18/197/25
宰〇睢曰 18/198/1
乃〇（抱）〔枹〕毀鼓 20/219/19

末大於本則〇 20/221/9
敗鼓〇(抱)〔枹〕 21/227/30

哲 zhé 2

无〇不愚 18/197/8
能〇且惠 20/223/14

摺 zhé 1

則〇脅傷幹 19/205/3

輒 zhé 2

〇以南表參望之 3/31/16
〇殺之 17.127/177/12

慴 zhé 1

諸侯莫不〇慄沮膽其處 15/144/11

磔 zhé 2

九門〇攘 5/40/21
旁〇 5/46/24

蟄 zhé 24

昆蟲〇藏 1/3/18
〇伏之類也 3/19/4
〇虫首穴 3/21/20
加十五日指寅則(雨水)
〔驚〇〕 3/22/15
〔加〕十五日指甲則雷
(驚〇)〔雨水〕 3/22/15
〇蟲北鄉 3/22/25
〇蟲早出 3/23/26
〇蟲冬出其鄉 3/24/4
百蟲〇伏 3/24/7
遠水則水蟲〇 3/24/12
〇蟲首穴而處 3/27/1
介鱗者夏食而冬〇 4/35/17
夫熊羆〇藏 4/35/20
〇蟲之所伏也 4/36/7
〇蟲始振穌 5/39/4
〇蟲咸動穌 5/39/25
〇(虫)〔蟲〕陪戶 5/44/3
〇(虫)〔蟲〕不藏 5/44/8
〇蟲咸俛〔在穴〕 5/45/1
〇蟲復出 5/45/26
諸〇則死 5/46/5
十一月〇蟲冬出其鄉 5/48/17
昆蟲未〇 9/79/14
夫〇蟲鵲巢 13/132/4

轍 zhé 2

〇迹可見也 9/73/10
絕塵弭(徹)〔〇〕 12/111/16

讁 zhé 1

猶〇之 16.76/161/4

讋 zhé 1

故因其資以〇之 13/130/25

者 zhě 2737

夫道〇 1/1/3
得以利〇不能譽 1/1/20
用而敗〇不能非 1/1/20
昔〇馮夷、大丙之御也 1/1/26
與造化〇俱 1/2/4
而知八紘九野之形埒〇 1/2/10
故達於道〇 1/2/16
射〇扜烏號之弓 1/2/22
猶不能與羅〇競多 1/2/23
昔〇夏鯀作(三)〔九〕
仞之城 1/3/2
執玉帛〇萬國 1/3/4
在身〇不知 1/3/4
故體道〇逸而不窮 1/3/7
任數〇勞而無功 1/3/7
夫峭法刻誅〇 1/3/9
箠策繁用〇 1/3/9
員〇常轉 1/3/16
窾〇主浮 1/3/16
羽〇嫗伏 1/3/17
毛〇孕育 1/3/17
莫見其為〇 1/3/18,1/3/19
今夫徙樹〇 1/4/1
是故達於道〇 1/4/3
究於物〇 1/4/3
所謂天〇 1/4/5
未始有與雜糅〇也 1/4/5
所謂人〇 1/4/5
所以俛仰於世人而與俗
交〇〔也〕 1/4/6
馬被髦而全足〇 1/4/6
穿牛之鼻〇 1/4/7
循天〇 1/4/7
與道游〇也 1/4/7
隨人〇 1/4/7
與俗交〇也 1/4/7
與造化〇為人 1/4/10,2/17/1
夫善游〇溺 1/4/12
善騎〇墮 1/4/12
是故好事〇未嘗不中 1/4/12
爭利〇未嘗不窮也 1/4/12
而田〇爭處墝埆 1/4/18
而漁〇爭處湍瀨 1/4/19
未發號施令而移風易俗〇 1/4/21
其唯心行〇乎 1/4/22
所謂無為〇 1/4/23
所謂〔無〕不為〇 1/4/24
所謂無治〇 1/4/24
所謂無不治〇 1/4/25
故得道〇志弱而事強 1/4/28
所謂志弱〇 1/4/28
是故貴〇必以賤為號 1/5/1
而高〇必以下為基 1/5/2
所謂(其)事強〇 1/5/3
是故欲剛〇必以柔守之 1/5/4
欲強〇必以弱保之 1/5/4
強勝不若己〇 1/5/5,14/134/7
至於若己〇而同 1/5/5
柔勝出於己〇 1/5/5,14/134/8
是故柔弱〇、生之榦也 1/5/6
(而)堅強〇、死之徒也 1/5/7
先唱〇、窮之路也 1/5/7
後動〇、達之原也 1/5/7
何〇 1/5/11
先〇難為知 1/5/11
而後〇易為攻也 1/5/11
先〇上高 1/5/11
則後〇攀之 1/5/12
先〇(論)〔踰〕下 1/5/12
則後〇(蹶)〔蹍〕之 1/5/12
先〇隤陷 1/5/12

則後〇以謀	1/5/12
先〇敗績	1/5/13
則後〇(逢)〔違〕之	1/5/13
先〇	1/5/13
則後〇之弓矢質的也	1/5/13
刃犯難而錞無患〇	1/5/14
而賢知〇弗能避也	1/5/15
所謂後〇	1/5/15
夫水所以能成其至德於天下〇	1/6/9
夫無形〇	1/6/10
無音〇	1/6/11
是故清靜〇	1/6/15
而柔弱〇	1/6/15
虛(而)〔無〕恬愉〇	1/6/15
所謂無形〇	1/6/16
所謂一〇	1/6/16
無匹合於天下〇也	1/6/17
故音〇	1/6/22
味〇	1/6/23
色〇	1/6/23
道〇	1/6/23,10/82/24,18/185/26
夫任耳目以聽視〇	1/6/30
以知慮為治〇	1/7/1
夫喜怒〇	1/7/4
憂悲〇	1/7/4
好憎〇	1/7/4,7/56/28
嗜欲〇	1/7/4
能此五〇	1/7/7
通於神明〇	1/7/7
得其內〇也	1/7/8
求之近〇	1/7/14
古之人有居巖穴而神不遺〇	1/7/16
末世有勢為萬乘而日憂悲〇	1/7/16
所謂樂〇	1/7/20
吾所謂樂〇	1/7/21
人得其得〇	1/7/21
夫得其得〇	1/7/21
能至于無樂〇	1/7/26
失其得〇也	1/8/4
故從外入〇	1/8/5
從中出〇	1/8/6
雖愚〇(和)〔知〕說之	1/8/6
雖不肖〇知慕之	1/8/7
說之〇眾而用之〇鮮	1/8/7
慕之〇多而行之〇寡	1/8/7
所以然〇	1/8/7,1/8/15,9/75/5
夫內不開於中而強學問〇	1/8/8
此何以異於聾〇之歌也	1/8/8
夫心〇	1/8/9
而出入于百事之門戶〇也	1/8/10
為〇敗之	1/8/14
執〇失之	1/8/14
夫許由小天下而不以己易堯〇	1/8/14
夫天下〇亦吾有也	1/8/18
夫有天下〇	1/8/21
吾所謂有天下〇	1/8/21
又焉有不得容其間〇乎	1/8/22
所謂自得〇	1/8/25
全其身〇也	1/8/25
而不以貴賤貧富勞逸失其志德〇也	1/9/3
吾所謂得〇	1/9/6
夫性命〇	1/9/7
是故得道〇	1/9/9
若然〇	1/9/11,2/12/8,2/14/21,2/16/3,2/17/1,2/17/9,7/57/14,21/227/17
夫形〇	1/9/15
氣〇	1/9/15
神〇	1/9/15
則二〇傷矣	1/9/15
故夫形〇非其所安也而處之則廢	1/9/16
此三〇	1/9/17
皆知其所喜憎利害〇	1/9/20
而知能別同異、明是非〇	1/9/22
凡人(之)志(各)有所在而神有所繫〇	1/9/23
然而不能應〇	1/9/24
是故貴虛〇以毫末為宅也	1/9/26
今夫狂〇之不能避水火之難而越溝瀆之險〇	1/9/28
然而不免為人戮笑〇	1/10/2
故以神為主〇	1/10/3
以形為制〇	1/10/3
夫精〔神〕氣志〇	1/10/7
靜而(日)充〇〔日〕以壯	1/10/8
躁而(日)耗〇〔日〕以老	1/10/8
〔有〕有始〇	2/10/14
有未始有有始〇	2/10/14,2/10/16
有未始有夫未始有有始〇	2/10/14
有有〇	2/10/14,2/10/21
有无〇	2/10/14,2/10/22
有未始有有無〇	2/10/15
所謂有始〇	2/10/15
有未始有夫未始〇有有始〇	2/10/17
氣遂而大通(宜宜)〔冥冥〕〇也	2/10/18
不可隱儀揆度而通光燿〇	2/10/23
有未始有有无〇	2/10/23
有未始有夫未始有有无〇	2/10/25
善我生〇	2/10/29
夜半有力〇負而趨	2/11/1
寐〇不知	2/11/1
若人〇	2/11/4
二〇代謝舛馳	2/11/9
是故形傷于寒暑燥溼之虐〇	2/11/13
神傷乎喜怒思慮之患〇	2/11/13
是故傷死〇其鬼嬈	2/11/15
時既〇其神漠	2/11/15
於是在上位〇	2/11/20
是故能戴大員〇履大方	2/12/2
鏡太清〇視大明	2/12/2
立太平〇處大堂	2/12/2
能游冥冥〇與日月同光	2/12/3
中徙倚无形之域而和以天地〇乎	2/12/6
勇〇衰其氣	2/12/20
貪〇消其欲	2/12/20
虛而往〇實而歸	2/12/21
其所居神〇	2/12/22
是故事其神〇神去之	2/12/23
休其神〇神居之	2/12/23
是故舉事而順于道〇	2/12/25
是故自其異〇視之	2/13/3
自其同〇視之	2/13/3
必有波溢而播棄〇	2/13/8
亦有以象於物〇矣	2/13/8
有況比於規形〇乎	2/13/9
而非所授〇	2/13/13
所受〇无授也而无不受也	2/13/13
无不受也〇	2/13/13
今夫善射〇有儀表之度	2/13/16

造父不能為伯樂〇 2/13/17
何況夫未始有涅藍造化
　之〇乎 2/13/20
而莫之要御夭遏〇 2/13/25
墮〇（析）〔折〕脊碎腦 2/13/26
飛輕微細〇 2/13/27
所立於身〇不寧 2/14/3
其所持〇不明 2/14/4
人樂其性〇 2/14/7
立無後〇 2/14/9
而萬物和同〇 2/14/10
是故神越〇其言華 2/14/15
德蕩〇其行偽 2/14/15
夫趍舍行偽〇 2/14/16
其所守〇不定 2/14/17
所（斷）差跌〇〔已〕
　〔斷〕 2/14/17
是故虛無〇、道之舍 2/14/24
平易〇、道之素 2/14/24
是故凍〇假兼衣于春 2/14/26
而暍〇望冷風于秋 2/14/27
夫有病於內〇必有色於
　外矣 2/14/27
人無故求此物〇 2/14/28
必有蔽其明〇 2/14/28
聖人之所以駭天下〇 2/15/1
賢人之所以矯世俗〇 2/15/1
所以然〇何也 2/15/2
　6/54/2,6/54/18
又況乎以無裹之〇邪 2/15/3
使我可係羈〇 2/15/4
所由來〇久矣 2/15/20
夫人之所受於天〇 2/16/6
或不免於癡狂〇 2/16/7
其所為制〇異也 2/16/8
是故神〇智之淵也 2/16/8
智〇、心之府也 2/16/9
而鑒於止水〇 2/16/9
而窺〔形〕於明鏡〇 2/16/10
用也〔〇〕必假之於弗
　用〔〇〕也 2/16/11
夫鑑明〇塵垢弗能薶 2/16/12
神清〇嗜欲弗能亂 2/16/12
夫夏日之不被裘〇 2/16/17
冬日之不用翣〇 2/16/18
故能有天下〇 2/16/19
必無以天下為〔〇〕也 2/16/20

能有名譽〇 2/16/20
必無以趨行求〇也 2/16/20
辯〇不能說〔也〕 2/16/28
美〇不能濫也 2/16/28
知〇不能動也 2/16/28
勇〇不能恐也 2/16/28
夫化生〇不死 2/17/2
而化物〇不化 2/17/2
不通此〇 2/17/4
夫目察秋毫之末〔〇〕 2/17/15
耳調玉石之聲〔〇〕 2/17/16
今夫樹木〇 2/17/20
古〇至德之世 2/17/25
然莫能與之同光〇 2/17/28
辜諫〇 2/17/29
然而不能通其道〇 2/18/2
體道〇不專在於我 2/18/4
亦有繫於世〇矣 2/18/4
勇力聖知與罷怯不肖〇
　同命 2/18/6
其所生〇然也 2/18/7
故世治則愚〇不得獨亂 2/18/7
世亂則智〇不能獨治 2/18/8
清陽〇薄靡而為天 3/18/19
重濁〇滯凝而為地 3/18/20
積陽之熱氣〔久〇〕生火 3/18/21
火氣之精〇為日 3/18/21
積陰之寒氣〔久〕〇為水 3/18/22
水氣之精〇為月 3/18/22
日月之淫（為）〔氣〕
　、精〇為星辰 3/18/22
昔〇共工與顓頊爭為帝 3/18/25
方〇主幽 3/18/28
員〇主明 3/18/28
明〇 3/18/28
吐氣〇也 3/18/28
幽〇 3/18/29
含氣〇也 3/18/29
吐氣〇施 3/18/29
含氣〇化 3/18/29
怒〇為風 3/19/1
和〇為雨 3/19/1
毛羽〇 3/19/4
介鱗〇 3/19/4
日〇 3/19/4
月〇陰之宗也 3/19/5
四時〇 3/19/16,8/64/8

日月〇 3/19/16
星辰〇 3/19/16
虹蜺彗星〇 3/19/16
太微〇 3/21/5
紫宮〇 3/21/5
軒轅〇 3/21/5
咸池〇 3/21/5
天（阿）〔河〕〇 3/21/6
四（宮）〔守〕〇 3/21/6
太微〇主朱鳥 3/21/7
迎〇辱 3/23/2
背〇強 3/23/2
左〇衰 3/23/2
右〇昌 3/23/2
大時〇 3/23/6
小時〇 3/23/6
晝〇陽之分 3/24/24
夜〇陰之分 3/25/1
太蔟〇 3/25/5
夾鍾〇 3/25/6
姑洗〇 3/25/7
仲呂〇 3/25/7
午〇 3/25/8
蕤賓〇 3/25/8
未〔〇〕 3/25/8
林鍾〇 3/25/9
〔申〕〇 3/25/9
夷則〇 3/25/10
酉〇 3/25/10
南呂〇 3/25/11
戌〇 3/25/11
无射〔〇〕 3/25/11
亥〇 3/25/12
應鍾〇 3/25/12
子〇 3/25/12
黃鍾〇 3/25/12
丑〇 3/25/13
大呂〇 3/25/13
黃〇 3/25/20
鍾〇 3/25/20
故（卯）〔卵〕生〇八竅 3/25/24
宮〇 3/26/1
〔尋〇〕 3/26/15
（匹〇） 3/26/16
下生〇倍 3/26/24
上生〇四 3/26/24
所以離〇 3/27/19

天神之貴○ 3/29/14
故舉事而不順天○ 3/29/20
逆其生○也 3/29/20
〔滿〕五十日○ 3/29/22
欲知東西、南北廣袤之數○ 3/31/15
陰二尺而得高一丈○ 3/32/2
凡四水○ 4/33/13
東方之美○ 4/34/12
東南方之美○ 4/34/12
南方之美○ 4/34/13
西南方之美○ 4/34/13
西方之美○ 4/34/13
西北方之美○ 4/34/14
北方之美○ 4/34/14
東北方之美○ 4/34/15
中央之美○ 4/34/15
高○為生 4/34/18
下○為死 4/34/18
水員折○有珠 4/34/19
方折○有玉 4/34/19
食水○善游〔而〕能寒 4/35/1
食土○無心而慧 4/35/1
食木○多力而奰 4/35/1
食草○善走而愚 4/35/1
食（葉）〔桑〕○有絲而蛾 4/35/2
食肉○勇敢而悍 4/35/2
食氣○神明而壽 4/35/2
食穀○知慧而夭 4/35/2
不食○不死而神 4/35/3
唯知通道○ 4/35/5
介鱗○夏食而冬蟄 4/35/17
齕吞○八竅而卵生 4/35/18
嚼咽○九竅而胎生 4/35/18
四足○無羽翼 4/35/18
戴角○無上齒 4/35/18
無角○膏而無前〔齒〕 4/35/18
有角○（指）〔脂〕而無後〔齒〕 4/35/19
晝生○類父 4/35/19
夜生○似母 4/35/19
凡（容）〔胈〕○生於庶人 4/38/1
凡羽○生於庶鳥 4/38/2
凡毛○生於庶獸 4/38/3
凡鱗○生於庶魚 4/38/4
凡介○生（庶於）〔於庶〕龜 4/38/5
凡（根拔）木○生於庶木 4/38/9
凡根茇草○生於庶草 4/38/11
凡浮生不根茇○生於（萍）藻 4/38/12
上○就下 4/38/16, 4/38/19, 4/38/22, 4/38/24, 4/38/26
有不戒其容止○ 5/39/26
句○畢出 5/40/15
萌○盡達 5/40/15
禮賢○ 5/40/16
供養之不宜○ 5/45/1
阿上亂法○誅 5/45/13
農有不收藏積聚、牛馬畜獸有放失○ 5/46/10
有能取疏食、田獵禽獸○ 5/46/10
其有相侵奪〔○〕 5/46/11
罷官之无事〔○〕 5/46/13
〔去〕器之无用○ 5/46/14
太皞、句芒之所司○ 5/47/14
赤帝、祝融之所司○ 5/47/18
黃帝、后土之所司○ 5/47/23
少皓、蓐收之所司○ 5/48/1
顓頊、玄冥之所司○ 5/48/6
繩○ 5/48/26
準○ 5/48/27
規○ 5/48/27
衡○ 5/48/27
矩○ 5/48/27
權○ 5/48/28
昔○ 6/49/27, 6/52/7, 6/52/16, 12/113/5, 13/122/3, 13/123/7, 13/125/12, 18/189/20, 18/200/14, 19/203/21, 19/206/10, 19/208/12, 20/212/27
天下誰敢害吾（意）〔志〕○ 6/50/2
若乃未始出其宗○ 6/50/4
而能自要○尚猶若此 6/50/5
而心未嘗死○乎 6/50/7
使俗人不得其君形○而效其容 6/50/10
而水火可立致○ 6/50/19
兩○交接成和 6/50/22
故召遠○使无為焉 6/50/23
親近○（使）〔言〕无事焉 6/50/23
惟夜行○為能有之 6/50/24
夫〔天〕道○ 6/51/1
能○有餘 6/51/1
拙○不足 6/51/1
順之○利 6/51/1
逆之○凶 6/51/1, 9/77/28
得之○富 6/51/2
失之○貧 6/51/2
故以智為治○ 6/51/9
唯通于太和而持自然之應○為能有之 6/51/10
今夫調弦○ 6/51/18
此同聲相和○也 6/51/18
故通於太和○ 6/51/19
而不知大節之所由○也 6/52/4
然未見其貴○也 6/52/8
此假弗用而能以成其用○也 6/52/12
此以弗御御之○也 6/52/13
田○不侵畔 6/52/19
漁○不爭隈 6/52/19
陰陽（之）所壅、沈〔滯〕不通○ 6/53/1
逆氣戾物、傷民厚積○ 6/53/1
是故質壯輕足○為（申）〔甲〕卒千里之外 6/53/22
所謂兼國有墜○ 6/53/24
傷弓弩矛戟矢石之創○扶舉於路 6/53/25
故自三代以後○ 6/54/1
近○獻其智 6/54/4
遠○懷其德 6/54/4, 9/75/5
夫聖人○ 6/54/8
皆狂生而無其本○也 6/54/18
河九折注於海而流不絕○ 6/54/18
受（翼）〔瀷〕而無源（○）〔也〕 6/54/19
是故精神〔○〕 7/54/27
而骨骸○ 7/54/27
萬物失之○死 7/55/2
法之○生 7/55/2
夫靜漠○ 7/55/4
虛無○ 7/55/4
是故或求之於外○ 7/55/4
有守之於內○ 7/55/4

夫精神○ 7/55/7
而形體○ 7/55/7
是故耳目○、日月也 7/55/14
血氣○、風雨也 7/55/14
是故（面）〔血〕氣○ 7/55/19
而五藏○ 7/55/20
故所求多○所得少 7/55/26
所見大○所知小 7/55/27
夫孔竅○ 7/55/27
而（氣志）〔血氣〕○ 7/55/27
其出彌遠○ 7/56/5
此四○ 7/56/7,14/137/26
嗜慾○使人之氣越 7/56/8
而好憎○使人之心勞 7/56/8
夫人之所以不能終其壽命而中道夭於刑戮○ 7/56/10
夫惟能無以生為○ 7/56/10
且惟無我而物無不備○乎 7/56/13
夫造化○既以我為坯矣 7/56/14
吾安知夫刺（炙）〔灸〕而欲生○之非或也 7/56/15
又安知夫絞經而求死○之非福也 7/56/15
或○生乃徭役也 7/56/16
吾又安知所喜憎利害其間○乎 7/56/20
夫造化○之攫援物也 7/56/22
夫悲樂○ 7/56/28
而喜怒○ 7/56/28
故心○ 7/57/2
而神○ 7/57/2
夫有夏后氏之璜○ 7/57/5
所謂真人○ 7/57/10
有精而不使○ 7/57/21
則是合而生時于心〔○〕也 7/58/4
夫癩○趨不變 7/58/5
狂○形不虧 7/58/6
故形有摩而神未嘗化○ 7/58/6
化○ 7/58/7
不化○ 7/58/7
夫使木生○豈木也 7/58/8
猶充形○之非形也 7/58/8
故生生○未嘗死也 7/58/8
化物○未嘗化也 7/58/9
人之所以樂為人主○ 7/58/12
偉哉造化○ 7/58/21

若此人○ 7/58/27
又況無為○矣 7/59/3
而訟間田○慚矣 7/59/9
而爭券契○媿矣 7/59/9
而貪利偷生○悶矣 7/59/9
故不觀大義○ 7/59/10
不聞大言○ 7/59/10
夫〔無〕以天下為○ 7/59/15
其入腹○不過簞食瓢漿 7/59/18
今夫繇○ 7/59/25
病疵瘕○ 7/59/26
達至道○則不然 7/60/9
無益〔於〕情○不以累德（而）〔不〕便於性○不以滑〔和〕 7/60/10
今夫儒○ 7/60/13
夫（收）〔牧〕民○ 7/60/14
兩○心戰 7/60/18
故儒○非能使人弗欲也 7/60/22
貪○能辭之 7/60/25
廉○不能讓也 7/60/26
使此五君○ 7/60/29
故射〔○〕 7/60/30
學射○不治（天）〔矢〕也 7/60/30
御○〔非轡不〕行 7/60/30
學御○不為轡也 7/61/1
與造化○相雌雄 8/61/10
而萬物（不）〔之〕繁兆萌牙（卵）〔卵〕胎而不成○ 8/61/15
草木之句萌、銜華、戴實而死○ 8/61/19
凍餓飢寒死○相枕席也 8/61/24
萬物皆乘（人）〔一〕氣○也 8/62/1
是故明於性○ 8/62/5
審於符○ 8/62/6
故聖人○ 8/62/6
是故仁義禮樂○ 8/62/11
夫仁○、所以救爭也 8/62/12
義○、所以救失也 8/62/12
禮○、所以救淫也 8/62/13
樂○、所以救憂也 8/62/13
是故大可覩○ 8/62/23
明可見○ 8/62/23
聲可聞○ 8/62/24

色可察○ 8/62/24
天下有能持之○ 8/62/26
〔未〕有能治之○也 8/62/27
昔○蒼頡作書而天雨粟 8/62/27
不知為之○誰何 8/63/3
施○不德 8/63/4
受○不讓 8/63/4
瑤光○ 8/63/6
資糧萬物○也 8/63/6
剞諫○ 8/63/18,21/227/21
有賢聖之名○ 8/63/20
遂不言而死○衆矣 8/63/23
可傳於人○ 8/63/25
晚世學○ 8/63/25
帝○體太一 8/64/5
王○法陰陽 8/64/5
霸○則四時 8/64/5
君○用六律 8/64/5
（秉）太一○ 8/64/5
陰陽○ 8/64/7
六律○ 8/64/10
是故體太一○ 8/64/13
法陰陽○ 8/64/14
則四時○ 8/64/16
用六律○ 8/64/17
帝○體陰陽則侵 8/64/19
王○法四時則削 8/64/19
霸○節六律則辱 8/64/19
君○失準繩則廢 8/64/19
凡亂之所由生○ 8/65/1
流遁之所生○五 8/65/1
此五○、一足以亡天下矣 8/65/15
是故古○明堂之制 8/65/17
感動血氣○ 8/65/21
古○聖王在上 8/66/6
生○不怨 8/66/7
死○不恨 8/66/7
居○無食 8/66/10
行○無糧 8/66/10
老○不養 8/66/10
死○不葬 8/66/10
古○上求薄而民用給 8/66/14
古○天子一畿 8/66/19
有不行王道○ 8/66/19
故兵○ 8/66/26
樂○ 8/66/26
喪○ 8/66/27

足能行而相○先導 9/67/4
故古之王○ 9/67/7
故所理○遠則所在○邇 9/67/9
所治○大則所守○（少）〔小〕 9/67/9
夫三關○ 9/67/10
昔○神農之治天下也 9/67/17
故夫養虎豹犀象○ 9/68/4
然而不能終其天年○ 9/68/5
其所修○本也 9/68/11
不知為之○誰 9/68/15
智○弗能誦 9/68/16
辯○弗能形 9/68/16
有貴于言○也 9/68/23
有貴于見○〔也〕 9/68/24
故君人○ 9/69/1
其猶射○乎 9/69/1
而不能移風易俗○ 9/69/5
是任術而釋人心○也 9/69/20
故為治○〔智〕不與焉 9/69/20
不怨木石而罪巧拙○ 9/69/23
無為○ 9/69/27
9/75/20,14/140/6,19/202/12
而不能與山居○入榛薄、〔出〕險阻也 9/70/2
而君人○不下廟堂之上 9/70/7
而知四海之外○ 9/70/7
夫舉重鼎○ 9/70/9
不待其多力○ 9/70/10
漆○不畫 9/70/16
鑿○不斲 9/70/16
夫責少○易償 9/70/17
職寡○易守 9/70/17
任輕○易（權）〔勸〕 9/70/17
是故得道○不（為）〔偽〕醜飾 9/70/20
為惠○ 9/70/22
則守職○懈於官 9/70/22
而游居○亟於進矣 9/70/23
為暴○ 9/70/23
無罪○而死亡 9/70/23
行直〔○〕而被刑 9/70/23
則修身○不勸善 9/70/24
而為邪○輕犯上矣 9/70/24
故為惠○生姦 9/70/24
而為暴○生亂 9/70/24
國有誅○而主無怒焉 9/70/27
朝有賞○而君無與焉 9/70/27
誅○不怨君 9/70/27
賞○不德上 9/70/28
譬而軍之持麾○ 9/71/2
是故下○萬物歸之 9/71/5
虛○天下遺之 9/71/5
〔然〕天下之物无〔所〕不通○ 9/71/11
其灌輸之○大 9/71/11
而斟酌之○衆也 9/71/11
主道員○ 9/71/17
常後而不先〔○〕也 9/71/17
臣道（員○運轉而无）方○ 9/71/18
以立成功〔○〕也 9/71/18
无愚智賢不肖莫不盡其能○ 9/71/22
是故任一人之力○ 9/71/25
乘衆人之制○ 9/71/26
聾○可令（嗺）〔嚼〕筋 9/72/6
瘖○可使守圉 9/72/7
是故有一形○處一位 9/72/8
有一能○服一事 9/72/8
則舉之○不重也 9/72/8
則為之○不難也 9/72/9
夫鳥獸之不（可）同（詳）〔群〕○ 9/72/13
虎鹿之不同游○ 9/72/13
讒佞姦邪而欲犯主○ 9/72/14
所任○得其人 9/72/15
所緣以修○然也 9/72/18
忠○隱蔽矣 9/72/20
夫人之所以莫（抓）〔振〕玉石而（抓）〔振〕瓜瓠○ 9/72/21
則群臣以邪來○ 9/72/22
而游○以辯顯 9/72/27
言事○必究於法 9/72/28
而為行○必治於官 9/72/28
是以勇○盡於軍 9/73/4
有衆咸譽○無功而賞 9/73/4
守職○無罪而誅 9/73/4
說談○游於辯 9/73/5
脩行○競於往 9/73/5
為智○務為巧詐 9/73/6
為勇○務於鬬爭 9/73/6
而有賢聖之聲○ 9/73/8
雖愚○不加體焉 9/73/9
權勢○ 9/73/12
爵祿○ 9/73/12
不辭其軀○ 9/73/14
昔○豫讓 9/73/16
是故臣不得其所欲於君○ 9/73/21
君臣之施○ 9/73/22
政亂則賢○不為謀 9/73/27
德薄則勇○不為死 9/73/27
大○以為舟航柱梁 9/74/16
小○以為（揖楔）〔椄槢〕 9/74/16
脩○以為櫚榱 9/74/17
短○以為朱儒枅櫨 9/74/17
猶无可棄○ 9/74/19
其所以官之○非其職也 9/74/21
是故有大略○不可責以捷巧 9/74/22
有小智○不可任以大功 9/74/22
是故審〔於〕毫釐之〔小〕計○ 9/74/23
不失小物之選○ 9/74/24
人主○ 9/75/1
是故賢○盡其智 9/75/4
不肖○竭其力 9/75/4
近○安其性 9/75/5
而不任己之才○也 9/75/5
故假輿馬○ 9/75/6
乘舟楫〔○〕 9/75/6
然而群臣（志達）〔達志〕效忠○ 9/75/8
所愛習親近○ 9/75/12
疏遠（則）卑賤○ 9/75/12
有言○窮之以辭 9/75/13
有諫○誅之以罪 9/75/13
法○ 9/75/16,9/75/26
縣法○ 9/75/16
設賞○ 9/75/16
中程○賞 9/75/17
（鈌）〔缺〕繩○誅 9/75/17
尊貴○不輕其罰 9/75/17
而卑賤○不重其刑 9/75/17
犯法○雖賢必誅 9/75/18
中度○雖不肖必無罪 9/75/18
法籍禮義○ 9/75/19
故通於本○不亂於（未）〔末〕 9/75/25

覩於要○不惑於詳 9/75/25
所立於下○不廢於上 9/75/27
所禁於民○不行於身 9/75/27
所謂亡國〔○〕 9/75/27
變法○ 9/75/28
有法（○）而不（與）用 9/75/28
是故權勢○ 9/76/3
大臣○ 9/76/4
而能不危○ 9/76/4
近○不亂 9/76/9
〔即〕遠○治（也）〔矣〕 9/76/10
今夫御○ 9/76/13
故治○不貴其自是 9/76/14
（美）〔羨〕○（正）〔止〕於度 9/76/16
而不足○逮於用 9/76/16
守官○雍遏而不進 9/76/19
故法律度量○ 9/76/20
君人○釋所守而與臣下爭〔事〕 9/76/22
守職○以從君取容 9/76/23
夫貴富○之於勞也 9/76/26
達事○之於察也 9/76/26
驕恣○之於恭也 9/76/26
君人○不任能 9/76/26
（○）〔者〕欲見於外 9/76/28
則守職○離正而阿上 9/76/29
無御相之勞而致千里○ 9/77/4
是故君人○ 9/77/7
昔○齊桓公好味而易牙烹其首子而餌之 9/77/8
故善建○不拔 9/77/9
唯造化○ 9/77/10
其所託勢○勝也 9/77/18
是故得勢之利○ 9/77/20
慕義從風而為之服役○不過數十人 9/77/22
不待禁誅而自中法度○ 9/77/28
從之○利 9/77/28
尾絕而不從○ 9/78/3
則五尺童子牽而周四海○ 9/78/3
夫七尺之橈而制船之左右○ 9/78/3
斮朝涉○之脛而萬民叛 9/78/8
故義○ 9/78/8
暴○ 9/78/9
然〔而〕民無（掘穴）〔掘室〕狹廬所以託身○ 9/78/12
然民有糟糠菽粟不接於口○ 9/78/13
澤死暴骸○ 9/78/14
故古之君人○ 9/78/15
國有飢○ 9/78/15
民有寒○ 9/78/16
故古之為金石管絃○ 9/78/19
兵革斧鉞○ 9/78/19
而成像於外〔○也〕 9/78/21
食○ 9/79/8
民○ 9/79/8
國○ 9/79/8
是故（人君）〔君人〕○ 9/79/8
丘陵阪險不生五穀○ 9/79/10
實曠來遠○ 9/79/20
然而動靜聽視皆以為主○ 9/79/22
所謂心欲小○ 9/79/27
志欲大○ 9/80/1
智欲員○ 9/80/2
行欲方○ 9/80/3
能欲多○ 9/80/4
事欲鮮○ 9/80/5
若合符○也 9/80/6
故心小○禁於微也 9/80/6
志大○無不懷也 9/80/6
知員○無不知也 9/80/6
行方○有不為也 9/80/7
能多○無不治也 9/80/7
事鮮○約所持也 9/80/7
古○天子聽朝 9/80/9
堯舜所以昌、桀紂所以亡○ 9/80/19
其所守○有約 9/80/27
其所事○〔又〕多 9/80/27
夫以正教化○ 9/81/2
以邪巧世○ 9/81/2
捨其易〔而必〕成○ 9/81/3
而從事難而必敗○ 9/81/3
凡此六反○ 9/81/3
仁○、愛其類也 9/81/7
智○、不可或也 9/81/7
仁○ 9/81/7,10/82/24
智○ 9/81/8
此智○之所獨斷也 9/81/10
合○為正 9/81/10
錯○為權 9/81/11
而民不舍○ 9/81/14
物之若耕織○ 9/81/15
〔物之可備○〕眾 9/81/16
愚人之所（見）〔備〕○寡 9/81/16
事〔之〕可權○多 9/81/16
愚〔人〕之所權○少 9/81/16
此愚○之所〔以〕多患也 9/81/17
物之可備○ 9/81/17
智○盡備之 9/81/17
可權○ 9/81/17
此智○所以寡患也 9/81/17
故智○先忤而後合 9/81/18
愚○始於樂而終於哀 9/81/18
使陳忠孝行而知所出○鮮矣 9/81/24
兩○為本 9/81/27
故有野心○不可借便勢 9/82/1
有愚質○不可與利器 9/82/2
國之所以存○ 9/82/5,13/124/15
人之所以生○ 9/82/5
是故體道○ 10/82/16
主○ 10/82/19
故其心治○ 10/82/19
其國治○ 10/82/20
故至德○ 10/82/21
無歧道旁見○ 10/82/21
德○ 10/82/24
義○ 10/82/24,11/93/24
比於人心而（含）〔合〕於眾適○也 10/82/24
其施厚○其報美 10/82/30
其怨大○其禍深 10/83/1
薄施而厚望、畜怨而無患○ 10/83/1
則知其所以來○ 10/83/2
過○斟酌 10/83/2
盡之○也 10/83/11
求同乎己○也 10/83/13
而求與己同○ 10/83/14
非〔直〕未嘗見狐○ 10/83/15
是故謂不肖○賢 10/83/16
謂賢○不肖 10/83/17
則必不知不肖○矣 10/83/17
人之困慰○也 10/83/23

孰知形〔形〕之不形〇乎 12/105/17
故「知〇不言 12/105/17
言〇不知」也 12/105/18
吳、越之善沒〇能取之矣 12/105/21
（誰）〔唯〕知言之謂〇乎 12/105/23
夫知言之謂〇 12/105/23
爭魚〇濡 12/105/24
逐獸〇趨 12/105/24
夫淺知之所爭〇 12/105/24
今夫舉大木〇 12/106/3
然而不用〇 12/106/4
寡人所有〔〇〕 12/106/8
無物之象』〇也 12/106/11
若王之所問〇、齊也 12/106/12
田駢〔之〕所稱〇、材也 12/106/12
使〇來謁之 12/107/6
勝非其難〇也 12/107/10
〔持之、其難〇也〕 12/107/10
善持勝〇 12/107/13
寡人所說〇 12/107/16
不說為仁義〇也 12/107/17
天下丈夫女子莫不延頸舉踵而願安利之〇 12/107/24
堯、舜、武王於九、七、五〇 12/108/5
夫代大匠斲〇 12/108/9
予所有〇 12/108/11
臣之所言〔〇〕不可 12/108/13
臣之所言〔〇〕可 12/108/14
此所謂弗安而安〇也 12/108/14
有能贖之〇 12/108/17
今〔魯〕國之富〇寡而貧〇眾 12/108/19
吳之所以亡〇 12/108/23
從〇甚眾 12/109/2
歌〇非常人也 12/109/3
從〇以請 12/109/4
問之而（故）〔固〕賢〇也 12/109/6
權而用其長〇而已矣 12/109/8
翟人之所求〇、地 12/109/12
〔生之〕所自來〇久矣 12/109/17
不能自勝而強弗從〇 12/109/23
臣未嘗聞身治而國亂〇也 12/109/28
未嘗聞身亂而國治〇也 12/109/29
14/133/5
君之所讀書〇 12/110/1
而可以至妙〇 12/110/6
今聖人之所言〇 12/110/7
昔〇司城子罕相宋 12/110/10
事〇、應變而動 12/110/17
故知時〇無常行 12/110/17
書〇、言之所出也 12/110/18
言出於知（〇） 12/110/18
知〇〔不〕藏書 12/110/18
昔〇君王許之 12/110/22
意〇 12/110/22
強臺〇 12/110/23
吾觀其從〇 12/110/28
而城自（壤）〔壞〕〇十丈 12/111/10
子姓有可使求馬〇乎 12/111/15
良馬〇 12/111/15
相天下之馬〇 12/111/16
若此馬〇 12/111/16
臣有所與（供）〔共〕儋（纏）〔纆〕采薪〇九方堙 12/111/17
子之所使求〔馬〕〇 12/111/21
是乃其所以千萬臣而无數〇也 12/111/22
若堙之所觀〇 12/111/22
若彼之所相〇 12/111/24
乃有貴乎馬〇〔也〕 12/111/24
昔善治國家〇 12/112/4
行之〇不利 12/112/5
怒〇、逆德也 12/112/5
兵〇、凶器也 12/112/6
爭〇、人之所（本）〔去〕也 12/112/6
熒惑〔〇〕、天罰也 12/112/20
心〔〇〕 12/112/20
其誰以我為君〇乎 12/112/24
人而無能〇 12/113/5
門下故有能呼〇乎 12/113/6
使善〔呼〇〕呼之 12/113/7
兵陳戰而勝敵〇 12/113/12
夫乘民之功勞而取其爵祿〔〇〕 12/113/13
此明於為人為己〇也 12/113/24
爵高〇、士妒之 12/114/1
官大〇、主惡之 12/114/1
祿厚〇、怨處之 12/114/1
大司馬捶鉤〇年八十矣 12/114/5
是以用之〇 12/114/6
而況持不用〇乎 12/114/7
從事於道〇 12/114/7
殺諫〇 12/114/17
夫意而中藏〇 12/114/26
入先〇 12/114/27
出後〇 12/114/27
分均〇 12/114/27
知可否〇 12/114/27
五〇不備 12/114/27
而能成大盜〇 12/114/28
楚有善為偷〇往見曰 12/115/1
偷〇、天下之盜也 12/115/3
卒有出薪〇 12/115/6
臣聞襲國〇 12/115/19
窮觀於六合之外〇 12/116/8
若士〇 12/116/9
見夜（魚）〔漁〕〔〇〕 12/116/21
凡子所為（魚）〔漁〕〇 12/116/22
漁〇對曰 12/116/23
所得〇小魚 12/116/24
若有嚴刑在其側〇 12/116/25
（誠）〔誡〕於此〇刑於彼 12/116/26
照照〇 12/117/1
是故神之所用〇遠 12/117/14
則所遺〇近也 12/117/14
善閉〇 12/117/21
善結〇 12/117/21
荊有佽非〔〇〕 12/118/2
佽非謂枻舡〇曰 12/118/3
嘗〔見〕有如此而得活〇乎 12/118/3
〔不以〕腐肉朽骨棄劍〇 12/118/7
夫唯無以生為〇 12/118/8
墨〇有田鳩〇 12/118/17
客有言之楚王〇 12/118/17
告從〇曰 12/118/19
遠之而近〇 12/118/20

此〔《莞子》〕所謂（《莞子》）「（梟）〔鳥〕飛而（維）〔準〕繩」○ 12/118/20
譬之猶廓革○也 12/118/28
晏子默而不對○ 12/119/4
往見太卜○ 12/119/5
持盈○乎 12/119/16
此五○ 12/119/19
反此五○ 12/119/19
服此道○不欲盈 12/119/20
夫未得獸○ 12/119/23
慮患○寡 12/119/28
古○有鍪而綣領以王天下○矣 13/120/3
古○民澤處復穴 13/120/7
古○剡耜而耕 13/120/10
古○大川名谷 13/120/11
則先王之法度有移易○矣 13/120/16
此禮之不同○也 13/120/21
此葬之不同○也 13/120/22
此祭之不同○也 13/120/23
此樂之不同○也 13/120/24
此皆因時變而制禮樂○〔也〕 13/120/25
所推移上下○无寸尺之度 13/120/25
故通於禮樂之情○能作 13/120/26
而以知矩（彠）〔矱〕之所周○也 13/120/26
《詩》、《春秋》、學之美○也 13/121/9
儒○循之以教導於世 13/121/9
得其所以言○ 13/121/12
故道可道○ 13/121/13
故一人之身而三變○ 13/121/20
故法制禮義○ 13/121/24
此萬世不更○也 13/121/25
古○民醇工厖 13/122/1
古之所以為榮○ 13/122/8
古之所以為治○ 13/122/9
然而立政○不能廢法而治民 13/122/11
然而征伐○不能釋甲兵而制（彊）〔彊〕暴 13/122/12
法度○ 13/122/12
器械○ 13/122/13
賢○立禮而不肖○拘焉 13/122/15
耳不知清濁之分○ 13/122/16
〔心〕不知治亂之源○ 13/122/17
為學○循先襲業 13/122/22
今儒墨○稱三代、文武而弗行〔也〕 13/122/23
而憎圖狗馬○ 13/122/25
和○ 13/122/29
久而不（志）〔忘〕○ 13/123/5
使呂氏絕祀而陳氏有國○ 13/123/8
舍人有折弓○ 13/123/9
今不知道○ 13/123/10
見柔懦○侵 13/123/10
見剛毅○亡 13/123/11
而聞見舛馳於外○也 13/123/11
譬猶不知音○之歌也 13/123/12
今夫盲○行於道 13/123/15
教寡人以道○擊鼓 13/123/27
諭寡人以義○擊鍾 13/123/28
告寡人以事○振鐸 13/123/28
語寡人以憂○擊磬 13/123/28
有獄訟○搖鞀 13/123/28
此而不能達善效忠○ 13/124/1
忠諫○謂之不祥 13/124/4
而道仁義○謂之狂 13/124/4
豐衣博帶而道儒墨○ 13/124/7
有立武○見疑 13/124/10
今世之為武○則非文也 13/124/11
為文○則非武也 13/124/11
唯無所嚮○ 13/124/13
家之所以亡○ 13/124/15
而立為天子○ 13/124/17
為天下笑○ 13/124/18
故得王道○ 13/124/19
有亡形○ 13/124/19
今謂（疆）〔彊〕○勝則度地計眾 13/124/21
富○利則量粟〔而〕稱金 13/124/22
則（千）〔萬〕乘之君無不霸王○ 13/124/22
而（萬）〔千〕乘之國無不破亡○矣 13/124/23
今不審其在己○ 13/125/3
則必有繼之○也 13/125/4
且湯、武之所以處小弱而能以王○ 13/125/4
桀、紂之所以處彊大而〔終〕見奪○ 13/125/5
今不行人之所以王（○） 13/125/6
而反益己之所以奪〔○〕 13/125/6
則天下納其貢職○迴也 13/125/9
上言○ 13/125/12,13/125/12
下言○ 13/125/12,13/125/12
過之大○也 13/125/15
此所謂忠愛而不可行○也 13/125/20
權○、聖人之所獨見也 13/125/28
故忤而後合○ 13/125/28
合而後舛○ 13/125/28
不知權○ 13/126/1
故禮○、實之華而偽之文也 13/126/1
昔○萇弘、周室之執數○也 13/126/5
陸地之朝○三十二國 13/126/8
18/198/19
而未知全性之具○ 13/126/10
是故聖人○ 13/126/18
故事有可行而不可言○ 13/126/22
有可言而不可行○ 13/126/22
有易為而難成○ 13/126/22
有難成而易敗○ 13/126/22
所謂可行而不可言○ 13/126/23
可言而不可行○ 13/126/23
易為而難成○ 13/126/23
難成而易敗○ 13/126/24
此四策○ 13/126/24,18/202/3
昔○曹子為魯將兵 13/126/28
當此三行○ 13/127/5
此四人○ 13/127/14
然而功名不滅○ 13/127/14
不能存亡接絕○何 13/127/15
故小謹○无成功 13/127/16
訾行○不容於眾 13/127/16
體大○節疏 13/127/16
17.240/185/10
踰距○舉遠 13/127/16
未有能全其行○也 13/127/19
然而天下寶之○ 13/127/26

必得人心〔〇〕也 14/134/7
能得人心〇 14/134/7,20/219/2
必自得〇也 14/134/7,20/219/2
能自得〇 14/134/7
必柔弱〔〇〕也 14/134/7
故能以眾不勝成大勝〇 14/134/8
善游〇 14/134/11
勁筋〇 14/134/11
輕天下〇 14/134/11
無以天下為〇 14/134/15
必能治天下〇 14/134/15
治官理民〇 14/134/16
辟地墾草〇 14/134/16
決河濬江〇 14/134/17
聽獄制中〇 14/134/17
〔然而〕有聖名〇 14/134/17
故得道以御〇 14/134/17
必使能〇為己用 14/134/18
釋道而任智〇必危 14/134/24
棄數而用才〇必困 14/134/24
有以欲多而亡〇 14/134/24
未有以無欲而危〇也 14/134/24
有以欲治而亂〇 14/134/25
未有以守常而失〇也 14/134/25
故成〇非所為也 14/134/26
得〇非所求也 14/134/26
入〇有受而無取 14/134/26
出〇有授而無予 14/134/26
所生〇弗德 14/134/27
所殺〇非怨 14/134/27
則所有〇亡矣 14/135/3
則所欲〇至 14/135/4
故用兵〇 14/135/4,20/214/22
治國〇 14/135/4
而事為治〇 14/135/7
而急求名〇 14/135/7
道之〇危 14/135/8
故道不可以勸（而）就
利〇 14/135/9
而可以寧避害〇 14/135/9
來〇弗迎 14/135/10
去〇弗將 14/135/10
為〇有不成 14/135/20
求〇有不得 14/135/20
與無智〇同道 14/135/21
與無能〇同德 14/135/22
告之〇至 14/135/22
使之〇至 14/135/22
章人〇 14/135/26
（則）〔息〕道〇也 14/135/27
欲尸名〇必為善 14/136/1
欲為善〇必生事 14/136/1
以為有心〇之於平 14/136/7
不若無心〇〔也〕 14/136/7
然而守重寶〇必關戶而
全封 14/136/8
以為有欲〇之於廉 14/136/8
不若無欲〇也 14/136/8
故以巧鬭力〇 14/136/14
以慧治國〇 14/136/14
遇〇、能遭於時而得之
也 14/136/20
二爭〇生 14/136/24
雖有賢〇 14/136/24
凡事人〇 14/136/27
則為名〇不伐無罪 14/137/2
而為利〇不攻難勝 14/137/2
君道〇 14/137/6
智〇不以位為事 14/137/6
勇〇不以位為暴 14/137/7
仁〇不以位為（患）
〔惠〕 14/137/7
一也〇 14/137/8
未有能〇也 14/137/14
不繫於物〇 14/137/21
不顧後患〇 14/137/21
不知利害（嗜）〔〇〕 14/137/23
以義為制〇 14/137/24
然而為之〇 14/137/25
然而弗為〇 14/137/26
使在己〇得 14/137/27
唯弗求〇〔為〕能有之 14/138/1
處尊位〇 14/138/4
有大地〇 14/138/4
而為論〇莫然不見所觀
焉 14/138/6
此所謂藏無形〇 14/138/6
三代之所道〇 14/138/8
未有使人無智〇 14/138/10
有使人不能用其智於己
〇也 14/138/10
未有使人無力〇 14/138/10
有使人不能施其力於己
〇也 14/138/11
此兩〇常在久見 14/138/11
飾其外〇傷其內 14/138/18
扶其情〇害其神 14/138/18
見其文〇蔽其質 14/138/18
無須臾忘〔其〕為（質）
〔賢〕〇 14/138/18
百步之中不忘其〔為〕
容〇 14/138/19
故羽翼美〇傷骨骸 14/138/19
枝葉美〇害根（莖）
〔荄〕 14/138/20
能兩美〇 14/138/20
至德道〇若邱山 14/138/23
行〇以為期也 14/138/23
用之〇亦不受其德 14/138/24
喜得〇必多怨 14/138/25
喜予〇必善奪 14/138/25
唯滅迹於無為而隨天地
〔之〕自然〇 14/138/25
唯不求利〇為無害 14/138/29
唯不求福〇為無禍 14/138/29
侯而求霸〇必失其侯 14/138/29
霸而求王〇必喪其霸 14/138/30
能不以天下傷其國、而
不以國害其身〇 14/138/31
不知道〇 14/139/1
則無功〇賞 14/139/5
有罪〇釋 14/139/5
則有功〇廢 14/139/5
無罪〇誅 14/139/5
及無好〇 14/139/5
故合而（舍）〔和〕之
〇、君也 14/139/6
制而誅之〇、法也 14/139/7
故不得已而歌〇 14/139/14
不得已而舞〇 14/139/14
歌舞而不事為悲麗〇 14/139/15
皆無有根心〇 14/139/15
善博〇不欲牟 14/139/17
騶〇不貪最先 14/139/18
故木之大〇害其條 14/139/22
水之大〇害其深 14/139/22
日有餘而治不足〔〇〕 14/139/28
處尊位〇如尸 14/140/1
守官〇如祝宰 14/140/1
不能祝〇 14/140/2
不能御〇 14/140/3

執後〇	14/140/6
未受〇	14/140/7
雖怨不逆〇	14/140/8
爭〇各自以為直	14/140/8
鬭〇雖彊	14/140/10
心有憂〇	14/140/23
五〇無棄	14/141/1
故始於都〇常（大）［卒］於鄙	14/141/3
始於樂〇常（大）［卒］於悲	14/141/4
其作始簡〇	14/141/4
而以徵羽定名〇	14/141/10
以勝〇也	14/141/10
然而皆立一名〇	14/141/11
言其大〇也	14/141/11
必有不化而應化〇	14/141/23
有道〇	14/141/28
無道〇	14/142/1
古之存己〇	14/142/5
故其身治〇	14/142/6
而樂其身之治（也）［〇］	14/142/9
內脩極而橫禍至〇	14/142/12
故知道〇不惑	14/142/13
知命〇不憂	14/142/14
有角〇觸	15/142/22
有齒〇噬	15/142/22
有毒〇螫	15/142/23
有蹏〇趹	15/142/23
兵之所由來〇遠矣	15/142/27
夫兵〇	15/143/1
所去〇少	15/143/3
而所利〇多	15/143/3
此四君〇	15/143/6
所為立君〇	15/143/7
夫畜池魚〇必去猵獺	15/143/10
（養）［養］禽獸〇也必去豺狼	15/143/10
故聞敵國之君有加虐於［其］民〇	15/143/11
帥民之賊〇	15/143/16
以家聽〇	15/143/16
以里聽〇	15/143/17
以鄉聽〇	15/143/17
以縣聽〇	15/143/17
攻〇非以禁暴除害也	15/143/23
而霸王之功不世出〇	15/143/24
夫為地戰〇不能成其王	15/143/24
為身戰〇不能立其功	15/143/25
舉事以為人〇眾助之	15/143/25
舉事以自為〇眾去之	15/143/25
所謂道〇	15/144/1
夫員〇、天也	15/144/3
方〇、地也	15/144/3
所以無朕〇	15/144/5
故廟戰〇帝	15/144/11
神化〇王	15/144/11
所謂廟戰〇、法天道也	15/144/11
神化〇、法四時也	15/144/11
古得道〇	15/144/14
夫戰而不勝〇	15/144/20
獵〇逐禽	15/144/24
而相為斥闉要遮〇	15/144/25
故善用兵〇	15/144/28, 15/146/21, 15/147/11, 15/152/12
不能用兵〇	15/144/28
［則其］所得〇鮮矣	15/144/29
夫兵之所以佐勝〇眾	15/145/10
而所以必勝〇寡	15/145/10
良將之所以必勝〇	15/145/12
為存政〇	15/145/24
為亡政〇	15/145/24
昔〇楚人地	15/145/24
挽輅首路死〇	15/146/6
然一人唱而天下（應）［和］之〇	15/146/11
是故善守〇無與御	15/146/16
而善戰〇無與鬭	15/146/16
故善為政〇積其德	15/146/19
善用兵〇畜其怒	15/146/19
故文之所（以）加〇淺則（勢）［權］之所（勝）［服］〇小	15/146/20
德之所施〇博	15/146/20
則威之所制〇廣	15/146/20
威之所制〇廣	15/146/21
先弱敵而後戰〇也	15/146/21
湯之地方七十里而王〇	15/146/22
智伯有千里之地而亡〇	15/146/22
故千乘之國行文德〇王	15/146/23
萬乘之國好用兵〇亡	15/146/23
德均、則眾〇［勝］寡	15/146/24
力敵、則智〇勝愚	15/146/24
（〇）［智］侔、則有數〇禽無數	15/146/24
凡用兵〇	15/146/25
夫有形埒〇	15/147/1
有篇籍〇	15/147/1
此皆以形相勝〇也	15/147/1
善形〇弗法也	15/147/2
所貴道〇	15/147/2
智見〇人為之謀	15/147/3
形見〇人為之功	15/147/3
眾見〇人為之伏	15/147/4
器見〇人為之備	15/147/4
可巧詐〇	15/147/4
皆非善〇也	15/147/4
善〇之動也	15/147/5
善用兵［〇］	15/147/13
當〇莫不廢滯崩阤	15/147/15
天下孰敢厲威抗節而當其前〇	15/147/15
故淩人〇勝	15/147/16
待人〇敗	15/147/16
為人杓〇死	15/147/16
受刃〇少	15/148/7
傷敵〇眾	15/148/7
諸有象〇	15/148/21
諸有形〇	15/148/22
唯无形〇也	15/148/24
善用兵〇	15/149/1, 15/152/8
物未有不以動而制〇也	15/149/4
勇〇不得獨進	15/149/7
怯〇不得獨退	15/149/7
是故傷敵〇眾	15/149/8
而手戰〇寡矣	15/149/8
然而人食其肉而席其革〇	15/149/10
或將眾而用寡〇	15/149/13
將寡而用眾〇	15/149/14
若乃人盡其才、悉用其力、以少勝眾〇	15/149/14
故任天〇可迷也	15/149/16
任地〇可束也	15/149/17
任時〇可迫也	15/149/17
任人〇可惑也	15/149/17
然勇〇可誘也	15/149/18
仁〇可奪也	15/149/18
信〇易欺也	15/149/18
廉〇易謀也	15/149/18

淳于髡之告失火〇 16.25/156/21
猶采薪〇見一介〔則〕
掇之 16.26/156/24
善射〇發不失的 16.28/156/30
善釣〇無所失 16.28/156/30
物固有近不若遠、（遠）
〔遠〕不如近〇 16.29/157/1
水廣〇魚大 16.31/157/7
山高〇木脩 16.31/157/7
然為牛計〇 16.35/157/17
然為狐計〇 16.35/157/18
亡〇不敢夜揭炬 16.37/157/23
保〇不敢畜噬狗 16.37/157/23
拯溺〇而欲無濡 16.40/158/1
今夫闇飲〇 16.41/158/4
是故不同于和而可以成
事〇 16.41/158/4
而溺〇不可以為抗 16.43/158/10
誕（〇）不可以為常
16.43/158/10
人有多言〇 16.44/158/13
人有少言〇 16.44/158/13
六畜生多耳目〇不詳
16.45/158/15
物固有眾而不若少〇
16.46/158/17
引車〇二六而後之 16.46/158/17
事固有相待而成〇 16.46/158/17
被甲〇 16.49/158/27
不孝弟〇或詈父母 16.54/159/12
生子〇所不能任其必孝
也 16.54/159/12
有竊其鍾負而走〇 16.55/159/14
染〇先青而後黑則可
16.58/159/23
巧〇善度 16.65/160/10
知〇善豫 16.65/160/10
滅非〇戶告之曰 16.67/160/14
有譽人之力儉〇 16.76/161/4
夫欲其母之死〇 16.77/161/8
謂學不暇〇 16.77/161/8
盜財而予乞〇 16.79/161/12
馬之似鹿〇千金 16.81/161/18
所受〇小則所見〇淺
16.82/161/22
所受〇大則所照〇博
16.82/161/22

所歸〇一 16.83/161/25
通於學〇若車軸 16.84/161/27
不通於學〇若迷惑 16.84/161/28
未有天地能生天地〇也
16.85/161/30
有先中中〇也 16.89/162/12
君形〇亡焉 16.91/162/17
人有昆弟相分〇 16.92/162/19
射〇使〔人〕端 16.93/162/21
釣〇使人恭 16.93/162/21
未能行之〇矣 16.94/162/24
此所謂同污而異塗〇
16.95/162/28
欲為邪〇必（相）明正
16.97/163/3
欲為曲〇必達直 16.97/163/3
私欲得容〇 16.97/163/3
夫游沒〇 16.99/163/8
此信之非〇 16.100/163/12
此禮之失〇 16.100/163/12
所謂養志〇也 16.101/163/15
得鳥〇 16.103/163/19
今被甲〇 16.103/163/20
撰良馬〇 16.106/163/29
砥利劍〇 16.106/163/29
鄉〇其人 16.106/163/30
狂〇東走 16.108/164/4
逐〇亦東走 16.108/164/4
所以東走〔〇〕則異
16.108/164/4
溺〇入水 16.108/164/4
拯之〇亦入水 16.108/164/4
所以入水〇則異 16.108/164/5
國亡〇非必仁義 16.109/164/8
被誅〇非必忠也 16.109/164/8
故寒〇顫 16.109/164/8
懼〇亦顫 16.109/164/9
欲學歌謳〇 16.112/164/15
欲美和〇 16.112/164/15
而（欲）至其所欲學〇
16.112/164/16
燿蟬〇務在明其火 16.113/164/18
釣魚〇務在芳其餌 16.113/164/18
明其火〇、所以燿而致
之也 16.113/164/18
芳其餌〇、所以誘而利
之也 16.113/164/18

欲致魚〇先通水 16.113/164/19
欲致鳥〇先樹木 16.113/164/19
好弋〇先具繳與矰 16.113/164/20
好魚〇先具罟與（罘）
〔罛〕 16.113/164/20
所愛〇少而所亡〇多
16.114/164/22
故亡國之法有可隨〇
16.115/164/25
治國之俗有可非〇 16.115/164/25
雖廉〇弗釋 16.116/164/28
雖貪〇不搏 16.116/165/1
為魚德〇 16.118/165/6
為蝯賜〇 16.118/165/6
有相馬而失馬〇 16.120/165/11
兩〇皆未有功 16.121/165/13
郢人有買屋棟〇 16.122/165/16
病〇寢席 16.123/165/19
此類之推〇也 16.124/165/22
此類之不推〇也 16.124/165/23
善學〇 16.125/165/26
物固有以（寇）〔剋〕
適成不逮〇 16.126/165/29
物固有似然而似不然〇
16.129/166/4
厲利劍〇必以柔砥 16.130/166/7
擊鍾磬〇必以濡木 16.130/166/7
媒但〇 16.131/166/10
立慬〇 16.131/166/10
積不可不慎〇也 16.131/166/11
物之用〇必待不用〇
16.132/166/13
故使（止）〔之〕見〇
16.132/166/14
乃不見〇也 16.132/166/14
使鼓鳴〇 16.132/166/14
〔乃〕不鳴〔〇〕也
16.132/166/14
物固有以不用而為有用
〇 16.137/166/26
物固有以不用為大用〇
16.137/166/27
所以吹〇異也 16.140/167/5
必於近〇 16.143/167/12
瞽〇告盲〇 16.144/167/14
盲〇負而走 16.144/167/14
故使（盲）〔瘖〕〇語

16.144/167/14
使躄〇走 16.144/167/15
為請于買〇曰 16.145/167/17
此行大不義而欲為小義
〇 16.145/167/18
治國〇若鎒田 16.147/167/23
去害苗〇而已 16.147/167/23
今沐〇墮髮 16.147/167/23
以所去〇少 16.147/167/23
所利〇多 16.147/167/24
所以貴鏌邪〇 16.150/168/1
是〔時〕為帝〇也 17.1/168/11
蜧〇貴之 17.2/168/14
足（以）〔所〕蹍〇淺
矣 17.4/168/18
智所知〇褊矣 17.4/168/18
游〇以足蹶 17.5/168/21
及其能游〇 17.5/168/21
非手足〇矣 17.5/168/21
毋貽盲〇鏡 17.7/168/25
毋予躄〇履 17.7/168/25
以瓦鉒〇全 17.16/169/16
以金鉒〇跋 17.16/169/16
以玉（跓）〔鉒〕〇發
17.16/169/16
是故所重〇在外 17.16/169/16
逐獸〇目不見太山 17.17/169/19
聽有音之音〇聾 17.18/169/21
聽無音之音〇（聽）
〔聰〕 17.18/169/21
卜〇操龜 17.19/169/24
筮〇端策 17.19/169/24
舞〇舉節 17.20/169/26
坐〇不期而拚皆如一
17.20/169/26
鬻棺〇欲民之疾（病）
〔疫〕也 17.32/170/19
畜粟〇欲歲之荒飢也
17.32/170/19
知己〇不可誘以物 17.37/170/30
明於死生〇不可（却）
〔劫〕以危 17.37/170/30
故善游〇不可懼以涉
17.37/170/30
金勝木〇 17.42/171/9
土勝水〇 17.42/171/9
躄〇見虎而不走 17.43/171/11
傾〇易覆也 17.44/171/13
倚〇易軵也 17.44/171/13
設鼠〇機動 17.45/171/15
釣魚〇泛杭 17.45/171/15
任動〇車鳴也 17.45/171/15
必問吉凶於龜〇 17.52/172/4
近敖倉〇不為之多飯 17.53/172/6
臨江、河〇不為之多飲 17.53/172/6
聾〇不歌 17.58/172/17
盲〇不觀 17.58/172/17
觀射〇遺其藝 17.59/172/19
觀書〇忘其愛 17.59/172/19
無其君形〇也 17.61/172/23
與死〇同病 17.62/172/26
使景曲〇、形也 17.65/172/32
使響濁〇、聲也 17.65/172/32
情泄〇 17.65/172/32
華不時〇 17.65/172/32
蹠越〇 17.66/173/1
人有盜而富〇 17.68/173/6
富〇未必盜 17.68/173/6
有廉而貧〇 17.68/173/6
貧〇未必廉 17.68/173/6
行險〇不得履繩 17.70/173/10
羿之所以射遠中微〇
17.71/173/12
造父之所以追速致遠〇
17.71/173/12
畫〇謹毛而失貌 17.77/173/26
射〇儀小而遺大 17.77/173/26
榛巢〇處林茂〔〇〕 17.79/173/31
窟穴〇託埵防〇 17.79/173/31
呂望使老〇奮 17.82/174/6
使葉落〇風搖之 17.83/174/8
使水濁〇魚撓之 17.83/174/8
漁〇走淵 17.88/174/18
（木）〔采〕〇走山 17.88/174/18
所急〇存也 17.88/174/18
所求〇亡也 17.88/174/19
舉而能高〇 17.102/175/17
當凍而不死〇 17.105/175/23
當暑而不暍〇 17.105/175/23
將有誰寶之〇乎 17.113/176/9
有以（飯）〔噎〕死〇
而禁天下之食 17.120/176/26
有以車為敗〇〔而〕禁
天下之乘 17.120/176/26
釣〇靜之 17.121/176/29
（罛）〔罧〕〇扣舟
17.121/176/29
罩〇抑之 17.121/176/29
罾〇舉之 17.121/176/29
佐祭〇得嘗 17.124/177/5
救鬬〇得傷 17.124/177/5
不能搏攫〇 17.127/177/12
賢〇以為佩 17.128/177/14
能〇以為富 17.128/177/14
予（拯）溺〇金玉 17.128/177/14
上有酒〇 17.129/177/17
上有年〇 17.129/177/17
屠〇（羹藿）〔藿羹〕
17.131/177/21
（為）車〇步行 17.131/177/21
陶（〇）〔人〕用缺盆
17.131/177/21
為〇不得用 17.131/177/22
用〇弗肯為 17.131/177/22
夜行〇掩目而前其手
17.133/177/26
涉水〇解其馬載之舟
17.133/177/26
獸同足〇相從遊 17.134/177/28
鳥同翼〇相從翔 17.134/177/28
（的的）〔旳旳〕〇獲
17.139/178/9
提提〇射 17.139/178/9
嘗被甲而免射〇 17.149/178/31
嘗抱壺而度水〇 17.149/178/31
善用人〇 17.151/179/4
雖善〇弗能為工 17.158/179/20
再生〇不穫 17.159/179/22
華大（旱）〔早〕〇不
胥時〔而〕落 17.159/179/22
弗知〇驚 17.163/180/1
知〇不怪 17.163/180/2
有然之〇也 17.177/180/31
桀辜諫〇 17.179/181/3
形勢所致〇也 17.183/181/12
愚〇不加足 17.185/181/16
刺我行〇 17.187/181/20
訾我貨〇 17.187/181/20

賢○擯於朝 17.189/181/24
行○思於道 17.190/181/26
而居○夢於床 17.190/181/26
食其食○不毀其器 17.192/182/1
食其實○不折其枝 17.192/182/1
塞其源○竭 17.192/182/1
背其（木）〔本〕○枯 17.192/182/1
異音○不可聽以一律 17.200/182/19
異形○不可合於一體 17.200/182/19
愚○言而知○擇焉 17.201/182/21
善舉事○ 17.207/183/3
有榮華○必有憔悴 17.209/183/7
有羅紈○必有麻蒯 17.209/183/7
鳥有沸波○ 17.210/183/9
物固有重而害反為利○ 17.211/183/11
用規矩準繩○ 17.214/183/17
嚼而無味○弗能內於喉 17.216/183/21
視而无形○不能思於心 17.216/183/21
弗及掇○ 17.217/183/23
逐鹿○不顧兔 17.218/183/25
決千金之貨○不爭銖兩之價 17.218/183/25
屠○棄銷 17.220/183/29
而（鍜）〔鍛〕○拾之 17.220/183/29
工匠不能斲金○ 17.225/184/7
從朝視夕○移 17.228/184/14
從枉準直○虧 17.228/184/14
鳥不干防○ 17.231/184/21
故求物必於近之○ 17.232/184/23
聖人○、隨時而舉事 17.235/184/30
織紈而思行○ 17.236/185/1
過府而負手○ 17.238/185/5
故侮人之鬼○ 17.238/185/5
故解（梓）〔捽〕○不在於捌格 17.239/185/7
木大○根（欋）〔擢〕 17.240/185/10
山高○基扶 17.240/185/10
蹠巨○（志）〔走〕遠 17.240/185/10
狂○傷人 17.241/185/12
而又況一不信○乎 17.242/185/14
憂父之疾○子 17.243/185/16
治之○醫 17.243/185/16
進獻○祝 17.243/185/16
治祭○庖 17.243/185/16
是故使人高賢稱譽己○ 18/185/27
使人卑下誹謗己○ 18/185/28
夫言出於口○不可止於人 18/185/30
行發於邇○不可禁於遠 18/185/30
事○、難成而易敗也 18/185/30
名○、難立而易廢也 18/185/30
是故人○輕小害 18/186/2
是由病○已惓而索良醫也 18/186/3
陷溺於難○ 18/186/11
使知所以為是○ 18/186/11
是故知慮○、禍福之門戶也 18/186/12
動靜○、利害之樞機也 18/186/12
是故不溺於難○成 18/186/13
昔○楚莊王既勝晉於河、雍之間 18/186/18
〔楚越〕之閒有〔有〕寢〔之〕丘○ 18/186/20
此所謂益之而損○也 18/187/1
益損○ 18/187/8
其王○之事與 18/187/8
得○有重賞 18/187/11
失○有重罪 18/187/11
門○止之曰 18/187/12
門○出之 18/187/13
顧反取其出之○ 18/187/13
出之○怨之曰 18/187/14
以為〔傷○、戰鬬○也〕 18/187/15
〔不傷○、為縱之○〕 18/187/16
傷○受重賞 18/187/16
而不傷○被重罪 18/187/16
此所謂害之而反利〔之〕○也 18/187/16
所恃○、司馬也 18/187/22
此所謂欲利之而反害之○也 18/187/25
〔此〕愚○之所利也 18/188/1
然而有論○之所辟也 18/188/1
有功○、（又）〔人〕臣之所務也 18/188/4
有罪○、人臣之所辟也 18/188/4
則有功○離恩義 18/188/5
有罪○不敢失仁心也 18/188/5
為使○跪而啜三杯 18/188/9
使○歸報 18/188/9
是伏約死節○也 18/188/9
此所謂有功而見疑○也 18/188/10
此〔所〕謂有罪而益信○也 18/188/16
然而累足无所踐○ 18/188/19
一心所得○ 18/188/25
此所謂奪人而反為人所奪○〔也〕 18/188/27
此所謂與之而反取〔之〕○也 18/189/5
夫有陰德○必有陽報 18/189/12
有（陰）〔隱〕行○必有昭名 18/189/12
古（有）〔○〕溝防不脩 18/189/12
無不王○ 18/189/15
其後繼嗣至今不絕○ 18/189/16
故樹黍○不穫稷 18/189/18
樹怨○無報德 18/189/18
宋人〔有〕好善○ 18/189/20
丁壯○死 18/189/26
諸城守○皆屠之 18/189/26
近塞上之人有善術○ 18/190/1
丁壯○〔皆〕（引）〔控〕絃而戰 18/190/4
死○十九 18/190/5
或直於辭而不（害）〔周〕於事○ 18/190/8
或虧於耳以忤於心而合於實○ 18/190/8
此所謂直於辭而不（可）（用）〔周〕〔於事〕○也 18/190/12
靖郭君謂謁○曰 18/190/13
齊人有請見○曰 18/190/14
此所謂虧於耳、忤於心而得事實○也 18/190/18
臣聞（之有）裂壤土以安社稷○ 18/190/26

聞殺身破家以存其國〇 18/190/26
不聞出其君以為封疆〇 18/191/1
然而戴冠履履〇 18/191/7
其所自託〇然也 18/191/7
然而雍季先賞而咎犯後
存〇 18/191/9
其言有貴〇也 18/191/9
故義〇、天下之所（賞）
〔貴〕也 18/191/10
還歸賞有功〇 18/191/15
人孰知之〇乎 18/191/26
襄子〔罷圍〕乃賞有功
〇 18/192/2
群臣無不有驕侮之心〇 18/192/4
義〇、人之大本也 18/192/5
今君欲為霸王〇也 18/192/11
此有罪而可賞〇 18/192/15
此有功可罪〇 18/192/19
攻城〇、欲以廣地也 18/192/26
得地而不取〇 18/192/26
凡襲國〇、以為無備也 18/193/1
凡襲人〇、以為弗知 18/193/2
〔仁〕〇弗為也 18/193/5
義〇弗為也 18/193/5
故仁〇不以欲傷生 18/193/6
知〇不以利害義 18/193/6
忠臣〇務崇君之德 18/193/10
（謟）〔諂〕臣〇務廣
君之地 18/193/10
此務崇君之德〇也 18/193/17
此務為君廣地〇〔也〕 18/193/20
夫為君崇德〇霸 18/193/20
為君廣地〇滅 18/193/20
行文德〇王 18/193/21
好廣地〇亡 18/193/21
非其事〇勿仞也 18/193/23
非其名〇勿就也 18/193/23
（無故有顯名〇勿處也）
18/193/23
無功而富貴〇勿居也 18/193/23
夫就人之名〇廢 18/193/24
仞人之事〇敗 18/193/24
無功而大利〇後將為害 18/193/24
其所能〇 18/193/27
其所不能〇 18/193/27
昔〇智伯驕 18/194/1
晉之所以霸〇 18/194/6

而荊之所以不能與之爭
〇 18/194/6
此所謂見譽而為禍〇也 18/194/11
臣思夫唐子〇 18/194/16
唐子〇、非短子〇耶 18/194/16
此〔所〕謂毀人而反利
之〇也 18/194/19
魯人有為父報讎於齊〇 18/194/22
追〇曰 18/194/25
夫走〇、人之所以為疾
也 18/194/28
步〇、人之所以為遲也 18/194/28
今（反乃）〔乃反〕以
人之所〔以〕為遲〇
、（反）為疾 18/195/1
有知徐之為疾、遲之為
速〇 18/195/1
蔽〇不傷 18/195/6
愚〇有備 18/195/6
與知〇同功 18/195/6
所浼〇多矣 18/195/12
陳成常、宰予二子〇 18/195/14
舞〇二人而已 18/195/19
故禍之所從生〇 18/195/23
從〇三人 18/196/3
且患禍之所由來〇 18/196/8
夫〔上〕仕〇先避〔患
而後就利〕 18/196/15
是故聖人〇、常從事於
無形之外 18/196/22
不以利累形〇 18/197/4
以此而見王〇 18/197/4
凡有道〇 18/197/6
其所論未之究〇也 18/197/7
亡秦〇、胡也 18/197/11
病〇不得養 18/197/18
死〇不得葬 18/197/18
知〇離路而得道 18/198/4
愚〇守道而失路 18/198/4
至乎以弗解〔解〕之〇 18/198/5
非歌〇拙也 18/198/14
聽〇異也 18/198/15
物之不通〇 18/198/15
仁〇、百姓之所慕也 18/198/17
義〇、衆庶之所高也 18/198/17
然世或用之而身死國亡
〇 18/198/18

此知仁義而不知世變〇
也 18/198/23
「潛龍勿用」〇 18/198/27
唯有道〇能行之 18/199/1
而四君獨以為仁義儒墨
而亡〇 18/199/2
夫戟〇、所以攻城也 18/199/6
鏡〇、所以照形也 18/199/6
盲〇得鏡則以蓋卮 18/199/6
而利害異〇 18/199/10
此皆載務而（戲）〔虧〕
乎其（調）〔和〕〇
也 18/199/18
所以貴聖人〇 18/199/20
20/216/18
猶且弗易〇 18/199/21
仁〇弗為也 18/199/27
此〔所〕謂螳蜋〇也 18/200/1
湯教祝網〇 18/200/4
而通於大理〇也 18/200/10
誠得知〇 18/200/12
說〇之論 18/200/13
夫車之所以能轉千里〇 18/200/13
其所由〇非理也 18/200/14
欲流之於海（〇） 18/200/15
說〇冠蓋相望 18/200/15
是賞言朝於晉〇 18/200/24
而罰言朝於吳〔〇〕也 18/200/24
而衛君之禮不具〇死 18/200/26
然三說而一聽〇 18/201/5
其二〇非其道也 18/201/6
日入而不能得一儵魚〇 18/201/6
所以餌之〇非其欲也 18/201/7
投而擐脣吻〇 18/201/7
能以其所欲而釣〇也 18/201/7
而可以為丹〇 18/201/8
近而異門戶〇 18/201/11
或若然而不然〇 18/201/11
或不（若）然而〔若〕
然〇 18/201/12
博上〇射朋張 18/201/14
此所謂類之而非〇也 18/201/18
此所謂弗類而是〇也 18/201/23
刑〇遂襲恩〇 18/201/26
恩〇逃之於城下之廬 18/201/27
〔追〇至〕 18/201/27
追〇皆以為然而不索其

內 18/201/28
此所謂若然而不若然○ 18/201/29
何謂不然而若然○ 18/202/1
夫事之所以難知○ 18/202/4
而以勝惑人之心○也 18/202/4
若使人之所懷於內○ 18/202/5
與所見於外○ 18/202/5
而不可從外論○ 18/202/8
如此○ 19/202/12,19/207/2
有論○必不能廢 19/202/15
此五聖○、天下之盛主 19/202/25
而〔任〕海內之事○乎 19/202/26
且夫聖人○ 19/202/27
且古之立帝王○ 19/203/1
聖人踐位○ 19/203/1
蒙恥辱以（千）〔干〕世主〔○〕 19/203/7
〔而〕事治求贍○ 19/203/10
若吾所謂「無為」○ 19/203/13
而曲故不得容○ 19/203/15
（攻）〔故〕而不動○ 19/203/16
段干木、賢○ 19/204/4
此所謂異路而同歸○也 19/204/7
今夫救火○ 19/204/7
夫歌○、樂之徵也 19/204/9
哭○、悲之效也 19/204/9
其澤之所及○ 19/204/10
而非學○多 19/204/13
此自然○ 19/204/13
夫魚○躍 19/204/14
鵲○駮也 19/204/14
不待學問而合於道○ 19/204/20
賢師不能化〔○〕 19/204/21
不待脂粉芳澤而性可說○ 19/204/22
雖粉白黛黑弗能為美○ 19/204/23
且子有弒父○ 19/204/25
愛父○眾也 19/204/25
儒有邪辟○ 19/204/26
其行之○多也 19/204/26
今以為學○之有過而非學○ 19/204/26
所為言○ 19/205/3
死○眾〔也〕 19/205/7
生○眾〔也〕（多） 19/205/8
亦時有南北○ 19/205/8
而人謂星辰日月西移○ 19/205/9
胡人有知利○ 19/205/9
越人有重遲○ 19/205/10
以多○名之 19/205/10
若此九賢○ 19/205/14
而謂學無益○ 19/205/19
知○之所短 19/205/22
不若愚○之所脩 19/205/22
賢○之所不足 19/205/22
不免制於人○ 19/206/2
然其知○必寡矣 19/206/8
此六人○ 19/206/10
今使六子○易事 19/206/12
而明弗能見○何 19/206/12
而知（其）六賢之道○何 19/206/13
今夫盲○ 19/206/16
使未嘗鼓（瑟）〔琴〕○ 19/206/17
然而莫能至焉○ 19/207/3
夫瘠地之（吳）〔民〕多有心○ 19/207/3
沃地之民多不才○ 19/207/4
不自彊而功成○ 19/207/5
昔（於）〔○〕 19/207/9
此所謂名可（彊）〔務〕立○ 19/207/12
此功之可彊成○也 19/207/21
此自強而成功○也 19/207/27
是故田○不強 19/207/27
通於物○不可驚〔以〕怪 19/208/4
喻於道○不可動以奇 19/208/4
察於辭○不可燿以名 19/208/4
審於形○不可遯以狀 19/208/4
故為道○必託之于神農、黃帝而後能入說 19/208/5
為學○ 19/208/6
見世莫可為語○也 19/208/9
所以聽○易〔也〕 19/208/14
此未始知味○也 19/208/16
邯鄲師有出新曲○ 19/208/16
此未始知音○也 19/208/17
鄙人有得玉璞○ 19/208/17
此未始知玉○也 19/208/18
則所從來○遠而貴之耳 19/208/19
服劍○期於銛利 19/208/24
乘馬○期於千里 19/208/24
鼓琴○期於鳴廉脩營 19/208/25
誦《詩》、《書》○期於通道略物 19/208/26
故夫攣子之相似○ 19/209/1
玉石之相類○ 19/209/1
書傳之微○ 19/209/1
則弟子句指而受○必眾矣 19/209/2
故美人○ 19/209/2
通士○ 19/209/3
以為知○〔施〕也 19/209/4
使後世無知音○則已 19/209/8
若有知音○ 19/209/9
以為後之（有）知音○也 19/209/9
我曾无有閭里（氣）〔之〕聞、窮巷之知○何 19/209/10
過○莫不左右睥睨而掩鼻 19/209/14
有嚴志頡頏之行○ 19/209/16
今鼓舞○ 19/209/20
木熙○ 19/209/21
（且）〔則〕夫觀○莫不為之損心酸足 19/209/23
夫鼓〔舞〕○非柔縱 19/209/23
而木熙○非眇勁 19/209/24
夫事有易成○名小 19/209/27
難成○功大 19/209/27
是以天心呿唫○也 20/210/14
故聖人○懷天心 20/210/18
聲然能動化天下○也 20/210/18
宋人有以象為其君為楮葉○ 20/210/27
則萬物之有葉○寡矣 20/210/28
故凡可度○、小也 20/210/29
可數○、少也 20/211/1
故大人○ 20/211/2
滎水不能生魚鱉○ 20/211/14
今夫〔有〕道○ 20/211/18
其所居神○得其位也 20/211/20
見夜漁○得小即釋之 20/212/1
夫矢之所以射遠貫（牢）〔堅〕○ 20/212/2
其所以中的剖微○ 20/212/3
賞善罰暴○ 20/212/3
其所以能行○ 20/212/4

而民弗從〇 20/212/5
而為之節文〇也 20/212/15
夫物未嘗有張而不弛、成而不毀〇也 20/213/12
愚〇得以不忘 20/213/16
智〇得以志（遠）〔事〕 20/213/16
賢〇勸善而不肖〇懷其德 20/213/19
奸人在朝而賢〇隱處 20/213/20
溫惠柔良〇 20/214/3
淳厖敦厚〇 20/214/4
清明條達〇 20/214/4
恭儉尊讓〇 20/214/5
寬裕簡易〇 20/214/5
刺幾辯義〇 20/214/5
六〇 20/214/7
此四〇相反而不可一无也 20/214/23
輕〇欲發 20/214/23
重〇欲止 20/214/23
貪〇欲取 20/214/23
廉〇不利非其有 20/214/24
故勇〇可（貪）〔令〕進鬬 20/214/24
重〇可令埴固 20/214/24
貪〇可令進取 20/214/25
廉〇可令守分 20/214/25
信〇可令持約 20/214/26
（五）〔四〕〇相反 20/214/26
則其所得〇鮮 20/215/2
而所治〇淺矣 20/215/2
治大〇道不可以小 20/215/4
地廣〇制不可以狹 20/215/4
位高〇事不可以煩 20/215/4
民眾〇教不可以（苟）〔苛〕 20/215/4
故无益於治而有益於煩〇 20/215/7
无益於用而有益於費〇 20/215/7
智〇弗行也 20/215/8
今夫祭〇 20/215/16
調平五味〇 20/215/17
設籩豆〇 20/215/17
神之所依〇 20/215/17
故張瑟〇、小絃（急）〔絙〕而大絃緩 20/215/18
立事〇、賤〇勞而貴〇逸 20/215/19
故法〇、治之具也 20/215/22
故同氣〇帝 20/215/25
同義〇王 20/215/25
同力〇霸 20/215/25
无一焉〇亡 20/215/26
是以天心動化〇也 20/216/1
是以精誠感之〇也 20/216/1
是以外皃為之〇也 20/216/2
所以貴扁鵲〇 20/216/17
三代之法不亡、而世不治〇 20/216/23
而莫能聽〇 20/216/23
故國之所以存〇 20/216/24
其所〔以〕亡〇 20/216/25
无人〇、非无眾庶也 20/217/2
法能殺不孝〇 20/217/5
法能刑竊盜〇 20/217/6
墨子服役〔〇〕百八十人 20/217/7
古〇法設而不犯 20/217/13
故知過萬人〇謂之英 20/217/15
千人〇謂之俊 20/217/15
百人〇謂之豪 20/217/15
十人〇謂之傑 20/217/15
知足以知（變）〔權〕〇 20/217/16
明足以照下〇 20/217/17
出言可道〇 20/217/19
見利不苟得〇 20/217/19
民弗從（也）〔〇〕 20/217/24
故聖主〇舉賢以立功 20/217/25
夫聖人之屈〇 20/218/1
枉〇 20/218/1
動於權而統於善〇也 20/218/8
夫觀逐〇於其反也 20/218/10
而觀行〇於其終也 20/218/10
莫知其是非〇也 20/218/15
不注海〇不為川谷 20/218/15
不歸善〇不為君子 20/218/15
此異行而歸於善〇 20/218/17
此異行而歸於醜〇也 20/218/19
夫知〇不妄〔為〕 20/218/23
〔勇〇不妄〕發 20/218/23
中之〇謂之君子 20/218/25
弗中〇謂之小人 20/218/25
愚〇不為也 20/218/26
（欲）〔能〕成霸王之業〇 20/219/1
能得勝〔〇〕 20/219/1
必得人心〇也 20/219/2
故心〇、身之本也 20/219/2
身〇、國之本也 20/219/3
未有得己而失人〇也 20/219/3
未有失己而得人〇也 20/219/3
濁其源而清其流〇也 20/219/6
故知性之情〇 20/219/8
知命之情〇 20/219/8
故不高宮室〇 20/219/8
不大鍾鼎〇 20/219/9
所謂有天下〇 20/219/13
凡人之所以生〇 20/220/5
（又況）萬物在其閒〇乎 20/220/9
且聾〇、耳形具而无能聞也 20/220/11
盲〇、目形存而无能見也 20/220/11
夫言〇、所以通己於人也 20/220/11
聞〇、所以通人於己也 20/220/12
瘖〇不言 20/220/12
聾〇不聞 20/220/12
故有瘖聾之病〇 20/220/12
人之所知〇淺 20/220/18
有形〇皆生焉 20/220/24
享穀食氣〇皆受焉 20/220/25
諸有智〇皆學焉 20/220/25
射〇數發不中 20/220/26
又況生儀〇乎 20/220/26
然而不能〇 20/220/28
凡學〇能明於天（下）〔人〕之分 20/221/4
治之所以為本〇、仁義也 20/221/6
所以為末〇、法度也 20/221/6
凡人之所以事生〇、本也 20/221/6
其所以事死〇、末也 20/221/6
洪〇為本 20/221/8
而殺〇為末 20/221/9
大〇為首 20/221/9
而小〇為尾 20/221/9

故仁義〇、治之本也	20/221/11
故仁義〇、為厚基〇也	20/221/14
不益其厚而張其廣〇毀	20/221/15
不廣其基而增其高〇覆	20/221/15
可博內而世傳〇也	20/221/21
聞其音〇	20/221/24
聞〇莫不殞涕	20/221/26
聞〇莫不瞋目裂眥	20/221/27
故无聲〇、正其可聽〇也	20/221/29
其无味〇、正其足味〇也	20/221/29
故事不本於道德〇	20/222/1
言不合乎先王〇	20/222/1
音不調乎《雅》、《頌》〇	20/222/1
使有聲〇	20/222/13
乃无聲〇也	20/222/13
能致千里〇	20/222/13
乃不動〇也	20/222/14
位高而道大〇從	20/222/14
事大而道小〇凶	20/222/14
天下之善〇也	20/222/19
而慮患於九拂之外〇也	20/222/25
然而王法禁之〇	20/222/28
然而不可省〇	20/223/2
然而不可易〇	20/223/3
然而〔不可行〇〕	20/223/4
樹一物而生萬葉〇	20/223/5
愚〇惑於小利	20/223/6
而人弗（庠）〔席〕〇	20/223/7
而不可脫於庭〇	20/223/8
得於此而亡於彼〇	20/223/8
故行棊〇	20/223/9
故仁知、人材之美〇也	20/223/11
所謂仁〇、愛人也	20/223/11
所謂知〇、知人也	20/223/12
而不免於身死人手〇	20/223/15
而身虜於秦〇	20/223/16
二〇不立	20/223/16
夫作為書論〇	21/223/21
《原道》〇	21/224/1
《俶真》〇	21/224/7
《天文》〇	21/224/11
而不亂其常〇也	21/224/12
《地形》〇	21/224/14
不可驚以怪〇也	21/224/16
《時則》〇	21/224/18
使君人〇知所以從事	21/224/20
《覽冥》〇	21/224/22
物之可以喻意象形〇	21/224/23
所以令人遠觀博見〇也	21/224/25
《精神》〇	21/224/27
而堅守虛无之宅〇也	21/225/2
《本經》〇	21/225/4
列小大之差〇也	21/225/6
《主術》〇	21/225/8
《繆稱》〇	21/225/13
應感而不匱〇也	21/225/14
《齊俗》〇	21/225/16
擘畫人事之終始〇也	21/225/17
《道應》〇	21/225/19
而以合得失之勢〇也	21/225/20
《氾論》〇	21/225/22
而與化推移〇也	21/225/24
《詮言》〇	21/225/26
而補縫過失之闕〇也	21/225/27
《兵略》〇	21/225/29
《說山》、《說林》〇	21/226/1
而通行貫扃萬物之窒塞〇也	21/226/1
而以明事埒（事）〇也	21/226/2
《人間》〇	21/226/5
而无傷乎讒賊螫毒〇也	21/226/7
《脩務》〇	21/226/9
今夫狂〇无憂	21/226/11
狂〇无憂	21/226/11
所以使學〇孳孳以自幾也	21/226/13
《泰族》〇	21/226/15
凡屬書〇	21/226/23
而已自樂所受乎天地〇也	21/226/24
則无以使學〇勸力	21/226/31
然而能得本知末〇	21/227/2
今學〇无聖人之才	21/227/3
觀〇不知其何獸也	21/227/9
則无可言〇	21/227/10
所以為學〇	21/227/10
然祭〇汲焉	21/227/15
匹夫弗嘗〇	21/227/16
故儒〇之學生焉	21/228/2
墨子學儒〇之業	21/228/4
死陵〇葬陵	21/228/7
死澤〇葬澤	21/228/7
勝〇為右	21/228/17
申子〇、韓昭釐之佐	21/228/20

柘 zhè 9

毋伐桑〇	5/40/19
爨〇燧火	5/41/4,5/41/20,5/42/9,5/43/2,5/43/20,5/44/16
其樹〇	5/44/11
（水）〔林〕無〇（梓）〔梓〕	8/65/13

貞 zhēn 7

蚑蟯〇蟲	1/9/20
凡人民禽獸萬物〇蟲	4/35/5
含章可〇	10/85/9
〇信漫瀾	11/104/1
不可謂〇	13/127/5
利〇	13/127/19
〇蟲之動以毒螫	16.146/167/20

珍 zhēn 8

是故視〇寶珠玉猶（石礫）〔礫石〕也	7/57/19
〇怪奇味	7/58/13
遠國〇怪	8/65/21
〇怪奇物	9/73/27
玩好〇怪	9/74/8
〇難得之財	11/103/28
於是散宜生乃以千金求天下之〇怪	12/114/14
出〇怪	15/152/20

唇 zhēn 1

〇亡而齒寒	18/191/23

真 zhēn 28

古之〇人	2/11/25
是故有〇人然後有〇知	2/14/4
若夫〇人	2/14/21
〇人未嘗過焉	2/15/1
水之性〇清而土汨之	2/16/6

○ 15/142/24
顓頊嘗與共工○矣 15/142/28
而卒○先合者 15/151/4
不能與之○光也 16.12/155/12
〔兩則○〕 16.12/155/14
於利之中則○取大焉 16.36/157/20
於害之中則○取小焉 16.36/157/21
百步之外則○深淺 16.49/158/27
斷右臂而○一毛 16.74/160/30
折鏌邪而○錐（力）〔刀〕 16.74/160/30
非學鬬○〔也〕 16.131/166/10
○心乃生 17.95/175/3
決千金之貨者不○銖兩之價 17.218/183/25
而荊之所以不能與之○者 18/194/6
或○利而反強之 18/197/24
史○之 18/197/24
夫史以○為可以止之 18/198/4
而不知不○而反取之也 18/198/4
聖人不○也 18/198/15
諸人皆○學之 19/208/16
則貴（之）〔人〕○帶之 19/208/21
側室○鼓之 19/208/22
民交讓○處卑 20/216/6
委利○受寡 20/216/6
力事○就勞 20/216/7
分別○財 20/218/12
七竅交○ 20/219/10
所以知戰陣分○之非道不行也 21/225/30
懼○道之不塞 21/227/29
力征○權 21/228/17

征 zhēng 14

寇戎來○ 5/40/4
以○不義 5/43/6
諸侯力○ 6/54/2,21/228/9
關市急○ 8/66/9
以為百姓力○ 9/74/2
然而○伐者不能釋甲兵而制（疆）〔彊〕暴 13/122/12
力○相攘 13/126/15
齊桓公將欲○伐 13/129/6
以伐不義而○无道 13/129/7
○暴亂 18/193/12
南○三苗 19/202/21
諸侯之力○ 20/218/5
力○爭權 21/228/17

烝 zhēng 1

是故草木之發若（○）〔蒸〕氣 9/79/15

崝 zhēng 1

岸○者必阤 10/91/18

蒸 zhēng 10

風興雲○ 1/1/11
大飲○ 5/45/21
氣乃上○ 8/62/1
冬伐薪○ 9/79/11
是故草木之發若（烝）〔○〕氣 9/79/15
山雲○ 17.171/180/19
雲○風行 19/206/22
牛馬之氣○生蟣虱 20/211/14
蟣虱之氣○不能生牛馬 20/211/15
毛○理泄 20/211/20

徵 zhēng 25

其音○ 3/20/3,5/41/2,5/41/17
林鍾為○ 3/25/23
（○）〔宮〕生（宮）〔○〕 3/26/7
（宮）〔○〕生商 3/26/7
仲呂之○也 3/26/10
變宮生○ 4/36/22
變○生商 4/36/22
○矣 6/50/16
手○忽怳 6/50/18
見其○ 7/58/19
有以給上之○賦車馬兵革之費 9/79/1
以○笑羽也 11/99/5
故聖人見化以觀其○ 13/124/18
○音非无羽聲也 14/141/10
羽音非无○聲也 14/141/10
而以○羽定名者 14/141/10
必先○羽樂風 16.112/164/15
○羽之操 17.237/185/3
陳夏○舒弒其君 18/193/10
夫歌者、樂之○也 19/204/9
夫以○為羽 19/208/14
不過宮、商、角、○、羽 21/227/8

拯 zhěng 9

游者不能○溺 11/104/19
則捽其髮而○ 13/125/26
○溺者而欲無濡 16.40/158/1
不能相○ 16.46/158/18
○之者亦入水 16.108/164/4
予（○）溺者金玉 17.128/177/14
○溺而授之石 17.168/180/12
待利而後○溺人 17.184/181/14
（極）〔○〕溺之人不得不濡足也 20/218/2

撜 zhěng 1

子路○溺而受牛謝 11/94/15

整 zhěng 3

馬為○齊而斂諧 6/52/7
不見朕（○）〔埶〕 15/147/5
乃○兵鳴條 19/202/24

正 zhèng 159

而以少○多 1/5/3
○上下 2/14/8
太白元始以（○月甲寅）〔甲寅○月〕 3/20/15
辰星○四時 3/20/20
明庶風至則○封疆 3/20/28
○月建寅 3/21/9,3/23/1
日月復以○月入營室五度無餘分 3/21/10
故五月火○（火○）而

○賈人弦高矯○伯之命 12/115/22
○人聞之曰 12/117/12
○子陽剛毅而好罰 13/123/9
秦穆公興兵襲○ 13/125/15
○賈人弦高將西（敗）〔販〕牛 13/125/15
道遇秦師於周、○之閒 13/125/16
乃矯○伯之命 13/125/16, 18/193/2
以存○國 13/125/17
子產誅鄧析而○國之姦禁 13/129/10
弦高誕而存○ 16.43/158/10, 20/221/22
故○詹入魯 17.145/178/22
秦穆公使孟盟舉兵襲○ 18/192/29
○之賈人弦高、蹇他相與謀曰 18/192/29
其勢必襲○ 18/193/1
○伯乃以存國之功賞弦高 18/193/3
則○國之信廢矣 18/193/4

證 zhèng 3

積恩之見○也 10/82/24
直躬其父攘羊而子○之 13/125/14
直而○父 13/125/14

支 zhī 13

四○不（動）〔勤〕 1/2/10
所以制使四○ 1/8/10
○體傷折 6/49/28
人亦有四○、五藏、九竅、三百六十（六）節 7/55/12
以相○持 8/65/2
此其所以車裂○解也 9/81/1
○體相遺也 10/82/19
故商鞅立法而○解 10/91/18
勢有所（枝）〔○〕也 11/95/27
以○暑熱 11/104/7
隳○體 12/115/15
相○以日 15/143/24
商鞅○解 18/189/17

之 zhī 5787

故植○而塞于天地 1/1/4
橫○而彌于四海 1/1/4
施○無窮而無所朝夕 1/1/5
舒○幎於六合 1/1/5
卷○不盈於一握 1/1/5
山以○高 1/1/7
淵以○深 1/1/7
獸以○走 1/1/7
鳥以○飛 1/1/7
日月以○明 1/1/7
星歷以○行 1/1/7
麟以○游 1/1/8
鳳以○翔 1/1/8
得道○柄 1/1/10
無為為○而合于道 1/1/12
無為言○而通乎德 1/1/13
神託于秋毫○（未）〔末〕 1/1/13
而大與宇宙○總 1/1/14
父無喪子○憂 1/1/16
兄無哭弟○哀 1/1/16
含德○所致 1/1/17
夫太上○道 1/1/19
莫○知德 1/1/20
待○後死 1/1/20
莫○能怨 1/1/20
累○而不高 1/1/21
墮○而不下 1/1/21
益○而不衆 1/1/22
損○而不寡 1/1/22
斲○而不薄 1/1/22
殺○而不殘 1/1/22
鑿○而不深 1/1/22
填○而不淺 1/1/22
昔者馮夷、大丙○御也 1/1/26
末世○御 1/2/2
不能與○爭先 1/2/3
上游于霄雿○野 1/2/6
下出于無垠〔鄂〕○門 1/2/6
而知八紘九野○形埒者 1/2/10
執道（要）○柄 1/2/11
而游於無窮○地〔也〕 1/2/11
是故天下○事 1/2/11
因其自然而推○ 1/2/12
萬物○變 1/2/12
秉其要〔趣而〕歸○（趣） 1/2/12
夫鏡水○與形接也 1/2/13
天○性也 1/2/14, 15/142/23
性○害也 1/2/14
知○動也 1/2/15
萬物○至 1/2/17
天下歸○ 1/2/18
姦邪畏○ 1/2/18
故莫（敢）〔能〕與○爭 1/2/18
加○以詹何、娟嬛○數 1/2/21
射者扜烏號○弓 1/2/22
彎棊衛○箭 1/2/22
重○〔以〕羿、逢蒙子○巧 1/2/22
以所持○小也 1/2/23
張天下以為○籠 1/2/23
又何亡魚失鳥○有乎 1/2/24
〔網不若〕無形○像 1/2/25
昔者夏鯀作（三）〔九〕仞○城 1/3/2
諸侯背○ 1/3/2
禹知天下○叛也 1/3/2
施○以德 1/3/3
故機械○心藏於胸中 1/3/4
何遠○所能懷 1/3/4
而欲教○ 1/3/6
欲宍○心亡於中 1/3/6
何況狗馬○類乎 1/3/6
非霸王○業也 1/3/9
非致遠○（術）〔御〕也 1/3/9
離朱○明 1/3/9
察箴末於百步○外 1/3/10
〔而〕不能見淵中○魚 1/3/10
師曠○聰 1/3/10
合八風○調 1/3/10
而不能聽十里○外 1/3/10
故任一人○能 1/3/11
不足以治三畝○宅也 1/3/11
（脩）〔循〕道理○數 1/3/11
因天地○自然 1/3/11
是故禹○決瀆也 1/3/12
神農○播穀也 1/3/12
天地○性也 1/3/16
自然○勢也 1/3/16
由此觀○ 1/3/21, 1/4/14, 1/5/13, 1/7/17

執者失○ 1/8/14
天下○要 1/8/15
徹於心術○論 1/8/16
吾亦天下○有也 1/8/18
天下○與我 1/8/18
操殺生○柄而以行其號
令邪 1/8/21
目觀《掉羽》、《武象》
○樂 1/8/26
耳聽滔朗奇麗激抮○音 1/8/26
揚鄭、衛○浩樂 1/8/26
結激楚○遺風 1/8/27
射沼濱○高鳥 1/8/27
逐苑囿○走獸 1/8/27
此齊民○所以淫泆流湎 1/8/27
聖人處○ 1/8/27,1/9/2
處窮僻○鄉 1/8/28
側谿谷○間 1/8/28
隱于榛薄○中 1/8/28
環堵○室 1/8/29
茨○以生茅 1/8/29
逍遙于廣澤○中 1/9/1
而仿洋于山（峽）〔岬〕
○旁 1/9/1
此齊民○所為形植（藜）
〔黎〕（累）〔黑〕 1/9/1
故夫烏○啞啞 1/9/4
鵲○唶唶 1/9/4
而不待萬物○推移也 1/9/6
非以一時○變化而定吾
所以自得也 1/9/6
性命○情 1/9/7,8/62/11
故士有一定○論 1/9/8
女有不易○行 1/9/8
天地○永 1/9/8
以隨天地○所為 1/9/13
生○舍也 1/9/15
生○充也 1/9/15
生○制也 1/9/15
故夫形者非其所安也而
處○則廢 1/9/16
氣不當其所充〔也〕而
用○則泄 1/9/17
神非其所宜〔也〕而行
○則昧 1/9/17
以其性○在焉而不離也 1/9/20
忽去○ 1/9/21
今人○所以眭然能視 1/9/21
氣為○充 1/9/22
而神為○使也 1/9/22
凡人（○）志（各）有
所在而神有所繫者 1/9/23
招○而不能見也 1/9/24
呼○而不能聞也 1/9/24
耳目〔非〕去○也 1/9/24
今夫狂者○不能避水火
○難而越溝瀆○嶮者 1/9/28
然而用○異也 1/9/28
失其所守○位 1/9/28
而離其外內○舍 1/10/1
終身運枯形于連嶁列埒
○門 1/10/1
而蹪蹈于污壑穽陷○中 1/10/2
貪饕多欲○人 1/10/3
冀以過人○智植（于高）
〔高于〕世 1/10/4
是以天下時有盲妄自失
○患 1/10/7
此膏燭○類也 1/10/7
恬然則縱○ 1/10/9
迫則用○ 1/10/9
其縱○也若委衣 1/10/9
其用○也若發機 1/10/9
如是則萬物○化無不遇 1/10/10
而百事○變無不應 1/10/10
相與優游競暢于宇宙○間 2/10/17
視○不見其形 2/10/22,12/117/7
捫○不可得也 2/10/22
望○不可極也 2/10/23,12/117/8
无環堵○宇而生有无○根 2/10/25
若光燿○（閒）〔問〕
於无有 2/10/26
人謂○固矣 2/11/1
一範人○形而猶喜 2/11/4
然後知今此○為大夢也 2/11/6
始吾未生○時 2/11/6
焉知生○樂也 2/11/7
又焉知死○不樂也 2/11/7
其兄掩戶而入覘○ 2/11/8
則虎搏而殺○ 2/11/8
是故形傷于寒暑燥溼○
虐者 2/11/13
神傷乎喜怒思慮○患者 2/11/13
故罷馬○死也 2/11/14
剝○若槁 2/11/14
狡狗○死也 2/11/14
割○猶濡 2/11/14
古○人有處混冥○中 2/11/18
攙搶（衡）〔衝〕杓○
氣莫不彌靡 2/11/18
左右而使○ 2/11/21
鎮撫而有○ 2/11/21
是故日計○不足 2/11/22
而歲計○有餘 2/11/22
古○真人 2/11/25
立於天地○本 2/11/25
孰肯解構人間○事 2/11/26
然後知松柏○茂也 2/12/1
然後知聖人○不失道也 2/12/2
投○於江 2/12/3
浮○於海 2/12/4
夫（梜）〔挾〕依於跂
躍○術 2/12/4
提挈人閒○際 2/12/4
撢掞挺挏世○風俗 2/12/4
以摸蘇牽連物○微妙 2/12/5
何況懷瓌瑋○道 2/12/5
獨浮游无方○外 2/12/6
中徙倚无形○域而和以
天地者乎 2/12/6
是故目觀玉輅琬象○狀 2/12/8
耳聽《白雪》、《清角》
○聲 2/12/9
登千仞○谿 2/12/9
臨蝯眩○岸 2/12/9
譬若鍾山○玉 2/12/10
則至德天地○精也 2/12/10
是故生不足以使○ 2/12/11
利何足以動○ 2/12/11
死不足以禁○ 2/12/11
害何足以恐○ 2/12/11
明於死生○分 2/12/11
達於利害○變 2/12/12
雖以天下○大 2/12/12
易骭○一毛 2/12/12
夫貴賤○於身也 2/12/14
猶條風○時麗也 2/12/14
毀譽○於己〔也〕 2/12/14
猶蚊虻○一過也 2/12/14
孟門、終隆○山不能禁
〔也〕 2/12/15

湍瀨旋淵、呂梁○深不能留也	2/12/16
大行石澗、飛狐、句（望）〔注〕○險不能難也	2/12/16
是故身處江海○上	2/12/17
而神游魏闕○下	2/12/17
是故事其神者神去○	2/12/23
休其神者神居○	2/12/23
設於无垓坫○（字）〔宇〕	2/12/24
非道○所為也	2/12/25
〔非〕道○所施也	2/12/25
夫天○所覆	2/12/27
地○所載	2/12/27,19/205/26
六合〔○〕所包	2/12/27
陰陽〔○〕所呴	2/12/27
雨露〔○〕所濡	2/12/27
道德〔○〕所扶	2/12/27
夫目視鴻鵠○飛	2/13/2
耳聽琴瑟○聲	2/13/2
而心在鴈門○間	2/13/2
一身○中	2/13/2
神○分離剖判	2/13/3
六合○內	2/13/3
	8/62/5,12/106/10
是故自其異者視○	2/13/3
自其同者視○	2/13/3
若夫墨、（揚）〔楊〕、申、商○於治道	2/13/4
猶蓋○（無）一橑	2/13/5
而輪○（無）一輻	2/13/5
有○可以備數	2/13/5
無○未有害於用也	2/13/5
己自以為獨擅○	2/13/6
不通○于天地○情也	2/13/6
今夫治工○鑄器	2/13/8
然未可以保於周室○九鼎也	2/13/9
今夫萬物○疏躍枝舉	2/13/12
百事○莖葉條（梓）〔榟〕	2/13/12
若此則有所受○矣	2/13/13
譬若周雲○蘢蓯	2/13/13
今夫善射者有儀表○度	2/13/16
如工匠有規矩○數	2/13/16
而不通于萬方○際也	2/13/17
何況夫未始有涅藍造化○者乎	2/13/20
夫秋毫○末	2/13/23
蘆符○厚	2/13/24,2/13/24
若夫无秋毫○微	2/13/24
而莫○要御夭遏者	2/13/25
天地○間何足以論○	2/13/25
雲臺○高	2/13/26
而歸於萬物○初	2/14/1
冥冥○中獨見曉焉	2/14/1
寂漠○中獨有照焉	2/14/2
其用○也以不用	2/14/2
其不用也而後能用○	2/14/2
其知〔○〕也乃不知	2/14/2
其不知也而後能知○也	2/14/3
庸（愚）詎知吾所謂知○非不知歟	2/14/4
使（知）○訢訢然	2/14/7
芒然仿佯于塵埃○外	2/14/9
而消搖于無事○業	2/14/10
	7/57/12
百圍○木	2/14/13
鏤○以剞劂	2/14/13
雜○以青黃	2/14/13
（一）比犧尊〔於〕溝中○斷	2/14/14
（於）〔而〕外淫於世俗○風	2/14/17
不知耳目○（宣）〔宜〕	2/14/20
而游于精神○和	2/14/20
此聖人○游也	2/14/21,2/16/15
而游于滅亡○野	2/14/22
天地○間	2/14/23
	12/106/10,12/114/22
是故虛無者、道○舍	2/14/24
平易者、道○素	2/14/24
夫人○事其神而嬈其精	2/14/26
此皆治目○藥也	2/14/28
聖人○所以駭天下者	2/15/1
賢人○所以矯世俗者	2/15/1
夫牛蹏○涔	2/15/1
無尺○鯉	2/15/2
塊阜○山	2/15/2
無（文）〔丈〕○材	2/15/2
又況乎以無裹○者邪	2/15/3
此其為山淵○勢亦遠矣	2/15/3
夫人○拘於世也	2/15/3
至德○世	2/15/6
甘瞑于溷澖○域	2/15/6
而徙倚于汗漫○宇	2/15/6
而浮揚乎無畛崖○際	2/15/7
是故聖人呼吸陰陽○氣	2/15/7
莫○領理	2/15/8
是故雖有羿○知而無所用○	2/15/9
及世○衰也	2/15/9
皆欲離其童蒙○心	2/15/10
而覺視於天地○間	2/15/11
下棲遲至于昆吾、夏后○世	2/15/14
施及周室（○衰）	2/15/14
繁登降○禮	2/15/17
飾紱冕○服	2/15/17
是故百姓曼衍於淫荒○陂	2/15/19
而失其大宗○本	2/15/19
夫世○所以喪性命	2/15/19
是故聖人○學也	2/15/22
達人○學也	2/15/22
若夫俗世○學也則不然	2/15/23
乃始招蟯振繾物○豪芒	2/15/23
不若尚羊物○終（也）始	2/16/1
而條達有無○際〔也〕	2/16/1
是故舉世而譽○不加勸	2/16/2
舉世而非○不加沮	2/16/2
定于死生○境	2/16/2
而通于榮辱○理	2/16/2
神無虧缺於胸臆○中矣	2/16/3
視天下○閒	2/16/3
水○性真清而土汩○	2/16/6
人性安靜而嗜欲亂○	2/16/6
夫人○所受於天者	2/16/6
耳目○於聲色也	2/16/6
口鼻○於（芳）臭〔味〕也	2/16/7
肌膚○於寒燠	2/16/7
是故神者智○淵也	2/16/8
智者、心○府也	2/16/9
〔故能〕形物○性〔情〕也	2/16/10
用也〔者〕必假○於弗用〔者〕也	2/16/11
而事復返○	2/16/13
是失○於本	2/16/13
而求○於末也	2/16/13

圜四海○內 4/32/30
維其西北○隅 4/33/7
北門開以內不周○風 4/33/7
傾宮、旋室、縣圃、涼風、樊桐在崑崙閶闔○中 4/33/7
疏圃○池 4/33/8
浸○黃水 4/33/8
〔出崑崙○原〕 4/33/9
飲○不死 4/33/9
西南注南海丹澤○東 4/33/11
（赤水○東） 4/33/12
入于南海羽民○南 4/33/13
帝○神泉 4/33/14
崑崙○丘 4/33/16
或上倍○ 4/33/16
4/33/16,4/33/17
是謂涼風○山 4/33/16
登○而不死 4/33/16
是謂懸圃〔○山〕 4/33/16
登○乃靈 4/33/17
登○乃神 4/33/17
是謂太帝○居 4/33/17
日○所（瞶）〔曊〕 4/33/19
蓋天地○中也 4/33/20
九州○大 4/33/22
九州○外 4/33/22
八澤○雲 4/33/25
八殥○外 4/34/1
凡八紘○氣是出寒暑 4/34/3
八紘○外 4/34/6
自東北方曰方土○山 4/34/6
東方曰東極○山 4/34/6
曰開明○門 4/34/6
東南方曰波母○山 4/34/7
南方曰南極○山 4/34/7
西南方曰編駒○山 4/34/7
西方曰西極○山 4/34/8
曰閶闔○門 4/34/8
西北方曰不周○山 4/34/8
曰幽都○門 4/34/8
北方曰北極○山 4/34/8
凡八極○雲 4/34/9
八門○風 4/34/9
八紘、八殥、八澤○雲 4/34/9
東方○美者 4/34/12
有醫毋閭○珣（玗）〔玗〕琪焉 4/34/12
東南方○美者 4/34/12
有會稽○竹箭焉 4/34/12
南方○美者 4/34/13
有梁山○犀象焉 4/34/13
西南方○美者 4/34/13
有華山○金石焉 4/34/13
西方○美者 4/34/13
有霍山○珠玉焉 4/34/13
西北方○美者 4/34/14
有崑崙〔虛〕○球琳、琅玕焉 4/34/14
北方○美者 4/34/14
有幽都○筋角焉 4/34/14
東北方○美者 4/34/15
有斥山○文皮焉 4/34/15
中央○美者 4/34/15
故南方有不死○草 4/34/25
北方有不釋○冰 4/34/25
東方有君子○國 4/34/25
西方有刑殘○尸 4/34/25
能原本○ 4/35/6
萬物○生而各異類 4/35/17
平（大）〔土〕○人 4/35/24
東方川谷○所注 4/35/26
日月○所出 4/35/26
南方陽氣○所積 4/36/1
暑溼居○ 4/36/1
天○所閉也 4/36/7
寒冰○所積也 4/36/7
蟄蟲○所伏也 4/36/7
風氣○所通 4/36/11
雨露○所會也 4/36/11
有玉樹在赤水○上 4/37/6
立登保○山 4/37/9
有娀在不周○北 4/37/9
西王母在流沙○瀕 4/37/10
樂民、拏閭在崑崙弱水○洲 4/37/10
蔽于委羽○山 4/37/12
至于開母○北 4/37/16
淫出薄落○山 4/37/19
（條）〔融〕風○所生也 4/37/25
明庶風○所生也 4/37/25
清明風○所生也 4/37/25
景風○所生也 4/37/26
涼（也）〔風〕○所生也 4/37/26
閶闔風○所生也 4/37/26
不周風○所生也 4/37/27
廣莫〔風〕○所生也 4/37/27
正土○氣（也）御乎埃天 4/38/14
黃泉○埃上為黃雲 4/38/16
偏土○氣御乎（清）〔青〕天 4/38/17
（清）〔青〕泉○埃上為青雲 4/38/19
牡土○氣御于赤天 4/38/20
赤泉○埃上為赤雲 4/38/21
弱土○氣御于白天 4/38/22
白泉○埃上為白雲 4/38/24
牝土○氣御于玄天 4/38/25
玄泉○埃上為玄雲 4/33/26
孟春○月 5/39/3
立春○日 5/39/9
仲春○月 5/39/18
季春○月 5/40/9
（餒）〔餧〕（毒）〔獸〕○藥 5/40/18
立夏○日 5/41/7
仲夏○月 5/41/17
以定晏陰○所成 5/41/27
季夏○月 5/42/6
（令）〔合〕百縣○秩芻 5/42/11
以共皇天上帝、名山大川、四方○神、宗廟社稷 5/42/11
以給宗廟○服 5/42/13
孟秋○月 5/42/23
求不孝不悌、戮暴傲悍而罰○ 5/43/3
立秋○日 5/43/5
仲秋○月 5/43/17
季秋○月 5/44/13
以會天墜○藏 5/44/17
舉五穀○要 5/44/18
藏帝籍○收於神倉 5/44/18
為來歲受朔日與諸侯所稅於民輕重○法 5/44/21
貢歲○數 5/44/22
北嚮以贊○ 5/44/23
收祿秩○不當 5/45/1
供養○不宜者 5/45/1
孟冬○月 5/45/9
立冬○日 5/45/16

審棺椁衣衾○薄厚 5/45/19
營丘壟○小大高庫 5/45/19
以休息○ 5/45/21
收水泉池澤○賦 5/45/22
仲冬○月 5/46/1
是謂發天墜○藏 5/46/5
誅淫泆詐偽○人 5/46/6
取○不詰 5/46/10
野虞教導○ 5/46/11
罪○不赦 5/46/11
罷官○无事〔者〕 5/46/13
〔去〕器○无用者 5/46/14
〔此〕所以助天墜○閉〔藏也〕 5/46/14
季冬○月 5/46/20
以供寢廟及百祀○薪燎 5/46/25
以待嗣歲○宜 5/47/2
次諸侯○列 5/47/2
賦○犧牲 5/47/2
以供皇天上帝社稷○（芻）享 5/47/2
供寢廟○芻豢 5/47/3
供山林名川○祀 5/47/3
命○曰逆 5/47/7
東方○極 5/47/13
貫大人○國 5/47/13
東至日出○次、（扶）（榑）〔榑〕木○地 5/47/13
青（土）〔丘〕樹木○野 5/47/14
太皞、句芒○所司者 5/47/14
南方○極 5/47/18
自北戶孫○外 5/47/18
貫顓頊○國 5/47/18
南至委火炎風○野 5/47/18
赤帝、祝融○所司者 5/47/18
中央○極 5/47/22
日月○所道 5/47/22
江漢○所出 5/47/22
眾民○野 5/47/22
五穀○所宜 5/47/22
以息壤堙洪水○州 5/47/23
黃帝、后土○所司者 5/47/23
以送萬物○〔所〕歸 5/47/25
西方○極 5/47/27
西至三危○國 5/47/27
飲氣○民 5/47/27
不死○野 5/47/27
少皓、蓐收○所司者 5/48/1
北方○極 5/48/5
自九澤窮夏晦○極 5/48/5
北至令正○谷 5/48/5
有凍寒積冰、雪雹霜霰、漂潤群水○野 5/48/5
顓頊、玄冥○所司者 5/48/6
執○必固 5/48/8
雖有盛尊○親 5/48/8
繩○為度也 5/48/30
準○為度也 5/49/4
規○為度也 5/49/8
衡○為度也 5/49/11
矩○為度也 5/49/15
（僅）〔權〕○為度也 5/49/18
明堂○制 5/49/22,9/67/19
師曠奏《白雪》○音 6/49/27
而神物為○下降 6/49/27
上天○誅也 6/49/30
其無所逃○亦明矣 6/49/30
陽侯○波 6/50/1,12/118/3
瞋目而撝○ 6/50/2
援戈而撝○ 6/50/3
日為○反三舍 6/50/4
〔一〕知○所不知 6/50/7
孟嘗君為○增欷歍唈 6/50/9
此不傳○道〔也〕 6/50/10
故蒲且子○連鳥於百仞○上 6/50/11
而詹何○鶩魚於大淵○中 6/50/11
此皆得清（盡）〔淨〕○道、太浩○和也 6/50/12
夫物類○相應 6/50/14
或感○也 6/50/15
或動○也 6/50/15
類所以感○ 6/50/17
天墜○閒 6/50/18
然以掌握○中 6/50/18
引類於太極○上 6/50/19
此傳說○所以騎辰尾也 6/50/19
又何化○所能造乎 6/50/22
所謂不言○辯、不道○道也 6/50/23
惟夜行者為能有○ 6/50/24
而車軌不接於遠方○外 6/50/24
順○者利 6/51/1
逆○者凶 6/51/1,9/77/28
譬如隋侯○珠 6/51/2
和氏○璧 6/51/2
得○者富 6/51/2
失○者貧 6/51/2
得失○度 6/51/2
而甘草主生肉○藥也 6/51/3
是猶王孫綽○欲倍偏枯○藥而（欲）以生殊死○人 6/51/4
若以磁石○能連鐵也 6/51/5
夫燧○取火（於日） 6/51/8
磁石○引鐵 6/51/8
解○敗漆 6/51/8
葵○鄉日 6/51/8
故耳目○察 6/51/9
心意○論 6/51/9
唯通于太和而持自然○應者為能有○ 6/51/10
而薄落○水涸 6/51/10
而淳鈞○劍成 6/51/10
故武王○功立 6/51/11
由是觀○ 6/51/11,11/102/10,14/137/26,14/140/24
利害○路 6/51/11
禍福○門 6/51/11
夫道○與德 6/51/14
若韋○與革 6/51/14
遠○則邇 6/51/14,20/210/5
近○則（遠）〔疏〕 6/51/14
其得○乃失○ 6/51/15
其失○非乃得○也 6/51/15
鼓○而二十五弦皆應 6/51/19
而音○君已形也 6/51/19
今夫赤螭、青虯○游冀州也 6/51/23
步不出頃畝○區 6/51/24
而蛇鱓輕○ 6/51/24
以為不能與○爭於江海○中 6/51/24
若乃至於玄雲（○）素朝 6/51/24
扶搖而登○ 6/51/25
（蛇）〔蚖〕鱓著泥百仞○中 6/51/26
丘山（磐）〔○〕巖 6/51/26
又況直蛇鱓○類乎 6/51/27
鳳皇○翔至德也 6/51/27
而燕雀佼○ 6/52/1

以為不能與○爭於宇宙○間 6/52/1
還至其曾逝萬仞○上 6/52/1
翱翔四海○外 6/52/2
過崑崙○疏圃 6/52/2
飲砥柱○湍瀨 6/52/2
邅回蒙汜○渚 6/52/2
尚佯冀州○際 6/52/2
又況直燕雀○類乎 6/52/4
此明於小動○迹 6/52/4
而不知大節○所由者也 6/52/4
王良、造父○御也 6/52/7
若夫鉗且、大丙○御〔也〕 6/52/9
非慮思○察 6/52/12
手爪○巧也 6/52/13
此以弗御御○者也 6/52/13
而力牧、太山稽輔○ 6/52/16
以治日月○行 6/52/16
律（治）陰陽○氣 6/52/16
節四時○度 6/52/16
正律歷○數 6/52/17
鄙旅○人相讓以財 6/52/20
狗彘吐菽粟於路而無忿爭○心 6/52/20
諸北、儋耳○國莫不獻其貢職 6/52/22
然猶未及虙戲氏○道也 6/52/22
往古○時 6/52/24
陰陽（○）所壅、沈〔滯〕不通者 6/53/1
（竅）〔竅〕理○ 6/53/1
絶止○ 6/53/2
無有攫噬○心 6/53/4
宓穆休于太祖○下 6/53/7
隱真人○道 6/53/7
以從天墜○固然 6/53/8
逮至夏桀○時 6/53/10
棄捐五帝○恩刑 6/53/10
推蹶三王○法籍 6/53/10
居君臣父子○間而競載 6/53/13
晚世○時 6/53/20
8/63/17,21/228/16
從橫間○
是故質壯輕足者為（申）〔甲〕卒千里○外 6/53/22
傷弓弩矛戟矢石○創者
扶舉於路 6/53/25
甘○於芻豢 6/53/26
逮至當今○時 6/54/4
此五帝○所以迎天德也 6/54/5
黜讒佞○端 6/54/8
息巧辯○說 6/54/8
除（削刻）〔刻削〕○法 6/54/8
去煩苛○事 6/54/9
屏流言○迹 6/54/9
塞朋黨○門 6/54/9
則是所脩伏犧氏○迹 6/54/10
而反五帝○道也 6/54/11
今若夫申、韓、商鞅○為治也 6/54/14
乃背道德○本 6/54/15
而爭於錐刀○末 6/54/15
崑崙○輪也 6/54/18
譬若羿請不死○藥於西王母 6/54/20
無以續○ 6/54/20
不知不死○藥所由生也 6/54/21
古未有天地○時 7/54/25
天○有也 7/54/27
地○有也 7/54/28
萬物失○者死 7/55/2
法○者生 7/55/2
神明○宅也 7/55/4
道○所居也 7/55/4
是故或求○於外者 7/55/4
失○於內 7/55/4
有守○於內者 7/55/4
（失）〔得〕○於外 7/55/5
從本引○ 7/55/5
故頭○圓也象天 7/55/11
足○方也象地 7/55/11
而心為○主 7/55/14
夫天地○道 7/55/18
人○耳目曷能久熏〔勤〕勞而不息乎 7/55/18
人○華也 7/55/19
人○精也 7/55/20
謂○明 7/55/21,15/152/29
教志勝而行（○）不僻 7/55/22
故事有求○於四海○外而不能遇 7/55/26
或守○於形骸○內而不見也 7/55/26
精神○戶牖也 7/55/27
五藏○使候也 7/55/27
耳目淫於聲色○樂 7/56/1
則禍福○至 7/56/2
无由識○矣 7/56/3
則望於往世○前 7/56/4
而視於來事○後 7/56/4
豈直禍福○間哉 7/56/5
以言夫精神○不可使外淫也 7/56/5
天下○所養性也 7/56/7
嗜慾者使人○氣越 7/56/8
而好憎者使人○心勞 7/56/8
夫人○所以不能終其壽命而中道夭於刑戮者 7/56/10
以其生生○厚 7/56/10
則無一○不知也 7/56/11
則无一○能知也 7/56/12
不識天下○以我備其物與 7/56/12
物○與物也 7/56/13
將無所違○矣 7/56/14
吾安知夫刺（炙）〔灸〕而欲生者○非或也 7/56/15
又安知夫絞經而求死者○非福也 7/56/15
賤○而弗憎 7/56/17
貴○而弗喜 7/56/17
隨其天資而安○不極 7/56/17
吾生也有七尺○形 7/56/18
吾死也有一棺○（上）〔土〕 7/56/18
吾〔生〕○（於比）〔比於〕有形○類 7/56/18
猶吾死○淪於無形○中也 7/56/19
夫造化者○攫援物也 7/56/22
譬猶陶人○埏埴也 7/56/22
其取○地而已為盆盎也 7/56/22
夫臨江○鄉 7/56/23
苦洿○家 7/56/24
決洿而注○江 7/56/24
德○邪也 7/56/28
道○過也 7/56/28
心○（暴）〔累〕也 7/56/28
形○主也 7/57/2
心○寶也 7/57/3
是故聖人貴而尊○ 7/57/3
夫有夏后氏○璜者 7/57/5

匣匱而藏○ 7/57/5
寶○至也 7/57/5
夫精神○可寶也 7/57/5
非直夏后氏○璜也 7/57/5
以游于天地○樊 7/57/11
芒然仿佯于塵垢○外 7/57/11
亦不與○抮抱矣 7/57/13
見事○亂 7/57/13
行不知所○ 7/57/15
如光○燿 7/57/17
如景○放 7/57/17
抱其太清○本而無所 7/57/17
同精於太清○本 7/57/21
而游於忽區○旁 7/57/21
契大渾○樸 7/57/22
而立至清○中 7/57/22
甘暝〔于〕大宵○宅 7/57/23
而覺視于昭昭○宇 7/57/23
休息于無委曲○隅 7/57/24
而游敖于無形埒○野 7/57/24
此精神○所以能登假于
道也 7/58/2
是故真人○（所）游
〔也〕 7/58/3
是養形○人也 7/58/4
夫木○死也 7/58/7
青青去○也 7/58/8
猶充形者○非形也 7/58/8
吾將舉類而實○ 7/58/10
人○所以樂為人主者 7/58/12
以其窮耳目○欲 7/58/12
而適躬體○便也 7/58/12
人○所麗也 7/58/12
人○所美也 7/58/13
而堯糲（粢）〔粢〕○飯 7/58/13
藜藿○羹 7/58/14,18/194/18
人○所好也 7/58/14
養性○具不加厚 7/58/15
而增○以任重○憂 7/58/15
故舉天下而傳○于舜 7/58/15
此輕天下○具也 7/58/16
舟中○人五色無主 7/58/16
禹○視物亦細矣 7/58/18
鄭○神巫相壺子林 7/58/18
壺子○視死生亦齊 7/58/19
故覩堯○道 7/58/21
乃知天下○輕也 7/58/22
觀禹○志 7/58/22
乃知（天下）〔萬物〕
○細也 7/58/22
原壺子○論 7/58/22
乃知死生○齊也 7/58/22
見子求○行 7/58/23
乃知變化○同也 7/58/23
夫至人倚不拔○柱 7/58/25
行不關○塗 7/58/25
稟不竭○府 7/58/25
學不死○師 7/58/25
無（至）〔○〕而不通 7/58/25
鳳皇不能與○儷 7/58/28
莒君厚賂而止○ 7/59/1
而棄○淵 7/59/6
此○謂無累○人 7/59/7
無累○人 7/59/7
上觀至人○論 7/59/7
深原道德○意 7/59/7
以下考世俗○行 7/59/7
故通許由○意 7/59/8
不知生○不足貪也 7/59/10
不知天下○不足利也 7/59/10
今夫窮鄙○社也 7/59/10
嘗試為○擊建鼓 7/59/11
知其盆瓴○足羞也 7/59/12
而不知至論○旨 7/59/12
則拊盆叩瓴○徒也 7/59/13
學○建鼓矣 7/59/15
人○所貪也 7/59/15
使○左〔手〕據天下圖
而右手刎其喉 7/59/15
飢而飱○ 7/59/18
渴而飲○ 7/59/18
則身飽而敖倉不為○減也 7/59/19
腹滿而河水不為○竭也 7/59/19
有○不加飽 7/59/19
無○不為○飢 7/59/19
終則反本（末）〔未〕
生○時 7/59/23
死○（輿）〔與〕生 7/59/23
巖穴○間 7/59/26
非直越下○休也 7/59/26
夫修夜○寧 7/59/27
非直一噲○樂也 7/59/28
故知宇宙○大 7/59/28
知養生○和 7/59/28
知未生○樂 7/60/1
知許由○貴于舜 7/60/1
牆○立 7/60/1
冰○凝 7/60/2
無外○外 7/60/3
無內○內 7/60/3
故目雖欲○ 7/60/6
禁○以度 7/60/6
心雖樂○ 7/60/7
節○以禮 7/60/7
錯陰陽○和 7/60/8
而迫性命○情 7/60/8
是猶決江河○源而障○
以手也 7/60/13
孔子○通學也 7/60/15
出見富貴○樂而欲○ 7/60/17
入見先王○道又說○ 7/60/17
先王○道勝 7/60/18
志非能〔不〕貪富貴○位 7/60/18
不便侈靡○樂 7/60/18
處大廓○宇 7/60/21
游無極○野 7/60/21
玩天地于掌握○中 7/60/21
欲而能止○ 7/60/22
樂而能禁○ 7/60/22
中國得而棄○無〔所〕用 7/60/25
貪者能辭○ 7/60/25
夫人主○所以殘亡其國家 7/60/26
夫仇由貪大鍾○賂而亡
其國 7/60/27
虞君利垂棘○璧而擒其身 7/60/27
獻公豔驪姬○美而亂四世 7/60/28
桓公甘易牙○和而不以
時葬 7/60/28
胡王淫女樂○娛而亡上地 7/60/28
知冬日○箑、夏日○裘
無用於己 7/61/1
則萬物○變為塵埃矣 7/61/1
太清○治也 8/61/6
而萬物（不）〔○〕繁
兆萌牙（卯）〔卵〕
胎而不成者 8/61/15
處○太半矣 8/61/16
草木○句萌、銜華、戴
實而死者 8/61/19
然猶未能贍人主○欲也 8/61/22
句爪、居牙、戴角、出

距○獸於是驚矣 8/61/23
民○專室蓬廬 8/61/24
民○滅抑夭隱 8/61/26
天地○合和 8/62/1
陰陽○陶化 8/62/1
皆賊氣○所生 8/62/4
一人○身也 8/62/5
一人○（制）〔刑〕也 8/62/5
古○人 8/62/6
無慶（賀）〔賞〕○利
、刑罰○威 8/62/7
猶在于混冥○中 8/62/8
懷機械巧故○心 8/62/10
陰陽○情 8/62/10
莫不有血氣○感 8/62/10
而非通治○至也 8/62/12
民性善而天地陰陽從而
包○ 8/62/14
雖有毛嬙、西施○色 8/62/16
是故知神明然後知道德
○不足為也 8/62/18
知道德然後知仁義○不
足行也 8/62/18
知仁義然後知禮樂○不
足脩也 8/62/19
今背其本而求〔○〕于末 8/62/19
釋其要而索○于詳 8/62/19
天地○大 8/62/22
星月○行 8/62/22
雷（震）〔霆〕○聲 8/62/22
風雨○變 8/62/23,13/126/6
及偽○生也 8/62/26
天下有能持○者 8/62/26
〔未〕有能治○者也 8/62/27
以明大巧○不可為也 8/62/28
故至人○治也 8/63/1
隨自然○性而緣不得已
○化 8/63/1
不知為○者誰何 8/63/3
德交歸焉而莫○充忍也 8/63/4
故德○所總 8/63/4
智○所不知 8/63/4
不言○辯 8/63/5
不道○道 8/63/5
謂○天府 8/63/5
昔容成氏○時 8/63/9
逮至堯○時 8/63/10
堯乃使羿誅鑿齒於疇華
○（野）〔澤〕 8/63/12
殺九嬰於凶水○上 8/63/12
繳大風於青丘○（澤）
〔野〕 8/63/12
舜○時 8/63/14
燎焚天下○財 8/63/18
罷苦萬民○力 8/63/18
放○夏臺 8/63/19
殺○于宣室 8/63/20
是以稱湯、武○賢 8/63/20
有賢聖○名者 8/63/20
必遭亂世○患也 8/63/21
今至人生亂世○中 8/63/23
（拘）〔抱〕无窮○智 8/63/23
不知道○所一體 8/63/25
德○所總要 8/64/1
取成〔事〕○迹 8/64/1
相與危坐而說○ 8/64/1
鼓歌而舞○ 8/64/1
此○謂也 8/64/2
9/72/25,11/102/13,12/106/6
12/117/15,14/137/11
18/194/3,18/195/29
18/197/8,19/207/6
19/209/28,20/211/7
承天地○和 8/64/7
形萬殊○體 8/64/7
生○與殺也 8/64/10
（賓）〔賞〕○與罰也 8/64/10
予○與奪也 8/64/10
明於天地○情 8/64/13
通於道德○倫 8/64/13
明於禁舍開閉○道 8/64/18
天○精 8/64/23
地○平 8/64/23
人○情 8/64/24,10/89/25
真性命○情 8/64/26
凡亂○所由生者 8/65/1
流遁○所生者五 8/65/1
木巧○飾 8/65/2
鑿汙池○深 8/65/4
肆畛崖○遠 8/65/4
來谿谷○流 8/65/4
飾曲岸○際 8/65/4
崇臺榭○隆 8/65/6
侈苑囿○大 8/65/7
以窮要妙○望 8/65/7
魏闕○高 8/65/7
而無（蹟蹈）〔蹟陷〕
（○患） 8/65/8
雕琢○飾 8/65/10
調齊和○適 8/65/12
以窮荊、吳甘酸○變 8/65/12
是故古者明堂○制 8/65/17
下○潤溼弗能及 8/65/17
上○霧露弗能入 8/65/17
四方○風弗能襲 8/65/17
衣無隅差○削 8/65/18
冠無觚巖○理 8/65/18
夫天地○生財也 8/65/22
凡人○性 8/65/22
9/81/27,14/137/8,14/140/26
人○性 8/66/1,8/66/2
乃為○文 8/66/4
故聖人為○作〔禮〕樂
以和節○ 8/66/8
（未）〔末〕世○政 8/66/8
愚夫惷婦皆有流連○心 8/66/11
悽愴○志 8/66/11
乃（使）始為○撞大鍾 8/66/11
〔則〕失樂○本矣 8/66/12
夫三年○喪 8/66/15,11/97/16
非強〔引〕而致○〔也〕 8/66/15
思慕○心未能絶也 8/66/15
雖致○三年 8/66/17
失喪○本也 8/66/17
召○不至 8/66/20
（今）〔令〕○不行 8/66/20
禁○不止 8/66/20
誨○不變 8/66/20
乃舉兵而伐○ 8/66/21
卜其子孫以代○ 8/66/21
舉不義○兵〔而〕伐無
罪○國 8/66/22
殺不辜○民〔而〕絶先
聖○後 8/66/22
驅人○牛馬 8/66/23
傒人○子女 8/66/23
毀人○宗廟 8/66/23
遷人○重寶 8/66/23
以贍貪主○欲 8/66/24
非兵○所為（生）〔主〕
也 8/66/24

人主○術 9/67/3
處无為○事 9/67/3
而行不言○教 9/67/3
故古○王者 9/67/7
若欲規○ 9/67/11
乃是離○ 9/67/11
若欲飾○ 9/67/11
乃是賊○ 9/67/11
反○玄房 9/67/13
太一○精 9/67/13
昔者神農○治天下也 9/67/17
懷其仁成○心 9/67/17
遷延而入○ 9/67/19
因天地○資 9/67/20
而與○和同 9/67/20
末世○政則不然 9/68/1
為○圈檻 9/68/5
不直○於本 9/68/7
而事○於（未）〔末〕 9/68/7
天下從○ 9/68/11
如響○應聲 9/68/11
景○像形 9/68/11
志○所在 9/68/14
冬日○陽 9/68/14
夏日○陰 9/68/14
萬物歸○ 9/68/14
而莫使○然 9/68/15
故至精○像 9/68/15
不知為○者誰 9/68/15
而兩家○難無所關其辭 9/68/17
子貢往觀○ 9/68/21
以弗治治○ 9/68/21
何足以致○ 9/68/23
故不言○令 9/68/24
不視○見 9/68/24
此伏犧、神農○所以為師也 9/68/24
故民○化〔上〕也 9/68/25
其漸至于崔杼○亂 9/68/27
其積至〔于〕昭奇○難 9/68/28
故至精○所動 9/68/28
若春氣○生 9/68/28
秋氣○殺也 9/69/1
故慎所以感○也 9/69/2
而能使人為○哀樂 9/69/5
而論文王○志 9/69/7
延陵季子聽魯樂而知殷、夏○風 9/69/8
作○上古 9/69/8
湯○時 9/69/11
以身禱於桑林○際 9/69/11
而四海○雲湊 9/69/11
千里○雨至 9/69/11
陳○以禮樂 9/69/13
風○以歌謠 9/69/13
禽獸昆蟲與○陶化 9/69/14
銜○於左右 9/69/17
繩○於內外 9/69/18
人主○於用法 9/69/18
此勢○自然也 9/69/22
一日刑○ 9/69/25
萬世傳○ 9/69/26
而以無為為○ 9/69/26
道○宗 9/69/27
故得道○宗 9/69/27
任人○才 9/69/27
則人知○於物也 9/70/3
不因道〔理〕○數 9/70/3
而專己○能 9/70/4
桀○力 9/70/4
（因）〔困〕○鳴條 9/70/6
擒○焦門 9/70/6
而君人者不下廟堂○上 9/70/7
而知四海○外者 9/70/7
故積力○所舉 9/70/8
眾智○所為 9/70/8
（埳）〔埳〕井○無黿鼉 9/70/9
園中○無脩木 9/70/9
及至其移徙○ 9/70/10
故千人○群無絕梁 9/70/10
萬人○聚無廢功 9/70/10
然其使○搏兔 9/70/13
故古○為車也 9/70/15
上操約省○分 9/70/18
下效易為○功 9/70/18
君人○道 9/70/20,9/73/26
其猶零星○尸也 9/70/20
一人被○而不褒 9/70/21
萬人蒙○而不褊 9/70/21
姦亂○俗 9/70/24
亡國○風 9/70/24
是故明主○治 9/70/27
罪○所當也 9/70/27
功○所致也 9/70/28
民知誅賞○來 9/70/28
故太上下知有○ 9/71/1
譬而軍○持麾者 9/71/2
則天與○時 9/71/4
則地生○財 9/71/4
則聖人（○為）〔為○〕謀 9/71/5
是故下者萬物歸○ 9/71/5
虛者天下遺○ 9/71/5
夫人主○聽治也 9/71/7,9/71/22
內不知閭里○情 9/71/10
外不知山澤○形 9/71/10
（惟）〔帷〕幕○外 9/71/10
十里○前 9/71/10
耳不能聞百步○外 9/71/10
〔然〕天下○物无〔所〕不通者 9/71/11
其灌輸○者大 9/71/11
而斟酌○者眾也 9/71/11
乘眾人○智 9/71/12
則天下（○）不足有也 9/71/12
是故人主覆○以德 9/71/15
而因萬人○所利 9/71/15
故〔處〕百姓○上〔而〕弗重也 9/71/16
錯〔百姓〕○前而弗害也 9/71/16
舉○而弗高也 9/71/16
推○而弗猒〔也〕 9/71/17
治國○道明矣 9/71/23
夫乘眾人○智 9/71/24
用眾人○力 9/71/24
千鈞○重 9/71/25
是故任一人○力者 9/71/25
乘眾人○制者 9/71/26
夫推（而）不可為○勢 9/72/2
而不（修）〔循〕道理○數 9/72/2
而況當世○主乎 9/72/3
是故聖人〔○〕舉事也 9/72/4
豈能拂道理○數 9/72/5
詭自然○性 9/72/5
未嘗不因其資而用○也 9/72/5
是以積力○所舉 9/72/6
而眾智○所為 9/72/6
則舉○者不重也 9/72/8
則為○者不難也 9/72/9
聖人兼而用○ 9/72/10

譬猶方員○不相蓋 9/72/12
而曲直○不相入 9/72/13
夫鳥獸○不（可）同（詳）〔群〕者 9/72/13
虎鹿○不同游者 9/72/13
譬猶雀○見鸇而鼠○遇狸也 9/72/14
是故人主○（一）舉也 9/72/15
得失○道 9/72/17
夫人○所以莫（抓）〔振〕玉石而（抓）〔振〕瓜瓠者 9/72/21
權勢○柄 9/72/23
萬民賴○ 9/72/25
人主不明分數利害○地 9/72/28
而賢眾口○辯也 9/72/28
必參五行○陰考 9/73/1
則非○以與 9/73/6
則犯○邪 9/73/6
古（人○）〔○人〕（日）〔曰〕亡矣 9/73/7
而有賢聖○聲者 9/73/8
天下○疾馬也 9/73/9
驅○不前 9/73/9
引○不止 9/73/9,17.186/181/18
今治亂○機 9/73/10
而世主莫○能察 9/73/10
此治道○所以塞 9/73/10
人主○車輿 9/73/12
人臣○轡銜也 9/73/12
是故人主處權勢○要 9/73/12
而持爵祿○柄 9/73/12
審緩急○度 9/73/13
而適取予○節 9/73/13
夫臣主○相與也 9/73/13
非有父子○厚 9/73/13
骨肉○親也 9/73/14
勢有使○然也 9/73/14
中行文子○臣 9/73/16
智伯與趙襄子戰於晉陽○下 9/73/16
夫以一人○心而事兩主 9/73/18
或欲身徇○ 9/73/18
豈其趨捨厚薄○勢異哉 9/73/18
人○恩澤使○然也 9/73/19
擒○於牧野 9/73/20
其主○德義厚而號令行也 9/73/20
相生○氣也 9/73/21
君臣○施者 9/73/22
相報○勢也 9/73/22
〔是〕故君不能賞無功○臣 9/73/23
臣亦不能死無德○君 9/73/23
而欲用○ 9/73/24
必不可○數也 9/73/24
堯○有天下也 9/74/2
非貪萬民○富而安人主○位也 9/74/2
於是堯乃身服節儉○行 9/74/3
而明相愛○仁 9/74/3
以和輯○ 9/74/3
舉天下而傳○舜 9/74/6
一日而有天下○（當）〔富〕 9/74/6
處人主○勢 9/74/7
則竭百姓○力 9/74/7
以奉耳目○欲 9/74/7
人主急茲无用○功 9/74/9
人主○居也 9/74/12
如日月○明也 9/74/12
天下○所同側目而視 9/74/12
是故賢主○用人也 9/74/16
猶巧工○制木也 9/74/16
然而良醫橐而臧○ 9/74/19
是故林莽○材 9/74/19
今夫朝（延）〔廷〕○所不舉 9/74/20
〔而〕鄉曲○所不譽 9/74/20
其所以官○者非其職也 9/74/21
鹿○上山〔也〕 9/74/21
牧豎能追○ 9/74/21
是故審〔於〕毫釐○〔小〕計者 9/74/23
必遺天（下）〔地〕○大數 9/74/24
不失小物○選者 9/74/24
或於大事○舉 9/74/24
譬猶狸○不可使搏牛 9/74/24
虎○不可使搏鼠也 9/74/25
今人○才 9/74/25
而乃責○以閨閣○禮 9/74/26
隩窔○閒 9/74/26
隨鄉曲○俗 9/74/27
卑下眾人○耳目 9/74/27
而乃任○以天下○權 9/74/27
治亂○機 9/74/27
以天下○目視 9/75/1
以天下○耳聽 9/75/1
以天下○智慮 9/75/1
以天下○力（爭）〔動〕 9/75/1
善否○情 9/75/4
得用人○道 9/75/5
而不任己○才者也 9/75/5
夫人主○情 9/75/8
莫不欲總海內○智 9/75/8
盡眾人○力 9/75/8
使言○而是也 9/75/9
使言○而非也 9/75/9
（榆）〔揄〕策于廟堂○上 9/75/10
是非○所在 9/75/10
是明主○聽於群臣 9/75/11
有言者窮○以辭 9/75/13
有諫者誅○以罪 9/75/13
天下○度量 9/75/16
而人主○準繩也 9/75/16
法定○後 9/75/17
古○置有司也 9/75/18
此度○本也 9/75/24
此聲○宗也 9/75/24
此治○要也 9/75/25
是故人主○立法 9/75/28
聖主○治也 9/76/1
其猶造父○御〔也〕 9/76/1
齊輯○于轡銜○際 9/76/1
而急緩○于脣吻○和 9/76/1
正度于胸臆○中 9/76/1
而執節于掌握○閒 9/76/2
人主○車輿也 9/76/3
人主○駟馬也 9/76/4
體離車輿○安 9/76/4
而手失駟馬○心 9/76/4
執術而御○ 9/76/6
則管、晏○智盡矣 9/76/6
明分以示○ 9/76/6
則跖、蹻○姦止矣 9/76/6
借明於鑑以照○ 9/76/8
則寸○分可得而察也 9/76/8
是故明主○耳目不勞 9/76/9
是故不用適然○數 9/76/10
而行必然○道 9/76/10

雖有騏驥、騄駬○良 9/76/13
而臧獲御○ 9/76/14
人主○所以執下 9/76/20
釋○而不用 9/76/20
吞舟○魚 9/76/22
夫貴富者○於勞也 9/76/26
達事者○於察也 9/76/26
驕恣者○於恭也 9/76/26
而好自為○ 9/76/27
而有過則無以（貴）〔責〕○ 9/77/1
故伯樂相○ 9/77/4
王良御○ 9/77/4
明主乘○ 9/77/4
無御相○勞而致千里者 9/77/4
昔者齊桓公好味而易牙烹其首子而餌○ 9/77/8
虞君好寶而晉獻以璧馬釣○ 9/77/8
胡王好音而秦穆公以女樂誘○ 9/77/8
〔言建○无形也〕 9/77/9
夫火熱而水滅○ 9/77/9
金剛而火銷○ 9/77/10
木強而斧伐○ 9/77/10
水流而土遏○ 9/77/10
故中欲不出謂○（扃）〔扃〕 9/77/11
外邪不入謂○（塞）〔閉〕 9/77/11
何事○不節 9/77/12
何事○不成 9/77/12
弗用而後能用○ 9/77/12
弗為而後能為○ 9/77/12
故有道○主 9/77/13
不（伐）〔代〕○言 9/77/13
不奪○事 9/77/14
則百官○事各有所守矣 9/77/15
攝權勢○柄 9/77/17
若五指○屬於臂也 9/77/19
是故得勢○利者 9/77/20
是故十圍○木 9/77/20
〔能〕持千鈞○屋 9/77/21
五寸○鍵 9/77/21
豈其材○巨小足〔任〕哉 9/77/21
孔丘、墨翟脩先聖○術 9/77/22
通六藝○論 9/77/22
慕義從風而為○服役者不過數十人 9/77/22
使居天子○位 9/77/23
楚莊王傷文無畏○死於宋也 9/77/23
遂成軍宋城○下 9/77/24
楚國效○ 9/77/25
趙國化○ 9/77/25
夫民○好善樂正 9/77/28
下必行○令 9/77/28
從○者利 9/77/28
若指○桑條以貫其鼻 9/78/3
夫七尺○橈而制船○左右者 9/78/3
夫防民○所害 9/78/6
開民○所利 9/78/6
威〔○〕行也 9/78/6
去食肉○獸 9/78/7
食粟○鳥 9/78/7
係罝○罔 9/78/7
斮朝涉者○脛而萬民叛 9/78/8
非能徧利天下○民〔也〕 9/78/8
非〔能〕盡害海內○眾也 9/78/9
人主〔○〕租斂於民也 9/78/10
知饒饉有餘不足○數 9/78/11
故古○君人者 9/78/15
君臣上下同心而樂○ 9/78/16
故古○為金石管絃者 9/78/19
酬酢○禮 9/78/19
男女不得事耕織○業以供上○求 9/78/21
失樂○所由生矣 9/78/24
夫民○為生也 9/78/26
中田○獲 9/78/26
卒歲○收 9/78/26
妻子老弱仰而食○ 9/78/26
時有涔旱災害○患 9/79/1
有以給上○徵賦車馬兵革○費 9/79/1
則人○生 9/79/1
夫天地○大 9/79/2
計三年耕而餘一年○食 9/79/2
率九年而有三年○畜 9/79/2
十八年而有六年○積 9/79/2
二十七年而有九年○儲 9/79/3
雖涔旱災害○殃 9/79/3
故國無九年○畜 9/79/3
謂○不足 9/79/4
無六年○積 9/79/4
謂○閔急 9/79/4
無三年○畜 9/79/4
謂○窮乏 9/79/4
而不離飢寒○患矣 9/79/5
以適無窮○欲 9/79/6
民○本也 9/79/8
國○本也 9/79/8
君○本也 9/79/8
故先王○法 9/79/11
是故草木○發若（烝）〔蒸〕氣 9/79/15
禽獸歸○若流（原）〔泉〕 9/79/15
飛鳥歸○若煙雲 9/79/16
有所以致○也 9/79/16
故先王○政 9/79/18
四海○雲至而脩封疆 9/79/18
下布○民 9/79/20
先王○所以應時脩備 9/79/20
非能目見而足行○也 9/79/21
欲利○也 9/79/21
欲利○也不忘於心 9/79/21
心○於九竅四肢也 9/79/22
不忘于欲利○也 9/79/22
凡人○論 9/79/27
是非輻湊而為○轂 9/80/2
故堯置敢諫○鼓也 9/80/10
舜立誹謗○木 9/80/10
湯有司直○人 9/80/10
武王立戒慎○鞀 9/80/10
而既已備○（也）〔矣〕 9/80/11
夫聖人○於善也 9/80/11
則聖人○心小矣 9/80/15
其斯○謂歟 9/80/16
發鉅橋○粟 9/80/16,12/117/19
散鹿臺○錢 9/80/16,12/117/19
封比干○墓 9/80/17,20/219/18
表商容○閭 9/80/17,12/117/18,20/219/18
朝成湯○廟 9/80/17,12/117/19,20/219/18
解箕子○囚 9/80/17,20/219/18
晏然若故有○ 9/80/18
則聖人○志大也 9/80/18
則聖人○智員矣 9/80/20

成、康繼文、武○業 9/80/20
守明堂○制 9/80/20
觀存亡○迹 9/80/21
見成敗○變 9/80/21
則聖人○行方矣 9/80/22
孔子○通 9/80/22
臨死亡○地 9/80/25
犯患難○危 9/80/25
夫聖人○智 9/80/27
愚人○智 9/80/27
而爭萬乘○君 9/81/1
愚惑○所致也 9/81/3
雖在斷割○中 9/81/7
其所不忍○色可見也 9/81/7
雖煩難○事 9/81/8
其不闇○效可見也 9/81/8
心○所〔不〕欲 9/81/8
此人智○所合而行也 9/81/9
唯惻隱推而行○ 9/81/10
此智者○所獨斷也 9/81/10
耕○為事也勞 9/81/14
織○為事也擾 9/81/14
擾勞○事 9/81/14
人○情不能無衣食 9/81/14
衣食○道必始於耕織 9/81/15
萬民○所容見也 9/81/15
物○若耕織者 9/81/15
〔物○可備者〕眾 9/81/16
愚人○所（見）〔備〕者寡 9/81/16
事〔○〕可權者多 9/81/16
愚〔人〕○所權者少 9/81/16
此愚者○所〔以〕多患也 9/81/17
物○可備者 9/81/17
智者盡備○ 9/81/17
盡權○ 9/81/17
援白黑而示○ 9/81/22
人○視白黑以目 9/81/22
莫不先以為可而後行○ 9/81/25
此愚知○所以異 9/81/25
知以行○ 9/81/27
而加○以勇力辯慧 9/81/27
而加○以眾美 9/81/29
其施○不當 9/82/1
其處○不宜 9/82/1
伎藝○眾 9/82/1
則魚得而利○ 9/82/4
國○所以存者 9/82/5,13/124/15
人○所以生者 9/82/5
釋己○所得為 9/82/7
道在易而求○難 9/82/10
驗在近而求○遠 9/82/10
國○心〔也〕 10/82/19
從天○（道）〔威〕 10/82/20
遏障○於邪 10/82/21
（闢）〔開〕道○於善 10/82/21
物○所導也 10/82/24
性○所扶也 10/82/24
積恩○見證也 10/82/24
古今未○有也 10/83/1
聖人○道 10/83/2
盡○者也 10/83/11
藥○凶毒也 10/83/23
人○困慰者也 10/83/23
其出○（也誠）〔誠也〕 10/83/26
未○聞也 10/84/2, 10/88/13, 10/89/18, 10/89/26, 19/203/10
說○所不至者 10/84/4
容貌○所不至者 10/84/4
精○至者 10/84/5
戎、翟○馬 10/84/7
三苗○民 10/84/7
用百人○所能 10/84/9
則得百人○力 10/84/9
舉千人○所愛 10/84/9
則得千人○心 10/84/9
慈父○愛子 10/84/12
聖王○養民 10/84/12
若火○自熱 10/84/12
冰○自寒 10/84/13
而莫○德也 10/84/14
取庸而強飯○ 10/84/14
莫○愛也 10/84/14
文不勝質○謂君子 10/84/18
無三寸○鐍 10/84/18
無一尺○楗 10/84/19
心○精者 10/84/22
目○精者 10/84/22
在混冥○中 10/84/22
古今未○聞也 10/84/24
情以先○也 11/104/12
　10/84/25
而慈母○愛諭焉者 10/84/26
故言○用者 10/84/27
不言○用者 10/84/27
身君子○言 10/84/27
中君子○意 10/84/27
故禹執（于）〔干〕戚舞於兩階○間而三苗服 10/84/28
子○死父也 10/85/1
臣○死君也 10/85/1
世有行○者矣 10/85/1
恩心○藏於中 10/85/2
故人○甘甘 10/85/2
君子○慘怛 10/85/3
故君○於臣也 10/85/5
能死生○ 10/85/5
父○於子也 10/85/5
能發起○ 10/85/6
夫子見禾○三變也 10/85/12
小人○從事也 10/85/16
仁心○感恩接而憯怛生 10/85/18
俱○叫呼也 10/85/18
非以求名而名從○ 10/85/22
名不與利期而利歸○ 10/85/22
故人○憂喜 10/85/22
聖人○為治 10/85/23
若日○行 10/85/24
騏驥不能與○爭遠 10/85/24
則損隨○ 10/85/25
剝○不可遂盡也 10/85/25
故受○以復 10/85/26
其憂尋推○也 10/86/2
聲揚天地○間 10/86/3
配日月○光 10/86/4
甘樂○者也 10/86/4
死○日 10/86/14
行○終也 10/86/14
故君子慎一用○ 10/86/14
虞公見垂棘○璧 10/86/16
而不知號禍○及己也 10/86/17
故至至○人 10/86/17
人○欲榮也 10/86/19
聖人○行義也 10/86/19
何聖仁○寡也 10/86/21
獨專○意樂哉 10/86/21
忘老○及己也 10/86/22
故唐、虞○舉錯也 10/86/24

桀、紂非正（賦）〔賊〕
　〇也 10/87/1
聖人〇行 10/87/4
申喜聞乞人〇歌而悲 10/87/6
出而視〇 10/87/6
艾陵〇戰也 10/87/6
〔閔子騫三年〇喪畢〕 10/87/8
言至德〇懷遠也 10/87/11
良工漸乎矩鑿〇中 10/87/12
矩鑿〇中 10/87/12
或先〇也 10/87/15
誠中〇人 10/87/16
熊〇好經 10/87/16
天非為武王造〇也 10/87/23
天非為紂生〇也 10/87/24
昔東戶季子〇世 10/87/26
兆民賴〇 10/87/27
故下〇於上曰左〇 10/87/29
故上〇於下曰右〇 10/87/29
成國〇道 10/88/4
君子〇道 10/88/9
知此〇道 10/88/10
去〇遠矣 10/88/10
觀於有餘不足〇相去 10/88/12
鈞〇哭也 10/88/14
故哀樂〇襲人（清）
　〔情〕也深矣 10/88/14
不知後世〇譏己也 10/88/18
故知生〇樂 10/88/21
必知死〇哀 10/88/21
蠻夷皆能〇 10/88/26
則是絕民〇繫也 10/88/29
晉文得〇乎閨內 10/89/1
失〇乎境外 10/89/1
齊桓失〇乎閨內 10/89/2
而得〇〔乎〕本朝 10/89/2
筦夷吾、百里奚經而成〇 10/89/4
齊桓、秦穆受而聽〇 10/89/5
有過必諷〇 10/89/9
是武侯如弗贏〇必得贏 10/89/9
通乎存亡〇論者也 10/89/10
人〇為 10/89/12
天成〇 10/89/12
求〇有道 10/89/15
得〇在命 10/89/15
有道〇世 10/89/20
無道〇世 10/89/20
憂而守〇 10/89/20
凡萬物有所施〇 10/89/23
為無所用〇 10/89/23
於害〇中爭取小焉 10/89/25
於利〇中爭取大焉 10/89/25
必其甘〇者也 10/89/26
必其樂〇者也 10/89/26
得〇以義 10/89/28
何幸〇有 10/89/28
讓〇以義 10/89/28
何不幸〇有 10/89/28
故伯夷餓死首山〇下 10/89/28
福〇萌也緜緜 10/90/1
禍〇生也（分分）〔介
　介〕 10/90/1
福禍〇始萌微 10/90/1
故民嫚〇 10/90/1
明主〇賞罰 10/90/4
其謝〇也 10/90/6
猶未〇莫與 10/90/6
至至〇人 10/90/9
泰山〇上有七十壇焉 10/90/12
臣不假〇君 10/90/13
故孝己〇禮可為也 10/90/13
而莫能奪〇名也 10/90/14
義載乎宜〇謂君子 10/90/16
宜遺乎義〇謂小人 10/90/16
歌〇脩其音也 10/90/17
音〇不足於其美者也 10/90/17
助而奏〇 10/90/18
欲如草〇從風 10/90/18
召公以桑蠶耕種〇時弛
　獄出拘 10/90/21
文王辭千里〇地 10/90/21
而請去炮（烙）〔格〕
　〇刑 10/90/21
故聖人〇舉事也 10/90/22
上車授（綏）〔綏〕〇
　謂也 10/90/22
而常制〇 10/90/26
是故德〇所施者博 10/90/28
則威〇所行者遠 10/90/28
義〇所加者淺 10/90/28
則武〇所制者小 10/90/29
虎豹〇文來射 10/90/31
　17.84/174/10
猨狖〇（楗）〔捷〕來
　措 10/90/31
鵲巢知風〇所起 10/91/5
獺穴知水〇高下 10/91/5
眾人〇所能為也 10/91/9
精〇至者也 10/91/9
故唐、虞〇法可效也 10/91/9
繩〇外與繩〇內 10/91/13
非千里〇御也 10/91/21
有聲〇聲 10/91/22
無聲〇聲 10/91/22
情行合而名副〇 10/91/23
是故前有軒冕〇賞 10/91/24
後有斧鉞〇禁 10/91/24
君子不謂小善不足為也
　而舍〇 10/92/1
不為小不善為無傷也而
　為〇 10/92/1
故三代〇善 10/92/3
千歲〇積譽也 10/92/3
桀、紂〇（謗）〔惡〕 10/92/4
千歲〇積毀也 10/92/4
視而形〇莫明於目 10/92/6
聽而精〇莫聰於耳 10/92/6
重而閉〇莫固於口 10/92/6
含而藏〇莫深於心 10/92/7
而心致〇精 10/92/7
則萬物〇化咸有極矣 10/92/7
〇下也 10/92/11
善〇由我 10/92/17
若仁德〇盛者也 10/92/17
唯天地能函〇 10/92/21
驕溢〇君无忠臣 10/92/24
口慧〇人無必信 10/92/24
交拱〇木無把〇枝 10/92/24
尋常〇溝無吞舟〇魚 10/92/24
道〇有篇章形埒者 10/93/4
嘗〇而無味 10/93/4
視〇而無形 10/93/4
用〇不節 10/93/6
物多類〇而非 10/93/6
誠能愛而利〇 10/93/9
明死生〇分則壽矣 10/93/13
（蒹）〔兼〕覆（蓋）
　而并有〇、（度）伎
　能而裁使〇者 10/93/15
率性而行謂〇道 11/93/20
得其天性謂〇德 11/93/20

衰世○造也 11/93/22
末世○用也 11/93/22
所以合君臣、父子、兄弟、夫妻、友朋○際也 11/93/24
今世○為禮者 11/93/25
則失禮義○本也 11/93/26
夫水積則生相食○魚 11/93/26
土積則生自（穴）〔宍〕○獸 11/93/26
禮義飾則生偽匿○（本）〔士〕 11/93/27
及至禮義○生 11/93/30
貨財○貴 11/93/30
於是乃有曾參、孝己○美 11/94/1
而生盜跖、莊蹻○邪 11/94/1
則必有穿窬拊（揵）〔楗〕、（抽箕）〔拍基〕踰備○姦 11/94/2
故高下○相傾也 11/94/3
短脩○相形也 11/94/3
後世必有劫殺○君 11/94/12
二十四世而田氏代○ 11/94/12
聖人○見終始微（言）〔矣〕 11/94/14
孔子○明 11/94/16
人○所安也 11/94/20
鳥入○而憂 11/94/21
虎豹○所樂也 11/94/21
人入○而畏 11/94/21
黿鼉○所便也 11/94/22
人入○而死 11/94/22
人○所樂也 11/94/22
鳥獸聞○而驚 11/94/23
蝯狖○所樂也 11/94/23
人上○而慄 11/94/23
乃至天地○所覆載 11/94/24
日月○照認 11/94/24
各用○於其所適 11/94/27
施○於其所宜 11/94/27
因其所貴而貴○ 11/94/30
因其所賤而賤○ 11/94/30
今○裘與蓑 11/95/2
故堯○治（夫）〔天〕下也 11/95/6
若風○過簫也 11/95/10
忽然感○ 11/95/10
鷄狗○音相聞 11/95/14
而足迹不接諸侯○境 11/95/14
車軌不結千里○外者 11/95/14
故先王○法籍 11/95/17
原人○性 11/95/24
物或堁○也 11/95/24
非人○性也 11/95/26,13/129/15
夫竹○性浮 11/95/26
束而投○水 11/95/26
金○性沉 11/95/27
託○於舟上則浮 11/95/27
夫素○質白 11/95/27
染○以涅則黑 11/95/28
縑○性黃 11/95/28
染○以丹則赤 11/95/28
人○性無邪 11/95/28
浮雲蓋○ 11/95/29
沙石濊○ 11/95/29
嗜欲害○ 11/96/1
夫性、亦人○斗極也 11/96/1
則不失物○情 11/96/2
譬若隴西○遊 11/96/3
故古○聖王 11/96/7
若璽○抑埴 11/96/8
正與○正 11/96/8
傾與○傾 11/96/8
故堯○舉舜也 11/96/8
決○於目 11/96/9
桓公○取甯戚也 11/96/9
斷○於耳而已矣 11/96/9
夫耳目○可以斷也 11/96/9
萬物○情（既）〔測〕矣 11/96/15
為仁者必以哀樂論○ 11/96/18
為義者必以取（子）〔予〕明○ 11/96/18
而欲徧照海內○民 11/96/18
無天下○委財 11/96/19
故哭○發於口 11/96/20
涕○出於目 11/96/20
譬若水○下流 11/96/20
煙○上尋也 11/96/21
夫有（熟）〔孰〕推○者 11/96/21
故釐負羈○壺（餐）〔飧〕 11/96/22
愈於晉獻公○垂棘 11/96/22
趙宣孟○束脯 11/96/22
賢於智伯○大鍾 11/96/23
故公西華○養親也 11/97/1
曾參○養親也 11/97/1
帝顓頊○法 11/97/3
拂○於四達○衢 11/97/3
今○國都 11/97/4
故四夷○禮不同 11/97/4
獫狁○俗相反 11/97/5
有孰教○ 11/97/6
故魯國服儒者○禮 11/97/8
行孔子○術 11/97/8
無皮弁搢笏○服 11/97/9
拘罷拒折○容 11/97/9
胡、貉、匈奴○國 11/97/10
晉文君大布○衣 11/97/11
牂羊○裘 11/97/11
豈必鄒、魯○禮○謂禮乎 11/97/12
雖○夷狄徒倮○國 11/97/13
結軌乎遠方○外 11/97/13
禮者、實○文也 11/97/15
仁者、恩○效也 11/97/15
故禮因人情而為○節文 11/97/15
治世○道也 11/97/16
三月○服 11/97/16
是絶哀而迫切○性也 11/97/17
夫儒、墨不原人情○終始 11/97/17
而務以行相反○制 11/97/17
五縗○服 11/97/17
不強人○所不能為 11/97/18
不絕人○所〔不〕能已 11/97/18
非不知繁升降槃還○禮也 11/97/19
蹀《采齊》、《肆夏》○容也 11/97/19
禹葬會稽○山 11/97/24
明乎死生○分 11/97/24
通乎侈儉○適者也 11/97/24
有虞氏○（祀）〔禮〕 11/98/3
夏后氏〔○禮〕 11/98/4
殷人○禮 11/98/5
周人○禮 11/98/6
然而皆不失親踈○恩 11/98/8
上下○倫 11/98/8
今握一君○法籍 11/98/8

以非傳代○俗 11/98/8
不務於奇麗○容 11/98/12
隅眥○削 11/98/12
不亟於為文句疏短○韎 11/98/12
道○所託 11/98/16
道○得也 11/98/17
故聖人〔○〕財制物也 11/98/17
猶工匠○斲削鑿（芮）〔枘〕也 11/98/18
宰庖○切割分別也 11/98/18
夫聖人○斲削物也 11/98/19
剖○判○ 11/98/20
離○散○ 11/98/20
又何以窮至治○本哉 11/98/22
世○明事者 11/98/24
多離道德○本 11/98/24
五帝三王○法籍風俗 11/98/25
一世○迹也 11/98/25
譬若芻狗土龍○始成 11/98/25
大夫端冕以送迎○ 11/98/26
及其已用○後 11/98/26
夫有孰貴○ 11/99/1
故當舜○時 11/99/1
執干戚而舞○ 11/99/1
禹○時 11/99/2, 13/123/27, 21/228/5
擇丘陵而處○ 11/99/2
故（不）為三年○喪 11/99/3
禹（遭）〔有〕鴻水○患 11/99/3
陂塘○事 11/99/3
此皆聖人○所以應時耦變 11/99/4
夫以一世○變 11/99/7
尚古○王 11/99/9
是故不法其以成○法 11/99/10
故狐梁○歌可隨也 11/99/11
聖人○法可觀也 11/99/12
辯士〔○〕言可聽也 11/99/12
淳均○劍（不）可愛也 11/99/13
而歐冶○巧〔不〕可貴也 11/99/13
抱大聖○心 11/99/16
以（鎮）〔鏡〕萬物○情 11/99/16
不若得歐冶○巧 11/99/18
不若得伯樂○數 11/99/18
故天○員也不中規 11/99/20
地○方也不中矩 11/99/20
往古來今謂○宙 11/99/20
四方上下謂○宇 11/99/21
羿以○射 11/99/23
倕以○斲 11/99/23
其本一牛○體 11/99/25
伐楩柟豫樟而剖梨○ 11/99/25
然一木○樸也 11/99/26
故百家○言 11/99/27
譬若絲竹金石○會 11/99/27
桀、紂○所以亡 11/100/1
而湯、武○所以為治 11/100/2
游乎眾虛○閒 11/100/6
此巧○具也 11/100/6
故絃、悲○具也 11/100/7
若夫工匠○為連鐖、運開、陰閉、眩錯 11/100/7
入於冥冥○眇、神（調）〔和〕○極 11/100/8
游乎心手（眾虛）○閒 11/100/8
瞽師○放意相物 11/100/9
若夫不在於繩準○中 11/100/10
此不共○術也 11/100/11
此同音○相應者也 11/100/11
此不傳○道也 11/100/12
形○君 11/100/12
音○主也 11/100/13
至是○是無非 11/100/18
（○非至非）〔至非○非〕無是 11/100/18
此○謂一是一非也 11/100/19
今吾欲擇是而居○ 11/100/20
擇非而去○ 11/100/20
不知世○所謂是非者 11/100/20
師曠舉琴而撞○ 11/100/24
左右欲塗○ 11/100/24
舍○ 11/100/24
孔子聞○曰 11/100/25, 12/107/9, 12/118/7
韓子聞○曰 11/100/25
平公○不霸也 11/100/26
子○〔所見〕賓猶有三過 11/101/1
故賓○容一體也 11/101/3
所自視○異也 11/101/3
見者以為其愛○至也 11/101/5
事○情一也 11/101/5
所自闚○異也 11/101/7
庸遽知世○所自窺我者乎 11/101/8
無○而不濡 11/101/8
轉無窮○原也 11/101/11
辟若（俔）〔綄〕○見風也 11/101/13
無須臾○間定矣 11/101/13
治世○（體）〔職〕易守也 11/101/16
故伊尹○興土功也 11/101/18
修脛者使○跖（钁）〔鏵〕 11/101/19
強脊者使○負土 11/101/19
眇者使○準 11/101/19
傴者使○塗 11/101/19
聖人摠而用○ 11/101/21
人才○隆也 11/101/23
人智○美也 11/101/24
士○伉行也 11/101/24
人巧○妙也 11/101/25
北人无擇非舜而自投清（泠）〔冷〕○淵 11/102/1
魯般、墨子以木為鳶而飛○ 11/102/1
而縣○乎銓衡 11/102/5
而求○乎浣準 11/102/6
夫待騕褭飛兔而駕○ 11/102/7
然（非）〔不〕待古○英俊 11/102/8
因〔其〕所有而（並）〔遂〕用○〔也〕 11/102/8
旬亦至○ 11/102/9
亂世○法 11/102/10
道德○論 11/102/15
猶室宅○居也 11/102/16
東家謂○西家 11/102/16
西家謂○東家 11/102/16
雖皋陶為○理 11/102/16
湯、武○累行積善 11/102/17
其遭桀、紂○世 11/102/17
今有湯、武○意 11/102/18
而無桀、紂○時 11/102/18
而欲成霸王○業 11/102/18
殷民叛○ 11/102/19
攝天子○位 11/102/20
審於勢○變也 11/102/25
魯君欲相○ 11/102/26

鑿培而遁○	11/102/26
世多稱古○人而高其行	11/102/27
是故立功○人	11/103/1
今世俗○人	11/103/1
將誰使正○	11/103/9
鳥聞○而高翔	11/103/10
魚聞○而淵藏	11/103/10
莊子見○	11/103/11
若以聖人為○中	11/103/14
則（箳）〔兼〕覆而并〔有〕○	11/103/14
亦人○所棲宿也	11/103/16
謂○成人	11/103/16
揔而齊○	11/103/17
治國○道	11/103/19
故神農○法曰	11/103/22
不貴難得○貨	11/103/24
不器無用○物	11/103/24
衰世○俗	11/103/28
貴遠方○貨	11/103/28
珍難得○財	11/103/28
不積於養生○具	11/103/28
澆天下○淳	11/103/29
析天下○樸	11/103/29
然貧富○相去也	11/104/8
不足以論○	11/104/8
自足乎一世○開	11/104/9
不免乎飢寒○患	11/104/10
而欲民○去（未）〔末〕反本	11/104/10
則飢○本而寒○原也	11/104/12
夫敗軍○卒	11/104/15
勝軍○陳	11/104/16
見鄰國○人溺	11/104/18
尚猶哀○	11/104/18
志為○滅	11/104/18
秦王○時	11/104/22
子○知道亦有數乎	12/105/4
吾知道○可以弱	12/105/5
	12/105/11
此吾所以知道○數也	12/105/6
吾弗知（○）〔也〕	12/105/9
子○知道	12/105/10
〔此〕吾所以知道○數也	12/105/13
則無為〔○〕知與無窮○弗知	12/105/13
弗知（○）深	12/105/14
而知○淺	12/105/14
而知○外	12/105/14
而知○粗	12/105/14
孰知知○為弗知	12/105/15
弗知○為知邪	12/105/15
孰知形〔形〕○不形者乎	12/105/17
天下皆知善○為善	12/105/17
吳、越○善沒者能取○矣	12/105/21
菑、澠○水合	12/105/22
易牙嘗而知○	12/105/22
（誰）〔唯〕知言○謂者乎	12/105/23
夫知言○謂者	12/105/23
非樂○也	12/105/24
夫淺知○所爭者	12/105/24
白公○謂也	12/105/26
（先生）〔民人〕皆善○	12/106/1
奏○惠王	12/106/1
惠王甚說○	12/106/2
後亦應○	12/106/4
此舉重勸力○歌也	12/106/4
豈無鄭、衛激楚○音哉	12/106/4
〔齊〕王應○曰	12/106/8
願聞〔齊〕國○政	12/106/9
臣○言無政	12/106/9
譬○若林木無材	12/106/9
而自取齊國○政焉	12/106/10
齊國○政	12/106/11
此老聃○所謂『無狀○狀	12/106/11
無物○象』者也	12/106/11
若王○所問者、齊也	12/106/12
田駢〔○〕所稱者、材也	12/106/12
不義得○	12/106/15
不若焚○	12/106/16
乃發太府○貨以予眾	12/106/17
出高庫○兵以賦民	12/106/17
因而（致）〔攻〕○	12/106/17
而欲有○	12/106/18
譬白公○嗇也	12/106/19
何以異於梟○愛其子也	12/106/19
持而盈○	12/106/19
揣而銳○	12/106/20
知伯與襄子飲而批襄子○首	12/106/23
大夫請殺○	12/106/23
先君○立我也	12/106/24
襄子疏隊而擊○	12/106/25
（惷）〔惷〕乎若新生○犢	12/107/1
趙襄子〔使〕攻翟而勝○	12/107/6
使者來謁○	12/107/6
此人○所〔以〕喜也	12/107/7
江、河○大也	12/107/8
今趙氏○德行無所積	12/107/8
〔持○、其難者也〕	12/107/10
唯有道○主〔為〕能持勝	12/107/11
孔子〔○〕勁（杓）〔扚〕國門○關	12/107/12
而用○又弗盈也	12/107/13
刺○不入	12/107/18
擊○不中	12/107/18
此寡人○所欲聞也	12/107/18
夫刺○而不入	12/107/19
擊○而不中	12/107/19
未有愛利○心也	12/107/21
使天下丈夫女子莫不歡然皆（欲）〔有〕愛利○心	12/107/21
四累○上也	12/107/22
天下丈夫女子莫不延頸舉踵而願安利○者	12/107/24
今大王、萬乘○主也	12/107/24
則四境○內皆得其利矣	12/108/1
客○以說勝寡人也	12/108/2
昔堯○佐九人	12/108/5
舜○佐七人	12/108/5
武王○佐五人	12/108/5
善乘人○資也	12/108/6
常為蛩蛩駏驉取甘草以與○	12/108/7
嗣君應○曰	12/108/11
臣○所言〔者〕不可	12/108/13
臣○所言〔者〕可	12/108/14
魯國○法	12/108/17
有能贖○者	12/108/17
孔子〔聞○〕曰	12/108/18

賜失○矣	12/108/18
夫聖人○舉事也	12/108/18
非獨以適身○行也	12/108/19
今〔魯〕國○富者寡而貧者眾	12/108/19
吳○所以亡者	12/108/23
國家○福〔也〕	12/108/24
吳○亡猶晚	12/108/26
此夫差○所以自剄於干遂也	12/108/26
天○道也	12/108/27,20/211/14
暮宿於郭門○外	12/109/1
桓公聞○	12/109/3
撫其僕○手曰	12/109/3
命後車載○	12/109/4
桓公贛○衣冠而見〔○〕	12/109/4
將任○	12/109/5
群臣爭○曰	12/109/5
衛○去齊不遠	12/109/5
君不若使人問○	12/109/6
問○而（故）〔固〕賢者也	12/109/6
用○未晚〔也〕	12/109/6
問○	12/109/7
以人○小惡而忘人○大美	12/109/7
此人主○所以失天下○士也	12/109/7
桓公得○矣	12/109/9
以言其能包裹○也	12/109/10
翟人攻○	12/109/12
事○以皮帛珠玉而弗受	12/109/12
翟人○所求者、地	12/109/12
與人○兄居而殺其弟	12/109/13
與人○父處而殺其（予）〔子〕	12/109/13
且吾聞○也	12/109/15
杖策而去〔○〕	12/109/15
民相連而從○	12/109/15
遂成國於（歧）〔岐〕山○下	12/109/16
今受其先人○爵祿	12/109/17
則必重失○	12/109/17
〔生○〕所自來者久矣	12/109/17
而輕失○	12/109/17
身處江海○上	12/109/21
心在魏闕○下	12/109/21
為○奈何	12/109/21, 12/119/23,18/188/24, 18/191/21,18/191/25
雖知○	12/109/22
〔不能自勝〕則從○	12/109/23
從○	12/109/23
此○謂重傷	12/109/23
〔重傷〕○人	12/109/23
顧學所以守○	12/109/28
修○身	12/109/30
君○所讀書者	12/110/1
聖人○書	12/110/2
是直聖人○糟粕耳	12/110/3
工人焉得而譏○哉	12/110/4
臣（誠）〔試〕以臣○斲輪語○	12/110/4
臣不能以教臣○子	12/110/6
而臣○子亦不能得○於臣	12/110/6
今聖人○所言者	12/110/7
夫國家○危安	12/110/10
百姓○治亂	12/110/10
在君〔○〕行賞罰	12/110/10
民○所好也	12/110/11
君自行○	12/110/11
民○所怨也	12/110/11
臣請當○	12/110/11
國人皆知殺戮○制	12/110/13
大臣親○	12/110/13
百姓畏○	12/110/13
國○利器不可以示人	12/110/14
書者、言○所出也	12/110/18
於是王壽乃焚〔其〕書而舞○	12/110/18
昔者君王許○	12/110/22
若吾薄德○人	12/110/24
釐負羈○妻謂釐負羈曰	12/110/27
釐負羈遺○壺餕而加璧焉	12/110/28
剋○	12/111/1
令三軍無入釐負羈○里	12/111/1
果擒○於干遂	12/111/5
柔○勝剛也	12/111/6
弱○勝強也	12/111/6
而莫○能行	12/111/6
越王親〔行〕○	12/111/6
襄子起兵攻（圍○）〔○〕	12/111/9
襄子擊金而退○	12/111/10
君誅中牟○罪	12/111/10
何故去○	12/111/11
吾聞○叔向曰	12/111/11
使○治城	12/111/12
城治而後攻○	12/111/12
故其能與○爭	12/111/13
子○年長矣	12/111/15
相天下○馬者	12/111/16
臣○子	12/111/17
而不可告以天下○馬	12/111/17
非臣○下也	12/111/18
請見○	12/111/18
穆公見○	12/111/18
使○求馬	12/111/19
使人往取○	12/111/20
召伯樂而問○曰	12/111/20
子○所使求〔馬〕者	12/111/21
又何馬○能知	12/111/21
若堙○所觀者	12/111/22
若彼○所相者	12/111/24
馬至而果千里○馬〔也〕	12/111/24
王不知起○不肖	12/112/1
先生試觀起○為（人）〔○〕也	12/112/2
將衰楚國○爵而平其制祿	12/112/2
宜若聞○	12/112/4,12/112/8
今子將衰楚國○爵而平其制祿	12/112/4
行○者不利	12/112/5
宜若聞○曰	12/112/5
爭者、人○所（本）〔去〕也	12/112/6
（始）〔治〕人○所（本）〔去〕	12/112/7
逆○至也	12/112/7
吾固惑吾王○數逆天道	12/112/8
成刑○徒	12/112/10
子不若敦愛而篤行○	12/112/10
大夫請擊○	12/112/13
先君○時	12/112/13
及孤○身而晉伐楚	12/112/13
是孤○過也	12/112/14

先臣○時 12/112/14
(今)〔及〕臣○身而晉伐楚 12/112/14
此臣○罪也 12/112/15
請王擊○ 12/112/15
晉人聞○曰 12/112/16
能受國○垢 12/112/17
宋景公○時 12/112/19
宋〔○〕分野〔也〕 12/112/20
歲、民○命〔也〕 12/112/23
是寡人○命固已盡矣 12/112/24
天○處高而聽卑 12/112/25
君有君人○言三 12/112/25
12/112/27
子奚以知○ 12/112/26
臣請伏於陛下以司○ 12/113/1
臣請死○ 12/113/2
能受國○不祥 12/113/3
是謂天下○王 12/113/3
公孫龍在趙○時 12/113/5
與○弟子○籍 12/113/7
使善〔呼者〕呼○ 12/113/7
故(曰)聖人○處世 12/113/8
不逆有伎能○士 12/113/8
踰○ 12/113/11
列田百頃而封○執圭 12/113/11
此君○德也 12/113/12
此將軍○威也 12/113/12
此庶民○力也 12/113/13
夫乘民○功勞而取其爵祿〔者〕 12/113/13
非仁義○道也 12/113/13
文公令去○ 12/113/16
原人聞○曰 12/113/18
溫人聞〔○〕 12/113/18
子知○乎 12/113/28
爵高者、士妬○ 12/114/1
官大者、主惡○ 12/114/1
祿厚者、怨處○ 12/114/1
是以用○者 12/114/6
三年而天下二垂歸○ 12/114/10
紂聞而患○曰 12/114/10
與○競行 12/114/10
縱而置○ 12/114/11
若與○從 12/114/12
縱而赦○ 12/114/12
請圖○ 12/114/13
於是散宜生乃以千金求天下○珍怪 12/114/14
得騶虞、雞斯○乘 12/114/14
紂見而說○ 12/114/15
殺牛而賜○ 12/114/15
以待紂○失也 12/114/16
紂聞○ 12/114/16
吾何德○行 12/114/20
使○〔以〕時 12/114/20
而敬順○ 12/114/20
四海○內 12/114/22
14/140/21,20/210/14
20/217/21,21/226/19
善○則吾畜也 12/114/22
昔夏、商○臣反讎桀紂而臣湯、武 12/114/22
宿沙○民皆自攻其君而歸神農 12/114/23
此世○所明知也 12/114/23
人○所畏 12/114/24
跖○徒問〔於〕跖曰 12/114/26
天下無○ 12/114/28
盜賊○心必託聖人○道而後可行 12/114/28
楚將子發好求技道○士 12/115/1
聞君求技道○士 12/115/1
子發聞○ 12/115/2
出見而禮○ 12/115/2
偷者、天下○盜也 12/115/3
何為(○禮)〔禮○〕 12/115/3
此非左右○所得與 12/115/3
子發將師以當○ 12/115/4
願為君行○ 12/115/5
不問其辭而遣○ 12/115/5
偷則夜〔出〕解齊將軍○幬帳而獻○ 12/115/6
子發因使人歸○ 12/115/6
得將軍○帷 12/115/6
使歸○於執事 12/115/7
子發又使人歸○ 12/115/7
子發又使歸○ 12/115/8
齊師聞○ 12/115/8
在人君用○耳 12/115/9
善人○資也 12/115/10
丘〔也〕請從○後 12/115/16
皆以其氣○高與其力○盛至 12/115/20
又數絕諸侯○地 12/115/21
君重圖○ 12/115/22
衰絰而哭○ 12/115/22
鄭賈人弦高矯鄭伯○命 12/115/22
以十二牛勞秦師而賓○ 12/115/23
未至而人已知○ 12/115/24
請擊○ 12/115/26
大破○ 12/115/27
18/191/15,18/197/16
穆公聞○ 12/115/27
薛公欲中王○意 12/116/1
因問美珥○所在 12/116/2
故人主○意欲見於外 12/116/2
則為人臣○所制 12/116/3
至於蒙穀○上 12/116/5
盧敖就而視○ 12/116/7
盧敖與○語曰 12/116/7
窮觀於六合○外者 12/116/8
唯北陰○未(闗)〔闚〕 12/116/9
子中州○民 12/116/10
陰陽○所行 12/116/10
四時○所生 12/116/11
其比夫不名○地 12/116/11
若我南游乎(岡)〔罔〕㝗○野 12/116/11
北息乎沉墨○鄉 12/116/12
西窮〔乎〕(冥)〔窅〕冥○黨 12/116/12
東(開)〔關〕〔乎〕鴻濛○光 12/116/12
猶有汰沃○氾 12/116/14
吾猶(夫)〔未〕能○在 12/116/14
吾與汗漫期于九垓○(外)〔上〕 12/116/15
盧敖仰而視○ 12/116/16
此言明○有所不見也 12/116/19
〔得魚則〕釋○ 12/116/22
今得而釋○ 12/116/23
(季)〔宓〕子不欲人〔○〕取小魚也 12/116/23
是以釋○ 12/116/24
(季)〔宓〕子○德至矣 12/116/24
丘嘗問○以治 12/116/25
子何以知○ 12/117/1

炤炤○光 12/117/2
俛仰○間而撫四海○外 12/117/3
照照何足以名○ 12/117/4
天下○至柔 12/117/4
摶○不可得 12/117/7
吾是以知無為○有益也 12/117/10
鄭人聞○曰 12/117/12
頤○忘 12/117/13
此言精神○越於外 12/117/13
智慮○蕩於內 12/117/13
是故神○所用者遠 12/117/14
然劉氏奪○ 12/117/18
破○牧野 12/117/18
乃封比干○墓 12/117/18
柴箕子○門 12/117/18
於此天下歌謠而樂○ 12/117/20
常寢想○ 12/117/23
望（○）〔而〕謂○曰 12/117/24
今夕固夢受○ 12/117/25
則物孰能惑○ 12/118/2
武（王）〔士〕可以仁義○禮說也 12/118/4
此江中○腐肉朽骨 12/118/5
舩中〔○〕人盡活 12/118/6
佽非○謂乎 12/118/7
魏王辯○ 12/118/10
將使〔○〕荊 12/118/10
失從（心）〔○〕志 12/118/11
而有不能成衡○事 12/118/12
先王〔有〕以見大巧○不可〔為〕也 12/118/13
客有言○楚王者 12/118/17
楚王甚悅○ 12/118/18
因見（予○將軍○節）惠王 12/118/18
而說○ 12/118/19
不識道○可以從楚也 12/118/19
物固有近○而遠 12/118/20
遠○而近者 12/118/20
故大人○行 12/118/20
豐水○深千仞 12/118/21
魚鱉龍蛇莫（肯○）〔○肯〕歸也 12/118/22
譬○猶廓革者也 12/118/28
廓○ 12/118/28
裂○道也 12/118/28
子○道何能 12/119/1，12/119/2

昔吾見句星在（房）〔駟〕心○間 12/119/3
田子陽聞○曰 12/119/4
不欲太卜○死〔也〕 12/119/5
恐公○欺也 12/119/5
蹇重舉白而進○ 12/119/9
臣聞○ 12/119/9
18/191/23，18/198/20
有命○父母不知孝（于）〔子〕 12/119/9
有道○君不知忠臣 12/119/10
夫豫讓○君 12/119/10
文侯受觴而飲〔○〕 12/119/10
故有豫讓○功 12/119/11
孔子觀桓公○廟 12/119/14
謂○宥卮 12/119/14
灌○ 12/119/15
損而損○ 12/119/16
何謂損而損○ 12/119/16
守○以愚 12/119/17
守○以儉 12/119/18
守○以畏 12/119/18
守○以陋 12/119/18
守○以讓 12/119/19
吾恐後世○用兵不休 12/119/22
王○問也 12/119/23
惟恐其創○小也 12/119/23
已得○ 12/119/24
唯恐傷肉○多也 12/119/24
王若欲久持○ 12/119/24
道全為無用○事 12/119/24
煩擾○教 12/119/24
於是乃去其瞀而載○（木）〔朮〕 12/119/25
解其劍而帶○笏 12/119/26
為三年○喪 12/119/26
酒肉以通○ 12/119/26
竽瑟以娛○ 12/119/27
鬼神以畏○ 12/119/27
吾將鎮○以無名○樸也 12/119/29
烏鵲○巢可俯而探也 13/120/4
聖人乃作為○築土構木 13/120/7
而百姓安○ 13/120/8
伯余○初作衣也 13/120/9
後世為○機杼勝複以便其用 13/120/9
後世為○耒耜耰鋤 13/120/11

肩負儋○勤也 13/120/13
而作為○楺輪建輿 13/120/13
為鷙禽猛獸○害傷人而无以禁御也 13/120/14
而作為○鑄金（鍛）〔鍛〕鐵 13/120/14
則先王○法度有移易者矣 13/120/16
古○制 13/120/19
夏后氏殯於阼階○上 13/120/20
殷人殯於兩楹○間 13/120/20
周人殯於西階○上 13/120/21
此禮○不同者也 13/120/21
此葬○不同者也 13/120/22
此祭○不同者也 13/120/23
此樂○不同者也 13/120/24
譬猶師曠○施瑟柱也 13/120/25
所推移上下者无寸尺○度 13/120/25
故通於禮樂○情者能作 13/120/26
而以知矩（彠）〔矱〕○所周者也 13/120/26
魯昭公有慈母而愛○ 13/121/1
死為○練冠 13/121/1
故有慈母○服 13/121/1
故大饗廢夫人○禮 13/121/1
先王○制 13/121/2
不宜則廢○ 13/121/2
末世○事 13/121/2
善則著○ 13/121/2
夫夏、商○衰也 13/121/4
三代○起也 13/121/4
《詩》、《春秋》、學○美者也 13/121/9
皆衰世○造也 13/121/9
儒者循○以教導於世 13/121/9
豈若三代○盛哉 13/121/10
以《詩》、《春秋》為古○道而貴○ 13/121/10
又有未作《詩》、《春秋》○時 13/121/10
（失）〔夫〕道（○）〔其〕缺也 13/121/11
誦先王○（詩）《書》 13/121/11
周公〔○〕事文王也 13/121/15
恐失○ 13/121/16
周公繼文、（王）〔武〕

○業	13/121/16
履天子○籍	13/121/17
聽天下○政	13/121/17
平夷狄○亂	13/121/17
誅管、蔡○罪	13/121/17
北面委質而臣事○	13/121/19
无擅恣○志	13/121/19
无伐（矜）〔矜〕○色	13/121/19
故一人○身而三變者	13/121/20
而欲以一行○禮	13/121/21
一定○法	13/121/22
治（人）○具也	13/121/25
欲以（撲）〔樸〕（重）〔童〕○法	13/122/2
治既弊○民	13/122/2
逮至當今○世	13/122/4
欲以神農○道治○	13/122/4
天下高（而）〔○〕	13/122/5
今時○人	13/122/5
為鄉邑○下	13/122/6
古○兵	13/122/6
晚世○兵	13/122/7,15/143/23
古○伐國	13/122/7
古○所以為榮者	13/122/8
今○所以為辱也	13/122/8
古○所以為治者	13/122/9
今○所以為亂也	13/122/9
制法○民	13/122/15
拘禮○人	13/122/16
耳不知清濁○分者	13/122/16
〔心〕不知治亂○源者	13/122/17
必有獨聞○（耳）〔聽〕	13/122/17
獨見○明	13/122/17
三代○禮不同	13/122/20
何古○從	13/122/20
不知法治○源	13/122/21
今世○法（藉）〔籍〕與時變	13/122/21
非今時○世而弗改	13/122/24
故不用○法	13/122/27
不驗○言	13/122/27
天地○氣	13/122/29,13/126/6
生○與成	13/122/29
必得和○精	13/122/30
故聖人○道	13/122/30
聖人正在剛柔○閒	13/123/1
乃得道○本	13/123/1
夫繩○為度也	13/123/4
引而伸○	13/123/4
故聖人以身體○	13/123/5
齊簡公釋其國家○柄	13/123/7
則因猘狗○驚以殺子陽	13/123/10
此剛猛○所致也	13/123/10
譬猶不知音者○歌也	13/123/12
濁（一）〔○〕則鬱而无轉	13/123/12
清○則（燋）〔憔〕而不（謳）〔調〕	13/123/13
及至韓娥、秦青、薛談○謳	13/123/13
侯同、曼聲○歌	13/123/13
人謂○左則左	13/123/15
謂○右則右	13/123/15
無術以御○也	13/123/17
有術以御○也	13/123/18
孔子○所立也	13/123/20
而墨子非○	13/123/20
墨子○所立也	13/123/21
而楊子非○	13/123/21
楊子○所立也	13/123/21
而孟子非○	13/123/22
丹穴、太蒙、反踵、空同、大夏、北戶、奇肱、脩股○民	13/123/23
此○是	13/123/24
非彼○是也	13/123/24
此○非	13/123/24
非彼○非也	13/123/24
譬若斤斧椎鑿○各有所施也	13/123/25
以待四方○士	13/123/27
以勞天下○民	13/124/1
秦○時	13/124/2
忠諫者謂○不祥	13/124/4
而道仁義者謂○狂	13/124/4
舉天下○大義	13/124/5
以爭天下○權	13/124/7
以決一（且）〔旦〕○命	13/124/7
繼文○業	13/124/8
立武○功	13/124/8
履天子○（圖）籍	13/124/8
造劉氏○（貌）冠	13/124/9
揔鄒、魯○儒墨	13/124/9
通先聖○遺教	13/124/9
戴天子○旗	13/124/9
一世○間	13/124/10
今世○為武者則非文也	13/124/11
而不知時世○用也	13/124/12
此見隅曲○一指	13/124/12
而不知八極○廣大也	13/124/12
家○所以亡者	13/124/15
堯無百戶○郭	13/124/15
舜無植錐○地	13/124/15
禹無十人○眾	13/124/16
湯無七里○分	13/124/16
文王處（歧）〔岐〕周○間也	13/124/16
夏桀、殷紂○盛也	13/124/17
夫夏○將亡	13/124/19
殷○將敗也	13/124/20
故聖人○見存亡○迹	13/124/21
成敗○際也	13/124/21
非乃鳴條○野	13/124/21
甲子○日也	13/124/21
則（千）〔萬〕乘○君無不霸王者	13/124/22
而（萬）〔千〕乘○國無不破亡者矣	13/124/23
存亡○迹	13/124/23
愚（夫）〔夫〕（惷）〔惷〕婦皆能論○	13/124/23
趙襄子以晉陽○城霸	13/124/24
智伯以三晉○地擒	13/124/24
故國○亡也	13/124/25
道○行也	13/124/25
故亂國○君	13/124/27
二君處彊大〔○〕勢（位）	13/125/1
〔而〕脩仁義○道	13/125/2
湯、武救罪○不給	13/125/2
何謀○敢（當）〔慮〕〔乎〕	13/125/2
若上亂三光○明	13/125/3
下失萬民○心	13/125/3
而反備○于人	13/125/4
則必有繼○者也	13/125/4
且湯、武○所以處小弱而能以王者	13/125/4
桀、紂○所以處彊大而	

晉陽○圍 13/128/25
群臣无不有驕侮○心 13/128/25
唯赫不失君臣○禮 13/128/26, 18/192/4
而天下〔○〕為（忠○）臣者 13/128/26
子○譽 13/128/28
察子○事 13/128/28
乃烹○ 13/129/1
野人得○ 13/129/2
穆公追而及○岐山○陽 13/129/2
〔見〕野人方屠而食○ 13/129/2
夫食駿馬○肉 13/129/3
徧飲而去○ 13/129/3
與晉惠公為韓○戰 13/129/4
晉師圍穆公○車 13/129/4
梁由靡扣穆公○驂 13/129/4
〔將〕獲○ 13/129/4
故聖人因民○所喜而勸善 13/129/8
因民○所惡以禁姦 13/129/8
故賞一人而天下譽○ 13/129/9
罰一人而天下畏○ 13/129/9
孔子誅少正卯而魯國○邪塞 13/129/9
子產誅鄧析而鄭國○姦禁 13/129/10
此○謂〔也〕 13/129/11
今人〔○〕所以犯囹圄○罪 13/129/16
而陷於刑戮○患者 13/129/16
不循度量○故也 13/129/16
此執政○所司也 13/129/17
皆知為姦○无脫也 13/129/18
犯禁○不得免也 13/129/19
蒙死亡○罪 13/129/19
而被刑戮○羞 13/129/19
（然而）立秋○後 13/129/20
司寇○徒繼踵於門 13/129/20
（不）〔而〕死市○人血流於路 13/129/20
惑於財利○得 13/129/20
而蔽於死亡○患也 13/129/21
然而隊（階）〔伯〕○卒皆不能前遂斬首○功 13/129/22
而後被要斬○罪 13/129/23
故利害○反 13/129/23
禍福○接 13/129/23
事或欲○ 13/129/25
適足以失○ 13/129/25
或避○ 13/129/25
適足以就○ 13/129/25
故人○嗜慾 13/129/26
當市繁○時 13/129/27
是故聖人審動靜○變 13/129/28
而適受與○度 13/130/1
理好憎○情 13/130/1
〔而〕和喜怒○節 13/130/1
故達道○人 13/130/2
則足以養七尺○形矣 13/130/7
則萬乘○勢不足以為尊 13/130/7
天下○富不足以為樂矣 13/130/8
物莫足以惑○ 13/130/9
以為七尺○閨也 13/130/12
以為尋常○溝也 13/130/12
又況（无）〔乎〕天地○怪物乎 13/130/13
人怪○ 13/130/16
天下○怪物 13/130/17
聖人○所獨見 13/130/17
利害○反覆 13/130/17
知者○所獨明達也 13/130/17
世俗○所眩惑也 13/130/19
是故因鬼神禨祥而為○立禁 13/130/19
揔形推類而為○變象 13/130/20
而聖人○所不口傳也 13/130/22
而神明獨饗○ 13/130/23
家人所（當）〔常〕畜而易得○物也 13/130/23
故因其便以尊○ 13/130/24
難得貴賈○物也 13/130/25
故因其資以讋○ 13/130/25
无涉血○仇爭忿鬬 13/130/26
則不待戶牖（○）〔而〕行 13/130/28
夫戶牖者、風氣○所從往來 13/131/1
故託鬼神以申誡○也 13/131/2
凡此○屬 13/131/2
故以禨祥明○ 13/131/2
為愚者○不知其害 13/131/3
乃借鬼神○威以聲其教 13/131/3
今世○祭井竈、門戶、箕帚、（日）〔臼〕杵者 13/131/6
非以其神為能饗○也 13/131/6
煩（若）〔苦〕○无已也 13/131/7
是以天子秩而祭○ 13/131/9
其死也葬○ 13/131/9
其死也葬〔○〕 13/131/10
以大車〔○箱〕為薦 13/131/10
羿除天下○害 13/131/12
此鬼神○所以立 13/131/13
其子孫數諫而止○ 13/131/15
道及○ 13/131/16
其所施德者皆為○戰 13/131/16
其子聽父○計 13/131/21
竊而藏○ 13/131/21
逐而去○ 13/131/21
救一車○任 13/131/24
極一牛○力 13/131/24
為軸○折也 13/131/24
不知軸轅○趣軸折也 13/131/25
楚王（○）佩玦而逐（菟）〔兔〕 13/131/27
因佩兩玦以為○豫 13/131/27
亂國○治 13/131/28
及至夫彊○弱 13/132/1
弱○彊 13/132/1
危○安 13/132/1
（在）〔存〕○亡也 13/132/1
孰能覿○ 13/132/1
唯道○在者為貴 13/132/2
何以明○ 13/132/2, 18/190/22, 18/191/11, 18/192/22, 18/193/10, 18/198/8, 19/203/21, 19/207/8
至尊居○也 13/132/4
天道○貴也 13/132/4
非特天子○為尊也 13/132/4
所在而眾仰○ 13/132/4
謂○太一 14/132/10
謂○分物 14/132/11
故動而為○生 14/132/12
死而為○窮 14/132/12
物物者亡乎萬物○中 14/132/13
謂○真人 14/132/15
故人指○ 14/132/20

故人視〇 14/132/21
人〇所指 14/132/21
人〇所視 14/132/21
故虎豹〇彊來射 14/132/27
蝯狖〇捷來措 14/132/27
故通性〇情者 14/133/1
不務性〇所無以為 14/133/1
通命〇情者 14/133/2
不憂命〇所無奈何 14/133/2
事〇規矩也 14/133/6
又況託於舟航〇上乎 14/133/17
為治〇本 14/133/19
安民〇本 14/133/19
足用〇本 14/133/19,20/219/4
勿奪時〇本 14/133/19,20/219/4
省事〇本 14/133/20,20/219/4
節欲〇本 14/133/20
反性〇本 14/133/20
道〇素也 14/133/21
道〇舍也 14/133/21
不得〇己而能知彼者 14/134/3
未〇有也 14/134/4
唯聖人能〇 14/134/8
不學刺舟而便用〇 14/134/11
不學騎馬而便居〇 14/134/11
故能處〇 14/134/12
狄人攻〇 14/134/12,20/211/26
事〇以皮幣珠玉而不聽 14/134/12
百姓攜幼扶老而從〇 14/134/13
猶〇貴天也 14/134/15
猶〔〇〕尊君也 14/134/16
觸而覆〇 14/134/20
一謂張〇 14/134/21
一謂歙〇 14/134/21
孰能訾〇 14/134/22
失〇不憂 14/134/26
得〇不喜 14/134/26
聖人不為可非〇行 14/134/30
不憎人〇非己也 14/134/30
脩足譽〇德 14/134/30
不求人〇譽己也 14/134/30
信己〇不迎也 14/135/1
信己〇不攘也 14/135/1
禍〇至也 14/135/1
福〇至 14/135/2
知禍福〇制 14/135/2
以待敵〇可勝也 14/135/4
以待敵〇可奪也 14/135/5
舜脩〇歷山而海內從化 14/135/5
文王脩〇（歧）〔岐〕周而天下移風 14/135/5
使舜趨天下〇利 14/135/6
而忘脩己〇道 14/135/6
何尺地〇有〔乎〕 14/135/6
動〇為物 14/135/8
道〇者危 14/135/8
故處眾枉〇中 14/135/11
遵天〇道 14/135/12
循天〇理 14/135/12
從天〇則 14/135/13
順帝〇則 14/135/21
告〇者至 14/135/22
使〇者至 14/135/22
無以塞〇 14/136/3
功〇成也 14/136/4
事〇敗也 14/136/4
以為有心者〇於平 14/136/7
以為有欲者〇於廉 14/136/8
激而上〇 14/136/15
邪巧則正塞（〇）也 14/136/16
雖有賢聖〇寶 14/136/18
不遇暴亂〇世 14/136/19
湯、武〇王也 14/136/19
遇桀、紂〇暴也 14/136/19
桀、紂非以湯、武〇賢暴也 14/136/19
湯、武遭桀、紂〇暴而王也 14/136/20
遇者、能遭於時而得〇也 14/136/20
故士行善而不知善〇所由來 14/136/23
民贍利而不知利〇所由出 14/136/23
雖割國〇錙錘以事人 14/136/29
而無自恃〇道 14/136/29
若誠（外釋）〔釋外〕交〇策 14/136/29
而慎脩其境內〇事 14/136/29
與〇守社稷 14/137/2
此必全〇道也 14/137/2
為義〇不能相固 14/137/5
威〇不能相必也 14/137/5
萬物〇本也 14/137/8
无敵〇道也 14/137/8
一（身）〔人〕〇身既數（既）變矣 14/137/9
下〇徑衢不可勝理 14/137/10
甚於無君〇時 14/137/10
天下〇物博而智淺 14/137/13
一人〇力 14/137/15
上〇分不定 14/137/16
則下〇望无止 14/137/16
數未〇有也 14/137/17
故好與、來怨〇道也 14/137/17
人〇美才也 14/137/17
賢能〇不足任也 14/137/18
而道術〇可（脩）〔循〕明矣 14/137/18
接而說〇 14/137/23
食〇不寧於體 14/137/23
聽〇不合於道 14/137/23
視〇不便於性 14/137/24
然而為〇者 14/137/25
心為〇制 14/137/26
欲〇不可勝 14/137/27
豈若憂瘕疵〇（與）〔興〕、痤疽〇發而豫備〇哉 14/137/28
夫函牛（也）〔〇〕鼎沸而蠅蚋弗敢入 14/137/29
崑山〇玉瑱而塵垢弗能污也 14/137/29
聖人無去〇心而心無醜 14/137/29
無取〇美而美不失 14/138/1
唯弗求者〔為〕能有〇 14/138/1
上下〇禮 14/138/5
三代〇所道者 14/138/8
（在）〔任〕智則人與〇訟 14/138/9
（在）〔任〕力則人與〇爭 14/138/10
則天下〇時可承 14/138/12
百步〇中不忘其〔為〕容者 14/138/19
天下無〇也 14/138/20
不憂民〇晦也 14/138/22
不憂民〇貧也 14/138/22
用〇者亦不受其德 14/138/24
唯滅迹於無為而隨天地〔〇〕自然者 14/138/25

故譽生則毀隨○ 14/138/26
善見則(怨)〔惡〕從○ 14/138/27
己○所生 14/139/2
謂○狂生 14/139/3
故合而(舍)〔和〕○者、君也 14/139/6
制而誅○者、法也 14/139/7
謂○道 14/139/7,18/185/26
聖人無屈奇○服 14/139/10
無瑰異○行 14/139/10
無以名○ 14/139/11
此○謂大通 14/139/11
行所不得已○事 14/139/13
故木○大者害其條 14/139/22
水○大者害其深 14/139/22
雖鑽○不(通)〔達〕 14/139/23
雖得○弗能守 14/139/23
舜彈五絃○琴 14/139/26
而歌《南風》○詩 14/139/26
無所移○也 14/139/27
使人為○也 14/139/28
俎豆○列次 14/140/2
黍稷○先後 14/140/2
道○體也 14/140/6
道○容也 14/140/6
執後○制先 14/140/6
今與人(弁民○讐)〔下氏○璧〕 14/140/7
求而致○ 14/140/7
必從旁而決○ 14/140/9
(內)〔由〕是觀○ 14/140/10
後○制先 14/140/11
靜○勝躁 14/140/11
此○謂狂 14/140/12
此〔○〕謂狂(人) 14/140/13
員○中規 14/140/16,19/207/26
方○中矩 14/140/16,19/207/26
今務益性○所不能樂 14/140/25
而以害性○所以樂 14/140/25
而不免為哀○人 14/140/25
雖天下○大 14/140/27
卑體婉辭以接○ 14/141/5
爭盈爵○間 14/141/5
此酒○敗也 14/141/6
《詩》○失僻 14/141/8
樂○失刺 14/141/8
禮○失責 14/141/8
聖人○所備有也 14/141/11
陰陽○始 14/141/13
席○〔上〕、先(雚蕈)〔雚蕈〕 14/141/19
樽○上、〔先〕玄(樽)〔酒〕 14/141/19
俎○〔上〕、先生魚 14/141/19
豆○〔上〕、先泰羹 14/141/20
而先王貴○ 14/141/20
聖人○接物 14/141/23
夫寒○與煖相反 14/141/23
寒暑○變 14/141/24
質有(○)〔定〕也 14/141/25
〔時〕○(去)〔至〕不可迎而反也 14/142/1
時○去不可追而援也 14/142/2
古○存己者 14/142/5
以數雜○壽 14/142/7
憂天下○亂 14/142/7
猶憂河水○少 14/142/8
泣而益○也 14/142/8
以浮游而為龜憂養生○具 14/142/8
人必笑○矣 14/142/9
故不憂天下○亂 14/142/9
而樂其身○治(也)〔者〕 14/142/9
福○至也 14/142/11
禍○來也 14/142/12
萬乘○主卒 14/142/16
葬其骸於曠野○中 14/142/16
祀其鬼神於明堂○上 14/142/16
謂○太沖 14/142/17
古○用兵 15/142/21
非利土壤○廣而貪金玉○略 15/142/21
平天下○亂 15/142/21
而除萬民○害也 15/142/21
凡有血氣○蟲 15/142/22
人有衣食○情 15/142/23
人無筋骨○強 15/142/24
爪牙○利 15/142/25
貪昧饕餮○人 15/142/25
兵○所由來者遠矣 15/142/27
故黃帝戰於涿鹿○野 15/142/28
堯戰於丹水○浦 15/142/28
故黃帝擒○ 15/143/1
故顓頊誅○ 15/143/1
教○以道 15/143/2
導○以德而不聽 15/143/2
則臨○以威武 15/143/2
臨○〔以〕威武而不從 15/143/2
則制○以兵革 15/143/2
故聖人○用兵也 15/143/3
殺無罪○民 15/143/3
而養無義○君 15/143/3
殫天下○財 15/143/4
而贍一人○欲 15/143/4
皆有小過而莫○討也 15/143/6
肆一人○邪 15/143/6
而長海內○禍 15/143/6
此(大)〔天〕論○所不取也 15/143/7
今乘萬民○力 15/143/7
故霸王○兵 15/143/10
以論慮○ 15/143/11
以策圖○ 15/143/11
以義扶○ 15/143/11
故聞敵國○君有加虐於〔其〕民者 15/143/11
責○以不義 15/143/12
刺○以過行 15/143/12
(其)〔某〕國○君 15/143/14
此天○所(以)誅也 15/143/15
民○所(以)仇也 15/143/15
兵○來也 15/143/15
有逆天○道 15/143/16
帥民○賊者 15/143/16
百姓開門而待○ 15/143/19
淅米而儲○ 15/143/19
此湯、武○所以致王 15/143/19
而齊桓、晉文○所以成霸也 15/143/20
民○思兵也 15/143/20
故義兵○至也 15/143/21
而霸王○功不世出者 15/143/24
自為○故也 15/143/24
舉事以為人者眾助○ 15/143/25
舉事以自為者眾去○ 15/143/25
眾○所助 15/143/26
眾○所去 15/143/26
得一○原 15/144/2
象日月○行 15/144/6

刑、兵○極也	15/144/9
可謂極○〔極〕矣	15/144/10
天下莫○敢當	15/144/10
振豪○末	15/144/17
道○浸洽	15/144/17
非鼓○〔○〕日也	15/144/20
故得道○兵	15/144/21
招義而責○	15/144/22
因民○欲、乘民○力而為○	15/144/23
無刑罰○威	15/144/25
百族○子	15/144/26
故明王○用兵也	15/144/26
民○為用	15/144/27
猶子○為父	15/144/27
弟○為兄	15/144/27
威○所加	15/144/27
脩政廟堂○上而折衝千里○外	15/145/2
此用兵○上也	15/145/3
此用兵○次也	15/145/5
知土地○宜	15/145/5
習險隘○利	15/145/5
明奇(政)〔正〕○變	15/145/5
察行陳解贖○數	15/145/5
(維)(抱綰)〔綰枹〕而鼓○	15/145/6
此用兵○下也	15/145/7
夫兵○所以佐勝者眾	15/145/10
此軍○大資也	15/145/11
明於星辰日月○運	15/145/11
刑德奇賌○數	15/145/11
背鄉左右○便	15/145/11
此戰○助也	15/145/11
良將○所以必勝者	15/145/12
恒有不原○智、不道○道	15/145/12
此〔大〕尉○官〔也〕	15/145/13
〔此司馬○官也〕	15/145/14
此候○官也	15/145/15
此司空○官也	15/145/16
此輿○官也	15/145/16
凡此五官○於將也	15/145/16
猶身○有股肱手足也	15/145/17
告○以政	15/145/17
申○以令	15/145/18
使○若虎豹○有爪牙	15/145/18
飛鳥○有六翮	15/145/18
然皆佐勝○具也	15/145/18
兵○勝敗	15/145/19
故德義足以懷天下○民	15/145/20
事業足以當天下○急	15/145/20
選舉足以得賢士○心	15/145/20
謀慮足以知強弱○(勢)〔權〕	15/145/21
此必勝○本也	15/145/21
垣○以鄧林	15/145/26
緜○以方城	15/145/26
楚國○強	15/146/2
背社稷○守而委身強秦	15/146/3
然縱耳目○欲	15/146/5
窮侈靡○變	15/146/5
不顧百姓○飢寒窮匱也	15/146/5
興萬乘○駕而作阿房○(官)〔宮〕	15/146/5
發閭左○戍	15/146/6
收太半○賦	15/146/6
百姓○隨逮肆刑	15/146/6
一旦不知千萬○數	15/146/6
天下為○麋沸螘動	15/146/10
然一人唱而天下(應)〔和〕○者	15/146/11
當戰○時	15/146/14
然而前無蹈難○賞	15/146/15
而後無遁北○刑	15/146/15
明於禁舍開塞○道	15/146/16
故文○所(以)加者淺	15/146/19
則(勢)〔權〕○所(勝)〔服〕者小	15/146/20
德○所施者博	15/146/20
則威○所制者廣	15/146/20
威○所制者廣	15/146/21
湯○地方七十里而王者	15/146/22
智伯有千里○地而亡者	15/146/22
故千乘○國行文德者王	15/146/23
萬乘○國好用兵者亡	15/146/23
故運籌於廟堂○上	15/146/26
而決勝乎千里○外矣	15/146/26
天下訟見○	15/147/1
世人傳學○	15/147/1
智見者人為○謀	15/147/3
形見者人為○功	15/147/3
眾見者人為○伏	15/147/4
器見者人為○備	15/147/4
善者○動也	15/147/5
何○而不(用)達	15/147/8
莫知其所○	15/147/9
見敵○虛	15/147/11
若聲○與響	15/147/13
若鏜○與鞈	15/147/13
擊○若雷	15/147/14
薄○若風	15/147/14
炎○若火	15/147/14
陵○若波	15/147/14
敵(○)〔人〕靜不知其所守	15/147/15
故能分人○兵	15/147/18
疑人○心	15/147/18,15/147/19
不能分人○兵	15/147/19
故紂○卒百萬	15/147/19
〔而有百萬〕○心	15/147/19
武王○卒三千	15/147/20
故千人同心則得千人〔○〕力	15/147/20
萬人異心則無一人○用	15/147/20
故良將○卒	15/147/24
若虎○牙	15/147/25
若兕○角	15/147/25
若鳥○羽	15/147/25
若蚈○足	15/147/25, 17.151/179/4
一心以使○也	15/147/26
而存亡○機固以形矣	15/147/28
三軍○眾	15/148/2
百萬○師	15/148/2
〔使〕敵人○兵	15/148/6
明於必勝○(攻)〔數〕也	15/148/9
敵不可得勝○道也	15/148/15
因與○化	15/148/16
餌○以所欲	15/148/16
極其變而束○	15/148/17
盡其節而朴○	15/148/17
為○出奇	15/148/17
與○推移	15/148/18
名○曰奄遲	15/148/19
擊○如雷霆	15/148/20
斬○若草木	15/148/20
燿○若火電	15/148/20
放乎九天○上	15/148/24
蟠乎黃盧○下	15/148/24

不襲堂堂○寇 15/149/1
（下）〔不〕擊填填○旗 15/149/1
因而制○ 15/149/2
必為○禽 15/149/2
虎豹（○）〔不〕動 15/149/3
故良將○用卒也 15/149/7
莫○應圉 15/149/8
夫五指○更彈 15/149/9
不若捲手○一挃 15/149/9
萬人○更進 15/149/9
不如百人○俱至也 15/149/9
章華○臺燒 15/149/10
以（升）〔斗〕勺沃而救○ 15/149/11
無奈○何也 15/149/11
舉壺榼盆盎而以灌○ 15/149/11
今人○與人 15/149/12
非有水火○勝也 15/149/12
此言（○）所將 15/149/13
兵○幹植也 15/149/16
夫仁勇信廉、人○美才也 15/149/17
而不以人才○賢 15/149/19
來而為○宜 15/149/22
變而為○象 15/149/22
上窮至高○（未）〔末〕 15/149/23
下測至深○底 15/149/23
建心乎窈冥○野 15/149/23
而藏志乎九旋○淵 15/149/24
兵○所隱議者天道也 15/149/26
故上將○用兵也 15/149/27
乃行○以機 15/149/27
發○以勢 15/149/27
下將○用兵也 15/149/29
其行○誠也 15/150/1
不待利時良日而後破○ 15/150/2
加巨斧於桐薪○上 15/150/2
而无人（刃）〔力〕○奉 15/150/2
雖有薄縞○幨 15/150/4
腐荷○（蹭）〔櫓〕 15/150/4
〔若〕假○筋角○力、弓弩○勢 15/150/5
夫風○疾 15/150/5
虛舉○下大達 15/150/6
人○有所推也 15/150/6
勢如決積水於千仞○隄 15/150/6
若轉員石於萬丈○谿 15/150/7
天下見吾兵○必用也 15/150/7
故百人○必死也 15/150/7
賢於萬人○必北也 15/150/8
況以三軍○衆 15/150/8
此世傳○所以為儀表者 15/150/12
是故處於堂上○陰而知日月○次序 15/150/13
見瓶中○冰而知天下○寒暑 15/150/14
夫物○所以相形者微 15/150/16
將軍不與於五官○事而為五官督 15/150/17
能治五官○事者 15/150/18
是故將軍○心 15/150/18
因形而與○化 15/150/19
隨時而與○移 15/150/19
觀彼○所以來 15/150/21
（名）〔各〕以其勝應○ 15/150/21
夫飛鳥○摯也俛其首 15/150/23
猛獸○攫也匿其爪 15/150/24
故用兵○道 15/150/25
示○以柔而迎○以剛 15/150/25
示○以弱而乘○以強 15/150/25
為○以歙而應○以張 15/150/25
將欲西而示○以東 15/150/26
若鬼○無迹 15/150/26
若水○無創 15/150/26
故所鄉非所○也 15/150/26
若雷○擊 15/150/27
兵○所以強者、（民）〔必死〕也 15/151/1
民○所以必死者、義也 15/151/1
義○所以能行者、威也 15/151/1
是故合○以文 15/151/2
齊○以武 15/151/2
夫人○所樂者、生也 15/151/2
則不難為○死 15/151/7
則不難為○亡 15/151/8
是故父子兄弟○寇 15/151/8
故古○善將者 15/151/11
必以其身先○ 15/151/11
合戰必立矢（射）〔石〕○所及 15/151/13
故良將○用兵也 15/151/14
主○所求於民者二 15/151/17
求民為○勞也 15/151/17
欲民為○死也 15/151/17
民○所望於主者三 15/151/17
飢者能食○ 15/151/17
勞者能息○ 15/151/18
有功者能德○ 15/151/18
斬首○功必全 15/151/19
死事○後必賞 15/151/19
主雖射雲中○鳥 15/151/20
而釣深淵○魚 15/151/20
通動靜○機 15/151/29
明開塞○節 15/152/1
審舉措○利害 15/152/1
而攻人○亂 15/152/5
則為○解 15/152/7
奇正○相應 15/152/8
若水火金木○代為雌雄也 15/152/8
兵貴謀○不測也 15/152/11
形○隱匿也 15/152/11
上隱○天 15/152/12
下隱○地 15/152/12
中隱○人 15/152/12
隱○天者 15/152/12
何謂隱○天 15/152/12
何謂隱○地 15/152/13
何謂隱○人 15/152/14
蔽○於前 15/152/14
望○於後 15/152/14
出奇行陳○間 15/152/14
乘○以選卒 15/152/24
擊○以宵夜 15/152/24
然而非兵○貴者也 15/152/26
謂○神 15/152/29
虛實○謂也 15/153/3
棲○會稽 15/153/7
破○艾陵 15/153/7
擒○黃池 15/153/7
此用民氣○實也 15/153/7
擒○（于）〔干〕隧 15/153/9
夫氣○有虛實也 15/153/9
若明○必晦也 15/153/9
以待人○虛也 15/153/10
以待人○實也 15/153/11
故虛實○氣、兵○貴者

也 15/153/11
君自宮召將〔而〕詔○曰 15/153/13
社稷○命在將軍（耳）〔身〕 15/153/13
願（請）子將而應○ 15/153/14
○太廟 15/153/14
將軍制○ 15/153/16,15/153/17
〔專〕鼓旗斧鉞○威 15/153/18
願君亦（以）〔無〕垂一言○命於臣也 15/153/19
君若許○ 15/153/19
國○（實）〔寶〕也 15/153/22
上將○道也 15/153/23
則智者為○慮 15/153/23
勇者為○鬬 15/153/23
赦○ 15/153/26
兵○所加者 15/153/27
必无道○國也 15/153/27
吾直有所遇○耳 16.1/154/4
視○無形 16.1/154/5
聽○無聲 16.1/154/5
謂○幽冥 16.1/154/5
吾（聞）得○矣 16.1/154/5
何道○所能乎 16.1/154/7
詹公○釣 16.4/154/14
〔得〕千歲○鯉（不能避） 16.4/154/14
引輴者為○止（也） 16.4/154/14
精○至也 16.4/154/15,20/211/18
螾無筋骨○強、爪牙○利 16.4/154/16
清○為明 16.5/154/19
濁○為闇 16.5/154/19
○神者 16.6/154/23
鼻○所以息 16.6/154/23
耳○所以聽 16.6/154/23
然使人善○者 16.8/154/28
而不能自出漁者○籠 16.9/155/4
四方皆道○門戶牖嚮也 16.10/155/6
在所從闚○ 16.10/155/6
適在五步○內 16.11/155/9
譬猶越人○射也 16.11/155/10
不能與○爭光也 16.12/155/12
能下○也 16.13/155/16
夫惟能下○ 16.13/155/16
是以能上○ 16.13/155/16
牆○壞 16.15/155/20
冰○泮 16.15/155/20
泰山○容 16.16/155/22
去○千里 16.16/155/22
遠○故也 16.16/155/22
秋豪○末 16.17/155/24
近○而濡 16.19/155/29
望○而隧 16.19/156/1
故和氏○璧、隨侯○珠 16.19/156/1
出於山淵○精 16.19/156/1
君子服○ 16.19/156/2
侯王寶○ 16.19/156/2
陳成（子）恒○劫子淵捷也 16.20/156/4
子罕○辭其所不欲 16.20/156/4
孔子○見黏蟬者 16.20/156/4
白公勝○倒杖策也 16.20/156/5
衛姬○請罪於桓公〔也〕 16.20/156/5
魏文侯（見○）〔○見〕反披裘而負芻也 16.20/156/6
兒說○為宋王解閉結也 16.20/156/6
人有嫁其子而教○曰 16.21/156/9
應○曰 16.21/156/10
日○脩短有度也 16.22/156/12
故沮舍○下不可以坐 16.23/156/15
倚牆○傍不可以立 16.23/156/16
常治無病○病 16.24/156/18
常治無患○患 16.24/156/19
淳于髡○告失火者 16.25/156/21
君子○於善也 16.26/156/24
猶采薪者見一介〔則〕掇○ 16.26/156/24
見青蔥則拔○ 16.26/156/25
鍾○與磬也 16.29/157/1
近○則鍾音充 16.29/157/1
遠○則磬音章 16.29/157/1
而不能生於湍瀨○流 16.30/157/4
而不能生於盤石○上 16.30/157/4
欲致○ 16.34/157/14
正三軍○眾 16.35/157/17, 16.111/164/13
狐白○裘 16.35/157/17
天子被○而坐廟堂 16.35/157/17
故人○情 16.36/157/20
於利○中則爭取大焉 16.36/157/20
於害○中則爭取小焉 16.36/157/21
林木為○不斬 16.39/157/27
藜藿為○不采 16.39/157/27
使○自以平 16.41/158/4
天下無○矣 16.41/158/5
猶百舌○聲〔也〕 16.44/158/13
猶不脂○戶也 16.44/158/13
讖書著○ 16.45/158/15
引車者二六而後○ 16.46/158/17
（千年○松） 16.47/158/21
非為十步○內也 16.49/158/27
百步○外則爭深淺 16.49/158/27
而林木為○殘 16.50/159/1
池中魚為○殫 16.50/159/1
萇弘知周○所〔以〕存 16.52/159/7
而不知身〔○〕所以亡 16.52/159/7
畏馬○辟也不敢騎 16.53/159/10
懼車○覆也不敢乘 16.53/159/10
然猶養而長○ 16.54/159/12
范氏○敗〔也〕 16.55/159/14
懼人聞○ 16.55/159/14
憎人聞○ 16.55/159/14
升○不能大於石也 16.56/159/17
升在石○中 16.56/159/17
夜○不能脩於歲也 16.56/159/17
夜在歲○中 16.56/159/17
仁義○不能大於道德也 16.56/159/17
仁義在道德○包 16.56/159/18
事○成敗 16.57/159/20
人不愛倕○手 16.63/160/5
而愛己○指 16.63/160/5
不愛江、漢○珠 16.63/160/5
而愛己○（鉤）〔釣〕 16.63/160/5
滅非者戶告○曰 16.67/160/14
矢○於十步貫兕甲 16.68/160/17, 17.222/184/1
小馬（非）大馬○類也 16.70/160/21

介蟲○動以固 16.146/167/20
貞蟲○動以毒螫 16.146/167/20
熊羆○動以攫搏 16.146/167/20
兕牛○動以觝觸 16.146/167/20
而猶為○不止 16.147/167/23
得○同 16.150/168/1
勝○同 16.150/168/1
為孔子○窮於陳、蔡而廢六藝 16.151/168/4
為醫○不能自治其病 16.151/168/4
以一（出）〔世〕○度制治天下 17.1/168/9
譬猶客○乘舟 17.1/168/9
暮薄而求○ 17.1/168/10
夫隨一隅○迹 17.1/168/10
譬若旱歲○土龍 17.1/168/11
疾疫○芻靈 17.1/168/11
曹氏○裂布 17.2/168/14
蛷者貴○ 17.2/168/14
然非夏后氏○璜 17.2/168/14
目見百步○外 17.8/168/27
鳳皇高翔千仞○上 17.9/168/29
故莫○能致 17.9/168/29
得道而德從○矣 17.15/169/13
譬若黃鍾○比宮 17.15/169/13
（大）〔太〕簇○比商 17.15/169/13
則內為○掘 17.16/169/16
聽有音○音者聾 17.18/169/21
聽無音○音者（聽）〔聰〕 17.18/169/21
安所問○哉 17.19/169/24
須臾○閒 17.21/169/28
俛人○頸 17.21/169/28
人○從事 17.23/170/1
讒賊閒○ 17.24/170/3
牆○壞也 17.27/170/9
然逾屋○覆 17.27/170/9
礛諸○功 17.28/170/11, 19/206/19
砥厲○力 17.28/170/11
無糗糧○資而不飢 17.30/170/15
鬻棺者欲民○疾（病）〔疫〕也 17.32/170/19
畜粟者欲歲○荒飢也 17.32/170/19
清則見物○形 17.33/170/21
河水○深 17.35/170/25
鈞○縞也 17.36/170/27
冠則戴（致）〔攱〕○ 17.36/170/27
絑則蹍履○ 17.36/170/27
節族○屬連也 17.38/171/1
聖人○於道 17.39/171/3
猶葵○與日也 17.39/171/3
其鄉○誠也 17.39/171/3
江水○原 17.40/171/5
以兔○走 17.48/171/21
然而寒暑○勢不易 17.49/171/23
終日言必有聖○事 17.51/172/1
百發○中必有羿、逢蒙○巧 17.51/172/1
近敖倉者不為○多飯 17.53/172/6
臨江、河者不為○多飲 17.53/172/6
壽盡五月○望 17.54/172/8
舌○與齒 17.55/172/10
錞○與刃 17.55/172/10
繩○與矢 17.55/172/10
今鱓○與蛇 17.56/172/13
蠶○與蠋 17.56/172/13
晉以垂棘○璧得虞、虢 17.57/172/15
古○所為不可更 17.60/172/21
乳狗○噬虎也 17.64/172/30
伏雞○（捕）〔搏〕狸〔也〕 17.64/172/30
恩○所加 17.64/172/30
羿○所以射遠中微者 17.71/173/12
造父○所以追速致遠者 17.71/173/12
嘗一臠肉而知一鑊○味 17.74/173/19
懸羽與炭〔而〕知燥溼○氣 17.74/173/19
十頃○陂可以灌四十頃 17.75/173/21
而一頃○陂〔不〕可以灌四頃 17.75/173/21
大小○衰然 17.75/173/21
明月○光可以遠望 17.76/173/23
甚霧○朝可以細書 17.76/173/23
而不可以（遠）望尋常○外 17.76/173/23
若珠○有（纇）〔纇〕 17.78/173/28
玉○有瑕 17.78/173/28
置○而全 17.78/173/28
去○而虧 17.78/173/29
置○冥室○中 17.80/174/1
（所以）為○則同 17.81/174/3
其所以為○則異 17.81/174/3
使葉落者風搖○ 17.83/174/8
使水濁者魚撓○ 17.83/174/8
蝯狖○捷來乍 17.84/174/10
三寸○管而無當 17.86/174/14
朝○市則走 17.88/174/18
不若狐裘○粹 17.89/174/21
言至純○難也 17.89/174/21
（戰）兵死○鬼憎神巫 17.90/174/23
盜賊○〔輩〕醜吠狗 17.90/174/23
無鄉○社易為黍肉 17.91/174/25
無國○稷易為求福 17.91/174/25
弦○為射 17.96/175/5
百分○一也 17.96/175/5
人不見龍○飛 17.102/175/17
風雨奉○ 17.102/175/17
懸垂○類 17.104/175/21
枝格○屬 17.104/175/21
而用○異〔也〕 17.107/175/28
蠶食○而不飢 17.109/176/1
鼠食○而肥 17.109/176/1
虓象○病 17.113/176/9
人○寶也 17.113/176/9
人○病 17.113/176/9
將有誰寶○者乎 17.113/176/9
為酒人○利而不酤 17.114/176/11
為車人○利而不僦 17.114/176/11
反先○熱 17.114/176/11
鄰○母死 17.115/176/14
往哭○ 17.115/176/14
西方○倮國 17.116/176/16
掇○則爛指 17.117/176/18
去○十步而〔不〕死 17.117/176/18
今有六尺○（廣）〔席〕 17.118/176/21

臥而越○ 17.118/176/21
植而踰○ 17.118/176/21
有以（飯）〔噎〕死者而禁天下○食 17.120/176/26
有以車為敗者〔而〕禁天下○乘 17.120/176/26
釣者靜○ 17.121/176/29
罩者抑○ 17.121/176/29
罾者舉○ 17.121/176/29
為○異 17.121/176/29
小國不鬭於大國○間 17.123/177/3
兩鹿不鬭於伏兕○旁 17.123/177/3
蔭不祥○木 17.124/177/5
頭蝨與空木○瑟 17.125/177/7
日月欲明而浮雲蓋○ 17.126/177/10
蘭（芝）〔芷〕欲脩而秋風敗○ 17.126/177/10
輒殺○ 17.127/177/12
龜紐○璽 17.128/177/14
不若尋常○纆（索） 17.128/177/15
以類而取○ 17.129/177/17
為其不出戶而（理）〔堁〕○ 17.130/177/19
涉水者解其馬載○舟 17.133/177/26
田中○潦 17.135/177/30
附耳○言 17.135/177/30
欲觀九（用）〔州〕○土 17.138/178/6
足無千里○行 17.138/178/6
心無政教○原 17.138/178/6
而欲為萬民○上也 17.138/178/6
得○不以道 17.140/178/11
用○必橫 17.140/178/11
快○ 17.142/178/15
滿堂○坐 17.144/178/20
獻公○賢 17.145/178/22
叔孫○知 17.145/178/22
或射○則被鎧甲 17.147/178/27
輻○入轂 17.148/178/29
君子○居民上 17.150/179/1
若脣○與齒 17.151/179/4
清醠○美 17.152/179/6
黼黻○美 17.152/179/6
布○新不如紵 17.153/179/8
紵○弊不如布 17.153/179/8
扶○與提 17.157/179/16
謝○與讓 17.157/179/16
（故）〔得〕○與（先）〔失〕 17.157/179/16
諾○與已也 17.157/179/16
（○與矣） 17.157/179/16
物○所為 17.163/180/1
象肉○味不知於口 17.165/180/6
鬼神○貌不著於目 17.165/180/6
捕景○說不形於心 17.165/180/6
病熱而強○餐 17.168/180/12
救（𥃤）〔暍〕而飲○寒 17.168/180/12
拯溺而授○石 17.168/180/12
欲救○ 17.168/180/13
〔自然○勢〕 17.174/180/25
湯沐○於河 17.175/180/27
一目○羅 17.176/180/29
無餌○釣 17.176/180/29
有然○者也 17.177/180/31
文王與諸侯（備）〔構〕○ 17.179/181/3
湯使人哭○ 17.179/181/3
愛熊而食○鹽 17.180/181/6
愛獺而飲○酒 17.180/181/6
雖欲養○ 17.180/181/6
非或召○ 17.183/181/12
騏驥驅○不進 17.186/181/18
一絃○瑟不可聽 17.188/181/22
物○散聚 17.191/181/29
其解○（不以）〔以不〕解 17.193/182/4
明月○珠 17.195/182/8
蛖○病而我○利 17.195/182/8
禽獸○利而我○害 17.195/182/8
是而行○ 17.197/182/12
固謂○斷 17.197/182/12
非而行○ 17.197/182/12
必謂○亂 17.197/182/12
矢〔○〕疾 17.198/182/14
步○遲 17.198/182/14
尋常○谿 17.203/182/25
灌十頃○澤 17.203/182/25
見○明白 17.204/182/27
處○如玉石 17.204/182/27
見○闇晦 17.204/182/27
以天下○大 17.205/182/29
託於一人○才 17.205/182/29
譬若懸千鈞○重於木○一枝 17.205/182/29
謂○不祥 17.206/183/1
河伯為○不潮 17.210/183/9
聖人○處亂世 17.212/183/13
桑榆○間 17.212/183/13
隨侯○珠在於前 17.217/183/23
決千金○貨者不爭銖兩○價 17.218/183/25
車人掇○ 17.220/183/29
而（鍜）〔鍛〕者拾○ 17.220/183/29
百星○明不如一月○光 17.221/183/31
十牖畢開不若一戶○明 17.221/183/31
太山○高 17.223/184/3
秋毫○（未）〔末〕 17.223/184/3
視○可察 17.223/184/3
凡用人○道 17.227/184/12
疏○則弗得 17.227/184/12
數○則弗中 17.227/184/12
正在疏數○間 17.227/184/12
聖人○偶物也 17.228/184/14
楊子見逵路而哭○ 17.229/184/16
墨子見練絲而泣○ 17.229/184/16
趍舍○相合 17.230/184/19
猶金石○一調 17.230/184/19
然酤酒買肉不離屠沽○家 17.232/184/23
故求物必於近○者 17.232/184/23
臨菑○女 17.236/185/1
為○悖戾 17.236/185/1
繒為○纂繹 17.236/185/1
徵羽○操 17.237/185/3
不入鄙人○耳 17.237/185/3
故侮人○鬼者 17.238/185/5
莫○怨也 17.241/185/12
莫○疾也 17.241/185/12
尾生○信 17.242/185/14
不如隨牛○誕 17.242/185/14
憂父○疾者子 17.243/185/16

治〇者醫 17.243/185/16
人〇性也 18/185/20
事〇制也 18/185/20
知人〇性 18/185/20
知事〇制 18/185/20
謂〇心 18/185/23
謂〇術 18/185/24
行智所〇 18/185/26
置〇前而不輊 18/185/26
錯〇後而不軒 18/185/26
布〇天下而不窕 18/185/27
心〇力也 18/185/27
心〇罪也 18/185/28
千里〇隄 18/186/1
以螻螘〇穴漏 18/186/1
百尋〇屋 18/186/1
以突隙〇煙焚 18/186/1
患至而後憂〇 18/186/3
雖有扁鵲、俞跗〇巧 18/186/3
夫禍〇來也 18/186/6
人自生〇 18/186/6
福〇來也 18/186/6
人自成〇 18/186/6
莫〇能分 18/186/7
凡人〇舉事 18/186/9
（比）〔此〕愚智〇所以異也 18/186/9
曉（自然）〔然自〕以為智（知）存亡〇樞機、禍福〇門戶 18/186/10
舉而用〇 18/186/10
則天下无不達〇塗矣 18/186/11
是故知慮者、禍福〇門戶也 18/186/12
動靜者、利害〇樞機也 18/186/12
百事〇變化 18/186/12
國家〇治亂 18/186/12
故物或損〇而益 18/186/16
或益〇而損 18/186/16
昔者楚莊王既勝晉於河、雍〇間 18/186/18
女必讓肥饒〇地 18/186/19
而受沙石〔〇地〕 18/186/20
〔楚越〕〇間有〔有〕寢〔〇〕丘者 18/186/20
〔此〕其地确（石）（〇）〔而〕名醜 18/186/20
人莫〇利也 18/186/21
王果封其子以肥饒〇地 18/186/21
（謂）〔請〕有寢〇丘 18/186/22
楚國〇俗 18/186/22
此所謂損〇而益也 18/186/23
何謂益〇而損 18/186/23
內无輔拂〇臣 18/186/25
外无諸侯〇助 18/186/25
欒書、中行偃劫而幽〇 18/186/26
諸侯莫〇救 18/186/26
百姓莫〇哀 18/186/26
此天下〇所願也 18/187/1
此所謂益〇而損者也 18/187/1
夫孫叔敖〇請有寢〇丘 18/187/2
沙石〇地 18/187/2
晉厲公〇合諸侯於嘉陵 18/187/2
唯聖人知病〇為利 18/187/5
知利〇為病也 18/187/5
夫再實〇木根必傷 18/187/5
掘藏〇家必有殃 18/187/6
張武教智伯奪韓、魏〇地而擒於晉陽 18/187/6
申叔時教莊王封陳氏〇後而霸天下 18/187/6
其王者〇事與 18/187/8
事或欲（以）利〇 18/187/8
適足以害〇 18/187/8
或欲害〇 18/187/8
乃反以利〇 18/187/9
利害〇反 18/187/9
禍福〇門（戶） 18/187/9
魯君令人閉城門而捕〇 18/187/11
門者止〇曰 18/187/12
（天下探〇不窮） 18/187/12
門者出〇 18/187/13
顧反取其出〇者 18/187/13
以戈椎〇 18/187/13
出〇者怨〇曰 18/187/14
為〇蒙死被罪 18/187/14
問所出〇門 18/187/15
使有司拘〇 18/187/15
〔不傷者、為縱〇者〕 18/187/16
此所謂害〇而反利〔〇〕者也 18/187/16
何謂欲利〇而反害〇 18/187/19
豎陽穀奉酒而進〇 18/187/20
子反〇為人也 18/187/20
嗜酒而甘〇 18/187/20
王駕而往視〇 18/187/21
今日〇戰 18/187/22
是（三）〔亡〕楚國〇社稷 18/187/22
於是罷師而去〇 18/187/23
故豎陽穀〇進酒也 18/187/24
誠愛而欲快〇也 18/187/24
而適足以殺〇 18/187/25
此所謂欲利〇而反害〇者也 18/187/25
夫病溫而強〇（食）〔餐〕 18/187/27
病喝而飲〇寒 18/187/27
此眾人〇所以為養也 18/187/27
而良醫〇所以為病也 18/187/27
〔此〕愚者〇所利也 18/188/1
然而有論者〇所辟也 18/188/1
有功者、（又）〔人〕臣〇所務也 18/188/4
有罪者、人臣〇所辟也 18/188/4
君臣〇義 18/188/7
攻〇愈急 18/188/8
而遺〇鼎羹與其首 18/188/8
樂羊循而泣〇 18/188/8
遂降〇 18/188/10
自此〇後 18/188/10,18/191/2
使秦西巴持歸烹〇 18/188/13
麑母隨〇而嗁 18/188/13
縱而予〇 18/188/14
竊縱而予〇 18/188/14
此公孫鞅〇所以抵罪於秦 18/188/19
不義〇故也 18/188/20
事或奪〇而反與〇 18/188/22
或與〇而反取〇 18/188/22
宣子弗欲與〇 18/188/22
智伯〇強 18/188/23
不若與〇 18/188/23
與〇 18/188/24
與天下同心而圖〇 18/188/25
魏宣子裂地而授〇 18/188/25
何謂與〇而反取〇 18/189/1
遺虞垂棘〇（壁）〔璧〕與屈產〇乘 18/189/1
而欲與〇道 18/189/2
宮〇奇諫曰 18/189/2

夫虞○與虢 18/189/2
若車○有（輪）〔輔〕〔也〕 18/189/2
虞○與虢〔也〕 18/189/3
相恃（而）〔○〕勢也 18/189/4
若假○道 18/189/4
〔則〕虢朝亡而虞夕從○矣 18/189/4
遂假○道 18/189/5
遂克○ 18/189/5
又拔○ 18/189/5
此所謂與○而反取〔○〕者也 18/189/5
契教以君臣○義 18/189/13
父子○親 18/189/14,20/213/5
夫妻○（辯）〔辨〕 18/189/14
長幼○序 18/189/14,20/213/5
后稷乃教○辟地墾草 18/189/14
故三后○後 18/189/15
孔子以三代○道教導於世 18/189/16
今又復問○ 18/189/22
聖人○言 18/189/23
固試往復問○ 18/189/23
行先生○言也 18/189/24
易子而食〔○〕 18/189/25
析骸而炊○ 18/189/25
諸城守者皆屠○ 18/189/26
此獨以父子盲○故 18/189/27
夫禍福○轉而相生 18/189/27
近塞上○人有善術者 18/190/1
人皆弔○ 18/190/1,18/190/3
人皆賀○ 18/190/2
近塞○人 18/190/4
此獨以跛○故 18/190/5
故福○為禍 18/190/5
禍○為福 18/190/5
賓客多止○ 18/190/13
〔靖〕郭君聞而見○ 18/190/14
靖郭君止○曰 18/190/15
〔願〕為寡人稱○ 18/190/16
今夫齊、君○淵也 18/190/17
故物或遠○而近 18/190/21
或近○而遠 18/190/21
三國○地不接於我 18/190/23
異乎臣○所聞 18/190/25
臣聞（○有）裂壤土以安社稷者 18/190/26
牛子不聽無害子○言 18/191/1
而用括子○計 18/191/1
三國○兵罷 18/191/1
而平陸○地存 18/191/2
括子○智得矣 18/191/3
無害子○慮無中於策 18/191/3
冠履○於人也 18/191/6
而雍季無尺寸○功 18/191/9
故義者、天下○所（賞）〔貴〕也 18/191/10
仁義○事 18/191/12
戰陳○事 18/191/12
君其（許）〔詐〕○而已矣 18/191/12
君其正○而已矣 18/191/14
於是不聽雍季○計 18/191/14
而用咎犯○謀 18/191/15
城濮○戰、〔咎犯○謀〕也 18/191/16
咎犯○言 18/191/17
一時○權也 18/191/17
雍季○言 18/191/17
萬世○利也 18/191/17
吾豈可以（先）一時○權 18/191/17
而（後）〔先〕萬世○利也哉 18/191/17
決晉水而灌○ 18/191/20
見韓、魏○君而約○ 18/191/22
乃見韓、〔魏〕○君 18/191/23
說○曰 18/191/23
則〔二〕君為○次矣 18/191/24
不及今而圖○ 18/191/24
智伯（人）〔○〕為人也 18/191/25
言出〔二〕君○口 18/191/26
入臣○耳 18/191/26
人孰知○者乎 18/191/26
君其圖○ 18/191/26
與○期 18/191/27
至（其）〔期〕日○夜 18/191/27
趙氏殺其守隄○吏 18/191/27
韓、魏翼而擊○ 18/192/1
晉陽○存、張孟談○功也 18/192/3
晉陽○圍也 18/192/3
群臣無不有驕侮○心者 18/192/4
吾是以先○ 18/192/4
義者、人○大本也 18/192/5
雖有戰勝存亡○功 18/192/5
不如行義○（陸）〔隆〕 18/192/5
臣請升城鼓○ 18/192/12
於是乃升城而鼓○ 18/192/12
罷○ 18/192/13
非一日○積也 18/192/14
一舉而欺○ 18/192/14
臣請北擊○ 18/192/14
有司請賞○ 18/192/16
以冬伐木而積○ 18/192/17
於春浮○河而鬻○ 18/192/17
（以）〔又〕伐林而積○ 18/192/18
負輓而浮○河 18/192/18
雖有三倍○入 18/192/19
將焉用○ 18/192/19
鼓○嗇夫 18/192/23
聞倫知○ 18/192/23
若使聞倫下○ 18/192/25
若賞○ 18/192/25
是使晉國○武舍仁而為佞 18/192/25
將何所用○ 18/192/26
鄭○賈人弦高、蹇他相與謀曰 18/192/29
數絶諸侯○地 18/193/1
以十二牛勞○ 18/193/2
今已知○矣 18/193/2
晉先軫舉兵擊○ 18/193/3
大破○殽 18/193/3
鄭伯乃以存國○功賞弦高 18/193/3
弦高辭○曰 18/193/4
則鄭國○信廢矣 18/193/4
聖人○思脩 18/193/8
愚人○思叕 18/193/8
忠臣者務崇君○德 18/193/10
（謟）〔諂〕臣者務廣君○地 18/193/10
楚莊王伐○ 18/193/11
寡人起九軍以討○ 18/193/12
〔人有〕牽牛〔而〕（蹊）〔徑〕〔於〕

人〇田〔中〕 18/193/13
田主殺其人而奪〇牛 18/193/14
罪則有〇 18/193/14
興兵而（攻）〔政〕〔〇〕 18/193/14
諸侯聞〇 18/193/15,18/193/16
乃罷陳〇戍 18/193/16
立陳〇後 18/193/16
此務崇君〇德者也 18/193/17
滅〇矣 18/193/18
韓、魏裂地而授〇 18/193/19
圍〇晉陽（二）〔三〕年 18/193/19
遂滅〇 18/193/20, 18/196/4,18/198/23
故千乘〇國 18/193/21
萬乘〇國 18/193/21
夫就人〇名者廢 18/193/24
仞人〇事者敗 18/193/24
然後憂〇 18/193/25
六驥追〇 18/193/25
是故忠臣〔〇〕事君也 18/193/26
受〇勿辭也 18/193/27
與〇勿喜也 18/193/27
則得無損墮〇勢 18/193/28
而无不勝〇任矣 18/193/28
伐范中行而克〇 18/194/1
又劫韓、魏〇君而割其地 18/194/1
韓、魏反〇 18/194/2
軍敗晉陽〇下 18/194/2
身死高梁〇東 18/194/2
此不知足〇禍也 18/194/2
或譽人而適足以敗〇 18/194/5
或毀人而乃反以成〇 18/194/5
晉〇所以霸者 18/194/6
而荊〇所以不能與〇爭者 18/194/6
楚王悅〇 18/194/8
命伍子奢傅〇 18/194/8
臣固聞〇 18/194/9
齊、晉又輔〇 18/194/10
以秦女〇事怨王 18/194/11
何謂毀人而反利〇 18/194/13
威王欲殺〇 18/194/13
孟嘗君聞〇 18/194/14
使人以車迎〇 18/194/14
而（豢）〔養〕以芻豢黍粱五味〇膳 18/194/14
孟嘗君問〇曰 18/194/15
子何為思〇 18/194/17
臣〇處於齊也 18/194/17
糲粢〇飯 18/194/18
自唐子〇短臣也 18/194/18
臣故思〇 18/194/19
此〔所〕謂毀人而反利〇者也 18/194/19
是故毀譽〇言 18/194/20
撫而止〇曰 18/194/24
又何去〇 18/194/24
此有節行〇人 18/194/25
解圍而去〇 18/194/25
必不能自免於（千）〔十〕步〇中矣 18/194/26
夫走者、人〇所以為疾也 18/194/28
步者、人〇所以為遲也 18/194/28
今（反乃）〔乃反〕以人〇所〔以〕為遲者、（反）為疾 18/195/1
有知徐〇為疾、遲〇為速者 18/195/1
使離珠、〔攫〕劚索〇 18/195/2
而弗能得〇也 18/195/2
而後能得〇 18/195/3
慮禍過〇 18/195/5
夫爝火在縹烟〇中也 18/195/8
一指〇所能息也 18/195/8
一（撲）〔墣〕〇所能塞也 18/195/8
及至火〇燔孟諸而炎雲（臺）〔夢〕 18/195/9
雖起三軍〇眾 18/195/9
若癰疽〇必潰也 18/195/12
此不知敬小〇所生也 18/195/15
而季氏為〇金距 18/195/18
季氏〇雞不勝 18/195/18
因侵郈氏〇宮而築〇 18/195/18
傷〇魯昭公曰 18/195/19
（禱）〔禘〕於襄公〇廟 18/195/19
季氏〇無道無上 18/195/20
季氏〇得眾 18/195/21
君胡得〇 18/195/21
使郈昭伯將卒以攻〇 18/195/22
遂興兵以救〇 18/195/23
故禍〇所從生者 18/195/23
陳氏（伐）〔代〕〇 18/195/26
故師〇所處 18/195/27
若火〇得燥 18/195/28
水〇得濕 18/195/28
人皆務於救患〇備 18/196/1
使〇（祖）〔袒〕而（補）〔捕〕魚 18/196/2
釐負羈止〇曰 18/196/3
皆霸王〇佐也 18/196/3
遇〇無禮 18/196/4
聽釐負羈〇言 18/196/5
患生而救〇 18/196/6
且患禍〇所由來者 18/196/8
小人不知禍福〇門戶 18/196/8
雖曲為〇備 18/196/9
夫牆〇壞也於隙 18/196/11
劍〇折必有齧 18/196/11
聖人見〇蚤 18/196/11
（投）〔援〕卮漿而沃〇 18/196/12
辭官去〇 18/196/13
伏郎尹而笞〇三百 18/196/14
〔太宰子朱〕〇見終始微矣 18/196/15
夫鴻鵠〇未孚於卵也 18/196/18
一指篾〇 18/196/18
及至其筋骨〇已就 18/196/18
而羽翮〇（所）〔既〕成也 18/196/18
翱翔乎忽荒〇上 18/196/19
析惕乎虹蜺〇間 18/196/20
蒲沮（〇子）〔子〇〕巧 18/196/20
江水〇始出於岷山也 18/196/21
是故聖人者、常從事於無形〇外 18/196/22
而不留思盡慮於成事〇內 18/196/22
以三子〇能 18/196/28
孔子知所施〇也 18/196/28
奪〇車馬 18/197/1
盜還反顧〇 18/197/1
盜遂問〇曰 18/197/2
世〇聖人也 18/197/4

還反殺○ 18/197/5
故天下貴○ 18/197/6
其所論未○究者也 18/197/7
事或為○ 18/197/10
適足以敗○ 18/197/10
或備○ 18/197/10
適足以致○ 18/197/10
中國內郡輓車而餉○ 18/197/12
又利越○犀角、象齒、翡翠、珠璣 18/197/12
一軍塞鐔城○嶺 18/197/13
一軍守九疑○塞 18/197/13
一軍處番禺○都 18/197/13
一軍守南野○界 18/197/14
一軍結餘干○水 18/197/14
乃發適戍以備○ 18/197/16
而不知築脩城○所以亡也 18/197/20
而不知難○從中發也 18/197/20
夫〔烏〕鵲先識歲○多風也 18/197/21
大人過○則探鷇 18/197/21
嬰兒過○則（恌）〔挑〕其卵 18/197/21
故秦○設備也 18/197/22
烏鵲○智也 18/197/22
或爭利而反強○ 18/197/24
或聽從而反止○ 18/197/24
史爭○ 18/197/24
夫史以爭為可以止○ 18/198/4
而不知不爭而反取○也 18/198/4
夫兒說○巧 18/198/5
非能閉結而盡解○也 18/198/5
至乎以弗解〔解〕○者 18/198/5
食農夫○稼 18/198/9
野人怒取馬而繫○ 18/198/9
〔使〕子貢往說○ 18/198/9
夫以人○所不能聽說人 18/198/10
予○罪也 18/198/11
非彼人○過也 18/198/11
乃使馬圉往說○ 18/198/11
吾馬○失 18/198/12
安得不食子○苗 18/198/12
解馬而與○ 18/198/12
鄙人聽○ 18/198/14
物○不通者 18/198/15
仁者、百姓○所慕也 18/198/17
義者、眾庶○所高也 18/198/17
為人○所慕 18/198/17
行人○所高 18/198/17
此嚴父○所以教子 18/198/17
而忠臣○所以事君也 18/198/18
然世或用○而身死國亡者 18/198/18
偃王、有道○君也 18/198/20
大○與小 18/198/21
強○與弱也 18/198/21
猶石○投（卯）〔卵〕 18/198/21
虎○啗豚 18/198/21
美人○所懷服也 18/198/23
及（慚）〔漸〕○於滫 18/198/23
今取帝王○道 18/198/24
而施○五霸○世 18/198/25
言時○不可以行也 18/198/27
唯有道者能行○ 18/199/1
暴亂○所致也 18/199/2
遭○時務異也 18/199/3
非其世而用○ 18/199/3
則為○擒矣 18/199/3
不知所施○也 18/199/7
何功名○可致也 18/199/11
知天○所為 18/199/13
知人○所行 18/199/13
猶有童子○色 18/199/15
殺而食○ 18/199/15
〔則〕堅強賊○ 18/199/17
則陰陽食○ 18/199/18
得道○士 18/199/18
故內有一定○操 18/199/19
趙宣孟活飢人於委桑○下 18/199/24
荊佽非犯（河）〔江〕中○難 18/199/24
〔故〕出而鬻○〔也〕 18/199/27
束帛以贖○ 18/199/28
罷武聞○ 18/199/28
〔於是〕迴車而避○ 18/200/2
勇武聞○ 18/200/3
故田子方隱一老馬而魏國（載）〔戴〕○ 18/200/3
齊莊公避一螳螂而勇武歸○ 18/200/3
文王葬死人○骸 18/200/4
而九夷歸（○） 18/200/4
左擁而右扇○ 18/200/5
故聖人行○於小 18/200/6
審○於近 18/200/7
孫叔敖決期思○水而灌雩婁○野 18/200/9
聖人○舉事 18/200/12
不能比○律 18/200/12
說者○論 18/200/13
夫車○所以能轉千里者 18/200/13
以其要在三寸○轄 18/200/14
吳王囚○ 18/200/15
欲流○於海（者） 18/200/15
魯君聞○ 18/200/15
撤鍾鼓○縣 18/200/16
吳王囚○而欲流○於海 18/200/17
孰〔意〕衛君○仁義而遭此難也 18/200/18
吾欲免○而不能 18/200/18
為〔○〕奈何 18/200/18
若欲免○ 18/200/18
授○將軍○（卯）〔印〕 18/200/19
在所由○道 18/200/20
太宰嚭甚悅○ 18/200/20
欲薦○於王 18/200/20
子焉知嚭○不能也 18/200/21
衛君○來也 18/200/22
衛國○半（日）〔曰〕 18/200/22
今子受衛君而囚○ 18/200/23
又欲流○於海 18/200/23
且衛君○來也 18/200/24
子○欲成霸王○業 18/200/25
復○於王 18/200/25
而衛君○禮不具者死 18/200/26
願公○適〔○也〕 18/201/2
百姓聞○必怨吾君 18/201/3
諸侯聞○必輕吾國 18/201/3
為大室以臨二先君○廟 18/201/4
公乃令罷役除版而去○ 18/201/5
魯君○欲為室誠矣 18/201/5
公宣子止○必矣 18/201/5
所以餌○者非其欲也 18/201/7
鈆○與丹 18/201/8
物類○相摩 18/201/11
故或類○而非 18/201/11
或不類○而是 18/201/11
虞氏、梁○大富人也 18/201/13

虞氏富樂〇日久矣 18/201/15
而常有輕易人〇志 18/201/15
吾不敢侵犯〔〇〕 18/201/15
此所謂類〇而非者也 18/201/18
其家无筦籥〇信、關楗〇固 18/201/21
而乃論〇 18/201/21
子發喟然有悽愴〇心 18/201/25
恩者逃〇於城下〇廬 18/201/27
吾怨〇憯於骨髓 18/201/28
使我得其肉而食〇 18/201/28
奉四時〇祭祀 18/202/1
而入春秋〇貢職 18/202/2
其離叛〇心遠矣 18/202/3
夫事〇所以難知者 18/202/4
而以勝惑人〇心者也 18/202/4
若使人〇所懷於內者 18/202/5
夫狐〇（捕）〔搏〕雉也 18/202/5
雉見而信〇 18/202/6
見必殺〇勢 18/202/7
夫人偽〇相欺也 18/202/7
非直禽獸〇詐計也 18/202/7
引〇不來 19/202/12
推〇不往 19/202/12
乃得道〇像 19/202/12
嘗試問〇矣 19/202/15
以五聖觀〇 19/202/15
采樹木〇實 19/202/16
食蠃蛖〇肉 19/202/16
時多（疾）〔疹〕病毒傷〇害 19/202/16
相土地〔〇〕宜 19/202/17
嘗百草〇滋味、水泉〇甘苦 19/202/18
脩彭蠡〇防 19/202/22
放〇歷山 19/202/25
此五聖者、天下〇盛主 19/202/25
挈一石〇尊則白汗交流 19/202/26
又況羸天下〇憂 19/202/26
而〔任〕海內〇事者乎 19/202/26
不恥身〇賤 19/202/27
而愧道〇不行 19/202/27
不憂命〇短 19/202/27
而憂百姓〇窮 19/202/27
是故禹（〇）為水 19/202/28
以身解於陽（眄）〔盱〕〇（河）〔阿〕 19/202/28
以身禱於桑（山〇）林〔〇際〕 19/202/29
且古〇立帝王者 19/203/1
故立天子以齊〔一〕〇 19/203/2
故立三公九卿以輔翼〇 19/203/3
僻遠幽間〇處 19/203/4
故立諸侯以教誨〇 19/203/4
若以布衣徒步〇人觀〇 19/203/5
欲事起天下〔〇〕利而除萬民〇害〔也〕 19/203/8
則聖人〇憂勞百姓〔亦〕甚矣 19/203/9
則鯀、禹〇功不立 19/203/13
而后稷〇智不用 19/203/13
（權）〔推〕自然〇勢 19/203/15
故謂〇有為 19/203/17
若夫水〇用舟 19/203/17
沙〇用（肆）〔鴃〕 19/203/17
泥〇用輴 19/203/17
山〇用蔂 19/203/18
此非吾所謂為〇 19/203/18
聖人〇從事也 19/203/20
墨子聞而悼〇 19/203/21
計必得宋而後攻〇乎 19/203/22
負天下以不義〇名 19/203/23
而不得咫尺〇地 19/203/23
猶且攻〇乎 19/203/23
〔則〕曷為攻〇 19/203/24
臣見大王〇必傷義而不得宋 19/203/25
公輸〔般〕、天下〇巧士〔也〕 19/203/25
作為雲梯〇械設以攻宋 19/203/25
臣請守〇 19/203/27
於是公輸般設攻宋〇械 19/203/27
墨子設守宋〇備 19/203/27
九攻而墨子九卻〇 19/203/27
魏文侯過其閭而軾〇 19/203/28
段干木、布衣〇士 19/203/29
懷君子〇道 19/204/1
子何以輕〇哉 19/204/3
其君禮〇 19/204/4
舉兵伐〇 19/204/5
汲水而趣〇 19/204/7
故秦、楚、燕、魏〇歌也 19/204/8
九夷八狄〇哭也 19/204/9
夫歌者、樂〇徵也 19/204/9
哭者、悲〇效也 19/204/9
故在所以感〔〇矣〕 19/204/10
夫聖人〇心 19/204/10
其澤〇所及者 19/204/10
若魚〇躍 19/204/13
若鵲〇駮 19/204/13
猶人〔〇為人〕 19/204/14
馬〇為馬 19/204/14
以此論〇 19/204/15
夫馬〇為草駒〇時 19/204/15
及至圉人擾〇 19/204/16
良御教〇 19/204/16
故其形〇為馬 19/204/17
教〇所為也 19/204/18
此教訓〇所（俞）〔喻〕〔也〕 19/204/24
而芳澤〇〔所〕施 19/204/25
而先王〇道不廢 19/204/26
其行〇者多也 19/204/26
今以為學者〇有過而非學者 19/204/26
則是以一（飽）〔餔〕〇故 19/204/27
以一蹪〇難 19/204/27
駑馬雖（兩）〔冊〕錣〇不能進 19/205/1
今不稱九天〇頂 19/205/4
則言黃泉〇底 19/205/4
是兩（未）〔末〕〇端（義）〔議〕 19/205/4
江河〇回曲 19/205/8
而人謂〇駤 19/205/10
而人謂〇訬 19/205/10
以多者名〇 19/205/10
今無五聖〇天奉 19/205/14
四俊〇才難 19/205/15
夫純鈞、魚腸（劍）〇始下型 19/205/17
及加〇砥礪 19/205/17
明鏡〇始下型 19/205/18
夫學、亦人〇砥錫也 19/205/19
所以論〇過 19/205/19
知者〇所短 19/205/22
不若愚者〇所脩 19/205/22
賢者〇所不足 19/205/22

不若眾人○〔所〕有餘 19/205/22
堯、舜○聖不能及 19/205/23
蔡○幼女 19/205/23
衛○稚質 19/205/24
禹、湯○智不能逮 19/205/24
（天）〔夫〕天○所覆 19/205/26
包於六合○內 19/205/26
託於宇宙○間 19/205/26
陰陽○所生 19/205/26
血氣○精 19/206/1
蚑行蟯動○蟲 19/206/1
各有其自然○勢 19/206/3
此亦鳥獸○所以知求合於其所利 19/206/6
今使人生於辟陋○國 19/206/6
長於窮櫚漏室○下 19/206/6
皆有神明○道 19/206/11
聖智○迹 19/206/11
非能一人而獨兼有○ 19/206/11
而知不足以奄○ 19/206/12
無六子○賢 19/206/13
當世○人 19/206/13
無一人○才 19/206/13
而知（其）六賢○道者何 19/206/13
雖有離朱○明 19/206/17
攫掇○捷 19/206/17
服習積貫○所致 19/206/18
隱栝○力 19/206/20
唐碧堅忍○類 19/206/20
覽物○博 19/206/23
通物○壅 19/206/23
觀始卒○端 19/206/23
見無外○境 19/206/23
以逍遙〔乎無方○內〕 19/206/24
彷徉於塵埃○外 19/206/24
此聖人○所以（詩）〔游〕心〔也〕 19/206/24
（若此）〔然〕而〔晚世○人〕不能閑居靜思 19/206/25
究事○情 19/207/1
人才○所能逮〔也〕 19/207/2
多（不）暇日○故 19/207/3
夫瘠地○（吳）〔民〕多有心者 19/207/3
沃地○民多不才者 19/207/4
天下未○有也 19/207/5
南榮疇恥聖道○獨亡於己 19/207/9
莫囂大心撫其御○手曰 19/207/13
不過一卒○才 19/207/15
屬○子虎 19/207/20
擊吳濁水○上 19/207/21
果（不）〔大〕破○ 19/207/21
此功○可彊成者也 19/207/21
夫七尺○形 19/207/24
膚○知痛疾寒暑 19/207/24
聖人知時○難得 19/207/24
務○可趣也 19/207/24
蓋聞子發○戰 19/207/25
以言人○有所務也 19/208/2
世俗○人 19/208/5
故為道者必託○于神農、黃帝而後能入說 19/208/5
因而貴○ 19/208/6
相與危坐而稱○ 19/208/6
正領而誦○ 19/208/6
此見是非○分不明 19/208/7
以年○少 19/208/11
何道○能明也 19/208/12
惠王說○ 19/208/12
惠王因藏怒而待○ 19/208/13
非絃○罪 19/208/14
非味○過 19/208/15
〔鄰人〕以為狗羹也而甘○ 19/208/15
據地而吐○ 19/208/15
託○李奇 19/208/16
諸人皆爭學○ 19/208/16
以為寶而藏○ 19/208/17
因而棄○ 19/208/18
則所從來者遠而貴○耳 19/208/19
此和氏○所以泣血於荊山○下 19/208/19
而稱以頃襄○劍 19/208/21
則貴（○）〔人〕爭帶○ 19/208/21
而稱以楚莊○琴 19/208/22
側室爭鼓○ 19/208/22
苗山○（鋌）〔鋋〕 19/208/22
羊頭○銷 19/208/22
莫○服帶 19/208/23
山桐○琴 19/208/23
澗梓○腹 19/208/23
〔莫○鼓也〕 19/208/24
若白黑○於目辨 19/208/27
清濁○於耳聽 19/208/27
中无主以受○ 19/208/27
譬若遺腹子○上隴 19/208/27
以禮哭泣○ 19/208/28
故夫攣子○相似者 19/209/1
唯其母能知○ 19/209/1
玉石○相類者 19/209/1
唯良工能識○ 19/209/1
書傳○微者 19/209/1
唯聖人能論○ 19/209/2
名○孔、墨 19/209/2
非必西施○種 19/209/2
不必孔、墨○類 19/209/3
誠得清明○士 19/209/4
（櫖）〔攄〕書明指以示○ 19/209/5
必知鐘○不調〔也〕 19/209/9
故師曠○欲善調鍾也 19/209/9
以為後○（有）知音者也 19/209/9
彼獨有聖知○實 19/209/10
我曾无有閭里（氣）〔○〕聞、窮巷○知者何 19/209/10
天下○美人 19/209/13
若使（人）〔○〕銜腐鼠 19/209/13
則布衣韋帶○人 19/209/14
嘗試使○施芳澤 19/209/14
有嚴志頡頏○行者 19/209/16
今以中人○才 19/209/17
蒙愚惑○智 19/209/17
被污辱○行 19/209/17
焉得无有睥（面）〔睨〕掩鼻○容哉 19/209/18
（且）〔則〕夫觀者莫不為○損心酸足 19/209/23
是故生木○長 19/209/24
藜（藿）〔藋〕○生 19/209/25
楩（柵）〔柟〕豫章○生也 19/209/26
日以暴○ 20/210/3
夜以息○ 20/210/3
風以乾○ 20/210/3

雨露以濡○	20/210/3
此○謂神明	20/210/4
聖人象○	20/210/4
（延）〔近〕○則疎	20/210/6
稽○弗得	20/210/6
察○不虛	20/210/6
夫濕○至也	20/210/8
風○至也	20/210/8
日○行也	20/210/8
草木為○靡	20/210/9
故天○且風	20/210/10
以陰陽○氣相動也	20/210/10
其子和○	20/210/12
若春雨○灌萬物也	20/210/15
天○與人有以相通也	20/210/21
故神明○事	20/210/23
此○謂大巧	20/210/25
亂○楁（華）〔葉〕○中而不可知也	20/210/27
列子〔聞○〕曰	20/210/28
則萬物○有葉者寡矣	20/210/28
夫天地○施化也	20/210/29
嘔○而生	20/210/29
吹○而落	20/210/29
至大、非度○所能及也	20/211/1
至眾、非數○所能領也	20/211/1
神○聽○	20/211/5
夫鬼神視○无形	20/211/5
聽○无聲	20/211/5
神○格思	20/211/6
牛馬○氣蒸生蟣蝨	20/211/14
蟣蝨○氣蒸不能生牛馬	20/211/15
豈節（柎）〔拊〕而毛（脩）〔循〕○哉	20/211/20
四海○內莫不仰上○德	20/211/24
象主○指	20/211/24
夷狄○國重譯而至	20/211/24
非戶辨而家說○也	20/211/24
施○天下而已矣	20/211/25
非令○所能召也	20/211/27
秦穆公為野人食駿馬肉○傷也	20/211/27
飲○美酒	20/211/27
韓○戰	20/211/27
非（劵）〔券〕○所〔能〕責也	20/211/28
見夜漁者得小即釋○	20/212/1
非刑○所能禁也	20/212/1
非法○所能致也	20/212/2
夫矢○所以射遠貫（牢）〔堅〕者	20/212/2
必自精氣所以與○施道	20/212/4
而萬物生○	20/212/7
聖人○治天下	20/212/7
（柎）〔拊〕循其所有而滌蕩○	20/212/8
東注○海	20/212/9
因水○流也	20/212/9
因地○勢也	20/212/10
因民○欲也	20/212/10
金○勢不可斲	20/212/12
而木○性不可鑠也	20/212/12
民有好色○性	20/212/14
故有大婚○禮	20/212/14
有飲食○性	20/212/14
故有大饗○誼	20/212/14
有喜樂○性	20/212/14
故有鍾鼓筦絃○音	20/212/14
有悲哀○性	20/212/15
故有衰絰哭踊○節	20/212/15
故先王○制法也	20/212/15
因民○所好	20/212/15
而為○節文者也	20/212/15
因其好色而制婚姻○禮	20/212/16
因其喜音而正《雅》、《頌》○聲	20/212/16
教○以順	20/212/17
因其喜朋友而教○以悌	20/212/17
此皆人○所有於性	20/212/19
而聖人○所匠成也	20/212/19
繭○性為絲	20/212/21
卵○化為雛	20/212/22
人○性有仁義○資	20/212/23
非〔得〕聖王為○法度而教導○	20/212/23
故先王○教也	20/212/24
五帝三王○蒞政施教	20/212/27
乃立明堂○朝	20/212/28
行明堂○令	20/212/28
以調陰陽○氣	20/212/28
而和四時○節	20/212/28
以辟疾（病）〔疹〕○菑	20/212/28
察陵陸水澤肥墽高下○宜	20/213/1
以除飢寒○患	20/213/1
行仁義○道	20/213/2
以治人倫而除暴亂○禍	20/213/2
乃澄列金（木水）〔水木〕火土○性	20/213/2
（故）〔以〕立父子○親而成家	20/213/3
別（清濁）五音〔清濁〕六律相生○數	20/213/3
以立君臣○義而成國	20/213/4
察四時季孟○序	20/213/4
以立長幼○禮而成官	20/213/4
此○謂參	20/213/4
制君臣○義	20/213/5
夫婦○辨	20/213/5
朋友○際	20/213/5
此○謂五	20/213/5
乃裂地而州○	20/213/5
分職而治○	20/213/6
築城而居○	20/213/6
割宅而異○	20/213/6
分財而衣食○	20/213/6
立大學而教誨○	20/213/6
夙興夜寐而勞力○	20/213/6
此治○紀綱已	20/213/7
乃求所屬天下○統	20/213/8
四岳舉舜而薦○堯	20/213/8
贈以昭華○玉	20/213/10
神農○初作琴也	20/213/12
夔○初作樂也	20/213/14
蒼頡○初作書	20/213/15
湯○初作囿也	20/213/17
以奉宗廟鮮犞○具	20/213/17
〔以〕罷民（○）力	20/213/18
堯○舉禹、契、后稷、皋陶	20/213/18
（故《易》○失也卦）	20/213/21
（《書》○失也敷）	20/213/21
（樂○失也淫）	20/213/21
（《詩》○失也辟）	20/213/21
（禮○失也責）	20/213/22
（《春秋》○失也刺）	20/213/22
天地○道	20/213/22
以調天地○氣	20/213/24
順萬物○宜也	20/213/25
《詩》○風也	20/214/4

《書》○教也	20/214/4
《易》○義也	20/214/4
禮○為也	20/214/5
樂○化也	20/214/5
《春秋》○靡也	20/214/5
故《易》○失鬼	20/214/5
《樂》○失淫	20/214/6
《詩》○失愚	20/214/6
《書》○失拘	20/214/6
禮○失忮	20/214/6
《春秋》○失訾	20/214/6
聖人兼用而財制○	20/214/7
而君子美○	20/214/10
為其雌雄○不（乖）〔乘〕居也	20/214/10
〔而〕君子大○	20/214/11
泓○戰	20/214/11
而《春秋》大○	20/214/12
〔而〕《春秋》大○	20/214/12
王喬、赤松去塵埃○間	20/214/15
離群慝○紛	20/214/15
（及）〔吸〕陰陽○和	20/214/15
食天地○精	20/214/15
而食○以示威	20/214/19
聖人兼用而財使○	20/214/26
寸而度○	20/215/5
銖而稱○	20/215/6
眾易○	20/215/9
神○所依者	20/215/17
尸不越樽俎而代○	20/215/18
彈五絃○琴	20/215/19
歌《南風》○詩	20/215/19
故法者、治○具也	20/215/22
（而）〔亦〕猶弓矢、中○具〔也〕	20/215/22
因天○威	20/215/25
故人主有伐國○志	20/215/26
非法○應也	20/215/27
精氣○動也	20/215/27
是以精誠感○者也	20/216/1
是以外皃為○者也	20/216/2
故有道以統○	20/216/2
无道以行○	20/216/3
養性○本也	20/216/6
養生○末也	20/216/6
此治○（上）〔本〕也	20/216/7
此治○（未）〔末〕也	20/216/8
此太平○所以不起也	20/216/9
夫欲治○主不世出	20/216/9
而可與興治○臣不萬一	20/216/9
水○性	20/216/12
窮谷○污	20/216/12
掘其所流而深○	20/216/12
茨其所決而高○	20/216/12
通○與不通也	20/216/14
知疾○所從生也	20/216/17
貴其知亂○所由起也	20/216/18
而縱○淫辟	20/216/19
乃隨○以刑	20/216/19
繩○（法）〔以〕法	20/216/19
三代○法不亡、而世不治者	20/216/23
无三代○智也	20/216/23
无師曠○耳也	20/216/23
故國○所以存者	20/216/24
宮○奇存焉	20/216/25
為○寢不安席	20/216/26
宮○奇諫而不聽	20/216/26
荀息伐○	20/216/27
得賢○與失〔賢也〕	20/216/28
言无聖人以統理○也	20/217/2
而不能使人為孔、曾○行	20/217/6
而不能使人為伯夷○廉	20/217/6
教○所（以）成也	20/217/7
化○所致也	20/217/8
然越〔人〕為○	20/217/9
明好（惡）〔憎〕以示（○）〔人〕	20/217/9
經誹譽以（尊）〔導〕○	20/217/10
親賢而進○	20/217/10
賤不肖而退○	20/217/10
无被創流血○苦	20/217/10
而有高世尊顯○名	20/217/11
故舉天下○高以為三公	20/217/14
一國○高以為九卿	20/217/14
一縣○高以為二十七大夫	20/217/14
一鄉○高以為八十一元士	20/217/14
故知過萬人者謂○英	20/217/15
千人者謂○俊	20/217/15
百人者謂○豪	20/217/15
十人者謂○傑	20/217/15
人○英也	20/217/17
人○俊也	20/217/18
人○豪也	20/217/19
人○傑也	20/217/20
各以小大○材處其位	20/217/20
若風○搖草木	20/217/22
无○而不靡	20/217/22
夫聖人○屈者	20/218/1
故雖出邪辟○道	20/218/1
行幽昧○塗	20/218/1
猶出林○中不得直道	20/218/2
（極）〔拯〕溺○人不得不濡足也	20/218/2
伊尹憂天下○不治	20/218/3
周公誅○以定天下	20/218/4
管子憂周室○卑	20/218/5
諸侯○力征	20/218/5
將欲以憂夷狄○患	20/218/6
（乎）〔平〕夷狄○亂也	20/218/6
猶○為仁也	20/218/10
猶○為知也	20/218/11
當今○世	20/218/11
曰「伊尹○道也」	20/218/12
曰「周公○義也」	20/218/13
曰「管子○趨也」	20/218/13
曰「孔子○術也」	20/218/14
李克竭股肱○力	20/218/17
約从衡○事	20/218/18
為傾覆○謀	20/218/18
故君子○過也	20/218/20
猶日月○蝕〔也〕	20/218/20
小人○可也	20/218/20
猶狗○晝吠	20/218/20
鴟○夜見〔也〕	20/218/20
擇善而為○	20/218/23
計義而行○	20/218/23
必以仁義為○本	20/218/24
聖人一以仁義為○準繩	20/218/25
中○者謂○君子	20/218/25
弗中者謂○小人	20/218/25
使人左據天下○圖而右刎喉	20/218/26
死君親○難	20/218/27
比○身則小	20/218/27
比○義則輕	20/218/28

（欲）〔能〕成霸王○業者 20/219/1
故心者、身○本也 20/219/2
身者、國○本也 20/219/3
故為治○本 20/219/3
寧民○本 20/219/4
節（用）〔欲〕○本 20/219/5
故知性○情者 20/219/8
不務性○所无以為 20/219/8
知命○情者 20/219/8
不憂命○所无奈何 20/219/8
直行性命○情 20/219/9
言運天下○力 20/219/13
而得天下○心〔也〕 20/219/13
紂○地 20/219/14
右執白旄以麾○ 20/219/16
紂有南面○名 20/219/16
而无一人○（德）〔譽〕 20/219/16
（○）地方不過百里 20/219/17
而誓紂牧○野 20/219/18
百姓歌謳而樂○ 20/219/19
諸侯執禽而朝○ 20/219/20
燒高府○粟 20/219/22
破九龍○鍾 20/219/22
鞭荊平（王）○墓 20/219/22
舍昭王○宮 20/219/22
百姓父兄攜幼扶老而隨○ 20/219/23
乃相率（而為致勇）〔為勇而致〕○寇 20/219/23
皆方面奮臂而為○鬬 20/219/23
无將（卒）〔率〕以行列○ 20/219/24
靈王作章華○臺 20/219/25
發乾谿○役 20/219/25
棄疾乘民○怨而立公子比 20/219/25
百姓放臂而去○ 20/219/26
昭王則相率而殉○ 20/219/27
靈王則倍畔而去○ 20/219/27
得民○與失民也 20/219/27
周○衰也 20/220/1
故得道則以百里○地令於諸侯 20/220/2
失道則以天下○大畏於冀州 20/220/2
行可奪○道 20/220/3
而非篡弒○行 20/220/3
凡人○所以生者 20/220/5
今囚○冥室○中 20/220/5
雖養○以芻豢、衣○以綺繡 20/220/5
以目○无見 20/220/6
耳○无聞 20/220/6
則快然而（嘆）〔笑〕（○） 20/220/6
故有瘖聾○病者 20/220/12
心志亦有○ 20/220/13
夫指○拘也 20/220/13
心○塞也 20/220/14
夫觀六藝○廣崇 20/220/14
窮道德○淵深 20/220/14
天地○閒无所（繫）〔擊〕戾 20/220/16
人○所知者淺 20/220/18
曩不知而今知○ 20/220/18
問學○所加也 20/220/18
夫物常見則識○ 20/220/18
嘗為則能○ 20/220/19
夫以一（出）〔世〕○壽 20/220/19
而觀千歲○知 20/220/20
今古○論 20/220/20
教○用管準則說 20/220/22
予○〔以〕權衡則喜 20/220/22
教○以金目則（射）快 20/220/23
豈直一說○快哉 20/220/24
人教○以儀則喜矣 20/220/26
人莫不知學○有益於己也 20/220/28
嬉戲害（人）〔○〕也 20/220/28
以鑿觀池○力耕 20/220/29
以積土山○高脩隄防 20/220/29
以食狗馬鴻鴈○費養士 20/221/1
以弋獵博弈○日誦《詩》讀《書》 20/221/1
故不學○與學也 20/221/2
猶瘖聾○比於人也 20/221/2
凡學者能明於天（下）〔人〕○分 20/221/4
通於治亂○本 20/221/4
澄心清意以存○ 20/221/4
天○所為 20/221/5
人○所為 20/221/5
治○所以為本者、仁義也 20/221/6
凡人○所以事生者、本也 20/221/6
其兩愛○、（一）性也 20/221/7
先本後末謂○君子 20/221/7
以末害本謂○小人 20/221/7
君子與小人○性非異也 20/221/8
禽獸○性 20/221/9
天地○性（也天地○生）物也有本末 20/221/10
人○於治也 20/221/11
故仁義者、治○本也 20/221/11
且法○生也 20/221/14
國主○有民也 20/221/17
猶城○有基 20/221/17
木○有根 20/221/17
五帝三王○道 20/221/20
天下○綱紀 20/221/20
治○儀表也 20/221/20
今商鞅○啓塞 20/221/20
申子○三符 20/221/20
韓非○孤憤 20/221/20
張儀、蘇秦○從衡 20/221/21
皆掇取○權 20/221/21
一切○術也 20/221/21
非治○大本 20/221/21
事○恒常 20/221/21
今夫《雅》、《頌》○聲 20/221/22
故《韶》、《夏》○樂也 20/221/23
今取怨思○聲 20/221/24
施○於絃管 20/221/24
淫則亂男女○辯 20/221/25
悲則感怨思○氣 20/221/25
作為《山（水）〔木〕》○嘔 20/221/25
而歌於易水○上 20/221/26
豈古○所謂樂哉 20/221/27
大羹○和 20/221/28
故五子○言 20/222/2
非天下○通義也 20/222/2
聖王○設政施教也 20/222/4
故舜深藏黃金於嶄嵒○山 20/222/6

所以塞貪鄙〇心也 20/222/7
禹飲而甘〇 20/222/7
所以遏流湎〇行也 20/222/7
師延為平公鼓朝歌北鄙〇音 20/222/8
此亡國〇樂也 20/222/8
大息（而）撫〔而止〕〇 20/222/8
所以防淫辟〇風也 20/222/9
商鞅為秦立相坐〇法 20/222/18
吳起為楚〔張〕減爵（祿）〇令 20/222/18
商鞅〇立法也 20/222/19
吳起〇用兵也 20/222/19
天下〇善者也 20/222/19
察於刀筆〇跡 20/222/19
而不知治亂〇本也 20/222/20
習於行陳〇事 20/222/20
而不知廟戰〇權也 20/222/20
晉獻公〇伐驪 20/222/20
然而史蘇嘆〇 20/222/21
見其四世〇被禍也 20/222/21
而子胥憂〇 20/222/22
而鮑叔、咎犯隨而輔〇 20/222/23
知禍〇為福也 20/222/24
畏福〇為禍也 20/222/24
故齊桓公亡汶陽〇田而霸 20/222/24
知伯兼三晉〇地而亡 20/222/25
聖人見（禍）福於重閉〇內 20/222/25
而慮患於九拂〇外者也 20/222/25
然而王法禁〇者 20/222/28
而農夫耨〇 20/223/1
〔為其〕傷和睦〇心 20/223/4
而構仇讎〇怨〔也〕 20/223/4
故仁知、人材〇美者也 20/223/11
則无悖謬〇事矣 20/223/13
則无暴虐〇行矣 20/223/13
上无煩亂〇治 20/223/13
下无怨望〇心 20/223/13
此三代〇所〔以〕昌〔也〕 20/223/14
黎民懷〇 20/223/14
知伯有五過人〇材 20/223/15
齊王建有三過人〇巧 20/223/15
上考〇天 21/223/21
下揆〇地 21/223/21
雖未能抽引玄妙〇中（才）〔哉〕 21/223/21
則為人〇惽惽然弗能知也 21/223/23
故多為〇辭 21/223/23
博為〇說 21/223/23
又恐人〇離本就末也 21/223/23
象太一〇容 21/224/1
測窈冥〇深 21/224/1
以翔虛无〇軫 21/224/1
使人知先後〇禍福 21/224/2
動靜〇利害 21/224/2
而與〇終身 21/224/4
窮逐終始〇化 21/224/7
嬴埒有無〇精 21/224/7
離別萬物〇變 21/224/7
合同死生〇形 21/224/7
審仁義〇間 21/224/8
通同異〇理 21/224/8
觀至德〇統 21/224/8
知變化〇紀 21/224/8
說符玄妙〇中 21/224/8
通（迵）〔迵〕造化〇母也 21/224/8
所以和陰陽〇氣 21/224/11
理日月〇光 21/224/11
節開塞〇時 21/224/11
列星辰〇行 21/224/11
知逆順〇變 21/224/11
避忌諱〇殃 21/224/12
順時運〇應 21/224/12
法五神〇常 21/224/12
所以窮南北〇（脩）〔長〕 21/224/14
極東西〇廣 21/224/14
經山陵〇形 21/224/14
區川谷〇居 21/224/14
明萬物〇主 21/224/15
知生類〇眾 21/224/15
列山淵〇數 21/224/15
規遠近〇路 21/224/15
所以言至精〇通九天也 21/224/22
至微〇淪無形也 21/224/22
純粹〇入至清也 21/224/22
昭昭〇通冥冥也 21/224/22
物〇可以喻意象形者 21/224/23
引人〇意 21/224/24
繫〇無極 21/224/24
乃以明物類〇感 21/224/24
同氣〇應 21/224/24
陰陽〇合 21/224/25
形埒〇朕 21/224/25
所以原本人〇所由生 21/224/27
審死生〇分 21/224/28
別同異〇跡 21/224/28
節動靜〇機 21/225/1
以反其性命〇宗 21/225/1
而堅守虛无〇宅者也 21/225/2
所以明大聖〇德 21/225/4
通維初〇道 21/225/4
埒略衰世古今〇變 21/225/4
以褒先聖〇隆盛 21/225/4
而貶末世〇曲政也 21/225/5
所以使人黜耳目〇聰明 21/225/5
靜精神〇感動 21/225/5
樽流遁〇觀 21/225/5
節養性〇和 21/225/5
分帝王〇操 21/225/6
列小大〇差考也 21/225/6
君人〇事也 21/225/8
考〇參伍 21/225/9
此主術〇明也 21/225/10
破碎道德〇論 21/225/13
差次仁義〇分 21/225/13
略雜人間〇事 21/225/13
揔同乎神明〇德 21/225/13
所以一群生〇短脩 21/225/16
同九夷〇風（氣）〔采〕 21/225/16
通古今〇論 21/225/16,21/228/28
貫萬物〇理 21/225/16
財制禮義〇宜 21/225/17
擘畫人事〇終始者也 21/225/17
攬掇遂事〇蹤 21/225/19
追觀往古〇跡 21/225/19
察禍福利害〇反 21/225/19
考驗乎老、莊〇術 21/225/19
而以合得失〇勢者也 21/225/20
所以箴縷縩緻〇間 21/225/22
纖楔唲齵〇郄也 21/225/22
而兆見得失〇變、利病〇（文）〔反〕 21/225/22
兼稽時世〇變 21/225/24

所以譬類人事○指	21/225/26
解喻治亂○體也	21/225/26
差擇微言○眇	21/225/26
詮以至理○文	21/225/26
而補縫過失○闕者也	21/225/27
所以明戰勝攻取○數	21/225/29
形機○勢	21/225/29
詐譎○變	21/225/29
體因循○道	21/225/29
操持後○論也	21/225/29
所以知戰陣分爭○非道不行也	21/225/30
知攻取堅守○非德不強也	21/225/30
所以竅窕穿鑿百事○壅遏	21/226/1
而通行貫扃萬物○窒塞者也	21/226/1
以領理人○意	21/226/2
所以覩禍福○變	21/226/5
察利害○反	21/226/5
鑽脈得失○跡	21/226/5
標舉終始○壇也	21/226/5
分別百事○微	21/226/5
敷陳存亡○機	21/226/6
使人知禍○為福	21/226/6
亡○為得	21/226/6
成○為敗	21/226/6
利○為害也	21/226/6
則有以傾側偃仰世俗○間	21/226/7
所以為人○於道未淹	21/226/9
反○以清淨為常	21/226/9
故為○浮稱流說其所以能聽	21/226/12
經古今○道	21/226/15
治倫理○序	21/226/15
揔萬方○指	21/226/16
而歸○一本	21/226/16
以館清平○靈	21/226/16
澄澈神明○精	21/226/17
序四時（○）	21/226/18
綏○斯寧	21/226/18
推○斯行	21/226/18
治○大本	21/226/21
此《鴻烈》○《泰族》也	21/226/21
庶後世使知舉錯取捨○宜適	21/226/23
言至精而不原人○神氣	21/226/25
則不知養生○機	21/226/26
原人情而不言大聖○德	21/226/26
則不知五行○差	21/226/26
則不知小大○衰	21/226/27
則不知動靜○宜	21/226/27
則不知道德○應	21/226/28
則不足以窮道德○意	21/226/31
則天地○理究矣	21/227/1
人間○事接矣	21/227/1
帝王○道備矣	21/227/1
今學者无聖人○才	21/227/3
則終身顛頓乎混溟○中	21/227/3
而不知覺寤乎昭明○術矣	21/227/3
今《易》○《乾》、《坤》足以窮道通意也	21/227/6
然而伏戲為○六十四變	21/227/6
所以原測淑清○道	21/227/7
而捃逐萬物○祖也	21/227/7
夫五音○數	21/227/7
然而五絃○琴不可鼓也	21/227/8
今謂○道則多	21/227/9
謂○物則少	21/227/9
謂○術則博	21/227/10
謂○事則淺	21/227/10
推○以論	21/227/10
固欲致○不言而已也	21/227/10
故多為○辭以（杼）〔抒〕其情	21/227/13
故博為○說以通其意	21/227/13
使○无凝竭底滯	21/227/14
夫江、河○腐胔不可勝數	21/227/15
誠通乎二十篇○論	21/227/16
其於逍遙一世○間	21/227/17
宰匠萬物○形	21/227/17
文王○時	21/227/20
作為炮格○刑	21/227/20
天下同心而苦○	21/227/21
處（歧）〔岐〕周○間	21/227/21
天下二垂歸○	21/227/22
故太公○謀生焉	21/227/23
文王業○而不卒	21/227/25
武王繼文王○業	21/227/25
用太公○謀	21/227/25
以踐天子○位	21/227/26
武王欲昭文王○令德	21/227/26
故治三年○喪	21/227/27
殯文王於兩楹○間	21/227/27
成王在褓繈○中	21/227/28
周公繼文王○業	21/227/28
持天子○政	21/227/29
懼爭道○不塞	21/227/29
臣下○危上也	21/227/29
孔子脩成康○道	21/228/1
述周公○訓	21/228/1
故儒者○學生焉	21/228/2
墨子學儒者○業	21/228/4
受孔子○術	21/228/4
齊桓公○時	21/228/9
中國○不絕如綫	21/228/9
齊國○地	21/228/9
桓公憂中國○患	21/228/10
苦夷狄○亂	21/228/10
崇天子○位	21/228/11
廣文、武○業	21/228/11
故《管子》○書生焉	21/228/11
作為路寢○臺	21/228/13
撞○庭下	21/228/13
故晏子○諫生焉	21/228/14
申子者、韓昭釐○佐	21/228/20
而介於大國○間	21/228/20
晉國○故禮未滅	21/228/20
韓國○新法重出	21/228/21
先君○令未收	21/228/21
後君○（今）〔令〕又下	21/228/21
故刑名○書生焉	21/228/22
秦國○俗	21/228/24
孝公欲以虎狼○勢而吞諸侯	21/228/25
故商鞅○法生焉	21/228/26
若劉氏○書	21/228/28
觀天地○象	21/228/28
原道〔德〕○心	21/228/28
合三王○風	21/228/29
玄眇○中	21/228/29
非循一跡○路	21/228/30
守一隅○指	21/228/30
故置○尋常而不塞	21/228/31

（市）〔布〕○天下而不窕 21/228/31

卮 zhī 4

謂之宥○ 12/119/14
而江、河不能實漏○ 13/130/6
（投）〔援〕○漿而沃之 18/196/12
盲者得鏡則以蓋○ 18/199/6

芝 zhī 5

膏夏紫○與蕭艾俱死 2/18/7
紫○生於山 16.30/157/4
蘭（○）〔芷〕以芳 17.54/172/8
蘭（○）〔芷〕欲脩而秋風敗之 17.126/177/10
雜（○）〔芷〕若 19/209/15

枝 zhī 33

根莖○葉 2/10/21
連千○萬葉 2/11/28
今夫萬物之疏躍○舉 2/13/12
○解葉貫 2/15/12
三桑、無○在其西 4/37/7
猨狖顛蹶而失木○ 6/51/27
隳○體 6/54/10
千○萬葉莫得不隨也 7/55/5
喬○菱阿 8/61/20
故○不得大於榦 9/77/18
千○萬葉則莫得弗從也 10/84/10
臣、○葉也 10/89/18
根本不美、○葉茂者 10/89/18
交拱之木無把之○ 10/92/24
本傷則○枯 10/92/25
峻木尋○ 11/94/23
勢有所（○）〔支〕也 11/95/27
○於手 11/98/19
○葉美者害根（莖）〔荄〕 14/138/20
釋其根而樹其○也 15/145/8
○格之屬 17.104/175/21
檀根非椅○ 17.155/179/12
食其實者不折其○ 17.192/182/1
譬若懸千鈞之重於木之一○ 17.205/182/29
過社而搖其○ 17.238/185/5
去高木而巢扶○ 18/197/21
燕○拘 19/209/22
故一動其本而百○皆應 20/210/15
大木茂○ 20/211/11
巢○穴藏 20/211/13
四○節族 20/211/20
灌其本而○葉美 20/221/10
是釋其根而灌其○也 20/221/12

肢 zhī 6

孔竅○體 3/29/18
人亦有四○ 3/29/19
人亦有十二○ 3/29/20
心之於九竅四○也 9/79/22
心誠則○體親（刃）〔[illegible]〕 15/147/23
心疑則○體撓北 15/147/24

知 zhī 697

莫之○德 1/1/20
而○八紘九野之形埒者 1/2/10
○之動也 1/2/15
○與物接 1/2/15
而○誘於外 1/2/15
禹○天下之叛也 1/3/2
在身者不○ 1/3/4
而獨○守其根 1/4/25
而獨○守其門 1/4/25
以○禍福之鄉 1/5/5
何以○其然也 1/5/10, 1/9/23, 13/130/20, 18/186/18, 18/194/5, 18/194/22, 18/197/10, 18/197/24
先者難為○ 1/5/11
而賢○者弗能避也 1/5/15
吾是以○無為之有益 1/6/10
以○慮為治者 1/7/1
○大己而小天下 1/7/17
雖愚者（和）〔○〕說之 1/8/6
雖不肖者○慕之 1/8/7
皆○其所喜憎利害者 1/9/20
而○能別同異、明是非者 1/9/22
足蹪趎埳、頭抵植木而不自○也 1/9/23
寐者不○ 2/11/1
不○其夢也 2/11/6
覺而後○其夢也 2/11/6
然後○今此之為大夢也 2/11/6
焉○生之樂也 2/11/7
又焉○死之不樂也 2/11/7
不○其嘗為人也 2/11/9
不○其且為虎也 2/11/9
孰○其所萌 2/11/10
孰暇○其所苦樂乎 2/11/13
不○東西 2/11/19, 11/96/1
然後○松柏之茂也 2/12/1
然後○聖人之不失道也 2/12/2
其○〔之〕也乃不○ 2/14/2
其不○也而後能○之也 2/14/3
是故有真人然後有真○ 2/14/4
庸（愚）詎○吾所謂○之非不○歟 2/14/4
使（○）之訢訢然 2/14/7
不○耳目之（宣）〔宜〕 2/14/20
是故雖有羿之○而無所用之 2/15/9
而○乃始昧昧（晽晽）〔楙楙〕 2/15/10
各欲行其○偽 2/15/18
弊其玄光而求○之于耳目 2/16/13
○者不能動也 2/16/28
心志○憂樂 2/17/13
蚑蝱噆膚而（○）〔性〕不能平 2/17/14
勇力聖○與罷怯不肖者同命 2/18/6
欲○天道 3/27/29, 10/92/19
雄以音○雌 3/29/3
欲○東西、南北廣袤之數者 3/31/15
以○從此東西之數也 3/31/17
從中處欲○中南也 3/31/21
從中處欲○南北極遠近 3/31/22
欲○天之高 3/32/1
食穀者○慧而夭 4/35/2
莫○其情 4/35/5
唯○通道者 4/35/5
長大早○而不壽 4/35/27
〔一〕○之所不○ 6/50/7
○不能論 6/50/14

難以○論 6/51/2
何以○其然 6/51/3
13/129/17,19/205/22
而不○其所由至也 6/51/20
而不○大節之所由者也 6/52/4
莫○〔其〕所由生 6/53/3
浮游不○所求 6/53/3
魍魎不○所往 6/53/4
消○能 6/54/9
不○不死之藥所由生也 6/54/21
莫○其門 7/54/25,15/150/28
孔乎莫○其所終極 7/54/26
滔乎莫○其所止息 7/54/26
所見大者所○小 7/55/27
其○彌少 7/56/5,12/117/15
能○一 7/56/11
則無一之不○也 7/56/11
不能○一 7/56/12
則无一之能○也 7/56/12
吾安○夫刺（炙）〔灸〕而欲生者之非或也 7/56/15
又安○夫絞經而求死者之非福也 7/56/15
孰○ 7/56/16
吾又安○所喜憎利害其間者乎 7/56/20
處其一不○其二 7/57/10
機械○巧弗載於心 7/57/12
居不○所為 7/57/14
行不○所之 7/57/15
不學而○ 7/57/16
不○其端緒 7/57/23
孰暇○其所為 7/58/6
乃○天下之輕也 7/58/22
乃○（天下）〔萬物〕之細也 7/58/22
乃○死生之齊也 7/58/22
乃○變化之同也 7/58/23
不○生之不足貪也 7/59/10
不○天下之不足利也 7/59/10
○其盆瓴之足羞也 7/59/12
而不○至論之旨 7/59/12
休精神而棄○故 7/59/22
故○宇宙之大 7/59/28
○養生之和 7/59/28
○未生之樂 7/60/1
○許由之貴于舜 7/60/1
莫○其所萌 7/60/3
能○大貴 7/60/4
不○原心反本 7/60/6
故○其無所用 7/60/25
不○其無所用 7/60/26
○冬日之箑、夏日之裘無用於己 7/61/1
誠○其本 7/61/2
由近○遠 8/62/6,9/81/9
不○悅也 8/62/16
《掉羽》、《武象》不○樂也 8/62/16
是故○神明然後○道德之不足為也 8/62/18
○道德然後○仁義之不足行也 8/62/18
○仁義然後○禮樂之不足脩也 8/62/19
可以音律○也 8/62/23
不○為之者誰何 8/63/3
智之所不○ 8/63/4
莫○其所由出 8/63/6
而不○其所由然 8/63/10
然天下莫○貴其不言也 8/63/24
不○道之所一體 8/63/25
人○其一 8/64/2
莫○其他 8/64/2
以示民○儉節 8/65/19
是故心○規而師傅諭（導）〔道〕 9/67/4
○不能得 9/67/14
不○為之者誰 9/68/15
聽其音則○其俗 9/69/6
見其俗則○其化 9/69/7
見微以○明（矣）〔也〕 9/69/7
延陵季子聽魯樂而○殷、夏之風 9/69/8
○故不載焉 9/69/23
則人○之於物也 9/70/3
而○四海之外者 9/70/7
因人以○人也 9/70/8
民○誅賞之來 9/70/28
故太上下○有之 9/71/1
內不○閭里之情 9/71/10
外不○山澤之形 9/71/10
是故不出戶而○天下 9/71/12
不窺牖而○天道 9/71/12
不能○也 9/75/13
以不○為道 9/77/14
○饒饉有餘不足之數 9/78/11
○員者無不○也 9/80/6
伎巧不○ 9/80/23
（偏）〔徧〕○萬物而不○人道 9/81/6
由己○人 9/81/9
○其可以衣食也 9/81/14
此（○難）〔難○〕也 9/81/21
無以○白黑 9/81/23
無愚智賢不肖皆○其為義也 9/81/24
使陳忠孝行而○所出者鮮矣 9/81/24
此愚○之所以異 9/81/25
○以行之 9/81/27
○各殊矣 10/82/28
則○其所以來者 10/83/2
則必不○狐 10/83/15
又不○貍 10/83/15
則不○狐、貍 10/83/16
則必不○賢 10/83/17
則必不○不肖者矣 10/83/17
斯○終矣 10/84/14
未○利害也 10/84/26
終而後○其可大也 10/85/24
而不○號禍之及己也 10/86/17
恔於不己○者 10/87/15
不自○也 10/87/15
而○物化矣 10/87/19
○聲動矣 10/87/19
○情偽矣 10/87/20
故（戒）〔戎〕兵以大○小 10/88/6
人以小○大 10/88/7
○此之道 10/88/10
不○後世之譏己也 10/88/18
故○生之樂 10/88/21
必○死之哀 10/88/21
唯聖人見其始而○其終 10/90/1
不○其所由然 10/90/10
見舌而○守柔矣 10/90/25
觀景柱而○持後矣 10/90/25
鵲巢○風之所起 10/91/5
獺穴○水之高下 10/91/5
暉日○晏 10/91/5

陰諧○兩 10/91/5
見所始則○所終 10/91/15
聖人見其所生則○其所歸矣 10/91/16
欲○地道 10/92/19
欲○人道 10/92/19
日不○夜 10/92/21,16.27/156/28
月不○晝 10/92/21,16.27/156/27
是故○己者不怨人 10/92/28
○命者不怨天 10/92/28
唯聖人○其微 10/93/6
適情○足則富矣 10/93/13
民童蒙不○（東西）〔西東〕 11/93/28
唯聖人○其化 11/94/6
不○其可以為布也 11/94/7
不○其可以為旃也 11/94/7
以小○大 11/94/16
以近○遠 11/94/17
則不能○其故俗 11/95/25
孔子○其本也 11/96/4
非不○繁升降槃還之禮也 11/97/19
○義而不○宜也 11/98/2
○禮而不○體也 11/98/2
非謂〔其〕○彼也 11/98/16
自○而已 11/98/16
今○脩干戚而笑钁插 11/99/4
○三年而非一日 11/99/4
而莫○其所 11/99/21
其○馬一也 11/99/28
不○世之所謂是非者 11/100/20
（不○）孰是孰非 11/100/21
庸遽○世之所自窺我者乎 11/101/8
夫先○遠見 11/101/23
先○禍福 11/101/25
並世有與同者而弗○貴也 11/102/27
王子比干非不（智）〔○〕（箕子）被髮佯狂以免其身也 11/103/4
豫讓、要離非不○樂家室、安妻子以偷生也 11/103/6
以其○巧詐偽 11/103/28
子○道乎 12/105/3,12/105/3
吾弗○也 12/105/3
吾○道 12/105/4,12/105/10
子之○道亦有數乎 12/105/4
吾○道有數 12/105/4,12/105/11
吾○道之可以弱 12/105/5
12/105/11
此吾所以○道之數也 12/105/6
吾弗○（之）〔也〕 12/105/9
子之○道 12/105/10
〔此〕吾所以○道之數也 12/105/13
則無為〔之〕○與無窮之弗○ 12/105/13
弗○（之）深 12/105/14
而○之淺 12/105/14
弗○內 12/105/14
而○之外 12/105/14
弗○精 12/105/14
而○之粗 12/105/14
然則不○乃○邪 12/105/15
○乃不○邪 12/105/15
孰○○之為弗○ 12/105/15
弗○之為○邪 12/105/15
孰○形〔形〕之不形者乎 12/105/17
天下皆○善之為善 12/105/17
故「○者不言 12/105/17
言者不○」也 12/105/18
易牙嘗而○之 12/105/22
（誰）〔唯〕○言之謂者乎 12/105/23
夫○言之謂者 12/105/23
夫淺○之所爭者 12/105/24
夫唯無○ 12/105/26
是以不吾○也 12/105/26
不（○）〔如〕其已 12/106/20
○伯與襄子飲而批襄子之首 12/106/23
○伯圍襄子於晉陽 12/106/24
大敗○伯 12/106/25
○其雄 12/106/25
攝女○ 12/106/28
（直）〔真〕〔其〕實○ 12/107/3
能無以○乎 12/107/4
而不肯以兵○ 12/107/13
孔子亦可謂○（禮）〔化〕矣 12/108/21
雖○之 12/109/22
○和曰常 12/109/24
○常曰明 12/109/24
寡人自○不為諸侯笑矣 12/110/12
國人皆○殺戮之制 12/110/13
故○時者無常行 12/110/17
言出於○（者） 12/110/18
○者〔不〕藏書 12/110/18
天下莫不○ 12/111/6,19/204/4
毛物、（牡）〔牝〕牡〔尚〕弗能○ 12/111/21
又何馬之能○ 12/111/21
王不○起之不肖 12/112/1
子奚以○之 12/112/26
吾不○原三日而不可得下也 12/113/17
○足不辱 12/113/25,18/194/3
子○之乎 12/113/28
中子旦恭儉而○時 12/114/12
○其榮 12/114/18
此世之所明○也 12/114/23
○可否者 12/114/27
離形去○ 12/115/15
臣不○其可也 12/115/21
未至而人已○之 12/115/24
諸侯莫不○ 12/115/25
○而不○ 12/115/28
不○而○ 12/115/28
小○不及大○ 12/116/18
朝（菌）〔秀〕不○晦朔 12/116/19
蟪蛄不○春秋 12/116/19
子何以○之 12/117/1
吾是以○無為之有益也 12/117/10
血流至地而弗○也 12/117/12
不出戶以○天下 12/117/14
匠人○為門 12/118/14
所以不○門也 12/118/14
〔其〕中行、○氏〔乎〕 12/118/26
有命之父母不○孝（于）〔子〕 12/119/9
有道之君不○忠臣 12/119/10
是故聰明叡○ 12/119/17
人各以其（所）○ 13/120/15
而以○矩（彠）〔矱〕之所周者也 13/120/26

赦也而多活人 16.140/167/4
裨諶出郭而〇 16.142/167/9
不〇 16.143/167/11
子雖不〇 16.143/167/11
〇貴捷 16.149/167/29
其不〇物類亦甚矣 17.1/168/10
而不〇因天地以游 17.1/168/10
智所〇者褊矣 17.4/168/18
然待所不〇而後明 17.4/168/18
莫〇其動 17.21/169/28
〇己者不可誘以物 17.37/170/30
嘗一臠肉而〇一鑊之味 17.74/173/19
懸羽與炭〔而〕〇燥溼之氣 17.74/173/19
見象牙乃〇其大於牛 17.122/177/1
見虎尾而〇其大於貍 17.122/177/1
一節見而百節〇也 17.122/177/1
至冬而不〇去 17.142/178/15
至（陵）〔陸〕而不〇下 17.142/178/15
叔孫之〇 17.145/178/22
可謂不〇類矣 17.149/178/31
故見其一本而萬物〇 17.155/179/12
不〇其武 17.162/179/28
不〇善走 17.162/179/28
弗〇者驚 17.163/180/1
〇者不怪 17.163/180/2
以微〇明 17.164/180/4
以外〇內 17.164/180/4
象肉之味不〇於口 17.165/180/6
終日采而不〇 17.167/180/10
愚者言而〇者擇焉 17.201/182/21
〇人之性 18/185/20
〇事之制 18/185/20
見本而〇末 18/185/23
莫不先以其〇規慮揣度 18/186/9
曉（自然）〔然自〕以為智（〇）存亡之樞機、禍福之門戶 18/186/10
使〇所以為是者 18/186/11
是故〇慮者、禍福之門戶也 18/186/12
眾人皆〇利利而病病也 18/187/5
唯聖人〇病之為利 18/187/5
〇利之為病也 18/187/5
人孰〇之者乎 18/191/26
聞倫〇之 18/192/23
見其本而〇其末也 18/192/26
今示以〇其情 18/193/1
凡襲人者、以為弗〇 18/193/2
今已〇之矣 18/193/2
〇者不以利害義 18/193/6
此不〇足之禍也 18/194/2
〇止不殆 18/194/3
有〇徐之為疾、遲之為速者 18/195/1
與〇者同功 18/195/6
此不〇敬小之所生也 18/195/15
而莫能〇使患無生 18/196/1
雖有聖〇 18/196/6
小人不〇禍福之門戶 18/196/8
孔子〇所施之也 18/196/28
此能以〇〇矣 18/197/5
而未能以〇不〇也 18/197/5
今〇所以自行也 18/197/6
而未〇所以為人行也 18/197/7
欲〇築脩城以備亡 18/197/19
而不〇築脩城之所以亡也 18/197/20
〔〇〕發適戍以備越 18/197/20
而不〇難之從中發也 18/197/20
〇備遠難而忘近患 18/197/22
而不〇不爭而反取之也 18/198/4
〇者離路而得道 18/198/4
此〇仁義而不〇世變者也 18/198/23
不〇所施之也 18/199/7
〇天之所為 18/199/13
〇人之所行 18/199/13
〇天而不〇人 18/199/13
〇人而不〇天 18/199/14
〇所歸心矣 18/199/28
〇進而不〇卻 18/200/1
〇所盡死矣 18/200/3
莊王〇其可以為令尹也 18/200/9
楚國〇其可以為兵主也 18/200/10
誠得〇者 18/200/12
子焉〇豁之不能也 18/200/21
子貢可謂〇所以說矣 18/200/26
其〇肰乎 18/201/28
夫事之所以難〇者 18/202/4
雉亦〇驚憚遠飛 18/202/7
令民〇所避就 19/202/18
令民皆〇去巖穴 19/202/21
不〇於色 19/202/26
懷〇而不以相教 19/203/2
胡人有〇利者 19/205/9
〇者之所短 19/205/22
〇不能相通 19/206/3
螘〇為垤 19/206/4
此亦鳥獸之所以〇求合於其所利 19/206/6
然其〇者必寡矣 19/206/8
各悉其〇 19/206/11
而〇不足以奄之 19/206/12
而〇（其）六賢之道者何 19/206/13
而〇能流通 19/206/14
〇人無務 19/207/4
膚之〇痛疾寒暑 19/207/24
聖人〇時之難得 19/207/24
〇世莫賞也 19/208/8
此未始〇味者也 19/208/16
後〇其非也 19/208/17
此未始〇音者也 19/208/17
此未始〇玉者也 19/208/18
唯其母能〇之 19/209/1
以為〇者〔施〕也 19/209/4
使後世無〇音者則已 19/209/8
若有〇音者 19/209/9
必〇鐘之不調〔也〕 19/209/9
以為後之（有）〇音者也 19/209/9
彼獨有聖〇之實 19/209/10
我曾无有閭里（氣）〔之〕聞、窮巷之〇者何 19/209/10
七年而後〇 19/209/26
亂之楉（華）〔葉〕之中而不可〇也 20/210/27
日化上遷善而不〇其所以然 20/216/7
〇疾之所從生也 20/216/17
貴其〇亂之所由起也 20/216/18
民不〇禮義 20/217/4
不〇禮義不可以行法〔也〕 20/217/5

〇而不爭 5/48/30
彼〇求名耳 6/50/5
〇偶于人形 6/50/6
又況〇蛇鱓之類乎 6/51/27
又況〇燕雀之類乎 6/52/4
豈〇禍福之間哉 7/56/5
非〇夏后氏之璜也 7/57/5
非〇辭讓 7/58/15
彼則〇為義耳 7/59/3
非〇越下之休也 7/59/26
非〇一噲之樂也 7/59/28
〇雕琢其性 7/60/6
〇（宜）迫性閉欲 7/60/19
矯枉以為〇 8/64/18
〇道夷險 8/65/8
不〇之於本 9/68/7
無私曲〇 9/69/18
〇施矯邪不私辟險 9/69/19
行〇〔者〕而被刑 9/70/23
今夫橋（〇植）〔植〇〕立而不動 9/71/1
以曲為〇 9/72/5
而曲〇之不相入 9/72/13
木〇於下 9/72/17,17.226/184/10
則〇士任事 9/72/20
志在〇道正邪 9/74/26
〇立而不橈 9/80/3
湯有司〇之人 9/80/10
〇乎繩 10/82/15
非〔〇〕未嘗見狐者 10/83/15
身曲而景〇者 10/84/2
故弘演〇仁而立死 10/86/13
出林者不得〇道 10/91/2
17.70/173/10
皆失〇者也 10/91/13
正身而〇行 10/93/1
為〇者繩也 11/100/10
〔而〕可以平〇者 11/100/11
然而樂〇行盡忠以死節 11/103/4
（〇）〔真〕〔其〕實知 12/107/3
是〇聖人之糟粕耳 12/110/3
大〇若屈 12/111/25
柔而〇 13/122/30
可〇而（晞）〔睎〕〔也〕 13/123/4
〇而不剛 13/123/5
〇躬其父攘羊而子證之 13/125/14
〇而證父 13/125/14
雖有〇信 13/125/15
是故聖人論事之（局）曲〇 13/125/21
小枉而大〇 13/126/25
廉〇而不以切 13/127/24
不失其〇 14/135/11
〇己而足物 14/138/23
爭者各自以為〇 14/140/8
〇己而待命 14/142/1
夫景不為曲物〇 15/150/21
所持不〇 15/153/1
吾〇有所遇之耳 16.1/154/4
與枉與〇 16.95/162/27
與〇與枉 16.95/162/28
眾曲不容〇 16.96/163/1
欲為曲者必達〇 16.97/163/3
孰先（〇）〔折〕也 17.55/172/10
〇士以正窮 17.189/181/24
非準繩不能正曲〇 17.214/183/17
從枉準〇者虧 17.228/184/14
非〇吾所亡也 18/188/25
或〇於辭而不（害）〔周〕於事者 18/190/8
此所謂〇於辭而不（可）（用）〔周〕〔於事〕者也 18/190/12
故〇意適情 18/199/17
非〇禽獸之詐計也 18/202/7
木〇中繩 19/206/19
雖魯班不能以定曲〇 19/208/7
以求〇也 20/218/1
將欲以（〇）〔興〕大道 20/218/1
猶出林之中不得〇道 20/218/2
〇行性命之情 20/219/9
豈〇一說之快哉 20/220/24
其數〇施而正邪 21/225/9
接徑〇施 21/225/22

值 zhí 1

各〇其鑿 17.148/178/29

執 zhí 66

〇道（要）之柄 1/2/11
〇玉帛者萬國 1/3/4
〇玄德於心 1/4/20
夫〇道理以耦變 1/5/16
〇者失之 1/8/14
（〇）〔孰〕能至於此哉 2/12/18
〇規而治春 3/20/1
〇衡而治夏 3/20/2
〇繩而制四方 3/20/3
〇矩而治秋 3/20/5
〇權而治冬 3/20/6
紫宮〇斗而左旋 3/21/7
未為〇 3/27/3
歲名曰〇除 3/27/7
〇徐之歲 3/29/26
〇干戚戈羽 5/41/21
〇騰駒 5/41/24
〇弓操矢以獵 5/44/24
〇之必固 5/48/8
右（秉）〔〇〕白旄 6/50/2
耳能聽而〇正進諫 9/67/5
〇政有司 9/68/2
无以異於〇彈而來鳥 9/68/3
又況於〇法施令乎 9/69/14
〇正（營）〔管〕事 9/72/12
使人主〇正持平 9/72/22
而〇節于掌握之間 9/76/2
〇術而御之 9/76/6
人主之所以〇下 9/76/20
是以〇政阿主 9/77/1
上車〇轡 9/77/4
〇柄持術 9/80/5
〇約以治廣 9/80/5
故禹〇（于）〔干〕戚舞於兩階之間而三苗服 10/84/28
〇轡如組 10/85/9
故聖王〇一而勿失 11/96/15
〇干戚而舞之 11/99/1
昔武王〇戈秉鉞以（伐紂）勝殷 11/102/19
親〇戈 12/111/5
列田百頃而封之〇圭 12/113/11
使歸之於〇事 12/115/7
諸侯〇幣相朝 12/117/20

荊〔王〕爵為○圭 12/118/6
舜○（千）〔干〕戚而服有苗 13/122/11
○而无赦 13/123/9
身自奮袂○銳 13/124/5
昔者萇弘、周室之○數者也 13/126/5
此○政之所司也 13/129/17
君○一則治 14/137/6
○後者 14/140/6
○後之制先 14/140/6
敵人○數 15/149/2
○獄牢者無病 16.24/156/18
○彈而招鳥 16.34/157/14
○而不釋 16.80/161/15
○一而應萬 18/185/23
其子○在城中 18/188/7
及至良工○竿 18/201/7
○玄鑑於心 19/209/4
○中含和 20/211/3,21/226/17
右○白旄以麾之 20/219/16
諸侯○禽而朝之 20/219/20
貍○鼠 20/223/7
○其大指 21/224/4
禹身○虆臿 21/228/5

埴 zhí 5

譬猶陶人之埏○也 7/56/22
若璽之抑○ 11/96/8
今使陶人化而為○ 15/152/6
埏○而為器 20/212/12
重者可令○固 20/214/24

植 zhí 26

故○之而塞于天地 1/1/4
此齊民之所為形○（藜）〔黎〕（累）〔黑〕 1/9/1
足蹪趎埳、頭抵○木而不自知也 1/9/23
冀以過人之智○（于高）〔高于〕世 1/10/4
草木無所○ 2/14/3
○社槁而（墧）〔罅〕裂 6/53/14
夫井○生（梓）〔梓〕而不容甕 6/54/17
溝○生條而不容舟 6/54/17
（縣）〔緜〕聯房○ 8/61/20
五穀蕃○ 9/67/18,9/79/9
（○）〔桓〕公喟然而寤矣 9/69/6
今夫橋（直○）〔○直〕立而不動 9/71/1
滋○桑麻 9/79/10
舜無○錐之地 13/124/15
齊（○）〔桓〕有爭國之名 13/126/25
一○一廢 14/137/22
兵如○木 15/148/21
兵之幹○也 15/149/16
固○而難恐 15/152/21
○表而望則不惑 17.100/175/13
○而踰之 17.118/176/21
諸侯必○耳 18/188/24
使狐瞋目○睹 18/202/6
髮○穿冠 20/221/27

殖 zhí 3

是故仁義不布而萬物蕃○ 2/11/21
○、華將戰而死 7/59/1
○、華可止以義 7/59/2

跖 zhí 9

則○、蹻之姦止矣 9/76/6
一人○耒 9/78/26
而生盜○、莊蹻之邪 11/94/1
修脛者使之○（钁）〔鏵〕 11/101/19
○之徒問〔於〕○曰 12/114/26
○曰 12/114/26
桀、○之徒 16.74/160/29
盜○見飴 17.107/175/28

職 zhí 29

四夷納○ 1/3/3
守其○ 1/9/16
大夫安其○ 2/17/25
諸北、儋耳之國莫不獻其貢○ 6/52/22
春秋冬夏皆獻其貢○ 6/54/5
飾○事 8/61/25
各守其○ 9/70/16
而○事不嫚 9/70/17
○寡者易守 9/70/17
則守○者懈於官 9/70/22
守○分明 9/71/18
百官述○ 9/73/3
守○者無罪而誅 9/73/4
且夫不治官○ 9/73/7
其所以官之者非其○也 9/74/21
夫釋○事而聽非譽 9/76/19
守○者以從君取容 9/76/23
則守○者離正而阿上 9/76/29
官○有差 10/87/5
使百姓皆得反業脩○ 10/90/21
皆守其○也 11/95/15
治世之（體）〔○〕易守也 11/101/16
而不可與眾同○也 11/101/26
則天下納其貢○者迴也 13/125/9
猶人臣各守其○ 17.148/178/29
而入春秋之貢○ 18/202/2
分○而治之 20/213/6
而不可令守○ 20/214/25
守○而不廢 20/217/19

蹠 zhí 19

獸○實而走 1/3/15
自無○有 1/6/12,7/60/2
自有○無 1/6/12,7/60/2
非正為○也 10/85/2
而○焉往 10/85/3
非為（蹠）〔○〕 10/85/22
（蹠）〔○〕焉往生也 10/85/23
各從其○而亂生焉 10/88/17
致其所○ 11/103/16
○距者舉遠 13/127/16
枕戶橉而臥者鬼神○其首 13/130/21
鬼神（履）〔○〕其首者 13/130/27
方車而○越 16.88/162/8
必食其○數十而後足 16.125/165/26
○越者 17.66/173/1
○巨者（志）〔走〕遠

17.240/185/10
〇達膝 19/207/17

止 zhǐ 94

水流而不〇 1/1/11
不〇 1/8/6
而鑒於〇水者 2/16/9
吉祥〇也 2/16/12
爱〇其女 3/24/18
引而〇〔之〕也 3/25/9
〇獄訟 5/39/22
有不戒其容〇者 5/39/26
至境〇 5/40/18
〇剛強 5/47/16
〇流水 5/48/2
〇交游 5/48/7
流涕狠戾不可〇 6/50/9
積蘆灰以〇淫水 6/52/26
絶〇之 6/53/2
鑿竇而（出）〔〇〕水 6/54/16
滔乎莫知其所〇息 7/54/26
其殺我也不彊求〇 7/56/16
莒君厚賂而〇之 7/59/1
殖、華可〇以義 7/59/2
欲而能〇之 7/60/22
故以湯〇沸 7/61/1
沸乃不〇 7/61/2
安則〇 8/61/9
〇五遁 8/64/24
禁之不〇 8/66/20
令行禁〇 9/69/12
9/72/24,9/78/4
引之不〇 9/73/9,17.186/181/18
則跖、蹻之姦〇矣 9/76/6
（美）〔羨〕者（正）〔〇〕於度 9/76/16
非（〇）〔正〕以勞苦民也 10/88/17
子贛讓而〇善 11/94/16
故令行禁〇 11/96/7
將不能〇也 11/104/15
求（瞻）〔贍〕則爭〇 11/104/22
三舍不〇 12/112/13
乃〇駕 12/116/16
（〇）〔心〕柸治 12/116/16
魏王乃〇其行而踈其身 12/118/11
其子孫數諫而〇之 13/131/15
汝數〇吾為俠 13/131/16
則下之望无〇 14/137/16
〇成文 14/140/16,20/215/15
至於不戰而〇 15/143/21
〇如丘山 15/149/7
〇鳴鼓 15/152/15
以其休〇不蕩也 16.3/154/12
引轜者為之〇（也） 16.4/154/14
〇念慮 16.7/154/26
則有為其所〇矣 16.7/154/26
不為莫知而〇休 16.18/155/26
淺則至膚而〇矣 16.49/158/27
〇言以言 16.67/160/14
〇事以事 16.67/160/14
聖人無〇無以 16.80/161/15
待其〇而能有濡 16.86/162/1
待其〇而能有穿 16.86/162/1
唯〇能〇眾〇 16.86/162/1
故「高山仰〇 16.106/163/30
景行行〇 16.106/163/30
故使（〇）〔之〕見者 16.132/166/14
而猶為之不〇 16.147/167/23
（毀）〔鑿〕瀆而〇水 17.233/184/25
賊心亡（〇）〔也〕 17.241/185/12
夫言出於口者不可〇於人 18/185/30
門者〇之曰 18/187/12
賓客多〇之 18/190/13
靖郭君〇之曰 18/190/15
綱弗能〇也 18/190/17
乃〇不城薛 18/190/18
夫以「無城薛」〇城薛 18/190/21
知〇不殆 18/194/3
撫而〇之曰 18/194/24
釐負羈〇之曰 18/196/3
或聽從而反〇之 18/197/24
嗜慾无〇 18/198/3
夫史以争為可以〇之 18/198/4
禁人而弗能〇也 18/200/14
而弗能〇 18/200/15
公宣子〇之必矣 18/201/5
夫行與〇也 19/204/6
獄訟〇而衣食足 20/213/19
重者欲〇 20/214/23
桀以夏（〇）〔亡〕 20/216/20
皆令行禁〇於天下 20/220/1
大息（而）撫〔而〇〕之 20/222/8
麟〇郊野 21/226/20
戮殺无〇 21/227/20

旨 zhǐ 3

而不知至論之〇 7/59/12
食〇不甘 8/66/15
發號以明〇 9/69/13

阯 zhǐ 2

其地南至交〇 9/67/21
前交〇 20/219/14

芷 zhǐ 3

蘭（芝）〔〇〕以芳 17.54/172/8
蘭（芝）〔〇〕欲脩而秋風敗之 17.126/177/10
雜（芝）〔〇〕若 19/209/15

指 zhǐ 97

手不〇麾 1/4/19
然而趨舍〇湊 1/5/10
蜂蠆螫〇而神不能憺 2/17/13
斗〇子則冬至 3/22/12
加十五日〇癸則小寒 3/22/12
加十五日〇丑則大寒 3/22/13
加十五日〇報德之維 3/22/13
加十五日〇寅則（雨水）〔驚蟄〕 3/22/15
〔加〕十五日〇甲則雷（驚蟄）〔雨水〕 3/22/15
加十五日〇卯中繩 3/22/16
加十五日〇乙則（清明風至）〔穀雨〕 3/22/17
加十五日〇辰則（穀雨）〔清明風至〕 3/22/18
加十五日〇常羊之維則春分盡 3/22/18
加十五日〇巳則小滿 3/22/20

而不知其所由〇也 6/51/20
若乃〇於玄雲（之）素朝 6/51/24
鳳皇之翔〇德也 6/51/27
還〇其曾逝萬仞之上 6/52/1
逮〇夏桀之時 6/53/10
是以〇德滅而不揚 6/53/11
泥塗〇膝 6/53/24
故世〇於枕人頭 6/53/25
逮〇當今之時 6/54/4
時〇而弗失也 6/54/8
伏戲、女媧不設法度而
以〇德遺於後世 6/54/11
〇虛無純一 6/54/12
何以〇此也 6/54/15
〇紘以大 7/55/18
則禍福之〇 7/56/2
寶之〇也 7/57/5
故曰〇神 7/57/8
視〇尊窮寵猶行客也 7/57/20
而立〇清之中 7/57/22
夫〇人倚不拔之柱 7/58/25
無（〇）〔之〕而不通 7/58/25
〇貴不待爵 7/59/5
〇富不待財 7/59/5
天下〇大矣 7/59/6
身〇親矣 7/59/6
上觀〇人之論 7/59/7
而不知〇論之旨 7/59/12
〇大也 7/60/3
〇貴也 7/60/3
達〇道者則不然 7/60/9
若夫〇人 7/60/20
玄元〇碭而運照 8/61/11
鳳麟〇 8/61/11
逮〇衰世 8/61/12,8/62/8
乃〇夏屋宮（駕）〔架〕 8/61/19
及〇分山川谿谷使有壤界 8/61/24
〔距〕日冬〇四十六日 8/62/2
而非通治之〇也 8/62/12
未可與言〇也 8/62/20
夫〇大、天地弗能含也 8/62/24
〇微、神明弗能領也 8/62/25
及〇建律歷 8/62/25
故〇人之治也 8/63/1
逮〇堯之時 8/63/10
今〇人生亂世之中 8/63/23
精（神）〔氣〕反於〇真 8/64/25
召之不〇 8/66/20
其地南〇交阯 9/67/21
北〇幽都 9/67/22
東〇湯谷 9/67/22
西〇三危 9/67/22
〇精為神 9/68/12
故〇精之像 9/68/15
其漸〇于崔杼之亂 9/68/27
其積〇〔于〕昭奇之難 9/68/28
故〇精之所動 9/68/28
〇精入人深矣 9/69/6
千里之兩〇 9/69/11
古聖王〇精形於內 9/69/12
難以〇治 9/69/27
及〇其移徙之 9/70/10
一日而〇千里 9/70/13
豈其人事不〇哉 9/72/2
物〇而觀其（象）〔變〕 9/76/9
故循流而下易以〇 9/78/6
及〇亂主 9/78/21
故民〇於焦脣沸肝 9/78/22
四海之雲〇而脩封疆 9/79/18
故堯為善而眾善〇矣 9/79/24
可謂〇貴矣 9/80/14
道〇高無上 10/82/15
〇深無下 10/82/15
故〇德者 10/82/21
說之所不〇者 10/84/4
容貌〇焉 10/84/4
容貌之所不〇者 10/84/4
感忽〇焉 10/84/4
精之〇者 10/84/5
故〇〇不容 10/85/23
小人日快快以〇辱 10/86/1
難〇而失其守也 10/86/16
故〇〇之人 10/86/17
言〇德之懷遠也 10/87/11
弗召而〇 10/87/15
而〇乎〇極矣 10/87/20
〇于兄弟 10/88/6
近而不可以〇 10/88/9
〇德小節備 10/89/1
周政〇 10/90/9
善〔政〕未必〇也 10/90/9
〇〇之人 10/90/9
而莫能〇焉 10/90/13
猶未足以〇於極也 10/90/18
事有所〇 10/91/2,18/198/13
可與言〇矣 10/91/3
精之〇者也 10/91/9
禍福不虛〇矣 10/91/23
昔二（鳳皇）〔皇鳳〕
〇於庭 10/92/13
三代〇乎門 10/92/13
〔周〕室〇乎澤 10/92/13
所〇彌遠 10/92/13
所〇彌近 10/92/14
非〇者也 10/93/4
天下有〇貴而非勢位也 10/93/12
有〇富而非金玉也 10/93/12
有〇壽而非千歲也 10/93/12
及〇禮義之生 11/93/30
〇於霸 11/94/12
〇三十二世而亡 11/94/13
堅冰〇 11/94/13
乃〇天地之所覆載 11/94/24
夫一者〇貴 11/96/15
行〇德 11/98/13
又何以窮〇治之本哉 11/98/22
〇貴在焉爾 11/99/11
樸〇大者無形狀 11/99/20
道〇眇者無度量 11/99/20
不可與論〇 11/99/22
〇是之是無非 11/100/18
（之非〇非）〔〇非之
非〕無是 11/100/18
而血流〇耳 11/101/4
見者以為其愛之〇也 11/101/5
旬亦〇之 11/102/9
夫飢寒並〇 11/104/12
故〇言去言 12/105/24
〇為無為 12/105/24
患必〇矣 12/106/16
可謂〇貪（也）〔矣〕 12/106/18
可謂〇愚矣 12/106/19
天和將〇 12/106/28
桓公（及）〔反〕〇 12/109/4
而可以〇妙者 12/110/6
居不〇朞年 12/110/13
一〇此乎 12/111/22
馬〇而果千里之馬〔也〕
12/111/24
逆之〇也 12/112/7
〇今无禍 12/112/9

〇乎以弗解〔解〕之者 18/198/5
〇於西海 18/198/12
血流〇足 18/200/6
〇於吳 18/200/20
及〇良工執竿 18/201/7
〔追者〇〕 18/201/27
東〇黑齒 19/202/19
〇于庶人 19/203/9
〇於郢 19/203/22
及〇圉人擾之 19/204/16
及〇勇武 19/205/2
是謂〇信 19/205/13
萬物〇眾 19/206/12,21/227/13
然而莫能〇焉者 19/207/3
自人君公卿〇于庶人 19/207/4
〇今不休 19/207/12
〇於秦庭 19/207/17
福將在後〇 19/209/27
夫濕之〇也 20/210/8
風之〇也 20/210/8
祥風〇 20/210/19
〇大、非度之所能及也 20/211/1
〇眾、非數之所能領也 20/211/1
〇誠而能動化矣 20/211/18
夷狄之國重譯而〇 20/211/24
〔〇於亡國〕 20/213/14
及〔〇〕其衰也 20/213/14
〇於滅亡 20/213/15
〔及〕〇其衰也 20/213/16
及〇其衰也 20/213/18
及〇其末 20/213/20
〇丈必差 20/215/5
〇石必過 20/215/6
抱寶牽馬而〔〇〕 20/216/27
〇難也 20/217/9
由冥冥〇炤炤 20/218/7
〇浦水 20/219/15
〇乎无下 20/220/15
〇治寬裕 20/222/16
〇中復素 20/222/16
知其可與〇於霸也 20/222/23
觀〇德之統 21/224/8
所以言〇精之通九天也 21/224/22
〇微之淪無形也 21/224/22
純粹之入〇清也 21/224/22
詮以〇理之文 21/225/26
誠喻〇意 21/226/6
祥風〇 21/226/19
宴煬〇和 21/226/24
言〇精而不原人之神氣 21/226/25
夫道論〇深 21/227/13
所以洮汰滌蕩〇意 21/227/14
遼遠未能〇 21/227/27

阤 zhì 1

當者莫不廢滞崩〇 15/147/15

志 zhì 109

縱〇舒節 1/2/4
使舜無其〇 1/4/20
故得道者〇弱而事強 1/4/28
所謂〇弱者 1/4/28
不留于心〇 1/8/5
〇遺于天下 1/8/15
亂其氣〇 1/8/28
憂悲而不得〇也 1/9/2
而不以貴賤貧富勞逸失
其〇德者也 1/9/3
形神氣〇 1/9/12
凡人（之）〇（各）有
所在而神有所繫者 1/9/23
豈無形神氣〇哉 1/9/28
夫精〔神〕氣〇者 1/10/7
〇與心變 2/11/8
猶得肆其〇 2/12/5
无所概於（忠）〔〇〕也 2/12/12
藏心〇 2/14/9
何足以留其〇 2/14/23
心〇知憂樂 2/17/13
小有所〇而大有所（〇）
〔忘〕也 2/17/16
其〇得道行 2/18/11
天下誰敢害吾（意）
〔〇〕者 6/50/2
則敎〇勝而行不僻矣 7/55/22
敎〇勝而行（之）不僻 7/55/22
而（氣〇）〔血氣〕者 7/55/27
氣〇虛靜恬愉而省嗜慾 7/56/3
則〇氣日耗 7/56/8
心〇專于內 7/57/14
則〇不懾矣 7/58/10
觀禹之〇 7/58/22
生不足以挂〇 7/58/26
勢位爵祿何足以概〇也 7/58/28
〇非能〔不〕貪富貴之位 7/60/18
足以變易心〇 8/65/21
悽愴之〇 8/66/11
〇之所在 9/68/14
而論文王之〇 9/69/7
兵莫憯於〔意〕〇而莫
邪為下 9/69/24
虛心而弱〇 9/71/7
是故聖人得〇而在上位 9/72/14
則邪人得〇 9/72/20
年衰〇憫 9/74/5
〇專在于宮室臺榭 9/74/7
〇在直道正邪 9/74/26
然而群臣（〇達）〔達
〇〕效忠者 9/75/8
外合於馬〇 9/76/2
莫不如〇 9/76/13,9/77/19
身行其〇 9/77/22
心欲小而〇欲大 9/79/27
〇欲大者 9/80/1
通不肆〇 9/80/4
〇大者無不懷也 9/80/6
則聖人之〇大也 9/80/18
據義行理而〇不懾 9/80/25
人無善〇 9/82/6
兵莫憯於意〇 10/85/19
博聞強〇 11/101/23
世樂〇（乎）〔平〕 11/104/17
〇為之滅 11/104/18
誠有其〇 12/107/24
不宜得〇於齊 12/112/7
而得〇焉 12/112/7,12/112/8
不宜得〇於秦 12/112/8
吾〇益下 12/114/2
無喜〇 12/117/28
失從（心）〔之〕〇 12/118/11
无擅恣之〇 13/121/19
久而不（〇）〔忘〕者 13/123/5
憤於〇 13/123/14
〇厲青雲 13/125/22,15/148/2
今〇人之所短 13/127/27
〇所欲 13/129/28
荊佽非兩蛟夾繞其船而
〇不動 13/130/8
聖人心平〇易 13/130/9

唯有道者能通其○ 13/131/4
君臣同○ 14/137/1
日月廋而無溉於○ 14/140/28
故名不動○ 14/142/5
〔不〕足以概○ 14/142/6
在外漠○ 15/147/8
而藏○乎九旋之淵 15/149/24
疑○不可以應敵 15/153/18
所謂養○者也 16.101/163/15
蹠巨者（○）〔走〕遠 17.240/185/10
氣充○驕 18/186/25
則螻螘皆得○焉 18/190/17
佞人得○ 18/192/25
無懼色憂○ 18/197/2
而○不動 18/197/2
故聖人雖有其○ 18/199/10
喟然有○焉 18/199/25
而常有輕易人之○ 18/201/15
請與公僇力一○ 18/201/16
私○不得入公道 19/203/14
○不忘于欲利人 19/203/20
而可以通氣○ 19/204/18
故君子積○委正 19/207/8
有嚴○頡頏之行者 19/209/16
智者得以○（遠）〔事〕 20/213/16
故人主有伐國之○ 20/215/26
神清○平 20/216/5
誠決其善○ 20/216/14
心○亦有之 20/220/13
誠通其○ 21/224/2

忮 zhì 3

恭敬而○ 11/93/25
雖有○心 14/134/20
禮之失○ 20/214/6

制 zhì 156

在中以○外 1/5/2
先亦○後 1/5/16
後亦○先 1/5/16
不失其所以○人 1/5/16
人不能○也 1/5/17
是故以中○外 1/7/8
所以○使四支 1/8/10
生之○也 1/9/15
以形為○者 1/10/3
其所為○者異也 2/16/8
執繩而○四方 3/20/3
熒惑常以十月入太微受○而出行列宿 3/20/12
甲子受○ 3/23/17
七十二日丙子受○ 3/23/17
七十二日戊子受○ 3/23/17
七十二日庚子受○ 3/23/18
七十二日壬子受○ 3/23/18
庚（子）〔午〕受○ 3/23/19
甲子受○則行柔惠 3/23/20
丙子受○則舉賢良 3/23/20
戊子受○則養〔長〕老 3/23/21
庚子受○則繕牆垣 3/23/22
壬子受○則閉門閭 3/23/22
兵（重）〔革〕三（罕）〔軍〕以為○ 3/25/19
〔古之○也〕 3/26/14
一匹而為○ 3/26/17
母勝子曰○ 3/28/28
以（勝）〔○〕擊殺 3/28/28
以○十二月 3/29/19
以○三百六十日 3/29/19
修法○ 5/43/7
○百縣 5/44/21
大○有六度 5/48/26
明堂之○ 5/49/22,9/67/19
諸侯○法 6/53/20
而度○可以為天下儀 7/60/11
○服等 8/61/25
一人之（○）〔刑〕也 8/62/5
是故古者明堂之○ 8/65/17
（別）〔○〕觡（仲）〔伸〕鉤 9/70/4
俛仰取○焉 9/71/2
則君得所以○臣 9/71/23
乘眾人之○者 9/71/26
非平正無以○斷 9/74/13
猶巧工之○木也 9/74/16
而人弗能○矣 9/76/14
是故有術則○人 9/76/21
無術則○於人 9/76/21
則○於螻蟻 9/76/22
行墮於國則不能專○ 9/76/27
是皆以利見○於人也 9/77/9
怯服勇而愚○智 9/77/18
（則）〔言〕輕重小大有以相○也 9/77/18
所○甚廣 9/77/20
〔而〕○開闔 9/77/21
則庸人能以○勝 9/78/2
夫七尺之橈而○船之左右者 9/78/3
守明堂之○ 9/80/20
君子○義 9/81/13
而責于其所不得○ 9/82/7
是故聖人○其剟材 10/83/24
而常○之 10/90/26
則武之所○者小 10/90/29
而務以行相反之○ 11/97/17
故○禮足以佐實喻意而已（矣） 11/97/20
〔故〕○樂足以合歡宣意而已 11/97/21
禮者、體情〔而〕○文者也 11/98/1
服○相反 11/98/8
故明主○禮義而為衣 11/98/11
故○禮義 11/98/13
故聖人〔之〕財○物也 11/98/17
非良工不能以○木 11/100/4
而軍○可與權用也 11/102/7
權○諸侯鈞者 11/102/25
大○無割 12/108/14
國人皆知殺戮之○ 12/110/13
將衰楚國之爵而平其○祿 12/112/2
今子將衰楚國之爵而平其○祿 12/112/4
則為人臣之所○ 12/116/3
古之○ 13/120/19
非○也 13/120/20
此皆因時變而○禮樂者〔也〕 13/120/25
先王之○ 13/121/2
故聖人○禮樂 13/121/3
而不○於禮樂 13/121/3
法度○令各因其宜 13/121/5
行无專○ 13/121/15
誅賞○斷 13/121/18
故法○禮義者 13/121/24

神農无○（今）〔令〕而民從 13/122/3
唐、虞有○令而无刑罰 13/122/3
然而征伐者不能釋甲兵而○（疆）〔彊〕暴 13/122/12
因時變而○宜適〔也〕 13/122/13
夫聖人作法而萬物○焉 13/122/15
○法之民 13/122/15
不可令○法〔度〕 13/122/17
有形而○於物 14/132/15
聽獄○中者 14/134/17
知禍福之○ 14/135/2
以義為○者 14/137/24
心為之○ 14/137/26
事來而○ 14/138/17
○而誅之者、法也 14/139/7
無為○有為 14/140/6
執後之○先 14/140/6
必○一贏 14/140/10
後之○先 14/140/11
故神○則形從 14/142/16
則○之以兵革 15/143/2
○刑而無刑 15/144/9
○勝於未戰而諸侯服其威 15/144/12
則威之所○者廣 15/146/20
威之所○者廣 15/146/21
則不可○迫〔也〕 15/147/2
以飽○飢 15/147/7
無形而○有形 15/148/14
形見則勝可○也 15/148/15
以○其命 15/148/16
因而○之 15/149/2
物未有不以動而○者也 15/149/4
則兵以道理○勝 15/149/19
何所能○ 15/152/5
形見則○ 15/152/11
无不○也 15/152/12
因○其虛也 15/153/9
將軍○之 15/153/16,15/153/17
臣既以受○於前矣 15/153/18
魯人身善○冠 16.88/162/7
孫叔敖○冠浣衣 16.136/166/23
以一（出）〔世〕之度○治天下 17.1/168/9
心失其○ 17.38/171/1
事之○也 18/185/20
知事之○ 18/185/20
人不能○ 19/204/16
不免○於人者 19/206/2
○夏、商 20/212/10
故先王之○法也 20/212/15
因其好色而○婚姻之禮 20/212/16
以○度量 20/213/1
以○禮樂 20/213/2
○君臣之義 20/213/5
法弊而改○ 20/213/24
聖人兼用而財○之 20/214/7
地廣者○不可以狹 20/215/4
以重○輕 20/217/20
小不能○大 20/217/24
而○度可以為萬民儀 20/219/9
禮節○度 20/221/5
○而為舟輿是也 20/221/5
以○群下 21/225/9
財○禮義之宜 21/225/17
〔專〕用○度 21/226/20
文王欲以卑弱○強暴 21/227/22
權事而立○ 21/228/28

治 zhì 310

不足以○三畝之宅也 1/3/11
○在道 1/4/15
澹然無○（也）而無不○也 1/4/23
所謂無○者 1/4/24
所謂無不○者 1/4/25
是故至人之○也 1/6/29
以知慮為○者 1/7/1
聖亡乎○人 1/7/17
儲與扈（○）〔治〕 2/10/23
是謂大○ 2/11/20
若夫墨、（揚）〔楊〕、申、商之於○道 2/13/4
決挐○煩 2/14/9
此皆○目之藥也 2/14/28
是故○而不能和 2/15/13
故古之○天下也 2/16/17
猶無益於○天下也 2/17/5
故世○則愚者不得獨亂 2/18/7
世亂則智者不能獨○ 2/18/8
執規而○春 3/20/1
執衡而○夏 3/20/2
執矩而○秋 3/20/5
執權而○冬 3/20/6
大陰○春則欲行柔惠溫（涼）〔良〕 3/28/18
太陰○夏則欲布施宣明 3/28/18
太陰○秋則欲脩備繕兵 3/28/18
太陰○冬則欲猛毅剛彊 3/28/19
慧聖而好○ 4/36/12
以金○木 4/36/23
五行相○ 4/36/23
春○以規 5/49/22
秋○以矩 5/49/22
冬○以權 5/49/22
夏○以衡 5/49/22
故以智為○者 6/51/9
黃帝○天下 6/52/16
以○日月之行 6/52/16
律（○）陰陽之氣 6/52/16
今若夫申、韓、商鞅之為○也 6/54/14
而忻忻然常自以為○ 6/54/16
○其內不識其外 7/57/10
不○而辯 7/57/16
○心術 7/60/9,14/133/8
學射者不○（天）〔矢〕也 7/60/30
太清之○也 8/61/6
而非通○之至也 8/62/12
〔未〕有能○之者也 8/62/27
故至人之○也 8/63/1
足以○其境內矣 8/64/11
內能○身 8/64/15
而天下○矣 8/64/21
則○不荒 8/65/22
天下和（○）〔洽〕 8/66/7
所○者大則所守者（少）〔小〕 9/67/9
昔者神農之○天下也 9/67/17
而欲以為○ 9/68/3
故聖人事省而易○ 9/68/10
其於為○ 9/68/19
何以○國 9/68/21
以弗○○之 9/68/21
故為○者〔智〕不與焉 9/69/20
難以至○ 9/69/27
故智不足以○天下也 9/70/4
智不足以為○ 9/70/6,9/76/28

則〇道通矣 9/70/22,14/133/8
是故明主之〇 9/70/27
夫人主之聽〇也 9/71/7,9/71/22
是故君臣異道則〇 9/71/19
〇國之道明矣 9/71/23
則國家〇 9/72/16
賢不足以為〇 9/72/24
〇國則不然 9/72/28
而為行者必〇於官 9/72/28
而可以便國佐〇 9/73/1
且夫不〇官職 9/73/7
今〇亂之機 9/73/10
此〇道之所以塞 9/73/10
〇亂之機 9/74/27
此〇之要也 9/75/25
聖主之〇也 9/76/1
唐、虞不能以為〇 9/76/5
〔即〕遠者〇（也）
〔矣〕 9/76/10
故〇者不貴其自是 9/76/14
執約以〇廣 9/80/5
能多者無不〇也 9/80/7
〇國上使不得與焉 9/82/6
心〇則百節皆安 10/82/19
故其心〇者 10/82/19
其國〇者 10/82/20
或以〇 10/83/13
則民樂其〇 10/83/19
故舜不降席而天下〇 10/84/23
聖人之為〇 10/85/23
故世〇則以義衛身 10/86/14
快己而天下〇 10/87/1
喜憎議而〇亂分矣 10/87/1
聖王以〇民 10/87/12
造父以〇馬 10/87/12
醫駱以〇病 10/87/13
故〇國樂其所以存 10/88/26
而〇道通矣 10/89/4
〇國〔者〕辟若張瑟 10/91/21
何以〇魯 11/94/10
何以〇齊 11/94/11
故堯之〇（夫）〔天〕
下也 11/95/6
〇國若虛 11/95/15
凡（以物）〇物者不以
物 11/95/20
〇（睦）〔和〕者不以
（睦）〔和〕 11/95/20
〇人者不以人 11/95/21
〇君者不於君 11/95/21
〇欲者不於欲 11/95/21
〇性者不於性 11/95/22
〇德者不以德 11/95/22
以〇身則危 11/96/5
以〇國則亂 11/96/5
〇世之道也 11/97/16
魯〇禮而削 11/98/2
又何以窮至〇之本哉 11/98/22
曰禮義足以〇天下 11/98/24
不能為〇亦明矣 11/99/17
扁鵲以〇病 11/99/23
而湯、武之所以為〇 11/100/2
非巧冶不能以〇金 11/100/4
〇大國若烹小鮮 11/100/23
親母為其子〇扢禿 11/101/4
〇世之（體）〔職〕易
守也 11/101/16
而〇世不以責於民 11/101/23
而〇世不以為民化 11/101/24
而〇世不以為民業 11/101/25
故國〇可與愚守也 11/102/6
〇國之道 11/103/19
官無煩〇 11/103/19
無益於〇 11/103/22
弗能〇也 11/104/4
故世〇則小人守正 11/104/23
〔夫〕〇國（有）〔在〕
禮 12/106/5
〇國奈何 12/109/27
何明於〇身 12/109/27
而不明於〇國 12/109/27
臣未嘗聞身〇而國亂者
也 12/109/28
未嘗聞身亂而國〇者也 12/109/29
14/133/5
百姓之〇亂 12/110/10
使之〇城 12/111/12
城〇而後攻之 12/111/12
昔善〇國家者 12/112/4
（始）〔〇〕人之所
（本）〔去〕 12/112/7
宰相、所使〇國家也 12/112/21
〇國立政 12/113/11
（止）〔心〕杯〇 12/116/16
（季）〔宓〕子〇亶父
三年 12/116/21
丘嘗問之以〇 12/116/25
〇國有常 13/121/3
百家殊業而皆務（〇於
〔於〇〕 13/121/8
〇（人）之具也 13/121/25
而非所以為〇也 13/121/25
20/215/22
則可以正〇矣 13/121/27
〇既弊之民 13/122/2
欲以神農之道〇之 13/122/4
古之所以為〇者 13/122/9
然而立政者不能廢法而
〇民 13/122/11
〔心〕不知〇亂之源者 13/122/17
知法〇所由生 13/122/20
不知法〇之源 13/122/21
以為非此不〇 13/122/22
是以盡日極慮而无益於
〇 13/122/24
夫存危〇亂 13/122/26
以五音聽〇 13/123/27
此皆達於〇亂之機 13/126/10
（名）〔〇〕也 13/126/24
故聖人守約而〇廣者 13/129/10
亂國之〇 13/131/28
无事而〇者 14/132/20
失其所以〇則亂 14/132/20
未嘗聞身〇而國亂者也 14/133/5
〇心術則不（忘）〔妄〕
喜怒 14/133/8
不可以事〇也 14/133/13
為〇之本 14/133/19
能〇其家者必不遺其身 14/134/1
必能〇天下者 14/134/15
〇官理民者 14/134/16
有以欲〇而亂者 14/134/25
無為而〇 14/135/2
〇國者 14/135/4
故〇未固於不亂 14/135/6
而事為〇者 14/135/7
則〇不（脩）〔循〕故 14/136/2
〇不脩故 14/136/3
以慧〇國者 14/136/14
始於〇 14/136/15
孰弗能〇 14/136/15

道可以自○ 14/136/18
故無為而自○ 14/136/24
弗能○ 14/136/25
不若內○而待時 14/136/27
君執一則○ 14/137/6
而莫足以○天下 14/137/17
凡○身養性 14/137/27
以○天下 14/139/26
日有餘而○不足〔者〕 14/139/28
可以○家 14/140/17
而不可以○國 14/140/17
非易不可以○大 14/140/20
故其身○者 14/142/6
而樂其身之○（也）〔者〕 14/142/9
又況○人乎 15/143/10
內政○也 15/144/12
○國家 15/145/1
今夫天下皆知事○其（未）〔末〕 15/145/7
兵甲○ 15/145/13
行輜○ 15/145/15
國孰○ 15/146/25
○以（持）〔待〕亂 15/148/14
不攻其○ 15/149/1
能○五官之事者 15/150/18
己未能○也 15/152/5
同莫足以相○也 15/152/6
○為亂奇 15/152/8
○壁壘 15/152/22
國不可從外○也 15/153/17
軍无後○ 15/153/25
人無為則○ 16.6/154/21
無為而○者載無也 16.6/154/21
聖人終身言○ 16.8/154/28
常○無病之病 16.24/156/18
常○無患之患 16.24/156/19
故同不可相○ 16.46/158/18
○疽不擇善惡醜肉而并割之 16.73/160/27
割脣而○齲 16.74/160/29
○國之俗有可非者 16.115/164/25
以成楚國之○ 16.142/167/9
○國者若鎒田 16.147/167/23
為醫之不能自○其病 16.151/168/4
以一（出）〔世〕之度
制○天下 17.1/168/9
莫欲學○鬼 17.22/169/30
而皆欲學○人 17.22/169/30
為客○飯而自〔食〕藜藿 17.63/172/28
○鼠穴而壞里閭 17.78/173/28
巧（○）〔冶〕不能鑄木 17.225/184/7
○之者醫 17.243/185/16
○祭者庖 17.243/185/16
握要而○詳 18/185/24
國家之○亂 18/186/12
平○水土 18/189/13,19/202/23
西〔門〕豹○鄴 18/192/8
翟璜任子○鄴 18/192/9
〔而〕事○求贍者 19/203/10
卒勝民（○）全 19/207/14
密子○亶父 20/211/28
聖人之○天下 20/212/7
而後人事有○也 20/212/11
以○人倫而除暴亂之禍 20/213/2
分職而○之 20/213/6
此○之紀綱已 20/213/7
堯○天下 20/213/7
不顧政○ 20/213/15
以辯○百官 20/213/15
得本則○ 20/214/7
而所○者淺矣 20/215/2
○大者道不可以小 20/215/4
夫事碎、難○也 20/215/5
故无益於○而有益於煩者 20/215/7
事省、易○也 20/215/8
可以○小 20/215/14
而未可以○大也 20/215/14
而天下○ 20/215/19
故法者、○之具也 20/215/22
○身 20/216/5
○國 20/216/5
此○之（上）〔本〕也 20/216/7
此○之（未）〔末〕也 20/216/8
夫欲○之主不世出 20/216/9
而可與興○之臣不萬一 20/216/9
不○其性也 20/216/12
三代之法不亡、而世不○者 20/216/23
故法雖在、必待聖而後
○ 20/216/24
不可○也 20/217/4
无法不可以為○也 20/217/5
而○亂可見也 20/217/27
伊尹憂天下之不○ 20/218/3
故為○之本 20/219/3
身弗能○ 20/219/11
通於○亂之本 20/221/4
○之所以為本者、仁義也 20/221/6
人之於○也 20/221/11
故仁義者、○之本也 20/221/11
而務○其末 20/221/12
○之儀表也 20/221/20
非○之大本 20/221/21
故上下異道則○ 20/222/14
小辯害○ 20/222/15
至○寬裕 20/222/16
而不知○亂之本也 20/222/20
○由文理 20/223/12
上无煩亂之○ 20/223/13
守約以○廣 21/224/2
解喻○亂之體也 21/225/26
○倫理之序 21/226/15
以經緯○道 21/226/16
○之大本 21/226/21
故○三年之喪 21/227/27
各自○其境內 21/228/16

炙 zhì 4

吾安知夫刺（○）〔炙〕而欲生者之非或也 7/56/15
煎熬焚○ 8/65/12
煎熬燎○ 11/99/25
見彈而求鴞○ 16.106/163/30

陁 zhì 1

岸峭者必○ 10/91/18

致 zhì 88

含德之所○ 1/1/17
非○遠之（術）〔御〕也 1/3/9
何足以○之也 1/4/22
故能○其極 2/17/10

而求其〇千里也 2/18/9
土龍〇雨 4/34/26
〇歡欣 5/40/21
堅〇為上 5/45/20
而水火可立〇者 6/50/19
各〇其愛而無憾恨其間 8/66/14
非強〔引〕而〇之〔也〕 8/66/15
雖〇之三年 8/66/17
所以〇和〔也〕 8/66/26
何足以〇之 9/68/23
功之所〇也 9/70/28
雖造父不能以〇遠 9/72/4
務〇其公迹也 9/73/3
非寧靜無以〇遠 9/74/13
足不勞而〇千里 9/75/6
取道〇遠 9/76/3
則歷險〇遠 9/76/13
無御相之勞而〇千里者 9/77/4
有所以〇之也 9/79/16
愚惑之所〇也 9/81/3
猶中衢而（〇）〔設〕尊邪 10/83/2
故唐、虞日孳孳以〇於王 10/88/18
桀、紂日快快以〇於死 10/88/18
而心〇之精 10/92/7
其衣（〇）煖而無文 11/93/28
其於以〇雨 11/94/29
言不〇魚於（水）〔木〕 11/95/4
為刻削者曰〇其鹹酸而已矣 11/100/23
此所慕而〔無〕不（能）〇也 11/101/9
而與轂〇千里 11/101/11
七年而〇政成王 11/102/21
吾以為各〇其所極而已 11/103/2
伯夷、叔齊非不能受祿任官以〇其功也 11/103/5
〇其所蹠 11/103/16
因而（〇）〔攻〕之 12/106/17
故〇數輿無輿也 12/108/15
〇虛極 12/117/26
民以〇遠而不勞 13/120/14
周公屬籍〇政 13/121/19
欲得宜適〇固焉 13/122/23
此剛猛之所〇也 13/123/10
求而〇之 14/140/7
此湯、武之所以〇王 15/143/19
造父不能以〇遠 15/151/9
欲〇之 16.34/157/14
而下〇舩 16.51/159/4
其出〇釋駕而僵 16.68/160/17
與之〇千里 16.84/161/27
明其火者、所以燿而〇之也 16.113/164/18
欲〇魚者先通水 16.113/164/19
欲〇鳥者先樹木 16.113/164/19
故莫之能〇 17.9/168/29
除小害而〇大賊 17.26/170/7
〇千里而不飛 17.30/170/15
冠則戴（〇）〔攱〕之 17.36/170/27
造父之所以追速〇遠者 17.71/173/12
豈能〇千里哉 17.132/177/24
形勢所〇者也 17.183/181/12
千里可〇 17.198/182/14
山〇其高而雲〔雨〕起焉 18/189/10
水〇其深而蛟龍生焉 18/189/10
君子〇其道而福祿歸焉 18/189/10
歸〇命其父 18/189/24
適足以〇之 18/197/10
暴亂之所〇也 18/199/2
何功名之可〇也 18/199/11
以〇聰明 19/202/23
服習積貫之所〇 19/206/18
心〇憂愁勞苦 19/207/24
不可以筋力〇也 20/210/23
天〇其高 20/211/9
地〇其厚 20/211/9
〇其高崇 20/211/12
非法之所能〇也 20/212/2
化之所〇也 20/217/8
乃相率（而為〇勇）〔為勇而〇〕之寇 20/219/23
各〇其死 20/219/24
車有勞軼動靜而后能〇遠 20/222/13
能〇千里者 20/222/13
人〇其功 21/225/10
〇高崇 21/226/15
固欲〇之不言而已也 21/227/10
約重〇 21/228/17

挃 zhì 1

不若捲手之一〇 15/149/9

秩 zhì 3

（令）〔合〕百縣之〇芻 5/42/11
收祿〇之不當 5/45/1
收〇薪 5/46/25

桎 zhì 2

去〇梏 5/39/22
束（縳）〔縛〕〇梏 13/127/4

袟 zhì 1

是以天子〇而祭之 13/131/9

窒 zhì 3

民多（齀）〔鼽〕〇 5/45/4
通窮〇 5/47/15
而通行貫扃萬物之〇塞者也 21/226/1

猘 zhì 2

則因〇狗之驚以殺子陽 13/123/10
〇狗不自投於河 17.179/181/4

智 zhì 178

不設〇故 1/2/13
偶蹉〇故 1/4/5
偃其〇故 1/4/23
依道廢〇 1/6/29
冀以過人之〇植（于高）〔高于〕世 1/10/4
暴行越〇於天下 2/15/24
是故神者〇之淵也 2/16/8
（淵）〔神〕清則〇明矣 2/16/8
〇者、心之府也 2/16/9
〇公則心平矣 2/16/9
〇（終）〔絡〕天地 2/17/5
世亂則〇者不能獨治 2/18/8
雖有明〇 6/51/8

故以〇為治者	6/51/9
而〇故消滅也	6/53/8
近者獻其〇	6/54/4
其〇不萌	7/57/22
飾〇以驚愚	8/62/26
〔〇〕能愈多而德愈薄矣	8/62/28
〇之所不知	8/63/4
（拘）〔抱〕无窮之〇	8/63/23
而〇故不得雜焉	8/64/26
〇不出於四域	9/67/17
〇詐萌興	9/68/2
〇者弗能誦	9/68/16
故為治者〔〇〕不與焉	9/69/20
是故道有〇則惑	9/69/23
故〇不足以治天下也	9/70/4
〇不足以為治	9/70/6,9/76/28
眾〇之所為	9/70/8
〇不足以安危	9/71/3
無愚〇賢不肖	9/71/7
御眾〇以為馬	9/71/8
乘眾人之〇	9/71/12
不行其〇	9/71/15
无愚〇賢不肖莫不盡其能者	9/71/22
文王〇而好問	9/71/23
夫乘眾人之〇	9/71/24
而眾〇之所為	9/72/6
為〇者務為巧詐	9/73/6
〇伯伐中行氏	9/73/16
豫讓背其主而臣〇伯	9/73/16
〇伯與趙襄子戰於晉陽之下	9/73/16
有小〇者不可任以大功	9/74/22
以天下之〇慮	9/75/1
是故賢者盡其〇	9/75/4
莫不欲總海內之〇	9/75/8
則管、晏之〇盡矣	9/76/6
是以人臣藏〇而弗用	9/76/23
則〇日困而自負其責也	9/76/27
〔而〕〇弗能解也	9/77/2
怯服勇而愚制〇	9/77/18
〇欲員而行欲方	9/79/27
〇欲員者	9/80/2
於是略〇博聞	9/80/20
則聖人之〇員矣	9/80/20
〇過於萇弘	9/80/22
夫聖人之〇	9/80/27
愚人之〇	9/80/27
吳起、張儀〇不若孔、墨	9/81/1
不可謂〇	9/81/6,13/127/4
〇者、不可或也	9/81/7
〇者	9/81/8
此人〇之所合而行也	9/81/9
此〇者之所獨斷也	9/81/10
故仁〇〔有時〕錯	9/81/10
〇者盡備之	9/81/17
此〇者所以寡患也	9/81/17
故〇者先忤而後合	9/81/18
無愚〇賢不肖皆知其為義也	9/81/24
莫急於〇	9/81/27
而無仁〇以為表幹	9/81/29
不〇而辯慧（懷）〔懁〕給	9/81/30
明乎〇	10/84/4
多憂害〇	10/88/24
通〇得（勞）而不勞	10/90/16
萇弘以〇困	10/91/1
能以〇〇	10/91/1
而未能以〇不〇也	10/91/1
為是謂人〇不如鳥獸	10/91/5
〇者有所不足	11/94/25
氣亂則〇昏	11/96/14
（〇昏）〔昏〇〕不可以為政	11/96/14
賢於〇伯之大鍾	11/96/23
遺形去〇	11/99/14
其〇不閎者	11/99/21
人〇之美也	11/101/24
則飾〇而詐上	11/102/11
以勝患為〇	11/103/1
王子比干非不（〇）〔知〕（箕子）被髮佯狂以免其身也	11/103/4
〇伯有三晉而欲不贍	11/103/11
利害在命不在〇	11/104/15
〇也	12/114/27
絕聖棄〇	12/114/29
〇慮之蕩於內	12/117/13
勞形竭〇而无補於主也	13/122/25
非〇不能	13/122/26
〇伯以三晉之地擒	13/124/24
不為〇主	14/132/18
天下不可以〇為也	14/133/13
失道則〇者不足	14/133/15
釋道而任〇者必危	14/134/24
故〇不足免患	14/134/25
不以〇見譽	14/135/17
有〇而無為	14/135/21
與無〇者同道	14/135/21
其〇也	14/135/22
有〇若無〇	14/135/23
〇者不以位為事	14/137/6
君好〇	14/137/13
天下之物博而〇淺	14/137/13
獨任其〇	14/137/14
故好〇、窮術也	14/137/14
仁〇勇力	14/137/17
不稱〔〇〕也	14/138/5
（在）〔任〕〇則人與之訟	14/138/9
未有使人無〇者	14/138/10
有使人不能用其〇於己者也	14/138/10
〇遽於事	14/139/2
棄〇則道立矣	14/139/20
有〇而無術	14/139/22
非以〇〔也〕	14/140/9
故仁義〇勇	14/141/11
恒有不原之〇、不道之道	15/145/12
〇伯有千里之地而亡者	15/146/22
力敵、則〇者勝愚	15/146/24
（者）〔〇〕侔、則有數者禽無數	15/146/24
〇見者人為之謀	15/147/3
則〇者為之慮	15/153/23
用〇如此	16.74/160/31
〇所知者褊矣	17.4/168/18
行一棊不足以見〇	17.85/174/12
居〇所為	18/185/26
行〇所之	18/185/26
事〇所秉	18/185/26
動〇所由	18/185/26
（比）〔此〕愚〇之所以異也	18/186/9
曉（自然）〔然自〕以為〇（知）存亡之樞機、禍福之門戶	18/186/10
張武教〇伯奪韓、魏之地而擒於晉陽	18/187/6

〇伯求地於魏宣子 18/188/22
〇伯之強 18/188/23
於是〇伯乃從韓、魏圍襄子於晉陽 18/188/26
擒〇伯而三分其國 18/188/27
〇伯侵地而滅 18/189/17
何謂貴〇 18/190/26
括子之〇得矣 18/191/3
〇伯率韓、魏二國伐趙 18/191/20
無為貴〇 18/191/22
今〇伯率二君而伐趙 18/191/23
〇伯（人）〔之〕為人也 18/191/25
決水灌〇伯〔軍〕 18/192/1
〇伯軍救水而亂 18/192/1
大敗〇伯軍 18/192/2
張武為〇伯謀曰 18/193/17
又教〇伯求地於韓、魏、趙 18/193/18
以擊〇氏 18/193/20
〇伯是也 18/193/21
昔者〇伯驕 18/194/1
烏鵲之〇也 18/197/22
而后稷之〇不用 19/203/13
禹、湯之〇不能逮 19/205/24
聖〇之迹 19/206/11
五伯與我齊〇 19/209/10
蒙愚惑之〇 19/209/17
不可以〇巧為也 20/210/23
〇者得以志（遠）〔事〕 20/213/16
故大較易為〇 20/215/6
〇者弗行也 20/215/8
无三代之〇也 20/216/23
〔故〕臧武仲以其〇存魯 20/216/28
諸有〇者皆學焉 20/220/25
而民多〇巧 21/228/10

彘 zhì 20

時主〇 4/35/11
〇故四月而生 4/35/11
天子以〇嘗麥 5/41/10
食黍與〇 5/45/11,5/46/3
其畜〇 5/45/12,5/46/4,5/46/23
食（麥）〔黍〕與〇 5/46/22
狗〇吐菽粟於路而無忿爭之心 6/52/20
〇不朞年不得食 9/79/15
饗大高者而〇為上牲 13/130/20
夫饗大高而〇為上（性）〔牲〕者 13/130/22
非〇能賢於野獸麋鹿也 13/130/22
以為〇者 13/130/23
尸（雖能）剝狗燒〇 14/140/1
薰燧而負〇 16.72/160/25
狗〇不擇甂甌而食 17.9/168/29
牛（蹏）〔蹏〕〇顱亦骨也 17.52/172/4
野〇有艽莦、槎櫛 19/206/5

稚 zhì 1

衛之〇質 19/205/24

置 zhì 22

〇猨檻中 2/18/9
故〇一而十一 3/25/22
則〇從此南至日下里數 3/32/3
〔毋〕〇城郭 5/39/10
〇餘糧於晦首 8/63/10
〇堯以為天子 8/63/14
雖馳傳騖〇 9/69/1
古之〇有司也 9/75/18
舉動廢〇 9/80/4
故堯〇敢諫之鼓也 9/80/10
葬牆〇翣 11/98/4
縱而〇之 12/114/11
王欲〇后而未定 12/116/1
〇邊吏 12/117/17
周人牆〇翣 13/120/22
〇鞀 13/123/27
〇酒之日而言上（冢）〔冢〕 16.139/167/1
〇之而全 17.78/173/28
〇之冥室之中 17.80/174/1
〇之前而不摯 18/185/26
相〇桀駿以為將 18/197/16
故〇之尋常而不塞 21/228/31

雉 zhì 8

天子以（〇）〔雛〕嘗黍 5/41/22
〇入大水為蜃 5/45/11
〇雊 5/46/21
掩〇不得 6/54/14
夫狐之（捕）〔搏〕〇也 18/202/5
〇見而信之 18/202/6
〇亦知驚憚遠飛 18/202/7
郊〇皆呴 21/228/14

跱 zhì 1

鵠〇而不食 19/207/18

寘 zhì 1

〇彼周行 2/18/14

滯 zhì 16

是故能天運地〇 1/1/10
非謂其底〇而不發 1/5/15
不〇于五藏 1/8/5
其中地而凝〇 2/13/8
無所凝〇 2/16/27
血脈無鬱〇 2/17/9
重濁者〇凝而為地 3/18/20
流而不〇 5/49/5
陰陽（之）所壅、沈〔〇〕不通者 6/53/1
非謂其凝〇而不動也 9/75/20
凝〇而不化 13/126/2
當者莫不廢〇崩阤 15/147/15
无所疑〇 15/149/23
邪氣无所留〇 20/211/19
乃以穿通窘〇 21/224/24
使之无凝竭底〇 21/227/14

製 zhì 1

〇度 5/48/24

誌 zhì 1

而不可以照（〇）〔認〕 10/84/5

摯 zhì 3

鷹隼蛰○	5/42/19
鷹隼未○	9/79/13
夫飛鳥之○也俛其首	15/150/23

質 zhì 25

○直皓白	1/4/5
則後者之弓矢○的也	1/5/13
莫不○良	5/42/13
是故○壯輕足者為（申）〔甲〕卒千里之外	6/53/22
○真而素樸	8/61/6
必有其○	8/66/4
抱○（放）〔效〕誠	9/69/11
仁以為○	9/81/27
有愚○者不可與利器	9/82/2
尚○也	10/84/18
文不勝○之謂君子	10/84/18
懷情抱○	10/86/3
夫素之○白	11/95/27
以弇其○	12/119/27
北面委○而臣事之	13/121/19
而立名於為（○）〔賢〕	14/136/2
故文勝則○掩	14/136/15
見其文者蔽其○	14/138/18
無須臾忘〔其〕為（○）〔賢〕者	14/138/18
○有（之）〔定〕也	14/141/25
少（自）〔有〕其○	17.156/179/14
○的張而弓矢集	17.183/181/12
○有餘也	17.226/184/9
衛之稚○	19/205/24
抑黑○	19/205/24

駤 zhì 1

而人謂之○	19/205/10

穉 zhì 1

○稼不得育時	2/18/7

輊 zhì 1

置之前而不○	18/185/26

擿 zhì 2

（樀）〔○〕蚌蜃	8/61/13
○齒易貌	9/73/18

櫛 zhì 3

若○髮耨苗	15/143/3
○扶風	19/202/22
野彘有艽莦、槎○	19/206/5

鷙 zhì 9

鷹鵰搏○	1/3/18
○鳥不搏黃口	3/22/2
○鳥不妄搏	6/52/21
○鳥攫老弱	6/52/25
句爪、居牙、戴角、出距之獸於是○矣	8/61/23
是故人主好○鳥猛獸	9/73/27
為○禽猛獸之害傷人而无以禁御也	13/120/14
○鳥不雙	17.99/175/11
鷹（集）〔隼〕○則眾鳥散	17.191/181/29

中 zhōng 371

立於○央	1/1/10
故機械之心藏於胸○	1/3/4
欲宍之心亡於○	1/3/6
〔而〕不能見淵○之魚	1/3/10
是故好事者未嘗不○	1/4/12
在○以制外	1/5/2
凡人、○壽七十歲	1/5/10
員不○規	1/6/17
方不○矩	1/6/17
是故以○制外	1/7/8
○能得之	1/7/8
○之得	1/7/9
空穴之○	1/7/25
是故內不得於○	1/8/4
無主於○	1/8/6
從○出者	1/8/6
夫內不開於○而強學問者	1/8/8
隱于榛薄之○	1/8/28
逍遙于廣澤之○	1/9/1
在於○則忘於外	1/9/25
動靜不能○	1/10/1
而蹪蹈于污壑弃陷之○	1/10/2
形閉○距	1/10/5
古之人有處混冥之○	2/11/18
○至優游	2/11/25
○徙倚无形之域而和以天地者乎	2/12/6
一身之○	2/13/2
金踊躍于鑪○	2/13/8
其○地而凝滯	2/13/8
冥冥之○獨見曉焉	2/14/1
寂漠之○獨有照焉	2/14/2
然其〔一〕斷在溝○	2/14/14
（一）比犧尊〔於〕溝○之斷	2/14/14
至精亡於○	2/14/15
神無虧缺於胸臆之○矣	2/16/3
獸走叢薄之○	2/18/3
身（蹈）〔陷〕于濁世之○	2/18/8
置猨檻○	2/18/9
○央曰鈞天	3/19/22
○央	3/20/3
○央為都	3/21/1
日冬至則斗北○繩	3/21/18
日夏至則斗南○繩	3/21/18
日○而景丈三尺	3/22/1
加十五日指卯○繩	3/22/16
加十五日指酉○繩	3/22/24
道在○央	3/24/11
是謂隅○	3/24/16
是謂正○	3/24/16
○充大也	3/25/7
繩居○央	3/25/14
〔○人之度也〕	3/26/15
（○人之度也）	3/26/16
刑不得入○宮	3/27/19
則定東方兩表之○	3/31/11
日出東○	3/31/12
入西○	3/31/12
入前表○一寸	3/31/17
此處南北○也	3/31/21,3/31/21

林○不賣薪 11/104/21
若以石投水（○） 12/105/21
日○不須臾 12/107/8
擊之不○ 12/107/18
擊之而不○ 12/107/19
域○有四大 12/109/9
○山公子牟謂詹子曰 12/109/21
○山公子牟曰 12/109/22
不如守○ 12/110/19
故霸○國 12/111/7
○牟入齊 12/111/9
君誅○牟之罪 12/111/10
○牟聞其義 12/111/12
其○有精 12/113/19
其○有信 12/113/19
○子旦恭儉而知時 12/114/12
夫意而○藏者 12/114/26
薛公欲○王之意 12/116/1
子○州之民 12/116/10
遂入雲○ 12/116/16
○夜夢受秋駕於師 12/117/23
至於○流 12/118/2
此江○之腐肉朽骨 12/118/5
舩○〔之〕人盡活 12/118/6
〔其〕○行、知氏〔乎〕 12/118/26
其○則正 12/119/15
日○而移 12/119/17
而靡不○音 13/120/26
（音）〔言〕有本主於○ 13/120/26
其不能○權 13/121/22
此（本无）〔无本〕主於○ 13/123/11
○有本主以定清濁 13/123/14
〔○厭目而擒之〕 13/125/18
方於卒迫窮遽之○也 13/126/1
故目○有疵 13/126/27
喉○有病 13/126/27
刎頸於陳○ 13/127/1
然而管仲免於束縛之○ 13/127/5
解于累紲之○ 13/128/3
為是釋度數而求之於朝肆草莽之○ 13/128/6
齊威王設大鼎於庭○ 13/128/27
而盜金於市○ 13/129/27
物物者亡乎萬物之○ 14/132/13
聽獄制○者 14/134/17
有一人在其○ 14/134/20
獨立○央 14/135/11
故處眾枉之○ 14/135/11
妄為而要○ 14/136/4
百步之○不忘其〔為〕容者 14/138/19
○未嘗平 14/139/3
○則以為候 14/140/12
員之○規 14/140/16,19/207/26
方之○矩 14/140/16,19/207/26
○立其所 14/141/28
故○心常恬漠 14/142/13
葬其骸於曠野之○ 14/142/16
故（不）〔人〕得不○絕 15/142/27
宇○六合 15/144/17
則格的不○ 15/144/20
○分天下 15/146/3
風雨擊於○ 15/146/15
在○虛神 15/147/8
○得人心 15/149/27
及至○將 15/149/28
見瓶○之冰而知天下之寒暑 15/150/14
羿不能以必○ 15/151/9
主雖射雲○之鳥 15/151/20
○察人情 15/151/24
發必○詮 15/151/29
解必○揍 15/151/29
莫見其所○ 15/152/2
○隱之人 15/152/12
軍不可從○御也 15/153/17
卒論斷於軍○ 15/153/25
○勝二年 15/153/27
則○不平也 16.22/156/13
於利之○則爭取大焉 16.36/157/20
於害之○則爭取小焉 16.36/157/21
欲滅迹而走雪○ 16.40/158/1
池○魚為之殫 16.50/159/1
升在石之○ 16.56/159/17
夜在歲之○ 16.56/159/17
不○員呈 16.76/161/4
受光於戶照室○無遺物 16.82/161/21
轉轂之○ 16.84/161/27
而畜火井○ 16.88/162/8
有先○○者也 16.89/162/12
已自足其○矣 16.99/163/8
在洿泥之○ 16.116/164/28
（猶）〔然〕良馬猶在相之○ 16.120/165/11
鵠矢○蝟 16.124/165/23
睹瓶○之冰 16.133/166/17
○流遺其劍 17.1/168/9
故禍○有福也 17.31/170/17
百發之○必有羿、逢蒙之巧 17.51/172/1
雖○節而不可聽 17.61/172/23
○易測 17.65/172/32
羿之所以射遠○微者 17.71/173/12
置之冥室之○ 17.80/174/1
土○有水 17.112/176/7
田○之潦 17.135/177/30
○夏用箑 17.142/178/15
○河使無度 17.161/179/26
水○有火 17.173/180/23
火○有水 17.173/180/23
數之則弗○ 17.227/184/12
欒書、○行偃劫而幽之 18/186/26
入幄○而聞酒臭 18/187/21
魏將樂羊攻○山 18/188/7
其子執在城○ 18/188/7
城○縣其子以示樂羊 18/188/7
○山因烹其子 18/188/8
○山曰 18/188/9
無害子之慮無○於策 18/191/3
城（下）〔○〕緣木而處 18/191/20
城○力已盡 18/191/21
粗○而少親 18/191/25
○行穆伯攻鼓 18/192/22
〔人有〕牽牛〔而〕（蹊）〔徑〕〔於〕人之田〔○〕 18/193/13
○行文子最弱 18/193/17
於是伐范、○行 18/193/18
伐范○行而克之 18/194/1
必不能自免於（千）〔十〕步之○矣 18/194/26
夫燗火在縹烟之○也 18/195/8

陳成常果攻宰予於庭〇 18/195/15
秦牛缺徑於山〇而遇盜 18/197/1
〇國內郡輓車而餉之 18/197/12
而越人皆入叢薄〇 18/197/15
而不知難之從〇發也 18/197/20
荊佽非犯（河）〔江〕〇之難 18/199/24
〇反兩而笑 18/201/14
飛鳶適墮其腐鼠而〇游俠 18/201/14
憤於〇則應於外 19/204/10
木直〇繩 19/206/19
其曲〇規 19/206/19
故有符於〇 19/208/18
〇无主以受之 19/208/27
今以〇人之才 19/209/17
亂之楮（華）〔葉〕之〇而不可知也 20/210/27
執〇含和 20/211/3,21/226/17
（訟）〔說〕繆（匈）〔胸〕〇 20/211/19
惠此〇國 20/211/25
其所以〇的剖微者 20/212/3
故弩雖強不能獨〇 20/212/4
〇取法於人 20/212/27
〇考乎人德 20/213/2
樂羊攻〇山 20/214/19
〇山烹其子 20/214/19
員〇規 20/215/14
方〇矩 20/215/15
（而）〔亦〕猶弓矢、〇之具〔也〕 20/215/22
而非所以〇也 20/215/23
猶出林之〇不得直道 20/218/2
夷狄伐〇國 20/218/5
〇之者謂之君子 20/218/25
弗〇者謂之小人 20/218/25
今囚之冥室之〇 20/220/5
射者數發不〇 20/220/26
巧詐藏於胸〇 20/222/10
至〇復素 20/222/16
則百殘除而〇和作矣 20/223/13
〇通諸理 21/223/21
雖未能抽引玄妙之〇（才）〔哉〕 21/223/21
若轉丸掌〇 21/224/5
說符玄妙之〇 21/224/8
則終身顛頓乎混溟之〇 21/227/3
蠅漬其〇 21/227/15
宮〇成市 21/227/20
成王在褓繈之〇 21/227/28
交伐〇國 21/228/9
〇國之不絕如綫 21/228/9
桓公憂〇國之患 21/228/10
玄眇之〇 21/228/29

忠 zhōng 43

无所概於（〇）〔志〕也 2/12/12
臣盡其〇 8/66/14
人主貴正而尚〇 9/72/12
〇正在上位 9/72/12
〇者隱蔽矣 9/72/20
群臣黨而不〇 9/73/5
然而群臣（志達）〔達志〕效〇者 9/75/8
〔雖〕竭力盡〇 9/75/13
出〇於君 9/81/24
使陳〇孝行而知所出者鮮矣 9/81/24
雖〇來惡 10/83/8
皆可使〇信 10/84/7
〇也 10/84/28
〇信形於內 10/84/28
則君尊而臣〇 10/85/6
雖〇來患 10/86/4
驕溢之君无〇臣 10/92/24
是〇也 11/101/3
故趣（舍）合即言〇而益親 11/101/4
然而樂直行盡〇以死節 11/103/4
身危則（〇）〔忘〕其親戚 11/104/19
以刻下為〇 12/118/28
晏子可謂〇於上而惠於下矣 12/119/5
有道之君不知〇臣 12/119/10
有〇臣 12/119/12
此而不能達善效〇者 13/124/1
〇諫者謂之不祥 13/124/4
此所謂〇愛而不可行者也 13/125/20
是故〇之所在 13/125/25
大夫種知〇而不知謀 13/126/11
而為齊〇臣 13/127/12
而天下〔之〕為（〇之）臣者 13/128/26
莫不終〇於其君 13/128/27
主賢將〇 15/145/3
比干以〇靡其體 16.109/164/8
被誅者非必〇也 16.109/164/8
（君子）不貰〇信 18/191/12
〇臣不苟利 18/192/22
〇臣者務崇君之德 18/193/10
是故〇臣〔之〕事君也 18/193/26
而〇臣之所以事君也 18/198/18
可謂〇臣（也）〔矣〕 20/214/17
而未可謂〇臣（矣）〔也〕 20/214/18

終 zhōng 107

與萬物〇始 1/1/11
〇於無為 1/4/3
與萬物（始〇）〔〇始〕 1/6/7
曲〇而悲 1/8/3
〇身運枯形于連嶁列埒之門 1/10/1
相扶而得〇始 2/11/16
孟門、〇隆之山不能禁〔也〕 2/12/15
是故躊躇以〇 2/14/18
不若尚羊物之〇（也）始 2/16/1
智（〇）〔絡〕天地 2/17/5
抱德以〇年 2/17/9
清之〇日 2/17/21
一千五百二十歲大〇 3/21/11
〔三〇〕 3/21/11
〇而復始 3/23/2,3/23/7,3/23/16,3/25/5,15/144/6,16.84/161/27,21/224/19
七十二日而歲〇 3/23/19
一〇而建甲戌 3/26/26
二〇而建甲午 3/26/26
三〇而復得甲寅之元 3/26/26
〇九 3/27/27
故八徙而歲〇 3/27/28
鈍悶以〇 6/51/20
孔乎莫知其所〇極 7/54/26
夫人之所以不能〇其壽命而中道夭於刑戮者 7/56/10

以○其命 7/57/6
反覆○始 7/57/23
○始若環 7/58/2
○則反本（末）〔未〕生之時 7/59/23
○始無端 7/60/3,9/80/2
故○身為悲人 7/60/8
而欲脩生壽○ 7/60/15
故莫能○其天年 7/60/20
不議所○ 8/61/9
○始虛滿 8/64/8
故閉四關則〔○〕身無患 8/64/27
○日馳騖 8/65/8
歲○獻功 9/67/18
然而不能○其天年者 9/68/5
而威王○夕悲 9/69/4
○身傷 9/72/17
○必利也 9/81/15
愚者始於樂而○於哀 9/81/18
斯知○矣 10/84/14
故○年為車 10/84/18
○而後知其可大也 10/85/24
行之○也 10/86/14
○身為善 10/89/12
○身為不善 10/89/13
○不私其利矣 10/89/21
唯聖人見其始而知其○ 10/90/1
見所始則知所○ 10/91/15
聖人之見○始微（言）〔矣〕 11/94/14
夫儒、墨不原人情之○始 11/97/17
故○身隸於人 11/101/12
則○身不家矣 11/102/8
〔取〕（尤）〔左〕人、○人 12/107/6
○身不勤 12/116/3
○日行 12/116/17
每○改調 13/121/24
○亂 13/122/21
故○身而无所定趨 13/123/12
太史令○古先奔於商 13/124/20
桀、紂之所以處彊大而〔○〕見奪者 13/125/5
是以○身行而无所困 13/126/19
則○身為破軍擒將矣 13/127/1
○不盜刀鉤 13/128/16
○不利封侯 13/128/17
莫不○忠於其君 13/128/27
○身不悔 14/139/2
○身不瘖 14/140/12
其○（本）〔卒〕必調 14/141/4
〔聖人〕見所始則知〔所〕○矣 14/141/16
○以其無用者為用矣 16.6/154/23
聖人○身言治 16.8/154/28
無始無○ 17.3/168/16
雖不能與○始哉 17.39/171/3
○日言必有聖之事 17.51/172/1
篙○而以水為測 17.87/174/16
甑○不墮井 17.160/179/24
○日采而不知 17.167/180/10
然而○於身死國亡 18/187/1
○身不反 18/193/6
〔太宰子朱〕之見○始微矣 18/196/15
故「君子○日乾乾 18/198/28
○日乾乾 18/198/28
〔然〕不○其壽 18/199/16
○和且平 20/211/5
而觀行者於其○也 20/218/10
見其○始 20/221/4
豈得无○始哉 20/221/11
必察其○始 20/222/4
繁然足以觀○始矣 21/223/22
而與之○身 21/224/4
窮逐○始之化 21/224/7
擘畫人事之○始者也 21/225/17
標舉○始之壇也 21/226/5
故言道而不明○始 21/226/24
言○始而不明天地四時 21/226/25
則○身顛頓乎混溟之中 21/227/3

鍾 zhōng 89

夫建○鼓 1/7/28
是猶無耳而欲調○鼓 1/8/11
譬若○山之玉 2/12/10
音比（黃○）〔應○〕 3/22/12
音比（應○）〔無射〕 3/22/13
音比（夷則）〔林○〕 3/22/15
音比（林○）〔蕤賓〕 3/22/16
音比（姑洗）〔夾○〕 3/22/18
音比（夾○）〔太簇〕 3/22/19
音比（大呂）〔黃○〕 3/22/20
音比黃○ 3/22/21,3/26/9
音比夾○ 3/22/23
音比林○ 3/22/25
音比應○ 3/22/27
人氣○首 3/22/28
律受夾○ 3/25/6
夾○者 3/25/6
律受林○ 3/25/9
林○者 3/25/9
律受應○ 3/25/12
應○者 3/25/12
應其○也 3/25/12
律受黃○ 3/25/12
黃○者 3/25/12
○已黃也 3/25/13
故黃○之律九寸而宮音調 3/25/19
故黃○之數立焉 3/25/20
○者 3/25/20
故曰黃○ 3/25/21
故曰十二○ 3/25/21
黃○大數立焉 3/25/23
黃○為宮 3/25/23,3/26/1
林○為徵 3/25/23
故黃○位子 3/26/1
下生林○ 3/26/1
林○之數五十四 3/26/1
下生應○ 3/26/3
應○之數四十二 3/26/3
上生夾○ 3/26/5
夾○之數六十八 3/26/5
姑洗生應○ 3/26/8
應○生蕤賓 3/26/8
音比（林○）〔應○〕 3/26/9
夾○之羽也 3/26/10
黃○之宮也 3/26/10
黃○之律脩九寸 3/26/13
律中夾○ 5/39/19
飾○磬 5/41/21
律中百○ 5/42/7
撞白○ 5/43/20,5/44/16
律中應○ 5/45/10
律中黃○ 5/46/2
夫仇由貪大○之賂而亡其國 7/60/27
大○鼎 8/65/9
乃（使）始為之撞大○ 8/66/11

乃始縣○鼓 9/78/16
而乃始撞大○ 9/78/23
賢於智伯之大○ 11/96/23
非不能陳○鼓 11/97/20
○鼓竽簫、絲竹金石以淫其耳 11/104/2
擊○鼓 12/114/16
懸○鼓磬鐸 13/123/27
諭寡人以義者擊○ 13/123/28
撞大○ 13/124/10
○鼓不解於縣 14/139/27
聲○竽 15/151/20
○之與磬也 16.29/157/1
近之則○音充 16.29/157/1
有竊其○負而走者 16.55/159/14
擊○磬者必以濡木 16.130/166/7
譬若黃○之比宮 17.15/169/13
毀○為鐸 17.181/181/8
今萬人調○ 18/200/12
撤○鼓之縣 18/200/16
是故○子期死 19/208/8
而不期於濫脅、號○ 19/208/25
故師曠之欲善調○也 19/209/9
鑄金而為○ 20/212/13
故有○鼓竽絃之音 20/212/14
○鼓不解於懸 20/215/20
不大○鼎者 20/219/9
破九龍之○ 20/219/22
族鑄大○ 21/228/13
一朝用三千○贛 21/228/14

螽 zhōng 1

則○蝗為敗 5/41/13

鐘 zhōng 8

撞白○ 5/43/2
撞巨○ 7/59/11
可以鼓○寫也 8/62/23
故○鼓管簫 8/66/3
昔晉平公（今）〔令〕官為○ 19/209/7
○成而示師曠 19/209/7
○音不調 19/209/7
必知○之不調〔也〕 19/209/9

冢 zhǒng 6

漢出嶓○ 4/37/18,16.83/161/24
乃命○宰 5/44/18
河上之丘○ 13/126/27
置酒之日而言上（冢）〔○〕 16.139/167/1
或謂（家）〔○〕 17.125/177/7

腫 zhǒng 1

岸下氣多（○）〔尰〕 4/34/21

種 zhǒng 22

加十五日指丙則芒○ 3/22/20
○始莢也 3/25/6
氣之所○也 3/25/20
五類雜○興乎外 4/38/6
勸○宿麥 5/44/2
令民出五○ 5/46/24
糞田而○穀 8/61/16
以時○樹 9/79/9
昏張中則務○穀 9/79/19
大火中則○黍菽 9/79/19
虛中則○宿麥 9/79/19
召公以桑蠶耕○之時弛獄出拘 10/90/21
大夫○輔翼越王句踐 13/126/9
大夫○知忠而不知謀 13/126/11
唯歐冶能名其○ 13/128/13
后稷播○樹穀 14/138/8
大夫○知所以強越 16.52/159/7
糞土○穀 18/189/15
三代○德而王 18/189/17
於是神農乃（如）〔始〕教民播○五穀 19/202/17
非必西施之○ 19/209/2
使五○各得其宜 20/212/9

踵 zhǒng 12

有跂○民、句嬰民、深目民、無腸民、柔利民、一目民、無繼民 4/37/2
機發於○ 7/58/19
夫舉○〔而〕天下（而）得所利 9/71/15
延頸舉○而望也 9/74/12
天下丈夫女子莫不延頸舉○而願安利之者 12/107/24
丹穴、太蒙、反○、空同、大夏、北戶、奇肱、脩股之民 13/123/23
足不旋○ 13/127/1
司寇之徒繼○於門 13/129/20
赴水火而不還○乎 15/150/8
猶繼○而生 19/205/14
不旋○運軌而死 19/207/14
死不還○ 20/217/8

仲 zhòng 54

然而奚○不能為逢蒙 2/13/16
太陰在四○ 3/20/8
音比（蕤賓）〔○呂〕 3/22/17
音比（○呂）〔姑洗〕 3/22/17
音比○呂 3/22/24
四○ 3/23/2
以至于○春二月之夕 3/24/8
律受○呂 3/25/7
○呂者 3/25/7
上生○呂 3/26/6
○呂之數六十 3/26/6
○呂之徵也 3/26/10
○春之月 5/39/18
○春行秋令 5/40/4
律中○呂 5/41/2
○夏之月 5/41/17
○夏行冬令 5/42/1
○秋之月 5/43/17
○秋行春令 5/44/8
○冬之月 5/46/1
○冬行夏令 5/46/15
○春與○秋為合 5/48/13
○夏與○冬為合 5/48/13
○春始出 5/48/14
○秋始內 5/48/14
○夏至修 5/48/15
○冬至短 5/48/15
（別）〔制〕觡（○）〔伸〕鉤 9/70/4
奚○為工〔師〕 11/95/7
雖十管○ 11/104/4

而〇其身 20/218/16
義〇於身也 20/218/27
身所〇也 20/218/27
欲知輕〇而无以 20/220/22
今〇法而棄〔仁〕義 20/221/14
不能任〇 20/221/16
〇莫若國 20/221/17
〇耳奔曹 20/222/22
聖人見（禍）福於〇閉
　之內 20/222/25
約〇致 21/228/17
韓國之新法〇出 21/228/21

眾 zhòng 164

益之而不〇 1/1/22
居前而〇弗害〔也〕 1/2/18
陸事寡而水事〇 1/3/24
說之者〇而用之者鮮 1/8/7
華誣以脅〇 2/15/16
聚〇不足以極其變 2/15/17
〇帝所自上下 4/33/19
曰〇女 4/34/2
毋聚〇 5/39/10
動〇興兵 5/42/15
及起大〇 5/46/5
〇民之野 5/47/22
廣大以容〇 5/49/1
〇雄而無雌 6/50/22
〇不暴寡 6/52/17
然則吾生也物不以益〇 7/56/19
〇人以為虛言 7/58/10
計人多少〇寡使有分數 8/61/25
旁薄〇宜 8/62/3
人〇而財寡 8/62/8
遂不言而死者〇矣 8/63/23
〇智之所為 9/70/8
是乘〇勢以為車 9/71/8
御〇智以為馬 9/71/8
而斟酌之者〇也 9/71/11
乘〇人之智 9/71/12
夫乘〇人之智 9/71/24
用〇人之力 9/71/24
〇人相一 9/71/25
乘〇人之制者 9/71/26
而〇智之所為 9/72/6
而賢〇口之辯也 9/72/28
有〇咸譽者無功而賞 9/73/4
〇暴寡 9/74/3,19/203/2
非慈厚無以懷〇 9/74/13
卑下〇人之耳目 9/74/27
盡〇人之力 9/75/8
養生於〇適 9/75/24
〇適合於人心 9/75/25
以〇為勢也 9/78/4
非〔能〕盡害海內之〇也 9/78/9
故堯為善而〇善至矣 9/79/24
桀為非而〇非來（也）
　〔矣〕 9/79/24
得要以應〇 9/80/5
〔物之可備者〕〇 9/81/16
盡〇益也 9/81/28
而加之以〇美 9/81/29
伎藝之〇 9/82/1
比於人心而（含）〔合〕
　於〇適者也 10/82/24
則（聖）〔貴〕者〇矣 10/86/21
〇人之所能為也 10/91/9
〇邪自息 10/93/1
倍是而從〇 10/93/1
伉行以違〇 11/94/20
而聽從者〇 11/95/9
游乎〇虛之閒 11/100/6
游乎心手（〇虛）之閒 11/100/8
而不可與〇同職也 11/101/26
不可（以）〔與〕〇同
　道也 11/101/26
然而樂離世伉行以絕〇 11/103/5
飾〇無用 11/103/28
乃發太府之貨以予〇 12/106/17
今〔魯〕國之富者寡而
　貧者〇 12/108/19
從者甚〇 12/109/2
以說於〇 12/115/27
禹無十人之〇 13/124/16
今謂（疆）〔彊〕者勝
　則度地計〇 13/124/21
訾行者不容於〇 13/127/16
〇人見其位之卑賤 13/128/1
乃始信於異〇也 13/128/3
〇人之所眩耀〔也〕 13/128/9
費少而勸〇 13/128/23
此賞少而勸（善）（者
　〇）〔〇者〕也 13/128/27
蚈足〇而走不若蛇 13/131/30
〇不若少者 13/131/30
所在而〇仰之 13/132/4
故能以〇不勝成大勝者 14/134/8
故處〇枉之中 14/135/11
不杖〇多而專用身才 14/137/15
〇人勝欲 14/137/20
事所與〇同也 14/138/12
容而與〇同 14/139/11
而不可以將〇 14/140/16
非簡不可以合〇 14/140/20
舉事以為人者〇助之 15/143/25
舉事以自為者〇去之 15/143/25
〇之所助 15/143/26
〇之所去 15/143/26
地廣民〇 15/145/3
夫兵之所以佐勝者〇 15/145/10
難（以）〔與〕〇同也 15/145/12
地廣人〇 15/145/23
〇破於柏舉 15/146/2
（大）〔度〕地計〇 15/146/3
德均、則〇者〔勝〕寡 15/146/24
〇見者人為之伏 15/147/4
〇而不相害 15/147/26
　17.151/179/4
雖〇為寡 15/147/27
三軍之〇 15/148/2
傷敵者〇 15/148/7
故〇聚而不虛散 15/148/11
人雖〇多 15/148/21
是故傷敵者〇 15/149/8
而欲以少耦〇 15/149/12
少可以耦〇 15/149/13
或將〇而用寡者 15/149/13
將寡而用〇者 15/149/14
若乃人盡其才、悉用其
　力、以少勝〇者 15/149/14
將〇者 15/149/18
況以三軍之〇 15/150/8
人雖〇 15/151/19
正三軍之〇 16.35/157/17
〇人見其位之卑賤 16.111/164/13
物固有〇而不若少者
　16.46/158/17
唯止能止〇止 16.86/162/1
而〇稱義焉 16.92/162/19
〇曲不容直 16.96/163/1

土 17.138/178/6
(而)水決九江而漸荊○ 18/195/9
流共工於幽○ 19/202/20
故九○不可頃畝也 20/211/1
乃裂地而○之 20/213/5
失道則以天下之大畏於冀○ 20/220/2

周 zhōu 145

○而復匝 1/1/12
觸不○之山 1/4/13
與萬物回○旋轉 1/5/1
貴其○於數而合於時也 1/5/15
夫日回而月○ 1/5/19
若○員而趨 2/11/13
其形雖有所小○哉 2/13/9
然未可以保於○室之九鼎也 2/13/9
譬若○雲之蘢蓯 2/13/13
施及○室(之衰) 2/15/14
○室衰而王道廢 2/15/15
寘彼○行 2/18/14
怒而觸不○之山 3/18/25
十二歲而○〔天〕 3/20/9
二十八歲而○〔天〕 3/20/15
閶闔風至四十五日不○風至 3/20/27
不○風至四十五日廣莫風至 3/20/27
不○風至則脩宮室 3/20/30
以○於天 3/21/7
十二歲而(大)○天 3/23/7
左○而行 3/27/29
柳、七星、張○ 3/28/13
子○ 3/28/23
○六十日 3/29/5
北門開以內不○之風 4/33/7
黃水三○復其原 4/33/8
西北方曰不○之山 4/34/8
有娀在不○之北 4/37/9
玄燿、不○、申池在海隅 4/37/11
不○風之所生也 4/37/27
○視原野 5/40/17
星○于天 5/47/1
○密而不泄 5/49/5,5/49/18
○旋若環 6/52/8
墜不○載 6/52/24
邪人參耦比○而陰謀 6/53/13
《○書》曰 6/54/14
趨翔○旋 7/60/7
比○朋黨 8/62/9
故○鼎著倕 8/62/28,12/118/13
堂大足以○旋理文 8/65/18
形有所不○ 9/72/7
並用○聽以察其化 9/73/2
朋黨○比 9/73/7
豈○(氏)〔民〕死節 9/73/20
○流五嶽 9/74/5
進退○游 9/76/13
則五尺童子牽而○四海者 9/78/3
文王○觀得(夫)〔失〕 9/80/19
○公慚乎景 10/85/10
○雖舊邦 10/86/3
固無物而不○ 10/87/12
太公望、○公旦 10/87/23
○政至 10/90/9
〔○〕室至乎澤 10/92/13
昔太公望、○公旦受封而相見 11/94/10
太公望問○公曰 11/94/10
○公曰 11/94/10
11/94/12,13/125/8
○公問太公曰 11/94/11
事○於能 11/94/19
○人之禮 11/98/6
小則窕而不○ 11/98/19
○公踐東宮 11/102/19
○公放兄誅弟 11/102/21
故事○於世則功成 11/102/22
不○於用 11/103/22
杜赫以安天下說○昭文君 12/108/12
願學所以安○ 12/108/13
則不能安○ 12/108/13
則○自安矣 12/108/14
見徐馮於○ 12/110/17
○伯昌(行)仁義而善謀 12/114/11
○伯昌改道易行 12/114/17
過○而東 12/115/22,13/125/15
○行四極 12/116/8
(○)〔三〕年不得見 12/118/17
○人殯於西階之上 13/120/21
夏后氏堲○ 13/120/21
○人牆置翣 13/120/22
○人祭於日出以朝 13/120/22
○《武象》 13/120/24
而以知矩(彠)〔矱〕之所○者也 13/120/26
苟○於事 13/121/4
○室廢、禮義壞而《春秋》作 13/121/8
○公〔之〕事文王也 13/121/15
○公繼文、(王)〔武〕之業 13/121/16
○公屬籍致政 13/121/19
○人盟 13/122/4
○變殷 13/122/20
春秋變○ 13/122/20
是猶持方柄而○員鑿也 13/122/22
文王處(歧)〔岐〕○之間也 13/124/16
言去殷而遷于○也 13/124/27
○公可謂能持滿矣 13/125/10
《○書》有言曰 13/125/12
道遇秦師於○、鄭之閒 13/125/16
昔者萇弘、○室之執數者也 13/126/5
○公有殺弟之累 13/126/25
然而○公以義補缺 13/126/25
(后稷)〔○棄〕作稼穡 13/131/12
○閉而外 14/134/3
乃謝耆老而(徒)〔徙〕岐○ 14/134/12
文王脩之(歧)〔岐〕○而天下移風 14/135/5
趨翔○(遊)〔旋〕 14/139/13
○公(散膞)〔殽臑〕不收於前 14/139/26
○錐鑿而為刃 15/146/9
動作○還 15/147/4
萇弘知○之所〔以〕存 16.52/159/7
○之簡圭生於垢石 16.110/164/11
○鼎不爨而不可賤 16.137/166/26
○八極 18/185/23
○室衰 18/189/16
或直於辭而不(害)

［〇］於事者 18/190/8
此所謂直於辭而不（可）（用）［〇］［於事］者也 18/190/12
過〇以東 18/192/29
不（同）［〇］於時也 18/198/18
呂望鼓刀而入〇 19/203/6
〇室以後 19/206/13
〇爰諮諏 19/208/1
而國乎（歧）［岐］〇 20/211/26
朋黨比〇 20/213/20
〇公誅管叔、蔡叔 20/214/16
〇公肴臑不收於前 20/215/20
〇公股肱〇室 20/218/4
〇公誅之以定天下 20/218/4
管子憂〇室之卑 20/218/5
〇公殺兄 20/218/10
曰「〇公之義也」 20/218/13
比〇而取容 20/218/14
〇處酆、鎬 20/219/17
〇之衰也 20/220/1
使人通迵〇備 21/224/15
〇室增以六爻 21/227/7
處（歧）［岐］〇之間 21/227/21
〇公繼文王之業 21/227/28
以股肱〇室 21/227/29
〇公受封於魯 21/228/1
述〇公之訓 21/228/1
故背〇道而用夏政 21/228/5

洲 zhōu 2

欒民、挐閭在昆侖弱水之〇 4/37/10
宵明、燭光在河〇 4/37/10

軸 zhóu 9

木擊折（轄）［〇］ 9/69/22
群輕折〇 10/92/2
如車〇 11/101/11
為〇之折也 13/131/24
有（如）［加］轅〇其上以為造 13/131/24
不知〇轅之趣〇折也 13/131/25
通於學者若車〇 16.84/161/27
〇不運 20/222/12

肘 zhǒu 2

相戲以刃者太祖軵其〇 13/130/21
相戲以刃太祖軵其〇者 13/130/26

帚 zhǒu 1

今世之祭井竈、門戶、箕〇、（曰）［臼］杵者 13/131/6

睭 zhǒu 2

深哉〇〇 15/149/22

宙 zhòu 15

（絃）［紘］宇〇而章三光 1/1/6
而大與宇〇之總 1/1/14
相與優游競暢于宇〇之間 2/10/17
宇〇之內 2/17/1
虛霩生宇〇 3/18/19
宇〇生［元］氣 3/18/19
以為不能與之爭於宇〇之間 6/52/1
故知宇〇之大 7/59/28
天地宇〇 8/62/4
（句）［包］裹宇〇而無表裏 10/82/15
往古來今謂之〇 11/99/20
宇〇也 11/100/20
日炤宇〇 12/117/2
況受光於宇〇乎 16.82/161/21
託於宇〇之間 19/205/26

冑 zhòu 4

是猶貫甲（冑）［〇］而入宗廟 9/78/23
甲〇生蟣虱 13/126/16
以為甲〇 15/146/1
躬擐甲〇 21/227/25

紂 zhòu 48

逮至夏桀、殷〇 2/17/29
武王伐〇 6/50/1
11/99/2,15/146/14
〇為无道 6/51/11
帝有桀、〇 8/63/17
〇為肉圃、酒池 8/63/18
武王甲卒三千破〇牧野 8/63/19
〇兼天下 9/73/19
〇殺王子比干而骨肉怨 9/78/8
〇再舉而不得為匹夫 9/78/10
武王（伐〇）［克殷］ 9/80/16
堯舜所以昌、桀〇所以亡者 9/80/19
桀、〇非正（賦）［賊］之也 10/87/1
天非為〇生之也 10/87/24
桀、〇日快快以致於死 10/88/18
〇為象箸而箕子嘰 10/91/15
桀、〇之（謗）［惡］ 10/92/4
桀、〇之所以亡 11/100/1
其遭桀、〇之世 11/102/17
而無桀、〇之時 11/102/18
昔武王執戈秉鉞以（伐〇）勝殷 11/102/19
〇聞而患之曰 12/114/10
以獻於〇 12/114/15
〇見而說之 12/114/15
以待〇之失也 12/114/16
〇聞之 12/114/16
昔夏、商之臣反讎桀、〇而臣湯、武 12/114/22
昔武王伐〇 12/117/18
寡人伐〇天下 12/119/22
夏桀、殷〇之盛也 13/124/17
朞年而〇乃亡 13/124/20
〇拘於宣室 13/125/1
桀、〇之所以處彊大而［終］見奪者 13/125/5
遇桀、〇之暴也 14/136/19
桀、〇非以湯、武之賢暴也 14/136/19
湯、武遭桀、〇之暴而王也 14/136/20
使夏桀、殷〇有害於民而立被其患 15/143/4
故〇之卒百萬 15/147/19
〇為象箸而箕子唏 16.102/163/17
〇醢梅伯 17.179/181/3
武王誅〇 20/214/18

〇以殷亡 20/216/20
〇之地 20/219/14
〇有南面之名 20/219/16
故桀、〇不為王 20/219/17
而誓〇牧之野 20/219/18
〇為天子 21/227/20

晝 zhòu 18

以死生為（盡）〔〇〕夜 2/12/8
（禹）〔離〕以為朝、〇、昏、夜 3/24/21
〇者陽之分 3/24/24
〇生者類父 4/35/19
（〇）〔晝〕隨灰而月運闕 6/50/15
〇冥宵明 6/50/24
〇日 9/70/14
月不知〇 10/92/21,16.27/156/27
若日月有〇夜 15/144/6
〇則多旄 15/152/25
目不能別〇夜、分白黑 19/206/16
〇吟宵哭 19/207/18
〇冥宵光 20/210/21
日照其〇 20/211/9
趙政〇決獄、夜理書 20/215/20
猶狗之〇吠 20/218/20
比類其喜怒（與）〔於〕〇宵寒暑 21/224/28

駎 zhòu 1

〇者不貪最先 14/139/18

噣 zhòu 1

鳥窮則〇 11/102/12

驟 zhòu 2

可以〇而〇 1/2/5

朱 zhū 22

離〇之明 1/3/9
西南方曰〇天 3/19/24
其佐〇明 3/20/2
其獸〇鳥 3/20/3
太微者主〇鳥 3/21/7
上至〇天 3/21/20
〇（鳥）〔鳥〕在卯 3/27/1
〇鳥在太陰前一 3/27/21
其（〇）〔味〕辛 5/43/18
而〇草生 8/61/12
短者以為〇儒枅櫨 9/74/17
纚以〇絲 11/98/26
前〇鳥 15/150/11
若用〇絲約芻狗 16.87/162/4
（大）〔太〕宰（予）〔子〕〇侍飯於令尹子國 18/196/12
太宰子〇辭官而歸 18/196/13
子〇曰 18/196/14
〔太宰子〇〕之見終始微矣 18/196/15
丹〇、商均也 19/204/22
雖有離〇之明 19/206/17
而〇弗能統也 20/213/10
〇紘漏越 20/221/28

侏 zhū 2

〇儒瞽師 10/83/23
〇儒問（徑）天高于脩人 16.143/167/11

珠 zhū 32

藏〇於淵 1/9/11
〇玉潤澤 2/17/26
〇樹、玉樹、琁樹、不死樹在其西 4/33/5
有霍山之〇玉焉 4/34/13
水員折者有〇 4/34/19
蛤（蟹）〔蛖〕〇龜 4/34/26
三〇樹在其東北方 4/37/6
譬如隋侯之〇 6/51/2
是故視珍寶〇玉猶（石礫）〔礫石〕也 7/57/19
寶玩〇玉 9/74/1
離〇弗能見也 10/86/1
〇玉尊則天下爭矣 11/93/21
含〇鱗施 11/97/22
事之以皮帛〇玉而弗受 12/109/12
含〇、鱗施、綸組 12/119/27
明月之〇不能无纇 13/127/26
事之以皮幣〇玉而不聽 14/134/12
淵生〇而岸不枯 16.4/154/16
故和氏之璧、隨侯之〇 16.19/156/1
宋君亡其〇 16.50/159/1
不愛江、漢之〇 16.63/160/5
得隋侯之〇 16.105/163/26
明月之〇出於蛖蜄 16.110/164/11
若〇之有（纇）〔纇〕 17.78/173/28
明月之〇 17.195/182/8
隨侯之〇在於前 17.217/183/23
美〇不文 17.226/184/9
故黃帝亡其玄〇 18/195/2
使離〇、〔攫〕剟索之 18/195/2
又利越之犀角、象齒、翡翠、〇璣 18/197/12
（瑤碧玉〇） 20/210/24
〔瑤碧玉〇〕 20/210/24

誅 zhū 59

夫峭法刻〇者 1/3/9
故〇暴則多飄風 3/19/13
〇不法 3/23/22,5/48/3
詰〇暴慢 5/43/6
阿上亂法者〇 5/45/13
〇淫泆詐偽之人 5/46/6
〇必辜 5/48/1
百〇乃服 5/49/16
上天之〇也 6/49/30
虐殺不辜而刑〇無罪 8/61/27
堯乃使羿〇鑿齒於疇華之（野）〔澤〕 8/63/12
妄〇也 9/70/23
國有〇者而主無怒焉 9/70/27
〇者不怨君 9/70/27
民知〇賞之來 9/70/28
守職者無罪而〇 9/73/4
怒不以罪〇 9/75/2
有諫者〇之以罪 9/75/13
（鈌）〔缺〕繩者〇 9/75/17
犯法者雖賢必〇 9/75/18
威不足以行〇 9/76/28
〇不應罪 9/76/29

有罪而不○ 9/77/1
不待禁○而自中法度者 9/77/28
小有○而大有寧也 9/81/9
其禁○ 11/95/17
群臣失禮而弗○ 11/100/25
危為（禁）〔難〕而○不敢 11/102/11
○管叔 11/102/20
周公放兄○弟 11/102/21
退○於國以斧鉞 11/102/24
能不犯法干○者 11/104/12
君○中牟之罪 12/111/10
○管、蔡之罪 13/121/17
○賞制斷 13/121/18
畏罪而恐○ 13/123/10
而悔〔其〕不○文王於羑里 13/125/1
孔子○少正卯而魯國之邪塞 13/129/9
子產○鄧析而鄭國之姦禁 13/129/10
發墓者○ 13/129/17
無罪者○ 14/139/5
○而無怨 14/139/5
制而○之者、法也 14/139/7
民已受○ 14/139/7
故顓頊○之 15/143/1
此天之所（以）○也 15/143/15
被○者非必忠也 16.109/164/8
莊王○里史 16.136/166/23
將加○於子 18/192/10
○罪人 18/193/12
（因）以○罪人 18/193/15
以王為非○罪人也 18/193/15
王因殺太子建而○伍子奢 18/194/11
弗○ 18/195/20
狂譎不受祿而○ 18/199/10
周公○管叔、蔡叔 20/214/16
武王○紂 20/214/18
周公○之以定天下 20/218/4

銖 zhū 8

十二分而當一○ 3/26/19
十二○而當半兩 3/26/20
故二十四○為一兩 3/26/20
其兵（戈）○而無刃 11/93/29
夫（契）〔挈〕輕重不失○兩 11/102/5
則錙○有餘 15/147/19
決千金之貨者不爭○兩之價 17.218/183/25
○而稱之 20/215/6

諸 zhū 129

○侯背之 1/3/2
合○侯於塗山 1/3/3
不能反○性也 1/8/8
方○見月則津而為水 3/19/9
使○侯 3/20/28,5/40/16
凡徙○神 3/27/21
宋之孟○ 4/32/22
孟○在沛 4/37/12
○稽、攝提 4/37/25
○比 4/37/26
封○侯 5/41/7
不可以合○侯 5/42/15
合○侯 5/44/21
為來歲受朔日與○侯所稅於民輕重之法 5/44/21
○蟄則死 5/46/5
次○侯之列 5/47/2
方○取露於月 6/50/18
○北、儋耳之國莫不獻其貢職 6/52/22
○侯制法 6/53/20
○侯力征 6/54/2,21/228/9
○侯一同 8/66/19
動○琴瑟 9/69/5
形○音聲 9/69/5
朝○侯 9/73/19
是故有○己不非○人 9/75/26
無○己不求○人 9/75/26
故桓公三舉而九合○侯 9/78/10
其不加○人 9/81/8
必先反○己 9/82/8
求○己也 10/84/1
無○己 10/84/24
求○人 10/84/24
求○人不如求○己得也 10/86/5
有○情也 10/87/7
耒耜餘糧宿○（晦）〔晦〕首 10/87/27
失○情者 10/88/1
斯得○己也 10/88/10
釋己而求○人 10/88/10
君不求○臣 10/90/12
而足迹不接○侯之境 11/95/14
能得○己 11/96/7
泗上十二○侯皆率九夷以朝 11/97/9
遂霸○侯 11/97/11
負扆而朝○侯 11/102/20
13/121/17
昔齊桓公合○侯以乘車 11/102/24
晉文公合○侯以革車 11/102/24
權制○侯鈞者 11/102/25
故惠子從車百乘以過孟○ 11/103/10
已成而示○（先生）〔民人〕 12/106/1
魯人為人〔臣〕妾於○侯 12/108/17
子贛贖魯人於○侯 12/108/17
魯人不復贖人於○侯矣 12/108/20
寡人自知不為○侯笑矣 12/110/12
○侯入賓 12/113/12
又數絕○侯之地 12/115/21
○侯莫不知 12/115/25
○侯執幣相朝 12/117/20
魏文侯觴○大夫於曲陽 12/119/8
伯成子高辭為○侯而耕 13/122/5
以王○侯 13/124/16
服諾○侯 13/126/7
九合○侯 13/127/6
〔然而〕威服○侯 13/127/14
而立為○侯賢相 13/128/2
外不愧於○侯 13/128/5
楚勝乎○夏而敗乎柏莒 14/135/9
外無賢行以見忌於○侯 14/138/5
○侯不備 14/138/11
○侯弗備 14/138/12
必反○神 14/142/17
○侯莫不慴悽沮膽其處 15/144/11
制勝於未戰而○侯服其威 15/144/12
○侯服其威而四方懷其德 15/145/2
○有象者 15/148/21

○有形者 15/148/22
必先脩○己 15/152/4
而後求○人 15/152/4
玉待礛○而成器 16.81/161/18
有千金之璧而無錙錘之
　礛○ 16.81/161/18
尸祝齋戒以沈○河 16.104/163/24
〔而〕蝕於詹○ 17.10/169/1
礛○之功 17.28/170/11
19/206/19
文王與○侯（傋）〔構〕
　之 17.179/181/3
遂合○侯於嘉陵 18/186/24
外无○侯之助 18/186/25
○侯莫之救 18/186/26
晉厲公之合○侯於嘉陵 18/187/2
是為○侯先受禍也 18/188/23
必將復求地於○侯 18/188/24
○侯必植耳 18/188/24
○侯皆恐 18/188/26
○城守者皆屠之 18/189/26
數絶○侯之地 18/193/1
○侯聞之 18/193/15,18/193/16
近○夏也 18/194/6
（楚）王若欲從○侯 18/194/7
外約○侯 18/194/10
及至火之燔孟○而炎雲
　（臺）〔夢〕 18/195/9
○御鞅復於簡公曰 18/195/14
○侯无親 18/200/16
以○侯為親 18/200/17
○侯皆以為蓍龜兆 18/200/24
○侯聞之必輕吾國 18/201/3
故立○侯以教誨之 19/203/4
○侯莫不聞 19/204/5
求救於○侯 19/207/16
○人皆爭學之 19/208/16
若性○己 20/211/4
○侯之力征 20/218/5
撓滑○侯 20/218/19
○侯執禽而朝之 20/219/20
守在○侯 20/219/28
○侯得道 20/219/28
○侯失道 20/219/28
故得道則以百里之地令
　於○侯 20/220/2
○有智者皆學焉 20/220/25
中通○理 21/223/21
合○人則 21/224/18
鎮撫○侯 21/227/30
六國○侯 21/228/16
孝公欲以虎狼之勢而呑
　○侯 21/228/25

蠩 zhū 1

蟾○捕蚤 1/3/1

朮 zhú 1

於是乃去其瞀而載之
　（木）〔○〕 12/119/25

竹 zhú 15

書○帛 2/13/21
有會稽之○箭焉 4/34/12
漢水重安而宜○ 4/35/24
取○箭 5/46/13
○實（滿）〔盈〕 8/61/12
著於○帛 8/63/24
以樹○木 9/79/10
金石絲○ 10/90/18
其於以（函）〔承〕食
　不如〔○〕（簞）
　〔箅〕 11/94/28
夫○之性浮 11/95/26
譬若絲○金石之會 11/99/27
鍾鼓筦簫、絲○金石以
　淫其耳 11/104/2
皆不可勝著於書策○帛
　而藏於宮府者也 13/131/2
○以水生 17.110/176/3
槁○有火 17.112/176/7

逐 zhú 18

走犬（遂）〔○〕狡兔 1/8/1
○苑囿之走獸 1/8/27
暮行○利 11/104/3
○獸者趨 12/105/24
故人與驥○走則不勝驥 12/108/6
○而去之 13/131/21
楚王（之）佩玦而○
　（菟）〔兔〕 13/131/27
獵者○禽 15/144/24
非以（遂）〔○〕狐
　（狸）〔狢〕 16.106/163/29
○者亦東走 16.108/164/4
○獸者目不見太山 17.17/169/19
○鹿者不顧兔 17.218/183/25
陽虎因赴圍而○ 18/187/12
○秦西巴 18/188/15
是由乘驥（遂）〔○〕
　人於榛薄 18/198/25
夫觀○者於其反也 20/218/10
窮○終始之化 21/224/7
而捃○萬物之祖也 21/227/7

筑 zhú 1

高漸離、宋意為擊○ 20/221/26

燭 zhú 12

此膏○之類也 1/10/7
○十日而使風雨 2/14/23
而鸁〔蠡〕瘉（蝸）
　〔○〕睆 2/14/28
宵明、○光在河洲 4/37/10
○龍在鴈門北 4/37/12
○營指天 7/58/20
膏○以明自鑠 10/90/31
輝○四海 12/117/2
薛○庸子見若狐甲於劍
　而利鈍識矣 13/128/15
廣○捔 17.164/180/4
膏○澤也 17.164/180/4
為一人聰明而不足以徧
　○海內 19/203/3

蠋 zhú 1

蠶之與○ 17.56/172/13

濁 zhú 2

洞洞○○ 3/18/18

主 zhǔ 211

窾者○浮 1/3/16
無○於中 1/8/6
五藏之○也 1/8/9
故以神為○者 1/10/3
世之○有欲利天下之心 2/17/27
方者○幽 3/18/28
員者○明 3/18/28
陽之○也 3/19/4
人○之情 3/19/13
太微者○朱鳥 3/21/7
○十一月 3/26/1
○六月 3/26/2
○正月 3/26/2
○八月 3/26/3
○三月 3/26/3
○十月 3/26/3
○五月 3/26/4
○十二月 3/26/4
○七月 3/26/5
○二月 3/26/5
○九月 3/26/6
○四月 3/26/6
角（生）〔○〕姑洗 3/26/7
○生 3/27/2
○陷 3/27/3
○衡 3/27/3
○杓 3/27/3
○少德 3/27/3
○大德 3/27/4
○（太）〔大〕歲 3/27/4
○ 3/27/4
以日為○ 3/27/29
○死國亡 3/28/15
一○日 4/35/8
日○人 4/35/8
二○偶 4/35/9
奇○辰 4/35/9
辰○月 4/35/9
月○馬 4/35/9
三○斗 4/35/10
斗○犬 4/35/10
四○時 4/35/10
時○彘 4/35/11
五○音 4/35/11
音○猨 4/35/11
六○律 4/35/12
律○麋鹿 4/35/12
七○星 4/35/12
星○虎 4/35/12
八○風 4/35/13
風○蟲 4/35/13
蒼色○肝 4/35/27
赤色○心 4/36/1
白色○肺 4/36/5
黑色○腎 4/36/8
黃色○胃 4/36/12
宮其○也 4/36/20
黃其○也 4/36/20
甘其○也 4/36/20
土其○也 4/36/20
命○祠 5/44/24
今夫墜黃○屬骨 6/51/3
而甘草○生肉之藥也 6/51/3
○闇晦而不明 6/53/10
驕○而像其意 6/53/13
是故肺○目 7/55/10
腎○鼻 7/55/10
膽○口 7/55/10
肝○耳 7/55/10
而心為之○ 7/55/14
形之○也 7/57/2
人之所以樂為人○者 7/58/12
舟中之人五色無○ 7/58/16
夫人○之所以殘亡其國家 7/60/26
然猶未能贍人○之欲也 8/61/22
以贍貪○之欲 8/66/24
非兵之所為（生）〔○〕
也 8/66/24
而哀為○ 8/66/28
人○之術 9/67/3
人○之於用法 9/69/18
故國有亡○ 9/69/26
湯、武、聖○也 9/70/1
是故明○之治 9/70/27
國有誅者而○無怒焉 9/70/27
人○靜漠而不躁 9/71/2
夫人○之聽治也 9/71/7,9/71/22
人○深居隱處以避燥濕 9/71/9
是故人○覆之以德 9/71/15
○道員者 9/71/17
而況當世之○乎 9/72/3
人○貴正而尚忠 9/72/12
讒佞姦邪而欲犯○者 9/72/14
是故人○之（一）舉也 9/72/15
權要在○ 9/72/17
故人○誠正 9/72/20
人○不正 9/72/20
使人○執正持平 9/72/22
人○不明分數利害之地 9/72/28
○精明於上 9/73/3
○上闇而不明 9/73/5
○上出令 9/73/5
而世○莫之能察 9/73/10
人○之車輿 9/73/12
是故人○處權勢之要 9/73/12
夫臣○之相與也 9/73/13
豫讓背其○而臣智伯 9/73/16
夫以一人之心而事兩○ 9/73/18
其○之德義厚而號令行也 9/73/20
是故人○好鷙鳥猛獸 9/73/27
人○好高臺深池 9/74/1
非貪萬民之富而安人○
之位也 9/74/2
處人○之勢 9/74/7
人○急兹无用之功 9/74/9
人○之居也 9/74/12
是故賢○之用人也 9/74/16
人○者 9/75/1
夫人○之情 9/75/8
是明○之聽於群臣 9/75/11
其（○）言〔而〕可行
〔也〕 9/75/11
闇○則不然 9/75/12
而人○之準繩也 9/75/16
是故人○之立法 9/75/28
聖○之治也 9/76/1
人○之車輿也 9/76/3
人○之駟馬也 9/76/4
是故明○之耳目不勞 9/76/9
人○之所以執下 9/76/20
是以執政阿○ 9/77/1
則人○逾勞 9/77/3
明○乘之 9/77/4
故有道之○ 9/77/13
人○〔之〕租斂於民也 9/78/10
〔則〕明○弗樂〔也〕 9/78/13
則明○弗甘也 9/78/14
〔則〕明○弗安也 9/78/15
及至亂○ 9/78/21

拄 zhǔ 1

渚 zhǔ 3

煮 zhǔ 1

褚 zhǔ 1

屬 zhǔ 32

住 zhù　1

則倍時而（〇）〔任〕己　14/137/13

助 zhù　13

〇貧窮　5/40/16
以〇損氣　5/43/3
〔此〕所以〇天墜之閉〔藏也〕　5/46/14
〇而奏之　10/90/18
是天〇我〔也〕　12/111/11
自偵而辭〇　14/137/14
〇一人則勝　14/140/9
舉事以為人者眾〇之　15/143/25
眾之所〇　15/143/26
〔同惡〕相〇　15/144/24
此戰之〇也　15/145/11
幾易〇也　17.44/171/13
外无諸侯之〇　18/186/25

杼 zhù　9

晏子與崔〇盟　7/59/1,12/118/1
菱〇紾抱　8/65/3
其漸至于崔〇之亂　9/68/27
後世為之機〇勝複以便其用　13/120/9
捷挬招〇紅　15/144/26
崔〇弒其君而被大（讒）〔謗〕　17.81/174/3
在於〇柚　17.152/179/6
故多為之辭以（〇）〔抒〕其情　21/227/13

注 zhù　14

草木〇根　1/3/18
大行石澗、飛狐、句（望）〔〇〕之險不能難也　2/12/16
曰大汾、澠阨、荊阮、方城、殽阪、井陘、令疵、句〇、居庸　4/32/20
西南〇南海丹澤之東　4/33/11
東方川谷之所〇　4/35/26
〇喙江裔　6/52/4
河九折〇於海而流不絕者　6/54/18
決江而〇之江　7/56/24
流〇東海　8/63/16
（淚〇）〔渠頸〕而鳶肩　12/116/6
〇於東海　16.83/161/24
流潦〇海　17.175/180/27
東〇之海　20/212/9
不〇海者不為川谷　20/218/15

柱 zhù　16

以鴻濛為景〇　2/15/6
鑄金〇　2/17/29
天〇折　3/18/25
九州八（極）〔〇〕　4/32/11
飲砥〇之湍瀨　6/52/2
夫至人倚不拔之〇　7/58/25
大者以為舟航〇梁　9/74/16
觀景〇而知持後矣　10/90/25
〇不可以（槁）〔摘〕齒　11/94/25
譬由膠〇而調（琴）〔瑟〕也　11/98/8
或為〇梁　11/99/26
譬猶師曠之施瑟〇也　13/120/25
未發而蝯擁（〇）〔樹〕號矣　16.89/162/11
尾生死其梁（拄）〔〇〕之下　16.100/163/11
〇礎潤　17.171/180/19
故蠹啄剖梁〇　18/195/29

祝 zhù　16

乃命宰〇　5/43/23
命太〇禱祀神位　5/45/17
赤帝、〇融之所司者　5/47/18
行不用巫〇　9/80/14
（〇）〔祀〕戶　11/98/4
尸〇袀袨　11/98/26
〇則名君　13/125/26
守官者如〇宰　14/140/1
不能〇者　14/140/2
不可以為〇　14/140/2
乃令〇史太卜齊宿三日　15/153/14
尸〇齋戒以沈諸河　16.104/163/24
進獻者〇　17.243/185/16
湯教〇網者　18/200/4
〇也　20/215/17
宰、〇雖不能　20/215/18

紵 zhù　3

布之新不如〇　17.153/179/8
〇之弊不如布　17.153/179/8
夏日服絺〇　18/194/15

跓 zhù　1

以玉（〇）〔鉒〕者發　17.16/169/16

著 zhù　17

（不）入於耳而不〇於心　1/8/8
午在戊曰〇雝　3/31/1
謹〇聚　5/48/2
（蛇）〔蚖〕鱓〇泥百仞之中　6/51/26
故周鼎〇倕　8/62/28,12/118/13
〇於竹帛　8/63/24
皆〇於明堂　9/80/19
善則〇之　13/121/2
此皆不〇於法令　13/130/21
皆不可勝〇於書策竹帛而藏於宮府者也　13/131/2
讖書〇之　16.45/158/15
見鳥迹而知〇書　16.78/161/10
鬼神之貌不〇於目　17.165/180/6
〇於憲法　19/207/21
故〇二十篇　21/223/24
故〇書二十篇　21/227/1

鉒 zhù　3

以瓦〇者全　17.16/169/16
以金〇者跋　17.16/169/16
以玉（跓）〔〇〕者發　17.16/169/16

〇也 3/25/12
人主急〇无用之功 9/74/9
媢〇一人 10/83/4

淄 zī 2

〇出目飴 4/37/20
〇、澠之水合者 13/128/15

粢 zī 1

而蕘糲（粢）〔〇〕之飯 7/58/13

貲 zī 1

財貨无〇 18/201/13

觜 zī 7

其星〇嶲、參、東井 3/19/25
歲星舍〇巂、參 3/27/10
〇嶲、參為對 3/27/18
四月建畢、〔〇巂、參〕 3/28/1
〇嶲二 3/28/8
〇巂、參趙 3/28/12
旦〇巂中 5/43/17

菑 zī 6

〇榛穢 8/61/18
〇、澠之水合 12/105/22
臨〇之女 17.236/185/1
后稷墾草發〇 20/212/9
以辟疾（病）〔疹〕之〇 20/212/28
妖〇不生 20/215/27

粢 zī 4

而蕘糲（〇）〔粢〕之飯 7/58/13
〇食不毀 9/74/4
糲〇之飯 18/194/18
飯黍（〇）〔粱〕 18/194/19

孳 zī 6

故君子日〇〇以成煇 10/86/1
故唐、虞日〇〇以致於王 10/88/18
所以使學者〇〇以自幾也 21/226/13

資 zī 19

西南方曰渚〇 4/33/24
隨其天〇而安之不極 7/56/17
〇糧萬物者也 8/63/6
因天地之〇 9/67/20
未嘗不因其〇而用之也 9/72/5
乘於人〇以為羽翼也 9/77/5
以水為〇 9/78/4
以為民〇 9/79/11
善乘人之〇也 12/108/6
善人之〇也 12/115/10
因〇而立功 13/126/19, 17.235/184/30
故因其〇以讋之 13/130/25
此軍之大〇也 15/145/11
因〇而成功 15/150/22
無糗糧之〇而不飢 17.30/170/15
因〇而立〔功〕 19/203/14
人之性有仁義之〇 20/212/23
乘勢以為〇 21/225/31

嵫 zī 1

日入〔崦〇〕 3/24/19

緇 zī 2

今以涅染〇則黑於涅 2/13/19
涅非〇也 2/13/19

輜 zī 2

行〇治 15/145/15
無遺〇 15/145/16

錙 zī 4

雖割國之〇錘以事人 14/136/29
則〇銖有餘 15/147/19
有千金之璧而無〇錘之礛諸 16.81/161/18
冠〇錘之冠 16.111/164/13

諮 zī 1

周爰〇謨 19/208/1

子 zǐ 852

父無喪〇之憂 1/1/16
童〇不孤 1/1/16
重之〔以〕羿、逢蒙〇之巧 1/2/22
其〇為光 1/6/11
故〇夏心戰而臞 1/7/22
孔、墨之弟〇 2/16/23
四〇之才 2/17/28
谿〇之弩 2/18/12
〇午、丑未、寅申、卯酉、辰戌、巳亥是也 3/21/3
〇午、卯酉為二繩 3/21/15
斗指〇則冬至 3/22/12
加十五日指〇 3/22/27
陽生於〇 3/22/28,3/22/28
（太）〔天〕一在丙〇 3/23/9
立春丙〇 3/23/9
日冬至〇午 3/23/16
甲〇受制 3/23/17
七十二日丙〇受制 3/23/17
七十二日戊〇受制 3/23/17
七十二日庚〇受制 3/23/18
七十二日壬〇受制 3/23/18
庚（〇）〔午〕受制 3/23/19
（七）十歲而復至甲〇 3/23/20
甲〇受制則行柔惠 3/23/20
丙〇受制則舉賢良 3/23/20
戊〇受制則養〔長〕老 3/23/21
庚〇受制則繕牆垣 3/23/22
壬〇受制則閉門閭 3/23/22
甲〇氣燥濁 3/23/25
丙〇氣燥陽 3/23/25
戊〇氣溼濁 3/23/25
庚〇氣燥寒 3/23/25
壬〇氣清寒 3/23/25
丙〇干甲〇 3/23/25
戊〇干甲〇 3/23/26
庚〇干甲〇 3/23/26
壬〇干甲〇 3/23/26

衛君役〇路 9/77/17
使居天〇之位 9/77/23
（離）〔雖〕北宮〇、司馬蒯蕢不〔可〕使應敵 9/78/1
則五尺童〇牽而周四海者 9/78/3
天〇發號 9/78/4
紂殺王〇比干而骨肉怨 9/78/8
妻〇老弱仰而食之 9/78/26
古者天〇聽朝 9/80/9
解箕〇之囚 9/80/17,20/219/18
孔〇之通 9/80/22
君〇制義 9/81/13
君〇非（仁）義無以生 10/82/26
故君〇懼失義 10/82/27
君〇幾不如舍 10/82/30
君〇見過忘罰 10/83/7
慈父之愛〇 10/84/12
故君〇見始 10/84/13
文不勝質之謂君〇 10/84/18
故君〇行（斯）〔期〕乎其所結 10/84/19
身君〇之言 10/84/27
中君〇之意 10/84/27
〇之死父也 10/85/1
君〇之慘怛 10/85/3
父之於〇也 10/85/5
父慈而〇孝 10/85/6
故君〇慎其獨也 10/85/10
夫〇見禾之三變也 10/85/12
故君〇見善則痛其身焉 10/85/13
君〇曰苟義 10/85/16
故君〇日孳孳以成煇 10/86/1
故莞〇文錦也 10/86/8
〇產綀染也 10/86/8
男〇樹蘭 10/86/12
繼〇得食 10/86/12
王〇閭張掖而受刃 10/86/13
故君〇慎一用之 10/86/14
〔閔〇騫三年之喪畢〕 10/87/8
夫〇曰 10/87/8
輸〇陽謂其〇曰 10/87/11
教本乎君〇 10/87/26
君〇享其功 10/87/26
昔東戶季〇之世 10/87/26
使君〇小人各得其宜也 10/87/27
〇產騰辭 10/88/1
君〇之道 10/88/9
君〇者、樂有餘而名不足 10/88/12
君〇思義而不慮利 10/88/13
〇曰 10/88/13
〇予奈何兮乘我何 10/88/14
善生乎君〇 10/88/26
小〇無謂我老而贏我 10/89/9
故君〇順其在己者而已矣 10/89/13
故君〇能為善 10/89/15
君〇時則進 10/89/28
義載乎宜之謂君〇 10/90/16
老〇學商容 10/90/25
列〇學壺〇 10/90/25
故〇路以勇死 10/91/1
雍門〇以哭見孟嘗君 10/91/8
〇陽以猛劫 10/91/12
紂為象箸而箕〇嘰 10/91/15
魯以偶人葬而孔〇歎 10/91/15
16.102/163/17
君〇不謂小善不足為也而舍之 10/92/1
故君〇禁於微 10/92/2
君〇誠仁（於）〔乎〕 10/92/16
親〇叛父 10/93/10
所以合君臣、父〇、兄弟、夫妻、友朋之際也 11/93/24
〇路撜溺而受牛謝 11/94/15
〇贛贖人而不受金於府 11/94/15
〇路受而勸德 11/94/16
〇贛讓而止善 11/94/16
孔〇之明 11/94/16
故老〇曰「不上賢」者 11/95/3
孔〇謂顏回曰 11/96/3
孔〇知其本也 11/96/4
為義者必以取（〇）〔予〕明之 11/96/18
婦人不辟男〇於路者 11/97/3
皆慈其〇而嚴其上 11/97/5
行孔〇之術 11/97/8
今夫王喬、赤誦〇 11/99/13
父不能以教〇 11/100/9
老〇曰 11/100/23
12/112/10,18/194/3
孔〇聞之曰 11/100/25
12/107/9,12/118/7
韓〇聞之曰 11/100/25
故賓有見人於密〇者 11/100/26
密〇曰 11/101/1
〇之〔所見〕賓猶有三過 11/101/1
或以為君〇 11/101/3
親母為其〇治扢禿 11/101/4
魯般、墨〇以木為鳶而飛之 11/102/1
攝天〇之位 11/102/20
王〇比干非不（智）〔知〕（箕〇）被髮佯狂以免其身也 11/103/4
豫讓、要離非不知樂家室、安妻〇以偷生也 11/103/6
今從箕〇視比干 11/103/7
從比干視箕〇 11/103/8
曾〇曰 11/103/9
故惠〇從車百乘以過孟諸 11/103/10
莊〇見之 11/103/11
一鄉父〇兄弟相遺而走 11/104/16
或人菹〇 11/104/22
世亂則君〇為姦 11/104/23
〇知道乎 12/105/3,12/105/3
〇之知道亦有數乎 12/105/4
〇之知道 12/105/10
故老〇曰 12/105/17,12/105/25
12/106/5,12/106/19
12/106/25,12/107/3
12/107/13,12/108/2
12/108/8,12/108/14
12/108/21,12/108/27
12/109/9,12/109/18
12/109/24,12/109/30
12/110/7,12/110/14
12/110/19,12/110/24
12/111/2,12/111/6
12/111/12,12/111/25
12/113/8,12/113/14
12/113/19,12/113/24
12/114/3,12/114/7
12/114/18,12/114/24
12/114/28,12/115/10
12/115/16,12/115/27
12/116/3,12/116/26

12/117/4,12/117/9
12/117/14,12/117/21
12/117/26,12/118/7
12/118/28,12/119/6
12/119/11,12/119/19
12/119/29,14/138/13
白公問於孔○曰 12/105/20
孔○不應 12/105/20
惠○為惠王為國法 12/106/1
何以異於梟之愛其○也 12/106/19
趙簡○以襄○為後 12/106/22
簡○曰 12/106/22
知伯與襄○飲而批襄○之首 12/106/23
襄○曰 12/106/24
12/107/8,12/111/11
13/128/25,18/192/3
知伯圍襄○於晉陽 12/106/24
襄○疏隊而擊之 12/106/25
趙襄○〔使〕攻翟而勝之 12/107/6
襄○方將食而有憂色 12/107/6
孔○〔之〕勁（杓）〔扚〕國門之關 12/107/12
墨○為守攻 12/107/12
使天下丈夫女○莫不歡然皆（欲）〔有〕愛利之心 12/107/21
天下丈夫女○莫不延頸舉踵而願安利之者 12/107/24
○贛贖魯人於諸侯 12/108/17
孔○〔聞之〕曰 12/108/18
孔○亦可謂知（禮）〔化〕矣 12/108/21
與人之父處而殺其（予）〔○〕 12/109/13
中山公○牟謂詹○曰 12/109/21
詹○曰 12/109/21
中山公○牟曰 12/109/22
〔詹○曰〕 12/109/22
臣不能以教臣之○ 12/110/6
而臣之○亦不能得之於臣 12/110/6
昔者司城○罕相宋 12/110/10
○受其怨 12/110/12
〔於是宋君行賞賜而與○罕刑罰〕 12/110/12
專在○罕也 12/110/13
○罕遂（却）〔劫〕宋君而專其政 12/110/14
令尹○佩請飲莊王 12/110/21
〔○佩具於京臺〕 12/110/21
○佩（疏）〔跣〕揖 12/110/22
吾聞○具於強臺 12/110/23
晉公○重耳出亡 12/110/27
君無禮於晉公○ 12/110/27
若以相夫○反晉國 12/110/28
○何不先加德焉 12/110/28
趙簡○死 12/111/9
襄○起兵攻（圍之）〔之〕 12/111/9
襄○擊金而退之 12/111/10
君○不乘人於利 12/111/11
○之年長矣 12/111/15
○姓有可使求馬者乎 12/111/15
臣之○ 12/111/17
○之所使求〔馬〕者 12/111/21
屈○曰 12/112/2
12/112/3,12/112/9
〔○〕將奈何 12/112/2
今○將衰楚國之爵而平其制祿 12/112/4
今○陰謀逆德 12/112/6
且○用魯兵 12/112/7
○用魏兵 12/112/8
差須夫○也 12/112/9
○不若敦愛而篤行之 12/112/10
〔故〕老○曰 12/112/17
召○韋而問焉 12/112/19
○韋曰 12/112/19
12/112/22,12/112/23
○（韋）无復言矣 12/112/24
○韋還走 12/112/25
○奚以知之 12/112/26
（救）〔故〕老○曰 12/113/2
謂弟○曰 12/113/5
公孫龍顧謂弟○曰 12/113/6
與之弟○之籍 12/113/7
○發攻蔡 12/113/11
○發辭不受 12/113/11
公儀○不受 12/113/22
其弟○（諫）〔問〕曰 12/113/22
夫○嗜魚 12/113/22
○知之乎 12/113/28
○巧邪 12/114/5
（夫）〔太〕○發勇敢而不疑 12/114/12
中○旦恭儉而知時 12/114/12
楚將○發好求技道之士 12/115/1
○發聞之 12/115/2
○發將師以當之 12/115/4
○發曰 12/115/5
○發因使人歸之 12/115/6
○發又使人歸之 12/115/7
○發又使歸之 12/115/8
而夫○薦賢 12/115/16
今卒睹天○於是 12/116/9
○殆可與敖為友乎 12/116/9
○中州之民 12/116/10
今○游始〔至〕於此 12/116/14
然○處矣 12/116/15
吾比夫○ 12/116/17
故莊○曰 12/116/18
（季）〔宓〕○治亶父三年 12/116/21
凡○所為（魚）〔漁〕者 12/116/22
（季）〔宓〕○不欲人〔之〕取小魚也 12/116/23
巫馬期歸以報孔○曰 12/116/24
（季）〔宓〕○之德至矣 12/116/24
（季）〔宓〕○何以至於此 12/116/25
（季）〔宓〕○必行此術也 12/116/26
○何以知之 12/117/1
○果有乎 12/117/6
其果無有（○）〔乎〕 12/117/6
柴箕○之門 12/117/18
吾非（受）〔愛〕道於○也 12/117/24
恐○不可予也 12/117/24
今日將教○以秋駕 12/117/25
延陵季○ 12/117/28
故慎○曰 12/118/14
此〔《筦○》〕所謂（《筦○》）「（梟）〔鳥〕飛而（維）〔準〕繩」者 12/118/20
昔趙文○問於叔向曰 12/118/26

○焉知話之不能也 18/200/21
今○受衛君而囚之 18/200/23
○之欲成霸王之業 18/200/25
○貢可謂知所以說矣 18/200/26
公宣○諫〔曰〕 18/201/1
公宣○復見曰 18/201/2,18/201/4
得无害於〔為〕○乎 18/201/4
公宣○止之必矣 18/201/5
殺令尹○椒、司馬○期 18/201/22
○發為上蔡令 18/201/25
○發喟然有悽愴之心 18/201/25
○發盤罪威王而出奔 18/201/26
○發(視)〔親〕決吾罪而被吾刑 18/201/27
果活○發 18/201/29
使民如○弟 19/202/19
故立天○以齊〔一〕之 19/203/2
孔○無(黙突)〔黔突〕 19/203/6
墨○無煖席 19/203/7
故自天○以下 19/203/9
墨○聞而悼之 19/203/21
墨○曰 19/203/24,19/203/26
墨○設守宋之備 19/203/27
九攻而墨○九卻之 19/203/27
懷君○之道 19/204/1
○何以輕之哉 19/204/3
夫墨○(跌)〔趹〕蹏而趨千里 19/204/5
且○有弑父者 19/204/25
然而天下莫疏其○ 19/204/25
舜二瞳○ 19/205/11
今使六○者易事 19/206/12
無六○之賢 19/206/13
君○有能精搖摩監 19/206/22
故君○積志委正 19/207/8
屬之○虎 19/207/20
蓋聞○發之戰 19/207/25
是故鍾○期死 19/208/8
而莊○寢說言 19/208/8
夫項託(年)七歲為孔○師 19/208/11
孔○有以聽其言也 19/208/11
謝○見於秦惠王 19/208/12
謝○、山東辨士 19/208/13
譬若遺腹○之上隴 19/208/27
故夫攣○之相似者 19/209/1
則弟○句指而受者必眾矣 19/209/2
君○修美 19/209/27
其○和之 20/210/12
列○〔聞之〕曰 20/210/28
密○治亶父 20/211/28
孔○為魯司寇 20/212/1
因其寧家室、樂妻○ 20/212/17
故父○有親 20/212/17
(故)〔以〕立父○之親而成家 20/213/3
乃屬以九○ 20/213/9
而君○美之 20/214/10
〔而〕君○大之 20/214/11
而未可謂孝○也 20/214/16
中山烹其○ 20/214/19
箕○、比干異趨而皆賢 20/214/22
舜為天○ 20/215/19
孔○弟○七十 20/217/6
墨○服役〔者〕百八十人 20/217/7
管叔、蔡叔奉公○祿父而欲為亂 20/218/4
管○憂周室之卑 20/218/5
孔○欲行王道 20/218/6
故因衛夫人、彌○瑕而欲通其道 20/218/7
曾○架羊 20/218/11
曰「管○之趨也」 20/218/13
曰「孔○之術也」 20/218/14
此使君○小人紛然殽亂 20/218/14
不歸善者不為君○ 20/218/15
田○方、段干木輕爵祿而重其身 20/218/16
故君○之過也 20/218/20
中之者謂之君○ 20/218/25
君○雖死亡 20/218/25
愷悌君○ 20/218/28
棄疾乘民之怨而立公○比 20/219/25
故天○得道 20/219/27
天○失道 20/219/28
先本後末謂之君○ 20/221/7
君○與小人之性非異也 20/221/8
申○之三符 20/221/20
○囊北而全楚 20/221/22
父○以親 20/221/23
故五○之言 20/222/2
而○胥憂之 20/222/22
襄○再勝而有憂色 20/222/24
○婦跣而上堂 20/223/1
或(○)〔予〕踦而取勝 20/223/9
紂為天○ 21/227/20
以踐天○之位 21/227/26
蔡叔、管叔輔公○祿父而欲為亂 21/227/28
持天○之政 21/227/29
孔○脩成康之道 21/228/1
以教七十○ 21/228/1
墨○學儒者之業 21/228/4
受孔○之術 21/228/4
天○卑弱 21/228/9
崇天○之位 21/228/11
故《管○》之書生焉 21/228/11
梁丘據、○家噲導於左右 21/228/14
故晏○之諫生焉 21/228/14
上无天○ 21/228/17
申○者、韓昭釐之佐 21/228/20

胏 zǐ 4

祭先○ 5/41/2,5/41/18
是故○主目 7/55/10
○為氣 7/55/13

梓 zǐ 5

百事之莖葉條(○)〔梓〕 2/13/12
其樹○ 5/42/21
夫井植生(○)〔梓〕而不容甕 6/54/17
(水)〔林〕無柘(○)〔梓〕 8/65/13
澗○之腹 19/208/23

紫 zǐ 5

賁夏○芝與蕭艾俱死 2/18/7
○宮 3/19/20
○宮者 3/21/5
○宮執斗而左旋 3/21/7

〇芝生於山 16.30/157/4

訾 zǐ 6

通於不〇 1/6/1
〇行者不容於眾 13/127/16
博通而不以〇 13/127/24
孰能〇之 14/134/22
〇我貨者 17.187/181/20
《春秋》之失〇 20/214/6

自 zì 268

因其〇然而推之 1/2/12
黙然〇得 1/2/14
因天地之〇然 1/3/11
〇然之勢也 1/3/16
萬物固以〇然 1/3/21
反〇為禍 1/4/12
不易〇然也 1/4/24
日以（〇）〔月〕悔也 1/5/10
〇無蹠有 1/6/12,7/60/2
〇有蹠無 1/6/12,7/60/2
是故有以〇得〔也〕 1/7/24
無以〇得也 1/7/25
稟授於外而以〇飾也 1/8/4
效人為之而無以〇樂也 1/8/9
〇得而已 1/8/22
〇得 1/8/22
所謂〇得者 1/8/25
不為愁悴怨（懟）〔慰〕
而（不）失其所以〇
樂也 1/9/2
非以一時之變化而定吾
所以〇得也 1/9/6
足蹟趎埳、頭抵植木而
不〇知也 1/9/23
是以天下時有盲妄〇失
之患 1/10/7
退而〇失也 2/10/27
是故〇其異者視之 2/13/3
〇其同者視之 2/13/3
己〇以為獨擅之 2/13/6
決離隱密而〇成 2/15/8
是以人得〇樂其閒 2/17/27
音〇倍而為日 3/23/12
律〇倍而為辰 3/23/12
尋〇倍 3/26/15
（綱曰）〔剛日〕〇倍 3/27/20
禹乃使太章步〇東極 4/33/1
使豎亥步〇北極 4/33/2
〇三（百）仞以上 4/33/3
（弱水出〇窮石） 4/33/12
眾帝所〇上下 4/33/19
〇（北東）〔東北〕方
曰（大澤）〔無通〕 4/33/22
〇東北方曰和丘 4/34/1
〇東北方曰方土之山 4/34/6
〇西北至西南方 4/36/26
〇西南至東南方 4/36/27
〇東南至東北方 4/37/1
〇東北至西北方 4/37/2
〇碣石（山）過朝鮮 5/47/13
〇北戶孫之外 5/47/18
〇崑崙東絶兩恒山 5/47/22
〇崑崙絶流沙、沈羽 5/47/27
〇九澤窮夏晦之極 5/48/5
〇古及今 5/49/1,13/127/19
15/149/14,16.97/163/3
而能〇要者尚猶若此 6/50/5
唯通于太和而持〇然之
應者為能有之 6/51/10
車莫動而〇舉 6/52/9
馬莫使而〇走也 6/52/9
一〇以為馬 6/53/2
一〇以為牛 6/53/2
蹠骨肉而〇容 6/53/12
故〇三代以後者 6/54/1
而忻忻然常〇以為治 6/54/16
而天下〇服 7/57/2
甯蠶〇闚於井曰 7/58/21
故〇投於淵 7/59/5
〇以為樂矣 7/59/11
以義〇防也 7/60/19
猶不得已〇強也 7/60/19
隨〇然之性而緣不得已
之化 8/63/1
洞然無為而天下〇和 8/63/2
憺然無欲而民〇樸 8/63/2
名各〇名 9/67/7
類各〇類 9/67/7
事猶〇然 9/67/7
所以〇障〔也〕 9/67/8
弗招而〇來 9/68/15
不麾而〇往 9/68/15
而功〇成 9/68/16
此勢之〇然也 9/69/22
詭〇然之性 9/72/5
而民有殺食〇飢也 9/72/23
使不得〇恣也 9/75/19
人莫得〇恣 9/75/20
發於人間而反以〇正 9/75/26
先（〇）〔以身〕為檢
式儀表 9/75/29
則馬反〇恣 9/76/14
故治者不貴其〇是 9/76/14
而好〇為之 9/76/27
則智日困而〇負其責也 9/76/27
不正本而反〇脩 9/77/2
〔官〕使〇司 9/77/14
不待禁誅而〇中法度者 9/77/28
〇養有度 9/79/5
則官〇備矣 9/79/21
猶不〇矜 10/83/10
〇視猶猷如也 10/83/10
非〇遁〔也〕 10/83/13
若火之〇熱 10/84/12
冰之〇寒 10/84/13
〇中出者也 10/85/3
故怨人不如〇怨 10/86/4
聲〇召也 10/86/7
貌〇示也 10/86/7
名〇命也 10/86/7
文〇官也 10/86/7
〇召也貌 10/86/8
何〇怨乎人 10/86/8
忽乎日滔滔以〇新 10/86/21
不（身）〔〇〕遁 10/86/22
而蒙衣〇信者難 10/86/23
同材〇取焉 10/87/13
不〇知也 10/87/15
猶不〇悔 10/89/29
（矣）〔吳〕鐸以聲〇
毀 10/90/31
膏燭以明〇鑠 10/90/31
萬物將〇理 10/92/19
萬物將〇清 10/92/20
眾邪〇息 10/93/1
土積則生〇（穴）〔宍〕
之獸 11/93/26
（以有）〔有以〕〇見也 11/96/2

無以〇見〔也〕 11/96/2
有感而〇然者也 11/96/20
〇見而已 11/98/15
〇聞而已 11/98/15
〇知而已 11/98/16
皆〇是而非人 11/100/15
所〇視之異也 11/101/3
所〇闚之異也 11/101/7
庸遽知世之所〇窺我者乎 11/101/8
若夫不為虛而〇虛者 11/101/9
北人无擇非舜而〇投清（泠）〔泠〕之淵 11/102/1
而人〇足者 11/102/8
故身〇耕 11/103/23
〇足乎一世之閒 11/104/9
而〇取齊國之政焉 12/106/10
（乂）〔又〕無以〇為 12/106/18
不以故〇持 12/107/3
則周〇安矣 12/108/14
〇今以來 12/108/20
此夫差之所以〇剄於干遂也 12/108/26
困窮無以〇達 12/109/1
〔生之〕所〇來者久矣 12/109/17
猶不能〇勝 12/109/22
〔不能〇勝〕則從之 12/109/23
不能〇勝而強弗從者 12/109/23
君〇行之 12/110/11
寡人〇知不為諸侯笑矣 12/110/12
而城〇（壞）〔壞〕者十丈 12/111/10
而城〇壞 12/111/10
〔寡人請〇當也〕 12/112/21
為人君而欲殺其民以〇活也 12/112/23
不能〇給魚 12/113/23
則能長〇給魚 12/113/24
宿沙之民皆〇攻其君而歸神農 12/114/23
而〇以為遠 12/116/17
私〇苦痛 12/117/23
不受於外而〇為儀表也 13/123/15
（〇）〔有〕以相使也 13/123/24
身〇奮袂執銳 13/124/5
而不能〇非其所行 13/124/28
然而不能〇知 13/126/6
然〔而〕不能〇免於車裂之患 13/126/8
〇脩則以道德 13/127/24
〇脩以道德 13/127/25
〇投於水 13/129/26
〇當以道術度量 13/130/6
若无道術度量而以〇儉約 13/130/7
而以小事〇內於刑戮 13/130/27
其父不〇非也 13/131/21
〇信者不可以誹譽遷也 14/133/1
形將〇正 14/134/3
必〇得者也 14/134/7,20/219/2
能〇得者 14/134/7
法（脩）〔循〕〇然 14/135/17
德可以〇脩 14/136/18
道可以〇治 14/136/18
故無為而〇治 14/136/24
而無〇恃之道 14/136/29
〇偵而辭助 14/137/14
而邪氣（因）〔〇〕（而）不生 14/137/28
〇取照焉 14/138/22
〇取富焉 14/138/23
唯滅迹於無為而隨天地〔之〕〇然者 14/138/25
爭者各〇以為直 14/140/8
（遇）〔過〕則〇非 14/140/12
〇樂於內 14/140/27
〇身以上至於荒芒 14/142/6
〇死而天地无窮 14/142/7
〇信其情 14/142/13
〇五帝而弗能偃也 15/142/29
〇為之故也 15/143/24
舉事以〇為者眾去之 15/143/25
用其〇為用也 15/144/28
用其〇為用 15/144/28
故費不半而功〇倍也 15/146/21
必先〇廟戰 15/146/25
亦〇明矣 15/149/19
博聞而〇亂 15/149/29
多知而〇疑 15/149/29
〇上高丘 15/150/6
君〇宮召將〔而〕詔之曰 15/153/13
乃內視而〇反也 16.1/154/6
反而〇存 16.1/154/8
而不能〇出漁者之籠 16.9/155/4
使之〇以平 16.41/158/4
申徒狄負石〇沉於淵 16.43/158/10
〇掩其耳 16.55/159/15
王〇射之 16.89/162/11
已〇足其中矣 16.99/163/8
為醫之不能〇治其病 16.151/168/4
不能〇（椓）〔椓〕 17.8/168/27
不能〇見其眥 17.8/168/27
乃反〇害 17.38/171/1
無以〇樂 17.58/172/17
為客治飯而〇〔食〕藜藿 17.63/172/28
少（〇）〔有〕其質 17.156/179/14
〔〇然之勢〕 17.174/180/25
猘狗不〇投於河 17.179/181/4
雖聾蟲而不〇陷 17.179/181/4
反〇刻 17.224/184/5
反〇食 17.224/184/5
反〇賊 17.224/184/5
其〇養不勃 18/185/20
人〇生之 18/186/6
人〇成之 18/186/6
曉（〇然）〔然〇〕以為智（知）存亡之樞機、禍福之門戶 18/186/10
〇此之後 18/188/10,18/191/2
則辭能〇存乎 18/190/18
其所〇託者然也 18/191/7
王〇收其南 18/194/7
〇唐子之短臣也 18/194/18
必不能〇免於（千）〔十〕步之中矣 18/194/26
驩然有以〇得也 18/197/2
今知所以〇行也 18/197/6
憤然〇反 18/198/3
以〇罰也 18/200/6
故〇天子以下 19/203/9
聽其〇流 19/203/13
待其〇生 19/203/13
（權）〔推〕〇然之勢 19/203/15
此用己而背〇然 19/203/17
〇魯趨而〔往〕 19/203/21
此〇然者 19/204/13

各有其○然之勢 19/206/3
○試神明 19/206/23
日以○娛 19/206/26
○人君公卿至于庶人 19/207/4
不○彊而功成者 19/207/5
此○強而成功者也 19/207/27
蝯○縱 19/209/21
〔正其〕道而物○然 20/211/10
必○精氣所以與之施道 20/212/4
夫物有以○然 20/212/11
不得○若 20/213/23
醜必託善以○為解 20/218/11
邪必蒙正以○為（辟）〔辭〕 20/218/11
（令○）〔今目〕悅五色 20/219/9
故○養得其節 20/219/11
晏然○得 20/220/24
足以○樂也 21/224/5
欲以偷○佚 21/226/10
所以使學者孳孳以○幾也 21/226/13
而己○樂所受乎天地者也 21/226/24
各○治其境內 21/228/16

字 zì 2

設於无垓坫之（○）〔宇〕 2/12/24
故凡問（○）〔事〕 16.143/167/12

恣 zì 7

使不得自○也 9/75/19
人莫得自○ 9/75/20
則馬反自○ 9/76/14
驕○者之於恭也 9/76/26
憍則○ 12/108/25
○則極〔物〕 12/108/25
无擅○之志 13/121/19

眥 zì 4

大口決○ 4/36/1
隅○之削 11/98/12
不能自見其○ 17.8/168/27
聞者莫不瞋目裂○ 20/221/27

胔 zì 3

不受○芥 16.62/160/3
海不受流○ 17.141/178/13
夫江、河之腐○不可勝數 21/227/15

漬 zì 3

淹浸（○）漸靡使然也 19/209/24
瀸（瀒）〔○〕肌膚 21/224/4
蠅○其中 21/227/15

宗 zōng 34

○族殘滅 1/4/14
聲之大○也 1/6/11
與形俱出其○ 1/9/7
興毀○ 2/14/9
剖判大○ 2/15/11
而失其大○之本 2/15/19
月者陰之○也 3/19/5
以共皇天上帝、名山大川、四方之神、○廟社稷 5/42/11
以給○廟之服 5/42/13
天子祈來年於天○ 5/45/21
起毀○ 5/47/20
是故上帝以為物○ 5/49/1
若乃未始出其○者 6/50/4
若未始出其○ 6/51/20
而能守其○ 7/57/14
漠若未始出其○ 7/59/21
毀人之○廟 8/66/23
道之○ 9/69/27
故得道之○ 9/69/27
此聲之○也 9/75/24
是猶貫甲（冑）〔胄〕而入○廟 9/78/23
言有○ 12/105/25
寡人得（立）〔奉〕○廟社稷 12/109/28
夫言有○ 12/118/12
失其○本 12/118/12
死而為○布 13/131/13
莫能（及）〔反〕○ 14/132/12
吾將反吾○矣 16.1/154/7
以其反○ 16.15/155/20
高○諒闇 20/210/14
以奉○廟鮮犞之具 20/213/17
因以此聲為樂而入○廟 20/221/27
靡散大○ 21/223/22
以反其性命之○ 21/225/1

蹤 zōng 4

（縱）〔○〕矢躡風 6/52/11
猶卻行而脫（○）〔蹝〕也 9/74/6
（勤）〔勒〕率隨其○跡 13/129/18
攬掇遂事之○ 21/225/19

揔 zǒng 11

萬物○而為一 7/56/11
聖人○而用之 11/101/21
○而齊之 11/103/17
○鄒、魯之儒墨 13/124/9
○其略行 13/127/8
○形推類而為之變象 13/130/20
○視其體 16.127/165/31
○要舉凡 21/223/22
○同乎神明之德 21/225/13
○萬方之指 21/226/16
覽○其要 21/226/31

總 zǒng 13

而大與宇宙之○ 1/1/14
萬物之○ 1/6/26
飄風暴雨○至 5/39/13
寒氣○至 5/40/4,5/44/20
朝于○章左个 5/43/3
朝于○章大廟 5/43/20
朝于○章右个 5/44/17
故德之所○ 8/63/4
德之所○要 8/64/1
精與鬼神○ 8/64/15
莫不欲○海內之智 9/75/8
○一筦 18/185/23

縱 zòng 29

〇志舒節	1/2/4
優游委〇	1/7/13
恬然則〇之	1/10/9
其〇之也若委衣	1/10/9
順風〇火	2/18/6
優而不〇	5/49/8
（〇）〔蹤〕矢躡風	6/52/11
故〇體肆意	7/60/11
不敢〇其欲也	9/80/1
夫〇欲而失性	11/96/4
〇體施髮	11/97/10
是〇過也	11/100/26
〇而置之	12/114/11
〇而赦之	12/114/12
愛推則〇	13/123/6
〇則不令	13/123/6
然〇耳目之欲	15/146/5
其後驕溢〇欲	15/153/8
〇之其所〔利〕而已	16.118/165/6
〔不傷者、為〇之者〕	18/187/16
〇而予之	18/188/14
竊〇而予之	18/188/14
蝯自〇	19/209/21
夫鼓〔舞〕者非柔〇	19/209/23
而〇之淫辟	20/216/19
〇牛馬	20/219/19
〇欲適情	21/226/10
故〇馬華山	21/227/29
故〇橫脩短生焉	21/228/18

陬 zōu 6

河水出崑崙東北〇	4/33/11
赤水出其東南〇	4/33/11
〔弱水出其西南〇〕	4/33/12
洋水出其西北〇	4/33/13
雒棠、武人在西北〇	4/37/5
和丘在其東北〇	4/37/7

鄒 zōu 3

〇忌一徽	9/69/4
豈必〇、魯之禮之謂禮乎	11/97/12
揔〇、魯之儒墨	13/124/9

騶 zōu 3

命太僕及七〇	5/44/22
得〇虞、雞斯之乘	12/114/14
好馬非〇也	16.48/158/24

走 zǒu 67

獸以之〇	1/1/7
獸蹠實而〇	1/3/15
〇犬（遂）〔逐〕狡兔	1/8/1
逐苑囿之〇獸	1/8/27
〇獸（擠）〔廢〕腳	2/18/2
獸〇叢薄之中	2/18/3
食草者善〇而愚	4/35/1
或飛或〇	4/35/5
故卻〇馬以糞	6/50/24
馬莫使而自〇也	6/52/9
〇獸廢腳	6/53/16
與馬競〇	9/77/3
是與俗儷〇	10/93/2
員者〇澤	11/95/10
得百〇馬	11/99/18
若轉化而與世競〇	11/101/8
懼不能〇也	11/104/16
一鄉父子兄弟相遺而〇	11/104/16
故人與驥逐〇則不勝驥	12/108/6
〇則顛	12/108/7
蛩蛩駏驢必負而〇	12/108/8
為吳（兵）〔王〕先馬（〇）	12/111/5
子韋還〇	12/112/25
尹需反〇	12/117/25
太卜〇往見公曰	12/119/4
遁逃奔〇	13/127/4
至掇而〇	13/129/27
夜驚而〇	13/131/15
為〇而破其玦也	13/131/27
蚈足眾而〇不若蛇	13/131/30
大夫〇	13/132/2
時去我〇	14/141/27
敵潰而〇	15/148/19
敵故奔〇	15/150/23
虛則〇	15/153/6
顧反〇	16.34/157/14
不若〇於澤〔也〕	16.35/157/18
欲滅迹而〇雪中	16.40/158/1
有竊其鍾負而〇者	16.55/159/14
堨而〇	16.64/160/7
譬猶倮〇而追狂人	16.79/161/12
狂者東〇	16.108/164/4
逐者亦東〇	16.108/164/4
東〇則同	16.108/164/4
所以東〇〔者〕則異	16.108/164/4
〇不以手	16.132/166/13
縛手〇不能疾	16.132/166/13
盲者負而〇	16.144/167/14
使瞽者〇	16.144/167/15
兔〇歸窟	17.6/168/23
瞽者見虎而不〇	17.43/171/11
以兔之〇	17.48/171/21
則又不能〇矣	17.48/171/21
漁者〇淵	17.88/174/18
（木）〔采〕者〇山	17.88/174/18
朝之市則〇	17.88/174/18
不知善〇	17.162/179/28
蹠巨者（志）〔〇〕遠	17.240/185/10
揚劍提戈而〇	18/187/13
則反〇	18/190/15
蒲伏而〇	18/194/26
夫〇者、人之所以為疾也	18/194/28
魯昭（公）出〇	18/195/27
蟲蝱〇牛羊	18/195/29
翹尾而〇	19/204/15
於是乃贏糧跣〇	19/207/16
則瓦解而〇	20/219/16

奏 zòu 7

師曠〇《白雪》之音	6/49/27
〇《雍》而徹	9/80/13
助而〇之	10/90/18
指〇相反	11/99/27
〇之惠王	12/106/1
〇《咸池》	13/124/10
指〇卷異	21/227/2

意而已 11/97/21
故葬薶○以收斂蓋藏而已 11/97/23
衣○〔以〕覆形 11/98/11
帶○以結（細）〔紐〕收衽 11/98/12
曰禮義○以治天下 11/98/24
而人自○者 11/102/8
人材不○專恃 11/102/10
力不○也 11/102/12
鶘胡飲水數斗而不○ 11/103/11
不○以論之 11/104/8
自○乎一世之閒 11/104/9
輕○〔者〕先（升） 11/104/17
手○有所急也 11/104/19
不○則爭 11/104/20
所饒○也 11/104/21
利不○也 11/104/22
何○問哉 12/106/11
〔康王〕蹀○謦欬 12/107/16
損其有餘而緩其不○ 12/112/3
12/112/4
知○不辱 12/113/25,18/194/3
照照何○以名之 12/117/4
（人）〔又〕以為從未○也 12/118/10
而循俗未○多也 13/121/6
則才不○也 13/124/2
雖大不○恃 13/124/25
黃衰微舉○蹴其體 13/125/19
則舉○蹴其體 13/125/24
禮不○以難之也 13/125/25
○不旋踵 13/127/1
小形不○以包大體也 13/127/10
不○以為累 13/127/11
未○大舉 13/127/11
其小惡不○〔以〕妨大美也 13/127/26
而觀小節○以知大體矣 13/128/18
甲兵不○ 13/129/6
適○以失之 13/129/25
適○以就之 13/129/25
恒虛而易○ 13/130/3
今夫霤水○以溢壺榼 13/130/6
則○以養七尺之形矣 13/130/7
則萬乘之勢不○以為尊 13/130/7
天下之富不○以為樂矣 13/130/8
物莫○以惑之 13/130/9
而○以養生 13/130/25
蚈○眾而走不若蛇 13/131/30
未○以論也 13/132/2
知○者不可以勢利誘也 14/133/1
物莫（不）○〔以〕滑其（調）〔和〕 14/133/2
欲不過節則養性知○ 14/133/10
失道則智者不○ 14/133/15
在於○用 14/133/19,20/219/4
○用之本 14/133/19,20/219/4
故智不○免患 14/134/25
愚不○以至於失寧 14/134/25
脩○譽之德 14/134/30
不○〔以〕更責 14/136/4
（不）○以弊身 14/136/4
不○以為全 14/136/29
而莫○以治天下 14/137/17
賢能之不○任也 14/137/18
直己而○物 14/138/23
日有餘而治不○〔者〕 14/139/28
不○以易其一概 14/140/27
〔不〕○以概志 14/142/6
而物弗能○也 15/142/23
畜積給○ 15/145/10
猶身之有股肱手○也 15/145/17
故德義○以懷天下之民 15/145/20
事業○以當天下之急 15/145/20
選舉○以得賢士之心 15/145/20
謀慮○以知強弱之（勢）〔權〕 15/145/21
不○以為強 15/145/23
不○以為勝 15/145/23
不○以為固 15/145/23
不○以為威 15/145/24
則數倍不○ 15/147/19
若蚈之○ 15/147/25, 17.151/179/4
以罷其○ 15/148/16
是故上○仰 15/151/21
德○慕 15/151/21
同莫○以相治也 15/152/6
豈○高乎 16.74/160/31
已自○其中矣 16.99/163/8
而長不○ 16.122/165/16
必食其蹠數十而後○ 16.125/165/26
○蹍地而為迹 16.135/166/21
（鼎錯）〔錯鼎〕日用而不○貴 16.137/166/26
然而不○貴也 17.1/168/11
○（以）〔所〕蹍者淺矣 17.4/168/18
游者以○蹶 17.5/168/21
非手○者矣 17.5/168/21
譬猶削○而適履 17.25/170/5
然而橑輻未○恃也 17.41/171/7
人莫不奮于其所不○ 17.47/171/19
小變不○以防大節 17.49/171/23
王子慶忌○躡麋鹿、手搏兕虎 17.80/174/1
行一棊不○以見智 17.85/174/12
彈一弦不○以見悲 17.85/174/12
百斗而○矣 17.86/174/14
蝮蛇不可為○ 17.93/174/30
百梅○以為百人酸 17.119/176/24
一梅不○以為一人和 17.119/176/24
獸同○者相從遊 17.134/177/28
○無千里之行 17.138/178/6
大德若不○ 17.139/178/9
蛇無○而行 17.177/180/31
愚者不加○ 17.185/181/16
適○以害之 18/187/8
而適○以殺之 18/187/25
然而累○无所踐者 18/188/19
民食不○ 18/189/14
令百姓家給人○ 18/189/15
利不○貪也 18/190/23
尚以為未○ 18/194/1
此不知○之禍也 18/194/2
或譽人而適○以敗之 18/194/5
始於雞（定）〔○〕 18/195/23
何○以全其身 18/196/9
適○以敗之 18/197/10
適○以致之 18/197/10
僅○以容身 18/199/11
有一蟲舉○將搏其輪 18/199/28
血流至○ 18/200/6
一人而○矣 18/200/13
踹○而怒曰 18/201/27
為一人聰明而不○以徧燭海內 19/203/3

此《鴻烈》之《泰〇》
也 21/226/21
〇鑄大鍾 21/228/13

鏃 zú 1

疾如（〇）〔鍭〕矢 15/147/10

阻 zǔ 9

險〇氣多癭 4/34/21
界障險〇 6/49/30
設機械險〇以為備 8/61/25
設樹險〇 8/65/6
固塞險〇 9/68/22
而不能與山居者入榛薄
、〔出〕險〇也 9/70/2
高山險〇 11/94/21
固塞險〇之地也 13/125/8
林叢險（怚）〔〇〕 15/152/13

俎 zǔ 10

觴酌〇豆 9/78/19
錦繡纂（〇）〔組〕 11/104/11
夫發于鼎〇之閒 13/128/3
〇豆之列次 14/140/2
〇之〔上〕、先生魚 14/141/19
而不免於鼎〇 16.38/157/25
旁光不升〇 17.141/178/13
列樽〇 20/215/17
尸不越樽〇而代之 20/215/18
負鼎〇而行 20/218/3

祖 zǔ 10

物之大〇也 1/6/10
饗先〇 5/45/21
宓穆休于太〇之下 6/53/7
相戲以刃者太〇軵其肘 13/130/21
相戲以刃太〇軵其肘者 13/130/26
故因太〇以累其心 13/130/27
而彭〇為夭矣 17.11/169/4
使之（〇）〔袒〕而
（補）〔捕〕魚 18/196/2
禍生於（〇）〔袒〕而
捕魚 18/196/5

而捃逐萬物之〇也 21/227/7

組 zǔ 8

蟠龍連〇 8/65/10
執轡如〇 10/85/9
大紘（〇）〔綎〕 10/91/21
綸〇節束 11/97/22
綺繡絛〇 11/104/6
錦繡纂（俎）〔〇〕 11/104/11
含珠、鱗施、綸〇 12/119/27
梱纂〇 19/205/24

靻 zǔ 2

（乃）為（〇）〔靻〕
蹻而超千里 13/120/13
（〇）〔靻〕蹻嬴蓋 13/126/7

劗 zuān 4

於是民人（被）〔〇〕
髮文身 1/3/24
是猶以斧〇毛 9/74/28
越人〇髮 11/97/3
越王句踐〇髮文身 11/97/8

鑽 zuān 6

觀九〇一 6/50/7
〇燧取火 8/61/14
雖〇之不（通）〔達〕 14/139/23
〇靈龜 15/153/14
弗〇不爇 17.112/176/7
〇脈得失之跡 21/226/5

纂 zuǎn 4

且富人則車輿衣〇錦 11/104/6
錦繡〇（俎）〔組〕 11/104/11
繒為之〇繹 17.236/185/1
梱〇組 19/205/24

最 zuì 2

馳者不貪〇先 14/139/18
中行文子〇弱 18/193/17

罪 zuì 79

殺當〇 3/23/23,5/45/13,5/48/7
決小〇 5/41/10
行〇无疑 5/44/3
無留有〇 5/45/1
必行其〇 5/45/20
〇之不赦 5/46/11
解役〇 5/47/15
毋釋〇 5/48/9
〇殺而不赦 5/49/19
虐殺不辜而刑誅無〇 8/61/27
舉不義之兵〔而〕伐無
〇之國 8/66/22
不怨木石而〇巧拙者 9/69/23
無〇者而死亡 9/70/23
〇之所當也 9/70/27
守職者無〇而誅 9/73/4
怒不以〇誅 9/75/2
有諫者誅之以〇 9/75/13
中度者雖不肖必無〇 9/75/18
誅不應〇 9/76/29
有〇而不誅 9/77/1
比干何〇 10/89/15
不可以無〇蒙也 10/91/24
高為量而〇不及 11/102/10
臣有〇乎 12/110/22
君誅中牟之〇 12/111/10
此臣之〇也 12/112/15
誅管、蔡之〇 13/121/17
畏〇而恐誅 13/123/10
湯、武救〇之不給 13/125/2
令有重〇者出犀甲一戟 13/129/6
有輕〇者贖以金分 13/129/6
今人〔之〕所以犯囹圄
之〇 13/129/16
蒙死亡之〇 13/129/19
而後被要斬之〇 13/129/23
則〇弗累也 13/130/2
常無〇 14/135/10
則為名者不伐無〇 14/137/2
有〇者釋 14/139/5
無〇者誅 14/139/5
殺無〇之民 15/143/3
殺戮無〇 15/143/15
決疑不辟〇 15/151/25
退不避〇 15/153/22

請○於君 15/153/26
衛姬之請○於桓公〔也〕 16.20/156/5
○當死者肥澤 16.24/156/18
公孫鞅以刑○ 16.123/165/19
心之○也 18/185/28
失者有重○ 18/187/11
為之蒙死被○ 18/187/14
而不傷者被重○ 18/187/16
有○者、人臣之所辟也 18/188/4
或有○而益信 18/188/4
有○者不敢失仁心也 18/188/5
何謂有○而益信 18/188/13
秦西巴有○於君 18/188/15
此〔所〕謂有○而益信者也 18/188/16
此公孫鞅之所以抵○於秦 18/188/19
或有○而可賞也 18/192/8
或有功而可○也 18/192/8
此有○而可賞者 18/192/15
此有功可○者 18/192/19
莊王已討有○ 18/193/11
誅○人 18/193/12
○則有之 18/193/14
（因）以誅○人 18/193/15
以王為非誅○人也 18/193/15
予之○也 18/198/11
民有○當刑 18/201/25
○人已刑而不忘其恩 18/201/26
子發盤○威王而出奔 18/201/26
子發（視）〔親〕決吾○而被吾刑 18/201/27
非紘之○ 19/208/14
以解有○ 20/213/17
非貴〔其〕隨○而鑒刑也 20/216/18
其○不除 20/218/26
有○相覺 20/223/4

醉 zuì 3

惛若純○ 6/51/20
夫○者 13/130/12
遂○而臥 18/187/20

尊 zūn 57

莫○於水 1/6/12
是故不待勢而○ 1/9/10
斬而為犧○ 2/14/13
（一）比犧○〔於〕溝中之斷 2/14/14
使貴賤卑○各有等級 5/45/19
雖有盛○之親 5/48/8
是故聖人貴而○之 7/57/3
視至○窮寵猶行客也 7/57/20
公子（扎）〔札〕不以有國為○ 7/59/4
○勢厚利 7/59/15
生（○）〔貴〕于天下也 7/59/16
是故處人以譽○ 9/72/27
察其所○顯無他故焉 9/72/27
不可以貴賤○卑論也 9/75/10
○貴者不輕其罰 9/75/17
位○也 9/77/17
猶中衢而（致）〔設〕○邪 10/83/2
義○乎君 10/85/5
則君○而臣忠 10/85/6
美而不○ 10/86/8
故上左遷則失其所○也 10/87/30
人能○道行義 10/90/18
君以德○ 10/92/10
君以義○ 10/92/10
君以強○ 10/92/10
珠玉○則天下爭矣 11/93/21
所以別○卑、異貴賤 11/93/24
○○親親 11/94/11
皆○其主而愛其親 11/97/4
故「美言可以市○ 12/113/19
遂（○）重薛公 12/116/2
以相○禮也 13/125/24
則萬乘之勢不足以為○ 13/130/7
故因其便以○之 13/130/24
大小○卑 13/132/1
至○居之也 13/132/4
非特天子之為○也 13/132/4
猶〔之〕○君也 14/134/16
處○位者 14/138/4
故稱○焉 14/138/4
處○位者如尸 14/140/1
故位愈○而身愈佚 14/140/3
○其秀士而顯其賢良 15/143/18
名○於實 17.63/172/28
地廣而名○ 18/187/1
美言可以市○ 18/192/6
挈一石之○則白汗交流 19/202/26
其重於○亦遠矣 19/202/27
勢不若德○ 19/204/2
多○古而賤今 19/208/5
蔽於論而○其所聞 19/208/6
恭儉○讓者 20/214/5
經誹譽以（○）〔導〕之 20/217/10
而有高世○顯之名 20/217/11
稱○號也 20/219/13
（時）則○天而保真 21/224/3

遵 zūn 2

○天之道 14/135/12
不能○道 20/212/21

樽 zūn 5

○之上、〔先〕玄（○）〔酒〕 14/141/19
列○俎 20/215/17
尸不越○俎而代之 20/215/18
○流遁之觀 21/225/5

昨 zuó 1

日愈○也 16.80/161/15

捽 zuó 4

則○其髮而拯 13/125/26
故溺則○父 13/125/26
捷○招杼釭 15/144/26
故解（捽）〔○〕者不在於捌格 17.239/185/7

椊 zuó 1

故解（○）〔捽〕者不在於捌格 17.239/185/7

左 zuǒ 60

無所○而無所右 1/6/7
在於○則忘於右 1/9/26
○右而使之 2/11/21
紫宮執斗而○旋 3/21/7
月從○行 3/23/1
○者衰 3/23/2
不可○也 3/23/3
衡有○右 3/26/20
（○前）〔右背〕刑 3/27/28
（右背）〔○前〕德 3/27/28
○周而行 3/27/29
雄○行 3/29/1
○還北流 4/37/16
朝于青陽○个 5/39/7
朝于明堂○个 5/41/4
饗○右 5/41/8
朝于總章○个 5/43/3
朝于玄堂○个 5/45/12
於是武王○操黃鉞 6/50/1
○強在側 6/51/11
○右若鞭 6/52/8
使之○〔手〕據天下圖而右手刎其喉 7/59/15
怨（○）〔尤〕充胸 8/66/16
衡之於○右 9/69/17
夫七尺之橈而制船之○右者 9/78/3
凡高者貴其○ 10/87/29
故下之於上曰○之 10/87/29
故上○遷則失其所尊也 10/87/30
○右欲塗之 11/100/24
〔取〕（尤）〔○〕人、終人 12/107/6
○右曰 12/107/7
13/128/24, 18/188/15
18/191/16, 18/192/23
宋王謂○右曰 12/108/1
○江而右淮 12/110/23
○右諫曰 12/115/2
此非○右之所得與 12/115/3
人謂之○則○ 13/123/15
○柔而右剛 15/144/2
若○右手 15/144/26
背鄉○右之便 15/145/11
發閭○之戍 15/146/6
○右不相干 15/148/7
精若轉○ 15/148/19
○青龍 15/150/11
○牡而右牝 15/150/11
○右數諫不聽 18/197/25
○擁而右扇之 18/200/5
○昭而右穆 18/201/4
羿○臂脩而善射 19/205/14
過者莫不○右睥睨而掩鼻 19/209/14
使人○據天下之圖而右刎喉 20/218/26
○東海 20/219/14
武（○）〔王〕○操黃鉞 20/219/15
進退○右无所擊危 21/225/30
梁丘據、子家噲導於○右 21/228/14

佐 zuǒ 19

其○句芒 3/20/1
其○朱明 3/20/2
其○后土 3/20/3
其○蓐收 3/20/5
其○玄冥 3/20/6
○天長養 5/41/8
輔○公而不阿 6/52/19
輔○有能 6/54/8
而可以便國○治 9/73/1
故制禮足以○實喻意而已（矣） 11/97/20
昔堯之○九人 12/108/5
舜之○七人 12/108/5
武王之○五人 12/108/5
無害於為○ 14/140/3
夫兵之所以○勝者眾 15/145/10
然皆○勝之具也 15/145/18
○祭者得嘗 17.124/177/5
皆霸王之○也 18/196/3
申子者、韓昭釐之○ 21/228/20

坐 zuò 21

○而不教 2/12/21
是謂○馳陸沈 6/50/24
十月而（○）〔生〕 7/55/9
○俳而歌謠 8/62/16
相與危○而說之 8/64/1
其○無慮 10/82/17
回○忘矣 12/115/14
何謂○忘 12/115/15
是謂○忘 12/115/15
○者伏 13/132/3
故沮舍之下不可以○ 16.23/156/15
天子被之而○廟堂 16.35/157/17
○者不期而拚皆如一 17.20/169/26
滿堂之○ 17.144/178/20
舉○而善 17.237/185/3
○而正冠 18/194/23
今○而正冠 18/194/26
相與危○而稱之 19/208/6
宋伯姬○燒而死 20/214/12
又況出室○堂 20/220/7
商鞅為秦立相○之法 20/222/18

作 zuò 58

昔者夏鯀○（三）〔九〕仞之城 1/3/2
樂○而喜 1/8/3
蟯動蚑○ 1/9/20
歲名曰○鄂 3/27/13
○鄂之歲 3/31/3
毋○大事 5/40/1
○為淫巧 5/45/20
土事无○ 5/46/5
毒獸不○ 6/51/23
雷霆不○ 6/51/27
昔者蒼頡○書而天雨粟 8/62/27
伯益○井 8/62/27
故聖人為之○〔禮〕樂以和節之 8/66/8
○之上古 9/69/8
○為《春秋》 9/80/26
人無能○也 10/89/12
非所○也 11/95/17
其所以○法不可原也 11/99/12
桓公悖然○色而怒曰 12/110/3
萬物並○ 12/117/26
化而欲○ 12/119/29
聖人乃○為之築土構木 13/120/7

伯余之初○衣也 13/120/9
而○為之楺輪建輿 13/120/13
而○為之鑄金（鍜）〔鍛〕鐵 13/120/14
故通於禮樂之情者能○ 13/120/26
王道缺而《詩》○ 13/121/8
周室廢、禮義壞而《春秋》○ 13/121/8
又有未○《詩》、《春秋》之時 13/121/10
夫聖人○法而萬物制焉 13/122/15
大人○而弟子循 13/122/20
故炎帝（於）〔○〕火 13/131/11
（后稷）〔周棄〕○稼穡 13/131/12
其○始簡者 14/141/4
興萬乘之駕而○阿房之（官）〔宮〕 15/146/5
動○周還 15/147/4
郈氏○難 18/195/27
哀公○色而怒 18/197/25
舜○室 19/202/20
○為雲梯之械設以攻宋 19/203/25
○事成法 19/205/11
倉頡○書 19/206/10
儀狄○酒 19/206/10
故人○一事而遺後世 19/206/11
故○書以喻（意）〔事〕 19/209/3
（化）〔○〕則細矣 20/212/8
神農之初○琴也 20/213/12
夔之初○樂也 20/213/14
蒼頡之初○書 20/213/15
湯之初○囿也 20/213/17
○事可法 20/217/18
靈王○章華之臺 20/219/25
○為《山（水）〔木〕》之嘔 20/221/25
則百殘除而中和○矣 20/223/13
夫○為書論者 21/223/21
所以因（○）任督責 21/225/8
○為炮格之刑 21/227/20
○為路寢之臺 21/228/13

阼 zuò 1

夏后氏殯於○階之上 13/120/20

侳 zuò 1

為其○廉 16.131/166/11

酢 zuò 1

酬○之禮 9/78/19

鑿 zuò 39

○之而不深 1/1/22
以求○（柄）〔枘〕於世而錯擇名利 2/15/18
故不可以○地穿井 3/21/19
〔有〕結胸民、羽民、讙頭國民、（裸）〔裸〕國民、三苗民、交股民、不死民、穿胸民、反舌民、豕喙民、○齒民、三頭民、脩臂民 4/36/27
○五刑 6/54/15
○竇而（出）〔止〕水 6/54/16
寄汲不若○井 6/54/21
猰貐、（○齒）、九嬰、大風、封豨、〔○齒〕、修蛇 8/63/11
堯乃使羿誅○齒於疇華之（野）〔澤〕 8/63/12
○汙池之深 8/65/4
○者不斲 9/70/16
良工漸乎矩○之中 10/87/12
矩○之中 10/87/12
○地（漂）〔漥〕池 10/88/17
○井而飲 11/93/29
猶工匠之斲削○（芮）〔枘〕也 11/98/18
○培而遁之 11/102/26
釋其椎○而問桓公曰 12/110/1
深○高壘 12/119/28
是猶持方柄而周員○也 13/122/22
譬若斤斧椎○之各有所施也 13/123/25
不可○也 13/126/27
百姓穿戶○牖 14/138/22
周錐○而為刃 15/146/9
○凶門而出 15/153/20
各值其○ 17.148/178/29
（毀）〔○〕瀆而止水 17.233/184/25
禹○龍門 18/189/13,20/212/8
譬猶失火而○池 18/196/9
又以卒○渠而通糧道 18/197/14
故聖人量○而正枘 18/198/13
○龍門 19/202/22
以○觀池之力耕 20/220/29
故事有○一孔而（生）〔開〕百隙 20/223/5
所○不足以為便 20/223/5
所以竅窕穿○百事之壅遏 21/226/1
○江而通九路 21/228/6

叫（音未詳） 5

（○）〔叫〕呼仿佛 1/2/14
庶女（○）〔叫〕天 6/49/28
蓋情甚乎（○）〔叫〕呼也 10/84/23
（○）〔叫〕呼而比雷霆 15/144/14
至音不（○）〔叫〕 17.15/169/12

袡（音未詳） 1

在（○）〔旃〕茵之上 16.116/165/1

眄（音未詳） 1

以身解於陽（○）〔盱〕之（河）〔阿〕 19/202/28

⿰亻戓（音未詳） 1

（理）詘（○）〔伸〕倨（佝）〔句〕 10/87/20

涆（音未詳） 1

故水激則（○）〔悍〕 15/150/3

附　　　　錄

全書用字頻數表

全書總字數 = 133,827
單字字數 = 4,208

之	5787	王	383	方	262	智	178	舉	144	耳	116	秋	98	體	85
而	4383	必	379	百	259	數	178	脩	143	節	116	清	98	年	84
不	3875	无	377	成	257	求	177	北	142	聽	116	冬	97	靜	84
也	3218	事	374	利	254	太	175	貴	142	目	115	指	97	伯	83
者	2737	君	372	四	250	亡	174	本	141	亦	115	黃	97	俗	83
以	2690	中	371	後	250	始	174	聞	141	重	115	說	97	城	83
其	2308	見	358	失	247	法	172	或	140	精	115	好	96	怨	83
為	1707	水	352	乃	240	易	171	守	139	海	113	居	96	鼓	83
於	1586	謂	343	于	240	立	170	受	139	命	112	理	96	我	82
人	1515	欲	339	莫	240	合	170	西	137	金	112	各	95	論	82
故	1307	上	338	樂	231	多	170	六	136	衣	110	直	95	賞	82
所	1266	地	338	世	230	外	169	火	136	服	110	政	95	勇	81
有	1265	死	334	善	227	化	168	吾	134	爭	110	七	94	教	81
則	1218	十	330	義	227	歲	168	夏	134	聲	110	止	94	福	81
無	969	三	326	身	226	文	166	變	134	志	109	伐	94	任	80
子	852	國	324	風	225	食	165	里	133	武	109	解	94	哉	80
天	845	用	313	氣	225	亂	165	音	133	視	109	禍	93	寒	80
能	837	在	313	勝	225	東	164	分	131	窮	109	龍	93	憂	80
可	834	明	313	小	220	衆	164	因	130	賢	109	星	92	親	80
曰	757	出	312	雖	220	處	164	南	130	去	108	來	91	色	79
知	697	心	310	今	219	猶	164	諸	129	門	108	養	91	室	79
下	680	治	310	木	213	和	163	白	127	過	108	父	90	御	79
生	639	相	310	通	213	內	160	施	127	終	107	春	90	傷	79
道	623	五	309	主	211	將	160	發	127	勢	106	牛	89	罪	79
大	622	時	305	先	205	正	159	已	125	刑	105	益	89	獸	79
行	600	使	301	令	203	九	158	異	125	強	105	朝	89	女	77
是	599	德	301	陽	203	如	158	觀	125	虛	105	鍾	89	玉	77
一	597	形	292	入	202	制	156	己	124	積	105	類	89	存	77
矣	582	足	287	兵	202	功	154	難	124	常	104	美	88	邪	77
得	568	何	285	臣	200	害	152	由	123	平	103	致	88	嘗	77
夫	542	乎	283	皆	199	千	151	情	123	石	103	戰	88	學	77
至	503	未	279	反	196	應	151	流	122	老	103	歸	88	甲	76
非	502	言	279	焉	195	名	149	土	121	殺	102	復	87	帝	76
此	490	月	274	二	194	高	149	度	121	車	101	游	87	疾	76
與	490	萬	274	陰	188	從	149	當	121	極	101	又	86	問	76
日	450	聖	270	動	187	力	148	取	120	藏	101	古	86	越	76
若	410	公	269	同	184	禮	148	齊	120	兩	100	官	86	澤	76
然	409	弗	269	馬	184	仁	146	及	118	乘	100	楚	86	比	75
民	399	自	268	山	179	周	145	侯	118	宜	99	家	85	玄	75
物	384	神	264	性	179	遠	144	八	116	魚	99	鳥	85	位	75

晉	75	執	66	循	58	季	51	禹	45	血	39	感	36	劍	33
喜	75	敗	66	間	58	況	51	接	45	宋	39	經	36	縣	33
安	74	曲	65	微	58	富	51	景	45	抱	39	遇	36	還	33
待	74	意	65	滅	58	短	51	進	45	思	39	險	36	疏	33
凡	73	群	65	士	57	象	51	黑	45	規	39	池	35	采	32
軍	73	遂	65	丘	57	飲	51	濁	45	悲	39	叔	35	冠	32
患	73	薄	65	羽	57	口	50	免	44	華	39	約	35	背	32
干	72	姓	64	便	57	良	50	破	44	開	39	酒	35	根	32
宮	72	定	64	尊	57	病	50	張	44	奪	39	庶	35	殊	32
容	72	虎	64	湯	57	望	50	惠	44	稷	39	盛	35	珠	32
師	72	被	64	繩	57	廢	50	釋	44	隱	39	責	35	揚	32
寡	72	氏	63	決	56	遺	50	忠	43	辯	39	博	35	愈	32
加	71	且	63	飛	56	懷	50	降	43	鑿	39	搖	35	飾	32
舍	71	末	63	絶	56	息	49	畜	43	犯	38	辟	35	蒙	32
塞	71	味	63	敵	56	稱	49	專	43	申	38	趙	35	履	32
適	71	前	63	餘	56	慮	49	墨	43	收	38	久	34	罷	32
孔	70	律	63	魯	56	戶	48	羊	42	具	38	刃	34	聰	32
危	70	愚	63	謀	56	赤	48	折	42	彼	38	川	34	霜	32
忘	70	廣	63	譬	56	表	48	計	42	泉	38	才	34	關	32
輕	70	司	62	林	55	紂	48	負	42	首	38	井	34	屬	32
河	69	攻	62	威	55	原	48	量	42	堂	38	勿	34	斗	31
秦	69	夜	62	柔	55	商	48	照	42	救	38	毛	34	代	31
草	69	射	62	財	55	淫	48	罰	42	祭	38	伏	34	穴	31
野	69	察	62	起	55	移	48	憎	42	累	38	呂	34	含	31
勞	69	盡	62	陳	55	閉	48	斷	42	暑	38	弟	34	祀	31
權	69	巧	61	仲	54	路	48	魏	42	順	38	宗	34	姦	31
江	68	深	61	夷	54	廟	48	手	41	讓	38	陵	34	堅	31
固	68	擊	61	舟	54	興	48	步	41	寸	37	盜	34	徙	31
信	68	蟲	61	辰	54	趨	48	苦	41	予	37	損	34	連	31
怒	68	左	60	長	54	譽	48	桓	41	全	37	業	34	散	31
唯	68	往	60	豈	54	哀	47	就	41	州	37	賊	34	琴	31
備	68	弱	60	淵	54	修	47	鄉	41	卑	37	竭	34	毀	31
禁	68	務	60	工	53	除	47	詩	41	厚	37	審	34	禽	31
調	68	術	60	光	53	棄	47	農	41	要	37	襄	34	葬	31
獨	68	誠	60	近	53	貪	47	馳	41	飢	37	醜	34	賓	31
離	68	樹	60	書	53	堯	47	儀	41	期	37	迹	34	衛	31
辭	68	兩	59	孰	53	惑	47	器	41	虞	37	后	33	營	31
走	67	孟	59	推	53	寧	47	霸	41	尺	36	枝	33	翼	31
青	67	衰	59	對	53	請	47	吳	40	布	36	封	33	襲	31
冥	67	雲	59	穀	53	設	46	奇	40	矢	36	甚	33	升	30
敢	67	誅	59	賤	53	隨	46	昭	40	谷	36	浮	33	休	30
愛	67	少	58	角	52	覆	46	員	40	社	36	骨	33	私	30
達	67	右	58	鬼	52	毋	45	孫	40	剛	36	偽	33	狗	30
實	67	田	58	舜	52	母	45	造	40	恐	36	廉	33	急	30
暴	67	作	58	載	52	甘	45	章	40	桀	36	祿	33	矩	30
卒	66	昔	58	雷	52	交	45	閒	40	登	36	管	33	祥	30
建	66	持	58	歌	52	肉	45	轉	40	嗜	36	鳴	33	蓋	30

機	30	條	27	貫	25	純	23	旱	21	貨	20	歷	19	籍	18
爵	30	蛇	27	圍	25	耕	23	弦	21	割	20	燕	19	驥	18
簡	30	麥	27	惡	25	陸	23	昏	21	粟	20	築	19	馱	18
闕	30	策	27	慎	25	鹿	23	迎	21	滑	20	豫	19	闇	18
冰	29	運	27	漠	25	曾	23	削	21	鼠	20	骸	19	刀	17
材	29	疑	27	徽	25	絲	23	宣	21	箕	20	濡	19	尸	17
桑	29	穆	27	質	25	萌	23	席	21	舞	20	燧	19	刻	17
殷	29	顧	27	樸	25	搏	23	巢	21	潤	20	獻	19	妻	17
託	29	尹	26	諫	25	瑟	23	鈞	21	奮	20	贍	19	阿	17
參	29	牙	26	避	25	齒	23	雪	21	彊	20	跅	19	柄	17
敖	29	市	26	靡	25	繼	23	給	21	擒	20	蹠	19	茂	17
粱	29	困	26	包	24	介	22	雄	21	激	20	元	18	消	17
絃	29	尚	26	旦	24	戊	22	新	21	蕩	20	召	18	捷	17
莊	29	盈	26	壯	24	仰	22	遁	21	濟	20	匠	18	族	17
喪	29	苟	26	並	24	朱	22	夢	21	薪	20	回	18	旋	17
傳	29	兼	26	忽	24	伸	22	滿	21	璧	20	妄	18	晨	17
準	29	哭	26	侵	24	奈	22	聚	21	蠡	20	戌	18	許	17
維	29	宰	26	皇	24	拘	22	熱	21	丹	19	酉	18	著	17
衡	29	差	26	寅	24	幽	22	輪	21	宅	19	屋	18	裂	17
錯	29	豹	26	尋	24	胡	22	戴	21	次	19	格	18	須	17
縱	29	植	26	斯	24	振	22	雞	21	佐	19	浸	18	慈	17
職	29	結	26	榮	24	效	22	識	21	吹	19	烏	18	電	17
列	28	詐	26	端	24	逆	22	勸	21	更	19	缺	18	鳳	17
別	28	鈞	26	慕	24	婦	22	饗	21	沙	19	崙	18	墮	17
扶	28	葉	26	頭	24	率	22	驚	21	狄	19	晝	18	撫	17
肖	28	號	26	竅	24	殘	22	蠶	21	卷	19	逐	18	駕	17
狐	28	鄭	26	曠	24	翔	22	夕	20	弩	19	都	18	凝	17
真	28	操	26	寶	24	菽	22	弓	20	怪	19	陶	18	彌	17
掩	28	龜	26	墜	24	溺	22	告	20	枉	19	喻	18	鮮	17
貧	28	臨	26	蟄	24	置	22	束	20	迫	19	幾	18	闔	17
報	28	韓	26	午	23	肆	22	沉	20	芻	19	援	18	顏	17
煩	28	露	26	壬	23	鉤	22	芒	20	追	19	隅	18	繫	17
裘	28	兮	25	夭	23	塵	22	斧	20	假	19	腹	18	願	17
寢	28	引	25	兄	23	旗	22	果	20	崑	19	落	18	鵲	17
臺	28	宇	25	句	23	種	22	恬	20	郭	19	鼎	18	犬	16
厲	28	尾	25	快	23	蒼	22	矜	20	逮	19	圖	18	皮	16
閭	28	放	25	狂	23	輔	22	苗	20	集	19	境	18	禾	16
輿	28	昌	25	刺	23	蔽	22	俱	20	會	19	獄	18	再	16
丙	27	肥	25	委	23	遷	22	晏	20	涇	19	誘	18	似	16
充	27	保	25	庚	23	儒	22	荊	20	資	19	鄙	18	冶	16
卯	27	畏	25	府	23	懼	22	退	20	遊	19	彈	18	均	16
呼	27	省	25	波	23	丈	21	偃	20	壽	19	賦	18	防	16
屈	27	紀	25	既	23	示	21	宿	20	弊	19	擇	18	奉	16
招	27	徐	25	革	23	卵	21	戚	20	漁	19	臂	18	奔	16
面	27	笑	25	倍	23	坐	21	授	20	語	19	虧	18	拔	16
辱	27	素	25	徒	23	孝	21	淺	20	際	19	谿	18	泄	16
帶	27	畢	25	恩	23	投	21	略	20	導	19	獵	18	牧	16

咸	16	吏	15	征	14	即	13	忤	13	粹	12	附	11	云	10
垂	16	早	15	注	14	肝	13	軫	13	網	12	勁	11	巨	10
契	16	竹	15	炎	14	供	13	燿	13	銜	12	炤	11	氐	10
柱	16	劫	15	初	14	盲	13	徧	13	障	12	牲	11	佞	10
洞	16	牢	15	洗	14	客	13	卜	12	摩	12	竿	11	夾	10
虐	16	辛	15	活	14	恃	13	丑	12	牖	12	倫	11	巫	10
郊	16	兕	15	炭	14	昧	13	幼	12	稻	12	恥	11	序	10
徑	16	姑	15	凍	14	殃	13	并	12	誹	12	泰	11	技	10
留	16	宙	15	剖	14	候	13	戎	12	鄰	12	浩	11	沈	10
砥	16	房	15	庭	14	倉	13	戍	12	據	12	偶	11	牡	10
祝	16	朋	15	悖	14	涉	13	佚	12	踵	12	寇	11	拙	10
索	16	芳	15	匿	14	眩	13	克	12	辨	12	掘	11	狀	10
臭	16	唐	15	斬	14	胸	13	妙	12	嬰	12	涸	11	臥	10
貢	16	埃	15	曹	14	荒	13	役	12	燭	12	頃	11	臾	10
崇	16	奚	15	烹	14	乾	13	忌	12	獲	12	愉	11	俎	10
晦	16	恭	15	焚	14	側	13	究	12	環	12	戟	11	卻	10
械	16	旁	15	筋	14	寂	13	兒	12	騁	12	棘	11	殆	10
牽	16	涼	15	距	14	惟	13	帛	12	薦	12	辜	11	癸	10
猛	16	細	15	隆	14	晚	13	泣	12	豐	12	勤	11	眇	10
符	16	習	15	飯	14	淪	13	枯	12	闕	12	槁	11	韋	10
陷	16	握	15	黍	14	麻	13	段	12	糞	12	漆	11	庫	10
傾	16	測	15	源	14	壺	13	毒	12	藥	12	綱	11	悅	10
滔	16	費	15	雍	14	提	13	盆	12	攘	12	裹	11	捕	10
滯	16	塗	15	構	14	溢	13	穿	12	蘇	12	魂	11	旅	10
翟	16	楊	15	熟	14	溝	13	羿	12	騰	12	鼻	11	狸	10
腐	16	像	15	誰	14	豪	13	苛	12	鱉	12	慾	11	畝	10
貌	16	稽	15	趣	14	赫	13	英	12	攫	12	緣	11	祖	10
雌	16	横	15	髮	14	酸	13	卿	12	掇	12	耦	11	蚤	10
慧	16	輻	15	矯	14	鞅	13	狼	12	鴈	12	蔡	11	偏	10
戮	16	燥	15	鴻	14	儉	13	窈	12	遲	12	戲	11	區	10
撓	16	繁	15	羅	14	潦	13	紛	12	蹏	12	繆	11	密	10
諭	16	麋	15	鏡	14	稼	13	偷	12	亢	11	遽	11	崩	10
優	16	織	15	鏤	14	緩	13	屠	12	匹	11	鍊	11	訟	10
牆	16	雜	15	覺	14	衡	13	康	12	戈	11	擾	11	揖	10
壞	16	嚴	15	灌	14	遭	13	毫	12	央	11	謹	11	棲	10
壤	16	躁	15	犧	14	霆	13	混	12	吐	11	釐	11	湊	10
議	16	黨	15	轡	14	魄	13	羞	12	抑	11	鶩	11	渴	10
鐵	16	聾	15	鱗	14	壁	13	傳	12	改	11	響	11	犀	10
靈	16	巳	14	爨	14	燒	13	欺	12	沃	11	驪	11	等	10
丁	15	囚	14	鉞	14	總	13	滋	12	男	11	伎	11	肅	10
凶	15	兆	14	踰	14	醫	13	焦	12	孤	11	俛	11	舒	10
友	15	忍	14	支	13	騎	13	晝	12	戾	11	埒	11	煖	10
爪	15	戒	14	仞	13	羸	13	蛟	12	拂	11	莞	11	試	10
半	15	育	14	伊	13	霧	13	煙	12	空	11	湏	11	遏	10
史	15	兔	14	污	13	攝	13	詹	12	罔	11	罵	11	逾	10
亥	15	咎	14	考	13	覽	13	漏	12	股	11	摠	11	漢	10
共	15	延	14	助	13	贖	13	熊	12	肯	11	乙	10	熙	10

蒸	10	胎	9	顓	9	淮	8	旄	8	送	7	蕪	7	佯	6
領	10	圖	9	鵠	9	組	8	紘	8	曼	7	錦	7	佩	6
寬	10	宵	9	藝	9	脣	8	淖	8	域	7	膽	7	岸	6
憒	10	悔	9	觸	9	喙	8	亶	8	措	7	謗	7	怛	6
暮	10	朕	9	驅	9	痛	8	蹝	8	淳	7	轅	7	炊	6
膚	10	烈	9	顯	9	賀	8	羆	8	疵	7	駿	7	肢	6
談	10	討	9	鷹	9	逸	8	竈	8	莽	7	瀆	7	肩	6
踐	10	逃	9	柘	9	弒	8	斤	7	雀	7	廬	7	亭	6
盧	10	圉	9	豰	9	睢	8	弘	7	創	7	禱	7	俠	6
磬	10	基	9	詘	9	險	8	伍	7	喟	7	繳	7	剋	6
窺	10	婁	9	跖	9	雉	8	匡	7	寐	7	邊	7	巷	6
蕃	10	啓	9	瘖	9	飽	8	奸	7	棺	7	贏	7	柏	6
輸	10	窕	9	蝯	9	嘔	8	旬	7	椎	7	饑	7	洪	6
選	10	統	9	莛	9	廓	8	肌	7	湖	7	懾	7	炮	6
薛	10	脫	9	鷙	9	榦	8	余	7	隄	7	躍	7	軌	6
嚮	10	赦	9	蚩	9	膏	8	抗	7	塘	7	籠	7	剝	6
瞽	10	壹	9	猨	9	銖	8	沒	7	幹	7	宓	7	涕	6
繡	10	敦	9	巴	8	隙	8	汲	7	愁	7	洿	7	涅	6
蟬	10	渾	9	弔	8	增	8	邑	7	敬	7	郈	7	狹	6
蹶	10	琢	9	乏	8	慶	8	乖	7	暍	7	蚑	7	粉	6
懸	10	童	9	汝	8	毅	8	享	7	概	7	堁	7	迷	6
驕	10	軸	9	牝	8	銳	8	幸	7	榆	7	甯	7	尉	6
麟	10	馮	9	吞	8	橈	8	庖	7	溫	7	觜	7	帷	6
揜	10	暇	9	吸	8	澹	8	昆	7	煎	7	虢	7	扆	6
蔟	10	稟	9	沐	8	縞	8	沮	7	睦	7	蝡	7	探	6
騏	10	補	9	罕	8	輯	8	的	7	腸	7	殫	7	捨	6
切	9	豢	9	忿	8	隧	8	亟	7	詭	7	闇	7	產	6
尼	9	賈	9	枕	8	頸	8	俊	7	靖	7	羸	7	粗	6
吉	9	跡	9	析	8	默	8	囿	7	頊	7	蹪	7	船	6
灰	9	基	9	沸	8	儲	8	奏	7	僕	7	藋	7	陬	6
牟	9	幣	9	秉	8	螫	8	弭	7	匱	7	齰	7	喬	6
岐	9	漸	9	叛	8	蹈	8	拜	7	寤	7	个	7	孳	6
李	9	誦	9	奎	8	穢	8	洽	7	徹	7	教	7	揆	6
杖	9	貍	9	扁	8	鎮	8	狡	7	榛	7	乞	6	揭	6
災	9	餌	9	染	8	疆	8	疫	7	漫	7	弋	6	減	6
依	9	撞	9	珍	8	麗	8	苑	7	爾	7	仇	6	湍	6
怯	9	瞋	9	胃	8	競	8	虹	7	監	7	叩	6	腎	6
承	9	褐	9	赴	8	鐘	8	貞	7	碧	7	叫	6	萇	6
松	9	誕	9	倚	8	饒	8	圃	7	億	7	孕	6	買	6
杼	9	冀	9	挈	8	鑄	8	恣	7	歎	7	仿	6	閔	6
歧	9	噬	9	挺	8	鑑	8	桐	7	賜	7	弛	6	嗣	6
阻	9	遼	9	浴	8	竊	8	桃	7	輟	7	米	6	嫁	6
陂	9	雕	9	皋	8	鑠	8	涔	7	銷	7	耒	6	斟	6
垢	9	斂	9	耗	8	羈	8	疽	7	鋒	7	舌	6	盟	6
拯	9	謝	9	脅	8	讒	8	罟	7	駒	7	完	6	碎	6
括	9	轂	9	唱	8	贛	8	般	7	麾	7	床	6	詳	6
柳	9	糧	9	庸	8	圖	8	軒	7	壅	7	杜	6	訾	6

違	6	玦	6	芝	5	脾	5	鍛	5	倮	5	俯	4	鈐	4
黿	6	扃	6	侮	5	萍	5	齋	5	鱓	5	倡	4	階	4
慚	6	昴	6	勃	5	萎	5	繞	5	叩	5	剔	4	園	4
榭	6	枹	6	垠	5	賁	5	藍	5	丸	4	娛	4	嫌	4
熒	6	挐	6	恨	5	超	5	蟯	5	仕	4	姬	4	楫	4
瑤	6	眯	6	拾	5	圓	5	蟠	5	卮	4	峻	4	煬	4
韶	6	菑	6	曷	5	填	5	瀨	5	札	4	挫	4	粱	4
僻	6	踊	6	爰	5	塊	5	獺	5	矛	4	班	4	葵	4
劉	6	螘	6	倦	5	慄	5	藪	5	伉	4	盎	4	裕	4
墜	6	錣	6	倨	5	搜	5	譎	5	匈	4	紐	4	賂	4
樞	6	閼	6	淩	5	瑕	5	麒	5	扣	4	茫	4	頓	4
澄	6	爝	6	峭	5	睹	5	蘭	5	汙	4	茲	4	頌	4
盤	6	禨	6	悍	5	綏	5	鐸	5	舛	4	茨	4	鳩	4
箭	6	鼃	6	悌	5	虜	5	鶴	5	虫	4	蚊	4	慢	4
篇	6	醅	6	挾	5	詮	5	罌	5	吠	4	衽	4	滌	4
膠	6	藜	6	捐	5	軾	5	囊	5	吟	4	豺	4	綠	4
駟	6	鍛	6	朗	5	鉗	5	歡	5	妨	4	迴	4	綺	4
羸	6	闚	6	栗	5	厭	5	巖	5	沆	4	郡	4	緒	4
懈	6	恒	6	烙	5	嘉	5	衢	5	灼	4	釜	4	翠	4
擅	6	鯀	6	畔	5	綸	5	鹽	5	豕	4	啄	4	蒲	4
曉	6	蝨	6	納	5	臧	5	汜	5	阪	4	圈	4	蓑	4
橋	6	覩	6	脂	5	銅	5	拊	5	京	4	奢	4	蝕	4
璜	6	冢	6	脈	5	閨	5	抮	5	券	4	崔	4	誓	4
翱	6	从	6	航	5	鳶	5	狖	5	卦	4	彗	4	墳	4
賴	6	尤	5	躬	5	寫	5	盱	5	坦	4	惕	4	撲	4
錫	6	他	5	郢	5	播	5	紈	5	岳	4	敘	4	撥	4
駭	6	斥	5	酌	5	潛	5	旃	5	怖	4	旌	4	樓	4
駢	6	氾	5	針	5	瞑	5	笏	5	披	4	梧	4	澆	4
墼	6	瓦	5	冕	5	箴	5	罝	5	抽	4	梟	4	潭	4
懦	6	向	5	寄	5	練	5	埴	5	炙	4	淡	4	緯	4
濫	6	圭	5	悉	5	蓬	5	跂	5	玩	4	淑	4	膝	4
濕	6	夸	5	悠	5	豎	5	埵	5	肴	4	疏	4	蔚	4
糞	6	汗	5	捲	5	餓	5	蛩	5	返	4	笙	4	蝨	4
叢	6	艾	5	掉	5	黎	5	楗	5	阜	4	聆	4	諛	4
簫	6	兌	5	梓	5	壇	5	菹	5	冑	4	莖	4	鄧	4
繕	6	判	5	梅	5	樽	5	螔	5	垣	4	逢	4	霄	4
藉	6	廷	5	耜	5	橘	5	鬐	5	屏	4	傑	4	頡	4
鞭	6	杓	5	逮	5	歙	5	蜺	5	拱	4	單	4	墾	4
犢	6	沖	5	喉	5	燎	5	菓	5	柚	4	堪	4	縛	4
疇	6	秀	5	媒	5	耨	5	噲	5	洋	4	皓	4	諱	4
耀	6	豆	5	掌	5	諾	5	錞	5	津	4	程	4	錢	4
飄	6	侈	5	棟	5	錐	5	鴟	5	洛	4	筐	4	錙	4
鹹	6	妾	5	渠	5	償	5	蠙	5	眉	4	絡	4	頤	4
讀	6	底	5	渝	5	糟	5	蹇	5	祈	4	菌	4	駱	4
鑽	6	杯	5	湎	5	縮	5	麰	5	突	4	蛤	4	擢	4
佽	6	泥	5	紫	5	縷	5	鏌	5	胥	4	跌	4	濛	4
悅	6	肱	5	經	5	螻	5	騮	5	茅	4	鈍	4	錘	4

黜	4	鬖	4	瓜	3	耆	3	酣	3	閱	3	蠹	3	穎	3
殯	4	蓍	4	刎	3	脊	3	閑	3	憾	3	鑪	3	蝮	3
舊	4	貂	4	夙	3	茵	3	隊	3	整	3	鬱	3	踦	3
蹤	4	儋	4	妃	3	袂	3	隋	3	樵	3	扢	3	嶲	3
邇	4	惷	4	式	3	訓	3	雅	3	澠	3	忮	3	擐	3
璽	4	憯	4	旨	3	副	3	項	3	璞	3	玕	3	濊	3
穫	4	熿	4	曳	3	勒	3	嫂	3	甌	3	邠	3	燔	3
羶	4	糅	4	但	3	娶	3	廈	3	篤	3	枘	3	縢	3
隴	4	嫪	4	否	3	婉	3	想	3	篡	3	泮	3	歛	3
顛	4	噞	4	局	3	婚	3	愴	3	蕭	3	泆	3	邅	3
嚼	4	嬙	4	希	3	崖	3	溶	3	螟	3	剡	3	醯	3
礪	4	廩	4	弄	3	彩	3	窟	3	諺	3	浣	3	隤	3
籌	4	橑	4	把	3	悴	3	聘	3	諧	3	眕	3	藿	3
纂	4	櫜	4	批	3	悽	3	腥	3	謁	3	蚋	3	齕	3
藻	4	蹀	4	汨	3	排	3	蜂	3	遲	3	隼	3	礐	3
蘆	4	駮	4	汾	3	梨	3	蜃	3	餐	3	琁	3	蠉	3
攜	4	甑	4	汶	3	渚	3	跪	3	鮑	3	紵	3	擾	3
續	4	窾	4	貝	3	淨	3	遑	3	檀	3	聃	3	櫨	3
闢	4	巇	4	乳	3	瓠	3	鄒	3	櫛	3	脛	3	蘢	3
纖	4	蟣	4	典	3	瓶	3	鉅	3	濮	3	著	3	飂	3
驗	4	謳	4	函	3	窒	3	零	3	蝗	3	跌	3	饋	3
躡	4	礚	4	坼	3	笠	3	飴	3	謠	3	堙	3	騶	3
鸞	4	墼	4	奄	3	舂	3	幕	3	蹊	3	搗	3	儺	3
戉	4	蹻	4	岷	3	莒	3	彰	3	鮪	3	揄	3	驂	3
忻	4	麌	4	念	3	荷	3	慘	3	檻	3	湫	3	讙	3
刳	4	黼	4	抵	3	袒	3	暢	3	甓	3	痤	3	懿	3
响	4	躄	4	欣	3	豚	3	槐	3	穡	3	稃	3	褻	3
囷	4	劗	4	泗	3	逍	3	漬	3	竄	3	齒	3	綦	3
罘	4	蘧	4	芷	3	雩	3	磁	3	薺	3	萁	3	牂	3
胏	4	鷸	4	虱	3	傍	3	碣	3	觴	3	慊	3	晦	3
剞	4	臞	4	俟	3	媧	3	翡	3	軀	3	裸	3	韇	3
珥	4	麢	4	怠	3	彭	3	裳	3	雛	3	蜋	3	舩	3
瓴	4	鼉	4	挂	3	揉	3	誣	3	霤	3	蜉	3	虢	3
倕	4	鑊	4	架	3	揣	3	誨	3	繇	3	跣	3	筋	3
捽	4	朞	4	柯	3	揮	3	遣	3	龔	3	輅	3	飧	3
淩	4	惛	4	洮	3	棠	3	遙	3	繭	3	鉒	3	塹	3
呰	4	蚈	4	界	3	棗	3	雒	3	蠅	3	嫚	3	臞	3
紾	4	煗	4	范	3	殖	3	嬈	3	蟹	3	嫫	3	埜	3
粢	4	役	4	苓	3	湛	3	憔	3	證	3	榑	3	緪	3
羑	4	虵	4	衍	3	稅	3	摯	3	譏	3	窬	3	仍	2
軵	4	矜	4	陋	3	菜	3	歐	3	瀾	3	筵	3	刈	2
酟	4	扃	4	借	3	菟	3	潰	3	竇	3	綣	3	勾	2
傴	4	桙	4	娥	3	詞	3	澗	3	醴	3	認	3	冉	2
惷	4	孑	3	朔	3	貂	3	熬	3	霰	3	噆	3	匜	2
搢	4	乍	3	浦	3	跋	3	編	3	纏	3	墝	3	占	2
溤	4	冊	3	祠	3	軼	3	遮	3	籥	3	憍	3	台	2
絺	4	弁	3	秩	3	鄂	3	醉	3	徽	3	殯	3	奴	2

印	2	垓	2	梯	2	跛	2	緇	2	遵	2	蹲	2	紃	2
字	2	姜	2	桶	2	閏	2	膊	2	鄰	2	蹴	2	羑	2
朽	2	帥	2	液	2	閔	2	蓄	2	鋸	2	轔	2	胈	2
朴	2	庠	2	淇	2	飧	2	裸	2	錄	2	鯨	2	亟	2
臼	2	很	2	淹	2	傲	2	誠	2	頰	2	孀	2	舡	2
佛	2	恢	2	淚	2	僇	2	輒	2	嶺	2	礫	2	茇	2
劬	2	恤	2	淄	2	嗇	2	需	2	徽	2	譯	2	俶	2
呈	2	洲	2	爽	2	奧	2	靼	2	擠	2	儷	2	剢	2
吻	2	狠	2	琅	2	愧	2	頒	2	擬	2	巍	2	恚	2
妖	2	科	2	眸	2	搔	2	餉	2	檢	2	爛	2	展	2
扼	2	竿	2	眺	2	暉	2	嘯	2	橾	2	蠡	2	捔	2
抒	2	紆	2	笞	2	暘	2	嘰	2	濱	2	護	2	桎	2
抓	2	耶	2	粕	2	楔	2	奭	2	濬	2	鰥	2	栝	2
沛	2	胝	2	絆	2	楹	2	層	2	燠	2	儼	2	欬	2
汰	2	苞	2	絀	2	滂	2	影	2	禪	2	灘	2	涒	2
沌	2	述	2	脯	2	溥	2	慝	2	糠	2	鑒	2	笄	2
甫	2	香	2	莎	2	煌	2	慰	2	績	2	顫	2	罛	2
禿	2	倣	2	莠	2	牒	2	憫	2	翳	2	饕	2	茯	2
肘	2	倒	2	蛉	2	督	2	憚	2	臆	2	醫	2	荅	2
巡	2	哲	2	訢	2	睥	2	敷	2	膺	2	髓	2	蚕	2
邦	2	娟	2	軛	2	睨	2	榔	2	薨	2	攬	2	袧	2
佳	2	扇	2	部	2	筮	2	標	2	蟆	2	驟	2	衾	2
侏	2	捉	2	陪	2	絛	2	樊	2	蟈	2	鬢	2	迵	2
到	2	校	2	頂	2	腳	2	殤	2	講	2	齲	2	唶	2
協	2	案	2	最	2	腦	2	漿	2	鍵	2	扞	2	堀	2
卓	2	柴	2	厥	2	葦	2	潔	2	闊	2	犴	2	埳	2
罔	2	特	2	喋	2	葛	2	範	2	黏	2	芄	2	埏	2
弧	2	疹	2	媚	2	蜀	2	緝	2	黛	2	尪	2	惙	2
怵	2	級	2	廊	2	蛻	2	蔭	2	壘	2	伋	2	惛	2
昊	2	耘	2	悶	2	裔	2	蝦	2	歟	2	扣	2	掞	2
杭	2	耽	2	惰	2	詰	2	褊	2	瞻	2	旳	2	棁	2
氛	2	脆	2	捶	2	貉	2	諂	2	簪	2	阯	2	梏	2
沾	2	荏	2	楮	2	跳	2	踞	2	簞	2	侔	2	減	2
沬	2	荀	2	渡	2	隔	2	輜	2	薰	2	岠	2	猗	2
泠	2	配	2	渭	2	隕	2	震	2	謨	2	枅	2	猘	2
羌	2	陣	2	溉	2	雋	2	駑	2	轍	2	邯	2	窔	2
芙	2	陛	2	湣	2	髡	2	魅	2	鎬	2	俔	2	袠	2
芟	2	兜	2	猴	2	剛	2	憲	2	題	2	剉	2	幄	2
芬	2	匐	2	猩	2	嘆	2	擁	2	鯉	2	庬	2	揲	2
芥	2	啞	2	窖	2	貪	2	曆	2	寵	2	咼	2	毳	2
係	2	啜	2	絞	2	嫗	2	橢	2	攀	2	垤	2	猋	2
俞	2	堵	2	絮	2	截	2	燐	2	瀚	2	弇	2	猰	2
剃	2	帳	2	菅	2	漳	2	穌	2	蟻	2	挏	2	琬	2
匍	2	敏	2	裁	2	漂	2	篙	2	蟾	2	扺	2	硊	2
品	2	敕	2	詔	2	睡	2	翮	2	襟	2	枏	2	竦	2
咫	2	斛	2	詆	2	箸	2	膳	2	譁	2	柎	2	絓	2
型	2	晞	2	貸	2	綰	2	融	2	贊	2	昞	2	觚	2

詈	2	磔	2	髀	2	唬	2	邢	1	宥	1	涇	1	莢	1
欿	2	蔂	2	魋	2	櫚	2	那	1	弈	1	浚	1	莧	1
鈆	2	蓰	2	鯁	2	虬	2	阮	1	徇	1	涌	1	蛄	1
隈	2	蝣	2	駿	2	枕	2	阱	1	拭	1	浹	1	蛆	1
僂	2	蜎	2	壚	2	爅	2	侍	1	挑	1	珮	1	袍	1
剸	2	遯	2	霩	2	礳	2	併	1	昨	1	皰	1	訥	1
傜	2	遬	2	頹	2	紩	2	佻	1	昱	1	祟	1	販	1
椕	2	鄲	2	騠	2	穮	2	佾	1	某	1	秤	1	趾	1
楺	2	鞈	2	鯤	2	搢	2	卹	1	柵	1	秣	1	逝	1
楩	2	餕	2	攖	2	却	2	呻	1	柩	1	租	1	竟	1
楯	2	駏	2	瀷	2	几	1	咄	1	柝	1	翁	1	喘	1
溟	2	墩	2	翿	2	勺	1	咆	1	洫	1	胼	1	場	1
溷	2	幨	2	廱	2	孓	1	咐	1	炫	1	荔	1	堤	1
煇	2	儋	2	癰	2	什	1	咋	1	炬	1	茹	1	幅	1
睭	2	撽	2	爝	2	卞	1	坤	1	狩	1	蚌	1	帽	1
箄	2	橉	2	糲	2	屯	1	宛	1	玳	1	記	1	殿	1
綆	2	鰕	2	纊	2	扎	1	岱	1	畋	1	軔	1	惻	1
綩	2	燋	2	類	2	爻	1	帚	1	盃	1	陘	1	慨	1
綌	2	貐	2	纆	2	仗	1	怡	1	盾	1	偉	1	揍	1
蜄	2	踳	2	酆	2	叱	1	拄	1	祇	1	偕	1	插	1
觡	2	輶	2	鷇	2	朮	1	抹	1	禹	1	倏	1	斑	1
賨	2	駬	2	鑊	2	永	1	拒	1	苔	1	啗	1	普	1
趍	2	鴞	2	驢	2	仳	1	拚	1	虺	1	培	1	椅	1
睢	2	嚂	2	鵝	2	企	1	拖	1	郎	1	婪	1	棧	1
僦	2	擯	2	籧	2	吁	1	板	1	酋	1	崤	1	椒	1
慤	2	癃	2	鸛	2	妁	1	杵	1	亳	1	帳	1	欽	1
慬	2	績	2	纛	2	汎	1	歿	1	值	1	庾	1	殼	1
搏	2	蔑	2	灟	2	缶	1	氓	1	俳	1	彫	1	湘	1
搶	2	螭	2	鶉	2	聿	1	沽	1	冤	1	悼	1	渤	1
榱	2	蹪	2	鬱	2	亨	1	沼	1	冢	1	掠	1	湮	1
榼	2	醢	2	裹	2	住	1	泓	1	准	1	控	1	渙	1
漻	2	鍛	2	槀	2	佗	1	泱	1	哺	1	掖	1	煮	1
熏	2	鍭	2	蘗	2	佝	1	泛	1	唇	1	捧	1	焜	1
甌	2	隰	2	苽	2	冷	1	版	1	唏	1	掃	1	琪	1
瘕	2	懟	2	邀	2	匣	1	狎	1	宴	1	捫	1	琳	1
禘	2	擿	2	謟	2	吝	1	盂	1	峽	1	梢	1	番	1
箅	2	攄	2	狢	2	坊	1	糾	1	恕	1	梱	1	窖	1
緌	2	簞	2	嘷	2	圻	1	肺	1	悟	1	淌	1	筆	1
蒯	2	簦	2	踈	2	孚	1	芸	1	捎	1	涯	1	筑	1
豨	2	臑	2	酺	2	杏	1	芰	1	挽	1	淅	1	絳	1
霓	2	謾	2	蔥	2	每	1	邱	1	捍	1	淬	1	翕	1
靻	2	蹗	2	駯	2	沅	1	冒	1	捌	1	涿	1	腋	1
墣	2	鎧	2	宎	2	汪	1	剌	1	料	1	球	1	脹	1
嶢	2	藹	2	瓌	2	沂	1	勉	1	桂	1	眷	1	菰	1
嶓	2	醮	2	剭	2	灸	1	咽	1	桔	1	硎	1	菊	1
氅	2	顓	2	啉	2	甬	1	哈	1	桅	1	紲	1	訶	1
皞	2	騄	2	穤	2	系	1	姻	1	殉	1	紱	1	貽	1

貶	1	僖	1	廝	1	盥	1	鮫	1	騫	1	芄	1	苴	1
貿	1	兢	1	撰	1	瞥	1	壙	1	騵	1	阨	1	倛	1
軻	1	寞	1	撮	1	禦	1	癘	1	囂	1	佼	1	倠	1
逵	1	嶄	1	撚	1	縑	1	礎	1	孌	1	侗	1	凊	1
逶	1	態	1	撢	1	羲	1	繒	1	曩	1	佹	1	唈	1
飭	1	摘	1	樣	1	葦	1	翹	1	櫻	1	呿	1	唅	1
債	1	撤	1	樟	1	諦	1	藐	1	癩	1	坯	1	埅	1
僅	1	摸	1	槽	1	諜	1	謬	1	躊	1	坫	1	埆	1
剽	1	摺	1	潮	1	諮	1	贅	1	鐫	1	坪	1	埌	1
嗟	1	摧	1	潘	1	諶	1	蹟	1	黯	1	岬	1	悇	1
嫉	1	搴	1	潯	1	蹋	1	鎗	1	聾	1	忞	1	捖	1
愆	1	摻	1	瑩	1	踹	1	雙	1	孿	1	怚	1	捊	1
愷	1	敲	1	璋	1	錡	1	餽	1	彎	1	曶	1	捃	1
搶	1	槃	1	畿	1	霑	1	餮	1	灑	1	畀	1	挩	1
搆	1	演	1	瘠	1	霍	1	魎	1	籟	1	芠	1	旂	1
楝	1	漱	1	瘦	1	頷	1	魍	1	齎	1	芮	1	栚	1
殿	1	犒	1	箱	1	館	1	儵	1	鬚	1	迓	1	浡	1
猾	1	獐	1	箠	1	骼	1	龐	1	纓	1	邳	1	浯	1
瑞	1	瑰	1	罵	1	黔	1	曝	1	蘿	1	阼	1	浼	1
瑁	1	瘧	1	蓮	1	儡	1	櫓	1	饜	1	俓	1	涂	1
瑜	1	瘉	1	蔣	1	勵	1	瀕	1	讖	1	俔	1	烑	1
痺	1	碩	1	蝸	1	壓	1	癡	1	釀	1	侳	1	烝	1
睛	1	箄	1	蝗	1	屨	1	矇	1	鼇	1	剄	1	狶	1
睫	1	綽	1	複	1	嶽	1	礙	1	蠻	1	咠	1	珣	1
碑	1	綴	1	褓	1	擘	1	繹	1	顱	1	哆	1	袚	1
稚	1	綿	1	誼	1	曙	1	譙	1	髗	1	娀	1	祑	1
絹	1	蓉	1	諒	1	檐	1	贈	1	鸚	1	姘	1	秫	1
罩	1	蒿	1	課	1	縶	1	躇	1	乂	1	恌	1	窅	1
羨	1	製	1	賣	1	濤	1	鏑	1	冇	1	拏	1	竘	1
肄	1	裨	1	踡	1	濯	1	鏃	1	卬	1	挃	1	荄	1
腰	1	褚	1	輝	1	濩	1	鏜	1	夬	1	斿	1	莃	1
腫	1	誌	1	輩	1	璩	1	霪	1	市	1	昡	1	蚖	1
艇	1	踊	1	輦	1	瞳	1	韜	1	殳	1	朏	1	蚙	1
董	1	輓	1	醇	1	簇	1	饉	1	宄	1	柣	1	偪	1
蜓	1	銀	1	鋤	1	篾	1	鶉	1	尻	1	柮	1	偩	1
蛾	1	銓	1	鞍	1	縻	1	鵲	1	伉	1	柸	1	剬	1
裊	1	閡	1	餒	1	縫	1	麓	1	扚	1	枳	1	唲	1
賄	1	閣	1	駐	1	縹	1	麴	1	阤	1	柰	1	堇	1
貲	1	閤	1	髯	1	繇	1	攏	1	佘	1	殄	1	崝	1
賃	1	髦	1	憑	1	聯	1	癢	1	忒	1	洼	1	崦	1
較	1	僵	1	擔	1	薊	1	繽	1	抌	1	狟	1	庳	1
逼	1	價	1	橙	1	蟀	1	蘋	1	杕	1	矧	1	惓	1
酬	1	劇	1	澳	1	蟋	1	蠕	1	犺	1	祆	1	惔	1
鈹	1	嘻	1	熹	1	轄	1	警	1	玗	1	胑	1	惝	1
雊	1	噎	1	燃	1	邀	1	譟	1	阜	1	胅	1	捭	1
馴	1	墟	1	璣	1	醞	1	鐃	1	乩	1	苹	1	挻	1
僥	1	嬉	1	瓢	1	隸	1	馨	1	芎	1	苗	1	捰	1

旁	1	棱	1	粲	1	碭	1	蝘	1	鴡	1	鵒	1	灖	1
梜	1	椓	1	綈	1	箎	1	鍋	1	鳩	1	儵	1	爟	1
桍	1	椊	1	綃	1	箘	1	鋌	1	勳	1	擢	1	瓔	1
桴	1	湡	1	綄	1	緂	1	隫	1	嶷	1	攎	1	騣	1
桷	1	焱	1	罧	1	緆	1	餔	1	嶹	1	櫟	1	蠬	1
欷	1	猵	1	葯	1	綦	1	駔	1	擣	1	爇	1	覿	1
浡	1	琰	1	蛷	1	蒹	1	駎	1	檖	1	獲	1	贖	1
湅	1	睆	1	蝍	1	蒻	1	黓	1	檟	1	簬	1	躐	1
牿	1	睎	1	蜍	1	蓧	1	叡	1	櫢	1	繶	1	驊	1
眭	1	硤	1	蜅	1	蓏	1	噣	1	簣	1	翾	1	欒	1
眴	1	确	1	觟	1	蜧	1	嬗	1	篋	1	薢	1	蠰	1
粢	1	祲	1	誂	1	蜚	1	嬛	1	縛	1	邁	1	讋	1
筍	1	絜	1	豊	1	裾	1	嶮	1	繇	1	蠋	1	巖	1
笱	1	罣	1	趚	1	踆	1	徼	1	縩	1	鎛	1	巘	1
紿	1	菼	1	跰	1	鄣	1	懁	1	糜	1	鏚	1	醽	1
舲	1	菫	1	跬	1	鄢	1	曀	1	罾	1	鏦	1	鱣	1
莣	1	蛘	1	跱	1	銛	1	嘳	1	廚	1	騕	1	齵	1
苘	1	覗	1	跐	1	鋌	1	樾	1	蟌	1	鬠	1	邋	1
虑	1	觝	1	鉏	1	駃	1	橛	1	蠡	1	鵰	1	虆	1
袨	1	詎	1	閈	1	鳽	1	殪	1	謏	1	雛	1	鑢	1
祛	1	貺	1	頏	1	儌	1	毀	1	謚	1	匷	1	饟	1
觖	1	跓	1	馯	1	劌	1	濇	1	鍼	1	瀸	1	躞	1
觕	1	跗	1	骭	1	嘖	1	犞	1	鍪	1	瀿	1	驩	1
訬	1	軨	1	鳧	1	墐	1	獫	1	闉	1	纆	1	麤	1
趼	1	逯	1	僰	1	嶕	1	暫	1	闃	1	轙	1	犂	1
郯	1	酢	1	澌	1	嶠	1	篠	1	駼	1	醲	1	郯	1
僃	1	鈌	1	嗺	1	憢	1	糗	1	鬘	1	鐔	1	忼	1
傜	1	嗛	1	嘄	1	憛	1	縗	1	鴿	1	鏵	1	吠	1
傒	1	媿	1	嫥	1	憒	1	縢	1	鴦	1	鐖	1	桲	1
喑	1	寘	1	嶁	1	撜	1	罼	1	鴐	1	鞹	1	駢	1
嗚	1	嵬	1	慲	1	撌	1	膲	1	鼪	1	髊	1	莡	1
喦	1	幎	1	憀	1	撟	1	蕘	1	畀	1	鶤	1	陜	1
堞	1	廋	1	慴	1	樀	1	蕼	1	屩	1	懽	1	絝	1
堨	1	楬	1	撕	1	樠	1	贅	1	瀆	1	欂	1	鍺	1
堿	1	椽	1	摽	1	槢	1	蕎	1	瀘	1	櫼	1	姡	1
塄	1	歃	1	撥	1	樝	1	螈	1	瀁	1	纍	1	陁	1
婺	1	殛	1	趨	1	槫	1	蟼	1	爁	1	褸	1	厮	1
復	1	滾	1	槎	1	漬	1	褰	1	篁	1	蠩	1	眄	1
尰	1	溔	1	歅	1	澍	1	褻	1	藋	1	闠	1	豥	1
嵫	1	溽	1	殞	1	潣	1	謟	1	蟪	1	鴟	1	簡	1
惎	1	斛	1	滎	1	熛	1	鋋	1	謦	1	鷃	1	鷄	1
掔	1	瑋	1	漉	1	糈	1	閹	1	蹝	1	鶬	1	币	1
揵	1	瑗	1	潃	1	翦	1	隩	1	鎒	1	黮	1	脃	1
斮	1	碕	1	犓	1	膞	1	餧	1	鏄	1	鬐	1	斅	1
旒	1	筥	1	瑱	1	蔀	1	䮝	1	騊	1	齎	1	頳	1
晲	1	筳	1	甀	1	蓶	1	骿	1	鵜	1	蕃	1	烟	1
棓	1	筡	1	督	1	蘆	1	骴	1	鵙	1	欋	1	弃	1

熢	1	窾	1	樀	1
䘏	1	篇	1	𥲅	1
儁	1	笔	1	㥄	1
擧	1	楤	1	皃	1
貐	1	捭	1	䤋	1
䁟	1	朞	1	櫖	1
眢	1	楮	1	券	1
熱	1	䠶	1	綴	1
摜	1	誳	1	豢	1
粰	1	慅	1	矉	1
粿	1	涆	1	雞	1
暘	1	搸	1	𧶠	1
傕	1	掮	1	靚	1
塆	1	蟌	1	轉	1
嘍	1	蜿	1	咊	1
䫏	1	蟄	1	亀	1
腡	1	摩	1	豹	1
鏳	1	姚	1	𦗔	1
楗	1	塼	1	肌	1
蝘	1	𡍴	1	瓨	1
鱎	1	腴	1	椛	1
䡏	1	椽	1	豉	1
㝗	1	蔏	1	伹	1
鰲	1	剾	1	𧩨	1
抪	1	貛	1	𤎼	1
䶌	1	莫	1	突	1
淵	1	𠈊	1	敀	1
縜	1	剹	1	愲	1
嘔	1	雘	1	瑇	1
獵	1	啳	1	墪	1
䐨	1	衹	1	寐	1
甚	1	剿	1	詢	1
猾	1	髎	1	訷	1
甄	1	暋	1		
瘻	1	衔	1		
稗	1	䲧	1		
陘	1	泠	1		
埾	1	礲	1		
唫	1	藿	1		
宂	1	叕	1		
栞	1	莅	1		
晾	1	勳	1		
餇	1	糺	1		
彍	1	擢	1		
橪	1	綫	1		
𨠊	1	謫	1		
潬	1	糜	1		